Principles, Definitions and Model Rules of European Private Law:

Draft Common Frame of Reference (DCFR)

full edition

Principles, Definitions and Model Rules of European Private Law Draft Common Frame of Reference (DCFR). Full Edition

Authored by Christian Von Bar, Eric Clive

This Chinese edition is published by Law Press China in 2014, Beijing through the arrangement with Sellier European Law Publishers.

著作权合同登记号

图字：01-2010-1406

欧洲私法的原则、定义与示范规则：欧洲示范民法典草案

（全译本）

第四卷

有名合同及其产生的权利义务

欧洲民法典研究组
欧盟现行私法研究组　编著

克里斯蒂安·冯·巴尔
埃里克·克莱夫　主编

梁慧星　翻译顾问

于庆生　温大军　胡　琳　王文胜　译

法律出版社
LAW PRESS · CHINA

出版说明

集二百余位欧洲优秀学者历时四年起草完成的《欧洲私法的原则、定义与示范规则:欧洲示范民法典草案》(也就是学界所谓的“欧洲民法典草案”),展现了欧洲各国当下最为认可与适用的私法规则,可称世界上最为先进的民法典草案之一。不论该草案最终是否能够通过,或以何种形式通过,其中所蕴藏的学术意义与价值都不容忽视。随着我国社会主义法律体系的逐步完善,制定一部较为成熟的民法典既是建设社会主义法律体系发展的必然要求与历史选择,也是学界多年的期盼与梦想。将该草案逐译出版,对当下我国民法典的建构具有深远的影响,也有着重要的理论与现实意义。

欧洲示范民法典草案共分十卷,分别是:一般条款、合同和其他法律行为、债及相关权利、有名合同及其产生的权利义务、无因管理他人事务、造成他人损害的非合同责任、不当得利、物的所有权的取得与丧失、动产担保物权、信托,共计示范规则1023条。同时,几乎每条示范规则之后都附有起草小组的评论或注释,大部分示范规则附带示例。为了方便读者阅读,中译本共分五册出版,第一册为第一卷、第二卷、第三卷,第二册为第四卷,第三册为第五卷、第六卷、第七卷,第四册为第八卷,第五册为第九卷、第十卷、附录。

中译本的出版于2012年获得国家出版基金资助。中国社会科学院学部委员、法学研究所研究员梁慧星先生任本书的翻译顾问,中国社会科学院法学研究所谢鸿飞研究员、北京理工大学付俊伟博士领衔二十余位国内外学者,历时三年时间完成本书的全部翻译工作。法律出版社黄闽社长任项目组总负责人,法学学术出版分社社长朱宁和分社长助理高山分别担任该出版项目组组长、副组长,高级策划编辑刘文科负责全面统筹、协调、执行该项目。参加本项目编辑工作的有刘文科、易明群、韩满春、吕丽丽、董飞、黄琳佳、李峰沄。此外,刘彦沣博士为本项目的出版工作做出了重要的贡献。

如此卷帙浩繁的翻译作品的出版实为一项艰难的工作,难免出现一些错误和不完善之处,希望学界不吝批评指正,以便改进我们的工作。

法律出版社

序　　言

受邀对共同参照框架草案完整版，这一欧洲私法共同参照框架学术起草稿的中文翻译作此序言，我深感荣幸！在欧洲和中国私法的核心领域进行观点的广泛交流，我们草案的起草人感到受益匪浅并且也为之鼓舞！我们对由中国社会科学院的梁慧星教授担任主编之下的翻译团队的成果感到振奋人心！再一次强调，欧盟成员国与东亚主要国家私法间的密切联系是显著的。与欧洲现在的发展相吻合，新的法典也已经在亚洲诞生或正在诞生，而过去的法典又面临着现代化的发展。在此过程中，对于我们双方维持一个密切的关系从而不至于会错过相互学习和分享对方成就的机会显得尤为重要。

共同参照框架草案是一个学术文本。它是在欧洲法律科学中心区域自主创造出的产物。它部分建立在过去欧洲委员会合同法，即在丹麦主席领导下享誉盛名的兰德委员会的成果基础之上，并且还融入了有名合同、非合同法律责任以及物权法特殊领域的规则。另外，共同参照框架草案包含了与欧盟私法相关的合同和侵权规则，即所谓的“共同法”。共同参照框架草案的文本最初来源于“欧洲民法典起草小组”工作的指示，并且其余的由另一个欧洲法律学者的团体，即阿奎那小组而起草。由来自双方团体的成员组成的编译团体负责共同参照框架草案最后文本的形成。紧接着致力于引起诸多论争的临时性版本的出版，共同参照框架一共出版了两种形式：包含了共同参照框架草案一般性原则的临时性版本呈现出了定义和规则；同时，完整性版本还包括了示范规则扩展的注释、包括了欧盟成员各国详细法律的评论以及界定和验证收集而来的巨大材料的系统记载。

在出版后的短时间内，共同参照框架草案引发了广泛的论争；同时，它也引起了世界范围内的共鸣。一些重要的翻译（原稿翻译为日语、韩语和俄语）更是促进和激发了它的传播。欧盟委员会也给予了将它翻译为德文、法文、意大利语、波兰语和西班牙语的政策。比较来说，译为中文明显地更具挑战性并且更加耗费时间。我对在该译文中所体现出的能力、技巧和智慧表示赞赏！它是世界范围内首次对共同参照框架草案完

整版的翻译;其他所有的翻译目前为止都仅限于临时性版本。

起草共同参照草案的学术团体希望创造一个参照框架,以此来浇灌欧盟和成员国司法体系成长的源泉。更进一步的目标是从国内法律中获得法律论争,以及从外国司法体系中获得解决方案,同时还提供一种新的法律平台来促进学者在比较欧盟标准时,更加准确地记述和评估国内法律体系。共同参照框架草案在这些阶段的各个层次上都将受到实质性的认可。我们草案的起草人希望与中国的同事和朋友共同来探讨草案中所包含的路径与想法!

克里斯蒂安·冯·巴尔
2013 年 9 月于奥斯纳布吕克

目　　录

第四卷

有名合同及其产生的权利义务

第一编　买 卖 合 同

第一章　范围与定义

第一节　范　　围

第Ⅳ.A－1:101 条　适用的合同范围

（1）第四卷本部分适用于货物买卖合同以及与消费品担保相关的合同。

（2）在适当调整的前提下，本部分适用于：

（a）电力买卖合同；

（b）关于股票、股份、有价证券及可流通票据买卖的合同；

（c）关于其他形式的无体财产，包括债权、工业和知识产权及其他可转让的权利的买卖合同；

（d）以支付价金形式获得信息或数据（包括软件和数据库）的合同；

（e）货物或上述任何其他财产之互易合同。

（3）本部分不适用于关于不动产或不动产上权利的买卖合同。

评　论

A. 主要适用范围：货物买卖合同

第四卷本部分主要适用于货物买卖合同。它并不关注于这类合同的成立、生效或解释，那些问题是由第二卷的一般规则来处理的。它主要涉及这类合同对当事人各方权利和义务的影响。我们有充足的理由对货物买卖合同中各方的权利义务给予特别关注。货物买卖合同不仅被当作一般合同的范例，而且它可能还是最常见的合同，当然是最常见的消费合同。实际上，买卖来源于各种形态和尺度：从在报亭购买日报或在超市购买杂货，到购买新车和高度专业化的市场上的商品买卖。此外，还存在许多包含着某种买卖因素的混合交易形式，例如分销合同或各种生产合同。

“买卖合同”是由第Ⅳ.A－1:202 条（买卖合同）来界定的。“货物”一词在定义列

表中被界定如下。

“货物”指的是有体动产。包括船舶、车辆、气垫船或航空器、空间物体、动物、液体和气体。

关于期货,也可参见第Ⅳ.A－1:201条(货物)。

B. 加以适当调整后的适用

根据第Ⅳ.A－1:201条(货物),货物被定义为“有体动产”。其他类型财产或资产的买卖涉及本部分未加规定的不同问题。此外,涉及第(2)款列举的任何资产的买卖合同不受本部分规定的所有规则的调整,例如股份出售中的相符性要求。因此,第(2)款规定,在作出适当调整的前提下,本部分的规则可以适用于某些类型资产的买卖(参见评论C)。之所以采用这种表述方式,是因为该适用范围扩展后,属于其中的交易性质和纷繁类型使得提出一个关于哪些规则适用、哪些规则不适用的详尽清单几乎是不可能的。

应当指出的是,第(2)款规定的范围扩展并不仅限于买卖合同,因为它也适用于某些与买卖极为类似的合同。它适用于获得信息或数据之权利的合同,这在功能上相当于买卖,但在技术上并非是“买卖”合同,因为它并不存在所有权的转让(第(2)款(d)项)。它也适用于互易合同(第(2)款(e)项),无论其标的是本款提到的货物还是其他资产(例如以电易气)。

C. 其他资产

第(2)款列举的资产类型有一个共同点,它们至少在一定程度上都是无体财产(参见(c)项列举的其他无体财产形式)。例如,通过抛售股份,一个人售出的是一些权利。可能根本不存在书面证书的转让。实际上,随着电子签发股份的增加,书面证书要比以前少见得多了。同样,一项标准的计算机程序可以被直接下载,而无须涉及一个类似CD的固定媒介。

本条所列是详尽的,它包含以下资产:

电力。考虑到欧洲各国对能源市场进一步放宽管制的趋势,这些规则也适用于电力买卖,尽管需做适当调整。实践问题之一在于能源并不具有有形方面这一事实,但这可以通过测量用量来加以补救(电能、热能)。应当指出的是,在定义列表中,燃气、蒸汽和石油已经被规定在“货物”当中。

股份、股票、投资证券和流通票据。这些规则并不直接适用于股份、投资证券和流通票据的买卖,因为它们中的许多也并不适合这种直接适用。例如,当股份被出售给买方时,通常并不存在该股份适于买方目的(例如,高额收益)的允诺,即使卖方确实知道买方的目的何在。尽管如此,其他规则可以在适当调整的前提下加以适用。这与买卖的股份是少量还是大部分无关。因为后者交易类型可能导致公司控股权的出售,股份的转让实际上也导致了企业的出售。这些规则因而也可以间接地,在加以适当调整

的前提下适用于企业的买卖。

其他形式的无体财产。经适当调整,第四卷本部分中的规则也适用于其他形式的无体财产的买卖合同,包括债务履行请求权、工业和知识产权以及其他可转让的权利。这一宽泛规定的原因在于,在不同法律体系下,提出一项专有的、可转让的权利清单几乎是不可能的。这种权利主要包括:担保权;分割财产权;用益权;质权;合作权;抵押权;债的请求权;继承权或部分继承权;无体物上的权利,例如专利权;因商标注册产生的权利;以及一般的债务履行权。

信息与数据(包括软件)。第(2)款(d)项规定,第四卷本部分的规则"经适当调整"适用于以支付价金形式获得信息或数据(包括软件和数据库)权利的合同。之所以采用这种措辞而不是简单的"买卖",原因在于买卖合同的定义要求转让所有权的允诺(参见第Ⅳ. A－1:202 条(买卖合同))。在当前这种合同类型中,并不存在该项允诺。当然,这些规则有些时候可以适用于软件或专有信息的无保留买卖,亦即当出售的是知识产权的时候。但是,一般而言,虽然谈及"出售"或"购买"软件是极为常见的,但实际上,"买方"往往只是获得了使用该软件的许可。在这种情况下,并不存在所有权的转让,因此这些规则并不能直接适用。尽管如此,规则中的某些基本原则可能是与该类交易相关的。例如,软件"卖方"应当承担哪些义务,关于相符性的规则可能提供有用的指引。然而,在一点上,软件"买卖"是直接适用这些规则的。许多设备类型当前都是全部或部分由作为设备不可分割的一部分的微处理器来控制的,而这些微处理器反过来又由预装的软件来控制。基于这些规则的目的,这种"嵌入式"软件(例如,控制汽车之电子点火或制动系统的程序)仅仅被视为货物的一部分。虽然根据欧盟指令和其他标准确立的信息保护规则,个人信息的买卖受到了限制,但不可忽视的是,信息和数据每天都在被"出售"。关键点在于区分清楚信息的纯粹买卖和特殊服务合同中信息的提供。在某些情况下,该界限可能很难划出。在实践中,这一适格性问题并不像相符性那样重要,因为卖方或服务提供方的义务是类似的。此外,如果在买卖和服务规定之间存在实质差异,那么第四卷第三编(服务合同)的规则在更为适合的情况下仍然可以适用,因为涉及该种合同类型,买卖规则是在经适当调整才能适用的。

示例 1
本部分的规则可以适用于标准化信息,即已经可用而非定制的信息的买卖:例如,Lexis 案例判决之电子版本的买卖。

D. 不动产

这些规则并不适用于不动产(第(3)款)或不动产上权利的买卖。因此,土地、建筑物或其他不动产之权利并不在其适用范围之内。

E. 与第一编至第三编的关系

第一编至第三编的规则是适用于买卖交易的法律的总则。因此，合同法的一般性问题——例如成立、生效、效力等——通过适用第二编的规定即可解决。关于一般义务，包括买方或卖方之一般义务的履行规则，以及一般义务不履行之救济的规则，可以在第三编找到。然而，这些规则中的某些要由本部分的规则加以修改或补充。

F. 消费品担保

第六章适用于消费品担保。鉴于其与货物买卖合同存在密切联系，该章被包含在本部分中。

G. 合同自由

虽然这属于规定性质而不是其适用范围的问题，但在本部分开头部分作出如下评论是适当的，即本部分的大部分规则都是可以由当事人变更的默认规则。第Ⅱ－1:102条（当事人自治）规定的基本规则是，当事人可以自由订立合同并确定其内容，有任何可适用之强制性规则除外。因此，当事人原则上可以自由地排除、修改、变更或以其他方式减损本部分之规则。

然而，为了更大程度保护消费者，某些规则被宣布为强制性的。不具约束力的单证当然不具有任何强制性。因此这只是对任何利用这些示范规则的立法思想的一种指示，应该考虑使得有关规则具有强制性。

根据两项具体的减损规定，与卖方缔结的任何合同条款或协议，在相符性欠缺并未引起卖方注意之前，其直接或间接放弃或限制买方权利的条款对消费者不具约束力：第Ⅳ.A－2:309条（消费品买卖合同中相符性权利之减损的限制）和第Ⅳ.A－4:101条（消费品买卖合同中不相符救济之减损的限制）。这意味着，仅当买方已经就相符性欠缺通知卖方之后，当事人才能自由地减损于相关规定。提前减损这些规则规定的制度是不可能的，除非买方被赋予了比相关条款规定的更广泛的权利。必须指出的是，当前规则中的强制性规则仅具有相对的强制性，即为了买方的利益，当事人仍然可以自由地减损它们。从整体角度来看，买方被赋予更多的保护是不够的：那只是扩展了某些权利，同时限制了其他的。

根据其他条款，例如第Ⅳ.A－5:103条（消费品买卖合同中的风险转移）、第Ⅳ.A－6:103条（担保单证）、第Ⅳ.A－6:107条（举证责任）和第Ⅳ.A－6:108条（担保期间的延长），当事人不得为损害消费者而排除该条款之适用或减损或变更其效力。这是一种限制，与上一段提到的技术有着类似的效果。根据第Ⅳ.A－6:102条（担保的约束力），某些限制担保效力的形式要求对消费者并无约束力。另外，第六章的某些条款明确规定，在某些方面对担保范围的排除或限制是可能的，但它必须明确规定在担保单证中以确保有效，参见第Ⅳ.A－6:105条（限于特定部分的担保）和第Ⅳ.A－6:

106条(担保人责任的排除或限制)。此外,相关条款的评论将会提出其适用范围的例子。

减损包括直接和间接减损。直接减损的情况包括对买卖合同中或标准条款中既定规则的排除;间接减损的情况则包括规定比相关规则中更少的权利,或者以其他方式变更规则以损害消费者的利益。重要的是要记住,即使并未排除强制性规则之适用的条款,或者减损或变更其效力的条款,都可能构成不公平的合同条款,并因此而对消费者不具约束力(参见第二编第九章第四节)。

旨在减损强制性规则——例如通过排除该条款的适用——进而损害消费者利益的买卖合同条款无效,即,自始自动无效(参见定义列表中"无效"的定义)。因此,消费者享有相关条款中规定的权利,受到卖方试图规避的保护。

注　释

Ⅰ.买卖法相关规则概观

1.鉴于买卖是一种基本的合同类型,它在所有体系中都被规定为一种有名合同。然而,在不同体系中其规制模式有所不同。

2.大多数体系都将买卖规则规定在民法典中(奥地利民法典第1053～1089条;比利时民法典第1582～1701条;捷克共和国民法典第588～627条;法国民法典第1582～1701条;德国民法典第433～479条;希腊;匈牙利民法典第365～377条;意大利民法典第1470～1547条;拉脱维亚共和国民法典第2002～2090条;立陶宛共和国;荷兰民法典第七编第一章第1～7节;波兰民法典第535～602条;葡萄牙民法典第874～938条;斯洛伐克民法典第588～610条;西班牙民法典第1445～1537条)。与此类似,在爱沙尼亚,买卖被规定在广泛的LOA第208～237条,斯洛文尼亚则规定在LOA第435～506条。根据其中某些体系,适用于买卖的大量规则都被规定在合同的一般规则当中(例如,匈牙利民法典第277～311/A条;捷克共和国民法典第499～510条),其中尤其是关于相符性欠缺和瑕疵履行的规则对所有合同皆适用。

3.其他体系则将买卖规定在独立的货物买卖法当中(丹麦Købeloven(SGA);英格兰与苏格兰《货物买卖法》;芬兰Kauppalaki(KL);挪威Kjøpsloven(Kjl);瑞典Köplagen(KöpL))。这种方式也出现在分别专门调整商业买卖和消费品买卖的《联合国国际货物销售合同公约》和"消费品销售指令"中。

4.这些一般规则有时会辅之以与商业买卖法相关的具体规则(奥地利商法典第373(Handelskauf)及以下;捷克共和国商法典第409～475条(与民法典的规定相比更为详细,包括了企业买卖第476～488a条);德国商法典第373(Handelskauf)条及以下;葡萄牙商法典第463～476条;斯洛伐克商法典第409～496条;西班牙商法典第325～334条)。

5.此外,所有体系都有与消费品买卖相关的具体规则。一方面,这些规定可能包含在一部独立法典或法令中("奥地利消费者保护法"(Konsumentenschutzgesetz)第8,9,9a和9b条;"芬兰消费者保护法"(Kuluttajansuojalaki);"法国消费者法典"(Code de la consummation)特别是第L.211－1－17条;"希腊消费者保护法";"意大利消费者法典"(Codice del Consumo);"拉脱维亚共

和国消费者保护法”;“挪威消费品买卖保护法”(Forbrukerkjopsloven);“波兰消费品买卖保护法”;“葡萄牙消费者保护法”;“斯洛文尼亚消费者保护法”第36～37č条;“瑞典消费者保护法”(Konsumentköplagen))。西班牙法律中存在几项调整消费品买卖的法令:“消费品买卖法”23/2003、“消费者保护法”(Ley 26/1984)、“零售交易法”(Ley 7/1996)和“分期买卖法”(Ley 28/1998)。这些规则大多已被合并在“消费者保护法”(Real Decreto Legislativo 1/2007)中,形成了一部单行、新版的法律文本。另一方面,在许多体系中,专门调整消费品买卖的规则也被混杂在关于买卖的一般规则当中(比利时民法典第1649bis～1649octies条;捷克共和国民法典第52～65条以及第612～627条;丹麦货物买卖法第72～86条;英格兰和苏格兰货物买卖法第48A至48F条;爱沙尼亚LOA第208～237条;德国民法典第474～479条;立陶宛共和国民法典第6.392～6.401条;荷兰民法典第七编第一章第1～7节全部;斯洛伐克民法典第52～60条、第588～610条以及第612～627条)。根据匈牙利法律,由于瑕疵履行和瑕疵履行之责任的规则对所有合同普遍适用,所以在关于瑕疵履行的一般规则中,调整消费品买卖的规则是作为消费者合同的特殊规则出现的。

Ⅱ.买卖的定义

6.参见第Ⅳ.A－1:202条(买卖合同)的注释。

Ⅲ.类推适用于其他合同

7.在所有体系中,买卖的强制性规定类推适用于其他合同,在此,我们可以区分出三种情形。

8.第一,某些有名合同类推适用关于买卖的规则,例如互易合同和(某些)货物制造或生产合同。

9.第二,买卖法规定可以类推适用于有名合同(并不处理具体问题的)和无名合同(即并不如此调整的合同)。此种类推适用可能采取不同的形式。根据捷克和斯洛伐克民法典第491条,存在着一项普遍性规定:“债特别产生自本法典明确规定的合同;但是,它们也可能产生自本法典(民法典第51条)并未规定的其他合同,以及由不同合同类型之要素组成的混合合同。”此外,无名合同制度被规定在民法典第491条第(2)款:“关于产生自本法典并未规定之合同的债,它必须适用与那些合同有着最密切联系的本法典规定,合同另有规定的除外。”根据奥地利民法典第932条以下和匈牙利民法典第277～311/A条,相当数量的适用于买卖的规则也被规定在合同之一般规则当中,最为重要的是,关于相符性欠缺和瑕疵履行的规则是对所有涉及的合同都适用的。

10.第三,买卖法规定也可以用来作为合同法的一般原则的来源,因此可以适用于所有合同类型。这种做法是北欧国家所特有的,在那些国家中,买卖法的规定一定程度上被视为非法定一般合同法的法定规范。例如,根据芬兰法律,买卖法的一般原则,比如违约合同终止的概念、拒绝付款的权利以及预期违约的概念都几乎适用于所有合同(参见Aurejärvi and Hemmo, Velvoiteoikeuden Oppikirja,89 and 93)。

11.尤其是,下列合同借鉴自买卖法:租购合同((英格兰和苏格兰货物供应(默示规则)法1973);供应与租借合同(英格兰和苏格兰货物与服务提供法1982);“kaufähnliche Verträge”(德国Hoeren and Martinek, Systematischer Kommentar zum Kaufrecht, para. 34);对于具有部分赠与性质的合同与为换取债务而转移财产的合同之适用性(立陶宛民法典第6.436条);交付(波兰民法典第612条);农产品的先合同交付(波兰民法典第621条);加工承揽合同(波兰民法典第638条);销货佣金(西班牙,De la Cuesta Rute, Contratos Mercantiles Ⅰ,228 and 236);电力供应合同(西班牙,De la Cuesta Rute, Contratos Mercantiles, Ⅰ,228 and 236)。

Ⅳ. 混合合同

12. 某些典型的混合合同已经通过法律规定或判例法得到了处理。其中最为突出的是所售货物的生产或制造合同,而那包含着服务的因素和买卖的因素。参见下一条的注释。

13. 考察一项混合合同——即,通常是将买卖的因素与服务的因素混合在一起——时,基本上存在三种确定适用规则的可能性。

14. 第一,我们可以仅仅将一项制度适用于整个合同,通常是交易中占主导地位的那一部分,即最近似于整个交易的合同类型(所谓的吸收理论[theory of absorption])。这种做法出现在《联合国国际货物销售合同公约》第 3 条第(2)款,它规定,买卖制度并不适用于供应货物一方的绝大部分义务在于提供劳力或其他服务的合同。类似规定也出现在许多其他体系中(捷克共和国商法典第 410(1)条;爱沙尼亚 LOA 第 208(2)条;芬兰 SGA 第 2(2)条;立陶宛;挪威 SGA 第 2(2)条;斯洛伐克商法典第 410 条;瑞典 SGA 第 2(2)条)。奥地利民法典第 1055 条包含着一项关于互易合同的类似规定。根据北欧国家法律,首先需要考虑的问题是,那是一个单一合同还是两个独立的合同。如果已经确定只存在一个合同,仍需考察"绝大部分义务"的指向。为此,许多情况都要被考虑在内。例如,如果所需工作要求特定设备之专门知识或使用,那么这就会被认为是绝大部分义务的表现。在这种情况下,所考察的服务合同就会被排除在买卖法的适用范围之外。当配件很容易改变,例如包括改造汽车轮子的服务时,服务便不是占主要地位的;因此,在后者情况下,存在的是买卖合同(芬兰 Routamo and Ramberg, Kauppalain Kommentaari, 26 - 27;瑞典 Ramberg, Köplagen, 151 f)。根据英格兰和苏格兰法律,一项混合合同是否被纳入货物买卖法的适用范围,取决于每一个案的事实;然而,大多数混合合同已经被法院解释为一项独立的买卖合同,其附带措施是,如果买方向卖方交付了其他货物,那么约定的折扣就要针对价格提出(Benjamin (- Sealy), Sale of Goods,[6] § 1 - 039;G. J. Dawson (Clapham) Ltd. v. H. & G. Dutfield [1936] 2 All ER 232)。另外,混合合同也可以被解释为一对附有价格抵销的互惠买卖合同。许多交易都涉及货物和服务的提供,有时被称为提供劳务和材料的合同。根据英格兰和苏格兰法律,如果合同实质在于最终成果,这种合同就是买卖,如果合同实质在于供应方的技术和劳动,例如画一幅肖像(Robinson v. Graves [1935] 1 KB 579),通过更换和安装部分配件来修理他人的财物(Lee v. Griffin (1861) 1 B & S 272, 121 ER 716),根据他人的订单制造货物(Cammell Laird & Co. Ltd. v. Manganese Bronze & Brass Co. Ltd. [1934] AC 402),在他人财物上安装附加的货物,在餐馆提供餐饮服务(Lockett v. A. & M. Charles Ltd. [1938] 4 All ER 170),那它就是服务合同。根据西班牙法律,吸收原则已经被公营机构在签订合同时明确采用(Ley 30/2007 art. 12)。

15. 第二,我们可以将合同之不同部分的规则结合在一起,从而将交易分解为不同的要素(所谓累加理论[theory of cumulation]:奥地利;荷兰民法典第 6:215 条)。

16. 第三,我们可以适用债法总则,而无须诉诸于具体合同的规则(捷克共和国民法典第 491(3)条;匈牙利 BH 1982. 201;斯洛伐克民法典第 491(3)条;西班牙合同法"cesión de suelo por obra"(Ruda González, El contrato de cesión de suelo por obra, 94))。根据捷克法律,例如这适用于租售合同(cf. Bejček/Eliáš/Raban, Kurz obchodního práva,[3] 286;PP 11/2001, 29 and PR 6/2004, 231)。

17. 许多国家的法律制度并不存在确定混合合同的一贯政策,而是将不同的理论结合在一起(比利时;法国;德国;西班牙;匈牙利)。在法国,有时会选择采用分别确定方式,因此一项合同部

分是买卖,部分是另一种合同(Cass. civ. Ⅲ,1977 年 3 月 16 日,Bull. civ. Ⅲ,no. 131,买卖一座将要修建的核电站,这一合同部分是买卖,部分是建筑合同)。但大多数时候,判例会选择采用单一确定方式,进而适用主体合同的规则。然而,主体合同是以一种特殊的方式来界定的:判例规定,如果一项合同涉及标的物的所有权转让,该标的物是按照满足客户之特殊需要的规格来制造的,而非有着预先确定之规定的标的物,那么该合同便应被确定为服务合同而非买卖合同(参见,例如 Cass. civ. Ⅰ,14 December 1999,Bull. civ. Ⅰ,no. 340)。在德国,吸收理论和累加理论都存在。前者尤其得到了 1945 年前帝国法院(*Reichsgericht*)的适用,而后者则是针对买卖和租赁相混合的租售合同的多数意见(参见,例如 Medicus,Bürgerliches Recht,[20]236 f)。在匈牙利,学者和法院判决往往使用"混合合同"和"非典型合同"的表达方式,但这两者之间的区别是相当模糊的。混合合同指的是由不同有名合同的因素构成的合同,例如融资租赁;非典型合同指的则是只能适用合同法总则,而不能诉诸于具体合同规则的合同。但法院有时将这两种表达方式互换使用,就好像它们的意义相同一样。因此可以认为,法院既运用了将交易分解为各个组成部分的方法,又运用了诉诸于合同法总则的方法。明确的理论背景是并不存在的(参见 Miskolczi Bodnár,Gazdaság és Jog 1/1997,3－11)。在西班牙,并不存在独特的理论方法。法院通常将买卖或租赁规则适用于租售合同,但并不是累加规则(Parra Lucán,Aranzadi civil 2006,2223)。"累加方法"也适用于混合交易,例如约定的价款与财产的经济价值不成比例,以及移转未来不动产的合同。特别是,累加方法(买卖和代理)有时被用来表征类似分销(TS 14 February 1997,RAJ 1997 no. 1418),以及转让不动产以换取受让方对转让方余生之赡养(TS 1 July 1982,RAJ 1982 no. 4213)这样的合同。当一项合同的规定被认为"吸收"了整个合同关系时,这通常是因为交易中存在着某种类型的伪装。

18. 其他结合方式也是可能的,例如买卖合同与卖方维修货物之义务的结合(立陶宛民法典 art. 6.156)。买卖合同也可能与独家经营权合同相结合,在此,买卖规则将被适用于整合了整个合同的买卖合同(瑞典 Ramberg,Köplagen,147)。根据意大利判例,买卖与专营权的合同是买卖与委任、买卖与代理或买卖与供应的混合。然而,看起来将特许销售视为一种非典型合同是更为适当的,因为其特点在于广泛消费之货物销售的综合形式(Bianca,La vendita e la permuta,43)。

V. 电力

19. 一般来说,电力买卖在大多数体系中都属于一般买卖法的范围之内(在奥地利,电力被视为无体物,参见《产品质量法》第 4 条以及《消费者保护法》第 15(1)条;在捷克,自然力(天然能量)被视为物;英格兰 Bridge,Sale of Goods,28;爱沙尼亚 LOA 第 208 (3)条;法国 Crim.,1958 年 1 月 8 日:JCP éd. G 1958,Ⅱ,10546,with Note H. Delpech;德国民法典 § 453;GREECE cf. CFI Thessaloniki 1580/1998 8 Arm 1998,929;匈牙利民法典第 94(2)条,如果法律并无相反规定,则所有权规则恰当地适用于金钱、证券和自然资源;在立陶宛,关于各种能源之买卖的特别规定出现在民法典第 6.383～391 条;波兰民法典第 555 条;葡萄牙 RP 31－1－1994;苏格兰,"水、气、电及类似物的买卖属于普通法,并且受法律调整"(Gow,Mercantile and Industrial Law of Scotland,81,citing the Scottish judge Lord Guest in Longhurst v. Guildford Water Board [1961] 3 All ER 545 (HL),549);斯洛文尼亚财产法典第 15 条。

20. 在某些体系中,货物买卖的规定类推适用于电力买卖(德国民法典第 453 条,挪威 Ot. prp. no. 80 1987－1988 and Krüger,Norsk Kjøpsrett,[4]6)。同样,在荷兰,买卖规则或者直接适用或者至少通过类推方式适用,法学界的主流意见并不认为电力是物,因为它不能被认为是有着

“物理”性质的货物(cf. Loos,De energieleveringsovereenkomst,51－56)。

21. 在瑞典,电力配送合同毋宁说构成了一项服务合同,它并不被认为是买卖,因为人们认为电力并不是有体物(cf. Ramberg,Köplagen,137)。同样,在西班牙,买卖规定适用于供应合同,只要它们与供应合同的本质并不矛盾(Dela Cuesta Rute,Contratos Mercantiles,Ⅰ,228:法学界通常认为,供应合同是买卖合同的变型;也参见 TS 10 March 1994,RAJ 1994 no. 1734,TS 23 May 2002,RAJ 2002 no. 7158)。

22. 在某些国家,电力买卖是由公法调整的(比利时佛兰德语地区:Vlaams elektriciteitsdecreet,Brussels region:Elektriciteitsordonnantie,Walloon region:Décret relative à l'organisation du marché regional de l'électricité;芬兰电力市场法(Sähkömarkkinalaki);拉脱维亚电力市场法;西班牙电力市场法 1997)。这种公私分立可能归因于下述事实,公用事业已经在整个欧洲私有化,借此买卖的私法因而更可能与这一领域相关,而无论涉及的是供应商之间还是供应商与客户之间(试比较英格兰与苏格兰,但在芬兰的解释中,将电力排除在货物买卖法之外的原因在于这一事实,即尽管广义上电力属于动产(*irtain omaisuus*),但电力供应主要被视为一种服务合同。根据通常意见,在电力买卖中,转让(*luovutus*)概念是不存在的;也参见西班牙)。

23. 在某些体系中,电力买卖并不被认为属于“消费品买卖指令”第 1 条第(2)款(b)项规定的消费品买卖(法国消费者法典第 L. 211－2 (2)条;瑞典 Prop 2001/02:134,24;西班牙消费者保护法第 115(2)条)。然而,在荷兰,由于 2004 年电气供应市场的自由化,供应给消费者的这种方式被明确承认为消费品买卖合同(民法典第 7:5(1)条)。

Ⅵ. 软件

24. 软件买卖的问题在于,要确定实际上被出售的是什么。某些体系似乎认为软件是一种“货物”,而并未进一步确定,另一些体系则抓住了包含软件的实际载体——例如磁盘——的转让与使用软件的权利的转让——那属于知识产权的领域——之间的区别。

25. 某些体系简单地将软件视为“货物”(奥地利 Koziol and Welser,Bürgerliches Recht Ⅱ[12],144,fn. 5;希腊;拉脱维亚;立陶宛)。在德国,联邦法院已经将货物买卖的规定适用于软件(参见 BGH 18 October 1989,BGHZ 109,97)。这种方法也以间接方式得到了西班牙最高法院的推崇(TS 12 December 1988,CCJC 18/1988,pp. 1063 ff,annotated by Delgado)。

26. 一般来说,软件“买卖”在北欧国家并不属于买卖法的适用范围,因为它是通过许可合同方式授予的软件使用权的转让,但是如果软件与硬件一起出售,各国买卖法也可以适用(芬兰 Routamo and Ramberg,Kauppalain Kommentaari,15;挪威,试比较,Ot. prp. no. 44 2001－2002,57;瑞典 Ramberg,Köplagen,138)。不过,法律又规定,这一交易被认为必须是适当的转让(芬兰 Routamo and Ramberg,Kauppalain Kommentaari,15)。同样,在荷兰,软件并不被认为是“物”,但至少在单一标准化软件情况下,它可以被认为与磁盘或光盘出售合二为一,关于货物买卖的规定最终可以适用(参见 Asser－Hijma (2001),no. 196)。如果标准化软件被从互联网上下载,则买卖规定要通过类推方式来适用(Asser－Hijma (2001),no. 203)。

27. 根据其他的,例如法国的体系,软件转让被认为仅是软件许可而不是买卖,虽然这一区分可能并不总是非常明确的(参见 Le Tourneau,JCP 1982,Ⅰ no. 3078)。然而,最高法院(*Cour de cassation*)曾将保证适用于受到病毒感染的计算机磁盘的隐性瑕疵,从而将合同确定为一种买卖(Cass. civ. Ⅰ,25 November 1997,Bull. civ. Ⅳ,no. 308;JCP 1998,853 Note Gross;RTD civ 1998,386 obs. Jourdain)。这使得一位学者指出,提供标准软件的合同可以被确定为买卖合同(Huet,

De la“vente” de logiciel,799 ff contra,Girot,User Protection in IT Contracts,162 ff)。同样,在比利时,该区分并不明确(界定为买卖:Tilleman and Verbeke,Bijzondere overeenkomsten in kort bestek,234;Kh. Brussels 25 February 2000,AJT 1999－00,843;Liege 19 February 2002,T. Aann. 2003,133;Rb Brussels 2 May 1088,D. I. T. 1990,vol. 1,47;Kh. Kortrijk 23 June 2003,TGR－TWVR 2004,vol. 4,286;Kh. Turnhout 18 March 1996,Turnh. Rechtsl. 1995－96,147;界定为许可:Dirix and Van Oevelen (－Taeymans),Bijzondere overeenkomsten)。根据匈牙利法律,原则上由版权赋予的权利不能生前(*inter vivos*)转让,而只能成为许可合同的客体。不过,与软件相关的经济权利(著作权法第58(3)条)、数据库(著作权法第61(2)条)、电影作品(著作权法第66(1)条)和广告作品(著作权法第63(1)条)已经有了例外。与版权相关的权利(邻接权和因数据库保护所产生的独特权利)和工业产权也是可以转让的。

28. 在英格兰和苏格兰,关于这个问题存在着相互冲突的案例。在 St. Albans City & District Council v. International Computers Ltd. [1996] 4 ALL ER 481 (CA) 一案中,法院认为,带有软件之磁盘的供应或者是买卖,或者是货物供应(通过一张目的在于加载软件并带走它的磁盘,被告交付给原告软件;法院认为,此处并不存在软件的买卖,而只是对其许可使用)。在 Beta Computers (Europe) Ltd. v. Adobe Systems (Europe) Ltd. 1996 SLT 604 一案中,彭罗斯爵士(Lord Penrose)在高等民事法院外院(the Outer House of the Court of Session)认为,基于一定价格而供应专有软件,是个独特的单独合同而不是货物的买卖,虽然它包含着类似货物买卖或许可授予的合同因素。根据这些权威观点,从互联网下载软件在这两个体系中都不会被认为是一项货物买卖合同。

Ⅶ. 权利、应收账款、工业产权或其他知识产权

29. 大多数体系中都有包括货物、不动产和权利之买卖的买卖法一般制度。因此,权利的买卖受到一般规则的调整。当谈及权利时,它们必须是可转让的(捷克,权利必须具有财产价值;荷兰也是如此,试比较民法典第3:6 和7:47 条;斯洛伐克民法典第118 条;斯洛文尼亚),这便排除了纯粹的人身权利(立陶宛)。在波兰,买卖涉及股份、可转让的财产权利和无体物上的权利(Radwański (－Katner),System Prawa Prywatnego Ⅶ[2],42)。在爱沙尼亚,任何权利(包括不可转让的权利)都能成为买卖合同的客体;如果权利是不可转让的,则卖方只是不能履行而已。此外,在西班牙,买卖合同的客体可以是每一种有体和无体财产(Lacruz Berdejo and Rivero Hernúndez, Elemenros Ⅱ (2),[3]p. 17)。

30. 由于北欧国家使用的是也包括无体财产的广义货物定义,因此诸如股票期权、股份、债券、知识产权、许可证、使用权、专利权和商标权等买卖都属于各自买卖法的适用范围之内(试比较瑞典 Ramberg,Köplagen,136 f)。不过,重要的是要记住,这只适用于现有权利的转让,而非正在形成的权利。在芬兰,买卖法的适用已经引起了一些讨论;普遍的看法是,该法律也适用于股份购买协议(例如 KKO 1992:158)。较为狭义的做法出现在消费品买卖,其适用范围限于有体财产(芬兰消费者保护法典第5 章第1(1)条;瑞典消费品买卖法第1(1)条)。

31. 根据匈牙利法律,关于所有权的规则可以适用于证券(包括凭证式和非凭证式——或非实物——证券),就好像它们是物一样,进而证券也能够成为买卖合同的客体(民法典第94(2)条)。

32. 在英格兰和苏格兰,无体权利,例如知识产权、诉权和合同权利等,都不能成为货物买卖法的客体。对合同中的转让禁止一般会生效,以至于违反禁止的任何所谓交易都无效(Linden

Gardens Trust Ltd. v. Lenesta Sludge Disposals Ltd. [1994] 1 AC 85; James Scott Ltd. v. Apollo Engineering Ltd. 2000 SC 228)。

33. 在法国，知识产权的转让是由一般买卖法和知识产权法典(*Code de la propriété intellectuelle*)特别规定来调整的(关于版权，droit d'auteur：第L. 131－1条及以下；关于专利：第L. 613－8条及以下)。

34. 在比利时，工业产权的转让被认为是这些权利的许可而不是买卖(van Hoof, Overdracht van intellectuele rechten en voorwerp van zekerheden, 119－170)。在西班牙，同样的原则也适用于知识产权(参见Bercovitz, Manual de propiedad intelectual)。

Ⅷ. 互易

35. 参见第Ⅳ.A－1:203条(互易合同)注释。

Ⅸ. 不动产

36. 参见第Ⅳ.A－1:201条(货物)注释。

Ⅹ. 消费品买卖法的强制性规定

37. 在所有体系中，与消费者有关的特殊规定都是强制性的。最常见的方法是宣告整个规则集合都具有强制性(消费品买卖指令第7(1)条；奥地利消费者保护指令第2(1)条；比利时民法典第1649条等；捷克共和国民法典第2(3)条；芬兰消费者保护法第5章第2条；法国消费者法典第L. 211－17条；意大利消费者法典第134 (1)条：立陶宛民法典第6. 350条；挪威消费品买卖法第3条；波兰消费品买卖法第11条；斯洛文尼亚消费者保护法第37č条；西班牙消费者保护法第10条；瑞典消费者保护法第3(1)条)。爱沙尼亚法律规定，在消费品买卖的情况下，在调整不履行情形中当事人责任的规定(买卖法和一般合同法中)都是强制性的，任何损害消费者之减损都是不被允许的(LOA第237(1)条)。瑞典法律则在暂行办法中明确指出，关于合同是否赋予了消费者比法律同等或更好的保护，确立一个整体观点是不够的(Prop 1989/90:89)。

38. 在其他体系中，买卖规定包含着一系列被宣称强制性地有利于消费者的规则(丹麦SGA第1(2)条；德国民法典第475条)。一种类似的方法是，如果某规定在消费品买卖中是强制性的，则在每一具体条文中都应予以明确，匈牙利法便是如此。

39. 在荷兰，各方均不得减损某些规则以损害消费者，但他们可以减损来自他人对消费者的损害，但并不是通过标准合同条款(民法典第7:6(1)和(2)条)。类似的方法，也可参见英格兰和苏格兰法律，其中关于卖方之货物与说明或样品相符合，以及其对于任何特定目的的质量和适合性的隐含担保，货物买卖法的规定在消费品买卖中都是具有强制性的(不平等合同条款法第6(2)和20 (2)条)。

40. 鉴于限制或排除消费者权利之间接方式的存在，某些条款采取了具体处理的方式，参见，例如比利时，关于暗示消费者在合同缔结时已认识到货物之相符性欠缺的存在的条款(民法典第1649条等等)。

41. 当事人自治可能受到一般公平规则的限制，例如芬兰和瑞典所颁布的规则(合同法第36条)。此外，某些(一般)规定可能被宣称就其本身而论是强制性的。在英格兰和苏格兰，关于卖方之隐含担保的规定在所有买卖中都是强制性的(不平等合同条款法第6(1)条)。在斯洛伐克，某些商业义务上的规则被规定为强制性的(商法典第263条)。这适用于如果货物所有权提前转让则需要书面形式的商法典第444条，调整某些情况下风险转移的商法典第458条和第459条，以及调整企业买卖的商法典第477、478、479(2)、480、481、483(3)和488条，以及涉及租赁物之

买卖的商法典第493条。

第Ⅳ.A－1:102条　待制造或生产的货物

一方以获得价款为目的为他方制造或生产货物，并将货物所有权转让给他方的合同，首先被视作货物买卖合同。

评　论

A. 概述

许多合同涉及卖方为获得价款，在货物所有权能够转让给买方之前生产或制造货物的内容。如果并不存在制造的承诺，卖方在售出货物之前将会制造它们只是顺带产生的话，那么存在的就是纯粹的买卖合同，因而本条并不适用。它仅适用于一方实际上“承诺”制造或生产货物的合同。根据本条的规则，这种合同首先被视作一种货物买卖合同。合同缔结时货物并不存在无关紧要。这些规则适用于期货的买卖（参见第Ⅳ.A－1:201条（货物））。不论货物是大规模生产，还是按照约定设计定制的（例如一条船），这都是适用的。

这种交易涉及两方当事人：一方预订待制造或生产的货物并承诺（或者明示或者默示）购买它们，另一方则承诺制造或生产它们，然后将其所有权转让给买方。他们的合同包含着两项要素，实际制造或生产货物，以及为获得价款转让这些货物的所有权。交易的前一部分可以被视作一种服务合同，而后一部分，即为获得价款转让所有权，则可以恰当地被界定为买卖合同。实际上，它与大多数典型的大规模生产货物的买卖之唯一差别在于，制造过程尚未发生。它是这一过程与随后引起定性问题产生的“买卖”的结合。

这不过是结合了两个或两个以上特定合同类型要素的“混合合同”的一个实例。因此，本条必须与第Ⅱ－1:107条（混合合同）的一般规则一起来解读，起草者的用意也正在此。

B. 混合合同的规则

第Ⅱ－1:107条（混合合同）的一般规则是，经过任何适当修改，可适用于每一相关类别的规则适用于混合合同的相应部分，以及由此产生的权利和义务。这往往对于包含货物买卖加上某些其他类型规定的合同意义重大。例如，如果合同规定了机械买卖以及数年内的售后维修服务，则买卖部分受第四卷本部分规则的调整，而维修部分则

受第四卷服务部分规则的调整。关于约定货物为某人制造或生产，之后售给另一人的合同，如果并不存在特殊规定的话，则同样的一般规则将会适用：服务规则适用于服务环节，而买卖规则适用于买卖环节。然而，经验表明，将这种合同的大多数视作买卖合同是更为合宜的，尤其是在订货方并未介入制造过程，而预订标准化大规模生产项目的制造和买卖的情况下。正如上文所指出的，这种合同在功能上就像普通买卖合同一样，除了货物尚未制造出来以外。因此，第Ⅱ－1:107条为"有规则规定一个混合合同应首先被视为属于某类合同"的情况规定了一项特殊规则。在这种情况下，可适用于主要类型的规则适用于合同以及由其产生的权利和义务。但是，可适用于合同某一要素的规则属于另一种类型的，在对这些要素进行规制是必要的以及不与适用于主要类型的规定相抵触的范围内，这些规则准用于混合合同。

在目前语境下，这意味着在货物制造并买卖的合同中服务要素是显而易见的情况下，例如，一项独创或独特项目是在订货方积极指导下来建造的，则第四卷第三编关于服务的规则经适当修改可以适用于合同的服务环节。这是必要的，或者至少是极为可取的，因为在某些这种类型的合同中，服务环节可能会持续多年并涉及许多困难。在合同本身规定缺位的情况下，我们完全有理由适用一般服务规则来解决这些困难。但在出现任何抵触的情况下，应以买卖规则为准。当相符性规则可能稍有不同时，冲突可能只会出现在过程结束时。在这一阶段以买卖规则为准是合理的，因为当事人最终所希望的正是像任何其他买卖情况下一样获得相符的货物。

第Ⅱ－1:107条（混合合同）第（5）款还有保留任何强制性规则之适用性的进一步规定。因此，尽管合同具有混合性质，本部分所有强制性的消费者保护规则都将适用。这是至关重要的，因为否则的话，通过将合同界定为买卖加上其他某种类型的方式，规避这些保护性规则将会轻而易举。

谁来提供原材料无关紧要，只要存在一旦制成就要将货物所有权转让给订货方的义务即可。这意味着，一项一方提供原材料（或者其中的大部分），另一方用其建造某物（在此过程中获得新物的所有权）之后并将其所有权转让给订货方的合同，首先是买卖合同。关于相符性、不相符之通知、风险转移以及救济的规则对其适用。只有在规范合同之建造环节有必要时，解释规则才以顺带和附属的方式适用。

示例1

一个公司为其员工定做制服。不论该公司并未提供原材料，还是提供部分原材料（例如只有纽扣和标识）或全部原材料，这都是无关紧要的。如果服装店成为成衣的所有者并将所有权转让给公司（一般都是如此），则第四卷本部分的规则适用，虽然服务规则可以以附带方式适用于生产阶段（例如，如果公司在工作进行过程中，就其改变给出了指示）。

当然，如果公司提供了全部原材料，并且合同规定各个阶段所有原材料包括制服成衣的所有权由公司保留而并未转移给服装店，则这就根本不是买卖合同，而只是一项提供服务的合同。重要的问题是根据合同必须做什么，而不是谁提供的原材料。在

某些情况下,合同可能规定一项极有价值的原材料的买卖,即使制造商提供的原材料没有太大的价值。这种材料的买方有权期待关于交付、相符性等的买卖规则有所适用。

示例2

甲是一位著名的画家,他与富商乙签订合同,为其画像并将成品画的所有权转让给乙。这属于本条的适用范围。一旦画像完成就要适用买卖规则。服务规则附带适用于履行之绘画阶段。

在实践中,案件属于本条适用范围还是属于第四卷第三编之建造或加工规则的适用范围,一般差别不大。在大多数情况下,卖方与建造者或加工者的义务是类似的。

C. 消费者交易

根据"消费品买卖指令"(Directive 1999/44/EC)第1条第(4)款,基于该指令的目的,供应给消费者待制造或生产的货物的合同被视作买卖合同。谁提供原材料或原材料的主要部分是无关紧要的。本条遵循了同样的进路(并且不仅仅对消费者交易),但又通过使用"首先"一词从而允许服务规则在必要时有所适用,引进了灵活性的元素。如上所述(评论B),在相互抵触以及消费者保护规则明确保留的情况下,买卖规则优先适用。

在第Ⅳ.A－2:304条(消费品买卖合同中的不正确安装)(a)项中,消费品买卖和服务合同之间的区别存在着细微的含糊不清,它将卖方或基于卖方责任而对货物之不正确安装——无疑是一项服务——视为这种货物之相符性的缺乏(参见该条的评论B)。

D. 价款可能是总价

根据本条,找出相对于进行建设或生产服务的适用于所有权转让的价款部分,或者将一部分价款分配给转让环节,这是没有必要的。价款可能是个总价。合同仍然首先是买卖合同,首先受这些规则的调整。

E. 不包括不动产

本条仅适用于"货物"。因此,建造并买卖建筑物或其他不动产的合同——在涉及建造时,这无疑是最重要的消费合同——并不属于本部分的范围之内。

F. 不包括维修或保养

必须牢记的是,本条仅适用于生产或制造货物的承诺和转让其所有权的承诺同时存在的合同。因此,它将货物维修或保养的合同排除在其范围之外。

示例3

双方签订了一项修理汽车发动机的合同。机械师将发动机拆下来，并用一些现有的零件和一些从制造商那里获得的新零件对其进行了修理。这或者是一项纯粹的服务合同，或者(取决于存在的是一项买卖任何零件的实际承诺，还是仅仅理解成所有权通过添附而转让)是一项服务和买卖的混合合同。在任何一种情况下，它都不受本条的调整。它完全或主要受服务规则的调整(参见第Ⅱ－1:107条(混合合同)第(3)款(b)项)。

注　释

Ⅰ.关于供应待制造或生产之货物的合同的一般规定

1. 这种合同在许多体系中都得到了明确强调，通常是通过将买卖规则的范围扩展到某些混合合同的方式(《联合国国际货物销售合同公约》第3条；捷克共和国商法典第410条；丹麦SGA第2条；芬兰SGA第2条；德国民法典第651条；拉脱维亚商法典第2214条；立陶宛民法典第6.306条；挪威SGA第2(1)条；斯洛伐克商法典第410条；瑞典SGA第2条)。波兰最高法院裁定，买卖合同的标的也可以是在合同缔结时尚未存在，但将由卖方来生产的物(Judgment of the Supreme Court of 18 March 1998, I CKN 576/97, unpublished)。与在陆地或者水上建造建筑物或其他构筑物不同，这些规则的范围通常仅限于货物的制造或生产，这或者采用北欧国家那种明确方式(SGA第2(1)条)，或者根据其他体系中的不同措辞可以确定。不过，根据德国法律，民法典第651条的新规则也包括了暂时附着于不动产的建筑物(Scheinbestandteile 民法典第95条)，专门为了某公司需要而建造因此智力工作占主导地位的机器，先行建造然后组合成一个建筑物(例如专门为特定房屋建造的厨房或楼梯)的货物，等等(试比较，Metzger, AcP 204 (2004), 231 ff)。

2. 此外，这些交易包含一项强调卖方承担双重性质之义务的属性，即出售和服务的因素。有鉴于此，该种合同遵循买卖法，除非买方承诺提供制造或生产所必需的材料的重要部分(《联合国国际货物销售合同公约》第3(1)条；捷克共和国商法典第410(1)条；爱沙尼亚LOA第208(2)条；芬兰SGA第2(1)条；挪威SGA第2(1)条；斯洛伐克商法典第410(1)条；瑞典SGA第2(1)条)。丹麦法律仅仅规定，如果卖方也提供了生产所需的材料，则这种合同应被视为买卖(SGA第2(1)条)。此外，根据许多体系的规定，也存在一项更为一般的定性，即如果供应货物一方的主要义务包括提供劳力或其他服务，则合同不被认为是买卖。

3. 在其他体系中，还存在仅涉及买卖法某些方面的具体规定，尤其是关于相符性欠缺的责任问题(希腊民法典第562条；斯洛文尼亚LOA第100条)。立法者试图将这方面的责任超越一般供应合同的责任边界，后者性质的条款追求的正是同样的目的(试比较，参见奥地利Jeloschek, ERPL 9/2001, 168以及英格兰和苏格兰，在此，根据《货物与服务供应法》1982第一编(通过《货物买卖与供应法》1994扩展到苏格兰)，大多数涉及在英国供货的合同目前与关于卖方的货物责任有着同样的规则)。

4. 在消费品买卖法领域之外，某些体系并不存在针对待制造或生产之货物的供应的特定合同。在那里，交易或者被定性为买卖或者被定性为服务合同。在这方面，存在着几种可能性。其

一,当事人自己来确定交易的性质(试比较捷克共和国民法典第588条(买卖合同)和与商法典第410条相对应的民法典第631条(承揽合同);英格兰和苏格兰 Robinson v. Graves [1935] 1 K. B. 579:在此案中,当事人自己并未确定合同的性质,法院将根据合同的内容来确定它是买卖合同还是服务合同,例如,在一个案件中,一个建造一艘船的合同被认定为买卖,虽然它同时具有建造合同的某些特征,Hyundai Heavy Industries Co. Ltd. v Papadopoulos [1980] 1 WLR 1129)。其二,法院必须裁定混合合同的属性(奥地利民法典第116条针对存疑情况下;Koziol and Welser, Bürgerliches Recht Ⅱ[12], 233;比利时根特19 July 1882,Pas. belge 1882,384;根特1892年1月4日,Pand. Pér. 1892,no. 603;根特1904年7月22日,Pas. belge 1905,Ⅱ,291;列日1949年12月13日,RCJB 1951,97;根特1953年5月11日,RW 1953－54,742;卑尔根1992年3月2日,JLMB 1992,1262;列日1992年6月4日,JLMB 1992,1292;列日1999年1月29日,RGDC 2000,313. Kh. 列日1997年6月25日,TBH 1997,655;英格兰和苏格兰 Robinson v. Graves [1935] 1 K. B. 579,匈牙利(仅在存疑情况下,否则便是服务合同);意大利民法典第1655条及以下;斯洛文尼亚 LOA 第620条(存疑情况下))。在西班牙,当承包商还承担提供材料的义务时(民法典第1588条),该合同到底应被认定为买卖合同、承揽合同还是两者的混合,这是存在争议的。根据法院判决的多数意见,这种合同应被视为建造合同,而不是买卖合同(TS 27 March 1981,RAJ 1981 no. 1077;TS 20 July 1995,RAJ 1995 no. 6194),这对于相符性欠缺的救济是至关重要的。在消费品买卖的情况下,规则恰恰相反(消费者保护法第115条)。其他不太重要的服务或者对售出货物作出的改变并不会影响合同的买卖属性(TS 17 December 1928,Col. Leg. Esp. 1928,p. 651)。在法国,现在判例一贯认为,当一项合同涉及根据满足客户特定需求的规格来制造的货物转让时,它就应被认定为服务合同,而当货物是根据卖方事先确定的规格来制造的时候,它就应被认定为买卖合同(参见例如 Cass. civ. Ⅰ,14 December 1999,Bull. civ. Ⅰ,no. 340)。

Ⅱ.消费品买卖

5.“消费品买卖指令”第1条第(4)款将待制造或生产之货物供应的合同概念引入了消费品买卖合同。不过,重要的是要注意到,根据这一规定,该交易是否包括一项突出的服务因素,或者到底哪一方提供材料,这对其定性都是无关紧要的。因此,消费品买卖法可以适用于历来被视为服务而非买卖的合同。施行这一规定的方式在成员国中大相径庭。

6.某些体系规定,不论劳力提供是否构成了合同的主要部分,买卖规定现在都是适用的(挪威消费品买卖法第2(1)条;比利时民法典第1649bis条,第3款)。在英格兰和苏格兰,通过对《货物与服务供应法》1982所作的修改,“消费品买卖指令”的规定已经被延伸到了同时涉及货物和承揽的合同。西班牙法律也是如此(“消费品买卖法”第2条)。

7.在其他体系中,消费者目前可以同时适用买卖规定和调整承揽合同的规定。在荷兰,除买卖规则以外,关于承揽合同的规则也可以适用(民法典第7:5(4)条)。该规定进一步指出,在消费品买卖规则与关于承揽合同的规则之间存在冲突的情况下,以前者规则为准(Bijl. H. TK. 2000－2001,27809,no. 3,13)。根据瑞典法律,为了不削弱对消费者的保护,除买卖规则以外,“消费者服务法”的某些规定当前也可以适用。当订货方承诺提供必要材料之主要部分的时候,“消费品买卖法”第2条第(1)款规定,“消费者服务法”第4条第(1)款、第6条和第7条额外适用(这些规定主要涉及卖方以专业方式履行,并告知消费者不利于其的订购服务的义务)。在爱沙尼亚,“消费品买卖指令”第1条第(4)款涉及的大部分合同都被视为消费品买卖(LOA 第208条第(2)和(4)款)。不过,买方承诺提供材料之主要部分的合同,或者供货方义务的主要部分包

括劳动力或其他服务之提供的合同，被视为服务合同（LOA第208（2）条），并属于承揽合同的范围之内。关于“消费品买卖指令”这并没有造成麻烦，因为关于承揽合同的规定包含在有关消费者服务的具体规定（LOA第635（4）条）中，而这与来自“消费品买卖指令”的有关消费品买卖的具体规定是相符合的。

8. 在某些体系中，“消费品买卖指令”第1条第（4）款一直没有得到具体实施（捷克共和国；匈牙利；波兰；斯洛文尼亚）。不过，根据斯洛文尼亚法律，由于仿照“消费品买卖指令”，“消费者保护法”通过类推服务合同适用买卖法律制度，所以其消费者保护程度是令人满意的。这同样适用于奥地利和匈牙利法律，因为通过对适用于所有相关合同的瑕疵履行之一般规定的修正，“消费品买卖指令”的转换发生了。正如上文Ⅰ所指出的，这导致了奥地利承揽合同之先前的、具体的相符性制度的废弃。

第二节　定　　义

第Ⅳ.A－1:201条　货物

在第四卷本部分内：

（a）“货物”一词包括在合同订立之时尚未存在的货物；并且

（b）除第Ⅳ.A－1:101条（适用的合同范围）本身以外，所谓“货物”，均应视为同时涵盖该条第（2）款所涉及之其他财产。

评　论

A. 货物

由于“货物”一词不仅在本部分使用，而且出现在这些示范规则的其他地方，所以我们在此并未给出其定义，而是将其留在定义列表当中。该定义是相当短的。

“货物”是指有体动产。它包括船舶、车辆、气垫船或者航空器、外空物体、动物、液体和气体。

本条明确规定，未来货物被涵盖在本部分当中，并且所谓“货物”被认为也包括第一条所提及的其他财产。这就避免了类似“货物及其他相关财产”这种不断重复的表述。

B. 有体动产

“货物”的基本含义是有体动产。因此，土地、建筑物和其他类型的不动产被排除

在本部分的规则适用范围之外。鉴于与土地、建筑物或其他不动产买卖相关的问题在整个欧洲极其复杂并且往往分歧严重，我们只能采取这种权宜之计。在某些体系中，不动产买卖是与货物买卖分别加以调整的。此外，关于土地或其他不动产买卖之合同的有效性，往往还存在着形式上的要求。

定义列表中“货物”定义的第二句列举了某些被包括在货物概念中的具体项目。这极其明确地规定，虽然它们并不属于某些国内和国际买卖法的范围之内，但基于本规则的目的，它们被视为货物。现将这些客体列举如下。

船舶、车辆、气垫船或航空器以及空间物体。这些客体已经被排除在《联合国国际货物销售合同公约》之外，目的是避免解释哪些船舶、车辆、气垫船或航空器属于《联合国国际货物销售合同公约》的客体这个问题，尤其是鉴于有关登记地可能在出售时并不被人所知这个事实。然而，它们属于本规则的适用范围之内，因为它们显然是有体动产，尽管它们的转让可能需要履行类似登记这样的特定手续。

动物。在过去的几十年里，动物的法律地位，尤其是对它们的保护，已经得到广泛讨论，并随之在整个欧洲有所改善。有鉴于此，许多法律体系都通过立法来处理动物的法律地位，例如与濒危物种贸易，动物虐待、健康或卫生要求有关的规则。虽然动物因而可能会被认为与常规“货物”有所不同，但动物买卖合同仍然遵守与常规买卖合同相同的规则。

液体和气体。毫无疑问，当被包装或以其他形式储存——例如，把水装在瓶子里或者把气装在罐子里——时，液体和气体属于买卖规则的适用范围之内。然而，当涉及通过管道供应液体和气体的合同时，这可能是更具争议的。虽然在其实际供应量方面这种合同确实包含着买卖的因素，但它们也可能涉及某些服务的因素，例如维修的规定。尽管如此，本规则适用于合同之实际买卖的部分。

示例1

在某市实行私有化方案之后，甲与当地的自来水公司乙签订了一项通过公共供水管网供应新鲜山泉水的合同。由于水库的过滤器发生了故障，有两天水仍然很脏，因而不能饮用。本部分第四章回答了可以向甲提供哪种救济的问题。

应当指出的是，允许一方从另一方土地上汲取液体或气体的合同并不属于这些规则所指的买卖合同。

C. 未来货物

根据本条(a)项，基于本部分的目的，“货物”一词包括所谓的未来货物。因此，当事人可以自由缔结涉及尚不存在之货物的有效的买卖合同。

示例2

在春天初至时，果园主人甲将本年度未来的收成卖给了当地的农业合作社乙。不论合同涉

及的是甲所预期,但由于资金短缺而在一定程度上有所损失的收成量,也不论涉及的是任何产出量,它都属于这些规则所指的买卖合同。

这一解决方案确保,虽然未来货物在某些国内法律体系中可能存在不同的法律性质,但它们并不被认为与其他货物有着什么不同。重要的是要注意到,第Ⅳ.A－1:102条(待制造或生产的货物)已经提到了一项涉及未来货物——即,仍有待制造或生产的货物——之合同的重要例子。

然而,约定即使任何货物也没有生产出来,一方仍同意支付全部价款的合同并不属于这些规则所指的买卖合同。

示例3

在春天初至时,果园主人甲将本年度未来的收成卖给了当地的农业合作社乙。如果乙同意不论收成量是多少都支付全部价款,换言之,乙买的只是甲本年度的收成机会而不是实际产量的话,那么一种不同的合同类型便出现了。

这一例子清楚表明,最终是由合同来确定买方是否必须支付价款,这与出现的意外事件无关,也就是说与货物生产的问题无关。

D. 禁止流通的(*extra commercium*)货物

在某些体系中,规定有禁止流通物,那是根本不能被出售的。这方面的例子包括人体各部分:细胞、肢体和器官等。这些规则并不涉及这些问题;它们必须由国内法律来调整。然而,不能忽视的是,某些人体部分,例如头发,一般是可以出售的,并且买卖这些部分的合同属于这些规则的范围之内。

注　释

Ⅰ. 买卖的一般客体

1. 在某些体系中,除非特定法律禁止,一切处于商业领域中的物都可以成为买卖的客体(比利时和法国民法典第1128和1598条;匈牙利民法典第365(2)条;拉脱维亚民法典第2005条)。

2. 许多体系规定"物"是买卖的客体(奥地利民法典第1053条;捷克共和国民法典第118(1)条;德国民法典第433条;意大利民法典第1470条,也包括其他比所有权更受限制的财产权利的转让;立陶宛;荷兰民法典第3:2条;葡萄牙民法典第874条;斯洛伐克民法典第118条;西班牙民法典第1271～1273条,第1445和1526条及以下)。许多体系都有适用于广泛的客体范围的买卖法一般制度,例如货物、不动产和明示或默示的权利(奥地利民法典第285条;捷克共和国民法典第118(1)条;希腊民法典第513和947条;立陶宛;葡萄牙;斯洛伐克民法典第118条;斯洛文尼亚LOA第435条;西班牙)。

3. 在某些体系中，买卖定义指的是“物”，包括动产和不动产，但不包括权利。不过，关于买卖合同的规则也明确适用于权利的买卖（爱沙尼亚 LOA 第 208(3)条；德国民法典第 453 条；波兰民法典第 555 条；荷兰民法典第 7:47 条，西班牙民法典第 1526 条）。另一方面，物权法上“物”之概念的范围在国内体系中可能有所不同。

4. 其他体系中买卖规则的范围是更为有限的。英格兰和苏格兰有（法定的）买卖法，它将货物买卖限定为除对物之诉和货币以外的所有有体动产，以及在苏格兰是除货币以外的所有有体动产（货物买卖法第 61(1)条）。在本质上，有体动产指的是并不包括土地或土地一部分（包括类似土地上的建筑物这样的物）的任何有体物。在英格兰和苏格兰，“货物”都“包括庄稼、经济作物，以及双方约定在买卖前或根据买卖合同加以分割的附着或构成土地一部分的物”（货物买卖法第 61(1)条）。在英格兰法律上，庄稼是由佃户终身种植的作物，个人代理人有权在佃户死亡后加以收割。在苏格兰，经济作物是指那些每年都需要种子和人力的作物（因此不包括树木）：Paul v. Cuthbertson (1840) 2 D 1286。在北欧国家，买卖规定并不包括不动产的出售（参见下文注释Ⅱ）。

5. 在某些体系中，商业或消费者制度有着比一般买卖法更为狭窄的范围。处理商业买卖的具体制度通常对货物买卖加以限制，将其理解为有体动产（《联合国国际货物销售合同公约》第 2 条；奥地利民法典第 373 条；捷克共和国和斯洛伐克商法典第 409 条；西班牙商法典第 325 条）。不过，根据西班牙法律，15－3－94 和 26－11－87 的主审法官将商法典第 325 条的范围扩展到了无体物（证券）。类似专利、商标或知识产权这样的权利也可能成为商业买卖的客体（Lefebre, Memento Práctico, 54）。此外，在消费品买卖中，某些体系将消费者制度的适用范围限定为有体动产（“消费品买卖指令”第 1(2)(b)条；爱沙尼亚 LOA 第 208(4)条；芬兰“消费者保护法”第 5 章第 1(1)条；波兰“消费品买卖法”第 1(1)条；西班牙“消费品买卖法”第 2 条；瑞典“消费品买卖法”第 1(1)条）。

Ⅱ. 不动产买卖

6. 在大多数体系下，买卖法的一般制度也包括不动产的买卖（参见注释Ⅰ）。不动产遵循与货物买卖同样的规则。不过，不动产买卖通常需要履行诸如合同采用书面形式、土地要在土地登记簿登记等特别手续。

7. 但是，英格兰和苏格兰存在着不动产买卖之不同制度，它们属于普通法的调整范围（就苏格兰买卖法而言，它适用于不动产，参见 Stair, 英格兰法 XX, paras. 903－921）。类似的情况也出现在北欧国家，在那里，买卖法并不适用于不动产买卖（丹麦 SGA 第 1a(1)；芬兰，挪威与瑞典 SGA 第 1(1)条）。就此，不动产买卖一般由单行法来调整（芬兰土地法典(Maakari)；挪威不动产买卖法典(Lov om avhending av fast eigendom/Avhendingslova (Avhl))；与瑞典土地法典(Jordabalken (JB))。根据丹麦法律，不动产买卖是个未受专门调整的领域，对此适用合同一般原则，或者类推适用货物买卖法（丹麦 Lookofsky, Køb, 41）。不过，在芬兰，动产的概念相当宽泛和多样化；举例来说，古代遗迹和外空物体都被视为动产。此外，不动产买卖被认为仅指与其建造之上的土地属于同一所有权人的建筑物的买卖（参见，例如 Routamo and Ramberg, Kauppalain Kommentaari, 13）。这奠立在如下原则之上，即，如果建筑物的所有权与土地的所有权相分离，建筑物便被视为动产（参见 Kartio, Esineoikeuden Perusteet, 92）。不过，根据 SGA 第 1 条第(3)款，如果土地使用权同时转让，建造在第三方土地上的建筑物、固定设施或构造物的转让便被排除在货物买卖法的适用范围之外。在瑞典，买卖法中动产的定义包括所有并不属于《土地法典》范围

内的所有财产类型,这意味着后者是从反面来确立两种类别之间的界限的(参见 Ramberg, Köplagen,134)。在西班牙,关于产生自隐性瑕疵和不相符的交付之责任,房屋和营业场所的买卖要受特定规则的调整(建筑规则法 1999 第 17 条)。

Ⅲ.船舶、车辆、航空器和气垫船

8. 在大多数体系中,船舶、车辆、航空器和气垫船都被视为"货物"或"动产",因而受货物买卖规则调整(捷克共和国;英格兰与苏格兰;爱沙尼亚;芬兰;法国;拉脱维亚;挪威;波兰;斯洛伐克;斯洛文尼亚;西班牙;瑞典)。相反,在一些体系下,它们的买卖是由不动产买卖规则来规制的(德国民法典第 452 条;立陶宛民法典第 1.98 条)。但在德国,不动产买卖主要遵循的是与动产相同的制度,而时效方面是其主要的例外。

9. 关于船的分类,参见英格兰和苏格兰:在英国,船舶包括用于航行的所有船只类型(商人航运法 1995 第 313(1)条),都是货物;但以划桨作为唯一动力来源的船并不是船舶(在英格兰,参见 Ferguson v. Hutchinson (1870－71) LR 6 QB 280;The CS Butler (No. 2) (1872－75) LR 4 A & E 238;Edwards v. Quickenden [1939] P 261;在苏格兰,参见 Cathcart v. Holland 1681 Mor 8471;民法典 onnachie v. Geddes 1918 SC 391)。航空器也是货物(Halsbury's Laws of SCOTLAND, Ⅱ(3), para. 694;Stair, The Laws of SCOTLAND XX, para. 394),水上飞机亦是如此。作为一种运动时全部或部分通过飞行器排出的气体来推动,并以其边缘与地面、水面或其他表面相接触的气垫为支撑的船,气垫船部分是航空器,部分是船舶,但它一般并不被视为航空器(参见"航空器法"1968 年修订;民航法 1982,第 100 条);不过,这样一台机器属于"货物"的范畴。

10. 通常情况下,船舶、车辆、航空器和气垫船基于所有权转移的目的,受类似于土地登记簿那样的特殊登记制度的调整(例如,在英格兰;爱沙尼亚(仅涉及船舶);芬兰;拉脱维亚;斯洛文尼亚;瑞典)。参见第Ⅷ－1:102 条(货物的登记)注释。

Ⅳ.动物买卖的特殊规则

11. 动物一般被认为是货物,因此遵循各自的买卖法规则。在波兰,动物并不被认为是货物而是被视为货物,如此便能成为买卖合同的客体(Act on protection of animals non 21. 8. 1997, Dz. U. no. 11, poz. 724 with amendments)。在德国,法院已经就围绕动物买卖产生的许多问题进行了讨论。关于一项具有里程碑意义的判决,参见 BGH 29 March 2006, NJW 2006, 2250ff,关于动物何时二手转让的问题,涉及适用不同的诉讼时效(参见 Brückner 与 Böhme, MDR 2002, 1406 ff)。关于某些牲畜上的某些瑕疵类型,奥地利法律包含着一项具体的制度,它规定了不相符的推定和时间(参见民法典第 924 至 927 条)。在西班牙法律上,唯一的特定规则是隐性瑕疵情况下的救济措施(民法典第 1491 条及以下)。

12. (死亡)动物的买卖可能受到大量公法制度的调整。此外,还存在限制动物贸易或买卖条件的动物保护法律(参见比利时 Dierenwelzijnwet of 14/08/1986)。根据第 10 条,为了保护动物以及确保其福利,可能会对动物市场化强加某些条件。这些条件可能仅仅涉及动物年龄,身份鉴定,买方信息,对买方的担保和相关文件,预防性医疗措施,交易中的包装、报价和展览。第 12 条规定,在公共道路、市场、展览会和类似场所,以及在买方场所(除非是由买方提议的)交易狗和猫都是被禁止的。该禁止可以扩大到其他动物物种,也可参见捷克关于反虐待的动物保护的 Act no. 246/1992 Sb.,关于饲养者的行政侵权和刑事犯罪的 Act no. 243/1997 Sb.,关于打猎的 Act no. 449/2001 Sb.;芬兰动物保护法(*Eläinsuojelulaki*)和关于动物运输的法令(*Asetus eläinten*

kuljetuksesta)规定了运输的特殊规则;斯洛伐克 Act no. 39/2007 Z. z.。

Ⅴ.人体部分买卖的特殊规则

13.自从废除奴隶制后,由于人类被认为是禁止流通物(*res extra commercium*),所以他们不能成为买卖合同的客体(法国;比利时;英格兰和苏格兰;奴隶制不被承认,Sommersett,The Case of James (1771－72) 20 St Tr 1;Knight v. Wedderburn (1778) Mor 14545;德国违反“善良风俗”(*Gute Sitten*))。

14.器官、器官组织和细胞的转让亦是如此,因为它不可能以获利——即,作为商业交易——为目的而发生。法国法律一般规定,人体及其组成部分不能成为财产权的客体(民法典第16－1)。关于这个问题,其他体系中有着更为具体的法规(参见比利时关于器官切除和移植的法律(*Wet betreffende het wegnemen en transplanteren van organen*)第4条,以及关于试管胚胎科学研究的法律(*Wet betreffende het onderzoek op embryo's in vitro*)第5条;捷克移植法;英格兰2004年人体组织法:因包含人体细胞之物质的转让而支付或接受价款的行为是一种罪行;爱沙尼亚器官和组织移植法第3条;芬兰器官和组织医疗使用法(*Laki ihmisen elimien ja kudoksien lääketieteellisestä käytöstä*)第18条;德国1997年移植法(*Transplantationsgesetz*);匈牙利1997年关于健康保护的法律第207条第(1)款;立陶宛民法典第2.25条;苏格兰2006年人体组织(苏格兰)法:因人体组成部分之供应而支付或接受价款的行为是一种罪行;西班牙30/1979移植法(*Ley de extra cc ión y transplante de órganos*)第1条;瑞典移植法(*Lag om transplantation m. m.*)第15条)。

15.但是,当涉及人体的其他部分,例如血液和血液衍生物时,这种情况可能是有所不同的(比利时关于人体组织的血液和血液衍生物的法律(*Wet betreffende bloed en bloederivaten van menselijke oorsprong*)第5条规定,血液和血液衍生物的移除只有针对自愿无偿的捐赠者并得到其同意时才是允许的;英格兰和苏格兰并不存在关于血液被买卖时其法律状态的判例,但在美国参见 Perlmutter v. Beth David Hospital (1954) 123 NE (2nd) 792;在加拿大参见 ter Neuzen v. Korn (1993) 103 DLR 473;在澳大利亚参见 E v. Australian Red Cross Society (1991－92) 105 ALR 53;PQ v. Australian Red Cross Society [1992] 1 VR 19;在爱沙尼亚,经捐赠者的同意,血液可以被买卖(血液法第10条);瑞典器官移植法第15(2)条)。在德国,血液的转让由 *Arzneimittelgesetz* 调整。在波兰,它则被当作禁止流通物(器官移植法第18条)。

16.也可参见头发、母乳和牙齿的买卖(瑞典器官移植法第15(2))。在英格兰和苏格兰,骨骼和头发可能成为货物(Bridge,Sale of Goods,28－29)。根据波兰法律,当这些部分被移除以后,它们便被当作货物(Radwański (－Katner),System Prawa Prywatnego Ⅶ[2],36)。

Ⅵ.未来货物的买卖

17.一般而言,出售合同缔结时并不存在的货物是可能的。某些体系中包含着允许这种类型买卖的具体规定(比利时与法国民法典第1130条;爱沙尼亚 LOA 第208(1)条;意大利民法典第1472条;西班牙民法典第1271条,但缺乏进一步的规制)。这种未来货物之买卖的特点在于,所有权并未在合同缔结时转移。根据大多数体系,未来货物的买卖并未做明确规定,因为所有权一般只能在后来货物产生以后才能转让。

18.一般情况下,“未来货物”的买卖可能采取不同的形式。其一,卖方必须制造或生产货物(参见上文第Ⅳ.A－1:102条(待制造或生产的货物))。其二,卖方还必须取得售出的货物(试比较,英格兰和苏格兰货物买卖法第5(1))条。其三,买方能否取得货物,取决于特定事件是否

发生(试比较,英格兰和苏格兰货物买卖法第 5(2)条)。后者这种购买一种预期的情况又可以分成两类(试比较,斯洛文尼亚 Cigoj,Insititucije obligacij[2],25;拉脱维亚民法典第 2009 条)。

19. 一方面,未来货物的买卖可能是在它们将会产生的隐含条件下缔结的(所谓买希望之物(*emptio rei speratae*)),例如未出生牛犊的买卖(奥地利民法典第 1065 与 1275 条;比利时与法国民法典第 1181 条;芬兰 Routamo and Ramberg,Kauppalain Kommentaari,10;德国民法典第 158 条;匈牙利 Kis faludi,Az adásvételi szerzödés[2],68;波兰 Bieniek (– author) I[6],9;西班牙民法典第 1271 与 Díez – Picazo and Gullón,Instituciones Ⅱ,207)。在这种情况下,买方必须为他最终将要获得的加以支付。

20. 另一方面,未来货物的买卖可能是在没有这些条件的情况下缔结的(所谓买希望(*emptio spei*));因此,不论买方是否获得任何东西他都必须支付约定价款,即这是完全独立于货物是否产生的问题的(奥地利民法典第 1276;捷克共和国与斯洛伐克民法典第 595 条;德国民法典第 453 条与 Jauernig (– Berger) BGB[12],第 433 条第 12 款;匈牙利 Kisfaludi,Az adásvételi szerzödés,68;波兰 Bieniek Ⅰ[6],9)。显然,这两种情况之间的区别很大程度上取决于买卖合同,特别是买方所承担的义务。

第Ⅳ.A－1:202 条　买卖合同

所谓货物"买卖"合同,是指在合同订立之时或约定的将来某个时间,作为卖方的一方向作为买方的另一方或第三方转让货物的所有权,而由买方支付价款的合同。

评　论

A. 买卖的定义

货物买卖合同的定义相当简短,它仅仅指出了当事人的主要义务,即卖方转让所有权而买方支付价款。这个定义反映了货物买卖合同的本质:为了获得价款,所有权从卖方转让给买方或第三方。作为国际买卖法文件的《联合国国际货物销售合同公约》和"消费品买卖指令"都并未包含这样一个定义。相反,大多数国内买卖法却包含一个定义,在本规则中规定一个定义似乎是适当的。"货物"一词的定义也出现在定义列表中,基于当前目的它成为第Ⅳ.A－1:201 条(货物)的补充。

B. 买卖合同的当事人

通常情况下,买卖合同涉及两方当事人,卖方和买方,他们是通过其主要义务来界定的。因此,卖方承担转让货物所有权的义务,而买方则承担支付价款的义务。不论当事人是专业人士还是消费者,本规则都是适用的。对消费品买卖合同(参见第Ⅳ.

A－1:204条(消费品买卖合同))而言,一般规定有时要加以修改。买卖交易有时会涉及第三方,例如运输货物的承运人,已经占有被出售之货物的另一方,或者要对其进行交付的某人。只要有其必要,本规则便已考虑到了这种第三方参与的情况(例如第Ⅳ.A－2:201条(交付),第Ⅳ.A－2:204条(货物运输),第Ⅳ.A－2:303条(第三方陈述),第Ⅳ.A－5:203条(出售运输途中的货物),以及第Ⅳ.A－6:101条(消费品货物担保的定义))。

C. 转让所有权的义务

卖方的主要义务就是转让货物的所有权。货物买卖合同的定义仅仅包括了所有权的完全转让。本规则并不适用于受让方只获得不完全权利的合同,例如根据租赁获得的货物使用权。但是,这种权利的随后买卖,以及任何分离之财产权利的买卖,都可能属于第Ⅳ.A－1:101条(适用的合同范围)第(2)款(c)项的范围之内。

通过将卖方立即转让所有权和在未来某个时间转让所有权这两种情况包括在内,第(2)款首先确保了,本规则既适用于所有权在合同缔结时立即转移的买卖交易(例如在超市、加油站或其他自助商店),也适用于并非如此的买卖交易(例如,合同缔结时并不存在的货物买卖,或者包含一项保留所有权条款的买卖)。

其次,本规则并不调整货物所有权何时在卖方和买方之间转移的问题。这被留给了第八编关于货物所有权的取得与丧失的规则来确定。

卖方必须将货物所有权转让给买方或第三方(例如订购交付给其他人的鲜花的情况)。本条提及的"第三方"明确规定,两种交易都受本规则的调整。

D. 支付价款的义务

买方的主要义务是支付价款,这在第三章第二节(支付价款)得到了明确阐述。支付价款并不必须与货物所有权的转让同时发生。因此,买方可能必须在货物交付后的某个时间支付全部价款,例如消费借贷协议,也受这些规则的调整。

注　释

1. 在大多数体系中,都存在买卖或买卖合同之明确的法定定义(奥地利民法典第1053条;比利时民法典第1582(1)条;捷克共和国民法典第588条;英格兰和苏格兰货物买卖法第2(1)条;爱沙尼亚LOA第208(1)条;法国民法典第1582(1)条;希腊民法典第513条;匈牙利民法典第365(1)条;拉脱维亚民法典第2002条;立陶宛民法典第6.305条;荷兰民法典第7:1条;葡萄牙民法典第874条;西班牙民法典第1445条)。某些体系还对消费品买卖规定了明确定义(爱沙尼亚LOA第208(4)条;荷兰民法典第7:5条)。

2. 在某些体系中,买卖的必要因素遵循的是处理当事人之主要义务的规定(德国民法典第433条;波兰民法典第535条;斯洛伐克民法典第588条与商法典第409条;斯洛文尼亚LOA第

435条)，而其他体系则根本未规定这样的法律定义，因而将定义留给了法学文献(《联合国国际货物销售合同公约》;“消费品买卖指令”与北欧国家)。

3.这些法定或学术定义明确规定了对买卖而言极为典型的义务，即当事人的主要义务。一方面，卖方有义务进行交付，那有时等同于所有权转让，有时还加以补充((英格兰和苏格兰货物买卖法2(1);芬兰 Routamo and Ramberg, Kauppalain Kommentaari, 5 and 295-302;法国民法典第1582(1)条;希腊民法典第513条;匈牙利民法典第365(1)条;意大利民法典第1470条;立陶宛民法典第6.305条;挪威 Krüger, Norsk kjøpsrett[4], 1;波兰民法典第535条;葡萄牙民法典第874条;西班牙民法典第1445、1461与1474条:虽然在西班牙文献中，卖方是否负有转让所有权的真正义务还颇具争议(Lacruz Berdejo and Rivero Hernández, Elementos Ⅱ(2), pp. 12-13);瑞典 Ramberg, Köplagen, 125。也可参见第Ⅳ.A-2:101条(卖方义务总览)的注释)。另一方面，买方有义务支付价款;在某些定义中，买方还负有受领交付的义务(捷克共和国民法典第588;爱沙尼亚 LOA 第208(1)条;匈牙利民法典第365(1)条;立陶宛民法典第6.305条;波兰民法典第535条;西班牙民法典第1445与1500条。进一步参见第Ⅳ.A-3:101条(买方的主要义务)的注释)。

4.尽管买卖的本质在于所有权的转让(某些定义也反映了这一点)，但大多数体系将买卖之合同的方面与所有权的方面分离开来，此处尤其参见《联合国国际货物销售合同公约》，其中特别指出，公约并不关注合同对所售货物所有权可能产生的影响(《联合国国际货物销售合同公约》第4(b)条)。爱沙尼亚和北欧国家的法律也采取了类似的进路(试比较，瑞典 Ramberg, Köplagen, 158)。根据法国和比利时法律，所有权在合同缔结时转让，所有权的转让是合同的一个结果而不是其定义的一个要素(民法典第1583条)。

5.但是，某些体系将这两个方面混杂在一起(奥地利民法典第1053条(定义:买卖也指所有权的转让);意大利民法典第1376、1465与1470条)。根据匈牙利法律，买卖的定义反映了这样一个事实，即买卖的本质在于所有权转让，但买卖(这只是所有权转让的原因)的所有权方面只是部分地受到买卖一章的调整;可供适用的其他规则还出现在民法典物权法的部分(民法典第117~119条)。根据西班牙法律，民法典第609条规定，所有权的转让既需要作为充足的转让原因的合同类型，也需要物的有效或推定交付;这一规则并不适用于无体物，尤其是履行的权利，对此单纯的同意便已足够。

第Ⅳ.A-1:203条　互易合同

(1)货物之“互易”合同，是指在合同订立之时或约定的将来某个时间，合同各方转让货物所有权，以获取其他货物所有权之转让的合同。

(2)合同各方均应被视为其所获取之货物的买方，以及其所转让之货物的卖方。

评　论

A. 概述

货物买卖合同的本质在于为获取价款支付而转让货物的所有权。但是,还存在着并非为了换取金钱而是为了换取其他货物的合同。

这种互易交易与买卖合同非常类似,因为两者涉及的都是为换取对应履行而将货物所有权从一方转让给另一方。因此,本条将本规则的适用范围扩展到了互易合同,这反映了大多数国内买卖法的实际。

这种交易涉及两方当事人,他们同时都既充当买方又充当卖方。这是由第(2)款明确规定的,即各方均应被视为其所获取之货物的买方,以及其所转让之货物的卖方。

B. 经适当调整后的适用

鉴于互易合同的性质,本规则的某些规定并不适用。这已经在第Ⅳ.A－1:101条(适用的合同范围)第(2)款(e)项中有所涉及,它规定,这些规则要经过适当调整后才能适用。在本质上,与这一限制有关的是价格(参见第三章第二节)及相关问题的规定,例如买方关于降价的救济。

C. 买卖和互易的混合合同

纯粹的互易合同并不涉及金钱,因为货物交换的是货物。不过,互易和买卖合同可能被混合起来。一项合同可能包含两者的因素。

示例1

甲从手机卖方处购买了一部最新的手机。卖方告知他,在几个星期内,一款带有集成摄像头的新款手机便将上市。如果甲愿意支付15欧元的额外费用,他就能用手机交换该新款手机。在这种情况下,我们可以认为该合同主要是互易合同,但也带有买卖的因素。

示例2

购买新车时可以用旧车折价贴换,这样的合同是典型的买卖与互易之混合合同。如果确实只存在一项合同的话(当事人可以选择缔结两项独立的买卖合同,并抵销来减少为新车应付的价款,但这是没有必要的),那也是带有买卖因素的合同,因为新车的卖方承担的是转让其所有权的义务,而买方承担的则是支付价款——虽然价款有所降低——的义务。不过,只要各方承担着为换取另一辆车的所有权转让而转让一辆车的所有权的义务,它就也存在着互易的因素,尽管新车的买方还必须支付降低后的价款。

这两个例子中提到的每一合同类型都属于第Ⅱ－1:107条(混合合同)所指的混合合同。其中既存在买卖的因素,又存在互易的因素。因此,买卖规则适用于买卖部分,而互易规则则适用于互易部分(如果一种因素极为突出而另一种因素较为次要,那么不把合同主要视为属于一种类型就是不合理的,因此适用于主要类型的规则便应主要适用,其他规则则只能以附属或补充的方式,并且只有在有其必要时才适用来调整较为次要的部分(参见第Ⅱ－1:107条第(3)款(b)项和第(4)款)。但是,通过宣称本规则适用于互易合同,确定这种混合合同的性质或评价其各自部分的地位等问题便失去了意义。对于所有实践目的而言,买卖规则和互易规则都是一样的。基于同样的原因,它确保了,只要存在对应履行(即应支付的价款或应交换的货物),货物所有权转让合同就遵循相同的规则。

注　释

Ⅰ.互易(交换)合同

1.除了英格兰和苏格兰以外,有关互易合同的规则都遵循法定的买卖法。基本的观念似乎是,作为出售货物之回报而支付的对价也可以是金钱以外的东西。总体而言,这是通过宣称买卖规则也适用于互易合同,除非它们不相兼容——例如关于买卖价格的规则——的一般条款来实现的(奥地利民法典第1045条;比利时民法典第1707条;捷克共和国民法典第611条;丹麦SGA第2(2)条;爱沙尼亚LOA第254条;法国民法典第1707条;芬兰SGA第1(2)条;德国民法典第480条;希腊民法典第573条;匈牙利民法典第378条;意大利民法典第1552条(互易合同的概念)及第1555条(买卖合同规范对互易合同的适用性);拉脱维亚民法典第2092条;立陶宛民法典第6.432条;荷兰民法典第7:50条;挪威SGA第1(2)条与"消费品买卖法"第1(5)条;波兰民法典第604条;葡萄牙RP,14－1－1982: CJ,1982,Ⅳ,202;斯洛伐克民法典第611条;斯洛文尼亚LOA第529条;西班牙民法典第1446与1541条;瑞典SGA第1(2)条)。不过,西班牙法律上还存在着三条互易合同的具体规则(民法典第1538至1540条)。

2.在英格兰和苏格兰,互易合同并不属于货物买卖法的适用范围之内。英格兰法律承认互易或交换合同是与买卖有所不同的,苏格兰法律亦是如此。在后者体系中,互易既可以适用于货物(参见Stair,The Laws of ENGLAND XX,paras. 899－902),也可以适用于土地(这通常被称为"excambion",参见further Stair,The Laws of ENGLAND XX,para. 922)。在苏格兰,旧车折价交换新车,剩余价款以金钱形式支付,这样的交易是买卖而不是互易(Sneddon v. Durant 1982 SLT (Sh. Ct.) 39;比照英格兰Aldridge v. Johnson (1857) 7 E & B 885,119 ER 1476)。根据苏格兰普通法,缔约方均对交付的动产之潜在瑕疵承担担保责任(Ballantyne v. Durant 1983 SLT (Sh. Ct.) 38);风险自合同订立时转移(Widenmeyer v. Burn Stewart & Co. Ltd. 1967 SC 85);所有权则通过交付而转让(Smith,(1974) 48 TulLRev,1029)。在英格兰和苏格兰,根据《货物买卖与供应法》1994、《货物与服务供应法》1982适用于互易合同,这意味着目前关于交换货物之质量和适用性的法定隐含条款是适用的,而不适用之前的普通法隐含的担保责任。不过,在英格兰法律上,关于互易合同的所有权转让和风险转移,还存在着"权威性的明显不足"(Bridge, Sale of

Goods,63)。

Ⅱ.旧货折价交易

3.互易的一种特殊形式是,买方以旧货折抵价款的一部分,特别是涉及机动车辆时。根据奥地利法律,这被认为是一项或两项合同,大多数情况下取决于合同的解释。根据苏格兰法律,一般认为,就新车而言,交易是买卖而不是互易,即使旧车折抵的价款与新车的价格相差无几(Sneddon v. Durant 1982 SLT (Sh. Ct.) 39;比照 Ballantyne v. Durant 1983 SLT (Sh. Ct.) 38)。在英格兰,一项用52头公牛交换100夸特大麦,差价以金钱形式补足的合同被视为买卖(Aldridge v. Johnson (1857) 7 E & B 885,119 ER 1476)。根据德国法律,如何看待旧货折价交易,尤其是旧车,是存在争议的。显然,这里只存在一项合同。根据德国联邦最高法院的判决,消费者首先所欠的是(全部)价款,但他有权通过旧车折价折抵其中的部分(BGH 18 January 1967,BGHZ 46,338)。因此,如果消费者的汽车在他交付之前被损坏或被盗,他就要支付全部价款。这一直受到法学文献的批评,因为这种观点使从未想要支付全部价款的买方处于不利地位。学者们更赞同买卖和互易的混合合同,消费者有权用金钱来替代旧车,因为商人对车并没有什么兴趣(例如 Medicus,Bürgerliches Recht[20],522f)。

第Ⅳ.A－1:204条　消费品买卖合同

基于第四卷本部分之目的,消费品买卖合同是指卖方是经营者而买方是消费者的合同。

评　论

A.消费品买卖合同

本规则的基本观点是,为所有买卖交易类型规定统一制度,而辅之以消费品买卖合同——即,作为经营者的卖方向作为消费者的买方出售货物——的特殊规则。

一项合同被定性为消费品买卖合同,这对本规则的适用会产生下列几种影响。其一,某些规定仅仅适用于消费品交易,而其他规定则因消费者的目的而被排除在外(关于概述,参见评论D)。其二,当合同是消费品买卖合同时,某些规则被宣称为强制性的。这样一来,本规则确保了类似于欧洲消费者法所建立起来的较高的消费者保护程度。保护消费者之规则的主要目的在于保护所涉交易中被视为弱势一方的利益。

通过第Ⅳ.A－1:101条(适用的合同范围)第(2)款,本部分的规则经适当调整适用于某些超出货物买卖以外的合同类型。因此,本条经适当调整可适用于消费品互易合同,以及与该款所提到的财产而不是"货物"有关的消费品买卖或互易合同。可见,本规则要比"消费品买卖指令"有着更宽泛的适用范围。此外,就货物制造或生产并被

出售给订货人的合同而言，只要它是买卖合同（参见第Ⅳ.A－1:102 条（待制造或生产的货物））并且订货方是消费者，它就是消费品买卖合同，强制性的消费者保护规则便将适用。

B. 统一的买卖法概念

正如上文所指出的，本规则是作为统一规则被起草的，它涵盖了从制造商到零售商再到最终的消费者的整个买卖环节。

这种用一种制度来规制商业和消费品交易的做法有许多优点。其一，与用不同规则调整不同买卖合同类型的支离破碎的做法相比较，它提供了一种更加连贯和简洁的解决方案，因为后者还面临着随之而来的重复和不必要的不一致的风险。其二，它反映了消费品买卖合同和商业买卖可以被看作相通的这一事实，因为消费品交易往往构成了销售链条——其目的在于将货物从制造商转移给最终的用户——的终端。

对于商业买卖，即仅涉及经营者的买卖而言，本规则并未规定完全独立的规则体系。大多数规则都能普遍适用，针对消费品买卖合同则有某些补充和削减。就这种策略选择而言，存在着几项原因。其一，欧洲的规制趋势似乎正走向消费品和非消费品买卖合同之间的纯粹二分化。其二，实践中，商业买卖之间的差异几乎与商业和消费品买卖合同之间的差异一样巨大。这是因为，某些商业交易已经发展成为有着独立规则和交易市场的专门领域，例如期货交易。其三，商业当事人做生意时极其依赖于标准合同和条款，例如《国际贸易术语解释通则》（Incoterms），它涉及的是对商业交易而言特定的问题。

不过，有一个条文（第Ⅳ.A－4:302 条（相符性欠缺的通知））仅适用于经营者之间的合同。这是因为它是专门为纯粹的商业买卖而设计的。

C. 消费者和经营者的概念

“消费者”和“经营者”的概念在这些示范规则的其他地方而不仅仅是在本部分也有使用。因此，它们在定义列表中得到了界定。该定义如下。

“消费者”是指任何主要不是为与其贸易、营业或职业有关的目的而行为的自然人。

“经营者”是指任何为与其个人自营贸易、工作或职业有关的目的而行为的自然人或法人，不论其公有还是私有，也不论其在行为过程中是否以营利为目的。

这里使用的消费者和经营者的定义反映了欧洲各种消费者保护文件所提供之定义的共同特征。

关于消费者的定义，原则上存在着两种描述自然人之行为目的的方式。该目的或者是该自然人为个人、家人或家庭使用而行为（即肯定性描述），或者是他为其贸易、营业或职业以外的目的而行为（即否定性描述）。大多数情况下（但并非总是如此），这两种描述目的的方式都会导致相同的结果。一个例子是，某自然人以其自己的名义签订

买卖合同,但其目的是该货物应由他作为成员之一的非营利性组织来使用。在这种情况下,其目的是在买方的贸易、营业或职业之外的,但该交易并非为个人、家人或家庭使用而作出的。为了将这种情况包括在定义当中,从而使有必要保护的自然人在模棱两可的情况下也受到保护,本规则选择了否定性的描述。决定性的因素应该是,自然人是否在其职业范围以外行为。

该否定性定义还包括了交易目的是为了自然人营利,即货物的购买是因营利目的而作出的情况。但是,如果其目的是立即转手出售货物,并且他在相对较短的期间内进行了几次这样的交易,则该交易就可能被认为是在其贸易或营业内进行的。将这些情况包括在内的主要原因在于,只要不是较大程度上在其职业范围内行为,自然人便应被作为消费者受到保护,因为保护消费者的理由在这种情况下是同样有效的。因此,此处选择的进路是,如果自然人主要是在其贸易、营业或职业以外行为,交易便应被视为消费品交易。

示例1

甲在码头从一位职业船商处购买了一艘游艇。他的目的是在大部分周末以及暑假中至少三周时间内与其家人和朋友使用该游艇。但是,每年有两周时间,他还允许人们租赁或租用该游艇以帮助他支付购船价款。他估计,他为私人目的使用该游艇的时间大概占了80%。因为他主要是在其营业之外行为的,所以调整消费品买卖合同的规则对其适用。

示例2

乙从一个电脑店购买了一台轻便电脑。他的目的是在其作为工程顾问的营业中使用该电脑。但是,他上下班乘车时还使用该电脑在互联网上阅读报纸、收发私人邮件、听音乐和看电影。他估计,他为私人目的使用该电脑的时间大概占了20%。因为他并非主要在其营业之外行为的,所以调整消费品买卖合同的规则对其并不适用。

示例3

丙为其房子的屋顶购买了瓦片,屋顶空间的60%是用于私人目的,而40%则用于营业目的(为了从事她的法律执业,她和她的秘书在那里工作了好多天)。因为她主要是在其营业之外行为的,所以调整消费品买卖合同的规则对其适用。

一个复杂的问题是,消费者的定义是否包含或应当包含一项必要条件,即关于交易或行为,消费者的目的对于消费者保护规则之适用而言应当是显而易见的,或者关于交易,消费者有这样的目的便已足够,而不论其专业知识如何。根据这些规则,此处选择的是更有利于消费者的主观进路,即保护消费者的规则应当适用,而不管消费者关于交易的目的是否有着专业知识。但是,"黑体字规则"中并没有明确解决这个问题,而是给国内法院和欧洲法院根据特定案件的情况适用具有一定灵活性的规则留下了空间。

至于另一方“经营者”的定义，根据欧盟指令中规定的定义，显而易见，“经营者”（或“营业者”）可以是自然人，也可以是法人。将自然人也包括在定义中是适当的，只要他们是出于商业目的而行为。其中的一个原因是，当确定保护另一方——即消费者——的规则是否应当适用时，一个人选择组织其营业的方式不应该具有决定意义。因此，重要的因素应当是，当事人是否更有规律地做某事，并且以营利为目的。自然人或法人参与的交易或行为既可以是肯定性描述的，即出于商业目的行为，也可以是否定性描述的，即不是出于个人、家人或家庭目的而行为。对于一项标准定义而言，肯定性描述应该得到选择，因为具有一定重要性的是，仅当某人实际上作为经营者或营业者行为，并因此知道或应当知道因为交易受保护另一方之强制性规则的调整而存在特定的风险时，保护另一方的特殊规则才能适用。因此，这些规则不应适用于那些某人并非为个人、家人或家庭目的，也不是为营业目的而行为的边缘情况。

在某些情况下，自然人或法人可能既在贸易、营业或职业之内，又在之外行为，即，该行为或交易可能包含两个领域的因素或结合因素。因为当与至少一定程度上在所涉领域内进行职业行为的人进行交易时，存在着消费者可能相信他受强制性消费者规定的保护之风险，所以该范围应当尽量狭窄。采用相对较为狭窄的范围的另一原因是，在这些交易中，消费者通常获取信息的能力要比另一方低。因此，此处主要的选择是，一旦营业或职业因素是不可忽略的，规则便应当适用。正是基于这一原因，“主要的”一词并不像在“消费者”的定义中那样被用在“经营者”的定义当中。

示例 4

卖方甲和消费者乙签订了一项游艇买卖合同。甲从事的是买卖和制造游艇的营业。被出售的游艇是由甲的公司制造的，并且也放置在公司的营业地点经过了乙的检验。但是，该游艇归甲个人所有，并且他告知乙由于他用私人财产为该游艇筹措了资金，因此他在合同中被定位为卖方这一事实。但是，该游艇已经被另外使用过，尤其是在展销会用作了展示。乙还获得了该船被印在公司信头上这一信息。在这种情况下，可以说甲是（在一定程度上）出于与其贸易相关的目的行为的，该交易因此是消费品买卖合同。

此外，当在现实中是由公司来承担经济风险时，作为公司的卖方便不能通过声称被出售的货物是以其他某人的名义来规避强制性的消费者保护规则。

最后，就是否存在“营业”而言，营利动机是无关紧要的。定义规定的是，“不论其在行为过程中是否以营利为目的”。例如，某人在进行贸易时即使为了逐利也可能存在其他的动机；或者说，某人可能为了避税目的而想要损失一部分财产以抵消收入。这些仍然属于此处定义所指的“营业”。

D. 小企业等的保护

根据欧盟立法，消费者应当是自然人。因为在消费者保护规则中的转向开始时，就存在也要保护更为宽泛的人的类型的主张。在某些情况下，最受关注的可能是针对

小企业、非营利组织和其他处于弱势地位的法人的处理措施。在许多方面,它们都像消费者一样对许多问题通常并不具备专业知识。难点在于,值得保护的法人和其他法人之间的界限应该划在哪里。人们一直尝试在这两种类型之间划出一条精确的界限。员工数量是决定性的吗？公司的资产呢？营业额？法人的非营利地位？还是上述一项或几项标准再加上交易中该法人作为弱势一方的描述呢？这个难题似乎是难以解决的。至少人们并不能找到一个适用于所有交易或行为类型的公式。每一种解决方案看起来都或多或少有些武断,对应选择的实体性规则而言,提出令人信服的理由是极其困难的。因此,这些规则并没有包括对小企业和同类企业的特殊保护。

E. 本规则规定的消费者保护

本规则规定了对消费者广泛的保护。

其一,某些规定仅适用于消费品买卖合同:第Ⅳ.A－2:304条(消费品买卖合同中的不正确安装)、第Ⅳ.A－2:308条(确定相符性的有关时间)第(2)款、第Ⅳ.A－4:201条(相符性欠缺时消费者的终止权)、第Ⅳ.A－5:103条(消费者品买卖合同中的风险转移)第(1)款,以及第六章。与一般制度相比,这些规定为消费者提供了更多、更有利的权利。

其二,某些规定因消费者目的而被排除在外:第Ⅳ.A－4:301条(货物的检验)、第五章第二节(通过第Ⅳ.A－5:103条(消费品买卖合同中的风险转移)第(3)款而被排除)。这些规定因为被认为对消费者而言,义务过于苛刻,或者与仅适用于消费品买卖合同的规定相互冲突而被排除在外。

其三,某些规则在消费品买卖合同中被宣告为强制性的。关于消费品买卖合同之强制性规则的进一步信息,以及强制性规则的列举,参见下一条的评论B。

综览这些规则,相关条文的评论将会解释消费者买方的特定需要为什么以及如何被考虑在内的。

F. 除消费者买方之外的当事人的保护

正如评论A所指出的,通过保护相对于经营者卖方的消费者买方,本规则仅针对以不同能力行为的当事人集群,即消费品买卖合同。但是,除了一项例外,这些规则并不包括任何保护非经营者卖方——即出售货物的“消费者”——规则(不论另一方是企业还是另一个“消费者”)。不能被忽略的是,虽然这种卖方可能有些许做生意的知识,但他仍必须符合与经营者卖方相同的标准,这往往是适合于贸易和商业之需要的。

由于这一一般制度是以商业为导向并因而对卖方颇为严苛,所以人们一直认为,保护非经营者卖方免于承担可能较高的损害赔偿责任是必要的(参见第Ⅳ.A－4:202条(对非经营者卖方损害赔偿责任的限制))。相反,经营者卖方被认为将这种风险当成了其贸易或职业的重要组成部分。

注　释

Ⅰ. 关于消费品买卖规则的总览

1. 所有体系中都有关于消费品买卖的特定规则。一方面,这些规定可能被包含在一个独立的消费者法典或法令中。这种立法的目的可能是对消费者之一般性保护,因此不仅仅适用于买卖合同,而是作为一般立法的补充(奥地利"消费者保护法";芬兰"消费者保护法"第 5 章与第 6 章;法国消费者法典第 L. 211－1－L. 211－18 条;希腊消费者保护法;意大利消费者法典第50～61 条与第 128～135 条;拉脱维亚消费者保护法;波兰消费品买卖法;葡萄牙消费者保护法;斯洛文尼亚消费者保护法;西班牙消费者保护法 2007,第Ⅱ编)。此外,在西班牙法律上,补充性的消费者保护还可以在关于零售贸易的法律第 1.2 条和关于动产分期付款买卖的法律第 1 和 4 条中发现。

2. 在有些体系中,一般的、独立的消费品买卖法已经被颁布了(挪威 Forbrukerkjopsloven (Forkjl);瑞典 Konsumentköplagen (KKL))。

3. 另一方面,专门调整消费品买卖的规则也可能与一般性买卖规定混杂在一起(比利时民法典第 1649bis－1649octies 条等等;捷克共和国民法典第 612～627 条;丹麦 SGA 第 72 条及以下;英格兰和苏格兰货物买卖法第 VA 部分;爱沙尼亚 LOA 第 11 章第 1 节;德国民法典第 474 条及以下;立陶宛民法典第 392～6.401 条;荷兰民法典第 7 编第 1 章第 1～7 节;斯洛伐克民法典第 612～627 条与分开的第 52～62 与 588～610 条)。同样,根据匈牙利法律,关于消费品买卖的特定规则与关于瑕疵履行的规则混杂在一起,而那是对所有合同都适用的。在英格兰和苏格兰,也存在提供给消费者比卖方更多保护的单行立法,尤其是:货物供应(默示条款)法 1973;不平等合同条款法 1977;《货物与服务供应法》1982;《货物买卖与供应法》1994;以及《消费者货物买卖与供应规则》2002。

4. 就那些存在调整消费品买卖之独立制度的体系而言,出现的问题是它们与一般性买卖规定之间的关系如何处理。在某些体系中,消费者制度一般是优先适用的。例如,在北欧国家,法律明确规定,如果消费品买卖法可供适用,则买卖法不得适用(芬兰、挪威与瑞典 SGA 第 4 条)。此外,在西班牙,消费品买卖法也凌驾于关于隐性瑕疵的规则之上。根据法学文献,针对消费者的特定规则也凌驾于关于违反合同的一般规则之上(Morales Moreno, ADC 2003, 1625 与 Fenoy Picón, El sistema de protección del comprador, 149－187)。在波兰,只要所涉问题受到消费品买卖法的调整,消费者便不得适用一般的买卖规则(第 1(4)条)。在荷兰,"消费品买卖指令"实施之后,消费品买卖之特定规则便优先于一般性救济制度,有时针对消费者的损害以及消费者的终止权亦是如此,对消费者承担损害赔偿责任要比其中的非消费者之权利行使更为严格(参见 Mon. NBW B－65b (Loos), no. 27)。

5. 在其他体系中,消费者可以在一般买卖制度和消费者制度之间加以选择(比利时民法典第 1649 条;英格兰和苏格兰货物买卖法 Part VA;法国消费者法典第 L. 211－13 条;意大利消费者法典第 135 条)。捷克法律同样如此,民法典第 612 条规定,第 613 至 627 条所规定的消费者制度应当补充适用于关于买卖合同的一般规定。

6. 在某些体系中,消费者制度要比一般买卖制度的适用范围更为狭窄,一般仅限于有体动产

的买卖。

Ⅱ.与一般买卖制度的区别

7.一般买卖法规定包含的主要是默认规则，而特殊的消费者规定一般都是强制性规定。在某些体系中，一般规定和消费者规定之间内容上存在很少甚至没有什么差别，基本上大部分差别都是“消费品买卖指令”实施的结果。例如，德国法律上只存在几项仅适用于消费品买卖的规则：举证责任倒置（民法典第476条）；零售商赔偿（民法典第478条）和担保（民法典第477条）。根据奥地利法律，消费者保护法包含了几项涉及消费品买卖的规定，特殊规则极为少见（第8、9和9a条：特殊的担保规定；第9b条：商业担保；第15条：长期供应合同；第16条：分期付款买卖；第17条）。在荷兰法律上，也存在一项关于产品责任情况下的损害赔偿的特殊制度（民法典第7:24条），以及关于零售商赔偿的特殊规定（民法典第7:25条）。此外，某些体系中存在着关于风险（爱沙尼亚LOA第214(5)条；荷兰民法典第7:11条）、在消费者住所交付（爱沙尼亚LOA第215(3条)；荷兰民法典第7:13条）和提前付款（爱沙尼亚LOA第213(4)条；荷兰民法典第7:26条）的特殊规定。根据斯洛文尼亚法律，内容上最重要的差别在于卖方责任的期限，在一般买卖法中那是相当短的（对于隐性瑕疵而言，6个月，LOA第462条）。在西班牙法律上，差异点基本上指的是不相符交付之救济、时效规则以及对消费者提供售后维修服务的强制性义务。

8.其他体系中差别更为显著。根据芬兰法律，消费者的损害赔偿责任要比一般规定中的较为有限（“消费者保护法”第5章第28条与第9章第30条）。此外，瑕疵的通知要受不同规则的调整（“消费者保护法”第5章与第9章）。根据瑞典法律，关于救济的规定在一定程度上要比一般规定中更有利于消费者（试比较，“消费品买卖法”第26～32条）。此外，消费者并不负有检验货物的一般义务，关于通知的规则也更有利于消费者（“消费品买卖法”第23(1)条）。最后，风险规定更有利于消费者，因为只有在货物实际上成为消费者的财产后风险才转移（“消费品买卖法”第6、8条）。根据捷克法律，货物不相符的通知受不同规则的调整（民法典第625～627条），货物不相符的救济（民法典第616～622条）要比一般规定中的更有利于消费者，并且卖方责任的期限也相对更长。

9.在某些体系中，新的消费品买卖制度已经或多或少以“消费品买卖指令”为模型进行了制定（比利时；法国；波兰；西班牙），但对一般买卖制度并没有加以修改。就此，关于可用的救济措施、适用的期限以及通知要求，两种不同制度之间都可能存在相当大的差别。比利时法律上存在着一项仅适用于消费品买卖的新的统一的相符性概念。在一定程度上，关于救济的规定要比一般立法上的更有利于消费者：货物免费维修和更换的优先权，降价救济和合同关系终止的次要性状。此外，消费品买卖的期限要遵守“消费品买卖指令”。根据西班牙法律，消费品买卖中的损害赔偿规定是更有利于消费者的。在非消费品买卖中，损害赔偿仅适用于卖方恶意的情况（参见民法典第1486 Ⅱ条）；在消费品买卖中，一般的损害赔偿救济是适用的（Disposición Adicional Ⅱ Consumer Sales Statute 23/2003）；还值得注意的是，至少是以隐含形式，只有在消费者合同中，买方才被赋予了实际履行的权利。在波兰，一般规定的许多方面都被认为是比因“消费品买卖指令”实施而产生的规则更有利于消费者的。根据一般买卖规则，在非消费品买卖情况下并不存在救济的层次结构，通知要发生在自瑕疵发现之日起的一个月内（民法典第563(1)条），买方在某些情况下要检验买来的货物（民法典第563条），自货物转让给买方1年后，其物质瑕疵的维修权利终止（建筑物情况下3年）（民法典第568条）。

Ⅲ."消费者"的定义

10. 有几项欧盟指令对"消费者"一词进行了界定。但是,它们的措辞有所不同。最早是在"上门买卖指令"中给出的定义,其中消费者被界定为"……基于可以被视为在其贸易或职业之外的目的而行为的自然人"(Directive 85/577/EE C 第 2 条)。"消费品信用贷款指令"中包含了一项相同的定义(Directive 87/102 /EE C 第 1(2)条,经 Directive 90/88/EEC 修订)。在"不平等合同条款指令"中,消费者被界定为"……为不属于其贸易、营业或职业范围内的目的而行为的自然人"(Directive 93/13/EEC 第 2(b)条)。"远距离合同指令"(Directive 97/7/EC 第 2 (2)条)和"消费品买卖指令"(Directive 1999/44 /EC 第 1(2)(a)条)也使用了相同的定义(也可参见"电子商务指令"(Directive 2000/31/EC 第 2 条(e)项))。这一定义与前一个定义之间唯一的区别是加入了"营业"一词。"分时度假指令"(Directive 94/47/EC 第 2 条)将"买方"界定为"在交易中……基于可以被视为外在于其专业能力的目的而行为"的人,"价格指示指令"(Directive 98/6/EC 第 2 (e)条)则将消费者定义为"基于并不属于其商业或专业能力范围内的目的购买产品的自然人"。在消费者定义中,两项常见的特征是,消费者是自然人,其目的应在某种营业、商业或贸易活动之外。欧洲法院在处理实质性问题时将消费者概念解释得相当狭窄(参见例如 Criminal proceedings against Patrice Di Pinto,ECJ 14 March 1991,C-361/89,ECR 1991,Ⅰ-1189 与 Bayerische Hypothekenund Wechselbank AG v. Edgard Dietzinger,ECJ 17 March 1998,C-45/96,ECR 1998,Ⅰ-1199,涉及的都是上门销售指令)。

11.《联合国国际货物销售合同公约》并没有规定消费者的实际定义。不过第 2 条(a)款规定,该公约并不适用于为个人、家人或家庭使用而购买的货物,除非卖方在合同订立之前或之后的任何时间,都既不知道也不应知道货物是为这种使用目的而购买的。

12. 欧盟的定义在不同的国内体系中得到了反映,其中大多数使用了一般性的消费者定义(奥地利"消费者保护法"第 1(1)条;捷克共和国民法典第 52(3)条;英格兰"不平等合同条款法"第 12(1)条;爱沙尼亚 LOA 第 34 条;芬兰"消费者保护法"第 1 章第 4 条;德国民法典第 13 条;希腊"消费者保护法"第 1(4)(a)条;匈牙利民法典第 685(d)条;意大利消费者法典第 3(1)(a)条;拉脱维亚"消费者保护法"第 1(3)条;荷兰民法典第 7:5(1)条;波兰民法典第 22 条;葡萄牙"消费者保护法"第 2 条;英格兰"不平等合同条款法"第 25(1)条;斯洛伐克民法典第 52(3)条;斯洛文尼亚"消费者保护法"第 1 条;西班牙消费者保护法第 3 条)。

13. 其他国家则使用了专门针对消费品买卖的定义(比利时民法典第 1649bis 条第 2 款第 1 项;丹麦 SGA 第 4a 条;立陶宛民法典第 1.39 条;挪威"消费品买卖法"第 1(3)条;瑞典"消费品买卖法"第 1(4)条)。

14. 法国并不存在消费者的一般性定义,但判例已经扩展了由关于上门销售的规定(消费者法典第 L.121-22 条)所给出的定义。消费者是与其营业活动并无直接关系的缔约方(针对不公平合同条款,Cass. civ. Ⅰ,3 与 30 January 1996,Bull. civ. Ⅰ,no. 9 与 55,JCP 1996. Ⅱ.22654,Note Leveneur;D. 1996,228,Note Paisant)。

15. 令人关注的是,在英格兰和苏格兰,确定消费者的定义,还需要货物属于通常供应给私人使用或消费的类型(货物买卖法第 61(1)条参照不平等合同条款法第 12(1)条[英格兰]与第 25(1)条[苏格兰])。在 B. Customs Brokers Co. Ltd. v. United Dominions Trust Ltd. [1988] 1 WLR 321 (CA)一案中,法院认为,如果购买行为并非其营业所必需的,某人便不是在不平等合同条款法意义上的"营业过程中"购买的,除非类似的购买行为存在足够程度的规律性(原告报关行

购买一辆汽车时，并不是在营业过程中购买的）。比较一下有些相反的 Stevenson v. Rogers [1999] QB 1028（CA）案件（一个渔夫出售了拖网渔船），法院认为，企业出售的货物理所当然属于货物买卖法第 14 条（卖方是在营业过程中出售货物时，合同中隐含着令人满意之质量的期限）意义上的营业过程中的买卖（一般参见 Bradgate and White，Commercial Law[3]，§ 2.6.4.2）。在奥地利，"消费者保护法"第 1 条第（5）款通过将一些机构的活动包括在内扩展了其范围。根据西班牙法律，关键词是"最终用户"。因此，当买方在市场上进行购买行为的意图是产出货物、产品或服务时，它便不能被认为是消费者交易。此外，当某人购买货物、产品或服务的目的是将它们给其他某人时，如果他并没有打算将其投入市场，则他仍然是消费者。

16. 根据德国判例，存在着一些企业试图规避被归类为消费品买卖的交易的情况。例如，买方在合同条款中确认他是个商人，一旦作为经营者的卖方知道买方是个消费者，这种条款便被认为是无效的（AG Zeven，19 December 2002，DAR 2003，379）。但是，在一个案件中，由于卖方不希望出售给消费者，所以该消费者声称自己是个商人，他丧失了其消费者权利（BGH 22 December 2004，NJW 2005，1045，也参见 Halfmeier，GPR 2005，184 ff）。

Ⅳ."经营者"的定义

17. 在不同的欧盟指令之间，经营者一词的定义有所不同。最早是上门买卖指令给出的定义，其中经营者被界定为"在交易过程中，以其商业或职业能力而行为的自然人或法人，以及以经营者的名义或代表其利益而行为的任何人"（第 2 条）。类似的定义出现在远距离合同指令当中，其中经营者被定义为"以其商业或职业能力而行为"的人（第2（3）条）。在价格指示指令中，其定义的表述是，经营者是出售或提供买卖产品的人，而"这属于其商业或执业活动范围之内"（第 2（d）条）。消费品信用贷款指令、不平等合同条款指令和消费品买卖指令中的定义非常类似。因此，在消费品信用贷款指令中，经营者是"在其贸易、营业或职业过程中"提供信贷的人，在"消费品买卖指令"中，经营者则是"在其贸易、营业或职业过程中"向消费者出售货物的人。在不平等合同条款指令中，经营者被改成了"基于与其贸易、营业或职业有关的目的而行为"的人，并且补充规定，"不论是公有还是私有"（Directive 93/13/EEC 第 2（c）条）。

18. 此外，国内体系中也存在类似的经营者定义（奥地利"消费者保护法"第 1（1）条；比利时民法典第 1649bis 条第 2 款；捷克共和国民法典第 53（2）条；丹麦货物买卖法第 4a 条；英格兰和苏格兰货物买卖法第 61（1）条；芬兰"消费者保护法"第 1 章第 5 条；德国民法典第 14 条；希腊"消费者保护法"第 1（3）条；匈牙利民法典第 685（e）条（隐含在消费者合同的定义中）；拉脱维亚"消费者保护法"第 1（5）条；立陶宛民法典第 1.39 条；挪威"消费品买卖法"第 1（2）条；波兰民法典第 563（2）条；葡萄牙商法典第 2 条；斯洛伐克民法典第 52（2）条；斯洛文尼亚"消费者保护法"第 1 条；西班牙"消费品买卖法"第 1 条；瑞典"消费品买卖法"第 1（4）条）。

19. 根据法国法律，非经营者在体系上与消费者相等同。如果一方并不是消费者，那他必然是经营者；因此，经营者是与其职业活动有着直接关系的缔约方。

20. 更具体地说，根据瑞典法律，对于被视为经营者卖方的当事人而言，他的行为并非某种偶然的委托或买卖交易通常便已足够。甚至其以营利为目的这一点也不是必要的（关于这个问题，也可比照德国法律，BGH 29 March 2006，NJW 2006，2250ff）。就适用的"消费品买卖法"而言，被出售的货物是否属于通常由营业者所出售的种类是无关紧要的。例如，如果一个杂货店出售其旧电脑和办公设备，该法也将适用。但是，如果卖方出售其私人家具或汽车，它便不能适用（参见 further Herre，Konsumentköplagen[2]，66 f）。根据德国法律，在一位私人牙医卖掉了她的二手车的

案件中，也出现了类似的结果。她并没有被视为一位商人，因为她并没有什么关于汽车的专业知识（LG Frankfurt，7 April 2004，NJW－RR 2004，1208）。但是根据英格兰法律，要想被界定为是在营业过程中，被出售货物之惯常性交易并非是必需的（Stevenson v. Rogers [1999] QB 1028）。清仓甩卖是一种营业过程中的买卖（Buchanan－Jardine v. Hamilink 1983 SLT 149）。根据斯洛文尼亚法律，“经营者”被定义为一个法人或自然人，他“从事的是一项营利性活动”，而不论其法律形式或所有权如何；合同是否属于其活动范围之内无关紧要（“消费者保护法”第1(3)条）。向消费者提供货物或服务的机构、其他组织和自然人都被包括在内。

21. 在某些体系中，即使卖方并不是经营者，但买卖受到了某个作为商人的人之有利于卖方的影响，该交易也被归类为消费品买卖。在这种情况下，根据法律规定，卖方与商人因卖方义务向买方负有连带责任（丹麦 SGA 第4a(2)条；瑞典“消费品买卖法”第1(2)条）。此外，根据英格兰法律，消费品买卖包括由在营业过程中充当他人代理人的人进行的买卖，除非该他人并不是在营业过程中进行销售，并且买方对此知情，或者卖方已经采取了合理步骤使其引起买方的注意（货物买卖法第14(5)条；试比较，Boyter v. Thomson [1995] 2 AC 628）。

22. 根据德国法律，存在着这样的案例，即为了规避强制性的消费者保护规则，二手车经营者并不以实际卖方身份，而是以私人卖方代理人的身份出现。这个问题是在2005年由联邦最高法院处理的。一般来说，这种解释是合法的，并且将买卖排除在消费者规定之外。但是，在个别案件中，消费品买卖法律规定可能被规避了。相关的规范是买卖的经济风险。如果经营者保证，汽车的私人卖方会根据新车的价格降低确定金额，则经营者便是汽车的实际卖方。相反，如果经济风险归于旧车的当前所有人，则后者才是真正的卖方（BGH 26 January 2005，NJW 2005，1039－41与 OLG Stuttgart 19 May 2004，NJW 2004，2169－71）。

第二章　卖方的义务

第一节　总　　则

第Ⅳ.A－2:101条　卖方的义务总则

卖方必须:

(a)转让货物的所有权;

(b)交付货物;

(c)根据合同约定,转让代表货物或与之相关的单证;以及

(d)保证货物与合同相符。

评　论

A. 卖方的主要义务

本条规定了卖方根据买卖合同承担的主要义务之总则,其中某些在本章后面几节中得到了详细规定。这一简短列举并不意味着它是买卖合同中义务履行之按重要性进行的排序。

但是,根据当事人自治的一般原则,当事人可以自由约定其义务的内容。因此,一方面卖方可能并不负有本条列出的所有义务。例如,鉴于货物已经处于买方的占有之下,卖方可能并不负有交付货物的义务。另一方面,卖方也可能必须承担由当事人之间的特别协议(例如,在已交付之机器使用过程中提供培训的义务),或由商业惯例以及其他包含在本条中的规定所产生的其他义务。

B. 转让所有权的义务

转让所有权的义务对于买卖合同的概念而言是不可或缺的;如果当事人的合同排除了该义务,则他们的合同一般并不被认为是货物买卖合同。

货物所有权的转让何时发生,要想产生转让的效果必须采取哪些单独的步骤,这

些问题规定在关于货物所有权之取得与丧失的第三编中。本条仅涉及义务问题。它们要求卖方必须在合同订立时立即转让货物所有权,或者在未来某个时间转让货物所有权(参见上文第Ⅳ.A-1:202条(买卖合同))。

卖方可能必须将所有权转让给买卖合同另一方以外的第三方,这也在第Ⅳ.A-1:202条(买卖合同)的定义中有所反映。

示例1

居住在荷兰的甲从Fleurop订了些鲜花送给他目前在波兰工作的女朋友。在此,鲜花的卖方必须将其送给将要成为货物所有人的第三方。

C. 交付货物的义务

卖方通常负有将货物交付给买方的义务。这种重要的义务以更为详尽的形式被规定在第Ⅳ.A-2:201条(交付)中,该条还明确规定,卖方也可能必须将货物交付给买方以外的第三方。

但是,也存在由于货物已经处于买方占有之下,或者它们仍要处于卖方占有之下,所以卖方根本无须交付货物的情况。在这些情况下,第Ⅳ.A-2:201条(交付)规定的交付义务或者并不适用(因为它已经被明确或隐含地排除了),或者它成为了被即刻履行的义务(例如,卖方被认为即刻交付了仍处于卖方占有之下但为买方所拥有的货物)。

示例2

甲从他邻居乙那里借了一台植树用的机器。使用期限届满后,甲想要从乙那里购买该机器。双方就价款达成了协议,甲以现金形式予以支付。

示例3

乙将要去读大学,他下一学年有门课程和甲的一样,于是甲同意把她的教科书卖给乙。由于乙还没有找到住处,而甲在夏天已经租好了房屋,所以他们约定,在新学年开始之前,甲一直保管该教科书。

应当注意的是,这种所有权转让之推定性交付的细节也被规定在关于货物所有权之取得与丧失的第三编中(例如短手让渡(*traditio brevi manu*)或占有改定(*constitutum possessorium*)的规定,或者什么构成占有的问题)。

D. 转让单证的义务

合同可能要求卖方转让代表货物或与之相关的单证。

重要的是要注意到,这一规定是故意如此宽泛的。它并未限于某些可能在商业交

易中颇为常见的单证类型——例如提单、原产地证书或类似单证等。它还包括消费品买卖中常见的单证——例如装配或使用说明书。每种单证类型都取决于合同的规定,并且可能还受到当事人之间的通常做法或交易惯例的影响(参见第Ⅱ－9:101条(合同条款))。

代表货物的单证服务于一项重要的目的,因为卖方有时会仅仅通过转让代表货物的单证来实际履行货物交付的义务(参见第Ⅳ.A－2:201条(交付)第(1)款)。卖方还可能负有将货物交付承运人并将货运单证交付给买方的义务。如果货物在出售时已经处于运输当中,则卖方可能仅负有将单证交付买方的义务("单证交易")。与货物有关的单证主要是与货物之适用或正常运行有关的单证,它对于买卖的履行是至关重要的。

鉴于单证市场上发展迅速、日新月异,本规则并未列出相关单证的清单。但是,所有单证都可能包含在内,例如提单、保险单、出口许可证、支付关税的收据、手册、证书、说明书、商品说明或贸易审核等。单证转让不仅仅包括相关单证的移交,卖方还可以通过电子手段或传真来发送它们。卖方的义务可能包括采取步骤以确保代表货物之单证的有效性,例如签署、背书及其他规范形式。

最后,应当注意的是,根据第Ⅳ.A－2:302条(符合合同的目的、质量和包装要求)(e)项,如果它们是买方合理期待所收到的,卖方可能必须和货物一起提供某些与货物相关的单证,例如安装或其他说明书。

E.保证与合同相符的义务

本章第三节详细规定了卖方提供各个方面都与合同相符的货物的义务。但应当指出的是,本条(c)项所指的并不仅是第Ⅳ.A－2:301条(与合同相符),而且包括第三节中涉及其他相符性之多个方面的进一步规定,例如第Ⅳ.A－2:302条(符合合同的目的、质量和包装要求)、第Ⅳ.A－2:304条(消费品买卖合同中的不正确安装)和第Ⅳ.A－2:305条(关于第三方权利或主张的一般性规定)。

因此,在这种语境下,重要的是要注意到,本条使用的是相符性的广义概念,这些都可能引起第四章第二节规定的货物不相符的救济。

F.对买方的救济

如果卖方未能履行合同规定的义务,买方有权获得第三编第三章(本规则第四章有细微的修正)规定的救济。

G.与第二编的关系

第二编第九章包含着规定合同内容和效力的规则,这些明确了哪些构成合同之组成部分的问题。因此,它们也可能影响卖方的合同义务。尤其是必须重视第Ⅱ－9:101条(合同条款)、第Ⅱ－9:102条(某些被视为合同条款的先合同陈述)以及第Ⅱ－

9:108条(质量)。但是,与刚刚提到的一般条款相比,可以认为,本章的规则更具有适用于买卖的专门性。

注　释

Ⅰ.所有权转让的义务

1.正如第Ⅳ.A-1:202条(买卖合同)注释中所指出的,所有权转让是买卖合同中不可或缺的义务。根据许多体系的规定,这一义务是明确包含在买卖定义或其他规定当中的(《联合国国际货物销售合同公约》第30条;奥地利民法典第1053条;比利时民法典第1583条;英格兰货物买卖法第2(1)条;爱沙尼亚LOA第208(1)条;德国民法典第433(1)条;匈牙利民法典第365(1)条;意大利民法典第1470条;荷兰民法典第7:9(1)条;波兰民法典第535条;斯洛文尼亚LOA第435(1)条)。这也适用于捷克(商法典第409(1)条)和斯洛伐克(商法典第409(1)条)的商业买卖。根据其他体系,这可以从其他义务或权利中推导出来,例如交付义务(捷克共和国民法典第588条;拉脱维亚民法典第2033条;斯洛伐克民法典第588条)或担保货物上并不负有任何第三方之权利或主张的义务(芬兰SGA第41条;立陶宛民法典第6.231条;挪威SGA第41条与"消费品买卖法"第15(2)(g)条;瑞典SGA第41条)。

2.根据法国法律,卖方负有两项主要义务:物之交付与担保(民法典第1603条)。所有权转让因此并不是卖方的义务,而是合同的法律效果(民法典第1583条)。在西班牙,同样受罗马法的影响,卖方负有交付和担保和平占有的义务。某些学者因而认为,民法典并未回答卖方是否负有转让货物所有权之义务的问题(试比较,García Goyena,Código Civil Español,1851;Navarro Pérez,La compraventa civil,428)。其他学者赞同这种义务的存在(Diez-Picazo与Gullón,Sistema,285;Lacruz Berdejo与Rivero Hernández,Elementos Ⅱ(2),6;Morales Moreno,La modernización del Derecho de obligaciones,38),并且这已经得到了判例的确认(TS 1 December 1986,RAJ 1986/7189,TS 20 October 1990,RAJ 1990/8029)。

3.虽然有关所有权转让的详细规定通常出现在物权法当中,但某些体系包含着专门适用于买卖的规则(关于商业买卖,参见斯洛伐克商法典第443~446条)。在捷克和斯洛伐克,消费品买卖中的所有权在货物交付("转手")时转移。在远程销售中,所有权在买方确定的交付地点将货物交付("转手")给买方时转移。在自助买卖中,所有权在为选定的货物付款时转移(民法典第614(3)条)。

4.某些体系明确规定,除了物上所有权以外,某些其他权利也可能要被转让(爱沙尼亚LOA第217(2)1)条与第218(4)条;意大利民法典第1470条)。

5.关于第三方的主张或权利,参见第Ⅳ.A-2:305条(关于第三方权利或主张的一般性规定)和第Ⅳ.A-2:306条(以工业产权或其他知识产权为基础的第三方的权利或主张)。关于所有权保留条款的规定,参见关于动产所有权担保的第九编。

6.一般而言,本部分的规则并不涉及与物权法有关的问题;关于那些问题,参见关于货物所有权的取得和丧失的第八编。

Ⅱ.货物交付的义务

7.在所有体系中,卖方都负有货物交付的(主要)义务(《联合国国际货物销售合同公约》第

30条;奥地利民法典第1061与1047条;比利时民法典第1603～1604条;捷克共和国民法典第588条;英格兰和苏格兰货物买卖法第27条;爱沙尼亚LOA第208(1)与209条;法国民法典第1604条及以下;德国民法典第433(1)条;匈牙利民法典第365(1)条;意大利民法典第1476条;拉脱维亚民法典第2027条;立陶宛民法典第6.317条;荷兰民法典第7:9(1)条;波兰民法典第535条;斯洛伐克民法典第588条及商法典第409条;斯洛文尼亚LOA第435(1)条;西班牙民法典第1461条)。在北欧国家,这一义务隐含在当卖方未能交付时,赋予买方请求履行和终止合同的权利当中(丹麦SGA第21条;芬兰、挪威与瑞典SGA第22条)。

8.一般而言,卖方必须交付货物,包括其组成部分和配件(奥地利Bestandteile und Zugehör;比利时与法国民法典第1615条:配件以及所有为其长期使用而设计的零件;西班牙民法典第1097、1468条;捷克共和国民法典第121(1)条;爱沙尼亚民法典一部规则部分法令第57(3)条(据推断,转让某物所有权的义务也包括其配件);意大利民法典第1477(2)与(3)条;拉脱维亚民法典第2027条;立陶宛民法典第6.317条;荷兰民法典第7:9(2)条;波兰(关于元件,民法典第47条,关于附属物,民法典第52条)。该交付必须在适当时候进行(英格兰和苏格兰货物买卖法第29(5)条):交付的要求或提供可以被视为无效,除非那是在合理时间、正确场所所作出的,并且货物处于合同订立时所处的状态。

9.但是,卖方也可以通过将控制权转移给作为所有人的买方来进行交付,例如通过移交单证或钥匙。当事人的义务通常是相互依存的;因此,如果买方未能按时支付价款,则卖方可以拒绝交付买卖的标的物。

Ⅲ.单证转让的义务

10.有两种主要的单证类型。其一,代表货物的单证,例如提单,就此而言,卖方未能交付将意味着买方不能接手货物。其二,与货物相关的单证,例如毫无疑问应属于货物的车辆登记文件。如果卖方未能转让这种单证,买方仍然能够接手货物。

11.在许多体系中,交付单证的义务并不是具体规定的。但是,根据一些体系的规定,这种义务是被明确规定的(《联合国国际货物销售合同公约》第30条;捷克共和国商法典第417条;英格兰和苏格兰货物买卖法第29(4)与47条;爱沙尼亚LOA第211条;法国民法典第1615条,试比较,例如Com. 8 November 1972,Bull. civ. Ⅳ,no. 277(汽车的卖方应该交付相关的管理单证);匈牙利民法典第367条;立陶宛民法典第6.318条;荷兰民法典第7:9(1)条;波兰民法典第546条;斯洛伐克商法典第411与417～419条;斯洛文尼亚LOA第447(2)与448(1)条)。

12.根据现行规定,一般而言,在不同的单证类型之间并不存在明显的差别。例如,根据《联合国国际货物销售合同公约》第30条,卖方必须转让任何与货物相关的单证。某些体系则规定,卖方必须将为货物转让和使用所需的单证,以及合同约定的所有其他单证都转交给买方(捷克共和国商法典第417条;爱沙尼亚LOA第211条;荷兰民法典第7:9(1)条;斯洛伐克商法典第411与417条)。但是,斯洛文尼亚法律上存在一项明显的差别:只有卖方已经将货物或凭其货物才能被转让的单证交付给买方时,他才被认为交付了货物(LOA第447(2)条)。因此,交付这些单证是卖方的主要义务。至于与货物有关的单证,该法规定,卖方必须(不存在不同协议时)与所有附件一起交付货物(LOA第448(1)条)。根据立陶宛法律,只要合同或民法典有规定,卖方必须将其占有的相关单证和所有权凭证交给买方。如果卖方因行使其他权利而需要与所售货物无关的上述单证,则卖方必须将以确定形式生效的单证副本交付给买方。如果卖方未能转让这些单证,则买方可以根据民法典第6.235条确定一个合理期限,在该期限届满之后,他有权拒绝接收

货物,除非合同另有约定。在波兰,卖方有义务将涉及所售货物之法律和事实关系的任何必要说明书都交给买方,并将与该货物尤其是占有有关的单证予以交付。如果这种单证的内容还与其他货物有关,则卖方有义务将从该单证中摘出的证明予以交付(民法典第546(1)条)。在西班牙,交付某种货物的义务包括提供所有附件的义务,即使这些并未明确提及(民法典第1097条)。根据TS 4 January 1989(RAJ 1989 no. 92)的判决,要想产生有效的法定交付的效果,卖方必须将所有权凭证和所有对权利转让有效,或者为其在代理商行登记权属而言必要的单证交付给买方。

13. 代表货物的单证确实在货物交付中占有着重要的地位。一般来说,这种代表货物的单证是未下定义的;在英格兰和苏格兰,《代理人法》1889第1条第(4)款(通过《代理人法》1890(苏格兰)扩展到苏格兰)列举了各种可以被归为此类的单证(提单、存货凭单、仓管员证书、货物交付的凭证或订单,以及为了转让或取得单证所代表之货物,任何在通常营业过程中作为占有、控制或占有授权之证据的其他单证)。这似乎指的是任何至少能为持有者有权主张其载明之所有权提供证据的单据,但并不包括车辆登记文件。在爱沙尼亚,LOA第211条第(1)款规定,要交付的单证是为占有或使用货物所必需的单证,以及为处分货物所必需的单证。占有和处分的概念指的是任何所有权凭证,例如提单、仓单或类似的运输单证;未能交付这些单证便相当于整个协议的不履行。为货物使用所必需的单证范围极为宽泛,包括车辆登记文件、使用手册和说明书等;转让这些单证的义务要根据相符性要求来判断,并且并不相当于整个协议的不履行。

14. 转让与所售货物相关之单证(例如车辆登记文件)的义务通常被视为一种与消费品买卖中的手册有关的次级义务(奥地利;捷克共和国;德国Handkommentar－BGB[2](－Saenger),第433条第11款;荷兰民法典第7:9(1)条;挪威;斯洛伐克民法典第617条)。在斯洛文尼亚,根据LOA第448条第(1)款,卖方有义务转交所有附件,包括与货物相关的单证。但是,至于单证(即附件)的交付何时代表一项次级义务(并且其不履行并不构成整个义务之不履行),何时才能认为未移交单证的货物交付不能被当作完全交付,相关判例并非始终一致。根据西班牙法律,向买方提供与货物相关之单证的义务被认为是附属于交付这一主要义务的(TS 19 April 2007,RAJ 2007 no. 2072,TS 22 March 1993,RAJ 1993 no. 2529,TS 4 January 1989,RAJ 1989 no. 92)。在荷兰,民法典第7:9条第(1)款明确规定,卖方不仅要交付所售货物,而且要交付所有附件以及其他与所售货物相关联的物。许多体系规定,转让单证的义务可能要根据相符性要求来判断。

Ⅳ.卖方的其他义务

15. 除了上述三项主要义务外(所有权转让、货物交付和相符性),卖方可能还负有各种买卖法中规定的其他义务。

16. 卖方可能负有维修货物的义务(试比较,《联合国国际货物销售合同公约》第85条)。类似规定也出现在北欧国家法律当中(芬兰、挪威与瑞典SGA第72条)。在捷克,如果买方在交付前获得了所有权,则卖方直至交付前负有受托人的所有权利和义务(民法典第590条参照第749(1)条[如果这是一项惯例,还包括货物担保的义务];也参见西班牙民法典第1094条:货物维修的义务)。

17. 某些通知义务也可能被强加给卖方。卖方必须将与货物使用相关的特殊规定或说明通知消费者(捷克共和国与斯洛伐克民法典第617条)。同样,卖方可能必须就任何风险的存在提出建议(例如使用说明)或警告(奥地利Koziol与Welser,Bürgerliches Recht Ⅱ[12],146),或者将货物的重要权利状态通知买方,包括第三方可能享有的任何权利和主张(匈牙利民法典第367条)。

第二节　货物的交付

第Ⅳ.A－2:201 条　交付

(1)卖方有义务交付货物以及相关单证使其处于买方的控制范围之内,在双方有约定的情况下可以只交付代表货物的单证。

(2)如果合同涉及由一个或几个承运人负责的运输,卖方将货物交付给第一承运人并将从持有货物的承运人处提取货物所必需的单证移交给买方即履行了交付义务。

(3)本条所称的买方包括根据合同应向其为交付的第三方。

评　论

A. 概述

本条详细规定了卖方交付货物的义务,该义务是颇为典型的买卖合同(但是,关于卖方可能实际上并不需要交付货物的情况,参见第Ⅳ.A－2:101 条(卖方的义务总则)评论 C)。除非当事人另有约定,否则基本原则是,卖方有义务使货物处于买方控制范围之内。如果当事人的协议涉及代表货物的单证,则同样的原则适用于那些单证。第(2)款规定了货物由承运人运送给买方这种重要的类型。

交付的时间点在许多方面都是非常重要的。在很多情况下,与货物相关的风险将会同时转移。关于涉及承运人的情况,参见本条第(2)款和第Ⅳ.A－5:202 条(货物的运输)第(3)款。此外,第Ⅳ.A－4:301 条(货物的检验)规定之检验货物的要求通常也是基于交付而发生的。

B. 交付的功能性定义

第(1)款规定了卖方之交付义务的功能性定义,即其目的是,卖方必须使得货物或代表货物之单证处于买方的控制范围之内。虽然这通常会导致货物之实际控制权的转让,但也可能存在实际控制权的转让并不适用的情况,例如,因为这种转让尽管可能,但由于货物仍由卖方保留,或者由于货物的性质使得这种转让不可能(但后者的情况通常主要适用于不动产),以至于该转让是当事人难以想象的。在这种情况下,卖方可能通过其他方式使得货物处于买方控制范围之内(参见评论 C)。

示例 1

甲卖给了乙一匹马。当事人约定,由于乙没有马厩,该马仍留在甲的马厩里,乙则因甲对马的照料而每个月向其支付一定报酬。

同时,交付这种宽泛的功能性定义("使其处于买方的控制范围之内")也明确了,除货物外,卖方还可以交付财产;根据第Ⅳ.A－1:101 条(适用的合同范围)第(2)款,这属于本条的适用范围内。这尤其适用于无体财产,例如某些权利。

C. 交付的不同模式

正如评论 B 所指出的,第(1)款中交付之功能性定义允许以不同方式来履行货物交付的义务。至于卖方必须如何交付货物的问题,归根结底最终是由合同来回答的。例如,卖方可能被要求以某种方式来交付;同样,合同也可能赋予卖方不同的交付选择。

因此,在关于交付的规则中列出所有可能的模式,那几乎是不可能的,但该定义可能会帮助给出交付之不同方式的几个例子。

卖方可以通过将实际控制权移交给买方来交付货物。除非当事人另有约定,买方必须到卖方的营业地点或住所提取货物(参见第Ⅳ.A－2:202 条(交付地点和时间)评论 B),卖方的义务是在那里使其处于买方控制范围之内。卖方还可以交付货物的钥匙,例如汽车钥匙或货物所存放的仓库的钥匙。这种模式还包括其他使得买方获得货物之控制的方式,例如,卖方可以将货物的存取密码提供给买方。但是,当事人也可以约定卖方将货物运送给买方(参见示例 4);在这种情况下,卖方将通过在买方的住所或营业地点交付货物以使其处于买方的控制范围之内。

对于卖方来说,并未将直接实际控制权移交给买方而进行交付也是有可能的。卖方在其营业地点以外的地点使得货物处于买方控制范围之内便是这种情况(参见第Ⅳ.A－5:201 条(处于买方控制下的货物)第(2)款)。当事人可能约定,卖方必须使得货物便于买方在指定地点予以收取,而卖方将把货物留在那里。

示例 2

零售商甲将货物卖给了乙。他们约定,甲将于某日在其生产地点——一个邻近乙的营业地点的工厂——直接使货物处于乙的控制范围之内。一旦甲在约定地点使货物处于乙的控制范围内,他便履行了交付义务。

示例正如第(1)款所规定的,卖方可以通过将代表货物的单证移交给买方来履行交付义务。

示例 3

甲和乙针对已经处于运输当中的货物签订了买卖合同。卖方通过将提单移交给买方来履

行交付义务。

因为这些单证代表着货物,所以就其本身而言,它们的移交足以产生货物交付的效果。因此,买方虽然尚未收到货物,但他已经获得了请求占有货物的人交出它们的必要手段。当货物处于运输过程中时,这种交付模式发挥着重要的作用(参见下文评论D)。卖方还可以采取其他方式来使买方从第三方处获得货物,例如,通过指示(比如通过电子邮件、传真、电话等)该人交出货物的方式。在通过单证交付的情况下,应当注意的是,只有代表货物的单证才是适用的。

D. 货物的运输

如果当事人约定,货物要由第三方承运人从卖方处运输到买方处,本条就此规定了交付的特殊规则。根据第(2)款,卖方通过将货物交给承运人,并将从承运人处获取货物所必需的任何单证交给买方来履行交付义务。这种交付方式反映了单证在国际商业买卖交易中占有的重要地位,而这往往涉及货物的运输。

如果货物是由若干承运人运输的话,卖方则要通过将货物移交给第一承运人,将相关单证交给买方来履行交付义务。那些单证应当能够使买方从持有货物的承运人那里取得货物。

应当注意的是,仅当独立的承运人运输货物时,运输情况下关于交付的规则才能适用。因此,它并不包括卖方或买方自己的雇员承担货物运输职责的情况。

示例4

甲乙签订了一项建筑材料的买卖合同。当事人约定,这些材料将直接运送到乙的建筑地点。运输是由甲的雇员来承担的。仅当货物在建筑地点被交给乙或乙的雇员时,卖方才被认为履行了交付义务。

最后,应当指出的是,当事人当然可以约定,即使涉及承运人时,卖方的交付义务也可以在稍晚的时间点来履行。

E. 运输给买方以外的人

本条是从卖方必须将货物运输给买方的假定开始的。但是,正如第(3)款所规定的,当事人可以自由地另作约定。货物或者根本不是为买方所预订的(例如买方为其子公司购买原材料),或者不用直接运输给买方(例如在仓库临时仓储的情况),这都是有可能的。

在这种情况下,本条的规则适用于该他人,就像他是买方一样。因此,卖方通过使得货物处于合同指定的人的控制范围之内来履行其交付义务。

F. 消费品买卖合同

本条仅具有默认的性质，并不包含任何特殊的消费者保护因素。但是，应当铭记于心的是，在消费品买卖合同中，运输中的货物只有交给买方时风险才能转移（参见第Ⅳ.A－5:103 条（消费品买卖合同中的风险转移）评论 C）。

注　释

Ⅰ. 交付形式总述

1. 正如上文所述（第Ⅳ.A－2:101 条（卖方的义务总则）注释），在所有体系中卖方都负有交付货物的义务。总体上人们能够区分实际的和推定的交付；前者是货物的物质交付，而推定交付则是将货物的控制权转移给作为所有人的买方（关于这一区分，参见比利时民法典第 1605－1606 条；英格兰和苏格兰货物买卖法 Adams/Atiyah/MacQueen, Sale of Goods11, 129－131; Stair, The Laws of ENGLAND XX, para. 860；西班牙民法典第 1462－1464 条）。

2. 在不同的买卖法中，交付的概念并没有在细节上极大展开（如果不是完全没有展开的话）。一方面，它可以被界定为所有权在当事人之间的自愿转让（参见英格兰和苏格兰货物买卖法，如第 61（1）条的定义；类似的有，比利时民法典与法国民法典第 1604 条；立陶宛民法典第 6.317 条；荷兰民法典第 7:9(2) 条；波兰民法典第 348～351 条；斯洛文尼亚隐含在交付的概念当中，参见 Cigoj, Komentar, 1403）。此外，斯洛文尼亚法律明确规定，卖方通常通过移交货物或能够使买方接手货物的单证来履行交付义务（LOA 第 447(2) 条）。另一方面，某些买卖法仅仅规定，货物必须被置于买方的控制之下（试比较，捷克共和国商法典第 412(2) 条；爱沙尼亚 LOA 第 209(1) 条；芬兰 SGA 第 6(1) 条；西班牙民法典第 1462 条，挪威 SGA 第 6 条；瑞典 SGA 第 6 (2) 条）。

3. 某些体系中存在关于无体权利之交付的明确规定。卖方或者通过移交其权利证书，或者通过经其同意让买方使用该权利来交付权利（参见比利时民法典与法国民法典第 1607 条）。在西班牙，当缺乏公开行为之赋予时也是如此（民法典第 1464 条及参照第 1462(2) 条）。在波兰，包含在无记名单证中的权利是通过转让该单证而转让的。这种单证之所有权的转让要求其被让与（民法典第 517 与 921 条）。

4. 某些体系明确规定，卖方也可以将货物交付给经买方确认有权受领交付的第三方（捷克共和国民法典第 562 条；斯洛伐克民法典第 562 条）。但是，如果卖方明知该人无权受领交付的话，这并不适用。

5. 关于货物的运输，参见第Ⅳ.A－2:204 条（货物的运输）和第Ⅳ.A－5:202 条（货物的运输）。

Ⅱ. 推定的交付

6. 在国内买卖法上，关于交付之粗略规定一般也包括推定的交付，它包括通过转让权属凭证（参见下文英格兰和苏格兰所谓的单证买卖）、移交钥匙（比利时民法典第 1606 条与法国民法典第 1605 条有明确规定）和达成一致（西班牙民法典第 1463 条，与要物行为相反；关于西班牙拟制交付（*tradición ficticia*）的概念，参见 TS 18 February 1995, RAJ 1995/882, 1 July 1995, RAJ 1995/

5421 和 31 May 1996, RAJ 1996/3866：无论类型如何，所有以决定性方式表明卖方已经将货物交付买方，后者以真正的、绝对的和独特的方式获得了货物的控制权，并且当事人有这样做的明显意图之行为）等情况。最后一种通过达成一致交付的类型反映了罗马（物）法短手让渡（*traditio brevi manu*）、长手让渡（*longa manu*）和占有改定（*constitutum possessorium*）的概念，这通常意味着货物根本并未转让，而是留在买卖时它们所处的地点（更多细节，参见动产转让的原则）。根据匈牙利法律，交付可能以任何显然使得物之控制权已经被转让的形式——不仅仅是实际交付——来进行（民法典第 117（2）条）。在捷克，法学文献中提到，交付还可能意味着货物附件的受领；例如钥匙、单证（比如汽车登记文件）（试比较，Švestka/Jehlička/Škárová/Spáčil（－Jehlička），Občansky zákoník[9]，464）。

7. 正如刚刚提到的，货物也可以通过转让单证，例如提单的方式来交付。这些所谓的单证买卖在实践中非常重要（意大利民法典第 1527～1530 条；西班牙民法典第 1464 条）。在英格兰和苏格兰，卖方关于货物实际交付的义务加以必要修改，适用于单证的交付。根据货物买卖法第 29 条第（4）款，如果货物在买卖时处于第三方的占有下，除非在第三方告知买方，他是为了买方的利益而占有货物（在英格兰法律上被称为转让［attornment］）之前，否则并不存在卖方对买方的交付。该法接着规定，这并不会影响货物之任何权属凭证的发出或转让，至于苏格兰法律，人们一直认为在通常的商业情况下，总是会涉及权属凭证；因此，即使第三方持有人并未向买方作出任何承认，交付也可能会发生（Reid, The law of Property in SCOTLAND, para. 620）。推定的交付也包括其中载明的代表货物之提单的象征性交付。

第Ⅳ. A－2:202 条　交付的地点与时间

（1）交付的地点与时间依第Ⅲ－2:101 条（履行地点）以及第Ⅲ－2:102 条（履行时间）确定，本条有不同规定的，从其规定。

（2）如果交付义务的履行需要移转代表货物的单证，卖方必须按照合同约定的时间、地点以及形式移转该单证。

（3）如果一个消费品买卖合同包含了由一个或几个承运人负责的运输并为消费者设定了交付日期，在该日期到来时买方必须从最后承运人处取得货物或可以从最后承运人处提取货物。

评　论

A. 概述

仅当交付是在正确的时间和地点进行时，卖方才履行了交付义务。在当事人之间并无约定的情况下，适用第Ⅲ－2:101 条（履行地点）和第Ⅲ－2:102 条（履行时间）关

于履行的一般规则。但是,第(2)款针对代表货物之单证的移转规定了特殊的规则。

B. 交付的地点与时间

根据第Ⅲ－2:101条(履行地点),卖方必须在买卖合同确定或者可以根据买卖合同确定的地点交付。如果合同对此并未约定,则卖方必须在卖方的经营地点,或者当这一地点不存在时,在卖方的惯常住所交付。因此,关于交付地点的默认规则是,买方必须从卖方的经营地点或住所提取货物。根据第Ⅲ－2:102条(履行时间),卖方必须在买卖合同确定或者可以根据买卖合同确定的时间或期限内交付。如果合同对此并未约定,则卖方必须在买卖合同订立后的合理期限内交付。

C. 代表货物之单证的移转

卖方有时能够通过移转代表货物的单证来实现交付的效果(参见第Ⅳ.A－2:201条(交付)第(1)款)。在这种情况下,卖方必须按照合同约定的时间、地点和形式移转该单证。这一规则如此制定,以至于包含了将单证移转给买方以外的第三方的情况(参见第Ⅳ.A－2:201条第(3)款)。

D. 迟延交付情况下对买方的救济

如果卖方迟延交付,买方可以诉诸第三编第三章所规定的救济措施。相反,如果卖方提前交付,则买方可以根据第Ⅳ.A－3:105条(提前交付和过量交付)第(1)款接受或拒绝该交付。

注　释

Ⅰ. 交付地点

1. 要想交付有效,卖方还必须在正确的地点和时间交付。一般来说,虽然当事人可以自由约定交付的地点和时间,但所有体系都包含了该事项的默认规则。

2. 关于交付地点的主要规则是,卖方必须在卖方的营业地点或住所将货物置于买方的控制范围之内(《联合国国际货物销售合同公约》第31(c)条;奥地利民法典第905条;比利时民法典第1609条(实际上在重复民法典第1247条);捷克共和国民法典第567(1)条;丹麦SGA第9(1)条;英格兰和苏格兰货物买卖法第29条;爱沙尼亚LOA第85(2)4条;芬兰SGA第6(1)条;德国民法典第269(1)条;匈牙利民法典第278(1)条;立陶宛民法典第6.318(3)条;荷兰民法典第6:41条;挪威SGA第6条;波兰民法典第454条;斯洛伐克民法典第567条;斯洛文尼亚LOA第451(1)条;西班牙民法典第1171条;瑞典SGA第6(1)条)。比利时和法国法律规定,交付地点是买卖发生时标的物所处的地点,这基本上实现了类似的效果。

3. 但是,买方必须从卖方处提取货物的一般规则可能存在些许例外。首先,如果当事人在合同订立时知道(特定的)货物,或者要从中提取货物的(特定的)仓库位于某个特定的地点(例如

生产地)，那么该货物就要在该特定地点置于买方的控制范围之内(《联合国国际货物销售合同公约》第31(b)条；捷克共和国商法典第412(2)条；丹麦SGA第9(2)条；英格兰和苏格兰货物买卖法第29条；爱沙尼亚LOA第85条第(2)款第2)与3)项；芬兰SGA第6(1)条；立陶宛民法典第6.318(2)条；荷兰民法典第6:41条；挪威SGA第6(1)条；斯洛伐克商法典第412条；斯洛文尼亚LOA第451(2)条；瑞典SGA第6(1)条)。

4. 此外，根据北欧国家法律，如果当事人约定，货物必须带给位于同一地点或同一区域内的买方而卖方通常承担带来该货物之义务(当地销售时，则买方在该地点收到货物时交付才算完成(芬兰、挪威与瑞典SGA第7(1)条)。类似的规定也出现在丹麦法律中(SGA第11条)。

5. 某些体系中还存在交付单证的特殊规定。卖方必须在付款地点(如果交付是在付款时发生的话)，或者买方的所在地、营业地点或居住地点交出接收货物所需的单证(捷克共和国与斯洛伐克商法典第419条)。其他单证必须在约定的时间和地点移交，如果并无约定，则在交付地点移交(捷克共和国与斯洛伐克商法典第418(1)条)。根据爱沙尼亚法律，卖方负有与货物一起交付为提取货物，或者为其占有或使用，或者为控制货物所必须单证的一般义务(LOA第211(1)条)。如果货物需要运输，则单证必须被交到买方的营业场所或住所地址，除非单证的交付要以货款的支付为前提，在这种情况下，其交付要在付款地点进行(LOA第211(2)条)。

6. 如果货物要被运输给买方，并且当事人并未约定交付地点，则货物一般是在移交给承运人时即为交付(参见第Ⅳ.A－2:204条(货物的运输)注释)。最后，在消费品买卖法中还存在某些进一步的减损(参见下文Ⅳ.)。

Ⅱ. 交付时间

7. 当交付时间并无约定时，不同体系适用的默认规则有所不同。根据大多数体系的规定，卖方必须在合同订立后的合理时间内将货物置于买方的控制范围之内(《联合国国际货物销售合同公约》第33(c)条；《欧洲合同法原则》第7:102(3)条；英格兰和苏格兰货物买卖法第29(3)条；爱沙尼亚LOA第82(3)条；芬兰SGA第9(1)条；立陶宛民法典第6.319条；挪威SGA第9条；斯洛文尼亚LOA第450条；瑞典SGA第9(1)条)。根据其他体系，在合同订立后，交付不得不当迟延(奥地利民法典第904；捷克共和国民法典第591条；荷兰民法典第6:38条；斯洛伐克民法典第591条)或者必须立即进行(德国民法典第271(1)条)。根据捷克法律，就“不当迟延”一词的解释而言，合同及其订立的具体情势是决定性的；遇有疑问时，当事人必须同时和尽快履行其相互义务(试比较，Švestka/Jehlička/Škárová/Spáčil (－Jehlička)，Občansky′ zákoník[9]，884－5)。

8. 虽然比利时、法国和西班牙没有导致该种效果的一般默认规则，但类似的效果是通过情势之解释而实现的。在西班牙，交付时间与买方支付价款的义务相关联，但两项义务都不受任何特定期限的约束，除非合同另有约定(民法典第1500条)。不同的是，根据商法典第337条，作为一项默认规则，商业买卖中卖方必须在合同订立后24小时内交付。

9. 在某些体系中，交付要受买方要求的影响，除非情势另有所指。根据丹麦法律，如果不能从情势中推导出交付应当尽可能受其影响，则它应受买方要求的影响(SGA第12条)。根据匈牙利法律，卖方必须在根据履行之预期目的而确定的时间将货物置于买方的控制范围之内(民法典第298条)，否则的话，债务人便要在履行准备所必要的时间已经经过按债权人的要求以最快的形式进行履行(民法典第280(2)条)。同样，根据波兰法律，如果履行期限并未规定，且不能从债务性质中推导出来的话，该履行则要根据要求立即进行(民法典第455条)。

10. 根据丹麦法律，SGA第13条规定，如果当事人约定了卖方交付货物的一个时间段，则由

卖方在该期间内选择交付的时间，除非情势表明该时间段是为了买方的利益而确定的。

Ⅲ.交付的成本

11.许多体系中还存在关于交付成本的默认规则。在所有体系中，一般规则是由卖方承担交付成本（奥地利（商事买卖）EVHGB § 8 no. 19；爱沙尼亚LOA第215(1)条；法国民法典第1606条；德国民法典第448条；波兰民法典第547(1)条；西班牙民法典第1465条及商法典第338条）。某些体系进一步明确了卖方必须承担的成本类型。根据波兰法律，这特别包括测量或称量货物、包装、运输期间的保险和运输的成本（民法典第547(1)条）。根据爱沙尼亚法律，卖方必须承担交付的成本，包括测量或称量，以及将货物运输到交付地点（即风险转移给买方的地点）的成本（LOA第215(1)条）。

12.另外，如果货物要被发送到并非应当履行的地点时，这些成本要由买方承担（爱沙尼亚LOA第215(2)条；德国民法典第448条；波兰民法典第547(2)条）。

13.法国法律明确规定，受领交付的成本由买方承担（民法典第1606条）。

Ⅳ.特殊的消费者规定

14.当涉及消费品买卖时，某些体系中存在着特殊规则。在捷克和斯洛伐克，卖方必须基于货物性质将其交到买方所确定的地点（民法典第614(1)条）。某些体系规定，消费品买卖中，货物一旦进入买方的控制范围交付即已发生，即使货物是由独立承运人运输给买方的（芬兰“消费者保护法”第5章第3(2)条；匈牙利民法典第278(2)条；荷兰民法典第7:13；挪威“消费品买卖法”第7条；瑞典“消费品买卖法”第6条）。但在荷兰，当事人可以通过个别协议来规避这一规定（民法典第7:6(2)条）。根据挪威法律，如果货物是在与卖方的营业地点并无任何关联的地点出售的，则卖方必须将其运送给买方（“消费品买卖法”第5(1)条）。根据法国法律，卖方有义务明确他交付货物的时间。如果在迟延发生后7天内仍未交付，则买方可以撤销合同（消费者法典第L. 114－1条）。

第Ⅳ.A－2:203条　提前交付的补救

(1)卖方提前交付的，在不会给买方带来不合理的不便或支出的情况下，有权利在交付期前补交遗漏部分或不足数量，或者在已经交付的货物与合同要求不符时进行更换或以其他方式为补救。

(2)卖方在约定的交付期前移转了相关文件的，在不会给买方带来不合理的不便或支出的情况下，有权利在交付期前对文件与合同要求不符的部分进行补救。

(3)本条不排除买方就其不能因卖方的补救而获得弥补的损失依第三编第三章第七节（损害赔偿和利息）的规定提出损害赔偿要求。

评　论

A. 概述

在提前交付的情况下，本条规定卖方有权在交付期届满之前，补救货物或单证上存在的任何相符性的欠缺。重要的是要注意到，这种补救权利不允许卖方早于约定时间交付货物。相反，如果卖方在交付日期（即当事人之间原来约定的交付日期）前交付货物，买方根据第Ⅳ.A－3:105 条（提前交付和过量交付）第（1）款有权拒绝或者受领交付。本条的补救规定仅适用于买方已经接受货物的情况。

本条背后的理由是卖方尚未违反义务。这是由如下假定推导而来的，即卖方仅负有确保货物自实际应当履行之日起具备相符性的义务。卖方在交付到期日之前可以补救货物上存在的任何缺陷，因为从技术上讲，这还不能被认为缺乏相符性。买方的利益以两种方式得到了保护。一方面，买方通常并非必须接受卖方的提前交付。另一方面，卖方的权利被限于补救相符性方面的任何欠缺，因为这样做不会对买方造成不合理的不便或支出。最后应当指出的，实践中卖方提前交付是相当罕见的。因此，本条的影响可能仍然是有限的。

B. 卖方在交付日期前补救的权利

大体来说，卖方可以补救提前交付中存在的任何缺陷，只要这样做并不会对买方造成不合理的不便或支出（关于这一条件，参见评论 C）。本条之补救的不同可能性对应于买方因相符性欠缺而获得的救济。

此外，第（2）款规定，卖方在合同约定的日期到来之前，可以补救单证方面存在的任何相符性的欠缺。

C. 不合理的不便或支出

仅当这不会对买方导致不合理的不便或支出的情况下，卖方才可以根据本条行使补救权利，例如补交缺漏的部分，或者叫停买方的业务，或者派技术人员去修理并不相符但在买方需要使用机器的时候仍然运行的机器。

为了确定何谓不合理的不便或支出，我们必须在定义列表中给出“合理的”定义。

对是否合理应为客观判断，应加以考虑的因素包括行为的性质与目的、个案下的客观情况以及任何相关的惯例或习惯做法。

因此，在确定不合理的标准时，必须考虑到案件的具体情况。除了纯粹经济的考量以外，类似时间、运输、物流和仓储等要求也必须被考虑在内。

D. 买方的救济措施

在提前交付的情况下,卖方并未违反确保货物与合同相符的履行义务。因此,买方在交付到期日之前不能行使第四章所规定的关于相符性欠缺的权利。但是,根据第Ⅳ.A－3:105 条(提前交付和过量交付)第(1)款,买方完全可以拒绝受领交付。

但是,根据第(3)款,买方并未被排除因卖方的补救未获救济之损失请求损害赔偿的权利。这种损害包括并不足以禁止卖方的补救权利的不便或支出。

E. 与第三编的关系

第三编第三章第二节包含有关于不相符履行之债务人补救的规定。其中之一是,"如果是在履行所允许的时间内,债务人可以作出新的具有相符性的偿付"(第Ⅲ－3:202 条(债务人的补救:一般规则)第(1)款)。

本条背后的理由是,第Ⅲ－3:202 条第(1)款并未涉及买方实际上已经接受了卖方提供的货物,而这很可能被证明是与合同不相符合的情况。本条必须在第Ⅳ.A－3:105 条(提前交付和过量交付)的语境中来解读,而那赋予了买方拒绝或接受货物的选择权。如果买方选择接受货物,卖方便有几种对货物之相符性欠缺加以补救的可能性。通过确保卖方只有在并未对买方导致不合理的不便或支出时才能行使该权利,买方的利益也得到了照顾。相反,当买方并未接受货物(根据第Ⅳ.A－3:105 条(提前交付或过量交付)第(1)款,买方有权这样做)时,第Ⅲ－3:202 条(债务人的补救:一般规则)第(1)款仍然适用。

注　释

提前交付情况下的补救

1. 在大多数体系中,这是个并未规定的问题。该种情况尤其适用于那些在交付期间届满后仍然允许补救的体系。

2. 但是,在某些体系中,是否存在补救权利或补救之一般权利要受到许多限制,这一特殊情况得到了规制(《联合国国际货物销售合同公约》第 37 条;《欧洲合同法原则》第 8:104 条;丹麦 SGA 第 49 条)。要想适用这种补救权利,前提条件是该补救不会对买方造成不合理的不便或支出(《联合国国际货物销售合同公约》第 37 条),或者该补救明显不会对买方造成任何成本或不便(丹麦 SGA 第 49 条)。根据英格兰法律,如果买方拒绝了不相符的货物而卖方仍有时间作出新的具备相符性的偿付的话,则卖方可以选择这样做(Borrowman, Phillips & Co. v. Free & Hollis (1878) 4 QBD 500,这在 The "Kanchenjunga" [1990] 1 Lloyd's Rep 391 (HL)中得到了肯认)。然而,当买方的信赖已经被破坏时,这种权利是否能够继续存在是有争议的(参见 Adhar, LMCLQ 1990, 364)。苏格兰在这一点并没有判决可供援引,但赋予供应商补救缺陷履行之"可补救的违约"(remediable breach)这种发展的理念是与这些英格兰的判例相一致的(McBryde, Law of

Contract in SCOTLAND,20－122 et seq.）。在波兰（针对非消费者），如果买方想要终止合同，则卖方可以立即将有瑕疵的货物更换为没有瑕疵的货物，或者立即消除该瑕疵。但是，如果货物已经被卖方更换或修理过，他便丧失了这种权利，除非该瑕疵是十分轻微的（民法典第 560（1）条）。在捷克的商业买卖中，如果卖方早于约定的时间交付而买方同意的，则卖方享有在约定交付时间到来前补救的权利（商法典第 426 条）。此外，商法典第 418 条规定，如果卖方提前移交单证，则他在规定时间到来前可以修改单证中存在的任何错误，只要这种权利的行使并未对买方造成不合理的不便或支出。

3. 关于这一点，西班牙法律上并不存在特别的规则。但是，诚实信用原则可能会导致与本条规定相类似的结论。如果债务人并没有迟延履行（民法典第 1101 条），那便不存在对已经交付了不相符的货物，但仍有时间加以补救的卖方进行谴责的根据，只要买方并没有因提前履行而遭受任何相关的境况改变。

第Ⅳ. A－2:204 条　货物的运输

（1）如果合同要求由卖方负责安排货物运输，卖方必须在合同中就将货物运输至确定地点所必要的内容作出规定，包括在具体情况下合适的运输方式并符合该运输方式的通常条款。

（2）如果卖方根据合同要求将货物交付给承运人，但没有通过对货物进行标记、货运单证或其他方式对合同项下的货物进行明确的，卖方必须对买方为托运通知以指明货物。

（3）如果合同没有要求卖方对货物运输投保，应买方的请求，卖方必须向买方提供投保所需要的所有材料和信息。

评　论

A. 概述

本条规定了货物要由卖方或第三方承运人运输给买方（或其他双方约定的人）的情况下，卖方所承担的各项义务。重要的是要注意到，它并没有回答谁必须组织货物之运输的问题，那最终取决于当事人之间的协议。

货物运输的概念并不包括卖方或买方自己的雇员将货物运输给买方的情况（参见第Ⅳ. A－5:202 条（货物的运输）评论 C）。

B. 运输情况下卖方的义务

如果当事人约定了货物的运输，则卖方必须在交付义务——这已经要求卖方将货

物移交给承运人并将代表货物的任何单证交给买方——之外再承担一些义务或责任。因此,卖方必须:

1)如果负有组织运输的义务,则必须为货物运输订立必要和适当的合同(第(1)款);

2)对于合同中并未明确指定的货物,必须就货物发送向买方为托运通知(第(2)款);

3)应买方的请求,卖方必须向买方提供投保所需要的所有材料和信息(第(3)款)。

虽然卖方的这些义务主要与涉及跨境运输的国际商业买卖有关,但它们也可能适用于当事人约定卖方负有安排运输之义务的其他交易。

C. 买方的救济措施

如果卖方并未履行本条规定的义务,买方可以诉诸于第三编规定的通常的救济措施。

在第(2)款的情况下,买方还得益于第Ⅳ.A－5:102条(风险转移的时间)第(2)款,因为在货物正式被合同确定之前,风险并未转移。

D. 消费品买卖合同

应当指出的是,根据第Ⅳ.A－5:103条(消费品买卖合同中的风险转移)第(1)款,消费品买卖合同的一般规则是,在货物被实际接收之前风险并未转移。这意味着货物在运输过程中要由卖方承担风险。因此,本条第(3)款在消费品买卖合同中的重要性极为有限,因为一般情况下是由卖方负责投保的,在货物运输给消费者之前,其任何毁损灭失都由卖方负责。

注　释

与货物运输有关的义务

1. 除非另有约定,否则当卖方被授权或要求将货物发送给买方时,为运送给买方的目的而将货物交于承运人(不论是否由买方指定)外观上要被视为将货物交付给了买方(《联合国国际货物销售合同公约》第31(a)条;捷克共和国商法典第594条及第412(1)条;丹麦SGA第10条;英格兰和苏格兰货物买卖法第32(1)条;芬兰SGA第7(2)条;立陶宛民法典第6.318(2)条;挪威SGA第7(2)条;波兰民法典第544(1)条;斯洛文尼亚LOA第452条;瑞典SGA第7(2)条)。在某些体系中,同样的原则也适用于商业买卖。例如,斯洛伐克便是如此(商法典第412条)。在西班牙商法典中,除合同另有约定外,卖方负有通过将货物交给承运人的方式履行交付的义务(Supreme Court Judgments 17 October 1984,RAJ 1984/4969,3 March 1997,RAJ 1997/1638)。

2. 某些体系中还存在有关运输的质量要求的默认规则。如果卖方负有组织货物运输的义

务，他必须通过在该情况下适当的方式，并根据这种运输之一般条款来履行义务(《联合国国际货物销售合同公约》第 32(2)条；爱沙尼亚 LOA 第 210 (2)条；芬兰 SGA 第 8 条；立陶宛民法典第 6.373 条；挪威 SGA 第 8 条；斯洛文尼亚 LOA 第 453 条；瑞典 SGA 第 8 条)。在英格兰和苏格兰，卖方必须以买方的名义与承运人订立就货物性质和其他情况来看合理的合同。如果卖方并未这样做，而货物在运输过程中毁损灭失的话，则买方可以拒绝将交给承运人的行为当作适当的交付，或者要求卖方承担损害赔偿责任(货物买卖法第 32(2)条)。爱沙尼亚法律也适用了类似的规则(LOA 第 210(2)条)。

3. 在某些体系中，卖方必须对买方为特别通知以指明货物。如果卖方将货物交给了承运人，而货物并未通过货物上的标记、货运单证或其他方式在合同中明确规定的，卖方必须对买方为托运通知以指明货物(《联合国国际货物销售合同公约》第 32(1)条；捷克共和国商法典第 413 条；爱沙尼亚 LOA 第 210(1)条；挪威 SGA 第 8(3)条与"消费品买卖法"第 8(3)条)。

4. 某些体系中存在有关运输中的货物保险的规定。如果卖方并不负有为货物运输投保的义务，则应买方的请求，卖方必须向买方提供投保所需要的所有材料和信息(《联合国国际货物销售合同公约》第 32(3)条；爱沙尼亚 LOA 第 210(3)条；挪威 SGA 第 8(2)条与"消费品买卖法"第 8(3)条)。如果货物是由卖方通过涉及海上运输的路线发送给买方的，在某些通常需要投保的情况下，卖方必须对买方进行通知以使其在海上运输过程中予以投保，如果他并未这样做的话，那么货物在这种海上运输过程中，由卖方承担风险责任(货物买卖法第 32(3)条；这部分可能通过类推扩张适用于其他运输方式，试比较，Benjamin (– Guest), Sale of Goods[6]，第 6－017 条)。此外，在立陶宛，合同可能规定货物投保的义务(民法典第 6.316 条)。在波兰，如果货物要被发送到并非履行地点的地方，则买方必须承担投保的成本(民法典第 547 条)。

第三节　货物的相符性

第Ⅳ.A－2:301 条　与合同相符

货物与合同不相符，除非它们：

(a) 具备合同所要求的数量、质量和说明；

(b) 按照合同要求的方式进行装运或包装；

(c) 同时提供合同所要求的货物附件、安装说明或者合同要求的其他指示说明；

(d) 符合本节其他条款的要求。

评　论

A. 概述

买卖法中最重要的义务之一便是，卖方必须确保售出的货物要与合同相符(参见

第Ⅳ.A－2:101 条(卖方的义务总则))。本节详细阐明了相符性的含义。首先,重要的是要注意到,这一义务是独立于卖方交付货物的义务的。更为重要的是,卖方交付义务的不履行(逾期履行或完全不履行)引起的是第三编规定的一般救济制度。但是,相符性义务的不履行则适用本部分第四章规定的独立的救济制度,这些制度处理的是与不相符的货物相关的特殊问题。

此外,即使卖方并不负有交付货物的义务,确保货物之相符性的义务仍然适用。

示例 1

甲从乙那里租了一台电视机。乙同意甲可以买下该电视机。如果甲行使了购买的权利,即使由于甲已经占有了电视机而乙并不负有物理上将其交付给甲的义务,乙确保货物与合同相符的义务仍然适用。

B. 约定的相符性:确保货物与合同相符的义务

首先,通过规定何谓"合同所要求的",本条强调了当事人之间的协议的重要性。(a)至(c)项规定了相符性的不同方面,它们明确了货物必须具备正确的质量、数量和说明;必须以正确方式进行装运或包装;必须同时提供可能的附件和安装说明。

最后,(d)项包含着对本节其他条款的重要提及,这清楚表明,本条的核心条款是通过处理其他的相符性之不同方面的进一步规定来补充的,例如第Ⅳ.A－2:302 条(符合合同的目的、质量和包装要求)、第Ⅳ.A－2:304 条(消费品买卖合同中的不正确安装)和第Ⅳ.A－2:305 条(第三方的一般性权利或主张)。

C. 数量、质量和说明

根据(a)项,卖方必须确保货物具备合同所要求的数量、质量和说明。此处提到的相符性之第一个方面,即数量要求,包括两种不同的情况。

首先,卖方可能交付的比约定数量少,例如只有 400 个轮胎而不是 500 个。这一短缺便被界定为相符性的欠缺。因此,买方可以行使第四章第二节所规定的救济措施。但是,如果卖方完全没有交付任何货物,这并不适用。这种不履行(这可能是逾期履行或迟延履行,或者完全不履行)被认为是货物交付义务的不履行,并且遵循不同的救济制度(参见关于不履行之救济的第三编第三章)。

示例 2

甲同意将 500 只装在盒子里的食用蜗牛卖给乙,但只交付了 400 只。关于相符性欠缺的规则对此适用。在适用的制度上,甲是交付 500 只蜗牛,而其中 100 只是短缺的数量,还是 500 只存在质量缺陷,这并没有什么差别。

其次,卖方可能交付的比约定数量多,例如交付了 550 个轮胎而不是 500 个。第

Ⅳ. A－3:105 条（提前交付和过量交付）通过规定买方的权利对这种特殊的情况进行了处理：如果卖方交付了过多的数量，买方可以拒绝或者接受超过约定数量的交付量。在后者情况下，买方必须对超过数量支付价款。

D. 包含附带事项的相符性

正如（b）（c）项所表明的，相符性概念包括货物的某些附带方面。核心货物在其自身权利方面可能是毫无瑕疵的，但某些其他方面会导致其与合同并不符合。例如，当事人可能约定以特殊方式包装货物、交付说明书或者与汽车一起提供修理工具包。未能履行这些义务的卖方也就未能交付与合同相符的货物。

本条所规定的相符性这些额外附加的方面是不成问题的，因为当事人对此已经做了约定。它们是合同所要求的。虽然这些情况可以说是通过（a）项的描述——例如，出售一辆包括备用轮胎和修理包的汽车——来解决的，但明确的意图是旨在引起卖方除了核心货物本身以外，还必须提供附带事项的意识。

但是，根据第Ⅳ. A－2:302 条（符合合同的目的、质量和包装要求），这些相符性之附带方面发挥着重要的作用。这种将相符性扩展出核心货物之范围的观念甚至已经通过第Ⅳ. A－2:304 条（消费品买卖合同中的不正确安装）进一步深入到了消费品交易当中，因为卖方对于其他方面毫无瑕疵之货物的不正确安装也应负有责任。

E. 他物

某些法律体系在瑕疵货物和完全不同于当事人所约定的某种货物——所谓他物（aliud）——之间进行了区分。本条并未采纳这种观点。因此，相符性概念适用于所有货物，不论它们是否与约定情况有极大的偏差。如果卖方提供的是完全不同的货物，则买方仍然可以诉诸于第四章第二节规定的相符性欠缺之救济措施。

示例 3

甲乙订立了一项关于买卖产自意大利某个地区的红葡萄酒的合同。甲交付了（a）白酒，（b）产自西班牙的红葡萄酒，（c）红酒醋。所有这些交付都违反了合同；可以说它们都构成了完全不同的履行。这些情况毫无疑问都属于相符性欠缺的标题之下，而无须去努力解决何者可以被视为瑕疵履行，何者是交付他物的问题。

F. 买方的救济措施

如果卖方并未履行本条规定的义务，则买方可以诉诸于第四章第二节所规定的救济措施（在某些情况下，受类似检验和通知等规定的调整）。

注　释

Ⅰ. 与合同相符的原则(概述)

1. 根据国际文件,《联合国国际货物销售合同公约》第35 条和“消费品买卖指令”第2 条确立了与合同相符的统一原则。虽然该观念——即卖方必须确保所交付的货物在各个方面都与合同相符合——得到了普遍承认,但仍存在着实现类似——如果不是相同的——结果的不同方式,而那是由不同概念的宽泛范围所反映出来的。

2. 首先,有些体系严格遵守了《联合国国际货物销售合同公约》和“消费品买卖指令”的精神,虽然所用术语并不一定相同(德国民法典第434(1);爱沙尼亚 LOA 第217(1)条;芬兰 SGA 第17(1)条;立陶宛民法典第6. 327 条;荷兰民法典第7:17(1)与(2)条;挪威 SGA 第17 条;瑞典 SGA 第17 (1)条)。这并不令人惊讶,因为这些体系在改革其买卖法时大量借鉴了《联合国国际货物销售合同公约》,而不必将其传统的标签抛在一边(参见挪威传统的概念 *mangel*;瑞典的 *fel* 和德国的 *Sachmangel*)。在瑞典,这种术语的选择受到了法学文献的批评,因为它可能会导致为了适用该规定,货物必须存在客观瑕疵这种不正确的结论(Ramberg 与 Herre, Allmän köprätt[2], 79, 作为一种修正,提出了货物与合同并不相符的表述(*icke är avtalsenlig*))。

3. 其他国家则制定了不同的买卖法责任制度,这实现了与《联合国国际货物销售合同公约》和“消费品买卖指令”中包含的相符性概念相类似的结果。一方面,有些体系对就瑕疵履行规定了适用于一系列以供考虑的合同类型(因此超出了买卖合同的范围)之更为一般的责任(担保)制度(奥地利 (Gewährleistung)民法典第922 条及以下;捷克共和国民法典第499～510 条;匈牙利民法典第277 与305－311/A 条;斯洛伐克民法典第499～510 条;斯洛文尼亚 (jamčevanje) LOA 第100 条)。在奥地利,这些规则适用于以供考虑的所有合同类型(*entgeltliche Verträge*);而关于未考虑的合同,法律担保则受到相当的限制(unentgeltliche Verträge, 参见 Koziol and Welser, Bürgerliches Recht Ⅱ[12], 63)。这种一般的担保制度通常是通过物质和法律瑕疵的概念反映出来的(参见, for instance, 斯洛文尼亚 LOA 第458 条及以下与第488 条)。此外,针对(某些)买卖合同,还存在补充和修改这一一般制度的特殊规定。关于相符性之进一步的规则还可能出现在商法当中(试比较, 斯洛伐克商法典第420f 条与第433～435 条中的法律瑕疵)。

4. 另一方面,存在着更为狭窄、专门适用于买卖的责任体系(丹麦 SGA 第42 条及以下;英格兰和苏格兰货物买卖法第13(1)条;希腊民法典第534 与535 条;拉脱维亚民法典第1612～1615 条;波兰民法典第556 条(物上和法律上)瑕疵的担保;葡萄牙民法典第913 条及以下)。在英格兰和苏格兰,任何不遵守合同条款(不论是明示的还是默示的)的行为都构成违约。货物买卖法第13 条第(1)款规定,在附有说明书的货物买卖中,默示条款为货物必须与说明书相符合。附有说明书的买卖即用说明书来限定被出售之货物的性质的买卖:Beale v. Taylor [1967] 1 WLR 1193;Border Harvesters Ltd. v. Edwards Engineering (Perth) Ltd. 1985 SLT 128。如果说明书并不足以影响购买决定以至于成为合同的一个条款,则买卖便是未附说明书的:Harlingdon & Leinster Enterprises Ltd. v. Christopher Hull Fine Art Ltd. [1991] 1 QB 564。与被出售之货物性质无关的描述性措辞仍然可以算作可起诉的不实描述(参见 for instance T. & J. Harrison v. Knowles & Foster [1918] 1 KB 608),或者通过关于货物之合理质量(如果卖方是在营业过程中

出售,那必须具备“令人满意的质量”)的隐含条款,扩展至货物买卖法第 14 条第(2)款所规定的货物质量。在拉脱维亚,卖方不仅对他明知而未加说明的不相符之处负有责任,而且对隐性差异也负有责任(民法典第 1612～1615 条)。在希腊,买卖法中的责任是根据取消或大幅度减少物之价值或有用性的实际缺陷(民法典第 534 条),以及约定质量之欠缺而构建起来的;为了确定货物是否具有实际缺陷或约定质量,当事人应当提供客观和主观标准的综合测试,而后者源自于当事人之间的特别约定及其合理期待。同样,在葡萄牙,不良资产买卖制度构成了货物内在的缺陷,以至于它并不符合买方所期待的质量。该缺陷既可以被主观评估(当事人约定了资产的某些质量,卖方对该资产质量加以担保;参见 STJ 3 March 1998,CJ (STJ),1999,Ⅰ,107),也可以被客观评价(如果当事人在合同中并未约定所售资产之特定目的的话,参见 STJ 23 March 1976,BolMinJus 255,133)。在后者情况下,资产的相符性是通过同类资产之通常目的的适当性来评估的(民法典第 913(2)条;试比较,STJ 5 December 1967,BolMinJus 172,230;Calvão da Silva,Cpra e venda de coisas defeituosas[4],130;Rano Martinez,Direito das obrigações[2],130ff;Rano Martinez,Cumprimento Defeituoso,163ff;Braga,Contrato de Cpra e Venda)。在波兰,根据民法典第 556 条第(1)款,卖方要对三种类型的物本身的瑕疵负有责任:(1)根据合同规定的目的、具体情势或者物本身的目的,降低物之价值或效用的瑕疵;(2)物并不具有卖方向买方担保过的属性;或者(3)物是在并不完全的状态下被转让给买方的(对法律上瑕疵的担保)。

5. 最后,存在着一组有赖于——粗略言之——隐性瑕疵和不相符的交付之间的差别的体系。这些体系的共同点往往是,不同类型的瑕疵之间的差别并不总是非常清晰的,但同时它又极其重要,因为根据瑕疵的性质,会适用不同的救济和时效。

6. 根据法国和比利时法律,在隐性瑕疵(*garantie des vices cachés /vrijwaring voor verborgen gebreken* pursuant to CC arts. 1641 ff)和不相符的交付(*défaut de délivrance conforme/niet－conforme levering* 根据民法典第 1604 条)之间存在着差别。这种区分来源于法国民法典,其第 1603 条规定,卖方负有两项义务:交付义务和担保所售物的义务。虽然卖方的这些义务最初非常简单,但最高法院(*Cour de cassation*)对这些条文的解释已经完全改变了适用于买方的制度。法国最高法院裁定,当货物并不适合它们自身的用途时,便存在隐性瑕疵(参见 for instance Cass. civ. Ⅰ,16 June 1993,Bull. civ. Ⅰ,no. 224;D. 1994,546,with Note Th. Clay)。与此相反,不相符的交付是建立在承诺的货物与交付的货物之间的差异之上的。例如:售出的船舶并不像承诺的那样(在速度方面)功力强大,交付便是不相符的(Cass. c. 27 April 1979,Bull. civ. Ⅳ,no. 132);售出的汽车生有锈迹,存在的便是隐性瑕疵(Cass. civ. Ⅰ,4 July 1995,Bull. civ. Ⅰ,no. 302)。重要的是要记住,这种区别并不是按时间先后排序的,因为有关交付的相符性欠缺并不必然显现在交付之前,并且买方在受领交付时并不负有注意这些缺陷的义务。通过比利时最高法院的判例,比利时关于隐性瑕疵担保的制度已经获得了极大的发展。卖方对于隐性瑕疵的担保只存在于严格条件下。售出物必须受到内在的或功能性瑕疵的影响,而该瑕疵是隐含的、严重的,至少在买卖合同订立那一刻便已经潜在存在的。通过最高法院 1971 年 11 月 18 日(AC 1972,274)和 1984 年 5 月 17 日(AC 1983－84,1205)的判决,瑕疵概念之宽泛的功能性解释得到了使用。因此,物本身非常完好并且没有显示出任何结构或内在的瑕疵,但它并不适合于所需的目的,这完全是可能的。瑕疵概念这种功能性解释适用于下列情况,卖方明知有关物的使用目的的情况,或者因为买方提到过该目的,抑或它涉及物的通常用途,或者因为卖方在合同订立之前或之时在广告中提及过该目的。

7. 西班牙的体系与此有些类似,卖方负有交付与合同订立时具有相同品质的标的物的义务,包括自那一刻起的货物孳息(民法典第 1468 条),以及合同中约定的所有其他条款(民法典第 1469(1)条)。卖方还负有担保货物之合法、和平占有的义务(民法典第 1474 条及以下),货物并不存在使其并不适于同类货物通常的用途目的隐性负担(民法典第 1483 条)和隐性瑕疵(民法典第 1484 条)的义务(关于商业买卖,参见商法典第 336 与 342 条)。某些学者并不赞同这种制度的多样化,他们认为适用统一的制度是更好的(参见 Morales Moreno,ADC 2003,1616 f)。也可参见"民法典改革项目"的建议,它采用的是莫拉莱斯教授的观点("Propuesta de Anteproyecto de ley de modificación del código civil en materia de cpraventa"与 Fenoy Picón,民法典 JC (68) 2005,509－556)。不过,在法院实践中,关于隐性瑕疵及其救济的规则已经过时了。实际上,法院主要采取了"aliud"的灵活范畴,既以供应商宽泛的担保义务之完备为目的,又以民法典中规定的无用的旧有救济之改进为目的(参见 Fenoy Picón,Falta de conformidad,pp. 79 ff and Carrasco Perera,ZEuP 2006,pp. 552 ff)。

8. 意大利对三种不同类型的交付缺陷进行了区分:瑕疵担保(民法典第 1490 *garanzia per vizi*);基本品质的缺乏(民法典第 1497 *mancanza di qualità*)以及易物出售(*aliud pro alio*)。瑕疵以这样的方式影响售出物,以至于它不再适合于其所需用途或者其价值被显著降低,而货物缺乏基本品质,是指这些品质被认为对其所需用途是不可或缺的,或者就这些品质,向买方做了特别承诺(关于易物出售,参见下文Ⅲ)。

9. 为了施行消费品买卖指令,对其先前的责任制度予以保留的体系往往引入了一项消费品买卖情况下独立的不相符制度(比利时民法典第 1649ter 第 1 款及以下;捷克共和国民法典第 616 条;英格兰和苏格兰货物买卖法第 48F 条,它指的是"对明确的合同条款或第 13、14 或 15 节隐含的条款的违反"; 法国消费者法典第 L. 211－1 条及以下;意大利消费者法典第 128～135 条;拉脱维亚"消费者保护法"第 13～16 与 27～30 条;波兰"消费品买卖法"第 4 条;斯洛伐克民法典第 616 条;西班牙消费者保护法第 114 条及以下)。不过,应当注意的是,捷克曾经有一项适用于商店售出的货物的消费品买卖制度,它已经因消费品买卖指令的施行而被修改(试比较,民法典第 616～627 条)。

10. 其他体系则诉诸于适用于消费品买卖的一般制度。至于不相符,主要是为了施行"消费品买卖指令",只有少数规定背离了一般制度,例如卖方公开声明的责任。此外,消费品买卖制度主要是强制性的有利于消费者的。

Ⅱ. 与其他不履行的情况,尤其是迟延的关系

11. 尽管引进了一个统一的相符性概念,但在北欧国家,迟延交付与货物瑕疵之间的传统区分仍然被保留了下来(卖方一方的"违约"可以被界定为 *tavaran luovutuksen* Ⅶ *västys /forsinkelse /dröjsmål*(既包括迟延履行,也包括不履行),*tavarassa oleva virhe /mangel/fel*(货物不相符),或 *oikeudellinen virhe/ rettsmangel / rättsligt fel*(权利瑕疵)(丹麦;芬兰;挪威;瑞典))。德国亦是如此,民法典第 280 条第(1)(2)款和第 286 条将迟延规定为一种独立的制度(一种违约的子类型)。同样,荷兰(试比较,民法典第 6:81 条及以下)和波兰(民法典第 491 条)在一定程度上存在着迟延履行、瑕疵和权利瑕疵之间的区分。

12. 正如上文第 1 项已经指出的,在某些国家,尤其是像比利时、法国、意大利和西班牙这样有着两个或更多完全独立的制度的国家,这一区分仍然是最为重要的。在一定程度上,奥地利和斯洛文尼亚也是如此,卖方的责任是以不同的违约形式(瑕疵履行、不履行、履行不能、违反次级

义务)为基础的。例如,在斯洛文尼亚,瑕疵履行的(担保)责任制度(*jamčevanje*)与不履行(*neizpolnitev*,LOA 第 103 条)的责任有着很大差别。因为难以将它们(尤其是瑕疵履行和易物出售)相区分,理论上(Juhart 与 Plavšak(－Juhart),Obligacijski zakonik Ⅱ,361)将决定权留给了债权人(买方)——他可以拒绝瑕疵履行(将其作为不履行),也可以接受它并要求担保权利。

13. 此外,其他体系中还存在着有限范围内的违约之不同类型之间的区分。例如,虽然爱沙尼亚合同法一般在瑕疵履行、不履行和迟延履行之间未作区分(因为任何违约都赋予另一方一般合同法规则的救济,LOA 第 100～107 条),但买卖法的规定中包含了关于卖方的瑕疵履行责任的特殊规则(LOA 第 217～227 条),它对合同责任的一般规则进行了修正,而不履行和迟延履行的责任仅仅是被包含在一般责任规则当中。

Ⅲ.“他物”的概念

14. 在大多数体系中,易物出售——即交付的物与约定不同——的概念在买卖法中并未构成独立的责任理由。而在某些体系中,这则是被明确规定的(德国民法典第 434 (3)条;荷兰民法典第 7:17(3)条)。在北欧国家中,这种违约既可以被界定为货物不相符,也可以被界定为迟延履行或不履行(就芬兰来说,参见 Routamo 与 Ramberg,Kauppalain Kmentaari,140 f;在瑞典,这种不正确的交付通常被认为是一种错误,在这种情况下,卖方并未履行合同,并将承担不履行的责任。但是,如果卖方想要通过这种交付来履行合同,因而并不存在错误的话,这便总是受关于不相符的规定的调整,参见 Ramberg,Köplagen,265 f)。同样,在德国,到底是所有他物都属于民法典第 434 条第(3)款规定的他物(这得到了大多数法律学者的赞同,参见例如 Lettl,JuS 2002,868 f;Musielak,NJW 2003,89 ff),还是说某些存在差别(交付的是红葡萄酒而不是一匹马,例子借用自 Medicus,Bürgerliches Recht[20],200),以至于只是构成了不履行,一直存在着激烈争论。但是,根据英格兰和苏格兰法律,许多这样的情况会构成货物买卖法第 13 条规定的与描述不一致。这种交付通常要由有关最广义的“相符性”欠缺的相应制度来调整。另一种解释是由捷克提出的,某些完全不同的物的交付或者被视为修改买卖合同的建议,或者被视为相符性的欠缺。在捷克的商业买卖中,他物始终被认为是相符性的欠缺(商法典第 412 条)。而在非商业买卖中,他物或者是修改合同的建议,或者是相符性的欠缺,而这取决于买方的反应(试比较, Knappová,Civil Law Ⅱ[3],103－104)。

15. 相反,在奥地利、意大利、斯洛文尼亚和西班牙,将他物交付与卖方的其他违约相区分是很有必要的。其基本观念是,通过交付某种与约定情况完全不同的物(即他物),卖方实际上根本并未交付,因此构成不履行(斯洛文尼亚 Cigoj,Kentar,1439)。在西班牙最高法院的判决(TS 23 March 1985,RAJ 1985 no. 1500,TS 6 April 1989,RAJ 1989 no. 2994)中,这种观念已经得到了广泛解释,以至于将“他物”界定为任何“超出通常之瑕疵”的货物不相符(Fenoy Picón,Falta de conformidad,pp. 223)。因而,关于不履行的规则即行适用,这不同于在其他方面以不同方式适用的卖方的责任制度。在奥地利,主要的差别在于买方必须提出要求的期限,以及商业买卖中商法典第 378 条规定的通知要求;令人感兴趣的是,延长以前担保请求之短期时效这个问题已经变得不太迫切(参见德国的类似情况,在那里,他物已经不再作为一项法律制度)。在斯洛文尼亚,卖方自动迟延,即买方无须通知卖方。此外,买方可以决定是要求具体履行,还是终止合同并要求损害赔偿(LOA 第 103 条)。在意大利和西班牙,期限和可适用的救济都是不同的。意大利民法典第 1497 条调整的是货物品质缺陷的情况;而撤销合同则由民法典第 1453 条规定的撤销之一般规则来调整,但它还规定,超出正常容忍限度的品质缺陷由习惯来确定。但是,撤销合同的期

限是与民法典第 1495 条的规定一样的，即买方必须在知道瑕疵存在后 8 天内，如果并不知道则在货物交付后 1 年内通知卖方。在西班牙，买方受到民法典第 1101 和 1124 条的保护；当行动期限届满时，最高法院采取了一种灵活的立场，因为民法典第 1964 条规定的 15 年期限（即个人行为的一般期限）和民法典第 1490 条规定的 6 个月期限（即针对隐性瑕疵的期限）似乎都不合适。然而，这并不意味着买方可以在发现缺陷后一直不作为（参见 Morales Moreno，ADC 2003，1617 and 1625 and Fenoy Picón，Falta de conformidad，关于消费品买卖，参见 Fenoy Picón，El sistema de protección del cprador，179 ff）。同样，根据匈牙利法律，如果卖方交付的是与约定不同的某物（他物），则关于迟延履行的规则将予适用（参见 Kisfaludi，Az adásvételi szerzödés，181）。

16. 既然法律效果附随于他物的交付，那么划界问题就是极其重要的。但是，公平地说，何者构成他物这个问题非常复杂，往往只能以个案为基础来回答（Straube（－Kramer），HGB Ⅰ^{2}，第 377，378 条与 nos. 58 其及后。对奥地利的情况提供了详细的概述）。在意大利，易物出售已经被界定为“供应商之最为明显的不履行”（Cass. 13 February 1973 no. 452，Racc. Dec. Cass. 1972－82，voce Vendita，c. 9776 no. 39），尽管如此，将其与货物品质缺陷的情况区别开来仍然是非常困难的（Intersimone，Giur. mer. 1995，1，753－754）。传统的理论区分了易物出售的两种不同情况。在严格意义上，易物出售是交付完全不同的物的情况。在较为宽泛的意义上，当货物交付时，他物可以被检验出属于与约定不同的种类。对买方来说，第一种情况是明显可辨的。而在第二种情况下，情形要更为复杂。属于不同种类的货物可能既被认为是品质缺陷，又被认为是易物出售。这就是判例为什么规定进一步的区分标准的原因。物是否属于不同种类的条件是，它是否具有专门的经济社会功能（Valentina，Diritto e giurisprudenza 1997，207－229；关于这个问题的判例概述，参见 Bin，La vendita Ⅱ，Ⅳ）。在斯洛文尼亚，有些学者提出了类似的思路，因为区分应当以合同的原因——即合同目的是否能被实现——为基础（Cigoj，Kentar，412），这是与《联合国国际货物销售合同公约》根本违约的概念相类似的。但是，其他学者主张将决定权留给债权人（买方）的（不履行、瑕疵履行）制裁制度，因为买方不能被强迫接受瑕疵交付并要求担保权利，但可以拒绝（将其视为不履行）或接受它并要求担保权利（Juhart 与 Plavšak（－Juhart），Obligacijski zakonik Ⅱ，361）。在西班牙，最高法院在两种类型的他物之间做了区分：有着与约定相对立之特点的货物（*prestación diversa sustancial*），不能用于买方所需目的的货物（*prestación diversa funcional*）。因为在他物和隐性瑕疵之间不容易加以区分，多数学说都主张扩大易物出售的范围，使之包括买卖标的物遭受非常严重的缺陷的影响，以至于它对买方毫无用处的情况（参见 Rodrigo Bercovitz，CCJC 1 § 125，CCJC 2 § 60，CCJC 8 § 199 and CCJC 14 § 369；Albaladejo（－Carrasco），Centarios al Código Civil y cpilaciones forales XV（1），394 ff；Orti Vallejo，Los defectos de la cosa en la cpraventa civil y mercantil，52；De la Cuesta Rute，Contratos Mercantiles，Ⅰ，169－171）。

17. 最后，立陶宛使用了一个有些不同的概念：如果货物并不符合合同规定的类型，民法典第 6.332 条规定，买方有权拒绝受领和付款，或者如果已经付款，买方有权要求返还支付的价款，除非合同另有约定。

Ⅳ. “按现状”（as is）出售情况下货物不相符的限制性责任

18. 在当事人约定货物是“按现状”出售的情况下，许多国家对卖方的责任进行了限制（奥地利（Pausch und Bogen）民法典第 930 条；捷克共和国民法典第 501 条；芬兰 SGA 第 19 条；瑞典（befintligt skick）SGA 第 19 条与“消费品买卖法”第 17 条，这也适用于拍卖会上二手货物的购

买）。在奥地利，这种买卖被定义为不需要计数、测量或称重的货物买卖；而在拉脱维亚，当“按现状”出售农村土地或商业、制造业或其他营业时，所有购买结束时位于那里，并为了农场或营业之利益和便利而使用的物都被视为买卖标的。

19. 北欧国家提出了某些货物必须满足的最低要求，即使它们是“按现状”出售的。如果货物售出时附有“按现状”条款或者关于其质量有类似的一般性保留，则当下列情况出现时，该货物被认为是有瑕疵的：(1)(i)货物与合同订立前卖方提供的关于其特性或用途的信息不相符合，并且(ii)该信息可以被推定已经对合同产生了影响；(2)(i)在合同订立之前，就卖方不可能不明知而买方能够合理地期待被告知的事实，卖方并未向买方加以披露，并且(ii)未能披露这些事实可以被推定已经对合同产生了影响；或者(3)考虑到价格和其他情况，货物从根本上比买方可以合理期待的更为糟糕（芬兰、挪威与瑞典 SGA 第19(1)）条。此外，在北欧国家的消费品买卖中，如果货物比考虑到价格和其他情况买方合理假定的更为糟糕，则它们就被视为不相符，即使是“按现状”出售的（芬兰“消费者保护法”chap. 5 第14条；挪威与瑞典“消费品买卖法”第17条）。该规定一直被批评是多余的，因为它为“按现状”出售的货物和并未附有这种限制条款出售的货物之间只留下了非常微小差异的空间。但是，这种条款仍有可能降低买方对货物质量和状态的期待（参见 Håstad, Den nya köprätten[5], 243）。根据民法典第7:17条第(2)款的一般规则，这基本上在荷兰也同样适用。在捷克法律中，民法典第618条包含了一项针对消费品买卖中不合标准之货物买卖的类似规则。因此，带有并不妨碍其特殊目的之用途的缺陷的货物必须以低于完好货物之市场价格的价格出售。此外，卖方必须将货物性质的有关信息通知买方，除非根据买卖的性质那已经是显而易见的。

20. 另一方面，在法国，民法典第1643条规定，当事人可以约定排除卖方对隐性瑕疵负有的责任。但是，判例已经对同一竞争领域中的经营者之间（参见例如 C. 6 November 1978, JCP 1979. Ⅱ. 19178 Note J. Ghestin）、非经营者之间（Cass. civ. Ⅲ, 12 November 1975, Bull. civ. Ⅲ, no. 330）进行这种约定的可能性加以了限制。在波兰，当事人可以排除担保责任（民法典第558(1)条），但是如果卖方恶意地向买方隐瞒瑕疵的话，该约定无效（民法典第558(2)条）。

第Ⅳ.A－2:302条　符合合同的目的、质量和包装要求

货物必须：

(a)与合同订立时向卖方表明的任何特殊目的相符，除非客观情况表明买方并未依赖卖方的技能和判断，或者这种依赖是不合理的；

(b)符合同类货物通常的使用目的；

(c)具备卖方作为样品或模型向买方所展示的货物的质量；

(d)以对同类货物通常使用的方式进行装运或包装，如果缺乏这样的标准，则以足够保全和保护货物的方式进行装运或包装；

(e)配备买方可以合理预期的附件、安装说明或其他指示说明；

(f)具有买方可以合理期待的其他质量和使用性能。

评　论

A. 概述

本条与第Ⅳ.A－2:303条（第三方陈述）一起确保了，除非当事人另有约定，货物必须符合某些标准和期待。本条规定的义务反映了买方通常所期待的。

本条为确立相符性，因而相符性的欠缺规定了各种标准。这些标准是默认规则，因为当事人可以在其合同中自由约定与之不同的标准。然而，它们通过澄清通常必须的是什么样的相符性（“货物必须”）而服务于一个重要的目的。实际上，这种措辞似乎要比《联合国国际货物销售合同公约》——规定货物何时与合同不相符合（“货物不相符合……除非”）——或者《消费品买卖指令》——规定了相符性的推定（“货物被推定为相符……如果它们”）——更为直接一些。尽管在起草过程中存在这些差异，但就货物（除非合同另有约定）应当符合一定的标准和期待，即(a)至(f)款规定的最低要求而言，其结果仍是相同的。

本条对相符性概念必须如何给出了指示，并且通过这样规定，能够澄清类似一般的质量标准这种模糊的表述。相反，如果卖方希望将(a)至(f)中的要求之一的适用性予以排除，这就必须在买卖合同中来处理（参见下文例2）。通过这种方式，即使当事人自由约定了相符性之不同标准，这些隐含的要求因此可以影响第Ⅳ.A－2:301条（与合同相符）的适用。

一个特别重要的因素是，货物是如何被描述的。买方有权获得适合于被描述之货物通常使用之目的的货物。因此，作为食物售出的货物通常必须至少适合于人类食用，鞋子必须适合于穿着，而汽车必须适合于路上行驶。但如果卖方对货物之描述清楚表明它是不符合标准的，那么货物仅需适合于这种不合标准的货物通常被使用的目的。

示例1

汽车经销商将一辆二手车卖给了一位私家车主。该车曾发生过一次交通事故，机箱上存在的一个主要问题会导致它不太安全。该车并不适合于汽车通常的使用目的，因此与合同并不相符。

示例2

卖方出售汽车，并注明“报废”和“仅对零件负责”。机箱上的缺陷并不妨碍该车与合同相符，因为它已被描述为不适合驾驶的。

在非消费者的情况下，当事人无论如何都能自由地减损这些规则。因此，报废车

的卖方仅仅通过将本条(b)项的适用排除在外,原则上就可以达到同样的效果,虽然这是一种不太光明正大的行为方式,并且冒着第二编第九章第四节之挑战的更多风险。即使卖方使用了类似“报废车,仅对零件负责”的描述,货物仍然必须适合于该种描述的货物通常的使用目的。因此,如果经销商出售时的描述是“报废的 2003 年标致车,仅对零件负责”,而实际上可用的原厂配件已经被拆下来,取而代之的是从其他车辆上拆下的破旧零件,该货物仍与合同不相符合。它们并不适合原厂配件的用途。

人们将会看到,同样的原则适用于相符性的其他方面。因此,卖方向买方展示了一个装在密封的盒子里出售的电脑样品,而被展示的电脑工作状态良好,那么实际供应的电脑必须具备相同的标准。相反,如果卖方向买方展示的是一台明显有故障的电脑,提供的货物就不必比这更好(如果卖方向买方展示的是一台新电脑,但他说提供的将不会是同种状态的电脑,那么所展示的电脑就不能被认为是件样品)。

对于消费品买卖合同而言同样如此,不过第Ⅳ.A－2:309 条(消费品买卖合同中相符性权利之减损的限制)规定一项重要的警告。在消费品买卖合同中,本条所规定的权利不能被排除或限制。这并不意味着,卖方不能在不承担任何不相符之责任的情况下向消费者出售报废汽车。它的意思是,卖方必须确保该汽车被如实描述(“报废,仅对零件负责”),而不能依赖于某些消费者可能并不阅读或并不理解的条款。关于消费品买卖合同情况下对这些隐含要求的减损问题,可以进一步参见第Ⅳ.A－2:309 条评论 B。

B. 默认的相符性要求

本条各项要求是一种默认规则;因此,当事人原则上可以自由约定对其修改或排除,或者以其他方式予以减损。人们可以区分以累加方式适用的相符性的六个基本方面:

与目的的相符性。与目的的相符性问题是由(a)和(b)项来规定的。用更为一般的说法来讲,售出的货物必须适合于其通常目的,即该种描述的货物通常的使用目的。此外,货物还必须适合于某些特定的目的,例如货物之不常见的用途或用法。但是,在这种情况下,卖方仅在两项条件得到满足时才负有责任。第一,在订立合同时,买方必须将该特定目的告知卖方。第二,买方必须依赖于卖方的专业知识,并且这样做具有合理性。

示例 3

甲从乙那里购买了一台笔记本电脑。如果它不能发挥其正常功能,即在办公环境下运行,那它就是不相符的。如果它能在办公室正常运行,但甲是为了一种不常见的用途而使用该笔记本,例如他在热带雨林中进行研究,而该笔记本不能正常运行,则仅在他将其特殊目的告知卖方的情况下乙才负有责任。如果卖方能够证明,买方不能(合理地)依赖于他的技能和判断,例如由于笔记本是在超市散装出售的,则他仍然可以逃避责任。

样品或模型。样品或模型是作为卖方描述的特殊实例由(c)项来规定的。在本质上,这项规则涉及合同订立前向买方提供的特定信息。换言之,买方可以依赖于下列事实,所交付的货物要与该样品或模型具有相同的质量,因为购买决定是据此而作出的。

包装。货物的妥善包装是由(d)项来规定的。卖方必须以对此类货物通常的方式加以包装,如果并不存在该种通常方式的话,则他必须以足以保全和保护货物的方式加以包装。这一区别表明,商业活动中的某些标准或用法优先于规则的原理,即要确保货物不因不必要的暴露而受到损坏。这一规则不仅在商业活动中具有明显的适用性(因为就货物搬运而言,适当的封闭与包装可能被证明是必要的),在其他情况下,例如消费品买卖合同或私人当事人间的交易中,它也可能发挥着作用。由于远程交易——尤其是通过互联网达成的交易——的发展,后者甚至变得更加重要。

附件。卖方可能必须交付某些附件,例如与汽车一起交付备用轮胎和修理包。显然,这些附件可以单独出售,但如果习惯上它们被包含在价款当中,并且买方因此能够合理地对其加以期待的话,它们就应被相符性义务所涵盖。

说明书。根据(e)项规定,如果买方能够合理地期待得到它们的话,安装或其他说明书便成为相符性标准的组成部分。当然,当事人可以约定与说明书一起交付货物;因此这一义务便已经受到第Ⅳ. A－2:301 条(与合同相符)(c)项的调整。但是,(e)项的规则考虑到了这样的事实,即某些货物如此复杂,以至于买方可能需要说明书才能使用它们。其结果是,这些说明通过其蕴涵而被认为是货物的一部分。它取决于买方是否确实期待该说明书,但这往往是在涉及技术设备的情况下。在棕色货物或者白色货物(brown or white goods)的情况下,消费者对其用法将会期待有说明书。关于说明书上应当使用的语言形式,(e)项并没有明确要求。怎样确保买方真正理解说明书,也并没有什么切实可行的解决方案。然而,它可以要求该语言要与买方或卖方、合同订立的地点或合同适用的语言相关联。

示例 4

一位消费者在一个欧盟成员国的普通店(a normal shop)购买了一台缝纫机。但回到家时,他发现说明书上只有中文。这显然并不是他能合理期待的,因此买方有权就该不相符请求救济。

买方的合理期待。(f)项规定了一般的质量标准,因为货物必须具有什么样的质量和性能,这取决于买方的期待。这项规则极其重要,因为它通过将买方的期待作为货物必须满足的单独、独立的隐含要求,对买方的看法进行了强调。应当注意的是,买方的期待已经隐含在前项规定中了,虽然如此,但(f)项发挥着一般的兜底规则(a general sweep－up rule)的功能,因为它超出了已经涵盖在其他规定中的内容。但应当指出的是,并不是尚不为卖方所知的买方之所有主观期待都会对相符性问题产生影

响,即使它们是合理的。尤其是,对于性能来说什么是合理的,可能存在着不同的意见:在一个国家可能被认为是优质性能的(鞋子只穿了一年),在另一个国家可能被视为劣质性能。归根结底,本项所谓的买方之合理期待指的是什么,必须要由法院来决定。

在评价买方的期待时,我们必须考虑到人们可能从若干可资比较的货物中获得何种期待(参见 Product Liability Directive 第 6 条的类似问题,它特别指的是“货物的外观”,以及“它能够被合理期待产品被使用的用途”)。一些常见的例子是广告造成的期待,或者货物适合于其目的但并不具有足够高的一般质量。更为具体地说,(f)项可能在有关作为残次品或二手货出售的货物之耐久性的期待情况下予以适用。特别是在消费品买卖合同的情况下,买方的合理期待可能还涉及售后服务或附件的可用性。此外,该期待还涉及某产品的原产地。

示例 5

甲向乙购买了一艘游艇。甲以为该游艇就像同种类型的所有先前货物一样,是在某个国家生产的。但事实证明,其龙骨是在另一个国家建造的,该事实导致该游艇的市场价降低。该游艇与合同不相符合,因为它并不符合买方的合理期待。

注 释

Ⅰ.确定货物不相符的(隐含)标准

1.本条规定的标准受到了《联合国国际货物销售合同公约》第 35 条第(2)款和《消费品买卖指令》第 2 条第(2)款的启发;此外,下文的比较性注释将考察这些规则在何种程度上受到了各国买卖法的影响。就这个方面来说,这些体系都受到了《联合国国际货物销售合同公约》的影响就没什么值得惊奇的了(参见,例如,爱沙尼亚 LOA 第 217(2)条;芬兰 SGA 第 17(2)条;荷兰民法典第 7:17(2)~(4)条;挪威 SGA 第 17 条与“消费品买卖法”第 15~18 条;瑞典 SGA 第 17(2)条),并且关于消费品买卖的规则往往要比传统观念更加详细具体一些。

Ⅱ.适合于通常目的

2.所有体系中都包含有关于货物适合于使用目的的规则,虽然并不一定明确规定适用于所有类型的买卖交易。一般性的规定是货物必须适合于其通常目的(《联合国国际货物销售合同公约》第 35(2)(a)条;“消费品买卖指令”第 2 (2)(c)条;捷克共和国民法典第 616(1)(d)条;爱沙尼亚 LOA 第 217(2)2)条;芬兰 SGA 第 17(2)(1)条与“消费者保护法”第 5 章第 12(1)条;英格兰和苏格兰货物买卖法第 14(2B)条;德国民法典第 434 条第(1)款第 2 项;匈牙利民法典第 277(1)条;立陶宛民法典第 6.333 条;荷兰民法典第 7:17(2)条;挪威 SGA 第 17(2)(a)条与“消费品买卖法”第 15(2)(a)条;波兰“消费品买卖法”第 4(3)条;斯洛伐克民法典第 496(1)条;斯洛文尼亚 LOA 第 459(1)条;瑞典 SGA 第 17(2)(1)条与“消费品买卖法”第 16 条)。奥地利和捷克使用了稍有不同的措辞,但效果是一样的,它规定,要根据合同的性质(和目的)或者当事人的

明确表述/协议来确定该适合性(奥地利民法典第 922(1)条;捷克共和国民法典第 499 条)。还可参见波兰(非消费品买卖的)民法典第 556 条第(1)款。某些体系对这种通常目的进行了进一步的详细规定。《联合国国际货物销售合同公约》第 35 条第(2)款(a)项规定,该目的是指同样描述的货物通常的使用目的;类似的规则也被爱沙尼亚所采用(民法典第 217 (2)2)条)。根据德国法律,货物必须具备同种类型货物通常所具有,且买方能够期待该种类型货物所具有的质量(民法典第 434(1)(2)条);也可参见奥地利法律(民法典第 922 条)。同样的原则在爱沙尼亚被作为一般的合同法规则来适用(LOA 第 77(1)条),虽然仅当货物适合于买卖法意义上的目的时,一般的质量检验才是相关的(LOA 第 217(2)2)条)。根据英格兰和苏格兰法律,货物必须适合于同种类型的货物通常所满足的所有目的(货物买卖法第 14(2B)条)。

3. 至于与商业买卖(捷克共和国与斯洛伐克商法典第 420;货物的数量、质量、做工和包装)或消费品买卖(比利时民法典第 1649ter 第 1 条;捷克共和国民法典第 616 条;丹麦 SGA 第 75a(2)条;拉脱维亚"消费者保护法"第 14 条第(1)款第 1 与 2 项;斯洛伐克民法典第 616 条)有关的目的检验,有些体系引入了一项(明确的)适合性规定。

4. 在其他体系中,适合于目的是隐含在买卖法责任的传统概念当中的。在比利时,判例对"瑕疵"概念进行了宽泛的功能性解释。货物完好并且没有任何功能性或内在的瑕疵,但它们并不适于预期的目的,这完全是有可能的。这种瑕疵概念的功能性解释是在卖方明知物的使用目的的条件下适用的,因为它涉及货物的日常用途(Cass. 18 November 1971, A. C. 1972, 274; Cass. 17 May 1984, A. C. 1983－84, 1205; Antwerp 20 September 1995, RW 1997－98, 880; Ghent 18 February 1994, RW 1995－96, 1238; Ghent 21 November 1996, RW 1997－98, 823; Brussels 5 June 1996, Res Jur. Imm. 1996, 122; Bergen 13 October 1997, JT 1998, 183, Rb Turnhout 19 January 1995, Turnh. Rechtsl. 1995－06, 146; Ghent 26 June 1997, RW 1998－99, 543)。法国最高法院裁定,当货物并不适于其预定用途时,便存在着隐性瑕疵(民法典第 1641 条)(参见 for instance Cass. civ. Ⅰ, 16 June 1993, Bull. civ. Ⅰ, no. 224; D. 1994, 546, with Note Th. Clay)。在意大利,民法典第 1497 条规定的预期用途之必要质量的标准意味着对适合于货物目的的一种评价:必要质量是指那些使得货物能够据其目的而利用的材料、结构和尺寸等属性。货物必须具有那些对其通常能够令人满意的利用来说必要的属性(App Trieste 28 July 1961, in Rep. Giur. it., 1961, Vendita, no. 124)。在葡萄牙,如果所售货物带有降低其价值或使其不适于其目的,或者如果它们并不具有卖方曾保证过的质量,它们就会被认为是有瑕疵的(民法典第 905 与 913 条)。如果目的未在合同中加以明确,那么就要适用该种类型货物的通常目的(民法典第 913(2)条;试比较, Rano Martinez, Direito das obrigações[2], 131; Calvão da Silva, Cpra e venda de coisas defeituosas[1], 42; STJ 23 March 1976, BolMinJus 255, 133; STJ 26 July 1977, BolMinJus 269, 152; RE 12 December 1996, CJ 20, 5, 273)。但是,如果合同中明确规定了货物质量,事实是合同的不履行发生,则其后果(终止,同时履行抗辩)适用后,欺诈/错误并不会发生效力(STJ 2 March 1995, BolMinJus 445, 445; RP 5 May 1997, CJ 1997, 3, 179. Rano Martinez, Cumprimento Defeituoso, 125 对此并不赞同,他认为终止在所有情况下都是一种救济,而不是无效性)。在西班牙,目的检验的适用性体现在关于隐性瑕疵之担保的规则上(*saneamiento por vicios ocultos*),其中指出,隐性瑕疵必须使得货物不适于预期用途达到这样的程度,即如果买方知道这些瑕疵存在,他就不会购买该物或者将会为其支付较低的价款。如果合同中并未约定货物用途,我们就应当这样理解,它之所以被购买,是为了按照与其性质和买方的活动相一致的方式通常赋予它的用途(TS 31 January

1970,RAJ 1970 no. 370 与 Diez－Picazo 与 Gullón,Sistema Ⅱ,306)。

Ⅲ.适合于特定目的

5.此外,货物必须适合于任何并不必然作为货物之通常用途的一部分,而只是在某些条件下存在的特定目的。在这方面,不同体系之间的规定各有不同。根据多数体系,货物必须适合于合同订立时卖方获知的任何特定目的(《联合国国际货物销售合同公约》第35(2)(b)条;"消费品买卖指令"第2(2)(b)条;爱沙尼亚 LOA 第217(2)2)条;芬兰 SGA 第17(2)(2)条,(Supreme Court Case KKO 1991:153)与"消费者保护法"第5章第12(2)条;立陶宛民法典第6.333条;荷兰民法典第7:17(2)条;挪威 SGA 第17(b)条与"消费品买卖法"第15(c)条;波兰民法典第556(1)条与"消费品买卖法"第4(2)条;瑞典 SGA 第17(2)(2)条与"消费品买卖法"第16条第(2)款第2项)。在其他体系中,相应的规定仅仅出现在消费品买卖的情况下(比利时民法典第1649ter 第1条;丹麦 SGA 第75a(2)条;拉脱维亚"消费者保护法"第14条第(1)款第3项;西班牙"消费品买卖法"第1(c)条)。拉脱维亚法律进一步明确规定,这一目的可以是在合同订立时直接或间接传达给卖方的("消费者保护法"第14条第(1)款第3项)。英格兰和苏格兰法律上存在类似的规定,如果卖方是经营者,而买方明示或默示地使其知道购买该货物的特定目的,那便存在一项隐含条款,据此合同供应的货物要合理地适用于该特定目的(货物买卖法第14(3)条)。想要将货物用于特殊目的的买方必须对此明示,否则如果货物不适于该特定目的时,卖方并不构成违约(Slater v. Finning Ltd. [1997] AC 473)。在法国,隐性瑕疵的担保不仅涉及货物对其通常目的的适合性,而且涉及对当事人约定目的的适合性。为收藏目的而买卖旧车便是如此,就此,买方之后并不能对其禁止流通而抱怨(Cass. civ. Ⅰ,24 November 1993,Bull. civ. Ⅲ, no. 347)。

6.某些体系更多地关注于卖方对该特定目的的实际知情。根据斯洛文尼亚法律,LOA 第459条第(2)款规定,如果货物缺乏为(买方所追求的,而卖方知道或不可能不知道的)特定用途所必需的属性,则存在着重大瑕疵。同样,根据比利时的判例,在买方披露而卖方知道物之使用目的的条件下,瑕疵概念之功能性解释便可适用。

7.根据其他体系,这种特定目的必须以卖方的承诺为基础。意大利民法典第1497条规定,卖方必须交付具有其向买方承诺过的质量的货物。特定质量的承诺可能以买方的明确要求为基础,也可以以卖方的特定表述——例如,该物具有某些特定的优势(如生产能力、构成成分、使用年限、独创性、模型的新颖性等)——为基础。特定质量的承诺可以是明示的,也可以是默示的(卖方由于用二手货代替新货进行交付而承担责任的例子,参见 Cass. 3 August 2001, no. 10728, in I contratti 2001, with Note Reo, 177－180)。默示承诺主要来自于超出通常范围的,对货物之非典型或特定的功能的指示。卖方因此必须交付具有该质量的货物,因为那对实现该功能是不可或缺的。

8.在这种情况下,其他体系仍然依赖于合同规定。根据德国民法典第434条第(1)款第(1)项,有关条文仅规定,货物必须适合于合同约定的目的。同样,根据奥地利法律,民法典第922条第(1)款规定,要根据明确的规定来确定其目的或用途。在西班牙法律上,约定的特殊目的之优先性得到了广泛的接受(参见 TS 3 March 2000, RAJ 2000 no. 1308, 与 Morales in Cmentary Civil Code by the Ministry of Justice, 1991, Ⅱ, p. 956)。

9.根据那些以通知形式将卖方约束于特定目的的体系,这一规则也存在着一些例外。当情况表明,买方并不依赖于卖方的技能和判断,或者买方的该种依赖是不合理的,这种例外就会适

用(《联合国国际货物销售合同公约》第35(2)(b)条;英格兰和苏格兰货物买卖法第14(3)条;爱沙尼亚LOA第217(2)2)条;芬兰SGA第17(2)(2)条;荷兰民法典第7:17(2)与(5)条;挪威SGA第17(b)条与"消费品买卖法"第15(c)条;瑞典SGA第17(2)(ii)条)。此外,根据拉脱维亚"消费者保护法"第14条第(1)款第3项,当卖方在合同订立时无法理解该特定目的,而消费者也并无正当理由依赖于卖方的能力和判断时,类似的例外亦能适用。根据《消费品买卖指令》第2条第(2)款(b)项,卖方仅对他知道的特定目的负责,因为他已经对此加以接受。西班牙消费品买卖法中也存在相同的限制(消费者保护法第116(c)条)。同样,根据丹麦法律,卖方仅在他已经确认了买方之期待的情况下才对特定目的负责(SGA第75(a)(2)条)。

Ⅳ.样品/模型

10. 大多数体系都包含有关于根据样品或模型买卖的规定(《联合国国际货物销售合同公约》第35(2)(c)条;"消费品买卖指令"第2(2)(a)条;奥地利民法典第922 (1)条与商事买卖中,EVHGB第8条第17款;比利时民法典第1649bis第1款[消费品买卖];捷克共和国民法典第420(3);丹麦SGA第75a(2)条;英格兰和苏格兰货物买卖法第15条;爱沙尼亚LOA第226条;芬兰SGA第17条第(2)款第3项与"消费者保护法"第5章第12条第3款;意大利民法典第1522条;匈牙利民法典第277(1)条;拉脱维亚"消费者保护法"第14条第(1)款第4项;立陶宛民法典第6.333条;荷兰民法典第7:17(4)条;挪威SGA第17(2)(c)条与"消费品买卖法"第15(2)(d)条;波兰"消费品买卖法"第4(2)条与Supreme Court Ruling of 10 December 1985, OSNCP 1986,poz. 181;葡萄牙民法典第919条与商法典第469条;斯洛伐克商法典第420(3)条;斯洛文尼亚LOA第459条第4款;西班牙商法典第327条,与消费品买卖中,消费者保护法第116(a);瑞典SGA第17条第3款与"消费品买卖法"第16条第(2)款第3项)。

11. 德国法律缺乏具体的规定。根据立法者的原意,样品和模型被包括在民法典第434条的约定质量当中了。但是,这一直受到学术界的批评,认为它并未使得法律更加清晰易懂(参见,例如Gsell,JZ 2001,666)。一般而言,所售货物必须与先前提供给买方的样品相符合,但也存在着几项例外。首先,样品可能只是通过指示方式(荷兰民法典第7:17(4)条),或者纯粹为了通知的目的(斯洛文尼亚LOA第459条第4款)而提供的。与此相类似,意大利民法典第1522条第(2)款和爱沙尼亚LOA第221条第(2)款所谓样品的目的在于以近似的方式来确定货物的质量;合同终止只有在相符性的欠缺是特别重要的情况下才具有可能性。在英格兰和苏格兰,仅当在样品之合理检验过程中,货物不相符不能被发现的时候,卖方才承担责任(货物买卖法第15条第(1)与(2)款)。根据匈牙利法律(民法典第372条),卖方对任何隐性瑕疵都承担责任,即使那些是在样品中也存在的。

12. 与样品不相符合通常会引起货物不相符之救济,但斯洛文尼亚LOA第518条进一步做了区分:在商业合同中,这被视为一种不履行(迟延),而在所有其他合同中,这是一种重大瑕疵(货物不相符)。

Ⅴ.包装

13. 许多体系中都规定有明确的包装规则(丹麦SGA第75a(2)条;爱沙尼亚LOA第217(2)5)条;芬兰SGA第17条第(2)款第4项与"消费者保护法"第5章第12条第4款;拉脱维亚"消费者保护法"第14条第(1)款第5项;立陶宛民法典第6.342～6.343条;波兰民法典第545条;挪威SGA第17(2)(d)条与"消费品买卖法"第15(2)(e)条;斯洛文尼亚"消费者保护法"第36条;瑞典SGA第17条第4款与"消费品买卖法"第16条(2)4)条)。捷克法律上还存在一项调整

哪一方承担包装费用的一般规定(民法典第593条)。此外,这些规则还出现在某些体系的商业买卖中(《联合国国际货物销售合同公约》第35(2)(d)条;捷克共和国商法典第420(4)条;斯洛伐克商法典第420(4)条;斯洛文尼亚 General Usances for Merchandise no. 79 (Splošne uzance za blagovni pret,1954))。

14. 在其他体系中,卖方的这种义务可能是隐含的,或者以合同为基础或者以贸易惯例为基础(奥地利;英格兰和苏格兰货物买卖法第29(6)条:卖方有义务使货物处于"可交付状态",这可能意味着需要包装;荷兰 Asser (－Hijma), Bijzondere Overeenksten Ⅰ[6], no. 322)。这在捷克非商业和非消费品买卖中同样适用。根据德国法律,不恰当的包装是构成买卖法上的瑕疵,还是关于违约的一般(且不同)制度上的对从属义务的违反,这是不确定的。虽然前者的方案得到了法学文献的支持(参见 Grundmann, ERPL 9/2001, 250; Brüggemeier, WM 2002, 1378),但民法典第434条并未涉及这个问题,因此这种做法不太可能得到法院的奉行。

15. 如果并无协议,货物必须以通常方式来包装;如果并不存在实现该效果的惯例,则以保护和保存货物之适当方式来包装((捷克共和国商法典第420(4)条;爱沙尼亚LOA第217(2)5条;斯洛伐克商法典第420(4)条;斯洛文尼亚 Usance no. 79)。在北欧国家,如果包装是为了保存或保护货物所必需的,则货物要以通常的方式或者另一种可以接受的方式包装(芬兰;挪威与瑞典SGA第17条第(2)款第4项)。在斯洛文尼亚消费品买卖中,卖方有义务提供适当的包装("消费者保护法"第36条)。立陶宛法律中包含了关于卖方交付容器或包装中的货物之义务的详细规则。如果合同并未就货物的容器和包装加以约定,则货物在交付时要以对其而言通常的方式来包装,而在容器和包装可能被改变的情况下,货物就必须以在通常情况下储存或运输时确保货物类型之适合性的方式来包装。如果关于容器或包装的强制性要求是由法律或其他法律行为规定的,则作为经营者的卖方将货物交付给买方时,有义务以符合法律或其他法律行为之要求的方式来储存或包装。如果卖方违约,交付给买方的货物并未包装或者并未装在容器里,或者装在了不适合的容器里,则买方可以拒绝接受并要求卖方对货物包装,或者装在容器里加以交付,除非合同另有规定,或者义务或货物的性质另有要求(民法典第6.342～6.343条)。根据波兰法律(民法典第545(1)条),所售货物的释放和收取方式要确保其完整性和安全性,尤其是,包装和运输的方式必须与货物的属性相符合。

Ⅵ. 附件和说明书

16. 有关附件和说明书的相符性规则是相当少见的。当涉及附件时,这似乎被归结为什么构成货物之部分的问题。正如上文所述(参见第Ⅳ.A－2:201条(交付)注释),交付义务不可能仅限于货物本身,因为卖方必须转让包括其各组成部分的货物(试比较,奥地利 Bestandteile und Zugehör;比利时民法典第1615条,附件以及所有为其持久使用而设计的东西;立陶宛民法典第6.317条;荷兰民法典第7:9(1)条;波兰民法典第52条;斯洛文尼亚LOA第448(1)条;西班牙民法典第1097条)。

17. 至于说明书,北欧国家的消费品买卖法中存在具体的规定,它们要求货物必须附有关于其安装、施工、使用、维护和保存的必要信息(芬兰"消费者保护法"第5章第12a(2)条;挪威"消费品买卖法"第16(1)(d)条;瑞典"消费品买卖法"第16(1)条)。波兰民法典第546条第(2)款规定,如果那是根据货物目的恰当使用所必需的,卖方便要附有使用说明书。此外,在消费品买卖中,卖方负有将关于使用和维修的说明书,以及其他特定法律规则所要求的文件交付买方的义务("消费品买卖法"第3(5)条)。该信息应当以波兰文字书写,或者只要该信息类型允许,以通

常理解的图形化形式来表示（第 3(6) 条）。根据爱沙尼亚法律，为货物使用所必需的说明书构成了卖方必须与货物一起交付的文件的一部分（LOA 第 211(1) 条）。此外，LOA 第 217 条第(1)款规定，文件的不相符合会被视为货物的不相符。

18. 此外，说明书的缺乏还有可能构成相符性的欠缺（参见例如英格兰和苏格兰），这种缺乏或者误导或不完整的说明书，可能导致货物的质量不合格，或者不适合买方已经告知过的目的（货物买卖法第 14 条第(2)与(3)款）。根据荷兰民法典第 7:17 条第(2)款，这同样适用，因为这样的话，货物便不具有买方根据合同所期待的质量。

19. 捷克和斯洛伐克采用了另外一种进路，民法典第 617 条要求卖方就有关特别规定（说明书）通知买方，尤其是在其用法在说明书中得到了解释，或者它受到技术标准规制时，除非这种规定是众所周知的。如果卖方未能履行这一义务，他必须对买方的任何损害进行赔偿。此外，根据捷克消费品买卖法第 10 条第(2)款，说明书必须以捷克文字书写。

20. 在德国法律上，何时会涉及说明书的缺乏或不正确，这并不清楚。法院曾适用过的有：违反附随义务（BGH 5 April 1967, BGHZ 47, 312——这就是现在的民法典第 280 条第(1)款）；不相符（OLG Frankfurt NJW 1987, 3206）和部分不履行（BGH 4 November 1992, NJW 1993, 461）。

Ⅶ. 买方的合理期待（特别是对于一般的质量标准）

21.《消费品买卖指令》第 2 条第(2)款(d)项规定了一般的质量标准，它要求货物具有消费者能够合理期待的质量和性能。在大多数国家，现在消费品买卖中都存在这种合理期待的一般性标准（比利时民法典第 1649ter 条第 1 款；爱沙尼亚 LOA 第 217 条第(2)款第 6 项；捷克共和国民法典第 616(2) 条；丹麦 SGA 第 75a(2) 条；芬兰"消费者保护法"第 5 章第 12(5) 条；拉脱维亚"消费者保护法"第 14 条第(1)款第 1 项；荷兰民法典第 7:17(2) 条；挪威"消费品买卖法"第 15(2)(b) 条；西班牙消费者保护法第 116(d) 条；瑞典"消费品买卖法"第 16 条(3)款第 3 项）。同样，根据斯洛文尼亚的判例，默认性能的标准受到买方期待的影响（试比较，VS Ljubljana sodba I Cp 2087/98 fr 6 October 1999）。

22. 根据瑞典的暂行办法，当货物的适用性和质量以相当大的程度减损了消费者在合同订立时所依赖的推定时，该项规定即可使用（Prop 1989/90:89, 100）。这个先决条件主要被用于作为耐用性要求之标准的所售货物（试比较，ARN 1992/93 ref. 54 与 ARN 1993/94 ref. 48）。此外，该规定已被适用于二手车的出售，例如 ARN 1995/96 ref. 54（一辆汽车被认为与合同不相符合，因为它已经有过 13 位前车主，而卖方曾表示只有过一位）。在另一案件中，最高法院发现一艘帆船与合同不相符合，因为买方合理地期待该帆船是在斯堪的纳维亚半岛生产的；然而，证据表明船体是在波兰建造的，这一事实使得该船的市场价值被降低了（NJA 2001, 155；试比较，Herre, JT 2001/02, 120 及其后）。

23. 此外，某些体系规定，货物必须符合消费者在该种货物购买中通常期待的耐用性和其他属性（芬兰"消费者保护法"第 5 章第 12(5) 条；挪威"消费品买卖法"第 15(2)(b) 条）。丹麦"消费品买卖法"第 75a 条第(2)款也包含着关于耐用性的一项明确的规定。

24. 在另一方面，买方关于一般质量的期待已经被包含在传统概念中，那更像是相符性之自治方面（试比较，奥地利民法典第 922(2) 条；德国民法典第 434 条第(1)款第 2 项）。在英格兰和苏格兰，货物买卖法第 14 条第(2)款暗含着一项条款，在消费品买卖合同中，货物必须具有令人满意的质量。这指的是考虑到货物的种类、价格（如果相关的话）和所有其他有关情况，"一个理性人认为令人满意的标准"（货物买卖法第 14(2A) 条）。价格并不总是相关的考虑因素，因为可

能会出现期待的质量与价格并无关系的情况。在货物买卖法第14条第(2B)款规定了涉及在适当情况下可能相关的货物质量的事项,即“(a)适合于该种货物通常所适用的所有目的,(b)外观与表面,(c)没有小瑕疵,(d)安全性,以及(e)耐用性”。任何特定事项是否与之相关,取决于具体案情。因此,在一辆已经使用过5年、里数表上已行驶80,000英里的二手车买卖中,法院认为并不存在关于耐用性的期待:Thain v. Anniesland Trade Centre 1997 SLT (Sh. Ct.) 102。

25. 毫无疑问,买方的合理期待在评价一般处于消费品买卖之外的货物相符性(欠缺)中扮演着重要的角色,这在上文的注释中已经详细解释过了。尤其是,这也适用于确立货物通常的目的或用途时,对用途检验的适合性(立陶宛民法典第6.333条;捷克共和国商法典第410(2)条;斯洛伐克商法典第420(2)条)。同样,根据西班牙法律(民法典第1484条),判例采用了一种客观标准(即对于相同类型产品的正常期待)和更为主观的标准(即买方的特殊期待)的混合进路(参见TS 31 January 1970,RAJ 1970 no. 370,TS 3 March 2000,RAJ 2000 no. 1308,Morales,Centarios al CC,Ministerio de Justicia,Ⅱ,1991,p. 956)。在荷兰,买方的合理期待长期以来一直是根据民法典第7:17条第(2)款确定相符性之最为重要的标准。买方能够合理期待的是什么,这取决于“案件的具体情况”。因此,与之相关的是所售货物是新的还是二手的,是品牌产品还是来源不明的产品,是受损的还是(外表)完好的,价格是高还是低(不论是就绝对价格还是相对价格而言),以及所售货物的营业类型(是正规商店还是在市场上),等等(试比较,Mon. NBW B65a (Wessels,Koop: algemeen,no. 43))。在爱沙尼亚,法律和法院实践在关于货物适用性(LOA第217条第(2)款第2项)和质量(LOA第77(1)条)的合理期待之间作出了区分(消费品买卖中,LOA第217条第(2)款第6项)。根据LOA第77条第(1)款和第217条第(2)款第6项,将案件情况考虑在内,货物必须具有同类货物通常的质量。在二手货物的情况下,问题因此是所售货物是否有用过相当年限的货物通常没有的缺陷(NCCC3－2－1－32－00)。但是,仅当货物“适合于目的”时,它是否具有通常质量的问题才是有意义的;如果货物并未通过适合性检验,不论可比较的货物是否具有类似的缺陷,不相符都是存在的(NCCC3－2－1－115－04)。

26. 但是,在瑞典还存在着倾向于更为主观的相符性检验之最为宽泛的例子,它规定了一项与本条(f)项相类似的一般买卖法的兜底条款。根据SGA第17条第(3)款,如果货物“以其他任何方式与买方的合理期待相减损”,它便是不相符合的。该款主要用来澄清第17条第(1)(2)款未能详尽的规定(参见Ramberg,Köplagen,259);立法者将该条的适用范围留给了法院根据适用规定的具体案情来决定(Prop 1988/89:76,87)。在芬兰和挪威,虽然该条仅限于消费品买卖,但根据法学理论,它也可以在一般买卖法中发挥作用(就挪威来说,最高法院认为买方的合理期待规则也存在于法官造法当中(试比较,Ot. prp. no. 44 2001－2002,165与Rt 1988,774))。

27. 有些系统传统上规定了关于所交付货物之质量水平的默认规则,而没有提到买方的合理期待。关于通用性货物(其中可能有着各种档次)的买卖,货物必须是中等类型和质量(奥地利商法典第360条(这通过类推适用于常规买卖,参见Koziol与Welser,Bürgerliches Recht Ⅱ,26));中等商品(比利时民法典第1246条);正常的中档质量(捷克共和国与斯洛伐克民法典第496条;斯洛文尼亚LOA第286(1)条);中等质量,这来自于对货物功能、效用和价值的评价(意大利民法典第1178条);债权人不得要求上乘的质量,债务人也不能提供低劣的质量(西班牙民法典第1167条)。但是,根据斯洛文尼亚法律,如果其使用目的已经被通知给卖方,则卖方必须提供具有适当质量的货物(LOA第286(2)条)。此外,在捷克消费品买卖中,“消费者保护法”第3条(b)项规定,货物必须具有“通常的质量”。

Ⅷ. 其他方面

28. 除了上述要求外，还有关于相符性问题的其他规定。

29. 首先，一些国家规定，货物必须与公众的要求相一致（捷克共和国民法典第 616(2)条与“消费者保护法”第 3(b)条；爱沙尼亚 LOA 第 217 条第(2)款第 3 项；芬兰“消费者保护法”第 5 章第 12(6)条；挪威“消费品买卖法”第 15(f)条；斯洛伐克民法典第 616 条；瑞典“消费品买卖法”第 18(1)条）。如果买方想将货物用于上述要求并无意义的目的，则这并不适用（芬兰“消费者保护法”第 5 章第 12(6)条；挪威“消费品买卖法”第 15(f)条）。根据瑞典法律，存在一项明确的对《产品安全法》(*produktsäkerhetslagen*)和《市场营销法》(*marknadsföringslagen*)，或者其他类似规定的援引（“消费品买卖法”第 18(1)条）。在法国，消费者法典第 L. 212－1 条规定，所售货物必须符合有关公众安全和健康的规定。根据斯洛文尼亚法律，界定重大缺陷的条款也涉及“规定的”属性/质量（LOA 第 459(3)条）。

30. 卖方还有可能负有通知买方的义务。在某些体系中，这是为消费品买卖明文规定的。根据瑞典和挪威消费品买卖法，卖方必须就关于货物质量和用法的某些情况通知消费者，即卖方知道或应当知道的，或者消费者能够合理地期待获知的信息，其基础是该信息之缺乏可以推定会影响到合同的假定。如果卖方未能通知，该货物就会被认为与合同不相符合（挪威“消费品买卖法”第 16(1)(b)条；瑞典“消费品买卖法”第 16(3)条）。同样，丹麦消费品买卖法也规定，卖方有义务就他知道或应当知道，可能影响买方对货物之评价的情况通知买方（SGA 第 76(1)条）。根据立陶宛消费品买卖法，卖方必须向买方提供关于所售货物之必要的、准确的和全面的信息，要通过标在标签上或其他方式来告知：其价格（包括所有税费）、质量、安全使用的方法、保修期、适用期以及货物的其他质量和其使用的特定，这些都要符合货物的类型、其目的、消费者的个性和零售贸易的要求（民法典第 6.353 条）。在捷克和斯洛伐克，民法典第 618 条规定，在出售劣质货物时，卖方必须就缺陷的存在和性质通知买方，除非基于买卖的性质那已经是显而易见的。根据捷克消费品买卖法，卖方还必须“明确警告”买方缺陷的存在，或者货物是二手的，或者在其使用上的其他限制（“消费者保护法”第 10(6)条）。在其他体系中，通知买方的义务可能基于一般的义务规定而出现。根据德国法律，这是民法典第 241 条第(2)款规定的一种附随义务，因此违反该义务将会受民法典第 280 条第(1)款而非具体的买卖法制度的调整。在爱沙尼亚，卖方并不负有通知买方的一般合同义务，因为提供给自己关于货物的信息，这是买方的义务。但是，这种通知义务可能根据 LOA 第 14 条第(2)款调整当事人之先合同义务的一般规则而产生。先合同义务的违反，会使得买方获得像违反合同义务一样的救济。西班牙消费者保护法第 60 条规定，向作为消费者的买方出售货物的人，负有披露准确信息的宽泛义务。

第Ⅳ.A－2:303 条 第三方陈述

货物必须具备就货物特性所作陈述中声称的品质和使用性能，该陈述由处于商业链条前端的生产商或生产商的代理人作出并根据第Ⅱ－9:102 条（某些被视为合同条款的先合同陈述）的规定构成合同的一部分。

评　论

A. 概述

本条处理的是卖方是否以及在何种程度上受到第三方所作与货物有关的陈述的约束。此类陈述非常有影响力，因为相比于特定销售商给出的专业介绍，买方往往更相信广告和品牌资料。一方面，本规则涉及第Ⅳ. A－2:301 条（与合同相符）之约定的相符性的概念，因为它规定了卖方因他人所作陈述负有的合同责任。另一方面，它还涉及第Ⅳ. A－2:302 条（符合合同的目的、质量和包装要求）之买方的期待，在第三方陈述中，也可能引起关于货物质量和性能的期待。因此，根据第Ⅳ. A－2:302 条第（f）项，当评价买方的合理期待时，这种陈述也可能被考虑在内。

B. 与第二编的关系

本条涉及第Ⅱ－9:102 条（某些被视为合同条款的先合同陈述）。此处，它被作为一种提醒而加以规定。可以参考关于该条的评论。

注　释

因第三方（公开的）陈述负有的责任

1. 卖方可能因其自己作出的关于货物相符性的陈述而负有责任，但因第三方陈述的责任一般是不被承认的（关于合同法更为一般的观点，参见第Ⅱ－9:102 条（某些被视为合同条款的先合同陈述）之注释）。

2. 但关于消费品买卖，由于《消费品买卖指令》第 2 条第（2）（4）款的出现，这发生了改变，该指令引入了一种卖方因第三方所作陈述负有的责任。因此，这同样适用于所有体系中的消费品买卖（奥地利民法典第 922（2）条；比利时民法典第 1649ter 第 1 款第 4 项；捷克共和国民法典第 616 条第（2）款第（b）与（c）项；丹麦 SGA 第 76（1）条；英格兰货物买卖法第 14（2D）－（2F）条；爱沙尼亚 LOA 第 217 条第（2）款第 6 项；芬兰“消费者保护法”第 5 章第 13 条；法国消费者法典第 L. 211－6 条；德国民法典第 434（1）条；匈牙利民法典第 277 条（1）款（b）项与第（2）款；荷兰民法典第 7:18（1）条；挪威“消费品买卖法”第 16（2）条；波兰“消费品买卖法”第 4（4）条；斯洛文尼亚“消费者保护法”第 37（3）条；西班牙消费者保护法第 116（1）（d）条；瑞典“消费品买卖法”第 19（2）条）。

3. 在少数体系中，卖方因第三方所作陈述负有的责任并不仅限于消费品买卖（奥地利民法典第 922（2）条；芬兰 SGA 第 18 条；德国民法典第 434（1）条；挪威与瑞典 SGA 第 18（2）条）。

4. 卖方因该种陈述负有的责任通常受到了几个方面的限制。根据“消费品买卖指令”，如果

卖方有下列情形之一,便不受公开陈述的约束:1)证明他不知道,并且没有合理理由知道该陈述的存在;2)证明在合同订立时,该陈述已经得到了修改;或者3)证明购买消费品的决定不可能受到该陈述的影响。大多数体系都规定了与此类似的卖方责任的例外(奥地利民法典第922(2)条;比利时民法典第1649ter第2款;英格兰和苏格兰货物买卖法第14(2D)－(2F)条;爱沙尼亚LOA第217(3)条;芬兰SGA第18(3)条;德国民法典第434(1)条;匈牙利民法典第277(2)条;荷兰民法典第7:18(1)条;挪威SGA第18(3)条;波兰“消费品买卖法”第5条;西班牙消费者保护法第116.1 d)条;瑞典SGA第18(3)条与“消费品买卖法”第19(3)条)。但根据挪威消费品买卖法,卖方是否知道该陈述的存在,这是毫不相干的(“消费品买卖法”第16(1)(c)条)。根据斯洛文尼亚消费者保护法,卖方并不存在免除责任的可能。

第Ⅳ.A－2:304 条　消费品买卖合同中的不正确安装

如果根据消费品买卖合同提供的货物没有正确安装,由不正确安装导致的与合同要求不符被看作货物与合同要求不符,如果:

(a)货物系由卖方安装或在其负责下安装;或者

(b)货物系由消费者安装,但不正确安装是由于卖方安装说明中的错误导致的。

评　论

A. 概述

本条规定的是,在消费品买卖合同中作为相符性欠缺之特殊情况的不正确安装。“消费品买卖指令”引入了这一卖方责任的特殊类型,它实际上涵盖了两种不同的情况:卖方的不正确安装或卖方负责的不正确安装,以及买方自己的不正确安装。在这两种情况下,买方都可以诉诸于第四章第二节规定的相符性欠缺之救济措施。

B. 卖方的不正确安装或卖方负责的不正确安装

双方可能约定,卖方将为买方安装所售货物。这种买卖合同实际上也含有某些服务的因素,即由卖方承担安装工作。根据本条规则,由不正确安装导致的相符性欠缺被界定为货物相符性的欠缺,而不是将交易分成买卖和服务两个部分。如果货物在安装后与合同并不相符,它们到底是原本就不适合的,还是在安装过程中出了问题,这都无关紧要。

示例1

甲从销售厨房用具的商人乙那里购买了一套整体厨房。乙把整体厨房送到了甲的家里,之

后由乙的工人进行了安装。在安装后，买方发现其中一个门上留有划痕。不论该划痕是门上原来就有的，还是在安装过程中造成的，卖方都要为此相符性欠缺负责。

示例2

事实与示例1相同，但安装极其糟糕，工作台面不平，并且各装置上的门和抽屉都不能正常关闭。卖方要为此相符性欠缺负责。

本条的目的是，当货物在安装过程中被损坏，或者作为安装的结果，货物根本不能正常使用时，保护买方的利益。

就(a)项的目的而言，不论卖方是否实际上亲自进行了安装，这都是无关紧要的，因为委派其他人履行的缔约方仍然要对该履行行为负责(参见第Ⅲ－2:106条(委托他人的履行))。

示例3

事实与示例1相同，但乙将安装工作委托给了作为独立工匠和橱柜木匠的丙。

C. 消费者的不正确安装

通常情况下，消费者购买货物时是自行安装的(即由买方本人安装)，典型的例子是以平板包装形式购买的家具。如果消费者未能正确安装该货物，只有在两项条件得以满足时，卖方才对货物之不相符负责：第一，货物必须是设计成由消费者安装的；第二，安装出现了问题是由于安装说明书的缺陷造成的。

示例4

甲在百货公司购买了一台电视柜。根据密封的说明书组装好以后，他将他的电视机放到了上面。两天后，电视柜倒塌了，原因是说明书未能明确指出固定桌腿要用其所提供的不同的螺丝，而消费者使用了错误的螺丝。

示例5

甲从乙那里购买了一台电脑。在经过几个小时仔细阅读内容广泛的手册之后，他并没有正确地组装电脑。尽管存在信息“过剩”的情况，但如果一个理性的用户并不能理解该说明书，则这种情况仍然会构成安装说明书的一个缺陷。

事实上，只要这两项条件得以满足，买方实际上是否进行了错误安装并无关紧要。换句话说，任何代表买方的人——例如其朋友或邻居——所进行的错误安装，都能够根据这一规则引起卖方的责任。这甚至适用于买方请了一位专业人员来安装的情况，因为如果他或她曾经试图亲自进行安装的话，结果将会更加糟糕。

示例6

甲在一个“DIY”商店购买了一个无须专业人员帮助即可安装的水槽。甲请了一位专业的管道工乙来帮助他，因为甲是出了名的不善于实际工作的。但是，由于安装说明书上存在某个重大缺陷，甚至是乙也不能正确地安装该水槽。

至于当初卖方是否负有提供安装说明书的义务这个问题，参见第Ⅳ.A－2:302条（符合合同的目的、质量和包装要求）(e)项。

D. 买方的救济

在本条所涵盖的两种不正确安装的情况发生时，消费者可以诉诸第四章第二节所规定的所有救济措施。至少在某些情况下，这可以使得卖方必须到买方的住所去修复不相符的地方。虽然这一后果似乎非常苛刻，但本规则是为了激励卖方提供正确的安装说明。在其他情况下，卖方或许只需为买方提供正确的安装说明就足够了。

注　释

不正确安装

1.《消费品买卖指令》第2条第(5)款规定一种缺乏相符性的特殊情况：货物的不正确安装。在这方面，应对两种情况加以区分：第一，买卖合同规定货物由卖方安装，或者在卖方负责下由买方安装；第二，所售货物的设计是由买方亲自组装的，即所谓的宜家条款（IKEA clause）。不过，这两种情况都有着同样的法律后果，即如果安装并未正确进行，则由卖方对货物不相符负责（货物本身并不一定表现出货物不相符）。

2. 大多数体系已经通过引入处理这两种安装类型的消费品买卖规则实施了“消费品买卖指令”（奥地利“消费者保护法”第9a条；比利时民法典第1649ter第4条；捷克共和国民法典第623条；爱沙尼亚LOA第217(5)条；芬兰“消费者保护法”第5章第12(a)条；法国消费者法典第L.211－4条；匈牙利民法典第305(2)条；立陶宛民法典第6.363条；荷兰民法典第7:18(3)条；波兰“消费品买卖法”第6条；西班牙消费者保护法第116(2)条；瑞典“消费品买卖法”第16(1)与16a条）。根据德国法律，该规定的适用范围并不仅限于消费品买卖（民法典第434 (2)条）。

3. 其他国家并没有这种（明确的）规则。在英格兰和苏格兰，导致消费者的安装不正确的错误说明或者根据货物买卖法第14条第(2)款会使得货物质量不合格，或者根据第14条第(3)款会使得货物不适合买方所告知的目的。与此不同，一方在合同订立时约定不只是提供货物，而且要在买方的住所安装它们的合同，并不是货物买卖合同。相反，它是一种货物供应和服务合同，因此这是由《货物与服务供应法》1982来调整的。如果根据这一合同提供的货物有瑕疵，这将构成对SGSA第11D条第(2)款规定的违反，而该条款要求根据这一合同提供的货物必须具备令人满意的质量。另外，如果安装本身是有瑕疵的，这便构成了对普通法隐含义务的违反，即供应商提供的服务应以合理的注意来进行。在挪威，有学者认为，在特殊规则缺位的情况下，如果卖方还承担着安装货物的合同义务，那么根据SGA第17条第(1)款和“消费品买卖法”第15条第

(1)款的相符性之一般规则,卖方应对不正确安装所导致的任何不相符负责。最后,斯洛文尼亚的结果很可能是同样的,因为如果卖方并未提供说明或者提供了错误说明,导致货物不适合通常或特定的用途(重大瑕疵),则卖方要对相符性之欠缺负责。

第Ⅳ.A-2:305条　第三方一般的权利或主张

货物上不得存在任何第三方权利或具备合理理由的第三方主张。但是,如果该权利或主张是基于工业产权或其他知识产权而产生的,卖方的义务将适用下一条的规定。

评　论

参见关于下一条的评论。

注　释

Ⅰ.第三方的权利

1.通常情况下,卖方必须确保货物上并不负有第三方的权利或主张。在大多数体系中,相符性的这一方面(在广义上)被称为法律瑕疵或权利瑕疵责任(《联合国国际货物销售合同公约》第41条;奥地利(Rechtsmangel)民法典第304与305条;捷克共和国民法典第499条;爱沙尼亚LOA第217条第(2)款4项;德国民法典第435条;芬兰SGA第41(1)条;匈牙利民法典第369与370条;拉脱维亚民法典第1593(1)与2010条;立陶宛民法典第6.321条;荷兰民法典第7:15~16条;挪威SGA第41(1)条与"消费品买卖法"第15(2)(g)条;波兰民法典第556(2)条;葡萄牙民法典第905与907条;斯洛伐克民法典第499条[也参见民法典第500(2)与503条]以及商法典第433~435条;斯洛文尼亚LOA第488条;瑞典SGA第41(1)条与"消费品买卖法"第21a条)。不过,如果买方已经接受了货物上的产权负担,则卖方并不承担责任(关于这种接受如何能够发生,例如隐含或者"合为一体",在荷兰存在着某些讨论,试比较,Parl. Gesch. Boek 7, 114-115;Asser(-Hijma),Bijzondere Overeenksten I6,nos. 277-279)。

2.根据北欧国家的法律,即使该主张有所争议,如果第三方为其主张提出了合理理由(芬兰与瑞典SGA第41(3)条),或者如果该主张并非显然毫无根据的(挪威SGA第41(3)条与"消费品买卖法"第15(2)(g)条),卖方也要因法律瑕疵而承担责任。

3.在英格兰和苏格兰,货物买卖法第12条第(1)(2)款规定,买卖合同包含的隐含条款是:(1)卖方有权出售货物;(2)货物上不负有任何未向买方披露的诉求或产权负担,这种状态应一直维持到所有权转移时,并且买方应享受货物之和平的占有(关于已经披露的诉求或产权负担,其权利人保留其权利)。在实践中,第二项隐含条款很多时候不太可能被援引,因为动产上的担

保大部分都依赖于担保权人的占有:一旦占有丧失,担保也就丧失了,从而限制了第三方的权利。立陶宛也是如此,根据民法典第6.321条,卖方必须消除货物上的所有抵押权,无论该抵押权是否登记,除非买方在收到卖方发出的关于产权负担的通知后,仍同意购买货物。卖方还必须向买方保证,所交付的货物并没有被查封,并不是诉讼的标的;必须保证,卖方并没有被剥夺货物的处分权,或者并不存在任何产权负担。

4. 在其他国家,卖方的法律瑕疵责任被设计成了一种发生驱逐情况下的特殊制度(比利时民法典第1626～1640条;法国(*garantie d' éviction*)民法典第1626～1640条;意大利民法典第1481条[但也参见第1482条其他法律瑕疵];西班牙(*saneamiento por evicción*)民法典第1475～1483条)。比利时和法国法律的基本思路是,卖方必须保证所出售货物的和平占有,其中包括了卖方自己的行为和第三方的主张。基于对抗驱逐之担保的行为,被认为是所售货物的附属权利,那是与所有权一起转移给后来的接受者的。它与卖方行为的善意或恶意无关,因为即使卖方并不知道驱逐的原因,责任仍然是存在的。如果买方被第三方起诉,并且他想要获得补偿的话,他可以要求卖方到庭应诉。买方还可以自己来对第三方提出抗辩,然后再向卖方提出索赔。但是,如果卖方证明存在着足以对抗第三方主张的理由,但买方在后者情况下终审败诉,或者不能再提起上诉的话,则针对驱逐的担保便失效了(民法典第1640条)。西班牙法律也同样如此(民法典第1475、1480条及以下与Durán Rivacoba,Evicción y saneamiento,第157条及以下)。在意大利,法律上在根据民法典第1481条加以驱逐的情况和根据民法典第1482条由于货物上证券的存在而对被转让权利的实际损害情况进行了区别。驱逐的目的是作为第三方对其货物权利的最终评估,它可能是完全的(民法典第1483条),也可能只是部分的(民法典第1484条)。虽然买方只有在对第三方权利不知情的情况下才有权获得救济,但这种知情与否在驱逐发生的情况下是不相干的(Cass. 17 June 1955,no. 1878,Rep. Foro it.,1955,voce Vendita,col. 1438,nos. 158－160;Cass. 11 May 1984,no. 2890,Rep. Foro it.,1984,voce Vendita,col. 3187,no. 47;Cass. 7 April 1986,no. 2398,Rep. Foro it.,1987,voce Vendita,col. 3553,no. 61)。

5. 根据驱逐制度,如果侵扰已经造成,即如果买方失去了权利,则卖方应承担责任(比利时;意大利 de Martini,Nov. Dig. it 1957,vol. Ⅳ,1050及其后;Rubino,La cpravendita,650及其后)。在西班牙,基于购买行为之前存在的权利,买方肯定会被法院的终审判决剥夺全部或部分购买的物品(民法典第1475条)。但是,这并不意味着买方被剥夺了对第三方和供应商共同提起诉讼的权利("反驱逐"[inverse eviction],Durán Rivacoba,Evicción y saneamiento,p. 302与TS 7 June 1995,RAJ 1995 no. 4630与TS 10 December 1996,RAJ 1996 no. 9191)。

Ⅱ. 与一般的相符性制度的差异

6. 在大多数体系中,适用于法律瑕疵的制度主要遵循的是关于重大瑕疵的一般规则(《联合国国际货物销售合同公约》第43条;芬兰SGA第41条;挪威SGA第41(1)条;斯洛文尼亚LOA第488～495条;瑞典SGA第41条)。根据波兰法律,仅自买方知道瑕疵存在一年后,关于法律瑕疵的时限便会到期。如果买方获知瑕疵完全是因为第三方的起诉,则该时限会自与第三方之争议中作出的判决已经发生法律效力之日起开始计算(民法典第576(1)条)。同样,根据奥地利法律,实际获知被当作了时限的起点(民法典第933(1)条)。

7. 根据斯洛文尼亚法律,主要的制裁形式是具体履行(在知道瑕疵存在或接到通知后,买方可以要求卖方解除货物上的权利,或者提供替代(通用的)货物,LOA第489条)。如果这些要求并未得到满足,买方可以终止合同或降低价格;在完全驱逐的情况下,合同会依法终止(LOA第

490条）。在荷兰，买方可以主张具体履行，要求卖方消除法律瑕疵。但是，这种救济措施受到卖方能够合理遵守的前提的限制（民法典第7:20条）。如果事实并非如此，则买方将不得不诉诸于终止或损害赔偿。此外，根据北欧法律，在下列两种制度之间存在着某些差异。首先，如果合同订立时存在着买方既不知道也不应当知道的法律瑕疵，则卖方要对损害承担严格责任（芬兰、挪威与瑞典SGA第41(2)条）。此外，如果第三方主张在货物上享有权利，并且该主张存在可能的理由的话，则买方可以对卖方诉诸于不相符之救济的权利（芬兰、挪威与瑞典SGA第41(3)条）。另外，买方并不承担就法律瑕疵检验货物的任何义务（芬兰、挪威与瑞典SGA第41(1)条）。

8.但是，根据法国和西班牙法律，存在着一种带有救济措施的完全独立的驱逐制度（法国民法典第1626～1640条；西班牙民法典第1475～1483条关于法律瑕疵和民法典第1484条及以下关于隐性瑕疵）。尽管如此，事实上，西班牙的驱逐制度——除了程序规则以外——仅仅存在留给买方之救济措施的异常情况下：买方可以主张全额赔偿，包括被剥夺财产的实际价值；其他相应的损害只能在恶意情况下才能得到赔偿（民法典第1478条）。

第Ⅳ.A－2:306条　第三方基于工业产权或其他知识产权的权利或主张

（1）就与合同要求相符的货物而言，不得有第三方对买方为任何以工业产权或其他知识产权为根据的权利主张，也不得有卖方在合同订立时已经知道或者可以合理地认为他知道该情况的事实。

（2）如果第三方的权利或主张源自于卖方使用了买方所提供的技术图表、设计、公式或其他规格说明，则第（1）款的规定不适用。

评　论

A.与相符性概念的关系

本条和上一条明确了，相符性概念包括所谓的法律瑕疵，以及材料或物质的缺陷。第Ⅳ.A－2:301条（与合同相符）(d)项规定，货物应“符合本节其他条款”，这种措辞将这些规则囊括进了相符性的概念当中。因此，除了第Ⅳ.A－4:302条（货物不相符的通知）第(4)款的这项例外以外，关于相符性的规则并未在法律和物质瑕疵之间加以区分。

B.第三方一般的权利或主张

根据第Ⅳ.A－2:305条（第三方一般的权利或主张），卖方必须保证货物上并不存在第三方的任何权利或主张。

示例 1

甲从乙那里购买了一辆汽车。两天后,丙和甲联系,声称他在两个星期前已经从乙那里购买了该车,并出示了买卖合同。甲可以要求乙纠正这种情况;否则的话他可以终止合同关系。

在这种情况下,重要的是要注意,主张与权利并不是同义词。一项"主张"是基于权利的断言对某物的要求(参见定义列表)。本条清楚表明,在当前情况下,主张必须是有合理根据地影响到了货物。一项根本毫无依据的主张以任何方式都不会与货物产生联系或影响货物。

此外,应当指出的是,本部分的规则经适当调整,也适用于权利的买卖,其中某些是根据定义从另一项权利中分解出来的,或者更确切地说,来自于另一项权利。当然,根据本条,这种"母"权利的存在并不会定位为一种第三方的权利。此处需要进行适当调整。

C. 第三方基于工业产权或其他知识产权的权利或主张

上一条调整的是第三方一般的权利或主张,而本条则规定了第三方基于工业产权或其他知识产权的权利或主张的特殊制度。这些制度基本上在两个方面存在不同。其一,如果卖方不知道或不能被合理预期已经知道它们的存在,则卖方并不因这些权利而承担严格责任(参见第(1)款)。本质上,这是对本条规定的其他类型货物不相符之通常严格责任的一种减损。其二,如果第三方基于工业产权或其他知识产权的权利或主张来自于买方的控制范围,则卖方可以规避因这些权利而承担的责任。基本上,这一例外涉及卖方根据买方的订单生产或制造的货物买卖合同。如果卖方遵从的是买方提供的规格要求,则他并不因第三方的任何权利或主张承担责任。在本条中,该主张并不必须具有合理的根据。如果卖方获知了一项毫无根据的主张,他便应该及时通知买方。如果卖方并不知道该主张,而它又是并无合理根据的,那么卖方就不可能被合理地期待知道它。

注 释

工业产权或其他知识产权

1. 本条规定源自于《联合国国际货物销售合同公约》第42条。在捷克和斯洛伐克,这个问题只在商业买卖中得到了规定(商法典第433(2)条)。因此,首先,如果第三方的工业产权或其他知识产权受到卖方所在地、营业地或住所地国家的保护,作为这些权利存在的结果,货物便是不相符的。其次,如果这些权利受到卖方所在地、营业地或住所地国家的保护,并且卖方在合同订立时知道或应当知道这些权利存在的话,也便存在着相符性的欠缺。最后,如果这些权利受到货物被转售或使用的国家保护,并且卖方在合同订立时知道这种转售或使用情况的话,货物不相符也是成立的。

2. 在其他所有体系中,这都是一种未加规定的情况,因此适用的是规定在第Ⅳ. A－2:305 条(第三方一般的权利或主张)的一般制度(挪威 SGA 第 41 条第(4)款有明确规定;在芬兰、德国、立陶宛和荷兰也是如此)。在英格兰和苏格兰,判例法规定,如果第三方享有知识产权主张,并导致出现了限制货物买卖的权利的话,这便意味着,根据货物买卖法第 12 条第(1)款卖方并没有"出售货物的权利",如果买卖已经作出,即已违反了该条款的规定:Niblett Ltd. v. Confectioners' Materials Co. Ltd. [1921] 3 KB 387。令人感兴趣的是,瑞典的立法者决定并不采用《联合国国际货物销售合同公约》第 42 条之规则,因为它被认为对卖方太过友好了(Ramberg, Köplagen, 77 f)。

3. 在法国,根据民法典第 1598 条,鉴于该种货物并不具有适销性,仿造品的买卖是无效的(C. 24 September 2003, Bull. civ. Ⅳ, no. 147; D. 2003, 2683 Note Caron)。因此,买方可以基于一般侵权法获得已付价款的归还和相应的损害赔偿。

4. 在西班牙,关于导致驱逐的知识产权,并没有什么特别的规定。但是,可以认为,民法典第 1475 条(据此,买方必须"因买卖前存在的一项相反权利的运作"而被剥夺)的适用范围也包括属于第三方的知识产权,只要这些权利使得所售货物之富有成效的和平占有变得不可能(试比较,Durán Rivacoba, Evi 民法典 ión y saneamiento, p. 121)。

第Ⅳ. A－2:307 条　买方对于相符性欠缺的明知

(1)如果买方在合同订立时知道或可以合理地推定他知道与合同要求不符的情况,则卖方不负第Ⅳ. A－2:302 条(符合合同的目的、质量和包装要求)、第Ⅳ. A－2:305 条(第三方一般的权利或主张)或第Ⅳ. A－2:306 条(第三方基于工业产权或其他知识产权的权利或主张)所规定的义务。

(2)如果买方在合同订立时知道或可以合理地推定他知道安装说明书中存在的错误,则卖方不负第Ⅳ. A－2:304 条(消费品买卖合同中的不正确安装)(b)项所规定的义务。

评　论

A. 概述

本条明确规定,买方不能诉诸于他在合同订立时知道或应当知道的任何相符性的欠缺。通过明确某些瑕疵并不等于货物不相符,本条实际上引入了对于卖方责任的某些限制。它因而对卖方根据本规则其他情况下承担的严格责任加以了平衡。

本条的基本原理便是维持合同的平衡。也就是说,在决定是否购买货物时,知道货物不相符的买方应当已经将该事实纳入到考虑当中了。

在某种意义上，这一规定是买方之合理期待——其功能在第Ⅳ.A－2:302 条（符合合同的目的、质量和包装要求）中如此显著——这枚硬币的另一面。在那一条中，卖方要就所售货物的品质对买方的合理期待承担责任。出于同样的原因，买方可能有着消极的期待，即他可能实际知道货物缺乏相符性。

消费品买卖合同下不正确安装的情况被单独规定在第（2）款中，因为在这种情况下，买方在合同订立时不可能知道不正确安装的存在。但是，买方可能已经知道安装说明是有缺陷的。

示例 1

甲想以平板包装形式为她的浴室购买了一套玻璃浴罩，并且确定了一种显然招人喜欢的模型。但销售人员说："我并不建议你购买这种，因为安装说明书根本是不充分的"。乙回答说："别担心。我对这种事很在行，之前我也安装过类似的一套。"

在这种情况下，卖方将不会根据第Ⅳ.A－2:304 条（消费品买卖合同中的不正确安装）（b）项承担责任，即使甲确实由于说明书的不充分而错误安装了货物。

B. 买方的知情

显然，要想证明买方在合同订立时知道货物缺乏相符性，这是相当困难的。在这种情况下，有个问题在买卖法中处于突出地位：合同订立前，买方必须在何种范围内对货物进行检验呢？根据本规则，买方在购买前并不负有检验货物的义务。仅当买方实际知道不相符，或者在实际知情不能被证明时，买方能够被合理地推定肯定知情（例如，因为买方仔细检验了货物，而该不相符是明显的）的情况下，他才不会获得任何救济。

本条在两个重要方面与 第Ⅳ.A－4:301 条（货物的检验）有所不同。首先，本条并未切断买方以其他方式可以诉诸的救济措施，因为它已经尽可能地排除了触发救济程序的货物不相符。其次，它适用于较早的阶段，即在合同订立之时（与第Ⅳ.A－4:301 条规定的交付时间不同）。本条并不会影响第二编中因错误、欺诈和胁迫所致的合同无效的其他潜在的相关规则。

C. 例外

应该指出，本条仅限于特定默认规则下的责任。它并不适用于根据合同明示条款承担的责任。在这种情况下，合同将根据其条款来适用。因此，如果在合同订立时货物存在某些瑕疵，但双方明示或默示约定，卖方在交付之前可以弥补那些缺陷，则卖方并不根据这一规定免除责任。同样，如果双方已经明确约定了某些功能，那么买方可以期待，卖方将在交付时提供这些功能，即使它们在合同订立时并不存在。

示例 2

甲通知汽车经销商乙,他想购买一台适合在道路驾驶的汽车。乙接受了这一要求。它们在缔结交易前检验了轮胎。交易车辆上配有的还是长期使用过的轮胎,这使得该车并不适合在道路上行驶。买方注意到了这一事实但仍然同意在适合道路行驶的约定条件下购买汽车。卖方并不能因买方知情而免除责任,因为买方可以期待,卖方将弥补该缺陷,即在交付前更换新的轮胎。

最后,双方的协议和买方对一定瑕疵的知情之间的关系必须通过合同解释来解决。此处的重要问题在于,对于买方而言,期待卖方将在交付前弥补该缺陷是否是合理的。此外,至于买方的哪些标准可以期待获得满足,合同价格也能提供一些指示。

本条并不适用于第Ⅳ.A－2:303 条(第三方的陈述),因为第Ⅱ－9:102 条(关于合同条款的某些先合同陈述)的相关规定已经在第(2)款中包含了一项独立的、极其类似的限制。

D. 消费品买卖合同

虽然本条的规定取决于每个案件的具体情况,但消费者交易一般应该得到更加谨慎地处理。尤其是,消费者何时能被假定已经知道相符性的缺乏,这个问题要以善意解释来判断。但是,消费者仍必须注意到明显的缺陷。

注　释

Ⅰ. 买方在合同订立时的知情

1. 虽然卖方因货物不相符而承担的责任在原则上是严格的(也就是说,不论卖方是否对货物上的瑕疵负有过失,那都是无关紧要的),所有体系都承认,对于买方在合同订立时知道或应当知道的货物不相符,卖方并不承担责任(《联合国国际货物销售合同公约》第 35(3)条;"消费品买卖指令"第 2(3)条;奥地利民法典第 928 条;比利时民法典第 1642 条;捷克共和国民法典第 500(1)条;爱沙尼亚 LOA 第 218(4)条;芬兰 SGA 第 20(1)条与"消费者保护法"第 5 章第 12(4)条;法国民法典第 1642 条;德国民法典第 442(1)条;希腊民法典第 536 与 537 条;匈牙利民法典第 305/A(1)条;意大利民法典第 1491 条与消费者法典第 129(3)条;拉脱维亚民法典第 1613 条;荷兰民法典第 7:17(5)条;挪威 SGA 第 20(1)条与"消费品买卖法"第 16(3)条;波兰民法典第 557 条与"消费品买卖法"第 7 条; 斯洛伐克民法典第 500 条以及商法典第 424 条[质量]与 433[法律瑕疵];斯洛文尼亚 LOA 第 460(1)条,与消费者保护法第 116(3)条;瑞典 SGA 第 20(1)条)。

2. 在英格兰和苏格兰,买方在合同订立时知道货物存在瑕疵(包括它们缺乏充分说明指示的事实)时,并不存在排除卖方责任的明确规则,而是规定,如果卖方已经提醒买方注意这些瑕疵的存在,则会阻止该货物被看作质量是不合格的(货物买卖法第 14(2C)(a)条)。瑞典消费品买卖法实现了类似的结果,其中立法者由于担心这项规则可能在消费者知道某种货物质量,但并未实现货物用途的重要属性时被误解,所以决定并不规定关于买方知情的一般规则(参见 Herre,

Konsumentköplagen[2],270 f)。不过,同样的原则也可以从货物买卖法第16条第(1)款中推导出来,因为鉴于个人间的协议推翻了有关货物何时不相符的一般假定,货物便是与合同相符的。也可参见荷兰,在那里,关于民法典第17条第(2)款的合理期待,“消费品买卖指令”引入的规则被批评为不明确的(参见 Asser (– Hijma),Bijzondere Overeenksten Ⅰ[6],no. 358)。根据葡萄牙消费品买卖法,“消费者保护法”第12条最初规定,对于买方事先被通知或澄清的货物不相符,卖方并不承担责任。但是,该条在2003年已被修改,现在的规定是,无论合同订立前对于货物不相符是否知情,消费者总是享有请求损害赔偿的权利。

3. 某些体系对卖方有欺诈行为,或者给出了明确的相符性保证的情况作出了一项特殊规定。如果买方因重大过失未了解到相符性的欠缺,或者如果该瑕疵是显而易见的,则如果卖方采取欺诈手段隐瞒瑕疵的,他便仍要承担责任(奥地利民法典第928条;德国民法典第442(1)条;希腊民法典第537与A. P. 1259/1991 EEN 1993,64)。此外,如果卖方已经给出了明确的相符性承诺,则他仍要承担责任(奥地利民法典第928条;德国民法典第442(1)条;希腊民法典第537条;斯洛伐克民法典第500 f条;斯洛文尼亚LOA第460(3)条)。

4. 此外,“消费品买卖指令”第2条第(3)款规定,如果货物不相符可以追溯到买方提供的材料瑕疵,则卖方并不承担责任。匈牙利的条例还规定,债务人(卖方)并不对可以追溯到债权人(买方)提供的材料的货物不相符承担责任,但前提是债务人已经就所提供材料的瑕疵通知了债权人(民法典第305/A(1)条)。

5. 在荷兰,毫无争议的是,如果卖方承诺合同订立时存在的明确瑕疵将会得以弥补,则他便不能诉诸于买方对这些质量缺陷的知情。在这种情况下,如果该瑕疵根本没有被弥补,买方建立在卖方确认基础上的合理期待就会导致货物并不具有相符性(试比较,民法典第7:17(2)条)。在英格兰,关于买方基于对卖方将会修理那些瑕疵的言语而非合同承诺的信赖,而接受了劣质货物,如果卖方并未维修,他能否因货物质量不合格而起诉,这个问题是存在疑问的:参见R. & B. Custs Brokers Co. Ltd. v. United Dinions Trust Ltd. [1988] 1 WLR 321。但在苏格兰法律上,不论货物是否被视为质量不合格,这种承诺都将会被当作单方允诺而强制执行(关于卖方作出的修理承诺这个问题,也可参见瑞典Prop 1988/89:76,94)。

Ⅱ. 检验的先合同义务

6. 一般而言,不同体系中并不存在关于检验货物之先合同义务的明确规定。但在许多制度中,买方仍有可能承担这种间接义务,因为卖方并不对合同订立时存在的明显瑕疵承担责任。大多数体系都是通过援引该种卖方并不承担责任的货物不相符类型来间接地解决这个问题的(奥地利“明显的”;捷克“明显的”(试比较, Knappová,Civil Law Ⅱ[3],106);意大利“采取通常的谨慎”(例如employed in Consumer Code第129(4a)条);拉脱维亚“应当尽最起码的注意”;斯洛文尼亚LOA第460条第(2)款“有着与其他同样专业或职业的人一样的通常知识和经验的谨慎的人将在对货物的通常检验中会注意到的”)。根据西班牙民法典第1484条,如果瑕疵是“显而易见的”或者应被视为“明显的”,卖方便不承担任何责任;如果买方是相关业务内的“专家”,卖方也不承担责任。这种限制是否也适用驱逐责任,那仍然是不确定的。实际上,大多数与土地买卖有关的案件记录都采用了区划限制(zoning restrictions)的方式(参见Supreme Court Judgment 17 November 2006,CCJC 75 § 2007,pp. 1221 ff,and note by Díaz Martínez)。

7. 在其他体系下,买方并不负有在购买前检验货物的义务,但是如果他们这样做了,他们便应当仔细检验,因为当确定货物是否具有相符性的时候,他们经检验所应当发现的任何瑕疵都不

能被考虑在内（英格兰和苏格兰货物买卖法第14(2C)(b)条；爱沙尼亚LOA第218(4)条与NCCC3－2－1－50－06；立陶宛民法典第6.337条，它指向了合同和用途）。如果买方在合同订立前检验了货物，或者并无合理理由未能遵从卖方请其检验货物的要求，则买方不能就检验时应当注意到的货物不相符提出主张，除非卖方的行为是违背诚信原则的（丹麦SGA第47条；芬兰、挪威与瑞典SGA第20(2)条）。这同样适用于购买前对样品的检验（英格兰和苏格兰货物买卖法第14(2C)(c)条；芬兰、挪威与瑞典SGA第20(3)条）。

8. 关于交付时检验货物的要求，参见第Ⅳ.A－4:301条（货物的检验）注释1至10。

第Ⅳ.A－2:308条　确定相符性的有关时间

（1）卖方对风险转移给买方时存在的任何货物不相符承担责任，即便这种货物不相符是在该时间之后才表现出来。

（2）在消费品买卖合同中，任何在风险转移给买方之后6个月内表现出来的货物不相符都被推定为在风险转移之时即已存在，除非这种推定与货物的性质或者货物不相符的性质相矛盾。

（3）在适用第Ⅳ.A－2:304条（消费品买卖合同中的不正确安装）的情形下，本条第（1）款或第（2）款所说的风险转移给买方之时在该条即为货物安装完成之时。

评　论

A. 概述

为了让卖方对货物不相符承担责任，本条规定了何时相符性或货物不相符被确定的时间问题。在这方面，存在着两个不同的问题。其一，为了提供买方以救济，货物不相符必须在什么时间点上存在呢？其二，它必须在何时对买方是显而易见的呢？第二个问题的答案可以在第四章第三节（检验和通知的要求）中找到，本条规定的则是第一个问题的答案。大体上，相关时间点通常是根据风险转移来确定的，但这必须在不正确安装规则调整的情况下加以修正。至于有利于消费者的货物不相符，第(2)款包含了一项推定。

B. 货物不相符的存在

一般来说，卖方仅对风险转移时存在的货物不相符承担责任。这项规则可以根据不同理由来证明。首先，根据第Ⅳ.A－5:102条（风险转移的时间）的主要规则，风险转移意味着货物已经脱离了卖方的控制范围，以至于卖方不能再控制它们。因此，就已经脱离卖方控制的货物出现的货物不相符再让他承担责任，那是不公平的。其次，

这项规则确保了买方承担第Ⅳ.A－5:101 条(风险转移的效果)所规定的支付风险,以及货物不相符的风险。

示例 1

甲卖给了乙一头牛。5 个月后,这头牛开始出现了严重疾病的先兆。仅当该瑕疵,即该疾病存在于风险转移时,卖方才承担责任。如果这头牛完全是在乙的牛舍里受到感染,因而也就是在交付后患病的话,卖方概不负责。

一般情况下,风险将在买方受领货物,或应当受领货物,或者在货物被移交给第一承运人(参见第五章的规则)时转移。但是,在消费品买卖合同的情况下,风险一般是在买方实际受领货物时才转移(参见第Ⅳ.A－5:103 条(消费品买卖合同中的风险转移))。从选择作为相关时间点的风险转移中可以推断,在风险于实际交付前转移的特殊情况下,相符性的欠缺也必须要在买方实际接管货物之前存在(参见第Ⅳ.A－5:201 条(处于买方控制之下的货物)、第Ⅳ.A－5:202 条(货物的运输)和第Ⅳ.A－5:203 条(运输途中售出的货物))。

示例 2

事实与示例 1 相同。如果风险是在交付这头牛之前转移,例如由于买方的违约,该牛随后受到了病毒的感染,而甲并没有过错,则尽管该感染是在甲的牛舍发生的,乙也并不能提出损害赔偿请求。

C. 消费品买卖合同中的举证责任倒置

一般规则是,买方必须针对风险转移时货物不相符加以举证,但那往往是相当困难的。为了促进这一问题的解决,第(2)款规定了一项有利于消费者的短期举证责任倒置:任何在风险转移后 6 个月内表现出来的货物不相符都被推定为当时已经存在。根据第Ⅳ.A－5:103 条(消费品买卖合同中的风险转移),风险在消费者受领货物时转移。大体上,这一规则与产品担保相类似,尽管卖方仍然能够推翻这一推定。

示例 3

消费者乙从家电经销商甲那里购买了一台洗衣机。4 个月后,由于短路它出现了故障。线路上的瑕疵被推定为风险转移——即买方得到机器——时即已存在。证明事实并非如此便成为卖方的责任。

根据第(2)款,消费者买方便要尽早提出投诉,因为之后他就不会再受举证困难问题的困扰。基于同样的道理,消费者买方可能想要检验货物是否存在货物不相符,即使他并不负有这样做的义务(参见第Ⅳ.A－4:301 条(货物的检验)第(4)款)。

除与货物或货物不相符的性质不相容的以外，这一推定完全适用。

示例 4

甲从一家宠物店购买了一只猫。两个月后，原本明显身体健康的宠物受到病毒感染并死亡。由于所涉的病毒只有两个星期的潜伏期，并伴有非常明显的症状，所以该推定是无效的，因为它与货物不相符的性质并不相容。

示例 5

经漫长的夏季户外活动，廉价的草鞋破烂不堪，在这种情况下，消费者并不能诉诸于该推定。这是一个由于那些货物的性质，货物通常会被磨损和撕碎的例子。

D. 不正确安装的情况

第(3)款有一项特殊规则，它针对的是消费者声称卖方根据第Ⅳ.A－2:304 条(消费品买卖合同中的不正确安装)承担货物不相符之责任的情况。显然，在这种情况下，任何货物不相符必须建议评估的时间不可能是与货物本身相关的风险转移的时间(这一般会是在安装之前)。因此，第(3)款规定，在这种情况下，货物不相符必须是在安装完成时已存在的。第(2)款的推定仍然适用，但也要以该时间为起点。

注　释

Ⅰ. 货物不相符的时间点

1. 一般来说，卖方仅对风险转移时存在的货物不相符承担责任，这在消费者担保的领域中是不同的，参见第六章。

2. 在大多数体系中，相符性的有关规则指向的是风险转移(《联合国国际货物销售合同公约》第 36(1)条；捷克共和国商法典第 425(1)条；爱沙尼亚 LOA 第 218 条；芬兰 SGA 第 21(1)条与"消费者保护法"第 5 章第 15(1)条；法国 Cass. civ. Ⅲ，9 February 1965，Bull. civ. Ⅲ，no. 103；德国民法典第 434 条；希腊民法典第 534 条；匈牙利民法典第 279(2)条与第 305(1)条；试与荷兰比较，Parl. Gesch. Boek 7，118；Asser (－Hijma)，Bijzondere Overeenksten I6，no. 332 and HR 2 April 1999，NedJur 1999，585 (Van den Broek 与 Van Dael)；挪威 SGA 第 21(1)与"消费品买卖法"第 18(1)条；波兰民法典第 559 条；葡萄牙民法典 arts. 796 ff ex vi art. 918；斯洛伐克民法典第 499 条以及商法典第 425(1)条；斯洛文尼亚 LOA 第 458(1)条)。在西班牙，相关瑕疵必须是"在买卖完成时"(民法典第 1488 条)，即风险转移给买方时(民法典第 1452 条)存在的；但在消费品买卖中，根据消费者保护法第 114 和 123 条，卖方的责任延伸到了交付的时间。少数体系直接指向了交付时间(奥地利民法典第 924 条；英格兰和苏格兰货物买卖法第 14 条；瑞典"消费品买卖法"第 20 条)。匈牙利法律也是如此，民法典第 305 条第(1)款规定的是"履行时"，这明显指的是债务人(卖方)的履行，即交付。由于民法典第 279 条第(2)款规定，"风险随履行而转移给合

同另一方”，所以其结果是相同的。这同样适用于捷克非商业买卖法律，民法典第499条规定的是“履行时”，这指的是卖方的交付和买方的受领时间（试比较，Knappová，Civil Law Ⅱ[3]，106）。在英格兰和苏格兰，货物买卖法第20条风险转移的时间和货物供应时间之间进路的差异，提出了风险转移先于供应情况下如何处理的问题。在这种情况下，人们一般认为，如果卖方并无过错，则买方应在风险转移后承担任何不相符之风险，虽然这种观点并不存在任何法定的权威性（参见Adams/Atiyah/MacQueen，Sale of Goods[11]，147 f；Goode，Cmercial Law[3]，328，Note 153）。

3. 相反，许多体系在隐性瑕疵和不相符的交付之间作出了区分，在这些体系中，隐性瑕疵必须在合同订立时即已存在（比利时；意大利；拉脱维亚“消费者保护法”第13条第（2）与（3）款；西班牙民法典第1488与1452条与TS 31－01－1970）。但是，意大利消费品买卖法并未作出这种区分（消费者法典第130（1）条）。

4. 尽管货物不相符的事实必须在交付时（或者对于隐性瑕疵，合同订立时）即已存在，但人们普遍承认，货物不相符并不必须已经“成熟”，因而延伸卖方的责任。某些体系明确规定，即使货物不相符只是在风险转移后才显现出来，卖方仍要承担责任（《联合国国际货物销售合同公约》第36（1）条；爱沙尼亚LOA第218（1）条；芬兰、挪威与瑞典SGA第36（1）条）。其他体系中，这一原则在法律中并未明确规定（奥地利：例如一项瑕疵可以追溯到另一项瑕疵，试比较，Koziol与Welser，Bürgerliches Recht Ⅱ10，71f；意大利：其“原因”在合同订立前已经存在便已足够；波兰：瑕疵产生自之前便是所售货物固有的原因，参见民法典第559条）。

5. 此外，如果货物在风险/交付转移后恶化，而该恶化是由于卖方的作为或不作为造成的，则卖方应承担责任（捷克共和国民法典第623条（消费品买卖）；爱沙尼亚LOA第218（3）条；芬兰SGA第21（2）条；挪威SGA第21（2）条与“消费品买卖法”第18（3）条；瑞典SGA第21（2）条与“消费品买卖法”第20（3）条）。这种情况可能发生在：卖方根据合同还要在买方的营业场所或家庭住所安装货物，从而损坏了货物；或者交付后，消费者由于卖方提供的与货物用法有关的错误说明而损坏了货物（瑞典Prop 1989/90:89，109）。

6. 也可参见第Ⅳ.A－5:102条（风险转移的时间）。

Ⅱ. 举证责任（消费品买卖）

7. 包含在《消费品买卖指令》第5条第（3）款中的6个月的推定已经在所有体系中针对消费品买卖予以实施了（奥地利民法典第924条；比利时民法典第1649quarter条第4款；捷克共和国民法典第616（4）条；英格兰和苏格兰货物买卖法第48A（3）与（4）；爱沙尼亚LOA第218（2）条；芬兰“消费者保护法”第5章第15（2）条；法国消费者法典第L. 211－7条；德国民法典第476条；匈牙利民法典第305/A（2）条；意大利消费者法典第132（3）条；荷兰民法典第7:18（2）条；挪威“消费品买卖法”第18（2）条；波兰“消费品买卖法”第4（1）条；斯洛伐克民法典第508条；斯洛文尼亚“消费者保护法”第37b条；西班牙消费者保护法第123条；瑞典“消费品买卖法”第20a条）。

8. 在某些国家，这个问题已经在一些判决中被考虑到了。在德国，最高法院认为，显然，举证责任仅仅涉及时间方面，但并不涉及瑕疵本身。手头有这样一个案例，发动机上的皮带断裂了。消费者声称该皮带是一直存在瑕疵的，而经销商则声称，消费者的错误——将低速齿轮改装到了高速引擎上——应为该瑕疵负责。法院认为，消费者必须证明，在民法典第476条能够适用之前，该瑕疵本身便是一直存在的（BGH 2 June 2004，ZIP 2004，1368－70；这受到了法学文献的严厉批评，参见Looschelders与Benzenberg，VersR 2005，231 ff）。一个涉及已经使用6年的旧二手汽车的类似案件也被提交到了瑞典消费者投诉委员会（ARN）。汽车交付3个月后，一条皮带断

了,这导致了发动机故障。委员会首先确定,不相符的性质并不是那种由买方所造成的类型,并没有其他涉及不相符性质的情况被用来提出能够推翻 6 个月推定的理由。委员会进而指出,出问题的皮带可以被认为是一项消费的细节。但是,我们不能肯定,这种类型的皮带必然会在交付 6 个月内断掉,就像皮带非常不结实的那种情况一样。卖方因此被命令补偿买方的修理费用(ARN 2002－8731,of 3 June 2003)。除了这个案例外,ARN 还在 2004 年 3 月的全体会议上裁决了五个涉及二手车瑕疵之 6 个月推定的适用的其他案件。委员会对其中三个作出了有利于买方的裁决。而在另外两个中,决定性的事实是,出现的瑕疵并不是那个年头的汽车磨损和损坏的正常结果(ARN 2003－4989,of 3 March 2004(一辆使用 8 年的汽车的变速箱故障)和 ARN 2003－5348,of 3 March 2004(一辆使用 8 年的汽车的散热器故障))。在第三个案例中,卖方由于忽略了皮带的改变而并未采取专业的行动,虽然他进行了其他维修(ARN 2003－4343,of 3 March 2004(一辆使用 15 年的汽车的发动机损坏))。而在另外两个案件中,卖方并不承担责任,这是基于不同理由的。在一个案件中,根据合同约定,汽车被作为"修理对象"而被出售,卖方因此并不承担责任(ARN 2003－5093,of 3 March 2004(一辆使用 11 年的汽车的一个出口损坏))。在最后一个案件中,货物不相符本身并不被认为是那种年头的汽车磨损和损坏的正常结果。但是,通过证明该车在出售前已经经过独立专家的检测,并没有发现这样的损坏存在,卖方成功地推翻了 6 个月推定。因此,委员会裁定,该瑕疵是在交付后出现的(ARN 2003－4991,of 3 March 2004)。

9. 在消费品买卖和《消费品买卖指令》第 5 条第(3)款(它仅仅涉及瑕疵的存在)的范围以外,一般的证据规则是适用的。因此,买方既需要证明瑕疵的存在,又要证明它在购买货物时已经存在的事实。因为这会导致举证困难,所以在某些情况下,这种举证责任可能要由卖方承担(参见挪威 Rt 1998,774,其中它还指出,如果双方均未履行其举证义务,卖方有时——取决于案件具体情况——必须承担举证责任;Ot. prp. no. 44 2001－2002,87)。在瑞典,一般认为,经对具体情况加以评估,瑕疵更有可能是在交付时已存在的,这便应当被视作已经足够(试比较,NJA 1991,481,但这涉及服务)。当货物在其正常使用寿命内质量恶化时,耐久性的缺乏往往成为瑕疵最有可能的原因。因此,可以认为存在这一项现行的法律推定,卖方应对这种不相符承担责任(Håstad,Den nya köprätten[5],94 f)。也可参见比利时,那里存在一项推定,即如果货物的正常使用是并无争议的,那么瑕疵便是在合同订立前存在的(Brussels 5 June 1996,Res Jur. Imm. 1996,122;Liege 12 November 1997,JLMB 1998,624;Brussels 21 January 1993,RW 1994－95,820;Ghent 1 February 1995,AJT 1995－96,168 Tilleman 与 Verbeke,Bijzondere overeenksten in kort bestek,60;de Page 与 Masson,Traité élémentaire de droit civil belge Ⅳ(1),282)。根据捷克法律,一般的民事诉讼制度是适用的(Civil Procedure Code 第 120)。因此,举证责任的规则是:(a)货物并不符合担保文件或相关广告上给出的规格说明的,由原告(买方)举证;(b)货物的任何故障或损坏是由于滥用、虐待、事故、维护不当或其他担保人并不负责的其他原因造成的,由担保人举证。在西班牙法律上,瑕疵之前存在的一般推定只在建筑物买卖的情况下才能适用(试比较, TS 25 January 1999,RAJ 1999 no. 4560)。

第Ⅳ.A－2:309条　消费品买卖合同中相符性权利之减损的限制

在消费品买卖合同中，卖方在其知道货物与合同要求不符之前所订立的任何合同条款或协议，如果直接或间接地排除或限制了消费者基于卖方担保货物与合同要求相符的义务而产生的权利，则该条款或协议对消费者没有约束力。

评　论

A. 概述

本条试图对消费品买卖合同中有关本章之相符性要求的减损设置限制。在这样做的过程中，它是由第Ⅳ.A－4:101条（消费品买卖合同中不相符救济之减损的限制）来加以补充的，该条对于货物不相符情况下消费者的救济有着类似的规定。

B. 消费品买卖合同中相符性规则的减损

在消费品买卖合同中，消费者通知卖方瑕疵存在之前，根据本章第三节相对于卖方确保货物与合同相符的买方的权利不能被卖方放弃或者限制。在那个时间点之后，双方可以自由约定不限于本章规定的其他解决办法。因此，本条是为了防止卖方预先——例如以标准条款形式——限制消费者的权利。

本规定的效果是，所有仅适用于消费品买卖合同的规则，例如第Ⅳ.A－2:304条（消费品买卖合同中的不正确安装）和第Ⅳ.A－2:308条（确定相符性的有关时间）第（2）款不得减损，除非消费者被赋予了更为宽泛的权利（这是不太可能的）。此外，共同适用于消费者和其他买卖的规定通常有着相同的效果，例如第Ⅳ.A－2:305条（第三方一般的权利或主张）和第Ⅳ.A－2:308条（确定相符性的有关时间）第（1）款。

但是，至于当事人在多大程度上能够减损这些规则中的规定，第Ⅳ.A－2:301条（与合同相符）和第Ⅳ.A－2:302条（符合合同的目的、质量和包装要求）这些规则引出了最为困难的问题。问题在于，这些条款与当事人之间的个别协议有着密切的联系。一方面，当事人应当能够订立并不符合其通常目的的货物买卖合同。但如果存在特殊的原因，或者这在货物说明中被明确指出，例如它们是不合格的或二手的，那么这应该只具有可能性。卖方为了排除第Ⅳ.A－2:302条（b）项中关于货物必须符合相同类型之货物目的这一规定的适用，通常会运用这一限制，但那必须在合同中明确加以约定（也可参见该条评论A）。

示例 1

汽车经销商甲卖给了消费者乙一辆汽车。该车曾在一次事故中受到严重损害，但乙只是想买来作为备件使用。显然，该车并不适于在道路上驾驶，即不适于汽车被使用的通常目的。但是，如果合同中明确约定，该车是作为"报废"和"仅对零件负责"而出售的，则卖方将不会根据第Ⅳ.A－2:302 条（符合合同的目的、质量和包装要求）承担责任。

另一方面，在没有特殊原因，尤其是在并非作为不合格品出售的新货物的情况下，卖方一般不能排除第Ⅳ.A－2:302 条（符合合同的目的、质量和包装要求）的适用范围。即使是针对类似汽车这样的耐用二手货物，如果其他情况——例如价格或汽车仍在公共道路上被驾驶的事实——表明并非如此，卖方也不能依赖于诸如"坏车"或"组件汽车"这样的一般性描述。

此外，卖方不得通过标准条款排除第Ⅳ.A－2:302 条（符合合同的目的、质量和包装要求）的构成要素。通常情况下，一项单独的协议将是必要的。最后，消费品买卖合同中的当事人可以在何种程度上预先排除第Ⅳ.A－2:302 条的适用范围，这个问题最终必须通过具体情况的逐案分析来解决。

注　释

卖方责任的排除或限制

1. 由于《消费品买卖指令》的实施，在所有成员国，关于货物相符性的规则对于消费品买卖都是强制性的（试比较，"消费品买卖指令"第 7(1)条）。

2. 在非消费品买卖中，大多数有关买卖法的规定通常都具有默认性质。但是，在某些体系中，卖方在不相符救济领域内限制自身责任的可能性受到了法律的制约。在英格兰和苏格兰，只有在合理的前提下，关于货物与其描述或样品相符合、其质量适合于任何特定目的的隐含担保才能被排除或限制（英格兰不平等合同条款法第 6(3)条与苏格兰不平等合同条款法第 20(2)条）。在法国，责任排除的问题是根据当事人对买卖合同的"特殊性"之不同程度来回答的。在有着相同专业知识的经营者之间，修改法律担保的条款是可能的，但在买方并不具有卖方对所售货物的那种专业知识的情况下，这便是不可能的（参见例如 Cass. c. 29 January 1974，Bull. civ. Ⅳ，no. 39，D. 1974，268；JCP 1974. Ⅱ. 17852。在本案中，船舶买卖合同包含了对担保的限制，法院裁定，该条无效，因为作为船主的买方有着与建造商不同的专业知识）。另一方面，关于相符性交付的义务，合同条款的有效性条件在经营者之间是不同的：限制条款在经营者之间有效，即使他们有着不同的专业知识（Cass. civ. Ⅰ，20 December 1988，Bull. civ. Ⅰ，no. 11；Cass. civ. Ⅰ，24 November 1993，JCP 1994. Ⅱ. 22334，Note L. Leveneur）。

3. 在某些体系中，卖方对货物不相符的知情将会限制卖方对责任的排除。在比利时（民法典第 1643 条）和意大利，如果卖方恶意行为，即明知货物存在瑕疵，那么关于缺陷产品排除或限制买方权利的协议便是不合法的。根据比利时法律，恶意是不能推定的，因此，关于卖方对瑕疵的知情的举证责任要由买方承担。但是，专业性的卖方是被推定已经知道所售货物上的瑕疵的，因

此在缺陷产品的情况下,他不能援引排除或限制买方权利的合同条款。经营性卖方只能就证明该不知情是不可避免的,该瑕疵是难以发现的,来提出相反的证据(Cass. 4 May 1939,Pas. belge 1939,223;Cass. 15 June 1989,A. C. 1988－89,1233;Cass. 17 May 1984,A. C. 1983－84,1205;Cass. 7 December 1990,A. C. 1990－91,391;Cass. 19 September 1997,A. C. 1997,840;Brussels 21 January 1993,RW 1994－95,820;Antwerp 20 September 1995,RW 1997－98,880;Liege 12 November 1997,JLMB 1998,624;de Page 与 Masson,Traité élémentaire de droit civil belge Ⅳ(1),285)。如果卖方欺诈性地隐瞒了相符性的缺乏(爱沙尼亚 LOA 第 221(2)条与德国民法典第 444 条)或者已经承诺担保货物质量(德国民法典第 444 条),则他不能诉诸于货物不相符情况下限制或排除买方权利的协议。斯洛文尼亚法律也是如此,当事人可以自由限制或排除卖方的瑕疵担保责任,但卖方明知瑕疵存在以及卖方"利用其支配地位"强加了这一条款的情况除外(LOA 第 466 条)。同样,在波兰,当事人可以扩展、限制或排除担保责任(民法典第 558(1)条),但如果卖方恶意地隐瞒了该瑕疵,则这种排除或限制是无效的(民法典第 558(2)条)。此外,在这种情况下,卖方往往不得诉诸于任何通知期限或时间限制。根据西班牙民法典(第 1485 Ⅱ条),买方权利的放弃是有效的,除非卖方明知货物不相符的存在。

4. 在某些体系中,对于轻微的货物不相符(拉脱维亚民法典第 1613 条),或并不影响货物使用的微小不一致(斯洛文尼亚 LOA 第 458(3)条),卖方并不承担责任。

第三章　买方的义务

第Ⅳ. A－3:101 条　买方的主要义务

买方必须：

(1)支付价款；

(2)受领货物交付；以及

(3)受领合同所要求的代表货物或与货物有关的单证。

评　论

A. 买方的主要义务

本条列举了三项通常存在于买卖交易中的买方的义务。它们对应于第二章规定的卖方的主要义务。当然，根据第Ⅱ－1:102 条（当事人自治），当事人可以自由约定其义务的内容。因此，买方可能并不受本条规定的所有义务的约束，并且可能受到其他义务的约束。更为明显的是，许多买卖并不涉及单证，因此合同将不会要求买方接受这种单证的交付。但是，即使是在非单证式买卖中，由于货物已经被买方占有，或者双方约定货物仍由卖方占有，买方仍有可能并不承担受领货物交付的义务（参见第Ⅳ. A－2:101 条（卖方的义务总则）评论 C 中关于卖方交付义务的相应问题）。此外，即使合同要求卖方交付货物，买方也可能并不需要做什么来“受领”交付。

示例 1

一个本地乳品店甲，向其附近的客户提供免费送货上门的鲜牛奶。牛奶被装在瓶子里，就放在买方的住处，即门前。乳品店通过将瓶子放在门垫上便履行了其货物交付的义务，而买方则并不负有实际受领货物的相应义务。

此外，买方也可能要遵守产生自当事人之间特别协议的某些义务。这可能是为了安装货物而允许卖方进入其住所的义务，或者是缴纳出口关税的义务，或者是承担船

舶租赁费用的义务。在混合合同——例如,出售机械并提供关于其操作之培训的合同——中,买方的额外义务几乎总是会涉及。

B. 支付价款的义务

支付价款的义务是严格意义上的买卖合同所不可或缺的。但是,如果当事人约定以货物交换其他货物,则本规则也适用于这种互易合同(参见第Ⅳ.A－1:203条(互易合同))。

本规则并不包含有关价格确定的规定,因为这样的规则已经被包含在第二编当中了(参见第Ⅱ－9:104条(价格的确定)、第Ⅱ－9:105条(由一方单方面确定)、第Ⅱ－9:106条(由第三方确定)和第Ⅱ－9:107条(援引一项不存在的因素))。它们也并不包含关于付款地点和时间、支付币种或支付手续的规定,因为那些问题是由第三编来规制的(参见第Ⅲ－2:101条(履行地点)、第Ⅲ－2:102条(履行时间)、第Ⅲ－2:109条(支付币种)和第Ⅲ－2:113条(履行的成本和手续))。但是,此处存在一项关于价款支付的额外规则:第Ⅳ.A－3:103条(通过重量来确定价格)。

如果买方拒绝支付价款,卖方则可以提起诉讼。但是,这样做的权利是受到第Ⅲ－3:301条(金钱债务的强制执行)第(2)款的限制的。如果买方显然并不想要该货物,则卖方在并无任何显著的费力或费用便可提供替代交易,或者履行是不合理的情况下,便不能提起诉讼。如果卖方不能提起诉讼,他可以终止合同关系并就买方之不履行而遭受的损失提起损害赔偿诉讼。

C. 受领货物交付的义务

本条以及第三节中更为详细的规定,明确要求买方承担受领货物交付的义务。重要的是要注意,这是买方的真正义务,也就是说,买方未能受领货物交付会导致卖方之救济的产生。

因此,本条并不含有受领交付是一项软义务——仅仅导致债权人迟延(*mora creditoris*)而非由卖方强制执行的权利——的观念。

在实践中,卖方强迫买方受领交付的权利很少会出现。首先,已经实际支付价款的买方不大可能拒绝受领交付。卖方将只需要强迫买方在特殊情况下也要受领交付即可,例如货物的维修费用是高昂的,或者货物占用了太多的储存空间。此外,根据第Ⅲ－2:111条(未被受领的财产),卖方还将享有广泛的权利,例如将货物存放在另一个地方,或者在别处出售货物。如果买方还是拒绝支付价款,卖方便可能会先提起诉讼(参见评论B)。最后,上文评论A已经指出,合同可能根本并未要求买方受领交付。

D. 受领单证交付的义务

合同可能要求卖方将单证转移给买方。基本上存在着两种类型的单证:代表货物的和与货物有关的。再次,合同必须回答买方是否负有受领这种单证交付的义务这个

问题。

E. 卖方的救济

如果买方未能履行合同规定的义务，卖方将有权获得义务不履行之通常的救济。

注　释

Ⅰ. 价格的确定

1. 在所有体系中，买方都负有支付价款的义务。如果价格并未约定，或者关于如何计算价格当事人并未作出任何具体的指示，不同体系中存在着两种主要的进路。其一，合同被认定无效，或者其二，合同仍然有效并推定当事人已经约定了一项合理的价格或市场价，等等。

2. 在第一种体系类型中，如果价格并未约定，则合同无效或者认为根本不存在任何合同（奥地利民法典第1054条；比利时民法典第1591条；捷克共和国民法典第588条；法国民法典第1591条；德国 Hoeren 与 Martinek，Systematischer Kmentar zum Kaufrecht，28；波兰 SN of 28 April 1988，OSPiKA no. 7－12 poz. 342，Korzan w glosie do uchwały SN of 05 February 1992，Ⅲ CZP 134/92，Glosa 1994，no. 5，poz. 81；斯洛伐克民法典第588与589条；斯洛文尼亚 LOA 第442（1）条；西班牙民法典第1271、1445、1447－1449与1450条）。尽管如此，这种进路可能会更为严格或较为宽松。例如，波兰法律规定，如果相对于既定货物类型，当事人所考虑的价格是不正常的，则在有疑问的情况下，将认定它们指的是货物被交付给买方的地点和时间的价格（民法典第536（2）条）。此外，根据捷克法律，价格可以以不同方式来确定。它可以根据现有的专家评估来确定（NS ČSR 3 Cz 8/86），但是当现有的专家评估在合同订立时尚不存在时，合同（法律行为）由于并不确定而无效（NS ČR 22 Cdo 1625/2002：这项判决推翻了之前 NS ČSR 3 Cz 8/86 的判例）。此外，缔约双方可以约定，价格将由第三方确定；但是，约定价格将完全由一方来确定，这是不可能的（Knappová，Civil Law Ⅱ[3]，171）。另外，根据商法，如果缔约双方约定了一个最高价格，并且具体价格由卖方在该范围内确定的话，该价格便是充分确定的（NSČR 29 Odo 503/2001）。最后，在商业买卖中，缔约双方在磋商过程中，可以就订立合同表达他们的意图，而不必确定价格，在这种情况下，卖方可以根据合同订立时与其相同或类似货物出售时的价格来要求支付价款（商法典第448（2）条）。

3. 在其他体系中，合同仍然有效。至于如何确定价格，则存在着不同的进路。当事人被推定为约定的是合理价格（《欧洲合同法原则》第6:104条；英格兰货物买卖法第8（2）条；爱沙尼亚 LOA 第28条；芬兰 SGA 第45条与“消费者保护法”第5章第23条；荷兰民法典第7:4条；挪威 SGA 第45条与“消费品买卖法”第37（1）条；瑞典 SGA 第45条与“消费品买卖法”第35条）或市场价（《联合国国际货物销售合同公约》第55条；希腊民法典第530条；拉脱维亚民法典第2018条；立陶宛）。拉脱维亚法律明确规定，如果买卖是以市场价作出的，则推定合同订立的地点和时间的平均价格便是合同约定价格。但是，如果在该地并不存在市场价，则最近的商业地点的市场价可以被作为确定依据。如果存在价格指数，则价格根据同样的方式来确定（民法典第2018条）。市场价的确定可以被委托给一个指定的第三方，或者并无指定第三方时，则根据客观的专

家评估的公平意见来确定。只要确定的价格并非是不公平的,则第三方的决定对双方都有约束力(民法典第2019条)。

4. 通常也可以由卖方来确定价格(捷克共和国商法典第409(2)与448(2)条;丹麦SGA第5条;德国民法典第316条;希腊民法典第379条;意大利民法典第1474条),或者仅在商业买卖中如此(斯洛伐克商法典第409(2)与448(2)条;斯洛文尼亚LOA第442(2)与(3)条)。但是,卖方的权力往往受到这样或那样的限制。因此,所要求的价格不能是不合理的(丹麦SGA第5条;德国民法典第315条),或者卖方仅能在类似的合同条件下,要求合同订立时相同或类似货物被出售时的价格(斯洛伐克商法典第409(2)与448(2)条;斯洛文尼亚LOA第442(2)条)。如果并不存在习惯价格,则要适用适当的价格。适当的价格是合同订立时的日常价格;如果这不能确定,则法院要在考虑案件所有情况的前提下来确定价格(斯洛文尼亚LOA第442(2)与(3)条)。意大利法律则推定,合同价格便是卖方所收取的习惯价格。作为最后的选择,价格可以由管辖法庭指定的第三方来确定(民法典第1474条)。

5. 根据瑞典法律,最高法院已经确定,如果一方声称合同已经约定了确定价格,则举证责任一般由该主张方来承担(NJA 2001,177)。

6. 买方要受他所收到的发货单上的价格的约束,除非买方在合理时间内告知卖方,那是不能接受的,或者应当明示或默示约定一个较低的价格,或者该要求的价格是不合理的(芬兰、挪威与瑞典SGA第47条)。

7. 最后,在挪威消费品买卖法律上,货物买卖法第37条第(3)款规定,除了买卖价格以外,卖方不能要求支付寄送或分派发货单的费用,除非此前这在合同中有明确约定。

Ⅱ.付款时间

8. 在合同就付款时间未加约定的情况下,不同的国内法体系规定了不同的解决办法。

9. 不论是以一般的合同法还是关于买卖的特别规定为基础,最常用的进路是,价款应在货物交付时支付(《联合国国际货物销售合同公约》第58(1)条;比利时民法典第1651条;英格兰货物买卖法第28条;法国民法典第1651条;意大利民法典第1498(2)条;拉脱维亚民法典第2033条;立陶宛民法典第6.39条;荷兰民法典第7:26(2)条;波兰民法典第488条;斯洛文尼亚LOA第496(2)条;西班牙商法典第1500(2)以及第339条)。

10. 付款有时与合同订立有关。付款时间就是买卖合同订立的时间(希腊民法典第323条),或者价款应在合同订立后的合理期限内支付(《欧洲合同法原则》第7:102条)。当事人也有义务并不过分迟延(捷克共和国与斯洛伐克民法典第591条)或立即(德国民法典第271(1)条)进行对应履行。在某些体系中,买方必须应卖方要求而付款(奥地利民法典第904条;捷克共和国商法典第340(2)条;丹麦SGA第12条;芬兰SGA第49(1)条与"消费者保护法"第5章第24条;挪威SGA第49(1)条与"消费品买卖法"第38条第(1)与(2)款;斯洛伐克商法典第340(2)条;瑞典SGA第49(1)条与"消费品买卖法"第36条)。但是,即便根据那些原则上付款义务与交付并无联系的体系,交付和付款大多也被视为同时履行的条件,因此赋予了除非另一方同时履行,否则任何一方都可以拒绝履行的权利(试比较,例如,捷克共和国民法典第560条;希腊民法典第374条)。同样,有些法律还规定,买方在货物被交付之前并不需要支付价款(捷克共和国民法典第591条;芬兰、挪威与瑞典SGA第49(1)条)。

11. 在某些体系中,买方在获得检验货物的机会之前,一般并不负有支付价款的义务(《联合国国际货物销售合同公约》第58(3)条;捷克共和国民法典第591条;爱沙尼亚LOA第213(3)

条;芬兰 SGA 第 49(2)条与消费者保护法第 5 章第 24(2)条;挪威 SGA 第 49(2)条;波兰民法典第 544(2)条;斯洛伐克民法典第 591 条;瑞典 SGA 第 49(2)条)。

12. 挪威货物买卖法第 38 条第(3)款规定,要求买方在某个与卖方是否在适当时间内交付货物无关的时间点上支付价款的合同条款,对消费者并无约束力。根据爱沙尼亚法律,在消费品买卖中,要求买方支付超出价款总额 50% 以上的预付款的条款是没有约束力的(LOA 第 213(4)条)。

Ⅲ. 付款地点

13. 一般情况下,履行地点被推定为债务人的营业地点和住所等,除非当事人另有约定。另外,对于金钱履行而言,这只是个例外的规则。因此,付款地点在不同体系中各有不同。付款地点或者是卖方或买方的营业地点和住所等,或者是交付地点。

14. 最常见的进路是,除非另有约定,付款应该在卖方的营业地点和住所等进行(《欧洲合同法原则》第 7:101(a)条;《联合国国际货物销售合同公约》第 57(1)(a)条;捷克共和国民法典第 567(2)条(仅适用于通过银行或邮政服务付款的情况);英格兰与苏格兰根据商业惯例;德国民法典第 270(1)条;爱沙尼亚 LOA 第 85(2)1)条;希腊民法典第 321 条;芬兰 SGA 第 48(1)条;波兰民法典第 454 条;挪威 SGA 第 48(1)条;斯洛伐克商法典第 567 条和第 335 条;斯洛文尼亚 LOA 第 295 与 496 条;瑞典 SGA 第 48(1)条)。意大利民法典第 1498 条第(3)款规定,如果付款并不是在交付时应当进行的,则买方要在卖方的住所进行支付。

15. 在一些体系中,付款要在买方的营业地点或住所进行(奥地利民法典第 905(2)条;捷克共和国与斯洛伐克民法典第 567(1)条及商法典第 337(1)与 339(2)条)。换言之,债务人即买方必须将金钱寄送给债权人即卖方。原则上,履行地点仍然是债务人的地点。但是,根据奥地利法律,就买方承担寄送金钱的风险和费用而言,这一规则是被略微修改了(民法典第 905(2)条)。

16. 此外,某些体系规定,除非另有约定,在买卖合同中,付款要在交付地点进行(比利时民法典第 1651 条;法国民法典第 1651 条;意大利民法典第 1498(2)条;拉脱维亚民法典第 2033 条;立陶宛民法典第 6.314 条;荷兰民法典第 7:26(2)条;西班牙民法典第 1500(2)条与 TS 15 March 1994, RAJ 1994/1983, TS 12 December 1997, RAJ 1997/8759, TS 18 February 1998, RAJ 1998/876)。如果付款是相对于货物或单证的移交而作出的,这同样适用(《联合国国际货物销售合同公约》第 57(1)条;爱沙尼亚 LOA 第 213(2)条)。

Ⅳ. 付款手续

17. 在大多数体系中,并不存在这种具体的规定:参见例如英格兰和苏格兰 1979 年货物买卖法。不过,在许多体系中,这种义务可以从诚实信用原则中推导出来。

18.《联合国国际货物销售合同公约》第 54 条规定,买方支付价款的义务包括,采取和实行诸如使得付款被作出的合同或任何法律和法规所要求的那些步骤和手续。北欧国家的法律规定,买方支付价款的义务还包括,根据合同接受汇票和提供信用证、银行担保或其他担保,或者采取交付所必要的那些措施的义务(芬兰、挪威与瑞典 SGA 第 48(2)条)。荷兰民法典第 6:46 条规定,在债权人接受支票、支付凭单或其他作为付款形式提供的单证的情况下,法律推定,如果这样做是为了权利保留,则支付并未发生。在爱沙尼亚法律上,关于金钱债务履行的一般规定(LOA 第 91(1)条)是,如果当事人并无其他约定,则这种义务可以通过以现金支付形式来履行。如果债权人(卖方)在金钱债务履行的国家中开有活期账户,则支付可以通过该账户的电子转账来进行(LOA 第 91(2)条)。在波兰,如果卖方收到了现金或金钱转账,则支付是有效的。在金钱被

转账到该账户之前，像这种支付凭证并不构成实际支付（Judgment of the Supreme Court of 4 January 1995; Ⅲ CZP 164/94, OSNIC 1995, poz. 62）。

19. 在西班牙，关于这一点并未作出规定。但是，因为要履行的义务（不论是对卖方还是买方而言）是一种结果（*obligación de resultado*），所以显然，债务人必须采取一切必要措施保证价款送达供应商。

V. 受领交付的义务

20. 参见第Ⅳ. A－3:104 条（受领交付）注释。

第Ⅳ. A－3:102 条　形式、计量或其他特性的确定

（1）如果买方应对货物的形式、计量或其他特性，以及货物交付时间与方式作出说明，而没有在约定时间内或收到卖方的要求后合理的时间内作出说明的，那么卖方得在不侵害买方其他权利的前提下，根据其可以了解到的买方的需要对货物的形式、计量或其他特性作出决定。

（2）作出此种决定的卖方必须将决定细节通知买方并确定合理期限以便买方可以提出不同意见。如果买方收到通知后未在卖方确定的合理期限内提出不同意见的，卖方的决定具有约束力。

评　论

A. 概述

合同订立时，当事人可以约定，买方必须就所售货物的特性作出某些说明。原则上，这些说明是由买方来作出的，它因而构成了相符性标准的组成部分。但是，如果买方未能作出说明，则卖方享有作出替代选择的权利。这些规则不仅使得卖方将合同中有关交付和相符性的合同义务具体化，而且它也最大限度地减少了买方通过并不作出必要说明而避免或迟延履行其义务的机会。

B. 卖方作出说明的权利

本条的出发点是，当事人之间的协议可以约定，合同订立后由买方来明确货物的某些特性，或者交付的时间或方式。

示例 1

甲约定从乙那里购买一辆汽车，一个月后交付。甲要在一周内明确她所想要的轮胎类型。一周后，甲并未与卖方取得联系，于是乙写信给买方，通知其汽车将以标准轮胎形式交付，并要

求如果甲并不同意该选择,必须在 10 天内通知乙。甲并未答复。于是,卖方的选择具有约束力。

示例 2

乙出售给甲一定质量的铜,按季度分期交付,为期 3 年。买方需要提前 4 周时间通过"交货订单"明确每季度分期交付货物的数量。一年后甲并未作出指示说明。乙则可以根据本条规定的程序作出说明。

无论是在约定期限内还是应卖方的要求,只要买方并未作出说明,卖方都享有作出说明的权利。这受到某些条件的限制:其一,卖方必须将他所知道的买方需求考虑在内,例如货物的使用用途;其二,卖方必须遵守第(2)款所规定的程序。因此,卖方必须就他的选择通知买方,并提供作出不同选择的可能性。因此,买方有一定的时间作出反应,期满后卖方的选择便具有约束力。

除了作出说明的权利以外,本条还明确,卖方也可以行使任何其他权利,例如就迟延造成的任何损失要求损害赔偿。

C. 消费品买卖合同

重要的是要指出,为了使得本条能够适用,当事人必须首先达成了具有约束力的协议。在许多情况下,尤其是在消费品买卖合同中,未能就某些重要问题——例如,新车的颜色——达成合意将意味着合同根本并未成立。

D. 与第三编的关系

本条源自于《联合国国际货物销售合同公约》,它要比第Ⅲ－2:105 条(履行的替代义务或方法)的规则更为具体,并当存在任何不一致时取代该项规则(参见第Ⅰ－1:102 条(解释和发展)第(5)款——特殊规则优先于一般规则)。它对买方提供了更多的保护。根据第Ⅲ－2:105 条第(2)款,如果迟延作出选择具有根本性,则选择权会立即转移给卖方;相反,本条规定,在选择权转移给卖方之前,他有义务先发出通知,确定一个买方必须作出选择的额外的合理期间。

注　释

卖方作出说明的权利

1. 大多数体系中并不存在卖方作出说明的权利的相应规定:参见例如,英格兰和苏格兰 1979 年货物买卖法。但是,在有些体系中,可以发现存在着作出说明之专门适用于买卖的权利(《联合国国际货物销售合同公约》第 65 条;芬兰 SGA 第 60 条;荷兰民法典第 7:31 条;挪威 SGA 第 60 条;波兰民法典第 549 条;斯洛文尼亚 LOA 第 519 条;瑞典 SGA 第 60 条)。在有些体系中,这种

权利仅存在于商业买卖（奥地利民法典第375条；捷克共和国民法典第452条；德国商法典第375条；斯洛伐克商法典第452条）。根据希腊法律，这个问题是由民法典第309条的一般规则来调整的。

2. 有些体系规定，在这种情况下，说明也可以由法院作出（爱沙尼亚LOA第26条；希腊民法典第371条）。

3. 在西班牙法律上，民法典第1452条第Ⅲ款规定，一般买卖情况下的风险自说明作出之日起由买方承担。虽然关于有权作出该说明的当事人，该规则并未明确，但学者们一致认为，作为一项默认规则，卖方享有这种权力（试比较，López, Centario delcc, Ministerio de Justicia, Ⅱ, p. 898），这一观点是深深植根于商业买卖当中的（参见商法典第334.2条）。如果这一权力在合同中被赋予了买方，并且买方并未作出说明的话，该规则规定，风险转移给迟延一方，但使得买卖个别化的权力是否转移给卖方则仍是存在疑问的。

第Ⅳ.A－3:103条　根据重量确定价款

如果价款是根据货物重量来确定的，则在存有疑问时应通过净重来确定。

评　论

当事人可以约定，买方必须根据货物的重量来支付价款。在这种情况下，问题在于，重量以及应付的价款是由什么构成的。默认规则是，重量指的是净重。

示例1

一个荷兰连锁超市与一个希腊农业合作社订立了一项协议，后者要在一年期间内从希腊向前者交付羊初乳奶酪。双方约定了每公斤的价格；奶酪是装在黑塑料箱子里运输的，里面填充了盐水以保持奶酪的新鲜。根据本条规定，荷兰的买方仅需要对奶酪，而无须对盐水和包装支付价款，另有约定除外。

对于当事人之间协议的援引，强调的是净重规则的从属地位。因为它只是一项默认规则，当事人可以自由地另行约定。

注　释

净重价款

1. 如果价款是根据货物重量来确定的，则在存有疑问时应通过净重来确定。这一原则在许

多体系中都得到了确认(《联合国国际货物销售合同公约》第 56 条;丹麦 SGA 第 8 条;爱沙尼亚 LOA 第 213(1)条;芬兰 SGA 第 46(2)条;匈牙利民法典第 366(2)条;意大利 Bianca,La vendita e la permuta,319;立陶宛民法典第 6.313 条;挪威 SGA 第 46(2)条与"消费品买卖法"第 37(2)条;瑞典 SGA 第 46(2)条)。在有些体系中,这同样适用于商业买卖(奥地利与德国商法典第 380 条)。在斯洛文尼亚法律上,这是商业买卖中既定的贸易惯例(Splošne uzance za blagovni pret(商品的一般用途),1954,no. 160)。苏格兰法律上并不存在这种规则。

2. 在西班牙,关于这个问题,既不存在规则,也不存在建设性的一般进路。情势的多样化和不同类型货物之特定用途的存在,使得默认规则缺乏合理性。

第Ⅳ. A－3:104 条　受领交付

买方通过下述行为履行其受领义务:

(a)完成为配合卖方履行其交付义务可以合理地被期待的一切行为;并且

(b)受领货物或根据合同约定代表货物的单证。

评　论

A. 概述

本条要求买方与卖方合作,以使得交付能够作出并实际上受领货物或单证。因此,受领交付的概念要比这个概念本身更加宽泛。与其他并未宣称具有强制性的规则一样,该规则也是个默认规则。合同可以就受领交付作出其他的规定。

原则上,买方受领交付的义务被认为是一种卖方可以强制执行的义务。但是,如前所述,买方可能为了履行该合同义务并不必采取任何进一步的措施。首先,货物可能已经由买方占有,或者合同约定它们应当仍由卖方占有。此外,合同可能并不要求买方受领卖方交付的货物,这可能是因为卖方仅需将货物放在买方的住所(参见下文例 1),也可能是因为卖方必须将货物交付给第三方。但是,在任何一种情况下,买方可能仍需为卖方的交付提供便利(参见评论 B)。

B. 使得卖方能够交付

根据(a)项,买方必须使得卖方能够履行交付义务。在默认规则情况下,即当卖方的交付义务仅仅通过使得买方在卖方的营业地点能够获得货物的方式来履行(参见第Ⅳ. A－2:201 条(交付)第(1)款)的时候,这一项规定并不相关;买方的义务就是根据(b)项受领货物。然而,如果合同规定卖方应以其他一些方式交付——例如通过将货物带到买方的住所——时,(a)项便是至关重要的。买方有义务与卖方合作,并作出为

使得卖方交付而被合理期待的那些行为。这可能包括指明卖方发送货物应至的确切位置,或者安排准备受领货物的人员等。同样,在内乱、特殊的边境管制以及流行病控制等时期,买方也负有合作的义务。在这些情况下,买方必须就任何特别问题和转让货物所需的手续通知卖方。

在买方并不需要受领货物或单证时,(a)项还对买方施加了一些义务(参见评论A)。因此,卖方在履行交付货物的义务时,可以强迫买方合作。

示例 1

当事人约定,作为采石场经营者的卖方必须将一定数量的大理石地砖交到作为建筑商的买方管理的施工现场。在这种情况下,卖方通过单方行为来交付货物,而并不需要买方受领交付。但是,买方仍需与卖方合作,通过告知卖方可以交货的地点和时间以便使得他能够作出交付。

C. 货物或单证的受领

买方根据(b)项受领货物或单证的义务,对应于第Ⅳ.A－2:201 条(交付)第(1)款规定的交付的功能性定义,该款要求卖方使得买方可以获得货物,这可以通过不同的方法而予以实现(例如,参见第Ⅳ.A－2:201 条评论 C)。

总的来说,买方受领交付的义务映射的是卖方交付的义务。因此,受领可能意味着不同的事情。首先,双方可以直接互动:卖方移交货物或钥匙,而买方则予以受领,即通过对货物的实际控制而受领。如果卖方并未移交货物,但通过其他方式使其能够为买方获得(例如,通过在某工厂集中而准备货物),买方则通过收集卖方提供的货物而予以受领。最后,卖方可以转让代表货物的单证,买方也必须予以受领。

在所有这些情况下,卖方履行交付义务,而买方则受领货物或单证,但是,买方受领货物并不一定与卖方的交付同时发生。例如,当事人可以约定,买方并不需要收取置于买方控制之下的货物。此外,卖方可以通过采取其他措施使得买方能够从第三方处受领货物而予以交付;因此,买方最终是从第三方处受领货物的。在第Ⅳ.A－2:201 条(交付)第(2)款规定的货物运输的情况下,同样如此。

D. 未受领货物或单证

根据本条,如果买方未在第Ⅳ.A－2:202 条(交付的地点和时间)确定的地点和时间受领交付,则卖方可以行使义务不履行的通常救济措施。在实践中,卖方一般会就买卖价款而非并未受领起诉买方,除非收取价款的权利被第Ⅲ－3:301 条(金钱债务的强制执行)第(2)款排除了。买方通常会受领已经付过款的货物。如果买方未这样做,则卖方可以根据第Ⅲ－2:111 条(未被受领的财产)处置货物。这意味着卖方可能在通知程序约束下或存放或出售货物。另一重要结果是,在非消费者合同中,风险根据第Ⅳ.A－5:201 条(置于买方控制之下的货物)转移给了买方。如果货物在迟延期间内

毁损灭失，则买方仍须全额支付价款。

这一义务也适用于根据第Ⅳ. A－2:201 条（交付）第（2）款进行交付的涉及货物运输的合同：首先，买方必须从卖方那里受领代表货物的单证；其次，买方必须受领由承运人交付的货物。第二项义务的理由如下：卖方在与承运人订立合同时，就买方从承运人处受领货物享有利益，因为否则的话卖方便要向承运人承担支付运费和滞期费的义务。

注　释

Ⅰ. 受领交付义务的可强制执行性

1. 在大多数体系中，卖方都负有受领货物的明示或默示的责任。但是，在不同体系中，关于买方违反该义务的后果，即主要针对卖方是否可以要求具体履行或终止的问题，则存在很大的差异。不过我们不应忘记，实践中不同体系的这些差异其实是微乎其微的，因为卖方一般更喜欢要求支付价款而不是要求买方受领交付。

2. 在有些体系中，买方的受领交付义务被认为是一项主要义务，如果买方未能受领货物，则卖方一般可以通过法院命令来强制执行（《联合国国际货物销售合同公约》第 62 条；比利时民法典第 1184 条；爱沙尼亚 LOA 第 208（1）条；法国民法典第 1657 条；德国民法典第 433（2）条；匈牙利民法典第 365（1）条；立陶宛民法典第 6. 346 条），或者仅在商业买卖中有此权利（捷克共和国商法典第 453 条与斯洛伐克商法典第 453 条）。在英格兰，虽然卖方不能通过具体履行来迫使买方受领交付，但他有权就货物的不接收要求损害赔偿（货物买卖法第 37（1）条）。同样的规定也适用于苏格兰，在那里，具体履行也可能被拒绝，因为损害赔偿被认为是一项适当的救济措施。根据匈牙利法律，买方无合法理由而未受领货物的交付，即被当作合同的违反，卖方可以选择债权人迟延履行（*mora creditoris*）或嗣后履行不能情况下可用的救济措施（参见 Kisfaludi, Az adásvételi szerzödés², 160）。

3. 在其他体系中，买方的主要义务被认为是支付价款。因此，买方受领货物的义务一般不能由卖方强制执行（USTRIA 民法典第 1062 条；Koziol and Welser, Bürgerliches Recht Ⅱ, 57；捷克共和国民法典第 522 条；芬兰 SGA 第 51（2）条；荷兰民法典第 6:58 条；挪威 SGA 第 51（2）条；波兰，Radwański（－Katner），System Prawa Prywatnego Ⅶ², 91；斯洛文尼亚 Cigoj, Kentar, 1524；瑞典 SGA 第 51（2）条）。但是，买方拒绝受领货物会导致不利的后果，其中主要的一项就是买方将承担货物的风险责任。在西班牙，买方的主要义务被认为是支付价款（民法典第 1500 条），但如果买方并未受领交付，则债权人迟延的规则将予适用；受领售出的货物并不是一项义务，而是一种“负担”。卖方并不享有所有“受领交付义务”之具体履行的权利，而只能通过货物的司法存置（法律交付）或者解除合同（民法典第 1176 条及商法典第 332 条）来履行卖方自己的义务。

4. 在某些体系中，买方受领交付的义务是否可以强制执行，是不明确的（希腊；意大利 Bianca, La vendita e la permuta, 432）。

Ⅱ. 因为拒绝受领交付而终止

5. 在有些体系中，如果买方拒绝接收货物，则卖方可以终止合同。在约定的收取货物的期限

届满后,终止合同的效果是自动发生的,并不需要传票通知(比利时与法国民法典第1657条)。根据斯洛文尼亚法律,如果买方拒绝受领交付,并且卖方有理由相信买方并不会支付价款的话,则卖方可以终止合同(LOA第499(2)条)。在某些体系中,如果卖方确定了一个买方必须受领货物的额外的合理期间,而买方在该期间内并未受领的话,则卖方可以终止合同(爱沙尼亚LOA第116(2) 5条;德国民法典第323(1)条)。根据北欧国家法律,仅当卖方就失去货物享有特殊利益时,他才可以终止合同(芬兰、挪威与瑞典SGA第55条第(2)款第2项)。这可能发生在例如买卖的客体是要被拆迁的房屋、从建筑工地上剩下的建筑材料、从必须被清空的仓库中搬出的货物,或者为回收而售出的卖方营业过程中产生的有毒工业废物(瑞典Prop 1988/89,167 f)。就商业买卖而言,这一规则明确规定于西班牙商法典第332条。

第Ⅳ.A－3:105条　提前交付和过量交付

(1)如果卖方在确定的期限前交付全部或部分货物的话,买方可以受领交付,或者在受领该提前交付会不合理地损害买方利益的情况下,拒绝受领交付。

(2)卖方超出合同约定数量为交付的,买方得受领或拒绝该超出部分。

(3)买方受领该超出部分的,视作已经依照合同履行,买方就该超出部分必须按照合同价款支付。

(4)在消费品买卖合同中,如果买方有合理理由相信卖方系有意超出合同约定数量为交付而且知道自己并未订购该货物且该知道并无认识错误,则第(3)款的规定不适用。此时适用有关未订购货物的规定。

评　论

A.适用范围

已经明确,买方负有受领交付的义务。但本条处理的是两种特殊的情况:卖方可能提前交付或过量交付。在这两种情况下,针对卖方的提前交付和过量交付,买方是否以及在何种程度上仍负有受领交付的义务的问题便出现了。

虽然本条规定了买方拒绝受领交付的权利,但它还涉及买方受领交付的义务(因为例如,当买方的利益并不会受到不合理的损害时,他仍须接受卖方的提前交付)。此外,第(3)款为买方设定了一项为已接收的过量部分支付价款的义务。

在卖方比约定迟延交付或少量交付的相反情况下,此规定并不适用。就卖方迟延交付而言,适用的是第三编关于义务不履行之救济的一般制度。如果卖方交付的比约定数量少,则这构成不履行,买方则因为本部分第四章的修正而享有第三编的救济。

B. 提前交付

卖方可能过早交付全部或部分货物。此时，买方有一项选择权（第（1）款）。一方面，买方可以受领交付，根据第Ⅳ. A－2:203 条（提前交付的补救）这使得卖方享有了在交付到期日之前补救货物不相符的权利。另一方面，买方可以拒绝受领交付，在这种情况下，卖方必须在约定时间再次交付。但是，这种拒绝的权利受到一项重要限制的约束，因为如果买方受领并不会不合理地损害其利益的话，他便不得拒绝提前交付。

示例 1

建筑商甲订购了一批钢管，要求在中午将其送到他的建筑场地。如果卖方在上午 10 点交付了钢管，则甲不得拒绝受领。但是，如果卖方提前一天交付，或者建筑场地当时正在举办一场热闹活动，而那妨碍了买方受领交付的话，则情况会有所不同。

C. 过量交付

卖方可能会交付的比约定数量更多。此时，买方可以在两种可能性之间加以选择。一方面，买方可以拒绝受领过量部分（第（2）款，这不过证实了任何情况下一般的事实）。另一方面，买方可以选择受领过量的全部或部分。这样做可能被视为对超过原来合同的货物量的新的要约。因此，买方也必须按照约定的比率支付过量部分的价款（参见第（3）款）。

示例 2

餐馆老板甲从乙那里购买了 1 万张餐巾。交付后，甲发现乙交付了 1.2 万张。根据第（2）款，甲可以拒绝过量的 2000 张（并受领约定的数量），也可以受领过量的全部或部分，并按约定比率支付价款。

过量交付属于货物不相符的适用范围（参见第Ⅳ. A－2:301 条（与合同相符）（a）项）。但应该指出的是，在过量交付的情况下，这一规定构成了一项专门的规制措施，因此优先于第Ⅲ－3:202 条（债务人的补救：一般规则）中卖方补救的权利。因此，卖方不得通过取回过量部分来补救相符性的缺乏（如果价格意外上涨，卖方可能会想这样做）。这要由买方来决定是保留还是拒绝过量部分。该决定必须在合理时间内作出。除非卖方在合理时间内收到了不相符的通知，否则买方可能失去保留货物的权利（参见第Ⅲ－1:103 条（诚实信用和公平交易），对于非消费品买卖，参见第Ⅲ－3:107 条（未能就不相符予以通知）和第Ⅳ. A－4:302 条（货物不相符的通知））。

D. 与第三编关于提前履行的规则的关系

第Ⅲ－2:103 条（提前履行）第（1）款的一般规则规定了拒绝提前清偿的权利，但

那并不适用于“并不会对债权人造成不合理的损害”的提前履行。第(2)款明确规定，提前履行的受领并不影响任何相互义务中债权人未履行所确定的时间。

在以下几个方面，本规则可以被视为这一一般规则的延伸。首先，它也明确规定了买方受领提前交付的权利。其次，它对过量交付的情况进行了调整。最后，对应于受领过量交付的权利，它规定了买方对额外交付部分支付价款的义务。

注　释

Ⅰ. 提前交付

1. 如果卖方提前交付，买方可以受领或拒绝受领该交付(《联合国国际货物销售合同公约》第52(1)；匈牙利民法典第282(2)条；瑞典 Ramberg, Köplagen, 464)。但无论如何，对于运送给买方的货物，作为保全货物之义务的组成部分，买方仍负有照顾货物的义务。因此，如果交给买方的货物已经在交货地点处于其控制范围之内，而买方行使了拒绝受领的权利，只要这样做并无须支付价款，或者不会遭受不合理的不便或不合理的费用，买方便必须代表卖方行使占有。如果卖方或某个代表卖方授权接管货物的人出现在交货地点，则这一规定并不适用(《联合国国际货物销售合同公约》第86条；芬兰与瑞典 SGA 第73(2)条)。

2. 在其他体系中，这种情况的具体规定出现在一般合同法中。根据匈牙利法律，仅当买方同意提前履行时，债务人(卖方)才有在合同确定的时间之前履行合同义务(即进行交付)的权利(民法典第282(2)条)。如果买方并不同意，则买方仍负有照顾货物的义务——费用和风险归于卖方。在荷兰，合同中确定的时间被推定为只保护负有义务的债务人，因此允许提前履行(试比较，民法典第6:39 (1)条)。这意味着买方并不享有未被默认即拒绝受领交付的权利。同样，根据斯洛文尼亚一般合同法，如果约定的时间“只是为了债务人的利益”，则债务人可以在履行时间前履行(LOA 第290(1)条)。债务人必须就该意图通知债权人，并且没有在“不恰当的”时间履行的权利。在所有其他情况下，债权人都可以拒绝或接受提前交付；在后者情况下，债权人可以保留要求损害赔偿的权利(LOA 第290(2)条)。爱沙尼亚合同法包含有一项一般规定，仅当存在有效的拒绝理由时，债权人(买方)才能拒绝受领提前交付(LOA 第84(1)条)。关于为一方利益而确定的履行时间，捷克商法典第342条规定了下列规则。首先，如果履行时间的确定是为了债务人的利益，则债权人无权要求在该时间之前履行义务；但债务人可以在该确定时间之前履行义务。其次，如果时间的确定是为了债权人的利益，则情况恰恰相反。最后，如果时间的确定是为了双方的利益，则债权人不得在该确定时间之前要求履行债务，而债务人也不得提前履行义务。根据判例，提前履行(交付)并不改变义务履行之约定的时间(NSČR 29 Odo 114/2003)。

3. 西班牙和波兰法律对这个问题未作明确规定。但是，在西班牙，交付时间被推定为是为了双方的利益(民法典第1127条)。因此，可以认为，买方能够拒绝提前交付。

Ⅱ. 拒绝过量交付的权利

4. 一般而言，是受领还是拒绝过量交付，这是由买方来确定的。某些体系就此作出了明文规定(《联合国国际货物销售合同公约》第52(2)条；捷克共和国商法典第442(1)条；立陶宛民法典第6.330条；斯洛伐克商法典第442(1)条；斯洛文尼亚 LOA 第473条)。它也可以从一般合同法

或一般法律原则中推导出来（比利时；瑞典 Ramberg，Köplagen，464）。同样，根据匈牙利法律，可以从一般规则中推导出，过量交付构成了一项新的要约，买方可以拒绝或受领该交付，受领的话则要依约定比率支付价款。法学文献并未探讨这个问题。在西班牙，如果买方留下了过量的货物，至于默示合同的存在及其范围，适用一般解释规则。根据德国法律，法学文献将过量交付界定为一种不履行（Hoeren 与 Martinek，Systematischer Kmentar zum Kaufrecht，§434（102））。

5. 根据英格兰和苏格兰法律，在一定条件下，买方有权拒绝整个交付。买方可以受领合同中包括的货物并拒绝其余部分，也可以在过量部分并非微不足道的情况下，拒绝整个交付（货物买卖法第 30(2)(A)与(D)条）。在英格兰，整体拒绝的权利适用于消费品买卖，不论该偏差是否是微不足道的（货物买卖法第 30(2A)条）。

6. 在某些体系中，这种情况得到了更为精致的调整。在立陶宛，买方必须在法律或合同规定的期限内通知卖方，如果并不存在确定的期限，则要在合理时间内予以通知。收到买方通知后，如果卖方在合理时间内并未告知他应当采取的进一步的行动，则买方有权受领全部货物或拒绝受领过量部分，合同另有规定的除外（民法典第 6.330 条）。根据斯洛文尼亚法律，买方可以在适当时间内拒绝受领过量部分。如果在消费品买卖合同中买方并未这样做，则他必须就过量部分支付相同的价格。如果买方拒绝受领过量部分，则卖方负有损害赔偿的责任（LOA 第 473 条第(1)与(2)款）。

Ⅲ. 过量部分价格的确定

7. 买方必须按照合同价格对过量部分进行支付（《联合国国际货物销售合同公约》第 52(2)条；捷克共和国商法典第 442(2)条；英格兰货物买卖法第 30(3)条；立陶宛民法典第 6.330 条；斯洛伐克商法典第 442(2)条；斯洛文尼亚 LOA 第 473(1)条）。在北欧国家法律中，通过适用确定价格的一般规定，实现的是相同的结果（芬兰、挪威与瑞典 SGA 第 45(1)条）。

第四章 救 济

第一节 关于减损的限制

第Ⅳ.A－4:101条 消费品买卖合同中关于不履行之救济减损的限制

在消费品买卖合同中，当卖方知道货物与合同要求不符之前所订立的任何合同条款或协议，如果直接或者间接地放弃或者限制经本章修正的第三编第三章（不履行的救济）有关债务人救济的规定，该合同条款或协议对作为买方的消费者没有约束力。

评 论

A. 本章的适用范围

本章规则的出发点是，当合同任何一方发生债务不履行的情况时，受害方可以诉诸于第三编第三章关于债务不履行的救济规定。不过，本章还规定了一些与一般制度有所不同的具体的救济规则。

B. 对于第三编规定的救济制度的改变

对第三编第三章规定的救济规则的偏离并不太多。那些规则一般适用于买卖合同下的债务不履行。其中某些偏离是专门为了对买到缺陷货物的消费者提供更多的保护。其他偏离则是专门为了就商业买卖中的缺陷货物提供更多的确定性和行动的速度。

第一节仅包含一项对于一般救济制度的修正。其效果是在消费品买卖合同中，对当事人不履行之救济的一般规则的减损自由加以限制。

第二节针对买方在货物不相符情况下获得的救济规定了两项专门适用于买卖的规则。一项扩展了消费者买方基于不履行而终止合同关系的权利。另一项则限制了消费者卖方在某些情况下的责任。

最后，第三节就货物不相符情况下买方检验和通知的义务作出了特殊的制度规

定。它并不适用于消费品买卖合同,通过确保该瑕疵被及时通知,卖方在一定时间内知道他是否会因不相符而承担责任,它被专门用于提升商业买卖中的确定性。

C. 减损

关于买方因不相符而获得的救济,本条试图就消费品买卖中的减损加以限制。这是由第Ⅳ. A－2:309 条(消费品买卖合同中相符性权利之减损的限制)来补充的,其对货物的相符性作出了类似的规定。本条是合同自由之一般原则的一种例外。

关于救济,作出对消费者有利的强制性保护,遵循的是"消费品买卖指令"的进路。此外,当货物上存在货物不相符时,消费者一般只能就货物价格,而不能就可以采用的救济措施进行协商。

消费品买卖中,在消费者就瑕疵通知卖方之前,关于相符性的欠缺,买方根据第三编享有的权利(本章作出了细微的修正)不能通过协议被放弃或限制。在此之后,当事人可以自由商定除本章规定以外的其他解决方案。例如,即使是消费者,买方也能够同意支付部分维修成本,而根据一般规则,那是卖方有义务免费提供的(参见第Ⅲ－3:302 条(非金钱债务的强制执行)第(2)款)。不过,这样的协议在买方就货物不相符通知卖方之前是不可能的。

本条防止卖方就不相符提前——例如,以标准条款形式——限制消费者买方所应获得的救济。例如,如果其通常要求得到了满足,卖方不得预先排除消费者的损害赔偿、降价或终止合同的权利。

注　释

Ⅰ. 买方的一般救济和专门适用于买卖的救济

1. 有时,买卖法和其他法律领域——尤其是一般的债务法——之间的界限是难以确定的。在某些国家,民法典就不履行(比利时民法典第 1184 条;捷克共和国民法典第 507、517 与 522 条;爱沙尼亚 LOA 第 100～118 条;匈牙利民法典第 298～318 条;意大利民法典第 1218、1453 与 2930 条;荷兰民法典第 6:74 条及以下与 6:265 条及以下;波兰民法典第 471～497 条;斯洛伐克民法典第 507 条;斯洛文尼亚 LOA 第 101－111 et al.;西班牙民法典第 1124 与 1101 条及以下)和/或并不具有相符性的交付(比利时民法典第 1610～1611 条(实际上重复了民法典第 1184 条第(2)款规定的一般原则);法国民法典第 1610～1611 条(规定可以在具体履行、终止合同和一般的损害赔偿权利之间加以选择))规定了一般的救济制度。关于以价款交换货物的合同,奥地利法律上有一项针对不履行的一般制度(参见第 922 条以下,所谓的 *Gewährleistung*)。一方面,这一制度要比不履行的一般制度更加具体,而在后者中,它在不同类型的不履行之间进行了区分,而并未使用不履行之统一的制度和概念。另一方面,它要比一般的买卖法更加宽泛,因为它还适用于工程合同、互易合同等等。其他体系并未规定一般制度,而只规定了专门适用于买卖的规则(北欧国家;英格兰和苏格兰)。

2.规定一般救济制度的体系通常也另外规定了专门适用于买卖的规则。在有些体系中，不同制度规定了相同的规则。在此，买方可以在一般规则和专用于买卖的规则之间加以选择（斯洛文尼亚 Juhart 与 Plavšak（－Juhart），Obligacijski zakonik Ⅱ，361）。在西班牙，特殊规则必须优先适用，但法学界已经通过易物出售（*aliud pro alio*）理论扩展了一般规则的适用范围，使得特殊规则仅仅适用于边缘情况，主要是为了以超出时间为依据反驳对方的主张；在与建筑物和场所的买卖有关的案件中，实践中特殊规则已经完全不适用了（比利时；希腊 A. P. 662/1991 EEN 1992，373）。另外，在意大利，两种制度的救济已经通过判例（参见，例如 Cass. civ. 26 April 1991 no. 4564）和法学文献（参见，例如 Bianca，Diritto Civile V，41）被合并在一起了。在其他体系中，某些规则（尤其是终止和损害赔偿）被用来处理一般情况，而其他的（尤其是维修和更换）则被用来调整买卖（捷克共和国民法典第507、517与522条（一般制度），第597条（买卖制度）；爱沙尼亚 LOA 第222条；德国民法典第439与441条；荷兰民法典第7:20－22与7:24－25条；斯洛伐克民法典第597条）。在波兰，专门适用于买卖的规则是由关于不履行的一般规则来补充的。

3.但是，奥地利和匈牙利法律上只有一项关于不相符的一般规定，它适用于所有的合同类型。根据匈牙利法律，只有关于法律上不相符的规则才是专门适用于买卖的（民法典第369～370条）。

4.关于专门适用于买卖的货物不相符之救济，进一步参见第Ⅳ.A－4:201条（消费者因货物不相符而终止合同）的注释。

Ⅱ.卖方的救济概述

5.如果买方并未支付价款，则卖方可以采用几种不同的救济措施。

6.首先，卖方享有要求履行，即要求支付价款的权利（《联合国国际货物销售合同公约》第62条；《欧洲合同法原则》第9:101条；奥地利民法典第918(1)条；比利时民法典第1184条；捷克共和国商法典第366与453条；英格兰和苏格兰货物买卖法第49条；爱沙尼亚 LOA 第108(1)条；芬兰 SGA 第51与52条；德国民法典第433(2)条；拉脱维亚民法典第1587条；荷兰民法典第3:296条；挪威 SGA 第51条；斯洛伐克民法典第366与453条；斯洛文尼亚 LOA 第496条；西班牙民法典第1101条及以下，第1096与1124条；瑞典 SGA 第51条）。

7.当事人的义务通常是相互依存的条件；因此，除非另有约定，如果买方未能按时支付价款，则卖方可以拒绝交付买卖标的物（奥地利民法典第1062条；比利时民法典第1612条；捷克共和国民法典第591条；英格兰和苏格兰货物买卖法第28条；爱沙尼亚 LOA 第111条；芬兰 SGA 第10条；法国民法典第1612～1613条；德国民法典第320条；拉脱维亚民法典第2033条；挪威 SGA 第10条；波兰民法典第488(2)条；斯洛伐克民法典第591条；斯洛文尼亚 LOA 第455条；瑞典 SGA 第10条）。在某些体系中，这是从一般合同法规则的适用性中推导出来的（试与荷兰比较，民法典第6:262条；西班牙民法典第1466条）。

8.卖方也可以要求损害赔偿（《联合国国际货物销售合同公约》第74～77条；奥地利民法典第918(1)条；捷克共和国民法典第519条与商法典第367条；英格兰和苏格兰货物买卖法第37(1)条；爱沙尼亚 LOA 第115条；芬兰 SGA 第51与57条；德国民法典第433(2)、280(1)条；拉脱维亚民法典第1779条；荷兰民法典第6:74条及以下；挪威 SGA 第51条；波兰民法典第491(1)条；斯洛伐克民法典第519条与商法典第367与368条；斯洛文尼亚 LOA 第239(2)、378与380条；西班牙民法典第1101条；瑞典 SGA 第51条）。

9.最后，卖方可以要求终止合同（《联合国国际货物销售合同公约》第64条；奥地利民法典第

918(1)条;比利时民法典第1184与1654条,捷克共和国民法典第517(1)条;英格兰货物买卖法第48条;爱沙尼亚LOA第116条;芬兰SGA第51、54与55条;法国民法典第1654条;立陶宛民法典第6.345条;荷兰民法典第6:265条及以下与在消费品买卖中,民法典第7:22条;挪威SGA第51条;波兰民法典第491(1)条;斯洛伐克民法典第517(1)条与商法典第367条;斯洛文尼亚LOA第103条;西班牙民法典第1101、1124与1503～1506条;瑞典SGA第51条)。

10. 在许多体系中,如果卖方已经就履行确定了一个额外的合理期间,而买方在该期间内并未付款,卖方则只能终止合同(《联合国国际货物销售合同公约》第64(1)(b)条;奥地利民法典第918(1)条;捷克共和国民法典第517(1)条;爱沙尼亚LOA第116(2)5)条;芬兰SGA第54(2)条;德国民法典第323(1)条;挪威SGA第54(2)条;波兰民法典第491(1)条;斯洛伐克民法典第517(1)条;瑞典SGA第54(2)条)。在某些体系中,除非存在着一项确定的履行期限,或者买方已明确表示拒绝履行义务,否则同样如此(荷兰民法典第6:81～83条;斯洛文尼亚LOA第105与106条)。在其他体系中,法院被赋予了确定额外的履行期间的权力(法国民法典第1655条;西班牙民法典第1124(3)条)。

11. 在某些体系中,违约的严重程度也是有影响的。如果迟延构成了根本违约,则卖方可以终止合同(《联合国国际货物销售合同公约》第64(1)(a);比利时CFI Brussels 27 September 1996,Res Jur. Imm. 1997,177;CFI Ypres 27 June 1995,AJT 1995－96,4,Antwerp 3 June 1998,Limb. Rechtsl. 1998,223;Bergen 23 November 1994,JT 1995,321;爱沙尼亚LOA第116(1)条;芬兰SGA第54(1)条;法国Cass. civ. Ⅰ,4 January 1995,Bull. civ. Ⅰ,no. 14;D. 1995,405;挪威SGA第54(1)条;西班牙民法典第1124条和"不能实现合同的违约"的判例规定(参见Carrasco Perera,ZEuP 2006,pp. 552 ff);瑞典SGA第54(1)条)。根据英格兰法律,拒绝支付价款肯定是重大违约。在苏格兰,法庭令状是首选(Bell,Principles of the Law of SCOTLAND[10],第128页)。

12. 如果货物已经被买方占有,则卖方还可能被禁止终止合同。如果是这样的话,仅当这样做的权利已经保留或者买方拒绝受领货物时,卖方才能终止合同(芬兰、挪威与瑞典SGA第54(4)条)。同样,在奥地利商业买卖中,已经交付货物并推迟付款时间的卖方不能终止合同(EVHGB第8 no. 21)。

13. 然而,在某些体系中,至少就特定货物的买卖而言,卖方终止合同的权利在买卖法上要比一般合同法上更为宽松。因此,在约定期间届满后,合同终止为了卖方的利益自动发生而无须通知(比利时与法国民法典第1657条)。在荷兰,关于并不需要登记构成财产转让前提的动产(那仍然受交付给买方,并且自支付请求已到期起未到6周或自交付起未到60天的相同条件的约束),只要民法典第6:265条所规定的终止合同的条件已经得到满足,卖方便可以根据民法典第7:39条以下行使特定的取回权;保护嗣后买方权利的特殊规定也便适用,以防止这种情况下的权利执行。

14. 在西班牙,对于特定类型的买卖,有着特殊的规定。在分期付款货物买卖中,分期付款买卖法1998第11条规定,在终止合同之前,至少要有两期货款未履行。根据民法典第1504条,卖方不得仅因为买方未能在约定履行时间付款而终止不动产买卖,只要卖方未能作出终止之公证的或司法的通知,买方便有权支付。

Ⅲ. 卖方责任的排除或限制

15. 在所有体系中,作为施行《消费品买卖指令》第7条第(1)款的结果,消费品买卖中救济的规定是强制性地有利于消费者的。

16. 不过，有些体系就救济提供了更为具体的规定。例如，根据德国法律，即便一般的救济制度是强制性地有利于消费者的（民法典第 475（1）条），这也并不适用于损害赔偿的权利（民法典第 475（3）条）。同样，根据瑞典法律，当事人可以约定，卖方支付赔偿金的责任不得扩展到商业活动中的损失（"消费品买卖法"第 32（3）条）。

17. 根据有些体系的规定，消费者合同中任何旨在改变消费者因损害而获得的救济顺序（首先是维修或更换，其次是降价或终止合同）的条款均为无效（爱沙尼亚 LOA 第 237（1）条；法国消费者法典第 L. 211－17 条；匈牙利民法典第 306（5）条）。在荷兰，这种减损完全无效还是仅仅可能无效，并不清楚，根据民法典第 3:40 条，后者应是减损受保护一方之损害救济的通常结果，但它难以与《消费品买卖指令》相调和（试比较，Mon. NBW B－65b（Loos），no. 3）。根据比利时法律，法学文献承认了将救济次序搁在一旁，而将救济之选择权留给消费者的条款。但是，在消费品买卖中，改变既定的救济次序并且限制消费者的救济选择的条款并未得到承认。

18. 在西班牙，救济的放弃是被允许的，除非债务人明知相符性的欠缺，或者在不履行中存在某种欺诈（民法典第 1102、1485 条）。

第二节　货物不相符时对买方救济的修正

第Ⅳ.A－4:201 条　货物不相符时消费者的终止

在消费品买卖合同中，根据第三编第三章第五节（终止），买方可以在任何货物不相符的情况下因不履行终止合同关系，除非该货物不相符是微乎其微的。

评　论

A. 买方因不相符获得的一般救济

本节包含有两项对于第三编第三章规定之买方一般救济的修正。这两项均涉及不相符——即货物与合同并不相符——的救济。卖方其他的不履行类型，例如迟延履行或者根本未加交付等，都由第三编第三章关于债务不履行之救济的一般制度来调整。

关于救济的适用性，存在着某些一般的限制。例如，第三编第三章第二节规定，有义务履行的人——在这种情况下，即卖方——可以就其不相符的履行提供补救。其效果在于，将某种买方作出回应的次序引入到了救济结构当中：在诉诸并非临时停止支付的其他救济措施之前，买方通常必须首先给卖方一个补救不相符的机会。第三编还有一个针对非消费者的条文（第Ⅲ－3:107 条（未就不相符进行通知）），它规定，如果对于不相符的救济得以保留，有权履行的人——在这种情况下，即买方——必须在货

物不相符的合理期间内通知另一方。对于商业买卖而言,这得到了本章第Ⅳ.A－4:302条(货物不相符的通知)的补充。还必须牢记的是,第Ⅲ－1:103条(诚实信用和公平交易)的一般规则可能产生排除买方——不论他是不是消费者——在其他情况下可以获得的救济的效果。例如,如果买方在完全不合理的时间内毫无理由地未能通知卖方瑕疵的存在,以至于卖方因该迟延受到了严重损失,撇开关于通知的具体规则外,买方还可能因诚实信用和公平交易的一般规则而被排除不相符的救济。

B. 货物不相符情况下买方的救济概述

在货物不相符的情况下,受上述条件的限制,第二节第1条规定了买方可得到的救济的概述。它援引的是第三编第三章规定的可适用的救济,同时明确规定,本章规定在某些方面可以对这些救济加以修正。在买卖合同的语境下,可适用的救济如下。

相符性欠缺的补救。受上述条件的限制(尤其是首先给债权人自愿补救不相符的机会),买方可以通过责令卖方免费维修和更换来补救相符性的欠缺来强制履行。这一权利的细节规定在第Ⅲ－3:302条(非金钱义务的强制执行),其中关于救济的适用性包含有某些限制。到底是维修还是更换,这是由卖方来选择的。

中止履行。在货物不相符的情况下,买方可以根据第Ⅲ－3:401条(对待债务的中止履行权利)中止履行。这种救济本身并不是对货物不相符的补救或者补偿。毋宁说,它是为了获得其他救济而施加压力的一种手段。即使卖方已经被给了补救不相符的机会,这种救济还是可以运用的(参见第Ⅲ－3:204条(给予债务人补救机会的后果)第(1)款)。

终止合同关系。受上述条件的限制,买方可以根据第三编第三章第五节(终止)的规则,终止与卖方的合同关系。其效果是,如果就卖方的义务而言存在根本性的不履行,或者合理预见到的根本性的不履行,则买方可以脱离合同,拒绝支付并在其他地方购买货物,而无须担心卖方会坚持买方受领交付并支付货物的价款。通过第Ⅳ.A－4:201条(货物不相符情况下消费者的终止),这一权利对消费者进行了扩展,以至于在消费品买卖合同中,买方可以就任何不相符而终止合同,除非该货物不相符是微乎其微的。相对于不履行必须是根本性这种一般规定,这是一项有利于消费者的极其重大的扩展。根据第Ⅲ－3:506条(终止权利的适用范围),买方也可以仅仅终止合同关系的某一部分。

降价。受上述条件的限制,买方有权要求降价。这一救济的细节是在第三编第三章第六节详细规定的。

损害赔偿。受上述条件的限制,买方可以因货物不相符要求损害赔偿。在这一方面,重要的是要注意,针对任何经由卖方补救仍未得到救济的损失,买方始终可以要求损害赔偿(参见第Ⅲ－3:204条(给予债务人补救机会的后果)第(3)款)。

C. 扩展的终止权利

本条扩展了消费者买方终止与卖方的合同关系的权利。根据第三编第三章,通常

只有根本的不履行（参见定义列表中的定义）才能成为终止的理由。本条则规定，只要该种缺乏并非微乎其微的，消费者买方可以因任何货物不相符而终止。

虽然这看起来相当严格，但不应忽略的是，关于卖方补救权的规定意味着买方一般不能立即终止（参见第Ⅲ－3:202 条（债务人的补救：一般规则）和第Ⅲ－3:204 条（给予债务人补救机会的后果））。

一般可以认为，轻微的货物不相符的限度要处于根本的货物不相符的限度之下。与产品的整体价值相比较，轻微的货物不相符构成了不太重要的货物不相符，或者相对较小的瑕疵。应该推定，细小的刮痕和其他纯粹外观的瑕疵通常会被认为是微乎其微的。此外，对买方而言不大重要的技术设备上的小故障一般不应引起合同的终止。通常，在各种情况下必须确定的是，货物的价值或可用性受到了货物不相符多大的影响。如果其可用性的主要方面受到了影响，则终止的条件便得到了满足，即便该货物不相符仅对价值构成了较小的降低。还有一项事实可以证明货物不相符是轻微的，即通过微小的努力，可用性即可得到恢复。一般来说，如果它难以补救，即使一项本身不大重要的货物不相符也会变成非轻微的。最后，卖方根据第Ⅲ－3:202 条（债务人的补救：一般规则）并无有效理由来拒绝弥补相符性的欠缺，这一事实可能会影响货物不相符是否是轻微的判断问题，因为在这种情况下，卖方已经被给予了一个避免合同关系终止的机会。

注　释

Ⅰ. 货物相符性欠缺的具体救济

1. 许多国家都对货物不相符（即有缺陷的履行）的救济规定了具体的、与不交付或迟延交付的救济不同的制度（奥地利民法典第 922～933b 条；捷克共和国民法典第 507（一般合同法）与 597 条（买卖合同）；丹麦 SGA 第 42 条及以下；芬兰 SGA 第 30～40 条；德国民法典第 437 条；希腊民法典第 540 条及以下；立陶宛民法典第 6.334 条；荷兰民法典第 7:21～24 条；挪威 SGA 第 30 条及以下；波兰民法典第 560～576 条，斯洛文尼亚 LOA 第 468 条；西班牙民法典第 1101、1486 条；瑞典 SGA 第 30 条及以下）。

2. 有些国家在不相符的交付（要受到一般合同法的制裁）和隐性瑕疵的担保（专门适用于买卖的制度）之间进行了区分。对这两种制度而言，适用的是不同的救济措施（比利时与法国民法典第 1610～1611（不相符的交付）和 1644～1647 条（隐性瑕疵的担保）；意大利民法典第 1492 条；西班牙民法典第 1486（1）条）。不过，在意大利，考虑到一般买卖法和消费品买卖法之间的关系，对这两种制度的救济已经通过消费者法典第 135 条——作为民法典第 1492 条和消费者法典第 130 条的桥梁——合并在一起了。

3. 相反，其他体系中存在着一项统一的救济制度（《欧洲合同法原则》；《联合国国际货物销售合同公约》；英格兰与苏格兰；爱沙尼亚）。但在那些体系中，不同类型的不履行之间仍然在某些方面存在着差别。例如，根据英格兰法律，货物买卖法第 51 条涉及不交付的损害赔偿，而第 53

条则规定了违反担保责任的救济。《联合国国际货物销售合同公约》则规定，某些救济仅适用于“货物与合同不相符的情况”，即维修、更换和降价的情况（第46(2)与(3)与50条）。爱沙尼亚法律的情况是类似的，统一的救济制度在买卖法中进行了某些修正，这些修正主要是针对货物与合同并不相符的情况，通过引入关于救济适用的具体规则，经由维修或更换或降价等具体履行主张的具体救济制度（LOA第222与224条）而进行的。

4. 某些体系中存在着有关不相符货物之救济的特殊的消费者制度。由于《消费品买卖指令》的实施，许多成员国已经选择了制定专门适用于消费品买卖中货物不相符的独立的救济制度（比利时民法典第1649quinquies条；捷克共和国民法典第622条；英格兰和苏格兰货物买卖法Part VA；法国消费者法典第L. 211－9条及以下；意大利消费者法典第130条；波兰“消费品买卖法”第8条；西班牙消费者保护法第116条及以下）。

5. 在这方面，专门针对商业买卖的特殊规定仅存在于捷克法律当中，根据《商法典》第365～369条，其中存在着一项针对商业买卖的独立的救济制度。根据捷克商业买卖法，不相符只是一种特殊的不履行情况，与此相反，民法典的不相符则只构成了一项缺陷货物的特殊制度（Bejček/Eliáš/Raban，Kurz obchodního práva³，106；Knappová，Civil Law Ⅱ³，102）。根据西班牙《商法典》第336和342条，存在着一项关于货物不相符的救济的特殊制度：基本上，其独创性在于缩短主张的期限，并且对买方施加了一种在交付之前或之后立即检验货物的严格的义务。

Ⅱ. 中止履行

6. 根据某些体系，这一权利是专门适用于买卖的（芬兰SGA第42条与“消费者保护法”第5章第17条；挪威SGA第42条与“消费品买卖法”第28条；立陶宛民法典第6.208条；西班牙民法典第1466、1502条；瑞典SGA第42条与“消费品买卖法”第25条）。另外，这种权利也可以在一般层面上来调整（《欧洲合同法原则》第9:201条；捷克共和国民法典第560条和商法典第326条；爱沙尼亚LOA第111条；匈牙利民法典第306(4)条；荷兰民法典第6:262条；波兰民法典第488(2)条；斯洛伐克民法典第560条；斯洛文尼亚LOA第101条）。法国法律上明确规定了卖方的这种权利，但是它被认为是一项一般合同法的规则（民法典第1612～1613条）。

7. 有些国家则存在着一项隐含的（或法律的）中止履行权利（比利时不履行抗辩权（*exception non adimpleti contractus*）的一般法律原则；英格兰Treitel，759；苏格兰McBryde，Law of Contract in SCOTLAND，20－47与20－62 f；西班牙隐含于民法典第1100条和第1124条，Díez－Picazo，Fundamentos Ⅱ⁴，692）。

Ⅲ. 降价

8. 大多数体系都规定了降价的一般权利（“消费品买卖指令”第3(2)条；《联合国国际货物销售合同公约》第50条；《欧洲合同法原则》第9:401(1)条；奥地利民法典第932(4)条；比利时民法典第1644条与（消费品买卖）第1649quinquies条；捷克共和国民法典第507与597(1)与（消费品买卖）第622条；丹麦SGA第42与43(1)条；爱沙尼亚LOA第112（一般性救济）与224（有关减少价格的特征）；芬兰SGA第38条与“消费者保护法”第5章第19条；法国民法典第1644条；德国民法典第441(1)条；匈牙利民法典第306(1) b)条；意大利民法典第1492(1)条；拉脱维亚民法典第1625条；立陶宛民法典第6.334条；挪威SGA第38条；波兰民法典第560(1)条与“消费品买卖法”第8(4)条；斯洛伐克民法典第507与597条；斯洛文尼亚LOA第468(1)与478条；西班牙民法典第1486条；瑞典SGA第38条与“消费品买卖法”第28条）。

9. 在某些系统中，降价的救济仅适用于消费品买卖（英格兰货物买卖法第48C条；荷兰民法

典第 7:22（1）(b) 条）。不过，英格兰货物买卖法第 53 条第(3) 款规定了类似的损害赔偿计算方法："交付给买方时货物的价值与它们被维修过应有的价值之间的差价"。根据荷兰法律，通过合同的部分终止，可以实现相同的效果，这会导致以降价形式换取较低质量或数量的货物（民法典第 6:265 与 6:270 条）。

10. 关于降价请求权，有些体系规定了某些例外。在某些体系中，关于拍卖并不存在降价的权利（爱沙尼亚 LOA 第 224 条；芬兰、挪威与瑞典 SGA 第 37(2) 条）。根据拉脱维亚民法典第 1618 和 1619 条，自合同订立起经过一年，或者已经给出特殊担保后，买方并不享有降价的权利。在德国，买方诉诸降价之前，必须给予卖方一个额外的合理履行期间（民法典第 441 条）。

11. 某些体系就计算方法作出了明确规定。与《联合国国际货物销售合同公约》相一致，它规定，降价按实际交付的货物在交货时的价值与符合合同的货物在当时的价值两者之间的比例计算（《联合国国际货物销售合同公约》第 50 条；《欧洲合同法原则》第 9:401(1) 条；爱沙尼亚 LOA 第 112(1) 条；芬兰 SGA 第 38 条；荷兰民法典第 6:270 与 7:22(1) 条；挪威 SGA 第 38 条；波兰民法典第 560(3) 条；西班牙民法典第 1486 条的罚金与消费者保护法第 122 条）。其他体系规定了类似的解决方案，但对就计算而言，合同订立时间具有决定性这一事实有所保留（德国民法典第 441(1) 条；斯洛文尼亚 LOA 第 478 条）。此外，某些体系补充规定，如果有必要，降价应以酌情为基础来计算（爱沙尼亚第 112(1) 条；德国民法典第 441(3) 条）。

12. 其他体系规定了适当或充分降价（"消费品买卖指令"第 3(2) 条；比利时民法典第 1644 条；捷克共和国民法典第 507 与 597(1) 与（消费品买卖）第 622 条；英格兰和苏格兰货物买卖法第 48C(1)(a) 条；匈牙利民法典第 306(1) b) 条），或者按比例降价（丹麦 SGA 第 42 与 43(1) 条）。波兰民法典第 560 条第(3) 款规定，考虑到现存瑕疵的程度，降价应按照并无瑕疵的货物价值比例来计算。在拉脱维亚，如果差价是已知的，则要求降价的目的是为了减少支付或获得一定程度的少于已支付或履行的抵消履行（民法典第 1625 条）。根据匈牙利法律，降价的基础必须是双方协商的价格，而不能是合同订立时货物的真正价值。此外，判例明确规定，降价并不意味着维修费用的补偿，虽然在计算降价数额时可以将维修费用考虑在内（BH 1988. 182. 与 BH 1995. 212.）。

Ⅳ. 损害赔偿

13. 许多体系中都有关于买方的损害赔偿请求权的专门适用于买卖的规定（《联合国国际货物销售合同公约》第 74 条及其后；比利时民法典第 1645 条；丹麦 SGA 第 42(2) 与 43(3) 条；英格兰和苏格兰货物买卖法第 48E(6)、51(1)、52(3) 与 53(1)(b) 条；爱沙尼亚 LOA 第 225 条（在第 115 条中修改一般性规则）；芬兰 SGA 第 40 条；法国民法典第 1611 与 1645 条；意大利民法典第 1494 条；挪威 SGA 第 40 条；斯洛文尼亚 LOA 第 468(2) 与(3) 条；西班牙民法典第 1486(2)、1487 与 1488(2) 条；瑞典 SGA 第 40 条与"消费品买卖法"第 30 条）。不过，在西班牙，限制性的具体规则（只有明知隐性瑕疵存在的卖方才承担损害赔偿责任）在 20 世纪初就已经变得过时了（TS 6 May 1911, jur. Civ. T. 121, no. 53. 14）。

14. 在其他体系中，获得损害赔偿的权利是由一般债务法来规定的（奥地利第 933a；捷克共和国民法典第 510 与 600 条；爱沙尼亚 LOA 第 115 条；德国民法典第 280 与 281 条；荷兰民法典第 6:74 条及其后）。但在荷兰，一项特殊规定适用于消费品买卖中损害赔偿的情况，其中损害赔偿属于产品责任的调整范围（民法典第 6:185 条及以下）。在这种情况下，卖方通常被排除在责任之外（民法典第 7:24(2) 条）。

V.买方的终止

15.在消费品买卖中,某些体系的终止标准与一般制度有所偏离。除非货物不相符是微乎其微的,否则消费者都可以终止合同(《消费品买卖指令》第3(6)条;比利时民法典第1649quinquies条;芬兰"消费者保护法"第5章第19条;法国消费者法典第L. 211－10(5)条;挪威"消费品买卖法"第32条;波兰"消费品买卖法"第8(4)条;西班牙消费者保护法第121条)。在英格兰和苏格兰,相符性严重欠缺的情况下,消费者的终止权利根本不受任何限制。爱沙尼亚LOA第223条第(2)款规定,在消费品买卖情况下,如果更换或维修会导致买方遭受不合理的不便,则除了一般规定外,根本性不履行也可能发生。

第Ⅳ.A－4:202条　非经营者卖方之损害赔偿责任的限制

(1)如果卖方为自然人且买卖合同目的与其营业或职业无关,则买方就货物与合同要求不符所得请求的赔偿金不得高于合同价款。

(2)当风险转移给买方时,卖方知道或者可以合理地被期待他已经知道货物与合同要求不符而且其并未在风险转移前告知买方的,卖方不得依据第(1)款规定主张损害赔偿责任的限制。

评　论

A.概述

本条通过设置(合同)损害赔偿额的上限,对非经营者卖方的责任进行了限制。正如规则的位置和措辞所清楚表明的,这一限制仅适用于货物不相符的情况下。它因此引入了一项独立的规则,那可能要比第Ⅲ－3:703条(可预见性)的一般规则对卖方更加有利。本条主要适用于两个个人之间的买卖,但它也包含了一个个人向一个经营者出售货物的情况。

B.非经营者卖方

在定义列表中,非经营者卖方的定义是与消费者的定义相类似的。因此,本条适用于并非为了与其贸易、营业或职业相关的目的而行为的自然人。相反,它与购买货物的买方的能力毫不相干。买方因此可以是另一个个人,即"消费者",也可以是一个经营者。

C.损害赔偿仅限于合同价款的金额

为了防止非经营者卖方遭受损害赔偿的过度主张,损害赔偿金额被限定于合同价

款。这一损害赔偿上限的理由如下:对于个人卖方而言,超过这一限度的损害赔偿责任可能是过于严苛的,有时甚至会破坏整个金融形势。在非经营者卖方将货物出售给一个经营者时(虽然非常罕见),情况尤其如此,因为此时卖方在理论上可能面临着超过这一限度的损害赔偿主张。

示例 1

两个人就一辆二手大篷车订立了一项买卖合同。买方甲告诉卖方,他购买这辆车的目的是从瑞典将其开到西班牙去看欧洲冠军杯比赛。不幸的是,在顺利穿越了大桥和丹麦之后,该车在德国抛锚了。损害赔偿金额可能包括例如车辆本身的维修费用、住宿费、以其他方式前往西班牙的交通费或者不能使用的门票的补偿费用等。但是,由于卖方并非经营者,他最多承担相当于合同价款的损害赔偿责任。

因此,本条规定对非经营者卖方支付超出合同价款以上的损害赔偿责任加以限制。即便这种固定标准有时是不太灵活的,但一项明确的规则要比一项开放的标准更加可取。在这种情况下,相比于其他标准,例如维修费用,个人当事人总是会知道他所承担的风险的确切范围。

可以说,上文提出的论证也适用于迟延交付的情况。但应当牢记的是,任何卖方都应当知道按时交付是否是可能的,但卖方不可能预见到货物不相符的后果。

D. 例外

损害赔偿的上限受到第(2)款规定的重要限制的约束,而那有着类似于第Ⅳ.A－4:304 条(卖方明知货物不相符)的功能。在这两种情况下,如果卖方知道或应当知道货物不相符,但并未通知买方,他都无权诉诸于保护规则。在这些情况下,卖方便不能受到第(1)款规定的额外保护。

示例 2

事实与示例 1 相同。如果卖方已经知道大篷车有缺陷但并未告知买方,他便应以正常方式承担损害赔偿责任,即使那已超过了合同价款的金额。

注　释

保护非经营者卖方免受过度救济

1. 在大多数体系中,对非经营者卖方的这种明确保护都并不存在(例如苏格兰)。但在法国法律上,并不知道货物存在瑕疵的非经营者卖方,只负有返还终止后收取的价款并补偿买方支出的与合同相关的费用的责任。并不承担额外的损害赔偿责任(民法典第 1646 条)。西班牙一般

买卖法的立场是类似的(民法典第1486条),虽然这一规则不再仅对消费者卖方适用。

2.此外,北欧国家法律规定,如果考虑到违约方预见和防止损害发生的可能性,以及其他相关的情况,该金额是不合理的,则存在调整损害赔偿金额的可能性(芬兰、挪威与瑞典SGA第70(2)条)。当卖方是个人,而买方是个遭受了相当大损失的经营者时,尤其可以加以调整(试比较,瑞典Ramberg,Köplagen,700))。该调整代表着北欧国家合同法上公平之一般原则的特殊适用。根据荷兰法律,当法院根据民法典第6:109条要求减轻损害赔偿责任时,卖方的非经营者地位可能发挥作用。但是,法院必须严格地适用这一制度(Asser(－Hartkamp),Verbintenissenrecht Ⅰ[11],no. 494)。

第三节　检验和通知的规定

第Ⅳ.A－4:301条　货物的检验

(1)买方应在根据具体情况尽可能短的合理期限内对货物进行检验或者使他人对其进行检验。未尽到检验义务的,买方丧失根据第Ⅲ－3:107条(未就不相符进行通知)的规定以及第Ⅳ.A－4:302条(货物不相符的通知)的补充规定就货物与合同要求不相符所能获得的救济。

(2)如果合同包括了货物运输,检验可以推迟至货物到达目的地时。

(3)如果货物在运输途中改运或者买方须重新发运货物从而没有合理机会对其加以检验,而卖方在订立合同时已经知道或应当知道这种改运或重新发运的可能性,检验可推迟到货物到达新目的地后进行。

(4)本条规定不适用于消费品买卖合同。

评　论

A.概述

为了发现任何潜在的货物不相符,买方应当在卖方交付后尽可能短的合理期限内对货物进行检验。未尽到检验义务的,可能会因为未能就不相符进行及时通知,而间接地使买方失去与货物不相符有关的权利。

这项检验要求确保了问题能够被尽快发现和获得解决,并使得商业买卖能够得到迅速的处理。因此,本条不仅满足了商业部门的需要(尤其是法律确定性方面),而且也反映了一般的商业实践。

B. 检验货物之要求的形态

第(1)款要求买方应在“根据具体情况尽可能短的合理期限内”检验货物。在某些情况下,买方可能必须在交付后立即检验货物,而在其他情况下,如果检验发生在交付后不久即已足够(关于“合理的”概念,参见定义列表;最终,法院将必须确定在给定情况下什么是合理的)。

本条并未规定买方应当如何检验交付的货物。首先,这种检验的具体程序应当由当事人之间约定,或者遵循惯例或贸易实践来进行。在这些指示并不存在时,适当的程序取决于所交付的货物。买方可能必须检验样品,比如在批量交付的情况下;在其他情况下,他甚至要进行试验。

示例 1

甲是一个销售纺织品和服装的零售连锁店,它从批发商乙那里购买了数百件皮夹克。这些皮夹克于 3 月 18 日被交付到了中心仓库,在那里它们被分类包装分发到各连锁店。3 月 26 日分发到连锁店后,乙于 4 月 5 日收到了第一次投诉。事实上,有一半皮夹克都存在着肉眼可见的瑕疵(材料质量差、颜色错误、做工蹩脚)。在这种情况下,甲必须履行检验义务,因为至少根据商业合同,它也应被要求在交付后检验货物,例如通过提取样品的方式。

第(2)、(3)款考虑到了两种买方不能在交付后检验货物的情况:它们为第(1)款主要规则的严格时间要求规定了例外。即便在这两种情况下风险都发生转移(参见第Ⅳ.A－5:202 条(货物的运输)和第Ⅳ.A－5:203 条(运输途中货物的买卖)),买方也并不能够检验货物,因为它们尚未被买方占有。因此,在货物运输的情况下,买方可以推迟检验,直到货物已经到达了目的地。其次,如果货物在运输途中被改运或重新配送,而买方并没有检验它们的可能性,则买方可以推迟检验,直到货物到达了其新的目的地。但是,如果卖方不知道,也不能被期待知道这种改运或重新配送,则该规则并不适用。

C. 未检验货物

尽管第(1)款并未规定买方未能检验货物的直接法律后果,但它明确规定,未尽到检验义务的,买方丧失根据第Ⅲ－3:107 条(未就不相符进行通知)的规定以及第Ⅳ.A－4:302 条(货物不相符的通知)的补充规定就货物与合同要求不相符所能获得的救济;这是因为它未能被发现而导致没有及时通知的后果。因此,后面的规定实际上正是对未能检验货物的制裁形式。

示例 2

在运送新鲜食用蜗牛的过程中,买方被告知卡车在边境被耽搁了。最终交付后,(a)他看了一眼货物,发现有些蜗牛已经开始腐烂了;(b)他取出来一对样品,发现它们已经开始腐烂了。

在这两种情况下,他都通知卖方,蜗牛的质量不好。这个例子表明,这种检验并没有实际的后果,而只涉及通知问题。在(a)种情况下,买方甚至没有对货物进行彻底检验;但只要存在货物不相符,及时通知便足以保留其权利。如果表面的"检验"并没有任何结果,但彻底的检验会发现问题的话,买方便应当发现(并随后通知)该相符性的欠缺。

D. 消费品买卖合同

正如第(4)款明确规定的,本条并不适用于消费品买卖合同。因此,消费者不需要在交付后检验货物。这是与他们并不受第Ⅲ－3:107条(未就不相符进行通知)和第Ⅳ.A－4:302条(货物不相符的通知)之货物不相符的通知规定的影响相一致的(参见前者第(4)款和后者第(1)款)。

注　释

Ⅰ. 货物移交后的检验义务

1. 在某些体系的非消费品买卖中,买方负有检验货物或让别人检验货物的明确义务(《联合国国际货物销售合同公约》第38(1)条;芬兰SGA第31条;匈牙利民法典第283(1)条;立陶宛民法典第6.337条;挪威SGA第31条;波兰民法典第563条;斯洛文尼亚LOA第461(1)条;瑞典SGA第31条)。根据波兰民法典第563条第(1)款,该义务仅适用于它在既定关系中已成为一种习惯的情况下。

2. 在许多体系中,这种义务仅存在于商业买卖当中(奥地利民法典第377条与商法典第378条;捷克共和国商法典第427条;丹麦SGA第51条;爱沙尼亚LOA第219(1)条;德国商法典第377条;立陶宛民法典第6.374条;斯洛伐克商法典第427(1)条;西班牙商法典第336条)。在某些体系中,商业买卖中的卖方可以要求买方检验货物(葡萄牙民法典第471条第único款;西班牙商法典第336 in fine)。

3. 英格兰和苏格兰法律(货物买卖法第34条)上并不存在买方检验货物的一般义务,但买方有权在交付时要求进行这种检验。尽管如此,进行检验仍然是为了买方的利益,因为自货物交付后,买方便因为一系列事件之一的发生而被视为已经受领了货物。这种事件其中之一是,"经过了一段合理期间……(买方)并未向卖方宣告他已拒绝受领货物"(货物买卖法第35(4)条)。

4. 在其他体系下,买方负有明确的检验货物的义务。尽管如此,一般进行检验仍然是为了买方自己的利益。否则的话,如果买方未能通知卖方瑕疵的存在,或者未能遵守适用的时限,他便可能丧失获得救济的权利(比利时;捷克共和国;试比较,民法典第500(1)与504条;法国;希腊民法典第536与537条;意大利民法典第1495条;拉脱维亚;荷兰民法典第7:23(1)条;葡萄牙)。

5. 根据比利时和法国法律,关于不相符的交付责任和隐性瑕疵担保这两项主要规定是通过买方的受领而区别开来的。通过明示或默示的承认交付货物与合同相符且不存在任何可见的瑕疵,只有针对隐性瑕疵的权利得到了保留。因此,检验货物并就不相符通知卖方,这是为了收到货物的买方的利益,而不是一项法律义务。如果买方并不这样做,卖方可以声称货物已经得到了

买方的接受。根据民法典第 1642 条,卖方并不对买方可能已经发现的表面瑕疵承担责任。通过接受所交付的货物(明示或默示),买方不仅承认了交付物与售出物相符,而且承认了它并不存在明显的瑕疵。显著的瑕疵指的是正常人基于细心检验即可发现,并且不能逃过谨慎买方之注意的瑕疵。在这方面,买方的能力被考虑在内,并且推定,非经营者的买方有着进行一般检验的能力。但是,即使是与经营者卖方进行交易的经营者买方,也不能被期待要去进行所有可能的检验。如果买方就不相符的货物进行投诉,他或她就必须尽可能快地提出抗议,并采取一切合理的保管措施,以防止该物遭受丝毫的改变。如果买方使用、变更或处分了该物,而并未提出任何投诉,则默示受领便得以推定。如果买方在改变或处分该物的情况下提出抗议,则他必须承担风险和举证责任。

6. 一般而言,在消费品买卖中,买方并不负有检验货物的义务。但是,正如一般买卖规定一样,检验货物往往是为了消费者自己的利益。例如,根据北欧国家消费品买卖法,并不存在检验货物的明确义务。但是,瑞典暂行条例规定,消费者在收到货物后一般至少应尽快进行相当表面的检验,但对货物的不同功能进行彻底的检验或检测并不是必需的(Prop 1989/90:89,114)。在波兰,如果消费者理应知道瑕疵的存在,则卖方并不承担责任("消费品买卖法"第 7 条)。

7. 根据匈牙利法律,买方并不需要对卖方已经认证或担保的货物质量(性能)进行检验(民法典第 283(2)条)。

8. 根据北欧国家法律,买方并不负有就法律瑕疵检验货物的义务(芬兰、挪威与瑞典 SGA 第 41 条)。这是通过与关于实际瑕疵相比较,并不存在这种贸易实践的事实而得以解释的(瑞典 Ramberg,Köplagen,444)。

Ⅱ. 检验的时间

9. 通常,法律要求检验在交付后迅速进行。某些体系则规定,检验立即进行(奥地利民法典第 377 条;爱沙尼亚 LOA 第 219(1)条;德国商法典第 377 条)或尽可能快地进行(捷克共和国商法典第 427(1)条;芬兰 SGA 第 31 条;挪威 SGA 第 31 条;斯洛伐克民法典第 427(1)条;斯洛文尼亚 LOA 第 461(1)条;瑞典 SGA 第 31 条)。买方应在合理时间进行检验(《联合国国际货物销售合同公约》第 38 (1)条;立陶宛民法典第 6.337 条)。此外,许多体系明确规定,检验要按照贸易惯例等进行(丹麦 SGA 第 51 条;芬兰 SGA 第 31 条;立陶宛民法典第 6.337 条;挪威 SGA 第 31 条;波兰民法典第 563(2)条;斯洛文尼亚民法典第 461(1)条;瑞典 SGA 第 31 条)。

Ⅲ. 货物运输或运输途中买卖所涉及的检验

10. 关于货物运输所涉及的买卖合同,某些体系有着具体的制度规定。一般而言,在这种情况下,买方在货物到达目的地之前并不负有检验货物的义务(《联合国国际货物销售合同公约》第 38(2)条;捷克共和国商法典第 427(2)条;丹麦 SGA 第 51(2)条;爱沙尼亚 LOA 第 219(2)条;芬兰 SGA 第 31(2)条;意大利民法典第 1511 条(具体涉及瑕疵的通知);挪威 SGA 第 31(2)条;波兰民法典第 545(2)条;斯洛伐克商法典第 427(2)条;瑞典 SGA 第 31(2))。

11. 如果货物在运输途中被买方改运或者重新配送而没有合理机会加以检验,并且在订立合同时卖方知道或应当知道该改运或重新配送的可能性,则检验可以被推迟到货物到达新目的地以后(《联合国国际货物销售合同公约》第 38(3)条;捷克共和国商法典第 427(2)条;爱沙尼亚 LOA 第 219(3)条;芬兰 SGA 第 31(3)条;挪威 SGA 第 31(3)条;斯洛伐克商法典第 427(2)条;斯洛文尼亚 LOA 第 461(3)条;瑞典 SGA 第 31(3)条)。

第Ⅳ.A－4:302 条　货物不相符的通知

(1)合同双方均为经营者的,第Ⅲ－3:107 条(未就不相符进行通知)关于在合理期限内为货物不相符的通知的规定经以下各款补充而适用。

(2)如果买方在根据合同实际受领货物后至迟两年内未向卖方为货物不相符的通知,则丧失因货物不相符而获得救济的权利。

(3)如果双方约定在一个确定期限内货物仍将符合其特殊使用目的或者通常使用目的,第(2)款规定的通知期限在约定期限终止前并未届满。

(4)第(2)款的规定不适用于第三方根据第Ⅳ.A－2:305 条(第三方一般的权利或主张)以及第Ⅳ.A－2:306 条(第三方基于工业产权或其他知识产权的权利或主张)的规定主张自己的权利。

评　论

A. 概述

因为关于通知的规则既适用于买卖,也适用于货物和服务的租赁,所以第Ⅲ－3:107 条(未就不相符进行通知)有一项一般规定。在适用于买卖时,其效果是,除非买方在合理期间内通知卖方并指明货物不相符的性质,否则买方不能诉诸于货物不相符。该合理期间从货物被交付时起算,如果迟延交付的话,则从买方发现或能够被合理期待发现该不相符时起算。但是,如果未能通知涉及卖方知道或能够被合理期待已经知道但并未向买方披露的事实,则卖方无权诉诸于买方的未能通知。买方是消费者的情况下,这些规则并不适用:在这种情况下,并不存在具体的通知要求,只有关于诚实信用和公平交易的一般规则可以适用。

这些一般规则背后的观念是,买方必须向卖方指明任何已发现的货物不相符,只有这样,后者才能跟进处理该投诉并最终解决问题。因此,通知要求旨在迅速解决由于不相符的货物而产生的任何纠纷。该规定适用于所有货物不相符的情况,并因此涵盖了货物的物质瑕疵和所谓的法律瑕疵。

还应该注意的是,第三编关于时效的规则一般将会产生如下效果,即自货物交付之日起,或者如果迟延则从买方知道或可以被合理期待已经知道该不相符存在之日起,3 年届满后买方将丧失基于货物不相符的权利(参见第Ⅲ－7:101 条(受时效制约的权利)、第Ⅲ－7:201 条(普通时效)、第Ⅲ－7:203 条(开始)和第Ⅲ－7:301 条(因不知而中止))。无论买方是否知道,自交付之日起 10 年后时效届满(第Ⅲ－7:307 条

（最长时效））。这些关于时效的规则对消费者和非消费者一体适用。

B. 两年的绝对期限

本条以一项适用于经营者之间买卖合同的特殊规则对这些一般规则进行了补充。它是与一般通知规则不同类型的规则。它并不取决于买方是否知道或者是否可以被合理期待已经知道。因此，它并不是在救济行使过程中关于诚实信用和公平交易之规则的更为具体的版本。它是一项自动切断规则，更类似于关于最长时效的规则。其效果是，即使对不相符的不知是可以原谅的，如果自货物被交付之日起两年内买方并未通知卖方，则他也会失去诉诸其的权利。这项规则受到了《联合国国际货物销售合同公约》的极大影响。它（第39条第（2）款）规定：

无论如何，如果买方未在实际收到货物之日起两年内将货物与合同不相符的情形通知卖方，他便丧失诉诸货物与合同不相符的权利，除非这一时限与合同规定的保证期限不符。

第（2）款规定的两年期限的起算点是货物被实际交付给买方的时间，其意思是买方实际收到货物的时间，而不是例如货物被交给承运人的时间。这一时间点的选择是非常明确的，因为只有当买方实际上已经占有了货物的情况下，他才能发现任何不相符的存在。

这一绝对期限的目的是，保护卖方免受交付货物后很长时间才提出的主张影响。绝对期限可以使得卖方就买方提出的主张所产生的相关风险成本进行更好的计算。此外，法律的确定性也得以提升，因为卖方将知道，在经过一定期间之后，所有交易都已得到了绝对的解决。此外，随着时间的流逝，诉讼成本会相应增加，因为调查瑕疵出现的原因，以及确定它是否是在交付时已经存在将会变得更加复杂。另一方面，买方的利益保护需要足够长的期间，只有那样才能发现货物不相符的存在。

第（2）款规定的两年期限可以通过明示约定加以改变。因为该规则仅适用于经营者之间的合同，所以关于消费品买卖合同之减损的限制并不适用。因此，该期间可以通过当事人之间的协议来缩短或延长。

C. 合同担保的效果

第（3）款规定，如果双方约定在一个确定期限内货物仍将符合其特殊使用目的或者通常使用目的，第（2）款规定的通知期限在约定期限终止前并未届满。这反映的是《联合国国际货物销售合同公约》第39条第（2）款结尾的表述，“除非这一时限与合同规定的保证期限不符”。即使并非消费者的买方，也并不会在其届满之前丧失其持续性的权利。

D. 第三方权利或主张的例外

第（4）款将第三方根据第Ⅳ.A－2:305条（第三方一般的权利或主张）以及第Ⅳ.

A－2:306 条(第三方基于工业产权或其他知识产权的权利或主张)的规定主张自己的权利排除在第(2)款的两年期限之外。因此,由于受到关于诚实信用和公平交易的一般规则的制约,唯一相关的期限便是第三编第七章规定的时效期间。

E. 消费品买卖合同

值得强调的是,本条并不适用于消费品买卖合同,而只适用于经营者之间的合同。因此,对消费者而言,由于受到关于诚实信用和公平交易的一般规则的制约,唯一相关的期限便是第三编第七章规定的时效期间。

注　释

Ⅰ. 就货物不相符进行通知的一般义务

1. 许多体系中都规定了买方就货物不相符通知卖方的义务(《联合国国际货物销售合同公约》第 39(1)条;捷克共和国民法典第 504 与 599 条以及商法典第 428 条;比利时民法典第 1642 条;丹麦 SGA 第 52(1)条;爱沙尼亚 LOA 第 220(1)条;芬兰 SGA 第 32(1)条;匈牙利民法典第 307 条;意大利民法典第 1495 条;立陶宛民法典第 6.348 条;荷兰民法典第 7:23(1)条;挪威 SGA 第 32(1)条;波兰民法典第 563 条;葡萄牙民法典第 916 条;斯洛伐克民法典第 504 与 599 条以及商法典第 428 条;斯洛文尼亚 LOA 第 461 与 462 条;瑞典 SGA 第 32(1)条)。也可参见Ⅸ关于时效期间的注释,因为区别并不总是明确的。

2. 买方在发现或应当发现货物不相符后的合理时间内一般必须通知卖方(《联合国国际货物销售合同公约》第 39(1)条;芬兰 SGA 第 32(1)条;匈牙利民法典第 307 条;立陶宛民法典第 6.348 条;荷兰民法典第 7:23(1)条;挪威 SGA 第 32(1)条;瑞典 SGA 第 32(1)条)。买方必须在有可能检验货物之后就瑕疵并无无故拖延地通知卖方(捷克共和国与斯洛伐克民法典第 504 与 599 条以及商法典第 428 条)。

3. 某些体系规定了自发现货物不相符之后短期的确定期限。对于非消费品买卖而言,买方负有在发现货物不相符之后 8 天内通知卖方的义务(意大利民法典第 1495(1)与 1497(2)条;斯洛文尼亚 LOA 第 461(1)与 462 条)。根据波兰法律,买方必须就瑕疵的存在在其发现后一个月内通知卖方,如果货物检验是在给定情况下习惯进行的,则自买方应当检验发现之日起一个月内通知卖方(民法典第 563(1)条)。根据葡萄牙法律,买方必须在瑕疵检验之日起两个月内通知卖方(民法典第 918 与 919 条)。西班牙并不存在就货物不相符通知卖方的义务,但根据不规范履行的类型,如果买方在 4 或 30 天内未就瑕疵存在通知卖方的话,则他会丧失不履行的救济(商法典第 336 与 342 条)。虽然这些时间限制很可能被老的立法者想到时效规则,但法院已经促进了规则意思的转变,使其仅作为一种通知时间来适用(TS 20 November 1991, RAJ 1991 no. 8469, TS 23 December 1996, RAJ 1996 no. 9373)。

4. 一般情况下,在所有体系中,通知义务会因瑕疵的隐性或明显而各有不同,因为明显的瑕疵一般必须迅速通知。例如,根据爱沙尼亚法律,瑕疵应当被发现的时间取决于它是隐性的还是明显的:在检验过程中,买方被期待的仅是发现明显的瑕疵;因为买方可以合理期待卖方的交付

与合同相符,而买方一般并不负有专门搜索瑕疵或聘请专业人士这样做的义务(NC CC 3-2-1-50-06)。同样,根据斯洛文尼亚法律,如果当事人双方在检验时都在场,明显瑕疵就要被立即通知(LOA 第461(2)条)。但在某些体系中,在买方仅负有通知明显瑕疵或不同期限将会适用的意义上,当涉及通知时,在隐性和明显瑕疵之间是有区别的。在有些体系中,买方仅负有就明显瑕疵在交付后立即通知卖方的义务(比利时民法典第1642;法国 Cass. civ. Ⅰ,26 June 2001,CCC 2001,no. 156,note Leveneur,如果买方并未注意到明显的货物不相符而接受了交付,则他丧失主张救济的权利)。在西班牙商业买卖中,明显和隐性瑕疵适用的是不同的期限。

5. 在其他体系中,买方并不负有通知卖方的义务(至少就隐性瑕疵而言)。但买方可能负有在特定期间内向法院提起诉讼的义务(进一步参见Ⅶ)。此外,根据普通法,未在交付后合理时间内就货物不相符通知卖方,将会排除终止合同的救济措施(英格兰和苏格兰货物买卖法第35(4)条)。

6. 然而,买方在不受通知义务之约束的情况下行使救济的权利并不总是毫无限制的。根据希腊法律,任何救济的行使都必须遵守诚实信用,否则就可能构成滥用(民法典第281条)。但是,法院一直在犹豫是否将买卖语境下的救济行使宣告为一种滥用(A. P. 17/1995 EllDik 38,41;Ef Thessalonikis 781/1999 Arm 1999,800)。

Ⅱ. 商业买卖中的通知

7. 在某些体系中,通知卖方的义务仅存在于商业买卖当中(奥地利商法典第377条;德国商法典第377条;西班牙商法典第336与342条)。此外,在商业买卖中,买方往往负有迅速通知的严格义务。在某些体系中,买方则负有立即或毫不迟延地通知的义务(德国民法典第377条;波兰民法典第563(2)条;斯洛文尼亚 LOA 第461(1)与462条)。在葡萄牙的商业买卖中,买方必须自交付起8天内通知(商法典第471条)。在西班牙商业买卖中,如果货物在交付时受到了买方的检验,买方负有立即就明显瑕疵通知的义务,如果货物是被包装好的,则在4天内进行通知(商法典第336条)。隐性瑕疵则必须自交付之日起30天内进行通知(商法典第342条)。

Ⅲ. 消费品买卖中的通知

8.《消费品买卖指令》第5条第(1)款规定,为了维护权利,成员国可以选择要求消费者自其检验出货物不相符之日起两个月内通知卖方。消费品买卖中的这项通知义务在许多体系中也可以找到(丹麦 SGA 第81条;爱沙尼亚 LOA 第220(1)条;芬兰"消费者保护法"第5章第16条;意大利消费者法典第132条;荷兰民法典第7:23(1)条;挪威"消费品买卖法"第27(1)条;波兰"消费品买卖法"第9条;斯洛伐克民法典第626条;斯洛文尼亚"消费者保护法"第37a(1)条;西班牙消费者保护法第123(4)条推定通知已经在法定期限内被作出;瑞典"消费品买卖法"第23条)。匈牙利法律中也存在着类似的义务,不过包含有例外,即消费者并不会完全丧失权利,而只是对由该疏忽或迟延所造成的损害承担责任(民法典第307(2)条)。在比利时消费品买卖中,卖方和消费者可以约定消费者必须就货物不相符通知卖方的期限(比利时民法典第1649quarter条第2款)。

9. 根据北欧国家消费品买卖法,通知可以向任何与卖方有着维修或修复协议的人提出,而不是向卖方提出(丹麦 SGA 第84条;挪威"消费品买卖法"第27(3条);瑞典"消费品买卖法"第33(2)条)。同样,根据芬兰法律,通知不仅可以向终端的卖方提出,也可以向同一合同链条中的中介商和前手提出("消费者保护法"第5章第16(1)条)。

Ⅳ. 法律瑕疵的通知

10. 在某些体系中，买方就法律瑕疵通知卖方的义务是特别规定或者偏离于一般的通知要求的。根据《联合国国际货物销售合同公约》，第 43 条规定了一项特殊的通知程序。此外，只有卖方对第三方权利的确实知情才能排除第 43 条第(1)款之通知限制的适用。根据波兰法律，第三方向其就所售货物提出主张的买方，负有立即就该事实通知卖方，或者传唤卖方参与案件的义务(民法典第 573 条)。在西班牙，如果货物被第三方基于法院的终审判决从买方那里取走，则买方必须在其知道第三方提出的主张时通知卖方(民法典第 1481、1482 条；关于程序问题，Durán Rivacoba，Evicción y saneamiento，157 ff；Lacruz Berdejo and Rivero Hernández，Elementos Ⅱ(1)，44；Badenes Gasset，El contrato de cpraventa，588)。根据荷兰法律，法律瑕疵并不构成货物不相符，因此，如果货物上负担有一项法律瑕疵，则民法典第 7:23 条并不适用。此时适用的是民法典第 6:89 条的更为一般的规定，其中含有买方在发现或应当发现瑕疵存在后的“适当时间内”进行通知的类似义务。由于与民法典第 7:23 条一样，第 6:89 条针对的主要是物质瑕疵，所以该规定要谨慎地加以适用(Asser(－Hijma)，Bijzondere Overeenksten Ⅰ^{6}，no. 543，559))。

Ⅴ. 通知的方式

11. 关于瑕疵通知的方式，一般并不存在特殊规定。因此，通知既可以以口头形式也可以以书面形式作出。但是，波兰法律明确规定，为了遵守就所售货物上的瑕疵进行通知的期限规定，在该期限届满之前发出一封挂号信即已足够(民法典第 563(3)条与“消费品买卖法”第 9 条)。

12. 但是，如果通知是以邮件形式发出的，许多体系规定，如果买方及时发出，可以推定该通知有效(《联合国国际货物销售合同公约》第 27 条；芬兰 SGA 第 82 条；德国商法典第 377(4)条；挪威 SGA 第 82 条；瑞典 SGA 第 82 条)。根据斯洛文尼亚法律，如果通知是通过挂号信、电报或任何其他可靠形式按时发出的，不论它是否迟延送达，买方都被视为已经通知了卖方(LOA 第 464(2)条)。捷克法律上并不存在这种推定；因此，通知必须在期限届满的最后一天前送达卖方(民法典第 504、599 与 626 条)。

13. 许多体系只是规定，买方必须就货物不相符通知卖方。这包括了买方指明货物不相符的性质，以便卖方可以判断是否存在实际的货物不相符，以及哪些救济可能是适当的。《联合国国际货物销售合同公约》第 39 条第(1)款明确规定，买方必须指明货物不相符的性质。其他体系则更进一步。在就瑕疵通知卖方时，买方必须准确地描述瑕疵，并要求卖方检验货物(爱沙尼亚 LOA 第 220(3)条(仅适用于商业买卖)；斯洛文尼亚 LOA 第 464(1)条)。在立陶宛，买方必须就任何合同条件的违反通知卖方，指明货物的质量、数量、类型、完整性、容器和包装等方面的瑕疵(民法典第 6.348 条)。

Ⅵ. 未能通知的法律后果

14. 大多数体系规定，如果买方未能及时通知，他便会完全丧失关于所涉瑕疵向卖方请求救济的权利。这项原则可以以不同方式来表述：买方丧失诉诸于货物不相符的权利(《联合国国际货物销售合同公约》第 39(1)条；爱沙尼亚 LOA 第 220 条第(3)款第 1 项；意大利民法典第 1495(1)条)；买方为了从权利中获益，必须通知卖方(“消费品买卖指令”第 5(1)(2)条；波兰民法典第 563(1)与 573 条)；或者除非卖方被通知，否则买方不得诉诸货物不相符(荷兰民法典第 7:23(1)条；芬兰，挪威，西班牙商法典第 342 条与瑞典 SGA 第 32(1)条)。另一种常见的方式是，如果买方未能适时通知，则推定，他或她承认了货物不相符并因此接受了所交付的货物(奥地利商法典第 377 条；德国商法典第 377(2)与(3)条)。在荷兰，根据流行的观点，买方另外丧失因根本

错误而主张合同无效的权利(试比较,Mon. NBW B－65b (Loos),no. 32,71),或在该事实引起这样的主张的范围内,丧失根据侵权法要求损害赔偿的权利(试比较,HR 21 April 2006,NedJur 2006,272 (Inno Holding Baarn B. V./gemeente Sluis))。

15. 但在有些体系中,买方并不完全丧失权利。根据《联合国国际货物销售合同公约》第44条,如果该未能通知存在可以原谅的理由,则未在合理期间内通知的买方仍保留降价或请求损害赔偿的权利,利润的损失除外。然而,应当注意的是,在实践中这一例外很少被使用(试比较,Sivesand,The Buyer's remedies for Non－Conforming Goods,172 f)。类似的例外在爱沙尼亚也可以被发现(LOA第220(3)条)。根据匈牙利法律(民法典第307条),买方将仅对由疏忽或迟延所造成的损害承担责任。同样,根据立陶宛法律,如果买方未就货物不相符通知卖方,只要卖方证明买方的义务违反,导致了与如果买方已经正式通知卖方情况下他所承担的风险相比,该请求不能再被满足,或者满足其要求会使其承担不合理的费用,则卖方有权全部或部分拒绝满足买方的请求(民法典第6.348条)。根据匈牙利法律,对于损害赔偿请求而言,时效和除斥期间的规定并不适用。此处适用的是5年的一般时效期间(民法典第324(1)条)。

16. 根据英格兰和苏格兰法律,虽然并不存在通知的实际义务,但在合理期间届满后,丧失的只有终止合同的权利。因此,买方仍然享有请求损害赔偿的权利。

Ⅶ. 自交付起货物不相符的确定期限

17. 在某些体系中,一项特定的期限是可供适用的,通常是从货物交付或移交时起算,在此期间买方必须通知卖方。一般情况下,如果卖方知道瑕疵的存在或以其他方式违反诚实信用,则该期限并不适用。该期限的长度在不同体系之间有所不同,它可能是6个月(捷克共和国民法典第504与599条;斯洛文尼亚LOA第462(2)条),1年(波兰民法典第568(1)条)或者两年(《联合国国际货物销售合同公约》第39(2)条;丹麦SGA第54条;挪威SGA第32(2)条;斯洛伐克民法典第599、620与626条;瑞典SGA第32(2)条)。此外,根据匈牙利法律(民法典第308/A条),在货物旨在于长期使用的情况下,存在着一项1年或3年的除斥期间。在其他一些国家,类似的结果是通过自交付起算的专门用于买卖的时效规定来实现的(参见下文Ⅸ)。在其他国家,并不存在实际的期限,而只有一般的时效期间(参见Ⅸ)和/或就货物不相符通知卖方的一般义务(参见Ⅰ)。

18. 拉脱维亚法律上并不存在一般的期限,而只有针对不同救济的具体的期限。因此,终止权利6个月后到期,降价权利则自合同订立或给出具体担保之日起1年后届满(民法典第1616、1618与1619条)。

19. 有些国家针对消费品买卖规定了更长的期限。在消费品买卖中,期限是交付的两年(捷克共和国民法典第620(1)与626(1)条;爱沙尼亚LOA第218(2)条(关于在此期间内发现的瑕疵,通知因此可以在交付起两年两个月内进行);斯洛文尼亚消费者保护法第37b条和在二手货物买卖的情况下,交付后一年(斯洛文尼亚"消费者保护法"第37b条))。对于瑞典消费品买卖而言,期限最近被延长到了3年("消费品买卖法"第23(3)条)。对挪威消费品买卖而言,如果在正常使用的情况下,货物或其一部分旨在于持续超过两年的相当长的期间,则期限为5年(消费品买卖法第27(2)条)。根据波兰法律,货物买卖法第10条规定了自交付起两年的期间,如果货物被更换则该期间重新开始计算。在西班牙,法律框架如下:在非消费品买卖中,期限为6个月,这被视为一种时效期间,除非互易的规则被适用,在后者情况下,时效期间被延长至15年。在商业买卖(为转售目的而进行的买卖)中,卖方也必须遵守就货物不相符进行通知的4或30天

的期限,除非——虽然犹豫不决——互易规则被适用。在消费品买卖中,消费者要遵守两个月的通知义务(自买方知道货物不相符之日起计算),以及3年的时效期间(自交付之日起计算)。此外,在消费品买卖和住宅或商业建筑物买卖中,期限为两年(消费品买卖)和3/10年(不动产买卖),其间货物不相符必须要显现出来。

20. 在某些体系中,为了符合“消费品买卖指令”,一种特殊的救济制度已经被引入了消费品买卖当中。此处的期限为两年(“消费品买卖指令”第5(1);比利时民法典第1649quarter条第1款;法国消费者法典第L. 211－12条;意大利消费者法典第132(1)条)。根据比利时法律,在维修、更换或卖方与消费者之间以友好协商解决为目的而谈判的情况下,任何货物不相符必须表现出来的两年期限应中止或中断(民法典第1649quarter条第1款)。但是通常,不论是在这种两年期限届满之前还是之后,消费者诉诸于一般责任制度都不受限制。

21. 根据某些体系,关于法律瑕疵,该期限并不适用(《联合国国际货物销售合同公约》第43条;挪威SGA第41(1)条;斯洛文尼亚LOA第488～495条;瑞典SGA第41(1)条)。根据波兰法律,仅当自买方知道瑕疵存在起一年期满后,关于法律瑕疵的期限才会届满。如果卖方知道瑕疵存在仅仅是第三方诉讼的结果,则期限自与第三方的纠纷判决发生法律效力之日起计算(民法典第576(1)条)。根据匈牙利法律,关于法律瑕疵,适用的是5年的一般时效期间(民法典第324(1)条)。

Ⅷ. 默认规则或强制性规则

22. 一般情况下,对于非消费品买卖而言,关于通知期间和期限的规定是默认规则。但存在着例外情况:例如,根据捷克法律,所有关于货物不相符的规则一般都是强制性的,包括通知期间,但商业买卖例外(民法典第499～510与596～600条)。根据德国法律,当事人可以通过标准合同条款约定比一年更短的时效期间(民法典第309 no. 8 lit. b ff)。根据荷兰法律,强制性届满期间的延长是不可能的(Asser (－Hartkamp), Verbintenissenrecht Ⅰ[11], no. 692; Asser (－Hijma), Bijzondere Overeenksten Ⅰ[6], no. 553)。根据一般合同法,通知期限和期间的缩短在许多情况下会被视为一种不公平合同条款。例如,根据意大利法律,任何约定期间如此严格以至于它们会导致当事人权利之行使过于困难的协议,都会被宣布无效(民法典第2965条)。

23. 但在消费品买卖中,基于消费品买卖指令,关于通知期限和期间的规定一般是强制性的。当事人因此只能约定比两年更长的期间,或比两个月更长的通知期限。该《货物买卖指令》仅仅在第7条第(1)款第2项规定了在二手货物买卖情况下,将期限限定为一年的可能性。这种可能性已经被有些体系所使用,因而当事人可以自由约定这种期间限制(比利时民法典第1649quarter条第1款;捷克共和国民法典第626(3)条;德国民法典第475(2)条;匈牙利民法典第308(4)条;意大利消费者法典第134(2)条;波兰“消费品买卖法”第10条;西班牙消费者保护法第123(1)条)。

24. 根据立陶宛法律,在消费品买卖中,如果它对消费者是不公平的,则任何限制消费者权利的合同条款都可能被法院宣告为无效(民法典第6.188条)。

Ⅸ. 相关问题:基于货物不相符提出主张的时效期间

25. 在时效期间的领域内,不同体系之间关于时效期间的长度和起算点都存在着大量的一致之处(参见第三编第七章)。此外,有些体系还规定了专门适用于买卖的时效期间,而另一些则适用一般合同法的时效期间。

26. 在某些体系中,时效期间自交付或风险转移时计算。对动产而言,该期间可能是6个月

（奥地利民法典第933条；匈牙利民法典第308条；希腊民法典第554条）、一年（意大利民法典第1495（3）；波兰民法典第568（1）条）、两年（德国民法典第438条第（1）款第3项；立陶宛民法典第6.338条；葡萄牙Decree－law no. 67/2003 § 5（1））、3年（爱沙尼亚民法典GPA第146（1）条；挪威Prescription Act（Lov foreldelse av fordringer/Foreldelsesloven，1979））、5年（丹麦Prescription Act 1908）、一年（法国（商事买卖）商法典第L. 110－4，C. 27 November 2001，Bull. civ. Ⅰ，no. 187；JCP 2002. Ⅱ. 10021，Note Jourdain；瑞典Prescription Act，Preskriptionslagen（1981：130）第2条），甚至是30年（法国民法典第2262条，参见Cass. civ. Ⅲ，16 November 2005，Bull. civ. Ⅲ，no. 222，D. 2006，971，Note Cabrillac）。趋向于相同的结果，英格兰法（诉讼时效法1980 s. 5）规定了自违约之日起6年的时效期间。根据匈牙利法律，关于时效的一般规则（民法典第324～327条）是适用的，其中还有关于时效中止的规则。根据民法典第326条第（2）款，如果买方因可以原谅的理由（障碍）而被阻止寻求救济，则自该障碍消除后的3个月内可以寻求救济。也就是说，如果货物不相符在6个月的时效期间内并未显现出来，则买方在该货物不相符显现出来以后的3个月内仍有权寻求救济。

27. 在其他体系中，时效期间自买方就货物不相符通知卖方时起计算。此外，该期间长度可能是一年（斯洛文尼亚LOA第480条）、两年（荷兰民法典第7：23（2）条）和3年（捷克共和国与斯洛伐克民法典第508条和第101条相联合）。此外，根据捷克和斯洛伐克商业买卖法律，时效期间是4年（商法典第397条）。不过，根据斯洛文尼亚法律，这并不是一项真正的时效期间，因为如果买方在通知后1年内启动司法强制执行，则他会丧失权利（所谓的除斥期间）（LOA第480（1）条）。该期间不能中止、中断或重新计算。

28. 在其他体系中，时效期间自货物不相符显现出来或检验时起计算。该期间可能是两年（法国民法典第1648）、3年（芬兰诉讼时效法（Laki Velan Vanhentumisesta 15 August 2003/728））或5年（英格兰诉讼时效与期限（苏格兰）法1973第6（3）条）。根据西班牙法律，就货物上的隐性瑕疵行使救济的期间是6个月（民法典第1490条）。虽然规定指出该期限自交付时起计算，但判例偏离了这一进路，并规定该期限自买方知道隐性瑕疵存在时起计算（TS 23 July 1994，RAJ 1994 no. 6587 Lacruz Berdejo and Rivero Hernández，Elementos Ⅱ（2），57；Martínez de Aguirre Aldaz，Derecho de Obligaciones，498）。最高法院一再明确，所有这些具体的诉讼都与民法典第1124条规定的不履行的一般救济并不抵触，而后者的时效期间（de la Cuesta Rute，Contratos Mercantiles V（2），179）是15年（个人诉讼的一般时效期间）。商业买卖中采取的是不同的进路，商业交易安全的需要反对货物不相符的主张可以存在很长时间。挪威法律上也存在一项补充规则，它规定，时效期间在债权人已经知道或应当知道该主张存在后的一年届满之前，并未经过，一项例外（例如）将会适用于隐性瑕疵（诉讼时效法第10条第1款）。

29. 根据比利时法律，有关交付的货物不相符受一般时效期间的调整，其长度是10年，自合同订立时起计算（民法典第2262bis条）。关于隐性瑕疵，买方必须在自发现瑕疵之日起的短时间内提出主张（比利时民法典第1648条）。该期间的持续和起算点都是由法官综合考虑案件所有情况来确定的。例如，这涉及所售货物的性质、瑕疵的性质、惯例、当事人的属性，以及当事人不论在法庭内还是法庭外的行为，例如司法鉴定的委托等等。关于该期间的持续，法院一般认为，目的在于获得友好解决的严肃谈判应中止该期间。一旦友好解决明显是不可能的，则该期间重新开始计算。期间自经证实的谈判破裂时起得以确定。

30. 在某些体系中，消费品买卖中的时效期间要长于一般的时效期间。根据意大利法律，就

基于货物上存在的并不是由卖方故意隐藏的瑕疵而提出的主张而言,时效期间是自货物交付时起 26 个月(消费者法典第 132 (4)条)。根据匈牙利法律,时效期间是自交付时起两年(民法典第 308 条)。在西班牙,时效期间是自交付时起 3 年(消费者保护法第 123(3)条)。相反,法国法律就消费品买卖规定一项更不利的时效期间,即自交付时起两年(消费者法典第 L. 211－12 条)。不过,在关于消费品买卖指令实施的法律已经有所规定的情况下,消费者可以基于一般买卖法提出主张(消费者法典第 L. 211－13 条)。

第Ⅳ. A－4:303 条　部分交付的通知

如果买方有理由相信剩余部分将被交付,其不必向卖方为部分交付的通知。

评　论

A. 概述

本规定目的在于解决与第Ⅳ. A－2:301 条(与合同不相符)中货物不相符的宽泛定义相关的一个潜在问题。因为根据该规定,数量上的缺乏被视为货物不相符的一种类型,所以如果卖方并未在合理期间内得到货物短缺的通知,非消费者买方便可能面临着必须就并未收到的货物进行支付的危险。本条的目的就是在一定前提下,保护买方免受这种结果的侵害。

B. 不必通知

根据本条,如果买方有理由相信卖方将会交付剩余的货物,则他不必就货物的短缺通知卖方。不过,如果买方并不确定剩余货物将会被交付,而他希望保留诉诸于履行的权利的话,那么通知卖方仍然是必需的。这种解决方案是合理的,因为卖方应当知道并不是所有的货物都已经被交付了,尤其是在买方有充足理由相信这一点的情况下。在这种情况下,卖方并不需要就问题的存在获得通知。

示例 1

买方订购了三吨橘子,卖方承诺通过货车运输进行交付。一辆货车发生了故障;结果该批橘子中只有一半进行了交付。买方被告知了该迟延的存在。买方有理由相信,卖方将会交付短缺的部分,他并不会因为未在该阶段进行通知而丧失任何权利。

对抗进一步交付的情况的一个例子是,卖方的发货单包含了全部约定数量,但货物的一部分丢失了。

示例2

买方向卖方购买了100吨香蕉。货物运抵后，只有90吨。发货单载明的是交付100吨。买方并没有理由相信卖方仍会交付剩余的10吨，因为发货单表明，卖方认为他已经交付了全部货物。

此外，特定案件的情形可能会揭示，交付的一部分已经在运输过程中丢失了，例如因为一个箱子已经破开。在这些和类似情况下，买方并没有理由相信卖方将会进行进一步的交付。

C. 消费品买卖合同

虽然消费品买卖合同并未被明确排除在本条之外，但实际上它们并不会受到它的影响，因为一个消费者买方在任何情况下都不必为了保留救济而进行通知（参见第Ⅲ－3:107条（未就货物不相符进行通知）第（4）款和第Ⅳ.A－4:302条（货物不相符的通知）第（1）款）。此外，一个消费者买方有理由认为卖方将会交付剩余的货物，他未就货物短缺通知卖方并不违背诚实信用和公平交易原则。

注　释

与货物不相符之通知有关的部分交付的通知

1. 在许多体系中，关于任何货物不相符，买方为了保留权利必须通知卖方。如果数量短缺被视为一种货物不相符（第Ⅳ.A－2:301条（与合同不相符）的规则便是如此），这将意味着，如果买方在适当时间并未通知卖方，他便必须就未收到的货物进行支付。为了保护买方免受这一结果的侵害，有些国家规定了通知要求的例外。

2. 北欧国家法律规定，尽管交付的并不是所有的货物，只要能够推定卖方认为已经进行了充足的交付，那么关于相符性的规定即可适用（芬兰，挪威与瑞典SGA第43（2）条）。这一规定的目的在于将交付过程中的部分迟延和货物不相符之间的边界进一步具体化。关于迟延和不相符的规定之间的差别在于买方检验货物的义务，以及在后者情况下他必须通知卖方，而不履行该义务将会导致买方丧失对卖方的权利。SGA第43条第（2）款的前提应当予以客观判断。例如，卖方开出的发货单可能包含全部约定数量，但有一些丢失了。此外，案件情形可能揭示，交付的一部分已经在运输途中丢失了，例如由于一个箱子是破开的，或者包装是破损的。如果这种或类似情况并不存在，那便可以推定，卖方知道该履行是不完整的。该规定不能进行如下解释，即推定卖方实际上的认识是什么，尤其是在买方有理由认为卖方将会交付剩余的数量，并因此在发出通知前一直等待的情况下更是如此（瑞典Ramberg，Köplagen，465 f）。

3. 根据意大利法律，在这种情况下，限制质量瑕疵和短缺之担保的条款并不适用，因为它涉及卖方交付的义务（Bianca，La vendita e la permuta，411）。在捷克和斯洛伐克商业买卖中，如果卖方发出的航运单证、关于货物交付的单证或者声明，表明他交付的就是货物的较少数量（部分），则关于相符性的规定并不适用。毋宁说，卖方是关于适当和应当时间内交付货物的迟延（商

法典第 422(2)条)。不过,根据捷克一般买卖法,与单证并不相符的部分交付被视为一种瑕疵,因此必须进行通知(Knappová,Civil Law Ⅱ[3],105)。根据斯洛文尼亚法律,法学文献中存在着两种立场:或者对于买方的并未通知不予制裁,或者买方可能要对卖方遭受的损害承担赔偿责任(Cigoj,Kentar,1476)。在西班牙,从民法典第 1469～1471 条可以推知,关于货物不相符的规则并不适用于部分交付。根据商法典第 330 条,"受领"部分履行的买方并没有拒绝与合同不相符的已交付货物的权利。

4. 在苏格兰法律上,货物不相符的通知是一项一般性要求,但在合同本身的某些规定缺位的情况下,法院对于如何要求采取了一种商业的现实主义的观点(McBryde,Law of Contract in SCOTLAND,20－107)。

第Ⅳ.A－4:304 条　卖方对货物不相符的知情

如果卖方知道或者可以合理地被期待知道货物与合同要求不相符但又未告知买方,则不得主张依据本第Ⅳ.A－4:301 条(货物的检验)或第Ⅳ.A－4:302 条(货物不相符的通知)的规定免责。

评　论

A. 概述

第Ⅳ.A－4:301 条(货物的检验)和第Ⅳ.A－4:302 条(货物不相符的通知)都要求,非消费者的买方在遭受权利损失时尽可能快速地确保与货物不相符有关的可能问题能被发现、指出和列示。但是,如果卖方知道或应当知道该货物不相符但又未告知买方,则他并不享有诉诸于这些限制货物不相符之责任的规定的权利。

B. 对货物不相符的知情

本条的关键问题是,卖方是否知道或应当知道某些与货物可能不相符有关的事实的存在。前者情况(卖方实际知情)将使得买方承担一项困难的举证责任,后者(买方能够被合理地期待知情)则引入了一项更为客观的检测标准。在这种情况下,还必须考虑到今天零售业的经济现实。越来越多的终端销售商只是作为高度专业化、大批量生产的货物的销售点。它们并不会参与这些货物的设计和制造过程,往往对有关产品缺乏必要的信息。

尽管如此,买方仍然有权期待卖方至少有着一定最低限度的专业知识。后者可以被合理期待对所售货物有着良好认知,尤其是因为卖方通常会处理投诉,即便它们会将其转移给制造商。总的来说,卖方能够被合理期待知道什么,这个问题必须要以个

案为基础来决定。

此外,卖方必须向买方披露这些事实。不过,这一规则不能被理解为要求卖方提供关于所售货物——甚至可能包括竞争对手等提供的替代品——之客观公正的评估。

C. 对买方救济的影响

如果卖方无权援引本节规定的关于检验和通知的要求,则买方并不会丧失根据第Ⅳ.A－4:302 条(货物不相符的通知)诉诸于相关货物不相符的权利。第Ⅲ－3:107 条(未就货物不相符进行通知)第(3)款中有一项几乎相同的规则。此外,在这些情况下,鉴于正是卖方违反了诚实信用和公平交易,买方并不会受到第Ⅲ－1:103 条(诚实信用和公平交易)之规则的不利影响。但是,关于时效的规则仍然适用。其结果是,买方可以提出主张,只要它并未过期。

D. 消费品买卖合同

虽然消费品买卖合同并未被明确排除于本条之外,但实际上,它并不适用于它们,因为消费者并不受其中提到的两项规定的影响。

注　释

卖方知道货物不相符与检验和通知要求的相关性

1. 在大多数体系中,如果卖方知道瑕疵的存在而并未告知买方,或者如果卖方以其他方式违反了诚实信用等,检验和通知要求便不适用。这对专用于买卖的期限制度同样适用。

2. 如果货物不相符涉及卖方知道或者能够被合理期待已经知道而并未告知买方的事实,则检验和向卖方通知的要求并不适用(《联合国国际货物销售合同公约》第 40 条;爱沙尼亚 LOA 第 221(1) 1 条;立陶宛民法典第 6.348 条;斯洛文尼亚 LOA 第 465 条)。

3. 在奥地利和德国,商业买卖中,如果卖方以欺诈手段隐瞒了货物不相符,则卖方不得援用买方的通知义务;此外,更为长期的一般时效期间将会用来取代专门用于买卖的两年期间(民法典第 438(3)条与商法典第 377(5)条)。根据波兰法律,如果卖方恶意隐瞒瑕疵,则买方就物质和法律瑕疵的担保所享有的权利并不会过期(民法典第 568(2)与 576(2)条)。根据葡萄牙法律,如果卖方恶意行为,则通知是没有必要的(Rano Martinez,Direito das Obrigações[2],141)。如果卖方的行为有严重疏忽或违反诚实信用,则买方并不会因未在适当时间内通知卖方或检验货物而丧失权利(芬兰,挪威与瑞典 SGA 第 33 条)。根据丹麦法律,如果卖方有欺诈行为或严重疏忽,并且这导致买方遭受了相当大损失,则买方并不负有通知的义务(SGA 第 53 与 54 条)。根据意大利法律,如果卖方隐瞒了瑕疵的存在,则瑕疵的通知是不必要的(民法典第 1495(2)条)。根据斯洛文尼亚法律,如果理由是卖方存有欺诈,则买方的权利例外地不被排除(LOA 第 480(1)条)。

4. 在荷兰,如果卖方知道瑕疵的存在但并未告知买方,则通知期限仅在买方实际上发现了瑕

疵时起开始计算(民法典第 7:23(1)条)。根据捷克法律,知道货物不相符的卖方负有通知买方的义务。如果卖方未能这样做,买方有权降价,并且在货物无用的情况下有权终止合同(民法典第 596 与 597 条)。根据斯洛伐克法律,如果卖方并未就他知道的货物不相符通知买方,这便构成法院作出有利于买方的损害赔偿的潜在判决之重要因素(Svoboda, Kentár a súvisiace predpisy, 513)。在法国法律上,卖方对于瑕疵的知情可以使得买方获得全部损害赔偿(民法典第 1645 条)。判例已经确定,作为经营者的卖方被不容置疑地推定,它对隐性瑕疵是知情的(由 Cass. civ. Ⅰ,19 January 1965,D. 1965,389 所引发的一系列判例)。

5. 在西班牙法律上,这是个未加规定的问题(参见 Fenoy Picón, El sistema de prote 民法典 ión del cprador,264－280)。这种情况似乎是不成问题的。由于通知的目的是警告卖方货物不相符的存在,而这一功能已经被卖方对违约的实际知情而取代。但是,根据实际情况,买方未加拒绝的受领可能会被解释为更新或确认。在苏格兰法律上,重点在于卖方的欺诈责任而不在于买方因货物不相符所获得的救济(Gow, Mercantile and Industrial Law of SCOTLAND,74)。

6. 同样,某些国家明确规定,如果卖方恶意行为,则卖方不得排除就不相符的货物所承担的责任。

第五章　风险的转移

第一节　一 般 规 定

第Ⅳ.A－5:101条　风险转移的效果

风险转移后,货物的毁损灭失不能免除买方支付价款的义务,除非该毁损灭失是由于卖方的行为或疏忽造成的。

评　论

A. 概述

本条处理的是,货物在意外事件——即任何一方都无过错——中毁损灭失的风险由谁承担的问题。本条调整的是,尽管货物毁损灭失,买方是否仍需支付全部价款的问题(关于风险,进一步参见评论C)。

B. 这些规则规定的是风险转移的后果

这些规则仅调整,如果风险转移后货物毁损灭失,买方是否仍需支付价款的问题。与买方有关的这种风险被称作对待履行的风险,或者更具体地说,是支付价款的风险。换言之,即便货物并未收到,或者收到的是被损坏的货物,买方还负有履行的义务吗?

示例1

甲从店主乙那里购买了一件瓷器。乙将瓷器交给了甲,双方约定,甲将在第二天结算价款。当晚,由于发生地震该瓷器被摔碎了。第二天,甲将瓷器的碎片返还给了乙,并拒绝支付价款。乙正确地指出,甲应当支付价款,因为根据第Ⅳ.A－5:102条(风险转移的时间),当该瓷器被交付时,风险已经转移给了甲。

货物到底是完全还是部分毁损灭失,这无关紧要。因此,鉴于风险已经转移,买方

必须支付全部价款。卖方是被免除交付责任还是必须交付剩余的部分，这完全是个不同的问题（参见第Ⅲ-3:104 条（因障碍而免责）和第Ⅲ-3:302 条（非金钱债务的强制执行）第（3）款（b）项以及下文评论 C）。

C. 买卖中风险的不同类型

另外，可能追问的是，尽管存在履行障碍，即存在货物灭失或毁损的事实，卖方是否仍然必须交付。与卖方有关的这种风险被称为履行风险，它也已被包含在第Ⅲ-3:104 条（因障碍而免责）当中。如果风险已经转移，买方必须支付，而卖方则免除交付货物的义务。如果风险并未转移，卖方或者免责或者必须交付其他货物。问题在于，该种情况是否属于可免责的不履行，那取决于根据合同履行义务是否是可能的。反过来这可能取决于合同是否是特定物的买卖，或者是否是从特定大部分（如果该大部分都已被破坏，则不能转让）或具有通用性的货物中拿出的货物的买卖。

示例 2

零售商甲将剩余的已经停产的旧型号电视机卖给了小店主乙，后者想要以低价进行转售。合同订立时，显然电视机都被储存在一个特定的仓库里。但是，在该仓库发生的一场火灾里，电视机全都被烧毁了。甲被免除交付电视机和向乙进行赔偿的义务，因为根据第Ⅲ-3:104 条（因障碍而免责）该不履行是被免责的。如果合同规定卖方交付的是具有通用性的货物，即该型号电视机仍然在生产，从其他来源可以很容易地获得的话，情况就是有所不同的。

示例 3

事实与解释 2 相同。如果卖方对该火灾负有责任，例如他的一个雇工扔下了一根燃烧着的香烟，则他应承担买方的损害赔偿责任。

最后，本规则还涉及了风险的另一重要方面，即货物不相符。从技术上讲，谁对缺陷货物承担责任的问题并不属于买卖法中风险的传统概念（即在实际交付前，货物毁损灭失）的适用范围。但是，这两个概念有时会相互冲突（参见第Ⅳ.A-5:102 条（风险转移的时间）评论 C）。

D. 卖方的行为和疏忽

只有在意外事件——即任何一方都难以预见的事件——导致货物毁损灭失的情况下，关于风险转移的规则才会发挥作用。本条通过规定与卖方行为有关的例外，反映了这一重要原则。如果卖方应对货物的毁损灭失负责，则买方基于该毁损灭失对卖方享有的权利并不受剥夺。

示例 4

事实与解释 1 相同。合同约定，乙负责将瓷器运输到甲的营业地点。合同订立后，乙雇了

一位独立承运人来运输货物。在运输过程中，由于乙不适当地将其挤在一起，货物完全毁损。即使风险已经根据第Ⅳ.A－5:202条（货物的运输）第（2）款在交付给承运人时已经转移，甲仍不承担支付价款的义务，因为该损害是由乙的行为造成的。

因此，卖方将因导致货物毁损灭失的行为或疏忽而负有合同责任，或根据非合同责任法律对该损害承担责任。卖方还要对他应当负责的个人——例如，其雇工——之行为和疏忽承担责任（关于它与货物不相符的规则的关系，参见下文第Ⅳ.A－5:102条（风险转移的时间）评论D）。

注　释

Ⅰ.属于风险概念范围内的事件

1.通常的理解是，毁损灭失的风险仅限于意外的或偶发的事件。在大多数体系中，所谓毁损灭失必须是意外的，这一要求导致的结果是，如果卖方对货物毁损灭失负有责任，则风险规定并不适用。这一原则在某些体系中有着明确的规定（《联合国国际货物销售合同公约》第66条；爱沙尼亚LOA第218（3）条；芬兰，挪威与瑞典SGA第12条）。

2.大多数体系并未明确哪些事件属于风险的概念范围内，或者只是提到了货物的毁损灭失（比利时；捷克共和国民法典第590条；英格兰与苏格兰；爱沙尼亚LOA第214（1）条；法国；匈牙利民法典第99条；拉脱维亚民法典第2023条；立陶宛民法典第6.329条；葡萄牙民法典第796条；西班牙民法典第1182、1452条）。其他体系也提到了货物的损失（《联合国国际货物销售合同公约》第66条；波兰民法典第548条；斯洛伐克民法典第517（3）条）。这往往还包括货物的扣押或盗窃（波兰uchwała SN of 23 May 1997，OSNC 1997，no. 119；瑞典Herre，Konsumentköplagen[2]，123）。因而，一般情况下，在许多体系中，属于风险概念内的事件范围只是在判例中明确的。因此，例如根据英格兰和苏格兰法律，它包括部分或全部灭失（Anderson & Crpton v. Walls & Co.（1870）9 M 122）、毁损（Head v. Tattersall（1871－72）LR 7 Ex. 7；Knight v. Wilson 1949 SLT（Sh. Ct.）26）以及恶化（Pmer & Thsen v. Mowat（1906）14 SLT 373；Sterns Ltd. v. Vickers Ltd.［1923］1 KB 78）。

3.其他体系则规定了更为具体的制度，例如北欧国家法律。在此，风险被描述为货物变质或被损坏、灭失或减少（芬兰、挪威与瑞典SGA第12条）。丹麦法律提到了货物的损坏或减少（SGA第17（1）条）。捷克商业买卖与此类似，商法典第368条第（2）款规定，风险指的是物的灭失、损坏、减少或贬值，而不论原因如何。此外，根据奥地利法律，民法典第1048条包含了三项不同的可能影响所售货物的风险种类或类型：（1）因禁止而退出流通；（2）意外的完全毁损；（3）价值损失超过原价值一半以上的部分毁损。退出流通包括财产的扣押（ZBl 1919/244）；仅当存在一项永久的贸易障碍时，货物才会被视为禁止流通的。仅仅是暂时的禁止并不会导致义务的中止而只是导致不履行（Schwimann（－Binder），ABGB Ⅳ[4]，1048－1051，no. 5，禁止出口）。毁损必须是意外的，而不是由其他可归责于买方的原因所造成的（Schwimann（－Binder），ABGB Ⅳ[4]，§ 1048－1051，no. 4，尤其是诸如火灾、地震、风暴、洪水、暴雨、雪崩、泥石流等自然灾害；Klang

（－Wahle），ABGB Ⅳ(2)^2,52（1048－51），以及盗窃和抢劫）。民法典第 1048 条的部分毁损将嗣后非常损害（*laesio enormis*）的概念引入了风险领域：客体的价值必须遭受了原价值一半以上的损害（Koziol and Welser, Bürgerliches Recht Ⅱ, 148；参见民法典第 934 条关于非常损害（*Verkürzung über die Hälfte*）的明确规则）。如果这种部分毁损导致了价值贬损超过原价值一半以上的结果，则关于风险的规则将予适用（民法典第 1048 条，例如股票交易市场上的突然下跌，参见 Rsp 1926/209，1931/244；Klang（－Wahle），ABGB Ⅳ(2)^2，1048－1051，56 f，指出买方仍然可以坚持履行合同，因为规则是为了买方的利益而制定的）。如果价值的减损并未超过一半，则适用民法典第 1049 条：卖方必须承担该贬值的风险，因为合同仍然存在。换言之，卖方仍然必须履行并弥补该部分毁损。但是，如果恢复原状是不可能的或不可行的，卖方则必须相应地降低售价，以维持义务的主观对等性（Rummel（－Aicher），ABGB Ⅰ^2，1048－1051，no. 7；Schwimann（－Binder），ABGB Ⅳ^4，1049，no. 1）。

Ⅱ. 风险转移与关于交付和相符性之规则的关系

4. 风险转移并不会免除卖方的交付义务或者因货物不相符而承担的责任。某些体系中明确规定，如果买方诉诸了终止或更换货物的权利，则风险并不转移（荷兰民法典第 7:10(3) 条；斯洛文尼亚 LOA 第 436(2) 条）。根据荷兰法律，仅当交付时存在民法典第 7:17 条之货物不相符的情况，并且更换或终止之救济的要求得到了满足的前提下，这项例外才会适用（Parl. Gesch. Boek 7，99－100；Asser（－Hijma），Bijzondere Overeenksten Ⅰ^6，no. 512－513）。西班牙法律明确规定（民法典第 1488 条），货物不相符使得卖方承担交付后的风险，即使财物的损失是由于偶然事件发生的。

5. 在其他体系中，如果存在货物不相符，则风险转移时间对评估而言是个决定性的时刻（《联合国国际货物销售合同公约》第 36 条；捷克共和国商法典第 425(1) 条；丹麦 SGA 第 44 条；爱沙尼亚 LOA 第 218(1) 条；芬兰，挪威与瑞典 SGA 第 21 条）。在波兰，卖方对于风险转移给买方后出现的物质瑕疵并不承担担保责任，除非该瑕疵是由于所售物上之前固有的原因所造成的（民法典第 559 条）。

6. 在某些情况下，风险规定和相符性规定之间可能存在着冲突。根据英格兰和苏格兰法律，这适用于风险在交付前转移的情况，因为相符性是在卖方将货物供应（即交付）给买方时加以检验的。有学者认为，在这种情况下，作为构成性交付的一种形式，货物与合同相符应在其转让时进行检验；此后，买方必须承担毁损或贬值的风险，除非那是由卖方的过错所造成的（Adams/Atiyah/MacQueen, Sale of Goods^{11}，147 f）。此外，在货物不相符应于风险转移时检验的体系中，如果风险在货物实际由买方占有之前，尤其是在交付给第一承运人时转移的，则相符性和风险规则之间可能出现冲突（《联合国国际货物销售合同公约》第 67(1) 条；爱沙尼亚 LOA 第 209(4) 条；芬兰、挪威与瑞典 SGA 第 7(2) 条）。在这种情况下，买方可能难以检验货物在运输中是否存在毁损，也难以确定该种不相符是否是在风险转移，即货物被交付给承运人时便已存在的（试比较，瑞典 Ramberg, Köplagen, 222）。

Ⅲ. 负担、孳息与风险的联系

7. 货物的孳息和负担都属于所有人，这是一项毫无争议的法律原则。但是，孳息和负担在何时从卖方转移给买方呢？这在不同体系之间存在着极大差别。

8. 在风险与所有权一并转移的体系中，孳息和负担也是与所有权一起转移的（比利时民法典第 544 条；法国民法典第 1138 条；葡萄牙民法典第 1305 条）。孳息和负担在合同订立时转移，达

到的是类似的结果(西班牙民法典第1468条)。根据英格兰和苏格兰法律,这个问题似乎是不清楚的,因为制度缺位而判例则很少。英格兰法律理论认为,孳息和负担随所有权而不是承担风险的人或占有人转移(Benjamin (－Guest),Sale of Goods⁶, § 6－024)。

9. 在许多体系中,孳息和负担与风险的转移有着明确的联系(德国民法典第446(1)条;希腊民法典第525条;拉脱维亚民法典第2025条)。其他体系则将孳息和负担与交付联系在一起(奥地利民法典第1050条;荷兰民法典第7:14条;波兰民法典第548(1)条)。在实践中,差异是微乎其微的,因为在那些体系中,交付和风险转移的时间通常是同一的。

10. 但是,在其他体系中,至于货物所产生的孳息,约定的交付时间是决定性的,而不是实际交付的时间(芬兰SGA第79条;挪威SGA第79条;斯洛文尼亚LOA第437条;瑞典SGA第79条)。关于孳息,爱沙尼亚法律适用的也是类似的制度(LOA第216(1)条)。但是,负担是与实际交付,即风险转移相联系的(LOA第216(2)条)。

第Ⅳ.A－5:102条　风险转移的时间

(1)风险自买方受领货物或者代表货物的单证时由卖方转移给买方。

(2)如果合同项下的货物尚未特定化,在通过标记货物、运输单证、通知买方等方式将货物特定化之前风险不能转移给买方。

(3)本条第(1)款规定受本章第二节规定的约束。

评　论

A. 概述

本条包含了风险转移的主要规则,即风险在买方受领货物或代表货物的单证时转移。第(2)款规定了风险转移的一项重要要求:只要买卖合同中的货物尚未明确特定,风险不得转移。不同的是,并未明确确定的货物毁损灭失则总是由卖方来承担的。买方因此仍可以要求新货物的交付,而不必支付毁损灭失货物的价款。最后,第(3)款明确规定,关于风险转移的一般规则受第二节几项例外的约束,即第Ⅳ.A－5:201条(处在买方控制范围内的货物)、第Ⅳ.A－5:202条(货物的运输)和第Ⅳ.A－5:203条(运输途中货物的买卖)。

由于关于风险分配的规定大体上都是默认规则,(根据当事人自治的一般原则)所以当事人可以自由地另行约定。特别是,当事人可以约定风险提前转移,例如回溯到合同订立时,或者在受领货物后转移。当事人也可以单独约定特定的风险类型。

B. 主要规则:受领货物或单证

一般情况下,货物毁损灭失的风险自买方受领货物或代表货物的单证时由卖方转

移给买方。因此,在货物的控制——不论是直接的还是间接的(即通过代表货物的单证)——与风险的分配之间存在着联系。同时,本规则的第(1)款对应于第Ⅳ. A－3:104 条(受领交付)(b)项,该条款规定了买方负有通过实际受领货物或代表货物的单证来接受交付的义务。

这一受领规则的合理性可以从不同角度来论证。首先,任何货物的所有人都要承担它们可能会意外灭失的风险。因为正是对货物行使直接控制的当事人才处于保护其免受损害的最佳地位,该当事人在买卖合同履行前也承担着货物的风险。此外,占有货物的当事人处于保护它们的最佳地位。

在买卖交易过程中,当货物的所有权和控制权相分离时,风险转移与受领货物或代表货物的单证之间的联系具有特别重要的意义。例如,如果买卖合同中包含有一项所有权保留条款,则货物的所有权在买方支付价款之前仍属于卖方,虽然风险自货物被受领时已转移给了买方。

C. 货物不相符与关于风险转移的规则

上文已经指出,至少从技术性观点来看,关于风险的规则是与那些货物不相符的规则相互区别的(参见第Ⅳ. A－5:101 条(风险转移的效果)评论 B),但不能忽略的是,两者也存在着一定的相互依存性。根据第Ⅳ. A－2:308 条(确定相符性的有关时间)第(1)款,卖方对风险转移给买方时存在的任何货物不相符承担责任,即使该货物不相符是在该时间之后才显现出来的。在此,风险转移时间便成为评估是否存在货物不相符的决定性时刻。如果在风险通常转移给买方的时刻存在货物不相符,则卖方的责任并不能转移给买方,因此,关于货物不相符的规则优先于风险规定。然而,如果风险是在货物实际转由买方占有之前转移的,尤其是当它们是被根据第Ⅳ. A－5:202 条(货物的运输)第(2)款交付给第一承运人的时候,情况就会更加复杂。在这种情况下,例如,货物是否是在运输途中毁损的,或者它们是否是在风险转移时(即货物被交付给承运人时)已经不相符,这些问题难以评估。在前者情况下,卖方根据第Ⅳ. A－5:202 条第(2)款并不对该毁损承担责任,而在后者情况下,卖方根据货物不相符的规定则要承担责任。

示例 1

店主甲与零售商乙签订了一项买卖 20 箱瓷器的合同,约定货物将由一个独立承运人运送到甲的商店。在开箱验货时,甲发现有个箱子里的瓷器已经损坏了。在这种情况下,该毁损可能是在货物被交付给承运人之前便已存在的,但它也有可能是在运输途中发生的。

D. 货物的特定化

第(2)款反映了一项物权法的基本原则,即特定性原则,它对于风险转移也是至关

重要的。在实践中，这一特定化要求对于涉及第Ⅳ.A－5:202条（货物的运输）所规定的运输的买卖中风险的转移具有特殊的意义。这也是第Ⅳ.A－2:204条（货物的运输）第（2）款为什么规定，在货物运输的情况下，卖方负有向买方发出发货通知的原因之一。

一项买卖合同的货物可以通过不同方式特定化。货物的分离、标记和包装都是最为明显的；在运输的情况下，特定化的重要性已经在第Ⅳ.A－2:204条（货物的运输）第（2）款中得到了强调。货物在毁损灭失之前是否已经被正式特定化，这往往成为一个举证的问题，尤其是在导致毁损灭失发生的时间不能确定时更是如此。

示例2

为了配置其乡下小旅馆的房间，甲从作为批发分销商的乙那里购买了20台电视机。双方约定，甲应于3月25日提货。一般情况下，根据第Ⅳ.A－5:201条（处于卖方控制下的货物）第（1）款，风险在该提货日转移。但是，如果乙并未将甲的订单从他仓库里同种型号的电视机中分离开来，则风险在他分离之前并不转移。

一旦合同订立，货物的特定化就可以进行。但是，在卖方正式向买方加以交付之前，货物往往可能是并未特定化的。一般情况下，这种较晚特定化的重要性是在两种情形中体现出来的。其一，鉴于卖方已经在正确的时间和地点实际进行了交付，作为买方迟延受领货物的后果，风险转移给买方（第Ⅳ.A－5:201条（处于买方控制下的货物））。其二，如果货物是大宗散装转让的，则在卖方并未向买方发出发货通知前，风险并不转移（参见第Ⅳ.A－5:202条（货物的运输））。

示例3

事实与示例2相同。甲未在约定时间按时提货。3月28日，乙的仓库在一场火灾中被烧毁。一般来说，风险根据第Ⅳ.A－5:201条（处于买方控制下的货物）第（1）款已经于3月25日转移。但是，如果乙并未将甲的订单从其仓库中相同型号的电视机中分离开来，则根据该规定风险并不转移，甲可以要求交付新货。

E. 例外情况

本条的一般规则受到规定在第二节的一些例外的约束：第Ⅳ.A－5:201条（处于买方控制下的货物）规定了债权人迟延（*mora creditoris*）的情况；第Ⅳ.A－5:202条（货物的运输）和第Ⅳ.A－5:203条（运输途中货物的买卖）则规定了与货物运输情况下的风险有关的规则。

注　释

Ⅰ.风险由卖方转移给买方的时间点

1. 关于风险由卖方转移给买方的时间点,欧洲各法律体系存在不同。该分歧反映的是有关所有权移转的不同制度。因此,物权法和风险转移的制度存在着紧密的联系。

2. 在许多体系中,风险是与所有权一起转移给买方的(比利时民法典第 1138 条;英格兰和苏格兰货物买卖法第 20(1)条;法国民法典第 1138 条;意大利民法典第 1465 条(在双方同意转让所有权的合同情况下);葡萄牙民法典第 796 条)。在这些体系中,所有权一般是在合同订立时转让的(比利时与法国民法典第 1583 条)。如果合同订立时间对于风险转移是决定性的,则实现的是类似的结果(拉脱维亚民法典第 2023 条)。在西班牙,风险转移和所有权转让是相互分离的,分别根据的是民法典第 1452 条和第 1462 条规定的规则;对于(特定物的)风险转移而言,完善的合同便已足够了。不过在商业买卖中,风险在物被置于买方控制之下时才转移给买方(商法典第 333 条)。这在英格兰和苏格兰法律上有明确的规定,即将风险与所有权联系在一起,而明确地与交付分离开来(货物买卖法第 20(1)条)。不过,上述所有法律制度都对风险与所有权一起转移的主要规则规定了例外情况。如果买卖涉及合同中并未特定化的通用或未确定的货物,则风险将在一个较晚的时间点转移,通常是交付时,因为这使得货物特定化了(进一步参见下文Ⅱ)。此外,所有权保留条款可能产生迟延风险转移的效果(参见下文Ⅲ)。

3. 在其他体系中,风险是伴随货物占有交付/转让给买方一起转移的。在这些体系中,作为一个法律问题,所有权并不只是在买卖合同订立时转移;关于动产,交付也是必需的。许多体系规定风险伴随交付转移(《联合国国际货物销售合同公约》第 69(1)条;奥地利民法典第 1064 与 1051 条;丹麦 SGA 第 17(1)条;捷克共和国商法典第 455 条;爱沙尼亚 LOA 第 214(2)条;芬兰 SGA 第 13(1)条;德国民法典第 446 条;希腊民法典第 522 条;匈牙利民法典第 117(2)与 279(2)条;立陶宛民法典第 6.320 条;荷兰民法典第 7:10 条;挪威 SGA 第 13(1)条;波兰民法典第 548 条;斯洛文尼亚 LOA 第 436(1)条;西班牙 (仅限商事买卖)商法典第 331 与 333 条;瑞典 SGA 第 13(1)条)。在有些体系中,所有权转移对于风险转移是决定性的,而作为一般规则,所有权又是交付时转移的,通过这种机制,类似的结果得以实现(捷克共和国与斯洛伐克民法典第 133(1)与 590 条)。不过,这一主要规则存在着几种例外情况。在那些将风险与交付联系在一起的体系中,如果买方迟延受领货物,则风险可能在交付前转移。不少体系还就消费品买卖规定,风险在货物实际转归买方占有时转移。

Ⅱ.货物的特定化

4. 毁损灭失的风险必须与特定的或特定化的货物相关,换言之,买方必须被视为应承担与确定货物相关的风险。该原则适用于所有法律体系。

5. 在风险一般是在合同订立时与所有权一起转移的体系中,通过一种例外情况,在货物并未确定或特定化之前,风险并不转移(比利时民法典第 1585~1586 条;英格兰和苏格兰货物买卖法第 16 条;法国民法典第 1585 条(对于需要测量或称重的货物买卖,民法典第 1586 条 a contrario);意大利民法典第 1378 条;拉脱维亚民法典第 2023(1)与(2)条;葡萄牙民法典第 408(2)与 539 条)。这同样适用于并未生产出来的未来货物(法国;葡萄牙民法典第 408(2)条)。

6. 在风险一般随交付转移的体系中,货物的特定化通常是没有问题的。不过,在买卖合同涉及独立承运人的货物运输(参见第Ⅳ.A－5:203 条(运输途中货物的买卖)),或者买方迟延受领(参见第Ⅳ.A－5:202 条(货物的运输))的情况下,同样的问题可能出现。在这些情况下,仅当货物被明确特定化——通常是通过标记货物、货单证、向买方发出通知或其他方式——的时候,风险才会转移(《联合国国际货物销售合同公约》第 67(2)与 69(3)条;捷克共和国商法典第 458 条;芬兰 SGA 第 14 条;希腊民法典第 290 条;匈牙利民法典第 304 条;立陶宛民法典第 6.320 条;荷兰民法典第 7:10(1)条;挪威 SGA 第 14 条;斯洛伐克商法典第 458 条;斯洛文尼亚 LOA 第 437 条;西班牙民法典第 1452 (2)与(3)条;瑞典 SGA 第 14 条)。这同样适用于德国法律,它隐含于民法典第 447 条货物必须被交付给承运人的一般要求当中。

Ⅲ.特殊问题

7. 对于买卖合同中的风险转移而言,还存在一项取决于某条件的特殊制度。基于一项中止条件,风险仍然归于卖方(例如,在斯洛文尼亚 LOA 第 516 条与西班牙商事买卖中,商法典第 334.3 条);在解除条件的情况下,风险随交付转移给买方。在某些体系中,所有权保留有着迟延风险转移的效果(比利时民法典第 1182 条;法国 Ccom. 19 October 1982, Bull. civ. Ⅳ, no. 321;葡萄牙 STJ 22 February 1983, BolMinJus 324, 578; STJ 5 March 1996, CJ 1996 Ⅰ, 119; Galvão Telles, Obrigações[7], 473; Varela (1995), 88)。但根据希腊法律,如果买卖合同中包含了一项所有权保留条款,买方自货物交付时承担风险(民法典第 532 条)。

8. 某些体系就以剩货包退为基础订立的买卖合同规定了特殊的制度。根据北欧国家法律,在这种情况,货物被退还给卖方之前,买方将自交付时起承担风险(丹麦 SGA 第 60(2)条;芬兰、挪威与瑞典, SGA 第 16 条)。相反的解决方案出现在其他货物出售要受它们被初次检验或检查的条件约束的体系中。在此,买方宣告受领之前,或者买方退货的最后期限届满之前,风险由卖方承担(拉脱维亚民法典第 2024(5)条;斯洛文尼亚 LOA 第 516 条)。

9. 在希腊法律上,如果买卖是在公开拍卖时发生的,则风险并非自交付起转移,而是自拍定,即成功竞拍时起转移(CCP 第 1017(3)条)。另一项例外涉及作为整体的死者遗产(继承)的买卖。在这种情况下,风险在买卖合同订立时转移(德国民法典第 2380 条;希腊民法典第 1951 条)。

第Ⅳ.A－5:103 条　消费品买卖合同中风险的转移

(1)在消费品买卖合同中,风险自买方受领货物时转移。

(2)如果买方没有履行受领义务并且买方的债务不履行不能根据第Ⅲ－3:104 条(因障碍而免责)的规定免责,而应适用第Ⅳ.A－5:201 条(处在买方控制下的货物)的规定,则第(1)款的规定不适用。

(3)除前述两款规定外,本章第二节的规定不适用于消费品买卖合同。

(4)当事人不得排除本条之适用,或者限制或变更其效力而损害消费者利益。

评　论

A. 概述

关于消费品买卖合同，本条规定了一项第Ⅳ.A－5:102 条（风险转移的时间）的主要规则和第二节的特殊规则的一项重要例外，即风险在买方实际受领货物之前并不转移。这意味着，例如仅仅是代表货物之单证的交付，并不会导致风险的转移。对于消费者的这一规则，也存在一项例外，即买方并未履行受领货物的义务，且该不履行不可免责（第(2)、(3)款）。第(3)款含有一项一般性的说明，第二节的规定并不适用于消费品买卖合同。

基本上，本规则的目的是为了避免不适当地加重消费者对于不可预见的风险的负担，而那种风险是他或她既不能预见，也不可能采取保险措施的。这一规定超出了《消费品买卖指令》的范围，而在那里，风险问题并未得到明确的处理。鉴于这一原则对于消费者的重要性，并且卖方可能通过标准条款将高风险排除在外，所以这一规定是强制性地有利于消费者的（第(4)款）。

B. 处于消费者控制下的货物

根据一般规定，只要买方明知货物已经可以受领，如果他迟延受领货物，则风险通常自货物应被受领时转移给买方（第Ⅳ.A－5:201 条（处于买方控制下的货物）第(1)款）。对于消费品买卖合同，本条通过规定风险在买方实际受领货物之前并不转移，除非买方之未能受领根据第Ⅲ－3:104 条（因障碍而免责）不能免责，修改了这一规则。

示例 1

消费者买方甲从汽车经销商乙那里购买了一辆汽车。双方约定，甲应于某个特定日期从卖方的营业地点开走汽车。甲忘记了该约定，未在约定日期去取车。当天晚上，该汽车被从卖方的营业地点盗走了。该风险由买方承担，因为这种未能受领是不能免责的。

示例 2

事实与解释 1 相同。在约定日期，甲去取车的路上发生了交通事故，并因为受重伤被送进了医院。汽车被盗的时候，风险仍由卖方承担，因为甲的未能受领根据第Ⅲ－3:104 条（因障碍而免责）是可以免责的。

关于第Ⅳ.A－5:201 条（处于买方控制下的货物）第(2)款，即调整的是卖方将货物交付到并非其营业地点的地点的情况，对于消费者的这一修改甚至是更为重要的。即使未能受领货物并不是必需的，本条也在第(2)款引入了这一要求。

C. 消费品买卖合同中的货物运输和风险转移

根据关于货物运输的一般规定,第Ⅳ.A－5:202条(货物的运输)第(2)款的主要规则是,风险在货物被交付给承运人时转移。但在消费品买卖合同中,仅当货物被实际交付给买方时,风险才会转移。因此,如果因货物已经毁损灭失,消费者并未收到货物,则他或她并不需要支付价款。此外,卖方交付迟延,关于迟延的所有救济因而都是可用的。

示例3

消费者甲跨越国境购买了一台冰箱。根据协议,卖方应负责将冰箱运送到甲的住所。卖方就此运输的跨境送货服务收取了费用。但是,装有要运送给甲的冰箱以及其他货物的货车发生了交通事故,货车上的所有货物都被毁损而无法使用了。由于甲尚未受领货物,所以风险并未转移。因为风险仍由卖方承担,所以当他并未按时将冰箱交付给甲时,他就构成了交付迟延。

这样的结果将为卖方在安排运输和选择承运人过程中加以谨慎注意提供一种激励。通过整合长期财务安排中的运输风险的经济成本,或者往往被考虑在内的获得有利的保险,卖方也将处于更佳的位置来计算价格。另外,消费者在寻求要求第三方赔偿或提出保险索赔时,会面临着更多的障碍。最后,应该指出的,在许多案件中,与消费者进行交易的卖方都会运营着他自己的一支运输车队。如果情况如此,根据一般规则,风险在货物被消费者受领之前,无论如何是不会转移的。

注　释

消费品买卖中的特殊风险制度

1. 在大多数体系中,消费品和非消费品买卖的制度是相同的。但是,相当多的体系也规定,货物在运输过程中的风险由卖方承担。对于买方在货物被交付给第一承运人后承担风险这一根深蒂固的原则而言,这是一种例外情况(参见第Ⅳ.A－5:203条(运输途中货物的买卖))。因此,在有些体系中,货物被运输给买方时,仅当货物实际由买方占有的情况下,风险才会转移(英格兰和苏格兰货物买卖法第20(4)条;爱沙尼亚LOA第214(5)条;芬兰"消费者保护法"第5章第3(2)条;德国民法典第474(2)条;匈牙利民法典第278(2)条;荷兰民法典第7:11条;挪威"消费品买卖法"第14条;斯洛伐克民法典第614(3);瑞典"消费品买卖法"第6与8条)。不过,根据荷兰法律,当事人可以通过个别协商条款来背离这一具体规定(民法典第7:6(1)条)。根据瑞典的暂行条例和法学文献,货物必须交付到消费者的家里,例如放进信箱或者由收件人或其他家庭成员收取。货物被留在消费者住所的大门外是不够的。如果买方必须在其他一些地方,例如邮局收取货物,则货物是在它们被实际取走时才完成了交付(Herre, Konsumentköplagen, 112 f)。

2. 在西班牙，有些学者认为，消费品买卖中，风险在货物被交付时转移给买方；他们认为，货物在此时必须具有相符性（参见 Orti Vallejo, Los defectos de la cosa en la cpraventa civil y mercantil, 98; Morales Moreno, ADC 2003, 1628）。此外，在法国的法学文献中，这种进路也一直得到了提倡（Huet, Responsabilité du vendeur et garantie contre les vices cachés, no. 267）。

3. 对于北欧国家的消费品买卖而言，这一原则也适用于买方应提取货物的情况。而且在货物实际转归买方占有之前，风险并不转移（芬兰"消费者保护法"第5:3(2)条；挪威"消费品买卖法"第14条；瑞典"消费品买卖法"第6与8条）。

第二节　特殊规则

第Ⅳ.A－5:201条　处于买方控制下的货物

(1) 如果货物处在买方的控制范围内且买方知道此项事实，则风险自货物应该受领时起转移，除非买方得根据第Ⅲ－3:401条（中止履行对待债务的权利）的规定拒绝履行受领义务。

(2) 如果货物处在买方的控制范围内且并不在卖方的营业地点，则风险自应该交付且买方知道货物处在其控制范围内及所处位置时转移。

评　论

A. 概述

对于第Ⅳ.A－5:102条（风险转移的时间）的主要规则——据此，风险在买方受领货物时转移——而言，本条规定了一种例外情况。根据本条，在消费品买卖合同中，风险自买方可以受领货物而未能受领时转移。起点是买方根据合同有义务受领货物的时间。如果买方未能履行这一义务，风险在一定条件的约束下转移。

第(1)款适用于买方必须在卖方的营业地点提取货物的情况。在这种情况下，仅当买方知道货物可以提取但仍然违反合同义务而不予提取时，风险才转移。

第(2)款是一项针对所有其他情况（即卖方必须将货物交付给买方，或者买方必须从诸如仓库等其他地点提取货物）的概括性条款。在这种情况下，风险在货物被置于买方控制范围内时转移，只要买方知道货物此项事实的存在即可。

B. 可以在卖方营业地点提取的货物

根据第(1)款，如果三项条件得到满足，则风险转移给买方。其一，位于卖方营业

地点的货物已经被置于买方控制范围内。因此,买方必须从卖方那里提取货物,这也是第Ⅳ.A－2:202 条(交付的时间和地点)的默认规则。其二,卖方必须实际上将货物置于买方控制范围内,也就是必须按合同约定提供货物。尤其是,这要求根据第Ⅳ.A－5:102 条(风险转移的时间)第(2)款将货物特定化。其三,买方必须未能按照合同要求受领交付。

这一规则不仅防止了买方通过不予受领(所谓债权人的迟延)而推迟风险的转移,而且它还因阻扰卖方履行交付义务而对买方进行了制裁。原则上,卖方可以强迫买方受领货物,但在实践中,通常首选的救济措施是就价款起诉买方。在这种情况下,风险转移对买方受领货物提供了进一步的推动力,因为即使货物在迟延期间毁损灭失,买方也要支付全部价款。

如果卖方已经试图履行合同义务,则免除其货物可能意外灭失的风险责任是公平的。正如刚才所指出的,这一结果也可以对买方遵守受领交付的义务构成一种额外的激励。实际上,买方因未能受领嗣后毁损灭失的货物可能遭受三重损害:货物的损失;支付价款;因违约可能承担损害赔偿责任(如果不履行受领义务对卖方造成了任何附带损失的话)。

C. 可以在卖方营业地点以外地点提取的货物

如果卖方必须在其营业地点以外的地点将货物置于买方控制范围内,则风险在买方应当受领时转移。但在这种情况下,风险转移受到两项条件的制约。其一,卖方必须将货物置于买方控制范围内(参见上文评论 B)。其二,买方必须知道这个履行地点,以及货物被置于那里的事实。不过,对于风险转移而言,债权人的迟延并不是必需的。换言之,买方是否因为未能受领货物而未能履行合同义务,这是无关紧要的。

示例 1

零售商甲卖给了乙一批货物。他们约定,货物将于某日在其生产地点——一个邻近乙的营业地点的工厂——置于买方的控制范围内。鉴于甲已经就货物在该工厂可以被提取通知了乙,风险在该约定日期转移。

总之,对于货物在并非卖方营业地点的其他任何地点被置于买方控制范围内时风险的转移而言,第(2)款构成了一种概括性的条款。因此,它既涵盖了卖方必须将货物交付给买方的情况,也包含了买方必须从另一地点,例如某仓库或工厂提取货物的情况。但是,它并不适用于涉及第Ⅳ.A－5:202 条(货物的运输)和第Ⅳ.A－5:203 条(运输途中货物的买卖)所规定的运输的情况。

D. 消费品买卖合同

除了第Ⅳ.A－5:103 条(消费品买卖合同中风险的转移)第(2)款——即消费者买

方并未履行受领货物的义务，且该未能受领是不被免责的——规定的例外以外，本条并不适用于消费品买卖合同(参见该条的评论)。

注 释

买方未能受领货物时风险的转移

1. 当货物被置于买方控制范围内时，如果买方并未在适当时间受领货物，则风险转移给买方，这对所有法律体系而言都是一项共同原则。但是，这一原则是在不同体系下以不同方式来规定的。

2. 在许多体系中，这是在一般层面上来规定的，即当存在履行过程中的违约时，风险转移给债权人(捷克共和国民法典第522条与商法典第372条；德国民法典第324(2)条；匈牙利民法典第302条；意大利民法典第1207(1)条；葡萄牙民法典第815条；西班牙民法典第1452(3)条；商法典第333条)。根据希腊法律，关于这个问题并不存在明确的规定，而只有一般原则规定，即当债权人未能履行时，债务人的责任仅限于恶意欺诈和重大过失(民法典第355条)。但是，判例确定，买方因拒绝受领货物而违反义务，因而要承担风险(A. P. 790/1958 NoB 1959,422)。西班牙法律与此类似，其中并不存在买方受领货物交付的明确义务。但是，通过与立法相结合的判例，可以得出结论，交付义务已经被履行，而债权人构成违约(民法典第1176条与TS 15 October 1987,RAJ 1987 no. 4469)。

3. 其他体系规定了专门适用于买卖的规则。这主要适用于那些风险随交付转移的体系中。总体而言，这些规定极其相似，或者至少会导致类似的结果。它一般规定，如果买方并未接受货物、未能受领，或者如果货物并未被按时交付，而这是由于买方的违约或类似情况，则风险转移(《联合国国际货物销售合同公约》第69(1)条；捷克共和国商法典第455条；奥地利民法典第1048条；爱沙尼亚LOA第214(3)条；芬兰SGA第13(2)条；立陶宛民法典第6.320条；荷兰民法典第7:10(2)条；挪威SGA第13(2)条；斯洛伐克民法典第522条以及商法典第372条；斯洛文尼亚LOA第437条；瑞典SGA第13(2)条)。

4. 某些体系中明确规定了进一步的条件。买方可能因为未能受领货物而承担违约责任(《联合国国际货物销售合同公约》第69(1)条；捷克共和国商法典第370与455条)，或者因买方的作为或不作为而构成迟延(芬兰、挪威与瑞典SGA第13(2)条)。根据捷克和斯洛伐克法律，如果买方未能与卖方配合，风险也可能转移(民法典第522条)。

5. 当交付迟延时，英格兰和苏格兰法律将风险置于其过错导致迟延发生的一方，不论是卖方还是买方。在这种情况下，风险被扩及因该过错所发生的任何损失(英格兰货物买卖法第20(2)条；英格兰Pmer & Thsen v. Mowat (1906) 14 SLT 373)。

6. 此外，如果货物被交到并非卖方营业地点的某个地点并处于买方控制范围内，则风险在交付并且买方知道货物应经被如此放置的事实时起转移(《联合国国际货物销售合同公约》第69(2)条；捷克共和国商法典第456条；爱沙尼亚LOA第214(1)条与第209(1)条相联合；芬兰SGA第13(3)条；匈牙利民法典第278(1)与302条；挪威与瑞典SGA第13(3)条)。

7. 基于这一原则的适用，为了风险的转移，卖方往往必须满足其他条件；尤其是在未特定之

货物的买卖情况下，卖方必须正式地将其特定化（参见第Ⅳ.A－5:102条（风险转移的时间）注释）。某些体系中具体规定，卖方必须就货物已经被正式特定化通知买方（捷克共和国商法典第458条；爱沙尼亚LOA第209(1)条；立陶宛民法典第6.320条；斯洛文尼亚LOA第437条），或者如果提取的日期并未约定，则要求买方提取货物（奥地利民法典第1048条）。根据波兰民法典第551条第(1)款，如果买方迟延受领货物，则卖方可以将货物保管，而成本和风险均由买方承担。

8. 这一解决方案并不适用于北欧国家消费品买卖。在此盛行的是一般规则，即风险在货物实际转归买方占有时转移，即使消费者会因未能在适当时间提取货物而向卖方承担违约责任（参见第Ⅳ.A－5:103条（消费品买卖合同中风险的转移））。

9. 在那些风险随所有权一起转移——即大多在合同订立时转移——的体系中，一般并不存在专门适用于买卖的规则，因为风险在买方迟延受领货物之前通常已经转移了。然而，那些体系也规定了卖方迟延交付货物的相应规则。在某些体系中，如果卖方被要求交付货物（*mis en demeure*），风险便转移给卖方（比利时与法国民法典第1138(2)条）。同样，根据拉脱维亚民法典第2024条第(4)款，如果卖方迟延交付，则风险由卖方承担。

第Ⅳ.A－5:202条　货物的运输

(1) 本条适用于任何涉及货物运输的合同。

(2) 如果卖方没有义务在特定地点交付货物，则风险自卖方将货物交给第一承运人时转移给买方。

(3) 如果卖方有义务在特定地点交付货物，则风险自货物在该地点交付时转移。

(4) 卖方依授权保留控制货物处置权的单据，并不影响风险的移转。

评　论

A. 概述

本条规定的是货物运输情况下的风险转移问题。基本上，风险在货物被交付给承运人时转移，而不是像第Ⅳ.A－5:102条（风险转移的时间）之主要规则所规定的买方受领货物时转移。

这一规定必须参照第二章规定的关于运输的规则来解读。根据第Ⅳ.A－2:201条（交付）第(2)款，卖方通过将货物交给承运人，并将从承运人那受领货物所必需的任何单据交给买方的方式来履行交付义务；此外，第Ⅳ.A－2:204条（货物的运输）规定了卖方与货物运输有关的几项义务。

B. 货物运输与风险转移

在涉及货物从卖方运输给买方的买卖合同中，风险一般在卖方将货物交给承运人时转移，而不是在买方最终收到货物时转移。如果当事人并未约定交付货物的特定地点（第(2)款），则风险自货物交付给第一独立承运人时转移。一般情况下，当货物已经被置于承运人的控制范围内时，货物就将被视为已经交付运输。

示例 1

甲向乙出售了十台电脑。双方约定，甲安排将货物运输到乙的营业地点。甲雇了一位独立承运人来运输货物。风险在货物被交付给承运人时转移。

但是，如果卖方必须在特定地点交付货物的话（第(3)款），风险则在货物在该地点被交付给承运人时转移。一般情况下，仅当买方负责组织运输时才会如此。例如，买方可以就货物被交付给承运人的地点，指定某机场或港口。因此，如果卖方在错误地点将货物交付给承运人，则风险并不转移。

示例 2

事实与解释 1 相同。双方约定，卖方必须将货物在某机场交付给承运人某国际物流公司。由于错误，甲在一个国内机场而不是约定的国际机场将货物交给了承运人。因为甲并未遵守本条第(3)款的规定，所以风险并不转移。

风险在货物被交付给承运人时转移的规则，构成了主要规则——即风险在买方受领货物时转移——的一种例外。它是以这样的观念为基础的，即风险一般应当在卖方已经尽其可能地交付货物时转移。它还是以这样的假设为基础的，即货物运输是为了买方的利益。在国际贸易中，将承运人视为买方的“延伸”也是一种惯例。根据控制理论并不能证明这一规则，因为在交付给承运人之后，卖方和买方都并未对货物进行实际控制。相反，在实践中，发货后，通常正是卖方才能控制货物，或者至少拥有货物的处置权。但应当指出的是，如果货物在运输途中受损，买方可能会对承运人提出索赔，并且通常是买方享有保险所涉的利益。买方或者直接安排运输（例如在 FOB 合同中），或者卖方有义务代表买方来安排运输（例如 CIF 合同）。

第(4)款明确规定，卖方依授权保留控制货物处置权的单据，这一事实并不影响风险的转移。哪一方占有单据，这是毫无影响的；实际交付给承运人才是决定性因素。至于所有权转让的问题，比如所有权保留条款所产生的这种问题，对于风险转移也是无关紧要的。

仅当双方并无其他约定时，这一规定才会适用。当事人可以随其自愿规定风险事项，例如，约定风险在货物实际交付给买方之前并不转移。

C. 承运人作为独立于卖方的实体

第一款所规定的承运人是独立承运人。货运代理行是否应被包含在承运人的概念当中，鉴于它所发挥的不同作用，这可能是不确定的。但是，在货物由货运代理行接收，并且其目的是为了将货物转交给买方的情况下，这一规则应当适用。如果卖方并未使用独立承运人而自行运输，则风险在货物被交付给买方之前并不转移。

示例 3

甲从一个大规模的红砖制造商那里购买了建筑材料。双方约定，乙的一位雇工将把这些材料运送到甲的建筑工地。在这种情况下，风险在材料被运送到该建筑工地之前并不转移。

D. 消费品买卖合同

参见第Ⅳ.A－5:103 条（消费品买卖合同中的风险转移）的评论。

注　释

Ⅰ. 涉及运输的买卖合同

1. 如果买卖合同涉及货物运输，在许多体系中，风险在货物被交给承运人时从卖方转移给买方（关于承运人的概念，参见下文Ⅱ）。因此，履行地点必须是买方营业地点或惯常住所以外的其他地点，因为在这种情况下，卖方在货物被交到该地点之前并未履行（风险并不转移）。在任何情况下，目的地都不需要与履行地相一致，不论它是在哪里。

2. 在风险转移所必需的意义上，合同是否涉及运输，这并不总是很清楚的。但一般情况下，如果卖方亲自运输货物，则合同并不涉及运输。北欧国家法律明确规定，如果货物由卖方运输，或者如果运输发生在同一个地区内，或卖方通常安排同类商品之运输的区域内，则风险在货物被实际交给买方之前并不转移（芬兰、挪威与瑞典 SGA 第 7 条(1)与(2)款）。此外，关于在特定地点"自由地"、"交付给"或"自由交付"等贸易条款，它明确规定，根据那些条款，货物在它们运抵各自的交付条款规定的地点之前，货物并不被认为已经交付（芬兰、挪威与瑞典 SGA 第 7(3)条）。丹麦 SGA 第 65 条有一项类似的规定。在奥地利，法律规定，受领人必须对发货方式加以确认或者授权。得到公认的是（Koziol 与 Welser, Bürgerliches Recht Ⅰ[10], 237），买方被认为默许同意通过铁路（OGH in HS 5345）或邮件，通过航空或船运（OGH in EvBl 1990/34）来发货。根据英格兰和苏格兰法律，卖方必须被授权或要求发货给买方（货物买卖法第 32(1)条）。

Ⅱ. 承运人的概念

3. 大多数体系并未规定承运人的具体概念。不过，某些体系规定，风险在货物被交付给运输商、货运代理行或被指定发送货物的人时转移（德国民法典第 447(1)条；葡萄牙民法典第 797 条及商法典第 383 条）。有些体系还普遍要求，承运人必须独立于卖方（英格兰 Benjamin（－Guest），Sale of Goods[6]，§5－098 and Goode, Commercial Law 262－263；瑞典 Ramberg,

Köplagen,191 f)。因此,承运人不得属于卖方机构组成的一部分。

Ⅲ. 涉及运输的买卖中的风险转移

4. 风险随交付给承运人而转移的原则,以多种方式出现在欧洲的法律制度当中。这一原则在风险随交付而转移的体系下是最为重要的。除非另有约定,否则在为了交付买方而将货物交给第一承运人时,交付发生并且风险转移给买方(《联合国国际货物销售合同公约》第 67 条;奥地利民法典第 429 条;捷克共和国民法典第 594 条以及商法典第 457 条;英格兰和苏格兰货物买卖法第 32(1)条;爱沙尼亚 LOA 第 214(2)条与第 209 条(4)款 2 项相联合;芬兰 SGA 第 7(2)条;德国民法典第 447(1)条;希腊民法典第 524 条;匈牙利民法典第 278(2)条;挪威 SGA 第 7(2)条;波兰民法典第 544 条;葡萄牙民法典第 797 条以及商法典第 383 条;斯洛伐克民法典第 594 条,以及第 133 与 590 条;斯洛文尼亚 LOA 第 436(1)与 452 条;西班牙(商事买卖)参见 TS 3 October 1997,21 February 1972 and 8 September 1972,试比较,商法典第 338 条以及 Vicent Chuliá, Cpendio crítico de Derecho Mercantil, Ⅱ,1990,p. 141;瑞典 SGA 第 7(2)条)。关于风险和运输,也可能存在一般性规定。例如,在法国商业买卖中,货物在运输过程中由其所有权人承担风险,也就是说当售出的货物特定化时由买方承担(商法典第 L. 132－7)。

5. 在某些体系中,如果卖方选择了承运人,则关于运输存在明确的最低要求(参见第Ⅳ. A－2:204 条(货物的运输)注释)。如果这些要求未获满足,并且货物由于该运输的选择而遭受损失,则风险仍由卖方承担(芬兰、挪威与瑞典 SGA 第 8 与 12 条)。如果货物在运输途中丢失或毁损,则买方可以拒绝承认承运人的交付是一种适当交付,或者可以要求卖方承担损害赔偿责任(英格兰货物买卖法第 32(2)条)。

6. 在有些体系中,规定有关于货物运输之一般规则的例外。如果卖方负有在特定地点将货物交给承运人的义务,则风险在该地点将货物交给承运人之前并不转移给买方(《联合国国际货物销售合同公约》第 67(1)条;捷克共和国商法典第 457 条;匈牙利民法典第 278(2)条)。如果货物是由卖方通过涉及海运的路线发送给买方的,在保险之通常做法的情况下,卖方必须向买方发出通知,以便买方能够在海运过程中投以保险;如果卖方并未这样做,则货物在该海运过程中的风险由卖方负责(英格兰货物买卖法第 32(3)条)。

7. 关于根据本条风险的转移,存在着进一步的要求,即货物必须已经正式特定化。此外,在相当多的体系中还规定,消费品买卖中的货物涉及运输时,风险由卖方承担。

第Ⅳ. A－5:203 条　运输途中货物的买卖

(1)本条适用于所有涉及运输途中货物买卖的买卖合同。

(2)风险自货物交付给第一承运人时转移给买方。但是,如果情况表明有此需要,则风险自合同订立时起转移。

(3)如果卖方在合同订立时知道或可以合理地被期待知道货物已经遗失或损坏而并未将此情况告知买方,则遗失或损坏的风险由卖方承担。

评　论

A. 概述

本条适用于运输途中货物的买卖，也就是说，货物已经开始被从出发地向其目的地运送。

示例 1

甲向乙购买了 100 桶棉花。乙向甲发送了货物。当货物尚处于运输过程中时，甲将货物卖给了丙。丙自货物被交给承运人时起承担损害风险。

B. 运输途中货物的买卖与风险转移

在运输途中货物买卖的情况下，风险通常自货物被交给第一承运人时起转移。因此，运输途中货物的买方自买卖合同订立之前就要承担风险。这种溯及效力的合理性可以通过如下几点来证明：其一，最终的买方承担整个运输风险（通常是通过投保的方式），这是这种商业交易的惯例做法。其二，这种买卖类型是建立在代表货物或与货物有关的单据基础上的，例如保险和配送单据等，买方在订立合同之前可以对其加以检验。

《联合国国际货物销售合同公约》第 68 条的规定如下：

对于在运输途中买卖的货物，从订立合同时起，风险就移转到买方承担。但是，如果情况表明有此需要，从货物交付给签发载有运输合同单据的承运人时起，风险就由买方承担。尽管如此，如果卖方在订立合同时已知道或理应知道货物已经遗失或损坏，而他又不将这一事实告知买方，则这种遗失或损坏的风险应由卖方承担。

本条含有与《联合国国际货物销售合同公约》同样的规定，但通过将《联合国国际货物销售合同公约》第 68 条第 1 句作为一项例外，使得其解决方案与商业惯例一致起来。但是，如果情况表明有此需要，例如针对运输风险并未投保，则风险仍有可能在合同订立时转移。

C. 例外情况

如果运输途中货物的卖方知道，或者应当知道货物已经在途中遗失或损坏，而又并未告知后手的买方，则第（2）款的主要规则并不适用。在这种情况下，卖方是恶意的，必须承担特定的风险。

示例 2

事实与解释 1 相同。当棉花运抵目的地港口时,丙发现航运过程中,部分棉花已经损坏。正常情况下这种损失是由丙来承担的,他可以寻求提出保险赔偿。如果甲在与丙订立买卖合同时,知道或应当知道棉花已经损坏而又并未告知丙,则该损失由甲承担。

D. 消费品买卖合同

由于这种买卖交易几乎全都是商业交易,所以消费品买卖合同并不适用本条规定(参见第Ⅳ. A－5:103 条(消费品买卖合同中风险的转移)第(3)款)。

注　释

运输途中货物的买卖

1. 关于涉及运输途中货物买卖的风险,大多数法律体系都规定了明确的制度。在某些体系中,风险在合同订立时转移,除非情况表明风险自货物被交给签发运输单据的承运人时起由买方承担(《联合国国际货物销售合同公约》第 68 条;芬兰 SGA 第 15 条;立陶宛民法典第 6. 320 条;挪威 SGA 第 15 条;瑞典 SGA 第 15 条)。这一规则存在一项例外,即如果在订立买卖合同时,卖方知道或应当知道货物已经遗失或损坏,而并未告知买方,则该遗失或损坏的风险由卖方承担。类似的规则也出现在葡萄牙法律上,其中规定,买方自合同订立时起承担风险,但如果卖方知道货物已经灭失而又并未善意地向买方披露这一事实,则上述规则被认为并不适用(民法典第 938 条)。根据西班牙法律,关于这一点既不存在法定规则也不存在法院判决,适用的只能是一般制度;当前的情况是,通过合意契约(*solo consensu*,民法典第 1463 条)的交付得到了充分理解:卖方将对抗实际占有人(承运人)的合同权利转让给了买方。《联合国国际货物销售合同公约》第 68 条的评论者在西班牙法律上并未找到任何先例或相应的规则(参见 Caffarena, Diez－Picazo La Cpraventa Internacional de mercaderías, 1997, 68)。

2. 在其他体系中,这种情况下的风险毋宁说是与对承运人的交付相联系的。风险随货物被交付给第一承运人而转移(捷克共和国商法典第 460 条;爱沙尼亚 LOA 第 214(4)条;意大利民法典第 1529 条;斯洛伐克商法典第 457 与 460 条)。但是,在某些这种体系中,卖方知道损害发生但并未告知买方的情况被明确排除在外了(捷克共和国商法典第 460 条;爱沙尼亚 LOA 第 214(4)条)。意大利法律明确规定,这一原则仅适用于运输途中被保险货物的单证买卖(民法典第 1529 条)。德国的判例表明,运输中货物的买方自要求承运人改变目的地时起承担风险(BGH 27 March 1968, BGHZ 50, 32)。

3. 根据既适用于英格兰也适用于苏格兰的 1979 年货物买卖法第 33 条,卖方同意自己承担风险而在出售地之外交付货物时,(除非另有约定)买方必须承担在运输途中不可避免地出现的货物变质风险。但是,这并未扩展到作为运输开始时货物缺陷状态之结果而产生的风险(Adams/Atiyah/MacQueen, Sale of Goods[11], 357)。

第六章　消费品担保

第Ⅳ.A－6:101 条　消费品担保的定义

(1)消费品担保指的是在消费品买卖合同中对消费者所作的下款各项提到类型的所有允诺,包括由:

(a)生产商或者处于商业链后端的人所作的允诺;或者

(b)卖方在其作为商品销售商的债务之外所作的允诺。

(2)该允诺包括:

(a)除错误使用、错误保养或事故外,货物应在一个特定期间内保持其符合通常目的,等等;

(b)货物符合担保文件或相关广告中的描述;或者

(c)受担保中陈述的所有条件的约束,

(i)货物将被修理或更换;

(ii)为货物支付的价款将被全部或部分退还;或者

(iii)将提供的其他救济措施。

评　论

A. 概述

本条规定了“消费品担保”的定义。第(1)款规定了谁可能成为该担保的发出者和接受者。第(2)款则通过描述消费品担保实际上可能包含哪些内容,列举了消费品担保的不同类型或基本范例。

第六章规则的适用仅限于消费品买卖合同,因为它们是专门设计来回应这类合同的需要的。这一政策选择的主要原因在于,担保在消费品买卖合同中发挥的特殊功能,那是与其他买卖类型所设想的功能有所不同的。在商业买卖中,生产商的担保往往伴随着买方对卖方之权利的削减。另外,消费品买卖合同在很大程度上是由具有强制性的规则来调整的,担保并不能影响(以消极的方式)买方的权利。同时,被当作旨

在将消费者系于特定类型之营销工具使用的担保,往往会误导消费者认识其实际权利。这可能导致担保实际损害消费者的地位而不是改善其地位的情况。

B. 术语的选择

首先,“消费品担保”指的是交易的客体,这带有两项后果。一方面,通过将担保与消费者和货物联系在一起,它表明了本章的适用范围。在这种语境下,应当注意的是,虽然在定义列表和第Ⅳ.A－1:201条(货物)中界定了“货物”的定义,但本规则并未对消费品规定特殊的规则。但是,本章规则适用于第Ⅳ.A－1:204条(消费品买卖合同)所界定的消费品买卖合同过程中售出的货物。

其次,通过援引交易客体来界定担保,这表明了担保和它所伴随的客体之间存在极其紧密的联系。这在第Ⅳ.A－6:102条(担保的约束力)第(2)款中得到了再次确认,它规定,作为一项默认规则,担保附属于并因此随消费品而发生。

C. 允诺

本规则并未就消费品担保的法律形式明确立场。在这方面,它们遵循的是《消费品买卖指令》所采取的进路,它也使用了“允诺”这一表述,但并未界定其意义。消费品担保的法律定性可能取决于许多因素,其中最重要的是提供消费品担保的一方的意志。根据不同的情况,担保可能采取合同、合同条款或单方允诺的形式。虽然担保的法律定性至关重要,但界定它可能会带来并不希望的限制性结果。

因此,消费品担保之法律形式的选择被留给了当事人。如果当事人并未明确作出选择,则应当通过解释来确定法律形式。

D. 与消费品担保有关的当事人

附有消费品担保之货物的第一消费者买方总会获得担保权人的地位,并因此能够诉诸于消费品担保。作为一项默认规则,根据第Ⅳ.A－6:102条(担保的约束力),消费品担保附属于货物。因此,货物之任何嗣后的所有权人都有权诉诸于该担保。

消费品担保可能是由卖方、生产商或者任何处于商业链条后端的其他人提供的(这转述的是第Ⅳ.A－2:303条(第三方的陈述)的措辞)。提供担保的卖方和生产商的地位是不同的,因为卖方已经受到了相符性制度的约束。如果卖方决定提供担保,那它就是一项由相符性规定所产生之义务的额外允诺,而生厂商提供的担保是独立的。根据第Ⅳ.A－6:102条(担保的约束力),谁是担保人这个问题并不会影响消费品担保的约束力。本条的措辞突出了卖方提供和生厂商(或任何处于商业链条后端的其他人)提供的消费品担保的不同性质;但同时,它又使得这些都受到整个第六章之有效而又精致的共同制度的调整。

在实践中,最常见的担保是由货物的生厂商和卖方提供的。但是,并没有理由限制可能的担保人的数量,因为将其他可能的担保人包含在内,使得该制度更加有效,也

更能因应于市场现实。

E. 消费品担保的内容

第(2)款列举了消费品担保的不同类型或基本范例及其内容。担保只需要是第(2)款提及的一种类型即可。它们当然可能是属于这些担保类型中的许多不同形式，并且第三种类型包含着这样的一般表述："将提供的其他救济措施。"在这个意义上，第(2)款的类型存在着扩展的空间。

(a)项规定的是三种类型中最为中性的一种。在这种语境下，担保人允诺，消费者有权期待货物符合第二章第三节规定的相符性制度。换言之，通常目的就是第Ⅳ.A－2:302条(符合合同的目的、质量和包装要求)(b)项所规定的。货物应当在特定期间内适合于其通常目的。担保人可以明确该期间；否则的话，第Ⅳ.A－6:104条(担保的范围)所规定的默认期间便会被适用。

(b)项反映的是《消费品买卖指令》所规定的担保的定义。这在消费品买卖合同中是最为常见的解决方案；它假设，担保人在担保本身或在相关联的广告中就货物作出了某种描述。消费品担保的内容是通过担保文件和相关联的广告来确定的(参见下文评论F)。担保人在受到第Ⅳ.A－6:103条(担保文件)中规定的某些透明性条件的约束下，可以自由作出这些说明。应当被担保人的说明包含在内的最常见的要素被列举在第Ⅳ.A－6:104条(担保的范围)当中。如果担保人并未明确担保涵盖的内容是什么，在此范围内，后一项规定中的默认说明将会予以适用。

与前两种类型不同，(c)项是从救济的角度来调整消费品担保的。救济措施包括修理、更换、偿还全部或部分价款，以及其他可能的救济措施(这反映的是《消费品买卖指令》所采用的解决方案)。最后一句的意思是，该列举并未就潜在救济措施对担保设置任何限制。担保人可以提供所列举救济措施中的一种或全部，或者根据(c)项是那些被列举出来的不同的救济措施，或者是那些被列举出来的救济措施的结合。如果担保人并未明确他向担保权人或有权选择救济的人提供的是哪种救济措施，则担保权人可以在修理、更换或偿还支付的价款之间进行选择(参见第Ⅳ.A－6:104条(担保的范围)，以及该条的评论D)。如果担保人提供给担保权人一定的救济措施，则第Ⅳ.A－6:103条(担保文件)中规定的透明性要求在任何情况下都必须遵守。

F. 相关的广告

正如第(2)款(b)项所指明的，消费品担保的实际范围和内容可以通过担保文件或相关联的广告中规定的条件来确定。广告中的描述可能包含算作担保的允诺(例如"担保5年")，但纯粹事实描述("这辆车每升油能跑35公里")本身并不构成担保。如果消费品担保完全是通过广告来确定的，则与一般保证情况下同样的规则予以适用(根据默认规则来评估担保的内容，消费者有权要求提供担保文件等等)。当在确定担保内容时，担保文件和相关联的广告是同样重要的情况下，它们之间可能存在的差异

应当通过在特定情况下,最有利于消费者的解释来解决(参见第Ⅱ-8:103条(不利于条款提供方或主导方的解释))。

G. 免费和付款交单的消费品担保

"消费品买卖指令"的定义表明,担保必须是免费提供的。实际上,这意味着担保价格应当包含在购买价格当中。由于该指令并不适用于直接付款交单而提供("无须额外付费")的担保,所以大量(并且不断增长)的提供消费者的担保仍然保持在其影响范围之外。同时,该指令仅对担保的提供设定了这一限制。因此,它给担保人留下了向消费者征收其他两种类型成本的可能性:诉诸担保的成本和执行担保的成本(参见第Ⅳ.A-6:104条(担保的范围)(d)项)。此外,付款交单担保的排除给担保人提供了一条规避该指令规则之适用的非常方便的路线,例如,就担保收取微不足道的金额。

市场实践证明,担保人通常会就所售货物提供所谓的"扩展担保"或"保险政策",那实际上构成了付款交单而提供的担保。另一种常见的做法是,担保人提供一种相对较短期限内的免费担保,并要求消费者为了使其延长而支付额外费用。

基于这些原因,本规则并未在免费担保和额外付款交单的担保之间加以区分。但是,如果担保人决定提供消费品担保,并让消费者承担了任何类型的付款交单责任的话,这一点必须被明确地告知消费者(参见第Ⅳ.A-6:104条(担保的范围)(d)项)。如果担保就与担保有关的费用保持沉默,则应推定担保费用被包含在购买价格当中,并且不存在与之有关的任何额外支付。

注　释

Ⅰ.(消费品)担保规制的是哪些方面呢?

1. 关于何时涉及消费品担保的规制,不同体系之间存在着极大的差异。有些体系在消费品买卖指令实施之前,便已经有了关于(消费品)担保的具体规定,而对于大多数体系而言,这样的担保在以前是个新鲜事物。此外,在那些该指令所要求的新制度已经被采纳的地方,也存在着相当大的差别。

2. 例如,根据斯洛文尼亚和匈牙利法律,在消费品买卖指令实施之前,那里已经有了针对某些货物类型的强制担保制度。这一制度一直保留并存在于关于自愿担保的制度之后。根据斯洛文尼亚法律,存在着极其宽泛的只能随(强制性)担保——原则上应正常运行一年时间——而出售的产品范围(ConsProtA art. 15b and the Regulation of the Minister for Trade (RS no. 73/2003))。如果卖方未向买方提供担保,或者担保并不具有强制性的内容或形式,则买方享有法律上相同的权利,而卖方则应受惩罚(by fines in accordance with the ConsProtA art. 77-78)。因此,强制性担保制度是与卖方的瑕疵担保责任相并行的(至少在消费品买卖中如此)。自愿担保远远没有那么重要,它只受到微弱的规制,最为重要的规定就是"消费者保护法"第18条第(4)款(如果担保并不具有强制性,而卖方已经公开允诺提供担保,则买方享有与强制性担保情况下

相同的权利)。在匈牙利,担保(*jótállás*)以有些模棱两可的方式被规定在民法典第 248 条,因为它们可以是法定的(强制的),也可能是商业的(自愿的、约定的)。它通常并非专门适用于消费合同,虽然关于担保文件的规定(民法典第 248(3)条)仅适用于消费合同的情况下。除了自愿的商业担保以外,对于某些产品或服务,还存在着关于法定(强制)担保的特别法例。关于耐用消费品(Government decree 151/2003. (Ⅸ. 22.))、消费者的修理和保养服务(Government decree 249/2004. (Ⅷ. 27.))以及房屋的建造(Government decree 181/2003. (Ⅺ. 5.)),便是如此。

3. 北欧国家以前也已经存在着某些担保规定。在芬兰(消费者保护法第 5 章第 15a 条)和瑞典(消费品买卖法第 21(1)条),这个问题是由关于货物不相符的一般制度来调整的。因此,如果货物在可适用的担保期内有所恶化,而消费者要想获得法律规定的所有救济措施的话,担保人就将根据货物不相符的责任规定承担责任(参见下文第Ⅳ.A－6:103 条(担保文件)注释 V)。不过在瑞典,指令规定的关于担保文件的正式要求是被规定在《市场法》第 13 条当中的。此外,在丹麦和挪威,额外的要求已经存在于《市场法》当中(丹麦《市场法》第 12 条;挪威《市场法》第 9c 条)。

4. 在某些其他体系中,规制出现在民法典当中(比利时民法典第 1649bis 第 2 款第 6 项;捷克共和国民法典第 620(5)条;德国民法典第 443 条;荷兰民法典第 7:6a 条;葡萄牙民法典第 921 条;斯洛伐克民法典第 502 与 620～621 条)。在爱沙尼亚法律上类似的必要规制则出现在 LOA 第 230 条。德国民法典第 443 条包含了关于担保的一般规则,而民法典第 477 条则对消费品担保规定了特殊规则。

5. 在其他体系中,规制出现在专门适用于消费者的法律文件当中(奥地利"消费者保护法"第 9b 条;英格兰和苏格兰货物买卖法,消费者货物买卖与供应法 2002 reg. 15;法国《消费者法典》第 L. 211－15;希腊"消费者保护法"第 5(3)～(6)条;意大利《消费者法典》第 128(2)条;拉脱维亚"消费者保护法"第 16 条;波兰"消费品买卖法"第 13(1)条;西班牙消费者保护法第 125 条)。

Ⅱ. 消费品买卖中的担保的定义

6. 消费品买卖指令在第 1 条第(2)款(e)项中,将担保界定为如果并不额外收费,卖方或生产商对消费者作出的返还已付的价款,或者以任何方式更换、修理或处理消费品的允诺,只要它们与担保描述或相关广告中的说明并不符合。

7. 由于《消费品买卖指令》的实施,大多数法律体系都采纳了以指令表述的定义为基础的消费品担保的定义(比利时民法典第 1649bis 2 6;英格兰消费者货物买卖与供应法 2002 s. 2;爱沙尼亚 LOA 第 230 条;意大利《消费者法典》第 128(2)(c)条)。在西班牙法律上,担保仅被描述为一种额外的允诺(ConsProtA art. 125;cf. also the Exposición de Motivos)。

8. 德国民法典第 443 条区分了两种担保类型:(1)关于货物特性的担保(*Beschaffenheitsgarantie*)和(2)关于货物耐用性的担保(*Haltbarkeitsgarantie*)。在这两种情况下,担保都具有约束力,买方可以向任何提供担保的人(卖方或第三方)请求履行。在第二种类型情况下,存在着一项推定,即担保中提到的时间内出现的瑕疵,使得买方能够强制执行担保中规定的权利(民法典第 443(2)条)。在葡萄牙,民法典第 921 条规定了一个担保的定义(*garantia de b funcionamento*)。

9. 在某些立法中,担保的定义虽然是以指令表述的概念为基础的,但就这一机制规定了更为详细的表述。在拉脱维亚,担保被界定为生产商、卖方或服务提供者给出的一项确认,即货物或

服务，或其组成部分将在特定时间内保持可用性、安全性和运行质量，并且生产商、卖方和服务提供者承担“消费者保护法”或其他规制法令中并未规定的额外义务（“消费者保护法”第16(1)条）。在荷兰，消费品买卖合同中的担保的概念是包含在民法典第7:6a条当中的。在这种合同中，如果允诺的质量缺乏时，消费者享有某种权利或主张，则这种声明就会被认为是一项担保（民法典第7:6a(1)条），不论这种允诺是被记录在与货物包装在一起的文件上，还是由广告推导而来的（民法典第7:6a(5)(a)条）。在斯洛文尼亚，与担保最为接近的定义是LOA第481条第(1)款：“如果任何被归类为所谓技术性货物的机器、发动机、设备或类似货物的卖方将一份担保文件交给了买方，据此生产者担保货物在从交付时起开始计算的特定期间内能够正常运转，而当货物并不正常运转时，买方可以要求卖方或生产商在适当期限内进行修理或更换，则卖方/生厂商必须遵守允诺。”

10. 在某些体系中，消费品担保的制度是与相符性制度联系在一起的。如果卖方在特定期间内就货物的适用性或某些其他品质已经承担了责任，而它们在担保中所规定的这一期间内又有所恶化，则货物就被认为是有缺陷的（芬兰“消费者保护法”第5章第15a条；瑞典“消费品买卖法”第21(1)条）。此外，在瑞典市场法第13条当中，担保被如下界定：“商人在交易货物时，通过一项担保或其他类似允诺，在一定期间内对某产品或其一部分，或者产品的质量承担责任……”类似的规定出现在斯洛文尼亚关于强制担保的法律中（它紧排在自愿担保之后）。强制担保制度是与卖方的瑕疵担保责任相并列的（“消费者保护法”第15b条与“贸易规则”（Official Journal no. 73/2003））。此外，在捷克法律上，消费品担保是与相符性制度相联系的。民法典第620条第(5)款规定：“超出本法典规定之担保范围以外的担保，可以通过卖方的表述于担保文件中的声明而给出；在这种情况下，卖方应当指明担保文件中关于担保扩张的期限（条件）和范围。”

11. 挪威采用了另一种立法技术，《市场法》第9c条包含了一项担保之消极定义。在货物、服务或其他营业过程中的业务进行贸易时，如果接受者并未被赋予超出他或她已经拥有的权利的额外权利，或者如果这种权利是受限制的，则禁止使用担保或类似表述措辞。同样，在丹麦，仅当它为消费者提供了相比于他或她的法定权利而言大大扩展了的权利时，担保一词才可以在消费品语境下使用（《市场法》第12(1)条）。

12. 在希腊法律中，关于商业担保和售后服务的立法已经被作为消费者保护措施的一部分，于20世纪90年代初颁布实施了。关于商业担保的详细规定出现在“消费者保护法”第5条第(3)～(6)款当中。

13. 在匈牙利，担保（*jótállás*）的含义被以有些模棱两可的方式规定在民法典第248条，因为它可以是法定的（强制的），也可以是商业的（自愿的、约定的）。

14. 此外，存在着并未就担保给出明确界定的法律，法国或斯洛伐克便是如此，其中虽然民法典并未包含任何关于担保之明确定义，但买卖客体要在特定期限内维持其质量，这可以被理解为卖方的责任。在波兰，货物买卖法仅在第13条第(1)款规定了提供担保的方式：并不需要额外付费，通过包含在担保文件或与消费品有关的广告中的声明。它还明确规定，并未包含担保人义务的声明并不会构成一项担保。

Ⅲ. 担保当事人

15. 根据“消费品买卖指令”第1条第(2)款(e)项，担保是卖方或生产商对消费者作出的一项允诺。该指令将卖方界定为，根据合同，在其贸易、营业或职业过程中出售消费品的任何自然人或法人（第1(2)(c)条）；而生产商则是消费品的制造商，将消费品进口到共同体领土内的进口

商,或任何通过将其姓名、商标或其他独特标志置于消费品之上而旨在成为生产商的人(第1(2)(d)条)。

16. 有些立法对担保的潜在当事人进行了明确规定。在德国,民法典第443条规定,当事人是买方和卖方或第三方。在荷兰,则是消费者和提供方。此外,民法典第7:6a条明确规定,担保可以由卖方或生产商发出,但一般获得公认的是,担保也可以由卖方或生产商以外的其他人发出(试比较,Mon. NBW b－65b (Loos),no. 19)。同样在斯洛文尼亚,在(强制和自愿)担保的情况下,卖方和生产商(根据判例,如果后者并不存在的情况下,则由进口商)都要作为担保人向买方承担责任(LOA 第481条)。在英格兰和苏格兰,担保人是向消费者提供消费品担保的人(消费者货物买卖与供应法2002 s. 2),而消费者则是任何为了外在于他或她的贸易、营业或专业以外的目的而行为的自然人。

17. 其他国家的立法以更为一般的方式来处理当事人的问题。在某些体系中,当事人仅仅被界定为经营者和消费者(奥地利"消费者保护法"第9b条;丹麦《市场法》第12条)。在波兰,货物买卖法第13条第(1)款规定的是担保人(并无进一步的界定)和买方。在西班牙,消费者保护法第125条第(1)款的规定也是如此。此外,法国《消费者法典》并未对谁是商业担保的债务人作出界定,只是提及了买方(试比较,《消费者法典》第L. 211－15条)。根据捷克法律,担保的当事人并未明确界定。从相关规定(民法典第616与619~620条)的措辞来看,可以推断出担保的当事人是买方和卖方。此外,由生产商提供的担保也被视为是卖方提供的。这意味着卖方必须应买方的要求提供担保文件;如果存在的是自愿担保,则这必须被写进担保文件当中(民法典第620(5)条)。在瑞典,除了第1条规定的消费者和经营者的一般定义外,货物买卖法第21条第(1)款并未对当事人加以明确定义。但是,关于担保人,如果卖方或其他代表卖方利益的人提供了担保,则该规定予以适用。根据暂行办法,后者的概念要从广义上来解释。因此,担保人和卖方是没有必要受到直接合同关系的约束的。相反,决定性标准应当是,从消费者角度来看,卖方和担保人构成了一个整体,例如,如果消费者在合同订立时收到了生产商或第三方发出的书面担保,即是如此(Prop 1989/90:89,111)。在法学文献中,这一直被批评为极其宽泛的,例如,在货物包装中包含了生产商发出的担保文件的情况下,这会指示买方直接向生产商而不是卖方提出主张(Herre,Konsumentköplagen[2],263)。在芬兰,"消费者保护法"第五章第15条(a)款第(2)项规定,如果担保是由卖方以外的其他人提供的,不论它们是处在供应链条靠前的地位上,还是代表卖方的利益,货物都要根据通常条款和条件(这些被规定在第五章第15条(a)款第(1)项)来考察是否有瑕疵。但是,根据该项规范,如果卖方在买卖订立之前已经就此对买方进行了明确告知,则关于卖方根据"消费者保护法"第五章并不承担责任的瑕疵,卖方并不对供应链条靠前的某人提供的担保承担责任。

Ⅳ. 担保的法律形式

18. 消费品买卖指令并未对担保的法律形式作出明确规定。它将担保描述为一种"允诺"(第1(2)(e)),但并未对这一表述的意思作出进一步的解释。

19. 这种进路得到了某些体系的遵从(比利时民法典第1649bis 2 5;意大利《消费者法典》第128(2)(c)条;法国《消费者法典》第L. 211－15(2)条)。此外,在芬兰、德国、西班牙和瑞典,担保的法律形式都并未明确规定。根据瑞典法律,担保一般被界定为一种担保人就涉及货物之一项或多项特性的某种状态的适当性承担责任而作出的允诺(Herre,Konsumentköplagen[2],257)。

20. 其他体系在这方面更为精确。在某些体系中,担保被归类为一种当事人之间的单方合同

（爱沙尼亚 LOA 第 230 条；荷兰民法典第 7:6a 条）。在英格兰法律上，所有担保本质上都是合同：卖方、供应商或生产商作出了担保内容的要约，而消费者进行了承诺。但是，担保要约的承诺可能是从受领货物本身默认推导出来的，以至于这项要求在性质上仅仅成为了一种形式。在苏格兰，担保在性质上也是合同，虽然某些担保也有可能被视为一种单方允诺。单方允诺是一种独立于合同的义务类型，它无须承诺便具有约束力。为了有效，单方允诺必须以正式书面形式作出，除非它是在营业过程中作出的，而消费品担保就是这种情况（试比较，MacQueen and Thson, Contract Law in SCOTLAND, 63－69；Hogg, Obligations[2]）。2002 年《向消费品买卖和供应货物规章》第 15 条第（1）款将消费品担保归类为"合同义务"，但并未提及消费者对这种合同义务之任何承诺的性质。可以认为，第 15 条第（1）款的目的在于无须任何承诺即可赋予这种合同担保以效力，或者担保合同的要约是由消费者默示承诺的（如上文所述）。在波兰，根据货物买卖法第 13 条第（1）款，担保是通过担保人的一项声明而设立的。至于其法律性质，并不存在进一步的规定。但是，根据民法典中适用于非消费品买卖的部分，担保随情况不同可以被归类为合同、合同条款或单方允诺。在斯洛伐克，根据调整一般的非商业买卖和消费品买卖的民法典第 502 条和第 620～621 条，担保或者作为一种强制担保或者作为一种合同或声明担保对卖方具有约束力。如果它们赋予了买方比民法典或特别法定法规更多的权利，则通过合同或单方声明设立的担保对卖方有约束力（民法典第 39 条）。这在捷克法律上同样适用（试比较，Knappová, Civil Law Ⅱ[3], 106）。在斯洛文尼亚，担保的法律性质并不明确；在强制（法定）担保的情况下，它产生自"消费者保护法"，因此，担保人的声明（担保允诺）或交付担保文件实际上是毫不相关的。

Ⅴ. 担保与相关广告的关系

21. 根据《消费品买卖指令》，相关广告构成了担保内容的组成部分（第 1(2)(e) 与 6(1) 条）。一般来说，广告的约束性质得到了赞同；指令的解决方案已经被简单地移植到了许多法律体系当中（奥地利"消费者保护法"第 9b(1) 条；比利时民法典第 1649septies；英格兰器官移植法，消费者货物买卖与供应规则 2002 reg. 2；法国《消费者法典》L. 211－6 条；德国民法典第 443 条；意大利消费者法典第 133(1) 条；波兰"消费品买卖法"第 13(1) 条；斯洛伐克民法典第 620(5) 条；西班牙消费者保护法第 125(1) 条）。

22. 关于广告，有些体系规定了更为详细的规则。在挪威，广告构成了担保的组成部分（"消费品买卖法"第 18(3) 条），但此外，《市场法》第 9c 条第（2）款规定，在提供担保时，必须就担保的重大限制加以告知。此外，如果广告就担保进行了告知，它还必须就发出通知的最长期限加以告知。在荷兰，如果当该允诺性质缺位时，广告中的声明赋予了消费者某些权利或主张，则它即可算作一项担保（民法典第 7:6a(1) 条）。因为根据民法典第 7:6a 条第（5）款（a）项，声明并未包括在担保文件中，而是出现在广告中这一事实并没有影响。如果文件中存在被赋予消费者的权利或主张，而广告中的声明也被算作一项担保，则如果货物并不具有广告中所担保的质量的话，文件中的权利或声明便可以被诉诸（民法典第 7:6a(4) 条）。在芬兰，市场法院（Market Court）在许多判决中裁定，如果所允诺的担保并未向消费者提供他们在法律下不能直接获得的利益，"担保"一词不得在市场营销中使用，因为"担保"一词对消费者而言，激起了一种关于货物质量和与他们的购买行为联系在一起的法律保护的特殊期待。对于产品而言，只要提供的担保为消费者带来了法律保护以外的有效利益，担保便可能涵盖广告的对象（试比较，the Consumer Agency and budsman Guidelines on Liability for Defects, Guarantees in the Contract for the Sale of Consumer Goods, 7）。

23. 在斯洛文尼亚,即便是在“消费品买卖指令”实施之后,“消费者保护法”也并未在担保内容中将相关广告包含进去。但是,如果担保做了广告宣传,它也是有约束力的,不论担保人是否实际交付了担保文件(“消费者保护法”第 18(4)条)。在瑞典,市场营销与担保之间的关系并未明确规定。《市场法》第 13a 条仅仅规定:“当经营者通过担保或其他类似的表示就特定期限内产品或其一部分或产品质量承担责任的允诺来营销货物时,该经营者将……”广告是否构成了一项担保的问题是由 ARN 1992/93 ref. 16 来处理的,其中,委员会裁定,一项描述某种户外涂料有着至少 10 年的耐用性的广告,并不能被视为一项担保。此外,根据捷克法律,这并未得到明确规定,但根据民法典第 616 条第(2)款,所售货物必须以卖方、生厂商或代理人作出的广告为基础,具备期待的质量和实用价值。

Ⅵ. 免费担保

24. “消费品买卖指令”仅适用于并不额外收费而提供给消费者的担保(第 1(2)(e)条)。大多数法律体系都接受了这种解决方案(芬兰 Consumer Agency and budsman Guidelines on Liability for Defects, Guarantees in the Contract for the Sale of Consumer Goods, 7－8;意大利《消费者法典》第 128(2)(c)条;波兰“消费品买卖法”第 13(1)条)。虽然并未明确规定,但这一解决方案在挪威也被接受了,因为《市场法》第 9c 条规定,在消费品买卖中,担保必须赋予买方比法律规定的更加充分的权利。买卖法也规定,货物不相符的救济要由卖方承担费用。因此,可以得出的结论是,当卖方因为他或她根据担保负有责任而对货物不相符加以救济时,卖方必须自己承担费用。类似的解决方案也出现在比利时。

25. 有些时候,法律对于担保规则对免费担保的可适用性是保持沉默的,在实践中,这种法律解释有着不同的分类,例如归类为附加保险或维护合同,以及并不受担保规定调整(丹麦、英格兰和苏格兰、法国、西班牙、瑞典),或者只是一种纯粹的要约(斯洛文尼亚)。

26. 有些体系还明确规定了免费提供的担保(捷克共和国民法典第 620(5)条;荷兰民法典第 7:6a 条, Bijl. H. TK 2000－2001, 27809, no. 6, 3)。此外,根据德国法律,民法典第 443 条包含了免费担保(试比较, MünchKm (－Westermann), BGB, 443 no. 5)。这同样适用于捷克法律,其中担保期的延长通常扩展到了免费担保(扩展担保)。在这种情况下,关于强制担保的规定仅对更长的约定期限有效。

第Ⅳ.A－6:102 条　担保的约束力

(1)消费品担保不论是以合同还是以单方允诺形式作出都具有约束力,以单方允诺形式作出的担保不需要承诺即具有约束力,即便担保文件或相关广告中有相反的规定。

(2)除非担保文件有不同规定,担保不需要承诺即对在担保期间内一切货物所有人具有约束力。

(3)担保中任何以担保文件的持有人完成诸如购买的登记或通知这样的形式要件为担保生效条件的要求都对消费者没有约束力。

评　论

A. 概述

一旦担保人决定就货物提供消费品担保并将货物出售给了消费者,担保便具有约束力。这一规则适用于所有提供给消费者的消费品担保,而不论其法律形式如何。消费品担保已经在上一条中被界定为一种“允诺”。该允诺可能是合同的。它可以作为货物买卖合同的一部分由卖方提供(在技术上,这将成为买卖和担保的混合合同),或者它也可以以独立合同的形式提供。这种独立合同可能是,卖方为了换取额外支付而提供的“扩展担保”,也可能是与生产商或另一担保人签订的类似合同(卖方在合同订立时作为担保人的代表)。在这种情况下,买方的承诺将被视为已经对买卖合同或对独立担保合同作出的。但极为常见的是,该允诺将会是由生厂商作出的单方允诺。在这种情况下,如果想要无须承诺便具有法律约束力,该允诺就要根据第二编的一般规则具有约束力(参见第Ⅱ－1:103 条(约束力)第(2)款)。本条第(1)款强化了这一一般规则。某些旨在成为单方担保的无须承诺便具有约束力,即便担保文件或相关广告中有相反的规定。实际上,给出消费品担保定义内的单方允诺的人最终会被假定,他的意图就是无须承诺即具有法律约束力的。本条第(1)款构成了本章中关于消费品担保之少数强制性规定之一。

B. 消费品担保的可转让性

作为一项默认规则,消费品担保可以在剩余的担保期限内被转让给任何嗣后的货物所有权人。嗣后的所有权人获得货物所有权的法律基础是什么,这是并不相关的——它可以是例如买卖、互易、赠与或继承。

如果担保人并未明确规定,则货物的新所有权人自动获得产生自消费品担保的权利。但是,担保人能够将消费品担保限定于第一个买方,或者对其可转让性加以限制。例如,该限制可以以这样的形式作出,要求将货物已被转让加以告知,或者更严格地要求在将消费品担保转让给另一个人之前,必须获得担保人的同意。

这种控制形式可能是与许多担保人并无关联的。但是,对于根据买方的人格属性(例如,一辆汽车的买方是 20 岁还是 50 岁)提供担保的担保人而言,这是个高度敏感的领域。因此,重要的是在这方面赋予担保人以灵活性。在任何情况下,为了生效,该限制必须被明确包含在担保文件当中。

C. 形式要求

第(1)款明确规定,消费品担保是无须承诺即具有约束力的。此外,第(3)款规定,

消费品担保的约束力不能以满足形式要求为条件。担保人施加于买方的任何形式要求，例如购买的登记和通知，都并不影响担保的约束力，也不能阻止其生效。

示例 1

甲购买了一个手提箱。他被卖方告知，手提箱附有生产商的担保，该担保文件便放在手提箱里。甲在接下来的两个月里并不需要使用该手提箱。之后，他发现为了激活该担保，生产商要求在购买后 7 日内对购买进行登记。

这一规定的目的并不是限制担保人对例如登记或通知等机制的使用，因为那对他们自己的数据收集目的可能是有用的。它只是禁止他们将这些要求的满足作为消费品担保的条件。

D. 与第二编的关系

第二编已经规定，单方允诺或担保是无须承诺便具有约束力的（参见第Ⅱ-1:103条（约束力）第（2）款）。根据第Ⅱ-4:301条（单方行为的要件），允诺或担保必须向受允诺人或公众表明。在这方面，本条偏离了第二编的规则，即，即使买方并不知道产品担保的存在，它仍对担保人有约束力。不过，这一偏离可能要比现实中更加明显，因为担保被当作了卖点，并且在大多数情况下，消费者都将会被告知担保的存在，或者它将在广告或宣传资料中得到强调。

注　释

Ⅰ. 担保的约束力

1.“消费品买卖指令”第 6 条第（1）款明确规定，在担保文件和相关广告中规定的条件制约下，担保对要约人具有法律约束力。在许多法律体系中，根据一般合同法，担保具有约束力，即使它在具体法规中并未明确规定（试比较，例如瑞典 Prop 2001/02:134,61 f）。

2. 不过，担保的约束力在许多其他体系中进行了直接规定（奥地利“消费者保护法”第 9b（1）条；比利时民法典第 1649bis 第 2 款；爱沙尼亚 LOA 第 155（1）与 230（1）条；英格兰器官移植法，消费者货物买卖与供应规则 2002 reg. 15（1）；芬兰，试比较 SGA 第 21（2）条与“消费者保护法”第 5 章第 15a 条；意大利《消费者法典》第 128（2）（c）与 133（1）条；拉脱维亚“消费者保护法”第 16（2）条；挪威“消费品买卖法”第 18（3）条；西班牙消费者保护法第 125（1）条）。在拉脱维亚，确定担保之约束力的规则也极其详细地指出，在特定情况下的担保中，由谁来承担责任：“受担保文件中的条件和相关货物或服务之广告中包含的信息的制约，由生产商、卖方或服务商提供的担保对其发出者有约束力。如果生产商并未在拉脱维亚进行（公司）登记，则卖方或生产商的授权代表应就确保生产商所提供的担保承担责任”（“消费者保护法”第 16（3）条）。在斯洛伐克，民法典第 502 条和第 620～621 条规定，在一般的非商业买卖和消费品买卖中，担保或者作为强制担

保或者作为约定或声明担保对卖方有约束力。如果它们为买方提供了比法定制度更多的权利，则通过合同或单方声明设立的担保对卖方有约束力。捷克也是如此(试比较，民法典第619(1)条与第616 (2)与627(3)条联合)。

Ⅱ.担保的可转让性

3.“消费品买卖指令”并未涉及担保的可转让性问题。大多数立法也并未直接处理这个问题。但是，在某些体系中，公认的解决方案是，担保可以转让给嗣后的所有权人，当然要受到担保文件中约定的其他条件的制约(比利时民法典第1615条 and Biquet - Mathieu and Wery, La nouvelle garantie, 168; 法国 Cass. civ. Ⅲ, 7 March 1990, Bull. civ. Ⅲ, no. 72)。在荷兰，根据民法典第6:251条，担保被视为一种“定性的权利”(qualitative right)，这意味着如果货物本身被转让，担保自动随之转让。不过，如果担保被发出时担保人如此决定，则他可以阻止担保的转让。在苏格兰器官移植法中，包括产生自担保的权利在内的所有权利，都可以由消费者向另一方自由分配，除非(i)这受到了担保本身条款的禁止，或者(ii)合同受到有关人身合同(英格兰)或对人选择权(*delectus personae*，苏格兰)的规则的影响。这些普通法规则有着类似的效果，英格兰的规则是，合同权利不能被债权人转让，只要债务人的人身属性使其只能作为原始缔约方，这被称为“人身合同”；苏格兰的理论则适用于所有合同，其中甲方对乙方的选择受到乙所拥有的特定性质的影响，在这种情况下，未经甲的同意任何转让都不能产生效力。这两种普通法规则都不可能适用于消费品买卖合同，除非消费者将担保转让给非消费者(ENGLAND, Treitel, The Law of Contract10, 639 - 641; SCOTLAND, Stair, The Laws of ENGLAND XX, para. 859)。

4.在芬兰，担保是对特定产品提供的，即使产品变更了所有权，它仍然有效。担保可以随它所指向的货物一起转让。但是，货物的使用目的不得有重大改变。卖方也可以要求就关于担保货物之所有权变更收到书面通知(试比较，the Consumer Agency and budsman Guidelines on Liability for Defects, Guarantees in the Contract for the Sale of Consumer Goods, 8)。此外，德国法律上并不存在关于担保可转让性的明确规则。不过，民法典第398条关于权利转让的一般规则将予以适用。这已经被法院承认为买方对卖方的权利(例如维修权利：BGH 24 October 1985, BGHZ 96, 146, 147)。但是，可转让性可能通过合同被排除(试比较，民法典第399条)，这似乎就发生在担保合同中。法院甚至对排除可转让性的标准条款进行了确认，并认为它们并不是不公平的(例如 BGH 7 October 1981, NJW 1982, 178, 180)。

5.相反，在捷克，根据判例，源自于瑕疵担保责任的权利并不能转让给嗣后的所有权人；就可转让性而言，如果担保有此规定，则该规定因为违反了关于瑕疵担保责任的强制规则而无效(它可能扩展了担保的范围和时间长度，但那只是在当事人之间有效，扩展到第三方是不可能的；此外，该种情形不能被认为是一种对第三方有利的(*in favorem tertii*)合同，民法典第50条)。可转让性只是在第一个买方(原来的缔约方)通知原来的卖方之后产生的一种主张(修理、更换等)(NS ČR 33 Odo 329/2004)。不过，有些法律理论认为，源自瑕疵担保责任的权利是附着于客体物的，因此可以转让(Knappová, Civil Law Ⅱ[3], 107)。

6.在西班牙，关于担保的可转让性，既不存在默认规则，也不存在强制规则。解决方案完全取决于担保文件的措辞，因为这种额外的允诺仅在“担保文件中确定的条件下”有约束力(消费者保护法第125(1)条)。当担保人是生产商时，人们可以认为，担保包含了一项对所有在担保有效期内购买该货物的人的允诺(Díaz Alabart 与 Alvarez Moreno, Garantía, p. 198)。

第Ⅳ.A－6:103 条　担保文件

(1)提供消费品担保之人必须向买方提供担保文件：

(a)说明买方享有的法律权利不受担保文件影响；

(b)指出担保相较货物相符性条款对于买方的优越性；

(c)列举所有依据担保主张权利的实质性必要条件，尤其是：

—担保人的名称和地址；

—通知送达人的名称和地址，以及通知的程序；

—对被担保人的地域限制；

(d)以明白易懂的语言拟定；并且

(e)以提供货物时所使用的语言拟定。

(2)担保文件必须以书面形式记载于耐久媒质上且使买方可以方便理解。

(3)担保文件的有效性不因其未符合第(1)款和第(2)款的规定而受影响，因此担保权人仍可诉诸并主张其效力。

(4)担保人未履行第(1)款及第(2)款所规定的义务的，担保权人得在不损害其他请求损害赔偿的权利的情况下要求担保人提供符合要求的担保文件。

(5)当事人不得排除本条的适用，或者限制或变更其效力而损害消费者的利益。

评　论

A. 概述

本条规定的是使得消费者在实践中使用消费品担保的各项要件。提供担保的人负有向消费者提供担保文件的义务，至于担保的内容以及表现形式，它必须符合本条的透明性要求。

首先，第(1)款的目的是确保担保的内容是容易被理解的((d)项)，它与相符性制度的关系也被明确规定((a)、(b)项)。此外，它界定了使得消费者向担保人提出主张的必要信息((c)项)。第(2)款规定了担保向买方表述的形式。本条剩余部分规定的是违背透明性要求的后果。

鉴于这一规定对消费者能够行使其权利的重要性，本条是强制性的，它不得被偏离以损害消费者的利益。

B. 与货物不相符的救济相关的消费品担保

关于货物不相符的救济，为了避免担保误导消费者的情况发生，本条就担保文件

的内容引入了两项要求。其一，它必须告知消费者，买方享有不受担保影响的针对货物不相符的法律权利（这是与“消费品买卖指令”第6条第(2)款相同的）。其二，担保文件应当说明消费品担保与相符性制度相比较的优越性（如果有的话）。例如，它可能是关于货物不相符之举证责任之更为有利的规定（参见第Ⅳ.A－2:308条（确定相符性的有关时间）第(2)款和第Ⅳ.A－6:107条（举证责任））。

这些要求也会阻止担保人提供与相符性制度相比并无额外保护，甚至更少保护的担保。因此，这两项因素应该能够对担保及消费者所得到的利益进行恰当的评估。

C. 提出主张所必要的信息

为了使得消费品担保有效，担保文件必须包含能够使得消费者根据担保提出主张所必需的所有信息。所需因素的列举详细规定在“消费品买卖指令”的规则当中。

特别是，本条提到了担保人的名称和地址，通知送达人的名称和地址，以及通知作出的程序。担保人并不一定对个别货物上的任何不相符都提供救济。但是，文件必须载明，发生货物不相符时，要向谁、在哪以及如何进行通知。如果通知要向担保人以外的实体作出，则担保文件必须载明正确的名称和地址。

D. 地域限制

担保人应当就担保的地域范围向担保权人发出通知，即担保是否能够在产品被购买的国家以外的其他国家被诉诸（参见第(1)款(b)(c)项）。这项义务在地方分支机构——特定的产品旨在一个特定国家内生产和销售，消费者应当知道有关这一事实的限制——以及跨国连锁店的情况下同样重要。它们运作的法律形式（并不是一个跨国组织，而是独立分销商链条）可能导致在购买国家以外的国家诉诸担保是不可能的。

E. 消费品担保的语言

第(1)款(d)项提到了担保文件中所使用的语言的易懂性。这是“消费品买卖指令”第6条第(3)款的进一步详细化，而它仅规定了担保文件之阅读和理解的可能性。为了这一目的。担保的语言必须是普通消费者可以理解的（明白易懂的语言要求）。

本条并非对“消费品买卖指令”第6条第(4)款——据此，成员国可以要求担保以一种或多种共同体的官方语言来起草——的复制。此外，这些规则并未引入消费者可以要求担保文件使用与货物所提供的语言同样的语言的规定，因为这种解决方案在实践中可能导致许多问题。

示例1

一个在爱尔兰度假的波兰消费者购买了一个吹风机。商店里的所有店员都是波兰人，因此该交易是以波兰语订立的。在这种情况下，要让爱尔兰的吹风机生产商必须预测到这种情况的发生，并以波兰语提供担保，那便是不合理的。

F. 消费品担保文件

第(2)款规定,担保必须记载在纸张或其他耐久媒质上并可供使用。这种解决方案偏离了“消费品买卖指令”,后者只规定,担保文件应买方的要求必须提供。这一偏离的理由是非常实际的:首先,消费者为了行使权利必须知道他有要求担保文件的权利;其次,在附随有长期担保的耐用货物的情况下,对于消费者而言持有担保文件是至关重要的;最后,货物上附有担保已经是极为常见的做法。

除了传统的纸质担保文件以外,这还包括了电子形式的担保,即,通过电子邮件或将担保发布在互联网上来发出担保。在任何情况下,担保文件对于消费者来说都必须是可获得和可理解的。

G. 内容要求的违反

担保文件并不包含所需要素,甚至是它根本未被向消费者提供,单单这种事实并不会影响消费品担保的约束力。在这种情况下,担保权人有权要求具体履行和损害赔偿。

对于消费者而言,获得一份对担保内容进行了充分解释的担保文件,这是至关重要的。传统上,担保透明性要求的违反被看作是公法的一个领域,“消费品买卖指令”是这种进路之最佳的例子。这些规则并未提出根本性的改变,但它们赋予了消费者一种要求正确拟定的担保文件的权利。作为本条义务之不履行的一种后果,担保权人对由此产生的损失有权要求损害赔偿,要求具体履行的权利对此并无影响(寻求法律援助,翻译担保文件等等)。

注　释

Ⅰ. 担保的形式要求

1.“消费品买卖指令”规定,只有在应消费者要求时,担保文件才要以书面或其他耐久媒质形式作出且使他或她易于得到(第6(3)条)。这种解决方案已经被许多法律体系所复制,有些时候进行了细微的修改。大多数体系没有作出任何修改(奥地利“消费者保护法”第9b(3)条;比利时民法典第1649septies 3;爱沙尼亚 LOA 第231(1)与(2)条;意大利《消费者法典》第133条;德国民法典第126b与477(2)条;荷兰民法典第7:6a(3)条;西班牙消费者保护法第125(2)条。在英格兰器官移植法(消费者货物买卖与供应规则2002 reg. 15(3))中,指令中的措辞只是得到了担保文件应当在合理期间内提供的规范的补充。此外,在苏格兰,给出的担保文件在性质上是无偿的、单方的,它必须以书面形式提供,除非它是在营业过程中提供的(书面要求法(苏格兰)s. 1(2)(a)(ii))。在捷克(民法典第620(3)条)和斯洛伐克(民法典第620(4)条),卖方应买方的要求,必须提供给后者书面担保(保证函)。如果货物的性质允许,向买方发出买卖的确认(发票)即已足够,其中要包含类似于保证函的信息,用于代替保证函。在芬兰,“消费者保护法”第五

章第15b条第(2)款规定，应消费者的要求，担保文件必须以书面或电子形式提供，以便它不能被单方修改，并且使得买方易于获得。在挪威的消费品买卖中，根据《广告法》第9d条，担保人应当就担保文件和消费者获得担保条款的权利通知消费者。消费者提出的获得以书面形式或其他耐久媒质制作的担保文件并对他或她而言易于理解的要求，卖方应当予以满足。

2. 有些体系超出了“消费品买卖指令”的要求，规定担保文件应与所售货物一起交付(“消费者保护法”第16(2)条)。在波兰，担保人必须将担保文件与所售货物一起交给买方(“消费品买卖法”第13(2)条)。同样，法国规定，担保应当以书面形式交给买方(《消费者法典》第L. 211-15(1)条)。在斯洛文尼亚，担保人应在合同订立时将担保文件与安装说明和授权维修店清单一起交给买方(“消费者保护法”第16(1)条)。在瑞典，根据《市场法》第13条，担保书文件和如何使用它的通知应当以书面形式或其他可阅读的耐久媒质形式交给买方。因此，经营者应当将以书面或其他耐久形式制作的文件交给被担保人，而不论买方是否对此提出了要求((Prop 2001/02:134,64)。在匈牙利，民法典第248条第(3)款规定除关于强制担保的立法外，额外要求也可以加以规定。

Ⅱ. 担保文件的内容

3. 根据“消费品买卖指令”第6条第(2)款，担保文件必须表明，消费者享有调整消费品买卖之可适用的国内立法上的法律权利，并明确规定，那些权利并不受担保的影响，它要以明白易懂的语言规定担保的内容，其中至关重要的是根据担保书提出主张的可能性，特别是担保的期间和地域范围，以及担保人的名称和地址。关于使用明白易懂之语言的要求，参见下文Ⅲ。

4. 各成员国所采用的解决方案在很大程度上都是以该指令为基础的。在大多数体系中，该指令的要求在未经重大改动的前提下得到了实施(奥地利“消费者保护法”第9b(2)条；比利时民法典第1649septies 2；丹麦《市场法》第12(2)条；英格兰消费者货物买卖与供应规则2002 reg. 15(2)；爱沙尼亚LOA第231(1)条；芬兰“消费者保护法”第5章第15b(1)条；法国《消费者法典》第L. 211-15条；拉脱维亚“消费者保护法”第16(2)条；德国民法典第477条；荷兰民法典第7:6a(2)条；斯洛伐克民法典第502(3)条；瑞典《市场法》第13a条)。

5. 某些体系中引入了一些额外的特征。在奥地利，法律规定，如果担保文件并未明确受担保的质量如何，则货物必须具有通常假设的质量(“消费者保护法”第9b(2)条)。在意大利，《消费者法典》第133条第(2)款(b)项包含了额外的要求，即担保人必须在担保文件中明确指定担保指向的客体。在西班牙，货物买卖法第11条第(3)款规定，担保文件必须明确：(1)受担保的货物；(2)消费者根据担保文件享有的权利；(3)消费者索赔的方法。在捷克，保证函必须含有卖方的全名、名称或商业名称，识别号，方位(在法人的情况下)或家庭地址(在个人的情况下)(民法典第620(3)条)。在此，由于提供的担保，卖方应当在保证函中对其内容作出解释便是必要的，这包括担保的范围、条件(条款)和有效期间，以及以担保文件为基础可以如何行使权利等。保证函可以指明另一企业通过订立合同来进行必要的维修(民法典第620(4)条)。在波兰，担保文件应当说明，货物并不符合担保文件中的规定的要求时担保人的义务和买方的权利(“消费品买卖法”第3(1)条)。在斯洛文尼亚，担保文件应特别包含关于货物特定化的信息，在担保期内(自货物交付时起)对于质量或正常运转之担保的声明，担保期间(至少1年，仅在二手货物交易情况下才允许更短的期限)，货物交付给买方的日期，以及期限届满后生产商应当确保维修、提供配件和附件的期间(至少是担保期间的3倍时间)(“消费者保护法”第18条)。在挪威，与担保内容相关的规则被列举在《广告法》第9d条，它特别宽泛，要求关于担保内容的信息包括可能的限制，特

殊条件，发出通知的最长期限（根据相关特定法律规定它要长于担保期间），以及无论担保如何，买方都可以基于卖方履行的货物不相符而提出救济主张（根据相关特定法律，担保是有限的，例如它仅涉及履行的特定部分，或者仅涵盖货物不相符的某些救济成本）。

Ⅲ. 语言要求

6. 关于担保文件的语言，“消费品买卖指令”规定了两项不同的要求。首先，第 6 条第（2）款规定，担保文件应当以明白易懂的语言起草。至于语言的形式，第 6 条第（4）款详细规定，在其自己的领土内，消费品在其中被交易的成员国，可以根据该条约的规则，规定担保文件必须以共同体确定为官方语言的一种或几种语言来起草。

7. 明白易懂的语言要求已经被大多数体系所采纳（奥地利“消费者保护法”第 9b（2）条；比利时民法典第 1649septies 2；捷克共和国民法典第 620（4）条；英格兰器官移植法，消费者货物买卖与供应规则 2002 reg. 15（2）；德国民法典第 477 条；意大利《消费者法典》第 133（4）条；荷兰民法典第 7:6a（2）条；挪威《广告法》第 9d（1）条；波兰“消费品买卖法”第 3（1）条；斯洛文尼亚“消费者保护法”第 16 条）。在瑞典，根据暂行办法，《市场法》第 13a 条要求提供给买方清晰信息的规定，被认为是相当于指令中明白易懂的语言要求的（Prop 2001/02:134，64）。同样，根据芬兰法律，《消费者保护法》第五章第 15 条（b）款第（1）项规定，担保文件中所载的信息应当是“清楚明白的”。

8. 有些体系并未明确规定担保文件起草应当使用的语言（奥地利、芬兰、德国、荷兰、斯洛伐克、瑞典）。在荷兰，立法者的观点是，限定于欧盟官方语言过于严格了，尤其是买卖在互联网上发生的时候（试比较，Bijlage Handelingen Ⅱ 2000/01，27809，no. 3，10）。在法学文献中，有学者认为，这种观点有可能是建立在下列认识基础上的，即在荷兰发出的担保文件，如果不是以荷兰语制作的话，可能会以能够被许多荷兰人理解的语言来表述。但是，这被认为是一种天真的说法，因为大量的进口货物来自中国、日本、泰国和台湾地区（试比较，Mon. NBW B－65b（Loos），no. 19）。不过大部分体系都明确规定，它们自己本国的语言应当被用来起草担保文件（捷克共和国“消费者保护法”第 11 与 13 条；丹麦《市场法》第 12（2）条；英格兰器官移植法，消费者货物买卖与供应规则 2002 reg. 15（5）；挪威《广告法》第 9d（2）条；波兰“消费品买卖法”第 3（1）条；斯洛文尼亚“消费者保护法”第 16 条；西班牙消费者保护法第 125（2）条）。在意大利，担保文件必须以意大利语起草，如果是以几种语言印刷得话，则意大利语版本应当印刷得比其他所用语言更为明显（《消费者法》第 133（4）条）。在比利时（《商事实践法》第 13 条）和法国，语言问题是在一般层面上来处理的。

Ⅳ. 形式和内容要求的违反

9. 正如《消费品买卖指令》第 6 条第（5）款所规定的，内容或形式要求的违反并不会影响担保的有效性，消费者仍然可以诉诸担保文件，并要求它受到尊重。大多数体系都采取了这种解决方案（奥地利“消费者保护法”第 9b（4）条；比利时民法典第 1649septies 4 条；捷克共和国民法典第 620（4）条；爱沙尼亚 LOA 第 231（3）条；芬兰“消费者保护法”第 5 章第 15b（3）条；法国《消费者法典》第 L. 211－15（4）条；德国民法典第 477（2）条；意大利《消费者法典》第 133（5）条；拉脱维亚“消费者保护法”第 16（2）条；斯洛伐克民法典第 502（3）条）。

10. 在丹麦，违反可以由法院来禁止，此外，担保人要按照一般法律原则承担损害赔偿责任（《市场法》第 20（1）与（2）条）。在瑞典，暂行办法规定，指令第 6 条第（5）款被认为是不证自明的，因此并没有必要引入明确的立法，因为瑞典法律已经满足了担保文件应对担保人有约束力的

要求(Prop 2001/02:134,65)。如果卖方故意或疏忽而未能遵守这些要求,卖方将根据《市场法》第29条对消费者承担损害赔偿责任。在斯洛文尼亚,如果担保文件并不具有强制性内容,则担保权人仍然享有这些权利,担保文件被视为并未交付,而那会导致对轻罪的刑罚("消费者保护法"第18(3)与77(1)条)。

11. 在荷兰,由于并不存在形式要求,所以如果被担保的质量并未提供时"担保文件"也未规定任何权利,则它并不是民法典第7:6a条意义上的担保文件。但是,当确定什么是消费者可以就货物所具有的合理期待时,即货物是否与合同相符合时,这种"受担保"但并未规定相应权利的质量表述可以被考虑在内(民法典第7:17(2)条,试比较,Mon. NBW B－65b (Loos),no. 19)。同样,在波兰,规定在《消费品买卖指令》第3条第(1)款的形式要求的违反,并不会影响担保的有效性。不过,如果担保文件并未规定担保人的义务,那么它就不是一项担保(《消费品买卖法》第13(1)条)。根据西班牙一般性《消费者保护法》第125条第(3)款的措辞,规定的内容对于担保至关重要。不过,由于发出这种担保并不是强制性的义务,所以任何"必要"(原文如此)因素的缺乏都不能产生剥夺有缺陷的担保的效力的后果。在任何情况下,获得一份超出法律赋予的权利之外的额外担保,对买方而言都是更好的。当第126条的条件得到满足时,这种情况并不会改变。根据该规则,如果所售货物具有"耐久"性质,则担保文件的发出和交付在消费品买卖中是具有强制性的。再次,剥夺担保文件之作为有利于买方之额外承诺的效力,这是没有道理的。面对这种"空白",当前问题之更好的解决方案是促成类似本条规定的那种隐含形式:合法的一方可以寻求具体履行,要求担保的正确发出。

12. 在英格兰和苏格兰,消费者货物买卖与供应规则2002第15条第(6)款规定,至于担保性质,允许"执法机构"而非消费者对要求之违反加以矫正。执法机构被界定为"公平贸易总理事(Director General of Fair Trading),英国的每一个地方计量机构……"(reg. 2)。这种矫正是通过禁制令(英格兰)或具体实施命令(苏格兰)来进行的。在挪威,营销局(*Markedsråd*)和消费者检察署(*Forbrukerbud*)负责执行《市场法》的规定(第10条)。此外,卖方很有可能根据一般侵权法原则,对这些规定的任何违反承担损害赔偿责任(试比较,Krüger,Norsk kjøpsrett[4],150)。根据捷克法律,《消费者保护法》规定的遵守,是由捷克贸易监察局来负责的,它可以要求卖方履行对消费者正式通知(以书面形式)和以捷克文字起草内容、条件和主张瑕疵担保责任所产生的权利的方式等义务,否则便可以施以罚款(《消费者保护法》第23 (1)条)。

V. 担保提供的额外保护

13.《消费品买卖指令》并未要求担保应赋予消费者与法定制度相比额外的权利。第6条第(2)款规定的唯一限制是,担保不能影响或限制消费者的法定权利。大多数体系都遵循了这一做法。

14. 但也存在着一些例外。在西班牙,根据暂行办法,担保必须提供给消费者额外权利(参见Fenoy Picón,El sistema de protección del cprador,106 ff),并且这种做法在最终文本中得到了坚持(第125.3 d条)。在挪威(《市场法》第9c条)和爱沙尼亚(《消费者保护法》第10条),当营业过程中出售货物、服务等时,如果接受者并未被赋予比他或她已经拥有的更多的权利,或者这些权利受到了限制,则担保一词或类似表述不得出现在消费品买卖当中。同样在丹麦,在消费品买卖中,仅当它提供给消费者与其法定权利相比实质更优的权利时,担保一词才能使用(《市场法》第12(1)条)。

15. 在瑞典,这个问题是以一种独特的方式来调整的,其中,在涉及消费品买卖时,卖方总是

要根据货物买卖法之货物不相符的相关规定承担责任,因为这些都是强制性规则。因此,消费者可以获得法律规定的所有救济措施。因此,卖方不可能对担保加以限制,例如关于维修和更换等。如果担保的适用超过了货物买卖法之期限(3年)规定,这仍然适用。基于体系的原因,将货物买卖法对消费者的强制性保护也适用于自愿提供的担保,这也是合理的。如果取决于经营者是根据担保还是根据法律规定的规则承担责任而应适用不同的救济方式的话,这被认为不太合适并且过于复杂了(Agell,SvJT 1991,420)。不过,这在法学文献中一直被批评为过犹不及,因为担保的提供是自愿的,而这一措施完全阻止了经营者提供担保(参见例如 Herre, Konsumentköplagen[2],252)。

第Ⅳ.A－6:104条　担保的范围

担保文件未明确的事项依下列各款确定:

(a)担保期间为5年或者货物预计使用年限中较短者;

(b)除错误使用、错误保养或者事故外,如果货物在担保期间内不再适合担保权人可以合理期待的通常使用目的或者不再具有这种品质及使用性能,担保人应负担保责任;

(c)在担保规定的条件得到满足的情况下,担保人有义务对货物进行修理或者更换;而且

(d)行使担保权利以及履行担保义务所发生的成本由担保人承担。

评　论

A. 概述

本条以相符性制度的某些方面为基础,界定了消费品担保的默认范围。它涉及消费品担保内容的四个基本要素:存续期间、担保的条件、担保人的义务与诉诸和执行担保的成本。这种默认内容不仅为消费者提供了担保,而且通过让担保人仍然可以以另外的方式自由界定它自己担保的条款,激励担保人积极行为。

至于相符性制度与消费品担保之间的一般关系,两者之间的界限并不总是非常清晰的。一般情况下,如果当事人约定,卖方要对买方承担除买卖合同中卖方义务以外的其他义务(或者,担保是同一合同的组成部分),那么通过定义,卖方就提供了一项消费品担保。最终,这个问题必须通过担保条款的解释来确定。

B. 消费品担保的默认范围

消费品担保的存续期间。如果担保人并未明确规定担保的存续期间,则担保期间

为5年或者货物预计使用年限中较短者。货物的预计使用年限要通过解释来确定。在作出消费者的期待是合理且正当的这一评估时，以类似货物价格和特定卖方或生产商的信誉等客观因素为基础的要素应被考虑在内。

示例1

消费者甲购买了一套昂贵的帆船夹克。在购买衣服时，甲获得了关于该夹克的“终身担保”。8年后，甲通知卖方，由于肩膀部分的材料已经损坏，该夹克不再能够防水。甲要求根据担保修理或更换。零售商反驳了这一主张，认为取决于其使用，担保的合理有效期间应当是4～5年。但是，由于赋予的担保所具有的非常持久的性质，以及这种昂贵的夹克应有比零售商主张的更长的使用寿命，这是可以被期待的，所以消费者有权要求对夹克加以修理或使其重新防水。

虽然这一规则似乎赋予了消费者极其宽泛的权利，但应当牢记于心的是，它只是一项默认规则。此外，绝大多数担保都规定了明确的担保存续期间；实际上，存续期间往往构成了担保的主要要素。

什么会引发担保人的责任呢？除错误使用、错误保养或者事故外，如果货物在担保期间内不再适合担保权人可以合理期待的通常使用目的或者不再具有这种品质及使用性能，担保人的责任便会生效。第Ⅳ.A－2:302条（适合于货物的目的、质量和包装）的隐含要求是，货物必须适合于特定的目的，并与样品或模型相符合，而这被排除在外了，因为它们会给担保人施加过度的负担。实际上，它们假设担保人和买方之间存在着直接联系。

担保人的义务。（c）项规定，如果担保文件并未另有规定，则当担保条件获得满足时，它包括对货物进行修理或更换的承诺。按照第Ⅲ－2:105条（替代义务或履行方式）关于替代义务的一般规则，在修理和更换之间作出选择的是最初的担保人。如果受担保物可以轻松且廉价地修理，则赋予消费者选择更换的权利显然是不合理的。

诉诸和执行消费品担保的成本。所有与诉诸和执行消费品担保有关的成本都由担保人承担。担保人可以通过在担保文件中规定某些成本由担保权人承担，来偏离这一规则。但是，这种成本不能是不合比例的畸高的。这一特殊规定的目的在于，确保消费者不会因成本之未披露的责任而感到惊讶。

示例2

担保文件规定，如果担保权人移动了货物，而这使得卖方履行救济变得更加麻烦，则他或她必须承担增加的成本。这可能是，例如，与货物之修理或更换有关的运输成本的增加。

示例3

担保文件可能规定，例如，担保权人必须承担货物年检的成本，总计是10欧元。这种检查就像担保一样，其目的是确保货物之正常和适当的运转。

应当指出的是,这一规定仅适用于诉诸担保的成本。不过,这一规则是与免费担保属于本条调整范围之内的事实相一致的(参见第Ⅳ.A－6:101条(消费品担保的定义)评论G)。

注　释

Ⅰ.默认担保的存续期间

1."消费品买卖指令"中并未规定担保的默认存续期间。大多数法律体系也是如此。在西班牙,消费者法律规定了6个月的时效期间,但将担保的存续期间留给了当事人来决定。

2.但在这方面,有些体系作出了规定。在斯洛文尼亚,强制担保的最低期间是1年(Regulation OJ 73/2003 § 3)。同样在波兰的非商业性买卖中,如果当事人并未明确存续期间,则默认期间是自物被交付给买方起1年(民法典第577(2)条)。在许多体系中,虽然担保的默认期间并未通过法律明确规定,但存在着某些或者表明或者影响默认期间的因素。在希腊,为了确定担保的存续期间,有些准则得以制定。因此,可以认为该存续期间应当是与产品的预计使用寿命相一致的。尤其是对于高科技产品而言,期间的估算必须以该产品保持先进状态的时间为基础(《消费者保护法》第5(3)条)。在荷兰,如果当事人(即担保人)并未确定该期间,而这在(仅仅)通过广告形式作出担保的情况下尤其容易发生的,那么担保合同的解释将会确定其存续期间。在这样做的过程中,将会用到哈维泰克斯公式(Haviltex formula):当事人的合理期待,主要应当根据当事人所属的社会圈子,以及该当事人可以被期待拥有的法律知识来确定(试比较,HR 13 March 1981,NedJur 1981,635 (Ermes/Haviltex))。这一公式也适用于担保(试比较,HR 22 December 1995,NedJur 1996,300 (Hoog Catharijne))。在挪威的消费品买卖中,该期间不得短于货物买卖法中对相同或类似货物规定的最长期限(试比较,《广告法》第9c(1)条)。在丹麦,根据《市场法》第12条第(1)款,仅当它提供给消费者比他或她的法定权利实际更优的权利时,担保条款才能被用于消费者语境中。根据消费者专员(*Consumer budsman*)的观点,这意味着,通常在新货买卖的情况下,担保期间必须实际长于法律规定的两年的通知期间(试比较,Kristensen/Lando/Møgelvang－Hansen/Schützsack,Nya regler forbrugerkøb,60)。在斯洛伐克,一般非商业性买卖中的默认担保期间应当通过特别法规或规章来确定(民法典第502条)。

Ⅱ.担保的默认范围:瑕疵和救济

3.关于担保所涵盖的默认瑕疵或默认救济,"消费品买卖指令"并未作出明确规定。担保范围中唯一涉及的是关于担保的定义(第6(1)(e)条),它规定,如果货物并不符合担保文件或相关广告中的描述,担保人将要返还支付的价款,更换货物或以任何其他方式处理消费品。这种进路在大多数法律体系中得到了采纳。

4.在某些体系中,虽然并不存在直接规制,但仍存在着某些准则。例如,希腊法律规定,担保必须与诚实信用相一致,不得通过过度免责条款剥夺对消费者具有重要意义的权利(《消费者保护法》第5(3)条)。在荷兰,如果当事人(即担保人)并未确定担保涵盖的是哪些瑕疵,则担保合同的解释将确定其内容和范围。担保的解释将采用哈维泰克斯公式(参见注释2)。此外,鉴于担保必须以明白易懂的形式来表述它所涵盖的范围这一事实,未能指明担保的涵盖范围可能导

致法院将担保解释为涵盖了全部货物（不利于提供方的解释）（试比较，民法典第 7:6a(2)条）。在挪威，如果消费品买卖中担保涵盖的瑕疵少于货物买卖法中货物不相符制度涵盖的瑕疵，则这种限制是无效的，因为消费者的权利只能通过担保扩展而不能被其限制（试比较，《市场法》第 9c(1)条）。在波兰的非商业性买卖中，民法典第 577 条规定，在存有疑问的情况下，担保人负有矫正物之本身的瑕疵的义务。爱沙尼亚 LOA 第 231 条第(4)款包含了一项规定，除非担保文件另有规定，否则当任何瑕疵在担保期间内被发现时，担保赋予买方索赔、免费修理或更换货物的权利。在斯洛文尼亚，法律明确规定，担保的内容是货物在担保期间内的正常运行，这既适用于强制（法定）担保，也适用于自愿担保（LOA 第 481 条）。

5. 在瑞典，消费者将有机会获得货物买卖法中关于货物不相符所规定的所有救济，即修理、更换、降价、终止和损害赔偿。同样，根据捷克和斯洛伐克法律，由卖方的协议或声明所设立的担保，不得比法定担保范围更窄，这意味着买方至少有机会获得货物不相符的通常救济（捷克共和国民法典第 620(5)条；斯洛伐克民法典第 502 (2)条）。

6. 在英格兰和苏格兰，《消费者货物买卖与供应规则》2002 第 15 条第(1)款规定，消费者担保作为由担保人承担的合同义务而生效，这意味着所有适当的合同救济对担保受益人都是适用的。

Ⅲ. 诉诸和执行担保的成本

7. “消费品买卖指令”规定，担保指的是免费提供的任何允诺（第 1(2)(e)条）。但是，该指令并未提及执行担保相关的成本问题，也并未像相符性情况（第 3 (4)条）下那样，直接规定担保应当免费执行。

8. 在有些体系中，这个问题仍然是未加规制的。不过，其他立法在不同程度上解决了这个问题。在爱沙尼亚存在一项假设，担保赋予了买方免费要求修理或更换的权利（LOA 第 231(4)1 条）。在意大利，担保不能对消费者产生任何额外的成本（*costi supplementari*）（《消费者法典》第 128(2)(c)条）。在斯洛文尼亚，卖方承担修理、配件、货物运输和其他所有与诉诸担保有关的成本（《消费者保护法》第 19 条）。在荷兰，不论诉诸和执行担保的成本是否由消费者支付，这都是个运用哈维泰克斯公式对合同加以解释的问题（参见本条注释 2）。在波兰，买方负有将货物交到担保文件指定的地点，或者货物被交付给消费者的地点的义务，成本由担保人负责，除非从当时情形中可以推导出，该瑕疵应当在瑕疵被发现时货物所处的地点加以矫正。担保人必须履行义务，并自负成本将货物交付给担保中有权受领货物的人（民法典第 580 (1)与(2)条）。在瑞典消费品买卖中，关于货物不相符及其救济的规定也适用于担保（《消费品买卖法》第 21 (1)条）。因此，消费者在诉诸担保时无须承担成本（试比较，《消费品买卖法》第 26 条）。

9. 在丹麦和挪威，这是个未加规制的问题。不过，货物买卖法规定，货物不相符要由卖方承担救济成本，由于担保必须赋予消费者比法律规定的更优的权利，所以担保人必须承担该项成本。同样，根据捷克法律，担保不得对法定制度下的权利加以限制；因此，一般制度将会适用（民法典第 598 与 620(5)条）。此外，在芬兰，根据“消费者保护法”第五章第 18 条第(1)款，卖方必须对瑕疵加以救济，而买方并不负责成本。因此，根据担保进行的修理不得对买方施加任何成本。但是，法律并未禁止与货物买卖相关的收费服务和维修协议，只要这种协议的内容与担保有所不同。

第Ⅳ.A－6:105 条　限于特定部分的担保

仅对货物的特定部分提供担保的,必须在担保文件中指明这种限制;否则该限制对消费者没有约束力。

评　论

A. 概述

从消费者的角度来看,本条涉及的是消费品担保的范围并不像被期待的那样宽泛的情况。仅对货物特定部分的担保通常发生在包含各种不同的部分而非因为其复杂性的货物上,或者由于其性质,各个部分是以特定方式来担保的。例如,货物的不同部分可能有着不同的耐久性,或者可能需要特定性质的不同维修方式。货物的某些部分根本不在担保范围内,这种情况也是经常发生的。

示例 1

类似灯泡、电池等被排除在担保范围之外,这是极其常见的。

示例 2

担保文件可以规定,对整个货物的基本担保期间为 2 年。但塑料元件只担保 1 年,而金属元件则担保 10 年。

B. 限制的效力

关于担保的实际范围,为了防止混淆,所有担保范围的改变和排除都必须明确规定在担保文件当中。如果该种限制并未明确规定,则它是无效的。

示例 3

消费者甲购买了一台电脑,所附担保期间为 3 年。购买两年后,其充电电池不能再进行充电。消费者根据担保要求提供一个新的电池。卖方驳回了这一要求,并声称电池是个“消耗品”,因此并不属于担保范围之内。

由于这种类型的电池被视为一种消耗品并非不言自明的,且卖方并未就担保的适用范围作出任何明确限制,所以卖方负有更换电池的义务。

注　释

仅针对特定部分的担保

1.《消费品买卖指令》并未专门规定，担保文件必须向消费者明确担保仅涵盖货物的特定部分。但是，该指令要求担保文件表明担保的范围（第6（2）条）。因此，如果担保仅被限定于货物的部分，或者如果不同担保是提供给货物的不同部分的，那么这必须在担保文件中加以规定。

2. 大多数体系都遵循了这一路线，并未对该问题加以专门规制。但一般来说，为了产生效力，这种限制必须以明白易懂的语言在担保文件中明确规定（试比较，例如挪威《广告法》第9d（1）（e）条与斯洛文尼亚《消费者保护法》第18条）。在荷兰，由于担保人必须以明白易懂的方式规定担保涵盖的范围，所以未能明确规定担保的范围可能导致法院将担保解释为涵盖了整个货物或货物的全部（不利于提供方的解释）（试比较，民法典§7:6a（2）；Mon. NBW B－65b（Loos），no. 19）。

3. 不过，根据瑞典法律，货物买卖法第21条第（1）款规定，卖方可以就货物或货物的一部分承担责任。这种限制在货物包含了消耗品的情况下是常见的，就此，卖方并不希望承担担保期间内的责任（Herre，Konsumentköplagen^2，247）。如果并未作出任何限制，则担保适用于货物的所有部分（Prop 1989/90:89，108）。

第Ⅳ.A－6:106 条　担保人责任的排除或限制

对于因未按使用说明维护保养货物而对货物造成的任何故障或损害，担保人的责任得被排除或者限制，只要这种排除或者限制已经在担保文件中作了明确规定。

评　论

A. 概述

如果货物的正常运行需要专门的维护，关于维护保养的说明书必须提供给买方，而不论附着于货物的担保是否存在（参见第Ⅳ.A－2:302条（符合合同的目的、质量和包装要求）（e）项）。但是，担保人可以在以担保权人对货物加以特殊照顾，或者以特定方式使用和对待货物为前提条件的情况下，提供消费品担保。

示例1

例如，消费品担保可能要求担保权人在指定修理厂对汽车进行定期保养，只在指定维修站

对货物进行修理，或者要使用特定质量的材料来维护货物。

B. 维护说明

说明的展示。如果担保人以担保权人要以特定方式使用、处理或维护货物为条件提供消费品担保，则相关说明书必须送达消费者。担保人可以向担保权人展示说明的方式有许多种。说明可以附于货物之上，例如印在所售货物的盒子上，或者以说明指南的形式送达（只要担保文件涉及这些说明）。维护说明也有可能只是简单地包含在担保文件本身当中的。

说明必须向消费者进行充分的——即，关于其意义，以并不留下任何疑问的方式——解释（参见第Ⅳ.A－6:103条（担保文件）第（1）款（d）项）。

通过说明来限制责任。如果未遵守维护要求想要导致担保人担保责任的限制或排除的效果，那它就必须明确规定在担保文件当中。仅仅将说明附于货物，或者将其包含在担保文件当中，这在担保权人并未遵守的情况下并未产生限制担保人责任的效果。

说明的范围。维护说明可以超出消费品之维护说明的通常范围。如上所述，它们可以要求担保权人对货物加以特别照顾。条件必须具备合理性并说明其正当理由。如果担保人建议使用特定品牌的产品来维护所售货物，那么这一要求必须加以特别强调。此外，说明不能限制货物通常的使用范围，或者对担保权人施加过度的成本。在任何情况下，所有额外的维护成本，例如年检的费用，都必须按照第Ⅳ.A－6:104条（担保的范围）（d）项在担保文件中明确规定。

在维护说明并未遵守的情况下，如果即便担保权人遵守该说明，同样的瑕疵也会出现的话，担保人的责任便不被排除或限制。如果根据情形那是不明确的，就要由担保人来负责证明遵守说明就会有不同结果。

示例2

消费者乙从汽车经销商甲那里购买了一辆附有担保的二手车。一年后，该汽车出现了故障。当乙试图诉诸担保时，甲拒绝了该担保主张，因为乙并未按照担保条件所要求的在指定修理厂对汽车进行维护。因为在这种情况下，显然对于该种瑕疵而言，规定的维护是在指定修理厂还是在其他修理厂进行，那都是无关紧要的，所以适用这一条件是不合理的。

注　释

维护说明

1.“消费品买卖指令”并未专门提到维护说明，只是规定担保文件应当表明担保的内容（第6

(2)条),这意味着,如果存在为担保专门设计的维护说明,则它们应当被纳入担保文件当中。同样,大多数体系也都并未直接涉及维护说明。

2. 根据意大利法律,《消费者法典》第 133 条第(2)款(b)项规定,担保应当将其标的物和使得它可能被使用的必要因素包含在内。在斯洛文尼亚,除非维护说明违背诚实信用并因此作为不公平合同而无效(试比较,"消费者保护法"第 22 条),否则在货物的使用、处理或维护违反了卖方的明确说明的情况下,排除担保人责任的条款可被允许并经常被使用。维护说明并不必须包含在担保文件当中,但是如果没有该说明,货物便不可能正常使用的话,卖方必须将其与货物一起交付。在芬兰,只要担保条款和条件有明确规定,担保便可以适用。担保条款可能将归因于买方的任何货物不相符——例如未能遵守说明或正确操作货物——排除在外。根据《消费者保护法》第五章第 15a 条第(1)款,如果货物的恶化是由于意外事件、货物的不当操作或者其他归因于买方的原因造成的,瑕疵担保责任不应产生。同样在瑞典,如果卖方证明,货物的恶化可能是由意外事件或类似事件、买方的不正常使用或类似行为或疏忽造成的,则担保并不适用(《消费品买卖法》第 21(2)条)。"类似行为或疏忽"指的是,例如消费者并未遵守说明接受专业的服务或护理,并未这样做就算作过错。例如,关于汽车,担保中一年的服务有效期是极为常见的。但是,这种服务义务不能对消费者造成不合理的负担。如果使用货物的可能性如此严格,以至于担保几乎是误导性的,或者如果规定服务的成本是不合理的,这就属于上述情况(参见 Prop 1989/9:89,110)。市场法院在 MD 1992:13 中对这种常见条款进行了评价,其中卖方就一辆汽车提供了担保,即其设备的有效期为 1 年或至少 3 万公里。卖方还提供了一项延长的担保,即有效期 3 年或最低 10 万公里,只要消费者根据服务手册在卖方指定的维修厂进行了所有护理。法院认为,延长的担保要比消费者的法定权利更加有利。担保对消费者施加了遵守某种行为的义务这一事实,其本身并不会导致该条件成为不合理的。在 ARN 1991/92 ref. 42 中,委员会得出了相反的结论。在此,消费者声称,所购买汽车上的某些瑕疵应当属于卖方"二手车担保"的范围之内。卖方对此进行了否认,声称消费者并未按照担保条件的要求,在指定修理厂对汽车进行护理。委员会认为,诉诸这一条款是不合理的,因为对于该瑕疵而言,事实已经证明,即使已经在指定修理厂或其他修理厂进行了护理,情况也不会有什么不同。

第Ⅳ. A－6:107 条　举证责任

(1)担保权人在担保期间内主张其消费品担保权利的,举证责任由担保人承担:

(a)货物与担保文件或者相关广告所作的说明相符;而且

(b)由于错误使用、错误保养、意外事件、怠于维护等原因所造成的故障或者损害,担保人不负担保责任。

(2)当事人不得排除本条适用,或者限制或变更其效力而损害消费者利益。

评　论

A. 概述

消费品担保的主要优点之一是，推定在担保期内显现出来的任何瑕疵都自动涵盖于该担保范围内。由于这一推定的重要性，本条是具有强制性的，不得被背离而损害消费者。这种解决方案不同于第Ⅳ.A－2:308 条（确定相符性的有关时间）第(2)款关于货物不相符的一般规定，该条款规定，仅有在风险转移给买方后的 6 个月内显现出来的货物不相符才被推定为在当时已经存在，除非这种推定与货物的性质或货物不相符的性质不相容。

B. 举证责任

只有通过证明，货物实际上符合担保文件或相关广告中规定的规格，担保人才能逃避消费品担保下的责任。另外，担保人可以证明货物的任何故障或损坏都是由于担保人并不承担责任的错误使用、错误保养、意外事件、怠于维护或任何其他原因引起的。换言之，担保人必须证明，或者出现的瑕疵并不属于担保范围内，或者它是在担保期限届满后出现的，或者排除责任的其他情况已经发生（主要是，损害是由消费者或偶然事件造成的）。

示例 1

消费者乙从甲那里购买了一部手机，附有一年的担保。根据担保条件，如果恶化是由于外部损害所造成的，则担保无效。在担保期内，手机出现故障，乙因此要求免费维修。甲拒绝维修该手机，声称它的质量已经恶化，指的是外壳上的划痕。在这种情况下，卖方提出的证据并不足以反驳买方的解释。乙因此可以诉诸担保。如果甲给出了外部损害之可能性以及它对货物功能之影响的更好的证据，结果便可能有所不同。

不过，应该牢记的是，除非买方至少证明货物出现故障或类似情况存在，担保人才开始承担本条规定的举证责任。

注　释

举证责任倒置

1.“消费品买卖指令”并未对消费品担保情况下的举证责任倒置作出规定。但是，应当牢记的是，关于货物不相符的主张，该指令第 5 条第(3)款对于前 6 个月规定了这种倒置。

2. 至于这种特殊担保,这个问题在大多数体系中都没有具体规定,因此,适用的是关于举证责任的一般规则,即谁主张谁举证。但在西班牙,这个问题可能通过货物不相符之法律制度的规则来确定;如果瑕疵在买卖后的6个月内显现出来,法律推定货物不相符便是潜在的(消费者保护法第123(2)条),那么举证责任的转移便不应该通过消费者基于商业性担保提出了额外的主张这一事实而被推翻,在此所寻求的救济将与法律救济是相同或相似的。

3. 但是,在许多体系中,这种举证责任倒置得到了明确规定。在瑞典,货物买卖法第21条第(1)款规定,如果卖方或代表卖方的任何他人,通过担保或类似允诺在一定期限内对货物或货物的一部分或其质量承担责任,则当货物在该期间内遭到该允诺所涵盖的恶化时,货物不相符便被推定了。但如果卖方证明该恶化可能是由意外事件或类似事件,买方的异常使用或类似行为或疏忽造成的,则该推定并不适用(《消费品买卖法》第21(2)条)。根据芬兰法律,同样情况也是适用的(试比较,《消费者保护法》第5章第15a条)。此外,根据德国法律,民法典第443条第(2)款规定了举证责任倒置。但是,买方仍然必须证明诉诸担保的权利,以及货物不相符发生在担保存续期间内。

4. 在某些体系中,虽然这在法律上并未明确规定,但举证责任倒置也是适用的。丹麦法律上存在一项在整个担保期内举证责任倒置的一般推定(试比较,Kristensen/Lando/Møgelvang－Hansen/Schützsack,Nye regler forbrugerkøb,59)。在荷兰,实践中担保赋予的最重要的权利之一便是,关于是否存在货物不相符这个问题举证责任的倒置(试比较,Van Rossum,Rechtskarakter van een garantie,15)。在爱沙尼亚,这种进路也得到了法律理论的接受,即关于瑕疵的原因,担保通常倒置了举证责任——如果担保中并无其他说明,则买方无须证明货物不相符是在货物交付时已经存在的(而在根据买卖合同提出索赔的情况下,那通常是必需的);买方仅需证明,货物不相符是在担保期间内出现的即可,之后提供担保的人通常需要证明,该货物不相符是由于错误使用或错误保养造成的(Kõve,Näidised ja kmentaarid Ⅱ,333)。

第Ⅳ.A－6:108 条　担保期间的延长

(1)在依担保文件对货物的瑕疵或者故障进行救济之后,担保期间将按担保权人因为该缺陷或者故障而不能使用货物的期间延长。

(2)当事人不得排除本条适用,或者限制或变更其效力而损害消费者的利益。

评　论

A. 概述

本条调整的是,作为货物存在瑕疵或故障的结果,消费者被剥夺了货物占有的情况。在担保期间内,如果货物出现故障并且它必须得到救济,那么对于消费者而言便存在着两项后果。其一,在大多数情况下,担保权人都会被剥夺货物的占有,因此不能

使用或从中受益。其二,尽管货物并不具有担保的功能,并且担保权人不能使用它们,但消费品担保的存续期间仍然在流逝。这一解决方案将促使担保人迅速采取行动,因为否则的话担保期间便将被延长。特别是对于担保期间将终止时出现的瑕疵而言,这一规定将为消费者提供额外的保险。由于担保人排除这一原则之适用的高度可能性,所以本条是强制性的,不能被背离而损害消费者。

B. 担保期间的延长

根据本条提出的解决方案,消费品担保的存续期间将按由于其故障,货物不能被使用的期间来延长。消费者不能使用货物的期间包括,从发现货物故障时起,一直到收回已得到救济的货物时为止。从本质上讲,担保期间因而只是中断而非重新开始。如果货物必须在多个场合下被救济(修理或更换),那么担保期间也可以延长数次。

示例 1

乙购买了一台附有两年担保的电视机。6 月 15 日,电视机出现了故障,乙通知了卖方,于是电视机被送回维修。乙在 7 月 15 日收回了电视机。担保的存续期间将被延长 1 个月。

注　释

担保期间的延长

1.“消费品买卖指令”并未涉及担保期间延长的问题。大多数法律体系也是如此。

2.不过,有些体系中存在着具体的规定。在爱沙尼亚,LOA 第 231 条第(4)款第(1)项规定,除担保另有规定外,法律推定在更换的情况下,更换过的产品应当附有相同存续期间的一项新的担保。它进一步推定,在修理的情况下,担保期间应就维修期间加以延长(LOA 第 231(4) 第 3 句)。在法国,根据《消费者法典》第 L. 211－16 条,如果货物脱离占有超过 7 天以上,则担保就要延长。在匈牙利,这个问题是在对瑕疵履行之救济语境中的一般层面上来规制的,在适当情况下,根据民法典第 248 条第(5)款,那也适用于担保。因此,民法典第 308 条第(3)款规定,在发生修理和更换的情况下,对债务人(卖方)主张权利的期限应当中断,并自债权人可以再次使用货物时重新启动。此外,根据捷克法律,因为担保不得比法定制度更加不利于消费者,所以一般规则将予适用。在此,自瑕疵担保责任所产生的权利被行使时起,到修理已经完成后,买方必须受领货物时止,这段期间并不计算在担保期间内。卖方必须向买方发出一份单据(确认),说明买方行使权利的时间,以及关于修理及其期间的信息(民法典第 627(1)条)。在交换(更换)的情况下,担保期间自买方受领新物时起重新开始计算。这同样适用于担保所适用的某个部件的更换(民法典第 627(2)条)。在斯洛文尼亚,简单修理情况下,担保期间要按买方不能使用货物的时间加以延长。在更换或重大维修的情况下,担保期间重新计算(LOA 第 483 条)。在瑞典,关于修理和更换,暂行办法规定了一般期限(3 年)的类推适用,即在同种瑕疵再次出现的情况下,该期限从完全修好之日起开始计算(Prop 1989/90,123;ff. ARN 1996－0976,fr 1 July 1996)。

第二编　货物租赁

第一章　适用范围和一般规定

第Ⅳ.B－1:101条　货物租赁

(1)第四卷本部分的规定适用于货物租赁合同。

(2)货物租赁合同指的是一方当事人(出租人)同意他方当事人(承租人)在一定期间内使用货物,他方当事人向其支付租金的合同。租金可以采用货币或其他形式。

(3)第四卷本部分的规定不适用于当事人约定在获得一定期间的使用权之后转移所有权的合同,即使双方当事人认为该合同性质为租赁。

(4)合同具有融资目的,不论是出租人作为融资方还是承租人具有取得货物所有权的选择权,都不排除第四卷本部分规定的适用。

(5)第四卷本部分的规定只调整因租赁合同产生的合同关系。

评　论

A. 概述

适用范围。第四卷本部分调整的是货物租赁合同及其产生的权利和义务。合同本身并不是租赁,它是导致租赁产生的法律行为(参见第Ⅱ－1:101条("合同"和"法律行为"的含义))。租赁是出租人和承租人之间的法律关系,涉及双方的义务和相应的权利,它是通过合同来设立和规制的。第四卷本部分适用于可被视为核心领域的除不动产以外的财产租赁合同,即收取报酬而赋予货物之临时使用权的合同。货物(在定义列表中)被界定为有形动产,包括船舶、车辆、气垫船或航空器、空间物体、动物、液体和气体。毫无疑问,其他合同类型可能是由本条所提及的那些要素、类似要素或功能中的某些但非全部构成的,但我们并不认为第四卷本部分有着可能的最为宽泛的适用范围。具体合同的选单永远不会穷尽或涵盖所有可能的合同。它也不可能在不同的具体合同之间划出明确的界限。也存在着包含了两种或两种以上类型的要素的合同。租赁合同的消极定义,将其他原则的适用排除在外,那几乎是不可能或不可取的。

一个例外已经明确规定:第四卷本部分不适用于当事人约定在一定期间的使用权之后转移所有权的合同(第(3)款)。

B. 仅指合同关系

并非所有权的合同关系。第四卷本部分仅涉及由货物租赁合同所产生的合同关系。它并非仅仅关注原出租人与承租人之间的关系:第七章规定了新当事人和转租。不过,它仅关注合同权利和义务。它并不涉及所有权。在国内法上,对于将租赁与其他涉及货物使用的法律关系——例如,许多司法管辖区所采纳的用益权——区别开来而言,与第三方有关的保护和优先可能是决定性的。在大多数情况下,这些权利要比基于租赁合同的权利更加全面,因此,它们并不属于第四卷本部分的适用范围。在其他情况下,国内法必须确定本部分在何种程度上适用于这些权利。

C. 使用权

受益和实际控制。货物"使用"的基本含义在日常用语中是如此明显,以至于很难给出一个并非循环定义的界定。使用权意味着承租人可以享有通常源自于对货物的实际控制的利益:开车、驾船、用挖土机挖土、穿西装、观看电视上的节目等等。承租人可以做的要比质权人或照顾货物的人多得多,但又比不上所有权人,所有权人可以损坏货物、对其加以改造或设立有关货物的权利(承租人之货物改造或转租的权利将在下文加以讨论)。承租人可以利用货物的更为确切的限制必须通过个别协议、租赁的目的和本部分的默认规则来确定(第五章)。

孳息。第四卷本部分并未在使用权和"孳息"权之间加以区分。对于并非不动产的货物而言,这种区分通常是没有太大意义的。承租人是否可以收取类似租赁马匹生下的小马驹或租赁番茄植株长出的番茄,这必须根据租赁的目的或其他情形来确定。制定一项默认规则一直以来都被认为是没有用的。如果承租人可以转租货物,孳息便被理解为新的租赁的收入,这个问题将在第七章进行处理。

消费品、可替代货物、集合物。在日常用语以及法律术语中,对于属于其他人的消费品的权利,或者返还原来获得的物以外的其他物的权利,通常都被认为与"使用"是有所不同的。本部分并不适用于有关这种权利的合同。另外,似乎并没有理由将货物集合的租赁排除在外,例如一套用于电脑维修的工具。承租人在何种程度上可以更换集合物的部分,这取决于个别协议和具体情形。

知识产权。租赁一本书或一张 DVD 等的目的通常是为了可以利用其内容——阅读诗句、听音乐、看电影等等。本部分涉及成果之个别副本,但并不涉及知识产权的问题。但是,如果关于知识产权的法律规定,承租人对非法副本应当立即退回或销毁或至少不予使用,那么这对租赁协议便有影响,因为该物并不能为了预期的目的而被使用。

D. 临时权利

使用权并非永久的。承租人根据合同享有的权利并不是永久的。以一方获得使用权,而另一方保留支付权的方式将货物上的利益进行永久分割的合同,不应被视为一种租赁合同。不过,本部分并未规定最长租赁期间,根据合同在非常长的时间内享有的使用权,与永久性的使用权之间的差异毋宁说只是形式上的(参见第二章)。对于货物租赁而言,这在任何情况下都可能并不是一个具有实际意义的问题。

E. 货物

"货物"的含义。"货物"一词的含义是通过一系列定义(参见定义列表)来确定的。"货物指的是有形动产。它包括船舶、车辆、气垫船或航空器、空间物体、动物、液体和气体。""动产指的是不动产以外的有形或无形财产。""不动产指的是土地以及附着于土地之上,不能以通常人力改变其位置的物。""就财产而言,有形指的是具备固体、液体或气体形式的物理上的存在。"

动产。本部分适用于动产而不适用于不动产。在这方面,构成不动产之一部分的物,以及不动产的固定设施和配件,都应当被视为不动产,除非这些财产是从不动产上分离下来后进行租赁的。因此,一项涉及利用固着于不动产上的管道或电缆的权利的合同,并不属于本部分的适用范围之内。

有形动产。本部分仅适用于有形动产的租赁,即具备物理存在形式的动产的租赁。在实践中,它通常是固体形式的动产,但并没有必要对液体或气体作出例外规定。电力、信息和数据并不被包括在货物的定义当中,金融证券即使以可转让文件的形式存在,也不属于货物。

船舶、航空器等。"货物"一词包括"船舶、车辆、气垫船或航空器"(参见定义列表),本部分适用于这些物体的租赁。在大多数(如果并非全部的话)司法管辖区内,都要求对这些物体中的某些进行登记,这也使得权利登记附属于这些物体。与船舶、航空器等有关的权利在一定程度上要受类似于不动产(那也是要登记的)的规则的调整。我们尚未发现将船舶、航空器等排除在本部分适用范围之外的必要性,也没有必要对这些物体的租赁制定特殊规则。关于某些型号的船舶和航空器的租赁,存在着标准化的合同条款,在任何情况下,合同当事人都可以订立涵盖了合同关系之所有重要方面的个别协议。在承租人并非消费者的情况下,第四卷本部分并不具有强制性。但是,也存在着通常涉及为休闲目的租赁小船的合同,对此标准化条款并不适用,而个别协议往往又缺乏详细规定。对于这种租赁,并不存在制定特殊规则的理由。

F. 换取金钱或其他价值

无偿合同除外。本部分仅适用于为了换取金钱或其他价值而提供使用权的情况。关于货物无偿使用的合同历来被视为一种不同于租赁合同的合同类型,这种关系中所

涉及的典型利益是与租赁并不相同的。这些合同是由第四卷第八编(赠与)来调整的。不过,如果报酬是应得的而并非纯粹象征性的,第四卷本部分即可适用。低租金的合同并未被排除在本部分的适用范围之外,但租金较低的事实在某些情况下可能是极为重要的(例如,在确定承租人可以合理期待的货物之质量标准时)。

金钱或其他价值。在大多数情况下,承租人必须支付金钱,但是本部分也适用于为换取其他价值而提供使用权的情况,例如工作、服务、财产的所有权或使用权等等。在这种情况下,第五章关于付款的规则要经过适当调整而适用。附有金钱以外的报酬的租赁如此罕见,以至于并没有必要对之规定特殊规则。有些时候,使用权必须被看作另一合同的要素,例如雇佣合同,在这种情况下,本部分并不适用。

G. 租赁合同和买卖合同

买卖规则具有优先性。本部分并不适用于当事人约定在获得一定期间的使用权之后转移所有权的合同(参见本条第(3)款)。如果当事人已经约定了所有权的转让,则这种转让并非当事人在一者和他者之间的选择权,合同即属于第Ⅳ.A－1:202 条(买卖合同)的定义范围之内。所有权的约定转让可以立即发生,也可以在一定时间经过后发生,这通常是以价款的完全支付为条件的。最重要的例子是所有权保留的买卖。有些时候,租赁术语会被用于这种类型的协议当中;当约定租金完全支付时,承租人就变成了所有权人。这种合同仍然属于买卖合同的定义范围内。这种合同的术语(分期付款购买、附条件买卖、保留所有权的买卖)可能有所不同,但当事人承担的义务并无相应实际的差异,对于某些合同而言,在所有权转让之前的期间内,还可以任意适用租赁规则。在一般情况下,涉及一种合同类型的规则的适用性,在何种程度上排除了涉及其他合同类型的规则的适用性,这并不总是很清楚的。有些时候规则可以结合适用,每一个都构成了同一合同的组成部分;在其他情况下,作为某种特定合同的特征的义务,在由另一种合同类型的规则调整的合同中只是一种附带因素。这可能取决于案件的具体情况(参见第Ⅱ－1:107 条(混合合同))。不过,对于租赁合同而言,有关此处提到的买卖合同,有一点必须要澄清。问题在于,租赁术语的使用是否指的是租赁规则被协议所适用。这是个个别协议之解释的问题,但在大多数情况下,租赁术语的使用可以简单地看作是个形式的问题。

承租人的购买选择权。对于承租人而言,仅仅享有购买货物的选择权(不论是在租赁期届满时还是在任何其他时间点),并不会使得合同成为第Ⅳ.A－1:202 条(买卖合同)定义中的买卖合同,也不会将这种合同排除在租赁定义之外。即使可以证明承租人有意使用该选择权,只要这不是一个合同条款,情况仍然如此。当价格如此之低,以至于不使用该选择权是明显不合理的,情况同样如此;第四卷本部分仍然适用。

出售后回租。有时,一个人甲将货物出售给另一个人乙,目的是从该人处租赁该货物。取决于具体情形,乙的权利可以被视为一项担保权,而甲的权利是所有权(参见第八编(动产所有权担保))。此外在甲与乙之间,买卖和租赁合同可以取决于具体情

形被看作是一种模拟,如果是这样的话,第四卷本部分便不得适用。在其他情况下,第四卷本部分应当适用于合同中涉及租赁的部分。

H. 为了特定租赁而提供货物的合同(“融资租赁”等)

该种合同。非常常见的是,出租人的角色更像是信用提供者而非普通的出租人:未来的承租人找到一个能够提供符合承租人要求的货物的供应商;货物然后被另一方(通常是金融机构)买下来,再将货物出租给承租人;租金和最低租赁期间都是固定的,以便在租赁期间届满时,出租人能够收回货物成本、附加的利息。承租人可能有权在租赁期满时以名义价格购买货物,或者有权以实际上较低的租金继续租赁。这种合同通常被称作“融资租赁合同”(参见下文)。应该注意的是,英语的“租赁”一词以及其他语言中或多或少类似的术语,经常被用于只具有这里提到的某些特征的交易,或者附加其他重要的特征。

国际统一私法协会的公约。《国际融资租赁公约》于1988年5月28日在渥太华获得通过,并于1995年5月1日经三个国家批准后生效。至今(2007年),该公约已经得到了10个国家的批准(白俄罗斯、法国、匈牙利、意大利、拉脱维亚、尼日利亚、巴拿马、俄罗斯、乌克兰和乌兹别克斯坦)。根据第1条,该公约适用于国际租赁合同(“以换取租金支付为目的,赋予承租人使用设备的权利”的合同),其中:(a)承租人控制货物的收购(出租人根据承租人的要求并按承租人认可的条款从承租人选择的供应商那里购买货物;承租人指定货物和选择供应商,“而非主要依赖于出租人的技术和判断”);(b)货物是由与租赁有关的出租人购买的,这就是所谓的租赁提供者;(c)租金的“计算特别考虑到了摊提设备的全部或大部分成本”。

国际统一私法协会公约的基本规则。该公约的基本规则如下:

(a)出租人对抗债权人的权利受到保护(第7条)。

(b)出租人不应以其出租人身份而对第三方承担由于设备所造成的“死亡,人身伤害或财产损害”的责任(第8(1)(b)条)。

(c)供应商根据供应协议所承担的义务亦“应及于承租人,如同承租人是该协议的当事人一样”(第10条)。

(d)出租人就第三方对货物的权利向承租人进行“担保”(第8(2)条)。

(e)所有维修和保养都由承租人负责,货物必须以原来的状态返还,正常的损耗除外(第9条)。

(f)在货物不相符或迟延的情况下,承租人有权终止合同(或拒收货物),在受领货物之前,有权拒付租金,但要求损害赔偿并不是必然的,除非该损失是由承租人对出租人之技能和判断的信赖造成的,或者出租人对承租人选择供应商或规格要求进行了干预(第12与8(1)条)。

(g)作为承租人不履行义务的后果,存在出租人关于合同终止要求损害赔偿等的规定(第13条)。

(h)存在转让货物所有权或使用权的权利的规定(第14条)。

国际统一私法协会的公约与第四卷本部分。国际统一私法协会公约所描述的合同,构成了一组包含着信贷和担保因素的租赁合同。租赁形式是由当事人选择的。通过将这些合同定义为一种独立类型的合同,就它与租赁合同有所不同并因此属于本部分的适用范围之外而言,它似乎并未赢得什么。将合同界定为买卖合同,这肯定是与当事人的愿望和意图相违背的,并且没有充足的理由去反对这样的意图。第四卷本部分一般可以适用。不过,某些特殊规则必须被包含在内,因为将所有租赁规则都作为默认规则适用于——或多或少——独特而重要的一组合同(对此,某些一般规则并不适合),那是不能令人满意的。这些特殊规则被包含在第Ⅳ.B－2:103条(默示延长)、第Ⅳ.B－3:101条(货物的可用性)、第Ⅳ.B－3:104条(货物在租赁期内的相符性)、第Ⅳ.B－4:104条(向货物供应商主张的救济)和第Ⅳ.B－5:104条(按照合同使用货物),并参考对这些条文的评论。

I. 租赁合同和服务合同

与服务相结合的使用权。货物使用权可以与使用权提供方的服务结合在一起。可能的结合方式是极为宽泛的。在该频谱的一端,由出租人以保养和维修的形式作出的工作是大量租赁合同的一个组成部分,这种工作通常并不被认为是一种"服务"。第四卷本部分对此适用。在该频谱的另一端,货物的"使用"并不具有独立性质,而只是一种附带,例如乘客在运输合同中"使用"汽车或船舶。在当事人一方有权使用一种先进的工业设备,而所有权人还提供了一件机械在整个使用期内护理该设备的情况下,这种分类是更加令人怀疑的。

第四卷本部分的适用性。关于混合合同的一般规则规定在第Ⅱ－1:107条(混合合同)。适用于各有关类型的规则也可以适用于相同的合同,除非混合合同的一个组成部分"实际上如此突出,以至于不把整个合同视为主要属于一种类型,那就是不合理的"。当服务要被履行,而使用权仅有松散的联系,并且不存在制度不相容的实际风险时,例如冲浪教学被包括在冲浪板租赁当中,两套规则都可以适用。在其他情况下,不同的规则集合不能容易地结合在一起,因为它们可能规制的或多或少是合同的相同要素,并且规则可能是相互冲突的。在这种情况下,合同的一部分往往被视为主导部分。当所有权人或其代表对货物的使用享有控制权时,服务因素通常会占据主导地位。例如,关于一辆带有司机的公共汽车的合同,通常意味着司机来决定如何驾驶,而客户决定去哪里和何时去。这不应该被视为一种租赁。"航海的"控制权与"商业的"控制权之间类似的区分众所周知就是租船合同。如果控制权方面并未给出充分的迹象,则服务因素的范围和强度,以及提供这种服务所需的资格限制就应被平衡考量。此外,合同不同因素的重要性也可能是相关的。

J. 当事人

出租人不需要是所有权人。在大多数情况下,出租人就是货物的所有权人。但

是,也可能存在并非所有权人的出租人正当地订立租赁合同的情形。用益物权的享有人便是这种情况,这种权利在许多司法管辖区都得了承认。此外,如果承租人可以转租货物,作为转租人的出租人便不是货物的所有权人。

出租并回租等等。原则上,一个人甲可以将货物出租给另一个人乙,然后再从乙那里将货物回租。这种交易有时被认为是针对不动产的,但就货物而言,也可能存在着比较小的实践利益。

注　释

Ⅰ.合同性质

1. 在大多数民法法系国家中,租赁传统上被认为是一种合同关系,并且仅仅是一种义务关系(参见奥地利法,Rummel（－Würth）,ABGB Ⅰ[3], § 1092－1094,nos. 1 ff,不过就某些专门的救济措施,参见 Schwimann （－Binder）,ABGB Ⅴ[3], § 1096,no. 117;for FRENCH law,Huet,Contracts spéciaux,nos. 21112 ff;德国法,MünchKm（－Schilling）,BGB Ⅲ[4],Pref. to § 535 nos. 6 ff)。在希腊法律上,租赁是一种双务合同(民法典第 574 条),它创设了义务但并没有赋予真正的权利。不过,存在着某些创设不仅在当事人之间,而且普遍有效的合同权利的规定(例如民法典第 614 条)。在西班牙法律上,租赁是一项合同(参见民法典第四编第六章的标题)。承租人之使用的性质一直存在着争议;主流观点认为,承租人只能通过出租人的行为才享有权利,并且承租人的权利并不是所有权,尽管存在着将其纳入土地登记簿的可能性(Lete del Rio,Derecho de Obligaciones Ⅱ,332)。在捷克法律上,租赁被认为纯属于出租人与承租人之间的合同关系(试比较,Švestka/Jehlička/Škárová/Spáčil（－Novotny）,OZ[10], § 1171),但它在许多方面仍然类似于所有权(例如民法典第 680(2)条:出租货物的每个所有权人都受到承租人权利的约束;民法典第 126(2)条:承租人可以就第三方的干预提起法律诉讼)。在匈牙利法律上,租赁也只是创设了一种义务关系。多年以来,"租赁权"而非所有权本身都是可以转让的,在一定程度上,即使在 1989/90 的转型之后仍然如此(试比较,art. 42 of the Act LXXⅧ of 1993 on the Lease of Apartments and Other Premises and their Alienation;也可参见 Besenyei,A bérleti szerzödés[2],14－15;也可参见 1940 年之前登记租赁之所有权,Szladits（－Újlaki）,Magyar magánjog Ⅳ,502)。关于丹麦、挪威和瑞典,参见第Ⅳ.B－7:101 条(所有权的变更和出租人的替代)。在英国,货物租赁是否创设了所有权,一直存在争议。往往有人推测,承租人通过占有获得了租赁货物的所有权益(Palmer,Bailment[2],81－82,86－87;Hamblin Equipment Pty Ltd. v. Federal Cmissioner of Taxation (1974) 131 CLR 570,581－582 per Mason J),尤其是因为承租人一旦占有了货物,就可以保护自己免受第三方的干预(Port Line Ltd. v. Ben Line Steamers Ltd. [1958] 2 QB 146,151 per Diplock J)。不过,这个问题从来没有被直接解决过(Birks,English Private Law Ⅰ,para. 4.195)。

Ⅱ.使用权

2. 在有些司法管辖区内,物的使用权和用益权是区别开来的:奥地利民法典第 1091 条(*Miete* for use 和 *Pacht* 之间的区分,其中的客体必须经过艰苦的工作才能被使用,试比较,Schwimann

（-Binder），ABGB V³，§1091 nos. 1 ff）；爱沙尼亚 LOA 第 339 条（"商业"租赁包括收益权）；德国民法典第 535 条（*Miete*）和第 581 条（*Pacht*）；希腊民法典第 619 条和第 638 条（对于含有孳息物的租赁的特殊规则）；匈牙利法律，参见 Introduction，B9；意大利民法典第 1571 条（*locazione*）和第 1615 条（*affitto* for "productive" things）；拉脱维亚民法典第 2112 条；波兰法律在 *najem*（使用权）和 *dzierżawa*（用益权）之间作出了区分，关于 *najem* 的规则也适用于 *dzierżawa*（民法典第 694 条）；瑞士法律，参见 BSK（-R. Weber），OR Ⅰ³，Pref. to §253-274g，no. 4。在西班牙法律上，承租人可以享有"使用"权或"用益"权，但这两种租赁合同类型在法律上并不是区别对待的（试比较，Albaladejo，Derecho Civil Ⅱ¹²，622）。对于某些司法管辖区而言，法律明确规定，承租人的权利可以包括孳息：捷克民法典第 663 条（试比较，Knappová（-Salač），Civil Law Ⅱ⁴，240）；荷兰民法典第 7:202 条；立陶宛民法典第 6.488 条（除非合同另有规定）；斯洛伐克民法典第 663 条；斯洛文尼亚 LOA 第 587 条第（2）款（除非另有约定或习惯）。在英格兰的普通法上，牲畜在租赁期内生下的幼崽可以属于承租人所有，除非合同有相反规定。对于租购合同下的牲畜而言，同样如此（参见 Tucker v. Farm and General Investment Trust Ltd. [1966] 2 QB 421，and Chitty on Contracts Ⅱ²⁹，nos. 33-063 与 38-385）。在有些司法管辖区内，这种区分似乎是毫不相干的，至少它不适合于货物租赁；比利时、法国、丹麦、芬兰、马耳他、挪威、葡萄牙、英格兰和瑞典法律上，似乎都属于这种情况。

Ⅲ. 临时权利

3. 租赁合同的法律定义通常包含对合同暂时性质的提及（参见第Ⅳ.B-2:102 条（租赁期间的届满））：奥地利民法典第 1090 条（一定期间；租赁合同不得永久延续，参见 Schwimann（-Binder），ABGB V³，§1092，no. 88）；捷克民法典第 663 条；荷兰民法典第 7.201 条；英格兰、威尔士和北爱尔兰，参见 Chitty on Contracts Ⅱ²⁹，no. 33-063；苏格兰，参见 Walker，Principles of Scottish Private Law Ⅲ³，398；法国、比利时和卢森堡民法典第 1709 条（临时的）；德国法律，参见 MünchKm（-Schilling），BGB⁴，Pref. to 第 535 条，no. 5；希腊民法典第 574 条（也可参见关于租赁期间的第 610 条）；匈牙利民法典第 423 条；意大利民法典第 1571 条；拉脱维亚民法典第 2112 条；立陶宛民法典第 6.477 条第（1）款；马耳他民法典第 1526 条；波兰民法典第 649 条第（1）款；斯洛伐克民法典第 663 条；斯洛文尼亚 LOA 第 587 条第（1）款；西班牙民法典第 1543 条（租赁必须有确定的时间，即已确定的或可确定的期间，试比较，Bercovitz，Manual de Derecho Civil，169；其用意是为了防止对财产的永久约束，试比较，TS 26 October 1998，RAJ 1998，8237；瑞士法律，参见 BSK（-R. Weber），OR Ⅰ³，第 253，no. 1。但也存在着例外，例如爱沙尼亚 LOA 第 271 条的定义并未涉及合同的暂时性质。

Ⅳ. 货物

4. 关于不动产租赁和动产租赁之间的区别，参见上文评论 E。基于实用的目的，关于动产租赁的规则对于有形动产而言是最重要的。对于某些司法管辖区而言，权利或"非物质货物"可能成为租赁的客体：奥地利民法典第 1093 条；荷兰民法典第 7:201 条第（2）款；法国和比利时法律，参见 Rép. Dr. Civ.（-Groslière），v° Bail，no. 128；La Haye and Vankerckhove，Le Louage de Choses Ⅰ²，no. 58；希腊民法典第 638 条（关于含有孳息的财产，试比较，Georgiades，Enochiko Dikaio，Geniko meros，§23，no. 6，fn. 3；Georgiadou，§638，no. 2）；关于用益（*haszonbérlet*）合同的匈牙利法律，参见 Gellert（-Besenyei），A Polgári Törvénykönyv Magyarázata6，1726；意大利法律，参见 Cian 与 Trabucchi，Cmentario breve⁸，§1571，no. Ⅳ⁷；拉脱维亚民法典第 2113 条（有形财

产和权利)。

5. 至于消耗物租赁的可能性,规定有所不同。对于某些司法管辖区而言,租赁规则明确仅适用于耐用品(奥地利民法典第1090条,立陶宛民法典第6.477(2)条)。在匈牙利法律上,只有耐用品才可以被租赁(Besenyei,A bérleti szerzödés[2],23)。对于其他司法管辖区来说,租赁规则原则上仅适用于非消耗物,但例外情况是可能的(参见法国法,Rép. Dr. Civ. (Groslière),v° Bail,no. 133;意大利法,Cian and Trabucchi,Commentario breve[8],§1571,no. Ⅳ3)。有些司法管辖区并未将消耗物排除在外,即使货物的消耗不可能在承租人的权利中起主要作用:比利时法,参见La Haye and Vankerckhove,Le Louage de Choses Ⅰ[2],no. 66;捷克法,参见Holub(-Balík,Piková,Pokorná),OZ Ⅱ[2],1031;荷兰民法典第7:224条(必须返还相同的客体);德国法,参见MünchKm(-Schilling),BGB[4],§535,no. 68(例如,为装饰租赁水果);希腊法,参见Filios,Enochiko Dikaio Ⅰ[2],§25 B Ⅱ;斯洛伐克法,参见Lazar,OPH Ⅱ,146;Svoboda(-Górász),Kentár a súvisiace predpisy,§663,610;如果货物的使用将导致货物的消耗,则关于租赁的规则并不适用;西班牙民法典第1545条(货物因其使用而被消耗,则并不适用租赁规则);葡萄牙法律,参见Rano Martinez,Direito das obrigações[2],175(同样的客体必须被返还)。这项规则一般是由租赁期届满时返还相同货物的义务推导出来的。

6. 在大多数司法管辖区,关于货物租赁的一般规则似乎也适用于船舶或航空器租赁合同。但在有些国家,也存在着关于这种租赁的特殊规则。在捷克和斯洛伐克法律上,关于货物租赁的一般规定也适用于船舶和航空器。不过,也存在着关于交通方式之商业租赁的特殊规则(参见捷克商法典第630~637条;斯洛伐克商法典第630~637条)。爱沙尼亚法律,参见LOA第291条第(1)款和第312条第(1)款。德国法律,参见关于登记船舶租赁的民法典第578a条。在希腊法律上,船舶和航空器可以成为租赁合同的客体。航空器的租赁还受到《航空法典》(第80~82条)的特别规制,民法典的规定(第574条及以下)适用于该法典以外的事项。《海商私法典》仅调整包运合同,租赁合同则受民法典的调整。有关细节和讨论,船舶租赁参见Deloukas,Maritime Law[2],253-254,259;Georgakopoulos,Maritime Law,166 ff;航空器租赁Chatzinikolaou-Aggelidou,The aircraft as an object of transactions[3],230 ff。在波兰法律上,关于货物租赁的一般规则也适用于船舶和航空器;涉及船舶和船员之合同的特殊规则,参见Sea Code 2001。在葡萄牙法律上,适用的是民法典的一般规则(试比较,商法典第482条)。也存在着特殊立法,例如Decree on Contract of Affreightment。在西班牙法律上,民法典中关于租赁的一般规则适用于船舶或航空器的租赁,但有学者建议,应将商法典中关于货运合同的规则类推适用于船舶租赁(Gabaldón,Navegación maritíma,455)。

V. 换取金钱或其他价值

7. 报酬通常被看作是租赁合同的前提条件:奥地利民法典第1090、1092条(确定价格);捷克民法典第663条;荷兰民法典第7:201条(确定的报酬);爱沙尼亚LOA第271条;法国、比利时和卢森堡民法典第1709条;德国民法典第535条第(2)款;希腊民法典第574条;匈牙利民法典第423条;意大利民法典第1571条;拉脱维亚民法典第2112条;立陶宛民法典第6.477条第(1)款;马耳他民法典第1526条第(1)款;波兰民法典第659条第(1)款,试比较,Radwań ski(-Panowicz-Lipska),System Prawa Prywatnego Ⅷ,14;葡萄牙民法典第1022条,试比较,Rano Martinez,Direito das obrigações[2],167;斯洛伐克民法典第663条;斯洛文尼亚LOA第587条;西班牙民法典第1543条(仅当存在确定或可确定的租金时,合同才构成租赁;TS 2 May 1994,RAJ,

1994,3557);瑞士 LOA 第 253 条;英格兰,参见 Chitty on Contracts Ⅱ[29], no. 33 －063(援引 Mccarthy v. British Oak Insurance Co. Ltd. (1938) 3 All ER 1);苏格兰,Walker, Principles of Scottish Private Law Ⅲ[3],398)。

8. 租金不必是金钱,这似乎得到了普遍承认:奥地利,参见 Schwimann (－Binder), ABGB V[3], §1092 nos. 66 ff; OGH 24 Mar 1998 SZ 71/55;比利时,参见 La Haye 与 Vankerckhove, Le Louage de Choses Ⅰ[2], no. 825;德国,参见 Emmerich 与 Sonnenschein (－Emmerich), Hk －Miete[8], §535 no. 49;在希腊,租金通常要以金钱来支付,但也可以包括任何其他价值(例如工作、服务、其他可替代的客体等)(Georgiades, Enochiko Dikaio, Geniko meros, §23, no. 8; Georgiade and Stathopoulos (－Rapsanikis), §574, no. 17)。荷兰法律也有同样的效果,参见 Asser (－Abas), Bijzondere overeenksten Ⅱ A[8], no. 17。爱沙尼亚(即使没有明确规定)、捷克(Knappová (－Salač), Civil Law Ⅱ[4], 240)和匈牙利(Gellert (－Besenyei), A Polgári Törvénykönyv Magyarázata[6],1675 and 1686 －1687)法律也是如此。关于法国法律中的类似规则,参见 Rép. Dr. Civ. (Groslière), v° Bail, no. 467;意大利,参见 Alpa and Mariconda, Codice civile cmentato Ⅳ, §1571, no. 12;拉脱维亚民法典第 2119 条;立陶宛民法典第 6.487 条第(3)款;马耳他民法典第 1533 条第(1)款。在波兰法律上,租金可以是金钱、非金钱或两者兼而有之,试比较,民法典第 659(2)条与 Radwański (－Panowicz －Lipska), System Prawa Prywatnego Ⅷ,14。斯洛伐克法律规定,报酬可以是金钱或其他价值(Svoboda (－Górász), Kentár a súvisiace predpisy, §663; Lazar, OPH Ⅱ,146)。在西班牙法律上,租金不必采取金钱形式;租金可以以实物、服务甚至维修等形式来支付(Albaladejo, Derecho Civil, Ⅱ[12],627; Bercovitz, Manual, Contratos,170; Díez －Picazo and Gullón, Sistema Ⅱ[9],331; Sánchez Calero, Curso de Derecho Civil Ⅱ[4],378)。瑞士法律,参见 BSK (－R. Weber), OR Ⅰ[3], §257 no. 3。在英国,不论是根据普通法还是成文法,租金都既可以是金钱,也可以是某些其他具有价值的利益,参见《货物与服务供应法》1982, s. 6(3)(英格兰、威尔士和北爱尔兰)以及 s. 11G(3)(苏格兰)。有价值的利益可能是,例如,承租人为出租人所做的工作,不论用没用到租赁的货物(Derbyshire Building Co. Pty Ltd. v. Becker (1962) 107 CLR 633)或“交换寄托”)。

Ⅵ. 租赁和买卖

9. 在北欧国家,如果承租人的意图是成为货物的所有权人,则租赁便被视为与赊销规则有关的买卖(丹麦《借贷合同法》第 6(2)条;芬兰《分期付款买卖法》第 1(3)条;芬兰《消费者保护法》第 7 章第 3 条第 2 款;挪威《赊卖法》第 3 no. 1 lit. c 条,瑞典《分期付款买卖法》第 1(3)条与瑞典《消费品信用贷款法》第 3(2)条;讨论参见例如 Persson, Förbehållsklausuler, 298 －312)。在捷克法律上,这种租赁被视为所有权保留的买卖(民法典第 601 条),如果承租人(买方)承担意外损害的风险的话,则被视为融资租赁;因此,所有权将会转移的协议并不是决定性的(但详细的法院实践是缺失的)。在商法典第 489 ~496 条存在着调整所谓“购买租赁物”合同的规则。该规则关注的是交易的买卖部分,承租人购买的权利可能成为原来的或后来订立的租赁合同的一部分。关于细节,参见 Štenglová/Plíva/Tsa, Commercial Code[11],1211 －1218。在葡萄牙法律上,一项租售合同(*locaçaõvenda*)指的是,当全部租金支付完结时,租赁合同自动转变为买卖合同(试比较,民法典第 936(2)与 Galvão Telles, Manual,398)。关于包含了承租人购买货物权利的商业性租赁合同,斯洛伐克并不存在具体规则(斯洛伐克商法典第 489 ~496 条);租赁法律适用于合同的租赁部分,而买卖法律则适用于买卖部分。根据英国法律,“租购”协议指的是,货物被出租给承租

人,承租人在某个时候享有返还或购买货物的选择权(Chitty on Contracts Ⅱ[29],no. 38－270)。根据爱尔兰法律,同样的“租购”协议指的是,货物被出租给承租人,如果协议条款得到了遵守,则据此承租人可以购买货物,或者货物所有权将会转移给承租人(《消费品信用贷款法》1995 s. 2)。协议可以一个或多个协议的形式出现,基于该法的目的,这将在最后一项协议订立时被当作一项(租购)协议来对待。

Ⅶ. 带有融资目的的租赁

10.《国际融资租赁公约》(渥太华 1988 年)于 1995 年 5 月 1 日生效,并已被 10 个国家批准(白俄罗斯、法国、匈牙利、意大利、拉脱维亚、尼日利亚、巴拿马、乌克兰、俄罗斯和乌兹别克斯坦)。公约调整的合同的属性是(第 1 条):它们是这样的租赁合同,其中出租人按承租人的指定或根据承租人同意的条款购买货物;出租人按照租赁协议获得货物,它便成为租赁提供者;租金的“计算特别考虑到了摊提设备的全部或大部分成本”。公约之基本规定已经在上文评论 H 中有所讨论。一项关于租赁的示范法草案已经于 2006 年 11 月 30 日被提交给了国际统一私法协会大会。在该示范法的报告中,得到强调的是该示范法尤其服务于发展中国家和转型期国家,序言指出,“在与法律为租赁所保留的特定领域相对的合同法的一般背景下,对于立法者的示范”是《国际商事合同通则》。

11. 关于以融资为目的的租赁,奥地利法律上并没有特殊的私法规则。所谓的 *Finanzieriungsleasing* 被描述为几种租赁合同之一,其特点主要是货物由承租人指定,承租人像买卖中那样承担风险,承租人负责维修,直接要求供应商就货物不相符承担责任(参见 in general Schwimann (－Binder),ABGB V^3, § 1090,nos. 71 ff and 82;Fischer－Czermak,Mobilienleasing,48 ff 163 ff)。有些购买货物的选择权可能使得合同成为买卖合同(Fischer－Czermak,loc. cit. 162)。

12. 以融资为目的的租赁合同在丹麦是众所周知的,但那里并不存在关于这些合同的立法。不过,存在着关于融资租赁之各个方面的判例,并且该种合同在法学文献中得到了讨论(参见例如 Gade,Finansiel leasing and Andersen and Werlauff,Kreditretten,256－279)。在荷兰法律上,所有权的获得被认为是融资租赁的一个重要因素,这可能导致关于租购规则的适用(民法典第 7A:1576h－x,)而那又是分期付款买卖的一个子类型(民法典第 7A:1576－1576g)。

13. 爱沙尼亚 LOA 第 17 章(第 361～367 条)包括了关于租赁的几个条文,它们将租赁合同描述为,出租人负责从卖方那里购买由承租人指定的客体物的合同(第 361 条)。该规则一般对应于国际统一私法协会的公约。相应的规制也出现在立陶宛民法典第 30 章(第 6. 567～6. 574 条)。

14. 在法国法律上,*crédit－bail* and Monetary and Financial Code 第 L. 313－7 条被界定为一种运作,其中为该交易而提供的设备被出租给一位经营者,它作为承租人享有购买该设备的权利。该法典处理的主要是这种运作的公法方面(并没有将 *crédit－bail* 作为一种有名合同;Huet,Contrats spéciaux,no. 23002)。其他的货物由出租人应承租人的要求购买货物,但承租人并无购买权利的长期租赁合同,一直被称为 *location financière*(Huet,Contrats spéciaux,no. 21801)。关于租赁的一般规则有着极其宽泛的适用范围(Huet,Contrats spéciaux,no. 23002,也可参见 Bénabent,Contrats spéciaux[6],nos. 881 ff 与 Rép. Dr. C. (－Duranton),v° Crédit－bail nos. 38 及其后)。关于比利时法律上类似的立法(arrêté royal no. 55,10 November 1967)和类似的讨论,参见 La Haye 与 Vanderckhove,Louage de chose Ⅰ[2],nos. 30 ff;Philippe,Le Leasing[2],nos. 030,050。

关于卢森堡,参见最高法院(Appel cmercial)25 May 1977 (Pas. luxemb. 23 [1975－1977],533, Note by Mousel,JT 1977,694)的判决,如果承租人并无购买义务,则租赁并非买卖。

15. 在德国法律上,融资租赁合同被视为一种典型的租赁合同。其特点主要是,承租人指定货物,并通过支付租金或其他履行来负责其价值的全部摊销部分(MünchKm (－Habersack), BGB[4],Leasing, no. 1; Derleder/Knops/Bamberger (－Mankowski and Knöfel), Bankrecht, §14 nos. 6 ff)。风险(*Sach－and Preisgefahr*)通过协议转移给承租人,并且后者并不能因货物不相符而向出租人要求救济。作为对应,出租人对供应商享有的救济被归之于承租人(*Abtretungskonstruktion*);承租人和供应商之间的法律关系被限定于这些救济,并且这不能被视为一种合同关系(Staudinger (－Stoffels),BGB (2004),Leasing,nos. 9－15;Oetker 与 Maultzsch, Vertragliche Schuldverhältnisse[2],734 ff)。在德国法律上,融资租赁合同的概念要比国际统一私法协会公约上的更加宽泛(Kramer (－Ebenroth),Neue Vertragsformen[2],194)。

16. 希腊关于融资租赁合同的法律,经过修改后,调整的是金融机构和经营者承租人之间的租赁合同的某些方面。其特点尤其在于,货物是由承租人选定的;承租人承担维修和保养的费用,以及货物意外损坏的风险;出租人对于货物不相符并不承担责任,但要将对供应商的主张转移给承租人;在租赁合同届满时,承租人享有或者购买所租货物,或者在确定期间内续订租赁合同的权利(参见 Georgiades,New Contractual Forms of Modern Econy[4],33 ff)。在匈牙利,除了在1996年关于信贷机构和金融企业的 Act CXⅡ附录2中有着融资租赁的一个冗长定义(不论一项行为是否经过金融监管局的授权,在确定时都是相关的)外,并不存在关于(国内)融资租赁的立法(也可参见 Act C of 2000 on Accounting 中对于融资租赁相当类似的定义)。融资租赁被视为所有权转让合同,参见 Gellert (－Besenyei), A Polgári Törvénykönyv Magyarázata[6], 1677; Besenyei,A bérleti szerzödés[2],18;融资租赁被视为含有买卖和租赁因素的合同,参见 BH 1999. 468. Legf. Bír. Gf. Ⅰ. 30.985/1989;也可参见 BH 1996. 257. Legf. Bír. Pf. V. 20. 531/1995 (必须根据个案确定);被认为信贷、损失风险是决定性的:BH 1998. 496 Legf. Bír. Gfv. Ⅰ. 31. 135/1997;也参见 BH 1994. 97. Gf. Ⅰ. 33. 682/1992;BH 1998. 242. Legf. Bír. Gfv. X. 33. 402/1996(融资租赁是分期付款买卖)。

17. 在挪威,关于以融资为目的的租赁,并不存在相关合同立法,但出租人根据租赁合同享有摊销(以实质计算)成本总额的权利,这在一定程度上被视为对货物的一项担保权利(Mortgages and Pledges Act §3－22;Rt 2001,232;Skoghøy,Panterett,115－122)。

18. 波兰法律在租赁合同(民法典第659～692条)和融资租赁合同(民法典§7091－70918－added 26 July 2000)之间作出了区分。根据融资租赁合同,融资方负有从另一方那里购买货物并允许客户使用那些货物的义务,客户则支付租金,其数额至少要与购买货物支出的成本相等。租赁期届满后,该客户可以享有购买货物的选择权。

19. 斯洛伐克法律上并没有关于以融资为目的的租赁的特别立法。有着相关特征的合同(货物根据承租人的选择提供,风险和维护义务由承租人承担,所有权在租赁期届满后转让)被认为是含有租赁、买卖和信贷因素的混合合同(或无名合同),参见 Patakyová (－Blaha),Cmercial Code,第489条。近来捷克的法院显然也更倾向于无名合同的做法(Supreme Court 30 Cdo 2033/2002)。

20. 在西班牙,融资租赁是由 Royal Law Decree 15/1977 规定的。根据 Royal Law Decree 1669/1980,该规定被扩展到了不动产。实质性规则出现在 Additional Disposition 7 of the Law 26/

1988中,而那里还有着其他少量税收的规定。融资租赁合同可以在不动产登记簿上登记,但该登记并不是强制性的(Law 29/1998)。这一关系的理论性质一直备受争议,其范围从变相买卖一直到混合租购合同等等(参见 Diaz Echegaray in Alberto Bercovitz (dir.) Contratos Mercantiles, Ⅰ, 2007, pp. 898 ff)。

21. 在瑞典,政府委员会已经就融资租赁规则提出了议案,但该建议至今并没有导致立法出台(SOU 1994: 120)。关于现行立法和判例,参见例如 Möller, Civilrätten vid financiell leasing; Håstad, Den nya köprätten[5], 300－307。

22. 对于瑞士法律而言,据称融资租赁合同应被视为租赁因素多于买卖因素的混合合同(Honsell, OR－BT[7], 417)。关于该定义的共识尚未达成,但类似风险转移、承租人的维护和价值的摊销等因素已经被提及(BSK (－Schluep and Amstutz), OR Ⅰ[3], Pref. to § 184 ff nos. 81, 84)。

23. 根据英格兰法律,设备租赁或融资租赁合同被描述为一种寄托类型,但在本质上被当作了长期融资合同。这种合同出现在下述情形中,即承租人选择由生厂商或经销商提供的设备,出租人则提供资金,获得该设备的所有权,并允许承租人在货物的全部(或大部分)预计使用寿命期间使用该货物。所有权之通常的风险和收益实质上都被转移给了承租人。在最初的租赁期间内,租金是根据出租人的投资和财务支出来摊销计算的。在常见的继发性租赁期间内,承租人可以选择以名义租金形式继续租赁,或者选择购买该设备,一定比例的金额要作为支付租金的回扣返还给承租人。合同之普通法规则予以适用(参见 Chitty on Contracts Ⅱ[29], no. 33－081)。

Ⅷ. 租赁和服务

24. 在国内法律上,租赁合同和服务合同之间的区分有时会得到说明。常见的做法似乎是,或者存在两个合同(一个租赁合同,一个服务合同),或者当事人的意图、主导性因素等是决定性的。参见例如奥地利法律, Schwimann (－Binder), ABGB Ⅴ[3], § 1090 nos. 10, 34, 104 ff,关于服务合同,参见 nos. 41, 47(当事人的意图、合同的经济目的和主要客体);比利时法律, La Haye and Vankerckhove, Le Louage de Choses Ⅰ[2], nos. 15 ff(主导性因素;针对一台带有操作员的起重机的合同可能是租赁);法国法, Huet, Contrats spéciaux, no. 21124(主导性因素,也可能是租赁规则和服务规则的混合适用);德国法律, Emmerich 与 Sonnenschein (－Emmerich), Hk－Miete[8], Pref. to § 535, no. 16(在健身中心使用器材被视为租赁), MünchKm (－Schilling), BGB[4], Pref. to § 535, no. 20(针对一台由所有权人控制的机器的合同并不是租赁);匈牙利, BH 2005. 357. Legf. Bír. Gfv. Ⅸ. 30. 018/2005(关于综合性医院信息系统的合同被视为结合了服务、租赁和融资租赁合同等因素的混合合同)。也可参见爱沙尼亚 LOA 第1条第(1)款关于混合合同的一般规则:但是,仅当存在着有别于租赁的通常义务的义务时,才存在一项混合合同(一般的维修并不是服务)。捷克法律,参见 Pelikánová, Commercial Code Ⅳ, 513;在商业关系中,商法典第275条,据此,所有相互关联的合同都被视为独立合同。在西班牙,当法院必须处理停车设施提供者向第三方承担的义务范围时,问题已经出现了(试比较, Espiau－Muñerat, Revista Derecho Privado 1996, pp. 787 ff)。

25. 在英国,服务供应和货物供应规则的混合适用是可能的。因此,出租货物的合同仍然如此,不论服务是否包含在内;而服务供应的合同也仍然如此,不论货物是否也被出租了(参见《货物与服务供应法》1982, ss. 6(3)与12(3)(英格兰,威尔士与北爱尔兰)与 s. 11G(3)(苏格兰))。

Ⅸ. 当事人

26. 得到普遍公认的是,出租人不必是货物的所有权人,参见例如奥地利民法典第 1093 条,Schwimann（－Binder）,ABGB Ⅴ[3],§1092,no. 22;比利时,La Haye and Vankerckhove,Le Louage de Choses Ⅰ[2],no. 121;捷克,Švestka/Jehlička/Škárová/Spáčil（－Novotny）,OZ10,1173(租赁对于所有权人有约束力);荷兰,Asser（－Abas）,Bijzondere overeenksten ⅡA[8],no. 18;法国,Huet,Contrats spéciaux,no. 21132;希腊,Georgiades,Enochiko Dikaio,Geniko meros,§23,no. 7;A. P. 108/2003 EllDik 2003,976;272/1981 NoB 29,1492;意大利,Cian 与 Trabucchi,Cmentario breve[8],§1571,no. Ⅱ2;拉脱维亚,民法典第 2115 条;立陶宛,民法典第 6.477(4)条;马耳他,民法典第 1530 条;波兰,Pietrzykowski,Kodeks cywilny Ⅱ[4],§659,Nb. 9,199;葡萄牙,Rano Martinez,Direito das obrigações[2],173;斯洛伐克,Svoboda（－Górász）,Kentár a súvisiace predpisy,§663;西班牙,Bercovitz,Manual de Derecho Civil,171;瑞士,BSK（－R. Weber）,OR Ⅰ[3],§253,no. 9。

第Ⅳ.B－1:102 条　消费者货物租赁合同

第四卷本部分的消费者租赁合同指的是出租人为经营者而承租人为消费者的租赁合同。

评　论

A. 消费者规则和草案的结构

消费者和货物租赁合同。消费者作为当事人的租赁合同需要特别关注。通常,相比于经营者,消费者交易能力较弱,关于租赁货物的相关信息、法律规定和合同情形的认识较少。不论是在国内法还是在共同体立法上,保护作为缔约方的消费者利益的规则是极为常见的。作为租赁合同当事人的消费者可能是出租人、承租人或两者皆是。就货物而言,消费者作为出租人而经营者作为承租人(“消费者对经营者”)的情况或许并不常见,因此并没有必要将这些情形纳入特别规则当中。双方都是消费者的租赁合同(“消费者对消费者”)更为常见,但消费者保护规则在此也无必要,因为双方不平等的典型因素并不存在。不过,应当考虑到的是,当双方都是非经营者时,某些规则是否可能导致问题出现呢? 消费者保护规则应当适用于出租人是经营者而承租人是消费者的合同。这是与已经存在于国内法、共同体立法和本示范规则其他部分中的消费者保护规则相一致的。

一般原则和消费者合同。有些消费者保护规则是在本示范规则的总则部分规定的,它们适用于某些甚至是所有经营者与消费者之间的合同。例如关于反歧视和缔约前阶段的信息披露义务的规则,终止某些合同的权利,以及关于不公平条款的规则。

这些规则当中,有些也适用于经营者之间的合同。在第四卷本部分重复这些一般保护规则是没有必要的。

第四卷本部分的消费者保护。根据其内容,第四卷本部分的消费者规则分布在各相关章节当中。有两种可供选择的结构应该考虑到,但要予以否定。第一种是将所有关于消费者的特殊规则集中在一章当中,这对于易于获得消费者保护之概观而言是有好处的。但是,它也有着负面影响,因为它会迫使读者为了获得全景理解而必须去参阅相关实质性章节和消费者章节。第二种选择是将消费者租赁合同的原则独立规定,并创设所有可适用的规则,不论它是与经营者对经营者(以及消费者对消费者)的租赁相背离的还是相一致的。这会让消费者只去参阅一套原则。但是,特别处理消费者租赁合同的规则是相当少的,独立创制原则将意味着对一般规定的大量重复。还必须牢记的是,对于消费者而言,参阅示范规则的总则部分在任何情况下都是必要的,将所有可能影响消费者租赁合同的规则完全集中在一个标题之下,这并不具有可行性。

强制性规则。通常情况下,消费者保护规则不得被当事人背离而损害消费者的利益。但是,当消费者已经就不履行告知另一方时,关于不履行的后果,当事人可以在也适用于消费者合同的合同自由之一般框架内自由协商。换言之,消费者通常不得预先放弃权利(参见第Ⅱ－1:102条(当事人自治))。此外,当事人在大多数情况下都能自由决定是否订立合同,并就租赁什么、什么时候、多长时间和何种价格等进行协商。虽然这要受到关于信息披露义务、不公平条款等规则的限制。第四卷本部分规定的强制性规则主要涉及不履行的后果。这同样适用于第Ⅳ.B－1:103条(消费者租赁合同中相符性权利之减损的限制),该规定排除了将免除或限制源自于出租人确保货物与合同相符之义务的权利的条款包括在内的可能性。

B. 消费者租赁合同的定义

基于第四卷本部分的目的对消费者合同所下定义。"消费者"和"经营者"都在定义列表中被定义过了。基于当前目的,这些定义适用于消费者租赁合同的定义。该定义仅涵盖经营者对消费者的合同,而不涉及消费者对经营者或消费者对消费者的合同(参见评论A)。第Ⅳ.A－1:204条(消费品买卖合同)对于该种情况已经作出了相应的定义。

消费者。根据定义列表中的定义,消费者是一个"自然人",即法人(合伙、公司、公法人等)并不是消费者。此外,该自然人必须"主要为了与其贸易、营业或职业无关的目的"而行为的。只要租赁并不是为了贸易、营业或职业目的,承租人使用货物的意图如何毫不相干。例如,如果承租人有意转租货物,只要该转租并不主要涉及承租人的贸易、营业或职业,该租赁仍然是消费者租赁合同。

出租人。出租人可以是自然人,也可以是法人。出租人并不需要是个全职经营者,但其活动必须是通常能被定性为"营业"的类型。

注　释

Ⅰ.欧盟立法

1. 当前欧盟关于消费者合同法的立法是分散而又并不完全一致的。某些立法具有一般性质,例如不平等合同条款指令(93/13),而立法的其他部分则涉及特殊合同,例如《消费品买卖指令》(99/44)。后者涉及了货物的不相符,但并未涉及迟延,而且并不是货物不相符的所有后果都涵盖到了。并不存在特别调整租赁合同的立法规定。

2. 欧盟关于消费者权利的立法是以强制性为特点的,即,通常对于消费者利益的保护不能被排除。另外,纠纷的和解通常也是被允许的。这些原则被明确规定于《消费品买卖指令》第 7 条第(1)款:"任何在货物不相符发生之前与卖方订立的合同条款和协议都要求卖方关注,对于本指令规定的权利的直接或间接剥夺和限制,就像国内法所规定的那样,对于消费者都是无约束力的。"

3. 更为一般的规则出现在不平等合同条款指令当中。并非个别协商并且不公平的条款对消费者是没有约束力的(第 3(1)条,试比较,第 6(1)条)。"可能被视为不公平"(第 3(3)条)的条款指的是排除或限制责任的条款:"(b)不恰当地剥夺或限制消费者对于卖方或供应商的法律权利,或者在卖方或供应商完全不履行、部分不履行或不完全履行时,排除其承担合同义务的责任,包括就消费者对其提出的主张,卖方或供应商按其债务加以抵消的选择。"可以看出,这对于救济措施之限制或排除,并不是绝对的禁止。

Ⅱ.消费者合同的定义

4. 在共同体的立法中,并不存在统一的消费者合同的定义。特别是,关于有着混合目的的合同(对任何一方而言,部分为了经营目的,部分为了非经营目的),存在着细微的差别。一项统一定义"消费者"和"经营者"的倡议已经被提出,参见 Green Paper on the Review of the Consumer Acquis,C (2006) 744 final。通常情况下,共同体关于消费者合同的立法适用于经营者对消费者的合同,而不适用于双方都是消费者的合同。

Ⅲ.国内法

5. 欧盟关于消费者合同的立法是以不同方式在国内立法中得以实施的。由于相关欧盟立法有着"最低限度的"指令的性质,有些司法管辖区对消费者进行了更为宽泛的保护。一个例子是芬兰、挪威和瑞典关于消费品买卖的"总"规定,即合同关系的一般规定,而涉及的不仅仅是《消费品买卖指令》中的问题(《芬兰消费者保护法》第 5 章,挪威瑞典《消费品买卖法》)。在西班牙,存在着包括大多数关于消费者合同的规则的一般法律(《消费者保护法》2007 年 11 月 16 日)。在这些国家中,作为一项一般规则,消费品买卖规定不得被背离以损害消费者的利益。瑞典货物买卖法第 32 条第(3)款允许将消费者与营业或经营有关的损失之责任排除在外;而挪威货物买卖法中的责任并未将消费者与营业或经营有关的损失排除在外(第 52(2)(b)条)。这些国家也有关于某些服务合同的"总"立法,其中遵循的是相同的模式(《芬兰消费者保护法》第 8 章,《挪威消费工艺品服务法》与《房屋建设法》,瑞典《消费者服务法》)。该立法并未涵盖货物租赁。在捷克法律上,消费者合同被界定为"买卖合同、服务合同和其他一方是消费者而另一方是供应商的

合同”(民法典第52(1)条),也就是说,租赁合同可以轻易被定性为消费者合同。“供应商”的定义对应于欧盟立法;“消费者”的定义并未限定为自然人。民法典第55条第(1)款规定,“消费者合同的规定不得背离以损害消费者的利益,尤其是,消费者不得放弃其法定权利或以其他方式贬损其法律地位”;该规则之适用范围的讨论,参见Švestka/Jehlička/Škárová/Spáčil（－Hulmák）,OZ[10],376。也可参见民法典第56条,禁止限制因瑕疵和损害对消费者承担的责任。在荷兰法律上,关于租赁的一般规则受到了关于消费品买卖之规定的影响,但并未对消费者租赁和其他租赁之间的区分加以明确。消费者一般受到保护,免受不合理的非协商之合同条款的侵害(民法典第6:231～247条)。关于融资租赁,根据关于消费信贷的法令,存在保护规则(Huls, Wet op het consumentenkrediet)。

6. 在某些国家,关于买卖不履行的一般规则部分在消费品买卖中是具有强制性的,甚至比《消费品买卖指令》中要求的更进一步。例如,奥地利“消费者保护法”第9条和德国民法典第475条(在协议并不违反不公平标准条款的情况下,都对限制损害赔偿责任的协议有所保留)。在奥地利,这种技术也被用于租赁合同,因为刚才提到的规定包括涉及货物不相符而被视为特殊规则的救济,即降低租金(Schwimann（－Binder）, ABGB V[3], §1096, no. 5)和终止合同(loc. cit. §1117 no. 3)。

7. 法国《消费者法典》的某些规则适用于租赁合同,尤其是那些涉及价格信息或提供信息和建议的义务;法人不得成为消费者(参见Collart Dutilleul与Delebecque, Contrats civils et cmerciaux[7], no. 422)。关于滥用合同条款的规则也是适用的(关于细节,参见JClCiv（－Cayron）,第1708～1762条, fasc. 660, nos. 44－49)。葡萄牙和西班牙法律采取了同样的模式;例如关于信息披露的一般规则也适用于租赁(参见葡萄牙与西班牙《消费者保护法》)。但在西班牙,关于住宅租赁的特别规定(1994年)可以被视为准消费者规定,虽然这一规定也适用于消费者对消费者的租赁合同。某些关于消费者租赁的特殊规则出现在立陶宛民法典第6.504条及以下。在瑞士LOA第266k条和爱沙尼亚LOA第322条,则规定了消费者租赁的特别终止。希腊关于消费者保护的法律第2条规定的是交易的一般条款和不公平合同条款,它也适用于消费者租赁合同;根据第1条第(4)款,自然人和法人都有作为消费者的资格,只要它们是产品或服务的最终接受者。

8. 在英国,消费品信用贷款法1974(2006年修改)规定了关于“消费者租赁协议”的特殊规则。消费者租赁合同在第15条第(1)款(修改后)被界定为对于个人的任何货物租赁,它并非租购合同,并且能够存续3个月以上。这些协议并不是免除协议(ss. 16(6), 16A与16B);如果协议的订立完全或主要为了营业目的,则承租人必须使得超过25,000英镑的租金支付被免除。在受规制的消费者租赁协议情况下,法律要求在订立受规制的协议前将信息提供给承租人(s. 55);控制此类协议的形式和内容(ss. 60－61);出租人负有应要求提供协议副本的义务(ss. 62－64);赋予承租人在一定的“冷却”期内取消的权利(ss. 64, 67－73),以及订立协议后的18个月内的任何时间终止的权利(s. 101);承租人负有在根据协议条款采取行动之前通知出租人的义务(s. 76);以及其他事项。该法律规定了关于“消费品信贷协议”(包括租购协议)的类似规则。《货物与服务供应法》1982适用于所有租赁,但对于消费者租赁(与不平等合同条款法1977的定义一样,关于英格兰、威尔士和北爱尔兰, s. 12,关于苏格兰, s. 25(1))规定了更为严格的保护,只要它们涉及救济和责任的排除。在所有情况下,证明承租人/债务人并不能被当作消费者来对待的举证责任由出租人/债权人承担。

9. 在爱尔兰,《消费品信用贷款法》1995 规定了某些关于“消费租赁协议”的条件,其中租赁期要超过 3 个月。这种协议必须采取书面形式,包含一定的信息,提供 10 天的“冷却”期,并且要由消费者签署(s. 84)。如果这些规定并未被遵守,则出租人便不能执行合同。消费者也有权在任何时间终止合同关系,只要提前 3 个月发出通知即可(如果合同另有规定,则可以低于 3 个月)(s. 89)。就权利和和平占有(绝对的),以及符合于描述和/或样品,以及适合某目的的质量和适用性,该法律禁止出租人免除或限制自己责任的行为(除非该免除是公平合理的)(s. 88)。应当指出的是,虽然消费者的定义是相似的(“在其贸易、营业或职业之外行为的自然人”, s. 2),但在爱尔兰,司法解释往往要比英国更为严格(试比较,Cunningham v. Woodchester, HC 16 November 1984, unreported in IRELAND and R. & B. Custs Brokers Co. Ltd. v. United Dinions Trust Ltd. [1988] 1 WLR 321 in the UNITED KINGD)。不过,爱尔兰的这个案例是以 Sale of Goods 与 Supply of Services Act 1980(s. 3)所使用的消费者定义为基础的,而并非消费品信用贷款法 1995 第 2 条第(1)款的更为晚近的定义为基础的。

10. 为了实施不平等合同条款指令,不同国家采取了一系列不尽相同的模式(涵盖所有合同的一般规则,涵盖所有消费合同的一般规则,仅涵盖非协商条款的一般规则,有约束力的不公平条款的列举,无约束力的不公平条款的列举)。将这些规则适用于消费租赁的例子可能出现在判例当中,并且在法学文献中也得到了讨论。此处还没有必要来援引这些判例。根据瑞士 LOA 第 256 条第(2)款,如果它们被预先规定在一般营业条件当中,则背离第 256 条第(1)款(在适当条件下为预定用途转让标的物,并维持这种条件)以损害承租人利益的协议无效。这一规则也适用于消费租赁合同。作为这一规定的结果,承租人在瑕疵存在的情况下享有的权利(*Mängelrechte*)不得以标准合同条款的形式加以排除或限制。

Ⅳ. 特殊的融资租赁

11. 为融资目的的消费货物租赁是并不常见的。在这种情况下,融资租赁等的模式可能会受到消费者保护规则的影响。在奥地利法律上,《消费者保护法》第 9 条禁止限制出租人关于货物不相符的责任(Fischer – Czermak, Mobilienleasing, 253 ff, in special 255)。对于捷克法律而言,如果租赁的一般规则适用于融资租赁,民法典第 55 条不得背离以损害消费者利益的一般规则(参见注释 5)将会引起很多困难。在爱沙尼亚法律上,关于融资租赁合同中货物不相符的救济,在消费者和非消费者合同之间并不存在什么差别。法国《消费者法典》适用于 *locationvente* 合同,即像信贷一样运作的附有购买选择的租赁合同(第 L. 311 –2)。在消费者合同中,将与货物有关的所有风险都归之于承租人的条款会构成滥用(Huet, Contrats spéciaux, nos. 23007 ff, Bénabent, Contrats spéciaux[6], no. 895)。根据德国民法典第 500 条,某些关于消费者信贷合同的规则也适用于经营者和消费者之间的融资租赁(例如撤销权、终止权)。关于货物不相符的救济,一般在消费者和非消费者合同之间并不存在差别(MünchKm (– Habersack), BGB[4], Leasing, no. 35)。不过,消费者承租人对于供应商的主张可以被转向出租人(Einwendungsdurchgri 及其后,参见 Staudinger (– Sto 及其后 els), BGB (2004), Leasing, nos. 262 及其后)。消费品买卖规则并不适用于消费者融资租赁合同(Münch – Km (– Habersack), BGB[4], Leasing, nos. 38 ff, 也参见 BGH 21 December 2005, NJW 2006, 1066, 也参见 Stoffels, LMK 170499:通常的救济分配的结构并不规避关于消费品买卖的规则;一旦分配失败,则租赁法的救济便适用于承租人和出租人之间)。希腊关于消费者保护的法律适用于融资租赁,就该法的目的而言,“消费者”被宽泛地定义为产品或服务的最终接受者(第 1(4)条);根据关于不公平合同条款的第 2 条,包含在租赁合同中的相应

条款受到其合法性的制约。根据挪威《赊卖法》第 29 条（和一项规章），实际上确保了一项信贷或有着这种功能的消费者动产租赁，在一个月的通知期后，可以随时终止，而该租赁期至少是 3 个月。协议可能赋予出租人在该种约定租金已经失效的情况下，收取“一般”租金的权利。瑞士《消费品信用贷款法》适用于某些租赁合同，其中涉及终止权和对出租人主张救济的权利（BSK（－Schluep 与 Amstutz），OR Ⅰ^3，Pref. to § 184 ff，no. 110；Roth，AJP 2002，968，975，976；Honsell，OR－BT7，420 ff）。在英国，《消费品信用贷款法》1974 对于上文列举的消费者租赁协议和“消费者信贷协议”（包括租购协议）规定了类似的规则。再次，该协议必须是受规制的协议（s. 8（3））。此外，某些条款（涉及说明、质量、对目的的适用性、样品等等）根据《货物供应（默示条款）法》1973 隐含在租购合同当中（ss. 9－11）。对于一个“被当作消费者对待的”人，这些条款不得被限制或被排除（《不平等合同条款法》1977 s. 6（2））。如果这些条件之一被违反，这便赋予了消费者选择终止或确认合同并要求损害赔偿的权利《货物供应（默示条款）法》1973 s. 11A（在英格兰、威尔士与北爱尔兰）与 s. 12A（2）（苏格兰）。在爱尔兰，根据消费品信用贷款法 1995（进一步参见 ss. 58－83），关于消费者租赁合同，上文提到的类似保护适用于消费者租购协议（在 s. 2 条中定义）。

第Ⅳ.B－1:103 条　消费者租赁合同中相符性权利之减损的限制

在消费者租赁合同中，消费者与出租人在租赁物与合同要求的不相符引起出租人注意之前所达成的任何合同条款或协议，如果直接或间接地对产生于出租人确保租赁物与合同要求相符之义务的权利作了放弃或限制的，对消费者没有约束力。

评　论

概述

消费者租赁合同中的强制性规则。大多数情况下，消费者租赁合同的当事人都可以自由决定是否订立合同，就租赁什么、何时租赁、租赁多长时间和租金价格如何等达成协议。另外，消费者源自于出租人之不履行的权利通常不得被事先放弃（参见第Ⅳ.B－1:102 条（消费者货物租赁合同）评论 A 最后一段，以及第Ⅳ.B－3:102 条（租赁期间开始时货物与合同相符）评论 B）。本条的目的是明确，减损以损害消费者的利益，也不能间接地实现，例如以实质上免除出租人确保货物与合同相符和的义务的方式来描述货物。

示例 1

甲想要为婚礼租一套西装，并与出租结婚礼服的经营者乙进行了协商。在甲看过了西装样

品并测量了尺寸后，双方签订了合同。合同包括了一项条款，其中承租人同意尺寸和颜色可能有所不同，这取决于当日乙店里可供租赁的西装形式。这一条款对甲没有约束力，因为其效果是放弃源自于出租人确保货物与合同相符之义务的权利。

注　释

参见第Ⅳ.B－1:102 条（消费者货物租赁合同）关于消费者保护规则之强制性的注释。本条与第Ⅳ.A－2:309 条（消费品买卖合同中相符性权利之减损的限制）和“消费品买卖指令”第 7 条第（1）款有相似之处。

第Ⅳ.B－1:104 条　消费者租赁合同中救济规则之减损的限制

（1）在消费者租赁合同中，当事人不得排除第三编第三章的救济规则（由本部分第三、六章加以调整），或者背离或变更其效力而损害消费者的利益。

（2）尽管有第（1）款的规定，当事人得就出租人因与承租人的贸易、营业或职业有关的损失承担的责任约定限制。但是，如果该限制条款有违诚实信用和公平交易的，则当事人不得援引该条款。

评　论

A. 救济规则的强制性

排除或限制救济的协议。根据第Ⅲ－3:105 条（排除或限制救济的条款），一般规则是，不履行的救济可以通过合同中的条款来排除或限制，但其前提是，“如果该限制条款有违诚实信用和公平交易的，则当事人不得援引该条款”。对于消费者租赁合同（第Ⅳ.B－1:102 条（消费者货物租赁合同）中的定义）而言，主要规则应当是相反的：损害消费者利益的协议不应被允许。消费者保护主要是建立在关于救济的规则之上的，而当事人通常可以自由约定：出租何物、租金多少以及租期多长时间（但参见第Ⅳ.B－1:103 条（消费者租赁合同中相符性权利之减损的限制））。另一种选择是诉诸于关于不公平条款的一般规则。然而，这可能意味着结果要取决于特定案件的具体情况。使得救济规则具有强制性为消费者协议提供了更大的法律确定性。不过，当事人可以约定与救济规则相背离的条款，只要该协议并未损害消费者的利益。此外，应该指出一项例外的存在，即当事人可以约定限制出租人对有关承租人的贸易、营业或职

业的损失承担责任的协议,参见第(2)款。正如下一段所讨论的,解决基于不履行之主张的协议也是允许的。

和解协议。可能损害消费者保护的是事前(即在消费者承租人知道不履行存在之前)达成的协议。如果减损被允许,经营者出租人和消费者承租人之间关于讨价还价能力和信息方面的严重不平衡,便会导致承租人在并无真正选择或对减损后果茫然无知的情况下,其救济受到排除或限制。这既适用于最初的合同也适用于后来修改的合同。但是,当承租人获知不履行的存在并诉诸一种或多种救济的情况下,当事人应该能够自由协商和解。在这种情况下,出租人已经受到合同约束,并且对于承租人而言,这通常要比原来合同情况下更容易获得更好的和解结果。诚然,可能出现消费者基于某些原因接受一项若是经营者便可能会拒绝的和解的情况,但这必须根据有效性的一般规则来处理。对实际要求之和解的所有可能性加以限制,这便有点过犹不及了。将和解协议与排除或限制救济的协议区分开来,并不总是容易的。在大多数情况下,关于不履行的协议不能在承租人收到不履行的通知之前缔结,除非显而易见的是,即便没有收到通知,承租人仍然知道不履行的存在。和解协议通常不得包含未来的不履行(在这种情况下,承租人通常会被提供"一次了结的"的赔偿)。

B. 对承租人救济的适用性

承租人的相关救济。关于每一种救济类型,使得救济具有强制性的规则是否适用,这个问题需要认真讨论。至于承租人就相关义务执行具体履行的权利,这一救济已经通过一般规则被加以限制了,其目的是为了避免对债务人施以不合理的负担(参见第Ⅲ-3:302条(非金钱债务的强制执行))。通常情况下,经营者出租人没有必要去限制承租人强制执行具体履行的权利。另外,可以认为,具体履行的强制执行在许多情况下都是一种相当麻烦的救济措施,特别是对消费者而言更是如此,对这种救济加以限制往往没有太大的现实意义。但是,在救济最为需要的情况下,例如货物由出租人以外的其他人修理是很难实现的,消费者便应获得保护。最切实可行的解决办法似乎是,在消费者租赁中,救济一般不得由合同加以排除。承租人拒绝履行对待义务的权利将会保护承租人免受侵害,进而给予出租人一种履行的激励。尤其是这些效果的前者对消费者承租人而言是极为重要的。我们有理由相信,对于这种权利的可能减损恰恰就出现在救济最被需要的那些情况下。消费者可能并不总是事前来理解该减损条款的效果。承租人终止合同关系的权利和承租人降低租金的权利都处在合同义务之互惠性的核心:对于承租人的合同义务而言,出租人义务的不履行有着直接的后果。合同关系的终止有时可能是个严厉的措施,它对出租人会导致严重的后果。但是,不难看出,就出租人一方而言,在根本违约的情况下减损消费者承租人的终止权利,或者限制该种终止的效果,应当有一项合理的需求。至于降低租金,消费者租赁中的减损是很难证立的;它们意味着,承租人必须就降低价值的对待履行支付全部租金。刚刚讨论的救济应当是强制的,在这个意义上,它们不得背离以损害消费者的利益。

不过，承租人的损害赔偿请求权引出了一些特殊的问题，参见下一评论。

对某些损失之赔偿责任的限制。承租人有权就出租人的不履行引起的损失要求赔偿（第Ⅲ－3:701条（损害赔偿的权利）），该赔偿额度一般是“使债权人尽可能地处于如果债务被恰当履行则其所会处于之状态的金额”（第Ⅲ－3:702条（一般赔偿标准））。但是，该损失必须是可预见的：“因合同或其他法律行为所生之债的债务人，仅对其于债务成立时预见到的或者可以合理地被期待预见到的、因其债务不履行很可能发生的损失负责，除非其不履行是故意的、轻率的或者有重大过失的”（第Ⅲ－3:703条（可预见性））。即便存在这种可预见性的约束，出租人还是可能想要限制对有关承租人的贸易、营业或职业之损失的责任。这种损失可能发生在，例如租来的汽车的抛锚导致承租人从度假地返回的时间耽搁了。该损失是可预见的，但它仍然与消费者关系中遭受的通常损失有所不同，并且从出租人的角度来看更加难以计算。限制对这种类型的损失承担责任的协议是应当被允许的。但是，如果这样做将违背诚实信用和公平交易，则该限制条款不得被援引。例如，如果不履行是故意的、粗心大意的或严重疏忽的，则该条款通常不得援引。

非经营者出租人。第Ⅳ.B－1:102条（消费者货物租赁合同）的定义并不包括两个非经营者之间的合同（消费者对消费者）或一个非经营者出租人和一个经营者承租人之间的合同（消费者对经营者）。应该考虑的是，在出租人是消费者的合同（即出租人是个主要为了与其贸易、营业或职业无关的目的而行为的自然人）中，是否存在对于特殊救济规则的需要呢？似乎没有理由背离一般的救济规则，因为那意味着出租人之收入的临时或永久损失，即拒付租金、降低租金和终止合同。这些都是源自于义务之互惠性的救济，限制承租人诉诸其权利意味着合同关系中不可接受的平衡。通常情况下，非经营者出租人不会依赖于来自租赁的收入，这在一定程度上使得该种救济是不合理的。至于承租人强制执行具体履行的权利，包括通过行使货物不相符的救济，这在某些情况下对于出租人而言需要相当大的成本，尤其是对于往往依赖于第三方的专业协助的非经营者而言更是如此。但是，当履行有着不合理的负担或昂贵成本的情况下，具体履行不能被强制执行，这种灵活的规则使得将出租人的情况考虑在内成为可能。因此，对于非经营者出租人而言，特殊的规则似乎是并无必要的。在某些情况下，损害赔偿责任对非经营者出租人而言是一项繁重的负担，尤其是当承租人是经营者，而其遭受的损失涉及其贸易、营业或职业的时候。在第Ⅳ.A－4:202条（非经营者卖方之损害赔偿责任的限制）中，存在一项限制——但有一些例外——非经营者卖方对合同价格之责任的规则。但是，将这种规则包括在租赁合同当中似乎并不适当。当租赁期间可以通过通知而终止时，相比于通常被期待作为不履行之后果的损失，租金总额可能是极其微小的，该规则可能将另一方置于最不理想的境地。在诚实信用和公平交易的一般框架内，当事人可以自由约定关于责任的限制（参见第Ⅲ－3:105条（排除或限制救济的条款））。此外，可预见性（第Ⅲ－3:703条（可预见性））这一前提条件和承租人减少损失的义务（第Ⅲ－3:705条（减少损失））将会像对经营者出租人一样有

利于非经营者出租人。在某些情况下,非经营者出租人可以诉诸障碍免责(参见第Ⅲ－3:104条(因障碍而免责)),即使经营者出租人在相应情况下也不会处于这样做的地位上(例如,非经营者出租人不能被合理期待已将障碍考虑在内,或者已克服了其后果)。结论是,并不存在充分的需要将对抗非经营者出租人的特殊救济规则包括在内。

C. 对出租人救济的适用性

正如本部分第六章明确规定的,本条既涵盖了承租人的救济,也涵盖了出租人的救济。

标准化的损害赔偿、费用等。救济有时会以标准化的损害赔偿形式在合同中约定,例如对于货物的迟延返还确定一个每日金额,或者对货物的受损部分确定"价格"。其他条款可能有着同样的效果:例如,"租赁取消费"相当于对根本违约的损害赔偿。在这种情况下,约定的救济等于侵害消费者利益的背离,在一定程度上,特定情况下约定条款的效果要比第四卷本部分规定救济效果更加不利于消费者。增加一项允许通常等同于或比第四卷本部分规定的规则更有利于消费者的规则,这被认为是没有必要的,即使该救济在特定情况下更加不利。

其他救济措施。关于出租人就承租人的义务而强制执行具体履行的权利的规则是具有灵活性的。对于非金钱债务而言,规则出现在第Ⅲ－3:302条(非金钱债务的强制执行)。这些规则排除了履行是不可能的,或者是不合理的沉重负担的情况下,强制执行具体履行的可能性。允许背离对出租人权利的这种限制并不具有适当性。至于金钱义务,第Ⅳ.B－6:101条(强制执行未来租金之支付权利的限制)专门就租赁合同进行了规定。这些规则具有灵活性,指向很大程度上的合理性,并且背离这些规则以侵害消费者的利益并不存在任何正当需求。扩展出租人终止合同关系的权利的协议——例如任何支付迟延或任何并未遵守合同的使用都被视为根本违约——可能有着出乎意料的不合理的效果,将这种条款适用于消费者租赁合同并不存在什么强烈的需求。

D. 关于履行的非强制性规则

质量、数量和价格。从合同自由原则可以推断,当事人——不论是消费者还是经营者——可以就租赁何种货物、其质量和数量,以及应支付的租金自由约定。关于这些问题的规则(参见第三、五章)是旨在补充个别协议的默认规则。对于消费者租赁也是如此:承租人完全可以同意租赁质量不合格的货物,或者支付比市场价更高的租金。消费者保护集中于救济措施(参见评论A),除了关于先合同信息披露的规则以外,还有拒绝付款的权利等等。

限制救济的描述性条款。有时,合同条款被制定成关于性能的一般说明,而实际效果却是对救济措施加以限制。如果承租人同意"受领"合同订立时所具有之状态的

货物,或者声称"知道"货物的质量,情况便是如此。这种条款可能作为一项货物并非新的警告,而货物的早期使用的迹象必须被考虑在内。但是,如果货物处于比承租人在该种情况下合理期待的状态更加糟糕的话,尽管存在上述合同条款,这也会构成货物不相符,关于救济的一般规则便适用于消费者租赁合同(往往也适用于其他租赁)。关于救济的强制性规则当然不能仅仅通过其他措辞的使用而被规避。这个问题是由第Ⅳ.B－1:103 条(消费者租赁合同中相符性权利之减损的限制)来处理的(参见该条的评论)。作为一项指导原则,具体的说明和警告可能被接受,但关于质量和数量的宽泛的保留却可能是毫无效果的。

注　释

1. 参见第Ⅳ.B－1:102 条(消费者货物租赁合同)的注释。

2. 在西班牙,作为一项原则,消费者的权利不得因合同中的放弃而排除(消费者保护法第 10 条)。在非消费者合同中,当不履行或货物不相符是由于另一方的欺诈时,当事人不得放弃其请求补偿的权利(民法典第 1107 条)。

3. 根据奥地利《消费者保护法》第 6 条第(1)款,将举证责任转移给消费者的条款(no. 11)和迟延支付情况下利率过高的条款(no. 13)都不具有约束力。使得承租人对偶然损害承担责任的协议在效果上是与《消费者保护法》第 6 条的规则相违背的,据此承租人对货物不相符的救济措施不得被合同排除(参见 Fischer－Czermak,Mobilienleasing,315)。

4. 根据爱沙尼亚 LOA 第 322 条,如果它是消费者承租人和经营者出租人之间(广义上)的租赁,在并不对损失承担责任的情况下,承租人通过提前 30 天进行通知,总是能够终止租赁。LOA 第 35～45 条关于不公平标准条款的一般规则也适用于租赁合同。

5. 法国《消费者法典》第 L. 132－1 条关于滥用条款的规则也适用于租赁合同(参见例如,Cass. civ. 17 March 1998,Bull. civ. 1998. Ⅰ,no. 116:在汽车租赁的案件中,一项将意外损坏或不可抗力的风险转移给承租人的条款被视为滥用条款)。

6. 在德国法律上,承租人通过关于非协商性条款(民法典第 305～310 条)的规则受到保护,使其免受例如使得承租人对意外损坏承担责任的条款或扩大承租人的替代责任的条款(Emmerich 与 Sonnenschein(－Emmerich),Hk－Miete[8],§538,no. 7;Schmidt－Futterer(－Langenberg),Mietrecht[9],第 538 条,no. 17;BGH 1 April 1992,NJW 1992,1761),或者背离终止规则以侵害承租人利益的条款(Schmidt－Futterer(－Blank),loc. cit. §543 no. 209;Münch－Km(－Schilling),BGB[4],§543,no. 75)的侵害。

7. 根据希腊《消费者保护法》第 2 条第(7)款,允许供应商在没有具体而显著的原因情况下终止合同的条款(no. 5),或者在并未设置合理期限的情况下无限期终止合同的条款(no. 6),将举证责任转移给消费者的条款(no. 27),以及在不履行的情况下对消费者施加过重的财务负担的条款(no. 30),都被视为滥用,并因此不具有约束力。根据匈牙利法律,消费者承租人通过一般规则受到保护,免受消费者合同中不公平的非协商性条款的侵害(参见民法典第 209/A(2))。

8. 根据波兰法律,滥用条款的禁止也适用于租赁合同(民法典第 385[3] 条)。

9. 斯洛伐克民法典第53条关于不公平条款的一般规定适用于租赁合同。在西班牙法律上，消费者的合同保护不得通过协议而被减损（消费者保护法第10条）。虽然与消费者合同中不公平条款有关的整个法律制度（消费者保护法第82条及以下）通常适用于租赁合同，但值得注意的是，最为突出的保护制度出现在《农村出租法》当中，这种制度甚至适用于出租人并不是经营者的情况。

10. 在瑞士法律上，关于租赁合同的某些规则不得背离以损害消费者的利益，这部分出现在条款是非协商性的情况下（LOA第256（2）），但部分也出现在个别协议中（LOA第267（2）条，第257d条，试比较，BSK（－R. Weber），OR Ⅰ^{3}，§257d，no. 1）。

11. 根据英格兰法律，《不平等合同条款法》1977专门处理了租赁合同中的免责条款问题。对于"作为消费者"（s. 12（1）（a）与（b））的个人，经营者（s. 1（3））不得就出租货物与其描述或样品不相符，或者其质量不合格或不适合于特定目的而排除或限制其责任（s. 7（2））。就权利与和平占有而言，这些只能在它是合理的情况下才能被限制或排除（s. 7（4））。《消费合同不平等条款规则》1999也适用于租赁合同，只要该条款并不是个别协商的。"违背诚实信用要求的"条款和"当事人因合同而产生的权利义务显著不平衡，以至于损害消费者利益的"条款都对消费者并无约束力（reg. 5（1））。该法律和条例都同样适用于苏格兰。在爱尔兰，《消费品信用贷款法》1995以类似的方式处理了免责条款：第79条规定，任何试图限制或排除法律施加于涉及消费者的租购合同（和租赁合同，s. 88）权利或责任的条款都是无效的（在涉及权利与和平占有的情况下），或者都是无效的，除非其"公平合理"（在涉及描述或样品，以及质量和适用性的情况下）。

12. 在捷克法律上，不论消费者是出租人还是承租人，"消费合同"（民法典第52条）的定义都适用。关于商业租赁的规则（民法典第721～723条）并不适用于出租人是消费者的情况。也可参见关于不合理合同条款的荷兰民法典第6:233条（a）项。

第二章　租 赁 期 间

第Ⅳ.B－2:101 条　租赁期间的开始

(1)租赁期间从以下时间开始计算:

(a)根据合同条款可以确定的时间;

(b)如果租赁期间应该在一个时间段内开始计算,出租人得指定该时间段内的任何时间为租赁期间开始的时间,除非具体情况表明应该由承租人来指定该时间;

(c)在其他情况下,任何一方当事人得要求以合同订立之后的一个合理时间为租赁期间开始的时间;

(2)如果承租人在前款规定的时间之前已经占有租赁物的,租赁期间自占有租赁物时开始计算。

评　论

A. 租赁期间和合同

在一个时间段内履行。其义务要在一个时间段内履行,这是租赁合同的典型特征。在这一租赁期间内,出租人负有使得货物可供承租人使用的义务,而承租人则负有支付租金和照顾货物的对应义务。租赁期间并不一定在合同订立时立即开始,合同关系在租赁期间终止后也可能仍然继续。租赁合同是与那些义务"即时"履行的合同(例如买卖合同)不同的,并且它与许多义务在一个时间段内履行的合同也有所不同。出租人的主要义务包括,使得货物可供承租人在一定期间内使用,而报酬通常是按特定期间或每个时间单位来计算的。这并不像许多服务合同那样,是一个就所做工作或供应数量而支付的问题。

规制模式。本章通过本条租赁期间之开始时间的确定和下一条租赁期间终止时间的确定来界定租赁期间。界定租赁期间意味着引入了一个为规制所需的观念;当事人的义务因此只能通过本章来间接决定。毋宁说,租赁期间也是其他章节中的规则的

重要因素:通常情况下,出租人负有使得货物在租赁期间内可供承租人使用的义务,租金通常根据租赁期间来支付,承租人通常要在租赁期间内照顾货物等等。另一种模式是将每个问题分别地、独立于租赁期间之概念来规制,涉及关于履行可被主张的时间的规定,关于照顾义务何时开始的规定,关于货物必须返还的时间的规定等等。在国内立法上,租赁期间的概念是很常见的,在大多数情况下,租赁期间的长度或终止是确定的。关于租赁期间开始的规定则更加罕见。

B. 非强制性

该规则不具有强制性。总的来说,本章的规则并不具有强制性。但是,将当事人约束在一个并无终止关系之可能性的无期限合同当中,这是与基本原则相违背的。这也适用于关于租赁期间的协议,但在本章将其明确规定却没有什么必要。在消费者租赁合同中,关于某项合同默示延长之后期间内的租金,第Ⅳ.B－2:103条(默示延长)第(1)款并不能被背离以损害消费者的利益。消费者租赁合同将在评论G中进一步讨论。

C. 租赁期间的开始

意义。租赁期间的开始指的是出租人必须使得货物可供承租人使用,而承租人必须支付租金开始的时间点。取决于协议和具体情形,虽然承租人并未收到货物,或者即便作为出租人不履行的结果,货物并未被使得可供使用,租赁期间也有可能开始。

D. 根据合同确定的时间

根据当事人同意的条款来确定的时间。在许多情况下,租赁期间的开始是由当事人明确约定的——以书面文件或其他形式(参见第Ⅱ－1:106条(形式))。它可能是精确的日期或小时,但该时间也可能以其他形式来确定,例如以未来事件为条件。在其他情况下,期间的开始可能是根据情形来确定的,例如显而易见承租人将会立即收到货物。

在一个时间框架内开始。可能出现租赁期间的开始时间并不能确定的情形,即使当事人约定,租赁期间在特定时间框架内或在某个特定时间开始。第Ⅲ－2:102条(履行的时间)第(2)款的规则是,履行可以“在该期间内的任何时间”受债务人的影响,除非情形表明是由另一方来选择时间的。换言之,如果情形并无相反表现,则应当履行的当事人享有选择权。在特定合同类型——例如租赁合同——之更为具体的规定中,最好作为一项默认规则明确哪一方享有选择权。主张一方当事人通常要比另一方更需要选择权的利益,这是不大可能的。在许多情况下,出租人必须获得货物并将其准备好以便可供承租人使用。另外,承租人往往必须为接收货物做某些准备。本条第(1)款(b)项的默认规则是,出租人要在约定期间内来确定租赁期间开始的时间。但应当注意的是,承租人在证明该选择属于另一方时并不会承担过重的举证责任。在许多

情况下,一方是否认为租赁期间的开始要根据合同来确定,或者它是否是个由一方当事人在特定时间框架内选择的问题,这只涉及个人体验。

示例1

甲计划下周去巴黎,并为此目的租了一辆汽车。当事人约定,甲将在出租人的营业地点提车。情形表明,当甲在接下来的那周某个时间提车时,租赁期间开始。

E. 不能根据合同确定开始时间

在合理时间内开始。如果根据当事人约定的条款,并不能确定租赁期间开始的时间或时间框架,则租赁期间在合同订立后的合理时间内应任何一方的要求开始。这对应于第Ⅲ-2:102条(履行时间)第(1)款,差异之处在于租赁期间的开始必须应一方的要求。如果没有这一前提,则会存在租赁期间在双方当事人知道之前开始的风险,例如在货物已经被准备好由承租人来提取的情况下。即使合同订立后该要求在合理期间内被作出,另一方仍然可能为了准备货物或占有货物而在要求提出之后需要合理的期间。所谓合理性取决于租赁货物的类型、租赁期间的预定长度、合同订立时货物是否可供占有等,也可参见定义列表中的"合理性"。如果任何一方都并未要求租赁期间开始,并且合同条款对此也不能确定,则结果必须视情况而定。如果承租人占有了货物,那这便是决定性的(本条第(2)款)。也有可能合同已经被背离——承租人不再需要货物,而出租人也不再坚持履行。

F. 承租人对货物的占有

租赁期间在承租人占有货物时开始。租赁期间在承租人占有货物时开始,即使这早于确定为租赁期间开始的时间,例如早于约定条款所确定的时间,或者如果条款中并未规定这一时间,则早于会被认为是合理的时间。在大多数情况下,这种提前受领是以租赁在这个时间点开始的明确协议为基础的。本条第(2)款针对并不存在这种协议的情况规定了一项默认规则。该规则并不具有强制性,当事人可以约定——或者可以从情形中推导出来——租赁期间在较晚的时间点开始。对于租赁期间的提前开始而言,如果承租人并未从物质上占有货物,出租人已经作出了为提取货物所必需的行为(例如,通过准备货物以便承租人可以占有),这是不够的。即使货物已经被带给承租人,亦是如此。本条中的"占有"一词仅指货物由出租人转移给承租人,其自身并不意味着任何货物相符性的承认。还应该注意的是,承租人并不负有受领提前履行的义务(第Ⅲ-2:103条(提前履行)第(1)款)。

示例2

比约定的租赁期间提前一周,出租人将租赁的拖拉机带到了承租人的农场,并将它留在了那里。承租人并不在农场里,他在约定的租赁期间开始后两天回到了家里,并发现了该拖拉机。

承租人并未占有该货物,租赁期间自先前约定的时间开始。

承租人因提前受领货物而负有的义务。第Ⅲ－2:103条(提前履行)第(2)款的一般原则是,当事人一方对另一方之提前履行的受领并不会影响其自身义务之履行的确定时间。本条第(2)款规定了对这一原则的背离,早于租赁期间开始时间的受领也对承租人的义务有所影响。承租人照顾的义务要连续履行,该履行应当自获得货物占有时起开始。租金也应当自受领货物时产生。付款时间是否受到影响,这取决于协议本身。如果租金是例如每7天支付一次的话,提前受领将会对付款时间有所影响。如果租金是在特定日期支付的,例如在每个日历月末支付,则情形可能有所不同。

对租赁期间长度的影响。货物的提前受领对于无限租赁期间的长度并无直接影响。在其他情况下,提前受领的影响将视情况而定。如果当事人约定租赁期间将在特定小时或日期终止,则货物的提前受领通常并不意味着对此的任何改变,租赁期间因而要比最初商定的长一些。另外,如果当事人约定租赁期间就是那么多天(小时、年),提前受领则通常意味着租赁期间也会提前终止,而该期间的长度并不受影响。

G. 消费者租赁合同

并不需要消费者规则。本条的规则具有一般性,并不需要就消费者租赁规定特殊制度。对于第(1)款(b)项而言,亦是如此,除非情形另有所指,它将在约定时间框架内确定租赁期间开始的确切时间的权利留给了出租人。认为这项规则会导致滥用,这是没有理由的。如果出租人选择了不合理的期间长度,则那必须根据关于不公平条款的一般规则来处理。

注　释

租赁期间的开始

1. 国内法上很少有关于租赁期间开始的规定。如果该时间不能根据当事人约定的条款来确定的话,则适用关于履行时间的默认规则(参见第Ⅲ－2:102条(履行时间)注释)。

2. 奥地利的文本上并没有关于使得租赁货物可供提取的时间和地点的规则。人们认为,出租人必须在租赁关系开始时交出租赁货物(Apathy and Riedler, Bürgerliches Recht Ⅲ^{2}, no. 8/19)。在合同关系开始和租赁期间开始之间并不存在什么区别。民法典第904条第(1)款的规则具有一般性:如果当事人并未约定特定时间,则债权人可以要求立即履行(也就是说,不得有不必要的迟延)。捷克法律上适用的是一般规则。除非另有约定,否则出租人必须在承租人要求后的第一天履行(民法典第563条),或者在承租人要求后不得过分迟延(商法典第340(2)条)。如果时间框架设定了租赁期间的开始,则出租人通常可以根据一般规则来选择(民法典第561条)。荷兰并不存在关于租赁期间开始的特殊规则。因此,只有关于债务履行的一般规则可以适用。因此,如果设定了履行时间,则可以推定,那只能阻止债权人在此时间之前要求履行,而不能阻止

债务人的提前履行(民法典第6:39(1)条)。如果履行时间并未设定,则债务可以被立即履行和要求(民法典第6:38条)。在丹麦法律上,承租人必须在约定时间,或者并无约定时间的情况下,应承租人的要求使得货物可供提取(Gade,Finansiel leasing,101)。法国法律上也只是提到,承租人被允许在"约定时间"占有货物(Malaurie/Aynès/Gautier,Contrats spéciaux Ⅷ[14],no. 680,Huet,Contrats spéciaux,no. 21161,Collart Dutilleul与Delebecque,Contrats civil et cmerciaux[7],nos. 493,429,with further references)。如果并无约定时间,则交付应在就该种货物类型之租赁开始通过惯例确定的次日进行。如果并不存在此种惯例,则交付应当立即进行。但法官享有确定交付日期的权力(Rép. Dr. Civ. (－Groslière),v° Bail,no. 174:*libre pouvoir d' appréciation*)。按照爱沙尼亚LOA第276条第(2)款,货物必须在约定时间交付;如果并无约定时间,则适用LOA第82条第(3)款的一般规则。按照德国民法典第535条第(1)款第1项,出租人必须在租赁期间内赋予承租人使用权。如果该期间并未约定,则出租人必须在约定的合同关系开始时间立即交付(Blank and Börstinghaus,Miete－Km[2],§535,no. 194;这也符合民法典第271条第(1)款的一般规则)。有学者指出,租赁货物必须被留给承租人的时间点并不必然对应于租赁关系开始的时间点;使得货物可供提取的时间是从合同或其他协议中推导出来的(Schmidt－Futterer(－Eisenschmid),Mietrecht[9],§535,no. 3)。希腊法律上适用的是民法典第323条的一般规则:如果履行时间不能根据合同和案件情形来确定,债权人(在此是承租人)有权要求履行,而债务人(在此是出租人)必须立即加以履行。原则上,租赁期间的开始并不是通过将出租物交给承租人来确定的:迟延交付并不会延缓租赁期间的开始,而是会导致出租人承担不履行的责任。同样,提前交付并不会导致租赁的提前开始;如果提前交付发生而无须报酬,则当事人之间缔结的合同是使用借贷(Filios,Enochiko Dikaio Ⅰ[2],§25 E Ⅱ)。在匈牙利法律上,一般规则是在约定时间和否则的话应请求而履行(民法典第280条)。意大利民法典第1183条规定了关于履行时间的一般规则,而这一规则也适用于租赁。根据西班牙法律,货物必须在当事人约定的时间和地点可供提取。如果并未约定这一时间,则它可以根据货物的属性和性质、该地的惯例来确定。在波兰法律上,这是从如果并无其他约定,则出租人必须应承租人的要求立即转让货物的一般规则推导出来的(试比较,民法典第455条与Bieniek(－Ciepła)Ⅱ,242,Radwański(－Panowicz－Lipska),System Prawa Prywatnego Ⅷ,25)。关于瑞典法律,有学者认为,通过类推《买卖法》第9条第(1)款,如果根据约定条款或情形并无其他确定的话,出租人必须在合理时间内使得货物可供提取(Hellner/Hager/Persson,Speciell avtalsrätt Ⅱ(1)[4],194)。

第Ⅳ.B－2:102条　租赁期间的终止

(1)定期租赁合同在根据合同条款可以确定的时间终止。当事人不得通过单方通知提前终止租赁合同。

(2)不定期租赁合同,任何一方当事人得以终止通知形式确定合同终止时间。

(3)第(2)款规定的终止通知只有在通知确定的时间与合同条款相符时方才生效,如果不能根据合同条款确定通知期间的,通知到达相对方后的合理期间为通知期间。

评　论

A. 定期或不定期租赁

两种主要类型。一般来说,关于租赁期间存在着两种主要的协议类型:确定期间的租赁和不确定期间的租赁。不定期租赁可以通过发出终止通知来终止。通常情况下,定期租赁不得由任何一方通过通知形式来单方面终止。

结合。定期与不定期租赁期间的结合是很常见的。例如,当事人可以约定,无论如何租赁期间将在一个确定的时间点终止,但当事人的一方或另一方可以通过发出通知在该时间点之前终止租赁。人们还会发现类似租赁期间可以在例如每年(每两年、三年等)届满时终止的协议,但只有在当事人的一方或另一方在特定日期发出终止通知的情况下才会如此。这可以被视为一项不定期的租赁,据此终止通知只能在特定期间内被发出。

B. 非穷尽的规制

关于正常终止的规则。根据本章规则,定期租赁期间的届满和发出通知的终止属于租赁期间的正常终止。一方当事人并不需要发出通知的特殊理由,也不负有就为什么发出通知向另一方进行解释的义务。在其他情况下,租赁的终止,因而租赁期间的终止可能是不履行的结果。这是在其他章节中来处理的。终止也可能是由其他一般规则调整的,例如关于情势变更的规则。某些国内体系的一般规则允许各方"基于重要理由"终止长期合同。关于第四卷本部分的这种异常终止,并不存在一般规定。在承租人死亡的情况下,也并不存在将关于异常终止的规则包括在内的必要性。这种规则出现在某些司法管辖区内,但根据本部分,关于通过通知终止和关于具体履行的规则将予以适用。

对于正常终止并无保护。本章并不含有允许法院以不具合理性为基础规避或否弃终止通知的规定。在国内立法中,含有在住宅甚至是商业建筑租赁情况下,保护承租人免受出租人之终止侵害的规则是极为常见的。但是,当涉及货物租赁的时候,情况便并非如此了。

非强制性。当事人可以背离本条规则。例如,他们可以赋予一方通过发出通知指定期间来终止定期租赁。

C. 定期租赁

根据合同确定的期间。租赁期间届满的时间可以根据合同来终止。关于定期租赁的协议可能有着不同的形式。最简单的形式是约定租赁期间在未来某天或在某天

某小时终止。也有可能约定租赁期间的持续,即从租赁期间开始计算的多少个小时、多少天等等。期间的届满可能进一步通过通常或早或晚发生的未来事件来确定。例如,该事件可能是承租人租赁货物之目的的实现,比如在租赁设备是为了特定建设项目的情况下。以某人一生为期限的合同是种定期合同。如果当事人约定,租赁期间将会因一项并不确定是否发生的事件之发生而终止,则这种协议是有效的,就此而言,租赁期间将在该事件发生时届满(解除条件)。但是,根据本条第(1)款第2句,确定期间不得通过发出通知而提前终止,据此在不确定事件发生时终止的期间不能被视为一种定期租赁合同(参见下文)。

示例1

甲和乙约定,甲在乙从度假返回前有权使用乙的汽车。租赁期间将在一个特定时间点终止,即使始终存在着乙可能发生意外并且再也不会回来的风险。

示例2

甲为一个建设项目租赁了脚手架。租赁期间将在项目完成时,或者已经达到了不再需要脚手架的阶段时终止。

定期租赁无须通知即可终止。如果租赁期间的届满是由合同规定或确定的,则该时间到来时无须任何通知期间即可终止。承租人在租赁期间终止后无权使用货物,继续使用通常会被当作承租人义务的不履行。但是,继续使用可能导致租赁期间的默示延长(参见第Ⅳ.B－2:103条(默示延长)评论)。

定期租赁不能由单方提前终止。如果租赁期间是由合同所确定的,则在大多数情况下,当事人并不享有在该时间到来之前通过发出通知单方面终止租赁的权利。这在本条第(1)款第2句中是项默认规则。另外,当事人可以约定租赁期间在某确定时间或通过发出任何通知的形式而终止。导致这一效果的协议可以采取不同的形式,例如,通知只能为了某些原因或者只能由一方当事人发出。

租赁期间的终止是个不确定事件情况下终止的通知。当事人可能约定,租赁期间将在不确定是否发生的未来事件(可能发生,也可能不发生)之发生时终止。如果约定事件发生了,则租赁期间终止(评论C第1段)。但是,在这种情况下,当事人双方都应享有通过发出终止通知的形式终止租赁期间的权利。如果不享有,则租赁期间原则上可能是永久性的,而这并不能被人所接受。这意味着租赁期间在这方面并不被视为定期的。

示例3

建筑承包商甲向乙出租了一台机器。当事人约定,如果甲获得了已经进行过招标的市政厅合同,则乙便要将机器返还。如果甲获得了合同,租赁便无须通知而终止。但是双方都享有通过发出通知单方面终止租赁期间的权利,因为甲是否能够获得合同是不确定的。

并无最长期限。并不存在关于租赁期间最长期限的规定。这种规则出现在某些国内法体系中。这些关于最长租赁期限的规则的背景是什么,并不总是很清楚的。它

们可能是由与动产租赁相关的限制而引起的,其目的是例如确保某种所有制结构,防止封建所有权等等。该规则也有可能源自于明确租赁和所有权转让之间体系的和实践的界限的期望。需要进一步指出的是,如果租赁期间规定得非常长,则不允许永久合同关系(并无退出条款)的原则只有着有限的意义。以100年或1000年为租赁期间的合同当然等同于永久合同。另外,就租赁期间确定一个最长长度又是有点武断的;关于规定理由,根据法律、经济或实践论证都很难找到什么标准。如果租赁期间的长度使得合同明显是不合理的,则当事人应诉诸于不道德、困难等更为一般的原则(参见第Ⅱ－7:301条(违反基本原则的合同))。还必须提到的是,第Ⅳ.B－6:101条(未来租金之强制支付权利的限制)和第Ⅲ－3:301条(金钱债务的强制执行)中更为一般的规定,都限制了何种履行可以被强制的程度。根据这一原则,基本上属于永久性合同的履行都可能被转化为货币结算。

D. 不定期租赁

定义。租赁期间并不在一个确定时间或可由合同确定的时间终止的合同是不定期租赁。除了对于本条第(2)款任何一方可以通过发出通知终止租赁期间的规则以外,这一定义本身并没有任何意义。正如评论C中所述,即使双方约定,租赁期间将根据不确定事件之发生而终止,租赁也将被视为不定期的。

通过发出通知终止租赁期间的权利。任何一方都享有通过发出通知终止不定期租赁的权利(参见本条第(2)款)。禁止一方或另一方终止不定期租赁的协议是与基本原则相违背的(参见评论C)。如果当事人约定,终止通知只有在相当长的时间经过之后才发生效力,则对于非常长的定期租赁而言,也会出现同样的问题。

通知。关于通知的一般规则规定在第Ⅰ－1:109条(通知)当中。关于终止通知并不存在形式方面的要求:它可以以书面或其他形式发出。不过,合同可以规定通知的形式。当通知送达相对人时,它才能生效。通常情况下,租赁期间并不会立即终止,而是只有在经历过约定时间或合理时间之后才会终止。这一期间的计算是从通知送达相对人之时开始的(参见本条第(3)款)。通知可以指定一个比合同所要求的更长的时间段。

示例4

合同约定,任何一方当事人都可以在一周通知期经过之后终止租赁。终止通知是在周五寄出的,在周一送达了出租人。租赁期间将在下一个周一终止。

示例5

合同约定,任何一方当事人都可以通过发出通知在下一个日历月结束时终止租赁。终止通知是在1月31日寄出的,并于2月2日送达。租赁期间将在3月31日终止。

示例6

其他与解释5一样,但通知指明,它将在4月30日生效。租赁期间于4月30日终止。

约定或合理长度的通知期间。发出通知和租赁期间终止之间的时间长度可以在双方约定的合同中注明,也可以通过其他方式根据合同条款来确定(参见上文解释4、5和6)。如果这一时间并不能根据合同条款来确定,则通知期间必须是合理的。按照定义列表,"所谓'合理'应为客观判断,应加以考虑的因素包括行为的性质与目的、个案下的客观情况以及任何相关的惯例或习惯做法"。关于商业代理、特许经营和分销合同中的终止通知,更为具体的因素列举在第Ⅳ.E－2:302条(不定期限的合同)当中。那里所列举的因素在一定程度上也是与租赁合同有关的:合同关系(在此即租赁期间)已经持续的时间,任何一方合理的投资,寻找替代品所需要的时间,以及惯例等。对于租赁合同而言,尤其需要额外考虑的是租金据此加以计算的期间。租金计算的期间往往反映了合同存续的时间。酒店的渔船按小时出租,汽车按天出租,卡车则按周出租等等。如果租金约定了非常长的期间(数月,一年),则其他情形可能指示一项较短的通知期间必须得到遵守。同样,可能租金期间太短以至于不能对通知期间有所指示,例如船舶租赁中约定了每天的租金。另一项与租赁合同有关的因素是出租货物的属性。在度假胜地的泳衣租赁合同中,发出终止通知之合理期间通常与建筑施工设备的租赁是不同的。这个例子也说明了租赁目的必须被考虑在内。

E. 消费者租赁合同

不合理的长期租赁。第四卷本部分并未规定租赁期间的最长长度(参见评论C最后一段)。消费者租赁合同通常并不会持续太长时间,但也可能存在例外,例如合同在功能上是买卖的替代,而租赁期间等同于货物之预期的使用寿命。对于消费者租赁合同而言,设定最长期间的难题是与一般的租赁合同相同的(参见评论C最后一段)。

终止租赁期间的异常权利？评论C最后一段解释说,第Ⅳ.B－6:101条(未来租金强制支付权利的限制)和第Ⅲ－3:301条(金钱债务的强制执行)限制了强制履行的权利:如果承租人想要返还货物,则未来租金不得主张,对于出租人而言,在这种情况下收回货物是合理的。出租人仍然可以就承租人的不履行造成的损失要求损害赔偿,但出租人必须采取合理步骤来减少损失(参见第Ⅲ－3:705条(减少损失)),包括将货物出租或出售给其他客户。因此,承租人仍须将出租人"尽可能接近地置于如果债务已经被完全履行,债权人将会处于的那种地位"(第Ⅲ－3:702条(一般赔偿标准)),但对于承租人而言,在大多数情况下与长期租金的通常支付相比较,成本有着大幅度的减少。这些实际上将终止权利和消费者租赁合同中的救济规则结合在一起的规则,不得被背离以损害消费者的利益(参见第Ⅳ.B－1:104条(消费者租赁合同中救济规则之减损的限制))。在确定收回货物是否合理时,通常必须被考虑在内的因素是租赁是否是消费者租赁。但是,根据这些规则,当承租人想要终止时(例如,对于不再需要的

货物,或者因为一种或其他原因承租人不再能够负担租赁的货物),消费者可能必须按照租赁合同支付大量的费用。一项允许消费者为了某些“重要原因”等终止租赁的额外规则似乎是没有必要的。它违背了合同自由的基本原则和试图消除大多数合同中涉及的所有风险和所有责任的市场机制。至于支付的租金,关于租赁期间和终止租赁权利的条款是决定性的。在某些情况下,更高的租金可能成为为提前终止合同关系的权利而支付的“保险费”。关于异常终止的规则不应该对分布在合同中的这种正常风险类型有所扭曲,即使承租人是消费者也是如此。

自动延长等。除非承租人另有所指,否则当事人约定的确定期间内的租赁合同,将在一定最后期限内延长到一个新确定的期限。如果这一最后期限非常早,并且承租人并不需要注意到该最后期限,则很有可能发生承租人并未按时作出反应的情况,其结果是租赁期间延长到了一个新的确定期限。这种类型的条款被包含在根据第Ⅱ－9:410条(在经营者和消费者之间的合同中被推定为不公平的条款)第(1)款(h)项可能是不公平条款的“灰名单”(grey list)当中(也可参见 Unfair Terms Directive(93/13))。关于不公平条款的一般原则所提供的保护被认为是足够的,第四卷本部分并未包含涉及这种条款的规定。

消费者信贷和终止租赁的权利。消费品信用贷款指令(87/102)适用于“租用协议”,其中“这些规定权利将最终转移给租用人”(第2(1)(b)条)。据此指令,消费者有权利“在协议确定的时间之前,免除他根据信贷协议承担的义务”。在这种情况下,根据国内法规定,“他应当被赋予公平地降低信贷总成本的权利”(第8条)。在第Ⅳ.B－1:101条(货物租赁)的评论G中,它被解释为,当事人已经约定所有权将转移给承租人的租赁合同被包含在买卖合同的定义内,并不属于第四卷本部分的适用范围。因此,对应于消费品信用贷款指令第8条的规则,它在此并未被包括在内。

注　释

Ⅰ.定期或不定期租赁

1.有些司法管辖区只允许定期租赁。如果当事人并未约定确定期间,则租赁的存续期间将由法律来确定。在其他司法管辖区,租赁既可以是定期的,也可以是不定期的。

2.根据意大利民法典第1571条,租赁被界定成了定期租赁(Cian and Trabucchi,Commentario breve[8],§1574,no. I1)。当事人可以约定租赁合同的存续期间(第1574条)。如果它们并未约定,则合同被视为以法典规定的特定期间为准;关于动产,正是该期间被用来计算租金。在这些情况下,即当当事人并未约定存续期间时,只有在法律所规定的租赁期间届满前,任何一方当事人发出通知——带有一个约定或通过惯例确定的期间——才会导致合同关系的终止(第1596(2)条)。西班牙民法典只承认定期租赁。确定期限被认为是与永久或不确定期限相对立的(Díez－Picazo 与 Gullón,Sistema Ⅱ[9],331),而后者则被认为违背了租赁的强制性(TS 7 June 1979,RAJ 1979,2344,与许多其他的)。当事人必须确定某个确定期间,或者必须指向某个肯定

会发生的未来事件(TS 21 May 1958,RAJ 1958,2094)。期限届满时,租赁无须通知即可终止(如果它并未因为继续使用而延长,关于民法典第 1566 条,参见第Ⅳ.B－2:103 条(默示延长)的注释)。如果当事人并未约定确定期限,则合同并不会成为不定期的,而是要适用关于存续期间的法律规则(民法典第 1581 条)。类似制度也出现在葡萄牙民法典第 1026 条:如果租赁期间并未约定,则合同关系的存续期间便等同于租金被支付的期间。期限届满时合同关系终止(第 1051 条第 1 款 a 项),终止通知并无必要。也可参见马耳他民法典第 1567 条:如果不存在相反协议,则货物租赁的期间被认为就是"租金被计算的期间"。

3. 在也承认不定期租赁的司法管辖区内,一般规则是,当事人被允许约定确定期间,这种定期租赁无须通知即可终止。这往往被规定在立法当中:奥地利民法典第 1113 条;比利时民法典第 1737 条(如果以书面形式);捷克民法典第 676(1)条;荷兰民法典第 7:228(1)条;爱沙尼亚 LOA 第 309(1)条;法国民法典第 1737 条(也适用于货物租赁,Malaurie/Aynès/Gautier,Contrats spéciaux Ⅷ[14],no. 601);德国民法典第 542(2)条;希腊民法典第 608(1)条;匈牙利民法典第 430(1)条;拉脱维亚民法典第 2165 条;立陶宛民法典第 6.479 条与第 6.496 条;波兰民法典第 659(1)条;斯洛伐克民法典第 676(1)条;斯洛文尼亚 LOA 第 614(1)条;瑞士 LOA 第 255(2)条)。在其他司法管辖区内,从一般原则可以推断,合同可以约定确定期间,而只要并无例外规定,这对于货物租赁也是适用的。

Ⅱ.约定期间内租赁的终止

4. 一般规则似乎是,如果合同约定了确定期间,除非另有约定并且受关于异常原因终止的规则约束,否则一方当事人不得在该期间内单方面终止合同关系。这可以被认为是从注释 2 提到的立法中反向(*e contrario*)推导出来的,或者可以被视为规定确定期间的条款的默认解释(参见奥地利 N law Rummel (－Würth),ABGB Ⅰ[3], § 1113,no. 1,Stabentheiner,Mietrecht,no. 79(当事人受约定期间的约束;如果并无其他约定,则任何一方均不得终止);捷克民法典第 677(1)条;荷兰法,参见 Hoge Raad 10 August 1994,NedJur 1994,688 (Aerts/Kneepkens);爱沙尼亚 LOA 第 309(2)条,试比较,第 313 条关于异常终止;法国法 Cass. civ. 22 February 1968,JCP 1969. Ⅱ 15735,Note R. D.(如果租赁时确定期间的,则出租人不具有通过发出通知而终止的可能性),CA Paris,13 October 1973,GazPal 1975. 1. sm. ,155(如果承租人在确定期间届满前发出通知,则出租人享有要求支付约定期间届满前所有租金的权利);希腊法,Filios,Enochiko Dikaio Ⅰ[2], § 40 C Ⅱ(承租人必须支付直到约定租赁期间终止的租金,即使货物已经被提前返还了);GERMAN law Emmerich and Sonnenschein (－Rolfs),Hk－Miete[8], § 542,no. 58;意大利法 Cass. 15 October 1971,no. 2919,Giur. it. 1972,Ⅰ,1,292;匈牙利法,Besenyei,A bérleti szerzödés[2],42 ff(在不履行和某些新当事人的情况下,只能异常终止);葡萄牙民法典第 1055 条第 2 款;瑞士法,BSK (－R. Weber) OR Ⅰ[3], § 255,no. 2(通常的终止通知被排除了))。在西班牙法律上,除了不履行的情况以外,当合同持续了 5 年以上时,住宅承租人享有在约定时间前终止的权利(《城市出租法》1994 第 11 条)。

5. 获得广泛接受的是,即使合同约定了一个确定期间,当事人仍能约定一方或另一方在该期间内终止合同关系(参见例如奥地利法,Rummel (－Würth),ABGB Ⅰ[3], § 1113,no. 2;法国法,Rép. Dr. Civ. (－Groslière),v° Bail,no. 542;德国法,Emmerich and Sonnenschein (－Rolfs),Hk－Miete[8], § 542,no. 56)。波兰民法典第 673 条第(3)款允许约定指明租赁可以在确定期间内终止的情形的条款(Bieniek (－Ciepła) Ⅱ, § 673,258,Radwański and Panowicz－Lipska,

Zobowi zania – częśćzczegółowa[3],82;捷克法与此类似：试比较,民法典第667(1)条与最高法院实践,例如20 Cdo 2685/99与26 Cdo 2876/2000斯洛伐克民法典第676(1)条)。

6. 即使当事人并未明确租赁可以在期间届满前终止,这种权利有些时候也是隐含着的。在英国(包括苏格兰),“受规制的消费者租赁协议”赋予了承租人在至少18个月后通过发出通知终止的权利(参见消费品信用贷款法1974 s. 101)。需要注意的是,这一权利仅适用于那些租金少于每年1500英镑的租赁合同(s. 101(7)(a)),虽然该租金限制可以根据第181条进行修改,并且承租人并不是为某种营业目的(s. 101(7)(b))。某些出租人还可以被公平贸易总理事豁免于这一规定之外(s. 101(8))。类似的权利适用于消费者租购协议(s. 99),只要承租人补足了已经支付的租金和租购总价之一半之间的差额(s. 100)。在爱尔兰,《消费品信用贷款法》(1995)允许承租人通过发出3个月通知期(如果合同有明确约定,则可以更短)在任何时间终止租赁(s. 83)。终止权利在消费者租购协议的语境下也是适用的,同样的前提是,承租人补足租购总价之一半的差额(如果合同有明确约定,则可以更少),或者承租人通过支付包含有提前支付款项的购买总价购买货物(ss. 52与53)。

Ⅲ. 确定期限的各种规定

7. 在那些规定有租赁在约定期间届满时终止的立法上,对应于“确定”或“固定”的表述是非常常见的:奥地利民法典第1113条(*ausdrücklich oder stillschweigend bedungener Verlauf der Zeit*);比利时民法典第1737条(*term fixé*);捷克民法典第676(1)(翻译:“已经同意租赁的期限”);荷兰民法典第7:228条(*bepaalde tijd*);爱沙尼亚LOA第309(1)条(*tähtajaline üürileping*,翻译:“缔结的租赁合同的特定期限”);法国民法典第1737条(*terme fixé*);德国民法典第542(2)条(*bestimmte Zeit*);希腊民法典第608(1)条(翻译:“特定的期限”);意大利民法典第1596条(*tempo derminato*);拉脱维亚民法典第2165条(翻译:“特定的期限”);立陶宛民法典第6.479条(翻译:“fixed – term”);马耳他民法典第1566条(明确同意的期限);波兰民法典第659条(*czas oznaczony*,特定期限);斯洛文尼亚LOA第614条(翻译:“规定的期限”);斯洛伐克民法典第676(1)条(翻译:“达成租赁的期限”);西班牙民法典第1565与1543条(*tiempo determinado*);瑞士LOA第255(1)条(*befristetes Mietverhältnis*,*vereinbarte Dauer*)。

8. 获得公认的是,该期间可以通过指出未来的时间点或明确确定的存续期间来界定。在这些情况下,届满的确切时间是已知的,或者是可以预先计算出来的。如果未来事件发生的确切时间并非已知,则指出未来事件的发生作为界定期间的标志,这便是不太明确的。奥地利法律规定,确定期限之客观可确定性即已足够;持续一生的租赁或持续到某个(甚至是不确定的)未来事件之发生的租赁,都被视为定期租赁;期间也可以从合同目的、承租人的需要中推导出来,或者该期间可能取决于当事人的另一项法律关系(Rummel (– Würth),ABGB Ⅰ[3],§1113,no. 3)。荷兰法律也是如此(Rueb/Vrolijk/Wijkersclooth – Vinke (– de Wijkersclooth – Vinke),Huurrecht,§7:721,no. 53)。在捷克法律上,某项未来事件是足够的(Supreme Court 31 Cdo 513/2003);一项不确定的事件是否足以界定确定期间,这是值得商榷的(试比较,民法典第37(1)条关于时间确定)。在爱沙尼亚法律上,当事人可以约定确定期间,或者该期间通过某项未来事件来界定。在法国法律上,该期间也可以通过参照某项未来事件来界定(Malaurie/Aynès/Gautier,Contrats spéciaux Ⅷ[14],no. 667 with reference to Cass. civ. 3er,18 January 1995,Bull. civ. 1995. Ⅲ,no. 16:*événement certain*)。在德国法律上,必定发生的事件便被视为确定期间(*bestimmte Zeit*);如果该事件是不确定的,它仍然会被看成是一项解除条件(试比较,民法典第163条),但在这种情况下

租赁是不定期的(Emmerich and Sonnenschein (- Rolfs), Hk - Miete[8], §542, no. 54, ff. no. 55:持续承租人一生的租赁合同是定期租赁)。希腊民法典第608条第(1)款的确定期限可以通过特定日期、确定的时间段、租赁目的的实现、必定会发生的未来事件之发生来界定(Antapasis, §608 nos. 5, 6; Filios, Enochiko Dikaio Ⅰ[2], §25 E Ⅰ 2; Georgiades, Enochiko Dikaio, Geniko meros, §27, no. 4; Kornilakis, Eidiko Enochiko Dikaio Ⅰ, 192-193)。在匈牙利法律上,当事人可以通过在其合同中描述情形而设定租赁合同的存续期间——而不是指定未来的日期或租赁的确切长度(民法典第430(1)条)。关于不确定事件作为解除条件的讨论,参见Filios, Enochiko Dikaio Ⅰ[2], §25 E Ⅰ 3; Georgiades and Stathopoulos (- Antapasis), §608, no. 12。拉脱维亚民法典第2165条明确提到,"仅限于目标实现"的合同在该目标实现时终止。在波兰法律上,如果租赁期间是以某项可以被合理期待必然发生的未来事件为届满,则合同便被认为是定期租赁(Supreme Court judgment fr 30 October 1990)。在斯洛伐克法律上,租赁期间可以通过指明未来日期或一个时间单位来约定,但也可以通过未来事件来确定租赁的存续期间。如果该事件的发生时间是确定的,则合同便被视为定期租赁。如果租赁以一生为期,或者受限于不确定未来事件的发生(租赁受到一项解除条件的约束),它便被视为不定期租赁(Svoboda (- Górász), Kentár a súvisiace predpisy, §663, 610)。该期间也可能通过提及合同目的来指明;在这种情况下,租赁便被视为定期的(Lazar, OPH Ⅱ, 146)。正如注释2中已经提到的,就西班牙法律而言,当事人可以指向必定发生的未来事件(TS 21 May 1958, RAJ 1958, 2094)。在瑞士LOA第255条的意义上,约定期间并不仅仅是个时间单位或特定日期,而且包括必定发生的(loc. cit. §266 no. 2, BGE 56 Ⅱ, 190:终其一生的合同被认为是定期的)事件(HandKm OR (- Permann), §255, no. 2)。如果约定事件的发生是不确定的,则租赁受到一项解除条件的约束,但即便该事件在不可预见的未来不能期待发生,它仍被视为一种定期租赁(BSK (- R. Weber), OR Ⅰ[3], §255, nos. 4 ff)。仅当该事件不会发生变得显而易见时,租赁才会转化成不定期的(loc. cit.)。

Ⅳ. 最长期限

9. 就租赁合同的最长期限而言,有四种制度:1)并无最长期限;2)并无明确的最长期限,但永久租赁是不被允许的;3)有明确的最长的期限,如果约定期限比较长则可以缩短;4)有最长期限,如果约定期限比较长,则转化为不定期合同或赋予异常终止的权利。

10. 关于租赁合同,奥地利法律上并无最长期限;民法典第1090条的确定期间一词意味着承租人必须在至少一段时间内受约束;承租人任何具有约束力的时间都足以符合标准(Rummel (- Würth), ABGB Ⅰ[3], §1090, no. 4)。同样,匈牙利法律上也并无最长期限,但"永久"(即并无时间限制并且不可终止的)租赁——循环往复的租赁——是不被允许的(参见Gellért (- Besenyei), A Polgári Törvénykönyv Magyarázata[6], 1675, Besenyei, A bérleti szerzödés[2], 40.)。

11. 在法国法律上,租赁不得是永久的(试比较,民法典第1709条);但关于动产租赁,并不存在明确的最长期限(Huet, Contrats spéciaux, no. 21145)。在西班牙法律上,永久租赁被认为是不可允许的(Díez-Picazo与Gullón, Sistema Ⅱ[9], 331)。根据瑞士LOA第2条和第27条,永久租赁是不被允许的;如果租赁并无时间限制且不可终止,它便被视为永久的。具有过长约束力的期间部分无效,并且必须被缩短到可被允许的范围之内(BSK (- R. Weber), OR Ⅰ[3], §255, no. 8)。在某些法典中,租赁被描述为具有暂时性或一定时间内,这可以被理解为排除了永久租赁(MALTESE民法典第1526条;斯洛伐克民法典第663条)。捷克法律并未规定最长租赁期间,但过长的租赁期间可以被视为不定期租赁,因而可以通过默认长度的通知来终止(试比较,Švestka/

Jehlička/Škárová/Spáčil（－Jehlička），OZ10，1189与Supreme Court 28 Cdo 2187/2001）。荷兰法律上并不存在租赁的最长期限，或者对于永久租赁的禁止，但关于不可预见性（*imprévision*）的规则（民法典第6:258条）允许法官矫正或终止合同（Rueb/Vrolijk/Wijkerslooth－Vinke，De huurbepalingen verklaard，3）。

12. 根据意大利民法典第1573条，货物租赁合同的期限不得超过30年。如果合同规定了更长的期间或永久期限，则要减少到30年的期间。当事人不得约定这样的条款，即如果时间超过30年则承租人有着续签合同的可能性（Cian and Trabucchi，Cmentario breve[8]，§1573，no. Ⅰ3，Cass. 56/2900）。相应的规则出现在葡萄牙民法典第1025条（Menezes Leitão，Obrigações Ⅲ[4]，302）。根据立陶宛民法典第6.479条，定期或不定期租赁不得超过100年；更长租赁期间的协议是绝对不允许的。

13. 爱沙尼亚LOA第318条规定，如果合同约定的期间超过了30年，则任何一方都可以在30年之后终止租赁（有个例外就是以一方当事人的一生为期限的合同）。根据德国民法典第544条，如果租赁约定了一个更长的期间，则任何一方都有权在30年后异常终止（Emmerich and Sonnenschein（－Emmerich），Hk－Miete[8]，§544，no. 5）。对于存续出租人或承租人一生的合同存在一项例外。根据希腊民法典第610条，如果约定的合同期间超过了30年或者以一方当事人的一生为期，则按照不定期租赁的规定，租赁可以在30年的期间经过以后通过通知而终止。波兰民法典第661条允许订立超过10年的定期租赁，但在10年经过以后，租赁就将被视为不定期租赁。

Ⅴ. 发出通知的权利和需要

14. 丹麦法律规定，在受到合同条款约束的前提下，任何一方都可以因合理通知而终止租赁期间（Gade，Finansiel leasing，265）。法国民法典第1736条允许任何一方当事人依据当地惯例通过一段时间的通知终止合同（Huet，Contrats spéciaux，no. 21199）。德国民法典第542条第（1）款的规则是，任何一方当事人都可以根据法律规定通过发出通知来终止并未规定确定期间的合同。英格兰法律规定，对其终止并无规定的合同是否可以通过合理通知来终止这个问题，取决于协议的解释（Chitty on Contracts Ⅱ[29]，no. 13－026）。苏格兰法律认为，不确定存续期间的租赁合同可以由任何一方通过合理通知来终止（Walker，Principles of Scottish Private Law Ⅲ[3]，398）。根据斯洛伐克民法典第677条第（1）款，不定期租赁只能通过通知来终止，除非另有约定；并不需要理由（Svoboda（－Fíger），Kentár a súvisiace predpisy，§677，622）。在西班牙，司法原则允许当事人设定不确定的租赁存续期间。在此种租赁中，当事人双方均有权通过上述通知在任何时间终止租赁（TS 9 July 1979，RAJ 1979/2935，TS 15 October 1984，RAJ 1984/4862，TS 26 October 1998，RAJ 1998/8237）。对瑞典法律而言，以合同通知终止的权利是以类推适用《委员会法》第46条为基础的（Hellner/Hager/Persson，Speciell avtalsrätt Ⅱ（1）4，194）；试比较，NJA 1992，168；也可参见奥地利民法典第1116条；捷克民法典第677（1）条；荷兰民法典第7:228（3）条；爱沙尼亚LOA第311条；希腊民法典第608（2）条；匈牙利民法典第431（1）条；拉脱维亚民法典第2166条；立陶宛民法典第6.480条；波兰民法典第673（2）条；斯洛文尼亚LOA第616（1）条；瑞士LOA第266a条。

Ⅵ. 通知期间

15. 某些体系中的规则是，通知期间必须由当事人来约定或者是符合惯例的一个时间段（法国民法典第1736条，意大利民法典第1596（2）条）。

16. 在其他体系中，关于终止通知的期间的规则是包含在立法当中的：德国民法典第580a条

的规则是，如果租金是每天支付的，则通知必须从次日末起的每天发出才有效。如果租金是以更长的时间来支付的，则通知可以在合同终止时间前最晚3天内发出。对于登记船舶而言，如果租金是每天支付的，则与其他动产适用同样的规则。如果租金是每周支付的，则通知必须自下一个周六起在每一周第一个工作日发出才有效。其他例子是：奥地利民法典第1116条（24小时）；捷克民法典第677(2)条（对于货物租赁是一个月；当事人可以约定无须期限，Supreme Court 28 Cdo 1313/2001）；荷兰民法典第7:228(2)条（至少1个月）；爱沙尼亚LOA第312条（对于不特定期限的合同而言：登记船舶和航空器3个月，其他动产3天）；希腊民法典第609条（取决于约定的租金计算期间）；匈牙利民法典第431(1)条（15天）；拉脱维亚民法典第2166条（对于每周或每月支付租金的租赁合同来说，通知必须在每个月或每周提前发出）；立陶宛民法典第6.480条（1个月）；波兰民法典第673(2)条（如果租金是长过1个月的期间来支付的，则在日历季度末提前3个月；如果租金是每月支付的，则在日历月前1个月；在其他情况下则是3天）；斯洛伐克民法典第677(2)条（对于货物租赁是1个月）；斯洛文尼亚LOA第616(2)条（如果从合同、特别立法或地方实践并不能推导出其他期间，则是8天）；瑞士LOA第266f条（3天）与第266k条（关于消费品的特殊规则，如果租赁至少存续了3个月，则是30天，参见HandKm OR（－Permann），§266k，nos. 1 ff）。

Ⅶ. 异常终止的权利

17. 在有些国家，持续的合同关系可以因“重要理由”（等等）被终止，这同样适用于租赁。关于租赁合同的奥地利民法典第1117条被认为是一般规则的表述，即持续的合同关系可以因重要原因而被终止（Schwimann（－Binder），ABGB V^3，§1117，no. 2）；爱沙尼亚LOA第313条允许租赁因“充足的理由”（即“考虑到所有情形并考虑到当事人双方的利益，当事人不能被认为会继续履行合同”）而终止；德国民法典第314条关于因正当理由（*wichtiger Grund*）而终止的一般规则被认为在民法典第543条第(2)款中就租赁被具体化了（第一句）。根据瑞士LOA第266条，租赁可以因重要理由而被终止。在西班牙法律上，关于这个问题唯一的规定是城市出租法第9条，其中规定，如果不动产为某个人或家庭目的所需要，则出租人的终止权利要受到某些严格条件的约束。

第Ⅳ.B－2:103条　默示延长

(1) 如果确定期限的货物租赁合同根据第Ⅲ－1:111条（默示延长）而被默示延长，并且延长前租金的计算已经考虑到由承租人分期摊付货物的成本，那么在租赁合同延长之后，应付的租金要考虑已经支付的数额而被限制在一个合理的范围内。

(2) 在消费者租赁合同中，当事人不得排除第(1)款的适用，或者限制或变更其效力而损害消费者的利益。

评　论

A. 默示延长概述

根据第Ⅲ－1：111 条（默示延长），如果确定期限经过之后，当事人双方继续履行其义务，且情形与当事人对这种延长之默示同意并不矛盾的，规定在此期间内继续或反复履行义务的任何合同都可以被默示延长。该合同因而成为了一项不定期合同，合同关系可以由任何一方通过给出合理通知期的方式而终止（第Ⅲ－1：109 条（以通知形式而变更或终止）第（2）款）。

B. 适用于货物租赁合同

这一规定被频繁地适用于货物租赁合同。出租人在租赁期间届满后可以继续使得货物供承租人使用，而承租人可以像租赁被延续了那样，继续遵守合同条款并且保留和使用货物。租金可以继续被支付和受领。当然，如果情形表明承租人只是迟延返还货物，或者也许是承租人将其交到了错误地点而出租人并未接收到，那就不能发生默示延长。时间因素也是重要的。如果承租人只是在极短的时间内滞留货物，则不得视为默认延长，但如果承租人滞留它们的时间如此之长，以至于出租人（如果不想继续租赁的话）可以被期待对此继续保留有着强烈认知的话，那便应当算作默认延长。从关于默认延长的一般规则可以推导出，如果任何一方在其生效前明确并不存在对于租赁延长的同意的话，那么这就被排除在外了。并不需要正式通知。作为货物继续使用之效果的延长是以推定另一方同意为基础的，如果情形与此种同意相矛盾，则延长不会发生。

示例 1

甲租赁了乙的挖掘机，租赁期间为 20 天，每天支付租金。甲接到通知，乙将在该期间届满之后为了他自己的目的需要立即使用该机器。在该期间届满时，甲通过电子邮件告知乙，他将稍迟几天再返还挖掘机。即使乙并未回复这封邮件，继续使用几天也不会导致延长，因为甲对乙使用机器之计划的知情加上甲自己的解释，已经表明该同意是不能被推定的。

延长被视为原来租赁期间之连续的继续。这意味着如果租赁期间并未延长，继续使用存在一个间隔阶段的话，这就会被视为承租人义务的不履行，但如果延长生效，则属于承租人的正常使用。

货物的继续使用是以与先前的使用相同的合同为基础的。它并不是一项新的合同。这也意味着合同条款不变，除了涉及租赁期间的条款以外（以及将在下一段加以解释的一种例外）。租金要根据合同来支付。如果当事人约定租金以每周、每月等确

定金额的形式支付，则在延长之后必须支付同样的金额。在其他情况下可能存在着一项规制条款，例如赋予当事人每年调整租金的权利。这种条款在延长之后也是有效的。

对于第三方的效力也与明确约定之延长相同。例如，保证人是否在原来租赁期间届满时被免除责任，这取决于关于保证人义务的条款，而那要根据关于解释的通常规则来加以解释。

以上所述并不是货物租赁合同所特有的。

C. 货物成本已经被分期摊付情况下的特殊规则

根据某些货物租赁合同，租金的计算已经考虑到由承租人在约定期间内分期摊付货物的成本。这些合同往往是涉及出租人、承租人和货物供应商的三方交易，其中出租人是个金融机构。不过，租金也可能以这种方式在某些双方合同中来计算。合同可以规定，承租人在租赁期间届满时享有购买货物的选择权，或者享有以大幅度降低租金的形式延长租赁期间的权利。如果延长——或者这种延长的期间——并未在具体合同中加以约定，鉴于已经支付的金额，延长的租赁期间内的租金不应当是不合理的。在大多数情况下，如果货物的总成本已经被支付过了，则这便意味着租金的大幅度降低。这一规则被规定在本条第(1)款中。在消费者租赁合同中，它不得被减损而侵害消费者的利益(第(2)款)，在这个意义上，它是具有强制性的。

注　释

Ⅰ. 概述

1. 有些欧洲法律体系中含有关于租赁之默示延长或更新的规定。其共同特点是，出租人并无异议的货物之继续使用导致了租赁期间的延长或更新，而这并不需要明确约定。关于该延长的条件和效果，细节上存在着某些差异。

2. 在不定期租赁的大多数情况下，关于出租人并无异议而继续使用的延长或更新，其规定可以概括如下：奥地利民法典第 1114 条(如果继续使用并无异议，则默示更新)；比利时民法典第 1738 条(1991 年修改，目前仅适用于不动产)；荷兰民法典第 7:230 条(在出租人(默示)许可继续使用的情况下，不定期租赁的延长)；爱沙尼亚 LOA 第 310 条(出租人在得知该继续使用后的两周内，必须提出异议)；法国民法典第 1738 条(如果继续使用是在书面租赁期间已经届满，且并未发出终止通知的情况下进行的，则新的租赁受关于并非书面租赁之规则的调整；对于动产的适用性存在争议，参见(Huet, Contrats spéciaux, nos. 21202 and 21802, fn. 27 与 Malaurie/Aynès/Gautier, Contracts spéciaux Ⅷ[14], no. 601)；德国民法典第 545 条(如果出租人自获知该继续使用后又经过了两周时间，而任何一方在此期间内都并未明确反对，则发生延长；该措辞在 2001 年被修改，但并非实质性的，Emmerich 与 Sonnenschein (– Emmerich), Hk – Miete[8], § 545, no. 1)；希腊民法典第 611 条(如果承租人继续使用租赁物，而出租人对此知情且并未反对，则发生更新)；匈

牙利民法典第431(2)条(出租人必须在15天内提出反对;并无形式要求,参见Gellért(－Besenyei),A Polgári Törvénykönyv Magyarázata[6],1694);意大利民法典第1597条(如果使用继续而并未反对,则不定期租赁被更新);立陶宛民法典第6.481条(10天,也可参见关于终止的第6.481条);马耳他民法典第1536条(如果使用继续而并未反对,则租赁期间相应于约定租金的期间而得以更新);波兰民法典第674条(如果使用继续而出租人同意,则推定为不定期租赁的延长);葡萄牙民法典第1056条(如果在一年内使用继续而并未反对,则是新的期间的更新;仅针对不动产租赁);斯洛伐克民法典第676(2)条(移交货物之法院诉状必须由出租人在30天内提交);斯洛文尼亚LOA第615条(如果使用继续且并无反对,则新的租赁发生);西班牙民法典第1566条(继续使用15天将导致另一确定期间的更新;对于动产租赁的适用性,存在争议,参见Díez－Picazo与Gullón,Sistema Ⅱ[9],337;Bercovitz,Manual de Derecho Civil,181,TS 21 February 1985,RAJ 1985,737);瑞士LOA第266条(如果定期租赁默示继续,它就变成了不定期租赁,Honsell,OR－BT[7],207)。

Ⅱ.默示更新的概念

3.在某些国家,关于默认延长的规则被视为独立于当事人意志之外的客观规则或法律后果。德国法律便是如此。由于延长并不取决于当事人的意志,因而任何一方的错误对于后果而言都是毫不相干的(民法典第119条,参见例如Palandt(－Weidenkaff),BGB[66],§545,no. 10)。捷克法律有着相同效果(民法典第676(2)条)。在匈牙利法律上,默示更新(不定期租赁的延长)也是一项客观规则。

4.在有些国家,当事人的行为被认为是一种意思表示,因而关于延长的规定是对这种意志的可反驳的推定。这可以通过奥地利民法典第1114条来说明,据此,如果使用继续而出租人并未反对,则存在租赁合同的默示更新(*stillschweigende Erneuerung*)。出租人的行为被解释为一种有着特定内容的合同意思表示(所谓*normierte Willenserklärung*,OGH 30 August 2002,JBl 2003,182;也可参见Stabentheiner,Mietrecht,nos. 80,26)。根据荷兰法律,"除非另一种意思得到证明",否则延长便会发生。如果承租人在出租人(默示)许可下继续使用,则证明意思与此不同的责任由出租人承担。如果该继续使用并不为出租人所知,或者如果出租人对此继续使用提出了反对,则承租人不得诉诸这一法律推定(Rueb/Vrolijk/Wijkerslooth－Vinke(－de Vries),Huurrecht,§7:230,no. 4)。爱沙尼亚法律也规定,任何一方的行为都可以被视为一种合同意思表示(*vaikiminsi tahtevaldus*)。进一步的说明是法国民法典第1738条和第1739条的*tacite reconduction*,它被视作当事人意思的推定(Rép. Dr. Civ.(－Groslière),v8 Bail,nos. 659 and 665,on the foundations in detail Amar－Layani,D. 1996,Chron.,143 and 144);仅仅出租人并未提出反对这一事实是不够的(Cass. civ. 1 February 1949,RTD civ 1950,72,Note Carbonnier)。关于意大利民法典第1597条,也可参见Rescigno(－Giove),Codice Civile Ⅰ[5],§1596－1597,no. 2,1958。在西班牙法律上,民法典第1566条的默示更新规定既未包含推定规则,也未包含与当事人意思解释有关的规则:既然当事人并未阻止该继续的进行,则关于该行为之意义的事实或法律错误都是不相干的。

5.*relocatio tacita*这种表述对英格兰法律而言是外来的(虽然在苏格兰法律上默示更新是个与不动产租赁有关的类似概念)。关于合同期满后继续使用的情况,英格兰法律上并没有什么特殊规则。此外,关于动产的合同,似乎也并不存在直接处理这种情况的判例法(虽然对于土地租赁,存在关于类似情形的判例法,参见Roberts v. Hayward(1828)3 C & P 432,172 ER 489－

critical remarks Chitty on Contracts Ⅰ[29], no. 2 - 074, and Western Electric Ltd. v. Welsh Development Agency [1983] QB 796)。在特殊情况下,不作为可能被视为一项要约,虽然在这方面难度是非常大的(Chitty, loc. cit. para. 2 -005),并且大多数潜在的案例都可能会被看作纯属承租人返还货物之义务的违反,并导致不当滞留的损害赔偿责任(Chitty on Contracts Ⅱ[29], no. 33 -080:"如果承租人对动产进行了有益的使用,损害赔偿的标准便是整个滞留期内租赁的全部市场价";关于过度受益之潜在救济,参见 Chitty on Contracts Ⅰ[29], no. 29 - 145)。但尽管如此,关于"沉默"或"默示"的讨论在一定程度上反映了民法法系司法管辖区内解决方法的范围。根据侵权(侵扰货物)法 1977 第 2 条第(2)款,某些承租人对租赁物之并不返还和继续使用的案件可以被纳入转换侵权(the tort of conversion)的范围之内。继续使用可以被视为转换的明确行为。在能够诉诸于提及的规定之前,委托人是否必须要求货物的返还,这并不清楚(Chitty on Contracts Ⅱ[29], nos. 33 -010 ff, fn. 60)。对于挪威法律而言,据说关于默示延长的可能规则不应适用于船舶租赁(Falkanger, Leie av skib, 423)。

Ⅲ. 仅在定期租赁情况下才能默示延长?

6. 在某些司法管辖区,默示延长规则只能适用于定期租赁。这是有着明确规定的(奥地利民法典第 1114 条(Rummel (- Würth), ABGB Ⅰ[3], § 1114, no. 4),捷克民法典第 676 条 (试比较, Supreme Court 28 Cdo 2253/2003),爱沙尼亚 LOA 第 310 条,希腊民法典第 611 条,匈牙利民法典第 431(2)条,立陶宛民法典第 6.481 条,斯洛伐克民法典第 676 条,斯洛文尼亚 LOA 第 615 条,瑞士 LOA 第 266 条 (BSK (- R. Weber), OR Ⅰ[3], § 255, no. 5))。

7. 有些规定排除了终止通知被发出情况下的默示延长。这通常意味着对于不定期租赁而言,不可能存在默示延长,因为这种租赁通常因通知而终止(参见例如:比利时民法典第 1739 条,法国民法典第 1739 条,西班牙民法典第 1566 条)。在这方面,意大利民法典第 1597 条的解释并不是很明确的(Cian and Trabucchi, Cmentario breve[8], § 1596 - 1597, no. Ⅱ 3)。不过,如果发出终止通知的当事人后来改变了主意,那它便可以从一般合同法(当事人的行为足以从订立合同中推导出来(在意大利法律上,讨论是描述性的,参见 Cass. 23 August 1990/no. 8621, Giur. it. 1991, Ⅰ, 1, 692, Cass. 12 August 1988/no. 4936, Giust. civ. Mass. 1988, fasc. 8/9, Rescigno (- Giove), Codice Civile Ⅰ[5], § 1596 - 1597, no. 2, 1958))。

8. 在德国法学和法律文献中,毫无疑问的是,民法典第 545 条适用于不定期租赁(BGH 26 March 1980, NJW 1980, 1577, 1578, for the former CC § 568),即使由于出租人发出的异常终止通知,合同关系因而终止(Emmerich and Sonnenschein (- Emmerich), Hk - Miete[8], § 545, no. 2, Gitter, Gebrauchsüberlassungsverträge, 53, with critical remarks on this point Medicus, Schuldrecht Ⅱ[11], no. 215)。波兰民法典第 674 条明确规定,两种租赁形式都被涵盖在内。

Ⅳ. 继续使用

9. 有时,导致默示延长之继续使用的性质引起讨论。就德国法律而言,有学者认为,它必须涉及使用,而不仅仅是未将货物返还(Handkmentar - BGB[2] (- Eckert), § 545, no. 3)。次承租人的使用也是可以的(BGH 9 April 1986, NJW - RR 1986, 1020),并且即使承租人并不知道租赁期间已经届满,默示延长仍然生效(Emmerich and Sonnenschein (- Emmerich), Hk - Mietrecht[8], § 545, no. 7)。就法国法律而言,有学者认为,承租人必须保留货物的占有,并且必须要像租赁期间并未届满那样继续使用(Amar - Layani, D. 1996, Chron., 143 and 144)。

10. 在许多国家,使用持续期间是被直接或间接明确的,在后者情况下,主要是通过指出出租

人就该使用提出反对的时间(参见注释2)。即使并未明确,仅仅在返还货物时短期的迟延可能是无关紧要的(参见法国法,Rép. Dr. Civ. (–Groslière),v° Bail,no. 662;希腊法,Georgiades and Stathopoulos (–Antapasis),§611,no. 8)。

Ⅴ. 出租人对继续使用的知情

11. 出租人对继续使用的知情,可能成为默示延长的一个先决条件,或者是直接的或者是间接的。它可能是延长的间接条件,比如出租人为了避免延长,必须在知道该继续使用后一定时间内提出反对(参见例如爱沙尼亚LOA第310条,德国民法典第545条,希腊民法典第611条;也参见荷兰法,注释4)。在西班牙法律上,默示是必要的(民法典第1566条),但有人指出(虽然并未获得一致认可),如果出租人并未要求返还货物,那便存在一项默示延长的推定(Díez–Picazo and Gullón,Sistema Ⅱ[9],337)。在葡萄牙法律上,规定是出租人"并不反对"(民法典第1056条)。根据波兰民法典第674条,出租人的同意(直接或间接)是推定延长的前提条件。在其他规定中,如果并未涉及知情(参见例如捷克民法典第676条,法国民法典第1738条,匈牙利民法典第431条,斯洛伐克民法典第676条),则解决方法便是不明确的。有时人们指出,知情是必要的(参见法国法,Rép. Dr. Civ. (–Groslière),v° Bail,no. 663;匈牙利法,反对延长的15天的期限已经被认为是个时效期间,试比较,Gellért (–Besenyei),A Polgári Törvénykönyv Magyarázata[6],1694,这可能意味着知情作为前提条件)。

Ⅵ. 反对延长

12. 所有体系似乎都允许一方当事人通过反对继续使用,或以其他方式表明不希望延长或更新,来阻止延长的发生。根据斯洛伐克民法典第676条第(2)款,当事人需要到法院提出,但在大多数情况下,是并不需要什么手续的。有时,人们就该反对必须在何时提出的问题进行了讨论。就奥地利法律而言,有学者认为,在反对和租赁期间届满之间的时间上必须存在密切联系(OGH 9 October 1986,JBl 1987,659 Note Böhm,Rummel (–Würth),ABGB Ⅰ[3],§1114,no. 4)。不过,反对甚至在租赁期间届满之前也可以提出(OGH 15 December 1992,JBl 1993,587,Note Watzl:在届满前两个月内要求返还仍符合所谓时间上的密切联系)。德国法律上的情形是类似的(参见Emmerich与Sonnenschein (–Emmerich),Hk–Miete[8],§545,no. 8)。就希腊法律而言,一直得到坚持的是,反对必须在租赁期间届满后的合理时间内作出(Georgiades,Enochiko Dikaio,Geniko meros,§28,no. 12;试比较,Georgiades与Stathopoulos (–Antapasis),§611,no. 13b)。根据匈牙利法律,反对必须在租赁期间届满后15天内作出(民法典第431(2)条)。

Ⅶ. 关于定期或不定期租赁之新的期间

13. 在某些国家,默示延长会导致一项新的定期租赁,虽然其长度并不必然与届满的期间相同。奥地利民法典第1115条的解释是,租赁延长的新的确定期间是与租金计算的期间相同长度的(Stabentheiner,Mietrecht,no. 81,OGH 9 April 1992,JBl 1993,584,Rummel (–Würth),ABGB Ⅰ[3],§1115,no. 2,Apathy and Riedler,Bürgerliches Recht Ⅲ[2],no. 8/66)。意大利民法典第1597和1574条、马耳他民法典第1536和1532条以及西班牙民法典基本采用的是同样的解决办法。根据捷克民法典第676条第(2)款,新的期间长度与先前期间相同,但超过一年的租赁只能延长一年。斯洛伐克法律上的规则是与此相同的(民法典第676(2)条,Svoboda (–Fíger),Kentár a súvisiace predpisy,§676,620)。

14. 最为常见的解决办法似乎是延长或更新为不定期租赁,这可能是明确规定的(参见注释3),也可能是推导出来的(例如法国法,参见Rép. Dr. Civ. (–Groslière),v° Bail,no. 671,with

further references;爱沙尼亚法律上的规则与此相同)。

Ⅷ. 其他的合同条款

15. 如果其他合同条款的效果得到了完全处理,则通常观点似乎是,这些条款保持不变:奥地利民法典第1115条(Rummel(－Würth),ABGB Ⅰ^{3},第1115,no. 1:除非该部分与租赁合同并无直接关联);荷兰民法典第7:230条(作为延长的结果);法国民法典第1738条(Cass. soc. 29 January 1959,Bull. civ. 1959. Ⅳ. ,no. 135,除偶然条款(*clauses occasionnelles*)以外,参见Cass. civ. 15 June 1960,Bull. civ. 1960. Ⅲ,no. 232);德国民法典第545条(BGH 29 April 2002,NJW 2002,2170,2171);希腊民法典第611条(Georgiades与Stathopoulos(－Antapasis),§611,no. 17;CA Athens 1548/85 EllDik 26,710);意大利民法典第1597条;马耳他民法典第1536条;斯洛伐克民法典第676条;斯洛文尼亚LOA第615条。关于波兰法律,参见Bieniek(－Ciepła),Kentarz do Kodeksu Cywilnego,258。

16. 有时法律明确规定,第三方的担保并不扩展至延长的租赁期间:法国民法典第1740条(担保要从连带责任中区分出来,Cass. civ. 28 October 1889,D. P. 1899. 1,129);意大利民法典第1598条;马耳他民法典第1538条;斯洛文尼亚LOA第615条;西班牙民法典第1567条;德国(Staudinger(－Emmerich),BGB(2006),§545,no. 16)和希腊(Antapasis,§611,no. 18)法律也与此类似。

第三章　出租人的义务

第Ⅳ.B－3:101条　货物的可用性

(1)出租人必须确保租赁物在租赁期间开始时并在第Ⅲ－2:101条(履行地点)确定的地点能够使其为承租人使用。

(2)尽管有前款规定,但如果出租人是按照承租人的指定从承租人选择的供应商处取得租赁物的,出租人必须确保租赁物在承租人的营业场所,或者根据具体情况在承租人的住所,能够为承租人使用。

(3)出租人必须确保租赁物在整个租赁期间都能够为承租人使用,无第三人对承租人主张任何妨碍或其他可能干扰承租人按照合同约定使用租赁物的权利。

(4)租赁物在租赁期间遗失或损坏的,出租人的义务依第Ⅳ.B－3:104条(租赁期间内租赁物的相符性)确定。

评　论

A.概述

典型义务。根据租赁合同,出租人应使得货物能够暂时为承租人使用并获得相应报酬。承租人的使用通常意味着对货物的实际控制。此外,租赁期间届满时,货物通常必须被返还出租人。鉴于租赁合同涉及一个时间段,这便引起了在该期间货物的维护和修理的问题。只要货物并未变质,货物维护和修理的义务便必须由当事人一方承担,或由双方分担。所有这些意味着出租人通常负有涉及如下事项的义务:(1)租赁期间开始时货物的可用性,(2)租赁期间内货物的可用性,(3)租赁期间开始时货物的相符性,(4)租赁期间内货物的相符性,只要那并不属于承租人的义务,以及(5)租赁期间届满时货物的返还。本条处理的是租赁期间开始时和租赁期间内货物的可用性问题。

B.履行时间

租赁期间的开始。出租人必须在租赁期间开始时使得货物具有可用性。租赁期

间开始的时间可以根据第Ⅳ.B－2:101 条(租赁期间的开始)来确定。在本条第(1)款所处理的情况下,即使货物在相关时间点并不能为承租人所使用,或者承租人并未受领货物,租赁期间也已开始。这些属于出租人或承租人义务不履行的问题。如果承租人在第Ⅳ.B－2:101 条第(1)款规定的时间之前已经实际控制了货物,则租赁期间自受领货物时开始(参见该条第(2)款)。

C. 履行地点

对一般规则的援引。本条第(1)款援引了第Ⅲ－2:101 条(履行地点)。这种援引只是为了更加明确。

租赁合同中的履行地点。履行地点往往是由当事人明确约定的,或者是可以从约定条款来确定的。如果事实并非如此,则第Ⅲ－2:101 条(履行地点)的规则是,履行地点应当是合同订立时债务人(即出租人)的营业地点。如果出租人有一个以上的营业地点,则应在那个"与债务有着最密切联系"的场所履行。在租赁合同中,鉴于出租人在该地的营业包括租赁活动,相关的营业场所往往是最方便承租人提货的那个地方。

示例 1

承租人想在罗马租辆汽车,时间为一周,他打电话预定了一辆。出租人在罗马有数个营业地点,而汽车是通过为所有这些营业地点服务的总部预订的。如果承租人乘坐飞机抵达了罗马,而这一事实已经为出租人所得知,则可以推断,相关的营业地点便是在抵达机场的那个。如果承租人居住在罗马,则可以推断,相关的营业地点就是最邻近承租人的惯常住所的那个。

从承租人选定的供应商那里购买的货物。第(2)款的规则适用于出租人按照承租人要求的规格从承租人选定的供应商那里购买货物的情形。通常情况下,这些合同往往被称为"融资租赁合同"。在这些情况下,货物通常根本未被送到出租人的地点,因此第Ⅲ－2:101 条(履行地点)的一般规则可能并非最适用的。当事人可以约定,货物要在供应商的地点可供承租人使用。不过,由于第四卷本部分的默认规则仅涉及出租人和承租人之间的合同关系,所以就这些合同而言,后备规则(the fall－back rule)应当是,货物要在承租人的营业地点可供其使用。

D. 货物的可用性

租赁期间开始时的可用性。通常情况下,合同规定承租人获得对租赁物的实际控制。出租人必须作出使得承租人获得这种控制所需的行为,而承租人则必须通过受领货物与之协作。就这方面而言,它是与货物买卖合同相类似的。货物的简单移交是描述性的:出租人提供货物,而承租人立即受领。对于货物的控制也可以通过将钥匙或密码交给承租人而转移;货物也可以被出租人留在某个约定地点以供承租人提取;货物可以由接受指示将货物运送给承租人的独立承运人来运输,这或许需要出租人将运输单证交给承租人;如此等等。由于货物使用是租赁合同的目的,并且至少在租赁期

间内出租人仍然是货物的所有权人，所以对于货物仍保留在出租人手里的情形加以规制是没有必要的。不过，就像买卖中偶然发生的那样，有可能承租人在租赁期间开始时已经获得了对货物的实际控制。

雇员等的受领。货物可以由代表承租人的某人来受领，那通常是承租人的雇员。如果货物被直接交给了某个次承租人，则取决于协议和具体情形，货物也必须被认为是可供承租人使用的。对于这种特殊情况加以明确规则，并没有什么必要。

租赁期间内的可用性。出租人的义务还包括在整个租赁期间内使得货物可供承租人使用。这通常意味着，如果出租人为了他自己的目的使用货物，或者让第三方使用货物，而这种使用妨害了承租人根据合同对货物的使用，那便构成了义务的不履行。此外，如果出租人出售或以其他方式处分了货物，而这种处分与承租人的使用相抵触，那便也构成了不履行。如果出租人之债权人的权利影响到了承租人的使用，这也被看作出租人的不履行。相比于债权人和其他第三方对货物的权利，承租人的权利具有何种程度的优先性，这个问题将在第七章加以评论。

E.“风险”

可用性和相符性。通常情况下，出租人不仅负有保持货物可供承租人使用的义务（这意味着出租人对于货物的处分和个人使用不得妨碍承租人根据合同对货物的使用，参见上一段），而且负有通过进行维护和修理以便保持货物与合同相符的义务。后者义务是通过第Ⅳ.B－3:104条（货物在租赁期间内的相符性）来规制的。这种义务包括对意外损坏的货物的修理。如果损坏是完全的（货物被“失去了”），则承租人可能并不享有强制执行的权利（参见第Ⅲ－3:302条（非金钱债务的强制执行）），但不履行的其他救济措施仍然可以适用。货物被盗应当以与完全损失同样的方式来处理；盗窃并不属于第三方对货物享有权利的问题。如果货物完全毁损灭失，人们可能会追问它是否对承租人有“可用性”。为了澄清货物毁损灭失是作为不履行的问题，而非可用性的问题来处理的，本条第（4）款援引了第Ⅳ.B－3:104条的规定。尤其是在出租人依据合同或法律完全承担维护和修理义务的合同中，该差异是极为重要的。在这种合同中，毁损灭失将导致出租人保持货物与合同相符之义务的不履行，而第三方权利或者出租人对货物的处分或个人使用所导致的对承租人使用的妨碍，仍然是出租人保持货物可用性之义务的不履行。

风险并不转移。买卖上存在着关于“风险转移”的规则，第Ⅳ.A－5:101条（风险转移的后果）中则包含了对于“风险”的解释：“风险转移后，货物的毁损灭失不能免除买方支付价款的义务，除非该毁损灭失是由于卖方的行为或疏忽造成的。”对于租赁合同来说，相应规则并无必要。货物的毁损灭失是作为不履行问题来处理的（参见上一段）。将租金支付的后果独立于其他不履行之救济来规制，这将会出现不一致。也可参见第Ⅳ.B－5:104条（按照合同要求使用货物）关于“风险”和承租人返还货物之义务的评论B。

F. 由于需要出租人等修理而不可用

对于修理等并无例外。在许多情况下,出租人在租赁期间内必须对货物进行修理和维护工作。出租人也有权针对货物进行某些活动,不论这是否属于出租人义务的一部分。承租人对于这些措施的容忍义务被规定在第Ⅳ.B－5:108 条(出租人的修理和检查)。出租人在货物上所做工作可能影响承租人的使用,在工作进行过程中,货物对于承租人而言甚至可能是完全不可用的。这是出租人保持货物可供承租人使用之义务的不履行。乍看起来,这可能被认为是不一致的:出租人有权作出的行为导致了不履行,即不可用。对此的解释出现在"不履行"的定义当中。"不履行"包括任何未能履行,不论出于何种原因。但是,承租人可以诉诸的救济将根据不履行的援引而有所不同。如果由于承租人义务(例如注意义务)之不履行导致必须进行修理,则承租人不得就随之而来的可用性的中止而寻求救济(参见第Ⅲ－3:101 条(可用的救济)第(3)款:在因债权人原因导致债务不履行的范围内,债权人不得寻求任何救济)。另外,如果该不可用性是由其他原因造成的,则承租人有权降低租金、停付租金、根据情况可能要求损害赔偿,甚至当该不履行具有根本性时终止合同。出租人的日常维护(通常是因意外或正常使用而引起的)将赋予承租人一项降低租金——这是与平衡当事人双方之履行的目的一致的——而非损害赔偿的权利,因为这些措施并不能被避免。

示例 2

一台租赁的洗衣机出现了故障,必须被送到出租人的营业地点加以修理。修理过程花去了一周时间。洗衣机是旧的,该故障由正常损耗所引起。承租人可以要求减少一周的租金,但不能要求损害赔偿,因为该修理不可避免。

示例 3

事实与解释 2 相同,除了由于出租人在修理过程中,不小心又损坏了其他机器部件,导致修理工作花费了三周时间。承租人可以要求减少三周的租金,并可以要求包括在那两周内使用自助洗衣而支出的费用的损害赔偿。

示例 4

事实与解释 2 相同,除非该故障是由承租人不小心使用机器所导致的。关于该机器的不可用性,承租人得不到任何救济。

G. 第三方的权利或主张

妨碍承租人使用的权利或主张。第三方的权利不得影响承租人的使用。第三方的有些权利根本不会影响承租人对货物的使用。只要出租人并不处在担保权的效力范围之内,第三方的担保权通常不会影响使用。在买卖合同中,如果买方并不需要容

忍任何这种权利,则情况有所不同。如果出租人并不是货物的所有权人,且无权签订租赁合同,则真正所有权人的权利通常会影响承租人的使用。后来的买方或同一货物之次承租人是否会影响承租人的使用,这取决于承租人权利优先于第三方权利的规则。承租人在何种范围内必须接受所有权的转让,其使用何时不受影响,这些是在第Ⅳ.B－7:101条(所有权移转和出租人的替代)中处理的。

可能妨碍承租人使用的权利或主张。有可能妨碍承租人使用的第三方权利的存在,就等于出租人的不履行。承租人并不需要一直等到货物实际上被取走。如果出租人无力偿债或债权人已经采取步骤行使担保权,则担保权将会构成对承租人使用的威胁。出租人对其有异议的第三方主张也可能妨碍承租人的使用或构成一种威胁。这种主张是否足以构成对承租人使用的威胁,这取决于具体情形。它必须有着"合理的根据"。显然不合理的主张是无关紧要的。但是,承租人在被卷入出租人与第三方之纠纷的情况下,并不负有容忍的义务。

H. 合同和默认规则

非强制性规则。除非另有规定,当事人可以背离本章的规定。通常情况下,当事人彼此之间会就合同的基本要素达成合意:租赁物是什么,租赁期间多长,租金多少。当事人往往还会指明所需的货物数量和质量,货物在何时何地予以交付,涉及维护和修理的义务的分配。就它们并不适用于由当事人充分自由协商的问题而言,本章的规则仅仅是补充性的。同时,本章的规则是适用于租赁合同的客观规则,带有刚刚提及的补充性,它们无须当事人的任何包含或接受的行为,并且独立于当事人的意志之外。

消费者租赁。当事人通常不得减损消费者保护规则以损害消费者的利益。另一方面,在大多数情况下,当事人可以自由决定是否订立合同,约定租赁什么、何时租赁、租期多长和租金多少等(参见第Ⅳ.B－1:102条(消费者货物租赁合同)评论A)。但是,第Ⅳ.B－1:103条(消费者租赁合同中相符性权利之减损的限制)明确规定,当事人不得以实质上排除或限制出租人确保货物与合同相符之义务的方式来描述货物(参见该条的评论)。

注　释

Ⅰ. 出租人义务概述

1. 在各个司法管辖区内,关于租赁合同的立法结构各不相同。出租人——或当事人双方——的义务有时规定在总则当中,在许多情况下是出现在"导言性"规定中。在其他司法管辖区内,则并不存在这种概括。出租人的义务在何种程度上被作为一种单独的义务或者多少被当作一种首要义务(使得货物可供承租人使用),也是各有不同的。德国和法国民法典的差异很能说明问题:最高程度的抽象出现在德国民法典中:主要义务是许可货物的使用;使得货物可供使用和对其加以维护被视为履行这一义务的手段(民法典第535(1)条第1句)。出租人负有在租

赁期间内许可承租人使用租赁货物的义务（*Mietzeit*）。因此，出租人必须移交租赁货物（*Gebrauchsüberlassungspflicht*），不得妨碍约定的使用，必须防止来自第三人的妨碍，只要这是可能的且合理的（*Gebrauchserhaltungspflicht*，参见 Larenz and Canaris，Schuldrecht Ⅱ（1）[13]，§48，no. Ⅱ，219；Brox and Walker，Schuldrecht BT[31]，§11，no. 1）。民法典第 535 条第（1）款第 2 句规定，出租人必须将处于适合约定用途的租赁货物移交承租人，并且必须在租赁期间内确保货物处于该状态（*Instandhaltungspflicht*；关于出租人之基本义务的概括参见例如 Oetker and Maultzsch，Vertragliche Schuldverhältnisse[2]，278）。同一款第 3 句提到出租人承担与租赁货物有关的成本和费用的义务，这被认为是许可约定使用之义务的重复（Schmidt－Futterer（－Eisenschmid），Mietrecht[9]，§535，no. 570），或租赁合同不得导致这些成本之新的分配的观念澄清（Blank and Börstinghaus，Miete[2]，§535，no. 376）。另一方面，法国民法典第 1719 条列举了出租人的主要义务（这些义务具体规定在第 1720～1727 条）：将租赁货物交付承租人（no. 1），对已出租的货物加以维护，使其处于适合约定用途的状态（no. 2），确保承租人在租赁存续期间内的和平占有（no. 3；关于大农场的一项特殊规定出现在 no. 4）。这种列举是按照时间顺序进行的（Huet，Contrats spéciaux，no. 21160，Malaurie/Aynès/Gautier，Contrats spéciaux Ⅷ[14]，427）。该种列举被认为在两个方面具有欺骗性：其一，它是不完整的（缺少担保和保证）；其二，它表明各义务是相互平行且相互独立的。现实中出租人的基本义务只有一项：确保承租人能够和平占有并使用货物。所有其他义务都可以仅仅被看作为实现这一目标所采取的不同手段（试比较，Bénabent，Contrats spéciaux[6]，no. 334－3）。

Ⅱ. 使得货物可供使用的义务（实际控制的移转）

2. 就该问题在国内法上被规制和讨论的范围来看，似乎获得公认的是，使得货物可供使用便意味着赋予承租人对于货物的实际控制。在奥地利法律（民法典第 1096 条）上，出租人必须在租赁关系开始时，将租赁货物与其附件一起交付，并由承租人取得实际占有（*physischer Besitz*）（Apathy 与 Riedler，Bürgerliches Recht Ⅲ[2]，no. 8/19，Rummel（－Würth），ABGB Ⅰ[3]，§1096，no. 1，3）。根据荷兰民法典第 7:203 条，货物必须被置于承租人的控制之下；实际占有并不是必需的（Rueb/Vrolijk/Wijkerslooth－Vinke（－Huydecooper），Huurrecht，§7:203，no. 4）。根据爱沙尼亚 LOA 第 276 条第（1）款，出租人必须将货物与其附件一起交付承租人，即转移货物的占有，这意味着货物的实际控制或者意味着能够控制（试比较，财产法第 33（2）与 36 条）。在法国法律上，出租人必须将货物置于承租人的控制之下（Huet，Contrats spéciaux，no. 21161：*possession physique*）。这种置于承租人控制之下的行为是根本性的，并不能通过合同予以排除，因为它是根据租赁合同的性质而施加的（Cass. civ. 11 October 1989，Bull. civ. 1989. Ⅰ，no. 317）。货物上不得有其他占有（Cass. civ. 16 January 1980，Bull. civ. 1980. Ⅲ，no. 13），但可以规定，承租人必须在无任何救济的情况下承受某种不便（Bénabent，Contrats spéciaux[6]，no. 334－4）。出租人必须交付为正常使用所必需的附件（Huet，Contrats spéciaux，no. 21162），必须承担交付的成本（loc. cit. 653）。在德国，出租人负有确保承租人使用租赁货物的义务；因此出租人必须将租赁货物留给或交付承租人。一般来说，这是否要求进行民法典第 854 条意义上的那种占有移转，是不太清楚的（Besitzverschaffung，BGH 22 October 1975，BGHZ 65，137，139 ff：一般并无先决条件，使得可供使用便已足够）。对于动产而言，“移交”在有疑问的情况下要求的就是实际移交，即 *unmittelbarer Besitz*，但其他协议也是可能的（Emmerich 与 Sonnenschein，（－Emmerich），Hk－Miete[8]，第 535 条第 7 款）。根据希腊法律，出租人负有将租赁物的使用交给承租人的义务（民法典第 574 条），并

要以适合于约定用途的状态将其交给承租人(民法典第 575 条);租赁货物已然可供承租人使用即已足够(Georgiades and Stathopoulos (－Rapsanikis),第 575 条第 1 款)。在匈牙利法律上,根据民法典第 423 条租赁合同的定义,出租人负有将租赁物的使用交给承租人的义务。根据民法典第 424 条第(2)款,出租人必须确保租赁物上并无可能阻止或限制承租人之使用的第三方权利的存在。在意大利法律上,作为一般规则,出租人使得货物可供使用的义务(民法典第 1575 条第 1 款——*consegnare* the leased goods to the lessee)预设了出租人一方的行为,该行为包括所有承租人之使用开始所必需的行为,不论是实际行为还是法律行为。如果这种义务的细节并未在合同中约定,默认规则便将适用(民法典第 1182、1183 条)。附件也必须与货物一起交付(Cass. 61/229)。如果货物由第三方占有,则出租人必须取得占有并将其转让给承租人(Cass. 55/2181)。民法典第 1575 条第 1 款并不适用于规定供应商使得货物可供使用的融资租赁合同(参见 Cian and Trabucchi, Cmentario breve[8], § 1575, no. Ⅰ。也可参见捷克民法典第 664 条;匈牙利民法典第 423 条;拉脱维亚民法典第 2130 条;立陶宛民法典第 6.483(1)条;马耳他民法典第 1539 条;波兰民法典第 662 (1)条(出租人必须转移处于适合状态的货物;出租人还应该转移所有为租赁物之正常使用所需的附件,Pietrzykowski, Kodeks cywilny Ⅱ[4], § 662, no. 1, 207);葡萄牙民法典第 1031 lit. a 条;斯洛伐克民法典第 664 条(使得处于适合约定用途或通常用途之货物,连同其附件一起可供使用的义务;Svoboda (－Górász), Kentár a súvisiace predpisy,第 664、611 条);斯洛文尼亚 LOA 第 588 条;西班牙民法典第 1554 条第 1 款;瑞士 LOA 第 256(1)条)。

Ⅲ. 履行时间

3. 参见第Ⅳ. B－2:101 条(租赁期间的开始)注释。

Ⅳ. 履行地点

4. 关于租赁货物应当可供使用的地点,似乎国内立法上通常并没有具体规定。一个可能的解释是,立法者主要关注于不动产(其地点是毫无问题的)。一般规则可以适用(捷克民法典第 567(1)条(债务人的营业地点或住所);爱沙尼亚 LOA 第 85(1)条(约定地点,或合同性质确定的地点,或合同订立时货物所处的地点);希腊民法典第 320 条(约定地点,根据情形确定的地点,其他情况下是债务人的地点);意大利民法典第 1182 条(债务产生时货物所处的地点);波兰民法典第 454 条(债务人的地点))。

Ⅴ. 租赁期间内的可用性

5. 在奥地利法律上,出租人必须按照合同使得货物可供承租人使用,并确保它们维持这种可用性;这项义务被看作一个整体,而民法典第 1096 条则含有其组成的一部分(Rummel (－Würth), ABGB Ⅰ[3], § 1096, no. 1)。根据第 1096 条第 1 句,出租人不得妨碍承租人对租赁货物的约定使用和占有;出租人必须许可该约定使用并不得作出承租人无须容忍的各种行为;出租人必须作出为确保承租人使用货物所需的所有行为(Rummel, loc. cit. no. 7)。出租人必须阻止来自于第三方的对约定使用的妨碍(OGH 20 May 1970, JBl 1970, 523; Apathy 与 Riedler, Bürgerliches Recht Ⅲ[2], no. 8/21)。第三方不应获得可能妨碍承租人之使用的权利。出租人必须采取为避免第三方的妨碍所必需的行为,即使这对出租人而言会涉及财务负担(Rummel, loc. cit. no. 9)。在荷兰法律上,使得货物可供使用的义务同样是与在合同存续期间内将其置于承租人的控制之下的义务结合在一起的(民法典第 7:203 条)。

6. 根据丹麦法律,出租人并不负有维护货物和确保第三方的权利不会妨碍承租人之使用的义务(Gade, Finansiel leasing, 113－125)。

7. 根据爱沙尼亚 LOA 第 276 条第(1)款,出租人必须交付处于适合约定用途的货物,并确保整个租赁期间内货物都被维持在这种状态。这意味着货物必须具有约定的特性,不存在限制或排除其在租赁期间内被使用的瑕疵。出租人应要求必须消除瑕疵或障碍,或者接手与第三方的纠纷,除非该种瑕疵和障碍的责任在于承租人,并且必须由承租人负担成本来消除(LOA 第 278 条)。

8. 根据法国民法典第 1719 条第 3 款,出租人负有确保承租人在租赁存续期间内和平占有货物的义务。通常这一义务可以被分成两个组成部分(有些学者加上了第三个组成部分:出租人对于隐性瑕疵的担保,参见 Rép. Dr. Civ. (- Groslière), v° Bail, no. 234)。第一个组成部分是,出租人不得作出妨碍承租人使用的行为(Bénabent, Contrats spéciaux[6], no. 336)。这被看作是不作为的义务(Collart Dutilleul and Delebecque, Contrats civils et cmerciaux[7], no. 496)或交付义务的延伸(loc. cit. 497),它构成了租赁的动态要素,即合同的基本义务(Huet, Contrats spéciaux, no. 21164)。第二个要素涉及确保承租人免受第三方妨碍的义务(第 1725 ~ 1727 条)。如果实际妨碍(对于租赁货物并无权利主张)使得承租人不可能使用货物,这便属于出租人的"担保"范围之内(Bénabent, loc. cit.; Groslière, loc. cit. no. 297; Huet, Contrats spéciaux, nos. 21164, 660:确保占有是一项结果义务)。如果承租人的使用受到与所有权相关的行为的(部分)干扰(法律问题),而出租人已经被告知了该妨碍或干扰的存在,则承租人有权按比例减少租金(第 1726 条;但在大多数情况下,单纯法律问题并不会导致承租人的损失,参见 Groslière, loc. cit. no. 304)。通过指明出租人并使得出租人成为诉讼当事人,承租人可以避免由声称对货物享有权利的第三方提起的法律诉讼(第 1727 条)。另一处明确和平占有的是第 1723 条:出租人不得改变租赁物的形式和目的(参见 Groslière, loc. cit. nos. 264 及其后)。关于比利时法律,参见 La Haye and Vankerckhove, Le Louage de Choses Ⅰ[2], nos. 619 ff。

9. 在德国民法典中,出租人的主要义务规定在第 535 条第(1)款第 1 句:出租人负有在租赁期间内将租赁货物的使用交给承租人的义务。这并不仅仅是一项移交或将货物留给承租人的义务(MünchKm (- Schilling), BGB[4], § 535, no. 71);还要确保货物在整个期间内可供使用。出租人必须确保承租人在整个租赁期间内对货物的合同约定的使用(Schmidt - Futterer (- Eisenschmid), Mietrecht[9], § 535, no. 1)。这一义务意味着出租人必须容忍承租人合同约定的使用,并防止由第三方造成对此使用的损害或妨碍(Oetker and Maultzsch, Vertragliche Schuldverhältnisse[2], 279 ff, Emmerich and Sonnenschein (- Emmerich), Hk - Miete[8], § 535, no. 13)。

10. 在希腊法律上,出租人负有许可承租人在整个租赁期间内使用租赁货物的义务(民法典第 574 条)。这项义务不仅要求出租人积极作为,而且要求其不作为(例如,不得作出妨碍承租人使用的行为,并要防止第三方对这种使用的妨碍)(Georgiades, Enochiko Dikaio, Geniko meros, § 24, no. 5; Kornilakis, Eidiko Enochiko Dikaio Ⅰ, 195)。希腊法律——在事实瑕疵(民法典第 576(1)条)、约定质量(民法典第 576(2)条)和法律瑕疵(民法典第 583 条)之间进行了区分——将第三方的主张归类为法律瑕疵。更具体地说,如果由于第三方权利的行使,约定的租赁货物之使用被整体或部分剥夺,则存在的就是法律瑕疵。与买卖合同(民法典第 514 条)不同,租赁合同中法律瑕疵的概念是以物被从承租人那里取走为前提条件的(民法典第 583 条);如果它并未影响租赁物的使用,则仅仅第三方权利的存在并不足以构成法律瑕疵。将来的物被取走的危险也不足以构成(Ca Thessaloniki 570/1966 Arm 21, 116)。只有当第三方的权利妨碍了约定的使用

时,它们才被视为租赁货物的法律瑕疵(Filios, Enochiko Dikaio Ⅰ^{2}, §27 C I; Georgiades, Enochiko Dikaio, Geniko meros, §25 nos. 12-13; Kornilakis, Eidiko Enochiko Dikaio I, 220-221; Georgiades and Stathopoulos (-Rapsanikis), §583, no. 2)。

11. 根据意大利民法典第1575条第3款,出租人负有确保承租人在租赁期间内和平占有的义务。对于使用之实际和法律的妨碍是被区分开来的(民法典第1585条)。承租人必须就第三方提出的任何主张及时通知出租人;出租人必须接手诉讼,而承租人则通过指明出租人的身份而避免诉讼程序(第1586条;参见Rescigno (-Giove), Codice Civil Ⅰ^{5}, art. 1585 and 1586, 1947 ff)。

12. 根据西班牙民法典第1554条第3款,出租人负有确保承租人在整个合同期间内和平占有货物的义务(Albaladejo, Derecho Civil, Ⅱ^{12}, 639)。这已经被定性为出租人的主要义务(Bercovitz, Manual de Derecho Civil, 175)。出租人不得改变货物的形式(第1557条),且不得作出所有干扰承租人对租赁物之占有的行为。关于第三方行为,西班牙法律也在实际的和法律的干扰之间进行了区分。根据第1559条,承租人负有就任何妨碍通知出租人的义务。出租人并不就第三方对使用之纯粹实际的干扰负责(第1560条),但承租人可以对干扰者直接提起诉讼(第446条)。如果第三方因行使相应的权利而行为,这便不被视为实际的干扰(第1561(2)条,进一步参见Díez-Picazo and Gullón, Sistema Ⅱ^{9}, 335)。

13. 瑞典法律的一般看法似乎是,出租人负有维护货物的义务,即使出租人对于货物损坏并无过错亦是如此,但这一看法也引起了质疑(Hellner/Hager/Persson, Speciell avtalsrätt Ⅱ(1)^{4}, 194-197)。如果货物丢失或完全损坏,则出租人并不负有这种义务。出租人不得在未保留承租人的权利的情况下转让货物(参见Hellner/Hager/Persson, Speciell avtalsrätt Ⅱ(1)^{4}, 194-197 with further references)。

14. 瑞士法律规定,出租人负有维护货物的义务(LOA第256条)。这种义务意味着,出租人必须确保货物在整个租赁期内的可用性(BSK (-R. Weber), OR Ⅰ^{3}, §256, no. 2)。此外,出租人不得妨碍承租人的使用,并且在适当前提下,必须防止第三方的干扰(BSK (-R. Weber), OR Ⅰ^{3}, §256, no. 1)。如果第三方对承租人提起诉讼,承租人可以要求出租人应诉(第259a条);出租人因而负有应诉的义务。

15. 根据波兰民法典第662条,出租人必须确保货物在整个租赁期间内处于适合使用的状态。出租人对第三方的法律干扰承担责任,但对实际干扰并不承担责任。

16. 根据斯洛伐克民法典第664条,出租人必须将租赁货物维持在当事人约定的状态,或使得货物能被正常使用的状态。这项义务涉及租赁货物的质量以及数量(Svoboda (-Górász), Kentár a súvisiace predpisy, 第664、611条)。出租人另一方面的义务是,承租人必须受到保护,以免受第三方的干扰,而这对于出租人而言,包括如果第三方对于租赁物主张与承租人的权利不相兼容的权利的话,采取必要法律步骤的义务(民法典第684条)。

17. 根据英国法律,确保租赁货物在整个租赁期间内都具有可用性的义务是通过《货物与服务供应法》1982来规制的。在英格兰、威尔士和北爱尔兰,第7条第(2)款为所有货物租赁合同引入了一项担保,即承租人在租赁期间内享有货物的"和平占有"。但是,关于合同订立前承租人已经得知的,出租人或第三方对货物的管领或妨碍构成了对和平占有的一种"干扰",则存在着例外。关于这种隐含担保的不履行将会赋予承租人根据其对货物的(占有)利益受损程度要求损害赔偿的权利,并且可以成为要求减免应付租金的正当理由(Chitty on Contracts Ⅱ^{29}, no. 33-

073)。此外,如果出租人基于过错收回了货物的占有,承租人可以要求法院行使命令货物之具体交付的裁量权(s. 3 侵权(侵扰货物)法 1977)。一般情况下,这将不会赋予承租人终止租赁的权利(参见 Chitty on Contracts Ⅱ[29], no. 33－074 and Treitel, The Law of Contract[11], 804－805 more generally)。应该指出的是,法律还设置了一项隐含的条件,即出租人有权在租赁期间内转让货物的所有权(《货物与服务供应法》1982 s. 7(1))。法律规定的义务不履行的责任可以由一方当事人在营业过程中排除或限制(不平等合同条款法 1977 s. 1(3)),只要该排除或限制满足了合理性的要求(不平等合同条款法 1977 s. 7(4))。在苏格兰,《货物与服务供应法》1982 第 11H 条第(1)(2)款含有涉及所有权和"和平占有"的相应规定。但在这种情况下,关于和平占有的隐含条款并未被归类为一种担保或条件,该差别在苏格兰法律上含有不同的意义。试图排除或限制确保和平占有这一法定义务的不履行的责任,只在公平合理的范围内才是有效的(不平等合同条款法 1977 s. 21(1)(b))。在爱尔兰,相应的隐含担保(包括管领和妨碍,以及和平占有)规定在消费品信用贷款法 1995 第 88 条。此外,试图排除这些隐含规定的协议条款是无效的(s. 79(2))。

18. 也可参见捷克民法典第 664 条(将租赁货物维持在当事人约定的状态,或者使得货物可被正常使用的状态)和第 684 条(保护承租人免受第三方对货物之权利主张的侵害);立陶宛民法典第 6.485、6.486 条;马耳他民法典第 1539 litra c 条;葡萄牙民法典第 1037 条与斯洛文尼亚 LOA 第 592 条(物质瑕疵)与第 599 条(法律瑕疵)。

第Ⅳ.B－3:102 条　租赁期间开始时与合同相符

(1)出租人必须确保在租赁期间开始时货物与合同相符。

(2)货物与合同不相符,除非它们:

(a)具备当事人约定的条款所要求的数量、质量和说明;

(b)按照当事人约定的条款所要求的方式装运或包装;

(c)按照当事人约定的条款要求同时提供附件、安装说明或其他说明;并且

(d)符合下一条的规定。

评　论

A. 租赁期间开始时和整个租赁期间内的相符性

相符性。在任何租赁合同中,有关质量和数量等货物的状态通常都是一个关键性问题。承租人对货物的使用,以及通过该使用获得的利益,在很大程度上取决于货物的状态。"相符性"一词以及其反义词"相符性欠缺",都被用来表示承租人根据合同的合理期待和货物实际状态之间的关系。就质量和数量而言,货物的状态可以由当事人在其个别协议中加以确定。关于租赁期间开始时货物之相符性的默认规则规定在本

条和下一条中。该规则是与买卖合同的规则(第四卷第一编)类似的。

租赁期间开始时和租赁期间内区分开来的相符性。出租人通常对于租赁期间开始时和租赁期间内的货物状态都负有责任。与买卖合同(其中,相符性一般在交付,即风险转移时确定)相比,这是一项重要的差别。有人可能会追问,在出租人关于租赁期间开始时的相符性义务和关于租赁期间内的相符性义务之间加以区分,是否有必要呢？这种区分至少有两点理由。其一,在租赁期间内和租赁期间开始时之间,关于货物状态的要求通常并不是完全相同的。在修理和维护货物的义务在当事人之间分担的合同中,这是显而易见的。即使在出租人负有整个租赁期间内维持货物的原初状态的情况下,承租人通常也必须容忍由于正常磨损和损耗而产生的不相符。其二,不履行之救济可能受到实际情况的差异的影响;在租赁期间内,不相符很可能是由超出出租人控制,甚至是由承租人自己的不履行而引起的。

B. 租赁期间开始时的相符性

个别协议和默认规则。当事人通常至少会就租赁货物的质量和数量的基本要求达成协议。在某些情况下,货物被描述得很详细,或者直接规定在一个或多个合同文件中,或者通过援引某些技术标准等等。在其他情况下,除了指明某种类型的某物或某货物以外,合同对货物根本没有描述。不过,通过将出租人对于承租人使用货物之意图的明知和其他情形考虑在内,在一定程度上也有可能确定货物的数量和质量。有时人们必须查阅默认规则——当事人并无不同约定时规制合同的客观法律。默认规则可能具体,也可能不太具体。在其最为一般的形式上,默认规则指向了合理性和其他抽象原则。对于租赁合同而言,本条指向了个别协议,而有些默认规则是规定在下一条中的,即便它也引用了本条的规则。此外,第二编和第三编的一般规则可以适用。应当指出的是,在个别要求和默认规则的要求之间加以严格区分,是并无必要的(有时也是不可能的)。

示例 1

承租人甲与出租人乙达成协议,甲从乙那里租赁一台后者根据甲的 IT 专家的指示配置的一台电脑。当电脑被交付时,甲发现它并未达到想要使用的那种能力。由于该电脑已经根据其指示配置好了,所以它与合同相符,并不存在不履行。

示例 2

建筑企业甲和一个专业的建筑设备供应商乙达成协议,为了一个特定建筑工地而租赁建筑围栏。即使合同并未明确规定,我们也可以从合同中确定,乙必须提供对这个建筑工地而言足够长的围栏,如果乙明知该工地位于城市中心的话,该围栏还必须与关于车辆、行人等的公众要求相符合。

约定的货物状态的要素。本条是与第Ⅳ. A－2:301 条(与合同相符)的买卖合同

相类似的，它规定了约定的货物状态的要素。“质量、数量和说明”（参见第（2）款（a）项）这种表述足以涵盖关于货物状态之协议的所有方面。第（2）款（b）项规定，货物必须按照合同所要求的方式装运和包装。这些要求既与租赁合同有关，也与买卖合同有关，尤其是当承租人收到了货物并相信它们是受到恰当包装的保护的时候（参见关于默认规则的下一条解释3）。附件和说明被规定在第（2）款（c）项中；这些要素可以在双方的协议中加以规定。第（2）款（d）项援引了下一条的默认规则。从技术上讲，这意味着本条既包括以个别协议为基础的要求，也包括以默认规则为基础的要求。

并未对规格等加以规定。关于买卖合同，第Ⅳ.A－3:102条（形式、计量或其他特性的确定）处理了买方确定了货物的形式、计量和其他特性而卖方并未提供这些规格的情形。在一定的条件下，规格可以由卖方来确定，这些规格因而对买方具有约束力。将相应规定纳入租赁并没有什么必要，因为与买卖合同相比，该情形在此不太实用。

确定相符性的有关时间点。本条规定了确定与合同之相符性的有关时间点，即租赁期间的开始。此外，从本条可以推断，早于租赁期间开始时间——例如，协议订立的时间——的货物状态，是与确定相符性毫不相干的，当然，当事人另有约定的除外。评论A已经解释过，这一时间点的要求和嗣后租赁期间内的要求之间的区分可能是至关重要的。租赁期间开始时已经出现，但当事人双方都并不知道的相符性欠缺（“隐性瑕疵”），被认为是在租赁期间开始时的相符性欠缺，即使它只是在后来才表现出来的。因此，即使在由承租人承担维护义务的合同中，这也可能构成出租人义务的不履行。

附有免责条款的关于质量等的协议。相符性规则和不履行之救济的规则有着密切的联系。本条要求出租人确保货物满足合同要求并与合同相符。相符性欠缺即是出租人义务的不履行。换言之，如果货物并未满足合同的要求，则承租人有权要求不履行的救济。第四卷本部分选择的模式——将相符性作为合同要求和救济之间的联结——是与第四卷其他部分和许多国内法体系相同的。有时，在免责条款和豁免描述之间加以区分是困难的。如果货物描述极其模糊，或者如果出租人就将租赁的货物种类和货物质量明确给出了宽泛的选择范围，那么这可能与限制出租人责任的合同条款有着相同的效果。一般来说，第四卷本部分是不具有强制性的，即便对于不履行的救济也是如此，免责条款和描述之间的区分并不重要。不过，在消费者合同中，关于救济的规则被确定具有强制性。在这些情况下，在货物描述和减损条款之间必须划出界限。这是一个几种合同类型中共有的问题；关于如何划出界限，几乎不可能给出一般性的指导原则。此外，在确定货物质量和数量时赋予出租人宽泛的选择范围，这可能被视为一项不公平条款（参见第二编第九章第四节和带有附录的不平等合同条款指令）。

示例3

出租人甲和承租人乙约定，乙将自下月开始租赁一辆有着十个座位的特定品牌和型号的汽车。不过，有个合同条款是，如果提供的汽车与合同并不相符，乙得不到任何救济。如果合同是

消费者合同，则这便是个无效的免责条款（参见第Ⅳ.B－1:104条（消费者租赁合同中救济规则之减损的限制））。

示例4

情形与解释1相同，但同时还有一项许可出租人提供一辆另一种品牌或型号，或有着较少座位的汽车的条款。取决于具体情形（承租人的需要，使用该车的计划等），这一条款可以被视为一项在消费者合同中无效的免责条款（参见第Ⅳ.B－1:104条（消费者租赁合同中救济规则之减损的限制））。

注　释

参见下一条的注释。

第Ⅳ.B－3:103条　符合合同的目的、质量和包装等要求

货物与合同不符，除非它们：

（a）符合出租人在合同订立时所知道的合同特殊目的，除非具体情况表明承租人并未依赖出租人的技能和判断，或这种依赖是不合理的；

（b）符合同类货物通常的使用目的；

（c）与出租人向承租人展示的样品或模型具有相同品质；

（d）按同类货物通常的方式为装运或包装，或者在没有这种客观标准时，按照足以保存和保护货物的方式为装运或包装；

（e）同时提供承租人可以合理期待的附件、安装说明或者其他说明；并且

（f）具备承租人可以合理预期的质量和使用性能。

评　论

关于相符性的默认规则

概述。本条规定的是，关于租赁期间开始时货物的状态，对个别协议起补充作用的默认规则。其中有些规定与个别协议有着密切联系（特殊目的、样品或模型），而其他的则更具有一般性（符合通常目的）。买卖合同上的相应规则出现在第Ⅳ.A－2:302条（符合合同的目的、质量和包装等要求）。

符合特殊目的。如果承租人对租赁货物有着特殊目的,而该目的已被出租人明知,则除非另有约定,货物应当符合这些目的。通常情况下,出租人是经营者,而承租人则是对所涉货物类型并无任何专门知识的人。因此,出租人被期待或者供应符合目的的货物,或者就货物不符合该目的而向承租人提出警告。不过,这仅适用于承租人依赖于出租人的专业知识的情况下。如果出租人对该特殊目的并未充分明知,则承租人不能依赖于出租人的专业知识。如果出租人对承租人的目的知道得并不详细,情形也是如此。通常承租人是更加了解自己使用货物的目的的。此外,关于特定的货物类型,也有可能承租人有着比出租人更多的专业知识。如果出租人和承租人都是外行,而承租人并无理由期待更多,则承租人因而不能依赖于出租人一方的任何专业知识。

示例 1

为了从阿姆斯特丹开到布鲁塞尔,甲租了一辆小型车。这种使用是小型车的通常使用,并不构成特殊目的。然而,当他从布鲁塞尔开回阿姆斯特丹时,甲要用它来拖另一辆汽车。小型车不能拖另一辆汽车。如果甲将该拖车目的告知了乙,而乙并未加以反对的话,根据合同该汽车便应满足这一目的。

符合通常目的。更为一般的规则出现在(b)项中:货物必须符合同类货物通常的使用目的。这与(f)项一起,构成了"通常标准"的要求。基本要求是,货物可被用于其通常目的。它也必须有可能获得通常的使用利益和结果,而无须异常的成本或困难。此外,货物必须符合相关立法或其他公共或私益要求,例如与安全性有关的。技术标准等可能是相关的。该规定所指的是"同种规格"的货物之通常使用目的,而不管实际的合同如何。不过,援引通常标准必须要视特定案件的情形而定。根据约定租金、约定租赁期间、用来准备交付的时间等,该要求可能有所不同。

样品或模型。如果出租人在合同订立前展示了样品或模型,则租赁货物通常必须符合该样品或模型的质量(参见(c)项)。不过,出租人可以告知承租人可能存在着差异,具体情形也可能允许一定差异的存在,例如不同的颜色。

示例 2

乙从甲那里租了一台电脑。在出租人的营业地点展示的模型是19英寸屏幕的,但租来的电脑是15英寸屏幕的。它与合同并不相符,因为电脑屏幕应当与在出租人营业地点展示的那个一样大。

包装等。货物必须以充分方式来包装或装运(参见(d)项)。对于与运输、仓储和货物返还有关的租赁而言,这可能是至关重要的。如果相关类型的货物通常以某种方式装运或包装的话,出租人便负有使得货物以这种方式——或以更高标准——装运或包装的义务。即使在个别协议中存在关于包装的条款,这仍是适用的。如果并不存在有关货物装运或包装的标准方式,则保存或保护货物所需的标准便是决定性的。这些

规则在由承租人负担维护的合同中尤为重要。

示例 3

承租人为一场婚礼派对租了 48 个水晶杯,当他到家时发现,其中有 6 个已经碎了。水晶杯是由承租人汽车运输的,他采取了通常的注意。出租人并未给出运输说明。为了保护它们在通常运输时不会破碎,这些水晶杯应当加以包装。这些杯子与合同并不相符。

附件和说明。承租人可以合理期待的附件、说明等(参见(e)项)取决于具体情形。如果货物租赁是长期的,维护说明便可能是必要的,但在货物租赁仅存续几天或几小时的情况下,则并不需要。有时,为通常的安全使用所必需的附件必须与货物一起提供,但情形可能表明,为承租人的特殊目的所需的附件必须由承租人提供。

示例 4

一台复印机被租赁了两年时间,它是由出租人安装的。承租人可以期待上面带有一个墨盒(但是,这不一定包含在约定租金当中),以便该复印机可供使用。后来的更换必须由承租人订购。不过,如果复印机使用的是通用墨盒,而非出租人通常提供的那种,则情形可能有所不同;在这种情况下,承租人或许不能期待复印机上已经安装了墨盒。

示例 5

甲租了一艘游艇,租期为三周。承租人可以合理期待,该游艇在承租人使用时,应当配有灭火器。

什么是承租人可以合理期待的。(f)项的一般规定是:货物必须具有承租人可以合理期待的质量和使用性能。这一规则是与本条其他有些规则相重叠的,但它表述了可以补充前者的一般原则。结合(b)项,它确定了“通常标准”的要求。(f)项与第Ⅱ-9:108 条(质量)有着密切联系:如果质量不能根据当事人约定的条款来确定,也不能根据法律规则或者惯例或实践来确定,则“必需的质量就是接收者在该情况下可以合理期待的那种质量”。

注　释

Ⅰ.概述

1.关于租赁期间开始时租赁货物的状态,欧洲各司法管辖区的立法有所不同。出发点是,货物必须符合个别协议。有些(但远远不是所有)司法管辖区也就关于质量等的客观要求有明确规定。相符性问题通常是与出租人使得货物可供承租人使用的义务联系在一起的(参见第Ⅳ.B-3:101 条(货物的可用性))。

Ⅱ.明确涉及客观标准的规定

2.关于租赁期间开始时货物的质量和数量的相符性要求,基本上是和买卖合同的相应规则类似的。《联合国国际货物销售合同公约》第35条第(1)款规定,卖方必须交付"具备合同所要求的数量、质量和说明,以及合同所要求的装运和包装形式"的货物。之后第35条第(2)款规定了关于相符性的默认规则,即客观规则。最为一般的要求是,货物必须"符合同种规格的货物的通常使用目的"。相同的结构出现在以《联合国国际货物销售合同公约》为基础的买卖立法上。关于消费者买卖,Directive 1999/44/EC第2条有着相应的规则。

3.根据法国民法典第1720条第(1)款,出租人必须交付各方面都处于良好维护状态的货物(也可参见比利时民法典第1720(1)条),而且必须考虑到货物的用途和性质(Rép. Dr. Civ.(-Groslière),v° Bail,no. 184,with further references);在实践中,法律规定的标准(交付处于良好维护状态的货物)往往被合同排除在外(Huet,Contrats spéciaux,no. 21163,656,Collart Dutilleul与Delebecque,Contrats civil et cmerciaux[7],nos. 493,429 ff)。在荷兰法律上,如果标的物并未符合承租人就所涉类型期待的处于良好维护状态,则存在着一项意味着出租人义务之不履行的瑕疵(民法典第7:204(2)条;也可参见意大利民法典第1575条第1款(处于良好维护状态)和马耳他民法典第1540(1)条(各方面都处于良好维护状态))。上文已经指出,这些标准是高于买卖法中的那些规定的(参见Rescigno(-Giove),Codice Civile Ⅰ[5],§1575,no. 3),也是高于货物维护的那些规定的(Groslière,loc. cit. no. 193)。意大利民法典第1575条第1款的规定(尽管作为客观标准),被理解为一个援引约定用途的概念(Catelani,Locazione[3],196;Cian and Trabucchi,Commentario breve[8],§1575,no. Ⅱ1)。关于比利时法律,有学者认为将货物维持在一个符合合同用途之状态的义务,意味着交付处于同样状态的货物(La Haye与Vankerckhove,Le Louage de Choses Ⅰ[2],no. 575)。根据波兰民法典第662条第(1)款,出租人应当转让处于适合约定目的之状态的货物(Pietrzykowski,Kodeks cywilny Ⅱ[4],§662,Nb. 2,207)。如果出租人并不知道存在什么特殊目的,则货物应当具有"中等质量"(民法典第357条的一般规则)。

4.英国法律在《货物与服务供应法》1982中明确处理了租赁货物的状态问题。据此,关于租赁货物的质量和相符性的普通法规则实际上已经变得多余了(参见Chitty on Contracts Ⅱ[29],no. 33-068)。第8~10条(涉及英格兰、威尔士和北爱尔兰)和第11I-11K条(涉及苏格兰)规定了关于符合说明或样品以及质量或适合于特殊目的的条款,这些将依法隐含在租赁合同当中。根据这些规定,货物必须符合其描述(如果以货物描述形式租赁的话);具有符合要求的质量(如第18条第(3)款所规定的,适合于该种货物通常使用的所有目的,具备通常的外观和成品表面,并无微小瑕疵,具备安全性和耐久性)(参见Chitty on Contracts Ⅱ[29],no. 33-070,fn. 371);合理地适合于明示或默示告知出租人的任何特殊目的;与样品相一致(如果根据样品租赁的话)。在英格兰、威尔士和北爱尔兰,上述各款被法律界定为前提条件(理论上赋予了承租人就违约终止租赁的可能性)。相对于消费者,在营业过程中缔约的出租人不得排除或限制就上述各款所负的义务(不平等合同条款法1977 s. 7(2)(在英格兰、威尔士与北爱尔兰)以及21(1)(a)(i)(在苏格兰)。在其他情况下,责任的排除或限制要想有效,在英格兰、威尔士和北爱尔兰,它必须满足合理性的要求(不平等合同条款法1977 s. 7(2)),而在苏格兰,将该减损条款包含在内必须是公平合理的(不平等合同条款法1977 s. 21(1)(a)(i))。根据货物供应(默示条款)法1973(ss. 9-11),类似条款也被适用于租购合同,而不论融资的金额和承租人的地位如何。不平等合同条款法1977进一步规定,任何试图排除这些条款或免除出租人违反这些条款之责任的做法都无效

（绝对的或受某些条件的约束）（（试比较，Chitty on Contracts Ⅱ[29]，no. 38－346）。在爱尔兰，关于与描述或样品相符和质量或适合于特定目的的条款也将依法被隐含于租赁合同当中（消费品信用贷款法1995 s. 88）。试图排除第88条之适用的租赁条款无效且不可强制执行，除非能够证明它是公平合理的（s. 79（3））。排除或限制违反这些隐含条款之责任的条款也可能被法院从合同中剔除。

5. 西班牙民法典第1554条第1款并未就租赁货物交付时所要求的标准作出规定。在法学文献中，学者认为出租人必须交付处于适合它们的预订用途的货物；关于维护也要处于相同状态（第1554条第2款）。法律规定，如果并无其他规定，则承租人应收到处于良好状态的货物，证明不相符的举证责任由承租人承担（第1562条，也参见TS 25 June 1985，RAJ 1985，3313）。民法典第1553条援引了关于隐性瑕疵的概念和相关救济的买卖规则。

Ⅲ. 约定用途设定的标准

6. 有些立法要求货物必须符合约定用途所需的标准（奥地利民法典第1096条（处于可用状态，试比较，Apathy与Riedler，Bürgerliches Recht Ⅲ[2]，no. 8/19）；爱沙尼亚LOA第276条（适合约定用途的状态）；德国民法典第535（1）条第2句（适合约定用途的状态，试比较，MünchKm（－Schilling），BGB4，第536条第4款）；希腊民法典第575条（适合约定用途的状态）；也参见瑞士LOA第256（1）与注释3关于波兰民法典第662（1）条）。关于瑞典法律，有学者认为货物必须适合于约定用途（Hellner/Hager/Persson，Speciell avtalsrätt Ⅱ（1）[4]，194）。

7. 根据英国法律，如果出租人“在营业过程中”出租货物，而承租人“明示或默示地使其知道……租赁货物使用的任何特殊用途”，则存在“一项隐含条件，即根据合同供应的货物应合理地适合于该目的，不论对于该货物而言，那些目的是否是其通常所具备的”（除非对于承租人而言，依赖于出租人的技术和判断是不合理的）。在英格兰、威尔士和北爱尔兰，这项规定通过《货物与服务供应法》1982第9条第（4）～（7）款被隐含于租赁合同当中（进一步参见Chitty on Contracts Ⅱ[29]，no. 33－071）。同样的规定通过《货物与服务供应法》1982第11J条第（5）～（8）款扩展到了苏格兰。根据《货物供应（默示规则）法》1973第10条第（3）款，同样的规定被隐含于租购合同当中。在爱尔兰，消费品信用贷款法1995第88条将类似规定隐含于租赁合同，根据同一法律第76条第（3）款，也隐含于消费者租购合同当中（但只有承租人是消费者的情况下才适用）。

Ⅳ. 混合模式

8. 有些司法管辖区采用了主客观相结合的模式（斯洛文尼亚LOA第592条（约定或惯常的用途）；立陶宛民法典第6.483（1）条（处于与合同条件和特定货物相符合的状态出租人可以在合同订立时告知瑕疵的存在）；也参见葡萄牙民法典第1027与1032条第1句；斯洛伐克民法典第664条（适合于约定用途，或者如果并未约定特殊用途时，适合于通常用途（Svoboda（－Górász），Kentár a súvisiace predpisy，第664、611条）；试比较，民法典第496（2）条关于中等质量的默认规则；捷克的法律规则与此相同，试比较，民法典第664条）。匈牙利法律上存在关于相符性的一般规则（民法典第277－311/A条）。“消费品买卖指令”（1999/44 /EC）也通过这些规则的修正而补充适用，不仅影响了货物买卖和供应的规则，而且影响了货物租赁的规则。该一般规则也适用于租赁合同，不论是在货物交付时，还是整个租赁期间内都是如此；匈牙利民法典第424条第（1）款——作为针对租赁合同的特殊规则——将第277条的一般要求扩展适用于租赁的整个存续期间。

第Ⅳ.B－3:104 条　租赁期间内货物的相符性

（1）考虑到正常损耗，出租人必须确保货物在整个租赁期间：

（a）维持合同要求的质量、数量和说明；并且

（b）符合租赁合同目的，即使这需要对货物作出改进。

（2）如果租赁货物成本已经分期摊付进租金而由承租人负担，第（1）款的规定不适用。

（3）第（1）款的规定不影响承租人根据第Ⅳ.B－5:104 条（按照合同约定使用租赁物）第（1）款（c）项承担的义务。

评　论

A. 概述

模式。关于租赁期间内的货物状态，可能存在不同模式：在整个租赁期间，出租人可能负有保持货物或多或少与租赁期间开始时处于相同状态的义务。与之相反的解决方法是规定这些义务由承租人承担。原则上，双方都不负有关于维护和修理的义务也是有可能的，则之后的情形便是，在租赁期间内承租人必须容忍货物的恶化或损坏，而出租人必须在租赁期间终止时接受货物所处的状态。折中的解决办法更为常见：在这种情况下，承租人通常必须进行某种维护和修理，而出租人必须完成剩下的工作。具体情形大相径庭。通常情况下，在短期（几个小时或几天）合同中，维护等义务可能会由出租人独自承担，而在相反的情况下，如果租赁期间涵盖了货物整个经济寿命，而租赁合同实际上具有与买卖合同相同的功能的话，所有工作就要留给承租人。本章是以关于维护等义务在当事人之间分配的混合模式为基础的。这些规则必须伴有合理性的检验，同时将每一个案的情形考虑在内。对于货物成本已经分期摊付进租金而由承租人负担的合同，即意图在于货物仅向一个承租人出租的合同，存在一项特殊规则。在这些情况下，出租人并不负有货物修理和维护的义务（参见第（2）款和评论 C 第二段）。

相符性和可用性。第Ⅳ.B－3:101 条（货物的可用性）评论 E 已经指出，货物的毁损灭失（包括被盗）被视为一个相符性的问题，并由本条来处理。

修理、维护、损耗、注意义务。为了保持租赁货物的标准和功能，通常必须作出某些行为。对于大多数租赁合同而言，必须通过个别协议或默认规则，确定任何一方当事人——出租人和承租人——在何种范围内必须承担这种行为之实际和经济的负担。

关于选择的可能性，存在着宽泛的范围。租赁的金手镯之使用几乎不会涉及任何成本，即使租赁持续了许多年也是如此，而为繁重的户外施工工作而租赁之机器的使用可能每天都需要大量的成本。与租赁合同和日常用语中一样，国家立法上也使用了不同的表述，而这些表述通常并没有确切的含义。粗略言之，“修理”通常是指货物损坏（包括关键部分等的故障）后，恢复其正常状态所采取的措施，而“维护”则通常是指在一定的时间经过后进行的常规活动，这对避免货物恶化和损坏是必要的。“损耗”通常意味着通常而又往往不可避免的使用痕迹，这种痕迹对大多数不再崭新的货物来说是典型的，即使它们被谨慎照顾和妥善保养也是如此。后者表述出现在本条当中，而“修理”和“维护”的表述并未在规定中使用或界定。这些活动是以一种不需要明确区分“维修”和“保养”的方式来表述的。还应该指出的是，并不是总能从谨慎对待货物的义务，甚至从设备日常的操作中区分出保养这一义务。需要上油的机器部件也说明了这一点。就本条的目的来说，区分保养和注意并没有必要。

B. 出租人的义务

使货物保持原初状态的义务。关于出租人义务的出发点规定在本条第(1)款：出租人必须确保货物一直适合于目的并一直具备原来要求的质量和数量。这意味着出租人必须修理货物的任何损坏，并作出为维持货物的原初标准和功能所必要的行为——存在下文将指出的例外。就这方面来说，承租人必须容忍出租人的行为可能对货物的正常使用所产生的某些影响（参见第Ⅳ.B－5:108条（出租人的修理和检查））。

适合于目的——动态方面。在租赁期间开始时，货物通常必须适合于承租人的特殊目的（如果出租人明知的话），并适合于同种类型的货物通常的使用目的。租赁期间内的相符性意味着货物维持对该目的的适合性，即使情形变化仍然如此。通常情况下，公共安全要求在租赁期间内可能发生变化。除非当事人另有约定，否则出租人应当负有保持货物适合于相关目的的义务。有时这可能意味着修理；在其他情况下，情况可能是货物根本不能再被使用。

示例1

一位农民租了一辆拖拉机，为期两年。6个月后，公共安全要求被修改，以至于现在所有农用拖拉机都必须装有一种新型钢架来保护驾驶者。如果出租人并未或不能安装这种钢架，这便构成本条规定的义务的不履行。

损耗。承租人必须接受所涉货物类型的正常损耗。这种表述的意义在评论A最后一段曾有所涉及。正常损耗通常根本不会影响货物的功能，或者至少不会显著影响。例如建筑机械之油漆表面上的划痕。定期维护工作之间的时间段内发生的轻微恶化，也可以被视为正常损耗。

示例 2

在适宜季节租了一对山地滑雪板。该季节结束时,滑雪板钢制边缘已经不再像租赁期间开始时那样锋利了,这在一定程度上降低了它们的性能。该滑雪板仍然与合同相符,只要其使用并未受到严重影响。

消极界定的出租人义务。除了容忍正常损耗以外,承租人也可能负有作出某些为维持货物的标准和功能所必要的行为的义务(参见本条第(3)款和下文评论)。此外,承租人必须谨慎使用货物,并在某些特殊情况下插手照顾出租人的利益(参见第Ⅳ.B-5:104 条(按照合同要求使用货物)和第Ⅳ.B-5:105 条(避免危及或损坏货物的介入))。除另有约定外,承租人并不负有比这些规定中所表述的更多的货物修理或维护的其他义务。因此,对于出租人将货物保持在与租赁期间开始时相同的状态的义务而言,其例外情况是详尽规定的,第(1)款规定的出租人的义务则是消极界定的。

C. 承租人的义务

概述。本条第(2)(3)款是作为第(1)款规定的出租人义务的例外情况来规定的。第一种例外适用于货物成本已经分期摊付进租金的情况,通常发生在具有融资目的的租赁当中(参见下一段)。第二种更为一般的例外涉及的是第Ⅳ.B-5:104 条(按照合同要求使用货物)第(1)款(c)项规定的承租人维持货物之通常标准和功能的义务。承租人的义务——以及出租人义务的相应例外——将在此加以评论。

成本完全分期摊付的租赁。许多情况下,租赁合同在功能上或多或少等同于买卖合同。这在如下情形中极为常见,即货物成本通过一项租赁合同分期摊付,租赁期间因而通常会涵盖货物的整个预期经济寿命。重要的例子是《国际融资租赁公约》所包含的那种三方交易类型。出租人扮演着融资方的角色,并从承租人选择的供应商那里取得符合承租人指定规格的货物。出租人对于货物的所有权所起的作用是,确保其能够要求整个租赁期间内的租金的完全支付。由于货物质量和功能方面的全部利益都归属于承租人,所以通常由承租人来承担所有维护义务。另外,出租人通常不会允许承租人使得货物恶化,因为租赁期间内货物的价值对于出租人货物上的保险利益而言是至关重要的。因此,在货物类型之正常损耗的约束下,承租人负有保持货物处于其在租赁期间开始时所处状态的积极义务(参见第Ⅳ.B-5:104 条(按照合同要求使用货物)第(2)款)。这些看法不仅与所涉三方交易相关,而且也往往和附条件买卖极其类似(但有一例外,并未约定所有权的转让)的双方交易相关。就减轻出租人维护等的义务(本条第(2)款)和相应负担由承租人承担而言,其标准应当是租金的计算,而不在于它是三方还是双方交易。选择的表述是“成本”(即货物的总成本)的分期摊付。类似成本的“大部分”这种表述(如《国际融资租赁公约》的表述),并未被采用,因为它们是含混不清的(到底是成本的一半以上,还是说差不多就是总成本呢?)。如果当事人想要就只有一部分成本通过租金分期摊付的合同实现相同的规制(附有“剩余价值”等

的租赁),他们必须将这些包含在其个别协议当中。还应当指出的是,本条第(2)款和第Ⅳ.B-5:104条第(2)款的规定意味着,承租人将在货物意外损坏、被盗时承担"风险",因为出租人并不负有货物修理和更换的义务(也可参见第Ⅳ.B-3:101条(货物的可用性)第(4)款),并且在受损耗约束的前提下,承租人负有保持货物处于其在租赁期间开始时的状态的积极义务。

通常可被期待的措施。关于租赁合同,除了上一段所讨论的以外,第Ⅳ.B-5:104条(按照合同要求使用货物)第(1)款(c)项规定了承租人有关维护等的义务,并且本条第(3)款包含了一项相应的例外。属于承租人责任范围内的行为包括那些在租赁期间内通常被期待的必要措施。什么是被期待的,这取决于货物的特性、货物的预期用途和租赁期间的长度。以汽车租赁为例,如果一辆普通的汽车为某个周末而被租,则除了添加燃料以外,没有任何措施是可被期待的。另外,如果汽车租赁数月或多年,则必须可期待的包括通常的服务检查、燃油的变化等,甚至包括轮胎的变化。即使是在一个较长的租赁期间内,类似安装新的挡风玻璃或更换发动机部件这样的修理也是不可期待的。在恶劣条件下租赁一台机器或车辆超过几个星期的情况可能有所不同,在这种情况下,即使更换部件这样的行为也是一个可以期待的措施。无论在哪一种情况下,该措施是否可被期待为通常的,这是具有决定意义的。统计数据可能显示该种类型的货物时而是有缺陷的,在这种情况下,修理就是必要的。但是,这些并不是通常能期待的措施。对于货物的意外损坏而言也是如此(参见挡风玻璃的例子)。

维持正常标准和功能。承租人应采取的措施,是维持货物正常标准和功能所必要的那些措施。承租人的义务不包括货物的升级换代。对货物损坏的必要维修不是维持货物正常标准和功能需要采取的措施。因此,这些措施通常并不包括在承租人的义务之内,因为它们并非通常可被期待的(参见上一段)。无论该损坏是由第三方还是由承租人造成的,都并不相干。在后者情况下,出租人可能会要求损害赔偿,但修理的义务仍由出租人承担。

合理性的检验。只有在考虑到租赁的存续期间、租赁的目的和货物的特性,它是具有合理性的前提下,第Ⅳ.B-5:104条(按照合同要求使用货物)第(1)款(c)项规定的和本条第(3)款间接规定的措施才能被包含在承租人的义务之内(并排除出租人的义务)。这种合理性的检验需要作为该规定所涵盖的宽泛合同范围的一个结果。需要这种检验的一个例子是这样的情形,即通常的维护必须在某个时间段内进行,并且货物是由连续承租人短期租赁的。在此,当维护时间到来时,让特定承租人对该成本负责,这可能是不合理的。

与出租人协作。根据第Ⅳ.B-5:104条(按照合同要求使用货物)第(1)款(c)项,承租人的义务有时可能意味着需要咨询出租人才能对货物加以更改。一般情况下,承租人有权根据该规定作出必要的行为。但是,如果情形是,一个合理的承租人会认为出租人可能就要采取的措施有着选择权的话,则可以从承租人协作的一般义务(第Ⅲ-1:104条(协作))中推导出,如果有可能,承租人必须向出租人进行咨询。

注　释

Ⅰ.概述

1. 某些司法管辖区内的规则是，只有出租人负有对租赁货物的维护和修理义务。在其他司法管辖区内，维护和修理的义务在出租人和承租人之间分配。此外，应当注意的是，承租人谨慎使用货物的义务并不总是能从货物维护中明确区分开来。

Ⅱ.只有出租人负有维护和修理的义务

2. 根据奥地利民法典第 1096 条第(1)款，出租人负有以自己的费用来保持租赁货物处于有用状态的义务(法典并未在维护和租赁期间开始时的标准之间加以区分；开始时承租人并不负有任何维护义务)。出租人的维护义务必须是可能的和经济上可行的。维护义务独立于出租人的过错之外，并且可以通过合同排除或转移给承租人(Apathy and Riedler, Bürgerliches Recht Ⅲ[2], no. 8/20, Rummel (– Würth), ABGB Ⅰ[3], § 1096, nos. 5 ff)。如果由于异常事件(火灾、战争等)货物已不适于使用，则出租人并不负有修复它们的义务(民法典第 1104 条)。

3. 根据丹麦法律，出租人负有在整个租赁期间内维护货物的义务(Gade, Finansiel leasing, 113 – 116)。

4. 根据德国民法典第 535 条第(1)款第 2 项，在租赁期间内，出租人必须保持租赁物处于可以按照合同要求使用货物的状态。如果约定的使用需要必要的修理，则出租人的义务还包括进行这些修理(参见 MünchKm (– Schilling), BGB[4], § 535, no. 108)。如果租赁货物被损坏，而出租人并无任何过错，则出租人并不负有修复它们的义务(Palandt (– Weidenkaff), BGB[66], 第 535 条第 37 款)。当事人可以就维护义务达成协议(MünchKm, loc. cit. no. 114)。原则上，小规模修理的义务还是由出租人承担，但在实践中往往通过标准合同形式(有限制)或明确的协议，将之留给承租人(MünchKm, loc. cit. nos. 130 ff)承担。

5. 根据希腊民法典第 575 条，出租人在整个租赁期间内都负有保持租赁物适合于约定用途的义务。该义务要求：(a)采取维护措施和(b)如果货物损坏则加以修理(Filios, Enochiko Dikaio Ⅰ[2], 第 26 Δ Ⅱ)。因此，民法典第 591 条第(1)款规定，出租人负有偿还承租人任何必要费用——即保持货物适用性所需的费用——的义务。但是，直接与租赁货物的开发使用有关的费用(例如为租来的汽车添加燃料)必须由承租人承担。承租人不能要求出租人对因意外事件而完全损坏的租赁物加以重建；在这种情况下，租赁终止(Georgiades, Enochiko Dikaio, Geniko meros, 第 24, no. 10, fn. 7; Georgiades 与 Stathopoulos (– Rapsanikis), § 590 – 592, no. 4)。此外，根据民法典第 592 条，承租人对正常使用导致的损耗不承担责任；这一规定再次表明，为约定用途所需要的关于维护和修理的费用由出租人承担。出租人的这些义务可以通过合同来排除。

6. 根据挪威法律，有学者认为，出租人负有货物维护的义务，长期租赁可能作为一个例外(参见 Falkanger, Leie av skib, 347 – 349, Hagstrøm 与 Aarbakke, Obligasjonsrett[2], 383)。

7. 根据西班牙民法典第 1554 条第 2 款，出租人在租赁期间内必须进行所有对保持货物适合其固有用途所必要的修理(Díez – Picazo 与 Gullón, Sistema Ⅱ[9], 334)，不论它们是因纯粹时间的经过，承租人的正常使用，还是意外事件或不可抗力而变得必要(TS 9 March 1964, RAJ 1964, 1365)。出租人仅负有修理而非重建的义务(TS 16 December 1986, RAJ 1986, 7447)。有些学者

认为,由普通日常使用引起的修理必须由承租人负担,而且特别立法——即城市出租法第 21 条第(4)款——已经对这个观点提供了某些支持(试比较, Bercovitz, Manual de Derecho Civil, 174)。葡萄牙民法典第 1036 条提到了“紧急”修理或其他费用,但这似乎意味着修理和费用都是出租人的义务。该条规定,如果出租人不承担修理或其他费用,而这些又是非常急迫的,则承租人可以进行这种修理,同时获得费用的求偿权。

8. 以前瑞典法律上的通说——出租人在租赁期间内负有维护货物的义务——已经遭到了反对(Hellner/Hager/Persson, Speciell avtalsrätt Ⅱ(1)[4], 194 - 197;虽然作者认为在货物恶化或损坏时承租人可以减少租金)。承租人仅负有注意义务(op. cit.)。

9. 在英国法律上,除非依据合同承担特殊义务,否则承租人并不对正常损耗负责(Blackmore v. Bristol & Exeter Railway (1858) 8 E & B 1035, 120 ER 385),除了那些履行合理注意义务时所自然附带的义务以外,承租人也并不负有修理的义务(Sutton v. Temple (1843) 12 M &W52)。此外,承租人无权将货物交给第三方修理,除非该权利已经在合同中明确约定(参见 Chitty on Contracts Ⅱ[29], no. 33 - 079)。在确定货物是否具备“令人满意的质量”(s. 9(2))时,《货物与服务供应法》1982 第 18 条第(3)款明确地将“耐久性”作为应当考虑的一个因素,这似乎也印证了隐含在法律中的条款在占有被转移给承租人之后继续适用于租赁货物这种观点(参见 Chitty on Contracts Ⅱ[29], no. 33 - 072)。因此有学者认为,“令人满意的质量”(允许正常的损耗)应成为出租人之维护要求的标准。租购合同中的承租人并不对正常损耗负责,除非合同有相反约定。但是,大多数租购合同要求承租人保持货物处于正常状态。法院认为,这种条款意味着如果承租人适当地照顾它们,就可以合理期待它们处于这种状态(Brady v. St. Margaret's Trust Ltd. [1963] 2 QB 494, 参见 further Chitty on Contracts Ⅱ29, no. 38 - 285)。根据苏格兰法律,出租人对所有重要修理和维护负责,并承担承租人所产生的任何其他支出,只要它们是必要的,不是由于承租人的过错引起的,并且承租人已经尽可能快速地发出了通知(Bell, Principles of the Law of SCOTLAND[10], 第 145 条)。根据合同或惯例,承租人可能会对日常管理成本负责。

10. 也可参见:捷克民法典第 664 条(出租人必须将货物维持在适合于约定或通常用途的状态),第 721 条(营业性租赁,还有关于替代货物的规则),商法典第 633(1)条(承租人必须对租赁的运输工具进行维护);匈牙利民法典第 424 条(微小的维护成本由承租人承担);马耳他民法典第 1539 litra b 条(第 1540 和 1556 条的例外仅适用于城市房屋承租人);斯洛伐克民法典第 664 条(试比较, Lazar, OPH Ⅱ, 150)。

Ⅲ. 维护义务也由承租人承担

11. 根据法国民法典第 1719 条第 2 款,出租人负有维护货物以使其符合租赁用途的义务。出租人必须实施所有在租赁期间变得必要和由承租人承担的修理工作(民法典第 1720(2)条, *réparations locatives*)。关于哪些修理由承租人负担,法院有着大量的判例(Malaurie/Aynès/Gautier, Contrats spéciaux Ⅷ[14], no. 681)。对于不动产来说,民法典第 1754 条对承租人负担的修理进行了具体列举,这一规定的基本思路也适用于动产(Bénabent, Contrats spéciaux[6], no. 339)。一般来说,由承租人负担的修理是那些相应于货物当前使用的修理(Bénabent, loc. cit. nos. 334 - 335 and 339)。另外,货物所有重要的和有关构造的修理都由出租人负担(Rép. Dr. Civ. (- Groslière), v°Bail, no. 196: 也可参见 no. 384 and Huet, Contrats spéciaux, no. 21166)。例如,一辆汽车的承租人已经承担了燃料、机油和处理刮痕的费用,但是发动机的故障必须由出租人负担;动物的承租人必须喂养和照顾它们,但是手术应由出租人负责(Bénabent, loc. cit. nos. 339,

247)。根据民法典第1755条,如果破旧或年久的货物因为不可抗力需要修理,承租人不需要负责,即使这种修理通常是由承租人负担的修理。当货物由于意外事件损毁,出租人没有重建它们的义务(民法典第1722条)。在其他情况下,修理之所以必要的原因是毫不相干的;如果第三方通过违法行为损坏租赁货物,出租人仍有义务维修(Cass. civ. 25 February 2004, Bull. civ. 2004. Ⅲ, no. 36)。比利时法律上存在类似的讨论(参见 La Haye and Vankerckhove, Le Louage de Choses Ⅰ², nos. 588 ff)。荷兰法律在一般修理和微小修理之间进行了区分。根据民法典第7:217条,后者由承租人负责。本条仍然是不具有强制性的。

12. 根据意大利民法典第1575条第2款,出租人负有保持租赁货物处于适合约定用途之状态的义务,民法典第1576条第(1)款进而规定,除了小型维护以外,出租人在租赁期间内负担所有必要的修理工作。根据民法典第1576条第(2)款,关于动产,承租人必须承担货物保存和常规维护的费用,有相反约定的除外。维护义务在货物完全或部分毁损时终止(Provera, Locazione, disposizioni generali, § 1576, nos. 3, 201, with further references)。

13. 在瑞士法律上,出租人负有维持租赁货物处于适合约定用途之状态的义务(LOA第256(1)条)。根据LOA第259条,对应于当地惯例,如果这可以通过正常维护所需的清洗或小型修理即可做到,承租人必须在租赁期间内以其自己的费用来消除任何微小的相符性欠缺。关于非协商性条款中的毁损,参见 BSK (-R. Weber), OR Ⅰ³, § 259, no. 4。

14. 根据波兰民法典第662条第(1)款,出租人必须保持货物符合约定目的。但是,如果它们因意外事件而毁损,则出租人并不负有修复的义务(民法典第662(3)条)。因正常使用而发生的小型修理必须由承租人承担(民法典第662(2)条)。

15. 也可参见爱沙尼亚LOA第280条("小"瑕疵必须由承租人承担,即"通过在任何情况下都为物之正常维护所需的简单清洗或维护便可以消除的瑕疵";对于商业租赁而言,承租人也必须进行"通常的小型修理"和"由于它们的年限或使用,已经不可用的低价值的器材和工具" 的更换(LOA第345条),以及"喂养和照顾租赁的动物"(LOA第347条));立陶宛民法典第6.492条(出租人负担重大修理),第6.493条(承租人负有保持货物处于适当状态和进行"日常"修理的义务);斯洛文尼亚LOA第589(3)条("由物之通常使用引起的小型维修的费用和使用本身的费用应由承租人负担")。

Ⅳ. 带有融资目的的租赁

16. 有些国家极其常见的协议规定,在所谓融资租赁合同中,承租人负有维护和修理的义务,这往往是通过出租人就保持货物价值作为一种担保的利益来证明的(奥地利法, Fischer-Czermak, Mobilienleasing, 66; 比利时法, Philippe, Le Leasing², no. 070; 捷克法, Švestka/Jehlička/Škárová/Spáčil (-Novotný), OZ¹⁰, 1179 ff; 丹麦法, Gade, Finansiel leasing, 117-119; 爱沙尼亚LOA第363(2)条;法国 law on crédit-bail, Ripert and Roblot (-Delebecque 与 Germain), Droit Cmercial Ⅱ¹⁷, no. 2422; 也参见 Rép. Dr. C. (-Duranton), v° Crédit-bail, no. 135; 德国法, Staudinger (-Stoffels), BGB (2004), Leasing, nos. 210 ff; Münch-Km (-Habersack), BGB⁴, Leasing, no. 76; 希腊法, Georgiades, New Contractual Forms of Modern Econy⁴, 67-68; 立陶宛民法典第6.571(2)(4)条;卢森堡, Cour Supérieure de Justice (Appel cmercial) of 25 May 1977 Pas. luxemb. 23 (1975-1977), 533, note by Mousel, Journal des Tribunaux 1977, 694; 波兰民法典第709⁷条;瑞士法,存在争论(参见 Honsell, BT-OR7, 420, Tercier, Les Contrats spéciaux³, nos. 6928 ff (承租人);与此不同的是 BSK (-Schluep and Amstutz), OR Ⅰ³, Pref. to § 184 ff, nos. 93, 104

(出租人))。在西班牙法律上,租赁合同中流行的条款将财产损害的所有风险都让承租人负担,并且还将维持财产适合于其目的和处于可用状态的义务也让承租人承担。通常情况下,该条款在这些方面免除了出租人的任何义务,并由承租人来代位行使针对卖方的权利和主张(Diaz Echegaray, Bercovitz, Contratos Mercantiles Ⅰ[3], pp. 910－913)。在英国,融资租赁合同中通常的风险和所有权的回报实质上都转移给了承租人,其中包括损失、贬值、荒废和故障的风险等。承租人还要负担维护、修理和保险的成本。与非消费者签订的融资租赁合同不可避免地排除了《货物与服务供应法》1982 所隐含条款的适用(附有通常需要满足的合理性要求,参见 R. & B. Custs Brokers Co. Ltd. v. United Dinions Trust Ltd. [1988] 1 WLR 321, at 331－332,进一步参见 Chitty on Contracts Ⅱ[29], no. 33－081)。

第Ⅳ. B－3:105 条 消费者租赁合同中的不正确安装

在消费者租赁合同中,货物不正确安装的,因不正确安装造成的与合同要求不符被视为货物相符性欠缺,如果:

(a)货物系由出租人安装或者在其负责下安装;或者

(b)货物应由消费者安装,但不正确安装是由于安装说明中的错误造成的。

评 论

A. 安装与相符性欠缺

概述。本条的目的是为了将关于相符性欠缺的规则适用于下述情形,即出租人使得货物可供承租人使用,并由出租人或在安装说明指示下由承租人安装以后,货物被错误安装的情形。类似的规则规定在“消费品买卖指令”和第Ⅳ. A－2:304 条(消费品买卖合同中的不正确安装)。对于租赁合同而言,货物在租赁期间开始时的安装和货物后来的安装(通常是在货物的修理或改良过程中)情形下,该规则均得适用。“安装”应当在广义上理解,它既包括可供承租人使用的部件装配,将货物固定在其他物体之上,也包括后来的调整(例如接通租赁的洗衣机等等)和部件的更换或增补。

由出租人安装。安装可以由出租人作出或由出租人负责,例如在汽车上安装安全座椅或在租用的电脑上安装额外的内存,这两种情况都可能是在租赁期间开始时或之后进行的。如果安装是不正确的(安全座椅并不适合,新的内存并不运行),根据合同这便被视为是相符性欠缺,对于相符性欠缺的救济即予以适用。那么也就没有必要讨论该安装是否应被看作一项“附随”义务(对其不履行会导致不同于合同规定之普通义务不履行的结果)。通常情况下,安装引起的负面影响也会根据相符性欠缺的规则来处理,例如安全座椅在安装过程中,汽车的普通座椅被损坏,或者在电脑上安装额外内

存造成了与其他运行的冲突。

由承租人安装。如果安装是由承租人进行的，通常出租人并不对错误安装承担责任。(c)项规定的一种例外情况是，错误安装的发生是由于安装说明中的错误导致的。应当由出租人提供的说明可能完全缺乏，说明也可能不完整或具有误导性。在未规定本条的情况下，人们可能会认为出租人仅承担损害赔偿责任。本条甚至适用于其他人为承租人安装的情况，比如其家庭成员、朋友或某专业人士，只要该不正确安装是安装说明中的错误的直接后果即可。

必须根据合同进行安装。本条仅适用于根据合同进行安装的情况，它或者是出租人的一项义务，或者是安装由承租人进行的一种意图。由于根据实际合同属于承租人义务之组成部分的修理，或者由于承租人提出的改良（根据具体情形，可能需要也可能不需要出租人的同意），如果安装变得必要，则即使承租人要求出租人进行该工作，或者新的部件是附带安装说明从出租人那里购买的，一般规则也应适用。这不应被视为租赁合同之义务的不履行。

注　释

概述

1. 一般参见第Ⅳ.A－2:304条（消费者买卖合同中的不正确安装）注释。也可参见第Ⅳ.B－1:102条（消费者货物租赁合同）关于在租赁领域实施欧盟消费者保护规则的注释。关于安装，尤其是租赁合同中的安装的国内法律似乎是不太常见的。

第Ⅳ.B－3:106条　返还货物的义务

出租人必须：
(a)采取所有可以合理期待的措施以使得承租人履行返还货物的义务；并且
(b)按照合同要求受领返还的货物。

评　论

A. 返还货物之单独义务

出租人的义务。出租人在租赁期间终止时受领货物的义务是与承租人返还货物的义务相对应的。该义务意味着，例如将返还货物的地点和受领货物详细通知承租

人。通常情况下,返还货物是为了出租人自己的利益。不过,使得承租人之义务履行成为可能的协作本身被视为一种义务,如果出租人并未受领货物返还,则这就构成出租人的不履行。货物返还不仅符合出租人的利益,对于承租人处分货物及其保管它们的义务而言,这也是至关重要的。出于环境和安全方面的考虑,通常货物不应被放任不管。

并不受领货物的权利?这种情况可能是,承租人希望返还的货物并未处于出租人所期待的那种状态,而这是由于承租人之照顾和维护义务的不履行所造成的。出租人是否可以拒绝受领货物以及转而诉诸迟延的救济的问题,必须在关于不履行和救济的一般规则基础上来回答。在本条中处理这个问题是没有必要的。

B. 救济

不履行的救济。如果出租人并未履行受领货物的义务,关于不履行之救济的一般规则即可适用。在这种情况下,可行的救济是对出租人之不履行所造成的损失要求损害赔偿。

货物的保护等。除了关于不履行之救济的一般规则以外,第Ⅲ－2:111条(未被受领的财产)也可适用。这意味着如果出租人并未受领货物的话,承租人负有保护和维护货物的义务,进而意味着承租人可以视情况处分、出售或处置货物,并就该行为所产生的损失要求损害赔偿。

注　释

概述

1. 一般参考第Ⅲ－1:104条(协作)关于协作义务的注释。关于货物租赁合同的国内法律并未明确规定受领返还的货物的义务。在相关国内法律上,这取决于出租人与货物返还有关的协作是否被视为一种单独义务。买卖合同中类似的问题是受领交付。根据《联合国国际货物销售合同公约》第60条,买方负有协作义务并受领交付,而有些司法管辖区内存在关于买卖的相应规则。

2. 在英格兰,如果出租人违反了受领返还的货物之义务,则存在着赋予承租人出售货物的广泛的法定权利(侵权(侵扰货物)法1977第12、13条;进一步参见Chitty on Contracts Ⅱ[29] nos. 33－092－33－097)。

3. 在西班牙,一项特殊规定可能已被视为不必要的了。一般规则可以适用,未能履行受领返还的货物之义务的出租人会导致债权人迟延的发生(民法典第1176条)。

4. 在苏格兰法律上,出租人关于货物返还唯一被承认的主张是要求损害赔偿(Stair, The Laws of SCOTLAND, Reissue "Leasing and hire of movables", para. 49; Gloag and Henderson, The Law of SCOTLAND[11], para. 13.11),这意味着存在受领返还的义务。

第四章　承租人的救济：一般规则的修改

第Ⅳ.B－4:101条　承租人就相符性欠缺获得救济的权利

（1）承租人就货物之任何相符性欠缺都可以获得救济，并在根据第Ⅲ－3:302条（非金钱债务的强制执行）有权请求具体履行的范围内得要求赔偿因此支出的合理费用。

（2）前款不影响出租人根据第三编第三章第二节的规定就相符性欠缺加以补救的权利。

评　论

A. 一般规则的适用

第三编的一般规则。第三编第三章关于不履行和救济的一般规则也适用于货物租赁合同中的义务不履行。由于租赁合同的特征性状，某些例外或补充是必要的，但第三编第三章已经规定的规则不应被重复。并不是所有这些救济在各种出租人之义务不履行的情况下都可以适用。例如，仅当不履行具有根本性时，第三编第三章第五节之终止租赁才可以适用。

仅涉及承租人的救济。本章仅涉及承租人的救济。关于出租人就承租人义务不履行所获得之救济的规定出现在第六章。

可强制的具体履行。根据第Ⅲ－3:302条（非金钱债务的强制执行），受某些前提条件的制约，债权人有权就债务人的非金钱债务强制具体履行，包括对与合同不符之履行的免费补救。在下列情况下，承租人都享有这种权利：货物根本未能供使用，只有某些货物（或某一部分）可供使用，货物质量与合同并不相符，第三方的权利妨碍了承租人对货物的使用，货物在租赁期间内变得不可用，出租人在租赁期间终止时并未受领货物。进而，承租人有权在个别合同中就出租人承担的其他义务强制具体履行。取决于具体情形，具体履行可能是根据合同使得特定货物可供使用，更换货物，修理不相符的货物，消除第三方的权利以及受领由承租人返还的货物。

关于债权人强制具体履行的权利,存在着几项例外(参见第Ⅲ－3:302条(非金钱债务的强制执行)第(2)(3)款)。如果履行非法或不可能,有着不合理的负担或费用,或者具有强制执行将为不合理的人身属性,则具体履行不得强制。对于租赁合同而言,不合理负担之履行的例外有着特殊的利益,因为租赁货物仍属于出租人,并且往往会在租赁期间终止时返还给出租人自己使用或订立新的租赁合同。出租人可能有着充分理由来反对或多或少具有不可逆性的货物改变,即使这种改变的费用并非是不合理的。

示例1

甲为其婚礼租了一项作为古董的新娘皇冠。这项皇冠已经在出租人乙家里传承了几个世纪。基于错误,乙为甲提供的皇冠的尺寸不对,一点也不适合。这属于合同规定的相符性欠缺,但承租人无权要求改变该皇冠(不论是由出租人还是其他人),因为对这种传家宝加以改变是不合理的,不论该改变会导致多大的经济价值损失。

中止履行。根据第Ⅲ－3:401条(中止履行对待债务的权利),"同时或在债务人之后履行的债务人,有权在债务人提出履行或已经履行之前中止履行对待债务"。这一规则也适用于另一方已经履行,但该履行与合同不符的情况。此外,上述条文规定,可以中止的履行是"在具体情况下合理的全部或者部分债务"。如果债权人"合理地确信债务人在其债务履行期届至时将会不履行",则中止履行也可适用。因此,即使在某些中止一方首先履行的情况下,该规则也可适用。

应当在关于中止履行的规则和关于履行时间的规则之间加以区分;在许多情况下,合同约定或可以推定,当事人应同时履行。在这种情况下,严格讲,等待另一方履行并非是针对不履行的救济。当事人根本就没有履行。中止履行的权利在严格意义上有着两项主要目的,即保护一方免受授信损害,以及给予另一方履行的激励。根据合同类型和具体情形的不同,前者有着不同的表现形式。如果承租人在货物可供其使用之前支付了租金,则他在出租人的破产程序中便承担了以无担保主张形式终止关系的风险。但是,因另一方不履行而产生之有担保主张的中止履行,也可以被视为免予授信的保护:例如,有权就不相符的履行要求损害赔偿的一方不应负有全额履行的义务,因为这样做便承担了另一方不能支付损害赔偿的风险。这也可能为第Ⅲ－3:401条(中止履行对待债务的权利)中的合理性检测提供一种指导原则:只要那是为确保当事人就不履行的救济所必需的,当事人的中止通常便应被允许。

根据第Ⅲ－3:401条(中止履行对待债务的权利)中的规定,另一方履行后,一方并不享有中止履行的权利,因此它不能涵盖下述情况,即为了确保获得不履行的救济,受害方想要在另一方已经履行(例如,该履行迟延,并且受害方可以就相应的损失要求损害赔偿)的阶段中止履行。这是个抵消的问题(参见第三编第六章)。

正如下文将要讨论的,租金减少被视为不履行的一种救济,而非租金是否已经产生的问题。因此,由于不履行而暂停支付租金是个中止履行的问题(根据具体情况也

可能是抵消)。

在大多数情况下,租金都是在一定期间届满时,或在整个租赁期间终止时加以支付的(参见第Ⅳ.B-5:102 条(支付的时间))。如果在支付时货物并不可供承租人使用,或者货物仍与合同不符,则承租人可以中止支付租金的全部或部分。如果货物已被迟延,但在应当支付时已经可供使用,则承租人根据第三编第六章的规则,可以因租金减少或损害赔偿要求抵消出租人的支付请求(参见前两段)。

根本违约情况下合同关系的终止。如果出租人的不履行具有根本性,则承租人可以终止合同关系(参见第Ⅲ-3:502 条(根本违约情况下的终止)第(1)款)。根本违约的定义规定在该条第(2)款,其一般标准如下((a)项):如果不履行"实质上剥夺了债权人有权根据合同所期待的……",它便是具有根本性的。根据(b)项,如果故意或草率地不履行使得"债权人有理由相信债务人的未来履行是不能依赖的",它便是具有根本性的。在租赁合同中,就判断根据(a)项不履行是否具有根本性,以及根据(b)项不履行是否是故意的或草率的而言,未来履行的前景通常至关重要。

根据第Ⅲ-3:506 条(终止权的范围),在许多情况下,当合同义务是"分为多个独立部分履行或者以其他方式分割的情形"时,如果存在"终止债务的某独立部分而从对待履行中亦可独立出相应部分的理由",则终止仅对合同关系的一部分有影响。在适用于租赁时,该规则往往与关于租金减少的规则相重叠。不过,也可能存在承租人为了决定性地终止其自身义务而选择部分终止的情况。

示例 2

甲要去进行假日活动。她与乙公司签订了一项租赁 12 辆山地车的合同,而其中每一辆山地车,甲都交给她的客户使用一周的时间。交付后的第一个早上,其中的一辆被发现并不适合使用。乙仓库里已经没有了更适合的山地车,但它说将在未来三天内获得一辆。对于不能让她的一个客户在这么长的时间内没有山地车的甲来说,这是毫无用处的。甲可以选择立即从另一个公司租一辆山地车,而就该瑕疵山地车而言,她对乙并不负有任何可能的义务。甲可以针对那辆瑕疵山地车终止租赁。

减少租金。根据第Ⅲ-3:601 条(减少价款),不履行可能赋予债权人一项按比例减少价款的权利。该规则显然适用于租赁合同,即货物可供承租人使用,但由于质量缺陷、第三方的权利等,其价值被降低的情况。不过,对于货物根本并未可供承租人使用的期间而言,租金是否已经产生,这可能是成问题的。根据第四卷本部分,租金减少规则也适用于货物并未可供使用的期间。就此存在两方面原因。首先,这一规则使得在相符性欠缺和不具有可用性之间加以严格区分是没有必要的。也有可能货物已可供承租人使用,但却处于完全不适合使用的状态。在其他情况下,货物价值可能在一定期间内大幅降低了,即使承租人仍然能够在一定程度上使用该货物。减少租金的权利具有足以允许减少到零的灵活性。其次,减少租金规则的适用使得救济制度更加一致和简洁,因此在"停租"(off-hire)期间和减少租金之间并没有必要加以区分。必须

补充说明的是,其他情况可能要根据个别合同来把握。就与减少价款的一般规则之适用有关的这个和其他点来说,为了避免误解,减少租金的规则被包含在第Ⅳ.B－4:102条(减少租金)当中了。

示例 3

一台租来的电脑在交给承租人使用一个月后发生了故障。它被出租人带回去修理,花费了一周时间。租金是每个月提前支付的。承租人有权减少 1/4 个月的租金,并可以针对下个月租金抵消这笔金额。

根据第Ⅲ－3:601 条(减少价款的权利)第(1)款,价款的减少要"与通过实际履行所取得的价值与通过符合要求的履行本可以取得的价值相比较,履行价值的降低成比例"。如果租金是就一定期间约定的,则约定租金通常会就货物不可用的期间价值减少的比例有所指示。在其他情况下,价值减少必须通过其他标准来确定。

损害赔偿及利息。关于不履行所导致之损失的赔偿规则和关于迟延支付价款的利息规则都规定在第三编第三章第七节。这些规则也适用于租赁合同。本条也涉及相关利息,即使出租人的义务通常都是非金钱义务。

如果承租人就根本违约终止合同关系,则计算损失的一般标准是:承租人必须"尽可能地处于如果债务被恰当履行其[在此,即承租人]所会处状态的金额"(第Ⅲ－3:702 条(损害赔偿的一般标准))。对于不定期限的租赁合同而言,应当指出的是,出租人并不受比终止通知所需的期间更长的时间的约束。承租人必须做到,在他终止合同关系时,出租人应当已经获得了终止通知。

不履行的补救。在许多情况下,出租人必须被给予补救不履行的机会,通常是通过补救相符性欠缺的形式。第三编第三章第二节的规则予以适用。

B. 与相符性欠缺加以补救的权利有关的一般规则之修改

承租人自己对相符性欠缺加以补救的规则的必要性。第三编第三章并未就债权人对相符性欠缺加以补救以及要求债务人偿还该成本的权利作出明确规定。在大多数情况下,这是个损害赔偿的问题:补救相符性欠缺的成本是债权人可以要求损害赔偿的损失的一部分(参见第Ⅲ－3:702 条(损害赔偿的一般标准))。情形甚至可能是,债务人并不对可以通过这种补救而降低的损失负责(参见第Ⅲ－3:705 条(损失的降低))。租赁合同中存在另一个问题:货物并不属于承租人,必须确定承租人在何种范围内可被允许对租赁货物加以补救。为此,本条规定了一项关于承租人对相符性欠缺加以补救的权利的规定。根据第(1)款,在承租人有权要求具体履行的范围内,他可以对相符性欠缺加以补救,并可以要求偿还由此产生的合理费用。通过明确承租人可以作出的行为类型和可以要求偿还的成本,本规则对承租人补救相符性欠缺的权利进行了限制。

可以作出的行为。如果这种履行会导致不合理的负担或费用，则承租人不得要求具体履行，因而也不得对相符性欠缺加以补救（参见第Ⅲ－3:302条（非金钱债务的强制执行）第(3)款(b)项）。“不合理的负担”可能包括出租人有充足理由反对为相符性欠缺之补救所必需的行为的情况。

不合理的成本。如果这种履行会导致不合理的费用，承租人便无权强制具体履行，或对相符性欠缺加以补救（参见第Ⅲ－3:302条（非金钱债务的强制执行）第(3)款(b)项）。不论该种补救是由出租人作出的，还是由承租人或第三方作出的，该规则均予适用。如果承租人愿意负担某些成本，并仅就合理成本要求偿还，则仅当这基于其他原因也并非不合理的时，承租人可以作出该种行为（参见上一段）。本条第(1)款允许就“合理导致的”费用要求偿还。该规则是与在行为无论如何都会导致不合理的费用的情况下，对具体履行的权利加以限制的规则相重叠的。不过，该规则也适用于承租人选择了对相符性欠缺之补救而言，会产生不必要的费用的手段的情况，即使该成本本身并不是不成比例的。

承租人的注意义务。相符性欠缺可以由承租人或出租人的雇员或第三方来补救。承租人必须谨慎使用货物（参见第Ⅳ.B－5:104条（按照合同要求使用货物））。如果承租人计划让某个缺乏必要资质的人来对货物加以补救，则出租人可以提出反对，因为从出租人的角度来看，这通常是不合理的。在这方面，出租人也可以就承租人的疏忽所造成的损失要求赔偿。

注　释

Ⅰ.不履行和救济概述

1.第三编第三章的一般规则也适用于租赁合同。国内法上的相应规则——例如，关于作为整体性概念的不履行、可免责的不履行以及救济的累加——有所不同，这些差异当然也体现在关于租赁合同的国内法律上。因此，一般可以参见第三编第三章的注释。下文的注释特别针对租赁合同。

Ⅱ.强制的具体履行

2.关于强制的具体履行的一般规定，参见第Ⅲ－3:302条（非金钱债务的强制执行）注释。在某些国家，债权人通常有权强制具体履行，虽然其中含有重要的例外；在其他国家，强制具体履行是一项自由裁量的救济。根据第Ⅲ－3:302条，具体履行权利的例外可归纳为：(i)不可能或不合法的情况；(ii)具体履行不合理的情况；(iii)履行具有人身性质，或取决于人身关系的情况。需要注意的是，在英格兰和爱尔兰，具体履行的救济总是处在法院裁量权之下，它一般仅在损害赔偿并不充分、不能量化或不成比例时才能适用（参见 Treitel, The Law of Contract[11], 1019－1040 and Keane, Equity and Law of Trusts, § 16.01 ff respectively）。在苏格兰，救济方式是与欧陆极其类似的，但它仍然受到了英格兰法律的显著影响，就这一领域而言，权利赋予受到合理控制（equitable control）的制约，当前，许多限制这种救济之使用的规则在苏格兰都有所适用。

3. 履行的不可能(或不合法)的效力也有所不同:合同可能无效,强制具体履行可能被拒绝,还存在关于损害赔偿责任的情况。此处主要集中在具体履行的强制执行上。关于奥地利法律,一般参见 Rummel（－Würth）,ABGB Ⅰ[3],§1096,no. 6。根据奥地利民法典第1112条,如果货物被毁损,即租赁物完全灭失(Koziol（－Iro）,ABGB,§1112,no. 1)或最终丢失(OGH 4 November 1980,EvBl 1980/70: 一台挖掘机的毁损;关于最终损失的例子,参见 OGH 17 June 1919,SZ 1/45),则租赁自动终止)。该规则要严格解释,并且如果出租人对承租人负有修复租赁物的义务,则它并不适用;该义务也可以从诚实信用原则推导出来;只要重建是合法且经济上可能的,承租人便可以要求出租人履行义务(OGH 22 June 1994,SZ 67/112)。民法典第1112条可以被视为租赁法中关于嗣后不可能的一项特殊规则,因此它被视为何谓经济性和合理性的一种表述(Riss,Erhaltungspflicht,187,191)。根据捷克法律,如果货物完全毁损,则租赁终止(民法典第680(1)条)。如果出租人是经营者,那么民法典第721条关于替代货物的规则也可以适用于这种情况。根据荷兰法律,如果那是不可能的,或者需要无论如何出租人都无须负担的支出,或者该瑕疵是由承租人造成或与小规模修理相关的,那么瑕疵的救济不得主张(民法典第7:206(1)条)。根据法国民法典第1722条,如果租赁物因意外事件在租赁期间内完全损毁,则租赁自动终止(民法典第1741条也提到,物的损失是终止的一个原因);在部分损毁的情况下,承租人可以选择终止或减少租金。法院已经将该规则扩展适用于由于一方当事人的过错而造成的物被损毁的情况;虽然关于损害赔偿责任,两者之间存在着差异(Huet,Contrats spéciaux,no. 21157)。对于货物而言,合同的解释可能表明,出租人负有更换受损货物的义务(Huet,Contrats spéciaux,no. 21155)。马耳他民法典第1571条也规定,在物完全损毁的情况下,租赁依法终止。根据德国法律,如果租赁物完全损毁,则关于不可能的一般规则予以适用,那意味着承租人不能要求具体履行(参见 Palandt（－Weidenkaff）,BGB[66],第535,no. 37与 MünchKm（－Schilling）,BGB[4],第535,no. 112)。出租人并不负有租赁货物重建过程中,投入保险赔偿的义务(Schmidt－Futterer（－Eisenschmid）,Mietrecht9,第536条,no. 499)。根据希腊民法典第380条关于履行不可能的一般规则可以推导出,如果货物因意外事件完全损毁,则租赁依法终止。取决于具体情形,要求对受损货物进行部分修理可能是与诚实信用相违背的(民法典第288、281条),损毁因此被视为完全的(CA Athens 1022/2002 EllDik 43,1485;5178/1992 EllDik 34,1097;Filios,Enochiko Dikaio Ⅰ[2],§26 Δ Ⅱ;Georgiades,Enochiko Dikaio,Geniko meros,§24,no. 10,fn. 7;Kornilakis,Eidiko Enochiko Dikaio Ⅰ,217;Georgiades and Stathopoulos（－Rapsanikis）,§575,no. 14 and §590－592,no. 4)。根据瑞士法律,履行主张受到客观不能的限制(LOA第97与119条;BSK（－R. Weber）OR Ⅰ[3],§259b,no. 4)。根据匈牙利法律,如果货物损毁,租赁也依法终止(民法典第430(2)条),在意大利,物被完全或部分损毁时,维护义务终止,关于嗣后不能的规则予以适用(民法典第1463～1466条;Provera,Locazione,disposizioni generali,§1576,nos. 3,201 ff)。即使是根本性的损坏也必须修理。在部分损毁的情况下,承租人可以选择减少租金或终止合同关系(第1464条;Scialoja and Branca,loc. cit. 203)。在西班牙法律上,如果货物损毁或丢失,而出租人并无过错,则租赁关系终止(试比较,民法典第1568条,referring to 第1182与1183条;TS 17 March 1952,RAJ 19532,499;TS 3 March 1951,RAJ 1951,604)。需要指出的是,如果租赁货物由于出租人的过错被丢失,租赁关系也会终止。在这种情况下,承租人有权要求损害赔偿(Bercovitz,Manual de Derecho Civil,182)。出租人仅对损害救济而非重建负责。这一规则并未明确规定,但可以从具体履行在这种情况会导致不合理的成本中推导出来。值得注意的是,民法

典第 1556 条也并未在承租人可适用的救济中提到具体履行。根据斯洛伐克民法典第 680 条第(1)款，如果货物完全损毁，则租赁终止，而不论损毁的原因如何。如果租赁物完全灭失，出租人并不负有重建义务；即使租赁物被损坏，租赁也不得更新(Lazar，OPH Ⅱ，156)。根据波兰民法典第 662 条第(3)款，如果租赁货物因为出租人并不负责的原因而损毁，出租人并不对货物修复负责，租赁关系终止。如果出租人对该不能负有责任，则承租人可以要求损害赔偿。在英格兰法律上(并没有针对租赁合同的规定(不可抗力或艰难情势条款[hardship clauses]))，因承租人并无过错的原因而变得履行不能的租赁应当解除(试比较，Taylor v. Caldwell (1863) 3 B & S 826，122 ER 309)。当事人双方都自不能之日起被免除义务，而并不发生任何违约责任。落空的财务后果是由 Law Reform (Frustrated Contracts) Act 1943 详细规定的：落空的合同或者被解除(如果价款已被支付，s. 1(2))，或者向提供了珍贵的非金钱利益的一方偿还(s. 1(3))。在北爱尔兰，相同的规定包含在 Frustrated Contracts Act (Northern Ireland) 1947 第 1 条第(2)(3)款当中。在苏格兰，如果合同落空，当事人的合同义务终止，但根据不当得利原则，可能存在对当事人权利的合理矫正(Cantiere San Ro 民法典 o SA v. Clyde Shipbuilding & Engineering Co. Ltd. 1923 SC (HL) 105)。在爱尔兰，落空的普通法仍然适用。

4. 有时，出租人的履行会导致不合理的负担的情况特别针对租赁合同加以了规制或强调。关于奥地利法律，一般认为，如果从经济角度来看，履行是不合理或不效率的，则出租人的维护义务受到限制(Rummel (－Würth)，ABGB Ⅰ[3]，§ 1096，no. 6，Riss，Erhaltungspflicht，173 ff)。在这种情况下，举证责任由出租人负担(Riss，loc. cit.)。如果因为意外事件，货物变得完全或部分不可用，则出租人并不负有修复的义务(民法典第 1104 条；Rummel (－Würth)，ABGB Ⅰ[3]，第 1104 条第 3 款)。这可以被视为租赁法当中关于情势变更的特殊规则(Riss，Erhaltungspflicht，197)。关于荷兰法律，参见注释 3。在法国法律上，如果货物损毁而修理成本将是不成比例的，这便被视为部分损失，并因此成为终止(或减少价款，参见上一注释)的原因(Huet，Contrats spéciaux，no. 21166，Cass. civ. 12 June 1991，Bull. civ. 1991. Ⅲ，no. 169，Collart Dutilleul 与 Delebecque，Contrats civils et cmerciaux[7]，no. 468)。出租人并不对重建负责，即使该成本已被保险公司包含在内(Bénabent，loc. cit. no. 355)。如果损毁完全是由于出租人维护义务的不履行所造成的，则出租人仍需履行(Rép. Dr. Civ. (－Groslière)，v° Bail，no. 210，Bénabent，Contrats spéciaux[6]，nos. 334－5 and 355)。如果约定用途变得不合法，这也被视为部分损毁。出租人物上的财产损失也可能导致终止(Bénabent，loc. cit. no. 355)。目前，德国法律上存在着一项对应于《欧洲合同法原则》第 9:102 条第(2)款(b)项的规定(民法典第 275(2)条，具体参见 Palandt (－Heinrichs))，BGB[66]，第 275 条，no. 26。对于租赁合同(类似此前的 *Schuldrechtsmodernisierung*)而言，所谓的亏本限制(limit of sacrifice)予以适用(Opfergrenze，Palandt (－Heinrichs)，loc. cit. no. 28)，但其现在的基础是第 275 条第(2)款(BGH 20 July 2005，NJW 2005，3284，following MünchKm (－Schilling)，BGB[4]，§ 535 no. 110)。考虑到修理对于承租人的利益、租赁物的价值和可实现的收益，该修理的成本不能是明显不成比例的(BGH，loc. cit.)。瑕疵和不能的问题仍然与先前一样(Emmerich，JuS 2006，81，82)。在部分损毁的情况下，如果重建从经济方面来看对于出租人并非不合理的，则关于情势变更的规则予以适用(民法典第 313 条；Schmidt － Futterer (－Eisenschmid)，Mietrecht[9]，第 535 条，no. 90)。关于意大利法律，嗣后不能的规则(参见上一注释)也要将经济标准考虑在内(Provera，Locazione，disposizioni generali，第 1576 条，nos. 3，201)。这同样适用于希腊法律(参见上一注释)。在西班牙，出租人仅对损害救济而非重建负责(TS 16

December 1986,RAJ 1986,7447)。波兰法律关于情势的异常变更的一般规则也适用于租赁合同(民法典第 357[1] 条)。

Ⅲ. 对待义务的中止履行

5. 一般参见第Ⅲ－3:401 条(中止履行对待债务的权利)注释,即关于另一方不履行义务的情况下,中止履行对待义务的规则。对于租赁合同而言,有时在货物可供承租人使用之前和之后必须加以区分。

6. 关于不履行情况下中止对待履行之权利的一般规则出现在捷克民法典第 560 条。同样效果的参见荷兰民法典第 6:262 条。德国民法典第 320 条的一般规则也适用于租赁合同,不论是迟延还是相符性欠缺。在后者情况下,为了向出租人施加压力,减少租金的要求可以与中止支付剩余(部分)租金结合在一起(BGH 7 May 1982, BGHZ 84, 42, 45;具体参见 MünchKm(－Schilling),BGB[4],Pref. to § 536,nos. 15 及其后,Emmerich 与 Sonnenschein(－Emmerich),Hk－Miete[8],第 536 条,nos. 34 ff)。终止租金的权利也总是与消除不相符的主张联系在一起的,它必须直接向对这种消除负有责任的人提出(BGH 19 June 2006, LMK 2006, 189. 670, Note Blank)。波兰民法典第 488 条关于中止履行的一般规则也适用于租赁合同(Radwański(－Panowicz－Lipska),System Prawa Prywatnego Ⅷ,9)。在苏格兰,相互性原则允许承租人相对于出租人的违约中止履行对待义务,只要在该违约与中止的履行之间存在联系(Bank of East Asia Ltd. v. Scottish Enterprise 1997 SLT 1213)。其结果是在违约行为获得补救之前暂停履行合同义务。在英格兰和北爱尔兰,可用的救济中并不存在明确的类似规定。不过,实践中实现了同样的效果。如果存在导致终止权利产生的违约行为,而承租人选择了终止(进一步参见下文关于终止的注释),则承租人有权要求损害赔偿,如果目的根本并未实现(例如,租来的设备并不运行),则有权要求返还。如果承租人有权要求恢复原状、终止合同、支付违约金,则承租人也应被免除支付终止前已经到期的租金(Treitel,The Law of Contract[11],850)。在这种意义上,承租人有权拒绝履行对待义务。根据葡萄牙法律,如果货物并未可供使用或存在相符性欠缺,则承租人可以暂停支付(全部或部分)租金(Pires de Lima 与 Antunes Varela,Código Civil Anotado Ⅱ[3],375)。在斯洛伐克法律上,出租人义务的不履行可以赋予承租人中止支付租金的权利(Svoboda(－Švecová),Kentár a súvisiace predpisy,第 673、618 条),甚至是部分中止(试比较,斯洛伐克民法典第 674 条)。关于中止权利,西班牙租赁合同的规定中并不存在一般规则。不过,一项附带的适用出现在民法典第 1588 条,在由于修理持续了 40 天以上导致不能使用时,它允许承租人停止支付。根据一般规则,承租人可以中止支付,只要出租人违反了作出必要修理的义务;但是,学者们认为,轻微的不履行并不会导致中止权利的产生(参见 Paz－Ares/Díez－Picazo/Bercovitz/Salvador(－Lucas Fernandez),Código Civil Ⅱ,1097)。

7. 关于奥地利法律,有学者认为,如果租赁货物的大部分已被使用过了,则承租人不能中止支付全部租金(Rummel(－Würth),ABGB Ⅰ[3], § 1096,no. 10a,试比较,no. 2)。有学者指出,民法典第 1096 条意义上的法定租金减少排除了民法典第 1052 条意义上的中止权利(OGH 29 March 2004,SZ 2004/47,Koziol(－Iro),ABGB, § 1096,no. 9 at the end);关于赞成在租金减少之外,中止支付租金的有利论证,参见 Schwimann(－Binder),ABGB V[3], § 1096,no. 97;试比较,Riss,Erhaltungspflicht,232。根据瑞士 LOA 第 82 条的一般规则,承租人是否能够中止支付租金(接到履行命令),或者第 259d 条(在租赁期间内不履行的情况下减少租金)是否是一项特别法,是存在争议的(参见 BSK(－R. Weber),OR Ⅰ[3], § 259d,no. 8)。

8. 关于希腊法律，学者们认为，民法典第 374 条的一般规则——既包括不履行的情况，也包括不适当的履行（*exceptio non rite adimpleti contractus*，就此参见 Stathopoulos，§17，no. 62）的情况——适用于租赁合同（Dacoronia，The plea of 374 CC as to the lease of a thing，218 ff；Filios，Enochiko Dikaio Ⅰ[2]，§29 Δ Ⅰ；Georgiades，Enochiko Dikaio，Geniko meros，§25，no. 20）。但是，判例并未承认这种适用，因为法院认为，如果它部分隐含在对租赁货物的使用过程中，则承租人只有权减少租金，而不能中止支付租金（A. P. 1557/1983 EEN 51，624），进而民法典第 373 条及以下的适用通过关于租赁的特殊规定而被排除了（A. P. 83/2002 ChrID 2002，214）。

9. 在法国法律上，承租人原则上不得诉诸于出租人维护义务之不履行——即租赁期间内的不履行——情况下的中止履行的一般规则。如果使用租赁物是不可能的或几乎不可能的，或者出租人长期拒绝进行必要的修理，则这一原则便存在着例外（Huet，Contrats spéciaux，no. 21179，Collart Dutilleul and Delebecque，Contrats civils et cmerciaux[7]，no. 488，Bénabent，Contrats spéciaux[6]，nos. 334－5，241）。比利时法律上也存在类似的讨论（参见 La Haye and Vankerckhove，Le Louage de Choses Ⅰ2，nos. 400 and 830，559：暂停支付租金只是一种例外情况，比如由于缺乏维护而造成的重大使用障碍；一般情况下，暂停必须符合关于诚实信用的规则）。意大利民法典第 1460 条关于中止履行的规则，原则上也适用于租赁合同（参见 Provera，Locazione，disposizioni generali，§1571，17）。不过，通行的学说和法理仅在出租人的履行完全缺失时，才允许中止支付租金（Cian and Trabucchi，Commentario breve[8]，§1587，no. V5）。该情形似乎并不是完全清楚的（参见例如 Cass. 11 February 2005，2855/2005，Giust. civ. Mass. 2005，fasc. 4）。

Ⅳ. 合同关系的终止

10. 租赁的终止通常仅对未来有效（参见例如奥地利法，Rummel（－Würth），ABGB Ⅰ[3]，§1117，no. 1，§1118，no. 2；法国法 Bénabent，Contrats spéciaux[6]，no. 356；德国法 MünchKm－BGB4（－Schilling），loc. cit. §542 no. 8；也可参见民法典第 543(1)条；希腊民法典第 587 条第 1 句；意大利法 Rescigno（－Pellegrini），Codice Civile Ⅰ[5]，§1458，no. 3；西班牙法 Díez－Picazo and Gullón，Sistema Ⅱ[9]，338）。

11. 在德国法律上，如果存在重要理由，则长期合同关系可以无须通知期间而被终止（民法典第 314 条），取决于具体情况，合同义务的不履行可能提供终止的充分理由。就租赁而言，民法典第 543 条第(2)款第(1)项对该原则进行了具体化。类似的规则也出现在奥地利法律上：如果租赁物或其绝大部分并不（或不再）适合于约定用途，承租人可以无须通知期间而终止租赁（民法典第 1117 条）。根据瑞士 LOA 第 259b 条 a 项，如果瑕疵降低了动产对于约定用途的适合性，则承租人可以发出立即生效的终止通知。这一规则是 LOA 第 266g 条（基于重要理由发生的租赁终止）的特别法（参见 BSK（－R. Weber），OR Ⅰ3，§266g，nos. 3 ff；也可参见爱沙尼亚 LOA 第 313 条与注释 D 至第Ⅳ.B－2:102 条（租期的结束））。

12. 捷克民法典第 679 条第(1)款含有一项关于因不履行而终止租赁的规则，此处的终止意味着租赁合同自始无效。民法典第 517 条第(1)款关于因迟延而终止的补充规则也可适用。终止租赁的权利不得排除（Švestka/Jehlička/Škárová/Spáčil（－Jehlička），OZ[10]，1191）。根据荷兰民法典第 6:265 条的一般规则，合同可以因足够重要的不履行而终止。允许租赁中因义务不履行而终止的规则出现在法国民法典第 1741 条。根据一般合同法，法院必须裁定是否存在终止的充足理由（民法典第 1184 条，参见 Huet，Contrats spéciaux，no. 21208）。当事人往往约定和解条

款,但这种条款要加以严格解释(Bénabent, Contrats spéciaux[6], no. 356, Collart Dutilleul and Delebecque, Contrats civils et commerciaux[7], no. 490)。希腊民法典第585条规定,在货物完全不适合或仅仅部分不适合承租人的用途时,租赁可以终止。关于为履行设定合理期限的要求,参见民法典第585条第1句与第2句。关于轻微或不太重要的使用障碍情况下中止权利的一项例外,参见Georgiades, Enochiko Dikaio, Geniko meros, §25, no. 28; A. P. 633/2003 ChrID 2003, 519 cmt. by E. Nezeriti;试比较,Kornilakis, Eidiko Enochiko Dikaio Ⅰ, 249。就匈牙利法律而言,关于合同终止的一般规则出现在民法典第319～323条;关于租赁,民法典第424条允许在相符性欠缺或与第三方权利相冲突的情况下无溯及力地(*ex nunc*)终止。允许因不履行(不一定是纯粹不重要的)而终止的一般规则也出现在意大利民法典第1453条。关于租赁因租赁物之重大不相符而终止的规则则出现在民法典第1578条。根据马耳他民法典第1570条,承租人可以因不履行而终止。根据波兰民法典第664条第(2)款,如果货物因相符性欠缺并不适合于一般目的而出租人并未加以修理,则承租人可以终止租赁。葡萄牙民法典第1050条允许在承租人被阻止使用货物和货物有着极其危险的瑕疵的情况下终止租赁;有学者指出,关于终止理由,这并不是一项详尽的列举(Pires de Lima and Antunes Varela, Código Civil Anotado Ⅰ[4], 387)。在斯洛伐克法律上,承租人可以因不履行而终止租赁(参见民法典第679(1)条);关于第三方权利妨碍承租人之使用情况下的终止,参见Svoboda(－Fíger), Kentár a súvisiace predpisy, §684, 625。根据西班牙法律,在租赁合同中,终止也是义务不履行之救济的一种(参见民法典第1556与1568条,后者参照第1124条的一般规则)。

13. 根据英格兰法律,终止权利既取决于被违反的合同条款的性质,(如果涉及的是无名条款)也取决于违约的结果。条件的违反往往会引起一项终止的选择权,而只有在该违反"严重而根本"时,既非条件又非担保的条款(即无名条款)的违反才会引起终止的选择权。在苏格兰,违反只需是"根本性的",这意味着它必须涉及合同的基础。在这两种情况下,这种违反被称为"毁约"。在整个英国,毁约性的预期违约与实际违约有着同样的后果(Hochster v. de La Tour (1853) E & B 678, QB; Universal Cargo Carriers Corp. v. Citati [1957] 2 QB 401),即赋予无辜一方选择立即终止合同关系的权利。在这两种情况下,毁约性违反并不会自动终止合同。无辜一方可以选择终止,也可以继续合同并要求损害赔偿。通常情况下,因违约而产生的终止选择必须通知并且只对未来有效。终止条款往往被嵌入商业合同当中,但近年来,这种条款一直是被严格解释的(Rice (t/a The Garden Guardian v. Great Yarmouth Borough Council, unreported, CA, 26 July 2000))。爱尔兰法律与此类似。

14. 对于某些司法管辖区(特别是奥地利、德国、希腊、匈牙利、斯洛伐克和西班牙)来说,承租人可以不受法院干预而终止租赁;对其他司法管辖区(特别是法国、意大利和马耳他)来说,这种干预则是必需的。

Ⅴ. 减少租金

15. 参见第Ⅳ.B－4:102条(减少租金)的注释。

Ⅵ. 要求损害赔偿和利息

16. 关于不同司法管辖区合同责任的一般规则,参见第Ⅲ－3:701条(损害赔偿权)。在有些司法管辖区,除了一般规则以外,还有关于租赁物瑕疵(相符性欠缺)所造成的损失之责任的特殊规则。

17. 奥地利法律上,承租人在相符性欠缺的情况下要求损害赔偿之主张的基础是民法典第

933a条（Schwimann（－Binder），ABGB V^3，§1096，nos. 110 f），即对于合同订立时存在的瑕疵，过错责任（参见上文注释3）而并无严格责任（Riss，Erhaltungspflicht，239 fn. 780）。出租人进而对因疏忽而未能尽其可能修理所造成的损失负责（参见OGH 4 March 1993，SZ 66/26，其中迟延似乎成为相关标准）。根据捷克法律，民法典第420条的一般规则予以适用（过错责任；也可参见关于运输工具之租赁的特殊规则，捷克商法典第631(2)条）。在丹麦法律上，过错责任也是适用于租赁的基本规则（试比较，Gade，Finansiel leasing，147－151；Bryde Andersen and Lookofsky，Obligationsret Ⅰ[2]，315）。关于由已经告知或归因于出租人的瑕疵所造成的损失之损害赔偿，一项规则出现在荷兰民法典第7:208条（第7:209条规定了豁免该责任规则的可能性，参见Rueb/Vrolijk/Wijkerslooth－Vinke，De huurbepalingen verklaard，7）。根据爱沙尼亚LOA第278条第3项，在相符性欠缺的情况下，承租人有权要求损害赔偿；参见关于可免责的不履行（第103条）和损害赔偿（第115条）之一般规则。法国法律上的一般规则是，出租人对不履行负责，不可抗力情况下存在例外（参见第Ⅲ－3:701条（损害赔偿权）的注释）。租赁物的瑕疵责任是由民法典第1721条规定的：出租人通常对影响使用或造成损害的瑕疵负责；对于租赁期间内出现的瑕疵，这项规则必须与出租人之维护义务联系在一起考虑（Huet，Contrats spéciaux，nos. 21170 ff）。比利时法律上的相应规则，参见La Haye and Vankerckhove，Louage de choses Ⅰ[2]，nos. 660 ff。德国合同法上的基本规则是以过错（即故意或过失违约）为基础的责任，如果租赁货物迟延或修理和维护义务的履行迟延，这便作为出发点（参见民法典第280、286与276条以及商法典第536a条第(1)款第2和3项选择中关于租赁的特殊规则）。关于合同订立时已经存在的相符性欠缺，存在的则是严格责任。根据民法典第536a条第(1)款第一种选择，即使对于出租人而言知道该不相符是不可能的，亦是如此（Emmerich and Sonnenschein（－Emmerich），Hk－Miete[8]，§536a，no. 3：隐性瑕疵的风险由出租人承担）。因此，如果货物是待制造的，该规则也予以适用（BGH 29 April 1953，BGHZ 9，320）。该规则也涵盖了作为瑕疵之结果的损失（BGH 21 February 1962，NJW 1962，908：人身损害和收入损失）。在希腊法律上，承租人在下列情况下有权要求损害赔偿：(1)租赁货物在租赁合同订立时缺乏约定质量（民法典第577 sent. 1，严格责任，CA Athens 2647/1997 EllDik 39，650）；(2)对租赁合同订立时存在的实际或法律瑕疵，出租人明知或应当明知（民法典第577条第2句与第583条第1句，过错责任）；(3)由于出租人的过错导致的嗣后相符性欠缺（法律或实际瑕疵，缺乏约定质量）（民法典第578(1)、583条第2句）；或者(4)出租人并未补救（民法典第578(2)、583条第1句）。赔偿权利涵盖了所有与瑕疵或缺乏约定质量有着因果关系的任何损害（即积极损害和收益损失），以及由于瑕疵存在而对合法利益造成的进一步损害，例如人身损害（Georgiades，Enochiko Dikaio，Geniko meros，§25，no. 25；Kornilakis，Eidiko Enochiko Dikaio Ⅰ，227；Georgiades与Stathopoulos（－Rapsanikis），§577－578，no. 8）。意大利民法典第1578条第(2)款也就瑕疵（*vizi*）对租赁货物所造成的损失规定了特殊的责任：如果出租人在货物被交付时，并不知道瑕疵的存在且无过错，其责任可被免除（试比较，Alpa and Mariconda，Codice civile commentato Ⅳ，§1578，no. 6）。有学者认为，该规则并不仅仅涵盖作为瑕疵之结果的损害，而且也包括作为使用被剥夺或削减之结果的损失（Provera，Locazione，disposizioni generali，§1578，216 f）。根据马耳他民法典第1546条，出租人对合同订立时存在的隐性瑕疵所造成的损害负责，但前提是出租人明知瑕疵存在或“对此有着合理怀疑”。迟延维护的责任是由民法典第1542条（也可参见第1544条）规定的。关于斯洛伐克法律，参见民法典第420条关于过错责任的一般规则。根据西班牙民法典第1556条，在出租人不履行的情况下，承租人可以就损失要求损

害赔偿。有学者指出，该规则也适用于租赁货物上存在隐性瑕疵的情况（Díez－Picazo and Gullón，Sistema Ⅱ^{9}，333 and 335）。间接损失似乎也被民法典第1553条涵盖在内，据此，关于买卖法中瑕疵消除的规则（民法典第1474条及以下）也适用于租赁（经必要的调整，参见 Lacruz Berdejo，Derecho de obligaciones Ⅱ－2，p. 133^{2}，也参见 Albaladejo，Derecho Civil，Ⅱ^{12}，no. 12，640）。责任取决于出租人的过错（Lacruz，loc. cit.）。对瑞典法律而言，过错推定已经被提出了（Hellner/Hager/Persson，Speciell avtalsrätt Ⅱ（1）^{4}，202－203）。关于租赁期间内的相符性欠缺，根据瑞士 LOA 第159e条，过错是被推定的（试比较，HandKm OR（－Permann），§259e，no. 5）。在英国和爱尔兰法律上，出租人所有不可免责的违约都将自动引起损害赔偿请求权，合同责任是严格的。在英格兰，根据《货物与服务供应法》1982，货物权利和相符性（与说明、样品、令人满意的质量和适合特定用途）方面的瑕疵被视为条件的违反。因此，承租人有权选择终止或继续合同并要求损害赔偿。这种救济仅受该法第10A条的限制，它规定，如果承租人并非消费者，而违反如此轻微以至于将其视为毁约会是不合理的，则该违反将被视为担保的违反（仅产生损害赔偿请求权）。对于有关和平占有之默示担保的违反，也只会产生损害赔偿请求权。苏格兰的立场也是如此，虽然条件和担保之间的区分并未被采用，而终止救济能否适用取决于该违反是否是重大的。同样，在爱尔兰，根据消费品信用贷款法1995，货物相符性（与说明、样品、令人满意的质量和适合特定用途）的瑕疵被视为条件的违反。因此，消费承租人享有选择终止或继续合同并要求损害赔偿的权利。有关费用和和平占有之隐性条款的违反，仅产生损害赔偿请求权。英国的规则是，因迟延或未支付导致的损害赔偿并不包括利息。这一规则由商事债务（利息）延迟支付法1998第1条第（1）（2）款进行了修改，但该修改仅涉及当事人双方都在营业过程中行为的情况。在英格兰，最高法院法1981第35A条也就债务或损害赔偿上的利息偿付赋予了法院一项自由裁量权。这项规定适用于所有合同，但要受到一些限制。在爱尔兰，法院似乎可以就违约的损害赔偿判令自判决之日起或自计息通知发出之日起支付利息（Ireland（Debtor's）Act 1840），但就承租人未付租金在迟延期间内的利息，则并不存在一般性的义务。

Ⅶ. 承租人自己对不相符的补救——一般规则

18. 如果承租人对属于出租人的货物进行了补救，这在有些时候被视为一种对他人事务之善意介入的情况，即使该补救主要是为了承租人自己的利益而作出的（参见第五编（他人事务的善意介入）第1条的评论和注释）。根据奥地利民法典第1097条第2款，如果承租人支出了本应属于出租人之义务范围内的支出（或有益的支出），则这被视为对他人事务的介入（试比较，民法典第1036条）。补救工作并不需要是迫切的；承租人甚至可以违背出租人的意愿而行为（OGH 26 April 1961，EvBl 1961/295）。只要该支出从事前角度来看是有益的即已足够（OGH 31 Mar 1989，JBl 1989，527），对出租人而言最终受益并非该主张的前提条件（OGH 17 September 1974，EvBl 1975/122）。荷兰民法典第7:206条第（3）款规定了一项（强制性）规则，如果出租人保持沉默，则允许承租人补救相符性的欠缺，并要求返还合理成本。在法国法律上，一般规则是，承租人在对货物进行补救之前需要申请法院命令，有学者还认为，关于对他人事务善意介入的规则可以证明承租人作出的是必要的修理（Huet，Contrats spéciaux，no. 21168；Rép. Dr. Civ.（－Groslière），v°Bail，no. 223）。

19. 有些司法管辖区明确允许承租人对相符性欠缺加以救济，并要求偿还，而并未援引对他人事务善意介入的规则。因此，根据爱沙尼亚 LOA 第279条第（3）款，如果出租人迟延"或者如果瑕疵或障碍仅在无关紧要的程度上限制了将货物用于预期目的的可能性"，则承租人可以补

救。根据德国民法典第 536a 条第(2)款,如果出租人迟延补救(no. 1),或者如果立即补救对于货物的保持或维护而言是必要的(no. 2),则承租人可以对不相符加以补救,并要求偿还作为损害的成本。第 1 项中的选择需要迟延,这通常以通知为前提(参见 CC §286 sect. 2,in particular nos. 3 and 4,Schmidt - Futterer (- Eisenschmid),Mietrecht 9, §536a,nos. 116 f)。就另一种支出而言,民法典第 539 条第(1)款提到了关于对他人事务善意介入的规则,这含有有利于他人的意图的要求。根据希腊民法典第 578 条第(2)款,如果出租人迟延加以补救,则承租人可以补救不相符并要求作为损害赔偿的成本。出租人也对承租人因必要费用——即保持货物之适合性所需的费用——付出的支出负责(民法典第 591 条),而有益费用——即增加租赁货物的价值所产生的费用——则根据善意介入的规定来偿还。如果并不存在迫切的需要,则承租人仅在通知出租人之后(民法典第 589 条)并且后者迟延补救(民法典第 578(2)条)的情况下才有权对相符性欠缺加以补救(Georgiades,Enochiko Dikaio,Geniko meros, §24 nos. 10 - 11)。根据匈牙利法律,关于瑕疵履行之救济的一般规则予以适用。根据民法典第 306 条第(3)款,如果出租人在合理期间内并未承担或并未完成修理,则债权人(在这种情况下即承租人)有权对租赁货物加以修理或以出租人的费用加以修理。意大利民法典第 1577 条第(2)款规定,承租人可以在享有要求偿还的权利前提下进行紧急的修理,只要出租人获得了通知。疏于通知的结果是有争议的(Alpa and Mariconda,Codice civile commentato Ⅳ, §1577, no. 4: no consequence or application of CC §1227)。根据波兰民法典第 663 条,如果出租人并未对使得货物不符合约定目的的瑕疵加以修理,则承租人可以对瑕疵进行修理并要求费用的偿还。根据斯洛伐克民法典第 669 条,承租人可以进行应由出租人作出的修理。如果该修理是在出租人同意下进行的,或者如果出租人在获得通知后的合理期间内并未进行修理,则承租人有权要求偿还。如果该修理并未获得出租人的同意或并未通知出租人,则承租人的主张受到出租人之获利的限制(Svoboda (- Švecová),Kentár a súvisiace predpisy, §669,615)。捷克法律上有着类似的规定。

20. 在有些司法管辖区内,一般规则是承租人自己对不相符的补救仅在获得法院命令后才被允许。因此,在法国法律上,一般规则予以适用(民法典第 1144 条,Rép. Dr. Civ. (- Groslière), v° Bail,no. 223)。出租人必须存在迟延,而承租人需要获得法院就其进行补救给予的授权,在这些条件下承租人才有权要求偿还其支出(Bénabent,Contrats spéciaux[6],nos. 334 - 5,240 f)。法院命令也是为瑞士 LOA 第 98 条所规定的,但在租赁合同中,承租人没有法院命令也可以在一定限度内对不相符加以救济(LOA §259(b),参见 Guhl (- Koller),OR[9], §44,nos. 41 and 42)。在西班牙,承租人通常不能诉诸于自助并进行出租人并未履行的修理义务,即使承租人向出租人发出了到期通知而出租人仍然未予修理。根据司法原则(参见 Bercovitz (- Rodriguez Morata), Centarios a la Ley de Arrendamientos Urbanos,512)和农村出租法(第 21.3 条),承租人仅有权要求具体履行或因违约而解除合同,只有在修理是紧急情况下才被允许诉诸于自助。

Ⅷ. 受限制的强制具体履行权利

21. 国内法律上有时明确规定,承租人补救不相符和要求补偿的权利是以出租人(仍然)负有补救该不相符的义务为前提的(奥地利法,Rummel (- Würth),ABGB Ⅰ[3], §1096,no. 2;德国法,(indirectly) Blank and Börstinghaus, Miete - Km[2], §536a, no. 36;法国法,Huet, Contrats spéciaux,no. 21168;意大利法,Alpa and Mariconda,Codice civile commentato Ⅳ, §1577,no. 5)。这是否也指要求补偿或作出该行为的权利,并不总是很清楚的。

Ⅸ.出租人的补救权利不受影响

22.关于债务人补救权利的一般评论出现在对第三编第三章第二节的评论当中。关于承租人希望补救不相符时出租人的补救权利，根据奥地利法律，似乎承租人并不一定要给予出租人补救的机会，因为承租人可以在无须通知出租人，甚至是出租人对该行为并不知情的情况下自己加以补救（Schwimann（－Binder），ABGB V^3，§1097，no. 1）。然而，在某些情况下，承租人可能要对疏于通知造成的负面影响承担责任（Schwimann，loc. cit. no. 15：相对于出租人而言，承租人的成本更高；关于法律瑕疵，也可参见no. 8）。捷克民法典第668条似乎也有着类似效果。在爱沙尼亚（一般规则）、荷兰、德国、希腊和法国法律上，承租人获得行为的权利之前，某种迟延是必需的。在法国法律上，除此以外还需要法院命令（参见上文），这通常适用于出租人有机会加以补救的情况。根据瑞士LOA第259条（b）项，出租人的知情是一项前提条件，在法学著作中，有学者认为承租人给出的期限是不可或缺的（Guhl（－Koller），OR^9，§44，no. 41），从而给予了出租人补救的机会。

Ⅹ.并无对不相符性加以救济的权利

23.根据英格兰法律，由于具体履行是一种自由裁量的衡平救济，所以承租人并无自行救济不相符并随之收回费用的法律权利。不过，承租人可以选择继续被违约的合同并要求包括救济该不相符所需成本的损害赔偿。

第Ⅳ.B－4:102条　减少租金

（1）因为出租人的迟延或相符性欠缺导致出租人履行的价值降低的，在该价值的降低非由承租人造成的范围内，承租人得要求减少价值降低期间的租金。

（2）在出租人根据第Ⅲ－3:103条（确定额外履行期间的通知）、第Ⅲ－3:202条（债务人的补救；一般规则）第（2）款以及第Ⅲ－3:204条（给予债务人补救机会的法律后果）的规定有权利履行或者补救的情形，该段期间内的租金亦得减少。

（3）尽管有第（1）款的规定，根据第Ⅳ.B－4:103条（相符性欠缺的通知）的规定，承租人仍可能丧失请求减少某段期间租金的权利。

评　论

减少租金

一般规则的澄清。本条第（1）款为租赁合同的目的而澄清了关于减少价款的一般规则（第Ⅲ－3:601条（减少价款的权利））。首先，作为迟延或相符性欠缺的后果，承租人可以减少租金，即在货物仍然不可使用的期间内和不相符的货物被承租人受领的期间内。其次，它明确了在出租人履行的价值被降低的时候，该整个期间内的租金都

可以被减少。这意味着即使在出租人仍然没有补救——例如通过修理——相符性欠缺的机会的期间内，承租人也可以减少租金。对于出租人而言补救是否可能，这是与损害赔偿主张而非减少租金有关的。不过，在承租人导致价值降低的范围内，承租人不得减少租金。第Ⅲ－3:101 条(可用的救济)第(3)款规定的这一规则被包含在本条当中，因为否则的话，其措辞可能会被视为太过宽泛了。

与一般规则的背离。本条第(2)款——与第(1)款的措辞结合在一起——明确了，即使承租人已经发出了给予出租人一个额外履行期间的通知，承租人仍可以减少租金。根据第Ⅲ－3:103 条(确定额外履行期间的通知)第(2)款的一般规则，债权人在额外期间内可以中止履行，"但不得诉诸其他任何救济"。对于租赁合同而言，这一规则似乎得到了适当修改，其中承租人的履行通常直接与该期间相关。为此，承租人可以在允许加以补救的期间内当即中止支付租金。根据第Ⅲ－3:204 条(给予债务人补救机会的法律后果)的一般规则，债权人在该期间内可以中止履行，"但不得诉诸其他任何救济"。这种修改是程序或时间上的一种差别，而非实质上的。根据一般规则，承租人在被给予的履行或补救期间内总是可以中止支付租金，并在后来该期间届满时减少租金。

示例 1

一艘出租船舶的发动机出现了故障，出租人想要更换该发动机，而这需要一周时间来完成。承租人在这一周当中不能使用该船舶，而且不能诉诸于合同关系的终止。因为该船舶在发动机被更换的整个期间内都不能被使用，所以承租人可以就相当于该一周的租金要求减少。

迟延通知。本条第(3)款指向了第Ⅳ.B－4:103 条(相符性欠缺的通知)，据此，在迟延通知的情况下，承租人可能失去在对应于通知之不合理推延的期间诉诸不履行的权利。

注　释

Ⅰ.不履行和减少租金

1. 在整个欧洲的多个司法管辖区内，作为出租人义务不履行之后果的减少租金制度并不陌生。减少租金的范围和内容规则有所不同。在减少租金的主张和出租人义务的内容之间存在着密切的联系。如果承租人对货物的使用受到了某些妨碍，则这并不等于出租人义务的不履行，通常也并不存在减少租金的权利。比较第三章关于出租人义务的注释。

2. 某些司法管辖区内存在着关于相符性欠缺情况下减少租金的一般规则。根据奥地利民法典第 1096 条第(1)款第 2 句，承租人有权就货物存在故障因而并不(完全)适合于约定用途的期间按比例减少租金。该规则适用于货物对于承租人并不可用或其使用受到妨碍的情况下，甚至适用于其物质条件并不受影响的情况下(Stabentheiner, Mietrecht, no. 61)。该规则的效果是，出

租人承担货物使用受到意外事件影响的风险(Rummel(-Würth),ABGB Ⅰ[3],§1117,no. 2);出租人的过错并不是其前提条件。关于丹麦法律上类似的结果,参见Gade,Finansiel leasing,136-137。关于减少租金的规则出现在捷克民法典第673条(货物不能以约定或通常方式被使用)、第674条(货物仅能在有限范围内被使用)和第721条(商业租赁的相应规则)。在荷兰法律上,承租人有权自出租人获得采取措施的充分信息之日(或承租人就瑕疵告知出租人之日)起,一直到该瑕疵获得补救之日止减少租金(民法典第7:207(1)条)。根据爱沙尼亚LOA第296条,承租人可以就货物与合同并不相符或并不能被承租人使用的任何期间减少租金。LOA第112条关于减少租金的一般原则适用于减少范围的确定(爱沙尼亚Supreme Court decision no. 3-2-1-84-05. RT Ⅲ 2006,39,326)。在德国法律上,如果货物在它们被承租人使用时表现出相符性欠缺,或者如果这种瑕疵出现在租赁期间内,则承租人有权减少租金(民法典第536(1)条),而不论出租人一方是否有过错。该规则也适用于约定质量缺乏或变得缺乏的情况下(民法典第536(2)条),或者其使用受到第三方权利影响的情况下(民法典第536(3)条)。轻微的相符性欠缺不被考虑在内(民法典第536(1)条最后一句)。相关的相符性欠缺可能与具体情形而非货物状态有关;它也可能是妨碍承租人使用的法律、实际或经济的状况(Emmerich and Sonnenschein(-Emmerich),Hk-Miete[8],第536条,nos. 3与14;BGH 23 September 1992,NJW 1992,3226,3227:公共当局对使用的妨碍)。根据希腊民法典第576条第(1)(2)款和第583条第1句,承租人有权就租赁期间开始时或之后出现的相符性欠缺(法律或实际瑕疵,约定质量的缺乏)减少租金。过错并不是必要的,该规则也适用于修理和维护影响到了承租人之使用的情况下(Filios,Enochiko Dikaio Ⅰ[2],§39 B Ⅱ 2)。根据匈牙利法律,因不相符的履行而减少价款的一般规则(民法典第306(b)条)也适用于租赁合同。在挪威法律上,关于减少租金之权利的讨论包括了出租人修理货物的期间(参见Falkanger,Leie av skib,438-439)。在波兰法律上,如果相符性欠缺使得货物不适合于约定用途,则承租人有权按比例减少租金(民法典第664(1)条)。在此并不存在过错要求(Bieniek(-Ciepła),Kentarz do Kodeksu Cywilnego,第664、260条)。根据斯洛伐克民法典第674条,承租人有权在相符性欠缺并非由承租人造成时适当减少租金。瑞士LOA第259d条也规定了由于可用性的降低而减少租金的权利,而并不考虑过错。该规则甚至适用于出租人对该情形并无影响的情况下(BSK(-R. Weber),OR Ⅰ[3],§259d,no. 1)。

3. 在其他司法管辖区内,关于减少租金的立法是不太常见的。在法国,关于减少租金的规则出现在民法典第1722条(租赁物因意外事件而部分损毁)、民法典第1724条(修理工作持续超过40天)和民法典第1726条(由于与所有权有关的法律诉讼造成的妨碍)。不过有学者指出,在(其他)不相符的情况下也可以主张减少租金(Rép. Dr. Civ.(-Groslière),v° Bail,no. 251,Huet,Contrats spéciaux,no. 21271,670 with reference to sales)。关于比利时法律,参见La Haye与Vankerckhove,Le Louage de Choses Ⅰ[2],nos. 424,438,1127。根据意大利民法典第1584条,如果修理工作持续超过租赁存续期间的1/6,或者在任何情况下超过20天,则承租人有权就整个修理持续期间并在受损利益范围内按比例减少租金。民法典第1578条第(1)款规定,在货物可供承租人使用时出现不相符的情况下,承租人可以减少租金,这一规则相应地适用于租赁期间内的不相符的情况。如果货物的可用性受到外部事件的影响,关于意外的部分不能的规则(民法典第1463条)可以导致相应的租金减少(参见Alpa and Mariconda,Codice Civile commentato Ⅳ,§1581,no. 2)。不过,后者规则的适用似乎是有争议的(参见Cian and Trabucchi,Commentario breve[8],§1587,no. V5,but cpare for example Cass. 11 February 2005,2855/2005,Giust. civ. Mass.

2005,fasc. 4)。新的判决似乎允许民法典第 1584 条的类推适用,并允许不履行情况下行使减少租金的一般权利(参见 Cass. 13 July 2005,no. 14739,Giust. civ. Mass. 2005 fasc. 7/8)。根据马耳他民法典第 1545 条,如果存在"妨碍或降低货物之使用的故障或瑕疵",承租人有权要求减少租金,该规则也适用于"这些故障或瑕疵……出现在合同订立之后"的情况。其他关于减少租金的规则出现在民法典第 1548 条第(2)款(修理工作持续超过 40 天)、第 1551 条(使用受到第三方与货物权利有关的诉讼的妨碍)和第 1571 条第(2)款(因意外事件部分损毁)。西班牙民法典第 1558 条第(2)款规定,紧急的修理工作持续超过 40 天的情况下,允许减少租金。该法典似乎并未包括不可归责于一方当事人的可用性受限的情况。根据最高法院的观点,这种情况并不会导致合同的终止,而是导致租金的适当减少(TS 26 December 1942,RAJ 1942,1547)。有学者认为,民法典第 1558 条第(2)款关于减少租金的规则应被扩展适用于独立于出租人意志的对使用的妨碍(Díez - Picazo and Gullón,Sistema Ⅱ[9],336)。

Ⅱ. 减少租金的实施

4. 在奥地利法律上,减少租金是依法发生的,声明和诉讼都并非必要的(Stabentheiner, Mietrecht,no. 60)。在民法典第 1431 条的条件下(对不存在的债务加以支付,Stabentheiner,loc. cit.),承租人可以要求返还已经支付的租金。根据荷兰法律,租金的减少必须在法院提出,以防止在法院外对部分终止不适当地使用这一(一般)选择(民法典第 6:265 条)。根据爱沙尼亚 LOA 第 112 条第(2)款,价款减少需要向债务人发出声明,对于已经支付的金钱可以要求返还(第 112(3)条)。根据德国法律,减少租金也可以作为一种法律后果发生,而无须承租人的声明(Emmerich 与 Sonnenschein (- Emmerich),Hk - Miete[8], § 536,no. 30;但也可参见民法典第 536c(2)(1)条:迟延通知情况下承租人权利的限制)。根据民法典第 812 条第(1)款第 1 项第 1 句,已经支付的租金可以要求返还(MünchKm (- Schilling),BGB[4], § 536,no. 27)。但是,如果过量租金已经在明知相符性欠缺并且没有任何保留的情况下为较长期限而支付,则承租人并无权要求返还(BGH 18 June 1997,NJW 1997,2674)。在希腊法律上,关于其实施似乎并不存在一致意见。有学者一直坚称,租金减少依法发生(Mantzoufas,Enochikon Dikaion[3], § 44 Ⅱ 2,339 - 340;Toussis,Enochiko Dikaio, § 67,217);它是通过承租人向出租人发出单方声明而行使的(Filios,Enochiko Dikaio Ⅰ[6],第 30b 条);它既可以在司法程序外行使,也可以在诉讼中行使(Georgiades, Enochiko Dikaio, Geniko meros, § 25, no. 22; Georgiades and Stathopoulos (- Rapsanikis), § 576,no. 12)。根据不当得利的规定,已经支付的租金可以要求返还(Georgiades and Stathopoulos (- Rapsanikis), § 576,no. 10)。根据波兰民法典第 664 条第(1)款,承租人只能要求减少未来租金,不得要求返还已经支付的租金。根据斯洛伐克民法典第 675 条,承租人必须无不当迟延地或自该权利产生起不得超过 6 个月就减少租金的要求告知出租人。在捷克法律上也存在类似的规则。在瑞士法律上,减少租金的性质是富有争议的(BSK (- R. Weber),OR Ⅰ[3], § 259d,no. 3: Gestaltungsrecht or ex lege reduction)。在有些国家,有关减少租金之开始的明确表述并不容易被发现。

Ⅲ. 并无明确的减少租金的权利

5. 在英国和爱尔兰法律上,并不存在作为救济之减少租金的明确法律权利。民法法系的减价之诉(*actio quanti minoris*)并不为普通法所知。在这些情况下,将减少租金之救济作为对合同不履行之损害赔偿的一种形式可能是更加自然的。如果货物存在瑕疵,承租人可以获得相当于实际交付的货物出租价值和如果货物与合同相符则应当具有的出租价值之间差额的损害赔偿。

此外,如果履行不完整而价金可以很容易地分开,似乎承租人可以将合同视为可以分解的,并只对交付的部分加以支付(例如 Dawood Ltd. v. Heath Ltd. [1961] 2 Lloyd's Rep. 512)。最后,受害方也可以对另一方在其他情况下必须支付的金额提出产生自相同交易的主张(Beale, Remedies,50－52)。

第Ⅳ.B－4:103 条　相符性欠缺的通知

(1)承租人未向出租人为通知的,不得就相符性欠缺寻求救济。未及时通知的,在不合理的迟延期间内不认为相符性欠缺。承租人在知道或者可以合理地被期待知道相符性欠缺后的合理期间内作出的通知被认为是及时的通知。

(2)租赁期间届满的,适用第Ⅲ－3:107 条(未就不履行进行通知)的规定。

(3)如果出租人知道或者可以合理地被期待知道相符性欠缺的有关事实却没有告知承租人的,不得根据第(1)款和第(2)款的规定免责。

评　论

A. 在合理期间内通知

目的。承租人必须在合理期间内就相符性欠缺通知出租人。对给予出租人补救相符性欠缺的机会来说,通知可能是必要的,在任何情况下,出租人都对知道承租人是否会提出基于不履行的主张有着合法利益。尤其是在减少租金的情况下,这是至关重要的。出租人应当有机会通过补救相符性欠缺来获得全额租金。关于损害赔偿,情形可能是,如果出租人不能知道相符性欠缺,则其不履行在一定期间内免责,但即使在这方面,也存在关于通知以避免疑问之规则的需要。在承租人被允许就根本违约终止合同之前,出租人也应被给予补救或采取其他措施的机会。

合理期间。在承租人知道或可以被合理期待已经知道相符性欠缺之后的合理期间内,通知总是可以发出的。何谓合理期间,这取决于具体情形,例如租赁货物的类型、所涉及的当事人、租赁期间、合同的具体规定,以及相符性欠缺的性质。如果承租人可以被合理期待在此之前知道相符性欠缺,那么甚至是他在知道相符性欠缺后立即发出了通知,该通知也可能是过于迟延的。包含一项有关承租人之检验货物的规定一直被认为是必要的。检验要求仅指租赁期间开始时的情形,但通知规则也涉及租赁期间内产生的相符性欠缺。在任何情况下,如果相符性欠缺能够通过通常检验被发现,那么在确定承租人何时应当是合理知情时,这就应当被考虑在内。当租赁期间已经届满时,第Ⅲ－3:107 条(未就不履行进行通知)中的一般规则予以适用(参见本条第(2)

款)。这两项规定之间的差别在于截止效果(参见注释B)。

相符性欠缺的通知。承租人必须发出足以使承租人确定相符性欠缺的通知。如果不含有这种信息,则通知不能实现其目的。说明其不正常运行往往即已足够,因为承租人不可能被期待知道货物为什么不正常运行。

B. 迟延通知的效果

截止效果。迟延通知的效果是,承租人不能在对应于不合理迟延的期间内就相符性欠缺寻求救济——通常是减少租金。但是,承租人仍然可以就之后的期间,当然还有通知及时发出后其他相符性欠缺的出现寻求救济。对于相符性欠缺,包括相符性欠缺继续作为出租人义务之不履行的随后的期间内的欠缺而言,不给承租人留下任何救济可能,这似乎是过于苛刻的。也有学者指出,最好不要就通知前的整个期间剥夺救济;那会导致比实际迟延更长期间内救济的丧失。如果租赁期间已经终止,则为嗣后的期间保留救济的问题并不会发生,在这种情况下,第Ⅲ－3:107条(未就不履行进行通知)予以适用。

并无绝对期限。对于某些类型的合同而言,存在着就相符性欠缺进行通知的绝对期限,这意味着救济的截止效果,而不论相关债务中的债权人是否已经——或者可能已经——发现了相符性欠缺。因此,在双方都是经营者的买卖合同中,第Ⅳ.A－4:302条(相符性欠缺的通知)第(2)款规定了自(实际)交付起两年的绝对期限。第四卷本部分当中并没有这种绝对期限。在租赁合同中,相符性欠缺既是个租赁期间开始时的问题,也是整个租赁期间内的问题。每一种相符性欠缺都必须在合理期间内通知。

C. 补救的通知

具体履行和不履行的终止。根据第Ⅲ－3:302条(非金钱债务的强制执行)第(4)款和第Ⅲ－3:508条(终止权利的丧失),如果强制履行不得诉诸,或者终止通知并未在一方知道或可以被合理期待已经知道不履行后的合理期间内发出,则一方当事人可能丧失强制具体履行的权利或终止合同关系的权利。除了本条第(1)款的规则以外,这些规则也予以适用。具体履行、相符性欠缺的救济,再加上不履行的终止,这些都是直接影响出租人履行的救济措施。因此,它们都必须在合理期间内被主张。根据第(1)款,"中性的"通知在这方面不会提供给出租人充分的信息。履行或终止的要求可以在相符性欠缺之初次通知中一并提出,但情形也可能是,在要求履行或发出终止通知的初次通知之后,仍然还有一段时间。

其他救济。关于相符性欠缺的通知已根据本条第(1)(2)款被发出后,涉及中止支付租金、要求减少租金或损害赔偿的通知,并不存在独立的规则。但是,根据诚实信用和公平交易以及时效的一般规则,承租人可能丧失这种权利。

D. 截止效果的例外

知道和不披露。评论A提到了通知规则的目的:出租人需要有关承租人披露之事

实和有关承租人对履行之评价的信息。如果涉及相符性欠缺的事实已经为出租人所明知,或者出租人可以被合理期待已经知道该事实,则有关这些事实的通知是没有必要的。不过,出租人仍然需要知道承租人是否想要寻求救济(也可能是承租人对货物的认可)。这种利益通过通知要求得到保护,但只有在出租人已经向承租人披露了相关事实的情况下才是如此。如果出租人知道其履行并不与合同相符,但并未向承租人披露这一信息,则并不存在通过通知规则保护出租人的充足理由。相应的规定出现在第Ⅲ－3:107条(未就不履行进行通知)第(3)款。

注　释

Ⅰ.概述

1.关于作为强制具体履行和因不履行而终止之前提条件的通知,参见第Ⅲ－3:302条(非金钱债务的强制执行)第(4)款和第Ⅲ－3:508条(终止权利的丧失)的注释。也可参见第Ⅲ－3:107条(未就不履行进行通知)的注释。根据债务和不履行的性质,通知的重要性可能有所不同。如果债务是一种手段(即用来达成最佳目的的债务,而非实现具体结果的债务),则出租人知道实际情形,例如货物需要修理,通常是不履行的一项前提条件。此外,如果责任以过错为基础,则知情通常是必要的。但是,通知可能成为救济的前提,即使存在实现具体结果的债务和并无过错的责任,也是如此。

Ⅱ.租赁合同中的通知和截止效果

2.在奥地利法律上,迟延通知可能导致承租人减少租金的权利和终止权利的丧失(OGH 17 December 1985,RdW 1986,208,也可参见 Koziol (－Iro),ABGB,§1097,no. 1),但承租人并不丧失要求具体履行的权利(OGH 29 Jun 1971 MietSlg 23.209,obiter),或者要求返还为补救不相符而支出的成本的权利(OGH 15 September 1972,EvBl 1972/74,Schwimann (－Binder),ABGB V^3,§1097,no. 15)。明知反诉存在而支付全额租金可能被视为租金减少的放弃(Rummel (－Würth),ABGB Ⅰ^3,§1096,no. 11)。此外,如果并无不当迟延终止权利也未被诉诸,则它可能被视为放弃(Schwimann (－Binder),ABGB V^3,§1117,no. 13)。捷克法律上存在着减少租金的通知要求(民法典第675条(更多细节参见 Knappová (－Salač),Civil Law Ⅱ4,245 and Supreme Court 20 Cdo 2295/99),关于商业租赁的特殊规则,试比较,民法典第721(2)条,关于交通工具的租赁,商法典第635(2)条)。如果通知按时发出,则减少租金可能具有追溯的效果。没有来自债权人的要求,损害赔偿和具体履行的主张是不可用的(民法典第563条,试比较,商法典第340(2)条),并且承租人不得在未通知出租人的情况下中止支付租金(Švestka/Jehlička/Škárová/Spáčil (－Škárová),OZ^{10},996)。根据民法典第679条,终止的在前通知似乎并没有什么形式要求。对于丹麦法律而言,一直有学者认为,租赁期间开始时相符性欠缺的迟延通知可以阻止承租人要求减少租金、中止支付租金和要求损害赔偿,但不能阻止其要求具体履行。但在租赁期间内并不存在相符性欠缺之迟延通知的截止效果(参见 Gade,Finansiel leasing,160－161)。对于承租人而言,荷兰法律上存在着向出租人报告瑕疵的一般义务(民法典第7:206(3)条)。有些主张有其自身的通知规则,例如需要承租人之明确要求的补救(对瑕疵的补救)主张,以及要求适当通知

的减少租金主张。承租人补救瑕疵（民法典第 7:206(3)条）和某种损害赔偿补偿的权利需要一种默认，这原则上是通过书面警告来提供的。就后者的要求而言，存在着许多法定和判例的例外（民法典第 7:208 条）。在爱沙尼亚法律上，迟延通知会导致出租人补救的额外期间（LOA 第 282(3)条）。根据法国民法典第 1726 条，如果承租人的使用受到第三方权利的影响，则关于减少租金的通知是必要的，但承租人可以证明该迟延通知无关紧要，因为出租人已经掌握了其无论如何都不能补救该相符性欠缺的信息（Rép. Dr. Civ.（－Croslière），v° Bail，no. 303）。出租人维护货物的义务并不取决于正式通知（*mise en demeure*，参见民法典第 1146 条，Rép. Dr. Civ.（－Groslière），v° Bail，no. 220）。但它可能处于使得出租人知道维护货物之需要（Cass. civ. 15 July 1963，D. 1964，5，Rép. Dr. Civ.（－Groslière），v° Bail，no. 208）或明确承租人的主张是什么（Cass. civ. 21 February 1984，Bull. civ. 1984. Ⅰ，no. 68）是必要的情形之下。根据德国民法典第 536c 条第(1)款，承租人负有就租赁期间内出现的相符性欠缺通知的义务。货物维护和第三方主张的需要也是如此。在迟延通知妨碍了出租人对不相符加以补救的范围内，承租人要求减少租金或损害赔偿的权利可能会被减损，并且承租人不得在未给予出租人补救机会的情况下终止租赁（民法典第 536c(2)条）。其他救济不受影响，例如要求具体履行、中止支付租金等权利（参见 Schmidt－Futterer（－Eisenschmid），Mietrecht[9]，§536c，nos. 35 and 37），要求偿还为补救不相符而支出的成本的权利（民法典第 536a(2)）条和以违约责任为基础的权利；在这些情况下，迟延通知可能被视为与有过失（Emmerich and Sonnenschein（－Emmerich），Hk－Miete[8]，§536c，no. 10）。通知后，承租人再一次有权要求减少租金（Emmerich and Sonnenschein，loc. cit. §536c no. 11）。对于希腊法律而言，有学者一直主张，未能通知可能导致减少租金和因不履行而终止等权利的丧失（Kafkas，Enochiko Dikaio Ⅰ[7]，§585－586 §4 and §589 §7；Toussis，Enochiko Dikaio，§69，229；contra Zepos，Enochikon Dikaion Ⅱ[2]，§7 Ⅳ，212 and fn. 2）。根据匈牙利法律，民法典第 307 条的一般规定予以适用（在具体情形下尽可能通知；迟延通知可能导致对由该迟延造成的损失的损害赔偿责任，而非救济的损失；在消费者合同中，在两个月内通知总是及时的）。根据意大利民法典第 1577 条，承租人必须就并不属于承租人义务范围内的修理需要通知出租人。出租人进行修理的义务和不履行的责任取决于他对修理需要的知情（参见 Alpa and Mariconda，Codice civile commentato Ⅳ，§1577，no. 1 and Cian and Trabucchi，Commentario breve[8]，§1577，no. Ⅱ 1）。对于承租人来说，未就第三方主张发出通知可能导致责任的负担而非救济的丧失（Alpa and Mariconda，loc. cit. §1586 no. 1，Cian and Trabucchi，Commentario breve[8]，§1586，no. 3）。根据波兰法律，通知是减少租金的前提条件（参见第Ⅳ.B－4:102 条（减少租金））。终止也是以出租人已经就相符性欠缺获得了补救机会为前提的（民法典第 664(2)条与 Radwański（－Panowicz－Lipska），System Prawa Prywatnego Ⅷ，27）。此外，如果承租人并未就相符性欠缺通知出租人，则货物就被假定与合同相符（试比较，民法典第 675(1)条）。根据斯洛伐克民法典第 668 条第(1)款，承租人必须就应由出租人进行的修理需要无不当迟延地通知出租人。如果违反这一义务，则承租人丧失中止支付租金、减少租金或不经通知而终止合同的权利（Svoboda（－Górász），Kentár a súvisiace predpisy，614）。未就修理需要进行通知，也可能导致承租人要求偿还为这些修理而支出的费用的权利之丧失；在这种情况下，承租人只能要求以出租人的获利为限的偿还（参见民法典第 669 条）。在西班牙法律上，承租人必须就第三方的主张和妨碍，以及修理的需要尽可能快速地通知出租人（民法典第 1559 条）。这种通知是针对修理义务之不履行要求救济的前提（Bercovitz，Manual de Derecho Civil，179）。瑞士法律并不承认租赁合同中迟延通知的截止效果

(Guhl(－Koller),OR9,§44,no. 37;BG 22 October 1981,BGE 107 Ⅱ 426,429:与买卖法不同),但出租人对于不相符的知情是某些救济的前提条件(*inter alia* 瑞士 LOA 第259b litra a 条关于终止,第259b litra b 条关于自助,第259d 条关于租金减少)。出租人获知不相符的方式是无关紧要的(BSK(－R. Weber),OR Ⅰ^{3},§257g,no. 7)。标准合同形式不得确定迟延通知的截止效果(BSK,loc. cit. no. 9)。根据英国和爱尔兰法律(尽管存在相符性欠缺,承租人选择继续合同,或者相符性欠缺不会导致终止权利的产生),承租人必须就相符性欠缺通知出租人,并允许出租人在合理期间内加以补救。如果出租人知道或被认为已经知道相符性欠缺的存在,则通知是没有必要的。

第Ⅳ.B－4:104条　直接向供应商主张的救济

(1)本条适用于下列情形:

(a)出租人按照承租人提供的规格从承租人选择的供应商处获得货物;

(b)承租人在提供货物规格以及选择供应商时,主要不是依赖于出租人的技能和判断;

(c)承租人认可供货合同的条款;

(d)货物供应商因供货合同所负担的义务是根据法律或合同对承租人所负的义务,承租人或者是供货合同当事人,或者可以被看作合同当事人;并且

(e)供货商对承租人所负担的义务未经承租人同意不得变更。

(2)除非不履行的结果是由于出租人的作为或不作为造成的,否则承租人不能就迟延交付或者相符性欠缺要求出租人具体履行、减少租金或赔偿损失或利息。

(3)在下列情况下,第(2)款的规定不得排除:

(a)承租人在其作为供货合同当事人本可以寻求救济的范围内根据第三编第三章第五节(终止)的规定拒绝受领货物或者终止租赁合同,或者在受领货物以前拒付租金的权利。

(b)承租人在第三方对货物主张权利从而妨碍或者以其他形式很可能干扰承租人根据合同对货物为持续使用时所能够得到的救济。

(4)未经出租人同意,承租人不得终止其与供应商之供应合同的合同关系。

评　论

A. 概述

“融资租赁”和救济。本条主要适用于与《国际融资租赁公约》(渥太华,1988)中处理的合同相应的合同类型。在这些交易中,出租人发挥着融资方的作用,而当事人

通常可以就承租人的救济直接向货物供应商（越过出租人）提出主张。这是与《国际融资租赁公约》所确立的规则相同的。其他与公约中涉及的合同有关的特殊规则出现在第Ⅳ. B－2:103 条（默示延长）第（4）款、第Ⅳ. B－3:101 条（货物的可用性）第（2）款、第Ⅳ. B－3:104 条（租赁期间内货物的相符性）第（2）款和第Ⅳ. B－5:104 条（按照合同要求使用货物）第（2）款。对于这些规定中的每一项而言，适用特殊规则的标准并不是一样的，因为合同的不同方面要求适用不同的规则。就本条之适用而言，全部成本都通过租金支付来摊付并不是必要的。因此，本条也适用于某些租赁剩余价值的合同类型。

B. 适用范围

前提条件。本条适用于某些前提条件得到满足的情况。这些前提条件部分取决于合同订立的实际情形，部分取决于个别合同的条款。前提条件是累加的；因此只有其中某些得到满足并不足够。

为特定租赁供应的货物。本条仅适用于出租人根据承租人的指示从承租人选择的供应商处获得货物的情况。为了实际的目的，这意味着货物是专门为所涉及的租赁合同而获得的。这反映了出租人在该合同中的作用：出租人通常是并非为租赁提供货物的金融机构，它对于与并非特定客户的货物买卖也没有任何利益。货物通常是为了单一的租赁合同，而非与不同承租人之间的若干嗣后合同而供应的。

货物的规格。货物必须以承租人提供的规格为基础而获得。这意味着，货物是为了承租人的目的和需要而获得的，出租人不能单方面确定所要获得的货物及其质量。这一要素特别证明了相符性欠缺的责任并不是由出租人承担的。该规格完全由承租人确定是并没有必要的。承租人在所有方面都享有最终决定权，这也并没有必要。承租人可以向独立的专业人士、供应商，甚至是出租人咨询，但该规格必须是为了租赁并满足承租人自己的目的而确定的。如果承租人所确定的规格被认为是不恰当的，则出租人当然可以放弃交易。

供应商的选择。供应商必须由承租人来选择。再次，这是出租人在这些合同中的典型作用的结果。在一般的租赁合同中，出租人为了租赁业务将决定从哪里获得货物。承租人独立于出租人之外自由选择，这是没有必要的。出租人通常会希望对供应商加以认可，因为供货合同是在出租人和供应商之间订立的。供应商与将向供应商的客户提供租赁合同的金融机构相互合作，这并不多见。因此可以说，供应商已经选择了出租人。但是，有关租赁合同，供应商仍然是由承租人选择的。这也是证明越过出租人，直接由供应商承担责任的部分理由所在。

货物规格和供应商的选择。该规则仅适用于承租人在确定货物和选择供应商时，主要并不依赖于出租人的技能和判断的情况。这是证明免除出租人租赁合同中的某些一般责任之合理性的另一要素。正如在前两段中已经提到的，出租人可能想要认可货物的规格和供应商的选择，而出租人也可以就这些事项给出建议。只有在承租人主

要依赖于出租人的技能和判断的情况下,租赁合同才不属于本条的调整范围。如果确实如此,出租人则发挥着并非此处所处理的交易之典型的积极作用,进而存在一般租赁规则予以适用的推定。

交易的其他要素。除了货物规格和供应商的选择以外,出租人可以就其他交易要素提供建议,例如有关交易的成本、租赁期间和租金支付的方案、税收和财务的影响等等。这是与本条的适用并不抵触的。

供货合同条款的认可。承租人必须已经认可了供货合同条款。这是至关重要的,因为供货合同将在很大程度上决定出租人在不履行情况下所享有的权利。但是,供货合同的当事人通常只是出租人和供应商,而条款是由这两方当事人所约定的。承租人对其条款有一定影响,这并不是一个前提条件;认可即已足够。关于承租人对供货合同条款的认可,并不存在形式上的要求,该认可可以通过任何形式来提供(参见第Ⅱ－1:106条(形式))。在大多数情况下,当事人更喜欢让承租人以书面形式认可。

供应商对承租人负有的义务。本条所包含的规则仅适用于供应商根据供货合同对作为缔约人之一方的承租人或者好像承租人就是供货合同的一方当事人一样负有义务的情况。这就是出租人可能会被部分免除不履行之责任的原因所在。在《国际融资租赁公约》中,承租人根据供货合同所享有的权利是公约(或者毋宁说是实施公约的国内法)适用的结果。在此选择的是另一种解决方案:承租人根据供货合同享有权利是本条规则适用的前提条件。供货商对承租人所负的义务可能是法律规则(国内法)的结果,也可能是合同本身的结果,只要有利于作为第三方的承租人的规定被包含在内即可。

法律规则。如果适用于供应商与承租人之间的法律规则规定,供应商根据供货合同对承租人负有义务,就好像承租人是合同的一方当事人一样,那么本章适用的前提条件便得到了满足。考察国内法来确定这种规则是否存在(除了实施《国际融资租赁公约》的规则以外),那被认为是没有必要的。应该提到的是,在某些司法管辖区内出现的关于"直接行动"的规则通常受到某些限制的制约,以至于供应商的义务并不完全向好像作为合同一方当事人的承租人负担。

与承租人的合同。承租人可能与出租人一起作为供货合同的一方当事人,其效果是供应商的义务向承租人负担。事实是否如此,这必须通过合同的一般解释来确定。

有利于作为第三方之承租人的规定。供应商和出租人可以在供货合同中规定,供应商的义务向承租人负担,就好像承租人是合同当事人一样(参见第二编第九章第三节关于有利于第三方之规定的一般规则)。如果合同进一步约定,供应商的义务未经承租人同意不得变更(参见下一段),则本条规则将予适用(只要其他前提条件也得到了满足)。

未经承租人的同意,供应商的义务不得变更。供应商根据供货合同负有的义务向承租人负担并不足够;它还必须确保——不论是通过法律规则的适用还是根据合同——这些义务未经承租人的同意不得变更。尤其是对于出租人与供应商之间的合

同中有利于作为第三方之承租人的规定而言，这一定性是至关重要的，因为除非另有约定，缔约当事人在任何情况下都可以消除、撤销或修改第三方的权利（参见第Ⅱ－9:303 条（利益的拒绝或撤销））。

C. 效果

越过出租人追究责任。本条的效果是这样的，在一定程度上，出租人一方不履行的责任要越过出租人而被追究。有些一般的救济不能向出租人寻求，在这种情况下，承租人就只能选择追究供应商。因此，救济主要依赖于供货合同，而不是租赁合同。供应商对承租人负有的责任之确切范围并未在本条中明确规定，这种责任归根结底是本条适用的前提条件。

概述。在迟延交付（包括未交付和相符性欠缺）的情况下，承租人无权要求出租人履行、减少租金或损害赔偿。这种不履行通常是由供应商造成的。但是，出租人必须接受货物的拒绝、租赁合同上的合同关系的终止，或者在受领货物之前的中止支付租金，上述要视情况而定，但仅限于承租人可以作为供货合同一方能够诉诸这些救济的范围之内。在这种情况下，出租人通常享有终止承租人自己与供应商之供货合同的合同关系，或者要求供应商偿还因迟延交付造成的损失的权利。如果不履行是出租人的行为或疏忽造成的，则根据一般规则，承租人可以对出租人寻求救济。

该规则的目的。这些规则背后的推理是以出租人（通常是金融机构）在交易中的特殊作用为基础的。供应商控制着货物的可用性和相符性，而出租人的主要利益是收回一般按实际价值授予承租人的信贷。如果一般租赁规则予以适用，则出租人要对承租人负责，然后再向供应商要求偿还由供应商造成的任何损失。包含在本条当中的规则的效果是，承租人必须向出租人支付租金，之后可以向供应商要求偿还供应商所造成的任何损失。因此，承租人将在一定程度上承担着供应商破产的风险，并承担了诉讼的负担，这些是可以通过承租人选择供应商而得到证明的。

具体履行。不论是在迟延情况下以要求货物的形式，还是通过更换或修理来补救相符性欠缺的形式，承租人都不能强制出租人具体履行。通常情况下，承租人可以根据供货合同强制供应商具体履行。

减少租金。承租人不能因迟延交付或相符性欠缺而要求减少租金（不过，在受领货物之前，租金可以被中止支付）。在普通租赁中，承租人可以就货物根本不具有可用性的期间减少租金，直至归零，或者在货物与合同并不相符的情况下按比例减少租金。根据此处涉及的合同，承租人必须支付租金，之后再向供应商要求减少租金或损害赔偿。

损害赔偿和利息。承租人不能向出租人要求损害赔偿（如果涉及，包括利息）。但根据供货合同从供应商那里获得的损害赔偿可以补偿该损失。

与出租人合同关系的终止。如果根据供货合同，该终止可被允许的话，则承租人可以终止租赁。终止可以在受领货物之前或之后发生。如果租赁被终止，则出租人将

不能收取未来租金,而承租人不得要求货物,或在已经受领货物的情况下必须返还。出租人转而可以终止其与供应商的供货合同关系,因此被免除了支付货物价款的义务,或被赋予了要求偿还已经支付的金额的权利(除了其他遭受的损失以外)。如果供应商不能支付,则货物可以作为对出租人的担保。

中止支付租金,货物的拒收。在受领货物之前,承租人可以因迟延交付或不相符货物的提供中止支付租金,只要供货合同允许在这种情况下中止支付。如果供货合同允许,承租人也可以拒收不相符的货物。但是,在受领货物之后,租金不得因货物之相符性欠缺而被中止支付。

隐性的相符性欠缺。这些规则的效果可以通过隐性的相符性欠缺的情况来加以说明。在承租人受领货物时不可能被期待知道的相符性欠缺的情况下,租金不得被中止支付。给出的理由是,出租人(通常是金融机构)会就承租人未支付的租金对供应商享有权利,但只要承租人被允许根据租赁合同保留货物,这项权利就无法得以确保。不过,如果根据供货合同该终止被允许,则承租人可以终止租赁。之后出租人可以收回货物,并终止与供应商之间的供货合同关系。基于同样的理由,承租人不得因隐性的相符性欠缺减少租金,或者向出租人要求损害赔偿。这种救济也会留给出租人一种对供应商的无担保权利。

出租人的行为或疏忽造成的不履行。如果迟延交付或相符性欠缺是由出租人的行为或疏忽造成的,则关于不履行之救济的一般规则予以适用,承租人可以诉诸相关的救济,包括减少租金、中止支付租金(甚至在受领货物之后),以及向出租人要求损害赔偿。

第三方的权利。如果第三方的权利或有着合理基础的主张很可能妨碍或以其他方式干扰承租人按照合同要求对货物的使用,本条包含的规则并不会免除出租人的不履行责任。不论该不履行是与供应商还是出租人有关,一般规则均予以适用:出租人可能购买了根本不属于供应商的货物,或者出租人的处分或出租人之债权人的权利干扰了承租人的使用。

承租人终止其与供应商的供货合同关系。本条规则仅适用于供货合同将对于承租人(作为供货合同的一方当事人,或者就好像承租人是该合同的一方当事人一样)的义务施加于出租人之上的情况。因此,在承租人和供应商之间存在法律关系。这意味着当终止被缔约方预见到,或者根据关于不履行的一般规则而被允许时,承租人也可以终止这种法律关系。本条第(4)款设定了一项限制:未经出租人同意,承租人不得终止其与供应商之供货合同关系。在承租人支付租金的义务被确定并且货物被返还给供应商的情况下,出租人通常会希望拥有某种发言权。终止也可能导致有关出租人根据供货合同享有的权利的纠纷。如果出租人的同意由于某种原因被拒绝了,则承租人无论如何都可以诉诸于终止租赁的权利。

注　释

Ⅰ.适用范围

1. 关于该种合同的定义和描述，这往往被称为金融租赁、融资租赁等（参见第Ⅳ.B－1：101条（货物租赁）的注释）。

Ⅱ.排除因迟延或相符性欠缺对出租人提出的救济

2. 在奥地利法律上，如果并且在承租人有权以出租人的名义对供应商主张该种救济的范围内，或者相应的权利已被转让给承租人的情况下，对于出租人提出的救济可以被排除（Schwimann（－Binder），ABGB V^3，§1090，no. 82）。不过，承租人可以因相符性欠缺而拒收货物（Rummel（－Würth），ABGB Ⅰ^3，§1090，no. 32）；在一定条件下，承租人可以中止支付租金（Schwimann（－Binder），ABGB V^3，第1090，no. 85）；因重要理由而终止不得被排除（Schwimann（－Binder），ABGB V^3，§1090，no. 96；Fischer－Czermak，Mobilienleasing，259）。根据买卖法承租人享有出租人应当享有的救济（Fischer－Czermak，Mobilienleasing，258）。关于这些买卖法上的救济之排除对于租赁合同的影响，参见Schwimann（－Binder），ABGB V^3，§1090，no. 86。

3. 在符合《国际融资租赁公约》的规则已被编纂的司法管辖区内，它们既包含了对出租人责任的排除（有着某些例外），也包含了承租人对供应商寻求救济的权利（参见爱沙尼亚LOA第17章（第361～367条）；立陶宛民法典第6.567～6.574条与波兰民法典第709条）。

4. 根据丹麦法律，排除出租人的责任，将出租人对供应商之主张转让给承租人和这种协议的限制，是在Gade，Finansiel leasing，167－197中加以讨论的。

5. 在法国的租赁合同中，排除出租人的责任和将出租人对供应商之主张转让给承租人极为常见，并且在原则上是可能的。关于其详细讨论，参见Rép. Dr. C.（－Duranton），v° Crédit－bail nos. 114，112，192 ff；Bénabent，Contrats spéciaux[6]，nos. 898 ff；Huet，Contrats spéciaux，no. 23006。关于比利时法律上相应的规则，参见Philippe，Le Leasing[2]，no. 070。

6. 在德国法律上，对出租人提出的救济的排除和将出租人对供应商主张的救济赋予承租人，在原则上是可能的。使得货物可供使用的义务不得通过合同排除，承租人必须享有中止支付租金、终止合同和要求损害赔偿的权利（Staudinger（－Stoffels），BGB（2004），Leasing nos. 188条及其后，MünchKm（－Habersack），BGB Ⅲ[4]，Leasing，nos. 65 ff；Oetker and Maultzsch，Vertragliche Schuldverhältnisse[2]，737）。关于承租人针对出租人根据买卖合同所享有的救济，参见MünchKm（－Habersack），BGB[4]，Leasing，nos. 79 ff；Staudinger（－Stoffels），BGB（2004），Leasing nos. 213 ff。

7. 在希腊法律上，出租人责任的排除和将出租人对供应商之主张转让给承租人（对于损害赔偿、租金减少、终止合同）是极为常见且在原则上是可能的。出租人作为货物进口商的责任不得通过合同排除，在这种情况下，该责任要受关于生产商责任之规定的调整（第6（3）与（12）of L. 2251/1994）。详细讨论，参见Georgiades，New Contractual Forms of Modern Econy[4]，67－68，71－73。在西班牙租赁合同中，因相符性欠缺对出租人享有之法律权利的约定放弃是常见的。作为一种补偿，出租人通常会将其自己对供应商的权利转让给承租人。当承租人试图因相符性严重欠缺而终止供货合同时，这种代位权会引起严重的问题。有时判例会拒绝这种企图（（TS 26 June

1989,RAJ 1989/4786))。有时它要求该主张要向供应商和出租人一起提出(TS 25 June 1997,RAJ 1997/5210)。有时它支持承租人的主张,但指出,这种代位权的最终结果也是作为从属协议的租赁合同的终止(TS 26 February 1996,RAJ 1996/1264)。

8. 在瑞士法律上,出租人责任的限制和将出租人对供应商的主张转让给承租人,在原则上是可能的,但并不是没有例外(参见 BSK(-Schluep 与 Amstutz),OR Ⅰ^{3},Pref. to 第 184 及其后 nos. 100,103;Tercier,Les contrats spéciaux^{3},no. 6918)。有人指出,《国际融资租赁公约》是更有利于承租人的(Kramer(-Stauder),Neue Vertragsformen^{2},104)。

9. 在苏格兰法律上,出租人要根据《货物与服务供应法》1982 就供应货物的质量向承租人承担责任,但通常情况下,这种责任在融资租赁中被排除了,这种排除受到不平等合同条款法 1977 第 21 条之公平合理检测的制约(但是请注意 G. M. Shepherd Ltd. v. NorthWest Securities Ltd. 1991 SLT 499 的相反判例,指出融资租赁是一种无名合同,租赁之普通法的隐含条款不能补充进去)。并不存在这种类型的排除被认为不合理的判例。如果根据供应商和出租人之间的合同,承租人享有第三方权利(*jus quaesitum tertio*),则承租人只能对供应商提出主张。在明确规定缺位的情况下,将买卖和租赁合法地分离开来,这似乎不可能是当事人的意图(参见 Gloag and Henderson,The Law of SCOTLAND^{11},para. 13.15)。

Ⅲ. 因第三方权利负有的责任

10. 对于某些司法管辖区而言,排除因第三方权利妨碍使用而负有的责任似乎是可能的(奥地利法,Fischer-Czermak,Mobilienleasing,258 ff;德国法,MünchKm(-Habersack),BGB Ⅲ^{4},Leasing,no. 104;瑞士法,BSK(-Schluep 与 Amstutz),OR Ⅰ^{3},Pref. to § 184 ff,no. 101)。一种不同的解决方案,参见爱沙尼亚 LOA 第 362(1)条。

Ⅳ. 承租人终止供货合同关系的权利

11. 对于某些司法管辖区而言,出租人终止供货合同关系的权利也可以被转让给承租人,后者因而可以未经出租人同意而终止供货合同(奥地利法,Schwimann(-Binder),ABGB V^{3},§ 1090,nos. 85 and 86;法国法 on crédit-bail,Rép. Dr. C.(-Duranton),v° Crédit-bail,no. 122(但负有通知出租人的义务);德国法,MünchKm(-Habersack),BGB^{4},Leasing,nos. 86,91,95;瑞士法,Tercier,Les contrats spéciaux^{3},nos. 6915 ff;Kramer(-Stauder),Neue Vertragsformen^{2},106)。一种不同的解决方案(出租人的同意),参见爱沙尼亚 LOA 第 365(2)条;立陶宛民法典第 6.573(1)条和波兰民法典第 709^{8}(4)条。关于西班牙,参见上文。

第五章　承租人的义务

第Ⅳ.B－5:101条　支付租金的义务

（1）承租人必须支付租金。

（2）如果租金无法根据合同条款，也无法根据其他可以适用的法律规则或者惯例或习惯作法确定，则系依Ⅱ.－9:104（价格的确定）规定确定的货币金额。

（3）租金自租赁期间开始时计算。

评　论

A.对合同和默认规则的援引

合同。通常情况下，当事人已经约定了应支付的租金。租金可以以整个租赁期间内的金额形式来约定。更为常见的是，租金以每一时间段一定金额的形式来约定（每小时、每天、每月的租金等）。在某些情况下，应支付的金额并未在合同中明确规定，但可以通过参照列出的价格等来确定。尤其是对于长期租赁而言，可能存在着不同类型的租金规制条款，例如，允许一方或每一方当事人享有根据指数要求调整租金的权利的条款。

默认规则。有时，租金不能根据合同来确定，即使双方约定租金应当支付。在这种情况下，租金必须根据Ⅱ.－9:104（价格的确定）的规定来确定。如果租金不能根据约定条款、任何其他可适用的法律规则或相关的惯例和习惯做法来确定，则“应支付的价格为合同订立时在类似情况下通常收取的价格，如果没有此类价格标准的，则为合理价格”。在协议与当事人确定的相关惯例和习惯做法之间，或者在通常的惯例和习惯做法与通常收取的租金（市场价格）之间，往往并不存在什么明显的差别。如果租金不能根据这种标准来确定，则承租人必须支付合理的租金。根据定义列表中的定义，所谓“合理的”指的是“应为客观判断，应加以考虑的因素包括行为的性质与目的、个案下的客观情况以及任何相关的惯例或习惯做法”。因此，在合理性和指导原则之间存在着某些重叠，都可以囊括惯例和习惯做法。

B. 租金自租赁期间开始时计算

租金计算与支付。如果租金是按照一定时间段来约定的，则租金计算的期间必须予以确定。不论约定的支付时间是否是一定的时间段，这都必须确定。

自租赁期间开始时计算。甚至对于货物并无可供承租人使用的租赁期间部分的，租金原则上也要计算在内。不可用性必须被当作减少租金（或部分终止，那会导致相同的结果）的问题来处理。这种做法的后果是，租金从租赁期间开始时计算，而不是从货物可供使用时计算，甚至在履行迟延的情况下也是如此。对于迟延的期间，承租人在大多数情况下可以要求减少租金，直至归零。不过，如果迟延是由承租人造成的，则并不存在减少租金的主张（参见第Ⅲ－3:101条（可用的救济）第（3）款）。

注　释

Ⅰ. 支付租金的义务

1. 一般情况下，为使用货物的权利而支付租金的义务是租赁合同的典型特征。无偿使用货物的协议通常并不被看作是租赁（虽然在英格兰法律上，它属于财产寄托的一般范畴）。因此，支付租金的义务被明确包含在某些国家的立法当中（奥地利民法典第1090、1092、1100条及以下；比利时民法典第1728（2）条；捷克民法典第671（1）条；荷兰民法典第7.212条；英格兰、威尔士与北爱尔兰《货物与服务供应法》1982，s. 6（3）、《货物与服务供应法》1982，s. 11G（3）；爱沙尼亚LOA第271、292（1）条；法国民法典第1728（2）条；德国民法典第535（2）条；希腊民法典第574、595；匈牙利民法典第423与428（1）条；意大利民法典第1587（1）条；拉脱维亚民法典第2141条；立陶宛民法典第6.487条；马耳他民法典第1526（1）、1533条；波兰民法典第659（1）、669（2）条；葡萄牙民法典第1022与1038（a）条；斯洛伐克民法典第671条；斯洛文尼亚LOA第587（1）、602条；西班牙民法典第1543与1555（1）条；瑞士LOA第257条）。

Ⅱ. 作为要求，确定的或可确定的租金

2. 在有些体系内，对于一项有效合同而言，价格必须由当事人确定或至少可以根据合同来确定，这或多或少是一项一般要求（参见Ⅱ.－9:104（价格的确定）的注释）。这一要求往往是特别针对租赁合同明确规定的。它意味着未来租金的确定不得被留给法院处理（参见奥地利民法典第1090条，试比较，Schwimann（－Binder），ABGB V[3]，§1092，nos. 66 ff；比利时法，La Haye and Vankerckhove，Le Louage de Choses Ⅰ[2]，no. 825；荷兰民法典第6:226条（债务必须可以确定），试比较，Asser（－Abas），Bijzondere overeenksten Ⅱ A[8]，no. 16；法国法，Huet，Contrats spéciaux，no. 21143；意大利法，Alpa and Mariconda，Codice civile commentato Ⅳ，§1571，no. 14；波兰法，Pietrzykowski，Kodeks cywilny Ⅱ[4]，§659，no. 22，394；葡萄牙法，Pires de Lima and Antunes Varela，Código Civil Anotado Ⅱ3，370；西班牙法，TS 2 May 1994，RAJ 1994，3557 and Paz－Ares/Díez－Picazo/Bercovitz/Salvador（－Lucas Fernandez），Código Civil Ⅱ，1095；瑞士BGE 119 Ⅱ 347（15 September 1993））。如果物已被使用，则支付应当根据不当得利的规则（奥地利法，参见Rummel（－Würth），ABGB Ⅰ[3]，§1092－1094，no. 14），或者作为违约责任（瑞士法，参见Guhl

(－Koller), OR9, §44, no. 12, faktisches Vertragsverhältnis, Honsell, OR－BT[7], 203, Huguenin, OR－BT[2], no. 471, mietvertragsähnliches Verhältnis)来处理。

Ⅲ.“通常的”、“合理的”等租金的确定

3. 其他体系允许法院通过确定租金,或在某些体系中委托独立专业人士来确定租金,从而对合同加以补充。它可以是“通常的”(捷克民法典第671(1)条;斯洛伐克民法典第671(1)条)或“合理的”(英国,通过类推适用服务合同,《货物与服务供应法》1982, s. 15, Chitty on Contracts Ⅱ[29], nos. 33－076 and 33－047;瑞典,参见Hellner/Hager/Persson, Speciell avtalsrätt Ⅱ(1)[4], 197,类推适用买卖法)租金,或者是这种标准的结合(类推德国民法典第612(2)与632(2)条,根据民法典第315与316条,出租人的决定是最后的救济, Emmerich and Sonnenschein (－Emmerich), Hk－Miete[8], Pref. to §535, no. 29。也可参见爱沙尼亚LOA第28(2)条(一般规则,通常收取的价格,其他情况下则是合理价格);希腊民法典第371～373、379条(一般规则);拉脱维亚民法典第2123条(前一合同中的租金,否则的话通过裁量权来确定);立陶宛民法典第6.487(2)条(由独立专家来确定);马耳他民法典第1534条(如果有的话即通常价格,或者由独立专家来评估))。

Ⅳ.租金的计算

4. 关于租金开始计算的时间问题与关于租金减少的规则有着密切的联系,一般可参照第Ⅳ.B－4:102条(减少租金)的注释。

Ⅴ.以货币或其他价值形式存在的租金

5. 参见第Ⅳ.B－1:101条(货物租赁)的注释。

第Ⅳ.B－5:102条　支付的时间

租金应在下列时间支付:
(a)约定支付租金的每段期间届满时;
(b)如果当事人未就特定期间达成合意的,则在确定的租赁期间届满时;
(c)如果并未约定确定期间且未就特定期间达成合意的,在合理的时间段届满时。

评　论

A. 支付的时间

约定支付租金的期间届满时。当事人通常会约定支付的时间。如果支付时间并未确定,或者不能根据当事人约定的条款来确定,它便要通过本条规定的默认规则来确定。如果当事人约定,租金是就特定期间支付的,例如每月一定金额,则租金必须在每月届满时支付。租金支付还可以就整个租赁期间来约定。在这种情况下,租金必须

在租赁期间届满时支付(可以认为,这也是租金约定支付的一个期间,在本条(a)和(b)之间存在着一段时间相间隔)。如果租金支付是就相当短的期间(小时、天)约定的,则默认规则很可能导致相当麻烦的结果,但即使在合同订立之后,当事人也可以自由约定另一个支付的时间。

合理的时间段届满时。如果当事人并未约定确定的租赁期间,而租金支付也未就特定期间约定,则租金必须在合理的时间段届满时支付。判断合理性的指导原则规定在定义列表中的"合理的"定义当中。

B. 支付地点

出租人的营业地点。支付地点可能是确定的,或者是可以根据当事人约定的条款来确定的。如果并非如此,则根据第Ⅲ-2:101 条(履行地点)来确定支付地点。一般情况下,货币要在合同订立时在债权人的营业地点来支付。如果债权人有一个以上的营业地点,则支付地点便是与债务有着最密切联系的那个营业地点。如果并不存在营业地点,则货币必须在债权人的惯常住所来支付。在实践中,出租人往往指示承租人向特定银行账户中汇款,而非在其营业地点或惯常住所履行,这要视情况而定。

注　释

Ⅰ. 支付的时间

1. 整个欧洲法律体系的常见规则是,租金要在由当事人约定的条款确定的时间支付。这往往被明确规定在立法当中,有时还会援引特别的惯例(参见例如奥地利民法典第 1100 条;荷兰民法典第 7:212 条;葡萄牙民法典第 1039 条;西班牙民法典第 1555(1)与 1574 条;瑞士 LOA 第 257c 条)。在协议或惯例缺位的情况下,关于支付时间的规则在一定程度上有所不同。

2. 在有些体系中,默认规则是,租金应在约定支付的期间届满时支付,如果并未约定这种期间,则在租赁期间届满时支付(丹麦法,Gade,Finansiel leasing,198-199;爱沙尼亚 LOA 第 294 条;德国民法典第 579(1)条第 1 与第 2 句;希腊民法典第 595 条;挪威法,参见 Falkanger,Leie av skib,429;瑞典法,参见 Hellner/Hager/Persson,Speciell avtalsrätt Ⅱ(1)[4],197-198)。在苏格兰法律上,一般的假设是,租金应在欠款时支付(Stair,The Laws of SCOTLAND,Reissue"Leasing and hire of movables",para. 46);在合同规定或惯例缺位的情况下,租金原则上应在租赁期间届满时支付。

3. 在协议或惯例缺位的情况下,租金支付的时间可以根据特定期间来确定。根据奥地利民法典第 1100 条,如果租赁期间是一年或以上,则租金必须在每半年届满时支付。如果租赁期间不足一年,则租金必须在租赁期间届满时支付。同样的规则也出现在斯洛文尼亚 LOA 第 602 条第(2)款。根据捷克法律,租金必须在租赁的每月届满时支付(民法典第 671(2)条)。一项特殊的规则适用于交通工具的租赁(商法典第 634(2)条):租金必须在租赁期间届满,或者如果租赁期间超过了 3 个月,则在每个日历月届满时支付。根据斯洛伐克民法典第 671 条第(2)款,租金

必须在租赁的每月届满时支付。瑞士 LOA 第 257c 条也规定了相同的规则（如果租赁期间超过了 1 个月）。

Ⅱ.提前支付

4.在某些体系中，租金必须提前支付，除非另有约定（参见匈牙利民法典第 428(1)条（定期提前）；拉脱维亚民法典第 2142(2)条（对于 1 年或以上的合同，提前 6 个月，否则的话在租赁期间届满时）和波兰民法典第 669(2)条（如果租赁期间达到 1 个月，则就整个期间提前；如果租赁期间更长，则每月提前，但不得迟于该月的 10 日））。

Ⅲ.支付地点

5.参照第Ⅲ－2:101 条（履行地点）的注释。在某些体系中，一般规则是，货币必须在债权人的地点支付，因此就租金支付而言，这意味着出租人的地点。在其他体系中，债权人（在此即出租人）必须在债务人的地点接受支付的货币，有时则附有债务人必须将货币转移给债权人的规定（债权人必须承担运输迟延的损失）。看来这些规则通常也适用于租赁合同。

6.根据葡萄牙民法典第 1039 条，如果协议或惯例缺位的话，租金必须在承租人的住所支付。

7.根据西班牙民法典第 1547 条，如果并不存在关于租金的协议，则第 1171 条予以适用（债务成立时货物所处的地点，否则便是债务人的地点）。该规定已经引起了质疑，并导致了相互矛盾的判例。不过，大多数学者仍倾向于承租人的地点这一解决方案（Albaladejo, Derecho Civil Ⅱ[12], 641; Bercovitz, Manual de Derecho Civil, 170）。

第Ⅳ.B－5:103 条　货物的受领

承租人必须：

(a) 采取所有可以合理期待的措施以使出租人能够在租赁期间开始时使得货物可供使用；

(b) 按照合同要求取得对货物的控制。

评　论

A.受领货物的独立义务

协作和取得对货物的控制的义务。为了让出租人能够使得货物可供使用，承租人负有协作的义务（第Ⅲ－1:104 条（协作）），以及之后取得对货物的控制的义务。这种义务是与出租人在租赁期间届满时受领货物的义务相类似的。参照第Ⅳ.B－3:106 条（返还货物的义务）以及该条的评论。

B.救济

货物的维护等。出租人可以因承租人本条义务的不履行，而诉诸一般的救济措

施。此外,第Ⅲ－2:111条(未被受领的财产)还有关于货物维护等的义务(参见第Ⅳ.B－3:106条(返还货物的义务)评论B)。

注　释

协作和取得对货物的控制的义务

1.一般参照第Ⅲ－1:104条(协作)关于协作义务的注释;也可参见第Ⅳ.B－3:106条(返还货物的义务)的注释。

2.根据《联合国国际货物销售合同公约》第60条,买方负有协作和受领交付的义务,关于买卖的相应规则也出现在某些司法管辖区内。

3.国内法上关于租赁合同的相应规则并不常见。根据意大利民法典第1587条第(1)款,承租人必须取得对货物的控制,但这是否是一项其不履行必须加以救济的合同义务,则是颇具争议的(Alpa and Mariconda, Codice Civile commentato Ⅳ, § 1587 nos. 2与3)。匈牙利现行立法并未明确规定承租人受领货物交付的义务,而新民法典草案(2006年公布)则在第5:311条第(1)款包含了这种义务。不过,法学文献断言,承租人负有受领(接受)货物交付的义务(参见Besenyei, A bérleti szerzčdés[2],30－31)。在一个承租人在租赁期间届满前一个月将租赁货物返还给出租人的案件中,最高法院判令承租人仍然支付最后一个月的租金(BH 1996/640. Legf. Bír. Pfv. Ⅱ. 23. 285/1995)。在这一判决的基础上,Besenyei指出,承租人负有受领货物交付的义务。荷兰民法典并未明确规定承租人对货物取得控制的义务,但这项义务可以从承租人照管租赁货物的义务中推导出来(民法典第7:213条)。根据挪威法律,有学者认为,承租人负有受领货物的义务,至少在长期租赁中如此(Falkanger, Leie av skib, 229)。在苏格兰法律上,承租人必须对租赁货物取得占有,或者将对不履行的损害承担责任(Walker, Principles of Scottish Private Law Ⅲ[3], 399)。根据英国的租购合同,承租人负有受领租赁货物的义务。如果承租人并未履行该义务,则出租人可以就它们被拒绝时,低于货物价值的整个未来并未支付的分期,以及提前返还货物的折扣,提起损害赔偿之诉(参见Chitty on Contracts Ⅱ[29], no. 38－283)。在西班牙法律上,并不存在关于这个问题的规则,关于债权人迟延的一般规则予以适用。

4.对于某些司法管辖区来说,法律明确规定,承租人并不负有取得对货物的控制的义务(奥地利,参见Schwimann(－Binder), ABGB V[3], § 1094, no. 1;德国,参见Emmerich与Sonnenschein(－Emmerich), Hk－Miete[8], § 535, no. 52(Annahmeverzug, but not Schuldnerverzug))。对于希腊法律而言,人们一致认为,承租人并不负有取得对货物的控制的义务(参见Filios, Enochiko Dikaio Ⅰ[6], § 32; Kornilakis, Eidiko Enochiko Dikaio Ⅰ, 203; Georgiades与Stathopoulos(－Rapsanikis), § 575, no. 3; CC § 349 ff on creditor's default apply)。

第Ⅳ.B－5:104 条　按照合同要求使用货物

(1)承租人必须:

(a)遵守根据合同条款所产生的要求和限制;

(b)考虑到租赁期间的长短、租赁合同的订立目的以及货物的特性,以具体情况下可以合理被期待的注意义务使用货物;并且

(c)在合理范围内考虑到租赁期间的长短、租赁合同的订立目的以及货物的特性,采取所有通常被认为是必要的措施维持货物的正常标准和功能。

(2)租金的计算已经考虑到由承租人分期摊付货物成本的,承租人必须使货物在整个租赁期间保持其在期间开始时的状态,该种货物类型的正常损耗除外。

评　论

A. 货物的适当使用

按照合同要求使用货物的义务。承租人通过受到“积极”限制的使用和支配——即承租人只能在源自合同的限制之内使用和支配货物——从货物中获益的权利,是租赁合同的特征。进而,承租人负有谨慎地使用货物的一般义务。这一义务可以被视为包括了承租人必须做、不得做或在租赁期间内就所涉货物加以容忍的所有情况。本条第(1)款(a)项指的是个别协议,并在第(1)款(b)项提到了使用货物过程中的一般性的注意义务。关于维护等的义务是在第(1)款(c)项来处理的。关于租金的计算已经考虑到整个货物价值之分期摊付的合同的特殊规则,则被包含在第(2)款当中。

B. 来自合同的限制和要求

明确条款、使用目的等。当事人可以就使用货物的具体限制和要求加以约定,包括维护、安全措施、使用范围和清洁等。即使并没有什么明确条款,限制和要求也或多或少可以从合同目的中推导出来。

示例 1

甲将要从一个公寓搬到另一个公寓,并为此目的租了一辆小货车。该货车不得被用来从甲的采石场运输石头。

谨慎使用货物。承租人负有谨慎使用货物的一般义务。这种义务指的是什么,不

可能详细而穷尽地加以界定。什么是必要的,这取决于具体情形,包括租赁期间的长度、租赁的目的和货物的特性。承租人的行为和疏忽必须根据一个合理的承租人在该情形下将会如何行为来判断。还必须要考虑到修理和维护的义务:如果承租人疏于照顾的后果必须由承租人而非出租人来承担,这便应该影响到承租人在使用货物过程中所负注意义务的程度。

维护等。租赁期间内修理和维护货物的义务已经在第Ⅳ.B－3:104 条(租赁期间内货物的相符性)评论中讨论过了。正如那里所提到的,承租人维护货物的义务应该作为出租人之义务的补充。本条第(1)款(c)项和第(2)款规定的承租人的义务,是以出租人的维护义务为条件的(也可参见第Ⅳ.B－3:104 条第(3)款)。因此,根据第(1)款(c)项由承租人承担的任何义务,都将出租人根据第Ⅳ.B－3:104 条负有的义务排除了。因此,可以参照该条的评论。

成本全额摊付的租赁。本条第(2)款包含了关于租金的计算考虑到货物成本的全额摊付的合同的特殊规则。该规定被设想为第(1)款的特别适用。在这些情况下,承租人必须将货物维持在其在租赁期间开始时的状态,正常损耗除外。理由是,这些租赁合同按实际价值与买卖合同有着同样的功能。该规则既涵盖了三方交易(往往指的是"融资租赁"等),也涵盖了双方的长期租赁。其细节是由第Ⅳ.B－3:104 条(租赁期间内货物的相符性)评论 C 来处理的。

"风险"和承租人返还货物的义务。货物的损失或损坏可能会引起有关承租人返还货物的义务的问题。在这种情况下,它并不是一个出租人义务之不履行的问题,而是承租人义务之不履行的问题。关于承租人返还货物的义务的规则(包括关于返还货物的状态的规则),理想情况下都应仅仅作为有关承租人的注意、维护和修理义务的规则的功能。换言之,如果承租人履行了有关注意、修护和修理的义务,则返还的货物一般就应符合于关于返还货物之状态的规则。但是,承租人并不对并非由承租人有关注意、维护和修理义务的不履行所造成的损失或损坏结果负责(除非合同另有约定)。因此在这种情况下,出租人必须接受货物的不能返还,或者它们只能以受损状态返还。有时这被称为"所有权人的风险",在此是没有必要规定的。另外,如果承租人负有维持货物处于其在租赁期间开始时的状态的积极义务,则承租人必须承担货物意外损坏的后果,或者修理货物,或者支付损害赔偿;这受到以障碍为基础的相关免责的制约(参见第Ⅲ－3:104 条(因障碍而免责))。关于租金计算已经考虑到货物的全部成本分期摊付的合同,货物在租赁期间届满时的期待价值通常都是较低的(参见本条第(2)款中正常损耗的例外)。出于实用目的,当货物因意外而灭失时,这将对承租人的责任加以限制。

关于"风险"的协议。规定承租人在占有货物期间必须承担"风险"的合同条款极为普遍。在涵盖了货物之整个经济寿命的租赁合同,或者目的在于使得承租人在租赁期间届满时成为货物所有权人的合同中,这都是极为典型的。不过,类似的条款也可能出现在其他合同中。这种条款的意义必须通过个案的解释来确定。不论该条款涉

及的是出租人的义务、承租人的义务，还是二者兼而有之，这都很难根据一般基础加以确定。当事人就某些更具体的事项达成协议，而非仅仅对“风险”进行分配，这是更加可取的。

注　释

Ⅰ.来自合同的要求和限制

1.在有些体系中，援引的是合同的目的，或者是消极地限制承租人使用货物的权利，或者是积极地界定承租人有关使用货物的义务（奥地利民法典第 1098 条；捷克民法典第 665 条（约定用途或按照货物的性质和目的使用；有时甚至是使用货物的义务）；爱沙尼亚 LOA 第 276(2)条，试比较，第 344 条（商业租赁）与第 363 条（融资租赁）；匈牙利民法典第 425(1)条（按照合同条款并按照货物目的使用货物；即为了同种类型的货物通常被用于的目的）；拉脱维亚民法典第 2151 条）。有些体系明确规定，租赁目的也可以从货物的具体情形、用途和性质等推导出来（比利时民法典第 1728 条（试比较，La Haye and Vankerckhove，Le Louage de Choses Ⅰ[2]，nos. 792 ff）；法国民法典第 1728 条，意大利法第 1587(1)条，试比较，Alpa and Mariconda，Codice Civile commentato Ⅳ，§1587，nos. 8 ff；立陶宛民法典第 6.489(1)条；马耳他民法典第 1554(a)条；波兰民法典第 666(1)条；葡萄牙民法典第 1038(c)条；斯洛伐克民法典第 665 条（约定用途或按照货物的性质和目的使用；有时甚至是使用货物的义务，Svoboda（－Górász），Kentár a súvisiace predpisy，612）；斯洛文尼亚 LOA 第 600(2)条；西班牙民法典第 1555－2 条（以通常的谨慎、按照设定的用途和在约定用途缺位时，按照货物的性质和一般用途来使用货物））。

2.有些体系规定了关于使用与合同不相符时加以救济的规则；所谓与合同不相符必须根据立法、合同本身和惯例来确定（捷克民法典第 679(3)条（解除）；德国民法典第 538、541 与 543(2)条，试比较，Staudinger（－Emmerich），BGB（2006），§541 nos. 2－4；希腊民法典第 594 条（终止和损害赔偿），参见 Georgiades and Stathopoulos（－Rapsanikis），§594）。

3.根据英国法律，租赁货物只能为了它们被租赁的目的而使用（Palmer，Bailment，1270－1275；Burnard v. Haggis（1863）14 CB（N.S.）45；143 ER 360 and Walley v. Holt（1876）35 LT 631；与苏格兰，Bell，Principles of the Law of SCOTLAND10，§143）。如果承租人将货物用于合同以外的目的，承租人既负有违约责任，又负有对这种使用所造成的损失的侵权或不法行为责任。不过，使用货物的权利赋予了承租人去做“对其合理使用而言是合理地附带发生的”任何事，除非这与合同中的明确规定相违背（进一步参见 Chitty on Contracts Ⅱ[29]，no. 33－077）。

Ⅱ.注意义务

4.对承租人而言，谨慎使用货物的义务是在有些国家的立法中明确规定的（参见例如捷克民法典第 670 条；荷兰民法典第 7:213 条（作为货物承租人）；爱沙尼亚 LOA 第 276(2)条（谨慎并按照既定目的），试比较，第 344 条（商业租赁）与第 363 条（融资租赁）；法国民法典第 1728 条（*user de la chose louée en bon père de famille*；试比较，Huet，Contrats spéciaux，no. 21183）；希腊民法典第 594 条（“谨慎并按照约定”，参见 Georgiades，Enochiko Dikaio，Geniko meros，§24 nos. 46－47；Georgiades 与 Stathopoulos（－Rapsanikis），§594，nos. 2－4）；匈牙利民法典第 4(4)条

(关于"既定情况下被期待的"注意标准的一般原则);意大利民法典第 1587(2)条(*osservare la diligenza del buon padre di famiglia*,试比较,Alpa 与 Mariconda,Codice Civile commentato Ⅳ,§1587,nos. 4 ff);拉脱维亚民法典第 2150 条("作为善良管理人适当地");马耳他民法典第 1554(a)条("像善良家父一样使用物");同样的效果,葡萄牙民法典第 1038(d)条;斯洛文尼亚 LOA 第 600(1)条("以良好商人的谨慎或善良管理者的谨慎使用物");西班牙民法典第 1555(2)条(像善良家父一样使用物);瑞士 LOA 第 257 f 条(*die Sache sorgfältig gebrauchen*,试比较,BSK(-R. Weber),OR Ⅰ[3],§257g,no. 1))。根据波兰法律,承租人应当按合同规定的方式使用货物,如果合同并未提供任何指导,则以符合货物的性质和目的的方式使用。

5. 注意义务通常被认为甚至存在于并无明确立法的情况下(参见例如奥地利法,Rummel(-Würth),ABGB Ⅰ[3],§1098,no. 1;丹麦法,Gade,Finansiel leasing,213-214;德国法,Staudinger(-Emmerich),BGB(2006),§535 nos. 93-96;英国法与北爱尔兰法,Sanderson v. Collins [1904] 1 KB 628,CA;挪威法,Falkanger,Leie av skib,§25,in particular 232-235;苏格兰法,Campbell v. Kennedy(1828)6 S 806(Bell,Principles of the Law of SCOTLAND[10],§145))。根据波兰民法典第 667 条,承租人疏于照管货物就等于不履行。对于瑞士法律而言,参见 Hellner/Hager/Persson,Speciell avtalsrätt Ⅱ(1)[4],198。

Ⅲ. 损坏或恶化的责任

6. 注意义务可以间接从承租人对于货物损坏或恶化的责任中推导出来,有时甚至达到这样的程度,即证明承租人并无疏忽的举证责任由承租人承担(参见例如爱沙尼亚 LOA 第 334(2)、358(商业租赁)与 347(2)(尤其是动物)条;法国民法典第 1732 条,试比较,Rép. Dr. Civ.(-Groslière),v° Bail,no. 347,Huet,Contrats spéciaux,no. 21190;意大利民法典第 1588 条;西班牙民法典第 1563 条,试比较,Lacruz Berdejo and Rivero Hernández,Elementos Ⅱ[2],no. 437,121;挪威法,Falkanger,Leie av skib,226 and 283-288;斯洛伐克民法典第 670 条;瑞典法,Hellner/Hager/Persson,Speciell avtalsrätt Ⅱ(1)[4],204-205)。

7. 在英格兰普通法上,承租人必须对租赁货物采取合理的注意,但如果并非因疏忽而造成损坏,承租人并不对货物损坏承担责任(参见 Chitty on Contracts Ⅱ[29],no. 33-076,with reference British Crane Hire Corp. Ltd. v. Ipswich Plant Hire Ltd. [1975] QB 303,at 311-312)。根据苏格兰法律,承租人并不对由于自然原因、纯粹意外事件、被盗或其他承租人并不负责的原因造成的损失负责,也不对通常的折旧或正常损耗负责(Walker,Principles of Scottish Private Law Ⅲ[3],400)。一项特别条款可能改变承租人通常的责任,但这将受到不平等合同条款法 1977 的制约。

Ⅳ. 维护义务等

8. 参见第Ⅳ.B-3:104 条(租赁期间内货物的相符性)。

第Ⅳ.B－5:105 条　使货物免受危险或损害的介入

(1)如果这些措施对于使货物免受危险或损害是必要的,且对于出租人而非承租人而言确保采取这些措施具有不可能性或不可行性,则承租人必须采取出租人通常会采取的措施来维护和修理货物。

(2)承租人享有要求出租人补偿的权利,或者,根据具体情况,在为采取这些措施而合理发生的债务或费用(不管是货币还是其他财产形式)范围内享有要求偿还的权利。

评　论

通常由出租人采取的措施

本规则的目的。出租人往往负有在租赁期间内修理和维护货物的义务(参见第Ⅳ.B－3:104 条(租赁期间内货物的相符性))。通常情况下,即使该措施并未被合同义务涵盖在内,出租人对于货物得到适当维护和保护以免受损害,也享有利益。对于出租人而言,有时采取行动是不可能的,至少是不可行的,例如货物所处的位置离出租人的营业地点很远,或者修理必须被立即进行的情况下。举例来说,一艘帆船的龙骨亟待修理,但承租人已将该帆船划到了非常遥远的水域,或者一台建筑起重机的秤锤紧急需要加固。根据本条,承租人负有采取措施以使货物免受危险或损害的义务。在一定程度上,人们可以诉诸于关于对他人事务之善意介入的规则(第五编),但此处的立场是,承租人应当负有介入的合同义务。

承租人义务的限制。该义务在有些方面受到限制:对于使货物免受危险或损害而言,介入必须是必要的;对于出租人而言,照管该事务必须是不可能或不可行的;而对于承租人而言,作出该行为则不得是不可能或不可行的。

赔偿和补偿。赔偿或补偿的权利是与第五编(对他人事务的善意介入)第三章规定的相应权利类似的。就回答有关介入及其后果的其他问题来说,第五编的规则可以提供指导。本条也应该与承租人就货物遭受的任何损害或危险通知出租人的义务(参见第Ⅳ.B－5:107 条(通知义务))一起解释。

承租人对相符性欠缺加以补救的权利。承租人的介入义务不能与承租人对相符性欠缺加以补救的权利(第Ⅳ.B－4:101 条(承租人对相符性欠缺加以补救的权利))混淆在一起。甚至是货物并不存在危险时,承租人也享有对相符性欠缺加以补救的权利。另一方面,承租人必须对出租人补救相符性欠缺的权利加以尊重。

注　释

介入义务

1. 有些体系中规定了承租人使货物免受危险或损害的介入的合同义务。挪威出租人与承租人法第5－5条就不动产租赁规定的类似规则也适用于动产租赁（关于该法令之前的情况，参见Falkanger, Leie av skib, 231）。介入义务也可以从捷克民法典第419条的一般规则中推导出来。在英格兰，承租人必须采取合理的措施来保护租赁货物免受任何即将发生的危险（Brabant & Co. v. King [1895] AC 632）和可预见到的危险的损害，包括防盗、防火、防水或防止第三方的破坏等（Birks, English Private Law Ⅱ, para. 13.49；进一步参见Chitty on Contracts Ⅱ29, no. 33－048）。在苏格兰，承租人必须对租赁货物的安全性采取合理的注意，该注意的程度要相当于一个勤勉谨慎的人在照管其自己的财产时应有的注意（Gloag and Henderson, The Law of SCOTLAND[11], para. 13.07）。对于瑞士法律而言，有学者认为，承租人负有在紧急情况下消除货物上的损害的义务（BSK（－R. Weber）, OR Ⅰ[3], §257g, no. 1）。

2. 对于大多数体系而言，并不存在含有介入义务的明确规定。根据西班牙民法典第1559条，承租人仅负有就任何威胁货物的危险通知出租人的义务。

3. 在有些体系中，承租人享有补救相符性欠缺并要求偿还合理费用的权利，因而也享有进行包含在出租人义务中的工作的权利（参见第Ⅳ.B－4:101条（承租人对相符性欠缺加以补救的权利）的注释）。此外，承租人通常负有照管货物的义务，这有时被间接地规定为对于损坏或恶化的责任（参见第Ⅳ.B－5:104条（按照合同要求使用货物）的注释）。随之而来的问题是，注意义务是否可以被如此延伸，以至于要求承租人必须承担一般属于出租人义务范围内的工作（附有要求偿还成本的权利）呢？对于这个问题，在所有司法管辖区内都似乎并没有一个唯一的答案。对德国法律而言，有学者认为，介入义务可以被看作一项隐性授权，或者是根据民法典第536a条第（2）款运用承租人的"自助"权利的义务（参见MünchKm（－Schilling）BGB4 §535, no. 192 and §536a, no. 30）。另一方面，也有人主张，注意义务并不意味着修理义务（Staudinger（－Emmerich）, BGB（2006）, §535, no. 96，但也参见op. cit. 第536a, no. 25关于承租人补救相符性欠缺的可能义务）。就希腊法律而言，承租人有权进行修理，而非负有此项义务（Georgiades and Stathopoulos（－Rapsanikis）, §590－592, no. 2）；不过，一直有学者认为，承租人的注意和适当使用货物的义务可以将避免危险的义务包含在内（Filios, Enochiko Dikaio Ⅰ[2], §37 A, B Ⅲ，参照希腊民法典第173、200、288条）。就意大利法律而言，有学者认为，承租人可能负有进行紧急修理的义务（试比较，Cian and Trabucchi, Commentario breve[8], 1587, no. Ⅲ 1, Rescigno（－Giove）, Codice civile Ⅰ[5], §1587, no. 2）。对荷兰法律而言，将进行紧急修理的义务解释成民法典第7:213条（作为一位善良房客所负有的一般义务）的一种结果，这并非是没有可能的。

第Ⅳ.B－5:106 条　维护和改良费用的补偿

(1)承租人就其为维护和改良货物所支出的费用不得要求补偿。

(2)第(1)款的规定不排除或限制承租人就损害要求赔偿的权利,以及根据第Ⅳ.B－4:101 条(承租人对相符性欠缺加以补救的权利)、第Ⅳ.B－5:105 条(使货物免受危险或损害的介入)或者第八编(货物所有权的取得和丧失)的规定所提出的任何权利主张。

评　论

承租人对于货物的改良等

导言。承租人进行的行为,或者以承租人的名义进行的行为,可能导致货物的改良,或者至少与这种行为被进行之前货物的状态相比较提升了货物的价值。本条处理的是就成本或增加的价值可能要求补偿的问题。一般而言,承租人并无要求这种补偿的权利,但存在着某些例外。

承租人维护义务的履行。取决于个别协议和第Ⅳ.B－5:104 条(按照合同要求使用货物),承租人可能负有维护货物的义务。在大多数情况下,维护将会保持货物的价值,并且该工作往往也会导致货物的改良,例如在用新的零件更换掉旧的零件时。除非另有约定,承租人并无就这些行为要求补偿的权利。

经出租人同意而进行的改良。承租人经出租人同意可以通过做一些工作或者通过更换或补充零件等来改良货物。当事人可以约定立即或在租赁期间届满时需要支付的费用(或从租金中扣除),也许包括该改良可计算的折旧费用。如果要求补偿的主张不能以合同为基础(包括出租人给予同意的情况),则本条规定承租人无权要求补偿。这一规则应当鼓励当事人在订立关于改良的协议时考虑到补偿的问题。赋予承租人补偿权利的默认规则是更加复杂的,因为有些因素必须被考虑在内,例如承租人的成本和改良的价值和折旧等。如果承租人因出租人义务的根本违约而终止合同关系,则这种改良之任何利益都被承租人收回的事实可能构成了损害赔偿主张所涵盖的损失的一部分。如果合同关系可以由出租人因承租人义务的根本违约而终止,那么改良的剩余价值可能会被考虑在内,以抵消出租人所遭受的损失(*cpensation lucre cum damno*)。

未经出租人同意而进行的改良。如果改良是未经出租人同意而进行的,并且它们并非承租人的合同义务的组成部分,那就更没有理由对承租人加以补偿。不论承租人

在并无出租人的事先同意的情况下，是否被允许作出关于货物的改动，规则都应如此。

承租人对相符性欠缺加以补救。在某些条件下，承租人可以对相符性欠缺加以补救并要求出租人偿还相关成本（参见第Ⅳ.B－4:101条（承租人对相符性欠缺加以补救的权利））。本条并不影响承租人根据该条所享有的权利。

承租人的介入。根据第Ⅳ.B－5:105条（使货物免受危险或损害的介入），承租人在某些情况下必须进行维护和修理，以使货物免受危险或损害，即使这些措施通常是应由出租人所采取的。本条并不影响承租人根据该条所享有的要求赔偿或补偿的权利。

物权法规则。情况可能是，承租人有关货物返还根据租赁合同所负有的义务得到了履行，即使改良被"颠倒"了，例如通过用旧的零件更换新的零件。不过，这在有些时候是与关于添附规则相抵触的（参见第八编（货物所有权的取得和丧失）第五章以及这些规则背后的政策）。根据这些规则，结果可能是，出租人可以通过补偿承租人而保留该改良。本条并不影响这些规则。

注　释

Ⅰ.不同规则体系的相互作用

1. 这里处理的只是就承租人对货物的改良要求补偿的合同主张。应该牢记在心的是，这些规则在某些——也许是大多数——体系中是由关于混合、加工等的物权法规则来补充的（参见第八编（货物所有权的取得和丧失）第五章）。在某些体系中，关于不当得利的规则（第七编）和关于对他人事务的善意介入的规则（第五编）也在这一方面对合同法有所补充。

2. 有些时候，承租人对相符性欠缺加以补救并要求返还成本的权利实际上意味着对改良的补偿（参见第Ⅳ.B－4:101条（承租人对相符性欠缺加以补救的权利）有关这些规则的注释）。如果承租人履行了使货物免受危险或损害的介入的义务，类似情况可能发生（参见第Ⅳ.B－5:105条（使货物免受危险或损害的介入）的注释）。

Ⅱ.援引善意介入规则的租赁法

3. 在某些体系中，租赁法上存在着关于对他人事务的善意介入之规则或这些规则之修改版本的援引。根据奥地利民法典第1097条第（2）款，有关货物之属于出租人义务范围内或有益的费用，承租人被视为对他人事务的善意介入人。这被看作所谓"适用的"善意介入，其特别意味着利于他人之意图并非必需的。关于并不包含在出租人义务中的成本之有利于出租人的要求，参见Apathy and Riedler, Bürgerliches Recht Ⅲ[2], no. 8/35；奥地利民法典第1097条与第1037条相联合，参见Schwimann（－Binder），ABGB V[3]，§1097, no. 11。就与货物有关的成本而言，如果偿还不能根据民法典第536a条第（2）款关于承租人对相符性欠缺的补救来主张，德国民法典第539条第（1）款援引了对他人事务的善意介入的规则。此外，承租人可以因不当得利要求补偿，如果承租人从租赁的提前终止中获益，这甚至可能包含了就承租人有义务作出的改良的费用（Staudinger（－Emmerich），BGB（2006），§539, nos. 11－18）。承租人进行的安装可能要被移除（民法典第539（2）条）；对出租人而言，以支付来保留安装的权利（民法典第552（1）条）并不适

用于动产(Staudinger（－Emmerich),BGB（2006),第539,no. 23)。关于希腊法律,参见民法典第591条第(2)款:有益的费用必须根据调整善意介入的规定予以偿还。承租人享有移除附加在货物上的安装的权利。匈牙利民法典第427条第(3)款规定了要求返还必要支出的权利,并援引了对他人事务的善意介入的规则;承租人必须移除出租人并未同意的货物更改(第425(3)条)。

Ⅲ. 作为核心要求的出租人对于改良的同意

4. 其他体系中的主要规则是,只有在改良经过出租人同意的情况下,其补偿才可以主张;有时该主要规则存在某些修改。对于丹麦法律而言,有学者认为,承租人不能就未经出租人同意的改良要求补偿(Gade,Finansiel leasing,272)。根据爱沙尼亚LOA第286条第(1)款,如果改良或变更是经出租人同意而进行的,则承租人可以就货物价值之相当大的提升要求合理的补偿;对于其他费用(同意规定是值得商榷的),承租人可以根据善意介入的规定要求补偿。这种补偿并不是对于不履行的救济(爱沙尼亚Supreme Court Civil Chamber's decision fr 23 February 2006,civil matter no. 3－2－1－3－06;RT Ⅲ 2006,8,74)。“如果改良和变更是为合理地使用和管理货物所必需的”,则该同意不得被拒绝(关于商业租赁之更加详细的规则,参见LOA第359条)。意大利法律在货物的改良和添附之间进行了区分(民法典第1592与1593条(关于该区别,参见Alpa与Mariconda,Codice Civile commentato Ⅳ,§1592－1593,no. 2))。作为一项原则,承租人并无就改良或添附要求补偿的权利(Alpa and Mariconda,loc. cit. no. 1,Cian and Trabucchi,Commentario breve[8],§1592,no. I1)。不过,如果出租人已经同意改良,则承租人可以就改良要求赔偿(关于费用或价值,以金额较低者为准)(Cian与Trabucchi,Commentario breve[8],§1592,no. Ⅲ 1:默示同意或单纯容忍并不够)。即使并没有这种同意,承租人也可以用该改良的成本来抵消出租人就损失或损害要求赔偿的主张,除非该损失或损害是由其重大过失所造成的(民法典第1592(2)条)。对货物的添附可以由承租人移除,但出租人可以选择以补偿来保留该种添附(民法典第1593(1)条)。如果添附的移除必然会损害到货物和货物的改良,则关于改良的规则予以适用。马耳他民法典第1564条有着同样的效果(计算方式有所不同)。根据立陶宛民法典第6.501条第(1)款,如果改良是经出租人同意而进行的,则承租人可以就必要费用要求补偿。如果未经同意而进行改良可以不对货物造成损害而移除,并且出租人并不想对其加以补偿,则承租人可以移除(民法典第6:501(2)条)。承租人对未经同意而进行的不可分离的改良无权要求补偿(民法典第6:501(3)条)。根据瑞士LOA第260a条第(3)款,如果货物经出租人约定的更新或改动,价值有着重大提升,则承租人可以就改良要求相应的补偿。如果这些条件并未得到满足,则承租人的费用不能得到补偿(参见Guhl（－Koller),OR[9],§44,no. 234:也无权根据不当得利提出主张)。根据斯洛伐克民法典第667条第(1)款,如果出租人已经同意给予该种补偿,则承租人可以要求其成本的补偿。如果出租人同意更改但并不给予任何补偿,则承租人只能就相关价值要求补偿。捷克法律上存在着类似的规则,也可参见商法典第633条有关交通工具的租赁的特殊规则:承租人必须以出租人的费用维护标的物。根据英格兰法律,承租人并无将货物交给第三方修理的权利,除非情形表明出租人对此有默示的授权。在这种情况下,修理人就货物获得了留置权(Chitty on Contracts Ⅱ[29],no. 33－079)。租购合同中的承租人同样如此(Chitty on Contracts Ⅱ[29],no. 38－387)。在苏格兰法律上,维护和修理的义务同样由出租人而非承租人承担,仅当承租人有此权利,或者并非归因于承租人过错的修理是必要的,而且尽可能地向出租人发出通知时,出租人才负有向承租人加以补偿的义务。承租人也不得在货物上设立有利于第三方修理人的留置权(参见Stair,The Laws of SCOTLAND,Reissue“Leasing and hire of movables”,

para. 41;Gloag and Henderson, The Law of SCOTLAND[11], paras. 13.05, 13.11)。

Ⅳ. 其他解决方案

5. 在荷兰法律上,如果改良得到了出租人的准许,则承租人根据不当得利的规则享有补偿权利(民法典第7:216(3)条)。这种权利并未被苏格兰有关不当得利的法律所认可,其中规定,仅当能够证明在进行改良时,改良者出于善意并且错误地相信他就是财产所有权人的情况下,对他人财产的改良才能被恢复原状(Gloag and Henderson, The Law of SCOTLAND[11], para. 25.17)。拉脱维亚民法典第2140条援引了第866条及以下关于"一项财产"之必要和有益支出的偿还的一般规则。在波兰法律上,出租人或者可以通过补偿保留该改良,或者可以要求承租人移除它们(民法典第676条)。这项规定是特别法,承租人不得根据不当得利规则要求偿还(Pietrzykowski, Kodeks cywilny Ⅱ[4], § 676, no. 3, 414)。在波兰法律上,对货物加以改良的承租人(如果关于紧急修理的规则并不适用的话)与恶意占有人处于同样的地位上。民法典第1046条规定,有益的改良可以要求补偿(试比较,民法典第1273与1275条)。如果移除并不会造成货物损坏的话,则承租人也可以移除该改良。斯洛文尼亚LOA第604条第(5)款规定,"如果可以分离并且不会对物造成损害的话,承租人可以将任何添附补充到物上;但是,在返还该物时,出租人可以通过就其价值补偿承租人而保留它们"。根据西班牙法律,如果移除并不会对货物造成损害,则承租人可以移除该改良,但并不存在要求补偿的权利(民法典第1573条,参见第487条关于用益权)。对于瑞士法律而言,有学者认为,承租人"根据一般规则",可以就使货物免于损失或损害必要的费用要求补偿,但不得就其他成本要求补偿(Hellner/Hager/Persson, Speciell avtalsrätt Ⅱ(1)[4], 198)。

第Ⅳ. B－5:107 条　通知的义务

(1)如果通常情况下为出租人利益有必要采取此措施的话,就货物上存在的任何损害或风险以及第三人就货物提出的任何权利主张,承租人都必须通知出租人。

(2)第(1)款要求的通知应在承租人首次知道该情况及其属性后的合理期间内作出。

(3)如果承租人可以合理地被期待有此认识,则他被推定为知道该情况及其属性。

评　论

通知义务

概述。本条涉及承租人就他所知道的租赁期间内货物上出现的损害和危险通知出租人的义务。该规则的目的是使出租人有可能保护他自己的利益。承租人通知义务的不履行可以引起救济,即使未加通知并未导致实际损失的发生亦是如此。出租人

对依赖于承租人在这些情况下给予通知享有合法利益。

示例1

承租人注意到租来的汽车制动液存在泄漏。这对汽车(和司机以及第三方)构成了即时的危险。承租人有义务通知出租人。如果承租人注意到制动液的液位已大大下降,但并不能发现任何泄漏的话,也是如此。

示例2

承租人为在河中旅行而租了一艘船。由于暴雨,河流变成了洪水,而承租人不敢继续航行且需要帮助,也许是为了返回而需要另一艘船的协助。在这种情况下,出租人并不应被通知。

第三方的主张和权利。通知义务还包括承租人获悉第三方对标的物享有主张或权利的情形。一个例子可能是,某人声称他是货物的合法所有权人,并想要收回货物。

在合理期间内通知。承租人必须在首次知道损害、主张等存在后的合理期间内提供这种通知,以便其情形引起出租人的注意(第(2)款)。做不可能之事的义务不得强加。因此,承租人并不负有就他可能合理地被期待知道但实际上并不知道的某事进行通知的义务。不过,通过第(3)款的规则,即如果承租人能被合理地期待知道,则承租人就被推定为知情,出租人证明知情的举证责任便得到了缓解。

并不相关的不履行。即使货物的危险或损害并不会影响承租人的使用,或者在任何情况下都被算作合同义务的不履行,承租人根据本条也必须通知出租人。

注　释

Ⅰ.通知义务

1. 在国内法上,承租人负有的就可能需要出租人采取行动的事实通知出租人的义务是以不同形式加以规定的。这些规则可能涉及第三方的主张,对货物的物质损害(或这种损害的危险),或者两者兼而有之。这种义务的属性并不总是很清楚的。在有些体系中,该义务附有通知并未按时发出时的损害赔偿责任。通知义务也可能被视为以必要注意来使用货物之一般义务的一部分,此外,它也可能被视为一种独立的合同义务。在下文中,我们并未试图对国内法上这种义务的属性加以确定。在此,关于作为救济前提的通知的规则并未被讨论(参见第Ⅲ－3:107条(未就不相符进行通知)和第Ⅳ.B－4:103条(相符性欠缺的通知))。

2. 在有些体系中,就物质损害和危险以及第三方的主张通知出租人的义务得到了明确规定(荷兰民法典第7:222条(瑕疵)与7:211条(第三方的主张);爱沙尼亚LOA第282条(作为制裁的损害);德国民法典第536c条(作为制裁的损害);希腊民法典第589条(作为制裁的损害);意大利民法典第1577(1)条针对修复(作为制裁的损害,Alpa and Mariconda, Codice civile commentato Ⅳ, § 1577 nos. 1 and 2)与意大利民法典第1586(1)条针对第三人请求;马耳他民法典第1565条("影响租赁物的任何侵占或损害");挪威法,参见Falkanger, Leie av skib, 230;波兰

民法典第665条(第三方的主张)与第666(2)条(修理的必要;并无就货物的实际危险加以通知的义务);葡萄牙民法典第1038(h)条;西班牙民法典第1559条(作为制裁的损害))。

3. 根据奥地利民法典第1097条第(1)款,当出租人的修理变得必要时,承租人必须通知。就第三方的主张通知的义务可能是从承租人照顾货物的更为一般的义务中推导出来的。根据苏格兰法律,如果承租人尽可能合理地给出了通知,则出租人仅负有修理的责任(Bell,Principles of the Law of SCOTLAND[10], § 145)。对于英国一般的租赁合同而言,很可能也是如此。

4. 法国民法典第1726条规定,如果承租人的使用受到了与所有权和不履行的损害赔偿责任有关的行为的影响,则承租人负有通知义务(Rép. Dr. Civ. (- Groslière), v° Bail, nos. 301 and 302)。不过,有人主张,承租人必须就修理的需要进行通知(Groslière, loc. cit. nos. 220 and 221)。对于比利时法律而言,参见La Haye and Vankerckhove, Le Louage de Choses Ⅰ[2], nos. 808 ff(承租人的通知义务是以他作为管理人的地位为基础的)。

5. 在有些体系中,规则似乎集中于货物的物质损害或危险上(捷克民法典第668条(修理的需要),试比较,第722条关于商业租赁;匈牙利民法典第427(2)条;立陶宛民法典第6.493(2)条;斯洛伐克第668(1)条(修理的需要);斯洛文尼亚LOA第596条;SWISSLOA第257g条(作为制裁的损害))。

Ⅱ. 通知的时间

6. 通常情况下,承租人必须"毫不迟延地"、"立即地"通知(奥地利民法典第1097(1)条;捷克民法典第668(1)与第722(2)条,两者都是"无不当迟延地";荷兰民法典第7:222条;爱沙尼亚LOA第282(1)条;德国民法典第536c(1)条;希腊民法典第589条;立陶宛民法典第6.493(2)条;马耳他民法典第1565条;波兰民法典第665条与第666(2)条,两者都是"立即地";斯洛伐克民法典第668(1)条(无不当迟延地);斯洛文尼亚LOA第596(1)条;西班牙民法典第1559条(试比较,TS 10 June 1987, RAJ 1987, 4272))。关于意大利法律,有学者解释说,通知必须在能够避免货物之不必要的进一步恶化或损害的时间内以相应的方式发出(Alpa and Mariconda, Codice civile commentato Ⅳ, § 1577, no. 1)。对于瑞士法律而言,通知必须发出的时间取决于个案的具体情形,即承租人的知情、损害的类型和损害的程度等(BSK (- R. Weber), OR Ⅰ[3], § 257g, no. 3)。

Ⅲ. 实际知情、过失

7. 承租人的责任在何种程度上需要对事实的实际知情,或者说过失是否已经足够,这并不总是很清楚的。例如,在德国法律上,重大过失似乎是必要条件(承租人并未预见到所有人都会预见到的,BGH 4 April 1977, NJW 1977, 1236, 1237, Emmerich and Sonnenschein (- Emmerich), Hk-Miete[8], § 536c, no. 3),而瑞士法律上则要求实际知情(BSK (- R. Weber), OR Ⅰ[3], § 257g, no. 3)。根据希腊法律,过失即已足够(Georgiades and Stathopoulos (- Rapsanikis), § 589, no. 5)。

第Ⅳ.B－5:108条　出租人的修理和检查

(1)在可能的情况下对承租人为通知后,承租人必须容忍出租人为维护货物、消除瑕疵以及预防风险所为的必要修理及其他工作。但承租人的容忍义务不排除其根据第Ⅳ.B－4:102条(减少租金)的规定减少租金。

(2)除非有合理理由反对,否则承租人必须容忍第(1)款规定之外的对货物所为的工作。

(3)承租人必须容忍为第(1)款所表明的目的对货物所做的检查。承租人还必须接受未来承租人在租赁期间届满前合理期间内对货物所做的检查。

评　论

A. 必要的修理等

承租人必须对修理加以容忍。第(1)款的规则反映的是出租人的维护和修理义务。只要在可能的情况下,合理的通知已经发出,则承租人必须容忍该项工作。不过,承租人有权就货物不可用的期间内,或货物的使用受到该工作影响的范围内要求减少租金(参见第Ⅳ.B－3:101条(货物的可用性)评论F)。即使出租人有权进行修理等,货物的不可用仍是出租人义务的不履行。因此,承租人负有容忍义务的含义是,承租人不得阻止该工作的进行。但是,承租人容忍这种工作的义务受到一项前提的制约,即该工作和修理是维护货物、消除瑕疵和预防危险所必需的。承租人并不需要容忍其他的工作或修理(除非有合理理由反对,参见评论B)。否则的话,承租人要想干预出租人之排他性的使用权就太过容易了。

B. 其他工作

无合理理由不得妨碍其他工作的义务。承租人根据租赁合同享有的权利,构成了排他性的使用权。出租人原则上并无权使用货物或将其带走。这也适用于第三方。但是,完全禁止出租人进行其他工作也可能是不合理的,例如电脑的升级。因此,如果并无正当理由加以反对,承租人负有容忍这种工作的义务。在确定承租人是否有合理理由反对这种工作时,我们必须将该工作可能对承租人产生的影响,以及出租人在租赁届满前进行该种工作的利益考虑在内。

C. 检查

出租人和未来承租人的检查。当然,承租人必须容忍为第(1)款所表明的目的而

对货物进行的检查。承租人还必须容忍未来的承租人在租赁的最后期间内对货物的检查。在实践中,这一义务可能仅仅出现在耐用且昂贵货物(船舶、汽车等)的租赁中。

注　释

Ⅰ.必要的修理等

1.似乎得到普遍接受的是,承租人必须容忍出租人根据合同有义务履行的在货物上的工作的进行。有时法律明确规定,承租人必须容忍为维护货物所必需的工作等,不论出租人是否负有进行这种工作的义务(参见例如奥地利法,Schwimann(－Binder),ABGB V[3],§1098,nos. 10及其后,也可参见Koziol(－Iro),ABGB,§1098,no. 4;捷克民法典第668(2)条;荷兰民法典第7:220(1)条,试比较,Rueb/Vrolijk/Wijlkerslooth－Vinke,De huurbepalingen verklaard,43;爱沙尼亚LOA第283(1)条;葡萄牙民法典第1038(e)条;斯洛伐克民法典第668(2)条;瑞士LOA第257h(1)条;西班牙民法典第1559条与农村出租法第21条(必要的修理),农村出租法第22条(改良))。在苏格兰法律上,出租人为了承租人在整个租赁期间内能够持续使用而维护标的物的义务,使得修理的义务和权利成为了必需,虽然根据惯例,某些轻微的或连续的修理属于承租人的义务,例如在长期租赁的汽车上安装新的轮胎(Stair,The Laws of SCOTLAND,Reissue "Leasing and hire of movables",para. 41)。

2.在许多体系中,减少租金的权利是常见的,它也涵盖了由于出租人的维护和修理而对承租人使用的妨碍。但是,有些体系则规定,在这种情况下,承租人仅享有有限的减少租金的权利(参见第Ⅳ.B－4:102条(减少租金)的注释)。

3.作为修理等工作妨碍承租人之使用的一种后果,也有一些体系规定有既允许减少租金,又允许终止租赁的规则(立陶宛民法典第6.492条;斯洛文尼亚LOA第590条)。

Ⅱ.其他工作

4.在有些司法管辖区内,承租人在一定程度上必须容忍货物的现代化或其他工作,即并非出租人的义务所必然包含的工作。根据奥地利法律,利益平衡的考量既适用于必要的工作,也适用于其他工作(参见注释1的援引)。爱沙尼亚LOA第284条有详细的规定:承租人必须容忍改良和修改,除非该工作和影响是不公平的负担。存在关于事先通知的规则,并且出租人必须将承租人的利益考虑在内。承租人可以就费用要求补偿,在某些情况下甚至可以终止租赁;减少租金和损害赔偿不得被排除。就德国法律而言,有些学者明确表示,承租人必须容忍货物现代化(参见(MünchKm(－Schilling),BGB[4],§535,nos. 97,99,Schmidt－Futterer(－Eisenschmid),Mietrecht[9],§535,no. 59(民法典第554(2)条并不适用于动产))。对希腊法律而言,承租人仅在例外情况(即诚实信用和商业惯例所需要的时候)下才有义务容忍对租赁货物的改良和改变(Georgiades,Enochiko Dikaio,Geniko meros,§24,no. 55)。根据瑞士LOA第260条第(1)款,如果该工作可以合理地施加于承租人,并且终止通知已经发出,则出租人可以对标的物加以更新改造。意大利民法典第1582条禁止贬损承租人之使用的改变;其他工作似乎是被允许的(Alpa and Mariconda,Codice civile commentato Ⅳ,art. 1582,no. 4)。根据西班牙农村出租法第22条,承租人不得妨碍出租人进行在租赁届满前不能合理地被推迟的改良,但承租人有权终止租赁,也有权

要求减少租金。

5. 有些体系并不允许出租人对货物进行现代化改造等。根据法国民法典第1723条,出租人在租赁期间内不得改变租赁物的形式。民法典第1724条专门适用于紧急修理,而并不适用于对货物的改良(参见 Rép. Dr. Civ. (– Groslière), v° Bail, no. 261;比利时,参见 La Haye and Vankerckhove, Le Louage de Choses Ⅰ^2, no. 679)。同样的效果,参见马耳他民法典第1547条和西班牙民法典第1557条。根据斯洛文尼亚LOA第591条第(1)款,出租人不得就货物作出任何妨碍承租人使用的改变。根据立陶宛民法典第6.492条第(4)款,并不紧急的大修工作可以由法院来授权。

Ⅲ. 出租人或未来承租人的检查

6. 似乎得到普遍接受的是,承租人必须容忍有关必须被容忍的工作的检查(参见例如,爱沙尼亚LOA第283(2)条与瑞士LOA第257h(2)条)。

7. 在有些体系中,出租人享有检查货物之更为一般的权利(捷克民法典第665(1)条;匈牙利民法典第425(2)(a)条;立陶宛民法典第6.489(5)条;葡萄牙民法典第1038(b)条;斯洛伐克民法典第665(1)(2)条)。

8. 也存在允许为新的租赁合同(或买卖)做准备的检查的立法例(爱沙尼亚LOA§283(2)条,匈牙利民法典第433(1)条;立陶宛民法典第6.489(5)条;瑞士LOA第257h(2)条)。

9. 在其他体系中,出租人检查货物的权利已经在判例和学说中得到了发展(奥地利法律,参见 Apathy与Riedler, Bürgerliches Recht Ⅲ^2, no. 8/31,关于未来买方的检查,参见 OGH 11 March 1961, EvBl 1961/223。就法国法律而言,有学者认为,民法典第1724条规定的必要修理的权利意味着存在检查的权利(参见 Huet, Contrats spéciaux, no. 21167;比利时法,参见 La Haye and Vankerckhove, Le Louage de Choses Ⅰ2, nos. 687 ff(也包括承租人进行的控制);荷兰法,参见 Rueb/Vrolijk/Wijkersslooth – Vinke, De huurbepalingen verklaard, 43,参照荷兰民法典第7:220(1)条)。德国法,参见 Emmerich and Sonnenschein (– Emmerich), Hk – Miete[8], §535, no. 56,参照德国民法典第242条(个别情况下的检查和为了特殊理由的检查))。希腊法律,参见 Filios, Enochiko Dikaio Ⅰ^2, §39 A(只有在例外情况下,根据诚实信用,承租人才必须容忍检查))。在意大利法律上,为了控制的检查,由未来承租人和买方进行的检查都是可能的(详细情况参 Cian and Trabucchi, Commentario breve[8], art. 1587, no. V8; Provera, Locazione, disposizioni generali, art. 1585, 237)。

第Ⅳ.B－5:109条　返还货物的义务

租赁期间届满时,承租人必须将货物返还至承租人获得货物使用时货物置放的地点。

评　论

A. 返还货物的义务

义务。承租人只享有使用货物之暂时性权利，在租赁期间届满时，货物必须被返还给出租人。当事人可以背离该项规则，例如通过租赁期间届满时赋予承租人购买货物的权利，或者延长租赁期间的权利等。

返还货物的时间。返还货物的时间是租赁期间届满时。租赁期间届满的时间是从第Ⅳ.B－2:102条（租赁期间的届满）中推导出来的。

B. 返还货物的地点

使得货物可供使用的地点。货物必须被返还到使其可供承租人使用的地点。一般情况下，货物是在出租人的营业地点交到承租人控制之下的（参见第Ⅳ.B－3:101条（货物的可用性）第（1）款）。本条的规则是与第Ⅲ－2:101条（履行地点）有所背离的，那里确定债务人的营业地点是除付款以外的债务履行的地点。在租赁合同中，通常将货物返还到出租人的营业地点是更为方便的。出租人可能拥有储存货物的设施；在货物被租赁给其他人之前，它们将在那里加以修理；货物根据新的租赁合同将在那里进行交付等等。如果当事人约定，货物将在出租人营业地点以外的其他地点予以交付，那么这也将是货物根据本条应当被返还的地点。即使货物被交付的地点与原来的约定不同，这也将是货物返还的地点。值得讨论的是，如果原来约定的地点正是承租人希望将货物返还的地点，承租人是否负有受领的义务呢？不过，如果承租人已经在不同的地点受领了货物，那么通常情况下，将货物返还同一地点便是可能的。在这种情况下，该规则也是较为简便而又明确的。

注　释

Ⅰ. 返还货物的义务

1. 在关于租赁合同的立法中，将承租人返还货物的义务涵盖在内是极为常见的；这些规定在此并未列出。

2. 有些体系明确规定，出租人可以直接向次承租人要求返还货物（爱沙尼亚LOA第334(5)条），试比较，第358(1)条关于商业租赁；德国民法典第546(2)条；希腊民法典第599(2)条；波兰民法典第675(2)条（次承租人或承租人已经将货物转交给的其他人）；瑞士的法院实践允许出租人直接要求次承租人返还货物（BSK（－R. Weber），OR Ⅰ[3]，art. 267，no. 1）。

3. 尤其是，承租人由于索赔等而扣留货物的范围有时也得到了规制（这是个在第四卷本部分

中并未规制而是留给一般规则处理的问题):根据奥地利民法典第 1109 条,无论承租人就货物享有何种索赔或担保权利,他都必须返还货物;根据爱沙尼亚 LOA 第 334 条第(3)款,动产的承租人可以扣留货物,直至费用得到了补偿;后者的解决方案也得到了荷兰判例的承认(试比较,Hoge Raad 4 April 1997,NedJur 1997,608 (Pilgram/Vastgoed))。

Ⅱ.返还的地点

4. 返还地点通常是出租人的地点(除非另有约定)(奥地利法,参见 Koziol,(－Iro),ABGB,§1109－1110,no. 3;爱沙尼亚 LOA 第 334(6)条(货物被交付的地点))。根据法国法律,返还地点原则上是由民法典第 1247 条来调整的:债务履行时货物所处的地点;在实践中,合同往往规定为出租人的地点,有人主张,这在并无协议时也可以推定(Huet,Contrats spéciaux,no. 21195;比利时,参见 La Haye and Vankerckhove,Le Louage de Choses Ⅰ2,no. 1240:返还地点是承租人收到货物的地点)。就德国法律而言,有人主张动产货物必须返还到出租人的地点(Emmerich and Sonnenschein,(－Rolfs),Hk－Miete[8],§546,no. 15)。在希腊法律上,流行的观点是,就动产而言,返还地点是出租人的地点(Filios,Enochiko Dikaio Ⅰ[6],§35 B 2;Georgiades,Enochiko Dikaio,Geniko meros,§27,no. 49)。根据意大利民法典第 1590 条第(4)款,动产必须返还到它们被使得可供使用的地点,通常是出租人的地点(Alpa and Mariconda,Codice civile commentato Ⅳ,§1590,no. 3)。根据波兰民法典第 454 条,货物要被返还到承租人的地点。根据斯洛文尼亚 LOA 第 604 条第(2)款,货物必须被返还到其可供承租人使用的地点。根据瑞士法律,货物必须被返还到合同订立时它们所处的地点,另有约定的除外(LOA art. 74 (2)(2),BSK (－R. Weber),OR Ⅰ[3],art. 267,no. 1)。根据英格兰法律,租赁期间届满时承租人必须将货物返还给出租人(或被指定的第三人),并且必须承担返还货物的成本(British Crane Hire Corp. Ltd. v. Ipswich Plant Hire Ltd. [1975] QB 303,311－313),但法律上并未明确规定返还的具体地点。就捷克法律而言,债务人(即承租人)所在地的一般规则予以适用,交通工具的租赁则存在例外(商法典第 637 条):标的物被承租人受领的地点。在苏格兰法律上,一般原则(Gloag and Henderson,The Law of SCOTLAND[11],para. 3.29)意味着承租人必须将货物归还到出租人的营业地点,另有规定的除外。

Ⅲ.货物的状态

5. 关于返还时货物状态的规则是极为常见的。在此将不再讨论这些规则。根据第四卷本部分,租赁期间届满时货物所需的状态被认为是承租人之维护和注意等义务的一项功能。

6. 在有些体系中,货物可供承租人使用时它们的描述及其状态(例如,在存货清单里)可能在货物返还时起着核心作用(参见例如奥地利民法典第 1109 与 1110 条;爱沙尼亚 LOA 第 334 (1)条;法国民法典第 1730 条;意大利民法典第 1590(1)条;葡萄牙民法典第 1043(2)条;西班牙民法典第 1562 条)。

Ⅳ.出租人拒收货物的权利

7. 就意大利法律而言,有学者指出,除了细微差异外,如果货物并不符合所要求的状态,则出租人可以拒绝接收(Alpa and Mariconda,Codice civile commentato Ⅳ,§1590,no. 7)。

8. 对于奥地利法律而言,有学者认为,即使货物受到损坏,出租人也不得拒收提供的返还;出租人只能根据民法典第 1111 条要求损害赔偿(OGH 3 November 1987 SZ 60/229)。德国法律有着同样的效果(参见 BGH 10 January 1983,BGHZ 86,204,209;Emmerich and Sonnenschein (－Rolfs),Hk－Miete[8],§546,no. 9;希腊法,参见 Georgiades,Enochiko Dikaio,Geniko meros,

§24，no. 51，fn. 71；Georgiades and Stathopoulos（－Rapsanikis），§599，no. 2；A. P. 907/1996 EllDik 38，117；Ca Athens 3401/2002 EllDik 44，849）。苏格兰法律仅规定了出租人的损害赔偿请求权（Stair，The Laws of ENGLAND XⅣ“Leasing and hire of moveables”，para. 49；Gloag 与 Henderson，The Law of SCOTLAND 11，para. 13.11）。

第六章　出租人的救济:一般规则的修改

第Ⅳ.B－6:101条　对于强制支付未来租金之权利的限制

(1)在承租人已经取得了货物控制的情况下,如果承租人希望返还货物,并且对于出租人而言,受领其返还是合理的,则出租人不得强制支付未来租金。

(2)强制具体履行的权利被第(1)款所排除这一事实,并不排除损害赔偿请求权。

评　论

A.关于救济之一般规则的适用性

如果承租人并未履行合同义务,则取决于具体情形,出租人可能有权诉诸第三编第三章(经本章修改)规定的任何或某些救济。一般规则部分由本章规定加以补充,部分则与本章规定相背离。

非金钱义务的强制具体履行。承租人的有些义务是非金钱性的,例如维护货物的义务和租赁期间届满时返还货物的义务。根据第Ⅲ－3:302条(非金钱债务的强制执行),主要规则是,出租人有权就这种义务强制具体履行。不过存在着一些例外:如果履行是不合法的或不可能的,或者履行会造成不合理的负担或费用,或者履行具有某种人身属性,以至于强制履行将是不合理的,则具体履行不得强制。

金钱义务的强制具体履行。根据第Ⅲ－3:301条(金钱债务的强制执行),债权人有权强制金钱债务的履行。不过,在另一方不愿意受领履行的情况下,这项一般规则有着重要的例外(参见评论B)。

货物并不可用时中止履行。根据第Ⅲ－3:401条(中止履行对待债务的权利),同时或在另一方之后履行的债权人可以在另一方提供履行或已经履行之前中止履行。如果另一方显然将不会履行,甚至先要履行的债权人也可以中止履行。这些规则适用于租赁合同,也适用于其他合同。履行的中止服务于两项目的,即保护中止方以免授予信用,给予另一方履行的激励。如果承租人必须在租赁期间开始之前或之时支付租金,则出租人可以中止货物交付,即并不使得其可供承租人使用。在有些情况下,承租

人可能还负有应在货物可供其使用之前履行的其他义务,例如为了货物使用而确定规格或提供必要的证书。

货物已经供承租人使用时中止履行。出租人保持货物可供承租人使用的义务是一项持续性义务。但是,这项义务的履行在货物已经供承租人使用之后并不能被中止。租赁合同意味着承租人被赋予了货物的实际控制,收回货物是对于履行之部分的撤销,而并非中止。基于某种理由重新获得货物之实际控制的出租人是否可以因承租人义务的不履行而保留货物,这将取决于第八编(货物所有权的取得和丧失)的规则。作为针对承租人不履行的一种救济措施,出租人有权中止履行其他义务,例如出租人修理货物的义务。

由于根本违约而终止。如果承租人的不履行是根本性的,则出租人有权终止当事人双方的合同关系(参见第三编第三章第五节的规则)。根本违约是在第Ⅲ－3:502条(由于根本违约而终止)第(2)款中加以界定的,它可能既与金钱义务(典型的就是租金的迟延支付)有关,也与非金钱义务(典型的就是谨慎使用货物的义务)有关。

终止意味着出租人不再想要承租人的履行,出租人也不再必须履行对待义务。由于出租人确保货物持续可供承租人使用的义务也被终止了,所以出租人有权要求返还货物。这源自于第Ⅳ.B－5:109条(返还货物的义务)。

损害赔偿。出租人有权就承租人的不履行所造成的损失要求损害赔偿,除非该不履行被免责了(参见第Ⅲ－3:701条(损害赔偿请求权))。在大多数情况下,支付租金之义务的不履行不能被免责,但例外情况也可能发生,例如由于银行罢工造成的支付迟延。关于非金钱义务,例如谨慎使用货物的义务和租赁期间届满时返还货物的义务,其免责可能是与实践更为相关的。

损害赔偿请求权可能针对实际损失以及未来损失、经济损失和非经济损失而提出(参见第Ⅲ－3:701条(损害赔偿请求权)第(3)款)。一般情况下,债权人有权要求一项总额,即"使债权人尽可能地处于如果债务被恰当履行其所会处状态的金额"(参见第Ⅲ－3:702条(损害赔偿的一般标准))。如果承租人终止租赁,出租人通常有权要求支付剩余租赁期间内的租金,或者更加具体地说,定期租赁之剩余期间内的租金,或者不定期租赁的情况下,承租人能够通过发出通知而终止租赁之前的期间内的租金。出租人必须通过采取合理措施来减少损失(参见第Ⅲ－3:705条(损失的减少)),这一般是通过订立新的租赁合同的形式来进行的。此外,由于作为承租人谨慎使用货物或维护货物之义务的不履行的结果,其他原因造成了货物损害或价值的降低,出租人也可能遭受损失。

在有些情况下,终止可能意味着出租人被留下了在计算损害赔偿时必须考虑在内的利益。正如上文已经提到的,出租人必须采取合理的措施来减少损失,通常是以将货物租赁给另一个承租人的方式。如果出租人选择为其自己的目的使用货物,而并未订立新的租赁合同,则这种利益的价值应被视为损失的减少。除非另有约定,否则承租人并无权就货物的改良要求偿还(参见第Ⅳ.B－5:106条(维护和改良的补偿))。

但是，如果租赁被终止，而该改良使得获得比原来更高的租金成为可能，那么这将构成损失的减少。因此，如果出租人选择为其自己的目的使用货物，该改良便也应计算在内。

购买货物的选择权。有些合同赋予了承租人在租赁期间届满，甚至是更早的时间购买货物的选择权。如果租金计算考虑到了货物成本的分期摊付，购买选择权往往能够以一种名义价格来行使。此外，如果摊付的租金支付低于价值的实际部分，则已经支付的租金可能影响到该选择权可以被行使时的价格。如果购买选择权由于作为承租人不履行之结果的租赁终止而丧失，则出租人可以留下如果该选择权被行使则出租人不会获得的利益。但是，只要并不存在所有权转移的协议，那种主张只要租赁不被终止，承租人便会行使该选择权的观点便仍然是一种假说。结果是，只要出租人在约定租赁期间届满前处分了货物，承租人便只能要求返还出租人已经获得的利益。

示例1

承租人租赁了一台机器，期间3年，承租人享有在租赁期间届满时以名义价格购买该机器的选择权。两年半之后，承租人不能继续支付租金，出租人终止了租赁关系。事实表明，货物已经比原来的租赁期间届满时的选择价格有了更高的价值。通过在剩余的半年内出租或使用货物的可能性，出租人的损失被减少了，但该种减少并不是通过货物价值与选择价格之间的差额而实现的。

利息。出租人有权就任何迟延支付的金额要求利息，而承租人不得诉诸免责。相关的利率是，“付款地商业银行对基本借款人短期贷出约定币种通行的平均利率”（参见第Ⅲ－3:708条（迟延支付的利息））。利息每12个月滚入本金一次（参见第Ⅲ－3:709条（利息滚入本金的时间））。对于利息并未涵盖的损失，出租人必须根据损害赔偿之一般规则要求损害赔偿（参见第Ⅲ－3:708条第（2）款）。

除消费者租赁合同以外，关于非强制性救济的规则。除了消费者租赁合同的情况（其规则不得贬损以损害消费者的利益，参见第Ⅳ.B－1:104条（消费者租赁合同中关于救济规则之贬损的限制））以外，本章的规则可以通过协议予以背离。当事人可以约定救济的前提条件，例如终止的条件、救济的效果等。例如，当事人可以约定，未履行义务的一方要向另一方支付特定金额。虽然过量金额在某些情况下可以被削减，但这种协议是有效的（参见第Ⅲ－3:712条（因不履行而约定支付））。

B. 本条关于返还未来租金的特殊规则

根据第Ⅲ－3:301条（金钱债务的强制执行），支付到期金钱之义务的履行是一项可以强制执行的义务。但是，如果另一方并不想履行，或者进一步履行，该情形可能发生改变，在某些条件下，支付到期金钱之义务可能被支付损害赔偿的义务所替代。

如果出租人尚未使得货物可供承租人使用，并且承租人显然不会愿意受领货物，则第三编的规则无须修改即足适用。出发点是，出租人可以继续履行，并要求返还应

付金额。强制执行承租人受领货物的义务原则上是有可能的，但在大多数情况下那相当不切实际。出租人也可以根据第Ⅲ－2:111条（未被受领的财产）处置货物。在这两种情况下，出租人都可以强制到期租金的支付，并在整个租赁期间内继续这样做。但这些规则中存在着重要的例外。

如果承租人不愿意接受履行，而替代交易的进行并不会产生重大的负担或费用，则出租人不得提出继续履行（第Ⅲ－3:301条（金钱债务的强制执行）第（2）款（a）项）。替代交易通常都是一项新的租赁合同。出租人有权收取合理的费用，但可能担心承租人将无法支付。因此，如果该费用是巨额的，则出租人并不必须进行替代交易。

如果根据具体情形这是不合理的，则出租人不得继续提供履行并强制到期债务的支付（第Ⅲ－3:301条（金钱债务的强制执行）第（2）款（b）项）。如果承租人不再能够使用货物，则情况可能是，履行会招致不必要的成本。如果承租人显然不愿意接受履行，则出租人不得为了提供履行而缔结货物供应合同。

如果承租人已经获得了货物的控制，则情况有所不同。出租人视情况而定可以强制整个租赁期间内到期租金的支付。不过，即使在这种情况下，也应该存在一项例外，正如第Ⅲ－3:301条（金钱债务的强制执行）所涵盖的事项那样，一项特殊规则是必要的。

如果承租人希望返还货物，而对于出租人而言，接受货物返还是合理的，则就未来期间支付租金的义务应该被支付损害赔偿的义务所替代。所谓合理性取决于当事人的情况、租赁货物的类型、剩余的约定租赁期间的长度等。对于经营者出租人而言，在许多情况下接受货物返还都没有什么问题，货物在许多情况下都可以出租给新的客户。在其他情况下，出租人可能缔结了新的租赁合同，以便在特定期间内处分货物，在这种情况下，接受货物返还可能导致实际的问题和费用。即使成本可以从承租人那里收取，接受货物返还也可能是不合理的。

示例2

承租人甲为其四周的假期租赁了一匹马。一周后，甲因生病而不能使用该马并照顾它。出租人乙的业务就是出租马匹，他必须同意牵回该马并要求损害赔偿，而不是要求每周支付的租金。

示例3

出租人甲生活在比雷埃夫斯，他在其挪威的分支机构办公室定居了一年。甲拥有一艘游艇，并在离开挪威之前将其出租给了乙，租期一年。几个月后，乙因为晕船而厌倦了出航，并想要将游艇退还。甲并没有停船的地方，并且在每年的这个时候找到一个新的承租人是非常困难的。甲仍然可以根据合同强制每月租金的支付。

C. 损害赔偿

如果义务履行由于限制该种履行的规则（第Ⅲ－3:303条（损害赔偿请求权不得排

除）和本条第(2)款）而不能强制执行，出租人可以要求损害赔偿。根据遭受的损失和并未获得的收益，损害赔偿要“使债权人尽可能地处于如果债务被恰当履行其所会处状态的金额”（参见第Ⅲ－3:702 条（损害赔偿的一般标准））。在这些情况下，关于减少损失的一般规则予以适用（参见第Ⅲ－3:705 条（减少损失））。替代交易在何种程度上将会减少损失，这取决于具体情形。如果出租人可以将货物提供给任何新的客户，则出租人可以收回损失的收益，即使货物以同样的租金出租给了新的客户。赋予承租人拒绝履行的权利，其背后的观念部分是出租人可以通过并不继续履行而节约成本，而部分则是支付可以以替代未来履行的损害赔偿形式立即解决。

注　释

Ⅰ. 不履行和救济的一般规则

1. 第三编第三章的一般规则也适用于租赁合同。国内法上相应的规则——涉及例如作为统一概念的不履行，免责的不履行和救济的累加——有所不同，这些差异自然也出现在关于租赁合同的国内法上。因此，一般可以参照第三编第三章的注释。

Ⅱ. 强制履行

2. 关于金钱债务强制履行的规则出现在第Ⅲ－3:301 条（金钱债务的强制执行）（参见该条的注释）。

3. 第Ⅲ－3:302 条（非金钱债务的强制执行）中关于非金钱债务强制履行权利的一般规则也适用于租赁合同（参见该条的注释）。但是，国内法上存在着某些特别处理承租人之非金钱义务强制执行的规则。此处涉及的只是这些规则。

4. 根据德国民法典第 541 条，如果甚至在出租人发出警告以后使用仍在继续，则出租人享有以并不违反合同的方式停止承租人使用货物之程序上的救济（*Unterlassungsklage*）。不过，在某些警告并没有意义的情况下，警告并不是必要的（Emmerich and Sonnenschein（－Emmerich），Hk－Miete[8]，§541，no. 4）。在奥地利法律上，出租人在承租人违反合同使用货物的情况下，根据一般法享有程序上的救济（Rummel（－Würth），ABGB Ⅰ[3]，§1098，no. 1），并且出租人还可以运用作为占有人和所有权人的救济（Koziol（－Iro），ABGB，§1098，no. 3）。爱沙尼亚和希腊法律的情形是类似的（关于后者，参见 Georgiades，Enochiko Dikaio，Geniko meros，§25，no. 53）。在强制执行合同和终止之间加以选择的权利存在于某些司法管辖区内（例如，荷兰民法典第 3:296 条；法国民法典第 1184 条，意大利民法典第 1453 条），并被包含在马耳他民法典（第 1570 条）、葡萄牙民法典（第 1041 条）和西班牙民法典（第 1556 条）的租赁规定中。根据英格兰和北爱尔兰法律，法院可以根据转换请求而命令具体履行（侵权（侵扰货物）法 1977 s. 3）。因此，承租人不得错误地使用货物或以与出租人对货物的财产权利不相兼容的方式使用货物（对于这些权利的严重侵犯对转换之诉而言是必要的：Marcq v. Christie，Manson & Woods Ltd.［2003］EWCA Civ 731，［13］－［24］）。出租人提出返还货物的要求之后，承租人对货物的扣留也可以被解释为一种转换。根据 1974 年消费品信用贷款法第 92 条第(1)款，在“受规制的消费者租赁协议”和“受规制的消费者租购协议”的情况下，没有法院的命令，出租人不得进入承租人的场所取得货物的

占有。如果出租人无视这一规则,则承租人可以申请法院裁定,对于货物已经支付给出租人的全部或部分款项要被偿还,并且支付到期的全部或部分租金的义务得以免除(s. 132(1))。根据匈牙利法律,出租人可以要求停止与合同或货物目的相违背的使用(民法典第425(2)(b)条)。如果货物未经出租人同意而被改变形态,则承租人负责恢复原状(民法典第425(3)条)。根据 Gellért(-Besenyei),A Polgári Törvénykönyv Magyarázata^{6},1683,所有租赁财产的形态改变都需要出租人的事先同意。在其一项判决中,最高法院认为,在租赁财产未经出租人同意而被改变的情况下,出租人仅有权要求恢复原状,但不得要求立即生效的终止(BH 1993. 49,Legf. Bír. Gf. Ⅳ.32. 817/1991)。

Ⅲ. 中止履行

5. 从一般规则中似乎可以推导出,出租人在承租人义务不履行的情况下,可以在使得货物可供承租人使用之前中止履行,但不得在之后中止。这些规则有时是针对租赁合同明确规定的(奥地利法,参见 Riss,Erhaltungspflicht,226;德国法,参见 Schmidt-Futterer(-Blank),Mietrecht^{9},§543,no. 149;瑞士法,参见 BSK(-R. Weber),OR Ⅰ^{3},§257 f,no. 2)。其他义务的履行,例如维护义务,可以因承租人的不履行而中止(参见例如法国法,Huet,Contrats spéciaux,no. 21179,680)。

Ⅳ. 因不履行而终止

6. 第二编第三章第五节关于合同关系终止的一般规则也适用于租赁(参见该节的注释)。此处仅讨论涉及特殊的租赁合同的规则。

7. 关于终止的理由,根据奥地利民法典第1118条,有害使用和迟延付款都可以在一定条件下成为终止的理由。该规定是否是穷尽性的,那是存在争议的(参见 Schwimann(-Binder),ABGB V^{3},§1118,nos. 15,17 ff,Rummel(-Würth),ABGB Ⅰ^{3},§1118,no. 3)。根据捷克法律,出租人以违反合同的转租(民法典第666(2)条)、对货物的有害改造(民法典第667(2)条)或货物的有害使用(民法典第679(3)条)为基础也可以终止租赁合同(有着自始效果)。关于因不履行而终止的一般规则(民法典第517(1)条)也可以适用。爱沙尼亚 LOA 第315条和第316条含有在违反合同的使用和迟延付款情况下的终止的规则(也可参见 LOA 第116条第(2)款关于根本违约的一般规则)。德国民法典第543条(试比较,第314条)允许任何一方因重要理由无须通知即可终止租赁,尤其是在疏于照顾、将货物委托给第三方和迟延付款的特殊情况下。此外,在瑞士法律上,任何一方都可以因重要理由而特别终止(LOA 第266g条),此时必须进行法律所规定的通知。还有由于承租人破产(LOA 第266h条)、迟延付款(LOA 第257d条)和疏于照顾(LOA 第257d条)而终止的特殊规则。根据比利时、法国和卢森堡民法典第1729条,取决于具体情形,与货物目的相违背的使用,或者以将导致货物损害的方式进行的使用,将赋予出租人一项终止的权利。迟延付款可能导致根据一般规则的终止(Huet,Contrats spéciaux,no. 21178)。在意大利法律上,重要违约可能导致合同的终止(尤其是租赁合同,试比较,Alpa 与 Mariconda,Codice civile commentato Ⅳ,§1587,no. 7)。在希腊法律上,违反合同的使用、疏于照顾和迟延付款都可以通过发出通知而提供终止的理由(希腊民法典第594、597条)。关于因迟延付款、不相符的使用或未经同意的转租而特别终止的规则出现在匈牙利民法典第428条第(2)款、第425条第(2)款和第425条第(4)款。根据马耳他民法典第1555条第(1)款,根据具体情形,违背货物目的的使用或者以可能导致货物损害的方式进行的使用,都赋予了出租人一项终止权利。也可参见民法典第1570条关于任何一方之义务不履行的情况下终止的规则。根据波兰民法典第

672 条，如果租金迟延支付两期以上，则出租人可以终止租赁。如果承租人以与合同或货物属性不相符的方式使用货物，尽管出租人发出了警告，但也未能停止其以该种方式使用它们，则出租人也可以终止（民法典第 667(2)条）。如果承租人疏于照顾货物，出租人可以终止（民法典第 667(2)条）。关于迟延付款的特殊规则出现在葡萄牙民法典第 1048 条，参见第 1041 条第(1)款：承租人可以通过在 8 天内付款而防止终止（Pires de Lima 与 Antunes Varela，Código Civil Anotado Ⅰ^{4}，386）。根据斯洛伐克民法典第 679 条第(3)款，如果承租人以导致货物受到损害或严重损害之危险的方式使用或允许他人使用租赁物，则出租人可以在任何时候终止租赁。如果承租人在 3 个月内并未支付租金（租金期间少于 3 个月）或者直到下一次租金支付到期之前也未能进行租金支付（租金期间超过 3 个月），则终止也是可以诉诸的。如果承租人违背租赁合同转租标的物（民法典第 666(2)条），或者由于未经出租人同意的改造对租赁货物有相当大危险（民法典第 667(2)条；Lazar，OPH Ⅱ，155）时，出租人也可以终止。根据西班牙民法典第 1556 条（试比较，第 1555 条），出租人可以因支付租金义务，或谨慎并按照合同或惯例使用货物的义务之不履行而终止租赁。在英国和爱尔兰，关于因毁约性违反而终止的一般规则予以适用。不过，根据 1974 年消费品信用贷款法，在承租人违反"受规制的消费者租赁协议"或"受规制的消费者租购协议"的情况下，出租人必须向承租人发出默认通知，在强制执行某种权利（包括终止权利）之前给予 14 天的补救期（ss. 87－89）。在爱尔兰，根据 1995 年消费品信用贷款法，类似的规定是有效的：在发出通知并给予承租人 21 天补救该情形之前，出租人不得因承租人的违约而终止合同（s. 54(2)）。

8. 在某些体系中，终止一般必须由法院来裁定（参见第Ⅲ－3:502 条（因根本违约而终止）的注释），但即使在这些体系中，允许自动终止的合同条款也是有效的（尤其是租赁合同，参见 Huet，Contrats spéciaux，nos. 21178 and 21209）。

Ⅴ. 损害赔偿

9. 第三编第三章第七节关于损害赔偿和利息的一般规则也适用于租赁合同（参见该节的注释）。

10. 租赁合同通常意味着承租人对属于他人的货物加以使用或实际控制，因此往往产生货物恶化或损害的责任问题。这通常被视为一个承租人（仅仅）按照合同使用货物并谨慎处置货物的义务之不履行的问题。举证责任由承租人负担，因为对于出租人而言，证明货物处于承租人控制之下时恶化和损害的原因，那往往是极其困难的。关于因承租人允许的第三方使用货物的行为而发生的替代责任的规则也很常见；这些规则中的某些主要针对的是不动产的租赁，但也可能是与货物租赁相关的。根据奥地利民法典第 1111 条，承租人对承租人自己的过错或其家庭成员等的过错造成的损害和恶化负责（Schwimann（－Binder），ABGB V^{3}，§1111，no. 8）。从民法典第 1298 条的一般规则可以推导出，承租人必须证明该损失并不是由过错造成的。爱沙尼亚 LOA 第 334 条第(2)款也有着相同的效果。根据捷克民法典第 683 条第(1)款，承租人对由与合同不相符的使用引起的损害或过度损耗负责。承租人替代他允许使用货物的第三方负责，但不对意外事件负责。特殊规则出现在民法典第 722 条（商业租赁）和商法典第 632 条（交通工具的租赁）。在荷兰法律上，承租人要对不履行的损害负责，但火灾造成的损害存在例外，所有损害都被推定为可向承租人追偿（民法典第 7:218 条，试比较，第 7:219 条关于替代被允许使用货物的人负责）。在德国法律上，承租人因使用货物之义务的不履行而承担的责任是以民法典关于过错责任的第 276、280 条和第 249 条的一般规则为基础的，但讨论往往联系到第 538 条，认为承租人并不

对按照合同使用而造成的货物恶化和改变负责（参见例如 Emmerichand Sonneschein（－Emmerich），Hk－Miete[8]，§538）。委托他人履行的责任（试比较，民法典第 278 条）延伸到了承租人允许其与货物产生联系的第三方身上（Staudinger（－Emmerich），BGB（2006），§538，no. 6）。如果出租人已经证明该损害或恶化在租赁开始时并不存在，则由承租人负责证明并不存在过错（Staudinger（－Emmerich），BGB（2006），§538，no. 13）。因疏于照顾或与合同不一致的使用而造成的损害赔偿的过错责任是希腊民法典第 594 条的规则，不论终止是否允许（Kornilakis，Eidiko Enochiko Dikaio Ⅰ，237；Georgiades 与 Stathopoulos（－Rapsanikis），§594，no. 10）；举证责任由承租人负担（CA Athens 1139/2000 EllDik 43，226；3799/1998 EllDik 40，182；Filios，Enochiko Dikaio Ⅰ[6]，第 33 Ⅱ）。关于次承租人和其他第三方的替代责任，参见民法典第 593 条。根据瑞士法律，承租人负有过错责任。如果出租人已经证明损害是由承租人造成的，则承租人必须证明并不存在过错（LOA 第 97 条；参见 further BSK（－R. Weber），OR Ⅰ[3]，§267 nos. 4 and 5）。根据法国、比利时和卢森堡民法典第 1732 条，承租人因其使用期间内的货物损害或恶化而负责，除非能够证明该恶化或损害并不是由承租人的过错造成的（参见民法典第 1733 条关于火灾的严格责任，也适用于动产，Rép. Dr. Civ.（－Groslière），v° Bail，no. 423）。承租人为家庭成员和次承租人承担替代责任（进一步参见 Huet，Contrats spéciaux，nos. 21190－21193）。根据匈牙利法律，承租人因与合同或货物目的不一致的使用而造成的任何损害负责（参见第 425(1)条）。除了立即生效的终止以外，出租人还可以要求补偿（民法典第 425(2)条）。在意大利法律上，承租人对于租赁期间内的货物恶化或损害负责，火灾被包括在内，除非能够证明该恶化或损害是由于并不归于承租人的原因而造成的（民法典第 1588(1)条）。这意味着，承租人必须证明，该损害或恶化并不是由其过错造成的（Cian and Trabucchi，Commentario breve[8]，§1588，no. Ⅰ 1）。该责任延伸到了由承租人允许使用货物的第三方造成的损失上（民法典第 1588(2)条）。在马耳他法律上，承租人也要负责，除非能够证明该损害或恶化并不是由其过错所造成的（民法典第 1561 条；也可参见第 1562 条关于火灾造成损害的规则），承租人为其家庭成员等承担替代责任（第 1563 条）。在葡萄牙法律上，承租人对并不是由正常使用或意外事件造成的损害或恶化负责，但举证责任是由承租人负担的（民法典第 1044 条，试比较，第 1043 条）。根据斯洛伐克民法典第 683 条第(1)款，承租人对与合同不一致的使用所造成的损害或过度损耗负责。承租人对他允许使用货物的人（例如家庭成员、家属成员、次承租人或客人等）承担替代责任，不过，承租人并不对事件负责（Svoboda（－Fíger），Kentár a súvisiace predpisy，625）。根据西班牙民法典第 1556 条（试比较，第 1568 条），承租人的责任包括疏于照顾或与合同或惯例不一致的使用所造成的损失。对于瑞典法律而言，承租人必须证明该损害并不是由其过错造成的（Hellner/Hager/Persson，Speciell avtalsrätt Ⅱ(1)[4]，204－205）。根据英国法律，举证责任由承租人负担，他要证明货物在承租人占有期间出现的损失或损害并不是由承租人一方应加以合理注意的任何过错所造成的（Chitty on Contracts Ⅱ[29]，no. 33－049，with reference to Brook's Wharf & Bull Wharf Ltd. v. Goodman Bros [1937] 1 KB 534，538－539 and in SCOTLAND：Walker，Principles in Scottish Private Law Ⅲ，399）。除承租人自己的雇员以外，承租人并不对其适当地委托货物的人所造成的损害或损失负责（Smith v. Melvin (1845) 8 D 264）。如果损害是可控的，则承租人将对货物价值的减损部分或货物的实际价值（如果货物灭失的话）负责。损害赔偿仅适用于租赁时在各方合理预期内的相应损失（Chitty on Contracts Ⅱ[29]，no. 33－050，with reference to Anderson v. NE Railway (1861) 4 LT 216）。

11. 关于承租人在租赁期间届满后继续使用的责任，国内法上存在某些规则（并不存在期间

的延长的话）。根据捷克民法典关于商业租赁的第 723 条，承租人必须支付租金，还要支付额外的法定迟延金。爱沙尼亚 LOA 第 335 条规定，承租人必须支付约定租金或通常租金；这并不排除对进一步损失要求赔偿的权利。根据德国民法典第 546a 条第(1)款，出租人可以要求约定租金或就该种货物而言通常的租金。其前提条件是，货物返还必须是可能的（Staudinger（－Emmerich），BGB（2006），§546a nos. 22－27）。额外损失的损害赔偿不得排除（民法典第 546a(2)条）。关于希腊法律上类似的规则，参见 Georgiades 与 Stathopoulos（－Rapsanikis），§601；瑞士法律，参见 BSK（－R. Weber），OR Ⅰ[3]，§267，no. 2。在匈牙利法律上，承租人在租赁期间届满后迟延返还租赁货物的，必须支付损害赔偿（BH 1982. 528. Legf. Bír. Gf. Ⅲ. 30 176/1981；参见 Gellért（－Besenyei），A Polgári Törvénykönyv Magyarázata[6]，1688）。在租赁合同无效的情况下，最高法院判令以无效合同为基础使用租赁财产的一方支付“使用费”（BH 1987. 364. Legf. Bír. Gf. I. 31 456/1986）。根据意大利民法典第 1591 条，承租人在迟延返还货物的情况下必须支付约定租金，并根据具体情形就额外损失支付损害赔偿。这相当于最低损害的一种形式，无须出租人证明有任何损失即可适用（Cian 与 Trabucchi，Commentario breve[8]，§1591，no. Ⅲ 1）。具有同样效果的一项规则出现在葡萄牙民法典第 1045 条，但在此，如果承租人既迟延返还货物，又迟延支付租金的话，则责任确定为双倍支付约定租金。斯洛伐克民法典第 723 条第(1)款适用于货物的商业租赁，它规定，承租人在迟延返还货物的情况下必须支付约定租金，此外还须支付“费用”。

Ⅵ. 承租人希望返还货物情况下的特殊规则

12. 在有些体系中，承租人就剩余租赁期间支付租金的义务的减免在一定程度上得到了承认，即使提前返还货物是由承租人一方的事件所引起的。在奥地利法律上，即使承租人一方的意外事件妨碍了货物的使用或限制了货物的实用性，租金也必须支付。不过，出租人必须减免剩余的或获得的收益，因为这也可能是在必须进行替代交易的情况下发生的（民法典第 1107 条，参见 Schwimann（－Binder），ABGB V[3]，§1107 nos. 1 and 4，Koziol（－Iro），ABGB，§1107，no. 1）。该规则很少被适用，也许是因为承租人被允许转租货物。在这种情况下，拒绝同意承租人权利的转让也可能导致承租人责任的减免（试比较，民法典第 1295(2)条，参见 Schwimann，loc. cit. §1107 no. 3）。根据爱沙尼亚 LOA 第 296 条第(3)款，承租人必须就货物由于取决于承租人的情形而不能使用的期间支付租金，但出租人节省的金额和获得的收益要从租金中扣除。德国法律也是如此，其出发点是，即使货物的使用受到了承租人一方原因的妨碍，租金也必须支付（民法典第 537(1)条）。如果承租人提出了以不变的条款就剩余期间进行可接受的新的租赁的建议，并且承租人对返还标的物有着显著利益，则出租人可能不得不接受该替代，至少对于不动产租赁是如此（一般参见 Staudinger（－Emmerich），BGB（2006），§537，no. 1）。由于基本规则是民法典第 242 条，所以同样的原则应该也是与货物租赁相关的。在希腊法律上，出租人通过替代使用所获得的收益可以从租金中扣除（民法典第 596 条），并且有学者主张同样的规则适用于出租人由于过错而未能利用货物的情况（Georgiades and Stathopoulos（－Rapsanikis），arts. 595－596，no. 7）。对于瑞典法律而言，有学者认为，承租人有权“免除”，在消费者租赁中甚至无须对出租人加以补偿（Hellner/Hager/Persson，Speciell avtalsrätt Ⅱ(1)[4]，197－198）。根据瑞士 LOA 第 264 条，承租人可以通过提出一项可接受的替代租赁而免责。如果并未提出这种建议而货物被提前返还的话，则承租人必须就剩余租赁期间支付租金，不过要扣除因货物提前返还出租人可以节省或获得的相应金额（一般参见 BSK（－R. Weber），OR Ⅰ[3]，§264）。

13. 在英格兰和爱尔兰法律上,存在着一种承租人的预期毁约制度(即赋予出租人终止权利的预期违约),出租人可以选择终止或要求损害赔偿或继续合同。在前者情况下,损害赔偿可以立即主张(Hochster v. Dela Tour (1853) 2 E & B 678)。在后者情况下,出租人可以选择中止履行并寄希望于承租人会停止违约行为。如果实际违约发生,出租人则享有损害赔偿请求权。如果违约足够严重,出租人还可以选择在后者这一日期终止。关于金钱债务具体履行的规则(以针对约定金额之诉讼的形式)不如具体履行那样严格。但是,如果损害赔偿是种充分的补救措施,出租人将不能确保违背承租人的意志而由其履行。另一方面,如果并非由于承租人的过错而合同落空,双方的所有义务便都被免除了,承租人也就不再负有支付租金的进一步义务。苏格兰法律有着同样的效果。

14. 在其他体系中,似乎在这种情况下并不存在承租人义务的减免。在捷克法律上,这是从一般规则推导而来的。荷兰法律也是如此,但可能存在着适用关于合理和公平(民法典第 6:248 与 6:258 条)与债权人过错(民法典第 6:102(2)条)的规则的例外。在法国法律上,似乎剩余期间内的租金必须支付,即使承租人希望返还货物(Cass. civ. ,10 January 1990,Bull. civ. 1990. Ⅲ, no. 7;Bénabent,Contrats spéciaux[6],no. 354;Cass. civ. 3e,3 April 2001,Loyers et copr. 2001,no. 167,Note Vial－Pedroletti)。对于比利时法律而言,有学者认为,由于承租人一方的原因而不可能使用货物的实施,无论如何是没有任何影响的(La Haye 与 Vankerckhove,Le Louage de choses Ⅰ[2],no. 425)。在西班牙,这种情形依据旧有的城市出租法一直备受争议。根据该法第 56 条,即使货物已经被返还给出租人,拒不履行合同的承租人仍须支付约定期间内的剩余租金。然而,判例裁定,这种补偿在大多数情况下将包括对出租人的超额补偿和不当得利,并因此降低了出租人为防止损失扩大而采取合理措施的积极性(参见 Bercovitz (－Carrasco),Centarios a la Ley de Arrendamientos Urbanos,p. 246)。根据新的法律,TS 20 March 2004(RAJ 2004/2710,CCJC 68 § 1815,Note by Carrasco)认为,当承租人拒不履行合同且返还标的物时,上诉法院为了适用第 11 条规定的补偿规则(在剩余租赁期间内的每年中,一月支付一次租金)而给出的理由,是责任限制的一般规则。

第Ⅳ.B－6:102 条　消费者货物租赁合同中责任的减轻

(1)在消费者租赁合同中,根据具体情况可以合理期待出租人投保的,出租人的损害赔偿请求权在损失已经或将会被该保险降低的范围内减轻。

(2)第(1)款的规定是对第三编第三章第七节规定的补充。

评　论

A. 保险与租赁

并无涉及合同责任之投保的义务。第四卷本部分规定,不论是出租人还是承租人一方,都并不负有就货物进行投保的义务。这种义务往往出现在合同条款中。通常,

合同一方当事人更倾向于就一方向另一方所负的责任进行投保，例如根据合同因货物损害或损失所负的责任（有时，一方也会想要就涉及第三方的责任进行投保，例如货物造成的损害责任、污染责任等）。规定提供这种类型的保险的义务，一直被认为是没有必要的。此外，约定另一方基于其合同责任进行投保，这可能符合一方的利益。其理由通常是担忧责任方不能支付损害赔偿。就经营者与经营者之间的合同，以及消费者与消费者之间的合同而言，对另一方履行合同义务和不履行时承担责任之能力的评估，是与该人订立合同的复杂判断中的一个因素。对于经营者与消费者之间的合同而言，经营者一方投保的强制性规则可能是值得讨论的。不过，这是个涉及多种合同类型，而非仅针对租赁合同的普遍问题，并且这一规则并未包含在第四卷本部分当中。

并无就货物投保的义务。承租人控制和管领属于他人的货物，这是租赁合同的典型特征。承租人义务的不履行可能导致对货物的毁损灭失的责任。在许多情况下，这种损失——和相应的责任——可以通过涉及货物之实际损害的普通保险而减轻。将普通保险应该总是由所有权人或总是由使用人提供确立为一项基本规则，这几乎是不可能的。保险的成本——甚至可用性——会因货物的性能、租赁期间的长度、约定的用途、当事人的专业性等有所不同。因此，就货物投保的问题通常被留给了当事人来自由协商。

B. 消费者租赁合同

承租人的合理期待。即使在消费者租赁合同中，认为保险在所有情况下都应该由一方当事人提供，这似乎也是不可能的。不过，消费者保护要求保险覆盖面欠缺的程度不应出乎消费者的意料之外。在消费者有理由相信货物已由出租人投保，并因此并未投保的情形下，承租人因货物毁损灭失的责任应该相应减轻。这样的结果可能是以有关损失和损失降低的一般规则为基础的，但就消费者租赁合同加以明确的表述似乎是更为适当的，因为该问题在实践中最有可能发生。

现有的保险或期待的保险。承租人责任的减轻在两种不同的情况下是可用的。如果损失实际上被现有的保险部分地或全部地涵盖在内，不论现有保险的涵盖范围是否被合理地期待，这都会导致责任的减轻。如果损失并未被保险所涵盖，当这种行为是被合理期待的时候，责任可以在出租人投保便会减少损失的范围内减轻。必须根据情形加以确定的是，出租人是否已被合理期待提供该种保险，如果提供的话，该保险以何种形式提供。如果出租人根据合同负有就货物投保的义务，则答案是显而易见的。当这是法律所规定的时候，出租人也可能被期待投保。在其他情形下，我们必须考虑到通常提供的保险的涵盖范围。货物的特性和租赁期间的长度也可能是相关的。

示例1

消费者甲为某个周末从经营者乙那里租赁了比较新的汽车。承租人驾驶过快，车辆失去了控制，由于撞上了道路护栏而严重受损。由于新车通常都对该种损失进行了投保，承租人在订

立合同时并未购买短期保险，即使该汽车并未投保，承租人的责任也可以在相应的通常保险范围的数额内被减轻。

保险范围。根据第四卷本部分的默认规则，承租人并不对货物因意外事件造成的毁损灭失负责：在这种情况下，修理通常超出了承租人根据第Ⅳ.B－5:104条（按照合同要求使用货物）所负有的义务范围，并且承租人并不负有返还处于超过维护义务等以上状态的货物的义务。不过，当事人可能约定，将更为宽泛的维护和修理义务施加于承租人之上。此外，货物可能因为承租人按照合同使用货物之义务的不履行而受到损害。我们也必须根据情形来确定，可以期待出租人提供的保险所涵盖的由承租人的疏忽大意所造成的损失范围是什么。

C. 消费者合同以外的租赁合同

一般规则予以适用。除第三编第三章第七节关于损害赔偿的一般规则以外，本规定第（1）款的规则可以适用（参见本条第（2）款）。具体情形可能会在相当大程度上有所不同，关于保险的效力或可用性，试图设置一项针对所有情况的规则是不可取的。第（1）款的规则也不会推导出相反的结论。

注　释

保险与租赁合同

1. 国内法上偶尔会涉及保险与租赁的问题。在德国法律上，如果货物投保的成本由承租人直接或间接承担，则承租人并非因为故意或重大过失造成的损害赔偿责任可以受到限制（参见Staudinger（－Emmerich），BGB（2006），§ 538，no. 9）。法国法律上并不存在就租赁货物投保的义务。如果出租人造成了风险是被保险所涵盖的错误印象，这可能导致承租人责任的减轻（Huet，Contrats spéciaux，no. 21196）。根据英格兰法律，承租人对出租人并不负有就租赁货物投保的义务（Lockspeiser Aircraft Ltd. v. Brooklands Aircraft Ltd.，7 March 1990，unreported），但这种义务可能根据协议、交易惯例或其他特殊情况而发生（Birks，English Private Law Ⅱ，§ 13.51）。不过，承租人可以选择就货物投保，如果已支付的费用可以保持承租人自己的（占有）利益，维持出租人的信赖平衡，则承租人应当投保（Chitty on Contracts Ⅱ^{29}，no. 33－025）。苏格兰法律的情形与此类似。在比利时法律上，有评论指出，规定出租人就货物投保的合同条款往往包含了投保人对承租人之追偿权利的放弃（La Haye and Vankerckhove，Le Louage de choses Ⅰ^{2}，nos. 1041，1043及其后）。意大利民法典第1589条规定，如果货物由出租人投保，则承租人因火灾造成的货物毁损所负的责任可以减轻。根据希腊民法典第600条，如果投保货物因火灾受损，仅当承租人的过错被证明时他才负责。在挪威法律上，关于通常保险范围之可能信赖的讨论，参见Falkanger，Leie av skib，413。西班牙并不存在特殊规则。出租人并不负有投保义务。如果出租人并未投保而保险人补偿了所造成的损失，则它享有对被视为造成了该损害的承租人的代位求偿权（民法典第1563条）。

第七章　新的当事人与转租

第Ⅳ.B－7:101 条　所有权变更和出租人的替代

（1）所有权由出租人转移给新的所有人的，如果承租人在所有权转移时已经占有货物，则新的货物所有人替代原出租人成为租赁当事人。原所有人作为保证人对根据租赁合同产生的债务的不履行负补充责任。

（2）所有权转移的撤销将会使当事人恢复到原来的地位，但在撤销时合同债务已履行的除外。

（3）出租人作为所有权以外其他权利的享有人行为时，以上规则相应适用。

评　论

A. 概述

租赁合同和所有权变更。合同一方通常可以转让根据合同享有的履行权利（第Ⅲ－5:105 条（可转让性：一般规则）），但未经另一方同意，一方的合同义务不得免除（第Ⅲ－5:302 条（合同地位的转让））。就租赁合同而言，租赁货物所有权的变更引起了某些特殊问题。出租人作为货物所有权人（或类似权利享有人）和由租赁合同所产生的合同关系一方当事人的地位有着紧密的联系。为了履行合同义务，出租人必须能够使得货物可供承租人使用，在大多数情况下，还必须能够以维护和修理的形式在货物上进行工作。这通常以出租人是货物的所有权人为前提。就所有权变更的结果而言，关于承租人与原出租人之间的合同关系和承租人与新所有权人之间的关系，都需要具体的规则。

合同权利和占有的保护。本条的规则是，新所有权人替代成为基于租赁合同产生的合同关系的一方当事人。即使并无本规则，根据关于所有权转让的规则，承租人对货物的占有在一定程度上也受到了保护（参见第八编（货物所有权的取得与丧失））。鉴于承租人的占有可以对抗新所有权人而受到保护，这可被视为一种新所有权人一方的“消极”义务，即容忍承租人使用的义务；而替代成为合同关系的一方当事人则意味

着新所有权人根据合同负有“积极”义务。

B. 模式和政策问题

出租人处分货物的权利。从本条可以间接推导出，出租人可以通过转让所有权或其他方式处分货物。这种所有权的变更本身并不被视为出租人义务的不履行，承租人不能反对所有权的转让或通过主张具体履行而阻止它。这也适用于强制买卖或出租人的一般债权人提起的诉讼所导致的所有权变更的情形。不过，如果所有权变更有可能妨碍承租人按照合同对货物的使用，这便属于合同义务的不履行（参见第Ⅳ.B－3:101 条（货物的可用性）第（3）款）。由于新所有权人通常替代成为合同关系的一方当事人，而原出租人仍负有履行合同义务的责任，则所有权变更在大多数情况下并不会妨碍承租人的使用。如果货物在合同订立后但在承租人取得货物占有前被出售，或者关于权利登记的规则导致了所有权变更而新所有权人并不负有遵守租赁合同的义务，则情况便有所不同了。

对新所有权人可以强制执行。至于承租人和新的货物所有权人之间的关系，存在着两种可能的主要模式：根本并无关系，或者承租人与货物上的其他利益（包括新所有权人的利益）有关的权利受到一定保护。两种模式都出现在国内法上。只要规则透明并且相对简便，未来承租人或货物买方以及担保权人和出租人的一般债权人便都能调整其行为实现规则效果。指出一种模式是最为公平或经济上最有效率的论证难以继续。此处选择的模式（保护已经占有货物的承租人）要比承租人相对于第三方完全不受保护的模式，较少造成不履行和冲突的结果。所有权变更不会自动导致租赁合同上义务的不履行，未来的买方或货币出借人已经通过货物所有权人并未直接占有这一事实得到了警示。同样的推理也可以证明新所有权人替代成为租赁合同关系之一方当事人的规则。如果新所有权人只负有尊重承租人对货物的占有和使用的消极义务，则在许多情况下，该规则仍会导致租赁合同义务的不履行。选择这种模式的另一理由是，某些租赁合同或多或少有着与买卖合同相同的功能。选择租赁合同的目的可能主要是为设立货物上的担保权利，尤其是在合同赋予承租人在货物整个经济寿命内充分使用的权利的情况下。在这种情况下，承租人受到的保护不应与买方受到的保护有着太大的差异。如果承租人在这种类型的某些合同中受到保护，则最简单的解决方案便是，将同样的规则适用于所有租赁。否则的话，很难就合同之间的区分找到确切的标准了。

新所有权人的善意。明知租赁存在的货物买方通常会接受替代成为租赁合同关系的一方当事人，而约定的价格通常也会受到这种明知的影响。因为仅当承租人已经占有货物时，本条规则才会适用，所以买方在大多数情况下知道或应当知道租赁的存在。所有权人并未直接控制货物的事实应当警示买方注意到其他人对货物之利益的可能存在，买方可以作出进一步的调查。如果尽管承租人已经占有货物而买方并不知道租赁的存在，那么租赁合同之出乎意料的存在往往相当于买卖合同义务的不履行

（参见第Ⅳ.A－2:305 条（第三方一般的权利或主张））。承租人的权利仍受保护，但承租人必须接受买方替代成为合同关系一方当事人的撤销（参见下文）。至于调整新所有权人和承租人之间权利和义务的条款，个别性的租赁合同具有决定意义。即使买方已经知道租赁的存在，比买方所期待的更不利于出租人的合同条款仍然可能存在。对于这些情形下的承租人保护，并没有什么必要引入一项例外规则。取决于买卖合同，买方有权对卖方要求救济，包括合同关系终止和将货物退还给买方，这意味着所有权变更的撤销。并未占有货物的承租人是不受保护的，不论买方是否知情。在这种情况下，货物买卖相当于租赁合同义务的不履行，除非买方自愿承担起出租人的义务，而这可能是买卖双方之间协议的结果。承租人可能对恶意买方提出的主张是由第六编的规则调整的。

针对出租人之一般债权人的保护。所有权转让给一个新的所有权人，可能是作为出租人之一般债权人满足其主张（通过破产程序或个别行为）的结果，本条规则也适用于这种情况。针对出租人之一般债权人的保护可以通过承租人已经获得货物占有这一情形而得到证明。国内破产法的规则优先于本规则适用，不过这可能导致其他的结果。尤其是当它涉及关于避免破产的规则时，更是如此。

C. 承租人已经占有货物

新所有权人作为出租人。如果承租人在所有权转移时已经占有货物，则新的所有权人替代成为租赁合同关系的一方当事人（参见本条第（1）款第 1 句）。这意味着承租人对新所有权人享有与对原所有权人同样范围的权利和救济，包括具体履行的强制执行。作为替代成为合同关系一方当事人的结果，新所有权人享有租赁合同上的权利，并能够收取租金。所有权在何时转移，这必须根据第八编（货物所有权的取得和丧失）的规则来确定。该编规则也界定了承租人占有的前提条件。本条适用于新所有权人的权利源自于原所有权人权利（“所有权从出租人转移给新的所有权人”）的情况，因此并不适用于新所有权人基于与并非所有权人的占有人之交易善意取得的情况。

示例 1

甲从乙那里租赁了 5 个集装箱用来装工业废品，租期 1 年，租赁期间开始时，集装箱被送到了乙的住所并一直放在那里。6 个月后，甲将集装箱卖给了丙，但并未告知丙租赁合同的存在。丙替代成为租赁合同关系的一方当事人，并且必须容忍乙在剩余租赁期间内使用集装箱。有个集装箱在 8 个月后损坏了，丙还必须对其加以修理，因为这根据租赁合同属于出租人的义务范围之内。另一方面，丙可以直接向乙要求租金支付。

原所有权人的责任。作为保证人，原所有权人仍就租赁合同义务的不履行负有补充责任（参见本条第（1）款第 2 句）。只有经承租人同意，原所有权人才可以免责（参见第Ⅲ－5:302 条（合同地位的转让））。出租人的某些租赁合同义务不得由并不是货物所有权人或者至少并未获得所有权人同意的人来履行。在这些情形下，最可行的解决

方案便是使得原所有权人作为保证人负有补充责任。基于第四卷第七编（保证）的目的，原所有权人成为了独立保证人，即原所有权人的义务就新所有权人对承租人所负义务进行了担保。在要求原所有权人履行之前，承租人必须先要求新所有权人履行作出适当尝试（第Ⅳ.G.－2：106条（保证人的补充责任）第（2）款）。在实践中，对于原所有权人而言，唯一可能的履行方式便是货币支付，要么是作为货币主张的履行，要么是作为非金钱主张之不履行的损害赔偿。

示例2

事实与示例1相同。由于丙财务状况困难，损坏的集装箱并未得到修理，乙不得不从别处另外租赁了一个集装箱。乙向丙要求损害赔偿无果，则乙可以向甲要求损害赔偿。

所有权转移的撤销。所有权的转移可以撤销，因此当事人恢复到原来的地位（参见本条第（2）款）。从第（1）款可以推导出，所有权恢复时原所有权人具有出租人的地位。不过，第（2）款的核心在于澄清新所有权人（他现在不再是所有权人）被免责了。该规则通常适用于买卖合同关系被终止的情况下，这也许正是由于租赁合同施加于买方一项出乎意料的负担，那意味着卖方义务的替代不履行。如果即使终止之后买方仍对承租人负有责任，则终止权利在很大程度上会失去效力。该规则也适用于卖方同意终止合同关系的情况下，而不论买方的终止权利如何。选择“撤销”一词，目的是表明不论是时间还是动机上，所有权的第一次和第二次变更之间必须存在密切联系。如果经过一段时间后，新所有权人再次将货物出售给了原所有权人，则并没有理由反对第（1）款的主要规则应予适用。关于撤销时已经提供履行的情况，则存在着限制。在许多情况下，鉴于这种履行的存在，使得当事人恢复原来的地位过于复杂而难以进行。要求承租人就所有权变更直到撤销的这一段期间补偿或返还新所有权人提供的履行，并赋予承租人对原出租人的求偿权，这进一步造成了承租人一方难以接受的风险。

示例3

事实与示例1相同。两周后，新所有权人由于知道了甲、乙之间租赁关系的存在，基于根本违约终止了买卖合同关系。丙并不负有租赁合同上的责任，而乙不得对丙提出主张，即使后来情况表明，甲并不能履行修理受损集装箱的义务。

D. 承租人并未占有货物

可能对新所有权人提出的主张。仅当承租人在所有权转移时已经占有货物的情况下，本条第（1）款的规则才能适用。如果承租人并未占有货物，则不得根据这一规定向新所有权人提出主张。但是，买卖合同中可能存在有利于作为第三方的承租人的规定，其效果是，承租人作为与所有权人之间租赁关系的当事人，对新所有权人享有与之相同的权利和主张。为了避免租赁合同之义务的不履行，货物卖方往往倾向于将与此

类似的规定包含在买卖合同当中。根据非合同责任规则对恶意新所有权人可能提出的主张,取决于第六编(造成他人损害所引起的非合同责任)的规定。如果在承租人占有货物之前,货物所有权被转让,而新所有权人并不同意受租赁合同的约束,则这通常等同于租赁合同义务的不履行,承租人可以向出租人(即原所有权人)寻求不履行的通常救济。

示例 4

乙从甲那里租赁了 5 个集装箱用来装工业废品,租期 1 年。在将集装箱交付乙之前,甲将集装箱卖给了丙。集装箱被送到了丙的住所。丙并未替代成为租赁合同的一方当事人。乙可以基于根本违约终止与甲的租赁合同关系,还可以向甲要求损害赔偿。

E. 权利登记

登记规则的优先性。对于某些货物类型,通常是航空器和船舶,存在着货物的权利登记制度。登记可能影响货物权利的善意取得、权利保护和冲突权利之间的优先性。这种规则优先于本条规则。这是直接从有关规则中推导出来的,并没有必要将其在本条当中明确规定。

F. 出租人并非所有权人

规则相应适用。第四卷本部分也适用于出租人并非货物所有权人而是有着其他订立租赁合同的权利的情况(参见第Ⅳ.B-1:101 条(货物租赁)评论 J)。例如,出租人可能是用益权的持有人。如果出租人对货物的权利被转让给了其他人,则本条的规则相应适用。如果出租人将货物转租,然后转让了原租赁合同,该规则也适用。这是从本条第(3)款推导而来的。

注　释

Ⅰ. 承租人权利的保护

1. 大多数司法管辖区都在货物财产权利和非财产(人身)权利之间进行了重要的区分。当货物所有权转移(例如,作为货物买卖或所有权人的一般债权人满足其权利的结果)时,这项区分在其他事物中是与货物权利享有人的地位相关的。关于这些具有一般意义的问题,参见第八卷(货物所有权的取得和丧失)和其中相关条文的注释。传统上,承租人的权利被视为一项非财产权利,这在原则上意味着承租人仅享有向出租人要求履行的权利,而并不享有必须由新所有权人遵守的权利。不过,该规则是复杂的,承租人在许多情况下都至少针对新所有权人受到一定程度的保护。这种情况首先存在于不动产租赁当中,但在一定程度上也适用于货物租赁。

2. 情形可能是,货物新所有权人必须就剩余租赁期间或直到新所有权人以通知终止承租人

的权利之前,容忍承租人对货物的占有。这意味着新所有权人负有不得妨碍承租人对货物之使用的“消极”义务。新所有权人是否——并无关于这种效力的协议——还必须履行维护等合同义务(“积极”义务),这在原则上是个不同的问题。如果新所有权人——并无协议——受到租赁合同的约束,因此既负有消极义务又负有积极义务,这可能被定性为通过法律运作的整个合同地位转让的规则。对于新所有权人而言,这种规则可能是与合同关系的特别终止权利联系在一起的。

3. 特殊规则适用于必须或可能加以登记的货物,尤其是船舶和航空器。登记的效力通常涉及对抗货物上相冲突之利益的登记权利的保护。这些规则在此并不予以讨论。

Ⅱ.租赁合同关系的依法转让

4. 就奥地利法律而言,有学者认为,如果承租人在所有权转让时已经占有货物,民法典第 1120 条意味着租赁合同关系的依法转让(Schwimann（－Binder), ABGB V[3], § 1120, no. 13; Rummel（－Würth), ABGB Ⅰ[3], § 1120, no. 1)。原出租人仍作为共同债务人受合同约束(Schwimann, loc. cit. § 1120 no. 14)。原则上,新所有权人可以通过正常的通知终止租赁(Schwimann, loc. cit. § 1120 no. 41; Rummel（－Würth), loc. cit. § 1120 no. 5),但根据民法典第 1401 条第(1)款,有学者指出,就动产而言,原来的租赁期间要得到维持(Apathy 与 Riedler, Bürgerliches Recht Ⅲ[2], no. 8/79)。在丹麦和挪威法律上,有学者认为,至少在承租人已经取得货物控制的情况下,承租人的权利针对新所有权人(以及所有权人的一般债权人)受保护(Gade, Finansiel leasing, 387－388; Falkanger and Falkanger, Tingsrett[6], 622; Lilleholt, Godtruerverv[3], 201)。新所有权人在多大程度上受“积极”合同义务的约束,这是不太清楚的(Falkanger, Leie av skib, 596－604; Krag Jespersen, FS Brækhus; Gade, Finansiel leasing, 389－390)。在荷兰法律上,所有权转让包括租赁合同的地位依法转让给新所有权人,除非合同条款并未涉及相对于约定租金的货物使用(严格人身类型的协议)。根据匈牙利民法典第 432 条第(2)款,租赁标的物的买方(新所有权人)在租赁期间届满前无权终止定期租赁,除非承租人就租赁期间的长度或任何其他根本条款作出了虚假陈述。新所有权人受到定期租赁合同的约束。买卖不破租赁的原则也出现在新民法典草案上(第 5:322(2)与(3)条),草案还引入了一项要求原所有权人仍作为连带保证人负责的新规则。在意大利法律上,如果承租人已经取得了货物的控制,新所有权人必须“遵守”租赁,但这仅针对不定期租赁(民法典第 1600 条,试比较, Cian and Trabucchi, Commentario breve[8], art. 1600, no. Ⅰ 1)。马耳他民法典第 1574 条规定,新所有权人不得“解除”租赁,除非该项权利在租赁合同中有所保留。在波兰法律上,新所有权人成为了新出租人(民法典第 678 条)。新所有权人总是可以通过发出通知来终止租赁,除非租赁合同采用的是书面形式并附有验证日期,此外,货物已经由承租人取得了货物占有。根据葡萄牙民法典第 1057 条,出租人权利的取得者根据租赁合同继续履行出租人的权利和义务(Rano Martinez, Direito das obrigações Ⅲ[4], 205; Pires de Lima 与 Antunes Varela, Código Civil Anotado Ⅰ[4], 400－401)。根据捷克民法典第 680 条第(2)、(3)款和斯洛伐克民法典第 680 条第(2)、(3)款,合同地位被转让给新所有权人,但新所有权人(以及承租人)可以通常的通知期间来终止租赁(但参见 Czech Supreme Court 26 Cdo 866/2002:“超越租赁关系框架的原出租人的义务,例如容忍租赁货物之实质改变的义务,并不转让给新所有权人”)。斯洛文尼亚 LOA 第 610、612、613 条的规则似乎是,如果承租人已经占有货物或者新所有权人知道租赁存在,则新所有权人受租赁合同的约束(原所有权人仍向承租人负有连带责任),但新所有权人可以通过发出通知而终止租赁。在西班牙法律上,新所有权人可以终止租赁(试比较,民法典第 1571 条),但它并不作为买卖的结果而自动结束(Paz－Ares/Díez－Picazo/

Bercovitz/Salvador（－Lucas Fernandez）,Código Civil Ⅱ,1139）。在住宅租赁中,承租人保留根据租赁合同对抗新所有权人的权利,至少持续5年期间（城市出租法第13条和第14条）,如果租赁在土地登记簿上登记过的话,则可以超过这一期间。虽然关于这个问题,一般法（但并非城市出租法第8条和第14条）未作规定,但所有权的转让便等同于合同权利的自动转让,原出租人并不作为保证人仍受约束。但是,这种代位是否对于承租人也具有强制性,承租人是否相应地无权终止租赁,这仍然是值得怀疑的（参见 Paz－Ares/Díez－Picazo/Bercovitz/Salvador（－Lucas Fernandez）,Código Civil Ⅱ,1139－1140）。根据瑞士 LOA 第261条,*nach Abschluss des Mietvertrags*,租赁转让给新所有权人,但新所有权人可以通过发出通知终止租赁。有学者指出,*Abschluss des Mietvertrags* 指的是交付（BSK（－R. Weber）,OR Ⅰ[3],§261,no. 2）。

Ⅲ. 仅针对承租人占有的保护

5. 在德国法律上,承租人的占有根据民法典第986条第(2)款受保护,但就货物而言,并不存在合同义务的依法转让（不同于不动产租赁,民法典第566条）（试比较,MünchKm（－Schilling）,BGB[4],nos. 2 and 3;Gitter,Gebrauchsüberlassungsverträge,para. 3 B Ⅵ 3,48）。在希腊法律上,新所有权人并不代位成为租赁合同（仍约束原来的当事人）的出租人。承租人作为占有人相对于新所有权人受保护（民法典第463、1095条）,并仍就法律瑕疵享有民法典第583条规定的对出租人的权利（Filios,Enochiko Dikaio Ⅰ[2],§51 C;不同于不动产租赁,参见民法典第614～615条:当合同含有验证日期而并无其他约定时,新所有权人代位;如果有此约定,或合同并不含有验证日期,则享有终止权利）。在英格兰,至少当承租人已经取得租赁货物的占有时,承租人可以受到保护,以免买方或出租人其他的买受人（如果该买受人知道原先存在的租赁及其条款的话）收回货物（Birks,English Private Law Ⅱ,§13.61 with reference to Port Line Ltd. v. Ben Line Steamers Ltd.［1958］2 QB 146,151 per Diplock J）。不过,承租人财产权的存在仍然是极具争议的。

Ⅳ. 并不针对新所有权人受保护

6. 有学者指出,法国民法典第1743条（买方不得驱逐经认证的租赁或其日期不容置疑的承租人）仅适用于不动产,货物的承租人并不受保护（Huet,Contrats spéciaux,nos. 21206 and 21800;Rép. Dr. Civ.（－Groslière）,v° Bail,no. 599）。该规则一直受到批评（参见 Huet,Contrats spéciaux,no. 21800 for references）。关于比利时法律上的相应规则,参见 La Haye and Vankerckhove,Le louage de chose Ⅰ[2],nos. 1224 ff。在瑞典法律上,承租人的权利原则上并不作为财产权利受保护。但是,情况可能是,承租人的权利可以对抗知道租赁存在的新所有权人受保护,承租人的保护一直被倡导适用于融资租赁（Håstad,Sakrätt6,426－427;试比较,SOU 1994:120,440－442;更进一步参见 Hellner/Hager/Persson,Speciell avtalsrätt Ⅱ(1)[4],208－210）。对于既不受城市出租法又不受农村出租法调整的租赁而言,西班牙民法典规定了同样古典的驱逐规则（民法典第1571条）;知道租赁的存在并不会影响新取得者的驱逐权利;但租赁在土地登记簿上的登记却会有所影响。在苏格兰法律上,一般原则是,该合同并不适用于动产:物品的买方并不取得根据买方与其相联系的物品合同提起诉讼的权利,并且不受其约束（Gloag and Henderson,The Law of SCOTLAND[11],para. 8.13）。未经同意或法院判令,承租人不得被驱逐,同时根据租赁合同所享有的人身权利仅对抗卖方,并不能对抗买方或卖方的债权人（Reid,The Law of Property in SCOTLAND,para. 5 (5)）。

第Ⅳ.B－7:102条　承租人之履行权利的转让

未经出租人同意，承租人要求出租人履行租赁合同义务的权利不得转让。

评　论

承租人的权利不可转让

一般原则的例外。根据第Ⅲ－5:105条(可转让性:一般规则)，所有履行权利都可以转让，除非法律有不同规定。本条的规则便是一般原则的一项例外，因为未经出租人同意，承租人要求履行租赁合同义务的权利不得转让。就这一例外而言，存在着两项不同的理由，两者都与承租人的注意、维护等义务有关。其一，在许多租赁合同中，出租人可能依赖于承租人的人身资格。出租人对于货物可能有着超出经济价值以外的利益，因此并不想看到货物落到并不具有恰当使用货物的专业或个人能力的人的手中。还可能存在这样的情况，即出租人仍作为所有权人对货物造成损害的第三方承担责任。这使得对使用货物者加以控制变得更加重要。其二，关于注意、维修等义务，其中某些只能由实际控制货物的人来履行。承租人根据合同转让权利，但并无受让人成为债务人的相应代位人，这因而意味着作为承租人的合同地位的分离。允许第三方未经出租人同意便代位成为承租人的一般规则是不可接受的。一种替代选择是，当出租人的利益主要具有经济属性时，区分该规则并接受租赁合同的转让，但这种规则可能更加复杂了。有学者认为，如果这种权利由承租人提出并得到了出租人的接受，则最好将其留给当事人将转让权利包含在其合同当中。约定的转让权利可以被加以调整，包括例如无正当理由，出租人不得拒绝同意的要求。

注　释

Ⅰ.未经同意的转让权

1. 在奥地利法律上，承租人未经出租人同意而进行的权利转让原则上是可能的，因为使用权并不被视为具有人身性。不过，有所争议的是，转让对于出租人有着何种影响(即应负的义务是否直接转让给新的承租人)(参见 Schwimann（－Binder），ABGB V^3，§1094，no. 26；Apathy and Riedler，Bürgerliches Recht $Ⅲ^2$，no. 8/45；Koziol（－Iro），ABGB，§1098，no. 9；Rummel（－Würth），ABGB $Ⅰ^3$，§1098，no. 15)。法国民法典第1717条允许承租人权利的转让；有学者建议，如果出租人接受了新承租人的支付，则承租人被视为免除了义务(Huet，Contrats spéciaux，

nos. 21803 and 21207；Rép. Dr. Civ.（-Groslière），v° Bail，nos. 488 ff）；比利时法律有着同样的效果（参见 La Haye and Vankerckhove，Le Louage de Choses Ⅰ²，no. 1221）。未经同意的转让也在希腊民法典第 593 条结合第 455 条及以下（参见 Dacoronia，Sublease of a thing，26-28），以及马耳他民法典第 1614 条中得到了承认。

Ⅱ. 需要出租人同意的转让

2. 对于捷克法律而言，有学者认为，转租货物的权利（民法典第 666(1) 条）是一项特殊规则，该转让只有经出租人同意才被允许（参见 Švestka/Jehlička/Škárová/Spáčil，OZ10，937）。根据丹麦法律，未经出租人同意，承租人的权利不可转让（参见 Gade，Finansiel leasing，219-220）。荷兰法律同样如此（民法典第 7:270 条与第 7:307 条 *a contrario*）。根据爱沙尼亚 LOA 第 290 条，承租人按照租赁合同转让“权利和义务”需要经过出租人的同意（以及关于原承租人和新承租人负连带责任的期间的规则）。德国民法典第 540 条规定，租赁物的使用未经出租人同意不得转让给他人，有学者指出，这一规则也适用于承租人合同权利的转让；如果出租人无重要理由而拒绝同意，则承租人享有特别终止的权利（Emmerich and Sonnenschein（-Emmerich），Hk-Miete⁸，§540，nos. 22 及其后）。同意是必需的（匈牙利民法典第 426(1) 条；意大利民法典第 1594(1) 条；拉脱维亚民法典第 2115 条；立陶宛民法典第 6.491 条；挪威法，Falkanger，Leie av skib，215；葡萄牙民法典第 1038(f) 条；瑞典法，Hellner/Hager/Persson，Speciell avtalsrätt Ⅱ(1)⁴，198-200（如果同意被拒绝，则可能享有特别终止的权利）和瑞士法，Guhl（-Koller），OR⁹，§44，no. 83）。英格兰和北爱尔兰法律在合同权利转让和合同责任转让之间进行了区分。理论上，租赁合同权利的转让是可能的。不过，在实践中，转让合同收益的权利通常被排除在外。如果出租人同意而受让人取得了收益，则合同收益和责任都可以被转让。这一过程被称为更新。更新涉及新合同的创设，其中现有的一方当事人（承租人）被新的一方当事人（受让人）所替代。同意可以是明示的，也可以是根据合同推断出来的，但必须有证据证明（参见 summary of novation in The Tychy (No. 2) [2001] 1 Lloyd's Rep 10，at 24，per David Steel J）。根据 1925 年财产法第 136 条第(1)款，单纯合同权利的法定转让是可能的。占有和使用租赁货物的合同权利的转让必须以书面形式制定，并向出租人明示通知（书面形式）。根据苏格兰法律，承租人不得转让租赁合同的收益，除非合同允许这样做（Walker，Principles of Scottish Private Law Ⅲ³，400，with reference to Lamonby v. Foulds 1928 SC 89，95）。

3. 西班牙的法律规定如下。普通租赁不得由承租人转让，因为并没有第三方来替代履行其义务；使用权或使得物被修理的权利之单独转让是没有任何经济意义的。未经出租人同意，城市住宅租赁不得转让给第三方（城市出租法第 8 条）；但商业租赁是可以转让的（城市出租法第 32 条），作为一种补偿，被剥夺了反对转让权利的出租人获得了提高 10% 的租金的权利。

第Ⅳ.B－7:103条　转租

（1）未经出租人同意，承租人不得转租。

（2）如果转租请求在未提供合理理由的情况下被拒绝，承租人得以通知合理期间的方式终止租赁合同。

（3）在转租的情况下，承租人仍负有履行租赁合同上承租人之义务的责任。

评　论

A. 使用权和承租人的人身属性

概述。在不同的合同之间，承租人的人身属性具有极其不同的重要性。即使其他人使用货物，承租人也要作为合同一方当事人承担责任。不过，在某些情况下，出租人的利益并不仅仅是对于承租人的经济权利的问题（也可参见上一条评论A）。例如，出租人可能担心损坏独特的货物，或者希望避免耗时的修复工作，或者希望避免因为承租人疏忽或不恰当的使用而与之发生的冲突。一个将珍贵的传家宝出租给一位亲属在婚礼上佩戴的所有权人，不可能接受承租人将该物交给一个他不认识的陌生人使用。另一方面，将自行车出租给游客的公司企业通常不会太看重承租人的人身属性。当事人可以就谁能够使用货物或使用货物所需的属性（例如汽车不能由没有驾照的人驾驶）等达成协议。也可能从具体情形中推导出，承租人不必亲自使用货物，例如一台机器是由大型公司企业出租的。通常的情形是，货物要在承租人的控制下使用，不论是承租人亲自使用，还是其家庭成员、雇员等使用。以特殊规定来明确这一点并没有什么必要。

B. 转租

只有经同意才能转租。如果承租人与第三方订立合同，约定为换取报酬，使得货物——部分或全部——可供该第三方使用，这便是转租。未经出租人同意，承租人不应被允许转租货物，除非合同订立时或稍后的时间另有约定。转租通常意味着货物将不再处于承租人的控制之下，因为次承租人是独立于承租人的。尽管承租人仍作为原租赁合同一方当事人负责，但出租人可以对这种缺乏控制和监管的货物使用提出反对。此外，出租人可以将转租视为与租赁合同的目的并不相符：承租人被赋予了使用货物的权利；现在承租人并不是从使用，而是从转租交易带来的收入中获益。在有些情况下，转租甚至会构成与出租人自己的租赁业务相互竞争。

同意的拒绝和特别的终止权利。承租人可能对于转租货物有着合法利益,例如在租赁合同的期间较长并且承租人由于情势改变而不再使用货物的情况下。转租也许是从货物中受益的唯一方式,而承租人仍然必须对该货物支付租金。起初,这种发展的结果必须由承租人承担。但是,如果出租人并无充分理由拒绝同意转租的话,当事人利益的平衡应导致承租人享有终止与出租人的租赁合同关系的特别权利。这是本条第(2)款规定的规则。承租人可以通过发出合理通知而终止关系,因此便被免除了剩余合同期间内的义务。出租人对于提前终止并不能要求损害赔偿。另一方面,承租人的终止并不是不履行的救济。出租人并不负有同意转租的义务,不论有没有合理理由。有些典型的反对理由已经在评论 B 中提到了,这也证明了同意的一般要求。在特定情况下,如果这种反对并不相关或只有有限影响,那么根据本规则,或许并没有充分理由拒绝同意转租。与承租人的获益相比较的出租人之不便的相关权衡也应该被考虑在内。

C. 转租、权利转让和合同地位的转让

与转让相区别的转租。转租并不会对出租人和承租人之间的合同关系引入新的当事人。租赁合同上的义务和权利仍然存在于出租人和承租人之间。其情形是与承租人想要将合同权利转让或者将整个合同地位(包括义务和权利)转让给另一人有所不同的。这些问题被规定在第Ⅳ.B－7:102 条(承租人履行权利的转让)当中。

在转租的情况下,承租人仍需负责。出于教学的理由,本条第(3)款规定,在转租的情况下,承租人仍负有履行租赁合同上承租人之义务的责任。

注　释

Ⅰ. 未经出租人同意的转租权利

1. 在奥地利法律上,主要规则是,承租人未经出租人同意可以转租货物(试比较,民法典 § 1098;Schwimann (– Binder), ABGB V^3, § 1098, no. 82)。相同的效果,参见捷克民法典第 666(1)条,关于交通工具的相反规则,商法典第 632(2)条;法国(以及比利时)民法典第 1717 条;希腊民法典第 593 条(承租人有权转租,除非个别合同中另有规定);马耳他民法典第 1614(1)条;波兰民法典第 668(1)条(承租人可以转租租赁货物的全部或一部分,或者以自愿合同为基础让第三方使用它们,除非租赁协议直接禁止转租);斯洛伐克民法典第 666 条;斯洛文尼亚 LOA 第 605 条;西班牙民法典第 1550 条,规定转租并不被合同所禁止(住宅租赁与此不同,城市出租法第 8 条)。在瑞士法律上,同意是必要的,但同意仍然可以因某些理由被拒绝(LOA 第 262;BSK (– R. Weber), OR I^3,第 262 条, no. 1)。类似规则出现在爱沙尼亚 LOA 第 288 条(也可参见以增减租金为同意条件的第 288 条第(4)款)和立陶宛民法典第 6.490 条。根据荷兰民法典第 7:221 条,承租人有权转租货物,除非承租人"有理由认为,出租人对他人使用货物有着

合理反对”。

Ⅱ.转租必须经过同意

2.在有些国家,承租人未经出租人同意不得转租(DANISH law,Gade,Finansiel leasing,219－220;爱沙尼亚 LOA 第 288(1)条;德国民法典第 540 条(Emmerich and Sonnenschein(－Emmerich),Hk－Miete[8],§540,no. 1);匈牙利民法典第 426(1)条;意大利民法典第 1594(2)条;挪威,参见 Falkanger,Leie av skib,215;瑞典,参见 Hellner/Hager/Persson,Speciell avtalsrätt Ⅱ(1)[4],199)。在英格兰,承租人未经出租人实际的或“公开的”同意不得转租货物(The Pioneer Container [1994] 2 AC 324)。转租授权可以从当事人对于通常的商业惯例的知情中推导出来(参见 Chitty on Contracts Ⅱ[29],no. 33－026)。如果承租人转租并未经过同意,出租人可以对第三方和承租人提起改变侵权之诉。如果货物因转租而遗失或损坏,出租人可以对第三方提出疏忽侵权之诉。在苏格兰,承租人不得转租货物,除非合同允许这样做(Walker,Principles of Scottish Private Law Ⅲ[3],400,with reference to Lamonby v. Foulds 1928 SC 89,95)。

Ⅲ.同意被拒绝时的特别终止权利

3.有些司法管辖区规定,如果出租人对于转租的同意无足够充分的理由而被拒绝,则承租人被赋予一项终止租赁的权利(爱沙尼亚 LOA 第 288 条;德国民法典第 540 条;立陶宛民法典第 6.490(2)条)。

Ⅳ.承租人仍需负责

4.承租人仍负有履行租赁合同上承租人之义务的责任,这似乎得到了普遍接受(参见例如 BELGIAN law,La Haye 与 Vankerckhove,Le Louage de Choses Ⅰ[2],no. 258;CZECH law,Švestka/Jehlička/Škárová/Spášil(－Jehliška),OZ10,第 1183 条;FRENCH law,Rép. Dr. Civ.(－Groslière),v° Bail,no. 528,Huet,Contrats spéciaux,no. 21136;ITALIAN 民法典第 1595(1)条;SLOVAK law,Svoboda(－Górász),Kentár a súvisiace predpisy,第 666 条;西班牙民法典第 1550 条(Díez－Picazo 与 Gullón,Sistema Ⅱ 9,340))。承租人因次承租人使用所负的责任有时也会被明确规定(参见例如爱沙尼亚 LOA 第 288(5)条;匈牙利民法典第 426(2)条(也可参见第 426(3)条关于未经出租人同意而允许他人使用);德国民法典第 540(2)条;希腊民法典第 593 条;立陶宛民法典第 6.490(6)条;波兰民法典第 668 条;斯洛文尼亚 LOA 第 605(2)条;瑞士 LOA 第 262(3)条)。波兰民法典第 668 条第(2)款也明确规定,转租(或类似关系)期间在租赁终止时届满。

Ⅴ.直接提出主张

5.有些国家规定,出租人因租金支付或其他履行,有权直接向次承租人提出主张。此处并未涉及这些规则,但可以参见法国民法典第 1753 条(适用于不动产租赁),关于判例和相关讨论,参见 Huet,Contrats spéciaux,no. 21136,625,Groslière,loc. cit. nos. 531 与 532;比利时法律上的不同效果,参见 La Haye and Vankerckhove,Le Louage de Choses Ⅰ[2],nos. 278 ff。也可参见希腊民法典第 599 条第(2)款(出租人在租赁期间届满时有权要求次承租人返还租赁物)以及立陶宛 N 民法典第 6.490 条第(7)款关于次承租人代表承租人提出主张的权利。也可参见第Ⅳ.B－5:109 条(返还货物的义务)关于出租人要求承租人返还货物的权利。在英格兰,如果出租人实际或公开同意转租,则直接的租赁关系将出现在出租人与次承租人之间,只要次承租人接收货物时知道他人“对货物享有利益”(The Pioneer Container [1994] 2 AC 324,at 336－338,340－342)。因此,“承租人与次承租人之间约定的所有条款,只要可以适用于出租人和次承租人的关系,便适用

于出租人和次承租人之间"(Sandeman Coprimar SA v. Transitos y Transportes Integrales SL [2003] EWCA Civ 113,[2003] QB 1270,at [62];进一步参见 Palmer,Bailment[2],1329)。在西班牙,次承租人在允许使用的范围和限度内受主合同条款的约束;此外,只要次出租人违约,主出租人便有权直接向次承租人要求租金支付(民法典第 1551、1552 条)。

第三编　服务合同

第一章　一般规定

第Ⅳ.C－1:101 条　适用范围

(1)本编适用于:

(a)一方当事人(服务提供方)承诺为他方当事人(顾客)提供服务,他方支付价款的合同;及

(b)准用于服务提供方为顾客无偿提供服务的合同。

(2)尤其适用于建筑、加工、保管、设计、信息或咨询、医疗服务合同。

评　论

A. 适用范围

在定义列表中,服务合同被定义为"一方当事人(服务提供方)承诺为他方当事人(顾客)提供服务的合同"。但本编主要适用于以服务换取报酬的合同(第(1)款(a)项)。只有"经适当调整",方可适用于无偿服务合同(第(1)款(b)项)。稍后的条款(第Ⅳ.C－2:101 条(价款))规定,服务提供人是经营者的,经营者有权获取价款。然而,这只是任意性规则:合同当事人可以排除其适用,约定无偿提供服务。

如果一方当事人(服务提供方)必须根据另一方当事人(客户)的具体需要和指示履行某项工作,那么服务提供人负有提供服务的义务。无论如何该工作都需要提供劳动力,也可能需要提供相关材料和零部件。服务结果可以是但不必然是有形的固定建筑物、有形动产或无体物。属于本编适用范围内的服务,包括诸如建筑师、银行、建筑和土木工程承包商、木匠、顾问、医生、干洗店、房地产经纪人、时装设计师、园丁、车库、信息技术供应商、室内装饰师、律师、管道工、研究人员、保管人、教练等提供的服务。

第(2)款列出了在本编后面的章节中将具体规定的服务合同类型。服务合同的一般规则适用于这些合同,但是,其中有些规则将在具体章节中得到细化或修正。

B. 一般性

同许多国家的法律相比，本编的一个显著特征是它的一般性。它没有初步划分保管合同和其他服务合同，或者提供智力服务和提供物质服务的合同。然而，它明确排除了某些类型的合同。参阅下面的条文。

C. 与第Ⅰ卷至第Ⅲ卷的关系

本编规定的是服务合同及它们所产生的权利和义务。第Ⅰ卷至第Ⅲ卷的规则一般适用于合同及由它们所产生的权利和义务。这些一般规则适用于服务合同，因此在本卷中不再赘述。然而，考虑到服务提供的特殊背景，它们可能被本卷的规则所细化或者修正。

D. 默示性规则

第Ⅱ－1:102 条（当事人意思自治）中的当事人意思自治原则的适用对服务合同显得尤为重要，因为在实践中，许多此类合同是由精心拟定的合同条款进行规定的，而这些条款往往是以适用于整个行业或部门的标准条款为基础。因此，对于某些类型的服务合同很少会适用默示性规则。

在本编中只存在极少数的当事人意思自治一般规则的例外情况。后面的一些条款就其性质而言不能被缔约方排除或删免。具有内在目的的适用范围条款和定义条款就属于这种情况。除了这些条款外，唯一的强制性规定是在医疗服务一章中为保护患者的根本利益而作出的若干规定。

注　释

1. 在合同法一般规定之外，还有一套不仅适用于固定建筑物或动产的供应或改进服务，而且适用于单纯的智力服务的独立的合同法规则的，也就只有英国独树一帜（1982 年货物和服务供应法）。尽管保管（财产寄托）被认为是单独的一类合同，它们也受该法第 13～17 条的一般规范的调整，参见第 12 条第（3）款。1982 年法令的服务部分不适用于苏格兰，因为苏格兰的普通法源于罗马法的劳务契约（locatio operis faciendi）概念；而这又区别于雇佣合同（McBryde，Law of Contract in Scotland，para. 9.23）。此种情形与法国和比利时仅有细微差别。在法国和比利时，除了委托（参见民法典第 1984 条及以下）和保管服务（民法典第 1915 条及以下）外，所有的服务一般都由承揽合同规则调整（contrat d'entreprise or louage d'ouvrage 民法典第 1779 条和第 1787 条及以下）。而承揽合同的概念非常广泛：它包括任何一方同意为另一方独立地提供劳动的合同。它不仅包括以固定建筑物和动产为对象的服务，也包括智力服务（Cass. civ. Ⅲ，28 February 1984，Bull. civ. Ⅲ，no. 51）。这意味着对承揽合同的一般规定（民法典第 1710、1779、1787 条及以下）也适用于设计、信息和医疗服务。

2. 在许多法律制度中,保管服务和其他服务是分开处理的:参见奥地利民法典第 957 条及以下和商法典第 415 条及以下; 德国民法典第 688 条及以下和商法典第 467 条及以下;希腊民法典第 822 条及以下; 意大利民法典第 1766 条及以下; 荷兰民法典第 7:600 条及以下; 波兰民法典第 835 条及以下和 853 条及以下; 葡萄牙民法典第 1185 条及以下和商法典第 403 条及以下以及西班牙民法典第 1758 条及以下。苏格兰法律再次遵循了罗马法,承认了保管合同(Stair, The laws of Scotland Ⅷ, "Deposit")。

3. 对于保管之外的其他服务,许多法律制度都区分涉及物质性服务的承揽合同和仅涉及提供智力或类似服务的纯服务合同。与法国和比利时的体系不同,奥地利、德国、希腊、意大利、荷兰、波兰、葡萄牙和西班牙都以不同的方式对物质性服务和智力服务作出了区分。例如,在奥地利和德国,大多数物质性和智力服务(保管服务除外)都受承揽合同 (Werkvertrag) 规定 (奥地利民法典第 1165 条及以下; 德国民法典第 631 条及以下)调整。然而,在奥地利,对于将医疗服务界定为承揽合同是否比将其界定为纯服务合同 (Dienstvertrag) 更合适,是具有争议的。在德国,该问题不存在争议,医疗服务被明确定位为纯服务合同,而信息服务也属于纯服务合同。奥地利的情况和希腊类似,所有的服务(保管例外)都由承揽合同规则(见民法典第 681 条及以下)调整,但有些人似乎更倾向于将劳动合同(labour contracts)规则(参见民法典第 648 条及以下)适用于医疗合同。荷兰、葡萄牙、西班牙和意大利采纳了不同的观点,它们对纯智力服务和物质性服务(保管服务除外)的定性是不同的。在荷兰,委托合同(opdracht)(民法典第 7:400 条及以下)的一般规定可适用于智力服务,而对于医疗服务则在民法典第 7:7.5 条中作出了专门的规定。另一方面,涉及固定建筑物或动产的供应或改进的服务适用民法典第 7:750 条及以下(aanneming van werk)的规定。在葡萄牙,后一种服务属于承揽合同(contract of empreitada)范畴(民法典第 1207 条及以下),而智力服务则属于委托合同(contract of mandato)(民法典第 1157 条及以下)。同样,在西班牙,民法典第 1544 条区分物质性劳务合同(contratos de obra)和单纯的智力服务合同(contratos de servicio)。在意大利,也有类似区分,尽管物质性服务的一般规定(民法典第 2222 条及以下以及第 1655 条及以下)也许会与智力服务(民法典第 2229 条及以下)相关,但物质性服务(contratto d' opera or appalto)是区别于智力服务(contratto d' opera intellectuale)的。苏格兰法律有时区分提供劳务和物质的合同与单纯的劳务或者服务合同(McBryde, Law of Contract in Scotland, para. 9.24; cf. Supply of Goods and Services Act 1982 s. 11A (3))。

4. 在芬兰和瑞典,对于消费服务合同有着专门的立法规定(芬兰,参见消费者保护法第 8 章关于几类消费者服务合同的规定; 瑞典, 参见消费者服务法)。在芬兰和瑞典,对于非消费合同,在认为适当的情况下,得以类推的方式适用销售法。

5. 关于欧洲国家法律制度中对服务合同不同分类的更详细的注释和进一步的参考,请参见欧盟法原则之服务合同中第 1:101 条的注释。

第Ⅳ.C－1:102 条　排除

本编不适用于属于运输、保险、提供担保或者提供金融产品或金融服务范围内的合同。

评　论

虽然本规定排除的合同在实践中很重要，但将它们排除是有重大原因的。提供人身担保的合同由本示范规则的第四卷第七编的规定调整。由于金融服务和运输合同具有特殊性，它们受到或者可能受到欧盟统一规定的调整。"在某范围内"一词为混合合同提供了运作空间（参见第Ⅱ－1:107 条（混合合同））。这意味着，例如，对于动产的维护和运输的混合合同中的维护部分适用本编的相关规定。

本条中的排除不影响第一卷中的一般性排除规定，其中的一个排除是雇佣关系。在雇员保护方面，雇佣合同会引起高度政治化的问题。它们有着许多特定特征和特殊性，这使得很难将它们囊括在服务合同的一般性规定之中。

注　释

1. 大部分国家的法律有适用于全部或大多数这些例外合同的详细规则。例如，尽管西班牙法律没有调整服务合同的一般规则，但对本条提到的所有合同都作了具体规定：商法典第 349 条及以下和 1987 年《地面运输法》中的运输合同，《保险合同法》中的保险合同，担保合同由民法典第 1822 条及以下的规定调整。供应合同由行政法律调整（《公共部门合同法》第 9 条）。

第Ⅳ.C－1:103 条　优先规则

如果存在任何冲突：

（a）第四卷第四编（委托）和第五编（商业代理，特许经营及分销）的规则优先于本编的规定；且

（b）本编第三章至第八章的规则优先于本编第二章的规则。

评　论

本条规定旨在解决不同规定之间关系的疑问。委托合同(提供特定服务的合同)的特别规定及商业代理、特许经营和经销规定优先于本编的规定。而对于委托合同和委托合同之外的其他合同,优先适用委托合同外的其他合同的规定(参见第Ⅳ.E－1:201 条(优先规则))。第二章中的关于所有服务合同的一般规则适用于随后章节中的具体类型的服务合同(以及其他的无名服务合同),但是由于特定类型合同的规定更加具体,它们优先于第二章中的一般规则。

第二章　服务合同的一般规定

第Ⅳ. C－2:101 条　价款

服务提供方是经营者的，需支付价款，具体情况有其他的除外。

评　论

A. 法条概述

本条规定要求客户有义务向专业服务提供商支付价款以交换后者同意履行的服务。服务类型不同，服务合同价款的确定方式也有多种。对于某些服务，习惯支付的价款是固定的。

示例 1
建筑商受地方当局委托为大会堂建延伸翼。双方同意履行该工程的价款共计 800000 欧元。

在其他情况下，服务提供方可根据约定的价格表收费，比如按小时收费。

示例 2
房主要求漆工粉刷所有的天花板、墙壁和房门。双方同意漆工每工作一小时，房主支付 12.5 欧元。

示例 3
肉商与保管人达成保管协议，为肉商保管一吨阿根廷牛肉每周的价款为 35 欧元。

有时，双方可约定除非达成一定的结果，否则不支付价款。

示例 4

律师同意将尽力为工伤事故的受害人从其雇主处争取对事故损失的经济赔偿。双方同意将支付律师一定比例的赔偿金为酬金,如果受害人没有获得经济赔偿,那么律师的法律服务是无报酬的。

双方可能没有在合同中约定价款。原因可能是(对于一些服务)在订立合同前是不能确定价款的。当事人未确定价款的事实并不意味着服务合同不成立。服务提供方有权要求对方依据Ⅱ-9:104(价款的确定)的一般规定支付价款。该条规定可支付的价格为类似情况在合同订立时通常收取的价格,若没有这类价格,那么应为合理价格。结果要么是一个固定的价格,要么是根据常规价目表所确定的价格。

示例 5

医生同意对病人进行输精管结扎术。双方没有讨论手术的费用问题。

在这个例子中,医生可以收取手术费,但是,必须遵循通常适用的价目表。

示例 6

一个建筑师同意为一律所设计一间新的办公室。当设计完成时,建筑师找到了愿意以 1500000 欧元的价格施行该工程的建筑商。

在这个例子中,即使双方没有事先明确约定价款,建筑师也可以要求律所支付设计服务费用。假定建筑师的报酬通常是被设计房屋建造费用的 10%,那么设计服务费为 15000 欧元。

B. 除非另有约定

本条规定是任意性规则。当事人可以作出不同的约定。经营者可以同意无偿提供服务。然而,合同中没有约定价款的事实并不足以构成此类毋须支付价款的约定。

注　释

Ⅰ. 概述

1. 服务提供方一般都有权要求对方为完成的服务支付价款,即使服务合同当事人没有以明确的语言对此作出约定:奥地利民法典第 1152 条,英国 1982 年商品和服务供应法第 15 条第(1)款,芬兰消费者保护法第 8 章第 25 条,法国民法典第 1710 条,意大利民法典第 1655 条,荷兰民法典第 7:750 条第(1)款以及第 7:764 条,葡萄牙民法典第 1154 条,西班牙民法典第 1544 条。对于苏格兰法参见 McBryde, Law of Contract in Scotland, para. 9.44。有时,价款收取权遵循的

是服务有偿的这一广为接受的要求：德国民法典第 632 条第(1)款和第 689 条以及希腊民法典第 682 条第(1)款，或者服务提供方的行为是商业行为的要求：荷兰民法典第 7:405 条第(1)款以及第 7:601 条第(1)款、葡萄牙民法典第 1158 条及第 1186 条。对于在非商业关系中的保管服务，服务提供方获取价款的权利有时需要有明确的措词或者表明该意图的暗示：奥地利民法典第 969 条、法国民法典第 1917 条、意大利民法典第 1767 条以及西班牙民法典第 1760 条。有时，商业保管服务由单独的规则调整，规定服务提供方原则上有权获取价款：奥地利(商法典第 420 条)、德国(商法典第 467 条第(2)款)、葡萄牙(商法典第 404 条)以及西班牙(商法典第 304 条)。

2. 如果服务提供方有权获取价款，且双方既没有就价款的数额也没有就确定价格的方式达成协议，那么价格的计算或者参照合理价格的标准：奥地利民法典第 1152 条、英国 1982 年商品和服务供应法第 15 条第(1)款、芬兰消费者保护法第 8 章第 25 条、荷兰民法典第 7:752 条第(1)款，或者依照惯例：奥地利商法典第 420 条、德国民法典第 632 条及商法典第 467 条第(2)款、意大利民法典第 1657 条、葡萄牙商法典第 404 条第(1)款及西班牙商法典第 304 条；或者参照以上两个标准：希腊民法典第 682 条第(1)款、荷兰民法典第 7:405 条第(2)款及第 7:601 条第(2)款以及苏格兰 McBryde, Law of Contract in Scotland, para. 9.45。有时，同服务提供方所在地的惯例相关：奥地利民法典第 969 条，或者和服务履行地的惯例有关：德国(BGH BB 1969, 1413)，或者同服务提供方提供类似服务通常收取的费用有关：荷兰民法典第 7:752 条第(1)款、葡萄牙民法典第 883 条结合第 1211 条。在确定合理的或者习惯上的价格时，特别规定主管机关或主管协会确定的价目表有时会被认为是一个重要考量因素：奥地利、德国、希腊、意大利、葡萄牙和苏格兰(McBryde, Law of Contract in Scotland, para. 9.46)。如果应用这些标准也不能解决问题，有时就需要由法院来确定价款：法国(Cass. civ. Ⅲ, 12 December 1972, Bull. civ. Ⅲ, no. 674; Cass. civ. Ⅰ, 4 October 1989, Bull. civ. Ⅰ, no. 301)及意大利民法典第 1657 条。

Ⅱ. 价款收取权

3. 根据奥地利民法典第 1152 条，倘若当事人没有明示或默示约定支付价款，服务提供方仍有权获取价款。保管合同被规定在奥地利民法典中，民法典第 969 条规定只有当事人明示或默许，服务提供方才可要求对方付款。在商业保管服务中，保管人有权根据商法典第 420 条获取价款。

4. 根据英国法律，如果双方没有就价款支付达成协议，顾客有义务根据 1982 年商品和服务供应法第 15 条第(1)款支付价款。

5. 在法国，如果当事人没有在承揽合同中就服务价款达成协议，该合同仍然有效且价款必须支付(民法典第 1710 条；Cass. civ. Ⅰ, 24 November 1993, Bull. civ. Ⅰ, no. 339, RD imm. 1994, 248; Cass. civ. Ⅲ, 20 February 1996, Bull. civ. Ⅲ, no. 9)。至于保管，这类判例法也是适用的，尽管民法典第 1917 条规定类似服务原则上推定为无偿的。

6. 根据德国法律，如果承揽合同当事人没有明确或间接就服务价款达成协议，民法典第 632 条第(1)款规定，如果即将履行的工作被视为只能是有偿的，那么视为当事人已同意支付价款。对于保管服务，民法典第 689 条具有同样的效果。对于商业保管服务，保管人有权根据商法典第 467 条第(2)款要求支付价款。

7. 根据希腊法律，如果承揽合同当事人没有就价款支付达成协议，那么应根据民法典第 682 条第(1)款支付价款。该条规定，如果在通常情况下，提供该服务纯粹是为了获得报酬，则付款被视为是默许的。

8. 根据意大利法律，如果服务被定性为承揽合同(appalto)，即使当事人没有就价款的支付达

成协议,也应当支付价款(民法典第 1655 条)。根据民法典第 1767 条,除非从保管人的专业素质或者其他情形可以推测出不同的意图,否则保管服务被推定为无偿。

9. 在荷兰,依据民法典第 7:750(1)条,如果服务可被界定为承揽合同(aanneming van werk),顾客必须支付价款。即便当事人没有明确就价款达成协议,也是如此。如果服务被定性为医疗服务(overeenkomst inzake geneeskundige behandeling)(民法典第 7:764 条)亦是如此。然而,对于可界定为委托(opdracht)(cf. TM, p. 987)或者保管(bewaarneming)(cf. TM, Parl. Gesch. Ⅰ nvW 7, p. 394)的服务以及保管(民法典第 7:601 条第(1)款),不应支付价款,除非服务提供商的行为属于经营行为(对于委托参见民法典第 7:405 条第(1)款)。

10. 波兰特殊承揽合同(民法典第 627 条)、建筑合同(民法典第 647 条)和仓储合同(民法典第 853 条)的定义表明,订立这些合同是为了获得报酬。特殊劳务合同相关规定对价款作出了详细的规定(民法典第 628～632 条)。价款可以直接确定,或者双方当事人在合同中说明计算依据(民法典第 628 条第(1)款)。如果合同被界定为委托(民法典第 735 条)或者保管,服务提供方有权获取报酬,除非依据合同或者具体情形能够得出,将无偿提供服务(民法典第 836 条)。

11. 根据葡萄牙民法典第 1154 条,如果合同可界定为服务合同(prestação de services),服务提供方有权获取价款。民法典第 1155 条区分了三类服务,对于其中两种服务服务提供方的价款获取权适用另外的规则:在服务为委托(mandato)(民法典第 1158 条)或保管(depósito)(民法典第 1186 条)的情况下,合同被推定为无偿,除非服务提供者以提供此类服务为职业,在这种情况下推定合同为有偿合同。在商业保管服务中,推定必须支付价款(商法典第 404 条)。

12. 在苏格兰法律中,获取报酬权隐含在普通法中(McBryde, Law of Contract in Scotland, para. 9.44)。

13. 根据西班牙民法典第 1544 条,必须对承揽合同中的服务付款。至于保管,合同通常是无偿的,除非另有约定(民法典第 1760 条)。然而,商法典第 304 条规定对于商业保管服务应付款,除非另有约定。

Ⅲ. 价款的确定

14. 依据奥地利民法典第 1152 条,在承揽合同中向服务提供方支付的价格必须是合理的。确实存在关于收费的准则和规定(参见 Rummel [-Krejci], ABGB Ⅰ2, § § 1165, 1166, no. 108)。后者不具有法律约束力,但在确定民法典第 1152 条所指的合理性概念时可将其作为参考。对于奥地利民法典所规定的保管服务,其价款必须根据保管人的状况(nach dem Stande des Aufbewahrers)进行计算(民法典第 969 条),而对于商业保管服务则须支付习惯价款(商法典第 420 条)。

15. 在英国法中,顾客依据服务提供合同而支付的价格必须根据普通法(Greenmast Shipping Co. SA v. Jean Lion et Cie (The Saronikis) [1986] 2 Lloyd's Rep 277)和 1982 年货物和服务供应法第 15 条第(1)款为合理的。对于在合同范围之外提供的保管服务,服务提供方有权要求补偿因保管而产生的合理支出,China Pacific SA v. Food Corp. of India (The Winson) [1982] AC 939。在 Saronikis 一案中强调,典型的市场价格可作为计算服务合理价格的一个重要参考因素。

16. 在法国,对于在承揽合同范围之内的服务合同,如果当事人双方没有就确定价格的标准达成协议,则由法院确定价格,但服务提供方必须证明发票金额是与其履行的工作相称的(Cass. civ. Ⅲ, 12 December 1972, Bull. civ. Ⅲ, no. 674; Cass. civ. Ⅰ, 4 October 1989, Bull. civ. Ⅰ, no. 301)。该判例法适用于保管。

17. 在德国,即使当事人没有就价款达成协议,但承揽合同的服务提供方仍有权收取价款的,

在确定价款时主要考虑官方制定的收费标准。如果没有官方收费标准,则应支付通常价格。根据有关当事人的普遍看法,该价格是合同订立时,按照当事人的一般观点,在服务履行地为类似服务支付的价款(BGH BB 1969, 1413)。对于德国民法典适用范围之内的保管服务,在确定价款时可以参考官方定价,若没有官方定价,则参考习惯定价(cf. MünchKomm [– Hueffer], BGB, § 689 no. 5)。如果不能确定习惯性价款,那么适用民法典第 315 条和第 316 条的规则,保管人可确定价格。对于商业保管服务,价款依照当地惯例并按照商法典第 467 条第(2)款和第 354 条的一般性规定进行确定。商业保管人也可以要求报销其支出的费用(商法典第 474 条)。

18. 关于希腊承揽合同的应付价款是以民法典第 682 条第(1)款为依据计算的,其中必须包括所提供的劳务的报酬以及所支出的费用。所提供的劳务的报酬应同类似工作的通常报酬相当。在确定时可能要参考报酬标准或者合理价格。此外,还适用民法典第 371～373 条和第 379 条的原则。按照其规定,如果义务的履行将由一方当事人或者第三方确定,在出现疑问时,在确定时必须参照公平标准。

19. 根据意大利法,承揽合同(appalto)当事人没有就支付价款达成协议,则价款的支付将依据既有的价目表或者惯例计算。参照的价目表应当依据专门规定或者由主管部门或者授权协会确定。若没有此类价目表或惯例,则由法院判定价格的确定方式(民法典第 1657 条)。

20. 依据荷兰法律,如果服务提供方有权获得价款,但具体价款尚未确定,若服务可被视为委托(opdracht)或医疗服务(overeenkomst inzake geneeskundige behandeling)(民法典第 7:405 条第(2)款)或保管(bewaarneming)(民法典第 7:601 条第(2)款),那么适用如下规则:价格须由服务提供方根据惯例确定;如果不存在惯例,则应为合理价格。对于承揽合同(aanneming van werk),民法典第 7:752 条第(1)款的规定稍有不同但是效果相同。该条的主要规则是如果合同当事人没有提前确定价款,则应适用合理价款。在计算该价款时须考虑合同订立时服务提供方通常收取的价款及服务提供方所期待的价款。如果服务提供方履行服务支出的费用不包括在价款中,顾客则应给予补偿(民法典第 7:406 条第(1)款和第 7:601 条第(3)款)。

21. 如果双方没有就价款达成协议,根据波兰法律,价款的确定方式取决于服务合同类型,或参考通常的报酬,或视工作的完成情况。对于特殊承揽合同,如果合同当事人没有确定价款或者确定计算的依据,在存疑时,可认为双方的本意是同类工作的通常报酬。如果以此种方式也不能确定报酬,则报酬应和服务提供方的劳务投入和其他支出相当(民法典第 628 条第(1)款)。对于委托合同,如果既没有强制性价目表,也未对报酬的多少达成协议,则应得报酬应和所做工作相当(民法典第 735 条第(2)款)。若为保管合同,且保管的报酬没有在合同或价格表中予以明确,保管人有权获得在既定关系中通常接受的报酬,除非依据合同或具体情形,承诺无偿对事物进行保管(民法典第 836 条)。

22. 如果服务构成葡萄牙法律中的承揽合同(empreitada)(一种具体类型的服务,参见民法典第 1155 条),如果合同订立时没有确定价格,则适用销售法律中的价格确定条款(通过民法典第 1211 条转致适用的民法典第 833 条):若行政机关没有确定价款,则为服务提供者通常要求的市场价格。如果不能以此方式确定价格,则由法院根据公平原则确定(CA Lisboa, 25 June 1984, CJ 1984 Ⅲ, 166. Cf. Romano Martinez, Direito das Obrigações2, no. 365)。至于另一种类型的服务(prestação de serviços),即保管(depósito):如果没有约定价款,则适用行业价款。如果不存在此类价款,法院将根据公平原则予以确定。如果未就商业保管服务的报酬达成协议,商法典第 404 条第(1)款规定,应依据商业惯例确定价款(参见 Pires de Lima/Antunes Vaarela, Código

Civil anotado, p.757）。

23. 在苏格兰法中，若无合同规定，价款应当是服务的合理价值（quantum meruit），或是习惯价格，或是合理价格（McBryde, Law of Contract in Scotland, para. 9.45）。

24. 根据西班牙法律，承揽合同中服务的价款不一定必须在合同订立时确定，可以由当事人（或者第三方）根据消耗的材料和劳务在稍后阶段确定（参见 TS 31 May 1983, RJ 2952; Carrasco Perera/Cordero Lobato/González Carrasco, Derecho de la Construcción y la Vivienda4, p.295）。根据商法典第 304 条，商业保管服务的价款根据保管合同签署地的惯例确定。

第Ⅳ.C－2:102 条　先合同警示义务

（1）如果顾客意识到被要求的服务存在如下风险，服务提供方对顾客承担先合同警示义务：

（a）可能无法实现顾客说明或设想的结果；

（b）可能损害顾客的其他利益；或者

（c）同顾客的合理期待相比，可能花费更多金钱或时间。

（2）存在以下情形，不适用第（1）款规定的警示义务，如果顾客：

（a）已经知道第（1）款所列风险；或者

（b）根据合理期待应该预料到上述风险。

（3）如果第（1）款所提到的风险发生且服务提供方没有履行警示义务，服务提供方以发生风险为理由根据第Ⅳ.C－2:109 条（单方变更服务合同）的规定而变更服务不具有法律效力，除非服务提供方能证明即使履行了及时警示义务，顾客也会订立合同。该规定不影响其他救济措施的适用，包括对顾客可能存在的错误的救济。

（4）若顾客知道异常情形，很可能会导致服务比服务提供方预期的更费钱或费时，或者在履行服务时，很可能对服务提供方或其他人造成危险，则顾客对服务提供方承担先合同警示义务。

（5）如果第（4）款所提及的情形发生且顾客未及时警示服务提供方，则服务提供方有权：

（a）就因未被警示而遭受的损失要求赔偿；及

（b）就履行服务所需要的时间作出调整。

（6）就第（1）款而言，如果根据服务提供方所知道的所有事实情况并考虑到根据顾客陈述或者想象的结果服务提供方收集的信息以及履行服务的客观环境，第（1）款中所列风险是明显的，那么推定服务提供方知道这些风险。

（7）就第（2）款（b）项而言，仅仅因为顾客具备相关领域的知识或者已从其他具备相关领域知识的人处获得咨询，不能推断顾客可以合理地预见风险，除非其他具备相关领域知识的人是顾客的代理人，此时适用第二卷第 1:105 条（明知等情形的推定）的规定。

（8）就第（4）款而言，如果根据顾客无须调查就能知道的所有事实或客观情况判断，风险的存在是明显的，则推定顾客已经知道该风险的存在。

评　论

A. 法条概述

该条规定的主要目的是规定在服务合同缔结之前双方当事人负有警示义务。该义务涉及的是合同缔结之后服务履行中存在的典型风险。服务提供方就第(1)款中规定的风险向顾客提出警示,而顾客对第(4)款中所列的风险向服务提供方作出警示。

示例 1

一家医院的管理层要求电脑网络提供商按照医院提供的设计给医院安装定制的电脑网络。如果网络供应商严格按照医院的设计进行安装,那么安装好的电脑网络达不到医院所设计的目的。

这是一个关于需要服务提供方予以警示的风险的例子,属于第(6)款的调整内容,下面将予以解释。

示例 2

土木工程承包商向顾客作出了如下要约:挖掘顾客的一块土地并用拖拉机将挖掘出来的泥土运到相邻土地存放。承包商的要约是在固定的时间内以固定的报酬履行该项服务。该要约是以承包商的如下假设为基础的:该片土地的地下层足够结实,无须额外测量就能够承受住承包商的大型挖掘机。顾客也知道承包商的这一假设。此外,相邻土地的地址技术数据似乎也支持承包商的这一观点,但顾客知道其土地的地下层中有许多不稳固的软土。需要经过额外的测量后才能承受大型挖掘机,而这会拖慢服务的进度并增加服务的成本。

这是顾客负有的警示义务的一个例证,受第(7)款的调整,下面将予以解释。

此种相互警示义务有一个共同之处:只有在对于一方当事人来说风险是明显的时候,或者事实上他已经发现了该风险的时候,才需要警示对方当事人。对于服务提供方的警示义务来说该原则体现在第(1)款并结合第(6)款之中,对于顾客来说该原则体现在第(4)款并结合第(7)款之中。

根据第(4)款,只有在满足额外条件时顾客才承担警示义务,涉及的是风险的非典型特性。之所以要满足额外的条件,是为了避免在第(4)款中的风险对于服务提供方来说也是明显的时候还要求顾客负担警示义务的情形发生。对上面的例证 2 进行适当修改就可以说明这种情况:

示例3

土木工程承包商向顾客作出了如下要约:挖掘顾客的一块土地并用拖拉机将挖掘出来的泥土运到临近的地方存放。承包商的要约是在固定的时间内以固定的报酬履行该项服务。该要约是以承包商的如下假设为基础的:拖拉机能够经由一条穿过居民区的捷径到达和离开作业土地。顾客知道地方政府不允许重型拖拉机经过该片区域,而这会会拖慢服务的进度并增加服务的成本。

此例证能够在第(2)款中找到对应,根据第(2)款的规定,当顾客知道风险或者风险对他来说很明显时,免除服务提供方的警示义务。

示例4

顾客请理发师帮她染发。理发师打算使用某类型的染发剂来进行染发。但他没有告知顾客曾经有些顾客对此种染发剂过敏。该顾客曾经有过若干年前在另一位理发师处因使用该种染发剂而过敏的经历。但她并没有告诉理发师她此前的过敏经历。

此条款的另一目的——与其首要目的密切相关——是鼓励双方当事人在缔结合同之前就重要信息进行交流。此类信息尤其和顾客对所要求的服务的愿望和需求以及履行服务的重要环境有关。

示例5

专业电梯承包商应要求需要在正在建造的办公楼中以固定的报酬提供和安装四部电梯。为了作出要约,承包商需要研究办公楼的与电梯的特性有关的设计。此外,承包商还需要知道在办公楼建造的哪个时间段中安装电梯以及在安装时建筑工地上还有哪些其他的承包商以便考量在履行工作时可能会碰到的干扰。

该信息需要达到的程度是:使得服务提供方能够向顾客提供定制服务的要约并且能够解释其提供的服务的特性。这正与服务提供方的先合同警示义务有关,此义务的范围取决于,就为了作出顾客所要求服务的要约需要搜集的信息来看,对于服务提供方而言是明显的或者应当发觉的风险。对示例1进行适当修改就能对此进行说明。

示例6

一家医院要求电脑网络提供商按照医院提供的设计给医院安装定制的电脑网络。为了准备要约提供商研究了医院的设计。如果研究发现因为设计缺陷医院不能使用该网络达到其想要达成的目的,那么网络提供商必须对该风险作出警示。

需要发现的风险也可能是与顾客的需求无关,和将来履行服务的环境无关,而是服务本身固有的。

示例 7

医生要对病人进行输精管切除术。医生需要警示病人：病人将在手术结束后立刻变得不能生育。无论病人是否已经告诉医生他进行该手术的目的就是为了绝育，以及不管该病人是否与一位女性伴侣保持着稳定的男女关系，医生都必须对病人作出警示。

一旦向顾客作出了服务的要约并且就第(1)款提到的风险作出了警示，顾客就能够就是否缔结服务合同作出明智的决定。此外，在收到要约之后顾客能够履行第(4)款规定的先合同警示义务。事实上这是在上面例证 2 中所说明的顾客需要做的事情。在该例证中，在缔结合同之前，顾客必须与土木工程承包商分享他所掌握的特别知识。

通常情况下服务是提供给特定的顾客的，是为顾客量身定做的以满足其需求。

示例 8

受一家药学实验室的委托，一家专业的工业软件研发企业为该顾客设计一套计算机编程，以此用来比较药学测验结果。

尽管如此，也有可能是向公众普遍性地提供标准化服务。

示例 9

汽车修理店提供以 50 欧元的固定价格更换标准排气管的服务。

在示例 9 中，很可能不会引起在服务提供方与潜在顾客之间大量的信息交换，而这在示例 8 中通常都会发生。尽管如此，即使向大量顾客提供标准化服务，服务提供方也负有本条款所规定的相关义务。必须在考虑到与顾客群中一般顾客有关的一般目的、条件、境况、特性以及风险后履行该义务。

不履行第(1)款或者第(4)款的先合同警示义务有时会导致受害方因为错误撤销合同或要求就错误产生的损害进行赔偿，或者是同时主张撤销合同和损害赔偿。也可能适用其他的救济。第(3)款和第(5)款的规定补充了一般的救济规则。他们调整的是如下经常发生的情形：在服务合同缔结之前未披露相关信息，一旦相关信息在合同缔结后才披露，会导致服务变得更加费钱以及费时。

当服务提供方未履行第(1)款规定的警示义务时，第(3)款规定服务提供方不得因额外成本和延时而产生的损失向顾客索赔，从而保护顾客的利益。该款禁止服务提供方以发生原本事先就应当向顾客作出警示的风险为理由而根据第Ⅳ.C－2:109 条(单方变更服务合同)的规定来变更服务合同。但是如果服务提供方能够证明即使在缔结合同之前向顾客作出了风险警示顾客仍然会缔结合约，那么不适用这一规则。如果服务提供方对此进行了成功的证明，那么适用第Ⅳ.C－2:109 条。

如果顾客未依照第(4)款作出警示，那么根据第(5)款允许服务提供方延长服务履行时间并要求顾客赔偿损失。

B. 利益权衡和政策考量

要求服务合同当事人承担先合同警示义务会引起一系列需要考虑的问题。

第一个问题究竟是否需要将先合同警示义务强加给服务合同的当事人。持否定意见的一个理由是，只有在合同缔结时，以明示或者暗示的方式自由地承担了义务，才能将该义务施加给一方当事人。另一个反对理由是，这些规定会在缔结合同前的谈判中给双方当事人增加过重的负担。另一方面，无论何时客户和服务提供方就缔结合同进行谈判，总会在某个事情中进入到信息交换这一过程。客户需要说明他所需要的是什么，服务提供方需要就他能够提供的服务的重要特性进行详细的说明。只有在进行这些信息交流后服务提供方才能向顾客作出要约，有了要约后顾客才能就是否缔结合同作出明智的决定。在收到对方当事人的信息后，一方当事人可能会发觉对方当事人可能对合同中带来的好处作出了错误的假设。此时再被动承担警示义务将会增加额外的成本。一旦受损一方当事人发觉合同是在错误假设的基础上缔结的很可能就会出现争端，而对风险进行警示可以预防这些争端，这对双方当事人来说都是有利的。此外，先合同警示义务的一般经济上的原因在于，搜集信息、向对方当事人提供信息以及对方当事人消化信息的成本比作出错误决定的成本（作出错误决定的几率乘以错误决定所造成的损失，即期待得到的与实际得到的之间的差额）要低。

第二个问题是，考虑到谈判中所交换的信息，哪些能够引发警示义务。有人会倾向于采取与服务提供方的合同警示义务相类似的方式。在服务提供方的合同义务中，通过对论据的分析会得到如下的答案：该义务是由顾客提供的信息或者指示中的矛盾引起的，遵从这些信息或者指示可能会引起一些风险，且按照顾客的想法这些风险事关服务合同相当核心的问题。无论是对于服务提供方还是顾客的先合同警示义务，都可以采用此种方式。但另一方面也会有人质疑究竟是否能进行这样的类比，因为对合同义务来说，不仅可以在经过谈判并缔结的合同范围内予以考虑，而且还可以从正在履行中或者已经履行完毕的服务的角度进行考虑。显然，合同警示义务的引发与危及顾客所追求的服务结果的重大风险有关。有人会说这和先合同警示义务无关，这些义务的诱因与合同谈判过程所追求的结果有关。

假设服务合同双方当事人都负担先合同警示义务，并且能够明确在哪种情况下成立该警示义务，那么就出现了第三个需要解决的问题。该问题涉及的是在先合同信息交换过程中，合同当事人需要达到何种警觉程度，以便就对方当事人的可能引起先合同警示义务的假设发出信号。此时或许可以同样提出合同警示义务中提出的问题和论据。当事人需要注意另一方当事人的错误假定吗？他们需要搜寻此类假定吗？如果答案是肯定的，那么信息交换过程将会变得非常昂贵。如果通过谈判最终未能缔结合约，那么这些成本就全都打了水漂。即使最终缔约成功，那么无论如何这也会增加服务的成本。另一方面，大范围地审核对方假定的先合同义务可以防止当事人缔结收益低于缔约前预期的合同。

第四个问题是,如果一方当事人比一般当事人的能力强,或者已经知道了警示所涉及的问题时,是否另一方当事人还需要承担先合同警示义务。这个问题尤其与此种情形有关:即顾客经常受到具有——或者被认为具有——专业能力的能干的顾问的辅佐。在先合同警示义务方面服务提供方也可能面临同样的问题。这种情况下,一种观点认为再强加先合同警示义务给当事人不仅是不必要的,还会增加额外的成本。但另一方面,它说明人们需要在不必要的警示以及因未及时发现问题而事后失望之间作出抉择。

前面四个问题引起了第五个也是最后一个问题。当事人只能在从合同谈判中的信息交换中实际获得的信息的基础上对信息进行分析并作出合适的警示。这里的问题就是,当事人是否需要承担先合同信息交换义务(此义务超出第二卷第三章规定的先合同信息义务),以及信息的内容是什么。该问题和上面提出的第一个问题密切相关,即是否有必要采纳相互的先合同警示义务。在那里谈到,缔约之前的某些信息的交换是考虑缔结合约时不可或缺的条件。当需要的服务不是标准服务时更是如此。这些信息涉及顾客的需求以及为了满足这些需求服务提供方所提供的解决方案。人们会怀疑,没有这些信息双方当事人是否会缔结合约。同理,人们也会怀疑,是否需要更多的信息以便考虑彼此的假设,而这些假设可能导致引起更多警示信息的交换。

C. 首要选择

本条规定要求服务合同双方当事人负担合同警示义务。有这条规定以及谨慎地限制义务的范围比没有规定要强。此外,该义务深深地植根于先合同告知义务的发展进程中,该进程在调研的法律制度中和欧洲私法中已经发生并且还正在继续发生。该进程在第二卷第三章以及第七章关于错误的规定中已经有所体现。尽管如此,为了补充这些一般性规定,很有必要在本编中对这些义务进行具体规定。先合同信息交换在服务合同中具有十分重要的作用。在缔约前信息交换与缔约后服务履行内部关系的特殊背景下需要有明确的规定。

至于哪些问题会引起当事人的先合同警示义务,本条款遵循了和它相对应的第Ⅳ.C－2:108 条(服务提供方的合同警示义务)规定的服务提供方的合同义务。这是以如下假设为基础的:对于重要的会危及服务过程的结果的风险(如果它们发生在缔约过程中),一方当事人在缔约之前都是想要知道的。如果当时当事人不知晓该风险但事后却发生了这些风险,那么该方当事人很有可能会说,早知如此他就不会缔结合约或者即使会缔结合约但合约的内容将完全不同。上面的示例 1 就是该风险的一个例子。

对于在先合同信息交换过程中合同当事人需要达到何种警觉程度,以及是否需要寻找错误的假设这些问题,本条规定并不期待当事人进行调查。警示义务仅仅是对已经知道的风险作出警示。强迫他人对他所不知道的风险作出警示在逻辑上是矛盾的。但是,根据第(6)款的规定,鉴于服务提供方所知道的所有事实情况,并考虑顾客所提

供的信息以及履行服务的外部环境，如果风险对于服务提供方来说是明显的，那么推定服务提供方知道这些风险。这种方式表明服务提供方需要仔细审查顾客的信息，包括顾客需求的具体信息，因为这将是他作出定制服务要约的基础。在进行这些活动的过程中，服务提供方必须考虑服务所固有的、与顾客的需求和服务履行的外在环境都无关的风险。对于在研究信息时逃不出服务提供方注意范围的顾客的错误假设，服务提供方必须告知顾客。因此，并不要求以发现错误假设为目的进行积极的审核。

示例 10

受工厂的委托，一工程师要按照工厂特殊的功能、技术以及生产要求对生产机器进行调试作出要约。为了准备要约工程师需要研究相关的要求。只有如果在研究的时候发现，由于功能和技术要求中存在自相矛盾之处，调试后的机器将达不到所期望的生产要求，工程师才需要就该风险向顾客作出警示。

对于顾客的第(4)款的先合同警示义务，采用了类似的方式。无须调查，就顾客知道的所有事实情况来看，如果相关事实对顾客来说是明显的，那么推定顾客知道这些事实。这表明，顾客需要仔细了解服务提供方在他的要约中所提供的信息，假定一旦要约被接受将发生相关的合同义务。顾客为了作出明智的决定以及为了接受要约必须对要约进行研究，对于该研究中未逃出顾客注意范围之内的服务提供方的错误的假设，顾客应该向服务提供方指出。同样，不要求以发现服务提供方的错误假设为目的进行积极的审核。

示例 11

受一家公司的请求，管理培训机构要作出一份固定价格的为期三天的对该公司金融部门进行培训的要约。公司需要的是“全包”服务，也就是说，固定价格报价不仅包括培训费和附加培训成本，还包括食宿费用。接到要约后，很明显该公司就知道培训机构犯了一个对培训机构不利的计算错误。

在该例子中，该公司明白，如果不告诉服务提供方该计算错误，那么对于服务提供方来说服务的提供将会花费更多的成本。因此，公司必须向培训机构作出警示。

在判断一方当事人具有的能力或者知识来决定是否能够免除另一方当事人的警示义务这个问题上，也采用了同样的方法。首先，对于顾客的警示义务，第(4)款规定该义务只包括“异常”风险。之所以使用“异常”这个词，为了在如下情况中免除顾客的先合同警示义务：即相关事实情况是服务提供方在为准备定制要约而进行的对顾客信息的必要研究过程中应当考虑到的——正如第(1)款结合第(4)款所规定的——可预见的。

示例12

一肉商与一保管人达成协议,后者将为肉商保管一批牛肉。肉商并没有告诉保管人,牛肉必须在冷冻的环境下贮存,否则就会变质。这并不违反警示义务,因为这属于普通的、明显的风险。

在回答是否应当合理期待顾客知道风险这个问题时,是否应当以及在多大程度上将顾客或者顾客的辅佐人员的能力考虑进来？第(7)款对这个问题进行了专门的规定。采用的原则是:顾客本身的能力并不足以支持这一表面结论,即在先合同阶段可以合理期待顾客知晓某一风险。当其他人为顾客提供建议时也适用这一原则:从该其他人的能力并不能自动得出在先合同阶段可以合理期待顾客知晓某一风险的结论。这尤其是为了保护由亲朋好友——通常是免费的——出谋划策的中小企业以及消费者。但是,当顾客在服务合同的先合同阶段雇佣专业咨询人做代理时,情况将会变得复杂起来。根据第(7)款并结合第Ⅱ－1:105条(明知等情形的推定)将代理人的知识或者信息归于顾客,这可能免除服务提供方第(2)款的先合同警示义务。

最后,第(6)款表明,服务提供方应当在缔约前搜集有关顾客需求的信息。正如前面所解释的(参见评论A和B),其涉及的信息是在服务合同实践中本身就需要交换的。

本条所规定的义务与第二卷第三章的先合同信息义务以及第二卷第七章关于错误的条款中所规定的类似义务有关。

D. 与本编其他章节的关系

本条所规定的服务提供方以及顾客的先合同信息交换义务的重要性并非对所有类型的服务都是一样的。由于不同服务类型的特性不同,因此会造成差异。需要考虑的一个重要因素是,顾客并不能一直都客观地期待能够事先确定履行的服务所达到结果的质量和费用。是否事先能够提供这样的确定性取决于确定和控制影响服务结果及费用的所有因素的能力。通常来说这些因素包括:(1)顾客的特殊需求;(2)服务提供方为满足这些需求提供的解决方案;以及(3)该解决方案的实施环境。只有当上述一个或者多个因素在缔约前未被有效识别或者控制时,以及——当它们不幸在缔约后出现——造成了费用的大幅增加,或者造成了服务结果的质量下降时,关于这些因素的先合同信息交换才会具有意义。由于建设过程的特殊性,此类例子最可能发生在建筑合同中,这将通过下面的示例来予以说明。

示例13

地方政府要求土木工程承包商按照政府规划部门的设计作出高架桥建造要约。该高架桥将建在一公路交叉路口附近。

首先,正如上述示例所展示的,我们可以看到,在建设之前提到的几个抽象因素之

间存在强烈的内部关联。鉴于将要建设的新的建筑或者其他固定建设物周边环境的特殊性，承包商所提供的解决方案将主要取决于顾客的特殊需求。这也进一步解释了为什么不存在标准化建筑服务。其次，如果可以事先透彻地了解和核实顾客的需求以及将要建设的建筑物的周边环境——通常是通过顾客向承包商提供建筑设计的方式，那么理论上可以事先确定和控制建筑过程的结果。再次，鉴于当事人控制该技术过程结果的能力，他们也能够事先计算和核实将发生的总的造价。这就解释了为什么在建设合同中通常都是以固定的报酬提供建筑服务。最后，尽可能事先确定和控制建筑过程结果的质量和费用等事关双方当事人的利益：如果对于上述一个或者多个要素他们不这么做，他们就会冒着在合同缔结之后可能出现问题的风险。比如，他们可能发现建筑的实际造价超过约定的价款。此外，由于承包商的解决方案没有充分满足顾客的需求（鉴于待建建筑的周边环境），建设结果的质量或者建设工期可能会受到威胁。

概括起来，正是因为存在上述特殊性，承包商一般在建设合同中需要事先详尽地勾画出顾客的需求以及在熟悉新建筑物的周边环境后提出满足顾客需求的技术解决方案。这些特殊性也进一步解释了为什么在先合同阶段和合同阶段之间存在清楚的区分。最后，这些特殊性也展示了为什么会认为本条所要求的先合同信息交换是最重要的。为了能够以量身定做的解决方案以及固定价格对顾客要求的建筑服务作出要约，承包商需要事先知道顾客的特殊需求是什么，以及将要建设的建筑物的周边环境如何。

新的建筑物及其他不动建设物的建设与对已有的动产或无体物提供服务的情形——如加工服务以及保管服务——之间存在相似之处。但是，两者仅仅在一定程度上存在相似之处。这点下面将予以解释。下面将谈到加工合同的相似之处，但是其分析也适用于保管合同。在适当的时候也会谈到其他特殊服务合同的相似之处。

对已有动产及无体物的加工，在如下三者之间存在内部关联：顾客的需求，满足这些需求的加工人的解决方案，为了满足顾客的需求加工人实施该方案的外部环境。下面这个示例将说明此点。

示例 14

一工艺装饰工与顾客达成协议，将使用顾客选择的布料对顾客的六把古董扶手椅的坐垫进行装饰。

这里与建筑的一个显著区别——被加工物品的特征除外——就是，几乎不会存在会影响加工服务的外在环境。在确定了顾客的需求后，服务的费用和结果完全取决于被加工物品的特性。尤其是当加工物以及顾客的需求都是标准化时，外在的环境将不会对处理服务的结果产生影响，这就使得以标准化的处理服务来满足顾客的需求成为可能，下面的这个示例将展示这一点。

示例 15
车主要求汽车维修店更换其汽车的排气管。

示例 16
干洗店同意为顾客干洗雨衣。

在这些示例中,本条所规定的义务可能仅限于标准化信息的交换。鉴于很多时候,加工人在知道顾客的需求后立刻就能给出固定的价格,有时甚至可能不需要对加工物进行初步的检查,先合同信息交换和买卖合同缔结前的信息交换非常类似。此类加工合同——以及为缔结合同所描述的解决方案——和第七章的事实信息提供合同非常类似,下面将举一个示例予以说明。

示例 17
一养老基金与证交所的在线数据服务部门达成协议,使得养老金能够持续访问和证交所交易股票实时价值有关的电子信息。

但是,鉴于顾客的需求以及加工物的特殊性,加工服务不再是标准化服务时,情况将变得不同。如果加工人要提供一个固定的价格,先合同信息交换将变得更加重要,甚至有可能变得必不可少。在下面的示例中就是如此。

示例 18
一工厂请求工程师作出要约,按照顾客提供的特殊的功能、技术及生产要求更改生产机器。

此种情形可能与示例 8 的设计合同非常类似。

在新建筑物或者其他固定建设物的建设与已有的动产或者无体物的加工之间还存在另外一个重大的差别(这正是在诸如加工合同与保管合同相似之处终结的地方),因为并非一直都能事先认识和控制会对加工服务——标准化的或者量身定做的——的结果产生影响的因素,正是由于这个原因关于这些因素的先合同信息交换将变得不那么有用。当先合同信息交换对于计算加工服务的固定价格并不重要时更是如此。尽管如此,此种情况下,在加工服务的先合同阶段及合同阶段之间仍然存在严格的区分。

示例 19
一幅 17 世纪油画的所有者与专业修复者达成协议,在不损害油画的前提下,尽量将几个世纪以来暴露在烟熏及其他损害性环境下的油画恢复其本色。

此处的地位可能与第七章的提供评价信息的合同类似。

示例 20

一家公司卷入了一场复杂的法律纠纷当中，请求一位法学教授审核相关文件并评估在法庭中胜诉的几率。

如果不能事先确认和控制影响加工服务的结果和费用的因素，那么相关区分就会变得模糊，对该目的来说先合同信息交换再次变得不那么有用。鉴于此种情形中加工人不能以固定的价格提供加工服务，当事人将很难注意到此类服务的先合同阶段已经过去了。

示例 21

在一次考古发掘中，发现了大量的罗马陶器的碎片。国家与专业公司达成协议对这些陶器碎片进行修复。

此类加工合同——以及因缔约而草拟的方案——与第八章的医疗服务合同类似。

示例 22

一位患者在持续性头痛数周后终于决定联系医生。

E. 救济

如果服务提供方没有进行先合同警示，从而使得服务未能达到顾客陈述或者设想的结果（第（1）款（a）项），顾客可能以未履行第Ⅳ.C－2:106 条规定的主要义务（达成结果的义务）为由诉诸第三卷第三章规定的救济。正如在该条的评论 A 中所述，并非在所有服务中服务提供方都负有该条规定的义务。另一种选择是可以设法以未能履行合同警示义务为由主张损害赔偿。当第（1）款（b）项所列风险出现时，第二种方案也为顾客提供了选择。顾客的第三种选择是：如果是第（1）款（a）项中的风险或第（1）款（b）项中的风险未予警示的结果时，可以尝试以错误为由撤销合同。鉴于终止服务进程以及援引合同撤销后果条款是不现实的，并且对顾客是不利的，因此第三章观点基本属于假设性的。

另一方面，无论顾客是否行使撤销权，因错误给顾客造成的损害都能根据第Ⅱ－7:214 条（损失的赔偿）得到赔偿。如果发生了第（1）款（c）项所列的风险，顾客大可不必诉诸救济措施，可以简单地根据第（3）款来阻止服务提供方的要求，除非服务提供方能够证明，即使在缔约前对顾客进行了风险警示，顾客也会缔结合同。

如果顾客未能履行第（4）款规定的警示义务，服务提供方通过履行服务或许不能达成顾客设想的结果，或许会损害顾客的其他利益。此种情况下，顾客或者会试图以服务提供方未履行合同义务为由诉诸救济措施。但是，此时由于顾客未履行警示义务，所以在警示义务的未履行引起服务提供方不履行（参见第Ⅲ－3:101 条（可提供的

救济)第(3)款)的范围内,顾客不能就服务提供方的未履行采取救济措施。但应当注意到,在缔约后,服务提供方或许负有第Ⅳ.C－2:108条(服务提供方的合同警示义务)规定的合同警示义务,该义务包含的风险与顾客在缔约前未予警示的风险相同。在此种情况下,正如在该条的评论中所述,当他们共同导致了顾客设想的结果未能实现时,该合同义务的未履行将引发救济措施。

如果顾客未按照第(4)款的规定对服务提供方进行警示,后者可能会设法以错误为由撤销合同。但是,这可能正如在服务提供方未能根据第(1)款作出警示时顾客撤销合同的选择一样,仅仅是假设性的,因为顾客未能警示所引发的风险使服务变得费用更高以及花费的时间更长。

只要蒙受的损失能够得到赔偿,服务提供方可能愿意继续履行服务以获取合同成果。如果在缔约时,约定服务费用是按时计费的,那么服务提供方不大可能根据第Ⅱ－7:214条(损失的赔偿)寻求损害赔偿,因为此种情况下他并未遭受损失。但是,如果约定报酬是以固定的价款支付的,或者是按照"无结果,无报酬"的原则确定,那么第Ⅱ－7:214条就显得非常重要。但是,鉴于此处描述的情形事实上与顾客未履行先合同协作义务时可能发生的情况类似,服务提供方可以寻求本条规定第(5)款的救济。这意味着,服务提供方不仅能就发生的损失要求赔偿,还可以要求延长服务履行时间。

注　释

Ⅰ.概述

1.先合同告知义务在许多欧洲国家的司法中稳步发展而来,并且还正在进一步地延续。鉴于多条欧盟指令规定货物及服务提供者负有先合同告知义务,该发展对欧盟法也产生了影响,尤其是在消费者合同中。例如:关于在营业场所之外缔结的合同中对消费者保护的1985年12月20日85/ 577/EEC号指令(OJ 1985 L 372/31);有关消费者借贷的成员国法律、法规和行政规定协调和统一1986年12月22日号87/102/EEC指令(OJ 1987 L 42/48;);有关跟团旅游、跟团度假及跟团观光的1990年6月13日90/314/EEC号指令(OJ 1990 L 158/ 59);有关不动产分时使用权购买合同中对购买者保护的1994年11月26日94/47/EC号指令(OJ 1994 L 280/83);有关远程合同中对消费者保护的1997年5月20日97/7/EC号指令(OJ 1997 L 144/19);关于信息社会服务,尤其是国内市场中的电子商务若干法律问题的2000年6月8日2000/31/EC号指令(OJ 2000 L 178/1)。这些发展反映在了有关先合同信息义务的第二卷第三章第一节中。在事实错误或者法律错误的一般性合同法规定之外,在一些被调研的国家中,尤其是法国、德国、荷兰和西班牙,法院还发展出了服务提供方的先合同告知义务。这些义务并非一直都存在坚实的基础。鉴于许多法律概念,最典型的是"诚实信用"及"先合同义务"的概念,能够很方便地提供这样的基础,因此这并不是法律学说中的大问题。在被调研的一些国家中,有着特别的成文法规定为服务框架内的明确的先合同告知义务提供法律基础:芬兰(消费者保护法第8章及第9章第13条第(1)款及第(3)款)、法国(消费者法典第L.111－1条及第L.114－1条))和荷兰(民法典第7:

754 条，第 7:753 条第(2)款以及第 7:748 条)。服务提供方的先合同义务包括提供有关相关服务的特性和风险信息，但仅限于服务提供方能够预见到这些信息或者会对顾客是否缔约的决定产生影响。

Ⅱ.先合同告知义务

2. 根据英国法，如果一方当事人在对方当事人先合同阶段陈述的诱导下缔结了合约，那么他可以从不同的角度主张损害赔偿：如果其陈述是欺骗性的，以欺诈侵权的名义；如果原告能够确立在 Hedley Byrne & Co. Ltd. v. Heller & Partners Ltd. [1964] AC 465 判决中，或者 1976 年不实陈述法(参见 Chitty on Contracts Ⅰ29, no. 1－072)规定的注意义务的存在条件，则以过失侵权的名义。不实陈述法还规定受害一方可以解除合同。英国法非常不乐意承认在“陈述”的范围外还存在先合同义务。基本规则是，如果仅仅是未披露信息则并不构成不实陈述，因为原则上合同一方当事人没有披露可能会对对方当事人是否缔约的决定产生影响的事实信息(参见 Chitty on Contracts Ⅰ29, no. 6－013)。该规则仅存在如下例外：(1)最大诚信原则(contracts uberrima fidei)；(2)当事人间存在信托关系的情形；(3)不披露会歪曲正面陈述的情形；(4)会因其行为而被认为有不实陈述之罪的情形(参见 Chitty on Contracts Ⅰ29, nos. 6－013 ff, 6－079 ff, and 6－135 ff)。因为英国并不打算推翻诚信原则和先合同义务原则，先合同告知义务的进一步发展受到了阻碍。

3. 在芬兰法中，对于提供给消费者的服务，消费者保护法第 8 章第 2 条规定，除非另有规定，否则减损该章的规定对消费者不利的合同条款无效。适用于为消费者提供的建筑服务的消费者保护法第 9 章第 2 条也具有同样的效果。鉴于这些基本规则，根据第 8 章第 13 条第(1)款得出：如果服务与在缔约前给出的关于服务或者与服务质量、用途有关的情况的信息不符，且这些信息对顾客的缔约决定产生了影响，那么该服务是有瑕疵的。在第 13 条第(3)款中，对于服务提供方应当知道且应当通知顾客的环境信息未予披露的，也可以适用第 8 章第 13 条第(1)款的规定。有关建筑服务的第 9 章第 14 条第(1)款和第 14 条第(3)款(3) 也具有同样效果。

4. 在法国法中，先合同告知义务得到了广泛的适用(Fabre－Magnan, De l' obligation d' information dans les contrats, nos. 285 ff)。该义务首先来源于法国民法典第 1110 条(erreur)和第 1116 条(dol)，这两条规定都允许在满足一定的条件下，被误导的当事人可以撤销合同。尽管如此，在这些一般规定的适用范围之外，法院很久以来就认可了额外的先合同告知义务，且对于这些义务的确切基础未进行充分的考虑(参见 Larroumet, Les obligations. Le contrat, no. 376; Girot, User Pro－tection in IT Contracts, p. 262)。对于某些服务提供方来说，可能会根据一些特别法律规范(Ghestin, La formation du contrat, nos. 608, 612 and 619)得出进一步的告知义务，而对于所有服务提供方来说则可能根据消费者法第 L. 111－1 条及第 L. 114－1 条得出进一步的告知义务。法院发展出来的先合同义务已经得到了归类，且由法律学说进行了系统化处理(例子参见 Ghestin, La formation du contrat, no. 594; Fabre－Magnan, De l' obligation d' information dans les con－trats, no. 281－284)，但是作出的区分似乎并非总能得到法院的遵守。尽管如此，法院和法律学说都承认在先合同阶段服务提供方负有提供信息的义务。这些信息与提供服务的特征和风险有关，前提是服务提供方能够预见这些信息会对顾客的缔约决定产生影响(参见 Ghestin, La formation du contrat, no. 643)。在顾客警示义务方面案例法是相当多的。比如旅行社应当告知旅行者签证要求以及疫苗接种和保险政策(Cass. civ. Ⅲ, 3 November 1983, JCP 1984. Ⅱ. 20147)。建筑师必须告诉顾客其拟购进的土地不适宜用来建造房屋(Cass. civ. Ⅲ, 25 March

1981, Bull. civ. Ⅲ, no. 73)。

5. 在德国法中,一般合同法中的基本规则是德国民法典第 119 条。根据该条规定,当事人可以以法律错误或者事实错误为由撤销合同。但在实践中一般要求法院在先合同义务的背景下考虑损害赔偿请求。对于德国民法典第 276 条(参见 Palandt [- Heinrichs], BGB, § 276, nos. 65 - 103),如果能够确定应有的注意标准未得到遵守,那么这些赔偿请求就能得到准许。服务合同中的先合同告知义务也可能来自于特别法律规定(Barendrecht and Van den Akker, Informatieplichten van dienstverl - eners, no. 21)。尽管法院间或以与所有类型服务一致的方式处理先合同告知义务(参见 BGH VersR 1996, 471),但在这方面很难找到一个包罗万象的体系。不过,在分析案例法和主流学术观点的基础上,有几个学者赞同服务提供方就提供服务的特性和风险的告知义务,但仅限于服务提供方能够预见到这些信息将影响顾客的缔约决定。另一方面,这并不意味着要求服务提供方详细研究每一个潜在顾客的需求和情况(参见 Abegglen, Aufklärungspflichten in Dienstleistungsbeziehungen, p. 172; Borgmann and Haug, Anwaltshaftung, pp. 89, 90 and 95; Ganter, WM 1996, p. 703; Haug, Die Amts - haftung des Notars, no. 470)。

6. 荷兰一般合同法中的主要规则是,事实错误或者法律错误仅使得当事人可以撤销服务合同(民法典第 6:228 条以及第 3:44 条第(1)款并结合第(3)款)。虽然有时额外的损害赔偿请求也是可能的(参见 HR 2 February 1993, NedJur 1995, 94),荷兰案例法和法律学说已经研究过其他几个能够支持服务合同一方当事人的先合同告知义务的法律概念,从而使得对方当事人除了撤销合同之外还能得到其他救济。虽然不得不承认在这方面存在学理上的困难,但是服务框架内的先合同告知义务已经得到了广泛的认可(参见 Barendrecht and Van den Akker, Infor - matieplichten van dienstverleners, nos. 90 - 109; Girot, User Protection in IT Contracts, pp. 233 ff)。对于某些服务,也能从专门的法律规定中得出该义务。对于承揽合同(aanneming van werk),服务提供方的义务是基于民法典第 7:754 条和第 7:753 条第(2)款;而对于医疗服务(overeenkomst inzake geneeskundige behandeling),其义务基础是民法典第 7:748 条。亦见民法典第 7:501 条(旅游合同(reisovereenkomst))。通过对案例法和法律学说的分析显示,服务提供方的先合同义务包括提供与拟提供和服务的特性及风险有关的信息,但仅限于服务提供方能够预见到这些信息可能对顾客的缔约决定产生影响的(参见 Barendrecht and Van den Akker, Informatieplichten van dienstverleners, nos. 114 - 269)。而这是否要求服务提供方详细研究每一位潜在顾客的所有需求和情况是受到质疑的(参见 Barendrecht and Van den Akker, Informatieplichten van dienstverleners, nos. 122 - 126)。

7. 波兰民法典中没有关于先合同警示义务的规定;只有在缔约后才成立此义务。至于法院是否支持源于合同忠实义务的先合同警示义务的存在是存有疑问的。尽管如此,有时可以以错误为由撤销合同(民法典第 84 条第(1)款)。

8. 虽然相比于英国法,苏格兰法更多地承认诚信原则和先合同义务,但在"陈述"(statements)范围外的先合同责任的认可方面一样是非常克制的(MacQueen and Thomson, Contract Law in Scotland, paras. 2.89 - 2.96)。

9. 西班牙民法典对服务提供方的先合同告知义务的处理则有所不同。但是,根据诚实信用的一般原则(民法典第 1258 条),一方合同谈判当事人必须向另一方当事人履行一定的先合同义务,其中包括告知义务(参见 Echebarría Sáenz, El contrato de franqui - cia, p. 243)。在先合同阶段,一方当事人未能披露相关信息是应该在先合同义务的背景下进行考虑,还是作为合同无效的

问题进行考虑，抑或是将其作为合同外责任进行考量？对此是存有争议的（参见 Echebarría Sáenz, El contrato de franquicia, p. 211）。先合同阶段未披露信息可能会被视为虚假陈述，这会影响合同的有效性。对受害一方的救济可以是撤销合同，同时享有恢复原状和损害赔偿的权利（民法典第 1300 条）。如果存在服务达不到顾客所设想的结果或者会损害顾客的其他利益的风险时，服务提供方应当向顾客作出警示。此种情况中，为了避免修改合同内容而使合同所追求的目的落空，服务提供方有义务就存在的风险向顾客作出警示（TS 30 December 2002, RJ 2003/333）。

第Ⅳ.C－2:103 条　协作义务

（1）尤其在如下情况中存在协作义务：

（a）如果信息被合理地认为对于服务提供方根据合同履行义务是必要的，当服务提供方合理地请求时，顾客应该提供信息；

（b）如果顾客的指示被合理地认为对于服务提供方合同义务的履行是必要，那么顾客应作出与合同有关的指示；

（c）如果顾客需要获得许可证或者牌照，当该许可证或者牌照被合理地认为对于服务提供方履行义务是必要时，顾客应取得该许可证或者牌照服务；

（d）服务提供方应当给予顾客合理的机会以决定服务提供方是否在履行合同义务；

（e）当相互协调被合理地认为对于履行各自的合同义务为必要时，双方当事人应协调各自的努力。

（2）如果顾客没有履行第（1）款（a）项或（b）项规定的义务且根据本编第 2:108 条（服务提供方的警示义务）的规定得到了警示，那么服务提供方可以中止履行，或者根据获得的信息和指示，按照可以被合理期待的顾客的预期、偏好和优先选择进行履行。

（3）因顾客没有履行第（1）款规定的义务导致服务较合同约定花费更多金钱或时间的，服务提供方有权：

（a）就因顾客未履行义务而遭受的损失请求赔偿；以及

（b）就服务履行所需要的时间作出调整。

评　论

A. 法条概述

为了履行合同义务，在可以被合理期待的范围内，合同双方当事人负有一般性的协作义务（第Ⅲ－1:104 条：协作）。考虑到服务合同的特殊性，本条第（1）款对该一般

性义务进行了细化。

根据第(1)款(a)和(b)项,顾客必须提供适当的信息和指示。这可能包括在缔约时顾客向服务提供方许诺的信息和指示。根据服务类型的不同,可以期待通过这些信息和指示能够明确顾客对通过该服务所要达成的结果的预期。下面的示例将会予以说明。

示例1

蔬菜商与保管人达成协议,保管人以每周每吨的固定价格为蔬菜商保管10吨蔬菜。缔约后,蔬菜商应当向保管人提供关于蔬菜类型、处理及保存方式的额外说明书。

信息和指示也可能提供关于履行服务外在环境的进一步细节。

示例2

一家管理咨询公司同意对一家大型食品厂的后勤部门展开调查研究,以对后勤部门重组提供可行性建议。一旦合同缔结,咨询公司就需要从工厂获得有关该部门员工年龄、教育程度、职位描述及事业发展等的信息。此外,咨询公司还需要知道该部门的内部和外部工作流程。

如果随后服务提供方遇到了困难,该困难阻碍了顾客设想的结果的达成,并且没有顾客的进一步信息和指示服务提供方不能自行解决该问题,那么可以要求顾客提供相关信息。

在服务合同中,顾客一般协作义务的另一个特殊之处可以在第(1)款(c)项中找到。它涉及的是为了相关服务能够合法进行所需要的许可证和牌照的获取问题。如果在合同中明确约定由顾客承担该义务,那么该义务由顾客承担。如果服务提供方不能获得需要的许可证或牌照,那么也由顾客承担该义务。

第(1)款(a)、(b)和(c)项规定的顾客的义务属于需要审核的对象。只有当对于服务提供方履行合同义务为必要时才产生该义务。在如下的例证中审核条件就得到了满足。

示例3

银行雇用家清理混凝土墙上涂鸦的专业保洁公司对银行老总的办公室进行清洁。合同规定银行将会搞定所有需要的许可证和牌照。当清洁工作开展两天后,保洁公司接到地方当局的指示要求停止清洁工作,因为未获得相关证照。保洁公司等待银行关于如何服务开展的进一步指示。

第(1)款(d)项要求服务提供方在服务开始时给予顾客合理的机会对服务的进程进行监督。当服务提供方意识到通过服务达不成其设想的结果时,这能够给予顾客迅速履行其通知义务(第Ⅳ.C-2:110条:顾客对预期不履行的通知义务)的机会。这也

使得顾客能够根据第Ⅳ.C－2:107条(顾客的指示)作出指示。

示例4

一对老年夫妇与一建筑师达成协议,对他们的宅第进行改建设计,以便他们将来能够不用上楼在楼下就能生活起居。在设计期间,设计师需要经常将其想法和规划向该夫妇进行汇报。

第(1)款(e)项为双方当事人都规定了义务。在服务进行中顾客可能负有协作的义务,而这属于双方当事人纠结在一起履行中互动的一个过程。显然,只有双方当事人在履行各自义务时相互协作,这一互动的过程才会达成顾客所设想的结果。尽管如此,再次强调,该合作义务属于上面提到的必要审核的范围。

示例5

一房主欲出售其住房。为此目的他与一房产中介达成了协议以寻找买主。为了履行服务,双方当事人需要一起作出一些具体安排,以便评估房产价值,以及安排合适的时间使潜在的买家可以参观房屋以查看其状况。

未履行第(1)款规定的任何义务都将会导致受害一方当事人可以诉诸不履行合同义务的一般救济措施。在服务提供方的一般救济措施之外,本条第(2)款和第(3)款还进行了进一步的规定,可以在顾客不履行其协作义务时为服务提供方提供帮助。

如果顾客未按照第(1)款(a)或者(b)项的要求提供相关信息或者指示,其后果通常是会阻碍服务提供方了解顾客的预期、偏好和优先选择,从而达不成顾客所设想的结果。但是,根据缔约服务的类型的不同,仍然可以在合理期待顾客拥有的预期、偏好和优先选择的基础上继续开展服务。此种情况下,服务提供方可能会设法继续履行合同以获取合同成果,推定已经将该意图通知了顾客。

示例6

道路建筑商根据地方规划局提供的设计执行对一条道路的改建工作。设计要求道路地基的底土要有一层至少一米厚的沙子。在规划局提供给建筑商的信息中保证已经存在有一层一米厚的沙子。在改建工作开始后发现地基中存在大量的软性黏土。规划局未能就如何处理向建筑商作出指示。建筑商通知规划局,他将挖出黏土并替之以沙子。

第(2)款的规定并不妨害服务提供方因顾客未履行义务而享有的诉诸普通救济手段的权利。

如果顾客在消极懈怠一段时间后开始继续协作——可能是也可能不是对服务提供方的警告的回应——或者服务提供方按照第(2)款的规定继续履行合同义务,那么对于服务提供方来说,服务可能成本变得更高并且需要花费更多的时间才能达成顾客要求的结果。如果在缔约时是约好按小时计费的,那么不会出现什么问题。但是,如

果约好的报酬是固定的价格,或者是以“无结果,无报酬”这一原则为基础来进行确定的,那么服务提供方将会因为顾客的不合作而蒙受损失。

示例7

一家工厂与一专业工程师达成协议,后者将以固定的报酬为工厂调试其拥有的机器。调试将费时两周。双方亦约好了开工日期。在约定之日,当工程师想开始工作时,工厂员工告诉他现在还不能靠近机器,“但稍后可以靠近机器”。工程师必须要继续提供服务,但会遭受金钱和时间上的损失。

在此示例中,服务提供方可以就因为顾客未履行本条第(3)款规定的义务而遭受的损失要求顾客予以赔偿。该赔偿请求可以包括为履行服务而多花费的时间。

B. 利益权衡和政策考量

对服务合同中协作义务的具体化会引起一系列需要考虑的问题。

首先,有人会对在本卷中对特殊的协作义务的必要性进行规定提出质疑。尽管似乎协作义务对于服务合同来说显得尤为重要,但可以辩称有第Ⅲ－1:104条(协作)的一般性规定足矣。另一方面也可以辩解说该规定太一般化了,在服务合同的背景下,商业实践需要更具体的指导。

第二个需要解决的问题是,在服务合同中,顾客的特别协作所要达到的程度。有人可能会质疑,第Ⅲ－1:104条(协作:“到对于债务人义务的履行能够合理期待的程度”)的一般规定在服务合同的背景下是否已经足够清晰明确。许多服务合同中的协作义务明显要比许多其他合同中的协作义务更繁重,因为在服务合同中其目标的达成要严重依赖对方当事人的协作。这是在支持规定更加严重的积极和忠实协作义务以达成合同目的有力理由。但另一方面也有人质疑:顾客是否应当使得服务提供方能够收获合同的成果,即使服务提供方没有顾客的支持也能完美地做到这点。

第三个问题涉及的是,是否有必要制定一条现在在本条第(1)款(d)项中已经能够找到的规则,即服务提供方负有使得顾客跟踪和检查服务进程变得可能的义务。有人可能会说,根本不需要有这样的义务,因为——正如在所有的合同中那样——达成要求的结果是服务提供方单方的责任。但另一方面,尽管在未达成要求的结果时顾客可以享有相关救济手段,但在服务还在进行中的时候能够经常对服务进行检查符合顾客的利益。首先,这使得顾客能够知晓他需要进行何种程度的配合。其次,这使得顾客能够尽早地预知服务提供方可能会违反义务,并且在适当的时候作出指示。同理,对可能达不成要求的结果进行预防,或者对其不利后果的限制同样符合服务提供方的利益。

第四个也是最后一个问题涉及的是:在服务合同中,顾客不履行协作义务将会产生哪些救济措施上的影响。鉴于服务提供方可以诉诸第三卷第三章的任一普通救济措施,有人可能会质疑,规定在第(2)款和第(3)款中的规则是否还有存在的必要。但

另一方面,有人又会怀疑在服务合同中不履行协作义务时援引这些救济手段是否实用。在销售合同中,如果买家拒绝接受购买的货物,诉诸救济措施能够维护卖家的利益。但是,在服务合同中,如果协议的服务履行受到了阻碍,这只会发生在履行过程中,会损失时间和金钱,而这些成本不是说放弃就能放弃的。另外,在实践中服务提供方一般不会简单地放弃,更可能期待有这么一条规则,可以让他继续履行服务并就因顾客未履行义务而遭受的金钱和时间上的损失获得赔偿。这样一来,服务提供方可以不必经过法庭就能获取合同的成果。另一方面,但顾客不想再受服务提供方的约束时不再受其约束符合顾客的利益。

C. 首要选择

通常认为,在本条第(1)款以及本编第三章至第八章的相关条款中对服务合同中的协作义务的最重要和最典型的方面作出规定是切实可行的。这使得在商业实践中能够确定第Ⅲ－1:104条(协作)的规定在服务合同中是如何应用的。此外,服务合同中顾客的特殊协作义务与服务提供方的主要义务一道在本编中处于非常核心的位置。它们相互关系的重要性在本章的许多条款中得到了体现。

对于顾客义务的范围,存在采纳第(1)款(a)、(b)和(c)项必要性原则的一般性基础。在调研的法律制度中该原则自始至终都得到了认可。值得注意的是,在第(1)款(a)项中,顾客仅需回应“合理的”请求。

示例8

一时装设计师正为一家国际时装公司履行设计合同。对于该如何开展工作,设计师依赖于该公司一员工的定期指示。设计师于深夜致电该员工以获得进一步的指示。该指示是必需的,但也不是迫切需要。没人接电话。顾客仅仅是未能回复这样的致电并不违反其协作义务。该请求是不合理请求。

出于多方面的原因,其中一些在上面已经提到过,在第(1)款(d)项中规定,在履行服务的时候,服务提供方有义务让顾客能够追踪和检查服务的履行。对许多服务合同最重要的是,服务的履行是以顾客特殊的需求和愿望为基础的,客户有兴趣知道这些特殊的愿望是否得到了满足。一旦服务已经达到了特定的结果,顾客并非一直都能就其愿望是否得到了满足进行检查。即使可以事后进行检查,但如果实际达到的结果与协议要求的结果不符时,对双方当事人来说都会造成金钱和时间上的浪费。如果让客户经常对服务进程进行检查能够避免出现这样的结果——对某些服务合同来说这已经是常态——则对双方当事人都有利。同样,该义务的履行使得顾客能够行使本编后面的规定中的权利以及履行规定的义务。

除了服务提供方能够诉诸普通的救济措施之外,还需要第(2)款和第(3)款中确定的规则。这些规则能够更好地保护服务提供方的利益。这样就不必陷入到从合同中摘出来并诉诸法院这样的不利局面中去。这些规则允许服务提供方继续履行服务并

获取合同成果。顾客的利益已经得到了充分的保护，因为他一直都可以行使第Ⅳ.C－2:111 条（顾客的终止权）规定的权利终止合同关系。事实上该条规定是对顾客的终止协作的权利的直接表述。

D. 救济

如果一方当事人未履行协作义务，可适用对不履行义务的一般救济措施。对于服务提供方的未履行来说自是不需多言。而对于顾客未提供本条规定的协作则有几点值得注意的地方。

如果顾客根本不提供任何的协作，那么通常会阻碍服务提供方履行合同主要义务。正是基于这个原因，对于顾客提起的任何指控，服务提供方都可以援引第Ⅲ－3:101 条（可得的救济）第（3）款（即未履行是由顾客造成的）作为抗辩。这正是在下面的示例中牙医可以做的。

示例 9

虽然病人同意在某天下午让牙医对他进行治疗，但当他一躺上牙医的治疗椅后，就死活不同意接受治疗。

此外，在该例子中——当顾客未进行协作不存在借口时——，原则上不履行义务的所有普通救济措施对于服务提供方都是开放的。但是，在服务合同的背景下，可能存在这样的情形，即要求顾客实际履行协作义务的主张会被排除在外。比如，牙医不能得到（法院的）强制令，强迫病人接受治疗。

在第一个例子中，如果顾客一开始不履行协作义务，但后来又变得合作，上面谈到的关于救济的规则大多仍能适用。但在实践中，服务提供方一般都不会诉诸第三卷第三章中的救济措施，而会设法依据本条第（3）款要求支付额外的费用以及延长履行期限。

顾客也可能以错误的方式履行其协作义务。比如，顾客可能会提供错误的或者前后矛盾的信息，这会将服务提供方引入歧途并导致如下几种情形：（1）可能达不成顾客在缔约时设想的结果；（2）可能损害顾客的其他利益；或者（3）服务所耗费的金钱和时间比在合同中所约定的要多。

示例 10

应一家医院管理层的要求，电脑网络供应商以医院提供的设计为基础为医院安装定制的网络。但是该设计是有缺陷的。如果供应商完全遵守该设计，建成的电脑网络将达不成设想的目的。

假设服务提供方不违反警示义务（见上），该问题将按照下面的方法得到解决。在情形（1）和（2）中，顾客将不能诉诸第三卷第三章的任一救济措施，因为（义务的）不履

行是顾客自己造成的。在情形(3)中,如果顾客的未履行不存在借口,那么顾客的有瑕疵的协作将会赋予服务提供方诉诸第三卷第三章规定的所有救济措施的权利。但是,对于服务提供方来说主张本条第(3)款规定的额外支付和延期会更实际。

注　释

Ⅰ. 概述

1. 服务合同中,关于顾客协作义务的例子在如下国家比比皆是:奥地利、德国、比利时、法国、英国、苏格兰、荷兰、葡萄牙以及西班牙。其涉及:服务提供方履行服务所需要的信息和指示的提供;为获得牌照和许可证而与服务提供方进行协作;服务提供方的工作与其他合作方活动相互间的协调。

2. 服务提供方给予顾客合理的机会以便顾客确定服务提供方是否在履行合同义务的义务在如下国家中得到了特别承认:奥地利、比利时、英国、法国、德国、意大利、荷兰、葡萄牙以及苏格兰。

Ⅱ. 服务合同中顾客的特殊协作义务

3. 在比利时法(民法典第1168条)中,承揽合同中顾客的协作义务包括:为服务提供方提供与顾客的期待一致的服务履行所需要的相关信息(关于建筑服务参见 ÖNORM A 2060 2.6)。多个合作商之间工作的协调也被认为是该义务的组成部分(关于建筑服务参见 ÖNORM B 2110 5.14)。

4. 在比利时法中,服务合同要求顾客承担如下义务:为服务提供方提供履行服务所需要的信息(参见 Goossens, Aanneming van werk, nos. 989 and 998; Jansen, Defects liability, pp. 133 – 136 and pp. 147 – 156 with references to standard forms of contracts)。该义务包括给予服务提供方履行服务所必需的指示的义务(参见 Jansen, Defects liability, p. 168),以及协调与顾客缔结合同的多方当事人之间的工作的义务(参见 Goossens, Aanneming van werk, nos. 1002 ff; Jansen, Defects liability, pp. 184 – 185)。在建筑合同中,后一义务也来源于成文法,参见 art. 4 Loi sur la protection du titre et de la profession d'architecte。建设服务通常还要求顾客承担获取牌照和许可证的义务(参见 Goossens, Aanneming van werk, no. 986; Jansen, Defects liability, p. 174)。

5. 在英国的服务供应合同中,顾客有义务告知服务提供方履行服务所必需的信息:Roberts v. Bury Improvement Commissioners (1869 – 70) LR 5 C. P. 310; J. & J. Fee Ltd. v. The Express Lift Co. Ltd. (1994) 10 Const LJ 151(参见 Jansen, Defects liability, pp. 133 – 136 and pp. 147 – 156 with references to standard forms of contracts)。只有当提供进一步指示为必须时,顾客才负有提供进一步指示的义务。该义务受到强调服务提供方独立地位的原则的限制:在顾客期待的框架内,服务提供方必须以他认为合适的方式开展服务:Clayton v. Woodman & Son Ltd. [1962] 2 QB 533(参见 Jansen, Defects liability, p. 169)。在建筑服务中,顾客协调服务提供方工作与其他当事人活动的义务得到了认可,但被顾客的为服务提供方提供不受打扰地进入建设工地的义务所吸收(参见 Jansen, Defects liability, pp. 185 – 186; see also PELSC art. 2:102)。在建筑服务中,顾客获取服务所必需的牌照和许可证的义务也得到了承认:Porter v. Tottenham Urban

DC [1915] 1 KB 776(参见 Jansen, Defects liability, p. 174)。

6. 在芬兰,关于服务合同的消费者保护法(ConsProtA)第 9 章第 31 条规定消费者负有以不同方式进行协作的义务。在 1998 年建筑合同一般条款(General Conditions for Building Contracts YSE 1998)第 1 章第 5 至 8 条中也有关于特别义务的规定。

7. 法国承揽合同(louage d' ouvrage)要求顾客承担向服务提供方提供后者履行服务所必需的信息的义务:CA Paris 22 June 1983, SA Olivetti / I. G. I. R. S. and CA Paris 30 June 1983, Passeport/Soc. Kienzle Informatique, D. 1985, IR 43, Note Huet; CA Colmar 15 May 1992, RD imm. 15(2) 1993, p. 228; Cass. civ. Ⅲ, 7 May 1996, SCI Saint - Lary Soulan vacances / Cie Mutuelle du Mans et autres, RD imm. 18(4) 1996, p. 579, Note P. Malin - vaud and B. Boubli (参见 Jansen, Defects liability, pp. 133 - 136 and pp. 147 - 156, with refer - ences to standard forms of contracts)。该义务包括为服务提供方提供指示的义务(参见 Jansen, Defects liability, p. 168)以及协调服务提供方的履行与其他合同当事人活动的义务:Cass. civ. Ⅲ, 6 November 1984, Soc. C. F. E. M., RD imm. 7(2) 1984, p. 156 (参见 Jansen, Defects liability, p. 184)。获得牌照和许可证也属于顾客的义务,尤其是在建筑合同中:Cass. civ. Ⅲ, 5 November 1980, Chazelet, JCP 1981. Ⅳ. 32 (参见 Jansen, Defects liability, p. 174)。

8. 在德国,任何顾客的一般协作义务可以从德国民法典第 293 条中得出,但在民法典第 640 条和第 642 条中对于承揽合同(Werkvertrag)作出了专门的规定。对于此类服务,顾客需为服务提供方提供后者履行与顾客的期待一致的服务所需要的信息:BGH 29 November 1971, NJW 1972, p. 447 (参见 Jansen, Defects liability, pp. 133 - 136 and pp. 147 - 156, with references to standard forms of contracts)。该义务还包括作出进一步指示的义务,以及协调服务提供方与其他合同当事人相互间活动的义务(Jansen, Defects liability, pp. 168 and 185)。承揽合同顾客一般需要获得服务所需要的证照和许可证(CA Munich 14 February 1978, BauR 1980, p. 275; 参见 Jansen, Defects liability, p. 174)。

9. 在荷兰法中,如果服务能被认定为承揽合同(aanneming van werk),顾客有义务告知服务提供方其对服务的期待以及服务提供方应当注意的事项。顾客承担此义务的范围是这些信息的提供对于服务提供方履行合同义务是必需的(参见 Jansen, Defects liability, pp. 133 - 136 and pp. 147 - 156, with references to standard forms of contracts)。协调其他合同当事人与服务提供方服务的履行这一义务通常也来自于该告知义务(Jansen, Defects liability, p. 185)。一般来说,顾客不负有通过指示来额外帮助服务提供方的义务,除非双方当事人明确地约定了该义务,或者根据具体的情况由诚信原则得出(HR 4 December 1970, Bouchette and Van Limburg, NedJur 1971, 204, Note G. J. Scholten)。该判决并非反对承认顾客负有作出对于服务提供方履行合同义务所需要的指示的义务(Jansen, Defects liability, p. 168)。通常情况下,承揽合同的顾客必须获得服务所需的牌照和许可证(Asser (- Kortmann), Bijzondere Overeenkomsten Ⅲ7, no. 559),但如果合同留给了服务提供方相当多的自由(如何执行顾客的功能说明的自由),则可能由服务提供方承担该义务(Jansen, Defects liability, p. 174)。

10. 在波兰,所有合同类型中的协作义务来源于波兰民法典第 354 条。根据该条规定,在债务的清偿过程中,债权人负有按照债务的内容进行协作的义务。其协作应按照符合社会经济学目的以及社区生活原则的方式进行;如果存在相关的惯例,则应按照符合惯例的方式进行协作。顾客应当顾及对方当事人的正当利益,不得进行任何使得义务的履行变得复杂以及阻挠和妨害

义务的履行的行为（Bieniek［－Wiśniewski］Ⅰ6，p.21）。该消极义务一直都由顾客承担。而积极义务仅当能从义务的性质或者合同本身中能得出时才由顾客承担。在其他情况下，服务提供方不得要求顾客进行协作，即使从顾客的利益或者社会原因来看协作是合理的（Radwański［－Brzozowski］，System Prawa Prywatnego Ⅶ2，p.340）。在有关特殊承揽合同的规则中对顾客的协作义务作了直接规定。如果要求顾客对工作的进行提供协作而顾客未予协作，服务提供方可以为顾客设定一个合理的期限，在期限届满后如果顾客仍未提供协作则服务提供方有权撤销合同（民法典第640条）。

11.在葡萄牙服务合同中，顾客的特别协作义务来自于诚实信用原则：民法典第762条和第813条。该义务包括为服务提供方提供包含后者履行服务所必需的信息的设计图和指示。顾客还需要为获得牌照和许可证提供必要的协作（参见 Romano Martinez，Direito das Obrigações2，no. 344）。

12.正如英国法一样，在苏格兰法中，主要是在建筑合同以及行业主要标准格式中，包括如何处理信息要求以及给予指示等问题的协作义务得到了广泛的承认，参见 Stair，The Laws of Scotland Ⅲ，"Building contracts" paras. 10－12，41－45（with updates）。"一般规则是：当双方当事人就完成某项工作达成协议，且只有双方当事人共同协作才能有效地完成该工作时，合同结构是每个当事人都同意完成他所需要完成的工作，即使对于此点可能不存在明文约定"（Mackay v. Dick and Stephenson（1881）8 R（HL）37 at 40，per Lord Blackburn）。

13.正如所有类型的合同一样，在西班牙服务合同中的顾客的特别协作义务来源于诚实信用的一般原则（民法典第1258条）。对于建筑服务，顾客的典型协作义务被规定在1999年建筑法（Construction Act 1999（LOE））第9条第（2）款中，包括提供完成建设所必需的文件和信息以及获得所有需要的牌照和行政许可。

Ⅲ.服务提供方的协作义务

14.在奥地利承揽合同中，服务提供方有义务允许顾客在服务履行过程中进行检查：Rummel［－Krejci］，ABGB Ⅰ2，art. 1170，no. 5。对于建设合同亦见 ÖNORM A 2060 2.11。对于医疗服务合同（Behandlungsvertrag），医院和疗养院法第5a条第1项（KAKuG § 5a no. 1）规定，病人有权查看与医院和疗养院法第10条规定的义务相一致的相关记录。

15.在比利时承揽合同中，服务提供方必须允许顾客对服务的履行进行检查。此点尤其存在于建筑服务中（参见 Jansen，Defects liability，pp. 192－199）。

16.按照英国法，在服务进行过程中，服务提供方必须让顾客决定，服务提供方对服务的履行是否符合合同约定：此点尤其在建筑服务中得到了确立（参见 Jansen，Defects liability，pp. 192－199，with references to standard forms of contracts）。

17.在法国，服务提供方必须允许承揽合同的顾客对服务进程进行检查。尤其在建设服务中此点更是被普遍接受（参见 Jansen，Defects liability，pp. 192－199，with references to standard forms of contracts）。

18.在德国承揽合同中，服务提供方必须允许顾客在服务进行过程中对服务的履行进行检查（参见 Jansen，Defects liability，pp. 192－199，with references to standard forms of contracts）。

19.根据意大利民法典第1662条，承揽合同（appalto）的服务提供方必须允许顾客检查服务进程（Cass. 18 January 1980，no. 434，Rep. Foro it.，V8 Appalto，c. 1:115，no. 13；Cass. 10 May 1965，no. 891，Riv. giur. edil.，1965，Ⅰ，p. 945，with comment by E. Favara，Limiti del

controllo del committente sull' opera dell' appaltatore)。根据医疗道义法(Medical Deontological Code)第 21 条,医疗服务提供者必须听凭病人使用医疗报告。

20. 在荷兰法中,对于承揽(aanneming van werk)(参见 Jansen, Defects liability, pp. 193 – 199, with references to standard forms of contracts)和委托合同(opdracht)(民法典第 7:403 条第(1)款),服务提供方有义务允许顾客检查服务进程。而对于医疗服务合同(overeenkomst inzake geneeskundige behandeling,民法典第 7:456 条)赋予顾客以查看医疗记录的权利以及获得医疗记录中的文档复本的权利,除非涉及第三方当事人的隐私。

21. 在波兰法中,服务提供方的协作义务来自于上面提到的波兰民法典第 354 条的一般规定。在特殊承揽合同中,服务提供方有义务尊重顾客控制服务提供方对合同义务履行的权利(Radwański [– Brzozowski], System Prawa Prywatnego Ⅶ2, p. 337)。在委托(mandate)中,服务提供方有义务告知顾客为履行服务所采取的行动,以便顾客能对服务的履行作出额外的指示(Radwański [– Ogiegło], System Prawa Prywatnego Ⅶ2, p. 447)。

22. 在葡萄牙,根据民法典第 1209 条第(1)款,服务提供方有义务在服务进行中让顾客决定其履行的服务是否与合同约定一致:CA Porto, 15 June 1973, BolMinJus 229, 235。

23. 在苏格兰法中,服务提供方协作义务的主要例子可以在建筑合同中找到(Stair, The Laws of Scotland Ⅲ, "Building Contracts" para. 46)。

第Ⅳ.C－2:104 条　分包人、工具和材料

(1)服务提供方可以无须顾客的同意而将服务全部或者部分地分包出去,除非合同要求服务提供方亲自履行。

(2)服务提供方选择的分包人应具备足够的能力。

(3)服务提供方必须保证为履行服务所使用的所有工具和材料与合同约定和相关法律规定相符,并且适合于实现使用它们所要达到的特殊目的。

(4)顾客指定分包人或由顾客提供工具和材料的,根据本编第 2:107 条(顾客的指示)和第 2:108 条(服务提供方的合同警示义务)的规定确定服务提供方的责任。

评　论

A. 法条概述

可以将服务的提供表述为:为达成特定的结果,而由服务提供方完成一定的符合顾客特殊愿望和需求的工作的过程。无论如何,工作的完成都要求提供一定的劳务,也可能还要投入工具、材料和设备零件。本条规定在服务过程本身,尤其是工具的选择、合同中材料和零部件的提供等方面规定了服务提供方的义务。此外,还对分包人

介入到服务执行中的情况作了规定。第(2)款要和第Ⅳ.C-2:105条(技能和注意义务)一起进行解读。本款规定的义务应当使用第Ⅳ.C-2:105条要求的技能和注意予以履行。第(3)款规定了服务提供方的严格义务,该义务不能简单地运用相关技能和注意就能完成。

第(1)款原则上允许服务提供方将服务合同义务全部或者部分地分包出去。分包无须顾客的同意,除非合同确实要求服务提供方亲自履行。至于是否要求亲自履行取决于案件的具体情况,该问题留待法院解决。在下面的示例中服务提供方须亲自履行。

示例1

一家时装公司和某著名时装摄影师缔结了合约。为了展示其产品,时装公司要求摄影师为其最新的时装系列摄影。摄影师决定自己拍摄内景相片,而将外景相片的拍摄分包给另一专业摄影师。

第(2)款规定的服务提供方的义务表明,任一选中的分包商都应具有履行服务或者履行其分包部分服务的能力。正如第Ⅲ-2:106条(委托给他人的履行)所规定的,服务提供方将部分服务分包出去的事实并不能将其从合同义务中解脱出去,这也是第(4)款要讨论的问题。

第(3)款规定了服务提供方对于在服务过程中所使用的工具、材料及零部件的质量所承担的责任。对于选择工具、材料及其他零部件存在严格的义务,它们的质量应当能够确保顾客通过服务想要达成的愿望事实上能够实现。

服务的履行应当以顾客提出的愿望和需求为基础。顾客可能想要服务或者部分服务由特定的分包商完成,此种情况下顾客会向服务提供方指定分包商。

示例2

内政部与一家专门的咨询公司签署了合同以调查公务员的腐败行为。内政部要求将部分的调查工作,即将现有的相关内部报告的可靠性分析工作交由一家专门的研究机构执行。

顾客可以进一步要求服务提供方使用顾客自己提供的工具、材料和其他零部件以开展服务。

示例3

一房主与粉刷匠达成协议,后者将使用房主提供的专门油漆粉刷所有的房门。

如果服务是由顾客指定的分包商进行的,或者使用的工具、材料和零部件是由顾客提供的,可能出现顾客设想的结果达不成的情况。如果出现了这种情况,鉴于顾客对分包商的指定和对工具、材料及其他零部件的供应等同于顾客作出了指示,服务提

供方的责任将根据本条第(4)款并结合第Ⅳ.C－2:107条(顾客的指示)的规定来进行判断。对于顾客指示服务提供方使用不合格的工具、材料和其他零部件——也就是由顾客进行了选择,虽然实际上不是由他提供的——至于服务提供方是否从指定的分包商处获得这些工具材料则在所不问,第Ⅳ.C－2:107条也作了规定。

合同可能要求服务提供方转让创造的成果的所有权。如果以一定的价格或者其他报酬以交换所有权,则合同应为买卖合同或者以物易物合同,双方当事人的义务由第四卷第一编进行规定。该卷对物品是否符合合同要求以及免于第三人的任何权利和主张等问题进行了规定。

示例4

顾客与一电脑商店缔结了合同。合同的目的是更换顾客个人电脑的主机并在该电脑上安装最新的一款知名杀毒软件。

在此类情形中,通过对合同的解释将得出如下结论:双方当事人就转移服务结果所创造的结构或者物品的所有权默式地达成了一致。同样的规则也适用于材料、零部件和其他所有服务所固有的物品——有形或者无形——的提供。这实际上是混合合同——部分是服务的提供,部分是货物或者其他资产的买卖。与第Ⅱ－1:107条(混合合同)一致,对于服务部分适用本部分的规则。而对于买卖部分中双方当事人的义务则适用买卖规则。调整动产所有权实际转让的规则可以在第八卷的货物所有权转让以及不动产转让的内国法中找到。

B. 利益权衡和政策考量

主要问题是:对于理所当然由服务提供方承担并且也可能来自于合同主要义务的义务,是否还需要明确的规则予以规定。此外,如果服务提供方未履行该义务,也很难确定顾客能够诉诸哪些救济手段。该义务的不履行可能与服务提供方未能达成顾客所设想的结果是一致的,而当服务提供方未达成顾客设想的结果时,顾客更愿意以第Ⅳ.C－2:106条(达成结果的义务)规定的服务提供方未履行主要义务为根据而采取救济措施。但另一方面,并非在任何情况下,每个服务提供方都承担达成结果的义务。这表明,本条规定的义务对于顾客能够诉诸救济措施仍然是有帮助的。

此外,还可以认为,规定服务进程中给料的质量是大有裨益的,因为这给了服务提供方努力防止顾客所设想不能达成的动力。它会激励服务提供方选择合格的分包商以及选用适当的工具、材料及零部件。

确定服务进程中服务提供方给料质量的规则还能使得顾客采取预防措施变得更简便易行。在服务合同中的服务履行过程中,顾客能够对服务进程进行检查和追踪是很常见的。本章规定了不同的条款以保障顾客的这种能力。这样的互动使得顾客能够发现服务提供方可能未选择有足够能力的分包商,或者未选用合适的工具、材料及

零部件。这还可能进一步揭示顾客所设想的结果可能实现不了的风险。规定在服务进程中服务提供方对于给料质量的义务可以使得顾客能够通过采取预防措施以预防服务提供方违反合同主要义务。顾客可以知会服务提供方或者对服务提供方作出指示。顾客也可以根据第Ⅲ－3:505条(对履行未提供适当担保时的终止)要求服务提供方就适当履行作出担保。对于质量的争议可以尽早在服务进程中而非在最终阶段得到解决,这对双方当事人都是有利的,因为要在最终阶段作出变更的成本更高。

C. 首要选择

服务提供方达成顾客设想的结果的能力往往取决于其选择有能力的分包商以及选用高质量及合目的的工具、材料和零部件的能力。如果顾客所追求的结果由于服务提供方未能选择合适的分包商、工具、材料和零部件的原因而未能达成,顾客并不是都能以服务提供方未履行第Ⅳ.C－2:106条(达成结果的义务)的义务为根据而诉诸救济措施。其原因在于,并非任何情况下每个服务提供方都负担达成结果的义务。如果服务提供方不承担达成结果的义务,那么要诉诸救济措施顾客就必须以服务提供方未履行其他义务为根据。该其他义务可能是本条规定要求服务提供方所承担的义务。

示例5

一幅17世纪油画的所有者,在油画暴露在烟雾及其他有害环境长达数世纪之后,与一专业修补匠缔结了合同。根据合同,修补匠设法在不损坏画作的前提下恢复油画的本色。修补匠使用了对于该细活来说太硬的钢刷来完成工作,结果损坏了油画。

在本示例中,客户不能以未达成结果为由提出请求,因为服务提供方的义务仅仅是设法修复。但是,顾客可以根据本条第(3)款提出请求。

另外,通过将该义务明确化——正如本条规定所做的——使得服务提供方更有动力达成顾客所设想的结果。当顾客从服务提供方未选择合格的分包商或者合适的工具、材料以及零部件中能够预感到其所设想的结果不能达成时——这是在服务进行中对服务进行检查和跟踪的能力所内在的——更是如此。

如果顾客指示服务提供方适用特定的工具、材料以及零部件——至于是否从指定的分包商处获得则无关紧要——结果发现这些工具材料是不合格的,那么可能会出现一些特殊的问题。

示例6

保管人同意为顾客存储液氮。顾客指示保管人使用一特殊的机器以使得氮能够保持合适的温度。但后来发现该机器是有瑕疵的,结果这些氮不能再用于特定的工业目的。

该问题根据与顾客指示以及服务提供方的合同警示义务相关条款进行解决。

D. 救济

如果服务提供方负有达成特定结果的义务，但由于未履行本条规定的某一项或者多项义务而导致未能达成该结果，援引服务提供方未履行主要义务符合顾客的利益。这样顾客就只需要承担有限的证明责任。此种情形下，顾客大多不愿意援引服务提供方未履行本条规定的义务，因为这意味着他将承担更重的证明责任。下面这个示例将说明顾客更愿意以服务提供方未履行合同主要义务为根据提出相关主张。

示例 7

一汽修厂经理与车主达成协议，为车主更换汽车排气管。机修工使用的将排气管连接和固定在车身上的材料不够结实。结果数日后排气管从车身脱落。

此外，对于同一损害而主张事实上的双重赔偿无论如何都是被绝对禁止的。

尽管如此，并非任何情况下每个服务提供方都负有达成一定结果的义务。如果服务提供方不负担该义务，将导致顾客以服务提供方未履行本条规定的义务为由提出相应主张。

注　释

Ⅰ. 概述

1. 在奥地利、德国和葡萄牙，无条件地允许承揽合同的服务提供方将部分的合同履行分包出去。另一方面，分包的权利也取决于合同当事人的意图以及其他具体情况，尤其是服务在多大程度上需要亲自履行：奥地利（民法典第1153条）、德国（民法典第613条）、比利时、英国、意大利（民法典第1180条）、荷兰（民法典第6:30条第(1)款、第7:404条及第7:751条）、苏格兰、西班牙（建筑法第17条第(6)款）。该原则也以民法典第1237条为基础存在于法国法中，但对于服务合同来说意义不大，因为根据1975年12月31日法律（Loi du 31 Décembre 1975）第3条对于分包的规定，在订立分包合同前，原则上服务提供方有义务征求顾客的同意。在意大利，承揽合同（民法典第1656条）以及建设服务实践中使用的许多合同范本也采用了同样的规则。在保管合同相关章节的注释中，对于保管合同服务提供方的特殊义务提到：没有顾客的同意，服务提供方不得将保管服务分包出去。在所有的这些国家中，法律明确规定，对于托付给分包商的部分服务，服务提供方仍须对顾客承担责任。

2. 在如下国家中，原则上服务提供方必须使用优质以及适合其既定目的的工具和材料：比利时、英国、芬兰、法国、德国、意大利、荷兰以及苏格兰。但是，在奥地利、比利时、英国、德国、荷兰及苏格兰，如果不合格的工具和材料是由顾客指定的，服务提供方对于工具和材料只承担有限责任。

Ⅱ. 通过分包人履行服务

3. 在奥地利，如果合同被界定为服务合同（Dienstvertrag），除非合同当事人的意图以及具体

的情况有相反表示，否则服务提供方不得进行分包（民法典第1153条）。而对于承揽合同（Werkvertrag），则不排除服务提供方将部分服务的履行委托给分包商。民法典第1165条仅规定，服务提供方必须亲自完成工作或者在服务提供方承担责任的前提下让他人完成工作。民法典第1313a条的一般规则，即规定服务提供方对于其员工的履行承担如同他亲自履行相同的责任，也具有重要意义。在建设合同中，根据ÖNORM A 2060 2.10.1.3，如果有充分理由，顾客有权拒绝分包商。

4. 在比利时，如果当事人缔结的是承揽合同（louage d'ouvrage），只要双方当事人的意图并不反对，那么服务提供方可以将服务分包出去。而双方当事人的意图是什么则取决于具体的情况，尤其是身份性（intuitu personae）的程度，委托给分包商的那部分服务的性质，以及分包商的能力（参见Goossens, Aanneming van werk, 1215 ff）。对于由分包商履行的那部分服务提供方仍需承担责任（民法典第1797条）。

5. 在英国，对于是否能够通过委托分包人来履行服务合同取决于从如下因素中所作出的正确的推断：合同本身、合同标的以及其他相关的重要环境因素（Davies v. Collins [1945] 1 All ER 247）。根据具体情况的不同，合同义务可能具有高度的人身性，因此不能交由分包人履行。如果允许进行分包，服务提供方仍然需就分包商的履行向顾客承担责任：Stewart v. Reavell's Garage [1952] 2 QB 545（参见Chitty on Contracts Ⅰ29, nos. 20-079 ff）。而对于建筑服务，合同范本可能会对服务提供方分包的自由作出限制（参见Jansen, Defects liability, pp. 215-216）。

6. 在法国，对于服务提供方能否将服务的履行分包出去这个问题是由民法典第1237条的一般性规则予以解答的：如果债务人的亲自履行与债权人的利益相关，那么未经债权人的同意，债务人不得进行分包。所以双方当事人的具体意图，尤其是人身性显得尤为重要。对此可以参见1975年12月31日法律（Loi du 31 Décembre 1975）关于分包的第3条的规定，原则上服务提供方在缔结分包合同之前应该征得顾客的同意。根据法国民法典第1797条，1975年12月31日法律（Loi du 31 Décembre 1975）关于分包的第3条以及Cass. civ. Ⅲ, 13 March 1991, Bull. civ. Ⅲ, no. 91，对于托付给分包商完成的服务部分服务提供方仍然需要对顾客负责。

7. 在德国，对于服务合同（Dienstvertrag），服务提供方必须亲自履行（德国民法典第613条）。而对于承揽合同（Werkvertrag）则不存在类似的规定。而在建设服务中，合同范本要求服务提供方在分包之前取得顾客的同意（参见Jansen, Defects liability, pp. 215-216）。基本规则是，对于托付给分包商完成的服务，部分服务提供方仍然需要对顾客负责（民法典第278条；BGHZ 13, 111）。

8. 根据意大利一般债法（民法典第1180条）得出的规则，如果债务人的亲自履行事关债权人的利益，那么未经债权人同意债务人不得进行分包。如果是委托合同（appalto），只有在顾客同意后服务提供方才能进行分包（民法典第1656条）。根据民法典第1670条的规定可以得出，对于由分包商履行的那部分服务，服务提供方仍需向顾客负责。

9. 根据荷兰法，关于合同当事人将部分的履行托付给分包商履行的权利规定在民法典第6:30条第（1）款中：原则是允许分包的，除非根据双方当事人的共同利益，分包会和主要合同当事人的明示或者暗示的意图相冲突。比如，债务人的亲自履行与债权人的利益相关（Parl. Gesch. 6, TM, p. 158）。第二原则规定在民法典第6:76条中：对于托付给分包商的服务，部分服务提供方仍然需要对顾客负责。对于承揽，民法典第7:751条维持了该基本原则；而对于委托，在民法典第7:404条中亦作了相同规定。而对于保管服务（bewaarneming），第二原则也体现在民法典

第 7:603 条第(3)款中。对于保管是无偿的,且保管人由于非归咎于自己的原因或多或少被迫将物品交给别人保管时,民法典第 7:603(3)条的规定(比民法典第 6:76 条)更加宽泛。对于在建设服务中合同范本对第一原则的限制参见 Jansen, Defects liability, p. 215。

10. 波兰民法典的基本规则(民法典第 356 条第(1)款)是,只有法律行为、制定法以及履行的性质要求债务人亲自履行时,债权人才能要求债务人亲自履行。服务合同相关规定对于合同义务的亲自履行有所提及。对于服务的履行依赖于服务提供方个人技能的特殊承揽合同,合同因服务提供方的死亡或者丧失工作能力而终结(民法典第 645 条第(1)款)。民法典第 6471 条对建设服务中分包商的地位作出了规定。在此类合同中双方当事人将明确可交由分包商完成的工作的范围(民法典第 6471 条第(1)款)。只有在顾客同意后才能进行分包。在获得服务提供方提交的分包合同 14 日之内,如果顾客未提出反对,那么推定顾客对此表示同意(民法典第 6471 条第(2)款)。此外,如果分包商要把工作再次分包出去,那么不仅需要获得顾客的同意,还需要获得服务提供方的同意(民法典第 6471 条第(3)款)。对于完成工作的次级分包商的报酬的支付,由与次级分包商缔结合同之人(分包商)、顾客以及服务提供方(与顾客缔约之人)承担连带责任(民法典第 647 条第(5)款)。对于保管合同,除非形势所迫,否则保管人不得将保管物交由他人保管。如果不得不交由他人保管,保管人必须将情况立即告知委托人并且告知谁在进行保管。此时,保管人只对在选择次级保管人时不够勤勉担责(民法典 840 条第(1)款),次级保管人亦对委托人负责。如果保管人需对次级保管人的行为负责,他们一起承担连带责任(民法典第 840 条第(2)款)。

11. 在葡萄牙,对于承揽合同,服务提供方可以委托分包商,但是仍需对分包商完成的服务部分负责:STJ 15 January 1992, BolMinJus, 413。

12. 根据苏格兰合同法的一般原则,除非合同涉及对人的选择权(delectus personae),否则服务提供方可以将工作委托给他人完成(McBryde, Law of Contract in Scotland, paras. 9.40, 12.44)。

13. 根据西班牙法,对于建筑服务,建筑法(第 11 条第(2)款(e)项及第 17 条第(6)款)规定,服务提供方只有在协议的限度内才能将部分服务分包出去,且仍然需要对分包出去的部分是否符合要求向顾客承担责任。

14. 在瑞典建筑服务中,瑞典建筑合同、土木工程合同和安装合同一般条件第 5:12 条并未限制服务提供方将部分服务分包出去的可能性。但该条规定,服务提供方依然需要对分包出去的那部分服务负责。而对于加工服务,根据消费者服务法第 4 条会得出类似的结论,该条规定,服务提供方必须以专业的方式履行服务(亦参见 Olsen, Konsumentskyddets former, p. 95)。

Ⅲ. 服务中使用的工具及材料的质量

15. 在奥地利对承揽合同的规定中,并未对服务提供方在服务中所使用的工具以及材料的质量方面的义务作出特殊规定。仅在商法典第 360 条中对于材料的质量有所规定:当对于材料出现争议时,服务提供方有义务提供平均种类和质量的材料。原则上,该规定只适用于商业合同,但主流观点认为对于非商业合同也应当类推适用(参见 Koziol and Welser, Bürgerliches Recht Ⅰ 13, 217)。如果顾客指定的工具材料不合格,服务提供方对于服务中工具和材料的质量所承担的责任将受到限制(民法典第 1168a 条)。

16. 在比利时,对于承揽合同,服务提供方有义务使用优质且适合于既定目的的工具和材料,虽然后项义务看起来似乎没有法国法那么严格:Cass. 6 October 1961, S. P. T. L. Algemene

Bouwonderneming Léon van Eeghem/Haesaert, RW 1961 - 62, col 783 at 798 - 799, and RCJB, 1963, Note A. Lagasse, p. 5（参见 Jansen, Defects liability, pp. 248, 251 and p. 347）。如果顾客指定使用不合格的工具和材料，将会限制服务提供方的责任（参见 Jansen, Defects liability, pp. 422 - 427）。

17. 在英国，对于服务合同，服务提供方需保证使用的材料是优质的且适合于既定的目的，除非根据合同的具体情况免除此项保证。此类情况包括服务提供方必须听从顾客对质量作出的不合格的要求：G. H. Myers & Co. v. Brent Cross Service Co. [1934] 1 KB 46 at 55; Samuels v. Davis [1943] KB 526; Ingham v. Emes [1955] 2 QB 366 at 374; Young & Marten Ltd. v. McManus Childs Ltd. [1969] 1 AC 454; Gloucestershire County Council v. Richardson [1969] 1 AC 480. See also Supply of Goods and Services Act 1982 s. 4(2)(A) and s. 4(5)（参见 Jansen, Defects liability, pp. 247 - 250 and pp. 422 - 427）。

18. 在芬兰，芬兰消费者保护法（38/1978）第 8 章第 12 条第（3）款（第 8 章第 12(3) 条（16/1994））规定，除非另有约定，否则服务提供方需提供普通质量的材料。

19. 根据法国法，承揽合同的服务提供方有义务选择优质且适合于使用它们所要达到的目的的材料：Cass. civ. Ⅲ, 19 November 1986, RD imm. 1987, 457（参见 Jansen, Defects liability, pp. 248 and 250）。但是，对于顾客强加给服务提供方的不合格的质量要求是否能免除服务提供方的责任仍然具有争议：Cass. civ. Ⅲ, 7 March 1990, Bull. Ⅲ, no 69; RD imm. 1990, 375（参见 Jansen, Defects liability, pp. 427 - 434）。

20. 在德国，承揽合同履行中使用的材料必须是优质的且适合其既定目的（参见 Jansen, Defects liability, pp. 248 - 251）。但是如果不合格的材料是顾客指定的，则服务提供方对于服务质量的责任将受到限制（民法典第 645(1) 条及 BGH 14 March 1996, BauR 1996, p. 702; 参见 Jansen, Defects liability, pp. 422 - 427）。

21. 在意大利，对于承揽合同，服务提供方通常需要保证使用的材料的质量：D. Rubino, Dell'appalto, pp. 51 ff。

22. 在荷兰，服务提供方使用优质的且符合其特定目的的工具材料之义务来自于荷兰普通合同法（民法典第 6:77 条；HR 5 January 1968, NedJur 1969, 174; HR 13 December 1968, NedJur 1969, 174）。对于承揽合同，服务提供方的该义务被特别规定在民法典第 7:760 条第（1）款之中。如果顾客对于使用的工具和材料的质量向服务提供方作出了不适当的要求，则将会影响顾客获得赔偿的权利（民法典第 6:77 条；第 7:760 条第（2）款和第（3）款）（参见 Jansen, Defects liability, pp. 422 - 427）。

23. 在波兰，波兰民法典并未对服务过程中使用的工具和材料的质量作出具体规定。使用一般质量的工具材料的义务可以从有关履行义务的一般规定（民法典第 355 条）中派生出来，即给定种类的关系中一般所要求的勤勉。在经济活动范围中确定债务人是否勤勉应当考虑到该活动的专业性质（更高的注意标准）（民法典第 355 条第（2）款）。

24. 根据葡萄牙民法典第 1210 条第（2）款，对于承揽合同，如果未在合同中确定使用的材料，服务提供方必须至少提供平均质量的材料。

25. 在苏格兰，服务提供方对于工具材料是否合适的责任取决于合同的约定以及服务提供方对注意和技能的一般性责任（McBryde, Law of Contract in Scotland, para. 9.37 - 9.39）。此外，根据 1982 年货物和服务供应法（the Supply of Goods and Services Act 1982 s. 11D），材料以及承

揽合同中提供的物品的质量必须令人满意。

26. 在西班牙,对于建筑服务,建筑法第17条第(6)款规定,因服务过程中提供的材料不合格而对建设工作造成损害的,服务提供方需承担责任。

27. 在瑞典,对于建设服务,瑞典建筑合同、土木工程合同和安装合同一般条件(AB 04)第1:9条的主要规则是,服务提供方必须提供对于服务的履行来说为必要的材料。AB 04第2:1条规定,服务提供方有义务以专业的方式完成工作;普遍认为该义务包括不得使用有瑕疵的材料。对于加工服务中服务提供方的类似义务可以在消费者服务法第4条中找到。根据该条规定,服务提供方需以专业的方式履行服务(参见Hellner/Hager/Persson, Speciell avtalsrätt Ⅱ(1)4, p. 94)。

第Ⅳ.C－2:105条　技能和注意义务

(1)服务提供方履行服务须:

(a)以一个合理的服务提供方在客观情况下应具有的注意及技能为履行;并且

(b)符合适用于该服务的制定法以及其他有约束力的法律规定。

(2)如果服务提供方宣称具备更高标准的注意和技能,则应以该注意及技能为履行。

(3)如果服务提供方是,或者声称是某专业服务团体的成员,且相关权威机构或者该团体自身制定了相应的标准,那么服务提供方必须践行该标准中规定的注意和技能。

(4)在确定顾客有权期待的注意和技能时,除其他因素外,还要考虑:

(a)在履行顾客的服务中的风险的性质、大小、频率以及可预见性;

(b)如果损害已经发生,可以阻止该损害或者类似损害发生的预防措施的成本;

(c)服务提供方是否为经营者;

(d)服务是否为有偿,如果是有偿的,其价格如何;以及

(e)可用于履行的合理实践。

(5)本条规定的义务尤其要求服务提供人采取合理的预防措施以防止因提供服务而产生损害。

评　论

A. 法条概述

事实上,提供服务就是服务提供方为达成顾客所设定或者设想的特定结果而作出

各种决定的一个过程。这些决定通过劳动,通常是借助工具运用材料和零部件——纯智力服务除外——来开展的。关于服务提供方选择工具、材料和零部件的所有严格义务都被规定在前条之中。此外,该条还对分包商的选择作出了规定。本条规定对服务提供方履行服务过程本身的责任作出了规定。这些义务涉及服务提供方在劳动过程中必须作出的、与工具、材料和零部件等运用有关的决定。

第(1)款为服务提供方规定的核心义务的先决条件是:无论何时履行服务,服务提供方首先必须遵守的是合同本身所作出的要求。此外,还必须遵守制定法以及其他约束性法规。

示例 1

一家拆除石棉材料的专业公司与一旧工厂的厂主达成协议,将石棉从工厂中清理除去。在履行合同时,清理公司必须遵守所有与工作中安全和健康有关的法律规定。

第(1)款(a)项规定,服务提供方有义务以客观情况下一般应当具备的注意和技能来履行服务。在履行时,服务提供方必须以达成顾客提出或者设想的结果为目标。至于服务提供方是否负有达成该结果的义务,则取决于结合第Ⅳ.C－2:106 条(达成结果的义务)的规定对合同的解释。本条仅仅规定了服务提供方有义务采取所有的合理的努力以达成既定目标。

示例 2

医生同意为肺炎患者进行治疗。医生的目的是治愈患者,且他必须尽最大的努力以达成该结果。但他不能保证其治疗活动确实能治愈患者。

本条规定的义务的一个重要方面是:努力搜集与服务的履行环境有关的信息,在此环境下对服务的履行进行合理的规划,以及在服务履行中确保这些都能被考虑到。

示例 3

一家石油生产厂与一专业承包人达成协议,维修由于经常受压而被损坏的管道。在维修工作开始前,承包人不仅需要弄清楚安装的其他部件会如何影响到管道的功能,还必须搞清楚管道的功能会如何影响到安装的其他部件的功能。

示例 4

一管理咨询公司同意对一家大型食品生产厂的后勤部门展开调查,以便为该部门的重组提供可行性建议。一旦合同缔结,就可以期待咨询公司会搜集该部门员工年龄、教育、职位说明以及事业发展、该后勤部门内部和外部工作流程等信息。

示例 5

农场主与一家致力于为收割玉米提供劳力和机械的专业公司达成协议，为其收割玉米。该公司需要确定，由于最近连降大雨，土壤是否能承受住作业的拖拉机。

示例 6

地质勘探员要为一地块的地基土层状况进行勘探，以对在该地块上建筑房屋是否有必要进行额外的地基工作作出建议。该勘探员未考虑到附近的一条潮汐河流的地质影响，因此向顾客作出了错误的建议。

服务提供方应展示的注意标准取决于具体的情况。本条规定对一些主要的且经常出现的情况所要求的注意标准进行了规定。第(2)款规定了当服务提供方宣称具有以比一般要求的标准更高的注意和技能标准履行服务的能力时该如何处理。如果确实如此，那么就应当遵守高标准，下面的示例将展示这一点。

示例 7

一家律师事务所擅长为协议并购和收购提供法律咨询。这也是该事务所的唯一业务范围。该事务所具有比其他律师事务所更高的声誉，也必须名副其实。

本条第(3)款规定，如果服务提供方是某一专业服务团体的成员，且该团体有自己应当遵守的纪律标准，那么服务提供方必须遵守该标准。这些标准通常是由相关权威部门——一般是国家权威部门——制定，可能是公共权威部门，也可能是私人团体。

示例 8

顾客与一家专业的刺青商店缔结了合同。商店必须遵守国家纹身协会制定的相关纪律标准。

最后，在决定服务提供方应当展示的注意和技能时，应当考虑第(4)款列出的标准。但这些标准并非是需要考量的唯一标准，而属于最重要的标准。

本条规定给服务提供方设定的义务全都是与通过服务过程达成特定的结果有关。可以将该过程视为是对顾客的明示的或者暗示的愿望和需求的完成。在这些愿望和需求中也隐含着：服务进程将不会——除了约定的结果的达成之外——造成人身和财产损害。

示例 9

一保管人与一烟花商达成协议，为其保管烟花。保管人的安全政策并非十分严格：抽着烟的雇员可以经过敞开的存放烟花的货柜。结果引起了烟花爆炸，致使数名附近的居民死亡以及附近的建筑物和骑车严重被毁。

由于此点的重要性,第(5)款明确要求服务提供方需采取合理的预防措施以防止因履行服务而产生损害。"损害"指任何类型的不利作用(见定义列表):因此它包括损失和伤害。该规则在建设合同和加工合同中的特殊体现是:服务提供方必须采取合理的预防措施以防止将要制造或者加工的物品毁损。

B. 利益权衡和政策考量

毫无争议的是,服务提供方有义务以具体环境下应当遵守的注意和技能履行服务,并且服务提供方至少应当以达成顾客提出或设想的结果为目标。核心问题是,服务提供方是否进一步负有实际通过服务达成该结果的义务。该问题将在下一条的评论 B 中得到解答。

另一个相关问题是,如果服务提供方负有达成特定结果的义务,服务提供方是否还必须以要求的注意和技能履行服务。有人可能会说,未能以应有的注意和技能履行服务与未能达成既定结果是一致的。而未能达成既定结果时,顾客可以以未履行首要义务为由诉诸救济措施。因此,没有必要另外再单独规定一个以应有的注意和技能履行服务的义务,因为鉴于顾客能够以首要义务的未履行为依据诉诸救济措施,再允许顾客以违反应有的注意和技能义务为由诉诸救济措施就显得完全多余了。

可以抗辩说,任何时候赋予服务提供方以注意和技能义务是有益的,因为这能激励服务提供方努力防止既定结果不能达成。即使在服务提供方已经负有达成特定结果的情况下,再让服务提供方承担该义务将会使得顾客采取预防措施变得更加容易。由于在服务进行中顾客可以检查和追踪服务进程,并且能够在更早的阶段发现问题,这就使得顾客能够尽早采取预防措施。即使在服务提供方已经负有达成特定结果义务的情况下,再规定服务提供方负有注意和技能义务,那么将使得顾客能够预知对该义务的违反。这样顾客就可以向服务提供方作出指示或者发出通知,并要求就充分的履行作出适当的担保。如果这些预防措施能够使得问题得以尽早发现和解决,那么对双方当事人来说都是有利的。

C. 首要选择

本条规定服务提供方有义务以理性的服务提供者在具体的情况下通常应有的技能和注意履行服务。这是所有法律文化中服务提供方应当承担的基本义务,除非有额外理由使得服务提供方承担更加严格的责任,即实际上达成顾客提出或者设想的结果。当服务提供方不承担更严格的责任时,就需要本条款的规定。

即使服务提供方负有更加严格的达成要求的结果的义务,由于上面谈及的理由,他仍然负有以必要的注意和技能履行服务的义务。

D. 救济

服务提供方可能不仅负有以应有的注意和技能履行服务的义务,还负有达成顾客

确定或者设想的结果的义务。如果属于这种情况，且未能达成结果，那么主张后一义务的未履行对顾客更为有利，因为此时顾客的证明责任是有限的。

但是，并非任何情况下每个服务提供方都负有达成特定结果的义务。如果是这样，那么将导致顾客主张服务提供方未履行本条第(1)款至第(4)款规定的义务。如果服务提供方未履行本条第(5)款规定的义务，那么顾客可以诉诸第三卷第三章规定的所有救济措施。最可能的救济是损害赔偿。

注　释

Ⅰ. 概述

1. 在我们所调研的所有国家中，任何服务提供方都向顾客负有以合理的注意和技能履行服务的义务，这已经成了固定的法律规定。该义务通常来自一般合同法中关于诚实信用原则的规定：奥地利(民法典第 1297 条及第 1299 条)，比利时(民法典第 1135 条)，法国(民法典第 1135 条及第 1137 条)，德国(民法典第 242 条)，希腊(民法典第 330 条)，意大利(民法典第 1176 条第(2)款)，波兰(民法典第 355 条第(1)款)，葡萄牙(民法典第 762 条第(20)款)，西班牙(民法典第 1104 条)。但有时也能在服务合同法的特殊规定中找到，不过有时只适用于特定类型的合同：奥地利(民法典第 964 条)，英国(1982 年货物与服务供应法第 13 条)，芬兰(消费者保护法第 8 章第 12 条第(2)款)，法国(民法典第 1927 条)，德国(民法典第 690 条及商法典第 475 条)，希腊(消费者保护法第 8 条，亦参见民法典第 686 条和第 823 条)，意大利(民法典第 2236 条)，荷兰(民法地第 7:401、6:27、7:453 条及第 7:602 条)，葡萄牙(民法典第 1208 条)，瑞典(消费者服务法第 4 条)。在苏格兰，该义务被一般地包含在普通法中(McBryde, Law of Contract in Scotland, para. 9.37)。一般来说，服务提供方应当遵守的注意标准取决于相关行业或者职业的合理称职的代表的技能，并且进一步取决于在该行业中普遍接受的(技术)标准和惯例。

Ⅱ. 服务提供方的注意义务

2. 在奥地利民法典中，总的来说，并不存在关于服务提供方应当遵守的注意标准的规定。但是，根据民法典第 1297 条和第 1299 条的一般规定，每个服务提供方都应当遵守注意标准。至于具体的注意标准则取决于相关的具体情况，并且由履行该服务通常的注意和谨慎程度决定(参见 OGH SZ 34/153 = JBl 1962, 322; OGH JBl 1982, 245 = EvBl 1981/159)。对于保管服务存在具体的规定：民法典第 964 条规定服务提供方负有以合理的注意行事的义务。

3. 在比利时法中，对于承揽合同，服务提供方有义务采取安全的预防措施以防止由于服务的履行而直接造成物质损害或者安全风险的发生。据说该义务来自于民法典第 1135 条(参见 Goossens, Aanneming van werk, nos. 917,955 and 961)。

4. 在英国存在默式条款，服务提供方应以合理的注意和技能履行服务：参见 1982 年货物和服务供应法第 13 条；Chitty on Contracts Ⅰ29, no. 13－031。虽然保管服务被认为是单独一个类型的合同，它们也同样受 1982 年货物和服务供应法(第 12 条第(3)款)的调整。服务提供方所应有的注意和技能的程度是对于该行业的成员应当期待具有的普通技能和能力：参见 Bolam v. Friern Hospital Management Committee [1957] 1 WLR 582。参见 for contract of bailment: Morris

v. C. W. Martin & Sons Ltd. [1966] 1 QB 716。服务提供方还必须遵守有关安全标准的规定以及行业实践:参见 Wilson v. Best Travel Ltd. [1993] 1 All ER 353。

5. 根据芬兰法(消费者保护法第 8 章第 12 条第(2)款),服务提供方必须以专业的注意和技能履行合同义务,并考虑顾客利益,且须符合法律、法令和正式判决的要求。

6. 在法国法中,对于承揽合同,需要决定服务提供方是仅仅负有以合理的注意和技能行事的义务(obligation de moyens),还是负有达成特定结果的义务(obligation de résultat)。一般来说,前一义务一般存在于纯智力服务中,而后一义务则存在于涉及动产和不动产的服务之中(参见 Malaurie/Aynès/Gautier/Contrats spéciaux Ⅷ14, no. 742)。尽管有的服务提供方负有达成特定结果的更重的义务,但是仍然从民法典第 1135 条中得出,任何服务提供方都必须遵守相关行业标准和习惯,即使合同对此没有提及。此外,从民法典第 1137 条得出,任何履行合同的当事人应当遵守通常期待的注意标准。而对于服务提供方,则要与具有合理注意和技能的服务提供方进行比较。对于保管合同亦参见:民法典第 1927 条及 Cass. civ. Ⅰ, 28 May 1984, Bull. civ. Ⅰ, no. 173。

7. 在德国民法典中,不存在对履行服务过程中服务提供方应当遵守的注意标准进行概括性规定的特殊规则。尽管如此,每个服务提供方对服务的履行都应当符合能够期待的注意标准且该标准主要取决于该行业通常所认可的标准及习惯。每个服务提供方都负担的该一般性义务来自于民法典第 242 条的一般性规定。但对于保管服务则适用专门的具体规定。无偿保管服务的提供方应当尽到所有权人应尽到的注意义务(参见民法典第 690 条)。而在商业保管服务中,服务提供方负有以合理的注意行事的义务(参见商法典第 475 条)。

8. 在希腊,任何服务提供方都负有的在履行服务中的一般性注意义务来自于民法典第 330 条及消费者保护法第 8 条。服务提供方负担的注意义务的标准取决于该行业合理称职代表的技能,而这又取决于该行业普遍认可的标准和习惯。对于承揽合同,根据民法典第 686 条,服务提供方负有注意义务。而对于保管服务,民法典第 823 条要求服务提供方应尽到所有者应尽到的注意,除非服务是有偿的。而对于有偿保管服务,适用民法典第 330 条。

9. 根据意大利民法典第 1176 条第(2)款的一般性的规定,服务提供方应以该行业应有的勤勉和知识履行合同义务(confirmed for services qualified as appalto in Mangini, Ⅱ contratto di appalto2, p. 134; Marinelli, Giust. civ., 1982, ii, p. 116)。根据民法典第 2236 条,对于智力服务合同(contratto d'opera intellectuale),当服务的履行具有特别的难度时,服务提供方的义务更轻一些。

10. 在荷兰,对于委托服务,服务提供方应像具有合理技能的服务提供方并且应像合理的服务提供者应当履行的那样履行服务:参见民法典第 7:401 条以及 HR 9 June 2000, NedJur 2000, 460。而对于医疗服务,服务提供方仍然负担同样的义务:参见民法典第 7:453 条及 HR 9 November 1990, NedJur 1991, 26 (Speeckaert/ Gradener)。而对于保管服务,服务提供方也承担相同的义务:参见民法典第 7:602 条及第 6:27 条。对于承揽服务,荷兰民法典未就该义务作出规定,却能从如下判决中得出:HR 26 April 1991, NedJur 1991, 455 (Benjaddi/Neve)。

11. 根据波兰民法典第 355 条第(1)款的一般性规定得出,任何服务提供方都必须以服务合同所要求的谨慎履行服务。民法典第 355 条第(2)款补充到,应当考虑到服务提供方的专业能力,这就引起更高标准的注意(M. Sos ńiak, Nalez yta staranno śc)。

12. 在葡萄牙,服务的履行符合技术发展水平以及该行业普遍认可的技术标准是每个服务提

供方都应承担的义务。该义务来自于民法典第 762 条第(2)款的一般性规定;对于承揽合同参见民法典第 1208 条。它包括在履行服务时应当采取安全预防措施:参见 Romano Martinez, Direito das Obri－ gaçõs2, no. 350。

13. 在西班牙,每个服务提供方都应当遵守的注意义务来自于民法典第 1104 条。服务提供方应当以在既定条件下合理的服务提供者应当展示的与该行业的技术发展水平相一致的注意和技能履行服务。

14. 瑞典消费者服务法第 4 款规定,如果服务是提供给消费者的,服务提供方应当以专业的方式履行服务,以应有的注意保障顾客的利益,如必要和可行时,应向消费者提供咨询服务。对于非消费者合同也应用同样的标准,但双方当事人可自由约定他们喜欢的质量和标准:参见 Hellner/Hager/ Persson, Speciell avtalsrätt Ⅱ(1)4, p. 95。

第Ⅳ. C－2:106 条　达成结果的义务

(1)服务提供方必须达成顾客在缔约时说明或者设想的结果,如果仅仅对结果进行了设想却未进行说明,则:

(a)设想的结果为顾客合理地被期待所设想的结果;且

(b)顾客没有理由相信存在着使得服务不能达成结果的重大风险。

(2)根据服务合同约定应将物品的所有权转让给顾客的,不得有第三人就该物提出任何权利或有合理根据的主张。准用第Ⅳ. A－2:305 条(第三人权利或主张概述)以及第Ⅳ. A－2:306 条(第三人基于工业产权或其他知识产权的权利或主张)。

评　论

A. 法条概述

缔结服务合同的顾客一般都想要获得特定的结果。服务提供方达成该结果的能力取决于一系列并非自己能完全掌控的因素。下面的示例将说明这一点:

示例 1

癌症患者与专业医生缔结了合同以通过医疗治愈该疾病。

示例 2

一律师事务所受一声称是医疗事故的受害者委托,以通过法律诉讼从治疗医生处获得金钱赔偿。

至于服务提供方是否承诺达成特定结果——比如治愈病人的癌症，或者在诉讼中代理顾客获得赔偿——是合同解释的问题。而对于要达成的特定结果是什么的问题也是如此。本条款的目的在于，在合同对此未明确作出约定时，对解释过程提供帮助。

本条款的规则是，在如下两种情形中，服务提供方有达成特定结果的义务：(1)在缔约前，顾客明确要求服务提供方达成特定的结果，服务提供方对服务能达成该结果未表示异议，及(2)缔约时，双方当事人虽然未对该问题进行明确讨论，但是合理的服务提供者应当预计到顾客会期待达成特定结果。

如果顾客对特定的结果进行了说明，那么服务提供方已经清楚了顾客的期待是什么。如果没有说明，那么就必须确定顾客设想的结果是什么。此种情况下，要达成的结果是客观的、正常的理性顾客脑海中所设想的结果。显然，正常的称职服务提供方应当知道顾客脑子里想的是什么。

示例3

顾客将摩托车拿到修车铺更换轮胎。如果未指定更换的轮胎类型，那么正常的理性顾客会期待更换和旧轮胎同类型的新轮胎。如果在更换轮胎前，客观上从摩托车及车胎的类型来看，很明显不能用该摩托车进行越野旅行，那么顾客不能期待在换胎后该摩托车能适用于越野旅行。

如果已经清楚了要达成的特定结果是什么，本条款的适用仍然取决于如下因素：顾客没有理由相信存在服务结果不能达成的重大风险。显然，合同双方当事人对此可能会有不同的看法。顾客显然更愿意相信服务会毫无风险地达成其设想的结果，而在同样情况下，正常的称职服务提供方并非总是具有同样的想法，下面的示例将说明此点：

示例4

一家医院委托一电脑网络供应商按照医院提供的设计为其安装定制的网络。医院真诚地相信其设计是完美的，但事实并非如此。如果供应商严格遵守该设计，那么医院不能使用该网络达成其脑海中设想的目的。供应商不信任医院提交的设计。

如果双方当事人就能否毫无风险地达成结果有不同的看法，仍然适用本条款，服务提供方负有达成特定结果的义务。如果正常的称职服务提供方能够预料到由于重大风险的发生将危及结果的达成，那么必须向服务提供方警示该风险(参见第Ⅳ.C－2:102条(先合同警示义务)及第Ⅳ.C－2:108条(服务提供方的合同警示义务))。一旦得到了警示，理性的顾客将不会再相信不存在通过服务不能达成结果的重大风险。

理性的顾客可以期待建筑商、设计师、保管人及事实性信息供应商将通过服务的履行达成特定的结果。这就是为什么本编的后面章节规定原则上服务提供方负有达成该特定结果的义务。加工者、参考信息供应商或者医疗服务提供者不承担该项义

务,这是一条基本原则。但是根据具体情况的不同,以本条款的规则为基础通过对合同的解释也可能得出这些服务提供方须达成顾客设想的结果的结论。下面的示例就明显是属于这种情况:

示例5

一车主委托汽修站拆除和更换一辆标准汽车的标准排气管。

最后,如果通过合同解释得出服务提供方必须达成特定的结果,仍然适用其他义务条款——要么规定在本章中,要么规定在本编其他特别相关章节中。

第(2)款涉及的是对第(1)款一般规则的特殊应用。根据合同约定或者作为合同的结果,应将物品的所有权转让给顾客的,顾客能够合理的期待不得有第三人就该物提出任何权利或有合理根据的主张。有时直接适用买卖规则就可以得出这样的结论。比如建筑和买卖合同(参见第Ⅱ－1:107条(混合合同))以及第Ⅳ.A－1:102条(货物的制造或者生产),或者买卖和服务履行合同(如出卖和安装汽车轮胎)就属于这种情况。本条第(2)款的规定将买卖解决方案扩展到技术上来说不是买卖,但存在所有权转移的情形。比如,根据财产转移规则通过添附,安装的部件可能成为顾客的财产。

B. 利益权衡和政策考量

本条款所解答的问题可能是服务合同中最重要的问题。两种不同的处理方式得到了普遍的认可。

第一种方式是,以未以应有的注意和技能履行服务为根据确立服务提供方的责任。这种方式的理念是,服务提供方承担的责任是一种手段责任,表明服务提供方须为达成顾客所设想的结果而努力。如果未能达成该结果,顾客须证明服务提供方未以应有的注意和技能履行服务。反过来,允许服务提供方通过证明自己已经以应有的注意和技能履行了服务来免除责任。

第二种方式是,仅仅以服务提供方未达成顾客在缔约时说明或者设想的结果的事实为根据来确立服务提供方的责任。该方式的理念是,服务提供方承担的是结果责任,表明仅仅有达成要求的结果的努力是不够的。如果结果未能达成,那么顾客需要证明这一事实。服务提供方可以通过证明未履行义务是由顾客的原因造成的,或者证明存在障碍来免除责任,但不能通过证明已经以应有的技能和注意履行了服务来免除责任。

对于所有的服务合同类型来说,要在这两者中作出一个选择是很艰难的。显然通过第二种方式能最好地保护顾客的利益。但困难在于,虽然让大多数服务提供方承担达成结果的义务是合适的,但是鉴于即使服务提供方做了最大的努力以达成顾客设想的结果,他们也没有能力完全控制服务结果,此时如果让他们承担达成结果的义务就显得太过严苛了。让此类服务提供方承担该义务不仅会危及他们的利益,同样也会使

得该服务对顾客来说变得更加昂贵,因为服务提供方必须为不可控制的风险购买保险。如果不能获得保险的覆盖,或者只能以极高的成本获得保险,将会促使服务提供方撤出市场,从而导致此类服务的彻底消失。

C. 首要选择

本条款所选择的解决方案所反映的理念是:顾客所设想的结果能被达成的可能性对于让服务提供方承担达成该结果的义务来说至关重要。这意味着对于所有的服务合同来说,既不是采纳上面评论B中所提出的第一种方式,也不是采纳第二种方式。首选是找到更灵活的解决方案,这样能够考虑到不同服务类型的特殊之处。因此,如果服务能够达成要求的结果,那么服务提供方就承担达成结果的义务(除非合同有相反约定)。如果不存在达成结果的可能性,那么服务提供方不承担这样的义务。此时,服务提供方的责任建立在本章其他规定的基础之上,尤其是前一条的规定。

为了判断在具体的情形中能否事先确定顾客所设想的结果实际上能否达成,有必要确定服务提供方能否识别并控制如下三个重要因素——以及它们之间存在的相互关系——以便达成要求的结果:(1)顾客的(特殊)需求;(2)服务提供方提出的满足该需求的(量身定做)的解决方案;以及(3)履行服务的外在环境。对于本编稍后规定的一些服务,服务提供方被视为具有这些能力。原则上这些服务提供方负有达成特定结果的义务。

D. 救济

如果服务提供方负有达成顾客说明或者设想的结果的义务,但未能达成该结果,顾客得诉诸第三卷第三章所规定的所有救助措施,前提是服务提供方不能根据第Ⅲ－3:104条(因障碍而免责)对其未履行免责,且顾客满足了关于通知的所有要求——比如第Ⅲ－3:107条规定的通知(怠与为与要求不符的通知)。服务提供方未能达成要求的结果可能是由于顾客未进行警示(第Ⅳ.C－2:102条先合同警示义务第(4)款)或者不协作(第Ⅳ.C－2:103条协作义务 (1)(a), (b), (c) or (e)),或者是由于遵从顾客的指示(第Ⅳ.C－2:107条顾客的指示第(1)款)等原因造成的。这些将为服务提供方以第Ⅲ－3:101条(适用的救济)第(3)款为抗辩的理由,即是顾客自己的原因造成了未能履行。但是,如果服务提供方有义务警示顾客,其指示或者信息是不正确的或者前后矛盾的,这可能导致达不成想要的结果,但是如果没有作出警示,那么问题就变得复杂了。此种情况下,顾客的指示或者信息不再被视为是服务提供方未能达成结果这一事实的唯一原因。服务提供方不能再以第Ⅲ－3:101条第(3)款为依据或者证明未能履行是由于超出其控制的障碍引起的等理由对顾客的指控提出抗辩。原则上顾客可以诉诸所有正常的救济措施。

如果顾客未就预期不能达成要求的结果作出警示(第Ⅳ.C－2:110条顾客就预期不履行的通知义务),服务提供方不能因此对顾客提出的服务提供方未履行本条规定

义务的相关主张提出抗辩，因为服务提供方的未履行（未达成既定结果）不是因为顾客未予通知的原因造成的。顾客仍然可以诉诸普通的救济措施：顾客未就预期不履行作出通知会使得服务提供方获得一定的权利，但不能切断顾客的救济途径。

注　释

Ⅰ.概述

1.在比利时、英国、芬兰、法国、荷兰和苏格兰，如果合同未就服务提供方是否需要通过服务达成特定结果这一问题作出规定，服务类型自身的法律性质并不足以对该问题作出解答。在这些国家中，达成特定结果的义务可能隐含于案件的具体情况之中，比如：顾客是否依赖服务提供方的技能和判断（英国和苏格兰）；是否顾客不向服务提供方作出详细的指示以防止服务提供方需要揣摩该如何履行服务（比利时、荷兰、英格兰、苏格兰）；是否服务对象是不动产或者动产且不涉及特殊困难或者特别危险（法国）；特定结果的达成是否是顾客能合理期待的（芬兰）。而在其他国家，则认为这些情况对于服务提供方是否负有达成特定结果的义务这一问题无关紧要，这一问题主要取决于服务的法律性质：奥地利（民法典第1167条），法国（当服务涉及不动产的建造时，参见民法典第1792条），德国（民法典第633条），希腊（民法典第688和689条）以及葡萄牙（民法典第1208条）。

Ⅱ.达成结果的义务

2.在奥地利，一般规则是，只要一方当事人明示或者暗示地同意要达成特定的结果，未能达成该结果构成义务的不履行（民法典第922条及以下）。对于承揽合同，该一般规则在民法典第1167条中得到了细化。亦参见民法典第961条。服务提供方不得以已经以合理的注意和技能履行了服务为由逃脱责任（参见 Koziol and Welser, Bürgerliches Recht Ⅱ12, p.247）。如果服务提供方不确定服务是否能达成结果，应当在缔约时向顾客如实说明：顾客必须明确，服务提供方的责任较轻，限于以合理注意和技能为履行（参见 Rummel [-Krej-ci], ABGB Ⅰ2, arts. 1165-1166, no.56）。

3.在比利时法中，对于承揽合同，只有在认为顾客依赖服务提供方的技能和判断时，服务提供方才负有达成特定结果的义务。如果顾客对于如何履行服务作出了详细的指示，那么不能认为顾客依赖于服务提供方（参见 Cass. 26 February 1976, T. Aann. 1985, p.263, Note M. A. Flamme and Ph. Flamme. See also Goossens, Aanneming van werk, no. 40 and Jansen, Defects liability, pp.265-266）。

4.在英国，1982年货物和服务供应法第13条及以下并没有规定服务提供方负有通过服务达成特定结果的义务。但该法并不禁止法律规定要求服务提供方承担更严格的义务（第16条第（3）款）。但大量的案例法显示，当顾客依赖于服务提供方的技能和判断时，很有可能存在服务提供方须通过服务达成特定结果的默认条款：Duncan v. Blundell (1820) 3 Stark 6, 171 ER 749; Hall v. Burke (1886) 3 TLR 165; Jones v. Just (1886) LR 3 QB 197; Lawrence v. Cassel [1930] 2 KB 83; Samuels v. Davis [1943] 1 KB 526; Hancock v. B. W. Brazier (Anerly) Ltd. [1966] 1 WLR 1317; Greaves & Co. Ltd. v. Baynham Meikle & Partners [1975] 1 WLR 1095（参见 Chitty

on Contracts Ⅰ29, no.13－031)。一般来说,如果留待服务提供方去决定怎样达成要求的结果,那么应认为顾客需依赖于服务提供方的技能和判断。如果顾客对于如何履行服务作出了详细的指示,那么他对服务提供方的依赖性将会小很多(参见 Jansen, Defects liability, pp.261－264)。

5. 根据芬兰消费者保护法第 8 章第 12 条第(2)款第 2 句,服务必须符合正常情况下顾客对此类服务的期待。如果服务与顾客的合理期待不符,那么该服务被视为是有瑕疵的(参见消费者保护法第 8 章第 12 条第(4)款)。

6. 在法国法中,对于承揽合同,需要决定服务提供方仅负有以合理的注意和技能履行服务的义务(手段义务)还是负有必须达成特定结果的义务(结果义务)。一般来说,如果提供的服务不涉及特殊的困难或者特别的危险,前一义务存在于纯智力服务中,而后一义务则与不动产结构和动产的供应有关(参见 Malaurie/Aynès/Gautier, Contrats spéciaux Ⅷ14, no.742; Huet, Contrats spéciaux2, nos. 32259 ff and the abundant case law quoted)。在建筑服务中,无论是否涉及特殊的困难或者特别的危险,服务提供方都负有达成特定结果的义务(参见民法典第 1792 条)。

7. 根据德国民法典第 633 条,承揽合同的服务提供方达成的结果必须符合在缔约时服务提供方所知的特殊目的及此类服务的通常目的。要做到此点,服务必须具有此类服务通常所应有的质量,以及满足从服务的性质来看顾客所应有的期待(参见民法典第 633(2)条; BGH 26 November 1959, BGHZ 31, 224; BGH NJW 1998, 3707)。而对于服务合同,服务提供方不负有达成特定结果的义务(参见 BGH 4 June 1970, BGHZ 54, 106)。

8. 在希腊法中,对于承揽合同,服务提供方负有通过服务达成特定结果的义务(参见民法典第 688 条及第 689 条)。

9. 在荷兰法中,承揽合同的法律地位与英国法和比利时法类似。这意味着,服务提供方负有达成特定结果的义务,除非顾客作出了明确的指示(Asser (－Kortmann), Bijzondere Overeenkomsten Ⅲ7, no. 514; Van den Berg, Samenwerkingsvormen in de bouw, nos. 69－70; Jansen, Defects liability, pp.267－270)。而对于保管服务,服务提供方负有达成特定结果的义务(Rutgers, Bewaarneming, no. 5; Paquay, RM Themis 1994, p.494; 参见第 7:605(4)条)。

10. 在波兰法中,如果服务被归为结果义务(比如特殊承揽合同),服务提供方负有达成特定结果的义务。此时,达成该特定结果是履行合同的条件之一。

11. 在葡萄牙法中,仅仅对于承揽合同服务提供方才负有通过服务达成特定结果的义务(参见民法典第 1208 条)。服务提供方不得以已经以合理的注意和技能为履行为由逃避责任(参见民法典第 798 和 799 条; CA Lisboa, 27 November 1981, CJ 1981, V, 164)。

12. 在苏格兰,通常服务提供方的义务是使用注意和技能而非达成结果。但是达成结果的义务可以由双方当事人在合同中进行约定(虽然法院一直以来都不大愿意将合同约定解释为创造绝对义务);或者当顾客不仅告诉了服务提供方其特定的目的,而且在此点上还依赖服务提供方的特殊技能时,达成结果的义务已经暗含其中;或者服务提供方为安装设计或者选择了系统或者材料时,存在达成结果的义务(McBryde, Law of Contract in Scotland, paras. 9.37－9.39; Stair, The Laws of Scotland Ⅲ, "Building Contracts" para. 37 (with update))。

13. 在西班牙法中,如果服务合同约定的义务只能通过达成特定的结果方能履行(民法典第 1544 条:工程合同),该特定结果通常都会被明确规定在合同条款中。如果没有对要达成的结果进行特别的描述,那么该结果要么是从该义务的背景中推断出来的,要么是从诚实信用的一般原则(民法典第 1258 条)及惯例(TS 30 January 1997, RJ 1997/845)中所得出的双方当事人所设想

的结果。至于债权人预期的特殊目的是否属于需由债务人承担的特殊风险，则属于解释的问题。如果答案是肯定的，那么合同应当被视为承揽合同；在服务合同中，当不能将失败归咎于债务人的过错时，不能达成目的的失利风险由债权人承担。在整形手术领域，提供关于可以预期的结果的相关信息属于服务提供方的义务；因此，顾客所设想的结果取决于其收到的信息，顾客应当知道达成设想的结果的可能性（SAP Cáceres, 24 September 2001, BDA JUR 2001\317424）。转移财产的义务始终是达成结果的义务；因此，即使出让人不知道自己无权转移财产所有权，当受让人被实际所有权人驱逐时出让人也必须承担责任。

第Ⅳ.C－2:107 条　顾客的指示

（1）服务提供方应遵守顾客就服务的履行所作的所有及时的指示，如果该指示：

（a）本身是合同的一部分或者规定在合同引用的任何文件中；或者

（b）是顾客行使合同赋予的单方选择权的结果；或者

（c）是双方当事人行使选择权的结果。

（2）如果服务提供方没有履行本编第 2:105 条（技能及注意义务）或者本编第 2:106 条（达成结果的义务）中的一项或多项义务是由于其根据第（1）款的规定遵循顾客指示的结果，并根据本编第 2:108 条（服务提供方的合同警示义务）的规定向顾客及时发出警示的，那么服务提供人不承担以上两条规定的责任。

（3）如果服务提供方将第（1）款中的指示理解为根据本编第 2:109 条（单方变更服务合同）的规定对合同所作的变更，则服务提供方应相应地向顾客发出警示。除非顾客并无不当迟延地撤销该指示，否则服务提供方应遵循该指示且该指示被视为是对合同的变更。

评　论

A. 法条概述

顾客通常都会将其愿望和需求转化为服务提供方在履行服务中需要遵守的指示。这些指示可能包括对分包商的指定，对特定工具、材料及零部件的选择，以及对履行服务的方式的选择，包括通过劳动运用工具、材料及零部件。它们可能包含着功能性的要求，规定最终服务过程必然得出的成果。

示例 1

一建筑承包商同意为一家投行建造新的办公楼。承包商收到顾客的指示，以 18 毫米厚的（柳桉）木板贴在董事会办公室的墙壁上，该木板需从供应商 X 处获得，且须由分包商 Z 以 Y 型

胶粘合的方式进行安装。

这些指示通常都会写入合同或者合同引用的文件和图纸之中。第(1)款(a)项规定了服务提供方负有遵从这些指示的义务。也有可能合同允许顾客在稍后阶段根据第(1)款(b)项通过行使合同赋予的单方选择权作出有约束力的指示,或者在稍后阶段根据第(1)款(c)项由任一双方当事人通过行使选择权作出指示。

第(1)款进一步要求作出的指示必须合理和及时。至于是否合理及时地作出了指示则取决于案件的具体情况。同时也必须考虑到服务提供方为履行合同义务已经采取了的措施。

如果是遵照顾客的指示履行的服务,可能出现顾客想要的结果最终不能实现的情况。此种情况中,服务提供方的责任根据本条第(2)款进行判断,其遵循的原则正是本章中其他几条规定的基础,而这些规定调整的是与顾客的瑕疵协作类似的情况。根据该原则,原则上顾客对有缺陷的协作承担责任,除非服务提供方未予警示。下面的示例将说明在此点上服务提供方未予警示。

示例 2

应医院的请求,一家电脑网络供应商按照医院提供的设计为医院安装定制网络。设计的网络符合医院设想的目的,即可以让最多 150 名工作人员同时使用网络。在服务履行时,医院方要求供应商在整个医院准备 250 个可以接入网络的工作场所,但未要求供应商扩大网络的接入能力。网络安装完毕后,由于同时访问超载,网络每天会关闭 15 次。

有些指示是对双方当事人已经做好的约定的细化。

示例 3

一家汽修店同意以固定的价格将消费者的汽车漆成黄色。在合同缔结后服务即将履行时,消费者从一系列的色彩中选择具体的黄色类型。

如果顾客想离开此种选择框架也是允许的。但是如果发生了这种情况,根据本条第(3)款的规定,将适用合同变更的规则。此点可以通过对例证 3 进行适当修正予以说明。

示例 4

一家汽修店同意以固定的价格将消费者的汽车漆成黄色。在对汽车进行上漆时,顾客指示汽修店在汽车的两侧漆上黑色的横标。

鉴于在既存的合同框架范围内的指示与合同框架外的指示之间的界限模糊不清,如果服务提供方认为顾客已经超过了该界限,那么需要向顾客发出警示。

B. 利益权衡和政策考量

一个问题是当服务已经开始履行时，是否应当允许顾客再发出指示。可以说允许顾客这样做对他来说至关重要。在有些场合，在缔约时要预知服务进程的细节以及通过服务进程达成的结果是不可能的或者不切实际的。通常，当服务已经开始履行并且其结果的轮廓已经很明显时再对此类细节作出决定要容易很多。此外，如果已经很明显地由于服务提供方不能控制的意外发展使得达成结果成为问题时，很有可能顾客希望能够决定服务提供方将如何处理。这样顾客也能——通过作出指示——为成功地达成结果出一份力。

但在服务开始后允许顾客作出指示的缺点是该指示可能与服务提供方的期待背道而驰。因为服务提供方可能已经根据合同本身以及要通过服务达成协商的结果所必需的合理解释所确定的指示进行相关准备工作。服务开始后顾客发出的指示可能与服务提供方已经采取了的措施，甚至是服务提供方已经达成了的部分成果相矛盾。

另一个问题涉及的是因执行指示而产生的不幸后果的责任问题。如果服务提供方遵从的指示是不正确或者与先前的指示不符，并且该指示与顾客所设想的结果有关，那么服务提供方可能不能达成顾客设想的结果。这意味着顾客的指示可能与本章中其他条款所规定的服务提供方的义务，尤其是某些服务提供方所负担的达成结果的义务相矛盾。有人可能会说，作为基本原则，顾客也许应当为其向服务提供方作出的指示的结果负责。遵从这些指示，实际上服务提供方仅仅是履行其商定的义务。但是另一方面，就评估顾客发出的指示的结果而言，服务提供方所处的地位比顾客有利得多。履行服务的是服务提供方，相较顾客而已，通常他都拥有技术及其他方面的专业知识。因此，将部分责任转由服务提供方承担似乎也是合理的。

C. 首要选择

本条款允许顾客在服务进程中向服务提供方发出指示。评论B所述的论据支持这个选择。

如果指示将导致服务的变更，服务提供方应当就此提请顾客注意，以便触发第Ⅳ.C－2:109条（单方变更服务合同）规则的适用，该规则允许服务提供方收取额外的报酬。

如果遵从不正确或者不一致的指示将导致服务提供方不能达成顾客所设想的结果或者不能履行其他合同义务，顾客可能会就服务提供方未履行义务寻求救济。此时允许服务提供方以义务的未履行是由于顾客的指示不正确或者不一致所造成的为抗辩理由。但是，如果指示的不正确或者不一致是显而易见的，或者事实上是由服务提供方发现的，那么服务提供方不得以顾客的责任为由进行开脱。

如果顾客仅仅是——通过指示——选择了通常来说够用的材料、工具和零部件，至于是否从指定的分包商处获得则无关紧要，但后来发现在与偶然的生产故障有关的特殊情形中，这些工具材料并不适合它们的目的，那么不能将顾客的指示视为是服务

提供方义务未履行的原因。这可以通过对示例3和示例4的进一步修正予以说明。

示例5

一家汽修店同意以固定的价格将消费者的汽车漆成黄色。顾客指定了汽修站提供的汽车油漆的类型和颜色。此类型的油漆通常是适合于用来给汽车上色的。然而，由于一个偶然的生产故障，汽修店买到的油漆未能正确完成该项工作。

不将顾客的指定视为导致服务提供方未履行义务的原因主要基于如下的基本理念：在这些典型情况下，顾客的决定并未限制服务提供方选择合格的工具、材料和组件的自由。此外，服务提供方还对工具材料的供应商享有救济措施。仅仅在如下情形中才存在该原则的例外：（由于偶然的生产故障）不合格的工具材料等是从顾客指定的分包商处获得，且分包商将其对服务提供方的责任做了限制，并且该责任限制比服务提供方对顾客作出的责任限制范围更广，也就是说，分包商对服务提供方承担的责任比服务提供方对顾客承担的责任更轻。尤其是当服务合同禁止服务提供方对顾客的指定作出反对时更加需要该例外规则。

注　释

Ⅰ.概述

1. 在服务进行过程中，承揽合同的服务提供方通常都负有遵从顾客作出的指示的义务，至于双方当事人对此是否以明确的措辞作出了约定则无关紧要：奥地利（民法典第1168a条）、比利时、法国、德国（民法典第242条）、希腊（民法典第685条）、意大利（民法典第1661条）、荷兰（民法典第7:402条第(1)款、第7:754条、第7:760条第(3)款）、波兰（民法典第641条第(2)款）、葡萄牙（民法典第1208条）、西班牙（在建筑服务中：建筑法第11条）。在英国，鉴于主要原则是决定怎么履行服务是服务提供方的职责所在，因此需要以明确的措辞在合同中对服务提供方的该义务进行确定（Clayton v. Woodman & Son Ltd. [1962] 2 QB 533）。后一原则在其他地方亦是同样重要的，但是似乎在这些地方的服务进程中可以更多地允许顾客作出对履行合同义务为必要的指示，即使合同对此没有提及。除建筑合同外，苏格兰法对于此问题并没有进行太多的思考（参见Stair, The Laws of Scotland Ⅲ, "Building Contracts" para. 42），但是也可能会遵照英国的法律。

2. 在奥地利（民法典第1168a条）、比利时、英国、法国、德国（民法典第645条）、希腊（民法典第691条）、意大利、荷兰（民法典第7:760条第(2)款及第(3)款）、波兰（民法典第641条第(2)款）和葡萄牙，如果顾客向服务提供方提供了不适当的材料或者指示，从而导致服务提供方履行的服务不符合明示或者隐含的合同条款的要求，原则上承揽合同的服务提供方可以不用承担责任。如果服务提供方违反了警示义务则该结果可能会有所改变。

Ⅱ.服务提供方遵从顾客指示的义务

3. 在奥地利，对于承揽合同，服务提供方遵照顾客的指示履行服务的义务直接来源于民法典第1168a条。

4. 在比利时,对于承揽合同中服务的提供,服务提供方负有听从顾客的指示的义务(参见 Goossens, Aanneming van werk, nos. 797ff)。该义务只涉及及时作出的以及在合同框架内——考虑到提供的服务的特性、服务提供方的合理预期以及合同双方当事人的利益——所作出的指示(Goossens, Aanneming van werk, nos. 801－802)。

5. 在英国,主要原则是服务提供方可以自由决定如何履行合同义务。但双方当事人可以在合同中约定服务提供方必须遵从顾客的指示(Clayton v. Woodman & Sons Ltd. [1962] 1 WLR 585 (CA);参见 Jansen, Defects liability, pp. 159－167, with regard to service contracts having as their object the construction or processing of immovable structures and movable things and with ample examples of express wording in standard forms of construction contracts)。

6. 在法国法中,虽然认为服务提供方对于如何履行服务负有独立的责任,但是在承揽合同中也允许顾客作出指示(参见 Mazeaud, Principaux contrats5, no. 1332; Jansen, Defects liability, p. 158)。

7. 在德国法中,对于承揽合同,对服务提供方遵从顾客的指示的义务是不存在争议的(参见 BGH 25 January 1996, NJW 1996, 1346; Jansen, Defects liability, p. 159)。根据民法典第 242 条的一般条款,当为确保服务的适当履行为必要时,该义务被认为隐含在合同之中。尽管如此,确保服务的适当履行仍然是服务提供方的责任。对于在保管服务合同缔结后顾客才作出的指示,服务提供方并不必遵循,但是可以在明示或者隐含的合同义务的框架内决定怎样保管物品(参见 MünchKomm [－Hueffer], BGB, § 692 no. 2)。

8. 根据希腊民法典第 685 条,对于承揽合同,服务提供方向顾客负有遵从顾客的指示履行服务的义务。

9. 在意大利,对于承揽合同,服务提供方履行服务须符合顾客的指示的义务来自于民法典第 1661 条。

10. 在荷兰,对于承揽合同,服务提供方遵守顾客的指示的义务得到了普遍的认可且间接来自于民法典第 7:754 条和第 7:760 条第(3)款(参见 Jansen, Defects liability, p. 159)。在委托合同中同样存在相同的义务(参见民法典第 7:402 条第(1)款)。在委托合同中,顾客作出的指示必须是及时的且须在合同的框架范围之内。特殊的委托中服务提供方的特性可能也会对该义务有所限制,尤其是当顾客的指示与服务提供方向顾客负有的职业道德、职业行为准则以及其独立地位相互矛盾时(Asser [－Kortmann], Bijzondere Overeenkomsten Ⅲ7, no. 61)。

11. 在此点上,波兰法律中最相关的是特殊承揽合同。根据法律的字面意思,如何履行合同原则上留待服务提供方决定。但是,顾客有权控制履行的方式——其正确性以及是否与合同相符合(民法典第 636 条第(1)款)。规则是,服务提供方不受顾客的指示的约束(Radwan ́ski [－Brzozowski], System Prawa Prywatnego Ⅶ2, pp. 336－337)。但是在实践中,顾客干预的可能性的范畴要大得多。有时作出指示的可能性被视为是顾客的权利(Radwan ́ski [－Brzozowski], System Prawa Prywatnego Ⅶ2, p. 340)。

12. 在葡萄牙,对于承揽合同,服务提供方遵从顾客指示的义务被认为是来自于民法典第 1208 条(参见 CA Coimbra, 1 June 1993, BolMinJus 428, 689)。

13. 在苏格兰,对于建筑合同,顾客通常都有权通过建筑师或者工程师发出指示,只要其指示是在服务提供方必须遵守的合同范围之内。作出这些指示的权利也可能是暗示的(参见 Stair, The Laws of Scotland Ⅲ, "Building Contracts" para. 42)。

14. 在西班牙,对于建筑服务,服务提供方遵守顾客发出的或者他人代表顾客发出的指示的义务来自于建筑法第 11 条。

Ⅲ. 不当指示的影响

15. 根据奥地利民法典第 1168a 条,原则上服务提供方不为顾客提供的不当材料或者指示所产生的结果承担责任(参见 Rummel [– Krejci], ABGB Ⅰ2, § 1168a, no. 30)。

16. 在西班牙法中,如果承揽合同中因为顾客的指示导致了服务履行的迟延,原则上服务提供方毋须为此承担责任(参见 Goossens, Aanneming van werk, no. 801)。当顾客提供了不当的材料(参见 Jansen, Defects liability, p. 423)或者不当的指示时亦是如此(Cass. 8 November 1974, Entr. et dr. 1976, p. 237, Note P. Libert; 参见 Jansen, Defects liability, p. 466)。

17. 在英国法中,如果顾客向服务提供方提供了不当的材料或者指示,服务提供方一般毋须为(服务或者义务的)未履行承担责任,尤其是当服务涉及不动产和动产的建造或者加工时,参见 Lynch v. Thorne [1956] 1 WLR 303。在特殊情况下,服务提供方可以因为顾客对分包商的指定而逃脱对(服务或者义务)未履行的责任:Gloucestershire County Council v. Richardson [1969] 1 AC 480 (参见 Jansen, Defects liability, pp. 453 – 458)。

18. 在法国法中,对于承揽合同,虽然从新近的一个案例得出,服务提供方必须保证顾客提供的材料的质量(参见 Cass. civ. Ⅲ, 7 March 1990, Bull. civ. Ⅲ, no. 69 and RD imm. 12(3) 1990, p. 375),但是顾客提供不合格的材料仍然被视为是服务提供方的免责理由(参见 Cass. civ. Ⅲ, 17 July 1972, JCP 1973. Ⅱ. 17392)。但后来第一审判庭又作出了与前一个裁决相反的判决:Cass. civ. Ⅰ, 20 June 1995, RD imm. 17(4) 1995, p. 751 (参见 Jansen, Defects liability, pp. 432 – 434)。顾客作出的不当指示也可以使得服务提供方能够逃脱责任,因为顾客的指示实际上是有决定权的顾客对服务进程的干预(Jansen, Defects liability, pp. 473 ff)。

19. 在德国,对于承揽合同,如果因为顾客提供了不当的材料或者指示使得服务提供方未能履行服务,那么服务提供方原则上毋须为此承担责任(参见民法典第 645 条; BGH 29 November 1971, NJW 1972, 447; Jansen, Defects liability, p. 423 and pp. 464 – 466)。仅仅是顾客对分包商的指定并不足以使得服务提供方逃脱对未能履行服务的责任(参见 BGH 14 March 1996, BauR 1996, p. 702; Jansen, Defects liability, p. 451)。

20. 在希腊法中,对于承揽合同,如果服务提供方在履行服务中因为听从了顾客的不当指示或者使用了顾客提供的不合格材料而使得服务未能履行,原则上服务提供方毋须为此承担责任(参见民法典第 691 条)。

21. 在意大利法中,对于承揽合同,如果服务提供方受顾客的不当指示约束,那么原则上服务提供方毋须为听从指示所产生的结果承担责任(参见 Cass. 28 May 1958, no. 1781, Foro it. Mass. 1958, c. 361)。

22. 在荷兰法中,对于承揽合同,根据民法典第 7:760 条第(2)款,如果因为顾客提供的材料不合格而导致服务未能履行,那么原则上服务提供方毋须为此承担责任。如果因为顾客作出了不当的指示而导致服务未能履行,那么亦适用同样的规则(参见民法典第 7:760 条第(3)款; Jansen, Defects liability, pp. 423 and 466 – 467)。

23. 关于这个问题波兰法对特殊承揽合同作出了明确的规定。首先,如果顾客提供的材料不合适,或者存在其他阻碍服务的适当履行的情事(民法典第 634 条),服务提供方必须立刻通知顾客。其次,如果因为顾客提供的材料存在瑕疵,或者因为听从顾客的指示而使得工程遭受毁坏或

者损害，服务提供方可以要求顾客支付约定的报酬，或者已经完成的部分工作的报酬，前提是服务提供方已经就毁坏或者损害的风险向顾客作出了警示（民法典第 641 条第（2）款）。对于建筑合同还有专门的类似规定（民法典第 651 条和第 655 条）。

24. 在葡萄牙法中，对于承揽合同，如果顾客提供了不当的指示、工具及材料等，将导致顾客与有过错的产生，从而使得服务提供方可以免除或者减轻责任（参见 CA Porto, 21 January 1977, CJ, 1977, Ⅰ, 73; Romano Martinez, Direito das Obrigaçõ̃es2, no. 443; Sá Gomes, Breves notas sobre o cumprimento defeituoso na empreitada, 614）。如果顾客指定的分包商处于服务提供方的监督之下，那么服务提供方仍然需要对分包商的履行承担责任（参见 STJ 15 January 1992, BolMinJus, 413; Sá Gomes, Breves notas sobre o cumprimento defeituoso na empreitada, 1998, 615）。

25. 在苏格兰的建筑合同格式条款中，如果服务提供方未遵守服务提供方的合法指示，那么顾客可以委托他人完成工作并要求服务提供方支付相关费用（Stair, The Laws of Scotland Ⅲ, “Building Contracts” para. 42）。

第Ⅳ.C-2:108 条　服务提供方的合同警示义务

（1）如果服务提供方知道顾客所要求的服务存在如下风险时，应向顾客做出警示：

（a）该服务将不能达成顾客在缔约时所说明或者设想的结果；

（b）该服务可能损害顾客的其他利益；或者

（c）或是因为遵循顾客所提供的或者在为履行作准备时所搜集到的信息或指示，或是因为任何其他风险的发生，该风险将使得服务的提供较合同约定花费更多金钱或时间。

（2）服务提供方应采取合理措施保证顾客理解警示的内容。

（3）第（1）款的警示义务不适用，如果顾客：

（a）已经知晓了第（1）款所说的风险；或者

（b）可以被合理地期待已经知晓该风险。

（4）如果第（1）款的风险已经发生而服务提供方没有履行警示义务，则服务提供方因为该风险的发生根据本编第 2:109 条（单方变更服务合同）的规定发出的变更通知不具备法律效力。

（5）就第（1）款而言，如仅从服务提供方毋须调查就知道的所有事实情况来看，上述风险是明显存在的，那么推定服务提供方知道这些风险。

（6）就第（3）款（b）项而言，仅仅因为顾客具备相关领域的知识或者已从其他具备相关领域知识的人处获得咨询，不能合理地推定顾客已经知道该风险的存在，除非其他具备相关领域知识的人是顾客的代理人，此时适用第二卷第 1:105 条（明知等情形的推定）的规定。

评　论

A. 法条概述

本条为服务提供方规定的合同警示义务与第Ⅳ.C－2:102条（先合同警示义务）规定的义务非常类似。该义务还通过第(2)款得到了补充，即服务提供方有义务采取合理措施保证顾客理解警示的内容。原则上并不要求以书面形式发出警示。何种警示方式为合适取决于具体的情况。

警示义务涉及的是服务过程中可能发生的且直指合同核心的典型风险。第(1)款对这些风险进行了确认。服务提供方仅在知道这些风险时才需作出警示，而当顾客已经知晓这些风险或者被合理期待知晓这些风险时，服务提供方不负有警示义务。该原则反映在第(3)款结合第(5)款及第(6)款之中。根据第(5)款，如仅从服务提供方毋须调查就知道的所有事实情况来看，上述风险是明显存在的，那么推定服务提供方知道该风险。

本条规定的义务有别于先合同警示义务。鉴于服务提供方为向顾客就将提供的服务作出明智的要约而应该搜集到的信息，先合同警示义务的范围取决于明显的或者事实上已经被服务提供方发现了的风险。服务提供方搜集的信息尤其应包括关于顾客的愿望和需求的，以及履行服务的重要外在环境。很有可能这些信息在合同缔结之前不会引起第Ⅳ.C－2:102条（先合同警示义务）第(1)款的警示义务。其原因可能是，这些风险既不明显，也没有被服务提供方在准备要约的过程中发现。但是，这些风险可能在缔约后变得明显或者事实上被服务提供方发觉，其理由有二。

一个理由是，缔约后服务提供方必须从不同的角度重新审查缔约前搜集的信息。该角度不再是为要约做准备，而是实际履行服务以达成顾客所设想的结果。此前未被觉察的风险可能变得明显起来，尤其是当服务提供方为履行服务而搜集到更多的额外信息的时候。另一个理由是，在缔约后顾客提供了额外的信息、指示、许可证或者牌照。如果服务提供方在此前已经获得的信息的背景下对这些额外数据进行分析，那么这些风险可能变得明显起来或者事实上被服务提供方所发现。

考虑到对上述信息和指示进行分析的目的，服务提供方不必实际上检查遵循这些信息和指示是否会引起第(1)款所列的风险，但是鉴于分析的目的应当尽到通常的注意。该原则反映在第(5)款之中。

如果因为服务提供方未履行第(1)款和第(2)款的义务而导致第(1)款(a)或者(b)项风险的发生，顾客可以诉诸第三卷第三章的一般救济措施。顾客除了诉诸这些救济措施之外，当未予警示导致第(1)款(c)项的风险时，本条第(4)款还对顾客提供了进一步的保护。尤其是报酬支付方式是固定报酬或者是无结果无报酬时，且在缔约

时未约定支付依据的情形下,该规则显得尤为重要。这可以防止服务提供方根据下一条的规定就额外产生的费用以及履行时间的延长主张赔偿。

B. 利益权衡和政策考量

主要问题是,究竟是否要服务提供方负担警示义务,也许有人会说,服务提供方只需要符合缔约时顾客提出的愿望和说明,以及顾客作出的其他指示。其理由在于服务提供方应当尊重顾客的愿望以及履行其自愿承担的合同义务。另一方面,也有人会说,在发现顾客指示中的错误方面,服务提供方所处的地位要比顾客有利很多。在履行服务之前,服务提供方通常都必须分析顾客的需求以决定具体应该怎么做。对于后来作出的指示也是同样的道理。在分析顾客的愿望时,服务提供方可能发现各种漏洞、模棱两可之辞、矛盾以及错误,如果不事先进行澄清或者更正就盲目地遵循顾客的愿望,那么顾客愿望中的这些缺陷可能会导致问题的出现。此种情况下向顾客发出警示几乎不会给服务提供方带来额外的开支。鉴于这会防止将来纠纷的发生,因此甚至可以说这对服务提供方是有利的。

上述问题导致第二个问题的出现。考虑到顾客提供的或者服务提供方搜集的信息及指示,何种事由将会引发警示义务?是否单纯的漏洞、模棱两可之处以及类似的不确定之处就足以导致警示义务?抑或需要矛盾或者错误才能引发警示义务?在第一种情况中,主张采纳警示义务的理由是,模棱两可或者不确定性将带来作出选择的必要,而在作出抉择之前服务提供方向顾客提供咨询并不需要付出多大的努力。但另一方面,在服务履行过程中,要求在每一个决定作出之前服务提供方都向顾客提供咨询显然不切实际。这也和前一条的体系相矛盾,因为前一条规定既赋予了服务提供方,又赋予了顾客作出此类选择的可能性。所以这是在信息或者指示的内容中存在漏洞时不承认警示义务的有利论据。

第三个问题是,在分析信息和指示以发现足以引发警示义务的问题时,服务提供方应尽到何种程度的谨慎?有必要集中注意力于漏洞、模棱两可之辞、矛盾以及错误之上吗?有必要搜寻这些问题吗?一个反对此主张的理由是,如果期望服务提供方积极搜寻信息和指示中可能存在的问题,那么告知义务将变得成本高昂。但另一方面,在很多情况中,如果服务提供方负有此种延伸义务以及能够更好地利用其专业技能,那么顾客的处境将会变得更好。但是服务提供方不知道漏洞或者错误会隐藏在何处,因此此种更加广泛的义务将会是一个沉重的负担。

第四个问题是,如果顾客已经知晓或者服务提供方认为顾客已经知晓了问题,比如因为顾客比一般顾客更能干,或者得到了具有或者被视为具有专业称职顾问能力之人的辅佐,那么服务提供方是否还需要负担警示义务。此种情况下再要求服务提供方负担警示义务不仅是不必要的,而且对于顾客来说也意味着额外的开支。但是要在不必要的警示以及未被及时发现的风险发生之间作出一个选择。一般来说,与应付发生的风险的费用相比,作出警示的费用是微不足道的。

C. 首要选择

本条规定了服务提供方的警示义务。其理由已陈述在评论 B 中。该义务在调研过的法律制度中有着坚实的基础(参见下面的注释)。

该义务是由顾客提供的信息或者指示中的矛盾所引发的,如果可以预期,遵循该信息或者指示将导致直指顾客所认为的合同核心的风险的发生。

大多数国家所选择的体系是,服务提供方仅需对实际发现了的矛盾或者其他明显的矛盾作出警示。该体系之所以具有吸引力是因为它不会给服务提供方带来额外的费用支出。尽职的服务提供方会认真审核顾客的信息和指示,因为这是服务的基础。对于服务提供方在为执行信息及指示对他们所做的必要的认真研究中必然会被发现的矛盾,必须向顾客作出通知。因此,并不要求服务提供方进行旨在发现矛盾的积极审查。

第(5)款规定,如仅从服务提供方毋须调查就知道的所有事实情况来看,上述风险是明显存在的,那么推定服务提供方知道这些风险。这里所采用的方式与美国法中所承认的"有理由知道"的概念(参见 Restatement (2nd) Contracts § 19, comment b)类似,下面将会对该概念进行说明。如果某人拥有信息,且基于所有的情况,包括大的背景以及正常的预期,理性的人能从这些信息中推断出某些事实确实存在或者将会存在,那么他就有理由知道该事实。必须将"有理由知道"与知识区别开来。知识是指对事实的实际上的自觉的信念或者意识。而有理由知道并不要求对事实的存在或者未来可能的存在有着自觉的信念或者意识。有理由知道也有别于"应当知道"。"应当知道"意味着负有查明事实的义务;而"有理由知道"并不产生调查义务,而仅仅是取决于当事人能获得的信息。在美国法中,可期待的服务提供方具有的知识的范围取决于具体的情况。相关人员应当具有在一般理解中或者通常实践中应当期待的——包括从交易惯例以及交易和广泛的行业实践中的合理预期——关于特定行业中所有因素的知识。如果某人具有特殊的知识或者更高的智商,那么有理由期待(的事实)取决于一个理性的人在具有该知识或者智商的前提下能否得出某事实存在或者将会存在的推论。

根据第(3)款结合第(6)款,在决定顾客的能力或者知识是否足以否定服务提供方的警示义务时采用的也是同一方法。对于是否以及在何种程度上可以仅仅依据在相关领域内顾客能力强或者得到了其他具有相应能力的人的建议就能合理期待顾客知晓相关风险这一问题,第(6)款进行了说明。该规则体现的原则是,仅仅是顾客的能力并不足以支持得出能够期待顾客知晓相关风险的表面结论。顾客得到了其他人的咨询辅助时亦是如此。仅仅是从其他人的能力并不能自动得出可以合理期待顾客已经知晓该风险的结论。这尤其是为了保护得到亲朋好友(通常是免费的)出谋划策的中小型企业或者消费者的利益。而当顾客依据服务合同专门雇用专业的咨询人员作为其代理人时,情况就变得复杂起来。根据第(6)款并结合第Ⅱ-1:105 条(明知等情形

的推定），此类代理人的所有知识或者能力都被归到顾客名下，根据第（3）款这就能免除服务提供方的警示义务。

服务提供方负有警示义务的证明责任通过第（5）款的推定得到了一定程度的减轻。

本条原则上属于任意性规则。但是，鉴于警示义务的特征以及诚实信用原则的基础，不能草率地将服务合同解释为顾客宣布放弃警示义务所提供的保护。值得注意的是，不能通过合同来排除或者限制本条规定所体现的第Ⅲ－1：103 条（诚实信用和公平交易）的诚实信用和公平交易义务。

D. 救济

如果未履行警示义务且通过服务未达成要求的结果（第（1）款（a）项），实际上服务提供方没有履行的是两个义务：（1）主义务；及（2）本条所规定的附属义务。就主义务而言，一般情况下，如果顾客提供了不正确的或者不一致的信息或者指示，那么顾客将不能诉诸任何救济措施，因为主义务的未履行正是顾客自己造成的。但是，在目前的情况中，顾客的行为并不是造成不幸结果的唯一原因。还有一个次要的原因，即服务提供方未予警示。这就使得顾客仍然可以适用救济措施变得合理。服务提供方未履行主要义务不能根据 第Ⅲ－3：104 条（因障碍而免责）而免责，因为该障碍并未超出服务提供方的控制范围：服务提供方可以而且应当作出警示。对于服务提供方附属义务的未履行，顾客可能会以此为依据主张救济，其唯一原因是想获得赔偿。如果顾客同时以服务提供方未履行主要义务为依据主张损害赔偿，那么顾客不得再以违反警示义务为由主张损害赔偿。顾客不得主张双倍赔偿。

如果服务提供方未履行警示义务且发生了第（1）款（b）项中的风险，即损害了顾客的其他利益，主张服务提供方未履行主要义务并不能为顾客提供救济。但是，顾客可以为警示义务的未履行而寻求救济。主要的救济措施是损害赔偿。如果顾客提供错误或者不一致的信息或者指示被视为（义务的）未履行或者其结果的共同原因，那么可能会减少可支付的损害赔偿（第Ⅲ－3：704 条可归因于债权人的损失）。

最后，如果服务提供方未予警示且发生了第（1）款（c）项中的风险，即服务的提供较合同约定花费更多金钱或时间，顾客并不是寻求救济的一方。在时间中，通常是服务提供方会设法为其损害寻求赔偿，尤其是服务的价格是固定的或者约定的是无成果无报酬时。这种情形正是第（4）款所规定的，即使当服务提供方未能就可能发生第（1）款所列风险作出警示时该规则也同样重要。第（4）款的规则阻止服务提供方寻求第Ⅳ.C－2：109 条（单方变更服务合同）的救济。这和与其相对应的第Ⅳ.C－2：102 条（先合同警示义务）规定的先合同警示义务很类似。但是，也存在区别：当服务提供方未按照第Ⅳ.C－2：102 条作出警示时，如果服务提供方能够证明，即使知晓了相关的风险，顾客也会缔结合同，那么仍然能够根据第Ⅳ.C－2：109 条为额外花费的时间和费用主张损害赔偿。但是，鉴于正是为合同已经缔结了的情形特意设定的，本条第（4）款未

采纳类似的规则。

因此,规则是:如果额外的费用或者履行时间的延长确实是因为服务提供方未履行第(1)款和第(2)款的警示义务造成的,那么第(4)款就禁止服务提供方根据第Ⅳ.C-2:109条(单方变更服务合同)就额外费用或者延时主张赔偿。但是,也存在另外一种可能性,即服务提供方会设法直接以顾客未履行协作义务为由主张损害赔偿。鉴于服务提供方未履行警示义务也对顾客的未履行协作义务产生了共同作用,服务提供方这里的主张将受到第Ⅲ-3:704条(可归因于债权人的损失)规则的影响。为了获得一个与本条第(4)款的规则相一致的解决方案,对于服务提供方的损害适用第Ⅲ-3:704条的规则就显得符合逻辑。

注　释

Ⅰ.概述

1.服务合同的案例法和教科书一般都认可本条规定的附属义务的重要性。尤其是当顾客要求的服务是按照其(特别丰富、详尽和技术化的)需求和愿望量身定做的,更尤其是在顾客所设想的结果主要取决于对这些需求和愿望之间的相互关系的控制,取决于服务提供方为满足这些需求所设计的解决方案,取决于为达成要求的结果而实施该方案所处的外在环境条件时,该附属义务的重要性更是得到了认可。这就解释了为什么会认为在建筑合同以及设计合同中警示义务尤为重要。对于加工合同、保管合同、信息合同以及医疗合同,当上述特征存在时,警示义务的重要性也得到了认可。而对于标准化的加工、保管、信息和医疗服务合同,警示义务则不是那么重要。

2.在调研过的国家中,服务提供方的警示义务来自于服务提供方需以合理的注意和技能履行服务的一般义务。这意味着,可以将该义务视为是对第Ⅳ.C-2:105条(技能和注意义务)的细化,因此建议读者查阅该条的注释。但是,在一些国家,除此之外还存在关于警示义务的特别规定,尤其是关于承揽合同的特别规定:奥地利(民法典第1168a条)、芬兰(消费者保护法,消费者服务合同章节,第8章第14条)、希腊(民法典第685、691条及第699条)、意大利(民法典第1663条)、荷兰(民法典第7:752条第(2)款、第7:753条第(3)款、第7:754条及第7:755条)、波兰(民法典第634条、第641条第(2)款及第651条)、西班牙(民法典第1590条)。此外,也可以将警示义务视为第Ⅲ-1:103条(诚信和公平交易)规定的按照诚实信用和公平交易行事的义务的一个方面。在调研过的所有国家中,从服务提供方可以期待应当具有的专业技能来看,如果顾客提供的材料或者指示对于服务提供方来说是明显不适当的,那么服务提供方负有警示义务。在具体的情形中,顾客的专业技能对于确立警示义务来说是无关紧要的:奥地利、英国、法国、德国、希腊以及荷兰。

3.未履行警示义务的服务提供方对于因此所造成的结果承担责任。但是,在奥地利、英国、法国、德国、希腊、葡萄牙和荷兰,如果顾客提供的材料或者指示不当,那么可能会导致顾客的"与有过失"(contributory negligence);此种情况下,顾客的技能可能会成为考量因素:法国及荷兰。

Ⅱ.服务提供方的警示义务

4.在奥地利法律中,对于承揽合同,根据民法典第1168a条,服务提供方负有向顾客作出警

示的义务。在该条中规定,当顾客提供的材料具有明显瑕疵,或者顾客发出的指示明显错误时,服务提供方负有警示义务。“明显”的标准根据民法典第 1299 条进行判定(参见 Klang [- Adler and Höller], ABGB V3, § 1168a, nos. 407 ff. ; JBl 1966, 562, JBl 1987, 44, 622)。鉴于这些标准指向的是对专家来说容易确立的(材料及指示)的不当,服务提供方只需要在从经济的角度考虑合理时才须对顾客提供的材料及指示等进行分析(Iro, ÖJZ 1983, 505, 507; Illustration JBl 1973, 151)。当把顾客视为专家时,服务提供方的警示义务仍然存在。

5. 在比利时法中,对于承揽合同,当顾客提供的材料或者指示不当时,服务提供方向顾客负有警示义务。该警示义务源于服务提供方须以合理的注意和技能履行服务的义务(参见 Jansen, Defects liability, pp. 290 - 291; Goossens, Aanneming van werk, nos. 872 ff)。只有当顾客提供的材料和指示对于尽职的服务提供方来说是明显不当的时候,服务提供方才负有警示义务(参见 Trib. Anvers, 12 February 1970, RW 1969 - 1970, col 1393; Jansen, Defects liability, pp. 299 - 301)。

6. 在英国法中,服务提供方的警示义务来自于服务提供方须以合理的注意和技能履行服务的隐含义务(参见 Duncan v. Blundell (1820) 3 Stark 6, 171 ER 749; Pearce v. Tucker (1862) 3 F & F 136, 176 ER 61; Brunswick Construction Ltd. v. Nowlan (1983) 21 Build LR 27; Lindenberg v. Canning (1993) 9 Const LJ 43; Worlock v. SAWS and Rushmoor Borough Council (1982) 22 BLR 66 (CA); Jansen, Defects liability, pp. 288 - 289)。当对于一个称职的服务提供方来说,很明显由于顾客提供的材料及指示不当导致不能履行服务时,服务提供方才负有警示义务(参见 Lindenberg v. Canning (1993) 9 Const LJ 43),虽然服务提供方的额外的专业技能也被认为非常重要(参见 Jansen, Defects liability, pp. 300 - 301)。没有人认为在相关的情况中,在决定服务提供方的警示义务是否成立时,需要考虑顾客的专业技能这一因素。

7. 根据芬兰消费者保护法第 8 章第 14 条,如果服务可能明显超出顾客能够合理接受的费用,或者其费用明显与顾客的想象不符时,那么服务提供方应当毫不迟延地向顾客作出警示。

8. 在法国,对于承揽合同,如果顾客提供了不当的材料或者指示,那么服务提供方必须向顾客作出警示。该义务来自于服务提供方须以合理的注意和技能履行服务的义务(参见 Cass. civ. Ⅲ, 5 June 1968, D. 1970, p. 453, Note Jestaz; Malaurie/Aynès/Gautier, Contrats spéciaux Ⅷ14, nos. 750 ff; Jansen, Defects liability, pp. 290 - 291)。只要顾客提供的材料或者指示对于称职的服务提供方来说是明显不当的(参见 Jansen, Defects liability, pp. 300 - 301),无论顾客的专业技能如何,服务提供方都负有警示义务(参见 Jansen, Defects liability, p. 302)。

9. 根据德国法,当顾客提供的材料或者指示不当时,服务提供方向顾客负有警示义务。据说该义务来自于服务提供方须以合理的注意和技能履行服务的义务(Jansen, Defects liability, pp. 291 - 292)。当对于称职的服务提供方来说,顾客提供的材料或者指示明显不当时,服务提供方必须作出警示(参见 Jansen, Defects liability, pp. 300 - 301)。就这点而言,顾客的专业技能无关紧要(参见 BGH 10 July 1975, BauR 1975, p. 420; Jansen, Defects liability, p. 302)。

10. 根据希腊民法典第 685、691、699 条,对于承揽合同,如果顾客提供了不当的材料或者指示,且其不当性是客观上可察觉的,那么服务提供方向顾客负有警示义务。顾客或者辅助顾客的专业人士应该或者可以发觉其不当性的事实并不妨碍服务提供方警示义务的成立。

11. 根据意大利民法典第 1663 条,对于承揽合同,如果顾客提供了不当的材料,服务提供方必须向其作出警示。根据服务提供方的以必要的注意和技能履行服务的一般义务,对于在服务

履行过程中——考虑到服务提供方的专业技能和勤勉——服务提供方应当注意到顾客提供的材料或者指示不当时，服务提供方有义务发出警示（参见 Voltaggio Lucchesi, Giust. civ. 1959, Ⅰ, p. 1780; Trib. Torino, 24 August 1979, Rep. Foro it., 1980, $V^0$8 Appalto）。

12. 在荷兰法中，对于承揽合同，服务提供方的（警示）义务从服务提供方须以合理的注意和技能履行服务的义务发展而来（参见 Van den Berg, Samenwerkingsvormen in de bouw, no. 69; Asser（-Kortmann）, Bijzondere Overeenkomsten Ⅲ7, no. 537; Jansen, Defects liability, p. 285; HR 25 November 1994, NedJur 1995, 154（Bouwbedrijf Stokkers/Vegt Vloeren））。最近，该义务被规定在民法典第7:754条中。据其规定，在服务履行过程中，服务提供方知道或者应当知道合同中存在错误的，必须向顾客作出警示。在运用后一判断标准时（即应当发现），顾客的专业技能无关紧要（参见 HR 18 September 1998, NedJur 1998, 818（KPI/Leba））。相关的因素是：考虑到在分析顾客提供的材料及指示时必要的谨慎程度，以及考虑到可以期待服务提供方应该具有或者服务提供方自己声称具有的专业技能，顾客提供的材料或者指示的不当的显著程度（参见 Asser（-Kortmann）, Bijzondere Overeenkomsten Ⅲ^7, no. 538）。对于与警示义务有关的事实，如果顾客对它的了解与服务提供方是一样的，且即使知道了这些情况并且得到了专业人士的辅助，顾客仍然未在该事实基础上进行应当进一步的调查，那么服务提供方不负担警示义务（参见 HR 8 October 2004, JOL 2004, 506）。民法典第7:754条规定的警示义务涵盖顾客提供材料中的不当，以及顾客为服务的履行而提供的规划、图纸、计算和指示等中的错误或者缺陷。在民法典第7:752条第（2）款、第7:753条第（3）款和第7:755条中还进一步对价格风险的额外警示义务作出了规定。对于委托合同，服务提供方亦负有警示义务，该义务来源于以合理的注意和技能履行服务的一般义务（参见民法典第7:401条）。

13. 在波兰法中，对于承揽合同，服务提供方向顾客负有的就顾客提供的不当材料作出警示的义务来源于民法典第634条。同样，如果顾客作出了不当的指示，服务提供方亦负有警示义务：参见民法典第641条第（2）款以及最高院1986年4月22日的判决（Ⅱ CR 531/80, OSNCP 1981, z. 9, poz. 174）。在建筑合同中也存在类似的义务（民法典第651条）。

14. 在葡萄牙法中，对于承揽合同，如果顾客提供的材料或者指示不当，服务提供方负有向顾客作出警示的义务。该义务源自于以合理的注意和技能履行服务的义务（参见 Romano Martinez, Direito das Obrigações2, nos. 354 and 443; Pires de Lima and Antunes Varela, Código Civil Anotado Ⅱ3, 796 art. 4）。

15. 和英国一样，在苏格兰，尽管不存在关于顾客警示义务的大量案例法，但是服务提供方的警示义务来自于服务提供方须以合理的注意和技能履行服务的隐含义务（McBryde, Law of Contract in Scotland, para. 9.37; Stair, The Laws of Scotland Ⅲ, "Building Contracts" para. 35; Wagner Associates v. Joseph Dunn（Bottlers）Ltd. 1986 SLT 267）。在建筑服务中，承包商必须符合合同要求，通常承包商都毋需担心可能会出现建筑物完全不符合雇主的目的的情况（Stair, The Laws of Scotland Ⅲ, "Building Contracts", para. 34）。

16. 在西班牙，服务提供方的警示义务来自于服务提供方须以合理的注意和技能履行服务的一般义务（参见民法典第1258条及 several decisions of the Supreme Court: TS 14 June 1976, RJ 1976/2753; TS 27 January 1977, RJ 1977/121; TS14 November 1984, RJ 1984/5554）。根据民法典第1590条，对于承揽合同，如果顾客提供的材料不当，服务提供方负有特别的警示义务。考虑到服务提供方应尽的勤勉，当顾客提供的材料明显不当时，服务提供方负有该警示义务（参见 F.

Martinez Mas, La recepción en el contrato de obra, p.20)。

Ⅲ.违反警示义务的后果

17. 在奥地利,如果服务提供方未就顾客提供的不当材料或者指示的后果向顾客作出警示,服务提供方须为此承担责任(民法典第1168a条)。但是在某些情况下,由于顾客的与有过失,可以减轻服务提供方的责任(Iro, ÖJZ 1983, 505, 510 ff)。

18. 在比利时法中,对于承揽合同,如果服务提供方未能警示,而以顾客提供的不当材料或指示履行服务,由此产生的后果将完全归咎于服务提供方(Cass. 15 December 1995, Entr. et dr. 1997, p.177, particularly at 195 in fine. 参见 Jansen, Defects liability, pp.487-488)。

19. 在英国法中,根据早些时候的判例法,服务提供方未予警示的后果将完全归咎于服务提供方(参见 Duncan v. Blundell (1820) 3 Stark 6, 171 ER 749; Pearce v. Tucker (1862) 3 F & F 137; Brunswick Construction Ltd. v. Nowlan (1983) 21 Build LR 27)。但是根据最新的案例法,如果顾客的不当指示对于(服务提供方)未履行的发生也产生了作用,服务提供方可以以顾客的与有过失为抗辩(参见 Lindenberg v. Canning (1993) 9 Const LJ 43)。该观点得到了法律委员会的支持(与有过失作为合同抗辩:no. 219, para. 3.41, p.23 and para. 4.15(4), p.34; 参见 Jansen, Defects liability, pp.502 ff)。

20. 根据芬兰消费者保护法第8章第14条,如果服务提供方未履行警示义务,则服务被视为是有瑕疵的。

21. 在法国法中,对于承揽合同,以顾客提供的不当材料或者指示为基础履行服务所产生的后果将完全归咎于服务提供方(参见 Cass. civ. Ⅲ, 19 March 1969, Bull. civ. Ⅲ, no. 243; Jansen, Defects liability, pp.486-489)。但是,如果众所周知,服务提供方未向其作出指示的顾客相当能干,那么可能以顾客的与有过失为由抵销顾客的请求(Cass. civ. Ⅰ, 2 July 1991, Bull. civ. Ⅰ, no. 228; Cass. civ. Ⅲ, 20 November 1991, Bull. civ. Ⅲ, no. 284; Jansen, Defects liability, pp.498 ff)。

22. 在德国法中,如果服务提供方未向顾客作出警示并因此导致履行的服务不符合合同要求,那么服务提供方须为此承担责任(民法典第633、645条)。但是,如果在服务过程中,顾客提供了不当的材料或者指示等,那么可以以与有过失(民法典第254条)为依据减轻服务提供方的责任,除非事实上服务提供方已经知道这会导致服务的不能履行(参见 BGH 18 January 1973, NJW 1973, p.518; Jansen, Defects liability, pp.491-493)。毫无疑问,因此产生的损失和费用由顾客承担(参见 BGH 29 October 1970, BauR 1971, 60)。

23. 在希腊法中,对于承揽合同,服务提供方须对未履行警示义务所产生的后果承担责任。但是,鉴于顾客通过提供不当的材料或者指示也对损失产生了影响,服务提供方可以求助于民法典第300条,以顾客的与有过失为抗辩。

24. 根据意大利法,对于因未予警示所产生的后果,服务提供方须向顾客承担责任(Mangini, Ⅱ contratto di appalto2, p.134; Voltaggio Lucchesi, Giust. civ 1959, Ⅰ, p.1780; Trib. Torino, 24 August 1979, Rep. Foro it., 1980, V^{0}8 Appalto)。

25. 根据荷兰民法典第7:754条,如果服务提供方未履行警示义务,那么须向顾客承担责任。根据荷兰最高法院1998年9月18日的判决中的附论(NedJur 1998, 818 (KPI/Leba)),如果顾客提供的材料、计划或者指示不当,服务提供方可以以顾客的与有责任(参见民法典第6:101条)对顾客提起的损害赔偿作出抗辩。在此阶段要考虑顾客的专业技能。普遍接受的观点是,因此产

生的损害或者费用无论如何都应当由顾客承担（Jansen, De toepassing van de “Sowiesokostenregel” door de Raad van Arbitrage voor de Bouw, p.253）。根据民法典第 7:752 条第(2)款、第 7:753 条第(3)款以及第 7:755 条,如果服务提供方未履行警示义务,那么不能要求顾客赔付因此产生的额外费用。

26. 根据波兰法,服务提供方对因未向顾客作出警示所产生的后果承担责任:参见民法典第 634 条及第 641 条第(2)款以及最高院 1986 年 4 月 22 日的判决（Ⅱ CR 531/80, OSNCP 1981, z. 9, poz. 174）。

27. 根据葡萄牙法,如果服务提供方未履行警示义务,那么须对因此产生的后果承担责任。但是,如果顾客提供了不当的材料或者指示等,那么将导致顾客的与有过失,这将减轻或者免除服务提供方的责任（参见 CA Porto, 21 January 1977, CJ, 1977, Ⅰ, 73; Romano Martinez, Direito das Obrigaçɔes2, no. 443; Sá Gomes, Breves notas sobre o cumprimento defeituoso na empreitada, p.614）。

28. 苏格兰的案例法并未对本问题作出规定,法院在遇到该问题时倾向于遵循相关的英国法（见上）。

29. 根据西班牙法,对于未予警示所引起的后果须由服务提供方承担。在承揽合同中,服务提供方未对顾客提供的不当材料作出警示的,该结论尤其来自于民法典第 1590 条。

第Ⅳ.C－2:109 条　单方变更服务合同

(1)考虑到下列因素变更为合理的，任何一方当事人得以通知他方当事人的形式对服务内容进行变更，本编第 2:111 条（顾客的终止权）所规定的顾客的终止权不受影响：

(a)需要达成的结果；

(b)顾客的利益；

(c)服务提供方的利益；以及

(d)对服务进行变更时的客观情况。

(2)仅在下列条件下，对服务的变更方为合理：

(a)为了使服务提供方能够依照本编第 2:105 条（技能及注意义务），或者根据具体情况，能够依照本编第 2:106 条（达成结果的义务）的规定履行义务，该变更是必要的；

(b)该变更是根据本编第 2:107 条（顾客的指示）第(1)款的规定所发出的指示的结果，且该指示并没有在收到根据该条第(3)款的规定发出的警示之后并无不当迟延地被撤销；

(c)该变更是对服务提供方根据本编第 2:108 条（服务提供方的合同警示义务）的规定所作出的警示的合理反应；或者

(d)该变更是客观情事变更的需要，这种客观情事的变更使得根据第Ⅲ－1:110 条（法庭依据情势变更所作的变更或者终止）的规定对服务提供方义务的变更是合法的。

(3)任何因服务变更而作的提价必须是合理的，且该提价应使用与最初确定原服务价格时一样的计算方法。

(4)当服务减少而重新计算价格时，利润的损失、开支的节省以及服务提供人将其因服务的减少而释放出来的能力用于其他目的的可能性都是需要考量的因素。

(5)服务的变更可以导致履行时间的调整以与额外劳动相称，该额外劳动是相对于履行原服务所需的劳动及所确定的时间跨度而言的。

评　论

A. 法条概述

服务合同中义务的履行通常都需要较长的时间。很多时候合同条款会变得明显

不适合变化着的客观情况。可能会出现意料之外的需要解决的困难。顾客的需求和愿望也可能会发生变化。合同双方当事人随时都可以通过协议变更合同条款，但是在特殊情况下也需要一些单方变更服务提供方义务的权利，比如对服务价格及其他相关条款的合理调整。本条正是针对这些问题作出了规定。本条款让任何一方合同当事人变更服务相关条款成为可能，而事实上也要求对方当事人接受该变更。尽管如此，单方变更合同条款是一件潜在的强大且不招人待见的武器，因此本条也对其作出了严格的限制。

服务提供方想要对服务进行变更的情形与无因管理的情形相似，但其区别在于前者中服务提供方可以主要为自己的利益考虑。合同设定了一个需要考虑的初始框架。

本条款为顾客提供了多重保护。首先，服务的变更必须是合理的。而在决定变更是否合理时，第(1)款规定双方当事人的利益都需要得到考虑和平衡。其次，如果顾客不愿意接受合同的变更，那么他可以随时行使第Ⅳ.C－2:111条(顾客的终止权)的终止权，从而摆脱合同的约束。这点在第(1)款的开篇就得到了明确。服务提供方需要进行先合同警示的情况引起合同变更的，顾客也能得到保护。详见第Ⅳ.C－2:102条(先合同警示义务)第(3)款。最后，通过第(2)款中对“合理”的严格定义也为顾客提供了保护。

如果服务提供方不同意变更，那么他的利益可以通过要求变更具有“合理性”而得到保护。此外，第(3)款、第(4)款及第(5)款还进一步对服务提供方提供了保护，此点将在下面进行阐述。

第(2)款确定了几种可将变更视为合理的情形。

第(2)款(a)项规定的情形是：服务提供方完全不能履行合同主要义务，但其原因既不是服务提供方也不是顾客在缔约前或者缔约后未履行责任或者义务。

示例1

顾客委托工程师维修传送带的缺陷部件。该工作的目的显然是让传送带能够运行起来。但是在维修过程中，工程师发现，由于传送带的另一个部件也存在瑕疵，仅维修指定的部件并不能使传送带运行起来。但是，在合同双方当事人缔约时，双方并未就维修另外的这个瑕疵部件达成协议。此外，该缺陷并不属于在缔结合同时就要求工程师能够注意到的情形。对第二个缺陷的维修将产生额外的费用并延长服务的履行时间。工程师可以对服务进行变更并对另外一个缺陷部件进行维修。

第(2)款(b)项明确了服务提供方对服务的变更可视为合理的第二种情形。如果顾客向服务提供方发出了会导致合同变更的指示，那么服务提供方应就该结果向顾客发出警示。如果顾客不撤回指示，那么服务提供方可以相应地变更合同，该变更被视为是合理的。

示例2

一家成长中的律师事务所委托房地产中介为其在柏林地区寻找合适的办公楼。律师事务所希望其办公地址最远距离德国首都不超过5公里。数周后,律师事务所指示房地产中介,办公地址可以为柏林、慕尼黑或者法兰克福。中介告知事务所,突然变更目标地点将加大搜寻工作量,并且要履行调整过的服务将需要花费额外的费用。事务所未撤回指示。中介可以相应地变更合同。

在第(2)款(c)项中对第三种情形作出了规定。作为对服务提供方发出的警示的回应,顾客可能需要对合同进行变更。如果对合同的变更是对警示的合理回应,那么对合同条款的变更可视为是合理的。

示例3

顾客想要在一块土地上建造一栋建筑物,因此委托地质勘探员对该土地的底土情况进行勘探。顾客指定了勘探的具体范围。在勘探过程中,勘探员发现在地下存在一条小的地下河流。但是该河流的源头处在顾客指定的勘探范围之外。勘探员向顾客作出警示:为了查明河流对将要建造的建筑物的影响,需要对该河流进行进一步的勘探。但是,进一步的勘探超出了已有的服务合同的范围。这样顾客就扩大了勘探员的合同任务。该变更被视为是合理的。

还有第四种被视为合理的合同变更。即因为客观环境的变更使得根据第Ⅲ－1:110条(法庭依据情势变更所作的变更或者终止)的变更服务提供方的义务变得合法。之所以提到该条款是为了在禁止服务提供方将各种风险——上面已经描述的风险除外——转嫁给顾客时能够灵活变通。必须明确的是,是由于不能归咎于服务提供方的客观情事的变更导致合同义务的履行变得异常艰难。

上面的这四种情形也是第(3)、(4)和(5)款的调整对象,这几款规定了合理变更合同的后果。

第(3)款和第(4)款涉及的是对价格的调整。第(3)款的规则主要规定调整后的新的价格必须合理,且新价格的计算方法应当与原始价格的计算方法一致。合同的变更既可能导致价格的上升也可能导致价格的下降。如果合同的变更使得服务提供方需要进行额外的工作,那么报酬也应得到相应的提高。此外,需要考虑到除了经济利益之外,变更可能还涉及服务提供方的其他利益,比如需要考虑到服务提供方还与其他顾客缔结了合约,因此没有足够的时间和人力来履行合同变更带来的额外工作。如果合同的变更意味着服务的减少,第(4)款规定开支的节省、利润的损失以及服务提供人将其因服务的减少而释放出来的能力用于其他目的的可能性都是双方当事人在计算新价格时需要考量的因素。

第(5)款规定的是关于服务履行时间的合同变更的法律后果,如果该变更将导致合同规定的工作量的增加。如果因合同的变更使得需要花费更多的时间,那么在考虑到原来约定的服务履行时间的基础上,需要相应地为服务提供方履行服务提供更多的

时间。

B. 利益权衡和政策考量

服务合同中对于服务的变更是很常见的。鉴于服务提供方对于顾客的合同变更提议的后果会向顾客作出警示,因此顾客提起的合同变更通常都不存在什么问题。

但是,如果服务的变更是由超出双方当事人控制范围之外的、意料之外的情况引起的,那么服务的变更就很成问题。有人可能会质疑,制订一个强迫一方或者另一方当事人接受服务变更的规则是否可取。另一种解决方案是将服务的变更留给双方当事人通过协议进行解决。当然,反对单方变更权的主要理由是:这将导致双方合同义务的非自愿变更。另一方面,如果由于会引起服务变更的情况的出现使得双方当事人的义务变得不再平衡时,一般合同法并不反对合同的变更,因为正是考虑到公平和合理的理念才进行此种变更。

这又引出另一个相关问题,即对于服务合同,是否有必要再制订一个独立的规则,以规定与第Ⅲ-1:110条(法庭依据情势变更所作的变更或者终止)一致的情事的变更将使得单方变更服务成为合法,并允许服务提供方根据本条第(3)、(4)及(5)款的规定要求顾客支付额外的报酬以及延长服务履行时间。有人可能会说,鉴于第Ⅲ-1:110条已经给出了解决方案,并不需要这么一个规则。另一方面,也可以说,在服务合同中,需要对第Ⅲ-1:110条进行细化,尤其是第Ⅲ-1:110条要求提请变更的当事人需要诉诸法庭,而法庭则会根据具体的情况酌情决定是否予以变更。而在已经履行了的服务合同中,这样的变更是很不现实的。

C. 首要选择

因此制定一条在特定情况下允许单方对服务进行变更的规则是明智的,前提是变更的权利是受到限制的且双方当事人的利益得到了平衡。这正是本条规定希望达到的。顾客的利益尤其通过本条对变更所设定的严格限制得到了保障。有必要时刻谨记,即使被提请的合同的变更被认为是合理的,顾客永远都可以根据第Ⅳ.C-2:111条(顾客的终止权)终止合同关系。

之所以需要本条第(2)款(d)项的规则,是为了在环境发生变更的情况下准许按照本条第(3)、第(4)及第(5)款的规定要求支付额外的报酬以及延长服务履行时间。诚然,在情事发生了重大变更的情况下,第Ⅲ-1:110条(法庭依据情势变更所作的变更或者终止)提供了一般救济。但是,按照设计,该条仅适用于例外的情况并且要求向法院提出申请。诉诸法庭是最后的也是最激进的选择,这会耗费大量的时间。同时,服务提供方仍然处在履行服务合同的过程之中,这也会耗费额外的时间和金钱。因此,允许服务提供方直接根据本条第(2)款对这些额外的时间和金钱主张赔偿以保护其利益似乎是合理的。鉴于顾客已经有了可以终止合同关系这一出逃路径,第(2)款的规定也会让顾客重新考虑合同关系的未来。

注　释

Ⅰ.概述

1.在我们调研过的许多国家（比利时、英国、芬兰、法国、德国、希腊、意大利、荷兰、波兰、葡萄牙、瑞典）中存在一般性的合同法概念和规定，根据这些概念和规定可对服务合同进行变更，以应对未能预见的成本剧增的例外情况，这些情况使得履行双方当事人义务的收益和成本失衡：比利时和法国（imprévision）、英国（frustration）、德国（民法典第313条）、希腊（民法典第388条）、意大利（民法典第1467条）、荷兰（民法典第6:258条）以及葡萄牙（民法典第437条）。但是，只有在非常有限的情况中才能成功适用这些概念和规定，或者根本就几乎不可能成功适用。在苏格兰，合同的落空（frustration）可免除当事人的义务；只有当事人协商一致才能对合同进行调整。除了这些一般性的合同法规定之外，在调研过的国家当中，为了特殊服务合同框架中未预见的额外的成本上涨的情况，还有着专门的规则。希腊（民法典第696、697条）、意大利（民法典第1664条）、荷兰（民法典第7:406、第7:753及第7:601(3)条）以及波兰（民法典第632条）。尤其是当双方当事人协商以固定的报酬提供服务时更需要这些补充规则，这也是为什么许多规则涉及的都是发生在建筑及加工服务过程中的成本上升的情况的原因所在。对于服务提供方来说这些补充规则看似没有一般性合同法概念和规则那么严苛。在瑞典，还存在关于消费者服务的特别规定（消费者服务法第38条）。

2.在比利时和法国，对于不动产建筑物的建筑服务，顾客有权单方对服务合同进行变更（民法典第1793条），而在荷兰（民法典第7:755条）、意大利（民法典第1661条）及葡萄牙（民法典第1216条），该权利则存在于建筑和加工合同中，但是在葡萄牙（民法典第1214～1215条），有时却要求有双方当事人的协商一致。在瑞典，对于消费者服务，单方变更权间接来自于消费者服务法第38条。在德国，虽然在顾客造成服务提供方需要进行大量的意料之外的工作时，法律允许服务提供方对报酬进行调整（民法典第632条），但是对于承揽合同中顾客的单方变更权却并不是毫无争议的。在比利时和法国，对于在民法典第1793条范围之外的所有承揽合同，也是同样的解决方案。在英国和苏格兰，顾客单方变更合同的权利只能来自于合同的明确约定。在调研过的所有国家中（比利时、英国、芬兰、法国、德国、意大利、荷兰、葡萄牙及瑞典），对于因顾客所要求的服务变更所导致的额外劳动，原则上顾客需要向服务提供方支付报酬。但是，服务提供方提出这些付款主张的的前提条件却有所不同（对于建筑服务参见比利时和法国民法典第1793条的严格规定）。

Ⅱ.引起成本上升的外在情事

3.根据比利时法律，对于承揽合同，如果双方当事人约定以固定的价格支付报酬，那么基本规则是，引起成本上升的外在情事的后果须由服务提供方承担（Goossens, Aanneming van werk, no. 619）。但是，判例法和法律学说坚持认为，当服务提供方面临缔约时未能预见到的情况，这些情况使得服务的履行变得极其困难且严重破坏合同的平衡时，服务提供方有权对价格进行调整（Goossens, Aanneming van werk, nos. 682 and 688ff）。案例法原则上承认价格调整权是基于建筑合同（民法典第1163条）的一般合同条款的规定，而法律学理则在偶然性原则（the doctrine of imprévision）中寻找其理论基础（Goossens, Aanneming van werk, nos. 685－686）。

4. 如果导致成本上升的外在情事发生在服务进行过程中，在英国法中需要解答的问题是：能否将服务的履行视为落空（frustrated）？（合同）落空是指由于双方当事人控制范围之外的情况的发生使得合同标的物不能获得，或者导致要求履行的义务将完全不同于合同原本的约定，从而导致不能履行合同（Chitty on Contracts I29, nos. 24－007 ff）。但是，未能预见的事件使得合同的义务比预期的更加繁重并不能导致合同落空（参见 Davis Contractors v. Fareham Urban DC [1956] AC 696; Tsakiroglou & Co. Ltd. v. Noblee, and Thorl GmbH [1962] AC 93）。当合同义务的履行变得更加困难或者麻烦时，如果可以认为：假如未能预见的引起成本上涨的情事的后果由服务提供方承担，双方当事人的义务与他们的原意相比将会发生重大的变更，那么可以承认（合同）落空。如果对于此种情况承认了合同落空，那么服务提供方无权调整价格。合同落空原则致力于解除合同，落空合同的法律后果是解除双方当事人的所有合同义务。如果双方当事人想暂停或者变更落空的服务合同，他们必须以明确的、毫不含糊的条款达成新的协议。如果在引起合同落空的事件发生后允许服务提供方继续开展服务直至新合同的缔结，其工作并非是基于原始合同完成的。但是，对于已经完成了的任何工作，都必须按照按劳计酬或者补偿原则（Chitty on Contracts Ⅰ29, no. 24－096）向服务提供方支付报酬。双方当事人在合同中对于引起合同落空的事件作了特殊规定的，不能认定合同落空，正如英国合同法经常出现的那样（Chitty on Contracts Ⅰ29, no. 24－056）。

5. 根据芬兰消费者保护法第 8 章关于特定消费者服务合同（第 8 章第 6 条）的主要规则，如果服务提供方因为相同的原因需要进行额外的引起费用上升的劳动，那么需要获得顾客的同意。如果在合理的期限内联系不上顾客，只有在需要进行的工作的费用不高时，服务提供方才能开展此项工作。如果服务提供方发现有必要进行额外的工作，且如果迟延进行该项工作必然会带来健康或者财产方面的风险，那么服务提供方应当毫不迟延地将该事实告知顾客。

6. 在法国法中，只有在例外的情况下才认可偶然性原则（参见 Starck/Roland/Boyer, Obligations Ⅱ6, no. 1222）。但是，该原则仅被行政法院运用于与公共实体（public entities）缔结的合同。鉴于对该原则运用的严格限制，对于引起成本上升的外在情事，即使在缔约时不能预料到会发生这些情况，承揽合同的服务提供方也无权对约定的固定价格进行调整（参见 Bénabent, Contrats spéciaux6, no. 563; Cass. civ. Ⅲ, 6 May 1998, Bull. civ. Ⅲ no. 94）。对于固定价格的建筑合同，该规则被规定在民法典第 1793 条之中。在一个孤立的案例中，当服务提供方遇到了在缔约时不能预见的、引起意料之外的额外工作的困难时，服务提供方可以调整价格（Cass. civ. Ⅲ, 17 May 1995, Mon. TP 18 August 1995, p. 28）。

7. 在德国，服务合同中有关引起成本上升的外在情事的一般合同法规则是民法典第 313 条。对于承揽合同，如果原始价格是由双方当事人确定的，那么引起成本上升的外在情事的发生并不能引起价格的调整。但是如果民法典第 313 条的条件得到了满足，则排除该原则的适用（参见 BGH VersR 1965, 803）。

8. 在希腊法中，服务进行过程中发生的引起成本上升的情事首先被视为未能预见的环境的改变。该概念发端于诚实信用原则并被规定在民法典第 388 条之中。如果因为未预见的情况的发生使得服务的履行变得异常困难，那么允许服务提供方请求法院减少其义务或者部分或全部地终止合同关系。除该一般性条款外，在民法典第 681 条及以下还对承揽合同作了专门的规定。如果双方当事人以固定价格为基础缔结了合同，未能事先计算到的事后发生的额外工作和劳动的费用的风险须由服务提供方承担（属于顾客要求的服务变更）。此种情况中任何材料或者工资

的上升都属于须由服务提供方承担的风险。如果双方当事人明确约定以成本评估为基础提供服务,如果服务提供方对成本评估作出了保证,那么无权以发生了引起成本上涨的事件为由调整价格(民法典第 696 条)。如果服务提供方未作出保证,那么成本上涨的后果须由顾客承担,尽管当引起成本上涨的情事造成严重的经济后果时,民法典第 697 条允许顾客终止合同关系。民法典第 696 条规定,可以适用民法典第 388 条的一般性条款。

9. 在意大利,未能预见的情况被规定在民法典第 1467 条之中。根据该条规定,服务提供方有权以服务的履行过度艰难为由请求法院终止合同关系。对于被界定为承揽的建筑和加工服务,该规则还得到了细化(民法典第 1655 条及以下)。根据民法典第 1664 条,由于未能预见的事件而导致材料、人力及生产成本上升的,可提起价格调整之诉(参见 Cass., 17 July 1976, no. 2845, Rep. Foro it., 1976, Vo Appalto, c. 115, no. 8)。如果费用的上升超过了初始价格的 10%,则超过了正常的需要由服务提供方承担的对于未能预见的事件的后果的限度(Cass., 5 February 1987, no. 1123, Rep. Foro it., 1987, Vo Appalto, c. 144, no. 47; Cass., 25 Sep-tember 1953, no. 3042, Rep. Foro it., 1953, Vo Appalto, c. 109, no. 16)。

10. 在荷兰,除了对未能预见的情事进行严格规定的民法典第 6:258 条之外,对于承揽合同,如果在缔约后发生了引起成本上涨的情况,民法典第 7:753 条第(1)款还进行了专门的规定。如果这些情况不能归咎于服务提供方,并且服务提供方在计算服务价格时并不必须将这些情况考虑进去,那么可以请求法院对最初约定的价格作出调整。民法典第 7:753 条第(3)款对此还作出了进一步的要求,如果未就价格调整的必要性向顾客作出适当警示,那么服务提供方不得要求法院调整价格。对于履行其他类型服务范围内产生的费用以及服务提供方所承担的损失,如果这些费用不包括在民法典第 7:406 条(委托和医疗服务,可归咎于服务提供方的损害除外)及第 7:601(3)条(保管服务)规定的价格之中,可要求顾客进行补偿。

11. 根据波兰法,如果物质服务的提供被界定为承揽合同(民法典第 627 条及以下)且双方当事人约定以固定的价格支付报酬,那么对于引起成本上升的外在情事的问题,将以民法典第 632 条为依据予以解决。根据第 1 款,即使在缔约时不能预料到将要进行的工作的工作量及费用,服务提供方也不得要求调高服务价格。但是,该规则的后果通过第 2 款的规定得到了缓解。第 2 款规定,在发生的引起成本上涨的情事的情况下若履行服务合同将造成巨大的损失,法院可以调整价格或者终止合同关系。

12. 在葡萄牙,如果服务合同双方当事人未约定价格调整条款,对于未能预见的引起成本上升的外在情事,只有依据植根于诚实信用原则的情事变更一般合同法条款(民法典第 437 条)才能对价格作出调整。

13. 除了对于不完整的履行可以根据普通法的不当得利对双方当事人的地位进行调整之外,苏格兰的落空原则与英国的非常类似(见上)(McBryde, Law of Contract in Scotland, chap. 21)。

14. 根据瑞典消费者服务法第 38 条,对于向消费者提供的服务中的额外工作,服务提供方有权要求支付报酬。根据该条规定,当服务提供方依据消费者服务法第 8 条履行服务时,属于可以归为未能预见的引起成本上升的外在情事。该条款规定,如果在服务的履行过程中,因为与服务存在关系,需要在履行服务时同时进行其他的额外工作,服务提供方必须通知顾客并要求顾客作出指示。如果通知不到顾客,允许服务提供方开展额外的工作,但前提是额外工作的酬劳是微不足道的,或者存在特别的理由可以推定顾客会选择开展额外的工作。此外,该条还规定,如果不立即实施额外工作将会给顾客带来遭受重大损失的风险,那么服务提供方有义务实施该工作。

Ⅲ.顾客要求的服务变更

15. 根据比利时法,在承揽合同中,对于顾客要求的服务变更,要么适用合同法的一般规定;要么对于与不动产建筑物有关的服务适用民法典第 1793 条特别规定(Goossens, Aanneming van werk, nos. 652 and 666)。对于前者,关于顾客能否不经服务提供方同意径行更改服务尚存争议(Goossens, Aanneming van werk, nos. 809－814)。如果服务提供方以顾客引起的服务变更为由要求调整服务价格,那么须根据合同成立以及证据的相关规则予以判定(Goossens, Aanneming van werk, nos. 653 ff)。在允许顾客单方变更建筑服务方面,民法典第 1793 条的规定并不存在多大的问题(Goossens, Aanneming van werk, no. 678)。但是,建筑服务提供方只有在证明变更请求是以书面的形式作出要求的,并且根据该要求,价格的调整是得到了顾客的同意时,服务提供方才能要求调整价格(Goossens, Aanneming van werk, nos. 658 ff)。

16. 在英国,基本规则是,合同当事人可以通过双边协议修正或者变更合同条款,从而实现对合同的变更(Chitty on Contracts Ⅰ29, no. 23－033)。一般来说服务提供方不能就额外的工作要求支付报酬。明确的合同约定可以赋予顾客单方变更合同当事人义务的权利(Chitty on Contracts Ⅰ29, no. 23－038)。如果顾客行使了变更权,并且合同规定对于完成的额外工作需要支付报酬,那么服务提供方可以依据合同要求顾客对此支付报酬。

17. 根据法国法,如果服务提供方能够证明已经完成了额外的工作,并且该工作不是由于未预料到的情况所导致的,且该工作是应顾客要求所为,适用于所有承揽合同的一般规则是:服务提供方有权调整价格(Bénabent, Contrats spéciaux6, no. 564)。至于顾客是否同意进行额外的工作的问题则根据合同的订立和证明一般规则进行解决。对于与不动产建筑物有关的服务,民法典第 1793 条对一般规则进行了细化。服务提供方要获得价格调整权,需要有顾客对于额外工作以及价格调整的同意。但是也存在案例法,当顾客的变更命令导致了合同的平衡受到破坏时,允许服务提供方不经顾客的同意径行调整价格(see Cass. civ. Ⅲ, 24 January 1990, D. 1990, 257, Note Bénabent; Cass. civ. Ⅲ, 8 March 1995, Bull. civ. Ⅲ, no. 73; Cass. civ. Ⅲ, 20 January 1999, Bull. civ. Ⅲ, no. 16; Def. 1999, 1128, Note Périnet－Marquet)。

18. 在德国法中,对于承揽合同,对于是否允许顾客单方变更服务并非不存在争议(Jansen, Defects liability, p. 165; Goossens, Aanneming van werk, no. 812)。但是,服务提供方在不存在补充原始合同的额外协议的前提下进行了额外的工作,如果这些工作是大量的、意料之外的且是由顾客引起的,那么对于这些额外工作服务提供方有权根据民法典第 632 条要求顾客支付报酬(参见 BGH 8 January 2002, X ZR 6/00, not published)。

19. 在意大利,如果服务被界定为承揽合同(民法典第 1655 条及以下),那么顾客有权根据民法典第 1661 条变更服务。如果变更是由顾客提出的,服务提供方有权要求顾客支付相应报酬(Rubino and Iudica, Dell' Appalto3, p. 161; Giannattasio, L' appalto, p. 184)。

20. 根据荷兰法,对于承揽合同,原则上顾客有权要求变更服务。此种情况下,服务提供方可以根据民法典第 7:755 条提高价格,但前提是服务提供方已经在适当的时候告知了顾客因为服务的变更将导致价格的提高,除非没有服务提供方的警告顾客也能理解。对于委托服务,顾客所提出的变更被规定在民法典第 7:402 条第(1)款。这些要求,正如顾客作出的其他指示一样,必须是及时作出的且是在合同的框架范围内作出的。委托服务的特殊性或许也会限制服务提供方遵守顾客要求的义务(Parl. Gesch., p. 324),尤其是当顾客的要求与服务提供方对顾客必须负有的职业伦理、职业行为法典或者其独立地位相矛盾时(Asser [－Kortmann], Bijzondere

Overeenkomsten Ⅲ7, no.61）。在委托服务中，对于顾客提出的服务变更，应根据此类服务价格的一般规定，即民法典第 7:405 条第（2）款支付报酬。

21. 原则上，波兰法律不为单方变更合同提供任何的可能性。

22. 在葡萄牙，对于建筑和加工服务，对服务的变更必须经由顾客的同意（民法典第 1214 条），除非变更是必要的：对于后者，如果双方当事人对变更持不同意见，则由法院决定变更是否为必要（民法典第 1215 条）。如果由于服务的变更使得价格上涨超过 20%，服务提供方有权要求顾客支付合理的补偿。顾客要求变更服务的，如果变更既不会导致价格上涨超过原始价格的 20%，也不会导致原先要求的服务的性质发生根本性的变化，则服务提供方必须遵从顾客的要求（民法典第 1216 条）。

23. 在苏格兰法中，当事人可以协商一致变更或者完全更替合同（McBryde, Law of Contract in Scotland, paras. 25.01－25.28）。对于落空的合同，如果没有合同约定，那么对于已经完成的工作可以根据不当得利或者按劳计酬（quantum meruit）的要求支付报酬（McBryde, Law of Contract in Scotland, paras. 21.47－21.48）。

24. 在西班牙法中，合同法的一般性规则也适用于服务合同领域，并且根据民法典第 1256a 条合同是有约束力的并且使双方当事人负担义务。因此乍看起来是禁止进行单方变更的。但是，最高法院承认，如果环境的突然变更是双方当事人在缔约时所不能预见的，而这会严重影响合同的公平，根据情事变更原则（rebus sic stantibus），法院可以变更合同条款（TS 11 June 1951, RJ 1951/1649）。无论如何，对于可能发生的环境变化，合同本身可以约定变更条款。服务提供方必须遵守顾客就服务履行方式而发出的细化服务的特征以及更改服务的指示（SAP Baleares 8 April 2002, BDA JUR 2002/153765）。通过民法典第 1594 条规定的终止合同的可能性的类推适用，合同条款中顾客的选择权（ius variandi）变得合理（Bercovitz, Contratos Mercantiles Ⅰ3, p. 672）。但是无论如何，根据诚实信用的一般合同原则（民法典第 1258 条），顾客不能单方变更合同的本质，也不能使服务提供方因这些变更而遭受任何经济上的损失。根据价格不能变更的一般规则（民法典第 1471 条和第 1593 条；Bercovitz, Contratos Mercantiles Ⅰ3, p.672），不得变更确定好的价格，因为价格属于合同的基本构成要件。但是，如果顾客提出的合同变更意味着服务提供方工作量的增加，或者意味着需要更多的材料，按照赔偿规则需要相应地提高价格。尽管如此，最高法院并不将其视为变更，而将其视为是对合同中的价格合意的补充（TS 10 May 1997, RJ 1997/3831）。无论如何，需要有顾客的同意方能提高价格：如果确定的价格是一个固定的金额，经济环境的变化并不意味着服务提供方有权不经顾客的同意而提高服务价格（民法典第 1593 条）。但是，默视的同意也是有效的（TS 18 April 1995, RJ 1995/3420）。当服务减少时，对于如何计算价格并不存在专门的规定。如果存在服务或许不能达成顾客设想的结果或者会损害顾客的其他利益的风险，服务提供方应当向顾客作出警示。此种情况下，为了避免通过修改服务的内容的方式使得合同的目的落空，服务提供方应当就存在的风险向顾客发出通知（TS 30 December 2002, RJ 2003/333）。对建设合同的变更被规定在建筑法第 9.2.b 条）和第 12.3.d）条中：对于开发工作引起的对经双方当事人详细规定的首个工程的任何变更，建设工程的负责人都需要和开发商进行协商，开发商必须同意这些变更。

25. 根据瑞典消费者服务法第 38 条，对于提供给消费者的服务，如果服务提供方进行了额外的工作，且该额外工作是顾客所要求的并且是在缔约时不能预见的，那么服务提供方有权就该额外工作要求顾客支付报酬。

第Ⅳ.C－2:110 条　顾客就预期不履行的通知义务

(1)顾客在服务履行期间认识到服务提供人不能够履行本编第 2:106 条(达成结果的义务)所规定的义务的,应通知服务提供方。

(2)如果根据顾客无须调查即能知道的所有事实及客观情况判断,顾客有理由认识到前款所述情况的,则推定顾客已认识到。

(3)因顾客不履行第(1)款所规定的通知义务导致服务比合同约定花费更多时间或金钱的,服务提供方有权:

(a)就因顾客不履行通知义务而遭受的损失请求赔偿;并且

(b)就服务的履行所需要的时间作出调整。

评　论

A. 法条概述

本条规定的是在服务履行期间顾客认识到服务提供方将不能达成要求的结果这一情形。对于该事实,顾客有义务向服务提供方发出通知。这是协作义务的一个方面。

应当将这种情况与顾客在服务履行期结束之后才认识到服务提供方不能履行义务的情况区别开来。在那种情况中,为了不丧失救济,顾客必须在合理的时间内向服务提供方作出通知。这是按照诚实信用原则行使救济义务的一个方面,被规定在第Ⅲ－3:107 条(怠于为与要求不符的通知)的一般性条款之中。第Ⅲ－3:107 条不适用于消费者:对于消费者仅适用诚实信用和公平交易的一般规则以及适用于特别救济或者特殊场合的规则。

本条规定的义务的正当理由在于对服务提供方的公平。如果该风险引起了服务提供方的注意,服务提供方仍然有可能正确履行合同义务。

示例 1

顾客与律师就向法庭提起诉讼缔结了合同。一审法庭驳回了顾客的诉讼请求。律师告诉顾客可在法官驳回决定作出之日起六周内提起上诉。三周后,顾客读到法官的判决,发现必须在决定作出四周之内提起上诉。

考虑到第(2)款的假设,顾客只有在认识到服务提供方可能不能履行其服务时才

需要就该事项通知律师。顾客没有义务调查服务提供方履行的服务是否与其承担的义务一致。但是,如果顾客一直跟进服务进程——而这作为双方当事人交流的结果通常都会发生的,顾客应当尽到通常的注意。

如果顾客未履行第(1)款规定的义务,服务提供方可能会遭受损害。这正是第(3)款所规定的。另外一种可能性是:顾客虽然在服务结束前通知了服务提供方,但通知来得太晚了。

示例2

顾客以固定的价格与建筑商缔结了合同,建筑商将为顾客设计建造一栋两层楼的房屋。顾客要求建筑商在屋顶设计一扇大窗户。顾客之所以需要这扇窗户是为了他的个人爱好:艺术画。当建筑商向顾客展示设计初稿时,图纸上并没有窗户。顾客未向服务提供方提及此点,而服务提供方继续履行其服务,进行了更加详细的设计,并且提交给主管当局以获得建造许可。在该阶段,顾客告诉服务提供方,他注意到设计图纸上没有他所要求的大窗户。服务提供方可以调整设计,但需要进行额外的技术计算。此外,服务提供方需要重启建造许可批准程序。

服务提供方仍然能够继续履行合同主要义务,但是,要达成要求的结果,可能需要花费更多的时间和金钱。如果在缔约时,约定的是按时计酬,那么完全不存在问题。但是,如果约定的是固定价格,或者约定的是无结果无报酬,那么顾客的迟到的通知将会给服务提供方造成损失。此时,服务提供方会就该损失或者服务时间的延长或者同时就二者要求顾客赔偿(第(3)款)。

B. 利益权衡和政策考量

这里的问题是:当服务尚在履行过程中,是否有必要让顾客负担就预期不履行向服务提供方作出通知的义务。诚然,当顾客就服务的履行可能达不成要求的结果发出信号时,关系到的是服务合同双方当事人的利益。但是,另一方面,服务提供方的工作就是达成该结果,因此,让顾客承担本应由服务提供方承担的照应这些问题的义务是不合适的。此外,让顾客负担起在服务履行过程中通知服务提供方的义务将会引起如下的问题:为了发现可能成为通知对象的问题,顾客是否需要以及在何种程度上对服务的履行进行调查研究。

C. 首要选择

如果顾客在服务履行过程中发现有不能达成要求的结果的风险,如果允许顾客不向服务提供方发出通知,那么将会变得效率低下。一般来说,顾客有很多机会可以发现服务的履行可能存在问题。与此同时,服务提供方对服务的履行负最主要的责任。绝不允许当顾客未在服务履行过程中发现有服务履行不能的风险时就将服务提供方的责任转嫁给顾客。强加给顾客以调查的义务也被认为是无效率的。只有顾客不履行对可能达不成要求的结果的通知义务时才能减轻服务提供方的责任。只有当顾客

认识到要求的结果不能达成时才负有通知义务。让顾客对他所不知道的事情作出通知是毫无意义的。这完全是强人所难。但是,如果根据顾客无须调查即能知道的所有事实及客观情况判断,顾客有理由认识到服务提供方不能履行或者存在不能履行的风险,则推定顾客已经认识到。这里所采用的方式与美国法中所采纳的"有理由知道(reason to know)"这一概念类似(参见 Restatement (2nd) Contracts § 19, comment b)。对于本条所规定的顾客的通知义务表明,对于检查或者跟踪服务进程中进入顾客视野的所有错误,顾客都必须作出通知。这也表明,当顾客没有利用 第Ⅳ.C-2:103条(协作义务)规定的机会检查服务进展时,服务提供方宣称顾客有理由知道不能履行并被推定已经知道不能履行的可能行就越小。

D. 救济

违反预期不履行的通知义务的法律后果被规定在本条第(3)款之中。如果顾客未就服务提供方将不能达成顾客陈述或者设想的结果立即向服务提供方发出通知,造成服务比合同所约定花费更多的时间或者金钱,服务提供方有权就遭受的损失以及履行合同义务所花费的更多的时间主张赔偿。无论如何,服务提供方都有权根据未履行服务救济的一般规则获得损害赔偿,但这里为了规则的完整性再次重述一遍。

根据第三卷中的许多规定,当债权人未向债务人发出通知时,可能导致债权人的救济不适用、丧失或者减少。比如第Ⅲ-1:103条(诚实信用和公平交易)第(3)款;第Ⅲ-3:101条(可得的救济)第(3)款;第Ⅲ-3:107条(怠于为与要求不符的通知);第Ⅲ-3:302条(非金钱债务的强制执行)第(4)款;第Ⅲ-3:508条(终止权的丧失);第Ⅲ-3:704条(可归因于债权人的损失)。这些规定不受本条的影响。但是,本条本身并没有规定顾客由于未就预期达不成要求的结果发出通知而丧失任何救济。

注　释

Ⅰ. 概述

1. 在服务进行过程中,顾客认识到可能达不成要求的结果的情形与在服务完成后顾客认识到(服务)不合要求的情形看起来似乎是很难区分开来。因此,如下注释涉及的是对未予通知的概述。事实上,很多国家的注意力是集中在服务完成后怠于通知的问题上(在这里是被规定在第Ⅲ-3:107条(怠于为与要求不符的通知))。

2. 仅在芬兰的消费者服务中明确规定,如果服务履行过程中发现了瑕疵,顾客有义务向服务提供方发出通知(消费者保护法第8章及第9章第16条第(1)款)。在法国、德国、荷兰(民法典第6:89条)、葡萄牙(民法典第334条)和西班牙(民法典第1258条),通知义务被间接地隐含在源于诚实信用的一般概念之中。在英国,虽然认为仅在通过衡平法寻求救济时才适用衡平法上的懈怠原则(The equitable doctrine of laches),但是该原则似乎能达到和上诉规则相同的效果。在苏格兰,经过讨论后大家否定了顾客的通知义务。对于一些服务,尤其是承揽合同中的服务,

在接受服务成果时的默示通知义务尤其得到了承认:法国(建筑和加工服务)、德国(民法典第640 条第(2)款)、荷兰(民法典第 7:758 条第(3)款)、波兰(民法典第 563 条)以及葡萄牙(民法典第 1219 条第(2)款)。在英国、芬兰、法国、德国、荷兰、波兰、葡萄牙以及西班牙,如果顾客发现了瑕疵但未通知服务提供方,那么顾客可能丧失救济权。但是,在德国,对于承揽合同,如果顾客在接受服务成果时未就瑕疵发出通知,那么只会丧失某些救济。

Ⅱ.顾客的通知义务

3. 在英国法中,除了诉讼时效规则之外,最重要的原则是衡平法上的懈怠原则(参见 Chitty on Contracts Ⅰ29, nos. 29-140 ff)。该原则的核心是,原告在寻求衡平法上的救济时必须尽到合理的勤勉,并且不得损害被告的地位(参见 Chitty on Contracts Ⅰ29, no. 29-140)。

4. 根据芬兰消费者保护法第 8 章及第 9 章第 16 条第(1)款,消费者发现或者应当发现服务存在瑕疵的,必须在合理的期限内向服务提供方发出通知。

5. 在法国,当服务有瑕疵时,顾客负有的通知服务提供方的义务来自于默式弃权(principles of tacit renunciation)的一般原则。对于建筑服务或者非移动结构加工服务,顾客的通知义务得到了间接的认可(民法典第 1792 条)。虽然为了保护顾客的利益,在判例中对表面瑕疵的通知作出了及其广义的解读,但是,顾客在接受成果时必须就存在的表面瑕疵向承包商作出通知(参见 Cass. civ. Ⅲ, 3 November 1983, GazPal 1984, 2, 577, Note Liet-Veaux; see also Jansen, Defects liability, pp. 399 ff)。

6. 在德国,如果服务存在瑕疵,顾客向服务提供方作出通知的义务可依据权利失效(Verwirkung)原则得到认可。在德国法中,权利失效的概念最初是对前后行为不得矛盾原则(venire contra factum proprium)的具体化,现在则是以诚实信用原则(民法典第 242 条)为依据。随着时间的推移以及其他具体情况的发生,一方当事人可以合理地推定对方当事人不会再行使其享有的权利时,该当事人可以援引权利失效拒绝履行义务。权利失效的另外一个前提条件是,该当事人必须以合理的推定为基础行事(BGH NJW 1980, 880)。如果可以将服务认定为承揽合同,顾客的通知义务间接源自于民法典第 640 条第(2)款,即顾客在接受服务提供方完成的成果时,有义务就相关权利进行保留(换言之,如果顾客未就相关权利作出保留,那么不得再主张这些权利)。顾客须就相关权利作出保留的义务限于事实上他已经知晓的瑕疵。

7. 在荷兰,当服务提供方提供的服务与合同不符时,顾客的通知义务间接来自于民法典第 6:89条的一般合同法规定。根据该条规定,当顾客发现或者应当合理地发现服务提供方违反服务合同时,应当在合理时间内尽快通知服务提供方。在承揽合同中,虽然仅自顾客接收服务过程所产生的(修正过的)物品或者结构时起方产生通知义务,但民法典第 7:758 条第(3)款规定所产生的效果是一样的。

8. 在波兰,根据民法典第 563 条,如果服务提供方违反了服务合同,顾客负有通知义务。顾客应在发现违约一个月之内履行该通知义务。根据民法典第 563 条第(1)款,如果按照惯例,顾客需要对服务进程进行检查,在一个时间段内,在顾客尽到了应有的注意时应当发现服务提供方违约的,顾客应当在该时间段过去后的一个月内通知服务提供方。

9. 在葡萄牙,根据一般合同法,当服务中的瑕疵被发现后,顾客负有立即通知服务提供方的义务(民法典第 334 条; 参见 Romano Martinez, Direito das Obrigaçõ es2, no. 343)。对于建筑服务或者加工服务,根据民法典第 1219 条第(2)款,推定顾客知晓服务中的明显瑕疵。此外,明显瑕疵是指顾客在尽到应有的注意时应当发现的瑕疵(CA Porto, 17 November 1992, CJ 1992,

V, 224)。

10. 在苏格兰法中,根据道德原则(doctrine of mora),权利所有者知道其权利遭到了侵害却未表示反对的,则禁止其行使该权利。在一方当事人执行工作时,很明显该工作和耗费只有在进一步侵犯对方当事人的权利后才能产生效用,而对方当事人却未加阻止的,不适用上述抗辩(Earl of Kintore v. Pirie (1903) 5 F 818)。

11. 在西班牙,当顾客尽到应有的注意时,发现或者应当发现服务中的瑕疵的,负有通知服务提供方的义务,该义务来源于合同法诚实信用条款的一般规定(民法典第1258条)。而对于建筑服务和加工服务,该义务更是得到了认可(参见 Martinez Mas, La recepción en el contrato de obra, p.73)。

Ⅲ. 未予通知的后果

12. 英国法中诉讼时效的效果仅仅是禁止顾客行使救济权,而非消灭顾客的权利(参见 Chitty on Contracts Ⅰ29, no. 29－129)。如果一方当事人以衡平法上的懈怠原则为抗辩,则禁止为另一方当事人提供救济。

13. 如果作为顾客的消费者未根据消费者保护法第8章第16条第(1)款(16/1994)向服务提供方发出通知,则不得主张服务中存在瑕疵。但是,如果服务提供方的行为(i)存在重大过错或者违背荣誉或者诚信原则;(ii)瑕疵是基于服务不符合健康和财产保护法规的要求的事实而引起的;(iii)瑕疵是基于服务的结果将对健康或财产产生危害的事实而引起的;即使消费者未发出通知,也可以根据第16条第(2)款主张瑕疵的存在。第16条第(2)款对于建筑服务也能达到同样的效果,并且还规定顾客有权根据服务不符合产品安全法的要求而主张瑕疵的存在。

14. 根据法国法,如果一方当事人作出了默示弃权的表示,那么不得再行使权利(参见 Ranieri, Verwirkung et rénonciation tacite, p.427 at 440)。类似地,对于不动产建筑物的建设或者加工服务,如果未在接受劳动成果时就出现的瑕疵向服务提供方发出通知,那么顾客不得以该瑕疵为依据要求服务提供方承担责任。据说该规则不仅适用于建设合同,还适用于其他所有服务合同(Huet, Contrats spéciaux2, nos. 32331－32332)。

15. 根据德国法,如果一方当事人能够证明存在权利失效,那么对方当事人不得再行使其拥有的权利。在承揽合同中,如果顾客未履行民法典第640条第(2)款的通知义务,将会丧失民法典第633条和第634条规定的所有权利及救济。但是,根据判例(BGHZ 61, 369, 371),顾客仍然可以根据民法典第635条主张损害赔偿,除非很明显顾客已经声明放弃追究损失的权利(参见 Jansen, Defects liability, pp.405－406)。

16. 在荷兰,如果顾客未根据民法典第6:89条的一般合同法规定向服务提供方发出通知,那么不得再寻求救济。对于承揽合同,民法典第7:758条第(3)款达到的也是同样的效果。

17. 根据波兰民法典第563条,如果顾客未及时通知服务提供方,则不得行使合同一般救济权。

18. 在葡萄牙,如果顾客未根据民法典第334条及时通知服务提供方,将免除服务提供方对服务瑕疵的责任(参见 Romano Martinez, Direito das Obrigações2, no. 343)。

19. 在苏格兰法中,道德原则仅仅是禁止顾客行使权利,而非消灭该权利。

20. 在西班牙法中,对于有瑕疵的服务,顾客应当通知服务提供方以防止丧失合同救济。

第Ⅳ.C－2:111 条　顾客的终止权

(1)顾客得随时以向服务提供方发出通知的形式终止合同关系。

(2)终止的效力规定在第Ⅲ－1:109 条(以通知形式变更或终止)第(3)款之中。

(3)顾客有合法理由终止合同关系的,无须为损害赔偿。

(4)顾客无合法理由终止合同关系的,终止仍得生效,但服务提供方得依第三卷的规定请求损害赔偿。

(5)就本条而言,顾客有合法理由终止合同关系,如果顾客:

(a)根据合同的明示条款有权终止合同关系并遵守了合同为此设定的任何要求;

(b)根据第Ⅲ－三章第五节(终止)的规定有权终止合同关系;或者

(c)根据第Ⅲ－1:109 条(以通知形式变更或终止)第(2)款的规定有权终止合同关系并且给予了该条所要求的合理通知期间。

评　论

A. 法条概述

本条第(1)款规定顾客有权随时终止合同关系。此点和第Ⅲ－三章为根本违约及类似事由所规定的终止合同关系的权利完全不同。本条所规定的顾客的终止权与服务提供方是否违约毫无关系。根据本条规定,如果顾客想摆脱合同束缚,那么他有权在任何时候以任何理由终止合同关系,至于是否声称服务提供方未履行则无关紧要。

示例

房主与设计师就房屋扩建设计缔结了合同。几周后,房主改变了主意不想扩建房屋并终止了与建筑师的合同关系。

因此,本条所规定的终止并不被视为救济手段。这主要是对如下事实的认可:即使服务提供方正在适当地履行合同义务,但是顾客不希望继续履行服务了。

但是,顾客需要为摆脱合同束缚付出代价。首先,可适用一般补偿规则。合同中已经交付给对方当事人的需要予以返还。服务提供方有权就已经完成的服务以及顾客获得的其他不能转让的利益的价值要求顾客予以赔偿。这正是第(2)款的效力,至于顾客是否拥有其他终止合同关系的理由都是如此。其次,当顾客不具有第(5)款规

定的合法终止理由时，得向服务提供方支付损害赔偿，这样可以保障服务提供方不会因为顾客拥有无条件行使终止权的优势（第(4款)）而遭受损失。在如下情形中，顾客根据第(5)款有合法理由终止合同，因此毋须为损害赔偿（第(3)款）：(a)根据合同的明示条款有权终止合同关系并遵守了合同为此设定的任何要求（比如给予规定的合理通知期间）；(b)根据第三卷三章第五节关于因根本违约及类似情事而终止合同关系的规定而有权终止合同关系；(c)根据第Ⅲ-1:109 条（以通知形式变更或终止）第(2)款有关无固定期限合同的规定有权终止合同关系，并且给予了该条所要求的合理通知期间（对于无固定期限的合同，顾客终止合同关系的通知不满足该规定的要求的，则属于本章调整的情形，服务提供方有权主张损害赔偿）。第(4)款规定适用损害赔偿的一般规则。这意味着服务提供方有权尽可能地恢复到和合同义务得到了适当履行时应有的地位。应支付的赔偿包括服务提供方遭受的损失以及丧失的可得利益。换言之，顾客必须偿还服务提供方为履行服务所支出的费用以及因终止合同关系而丧失的收益。

B. 利益权衡和政策考量

这里的主要问题是，是否允许顾客毫无理由地终止合同关系。有人会问，服务合同究竟有何特殊之处，使得顾客可以毫无理由地单方终止合同关系。通常的规则是，除非在合同中明确约定，否则该权利仅存在于无固定期限的合同之中（参见第Ⅲ-1:109 条（以通知形式变更或终止）第(2)款）。

另一方面，服务合同缔结后情况可能会发生变化，这可能导致顾客对终止合同关系享有合法利益。诚然，在其他类型的合同中也会出现这样的情况，例如买卖合同，但是当遇到这样的情况时，有时存在毋须终止合同关系就能得到妥善处理的其他解决方案。比如买家可以先买下打算购买的物品，然后再把它卖掉。但是，对于服务合同来说，卖掉已经完成了的不想要的服务成果通常都是不现实的。此外，按照合同变更的相关规定变更合同或者重新展开合同谈判都不足以充分保护顾客的利益。因此，终止合同关系被认为是很有用的手段，尤其是当服务提供方的经济利益也能得到充分保护时更是如此。

C. 首要选择

顾客的合同关系终止权在本条第(1)款中得到了原则上的承认。其支持理由已经在上面得到了论述并且在多个法律系统中得到了体现。顾客的权利通过第(4)款和第(5)款的规定得到了平衡，即服务提供方可以就无合法理由的终止主张经济赔偿。很多法律体系都采纳了这一方法。

在多数情况下，采用本条规定的法律体系所达到的实际效果与规定顾客不得毫无理由地终止合同关系所达到的效果是相同的。如果采纳的是后一方案，实际上顾客仍然可以拒不履行合同并退出合作。此时，顾客必须基于同样的理由，即不履行合同义务或者预期违约，支付损害赔偿。这两种方案的不同之处在于是否需要继续履行。根

据后一方案,在某些特殊情形中,顾客必须接受其不想要的服务。这可能发生在如下情形中:服务具有的人身属性尚未达到强制要求顾客履行协作义务是不合理的那样的高度,并且服务提供方具有继续履行服务的合法利益,以至于允许服务提供方就顾客不需要的服务支付报酬是合理的(参见第Ⅲ-3:301 条(金钱债务的强制履行)以及第Ⅲ-3:302 条(非金钱债务的强制执行)。鉴于无论服务提供方根据合同向顾客提供了什么,他都有权要求顾客赔偿,并且对于顾客无合法理由终止合同关系所造成的任何损失,顾客都必须进行全额金钱赔偿,因此,在本条规定所采取的方案中,将顾客不需要接收不再想要的服务的利益置于服务提供方继续履行服务这一利益之上。即使无权强制要求顾客继续履行服务合同义务,本条所采取的方案都略胜一筹,因为该方案能够促进人们对法律的尊重。该方案明确规定顾客有权以赔偿换取终止权;而不是装模作样地说无终止权,却偷偷地通过指出顾客可以选择不履行合同义务的方式允许了终止权。

D. 其他相关规定

第一卷关于通知的规定中有一条是关于通知效力的规定,通知到达受领人时生效,除非在通知中规定其稍后生效(第Ⅰ-1:109 条(通知) 第(2)款)。这样顾客可以选择立刻终止合同关系,或者给出通知期限。顾客需以任何与具体情况相适应的方式发出通知(第Ⅰ-1:109 条(3)款)。

第Ⅲ-1:109 条(以通知形式变更或终止)第(3)款中终止的效力如下。如果双方当事人未对终止的效力作出规定,则:

(a)终止仅对将来产生效力,不会影响终止前因违反到期的履行义务所产生的损害赔偿及约定的报酬等权利;

(b)终止不影响纠纷解决条款以及其他在终止后开始运作的条款;

(c)对于合同义务或者合同关系,所有的赔偿效力都准用第三章第五节第四分节(赔偿)规定。

在终止时已经完成的服务,即使按照原合同还毋需支付报酬,其价款(参考合同约定)也包括在赔偿之中(Ⅲ-3:512 (对收益价值的支付))。由于终止只对将来产生效力,在终止时已经需要支付的价款仍然需要支付。

注　释

Ⅰ. 顾客终止服务的权利

1. 在调研过的国家中,尤其是和承揽合同有关时,顾客可以随时终止服务属于明确的法律规定:奥地利(民法典第 1158 条第(4 款)结合第 1159、1162、1162b 条及第 1168 条)、比利时(民法典第 1794 条)、法国(民法典第 1794 条)、德国(民法典第 649 条)、希腊(民法典第 700 条)、意大

利(民法典第2227条及第1671条)、荷兰(民法典第7:408条第(1)款及第7:764条第(1)款)、波兰(民法典第644条)、葡萄牙(民法典第1156条及第1170条)、西班牙(民法典第1594条及参见TS 13 May 1993 RJ 1993/3546, TS 4 February 1997, RJ 1997/675, TS 9 March 1999, RJ 1999/1408)及瑞典(消费者服务,消费者服务法第42条,而对于非消费者合同,顾客享有类似的但有限的权利。Hellner/Hager/ Persson, Speciell avtalsrätt Ⅱ(1)4, p. 101)。在英国和苏格兰,虽然顾客可以在任何时候自由地退出合同,但这属于预期违约。理念虽然不同,但最后的结果却没有差异。

Ⅱ.顾客终止的后果

2. 顾客结束服务的,须向服务提供方提供赔偿。在调研过的国家中,至少对于承揽合同来说,这已经是一条固定的原则。计算赔偿数额的方式多种多样。一种方式是:服务提供方有权就已经履行了的部分服务实际上所产生的所有费用要求顾客补偿,并且有权就被顾客终止了的服务原本能获得的收益要求赔偿:比利时和法国(民法典第1794条)、意大利(民法典第2227条和第1671条)、西班牙(民法典第1594条)、瑞典(消费者服务;消费者服务法第42条,除非因为特定的情况导致合同目的落空)。另外一种计算方式是:以顾客在合同中同意支付给服务提供方的报酬为计算基础,减去服务提供方由于服务的终止而节约的金钱:荷兰(民法典第7:411第(2)款及第7:764条第(2)款以及波兰(民法典第644条)。有时服务提供方由于服务的终止而实际获得的好处,或者服务提供方将其因服务的终止而节省的盈利能力用于其他服务原本能够获得但是故意未能获得的利益也都在扣除范围之内:奥地利(民法典第1162b条及第1168条)、希腊(民法典第700条)及德国(民法典第649条)。在英国和苏格兰,如果顾客断绝合同关系,那么服务提供方有权根据预期违约的一般规则,就所有的损失,包括可得收益的损失获得赔偿。

Ⅲ.其他信息

3. 以国别为基础对于每个国家的注释参见欧洲法原则之服务合同第305~307页。

第三章　建　　筑

第Ⅳ.C－3:101 条　适用范围

(1)本章适用于一方当事人(建筑方)按照顾客提供的设计,承担房屋或其他不可移动的建筑物的建造,或者对既有房屋或其他不可移动的建筑物进行实质性改造的服务合同。

(2)本章规定准用于下列合同:

(a)建筑方按照顾客提供的设计,承担动产或者无体物的建造;

(b)建筑方按照自己提供的设计,承担房屋或其他不可移动的建筑物的建造、对既有房屋或其他不可移动的建筑物进行实质性改造或者建造动产或无体物。

评　论

A. 法条概述

在定义列表中,建筑合同被定义为“一方当事人(建筑方)为另一方当事人(顾客)承担某物的建造,或者为顾客就既有房屋或者其他不动产进行实质性改造的合同”。但是,本章不可能以同样精确的方式适用于所有的建筑合同。与其说本条是定义条款,还不如说其是“适用范围条款”,指出了主要适用范围以及准用的范围。

本章包括以建造新的建筑物或者其他物体为目的的服务。其核心适用范围是基于顾客雇佣的设计师提供的设计或者顾客以其他方式提供的设计建造不可移动的建筑物。

示例 1

房屋、办公楼、道路以及其他基础设施的建造属于本章适用范围内的典型活动。但是,本章是这样设计的:经过适当调整,可以适用于动产和无体物的建造。

示例 2

定制机械、软件和网页的建设就属于此类情况。

本章还可以适用于混合合同中的建筑部分，包括需由建筑方负责设计的“设计及建筑”合同。对于混合合同的一般规定，参见第Ⅱ－1:107 条（混合合同）；对于建筑和出售合同的一般规定，参见第Ⅳ.A－1:102 条（货物的制造或生产）。

B. 利益权衡和政策考量

本条规定的是建筑规则的适用范围。政策上主要的问题是，这些规则是否只涵盖不动产的建造还是也包括其他建筑物和物品的构造。支持其仅适用于不动产的理由在于：对于建筑合同，已经存在大量的判例法，这就为其法典化提供了坚实的基础。但是，这样一来，许多其他类似的经济活动，即都是以建造某物为目的且为达成该目的需要双方当事人之间进行类似的互动，就将被排斥在本章的适用范围之外：如船舶、飞机和机械的建造或者软件、数据库和网站等的建设。

C. 首要选择

本条所选择的方案是确定适用建筑规则的主要范围，即不动产建筑合同。此外，这些规则准用于其他建筑活动。该方案反映的理念是：这些活动在经济上类似，为了实现设计好的物品的建造都需要双方当事人之间进行类似的互动，因此需要由类似的规则进行调整。同时，该方案也承认规制这些活动的法律并不是那么成熟，这些活动涉及很多客体并且相关的商业活动也会很不相同。因此，虽然这些规则很可能不需要调整就能直接适用于这些活动，但是对于这些特殊情况仍然需要法院对这些规则进行适当调整。

本章的规则可适用于软件的建设。比如在软件具有高度创新性时，需要对与合同要求相符的规则进行相应调整。如果软件的建设包含很高的风险，法院可能认为对于软件供应商来说“合目的性”检验可能过于严苛。法院可能会设法通过审核顾客陈述或者设想的结果或者通过适用与服务提供方应具备的注意和技能标准有关的一般规则来找到合适的解决办法。

D. 和示范规则其他部分的关系

建筑合同以及建筑合同产生的权利和义务由如下规则予以调整：第一卷到第三卷中的一般条款，第四卷本编第一章中所包括的服务合同的规则以及本章中的特殊规则。

混合合同的问题被统一规定在第Ⅱ－1:107 条（混合合同）中。混合合同的规则不仅适用于部分由服务构成、部分由非服务构成的混合合同，还适用于全部是由服务——但是部分由建筑服务、部分由其他服务构成的合同。本章中的规则适用于混合

服务中的建筑部分。

E. 顾客或者建筑方提供的设计

本章的主要适用范围通过如下假定受到进一步的限制：即要建设的物体的设计是由顾客或者顾客的代理人（比如建筑师）完成的。这样，将要建造的物体或多或少将由顾客予以界定，而顾客所作出的选择是原始合同的组成部分，或者通过指示的形式对建筑方产生约束。这种情况下，原则上由顾客承担设计存在错误的风险，除非建筑方负有警示义务。

如果顾客仅对将要建设的对象进行了概括性的描述，而由建筑方在建筑工作开始前对建筑进行设计，那么准用本章的规则。但是，一般来说，对于"交钥匙"合同和"设计及建造"合同，本章的规定毋须调整可直接适用。在这些合同中，建筑方对于结果将会承担更多的责任。但是，这正是本章的规则所追求的结果。根据这些规定，设计责任转由建筑方承担，因为合同仅对建筑物进行了笼统的描述，确保建筑物符合其目的的责任由建筑方承担。对于设计者和建筑方为同一人或者同一家企业的情况，第六章（设计）的规定不适用于建筑方这里承担的设计工作。仅当设计者和建筑方为不同人时方适用第六章的规定。

F. 对既有不动产的建筑工作或者加工

按照顾客提供的设计，在既有房屋或者其他不可移动建筑物上开展建设工作的合同也适用本章的规定。一般来说，对于既有构造物或者物品进行加工由加工规则予以调整。房屋维护工作，比如粉刷、污水系统的修理、布线以及窗户清洁等，都被归为加工。但是大范围的维修，比如拆除和重建整个屋顶结构以及对旧房屋的修复，且修复本身的价值与修复前的旧屋价值相当，则属于由本章规制的建筑活动，因为和加工相比，它们更像建筑活动。

有时候要在建筑与加工之间划出一条明确的分界线是相当困难的。但是，对于分界线，加工规定与建筑规定是类似的。与在既有不动产上进行的与建筑活动相似的加工服务主要是维修服务。对房屋进行重要维修的合同通常都能取得成功，因此理性顾客毫无理由怀疑服务提供方不能达成结果。因此，一般维修都负有达成特定结果的义务，这和采用本章的方法适用于建筑方所出现的情况是一样的。

注　释

Ⅰ. 概览

1. 在英国、苏格兰、瑞典和芬兰法中不存在关于建筑活动的成文法规定，参见 Hudson, Building and Engineering Contracts11, no. 1-001, Chitty on Contracts Ⅱ29, no. 37-001, Stair,

The Laws of Scotland Ⅲ, "Building Contracts"; Connolly, Construction Law, chap. 1, and Hellner/Hager/Persson, Speciell avtalsrätt Ⅱ(1)4, p. 122。但是,在英国和苏格兰,应注意1996年住房补助、建筑和再生法(The Housing Grants, Construction and Regeneration Act 1996)第二卷的相关规定。在瑞典和芬兰,也确实存在关于消费者合同的相关规定:瑞典消费者服务法第1条以及芬兰消费者保护法第8、9章。而其他大部分欧洲国家都对建筑活动相关规定进行了成文化,参见荷兰民法典第7:750条及以下、比利时民法典第1710条及第1787条、法国民法典第1787条及以下、西班牙民法典第1544条、意大利民法典第1655～1677条、德国民法典第631条及以下、奥地利民法典第1151条第(1)款以及希腊民法典第681条。在意大利和葡萄牙,参见民法典第1207条及STJ 29 September 1998, CJ 1998 Ⅲ, p. 34;但是,智力劳动并非适用同样的规定。有些国家对于不动产的建造还存在专门的规定:荷兰民法典第7:765条及以下(仅适用于消费者合同)、法国民法典第1792～1793条、西班牙民法典第1588～1600条以及波兰民法典第647～658条。

2. 在所有调研的国家中,建筑合同法在很大程度上都使用标准条款,要直接适用这些标准条款必须征得双方当事人的同意,但是,即使未得到同意,这些标准条款对于判例法也会产生间接影响。具体详见下面Ⅲ。国际标准条款由FIDIC(Féderation International des Ingenieurs Conseils国际咨询工程师联合会)(http://www.fidic.org)和ICE(Institution of Civil Engineers土木工程师学会)(http://www.ice.org.uk)提供。

Ⅱ. 建筑规则的适用范围

3. 奥地利民法典第1151条第(1)款对承揽合同(Werkvertrag)作了定义。一般将其定义为达成特定结果的合同。应当在最广泛的意义上对"结果"进行理解,以便能够将广泛的活动涵盖进去:制造、医疗、修补、恢复原状、对有体物的改良以及无体劳动的创造(如剧本的写作以及数据处理),参见Rummel [– Krejci], ABGB I2, arts. 1165, 1166, no. 9。

4. 比利时民法典第1710条对承揽合同(louage de services)进行了定义。和有体物及无体物的建设合同有关的专门规定存在于民法典第1787条及以下。

5. 在英国法中,不存在对建筑活动的专门法律规定。学者倾向于将注意力集中在不动产的创造上,参见Hudson, Building and Engineering Contracts11, no. 1 – 001 and Chitty on Contracts Ⅱ29, no. 37 – 001。1996年住房补助、建筑和再生法第104～105条在对建筑合同进行定义时完全是以房屋及其他不动产为依据的,即使建筑合同也包括其他与施工作业有关的建造、土木工程、内部及外部装修以及景观布置等建筑上的、设计上的以及测量上的工作或者建议的执行协议。该法亦适用于苏格兰。

6. 芬兰消费者保护法第8章涵盖了与动产、不动产以及其他建筑物有关的劳务或者其他履行,不动产的制造也包括在内。第9章包括不动产的建造。其他建筑合同由一般合同法予以调整。

7. 在法国法中,民法典第1787条及以下规定的承揽合同是指一方当事人(承揽人)独立承担执行某项工作的合同。该一般合同囊括了有形或者无形的所有类型的劳动(Cass. civ. Ⅲ, 28 February 1984, Bull. civ. Ⅲ, no. 51)。法国民法典对房屋建筑合同有着专门的规定(民法典第1792～1793条)。

8. 在德国,建造活动属于民法典第631条及以下的承揽合同的法律规定的调整范围。这些规定不仅适用于建造,还适用于如下活动:在顾客的场所内进行的劳动(比如安装以及房屋保

洁)、在顾客交给的物品上进行劳动(比如洗涤衣服及修理汽车)、手工工艺、智力成果以及加工等。

9. 希腊民法典第 681 条将承揽合同定义为既可以是物质性的又可以是非物质性的。当承揽合同包括服务的提供时,对于消费者合同适用专门的规则(平等法案 Equal Treatment Act 第 8 条)。

10. 在意大利,建筑合同在民法典第 1655 ~ 1677 条规定的承揽合同规则的适用范围之内。承揽合同是指一方当事人承担履行某项工作或者服务的合同。在有体物(对其适用承揽的规定)上进行的活动与和无形的思想(对其适用智力的规定)有关的活动之间的界限问题是大家经常讨论的话题。虽然工程合同(The contract of engineering)所要求的只是智力活动(比如前期研究、项目规划以及为技术及管理事项提供建议等),但是它仍然由承揽合同规则予以调整。

11. 荷兰民法典第 7:750 条将承揽合同定义为具有有形性质的劳动。在第二分章(民法典第 7:765 条及以下)对消费者订购的房屋的建造作出了专门的规定。

12. 在波兰,建筑合同被规定在民法典第 647 ~ 658 条中。建筑被视为特殊承揽合同中的特殊类型(对于有瑕疵的或者违约的开工迟延、竣工迟延或者迟延履行工作的后果,对于建造好的物体的瑕疵担保,以及顾客在标的物建好前的合同终止权,民法典第 656 条规定准用承揽合同相关规定)。尽管如此,虽然从历史上看,建筑合同发源于承揽合同(参见最高法院 1991 年 2 月 12 日判决Ⅲ CRN 500/90, OSNCP 1992, no. 7－8, poz. 137),但建筑合同仍然构成一种单独类型的合同(参见最高法院 1990 年 12 月 12 日判决Ⅰ CR 750/90 (OSNCP 1992 no. 5, poz. 81)。建筑合同双方当事人的地位也取决于行政建筑法的规定,而行政建筑法对建筑方和顾客都规定了一定的义务。违反这些义务可能会引起民法上的后果。能否适用行政建筑法的规定构成了承揽合同与建筑合同的区分方法。建筑合同的规定也适用于房屋或者其他建筑物的维修合同(民法典第 658 条)。

13. 在葡萄牙,承揽合同被规定在民法典第 1207 条及以下,但是新近判例法的趋势是承揽合同的规定不适用于无体劳动:STJ 2 February 1988, BolMinJus 374, p. 449; STJ 17 June 1998, CJ 1998 Ⅱ, p. 116; STJ 29 September 1998, CJ (STJ) 1998 Ⅲ, p. 34。

14. 在西班牙,承揽合同(contratos de obra)与服务合同一道被规定在民法典第 1544 条。在民法典第 1588 ~ 1600 条中对建筑合同(动产除外)作了进一步规定,参见 Díez－Picazo and Gullón, Sistema Ⅱ9, pp. 433 ff。对承揽合同的分类参见 TS 6 November 1982, RJ 1982/6530。与建筑合同有关的最重要的法律渊源是建筑法(LOE)。

15. 在瑞典,不动产建筑工作是由一般合同法以及标准条款予以规定的,参见 Hellner, Speciell avtalsrätt Ⅱ, first book, p. 122。而与动产有关的消费者服务则被规定在消费者服务法中。它们包括有关动产(lösa saker)(消费者服务法第 1 条第 2 句)的劳动以及有关不动产、房屋及其他路上、水上建筑及其他固定物体的工作。消费者服务法第 2 条排除了动产的生产,除非消费者提供主要的材料。

Ⅲ. 标准条款

16. 奥地利标准协会(Österreiches Normungsinstitut; www. on－norm. at)的规则处理的是不同类型建筑合同的合同方面及技术方面的问题。重要的例子如承揽合同一般合同条款(ÖNORM A 2060:Allgemeine Vertragsbestimmungen für Leistungen/General conditions for contracts－Works contract)及建筑服务一般合同条款(ÖNORM B 2110: Allgemeine Vertragsbestimmungen für

Bauleistungen/General conditions of contracts for works of building and civil engineering construction)。

17. 在英国法中最普遍适用的一般条款是英国皇家建筑师协会的联合合同仲裁庭(the Joint Contracts Tribunal (JCT))合同范本以及土木工程师协会(the Institute of Civil Engineers (ICE))的标准范本,参见 Hudson, Building and Engineering Contracts11, nos. 1007－1008 and Chitty on Contracts Ⅱ29, no. 37－002。而国际合同可能适用 FIDIC(国际咨询工程师联合会)模式。在苏格兰,存在这些标准合同的苏格兰版本以及其他本土模式,参见 Stair, The Laws of Scotland Ⅲ, 'Building Contracts' paras. 10－12 (with update); Connolly, Construction Law, chap. 2。

18. 在芬兰,最常使用的标准范本是建筑合同一般条款(YES1998)以及分包合同条款(RT16－10205),参见 Liuksiala, Rakennussopimukset。

19. 在法国,适用于公共部门的最重要的标准条款是 1976 年 1 月 21 日 76－87 号法令通过的关于公共工程合同的一般行政条款(Cahier des clauses administratives générales applicables aux marchés publics de travaux (CCAG－Travaux))。在私人领域也存在此类标准条款;参见 the AFNOR norm NF P 03－001。

20. 在德国法中,建筑服务合同条款(Verdingungsordnung für Bauleistungen (VOB))是最重要的标准合同渊源。其第一编规定的是采购,第二编规定的是标准条款,第三编规定的是技术规则(DIN－Normen)。

21. 在希腊,实践中经常使用标准合同条款,尤其是在房屋建设领域。

22. 在荷兰,使用国家标准合同条款已成惯例,其中最重要的是工程合同统一管理条款(Uniforme Administratieve Voorwaarden voor de uitvoering van werken (UAV 1989))。为消费者进行的房屋建造一般由建筑工业一般条款(in het bouwbedrijf)予以规定;而对于设计和建造合同现在使用的是整体合同统一管理条款(Uniforme Administratieve Voorwaarden voor geïntegreerde contrac－ tvormen (UAV－GC 2000))。

23. 在波兰存在几种不同的典型建筑合同:(1)建筑的总履行合同,由客户或者项目一般执行人与主承包商缔结;(2)建筑投资实现合同,由顾客与所谓的项目总执行人缔结;(3)建筑或者装配作业履行合同,由总承包商与转包商缔结;(4)转包合同,在主承包商的主要功能由顾客履行的情况下与所谓的分包商缔结;(5)投资替代合同;以及(6)所谓的开发合同(Rajski [－Strzępka] System Prawa Prywatnego, Ⅶ2p. 398)。

24. 在葡萄牙法中,建筑合同有时是以国际咨询工程师联合会(FIDIC)以及土木工程师协会(ICE)的标准合同条款为基础的。但是,很多时候,双方当事人会以 REOP 作为某些合同条款的基础。尽管该法案是关于公共建设的,但是一些私人合同当事人也会选择将 REOP 的一些条款纳入合同中,参见 Romano Martinez, Direito das Obrigações2, no. 296。

25. 在西班牙,与公共管理机构缔结的建筑合同归 2007 年公共部门合同法调整。

26. 在瑞典,最常用的标准合同范本是 1992 年瑞典建筑、土建和安装工程合同一般条款(allmänna bestämmelser för byggnads－, anläggnings－ och installationsentreprenader), see Hellner/Hager/ Persson, Speciell avtalsrätt Ⅱ(1)4, p. 122)。另一重要的标准合同是 ABS 95(Allmänna bestämmelser för småhusentreprenader),是由建筑方与接受政府对建筑工作的金融支持的消费者使用。这种情况下不适用消费者服务法。可以说 ABS 95 是 1992 年瑞典建筑、土建和安装工程合同一般条款与消费者服务法的混合体。

第Ⅳ.C－3:102条　顾客的协作义务

协作义务尤其要求顾客：

(a)在可以合理地认为是建筑方履行合同义务所必需的情形下，使建筑方得进入施工地点；以及

(b)在可以合理地被认为是使建筑方能够履行合同义务所必需时提供应由其提供的工程部件、材料及工具。

评　论

A. 法条概述

本条是第Ⅲ－1:104条(协作)的一般协作义务的具体实例，虽然该一般协作义务已经在第Ⅳ.C－2:103条(协作义务)中对于服务做了细化。在第Ⅳ.C－2:103条中已经非常明确，顾客必须回答建筑方就诸如现有情况等信息作出的问询。此外，顾客的指示，比如建筑师交付的图纸或者其他说明必须在合理的时间内向建筑方提供。对于许可证和执照亦是如此。建筑方也应当确保顾客能够跟进建设进度以检验建筑方是否履行了合同义务。对于双方的努力也应当相互协作。

本条提到了两个对于顾客的协作至关重要的两个特殊问题。顾客必须要使得建筑方能够进入施工场所；以及当工程部件、材料及工具须由顾客提供时，顾客应当及时提供。

示例

农场主想要建筑方在其土地上建设一幢棚屋。建筑方需要使用农场主旧棚屋上的木材，而该木材由农场主自己进行拆卸。农场主必须要使得建筑方能够进入新棚屋的施工场所并且及时提供木材。

B. 利益权衡和政策考量

得到顾客提供的材料以及能够进入施工场所是必要协作的两个特殊例子。如果顾客未能及时提供这些东西，可能会拖慢建设进程，使得建筑方的人力及其他资源得不到充分利用。这里的问题是，对于这些努力的付出，是由建筑方还是由顾客承担最主要的责任。

C. 首要选择

本条提到的协作的两个方面是协作良好的建设工作所必需的核心要素。将这些责任由顾客承担是得到了多个国家建筑法充分支持的一个解决方案。没有证据表明这些义务在其他国家中存有争议。通常顾客处在能够保障这些建筑要素得到充分关照的最好境地。

D. 协作的其他事项

除了本条提到的之外,还存在其他协作事项。当开始建设活动后,双方当事人可能会发觉,对于某些方面的协作事先设计好协作步骤是非常有用的。在标准条款中,对于建筑物的交付,对于最终成果的检验,对该检验的投诉,对于项目进展情况的讨论以及讨论结果的记录等,都有着详细的步骤。这些复杂程序是否有用以及哪种程序为合适取决于建筑项目的规模以及双方当事人满足这些程序要求的能力。应当将设计及执行这些程序的成本与预期收益进行对比。对于重要通信都制作文字记录会花费一定的费用,但这对处理质量问题及其他后续潜在问题将提供很大帮助。

对建筑物的指示、变更、检验、接收及交付程序在标准条款中是很常见的,但在标准条款中有关争议处理的条款并不常见,除非是对处理争议的法院或仲裁庭以及法律的适用达成的协议。在建筑行业以及软件行业中,大家越来越意识到尽早以及以高效率的方式解决纠纷的必要性。这反映在"合作伙伴"概念的发展以及对于大型建筑项目设立"争端审查委员会"。在此类程序的整个发展过程中提倡合作以及在争议出现时诉诸这些程序是相当有用的。

注　释

Ⅰ. 概述

1. 所有的法律体系都承认顾客负有相当广泛的协作义务。

2. 协作义务在英国(参见 Hudson, Building and Engineering Contracts11, no. 1-186 and Chitty on Contracts Ⅱ29, nos. 37-067 and 068)和苏格兰(Stair, The Laws of Scotland Ⅲ, "Building Contracts", paras. 52-59)来自于默式条款,在德国(民法典第642条第(2)款及第643条)和奥地利(民法典第1168条第(2)款)来自于建筑合同的特殊规定,在荷兰(民法典第6:248条)、比利时(民法典第1134条)、西班牙(民法典第1258条)、意大利(民法典第1375条,亦见民法典第1175条关于履行中准确性的一般原则)以及葡萄牙(民法典第762条及813条第(2)款)则来自于一般性的诚实信用原则。

3. 在斯堪的纳维亚国家及波兰,情况则没有那么一目了然,但也存在大量关于协作的特殊规定,参见瑞典建筑、土建和安装工程合同一般条款(AB 92)第3:12条及第17条、芬兰消费者保护法第9章第31条以及国际咨询工程师联合会标准条款第42条。在法国,顾客的协作义务相当

有限，但在诚实信用义务中可能存在协作义务，参见民法典第1134条第(3)款。

4. 在英国(参见 Hudson, Building and Engineering Contracts11, no. 4-150 and Chitty on Contracts Ⅱ29, no. 37-067)及苏格兰(Stair, The Laws of Scotland Ⅲ, "Building Contracts", para. 53)，顾客负有的使得建筑方进入施工场地的义务属于默式条款。在其他国家则来自于诚实信用原则或者协作义务：比利时(Goossens, Aanneming van werk, no. 987)、德国(民法典第242条及642条)、西班牙(民法典第1258条)、葡萄牙(Romano Martinez, Direito das Obrigações2, no. 344)以及波兰(参见民法典第635条)。许多标准条款也提到了该义务，比如：瑞典(瑞典建筑、土建和安装工程合同一般条款第3:14条)、荷兰((1898年工程合同统一管理条款第5-1条b款及AVA 1992 art. 3(1))以及奥地利(ÖNORM B 2110 5. 9. 1)。亦参见国际咨询工程师联合会标准条款第42条。

Ⅱ. 协作义务概述

5. 根据奥地利民法典第1168条第(2)款，如果顾客不协作，那么在一定条件下建筑方有权撤销合同。积极协作义务见于B 2110标准条款(ÖNORM B 2110)，其中存在大量关于间接协作义务的规定，比如确保多个建筑方之间能够完美协作的义务，尤其是协调他们相互之间的工作(第5.14款)。承包商对供应商及分包商亦负有类似义务。

6. 在荷兰法中，一般假设顾客有义务让工作能够得以实现以及其实现变得更加容易的义务。该义务基于诚实信用原则(参见 Goossens, Aanneming van werk, nos. 979 ff)。

7. 在英国法中，默式条款原则使得双方当事人都负有积极义务去做所有对于他方当事人履行义务为必要的事情，并且不得妨碍对方当事人履行义务(Hudson, Building and Engineering Contracts11, no. 1-186 and Chitty on Contracts Ⅱ29, nos. 37-067 and 37-068)。在苏格兰法中亦是如此(Stair, The Laws of Scotland Ⅲ, "Building Contracts", para. 52)。

8. 芬兰消费者保护法第9章第31条是关于由于消费者顾客的不协作而导致的迟延问题，规定建筑方有权获得赔偿以及其他救济。建筑合同一般条款(YES1998)第8条也对顾客的一般协作义务作出了规定。

9. 在法国法中，顾客的协作义务仅限于将对于工作的履行为必要的信息告知建筑方。如果顾客隐瞒了这些信息，可以将其视为顾客的与有过失，进而引起建筑方的部分免责(Cass. civ. Ⅰ, 17 March 1969, D. 1969, 532, knowledge of the client of particular characteristics of the soil)，除此之外，顾客可能还负有诚实信用原则下的其他义务，参见民法典第1134条第(3)款。

10. 德国民法典第642条规定顾客负有一般协作义务以及必须为建筑工作作出自己的贡献。顾客可能需要提供材料、获得官方许可、提供设计以及提供技术支持(如水电)。建筑工程执行一般合同条款(VOB/B)第6条第6项规定，如果顾客雇用的其他服务供应商未提供相应的成果，而建筑方需要在该成果的基础上完成其工作，那么属于顾客未提供协作。根据德国民法典，不得对协作义务进行强制执行(BGH NJW 1954, 229)。如果建筑方做好了接收设备的准备却做了无用功，那么可以要求顾客赔偿并可在设定额外的期限后终止合同，参见民法典第642条第(2)款、第643条以及建筑工程执行一般合同条款(VOB/B)第9条。如果顾客的不出力已经达到了如此严重的程度，以至于继续维持合同关系变得不合理，建筑方可立即撤销合同并就顾客的不履行要求赔偿(BGH NJW 1954, 229)。

11. 在意大利法中，无论是在先合同阶段(民法典第1337条)还是合同阶段(民法典第1375条)，一般协作义务都可能来自于正确履行原则(民法典第1175条)以及诚实信用原则。

12. 在荷兰,顾客的协作义务并未写进法典,但是标准条款对建筑方的义务作出了规定:要使得顾客或者顾客的代理人能够进入工地,以便行使监督工作的权利(参见1989年工程合同统一管理条款第6～20条和第6～22条),任何时候建筑方都需要有代表驻在工地以便接收并执行顾客或者顾客的代表作出的指示(1989年工程合同统一管理条款第6～19条)。

13. 根据波兰法,双方当事人都负有协作义务;这来自于合同法的一般规定(民法典第354条及第355条)。此外,建筑合同的双方当事人在建筑工作进行的每个阶段都负有协作义务,这来自于民法典第651条及第655条(Rajski [– Strze Pka] System Prawa Prywatnego, Ⅶ,2 p.407)。

14. 在葡萄牙,不存在关于协作义务的明文规定。但是,协作义务来自于民法典第762条及第813条第(2)款的诚实信用一般原则。协作义务包括地形、材料、根据以及指示的提供,以及进行协作以取得行政许可,参见Romano Martinez, Direito das Obrigações2, no. 344。

15. 在西班牙,即使双方当事人的协作义务未被明确写进法典或者合同之中,双方当事人也必须履行,因为该义务源于诚实信用、惯例以及法律(民法典第1258条)。建筑法第9条第(2)款还规定了顾客的特殊义务。其中的一些义务属于协作的范畴:比如提供文件和信息,允许建筑方履行义务以及授权变更,获得所有必要的许可证及行政许可以及购买强制保险(第19条)等。

16. 在瑞典法中,建筑、土建和安装工程合同一般条款(AB 92)中不包括任何关于双方当事人的一般协作义务。但是对协作义务进行了细化,比如第3:12条规定了顾客有责任将他自己的工作及副承包商的工作与承包商协调好。此外,双方当事人有义务出席建筑会议,该会议在必要的时候召开并解决与双方当事人有关的问题。

Ⅲ.准许进入的义务

17. 根据奥地利B 2110标准条款(ÖNORM B 2110),顾客需为建设工作的开展以及设备存放提供进入工地的道路或者铁路,以及为工地提供气、水、电,如果这些是建筑方履行合同义务所必需的(第5.9.1条)。

18. 使得建筑方能够开展建筑工作的义务是比利时法的一条基本原则,参见Goossens, Aanneming van werk, no. 987。

19. 在英国法(Hudson, Building and Engineering Contracts11, 1995, no. 4－150 and Chitty on Contracts Ⅱ29, no. 37－067)和苏格兰法(Stair, The Laws of Scotland Ⅲ, "Building Contracts", para. 53)中存在要求顾客在合理的时间对将工地的占有交给建筑方的默式条款。

20. 在法国法中,通常认为顾客负有让建筑方得以进入工地的义务(Huet, Contrats spéciaux2, no. 32329; Picod, JCP éd. G 1988, Ⅰ no. 3318)。

21. 在德国法中,如为必要,顾客需准许建筑方进入其土地。该义务源于民法典第242条(诚实信用)及第642条。

22. 在荷兰法中,顾客让建筑方得以进入建筑工地的义务来自于1989年工程合同统一管理条款第5－1条b分条以及AVA1992第3条第(1)款。

23. 对于建筑合同,波兰民法典未对让建筑方得以进入建筑工地的义务过多着墨;但是该义务可以从诸如民法典第636条得出,根据民法典第656条第(1)款该条适用于建筑合同。

24. 根据葡萄牙法,让建筑方得以进入工地属于协作义务的范畴,参见Romano Martinez, Direito das Obrigações2, no. 344。

25. 虽然西班牙法对于此点并未进行特别规定,作为土地所有权人的顾客负有保障建筑方能够有效占有(posesión in – strumental o servil)建筑工地。该义务来源于债权人负有使得债务人

的履行变得可能的义务这一基本原则(TS 21 November 2002, RJ 2002/10269)。

26. 根据瑞典法,建筑方通过与顾客协商有权以为开展合同工作为必要的方式使用建筑工地,瑞典 建筑、土建和安装工程合同一般条款(AB 92)第 3:14 条。

第Ⅳ.C-3:103 条　防止建筑物遭受损害的义务

建筑人应采取合理的预防措施防止建筑物遭受任何损害。

评　论

A. 法条概述

适用于所有服务合同的第Ⅳ.C-2:105 条(技能和注意义务)已经要求建筑方遵守适用于其行为(第(1)(b)条)的法律和纪律规则,并且采取合理的预防措施以防止服务的履行可能导致的损害的发生。在建筑活动期间,建筑方应采取合理的预防措施以防止可预见的对建筑物的损害。

示例

建筑物的建造者应当保护建筑物免遭外来的诸如天气状况以及盗窃等的伤害。这可能要求给建筑工地加顶以防雨防风。如果将贵重的材料堆放在工地,那么可能需要将工地圈禁甚至是看护起来。

B. 利益权衡和政策考量

当建筑活动正在进行的时候,建筑物受损的风险通常比建设已经完成并投入使用时要大。与已经完成了的建筑物相比,建造中的建筑结构更容易进入,更多地暴露在各种元素的影响之下以及更加脆弱,因此需要进行保护。问题是:由谁进行保护? 建筑方还是顾客?

一般都是由建筑方管理工地,或者至少是建筑结构,并且定期频繁地进入建筑物结构,所以通常建筑方最能采取保护措施。

此外,建筑方一般处在最有利的位置以采取安全措施以及采取措施限制建筑活动对物品或者第三人的不利影响。从其性质来看,建筑是一个很容易对物品甚至人身产生伤害的过程。建筑方本来就需要保护他自己的材料以及员工,因此,保护其他物品以及人员对于建筑方来说不是什么繁重的负担。此外,很多时候都能够投保。在某些极端的例子中,顾客可能处在更有利的位置以采取安全措施,此时,双方当事人可能希

望偏离上述默认安排。

C. 首要选择

根据本条,由于上述B所列原因,在建设期间由建筑方对建筑物的安全措施负主要责任。

注　释

Ⅰ. 概述

1. 首先,考查不同司法体系是如何解决建筑方负担的技能注意义务的一般问题可能会有所裨益。

2. 某些司法体系使用的是使用合理的技能开展工作这一一般义务,比如英国(参见 Hudson, Building and Engineering Contracts11, no. 4-124, Chitty on Contracts Ⅱ29, no. 37-069, Supply of Goods and Services Act 1982, s. 13)、苏格兰(Stair, The Laws of Scotland Ⅲ, "Building Contracts" paras. 34-36)、瑞典(1992年瑞典建筑、土建和安装工程合同一般条款第2:1条和消费者服务法第4条)以及荷兰(Jansen, Defects liability, pp. 252-253)。

3. 但是,更多的司法体系对于建设努力的结果规定了更加严格的责任,而仅对于对劳动、其他物品、人员以及除不动产之外的其他结构的损害使用注意标准责任(standard of care liability),参见芬兰(消费者保护法第8章第12条及第9章第13条)、法国(Malaurie/Aynès/Gautier, Con- trats spéciaux Ⅷ14, no. 740 and Collart Dutilleul and Delebecque, Contrats civils et commerciaux7, nos. 727ff)、西班牙(Carrasco Perera/Cordero Lobato/González Carrasco, Derecho de la Construcción y la Vivienda4, 353 para. 2 LOE)、意大利(民法典第1176条及Mangini, Ⅱ contratto di appalto2, p. 134)、德国(BGH NJW 1998, 3707, VOB/B art. 13 no. 1 及民法典第633条)、奥地利(民法典第1299条, Rummel [-Krejci], ABGB Ⅰ2, arts. 1165, 1166, no. 86 and ÖNORM A 2060, 2. 10)、希腊(民法典第685条第(1)款)、葡萄牙(民法典第1208条, 城市建设法第15条, 民法典第762(2)条)以及波兰(民法典第355条)。

4. 在瑞典,建筑方有义务防止建筑物遭受损害, 建筑、土建和安装工程合同一般条款(AB 92)第5:4条。在其他国家存在防止对物及对人产生损害的更一般的义务,参见英国(Hudson, Building and Engineering Contracts11, nos. 1 - 273 ff)、苏格兰(Stair, The Laws of Scotland Ⅲ, "Building Contracts" para. 149)、芬兰(消费者保护法第8章第20条、第21条以及第9章第20条(但有所限制))、荷兰(工程合同统一管理条款第6-6条和第6-16条, art. 5, para. 1, AVA 1992)、西班牙(前言及建筑法第3 b. 3条)、德国(BGH VersR 1969, 927; BGH NJW 83, 113; CA Karlsruhe VersR 1985, 297; Staudinger [-Peters], BGB [2003]13, art. 635 nos. 6-7)、奥地利(ÖNORM B 2110, 5. 13 and 5. 41. 2)、葡萄牙(RGEU arts. 15 ff, and art. 135)以及波兰(民法典第652条)。在法国,该义务甚至有向严格责任方向发展的趋势(对于该安全义务参见 Le Tourneau and Cadiet, Droit de la responsabilité et des contrats (2002/2003), no. 1827, and Malaurie/ Aynès/Gautier, Contrats spéciaux Ⅷ14, no. 748 (against),但是在判例法中此点还不是

很明确)。

Ⅱ.一般注意标准

5.奥地利民法典第1299条要求尽到完成任务所需要的通常程度的注意,参见JBl 1962, 152; SZ 34/153, JBl 1962, 322; SZ 35/ 130, EvBl 1963/164; JBl 1982, 245, EvBl 1981/159; Gschnitzer, Schuldrecht, Besonderer Teil und Schadensersatz2, 482, and Schwimann [- Harrer], ABGB Ⅵ3, art. 1299, no. 2。如果在合同中约定建筑模式,建筑方需以符合当地惯例以及技术规则的方式进行履行,参见Rummel [- Krejci], ABGB Ⅰ2, arts. 1165, 1166, no. 86 and ÖNORM A 2060, 2.10。

6.在比利时,此类义务的基础是民法典第1135条(合同诚信),参见Goossens, Aanneming van werk, 2003, nos. 955 ff。

7.在英国,存在以合理的技能履行工作的一般"工艺"义务("workmanship" obligation),(Young & Marten Ltd. v. McManus Childs Ltd. [1969] 1 AC 454, see Hudson, Building and Engineering Contracts11, no. 4-124 and Chitty on Contracts Ⅱ29, no. 37-069)。在经营过程中提供服务的,存在默式条款,即以合理的技能和注意予以履行,1982年货物及服务供应法(Supply of Goods and Services Act 1982)第13条。

8.对于向消费者提供的在不动产上进行的细小的工作,芬兰法律要求必须在考虑到顾客利益的情况下以专业的技能和注意履行服务,参见消费者保护法第8章第12条。而对于其他建筑工作,良好的建筑实践以及消费者的合理期待这两点要求则至关重要,参见消费者保护法第9章第13条。

9.根据法国法,有体物的建筑方通常都负有完成建筑物的结果义务。但是,其他企业则负有采取某种手段的义务(obligation de moyens),而不负有达成特定结果的义务。对于对开展建筑工作的载体以及其他物品的保护可能会存在额外的义务,参见Malaurie/Aynès/Gautier, Contrats spéciaux Ⅷ14, no.740 and Collart Dutilleul and Delebecque, Contrats civils et commerciaux7, nos. 727 ff。

10.德国法并不将重点放在建筑活动本身的质量上面,而更多地放在其结果上面。建筑工程需适于其通常目的(BGH NJW 1998, 3707)。如果建筑工程未按照一般技术标准(Regeln der Technik)进行,则是有瑕疵的,参见art. 13 no. 1 VOB/B及民法典第633条(BGH BauR 1981 577, 579)。

11.根据希腊法,建筑方必须尽到各种交易或者业务中要求的注意,民法典第330条。此外,民法典第685条第(1)款规定建筑方应当谨慎使用顾客提供的材料,并报送相关的账单,如果材料有所结余,应当返还顾客。

12.在意大利,要求建筑方以践行相关专业活动所固有的勤勉和知识履行服务(民法典第1176条)。建筑方有权自主履行服务,因此必须遵守行业特有的注意标准,参见Mangini, Ⅱ contratto di appalto2, p.134; Marinelli, Giust. civ. 1982, Ⅱ, p.116)。

13.根据荷兰法,建筑方需以适当的方式处理相关事务,以合理的技能履行工作。参见Jansen, Defects liability, pp.252-253。

14.在波兰法中,建筑方需遵守通常要求的注意标准,而对于专业活动对注意标准的要求更高,参见民法典第355条。

15.在葡萄牙,建筑方必须按照合同完成无瑕疵的合目的工程(民法典第1208条)。在房屋

建设中,必须遵守最高的建筑实践标准,城市建筑法令第15条。此外还辅之以发端于诚实信用原则的信息义务、安全义务及保密义务等,参见民法典第762条第(2)款以及Romano Martinez, Direito das Obrigações2, no. 350。

16. 在苏格兰法中,建筑方的一般义务有注意和技能义务,该义务包括选择和安装适合目的的材料(Stair, The Laws of Scotland Ⅲ, "Building Contracts" paras. 34－36; Supply of Goods and Services Act 1982 ss. 11A(3), 11D)。更一般的合目的性条款可能明确表达或者暗含在具体的情况之中。

17. 根据西班牙法,承揽合同要求的是结果义务。但是,结果义务通过建筑法得到了补充,根据建筑法,建筑方在建筑过程中必须遵守特殊的义务。这是为了保障建筑方能够达成期待的结果,参见建筑法第11条第(2)款。建筑方有义务以与设计的项目、适用的法律以及技术人员的指示相符合的方式开展建筑工作,以便达到项目所要求的质量。

18. 在瑞典,建筑方必须以专业的方式开展工作,建筑、土建和安装工程合同一般条款(AB 92)第2:1条及消费者服务法第4条。涉及消费者时,专业建筑方必须考虑到顾客的利益,并在必要和可能时向顾客做出建议,消费者保护法第4条。

Ⅲ. 防止对既有建筑物及其他人员和物品造成损害

19. 在奥地利,建筑方履行合同义务不得对其他人员和物品造成损害是法律的一项基本原则。对于合同当事人,该义务可能是合同性的(基于技能和注意合同义务);而对于第三人,该义务则可能是非合同性的(基于侵权法)。B 2110一般合同条款(ÖNORM B 2110)对这个问题有着详尽的规定:建筑方有义务保障工地的安全(5.13),并且对某些建筑活动引起的损害向第三人负赔偿责任(Schaden Dritter, 5.41.2)。

20. 在英国法中,该义务基于过错侵权,参见Hudson, Building and Engineering Contracts11, nos. 1－273 ff。

21. 在芬兰,在与消费者的关系中,建筑方需对人身伤害及财产损害负责,参见消费者保护法第8章第20－21条,第9章第20条但是有着某些限制。

22. 在法国,部分法律学说认为,承包人尤其是建筑方负有安全义务(Le Tourneau, Cadiet, Droit de la Responsabilité, no. 1827)。另一方面也有人反对这一观点(Malaurie / Aynès/Gautier, Contrats spéciaux Ⅷ14, no. 748)。判例法对此并不明确。在对建筑工作的载体保护以及其他物品的保护方面可能还存在额外的义务,参见Malaurie / Aynès / Gautier, Contrats spéciaux Ⅷ14, no. 740 and Collart Dutilleul and Delebecque, Contrats civils et commerciaux7, nos. 727 ff。

23. 在德国法中,基于诚实信用原则(民法典第242条),建筑方负有如下次要义务:行事时要顾及顾客的财产(BGH VersR 1969, 927; BGH NJW 83, 113)并且不得危及顾客的生命及健康(CA Karlsruhe VersR 1985, 297)。对于诸如邻居等第三方所遭受的损失,建筑方也必须向顾客作出赔偿(Staudinger [－Peters], BGB [2003], § 635 nos. 6, 7)。

24. 在意大利,对于因执行建筑工作给第三方造成的任何损害,建筑方都必须负责。只有当建筑方完全听从顾客的指示毫无自由决定的空间时,或者第三人的损害是由顾客任命的工程指挥作出的决定造成的,才存在让顾客承担责任的可能性,Danovi, Foro pad. 1991, Ⅳ, 2, pp. 99－110。

25. 在荷兰,建筑方须以如下方式开展工作:不得不必要地妨害顾客及其他人并且应尽可能地限制对人身、物品及环境的伤害(工程合同统一管理条款第6－6条, art. 5, para. 1, AVA

1992)。此外,建筑方必须保障建筑工地的秩序和安全,并且提供开展工作所需要的足够的照明(工程合同统一管理条款第 6－16 条)。

26. 在波兰法中,对于建筑工地中损害的预防有着专门的规定。自建筑方从顾客手中接手工地起,至交付成果之时止,任何发生在工地的损害都由建筑方负责(民法典第 652 条)。

27. 在葡萄牙法中,在任何工作的履行过程中,除了采取措施防止对财产造成损害之外,还需要保障公众及工作人员的安全,如果可能的话,还需要确保公共道路上的正常交通,参见第 15 条及以下以及城市建设法(Urban Constructions Decree Law)第 135 条。

28. 在苏格兰法中,责任取决于侵权法中有关过错的一般原则(Stair, The Laws of Scotland Ⅲ, "Building Contracts" para. 149; Connolly, Construction Law, chap. 6)。

29. 在西班牙法中,在建筑法的序言中规定,除了其他原因之外,新法的制定是对社会上对建筑物质量所做的要求的回应。这指的不仅是安全及防火,还包括其他方面,比如防噪、隔热以及对残障人士使用的考虑等,亦见建筑法第 3 b 3 条。但是建筑法仅规定了物质损害的后果,而未对人身伤害作出规定。建筑法第 19 条第(1)款规定,建筑方有义务就建筑工作所造成的物质损害投保。

30. 根据瑞典建筑、土建和安装工程合同一般条款(AB 92)第 5:4 条,建筑方对尚未交付的建筑工作任何部分遭受损害承担责任。此外,建筑方还负有购买一切险的义务,第 5:22 条第(2)款。

第Ⅳ.C－3:104 条　与合同要求相符

(1)建筑方应保证建筑物符合合同要求的质量和说明。需要建造多个建筑物的,该数量也应与合同相符。

(2)建筑物不符合合同的要求,除非:

(a)该建筑物符合建筑方在合同订立时或根据本编第 2:109 条(单方变更服务合同)的规定就有关争议中的问题进行变更时所知道的明示或默示的任何特殊目的;以及

(b)该建筑物符合特殊目的或者同种类建筑物通常的使用目的。

(3)如果顾客根据本编第 2:107 条(顾客的指示)的规定作出的指示是建筑物与合同要求不符的原因且建筑方依照第 2:108 条(服务提供方的警示义务)的规定履行了警示义务的,顾客不得就与合同要求不符寻求救济。

评　论

A. 法条概述

本规定是建筑的一条核心规则。建筑方要保障建筑物符合目的。如果建筑物不

符合其目的,建筑方必须证明这是由于其控制范围之外的原因造成的。本规定是对第Ⅳ.C－2:106条(达成结果的义务)的进一步细化。顾客会期待结果能够达成。

建筑物应符合在缔约时建筑方所知道的目的。当建筑方后来知道建筑物有特殊目的时,如果合同的内容根据第Ⅳ.C－2:109条(单方变更服务合同)作出了变更,那么建筑方有义务确保建筑物符合该特殊目的。

此外,建筑物必须符合同种类建筑物通常的使用目的。如无相反表示,顾客可以合理期待该建筑方将符合此通常使用目的。如果建筑方没有能力建造符合该目的的建筑物,那么应当如实告知顾客。

示例1

顾客与造船厂就一艘大型帆船的建造缔结了合同。顾客可以期待大型帆船是能够航海的。如果顾客告诉造船厂,他希望用该帆船进行最多容纳十人的航行,那么他可以期待该船能为10人提供足够的睡眠和坐立空间,虽然具体的人数可能会有所变化。

同样,即使整个建筑物符合其目的,但如果建筑物的一部分或者某部件不符合特定的或者通常的目的,该建筑物也与合同要求不符。当然,此类部分不符只会导致适用经过调整的救济措施。

B. 利益权衡和政策考量

成果质量责任对于双方当事人来说都是头等大事。如果采纳的是严格质量责任,那么即使在既有情况评估、建筑给料和建筑过程方面每项相关质量标准都得到了满足,建筑方仍然应当弥补缺陷。适用特殊抗辩是逃脱责任的唯一途径。如果不存在"适目的性"责任,那么建筑方是否满足了为建筑活动所设立的质量标准将成为核心问题。在实践中,不应夸大这两种方法的区别,尤其是在责任已经履行的证明责任由建筑方承担的时候。此时,问题主要在于在此两种方法中哪些抗辩是允许的。

前一方法的优势在于,成果的质量相对于引起该成果的过程和合作质量来说更容易探讨和确定。比如,可能会很难重现在结果中的明显瑕疵出现之前发生的事件以及对于该事件建筑方尽到了何种程度的注意。因此,严格责任制度的法律和其他行政成本可能会较低。另一个需要考虑的问题是保险的可能性。在绝大多数国家,对于建筑物的建造风险都存在"建筑一切风险"。在法国,对于绝大多数建筑工程来说该保险的投保都是强制性的。

严格责任和保险的成本会在价格上有所体现。因此,采纳严格责任制度将会导致建筑价格一定程度的上升。但是,可能仅会对初始价格产生影响。根据对瑕疵的过失责任,在很多情况下,顾客无论如何都会允许建筑方修复瑕疵,因为顾客希望得到适合其目的的建筑物。因此,绝大多数情况下顾客都将为修复支付额外的费用,即使这是在额外工作成本的名义之下支付的,而非以本来打算囊括严格责任的初始价格的组成

部分的名义。

是成果适目的性责任还是手段责任制度更易接受还取决于建筑方不能达成设想的结果的频率。如果通常来看建筑方建造适合其目的的建筑物相对容易,则相对于不确定建筑物是否适合其目的的情形严格责任更易接受。在大多数情况下,可能正常的预防措施就能防止重大瑕疵的出现。此点对于高度创新的建筑物或者诸如全新的或者订制的机器或者软件等物品来说可能更加困难,但是,在此种情况下,无论如何特殊的合同安排都是必要的,并且双方当事人可以就这些特殊的需求调整责任机制。在许多建设项目中,问题更多地在于大量几乎难以避免的小的瑕疵。这里的主要问题是,总地说来谁处在能够预防尽可能多的此类瑕疵的有利位置上。此外,这里的问题是:就解决建筑方是否需要负责,如果不需要负责则就额外工作进行谈判的成本问题不同解决方案是如何运作的。

另一个相关问题是建筑方对建筑过程的控制程度。如果顾客或者顾客聘请的专家决定了设计或者其他给料,建筑方可能对最终的结果拥有更小的影响力。至于这是否会导致责任的减轻则取决于就顾客提供的给料和指示所能期待的建筑方应有的注意程度。这个问题一般被建筑方的警示义务所涵盖,参见第Ⅳ.C－2:108条(服务提供方的合同警示义务)。

C. 比较概述

建筑过程的最后成果(建筑物)应当符合其目的或者——实际上指的是同一件事情——不应当具有瑕疵这一原则是法国、西班牙、德国、奥地利和希腊法中的一个核心理念。在这些国家中,建筑方有义务建造出符合既定用途的建筑物,该用途即可以是其通常认为应当具有的或者该特殊建筑物所具有的特殊用途。因此,在上述国家中采纳的是完美最终结果原则:建筑方负有结果义务。这表明,除非建筑方能证明顾客的要求是产生问题的原因并发展为超出建筑方控制范围的障碍,以及糟糕的履行是由不可抗力造成的,否则建筑方须承担责任。当然,能否证明不可抗力的存在主要取决于如何对该概念进行解释。

虽然现在英国法庭对于房屋及其他建筑物使用的是"合目的性"检测标准,但是英国法的传统规则有所不同。如果顾客向建筑方发出了或多或少的详细指示,则建筑方不负有建造适合其目的的建筑物的责任,而仅仅只需要证明其使用适当的材料以熟练的方式按照计划和说明执行了工作。如果建筑方能证明指示得到了切实的执行并且尽到了适当的注意,如果建筑物不适合其目的,建筑方毋须承担责任。但是,在建造顾客自用房屋合同之中,当顾客依赖于建筑方的技能和判断时,那么就存在房屋应合理符合其目的的默式担保。在比利时、荷兰和瑞典,其制度介于英国制度和"结果义务"制度二者之间。

在英国制度中,建筑方可以通过证明工作的执行符合合同规定的质量要求而免责。如果合同未对这些问题作出规定,建筑方需要证明使用的是高质量的材料,并且

是以良好而熟练的方式进行了加工,包括从他的角度就顾客提供的指示或者其他给料中的明显瑕疵作出了警示。在瑞典、西班牙、葡萄牙、德国和荷兰法中,建筑方可以证明瑕疵是由合同要求或者其他由顾客负责的决定造成的,除非建筑方必须就这些要求或者决定可能引起的瑕疵向顾客作出警示。对于此点法国制度则有所不同,仅在顾客知道或者有理由知道其决定的不合适时——此规则很少得到适用,才允许以顾客负责的决定为基础进行抗辩。所有这些制度都有一个共同之处,那就是都允许以不可抗力为抗辩,虽然这是非常罕见的。

D. 首要选择

虽然很大程度上取决于对不可抗力概念是如何理解的,以及对谨慎的建筑方的义务的解释以及对此点的证明责任,其结果最终是非常类似的,但是这两种方法之间还是存在根本区别。因此,必须要在这两者之间作出一个明确的选择。

一种解决方案是将传统合同与“设计与建造”合同区别开来。对于后一类合同,建筑方能够在很大程度上控制达成完美的最终结果,并且要判断发生的瑕疵是由于建筑方控制范围之外的情况引起的也将更加容易。另一方面,在传统的建筑合同中,决定是由顾客尤其是顾客的建筑师作出的,这有可能会严重削弱建筑方达成完美结果的能力,因此将如此沉重的责任强加给建筑方显得有点太过。但是,对于留给建筑方的控制范围,在传统建筑合同与设计建造合同之间可能并不存在重大本质区别。诚然,在传统的建筑合同中,重大决定通常都是由顾客作出的,建筑方的自由将会受到更多的限制,而在设计建造合同中,此类决定通常是由建筑方作出的。然而,在传统建筑合同中,如果顾客不作这些决定,那么建筑方的自由将会大很多;而在设计建造合同中,如果顾客作出了干预,那么建筑方应有的自由则可能受到限制。

因此,顾客对建筑过程最终呈现的结果的影响程度并不必然与是选择现代还是传统模式有关,而是取决于建筑方对要作出的选择的控制程度。但是,能够判断对方当事人所拥有的影响指数的决定性标准是颇成问题的。很难划出一条正确的界限,因此,此类标准将导致相当大的不确定性。

如果必须要在这两种制度之间作出选择,合目的性规则似乎更胜一筹。如果建筑物不符合其目的,一般来说,相较顾客而言,建筑方更能解释其原因所在。此外,不管由谁最终承担修复费用,建筑方一般都处在能修复瑕疵的有利位置。最后,绝大多数国家都有能够涵盖建筑主要风险的保险。

建筑方的负担还取决于需要证明什么才能逃脱责任。对于此点,这里遵循的方法是建筑方可以通过证明瑕疵是由顾客作出的决定引起的而免责。顾客的这些决定可能包含在合同之中,也可能包含在后续的指示之中,除非建筑方负有警示义务。通过这种方式就将责任与建筑方对建筑过程的控制程度连接起来。最后,如果不能履行是由建筑方控制范围之外的障碍造成的,并且不能合理期待建筑方在缔约时已经将该障碍考虑进去,或者不能期待建筑方已经避免了该结果或者克服了该障碍,那么建筑方

可以免责,参见第Ⅲ－3:104条(因障碍而免责)。

可将本条视为是对第Ⅳ.C－2:106条(达成结果的义务)的运用。对于建筑,一般规则是建筑方须达成顾客说明的特定结果:"适目的性"。

值得注意的是,第四卷第一编范围内的商品和其他资产的建造和买卖合同首先应被视为是这些商品或者资产的买卖合同(第Ⅳ.A－1:102条(货物的制造或者生产))。只有在调整合同中的建筑要素为必要时才适用建筑规则,并且只在与买卖规则不冲突的范围内适用(第Ⅱ－1:107条(混合合同))。因此,当与合同的规定不符时,适用买卖规则中关于与合同要求相符以及救济的相关规则。这样就能避免两套规则之间的冲突。

根据第(2)款(a)项,建筑物必须符合建筑方在合同订立时或根据本编第2:109条(单方变更服务合同)的规定进行变更时所知道的特殊目的。对于买卖(第Ⅳ.A－2:302条(符合合同订立目的以及质量与包装要求)(a)款)不存在例外,在此类情况中顾客不依赖于建筑方的技能和判断,或者其依赖是不合理的。而在建筑中,如果建筑方没有告诉顾客他不具有相应技能,则顾客通常依赖于并且有权依赖于建筑方已经具有或者能够获得使得建筑物符合其目的所必需的技术和能力。换言之,在面对顾客对建筑物的特殊目的时,如果建筑方保持沉默,则建筑方或多或少地保证将提供必需的技术和能力。

关于建筑的国家法律支持该解决方案。在国家法中,此类抗辩并不常见。在建筑中,一般来说,要建筑方明确表示将不确保建筑物适合其特殊目的对于建筑方来说并不困难,因为双方当事人会频繁地进行沟通交流。但是,在重要的纯买卖交易如消费者交易和贸易中,双方当事人不会进行如此频繁的沟通。

正如买卖规定一样,本条规定也提到了同类建筑物的通常目的。在建筑中,特殊目的通常都会知会建筑方。这可能发生在缔约前的谈判中,也可能发生在后来的变更或者指示中。在后一种情况中,建筑方所知道的建筑物目的一般都更加具体。

建筑物不符合其目的的证明责任由顾客承担。顾客要证明与建筑方就建筑物的通常目的进行了沟通并不困难。证明已经告诉了建筑方建筑物的特殊目的相对较难,但是要求顾客就此进行证明是合理的。而对于第(4)款中的主张,由建筑方承担证明责任。

本条的规定是任意性规范。只有在无其他约定时方予适用。

注　释

Ⅰ.概述

1.对于未能达成在合同中明确约定的建筑物的特殊用途的,欧洲司法体系原则上接受严格责任:英国(Hudson, Building and Engineering Contracts11, no. 4－080)、瑞典(1992年瑞典建筑、

土建和安装工程合同一般条款第 4:7 和 5:6 条)、芬兰(关于不动产的消费者建筑项目,消费者保护法第 9 章第 13 条)、荷兰(参见 Asser [- Kortmann], Bijzondere Overeenkomsten Ⅲ7, no. 513)、西班牙(TS of 30 January 1997, Aranzadi Civil 845)、意大利(L' appalto, Rassegna di giurisprudenza commentata, directed by A. Jannuzzi, Ⅰ, Milano, p. 310)以及奥地利(ÖNORM A 2060)。

2. 在此之上,一些国家还有适目的性要求,至少对某些合同或者某些(通常是重要的)瑕疵来说如此:英国(当顾客通常依赖于建筑方时以及在住宅建设合同中,参见 Hancock v. B. W. Brazier (Anerly) Ltd. [1966] 1 WLR 1317, Court of Appeal, Hudson, Building and Engineering Contracts11, no. 4 - 105 and Chitty on Contracts Ⅱ29, no. 37 - 071)、法国(Collart Dutilleul and Delebecque, Contrats civils et commerciaux7, pp. 81, 97, 99 - 100 and Huet, Contrats spéciaux2, nos. 32246 and 32276)、西班牙(Martinez Mas, La recepción en el contrato de obra, p. 87)、意大利(民法典第 1667 ~ 1669 条; Cass. 7 October 1970, no. 1834, Giust. civ. Mass., p. 979)、德国(BGH NJW 1998, 3707)、奥地利(民法典第 922 条及以下以及第 1167 条)、希腊(民法典第 688 及第 689 条)、葡萄牙(民法典第 1208 条及 CA Lisboa, 27 November 1981, CJ 1981, V, 164)以及波兰(民法典第 556、568、637 条及第 638 条)。其他国家只要求服务必须得到专业的履行:瑞典(建筑、土建和安装工程合同一般条款(AB 92)第 2:1 条第(1)款以及对于消费者来说消费者服务法第 4 条)、荷兰(Asser [- Kortmann], Bijzondere Overeenkomsten Ⅲ7, no. 513)以及英国(Hudson, Building and Engineer - ing Contracts11, no. 4 - 105, Chitty on Contracts Ⅱ29, no. 37 - 071, for other structures)。

Ⅱ. 合目的性

3. 对于履行的法定担保问题,奥地利民法典第 922 条及以下规定了适用于所有对价合同的基本规则。基本上,该方法属于不要求建筑方存在过错的责任:民法典第 1167 条是一条在承揽合同领域中关于瑕疵担保的特别规定,对救济措施进行了详细规定。第 928 条豁免了对于明显瑕疵的担保,但是该规定不适用于承揽合同。Rummel (Rummel [- Krejci], ABGB Ⅰ2, art. 1167, no. 6)认为第 928 条规定的是合同缔结时的情形("看清楚,买卖就是买卖:Augen auf, Kauf ist Kauf")。承揽合同一般合同条款(ÖNORM A 2060)对法定担保制度进行了重述和澄清。

4. 在比利时法中,建筑方承担责任以过错为前提,参见 Jansen. Defects liability, pp. 265 ff。

5. 在英国,是否负有建造适合目的的建筑物的义务取决于合同是如何约定的,参见 Viking Grain Storage v T. H. White, (1985) 33 BLR 10, Court of Appeal:提供和建设谷物贮存建筑物的简式合同,无任何建筑师是由顾客雇佣的,当建筑物不符合其目的时,法院认为建筑方应承担责任。当顾客给出了详细的指示时,建筑方负有遵守指示的义务,但不负有一般性的合目的义务,Hudson, Building and Engineering Contracts11, no. 4 - 080。顾客通常依赖于建筑方时,可能存在如下默式条款:建筑方最后完成的工作将合理地适合其目的,Duncan v. Blundell (1820) 3 Stark 6, 171 ER 749("在技术性工作中雇用他人时,雇主购买的不仅是被雇佣人的劳力,还包括其判断;如果不能成功则被雇佣人不应将活揽下,并且他应该知道能否成功;当然,如果顾客选择用自己的判断代理被雇佣人的判断则另当别论",法官 Bayley),亦见 Hudson, Building and Engineering Contracts11, no. 4 - 081, Chitty on Contracts Ⅱ29, no. 37 - 071。法律明确规定,住宅建筑合同包含房屋将合理地适合其目的即人类居住的默示担保,Hancock v. B. W. Brazier (Anerly) Ltd. [1966] 1 WLR 1317, Court of Appeal, Hudson, Building and Engineering

Contracts11, no. 4－105。

6. 根据芬兰法,在关于不动产的消费者建筑项目中,如果在内容、质量或者其他方面与约定不符,则建筑方的履行是有瑕疵的,消费者保护法第9章第13条。对于与动产、不动产及其他建筑物相关的瑕疵劳务或者其他履行,服务提供方可以选择证明是以专业的注意和技能履行了服务,消费者保护法第12章第4条。

7. 在法国法中,材料的质量及其对材料的处理方式应当使得最终的建筑物适合其目的;Collart Dutilleul and Delebecque, Contrats civils et commerciaux7, pp. 81, 97, 99－100; Huet, Contrats spé－ciaux2, nos. 32246 and 32276。这涉及三种类型的瑕疵:(1)影响建筑成果的稳定性或者使得成果不适合目的的瑕疵(民法典第1792条);(2)影响独立于建筑成果之外的设备的功能的瑕疵;(3)顾客在接收建筑成果时汇报的瑕疵(民法典第1792－6条)。对于法国律师称为"dommages intermédiaires"的其他瑕疵,不适用担保法律制度,而适用合同责任的一般规定。这些规定要求存在过错。

8. 根据德国法,建筑成果应符合其通常目的(BGH NJW 1998, 3707)。如果未按照一般技术标准进行建造,则建筑物是有瑕疵的。此点并非明确规定在民法典中,而是规定在建筑工程执行一般条款(VOB/B)第13条第1项中。不过该原则也适用于民法典第633条(BGH BauR 1981, 577, 579)。决定一般技术标准的重要方式是参照DIN标准(德国标准研究所协会出版)以及德国工程师协会的指导方针(VDI－Richtlinien)。

9. 希腊法的出发点是:承揽合同首先是一个以达成特定结果为目的的合同。仅这一点就表明建筑方对最终结果的质量负责。对于建筑成果中的瑕疵建筑方需承担责任(民法典第688条及第689条)。只有在要求支付损害赔偿金时才要求建筑方存在过错,而对于其他救济则不需要存在过错,参见A. P. 620/1995 EEN 1996, p. 536。

10. 根据意大利法,建筑方交付的建筑物须符合合同的约定并且是根据此类建筑物相关规定建造的。如果出现了瑕疵或者不符约定之处,但不影响建筑物的稳定和稳固的,建筑方依照民法典第1167条和第1168条承担责任。如果出现的瑕疵危及建筑物的稳固,则建筑方按照民法典第1669条承担责任。这两种责任一起构成与建筑过程的结果有关的建筑方一般及通常责任的典型表现(Cass. 7 October 1970, no. 1834, Giust. civ. Mass., p. 979)。因此,即使建筑物符合合同约定,但未遵守该类型建筑物相关规定,也属于是有瑕疵的(Januzzi, L'appalto: rassegna di giurisprudenza commentata Ⅰ, p. 310)。因此建筑物也可能是不符合合同约定且存在瑕疵,也可能是符合合同约定但存在瑕疵,可能是不符合合同约定且不存在瑕疵(Rubino－Sammartano, Foro pad. 1986 Ⅰ, 1, pp. 43－47)。如果约定了建筑物具有特殊的用途,但是建筑物只满足通常用途而不满足特殊用途,也属于不合格。

11. 在荷兰法中,不存在合目的性规则,只存在实现满足合同约定标准的成果的义务,Asser [－Kortmann], Bijzondere Overeenkomsten Ⅲ7, no. 513; Jansen, Defects liability, pp. 265 ff。很多学者认为,应当将该义务视为结果义务(参见Asser [－Kortmann], Bijzondere Overeenkomsten Ⅲ7, nos. 509ff),但是仅仅是与合同相符,而非一般性的合目的性,参见Van den Berg, Samenwerkingsvormen in de bouw, nos. 69－70; Jansen, Defects liability, p. 271。

12. 在波兰,应当"正确地"且以与合同相符的方式履行工作。如果合同未作特殊规定,则建筑方须对瑕疵负责并分别适用买卖规则(民法典第556、568、637条及第638条)。对物质瑕疵是如此定义的:从合同约定的目的、具体的情况以及建筑物的目的来看,有损建筑物的价值或者功

能的瑕疵;意味着建筑物不具有建筑方向顾客保证的应当具有的特性的瑕疵;以及基于将未完工的建筑物交付给顾客这一事实而导致的瑕疵(民法典第 556 条第 1 款)。在建筑合同中,如果建筑物属于第三人的财产或者第三人对建筑物拥有权利,则存在法律瑕疵(民法典第 1225 条)。

13. 根据葡萄牙民法典第 1208 条,建筑成果必须是无缺陷的且适合其目的。这属于结果义务:即使不存在过错,建筑方仍然需要对建筑成果中的瑕疵承担责任。过错是被推定的:民法典第 798 及 799 条;CA Lisboa, 27 November 1981, CJ 1981, V, 164。在建筑合同中,建筑方就建筑物或者土地的瑕疵向顾客以及获得建筑物或者建筑物部分的第三人承担责任(民法典第 1225 条)。

14. 根据苏格兰法,建筑方选择和安装的材料必须适合其目的(Stair, The Laws of Scotland Ⅲ,"Building Contracts" paras. 34 – 36; Supply of Goods and Services Act 1982 ss. 11A(3), 11D)。对于整个建筑物的更一般的合目的性要求可能明确表述或者隐含在具体的情况之中,尤其是当设计是由建筑方提供的时候(Stair, The Laws of Scot – land Ⅲ,"Building Contracts" para. 37; Connolly, Construction Law, chap. 4.67 – 4.71)。

15. 根据西班牙法,当建筑物不符合此类建筑物的通常目的时,该建筑物被认为是不符合要求(Martinez Mas, La recepción en el contrato de obra, p. 163),因此未能满足顾客的期待。最高法院一直认为,只要建筑物不符合其目的,则足以认定需要对瑕疵建筑物承担责任(TS 17 February 1986, RJ 1986/683)。1997 年 1 月 30 日的判决(RJ 1997/ 845)指出,建筑方的义务是完成及交付建筑成果,并确保建筑成果是能够满足要求的,是正确的,并且是双方所约定的。学说和判例将一般合目的性检测视为建筑物是否符合要求的标准。可以说,如果建筑物必须符合特殊的目的,顾客必须将该情况告知建筑方。

16. 根据瑞典建筑、土建和安装工程合同一般条款(AB 92),对于两年保质期内出现的瑕疵,可以说建筑方都必须承担予以改正的严格责任,第 4:7 条及第 5:6 条。在 1992 年瑞典建筑、土建和安装工程合同一般条款中基本规则是:履行的工作必须与合同文件、其他文件以及在工程结束前作出的旨在说明和澄清合同文件的指示中的约定一致。如果未对工程某部分的质量标准进行特别约定,则必须以与一般工程合约标准相符的方式完成工程:1992 年瑞典建筑、土建和安装工程合同一般条款第 2:1 条第(1)款。对于消费者合同,消费者保护法第 4 条规定,建筑方必须专业地履行服务。

第Ⅳ.C－3:105 条　检查、监督以及验收

(1)顾客得以合理方式并在任何合理的时间,对建造过程中使用的工具及材料、建造的过程以及完工的建筑物进行检查或监督,但并无检查及监督之义务。

(2)如果双方约定,建筑方应将使用的工具和材料的某些要素、建造过程或最终建筑物交由顾客验收,则建筑方在顾客同意前不得继续建造。

(3)没有或者不充分的检查、监督及验收不能全部或者部分地免除或者减轻建筑方的责任。即使顾客负有检查、监督及验收建筑物或其建造过程的合同义务,前句规定亦得适用。

评　论

A. 法条概述

本条规定的是顾客就控制建筑方履行合同义务的行为所拥有的选这权。合理的检查和监督是允许的。

本章包括以构建新的建筑物或者其他物体为目的的服务。其核心适用范围是基于顾客雇用的设计师提供的设计或者顾客以其他方式提供的设计建造不可移动的建筑物。双方可以约定,为便于验收,建筑方必须将特定的给料、建筑过程的某些方面或者最终建筑物的某些部分向顾客予以展示。如果作了此类约定,在进一步开展建设之前,建筑方必须等待顾客的答复。

通常的做法是:所有这些措施都被认为是单纯维护顾客的利益。这意味着顾客并没有检查或者监督的义务或者责任。即使合同约定要进行监督和检查,顾客未监督和检查的,不能免除建筑方的任何责任。规定建筑方在进一步开展建造活动之前某些事项必须得到顾客的认可对顾客来说亦为额外的检查。但是,建筑方的地位在某种程度上受到第Ⅲ-3:107条未予通知规定(怠于为与要求不符的通知)的保护。

示例1

建筑方为一家生产工厂提供定制机械。顾客有权对建筑方的工作进行检查和监督。顾客也可以要求建筑方交付部分机械进行测试。如果建筑方交付的机械不符合用途,建筑方不得以顾客应当通过适当的检查或者在监督建造过程的时候发现瑕疵为由进行抗辩。顾客的验收也不是建筑方的抗辩理由,因为之所以进行验收实际上是为了维护顾客的利益。但是,建筑方可以指出,顾客所声明的履行瑕疵是由顾客的指示或者合同的变更引起的。

B. 利益权衡和政策考量

在建造过程中,顾客通常都想监督建造活动的给料、过程以及结果。检查或者持续的监督活动可能会给建筑方带来不便,但是,如果计划和时间安排得当,检查和监督的进行只会给建筑方带来极小的成本。如果建筑方需要作出重大的决定,顾客可能希望建筑方能告知其抉择并征求其同意。同样,顾客会希望建筑方在进入下一阶段的建造之前能将某些给料、建造过程的某些要素以及批准的结果向其作出展示。但是检查、监督和验收会对服务提供方的责任产生什么影响呢?

检查——或者更严厉的监督——对建筑方来说同样也是有益的。及早地发现潜在的瑕疵或者顾客所希望的变更有助于节约成本,因为可能需要对这些瑕疵进行弥补或者根据顾客的希望进行变更。如果检查是由知识丰富的顾客或者顾客雇用的专家

进行的,那么建筑方可以利用上他们的知识技能从而以更低的成本达到更好的结果。在某些建筑活动中,建筑方和监督者的角色甚至会发生颠倒。建筑方仅仅是执行监督者给出的详尽的指示;而监督者则提供专门知识和技能。

从这个角度来看,需要对顾客的地位进行仔细的考虑。顾客或者顾客雇用人员的监督会导致与建筑方自身的知识和技能上的某些重叠。比如,监督者和建筑方都会花时间考虑特定抉择的优势和劣势。这样的重叠是必要的也是有意为之的,因为双方的交流互动能够达成更优的结果,但是必然也会引起额外的成本。当达到某个临界点时,这样的知识和技能的双重考虑会损害顾客的利益。另一方面,可能会出现这样的情况:对于某个问题的解决,双方的专家都过于信赖对方。比如,如果顾客雇用了监督人,建筑方作出任何细小的决定可能都会依赖于监督人的知识和技能,这会导致监督成本的上升,同时也不会显著降低建筑方的成本,建筑合同的报酬可能是固定不变的。当建筑方依赖监督人解决问题的时候,监督人却期望建筑方能自己搞定,最后吃亏的还是顾客。当顾客面临瑕疵时,则很难将该瑕疵归责于建筑方还是监督者。

因此,这里所需要的,是对责任的明确划分,或者至少要明确划分责任的程序。采纳的规则应当避免当事人付出的努力的过度重叠,同时也应涵盖无人负责的情况。同时,该规则也要对发展建筑方、监督者以及顾客三方的有效协作方式有所促进。

而对于顾客对某些要素的验收,情况则有所不同。顾客会希望建筑方能作出选择。而建筑方却希望能够得到顾客的同意以便在将来出现问题时更好地保护自己,当对某些选择的质量不确定时更是如此。

C. 比较概述

在所有国家,检查或者监督都是顾客的权利,是为了防止对建筑方的活动的过度打扰而作出的限制。在所有欧盟国家,顾客都不负有经常检查或者监督建筑活动的义务。在绝大多数国家,对于大型建设项目进行监督是非常普遍的。在其他国家(如法国和西班牙),即使对小型建设项目也有建筑师进行看管。

即使双方当事人约定顾客将进行检查或者监督,通常也认为这仅仅单纯是为顾客的利益着想。在许多国家(英国、瑞典、法国、意大利、德国、奥地利和葡萄牙)的法律体系中,最高法院规定,顾客的不当监督不是减轻建筑方对于瑕疵所承担责任的理由,有的国家是以标准条款的形式对此作出规定的(如瑞典)。而在其他一些国家,法律规定仍不明确(希腊)。在荷兰,判例法选择了另外一条道路,但这招致了严厉的批评。

D. 首要选择

欧盟的体系似乎对检查和监督持赞同态度。基本规则是:即使明确约定必须进行检查或监督,检查或监督也只是顾客的权利。不当的检查或者监督不会导致瑕疵责任的转移。这意味着,根据任意性规范,不存在将责任由建筑方转移给顾客(或者顾客聘请的监督人)的空间。

在实践中,本条规定所设立的体系相当灵活,足够将如下情况包括进去:即顾客——更可能是顾客聘请的监督人员——比建筑方的知识更加丰富,以至于建筑方需要依赖其知识。如果建筑方依赖于监督者,且监督者事实上代表顾客作出了决定,那么将适用(顾客)指示规则,很多责任将向顾客发生转移。此种情况下,当监督者存在过失时,顾客可以对监督者提起诉讼。

示例2

顾客聘请的建筑师告诉房屋的建设者如何建设屋顶。建筑师提供了解决方案。这将被视为第Ⅳ.C－2:107条(顾客的指示)所规定的指示。建筑方的责任仅限于第Ⅳ.C－2:108条(服务提供方的合同警示义务)所规定的责任。

指示和验收的后果有所不同。指示将引起责任的转移;而验收——正如第(2)款的定义,指在建筑过程中顾客的决定——则不会引起责任的转移。在实践中,会很难对这两种情况作出区分。建筑方可能会战略性地利用该区别,并在不方便的时候改变责任。

示例3

对于两种屋顶建设方案,建筑方不确定何种更优;一个方案看起来更有前途,但也更贵一些。建筑方将该问题呈报给顾客雇用的建筑师。结果一番考虑之后,他们一起选择了其中的一个方案。但事实证明选中的方案更差一些。如果将这视为顾客的指示,顾客必须证明建筑方应当对该方案可能更差作出警示;而如果将其视为验收,建筑方需要对该瑕疵承担责任。

区分的标准是:实际上决定是由谁作出的?是建筑方还是顾客(或者顾客的代表)?是建筑方对决定的作出施加了最大的影响吗?抑或是顾客或者监督人作出了抉择?有时要重构当事人之间的交流并及时查明在何时何方都知道些什么将是非常困难的。一个可能的指导原则是:决定何方当事人对争议问题最了解。在某些案件中,法院可能会判决决定是由具有同等知识的人共同作出的。此时,适用第Ⅲ－3:704条(归因于债权人的损失)可以提供一个解决方案:顾客促成了债务不履行或者其结果的,建筑方在该范围内就顾客的损失不负赔偿责任。

本条所蕴含的规则与任意性规范。当事人可以选择这样一种方法:检查不足、监管不力或者验收失准可以部分或者全部地免除建筑方的责任。如前所述,仅仅是合同对检查、监督和验收作了规定这一事实并不足以引起建筑方责任部分或者全部地免除。基本的设想是,之所以对检查、监督和验收进行了约定,完全是出于对顾客利益的考虑。如果要对责任的分担有所改变,则需要在合同中进行明确的约定。

注　释

Ⅰ.概述

1. 所有的法律制度都认可顾客有权以合理的方式,在不对建筑活动造成不必要的麻烦的前提下对建筑过程进行监督,对建筑物进行检查。在许多国家,这点甚至是被认为不言而喻的。对于顾客的此项权利在如下国家都有明确提及:英国(Hudson, Building and Engineering Contracts11, nos. 2－182 ff)、瑞典(1992 年瑞典建筑、土建和安装工程合同一般条款第 3:5 条第 1 段)、荷兰(Van den Berg, Samenwerkingsvormen in de bouw, no. 112; Van den Berg, Verdeling van aansprakelijkheden en risico's bij moderne bouwcontractvormen, p. 83;工程合同统一管理条款第 3－2 条)、意大利(民法典第 1662 条及 Cass., 18 January 1980, no. 434 Rep. Foro it., V8 Appalto, c. 115, no. 13)、德国(VOB/B art. 4 no. 1 para. 2, where even a duty of the constructor to disclose information may exist, see VOB/B art. 4 no. 1 para. 2 sent. 2)、奥地利(ÖNORM A 2060 2. 11)以及葡萄牙(民法典第 1209(1)条)。

2. 在许多国家,即使可能存在验收程序,当建筑物完工并交付给顾客时,顾客也不负有积极的对建筑物进行检查的义务:荷兰(Asser [－Kortmann], Bijzondere Overeenkomsten Ⅲ7, no. 562)、意大利(民法典第 1665 条)以及奥地利(Rummel [－Krejci], ABGB Ⅰ2, art. 1170, no. 5)。如下国家例外地对检查的义务进行了假定:比利时(Goossens, Aanneming van werk, no. 1018)、葡萄牙(民法典第 1218 条)以及波兰(对于商业合同并且检查已成惯例的,参见民法典第 563 条第(2)款)。但是,这或许是关于什么是义务以及存在何种救济的问题,因为在很多法律制度中,如果顾客不对建筑物进行检查,可能会丧失某些权利,尤其是对于明显瑕疵。

3. 在英国(Hudson, Building and Engineering Contracts11, no. 5－021)和德国(Staudinger [－Peters], BGB [2003], § 640 no. 1),检查与否不会对责任产生影响。但是,在有些法律制度中,检查不当会产生某些影响。如果顾客在最终检查时或者其后不久未告知建筑方建筑物存在明显瑕疵,则建筑方毋需为该明显瑕疵承担责任,参见建筑、土建和安装工程合同一般条款(AB 92)(瑞典)、民法典第 7:758 条第(3)款(荷兰)、民法典第 692 条(希腊)以及民法典第 1219 条第(2)款(葡萄牙)。法国法则实行证明责任的倒置,运用普通勤勉顾客在验收时的行为标准(而非建筑师或者第三方咨询者标准,参见 Cass. civ. Ⅱ, 19 May 1958, JCP 1958. Ⅱ. 10808, Note B. Starck; Cass. civ. Ⅲ, 14 May 1985, D. 1985, 439, Note Rémery),推定在验收建筑物时瑕疵是隐藏的,Cass. civ. Ⅲ, 23 November 1976, Bull. civ. Ⅲ, no, 415。在奥地利法中情况不明。判断瑕疵能否被发现的标准各不相同。希腊法(民法典第 692 条)似乎是对建筑方最有利的,要求检查要达到拥有检查给定建筑物所必需的专业知识的专家的标准。此标准被葡萄牙所采纳。在葡萄牙,明显瑕疵是指充分勤勉的顾客应当注意到的瑕疵,而隐藏瑕疵是指即使该领域内一般专业技术人员尽到应有的注意时也不能发现的瑕疵(CA Porto, 17 November 1992, CJ 1992, V, 224)。在其他国家,顾客的勤勉是焦点所在,在涉及顾客的专业知识、监督的组织实施方式以及瑕疵的性质和严重性时,其标准可能是主观的,参见 Asser [－Kortmann], Bijzondere Overeenkomsten Ⅲ7, no. 566 (the Netherlands), 以及 Goossens, Aanneming van werk, nos. 178－1083 (Belgium),或者会更客观一些,对于法国参见 Cass. civ. Ⅲ, 3 November 1983, GazPal

1984, 2, 577, Note Liet - Veaux,对于西班牙参见建筑法第 17 条。在意大利法中,学界存在客观方法(参见 Stolfi, Appalto, p. 58))和主观方法(参见 Giannattasio, L'appalto, p. 197)之争。

4. 根据英国法,建筑方不得以顾客对约定的监督义务的不当履行作为抗辩的理由,Kingston-upon - Hull Corp. v. Harding [1892] 2 QB 494, Court of Appeal,亦参见 Hudson, Building and Engineering Contracts11, nos. 5 - 021, 5 - 022, 5 - 0245, 反对适用与有过失。对于如下国家亦是如此:瑞典(参见 1992 年瑞典建筑、土建和安装工程合同一般条款第 3:2 和 3:5 条第 1 款)、德国(BGH NJW 1973, 518; CA Cologne BauR 1996, 548, BGH NJW 1999, 893)、奥地利(ÖNORM A 2060 2.11.4 and 2.27.1, Dittrich and Tades, ABGB35, 1168a E 111 and Rummel [- Krejci], ABGB Ⅰ2, art. 1168a, no. 34)。以下国家亦大同小异:法国,只不过责任转由监督者承担;希腊,民法典第 691 条在学说和判例中并不是以这种方式进行解释的,葡萄牙(参见民法典第 1209(2)条及 CA Porto, 10 April 1970, BolMinJus 196, 299)以及意大利,在意大利,一些学者假设,履行过程中顾客的检查使得建筑方对已经定期检查过的以及与合同规定相符的得以免除责任;Vitale, Dell'appalto, p. 388。但是,在荷兰,仲裁委员会(Raad van Arbitrage)以及 1989 工程条款(UAV 1989)第 12 - 3 条允许建筑方以如下理由逃避对瑕疵工程的责任,即可以确定顾客或者顾客代表在工程建设的任何阶段都有能力注意到工程存在瑕疵,却没有注意到;但此点亦颇受诟病,参见 Van den Berg, Samenwerkingsvormen in de bouw, no. 116, and especially Jansen, Defects liability, pp. 378 - 392。

Ⅱ. 服务履行过程中的监督以及检查权?

5. 奥地利承揽合同一般合同条款(ÖNORM A 2060)规定了在建筑工地对建筑活动进行监督的权利(2.11)。承包商也必须确保顾客可以对分包商进行监督。监督包括检查建筑过程相关文件的权利;顾客须将监督过程中产生的疑问告知承包商。

6. 在英国,顾客有权监督建设过程以及检查建筑物。建筑师以及工程师可能会负有面向顾客执行此类活动的义务,参见 Hudson, Building and Engineering Contracts11, nos. 2 - 182ff。没有明显的权力机构或者学说谈到承包商必须允许这样做,因为这样会显得太明显了。在苏格兰亦是如此(Stair, The Laws of Scotland Ⅲ, "Building Contracts" para. 137)。

7. 芬兰消费者保护法中不存在监督或者检查条款,但是建筑合同一般条款(YES1998)第 59 ~ 62 条对顾客的监督作出了规定。

8. 根据法国法,顾客可以对工程进行监督,却不负担监督的义务。在房屋建设实践中,很多时候都会专门指定人员对工程进行监督并且协调多个承包商之间的建设进程。该人员是监督员(maître d'œuvre),通常由建筑师承担该职能。

9. 根据德国建筑工程执行一般合同条款(VOB/B)第 4 条第 1 目第 2 款,顾客确实享有监督的权利(却不承担监督的义务)。建筑方必须容忍监督行为甚至需要为此披露相关信息(VOB/B art. 4 no. 1 para. 2 sent. 2)。根据建筑工程执行一般合同条款,顾客不仅可以进入建筑工地,还可以进入建筑方进行准备工作的场所。此外,顾客还可以查询相关文件。但是以不危及商业机密为限。商业机密是指涉及建筑方客观经济利益且不欲为人所知的事实。此外,顾客不得妨碍建筑方的工作。

10. 在英国法中,监督权并未写入法典,但来自于建筑合同的合作性质。此外,检查权为 Ef. Thessalo - nikis 1864/1999 Arm 1999, 8 p. 1054 所推定。

11. 意大利民法典第 1662 条为顾客检查建筑方在履行过程中的活动提供了选择,但须自己

承担相关费用,亦见 Cass., 18 January 1980, n. 434, Rep. Foro it., V8 Appalto, c. 115, no. 13。检查不得给建筑方造成不必要的困难(Cass., 10 May 1965, no. 891, RGE, 1965, Ⅰ, p. 945, comment of E. Favara, Limiti del controllo del committente sull'opera dell'appaltatore)。

12. 根据荷兰法,监督权被认为是不言而喻的。虽然根据特殊的例外情况可能导致监督义务的产生,但是通常情况下不存在监督义务,除非合同对此另有约定,参见 HR 4 De - cember 1970, NedJur 1971, 204 (Bouchette and Van Limburg); Van den Berg, Samenwer - kingsvormen in de bouw, no. 112; Van den Berg, Verdeling van aansprakelijkheden en risico's bij moderne bouwcontractvormen, p. 83; Jansen, Defects liability, p. 380; 工程合同统一管理条款第 3-2 条。但是,该条规定,如果顾客不想进行监督,那么在工程开始前须以书面形式通知建筑方。如果因为顾客不监督的决定使得对建筑方的要求高于合理预期,建筑方有权要求顾客支付额外费用,参见 Asser [- Kortmann], Bijzondere Overeenkomsten Ⅲ7, no. 718。或许不存在检查的义务,参见 Asser [- Kortmann], Bijzondere Over - eenkomsten Ⅲ7, no. 562,但是不检查会给顾客带来一定的后果,因为民法典第 7:758 条第(3)款规定对于在交付时顾客应当合理发现的瑕疵建筑方毋须承担责任,且第 7:758 条第(1)款表明在交付时应进行一定的检查。

13. 波兰民法典未直接提及服务履行过程中顾客的监督权。但是,可以从民法典第 636 条第(1)款推导出监督权,因为根据民法典第 656 条第(1)款可以适用该条的规定。根据民法典第 636(1)条,如果建筑物有瑕疵或者与合同不符,顾客可以要求建筑方予以整改并设定合适的期限。建筑方逾期未整改的,顾客可以终止合同关系或者委托第三人进行整改或者完成没有完成的建筑工作。

14. 葡萄牙民法典第 1209 条第(1)款规定,只要顾客不妨碍建筑工作的正常进行就可以对建筑活动进行监督。监督所保护的仅仅是顾客的利益:CA Porto, 15 June 1973, BolMinJus 229, 235。该规定是强制性规定,参见 Antunes Varela, Código Civil anotado, vol. Ⅱ, p. 793。

15. 在西班牙,对建筑活动进行监督并非顾客的法定义务。但是这既不是规定在新建筑法中也不是规定在民法典中。顾客享有监督的权利但不负担监督的义务。

16. 瑞典建筑、土建和安装工程合同一般条款(AB 92) 第 3:5 条第(1)款规定,只要顾客认为合适就可以监督建筑活动。监督应当尽可能地以不妨碍建筑方的工作的方式进行。

Ⅲ. 检查完工建筑物的义务?

17. 奥地利民法典并未就检查义务或者指出瑕疵的义务作出规定。但是顾客可以在验收前对建筑物进行检查,参见 Rummel [- Krejci], ABGB Ⅰ2, art. 1170, no. 5, EvBl 1959/107。承揽合同一般合同条款(ÖNORM A 2060)第 2:24 条提到了质量检查和运行测试,第 2.25 条对合同约定的试运行作出了规定。验收(第 2.26 条)是决定建筑方何时进行的履行(第 2.26.1 条)以及风险转移(第 2.26.10 条)的工具。对于正式验收(与非正式验收相对)需要制作记录,如有瑕疵需要在记录中予以记载,但是能否将验收视为放弃权利仍然不是完全明确。第 2.26.8 条规定,"如果顾客在建筑物有重大瑕疵的情况下仍然接收了建筑物,则适用法定(质量)保证"。这意味着在验收时需要对非重大瑕疵进行检查并通知对方,因为法定(质量)担保制度对于重大瑕疵和非重大瑕疵有所区分(其定义见第 2.27.4 条)。

18. 比利时法要求顾客检查建筑活动的成果,且如果建筑方履行得当顾客须接收该成果,参见 Goossens, Aanneming van werk, no. 1018。

19. 芬兰消费者保护法未对最终检查作出规定。详细的规定可见建筑合同一般条款

(YES1998)第70~74条。

20. 根据法国法,在工程结束时顾客负有对建筑物进行检查的义务。虽然进行检查是为顾客的利益着想,但是顾客可以不经检查而径行接收建筑物。在实践中顾客会在接收前对建筑物进行检查,因为接收有着非常重大的影响:风险的转移以及顾客要求建筑方对明显瑕疵负责的不可能性(Cass. civ. Ⅲ, 1 February 1984, RD imm. 1984, 314; Cass. civ. Ⅲ, 9. October 1991, Bull. civ. Ⅲ, no. 231)。

21. 根据德国民法典第640条,顾客接收建筑物意味着他认为建筑物与合同相符,因此顾客有权对建筑物进行检查并进行试用。建筑工程执行一般合同条款(VOB/B)第12条第5款第2节规定,对于建筑工程可以试用6个工作日。6个工作日确实很短,对于其他工程如计算机软件(CA Cologne BB 1993 enclosure 13 to issue 19 page 12)该期限可以更长。顾客不负有检查的义务,但是如果工程按照合同完成且已经完工,并且接收不是不可能的——根据民法典第646条非物质成果以及一直都由顾客占有的成果(如假牙)就属此种情况,则顾客负有接收工程的义务。建筑工程执行一般合同条款(VOB/B)第12条要求建筑方向顾客作出接收的请求,顾客须在12个工作日内进行接收,但是单方的接收也是允许的。

22. 希腊民法典第692条规定,在顾客接收工程后,建筑方不再对瑕疵承担责任,除非在交付时通过适当的调查不能发现瑕疵或者建筑方欺骗顾客隐瞒了瑕疵。

23. 意大利民法典提到了顾客对完成的工程进行检查的权利(第1665条)。为了不失去对瑕疵以及不合格的担保,检查是必不可少的(Stolfi, Appalto, p. 52)。建筑方必须保障顾客能够对完工的工程进行检测(Cass., 15 December 1955, Giust. civ, 1956, Ⅰ, p. 1096, with comment of Voltaggio Lucchesi, Verifica dell' opera appaltata e presunzione di ac - cettazione)。如果建筑方提供了检查的机会,但是顾客毫无正当理由地不进行检查,那么如同顾客未及时通知建筑方检查结果一样,视为顾客接受了该工程。

24. 根据荷兰法或许不存在检查的义务,参见 Asser [- Kortmann], Bijzondere Overeenkomsten Ⅲ7, no. 562,但是不检查会对顾客产生不利影响,因为荷兰民法典第7:758条第(3)款规定对于在交付时顾客经过检查应当合理发现的瑕疵建筑方不予负责,并且7:758条第(1)款规定在交付时应进行某些检查。

25. 根据波兰法律,是否存在检查义务取决于合同关系的性质。如果是经营者之间订立的合同,检查是义务性的(民法典第563条第(2)款)。否则只有在给定关系中检查已经成为惯例时才存在检查的义务(民法典第563条第(1)款)。

26. 葡萄牙民法典第1218条规定顾客在接收工程前负有进行检查的义务以判断工程是否与合同相符以及是否存在瑕疵。顾客有责任对工程进行检查,不检查则意味着全盘接受。

27. 在苏格兰,实践中建筑合同格式原则上规定,在雇主、项目设计师或者工程师同意或者满意之前,建筑工作都不算完成。同意通常都以检查为前提,但这属于实践问题而非法律权利问题(Stair, The Laws of Scotland Ⅲ, "Building Contracts" para. 38)。

28. 西班牙法区分了两个不同的步骤(Carrasco Perera/Cordero Lobato/González Carrasco, Derecho de la Construcción y la Vivienda4, 327ff):(1)建筑工程的交付;以及(2)建筑工程的接收。有形的工程交付指将工程交由顾客处置。而工程的接收则表示接受工程的特性以及质量。交付可以发生在接受之前,但并不意味着默许地接受。而接受则意味着顾客对工程的认可,除非工程存有瑕疵。如果存在瑕疵,顾客可以拒绝接受该工程,但必须书面说明拒绝的理由(建筑法

第6条第(3)款)。除非另有约定,否则应在工程完成30日内予以接收。工程的完成应当以证明书的形式通知顾客。30日期限从顾客收到证明书之日起开始计算。如果30日内顾客未告知瑕疵的存在,或者顾客支付报酬且未通知工程不合格或者顾客占有以及开始使用建筑物却未通知存在瑕疵,那么视为顾客默认地接收了工程。

Ⅳ.对检查中未发现的瑕疵的责任

29.根据奥地利法,不能将无保留的接收视为对不明显的以及顾客不知道的瑕疵相关权利的放弃,除非顾客明确或者事实上地对此表示同意,参见Klang(-Adler-Höller), ABGB V3, art. 1167, no. 398。民法典第928条规定对于明显瑕疵免予担保,但是对于该条是否也适用于建筑工程合同存在争议,参见Rummel[-Krejci], ABGB Ⅰ2, art. 1167, no. 6 (against) and Gschnitzer, Schuldrecht, Besonderer Teil und Schadenser- satz2, 239 (in favour)。但是,顾客即使接收了也能保留相关权利,参见Dittrich and Tades, ABGB35, art. 1167 E 86。

30.根据比利时法,接收后的瑕疵责任仅限于隐藏瑕疵。是否为隐藏瑕疵取决于瑕疵的类型以及顾客的知识能力。参见Goossens, Aanneming van werk, no. 178-1083。

31.根据英国法,建筑方的责任完全不受顾客是否检查的影响,参见Hudson, Building and Engineering Contracts11, no. 5-021。

32.在法国判例法中实施的是证明责任的倒置,推定在接收的时候瑕疵是隐藏的,使用的是通常勤勉顾客的标准(而非建筑师或者第三人的标准,参见Cass. civ. Ⅱ, 19 May 1958, JCP 1958. Ⅱ. 10808, Note B. Starck; Cass. civ. Ⅲ, 14 May 1985, D. 1985, 439, Note Rémery),参考时间点是接收时,参见Cass. civ. Ⅲ, 23 November 1976, Bull. civ. Ⅲ, no. 415。采用的是抽象评估,顾客个人的实际能力完全不予考虑。在判例法中该标准适用得极其严格。瑕疵必须是可见的,瑕疵的原因(起因)必须能够确定,后果(损害)必须是可预见的,参见Cass. civ. Ⅲ, 3 November 1983, GazPal 1984, 2, 577, Note Liet-Veaux。但是建筑方可以举证证明虽然瑕疵是隐藏的,但实际上顾客已经知晓了(Cass. civ. Ⅲ, 20 October 1993, Bull. civ. Ⅲ, no. 122)。即使顾客委托专业人士(如建筑师)接收房屋,估算瑕疵的显著性采用的也是同样的方法(Cass. civ. Ⅲ, 17 November 1993, Bull. civ. Ⅲ, no. 146)。

33.在德国法中,顾客即使接收了工程而未告知存在瑕疵,建筑方仍然须为瑕疵承担责任。关键是顾客是否真的知道瑕疵的存在。至于顾客是否由于检查义务(见上)应当知晓则无关紧要。接收的主要后果是证明责任的转移:接收后不是由建筑方证明不存在瑕疵,而是由顾客证明瑕疵的存在,参见Staudinger(-Peters), BGB (2003), art. 640 no. 1。

34.对于顾客对工程的认可问题,希腊民法典第692条规定,工程接收后建筑方不再为瑕疵承担责任,除非该瑕疵经由适当检查仍然不能发现或者建筑方欺骗隐瞒了该瑕疵的存在。通常,如果顾客未经检查而径行接收了工程,由顾客承担可检测故障的风险。鉴于对工程的接收可以是明示的也可以是默示的,而后者是由顾客不保留权利地接收工程而推定的,明显瑕疵和不能检测到的瑕疵之间的区分对于双方当事人的权利义务来说至关重要。民法典对于明显瑕疵的定义唯一给出的说明来自于如下假设:通过适当的检查能够查明的瑕疵是明显瑕疵。

35.根据意大利法,如果顾客不检查完工建筑物或者其检查不充分,那么建筑方不负担责任。明显瑕疵是指检查时能轻易发现的瑕疵。顾客可以亲自也可以委托技术人员对完工建筑物进行检查。一种观点认为,使用的标准是具有中等技术勤勉之人所拥有的知识(Stol- fi, Appalto, p. 58; Voltaggio Lucchesi, Vizi, p. 44; Albano, Foro it. 1956, Ⅰ, 219; Cass., 16 February 1955,

no. 452, Foro it., 1956, Ⅰ, c. 219 with comment Albano, CA Genova, 30 March 1951, Rep. Foro it., 1951, V8 Appalto, c. 97, no 51)。另一种观点认为，根据检查者的不同标准也应有所不同：对于没有经验的顾客进行的检查使用的标准是对于无经验顾客所能期待具有的知识；如果顾客是相关领域的技术人员，或者顾客检查时有专业监理的协助时，确定是否存在瑕疵应以中等技术人员所具有的专业技能为标准(Giannattasio, L' Appalto, p. 197; Rubino and Iudica, Dell' appalto3, p. 251; Mir－abelli, Dei singoli contratti, p. 464; Cass., 27 April 1957, no. 1423, Rep. Foro it., 1957, V8 Appalto, c. 118, n. 36; CA Milano, 12 February 1957, Rep. Foro it., 1957, V8 Appalto, c. 119, no. 42; CA Firenze, 28 May 1954, Rep. Foro it., 1954, V8 Appalto, c. 116, no. 22.)。

36. 荷兰民法典第 7:758 条第(3)款规定，对于在交付时顾客应该发现却没有发现的瑕疵建筑方不承担责任。如果顾客无保留地接收了建筑物，则丧失对所有非隐藏瑕疵的金钱赔偿以及其他救济权。参见 Jansen, Defects liability, p. 398。顾客在接收时或者接收前不能发现的瑕疵以及仅在接收后才显现出来的瑕疵属于"隐藏"瑕疵。在接收前或者接收时瑕疵能否被发现取决于(1)顾客的专业知识程度；(2)监督的组织形式；以及(3)瑕疵的性质以及严重程度。参见 Rb Roermond 10 January 1985, BR 1986, p. 145; Asser [－Kortmann], Bijzon－dere Overeenkomsten Ⅲ7, no. 566。对于不能视其为专家的顾客，仅能期待他具有合理程度的注意。参见 van Wijngaarden and Chao－Duivis, Hoofdstukken Bouwrecht4, no. 113, with references to case law of the RvA。另一方面，如果顾客有专业监理的协助，那么只有在建造过程中不能通过通常细致和熟练的监督发现的瑕疵方为"隐藏"瑕疵。参见 van Wijngaarden and Chao－Duivis, Hoofdstukken Bouwrecht4, no. 111, with references to case law of the RvA。如果监督不是按计划进行的而仅仅是偶尔为之，更容易将瑕疵视为隐藏的。参见 RvA 7 January 1980, no. 9329, BR 1980, p. 395, Note Thunnissen (standing case law)。如果事实上根本没有进行监督，瑕疵的确会被认为是隐藏的。参见 RvA 3 April 1981, no. 9979, BR 1981, p. 625, Note Thunnissen。因此，如果顾客行使了监督权，那么发现不了建筑物存在瑕疵的风险将部分地转移给顾客；而如果顾客监督得不那么勤，则瑕疵被视为"隐藏"瑕疵的概率更高。

37. 根据波兰法(第 563 条)，如果尽到应有的注意发现瑕疵是可能的，则顾客丧失相关权利。如果瑕疵只有在稍后才能被发现，顾客应当立即通知建筑方(民法典第 563 条)。

38. 在葡萄牙，即使顾客未进行检查，也推定顾客已经知道了明显瑕疵的存在(民法典第 1219 条第(2)款)。明显瑕疵是指尽到应有注意的顾客应当发现的瑕疵(CA Porto, 17 November 1992, CJ 1992, V, 224)。隐藏瑕疵是指即使该领域内一般技术人员在尽到应有的注意时也不能发现的瑕疵。一般来说，对于明显瑕疵，一旦顾客接收了建筑物，则建筑方的责任就终止了。

39. 苏格兰建筑合同格式一般地规定了一个工程实际完工后的瑕疵责任期(通常为 1 年)，对于在该期限内出现的瑕疵建筑方仍须承担责任(Stair, The Laws of Scotland Ⅲ, "Building Contracts" para. 46)。

40. 西班牙建筑法第 17 条规定了建筑方对于隐藏瑕疵(指尽到简单的勤勉通过检查不能发现的瑕疵)的责任。为此规定了 10 年、3 年和 1 年三个不同的担保期限，该期限从接收之日起开始计算：对于地基、支撑、墙体以及其他结构性要素瑕疵适用 10 年期限，对于导致不符合居住要求的结构或者设备瑕疵适用 3 年期限，而对于收尾瑕疵(仅针对建筑方)则适用 1 年期限。

41. 瑞典建筑、土建和安装工程合同一般条款(AB 92)对隐藏瑕疵和明显瑕疵作了区分。隐

藏瑕疵是指在最终检查时存在的、没有被发现且根据合理期待也不能发现的瑕疵,第7:13条。其他瑕疵都属于明显瑕疵。根据第7:13条的一般规则,建筑方仅对检查时发现且记录在案的瑕疵承担责任。但是,该条同时规定,本规定不适用于隐藏瑕疵,并且在最终检查后3个月内发现的任何瑕疵都可以以书面形式告知建筑方,无论该瑕疵在检查时是否应当被发现。

V. 不充分履行约定监督义务:抗辩理由抑或与有过失?

42. 奥地利承揽合同一般合同条款(ÖNORM A 2060)明确规定,顾客的监督不能免除建筑方的责任(2.11.4和2.27.1)。判例和学说都相似地认为,受到监督的建筑方不得以顾客监督不足因而承担与有过失为由免除或者减轻其责任(Dittrich and Tades, ABGB35, 1168a E 111 and Rummel [-Krejci], ABGB Ⅰ2, art. 1168a, no. 34)。

43. 在英国法中,建筑方不能将顾客不充分履行约定的监督义务作为辩护理由,Kingston-upon-Hull Corp. v. Harding [1892] 2 QB 494, Court of Appeal。这包括发现了建筑物存在瑕疵却未通知建筑方,East Ham Corp. v. Bernard Sunley & Sons Ltd. [1966] AC 406, Hudson, Building and Engineering Contracts11, nos. 5-021, 5-022,这表明,为了不承担责任,建筑方需要明确要求顾客认可瑕疵建筑物并且收到顾客的明确同意。从未出现过建筑方以与有过失为辩护的案例,Hudson, Building and Engineering Contracts11, no. 5-0245,在该案中,与有过失辩护被驳回。

44. 在法国法中,如果合同监督义务以及协调工作履行不当,工程负责人(the master of works)需要承担责任。不能以顾客以监督工程的建造不当为由要求顾客承担责任(即与有过失),因为监督并非顾客的义务。

45. 根据德国法,顾客有监督的权利却无监督的义务。因此,即使顾客监督不当,建筑方也不能因此获得任何权利。不得以顾客的与有过失为由减轻建筑方的瑕疵责任(BGH NJW 1973, 518; CA Cologne BauR 1996, 548, BGH NJW 1999, 893)。

46. 虽然有限,但是从西班牙民法典第691条或许能够看出对顾客监督义务的认可。该条规定,对于因为顾客的指示或者其他方式中体现出的错误所导致的瑕疵建筑方可以不承担责任。但在学理和案例中该法并非是如此解读的。

47. 根据意大利法,如果顾客认为必要,可以在建造中行使检查工程进展的权利。主流学者如Giannattasio(Dei singoli contratti, p.442)和Mangini(Ⅱ contratto di appalto, pp.148, ff)认为该权利与最终检查权在性质上是不同的。因为这是权利而非义务,不予行使不会导致权利的丧失。有学者假设,建造期间顾客检查而认为符合常规和合同的,在此限度内减轻建筑方的责任。Vitale, Dell'appalto, p.388。判例法似乎认可第一种观点,CA Torino, 17 July 1959, Giust. civ. Mass., 1959, p.814。

48. 在荷兰法中,如果能够确定顾客或者顾客的代理人可以在建造过程的任何阶段发现瑕疵却没有发现,仲裁委员会(Raad van Arbitrage)允许建筑方免予承担对建筑瑕疵的责任。参见Van den Berg, Samenwerkingsvormen in de bouw, no.115。虽然此观点遭到了许多荷兰学者的严厉批评,参见Van den Berg, Samenwerkingsvormen in de bouw, no.116, and especially Jansen, Defects liability, pp.378-392,却在工程合同统一管理条款(UAV 1989))中被"成文化"了。如果对监督进行了约定,那么监督不当就成为建筑方的充分辩护理由。

49. 根据波兰民法典第655条,根据顾客的指示开展工作导致建筑物遭受破坏或者损害的,如果建筑方已经就破坏或者损害的危险向顾客作出了警示,或者即使建筑方尽到了应有的谨慎

也不能发现该危险,建筑方可以要求顾客支付约定的全部报酬或者合适比例的报酬。

50. 葡萄牙法视监督为权利而非义务。顾客的监督不能免除建筑方的责任,即使瑕疵是明显的或者工程执行得不好是非常明显的(民法典第1209条第(2)款)。CA Porto, 10 April 1970, BolMinJus 196, 299。

51. 由于建筑方在完成工程时受到合同的严格约束,苏格兰法大概和英国法一致(参见注43)。一部分老学术权威认为,如果有瑕疵的工程得到了雇主代表的同意,雇主不得提出任何索赔。但该观点很难和如下基本原则相调和,即代表不得偏离合同进行批准同意(Stair, The Laws of Scotland Ⅲ,"Building Contracts" para. 46)。

52. 根据西班牙法,对建造工作的监督并非顾客的法定义务,见注释15。

53. 瑞典建筑、土建和安装工程合同一般条款(AB 92)第3:2条的基本规则是,由建筑方单独负责合同工作的执行。此外,第3:5条第(1)款规定,如果顾客认为合适,可以对合同工作进行监督,但是此类监督不会限制建筑方的合同责任。

第Ⅳ.C-3:106条　建筑物的交付

(1)建筑方认为建筑物或能够独立使用的部分已经彻底完工并欲将对其的控制转移给顾客的,顾客应在收到通知后的合理时间内受领其控制。建筑物或其相关部分与合同不符且使其不合乎使用目的的,顾客得拒绝受领该控制。

(2)顾客对建筑物控制的受领不免除建筑方的部分或全部责任。即使根据合同顾客有检查、监督及接收建筑物或其建造过程的义务,前句规定亦得适用。

(3)根据合同,控制不需转移给顾客的,不适用本条规定。

评　论

A. 法条概述

本条规定的是建筑物彻底完工时的实际交付问题。第(1)款包含的基本理念是:建筑方提议交付对建筑物的控制,顾客则接受控制,除非存在严重瑕疵。小的瑕疵以及能够在短时间内修好的瑕疵不妨害建筑方对控制的交付。如果瑕疵使得建筑物不符合其用途的,顾客可以拒绝对控制的受领。

控制的转让与不履行而产生的相关权利是分开的。在第(2)款中规定,不能将顾客对建筑物控制的受领理解为对不履行相关权利的放弃。只有在发现瑕疵但未在合理的时间内向建筑方作出通知的情况下,顾客对于不履行的相关救济才会受到影响。

但是,第(2)款并没有否定在可能导致顾客对建筑方的履行方式不满的情况下提请顾客注意的可能性。

示例1

建筑物的建筑方欲将对建筑物的控制转移给顾客并向顾客发出了通知。除非建筑物不符合其用途,否则顾客有义务受领对建筑物的控制。顾客并不必因担心会丧失(建筑方)不履行的相关权利而拒绝受领控制。本条明确规定,即使顾客受领了控制也不会丧失相关权利。

B.利益权衡和政策考量

建筑物的交付涉及好几个方面的问题,这些问题最好是分开进行讨论。第一个问题是,将对建筑物的控制交付给顾客符合建筑方的利益,因为与建筑物的安全措施相关的义务和责任意味着成本的付出,比如需要支付保险费。显然接受对建筑物的控制也符合顾客的利益,只有受领后才能利用建筑物满足相应的目的。顾客也需要知道建筑物何时能交付,这样才能准备相应的安保和保险措施。但是,如果因为建筑物还没完工或者存在严重瑕疵导致不能用于其目的,那么将对建筑物的控制转移给顾客对顾客来说意味着负担。

另一个问题是报酬权问题。在绝大多数合同中,根据下条讲到的任意性规则,在建筑物或者对建筑物的控制交付之时,至少大部分的报酬将到期需要支付。显然获得金钱符合建筑方的利益,而顾客当然希望延迟支付,以便能够给建筑方履行义务施加压力或者出于其他原因。

当建筑物完工后,了解还需要进一步做什么当然事关建筑方的利益。建筑方想知道顾客对结果是否满意,如果不满意,发现了何种瑕疵以及需要进行什么样的补救。同时,除了可能对未来的瑕疵进行弥补之外,建筑方希望能够确定顾客不会再期待建筑方进行其他额外的工作。对于顾客来说,将其额外的愿望提请建筑方注意也是非常重要的。这样越早完成,那么建筑方越可能毫不迟延或者不进行额外收费地为解决相应问题做好准备。就这个角度看,顾客会希望彻底地检查建筑物。但是,花在检查上的时间和金钱会与顾客的其他选择相冲突。因此,不同客户的检查力度非常不同。这里出现的问题与上一条的评论中建筑物交付前的监督中出现的问题非常类似。尽早发现问题非常重要。此外,这里双方当事人都希望结束他们的合作关系并将其资源投入到其他项目中去。

如果顾客检查得不充分意味着失去与(建筑方)不履行相关权利的风险,那么顾客就存在进行检查的强烈动力。但是,很难确定检查的最佳水平是什么。因为法院很难确定何种水平的检查为合理,因此很多顾客为了应对因此而产生的不确定性,会对建筑物进行彻底的检查并提出很多投诉。另外一些顾客可能会认为已经检查得够充分了,但是由于法院进行了不同的判断从而丧失了相关权利。建筑方也会战略性地利用这些规则。可能存在隐藏瑕疵的动力。一般来说,建筑方具有更多的专业知识,在建造过程中能搜集到更多的关于潜在瑕疵的信息。如果这个假设成立,那么督促建筑方披露相关信息比让无从下手的顾客自己去寻找潜在瑕疵要有效得多。

C. 首要选择

在本条中,受领和控制的转移是分开的。转移对建筑物的控制是建筑方义务的一部分。转移的时间或者期限由合同或者关于履行时间的一般规定确定(第Ⅲ-2:102条(履行时间))。顾客应当在收到建筑方希望转移控制的意愿通知后的合理时间内受领。建筑物是否已经全部完工可以进行控制的转移由建筑方决定。多数情况下,控制转移的正确时间是建筑物的方方面面都已经完工并且所有的瑕疵都得到了纠正的时候。部分完工的建筑物对于顾客来说可能已经是非常有用了,但是只要建筑物还存在重大瑕疵并且不能用于顾客计划的目的,那么顾客不负有受领控制转移的义务。这种情况包括在第(1)款的适目的性中。其理念是,在大型工程中或多或少都会出现的细微瑕疵以及有待完成的建筑工程的细微工作不应成为控制转移的障碍。

因此,控制转移的日期并不必须是建筑方完成所有合同义务的日期。某些部分还没完成的时候也可以进行建筑物控制的转移。

示例2

对房屋的控制已经转移给顾客。但建筑方仍然需要完成粉刷工作以及屋前停车场的建造工作。因此,建筑方并未完全履行合同义务。剩余的义务是否能按时履行是一个合同解释或者关于履行时间一般法律规定的适用问题。

原则上,最终验收和检查的规则与前条规定讨论的期中验收和检查的规则一样。不要求进行各种形式的调查。只期待顾客像此种环境下的一般顾客可以期待的那样用心就足够了。顾客不负有检查建筑物的义务,甚至连瞧一眼的义务都没有。但是建筑方的利益也受到了保护,因为建筑方有机会提请顾客注意相关事项,这样顾客就存在因为不作为和不通知而丧失相关救济的风险。

如果顾客必须受领对建筑物的控制却不受领,有形动产的建筑方可以援引第Ⅲ-2:111条(不接收财产)的规定。在合理地通知顾客后,建筑方可以将建筑物提存在第三人处,或者可以将其出售。但是,在适用这些救济规则时应当考虑到顾客的利益。一般来说,顾客之所以选择建造特定的建筑物是因为市场上不存在这样的商品可以直接购买。如果建筑物被出售给其他人,顾客通常都需要再雇人建造。通常说来会花费更多的时间成本和经济成本。这反映在发出通知的适当方式上(绝大多数是明确的书面形式)以及在合理的时间内予以通知上。

注　释

Ⅰ.概述

1. 在大多数法律体系中采用的方法都是由建筑方发起向顾客的控制转移程序,而顾客须在合理的时间内予以受领(在此时间内可能会进行检查),除非存在重大瑕疵可以拒绝。如果在该期限内顾客未明确受领,通常将其视为默认受领。顾客可以保留与瑕疵有关的权利,参见瑞典(1992年瑞典建筑、土建和安装工程合同一般条款)、荷兰(民法典第7:758条)、法国(民法典第1792－6条)、西班牙(Carrasco Perera/Cordero Lobato/González Carrasco, Derecho de la Construcción y la Vivienda4, 328ff)、意大利(Cass., 11 January 1975, no. 1787, Rep. Foro it., 1976, V8 Appalto, c. 116, n. 17; Cass., 27 July 1987, no. 6489, Rep. Foro it., 1988, V8 Appalto, c. 137, no. 49, and Giust. civ., 1988, Ⅰ, p. 2357)、德国(民法典第638、641条及第644条)、奥地利(民法典第1048条, Klang [－Adlerand Höller], ABGB V3, art. 1168a, no. 406; Karesek, ecolex 1996, 836; Rummel [－Krejci], ABGB Ⅰ2, art. 1168a, no. 10)、希腊(参见民法典第694条)以及葡萄牙(民法典第1218、1218(4)条及第1218(5)条)。"交付"有时是指建筑方提供控制交付的单边行为,要求顾客必须受领,如西班牙(Martinez Mas, La recepción en el contrato de obra, p. 40)和意大利;有时是指提供控制转移(明示或者暗示)以及受领这两个双边程序的完成(比如荷兰民法典第7:758条以及1992年瑞典建筑、土建和安装工程合同一般条款第7:15条)。

Ⅱ.建筑物的交付程序:交付和受领

2. 根据奥地利民法典第1048条,受领和交付渐渐融为一体,参见Klang [－Adler and Höller], ABGB V3, § 1168a, no. 406。而承揽合同一般合同条款(ÖNORM A 2060)的方法与民法典不同。根据民法典,顾客甚至可以以非重大瑕疵为由拒绝受领建筑物,而非重大瑕疵仅属于禁止刁难原则(Schikaneverbot)的规制范畴。"受领(Uebernahme)"由两部分组成,实际交付以及与合同相符的履行即受领建筑物。重要的是将建筑物放置到顾客的影响和控制范围之内。在某些领域可能存在整套的交付程序,如在安装和工厂领域,参见Karesek, ecolex 1996, 836. Rummel [－Krejci], ABGB Ⅰ2, § 1168a, no. 10。

3. 在英国法中,适用合同义务履行的一般原则。受领不是损害赔偿之诉的障碍(Hudson, Building and Engineering Contracts11, nos. 5－007)。

4. 根据芬兰建筑合同一般条款(YES)第71条,在交付检查时必须说明最终结果与合同规定是否相符等。

5. 在法国法中,相关的时间点为建筑物的受领,因为它引发与顾客将来的请求有关的一系列后果。受领可以很简单,比如接收建筑物即可。但是也可以进行有保留的受领,民法典第1792－6条。

6. 德国民法典第640条规定,如果建筑物符合合同要求,顾客须受领建筑物。当存在轻微瑕疵时,顾客不得拒绝受领。如果顾客知道建筑物存有瑕疵仍然受领,那么会丧失某些权利。

7. 希腊民法典未对交付通知、同意及受领作出明确区分。比如根据第694条,工程交付后应当支付价款,风险也随之转移,诉讼时效从受领之时开始计算。

8. 根据意大利法,简单的交付以及获得建筑物的控制权并不等同于对建筑物的受领。如果顾客没有明示受领,但是其受领方式与不受领或者有保留地受领不同,则推定顾客进行了受领(Cass., 11 January 1975, no. 1787, Rep. Foro it., 1976, V8 Appalto, c. 116, no. 17; Cass., 27 July 1987, no. 6489, Rep. Foro it., 1988, V8 Appalto, c. 137, no. 49, and Giust. civ., 1988, Ⅰ, p. 2357)。

9. 根据荷兰民法典第7:758条,建筑方先通知顾客他已经做好交付建筑物的准备,然后顾客须进行检查和受领(可以是有保留地受领),或者通知建筑方建筑物存在瑕疵妨碍其受领从而拒绝受领。

10. 在波兰,最高法院认为(最高法院1997年5月3日判决,Ⅱ CKN 28/97, OSNC, nos. 6-7, poz. 90),如果建设方通知顾客建设工作已经完成,顾客负有受领的义务。受领记录应当包括双方当事人对建筑质量以及瑕疵作出的说明,以及消除瑕疵的时间,或者顾客选择的其他救济措施。顾客的受领以及支付价款的义务反映出建筑方的交付义务。顾客的受领义务与对建筑方的履行质量是否同意无关,因为可以对建筑方是否适当履行提出质疑。最高法院的观点遭致了学界的广泛批评(Radwan ́ski [- Strze Pka] System Prawa Prywatnego Ⅶ2, p. 409),学界认为对于建筑方违反义务建造的房屋顾客不负有受领的义务。

11. 根据葡萄牙法,第一步是进行检查(民法典第1218条),然后将检查结果通知建筑方(民法典第1218条第(4)款)。如果未在适当的时间内发出通知,那么推定受领(民法典第1218条第(5)款)。如果在通知中未提及任何瑕疵,则视为默示受领。如果通知中提到了瑕疵,那么其结果就是不受领以及产生瑕疵履行的相关后果。受领也可以是明示的。当出现如下情况时,发生财产转移以及立刻交付建筑物的义务:(1)对于动产,顾客的受领;(2)对于在顾客自有土地上建造建筑物的,材料进入该土地(民法典第1212条)。参见 Romano Martinez, Direito das Obrigaçōes2, nos. 403 ff。

12. 在苏格兰,建筑合同格式原则上规定了两个结束阶段:(1)实践阶段,在该阶段雇主可占有和使用建筑物;(2)最终阶段,指在建筑方需要为建筑物瑕疵承担责任的瑕疵责任期届满之后的阶段。每个阶段都由雇主的代表签发文件予以证明,只有在签发表示同意和满意的最终证明文件之后,才能最终确定双方当事人之间需要支付的金额。而同意之前通常都会进行检查(Stair, The Laws of Scotland Ⅲ, "Building Contracts" para. 39; Connolly, Construction Law, chaps. 4.135 et seq.)。

13. 根据西班牙法,交付是指建筑方将建筑物置于顾客的处置之下。而受领是指顾客接受建筑物的特性和质量(Carrasco Perera/Cordero Lobato/González Carrasco, Derecho de la Construcción y la Vivienda4, 334)。1999年建筑法(LOE)第6条确立了受领建筑物的义务。为了能够进行有保障的受领,顾客必须完成对建筑物的检查。否则顾客可能没注意到非隐蔽瑕疵就进行了受领,这会导致救济权的丧失。

14. 瑞典建筑、土建和安装工程合同一般条款(AB 92)第7:15条规定,在最终检查阶段受领之后发生合同成果的交付。根据建筑、土建和安装工程合同一般条款第7:15条,最终检查至关重要,因为检查时的同意将引起合同成果的交付。

第Ⅳ.C－3:107 条　价款的支付

(1)建筑方根据上条规定将对建筑物或其部分的控制转移给顾客时,顾客应支付全部或者适当比例的价款。

(2)但是,根据合同,在控制转移后仍然需要在建筑物或者其相关部分继续施工的,顾客得扣留合理比例的价款直至施工完成。

(3)根据合同,毋须将控制转移给顾客的,价款应在工程完工、建筑人对顾客为完工通知且顾客有机会对建筑物进行检查时支付。

评　论

A. 法条概述

本条规定的是原则上价款应何时支付,即控制转移发生之时。如果将发生控制的转移但顾客不予受领,也应当支付价款;参见第Ⅳ.C－3:106 条(建筑物的交付)第(1)款,将第 2 句与本条相结合进行解读。

示例 1

私人道路的建筑方根据第Ⅳ.C－3:106 条(建筑物的交付)将道路交由顾客支配。此时顾客应支付报酬。只有根据该条顾客有权拒绝受领对建筑物的控制时顾客方能拒绝支付报酬,即道路不合格导致其不适合其用途。如果有轻微瑕疵需要整改的,顾客可以根据第(2)款扣留小部分价款直到整改完成。

B. 利益权衡和政策考量

如果在转移控制时合同已经全部履行,价款的支付时间则不存在疑问。但在建设项目中,在交付时存在某些瑕疵是相当普遍的。这可能涉及房屋的某些要素的迟延交付或者在工程建造的最后阶段出现的瑕疵等问题。第Ⅳ.C－3:106 条(建筑物的交付)采取的方法是,这些瑕疵不影响将对建筑物的控制转移给顾客。根据该方法,在控制转移给顾客时建筑物通常都未全部完工。这会促使顾客扣留部分的价款,因为顾客显然希望建筑方能够全部完成建造工作。对于建筑方来说,会觉得有权收取价款,因为绝大部分建造工作已经完成,且当对建筑物的控制已经转移给顾客并且顾客开始使用建筑物时,建筑方会失去一部分对顾客的控制力。

绝大多数国家的法律体系的基本原则是,在控制转移时(荷兰、比利时、西班牙和

希腊)或者受领时(法国、意大利、德国、葡萄牙和芬兰)应支付价款。

C. 首要选择

在起草合同时,价款的支付时间肯定是双方当事人应当注意的问题。作为任意性规范,选取控制转移之时作为支付时间比选取受领之时更佳,因为后者可能会出现关于瑕疵的讨论,而这个问题非常棘手。根据该方法,顾客得到了保护,因为如果建筑物与合同不符,且因此导致建筑物不适合其用途,那么可以不受领控制(参见前条)。将控制转移之时定为价款支付时间的解决方案也可能出现问题,因为在绝大多数项目中,如果建筑物没有全部完工,顾客都希望扣留部分价款。如果双方当事人未在合同中考虑到此点——如约定顾客有权将10%的价款扣留6个月——顾客可能希望援引本条第(2)款扣留合理部分的价款直至工程完成。第Ⅲ－3:401条(中止履行对待债务的权利)的一般性规定并不充分,因为在这里,顾客只有在合理地认为建筑方不会完成工程时方能终止价款的支付。

示例2

为顾客创建的网页在控制转移给顾客时仍然存在瑕疵。顾客已经开始使用该网页。根据本条第(1)款,顾客应支付价款。但是本条第(2)款允许顾客扣留部分比例的价款直至网页创建人全部履行其义务。

第(3)款对于相对比较罕见的情形作出了规定,即毋须将控制转移给顾客的。比如建筑方只负有绘制蓝本的义务,以便让顾客知道建造的难易程度。顾客希望能检查蓝本的绘制过程以及结果,而对于蓝本的交付则毫无兴趣。对于此种罕见情况显然不适合一般规则,第(3)款规定,价款应在工程完工、建筑人对顾客为完工通知且顾客有机会对建筑物进行检查时支付。

注　释

Ⅰ. 概述

1. 在英国(参见Hudson, Building and Engineering Contracts11, no. 4－140)和奥地利(民法典第1170条)价款应在建筑物完工时予以支付。在苏格兰,原则上应在雇主的代表签发完工证明后支付最终价款(Stair, The Laws of Scotland Ⅲ, "Building Contracts" paras. 39, 65)。多数国家选择的是交付时付款:荷兰(民法典第7:758条,根据的是互惠原则(principle of reciprocity))、比利时(参见Goossens, Aanneming van werk, nos. 768 and 821)、西班牙(第1599条)以及希腊(民法典第694条),或者受领时付款:法国(参见Collart Dutilleul and Delebecque, Contrats civils et com－ merciaux7, no. 732)、意大利(第1665条)、德国(民法典第641条)、葡萄牙(民法典第1211条)以及芬兰(对于消费者建筑合同,在建筑方为付款要求时顾客应当付款,但不应早于交

付前以及顾客享有的合理检查期限完成前,参见消费者保护法第8章第25条第(1)款以及第9章第25条第(1)款)。

Ⅱ.付款时间

2.在奥地利,根据民法典第1170条,价款应在建筑物完工时予以支付。

3.根据比利时法,价款应在交付时予以支付,参见Goossens, Aanneming van werk, nos. 768 and 821。

4.在英国,一般来说,根据实质履行原则(doctrine of substantial performance),在所有合同义务得到履行之前,顾客毋须支付价款,参见Hudson, Building and Engineering Contracts11, no.4-140。

5.在芬兰,对于消费者建筑合同,如果建筑方提出了付款要求,顾客应当予以支付,但付款不应早于交付以及顾客享有的对建筑物进行检查的合理期限届满,参见消费者保护法第8章第25(1)条以及第9章第25(1)条。

6.根据法国法,在受领建筑物之时应当支付价款,参见Collart Dutilleul and Delebecque, Contrats civils et commerciaux7, no. 732。

7.根据德国法(民法典第641条),建筑物的受领时间即报酬支付的时间(如无另外的合同约定)。

8.根据希腊民法典第694条,建筑物交付之时应当支付价款。

9.根据意大利法,除非双方当事人另有约定,决定价款支付的时间是受领之时(民法典第1665条)。

10.根据荷兰法,在建筑物交付之时应予付款。而交付完成于(明示或者暗示的)受领之时。参见民法典第7:758条,其遵循的是互惠原则(principle of reciprocity)。

11.根据波兰法,除非当事人另有约定,根据义务的性质,在建筑物受领之时应当支付价款(民法典第455条)。但是,如果未在合同中作出不同约定,当部分工作完成后建筑方要求进行阶段性的受领时,顾客应当予以受领并支付相应的报酬(民法典第654条)。

12.在葡萄牙,应当在建筑物受领之时支付价款,民法典第1211条。

13.在苏格兰,原则上应在雇主的代表签署全部完工的证明之后支付最终的价款(Stair, The Laws of Scotland Ⅲ, "Building Contracts" paras. 39, 65; Connolly, Construction Law, chaps. 4.341 et seq.)。在实践中,通常通过使用期中证明进行阶段性的付款(Stair, The Laws of Scotland Ⅲ, "Building Contracts" paras. 62-64; Connolly, Construction Law, chap. 4.342-346)。

14.根据西班牙法,应在交付之时支付价款(民法典第1599条)。

第Ⅳ.C－3:108条　风险

（1）本条适用于建筑物因建筑方不能避免或克服的意外事件的发生而毁灭或损坏且该毁灭或损坏不可归责于建筑人的情形。

（2）本条中的“相关时间”指：

（a）对建筑物的支配应转移给顾客的，根据本编第3:106条（建筑物的交付）的规定该支配实际转移或应该转移时；

（b）在其他情形，工程完工且建筑方已向顾客为完工通知时。

（3）第（1）款中提到的情形是由相关时间之前发生的意外事件造成的且合同履行仍为可能的：

（a）建筑方仍应继续履行，或依具体情形再次履行；

（b）顾客只需对建筑方在（a）项中的履行支付价款；

（c）履行时间根据本编第2:109条（单方变更服务合同）第（6）款的规定相应延长；

（d）第Ⅲ－3:104条（因障碍而免责）的规定得适用于建筑方最初的履行；并且

（e）建筑方对于顾客提拱的材料的损失不负赔偿义务。

（4）第（1）款中提到的情形是由相关时间之前发生的意外事件造成的且合同履行为不可能的：

（a）顾客毋须为已完成的服务支付价款；

（b）第Ⅲ－3:104条（因障碍而免责）的规定得适用于建筑方的履行；并且

（c）建筑方对于顾客提拱的材料的损失不负赔偿义务，但应将建筑物或其残存物归还顾客。

（5）第（1）款中提到的情形是由相关时间之后发生的意外事件造成的：

（a）建筑方毋须再为履行；并且

（b）顾客仍应支付价款。

评　论

A. 法条概述

本条规定的是对于因外在原因而对建筑物造成的损害的责任问题。根据本编第3:104条（与合同要求相符），对于建筑物不适合其目的的（且瑕疵不可归因于顾客，因为该瑕疵是由于不存在警示义务的指示造成的），建筑方应当承担责任。理论上可适

用第Ⅲ－3:104条(因障碍而免责)。但是,该条要求障碍应位于债务人的控制范围之外,因此不能被事先考虑到且不能克服。建筑方的控制范围包括规定在本编第3:103条(防止建筑物遭受损害的义务)的保护建筑物免受外来的伤害。

在交付之前(根据本编第3:106条(建筑物的交付)进行的对建筑物控制的交付),第(3)款和第(4)款规定的风险由建筑方承担,在这两款中也对其进行了限制。控制转移后,责任方式发生了改变;顾客对于外来的伤害承担责任(第(5)款)。

示例1

在一栋办公楼的建造过程中,该楼受到了暴风雨的严重损坏。假设建筑方已经采取了能够合理期待应当采取的所有措施以防止损害的发生,建筑方仍然需要重建该办公楼。当然,建设时间应当予以调整。顾客提供的材料发生损失的,顾客应再次提供或者支付采购的价款。

B. 利益权衡和政策考量

如今,风险这个话题只有有限的现实意义。履行不能的原因通常都能归因于一方或者另一方当事人。在建筑合同中,如果合同协作的结果不尽如人意,通常都由各方当事人各自承担自己的抉择所产生的后果。除此之外还存在的风险相当有限。未来由诸如山体滑坡及洪水等自然灾害造成的损害的发生频率可能变得很低,因为欧盟内的政府当局已经为此采取了多年的预防措施。但是,外来的对建筑物的损害仍然需要在双方当事人之间进行分配。随着时间的推移风险的分配也必须有所变更。当建筑方处在能够采取预防措施的最优位置时,让他承担绝大部分的风险是合理的;但是总有顾客必须承担责任的时候。

外在损害会引起不能的结果。一个问题是在履行合同义务方面,建筑方是否必须再履行一次。另外一个问题是,对于顾客提供的但由于外在损害而损失的材料或者部件该如何处理。应当由建筑方提供相关材料还是需要由顾客重新提供?顾客的价款支付又当如何处理?

欧盟国家对于在建筑方完工之前时间段内的风险分配的处理并不统一。一些国家对于债务人比其他国家显得更加宽容。此点在第Ⅲ－3:104条(因障碍而免责)的注释中已经讨论过了。本条采纳第3:104条的方法。

对于顾客提供的材料,绝大多数国家的处理方法是:建设方仅负有以与具体情况相当的注意保护好相应材料的义务。其必然结果是,如果发生了与建设方的不履行义务无关的不幸事件导致了材料的损失,顾客必须再次提供材料,当然价款也应由顾客支付且不得要求建设方予以赔偿。英国、瑞典、荷兰、比利时、法国、意大利、德国、奥地利、希腊和葡萄牙采取的是此处理方法。

而对于建筑合同履行完毕后的风险分担各国都大同小异。很明显是由顾客采取措施防范外来的损害风险。但是对于合同义务建筑方仍然需要承担责任,比如合同义

务可以规定建筑物应具有某些特定的外来伤害的抵抗能力。

示例 2

交付符合其目的的建筑物的义务通常都要求采取一定的措施以确保建筑物不会轻易受到外来的伤害。一般来说,建筑物应具有防雨、风暴及雷电的能力。此外,建筑物不应当含有容易被人偷走的外部部件。

第三个需要解决的问题是:第一种责任分配方式何时会转化为第二种责任分配方式?在绝大多数国家,在对建筑物的控制转移之时发生风险的转移(英国、瑞典、荷兰、比利时、法国、德国以及奥地利)。而在一些国家所有权转移之时风险发生转移(葡萄牙)。

C. 首要选择

很多以前被认为是不可预见、不能克服的事件现在都可以通过有效的预防措施予以预防。其结果是,建筑方须根据本编第 3:103 条(防止建筑物遭受损害的义务)承担广泛的义务以保护建筑物免受外来事件的伤害。尽管如此,仍然会发生意外的事件,并且也不能将它们归责为建筑方。在建筑物交付前,由第Ⅲ－3:104 条(因障碍而免责)予以规定。

如果不能根据该条的规定为不履行免责,建筑方需要再次履行。此时视建筑方为尚未履行,因此适用不履行的相关规定。但是,如果可以对不履行免责,顾客没有权利要求建筑方继续履行或者赔偿损失,其结果可能是终止合同关系。但是,顾客仍然需要支付价款,当然,其数额可能会有所降低;参见第Ⅲ－3:601 条(减少价款的权利)。根据该条第(3)款(c)项,如果因为不幸事件的发生使得建筑方不能按时履行,可延长履行时间。其理念是履行时间会适当延长。

如果引起免责的障碍使得履行彻底及永久地变得不可能则情况有所不同。此时,双方当事人的义务都不复存在。参见第Ⅲ－3:104 条(因障碍而免责),尤其是第(5)款。

在建筑物完工后,从某个时间起建筑物不再处于建筑方的控制范围之内。对于外来的对建筑物的损害,建筑方仍然须为不履行保护义务而承担责任;但是,如果损害不能追溯为建筑方对此类义务的不履行,那么毋须承担责任。

对于风险转移的时间,本条规定遵循的是绝大多数欧盟国家采用的方法:通常起决定性的时间是对建筑物控制的交付之时。对于相对少见的毋需转移控制的情况,建筑物已经完工且对顾客作出完工通知之时为相关时间。

注　释

Ⅰ.概述

1.基本规则是:对于合同工程未交付部分的毁损应由损建筑方承担责任,参见英国(Brecknock Co. v. Pritchard (1976) 6 T. R. 750, 101 ER 807, Hudson, Building and Engineering Contracts11, nos. 4-248, 5-001)、苏格兰(Gloag and Henderson, The Law of Scotland11, para. 11.06)、瑞典(1992年瑞典建筑、土建和安装工程合同一般条款第5:4条第一段和消费服务法第39条)、芬兰(消费者保护法第9章第6(1)条, General Conditions YSE 1998, Chapter 3)、荷兰(民法典第7:758(2)条, Asser [-Kortmann], Bijzondere Overeenkomsten Ⅲ7, no.521)、比利时(民法典第1788条)、法国(民法典第1788条,但是期房销售合同有着特殊的规定)、西班牙(民法典第1589条及第1590条,亦参见TS 10 May 1997, RJ 1997/3831, Europea de Derecho, N. 3006028509)、意大利(民法典第1672条及第1673条)、德国(民法典第644条)、奥地利(民法典第1168a条,ÖNORM B 2110 5.41, see also ÖNORM A 2060 2.26.10)、希腊(民法典第698条)以及葡萄牙(民法典第1228(1)条;STJ 24 October 1995: BolMinJus, 450, 469)。

2.在绝大多数欧洲国家,如果是由顾客提供材料,则材料的毁损风险由顾客承担,参见瑞典(Hellner/Hager/Persson, Speciell avtalsrätt Ⅱ(1)4, p.100, 1992年瑞典建筑、土建和安装工程合同一般条款第5:5条)、荷兰(对比民法典第7:757条)、法国(民法典第1789条,对于毁损的证明责任进行倒置,由建筑方予以承担,参见Cass. req. 19 June 1886, D. P. 1886, 1, 409; Cass. civ. Ⅰ, 7. October 1963, D. 1963, p.748; Cass. civ. Ⅲ, 17 February1999, CCC 1999, no. 67 with Note L. Leveneur)、意大利(民法典第1673条, Cass., 1 February 1950, no. 271, Giust. civ, 1950, Ⅱ, p. 37, with comment of D. Rubino, Ⅱ perimento fortuito dell' opera, prima dell' accettazione nel contratto d' opera)、德国(民法典第644(1)条)、奥地利(民法典第1168a条第2句)、希腊(民法典第699条)以及葡萄牙(民法典第1228(1)条)。在西班牙,根据民法典第1589条以及第1590条,无论是否由建筑方提供建筑材料,在交付前建筑物毁损的,都由建筑方承担风险。而对于建筑材料,建筑方可能负有瑕疵警示义务。

Ⅱ.风险的一般分配方法

3.奥地利民法典根据风险的产生范围对风险的承担进行分配(Koziol and Welser, Bürgerliches Recht Ⅰ13, 409; Gschnitzer, Schuldrecht, Be - sonderer Teil und Schadensersatz2, 250 ff)。如果建筑物在受领之前被意外事故所毁坏,那么适用民法典第1168a条。建筑方无权要求顾客支付价款,建筑材料毁损的风险由材料提供者承担。对于"中立"区域内出现的风险也应由建筑方承担,因为建筑方负有达成结果的义务。ÖNORM B 2110在第5.41条也采纳了该方法,亦参见ÖNORM A 2060 2.26.10。

4.根据比利时法,如果材料是由建筑方提供的,在建筑物交付之时风险发生转移,参见民法典第1788条。

5.根据英国法,通常说来,直到建筑物实际受领或者应当受领之时,建筑方都应对建设工程承担责任,Brecknock Co. v. Pritchard (1976) 6 T. R. 750, 101 ER 807, Hudson, Building and Engineering Contracts11, nos. 4-248, 5-001。对于大型合同,受领的时刻通常都会由建筑师签

署文件予以证明。

6. 根据芬兰法，对于消费者建设合同，在交付之前，对于因不能归咎于顾客的原因导致建筑物或者材料毁灭、损失或者损坏的，建筑方须承担责任，参见消费者保护法第 9 章第 6 条第(1)款。

7. 法国民法典第 1788 条规定，如果建筑材料是由建筑方提供的，建筑物尚未交付且未催促顾客接收建筑物的，风险由建筑方承担。这意味着风险在建筑物受领之时转移给顾客。这是动产风险归于物主原则的适用，但不适用于不动产。如果顾客是建造用地的所有权人，在建筑物在土地上竖立之时起其所有权转移给顾客，但风险仍由建筑方承担直至交付。最高法院明确表示，对于不动产，民法典第 1788 条仅仅对风险的承担进行规定，不论所有权转移与否(Cass. civ. Ⅲ, 23 April 1974, D. 1975, 287, with Note J. Mazeaud)。风险不仅仅涉及已经建好的建筑物，还涉及合同风险：建筑方不得主张赔偿且对于已经支付的价款须返还顾客(Cass. civ. Ⅲ, 27 January 1976, Bull. civ. Ⅲ, no. 34)。对于期房销售合同有着特殊的规定。对于此种合同，风险的转移取决于财产转移的时间。1967 年 1 月 3 日法律规定了两类合同：现房合同及期房合同，双方当事人可自由选择。对于现房合同，建筑物完工之时所有权发生转移，但是其效力追溯至合同缔结之时(民法典第 1601－2 条)。而对于期房合同，则和承包合同一样(contrat d' entreprise)，一旦房屋开建，立即发生所有权的转移(民法典第 1601－3 条)。

8. 在德国，对于交付前偶发事件的风险由建筑方承担(民法典第 644 条)。唯一的例外是对于顾客提供的材料发生的意外毁损由顾客承担风险。这里确实非常强调"偶发事件"，也就是说即使尽到了一切努力也不能避免偶发事件所产生的影响(BGH NJW 1997, 3018; 1998, 456)。因此，即使极端的天气也不属于该规则的适用范围之内。建筑工程执行一般合同条款(VOB/B)在第 7 条及 12 条第 6 项提供的解决方案也不存在重大区别。诸如罢工等事件只能引起工期的延长。

9. 希腊民法典第 698 条规定，在交付前工程风险由建筑方承担。如果向顾客发出了受领通知，则风险转由顾客承担。此外，对于顾客提供的材料，其意外毁损的风险亦由顾客承担。

10. 在意大利，因为不能归咎于顾客的事实使得工程变得不可能的风险由建筑方承担。对于部分不能，仅在已完工部分对于顾客有用的情况下，顾客才须支付总价款相应比例的报酬(民法典第 1672 条)。其次，因为不能归咎于双方当事人的原因使得建筑物在顾客受领之前或者顾客检查迟延之前发生毁灭或者损坏的，其风险由建筑方承担。对于已经完成了的部分工程，建筑方不得主张任何损害赔偿，且如果建筑材料是由建筑方提供的，建筑方还须承担材料灭失的风险(民法典第 1673 条)。材料是由顾客提供的，对于已经使用了的材料，其风险由顾客承担，其余的由建筑方承担。

11. 根据荷兰民法典第 7:758 条，无论建筑方只提供劳动力还是也提供材料，交付前建筑物毁损的风险都由建筑方承担。参见 Van den Berg, Samenwerkingsvormen in de bouw, nos. 76－77; Asser [－Kortmann], Bijzondere Overeenkomsten Ⅲ7, no. 521。

12. 在波兰，根据协定建筑方接手建筑工地的，在建筑物交付前发生在建筑工地上的损害都由建筑方负责(民法典第 652 条)。

13. 在葡萄牙，对于意外事件或者"不可抗力"导致财产毁灭或者损害的，其基本规则是其风险由所有权人承担。(Res suo domino perit)(民法典第 1228 条第(1)款; STJ 24 October 1995: BolMinJus, 450, 469)。如果建筑方迟延则该规则不予适用：其风险由建筑方承担(民法典第 807

条及 1228 条第(2)款),除非建筑方能证明即使按时交付建筑物也会一样发生损害。债权人一旦受领迟延,其风险立即转移给债权人,Mesquita, RLJ 128 [1995/1996], 154。对于提供给建筑物的材料或者工具毁损的,其风险由建筑方承担。参见 Romano Martinez, Direito das Obrigações2, no. 419。

14. 在苏格兰法中基本原则是物灭失的风险由所有权人承担(res perit domino)(McBryde paras. 9.50-9.51)。当建筑物在建造过程中被意外毁灭,根据添附原则(the principle of accession),建筑物残余属于土地所有权人所有,其损失由所有权人承担,建筑方有权就其劳务及材料要求顾客支付价款(Gloag and Henderson, The Law of Scotland11, para. 11.06)。当然,可以通过合同对此进行变更。苏格兰标准建筑合同范式对于风险的负担以及工程相关保险进行了明确的规定(Stair, The Laws of Scotland Ⅲ, "Building Contracts" para. 92; Con-nolly, Construction Law, chaps. 4. 194 et seq.)。虽然可以根据情事变更原则(The doctrine of frustration)解除整个建设合同,但是此种情况非常罕见(Stair, The Laws of Scotland Ⅲ, "Building Contracts" para. 96)。

15. 西班牙民法典在第 1589 条及第 1590 条对建筑合同中的风险进行了规定。民法典第 1589 条规定,如果建筑方负有提供建筑材料的义务,建筑物在交付前灭失的风险由建筑方承担,除非顾客陷入受领迟延(TS 3 May 1993, RAJ 1993/3400)。当约定的受领时间已过且由于顾客的原因未予受领的,则顾客陷入受领迟延。根据民法典第 1590 条,如果建筑方仅进行建筑活动而不提供建筑材料,建筑方仍然承担在交付前材料灭失的风险,除非顾客陷入受领迟延或者灭失是因为顾客提供的建材质量不过关导致的且建筑方对此作出了警示。案例法也对此进行了确定:建筑方承担灭失的风险直至建筑物交付给顾客(TS 10 May 1997, RAJ 1997/3831)。风险规则与不可抗力或者意外损害有关,而如果损失是建筑方的过错造成的,那么与风险规则无关,此种情况被规定在合同责任的一般规则中。

16. 在瑞典,基本规则是,建筑方为未交付的建筑物部分的毁损承担责任,建筑、土建和安装工程合同一般条款(1992 年瑞典建筑、土建和安装工程合同一般条款)第 5:4 条第 1 款。消费者服务的规则基本与 1992 年瑞典建筑、土建和安装工程合同一般条款一致。消费者服务法第 39 条规定,如果建筑物或者建筑材料在交付前意外灭失或者毁损的,对于建筑方已经完成的履行或者提供的材料顾客毋须支付价款。

Ⅲ. 对方当事人提供的材料或者货物的风险

17. 奥地利民法典第 1168a 条第 2 句规定,材料灭失的风险由提供者负担。

18. 根据法国法,如果材料是由顾客提供的,原则上建设工程灭失的风险由顾客承担。民法典第 1789 条规定建筑方仅对其过错承担责任。但是根据判例法,由建筑方证明其不存在过错,Cass. req. 19 June 1886, D. P. 1886, 1, 409; Cass. civ. Ⅰ, 7 October 1963, D. 1963, p. 748; Cass. civ. Ⅲ, 17 February 1999, CCC 1999, no. 67 with Note L. Leveneur。某些学者对此提出了批评(Mazeaud, Principaux contrats5, no. 1350; L. Leveneur, note cit),因为将因不确定原因引起的灭失风险由建筑方或者其投保公司承担,而不是由作为所有权人的顾客或者其保险公司承担,似乎显得不公平。

19. 根据德国法(民法典第 644 条第(1)款),如果顾客向建筑方提供建筑材料,则因意外事件灭失的风险由顾客承担。

20. 希腊民法典第 698 条规定,顾客提供的建筑材料意外毁损的风险由顾客承担,亦参见民

法典第 699 条:如果顾客提供的材料或者决定的履行方法存在瑕疵导致建筑物在交付前毁灭或者损坏的,或者使得履行变得不可能的,建筑方有权就已经完成的工程要求支付酬劳并要求报销未包括在酬劳中的其他支出(前提是已经就此类风险及时提请顾客注意)。

21. 根据意大利民法典第 1673 条,顾客提供的材料的毁损灭失风险由顾客承担。其余风险由建筑方承担。案例法认可物主承担风险(res perit domino)的基本原则(民法典第 1465 条,Cass., 1 February 1950, no. 271, Giust. civ, 1950, Ⅱ, p. 37, with comment of D. Rubino, Il perimento fortuito dell' opera, prima dell' accettazione nel contratto d' opera)。

22. 在荷兰,对于建筑物本身,由所有权人承担毁损风险,可能是顾客也可能是建筑方,除非证明有人存在过错,参见民法典第 7:757 条结合第 6:75 条。

23. 根据波兰民法典第 655 条,如果因为顾客提供的材料、机器设备导致建筑物毁损的,且建筑方已经对此作出了警示,或者尽管尽到了合理的谨慎,建筑方仍然不能发现材料、机器设备中存在瑕疵的,建筑方可以主张约定的报酬或者其合理部分。

24. 在葡萄牙法中(民法典第 1228 条第(1)款),一般来说由材料的所有者承担毁损灭失的风险。如果材料是由建筑方提供的,则建筑方承担风险。如果材料是由顾客提供,建筑方只负责施工,则顾客负有再次提供材料的义务。

25. 苏格兰法的基本原则是物主承担风险(res perit domino)(见注释 14)。可通过合同对此进行变更。

26. 根据西班牙法第 1589 条及第 1590 条,不论是否由建筑方提供材料,在交付前建筑物灭失的风险都由建筑方承担。但是,对于材料不是由建筑方提供的,如果建筑方就材料的质量瑕疵向顾客作出了警示,那么风险转由顾客承担。

27. 在瑞典法中,基本规则是物或者材料的所有权人承担其灭失风险,参见 Hellner/Hager/Persson, Speciell avtalsrätt Ⅱ(1)4, p. 100。另一方当事人仅在存在过错的情况下承担责任,1992 年瑞典建筑、土建和安装工程合同一般条款第 5:5 条。对于消费者服务,主要使用与 1992 年瑞典建筑、土建和安装工程合同一般条款相同的原则。材料由消费者提供的,由消费者承担风险,参见 Hellner/Hager/Persson, Speciell av - talsrätt Ⅱ(1)4, p. 100。亦参见消费者服务法第 32 条。

第四章　加　　工

第Ⅳ.C－4:101条　适用范围

（1）本章适用于一方当事人（加工人）为他方当事人（顾客）就既有动产、无体财产或不可移动的建筑物提供服务的合同，但不适用于在既有房屋或其他不可移动的建筑物上的建造工作。

（2）本章尤其适用于加工人为既有动产、无体财产或不可移动的建筑物进行修理、维护或清洁的合同。

评　论

A. 法条概述

在定义列表中加工合同被定义为“一方当事人（加工人）为他方当事人（顾客）就既有动产、无体财产或不可移动的建筑物提供服务的合同（在既有房屋或其他不可移动的建筑物上的建造工作除外）”。该定义与本条的适用范围一致。

此外，可以将加工表述为在既有物上履行服务以改变该物或者防止该物被改变。通常，但并不总是，加工会带来标的物的改善或者价值的提升。

示例1

一辆汽车坏掉了送到汽修厂维修。

这是一个在既有物上进行加工的简单例子。此类加工合同显然处在本章的适用范围之内。

为了确保加工义务能够得到履行，通常——但不是必须——需要将物带入服务提供方（加工人）的照看之下。和保管一样，加工通常都需要将物移交给服务提供方。但和保管不同的是，这里物的移交不是为了采取安全措施，而是为了便于服务提供方在物上进行加工。在服务提供过程中可能会出错导致物的损坏。此类毁损风险是加工

合同主要的调整内容。

如果加工合同涉及的是不动产,当然不需要涉及物的移交。但是,顾客需要将对不动产的部分或者全部控制权移交给加工人。这主要是通过允许加工人靠近不动产而进行的。不动产加工的主要问题也是毁损风险问题,但不仅仅包括不动产本身,还包括不动产中或者周围的物。

B. 利益权衡和政策考量

政策上的主要问题是为什么将某些类型的合同归入加工的范畴之内。传统上对于既有物承揽合同适用的规则与建设合同适用的规则是相同的。但是,此类规则是就新事物的创造进行规制而设计的,而不是为其变更或者维修设计的,因此并不完全适合用来处理加工中的特殊问题。加工人对物的控制表明需要防范的最主要风险是物在服务履行过程中的毁损。

C. 首要选择

首要选择是赋予加工合同不同的规则但同时赋予其宽泛的适用范围。因此,本章适用于所有在既有物上进行服务履行的合同。第(2)款规定其尤其适用于加工人为既有物进行修理、维护或清洁。但是,本章也适用于新型合同,如软件改编或者维护电脑系统合同。此外,还适用于纯商业合同,比如顾客将生产的需要包装的产品外包给专业的包装或者包装服务提供商。

D. 和其他规定的关系

加工规则与建筑规则关系很近,因为提供的服务很相似。正是因为这个原因,才将建筑和加工放在一起。但是,将一特定的合同界定为加工还是建设却并非易事。

示例 2

茅屋匠对旧茅屋的屋顶进行翻新。这是一个在既有物上进行劳动的经典例子。但是其定性却没有看起来那么简单。

以新的屋顶代替旧的屋顶可以视为对旧房屋的维修,此类服务可定性为加工,但也可以将其视为在既有物(旧屋框架)的基础上创造新物(新的屋顶)。而对于后者,更换屋顶可定性为建筑。尽管与定性为加工相比,将其定性为建筑看起来似乎意义不大,但是在既有不动产上进行的建筑工作传统上被视为受建筑规则的规制。为了避免这些定性疑难,在建筑一章中的第Ⅳ.C-3:101 条(适用范围)明确规定建筑规则准用于服务提供方对既有房屋或其他不可移动的建筑物的重大改造。本条第(1)款第 2 句排除了本章对此类合同的适用。

根据欧盟消费者指令(Directive 1999/44/EC, OJ 1999, L 171/12)第 2 条,如果销

售者除了销售之外还需要进行安装或者组装,那么同样适用消费者买卖相关规定。根据本章,安装或者组装属于加工服务。但是,加工和销售规则是紧密结合在一起的,对于适用的救济更是如此。

E. 规定的适用范围

如下示例将有助于深入了解加工与其他服务之间的区别。

示例3
通过特殊技术对家具进行处理使其看起来更加古老。

适用本章。服务是旨在让物变得更差不会对此产生影响。重要的是在该物品上履行了服务。

示例4
汽车抛锚了被拖至其汽修厂。

拖拉汽车不会改变任何的车况。在汽车上并未进行任何工作。此种情况不在本章的适用范围之内。

示例5
销毁汽车。

汽车的状况肯定会被改变。在汽车上进行了工作。至于该工作是不是为了提高或者维持汽车的状况则完全无关紧要。适用加工规则。

示例6
监控公司对工厂所在的建筑物进行监控。

虽然对建筑物的控制——部分地——移交给了监控公司,但监控公司并未在建筑物上开展任何工作。因此,不适用加工规则。

对于除了买卖之外还附带加工服务的混合合同准用本章的规定。

示例7
顾客购买了一个扁平封装的组装衣柜。由于顾客自己不会组装,因此双方当事人约定,作为同一合同的一部分,卖家负责组装,顾客为此支付额外的组装费。

对于合同的组装部分适用加工相关规定。

示例 8

一女士在一家自助商店购买了 4 平方米的木板。她打算用这些木板搭建一个小木屋。作为同一合同的一部分,店家同意将木板锯成 2 米长。店家的雇员不小心将一些木板锯成了 1.8 米。

加工规定适用于锯木头的合同部分。

示例 9

烟囱清洁员根据合同将清洁一栋房屋的烟囱。

可能会将此种情况视为临界情况,因为房屋本身并没有因为烟囱的清洁得到多大的改变。但是仍然在房屋上开展了工作。该合同属于清洁合同的一种仍被本章所涵盖。

注　释

Ⅰ.概述

1. 绝大多数国家,加工服务都被囊括在承揽合同(Werkvertrag, contrat d'entreprise)的一般规则之中,虽然承揽合同通常主要集中在创造新的物之上——尤其是创建房屋及其他不动产。对于动产及不动产上进行的加工服务同样适用承揽合同的规则,在一些国家甚至还适用于诸如软件程序等无体物。通常,他们也直接或者通过类推的方式适用于无偿服务。

2. 在如下国家,加工被承揽合同规则所囊括:奥地利(民法典第 1165 条及以下)、法国(民法典第 1787 条及以下)、德国(民法典第 631 ~ 650 条)、希腊(民法典第 681 ~ 702 条)、意大利(民法典第 1655 ~ 1677 条)以及波兰(民法典第 627 条及以下);在实践中,如下国家亦是如此:荷兰(民法典第 7:750 – 764)、葡萄牙(民法典第 1207 条及以下)以及西班牙(民法典第 1544 条及以下)。在英国,加工合同通常受 1982 年货物及服务供应法的一般规定所规制,通常也会将其定性为财产寄托(bailment)(参见 Miller/Harvey/Parry, Consumer and Trading Law, p. 179)。在苏格兰,加工合同受合同法的一般规定所调整,虽然其也可能包括保管的成分,比如将汽车留在汽修厂进行维修(McBryde, Law of Contract in Scotland para. 9.52)。在瑞典和芬兰对于消费者合同有着专门的规定(消费者服务法,在消费者保护法第 8 章分别对几类消费者服务合同进行了规定)。在瑞典,对于非消费者合同,如果认为合适可类推适用买卖法的相关规定。

3. 通常加工合同规则既适用于标的物为动产也适用于标的物为诸如房屋之类的不动产合同。瑞典法(消费者服务法第 1 条第 2 句)对此进行了明确的规定,但是其他国家将其视为不言而喻的。法国最高院认为对于屋顶的维修适用承揽合同(而非建筑合同)的规则,除非将对整个屋顶进行更换(Cass. civ. Ⅲ, 9 November 1994, Bull. civ. Ⅲ, no. 184)。芬兰是个例外,对于消费者合同,对于在不动产上进行的加工服务发展出了特殊的规则(参见消费者保护法第 9 章)。

4. 在大多数国家,加工规则要么直接适用于要么类推适用于无偿服务。德国、意大利、芬兰

和瑞典比较独立特行,承揽合同规则被明确限定为只能适用于有偿合同。

Ⅱ.在现有法中的位置

5.在奥地利,加工合同被范围广泛的承揽合同所涵盖(民法典第 1165 条及以下),要求加工人达成一定的结果,参见 Rummel [– Krejci], ABGB Ⅰ2, § § 1165 – 1166, no. 9; Koziol and Welser, Bürgerliches Recht Ⅱ12, p. 242;对于维修和维护合同,亦见 Rummel [– Krej – ci], ABGB Ⅰ2, arts. 1165 – 1166 nos. 56 and 65。如果加工人(明确)表示会尽量达成结果,那么该合同为自由的服务合同,对此还未发展出专门的法律规定。

6.在英国法中,可将加工合同定性为财产寄托合同,参见 Miller/Harvey/Parry, Consumer and Trading Law, p. 179,虽然寄托保管本身并不需要以合同关系为基础,参见 Chitty on Contracts Ⅱ29, no. 33 – 002。如果服务已经履行,加工合同受 1982 年货物和服务供应法第 13 ~ 17 条一般性规定的调整,参见第 12 条第(3)款;Miller/Harvey/Parry 在消费者和贸易法第 85 ~ 86、151、153 页谈道,如果将材料用于合同义务的履行,第 1 – 5a 条适用于该合同部分,包括要求材料须适合其目的(第 4(5)条);如果材料因其使用被消耗掉了,普通法为此规定了相同的质量标准,参见 Ingham v. Emes [1955] 2 QB 366。在苏格兰,加工合同由合同法的一般原则所调整。

7.对于消费者合同,加工合同通常都被芬兰消费者保护法第 8 章关于特定消费者服务合同的一般规定所涵盖。

8.根据法国法,加工合同在通常被称为承揽合同的(承揽合同,民法典第 1787 条及以下)劳务雇佣合同(contrat de louage d' ouvrage et d' industrie)的适用范围之内。

9.在德国民法典中,如果合同涉及明确标明的服务内容(而非一般的活动)时,适用民法典第 631 ~ 650 条的规定,参见 BGH NJW 2000, 1107; BGH NJW 2002, 595。

10.在希腊民法典中,任何含有加工成分的活动都被视为服务并受承揽合同的规制(第 681 ~ 702 条)。

11.在意大利,加工合同属于承揽合同的适用范围之内,而承揽合同被规定在民法典第 1655 ~ 1677 条中,承揽是指一方当事人为另一方当事人承担履行工作或者服务的合同。

12.在荷兰,加工通常被界定为规定在民法典第 7:750 ~ 764 条中的承揽合同,参见 den Boer and Wildenburg, TvC 1993, p. 294。鉴于承揽合同规则并不太适合于加工合同,双方当事人通常会使用标准合同条款,而标准合同条款通常是在与消费者协会商谈后拟定的。

13.根据波兰民法典第 627 条,通常将加工归为特殊承揽合同。有些情况下,可以根据民法典第 658 条适用建筑合同的规定,根据该条,对于房屋或者建筑物的维修适用建筑合同规定。

14.在波兰,通常将加工合同视为承揽合同(民法典第 1207 条及以下);加工人负有达成结果的义务。但是在界定时却存在问题。比如在新建筑物上完成工作(如裱糊)有时被视为承揽合同(CA Coimbra, 20 June 1990, BolMinJus 398, 593),有时也被视为服务合同(STJ 25 September 1991, Bol – MinJus 409, 764)。

15.在西班牙,如果主要义务是达成与顾客的期望一致的最终结果,那么加工合同不受服务合同规定调整而受建筑合同(民法典第 1544 及以下)规定调整。如果不是这样,则适用服务合同的规定(民法典第 1583 条及以下),其结果是仅产生手段义务。

16.在瑞典消费者服务法中能找到消费者服务的相关规定,它们既适用于在动产又适用于在不动产上进行的工作(参见消费者服务法第 1 条第 1 句)。除此之外就不存在其他规定了。但是,在适当的时候可类推适用买卖法。

Ⅲ. 适用于动产和不动产？

17. 根据奥地利法律，承揽合同规定无视合同标的物的财产类型，既适用于房屋的建造，又适用于物品的维修，还适应于软件编程。参见 Rummel [– Krejci], ABGB Ⅰ2, §§ 1165 – 1166; Koziol and Welser, Bürgerliches Recht Ⅱ12, p. 242。

18. 在英国法中，只要服务已经履行，1982 年货物和服务供应法既适用于动产服务又适用于不动产服务；参见 1982 年货物和服务供应法第 12 条第(3)款。

19. 在芬兰，对于消费者房屋的维修或者装修，适用消费者保护法第 9 章关于建筑要素买卖及建筑合同的规定，而不是适用第 8 章的规定，参见消费者保护法第 9 章第 1 条第(3)款。

20. 根据法国法，无论合同标的物的财产类型是什么，原则上都适用承揽合同的规定。但是，与建筑合同的界限很难划分（但对其深远影响来说其划分非常重要）。比如：最高法院认为，如果更换了整个屋顶，则对屋顶的维修被认为是建筑合同，否则被将视为承揽合同，参见 Cass. civ. Ⅲ, 9 November 1994, Bull. civ. Ⅲ, no. 184。

21. 德国民法典 631 条第(2)款规定，像其他服务一样，如果需要达成一定的结果，无论是物品的创造还是改变都可以成为承揽合同。对合同标的物的财产类型则未作区分。

22. 根据希腊、意大利和荷兰法，无论合同标的物的财产类型是什么，都适用劳务合同的规定。

23. 在波兰，特殊承揽合同的规定既适用于在不动产上又适用于在动产上履行的特殊劳动。但是，如果建筑法行政法规适用于给定合同，则将其归为建筑合同（民法典第 647 条）。

24. 在苏格兰，对于不动产和动产适用同样的原则。根据住房补助、建筑合同及再生法（the Housing Grants, Construction Contracts and Regeneration Act）第 105 条，建筑工作包括对建筑物（内部及外部）的维修、维护及清洁。

25. 瑞典消费者服务法既包括关于动产又包括关于不动产的劳务（参见第 1 条第 2 句）。对建筑来说这意味着对于维修、粉刷、贴壁纸、花园设计以及挖掘工作都是采用同样的方法进行调整的，参见 Hellner/Hager / Persson, Speciell avtalsrätt Ⅱ(1)4, pp. 86 ff。

Ⅳ. 对无偿加工服务的适用

26. 在奥地利法律中，根据主流观点，无偿加工合同不包括在承揽合同相关规定的范围之内，而是被包括在委托的规定之内。但是，如果认为合适，通常通过类推的方式适用承揽合同的规定。参见 Rummel [– Krejci], ABGB Ⅰ2, §§ 1165 – 1166 no. 100; Koziol and Welser, Bürgerliches Recht Ⅱ12, pp. 243 – 244。

27. 在英国法中，仅在存在合同且服务提供方具有专业能力时方适用 1982 年货物和服务供应法，参见 Miller/Harvey/ Parry, Consumer and Trading Law, p. 153。顾客必须至少履行一定的义务，否则合同因缺乏对价（consideration）而不具约束力。参见 McKendrick, Contract Law4, p. 74。但是，有时或许可以适用财产寄托的相关规定，参见 Chitty on Contracts Ⅱ29, no. 33 – 029。

28. 芬兰消费者保护法不适用于无偿合同。这可从第 1 章第 5 条中推出，在该条中，对经营的定义限定为当事人与顾客缔结合同提供服务是为了获得对价。

29. 在法国法中，原则上对于无偿加工合同亦适用相同的规则，参见 Huet, Contrats spéciaux2, no. 32113。但是，推定双方当事人对于加工者的报酬已经达成了协议，参见 Cass. civ., Ⅲ 17 December 1997, Bull. civ. Ⅲ, no. 226。

30. 在德国，仅仅当顾客承诺——即使是暗示地——支付报酬时才能适用承揽合同的规定

（参见民法典第631(1)、632 条；Staudinger [– Peters], BGB [2003], § 632 no.1；Palandt [– Sprau], BGB, § 631 no.12）。

31. 根据意大利法，要将加工合同界定为承揽合同，劳务的履行必须以交换金钱为目的（CA Palermo 31 October 1947, Foro. Sic., p.22）。

32. 在荷兰法中，原则上对于无偿加工服务适用相同的规则。但是，注意的标准可能会比有偿服务中的标准低。

33. 在波兰，之所以履行特殊承揽合同是为了获得报酬（民法典第 627 条）。当双方当事人为就价款进行约定时，对于如何计算价款存在一系列的规定（民法典第 628～630 条）。建筑合同亦被归类为有偿合同（民法典第 647 条）。

34. 鉴于在苏格兰法中认可无偿合同及单方承诺，那么就不存在任何理由可以阻碍将这些概念适用于加工合同。在现代苏格兰法中，对于一方当事人占有物品并在上面进行劳作的，在有偿交易及无偿交易以及其责任之间的区别变得越来越小（McBryde, Law of Contract in Scotland, para. 9.54）。

35. 瑞典消费者服务法不适用于无偿服务。该限制并非明确规定在法律条文之中，但是可以从关于价款的条文中间接得出，Hellner/Hager/Persson, Speciell avtalsrätt Ⅱ(1)4, p.251。

第Ⅳ.C－4:102 条　顾客的协作义务

协作义务尤其要求顾客：

(a)移交被加工物或转移其支配给加工人，或在被合理地认为是使加工人能够履行加工义务所必要的范围内提供进入履行地点的机会和途径；以及

(b)在必须由其提供的范围内及时提供部件、材料及工具，使加工人能够履行加工义务。

评　论

A. 法条概述

本条所提到的协作义务是第Ⅲ－1:104 条（协作）的一般协作义务经第Ⅳ.C－2:103 条（协作义务）对服务合同的扩展。顾客应当确保加工人能够履行顾客所要求的服务。这意味着：首先顾客得将加工物提交给加工人；其次，如果双方约定材料、工具或部件由顾客提供的，应当及时提供，不得延误服务的履行。

示例 1

车主及汽修厂达成协议，将由汽修厂为汽车提供服务。顾客须按照约定的时间和地点将汽

车交给汽修厂。

示例 2

顾客不能亲自清洁定期房屋，请求一家保洁公司为其提供清洁服务。双方约定由顾客提供清洁材料、扫帚和拖把。顾客须保障按时提供足够的材料和工具。

B. 利益权衡和政策考量

或许有人认为本条规定纯属多余：首先，在其他条文中已经有了关于协作义务的规定（第Ⅲ－1:104 条（协作）及第Ⅳ.C－2:103 条（协作义务））；其次，满足这些要求纯粹是为了顾客的利益着想。只有当顾客满足了这些要求才不会耽搁服务的履行。但是，也有人认为加工合同中的协作义务有其特殊的地方。并且对于顾客满足这些要求加工人也有着自己独立的利益，因为报酬的支付可能是根据履行时间来计算的，这可能会导致加工人不能将其劳动力用于其他的活计。本条也考虑到了加工人的此种利益。

C. 首要选择

首选是当涉及顾客时，对于其一般性的协作义务进行更加详细的规定。其一是顾客须移交被加工物或转移其支配给加工人，以便加工人能够在标的物上履行服务。如果要加工的是不动产，如果要求加工人搜集标的物的，顾客必须让加工人得以接近标的物。对于所有这些情况，顾客都必须及时履行义务以使得加工人能够履行合同义务。

注　释

Ⅰ. 概述

1. 在如下国家，顾客负有及时将被加工物移交给顾客或者让加工人得以靠近被加工物的暗示义务：在英国和苏格兰（参见 Mackay v. Dick （1880－81）6 App. Cas. 251, at p. 263）、德国（参见民法典第 642(1)条, BGHZ 11, 80, 83）以及波兰（民法典第 640 条）。而在如下国家中，可从诚实信用原则中得出类似的义务：希腊（民法典第 288 条）、意大利（民法典第 1175 条及第 1375 条）以及葡萄牙（民法典第 762 条第(2)款及 813 条第(2)款）。在瑞典（消费者服务法第 45 条及第 46 条）及芬兰（消费者保护法第 8 章第 29 条第(3)款），对于消费者合同也能达成类似的结果，因为对于因顾客不履行协作义务导致加工人不能履行加工服务的，加工人可终止合同关系。在奥地利（参见民法典第 1168 条）、法国（参见 Huet, Contrats spéciaux2, no. 32328－32329）以及荷兰（民法典第 6:58 条及以下），债权人道德（mora creditoris）及合同条款也会促成同样的结果。

Ⅱ. 顾客移交被加工物或者让加工人得以靠近被加工物的义务

2. 在奥地利,一般来说,顾客不负有及时将被加工物移交给加工人或者让加工人得以靠近被加工物的义务,但是如果不这么做会引起债权人道德的问题。参见 Rummel [– Krejci], ABGB Ⅰ2, §§ 1165 – 1166 no. 113; § 1168 no. 33。此种情况下,加工人可在为顾客设定合理的履行期限后取消合同(民法典第 1168 条);根据该条的规定合同取消的,顾客仍须支付服务价款。参见 Rummel [– Krejci], ABGB Ⅰ2, § 1168 nos. 33, 35 – 36。

3. 在英国,顾客负有移交被加工物的暗示义务,如果该暗示条款是交易得以有效进行的必要条件且该暗示条款是如此的明显以至于都"不言而喻"了。参见 BP Refinery (Westernport) Pty Ltd. v. Shire of Hastings 52 ALJR 20, 26。通常这些条件都能得到满足,因为只有当顾客履行了这些特定的协作义务后加工人才能够履行服务。参见 Mackay v. Dick (1880 – 81) 6 App. Cas. 251, at p. 263。苏格兰法亦同。

4. 在芬兰,对于消费者合同,如果顾客未通过移交被加工物的方式进行协作,加工人可以终止合同关系(消费者保护法第 8 章第 29 条第(3)款)。从这里可以得出移交被加工物或者转移对加工物的控制的义务,如果这是加工服务得以适当履行的必要条件。对于诸如房屋的维修及翻新合同,从消费者保护法第 9 章第 31 条也可以得出同样的结果。

5. 法国法要求顾客在加工服务履行所需要的时候向加工人移交被加工物或者让加工人能靠近被加工物。参见 Huet, Contrats spéciaux2, nos. 32328 – 32329。

6. 德国民法典第 642 条第(1)款要求顾客给予必要的协作;在加工合同中,协作包括及时移交被加工物(或对加工物的控制)或者让加工人得以靠近被加工物。通常将其视为合同义务而非债权人道德。参见 BGHZ 11, 80, 83。

7. 在希腊法中,可将及时移交被加工物的义务视为从诚实信用的一般规定(民法典第 288 条)中得出的。

8. 在意大利,一般协作义务可从正确履行(民法典第 1175 条)及诚实信用(民法典第 1375 条)的一般原则中得出。这些规定要求顾客及时提供被加工物或者对被加工物的控制。

9. 在荷兰,顾客必须使得加工人能够履行合同义务。该协作义务来自于债权人道德(民法典第 6:58 条及以下)、诚实信用及公平交易等规则,并通常被明示或者暗示地规定在标准合同条款之中。当移交被加工物或者对其的控制给加工人对于加工人履行加工义务为必须时,从该一般协作义务可推出顾客的移交义务。参见 Asser [– Kortmann], Bijzondere Overeen – komsten Ⅲ 7, no. 558。

10. 在波兰法中,存在关于义务履行的一般协作义务(民法典第 354 条)。对于特殊承揽合同,在民法典第 640 条中尤其对顾客的协作义务进行了强调。根据该条规定,如果劳务的完成要求顾客履行协作义务但顾客未予履行的,服务提供方可设定一个合适的履行期限,期限届满顾客仍未履行的,服务提供方有权终止合同。此种情况下服务提供方仍然可以要求顾客支付报酬,但顾客可以要求扣除服务提供方因停止工作而节约的部分成本(民法典第 639 条)。服务提供方可根据民法典第 471 条的一般规定要求损害赔偿。对于建筑合同,顾客有义务移交或者让服务提供方得以靠近建筑工地、约定的机器及设备(Radwan ´ski [– Strze ´Pka], System Prawa Prywatnego Ⅶ^2, p. 407)。

11. 在葡萄牙法中虽然没有明确规定,但是可从关于合同执行诚信的民法典第 762 条第(2)款及第 813 条第(2)款中确定顾客有义务移交被加工物。参见 Romano Martinez, Direito das

Obrigações2，342。

12. 根据瑞典消费者服务法第 45 条及第 46 条，顾客未履行协作导致迟延且对专业服务提供人产生重大不利影响的，服务提供方有权暂停工作甚至终止合同关系。从这里可以间接看出顾客的协作义务。

13. 西班牙民法典未对加工合同作出专门的规定。民法典第 1544 条仅根据义务内容的不同对承揽合同及服务合同进行了区分：承揽合同要求服务提供方达成一定的结果，而对于服务合同服务提供方仅负有以合理的技能和注意为履行的义务。因此，应根据义务性质的不同而将加工合同归为这两种合同下的子类。一般协作义务源于民法典第 1258 条（诚实信用），应包括对于加工人履行合同义务为必要的所有操作。对于由于缺乏顾客的协作而阻碍加工人的履行的，最高院认为其构成终止合同的原因（TS 21 November 2002，RJ 2002\10269）。材料既可能由顾客提供，也可能由加工人提供，这主要取决于合同条款的规定。如果服务的性质表明材料应该由顾客提供，则提供材料的义务也可以从民法典第 1258 条中得出。

第Ⅳ.C－4:103 条　防止加工物遭受损害的义务

加工人必须采取合理的预防措施防止加工物遭受任何损害。

评　论

A. 法条概述

对于顾客来说一个重大风险是加工人可能损害加工物。本条对服务提供方的技能和注意义务进行了更详细的规定。参见第Ⅳ.C－2:105 条（技能和注意义务）第(5)款。加工人必须采取合理的预防措施防止加工物遭受任何不合理的损害，不论该损害是由加工人、第三人还是其他外来因素造成的。“损害”指所有类型的不利影响：既包括灭失也包括伤害。

示例 1

一家保洁公司根据合同在下午 6 点到 8 点之间负责对一栋办公楼的清洁工作。在清洁完每个办公室之后，保洁员需锁好办公室的门以防发生盗窃事故。

示例 2

顾客请求木匠修复一扇珍贵的中国屏风。木匠应该将屏风在他的工作间中放好，不能因为开门而撞坏屏风。

B. 利益权衡和政策考量

当对已经存在的物进行加工时,可能对物造成损害的风险可以说是固有的。因为通常都是由加工人控制被加工物,所以说最能采取保护措施的通常都是加工人。此外,加工人能最有效地采取安保措施以及采取措施限制加工活动及第三人对物造成的不利影响。这里政策上的问题主要是加工人义务的限度问题。应当尽可能地防止损害,但是期待加工人能采取的保护措施也有限度:损害并不是总能预防得了,或者只有付出极高成本才能预防。要求加工人采取所有可能的预防措施并不合理或者经济。

C. 首要选择

首选是要求加工人采取合理的预防措施以防止加工物在加工过程中遭受损害。对此可进一步参见第Ⅳ.C－2:105 条(技能和注意义务)的评论。该条第(5)款规定了如下一般性义务,即采取合理的预防措施以防止履行服务可能产生的损害。双方当事人可通过合同条款排除本条规定的义务,尤其是当合同要求对加工物造成损害或者损害是加工的附带效果造成时。比如要对物品进行提升需要先进行破坏,或者合同的实际目的就是破坏。

示例 3

粉碎机密文件。

销毁记录可视为对物品施加的损害,但是却不会引起责任,因为损害正是双方当事人的目的所在。

示例 4

将一张桌子交给家具制造商进行重新喷漆。在喷新漆之前,需要将旧漆去掉并进行抛光。

虽然去掉旧漆并抛光桌子会暂时地恶化桌子的状况,但是很显然,这是家具商能正确重新上漆所必须进行的。当然不需要采取预防措施防止这样的暂时损害。

示例 5

博物馆将埃及文物交给专业保管机构进行保管。保管机构应当采取措施预防水气、风及气温改变对文物造成伤害,以及预防被工作人员及其他人盗窃。

注　释

Ⅰ. 概述

1. 加工人负有防止被加工物遭受任何损害的义务，这在所有国家中都是毋庸置疑的。在绝大多数国家中，此点源于尽应有的勤勉和注意的明示或者暗示合同条款（奥地利，参见民法典1169 条；英国，参见 Brabant & Co. v. King [1895] AC 632, at. p. 641；苏格兰：Hinshaw v. Adam (1870) 8 M 933。）或者诚实信用的一般条款（德国，参见民法典第 241 和第 242 条，BGH NJW 1983, 113）。在芬兰（参见消费者保护法第 8 章第 12 条第(2)款及第 9 章第 13 条第(2)款第 5 项）及瑞典（消费者保护法第 32 条），对于消费者合同，对加工物造成了损害被视为是服务的瑕疵，如果顾客有理由期待服务的履行不会造成此种损害。在英国和苏格兰，加工物遭受损害的，实施证明责任的倒置，参见 Levison v. Patent Steam Carpet Cleaning Co. Ltd. [1978] QB 69, (CA); Hinshaw v. Adam, above。

Ⅱ. 防止加工物遭受损害的义务

2. 奥地利法要求加工人保障顾客的利益。要做到此点，加工人负有谨慎和注意义务（民法典第 1169 条）并且对于被加工物要尽到与保管人相同的勤勉，参见 OGH, SZ 2/11。

3. 在英国法中，由于通常都将加工合同界定为财产寄托，因此要求加工人防止顾客交付的加工物遭受损害，参见（Brabant & Co. v King [1895] AC 632, at. p. 641）。如果发生了损害，加工人须证明灭失或者损害发生的所有已知情况；如果证明不能则须承担责任。参见（Levison v Patent Steam Carpet Cleaning Co Ltd. [1977] 3 All ER 498, [1978] QB 69, Court of Appeal）。实践中，这会引起证明责任的倒置。

4. 根据芬兰消费者保护法第 8 章及第 9 章，加工人占有或者管理加工物期间加工物遭受损害的，顾客有权要求加工人赔偿，除非加工人能证明损害的发生不是因为自己的过错而引起的。

5. 在法国，加工物的灭失或者损害被规定在民法典第 1789 条中，对于损害加工人承担过错责任；但是由加工人负担证明义务，须证明自己已经尽到了应有的注意（obligation de résultat attenue），参见 Cass. civ. Ⅰ, 14 May 1991, D. 1991, 449, Note J. Ghestin (standing case law)。加工人尤其需要证明已经采取了普通的预防措施以保护被加工物。

6. 在德国，加工人在行事时应当照顾到顾客的财产，参见民法典第 241 和第 242 条（BGH VersR 1969, 927; BGH NJW 1983, 113）。加工人不仅需要照顾到被加工物，还需要照顾到顾客的其他财产，两者之间不存在区别。

7. 根据意大利法，加工人负有防止加工物遭受损害的义务。尤其是对于建筑，参见 Marando, Resp. civ. e prev. 1998, pp. 33-56。

8. 根据荷兰法，对于因为其行为导致加工物遭受损害的，加工人须承担责任，参见民法典第6:74 条及以下（一般合同法）。在标准合同范本中明确承认了不得对顾客的财产造成损害的义务，参见 art. 5(4) VNI - Installatievoorwaarden。

9. 在波兰，如果因为加工人合同义务范围内的原因导致被加工物遭受损害的，加工人的服务不合格需要承担责任。但是，如果加工物的毁灭或者损害是因为顾客提供的材料存在瑕疵所引起的，或者是遵守顾客的指示所造成的，那么加工人可以要求支付报酬或者支付已经完成的工作

部分的报酬，前提是已经就可能发生损害向顾客作出了警示（波兰民法典第641条第(2)款）。

10. 根据葡萄牙民法典第1228条，必须明确损害是否归咎于加工人，如果是则加工人须承担责任。但是，在1991年10月21日的一份判决中确定，有时提起的不是合同之诉，而是侵权之诉（CA Porto，21 October 1991，BolMinJus 410，874）。在该判决中，顾客将汽车交给汽修厂维修。汽修厂在汽车中装入的汽油的种类与汽车引擎不搭，导致引擎被毁。法庭认为，虽然损害是由于承揽合同的履行不当导致的，但是应当按照侵权行为进行补偿，因为汽车厂的行为是被禁止的且构成侵权法上的过错。

11. 在苏格兰法中，对被加工物进行加工，如果在返还时加工物遭受损害的，初步看来加工人须承担责任（McBryde，Law of Contract in Scotland，para. 9.37）。加工人承担已经尽到了合理的注意的证明义务（McBryde，Law of Contract in Scotland，para. 9.56）。

12. 在西班牙，加工人应采取的预防措施的标准是：债务人根据合同义务的性质应当尽到的一般谨慎和注意义务（民法典第1104条）。这也可以从诚实信用原则中得出（民法典第1258条）。因加工人的疏忽、过错或者迟延导致顾客的财产遭受损害的，加工人须负责（民法典第1101条——合同责任）。

13. 根据瑞典消费者服务法第32条，假定服务提供方对其占有的或者处于其控制下的物所遭受的损害承担责任。对于商业合同，适用侵权法的一般规则，推定由占有物的服务提供方承担责任，但是仅在能证明因果关系的情况下才承担责任，Hellner/Hager/Persson，Speciell avtalsrätt Ⅱ(1)4，p. 118。

第Ⅳ.C－4:104 条　检查和监督

（1）加工服务在顾客提供的地点进行的，顾客得以合理的方式并在合理的时间就使用的工具和材料、服务的履行以及被加工物为检查或监督，但顾客并无检查及监督义务。

（2）没有或者不充分的检查或监督不能全部或部分地减免加工人的责任。即使顾客就加工过程负有受领、检查或监督的合同义务的，前句规定亦得适用。

评　论

A. 法条概述

当服务是在顾客的地盘上履行的，顾客可以但不是必须监督加工人是如何履行服务的。如果顾客没有监督服务的履行，或者监督不充分，不会对其产生不利影响。

示例1

安保公司应顾客的要求在办公楼的外部安装一套安保摄像系统。顾客有权监督摄像头的

安装。在将摄像头固定在大楼上时,安保公司不小心使用了错误型号的螺丝,从而导致摄像头掉到地上彻底摔坏修复不了。

顾客在监督的时候没有提醒安保公司使用了错误的螺丝不能部分或者全部地免除安保公司的责任。

B. 利益权衡和政策考量

顾客之所以有兴趣监督服务的履行是因为在监督过程中顾客可以看出加工人是否履行了合同义务。此时,顾客可以通过向加工人作出指示或者坚持进行特殊的履行的方式介入加工活动。另一方面,可能会危及加工人——尤其是商业秘密被披露的风险——以及第三人——尤其是隐私权——的利益。

另一个问题是,如果顾客有权检查或者监督却没有进行监督检查,或者虽然进行了监督检查但是并不充分时该如何处理。对于此种情况,有人会认为顾客对于加工服务的不履行丧失索赔权,因为早在监督时顾客就应当注意到服务的不履行。另一方面,有人会认为毕竟是加工人的不履行导致顾客遭受损失,因此剥夺顾客的索赔权是毫无道理的。

C. 首要选择

这里最好的办法让顾客不承担检查的义务,不能因为顾客不检查或者检查不充分而减轻或者免除加工人的任何责任。如果顾客发现了瑕疵却未在合理的时间内通知加工人,可能会产生(不利)影响,但该影响源于顾客的未做通知。

一方面,顾客的利益在于检查和监督服务的履行,而另一方面,加工人的商业秘密可能会遭到披露以及第三方的利益也需要得到平衡。因此,在加工合同中,顾客的检查监督权仅限于加工服务在顾客的处所进行的情形。

检查监督只是顾客的权利。在所有的法律制度中,它都不是顾客的义务,在本条中亦应如此。因此,如果顾客本来能够发现加工人的不履行,事实上却未发现,比如根本未进行检查,那么也不得因此剥夺顾客的如何权利。即使检查不充分也同样不能导致对顾客权利的剥夺,因为这样做会促使顾客不做检查。

本条规定在很大程度上借鉴了建筑一章中的类似规定,但在两个方面又有所不同。首先,鉴于加工人的商业秘密以及第三人(加工人的其他顾客)隐私权等利益的重要性,在加工合同中,顾客的检查监督权仅限于加工服务在顾客的处所进行的情形。其次,对于加工合同,不需要对顾客受领过程中的要素进行特别规定,因此完全没有提及。鉴于本条的的任意性条款的特性,双方当事人当然可以将该条款写入合同。

注　释

Ⅰ.概述

1. 在奥地利(参见 Rummel [- Krejci], ABGB Ⅰ2, § 1170 no. 5)、希腊(民法典第 692 条)和意大利(民法典第 1662 条),顾客享有检查的权利却不负有检查的义务。在德国,顾客可能享有检查服务的权利(类推使用建筑法),而在瑞典至少对于某些情况顾客享有检查权。在英国和苏格兰则不存在检查权。

Ⅱ.检查权

2. 在奥地利民法典中未规定有检查或者指出瑕疵的义务。但是顾客在受领前可以对工作进行检查,此项权利是毋庸置疑的。参见 Rummel [- Krejci], ABGB Ⅰ2, § 1170 no. 5。

3. 在英国法中,1982 年货物及服务供应法不认可顾客有权检查服务的暗含条款。在普通法中,此项权利不大可能存在,因为检查并不是合同的生效要件并且允许进行检查的条款也并非"不言自明的"。因此,在判例 BP Refinery (Westernport) Pty Ltd. v. Shire of Hastings 52 ALJR 20, 26 中确定的适用暗含条款的前提条件未得到满足。

4. 在德国,根据建筑工程执行一般合同条款(VOB/B)第 4 款第 1(2)项,顾客有检查或者监督的权利,但不负有检查监督的义务。建筑工程执行一般合同条款适用于建筑合同,但是也不存在不能适用于加工合同的理由。

5. 根据希腊法,顾客不负有检查的业务却能行使检查的权利(民法典第 692 条)。

6. 意大利民法典第 1662 条为顾客在加工人履行合同时对其活动进行检查提供了可能性,但前提是顾客须承担检查的费用且不得因为检查给加工人造成不必要的麻烦,参见 Cass., 10 May 1965, no. 891, RGE, 1965, Ⅰ, p. 945, comment of E. Favara, Limiti del controllo del committente sull' opera dell' appaltatore。在合同履行过程中不检查或者不充分的检查并不会导致顾客救济权的丧失,参见 CA Torino, 17 July 1959, Giust. civ. Mass., p. 814。

7. 在荷兰法中,不存在检查的义务甚至可能的检查的权利,参见 Asser [- Kortmann], Bijzondere Overeenkomsten Ⅲ[7], no. 562。但是,如果在履行过程中顾客进行了检查或者监督,有时是能发现瑕疵的。此时不就瑕疵向加工人作出通知会导致顾客救济权的丧失,参见 Kortmann, loc. cit, no. 569。

8. 在波兰法中,原则上特殊承揽合同的履行方式留待加工人决定。顾客仅能从是否正确以及是否与合同相符的角度控制服务的履行(民法典第 636 条第(1)款)(Radwan ´ski [- Strzępka], System Prawa Prywatnego Ⅶ[2], pp. 336 - 337)。

9. 苏格兰普通法不认可本条中规定的权利。

10. 在西班牙法中,顾客没有义务监督服务的执行。对于承揽合同,服务的履行方式原则上留待服务提供方决定(Alberto Bercovitz, Contratos Mercantiles, p. 671)。因此,对于其工作引起的瑕疵加工人无论如何都需要承担责任,顾客是否对服务的履行进行了监督则完全无关紧要(民法典第 1591 条及建筑法第 17 条)。对于顾客的监督权并无明确的规定。但是,顾客有权向服务提供方作出指示(SAP Baleares 8 April 2002, JUR 2002/153765),不过不得对服务的履行造成干扰,否则就会成为合同终止的理由(TS 21 November 2002, RAJ 2002/10269)。

11. 在瑞典和芬兰法中，对于商业服务，顾客在风险转移后负有检查的义务，参见类推适用的货物买卖法第31条。而在服务履行过程中顾客是否有权检查取决于具体的情况：检查是否会妨碍服务提供方的履行以及服务履行所需时间的长短。

第Ⅳ.C－4:105条　加工物的返还

（1）加工人认为服务已充分完成并欲将加工物或其支配返还给顾客的，顾客应在被通知后的合理时间内受领该返还或支配。加工物不符合顾客就该服务履行所要求的特殊目的且顾客已将该目的告知加工人或者加工人基于其他情况有理由知道该目的的，顾客得拒绝受领该返还或支配。

（2）加工人在顾客要求后应在合理时间内返还加工物或其支配。

（3）顾客对加工物的返还或支配的受领不能全部或部分地免除或减轻加工人的不履行责任。

（4）如果根据财产取得的规定，加工人因履行合同义务而成为加工物的所有人或按份共有人的，加工人在返还加工物时必须同时转移加工物的所有权或按份共有权。

评　论

A. 法条概述

本条规定的是将加工物或者其支配返还给顾客的问题。首先，当加工人已经完成服务——如果需要通知则在完成并通知顾客之后，顾客必须使得加工人能够返还加工物。

示例1

汽修厂为顾客维修汽车。当维修完成后，汽修厂通知顾客车已经修好可以领取。顾客须前往汽修厂取回汽车。

但是，如果显然服务没有得到正确的履行并且瑕疵非常明显，顾客有权根据根本不履行终止合同关系，那么不得要求顾客必须受领返还。

示例2

维修工完成了对洗衣机的维修。但是当他将洗衣机送到顾客家里做最后的检测运行时，却发现洗衣机根本不能用。很显然这构成根本不履行，顾客得拒绝洗衣机的返还。

同样,顾客可在任何时候要求返还加工物。如果顾客在加工服务完成之前要求返还加工物,这可能构成第Ⅳ.C－2:111 条(顾客的终止权)的合同关系的终止,这意味着加工人仍然有权收取服务的报酬。

示例 3

亚瑟拥有一台高级全波段移动收音机,据称能收到全世界各地的电台。但是收音机出现了问题,有时只能收到 FM 频段的电台。因此,亚瑟将收音机送到维修店维修。一个星期后,奥林匹克运动会开幕了。作为体育运动的铁杆粉丝,亚瑟要求维修店返还收音机,即使此时尚未开始对收音机的维修。维修店必须返还收音机,但是顾客仍然需要对他要求的维修服务支付价款。

如果加工人在服务履行的过程中成为加工物的所有权人,那么在返还加工物的时候必须一同返还所有权。

B. 利益权衡和政策考量

占有加工物的加工人须妥善保管加工物并防止其遭受损害。因此,当服务完成后,从该义务中解脱出来当然符合加工人的利益。顾客也希望加工物得到返还,可能在被告知加工服务已完成之后,也可能在服务履行之前。本条规定处理的就是这些利益关系以及加工物返还的后果问题:受领物的返还是否意味着对服务瑕疵或者物的损害的接受?

如果加工人因为加工而成为物的所有权人或者按份共有人,那么又出现了另外一个问题。在加工物返还给顾客之时本条规定也必须对此有所规定。

C. 首要选择

因为当服务完成后将加工人从妥善保管加工物的义务中解脱出来符合加工人的利益,本条规定顾客负有受领加工物返还的义务。但是,由于顾客不得拒绝受领物的返还(除非加工人构成根本不履行),仅仅是物的受领只意味着顾客履行了受领义务,除此之外别无他意。换言之,不得将单纯的物的受领理解为认为物不存在瑕疵而进行的受领。此外,对于加工合同,尤其是在加工人的处所对动产进行加工的,通常都需要对加工物进行包装以便能够安全地运输。此种情况下,当物返还给顾客时,不存在要求顾客立刻进行检查或者在加工人的处所进行检查的强制性理由。

合同义务的履行引起所有权的转移的,在物返还给顾客之时须完成所有权的转移。要达到这点,本条规定加工人有义务完成所有权的返还转移。当然,仅仅在所有权确实转移给了加工人的情况下方适用本条规定。至于是否发生了所有权的转移则由第八卷进行规定(物之所有权的取得和丧失)。

本条规定在功能上相当于建筑一章中关于建筑物交付的规定以及保管一章中关于保管物返还的规定。从此点看来,这几章存在共通之处,即主要涉及的是由服务提

供方占有并需要转移给顾客的有体物的处理问题。上面提到的这几条规定都有助于此类转移的完成。

有时,按照物权法的规定,加工人会成为加工物的所有权人或者所有权共有人。当返还加工物时,需要同时返还物之所有权或者共有份额,且在加工物之上不得存在除在交付加工时就已经存在的第三人权利之外的其他人权利。

注　释

Ⅰ.概述

1. 在如下国家,如果顾客在受领服务结果之时未就在服务结束时通过检查(也就是检查加工物)能发现的服务瑕疵提出异议,加工人不再承担责任:法国(参见 Cass. civ. Ⅲ, 16 December 1987, Bull. civ. Ⅲ, no. 208)、德国(民法典第 640 条第(1)款及第(3)款)、希腊(民法典第 692 条)、意大利(民法典第 1665 条第(3)及(4)款以及案例 Cass. 1 May 1967, no. 809, Rep. Foro it., 1967, V8 Appalto, c. 103, n. 59)以及荷兰(民法典第7:758条第(1)款及第(3)款),如果顾客属于商业机构,则芬兰和瑞典亦是(通过类推适用货物买卖法第 31 条)。

2. 另外,不得将对加工物返还或其支配的单纯受领视为对服务适当履行的接受:奥地利(参见 Klang [- Adler and Höller], ABGB V3, § 1167, 398)、英国(参见 Hudson nos. 5-021, 5-022, commenting on the construction case East Ham Corp. v. Bernard Sunley [1966] AC 406, House of Lords)、芬兰(如果顾客是消费者,消费者保护法第 8 章第 16 条)以及瑞典。但是,在芬兰(消费者保护法第 8 章第 16 条),顾客应在发现瑕疵时或者应该发现瑕疵后的合理时间内通知加工人;在波兰,该时间为加工物返还之后的 1 个月,而对于隐蔽瑕疵,则是顾客发现或者应该发现之后的 1 个月(民法典第 563 条第(1)款)。而对于作为商人的一方,应当在发现隐蔽瑕疵后立刻发出通知(民法典第 563 条第(2)款)。

Ⅱ.物之返还的受领:对不履行主张的影响

3. 根据奥地利法,顾客不负有受领加工物的义务,但是在加工物与合同相符时拒绝受领将引起债权人道德问题。参见 Klang [- Adler and Höller], ABGB V3, § 1167, 398), ENGLAND (Rummel [- Krejci], ABGB Ⅰ2, § § 1165-1166, no. 111)。不得将无保留的受领视为对非明显瑕疵或者顾客未发现的瑕疵相关权利的放弃,除非顾客明确或者实际上对此表示同意。参见 Klang [- Adler and Höller], V3, § 1167, no. 398。

4. 根据英国法,不能将顾客对物(或者对物的支配)之返还的受领视为对加工物合格的接受。只有顾客明确表示同意服务结果时才能免除加工人的责任。参见 Hudson nos. 5-021, 5-022, commenting on the construction case East Ham Corp. v. Bernard Sunley [1966] AC 406, House of Lords, which is to the same effect。

5. 芬兰消费者保护法第 8 章第 16 条要求,顾客应在发现瑕疵或者应当发现瑕疵后的合理时间内通知加工人瑕疵的存在。因此,无异议地单纯受领物之返还本身不会导致顾客救济权的立刻丧失。但是,有时候即使“合理期限”已经届满顾客仍然可以主张救济权。

6. 根据法国法,顾客有义务受领物(或者对物的支配)之返还。受领时要求顾客核实服务是

否符合合同要求。对于在受领时已经发现或者应当发现的瑕疵(明显瑕疵)未提出异议而直接受领的,视为对这些瑕疵的接受,免除加工人的责任。参见 Cass. civ. Ⅲ, 16 December 1987, Bull. civ Ⅲ, no. 208; Huet, Contrats spéciaux2, nos. 32330－32332。

7. 在德国,如果服务得到了正确的履行,那么要求顾客受领加工物的交付;加工物有轻微瑕疵的亦不得拒绝受领(民法典第640条第(1)款第1句及第2句)。当服务完成时,不要求顾客进行检查,但是如果加工人要求顾客受理顾客却未在加工人确定的时间内受领交付的,视为顾客已经受领了加工物(民法典第640条第(1)款第3句)。明知加工物存在瑕疵却仍然受领的,视为是对加工人不履行产生的相关权利的放弃,除非顾客在受领时声明保留相关权利(第3款)。受领后,顾客承担证明瑕疵存在的义务,参见 Staudinger (－Peters), BGB [2003], § 640, no. 1。

8. 根据希腊民法典第692条,在检查后排除加工人的瑕疵责任,除非是通过认真的检查仍然不能发现的瑕疵或者加工人恶意隐瞒瑕疵。

9. 意大利民法典第1665条第(1)款规定,顾客有权检查核实是否已经完成了服务。应当将在检查时能够发现的瑕疵告知加工人;不予告知将导致顾客对加工人权利的丧失(民法典第1665条第(4)款。参见 Cass., 1 May 1967, no. 809, Rep. Foro it., 1967, Vo Appalto, c. 103, no. 59。如果顾客没有正当理由不予检查的,则视为无条件接受被加工物(民法典1665条第(3)款),这将会导致本来通过检查能发现的瑕疵及与合同不符的所有担保的丧失,参见 Stolfi, Appalto, p. 52。对于隐蔽瑕疵应在交付后60日内发出通知,民法典第1667条第(2)款。

10. 在荷兰,未在合理的时间内检查加工物意味着对加工物的无条件受理,参见民法典第7:758条第1句,该条表明对于顾客在交付时应当发现的瑕疵排除加工人的责任,参见民法典第7:758条第(3)款以及建筑业1992一般条款(AVA 1992)第8条第(1)款,现在只是暗示地规定在建筑业1992一般条款第12条,但程度亦相同。

11. 根据波兰民法典第643条,顾客有义务受领顾客按照合同加工完毕的加工物的返还。这意味着应当按照合同要求完成加工并按照合同规定或者民法典第454条及第455条的任意性条款确定的时间放置在确定的地点。如果这些条件没有得到满足,顾客不负有受领的义务。顾客的权利主张可以基于不履行的一般规定,也可以基于买卖合同中的瑕疵担保的规定(Radwański [－Brzozowski], System Prawa Pry－watnego Ⅶ², p. 358)。

12. 在苏格兰法中,在剥夺顾客对加工人的履行提出反驳的权利之前,顾客必须要有合理的时间享有检查返还的加工物的机会(McBryde, Law of Contract in Scotland para. 20. 121)。

13. 在西班牙法中,被加工物的返还规定在具有给付义务(dare obligation)(对于因为债务人迟延、恶意以及疏忽所产生的损害的责任)的合同中交付的一般规定以及承揽合同中建筑物交付的规定之中。因此,交付是通过顾客明确表示对劳动成果的接受而完成的(建筑法(LOE)第6条)。如果加工物不符合其用途且在义务条款中确定的合同目的不能达成的,顾客得拒绝受领加工物;因为如果义务的履行与合同不符,那么加工物对于顾客来说毫无用处因而顾客不负担受领义务(建筑法第6.3条及民法典第1124条)。但是,如果工作得到了正确的履行,顾客的拒绝受领则构成债权人道德问题。一旦顾客受领了加工物的交付,那么对于普通人能发现的明显瑕疵加工人不再承担责任(类推适用民法典第1484条; Alberto Bercovitz, Contratos Mercantiles; p. 700)。双方当事人应当在合同中确定交付时间。建筑法第6.4条规定,对于承揽合同,如果当事人没有另外约定,那么服务提供方应在工作完成后30日内交付给顾客受领。

14. 在瑞典,对于消费者服务,顾客负有检查义务(Hellner / Hager / Persson, Speciell

avtalsrätt Ⅱ(1)[4], p. 110)。对于商业服务,顾客在加工物返还时负有检查义务,参见类推适用的合伙买卖法第 31 条。通常情况下,仅在顾客确实发现了履行中的瑕疵时才存在通知义务,而对于应当发现的瑕疵则不存在该义务。发现了瑕疵却不通知加工人将导致顾客救济权的丧失。

第Ⅳ.C-4:106 条　价款的支付

(1)在加工人根据本编第 4:105 条(加工物的返还)的规定转移加工物或其支配给顾客时,或顾客没有权利而拒绝受领加工物的返还的,顾客应支付价款。

(2)但是在以上转移或拒绝发生后,根据合同仍需继续对物进行加工的,在加工完成前顾客得暂缓支付合理的部分价款。

(3)根据合同加工物或其支配无须转移给顾客的,当加工人完成加工并通知顾客时,顾客应支付价款。

评　论

A. 法条概述

本条的核心问题是对于已经完成或者即将完成的服务须在何时支付价款。本条的基本规则是在顾客履行完服务并将加工物返还顾客之时。

示例 1

家电工为顾客维修家用电器。在家电工将家电交还顾客时顾客须支付约定的价款。

顾客不得无理地拒绝物的返还从而消灭加工人的价款收取权。但是,如果很显然服务没有得到适当的履行,顾客得拒绝受领物的返还。

示例 2

当家电工返还电器时,电器的电线支出得四处皆是。很显然,维修工作完成得很毛躁。顾客毋需受领物的返还因而也毋须为已经完成的服务支付价款。

示例 3

工程师修好了顾客的洗衣机。但是当他将洗衣机送到顾客家里做最后的检测运行时,却发现洗衣机根本不能用。顾客可以拒绝洗衣机的返还并毋需支付服务的价款。

B. 利益权衡和政策考量

第三卷中的普通规则是，如果义务能够同时履行那么双方当事人就应当同时履行（第Ⅲ－2:104 条（履行顺序））。但是，在加工合同中，加工人的履行通常都需要一定的时间。这意味着通常双方当事人都不能同时履行。因此，先履行的当事人就承担着风险，即不确定后履行当事人是否会履行对待义务。这就需要作出选择，是将不确定性放在加工人一方还是由顾客一方承担。

在绝大多数国家，通常的情形是：除非当事人另有约定，在服务完成且加工物返还顾客之时顾客负担支付价款的义务；在实践中，这意味着加工人返还加工物的义务与顾客支付价款的义务同时履行。在少数国家，甚至允许顾客有在返还后有合理的时间对加工物进行检查，然后才支付报酬。

C. 首要选择

在加工合同中，通常都是加工人在要求支付报酬前须先提供服务，虽然颠倒顺序也比较常见。本条遵循的是一般趋势，通过任意性规则规定仅在服务完成后顾客方负有支付价款的义务，要么因为加工人向顾客发出完工通知，要么因为顾客要求返还加工物。但是，也需要防止顾客通过拒绝受领加工物的方式阻碍价款支付义务的成立。因此，本条规定，如果顾客不正当地拒绝受领加工物的返还，也就是在不构成根本不履行时拒绝物的返还，加工人仍然有权收取报酬。

第 1 款的一个结果是，即使存在小的瑕疵需要修正，顾客仍须支付价款。此种情况下顾客得扣留合理部分的报酬直至工作完成。

第（3）款规定的是毋需将物或者对物的支配返还给顾客的情形。当工作，比如对建筑物的清洁工作是一直在位于顾客控制下的处所或者地点完成就属于这种情况。对于此种情况，在工作完成时须支付价款。

加工合同可以是长期合同。维护合同尤其如此。对于此类为确定的或者不确定的一个时间段订立的合同，双方当事人通常都会约定在合同义务履行中进行价款支付，比如一个一定的时间段开始之前或者结束之后。因为双方当事人在需要时需要就此类事项进行约定，因此没有必要在此进行特别规定。

注　释

Ⅰ. 概述

1. 在法国、德国、荷兰和波兰，通常在服务完成时支付报酬。在奥地利、英国、瑞典以及对于消费者合同也包括芬兰，甚至允许顾客在交付后有合理的时间以检查服务的履行。

Ⅱ. 价款的支付时间

2. 根据奥地利法，除非当事人另有约定，当服务完成后且顾客有机会检查劳动结果时须支付

价款,参见 Rummel [– Krejci], ABGB Ⅰ2, § 1170 no. 5; Koziol and Welser, Bürgerliches Recht Ⅱ[12], p. 244。

3. 在英国法中,加工人根据合同对顾客的财产进行加工且未约定付款时间的,在加工人完成工作且给予顾客合理的机会以检查工作是否履行得当后顾客须立即支付报酬,参见 Hughes v. Lenny (1839) 5 M & W 183, 151 ER 79, as quoted in Chitty on Contracts Ⅰ29, no. 22–053; see also Collins, The Law of Contract3, p. 342。如果工作须分批完成且未约定付款时间的,有时加工人有权要求支付已经完成部分的报酬,Roberts v. Havelock (1832) 3 B & Ad 404, 110 ER 145, as quoted in Chitty on Contracts Ⅰ29, no. 22–053。但是,为了保护顾客的利益(尤其是当顾客为消费者时),有时加工人负有"整体义务",即绝大部分服务履行之前不得要求支付报酬的义务,参见 Bolton v. Mahadeva [1972] 1 WLR 1009。

4. 芬兰消费者保护法第 8 章第 25 条规定,如果未约定服务价款的支付时间,那么当服务已交付,即将物或者对物的支配返还给顾客时且当消费者享有合理的时间以检查服务的履行后加工人方有权要求支付价款。

5. 根据法国法,通常当服务完成后方支付价款,参见 Huet, Contrats spéciaux2, no. 32335。

6. 根据德国法,除非另有约定,否则在加工物返还顾客后方支付价款(民法典第 641 条第(1)款),参见 Schlechtriem, Schuldrecht, Besonderer Teil5, no. 367。

7. 在荷兰,除非另有约定,那么当服务根据合同要求完成且加工物返还顾客后须支付价款,参见 Asser [– Kortmann], Bijzondere Overeenkomsten Ⅲ[7], no. 607。

8. 在波兰,如果当事人无另外约定,在服务完成时须支付报酬(民法典第 642 条第(1)款)。如果工作须分批交付且每部分的报酬是分开计算的,那么每部分的履行完成后须支付该部分的报酬(民法典第 642 条第(2)款)。

9. 在苏格兰法中,虽然看起来不存在关于报酬支付时间的一般规定,加工人可保持对加工物的占有直至获得合同价款(维修人的留置权)。不得剥夺顾客创设留置权的权利。参见 McBryde, Law of Contract in Scotland, paras. 20.74–20.85。

10. 在西班牙,如当事人无另外约定,在加工物移交给顾客后须支付价款(民法典第 1599 条)。如果结果不完全与合同相符存在需要修正的瑕疵,顾客可要求加工人进行修复,但是不存在特殊的规定授权顾客可扣留部分的价款直至工作完成。唯一的关于暂缓履行的规定是民法典第 1466 条及 1467 条关于买卖合同的规定(允许卖家在买家未支付价款时不予履行)。

11. 在瑞典,对于消费者服务合同,在加工人完成服务提出付款要求后顾客须支付价款,消费者服务法第 41 条第(1)款。如果顾客在适当的时候要求提供收据,在加工人提供收据前毋须支付价款,消费者服务法第 41 条第(2)款。同样的原则绝大多数也适用于非消费者服务合同,Hellner/Hager/Persson, Spe – ciell avtalsrätt Ⅱ(1)[4], p. 102。

第Ⅳ.C－4:107条　风险

(1)本条适用于加工物因加工人无法避免或克服的意外事件而遭受毁灭或损害且该毁灭或损害不可归责于加工人的情形。

(2)如果在前款所述的意外事件发生之前,加工人已经表示,其认为加工已充分完成并欲将加工物或其支配返还给顾客的:

(a)加工人毋须再为履行;且

(b)顾客仍应支付价款。

当加工人将加工物的残余(如有)返还给顾客或者顾客表示不再需要该残余时,顾客应支付价款。在后一情形,加工人得自行处置该残余,但相关费用由顾客承担。顾客根据本编第4:105条(加工物的归还)第(1)款的规定有权拒绝受领返还的,不适用前句规定。

(3)当事人约定分期就每个已经经过的时间段支付加工人价款的,顾客应就在第(1)款所说的意外事件发生前每一段经过的时间段支付价款。

(4)在第(1)款所述的意外事件发生后,合同债务的履行对加工人来说仍为可能的:

(a)加工人仍需继续履行,或根据情况再为履行;

(b)顾客仅需对加工人依(a)项所为的履行付款;这不影响加工人依第(3)款的规定请求支付价款的权利;

(c)顾客应补偿加工人为取得新材料以替代顾客所提供的材料所支付的费用,除非其已按加工人的要求提供了这些材料;并且

(d)如有必要,得根据本编第2:109条(单方变更服务合同)第(6)款的规定延长履行时间。

本款规定不影响顾客根据本编第2:111条(顾客的终止权)的规定终止合同关系的权利。

(5)在第(1)款所说的情形,合同债务的履行对加工人不再可能的:

(a)顾客不必为已履行的服务支付价款;加工人根据第(3)款的规定请求付款的权利不受影响;且

(b)加工人应将加工物及顾客所提供的材料或其残余返还给顾客,除非顾客表明不需要这些残余。在后一情形,加工人得自行处置该残余,但相关费用由顾客承担。

评　论

A. 法条概述

有时候,交付给加工人加工的物品会在无任何过错的情况下或者因为不能归咎于加工人或顾客任何一方的原因遭受毁灭或者损害。此种情况下,物之毁灭或者损害由顾客承担。但是,关于顾客是否仍然需要支付加工的价款这个问题仍不明确。

在本条中,对于加工人已经通知顾客服务已经完成的情形以及没有通知完工的情形进行了区分。对于前一种情形,由顾客承担不幸事件的后果,并且必须支付已经完成的服务的报酬,虽然并不能享受到服务带来的好处。

示例1

加工人对DVD播放机进行维修。当维修完成后,加工人电话通知了顾客。在顾客取走DVD播放机之前,加工人的工作间被雷电击中,雷电引起的大火烧坏了播放机。不能要求加工人再次维修DVD机。但是顾客需要就已经完成的服务支付报酬。

对于后一种情形又作出了进一步的划分,即服务的履行是否可能。如果履行仍为可能,加工人仍然需要履行;如果服务已经完成但是加工人还未向顾客作出完工通知,加工人需要再次履行。顾客仅须就加工人再履行的服务支付报酬。因不幸事件发生之后的履行产生的额外费用须由顾客补偿给加工人,且如果加工人需要更多的时间以履行服务,允许在原来的约定时间的基础上进行延长。

示例2

加工人已经完成了对DVD播放机的维修。在加工人腾出时间通知顾客之前发生了火灾。因为进水,播放机不能使用了,但是加工人还能修好。加工人必须进行维修,且只能收取第二次维修服务的报酬。

如果事故发生后履行变得不可能,加工人无权收取报酬,并且当顾客通知加工人其希望收回物或者物的残余时,加工人必须返还。

示例3

DVD播放机在火灾中被严重损坏不能再修好了。此时,如果顾客希望收回损坏的播放机加,工人必须予以返还,但加工人无权获取报酬。

对于长期加工合同情况则比较特殊。对于此类合同,当事人通常都会约定分期付

款。即使将来的履行变得不可能，顾客仍然必须就已经结束的期限支付报酬。

示例4

保洁公司负责一栋大楼的日常清洁工作。当大楼在一次地震中倒塌后继续履行清洁工作变得不可能。但是对于在倒塌前完成的清洁服务顾客仍然需要支付报酬。

B. 利益权衡和政策考量

如今，风险问题仅具有有限的实际意义。不履行的原因大多数都能归因于一方或者另外一方当事人。其他剩下的风险是相当有限的。诸如山体滑坡以及洪水等自然灾害造成的损害发生得很少，因为不仅加工人会采取预防措施——能够采取预防措施却不采取意味着加工人的不履行，公权力机构也会采取预防措施。但是，如果确实发生了此类损害，且加工人并未违反注意义务或者其他义务的，那么就需要回答如下问题：由谁承担因不幸事件的发生而使被加工物或者顾客提供的材料遭受毁灭或者损害的后果？从这个角度看，还出现另外一个问题：因不能由加工人负责的意外事故的发生导致物的毁灭或者损害的，加工人是否仍然能要求顾客履行价款支付义务？

C. 首要选择

如果此类不幸事件发生在加工人向顾客作出服务已经完成并准备好向顾客返还的表示之前，不幸事件的后果规定在第Ⅲ-3:104条（因障碍而免责）条中。如果不能根据该条的规定对不履行免责，如果履行为可能的加工人须再次履行。此时视加工人为尚未完成履行：因此适用不履行的相关规定。如果可对不履行免责，顾客无权要求继续履行或者主张损害赔偿，可能的选择是终止合同关系。此外，顾客还必须支付价款。根据本条第(4)款(d)项，鉴于加工人由于不幸事件的发生不能按时履行，可延长履行时间。基本理念是适当延长履行时间。当履行变得不可能时情况则有所不同。此时，终止合同关系可能是最好的选择。

当服务完成后，且加工人已经通知顾客服务已完成且准备好向顾客返还加工物的，情况则有所改变。对于物遭受的的外来损害，加工人仍然对其义务的不履行承担责任：参见第(1)款。但是，如果损害不能归因于加工人义务的不履行，那么加工人毋须承担责任。换言之，根据整个欧洲的案例法和法律学说，加工物或者顾客提供的材料遭受不幸毁灭或者损害的风险由顾客承担。顾客通知加工人希望加工人返还加工物但顾客尚未实际取回的，适用同样的规则。这是因为加工人还占有加工物的唯一原因是顾客尚未取回加工物。在这两种情况中，未取回物品的风险由顾客承担是公平的。

本条规定的对象和建筑与保管两章中关于风险的规定是相同的。和建筑合同不同，但与保管合同中的情形一样，物品及顾客提供的材料的所有权人是顾客。因此，风

险全部由加工人承担的情形不会发生在加工合同中。此外,对于风险的转移选择了一个稍有不同的时间:对于建筑合同,通常风险转移的时间都是由支配转移的时间决定的,而在本章中风险转移的决定时间是加工人通知顾客其认为加工已充分完成并欲将加工物或其支配返还给顾客的时间。其原因在于,从此时起,作为所有权人的顾客可以简单地通过履行物的返还受领义务就可以避免加工物遭受毁灭或者损害。仅仅在顾客有权根据第Ⅳ.C－4:105条(加工物的返还)第(1)款拒绝物的返还时结果才会不同。

第(3)款规定的是当事人约定分期就每个已经经过的时间段支付加工人价款的情况。在为一个不确定的时间段订立加工合同(比如维护合同)时通常会进行这样的付款约定,但也可用于其他在工作完成前需要较长时间的合同。本款规定,对于已经该支付的价款仍然需要支付,不管将来履行是(第(4)款)否(第(5)款)还可能。

第(4)款规定,当履行仍为可能的,加工人仍需继续履行,或再为履行。加工人仅有权就新的履行收取报酬。但是,在本款最后一句中明确规定,如果继续履行变得对顾客无用,那么顾客可终止合同关系。对于此种情况,价款的问题由第Ⅳ.C－2:111条(顾客的终止权)条规定。显然,意外事件发生之前,加工人已经表示,其认为加工已充分完成并欲将加工物或其支配返还给顾客的,不适用该条规定。正如第(2)款所规定的,对于此种特殊情形,加工人毋须再为履行,但是顾客仍然需要为已经完成的服务支付价款。最后,第(5)款规定,如果履行已经不可能或者不再可能,加工人毋须完成履行,顾客也不用为不能带来正面效果的服务支付报酬。因此,第(4)款及第(5)款规定所谓的价款风险(Preisgefahr)——即在发生不幸事件时由谁承担经济后果——由加工人承担。但是,加工人可以——通过要求分期付款的方式——将风险转移给顾客。

为了免除责任,加工人须证明造成顾客加工物以及其提供的材料毁灭或者损坏的不幸事件的性质。此外,加工人还须证明为什么其有权收取报酬或者部分的报酬。

当然,当事人可对本条的规定进行修正。

注　释

Ⅰ.概述

1.对于加工合同,遵循物主承担物之灭失风险的原则(res perit domino),通常加工物意外毁损或者灭失的风险都由所有权人顾客承担。加工人仅在存在过错时承担责任;但是加工人必须证明物之毁损或者灭失的意外性质,因为加工人通常负有结果义务或者手段义务且实施的是证明责任的倒置(奥地利,民法典第1168a条;芬兰,消费者保护法第8章第12条第(4)款;法国,民法典第1789条;德国,民法典第644条第(1)款;希腊,民法典第698条;意大利,民法典第1673条;荷兰,Asser [－Kortmann], Bijzondere Overeenkomsten Ⅲ7, nos. 516－517以及(旧)民法典第7A:1642条;波兰,民法典第641条第(1)款;葡萄牙,民法典第1228条第(1)款以及STJ 24 October 1995, BolMinJus, 450, 469;瑞典,消费者服务法第32条及39条以及Hellner/ Hager/

Persson, Speciell avtalsrätt Ⅱ(1)[4], p.100)。而对于物的意外毁损或者灭失的后果对于顾客主要义务的影响来说,荷兰民法典第7:757第(2)款明确规定,只要加工物还处于加工人的控制之下,顾客毋须支付价款。

Ⅱ.风险的一般方法

2.根据奥地利民法典第1168a条,物之意外毁损的风险由顾客承担。参见Koziol and Welser, Bürgerliches Recht Ⅱ[12], p.250。

3.在芬兰,物之意外毁损灭失的风险由作为所有权人的顾客承担。但是,根据消费者保护法第8章第12条第(4)款,加工人必须证明服务是以合理的注意和技能得到履行的,即必须证明自己不存在过错。

4.在法国,适用物之毁损由物主承担的原则,这表明,物之意外毁损灭失的风险由顾客承担。法国民法典第1789条规定,加工人仅对过错承担责任但须证明事件的意外性质(证明责任的倒置),参见Malaurie/Aynès/Gautier, Contrats spéciaux Ⅷ[14], no. 781。

5.根据德国法,既然物是由顾客提供的,那么对于顾客提供的材料因意外事件而毁损灭失的,加工人不承担责任。参见民法典第644条第(1)款。联邦最高普通法院认为,在即使通过一切努力仍然不能防止事件的影响时,该事件方属于意外事件(BGH NJW 1997, 3018; BGH NJW 1998, 456)。

6.希腊民法典第698条的情况类似。

7.根据意大利民法典第1673条,鉴于物品是由顾客提供的,那么风险也应由顾客承担;根据民法典第1465条的一般规则亦得出同样的结果:物之毁损灭失由物主承担。参见Cass., 1 February 1950, n. 271, CC, 1950, Ⅱ, p.37, with comment of D. Rubino, Ⅱ perimento fortuito dell'opera, prima dell'accettazione nel contratto d'opera。

8.在荷兰(旧)民法典第7A:1642条中明确规定,如果要求顾客提供物品,加工人仅在存在过错时方对物的毁损灭失承担责任;该规则被视为是物主承担物之毁损灭失风险原则的运用,参见Asser[-Kortmann], Bijzondere Overeenkomsten Ⅲ[7], nos. 516-517。新的民法典对此并未作出进一步的规定,但是没有理由假设法律在这个问题上作出了改变。民法典第7:757条仅就顾客报酬权的后果作出了规定;在第2款中规定,如果物品处于加工人的控制之下,顾客毋须支付报酬。

9.在波兰,服务的履行所需材料的毁损灭失风险取决于材料是由谁提供的(民法典第641条第(1)款)。

10.在波兰,一般规则是,当发生了意外事件或者"不可抗力"时,物之毁损灭失由物的所有权人承担(民法典第1228条第(1)款; STJ 24 October 1995, BolMinJus, 450, 469)。

11.苏格兰法中的一般规则是,物之毁损灭失由物的所有权人承担,但是加工人有责任证明在风险发生前工作已经完成(McBryde, Law of Con- tract in Scotland, para. 9.50-9.51)。

12.西班牙民法典第1589条规定,加工物在交还顾客之前因意外事件遭受毁灭或者损害且加工材料是由加工人提供的,加工人须承担后果,除非顾客陷入受领迟延(TS 3 May 1993, RAJ 1993/3400)。此外,加工人不仅无权收取价款,还负有继续开展工作的义务(Alberto Bercovitz, Contratos mercantiles; p.689 and TS 15 June 1994, RAJ 1994/4925)。但是,如果由于缺乏材料或者其他特殊原因导致工作不能完成的,那么履行义务因履行不能而不复存在,并且顾客须就被破坏了的劳动的价值支付价款,如果材料对顾客有用的,顾客还须就材料的价值付款(民法典第

1595 条第 2 款）。仅仅在顾客陷入受领迟延以及顾客提供的材料质量不合格且加工人已经对此向顾客作出过警示的情况下，加工人才有权要求顾客支付报酬（Bercovitz, Comentarios al Código Civil, 1590 CC）。但是关于意外事件风险的规则属于任意性规则，双方当事人可通过合同条款作出不同的约定（Alberto Bercovitz, Contratos mercantiles; p. 688）。对于部分履行且义务为可分时，如果事故发生后还残余的劳动成果对顾客有用，顾客须就该部分成果支付价款（Alberto Bercovitz, Contratos mercantiles; p. 690）。当事人可以约定将工作分成几个部分来履行。此时，在每交付一部分的工作后，加工人有权获得相应的报酬（民法典第 1592 条）。因此，加工人有权就意外事故发生前已经完成的部分工作收取报酬。

13. 瑞典法采纳的观点是，此种情况下存在两个方面的风险。首先，第一个问题是：如果服务的结果灭失了，即已经完成了的工作需要再完成一遍，或者为服务的履行而提供的材料毁灭了该如何处理？相应地，消费者服务法第 39 条规定，如果在交付前专业加工人的工作成果或者提供的材料意外毁损灭失，消费者毋须为已完成的履行或者提供的材料支付价款。这里风险由加工人承担，直至服务完成，消费者服务法第 12 条及第 39 条。如果服务是在需要移交给加工人的物品上完成，或者出于其他原因物品处于加工人的占有控制之下，在物品再次回到顾客的占有控制之下前服务不得视为已完成。比如，加工人为顾客的房屋提供一个新的屋顶，但是半完工的屋顶不幸被风暴刮走，因为损害发生的时候风险是由加工人承担的，因此顾客毋需为再次建造屋顶所额外支付的劳动和材料支付价款，Hellner/Hager/Persson, Speciell avtalsrätt Ⅱ(1)[4], p. 103。相反，如果材料是由消费者提供的，则消费者也应承担该风险，参见 Hellner/Hager/Persson, loc. cit.。其次，第二个问题是如果加工物遭受了损害风险由谁承担。基本规则是，由于顾客是加工物的所有权人，则风险应由顾客承担，参见 Hellner/Hager/Persson, loc. cit.。但是，鉴于属于顾客的物在加工人的占有或者其他方式的控制之下遭受了毁灭或者损害，因此推定由加工人承担责任，消费者服务法第 32 条。专业加工人仅能通过证明损害不是由其过错造成的而免责。

第Ⅳ.C－4:108 条　责任的限制

如果合同当事人都是经营者，那么约定服务已正确履行时，推定将加工人不履行的责任限制为加工物价值的条款在第Ⅱ－9:406 条（在经营者之间订立的合同中“不公平”的含义）规定意义上是公平的，除非该条款限制的是因加工人或由其负责的任何人的故意或重大过失行为造成的损害的责任。

评　论

A. 法条概述

本条规定为加工合同中特殊类型的限制条款创造了一个相对安全的港湾。如果在服务履行前，在当事人都是经营者的合同中限定加工人的责任不超过加工物的价

值,那么责任限制条款在第Ⅱ－9:406条(在经营者之间订立的合同中"不公平"的含义)规定意义上是公平的。仅对于故意或者重大过失的行为——即几乎等同于故意造成损害的不计后果的行为——引起的损害进行责任限制的条款该假定才不正确。

示例1

汽修工对属于租赁公司的汽车的轮胎进行维修。但是汽修工忘了将汽车轮胎正确地安装到汽车上。结果是,汽车在转弯时轮胎脱落撞到树上。虽然司机未受伤,不过汽车是彻底报废了。此外,租赁公司须就树的损害向所有权人市政当局承担责任。租赁公司向汽修厂主张损害赔偿,但面临的问题是:在汽车维修的时候,双方当事人签署了赔偿限制的标准条款,约定赔偿金额不得超过汽车价值。

根据本条的规定,由于汽修厂主和租赁公司的活动都属于经营活动,因此推定责任限制条款是公平的。如果顾客是私人个体,或者汽修厂主是故意的,抑或者损害是由于汽修工的重大过失行为引起的,则不适用该假定,需要根据第Ⅱ－9:406条(在经营者之间订立的合同中"不公平"的含义)对责任限制条款的有效性进行审核。

B. 利益权衡和政策考量

主要问题是在本章是否需要对不公平合同条款进行细化,规定在加工合同中哪些条款是或者推定是公平的。另外一个问题是,这样的责任限制条款对于因故意或者重大过失行为造成的损害是否仍然适用。有人认为这样的细化是有用的。但另一方面,也可以说这样一来就剥夺了一般性条款的灵活性。此外,也可以认为对于这样的责任限制条款,在商业合同中比在消费者合同中更易为人所接受。

C. 首要选择

当前,不同法律制度对限制条款的接受程度不一。在本章中,通过引入所谓的商业合同安全港引入了一个折衷解决方案。对于此类合同,推定在服务正确履行时,将加工人的不履行责任限定为加工物价值的限制条款是公平的。但是,对于因故意或者重大过失行为造成损害的,不适用该推定。就此方面而言,值得注意的是,虽然可以说排除或者限制责任的条款有时是公平且有用的,但不能说即使对于这些情况限制或者排除责任的条款总是或者说通常都是公平的。因此,免除对因故意或者重大过失行为引起的责任的条款被排除在本条规定之外。

虽然本条作出了推定,但是顾客可以证明,在具体的案件中责任限制条款是不公平的。但是,鉴于本条规定的目的在于为加工合同中最为重要的一类责任排除或者限制条款向实务界提供硬性规定,因此顾客要证明此点并非易事。如果顾客的相反证明很容易就被接受,那么本条规定的目的将不能达成。

该推定仅适用于经营活动。如果顾客是消费者,通常由于加工人的不履行所引起

的损害都能得到公平的限制。通常,无论是损害还是其发生的风险都不会极端到加工人难以承受的地步。因此,这并不是在消费者服务中引入安全港的充足理由。这并不意味着,对于消费者服务,责任限制是不可接受的;责任限制条款是否有效需要根据适用于消费者的关于不公平合同条款的一般规定进行判断。

本条还与第Ⅲ－3:105条(救济的排除和限制条款)有关。根据该条的规定,通过合同条款排除或者限制救济权可能违反诚实信用和公平交易原则。即使责任限制条款根据本条的规定是有效的,但是根据案件的特殊情况,可能会违反诚实信用和公平交易原则,因此责任限制条款可能会因为违反第Ⅲ－3:105条而不能适用。

本条规定与保管和设计章中的相关规定很类似。

注　释

Ⅰ.概述

1. 在如下国家,将加工人责任限制为其收取的加工费原则上是可行的,需要根据关于不公平合同条款的一般规定来进行判断:英国和苏格兰(参见1977年合同不平等条款法第2、16条和第17条)、意大利(民法典第1469－bis条)及荷兰(民法典第6:237(f)条)。在德国亦如此;但是,如果此类责任限制条款使用的是一般格式条款,如果维修费用比顾客的损失低很多,那么根据不公平合同条款的一般规定,该责任限制条款是无效的(民法典第138条,第307条第(2)款第2项)。在德国(民法典第639条)和荷兰(民法典第7:762条),如果加工人知道隐蔽瑕疵的存在却未告诉顾客,那么对隐蔽瑕疵责任的排除或者限制条款是无效的。在瑞典,只要顾客还有其他救济途径,那么通常不将此类条款视为无效。在英国,当损害发生时如果物品在加工人手中,加工人仅仅在能证明发生损害的情况时方能援引责任免除或者限制条款,参见Levison v. Patent Steam Carpet Cleaning Co. Ltd. [1978] QB 69。在芬兰,如果顾客是消费者,则责任限制条款是被禁止的(消费者保护法第8章第2款)。最后,在葡萄牙,学界对责任限制条款的有效性存在争议(参见Varela, Das Obrigações em geral Ⅱ^{6}, p. 134),而在法国,责任限制条款原则上是有效的并适用一般合同法规则。

Ⅱ.将加工人的责任限制为加工费或者固定的金额

2. 在英国和苏格兰法中,适用1977年不公平合同条款法的一般规则。参见Levison v. Patent Steam Carpet Cleaning Co. Ltd. [1978] QB 69。在一个判决中,在加工消费者顾客的一卷婚姻摄影的时候导致了绝大多数照片的丢失,将加工人责任限制为加工物价值的条款被认为是不合理因而无效,参见Woodman v. Photo Trade Processing (1981) 131 NLJ 933。根据1977年不公平合同条款法的苏格兰部分,希望援引责任限制条款的当事人有义务证明该条款的公平合理性(第24条第(4)款)。

3. 在芬兰,如果顾客是消费者,那么是不允许限制加工人的责任的,参见消费者保护法第8章第2条。

4. 根据法国法,原则上是将加工人的责任限定为最多不超过其收取的合同费用的条款是有效的。但是对于故意或者重大过失的不履行,可要求加工人赔偿全部的损失(民法典第1150

条）。此外，对于核心合同义务，此类责任限制条款似乎是无效的，因为这实际上是允许经营者可以自由选择是履行还是不履行合同义务。在过去，是根据缺乏合同对价而判定其无效的，Cass. com.，22 October 1996，D. 1997，121 Note Sériaux（Chronopost case）。

5. 在德国，如果加工费用远低于顾客遭受的损害，那么在标准合同中将加工人的责任限制为加工费金额的条款是被禁止的（民法典第138条及307条第（2）款第2项）。民法典第639条进一步规定，如果加工人知道隐蔽瑕疵的存在却未向顾客披露，或者加工人作出了加工合格的保证，那么对于隐蔽瑕疵的责任限制或者排除条款也是不被允许的。

6. 在希腊，虽然对故意或者重大过失责任的限制或者排除是无效的，但是当事人可排除对过失的责任（民法典第332条）。因此，责任的限制只和过错的程度有关，而和加工费用等无关。但是，优先适用合同自由原则，当事人可相应地就责任的上限作出限制。

7. 根据意大利法，当事人可对法定的工作瑕疵担保方法进行修正；参见 Januzzi，L' appalto Rassegna di giurisprudenza commentata Ⅰ，p. 362。但是，当事人不得违反民法典第1229条所确立的原则：任何限制债务人对于欺诈或者严重过错的责任的约定都是无效的。此外，根据民法典第1469－bis条，推定限制加工人责任或者不履行后果的条款不公平。

8. 在荷兰，原则上允许通过普通的限制将加工人责任限制为加工费用或者一个固定的数额：根据荷兰法不得对加工人或其员工的重大过失作出责任限制（HR 20 February 1976，NedJur 1976，486，Pseudovogelpest）；如果顾客是消费者且责任限制是以标准合同条款的形式作出的，那么推定限制是不公平的，民法典第6:237条第f项。民法典第7:762条进一步规定，如果加工人或者负责加工事务执行的管理人员知道瑕疵的存在却未告诉顾客的，那么不允许对于此类隐蔽瑕疵的责任进行限制或者排除。

9. 在波兰，原则上除了因故意而造成的损害之外，允许对加工人责任进行限制（民法典第473条第（2）款）。如果将责任限制为一个固定的数额，可以考虑当事人是否不同意支付违约金（民法典第483条及第484条）。对于消费者合同，如果根本限制或者免除服务提供方对合同不履行或者不适当履行的责任，那么该限制是不公平的（民法典第385条第（2）款）。

10. 在葡萄牙，根据民法典第809条，对于恶意欺诈或者重大过失，责任限制无疑是无效的。而对于过失的责任限制学界则存在争议（支持限制：Pinto Monteiro；即使对于轻微过失限制也是无效的：Varela，Das Obrigações em geral Ⅱ[6]，p. 134；1）。在标准合同中亦是如此：Article 18 sub d）DL no. 446/85。而案例法的处理亦不统一。通常不论过错的程度如何，责任限制都得不到支持。

11. 如今在挪威，大多数标准协定都不排除损害赔偿权，但是以合同价款为参照限制赔偿数额。比如 IML 2000 将责任限制为合同价款的50%，而 NL 01 和瑞典建筑合同、土木工程合同和安装合同一般条件则限定为15%，因重大过失造成的损害除外。通常，只要顾客还享有其他救济权，此类限制条款并不被视为是不合理的。至于是否允许将责任限制为一个固定的金额度则取决于该金额与整个合同标的的对比关系。

12. 在西班牙，当事人可以约定责任限制条款。但是根据民法典第1102条，不得就因欺诈行为产生的责任进行限制。因此，如何旨在免除行为人欺诈责任的条款都是无效的，无论当事人是私人还是经营者。而对于过错，民法典第1103条并未明确规定免责条款的无效。因此，通过反推，它们是有效的（Serra Rodriguez，Las claúsulas abusivas en la contratación，p. 105）。但是，最高院将重大过失等同于欺诈，认为对于欺诈和重大过失，责任限制条款不能免除或者限制债权人的

责任（TS2 July 1992, RJ 1992/6502）。商法的著者也遵循了该观点（Garrigues, Curso de Derecho Mercantil Ⅱ, p. 233 and de la Cuesta Rute, Contratos Mercantiles Ⅱ, p. 445），认为在商法中，可通过类推适用海洋运输法第 620 条及地面运输监管法第 3.4 条得出，免除债权人对于欺诈或者重大过失责任的条款是无效的（对于运输合同，不能对欺诈进行责任限制）。

第五章 保 管

第Ⅳ.C－5:101条 适用范围

(1)本章适用于一方当事人(保管人)为他方当事人(顾客)保管动产或无体物的合同。

(2)本章不适用于以下物品的保管:

(a)不可移动的建筑;

(b)运输中的动产或无体物;以及

(c)金钱或有价证券(除本编第5:110条(旅馆主人的责任)第(7)款提及的情形外)或权利。

评 论

A. 法条概述

在定义列表中保管合同被定义为“一方当事人(保管人)为他方当事人(顾客)保管动产或无体物的合同”。该定义与本条第一款中的适用范围一致。在本条第2款中列出了三种本章适用范围的除外情形。

当一个人(顾客)将东西放到别处并让它处于另外一个人(保管人)的保管照料之下时发生保管,其目的通常是为了以后使用或者处置。保管的特点是顾客实际上将物品移交给保管人,双方的共同目的是最终将物品返还给顾客。

示例1

顾客将1500个橘子交由一家仓库保管。

这是保管的经典例子。这当然属于本章的适用范围之内。

在保管合同中,保管人只需要确保最终能把物品交还顾客,且交还时物品的状况与接收时的状况一致,或者是顾客合理期待的在交还时应有的状况。如果保管人未妥

善保管物品，由顾客承担物品在保管期间遭受损害的风险。

本条阐述了本章的适用范围。它主要适用于动产的保管。但是，如果保管其他物品如计算机服务器上的信息为可能的，本章的适用范围不限于有体物，正如本条第(1)款中关于无体物所做的澄清一样。如果除了保管之外还存在其他服务，第二卷中关于混合合同的规定(第Ⅱ－1:107 条(混合合同))确保本章的规定适用于涉及保管的合同部分，但是，如果本章的规定与混合合同中其他服务的规定冲突的，可对本章的规定进行适当修正。

示例 2
网络服务提供商(ISP)确保顾客能接入互联网，使用电子邮件并可在其服务器上储存文件。

在网络服务提供商的服务器上储存文件适用本章的规定，但是可对本章的规定进行适当调整以适应其还提供的其他服务的事实。

B. 利益权衡和政策考量

这里政策上的主要问题是保管合同是双方一致同意就能成立还是只有在实际交付保管物品时才成立。后一种方法与保管合同的罗马法背景一脉相承并和这里要讨论的第二个问题有关：传统上，保管是无偿合同。由于保管人不能从保管合同中获得任何好处，因此严格的宪法规定是合理的。在让保管人承担法定义务之前，不仅需要有照管物品的承诺，还需要有实际对保管物品的受领。但是，在商业环境下，顾客需要能够要求保管人妥善保管物品，因此这样的缔结保管合同的刻板方式有时是有问题的。因此，似乎有必要采纳一种更灵活的保管合同缔结方式，至少需要抛弃保管合同是无偿合同的传统理念。

另外一个需要抉择的重要传统问题是，本章是适用于无偿保管还是有偿保管还是两者都适用？如果两者都适用，那么是否需要特殊的规定以调和无偿和有偿合同都由相同的保管规定进行调整的事实，即对于有偿合同规定更加严格，而对于保管人无偿履行保管的无偿合同采用更宽松的规定？

第三个问题是保管规定是适用于所有物品的保管还是仅适用于某些物品的保管？对于诸如金钱、有价证券以及权利等特殊物品的保管，立法者制定了特别的规定。这些物品的保管是由本章进行规定还是保留以前的特殊规定？类似地，国际条约对运输合同履行过程中物品的保管进行了规定。这是否意味着与运输结合在一起的保管不在本章的规定范围之内？最后，所谓的看管合同(surveillance contracts)，即对不动产进行保卫或者通过其他方式由专业服务提供者进行照管的合同是否也由本章的规定予以调整？或是仅由第一章(一般规定)进行调整？

另外一个难题是本章是否适用于顾客将汽车停放在私有停车场的合同。顾客是让他人保管汽车还是仅仅是租了一个停车位？

还有一个问题是,本章是否适用与顾客将物品存放在保险箱中的合同。反对将其视为保管合同的一个理由是服务提供方根本不知道其要照管的东西是什么。因此,服务提供方不能采取特殊的预防措施以防止物品遭受损害。当然,应当采取一般性的预防措施,比如防火防盗。服务提供方能保证保险箱退还时的状况与接受时是相同的且期间无人打开过保险箱。但是,这并不足以将该合同定义为保管合同:业主或者出租人也负有采取此类措施的义务。

C. 首要选择

现在,保管合同的缔结不再要求保管物的实际交付。这与现代民法典的发展以及商业实践的需求不符。因此,本章采纳的保管合同的缔结方法是双方当事人达成合意。

和无偿服务所采取的方法一样,本章不仅适用于商业和有偿合同,还适用于——虽然经过适当调整——无偿保管合同。在实践中,这意味着在决定保管人是否需要承担责任时需要考虑到服务的无偿性质,因为保管是免费提供的这一事实会对如下两点产生影响:一是能够期待的保管人应尽的注意程度;二是对于保管物在返还时的状况来说,顾客的合理期待。

示例3

在冬季,游艇的主人将游艇交由他人保管。来年春天,游艇主人发现游艇被盗。如果保管服务是无偿提供的,那么保管人应尽的注意义务中不包括派人把守存放地点的义务。而如果保管不是无偿的,则可能存在该义务。

实际运输中物品的保管通常被规定在国际条约或者特别法之中。对于金钱、有价证券以及权利的保管也有着专门的立法。此类物品的保管被排除在本章规定的适用范围之外,以防止对这些条约以及特别法造成干扰,因为这些条约及特别法是为了满足保管此类物品的需要而通过的。但是,如果将金钱和有价证券放在宾馆的保险箱中保管属于另外情况。

本章不适用于不动产的"保管",因为此类保管性质完全不同,即保管物品不是在保管人的经营场所进行保管,而是在其原来的位置。因为本章的规定并不打算将这些合同的特殊性考虑进去并且比利时、德国、波兰和西班牙不认可不动产的保管,因此本章的适用范围不包括不动产的"保管"。对于此类合同,原则上适用服务合同的一般规定。但是,将此类合同排除在本章的适用范围之外并不妨碍通过类推的方式适用本章的规定。

至于本章的规定是否适用于停放在停车场的汽车的"保管"则需要区分停车场是否通过一定的方式得到了保护。如果得到了保护,那么则将其视为保管合同,因为停车场的所有者处在能防止汽车遭受损害并采取预防措施的有利地位。

示例 4

顾客将其汽车停放在一个多层停车场。在停车场的出口和入口都设有有栅栏进行保护。只有顾客出示在入口收到的票据并支付完停车费后才能打开停车场出口的栅栏。双方当事人缔结的合同为保管合同。

示例 5

顾客将其汽车停放在一个私人所有的停车场。在进入停车场的时候顾客须先缴纳停车费用。顾客在进入停车场前就知道不会有人检查开走汽车的司机与开车进入停车场的司机是否是同一个人。双方当事人缔结的不是保管合同。

对于顾客将其物品放入保险箱中保管的,适用本章的规定。虽然保管人由于不知道保管物品的性质因而不能采取特殊的预防措施以防止保管物遭受损害,不过这并不重要:可以采取诸如防火防盗等一般预防措施。此外,对于密封物品的保管,保管人同样也是不知道容器内的物品是什么,但是,此类合同通常也被视为保管合同。既然如此,那么就不存在能让人信服的理由为什么不能将使用保险箱视为是保管。当然,保管人不知道保管物是什么这一事实会对顾客对合同的期待产生影响,从而影响到本章中保管人的义务范围。

示例 6

顾客将一幅 16 世纪的油画存放在一个大型保险箱中。由于保管人不知道他所保管的是这么一幅油画,因此不能要求保管人使用特殊的设备以保持恒温恒湿。但是,可以期待保管人对保险箱采取防盗措施,比如安装一套视频监控系统。

鉴于 1962 年旅馆主人照管顾客财产国际公约以及执行该公约的内国法律对此类事项作出了特别的规定,本章也对旅馆主人作出了专门的规定。

即使当保管合同仅仅是当事人之间整体关系中很小一部分时也可以适用本章的规定。

示例 7

顾客将其外套放在剧院有人看守的衣帽间。

如果将外套的保管视为独立的合同则适用本章的规定。即使剧院为顾客保管外套的义务仅仅是让顾客在剧院观看戏剧这一主要义务的附加义务,在某种程度上本章的规定亦适用于外套的保管。具体参见后面的混合合同。

本章也适用于对动物的保管。很明显,对于此类合同,保管人通常都要承担比普通保管合同更多的义务。有时此类合同是保管与维护或者加工的混合合同。

商业保管通常会与其他活动结合在一起,比如股票管理、将要发送给顾客的物品

打包、包装物品等。此外,其他服务(比如加工)的履行也可能包括保管。这里出现的问题是,当这些服务是合同的主要内容时,即物品的保管只是合同主要义务(比如加工或者运输义务)履行的前提条件时,是否也可以适应保管的规定。很多国家(奥地利、比利时、英国、法国、德国、荷兰以及西班牙,也可能包括意大利和葡萄牙)的首要选择是:经过适当修正后将保管的规定适用于合同的保管部分。第Ⅱ-1:107 条中混合合同的规定采用的也是这种方法。但是,对于保管因素很显然是另外一个合同的偶然要素的,只有在调整合同的保管因素为必要且与调整合同主要部分的法律规定不冲突时方适用保管的相关规定。适用调整合同主要部分的强制性规定。参见第Ⅱ-1:107 条(2)款。

示例 8

计算机维修人员将对计算机上的软件进行维修,因此需要将计算机里的文件保存在持久介质的硬盘里。

本章的规定经适当调整后适用于计算机文件的储存。这意味着永久介质必须适宜于使得文件在拷回时的状况与从计算机拷出时的状况相同。

注　释

Ⅰ.概述

1. 保管合同为所有的法律制度所熟知。在绝大多数法律制度中,保管合同被规定在民法典及商法典中;在英国,与其他大多数的服务一样,保管合同受财产寄托相关规定的调整。在苏格兰,适用发端于罗马保管制度的普通保管法,但在发展过程中吸收了托管(locatio conductiae)以及劳务契约(locatio operis faciendi)的相关规则以适应现代商业社会的需要。

2. 在罗马法中,保管合同属于所谓的实践合同,意思是合同的缔结不仅仅需要双方当事人达成合意,还需要被保管物品的实际交付。在 19 世纪和 20 世纪的法典化浪潮中此点也得到了保留。如今,在奥地利(民法典第 957 条第 1 句)、比利时(民法典第 1919 条)、法国(民法典第 1919 条)、德国(民法典第 688 条)、意大利(民法典第 1766 条)、波兰(民法典第 835 条及第 853 条)以及葡萄牙,除了对于保管物已经在保管人手中的情况中交付是假定的之外,保管合同仍然是实践合同。而在意大利,情况则不太明确,虽然民法典第 1758 条要求对于保管合同的缔结物品的交付是必不可少的,但是最高法院早在 1928 年 12 月 29 日就认可物品的交付也可以是象征性的(tradition ficta)。根据其 1941 年 4 月 16 日的判决,最高院似乎已经回归到传统的案例法。不过,这些国家中的部分国家确实也承认有约束力的预约合同的可能性,至少可使得保管人在顾客将保管物提交保管时负有受领保管物的义务。在英国情况也是一样的,财产寄托要求对物品的占有,但也可以缔结有偿保管合同。在苏格兰,虽然植根于罗马法,不过实践合同的概念和术语在很大程度上是过时的:在借贷语境下参见 Graham Steward v. Feeney 1995 GWD 35 2048。参见 Stair, The Laws of Scotland Ⅷ,"De-posit"。

3. 在一些新的法典中,保管合同已经变成了诺成合同;参见匈牙利(民法典第462条)、荷兰(民法典第7:600条)、波兰(民法典第835条和第853条)。在瑞士亦是如此(债法第472条)。在俄罗斯民法典中,对商业或者专业机构的保管和其他保管进行了区分。对于商业或者专业保管,保管合同是诺成性的,除此之外的保管合同仅在顾客将保管物品交付保管人时才成立;而对于这两种情况,都必须遵守通常的合同形式要求,参见民法典第886~887条。此外,对于商业保管,一些老的商法典也认为双方当事人达成合意即可缔结合同而毋须保管物品的实际交付,参见商法典第467条。

4. 在民法典中,传统上将保管规定为无偿合同,例如法国和比利时民法典第1917条。但是,奥地利1811年民法典明确认可了有偿保管合同(第969条),德国1896年民法典亦是如此(第688条)。法律进一步朝有偿合同的方向发展,比如波兰民法典(第853条)、俄罗斯民法典(第896条)以及荷兰民法典(第7:601条)明确规定,专业保管人有权收取报酬。在商法典中,比如奥地利、德国和西班牙商法典,保管合同一直都是有偿的。在英国,财产寄托——不要求是合同性的——既可以是免费的也可以是有偿的。在苏格兰,保管既可以是无偿的也可以是有偿的,有偿无偿的区分可能会对保管人的责任产生影响(McBryde, Law of Contract in Scotland, para. 9.54-9.55)。对于有偿合同,通常称之为"托管(custody)"(locatio conductiae)而非保管(deposit)(Stair, The Laws of Scotland Ⅷ, "Deposit"., para. 3)。

5. 在奥地利,不动产的保管是可能的,而在比利时、德国、波兰和西班牙则是不可能的。而在奥地利、德国和西班牙,对无体物和权利的保管是不可能的。在苏格兰,保管仅限于有形动产(Stair, The Laws of Scotland Ⅷ, "Deposit" paras. 4-7)。在奥地利、德国和希腊,对于金钱和有价证券的保管有着专门的法律规定,但是在法国却同样适用保管的规定——虽然会经过适当调整。在西班牙,保管的规定适用于汽车停放合同。在奥地利、比利时、德国和法国,如果汽车停放在有人看守的场所则成立保管合同,否则成立租赁合同。而在英国,只要司机将车钥匙交给保管人从而交出对汽车的占有时泊车合同方构成财产寄托。在奥地利、德国和荷兰,使用保险箱的合同属于租赁合同,而在法国通常将其视为保管合同。最后,对于动物的"保管",在法国不适用保管相关规定,而在德国却适用。

6. 如果保管人不仅负有照顾保管物品的义务,还负有超出照管义务的采取管理措施的义务,在奥地利成立的是混合合同,适用的是保管和委托相关规定。而在法国,只适用保管合同与承揽合同的规定。在荷兰和西班牙,根据提供的其他服务的类型决定除保管规定之外还适用哪些规定。

7. 如果保管只是其他合同的附加义务,在奥地利、比利时、英国、法国、德国、荷兰、苏格兰、西班牙,可能还包括意大利和葡萄牙,相应地适用物品看管义务;而责任通常来自于调整合同主要义务的法律规定。在法国,对于此种情况,如果保管人明确表示不会看管物品,那么允许免除保管人的责任。例如,仅仅是顾客将外套挂在餐馆衣帽架这一事实并不会导致保管合同的缔结,当餐馆主人明确告诉顾客不会有人看管衣物时更是如此,参见Cass. civ. Ⅰ, 1 March 1988, Bull. civ. Ⅰ, no. 57。

Ⅱ. 在现有法中的位置

8. 在奥地利,保管被规定在民法典第957~969条。而商法典则对仓储进行了规定(第416~424条)。

9. 在比利时,保管合同被规定在民法典第1915~1963条。

10. 根据英国法，保管合同可以是财产寄托合同，参见 Miller/ Harvey/Parry, Consumer and Trading Law, p. 179, 除了财产寄托不需要以合同关系为基础之外，参见 albeit that bailment as such is not necessarily based on a contractual relationship, 参见 Chitty on Contracts Ⅱ29, no. 33－002; Charlesworth/Dobson/Schmitthoff, Charlesworth's Business Law16, p. 545。保管合同受 1982 年货物和服务供应法第 13～17 条的一般要求调整。

11. 在芬兰，消费者保管不受消费者保护法第 8 章关于特定消费者服务合同的规定调整，参见消费者保护法第 8 章第 1 条第(2)款。

12. 在芬兰法中，1734 年商法典(Handels Balken)中的某些古老规则仍然有效，根据其第 12 章第 2 条，“对于负责的货物应像自己的货物那样进行保管”。在消费者保护法第 6 章第 23 条和第 8 章第 32 条以及关于存储货物销售经营权的 1988/688 法案中亦存在更现代的规定。

13. 在法国，保管合同被规定在民法典第 1965～1963 条。保管合同被定义为一方当事人接收属于他方当事人的物品且负有安全看管以及返还物品义务的合同。

14. 在德国，保管合同被规定在民法典第 688～700 条。对于商业保管则有着专门的规定，比如货物的保管(商法典第 467～475h 条，仅在存储和保管是商业企业经营活动的一部分时方适用)。

15. 在希腊，保管被规定在民法典第 822～833 条。

16. 在意大利，保管被规定在民法典第 1766～1797 条。

17. 在荷兰，保管被规定在民法典第 7:600～609 条。

18. 在波兰，保管合同被规定在民法典第 835 条及以下。第 835 条规定，保管人有义务保持物品的状况不会变坏。(有偿)保管合同被规定在第 853 条及以下；保管人永远都是专业的。

19. 在葡萄牙，保管合同被规定在民法典和商法典第 1185 条及以下。

20. 在苏格兰，保管合同被规定在普通法(以罗马法为根据)中。

21. 在西班牙，保管合同被规定在民法典第 1758～1780 条。当服务提供方接受属于他人的物品并负有看管和归还义务时适用这些规定，参见 Sierra, Comentario del Código Civil, p. 1028。当保管人属于专业人士，保管的物品是可销售的且保管属于商业行为时适用商法典第 303～310 条，参见商法典第 303 条。

22. 在瑞典，一般而言，保管属于立法空白。但是，对于消费者交易，适用消费者服务法的规定，鲜活动物的保管除外(参见消费者服务法第 1 条第(3)款)。

Ⅲ. 对于合同的缔结交付是否是必需的?

23. 在奥地利，保管属于所谓的实践合同，表明物品的交付是合同成立的必要条件，参见民法典第 957 条第 1 句; Rummel [－Schubert], ABGB Ⅰ[2], § 957 no. 1; Koziol and Welser, Bürgerliches Recht Ⅱ[12], p. 183。但是，当事人可缔结一个有约束力的预约合同，参见民法典第 957 条第 2 句以及第 936 条; Rummel [－Schubert], ABGB Ⅰ[2], § 957 no. 1。

24. 类似地，在物品被实际或者拟制交付之前合同不成立。但保管人已经控制保管物时就足以成立拟制交付(民法典第 1919 条)。

25. 根据英国法，物品的交付是缔结财产寄托关系的前提条件，参见 Chitty on Contracts Ⅱ[29], nos. 33－002 to 33－003. See e. g. Ashby v. Tolhurst [1937] 2 KB 242，而将汽车停放在停车场却未将钥匙交付给停车场的，不存在汽车占有的交付，因此不成立财产寄托。但是，可以先成立有偿保管合同，根据合同顾客有义务将对物的占有交付保管人。

26. 在法国法中，传统上保管合同被认为是实践合同，也就是说，物品的交付对于合同的成立是必需的，参见民法典第 1919 条。如果物品已经处于保管人的占有之下则不要求交付物品，参见 Huet, Contrats spéciaux2, no. 33105。但是，当事人可缔结一个有约束力的预约合同；此类预约合同的效力与保管合同的效力是一样的，参见 Huet, Contrats spéciaux2, no. 33129。因此，在实践中保管也具有诺成的性质，参见 Huet, Contrats spéciaux2, no. 33136。

27. 根据德国法，物品的交付是保管合同缔结的必要条件；参见 Palandt [– Sprau], BGB, § 688 nos. 1, 3。

28. 根据意大利法，保管合同属于实践合同，要求顾客将物品交付给保管人，参见民法典第 1766 条。有时，如果物品已经处于保管人的支配之下，那么拟制性的交付足矣，参见 Cass. civ. sez. Ⅲ, 25 September 1998, no. 9596, Orland c. Fabbri, Giust. civ. Mass. 1998, 1943。

29. 在荷兰，根据旧民法典，要成立保管合同需要物品的交付。而根据新的民法典交付则不是必需的，参见民法典第 7:600 条；de Klerk – Leenen and Wessels, Bijzondere overeenkomsten, Note 3.1 to CC art. 7:600, with references。

30. 根据波兰法，保管（safe keeping）合同是实践合同，而储存（storage）合同则属于诺成性合同（Radwański [– Napierała], System Prawa Prywatnego Ⅶ², pp. 616 and 641）。

31. 根据葡萄牙法，物品的交付对于保管合同的缔结来说是至关重要的，也就是说，属于实践合同，参见民法典第 1185 条；Antunes Varela, Das Obrigações em geral Ⅱ⁶, 304。

32. 在苏格兰法中，传统上保管合同的成立要求对保管物品占有的交付（Stair, The Laws of Scotland Ⅷ, "Deposit" para. 8），但是在现代合同法中不再强调此点，如 McBryde or MacQueen & Thomson。而占有必须是保管人能支配保管物品。

33. 在西班牙，无论根据民法典第 1758 条还是商法典第 305 条，保管合同都是"实践合同"，仅在顾客将保管物品交付保管人时方成立。交付可以是实质性的，当保管人已经占有保管物时也可以是拟制性的，参见 TS 29 December 1928, and TS 16 April 1941。但是，现在也在讨论是否只要有保管物品的承诺就能成立保管合同。参见 Serrera, El contracto de depósito mercantil, p. 22, with references。但是以缔结保管合同为目的的预约合同可以约束保管人。

34. 在匈牙利（民法典第 462 条和瑞士（债法第 472 条）），保管是诺成性的。

Ⅳ. 保管规定对无偿服务的适用

35. 在奥地利，保管合同既可以是有偿的也可以是无偿的，参见民法典第 969 条；Rummel [– Schubert], ABGB Ⅰ², § 957 no. 1 and to CC § 969 no. 1; Koziol and Welser, Bürgerliches Recht Ⅱ¹², p. 183。但商业仓储将无偿合同排除在外。保管合同是无偿的这一事实不会对保管人应尽的注意造成影响，参见 Rummel [– Schubert], ABGB Ⅰ², § 964 no. 1。

36. 在比利时，传统上保管是无偿合同（民法典第 1917 条）。

37. 在英国，不管合同存在与否都适用财产寄托的规定，在实践中，不需要顾客支付报酬的对价也能成立财产寄托。但是，很多情况下保管人的义务不会如此的严厉（即在判定"合理的注意"时可能受到合同的无偿性质的影响）；参见 Chitty on Contracts Ⅱ29, nos. 33－002, 33－029 ff。

38. 在法国，保管原本是无偿合同（民法典第 1917 条）。因此，一般来说对于有偿保管和无偿保管合同适用的是相同的规则，除了在无偿合同中保管人的注意义务比有偿合同中保管人的注意义务更低这一点之外，参见民法典第 1928(2) 条；Cass. civ. Ⅰ, 12 December 1984, Bull. civ. Ⅰ, no. 335; Huet, Contrats spéciaux2, nos. 33109, 33145。

39. 在德国,民法典的规定适用于无偿服务,参见 Palandt [- Sprau], BGB, § 689 no. 1,除了在无偿保管合同中保管人仅在未对保管物尽到对自己的物品应尽到的注意义务时才须承担责任,参见民法典第 690 条。

40. 在意大利,保管合同的规定同样适用于无偿合同,但是在评估过错责任时对于无偿服务没有那么严格,参见民法典第 1768 条第(2)款以及第 1783 条。

41. 在荷兰,保管合同的规定同样适用于有偿合同和无偿合同。虽然对于非专业保管人能够期待的注意标准更低,但是返还物品时物品的状况应当和寄存时的状况一致这一点并不受合同的无偿性影响。唯一的例外是在允许分保管时,即出于不能归因于保管人的原因且为了保护顾客的利益需要分保管时。仅在此情况下,保管人毋须对分保管人的行为承担责任,正如民法典第 7:76 所规定的,参见民法典第 7:603 第(2)及第(3)款。

42. 根据波兰民法典第 853 条及以下存储合同总是有偿的;而保管合同则不必是有偿的(民法典第 835 条及以下)。

43. 在苏格兰,保管合同既可以是有偿的也可以是无偿的(McBryde, Law of Contract in Scotland, para. 9.54 -9.55)。有时将保管合同称为"托管"(custody)(locatio conductiae)而非保管(deposit)(Stair, The Laws of Scotland Ⅷ, "Deposit"., para. 3)。

44. 在西班牙除非另有约定,否则保管合同是无偿的,参见民法典第 1760 条。

Ⅴ. 特殊情况中保管规定的适用或者除外

45. 在奥地利,保管可能既涉及动产又可能涉及不动产(民法典第 960 条);Koziol and Welser, Bürgerliches Recht Ⅱ[12], p. 183。无体物及权利不能成为保管合同的标的物,除非它们体现在有体物(如有价证券)中。但是,有价证券的保管由特别法(Depozgesetz)调整。参见 Rummel [- Schubert], ABGB Ⅰ[2], § 957 no. 5, to CC § 961 no. 1; Koziol and Welser, Bürgerliches Recht Ⅱ[12], p. 185。当汽车停放在有人看守的停车场时缔结的是保管合同,参见 OGH SZ 43/84;如果无人看守停车场则缔结的是租赁合同,参见 OGH EvBl 1976/21; Rummel [- Schubert], ABGB Ⅰ[2], § 957 no. 3。使用保险箱的合同也是租赁合同,参见 OGH SZ 50/25。

46. 在比利时,只有动产的保管才是可能的(民法典第 1918 条)。当汽车停放或者被看管在有安保措施的场所(比如车库)的,缔结的是保管合同;否则适用租赁的规定,参见 Herbots, Bijzondere overeenkomsten, p. 270。决定因素是停车场是否处于专业经营者的监控之下以及车主能否期待汽车是处在监控之下。

47. 在英国,除非顾客不仅把车停放在停车场而且还把钥匙交给停车场,否则成立的合同不是保管合同而是许可合同,根据许可合同,停车场不负有看管汽车的义务。参见 Ashby v. Tolhurst [1937] 2 KB 242。

48. 根据法国法,将汽车停放在有安保措施的停车场通常被视为是保管合同,参见 Cass. civ. Ⅰ, 2 November 1966, D. 1967.319, Note Pélissier, RTD civ 1967.411, obs. G. Cornu。如果并不要求停车场的经营者看管汽车,则缔结的是租赁合同,参见 Cass. civ. Ⅲ, 26 October 1977, Bull. civ. Ⅲ, no. 362。将物品"保管"在保险箱中的,传统上被视为是租赁合同,但是如今一般都将其视为保管合同,参见 Huet, Contrats spéciaux2, no. 33116。动物的"保管"也受保管规定的调整,参见 Huet, Contrats spéciaux2, no. 33117。不动产的"保管"受承揽合同(louage d'ouvrage or contrat d'entreprise)的规定调整;参见 Huet, Contrats spéciaux2, nos. 33117, 33126 -33127。

金钱的保管原则上也受保管规定的调整，不过需要对相关规定进行适当的微调，参见 Huet, Contrats spéciaux2, nos. 33502－33507。而案例法习惯于用民法典关于保管的规定去调整银行账户合同的某些方面。

49. 在德国，只有动产（包括动物）的保管才为可能，参见 BGH BGHZ 34, 349；权利和不动产的保管是不可能的，参见 Palandt [－Sprau], BGB, § 688 no. 2。当汽车停放在有安保措施的停车场的，适用保管的规定，参见 BGH BGHZ 63, 333。将东西"保管"在寄物柜中的，通常被视为是租赁合同，因为寄物柜的经营者不能打开柜子照料放在柜子中的东西（RG RGZ 141, 99）。有价证券的保管被规定在特别法之中。

50. 在希腊，对于一般仓库服务（Law 3077/1954）以及金钱的"保管"有着专门的立法规定。

51. 根据荷兰法，将物品存放在租赁的保险箱中的行为受租赁合同规定的调整，参见 Geschillencommissie Bankzaken 6 August 2001, TvA 2002, p. 115。而不动产的保管也是可能的，参见 Wessels, WPNR 1990, no. 5982, p. 749－750; Rutgers, Bewaarneming。

52. 根据波兰民法典第 835 条，保管合同的规定只能适用于动产。根据法学界的主流观点，对于储存合同亦是如此，参见 Bieniek, Komentarz, p. 453。

53. 根据葡萄牙法，对于农业和工业产品的保管有着专门的法律规定（Statutes Decreto no. 206 of 7 November 1913 and Decreto no. 783 of 21 August 1914）。

54. 在苏格兰，保管合同的规定不能适用于无体物（Stair, The Laws of Scotland Ⅷ, "Deposit" para. 4），但是保管人通常是被保管物品及其内容的看管人，即使包装盒是封印起来的（ibid, para. 6）。诸如金钱等消费品也可以保管，而保管人负有以特别的形式归还的义务，比如金钱盛放在盒子里或者钱包里（ibid, para. 7）。而对于汽车的停放则取决于保管人对汽车的控制程度（McBryde, Law of Contract in Scotland, paras. 9.57, 9.59）。发端于罗马法（the Praetorian Edict nautae, caupones, stabularii (D. 4. 9. 1)）的法律规定要求旅馆及马厩经营者承担稍高程度的责任，他们须对顾客的财产被盗或者第三人的错误行为承担责任，除非能证明这是顾客自己的过失造成的。马厩经营者不包括汽车车库的经营者（Gloag and Henderson, The Law of Scotland, paras. 15.07－15.08）。酒店业主也属于旅馆经营者，不过他们的法律地位主要规定在 1956 年酒店业主法中，具体可参见第Ⅳ.C－5:110 条的注释。

55. 西班牙民法典第 1761 条规定只有动产才能成为保管合同的标的物。因此，保管规则不适用于不动产和无体物的"保管"，参见 TS 16 April 1941. 不过保管的规定适用于泊车合同，参见 Serrera, El contracto de depósito merchantil, pp. 34 ff。

56. 在瑞典，消费者服务法的规定不适用于不动产。此外，消费者服务法第 1 条第（3）款还排除了该法对鲜活动物的适用。

57. 在瑞士，只有动产的保管才是可能的，参见债法第 472 条。

Ⅵ. 对其他保管义务的适用

58. 如果保管人不仅负有照料保管物的义务，还负有超出普通照料义务之外的采取管理措施的义务，那么缔结的是混合合同；既适用保管又适用委托的规定，参见奥地利民法典第 960 条；Rummel [－Schubert], ABGB Ⅰ^{2}, § 960 no. 2。保管也可能是其他合同的附加义务。此时相应地适用看管物品的义务，Rummel [－Schubert], ABGB Ⅰ^{2}, § 960 no. 3。

59. 根据比利时法，保管，尤其是无偿保管通常是其他合同的附加部分，比如买卖，参见 Cass. 2 May 1964, Pas., 1964, Ⅰ, 932；或者加工，参见 Rb Brussel 3 November 1964, JT 1965, 676。

60. 根据英国法,财产寄托规定的覆盖范围相当广泛,即将物品交付给他人占有。这些规定既包括保管合同又包括加工合同。其结果是,财产寄托的规定适用于保管仅是附属合同义务的场合,参见 Andrews v. Home Flat Ltd. [1945] 2 All ER 698 (landlord providing storage space for tenant's goods); Charlesworth/Dobson/Schmitthoff, Charlesworth's Business Law16, p.545。

61. 在法国,除了保管之外还提供其他服务的,承揽合同的规定(民法典1989及以下)和保管合同的规定一起适用,参见 Huet, Contrats spéciaux2, no. 33117。当在服务提供方履行承揽合同的过程中出现了保管义务,要么直接适用要么类推适用保管合同的规定;参见 Huet, Contrats spéciaux2, nos. 33117, 33120。而责任主要源于调整主要合同义务的相关规定,参见 Huet, Contrats spéciaux2, no. 33120。

62. 如果保管——当然包括照看物品的义务——是另外一个合同的附加义务,原则上调整主合同的规定亦调整保管义务;除此之外,可能还会额外适用保管的规定,民法典第690条规定的较低的责任制度除外。对于剧场衣帽间衣物的保管(宾馆除外)——即使是无偿的,参见 GH NJW 1980, 1096,或者保管是必要的或者是义务时(如游泳池),确实存在看管义务;对于需要为保管支付代金券或者报酬的,得适用保管相关规定,参见 Palandt [-Sprau], BGB, § 688 no. 6。保管人可根据民法典第276条对责任进行限制,不过责任限制需要以清楚且通俗易懂的文字表达出来,参见 Palandt [-Sprau], BGB, § 688 no. 7。

63. 在意大利,如果停放在汽修厂前等待维修的汽车被盗,汽修厂主须承担责任,参见 Tribunale Roma 20 February 1958, Gius. 1998, 2015。

64. 如果缔结的合同中物品的保管占很重要的地位,荷兰民法典第6:215条要求法院同时适用保管合同与其他特殊合同(如运输)的规定。只有当物品的保管完全从属于合同主要义务时将其界定为保管合同才是不可能的,参见 Pitlo [-du Perron], Ⅵ[9], p.292; de Klerk-Leenen and Wessels, Bijzondere overeenkomsten, Note 5 to the Introduction to CC Title 7.9。Du Perron 认为,将汽车送到汽修厂维修就属于这种情况。在其著作的第292~293页他总结道,此种情况下不能整体地适用保管的规定。

65. 在波兰,物品的保管义务可能构成另外种类的有名合同的有机组成部分。当一方当事人履行另外一个合同(买卖、租赁、运输)义务时需要持有该物品并负有返还义务时就存在保管义务(Radwański [-Napierata], System Prawa Prywatnego Ⅶ[2], p.620)。物品的保管义务可能是在某些合同的补充协议中确定的,如租赁(民法典第670条)、农产品的预约交付(民法典第613条及1615条)或者期货合同(民法典第794条第(1)款)(Grzybowski, RPEiS 1967 (1), 41)。最高法院在1957年11月13日的一份判决(1 CR 183/57, OSN 1959, poz. 43)中认为,债权人未及时取回物品的相应地适用保管的规定。保管的规定也适用于:法院执行法官在动产执行程序中与动产看护人之间的准合同(民事诉讼法第856~862条),遗失物的保管(民法典第184~185条),接受抵押人对抵押物品的保管(民法典第318条)以及由行政决定或法院判决创立的其他情形(Radwański [-Napierała], System Prawa Prywatnego Ⅶ[2], pp.621-623)。

66. 在葡萄牙法中,从其他合同中——如承揽、租赁、运输合同——可能产生储存或保管附属义务,参见 CA Porto, 11 May 2000, www.dgsi.pt。

67. 在苏格兰法中存在混合合同,比如保管人除保管物品外还需要在保管物品上劳作,这样的合同含有劳务契约(location operis faciendi)的成分(Stair, The Laws of Scotland Ⅷ, "Deposit" para. 3)。

68. 根据西班牙法,保管的规定可适用于混合合同中的保管义务部分。即使保管义务不是合同主要义务时亦是如此。比如保管合同的规定适用于泊车合同,参见 Serrera, El contracto de depósito merchantil, pp. 34 ff。

第Ⅳ.C－5:102 条　保管场所和分保管人

(1)由保管人提供保管场所的,保管人必须提供合适的场所以便能够将物品以顾客期待的状态返还顾客。

(2)未经顾客同意,保管人不得将保管服务的履行分包给其他人。

评　论

A. 法条概述

保管人实际支配保管物的事实表明服务履行中的主要风险由顾客承担:也就是物品在保管过程中遭受损害的风险。本章的规定旨在以规定保管人质量标准的形式降低该风险的发生。保管地点因而显得尤为重要。本条主要对保管地点进行专门的规定。本条规定,由保管人提供保管场所的——通常来说都是如此,该场所对于物品的保管来说必须是安全的。本条表明了在服务的履行过程中可对保管人做何期待。本条规定也同样是为保管人的利益着想,因为它对期待作出了指导,这样保管人就能按照其要求行事从而避免承担责任。

示例 1

顾客将可可豆交给保管人保管。保管人必须在考虑到温度、湿度等诸多因素的情况下确保保管场所适合可可豆的保管。为了确保服务能正确履行,如有必要,保管人须调整保管场所以确保保管的安全。

本条还进一步规定,对于合同义务的履行保管人(或其职员)不得进行分包;换言之,不得将服务交由第三方履行,除非顾客同意。

示例 2

保管人的仓库已满,因此不能按约定保管好可可豆。保管人打算让竞争对手保管可可豆,以前当保管人的仓库紧缺时通常都是租用该公司的服务。只有当顾客同意时才能进行这样的分保管。

B. 利益权衡和政策考量

这里的主要问题是本条规定是否有存在的必要。要求保管人提供安全的保管场所是符合逻辑的。另一方面,只要保管人能够将物品以顾客能合理期待的状态返还顾客,似乎不存在让顾客负担另外一项义务的理由。因此可以说不应让保管人承担该项义务。

另外一个问题是,对于保管合同是否允许分保管。对于保管,存在如下三个不能在没有顾客同意的情况下将保管分包出去的理由。传统上认为,保管合同是以双方当事人的信任为基础,因此保管合同带有人身属性。但值得注意的是,此理由多年来已经丧失了其重要性,即使对于非商业保管只有在很偶然的时候才需要存在信任关系:只要顾客的隐私和保管记录的机密能够得到保障,顾客的保管记录是保存在此保管人或者彼保管人处并不重要。另外一个反对分保管的重要理由是,顾客可能需要知道保管物被实际存放在何处,比如这样才能尽快取回物品("just-in-time-deliveries")。最后,顾客的保险可能并不涵盖分保管。但是,可以说,对于紧急情形应当允许例外,比如在不进行分保管时顾客的物品就会遭受毁损的,分保管完全是为了最好地保障顾客的利益。

C. 比较性概览

荷兰和英国的案例法明确规定,要求保管人提供能妥善保管物品的场所。在其他法律制度中,该义务是暗含的。未提供这样的保管场所将导致因未能将保管物以顾客合理期待的状态返还而引起的损害赔偿。

在绝大多数法律制度中,传统上只有顾客同意的才允许进行分保管,因为大家认为保管合同要求顾客对保管人人身的信任。但是,这些法律制度中有非主流观点认为,人身条件不再那么重要,尤其是当保管是由专业人士承担时。因此,该观点认为不应禁止未经顾客同意的分保管。

在紧急情况下要求加工人将保管物暂时放在别处保管又联系不上顾客时又会出现新的问题。在一些国家,尤其值得注意的是西班牙和荷兰,此种情况下不经顾客同意的分保管是允许的。

D. 首要选择

鉴于物品保管场所的重要性,需要存在提供保管场所的义务。该义务的好处在于,当顾客得知其物品并没有存放在合适的保管场所时,可以径行要求保管人履行该义务,而不需要等到物品返还之时或者要求保管人提供履行的适当保证。

不应允许未经顾客同意的分保管。保管合同是具有人身性质合同的观点已经不再具有说服力了。如今,以任意性规则的方式禁止分保管的主要理由在于:顾客的保险可能不涵盖分保管的事实以及允许顾客要求立即返还保管物的"即时交货"(just-

in-time deliveries）的实践。该实践尤其适用于将存货保持在最低以降低费用的现代商业保管合同。此种情况中，顾客可能需要能够与存货保持直接接触以便及时为其经营场所补充存货。要做到这点，顾客需要知道物品的具体存放场所。当保管人拥有的仓库不止一个时要做到这点就已经很困难了。但是，允许分保管的任意性规范又会过度伤害顾客的法定利益。因此，根据本条的规定，除非另有约定，否则不允许分保管。如果保管人采用的是外包的方法一般会采用这样的合同约定。

在紧急情况下，分保管可能是保护保管物的唯一方式。此时，将物品交给第三方保管的义务来源于保管人的如下义务：采取合理的措施以防止保管物品变质、腐烂或者贬值。此种情况下，专门的允许进行分保管的规定是不必要的。

注　释

Ⅰ. 概述

1. 根据保管人须妥善照顾保管物的义务得出保管人须将物品存放在适合存放的地方。在英国（参见 Searle v. Laverick（1873－74）LR 9 QB 122; Brabant & Co. v. King［1895］AC 632）和荷兰（参见 HR 28 November 1997, NedJur 1998, 168（Smits/Royal Nederland）），该义务被得到了明确的规定，但在其他法律制度中也是如此。正如在法国对于马匹的保管一样，如果保管人不能提供合适的保管场所，则不能证明自己不存在过失；在马匹保管一案中，马厩主人不能证明马厩的门足够结实，因此需要对马匹受到的伤害承担责任，参见 Cass. civ. Ⅰ, 2 October 1980, Bull. civ. Ⅰ, no. 240。

2. 正如大家通常所理解的那样，认为顾客在选择保管人时存在人身方面的考量，因此在绝大多数法律制度中，分保管都需要顾客的同意，参见奥地利，Rummel［－Schubert］, ABGB Ⅰ2, § 965 no. 2；英国，Edwards v. Newland & Co.［1950］2 KB 534; Metaalhandel JA Magnus BV v. Ardfields Transport Ltd.［1988］1 Lloyd's Rep. 197；德国，参见民法典第 691 条、商法典第 472 条第（2）款；荷兰，民法典第 7:603 条；亦参见俄罗斯民法典第 895 条第 1 句。通常接受的不需要征得顾客的同意就可以分保管的例外情况是：为了保全物品需要紧急分保管的；但是普遍认为，一旦能联系上顾客，保管人必须尽快通知顾客。但是也有人倡导另外一种观点，认为对于专业保管机构来说，人身考量已经不再那么重要了，参见法国，Huet, Contrats spéciaux2, no. 33111；英国，Charlesworth / Dobson / Schmitthoff, Charlesworth's Business Law16, p. 546。在德国，如果顾客同意了分保管，那么只有当保管人对分保管人的选择很差劲时才需要承担责任，参见 Palandt［－Sprau］, BGB, § 691 no. 1，因为分保管人并不被视为是需要保管人为其行为承担责任的保管人的事务辅助人。相反，在荷兰（民法典第 6:76 条和 7:603 条第（3）款）和俄罗斯（民法典第 895 条第（3）款），保管人以对自己以及自己员工行为相同的方式为分保管人的行为承担责任，尽管在荷兰当保管是无偿的或者由于不能归因于保管人的原因保管人或多或少被迫将物品交由分保管人保管的，保管人的责任方式会更加宽松（民法典第 7:603 第（3）款）。

Ⅱ. 保管场所

3. 根据奥地利民法典第 964 条，如果物品的保管场所不适宜于存放该物品并导致保管人因

此违反适当保管物品的义务那么保管人须承担责任。

4. 根据英国法,保管人须尽到合理的注意以确保保管场所适合该保管物的存放,参见 Searle v. Laverick (1873－74) LR 9 QB 122; Brabant & Co. v. King [1895] AC 632。此外,保管人须证明保管物受到适当的防盗保护且保管人已经采取了所有合理的防盗措施,参见 Brook's Wharf & Bull Wharf Ltd. v. Goodman Bros [1937] 1 KB 534。参见 Chitty on Contracts Ⅱ29, no. 33－045。

5. 根据法国法,如果保管场所不适合该物品的存放,保管人就不能证明顾客的疏忽和过失是瑕疵出现的原因,因此须为物品的毁损变质承担责任,参见 Huet, Contrats spéciaux2, nos. 33143, 33147。

6. 德国法要求保管人妥善保管物品。要达到这样的目的,须将保管物品存放在合适的保管场所,参见 Palandt [－Sprau], BGB, § 688 no. 4。

7. 根据荷兰法,保管人须提供适合保管物品妥善保管的场所,参见 HR 28 November 1997, NedJur 1998, 168 (Smits/Royal Neder－land) (storage of cheese powder)。要达到该目的,保管人的注意义务意味着,保管人须提供充分发挥作用的冷藏室,根据第 6:74、75 条及第 77 条,如果安装的冷却设备出现故障,即使该故障是由于有资质的专业安装公司安装不当造成的,保管人也需要承担责任。

8. 波兰没有对该问题作出明确的规定。但是也存在法律规定要求,存放场所必须使得合同义务能正确履行。对于保管合同,保管人必须以合同约定的方式对物品进行保管,如果合同未做约定,则须根据保管物品的性质以及其他具体情况对物品进行保管(民法典第 837 条)。保管人有权(也有义务)改变合同约定的特定保管场所或者方式,如果这对于保护物品免予变质或者灭失是必要的(民法典第 838 条)。而在储存合同中,保管人有义务尽到应有的谨慎以防止其受领的保管物品遭受毁损灭失或者变质(民法典第 855 条第(1)款),这表明,保管人选择的保管场所应当适合于服务的履行。

9. 根据苏格兰法,保管人的注意义务是"受委托人或者一般人通常对于自己的事务应尽到的谨慎"(Stair, Institutions I5, 13,2),比如将汽车整夜留在不合适的场所时保管人须承担责任(Miller v. Howden 1968 SLT (Sh. Ct.) 82; Verrico v. Hughes & Son Ltd. 1980 SC 179)。

10. 在西班牙法中不存在关于保管活动执行场所的规定。保管人必须将物品存放在能以应有的注意履行保管义务的场所(民法典第 1094 条及第 1104 条),如果保管人是专业机构或个人,其保管活动必须是合格的。Bercovitz 在民法典释评第 2033 条明确谈道,保卫义务包括看守义务,即使不是直接对保管物品的看守,至少是对保管物存放场所的看守。保管人必须以适当的方式看守保管物品,以便在保管物品返还时其状况和顾客交付时的状况一致(Martín Santisteban, El depósito y la respons－abilidad del depositario, 2002, p. 54)。

Ⅲ. 分包

11. 根据奥地利法,只要在顾客同意时,或者在紧急情况下分保管是保护物品所必需时方允许分保管;顾客的同意也可以是默认的。参见 Rummel [－Schubert], ABGB Ⅰ2, § 965 no. 2。

12. 根据英国法,由于顾客在选择保管人时会涉及人身方面的考量,因此通常保管人无权在未经顾客同意的情况下进行分保管,参见 Edwards v. Newland & Co. [1950] 2 KB 534; Metaalhandel JA Magnus BV v. Ardfields Transport Ltd. [1988] 1 Lloyd's Rep 197;不过亦有人主张另外的观点,认为在商业保管中人身考量已经不再那么重要,参见 Charlesworth/Dobson/

Schmitthoff, Charlesworth's Business Law16, p. 546。

13. 在法国法中，传统上鉴于保管合同原本的行善特征，通常认为保管合同具有严格的人身属性，因此不允许进行分保管。现在，如果约定了报酬且保管人属于专业保管人的，则采纳的是另外的观点，参见Huet, Contrats spéciaux2, no. 33111。

14. 根据德国法，仅在顾客同意的情况下方允许分保管，参见民法典第691条以及商法典第472条第(2)款。此种情况下，第三人属于替代保管人而非原保管人的辅助人，即原保管人只有在对分保管人的选择很糟糕的情况下才须承担责任，参见Palandt [－Sprau], BGB, § 691 no. 1。

15. 在荷兰，原则上没有顾客的同意是不允许分保管的。只要在分保管是为保护顾客的利益所必需且出于不能归咎于保管人行为的原因时才存在例外。根据民法典第6:76条，只有在此种情况下保管人才毋须为分保管人的行为负责，参见民法典第7:603条第(2)款及第(3)款。除此之外，保管人对于分保管人的行为须像其为自己或者自己员工的行为一样承担责任(民法典第6:76条及第7:603条第(3)款)。但是，对于无偿保管以及保管人出于不能归咎于自己的原因或多或少被迫将保管物品交由他人保管的，民法典第7:603条第(3)款包含着更加宽松的规定。

16. 根据波兰法，除非情势所迫，否则保管人不得将保管物品交由他人保管。此类情事包括使得保管人不能继续保管物品的情况(比如保管人突然生病、保管场所被毁或者保管人迁居等)(Bieniek, Ⅲ(2)[6], p. 382)。此种情况下，保管人有义务立即通知顾客保管物品何在以及为何人所保管；如果保管人尽到了该义务，那么只有在选择替代者时缺乏应有的注意时方须承担责任(民法典第840条第(1)款)。替代人也向顾客承担责任。保管人对于替代保管人的行为承担责任的，他们的责任是共同连带责任(民法典第840条第(2)款)。

17. 对于分保管问题似乎苏格兰未作出任何的规定。

18. 在西班牙法中不存在关于分保管的专门规定，但是鉴于保管合同也属于服务合同，适用于所有服务合同的委托相关规定也适用于保管合同。根据民法典第1721条，委托人未明确禁止的，委托人可指定替代人。

第Ⅳ.C－5:103条　保管物的保护和使用

(1)保管人应采取合理的预防措施以防止保管物遭受不必要的恶化、腐败或贬值。

(2)仅当顾客同意时，保管人方得使用保管物。

评　论

A. 法条概述

本条规定是对保管人注意标准的具体化：保管人应采取合理的预防措施以防止保管物遭受不必要的损害，不论该损害是由保管人、保管人的员工、第三人还是其他外在

原因造成的。

示例 1

博物馆将埃及文物让他人保管。保管人应防止文物遭受温度、湿度和气温变化的伤害。

除非另有约定,否则尽应有注意和采取预防措施的义务并不要求保管人对保管物品进行定期检查,比如当保管物品易腐时以便发现潜在的疾病。但是,如果保管人收到了相关的信息,那么需要进行定期检查。

示例 2

保管人为他人保管洋葱。如果在洋葱入仓后保管人有合理的理由认为会发生疾病,如果检查是合理的,那么保管人须对洋葱进行检查。

第 2 款涉及的问题是保管人能否使用保管物。按照本款的规定,仅在顾客同意时保管人方能使用保管物。在某些情况下,保管物会因不经常使用而丧失其全部或者部分的价值。此种情况下,(使用)协议可能是暗示的;不使用保管物甚至构成对防止遭受物品恶化贬值义务的违反。

示例 3

马匹的主人将马喂养在不属于其所有的马厩中。无论当事人是否明确进行了约定,马厩所有人都可以且必须经常骑马以保持马匹的适用性。除非顾客同意,否则马厩所有人不得将该马匹用于比赛,因为赛马并不是保持马匹良好状态所必要的。

B. 利益权衡和政策考量

保管人通常处在采取保护措施防止保管物遭受损害的最有利位置。应当尽可能地防止损害,不过对保管人所期待的保护性措施也是有限度的:并不是所有的损害都能够防止,或者只有付出很高代价后才能防止。要求保管人采取所有的预防措施既不经济也不合理。

另外一个问题是保管人能否使用顾客交付保管的物品。一般来说,没有顾客的同意保管人不得使用保管物,不过如果物品的使用是防止保管物退化所必需的则有所不同。此时可以认为顾客对物品使用的同意是暗含的。另一方面,也有人说如果顾客同意对物品的使用,那还不如将物品出租给“保管人”;如果顾客没有此意图,那么顾客只可以照顾物品,而不能使用物品。

C. 比较性概览

在所有的法律制度中,保管人的注意义务都要求保管人采取所有合理的措施以维

持保管物或者防止其恶化。在波兰,即使对于商业合同该规则也是强制性的;而在瑞典只有在顾客是消费者时才如此。如果保管人即使尽到了应有的注意也不能防止损害的发生,那么保管人毋需承担责任。在决定可期待的注意范围时需要将保管的价款纳入考量。在所有调研的法律制度中,证明物品遭受的损害不是由于保管人缺乏注意造成的证明责任由保管人承担。

原则上不允许未经顾客同意使用保管物。但是在许多法律制度中也存在另外:保管物的实际使用是保护物品所必需的。在这些法律制度中,保管物的使用来源于保管人照顾保管物的义务。

D. 首要选择

保管人在保管物品时应适当地照顾顾客的利益。这意味着,保管人应采取必要的预防措施——只要该措施是能从保管人方面合理期待的——以防止保管物在保管期间遭受不必要的恶化或者腐败。保管人应避免保管物遭受相对容易能避免的损害。

本条规定可被视为是对第Ⅳ.C－2:105 条(技能和注意义务)的具体化。在决定保管人的义务时,应当考虑到适用于所有服务合同的第Ⅳ.C－2:105 条的规定。在此对该条规定不再赘述。

保管人只有在顾客同意时方能使用保管物的明确规定是有用的,因为这表明,作为任意性规则,物品的使用通常与保管合同的性质不符。但是,对于保管物的使用是防止其遭受不必要的恶化或者腐败或者贬值所必需的,可将同意视为是默许的。此外,对于此种情况,保管人负有明示或者暗示的使用义务。

对于通用物品的所谓非常规保存(irregular deposit),不要求保管人原物返还,有时保管人可用相同质量和数量的物品替代。如果是对通用物品的保管,有时对保管物使用的同意是暗含的。事实上,该合同可能是一个出租、借贷甚至是买卖的混合合同。对于此类合同种涉及保管的部分,准用保管合同的规定。

类似的,如果顾客明示或者暗示地同意了对物品的使用——比如由于物品的使用是物品的保护所必需的——该合同也可能具有混合合同的性质。通常是保管与借贷的混合,也可能是保管和加工的混合。

示例 4

赛马的主人将马喂养在不属于其所有的马厩中。保管人有权也有义务经常骑马出去溜达以保持马匹的适用性。

在该例子中,合同是混合合同。合同的主要部分是保管,而作为加工合同的一类的维护是该合同的辅助义务。马匹的维护包括骑马。该合同的混合性质表明,本章的规定准用于该合同的保管部分,而加工一章的规定准用于涉及马匹维护的那部分合同;参见第Ⅱ－1:107 条(混合合同)。由于保管人和加工人都负有采取预防措施以防

止马匹遭受损害或者伤害的义务,因此在实践中不会出现差别。

如果保管合同是无偿的或者保管的报酬仅仅是象征性的,合同的无偿性质或者准无偿性质会影响到顾客对保管人的期待。

示例 5

顾客在购物前以两毛钱的报酬将摩托车停放在车库。当他返还取车时发现车丢了。由于车辆停放服务几乎是无偿提供的,车场主人尽到应有注意的义务不包括让人看守车场的义务,不过需要有某种方式的防盗措施,比如发放停车票据作为存车证明。

注　释

Ⅰ. 概述

1. 在欧盟所有国家的法律制度中,保管人尽应有注意的义务得到了广泛的认可。该义务要求保管人采取所有合同规定的措施以保障保管物的安全,如果合同未做(全部)约定,则须采取所有符合行业惯例以及合同性质(包括保管物的质量)的措施,除非合同明确排除了采取这些措施的必要性。要么将该义务视为是结果义务的构成要素,如法国(参见 Cass. civ. Ⅰ, 11 July 1984, Bull. civ. Ⅰ, no. 230; Cass. civ. Ⅰ, 28 May 1984, Bull. civ. Ⅰ, no. 173),要么将其视为是独立的主义务,如奥地利(民法典第 961 条)、芬兰(CC 1734, 12:2, Supreme Court Cases KKO 1951 Ⅱ 71, 1961 Ⅱ 94)、英国、荷兰(民法典第 7:602 条; HR 30 September 1994, NedJur 1995, 45, Diepop Bossche Vrieshuizen/Nouwens)、波兰(保管合同民法典第 385 条、第 837～839 条,储存合同第 855 条第(2)款、第 857 条及第 859 条)、苏格兰(Stair, The Laws of Scotland Ⅷ, "Deposit" para. 13; McBryde, Law of Contract in Scotland, paras. 9.56 – 9.58)、西班牙(民法典第 1094 条及第 1104 条)、瑞典(消费者服务法第 4 条)以及俄罗斯(民法典第 891 条)。这意味着保管人必须采取预防措施以确保保管物的安全,比如提供适当的制冷设备、调节房间中的温度以及检查制冷源的持久性和强度等,参见意大利 Cass. civ. sez. Ⅲ, 18 July 1996, no. 6489, Soc. De Lucia c. D'Addio, Contratti (Ⅰ) 1997, 141 with Note of Natale。一般来说,无偿合同要求的注意范围更窄,参见比利时(民法典第 1927 条)、德国(民法典第 690 条)、希腊(民法典第 823 条)以及西班牙(民法典第 1094 条及第 1104 条)。

2. 如果保管人即使尽到了应有的注意仍不能防止损害发生的,保管人毋须承担责任,参见奥地利(民法典第 964 条)。在决定能期待的注意范围时需要考虑到保管的价款,参见比利时(KHz. Antwerp 15 September 1970, RW 1970 – 1971, 620)。在所有调研的法律制度中,证明损害的发生不是因为保管人缺乏注意而造成的证明义务由保管人承担,参见奥地利(OGH SZ 10/87; OGH SZ 56/143 = EvBl. 1984/11);法国(Cass. civ. Ⅰ, 11 July 1984, Bull. civ. Ⅰ, no. 230; Cass. civ. Ⅰ, 28 May 1984, Bull. civ. Ⅰ, no. 173); Houghland v. R. R. Low (Luxury Coaches) Ltd. [1962] 1 QB 694; Levison v. Patent Steam Carpet Cleaning Co. Ltd. [1978] QB 69);荷兰(T & C / Castermans, to CC art. 7:605, Note 5),苏格兰(Stair, The Laws of Scotland

Ⅷ, "Deposit" para. 13; McBryde, Law of Contract in Scotland, paras. 9.56-9.57)。

3. 在如下国家,不允许未经顾客的同意使用保管物:奥地利(民法典第 958 条)、比利时(民法典第 1930 条)、法国(民法典第 1930 条)、荷兰(民法典第 7:603 条第(1)款)、波兰(民法典第 839 条)以及西班牙(民法典第 1767 条)。在奥地利,如果允许使用保管物品,那么缔结的不是保管合同而是借贷合同,而如果使用同意是事后作出的,那么保管合同根据法律转化为借贷合同,参见 Rummel [-Schubert], ABGB Ⅰ^2, § 958 no.1; § 959 no.1。在西班牙,该合同被界定为交换或者贷款(民法典第 1768 条)。在许多法律制度中存在例外,即在保管物的使用是保全物品所必需的时候;为了说明此问题最经典的例子是遛马;参见英国 Coldman v. Hill [1919] 1 KB 443; 法国 Huet, Contrats spéciaux2, no. 33107, 33154; 荷兰(民法典第 7:603 条第(1)款); 波兰(民法典第 839 条); 俄罗斯(民法典第 892 条); 苏格兰(Central Motors (Glasgow) Ltd. v. Cessnock Garage & Motor Co., 1925 SC 796)。

Ⅱ. 保管物的保护

4. 根据奥地利法,保管人的注意义务要求采取所有合理的措施以维护好物品或者防止其恶化。参见 OGH EvBl 1984/11; Rummel [-Schubert], ABGB Ⅰ^2, § 957 no. 2; Koziol and Welser, Bürgerliches Recht Ⅱ^{12}, p. 183。保管人的注意范围取决于具体的情况,参见 Rummel [-Schubert], ABGB Ⅰ^2, § 964 no. 2。如果保管人不能够通过尽到应有的注意防止物品遭受损害,那么毋须为此承担责任;也不能要求保管人采取牺牲自己的利益的措施来挽救保管物,参见民法典第 964 条。损害的发生不是由于保管人缺乏注意造成的证明责任由保管人承担,参见 OGH SZ 10/87; OGH EvBl 1984/11; Rummel [-Schubert], ABGB Ⅰ^2, § 965 no. 3。对于商业保管,商法典第 388 条明确规定在保管物恶化时保管人可出售保管物。

5. 在比利时,要求保管人像照顾自己的物品一样照顾保管物,参见民法典第 1927 条,也就是做一个好的"家父";对于有偿保管合同,要求更高的勤勉标准,参见民法典第 1928 条。此外,还要求保管人采取合理的防盗措施,但是能够期待的防盗措施的类型也取决于保管报酬的高低,参见 Kh. Antwerp 15 September 1970, RW 1970-1971, 620。

6. 在英国,对于有偿提供的保管服务,无论是普通法(参见 Coggs v. Bernard (1703) 2 Ld Raym 909, 92 ER 107)还是 1982 年商品和服务供应法(第 13 条)都要求从事经营活动的保管人以合理的技能和注意履行保管服务(在侵权法中保管人亦负有合理照顾顾客财物的义务)。保管人负有证明自己不具有过失的证明义务,参见 Houghland v. R. R. Low (Luxury Coaches) Ltd. [1962] 1 QB 694; Levison v. Patent Steam Carpet Cleaning Co. Ltd. [1978] QB 69。要做到此点,除了其他的之外,保管人必须证明:自己已经采取了合理的预防措施防止物品遭受不必要的恶化和毁损(参见 Sutcliffe v. Chief Constable of West Yorkshire [1996] RTR 86),保护物品免遭迫在眉睫的危险(参见 Brabant & Co. v. King [1895] AC 632 at 641),以及有一套稳妥的照顾物品的方法以及在选择雇员时不存在过失(参见 Bullen v. Swan Electric Engraving Co. (1907) 23 TLR 258)。

7. 根据芬兰商法典第 12 章第 2 条中古老的保管规则"应当像保管自己的物品一样保管由自己负责的物品"。在不存在过失的情况下物品遭受损害的,"不存在责任"。在消费者保护法和货物买卖法中出现的新的规定是以过错倒置为基础的。要避免承担责任,保管人必须证明保管物遭受的损害不是保管人的过失造成的。

8. 在法国法中,要求保管人尽到的注意是好家父一样(bon père de famille)的注意,民法典第

1927条;不过由保管人证明自己达到了该标准,参见Cass. civ. Ⅰ, 28 May 1984, Bull. civ. Ⅰ, no. 173; Cass. civ. Ⅰ, 11 July 1984, Bull. civ. Ⅰ, no. 230。因此,在实践中会出现证明责任的倒置:保管人必须证明顾客自己的疏忽或者过失是损害发生的原因;参见Huet, Contrats spéciaux2, nos. 33143, 33147。对于不明原因引起的火灾,保管人因未采取充分的预防措施而承担责任,参见Cass. com., 10 February 1959, Bull. civ. Ⅲ, no. 72。

9. 在德国,商业保管人有权自己采取必要的措施以保护保管物。如果在受领保管物后保管物的状况发生了变化,且该变化可能导致保管物灭失、遭受损害或者给保管人造成损害,或者保管物的状况很可能发生变化,保管人须毫不迟延地通知顾客,如果签发的是仓单,则通知已知的仓单最后合法持有人,并请求进一步的指示。如果保管人不能在合理的期限内收到指示,保管人须对保管物采取适当的措施。保管人可出售保管物,参见商法典第471条。对于无偿保管,保管人仅在对保管物未尽到如对自己的物品应尽到的注意时才需承担责任,参见民法典第690条。

10. 对于保管合同,希腊民法典第823条要求保管人对于保管物尽到和对自己的物品一样的注意,而有偿保管除外,对于有偿保管,保管人对于任何过错都需要承担责任(民法典第330条)。

11. 根据意大利法,在履行将物品保持在良好状态中(且以与交付时相同的状态予以返还)的义务时,保管人须采取合理的预防措施。比如对于食品的保管,保管人须提供制冷设备、调节房间中的温度以及检查制冷电源的持久性以及强度等,参见Cass. civ. sez. Ⅲ, 18 July 1996, no. 6489, Soc. De Lucia c. D'Addio, Contratti (Ⅰ), 141 with Note of Natale。即使在超过约定的条件时,保管人也应积极防止物品遭受任何腐败或者恶化,参见民法典第1770条第(2)款。

12. 在荷兰,保管人的妥善照管保管物以及以原始状态返还保管物的义务中包含着以安全的方式保管物品以及采取预防措施防止物品不必要的恶化或者腐败的义务,参见Paquay, RM Themis 1994, p.493-494. Rutgers, Bewaarneming, no.12; HR 30 September 1994, NedJur 1995, 45 (Diepop Bossche Vrieshuizen/Nouwens, in a case of storage of fruit by a professional storehouse)。因此,应当喂养(T&C / Castermans, to CC art. 7:602, Note 2)和照顾交付保管的动物(Pitlo [-du Perron], Ⅵ9, p.295),对于钢琴以防止过湿和过干(T&C / Castermans, to CC art. 7:602, Note 2),在霜冻天气下,应当对汽车进行防冻处理(Asser-Kleijn, no. 7)。尽应有注意的义务还进一步要求保管人对保管物采取防火防盗及防止其他经常出现的不幸事故,参见Pitlo [-du Perron], Ⅵ9, p.295; de Klerk-Leenen and Wessels, Bijzondere overeenkomsten, to CC art.7:602, Note 3; Rb Dordrecht 19 April 1989, NedJur 1990, 178 (Error Free/Kasteel)。但是,由于以接受物品时的原始状态返还物品的后续义务(民法典第7:605第(4)款)被认为是结果义务,在实践中,对于注意标准的违反实行证明责任的倒置,参见T & C / Castermans, to CC art. 7:605, Note 5。

13. 在波兰法中,对于保管合同,保管人有义务将保管物保持在不会恶化的状态(民法典第835条)。因此,保管人必须以相关合同条款规定的方式,或者以与保管物的性质及具体情况相符的方式进行保管(民法典第837条)。如果是对于保护物品免遭灭失或者恶化所必需的,那么保管人有权也有义务出售保管物(民法典第838条)。如果对保管物的使用是将保管物保持在不恶化的状况所必需的,保管人可不经顾客的允许使用保管物(民法典第839条)。对于仓储合同,仓库有义务采取适当的保护措施。由于该义务非常重要,因此当事人不能另行约定;参见民法典第855条第(2)款。仓库有义务保护好保管物以及保障顾客的利益,如果保管物濒临灭失或者毁损(民法典第857条)并且保管物是易腐的且来不及等待顾客的指示,保管人有权甚至有义务出

售保管物(民法典第 859 条)。一般来说,保管合同的保管人为未尽到应有的谨慎而承担责任(民法典第 472 条),但如果能证明损害是由不由其负责的情况引起的,那么可免予承担责任(民法典第 471 条)。对于保管人将保管物交由他人保管的,须对保管人的责任进行调整。如果保管人为情事所迫必须将物品交由他人保管且立即通知了顾客保管物在何地由何人保管,那么保管人仅就在选择替代人时未尽到应有的谨慎而承担责任(民法典第 840 条第(1)款)。在选择替代人时不存在过错的证明责任在于保管人,否则责任就是基于"像自己的行为一样"的风险(民法典第 474 条),并且保管人和替代人的责任是连带的(民法典第 840 条第(2)款第 2 句)。如果保管人能证明自己在选择替代人时不存在过错,则责任由替代人承担(民法典第 840 条第(2)款第 1 句)。对于仓储合同,对于保管物在保管期间的灭失、恶化或者损害,保管人应承担责任,除非保管人能证明即使尽到了应有的注意也不能防止损害的发生(民法典第 855 条第(1)款)。对于保管物相关法律规定限度内——如无法律规定,习惯接受的限度内——的价值减损保管人毋须承担责任(民法典第 855 条第(3)款)。保管人的赔偿不得超过保管物的价值,除非物的损害是由保管人的故意或者重大过失造成的(民法典第 855 条第(4)款)。

14. 根据葡萄牙法,保管人必须采取所有必要的措施以保存保管物,防止保管物遭受危险、灭失或者第三人的干扰以及尽到一般人应有的谨慎。参见 Antunes Varela, Obrigações em geral Ⅱ 6, p. 759。在做这些的时候,保管人应防止对其他物品以及第三人造成损害。如果保管人明知其接收的是易燃物或者带病的动物,且保管人未能阻止爆炸或者传染的可能性,那么对于因发生爆炸或者传染而给第三人造成损害的,保管人须承担责任。参见 Antunes Varela, Obrigações em geral. Ⅱ[6], p. 776。

15. 根据苏格兰法,保管人有义务合理地照顾保管物,有义务表现出"受托人或者普通人对于自己的事务通常应有的谨慎"(Stair, Institutions Ⅰ[5], 13,2)。这包括合理地检查物品是否遭受损害的义务(Gloag and Henderson, The Law of Scotland, para. 15.10)。如果保管物在返还时受损或者灭失的,除非保管人能证明损失不是由其过错造成的,否则保管人须进行赔偿(Stair, The Laws of Scotland Ⅷ, "Deposit", para. 13; McBryde, Law of Contract in Scotland. paras. 9.56－9.58)。

16. 根据西班牙法,保管人的主要义务是维护保管物、保护保管物以及尽到保管物的性质所要求的注意。要做到此点,保管人须进行物品的保存所必需的活动,参见 Sierra, Comentario del Código Civil, pp. 1038－1039。保管人的行为必须与达成的协议一致,如果不存在协议,则必须与好的家父(bonus paterfamilias)的行为一致,参见民法典第 1094 条及第 1104 条。对于商业保管合同,保管人的注意标准更高:按照商法典第 306 条第(2)款,如果保管物由于保管人的故意或者过失行为遭受损害,或者出现了按照保管物的性质会出现的瑕疵且保管人未采取必要的措施以防止或者治愈该瑕疵且未向顾客作出警示,那么保管人须承担责任。

17. 根据瑞典消费者服务法第 4 条,保管人须以专业的方式履行服务。该义务包括以适当的方式进行保管。对该义务进行限制或者排除的条款是无效的,参见消费者服务法第 9 条。根据该条的规定,即使在不存在过失的情况下,保管服务的不合格是由于意外事故或者其他类似事件引起的,服务也被视为是不合格的,参见 ARN 25 May 1992, 1991－5176(虽然保管人定期对保管的沙发和扶手椅进行了检查,且当事人约定由顾客对沙发和扶手椅投保,沙发和椅子仍然被老鼠咬坏了)。但是,顾客将其外套挂在餐馆有人看守的衣帽间 3 个小时后发现外套还在,但外套口袋中的钱包被偷的,餐馆毋须为钱包的丢失承担责任,参见 ARN 9 October 1997, 1997－2289。

Ⅲ.对保管物的使用

18.根据奥地利法,保管人不得使用保管物(民法典第958条)。如果允许使用,则缔结的是借贷合同,参见Rummel［－Schubert］, ABGB Ⅰ[2], § 958 no. 1。如果顾客允许保管人在保管过程中使用保管物,那么自允许之时起,如果保管人未向顾客请求使用的,自保管人实际使用保管物之时起合同按照法律的规定转化为借贷合同,参见民法典第959条; Rummel［－Schubert］, ABGB Ⅰ[2], § 959 no. 1 and Koziol and Welser, Bürgerliches Recht Ⅱ[12], p.183。

19.根据比利时法,没有顾客的明示或者暗示的同意保管人不得使用保管物,参见民法典第1930条。

20.在英国,对于无偿保管合同,保管人无权在未经顾客同意的情况下为自己的利益使用保管物,除非此类使用是物品的保存所必需的,参见Chitty on Contracts Ⅱ[29], no. 33－031; Coldman v Hill［1919］1 KB。相同的原则亦适用于有对价的保管合同,参见Charlesworth/Dobson/Schmitthoff, Charlesworth's Business Law[16], p.549。

21.根据法国法,保管人不得使用保管物(民法典第1930条)。如果物品的使用是为了保持保管物的价值或状况则情况有所不同,如溜马;参见Huet, Contrats spéciaux2, nos. 33107, 33154。

22.根据德国法,保管人通常不得使用保管物,除非这对于物品的保存是必需的,参见Palandt［－Sprau］, BGB, § 688 no. 4。

23.根据荷兰民法典,只有在顾客同意使用或者使用是物品的保存或者恢复所必需的时保管人才能使用保管物(民法典第7:603条第(1)款)。

24.根据波兰法,未经顾客允许保管人不得使用保管物,除非使用是保持物品不恶化所必需的(民法典第839条)。仓库原则上不得使用保管物。

25.在苏格兰,原则上保管人无权未经顾客同意使用保管物(Stair, The Laws of Scotland Ⅷ, "Deposit" para. 17)。保管人不当使用保管物导致保管物毁损灭失的,保管人须承担责任(Central Motors (Glasgow) Ltd v Cessnock Garage & Motor Co 1925 SC 796)。

26.根据西班牙民法典第1767条,未经顾客同意保管人不得使用保管物。民法典第1768条进一步规定,保管人同意使用保管物的,则合同为借贷或者贷款(commodatus)合同;此外,保管人须证明顾客的同意。商法典第309条的规定类似。但是如果物品的使用是妥善保管物品所必需的则情况更加复杂。一般来说,一些学者认为如果保管物的使用与注意义务相符或者对物品的许可同意被认为是对保管人保管物品的奖励,那么保管人可以使用保管物,参见Bercovitz, Comentarios al Código Civil, p.2047。

第Ⅳ.C－5:104 条　保管物的返还

（1）在不影响其他返还义务的情况下，保管人必须在约定时间返还保管物，合同关系早于约定时间终止的，应在顾客做出返还要求后的合理时间内返还。

（2）保管义务终止且保管人恰当地要求顾客受领返还的，顾客应受领保管物的返还。

（3）顾客对保管物返还的受领并不会全部或部分地免除或减轻保管人不履行的责任。

（4）顾客没有按照第（2）款规定的时间受领返还的，保管人在向顾客发出将出卖保管物的合理警示后，得依第Ⅲ－2:111 条（未受领的财产）的规定出卖保管物。

（5）保管物在保管期间产生孳息的，保管人应将该孳息与保管物一同返还。

（6）保管人根据所有权取得的规定成为保管物的所有权人的，保管人应返还同样类型、质量和数量的物并转移该物的所有权。本条规定准用于替代物。

（7）有权利或者有授权接收保管物的第三人提出返还请求的，准用本条的规定。

评　论

A. 法条概述

保管合同的一个主要特征是最后保管人都需要将保管物返还顾客，且原则上保管物（状况）不能受到保管活动的影响。通常情况下，保管合同会规定合同双方当事人都有权请求保管物的返还，并且顾客已经受领保管物返还的事实并不表示顾客对保管活动与合同相符的同意。因此，顾客受领保管物的返还的，其终止合同关系的权利（这会导致价款请求权的消灭）以及损害赔偿请求权不会丧失。

示例 1

保管人为顾客保管可可豆。最后保管人根据顾客的请求将可可豆返还顾客。虽然由于保管人未妥善保管可可豆导致豆子发霉，但顾客无权拒绝受领其返还。但是，顾客仍然有权要求保管人赔偿损失并有权根据根本不履行终止合同关系。

本条中的“返还”一词并不意味着保管人必须将保管物运送给顾客。基本规则是，非金钱债务（如返还义务）的履行地点是债务人的经营场所。如果债务人有多个经营场所的，则是与要履行的义务关系最密切的经营场所（Ⅲ－2:101（履行场所））。因

此,保管物的返还场所通常是保管物的储存场所。当然,合同条款通常会对此进行规定。

如果顾客因为保管人对保管物造成了损害的原因拒绝受领保管物的返还,那么顾客违反了返还受领义务。第(4)款为保管人规定了一种特殊的救济方式:通过将保管物出售给第三人而避免继续履行保管义务。在扣除保管费用后,保管人须将出售所得款项返还顾客。保管人只有在向顾客作出将出售保管物的警示后才能出售保管物。

顾客可在任何时候要求保管人返还保管物,即使合同约定的保管期限尚未届满。如果顾客在保管服务尚未履行前要求返还保管物,则可能构成第Ⅳ.C－2:111 条(顾客的终止权)规定的合同的终止,这意味着保管人仍然有权获得合同价款。

示例 2

Eric 是多家 DVD 光盘零售店的店主,其库存光盘存放在 Carlos 处。由于生意出人意料地火爆,Eric 店中的光盘全部售空了。尽管双方约定的是 Carlos 将为 Eric 保管两个月的光盘,Eric 也可以要求 Carlos 立刻返还光盘,但他仍然必须支付 Carlos 两个月的光盘保管费。

如果保管物在保管过程中产生了孳息,保管人须将孳息与保管物一并返还。

示例 3

一家农场不幸被闪电击中,不过牛群幸免于难,其中一头母牛已经怀孕。由于牛棚被毁,农场主将牛群存放在相邻的农场。在新的牛棚建好后,农场主要求返还牛群以及已经出生的牛犊。

B. 利益权衡和政策考量

保管人须按照合同的要求保管好保管物,这会给保管人带来费用;此外,由于保管物占据了储存空间使得保管人因保管空间的缺乏而不能缔结或者履行其他的保管合同。此外,能够要求顾客受领保管物的返还符合保管人的利益,因为顾客受领保管物的返还或者不正当拒绝受领返还后保管人才能收取价款。同样,在需要时能够得到返还也符合顾客的利益。本条规定处理的就是这些利益,以及保管物返还的后果:受领了物的返还是否意味着对服务瑕疵或者物品损害的接受?

另外一个问题是,顾客是否需要本人请求返还(并到保管人处取回保管物)。在实践中通常发生的情况是:顾客已经将保管物出售给第三人,因此对于物品的返还完全不感兴趣。第三人倒是有兴趣要求保管物的返还,但是和保管人之间却不存在合同关系。在某些情况下,根据物权法可能会发生所有权转移给第三人的情况。因此,出现的问题是,在保管费支付之前保管人是否有权扣留保管物。此外,保管人需要足够的证据证明第三人确实有权要求保管物的返还以防止顾客主张保管人未履行物品的返还义务。

当属于保管人或者不同顾客的同类物品存放在一起时可能会出现另外一个疑难问题，即不能确定某具体的保管物是属于何人所有。对于这种情况，物权法可能会规定所有权发生了转移。除非顾客——明示或者暗示地——同意了这样的保管模式，以顾客会丧失对保管物的所有权的方式保管通用物品是不符合合同要求的（参见第Ⅳ.C－5:105 条（与合同相符））。但是，当事人明示或者暗示地约定此种保管模式的情况也并非罕见。对于此类情况，出现的问题是保管人须以何物返还顾客以及如何将物的所有权转移或者返还给顾客。

C. 比较性概览

如果未对保管期限作出约定，应在顾客或者保管人作出返还要求时返还保管物（以及在保管期间产生的孳息）。如果在合同中约定了保管期限，在绝大多数法律制度中顾客都可以要求保管人提前返还，前提是顾客向保管人就保管物的提前返还作出补偿。保管期限届满，保管人得要求顾客受领保管物的返还。在一些法律制度中，如果继续保管变得不可能或者极其困难导致不能要求保管人继续保管的，可根据法院命令要求顾客提早受领保管物的返还。

在奥地利，如果顾客不受领保管物的返还，保管人有权将保管物交由第三人保管或者继续保管，但顾客须支付相关费用；保管人继续保管的，保管人承担的责任更少，对于所有因不受领物的返还而引起的损害都由顾客承担。在德国，有时顾客的不受领构成顾客的不履行，但是无论如何都会导致债权人道德原则的适用。根据该原则，顾客负有实际合作的义务，由于顾客不合作导致物品毁损灭失的，如果该毁损灭失不能归咎于保管人的行为，则不属于保管人的不履行。在西班牙，保管人可请求法院发布将保管物提存在第三人处的命令。在奥地利、英国和瑞典，保管人可出售保管物。在法国、德国、荷兰和西班牙，保管人则不享有出售保管物的权利；但是，保管人当然可以诉诸其他救济手段，比如要求损害赔偿或者要求义务履行人实际受领保管物。

D. 首要选择

在合同保管期限届满后，从安全保管物品的义务中解脱出来属于保管人的合法权益，此外，终止对顾客物品的保管也符合保管人的利益，因为这样保管人才有足够的空间为其他顾客保管物品。因此，本条第（2）款的目的在于使得保管人能够强迫顾客受领保管物的返还。顾客不履行物的返还受领义务的，第（4）款提供了解决方案：保管人已经向顾客作出了充分的警示顾客仍拒绝受领物的返还的，顾客可出售保管物并——在扣除销售费用和保管费后——将剩余款项交还顾客。第（4）款的规定是对第（2）款强制物的返还逻辑上的补充。但是，鉴于保管人没有拒绝保管物返还的自由，不能将保管物的受领等同于顾客对基于保管人不履行义务而产生的权利的放弃。

原则上应将保管物返还顾客。但是顾客可能不想接收保管物，而希望允许第三人主张物的返还。在商业保管中如果保管物已经被售出时通常就属于这种情况。根据

本条的规定,保管人既有权也有义务将保管物交付第三人。但是,保管人不会因此丧失对保管物的留置权直至顾客或者第三人结清保管费,因为不得因保管物所有权的转移而损害保管人的利益。

对于因顾客的保管物与其他保管物混合而导致保管人成为保管物所有权人的情况本条未作规定。但是,如果协商达成的是此类保管模式,无权要求受领自己原先交付的保管物,只有权受领相同种类、数量和质量的物品。此外,顾客有权成为这些替代物的所有权人。至于所有权是如何转移的则规定在物权法中。

示例4

农场主收获了1.5万公斤的粮食。由于缺乏足够的存放空间,农场主将粮食存放在专业谷物保管人的大型仓库里。农场主知道并且接受:仓库中并没有单独的隔间,这表明不能将农场主的粮食与其他农场主交付保管的粮食区分开来。当农场主要求返还粮食时,保管人可返还1.5万公斤同种类和质量的粮食,并转移其所有权。这并不构成第Ⅳ.C－5:105条(与合同相符)的与合同不符,因为农场主在缔结保管合同的时候就知道,其粮食将会和其他农场主交付保管的粮食混合在一起并因此接受了这样的保管方式以及在保管期间对粮食所有权的丧失。

本条规定包括保管人实际返还保管物的义务。在保管物返还后,通常顾客就能知晓保管服务是否履行得当,并需要在合理的时间内就存在的瑕疵通知保管人。更为重要的是,由于顾客承担证明保管物在归还之前遭受损害的证明义务,因此顾客事实上需要反应迅速并在物品归还后立即检查保管物是否存在明显瑕疵:时间越久要证明以前存在的损害越难。

根据后面的条款(第Ⅳ.C－5:106条(价款的支付)),在保管人返还保管物时顾客须支付价款。因此,保管物的返还义务以及保管费的支付义务通常都是同时履行的。顾客拒绝支付保管费的,保管人可根据第Ⅲ－3:401条(中止履行对待债务的权利)的规定中止履行保管物的返还义务,这也被明确规定在第Ⅳ.C－5:106条(价款的支付)中。即使第三人有充分的权利主张保管物的返还时亦是如此,因为只要顾客(或者第三人)没有支付保管费,保管人就一直享有留置保管物的权利。

为了完成保管物的返还,双方当事人都需要对方当事人的合作。本条第(1)款和第(2)款规定双方当事人都负有为保管物的返还出力的义务。如果一方当事人不履行该义务,对方当事人可主张损害赔偿或者要求实际履行。但是,如果顾客在取回保管物时存在过失且保管人需要立即终止对物品的保管,那么上述救济措施不能提供充分的救济。作为弥补,第Ⅲ－2:111条(未受领的财产)为保管人提供了特别的救济措施,即可出售保管物,并在扣除出卖费用和保管费后将所得款项交付顾客。在本条第(4)款中明确提到了该条规定。但是,在行使该权利之前,保管人须向顾客发出将出卖保管物的合理警示。在警示中,应让顾客认识到不受领保管物返还可能的后果;然后向顾客提供履行保管物返还受领义务的最后机会以避免顾客对保管物所有权的丧失。合理警示的概念表明,保管人须采取合理的措施以确保顾客能理解警示的内容。

关于当保管物出售给第三人或者与其他顾客交付保管的物品混合在一起时是否发生以及如何发生所有权转移的问题本条未作规定。此类问题留待物权法解决。参见第八卷(物之所有权的取得和丧失)。当然,正如第Ⅳ.C－2:106条(达成结果的义务)第(2)款所规定的,返还的物品之上不得存在除保管合同缔结之前就已经存在的之外的第三人权利。同样也由物权法决定什么时候第三人有足够的权利或者授权接收保管物。通常当第三人出示保管人签署的仓单时有权受领保管物。

注　释

Ⅰ.保管人在收到返还请求后合理时间内返还保管物的义务

1. 如果未对保管的期限作出约定,通常在收到顾客的返还请求后应将保管物返还顾客,参见奥地利,民法典第963条;比利时,民法典第1944条;英国,1982年货物和服务供应法第14条第(1)款;芬兰,商法典第12章第6条;法国,民法典第1944条;德国,民法典第695条;荷兰,民法典第7:605条第(1)款;苏格兰(Stair, The Laws of Scotland Ⅷ,"Deposit" para. 14)。但是,在德国,对于无期限的商业保管合同,终止合同关系的通知期限是1个月,除非存在允许立刻终止合同关系的特别理由,参见商法典第473条。如果约定了保管期限,在期限届满前顾客仍然可以提早要求返还,前提是须就提前返还向保管人作出补偿;参见奥地利民法典第962条;比利时民法典第1944条;法国民法典第1944条以及Huet, Contrats spéciaux2, no. 33161;德国民法典第695条;俄罗斯民法典第904条。在英国和荷兰则有所不同。无论如何,正如在德国教义著作中所明确提到的,必须给予保管人履行返还义务的合理时间,并且顾客的返还请求应当在合理的时间(比如正常的办公时间)提出,参见Palandt[－Sprau], BGB, § 695 no. 1。根据西班牙法,在顾客作出返还请求后,保管人应尽快归还保管物(民法典第1766条)。

Ⅱ.顾客受领返还的义务

2. 如果未约定保管时间,保管人可在任何时候要求顾客受领保管物的返还:应当允许顾客有合理的时间以受领返还,参见奥地利民法典第963条;法国,Huet, Contrats spéciaux2, nos. 33140, 33162;德国民法典第696条;意大利民法典第1771条第(2)款;荷兰民法典第7:605条第(1)款;波兰民法典第354条。如果当事人约定了确定的保管期限,通常要求保管人在约定的期限内保管保管物。约定的保管期限届满,保管人可要求顾客取回保管物,参见奥地利,Rummel[－Schubert], ABGB Ⅰ[2], § 961 no. 4;法国,Huet, Contrats spéciaux2, nos. 33140, 33162;德国,民法典第696条;荷兰,民法典第7:605条第(1)款;在英国是暗示的,参见Chitty on Contracts Ⅱ[29], no. 33－043。在荷兰,根据民法典第7:605条第(2)款的规定,保管人有权因重大原因向法院申请提早返还的法院命令。重大原因包括继续保管对保管人来说变得不可能或者异常困难,参见Rutgers, Bewaarneming, no. 17。如果由于不能预见的情况使得保管人没有继续保管的能力或者只有在遭受损失的前提下才能继续保管,那么奥地利法对此亦作了相同的规定,参见民法典第962条。在奥地利,如果保管人不受领物的返还,保管人有权将物品交由第三人保管或者自己继续保管,但相关费用须由顾客承担;保管人继续保管的,保管人的责任更轻,对于因不受领而产生的一切损害都由顾客承担,参见Austria, Rummel[－Schubert], ABGB Ⅰ[2],

§ 961 no. 4。在德国,不受领保管物的返还有时构成顾客的不履行,但无论如何都会引起债权人道德问题,参见 Palandt [– Sprau], BGB, § 696 no. 1。在西班牙,保管人可要求法院签署命令,要求将物品寄存在第三人处,参见民法典第 1776 条。

Ⅲ.不受领返还时保管人出售保管物的权利

3.在奥地利(民法典第 389、417(1)条和第 373 条)和英国(1977 年侵权(货物损害)法第 12、13 条及列表 1 第 1 部分第 4(1)段),当要求受领返还顾客却不受领保管物的返还时,保管人可出售保管物。在英国,如果顾客与保管人就价款的支付存在争议,那么顾客可要求法院发布命令,参见 Chitty on Contracts Ⅱ[29], nos. 33 – 052。在芬兰,在几种严格规定的情况下保管人可出售保管物(销售储存货物的商业权利法 1988/688 第 3 ~ 6 条)。

4.在法国、德国、荷兰、苏格兰和西班牙不存在此类权利;当然,保管人可诉诸其他救济渠道,如主张损害赔偿或者要求顾客实际履行受领保管物返还的义务。在荷兰的简易诉讼中,可要求顾客履行立即取回保管物的义务,参见 Rutgers, Bewaarneming, no. 17; de Klerk – Leenen and Wessels, Bijzondere overeenkomsten, to CC art. 7:605, Note 2。

Ⅳ.孳息

5.保管物在保管过程中产生孳息的,保管人须将孳息与保管物一同返还顾客,参见奥地利,民法典第 961 条;比利时,民法典第 1936 条;法国,民法典第 1936 条;苏格兰(Stair, The Laws of Scotland Ⅷ,"Deposit" para. 14);西班牙,民法典第 1766 条、第 1770 条以及商法典第 306 条。

Ⅴ.进一步信息

6.对于其他以国别为基础的每个国家的注释,参见欧盟法原则之服务合同第 566 ~ 570 页。

第Ⅳ.C－5:105条　与合同相符

(1)除非保管物以与交付于保管人时同样的状态返还,否则保管被视为与合同要求不符。

(2)依保管物或合同的性质,不能合理地期待保管物以同样的状态返还的,当保管物不是以顾客可以合理期待的状态返还时,保管被视为与合同要求不符。

(3)依保管物或合同的性质,不能合理地期待原物返还的,当保管物不是以与交付于保管人时同样的状态返还,或不是以同样的类型、质量和数量返还,或保管物的所有权未依本编第 5:104 条(保管物的返还)第(6)款的规定转移时,保管被视为与合同要求不符。

评　论

A. 法条概述

按照本条的规定,保管合同意味着结果义务,除非当事人另有约定:一般来说,如果不是将保管物以与交付于保管人时同样的状态返还,那么保管合同未得到正确的履行。顾客可根据本条的规定要求保管人承担责任。

示例1

顾客将DVD光碟交由保管人保管。当顾客要求返还时发现光盘被损害了。原则上保管人须为服务与合同不符承担责任。

但是,保管人仍然可以证明不能以与交付时同样的状态返还保管物是由不可抗力造成的。此外,保管人该负严格责任的不利后果在很大程度上通过如下可能性得到了缓和,即在商业保管合同中保管人可将其责任限制为保管物的价值。

保管物的性质可能表明,保管物可能或者必须以另外的状态予以返还。此时,应将保管物以顾客可以合理期待的状态返还,返还时保管物的状态可能优于也可能差于交付保管时的状态。

示例2

顾客将已经成熟的香蕉交付保管。返还时香蕉已经变成褐色的事实并不意味着保管人需要承担责任,因为成熟的香蕉变成褐色是一个自然的过程。

示例3

顾客将奶酪交付保管以便定型。保管人只需要保存好奶酪,除了安全保管奶酪外不需要做其他任何事情。从交付保管的物品的性质可以看出,将保管物以与交付保管时相同的状态返还是不可能的。事实上,保管物会以更好更有价值的状态予以返还。

示例4

小镇的垃圾场因罢工而关闭,垃圾被暂时存放在保管人处。由于垃圾会自然腐败,保管人没有义务以与交付保管时相同的状态返还垃圾。

B. 利益权衡和政策考量

在绝大多数服务合同中,服务提供方只负有尽最大努力的义务(手段义务),而结

果义务主要限制在次要义务上。对于保管合同顾客通常期待的是一个具体的结果，即保管物将以与交付保管时相同的状态得到返还。从此意义上来说，保管意味着对物品的保护。但是，有时候根据物品的性质不能合理期待以交付保管时的原始状态返还保管物。典型的例子是易腐物品如水果的保管。

这里出现的问题是，任意性规范是否应当是：除非由于保管物的性质不能合理期待以交付保管时的原始状态返还保管物，否则保管人负有以原始状态返还保管物的义务，或者保管人尽负有以最大的努力达成该结果的义务。在实践中，最主要的困难是证明问题：顾客是只需要证明物品返还时的状态不是交付保管时的原始状态，同时允许保管人证明已经尽到了应有的注意以及物品的状态改变是不能阻止的？还是不仅需要顾客证明物品状态的改变，还需要证明保管人的过失？

C. 比较性概览

在某些法律制度中，如比利时、法国、英国、德国和意大利，保管人须以顾客可期待的状态返还保管物；保管物自然恶化或者腐败的风险由顾客承担，但是保管人须证明物品的毁损灭失不是由自己的过失造成的。在其他法律制度中，如奥地利、荷兰和西班牙，出发点是保管人应连同孳息将保管物以原始状态返还，保管物自然恶化或者腐败的风险仍然由顾客承担，己方不存在过失的证明责任仍然由保管人承担。在实践中，这两种方法的结果是一样的，都要求保管人证明不能要求其为物品的毁损灭失承担责任。

D. 首要选择

应当按照合同的要求进行保管；如果未相应地进行保管，由此引起的损失都由保管人承担责任。此外，通常要求保管人以保管物的原始状态予以返还（第(2)款）——这被认为是结果义务，而第(3)款规定，由于保管物的性质，不能期待以与交付保管时相同的状况返还保管物的，保管人只有义务以顾客期待返还时应具有的状态予以返还。而第(4)款规定的情形是，根据合同约定，顾客的保管物与保管人或者第三人的物品混合的，要求保管人返还同种类、数量和质量的物品，并在需要的时候转移物品的所有权。由于第(2)款规定的是主要规则而第(3)款和第(4)款规定的是例外情况，因此，欲适用第(3)款和第(4)款的一方当事人须承担证明责任。通常情况中会是保管人，在例证 3 中则是顾客一方。

注　释

Ⅰ. 概述

1. 在研究的大多数法律制度中，保管人须以顾客可期待的状态返还保管物；保管物的自然恶

化或者腐败的风险由顾客承担，而由保管人证明保管物的毁损灭失不是由其过失引起的。参见比利时，Cass. 29 February 1996，RW 1998－1999，1385（Faillissement V./N. V. E.）；芬兰（商法典第 12 章第 2 条）；法国，民法典第 1933 条；英国，Coldman v Hill [1919] 1 KB 443；德国，Palandt [－Sprau]，BGB，§ 695 no. 1；意大利，Cass. 8 August 1997，no. 7363，Soc. S. Andrea c. Soc. Velo，Giust. civ. Mass. 1997，1373；在奥地利，民法典第 961 条；荷兰，民法典第 7:605 条第(4)款；苏格兰，Stair，The Laws of Scotland Ⅷ，"De－posit" para. 14；以及西班牙，参见民法典第 1766 条及第 1770 条，商法典第 306 条，出发点是：保管人应连同孳息将保管物以原始状态返还，保管物自然恶化或者腐败的风险仍然由顾客承担，己方不存在过错的证明责任仍然由保管人承担。从效果上看，这两种方法的结果是一样的，都要求保管人证明物品的毁损灭不能归因于己方。

Ⅱ. 返还时物品的状态，发生损害的证明责任

2. 保管人须连同孳息将保管物以与交付保管时相同的状态予以返还，参见奥地利民法典第 961 条。因此，一般来说，以与交付时不相同的状态返还保管物意味着服务的履行与合同的要求不符。虽然顾客并未对服务的履行进行监督，但这不会导致顾客的与有过失，参见 OGH SZ 5/18。但是，如果顾客知道保管人的保管模式，那么事后不得以保管模式不足为抗辩，参见 OGH EvBl 1976/21。如果保管人即使尽到了应有的注意也不能阻止损害的发生，那么毋须承担责任，参见民法典第 964 条。损害不是由缺乏注意造成的证明责任由保管人承担，参见 OGH SZ 10/87；OGH EvBl 1984/11；Rummel [－Schubert]，ABGB Ⅰ², § 965 no. 3。

3. 根据比利时法，除非能证明发生了不可抗力以及在保管中未出现错误，否则在不能归还保管物时保管人须承担责任，参见 Cass. 29 February 1996，RW 1998－1999，1385（Faillissement V./N. V. E.）。物品被盗的事实本身并不构成不可抗力，参见 Kh. Hasselt 6 February 1996，RW 1999－2000，446。保管人当然必须证明已经采取了所有能够期待的合理措施，参见 Herbots，Bijzondere overeenkomsten，Actuele problemen，1980，pp. 272－273。保管物返还时的状态应与交付保管时相同，参见民法典第 1933 条；顾客须接受保管物的自然恶化或者腐败。

4. 根据英国法，保管人承担的是过错责任而非严格责任。但是保管人须证明在保管期间保管物的毁损灭失不是由自己的过失造成的，参见 Coldman v. Hill [1919] 1 KB 443；Houghland v. R. R. Low（Luxury Coaches）Ltd. [1962] 1 QB 694。要做到此点，保管人必须证明他所知道的有关损害发生的所有情况，参见 Levison v. Patent Steam Carpet Cleaning Co. Ltd. [1978] QB 69。

5. 法国民法典第 1932 条要求保管人原物返还保管物；如果保管物产生了孳息，保管人也必须返还孳息，参见民法典第 1936 条。除非保管人怀疑保管物是盗窃所得，否则不得要求顾客证明保管物的所有权；参见 Huet，Contrats spéciaux2，no. 33150。必须以物品在返还时应有的状态返还保管物，这意味着不能归咎于保管人的老化和磨损须由顾客承担。但是在实践中发生的是证明责任的倒置：保管人必须证明自己已经尽到了应有的注意以及保管物的恶化不是由自己缺乏保护所引起的，参见 Cass. com.，10 February 1959，Bull. civ. Ⅲ，no. 72（garage）（fixed line of case law）；参见 Huet，Contrats spéciaux2，no. 33147。

6. 根据德国民法典，须以保管物可期待具有的状态予以返还。如果保管人不能返还或者只能以受损的状态返还，须为不履行而承担责任；要避免承担责任，保管人须证明物品遭受的损害不是由自己的过失造成的，参见 Palandt [－Sprau]，BGB，§ 695 no. 1。

7. 对于保管合同,希腊民法典第 823 条规定,保管人须尽到像对自己的事务一样的注意,除非保管是有偿的。对于有偿保管,保管人须对所有的过错承担责任(民法典第 330 条)。

8. 根据意大利法,须以与交付保管时相同的状态返还保管物。此义务被认为是结果义务。保管人只有证明物品的恶化或者腐败是由于自己控制范围外的不可预见的突发情况引起的才能免予承担责任,参见民法典第 1218 条。正如民法典第 1768 条所规定的,仅仅证明保管人以家父似的谨慎对物品进行了保管是不够的,参见 Cass. civ. sez. Ⅲ, 8 August 1997, no. 7363, Soc. S. Andrea c. Soc. Velo, Giust. civ. Mass. 1997, 1373; Cass. civ. sez. Ⅲ, 12 June 1995, no. 6592, Giro c. Melioli, Giust. civ. Mass. 1995, fasc. 6。

9. 根据荷兰民法典第 7:605 条第(4)款,保管人有义务以与物品交付保管时相同的状态返还保管物。此义务被认为是结果义务,参见 Paquay, RM Themis 1994, p. 494; Rutgers, Bewaarneming, no. 12。在实践中这意味着证明责任的倒置:保管人须证明自己未违反注意义务,即对以原始状态返还保管物义务的违反不能归因于保管人,参见 Nieuwenhuis/Stolker/Valk (－Castermans), T & C Burgerlijk Wetboek, to CC art. 7:605, Note 5。

10. 根据波兰法,对于保管合同,保管人须以未恶化的状态返还保管物(民法典第 835 条)。而仓储合同的规定进一步明确,如果物品的恶化未超过相关法律规定确定的界限(如无相关规定,则是习惯认可的界限),则保管人毋需承担责任(民法典第 855 条第(3)款)。保管人须证明即使尽到了应有的谨慎损害也会发生。

11. 根据葡萄牙法,原则上保管人负有结果义务,须以与交付保管时相同的状态返还保管物。

12. 根据苏格兰法,保管人须将保管物连同孳息和附件一并返还。保管人须证明已返还保管物,对于因未返还保管物而给顾客造成的损失须由保管人承担责任(Stair, The Laws of Scotland Ⅷ, “Deposit” para. 14)。对于性质上随时间推移会自然恶化的保管物的问题尚无人讨论。

13. 根据西班牙法,保管人的基本义务是照顾保管物以便能够连同孳息和附件将保管物以与交付保管时相同的状态返还顾客,参见民法典第 1766 条及第 1770 条以及商法典第 306 条。而对于由于保管物的性质只能以更差的状况返还的情形法律未作规定;如果合同亦对此未作约定,则保管人只能援引和证明不可抗力,即偶然事件或者第三方或顾客的故意以避免承担责任,参见民法典第 1183 条; Bercovitz, Comentarios al Código Civil, p. 2045。根据西班牙法,对于可替代物(如)金钱的保管,可将其定性为非常规保管合同(未规定在民法典中但为学者所认可,参见 Martín Santisteban, El depósito y la responsabilidad del depositario, pp. 82 and ff)。对于此类合同,保管人只负有返还与接收时相同种类、数量和质量的物品的义务。

14. 瑞典消费者服务法第 15 条规定,对于保管服务,消费者可要求保管人以专业的方式履行服务(即符合消费者服务法第 4 条的要求)。责任限制或者排除条款是无效的,参见消费者服务法第 9 条。根据该条规定,在不存在过失的情况下,即使服务不符合同要求是由于意外事故或者类似事件引起的,同样也被视为是不符合同要求。

第Ⅳ.C－5:106条　价款的支付

（1）保管物依本编第5:104条（保管物的返还）的规定返还给顾客的，或顾客无正当理由拒绝受领返还的，顾客应支付价款。

（2）在顾客支付价款之前，保管人得留置保管物。适用第Ⅲ－3:401条（中止履行对待债务的权利）的规定。

评　论

A. 法条概述

本条的核心问题是顾客何时须支付已经完成的或者即将完成的服务的价款。本条规定，通常应在保管物返还顾客时支付价款。

示例1

橘子被储存在仓库中。应顾客的请求，保管人将橘子返还顾客。顾客在受领返还时应支付价款。

但是，由于顾客无权拒绝保管物的返还，因此顾客不得通过拒绝返还而消灭保管人获取报酬的权利。为了防止此点，本条规定顾客拒绝受领保管物的返还的，保管人也有权要求支付价款。但是，这并不意味着无论如何顾客都需要支付保管的价款。如果顾客因根本不履行而终止合同关系，则其价款支付义务也不复存在；顾客已经支付价款的，可要求返还。

本条只是一个任意性规则。双方当事人可自由偏离该规定，并且经常也是这样做的，尤其是对于相对长期的保管合同。

示例2

橘子被储存在仓库中。当事人约定在保管期间按月在月初支付保管费。根据合同约定，应在每月的月初支付保管费用。

B. 利益权衡和政策考量

第三卷的一般规则是以双方当事人同时履行义务这一假设为前提。对于保管合同，从其定义可以看出，保管人需要履行相当长时间的主要义务，同时履行意味着顾客

也负有持续性履行(即支付价款)的义务。这一点当然是不大现实的。这意味着通常要求保管人或者顾客中的一方当事人先履行义务。必须先履行的一方当事人不能确定对方当事人是否愿意履行。需要对是由保管人还是顾客承担该不确定性作出抉择。一个折衷方案是顾客在一个保管时间段终结后或者在新的时间段开始前支付部分的价款。这样,先履行的当事人承担的风险会小些。

C. 比较性概览

虽然在每个法律制度中,当事人可约定不同的报酬支付时间并且也是这样做的,但在绝大多数法律制度中,在保管结束时应支付保管费。尤其是在商业保管中,分期支付保管费用的合同约定变得越来越普遍。

在绝大多数法律制度中,顾客不支付保管报酬的,保管人可行使留置权或者暂扣保管物。但是,在英国和奥地利不存在暂扣保管物的权利。

D. 首要选择

在本条中遵循的是欧洲法律制度的基本趋势,即在返还保管物时应支付保管费用。这样保管人须先履行。但是,为了防止保管人全部承担顾客不履行的风险,保管人有权暂扣保管物。此外,本条规定仅仅是任意性规则,双方当事人可约定不同的价款支付时间。对于在商业保管中经常出现的期限不定的保管合同,当事人通常会对何时应支付价款作出不同的安排。

注　释

Ⅰ. 价款支付时间

1. 对于何时应支付价款起决定作用的是合同的约定(如果存在的话)。如果未作约定,应在保管结束时支付价款:奥地利,参见 Rummel［－Schubert］, ABGB Ⅰ^{2}, § 969 no. 1;德国民法典第699条;波兰民法典第455条(Radwan ´ski［－Napierała］, System Prawa Prywatnego Ⅶ2, p. 629);西班牙民法典第1780条。但是,尤其是在商业保管中,分期支付保管费的安排变得越来越普遍,参见法国, Huet, Contrats spéciaux2, no. 33137;德国民法典第699条。在荷兰可能也是如此。在奥地利,约定了保管期限但顾客在期限届满前要求返还保管物的,保管人通常只有权收取合理比例的价款,参见 OGH JBl 1974, 622。

2. 根据西班牙法,保管合同是无偿的,除非当事人另有约定(民法典第1760条);虽然商业保管通常被推定是有偿的(商法典第304条)。除约定的保管价款之外,顾客有义务补偿保管人为维护保管物的原有状态而支出的费用。

Ⅱ. 未支付价款时保管人的留置权

3. 顾客不支付保管费用的,保管人得行使留置权(即暂扣保管物):比利时(民法典第1948条);芬兰(商法典第12章第8条);法国(民法典第1948条);德国(民法典第273条以及第

320 条第(1)款)；荷兰(民法典第 6:262，6:52、3:290 条及以下)；波兰(民法典第 488 条第(2)款以及第 8593 条)；苏格兰（Stair，The Laws of Scotland Ⅷ，“Deposit” para. 15）以及西班牙(民法典第 1780 条)。在奥地利(参见 Rummel［－Schubert］，ABGB Ⅰ[2]，§ 967 no. 3 and § 969 no. 1)和英国(Chitty on Contracts Ⅱ[29]，no. 33－051)，保管人不享有此项权利。

Ⅲ. 进一步信息

4. 对于以国别为基础的每个国家的注释参见欧盟法原则之服务合同第 574～575 页。

第Ⅳ.C－5:107 条　保管后告知义务

(1)保管结束后，保管人必须告知顾客：

(a)保管物在保管期间遭受的任何损害；以及

(b)顾客在使用或运输保管物前必须采取的必要预防措施，除非顾客可以合理地被期待知道这些预防措施的必要性。

评　论

A. 法条概述

本条规定为保管人规定了一项特殊义务，即须告知顾客两类信息。首先，如果出于某种原因保管物在保管期间遭受了损害，保管人必须告知顾客。如果顾客可能不会立即注意到该损害且如不采取适当措施则将存在损害扩大的风险时，保管人的通知显得尤为重要。

示例 1

电脑公司保管着医院病人的电子档案。在保管过程中，由于突然停电导致主机受损，一部分电子记录也被损害。医院只有在特别查询被毁文档中的文件时才能发现文件被毁。电脑公司有义务告知医院文档被毁。在收到警示后，医院可设法使用可能还存有的备份文件。如果医院没有收到文件被毁的通知，那么其删除备份文件的风险将上升。

其次，保管人可能有义务警示顾客在使用或运输保管物前必须采取必要预防措施。但是，如果顾客可以合理地被期待知道这些预防措施的必要性，那么没有必要作出警示。

示例 2

一女士将其包括冰箱在内的所有家具交由保管人保管，因为她已经从旧居搬出但尚不能搬

入新居。保管人知道,在冰箱从一个地方搬到另一个地方两到三日内不能使用。在将冰箱返还顾客时,保管人原则上有义务就此事项向顾客作出警示,除非顾客可以合理地被期待已经知道了该信息。由于通常顾客已经知道,所以通常保管人都不负有警示顾客的义务。

B. 利益权衡和政策考量

保管过程中,在保管物上可能会发生各种各样的事情,包括损害。通常,在返还顾客时或者返还顾客后的短时间内,顾客会发现这些损害。但是,要么出于专业技能的原因,要么因为知道造成损害的事件,保管人可能已经知道了某些特定类型损害的存在,而顾客却还蒙在鼓里。如果保管人未告知顾客损害的存在,那么损害可能会扩大,因为顾客可能不会采取必要的措施以控制损害。另一方面,告诉顾客保管物遭受了损害可能意味着保管人必须向顾客汇报自己未履行合同义务。

另外一个问题是,保管人是否有义务就在使用或者运输返还后的保管物时可能存在的风险向顾客作出警示。有人可能会说,如果保管人妥善保管了保管物并且保管物在返还时未遭受损害,那么保管义务就已经得到了彻底的履行。另一方面也可以说,从保管人的尽应有注意的义务以及根据诚实信用和公平交易原则行事的义务中可得出,保管人在知道危险时应警示顾客,即使这些危险和服务的履行无关。折衷的方案是,在顾客无理由知道采取这些预防措施的必要性时保管人方负有警示义务。

C. 比较性概览

在大多数法律制度中,保管人负有的告知顾客保管物状况以及在使用或者运输保管物前应采取的必要预防措施的义务有时可能来自于保管人的注意义务或者诚实信用原则。在西班牙,顾客为消费者的,法律明确对该义务进行了规定。此外,在一些法律制度中,如在奥地利、英国和西班牙,保管人必须将保管物在保管期间遭受的所有损害告诉顾客。

D. 首要选择

如果保管物在保管期间遭受了损害,保管人必须在归还时或者归还前通知顾客。如果得到了正式的通知,顾客可采取适当的措施防止损害的进一步发生。即使这意味着保管人必须告知顾客(己方的不履行)从而开辟了责任的可能性,保管人也必须作出通知。值得注意的是,如果保管人适当地通知了顾客且顾客及时采取适当的措施,那么损害的范围可能会受到限制。这意味着保管人只负责支付较低数额的损害赔偿,要么因为不是所有能预见的损害都会发生或者由于部分损害的发生是可以由顾客阻止的,也就是说该部分的损害应归因于顾客而非保管人。

当然,只要求保管人告诉顾客自己知道的损害或者危险。如果交付保管的物品是封存起来的,是不允许保管人撕开封条检查保管物的,那么,对于封存物品的保管,本

条中的义务只存在于当封条破开时或者即使封条未破开也能发现损害的情形。

示例 3

一家公司准备搬家。因此将机密记录和办公用品封存在一个大木箱子中交由保管人保管。保管人不得开箱检查箱子中的物品，因而也就不能就员工放在箱子中的鱼缸在运输途中被打破了这一事实报告公司。但是，如果在火灾中木箱以及箱中的物品被毁，保管人须告知顾客。

如果保管人知道顾客在运输或者使用保管物时会发生的危险，那么保管人有义务告知顾客在使用或者运输前需要采取的预防措施，即使该危险是顾客使用或者运输保管物所内在的危险。此项义务的原因在于，保管人可能已经知道了危险而顾客却还不知道。但是，对于顾客可以合理地被期待知道的风险还要求保管人作出警示是不公平或者合理的。

第(1)款中的告知义务以及第(2)款中的警示义务都发生在保管结束时或者保管结束后。虽然合同仍然有效但暂停保管的，或者合同关系由于某种原因终止的，仍然可适用本条的规定。

注　释

1. 在奥地利，告知物品状况或者由于物品的保管可能发生的或者已经发生的风险的义务是被普遍认可的，参见 Koziol and Welser, Bürgerliches Recht Ⅱ[12], p. 183; Rummel [– Schubert], ABGB Ⅰ[2], § 964 no. 2。而在西班牙法中对于该问题不存在专门的法律规定，虽然该义务可从诚实信用原则(民法典第 1258 条)推出。在德国和荷兰，该义务也可从考虑顾客利益义务或者诚实信用原则中得出，参见德国民法典第 241 条第(2)款，荷兰民法典第 7:602 条、第 6:2 条以及第 6:248 条；在法国可能也是如此，尤其是在保管人是专业人士时。此外，在奥地利(参见 Rummel [– Schubert], ABGB Ⅰ[2], art. 964 no. 2)、英国(参见 Coldman v. Hill [1919] 1 KB 443)以及西班牙(参见民法典第 1102 条及 1103 条)，保管人必须告诉顾客保管物在保管期间遭受的损害。在波兰，对于保管合同，不告诉顾客会影响保管物的重要事件有时会构成对民法典第 56 条的违反(Radwan ́ski [– Napierała], System Prawa Prywatnego Ⅶ[2], p. 629)。根据保管合同的规定(民法典第 858 条)，对于从顾客的角度看非常重要的事件或者与保管物的状况有关的事件，保管人有义务告知顾客，除非通知是不可能的。在苏格兰法中没有关于该问题的讨论。

第Ⅳ.C－5:108 条　风险

(1)本条适用于保管物因保管人无法避免或克服的意外事件而遭受毁灭或损害且该毁灭或损害不可归责于保管人的情形。

(2)在意外事件发生之前,保管人已通知顾客应受领保管物的返还的,顾客应支付价款。当保管人返还保管物的残余(如有),或者顾客告知保管人不再需要该残余时,顾客应支付价款。

(3)在意外事件发生之前,保管人没有通知顾客应受领保管物的返还的:

(a)如果双方约定定期支付保管人价款的,顾客应就意外事件发生前经过的时间段支付价款;

(b)如果合同义务的进一步履行对保管人来说仍为可能的,保管人应继续履行;顾客根据本编第 2:111 条(顾客的终止权)的终止合同关系的权利不受影响;

(c)如果合同义务的履行对保管人来说不再可能的,除了保管人依(a)项有权获得的价款外,顾客不必为已完成的履行支付价款;保管人应将保管物的残余返还,除非顾客表明其不再需要该残余。

(4)顾客告知保管人不需要保管物的残余的,保管人得自行处理该残余,处理费用由顾客负担。

评　论

A. 法条概述

有时候,保管物会在不存在可归因于保管人的过错或者其他原因的情况下遭受毁损灭失。根据前面的规定,在归还保管物时保管人应将该情况告知顾客。如果保管人证明损害是由其控制范围外的原因造成的,那么保管人毋须承担责任。此种情况下,物品的毁损灭失由顾客承担。但是对于顾客是否仍然应当支付保管费用这个问题仍不明确。

本条区分了如下两种情况:一是保管人已经通知了顾客应受领保管物的返还的,或者顾客已经要求返还的;二是保管人未通知顾客受领返还的。对于前一种情形,不幸事件的后果由顾客承担:顾客虽然不能享受到保管物带来的好处,但是仍然必须支付已经完成的服务的价款。

示例 1

顾客将 1000 台 DVD 播放机交由保管人保管两个月。两个月期限届满后,保管人要求顾客取回保管物,因为保管人需要空间储存其他物品。在保管人取走保管物之前,保管人的仓库被雷电击中;DVD 机被雷电引起的大火烧毁。如果顾客对 DVD 机的残余仍感兴趣,保管人需要返还残余,但是对于已经完成的保管服务顾客仍然需要支付价款。

对于后一种情况,又进行了进一步的细分:即服务的履行是否还可能。如果延长保管仍为可能(及合理),保管人须继续保管,除非顾客终止合同关系。

示例 2

顾客将 1000 台 DVD 播放机交由保管人保管两个月。在合同期限届满前爆发了一场火灾。DVD 机被水损坏,但尚未被毁。保管人必须继续保管,除非顾客终止合同关系。

如果保管不再可能,保管人无权收取价款且必须在顾客希望接收保管物或者保管物残余时予以返还。

示例 3

DVD 播放机受损严重不能再使用了。此时,如果顾客请求返还,保管人必须返还 DVD 机的残余,但无权收取价款。

保管合同通常是长期合同,当事人经常会约定分期付款。即使继续履行不再可能,顾客仍然须对已经结束的保管期间支付价款。

示例 4

顾客 1000 台 DVD 播放机交由保管人保管两个月。当事人约定按月在每月的月底支付保管费。当刚满 1 个月后爆发了一场火灾,DVD 机全部被毁。顾客只需要支付第 1 个月的保管费。

B. 利益权衡和政策考量

这里需要解答的问题是,需要由谁承担保管物被毁或者恶化的后果。大多数时候,不履行的原因总能归因于一方或者另一方当事人。诸如山体滑坡或者洪水等自然灾害造成的损害是很少见的,原因有二:一是保管人会采取预防措施,应当采取却没采取意味着保管人的不履行;二是公权力机关也会采取预防措施。不过,也确实会发生这样的损害且保管人未违反义务,那么就需要对这个问题作出解答。

从这个角度看,还会出现的问题是:当保管物因不由保管人负责的意外事件毁损灭失的,保管人是否还能要求顾客履行价款支付义务。

C. 首要选择

本条规定在实践中相对而言不那么重要。许多以前被认为是不可预见、无法避免的事件现在已经可以通过经济有效的预防措施予以预防。因此,保管人负有保护物品免受外来事件影响的范围极广的义务。但是,不能归咎于保管人的意外事件仍时有发生。

第(1)款规定的是何时适用本条的规定。归纳起来其核心要件有两点:一是发生了意外事件;二是由此造成的毁灭或者损害不能归咎于保管人。

顾客或者保管人已经表示应返还保管物但顾客尚未取回保管物的,不幸事件的后果由顾客承担,并且仍然需要为已经完成的服务支付价款。因为保管人还持有保管物的唯一原因是顾客尚未取回保管物;对于这种情况,由顾客承担后果是公平的。

一方当事人尚未将想返还保管物的意思告知对方当事人的,不幸事件的后果由第Ⅲ－3:104 条(因障碍而免责)所规定的原则调整。如果不能根据该条对不履行免责且延长保管是可能(且合理)的,那么保管人须继续保管,除非顾客终止合同关系。保管人继续保管的,有权要求支付合同价款;顾客终止合同关系的,保管人有权就已经完成服务的价值要求顾客付款(第Ⅳ.C－2:111 条(顾客的终止权)第(2)款)。当事人约定分期付款的,顾客仅须支付不幸事故发生前已经经过的期限的价款。如果保管不再可能或者合理,那么保管人无权要求支付价款,且顾客希望接收保管物或者其残余的,保管人应当予以返还。但是,由于保管合同通常是长期合同,当事人通常都会约定分期付款。

与建筑合同中的情形不同,除非顾客的保管物已经与其他物品混合在一起,否则一般来说顾客仍然是保管物的所有权人。因此在保管合同中一般不会出现由保管人全部承担风险的情形。物遭受损害的风险由物之所有权人承担(res perit domino)。因此保管物全部灭失通常都由作为所有权人的顾客承担。本章主要关心的是保管物的毁灭或者损害对价款支付义务的影响。

注　释

1. 不可抗力对保管合同义务履行的影响在各国的法律制度中并未引起多少关注。在保管合同中,保管物意外毁灭或者损害的风险一般由作为所有权人的顾客承担。但是,保管人须证明保管物毁损灭失的意外性质,因为保管人负有结果义务。至于其他的问题通常留待不可抗力或者继续履行不能规则解决。只有在德国,对于保管物的毁灭导致保管人价款获取权丧失的问题引起了一定的关注。

2. 西班牙法也未对保管合同的风险问题进行专门的规定。因此适用一般性规定。根据一般规则,只有保管人能证明事件的意外性质以及事件发生在保管人陷入迟延之前时才能免除保管人的责任。

第Ⅳ.C－5:109 条　责任的限制

合同当事人都是经营者的，推定将保管人不履行的责任限制为保管物价值的条款在第Ⅱ－9:406 条（在经营者之间订立的合同中“不公平”的含义）意义上是公平的，除非该条款限制的是因保管人或者其行为应由保管人负责的任何人的故意或重大过失行为所造成的损害的责任。

评　论

A. 法条概述

本条规定为保管合同中特定类型的责任限制条款创造了一个相对安全的港湾：合同当事人都是经营者的，将保管人责任限制为保管物价值的条款推定在第Ⅱ－9:406 条（在经营者之间订立的合同中“不公平”的含义）意义上是公平的，而第9:406 条规定的是经营者之间的不公平条款。

示例 1

一家专门从事食品改善的公司收获了 15000 公斤的转基因粮食。由于公司缺乏足够的存放空间，因此将粮食存放在专业粮食储存者的巨大的粮仓中。在保管时，转基因食品的消费或者在食品链中的分销是被禁止的。由于保管人雇员的过失行为导致转基因粮食不慎与正常粮食混合在一起并被作为新作物的种子出售。当错误被发现时，2000 户农场主的收成被毁；农场主根据相关公共法规要求转基因粮食的生产者赔偿损失，因为根据公共法规的规定，未经批准而使转基因粮食进入食品链的分销给他人造成损失的，转基因粮食的生产者须承担严格责任。当转基因粮食的生产公司要求保管人承担损失时，保管人援引责任限制条款，即将其责任限制为交付保管时粮食的市场价值。

因为在这里粮食的生产者和保管人从事的都是经营行为，所以推定责任限制条款是公平的。

公平的推定不适用于对因保管人或者其行为应由保管人负责的任何人的故意或重大过失行为所造成的损害的责任进行限制的条款。

示例 2

某大型石油公司将 10000 桶原油暂时存放在一家商业炼油厂的仓库中。保管合同的一部分是由标准格式条款构成的，其中一条将炼油厂的责任限制为原油在交付保管时的价值。炼油

厂的一名员工违规在仓库中抽烟并随意扔掉烟头。该烟头导致油桶爆炸，炼油厂化为一片火海。

在该示例中，员工的行为可被视为是重大过失行为，本条的假定不能适用；至于此种情况下该责任限制条款是否公平则依据经营者之间不公平合同条款的一般规定进行判断。

B. 利益权衡和政策考量

第二卷第四章中存在不公平合同条款的一般性规定。但是，这会导致对每个案件中的豁免条款和责任条款都要进行具体分析，从而导致在分析此类条款的有效性时会出现不确定性。结果是，当事人需要进行诉讼才能解决是否能援引该条款的问题。如果能对该问题给出更多的指导方针那么无疑对于商业实践来说是极其有利的。这里出现的问题是，在本章中是否需要对该一般性条款进行细化，规定在保管合同中推定某些条款是公平的。另外一个问题是，如果损害是由故意或者重大过失行为造成的，那么是否还能援引该责任限制条款。另一方面，引入这样的特别条款会限制不公平合同一般条款的灵活性。此外，有人谈到可对商业合同和消费者合同作出区分，一般性条款在商业合同中比在消费者合同中更容易被接受。

C. 首要选择

目前，对于是否接受责任限制条款的问题，各国的法律制度分成了不同的阵营。在本章中，遵循的是通过引入所谓的商业保管合同安全港的方式找到的折衷方案。在此类合同中，推定将保管人对不履行的责任限制为保管前保管物价值的条款是公平和合理的。但是该推定并不是普遍适用的。首先，对于故意或者重大过失行为引起的对责任进行限制的条款不适用该推定。从这个角度看，对于此种情况责任限制或者免除条款总是或者通常也是合理的这一观点站不住脚。因此，对于故意或者重大过失行为引起的责任进行豁免的免责条款被排除在本条的适用范围之外。这样的免责条款是否有效应依据不公平合同条款的一般规定来进行判断。

其次，即使在本条中进行了推定，顾客也可以证明在具体的案子中责任限制条款是不公平的。这样的证明是非常困难的，但这也并非坏事。本条规定旨在为保管合同中最为重要的责任限制或者免除条款提供硬性规定。如果相反的证明很容易就能达成，那么该目的就会落空。

最后，该推定只适用于商业保管。在消费者保管中，保管人不履行所造成的损害通常都能得到公平的限制。通常，无论是损害的程度还是损害发生的风险都不会沉重到保管人难以负担的地步。因此，这就是在消费者保管中引入安全港理由不充分的原因所在。这并不意味着在消费者保管中引入责任限制条款是不可接受的；责任限制条款是否有效须根据不公平合同条款的一般规则进行判断。

注　释

Ⅰ. 对故意或者重大过失造成的损害的责任限制

1. 如果损害是由故意或者重大过失行为造成的，那么对合同当事人本身或者其管理人员的责任的限制或者排除是无效的，参见奥地利，民法典第879条第(1)款；比利时，Herbots 1980，p. 275；芬兰，e. g. Supreme Court Cases KKO 1993：166，1995：71，2001：17；法国，Huet，Contrats spéciaux2，no. 33158；德国，Palandt［－Sprau］，BGB，§ 688 no. 7；希腊民法典第332条；意大利民法典第1229条；荷兰 HR 30 September 1994，NedJur 1995，45（Diepop/Nouwens）；葡萄牙民法典第809条；西班牙民法典第1102条及第1103条以及瑞典，Bernitz，Standardsavtalsrätt，p. 88。根据波兰法，完全不存在排除对故意造成的损害的责任的可能性（民法典第473条第(2)款）；但是，排除因重大过失所造成的损害的责任是可能的（judgment of the Su－preme Court of 6. 10. 1953，Ⅱ C 1141/53，OSN 1955，no. 1，poz. 5）。此外，波兰民法典认为死亡或者人身伤害责任豁免条款是不公平的（民法典第385条第(1)款，以及以非常明显的方式排除或者限制专业当事人对不履行或者不适当履行合同义务的责任的条款也是不公平的（民法典第3853条第(2)款）。

Ⅱ. 商业保管中的限制

2. 在一些法律制度中，即使对于商业保管标准格式条款中的责任排除条款也是无效的，而责任限制条款的有效性至少是值得怀疑的，参见德国民法典第307条第(2)款；意大利民法典第1469－bis条；葡萄牙，art. 18 sub d DL no. 446/85。而在其他国家甚至认为所有责任排除条款都是无效的，而责任限制条款的有效性也是值得怀疑的，参见法国，Huet，Contrats spéciaux2，no. 33158；可能还包括比利时，Herbots 1980，p. 275；葡萄牙，Appeal Court Oporto 6 October 1987，CJ 1987，Ⅳ，p. 231。相反，在奥地利、英国、苏格兰、芬兰和瑞典，责任排除或者限制条款是被允许的，参见奥地利，Rummel［－Schubert］，ABGB Ⅰ 2，§ 964 no. 3；英国，Alderslade v. Hendon Laundry Ltd.［1945］KB 189；瑞典，Bernitz，Standardsavtalsrätt，p. 88。但是，在英国，只有当保管人能证明损害或者毁灭发生时的所有情况时才能援引免责条款，参见 Levison v. Patent Steam Carpet Cleaning Co. Ltd.［1978］QB 69。在荷兰，如果保管是有偿的则需要对此类免责条款进行仔细审核，但是此类免责条款可能因为保管物的特殊风险而变得合理，如非专业保管人对易碎物品的保管，参见 Pitlo［－du Perron］，Ⅵ^{9}，p. 296。即使免责条款是被包括在与消费者缔结的合同中时亦是如此，参见 Hof Den Bosch 12 November 1990，NedJur 1991，537，TvC 1991，p. 128（Herrny/Hubertushuis）。

Ⅲ. 消费者保管中的限制

3. 在消费者保管中对保管人责任的限制或者排除是无效的：英国，参见 Unfair Contract Terms Act 1977 s. 3(2)a；消费者保护法第86条第(7)款；瑞典，参见 Con－sumer Services Act § § 9，31；ARN 1991－5176 of 25 May 1992。在荷兰，此类条款很可能是有效的，参见 Hof Den Bosch 12 November 1990，NedJur 1991，537，TvC 1991，p. 128（Herrny/Hubertushuis）；奥地利也是如此，因为消费者保护法第6条第(2)款第5项只禁止未通过双方当事人协商的责任限制条

款。在苏格兰则适用公平和合理检测法(1977 年不公平合同条款法第 17 条)。

Ⅳ.进一步信息

4.进一步的注释参见欧盟法原则之服务合同第 597～599 页以及第二卷第四章关于不公平合同条款的注释。

第Ⅳ.C－5:110 条　旅馆主人的责任

(1)旅馆主人作为保管人对任何入住客人携带入店的物品的任何损害、毁灭或遗失承担责任。

(2)以下物品被视为第(1)款所说的携带入店的物品:

(a)客人在旅馆住宿期间置于旅馆中的物品;

(b)客人在旅馆住宿期间,由旅馆主人或由旅馆主人负责的人在旅馆外负责看管的物品;或者

(c)客人在旅馆住宿的前后一段合理时间内,由旅馆主人或由旅馆主人负责的人在旅馆内或者旅馆外看管的物品。

(3)物的损害、毁灭或遗失系由以下情形造成的,旅馆主人不承担责任:

(a)由客人或客人的同伴、雇员、访客造成的;

(b)由旅馆主人无法控制的障碍造成的;或者

(c)由物品本身的性质造成的。

(4)对旅馆主人就其本人或由其负责的人因故意或者重大过失造成的物的损害、毁灭或者遗失而产生的责任进行排除或者限制的条款,构成第二卷第九章第四节所规定的不公平条款。

(5)除物的损害、毁灭或者遗失系由旅馆主人或由其负责的人的故意或重大过失所造成的外,客人应无不当迟延地将损害、毁灭或者遗失情况通知旅馆主人。客人未能为及时通知的,旅馆主人不承担责任。

(6)旅馆主人在就其于营业范围内为客人提供的住宿、餐饮及订购服务而向客人提出的任何请求被满足之前,有权留置第(1)款所说的任何物品。

(7)旅馆主人与任何客人就任何携带入店的物品订立单独保管合同的,本条规定在该范围内不适用。当顾客将物品以保管为目的而交付给旅馆主人而旅馆主人以保管为目的受领时,视为订立了单独的保管合同。

评　论

A. 法条概述

本条对旅馆主人对客人在入住时携带入店的物品的一般性责任进行了规定。而对于客人和旅馆签订了专门的保管协定的,不在本条的调整范围之内(第(7)款)。此类情况相当普通。

示例1

一家维也纳旅馆为顾客提供了将贵重物品存放在保险箱中的可能性。一位客人将其护照、现金和机票交给旅馆主人放在保险箱中保管。

示例2

一位客人在罗马的一间酒店中住了三晚。在出发当天,由于其搭乘的飞机晚上6点才起飞,因此询问旅馆主人能否将行李放在旅馆。旅馆主人将客人的行李放在专门的房间里。

根据第(7)款,上述两个例子不在本条的适用范围之内,但是在本章其他规定的适用范围之内。从第(7)款最后一句来看,对于将现金放在保险箱中的保管亦是如此。

将物品存放在旅馆的房间中通常不构成单独的保管合同,即使物品是锁在房间中的保险箱里,因为旅馆不能监督保险箱中的物品。但是本条规定,对于客人带入旅店的物品,将旅店主人视为保管人看待。这意味着如果可能的话适用上述保管相关规定。将旅馆主人视为保管人看待仅仅是针对旅馆客人"带入旅馆的物品"。根据第(2)款的规定,被带入客人的旅馆房间的物品或者虽然位于旅馆之外,但旅馆主人须为其负责的物品属于"带入旅馆的物品"。

示例3

旅馆客人将手提箱带入自己的酒店房间,而在征得旅馆主人的同意后将汽车停放在旅馆的有安保措施的停车场。手提箱和汽车都是带入旅馆的物品。

此外,旅馆主人也须为客人能将东西带入房间和带出房间负责。因此,在客人办理入住手续并进入房间以及办完退房手续离开旅馆期间物品也被视为是被带入了旅馆。

示例4

客人在酒店大堂等待办理入住手续。等待期间其钱包被扒手窃走。如果旅店主人未在旅

店内采取适当的防止此类盗窃活动的措施，那么须承担责任。

当然，旅馆主人只在能阻止发生在带入旅馆的物品上的事件时才承担责任。

示例5

客人的钱包在旅馆房间中被盗。如果钱包是被经客人同意进入房间的访客盗走的，旅馆主人毋需承担责任。但如果钱包是被旅馆的服务员盗走的，那么旅馆主人须承担责任。

示例6

旅馆中不幸发生了火灾。虽然旅馆员工及时扑灭了大火，但是还是有一间房间连同客人带入房中的物品被毁。除非损失能归咎于酒店主人某些方面的不足（比如未采取足够的防火措施），否则旅馆主人毋需为客人的损失承担责任。

示例7

一位旅馆客人将过熟的香蕉带入房间。从带入旅馆的香蕉的性质来看，如果客人不立刻吃掉香蕉那么香蕉将会腐烂。如果香蕉确实腐烂了，或者香蕉的腐烂损坏了属于客人的其他物品，旅馆主人毋需承担责任。

B. 利益权衡和政策考量

本章调节的主要是以保管为主要内容的合同。通常，保管会和其他服务结合在一起。如果只有一个合同，那么根据混合合同的一般规则（第Ⅱ－1:107条（混合合同）），本章的规定准用于合同的保管部分。不同服务结合在一起的典型情形是：贵重物品存放在旅馆保险箱中或者旅客办完退房手续后将行李暂存在旅馆的专门房间中。有人会说可以适用保管的规定，不过在考虑到保管义务只是以住宿提供为主要义务的合同的附属义务这一情况时需要对保管的规定进行适当的修正。另外，也可以说此种情况下，当事人实际上缔结了两个独立的合同：一个是住宿合同，受本编第二章的规定（服务合同一般规定）调整；另外一个是贵重物品或者行李的保管合同。但是，有人会质疑，对于旅馆主人应客人的请求将顾客的现金存放在保险箱中是否适用保管的规定，因为一般来说本章不适用于金钱的保管（第Ⅳ.C－5:101条（适用范围））。另一方面，保管的规定不适用于金钱保管的原因在于，通常对于金钱的保管适用专门的规定。但是，对于客人在与旅馆主人的合同关系中将现金存放于保险箱中的情形并不适用金钱保管的特别规定。

在与旅馆主人的合同关系中出现的第二个问题是：客人在入住期间其物品遭受的损害是否应由旅馆主人负责？对于客人带入房间中的物品很难对该问题给出答案：旅馆主人并不能控制客人放在房间中的物品。从这里就可以看出对于此类物品旅馆主人并不像保管人。因此，有人说本章的规定不调整酒店主人的责任。另外，旅馆主人

对于客人带入旅馆的物品的责任传统上的调整方式和保管人责任的调整方式是相同的或者类似的。此外,由于旅馆主人通常都提供客房清洁服务因此即使客人上锁了也能够进入客房,因此客人带入旅店的物品遭受的损害是由旅馆主人或者旅馆员工造成的可能性还是很大的。因此,这里的情况和真正的保管合同并没有多大的区别。因此,有人说本章应对旅馆主人的责任进行专门的规定,以与保管人责任类似的方式对该问题进行调整。

如果在本章中进行了这样的专门规定,有人可能会说带入旅馆的物品遭受损害的,只有在顾客发现损害后及时告知了旅馆主人的情况下旅馆主人才须为此承担责任:如果顾客回家后才通知酒店其物品遭受了损害,那么旅馆主人就很难証明损害是因为应由客人为其行为负责的人员造成的;此外,客人也剥夺了旅馆主人减轻损害的可能性。这意味着客人没有无不当迟延地通知旅馆主人的,客人将丧失主张损害赔偿的权利。

另外一个问题是在责任限制或者排除方面与其他保管人相比旅馆主人的自由度是否更小。支持的理由可能是:旅馆主人的损害赔偿额会相对较低,尤其是当旅馆提供保险箱存放旅客的贵重物品而顾客未使用保险箱的,顾客可能存在与有过失。支持相对宽松责任的理由是:不像保管人,旅馆主人通常不能直接控制相关物品,因此在防止物品损害、毁灭和遗失方面不能有多大作为。

C. 比较性概览

1962 年 12 月 17 日,在欧盟理事会的推动下通过了旅馆主人对旅客财产责任公约。12 个欧盟成员国已经批准了该公约(比利时、塞浦路斯、法国、德国、爱尔兰、意大利、立陶宛、卢森堡、马耳他、波兰、斯洛文尼亚和英国)。三个国家签署了但尚未批准该公约(奥地利、希腊和荷兰)。而另外 10 个国家既未签署也未批准该公约(捷克共和国、丹麦、爱沙尼亚、芬兰、匈牙利、拉脱维亚、葡萄牙、斯洛伐克、西班牙和瑞典)(截至 2007 年 5 月 11 日)。

由于该公约被调研的绝大多数国家的法律制度所批准,在绝大多数欧盟国家的法律制度中旅馆主人责任的规定或多或少是相同的就不足为奇了。即使在尚未批准该公约的国家,相关规定也或多或少是相同的。因为该公约的缘故,在绝大多数现有法典中,对于旅客带入旅馆的诸如行李、衣物等物品,法典规定都将旅馆主人视为保管人。此类物品毁损遗失的,旅馆主人只有在证明损害不是由旅馆员工或者来旅馆的其他人员造成的时才能免予承担责任。

交给旅馆主人或者旅馆员工的物品被视为是带入旅馆的物品。该公约将旅馆主人对于旅客的汽车及车中物品以及带入旅馆动物的责任留待各国自行解决:公约附件第 7 条将此类事项排除在公约的使用范围之外,公约第 2 条第(e)款允许缔约国作出不同的规定。比利时遵循了公约附件第 7 条;而在英国,只将旅客的汽车及车中物品排除在外。相反,在奥地利、德国和荷兰,如果汽车是停放在指定区域,旅馆主人须承

担责任。

在荷兰,所有调整旅馆主人责任的规定都是任意性规范并且不存在相关法律限制。而在其他法律制度中,对于交给旅馆主人保管的物品,如果损害是由旅馆主人或者旅馆员工造成的,则旅馆主人不能限制其相关责任。而对于其他情况,旅馆主人的责任是有限的:在奥地利,对于绝大多数物品责任限额为 1100 欧元,而对于贵重物品、现金或者有价证券,责任限额为 550 欧元。而在英国和苏格兰,根据 1956 年旅馆业主法,对于单件物品旅馆主人最高责任限额为 50 英镑,每人总的限额度为 100 英镑。在比利时、法国和意大利,最高限额为一晚住宿费的 100 倍。在德国,适用相同的限额,但最低为 600 欧元,而最高不超过 3500 欧元;而对于现金、有价证券以及除衣服外的贵重物品,最高限额为 800 欧元。在法国,停靠在旅馆所有的封闭停车场的车辆内的物品损坏或者遗失的,旅馆主人责任最高限额为一日住宿费的 50 倍。在奥地利、比利时和意大利,进一步的责任限制通常都是无效的。

在奥地利、英国、法国、德国、荷兰、苏格兰和西班牙,可能是出于对旅馆主人责任的平衡,对于旅客带入旅馆的物品以及旅馆主人会为其损害负责的物品,旅馆主人有着特殊的留置权,直至旅客结清所有款项;在瑞典,对于旅馆主人的责任不存在专门的法律规定,但是也存在类似的权利。

D. 首要选择

对于处于旅馆主人实际照料下的物品,完全不存在偏离保管相关规定的理由。因此,对于此种情况,不适用本条的规定:缔结的是独立的保管合同。由于旅客在旅馆逗留期间将金钱放在保险箱中进行保管不适用金钱保管的专门规定,对此也适用本章的规定。因此本条规定明确表明,其规则也适用于此类物品的保管。这符合旅馆主人对旅客财产责任公约的要求,在该公约中对于旅客带入旅馆的现金被盗旅馆主人的责任进行了专门的规定。

对于旅客带入自己客房中的物品缔结的不是这样的专门的保管合同。虽然对于旅客留在旅馆房间里的物品旅店经营者并不是字面实际意义上的保管人,但是和保管合同中的问题颇有相似之处。之所以适用保管合同的规定正是因为这些地点的公共性:不仅旅馆的员工,其他旅客以及第三人都可以进出旅馆,旅客会冒财物被盗或者受损的风险,却不能确定谁应该为此负责。为了弥补这一点,旅馆主人须采取预防措施以防止物品被盗和受损,这些规定的目的在于旅店主人须确保旅客带入酒店的物品的安全。这意味着,本章确实需要以与保管合同相似的方式对旅馆主人的责任进行规定。

旅馆主人需要及时知道旅客的物品遭受了损害,但在旅客一方却不存在刺激旅客迅速通知旅馆主人的特别理由。为了给旅客提供动力,本条规定如果没有无不当迟延地通知旅店主人,则旅客丧失损害赔偿权。

示例8

一位旅客的手提箱在酒店大堂被盗；由于旅馆主人未采取足够的防盗措施因此须承担责任。由于旅客的护照和机票还存放在旅馆的保险箱里，旅客担心在取回护照和机票前将钱包被盗的事实告诉旅馆会引起不必要的麻烦，因此决定不马上通知旅馆。三小时后，当取回护照和机票后顾客才向旅馆投诉自己的手提箱被盗。如果旅客及时告知了旅馆主人，那么旅馆主人可以想办法抓到盗贼。旅客未及时通知意味着旅馆主人不会为此承担责任。

但是，如果损害是旅馆主人或者旅馆员工的故意或者重大过失行为造成的，则情况完全不同：此种情况下，旅客当然应当将其诉求告诉旅馆主人，但这并不是损害旅客利益以保护旅馆主人利益的充足理由。

示例9

一位旅客成功证明了是旅馆服务员盗走了其钱包。旅客在能证明是服务员盗走钱包时才告诉旅馆主人其钱包被盗这一事实，不会导致旅客损害赔偿权的丧失。

原则上，旅馆主人得以与保管人可使用的相同方式排除或者限制其责任。但是，在与旅馆主人缔结的合同中，即使旅客是出差的商人，受损的物品也属于旅客的私人物品。鉴于通常需要支付的赔偿数额相对较低，如果损害是由旅馆主人或者旅馆员工的故意或者重大过失行为造成的，那么对旅馆主人的责任进行限制或者排除是不可能的。因此，第(4)款规定，此种情况下对旅馆主人责任的限制或者豁免条款在第二卷第九章不公平合同条款相关规定的意义上是不公平的。这些规则是强制性的。

E. 与旅馆主人对旅客财产责任公约的关系

除责任限制条款之外，本条规定通过复制该公约的附件紧跟旅馆主人对旅客财产责任公约。之所以将责任限制除外，是因为公约允许缔约国进行不同的限制。鉴于第二卷第九章中关于不公平合同条款的一般性规定，在本条中作出专门的规定就足够了：禁止对于旅馆主人或者其员工的故意或者重大过失行为造成的损害进行责任限制或者排除。

注　释

Ⅰ. 保管规定对旅馆主人的适用

1. 在一些法律制度中，通过法律规定对于旅馆主人的责任适用保管合同的规定。参见奥地利民法典第970条第(1)款；比利时民法典第1952条及以下；法国民法典第1952条；德国民法典第701条及以下；意大利民法典第1783～1786条；荷兰民法典第7:609条；西班牙民法典第1783条。旅馆主人只有在证明损害不是由自己、自己员工以及来旅馆的其他人员造成的时才能

免予承担责任。参见奥地利, Rummel［－Schubert］, ABGB Ⅰ^2, § 970 no. 13；英国, Shacklock v. Ethorpe Ltd.［1939］3 All ER 372；苏格兰, Gloag and Henderson, The Law of Scotland, para. 15.09；西班牙民法典第 1784 条。在奥地利,旅馆主人的责任扩大到游泳池的所有权人(民法典第 970 条第(3)款)以及私房及度假房的租赁合同,但以存在"公共空间"(open house)风险为前提,未扩展至医院、餐厅和寄宿学校等;参见 Rummel［－Schubert］, ABGB Ⅰ2, § 970 no. 2。在意大利,适用于旅馆主人的规定准用于养老院、洗浴场所、旅舍(pensioni)、饮食店、卧铺车厢等,参见民法典第 1786 条。交给旅馆主人或者旅馆员工的物品被视为是带入旅馆的物品,参见奥地利民法典第 970 条第(2)款;英国, Charlesworth/Dobson/Schmitthoff, Charlesworth's Business Law16, pp. 551－552。如果汽车是停靠在指定区域,那么汽车以及车内物品也被视为是带入旅馆的物品,奥地利民法典 970 条第(2)款;法国民法典第 1953 条第(3)款 以及荷兰, Reehuis, Parlementaire geschiedenis van het nieuwe Burgerlijke Wetboek, Boek 7, 1991, p. 411;但在英国(Charlesworth/Dobson/Schmitthoff, Charlesworth's Business Law16, pp. 551－552)和比利时(民法典第 1954 条)不是如此,排除旅馆主人对带入旅馆的动物的责任。

2. 在比利时,旅客须在发现损害后立刻告知旅馆主人,否则将丧失所有的权利,除非损害是由旅馆主人或者旅馆员工的过失行为造成的,参见民法典第 1954bis 条。在奥地利亦是如此,此外还需要在 30 日内向法院提起正式诉讼,参见民法典第 967 条;Koziol and Welser, Bürgerliches Recht Ⅱ12, p. 189。

3. 在波兰,旅馆主人的责任被单独规定在民法典第 846～852 条。基本规则是(民法典第 846 条第(1)款):使用旅馆或者类似营利机构服务的客人带来的物品损害或者遗失的,旅馆或者类似营利机构的经营者须承担责任,除非损害是因带入物品的性质或者不可抗力引起的,或者损害是完全由客人、客人的雇员或者访客的过错造成的。

4. 芬兰属于尚未批准旅馆主人责任公约的国家。因此责任源于一般合同原则(参见 Sisula－Tulokas, Hotel Liability)。

5. 虽然西班牙民法典似乎要求旅客告知旅馆主人关于带入旅馆的物品的介绍,但是著者认为正式的告知不是适用民法典第 1783 条的基本要求:只要物品不是隐藏起来的,简单的介绍就足够了(Martín Santisteban, El depósito y la responsabilidad del depositario, p. 165)。但是,如果旅馆主人对于旅客的介绍过的物品应尽到的谨慎作出了指示,旅客没有遵循指示的,对于物品的损害或者遗失旅馆主人不承担责任(SAP Zaragoza 10 July 2001, AC 2001/1804)。

Ⅱ. 对旅馆主人责任的特殊限制

6. 旅馆主人或者旅馆员工给交由旅馆保管的物品造成损害的,旅馆主人不得限制其责任:奥地利, 参见 OGH SZ 55/7;比利时,参见民法典第 1953 条第(2)款; 法国民法典第 1953 条第(2)款; 德国民法典第 702 条;意大利民法典第 1784 条; 可能还包括英国, Charlesworth / Dobson/ Schmitthoff, Charlesworth's Business Law[16], p. 552。在奥地利(OGH, EvBl 1977/245),旅馆主人可要求旅客将贵重物品交由自己保管,否则可减轻其责任。在奥地利,对于其他情况,对于绝大多数物品旅馆主人的责任限额为 1100 欧元,而对于贵重物品、金钱和有价证券,责任限额为 550 欧元,参见民法典第 970a 条。在英国和苏格兰,根据 1956 年旅馆业主法,单件物品旅馆主人的责任限额为 50 英镑,而个人总限额为 100 英镑。在比利时、法国和意大利,最高限额为一晚住宿费的 100 倍,参见比利时民法典第 1953 条第(3)款、法国民法典第 1953 条第(3)款以及意大利民法典第 1783 条第(3)款。在德国,适用相同的限额,但最低为 600 欧元,而最高不超过 3500 欧元;

而对于现金、有价证券以及除衣服外的贵重物品，最高限额为800欧元，参见民法典第702条。在法国，停靠在旅馆所有的封闭停车场的车辆内的物品损坏或者遗失的，旅馆主人责任最高限额为一日住宿费的50倍，参见民法典第1953条第(3)款。进一步的责任限制通常都是无效的，参见在奥地利民法典第970条；比利时民法典第1954条；意大利民法典第1785条。在波兰，带入酒店的物品损害或者遗失的，旅馆主人责任最高限额为一晚住宿费的100倍；但是，单件物品的责任不得超过一晚住宿费的50倍(民法典第849条第(1)款)。但是，旅馆主人受领物品代为保管的，或者应当保管但拒绝保管的，或者损害是由旅馆主人的故意或者重大过失行为造成的，那么不适用该责任限制(民法典第849条第(2)款)。

7. 根据西班牙法，旅馆主人唯一能免责的情形是损害或者遗失是由不可抗力或者武装抢劫造成的(民法典第1784条)。

Ⅲ. 旅馆主人暂扣物品返还的权利

8. 出于对旅馆主人责任的平衡，对于旅客带入旅馆的物品以及旅馆主人会为其损害负责的物品，旅馆主人有着特殊的留置权，直至旅客结清所有款项，参见奥地利民法典第970c条；英国，Charlesworth/Dobson/Schmitthoff, Charlesworth's Business Law16, p. 552；法国民法典第2102条第(3)款；德国民法典第704条；荷兰民法典第7:609条第(3)款；波兰民法典第850条；苏格兰，Gloag and Henderson, The Law of Scotland, para. 37.24。

9. 根据西班牙法，保管人只有权利暂扣物品直至顾客付清保管人为维护保管物的状况所支付的费用(民法典第1780条)，但是对于保管费用未作规定，也不存在相关的案例法。

Ⅳ. 进一步信息

10. 对于以国别为基础的关于每个国家的注释，参见欧盟法原则之服务合同第609～613页。

第六章　设　计

第Ⅳ.C－6:101 条　适用范围

（1）本章适用于一方当事人（设计人）为他方当事人（顾客）提供下列设计服务的合同：

（a）由顾客或者为顾客建造的不可移动的建筑物；或者

（b）由顾客或者为顾客建造或者履行的动产、无体财产或者服务。

（2）根据合同，当事人在承担设计之外，尚需提供包含了设计执行作为内容的服务的，该合同将首先被视为提供该服务的合同。

评　论

A. 法条概述

设计行为可以被理解为这样一个过程的最初阶段，在这个过程中，设计的概念上或者细节上的（技术上的）想法由一方（设计人）为另一方（顾客）落实于纸上。而这一过程的第二阶段在于对这些设计的实现，这一阶段一般通过与建筑方单独签订的建筑合同来实现。然而，设计的内容在很大程度上并不单指建筑项目，还有可能是工业项目、软件、时尚或者是物流计划。本章的内容主要适用于新的不动产结构，但是，同样也可以适用于动产或者是无形财产的内容，甚至是关于一项服务的设计。

示例 1

一个著名啤酒厂请求一位设计师为他们的新型啤酒设计一个酒瓶，可适用该条款。

这一章的规定同样适用于设计人除设计活动之外，还需提供其他服务的合同。在这种情况下，这一章仅适用于该合同关于设计的部分（参见第Ⅱ－1:107 条（混合合同））。如果根据合同，设计人在承担设计的同时，还需提供其他服务内容，如建造建筑物，或是加工动产或无形财产，那么依第（2）款规定，该合同将会首先被视为提供该项

服务的合同。这意味着,在出现冲突的时候,优先适用该条款的规定:关于设计的规定仅起到辅助作用,且只在调整合同的设计部分为必要时才适用设计规则(第Ⅱ－1:107 条第 2 款和第 3 款)。

示例 2

设计人和顾客达成了一项合同,依据合同规定,该设计人需要承担一座建筑物的设计和建造任务,并且只有本章的规定与有关建筑的规定不相冲突的时候方适用本章的规定。如果建筑一章没有对某项特别内容进行规定,那么在必要的情况下可适用本章的规定。

B. 利益权衡和政策考量

这里的主要问题在于,本章应当仅限于传统的设计合同(在这里特指建筑设计),还是应该同样适用其他类型的设计活动,如软件设计、时尚设计,或者更概括地说,关于任何动产的设计。

另外一个问题在于,本章是否应当仅适用于设计合同,还是应当同样适用于与其他服务合同(比如说建筑和加工合同)相结合的设计合同。这种将本章的规定延伸到混合合同中设计部分的适用,有着为两个完全相似的活动作出一个相似的规定的优点。事实上,在某些方面,设计活动和设计的实施并非两个非常不同的行为,因为它们都以创造新的建筑物为目标。

另一方面,有限适用的方法,即对于包含设计在内的整个混合合同完全由与合同中除设计外的其他活动有关条款来予以规定,其优点在于能够避免出现处于两者之间中分界线上的情况,并且在很大程度上能达到息讼的效果。这在实践中也能够得到证明,设计的质量,包括设计人的责任,都是在设计实施后才得到评定的。由于混合合同中的其他服务同样是由设计人实施的,关于该服务的规定已经能够满足需要了。

C. 比较性概览

在欧洲大多数的法律体系中都没有关于设计合同的成文法规定。通常,设计合同由一般性的合同规定予以调整,比如说服务合同(或者承揽合同)、建筑合同或者转让(assignment)合同。然而,设计合同广泛地被规定于标准条款之中,而这些条款频繁地在欧洲各国被使用。在比利时和法国,标准条款作用并不大,因为这两个国家都有专门规定设计人法律地位和责任的强制性成文法规。但是标准条款在荷兰、英国、德国、苏格兰和瑞典往往比合同法的一般条款要重要得多(尽管这种适用只是在合同双方实际所达成的合意范围内)。

D. 首要选择

这里更优的做法,是在将设计规范优先适用于不动产建筑物的同时,将其同样也

适用于其他的设计活动,比如说动产或无形财产、时尚、网页或者艺术造型。这一点规定在本条第(1)款中。适用范围之所以如此广泛,其背后的理念在于,所有的设计活动包含着相当相似的过程,因此可以由相同的规则进行规定。

当涉及包含了设计和其他服务的混合合同时,适用第二章第1:107条关于混合合同的一般规则。本章的规定适用于这种混合合同的设计部分,合同其他服务相应的规则(比如,由另一个服务提供者所进行的有关设计实际实施的监督、市场推广以及宣传服务)将适用于合同的其他部分。然而,如果其他服务包括了关于设计的实施,那么依本条第(2)款并结合第1:107条第(2)款和第(3)款的规定,本章的规定需要让位于该其他服务的适用条款。规定设计活动的条款仅在以下情况下得到适用:关于其他服务的规定不涉及某个特殊问题的解决,并且该条款的适用与关于其他服务的规定并不冲突。

示例3

一个为电视机平板显示屏产品设计的新的制冷系统,由一个服务商通过一个独立合同进行设计并制造。关于加工的规定在此过程中得到适用,并且优先于关于设计的条款。

因此,比方说,加工规定中关于责任限制和与合同相符的规定将会适用,而非有关设计的规定。不过,关于记录保存的设计规则将会被适用,因为加工规则并没有提供有关设计资料保存的相关规定。

当合同涉及动产的设计、制造和销售时,本条第(2)款的规定结合第Ⅳ.A-1:102条(货物的制造和生产)得出的结果可能是,适用销售的规则,特别是当涉及与合同要求相符以及不符要求时的补偿问题时。这里的合理性在于,在这样的情况下,设计和制造仅仅是达成结果的手段:顾客只对最终产品感兴趣。

设计人的合同义务往往包含着对服务随后的实现过程进行监督。当然,这最常见于在设计完成后,由建筑师或是工程师着手对基于设计的建筑或是制造工作执行所进行的监督。然而,这也可能适用于软件设计者同时对软件产品的实际制造进行监督的情况。本章的规则并不是基于如下的假设:监管的义务包含在设计的义务之内。尽管说,监督可以结合设计一并履行,但在实践中,监督也被作为一项单独的服务进行提供。这就是为什么本章并不包含关于监督的规定。监督服务被规定在第二章(服务合同一般条款)之中。

注 释

Ⅰ.设计合同的规则

1. 在大多数的法律体系中都有关于设计合同的规定。然而,这并非总是明确地规定在民法典之中,甚至可能不存在明确的规定。它可能隐含在法律条文中,也可能从其他的规则中得出。以下的一些国家在其民法典中对设计合同有所规定:奥地利、比利时、法国、德国、希腊、意大利、

荷兰、波兰、葡萄牙和西班牙。在奥地利和比利时,设计合同被界定为服务合同。在法国,设计合同被称为承包合同(contract d'entreprise)或者雇佣合同(louage d'ouvrage)(有时也被称作委托(Mandat))。在葡萄牙也同样如此,在那里承揽合同(empreidata)与承包合同(le contrat d'entreprise)类似。波兰和荷兰合同法比较相似,设计合同被界定为转让合同(assignment contract)或委托合同(overeenkomst von opdracht)。在别的一些国家,设计合同被列在承揽合同(contracts for work)之中,如德国和希腊。在德国,案例法对设计合同和建筑师合同的规定进行了区分。在意大利,建筑合同被视为知识产权服务合同。西班牙法既未对设计合同作出定义也不存在专门的规定;设计合同属于一般建筑合同的范畴,而对于建筑合同西班牙建筑法的作用举足轻重。在法国和比利时,除了在民法典中对设计合同进行了规定之外,被规定在二号伦理规则(the Déontologische Norm no. 2)和建筑师核心行为标准(the architects' Standard of Core Act)中的道义准则也起着非常主要的作用。这样,在绝大多数法律制度中,建筑合同都以这样或那样的方式被纳入到民法典之中。在英国,设计和建筑合同相关规则涵盖的范围极其广泛,但不存在关于设计合同的单独立法。但是,存在许多适用于设计合同的成文法规定,如 1982 年设计和服务供应法、1997 年缺陷房屋法案(the Defective Premises Act 1997)、1984 年建筑法以及 1996 年赔偿法。1994 年建筑(设计和惯例)规则确立了设计者关于健康和安全方面的某些义务。1994 年建筑(设计和惯例)规则也适用于苏格兰,否则在苏格兰设计合同则依赖于合同法的一般原则。1996 年住房补助、建筑和再生法(The Housing Grants, Construction and Regeneration Act 1996)第三卷有关于建筑师的规定。此外,1997 年建筑师法以及 1988 年建筑师资格法令为建筑师规定了伦理规则。在(苏格兰)2003 年建筑法中也为建筑师确立了一般性的规则。在瑞典,设计合同受一般合同法调整。

Ⅱ. 标准条款的重要性

2. 总的来说,在建筑法领域,标准条款有着至关重要的作用。在国际建筑合同领域,FIDIC(Fédération Internationale Des Ingenieurs－Conseils,国际咨询工程师联合会)条款受到了广泛适用。标准条款的适用在大部分国家的法律制度中并不陌生。比如说,在荷兰就广泛地适用着适用于包括建筑师和建筑方的标准条款。这些标准条款在实践中的重要性要远高于荷兰民法典。就设计合同而言,SR1997(1997 年顾客和设计师间法律关系的一般规则)RVOI2001(2001 年顾客咨询合同规范 Regeling van de verhouding tussen opdrachtgever en adviserend ingenieursbureau)和 DNR2005(2005 年顾客与建筑师、工程师和顾问间法律关系的新规则)受到特别适用。在英国也很类似于这种状况,法律对于建筑服务的规范主要依靠于标准合同,比如说 JCT(联合合同法庭)合同(关于建筑合同),SFA/99(委聘建筑师合约的标准格式)和 ICE(英国土木工程师学会)合同格式。除此之外,这些标准格式均有专门的苏格兰版本(参见 Stair, The Laws of Scotland Ⅲ, "Building Contracts", para. 128 (with updates))。对于健康和安全规则,1994 年建筑(设计和管理)规范在英格兰和苏格兰均得到适用。瑞典也对设计合同大量适用了标准条款。在瑞典,ABK 96(1996 年建筑和工程咨询服务的规定)、AB 92(建筑、土建和安装工程合同一般条款)、BKR 条例和建筑物条例(BRR)可以被适用。芬兰的情况与此极为相似。起着重要作用的有,比如说,KSE 1995,咨询一般条件,YSE 1998,建筑合同一般条件和 RT 10－10836 Small Houses, Designers Consumer Contract, Scope ofWorks。此外,消费者保护法作为一组标准合同条款得到适用。在德国,"建筑师和工程师报酬规则"(HOAI)被适用于建筑师合同。在奥地利,Ö－Norm 被作为标准合同条款。在西班牙,建筑基本规范同样可以适用于设计合同。另一方面,在波兰和葡萄牙,不

存在国家标准的设计合同。在波兰,合同双方有能力使用自治规则。在葡萄牙,ICE 合同格式有时可以得到适用。在法国和比利时,强制性的成文法关于设计师责任方面的规定要远比标准合同条款重要得多。在丹麦,适用"销售、加工和运输的标准条件"和国际咨询工程师联合会。在希腊,适用消费者保护法 2251/2994。

Ⅲ. 进一步的信息

3. 关于具体国家的进一步基础信息,见欧盟法原则之服务合同第 633～638 页。

第Ⅳ. C－6:102 条　先合同警示义务

设计人的先合同警示义务尤其要求设计人警示顾客,就需要专家参与解决的特殊问题其缺乏所需的特殊技能。

评　论

A. 法条概述

这一条规定了设计师在合同订立之前向顾客告知和警示的特殊义务。这项义务是依据第Ⅳ. C－2:102 条,所有的服务提供者所承担的先合同义务中警示义务的具体化表现,该条规定,合同双方应当相互交换关于所提供服务的信息。因为设计者需要基于顾客的愿望和需要来提供设计服务,所以设计师必须在发现故障或不一致的情况下,及时向顾客作出警示。这意味着,设计师必须向顾客指出,为了达到最好的设计结果,需要怎样的额外的专家的加入。由于设计师也许并不具备完成顾客要求的所有专业知识,设计师必须向顾客作出警示,是否需要相应的专家协助。否则,不予警示可能会导致顾客预期的设计结果无法实现。

示例 1

一位设计师意识到需要对土壤进行特殊分析,但他并不具备独立完成分析的能力。在合同订立之前,他向顾客作出了警示,并且建议其雇用一位地质测量学家。

B. 利益权衡和政策考量

这一点上的主要问题在于,除了一般的先合同警示义务,设计者是否有向顾客提示,由于自身缺乏对某项问题处理的特殊技能,而需要专家参与解决问题,这一特别义务。支持这项主张的观点在于,设计是一项非常复杂的活动,往往需要涵盖多领域的知识,期待设计者向顾客作出可能需要进一步聘请专家的提示是完全合理的。

示例 2

为了设计车身，设计者不仅需要美学和空气动力学的知识，同样需要关于发动机的知识和涉及安全方面的法律知识。如果设计者不具有所有的知识，那么，期待其在合同订立前提示顾客需要雇用其他的专家就是合理的。

另一方面，可以这么说，如果在合同订立之前，设计者没有需要掌握全部必要的知识，那么雇用专家就取决于设计者在设计活动过程中作出决定。为了提供符合目的的设计无论如何都是需要雇用专家的。然而，顾客可能从节省时间和金钱出发，希望在决定订立合同之前获悉，设计者是否具有完成委托必要的经验和知识。

C. 比较的视角

设计者的先合同警示义务在欧洲的法律体系中并没有被普遍接受。并不存在关于这项义务的明确规定。先合同警示义务通常是从其他一般义务中产生，如诚信原则，合同中确定对顾客的告知和警示义务（比利时、法国、德国和西班牙）。有些时候，也会从判例法中产生相应的规定（荷兰和葡萄牙），但到目前为止，尚未在成文法中出现过。

D. 首要选择

似乎，只要由于设计者在涉及专业领域缺乏专门知识而需要引入专家时，就倾向于为其附加对顾客的告知义务。在合同缔结前需要有信息的交换。这会有利于顾客在选择设计者时作出明智的选择。此外，这还会有利于合同双方就专家的聘请由谁来指定这一问题作出决定。

设计者的警示义务，无论是先合同义务还是合同义务，已经成为一般建筑法及相关领域的核心问题之一。许多争议已经最终转化为关于设计者是否对顾客有警示义务这一问题的讨论。本条规定旨在结合第Ⅳ.C－2:102 条（先合同警示义务）的规定以解决这一问题。在该条中还规定了关于违反这一义务的制裁。

如果设计者在合同订立前向顾客提出需要另外雇佣专家的警示，那么具体对策由顾客自行作出。在某些情况下，顾客可能会选择放弃订立合同。

示例 3

一位房主希望聘请一位普通的设计者，为其设计安装太阳能电板。该设计者警示顾客，自己并不具有关于该领域的专业知识，但是可以为结构上的必要改动进行设计。她向顾客提供了一些专家的名单。在进一步查询过程中，该顾客发现，这套系统的设计和安装费用要远远高于预期，因而决定不再进行这项合同。

如果该顾客决定继续进行这项合同，那么双方就需要就雇用和支付专家费用的问题，是属于合同项下设计者的任务还是由顾客在此后与专家单独订立合同，进行解决。

这显然对设计的价格有着很大的影响。在实践中,设计者需要注意不承担任何包含了其已经明确表示的自身所不具有的专业技能的义务。基于这些原因,同时,由于警示后的情形是多样的,因此,决定由谁聘任专家的任意性规则并不是必要的或者可取的。

注　释

1. 在国家法律中并不存在多少对这个问题的明确规定。有些国家没有相应规定,有些国家有默示性的规定,在某些国家则可能存在可以被当作先合同警示义务基础的规定。

2. 在奥地利建筑法中并不存在设计者的先合同警示义务。在比利时,先合同告知义务是被普遍认可的,但是并没有先合同警示义务。参见 Verbeke [– Deketelaere and Schoups], Handboek Bouwrecht, p. 418。在法国,设计者具有合同下的告知义务,但并没有先合同义务。在德国合同法相关规定中,《民法典》第 241 条第 2 款和第 311 条第 2 款第 1 项中,已经在合同法中确立了在先合同阶段的公平规则,这其中包括了先合同警示义务。西班牙的情况和德国类似。在英国,设计者的警示义务甚至在先合同关系阶段也得到了承认(参见 Hudson, Building and Engineering Contracts11, p. 542, no. 4 – 100)。还有一些国家,先合同警示义务可能是通过诚实信用的一般规则得到确立的。比如,在希腊、意大利和葡萄牙,先合同警示义务就是涵盖在诚信原则之中。在意大利,对该义务的违反(《民法典》第 1337 条)可能导致先合同责任(《民法典》第 1338 条)。葡萄牙案例法中,明确地承认了诚信原则在设计合同的先合同阶段的适用(参见 STJ 17 June 1998, BolMinJus 1978, 351)。在荷兰也同样是这样,在合同法领域,合同双方之间存在的先合同阶段已经被确立(参见 HR 18th June 1982 (Plas/Valburg) NedJur 1983, 723)。然而,在这里先合同警示义务却没有被明确地规定出来。在荷兰现存的法典和规范中并不存在关于先合同警示义务的明确规定。

3. 在苏格兰,建筑师对顾客的专业责任包括了提供意见,甚至于警示,比如,关于一个设计的相对不足之处、费用、选址的适合性(参见 Stair, The Laws of Scotland Ⅲ, "Building Contracts" paras. 131 – 135)。在芬兰消费者保护法(ConsProtA)第八章第 14 条中有一个告知消费者的一般义务。

4. 西班牙法律中缺乏相似的关于必要的先合同警示义务的规定。但是,民法典第 1270 条中的一般性规定可以在这里得到适用,因为设计者具有诚信义务(民法典第 1258 条),如果合同相对方是基于对设计者能力的信任而与之订立合同的,那么警示的欠缺会被认为是一种会致使合同无效的不当行为。

第Ⅳ.C－6:103 条　技能和注意义务

设计人的技能和注意义务尤其要求：

(a)协调好自己的设计工作与其他根据合同为顾客提供设计服务的人的工作，以保证所有相关服务能够得到有效率的履行；

(b)对其他设计人必要的工作进行整合，以保证设计与合同要求相符；

(c)提供对设计进行解释的任何必要信息，以使具备一般能力的使用人(或者设计人在合同订立时所知道的特殊使用人)能够有效使用该设计；

(d)使设计使用人能够对设计为有效使用，而不存在设计人知道或者可以合理地被期待知道的对公法规定的违反或者由于正当第三人主张权利而对使用造成的妨害；以及

(e)提供的设计能够在经济和技术上有效率的实现。

评　论

A. 法条概述

这一条是第Ⅳ.C－2:105 条的一般性技能和注意规范在设计合同中的具体化。依据(a)项，设计者需要协调自己与其他根据合同为顾客服务的设计者的设计，以保证各项服务能够得到有效的履行。

示例 1

一个美学设计者被一家著名的汽车生产商聘请，进行一项新型运动汽车的设计。在进行这项工作的时候，该设计者需要协调该设计与由其他被聘请的设计者完成的汽车技术方面的设计。

依(b)项，协调与其他设计者的设计工作，可能包括了整合他们的工作。

示例 2

在一个运动中心的设计过程中，首席建筑设计师需要将其他设计者的设计工作进行整合，比如说，空调系统和地面涂料的设计。

依据(c)项，设计者需要提供对设计进行解释的必要信息，来保证接下来的工作的实现。

示例3

一个时尚设计师接受了一项设计一个新的男装时尚系列的任务。在完成设计之后，该设计师需要向顾客提供一切，对顾客或者其他代表顾客的第三方完成该设计的生产来说合理必需的信息。

设计者需要注意区分，该产品所针对的是具备一般能力的使用人，还是其在订立合同时就已知的特殊使用人。如果是在合同订立之后才知道特殊使用人的特殊需求，那么就适用第Ⅳ.C－2:107条（顾客的指示）的规定，设计者也许必须接受顾客的该项指示，但是顾客也必须相应地承担附加的费用。

在（d）项中明确规定，一项设计要达到合目的性，必须在符合公法规定的同时，尊重私法上的权利。

示例4

设计一个公共交通的时刻表。设计者必须考虑到公车不得超速的事实。

示例5

建筑师需要设计一栋房子，但这栋房子将建造于一块负有用益物权或者其他的第三方的权利的土地上。建筑师必须在设计时将这一事实纳入考虑。

设计者需要具备公法以及关于第三方权利的合理知识。除非另有约定，设计者并不负有获得许可或执照的义务，但是设计者必须确保设计符合公法规定。经常会出现基于设计而进行的工作是否会被许可的问题。这涉及许可问题，特别是政治决定，往往是难以预测的。一个合理的服务提供者并不可能对不能合理预测的情况进行预测。

设计中一个非常重要的问题在于经济的和技术上的有效规划。（e）项中规定了一个相应的义务。这一条规定意味着设计者应当将成本费用控制在顾客的预算内，避免在成本的计算上出现错误，以及不可在随后的服务中添加不必要的部分或步骤。

示例6

某市想要设计一个低成本的公车站。而设计者则更倾向于在设计中使用现代化但是更为昂贵的材料，不过他的设计并不能超出顾客的预算。

B. 利益权衡和政策考量

设计者，如同其他的服务提供者一样，依据第Ⅳ.C－2:105条（技能和注意义务）负有一般的技能和注意义务。可能存在的疑问在于，设计合同是否需要附加的特别义务。

另一方面，也可以说一般规定足够灵活、全面，以至于能够涵盖所有需要涵盖的内

容。但同时，因为设计合同的特殊之处，即使不是核心的，特殊规定也可能是有意义的。这些特殊规定可以有助于避免分歧，同时可以为设计者注意和技能方面需要具备的最重要的义务提供一个对照标准，进而节约花费。标准条款往往指明了这些义务，但是在某些情况下未使用标准条款，这里违约条款就发挥作用了。

C. 首要选择

尽管关于技能和注意义务的一般规则已经存在，加入一些典型的针对设计者技术和注意义务的必要元素仍然被认为是有用的。由本条所规定的特殊义务包括要求设计者的设计要符合顾客的愿望和需求这一点。本条规定的各条款描述了设计者在执行设计的过程中最重要的任务。本条背后的一个重要思想在于鼓励设计者和顾客之间建立紧密关系。为了创造出符合合同的设计，设计者和顾客之间是相互依赖的。

本条规定必须结合第Ⅳ. C－2:105 条（技能和注意义务）的一般性规定来解读。

注　释

Ⅰ. 设计者的技能和注意义务

1. 在整个欧洲的法律体系中已经确立了设计者的一般性的技能和注意义务。一般情况下，该义务不仅仅涉及设计者，而是合同的各方。以英国为例，一项服务必须由专业的工艺来完成。这意味着设计者义务在于以合理的注意和技术来完成合同的义务。这意味着“在相关行业中对普通技能的从业者所要求的标准”（参见 James, Construction law[2], pp. 148－149; Bolam v. Friern Hospital Management Committee［1957］1 WLR 582, at 587）。这一义务通常规定于标准合同条款中（其范例参见 JCT, ICE, SFA99）。这项义务同样在“1982 年商品和服务供应法”（the Supply of Goods and Services Act 1982）和判例法中被认可。1972 年的瑕疵房屋法令第 1 条也提供了一个类似的一般规则（参见 generally May, Keating on Building Contracts6, p. 347）。在波兰，情况也类似。依据民法典第 355 条第 1 款，设计者作为专业人士，必须以应有的注意为履行。最高法院解释（SN 25 September 2002, I CKN 971/100, Lex no. 56902）称，应有的注意并不要求额外的注意，而是与行为对象、主体以及履行义务的环境一致的注意。

2. 在法国，设计者原则上负有结果义务，因此原则上注意义务无关紧要。建筑师必须进一步适用技术规则（les règles de l' art）（参见 Malinvaud, Dalloz Action Construction, no. 36）。因此，在一般法国合同法中确立了良好履行保证（garantie de bonne exécution）。

3. 有些时候，诚实信用原则和惯例意味着设计者的注意义务。在德国合同法中，注意义务就是基于民法典第 242 条的诚信义务的。设计者同样还必须遵守建筑和技术规则（Regeln der Baukunst und Technik）。后者被认为是设计者的最低注意义务标准（参见 Niestrate, Die Architektenhaftung[2], p. 14）。对于确定技术标准而言，DIN 标准（德国标准研究所协会出版）以及德国工程师协会的指导方针（VDI－Richtlinien）有着重要的地位。特别是当新的材料和技术将被用于设计和建筑中，建筑师应当特别注意，并且需要在此种情况下与顾客完全达成协议（参见 Niestrate, Die Architektenhaftung[2], pp. 14－15）。在西班牙，诚信原则同样经常被作为设计者注

意义务的基础。同时,西班牙法律明确地在民法典第1104条中规定了注意标准。在葡萄牙,诚信原则同样是注意义务的基础(见葡萄牙民法典第762条第2款)。

4. 在奥地利(民法典第1279条和第1299条)、希腊(民法典第330条)、意大利(民法典第1176条第2款)、荷兰(民法典第7:401条,1997年顾客和设计师间法律关系的一般规则第13条第4款,2005年顾客与建筑师、工程师和顾问间法律关系的新规则第11条第1a款和第2款)、葡萄牙(民法典1第208条)都包含一般的注意标准。在苏格兰(参见Stair, The Laws of Scotland Ⅲ,"Building Contracts" para. 135),设计者必须习得可以代表专业水准的合理的技能。在比利时,民法典中并没有规定设计者的一般注意义务,但是Reglement van Beroepsplichten第1条第3款要求设计者以应有的技能和效率,并且符合时代技术水平地完成服务。在瑞典,标准条件规定了良好的专业实践经验(a good professeional practice)(参见1996年建筑和工程咨询服务的规定第4:1条,瑞典建筑合同、土木工程合同和安装合同一般条件第2:1条第2款和BSF1998:39条)。在芬兰,情况基本相同。比如,依据KSE 1995第3.11条,具有专家资格的咨询人员必须以专业和客观的方式完成受托的任务,同时其履行须符合良好的技术实践,并且竭力达成双方共同协商一致的目的。依据消费者保护法第8章第12条,必须以专业的技术和注意来提供服务。这项一般注意义务通常是基于尽职原则,并且需要依照行业准则(leges artis)施行。设计应当符合本领域的技术水平(the state of the art),这一点在调研过的每一个法律体系都得到了认同。然而,每个国家都有着自己的独特性。在西班牙,设计服务必须依据行业准则来进行,同时需要以专业的方式进行。在设计这一特殊专业领域里,注意义务通过由该行业合理称职代表所具有的专业能力来进行衡量。

Ⅱ.注意义务的特殊规则

5. 在大多数法律体系中都有着关于注意义务的特殊规则。那就是设计要符合公法和私法规范。设计者需要将对立法的考量应用于自己的设计之中。这项特殊的注意义务在比利时(Reglement van Beroepsplichten art. 17)、法国(由一般合同法中引申出)、英格兰(JCT clause 6.1)、意大利(依据纪律规则)以及荷兰(1997年顾客和设计师间法律关系的一般规则第11条和2005年顾客与建筑师、工程师和顾问间法律关系的新规则第11条)和西班牙(建筑法第10条和第11条第(2)款)的立法中得到了确立。

6. 设计在技术上、经济上和专业上的可行性作为设计者的义务同样得到了一般性的确立。在法国,设计者必须考虑可支配的预算。在意大利,纪律规则要求为设计做好技术和专业上的准备。在荷兰,1997年顾客和设计师间法律关系的一般规则第11条和2005年顾客与建筑师、工程师和顾问间法律关系的新规则第11条要求设计师进行技术上和经济上都具有可行性的设计,并且需要完全具有实施该设计的能力。

7. 还存在其他的义务。在葡萄牙建筑师法(Estatuo da Ordem dos Arquitectos, Decreto－Lei no. 176/98)中,第49条第(1)款规定,设计师应当以应有的专业技巧、效率、忠诚、知识、创新性和天赋来完成服务。西班牙建筑法第10条第(2)款规定,设计者必须遵守普遍接受的知识基础和专业要求。意大利的纪律规则则要更加细致,其内容除了包括以与现有规定、合同以及一般社会利益相符的方式履行义务之外,还要求进行技术上和专业上的准备以保障顾客的最佳利益。另外一个一般义务要求设计师对环境、周边以及土壤状况进行测量。在比利时和法国,该义务也源于一般合同法的规定。

8. 在比利时,Reglement van Beroepsplichten (第17条)规定了设计者保守专业秘密的义务。

在英国,1982 年货物和服务供应法要求设计者以良好且技术熟练的方式为履行,并且要使用高质量的材料。这些义务通常都为如下固定的实践所遵循。在德国,建筑师和工程师报酬规则(HOAI)第 15 条中包含了对于某些问题的专门规定(参见(Locher, Das private Baurecht5, pp. 181－185)。在其中,除了关于设计者酬劳的规定外,还规定了建筑师进行与设计活动有关准备以及在设计的招投标过程中进行配合的义务。还有些特殊规定提到了关于专家的选择由建筑师来决定;建筑师对于建筑中所使用的新型材料以及建筑所需取得的执照向顾客进行告知;向顾客提供与设计相关的经济、财政信息的义务(参见 Niestrate, Die Architektenhaftung2, pp. 103－113)。

9. 在西班牙,在建筑过程中,设计义务执行中所需要的注意标准被规定在行业准则(leges artis)之中。建筑师履行义务与现有的建筑技术不符的,须为此承担责任(参见 TS 26 February 2004, RJ 2004/1647)。在西班牙建筑法第 10 条第(2)款中规定,设计者应当"在建筑和工程领域拥有适当的学术和专业水平",并且应当满足"在本领域进行实践所要求的条件"。此外,设计者应当依据强制法规定以及合同条款来为项目做准备,并且提交项目所需的所有批准。

Ⅲ.其他信息

10. 更多的注释,依国家顺序,可在 PEL SC 第 657～661 页中找到。

第Ⅳ.C－6:104 条　与合同要求相符

(1)除非设计能够使设计使用人通过以可以合理被期待的技能和注意执行该设计而达成特定的结果,否则该设计将被视为与合同不符。

(2)如果顾客根据本编第 2:107 条(顾客的指示)的规定作出的指示是合同不符的原因并且设计人依照本编第 2:108 条(服务提供人的警示义务)规定履行了警示义务,则顾客不得就债务不履行寻求救济。

评　论

A.法条概述

该条款的效力在于要求设计必须符合其目的。设计者被看作是一系列后续服务的起点,比如说建造或者加工。如果设计不合其目的,那么接下来的服务就不可能以符合顾客期望的方式达成。

该条款为设计服务提出了为达成所要求结果而需要的更进一步的具体规定。一个合理的顾客可以期望设计者通过对所要求的服务的履行来达到一个特殊的结果。在第 1 款中规定,如果设计者不能使得顾客通过遵守要求的注意标准执行设计达成特定的结果,那么设计与合同要求不符。

示例1

一家设计师事务所被要求为一座历史建筑的复建进行设计。建筑物的正面精美的梯形山墙也包含在该设计内。但是实际上，该山墙并没有被包含在设计师事务所的设计中，这意味着接下来承建商的服务并不符合顾客的要求。设计者没有能够履行本条款规定的义务。

示例2

在同样的情形下，该设计出色地包含了该建筑的正面山墙，但是承建商并没有按照设计修复建筑物的正面。这里，设计者履行了本条规定的义务，即使顾客设想的结果并没有能够实现。

该条款中的规则是任意性规则，在当事人无其他约定时适用。

如果设计存在瑕疵，导致后续服务不能按照后续合同进行实施，该设计者以及后续服务的提供者可能会承担连带责任，特别是后续服务提供者没有履行对风险进行警告的义务时。这意味着，顾客可以向双方要求损害赔偿。

依第2款规定，当设计不符合合同要求是基于顾客的指示且设计者履行了警示义务时，顾客不得因不符合合同要求而寻求救济。

示例3

一个建筑师被房屋公司要求在市中心设计一座拥有足够地下停车空间的新公寓楼。在设计过程中，该顾客要求设计师更改地下室的设计稿，以为住户获取更多的储存空间。该设计者警告顾客，这样做会减少停车空间，但是顾客坚持更改。当设计完成时，发现住户的停车空间不足。由于设计者已经向顾客警示过该风险，所以顾客不得以该设计不符合合同要求而主张救济。

B. 利益权衡和政策考量

设计责任对于合同双方都是一个重要的问题。难点在于设计者的责任应当基于什么来进行规定。答案可能是设计者未能以应有的注意和技能完成设计活动，也可能是设计服务未达成顾客所期待的结果这一事实。

当缺陷设计的责任是建立在后者基础上时，哪怕设计者在既有状况的评估，设计过程中工具、材料的输入，以及熟练、细心地执行设计过程等方面满足了每一个相关要求，也必须对缺陷进行补偿。唯一可以免责的情况是至少提出一个特殊抗辩。这是法国式的解决路径，或者称为合目的性测试。如果并不存在合目的性的责任，那么基础问题则是探究设计者在设计过程中是否满足了设计的质量要求。在第一种情况下，有人或许会提出质疑，认为上面提出的两种解决方法相互之间是对立的，并且，设计者的利益在第二种方式中能够得到更好的保护。在实践当中，这两种方式的差别其实并不大，尤其是当设计者需要承担对所有设计要求均得到满足的证明责任时。此时，问题主要集中于这两种方法中哪些抗辩是被允许的。对于设计者难以避免和控制的设计

缺陷这个问题显得尤为重要。法国式的解决路径被认为更加有利于顾客,因为其给予顾客对整个项目中的任一个服务提供者进行诉讼的选择权。

当合目的性测试不能得到适用时,问题就可能出现了。要求设计者比后续服务提供者承担更多的责任似乎是不合逻辑的。采用法国式的解决路径将会产生一个问题,现有规则的适用范围是否应当被限制于由承担类似合目的性义务的后续服务提供者进行实现的设计合同。

法式解决路径的优势在于,设计活动结果的质量也许要比得出这一结果的整个设计活动的过程更易确定和讨论。比如说,要确定在整个过程中究竟是由于哪一个先前的不完善的选择造成了现在的结果上的缺陷,这是很难的。同样的,要确定在作出这些选择时设计者所表现出的谨慎的程度,也是很困难的。因此,基于法式解决路径而形成的责任体系所花费的法律和其他行政成本也许是相对较低的。

也许会有人认为,当法式的解决路径与一种强制性保险体系相结合时,它的效果会更好,因为被认为当需要对顾客负责时,设计者必须对整个赔偿金额进行事先融资。另外,保证后来的服务提供者同样参与于这一保障体系,似乎是更加合适的。然而,责任保险的支出或许会增加顾客需要支付给设计者的价金。在另一种责任体系下,设计者仅负有技能和注意义务,顾客在多数情况下会同意让设计者无论如何对设计缺陷进行补偿,因为这些顾客希望能够获得合目的的建筑物。这意味着,顾客同样将会为这种补偿支付一笔额外的费用,只不过该费用是以额外工作报酬的名义,而非以包含严格责任的初始价格中的价格构成要素的名义支出的。

对一个可接受的设计者责任体系的选择还取决于设计者不能完成顾客所追求结果的频率。一般情况下,当设计者创造出一个合目的的设计相对容易时,严格责任要比对于能否达成符合目的的设计仍不确定时更易于让人接受。

示例 4

一个建筑师被某政府雇用以设计一个地下车站。由于对于这样一个建筑,硬土环境是必要的,该设计师认真仔细地测试了地下土。但该处的地下土却过于松软。在这种环境下,设计师很难创造出一个符合目的的设计。因此,严格责任在这里是不适当的。

在大多数情况下,采取正常的预防措施也许就足以防止主要瑕疵的产生。但对于创新性的建筑情况则有所不同,在这里,对设计缺陷的产生难以提前预防和控制。有人也许会认为,在这样的情况下,假设责任规则属于任意性规范,合同双方可以通过调整义务和责任来实现一个特殊的合同安排,以最终使得责任机制符合他们特殊的需求。

对于符合合同要求这一问题欧洲各国的法律体系存在分歧。一些国家采用合目的性责任体系,而其他的一些国家的责任体系则是以过失为依据。还有一些国家则采取了混合体系。

C. 首要选择

本条采取了合目的性方法。

作出该选择的原因在于,由顾客来对设计结果不符合预想的结果进行证明,要比证明引起该缺陷结果的设计过程中的前期判断失误更加容易。要重新构建设计过程以及其中的错误是很难的。除此之外,如果设计不合目的,设计者将是纠正该错误的最佳人选(目的在于达到对缺陷设计的完善),以便于建筑者修正有瑕疵的工程。设计改进的最佳执行人是原始的设计者。

鉴于一般来说,是期望设计者能够创造出一个合目的设计的,这里采用的方法似乎是更易于接受的。然而,这个过于严格的责任体系则可能给设计者带来麻烦。比如说,当顾客要求设计者为设计采取更具创新性的结构时,在设计中出现瑕疵的风险就不能事前进行预防和控制。要让设计人决定,设计建造的建筑物的底土环境会如何受到实际建筑活动的影响同样可能是非常困难的。这同样会使得设计者对于建筑物底层土壤环境的判断更为艰难,因为这需要取决于实际的建筑物构造。这意味着,设计者并不能总是事先确定设计与土壤环境的交互影响。如果设计者进行了顶级水准的调查研究,但仍然忽略了某些东西,那么设计就极有可能存在瑕疵,在本款的规定下,设计者应当承担责任。在这种复杂的情况下,合目的性证明对于设计者来说是一个沉重的负担,因为设计者必须对设计结果负责,尽管他用尽了所有可能的手段来对结果进行控制。在这种情况下,合同双方出于对设计者利益的保护,或许会明确地在合同中作出偏离严格责任体系的约定。设计者或许会和顾客协商,在合同中加入责任限制条款。这样的一种选择可能产生的结果是,需要有一套强制保险制度以覆盖设计过程中的主要风险。

注　释

Ⅰ. 设计与要求相符

1. 设计服务的提供与顾客的期待以及合同要求相符这一义务是调研过的各个法律制度中常常出现的一条规定。在一些国家由民法典进行规定。比如说法国民法典的一条规定(第1792条)要求,设计要与顾客的需要和愿望相一致。在缔结设计合同时,设计者有责任以与顾客设想的结果一致的方式完成设计。因此,合目的性体系被用以确定设计者的责任。相似的规定可以在意大利(民法典第1176条第2款),波兰(民法典第556、568、737条和第638条)和葡萄牙(民法典第1208条和 cf Moitinho de Almeida, BolMinJus 228 (1973), pp. 10 ff)的相关条文中找到,在这些条文中同样要求了设计必须与合同相一致。在希腊,合同法总论中要求设计与顾客期望的一致,并且要符合质量要求,这里采取的是结果责任。当要求的结果没能实现时,就意味着责任的产生。

2. 在瑞典、芬兰、荷兰、英国、苏格兰和西班牙,设计与相关要求相符的规定往往被规定在标

准合同条款中，但其法律基础在于要求设计者提供相应程度的技能和注意义务，这是一种手段义务。依据瑞典建筑合同、土木工程合同和安装合同一般条件第2:1条，设计应当符合合同，但设计者承担的是手段义务。依芬兰KSE 1995第3.21条，要求设计者应当依据具体条件以良好的技术来实现设计，并努力实现共同确定的合同目标。在荷兰1997年顾客和设计师间法律关系的一般规则第11条和2005年顾客与建筑师、工程师和顾问间法律关系的新规则第11条中规定，设计者负有手段义务以满足顾客的要求。在英国法中，不论是在RIBA条款中，还是在1982年货物和服务供应法中都提供了设计一致性的相关规定。二者都要求设计要符合其目的。但是，总的来说，只能期待设计者达到具有该专业技能的普通熟练技术人员的技能和实践标准。这里实施的是过失责任。当然，合同双方也许可以约定更加严格的责任条款，比如说合目的性，在相关案件中，这种效果可能是暗含于合同条款中的（Greaves & Co. Ltd. v. Baynham Meikle & Partners [1975] 1 WLR 1095）。苏格兰在该问题上的态度大体与之一致（Stair, The Laws of Scotland Ⅲ, "Building Contracts", para. 135）。在奥地利，合同总则中的条款适用于各种类型的合同（民法典第922条），当确定存在过失时，设计者需要承当责任。在西班牙同样这样，责任体系建立在过失责任之上，设计者过失的证明是认定其责任的前提（TS 31 December 2003, RJ 2003/337. 也参见建筑法第10.2条）。依据丹麦买卖、加工和运输标准条件，设计者的责任基础在于过失原则。为了避免责任，设计者必须提供符合本领域技术水平的成果。当设计者能够确保顾客的选择是明智的，设计者不会为自己实现顾客该明智选择的努力而承担责任，即使事实证明顾客作出的设计选择是不合适的。

3. 比利时采用的是混合体系。对于计划的制订、向顾客的告知和建议义务以及工程的监督，建筑师负有手段义务。如果要追究建筑师的责任，那么需要证明该建筑师没有尽到在相似情况下同等水平和领域的建筑师会作出的努力。而对于土壤要求、防水以及隔音隔热（设计最重要的因素），设计者负有结果义务。如果设计未能确保这些核心要素，那么就意味着设计者需要承担责任。在二号道德规范（Deontologische norm no. 2）中规定，建筑师的最终设计必须能够保证建设者能够完成建造工作（第9条）。另外，设计需要和顾客的建筑项目以及所有的技术要求相符合。设计是否符合要求取决于双方缔结的基础设计合同。

4. 有关不同国家规定的进一步注释，见欧盟法原则之服务合同第668～670条。

第Ⅳ.C－6:105条　设计的交付

（1）如果设计人认为设计已经充分完成，或可独立于剩余设计而自行使用的部分已经充分完成并欲将其转移给顾客，则顾客应在被通知后的合理时间内受领该设计。

（2）如果设计或其相关部分与合同不符且该不符构成根本不履行，则顾客得拒绝受领该设计。

评　论

A. 法条概述

该条款的思想基础在于,要求设计者首先发起设计的交付,同时顾客在没有重大设计缺陷的情况下应当受领设计。受领设计的行为意味着顾客认可设计者依照合同履行了义务。顾客对设计者已履行其义务的确认可以通过明确的声明,也可以通过实际的受领行为来完成。当仅存在细小的缺陷或者该缺陷可以在短期内弥补时,顾客不得拒绝受领该设计。只有当缺陷构成合同的根本不履行(对根本不履行的定义见定义列表)时,顾客才可以拒绝受领设计。

示例1

一个建筑师被雇用设计一个地下停车场。在设计完成之后,该建筑师将设计交与顾客。在受领该设计时,该顾客表示建筑师已经履行了合同项下的义务。

B. 利益权衡和政策考量

对于设计的交付,一个重要问题在于是否应当允许顾客在任何情况下都有权拒绝受领设计。顾客受领设计是对设计符合合同要求的事实所做的确认。受领这一行为对于设计者来说具有重大的意义,一般情况下,设计的交付即意味着设计者会得到相应的服务报酬。至少,依合同所产生的报酬的绝大部分应当得到支付。因此,在这一问题上需要制定特别的规则。

另外,设计的交付使得顾客能对设计是否符合预期进行确认。顾客不得拒绝受领设计,除非设计的不符构成根本不履约。对缺陷设计的弥补会花费时间,且造成成本的增加,但是缺陷发现得越及时,设计者的修正也就越容易。由此也可以说,对设计交付的专门规定似乎是有益的。所有调研过的法律体系都专门对这一情况进行了规定。

然而,也有人会认为这样一条专门的规定是不必要的。也许,由合同双方自行规定他们之间如何交付以及何时交付设计会更加合适。

C. 首要选择

针对设计的受领设定一条特殊规定被认为是更优的。当设计者认为设计已经适合具体实施时,顾客应在一段适当的时间内对设计进行受领。这里不必须考虑整个设计,而可以仅从已经完成的具有独立性的一部分设计出发。由于设计者对设计最为了解,因此应当由设计者主动地决定设计是否适于顾客进行受领。这一决定基于一般意

义上的合同双方的协作。在受领设计或者部分的设计时,顾客的协作对于合同义务的履行至关重要。对设计受领有着重要的意义,因为这是对设计符合合同要求的承认。然而,顾客在部分有限的情况下可以拒绝受领。当设计或者设计重要部分的缺陷构成合同的根本不履行时,顾客才可以拒绝受领设计。顾客可以通过受领设计来检验设计者是否适当地履行了合同。

注　释

1. 在欧洲,关于设计交付的特殊规定并不常见。在建筑物交付方面有许多规定,但是并不针对建筑设计的交付。当法律中涉及交付的情况时(使用的是不同的术语),往往是针对结束设计者合同下义务以及开始保证期间或者时效期间的计算。

2. 比利时的规定是,当设计者准备好交付设计时,顾客必须受领。只有当设计完全交付之后,设计者在合同项下的义务才算结束(民法典第1234条),同时启动设计者十年的责任期间。参见 Verbeke [- Deketelaere and Schoups], Handboek Bouwrecht, p.434。在英国,当设计符合合同时,必须部分或全部进行移交(Hudson, Building and Engineering Contracts[11], pp.682 - 683)。在法国,设计者交付设计,以及顾客受领设计具有启动十年责任期间的效果(Liet - Veaux and Thuillier, Droit de la construction[11], p.286)。依据民法典第1792~1796条,合同双方在设计移交时都必须到场,以便顾客可以宣布是否有保留地受领设计。明显的缺陷必须在移交的同时指出。隐藏的设计缺陷也许会在一年的保证期间内显现出来,建筑师有义务进行补救。

3. 在德国,依联邦最高普通法院的判例,知识产权作品是可以进行真正意义上的"交付"的。这对设计同样适用。HOAI(关于建筑师和工程师的收费规定)第15条(建筑设计任务书 Leistungsbild)(Locher, Das private Baurecht[5], pp.192 and 193)。关键的步骤在于设计的受领,同时顾客申明其认同设计者的行为是符合合同的(民法典第640条及 Niestrate, Die Architektenhaftung[2], p.51)。受领要求设计工作已经完成。依据建筑师和工程师报酬规则,在设计者依据建筑设计任务书履行完毕所有义务之前,设计都不算真正完成。设计的交付意味着建筑师义务履行的结束。若顾客在应当受领设计时不予受领,建筑师有权依据民法典第642条和第643条终止合同(Niestrate, Die Architektenhaftung[2], p.220)。

4. 希腊民法典仅在第694条中规定"付款到期"时提及有关交付的问题。在荷兰,设计者合同义务在设计活动完成时结束(1997年顾客和设计师间法律关系的一般规则第19条(1)款和第(2)款)。自合同义务完成时起,设计者所负担的五年保证期间开始计算。在整个建造过程的下一阶段开始进行之前顾客必须认可建筑师的设计(1997年顾客和设计师间法律关系的一般规则第47条第(2)款和第(3)款)。在波兰,当设计者依照合同要求完成设计时,顾客有义务受领设计(民法典第643条)。如果设计未按合同要求完成,顾客没有受领义务。参见 Radwan'ski [- Brzozowski] System Prawa Prywatnego Ⅶ[2], p.341。在葡萄牙,设计的交付意味着顾客接受该项设计,并且免除了设计者的义务。关于交付的进一步规定可以由双方自行决定,在这种情况下,服务提供者有义务遵循顾客的指示(民法典第1161条(a)项)。苏格兰没有特殊规定。在西班牙,依据建筑法(LOE)第6条,成果的受领意味着顾客依设计现有特点和质量进行接受。在瑞

典和芬兰,关于交付和受领的规定集中于建筑而非设计领域。

5. 由于设计合同在西班牙法律中没有特别的规定,建筑法中关于建筑物交付的规定可以适用。依据该法的规定,顾客的受领行为(明示或暗示)必须在建筑物完工后 30 天内进行,除非合同双方另有规定(建筑法第 6.4 条)。如果建筑物未完工,或者不符合合同要求,顾客可以拒绝受领建筑物(建筑法第 6.3 条)。然而,这些规定似乎对于适用于交付建筑以外的成果来说太过严格。

第Ⅳ.C－6:106 条　记录

(1)在双方履行完其他合同义务后,若顾客提出请求,则设计人应将所有相关文件或者复印件交付给顾客。

(2)就没有交付的相关文件,设计人应在合理时间内为保管。在文件销毁前,应再一次向顾客提供该文件。

评　论

A. 法条概述

设计者负有依顾客请求,向顾客交付设计相关文件的义务。这一义务通常在履行完毕所有合同下义务之后产生——在顾客受领设计并且支付报酬之后。设计者有权保留文件,直到顾客支付其报酬。(第Ⅲ－3:401 条(中止履行对待债务的权利))。

如果顾客没有在支付报酬之后要求相关文件,设计者有义务在合理期限内进行保存。有些设计合同的标准条款将这一期限定为十年。这与时效期间有关。十年之后大多数针对设计者的诉求都将失效,即使是在存在隐藏的缺陷的情况下:不过,在人身伤害的案件中,时效最长可至三十年(第Ⅲ－7:307 条(期间的最大长度))。在任何情况下,若设计者不愿继续保存文件,必须在销毁前再次向顾客提出移交请求。

本条仅涉及“相关”文件。这包括设计的细节、用于向公权力机关申请许可的设计、证书以及专家意见。

B. 利益权衡和政策考量

这里的主要问题在于设计者是否应当负有在一定期限内保存有关文件的义务。

这样的义务有利于保障顾客的利益,以防其将来由于特定目的而需要这些文件,比如便于承包商实现设计,或者建筑的改建,或者便于建筑物的买卖。另一方面,保存文件也会有利于设计者,比如说保护知识产权。

C. 首要选择

强制要求设计者承担保存记录的义务的原因在于，相较于设计者的利益，顾客的利益被认为更为重要。设计者承担在一定期限内保存文件的义务时几乎没有什么损失。而顾客得到文件的利益比设计者从保存文件中得到的利益更大。另外，设计者只需向顾客提供相关文件的复印件，并可以为将来的任务或是出于知识产权方面的目的而使用设计原件。不过，本条规定仅是一项任意性规定。合同双方可以在合同中另行规定。

注　释

1. 大多数的法律体系中对该问题并无规定，而是留给合同双方在合同中解决。德国、荷兰和葡萄牙除外。

2. 在德国，建筑师有义务向顾客提供设计文件（Locher, Das private Baurecht[5], p. 243）。该义务的时效期限为三年（民法典第 195 条）。依据建筑师和工程师报酬规则第 159 条，设计者有义务记录合同履行的最终结果。

3. 荷兰 1997 年顾客和设计师间法律关系的一般规则中的标准条款包括了一项保存合同相关文件的义务（第 42 条）。保存期限为设计者完全履行合同义务后的十年。如果顾客要求，设计者可以将复印件交由顾客处理（第 42 条第（3）款）。一旦向顾客提供文件且顾客受领之后，设计者即完成其保管义务（第 42 条第（4）款）。在 Nieuwe Regeling 2005 中也有相似规定（第 11 条第 11－13 款）。依民法典第 7:412 条，顾客请求记录的权利时效期间为五年。

4. 芬兰 KSE 1995 标准条款第 6 章中有关于文件保管的规定。顾问必须保管由顾客那里取得的原始文件以及自己起草的文件十年。

5. 在葡萄牙，设计者没有保管设计记录的义务（民法典第 1161 条（d）项）。

6. 依西班牙法律，设计合同没有特殊规定，并且被视为建筑合同的一种，交付所有合同相关文件并非作为设计者的一项义务，而是项目指挥的义务（director de obra）。依建筑法第 7 条，在项目完成后，项目指挥必须将原始设计，连同所有的修改稿，交与顾客，以进行行政管理程序。西班牙法律缺乏在不移交文件的情况下关于文件保管的规定，事实上第 7 条作为对顾客的一项强制义务，而非其权利存在。与建筑相关的文件作为建筑物手册（Libro del Edificio）必须由建筑物的所有者和使用者保管，以便向将来的使用者转交（建筑法第 16 条）。

第Ⅳ.C－6:107条　责任的限制

如果合同当事人都是经营者，推定将设计人对不履行的责任限制为由顾客或者为顾客按照设计来建造或者履行的建筑物、物品或者服务的价值的条款在第Ⅱ－9:406条（在经营者之间订立的合同中“不公平”的含义）的含义上是公平的，除非该条款限制的是因设计人或由设计人为其负责的任何人的故意或重大过失造成损害的责任。

评　论

A. 法条概述

在设计过程中可能出现很多错误。如果最终设计出现缺陷，顾客可能因此遭受损失，而该损失往往会超过约定给设计者的报酬。设计者希望能够通过限制或者排除责任来应对这种情况。在第二卷第九章中关于不公平条款的规定会在特定情况下使这种限制条款无效化。然而，这类条款由于普遍的必要性而适用于所有的合同。本条规定的目的在于，通过确定合同中的限制条款如果处于本条款的范围内，且是作为商业合同的条款而存在，因此被推定为是公平的，从而为设计合同中的特殊情形提供更加明晰的解释，除非该条款限制的是因设计者方面的故意或重大过失造成损害的责任。当责任被限制在依设计所实施的建筑物、物品或服务的价值范围内时适用该推定。

示例1

一个建筑师受雇于一家私人企业进行国家机场航站楼的设计。由于这是一项巨大的任务，且造成损失的风险由于航站楼的公共服务功能而很高，该建筑师设法将其责任限制在完工后航站楼的价值范围内。航站楼完工且使用数月后，屋顶的一部分坍塌，且造成了巨大损失，该损失超过了设计者的责任限制。尽管这是一个商业合同（合同双方在经验范围内活动），责任限制不被推定为是公平的。关于不公平合同条款的一般规则是否适用，必须在不借助推定的条件下决定。

B. 利益权衡和政策考量

有人可能会问，关于不公平合同条款的一般规则能否满足需要以及是否需要针对设计合同作出专门的规定。这里的问题和在加工及保管合同中出现的问题是一样的。一方面，如果采用特殊规定可能会失去一般性规定的灵活性。另一方面，这也可能带来更大的确定性和更多的指导。

C. 首要选择

除了关于不公平合同条款的一般规定之外，为设计合同中的责任限制设计一项单独的条款是更为合适的。由于这一问题在欧洲法律体系中有着不同的规定，本章中关于设计合同中的限制条款的规定仅限于设计合同中一种特殊的限制条款类型。即仅关于在两个专业合同当事人之间缔结的，将设计者的责任限制于建筑物、物品或者服务价值之内的商业合同。在商业合同领域，需要硬性规定。在其他情形下——比如说，当至少合同一方当事人是非专业的（特别是当顾客为一般消费者时）——适用一般规则更为合适。

将设计者对于不履行的责任限制为建筑物（服务或者物品）的价值的条款被推定是公平且合理的。然而，当这种推定在涉及因为故意或者重大过失而造成的伤害时并不成立。这种条款是否有效必须基于不公平合同条款的一般规则进行判断。

需要注意的是，即使一项条款按照本条的规定被认为是公平的，在具体案例中，如果根据具体的情况适用该条款有悖于诚实信用和公平交易，那么仍然可以依第Ⅲ－3：105条（排除或限制救济的条款）排除该责任限制条款的适用。

注　释

1. 比利时法律规定设计者的专业责任为期十年（民法典第1792条，Reglement van Beroepsplichten art. 15）。该责任被十年的保险所涵盖。十年后设计者的责任即不再存在（民法典第2270条）。设计者不得通过合同限制该责任，因为这条规定是出于对公共秩序的考量。另外，也不得中止或者终止该十年期限（Verbeke [– Deketelaere and Schoups], Handboek Bouwrecht, p. 850）。

2. 限制或者排除设计者责任的条款在丹麦法律中基本是有效的，除非顾客能够证明设计者是故意或者由于重大过失导致损失。在买卖、加工和运输标准合同下，设计者不对利润损失等间接损失负责（第14.3条）。在荷兰也同样有这样的规定，在标准条款情况下（Rechtsverhouding opdrachtgever – architect, ingenieur en adviseur DNR 2005），不仅排除设计者对利润等间接损失的责任（第14条），同时将责任限制在服务的价值范围内，且最多不超过一百万欧元（第15条）。

3. 在英格兰和苏格兰，设计合同往往包含排除和限制条款，且适用不公平合同条款的一般规定。在建筑标准合同中提供一个空白的固定限制，在各个具体的合同中进行填补。建筑师责任限制方面最重要的标准格式协议是RIBA Code of Conduct（第3.2.2、4.1.7条和第4.2.5条）。

4. 根据法国民法典第1792－5条，若合同条款限制或排除了民法典第1792条规定的责任，那么该条款是无效的（民法典第1792－6条对明显的缺陷规定了一年的保证期，第1792－3条为适当的功能规定了两年的保证期）。

5. 德国法中不允许对建筑师责任的完全排除。但是责任的限制是可能的。责任往往限制在保险可承担的范围内，重大过失和过错除外。对于建筑物自身遭受的损失进行的责任限制条款是禁止的（民法典第309条第(8)款）。将建筑师责任附属于承包商责任的条款是无效的（民法

典第209条第(7)款)。如果允许类型的责任限制条款与合同的诚实信用原则或是关于标准合同的法律规定不相冲突,那么该条款是有效的(Niestrate, Die Architektenhaftung, p. 184)。

6. 波兰民法典第473条第(2)款的一般规则对设计者适用。基于此,不得排除故意造成的损失责任。然而,可以排除由于重大过失造成的损失责任(最高法院1953年10月6日的判决,Ⅱ C 1141/53, OSN 1955, no. 1, poz. 5)。

7. 在葡萄牙,在任何欺诈、疏忽大意和重大过失的情况下,标准合同条款中对于生命损失、财产侵权和绝对的不履行合同的责任限制条款被认为是无效的(General Contract Terms Decree Lawart. 18)。法教义学上在过失责任限制的问题上存在分歧(Antunes Varela, Das Obrigações em geral Ⅱ[6], p. 134)。不论过错的程度,责任的限制总的来说是不允许的(CA Oporto, 6 October 1987, CJ 1987, Ⅳ, p. 231)。

8. 在西班牙,设计者对于由不符合同要求的设计所造成的损失(建筑法第10.2条),以及不正确、不充分以及不精确的设计所造成的损失(建筑法第17条)应负完全责任。在实践中,设计者会缔结民事责任保险合同,以此来负担客户的请求。设计者不需要承担责任的唯一情况:不可抗力,或者当损失是由受害者或者第三人造成的(第17条)。合同双方可以缔结责任限制条款。另外,依西班牙民法典第1102条,由欺骗或者故意造成的责任不得受到限制。在存在过失的情况下,民法典第1103条没有明确地规定免责条款的无效。因此,反过来看,他们是被允许的(Serra Rodriguez, Las claúsulas abusivas en la contratación, p. 105)。除此之外,最高法院将重大过失视为与欺骗相当(TS 2 July 1875, jur. Civ. 271;TS 2 July 1992, RJ 1992/6502)。

9. 瑞典标准合同条款包含限制条款以将损失责任限制在工程价值的一定百分比以内,比如说,瑞典建筑合同、土木工程合同和安装合同一般条件第5:11条规定为15%。如果保险能够负担更高数额的话,设计者需要承担更大数额的责任。合同的一方不得排除由故意或者重大过失造成的责任。设计者必须对由于工作造成的损失投全险,瑞典建筑合同、土木工程合同和安装合同一般条件第5:22条。

第七章　信息和咨询

第Ⅳ.C－7:101 条　适用范围

(1)本章适用于一方当事人(信息提供人)为他方当事人(顾客)提供信息或咨询的合同。

(2)在第八章(医疗)就医疗服务中的信息披露义务包含有更多特殊规定的范围内,不适用本章规定。

(3)在本章下面规定中,凡提及信息者,即包括咨询。

评　论

A. 法条概述

本法条确认了有关信息和咨询规定的特殊服务合同的适用范围。为避免重复“信息和咨询”的字样,第(3)款指出后文中所有的“信息”即包括“信息与咨询”之意。在余下的章节中,“信息”包含了事实信息(factual information)、评估信息(evaluative information)以及推荐(recommendation)。当信息涉及重要事实(material facts)或者服务的提供仅涉及对观察到的情景进行描述时,该信息被称为“事实信息”。当信息里包括信息提供者的主观判断和对重要事实的评价时,该信息被称为“评估信息”。推荐包括咨询的提供即对于作出某特别决定的建议,或者更一般地说,对作出具体行动的建议。

这种对信息的三分法不仅因为它决定本章法条的适用范围而重要。由于信息提供涉及各种不同活动,对不同种信息也有不同的处理方式。如之后的规定将提到的,不同的情景有着各自不同的适用规定。此外,在履行信息提供义务时常常要提供不同种类的信息。如果这样的话,每类信息都由该类信息的专门规定予以调整。

示例 1

当一个律师提供法律建议时,一般会提供法条和相关判例法的事实信息,对事实情况的评

估,诸如个人对法条的理解以及这些法律规定对该案件的适用,并最终给出推荐。事实信息的相关法规适用于关于法条和相关判例法的信息;评估信息的相关规定适用于律师对事实信息的个人阐述;推荐的相关规定则适用于咨询建议的提供。

本章的规定主要应用于以提供信息为基本目的的合同。然而,根据第Ⅱ－1:107条中关于混合合同的一般规则,本章的规定同样适用于不仅以信息提供为目的,还提供其他服务或其他内容的合同。信息提供义务可以是首要义务也可以只处于从属地位。对于和信息提供有关联的合同而言,本章的规定并不适用于整个合同,而只适用于合同中与信息提供相关的部分。当信息提供只是偶然的、附属的,以至于把信息提供的重要性置于其他活动之上是不合理的时候,本章的规定只会作为附属规定运用——也就是说,只有在为调整合同的信息部分为必要时且与调整合同主要部分的相关法规不冲突时才适用本章的规定(第Ⅱ－1:107 条)。

示例 2

现有一份银行与顾客之间的合同,根据合同内容,银行要向顾客提供包括投资咨询在内的多重服务项目。此时,本章的规定只适用于有关信息提供的部分,而不适用于银行提供的其他服务。

根据第Ⅳ.C－1:101 条(适用范围)第 1 款(b)项的规定,本章不仅适用于有偿提供信息的相关合同,还准用于无偿提供信息的相关合同。

在有关医疗的章节(第八章)中规定了医疗提供者关于告知病人信息的义务,该章节特别规定了为让病人知情地对拟进行的治疗进行同意而需要告知的内容。本条第 2 款明确规定了第八章相关规定将比本章的规定优先适用。然而,本章关于信息提供的规定适用于第八章中未明确规定的部分。

示例 3

一位医生未按照第Ⅳ.C－8:105 条(告知义务)的规定告知病人相关治疗方案的风险。病人主张损害赔偿但必须证明是对告知义务的违反造成了损害的发生。该因果关系可根据第Ⅳ.C－7:109 条(因果关系)的规定予以证明:病人只需证明,如果医生提供了所有必要信息,合理的病人在同样的情况下会认真考虑实施另外一个替代治疗方案。

B. 利益权衡和政策考量

第一个政策上的问题在于是否需要一个专门的法规来规定信息合同。也许第二章(服务合同一般规则)中对这类合同已有足够规定了? 在传统方法中,信息合同是包含在一般服务合同中的。而在现代的做法中,考虑到了信息合同或者更一般地说智力服务合同的特殊性。与物质服务相比,智力服务的特殊性常常被强调。因此有一个专

门的规定看上去是必需的,或者说至少是有用的。

第二个问题是,是否能够将咨询服务的相关规定包含于本章规定中。赞成将其包括进来的主要论点是,在实践中,作出推荐也是咨询者的典型工作,而当被咨询者提出一个推荐时也常常提供信息。咨询甚至可以被认做是一种特殊的信息。

C. 首要选择

在欧洲法中,关于信息提供的合同一般被认为是服务合同,信息提供相关行为由承揽合同或服务合同相关规定予以调整。总的来说,没有专门的关于信息合同的立法。过去十年内逐渐丰富起来的案例为此提供了解决方法。如今,欧洲的很多相关法律原则都发源于案例,尤其是医生、律师、银行、投资顾问和保险顾问提供的信息和建议。与此不同的是意大利的法律体系,其包含了对于智力服务的专门法规。然而,这种智力服务的专门法规的范围比信息合同的范围要广。

根据欧盟多个国家的现行法,关于信息和咨询提供的法规是很相似的。除了一些特殊的规定外,欧洲的法律体系并未对这两个概念进行区分。

较优的解决方式是建立在现代方法之上的,虽然它更多是在案例法中而不是在法典中出现,并倾向于认为信息和咨询的提供需要特殊的规定。毫无疑问,此行为的重要性是不容置疑的。大多数的规定对所有种类的信息都适用,但也有一些特殊的规定适用于某些特殊种类的信息。

不适用于混合合同的一般性规定是毫无道理的。所以本章的规定也调整产生于其他合同的信息义务。本章的规定要么与调整该其他合同的法规并行适应,要么在信息提供仅仅是偶发性和从属性的时候被从属性地适用。因此,一般来说,当告知的义务只处于从属地位时,其处理方式与以信息为主要目的的合同中的告知义务的处理方式并无多大差别。

D. 信息和咨询的区别

信息和咨询建议在某些方面很相似,也可被看作是一个统一体。咨询可被视为是一种特殊类型的信息。咨询概念的本质在于,咨询包含了向顾客对具体行动所做的推荐。咨询的目的是让顾客在多个选项中作出更理性的选择。要做到此点,咨询的目的在于向顾客提供信息,而这些信息对于从一系列选择中作出更理性的决定是有用的。总的来说,这些信息包括对具体行动可选择的方案,以及遵循这些方案存在的风险。

从另一个方面来看,两者的区别还在于,当一方有提供咨询的义务时,对作出的选择的质量所承担的责任在某种程度上转由咨询顾问承担。咨询顾问与顾客之间不再是普通的“保持合理距离”的关系;相反,应当是一种更为紧密的关系,即使在双方存在利益冲突时咨询顾问也应当维护顾客的利益。在一些国家里,咨询合同往往被认定为咨询顾问负有受托责任的信托关系。在咨询顾问的主要义务在于提供事实信息时就不属于这种情况。

咨询建议是被特别组织或限制的信息,通常取决于需要解决问题的顾客的需求。为了找到问题的最好解决方案,顾客需要关于可能的解决方案的信息,尤其是关于不同方案优缺点的信息。因此,咨询主要是围绕可能会满足顾客需求的不同选择而组织展开,同时也被这些选择和需求限制。此外,为了确定顾客的需求,咨询顾问需要对顾客需求进行探索。换言之,咨询顾问不仅需要给予顾客信息,还要帮助顾客作出决定。当协议规定咨询顾问只是提供信息时,并不存在上述的这些要素。

在本章中,信息和咨询的主要区别标准在于是否需要作出推荐。如果不需要作出推荐,那么服务被认为只是提供信息,不管是事实信息还是评估信息。此外,如果信息提供者需要对具体行为作出推荐,这种服务就被认为是提供咨询。在本章中,"当信息提供者明示或默示地承担了建议任务以使顾客能够随后作出决策"的合同就被认为是咨询合同。该标准非常重要,因为第Ⅳ.C－7:104 条(技能和注意义务)第(2)款及第Ⅳ.C－7:107 条(利益冲突)规定了只制约咨询顾问的特殊义务。

然而,在一些情形中,虽然没有明确提出推荐,但所提供的服务也可能是咨询。例如,当所提供的信息足够详细,并提到每种方案可能产生的结果时,也会在缺少明示的情况下构成推荐。

示例 4

一位法律教授向顾客作出了法律咨询,阐释了在一个诉讼中可能出现的法律论据,未对作出具体的行为提出建议。教授仅仅是阐释各种不同的可能以及其相应的风险。在这里,教授虽然没有给出明确的推荐,但此类法律咨询已构成咨询建议,两者间的合同也同样构成咨询建议合同。咨询顾问负有该合同带来的义务。

在其他的情况中,推荐不能被视为咨询建议。比如当推荐是向所有公众作出的,并不适用于特定顾客的需求时,其不会被看作咨询建议。

注　释

Ⅰ.信息和咨询的定义

1. 总的来说,不存在关于信息和咨询的立法定义。通常是在法教义学上对这两个概念进行区分。信息常被定义为对事实情况的陈述。它不同于咨询的地方在于,咨询还明示或暗示了对行为的提议。上述分类通行于奥地利(Koziol, Haftpflichtrecht Ⅱ2, 186 ff),英国(South Australia Asset Management Corp. v. York Montague Ltd. [1997] AC 191; United Bank of Kuwait Plc. v. Prudential Property Services Ltd. [1997] AC 191; Nykredit Mortgage Bank plc. v. Edward Erdman Group Ltd., [1997] 1 WLR 1627),法国(Terré/Simler/Lequette, Les obligations[8], no. 258; Savatier, D. 1972, Chron. 157; Veaux, Contrat de conseil, fasc. 430; Delebecque, Contrat de renseignement, fasc. 795),荷兰(Barendrecht and van den Akker, Informatieplichten van

dienstverleners)，波兰（Lewaszkiewicz－Petrykowska: Uwagi o zawodowym obowiazku udzielania informacji, no. 21, pp. 47－54)，西班牙（Cervilla Garzón, La prestación de Servicios Profesionales, p. 246）。在德国，信息通常被分为三个层次：信息、推荐、咨询——（Palandt［－Sprau］, BGB60, § 675, no. 33）。这种三分法适用于葡萄牙（Sinde Monteiro, Responsabilidade por conselhos, p. 15－a recommendation being regarded as more than mere information but as less intense or directive than advice）。在希腊、意大利、苏格兰和瑞典，没有公认的对信息和咨询的定义。

Ⅱ. 信息和咨询合同的规定

2. 虽然对于某些特定种类的信息和咨询合同，如向消费者提供金融和投资咨询的合同，存在大量的规定，但没有一个调研过的法律体系对信息和咨询合同作出了专门的规定。

3. 在比利时（Civ. Brussels, 6 February 1991, JT 1991, 661），英国（货物与服务供应法第13条，普通法系中相同的解决方式），法国（民法典第1779～1799条），德国（民法典第611条），荷兰（民法典第7:400条及以下），葡萄牙（民法典第1154条），信息和咨询合同一般由服务合同的规定进行规制。意大利有专门为智力服务设定的专门规定，以与其他物质服务区分开来（民法典第2229～2238条）。瑞典对这个方面没有一般性的立法。然而，至少在消费者合同中，在不同的范围更窄的法律中可找到一些指导方针，比如消费者金融咨询法或者 FmL 第16条以及保险代理法第13条。

4. 在苏格兰由普通合同法进行规定。在芬兰也基本如此（不动产代理法第8～11条，保险代理法第22条，消费者保护法第6a章，证券营销法第6章）。

5. 由于在西班牙法律中同样缺乏关于咨询合同的特别规定，这类合同由民法典中关于服务合同的规定进行调整（Bercovitz, Contratos Mercantiles[3], p. 697）。

Ⅲ. 进一步信息

6. 更多地依据国家排列的注释，以及关于信息和咨询的非合同责任的讨论，参见欧盟法原则之服务合同第707～714条。

第Ⅳ.C－7:102 条　搜集初步资料的义务

（1）在合理被认为对服务的履行是必要的范围内，信息提供人应搜集关于下列事项的资料：

（a）顾客需要信息的特殊目的；

（b）顾客就信息的偏好和优先选择；

（c）顾客基于信息可以被期待作出的决定；以及

（d）顾客的个人情况。

（2）信息打算提供给一定人群的，则所收集的资料必须与可以合理被期待地来自该人群个体的目的、偏好、优先选择和个人情况相关。

（3）信息提供人需要顾客提供资料的，应向顾客解释提供何种资料。

评　论

A. 法条概述

信息提供意味着信息提供者要做很多工作。一个信息合同规定了多项义务。在提供信息之前,信息提供者需要知道顾客需要的是哪种信息。信息提供者的首要义务就是确定顾客需求。本条款对此义务有着特别的规定,而这个规定在实际操作中对信息提供也非常重要。在被合理地认为对于服务的履行为必要的限度内,信息提供者必须明确顾客的目的、偏好以及倾向的选择。另外,根据第(1)款(d)项的规定,当顾客的个人情况对合同义务的履行为必要时,信息提供者也要确定顾客个人情况。

在顾客是一定人群时,第(2)款将服务提供者的义务限定为收集有关顾客的目的、偏好、优先选择以及个人情况的相关资料。在这种情况下,信息提供者可根据顾客所在群体普通成员的一般需求来确定顾客的目的、偏好和优先选择。第(2)款还涉及标准化信息,该信息的内容由信息提供者事先确定。在这种情况下,信息提供者调查顾客需求的义务将更加受限,他们可根据需要同样信息的潜在顾客群体的需求来提供相关信息。

示例 1

一家公司提供移动电话服务。该服务为法国阿尔卑斯山区的滑雪者和登山者提供天气预报、天气实时通报以及预警系统。而此服务范围并不包括意大利和瑞士境内的阿尔卑斯山。因此,该信息提供者只需要收集与法国的阿尔卑斯山上的登山者和滑雪者相关的环境信息。

第(3)款规定信息提供者有义务向顾客解释顾客需要提供的资料。

示例 2

一个国际性的出版商需要律师提供发行前建议,来决定是否发行一部可能引起隐私争端的传记。律师需要知道传记相关人物的国籍、永久居住地以及传记的发行国。选择准据法是非常重要的,因为不同的法律体系对隐私的定义以及触犯隐私的标准有所不同。律师将有义务告诉出版方所需信息的种类,而出版方有义务依据协作义务给出相关信息。

B. 利益权衡和政策考量

第一个问题是信息提供人所搜集的有关顾客的目的、偏好和优先选择的信息的范围。这是由服务的种类以及顾客的种类所决定的。为了双方的利益,双方应在开始服务之前充分地交换信息,以便服务能得到正确的履行。然而,过多的信息提供也意味

着顾客需要支付更多费用。限制信息范围也许能减少部分额外费用。

第二个问题是信息提供者是以抽象的方式还是具体的方式对合同执行的环境来进行评估。所谓抽象的方式,是指参考对于一个合理的顾客在同样情况下信息提供者进行的合同执行环境评估;而具体的方式则是根据不同顾客的具体情况进行环境评估。关于根据具体顾客的特殊需要量身定做的信息一般不存在什么疑问。然而,对于标准化信息的提供,或者更概括地说对于提供给特定人群的信息,本条包括的义务可能会导致问题的出现。提供的信息内容往往是由信息提供者事先决定的,并没有考虑到具体顾客的特殊需求。在非契约关系中标准化信息是非常普遍的。然而,人们通常会缔结合同以得到社会所期待的服务。此种情况下,信息提供人搜集有关顾客的目的、偏好和首选信息的义务将更为有限。此外,当义务是关于标准化信息的提供时,最好是信息提供者对服务履行的客观环境进行客观而非主观的评估。换言之,所提供的信息越是针对顾客的特殊需求量身定做的,越要对信息服务的环境进行具体的评估。相反,信息标准化的程度越高,对环境评估越趋于抽象化。

对于服务履行外在环境的评估义务为欧洲各法律体系广为接受。如果提供的不是标准化信息,信息提供者必须提供针对顾客的特殊需求和情况而量身定做的信息。该义务要求信息提供者在履行服务前进行初步评估。该义务通常可从注意标准的一般规定中推导出来。此种情况下,如果提供的服务不是根据具体顾客的特殊需求和情况而量身定做的,那么与注意标准不符。

C. 首要选择

首选的方案是,对信息提供者加以搜集初步信息的义务,但是限制在被合理认为是服务的妥善履行所必需的范围内。这条标准使得在在具体案件中评估责任时,由合同双方当事人和法官,来决定信息提供者所应搜集的,或者是合同双方所应交换的初步信息的量。在判断时,在为具体顾客提供特殊信息时,对应提供的信息的标准应更主观,而在提供标准化的信息时,应有一个客观的标准。换言之,所提供信息的内容是由信息提供者事先决定的。

正因如此,对于标准化信息是由顾客选择信息提供者来提供满足自己需求的信息。在履行服务前,这一类的信息提供者没有搜集关于每个具体顾客特殊需求的信息的义务。他们向公众提供特定的服务,并由顾客在索取服务前自行决定自己需要什么。如此一来,关于顾客的目的、偏好、优先选择和个人情况需要搜集的信息可以参照对同类顾客的合理期待。

注　释

1. 在奥地利信息提供人有义务询问顾客关于顾客情况的信息。另一方面,顾客也负有协作

的义务。如果顾客没有履行此义务,所能主张的损害赔偿可根据民法典第 1304 条(与有过失)进行减免。

2. 根据英格兰和苏格兰法,人们认为,在咨询合同中暗含了如下条款:对于咨询顾问提出了合理问题,顾客必须予以回答。

3. 在芬兰的法律中,信息提供者具有仔细满足顾客委任的一般性义务(参见 Supreme Court Cases KKO 1998: 57; 1999: 19; 1999:80 and 2001:128 and Hemmo, Sopimusoikeuden oppikirja, p. 154)。在多个法案里还有更多具体的义务,比如:在证券营销法案的第 4 章关于投资服务的规定中的第 3a 条以及 2005 年保险代理法案第 22 条中提到的“了解你的顾客(know your customer)”的原则。

4. 在法国,原则上是由信息提供者来搜集所有需要的初步信息(Cass. com. 1 December 1992, Bull. no. 391, a professional salesman must collect information about the needs of the client; Cass. civ. Ⅰ, 7 April 1998, Bull. civ. Ⅰ, no. 150; CCC 1998, no. 97 with Note L. Leveneur; Cass. civ. Ⅰ, 17 February 1998, Bull. civ. Ⅰ, no. 61 for the fitter)。信息提供者要向顾客索要适当的信息,顾客也同样必须将信息告知咨询顾问,藏匿关键信息将造成共同过失(Cass. civ. Ⅰ, 27 June 1995, JCP éd. N1996. Ⅱ, p. 1213, with Note Sanséau)。从最高法院的判决可以看出,顾客的任何过错都会限制能从咨询顾问处得到的赔偿金,该解决方法变得非常普及(Cass. civ. Ⅰ, 30 January 1996, Defr. 1996, p. 361, obs. J. －L. Aubert)。

5. 在德国的法律中,对于共同过失的规定适用于顾客没有尽到自己责任的情况下(BGH 17 October 1991, WM 1992, 62, 66; BGH 17 November 1994, WM 1995, 212, 214),尤其是顾客没有将所有需要的实情告知咨询顾问时(BGH 20 June 1996, WM 1996, 1832, 1835 ff)。

6. 在意大利的法律中,关于搜集有关初步信息的义务可以从几个不同的法案中推断出:民法典第 1175 条要求双方当事人履行得当;民法典第 1337 条规定的在缔约前的阶段的诚信原则;以及民法典第 1375 条要求合同双方在合同阶段的诚实信用。

7. 荷兰的法律中并没有一项规定,要求顾客将信息告知信息提供者(参见 Barendrecht and van den Akker, Informatieplichten van dienstverleners, no. 61)。然而,这种义务有时在医患关系中得到承认(CMT 31 October 1996, Stcrt. 1996, 221)。如果因为顾客的原因导致没有给出足够的信息,那么可能导致债权人道德问题的产生。如果顾客不给出信息,那么在原则上,建议者可以依据现有的事实信息展开工作,除非现有信息过于肤浅、不完整,在这种情况下咨询顾问有义务做进一步调查(也就是说,再次向顾客提出问题)(参见 Barendrecht and van den Akker, Informatieplichten van dienstverleners, nos. 126, 343)。

8. 在波兰的法律中有关查明顾客需求的义务可以从关于履行义务的一般规定中得出,双方在订立和执行合约时要彼此忠诚(民法典第 354 条第(1)款)。顾客的协作义务来自于民法典第 354 条第(2)款。在民法典第 639 条和第 640 条中有关于特殊承揽合同中顾客协作义务的更具体的规定。

9. 在葡萄牙的法中,顾客有义务向咨询顾问提供对于咨询或者信息的提供为必要的信息(民法典第 1667a 条)。这是一项任意性性规定。如果顾客提供的信息不充分的话,建议者得以共同过失进行辩护(民法典第 570 条),不过其必须承担证明责任(民法典第 572 条)。

10. 在西班牙,顾客的合作义务中向服务提供者进行告知的义务可从诚信原则中客观推导出来:商法典第 57 条和民法典第 7 条和第 1258 条。然而,只有在要求最大诚信的合同中顾客的告

知义务才被规定在法典之中。在保险关系中,顾客必须告诉服务提供者关于合同成立时(被保方的)的情况(保险合同法第16条),以及在合同执行期间可能出现的会对合约造成影响的其他情况。存有争议时,是由服务提供方来证明顾客是否恰当地提供了信息(TS 5 July 1990, RJ 1990/5776)。

11. 在瑞典的法律中,信息提供方有仔细地完成顾客委任的一般义务(参见 Hellner/Hager/Persson, Speciell avtalsrätt Ⅱ(1)[4], p.217)。在此一般义务中,通常还包含了从顾客处收集初步信息的义务,只要该信息对于认真完成顾客委任而言是必需的。这一点也被规定在很多专门的法律规定中,例如保险代理法第13条中要求保险代理人要阐明顾客的保险需求。在对顾客的金融建议法案(Financial Advice to Consumers Act)第5条第(1)款中规定,建议者要适当地考虑到顾客的利益。此外,咨询顾问要调整自己的建议以符合顾客的期望和需求,并且只能推荐适合顾客的建议。顾客对信息提供者(负有一般性的忠实义务)(参见 Hellner/Hager/Persson, Speciell avtalsrätt Ⅱ(1)[4], p.225)。这可能包含顾客向信息提供者提供对于合同的履行为必要的信息的义务。

第Ⅳ.C－7:103 条　获取和使用专业知识的义务

在可以合理地被认为对提供服务是必要的范围内,信息提供人应获取和使用其所掌握的或者作为提供信息或咨询服务的专业人士所应该掌握的专业知识。

评　论

A. 法条概述

信息提供者必须获取和使用对履行合同义务所必需的专业知识。

示例 1

有一个富商,他对不同的国家都有投资兴趣,家里人也居住在国外。现在他需要一位遗产规划律师的咨询以帮助他将遗产税减至最低。为了能给出法律建议,所选律师需要熟知与本案件有关国家的继承税法、婚姻法、继承法以及国际私法,并能够搜集相关法律信息。

本条中所提到的"合理地被认为对提供服务是必要的"首先指的是顾客期望的以及双方当事人达成一致的结果。换言之,哪些输入是必要的取决于双方约定的最后的输出是什么。一般来说,如果输入存在瑕疵,那么输出的结果也会存在瑕疵,这样,信息提供者的责任是以调整输出结果的相关规定为基础。然而,搜集和运用专业技能本身就是一项义务。没有履行这些义务将可能被单独处罚。

因此,这条规定的主要目的是让顾客可以在得知信息提供者使用的专业知识不适当、不完全、有缺陷时迅速作出反应,而不需要等到整个服务进程结束之时。

B. 利益权衡和政策考量

毫无疑问,专业的信息提供者需要获得并运用对提供服务为必要的专业知识。主要的问题是,为了达到要求的注意标准所需的专业知识的量是多少?获取和使用信息义务的范围应有多大?以什么标准来评定这一范围?

如果过多地要求建议者的专业技能,将带来对于提供良好的服务来说不必要的成本。在一些情况中,这甚至会使信息提供者失去提供服务的信心,因为对他们而言这样做的风险很大:他们很容易被问责。另一方面来说,如果允许信息提供者提供他们并不能胜任的服务,可能会严重损害顾客利益。对此,人们需要找一个中间平衡点。

决定对信息提供者需要和适用的专业知识的范围进行确定该使用什么方法并非易事。在科学领域中,服务提供时学科发展水平可被用作参考标准。这也许对其他的领域或者实务来说并不适用。在这种情况下,也许会参照信息提供者所处群体的主流观点或者道义原则。

C. 首要选择

这里的首选是规定一项义务,并对其进行限制,首先规定作为专业信息提供者或者咨询顾问所具有或者应当具有的专业知识,同时通过“在可以合理地被认为对提供服务是必要的范围内”这一标准对该义务进行限制。这将使法庭能够考虑到每个案例的特殊背景,并且参考第Ⅳ.C-2:105 条(技能和注意义务)中提到的技能和注意的一般义务以及第Ⅳ.C-7:104 条(技能和注意义务)第(1)款(b)项中提到的信息提供者与咨询顾问的技能和注意的特殊义务。

如果需要提供的信息是事实信息,第Ⅳ.C-7:10 条第(2)款(与合同要求相符)中的提供正确信息的义务往往优先于本条中的规定。这就意味着,无论信息提供者是否在搜索专业知识过程中具有合理的技能和注意,如果提供给顾客的专业知识不完整或不正确,信息提供者的合同义务都未能履行。

示例 2

一位顾客要求律师事务所对现行法中的雇员责任作出总结。该事务所使用了 LEXIS 数据库。如果该数据库缺乏相关案例,而因此导致提供给顾客的信息是不完整或不正确的,该事务所即未履行其合同义务,无论其在收集专业信息和决定使用 LEXIS 数据库的过程中,是否具有合理的技能和注意。

注　释

Ⅰ.概述

1. 该义务通常源自对信息提供者要求的技能与注意的一般条款。但是,各法律体系下,对于要使得合同义务的履行能与要求的注意标准相符需要多少专业知识并未达成一致。在比利时、英国、法国、荷兰、意大利、苏格兰及瑞典,信息提供者只需关注事实性且确定的专业知识。然而在德国,信息提供者也许有义务预见未来的发展趋势,因而需要考虑到当前的工艺水平可能存在的错误(BGH 30 September 1993, Ⅸ ZR 211/92; NJW 1993, 3323, legal adviser)。

Ⅱ.获取及使用专业知识的义务

2. 在比利时,布鲁塞尔地方法院判定,尽管律师有义务认真收集专业知识,但不应在与法官对于一项有歧义的法律条款进行不同的阐释就须承担责任(Civ. Brussels, 21 February 1963, RGAR 1963, no. 7135)。

3. 在英国,一名医师需具有专业人士在相关领域应有的专业知识(Sidaway v. Board of Governors of the Bethlem Royal Hospital [1985] AC 871)。

4. 根据法国法律规定,信息提供者或者咨询顾问有义务具有或者获取相关专业知识。例如,一名法律顾问必须了解在提供服务时适用的现行法律(Cass. civ. Ⅰ, 15 October1985, Bull. no. 257; RTD civ 1986, 759 Huet)。信息提供者必须保证信息并未过时(Cass. com. 30 January 1974, D. 1974, 428 with Note Tendler)。如果信息提供者未完成保证顾客安全的必要的调查,将被视为未能履行合同义务(Cass. civ. Ⅰ, 3 May 1983, D. 1983, 559, Note J. -L. Aubertt, for a notary)。一名法律顾问没有义务预见判例法的撤销(Cass. civ. Ⅰ, 25 November 1997, Bull. civ. Ⅰ, no. 328; Defr. 1998, 354 obs. J. -L. Aubertt; RTD civ 1998, 367, obs. J. Mestre (notary). Already ruled by Cass. com. 12 July 1993, Bull. civ. Ⅳ, no. 298)。在任何情况下,法律上的不确定之处均不能免除信息提供者提出咨询建议的义务;因此顾客必须被告知法律上的不确定之处(Trib. civ. Seine, 22 April 1953, JCP éd. N 1953. Ⅱ. 7656; CA Amiens, 29 January 1959, JCP éd. N 1959. Ⅱ. 11212; Cass. civ. Ⅰ, 9 December 1997, Bull. civ. Ⅰ, no. 362; Defr. 1998, p. 354, obs. J. -L. Aubertt, notary)。当诉讼必然被驳回时,如果律师未建议顾客不要提起诉讼,那么律师须承担责任(Cass. civ. Ⅰ, 29 April 1997, Bull. civ. Ⅰ, no. 132; JCP 1997. Ⅱ. 22948 with Note R. Martin; CCC 1997, no. 111, with obs. L. Leveneur)。

5. 根据德国法律规定,信息提供者必须具有同类专业人士应有的专业知识。一名法律顾问必须了解现行法,即使案例的解决方法会受到法律学说的批判(BGH 29 March 1983, NJW 1983, 1665, solicitor)。法律顾问有义务保持与时俱进,及时学习德国联邦法律在法律期刊上发表的决议(BGH 20 December 1978, NJW 1978, 887)。在判定法律顾问应具有的知识量方面,德国判例法比任何其他法律制度都要求得更加严格。一名法律顾问必须保证与最高法院的判例相符,即使这些判例在专业领域受到激烈批判,或者不能排除这些判例将会被修改的可能性(BGH 29 March 1983, NJW 1983, 1665 (solicitor); BGH VersR 1993, 1413, tax consultant; BGH 27 October 1994, VersR 1995, 303, NJW 1995, 330, notary public)。法院认为,律师应对错误的法律观点负责,即使由三位专业法官组成的审判庭曾经同意这种观点(BGH NJW 1983, 820)。即

使援引专家(大学法律教授)的法律观点也不足以免除律师的责任(BGH NJW 1993, 1179)。因为该律师未经考虑判例法修改的可能而援引旧例,法院认为该律师负有责任(BGH 30 September 1993, Ⅸ ZR 211/92; NJW 1993, 3323)。

6. 在意大利,信息提供者必须与"最新水平"保持一致,并且必须了解相关知识或者实践领域并未被一致认可的科学解决方案。对于想要活跃于该特殊知识领域的专业人士来说,这种解决方案的信息是不可或缺的(Cass. 18 June 1975, no. 2439, Giur. it., 1976, Ⅰ, 1, 953; Cass. 29 March 1976, no. 1132, Giur. it., 1977, Ⅰ, 1, 1980)。该原则在任何专业范畴均有效。例如,由于一名律师忽略了要适用的法律,或者更概括地说由于其疏忽与不称职导致诉讼的结果不尽如人意,则该律师须承担责任。仅当案例的解释出现争议,或者适用的法律受到质疑和讨论时,在律师不存在欺诈或严重过错的范围内可免除其责任(民法典第2236条及第1176条)。

7. 根据荷兰法律,服务提供者必须尽到对于该服务合理熟练和合理行事的服务提供者应尽到的注意。这项标准在1990年11月9日被最高法院明确接受,Nedjur 1991,26(Speeckaert/Gradener, liability of a doctor),并且适用于各种服务提供者。亦参见HR 26 April 1991, NedJur 1991, 455(Benjaddi/Nęve, liability of a bailiff for bad advice)。这意味着服务提供者必须拥有或者获得熟练的从业人员理应具备的专业技能(Michiels van Kessenish – Hoogendam, Beroepsfouten, no. 18)。最近一个荷兰的案例表明了法律顾问必须拥有专业知识这一义务对实务的影响。在这个案例中,一家公司曾付给一名前雇员一大笔解雇费使之同意终止雇佣合同。随后人们了解到,这名前雇员在职时曾在其上司不知情时接受过一名重要的供货商的贿赂。这位顾客雇佣律师帮助他起诉该前雇员,想知道如何追回他当初付给该人的解雇费。出于策略考虑,律师建议他的顾客等到该前雇员因此案被追究刑事责任时再启动刑事附带民事诉讼。这位顾客听从了他的建议并等待刑事诉讼在法院提起。然而,当刑事诉讼终于向法庭提起时,追索解雇费的时效已过,顾客的诉讼请求被驳回。于是这位顾客起诉律师为他提供了错误的建议。律师自我辩护说他仅仅作为顾客的刑事律师,而作为刑事律师他不知道追回那笔钱是需要通过特殊程序的。吕戈登法庭认为律师的建议本身是错误的(CFI Leeuwarden, 14 August 2002, case number HAZA 01 – 728)。此外,该律师在辩护中称他仅仅是顾客的刑事律师,而作为刑事律师他可以不知道追回那笔钱是需要通过特殊程序的,法庭认为如果律师的辩护属实,该律师应避免给出总体建议,并且应该建议顾客求助于民事律师。这个案例表明为了给出法律上的建议,律师总是负有拥有或者收集专业知识的义务。对相关法律事务的忽略不能构成律师的借口。自知不具有某领域足够知识的律师应该避免为顾客提供服务,并应向其推荐该领域的合格律师。然而,到底一名律师需要拥有多少知识仍待考虑。

8. 在波兰,拥有或者获得相关专业知识的义务可能源于以应有的注意行事的义务(民法典第355条)以及契约忠诚的义务(民法典第354条)。既定合同中可期待的知识水平取决于服务提供者的资格与专业经验、案例具体情况以及义务履行的背景(judgment of the Supreme Court of 25.9.2002, Ⅰ CKN 971/00, Lex no. 56902)。对于专业人士,知识与经验水平的标准更高(民法典第355条第(2)款)。例如,在1997年8月14日的判决中(Ⅱ CZ 88/97, OSNC 1998/3/40),最高法院裁定签订合同雇佣律师的一方可以期待律师完全了解相关法律。

9. 苏格兰法律规定,专业咨询顾问需达到的知识标准是:在服务或者信息提供时的技术发展水平下,对该行业从业人员可合理期待应当达到的知识标准(Hunter v. Hanley 1955 SC 200)。

10. 在西班牙,在所谓的自由职业领域内,服务提供者最重要的职责就是更新其专业知识。

专业人士在提供服务时,应了解科学发展情况。对于法律咨询合同,参见 SAP Madrid 30 June 2003, JUR 2003/248779;对于医药领域,参见 SAP Zaragoza 24 April 2000, AC 2000/1292。

11. 在瑞典,一些领域(诸如会计师和执业律师)有自己的更高注意标准。专业人士必须遵循这些要求。例如,律师不应忽视法律规定以及能轻易找到案例(NJA 1957 p. 627)。专才通常比通才有更高的注意标准(参见 NJA 1981 p. 1091)。芬兰法律也采用同样的准则(参见,例如 Supreme Court Cases KKO 1999:19, 1999:80 and 2001:128)。

第Ⅳ.C－7:104条　技能和注意义务

(1)信息提供人的技能和注意义务尤其要求:

(a)采取合理措施,确保顾客能理解信息的内容;

(b)以一个合理的信息提供人在提供可评估信息时的客观情况下所应该表现出来的技能和注意提供服务;以及

(c)在可以合理期待顾客将基于该信息作出决策的任何情形,告知顾客这里所蕴含的可以合理地被期待将对顾客决策造成影响的风险。

(2)如果信息提供人明示或默示地承担了建议任务以使顾客能够随后作出决策,信息提供人应:

(a)在对所搜集到的与顾客的目的、偏好、优先选择以及个人情况有关的资料进行技术分析的基础上作出建议;

(b)告知顾客其个人可以提供的与顾客的嗣后决策有关的替代方案以及这些替代方案与推荐方案相比的优势和风险;并且

(c)告知顾客其个人不能提供的其他选择方案,除非信息提供人明确告知顾客只提供有限范围的选择方案或根据客观情况这是显而易见的。

评　论

A. 法条概述

本条款对信息提供者的技能和注意义务作了更深入具体的规定。这是信息合同规范的关键所在。

信息提供者有责任提供清楚明了的信息,以合理的注意和技能提供评估信息并告知顾客风险。此外,为顾客提供建议的信息提供者,比如咨询顾问,有义务提及另一种可能的意见。

鉴于提供信息的目的在于使顾客能够作出明智的选择,信息必须是明白易懂的,并且,若是书面形式,还必须是易读的。依据第(1)款(a)项,信息提供者需采用合理的

措施确保顾客理解信息。提供者越使顾客感到信息是出于顾客个人需要而特意量身定做的,他在这方面的义务就越重。不过,如果只提供有限的服务,尤其是当信息是以标准化的形式呈现且双方没有实际的联系的时候,信息提供者应保障特定顾客理解信息的义务就更有限了。

第(1)款(b)项是本条款的核心。它规定,信息提供者应“以一个合理的信息提供人在提供可评估信息时的客观情况下所应该表现出来的技能和注意提供服务”。

示例1

一位咨询顾问建议顾客进行一项特定的长期投资。十年后,事实证明另一项投资可以为顾客带来更高的收益。顾问并没有法律责任,除非有证据表明他或者她并没有运用合理的注意和技能。

根据第(1)款(c)项,信息提供者需告知顾客在众多可行的行动步骤中包含的风险。当可以期待顾客会在收到的信息基础上作出决定时,就存在告知风险的义务。普遍接受的观点是信息提供者必须告知顾客接下来的决定中隐藏的风险。这被认为是告知义务的本质特征之一。

当信息提供者为顾客提供建议时,即在咨询合同中,第(2)款进行了专门的规定。建议者的主要义务就是从其他可选方案中推荐一个具体的行动步骤。为了达到这一目的,(a)项规定建议者应对收集的信息进行深层的分析,并基于该分析,为顾客推荐一个特定的行动步骤。建议者必须在分析中考虑到所有的可选方案及其风险。这些可选方案可能包括不采取任何行动。

示例2

病人可以决定不接受治疗;律师的顾客可以决定不起诉;公司策略的咨询顾问可以建议不和其他公司合并。如果不采取任何行动对顾客来说是最好的选择的话,建议者就应该这样建议顾客。

(b)项和(c)项规定咨询顾问有义务告知顾客其他可行的选择。不过,通常而言,信息提供者无义务告知顾客可选的方案。即使有能力自己提供一项可选方案,也应告知顾客信息提供者无法提供的可选方案,除非信息提供者明确告知顾客只提供有限数量的可选方案或者这一事实就现在情况而言是显而易见的。

示例3

一位保险经纪人只和少数几家保险公司合作,他只会向顾客推荐这些公司所提供的保险服务中的最佳方案。他需要向顾客说明这一情况。这也是欧盟指令(EU Directive)在保险经纪人问题上的解决方案。

B. 利益权衡和政策考量

本条款引出了很多问题。倘若提供清晰明了的信息这一义务是不受质疑的话，那么信息提供者的其他义务则包括困难的选择和对利益冲突的协调。

对于第(1)款(b)项，需要解决的问题在于，在提供评估信息时，信息提供者是仅承担尽最大努力的义务，还是应当对双方当事人所设想的结果承担保证事先的义务（关于对真实信息的讨论，参见第Ⅳ.C－7:105条（与合同要求相符）的评论B）。对信息提供者来说，保证评估信息的正确性原则上来说是困难的。当信息还不可得或者涉及一个未发生的事件时通常就属于这种情况。对每种预测或预告来说，要求信息提供者保证信息的准确性都是很困难的。

示例4

气象预报机构预测第二天会是晴天。不过当天却暴风雨肆虐。如果该气象预报机构是以该领域准专业人员的注意进行操作的，那么无须承担责任。

示例5

一个愿意给某公司提供贷款的银行要求借贷方抵押一栋房屋。银行要求对房屋估价。估价者没有义务保证银行一定能通过抵押执行程序实际获得估价的款额。银行必须承担市场发展的风险。评估者的义务仅在于以合理的注意和技能进行估价。

除了提供关于未来或未知事件的信息，也就是预测，更常见的问题是，对于所有的评估信息而非事实信息，信息提供者是否应该承担尽最大努力的义务。当信息需要由提供者加工从而履行合同义务时，强迫信息提供者保证信息的准确性通常是不公平的。

示例6

房地产中介被要求提供一座别墅价值的信息。为了完成任务，中介必须处理许多事实数据（房屋表面积、邻居、该地区类似房产的当前卖价……）。这就包含了许多风险，而中介无法保障顾客找到买家按估价购买。中介需尽全力履行义务，只有当他没有达到要求的注意标准的时候，他才需要负法律责任。

正如关于评估信息的条款中的情况一样，建议者不能保证顾客遵从其建议后就能实现期待的结果。换句话说，要求专业的咨询顾问提供对顾客而言最好的行动方案是不可能的。

至于提及风险的义务，最主要的问题是准确评估信息提供者所要披露的风险的范围。既然提供信息是为了使接受者作出相应的决定，那么将风险与接下来的结果直接联系起来就是合理的，这样的话只需声明那些可能影响顾客决定的风险。因为信息提

供者并不必然知道哪种风险会影响顾客的决定,那么可以说在这种情况下信息提供者处于一种不确定的状态。如果提前说明需要披露的风险,或许情况会好很多。不过,只有当涉及某些特定种类的信息时,这种情况才有可能发生;如和某些医疗风险相关时 ,该风险有清晰的数据,要求声明在数据中以特定频率出现的风险才是有可能的。另一方面,这种情况在其他领域却难以适用,比如说无法算出频率和不可能对任何特殊情况进行调整的情况。出于这个原因,人们更愿意有一个更笼统的条款。

由于这一原则被广泛地接受,咨询顾问是否有义务提及可选方案的问题其实并不是重要的。主要的问题是决定咨询顾问是否应该提及他本人不能提供的可选方案。这种情况发生在建议者还提供其他种类服务时。这在保险咨询领域是很常见的。支持这一观点的论点是顾客对建议者十分信任,虽然他们可能不知道建议者不一定是实施这个服务的最佳人选。出于这个原因,在原则上咨询顾问有义务提及可选方案。尤其是当一个特定领域分化出了细化的行业时很可能就属于这种情况。一个医生(比如说一个全科医生)应有的注意标准可能要求他将病人转给另一个医生(如一个专科医生),这个观点是普遍接受的。另一方面,在一些情况下,商品或服务的提供者没有义务将顾客介绍给能提供更好商品或服务的竞争者。

欧洲所有的法律制度都把提供清晰明了的信息的义务当作对信息提供者要求的一般注意义务的组成部分。判例法的观点是,信息提供者仅仅有义务尽全力提供正确的信息。在这一领域通常不存在严格责任或者是结果义务。

欧洲司法机关运用不同的技术来判断应披露的风险:先验的决定、因果关系推理以及注意标准的推断。除了适用的法律推理的类型不同以外,各法律体系还在对需要提醒的风险范围的判断问题上具有分歧。尤其是在医疗问题上,一些法律制度强制要求信息提供者承担告知另一方所有可能的风险的义务,即使该风险出现的概率很小。比如法国法。在其他法律体系里,并没有对必须进行风险先验声明的要求。声明的风险是可能影响顾客的决定的风险(德国、奥地利)。不过在其他法律体系中,可以通过一个普通的对注意标准的推断来作出决定;需告知的风险是一个有适当能力和技能的专家应当告知的风险(英格兰)。要决定一位合格的专家能告知什么,还应参考专业文献和道德标准。

对告知可行替代方案的义务这一问题,欧洲的法律制度没有统一的立场。如果这一关于咨询顾问责任的原则被广泛接受了的话,在涉及没有提出建议的信息提供者时就可能产生分歧了。最大的分歧很可能是关于建议者提及他本人无法提供的可选方案的义务。

C. 首要选择

对于评估信息,本章选择了尽全力的义务。信息提供者必须以合理的注意和技能提供服务。

在第(1)款(c)项里,遵循的是因果推理以确定须告知的风险的范围。信息提供者

只需要提及可能影响另一方选择的风险。在医疗这一章(Ⅲ.C-8:105条(告知的义务))中有关于风险告知的特别条款。不过,根据本条第(2)款,服务提供者披露关于治疗风险的信息的责任需依据本章的条款。

提及可选方案的义务只有咨询顾问才需要承担,而不为顾客提供建议的信息提供者无须承担。至于建议者本人无法提供的可选方案,第(2)款(c)项规定了一个折衷解决方案,规定在原则上咨询顾问应提及这些可选方案。不过,建议者可以通过明确表示给予的建议仅注重于建议者自己能够提供的替代方案,或者是有限的由他人提供的替代方案,来排除掉自己提供可选方案的义务。这一声明必须在该建议者与顾客取得联系后立刻作出。此外,有时在有些情况下,很明显,职业的咨询顾问仅向顾客提供自己所能提供的可选方案。在这种情况下就没有作出上面提到的声明的必要了。

示例7

一个私人个体申请贷款来购入一处房产。银行只需建议这个潜在顾客它能提供的不同种类的贷款,没有义务建议其他金融机构提供的更优惠的贷款合同。

本章包含的是任意性规定。即使是对于评估信息或者建议,双方当事人也可以约定由信息提供者保障信息的准确性。注意的标准也可以因合同规定而降低。顾客经常选择不被告知某一具体的行动方案的风险。

示例8

病人决定不被告知推荐的治疗方法有什么风险或者替代方案。换句话说,病人完全信任医生,而且事实上,他也会请求医生来做决定。医疗服务提供者必须遵从病人的这一愿望,结果是,告知的责任也因此减轻。

注　释

Ⅰ.概述

1. 在英格兰、芬兰、法国、德国、荷兰、葡萄牙、苏格兰、西班牙和瑞典,信息提供者的义务在原则上是手段义务。据此,如果提供的信息是错误的或者被证明是错的,这一事实也不会导致信息提供者承担责任。此时,就有必要证明提供者没有发挥合理的注意和技能。有一个例外,在法国,有些案例(比如CA Paris 22 November 1996, Juris - Data no. 024274)和作者(Delebecque, Contrat de renseignemen, fasc. 795, no. 83; Veaux, Contrat de conseil, fasc. 430, no. 116)赞成要求提供者在提供事实和核实信息时负有结果义务。在德国,当信息合同被认定为承揽合同时亦是如此。要了解对本问题的比较分析,参见Pinna, The Obligations to Inform and Advise, nos. 107-123。

2. 当义务是手段义务时,注意的标准通常是具有合理的熟练程度的专业人士采取合理的注意。这取决于案件的具体情况以及所提供的信息的性质。因此,需要参考行业标准。在意大利,当服务的提供有相当的难度时(民法典第 1176 条第(2)款和第 2236 条),对该义务有更进一步的削弱。如果这样的话,信息提供者只对欺诈和重大过失负担责任。在瑞典,在调整注意标准时需要考虑到信息提供者的专业程度。

3. 尽管信息提供者披露风险的义务得到了普遍认可,但应告知的风险的性质和范围在法教义学和判例法领域均导致了重大的分歧。对于该问题的解决,欧洲各法律体系所采纳的解决方案存在重大分歧。分歧既存在于解决问题的方法,也涉及最后的解决方案,即应当披露的风险范围。关于这一问题的比较分析,参见 Pinna, The Obligations to Inform and to Advise, nos. 180－197。

4. 提出可选方案的义务在一些实践领域中被普遍接受,特别是在医疗信息的问题上。

5. 告知客户服务提供者不能给予的可选方案的义务在医疗领域被普遍接受,德国除外(BGH 22 September 1987, Ⅳ ZR 238/86)。在其他的实践领域,主要的解决方法是将信息提供者的角色纳入考量。特别是当信息提供者给人以作为独立的咨询顾问或者独立地活动的印象时,那么信息提供者就负有告知客户自己所不能提供的可选方案的义务。如果信息提供者不愿意这么做,那么必须告知顾客自己的非独立性。大多数法律体系将这一问题看作是利益冲突问题。

Ⅱ. 手段义务或结果义务

6. 在英格兰,合同所产生的义务的性质取决于合同本身的建构。尽管一般的出发点将此作为手段义务(1982 年服务和商品供应法第 13 中的"合理的技能和注意"),考虑到合同的性质,这往往被解释为包含了对信息正确性的保证,所以在实践中,这项义务被作为结果义务。信息提供者如果想要避免这项义务的话,可以排除它(规定在 1977 年不公平合同条款法中)。在提供咨询建议的案件中,法院极其不愿将保证解读为合同中的结果,比如参见 Thake v. Maurice [1986] QB 644,在该案中,法院认为,实施绝育手术的医生没有给予患者以永久绝育的合同保证,尽管他确实向原告(丈夫和妻子)展示了输精管的末端是如何被切掉以及缝合的。

7. 法国的一些案例表明了告知义务是结果义务,咨询建议的义务则是手段义务。这样的结果是,错误的信息就足以导致提供者的责任(CA Paris 22 November 1996, Juris－Data no. 024274)。然而,判例法中的主要观点倾向于在信息被提供时仍将义务的性质作为手段义务,即错误信息一定是作为义务的错误履行的结果才能导致信息提供者的责任(Delebecque, Contrat de renseignement, fasc. 795, no. 72)。最高法院裁定,顾客必须能够证实信息提供者没有以应有的勤勉来收集正确的信息(Cass. com. 30 January 1974, D. 1974, 428 with Note Tendler. 上诉案,CA Lyon 27 October 1971, JCP 1972. Ⅱ. 17012, with Note R. Savatier; D. 1972, 327 with Note Tendler. 其他案件, 参见 CA Rennes 21 May 1974, Banque 1974, 848; RTD com 1974, 566 obs. Cabrillac, Rives－Lange)。在最高法院 1988 年的案件中申明了一项基本原则,银行在提供信息时仅负担手段义务(Cass. com. 10 October 1988, Bull. July, 1988, 931, no. 303; RD banc 1989, no. 12, p. 66, obs. Crédot, Gérard)。在该案中,一个希望购买某公司股份的客户向他的银行要求关于该公司以及该公司信誉的信息。依据所得到的信息,他购买了该公司的股份。几个月后,该公司破产了。该客户不能够从银行得到关于损失的补偿,因为无法确定银行方的过错(关于其他的案件,参见 Delebecque, Contrat de renseignement, fasc. 795, nos. 75 ff)。然而,在其他的一些案件中,错误的信息被认为是足够证明信息提供方过错的(Cass. com. 14 March 1978, D.

1979, 549 with Note Tendler)。在另外一个有关两个银行机构相互交换信息的案件中,最高法院裁定,提供错误的信息足以认定责任(Cass. com. 9 January 1978, D. 1978 IR 308, obs. Vasseur; Cass. com. 9 June 1980, D. 1981 IR 192 obs. Vasseur; Cass. com. 24 November 1983, D. 1984 IR 707 obs. Vasseur)。法学学说中认为,考虑到信息对任何人来说都是可得的,错误信息的提供直接导致信息提供者的责任(Delebecque, Contrat de renseignement, fasc. 795, no. 83)。换句话说,在这些情况下,信息提供者负有结果义务。部分学说更概括地认为,提供能证实的信息的义务原则上属于结果义务(Veaux, Contrat de conseil, fasc. 430, no. 116)。其理由在于提供这样的信息并不困难,债务人应当保证结果。这是在法国法中确定一个结果义务的一般标准(See especially, Tunc 1945, and generally Terré/Simler/Lequette, Les obligations8, no. 586)。在任何情况下,对于顾客来说,证明信息提供者的过错都要比证明咨询建议者的过错来得容易。事实上,对信息是否错误的判断要更加容易,而对建议质量的判断总是主观的。终于在最高法院最近的判例中,对于辅助告知义务,特别是证明责任问题,似乎朝着结果义务的方向发展(见上)。另一方面,对于咨询义务来说,一般认为对一个咨询建议为不好的建议的判断不能仅仅因为该建议未产生接受者所期望的结果。最高法院裁定,咨询顾问负有手段义务而非结果义务(Cass. com. 14 March 1978, D. 1979, 549 with Note Tendler – for a commercial information office)。建议者给出的建议和实践中获得的结果之间的比较并不是判断建议者责任的标准(Cass. civ. Ⅲ, 30 March 1982, Bull. civ. Ⅲ, no. 67. 向一个客户提出取得建筑许可可能性的咨询建议的建筑工程师并不仅仅因为未获得许可而承担责任:CA Paris 18 November 1988, D. 1989. IR 11. 一个倾向于建议客户起诉的法律顾问并不仅仅因为该客户未赢得诉讼而被认为是提供了不好的建议)。该原则的第二个结果是,建议者可以要求工作完成后的酬金,即使未取得成果(Cass. com. 12 April 1988, Bull. civ. Ⅳ, no. 125. 一个专利法的顾问工程师可以请求支付费用,即使在调查过程中他发现了一个类似的已登记专利)。另一方面,如果建议者存在过错,那么他应当因为违约而承担责任(Cass. civ. Ⅰ, 21 December 1964, Bull. civ. Ⅰ, no. 585 – organisational adviser. CA Paris 22 November 1988, JCP 1989. Ⅱ.21330 with Note G. Raymond – recruitment adviser)。在一些例外的情况下,建议者必须对建议进行保证(结果义务)。如果建议者同时也是民法典第 1792 条和第 1792－1 条项下的建筑承包商,且由于该建议导致了建筑物的缺陷就属于这种情况。此时,该建议者兼承包商承担结果义务,因为所适用的第 1792 条引入了严格责任(作为举例参见 CA Paris 29 January 1987, D. 1988, somm. 115; RGAT 1987, 233 obs. J. Bigot – liability of a construction technical control agency which did not report the inadequacy of a roof 建筑技术监控机构由于未报告屋顶的缺陷所引起的责任)。

8. 在德国,信息合同可以归为服务合同的一种(手段义务)或者承揽合同(结果义务)。通常情况下,信息合同可以被认为是服务合同的一种(参见比如对会计师:BGHZ 54, 106, 107 f.; BGH 1 July 1971 – Ⅶ ZR 295/69, WM 1971, 1206, BGH 6 December 1979 – Ⅶ ZR 19/79, VersR 1980, 264, 265; BGH 3 February 1988 – Ⅳa ZR 196/86, WM 1988, 763, 764; Palandt [– Thomas], BGB60, § 631 no. 18; Gräfe/Lenzen/Rainer, Steuerberaterhaftung2. nos. 123 ff, 127 ff; BGH 6 November 1980 – Ⅶ ZR 237/79, WM 1981, 92)。只有在极少的情况下才将其视为承揽合同。这种情况是当一项实际的工作需要由服务提供者来完成——比如,一个律师书写的一份法律意见(BGH NJW 1965, 106),或者一个会计师在考虑到最佳的税务模式建议的情况下为一家公司起草的一份合同(CA Cologne OLGZ 80 no. 105)。在德国的一些判例里,对错误信息

的责任是以民法典第276条和第278条为基础的，而这两条规定是合同过失责任的一般性基础（BGH 12 February 1979, WM 1979, 548; NJW 1979, 1595——银行因关于客户信用等级的错误信息引起的合同责任）。该案件的动机却是模糊不清的，因为法院声称，在适用这些条款的情况下，银行负有“提供客观正确的信息”的义务。那可能意味着，就如在一些法国的信用案件中，一旦提供的信息是错误的就代表着过错。换句话说，这里实际的结果是使得手段义务成为结果义务。

9. 在荷兰法中，仅仅因为建议所基于的分析是错误的，并不意味着建议者负有责任。建议者在此意义上并不承担着结果义务。参见 Barendrecht and van den Akker, Informatieplichten van dienstverleners, no. 347。

10. 在波兰，一旦某一合同能够被归为有名合同的一种，就很容易进行区分：特殊劳务合同被归为结果义务，而委托合同是结果义务。在混合合同或者无名合同的情况下，那么对合同属于包含了手段义务抑或结果义务的区分取决于合同的内容以及服务提供者的资格。

11. 告知和建议的义务在葡萄牙属于手段义务。如果信息是错误的，但是并没有违反注意标准，那么该建议者就没有责任（Sinde Monteiro, Responsabilidade por conselhos, 387, Código Civil Anotado Ⅰ, ad art. 485.）

12. 苏格兰法律中告知和建议的义务是一种专业技能和注意的义务（Stair, The Laws of Scotland XV, para. 359 et seq）。比如说，一个初级律师不必对给出错误建议负有责任，只要他或她的行为表现符合作为专业人士应有的技能和注意。

13. 在西班牙法律里，原则上，信息提供者必须以在同样情况下的合理的专业人士应有的注意和技能来行为。因为服务提供者负有手段责任，原则上需要由顾客来举证，证明服务提供者没有尽到必要的注意标准。最高法院将医疗实践中的告知义务看作一项关于视情况而定原则（lex artis ad hoc）最基本的要求（TS 2 October 1997, RJ 1997/7405; TS 13 April 1999 RJ 1999/2583）。在最高法院的其他判决中，将这一义务视为由专业人士实施的手段义务（TS 25 April 1994, RJ 1994/3073 AC 1994/3; TS 11 February 1997, RJ 1997/940）。然而，当这些信息涉及客观事实的情况时，就会出现高标准的注意要求，因为专业人士负有提供可靠的、正确的且经过核实的信息的义务，这是一种真正的结果义务（See the opinion of M. Casals and J. Feliu, note under TS 7 June 2002, www.asociacionabogadosrcs.org/doctrina/）。对于法律咨询合同，最高法院指出，要列举所有的给予顾客的关于信息的特殊条款是不可能的，因为视情况而定原则（lex artis ad hoc）的内容会依具体情况而改变。然而，由于合同中的义务是手段义务而非结果义务，专业人士必须遵从必需的注意程度标准，且提供的信息必须充足才可能使得法律运作的风险转移给顾客（SAP Tenerife 20 January 2006, AC 2006/655）。

14. 在瑞典，不能仅仅因为建议所基于的分析是错误的就认为建议者有责任。从这一点上来说，建议者不负有结果义务。一般而言，可以将整个任务的结果与任务中具体的步骤进行区分。对于前者，只有当出现与期望的标准存在重大不同时，才能被认为与合同要求不符。而对于后者则有着更高的标准（参见 Hellner/Hager/Persson, Speciell avtalsrätt Ⅱ（1）4, pp. 217 ff）。比如说，作为一个律师可以被期待不忽视法律规定和可以轻易找到的案例，但是不会仅仅因为，该律师因为未达到该客户所期望的水平而输掉了案子，就被认为是有责任的（参见 NJA 1957 p. 621，一个律师由于忽视了一个在一本非常著名的法律书中被引用的案例，而被认为对损害负有责任）。在许多情况下，任务的结果可能因为给出的意见具有主观性的特征，而有相当大的变化，比如，一名

股票经纪人的投资意见或者一位官方评估人（official valuer）对于不动产的估价（Kleineman, SvJT 1998, p. 190）。在这些情况中，结果责任只有在一些极端的情况中才会出现，当出现这样的结果时，建议者有着极大的余地（参见 NJA 1987 p. 692 有关对不动产市场价格的评估）。

Ⅲ. 注意标准的确定

15. 在奥地利，要求的注意标准取决于案件的具体情况，特别是合同关系以及民法典第 1299 条规定所确立的客观标准所要求的必要的注意程度（Koziol, Haftpflichtrecht Ⅱ2, p. 183; SZ 49/47; ÖRZ 1981/15; JBl 1982, 534, EvBl 1982/3）。

16. 在英格兰，注意标准是客观的——合理的信息提供者或者建议者的注意标准（1982 年货物和服务供应法第 13 条, and in common lawBolam v. Friern Hospital Management Committee [1957] 1 WLR 582）。

17. 在法国，如果信息提供者的义务是手段义务，那么注意标准是“好的家父（bon père de famille）”（民法典第 1137 条）中的标准。在涉及专业人士的情况下，比较的标准是有合理技能的专业人士所应具有的合理注意。

18. 从理论上来说，在德国没有对此问题的特殊规定。在决定建议者是否有责的问题上，首先需要确定建议是错误的。这意味着，顾客（或者是依赖于这一建议的第三方）需要证明事实被错误地陈述。然后，必须使得法庭能够确信，建议者知道或者应该知道，该建议是错误的（参见 Müssig, NJW 1989, 1698）。这一责任标准不依提供的服务而有所不同：如果建议者没有符合可被期待的注意标准，那么就是有责任的。然而，这里的标准首先需要由相关行业的专业标准来决定（参见 BGH 29 November 1994, Ⅵ ZR 189/93, VersR 1995, 659）。如果能够从合同中得出，建议者应当保护委托人免遭某些特定的风险，而这些风险正是低质量的建议所产生的结果，那么建议者就对损失负有责任（参见 BGH 26 June 1997, Ⅸ ZR 233/96, VersR 1997, 1489）。对于法律顾问而言，这意味着，建议必须符合最高法院的判例法规则，即使这些规则在法律学说中受到强烈的批评，且不排除该判例法有被更改的可能（参见 BGH 29 March 1983, Ⅵ ZR 172/81, NJW 1983, 1665 (solicitor); BGH VersR 1993, 1413 (tax consultant); BGH 27 October 1994, Ⅸ ZR 12/94, VersR 1995, 303, NJW 1995, 330 (notary public)）。对可能的投资提供的建议必须是正确、完整、可理解以及仔细的（BGH 6 July 1993, Ⅺ ZR 12/93, NJW 1993, 2433, MDR 1993, 861, BB 1993, 1903, ZIP 1993, 1148）。

19. 意大利的注意标准需要符合民法典第 1176 条第（2）款的特殊规定，根据该条的规定，专业人士的注意和技能须根据履行活动的种类来进行评估。明智的专业人士以严格的注意来履行服务，以避免责任的产生，即工作类型所决定的注意。该条款所要求的高标准的注意和技能是因为特殊的利益需求，更一般地说，是因为顾客需要依赖于专业人士的知识和技能。现在还需要解决的问题在于确定专业的注意的具体内容。专业人士需要知道公认的科学的和实践的解决方法；这些解决方法的知识对于希望在该专业领域活跃的专业人士而言是不可或缺的（Cass. 18 June 1975, no. 2439, Giur. it., 1976, Ⅰ, 1, 953; Cass. 29 March 1976, no. 1132, Giur. it., 1977, Ⅰ, 1, 1980）。这一原则适用于每个具体的专业领域。民法典包含了第 1176 条第（2）款的一个例外，即专业人士是提供智力服务的。当某项服务的履行特别困难时，依据民法典第 2236 条，提供者仅在欺骗以及重大过失的情况下方承担责任。最高法院明确提出，民法典第 2236 条是确定注意标准一般原则的一个例外（Cass. 11 August 1990, no. 8218）。对该条款的法学教义解释对该条款的适用范围进行了限制，仅限于比一般同类专业人士的要求更加专业的服务范围

内(Bianca, Diritto civile V, no. 18; Cattaneo, La responsabilità, p.72; Perulli, Contratto d'opera e professioni intellettuali, pp.611 ff)。因此,对注意标准的缩减仅存在于极少的情况下。在民法典起草的讨论中显现出了许多需要进行协调的利益:首先,不能因为太容易造成责任而削减了专业人士的主动性;其次,不得允许专业人士仅仅因为服务的履行特别困难而不够谨慎。最高法院继续在对重大过错的判定中协调这两个目的,通过判决,不遵守基本的专业知识属于重大过错(Cass. 26 March 1990, no. 2428, 关于医疗责任。法院认为,仅有在实践中尚未被治疗过的新型病例才有可能特别困难)。每个专业人士必须确定任务中存在的特别困难,在必要的情况下须将有关情况告知顾客,且建议顾客向专家进行咨询(参见,如,Cass. 26 March 1990, loc. cit.)。

20. 在荷兰,判断的标准在于,一个有着合理技能的专业人士是否合理地行动,在给定的情况下——包括已有的信息或是应该收集的信息——不应提供事实上已经提供了的信息或建议。参见 HR 26 April 1991, NedJur 1991, 455 (Benjaddi/Neve)。除非,建议者承认——最好是事先的——自己达不到一般的经验水平,该建议者必须至少提供符合中等偏上水平的建议,也就是说,可以合理期待一个合理技能的专业人士合理行动所能够提供的质量。参见 Barendrecht and van den Akker, Informatieplichten van dienstverleners, no. 349。上面的内容对于咨询建议来说是清楚的,但是没有合理理由对提供简单信息的合约作出不同的判断。

21. 在波兰,相关规定为民法典第 355 条。该条款要求,依具体行为关系中一般要求的注意来行为。专业人士应有的注意要求参考活动的专业性质来进行评估(民法典第 355 条第(2)款)。最高法院在判决中表明((Judgment of the Supreme Court of 25. 9. 2002, Ⅰ CKN971/100, Lex no. 56902),专业人士应有的注意并不意味着特殊的注意,而是依行为方,依履行义务的行为主体和义务履行的客观环境来决定的注意。

22. 在葡萄牙,建议者必须依一个好的家父所应尽到的注意(the diligence of a good paterfamilias)来行为(民法典第 487 条第(2)款)。一个专业人士有义务尽到一个好的专业人士应有的注意标准:参见 CA Lisboa, 27 July 1998, CJ, 1998, 4, 130。建议者有义务依照顾客的指示来行为,也有义务向顾客交账(民法典第 1161 条)。建议者必须获得形成意见所需的事实,并且准确地、有技巧地运用它们,充分考虑到该意见发表时所能获取的最新的信息,以应有的行业准则来给出建议。Sinde Monteiro, Responsabilidade por conselhos, p. 388. Standard of care of attorneys: Estatuto da Ordem dos Advogados art. 83(1)(c) (d). Standard of care of doctors: Código Deontológico art. 26。

23. 在苏格兰,该标准是客观的(Hunter v. Hanley 1955 SC 200)。

24. 在西班牙法下,服务提供者应尽的注意是调整该行业的行业准则所要求的注意。在同时给出信息和咨询建议的情况下,提供者必须以一个合理的信息提供者在依行业的行业准则所应有的注意和技能来行为。在顾客依赖专业人士的专业知识并且期待专业人员在履行服务的时候能考虑到顾客的合同利益的服务合同中,由于合同的信赖关系,相关注意标准要比一般的好的家父的注意标准(民法典第 1104 条第(2)款)更高。根据民法典第 1104 条第(1)款,根据义务的性质所要求的应有的注意根据双方当事人的具体情况、义务履行的实践和地点来进行判断(TS 11 March 1991, RJ 1991/2209; SAP Segovia 13 April 2000, AC 2000/1005, concerning a solicitor)。

25. 在瑞典和芬兰并没有一个固定的注意标准;这取决于具体情况和合同双方。然而,某些行业具有该行业专门的注意标准。在瑞典消费者金融咨询法中引入了合理咨询实践的注意标准,参见第 5 条第(1)款。该标准的具体含义需要由商业组织协定、指南、一般建议、判例法等确

定(Lycke/Runesson/Swahn, Ansvar vid finansiell rådgivning, p. 106)。在芬兰证券营销法第 4 章中也有一致的规定。在其他的情况下,必须首先确定该专业人士违反了哪一项规定。其次,必须决定该项违反行为是否严重到需要被确定为过失(Kleineman, SvJT 1998, p. 189)。一般而言,专业人士要比全能型人士有着更高的注意标准,依一项判决(NJA 1981 p. 1091),一名律师在一个有关征收的案件中仅仅主张该赔偿应当在一个特定的日期提起。然而,该索赔主张可以在一个更晚的、更符合顾客需求的日期作出。法院认为该律师作为该领域的专业人士其行为存在过失,应当承担损害赔偿责任(参见 Kersby, JT 1997－98, p. 157)。

Ⅳ. 对风险和替代选项的提醒义务

26. 在奥地利的判例法中确立了建议者负有对风险和替代选项的提醒义务(OGH 23 February 1999, 4 Ob 335/98p, JBl 1999, 531, physician)。

27. 在比利时,医生必须向病人告知与病人决定相关的手术的风险(2002 年 8 月 22 日关于病人权利的法案,第 8 条)。

28. 在英国法中,对于一般情况下会被病人合理地认为具有相关性的风险,原则上存在告知义务(Sidaway v. Board of Governors of the Bethlem Royal Hospital [1985] AC 871; for a physician)。一般不存在告知替代选项的义务。相关法律学说,参见 Hodgin, Professional Liability, p. 516(一般顾客会合理认为相关的风险)。

29. 在法国,向顾客告知风险是信息提供者的义务的一部分。比如说,一位公证人必须告知顾客判例法的不确定性(Cass. civ. Ⅰ, 9 December 1997, Defr. 1998, p. 353, obs. J.－L. Aubertt)。公证人必须告知购买者,存在税务机关行使优先购买权的风险(Cass. civ. Ⅰ, 8 January 1986, Bull. civ. Ⅰ, no. 104)。建筑工程师必须向顾客告知建筑过程中隐含的风险(Cass. civ. Ⅲ, 4 May 1976, no. 184; D. 1977, 34, annotation J. Mazeaud)。负有次要建议义务的医生必须提示病人对手术风险的注意,即使是关于特殊风险的(Cass. civ. Ⅰ, 7 October 1998, JCP 1998. Ⅱ. 10179 with concl. Sainte Rose and annotation P. Sargos; CCC 1998, no. 160, annotation Leveneur; D. 1999, 145; RTD civ 1999, 111 obs. Jourdain)。(现在公共卫生法案(art L. 1111－2 Code de la santé publique)第 L. 1111－2 条)。当相较于手术的重要性而言,风险过于大时,医生负有拒绝实施手术的义务。这一特殊的义务,十分不同于建议或告知义务,是最高法院在适用医疗道德法案过程中创设的(Cass. civ. Ⅰ, 27 May 1998, Bull. civ. Ⅰ, no. 187; Resp. civ. et assur. 1998, no. 276; D. 1998, 530 Note Laroche－Gisserot)。建议者必须提示替代选项内含于建议的定义之中。建议者的义务在于告知接受者某特定行为的优势,然后指导该顾客作出决定,并且解释原因(为医疗信息而确立,公共卫生法第 L. 1111－2 条)。

30. 在德国,作为一项一般规则,信息提供者有义务向顾客告知风险以及已有的替代选择。不告知会导致主义务或是次要义务的不履行,并且可能引起责任。然而,如果顾客恶意地未告知他所知道的或者应当知道的与建议有关的信息时,建议者的责任是可被缩减的(参见 BGH 11 February 1999, Ⅸ ZR 14/98, MDR 1999, 571, VersR 1999, 1417)。告知义务的内容和范围取决于一系列的客观情况,部分地与顾客以及建议的对象有关。依联邦最高普通法院,与案件相关的情况是至关重要的(参见 BGH 6 July 1993, Ⅺ ZR 12/93, NJW 1993, 2433, MDR 1993, 861, BB 1993, 1903, ZIP 1993, 1148)。总的来说,与顾客有关的情况中最重要的是与顾客对建议领域的知识和经验,以及顾客所愿承担的风险。在建议的对象问题上,相关情况取决于具体的对象。在医患关系中,自我决定的权利被认为是建立在医生向病患告知治疗风险、建议治疗手段的必要性

以及替代手段是否存在等基础上(See for instance Kullmann, VersR 1999, 1190)。如果可能的不利后果的发生概率很低,并且合理的顾客在考虑是否同意手术时不大可能对其进行认真考虑的,那么相关信息就不是必需的(参见 BGH 9 December 1958, Ⅵ ZR 203/57, BGHZ 29, 46)。但是,该规则也存在例外,一个主要的例外是:虽然风险的发生概率很低,但是一旦发生其对病人带来的后果非常严重,对于这种情况医生负有风险告知义务(参见 BGH 7 July 1992, Ⅵ ZR 211/91, VersR 1993, 228)。如果治疗措施在医学上不是绝对必要的,而只是为了让病人安心,那么须告知顾客相关情况。如果在建议的治疗方案之外还存在其他替代方案,对病人的告知义务还包括向病人提到虽然未被主流学术所承认,却是由著名学者认为该方案可能存在的风险(参见 BGH 21 November 1995, Ⅵ ZR 329/94, NJW 1996, 776)。对于只有在治疗出现错误的情况下才会出现的风险,医生没有义务告知病人(参见 BGH 20 October 1961, Ⅵ ZR 39/61, VersR 1962, 155; BGH 19 March 1985, Ⅵ ZR 227/83, NJW 1985, 2193, VersR 1985, 736)。律师应告诉顾客诉讼的风险(BGH NJW 1984, 791; BGH 6 February 1992, NJW 1992, 1159)。另一方面,对于股票的买卖,如果顾客熟知股票市场,银行没有义务告知顾客出卖股票的风险以及替代方案(BGH 04 February 1992, quoted by Canaris, Bank - vertragsrecht2, no. 1881)。

31. 在意大利,大多数情况下都承认了告知风险的义务。关于风险的信息量的多少取决于顾客的精神状况和受教育程度(Cass. 6 December 1968, no. 3906, Giust. civ. Mass. 1968, 2051, medical information)。在整形手术中,顾客必须能够对手术的风险有着最大限度的认识(Cass. 8 April 1997, n. 3046, Foro it., 1997, Ⅰ, c. 1801)。

32. 在荷兰,信息合同中一般不存在提示替代选择的义务,除非依合同,缺乏这些信息会造成提供信息的不完整或是与合同的不符。比如,顾客明确要求提供的信息必须包括所有的可能的替代选择。这里涉及的是更为复杂的合同,近似于咨询建议合同。在咨询建议的情况下,需要注意下面的问题。建议者需要确保,所有的选项都是经过检验的,但是,最后还是由顾客来作出决定,是否听取建议。为了达到这一点,顾客需要知道建议者能够提供的所有关于风险和替代选择的信息。然而,告知替代选项和风险的义务似乎是咨询建议义务的合乎逻辑的结果,因为顾客需要知道为什么这些建议会被提出。参见 Barendrecht and van den Akker, Informatieplichten van dienstverleners, no. 354. Michiels van Kessenich - Hoogendam, Beroepsfouten3, no. 16,认为,顾客有权利知道关于事项的诚实的、完整的、清晰的表述。风险应被告知是毫无异议的。参见 Michiels van Kessenich - Hoogendam, Beroepsfouten3, no. 17。只要对风险的澄清会涉及替代选项,那么就存在告知替代选项的义务,这样一种义务是被普遍接受的。参见 Barendrecht and van den Akker, Informatieplichten van dienstverleners, no. 355。一个"替代选择"应当总是被提及:如果顾客选择什么都不做时会发生什么。这在医生给予病患建议的问题上是很清楚的,因为这涉及病人的自我决定权,但是这对于其他的建议义务同样适用。参见 Barendrecht and van den Akker, Informatieplichten van dienstverleners, nos. 354 - 356。

33. 在波兰,提示风险和替代选择的义务可以从"以应有的注意来行为"的义务(民法典第355条)和履行义务的一般规定(民法典第355条)中推导出来。

34. 依照葡萄牙的法律,信息提供者在研究可获得的资源时,应当广泛涵盖服务可能涉及的问题,特别是针对有争议的问题,以确保顾客能在这些信息和建议的基础上作出可靠的决定。参见 Sinde Monteiro, Responsabilidade por censelhos, p. 388。该义务应当覆盖的范围包括了有关该问题的所有风险和替代选项。参见 Sinde Monteiro, Responsabilidade por censelhos, p. 393。也可

参考律师行为守则(code of conduct)Estatuto da Ordem dos Advogados, art. 83 (1)(c)。对于医生可参考Codigo Deontologico art.38。

35. 在苏格兰,信息提供者的注意义务包括对风险的警告,比如说关系到一项医疗建议时(如Moyes v. Lothian Health Board 1990 SLT 444, Mcfarlane v. Tazside Health Board 2000 SC (HL) 1)。

36. 在西班牙法律中,咨询建议的义务(不同于信息告知的义务)要求义务人告知替代选项。依据Gomez Calle (Los deberes precontractuales de informacion, p.120)的看法,要想成立一项咨询建议义务,提供者必须明确表示履行这项义务或是在双方的信赖关系中暗含了该项义务。在其他的情况下,则是由于顾客利益的性质(健康、自由),而将提供替代选项和建议的义务加于信息提供者。但是,信息提供者是专业人士的事实并不必然导致向顾客提供建议的义务。比如说,一家银行负有向顾客提供有关不同的投资可能性即时信息的义务,但是要求银行指出哪一项投资更好则是不适当的。要求银行以专业人士的身份这么做,会导致强加给银行一个对顾客的需求以及相关情况进行深度调查的义务(E. Gomez Calle, op. cit. loc. Cit)。但是,西班牙律师行为法在第13条中规定律师有义务向客户提供他或她在该法律事务上的意见,并且向客户告知可能的预测结果。咨询建议合同在西班牙法中并没有特别规定。但是,有著者认为,对民法典关于服务合同内容的适当运用在这里是可行的,mutatis mutandis (Bercovity, Contratos Mercantiles, p.696)。在判例法中,将这类合同中的义务看作手段,而非结果义务(TS 7 Februarz 2000, RJ 2000/283),因此,行动成功与否的风险转移给了顾客,信息提供者对风险以及替代选项的告知义务将由诚信原则(民法典第1258条)和适用"按照行业准则并结合具体实际的原则"(lex artis ad hoc) 中推定。

37. 在瑞典和芬兰的法律中规定,一般来说,信息提供者应当至少是在一定程度上向客户告知替代选择和风险。这一义务还取决于另一方是否为消费者。一般而言,提示风险义务所涉及的范围至少是受到买方的能力和知识所限制的。在SWEDISH NJA 1994, p.598(关于银行作为税务顾问)中,最高法院认为,告知风险的义务应当始终是依据具体情况,特别是买方的知识水平决定的。在芬兰法院的判决KKO(最高法院)2007:72中,作为一家负责一项不动产交易中金融事务的银行,被认为负有向买方告知财产抵押担保的义务。在KKO(最高法院)2001:121中,一家地产代理被认为负有向买方告知房屋附近新修铁路线计划的义务。

Ⅴ.服务提供者不能提供的替代选择

38. 向顾客告知自己所不能提供的替代选择的义务并非涉及所有领域的建议者。事实上,有些建议者是独立的或者必须是独立的,但有些则不是。这一区别在一些案例中被明确地表明了,特别是在英格兰。在一个案例中,上诉法院在保险服务中进行了(非独立)固定代理人和独立代理人的区分。在该案件中,代理人作为一家公司代理机构,被要求不得向客户推荐其他公司的产品。法院认为该代理人的义务仅在于,当购买其所代理的公司的产品会违背顾客利益时,不向该顾客推荐被代理公司的产品;但他的义务不得被扩大至推荐其他公司的产品(Gorham v. British Telecommunications plc. [2000] 1 WLR 2129)。正如该案的推论中所表现的一样,独立建议者的立场则是完全不同的。

39. 在法国,专业的销售人员并不负有进行有利于竞争对手的比较分析的义务(Cass. com., 12 November 1992, D. 1993, somm., p. 237, obs. Tournafond; RTD civ 1993, p. 116, obs. Mestre)。但是一位独立的建议者必须提及他(或她)个人所不能提供的替代选择。这被视为一

项涉及利益冲突的规则。

40. 在德国的医疗案例中,只要治疗是依据必要的医疗标准所提供的,就没有告知更好的医务人员或治疗手段的义务(BGH 22 September 1987, Ⅳ YR 238/86)。

41. 在意大利,这一问题与服务提供者对个人利益的影响的问题有着密切联系(见上)。总的来说,信息提供者并不需要告知可由第三方提供的替代选择。然而,若提供者声称自己是独立的建议者,就必须告知相关替代选择。比如说,一个独立的代理商不能以此为由而行对一些特别的保险公司合同的推销行为之实。

42. 作为一个在荷兰法律下执业的律师,Sanders 在他的著作 De advocaat met raad en daad 的第 29 页中清楚地陈述了他的观点,在咨询建议中,任何情况下律师都不得在做对具体行为的推荐时考虑自身的利益。更普遍的观点,Michiels van Kessenich – Hoogendam, Beroepsfouten3, no. 18 中认为建议者在任何情况下都不得依自己的利益而行为。对于建议者是否有义务向顾客建议更专业的同行这一问题,是存在争议的。对于医生而言,这是普遍被接受的观点,参见 Michiels van Kessenich – Hoogendam, Beroepsfouten3, no. 23; Barendrecht and van den Akker, Informatieplichten van dienstverleners, no. 392。然而,对于其他类型咨询建议的提供者,强加其这样的义务是否明智则是有疑问的。赞成这一义务的一个论点在于顾客对于建议者的信赖,而这些顾客也许并不知道该建议者不是执行这项建议的最好的专业人士。另一方面,一个服务提供者通常并没有义务指出自己的竞争对手能提供更好的服务。因此,在建议中强加这一义务是奇怪的。在 Michiels van Kessenich – Hoogendam, Beroepsfouten3, no. 23 and Barendrecht 和 van den Akker, Informatieplichten van dienstverleners, nos. 392 – 393 中均可以找到对于此点的犹豫之处。这些作者(在 no. 394 中)建议了一个"居中方案",即若在提供该项服务的群体里,该服务通常是由特别的专业人士来执行的,那么应当规定这样的义务。他们同时认为,这样做的前提在于,这样的专家在该领域中是存在的。

43. 在波兰,服务提供者提示自己所不能提供的服务的替代选择的义务可由谨慎义务(民法典第 355 条)以及义务履行的一般原则中(民法典第 355 条)所推导出来。另外,当对于特殊承揽合同,若存在任何可能阻碍该工作顺利实现的情况,接收该订单的人有义务立刻向服务提供者告知该事实(民法典第 634 条)。

44. 在葡萄牙法律里要求专业人士在不能提供预期标准的服务时负有转介的义务。行为守则(code of conduct)往往是这种义务的依据:比如,如果需要专业的技能,医生有义务对病人进行转诊(Código eontológico arts. 29 and 112)。

45. 依据西班牙法院判决(SPANISH TS of 25 April 1994, RJ 994/3073),若用于治疗的材料、设备或者是工具有可能是无效的,那么医生必须告知患者。这些信息必须以适当的方式提供给患者或是其家人,以保证其能够向其他的医疗服务提供者寻求帮助(同样可参见法院的判决 S 7 May 1997, RJ 1997/3874)。将顾客介绍给其他专业人士的义务里包含着利益冲突:顾客的利益(期望获得最好的选择)与专业人士的利益(不愿将顾客转交给竞争对手)之间存在冲突。当顾客的利益需要获得更强的保护时(健康、自由),信息提供者有义务介绍其他的专业人士(SAP Segovia 13 April 2000, AC 2000/1005——在该案中,上诉法院明确表示,律师生病的状况并不能作为辩护的理由,因为这种情况下该专业人士应当将顾客转介给其他的律师)。

46. 在瑞典,建议者没有告知顾客其他服务提供者提供的服务的信息的义务。当银行作为金融顾问时,仅介绍本银行的服务选择是实践中的惯例。在这里,金融顾问的首要义务似乎是出售

本银行的产品(Pålsson and Samuelsson, SvJT 1999, p. 554)。然而,依据针对消费者的金融咨询法案(Act on Financial Advice for Consumers)第5条第(1)款规定,建议者对于顾客的利益应负有注意义务,这包括了告知消费者,他是否仅能推荐单一供货商的产品,还是可以介绍整个市场上所有可能的商品,并且在某些时候甚至需要推荐该消费者向其他咨询服务提供者征求意见,SOU2002:41, p. 122。

第Ⅳ.C－7:105 条　与合同要求相符

(1)信息提供人应提供合同要求的有关数量、质量和说明的信息。

(2)信息提供人向顾客所提供的事实性信息必须是对真实情况的正确描述。

评　论

A. 法条概述

第(1)款是对明显的情况进行的规定,即信息提供者有义务提供“符合合同要求数量,质量和描述”的信息。究竟什么是合同的要求,这取决于具体的合同条款,并且可能涉及合同条款解释的问题。在要求的信息数量和信息描述方面一般不会有什么问题。如果在涉及信息质量时,若针对的是评估信息和咨询建议,提供者往往没有义务需要达到顾客所设想的特别的结果,比如说一个完整、精确的评估或是预测。因为评估和预测本身所固有的风险,这点从第Ⅳ.C－2:106 条(达成结果的义务)的规定可以得出。对合同进行适当的解释可能会得出,根本就未对提供的服务的质量方面的义务作出规定,此种情况下,质量方面的义务仅仅是技能和注意义务。该义务仅仅是手段义务,而非结果义务。另一种选择是,可以适用关于质量的任意性规定,将符合质量要求理解为“受领人在相关条件下可以合理预计的质量”(第Ⅱ－9:108 条(质量))。通常这属于尽职的服务提供者在尽到通常要求的注意和技能时可以提供什么这一范畴内的问题。

结果是,在提供评估信息和咨询建议时履行糟糕的,在决定信息提供者责任时通常需要参考关于技能和注意义务的任意性规则。在未履行或是未完全履行的情况下,适用本条规定。

示例 1

一个出版商与一位律师签订合同,要求该律师针对两份该出版商的原稿是否会侵犯隐私权来提供出版前的建议。该律师具有按照出版商的要求来提供服务的义务,即对这些书所包含的内容是否会侵犯隐私权作出判断。这是一个结果义务。若该律师没有能够履行合同义务,或是

仅部分履行了义务，比如说，仅针对其中一份原稿提供了建议，或是提供的咨询建议描述错误，例如，给出的是关于诽谤，而非侵犯隐私权的意见，律师都应当承担责任。另一方面，在该律师提供了服务之后，他的履行方式应当依据技能和注意标准进行评价。

第(2)款引入了一款针对事实信息而非针对评价性信息和意见的特别规定。在涉及事实信息的情况下，该信息提供者原则上应当保证信息的准确性。当被提供的信息仅是事实性的时，信息提供者负有达成该结果的义务。

示例 2

一位律师签订了一个合同，针对某一特殊问题，提供关于最高法院最新判决的信息。如果该信息是错误的，比如说，没有提到最新的对于某一判例法的撤销，则不论该信息的不准确是否由于该信息提供者在收集或者提供信息的过程中发生的过失造成的，律师都属于违反合同。

B. 利益权衡和政策考量

这里的主要问题在于，提供事实信息的提供者有义务保证信息的准确性，还是仅在证明其违反技能和注意标准的情况下才承担责任。在上一条规定的评论 B 中已经说到，要求提供评估信息的信息提供者仅仅因为信息的不准确就承担责任是很难令人接受的。一个原因在于，评估信息可能是一个预测，其本身就具有不确定性。另外，当评估信息非为预测性信息时，而仅是一种意见时，其正确性是难以证实的。也可以说，对于意见不适用正确性检验。不过，当信息提供者所提供的信息为纯粹的事实时，如当该服务所提供的是可收集且可确定地进行验证时，以上论点是不能适用的。若某一信息属于事实，一般是很容易对其进行检验的，并且对该信息的提供不应存在任何的不确定性。在这种情况下，客户应当是可以期待获得正确的而非错误或是容易引起误解的信息的。

欧洲的法律体系并没有明确地依据本章的规定对事实信息和评估信息进行区分。然而，在很多法律制度中，对技能和注意性义务的违反似乎更多见于对客观信息进行提供时。此外，当涉及纯粹地对事实信息进行提供时，法学著作观点中的一个重要趋势在于，信息提供者应当保证其所提供信息的准确性。

C. 首要选择

这里的首选是，对于事实信息，信息提供者应当保证信息的正确性。原因在于，在履行这项义务中并不存在不确定性，并且信息也易于进行验证。合同双方可以期待准确结果的达成。事实上，当通过合同来获取事实信息时，消费者基本上都会依赖于该信息的正确性。因此，若客户能够证明该事实信息是错误的，该信息提供者需要承担相应的责任。仅当信息提供者能够证明，该信息的错误是基于第Ⅲ－3:104 条(因障碍而免责)意义上的可被谅解的障碍而产生时，该信息提供者才可免责。另一方面，证明

该信息提供者尽到了合理的注意和技能并不能免除其责任。

第(2)款是对第Ⅳ.C－2:106 条(达成结果的义务)的具体化,因为一个合理的需求客观信息的顾客并没有理由相信,被提供的信息会有错误的潜在危险。

D. 对评估信息和事实信息的区分

可能会出现的问题在于,所提供的信息是属于事实性的,还是评估性的。

示例 3

银行之间针对客户信誉的信息交换是一个很微妙的问题。当信誉仅仅涉及在信息提供时贷款人的经济状况,信息提供者需要保证信息的准确性:这里的信息被认为是事实性的。然而,当考虑到将来的信誉时,这里所提供的信息被认为是评估性的,即这里所涉及的是根据事实性信息来对贷款人未来的情况以及还贷能力进行预测。在这种情况下,信息提供者仅负有尽合理的注意及技能进行履行的义务。

即使提供的信息是事实性的,该信息也可能并不总是能够明确地回答顾客的问题。比如说律师关于现行法的知识。如果对于法院判决或是成文法的解释有不确定之处,该信息提供者必须向顾客告知该情况。解释中的困难本身属于必须披露的事实。

示例 4

一位税务顾问被要求对非居民房屋二手买卖的资本收益税中的免税标准进行解释。但税务机关和法院在房屋改造问题上的认识似乎存在分歧。该税务顾问在回复中必须将这里的分歧向顾客解释清楚。

但是,在某些时候,即使是提供纯粹的事实信息,也很难保证其准确性。即使顾客所要求的信息是存在的,也不能总是被完整地收集或是得到证实。如果是这种情况,该信息提供者应当向顾客说明不能保证信息的准确性。一旦意识到该问题,信息提供者必须如实告知顾客。有些情况下,信息提供者在履行服务之前就能向顾客作出告知。在另外的一些情况下,对于信息是否可靠的不确定仅能在验证之后才可知,因此这里的告知是在服务履行之后所进行的,如提供商人信誉的相关信息。仅当信息准确性难以保证的情况是不言自明时,该提供者才可以免除告知义务。这里适用第Ⅳ.C－2:102 条(先合同警示义务)和第Ⅳ.C－2:108 条(服务提供者的合同警示义务)。

示例 5

一位女士聘请一家侦探社来评估其丈夫的忠实度。在经过几周的观察和调查之后,该侦探社并没有找到任何不忠的证据。尽管这里是对事实信息的提供,但很明显,侦探社并不会仅仅因为没有发掘到真相而承担责任。这位被背叛的女士必须能够提供证据证明该侦探社的行为

存在过失。

本条规定包含的是任意性规则。合同双方可以自由协商,明确双方义务的性质以及内容。任意性规定的存在对于信息合同是至关重要的,因为在实践中,这一类的合同往往通过口头缔结,且合同双方往往并不会对信息提供者的义务进行明确清楚的约定。

注 释

参见关于前一条款的注释。

第Ⅳ.C－7:106条 记录

考虑到顾客的利益,在可以合理地被认为是必要的范围内,信息提供人必须保存好根据本章规定所提供的信息的记录并在顾客提出合理请求时提供该记录或其摘要。

评 论

A. 法条概述

这一条款的目的有两个。第一个目的在于给予顾客能够检查信息提供者在合同履行过程中做了什么的机会,或者更明确地说,其在履行合同义务时所采取的行为。为了能够评价该服务所履行的方式,顾客或许需要了解信息提供者是如何组织其履行行为的。

示例1
某公司的经理聘请了一家会计师事务所对其意图收购的目标公司进行评估。鉴于在企业融资中判定公司价值的方式有多种,该客户有权要求该事务所披露其在确定该公司价值时所使用的方法以及纳入计算的因素。

该条款的第二个目的是基于以下的考量,当在处理因为未履行告知和建议义务而产生的责任时,举证责任是很重要的。该条款的目的在于解决举证责任的问题。当涉及义务未履行的情况时,虽然该条款没有明确地对举证责任进行分配,但是仍可以由该条推知。由于信息提供者负有记录自身行为的义务,因此实际上也就承担了证明合

同义务已被履行,且如何被履行的义务。这样的义务在诉讼中可能会非常关键。在诉讼中,信息提供者有义务提供证据证明合同义务被履行的方式。另一方面,该条款并没有强加给信息提供者证明自己未履行合同义务的义务;而仅需要提供对此进行评估所需要的信息。

示例2

某公司的经理聘请了一家会计师事务所对其意图收购的目标公司进行评估。且基于该评估购买了该家目标公司。但在收购后的短时间内就发现,该公司的价值要远远低于其收购价与该会计师事务所的评估价。在该客户与会计师事务所的诉讼过程中,事务所应当向法院提供关于评估的要素及所使用的方法。

B. 利益权衡和政策考量

在是否需要进行举证责任的转移这一问题上是存在争议的。在未经过深思熟虑的前提下让顾客承担举证责任会鼓励顾客在其无法证实时贸然提起诉讼。实际上,顾客想要证明其所要求的信息并未从信息提供者那里获得是很难的。通常情况下,信息是通过口头传递的,因而缺乏书面证据。即使是一些应当书面提供的信息,对于顾客来说,想要证明合同没有履行都有可能是很困难的。另一方面,即使顾客收到了书面提供的信息或是建议,但若是其没有关于信息提供者是如何完成任务的信息,想要证明信息提供者没有履行合同义务也是困难的。

基于以上原因,有人认为,举证责任应当由信息提供者承担。然而,这也不足以作为这样一个完全的举证责任倒置的理由。对于义务的有效履行以及其履行的方式,消极证据规则的论点支持举证责任的倒置。这一论点并不能为举证责任在证明是否存在义务未履行问题上的倒置说明理由。实际上,一旦顾客获得了能够用以对服务的提供进行评价的所有信息,对于信息提供者没有履行相应的技能和注意义务的证明责任也许需要由顾客承担。由信息提供者完全承担举证责任,也许会造成其处于一种很不利的地位,并导致其拒绝履行所要求提供的服务。这种情况特别容易发生在举证责任完全倒置,且信息提供者有义务证明其履行符合技能和注意义务标准时。

最后,还存在一种立法政策上支持举证责任转移的论点。这涉及在信息提供者需要证明其对义务的履行时可能起到的预防作用。方便评估信息提供者的责任对于强制信息提供者有效地提供顾客在断定合同义务是否被适当地履行所需的信息来说是一种有利的手段。法律制度一直以来对这一论点持非常敏感的态度,特别是在涉及医疗信息和建议以及知情同意书的问题时。

C. 首要选择

基于上述原因,该条款规定信息提供者有义务保持有关于提供给顾客的信息资料的记录,且确保顾客在合理请求下能够获得这些记录。事实上,信息提供者因此负有

对服务的履行进行记述的义务，尤其是由信息提供者证明已经履行了服务，并且说明是如何搜集和加工信息的。对服务的非正确履行的证明责任仍在于顾客。

本条款会因为提供信息的义务是作为合同的主义务或仅仅是附随义务而得到不同的适用。在信息的提供是合同主要义务时，进行记录并确保这些记录可以被毫不费力地获取一般都不会带来额外的负担。此种情况下，信息提供者通常会在提供服务的同时进行记录。

示例3

在一个法律咨询中，一名律师向顾客提供了一份50页的书面意见。但实际上，对于该顾客而言，推荐的行动并不是最好的解决方法，并且导致了其财产的损失。为了获得补偿，该顾客必须证明，该意见并非基于对搜集的信息的专业分析而得出的。

在该案中，该顾客有所有需要的内容来证明该信息提供者没有履行技能和注意义务。

另一方面，若提供信息仅是附随义务，那么对记录义务的履行往往需要信息提供者的另外的专门行为。在这种情况下，顾客通常仅会获得信息提供者在一系列复杂操作之后的一个结果，即信息或是建议，而没有关于原因或是得出结论过程中的任何考虑因素。此外，附随的告知义务往往是口头完成的。

示例4

一名病患声称其没有从医生那里获得适当的信息，因此，他对于某项治疗的同意并不能看作是知情同意。由于该信息是口头传达的，所以该病患不可能提供他所被告知的信息，并且，他也不可能解释为什么他会被建议接受这项治疗。因此，他的医生必须提供告知该病患有关信息的相关记录。

该条款似乎是与许多信息提供服务的实践一致的。这或许会导致信息提供者在实践中事先准备一份书面材料。该书面材料可以避免在举证方面的纠纷和诉讼。

示例5

一名私法公证员向一位客户提供了对一份合同草稿的意见，但是没有被该客户接受。于是他向该客户要求了一封确认函，说明该客户已经从该公证律师那儿获得了相关信息和建议，并且决定采取不同的行动。通过这种方式，该公证律师取得了证明自己已履行了告知与建议的义务。

该条款属于任意性规定。合同双方可协商一致，免除信息提供者保存记录并且确保其可获得的义务。该免责条款可能在机密案件中被使用，比如说当提供的信息中包含了特别的技术秘密。在这样的情况下，客户也许会倾向于不让任何人手中保有该

记录。

注　释

Ⅰ.概述

1. 一般规则是，应当由寻求法律救济的顾客来证明服务提供者没有依合理的注意和技能义务来履行合同项下义务。对于信息义务该解决方案是具有争议。有些法律体系中（如英格兰）倾向于传统的解决方式，而在另一些法律体系下，则采用不同的法律技术或是基于不同的原因，至少在部分情况下对举证责任进行倒置（法国、德国、意大利、荷兰、西班牙）。在一些欧盟指令中基于消费者保护的目的，对于信息义务，同样也存在一些对一般的举证责任进行倒置的特殊条款。比较性的概述可以参见Pinna, The Obligations to Inform and to Advise, nos. 152－167。

Ⅱ.违约的举证责任

2. 在奥地利法律中，这一问题是通过对民法典中关于合同义务和法律义务履行的举证责任进行解释来解决的（关于这一问题，可以参见，特别是，Welser, Schadenersatz statt Gewährleistung, pp. 52－74）。对这些条款的解释引起了一个非常重要的法学讨论，与这里的主题有关的就是在违反义务的情况下的举证责任由告知和建议义务的权利人来承担。最根本的规则在于，主张请求的人必须证实该主张的所有先决条件，特别是应当证明所主张的过错的存在（民法典第1296条）。对于由违反合同义务或者法定义务而引起的请求权，民法典第1298条引入了一项重要的例外。依该条规定，“主张并非因为自己的过错而导致合同义务或法律义务未能履行的人，必须承担相关的举证责任……”换句话说，该条款包含了举证责任的倒置。只有关于过错的问题会受到该条款的影响，请求权人仍需证实损害本身，特别是程度、数量以及原因。不论该举证责任倒置的规定仅适用于结果义务，还是同样也适用于手段义务，这一问题都会产生。鉴于信息提供者和建议者的义务在奥地利法律中主要被当作手段义务，对这一问题的回答对信息义务中举证责任的分配来说至关重要。法学学说里对这一问题所给出的答案并不一致（坚持民法典第1298条仅对结果义务适用的，参见Rummel [－Reischauer] ABGB Ⅱ², art. 1298, nos. 2, 3。支持对该条的适用范围进行扩展，同时适用于结果义务和手段义务的，参见Koziol, Haftpflichtrecht Ⅰ2, p. 334）。法院的判例并没有对该问题有一个明确的回答，1990年，最高法院认为第1298条不适用于手段义务（OGH 15 February 1990, 8 Ob 700/89）。两年后，在一个关于公证人责任的案件中，该法院作出了完全相反的判决（OGH 10 December 1992 8 Ob 664/92）。这一判例法上的新的标准在信息义务上的应用，在后来关于律师先合同义务中的告知义务的有关判例中得到了确认（OGH 18 December 1996, 6 Ob 2174/96. 参见for the liability of a bank, OGH 8 November 2000, 9 Ob 219/00）。

3. 在英格兰，在该问题上与一般原则保持一致，由顾客承担举证责任（Whitehouse v. Jordan [1981] 1 WLR 246）。

4. 在法国，从1997年开始，法律明确指出，由服务提供者来证明不存在违反义务的情况，以及该信息和建议已经提供给合同相对方。这一解决方法被适用于专业人士有关告知和建议的附随义务中；对于医生来说一直都是如此（这一法院判例的新标准首先确立于Cass. civ. Ⅰ, 25

February 1997, Bull. civ. Ⅰ, no. 75; Defr. 1997, p. 751; CCC 1997 no. 76, with obs. L. Leveneur, RTD civ 1997, p. 924 obs. J. Mestre. Now codified, art L. 1111 – 2 Code santé publique)，包括律师(Cass. civ. Ⅰ, 29 April 1997, Bull. civ. Ⅰ, no. 132; JCP1997. Ⅱ. 22948 with Note R. Martin; CCC 1997, no. 111, with obs. L. Leveneur)、公证人(Cass. civ. Ⅰ, 3 February 1998, Bull. civ. Ⅰ, no. 44; JCP N, 1998, 701 with Note Pillebout; Defr. 1988, 743 with Note Aubert; RTD civ 1998, 381 with obs. Jourdain)、保险公司(Cass. civ. Ⅰ, 9 December 1997, Bull. civ. Ⅰ, no. 356)、法警(Cass. civ. Ⅰ, 15 December 1998, Bull. civ. Ⅰ, no. 364; GazPal 1999, 1, 208 with Note Loyer)，甚至是专业销售员(Cass. civ. Ⅰ, 15 May 2002, Bull. civ. Ⅰ, no. 132)。在这些情况下，举证责任被倒置，而不是原告负担举证责任的一般规则(actori incumbit probatio)来分配的。依最高法院的观点，依据合同或是法律负有特殊的告知义务的一方必须证实其履行了该义务。在法国，纯法律的论据是支持该解决方法。该论据可以在对民法典第1315条的解释中找到。M. Fabre – Magnan认为，作为附随义务的告知义务属于结果义务(Fabre – Magnan, De l'obligation d'information dans les contrats, nos. 541 ff)。

5. 在德国，不论信息是否给出，或是给出的信息是否正确，原则上均由顾客承担举证责任。信息未被提供的证据几乎是不可能被提供的。因此，法院认为，建议者需要证实，必要的信息已经被提供。顾客仅需证明该证实的非正确性(参见BGH 21 January 1986, Ⅳa ZR105/84, NJW 1986, 2570 (tax consultant); BGH 5 February 1987, Ⅸ ZR 65/86, NJW 1987, 1322 (solicitor); Haug, Die Amtshaftung des Notars, nos. 827 – 828, p. 259 (notary public))。当涉及医疗案件时，医生必须证明收到患者的知情同意(参见BGH 26 June 1990, Ⅵ ZR 289/89, VersR 1990, 1238)，如果已经给出了信息，那么证明病人已经表示了同意的空间相当有限(BGH 16 April 1994, Ⅵ ZR 260/93, NJW 1994, 2414)。在另外的一些案例里，顾客甚至可以依赖事实自证的原则，将举证责任整体上都进行倒置(参见BGH 19 December 1996, Ⅸ ZR 327/95, NJW 1997, 1235, VersR 1997, 588 (税务咨询))。然而，必须注意的是，这些简化程序规则(alleviating procedural rules)特别适用于附随义务，如完整及时告知的义务。

6. 依据意大利判例法，有关附随的告知和建议义务未履行的证明义务应当由主张赔偿的顾客来承担(CA Milano 30 April 1991, Foro it. 1991, Ⅰ, 2855)。有一些作者，却对该解决方法尤其是在医疗案件上的适用持强烈的批评态度。其理由在于应当由医生証明顾客接受了合同和治疗。由于事前获取的信息对于病患的同意具有根本性的影响，医生在对于证明病患已同意的问题上，应当证明他或者她已向病患提供了所被要求的信息(Nannini, Ⅱ consenso al trattamento medico, p. 468; Perulli, Contratto d'opera e professioni intellettuali, p. 486)。

7. 在荷兰，举证责任原则上由顾客承担。在顾客需要证明消极事实的时候——没有接受到某一信息——法院可能会决定让服务提供者承担对信息已经提供这一主张的证明。顾客可以在此之后通过举证主张该举证不符合事实(参见Giesen, Bewijslastverdeling, pp. 21 – 24。在之后的论述中，Giesen认为这种方式可能会导致服务提供者制作备忘笔记，并且对单纯通过这些笔记的有无来得出的判断进行了批判)。

8. 依据波兰法律的一般规则，关于事实的举证责任由使该事实产生法律效力的人承担(民法典第6条)。顾客必须证明损失是由服务提供者造成的(造成损失发生的事实情况)以及该损失的大小(Bieniek [– Rudnicki] Ⅰ, p. 30)。依据民法典第471条，顾客不需要证明服务提供者的错误，服务提供者需要对义务的未履行或是不适当履行并非由于自身的责任，而是基于客观环境

造成的,承担举证责任。

9. 在葡萄牙,在手段义务的情况下,由顾客承担举证责任(民法典第 487 条),尽管事实自证规则(res ipsa loquitur)或许会在某些情况下将举证责任转移给建议者。

10. 在苏格兰法律中,虽然在顾客提供了过失存在的初步证明时举证责任可能会转移给建议者,并且在尽到了适当的注意和技能时该类型的事故一般都不会发生时,法律已经认可了事实自证原则,但是过失的举证责任仍然由顾客承担(Gloag and Henderson, The Law of Scotland, para. 27.13)。

11. 西班牙法律中的告知和建议义务,即使是被作为手段义务,法院也认为应当采用举证责任倒置。对于没有办法获取由服务提供者所掌握的信息的顾客来说,想要证明消极事实,即没有能够获得的信息,是非常困难的(有关医疗方面的信息, 参见 de Ángel Yágüez, Responsabilidad civil por actos medicos, pp. 69 ff. 概括的信息, 参见 Yzquierdo Tolsada, La responsabilidad civil del profesional liberal, pp. 400 ff)。法院在判决中作出的规定是,由服务提供者来证明信息已被提供(SAP Zaragoza 11 December 1998, AC 1998/2449)。依据 Las Palmas 上诉法院的判决,若迫使顾客对服务的不适当性进行证明,那就是要求顾客去完成不可能的任务,因为顾客既不可能接触到服务提供者的文件资料,也不可能有任何其他的技术手段来研究这些信息(SAP Las Palmas, 1 September 1998, AC 1998/1774)。有关医疗服务的案件尤其如此。医疗服务提供者必须证明自己的行为符合信息告知义务(参见 TS 28 December 1998, RJ 1998/10164; TS 13 April 1999, RJ 1999/2583; TS 19 April 1999, RJ 1999/2588)。由于医疗服务提供者占有这些信息,因此,要求他们来证明信息已经被提供,要远比要求顾客证明信息没有被提供来得容易。依 Tribunale Supremo 的观点,如果建议的治疗可能会引起事实上的重大的风险,该病患应当被告知该风险,并且需要该病患明示地对该治疗给予明确的知情同意(医生并没有能够证明这一点)以免除医生的责任。因此,该医疗提供者对于没有能够证明该病患已获知相关的信息负有责任(TS31 July 1996, RJ 1996/6084)。除了在几位有限的案例中法院作出了相反的判决外(比如 TS12 July 1994, RJ 1994/6730),西班牙法律中在告知义务履行的问题上采取举证责任倒置。现在,法院所找到的解决方案大多被法律所采纳。最新的西班牙民诉法要求法院在分配举证责任的时候考虑到对具体问题进行证明的困难程度(art. 217.7, Ley de Enjuiciamiento Civil 1/2000)。

12. 瑞典和芬兰的法律中没有关于举证责任的规定,但是可以合理地推定,举证责任是由顾客来承担的。不过,根据案件的具体情况,举证责任由法院来决定,往往是由更容易进行证明的一方来进行举证(参见 Ramberg, Köplagen, pp. 115 ff)。通过案例法,法院确定了,在大部分情况下由建议者确保顾客确实理解了具体的建议,并且应由其对该情况属实进行证明(参见 Ramberg, Köplagen, pp. 115 ff)。在瑞典的消费者金融咨询法中,由建议者承担对委托进行记录的义务。如果建议者无视这一义务,那么在对建议者是否存在过失进行判断时,在建议作出时顾客对相关情况的说明将是最开始的出发点,除非建议者可以通过其他的方式证明顾客的主张是不正确的。由于建议者有义务认真注意地履行委托,如果是因为某个错误的建议而导致义务未能履行,建议是否错误往往并不会对结果的判断造成影响。然而,在某些情况下,即当涉及高度复杂和主观的意见时,建议者并不会由于没有提出建议而被认为负有责任。这一情况在案例 NJA 1992 p.502 中得到了说明。在该案中,一位顾客起诉了他的会计,因为该会计没有建议他进行一项原本能够为其节省一大笔开支的复杂税收交易。然而,最高法院认为,并不存在一项义务,要求建议者提供关于"复杂项目的解决方法或是涉及关于税法结果的复杂计算"的建议。

13. 关于告知和建议义务中进行举证责任转移的最近趋势还可以从欧盟法规定中观察到。2002 年 9 月 23 日关于远程消费者金融服务的欧盟指令中给予了成员国选择,在将欧盟指令转化为本国法的过程中,可以将履行告知义务的举证责任加于金融服务的提供者身上,即该义务的义务人(art. 15(1) of the Directive 2002/65/EC, OJ L271, 9 October 2002, pp. 16－24)。在欧盟 1997 年 5 月 20 日关于远程合同中消费者保护问题的 97/7/EC 指令第 11 条第(3)款(a)项中(art. 11(3)a of Directive 97/7/EC of the European Parliament and of the Council of 20 May 1997 on the protection of consumers in respect to distance contracts)也可以找到一致的规定,OJL144, 4 June 1997 pp. 19－27。

第Ⅳ.C－7:107 条　利益冲突

(1)如果信息提供人明示或默示地承担了建议任务以使顾客能够随后作出决策,信息提供人必须披露任何可能影响其义务履行的利益冲突。

(2)只要合同义务尚未完全履行,信息提供人不得与第三人建立可能会与顾客发生利益冲突的法律关系,除非已向顾客为完全披露并且顾客明示或默示地表示了同意。

评　论

A. 法条概述

本条规定了建议者——向顾客提供建议的信息提供者——应当承担忠实义务。在提供建议的过程中,该建议者应当为顾客的最大利益服务,当其自身利益与顾客的利益发生冲突时,顾客的利益总是优先的。本条规定并不适用于仅向顾客提供事实或是评估信息,而不需要给出任何具体行动建议的信息提供者。考虑到忠实义务,第(1)款规定了建议者向顾客披露所有可能存在的会影响其提供合同项下服务的利益冲突。如果建议者没有披露有关的情况,那么就等同于义务的未履行,顾客可以因此请求救济,如损害赔偿,或者在该不履行行为构成根本违约的情况下,终止合同。

示例 1

保险顾问频繁地向顾客推荐自己的产品,或者是能为其带来特殊利益的产品,如会给其带来额外利益的产品。比如,与某几家保险公司有特殊关系的保险经纪人会更倾向于向顾客推荐这几家保险公司的产品,而非其他的保险公司的产品,即使这些其他公司的产品要更适合他的顾客。该情形必须向顾客披露。

示例2

一个银行向一位顾客提出投资一家公司股票的建议,给出的理由是该公司的财务状况良好,该投资会获得很好的回报。却没有向该顾客披露该公司对该银行负有债务。对于给出进行该项投资的建议,银行有着自己的利益,将从中获得经济收益。在本案中,存在需要披露的利益冲突(参见 Woods v. Martins Bank Ltd. [1958] 3 All ER 166; [1959] 1 QB 55)。

第(2)款的目的在于防止建议者和任何可能与现有顾客有利益冲突的相对方缔结关系。建议者只有在完全披露该潜在的利益冲突,并且取得顾客同意后,才可能与该相对方缔结关系。该顾客的同意可以明示或者暗示的方式给出。

B. 利益权衡和政策考量

在信息提供者是否有义务为顾客的最大利益行为,并且披露可能存在的利益冲突的问题上存在很大的争议。这里主要有两个问题。第一,这样的义务是否是必要的,第二,所有的信息提供者都应当,还是仅部分的信息提供者应当承担该义务?

信息合同当事人双方之间能力和知识上的不平衡所造成的后果就是合同一方的顾客始终处于弱势的地位。因此,防止信息提供者不依据顾客的利益来履行合同是很必要的。信息提供者的个人利益不应当影响服务内容的提供。在充分了解有关服务的情况下,顾客的利益极有可能获得提高。由独立的信息提供者所提供的信息,相较于处于利益冲突中的信息提供者所提供的信息来说,要具有更高的安全性和更低的风险。换句话说,信息提供者披露潜在的利益冲突的义务使得顾客能够作出判断,是否愿意承受由于接受信息提供者在利益冲突情况下所给出的建议而可能引起的风险。

然而,当所提供的信息是事实信息时,顾客所承担的风险看来就不再是那么重要了。信息的内容越倾向于评价性质,甚至是当被提供的是建议时,顾客所承担的风险就越具有影响力。事实上,对事实性信息的质量进行评判要容易得多。不过,当该信息涉及观点的表达或是针对一项特殊行为的建议时,顾客就需要完全依赖信息提供者的信息。

C. 首要选择

依据第(1)款,建议者有向顾客披露利益冲突的义务。该条规定背后的原因在于,建议者负有为顾客的最大利益而行动的基本义务。当牵涉到建议者的个人利益时,就会出现影响到顾客利益的风险。披露有关情况可以使得顾客能够对风险进行评估,以决定是否需要由该服务提供者来提供服务。如果类似的利益没有得到披露,顾客可以依照义务未履行的救济方式来寻求帮助。这里的救济同样适用于尚未证明建议者履行义务的行为不符合技能和注意义务,或是尚未证明建议者给出的意见是错误的情况下。只要证明建议者在履行合同的同时正处于某种利益冲突之中,并且顾客的损失是由该建议者所提供的服务造成的就足够了。

对于咨询建议服务提供合同来说,这样的规定被认为是必不可少的。这一类的合

同关系是建立在信赖之上的,并且通常被看作是一种信托关系。因此,该条款在建议的提供与事实或者评估信息的提供之间进行了区分。前者的提供者需要对利益冲突进行披露,而后者的提供者则不负有该义务。

注　释

Ⅰ.概述

1. 对利益冲突的披露义务可以由诚信义务中找到依据。但是现实生活中关于提供建议或是更加笼统的评价性信息的合同的判例法却很少。针对特殊职业的专业人士,则是通过制定法和道德规范来引入该义务:律师,医生和一些金融服务提供者(Fisch, Professional services)。但是,对这一类合同并没有一个统一的解决方案。

Ⅱ.咨询建议和信息合同中的利益冲突

2. 在英格兰法律中有关于披露利益冲突义务的规定。在案件 Woods v. Martins Bank Ltd. [1959] 1 QB 55 中,一个银行向一位顾客提出投资一家公司股票的建议,给出的理由是该公司的财务状况良好,该投资会获得很好的回报。却没有向该顾客披露该公司对该银行负有债务。对于给出进行该项投资的建议,银行有着自己的利益,因此存在利益冲突,银行应当对该情况进行披露。一般来说,在普通法国家,是否应当对利益冲突进行披露这一问题,是通过对建议合同是否包含了信托义务的判断来决定的。在一些案例中,答案是否定的,因为顾客应当知道该建议者的非独立性,因此免除了建议者对利益冲突进行披露的义务(Goldsworthy v. Brickell [1987] Ch. 378, at 405)。

3. 法国并没有明确的与建议者的利益冲突问题有关的一般性规定。法学上关于咨询建议合同的讨论也不涉及这一问题。有关于律师客户关系的条文中规定了,除非有充分的披露,利益冲突是不被允许的(law 31 December 1971 art. 55; Decree 27 November 1991 art. 155(3))。但是,并没有关于利益冲突的清楚定义。实际的案例法很少,因为纠纷都由本地的律师分会会长解决。最高法院判决决定,若律师不是独立的,那么就存在利益冲突(Cass. civ. Ⅰ, 18 March 1997, Bull. civ. Ⅰ, no. 95)。这同样适用于金融顾问,货币和金融法第 L. 533－4 6 条(Monetary and Financial Code art. L. 533－4 6):这些服务提供者必须避免产生利益冲突,对顾客忠诚,并且为顾客的最大利益而行动(Adde, CA Paris 27 September 1996, Banque et Droit 1997, no. 51, p.38, obs. H. De Vauplane)。法国法中并没有禁止利益冲突的一般规则,即使是在咨询服务中。但是,有一位作者认为,只要有基于信赖的合同关系,这样的规则都是存在的(Ripert, La règle morale4, no. 48)。

4. 在意大利,由于合同当事人的知识的不对称,接受智力服务的一方当事人是受到保护的。因此,要求专业的智力服务提供者披露利益冲突。律师行为准则(code of conduct)第 10 条是关于该问题的规定。医疗道德准则第 4 条清楚地规定,医疗专业人士的从业是基于自由和独立之上的。该准则第 6 条中要求医生不得滥用他或是她的个人地位。比如说,一位负责公共职位的医生,不得利用其地位获取个人利益。

5. 在荷兰,利益冲突被认为可能是因为在提供信息或建议的方式中存在能够影响服务提供

者利益的因素而产生的。比如说,提供者的报酬可能会受到被提供的信息或建议的内容,或是提供服务所需要的时间的影响。在 Barendrecht and van den Akker 的 Informatieplichten van dienstverleners 一书的第 380 ~ 386 页中,他讨论到,披露这一类利益的一般性义务仅当该经济利益的存在或者它的计算方式不被顾客所知时才应产生。在提供建议的案例中,其他的利益冲突可能会由于合同的信托性质而产生。比如说,建议者希望能够亲自执行该顾客所被建议采用的服务,或者该建议者的报酬将由所被建议的服务的提供方来支付。在 Barendrecht and van den Akker 的 Informatieplichten van dienstverleners 一书的第 389 ~ 397 页中讨论认为该种冲突应当被披露,但是现实中它们往往没有受到披露。作者同时还认为,如果建议者在此过程中存在某种顾客不能合理意识到且会影响到该建议者客观正确地给出信息或建议的利益,该建议者就应当负有披露义务。

6. 波兰的法律中并没有对此问题的规定,建议的解决方式往往是通过专业行为的道德标准。在实践中,面对利益冲突的一般做法,比如说,对于律师事务所来说,在存在利益冲突的时候,通常的实践是要么将该客户介绍到另一家律师事务所(在这一点上,律师事务所之间确实是有合作),或者简单地回绝该客户。

7. 葡萄牙的行为准则(比如:Estatuto da Ordem dos Advogados art. 83/1 a) b))和一些法律法规规定了一些有关披露利益冲突的特殊义务。作为最后的手段,诚实信用(民法典第 227 及 762 条)可以作为该义务的基础。

8. 利益冲突在苏格兰法律和实践中是一个受到广泛认同的概念。比方说,禁止律师代表存在利益冲突的两方或多方当事人,就是由有关披露的一些例外和要求所决定的(Stair, The Laws of Scotland XⅢ, para. 1188)。

9. 在西班牙,所有的行为准则中都包含了要求服务者忠实地为顾客的利益,尽职地履行服务的义务。任何代表与顾客利益相冲突的利益的行为都是违反该义务的。比如说,在律师行为准则第 13 条第(4)款规定:律师不得维护与自身利益或是自己的客户的利益相违背的利益。如果两个顾客的利益相互之间是存在冲突的,律师必须拒绝代理,除非两个顾客均授权律师代理其中一方顾客。但是,律师可以作为调解人介入双方顾客之间,或者是为其拟定合同文件,只要该律师保持严格的客观性。在劳工顾问行为准则第 5.8 条和第 11 条、地产中介行为准则第 11 条和第 13 条、财务和税务顾问行为准则中同样也有关于利益冲突的具体规定。

10. 这一问题在瑞典的著作中并没有太多的涉及(当涉及金融咨询时可参见 however Lycke/Runesson/Swahn, Ansvar vid finansiell rådgivning, pp. 59 ff)。但是,合同当事人双方均对相对方负有忠实义务。在芬兰的法律中也有相似的规定。瑞典的消费者金融咨询法中规定,建议者同样也有依消费者利益谨慎履行的义务,见第 5 条。这是要求服务者将消费者的利益置于第一位,高于其他的任何利益,包括可能的冲突利益。因此,建议者必须告知消费者自己所给出的建议所基于的条件,比如,该建议者可能只会推荐某一服务者的方案。同样见于芬兰 Security Markets Act, chap. 4, s. 4, and the FmL Act, § 9。

11. 对于保险代理,欧盟 2002 年 12 月 9 日的指令包含了披露利益冲突的义务(art 12 of Directive 2002/92 /EC of 9 September 2002 on insurance mediation, OJ L9 15 January 2003, p. 3)。事实上,与某几家保险公司具有特殊关系的保险代理人将会很倾向于向顾客推荐这几家保险公司,而非其他公司的产品,即使其他公司的产品更适合顾客的需求。

第Ⅳ.C－7:108条　顾客能力的影响

(1)其他人为顾客利益而参与提供服务或者仅仅是顾客的能力问题并不能减轻信息提供人根据本章规定所负担的义务。

(2)如果顾客已经知道该信息或有理由知道该信息,则信息提供人的以上义务得以减轻。

(3)顾客对其无须调查即能显而易见的信息,构成第(2)款所说的有理由知道。

评　论

A. 法条概述

本条规定所针对的问题是,信息提供者可能以顾客的能力问题为排除,或者至少是限制自己的责任的依据。根据本条规定,仅仅因为顾客对信息提供有关的领域有一定的知识,并不能构成服务提供者免除自己责任的依据。其他的专业人士协助该顾客的事实也不能作为理由。

对于信息提供者来说,唯一的辩护依据是证明该顾客对提供的信息已知或有理由应知。当顾客有理由知道相关信息时该辩护依据也成立。当该信息是无须调查即显而易见的时,该信息是顾客有理由知道的。

示例 1

一位国际性集团的有经验的CEO向他的律师咨询有关一家外国企业的股份收购案。该建议者没有告知该顾客若将该股份在海外再次出售时,需要缴纳更高的资本增值税。该顾客是一位资历丰富的商人并且具有股票市场的相关知识的情况,并不能作为该建议者免除义务的辩护理由。该建议者必须能够证明,该顾客对该事实已经知情,或是该事实应当是无须调查而显而易见的。

在这里提到无须调查更加强调了这一事实:信息提供者的义务是不能够通过顾客获取信息义务的存在而被削减的。这样的获取信息义务的存在可能会引起共同过失,正如下面E中所解释的。

B. 利益权衡和政策考量

如果顾客有能力,或是有其他的信息提供者的协助,那么问题在于,这里所假设的能力是否会影响所被提供的信息。

认为信息提供者的义务不会因为顾客的能力或是另一个信息提供者的协助而降低的设想更具法律上的确定性和明白性:信息提供者会知道,自己始终具有完整地告知顾客的义务。这样的规定同样也被认为是倾向于消费者的。另外也有一些论点同样支持这一观点。首先,即使一个有部分能力的顾客,也不能总是对自己的事务作出最好的判断。这一点也恰恰是许多顾客在认识到该问题后寻求服务的原因。其次,相反的解决方式或许会使得信息提供者在面对专业的或是有人协助的顾客时表现得较为消极。最后,首先与以提供信息为主要义务的合同有关。该观点认为,如果顾客需要的并不是完整的信息,那么完全可以事先在合同中作出相关规定。进一步的论点主要针对的是提供信息或建议仅作为合同附随义务的情况。在这种情况下,考虑到向提供信息的第三方所"借来"的知识,其实顾客承担着信息的两个提供者相互推卸责任的风险;他们可能会主张,均认为对方已经提供了完整的信息。

然而,从另一方面来看,依据顾客的能力来减轻义务下应当提供的信息似乎是更加经济的。收集和提供信息会增加服务的成本,而如果顾客是有能力的话,这些多余的费用可能是不必要产生的。

C. 比较性概览

欧盟各成员国针对这一点所采用的解决方法似乎是很不统一的。法国法中,自1995年开始,判例法就开始禁止因为顾客在相关领域中的能力,或是因为该顾客正在或已经接受了第三方信息提供者的告知的事实,对信息提供者的义务产生影响,除非能够证明,该顾客已经知道了具体信息。法国法学学说中对案例法的主张进行了总结,告知和建议义务不因顾客的能力而受影响,它是绝对性的义务。德国判例法始终认为,信息提供者不必再告知顾客其已知的信息。但是在德国,或是其他的一些国家,对于仅仅因为顾客自身的能力或是其他信息提供者的出现是否会影响信息提供者的义务这一问题仍然是不太清楚的。

具体的案例法在金融信息领域特别常见。依据欧洲许多法律体系判例法的传统观点,金融服务的提供者并没有义务告知有能力的顾客,特别是那些对于具体的证券交易市场操作有着经验的顾客。这一解决方式也许会在将来,因为对引入了信息义务的欧盟关于消费者金融服务远程销售的指令(EU Directive 2002/65 on distance marketing of consumer financial services)的实践而产生部分改变。该指令沿袭了对消费者的传统定义,即不是为了自己的交易、生意或是职业而行为的自然人。由于没有采用依据与合同有关的领域的能力标准来确定"消费者"的定义,该指令排除了基于顾客能力的理由而作出的抗辩,从而表明指令所要求的信息义务的履行不受顾客具有能力这一事实的影响。

D. 首要选择

折衷的办法是更合适的。原则上,信息提供者必须提供所有的信息,即使是该顾

客已经有第三人信息提供者的协助,或是有一定程度上的能力。

示例2

一个律师针对个人遗产继承的有关事项向一个私法公证员咨询建议。该公证员在工作上所负责的是房地产问题的手续事宜。他并没有告知该律师作出遗产继承接受或拒绝决定的时间限制。该律师在时间截止时并没有能够作出决定,而被认为是放弃了继承。该顾客是一位律师的事实并不能作为该公证员的辩护理由。

作为一项规则,告知和建议的义务并不因为假设的顾客的能力或是信息已由他人提供的事实而受到影响。但是,如果该顾客不仅仅是理论上,同时确实是具有关于提供者所提供信息的具体知识,或是该信息提供者可以合理地期待该顾客具有相关的具体知识时,应将倾向于对信息告知义务进行限制的经济上的论据纳入考虑。

示例3

一位律师,出于私人目的,要求一位私法公证员按照他建议的方法为其起草一份购买公寓的合同。在建议中该律师声称,他已经列举出了所有有关税法和民法的相关问题。在本案中,该公证员可以合理地信赖该律师的陈述,该律师不得因为该公证员没有给出完整的信息且没有建议某项行为,而向其主张损害赔偿。原因在于,该公证员可以推定该顾客具有关于上述问题的具体知识。

在上面的案例里,要求信息提供者去收集信息并将该信息提供给顾客对于任何一方当事人来说都不会带来好处,因为这会花费大量的时间和金钱。由于减免告知义务在这里是规则的例外,需要由信息提供者来证明例外的适用。单纯的关于顾客的能力或是有第三方信息提供者的参与,并不能构成推定顾客已经获得具体信息的充分理由。

注　释

Ⅰ.概述

1.在这一问题上并没有很多可得的信息。原因在于,对这一问题的回答取决于对信息提供者的主要义务内容的评估方式。对采取客观评价标准的法律体系而言,顾客的能力不会产生影响。比如法国。但另一方面,如果对于依据接收信息者的事实情况来评价信息内容的法律体系来说,那么顾客的能力就会对注意标准产生极大影响,因此也就给予了信息提供者一个辩护理由。这种解决方式在芬兰、德国、意大利、荷兰、葡萄牙、西班牙和瑞典被普遍采用。但是,判例法中大部分情况都与金融服务有关。在这一领域,即使是在法国,顾客的能力也可以被信息提供者作为辩护理由。

Ⅱ.顾客能力对提供的服务的影响

2. 法国最高法院曾经作出过判决，将顾客的能力纳入考虑因素，进而减轻建议者的义务（Cass. civ. Ⅰ, 7 February 1990, Bull. civ. Ⅰ, no. 37; Cass. civ. Ⅰ, 2 July 1991, Bull. civ. Ⅰ, no. 228; Defr. 1991, p. 1272, obs. crit. J. –L. Aubertt）。咨询建议的义务是相对的，取决于具体的情况。最高法院从 1995 年开始，改变了判决标准，建议者的义务开始变为是绝对的。建议者的义务不再因为顾客已经有了另一个建议者（Cass. civ. Ⅰ, 10 July 1995, Bull. civ. Ⅰ, no. 312; Defr. 1995, p. 1413, obs. J. –L. Aubertt）或是因为顾客有相关领域的能力（Cass. civ. Ⅰ, 28 November 1995 and 30 January 1996, Defr. 1996, p. 361, obs. J. –L. Aubertt）而能够得到减轻了。这一变化开始于公证员，但是现在同样适用于律师和其他的法律问题建议者（Cass. civ. Ⅰ, 29 January 1997 (second part of the case), Bull. civ. Ⅰ, no. 132; JCP 1997. Ⅱ. 22948 with Note R. Martin; CCC 1997, no. 111, with obs. L. Leveneur; Cass. civ. Ⅰ, 24 June 1997, Bull. civ. Ⅰ, no. 214; JCP 1997. Ⅱ. 22970, with Note E. du Rusquec; CCC 1997, no. 162, with obs. L. Leveneur）。但是，当买方是专业人士时，这不适用于卖方（Cass. civ. Ⅰ, 3 June 1998, RTD civ 1999, p. 89, obs. J. Mestre），也不适用于股市操作（Cass. com. 18 February 1997, Bull. civ. Ⅳ, no. 51）。

3. 在德国，如果顾客对股票市场熟悉的话，销售股票期权的银行并没有义务告知顾客替代选择或是风险（BGH 4 February 1992, quoted by Canaris, Bankvertragsrecht2, no. 1881）。

4. 在荷兰，如果顾客具有相关领域的能力或者有其他的建议者的话，不排除该建议者可以信赖该顾客已显而易见地获知了关于风险和替代选项的知识。在这种情况下，建议者未完整提供信息的事实也许是可以有理由的（Barendrecht and van den Akker, Informatieplichtenvan dienstverleners, no. 364－367）。

5. 波兰的服务提供者需要对顾客的能力进行评估，并且相应地调整所提供的服务。这一要求可以由设定应有注意标准的规则中（民法典第 355 条）以及要求合同双方相互配合的义务履行的一般规定中（民法典第 354 条）得出。

6. 在葡萄牙，依据法律学说，外行顾客的能力越低，信息提供者的勤勉就应该越全面彻底（Sinde Monteiro, Responsabilidade por conselhos, p. 387）。

7. 在西班牙，关于医疗服务提供者的告知义务有一个很特别的规定：医疗服务提供者仅能当病患已经因为同样的疾病接受了同样的治疗时，或者当该病患是该领域的专家时才免除告知义务。在消费者法第 12 条中特别给予了消费者这一保护措施（该条规定顾客有权利获得服务提供者的告知），但当顾客和提供者均为同一领域的专家时，这一规定并不适用（Cervilla Garzón, La prestación de Servicios Profesionales, p. 255）。

8. 在瑞典和芬兰，建议者的提供信息和告知风险的义务范围一般受到顾客的能力和知识的限制。在一个瑞典案例中（银行为顾客提供税收咨询建议）法院认为，提示风险的义务总是需要依据具体的事实情况，特别是顾客的知识来进行判断（NJA 1994 p. 598）。在另一个案例中，法院认为，若顾客作为一个商人，已充分掌握了关于金融市场和股票交易的知识，股票经纪人没有义务向顾客告知指数期权交易中的风险（NJA 1995 p. 693）。

第Ⅳ.C－7:109条　因果关系

信息提供人知道或者可以合理地被期待知道顾客随后的决策将根据其所提供的信息作出并且顾客作出这样的决策并因此遭受损失的，只要顾客能够证明，如果信息提供人提供了所有必要信息，则非常合乎情理的，顾客会认真考虑作出一个替代决策，此时信息提供人任何的合同债务的不履行都将被推定为造成了该损失。

评　论

A. 法条概述

服务提供者未履行合同义务与顾客损失之间的因果关系是对信息提供者责任和损害赔偿的认定的一个根本性因素。对因果关系的认定涉及信息提供合同中的特殊问题。要顾客来证明信息提供者的不履行与自己遭受的损失之间的因果关系往往是很困难的。为了能够确保顾客可以证明这种因果关系的存在，本条规定引入了对举证责任的调整。顾客如果可以证明在义务被适当地履行的情况下，该顾客可以被合理地期待，会认真考虑并作出一个不同于现有决定的另一个决策，就可以确立因果关系的存在。

应对"替代决策"进行广义的理解。它不仅包括一个完全不同的决策，同样也可表示一个理论上假定的具有同样性质却具有完全不同条件的决策。

示例 1

一个顾客基于错误的市场分析意见而购买了A公司。为了主张损失赔偿，该顾客并不必须证明他不会作出这一决策，或是他会在另一个金融项目上采取相同的决策。错误建议和损失之间的因果关系可以通过证明一个合理的投资者将会经过慎重考虑而作出不投资该公司，或是购买另一家公司，或是以更低的价格购买A公司的判断来实现。

本条规定引入了两个推定。第一个是对举证客体的调整。顾客不需要基于一个具体的顾客测试来证明因果关系——该顾客在另一种情况下可能会做什么，而是一个合理性测试——如果在被正确告知的情况下，怎样的行为会是合理的。第二个推定是削减证明的客体。该顾客不需要证明一个合理的顾客会作出不同的决策；证明一个合理的顾客会认真考虑采取另一种决策就已经足够了。

该信息提供者可以采用同样的方式来反驳这两个推定。为了证明因果关系并不存在，信息提供者需要证明，即使是正确履行了义务，该顾客还是会作出同样的决策。

B. 利益权衡和政策考量

对因果关系的证明要求通常是信息合同下主张因义务未履行而造成的损害赔偿的关键问题。这里的主要问题在于确定,因果关系的基本原则在这里是否仍然适用,或者是否有必要为了保护顾客而减轻对因果关系的要求。

支持减轻通常的因果关系举证责任分配的观点基于下面的理由。顾客向信息提供者要求信息或是意见来作出一个合理的决策。因此,顾客极有可能基于被提供的信息并遵从建议来作出决策。同样的,可以假定顾客会依赖于正确地信息或是遵从正确地建议或者至少会对因为信息提供者的错误建议而实际作出的决策产生犹豫。由此,在这样的情况下,信息提供者必须证明即使信息或建议被正确地给出也不会有任何影响,因为顾客的决策并不会因此而改变。如果信息提供者不能够证明这一点,不履行与顾客所遭受的损害之间的因果关系就会被认为是存在的。

更实际的问题在于,如果将因果关系的举证责任加诸顾客的话将会导致其处于一个非常困难的境地。这就需要证明如果信息提供者正确地履行了义务,那么就不会发生损害。而要完成这样的证明通常都是不可能的。

但是,对于顾客的证明责任实施倒置或者极大地减轻会让信息提供者置于一个非常不利的境地。要证明如果顾客得到了正确的信息或者建议后会作出同样的行为是非常困难的。这样,根据选择的方案任何一方当事人在举证时都会面临困难。

最后,解决方式还取决于一个有关对顾客赔偿的政策上的决定。专业的信息提供者通常都是有保险的事实——有些时候是强制性要求——也许可以为削减因果关系要求提供正当化理由,以便于能够迅速地对顾客的损失进行补偿,大多数的顾客都没有针对这一类的违约结果进行保险。

C. 比较性概览

对于关于信息提供者未履行义务的行为与顾客所遭受的损失之间因果关系举证责任的削减存在于一些法律体系中。但是具体运用的技术却有所不同。在德国和奥地利,特别是涉及医疗信息和建议的情况,在决策冲突理论(Entscheidungskonflikt)的适用中会对证明客体进行部分的修正。在法国、比利时和西班牙,法院采取的方式是对机会损失理论(the loss－of－a－chance theory)的非常规的适用。换句话说,法院认为,顾客丧失了基于全部信息来作出决策的机会。

D. 首要选择

本条款提供了在因果关系问题上对顾客举证责任的减免。顾客不必须证明若在被提供了正确建议的情况下,自己会采取另一决策,而仅需证明在这样的情况下自己会认真考虑采取另一个决策,并因此可能避免损失。这样的一种解决方式和德国的决策冲突理论很类似。

本条款还适用了一个客观的标准顾客测试(standard-client test),而非具体顾客测试(particular-client test)。因果关系的存在是通过考虑一个合理顾客而客观地评估的,而不是仅针对具体的顾客。遵守标准顾客测试标准还有利于对义务的违反和损失之间的因果关系进行评估。

示例2

一家公司聘请一家会计师事务所对一项收购给予建议。该所给出支持收购的建议,但没能注意到,因此也就没有在建议中提到反垄断机关可能会因为由该收购案引起的该公司的未来的垄断性质而拒绝批准该项收购案的风险。在收购之后,欧盟委员会同意在买方出售60%目标公司资产的条件下批准该收购案。为了获得损害赔偿,该顾客只需要证明,如果实现被告知了该风险,该公司可能会对是否实施该项收购产生犹豫。然后由建议者证明,即使正确的信息被给出,该顾客仍然会收购该目标公司。

通过引入因果关系证明的推定,本条款默示地排除了对机会损失理论(the theory of the loss of chance)的适用。在有些法律体系中,在违反信息义务时该理论被用来促进对因果关系的判断,从而使得受害方能够更容易地获得损害赔偿。以机会损失理论作为对因果关系证明的替代时,法院是基于顾客失去了一个在全面信息基础上作出决策的机会作出补偿。这样做的结果是,顾客不能够获得与自己所承受的所有损失相当的赔偿。损害赔偿仅能够弥补整个损失的一定百分比。在这里,百分比的多少取决于作出不同决策并且避免由实际决定造成的结果的可能性。在实践中,这样做会导致对损害的一系列复杂的评估,这往往需要聘请专家进行。

本条规定的体系会造成对所有损失进行赔偿或是完全不予赔偿的后果。部分补偿——作为采用机会损失理论的结果——是不可能的。换句话说,本条的出发点是,服务提供者的不履行要么导致对整个损失的赔偿,要么完全不作为损害的原因。

注　释

Ⅰ.概述

1.如果保留由原告来证明不履行和损害之间因果关系的存在这一原则(英格兰、芬兰、法国、德国、意大利、荷兰、葡萄牙、苏格兰、西班牙、瑞典),大多数的这些法律体系,至少在部分领域,都会采用不同的技术手段,来减轻举证责任。在法国,机会损失理论被用来在缺乏因果关系时减轻证明责任。在德国,决策冲突理论(Entscheidungskonflikt)在不正确或不完全的信息或建议的情况下要求对病患的举证责任进行限制。

Ⅱ.因果关系的举证责任

2.一般而言,在英格兰法律中,顾客承担举证责任。当请求权是基于医疗过失时,病患不仅需要证明告知义务的违反,同样还需要证明,如果没有义务违反的出现,自己不会选择进行相关

治疗（Chatterton v. Gerson［1981］QB 432.）。然而，在违反受托责任的情况中，实施的似乎是举证责任的倒置。在一个旧枢密院案例中认为，当违反对实质信息的披露义务时，因果关系的举证责任需要倒置（Brickenden v. London Loan and Savings Co.［1934］3 DLR 465 at 469）。同样地，在案件 Ferris［1983］9 DLR 183 中，一名律师由于其在向出借人提供建议时已经在为贷款人服务而违反了受托责任。在 Brickenden 案中，Thankerton 法官认为，"当负有委托义务的一方当事人，因为没有披露与交易有关的，他的委托人有权知道的实质性事实而违反义务时，他不得坚持认为，即使不进行披露也不会改变交易中当事人会作出的决策，因为委托人的行动完全可能仅因某些因素而改变。一旦法院认定，该未披露的事实是实质性的，关于委托人在披露的情形下会采取什么行动的推测就是无关紧要的了。"然而，这一解决方法的依据在于委托关系的特殊性。对因果关系的举证责任倒置与受托义务的严格特性是一致的。在判定责任的问题上，义务违反与主张的损失之间的因果关系是不必考虑的。若受托人处于冲突的，或是存在潜在冲突的情况下，责任就会被强加于他。至于违约没有造成任何损失在这里并不重要。

3. 在法国法中，告知和建议义务的违反与损失之间的因果关系原则上应当由顾客进行证明（Cass. civ. Ⅰ, 10 July 2001 Resp. civ. et assur. 2001 no. 321；在这里，律师给出了不好的税务建议，顾客必须能够证明他所遭受的损失赔偿是由义务的违反所造成的）。法院在这里采用了同等条件理论（équivalence des conditions），即若顾客能够证明，在被正确地告知或是建议的情况下，他或是她会倾向于作出另一个决策，那么告知或建议义务的违反就是损失的原因。这意味着，顾客必须能够在排除合理怀疑的条件下证明，损失本不会发生。顾客往往是无法证明这一点的。因此，一部分案例中采取了另一种方法，通过机会损失理论来进行赔偿。顾客有权获得自己因为失去在有效信息下作出决策的机会而遭受的损失（Cass. civ. Ⅰ, 7 February 1990, Bull. civ. Ⅰ, no. 39; RTD civ 1991, p. 112 with obs. Jourdain; CE 5 January 2000, Consorts Telle; 5 January 2000, Assistance Publique－Hôpitaux de Paris, JCP 2000. Ⅱ. 10271, with note J. Moreau）。这一判决理由的结果在于，顾客对采取另一决策的犹豫就足以判定服务提供者义务的违反与损失之间存在联系。这一解决方式受到一部分学者和案例法的质疑。引用 1982 年的一个案例来说，部分作者认为机会的损失仅能被用来判断损失的数额，而不可被作为因果关系的替代（Cass. civ. Ⅰ, 17 November 1982, Bull. civ. Ⅰ, no. 333; JCP 1983. Ⅱ. 20056 with Note Saluden; D. 1984, p. 305 with Note Dorsner－Dolivet. See also, Fabre－Magnan, De l'obligation d'information dans les contrats, nos. 605 ff）。然而，也有不同的观点（Huet, RTD civ 1986, 119; G. Durry, RTD civ 1967, 181; 1969, 797）。这一解决方式是否同样适用于信息和建议义务是有争议的。依据上面所引用的 1990 年和 2000 年的案例，似乎机会损失理论仍然是适用的，并且可以用来确定部分的因果关系。在这里，部分的因果关系同样可以引起部分的损害赔偿。比如说，对一场意外中的一名学生受害者的损害赔偿并不包括通过考试带来的利益，因为并不能确定该学生能通过考试（Cass. civ. Ⅱ, 17 February 1961, GazPal 1961, 1, 400）。这对这里所提到的问题也是同样适用的。既然并不能够确定，正确的信息和建议就一定会使得顾客选择更好的解决方法，那么要求补偿其他解决方法所带来的利益就是不可能的。评估损失是很困难的，在如何计算上并没有明确的指示。这也是机会损失理论最大的不方便之处。通常，在法庭上，法院会聘请专家来对损失的赔偿进行判断。

4. 在德国医疗法中，如果能够证明服务提供者违反了义务，且顾客能够证明他或是她在被给出正确信息或建议的情况下会作出不同的决策，那么举证责任就会被倒置。在医疗信息和建议

咨询中,这一解决方式已是广为接受的案例法(BGH 26 June 1990, NJW 1990, 2928; VersR 1990, 1238; BGH 11 December 1990, NJW 1991, 1543; JZ 1991, 673; BGH 7 April 1992, VersR 1992, 960; NJW 1992, 2351; BGH 14 June 1994, VersR 1994, 1302; NJW 1994, 2414; BGH 17 March 1998, Ⅵ ZR 74/97, NJW 1998, 2734)。这就是所谓的决策冲突(Entscheidungskonflikt (conflict of decision))。如果医生能够确定地证明,即使必要的信息被给出,病患也会同意接受被建议的治疗程序,并且该病患不能够确实地证明,在这样的情况下,自己会对是否要同意产生疑虑,那么医生就不负责任(如 BGH 17 March 1998, Ⅵ ZR 74/97, NJW 1998, 2734)。在这样的案例中,服务提供者需要证明,信息或是建议的正确提供并不会对顾客的决策产生影响,同样的决定会被给出。如果提供者不能够证明这一点,那么义务违反与顾客损失之间的因果关系就会被认为得到证实。决策冲突这一技术,在当关于风险的信息或是建议的缺失会对另一方当事人的情况产生巨大影响时,具有相当的意义。但如果不是这样的情况,那么即使存在义务违反,也不能确定因果关系的存在。实际上,如果信息基本上不会影响病人的决策,因为可能无论如何顾客都愿意承担该风险,那么即使风险的机会变成了现实,其影响也不大。那么在这里就不存在决策冲突了。相反地情况也是正确的。在一些案例中,没有必要通过决策冲突理论来部分地倒置因果关系的举证责任,因为在被正确地告知风险的情况下,病患会采取别的决策以避免损失是十分明显的。如 BGH 30 January 2001, NJW 2001, 2798。在这个案件中,医生没有告知病患治疗的重大风险。联邦法院首先认定,该病患若被有效告知的话就会发现自己处于一个决策的矛盾之中,这同样也意味着,如果知道了治疗的重大风险,该病患可能会反对该治疗。没有必要对当被告知正确信息的情况下病患产生犹豫的具体原因进行争论,因为,他会采取其他的决策这一事实是肯定的。除了医疗法律外,决策冲突理论一般不得适用,顾客仍然需要证明他或者她将会如何对正确的建议或是信息作出反应(BGH 16 February 1995, NJW－RR 1995, 619, 内容是关于一位会计提供了错误信息的责任)。

5. 依据意大利合同责任和职业行为的侵权责任的一般规则,违约责任和损失之间因果关系的举证责任原则上由顾客承担(Cass. 18 June 1975, no. 2439, Foro it. 1976, Ⅰ, 745; Cass. 8 May 1993, no. 5325)。

6. 在荷兰,举证责任原则上由顾客承担,参见 Giesen, Bewijslastverdeling, p. 49; Barendrecht and van den Akker, Informatieplichten van dienstverleners, no. 446－447。这意味着,顾客必须证明,如果得到了正确的信息或是建议,他或是她将会作出不同的决策。然而,要想无条件地证明这一点几乎是不可能的,因为总是存在一种可能性,该顾客将会不依据所提供的信息或是建议来行动,并且会作出不同的决策。Giesen 在 Bewijslastverdeling 的第 49 页中指出,这样的举证责任分配将会导致顾客证明的结构性问题。特别是对于医疗案件来说,或多或少都会认为病患将依据信息或是建议来行动,特别是当病患得的是危及生命的疾病,而某种有效的治疗是可能的时候。荷兰在一定程度上复制了德国的决策冲突学说。Barendrecht and van den Akker 的 Informatieplichten van dienstverleners 中第 449～450 页争论到,假设合理行事且知情的顾客会遵守信息提供者的意见或者建议,那么可将这一学说扩大到医疗之外的情形。如果缔结的是信息或者建议提供合同,在顾客特别要求被告知信息或者建议的时候更是如此。在关于安全措施的案例中,对安全措施的违反以及损失之间的因果关系被推定为是存在的,因此会导致举证责任的倒置。参见 Giesen, Bewijslastverdeling, pp. 66 ff, 79 ff。Hoge Raad 似乎更倾向于将该规则适用于其他的情况下,在这些情况里,一个行为——包括不作为,比如没有(适当地)进行告知和建

议——导致风险的存在和实现。参见 HR 26 January 1996, NedJur 1996, 607 (Dicky Trading Ⅱ),一名公证员被认为因为没有对一项交易中存在的风险进行警示而负有责任。这里必然存在因果关系,因为没有警示增加了损害的风险以及该风险已经变成了现实。参见 Giesen, Bewijslastverdeling, p. 67; Barendrecht and van den Akker, Informatieplichten van dienstverleners, no. 447。然而,最高法院最近明确地拒绝了对该条规定的笼统适用,拒绝将其适用范围扩大到由于没有告知风险并且随后风险变成了现实的情况。Hoge Raad 认为,告知义务意味着,病患能够对是否同意所被建议的治疗作出一个明智的决定。因此,告知义务并不是用来保护病人免遭医疗风险的发生,而仅仅是预防失去作出正确选择机会的风险。参见 HR 23 November 2001, case C99/259HR。

7. 依据波兰法律中的一般规则,有关事实的举证义务由主张该事实具有法律后果的人来承担(民法典第 6 条)。顾客必须证明,损失是由服务提供者所引起的(引起损失的事实环境)以及损失的数额(Bieniek (－Rudnicki) Ⅰ, p. 30)。

8. 在葡萄牙,顾客承担因果关系的举证责任。案例法中最常采取的标准是相当因果关系(the adequate causation)(对同样意思的反向表述,见 Enneccerus－Lehmann (STJ, 3 December 1992, BolMinJus, 422, 365; STA 21 April 1994, BolMinJus 436, 421)。

9. 在苏格兰法律中,一般由顾客承担因果关系的举证责任。但是,在医疗案件中医生未予警示的,顾客即使不能够证明手术在获得有关知识的情况下是可以被避免的,也可以就遭受的损失得到补偿(Gloag and Henderson, The Law of Scotland, para. 27. 10; cf Hogg, (2005) 9 Edinburgh LRev, 156; Mason and Brodie, (2005) 9 Edinburgh LRev, 298; Stair, The Laws of Scotland, Reissue Medical Law, paras. 260－262)。

10. 在西班牙法律中,原则上由顾客证明服务提供者没有尽到应有的注意(信息缺失),证明自己所遭受的损失,以及损失与服务提供者未尽到应有的注意之间存在因果关系。法院在服务提供者违反信息或建议义务时倒置举证责任,因为服务提供者进行积极的证明(即信息已被提供)要比由顾客进行消极证明(即信息没有被提供)更加容易。然而,顾客仍然负有对于因果关系的举证责任,因此必须对服务提供者在告知义务上没有遵守注意标准的行为是造成自己所遭受的损失的原因进行证明——即如果该顾客受到了正确的告知或建议,他将会采取其他的决策或者行动。在医疗服务的案件中,信息的缺失会导致医疗服务提供者对由此所造成的损失承担责任。TS31 July 1996(RJ 1996/6084)判决:如果某项治疗被认为是高风险的义务,具有可预见的消极后果,应当向病患告知相关风险,并获得该病患以明确、清楚的方式所作出的对于治疗的同意,进而排除医生的责任。因此,医疗服务提供者对由此引起的损失有责任。所以,只有当病患在被专家充分告知的情况下作出知情同意,风险才转给病患。依据应当披露的风险关涉治疗性或是非治疗性医学,具体情况也会随之改变。对于后者,非典型性风险也必须披露。

11. 在瑞典和芬兰,原则上由顾客来证明他或是她会在被给予正确信息的情况下作出不同的行为。在瑞典案例 NJA 1991 p. 625 中,一个房地产经纪公司向一名顾客给出了关于资本增值税的错误信息。现在的问题是,该顾客是否因此而承担了经济损失,以及该如何计算损失。最高法院认为:"关于资本增值税推迟的可能性的错误信息要引起损害赔偿的权利,原则上该顾客必须能够证明如果他得到了正确信息的话,就不会在那个时间点作出出售房地产的决定。"(见 Kleineman, SvJT 1998, p. 199)。瑞典法中不适用机会损失理论。

第八章　医　　疗

第Ⅳ.C－8:101条　适用范围

(1)本章适用于一方当事人(医疗提供人)为他方当事人(患者)提供医疗服务的合同。

(2)医疗提供人为改善他人的身体或精神状态而提供任何其他服务的合同准用本章规定。

(3)患者不是合同当事人的,被视为第三人,其享有合同赋予的相对于本章规定的医疗提供人的义务的权利。

评　论

A. 法条概述

本条给出的是关于治疗合同的概念。治疗活动存在于所有为改变他人的身体或精神状态的过程中。治疗合同的一个主要例子是医疗合同。然而,这并不是唯一的情况。相应地,在定义列表中将治疗合同定义为“一方当事人(医疗提供人)为他方当事人(患者)提供医疗服务,或者提供其他改变个人身体或精神状态的服务的合同”。

示例1

一位病患因患流感而去看医生。该医生在治疗过程中采用了不同的手段,并且开出了可能治愈该病的药品,即改变该病患的身体状态。

保健专业人士采取必要的措施以有效地改变或是保持病患的状态,或者——当这样的状态不再可能维持时——对慢性或不可治愈的病情进行缓解,都可以被视为是“治疗”。

示例 2

一位无法治愈的癌症晚期病患正接受姑息治疗。这一治疗是对该病患所承受的痛苦进行缓解，因此适用本条规定。

治疗可能存在于对治愈某种疾病的尝试之中，存在于通过采取手段预防疾病在将来的发生（预防医学）中或是存在于对致命疾病的止痛管理中。也可能是当没有必要采用严格的医疗手段时，存在于对他人的身体或是精神状态的改变中（美容手术、灭菌等）。

示例 3

某人计划前往一个疟疾暴发的地区，因而在出发前预约了一名保健服务的提供者。他接受了适当的药物。这里涉及的是预防医学，同样适用本章规定。

通过适当的调整，本章同样可以适用于治疗提供者为了改变病患的身体或是精神状态而采取的其他服务，比如说，提供有关治疗的信息，介绍其他的健康服务提供者或是机构等（第(2)款）。

第(3)款规定，对于第三人为了患者的利益与医疗服务提供者缔结治疗合同并且患者有权要求提供者履行服务的，亦适用本章的规定。虽然通常情况下患者为合同当事人，但也会出现患者不是合同当事人的情况。比如，当由与患者存在法律关系的当事人——如患者的雇主或者保险公司——聘请医疗服务提供者为患者服务就属于这种情况。

示例 4

一名申请生命保险的女士在一家与保险人合作的医院接受检查。该女士相对于该医院直接受到本章规定的合同保护。

第(4)款通过类推适用将本规定的适用范围扩大至一些由其他服务的提供者提供治疗的模棱两可的情况。

示例 5

某人去理发店理发。这是一个改变一个人身体（美观）状态（尽管不是他的健康）的过程。尽管本章并不涵盖这样的情况，但本章的条款同样可以通过类推适用于这些情况。

示例 6

理发师注意到一位顾客有严重的头皮屑现象（诊断），并向其推荐了一款特殊的洗发水（治疗）。尽管本章规定不包括该情况，但相关条款可以被类推适用。

B. 利益权衡和政策考量

本条规定的是本章的适用范围。最一般的适用是病患与治疗提供者之间为了接受治疗而订立的合同。但是,一个重要的政策问题在于,本章是否应当适用于缺乏明确的合同的情况。一方面,从概念上来看,只有治疗提供者和病患之间缔结的合同下所提供的服务才能落入本章的适用范围。另一方面,若不将本章规则的适用范围扩大至上面所提到的情形下又会在没有特别的原因的情况下造成歧视,即对相同的情况区别对待。实际上,常常会发生病患和订立了治疗合同的个人或是组织不是同一人的情况。为没有合同能力的未成年人或是无行为能力的成年人提供治疗就属于这种情况。当雇主、保险公司、酒店或是类似的组织为了向雇员、被保险人和酒店顾客提供治疗而签订的治疗合同也属于这种情况。在这样的情况下,有两层关系:顾客和治疗服务提供者之间的关系、病患和治疗服务提供者之间的关系。

示例7

一艘邮轮的乘客在航行过程中感到不适。该船上的医生,受雇于该邮轮公司,向该乘客提供治疗。在这里,该乘客/病患受到了与公司有合同关系的医生的治疗,而该医生与病人之间并没有合同关系。本章同样适用。

另外一个需要回答的问题是,病人和公共医院之间是否可以存在合同关系。这样的一种合同关系将有助于建立关于治疗义务的统一法律制度,为作为消费者的病患带来清楚性、明确性和保护等好处。然而,从政策和经济角度出发,这样的选择在许多国家都会遇到极大的阻碍,因为许多医院都是公共医院,因而受到行政法的规制。

此外,某些概念上的争论倾向于对医院和病患之间的关系,与合同关系进行区分,而不是作为"笼统的事实关系"。非合同损害赔偿责任法和行政法规定的是公共机构的责任。

另外一个政策性问题涉及有关治疗的规定的适用范围,特别是一些临界性的问题。实际上,改善他人的身体或精神状态是对行为的很宽泛的定义,可以涵盖如打扮、理发和身体穿洞等行为。除了适用于一般概念上的治疗,将本章的适用范围拓宽到这一类行为之上,会提高这些服务的质量以及对顾客的保护。特别是当这些服务行为会产生与对病患健康的医疗行为类似的效果时,此点显得尤为重要。另一方面,对本章范围的限制将会使治疗的范围缩减到标准的医疗实践。这样将更加符合传统上的治疗的定义,并且有利于集中于主要问题——医疗,或者至少是对社会和经济有重大影响的问题。另外,若将之前所提到的服务囊括进来将会引起医疗领域的强力反对。

C. 比较性概览

在大多数欧洲国家,治疗合同被列入服务合同之下(德国、西班牙和葡萄牙)或是

承揽合同(法国)。在某些法律体系里,将治疗定义为承揽合同、服务合同,或是具有独特性无名合同(奥地利和希腊)还不是很清楚。唯一一个将治疗合同作为民法典中的一个有名合同的国家是荷兰。

在英国,病患和公共医院之间的关系被看做是非合同关系,更多地由非合同性的赔偿责任的相关法律进行规制。在芬兰和瑞典,该关系为非合同性的,适用专门的医疗健康,尤其是无过错病人保险计划的规定。

D. 首要选择

原则上,本章仅适用于治疗提供者和病患之间存在合同关系的情况。但是,如果在具体的国内法中,该关系不能够被解释为私法上的合同,本章就不能被适用了;尽管与私法本质以及自身的职能不符,可以由行政法庭类推适用本章的规定。

本章的适用范围扩大至为非合同相对人的第三人的利益而提供的治疗,见第(3)款。这里的原因在于保护病患和类似情况类似对待的原则。在例外的情况下,为了保护病患的最大利益需要立刻实施治疗但该病患不能对合同表示同意的,可适用无因管理的规定。

对于医疗领域之外的,其他的为了改变他人的身体或是精神健康而提供的服务,本章可以通过类推适用;见第(2)款。其原因在于本章条款的功能性特征以及为在经济观点上越来越重要的非传统医疗领域提供准则规范。本条款另外的作用还服务于病患保护这一目标以及与卫生保健质量有关的公共利益。

注　释

Ⅰ. 概述

1. 除了荷兰之外,没有任何一个法律体系在民法典中对治疗合同有着专门的规定(见荷兰民法典第 7:446 条)。尽管治疗提供者的义务可以从非合同性损害赔偿责任法中得出,但是治疗义务内在的合同义务性质为如下国家所接受:奥地利、法国、德国、意大利、西班牙和葡萄牙。在如下国家,合同的性质各异:在奥地利和希腊,人们对该类合同应当被认定为承揽合同、服务合同或是无名合同有争议。在德国、西班牙和葡萄牙,这类合同被认为是服务合同。在英国,尽管存在治疗合同,但在实践中,大多数的医疗行为由国家健康服务系统来实施,并且由非合同赔偿责任法和特殊的公法规则来规制。在芬兰和瑞典,医疗行为不被认为是合同行为,适用公法规则。在法国、意大利、西班牙和葡萄牙,由专门的行政法庭对与公共医院所实施的医疗行为有关的纠纷享有管辖权。在以上各国,除了私法规定,医疗行为同样还受到公法、医疗道德、行为准则以及标准的规制。在英国、苏格兰、希腊以及西班牙,消费者保护的法律规定对该问题也产生了影响。在大多数国家,医疗法律制度从一般的合同法准则、非合同损害赔偿责任以及公法规定中产生。尽管在上面所分析的各国中并没有太多可以获得的信息,医疗类似服务,如非传统医学和其他的一些改善他人身体或是精神状态的服务,在医疗框架之外发生着变化,开始渐渐由服务法的一般

原则所规制。

Ⅱ. 国内法中治疗规则的范围

2. 在奥地利有一部医生法（Ärztegesetz 1998）和一部医院疗养院法（Krankenanstalten – und Kuranstaltengesetz）。主流观点认为，医疗合同属于一种所谓的自由雇佣合同；参见（Völkl – Torggler, JBl 1984, p. 74）。另外的一些观点将其作为纯粹的承揽。但是，在最近的案例中会发现定义上的稍许不同。“治疗合同被当做一个协议——不是定义在法典中——依照该协议，医生应当按照某一领域的客观标准向病患提供专业的治疗，但是并不保证治疗的成功或是一个确定的结果。”（Dittrich and Tades, ABGB35, § 1151 E 25 referring to SZ 57/98, RdW 1992, 8 = EvBl 1993/3。）奥地利一般民法典（ABGB）在服务合同一章下的最开始就对承揽和雇佣合同作出了明确的区分。民法典第 1151 条对两个概念作出了简短的定义，该定义为依据雇佣合同的相关规定（民法典第 1153 条及以下）所遵循；承揽合同被规定在民法典第 1165 条及以下之中。所谓的自由雇佣合同的主张认为，正如雇员一样，医生不能对结果（治愈）而只是对尝试努力负责。但是，由于医生的地位与雇员又不是完全一样的，所以并不是所有关于雇佣合同的规定在这里都能够适用。医生不是等级制度中的一环，他们更多的是自主地进行活动。然而，二者之间另外的一些因素却又是相同的。因此，治疗合同被定义为自由雇佣合同，用以表明它不是与一般的雇佣合同完全一样的（Völkl – Torggler, JBl 1984, p. 74）。主流观点认为，治疗在一些根本的问题上不同于承揽，并且又含有不同于雇佣合同的因素。所谓的自由雇佣合同在民法典中并无规定；作者将其称为学理上创造的无名合同（contractus sui generis）。基本上，所有旨在保护雇员的规定都不适用。另外，关于哪些雇佣合同的相关条款在这里能够适用还遗留有一些不确定的问题。Völkl – Torggler, JBl 1984, p. 74 中指出了这种法律上的不确定性，并因此主张承揽的规定在这里的适用（第 83 页）。不考虑具体适用的制度，用以解决治疗情景下出现的具体问题的规定在这里或多或少地有所缺失。既然治疗合同既不适合适用承揽合同的成文法规定，也不适合适用自由雇佣合同的规定，往往只有具体的判例能够提供一个令人满意的答案。

3. 在英格兰和苏格兰的法律中没有关于治疗的特殊规定。治疗提供者对顾客的责任由合同或侵权或是违法行为中产生。各责任之间是存在相互交叉的。在合同中，在经营活动中提供服务的一方同时具有普通法和制定法下的以合理的注意和技能来履行的义务，1982 年货物和服务供应法第 13 条（仅在英国适用）。涉及非合同责任时，可以从关于过失的判例法中找到同样的义务，如见 Bolam v. Friern Hospital Management Committee ［1957］ 1 WLR 582, 586,（电击治疗中的髋部骨折；有些医生可能会使用肌肉放松的方法来防止这样的风险的发生，但有些则不会；当依照负责任的专业意见进行行为时，即依照“合理的注意和技能”时，医生不负责任）。医疗责任的案例大多受侵权或违法行为相关规定的规制，法学著作中也大多在这两个领域讨论这些问题（在苏格兰，如 Stair, The Laws of Scotland, Reissue Medical Law, paras. 136 – 280），主要原因在于，一般而言，医疗服务是在不包含合同关系的公共框架下进行提供的。

4. 芬兰有一部患者地位和权利法案（Status and Rights of Patients Act）和一部患者伤害法案（Patient Injury Act）。这里的主要考量是：强化病患的自由权、对他们的法律保护从程序上给予保证以及增加个人的社会权利（参见 Lahti, Towards a comprehensive legislation governing the rights of patients, p. 208; Pahlman et. al., Three years in force: has the Finnish act on the status and rights of the patients materialised? Medicine and Law, p. 1）。

5. 在法国，关于治疗的最重要的法典是公共卫生法（Code de la Santé Publique——以下简称

CSP)，该法于 2002 年 3 月 4 日被保护患者权利和健康体系的质量法案所修订。其他可以适用的法律为：民法典中有关合同的一般规定以及关于服务合同的规定(contrat d' entreprise)，民法典第 1779 条及以下。有关知情同意，可以在民法典第 16－3 中查找到规定。医疗职业道德规范(1995 年 11 月 6 日)也同样适用，不仅在纪律法庭(disciplinary tribunals)，同样也适用于一般法庭(见 Cass. civ Ⅰ, 27 May 1998, Bull. civ. Ⅰ, no. 187; Resp. civ. et assur. 1998, no. 276; D. 1998, 530 Note Laroche－Gisserot，在该案中法院将该法案作为认定外科医生责任的依据。在这里，法院认为外科医生有义务拒绝病患所要求的治疗)。然而，在判例中仍然有空间适用有关治疗合同的法律规定。许多用以规制医疗合同的重要规则被最高法院和议会(Conseil d' Etat)在适用服务合同的最一般的规定时所"发现"，特别是对注意标准的判断中。这些规定中的大部分现在被编入了公共卫生法(Code de la Santé Publique)。

6. 德国法中，依据学界的主流观点以及判例法，将医疗合同视为民法典第 611～630 条所规定的服务合同的一种：BGH 9 December 1974, BGHZ 63, 306, 309; BGH 18 March 1980, BGHZ 76, 249, 261; BGH 10 March 1981, NJW 1981, 2002; BGH 25 March 1986, BGHZ 97, 273; CA Düsseldorf 31 January 1974, NJW 1975, 595; CA Zweibrücken 10 March 1983, NJW 1983, 2094; CA Cologne 17 September 1987, VersR 1988, 1049; CA Braunschweig 9 August 1979, VersR 1980, 853, 854; CA Koblenz 17 December 1980, VersR 1981, 689; CA Cologne 7 March 1979, VersR 1980, 434; CA Munich 27 February 1981, VersR. 1981, 757, 758; CA Koblenz 7 January 1993, NJW－RR 1994, 52; LG Cologne 31 July 1979, VersR 1980, 491; Laufs and Uhlenbrück, Handbuch des Arztrechts2, no. 39; Staudinger (－Richardi), BGB [2005], § 611; Palandt (－Putzo) BGB, § 611; MünchKomm (－Müller－Glöge), BGB, § 611 and MünchKomm (－Soergel), BGB, § 631。治疗提供者的主要义务并不包括成功地治愈患者或是达到某项治疗结果(BGH loc. cit.)；参见 Gehrlein, Leitfaden zur Arzthaftpflicht, p. 3，而是依据被广泛接受的、认可的、最新的医学知识，认真尽职地为患者提供治疗(Gehrlein, Leitfaden zur Arzthaftpflicht, p. 3)。然而，依据联邦法院的看法，治疗提供者和患者之间的关系并不是一般的私法合同关系，人类的尊严和特殊的信赖关系必须作为重要因素纳入考虑：BGH 9 December 1958, BGHZ 29, 46, 52 f = NJW1959, 811, 813; BGH 4 July 1984, BGHZ 32, 367, 379 = NJW 1984, 2639。因此，治疗合同在某些方面偏离于一般的服务合同。同样还必须注意到，医疗责任的本质总是属于私法，而非公法的，即使当其与公共医院有关，对此类案件一般法院即享有管辖权：Gehrlein, Leitfaden zur Arzthaftpflicht, p. 2。

7. 在希腊法律里，与提供医疗服务有关的责任既可能是合同责任，也可能是侵权责任。消费者法(Consumer Act)中关于服务提供者责任的规定在这里是可以适用的。但对于标准合同条款到底能在多大程度上被用于治疗合同，并不能得到确定。医疗服务的提供在民法典中并没有具体的规定，仅有关于服务合同的一般性条款。可以适用于患者和医生之间协议的法律条文是有关于雇佣合同的规定(民法典第 648～680 条)和关于承揽合同的规定(民法典第 681～792 条)。雇佣合同被认为是能够为患者和医生之间的一般合同提供最合适的法律框架，尽管在某些情况下，承揽的规定被认为是更加适合的(Androulidaki－Dimitriadi, The duty to inform the patient, pp. 106 ff)。不过，有观点认为，雇佣合同和承揽合同都不能够满足医疗合同的特殊情况。因此医生和患者之间的合同被认为并不总是能够被纳入雇佣合同或是承揽合同的。而是将其作为提供医疗服务的无名合同，而类推适用关于上面所提到的两类合同的规定，同时还可以适用其他的

规范,如道德规范(codes of ethics)(Androulidaki－Dimitriadi, The duty to inform the patient, p. 110)。自 1994 年开始,一个新的责任制度被适用于医疗服务。在消费者保护法(The Act 2251/94 on Consumer Protection(ConsProtA))提供了八条与服务提供者责任有关的规定。这些规定对于医疗职业服务提供者的适用性问题受到了质疑。但是,这似乎还不足以推动判例法上对有关问题的调整(Georgiades, The liability of service supplier, pp. 143－155);有关于医生的内容特别见于第 151～152 页;(Foundedaki, Medical liability in civil law, pp. 179－204)。依据上述条款,服务提供者对全部由服务所引起的损失均负有责任。顾客需要证明损失以及该损失与服务的提供之间的因果关系;反之,而专业的服务提供者需要证明他或她是在服务的提供上并没有出现过错。由此,医生不仅需要证明他或是她没有过失,还需要证明服务是合法的,即符合法律规定、合同和注意义务的(Foundedaki, Medical liability in civil law, p. 188)。另一方面,顾客需要证明医疗服务的提供与损失之间的因果关系。然而,众所周知,要证明医疗过失中的因果关系是尤其困难的(Foundedaki, Medical liability in civil law, p. 191)。不过,在实践中,相比于基于合同,病患更多的是基于非合同责任来请求损失赔偿(民法典第 914 条及以下)[A. P. 1270/1989 EllDik 1991, 765; Court of Appeals of Athens 197/1988 EllDik 1988, 1239]。最后,医疗服务的提供和医疗职业实践的某些特殊方面通过医疗职业行为准则和道德(25. 5/6 /7/1955)以及一部关于医疗职业实践的规定(a code for the exercise of the medical profession)(1565/1939)来进行规制(Foundedaki, Medical liability in civil law, p. 183)。

8. 在意大利,治疗合同主要适用用以规制脑力行业(intellectual professions)(民法典第 2229～2238 条)以及自由职业(民法典第 2222～2238 条)的条款,两者有共通性。另外,医疗道德法案也提供了纪律性规则和措施。

9. 在荷兰,最重要的关于治疗的规则规定在医疗合同法案(简称 WGBO)中,这规定在荷兰民法典第 7:446 条之中。这意味着,治疗合同基本上被当作一种特殊的服务合同(民法典第 7:400 和 7:446 条),参见 Sluyters and Biesaart, De geneeskundige behandelingsovereenkomst, p. 6。到目前为止,关于治疗合同的规定尚不能直接适用于医疗急救,而适用关于服务的一般规定。不过,有关治疗的规定可以类推适用(Sluyters and Biesaart, De geneeskundige behandelingsovereenkomst, p. 6)。

10. 在波兰法律中,治疗合同通常被认为是类似于委托合同(民法典第 750 条)的一种民法上的合同,这表明合同义务为手段义务。民法典仅对这样的合同提供了一个结构框架,而合同具体的义务往往由具体的特别法进行规定,比如:1996 年 12 月 5 日的医生和牙医职业法(the Act on the profession of a doctor and dentist of 5. 12. 1996)(Dz. U. of 2002, nr. 21, poz. 204 有改动),1994 年 8 月 19 日关于精神健康保护的法案(the Act of 19. 8. 1994 on protection of mental health)(Dz. U. of 1994, no. 111, poz. 535 有改动),或者 1991 年 8 月 30 日关于医疗机构的法案(the Act on medical care institutions of 30. 8. 1991)(Dz. U. 1991, no. 91, poz. 408 有改动)。治疗提供者的民法责任适用民法典的规定。

11. 葡萄牙宪法第 64 条授予公民获得医疗保健的全面权利,并且设定了国家医保系统的组织机构框架,该框架具体由 1990 年 8 月 21 日的健康基础法案(the Health Basis Act of 21 August 1990)规定。另外,葡萄牙作为人权和生物医学公约的成员国,其法律直接受到该公约的影响。治疗合同并没有在法律中特别规定。如果治疗是在国家医保体系的公共医院(主要的治疗提供者)里实施的,适用行政法。如果治疗是由私人医院或是私人从业者实施的,那么适用民法(服务

合同以及非合同责任法)。

12. 在西班牙,治疗的提供被列入服务合同,被规定在民法典第 1583～1587 条。西班牙最高法院确立了治疗提供者的主要义务。在 1994 年 4 月 12 日的判决中(RJ 1994/3073),法院认定该义务为手段义务。治疗提供者必须(a) 按照“按照行业准则并结合具体实际的原则”(lex artis ad hoc),依照医学知识在具体情况下采用一切可能的手段(TS 7 May 1997, RJ 1997/3874);(b) 告知患者,或者在适当的情况下告知患者家属有关诊断、建议的治疗、预计的结果、可能发生的风险以及治疗手段(材料、设备或工具),当这些手段可能是无效的时候,告知患者可以向其他的医疗服务提供者寻求帮助;(c) 继续实施治疗直到患者可以离开治疗中心,并且告知患者可能发生的风险;(d) 对于慢性疾病的情况,告知患者为防止病情恶化或者反复所需要注意的事项。关于治疗的最重要内容规定于 1986 年一般保健法(the General Act on Healthcare of April 25th 1986 (Ley General de Sanidad))之中。另外还存在许多针对特殊医疗领域的成文法规定,以及进一步发展这类成文法规定的行政法律法规。

13. 瑞典的医疗相关的法律法规可见于医疗法案(the Medical Care Act)中(1982:763),HSL。依据第 1 章第 2 条,目的在于平等地向所有人提供同等标准的优良健康和医疗服务。此外,要在保证所有人的平等和尊重所有人的尊严的前提下提供医疗保健:那些有着最大需求的人将会优先享有医疗照顾,医疗法案第 1 章第 2(2)条。至于提供医疗照顾的专业人士,则适用关于在健康服务和医疗照顾领域执业的法案(the Act (1998:531) on exercising a profession within the area of health service and medical care)。第 2 章第 1 条的一般性规定要求,医疗行业从业人员必须以科学和可靠的经验来工作。病患必须能够得到符合该要求的、胜任的且细心的健康服务和医疗照顾。治疗必须在与病患充分交流的情况下进行设计和实施。患者应当在治疗的过程中得到关注和尊重。在牙齿护理法案(the Act on dental care (1985: 125))中也能找到类似规定。1990 年的医疗道义法中规定了医疗服务提供者的义务。

第Ⅳ.C－8:102 条　初步评估

在被认为对提供医疗服务合理必要的范围内,医疗提供人应:

(a)询问患者的健康状况、症状、病史、过敏症、既往或现有的其他治疗、患者就治疗活动的偏好和优先选择;

(b)进行必要的检查以诊断患者健康状况;以及

(c)与医治过患者的其他医疗提供人进行探讨或进行咨询。

评　论

A. 法条概述

本条规定了,为了判断患者状况并且正确地作出治疗决定,治疗提供者应当采取

怎样的步骤。为了达成治疗的核心义务,要求治疗提供者对患者的状况进行调查。这通常包括查阅病历(从患者那里获得的信息),要求患者的配合,以及诊断,即分析患者的症状,也可能包括对患者进行化验或者检查。

在诊断期间,治疗提供者所获得的关于患者的症状和数据将会由其依据自身的专业知识和经验进行分析,其结果是确定引起疾病的原因。这是治疗提供者治疗义务的第一步。在得到患者信息之后,该治疗提供者需要诊断该疾病。

B. 利益权衡和政策考量

正确的诊断对于治疗的成功而言非常重要。基于对现有健康状况进行评估的诊断,即对患者状况作出的可能性判断,将会为作出恰当的治疗策略提供重要基础。诊断需要基于所收集到的信息,并且遵循对数据的分析。医学永远不会是百分之百准确的,一个诊断只是一次基于一定科学概率的判断。对患者现有物理状态的评估和接下来的诊断必须符合一个一般水平的治疗提供者所应有的注意标准。

但对于一项错误的诊断是否会构成责任这一问题,是存在争论的。大多数观点认为,错误的诊断并不构成对注意义务的违反,因为它可能是由于该疾病存在多种可能的病因而造成的错误判断。一般认为,只有在测量和分析简单的医疗数据中产生的直接的错误才构成对注意标准的违反。

另外一个问题是,这里的义务可以有多大范围。一次彻底的诊断需要时间和资源。过度诊断是冗长、昂贵、不必要且有风险的。许多诊断技术,特别是侵入性的诊断(invasive diagnostic)方式,都会产生风险。这些方式还很有可能是对有限的健康保健资源的浪费。

示例

一次诊断过程中,医生得出病人可能患了肺结核的结论。但是该病人患霍金森淋巴瘤(一种淋巴组织的恶性肿瘤)的可能却是微乎其微的。该医生决定对该病人实施一项侵入性的诊断技术,即纵隔镜检查,而该检查有着对声带造成损伤的风险。在本案中,这一风险成为现实。该病患除了提出自己没有同意这一检查的事实以外还认为,对于他的情况来说,这样的诊断检查是不必要的。

另一方面,不充分的诊断往往会导致治疗履行出现错误,因为没有充足的数据以确保符合标准质量的治疗。

C. 首要选择

在评估治疗提供者应当进行多么彻底的诊断时,较受青睐的标准是合理性测试(reasonableness test)。这与第Ⅳ.C－8:104 条(技能和注意义务)是一致的。只要是能够被合理地认为是必要的情况,治疗提供者必须询问患者,进行检查以及向其他的治疗提供者进行咨询,以判断该患者的健康状况。不过,主张排除或是限制错误诊断责

任的观点似乎站不住脚。只要治疗提供者没有能够完成合理的必要检查,或是对诊断的判断是低于标准的,责任就会存在。

这一合理性测试应当是判断诊断应当达到什么程度的最合适办法,并且平衡了以下各要素:(a) 合适的明智的医疗实践的标准;(b) 医疗保健资源的经济有效分配和(c)风险收益分析。

在本条规定下,只要被合理地认为是必要性的情况,治疗提供者应当向参与本治疗的其他治疗提供者以及医治过该患者的其他的治疗提供者进行咨询,以获得关于患者的病史、过敏症、用药史、接受过的其他治疗情况等方面的信息,以便能够尽可能多地获得与诊断相关的数据。

注 释

Ⅰ. 概述

1. 这里讨论的所有国家都有关于恰当诊断义务的规定,尽管对治疗提供者在诊断过程中的注意标准的严格程度有所不同。在英格兰、法国、德国、意大利、苏格兰、西班牙、荷兰和葡萄牙,诊断必须依据作为一名一般水平的负责任的治疗提供者的注意标准来实施。在丹麦、芬兰和瑞典,诊断的注意标准则要更高:在芬兰,该标准要求以一名有经验的治疗提供者为准,而在丹麦和瑞典,则是以专业治疗提供者为标准。在英格兰、苏格兰、荷兰和葡萄牙,治疗提供者在诊断方式的选择上享有很大的决定权。在这些国家,基于诊断的评估性本质和不确定性,治疗提供者只有在因为偏离了可接受的医学标准或是受尊重的医学观点而作出的不合适诊断时,才对后果承担责任。在德国,诊断中的根本性错误会导致举证责任转移至治疗提供者。

Ⅱ. 错误诊断的责任

2. 在丹麦,如果治疗是由公共医院提供的,不论是由于何种诊断错误,患者均可以获得赔偿。依据患者保险法第 2 条第 1 款(§ 2(1) of the Patient Insurance Act),因为诊断引起的可避免的伤害可以通过以下两个规则中的任意一个规则获得赔偿:专家规则(the specialist rule)或是设备规则(the equipment rule)。依第一种规则,伤害的发生是可以通过对最好的专家技术的最佳利用避免的。依第二种规则,任何用以实施诊断或是治疗的医疗设备的故障在客观上都会引发对伤害的赔偿。参见 Erichsen, Medicine and Law 2001, p. 359; Von Eyben Domstols afgørelser after patientforsikringsloven, 31; Grünfeld, De nordiske patientforsikrings ordninger – ligheder og forskelle, p. 70。

3. 在英格兰和苏格兰,如果说错误的诊断是由于没有尽到合理的注意和技能造成的,医生需要对错误诊断承担责任(Maynard v. West Midlands RHA [1985] 1 All ER 635), Moyes v. Lothian Health Board 1990 SLT 444)。

4. 在芬兰,如果造成伤害的诊断由一位有经验的治疗提供者所实施就可以避免的话,那么该实际诊断造成的伤害需依照芬兰病患伤害法案(Finnish Patient Injury Act)第 2 条第 1 款进行赔偿。参见 Lahti, Towards a comprehensive legislation governing the rights of patients, 211)。

5. 在德国,如果诊断错误,治疗提供者须承担责任。诊断中的注意标准受到可以采取的治疗

媒介的影响(BGHZ 72, 132; BGH NJW 1982, 697; 1994, 801; Laufs and Uhlenbrück, Handbuch des Arztrechts^2, no. 50 Ⅲ; Gehrlein, Leitfaden zur Arzthaftpflicht, p. 38)。由于病患必须对因果关系进行证明,所以在实践中一般的诊断错误是无关的(Gehrlein, Leitfaden zur Arzthaftpflicht, p. 38)。然而,若是在诊断出现根本性错误的时候,举证责任就转移至治疗提供者。参见 Gehrlein, Leitfaden zur Arzthaftpflicht. BGH NJW 1996, 1589; 1992, 2962; 1988, 1513; VersR 1981, 1033; CA Saarbrucken 26 August 1998, NJW-RR 1999, 176。诊断中的根本性错误是指那些与合理的、广泛接受的治疗实践相违背的错误。一个根本性错误的例子是,一个医生没能够从一位病患的组织学检查中发现该病患接受癌症治疗的迫切性(BGH NJW 1989, 2318)。在另一个案例中,尽管病患出现了明显的临床症状,医生却没有能够诊断出病患遭受了细菌感染(CA Karlsruhe VersR 1989, 195)。除非是在紧急状况或其他的例外情况下,远程诊断(Laufs and Uhlenbruck, Handbuch des Arztrechts^2, no. 50 Ⅵ; BGH VersR 1959, 589; 1961, 1039; 1971, 1123; 1975, 283; BGH DMW 1983, 1571; CA Hamm VersR 1980, 291)是被禁止的(Gehrlein 2000, 39; BGH NJW 1979, 1248)。过度诊断也被认为是一种误诊(参见 Laufs and Uhlenbruck, Handbuch des Arztrechts^2, no. 50 Ⅲ; CA Zweibrucken VersR 1991, 427),因为这样做会增加病患所承受的风险。

6. 依照希腊的法律,如果一位病人所遭受的健康损害是由于错误诊断所造成的,因为病患所进行的行为或是没有采取的行为都是以该诊断为基础的,那么该医疗服务的提供者就需要对此负责(对于诊断中的不作为参见 A. P. 1063/2000)。

7. 在法国,如果诊断没有依照治疗提供者应尽的符合可接受的合理医疗实践的注意和谨慎义务所进行,那么治疗提供者就可能负有责任,参见 CA Paris 13 December 1996, GazPal 1998, 1, somm, 69, Note H. Vray。

8. 在意大利,医疗实践还包括了初步诊断和预测的阶段。实际上,治疗提供者的第一项义务就是收集关于患者现有健康状况的信息(Alpa, Riv. it. med. leg. 1999, fasc. 1 (February), p. 26)。为此,治疗提供者需要病患的合作。因此,当病患处于无行为能力的时候,医生会需要其亲属或是朋友以及家庭医生的帮助。因为这是治疗合同履行的开始,若治疗提供者没有进行正确的诊断,需要对义务的未履行负责。

9. 在荷兰,一项诊断必须基于适当的调查和合适的信息。没有进行适当的调查不能因为外部因素,如组织的管理问题或是缺乏人手等,而被正当化。医生可以对某些必要的检查进行限制。但如果病患有严重的诉苦或是症状,只要没有针对这些意见和症状提供有效的解释,就会产生进行更进一步认真检查的义务。在一项风险自身没有显现的情况下,医生不需要对该可能产生的风险进行调查。一个错误的诊断可能会导致义务的不履行,即使它是基于有效的调查之上的。比如说当医生没有认真对待某个危险的发生的可能性时就属于这种情况。但是,仅根据后见之明发现诊断是错误的,这并不能引起责任。比如,当医生的结论从科学上来说是合理的就不属于这种情况,如该病例却是极其罕见的例外的情况,或是十分难以诊断的情况。另外,任何诊断——包括制作病历——都要求一定的评估性因素:为了能够得出绝对准确的诊断结果,或许会需要进行某种具有风险或是不被提倡的操作。在这样的情况下,一定程度的不确定是可以接受的,只要随之而来的风险在考虑到所有的因素下是可以令人接受的。至于诊断手段的选择,医生被给予了极大的决定权,前提是采纳的手段是与被普遍接受的医疗技术观点相符。参见 HR 9 November 1990, NedJur 1991, 26, Speeckaert/Gradener; Gevers, De rechter en het medisch

handelen3, p. 18。

10. 在波兰法律中,诊断被列为医生的活动(医生职业法第 2 条第(1)款)。诊断需要依据现有的医疗知识、可获取的诊断手段、专业道德准则和注意义务来完成(第 4 条)。因此,如果一次诊断出现错误,医生可能需要承担责任。

11. 在葡萄牙法律下,如果没能符合行业准则的要求,治疗提供者会被认为应对错误诊断负责(CA Coimbra, 4 April 1995; CJ XX－1995, Ⅱ, 31; STA 17 June 1997; AD XXXⅧ－1998, 436, 435; Faure and Koziol (－Sinde Monteiro and Veloso), Cases on Medical Malpractice, p. 175)。Esperança Pina 的 A Responsabilidade dos Médicos3 第 102 页中建议,在这样情况下的注意标准不是医生的一般水平,而是对具体情况下使用的手段的评估。

12. 在西班牙法律中,对病患症状进行分析是治疗提供者的服务内容之一,必须依据"按照行业准则并结合具体实际的原则"(lex artis ad hoc) 进行。因此,若在没有尽到应有的注意义务的情况下提供诊断,该医生会被认为负有责任。不过,仅凭错误的诊断自身,并不必然导致治疗提供者有责:依据最高法院的观点,在任何案件中,都必须能够证明,损害结果的发生是由医生的过错而导致的,只有这样医生才负有责任(TS 20 June 1997, RJ 1997/4881)。

13. 依据瑞典的患者伤害法案(Patients Injury Act (后称 PL)),如果损害有着极大的可能是由错误诊断引起的,那么就需要判定损害赔偿(患者伤害法案第 6(3)条)。若诊断中关于疾病或是伤害的具体征兆被忽略或是错误判断了,以至于治疗没有能够进行或是往错误的方向进行了,就属于这种情况。然而,这里的一个先决条件是,一个有经验的专业人士基于同样的情况会作出一项正确的诊断,参见 Sverne and Sverne, Patientens rätt, pp. 91 ff。

第Ⅳ.C－8:103 条　有关器械、药品、材料、设施和场所的义务

(1)医疗提供人所使用的器械、药品、材料、设施和场所至少应具备公认、可靠的行业习惯所要求的品质,应符合得适用的制定法的要求并适于实现其被用于的特殊目的。

(2)当事人不得排除本条规定的适用,或对其效力进行限制或变更而损害患者的利益。

评　论

A. 法条概述

本条款规定了治疗提供者对用于治疗的仪器、药品、材料、设施和场地所负有的责任。现代医学实践的一个重要特征在于科技的进步。医学科学和实践越来越多地依靠于先进的科技设备,同时也带来了特殊的风险。尽管治疗的有效性得到了极大的提高,但产生无法预计的相反结果的可能仍然存在,甚至在某些方面还有所增加(参见

G. Viney, (ed.), L'indemnisation des accidents médicaux, L. G. D. J., Paris, 1997, p. 108)。

所使用的医疗产品,包括设备、仪器和药品,必须符合认可的专业标准,并且接受适当的检查、监控和维护。治疗提供者必须避免使用陈旧的或是有故障的仪器、材料和设施。

B. 利益权衡和政策考量

治疗期间所使用的材料、仪器、设备、设施和产品对于治疗合同的履行起着根本性的作用。他们至少必须符合标准质量,并且必须得到适当的维护和操作以确保病患的安全。这项投入,特别是对于依靠现代高科技的医疗领域来说,是对潜在的治疗利益的提高,但是有些时候也会因为其复杂性或是内在的危害性导致风险的增加。

依据数据统计,有缺陷的投入是造成治疗义务不恰当履行的一个普遍原因。在医院的设置中,这样的有缺陷的投入往往是错误发生的潜在根源。

示例 1

一名患者正在接受 X 射线检查。射线照射应当保持在 50～200 毫雷姆的范围内,但是由于 X 射线机器的故障,该患者被暴露在 1 雷姆的射线之下,这是一个非常高且有着潜在危害性的辐射量。在本案中,一个医疗设备发生了故障,而该患者则可能因为这次检查而受到伤害。

用来进行治疗的设施可能会造成义务的未履行:一个很好的例子是院内感染,即在医院内部流行起来的感染。有些病原体具有抗药性。接受侵入性诊断或是长期住院的病患通常很容易受到这样的感染。为了减少院内病菌的影响,可以采取如下的措施,但是这却不可能消除疾病:缩短病人进院和进行手术之间的时间间隔、采取合适的手术预防措施、隔离设备、监控手术过程、有效的医院清洁和杀菌。在英国,所有患者中大约有 15% 在医院受到了院内感染。在法国,在复杂手术之后受到严重感染的患者百分比为 33%;在丹麦,这一比例只有 2%。

示例 2

尽管采取了无菌措施,一位接受了心脏手术的患者仍然受到了院内的一种耐药菌的感染。因为用于该治疗的设备的缺陷,该病患得了某种疾病。

这里主要的政策性问题是,采用这类投入的时候,治疗提供者所应承担的注意义务强度。一方面,可以认为,治疗提供者仅需要对采用这种投入时违反注意义务的行为承担责任,即不是指依据适用的法规、设备的手册、合理的实践来进行操作、维修或是维护这种投入,或者是没有达到需要的注意标准。这是对医疗渎职的传统看法,强调基于过错责任的威慑作用的重要性。

另一方面,治疗提供者有时候被认为应当承担严格责任,因为他们有义务确保病

患的安全。依据这种观点,治疗提供者对病患的安全负有结果义务。也就是说,必须保护病患免于因为对医疗器械、设备和装置的有缺陷的或是无效的选择、维修、保养、操作或是设计而遭受伤害。

中立的观点在这一点上采取对治疗提供者的过错推定,由治疗提供者进行证明,他是依照要求的注意标准、适用的规定或是合理的医疗实践所进行的,以避免对患者造成伤害。

C. 比较性概览

治疗提供者使用合适的投入(input),如设备、药品、材料的义务,在所有被分析的法律体系中都存在,尽管违反义务的结果各有不同。在荷兰和葡萄牙,只要治疗提供者在使用或是管理这些投入的过程中违反了注意标准,就被认为负有责任。在法国、德国和西班牙也同样是这样,不过违反这些义务时,举证责任要进行倒置。在丹麦、芬兰和瑞典,责任要更加严格。

服务提供者采用适当的设施的义务在上述的所有国家也同样得到了认可,特别是在院内感染的案例中。但是,在德国、法国和西班牙,举证责任可能会转移给服务提供者。在丹麦、芬兰和瑞典,因为可预防的感染给病患造成的损失是可以获得补偿的。

D. 首要选择

首选是对治疗提供者在涉及治疗义务履行所使用的材料、仪器、设备、产品和装置时的义务采严格责任。该投入必须符合其目的。

考虑到这些投入的复杂性以及所伴随的风险,采取严格责任似乎更加恰当。这些设备的复杂性以及可能发生的技术上的或是人员操作引起的故障使得严格的责任很有必要。此外,还存在设备随机可能产生的无法预测的重大风险,特别是当设备非常现代化或是复杂时。

这种方法是从患者的角度出发,为了更方便获得对治疗伤害的赔偿:并不必要确定治疗提供者存在过错。在一定程度上,这也是有利于健康保健专业人士的利益,这种情况下不必具体确定是某位特定的专业人士因为伤害的发生而应当受到“指责”。治疗提供机构的设备故障被认为仅在整个系统或是机构的维度上才是可被有效控制和预防的。这是将个人责任向集体责任或者组织责任的转换。

另外,实证研究表明,对于与有缺陷的投入有关的过错责任在个人层面的威慑作用是无效的。研究表明,内在的积极措施(监督和检查材料、设备、仪器和产品)要更适宜于防止此类医疗事故的发生。

在一些由治疗中的缺陷投入所引起的一系列悲剧(受艾滋病和乙型丙型肝炎感染的血液、沙利度胺相关的障碍等),以及由于投入风险所产生的高概率的事故和影响中(如在法国,受到院内感染的人要多于交通事故),公众对这些问题变得特别敏感。可以理解,决策者们对这一方式十分赞同,因为这是实现对此类伤害的有效赔偿、避免群

体诉讼以及由此产生的经济后果的一种更加有效的方式。

至于本条的第(2)款,需要注意的是,禁止在合同中对本条规定进行排除并不必然能够避免对病人利益的减损。这在急救中有着特别重要的意义,人们常常需要在使用无效的设备和材料,与让病人死亡或是承受不可挽回的伤害之中进行选择。当然,病患可以同意使用所有可能的最好设备或是材料。

注 释

Ⅰ.概览

1.在所有的国家,治疗提供者均有义务在治疗病患的过程中使用有效的材料、工具、设备、产品和场所,尽管由此造成的结果在各国均有所不同。在荷兰,若医疗保健提供者因为使用了有缺陷的材料或是设备而违反了注意标准,那么该提供者负有责任。在葡萄牙,情况与荷兰相同,不过如果采用的是高风险的设备,那么关于尽到了应有注意的举证责任要进行倒置。在希腊,如果使用了有缺陷的投入,那么治疗提供者就被认为是有责任的。此外,如果伤害是可以被预防的,举证责任转移给治疗提供者。在法国和西班牙,立法的方向是将举证责任转移给治疗提供者,其需要证明自己在使用医疗设备、仪器和投入时尽到了应有的注意。在一转换在法国法中已经确定下来,但是在西班牙法中关于这个问题尚不明确。最后,在丹麦、芬兰和瑞典,如果使用了有缺陷的设备,该治疗提供者被认为负有严格责任(设备规则)。在丹麦,造成缺陷的原因一概不问。

2.其他特殊的客观责任制度在涉及疫苗事故、受污染的血液及血液制品的使用和院内感染时存在于某些国家中。在感染的问题上,丹麦、芬兰和瑞典认为可预防的感染是应受赔偿的。在德国,对于已经采取了所有卫生措施的证明义务转移给治疗提供者承担。在法国和西班牙,举证责任也转移给治疗提供者,尽管治疗提供者唯一的抗辩仅为感染源的内在性,即病患自身所携带的病原体,这是一个很难免除的证明责任。

Ⅱ.材料、仪器和工具

3.在丹麦的公共部门,任何由缺陷设备引起的伤害都依据病患保险法第2条第1款b项的“设备规则”进行赔偿。这里的标准是完全客观性的,造成缺陷的原因一概不论。参见Grünfeld, De nordiske patientforsikrings ordninger – ligheder og forskelle; Erichsen, Medicine and Law 2001, p.362。可避免的感染依该法第2条第1款a项的专家规则(specialist rule)或是c项中的替代治疗规则(alternative treatment rule)进行赔偿。参见Grünfeld, De nordiske patientforsikrings ordninger – ligheder og forskelle。

4.在英国1987年消费者保护法第2条中规定,治疗提供者可能因为使用医学产品和设备而承担责任。一个专门的疫苗伤害疾患(vaccine damage scheme)(Vaccine Damage Payments Act 1979)规定了进行疫苗管理的实体(the entity administering the vaccine)的严格责任。

5.在法国,医疗设备和产品的使用被认为是结果安全责任(obligation de sécurité de résultat),会引起对治疗提供者过错的确凿推定(严格责任)。有关缺陷医疗设备的规定,见:Cass. civ. Ⅰ, 9 November 1999: D. 2000, 117, Note P. Jourdain; JCP2000. Ⅱ. 10251, Note P. Bruin; 参见Lambert – Faivre, Droit du dommage corporel5, nos. 594 ff; Castelletta, Responsabilité médicale,

p.108; Tabouteau, La sécurité sanitaire2, p.257. CSP Art. L.1142-1。对于由缺陷设备使用判例中发展而来的结果安全责任是否在 2002 年 3 月 4 日的法律修改后仍然有效存有疑问。参见 Jourdain, La réforme de l' indemnisation des dommages médicaux, p.92。对于产品的使用问题也适用该解决方法,如医药产品(Cass. civ. Ⅰ, 7 November 2000, Bull. civ. Ⅰ, no. 279; JCP 2001. Ⅰ.340 no. 23, G. Viney)。法国的法律体系对于院内感染的赔偿问题非常敏感。对国家健康保健系统的注意和监管,以及由这类感染所引起的意外死亡事件要比交通、工作和家庭意外引起的死亡事件更多的这一事实,是导致这一敏感度的主要原因。因此,在判例中倾向于基于结果责任在院内感染的情况下进行过错推定(Cass. civ., 29 June 1999, Staphilocoques dorés, JCP 1999. Ⅱ.10138 rapport Sargos:"Attendu qu' un médecin est tenu, vis-à-vis de son patient, en matière d' infection nosocomiales, d' une obligation de sécurité de résultat, dont il ne peut se libérer qu' en rapportant la preuve d' une cause étrangère."; Cass. civ. Ⅰ, 21 May 1996, D. 1997, Somm. P. 287 (arrêt Bonicci); CE 9 December 1988, arrêt Cohen; CE 1 mars 1989, arrêt Bailly; CE 14 juin 1991, arrêt Maalem. 参见(Lambert-Faivre, Droit du dommage corporel5, no. 723); (Castelletta, Responsabilité médicale2, p. 109); (Jourdain, La réforme de l' indemnisation des dommages médicaux, p.90)。治疗提供者唯一享有的抗辩为感染的内生性,即感染的病原体是由病患自身所携带的,而这一点非常难以进行证明。依据 2002 年 3 月 4 日的法律,这一判例实践被确立下来,公共卫生法第 L.1142-1 条。唯一的区别是,责任人只能是医院或者诊所,而不能是作为个人的医生。

6. 在芬兰,由使用有缺陷的设备所造成的伤害依患者伤害法案第 2 条第(1)、(2)款,由感染所引起的伤害依患者伤害法案第 2 条第(1)、(3)款获得补偿。参见 Mikkonen, Medicine and Law, p.347。

7. 在德国,对于因使用缺陷的投入品所造成的伤害,治疗提供者可能被认为是有责任的。如果伤害是可以预防的,举证责任转移至治疗提供者(BGH NJW 1978, 584; CA Hamm NJW 1999, 1787; Laufs and Uhlenbrück, Handbuch des Arztrechts2, no. 109; Gehrlein, Leitfaden zur Arzthaftpflicht, p.52)。由院内感染所引起的伤害,举证责任也转移至治疗提供方,需要由其证明已经采取了所有用以预防感染的必要的事前卫生措施(BGH NJW 1991, 1541; 1999, 3408)。

8. 在荷兰,健康治疗提供者需要对实施治疗所采用的材料、设备和工具的适当性负责。这一观念最先通过最高法院的判例 Cadix/Aluminium(HR 13 December 1968, NedJur 1969, 174)被采纳,并且在后来被写入了民法典第 6:77 条。如果材料、设备和工具的不适当而导致了义务的不履行,健康治疗提供者要承担责任。

9. 在波兰的法律中规定,医院设备的质量至少要符合一般水平。然而,这并不意味着,平均质量总是有效的,在某些情况下,与质量有关的要求需要达到更高的标准。未满足这些标准会导致院方或是医生的过错。对医生个人而言,缺乏足够的知识也被认为是过错(Nesterowicz, Prawo i Medycyna 2000, 163)。

10. 在西班牙,用以提供医疗服务的手段必须符合现有医学水平下的平均质量,并且适合于个案中的具体情况。TS 26 May 1997, RJ1997/4114:医疗机构有义务维护医疗器械和设备处于良好的状态。在 TS of 1 July 1997, RJ 1997/5471 和 TS 21 July 1997, RJ 1997/5523 中,最高法院在判决中规定了客观责任。依据一般消费者法,医疗机构负有客观责任,因为患者作为消费者(消费者保护法第 3 条),接受了医疗服务(消费者保护法第 147、148 条),并因此承受了会引起客

观责任的损失（消费者保护法第147条）。当治疗提供者提供给病患的的产品或是服务不符合一般消费者法所要求的标准，那么推定由医疗机构承担相关风险。TS 25 April 1994, RJ 1994/3073：在该案中，医疗服务提供者所使用材料、工具或是设备对于治疗的提供是无效的，该提供者必须告知病人相关情况，并且允许病患向其他的医疗服务提供者寻求帮助。

11. 在瑞典，如果伤害有极大的可能是由于医院用于检查、照顾、治疗的设备，或是其他的类似手段的缺陷，或是由于对这些措施手段的不恰当使用所造成的，病患可以依据患者伤害法案第6条第（1）、（2）款获得补偿。依据医疗保健法案（Medical Care Act（HSL））第2e条，对于提供优质的健康保健来说必不可少的人员，场所和设备必须在该健康或者医疗照顾提供的地点得到保证。

12. 在葡萄牙，若材料、设备和工具本身的特性具有危险性，就存在安全义务（obligation of security）。除非能够证明已经尽了所有的努力预防伤害的产生，治疗提供者被推定为有责任的（民法典第493条第2款；Figueiredo Dias and Sinde Monteiro, Responsabilidade médica na europa ocidental, p. 38; Faure and Koziol（－Sinde Monteiro and Veloso）, Cases on Medical Malpractice, p. 176）。

第Ⅳ.C－8:104条　技能和注意义务

（1）医疗提供人的技能和注意义务尤其要求医疗提供人为患者提供一个合理的具有以及声称具有注意和技能的医疗提供人在给定环境下所应该展示的技能和注意。

（2）医疗提供人欠缺治疗经验和技术而不能以要求的技能和注意标准实施治疗的，应将患者转移给能够胜任的医疗提供人。

（3）当事人不得排除本条规定的适用，或对其效力进行限制或变更而损害患者的利益。

评　论

A. 法条概述

治疗提供者，作为服务提供者，依据第Ⅳ.C－2:105条（技能和注意义务）负有技能和注意义务。本条提供了更进一步的规定，采取了合理的治疗提供者具有和声称具有的专业注意技能义务作为客观标准。

这一客观标准可以在特殊的主观或是具体的因素作用下而有所调整，如治疗提供者的专业程度、病患的情况或是同意。因此，这里评估应有标准的标准是：一个合理有能力的专业人士，依据现代医学所确立的指导方针、指示和条款，在治疗所实施的具体条件下所应进行的行为（lex artis ad hoc）。

示例 1

一位在徒步过程中摔断了腿的病患在一家医院接受治疗。主治医生是该医院的一名全科医生，该医生有义务以一般合理的全科医生所应有的技能和注意对该病患进行治疗。在通过对 X 射线检查的结果进行判断后，他给该病患实施了夹板治疗。

示例 2

随后，这位医生在某天晚上负责夜间急救值班，并且在现场对一场车祸的受害者进行急救。车祸现场并没有 X 光设备可以使用。在这种情况下，具体的环境（时间、地点、资源的缺乏）极大地降低了对医生应有的技能和注意义务的要求。

特殊的医疗技能和经验会提高对健康保健专业人员的注意标准的要求。该专业人士越是专业或者有经验，就会被期待能够展示更高的技术水平。没有经验并不能作为抗辩理由，因为即使是一位刚刚开始医疗保健工作的专业人士也应当至少具有一般水平的技能和能力。

示例 3

一位病患所患有的特殊皮疹被一位全科医生误断，而接受了不当的治疗。这之后，她决定向一位皮肤科医生进行咨询，该医生的诊断为一种罕见的皮肤疾病并给出了有效的治疗。有关这种皮肤疾病的特殊的知识也许并不能期待全科医生会掌握，但是对于皮肤科医生是可以期待的。

治疗提供者必须符合一般水平的合理的健康保健专业人士的标准。一旦当一名治疗提供者知道自己的能力有限，或是不具有针对某种具体疾病的特别技能时，就有义务向该患者推荐该领域的专家，或是向有关专家进行咨询。

一位“非传统的”或是“替代性的”健康专业人士（如一位针灸师）必须符合该领域的可以期待的一般注意标准，以及病患对治疗提供者可以合理期待的一般注意，和常规医疗中可以期待的注意标准。

B. 利益权衡和政策衡量

本条规定是用以确定治疗提供者义务不履行责任的关键条款。在欧洲，对这一问题的判断有两种完全相反的解决方法。传统的过失理论认为，治疗提供者仅当没有充分地履行技能和注意义务时才承担责任。但依据第二种观点，对病人的赔偿并不取决于任何的不履行行为，赔偿应当由特殊的赔偿机制来提供或是支持。

在存在过失的情况下，对于注意标准的定义和理解需要考虑到几点利益因素。一个非常严格的注意标准会导致低的活动水平，因为治疗提供者会更加周密地进行治疗，但同时，也会导致医疗提供者陷入一种防御性的治疗，甚至尽量避免采用有风险的技术，在进行成本收益权衡之后，这种方式似乎更加有利于患者。这样做的另一个经

济后果是保险费用的提高,因为医保的费用最终将由保险费用进行支付。另一方面,一种不那么严格的注意标准会使得病患取得赔偿更加困难一些,这会导致不公平、专业的有罪免罚(professional impunity)和对病患甚至是社会福利系统的高昂代价。另外,总体健康保健的水平会潜在地降低,除非采取其他的同等的机制(行政规制或是刑事处罚)。

与注意标准的调整有关的另一个重要讨论的焦点在于没有经验的健康专业人士。传统观点认为,注意标准是一项客观的基准,不能够被降低。如果专业的医疗人员因为缺乏经验而不能够达到注意的最低标准,那么应当将患者介绍给其他的有经验的专业医疗人员。另一方面,也有人认为,在医疗领域,经验只有可能从实践中获取,既然专业的医疗人员对社会整体有着很大的贡献,那么社会也应该相应地消化培训部分所带来的风险。

在治疗事故发生的情况下,将责任扩大至过错之外,会带来许多既关系法律又涉及经济领域的问题,这些问题在传统的责任法中很难得到很好的解决。可以通过将治疗风险从病患或是福利系统中转移出去的方式,发展出一个新的体系,在该体系中可对此类医疗损害进行赔偿。然而,将这些责任交由治疗提供者承担既不公平也不合理。尽管比较研究表明,某些国家成功地实现了不依赖注意义务违反而对治疗意外进行赔偿,这些赔偿机制是通过保险法或者行政法实现的。在某些时候,这些国家为了实践的目的,以这些方式来取代责任法。

C. 比较性概览

在奥地利、英格兰、法国、德国、希腊、意大利、荷兰、苏格兰、西班牙和葡萄牙,治疗提供者对患者负有符合平均水平的合理的治疗提供者应有的注意和技能标准。这是一种客观的注意标准。在丹麦、芬兰和瑞典,采用的是无过错的病人保险机制,对于注意标准的要求要更加严格:如果受到的损害是可以通过接受专业的治疗而避免的,那么病患将会获得赔偿。

一致的观点认为,即使治疗提供者没有实践经验,注意标准也是不得低于普遍标准的。如果治疗提供者是一位专家,在奥地利、英格兰、德国、荷兰、苏格兰、西班牙和葡萄牙,但不包括法国和意大利,注意的标准是需要有所提高的。在丹麦、芬兰和瑞典,一般的注意标准已经要求是采取专家的标准了。

对于医学试验,在法国、德国、意大利、荷兰、苏格兰、西班牙和葡萄牙,注意标准没有变化。在奥地利、英格兰和希腊,实践中对此的注意标准要更加严格一些。葡萄牙在这里采取的是严格责任标准。在非常规治疗的情况下,治疗提供者似乎仅承担一般的注意标准。

在奥地利、英格兰、法国、德国、希腊、意大利、荷兰、苏格兰、西班牙和葡萄牙,由患者承担违反该义务的举证责任。在德国、希腊、意大利、荷兰、苏格兰、西班牙和葡萄牙,在一些例外的情况下,病患的举证责任可以得到减轻或是转移至治疗提供方。在

丹麦、芬兰和瑞典，由于无过错病人保险体制的非对抗性特征，病患所受到的伤害的具体情况由病人保险公司依据职权（ex officio）进行调查。

D. 首要选择

作为一条基本原则，本条在第Ⅳ.C－8:103 条（有关器械、药品、材料、设施和场所的义务）之外确定了治疗合同中的过错的责任体系。主要的原因在于，无过错体系需要复杂的政策决定和财政体制的支撑。不论过错都对治疗事故进行赔偿的机制中，事故所造成的费用可以被分摊和减少，但是仅能合理地在特殊的保险或是社保基金体制下才能够于责任法范围之外进行采用。

但这并不排除为了在严格责任或是无过错责任的基础上，为了对治疗事故进行补偿，而采用自愿或是法定的保险以及社会机制。另外，国家医保体系中的特殊法律法规也可以在这一般原则之外设定不同的解决方式。

过错存在于对注意标准的不遵守。由本条款所设定的注意标准，是一个仔细平衡客观的或是抽象的标准，尽管它可能因为某些主观或是具体的因素，比如经验、环境和风险的大小而进行调整。

一个有经验的专业医疗人员应有的注意标准不应当低于一个一般水平的专业医疗人员。这会为病人的保护带来更多的确定性和更高的水平。不过，需要注意的是，尽管没有经验的专业医疗人员不能从一般的注意标准中排除，但是由于社会能从他们的培训中受益，所以社会和医保系统应当能够承受消化他们所带来的事故后果。这在本章的某些以集体和组织责任取代个人责任的规定中有所体现。见第Ⅳ.C－8:103 条（有关器械、药品、材料、设施和场所的义务）和第 8:111 条（治疗提供组织的义务）。同样的，本条规定的第（2）款中对这无经验的从业者所采取的办法是，由其将患者介绍给具有必要经验和专业技能的其他治疗提供者。

注　释

Ⅰ. 概述

1. 在奥地利、英格兰、法国、德国、希腊、意大利、荷兰、苏格兰、西班牙和葡萄牙，只要医疗提供者违反了对于病患的注意义务，就被认为是有责任的。对这一注意义务的判断依据的是法律所设立的客观标准。注意的标准要求达到一个合理的具有平均水平的健康保健服务提供者在同等情况下会尽到的注意。另外，医疗保健服务的提供者还有义务符合医疗实践标准（leges artis）。在英格兰，对注意标准的判断依据是，医疗实践中能够被医学观点所接受的用以治疗的某种方式（即使这只是小部分人的观点）。在奥地利、法国、德国、希腊、意大利和荷兰，以医学标准和规范作为判断的基准。而丹麦、芬兰和瑞典则是采用完全相反的标准，以无过错病患保险机制来建立了一种赔偿方式，只要治疗的实施是低于对于一个专业治疗人员可期待的注意标准的，那么病患就能够因为所受的伤害而受到补偿。在丹麦和瑞典，在事后看来，若存在一种可替代性的治疗技

术，且若采用该技术就很可能不会对病患造成伤害，那么患者也是可以受到补偿的。

2. 对于注意标准不得低于治疗提供者的平均水平这一点，所有的观点都是一致同意的。

3. 当涉及对于专门领域的医学治疗里的标准是否需要提高这一问题时，则有着不同的方案。在奥地利、英格兰、德国、荷兰、苏格兰、西班牙和葡萄牙，如果治疗提供者是专家，那么注意标准就要提高。另一方面，法国和意大利的注意标准并不因为专业程度而有所变化。不清楚的是，在希腊，专业知识是否会导致注意标准的提高。在丹麦和瑞典，注意标准对于所有的医疗而言都是采取专家治疗提供者的标准，在芬兰则是以有经验的治疗提供者为标准。

4. 在分析到的不同国家中，法律提供了不同的针对医学试验注意标准的解决方案。在法国、意大利、苏格兰、西班牙和瑞典，法律所设定的注意标准未发生变化。在荷兰，注意标准是一样的，不过治疗提供者不必对不可预见的风险的实现负责。在奥地利、英格兰和希腊，特别是由于道德委员会的影响力，实践中的注意标准是更加严格的。在德国，注意标准并没有提高，不过必须进行损失利益分析，只有得到积极的结果时医疗试验才会被允许。此外，保险在德国是强制性的。最后，在葡萄牙，对于实验性治疗采用严格责任，并且有强制保险的要求。

5. 在奥地利、英格兰、法国、希腊、意大利、荷兰、葡萄牙、苏格兰和西班牙，病患承担对治疗提供者违反了注意义务以及治疗与损害之间因果关系的举证责任。在英格兰，即使治疗提供者偏离了被许可的医疗实践，患者也必须进行举证。在意大利、德国、希腊、葡萄牙和西班牙，在例外的情况下，举证责任可以被削减或是倒置。在荷兰，治疗提供者在法庭上有义务协助患者证实其主张。在丹麦、芬兰和瑞典，患者保险集团自主地负责调查，和处理患者主张。

6. 尽管在这一问题上的信息量很少，我们可以知道的是，在法国，荷兰和葡萄牙，对非传统治疗提供者期待的注意标准与常规性医疗提供者的一般性注意标准是一致的。

7. 在丹麦、芬兰、冰岛和挪威，采取的是无过错病患保险制度。在法国，一些情况下采严格责任，并且对于严重的治疗事故有一套依照团结原则的，与过错无关的赔偿机制。在西班牙，正在进行着一项针对在医院内造成的医疗伤害依照客观责任来赔偿的转变。在意大利，对常规治疗，基本上采用严格责任。在葡萄牙，如果使用了高风险的设备，或是涉及实验性治疗，那么适用严格责任。在英国和荷兰，对无过错赔偿体系尽管尚未采用，但这一想法正在接受公共权力机构的讨论。

Ⅱ. 注意的一般标准

8. 奥地利法律中对医生的注意标准规定得十分宽泛和模糊。民法典第49条第1款中采用了尽职治疗（diligent treatment）这一标准，要求医生依据科学的观点、经验并遵守现有的规定，以保护病人和健康。接下来的条款中要求医生要亲自并且直接地执业，不过允许助手在其指导下进行协助，或是将病人移交给其他的专家。总的来说，每个人都必须尽到一般程度的谨慎和注意标准（民法典第1297条）。现在民法典第1299条提高了对注意标准的要求，要求能够符合实施任务所必要的通常谨慎和注意标准。用以确定不合规定的治疗的标准是对实际治疗行为与合理尽职的专业人士应有的行为之间的比较。换句话说，相关治疗是基于（假想的）专业标准来进行评价的。这些标准具体是怎么样的，则需要依据个案中的环境来进行判断，特别是合同关系和依据民法典第1299条所确立的尽职标准。另外，毫无疑问的是，医生没有义务达到专业的最高标准，而仅需符合该领域专业人士的平均标准。判例法、行为准则和专门知识可以帮助对医学专业所要求的技能和经验进行评估。

9. 在丹麦，公共医疗实践中，依据病患保险法案第2条，如果病患受到了伤害，那么就有权获

得赔偿,而不论医生是否存在过错。

10. 在英格兰和苏格兰,采用客观标注(Glasgow Corp. v. Muir [1943] AC 448 at 457)。注意义务是客观且不受个人影响的,它排除了个人的判断,并且不受个人行为实施者的特殊习惯所影响。对义务的违反以"具有和声称具有特殊技能的一般技能人员"为标准来进行检测。(McNair J. in Bolam v. Friern Hospital Management Committee [1957] 1 WLR 582, 586, developing the Scottish case of Hunter v. Hanley 1955 SC 200)。这一检测不要求该专业的最高注意水平,只要一般实践者的一般水平即可。因此,只要其行为是符合"具有该特殊领域内负责任的熟练医疗实践者……所认可的合适的实践"的,治疗提供者就不必承担责任 。"一个人不会仅仅因为有一部分人持有相反观点就被认为是有过错的"(Bolam v. Friern Hospital Management Committee [1957] 1 WLR 582, 586)。Bolam 原则进一步地在判例法中得到了确认:Whitehouse v. Jordan [1981] 1 WLR 246; Maynard v. West Midlands RHA [1985] 1 All ER 635. 参见 Kennedy and Grubb, Medical Law3, p. 416); Brazier, Medicine, patients and the Law, p. 71; Markesinis and Deakin (－Grubb), Tort Law, p. 268。在医疗实践中,对行为是否符合注意标准以及普遍接受的医学实践的判断,通常是交由医疗专家的。参见 Montrose, Is negligence an ethical or a sociological concept? p. 259。该作者认为,治疗提供者应当对而没有对该行业已知的风险或是其他合理的风险采取预防措施,那么需要承担责任。自从判例 Bolitho v. City and Hackney HA (1993) 13 BMLR 111 之后,尽管是符合被普遍接受的治疗实践,但若法院认为这是不合理且不必要地增加病患的风险的治疗,即使是专业知识的抗辩也可以被法院驳回。参见 Kennedy and Grubb, Medical Law3, p. 441。

11. 依据芬兰病患地位和权利法第 3 条,患者有权享受高质量的医疗保健服务。服务的提供必须保证患者的人权尊严不受侵犯,患者的信仰和隐私得到尊重。依据芬兰患者伤害法案(PL)第 2 条第 1 款,若是一位有经验的医疗服务提供者在同样的情况下会采取不同的行动,并因此可以避免给患者造成伤害,那么患者就有权因为自己所遭受的但本可避免的损害得到赔偿。参见 Pichler, Arzthaftungsdynamik, p. 338。

12. 1936 年,法国最高法院对待这一问题的态度是,原则上医生负有手段义务,Cass. civ 20 May 1936, arrêt Mercier, D. P. 1936 1, 88 concl. P. Matter; rapp. L. Josserand; Note E. P.; S. 1937, 1, 321, Note A. Breton:"医患之间的合同对医生的义务要求,不是治愈病患,而是向其提供一种手段,不是通常的,而是勤勉的,一丝不苟的进行,如果不存在例外的情况,那么还需要符合有关的科学知识。"从该判例开始,同样的内容被反复用来描述医生的义务,不过最近,"科学知识"(knowledge of the science)的说法变为了"现有的科学知识"(the actual knowledge of the science)。但这似乎并没有什么影响,最高法院仅仅是强调了医生保持跟进医疗科学发展的义务。

13. 在意大利法律中,对治疗提供者活动的评价标准为专业的注意(professional diligence)(民法典第 1176 条第 2 款)。医生必须履行高于一般人的注意(民法典第 1176 条第 1 款)。因此,在具体判断中,医生对义务的履行情况将会与具有中等水平的准备和注意的专业人士进行比较。和所有的专业人士一样,治疗提供者必须保持对医学进步的跟进。然而,这一高标准的注意要求在民法典第 2236 条中却有所降低,当涉及特别困难的问题时,专业人士仅对欺诈和严重过失承担责任。另外,对尽职义务的限制还可以从治疗提供者义务的手段性特征(而非结果义务)中得出。手段义务与结果义务的区别关系到责任的"测量"("measure" of the liability)(Alpa,

Riv. it. med. leg. 1999, fasc. 1 (February), p.19)。问题在于,采用专业注意标准所要求的必要手段是否就足够了,或者是否在任何情况下都必须考虑到债权人利益的整体满意程度。简单来说,对行为的评价是以履行时竭尽全力的行为还是以一个具体的结果为标准。尽管在法学学说中拒绝这样的一种区分,但是受到法国学说和判例法(Giorgianni, Nov. Dig. it 1965, vol. Ⅺ, pp. 581)的影响,判例法在特殊情况下,比如有关医生的案例,采取了这种区分。尽管有些学说仍然拒绝接受这种区分(Vincenzo and Sviluppi, Danno e resp. 2000, fasc. 12 (December), pp. 1173－1175; Carusi, Rass. dir. civ. 1991, pp. 485 ff; Fortino, La responsabilità civile, p. 42 ff),部分的学者认为,当涉及举证责任时,这种区分很有必要。

14. 在德国责任法中,治疗伤害的责任可以是合同性的,因为医疗合同被认为是民法典第 611 条至第 630 条下的服务合同的一种,或者是在民法典第 823 条第(1)款中的非合同性责任。参见 Laufs and Uhlenbrück, Handbuch des Arztrechts2, no. 97。若一位治疗提供者犯了医疗错误,那么就需要承担责任。治疗错误等同于对应有注意标准的违反,是客观的(集体过失 Gruppenfahrlässigkeit)。依据该标准,治疗提供者必须依该专业的可以期待的技能进行行为。因此,这里的标准为该专业领域内的,依据普遍接受的医疗实践而行为的一位一般水平的治疗提供者。参见 Gehrlein, Leitfaden zur Arzthaftpflicht, p. 32; Laufs and Uhlenbrück, Handbuch des Arztrechts2, no. 99。在法庭上,具体的注意标准借由医学专家的帮助来进行判断(BGH NJW 1999, 1778; NJW 1999, 863; NJW1995, 776)。

15. 在希腊法律中,对注意标准的确定,依据的是一位具有合理技能的专业人士所能够被期待应具有的注意。医疗行为必须符合普遍接受的医学知识和医学实践。一位医生必须提供符合行业标准的(lege artis)治疗,尽管在大多数情况下,医生的义务不是结果义务,而是手段义务。Katerina Foundedaki, 182, 185－186; 见民法典第 330 条和第 914 条;同样可参见消费者保护法第 8 条; 以及实施医疗职业法(1565/1939)第 24 条。

16. 荷兰法律里决定注意标准的经典案例是 Speeckaert/Gradener, HR 9 November 1990, NedJur 1991, 26。在该案中确定,把"可以期待的一个具有合理技能并且合理行为的专家的注意程度",作为注意标准。民法典第 7:453 条具有相同的效果。该条规定:"服务提供者在执行服务的过程中,必须符合一个好的服务提供者所应具有的注意程度,并且尽到依照他的职业标准所应承担的责任。"从该条的表述中可以看出,这里要求的不仅仅是一个合理技能的专业人士所应具有的注意,而是一个更高的标准,一个好的专业人士的标准。不过,根据议会立法的过程来看,对"好的服务提供者"这一概念的引入,并不是为了在这一点上改变判例法确定的规则。参见 H. TK. 1989－1990, 21 561, no. 3, p. 33. 同样见于 Sluyters and Biesaart, De geneeskundige behandelingsovereenkomst, p. 57。然而,如果现有的专业标准要低于可以接受的程度的话,法院可以适用一个更高的标准。这一注意标准受到由该服务领域的服务提供者组织所制定的协议、指导性规定、标准和行为指南的影响。最高法院(Hoge Raad)在最近的判决中指出,若一名医生无视自己所在的医生组织经协商同意而在协议中引入的程序,且这种偏离并不是基于对病人最大利益的具体考量,那么该医生实际上就是违反了注意标准。参见 HR 2 March 2001, NedJur 2001, p. 649 Note F. C. B. van Wijmen and JMBV(Medisch Centrum Leeuwarden e. a./H.)。

17. 在波兰,医生的注意标准依据民法典第 355 条第(2)款确立。需要强调的是,由于治疗的对象是人,且治疗结果具有不可更改性,应当适用更高的注意标准。(Nesterowicz, Prawo i Medycyna 2000, 163)另一方面,1998 年 3 月 3 日,CA Warsaw 在他的判决(1 Aca 14/98,

Wokanda 10/1998）中写到，一般的对医生的注意标准的高要求并不意味着实践中不可能的义务和基于风险的责任。

18. 在葡萄牙，责任基于过错（民法典第483条和第798条及以下）。治疗提供者必须依据环境（主观的/具体标准），以一位有能力的、智慧的且敏感的治疗提供者的特质（客观的/抽象标准）来履行义务：lex artis ad hoc。参见民法典第487(2)条；CA Lisboa, 27 October 1998；STA 13 July 1993；Faure and Koziol（－Sinde Monteiro and Veloso），Cases on Medical Malpractice, p. 176；Figueiredo Dias and Sinde Monteiro, Responsabilidade médica na europa ocidental, p. 23；Álvaro Dias, Procriação Assistida e Responsabilidade Médica, 29。

19. "lex artis ad hoc"是西班牙法律中用以确定服务提供者所应有的注意的判断标准（TS 23 May 2006, RJ 2006/3535）。lex artis所要求的尽职标准是一位有能力的医疗提供者在类似情况下会遵守的专业准则，并且要考虑到案例的具体情况（义务的本质、义务履行的时间和地点、提供者的特质）（TS 11 March 1991, RJ 1991/2209）。所有的医疗服务提供者必须依据由"lex artis ad hoc"所确定的平均技能和能力来提供服务。主流学说认为，尽职义务应当通过一般性、灵活性和客观性的最低要求来确定，而不是根据客观情况来具体判断（Martín, Responsabilidad médica, p. 285）。医学治疗的提供中所要求的注意的一般标准（lex artis）需要结合个案的特殊环境来进行考量（lex artis ad hoc）：义务的性质、履行义务可以采用的手段、义务履行的时间地点、履行人的特性。民法典第1104条对好父亲的尽职上也采用了同样的路径。在治疗过程中欠缺技能或是经验的问题上，医学行为准则（Medical Code of Conduct）在第34条第2款中规定，如果医生认为是适当的，他或是她可以推荐更加合适进行对该患者治疗的另外的治疗提供者。

20. 依据瑞典患者伤害法案第6条，在以下情况下，病患伤害保险就需要对病患所受到的伤害进行补偿，如果存在极大的可能性，病患所受的伤害是由于：检查、照顾、治疗或是其他的类似措施所造成的，且依据事后的医学分析，存在以更小的风险就可以满足该病患医疗需求的其他的治疗方式或者其他的治疗程序，且通过这些方式手段可以避免伤害的发生；或者是当伤害的造成是由于用以检查、照顾、治疗或是其他的类似措施的医疗技术产品或是医院设备的缺陷及不恰当的使用；误诊；由于检查、照顾、治疗或是其他类似过程中的细菌传播而导致的感染；检查、照顾、治疗或是其他类似过程，或是病人的转移过程中、火灾中，或者场所或设备的损坏、违反法规和指示的处方和药品分配中所发生的意外事故。对于第一和第三种情况，适用具有经验的专业人士或是其他的有经验的实务人员的注意标准。患者伤害法案第7条包含了一般规则的一些例外，在如下情况下不会进行赔偿：伤害是诊断或者治疗某一疾病或伤害所必需的程序的结果，并且若不进行治疗就会直接威胁生命或是导致重大残疾；或者是伤害是由患者伤害法第6条第6款规定以外的药物所引起的伤害。这些由药物引起的伤害在医保范围内，而医疗保险是在对药物引起的伤害导致赔偿时与患者伤害法案相对应的赔偿制度。

Ⅲ. 对注意标准的调整

21. 奥地利民法典第1299条在过错的这一问题上所采用的是客观标准，但是对于过错基本上基于个人的主观技能才能进行判断。因此，作为专家，即使并不会因为没有掌握实行某项任务所需要的知识而受指责，也可能需要承担责任。原因在于，每个人都会假设，一名专家具有足够的技能和专业知识。基于此，可以明确的是，注意标准不能够简单地因为病患知晓这一情况（以及作为一项隐含条件，对治疗给予同意）而被降低。只要一名医生没有能够达到有关医学专业领域所要求的注意标准，该医生就需要承担责任。

22. 丹麦PIA在“专家规则”中所设立的标准是,最好的专业医学注意(the best specialist medical care)。

23. 在英格兰法律下,专业的医生有着更严格的责任,即该专家的行为必须符合该领域平均水平的专业人士的尽职标准(Lord Scarman in Maynard v. West Midlands RHA [1985] 1 All ER 635; De Freitas v. O'Brien [1995], 6 Med LR 108)。另一方面,一般情况下,没有经验并不能作为有效的辩护(Nettleship v. Weston [1971] 2 QB 691; Wilsher v. Essex Area Health Authority [1987] QB730)。在之后的案例中,Glidewell LJ指出,没有经验的年轻医生必须向更有经验的同事寻求帮助。然而,病患所受的伤害往往是实习医生监管问题所造成的(R. v. Adomako & Sullman & Holloway & Prentice [1994] QB 302)。参见Kennedy and Grubb, Medical Law3, p.418。

24. 芬兰法律中的标准是有经验的治疗提供者。

25. 在法国,尽管医生的能力各有不同,注意标准总是一样的。这一1936年确立的标准一直被以相同的方式适用着。不过合同双方可以协商达成与之不同的注意标准。如果因为限制性条款的禁止而不得降低注意标准,它还是可以被提高甚至是由对某一结果的承诺所代替。但是在实践中,这样的条款似乎并不常见。

26. 在德国法中,一般的执业者、专业医生以及医院医生必须遵守各自领域的标准。(Gehrlein, Leitfaden zur Arzthaftpflicht, p. 33; BGH NJW 1998, 814; BGH NJW 1991, 1535; BGH NJW 1996, 779; BGH NJW 1987, 1479; BGH NJW 1984, 655; BGH NJW 1997, 3090; BGH NJW 1991, 1535.)

27. 在希腊法律中,由一般水平的医生作为要求的注意标准。原因是显而易见的,在医疗服务中,低于这一标准的注意标准是难以接受的。对于没有经验的医生,尽管病患可能对此已经知情,但是仍不能因此而降低对医生注意标准的要求。另外,注意标准在临床实验治疗中也不得降低。后者中仅仅是增加了要求医生向病患充分告知该治疗的性质以及相关的风险并且需要取得病人完全的知情同意的义务。同样地,即使一名医生具有特殊的技能或是作为该领域的权威,注意标准似乎也是不应该提高至这些例外个体的标准。在这样的案例中,注意义务仍将会维持为一个特定领域内合理的有技能的医生所代表的标准,但是随着具体环境的变化,该代表可能是一个特殊领域的专家。

28. 在意大利,民法典第1176条中所规定的最低标准作为统一的注意标准适用于所有的实践从业者。

29. 依据葡萄牙法律,如果该医生是一位专家的话,注意标准有可能会被提高。参见Faure and Koziol (– Sinde Monteiro and Veloso), Cases on Medical Malpractice, p. 176; CAÉvora, 3 October 1996。

30. 依荷兰法律,缺乏经验并不能成立理由:每一位医生都必须符合该专业的注意标准。参见Asser [– Hartkamp], Verbintenissenrecht Ⅰ 11, no. 336; Parlementaire Geschiedenis Ⅵ, pp. 618 ff。甚至有观点认为,相比于依照某种惯例方式进行手术的有经验的医生,没有经验的医生应当有更高程度的注意标准。参见Stolker, Aansprakelijkheid van de arts voor mislukte sterilisaties, p. 54。另一方面,如果涉及一个更有经验的医生,如果因为经验,该医生必须被看作是专家,那么注意标准就会需要提高。在这样的案例中,采用的标准是“合理行为且具有合理技能的专家”,如同HR 9 November 1990, NedJur 1991, 26 (Speeckaert/Gradener)中所采取的观点。

31. 在波兰,一般的注意标准并不是固定的,而是在具体的个案中依照医生的资质(一个一般的执业者或是高级别的专家)和医院的水准(一个乡村小医院还是高级专业诊所)来确定的。然而,所有的治疗提供者都必须遵守一个确定的最低标准(Nesterowicz, Prawo Medyczne p. 47)。

32. 在苏格兰法律中规定的一般义务是依照从业者一般的技能和能力来判断的客观标准,一位刚刚取得从业资格的医生不得以主张自己缺乏经验作为抗辩(Stair, The Laws of Scotland, Reissue Medical Law, para. 177)。

33. 在西班牙法律中,法院和学理中都认为提供治疗的义务是手段义务(TS 25 April 1994, RJ 1994/3073)。尽职标准是医疗专业的规范条文中所规定的尽职要求(lex artis),并将其适用于与个人的履行行为、时间和地点以及履行方式等有关的具体的情况下(situation ad hoc)。因此,医疗服务提供者必须符合"lex artis ad hoc"的标准。

34. 瑞典患者伤害法案中所采用的用以获得赔偿的注意标准是客观的,并且与病患对医生经验状况的知情程度无关。

Ⅳ. 医学实验中的注意标准

35. 在奥地利,必须达到严格的标准才能获得在人体上进行实验的许可。道德委员会确保实验的医院依照规定来行动,治疗的其他方面也要经过讨论。从这一方面来说,注意标准在一定程度上得到了"提高",因为控制非常困难。现在,最新水平的(state－of－the－art)的问题早已被告知义务所超越。

36. 在英格兰,注意标准为一般标准,尽管在实践中因为道德委员会的影响,规制要更加严格。尽管人身伤害民事赔偿和责任皇家委员会([1978], sections 1339－1341)建议对临床实验治疗规定更严格的责任,法律规定中却没有进一步的规定。这类请求的一般程序是对患者给予优惠性的支付(ex gratia payment)。参见 Kennedy and Grubb, Medical Law[3], p. 1736。

37. 在法国,注意标准始终一致。1936 年确定的标准始终以同样的方式适用。

38. 在德国,药物法案(the Medicines Act (AMG))第 40 条要求对实验性治疗采取强制性保险。除了一般的注意标准,治疗提供者必须进行积极的成本收益衡量(positive cost－benefit balance)。如果医院没有能够有效对实验进行监督和控制,需要承担责任。参见 Laufs and Uhlenbrück, Handbuch des Arztrechts[2], no. 130。

39. 在希腊,在实验性治疗中不得降低注意标准。医生有义务告知病人该治疗的性质以及相应的风险,并且需要获得病人完全的知情同意。

40. 在荷兰法律中,医生仍然有义务依照"合理的有能力且合理行为的"医生标准来履行义务。这意味着进行实验性治疗的决定将会经过十分慎重的考虑。然而,如果具体实行前的决策是合理的,实际采用的注意标准却也并不是完全没有可能得到一定程度的降低,因为一个"具有合理技能且合理行动的"医生也不会能够知道与该治疗有关的所有危险,因此也就不可能预测并且防止该治疗风险的出现。

41. 在波兰,只有具有相当高资质的医生能够进行医学实验(医生职业法第 23 条);因此,在医学实验情况下的注意标准要比通常治疗中的注意标准更高。

42. 在葡萄牙,包含于强制性保险之中的严格责任适用于医学实验的情况(Clinical Trials on Human Beings Decree Law art. 14/1)。参见 de Oliveira, O direito do diagnóstico pré－natal[2], p. 199。

43. 在西班牙,医学实验的注意标准适用 lex artis ad hoc。然而,现行的有关临床实验治疗的

相关规定,如一般药品法(General Medicines Act)也同样适用。

44. 在瑞典,医务人员必须依照科学和可靠的经验来进行治疗行为。也就是说,在某些情况下,如果没有符合相关要求,他们可能会受到纪律条款的惩罚。然而,对于损害赔偿,所有情况下的注意标准是一样的。正如患者伤害法案第1:4条中所规定的,如果存在另一种非实验性的治疗方式以避免损害的发生,病患可以获得赔偿。但是,如果不存在已确定的治疗方式,实验性治疗将被采纳。

Ⅴ. 举证责任分配

45. 在奥地利法律中,依据证据的一般规则,患者必须同时证明错误治疗的存在(导致了损害)和自己遭受的损害与医生的行为之间所存在的因果关系。换句话说,病人必须能够证明健康所遭受的损害主要是由于医生的行为所致。然后医生可以证明自己不存在过失。

46. 在丹麦,保险集团自主地对申请进行调查。见患者保险法第14条第(8)款; Grünfeld, De nordiske patientforsikrings ordningerligheder og forskelle, 67。

47. 在英格兰和苏格兰的法律中,患者承担违反注意义务的举证责任(Hunter v. Hanley 1955 SC 200),即使治疗提供者明显地偏离了被允许的实践范围,尽管在后面这种情况下患者的主张更有说服力。参见 Kennedy and Grubb, Medical Law3, p. 453。

48. 在芬兰,保险集团自主地对申请进行调查。参见患者伤害法案第11(b)条; Lahti, Towards a comprehensive legislation governing the rights of patients, p. 210。

49. 在法国,原则上由患者证明医生的过失。当提供者的义务被认为是结果义务时,举证责任总是由患者来承担的,但是举证的目标是比较容易的。患者需要证明自己所遭受的损失,但是在实践中,与因果关系不同,这并不是多大的问题。对因果关系的证明由患者承担。但在实践中,这个问题要复杂得多,并且往往需要委托专家来进行确定。

50. 意大利的判例法中倾向于通过推定来简化对医疗过失的举证责任(Trib. Roma, 10 October 1992, Giur. it., 1992, Ⅰ, 2, c. 337; Cass. 16 November 1988, no. 6220, Rep. Giur. it., 1988, V8 Professioni intellettuali, no. 49; Cass. 21 December 1978, no. 6141, Foro it., 1979, Ⅰ, c. 4)。实际上,当治疗容易实施时,为了证明义务的不履行,病患只需要说明坏的结果和因果关系即可。在一项常规治疗中,只要出现了错误就可以推定存在过错。需要由医生来证明相反的情况。也就是说,医生需要证明自己实施了恰当的尽职的治疗,最后的结果只是在通常的注意标准下没有预见且不能预见的结果(Ferrando, Riv. crit. dir. priv. 1998, p. 86)。当履行行为特别复杂时,民法典第2236条避免了不成功结果自动产生的责任。事实上,治疗提供者必须能够证明治疗的复杂性,而患者需要证明治疗的哪一方面是不适当的(Grazia, Giur. it. 2000, Ⅰ, fasc. 10 (October), pp. 1817-1819, Note to Cass. 21 January 2000, no. 632)。

51. 在希腊法律中,如果责任的基础为非合同性的,患者必须能够证明医生的过错。然而,在具有初步证据的医疗错误的情况下,过错是被推定的。在存在重大的医疗错误的情况下,医生想要推翻这一推定是很困难的。在关于合同责任的情况下,关于过错的举证责任会被倒置。这意味着,医生必须证明不存在过错。如果非合同责任和合同责任同时发生,那么在两种情况下都必须适用举证责任倒置的有利的合同规则。实际上,不论是在合同性,还是在非合同性责任的情况下,病患都必须对非法行为、损害和二者间的因果关系进行证明。与此同时,医生需要证明自己的行为不存在过错。尽管看起来消费者保护法似乎只是对上面所说的举证责任分配进行了重述,但实际上具体来看,它的规定却要复杂得多。依据消费者保护法第8条第(3)款和第(4)款

的规定,病人必须对损害、损害和服务提供之间的因果关系进行证明,而医生要证明不存在过错。学理上的批评认为,这一规定的缺失是双重的:首先,它为医生强加了非常繁重的义务,因为医生不仅需要证明不存在个人过错,同样还需要证明服务不具有违法性,并没有违反义务。另一方面,病患需要证明服务的提供以及就由其造成的损害之间的因果关系。这规定所关注的并不是造成损害的原因,即医疗错误,而是更关注于医疗服务的提供,以及由此可能产生的各种不同解释。除了由此产生的各种困难以外,患者对因果关系证明的责任非常繁重,因为医疗错误中对此的证明本身具有异常的复杂性。

52. 在荷兰,如果某项请求具有争议,适用罗马条约第 150(ex art. 177)条。依据该条规定,原告承担举证责任,除非依据法律或是合理公平原则的要求对举证责任有不同的规定。然而,医生应当提供有效的信息以证实对病患主张的反对,以此向病患提供证明主张的出发点。参见 HR 20 November 1987, NedJur 1988, 500, Note WLH (Timmer/Deutman); HR 7 September 2001, NedJur 2001, 615 (R. and B./Stichting Ignatius Ziekenhuis)。为了满足这里的"证实责任"(duty to substantiate),医生必须——尽可能准确地——对治疗期间发生的情况作出描述,并且移交相关的医疗数据。病患可以通过对医生陈述的事实或是提供的数据的错误进行证明或是给出合理怀疑,进而证明自己的主张。参见 HR 7 September 2001, NedJur 2001, 615 (R. and B./Stichting Ignatius Ziekenhuis)。这一原则同样适用于因果关系。参见 Giesen, Bewijslastverdeling, pp. 49 and 110。医生应当提供哪些以及多少数据和资料,取决于治疗开始后所经过的时间:不能够期望医生记住几年前所实施的手术的每一个具体细节。最高法院在 2001 年 9 月 7 日的裁决中认同了这一观点,NedHur 2001, 615(R. and B. v. Stichting Ignatius Ziekenhuis)。

53. 在波兰,病患必须对请求权基础进行举证,包括医生的过错。医生需要证明治疗义务已经得到适当的履行,他或她是依据已有的医学知识来实施行为的(Nesterowicz, Prawo Medyczne7, pp. 51–52)。

54. 在葡萄牙,对于合同性责任的情况,原则上推定义务人存在过错(民法典第 799 条第(2)款),但治疗义务通常被认为是手段义务,因此对义务人过错的推定并不适用,参见 CA Coimbra, 4 April 1995; CJ XX–1995, Ⅱ, 31。治疗义务在下面的情况里可能会被认为是结果义务:通过合同相对方的协商一致;通过法律规定的调整或是取决于义务的性质(人体修复、常规手术、整形)。在医院的管理过错问题上存在结果义务(STA 17 June 1997; AD XXXⅦ–1998)。事实自证(Res ipsa loquitur)可以将举证责任转移至治疗提供方(民法典第 349 条及以下)。参见 Figueiredo Dias and Sinde Monteiro, Responsabilidade médica na europa ocidental, p. 23; Faure and Koziol (–Sinde Monteiro and Veloso), Cases on Medical Malpractice, p. 176。

55. 在西班牙法律中,通常由患者证明治疗提供者的过失行为以及医疗行为和损失之间的因果关系。这些内容对于患者来说是很难进行证明的,因为治疗的信息主要由治疗提供者进行保管。通过个案,法院实际上适用了更加宽松的举证要求,在具体案件中接受单纯的环境证据或是法律推定。医疗服务提供者也有义务向患者提供相关的医疗记录,如果服务提供者没能提供有关材料,法院就推定存在过失以及因果关系,需要由医疗服务提供者进行反证(prove the contrary)(Vilalta and Méndez, Responsabilidad Médica, p. 18)。2007 年消费者保护法提供了一个更加客观的体系。病患可以借助第 147 条和第 148 条的规定。第 147 条规定,服务提供者的作为或者不作为给顾客造成损失的,提供方须承担责任责任,除非能够证明,提供者的行为符合相应法律法规的要求,并且符合该类行为活动的尽职性要求。第 148 条对为消费者需要特殊保护

的情况确定了一个特殊的责任制度,比如医疗治疗,服务的性质本身就意味着对有效性和安全性的特别要求。

56. 依照瑞典患者伤害法案,保险集团有义务对案件进行调查。因为,为了确定治疗与伤害之间的因果关系,能够证明伤害更有可能是由治疗而不是其他原因所引起的就已经足够了,Hedman, Ansvar och ersättning vid medicinsk verksamhet, p. 85。不过,当涉及满足赔偿的要求时,患者承担风险,并承担举证责任。最后,需要记住的是,患者伤害法案对患者的赔偿并不以对注意义务的违反为前提。比如说,通过另外一种治疗方式,伤害就有可能被避免,这对于赔偿就已经足够了,即使实际选择的治疗方式得到了完美的执行。若根据损害赔偿责任法(Damages Liability Act (SKL))主张损害赔偿,病患必须对上面所提到的所有内容承担举证责任。

Ⅵ. 非常规治疗中的注意标准

57. 在法国法中并没有对此作出区分。

58. 在荷兰,最高法院裁定,在同时提供"替代性"治疗的常规医生那里接受治疗的患者,可以期待这些医生不会忽视对于恰当的医学诊断和治疗而言所必要的内容。因此,这些"替代型医生"(alternative doctor)必须能够符合一般的注意标准。HR 6 December 1996, edJur 1998, 543, Note F. C. B. van Wijmen (B./Inspecteur Gezondheidszorg Utrecht en levoland). 同样见于Roscam Abbing, Alternatieve beroepsuitoefening, p. 287, 同时参考纪律法院(disciplinary courts)的案例。对于医疗服务的提供者,若合同被定义为治疗合同,那么基于民法典第 7:453 条,或是基于民法典第 7:401 条更一般的关于服务的规定,在这里适用"合理行为且具有合理能力的"提供者的概念。从根本上来看,两条规定中的概念是一致的。标准均为在该特殊服务领域的合理行为且具有合理能力的提供者。

59. 在波兰,若非常规性的治疗是由医生所提供的,那么适用同样的注意标准。若治疗所伴随的风险更高,医生有义务向患者告知该风险,并且获得病患对于该项治疗的书面同意。

60. 在葡萄牙,没有关于非常规治疗的规定,如果法院在这里以适用于一般医学实践的注意标准进行评估的话,是存在风险的。不过,一个改革的建议(Projecto de Lei no 27/Ⅺ, 23 May 2002, BE, 没有通过),第 11/4 条建议,需要依据实际的非常规性治疗准则的行业标准(leges artis)对注意标准进行评估。

61. 在苏格兰,如果对于医生不存在可以用来进行判断的一般实践,适用 Hunter v. Hanley 1955 SC 200 中规定的一般测试,这里要求的义务是,在衡量了所有的可能性之后,以一种注意且慎重的方式,作出一个合理的、负责任的决定(Stair, The Laws of Scotland, Reissue Medical Law, para. 173)。

Ⅶ. 无过错补偿等

62. 像上面所提到的,在丹麦法律中对于由公共医院所提供的治疗,存在一种无过错补偿机制。

63. 在英国,人身伤害民事赔偿和责任皇家委员会[1978]否决了在英国引入无过错补偿的系统,但是保留了在将来,参考该机制在其他国家采用所花费的开支之后,对这一问题再次讨论的可能。

64. 芬兰 PSL 中确定了无过错补偿机制。

65. 在法国,部分法律学说支持,至少在特殊情形下让医生承担结果义务(Mellenec, Rev. dr. sanit. soc, 271. Especially, Penneau, Faute et erreur en matière de responsabilité médicale, no.

392)。论点包括:医学的进步、对复杂精密仪器的使用以及对受害者补偿的必要。这些观点对实践也产生了影响,在某些情况下,判例法认定医生或者医院负有结果义务(Cass. civ Ⅰ, 4 January 1974, Bull. civ. no. 4; RTD civ 1974, 822 obs. Durry)。对于经常进行的简单的治疗,如感染,参见 Cass. civ Ⅰ, 17 June 1980, Bull. civ. Ⅰ no. 187, RTD civ 1981, 165 obs. Durry; CE 23 February 1962, Meier, Leb. p. 122; CE 22 December 1976, Dame Derridj, JCP 1978. Ⅱ. 18792, Note J. -M. Auby。对于在医院发生的疾病,见上文所述。涉及义肢的质量问题,见 Cass. civ Ⅰ, 15 November 1972, D. 1973, 342; RTD civ 1974, 160, obs. Durry; Cass. civ Ⅰ, 22 November 1994, RTD civ 1995, 375 obs. Jourdain; for a denture。至于是否需要对"治疗的风险"("aléa thérapeutique")进行补偿的问题,尚存在争论。这种风险可以被定义为:可以预见的,但它的发生却是具有不确定性的,并且医生无法阻止其发生的伤害。比如,尽管在输血中心会进行严格的筛选,但总是存在发生艾滋病感染的极小的可能性。即使在医生不存在过错的情况下也总是存在麻醉出错的机会。在医生不存在过错的情况下,患者是否需要得到补偿? 法学学说在这一问题上存在分歧,而现行法对这一问题也并没有一个一般性的规定。虽然"治疗的风险"("aléa thérapeutique")在由于血液产品而引发的艾滋病传播中得到补偿(Cass. civ Ⅰ, 12 April 1995, JCP 1995. Ⅱ. 22467, Note P. Jourdain; CCC 1995, chr. no. 9, L. Leveneur; D. 1996, 610, note Lambert - Faivre; CE 26. 05. 1995, N' Guyen, Jouan, cons. Pavan, JCP 1995. Ⅱ. 22468, note J. Moreau; RFDA 1995, 748, concl. S. Daël.),但是对于其他的情况就显得不那么清晰。更一般的,Conseil d' Etat(最高行政法院)在1993年判决:"一项医疗行为,对于病患的诊断和治疗来说对必要的,虽然存在着已知的风险,但是风险实现的可能性却是例外情况,并且没有任何理由可以认为,该病患尤其面临着该风险的威胁,若医疗行为是导致损害后果的直接原因,而该损害与病患原来的情况或是可以预见的该病情的发展没有任何关联,且该损害是极端严重的,那么医院的公共服务就应当承担责任"(CE, Ass., 9 April 1993, Bianchi, D. 1993, 313, concl. H. Legal; JCP 1993. Ⅱ. 22061, Note J. Moreau)。通过这一判决,最高行政法院确立了对治疗的风险(aléa thérapeutique)进行补偿的条件。这些条件很严格。最高法院曾经拒绝过同样的观点(Cass. civ Ⅰ, 8 November 2000, Bull. civ. Ⅰ, no. 287; JCP 2001. Ⅱ. 10493, rapp. Sargos, Note Chabas),即使低等级的民事法院完全依照了最高行政法院的观点(CA Paris 15 January 1999, JCP 1999. Ⅱ. 10068, Note L. Boy)。这一问题的解决方法现在可以在公共卫生法第L. 1142-1条中找到。在假设的 Bianchi 案中,该伤害不是由治疗提供者而是由健康保险进行赔偿(réparation du préjudice au titre de la solidarité nationale)。

66. 在意大利法律中,不存在医生的客观责任(Alpa, Riv. it. med. leg. 1999, fasc. 1 (February), p. 24),尽管在常规的医疗程序中的责任近乎于客观的。

67. 在冰岛,存在无过错体制:病患保险法111/2000号(Patient Insurance Act no. 111/2000)。

68. 在1989年,荷兰国家公共健康委员会提出建议,拒绝在荷兰引入瑞典式的无过错体制。争论认为,这样做的花费太高,此外,如果请求不是针对这些提供者,而是针对公共当局,这会导致健康服务提供者承担的义务更少。另外,也有争论认为,这样的系统会导致一个标准化的赔偿以取代全额损害赔偿。参见 Bijl. H. TK. 2001 - 2002, no. 14 (Parliamentary proceedings regarding the governmental discussion paper "Choosing with care" (Met zorg kiezen), pp. 26 - 27。这以后,普遍观点更加倾向于采取无过错体制。1990年,Aerts, De Zweedse no - fault verzekering ter vergoeding van medische schade, pp. 271 - 272 中认为,无过错体制的优点是显而易见的,它使

得患者能够更容易地获得赔偿,可以带来一个更加简单、有序且快速的程序,并且是经济有效的。1994 年,在议会对于一项关于顾客在保健领域的投诉权利的法案的讨论中,认为针对无过错机制结果的调查是有必要的。在国家检查机构(National Ombudsman)1995 年的一份关于血友病患者的艾滋病感染的报告中,认为对于有缺陷的血液产品来说,无过错补偿体制是适当的。在 1999 年,基于一份由 Board on Blood Transfusion 于 1997 年提供的报告,荷兰公共卫生部长表示,她认为仅针对缺陷血液产品的受害者采取无过错体制,在原则上是不公平的。因此,她要求 ZorgOnderzoek Nederland (ZON)对无过错体制以及现有的体制之间进行一项优劣势的比较研究。参见 Bijl. H. TK. 2000－2001, 27 436, no. 1, pp. 13－14。ZON 的报告至今尚未公开。2002 年 3 月 26 日,议会上议院(the Second Chamber of Parliament)接受了一项动议,该动议认为,这样的一种机制能够带来更加公平且能够负担得起的赔偿体制,这要求政府对无过错体制以外的各种可能性进行检验,并且在 2002 年夏天之前向议会作出报告。参见 Bijl. H. TK. 2001－2002, 27 807, no. 8 and H. TK. 60－4082。

69. 挪威实施的是无过错赔偿体制(Lov 15 juni 2001 no. 53 om erstatning ved pasientskader)。

70. 直到 2001 年(宪法法庭撤销了波兰民法典第 419 条),在不能将过错归于医生或是医院的情况下,医疗事故的赔偿可以基于公正原则取得。现在,对于新的民法典第 417 条是否可以在基于公正原则的基础上,作为医疗事故责任的基础仍然是不确定的(Filar/Krzes'/MarszałkowskaKrzes'/Zaborowska, Odpowiedzialnos'c' lekarzy i zakładów opieki zdrowotnej, p. 57)。

71. 在葡萄牙,实验性治疗的情况下采取严格责任(Clinical Trials on Human Beings Decree Law art. 14/1)。参见 de Oliveira, O direito do diagnóstico pré－natal2, p. 199;使用具有伤害性特征的设备(如 X 射线设备)。

72. 在西班牙,依据消费者保护法,有采取客观责任的倾向(TS of 1 July 1997, RJ 1997/5471 and TS 21 July 1997, RJ 1997/5523)。当涉及医疗机构的情况下,这一解决方案被普遍采纳,以保证患者能够得到保护。法学界大多数观点反对在请求权仅针对医生或者医疗提供者个人时,采取这样的一种客观责任。

73. 瑞典的法律体系在原则上采取的是无过错制度。比如,如果损害能够通过采取另一种治疗手段得以避免,那么即使实际所采取的治疗方案的执行是完美的,也可以认定获得补偿。

第Ⅳ.C－8:105条　告知义务

（1）为给予患者选择治疗的自由，医疗提供人尤其需要告知患者：

（a）患者当前的健康状况；

（b）推荐疗法的性质；

（c）推荐疗法的优势；

（d）推荐疗法的风险；

（e）推荐疗法的替代疗法及其比较优势和风险；以及

（f）不加治疗的后果。

（2）无论如何，医疗提供人应告知患者可能会合理地影响其决定是否同意推荐疗法的任何风险或替代疗法。如果风险的实现将对患者造成严重损害，该风险被视为可能会合理地影响患者决定的风险。除非有不同规定，告知义务适用第七章（信息和咨询）的规定。

（3）告知应以患者可以理解的方式为之。

评　论

A. 法条概述

本条所规定的是治疗提供者向患者或是为患者利益作决定的第三人进行告知的义务。为了使患者能够在对治疗知情的情况下作出选择，并获得患者的知情同意，信息必须被披露。

考虑到病患的自主权，治疗提供者有义务进行披露，应当采取一种清楚且容易理解的方式，将与患者的健康状况、他或是她的疾病情况以及建议的治疗手段有关的所有信息均告知患者。有关建议的治疗的信息在向患者进行披露时，必须包含几项内容。病患必须被告知该项治疗的风险、替代的治疗手段以及替代手段的风险，最后，如果患者决定接受治疗者所提供的建议，那么还需要告知其对于治疗后健康状况的预测，如果不进行该治疗可能产生的结果，以及不进行任何治疗可能发生的结果。特别是不进行治疗所可能产生的后果，必须同从治疗中可以期待的潜在益处一样，清楚地告知患者。由此，该患者可以对治疗策略作出明智的决定。

示例1

一名患者考虑通过眼部激光手术治疗近视。眼部医生向她告知了手术的风险以及可能带

来有益效果,特别是(虽然低但是确实存在的)失明的风险,以及不做手术的风险(近视会慢慢加深,镜片会加厚,最后完全失明的风险)。他也向该患者告知了替代治疗手段,如传统的眼部手术,但是指出,传统手术的风险要更高,并且术后阶段更困难。该病患现在获得了充分的信息以作出是否进行手术的决定。

B. 利益权衡和政策考量

患者有权利获得告知,在充分知情的情况下对治疗作出选择,并且对于自身身体安全的有关问题作出同意,有自主决定权。治疗提供者有义务进行告知,但是告知的信息需要有多详尽呢?非常具体详尽的告知义务的成本是很高的,因为它的履行会花费更多的时间,由此能够获得治疗的患者会变少,另外,患者或是卫生保健体系所需支付的开销也会更大。

可以说,所有的风险都必须进行披露,无论它们实现的机会有多小。然而,要求治疗提供者向病患告知那些极度不可能发生的风险,似乎又是过度的。在任何治疗中,都存在已知的风险,但其发生的可能性是极低的。向患者披露这些风险可能会降低患者选择本应对自己有益的治疗的概率。患者所不能够合理处理的过多的信息也许会导致患者无法在知情的情况下作出选择或是会导致其作出不合理的决定。

示例2

医学文献中仅记载了一桩案例,当一种药品与某种特定的药品同时使用时,会导致中毒性精神错乱。鉴于这是非常罕见的不良反应,因此没有告知病患的必要。

另一个相关的因素是紧迫性。治疗越是紧迫,需要提供的信息就越少。当患者需要立刻进行治疗,那么先治疗阶段将缺乏信息;当不必立刻就进行治疗时,披露信息的范围就要大得多。另外一个标准是必要性标准,当治疗越非必要时,告知义务的要求就越严格(纯粹的医学观点上看)。

另一个争论在于所需要提到的替代手段的范围,特别是当涉及非常规的替代治疗时。非常规治疗(如针灸、顺势疗法、整骨、中医等)变得越来越常见,在某些情况下发挥了常规治疗所不能达到的效果。问题在于,传统的医疗保健提供者是否有义务向患者告知非常规治疗性的替代手段。一种观点认为,告知义务仅适用于同一学科领域的替代性治疗,不能期望一名医学医生(MD)知道现有的其他的治疗技术。另一方面,作为一名卫生保健专业人士,他或是她难道不是应该可以被期待具有关于所有合适的治疗技术的广博知识的吗?所以,问题又回到,若没有被医学实践所接受,一个合理的治疗技术应当包括什么?

一个与此相关的问题是关于需要被提供的信息的形式问题。医院普遍的做法是向患者提供一份含有综合信息的表单,运用准确的医学术语,并且留有空间给病患签名,以表示该病患对于治疗愿意给予同意。但是,该信息是否应当为了某个具体的患

者而“量身定做”，并且由治疗提供者亲自以一种患者能够理解的方式进行传达？

示例3

一位歌剧演唱家被告知他将被给予某种治疗，且该治疗具有百分之零点一的可能会导致声带的轻微伤害，从而使得该艺术家失去对某些音阶正确发音的能力。一位体力工人也同样需要接受这项治疗，但没有收到有关这项风险的告知。如果仅被提供了一份以标准医学术语描述了最重大风险的表单，病患恐怕不能够正确理解治疗所可能包含的危险。这样的标准信息不会指出不会发生在一般患者身上的风险，但是这样的风险对于歌剧演唱家来说确实是决定性的。

C. 首要选择

这里的优先选择是，要求治疗提供者仅披露那些会对患者作出治疗决定产生合理影响的风险。如果风险的发生会对患者产生严重的伤害（死亡、毁容、永久性残废），那么就推定这些风险会影响到患者的决定。这一推定并不排除其他的用以决定应当披露的相关信息的判断标准，如风险发生的概率，与举证责任有关的一般规则。因此，告知义务包括向患者告知他或是她为了作出知情选择而合理需要知道的信息。治疗越是不紧急，信息就越应当详细，因为替代手段的发掘和对风险利益的权衡需要花费一定的时间。

患者的自主权利益应当得到保障，同样需要得到保护的还有医院和专业人士的组织时间的利益。这样做还可以防止患者因为过多信息的干扰而导致拒绝某项治疗的风险。

严肃且合理的相关替代手段，即使是非传统医学的手段，也有必要基于注意标准向患者披露。这一做法给予患者从不同的替代选择中作出选择的可能。

治疗提供者需要亲自、直接地向患者传达信息。信息应当符合具体患者的特殊情况，并且以患者能够理解的方式作出。如果信息是通过一份以医学术语陈述的表单来传达的，无论信息的内容有多全面，普通患者也可能理解不了。另一方面，如果依据患者具体情况来制定的信息能够通过卫生保健专业人士以一种简洁的方式和易于理解的语言来进行披露，那么患者就可以得到有效的告知。治疗提供者必须作出合理努力以帮助患者理解信息。这是尊重患者自主权的最佳手段。

注　释

Ⅰ. 概述

1. 治疗提供者向患者告知其现有健康状况、必要治疗手段的性质、潜在利益、风险、替代手段和不进行治疗的后果的义务在所有被分析的国家中都有规定：奥地利、英格兰、芬兰、法国、德国、希腊、意大利、荷兰、葡萄牙、苏格兰、西班牙和瑞典。

2. 在所有被分析的国家中,治疗提供者都有义务向患者告知伴随着治疗的风险。但是,对于哪些风险需要被告知,各国有着不同的解决办法。在英格兰,治疗提供者依据传统,有义务披露作为一个一般水准的、合理的医生应当披露的信息,尽管依据判例 Bolitho v. City and Hackney HA [1997] 4 All ER 771,治疗提供者被认为有义务向患者提供所有显著风险的义务。在法国,所有的风险都必须被披露。在意大利、荷兰、葡萄牙和西班牙,治疗提供者必须向患者披露可预见的严重的风险。在德国,治疗提供者不仅需要向患者告知通常会发生的风险,也有义务告知那些极少出现但一旦发生会对该特殊病患产生重大影响的风险。

3. 在奥地利、芬兰、荷兰和瑞典,治疗提供者有义务告知患者所有现实的替代选择。在德国,治疗提供者有选择治疗方式的自由,告知替代选择义务的范围取决于开始实施该项治疗的紧迫性。

4. 在奥地利、法国、德国、意大利、葡萄牙和西班牙,已经进行了告知的举证责任由治疗提供者承担。在英格兰,如果是基于过失侵权引起的诉讼,那么由患者承担举证责任,不过对于基于故意侵权的基础之上的诉讼中的举证责任尚不清楚。在苏格兰,在人身侵权(cases of assault)(未经患者同意就进行治疗)的情况下,由治疗提供者来证明病患的同意,但是对于过失的情况一般由患者承担举证责任(Stair, The Laws of Scotland, Reissue Medical Law, para. 249)。在荷兰,尽管一般原则是由患者来承担举证责任,但通过解释,可以将举证责任倒置。另外,治疗提供者有义务帮助患者来证实其主张。在丹麦 、芬兰和瑞典,犹豫患者很容易通过无过错保险赔偿机制获得赔偿,告知义务的违反显得就不那么重要了。除此之外,在无过错机制下,关于案件的具体调查由保险集团来进行。最后,正如上面所提到的,在丹麦和瑞典,如果存在可替代性手段,且相较于已经实行的给患者造成伤害的治疗手段,更应当执行该手段的话,患者有权要求赔偿,而不论是否得到有关治疗风险的告知。

Ⅱ. 一般的告知义务

5. 在奥地利法律中,告知义务在医疗领域起着十分重要的作用。法院日渐倾向于对不向患者进行告知的行为加以更加严格的责任:最高法院判决,即使提供了最新水平的的治疗方式,只要没有向患者告知所有可能的风险,医生都会被认为是负有责任的(OGH 6 Ob 126/98 f)。

6. 在英格兰法律中,在基于过错的案例中,告知义务被当作是一般注意标准的一部分,需要考虑的问题是,作为负责任的医生是否会认为给出这些信息是必要的。具体例子参见,Sidaway v. Board of Governors of the Bethlem Royal Hospital [1985] AC 871。为了避免基于人身侵权(tort of battery)的责任(见上文),医生必须告知的内容仅仅是关于治疗的性质。因此,关于附随风险的告知并不是必要的。

7. 芬兰宪法第6条保障了个人的自主决定权。患者有权被告知关于他或是她健康状况、治疗的重要性以及替代手段的相关信息。参见患者权利与地位法案第5条。参见 Pahlmann et al: Three years in force: has the Finnish act on the status and rights of the patients materialised? Medicine and Law, 3; Lahti, Towards a comprehensive legislation governing the rights of patients, 207。信息必须以患者能够理解的方式作出。对告知义务的违反与损害赔偿请求并没有直接关系,因为可以避免的伤害在芬兰是受到绝对补偿的。

8. 在法国,治疗提供者必须告知患者有关其健康状况、检测建议、治疗建议、治疗的优点、后果以及一般情况下可预测的、经常发生的或是严重的风险、治疗的替代手段以及不进行治疗的后果。参见公共卫生法第 L.1111－2 条。在这一义务通过成文法确定之前,首先是通过判例法发

展而来的。普遍认为,将该义务写入法典仅仅是对判例法所确定的解决方法的进一步贯彻(Pinna, The Obligations to Inform and to Advise, no. 194; Pinna, Lex Medicinae, 2004, p. 83)。

9. 告知义务是德国医疗责任系统中的一大支柱。该责任可以作为民法典第823条下的非合同责任(BGH NJW 1980, 1905)或是因为对合同告知义务的不履行而产生(BGH NJW 1990, 2929)。患者必须得到关于病症、该病症的严重性、治疗过程、治疗风险及效果的有关信息,进而才能够对是否进行医生所推荐的治疗进行判断(Gehrlein, Leitfaden zur Arzthaftpflicht, p. 125; Laufs and Uhlenbrück, Handbuch des Arztrechts2, no. 63; BGH NJW 1972, 335; BGH StV 1998, 199)。

10. 在希腊法律中规定治疗提供者有义务向患者告知风险以及替代手段,以便患者能够针对治疗作出知情的同意。这一义务对于提供医疗服务的合同来说至关重要,因为这一类合同总是与个人的人格以及身体完整有着重大的关联。如果医生没有履行该义务,不会直接导致治疗服务的错误,但是会产生一种独立的责任(Androulidaki－Dimitriadi, The duty to inform the patient, pp. 119 and 131)。告知义务是作为治疗合同的主要义务还是次要义务的问题似乎在实践中并未得到重视,却在学术著作中被讨论(Androulidaki－Dimitriadi, The duty to inform the patient, p. 130)。没有履行告知义务意味着治疗缺乏了患者的知情同意。不论患者是否会同意该治疗,若是治疗依照标准方式得到实施,那么便会独立地产生一项基于告知的未履行而产生的损害赔偿请求权。事实上,治疗的成功并不能补救之前的义务未履行。但是相反的观点似乎也是正确的,没有进行告知并不会导致按照标准进行的治疗是错误的。另一方面,若医学治疗没有达到要求的标准,患者可以对两个义务的未履行主张损害赔偿,即技能和注意义务以及告知义务。

11. 在意大利法律中,告知义务是治疗提供者的一项自主的特殊的义务。对该义务的违反会引起一项单独的责任(Santosuosso, Sentenze e rapporto tra medici e pazienti, 4, 53)。在医患关系中,告知义务起着基础性的作用,对于当事人任何一方的同意都会产生直接影响。患者(通常缺乏相关的技术知识)不能控制专业人员的行为,但将自己易受伤害的人身利益托付给该专业人士。因此,治疗提供者必须向患者告知有关治疗、治疗的障碍、治疗的结果以及可能的风险,以确保患者能够计算得失,且作出是否接受治疗的判断。信息必须是针对具体的患者及疾病具体给出的(de Caprio, Riv. it. med. leg 1998, fasc. 6 (December), Ⅰ, p. 922; Fiori, Riv. it. med. leg 1998, fasc. 6 (December), Ⅰ, p. 1150)。

12. 荷兰民法典第7:448条第1款第1句,要求医生有义务以清楚的方式向患者进行告知,如果患者要求,以书面的方式作出。告知义务的内容包括了对计划进行的检查、建议的治疗方式、检查中的病情发展以及患者的治疗情况和自身状况。该一般的告知义务规定在民法典第7:448条第2款。医生需要以患者的合理须知的内容为行为导向,并且考虑到:必要的检查或是治疗手段的性质、目的以及程序;可以期待的结果以及风险;需要纳入考虑的其他检查或是治疗手段;在采取了治疗之后患者的健康状况及可以期待的预期情况。医生既有义务向患者告知治疗的风险,也有义务告知其替代治疗的方法。但是,这一告知义务仅限于该患者合理应知的范围,具体的内容依据个案而有所不同。参见 Roscam Abbing, Het recht op informatie, p. 20; Sluyters and Biesaart, De geneeskundige behandelingsovereenkomst, p. 20; Sluyters, Gezondheidsrecht, ad CC art. 7:448, Note 3。信息的提供是为了确保患者能够作出正确的决定。医生必须确保该患者理解了被告知的信息。因此,信息必须针对具体的患者给出,并且应当在必要的情况下尽量以朴实的语言进行表达,以确保患者能够理解所传达的内容。参见 Sluyters and Biesaart, De

geneeskundige behandelingsovereenkomst, p. 18。

13. 在波兰,一般而言,患者有权利知道关于自身健康状况的信息(医疗机构法第 19 条),且这一权利与医生向患者提供信息的义务相对应(医生行业法案第 31 条)。医生有义务以一种可以理解的方式,向患者或是患者的法定监护人告知患者的健康状况、诊断结果、建议以及可能的诊断方式、治疗手段,若采取或者不采取上述行动所能预期的结果,以及治疗和诊断的最终结果(第 31 条第(1)款)。医生仅可能在获得患者同意后才可能将该患者的相关信息告诉他人(第 31 条第(2)款)。医生没有义务仅基于患者的请求就向患者提供信息(第 31 条第(1)款)。医生有义务向年满 16 岁的患者提供信息(第 31 条第(5)款)。如果患者不满 16 岁,那么医生有义务从确保诊断和治疗过程的必要性出发,在此内容范围内,向患者提供信息。在这样的情况下,医生应当将患者的想法纳入考虑(第 31 条第(7)款)。如果患者不满 16 岁、无意识或者是没有能力理解信息的,医生应当告知患者的法定监护人,包括——在没有法定代理人或是没有可能联系其法定代理人的情况下——患者事实上的监护人(第 31 条第(6)款)。

14. 在葡萄牙法律中规定,治疗提供者必须向患者告知诊断和治疗的目标、性质、结果、好处、费用、风险、替代性措施以及延迟或是拒绝该治疗的结果。如果所提供的是最新的技术,那么该事实必须向患者披露。信息必须以简单且清楚的语言针对具体的患者作出。Convention on Human Rights and Biomedicine art. 5, ratified by the Health Basis Act; CP art. 157; CD art. 38。这里的任务是保障人的尊严,并且允许患者在知情的前提下作出关于治疗的选择。参见 Dias Pereira, BFD LXXVI (2000), p. 442; Dias Pereira, O consentimento informado, p. 227; Faure and Koziol (– Sinde Monteiro and Veloso), Cases on Medical Malpractice, p. 175; de Oliveira, O direito do diagnóstico pré – natal[2], p. 92; Figueiredo Dias (– Costa Andrade), Comentário conimbricense do Código Penal, art. 157。

15. 苏格兰有关医疗从业人员的告知义务参见 The Laws of Scotland, Reissue Medical Law, paras. 181, 242 – 263。

16. 关于医疗提供者的一般告知义务首先被规定在 1986 年 4 月 25 日的一般医疗保健法(Ley General de Sanidad)之中,而在患者自治法(Ley 41/2002)中有了进一步发展。在该法第 4 ~ 6 条规定,健康服务的接受者以及其家属(如果该患者同意向其家属披露信息)有权利获得综合性的、完整的且连贯地以口头或是书面形式给出的有关其医学状况的信息,这些信息包括诊断、预测和可能的替代治疗。这一规定基于的是具有宪法性最高效力特征的条文:健康权(第 43 条)、人格尊严权(第 10.1 条)、生存权、身体和精神完整权(第 15 条)以及知情权(第 20 条)。告知的特别义务被规定在了不同医学领域的具体法案以及行政条文之中。参见 Ley 30/1979(器官切除及移植), Ley 14/2006(协助受孕), Ley 14/2007(人类胚胎及胎儿的捐赠,人体组织、器官或是部分器官的利用); Ley 29/1980(临床尸体解剖)。最高法院认为,医生的告知义务是按照行业准则并结合具体实际的原则(lex artis ad hoc)的根本要求(TS 2 October 1997, RAJ 1997/7405; 13 April 1999, RAJ 1999/2583)并且是基于专业推定而产生的手段义务的一部分。参见 TS 7 May 1997, RAJ1997/3874。当未履行的告知义务的内容并不会影响患者的决定时,对于产生的因果关系问题,法院尚未得出一个清晰的结论。有关这一问题,参见 Dominguez Luelmo, Derecho sanitario y responsabilidad médica, 157 ff and Galán, Responsabilidad civil médica, 251 ff。

17. 在瑞典,患者有权获得针对自身健康状况的以及可以采取的治疗手段的信息。在患者伤害法案的规定下,如果不能就过错治疗提出求偿,那么对告知义务的违反也不能获得补偿。通过

损害赔偿责任法（the Damages Liability Act）能获得赔偿的可能性是有限的：参见 NJA 1990，442。

Ⅲ. 风险告知义务

18. 在英格兰法律中，若是患者为了决定采取哪一项治疗措施而有必要知道的关于重大风险的信息，医生有义务全部进行披露（Lord Woolf MR in Pearce v. United Bristol Healthcare NHS Trust（1999）48 BMLR 118；in the aftermath of the impact of Bolitho v. City and Hackney HA [1997] 4 All ER 771. 参见 Kennedy and Grubb，Medical Law[3]，p. 694）。

19. 在德国，若是风险的严重程度足以影响患者对于是否接受治疗的判断，那么治疗提供者必须向患者告知并发症、不良反应以及治疗失败所可能带来的风险。通常容易出现的风险必须进行披露，即使是发生率极低的风险，只要它能对具体的患者产生重要影响，也必须进行披露（BGH NJW 1980，1333；BGHZ 77，74，NJW 1980，1901；BGH NJW 1992，1241；Laufs and Uhlenbrück，Handbuch des Arztrechts[2]，no. 64）。

20. 在芬兰患者地位和权利法案第 5 条中规定，患者必须被告知有关其健康状况、治疗特点、治疗的可替代性手段以及相应的效果，其他的对患者的决定具有重大影响的相关因素也应告知。医疗保健专业人士应当尽量以患者能够理解的方式传递信息。如果因为该专业人士不会患者所使用的语言或是由于该患者有感知障碍或听觉障碍而导致专业人士不能理解患者的意思，那么在可能的情况下应当提供翻译。

21. 在法国法中，告知义务的内容包含了对治疗风险的告知：实际上，这往往是告知义务的核心。最高法院判决认为，即使是发生概率很低的风险，只要该风险发生所带来的后果是严重的，那么医生就必须进行告知（Cass. civ Ⅰ，7 October 1998，JCP 1999. Ⅱ. 10179，concl. J. Sainte－Rose and Note P. Sargos；CE Sect.，5 January 2000，Consorts Telle；5 January 2000，Assistance Publique－H？ pitaux de Paris，JCP 2000. Ⅱ. 10271，with Note J. Moreau）。这一解决方案现在已被规定在公共卫生法第 L. 1111－2 条之中，参见 Pinna，Lex Medicinae 2004，p. 83。

22. 在意大利法律中，病患有权利获得有关治疗风险的告知（CFI Milano，14 May 1998，Resp. civ. e prev. 1998，fasc. 6（dicembre），p. 1625，with Note of B. Magliona）。对生命有严重的潜在威胁的危险，不论这种危险是否是由于医疗介入产生的，都必须告知患者。该义务包含的是可以预见的风险，而不是导致随机事件发生的非常规性结果。治疗提供者必须在给予患者有关治疗的全部信息和避免由于给予过多信息而使得患者仅仅因为某些微小的可能性就放弃治疗这二者之间找到平衡。告知义务同样包括在对替代可能作出选择时所产生的特殊风险。由于治疗提供者的技术科学帮助，患者可以通过对于风险和益处的认真考量而对治疗作出选择（Alpa，Riv. it. med. leg. 1999，fasc. 1（February），p. 30）。

23. 在荷兰，患者需要被告知一般性的、可预见的治疗风险，以便其可以作出适当的决定。参见 Stolker，Aansprakelijkheid van de arts voor mislukte sterilisaties，p. 48；Sluyters，Gezondheidsrecht，ad CC art. 7:448，Note 3。一般来说，在下面的情形里告知义务要更加严格：风险的性质是否更加严重；风险的发生率是否比较高；计划采取的措施的紧急程度或必要程度是否很高；是否存在替代选择；公众对于该风险是否了解很少；在具体情况下，是否可以期待风险会变成现实；以及该治疗是否是实验性的或者是非常规的。参见 Dekkers，De patiënt en het recht op informati，p. 119；taken from Sluyters and Biesaart，De geneeskundige behandelingsovereenkomst，p. 22；Legemaate，Verantwoordingsplicht en aansprakelijkheid in de gezondheidszorg，p. 100。对于公众普遍已知的风险，没有告知的必要。参见 Kastelein，TvG 1998，p. 138。在任何情况下，只要

风险发生的可能性大于5%，就存在告知义务。参见 Kastelein, TvG 1998, p. 138. Stolker, Aansprakelijkheid van de arts voor mislukte sterilisaties, 第53页中提出，该百分比可以在5%～8%的范围内浮动。不过，现在的趋势是降低这一百分比：Legemaate, Advocatenblad 1999, 第197页至第200页中提出将这一百分比定为1%。另外，在该风险可能产生根本性后果的情况下，也存在告知义务。参见 Stolker, Aansprakelijkheid van de arts voor mislukte sterilisaties, p. 54。若该治疗过程在医学上不是必要的，或是是实验性的，那么告知义务的范围是广泛的。当患者指出不希望冒任何风险或是向医生提出相关问题时，这一义务还会更加严格。参见 Legemaate, Advocatenblad 1999, p. 98。在这一点上，Barendrecht and Van den Akker 在著作 Informatieplichten van dienstverleners 的第212页中将注意放在了，即使风险的发生率再低，大多数人也会倾向于躲避风险的这一事实上。这说明，既然人们在决定是否采纳医生所建议的治疗方式时，很明显会受到这些有关风险的信息的影响，那么即使是再小的风险，也应当被告知。

24. 在波兰，医生有义务以患者可以理解的方式向其告知与治疗有关的风险（医生行业法第31条第（1）款），以保证患者在获得充分信息的情况下作出是否接受治疗的决定（Judgment of the Supreme Court of 17. 12. 2004, Ⅱ CK 303/04, OSP2005, no. 131, poz. 11）。如果存在高风险，那么医生有义务从患者那里获得书面的知情同意（第34（1）条）。

25. 在葡萄牙法律中规定，治疗提供者必须向患者告知有关建议治疗的严重的风险，以及经常发生的风险。所有重大的风险必须得到披露，包括推迟或拒绝该治疗的风险。若某一风险从医学角度看是严重的、频繁发生的、无益的，或者是当患者的态度以及身体特征会增加风险的发生时（肥胖、毒瘾、心脏问题等），那么该风险在这里均被认为是需要披露的重大风险。参见 CALisboa, 4 July 1973; Dias Pereira, BFD LXXVI (2000), 446; Dias Pereira, O consentimento informado, p. 244; de Oliveira, O direito do diagnóstico pré－natal2, 67; Figueiredo Dias (－Costa Andrade), Comentário conimbricense do Código Penal, art. 157, p. 397。

26. 在苏格兰法律中，任何与治疗有关的潜在医学风险的存在及其性质都应当被告知患者（Moyes v. Lothian Health Board 1990 SLT444）。

27. 在西班牙，学说和司法实践中对典型和非典型风险进行了区分（TSJ Navarra 27 October 2001, RJ 2001/1079）。原则上，只有那些可以预见的以及在具体情况下频繁发生的风险（典型风险）才需要被披露。不可预见的或是例外情况的风险（非典型风险）则不需要披露。然而，对于这种简单的区分有着一些批评意见，因为某些非典型的风险，如果会对患者是否继续进行治疗的决定产生影响的话，也需要被披露。对于高风险的治疗，未成年人的母亲也应当得到适当的告知（TS 23 April 1992 RJ 1992/3323）。不进行披露的行为本身包含了治疗提供者自己对于治疗风险的推定。参见 TS 25 April 1994, RJ 1994/3073, TS 11 February 1997, RJ 1997/940, TS 28 December 1998, RJ 1998/10164。

28. 在瑞典，因为医学治疗总是包含着风险的，告知义务会产生患者与医生之间的利益冲突，进而阻止医生给予患者适当的治疗，所以对于这一问题的规定有意被制定得非常模糊（Johansson and Thoren, FS Sturkell, p. 136）。因此，告知义务必须在个案中进行判断，将患者的观点、患者的健康状况、可采用的治疗方法以及就疾病的严重程度均纳入考虑。即使患者没有得到关于风险的有效告知，也不会自动产生其获得损害赔偿的权利。参见 RH 1999:115。

Ⅳ. 告知替代选择的义务

29. 依据奥地利法律，没有必要对患者告知所有可能的替代选择；关于合适的治疗方式的信

息以及这些替代治疗方式的优缺点就已经足够了(参见 Dittrich and Tades, ABGB35, art. 1299, E 234, 236)。在实践中,某些医院使用画报式的信息传单向患者进行告知。这些小册子具体地描述并解释了不同的治疗方式。然后再由医生一对一地向患者介绍宣传画册中的具体问题,向患者提供进一步提问的机会。最后,由患者通过签名来表示他或是她已经明白了医院提供的信息,并且能够提出他或是她所需要的问题。在这里,宣传画册起到了两方面的作用。首先,他们保障了充分的信息。其次,医生可以在可能的诉讼中使用其作为证据。

30. 在法国,治疗提供者有义务提供替代选择(公共卫生法第 L. 1111-2 条)。在这一问题上并没有找到具体的案例。

31. 在德国法中,原则上医生有选择治疗方式的自由(BGH NJW 1982, 2121 NJW 1988, 763; BGH NJW 1988, 1516)。然而,该治疗在医学视角上的紧急性越低,告知义务就越广泛。在这一类案件中,告知义务可能包含了对建议的治疗的替代选择。参见 Laufs and Uhlenbrück, Handbuch des Arztrechts2, no. 64。

32. 在意大利,治疗提供者必须向患者告知可能的替代选择(医疗道义法第 30 条)以确保该患者能够作出最好的决定。即使是在治疗过程中出现了严重错误,提供给患者的信息也必须保证是绝对完整的(Conti, Riv. it. med. leg 1998, fasc. 6 (December), Ⅰ, 1171)。这一点是最根本的,特别是在作出任何可能会存在重要替代选择的进一步医疗决定之前。

33. 在荷兰,医生有义务告知所有相关的替代选择,包括他或是她本人并不赞成的方式。参见 Legemaate, Verantwoordingsplicht en aansprakelijkheid in de gezondheidszorg, p. 100。

34. 在波兰,医生有义务告知所有可能的治疗方式和采用或是不采用这些治疗所可能发生的后果(医生职业法第 31(1)条)。

35. 在葡萄牙法律中规定,治疗提供者必须告知患者替代治疗手段的可行性以及相较于建议的治疗手段的优点:Figueiredo Dias (– Costa Andrade), Comentário conimbricense do Código Penal, art. 157, p. 458; Dias Pereira, O consentimento informado, p. 257。

36. 在苏格兰法律中规定,患者应当被告知所有合理的、现实的选择,除非在医学上有非常明确的原因对该患者否定这一选择(Moyes v. Lothian Health Board 1990 SLT 444)。

37. 在西班牙,患者也应当被告知替代治疗方式。进一步信息参见下文的注释 50。

38. 在瑞典,治疗提供者必须向患者告知依据医学和可靠经验被认为是合适的替代性治疗手段(Medical Care Act (HSL) § 3a)。

Ⅴ. 举证责任

39. 在奥地利,由提供方来证明已经向患者提供了充分的信息。参见(Dittrich and Tades, ABGB35, § 1299, E 239, 240)。治疗提供者可以证明患者已经得到充分的告知,或是该患者已经对治疗进行了同意。对这一内容的证明有着严格的要求。但是,患者同样也需要证明,如果该信息被合理地提供了,自己将会面对复杂的决定判断。对于患者来说,仅仅说明自己会拒绝该治疗是不够的。

40. 在丹麦患者保险法案中,告知义务的违反与获得损害赔偿没有关系。所有的相关信息和证据由保险集团依照职权自主(ex officio)取得。

41. 依据英格兰民事诉讼法的一般原则,在过失的情况下,由顾客承担举证责任。在故意侵权的情况下,举证责任还不是很清楚,见 Kennedy and Grubb, Medical Law3, p. 582,在这里作者认为,作为侵权抗辩的患者同意,必须由被告进行举证,作者在这里还列举了各国的判例以支持

这一主张。

42. 依芬兰的患者伤害法案的规定,告知义务的违反与获得损害赔偿没有关系。所有的相关信息和证据由保险集团依照职权自主(ex officio)取得。

43. 在法国法中,由治疗提供者来证明告知义务被适当履行(Cass. civ Ⅰ, 25 February 1997, Bull. civ. Ⅰ, no. 75, Defr. 1997, p. 751, CCC 1997 no. 76, with obs. L. Leveneur, RTD civ 1997, p. 924; CE Sect., 5 January 2000, Consorts Telle; 5 January 2000, Assistance Publique - Hôpitaux de Paris, JCP 2000. Ⅱ. 10271, with Note J. Moreau)。这一观点最早由Fabre Magnan提出,他认为,告知义务是一项结果义务;见De l' obligation d' information dans les contrats, nos. 541 ff。相反观点认为,应当由患者证明消极事实的存在,即信息的缺失,而这样的证明几乎是不可能的。现在的解决办法更倾向于起到一种有效的预防性作用,促使医生有效地履行告知义务。由患者对损害进行证明,但是这在实践中并没有什么大问题。因果关系也同样由患者证明。因为患者需要能够在排除合理怀疑的情况下证明,损害本不会发生,所以仅当受害者能够证明,当他或是她被正确告知的话,他或她将会拒绝接受该治疗时,信息的缺失才被认定为是造成损害的原因。当然,这一事实在大多数情况下是不可能被证明的。为了保护患者,并且向其赔偿损失,判例中采取了机会损失理论(perte dúne chance)。最高法院并不要求告知义务履行的证明必须是书面的,并且认为,这一证据可以以任何方式呈现,包括证人证言(Cass. civ Ⅰ, 29 May 1984, Bull. civ. Ⅰ, no. 179; Cass. civ Ⅰ, 4 April 1995, D. 1995. Ⅰ. R. p. 120; 以及当判例法中关于举证责任的判定标准改变之后, Cass. civ Ⅰ, 14 October 1997, Bull. civ. Ⅰ, no. 278; JCP 1997. Ⅱ. 22942, rapp. Sargos; RTD civ 1998, 100, obs. J. Mestre; RDSS 1998, 68, Note Harichaux)。很明显,当缺乏书面文件时,对于服务提供者来说,要证明义务的履行是非常困难的。现在,有关的规则被规定在公共卫生法第L. 1111-2条中(关于这一问题,参见Pinna, The Obligations to Inform and to Advise, nos. 158-165)。

44. 在德国法中,由医生承担举证责任,证明自己向患者披露了所有的相关信息,并且获得了患者对于治疗的同意。

45. 在意大利法律中,举证责任由服务提供者承担。医生需要证明自己以一种完整且彻底的方式向患者告知了所有与治疗有关的风险。

46. 在荷兰,原则上,由顾客承担举证责任。在顾客必须证明消极事实的情况下——没有接收到有关信息,法院或许会判定由服务提供者来证明信息已经被提供。在医疗合同的案例中,情况有些许不同。依民法典第7:466条第(2)款的规定,在简单治疗("minor procedure")的情况下,推定存在对治疗的同意。Giesen, Bewijslastverdeling, p. 37,对于该条规定的正确理解为,在其他的情况下,不得推定认为同意已经作出,必须对此进行证明。在这里,举证责任由医生承担:他或是她需要证明知情同意已被作出。Giesen认为,以其他的方式分担举证责任是对民法典第7:466条第(2)款本意的偏离。然而,有些时候或许可以默认同意的存在,参见Rb Rotterdam 20 August 1993, NedJur 1995, 18 (Algemeen Psychiatrisch Ziekenhuis "De Grote Rivieren"/X)。当涉及告知义务的违反与损害结果之间的因果关系时,原则上,举证责任由顾客承担。参见Giesen, Bewijslastverdeling, p. 49; Barendrecht and Van den Akker, Informatieplichten van dienstverleners, nos. 446-447。然而,在医疗案例中普遍认为,患者会依据信息或是建议而行动,特别是当疾病威胁到生命,而有效的治疗又是可能的时候。换句话说,德国法的选择冲突学说在这里或多或少地被采用。当涉及对于由信息义务的违反而造成的损害的证明时,最高法院的要求会更加严格。

在最近的判决中，最高法院裁定认为，告知义务的目的在于使得患者能够在知情的情况下作出是否接受治疗的决定。对该义务的违反会带来患者不能行使自主决定权的危险，即患者作出了他或是她在获得充足信息的情况下本不可能作出的决定。因此，告知义务并不是为了保护患者免受医疗风险的发生，而是（仅仅）防止丢失作出正确决定的机会。参见 HR 23 November 2001, case C99/259HR, Landelijke Jurisprudentienummer (LJN) AB 2737, and case C00/069HR, LJN AD 3963，发表于 www.rechtspraak.nl。

47. 在波兰，对所需信息已被提供的证明由医生来承担。最高法院在其2004年12月17日的判决（Ⅱ CK 303/04, OSP 2005, no. 131, poz. 11）中清楚地表明了这一点。医生不仅需要证明已经向患者提供了所有的信息，还需要证明提供信息的行为是符合法律规定的。

48. 依据葡萄牙民法典第340条第(2)款规定，卫生保健服务的提供者承担信息和同意的举证责任；Dias Pereira, BFD LXXVI (2000), 454; Figueiredo Dias and Sinde Monteiro, Responsabilidade médica na europa ocidental, p. 39; Figueiredo Dias (– Costa Andrade), Comentário conimbricense do Código Penal, art. 157, p. 458。

49. 在苏格兰，故意侵权案例（未经患者同意的治疗）中，由治疗提供者证明患者的同意；但是在过失案例中，原则上由患者来证明请求权基础；治疗提供者可以通过证明信息已经提供以及同意的给出，来进行抗辩（Stair, The Laws of Scotland, Reissue Medical Law, para. 249）。

50. 在西班牙法律中规定，医疗服务提供者必须证明其行为符合告知义务的要求（TS 28 December 1998, RJ 1998/10164; TS 13 April 1999, RJ1999/2583 and TS 19 April 1999, RJ 1999/2588）。医疗服务提供者占有信息，因此，由其来证明信息已被给出，要比由患者来证明信息未被给出容易得多。参见 TS 31 July 1996, RJ 1996/6084。对患者的告知义务必须在获得该患者对于治疗的同意之前作出，并且应当包括：有关治疗结果的信息、典型的风险、可能影响到患者个人或是职业生活的风险以及医疗介入的不良影响（the Patient's Autonomy Statute (Patients Act) art. 10）。

51. 在瑞典法律中，如上所述，告知义务对于患者获得赔偿并没有重要影响。因此，关于这一内容并没有什么可以获取的信息。不过，在 NJA1990 p. 442 和 RH 1999:115 中，法院认定了告知义务的违反，主要理由在于，医生不能肯定地证明他们充分地向患者进行了告知。在经过很长的一段时间，医生又进行了许多手术之后，便不能准确地说明自己当时是如何告知患者的了。因此法院采纳了患者的观点，认定医生没有能够恰当地履行告知义务。然而，原则上，法庭还是认定了由患者承担对信息缺失的举证责任。见 Hedman, Ansvar och ersättning vid medicinsk verksamhet, p. 58 f。患者总是需要对损失进行证明的。法院的论证参见 RH 1999:115，在这里，法庭没有采纳患者的陈述。患者认为，如果知道自己状况的严重程度和治愈的极低的可能性，就不会同意进行治疗。

第Ⅳ.C-8:106条 非必要或实验性疗法的告知义务

(1)如果治疗对患者健康的保持或改善非为必要,医疗提供人必须披露所有已知的风险。

(2)如果治疗是实验性的,医疗提供人必须披露所有关于实验的目的、治疗的性质、实验疗法的优势、风险及替代疗法的信息,即使这些仅仅是潜在的。

(3)当事人不得排除本条规定的适用,或对其效力进行限制或变更而损害患者的利益。

评 论

A. 法条概述

本条规定了关于实验性治疗或非必要性治疗的告知义务的范围。实验性治疗,是指仍处于试验阶段且仅存在有利于患者的可能性的治疗,这类治疗区别于一般的已被批准的治疗,仅仅存在对于患者有利的可能性,但尚未得到完全的发展,并且未能符合批准的医疗实践标准。在这一类治疗中,因为治疗技术仍处于实验阶段,所以存在不可预知的风险,或是尚未能够充分了解的风险。

示例1

一位患有某种不可治愈的疾病的病患,受邀参加了一项尚未对人体试验过的药物的医学实验。这一药物可能会对该患者产生积极效果。这里就是一个医疗实验的例子。

示例2

一名癌症患者被告知,存在一项尚未经过完全测试的新医疗技术,这一技术可能可以挽救他的生命。这也是一个医疗实验的例子。

在这里,非必要的治疗是指那些目的并不在于改善患者身体健康状况的治疗;患者可能出于其他原因选择这些治疗。可能的例子包括整形、绝育或是活体器官捐赠。但是,这并不意味着这些治疗不具有医学角度的治疗效果。

示例3

一位23岁的女子遭遇了一场车祸,并且在脸部留下了几处烧伤。事故后两年,该女子就消除烧伤的整形手术进行了咨询。这是一个关于非必要治疗的例子,因为从严格的医学角度来

说,并不存在迫使该女子进行手术的原因。

这一示例说明了要想定义“非必要性治疗”这一概念的困难性,因为,移除烧伤或许会对一个人的精神健康产生积极影响,因为烧伤的存在或许会造成自信心的丧失;同时,社会环境也会对该名女子的精神健康产生不利的影响。

B. 利益权衡和政策考量

在实验性治疗的情况下,患者特别需要受到保护。因此,需要有一个强制的信息披露体制。对此,这里需要进行两组成本效益分析,而不是一组。第一组所关注的是对个人的风险效益评估,即实验性治疗中对患者健康状况的潜在利益和风险的平衡。第二组是“利他”(altruistic)的成本利益分析,即对于医学领域以及其他患者的利益和接受实验的患者所承担的风险之间的平衡。实验性质、该实验与医学学科之间的相关性以及给接受实验的患者带来的潜在利益等信息涉及接受实验性治疗的患者的相关利益。告知被接纳入对照组的可能性对于患者来说都同样十分重要,所谓对照组是指不服用实验药品而仅服用安慰剂的一组。告知实验中任何关系到健康的风险对于患者的利益来说都是至关重要的。另一方面,出于医学实验者的利益,或许需要尽可能少地披露关于实验的信息以保护研究机密。

示例4

一位身患不治之症的患者,受邀参加了一项尚未对人体试验过的药物的医学实验。该患者可能会很有兴趣获得的信息包括:有关该项实验的性质和对象、实验性治疗中所包含的风险、实验对他或是她的健康可能带来的潜在的利益和好处以及他或是她可能被分入对照组的纪律,这样的话既不会面临潜在的风险,也不会享受实验带来的可能的好处。另一方面,实验者和该项实验性治疗的倡议者则会希望尽可能少地披露与实验有关的技术和科学方面的信息。

当涉及新型医疗技术时,患者感兴趣的不仅包括有关治疗建议的一般性信息,还包括有关相应的替代手段和该技术所可能带来的风险的信息。患者需要信息,通过与现有的普遍治疗技术的风险利益的比较来判断,该新型治疗技术所带来的利益是否大于风险。

经常有人认为,由于不存在实施的紧急性,并且不同于在普通医疗中所进行的风险利益分析,告知义务要更加的严格。在普通医疗中,若所有的风险都被披露,尽管风险发生的可能性极低,患者仍有可能认为存在的风险要大于治疗能够带来的潜在利益。也有观点认为,如果治疗从严格的医疗角度来看,不具有必要性,那么所有的风险都必须进行披露,因为患者有权利选择不对他或是她的健康产生显著影响的治疗方案。这是一项必要性标准,支持一个具体的、更加严格的告知义务。同样地,依据紧急性标准,由于不存在立即进行治疗的必要,就意味着有充足的时间来作出决策以及进行更加彻底的风险收益分析。

C. 首要选择

正如所有被分析的国家的法律中规定的那样，本条规定对实验性或是非必要性治疗采取了充分披露的要求。对于治疗是实验性的或者从严格的医学角度看是非必要的，本条对上面一条规定的信息披露义务的强度进行了调整。本条的规定是强制性的，是对患者有利的（第（3）款）。

注　释

Ⅰ.概述

1. 如果治疗具有实验性质，患者必须被告知该治疗的实验性以及有关该治疗潜在风险的说明。在英格兰，若没有向患者提供治疗试验性特征的信息，会导致治疗提供者的故意侵权责任。在德国、意大利、法国和西班牙，告知义务要更加严格，包括了对医学实验风险的详尽告知以及目的和好处等相关信息。另外，在德国，还必须向患者告知成本和利益分析的结果，以及强制保险的存在。在葡萄牙，适用严格责任，要求进行全面披露。在法国，如果治疗从严格的医学角度来看是非必要性的，治疗提供者必须向患者完全披露潜在的风险，不论该风险是多么微小。相似地，在德国，治疗的紧急性或是必要性越弱，那么要求披露的信息范围就越广。

Ⅱ.非必要性治疗和实验性治疗中的告知义务

2. 在英格兰法律中，如果患者接受的是实验性治疗，那么他或者她必须被告知这一点。否则，治疗提供者需要承担故意侵权的责任。参见 Kennedy and Grubb, Medical Law3, p. 1710。

3. 依据法国公共卫生法第 L. 1122－1 条，患者对实验性治疗必须明确地给出书面同意。该条还具体规定了患者必须获得的特殊信息。当涉及非必要性治疗时，如整形手术，判例法认为，患者必须获取有关风险的全部信息，即使这些风险实现的后果是极其微小的，并且发生的可能性是极低的。Cass. civ. Ⅰ, 17 February 1998, Bull. civ. Ⅰ, no. 67; RTD civ 1998, 681 Jourdain，这个案例中，判决认为，美容治疗可能带来的不便之处也必须被披露。

4. 在德国法律中，患者必须被告知治疗的实验性性质和风险，以及强制保险制度。实验目的的相关数据，如该实验对社会的好处，以及风险利益分析必须被披露（Laufs and Uhlenbrück, Handbuch des Arztrechts2, nos. 65, 130）。在实验性治疗和非必要性治疗中，依据紧急性标准（Kriterium der Dringlichkeit），治疗越不紧急，告知义务的范围就越宽泛（BGH NJW 1982, 2121; Laufs and Uhlenbrück, Handbuch des Arztrechts2, no. 64）。

5. 在意大利，当涉及实验性治疗时，患者必须在事先、充分地获得了有关治疗目的、利益、相关风险以及自己所拥有的在治疗任何阶段均可撤回同意的权利的信息后，自由、自觉地对治疗给予书面同意。

6. 在荷兰，如果治疗过程具有实验性质，告知义务要比一般的治疗更加严格。参见 Legemaate, Verantwoordingsplicht en aansprakelijkheid in de gezondheidszorg, p. 100。

7. 在波兰，对于实验性治疗中的告知义务有着特殊的规定（医生行业法第 24 条）。在治疗开始之前，应当告知患者该实验的目的和方式、可期待的好处、风险以及在任何阶段都可以退出实

验的可能(第 24 条第(1)款)。如果实验的突然中断可能对参与者的健康或是生命产生危险,医生有义务告知患者(第 24 条第(2)款)。实验参与者必须以书面的形式表示同意(第 25 条)。

8. 在葡萄牙法律中强制要求进行全面披露。在实验性治疗的案例中采用严格责任,并且要求强制保险(DL 97/94, 9/4 art. 14/1)。参见 de Oliveira, O direito do diagnóstico pré－natal2, p. 199。

9. 在苏格兰法律中并没有对这一问题的直接规定,但是原则上认为,在实验性治疗合法之前,患者应当获得告知并给予同意(Stair, The Laws of Scotland, Reissue Medical Law, pares 243, 246－248). 10。

10. 西班牙 29/2006 号药品法 (Ley del Medicamento)第 58～62 条的规定是,当将物质或药物用于人体实验以获知该物质或药物在将来用于药物治疗的恰当性时,对物质或药物的实验性调查研究。第 60 条第(4)款要求患者在获知关于实验的性质、重要性和风险之后,对实验性治疗给予事前的同意(书面或是在证人面前)。医疗服务提供者必须确保患者理解了自己所提供的信息。另外,患者可以在任何时候无条件地对自己的同意进行撤销。在当事人没有能力进行同意的情况下,该允许必须由其法定代理人作出,若该当事人有能力理解实验的性质和重要性,那么需要在代理人的监护下取得该当事人的同意。在 Royal Decree 223/2004 中,对医学实验的要求又更进了一步。任何在实验期间或是在实验后一年内,由于该医学实验对患者所造成的伤害,不论是否有过失或是过错,都必须得到补偿(RD 223/2004 art. 8 and Gómez Jara, La responsabilidad profesional sanitaria, p. 139)。

第Ⅳ. C－8:107 条　告知义务的例外

(1)在下列情形,根据告知义务在正常情形下本应提供的信息得暂不告知:

(a)如果基于客观理由得认为告知将对患者的健康或生命造成严重且消极的影响;或者

(b)如果该信息的不披露不会危及第三人的健康或安全且患者明示了不被告知的愿望。

(2)在治疗必须紧急进行的场合,无须履行告知义务。在此情形,医疗提供人必须尽可能地为嗣后告知。

评　论

A. 法条概述

本条涵盖了告知义务的例外。第 1 款 a 项中规定的第一个例外是所谓的治疗例外(therapeutic exception)。在某些情况下,向患者进行披露或许会对他或是她的生命、健

康和治疗产生严重后果。比如说,鉴于该患者的知识水平,真相可能会给予其严重的打击,进而引起精神上的不安。

示例1

一位患有严重心脏疾病的患者,需要接受心脏搭桥手术。情况十分危急,任何刺激或是强烈的情感都可能导致致命的危险。治疗提供者决定向该患者隐瞒有关其健康状况,并实施手术。这就是一种享有告知义务的治疗例外的情况。

需要注意的是,由于其特殊的性质,治疗例外不适用于第Ⅳ.C－8:106条(非必要性治疗和实验性治疗中的告知义务)所要求披露的信息。

第二个例外规定于第1款b项,涉及的是"不知情的权利"("right not to know")。基于患者的自主权,患者有权拒绝被告知,除非信息的披露对于保护第三人的健康状况或是公共利益是必要的,这样的情况常常发生在基因性的和传染性的疾病当中。

示例2

一位在院的患者被怀疑患有癌症。该患者明确表示,他不希望被告知任何情况;只是希望能够接受任何的医生认为合适的治疗。该患者有权利不被告知。

本条规定的第2款提供了另一种例外情况。如果由于紧急情况或是患者的暂时性精神障碍,导致不可能对他或是她进行告知,或者是不可能从有权代表该患者的代理人处获得知情同意时,治疗可以进行。然而,治疗提供者必须尽快向患者进行告知(依照第Ⅳ.C－8:105条(告知义务)的要求)。这之后的治疗仍需要取决于更新的信息和患者的同意。

B. 利益权衡和政策考量

治疗性例外是一个具有争议的话题。依照希波克拉底范式(Hippocratic paradigm),患者在治疗中处于一种消极的地位,盲目地由医生指引着完成治疗。不应当提供任何的信息,因为这么做只会伤害并且困扰患者。随着健康保健在发达国家越来越容易取得,患者也更好地得到告知,这一范式在20世纪开始逐渐瓦解,患者的自主权原则得到发展。

通常的认为是,由于信息的给予关涉患者的自主权和决定权,所以不应当对患者有所隐瞒。然而,想法和建议在治疗成功中所起到的作用不应当被低估;依据心理学的看法,信息会不必要地干扰治疗,或是造成不必要的负担。不过实证研究表明,治疗提供者往往滥用治疗性例外以逃避对患者的告知义务。另一些专家认为,治疗性例外应当仅仅在患者的生命或是健康受到威胁的情况下才可以适用,即便对于这些情况,也仅仅是在非常严重的时候,如在精神疾病或是心脏疾病的情况下,信息的影响可能会带来刺激,并导致患者的死亡或是会带来患者健康状况的严重恶化。

一方面,患者的自主权要求健康保健专业人士适当地向患者进行告知。另一方面,由于向患者提供信息所需花费的时间和精力、职业自尊心以及其他的文化的或是经济的因素,健康保健专业人士有些时候并不情愿向患者进行告知。这一"拔河"("tug－of－war")解释了为什么治疗提供者随意地利用治疗性例外来逃避提供信息的这一趋势。

不知情的权利是对患者自主权的另一种运用。患者不愿意获知信息的决定必须得到尊重。但是,若患者的健康状况有可能危害到第三人的健康或是公共利益,那么就有必要允许治疗提供者披露信息。

示例 3

一位患者由于持续性的流感和黄肤病而住院后被诊断出患上了乙型肝炎。该患者宣称出于自己不知情的权利,不希望获得任何告知。但由于乙型肝炎可以通过性行为传播,主治医生决定向该患者进行告知,以保护该患者的性伴侣的健康。

在患者无意识且必须立即进行治疗的情况下,告知是不可能的。绝大部分著作和判例都赞同,在这种情况下,对患者的告知可以推迟进行。

C. 首要选择

在这里所做的优先选择是,第 1 款 a 项中的治疗性例外仅当治疗提供者有非常重要且决定性的论点进行支撑时才可以适用。比如说当信息对患者的生命或是健康有着致命的消极影响时。特别是在患者患有心脏或是精神疾病时,信息所带来的刺激或是精神压力很可能会对患者的生命或是健康造成严重危险。需要注意的是,有关的信息不应当对患者的近亲属或者有权为该患者作决定的当事人有所隐瞒。对治疗性例外的另一个限制是,当决定对患者隐瞒信息所基于的客观的环境不再存在时,也不再适用该例外。在这种情况下,患者应当得到事后的(a posteriori)告知。

不知情的权利——第 1 款 b 项——只有当不披露不会危及第三人的生命、健康和安全或是公共利益时,才得到承认。这一选择权的正当性理由在于患者的自主权。

最后,若患者因为无知觉或是感知障碍而无法对紧急的治疗作出同意表示,有关信息的提供可以推迟到治疗之后患者有能力接受时。依法能够代表患者作出意思表示的个人或是组织应当被及时地告知。对于这一点的规定是出于实践考量,这也是依第Ⅳ.C－8:108 条(未经同意不得进行治疗的义务)第 3 款作出治疗同意的前提条件。

D. 举证责任

治疗提供者需要证明告知义务例外情况的存在,以及在第 1 款 a 项下,还需证明存在客观情况,致使其作出基于治疗性例外的信息保留的决定。

注　释

Ⅰ.概述

1.在英格兰法律中并不承认治疗性例外的理论,因为允许治疗提供者基于合理的平均水平的治疗者所会披露的信息,对需要披露的信息进行适当的斟酌选择。在奥地利、法国、葡萄牙和苏格兰,如果信息会对患者的健康或是生命造成不良影响,治疗提供者可以隐瞒这部分信息。同样的原则也适用于德国、希腊和瑞典,不过治疗性例外仅适用于非常例外的情况,并且以极其严格的方式进行解释。在荷兰,当信息可能会对患者的状况造成严重不利后果时,可以采用治疗性例外。但是作出决定的医生必须向其他的医生进行咨询,以确定是否应当将信息披露给患者。最后,在西班牙,如果治疗提供者采用治疗性的例外,那么代替患者本人,该患者的家属应当获得告知。

Ⅱ.治疗性例外

2.在奥地利判例法中指出,判断医生需要向患者告知的信息的范围时,必须将患者的利益放在第一位进行衡量,这之后才考虑患者的自主决定权。因此,医生需要对患者的个性进行判断,以更好地确定具体的信息是否会有造成患者焦虑的风险。这样的风险可能会引起患者对于治疗的拒绝,并且最终导致严重的不良结果。考虑到这些情况,对于非常胆小的患者,可能需要披露的信息是很少的。这种关于告知义务的新的理解带来了另外一个值得讨论的问题:由于向患者提供过多的细节信息而附随的风险。尽管这一论点一开始听起来似乎很荒谬,但进一步考虑之后却又是很有道理的。过多的信息可能会造成患者缺乏安全感,并且由于害怕发生医生所提到过的、尽管是几乎不可能发生的后果而拒绝同意进行手术。这样反而给医生带来了不可能完成的任务:一方面要告知所有典型的风险,而另一方面又要说服患者同意进行治疗。

3.在英格兰,治疗性例外的理论是没有必要的,因为医生被允许在选择向患者披露信息时作出适当的斟酌(Kennedy and Grubb,Medical Law[3], p.701)。

4.依据芬兰患者地位和权利法案第5条规定,不得违背患者的医院向其告知信息。另外,当该信息明显会对患者的生命或是健康造成严重危害时,也不得告知该信息。

5.根据法国医德守则(Decree 6 November 1995, art. 35(2) nd (3)),如果出于患者康复的需要,医生可以对不好的诊断或是预测进行保密。更进一步的具体规定要求,为了患者的利益,并且出于合法理由,可以向患者隐瞒不好的诊断结果或是预测,但是具有传染性风险的疾病例外。一个严重的诊断结果不得不经慎重考量地告知患者,但是与患者关系亲密的人必须得到告知,除非患者在事前对此表示禁止。

6.在德国,治疗提供者仅可以依据治疗性例外对信息进行隐瞒,且仅在当信息会严重地对患者的生命或是健康产生危害时,才可以例外地对该信息进行隐瞒。最高法院在这一问题上的判例十分严格并且坚定。参见 Laufs and Uhlenbrück, Handbuch des Arztrechts[2], no. 65;BGHZ 29, 46, 56 = NJW 1959, 811 = JR 1959, 418; BGHZ 29, 176, 182。

7.在希腊,基于具体案件的特殊情况,治疗性例外是可能的。尽管似乎有足够有力的证据支持医生明白无误的告知义务和患者接受完全告知的同等权利,治疗性例外仍然是具有存在空间的。依据所有的情况判断,很明显告知患者会导致其健康显著恶化或是引起治疗的无效时就属

于这种情况。特别是在心理治疗的过程中容易出现这样的情况。在物理治疗中，仅在非常有限的情况下可以采用这一例外性规定。

8. 治疗性例外在荷兰是被承认的（民法典第7：448条第3款）。但是，这一例外的运用被限制在信息很明显会对患者造成严重不利后果的情况下。在决定隐瞒信息之前，医生必须向其他的医生进行咨询。如果是为了患者的利益，服务提供者需要向患者以外的其他人员告知有关患者的信息。一旦对患者产生不良影响的因素不再存在，必须立即向患者告知相关信息。不过，向其他医生进行咨询的需要在法学界受到了批评，如 Sluyters and Biesaart, De geneeskundige behandelingsovereenkomst, p. 28。

9. 在波兰，例外情况下，当诊断结果对于患者来说不好时，医生依据自己的判断，出于患者的最好利益考虑，可以限制有关患者健康和诊断结果的信息的披露。在这样的情况下，医生应当向患者的法定监护人或是由患者指定的人传达有关信息。不过，医生有义务依据患者的要求给予其所需的信息（医生职业法第31（4）条）。在这样的情形下，患者的知情权要优先于医生的判断。

10. 在葡萄牙法律中，只有在信息披露对于患者的伤害是明显的时候，治疗性例外才可以作为抗辩，（de Oliveira, O direito do diagnóstico pré－natal2, p. 97）。披露对于患者的生命会造成风险，或是会对患者的身体精神健康造成严重损害就属于这样的情况（刑法典第157条，该条在民法中也有所使用）。Dias Pereira 在 Oconsentimento informado 第290页中写到，治疗性例外应当以严格的方式进行解释，并且仅当可能会加重心脏或是精神疾病时才可以采用。

11. 苏格兰法律中，承认治疗性例外原则已有很长的一段时间，“尽管以一种低调的方式”（“albeit in a low profile way”）。判例中认为，在例外的情况下，如果会对治疗带来更大的困难，那么在医疗实践中不要给患者带去紧张、焦虑或是痛苦或许是明智的。但是，似乎不应将这一适用范围扩大至允许治疗提供者以自己的判断来替代患者的感受。

12. 在西班牙，如果信息可能对患者的健康造成严重伤害，应当免除医生的告知义务，但是不得免除其向患者家属、亲近的朋友或是法定代理人进行告知的义务（患者自治法第5.4条）。在这样的情形下，治疗提供者面临着患者的健康权和自由权之间的冲突。前者更加优先（Cervilla Garzón, La prestación de Servicios Profesionales, p. 49）。然而，在患者处于有生命危险的情况下（diagnóstico fatal）不能得出这一结论。医生有义务告知患者该致命的情况，除非该患者明确表示了不愿意获得告知的愿望，或是该信息可能会对患者的健康造成严重危害，或是可能会对治疗产生威胁（Peces, Cuadernos de Derecho Judicial, 1994 T. XⅧ, p. 128; Sánchez Caro, La Ley 1993 (3), pp. 946 ff）。如果患者表示了不希望获得告知的愿望，该愿望应当得到尊重。不过，这项权利也受到具体情况、治疗情况以及第三人的利益的限制。患者的不希望接受告知的愿望应当得到尊重，但是在任何情况下都必须获得患者对于接受治疗的同意（患者自治法第9.1条）。西班牙法律中缺乏对于紧急情况下信息告知必要的有关条款，因为这可以从患者的健康会受到伤害的情形里得出。然而，患者自治法第9.2条中明确地免除了医生在进行急救的情况下获取患者同意的义务。

13. 在瑞典，在十分罕见的情况下，如果会对治疗造成妨碍，那么信息可以向患者保密。依据道德委员会的看法，尽管自主决定权对于患者来说是非常重要的，但是患者的生命本身更为可贵。

第Ⅳ.C－8:108条　未经同意不得治疗的义务

(1)未经患者事前知情同意,医疗提供人不得实施治疗。

(2)患者得随时撤销其同意。

(3)在患者没有能力表示同意的场合,医疗提供人不得实施治疗,除非:

(a)已获得了在法律上有权代表患者作出有关治疗决定的人或机构的知情同意;或者

(b)已符合可不经同意即可合法地实施治疗的规定或程序;或者

(c)医疗必须紧急进行。

(4)在第(3)款所列的情形下,如果没有尽可能地考虑无能力患者对治疗的意见以及患者在丧失能力前明确表示的有关意见,医疗提供人不得实施治疗。

(5)在第(3)款所列的情形下,医疗提供人仅得实施旨在提升患者健康状况的治疗。

(6)在本部分第8:106条(非必要或试验性疗法的告知义务)第(2)款所列情形,同意必须以明示及特定的方式表达。

(7)当事人不得排除本条规定的适用,或对其效力进行限制或变更而损害患者的利益。

评　论

A. 法条概述

本条规定的是治疗提供者在治疗合同项下提供治疗的义务之一。因此,本条的前提条件是这样的一个合同的存在。这一义务是一项消极义务,但又是十分重要的——在未获得患者知情同意的情况下,不得进行治疗。该义务是告知义务的必然结果。如果在任何情况下都会迫使患者接受治疗,那么就失去了向患者提供信息的意义了。这一义务保护的是患者的自主决定权。当案件牵扯到的是有能力且有意识的患者,那么这项义务就是不言自明的,以至于很难想出一个这项义务被故意忽视的例子。

示例1

在签订了前列腺癌的治疗合同之后,患者被告知,存在百分之十的可能,自己在手术之后会失去性能力。该患者决定不接受这项手术,而是采取药物治疗。很明显,该治疗提供者不得在没有患者同意的情况下实施这项手术。

在未取得患者同意之前不得实施治疗的合同性义务得到了如下事实的进一步支持:未经他人同意而侵犯他人人身完整性常常会导致非合同性甚至是刑事责任。不过在这里,我们仅关注合同义务。

本条规定所涉及的另外一个问题是患者在任何时候均可以撤销同意的权利(第2款)。即使患者事先对于治疗给予同意,且治疗已经开始,患者仍可以在任何时候决定撤销同意。通常同意并不要求以特殊的形式作出,并且可以在任何时候随意地撤回(CHRB 第5条(一般规定))。这是由患者自主权中推导出来的:不论结果如何,患者的指示必须服从。

示例2

在前列腺手术之后,医生发现该患者很可能患上了前列腺癌。他同意接受放疗和化疗,不过这种疗法存在讨厌的副作用。由于呕吐、恶心、脱发等问题所带来的长期不适,在接下来的两个月内他的生活质量受到了很大影响,于是该患者决定撤销对于这些治疗的同意。他有权自由决定。

本规定同样适用于患者没有能力进行同意表示的情况(第3款);在这样的情况下,第三方将有权代表该患者作出决定并可以对治疗表示同意。取决于不同的法律体系,这里的第三方可能是未成年人的父母、监护人、家庭辅导员或是行政司法机构。在某些国家,还可能存在特殊的程序。如果是在紧急情况下,那么即使没有同意或是经过必要的程序后,还是可以进行治疗。不过,在这些情况下,无能力的患者的意愿以及患者在丧失能力之前所表达的意愿,仍然需要尽可能地纳入考虑。这样的意愿可以是通过事前医疗指示等正式文件的方式作出的。第5款规定,若第三人必须代表无能力的患者作出同意,那么这一同意只能针对必要的治疗作出,而非选择性的或是非必要的治疗。只有对改善无能力的患者健康状况来说是必要的治疗,才能被允许。

示例3

一个12岁的孩子患了某种可以通过手术治愈的疾病。手术含有某些风险,但同时有着实质性的好处。依据相关国内法,应由孩子的父母作出同意表示,但是这一年龄的孩子已经能够理解问题并且作出决定了。在某些国家,由法庭或是其他的司法行政机构代表无能力的患者作出决定是必要的。无能力的患者的想法必须纳入考虑,尽管该想法本身不具有约束力。

当患者不再具有能力提供或是撤销对治疗的同意时,必须将事前医疗指示、所谓的(预先声明病危时希望采取何种措施的)生前预嘱和事前表达的意愿纳入考量。患者可以签署一系列说明自己喜好的指示以防止万一自己将来会丧失决定能力。

示例4

在接受某项非常细致且具有高风险的手术前,患者表示,如果手术的结果是使得自己成为

永久性植物人，他拒绝接受生命辅助装置。治疗提供者在作出决定的时候必须考虑到患者的这一选择。

本条在第6款中对实验性治疗确立了一个特殊的、更加严格的机制，要求对这类治疗的同意必须是具体明确表达的。

B. 利益权衡和政策考量

基于自主权，患者有权利要求治疗仅在其同意后方能进行。同样地，从治疗提供者的最大利益出发，需要获得患者的同意，通常以文件形式取得，以便于在可能发生的诉讼争议中作为抗辩使用。对于在通常情况下的治疗前取得患者同意的必要性这一点，并没有相反的意见。

对于那些由于暂时性或永久性的缺陷而缺乏作出决定或是给予同意的能力的患者，由于他们是极易受到伤害的，所以必须由外界对他们的利益进行保护。从生物伦理学的观点来看，需要给予他们更大范围的保护，以保证他们免受虐待或是错误的治疗：治疗仅能为了他们的直接利益而进行（见CHRB（对无能力进行同意的人的保护）和第7条（对患有精神障碍的人的保护））。直接利益存在于那些从客观的医学角度来看，能够改善或是维持易受伤害的患者的健康状况的治疗之中。因此，排除了选择性的或是非必要性的治疗，如美容手术或是绝育手术。安乐死一类的治疗不应当被允许。不过，这样的规定或许对于濒死状况（如恶死dysthanasia）来说有些过于严格，所以这一规定应当足够开放，以适应生物伦理学上的最新发展。

示例5

一名患者已经长期处于昏迷状态。他通过生命维持装置来保持生命。不存在任何在合理状态下的康复的可能性。应当继续通过人工生命装置维持这位患者剩余的生命吗？这里提出的是一个复杂的伦理和法学问题。通常由医院的伦理委员会来作决定。

示例6

医生为一位15岁的女孩开了避孕药。这样的治疗从医学的观点来看，可以被认为是不必要的。

当无能力的患者并不是完全丧失理解信息、处理信息并且基于该信息作出决定的能力时，生物伦理学上的观点认为，该患者的愿望或是意见应当被纳入考量。不过问题在于，应当在多大范围内接纳该患者的意见。患者陷入无能力状态之前所被记录下愿望的情况也提出了同样的问题。

在生物伦理学上同样被接受的一个观点是，对科学实验的同意必须明确且具体地作出，并且需要进行记录（CHRB第16（v）条（对接受试验的人的保护））。同意不得默示表示；必须针对实验性治疗的特殊类型具体给出，并且适当地记录在医院的档案中，

最好是由患者亲自书写。不过,也有观点认为书面同意的要求从合同法角度来看过于正式。有能力的患者应当能够依照这些旨在保护其利益的严格要求对医学实验进行同意。

最后,关于患者拒绝或是撤回治疗同意的权利存在争议。一方面,患者的自治和自主决定权不应当受到损害。另一方面,也有观点认为,医疗保健服务提供者的任务在于治疗,因此即使是违背了患者的意愿对其进行治疗,也是有利于患者的。所以医疗保健服务者和某些社会部门认为,治疗提供者应该推翻患者作出的与任何客观的医学建议相悖的、不理性的、具有潜在自我伤害性的决定。

C. 首要选择

只要是有关于有能力的患者的,普遍的观点均认为,他们的同意对于治疗的实施具有根本性的作用。这很明显是对的。所以第 1 款中所确立的普遍原则是,治疗提供者有义务在获得患者的经过必要告知后而作出的同意之前,不得进行治疗。同意的表示是知情同意的最后一步,并以此表达了患者基于信息对治疗所作出的选择。

同意不需要特别的形式,患者可以不需任何客观理由地在任意的时候进行撤销(第 2 款),至于从客观的医学角度看该选择是错误的或者不理智的都无关紧要。尽管撤销或许会对患者的健康造成严重的不利影响,但患者的这一地位仅是患者在自身健康问题上自主决定权的一个内在权利。不过,这一从治疗中撤出或者拒绝治疗的权利可以在特殊情况下因为具有公法性质的特别法而受到限制,比如强制接种、精神健康规制、会引起公共卫生问题的高传染性疾病(肺结核、麻风病、非典等)的强制治疗等,以及公共利益要优先于个人权利的其他情况。

依据第 3 款,如果病人没有能力给出同意,依法有权能够代表该患者进行决定的个人或是机构可以代替其进行同意。应根据相关地方法规和程序作出同意的表示。在紧急必要的情况下,治疗总是可以进行的。只要患者能够——即使是有限地——理解提供治疗的具体情况,那么该患者的观点和意见就必须尽可能地被纳入考虑(第 4 款)。尽管在这样的情况下,患者的意见不具有约束力,但只要是合理的,就会起到重要作用。从这一点来看,本规则是开放式的,因为患者意见的重要性可以依据具体情况而发生变化。同样的道理也适用于患者在失去作出知情同意能力前所表达的决定和偏好。

为了更好地保护易受伤害的患者,给予患者的治疗应当仅限于对患者的健康状况的改善来说具有必要性的治疗。这样做的目的在于防止对易受伤害的患者造成虐待或是错误治疗(第 5 款)。濒危状况(End－of－life)问题属于民法范围之外的问题,应当由公法进行规范。

至于第 6 款,尽管在实验性治疗的情况下,同意需要符合更加严格的要求以更好地保护患者,但书面形式并不是必要的,除非公法法律或法规对此作出规定。在这里,对实验性治疗的同意必须明示地具体地表达出来,并且妥善得到记录(第Ⅳ.C－8:109

(记录))。

最后,当事人不得排除本条规定的适用,或对其效力进行限制或变更而损害患者的利益(第7款)。之所以赋予这一规定以强制性特征,是因为这关系到患者的保护。

注 释

Ⅰ. 概述

1. 对于有能力作出知情同意的患者,普遍的观点是,治疗提供者在没有得到患者的同意之前不得作出任何治疗。

2. 但对于那些由于年龄而尚不具有法定行为能力的患者(国与国的规定有所不同),通常同意必须或是可以由其法定代理人作出,一般来说,由其父母作出。然而,在芬兰、德国和瑞士,依据青春期未成年人的智力水平和成熟程度,他们的意见仍然需要被纳入考虑。在法国,对于后一种情况,同意只能由未成年人作出,而非其父母。在葡萄牙也是同样情况,可以作出医疗同意表示的年龄是14岁,在苏格兰,这一年龄是16岁(如果在治疗提供者看来,该患者在事实上具有针对治疗作出知情同意的能力,那么低于这一年龄的孩子也可以作出同意表示),而在荷兰,这一年龄也为16岁。在英格兰,只有法院可以代表未成年人针对某些非必要性治疗(如绝育)作出同意表示。

3. 对于没有能力作出知情同意的成年人,在英格兰并没有明确的规定,与意大利一样,有时候治疗提供者可以代表患者作出决定。在法国、西班牙和荷兰,患者的法定代理人或是在没有指定法定代理人时,患者的近亲属,有权代表患者作出同意。在苏格兰,具有必要权利的法定监护人可以作出同意,如果没有法定监护人,那么通过特殊的程序和保障措施来确保在缺乏患者同意的情况下进行治疗。

4. 在芬兰、法国、意大利、葡萄牙和苏格兰,患者或是法定代理人的同意在紧急状况下并不是必要的。在荷兰和西班牙,同意是被推定的。

5. 在所有分析的国家中,似乎在事前治疗指示、(预先声明病危时希望采取何种措施的)生前预嘱和事前表达的意愿的效果这一问题上意见并不一致。在荷兰和葡萄牙,这些内容必须被纳入考虑,但是对于医疗提供者来说并没有约束力。

Ⅱ. 同意和无能力的患者

6. 在英格兰,父母可以为未成年孩子的最大利益而行使代理权(儿童法案 Children Act 1989)。参见 Re J (A Minor) (Wardship: Medical Treatment) [1991] Fam 33, 41。至于成年人,由于不存在正式的代理人,这可能造成法律问题。在 Re F (Mental Patient: Sterilisation) [1990] 2 AC 1 一案中,上议院认定,对不具行为能力的成年人实施治疗的医生在这里具有“准代理权”(“quasi-proxy”)。在某些形式的治疗中,法院具有代表无能力患者(未成年人或是成年人)进行决定的排他性权利(参见 Re D (A Minor) (Wardship: Sterilisation) [1976] 1 All ER 326)。

7. 依据芬兰患者地位和权利法案第6条规定,如果一位成年患者由于精神障碍或是其他智力缺陷,或者由于其他原因而无法对治疗作出决定,那么在作出有关治疗的重大决定之前,必须咨询该患者的法定代理人或是家庭成员或是其他有亲密关系的人的意见。如果仍然无法解决该

问题,那么必须给予该患者以符合其利益的治疗。如果考虑到未成年患者的年龄或是智力发展水平是合适的,那么该未成年人的意见也应当纳入考虑。如果该未成年人无法作出决定,那么需要依照患者监护人或是法定代理人的意见来进行治疗(患者地位与权利法案第 7 条)。

8. 在法国,治疗者在没有同意的情况下不得进行治疗的义务在患者具有精神障碍的情况(mentally incompetent)下仍然存在(民法典第 16－3 条)。然而,患者的同意以及信息的表达必须适合患者特殊的智力状况。对于不具有订立合同法律行为能力的患者,如未成年人,公共卫生法第 L 1111－4 条第 5 款规定,如果患者具有进行决定的智力能力,那么就必须获得患者的同意。否则,患者的家庭成员可以代为决定。

9. 在意大利,治疗提供者不能在缺乏患者(成年,有能力理解并且作出决定)同意,或是对于未成年人的,缺乏监护人的同意的情况下实施治疗(除非是在极端的情况下)(想要全面地了解,参见 Santosuosso, Ⅱ consenso informato)。事实上,只要患者没有能力,就必须需要法定代理人明确地作出知情同意(宪法第 32 条)。在职业道义法中也表达了同样的原则,要求治疗提供者从有权作出决定的人那里获得同意。在涉及老人的情况里也会出现问题。某些情况下,患者不具有能力完全理解所获得的信息,即使他们在原则上是具备行为能力的。如果在这里采取传统的关于给出知情同意的过程的划分(信息、理解、理解和决定的能力、自由、有意识的选择),很容易发现,在老年医学的领域会在不同阶段上都产生问题(de Caprio, Riv. it. med. leg 1998, fasc. 6 (December), pt. 1., p. 910)。对于仍然需要尊重其自主决定权的老人,要以正确的方式对其能力进行评估和考虑可能会相当困难。这一问题与(预先声明病危时希望采取何种措施的)生前预嘱以及给予预先指示的可能性有着紧密的关联(见上)。

10. 在德国,如果患者是未成年人,同意需要由父母作出(民法典第 1626 条第 1 款、第 1627 条、第 1629 条第 1 款)或是法定代理人作出(民法典第 1909 条),参见 BGH NJW 1984, 1807; NJW 1989, 1538; Gehrlein, Leitfaden zur Arzthaftpflicht, 153。在患者是青少年的情况下,只要当事人能够理解治疗的性质、风险和结果,他们的意见就必须被纳入考虑(BGHZ 29, 33; BGH NJW 1972, 335; Katzenmaier, Arzthaftung, p. 339)。

11. 在希腊,适用一般情况下的可以作出同意的年龄规定。法定代理人可以代替无能力的人给出同意。所有的治疗程序都需要获取知情同意。然而,不会对患者的身体或是精神状况带来任何影响的小手术,或是获取同意的单独程序会妨碍医生工作的有效性的时候,可以推定同意的存在。如果患者已经提供了有关于主要手术的知情同意,那么这一推定的效果增强。

12. 在荷兰,需要对法定的无能力给予同意的患者(未成年人,需要法定监护人的个人)以及身体性无能力作出同意的患者进行区分。对第一类患者,依据民法典第 1:233 条,年龄低于 18 周岁并且未婚或者没有注册伴侣并且此前也没有结过婚或者拥有过注册伴侣的人,是未成年人。依据民法典第 1:234 条,未成年人在没有法定代理人的同意的情况下,没有能力缔结合同,除非法律另有规定。当涉及治疗合同的时候,法律的规定却不同。依据民法典第 7:447 条第 1 款,16 岁或是 17 周岁的未成年人有能力订立关于其个人的治疗合同。因此,依据民法典第 7:450 条第(1)款,他或是她的同意就是必要的。另外,这也意味着,他人的同意,如父母的同意是不必要的。如果患者年满 12 周岁,但尚未满 16 周岁,依据民法典第 7:450 条第(2)款,患者的同意也是必要的。但是,在这一情况下,仅有患者的同意在原则上是不够的:法定代理人同样需要作出同意。不过,如果手术对于避免患者遭受重大伤害来说是必要的话,即使法律代理人拒绝作出同意,当患者坚持希望进行手术时,法定代理人的同意就不再是必要的了(民法典第 7:450 条第(2)款)。

如果患者尚未满 12 周岁,那么从民法典 7:450 条第(1)款和第(2)款反推(a contrario),他或是她的同意就不再是必要的。在这样的情况下,医生需要获得法定代理人的同意(民法典第 7:450 条结合第 7:465 条)。依据鹿特丹地区法院判决的一个案例(Rb Rotterdam 20 August 1993, NedJur 1995, 18, Algemeen Psychiatrisch Ziekenhuis“De Grote Rivieren”v. X),代理人的同意可以是默示的。法院判决认为,从一个 15 岁未成年人在父母知情的情况下自愿住院 4 个月这一事实,即使没有该父母明示的同意,也可以推定认为其父母对治疗作出了同意。如果患者没有能力表达同意(第二类情况),医生需要获得其法定的或是患者“指定的”(mandated)代理人的同意,或是当没有指定任何人时,由患者的伴侣或是家庭成员进行同意(民法典第 7:450 条结合第 7:465 条第(3)款)。

13. 在波兰,若患者为未成年人或是没有能力作出有意识的同意的话,需要法定监护人的同意。若患者没有法定监护人,那么由履行监护职责的法院(医生行业法案第 32 条第(2)款) 或者是实际监护人(第 32 条第(3)款)给予同意。在完全无行为能力人的情况下,需要由法定监护人给予同意。若患者具有足够的辨别能力以表达有关治疗的意见,那么也需要该患者的同意(第 32 条第(4)款)。若患者年满 16 岁,那么需要该患者的同意(第 32 条第(5)款)。年满 16 周岁的未成年人、无行为能力人,或有精神障碍的人,不同意进行治疗,除了有法定或是事实监护人的同意之外,或者监护人拒绝同意的,还需要监护法院给予同意(第 32 条第(6)款)。上面提到的同意的给出,可以是口头的,或是其他能够排除合理怀疑地表达同意的任何行为(第 32 条第(7)款)。如果无能力的患者没有法定或是事实监护人,或是没有可能与监护人取得联系,那么监护法院的同意是必要的(第 32 条第(8)款)。

14. 在葡萄牙,可以进行同意的年龄为 14 周岁(刑法典第 38 条第(3)款)。父母可以代理作出同意,见民法典第 1878 条及以下。

15. 在苏格兰,年满 16 周岁的人可以作出同意表示。若医生认为该患者有能力理解治疗的性质及可能的结果,那么即使是不满 16 周岁的患者也可以作出同意(1991 年民事行为能力年龄(苏格兰)法第 1(1)和 2(4)条)。如果是不满 16 周岁的孩子,并且医生也不认为其具有相应的事实能力,那么需要由法定代理人,通常是父母,来给予同意。若是成人缺乏作出同意的能力的话,需要由其监护人或是有必要权利的福利律师(指定代理人)或是由法院指定的人来作出同意。如果没有这样的人存在,那么对患者的治疗负有首要责任的医疗从业者有权(基于资格、保护和例外机制)在合理范围内,为维持或是改善患者的身体或是精神健康而行动。在极其少见的情况下,虽然主治医生认为某项治疗是有利于患者的,但是监护人或是福利律师拒绝给予同意,或许该拒绝是出于可疑的动机。也有相关规定确保这类情况的解决,如果有必要,需要通过其他专家的医学意见以及法庭命令来保护患者的利益。见 2000 年限制民事行为能力成年人(苏格兰)法案第 47～50 条以及 Stair, The Laws of Scotland, Reissue Medical Law, paras. 264－280。

16. 在西班牙,若基于治疗提供者的观点,患者由于精神或是身体的状态而不具有能够理解信息的能力,那么该治疗者有义务告知患者家属或是法定代理人。患者自治法第 5.3 条, 全面医疗保健法第 10.6(b)条 (Cervilla Garzón, La prestación de Servicios Profesionales, p. 280)。

17. 在瑞典,对于未成年人,父母的同意都是必要的,直到孩子到达足够成熟、能够对自己的处境负责任的年龄为止。这一点表述在 Föräldrabalken (FB) the Book on Parents 第 6:11 条里,该条规定,随着孩子年龄的增加以及成长,需要越来越多地接纳孩子自身的意见和愿望。不过,父母需要在孩子年满 18 周岁之前对孩子负责,确保对孩子提供所有必要的医疗照顾。在实践

中,该规定的实施方式是,让那些到达青春期的正常孩子为自己的医疗照顾事项承担越来越多的责任。(Sverne and Sverne, Patientens rätt[3], p. 38)。一个特殊的情况是与青少年怀孕有关的。女孩被认为是有权决定是否要进行流产的。此外,如果女孩拒绝的话,医疗人士是不能将相关情况向家长告知的。但是他们应当向女孩提供适当的信息,并向她提出可以代为通知其父母的建议(Sverne and Sverne, Patientens rätt[3], pp. 38 ff)。

Ⅲ.紧急情况下的同意

18. 在芬兰法律中(APR 第 8 章),必须向患者提供必要的治疗,以帮助其脱离危及其生命或是健康的糟糕情况,即使是在由于该患者出于昏迷或是其他原因而无法得知其意愿的情况下。不过,如果患者在之前已经确定地完整地表达了自己对于治疗的有关意愿,那么治疗的提供不得违背患者的意愿。

19. 在法国法中,不论患者或是其家属是否能够给予同意,紧急情况下的治疗总是能够进行的(公共卫生法第 L. 1111－4 条)。

20. 在意大利,在任何的紧急或是危及生命的情况下,且患者不能表达相反的意愿时,治疗提供者必须提供援助和必不可少的保健措施。对能够对具体情况进行冷静分析的治疗提供者的行为的评判标准,不同于那些在紧急情况下被迫作出决定的治疗者(Conti, Riv. it. med. leg. 1998, fasc. 6 (December), Ⅰ, 1174)。在后者的情况下,医生没有足够时间来进行所有的必要检查和会诊。

21. 在荷兰,任何紧急情况下,同意都还是必要的,不过在紧急情况下推定同意已经被给出。参见 Roscam Abbing, Het recht op informatie, p. 25; Pitlo [－du Perron], Ⅵ[9], p. 273。

22. 在波兰,如果患者需要立即的医疗救助,并且不能够表达同意,而同时还无法联络该患者的法定或是事实监护人时,在没有患者的同意的情况下,治疗仍然能够进行(医生职业法第 33 条第(1)款)。在这里,如果可能的话,该医生应当向另一名医生咨询意见(第 33 条第(2)款),并且需要在患者记录中提到这一特殊情况(第 33 条第(3)款)。如果在手术或是治疗诊断期间,出现了某些情况,若是不考虑这些情况的话可能会造成死亡、严重的身体伤害或是健康紊乱情况,并且没有时间获取患者或其监护人的同意,那么该医生有权在没有同意的情况下,将新出现的情况纳入考虑,对手术的范围或是治疗诊断的手段进行修正。在可能的情况下,该医生应当向其他的医生咨询(第 35 条第(1)款)。该情况需要在医疗记录中提及,并且告知患者或者患者的法定或事实监护人、监护法院(第 35 条第(2)款)。

23. 在葡萄牙,紧急情况下,当治疗的延迟会对患者造成生命威胁或是对患者的健康状况造成严重后果,那么同意就不是必要的:刑法典第 156 条第(2)款。从民法的角度来看,这是善意的介入:参见 Dias Pereira, O consentimento informado, p. 353。

24. 在苏格兰,紧急情况下治疗可以不经同意作出(Stair, The Laws of Scotland, Reissue Medical Law, paras. 267－268; 参见 ibid, para. 248)。

25. 在西班牙,依据患者自治法第 9.2 条 a 款,除非是在患者的身体或是精神状况面临着立即的且严重的风险,且不可能取得患者同意的情况下,患者的知情同意是必需的。这一结论依据的是同意推定理论。依据这一学说,医生应当假定,患者在可能的情况下,将会对治疗作出同意。有些作者认为,在仅有唯一的治疗可能的情况下,即使没有同意,医生也必须进行介入,但是,在具有替代选择的情况下,就不再是这样了。在后一种情况里,医生必须获得患者家属或是法定代理人的知情同意(Cervilla Garzón, La prestación de Servicios Profesionales, p. 279)。

26. 在瑞典,关于患者的同意存在几种例外,特别是当涉及手术的情况下。首先,当患者病得非常严重或是受了十分严重的伤,因为无意识或是相似的情况而不能给出同意时,那么在紧急情况下可以进行手术。如果时间允许,应当向患者家属询问患者对于该治疗可能的意见(Hedman, Ansvar och ersättning vid medicinsk verksamhet, pp. 24 ff)。这同样适用于患者没有能力表达同意的情况:同意将被推定存在。

Ⅳ. 事前治疗指示、生前预嘱和事先表达的愿望

27. 在法国,患者可以授权给一个人(家庭成员、朋友、惯常的治疗提供者)在将来当患者无法表达选择的时候代替自己接受告知并且对治疗表示同意(公共卫生法第 L. 1111 -6 条)。

28. 在意大利,对于患者的事前指示并没有统一的观点。极端的看法否定任何这类文件的有效性,认为同意的事实必须随时更新。另一方面,也有人认为,这种事前的指示实际上是具有约束力的,因为他们是患者自治权的表达。另外,主流观点似乎认为,患者记录在文件中的,包含事前指示在内的决定对于治疗提供者并没有约束力(de Caprio, Riv. it. med. leg. 1998, fasc. 6 (December), Ⅰ, p. 914)。

29. 在荷兰,若年满 16 周岁的患者不能表达同意,医生和患者的法定或是指定代理人或者导师(mentor)必须遵从患者在其有能力表达同意时作出的拒绝治疗的书面决定。不过,如果医生认为存在足够的理由,那么可以偏离该项决定(民法典第 7: 450 第(3)款)。从这一条规定可以看出,原则上认为同意是必要的。如果没有书面的决定,那么需要从一位非正式的代理人(informal representative)处获得同意(民法典第 7:465 条)。

30. 波兰法律中规定,医生必须遵从患者的事前指示,即使这些指示可能会导致患者的死亡或是痛苦。

31. 在葡萄牙,治疗提供者必须将生前预嘱纳入考虑,不过并不受其约束(人权和生物医学公约第 9 条)。

32. 在西班牙,如果告知义务的目的在于允许患者在获知完全的事实的情况下,对任何将对自身作出的医疗干预给予同意,那么认为表达患者意思的任何与治疗有关的事前指示(在失去作出有效同意的能力之前)都应被纳入考虑,这是符合逻辑的。不过,也可以争论的是,在当时,患者可能并未获得作出是否给予同意的判断的所有必要信息。

第Ⅳ.C-8:109 条　医疗记录

(1)医疗提供人必须制作适当的治疗记录。这些记录尤其应包括在初步询问、检查、探讨咨询阶段所搜集的信息,有关患者同意的信息以及与已实施的治疗活动有关的信息。

(2)经合理要求,医疗提供人必须:

(a)使患者或者在患者没有能力表示同意的情形下有权代表患者作出决定的个人或机构能够得到这些记录;并且

(b)在合理范围内对这些记录作出解释。

(3)如果患者遭受了伤害并认为伤害系由医疗提供人未履行技能和注意义务所致且医疗提供人没有履行第(2)款所规定的义务的,则推定医疗提供人未履行技能和注意义务以及该义务的不履行与伤害之间存在因果关系。

(4)在医疗活动结束后至少十年的合理时间内,医疗提供人应保存这些医疗记录并提供对这些记录进行解释的相关信息,这个合理时间取决于这些记录对患者或者患者的继承人或代理人以及对今后的治疗的有用程度。对那些能够合理地被期待即便在该合理时间届满后仍然重要的医疗记录,医疗提供人在该合理时间届满后必须继续保存。医疗提供人因各种原因停止营业的,必须将这些记录保管或移交给患者作将来会诊之用。

(5)当事人不得排除第(1)款至第(4)款规定的适用,或对其效力进行限制或变更而损害患者的利益。

(6)医疗提供人不得将患者或者与患者治疗有关的其他人的信息披露给第三人,除非该披露是为保护第三人或公共利益所必需的。为统计、教育或科学目的,医疗提供人得以匿名方式使用这些记录。

评　论

A. 法条概述

根据本条规定,医疗服务提供者有制作、保存、更新关于病人临床病史之适当记录的义务。该义务意在确保医疗服务的正确进行、保障作为证据的可能重要的记录部分的安全、增强可核查性。“适当的医疗记录”的指代假定该记录会涵盖病人的既往病历、现在健康状况、疾病发展的方式、接下来的治疗程序、药物治疗、病人同意的获得、所施行的治疗、所涉卫生保健专业人员的名字等。承担保存适当记录义务的一个原因

是一个病人可能在不同的阶段被不同的人诊治过,而且在每一个阶段医疗服务提供者知悉前面阶段发生了什么事情是重要的。

示例1

一个病人在发生滑雪事故后被医院接收。在入院之后,一份记录就会被建立,并且入院时间会被记录下来。病人会被带去急诊室的医师处,他会对病人的健康状况作出评估并且如果有必要就将他们介绍给专业医师。医师会做一个初步诊断,判断出该病人遭受股骨骨折。医师会记录下这一信息。病人被带到骨科诊室,那里一位专业骨科医师会继续进行一个更为全面彻底的诊断。骨科医师确认初步诊断并且安排一个X光检查。X光检查做完之后,射线照射图片被记录下来并且放射科医师的名字被记录下来。接下来,骨科医师查看被附在记录上的X光胶片。医师告知病人其腿部需要被夹板固定住一个月,她会开一些消炎药和镇痛药需要在前三天服用。夹板由护士给安装上。病人离开了医院,并且要在一个月后复诊。所有这些资料都要在临床记录中被记载下来,也包括所用药物的账目和他们的价格以便开具发票。

该条文同样规定病人完全接触记录的权利,同时医疗服务提供者有提供合理解释的义务(第(2)款)。后一点十分重要因为记录可能使用医学术语或者简写。

第(3)款包含了一个医疗服务合同的特殊假定。它适用于当病人遭受了损害并且声称是欠佳的治疗导致的情形。如果病人要求看医疗记录但医疗服务提供者没有按照要求提供,就可以假定该医疗服务提供者没有履行技能和注意义务,并且在不履行和损伤之间存在因果关系。此时就需由医疗服务提供者提供相反证明。

根据第(4)款,记录应根据他们的作用大小,在一段合理时间内被保存。

医疗服务提供者必须为记录保密(第(6)款),例外情形是如果公开对于保护第三方或者公共利益是必要的。同样地,资料可以出于数据统计、教学或者科学目的被匿名使用。

B. 利益权衡和政策考量

记录十分重要,以便能够检查合同义务的充分履行情况。除了在治疗中的方法论上的用处外,记录还能服务其他目的。它们在向病人公开信息的过程中很重要,特别是在病人想对治疗的提供进行评估情况下。医疗记录也可以构成针对医生治疗不当诉讼的唯一信息来源,并且如果病人希望其他医生的第二种意见或者被其他卫生保健专业人员治疗,那么医疗记录也会非常重要。

一般认为,根据可被适用的程序规则,病人有权接触他/她自己的医疗记录,也同样有权在病历释义方面从医疗服务提供者处获得协助(甚至是在针对该医疗服务提供者的索赔情形下)。记录对于病人评估医疗质量来说十分重要,如果必要,记录也将是针对医生不履行医疗合同项下义务的诉讼质证过程中必要的证据材料。

有争议的是,病人是否有权接触全部记录,还是仅仅可以接触到记录中的客观信息,即排除具有个人主观性的记录。后一种记录可能在诉讼语境下对医疗服务提供者

是高度不利的。另外一个争论是病人是否可以自由接触到记录还是只能通过医师接触到记录。一方面，有人主张一般病人无法理解病历记录，并且完全的公开并不一定对病人有利。另一方面，有人主张病人应被赋予公开其全部治疗记录的权利，健康护理专业人员的参与和医疗服务提供者的主观性记录的抑制是源于健康医护领域的透明度缺乏、家长主义和社团主义。

记录也可能在将来很重要，作为对病人施行治疗的基础。它们甚至对未来几代人都有用处（例如，关于遗传特质呈现出风险）。

记录质量问题十分重要。首先，记录应该多详细？其次，记录应该多精确？记录完整并精确关乎病人利益。完整性和准确性的缺乏可能导致合同义务的不履行。

示例 2

一个病人被诊断患有严重的肾功能不足疾病；她左肾需要被移除。由于负责诊断的医师记录不清楚，负责手术的医生移除了病人右边的肾。在此案例中，质量恶劣的记录助使合同义务的违约。

即使精准性很重要，但是也有其代价：大量的记录对医疗服务提供者来说因为时间安排、组织与预算等原因会是一个困难的任务，然而对于病人的可能的受益却并不总是非常可观。

示例 3

一个病人治疗牙痛。治疗本身耗时 15 分钟，如果每块在治疗中被使用的棉球都要被作出说明和解释，那么记录治疗细节将花费 30 分钟。果真如此，健康医疗的成本将大幅度上升。

就制裁处罚而言，记录在针对不履行技能和注意义务的诉讼请求中是决定性的要素。在此种情形下，有人主张应期待医疗服务提供者向病人提供充分的信息。如果没有做记录，或者仅有不完整的记录，那么可以认为不履行义务应被推定。这为保持适当记录提供了一个强有力的制裁措施。记录的缺乏或者不完整性可证明在责任诉讼中举证责任的倒置的正当性。然而，可能有人认为在另一方面期待医疗服务提供者如此行事是不现实的，因为这与其利益相悖。

一个备受争议的话题是医疗服务提供者回答关于记录的合理问题之义务的强烈程度。该义务可能影响到机构的组织，挤占履行更为重要的职责的时间。另一方面，该等信息对病人来说很重要。

另外一个问题是在什么时间段内医疗服务提供者要保存记录。如果需要在一段非常长的时间内保存记录负担将会很重，并且保存记录和提供与记录相关的信息都有成本。所以要求记录被保持一段漫长的时间是对医疗服务提供者不利的。另一方面，记录被保持得尽可能长久是病人的利益所在，以便在未来作为参考或者当损害在一段长时间之后显现出来时用以评断治疗质量。在一些情况下，保持记录的时间确实将会

非常长（例如关于基因信息）。在这两者之间应取得平衡。

医疗服务提供者负有保持记录私密的义务。当这不适用于被授权基于病人利益作出决定的第三方的时候，医疗服务提供者是否应出于数据统计、教学或者科学研究目的被允许使用或者公开信息就有所疑问。一方面，医疗服务提供者和社会在医疗科学的发展中享有利益；另一方面，病人的隐私和其他牵涉到治疗中的人的隐私（例如，从家人或者朋友处获取的病人治疗所需要的资料）又是重要的考量。

医疗服务提供者是否被允许在一些情况下破坏隐私并向第三方公开信息是有所争议的。有人认为在隐私权可能不利于第三方的生命或者健康的情形中，或者在公共利益的情况下，这些利益就胜过了病人的隐私权。恰当的示例可能是传染性疾病会潜在传播给第三方，或者是怀疑某一犯罪行为与向病人实施的治疗有关。

问题还会存在于保险公司或者某一雇主代表病人利益与医生签订合同的情形中。公开医疗信息就可能会严重损害病人的利益。

C. 首要选择

保持和维护适当记录并使它们可供病人使用的义务，与保密义务一样，在被观察分析的法律体系中是被认可的。区别在于义务的次要方面不同，诸如被要求公开的范围、保密义务的例外。首选是遵循该基本方法，并且强制医疗服务提供者承担建立适当的、有质量的、完整的、符合专业医疗标准的记录的义务。同样，强制医疗服务提供者向病人公开记录并且使病人（或者正在调查、判决治疗不当诉讼的法庭或者相关机构）理解该记录也被认为是适宜的。这就是基本原则。

第（3）款的假设防止了病人被阻碍评估医疗质量并且可能被阻碍证实诉讼请求的情形，因为医疗服务提供者没有履行保持记录或者保留信息的义务。没有记录，事实上病人就不可能成功地在这些规则下针对医生不履行技能和注意义务的行为要求赔偿。这一规则也有威慑的作用，因为它在记录服务于保全证据之外的目的时，防止医疗服务提供者懈怠保持记录的义务。

医疗服务提供者仅需回答病人关于记录的合理问题。在提供给病人评估医疗合同义务履行质量所需的信息时，这可以防止浪费医疗服务提供者的时间和精力。

至于医疗服务提供者保存记录的时间，第（4）段规定的义务根据情况不同而有所变化。十年被定为合理的最短时间，但是可能要求医疗服务提供者保存记录更长的时间。在特殊情况下，更长时间地保存记录是重要的，医疗服务提供者就有义务保存它们。记录被延长保存是出于医学利益还是为了服务于病人的利益或者综合的利益都并不重要。

示例4

一个建筑公司的雇员因为可能接触到石棉而被送医治疗。医生检查了病人但在当时却未能找到任何不利健康的证据。然而，接触到石棉可能会在数十年后导致恶性间皮瘤（一种只能

归结于长期接触石棉的特定类型的肺癌）。因此，记录被保存一段很长的时间对该雇员是有利益的，以便他证明接触石棉是发生在过去，他需要使用该信息起诉他的雇主。

当医疗服务提供者停止了其经营活动，记录必须要么被另一位医疗服务提供者或者适格的组织存放，要么交付给病人或者他/她的代理人。这种处理方法是适中的，并且该信息甚至在最终的诉讼请求也失效后仍对病人或者相关第三方所具有的可能的重要性也证明了这一点。

最后，允许医疗服务提供者出于数据统计、教学或者科学目的使用或者公开记录中的信息，看起来是合理的，只要这些信息是被匿名使用的。医疗服务提供者也可以在有限的特殊情形中为了保护第三方或者公共利益而公开信息。这种限制是由对第三方生命或者健康的保护构成，如果不公开将可能威胁到这些利益。然而，信息公开不被允许用来保护家长式作风的利益，因为这些利益没有重要到需要牺牲隐私权，并且这样破坏隐私会导致严重损害病人的利益（例如，如果向雇主公开信息可能导致雇员失业）。

第（1）款至第（4）款的规定是强制性的。当然，病人或者被授权代表病人做决定的个人或者机构可以选择不行使或者放弃第（2）款或者第（4）款中规定的权利，但是这是另外一个问题。

注　释

Ⅰ.概述

1.在所有被观察分析的国家都认可，医疗服务提供者有义务建立并且保持关于治疗的适当临床记录。在奥地利、英格兰、芬兰、法国、苏格兰和瑞典，这被规定在特定的公法规范中。

2.在法国、意大利和瑞典，如果医疗服务提供者不保存记录，纪律处罚就会发生。在奥地利、德国、荷兰、葡萄牙和西班牙，不保存记录的后果就是减轻病人的举证责任，或者使得举证责任转移给医疗服务提供者。在英格兰，医疗服务提供者负担有公开所有与诉讼有关信息的程序法义务。在希腊，不保存记录是一个独立的提起责任诉讼的基础。

3.在所有被观察分析的法律体系内，病人有权接触临床记录。然而，在一些法律体系中，一些信息不能够被病人获取。在德国和葡萄牙，评估信息和个人附注可被保留不被病人获取：病人只有权利获取记录中记载的客观数据和事实。在英国，可能引发病人肉体或者精神损伤的资料被排除在公开义务之外。基于相似的原因，在葡萄牙，病人仅能通过医师间接地获取临床记录。在荷兰，可能破坏隐私的第三人的信息不能被公开。

4.在所有被观察分析的法律体系中，临床记录被认为是保密信息。在英格兰和苏格兰，保密义务从普通法的一般保密义务中发展而来。同样在希腊，该义务来源于在宪法中被奉为圭臬的人格权。在德国，在医疗服务提供者和病人关系中的保密性体现在刑法中。在芬兰、法国和西班牙，临床记录的私密性显现在规范健康医疗的法律中。在荷兰，民法典中有专门的规定。

5. 在法国,保密义务的例外性看起来并不存在,然而在其他法律体系中保密性在特定情形下可被搁置。(1)公开信息中的重要公共利益远超出病人的隐私权这一观点在英格兰、芬兰、德国、荷兰、苏格兰和西班牙都是被认可的。(2)威胁到第三方的生命和健康在英国、荷兰、西班牙、意大利和德国是被认可的。(3)因为操作原因向其他健康医疗专业人士公开信息在德国是被接受的。(4)在英格兰、意大利、荷兰和西班牙,未成年人和无行为能力的病人的法定代理人可以获取记录。(5)在德国和荷兰,为了医学研究匿名使用资料是被认可的。(6)病人的授权公开也是被广泛认可的例外。

Ⅱ. 保存记录的义务

6. 在奥地利,在公立医院领域医院和疗养院法(KAKuG)规定了保存记录的义务。该法第 10 条第(1)款规定了医疗记录应该包括什么内容;施加了保存记录至少三十年的义务,并且说明了谁应该负责保存记录。同样地,医师法第 51 条对该问题进行了规定,规定了保存记录至少十年的义务(第 51 条第(3)款)。总而言之,保存书面记录是医生十分重要的从属性义务,同样蕴含了病人查看记录的权利。

7. 在英格兰,医生必须保存记录作为治疗病人的一部分:National Health Service (General Medical Services) Regulations 1992, Schedule 2, para. 36. 参见 Kennedy and Grubb, Medical Law3, p. 990。

8. 保存记录的义务被规定在芬兰患者地位与权利法案第 4 条中。

9. 建立医疗记录的义务在法国是存在的(公共卫生法第 L. 1112-2 条)。该条文也具化了必须被包含在临床记录中的信息类型。医疗服务提供者在获得病人同意的情况下可委托第三方保存医疗记录(公共卫生法第 L. 1111-8 条)。

10. 在德国,根据意见一致的判例法和文献,医疗服务提供者有一个显现在医疗合同中的从属性义务,即简历完整、尽职的医疗措施记录(记录义务)。参见 BGHZ 72, 132, 137; Laufs and Uhlenbrück, Handbuch des Arztrechts2, 443。记录必须涵盖所有医疗阶段:既往病史、诊断、疗法、药物、被提供的信息、手术记录。

11. 在希腊,医疗服务提供者有义务保存病人的医疗历史记录。这在医疗合同下是附属义务。与医生义务相对应的是病人接触这些记录的权利。为贯彻欧盟的一项指令,最近保护个人数据权利的立法强调病人享有对此类记录不受限制的查阅权利。

12. 在意大利所有的手术、医疗数据与观测结果必须记录。在医患关系中,病人知情同意的给出是非常精确的一个环节。和其他环节一样,它要求精确的、书面记录的程序。(Flores and Buzzi, Resp. civ. e prev., 1998, fasc. 1 (February), p. 1297)。它不能被认定为一项行动,而应该是一个过程:它不仅仅是病人订阅的一份报刊,对于报刊并不是必须要理解的(Portigliatti Barbos, Riv. it. dir. proc. pen. 1998, p. 894)。

13. 根据荷兰民法典第 7:454 条第(1)款,即使病人不想保留部分数据,医生也必须保留医疗环境和治疗信息记录。参见 Sluyters and Biesaart, De geneeskundige behandelingso - vereenkomst, p. 63。病人无权要求更正记录。然而,如果病人要求的话,医生必须记录病人的与记录有关的申明,以及病人同意的治疗步骤。分别参见民法典第 7:451 和 7:454(2)条, 进一步参见 Van Wij - men, Geneeskundige behandelingsovereenkomst, p. 168。并且,在病人要求的条件下,医疗服务提供者必须书面记录病人同意了何种重要的治疗步骤。(民法典第 7:451 条)。在此类文件中病人或医疗服务提供者也可以记录病人没有同意的治疗步骤。医疗服务提供者有权

在记录中增加其他内容。为了防止医疗服务提供者和病人之间的关系过于形式化,病人仅有权要求提供具有意义重大的治疗步骤的书面记录。

14. 在波兰法律中,医生有义务保存病人个人的医疗记录(医生职业法第 41(1)条)。此外,医疗护理机构有义务保存病人的记录(医疗护理机构法令第 18 条)。

15. 根据葡萄牙民法典第 573 条和第 575 条,医生有保存适当记录的从属性义务。参见 Dias Pereira, O consentimento informado, p. 328; Figueiredo Dias and Sinde Monteiro, Responsabilidade médica na europa ocidental, p. 42。

16. 在苏格兰,医生必须保存记录作为治疗病人的一部分。(Stair, The Laws of Scotland, Reissue Medical Law, para. 324)。

17. 在西班牙,保存病人医疗历史临床记录的义务是被规定在患者自治法第 14 条。

18. 在瑞典,健康和医疗服务与牙医服务都有保存记录的义务。(关于病人记录的法律(1985:562)第 1 条)。对治疗和检查都必须制作记录,并且在内容上有详细的规定。

Ⅲ. 不保存记录的后果

19. 在奥地利,没有履行保存记录的合同义务会对证据问题产生影响。因为病人的情况受到了不履行义务的行为的不利影响,因此病人就被赋予减轻举证责任的权利,以重新建立平衡。此外,医疗服务提供者可能会面临行政处罚。医院和疗养院法和医师法都是公法规范并且因此可能触发公法制裁。

20. 在英国法律中,医疗服务提供者有义务在诉讼中公开全部相关信息:民事诉讼法第 31 条, 参见 Kennedy and Grubb, Medical Law3, p. 1021。

21. 在法国,判例法和立法法都没有处理过这个问题。不保存记录属于违纪行为。在适用普通合同法时,医疗服务提供者属于违反了义务,将要承担为病人所主张的任何损失支付赔偿的责任。

22. 意大利刑法典在第 365 条中规定了医疗报告的义务。

23. 在德国法中,保存适当记录之义务的一个目的就是保全证据,并且作为一种后果,未能履行该义务将影响过失和因果关系的举证责任。该举证责任可能被减轻,或者转移给医疗服务提供者:BGH NJW 1972, 1520; BGH NJW 1978, 2337; BGH NJW 1983, 332; BGH NJW 1985, 2193; BGH NJW 1987, 2300; BGH NJW 1988, 762; Laufs and Uhlenbrück, Handbuch des Arztrechts2, no. 446。

24. 在希腊,医生有义务保存记录。不履行该义务将使病人有权提起索赔诉讼。

25. 在荷兰,未履行保存记录的义务将引起纪律处罚。这也可能对责任产生影响。1987 年最高法院决定医生必须提供充足的信息来证明他/她拒绝病人的赔偿请求的正当性,以便向病人提供一个出发点来证明其诉讼请求。参见 HR 20 November 1987, NedJur 1988, 500, note WLH (Timmer/ Deutman)。如果医生已经丢失或者损毁了原始记录或者是单纯没有令人满意地进行记录,那么医生不接受病人诉讼请求的立场就没有正当理由。由此导致的结果是,举证责任将转移至医生,他将很可能因为缺乏记录而不能够满足举证标准。参见 Giesen, Bewijslastverdeling, p. 40。然而,仅仅是医疗建议没有被登录在医疗记录中的事实还不必然能够得出医生是否给出过医疗建议的结论。因此,医疗建议没有在记录中提到是否会导致医生遭受不利后果取决于具体案情:in HR 10 April 1998, NedJur 1998, 572 Note F. C. B. van Wijmen, 最高法院跟从了上诉法院对情形的评断,认为没有充分的理由可以将举证责任转移给医生。医生必须提供多少以及

多详细的信息也取决于在治疗之后经过了多长时间:医生不能被期待记得一个发生在很多年前的手术的所有信息。这一点也被最高法院 2011 年 9 月 7 日的判决所认可,NedJur 2001, 615 (R. and B. v. Stichting Ignatius Ziekenhuis)。

26. 在波兰,不保存记录可能引发义务人的责任。

27. 根据葡萄牙民法典第 344 条第(2)款,记录缺乏或者不完整可能导致举证责任转移给医疗服务提供者。

28. 在苏格兰判例中,未能保存记录还不是提起诉讼的根据。

29. 在西班牙法律实践中,缺乏医疗记录将因为对病人造成了损害而导致法庭推定医疗服务提供者的责任(TS 2 December 1996, RJ 1996/8938)。不遵守法定义务也可能引起行政处罚(医生属于公共健康服务范围内的公职人员和机构)。

30. 在瑞典,如果医疗人员没有保存记录,或者更通常的是没有完全满足记录内容方面的要求,那么他们可能遭受纪律处罚。

Ⅳ. 病人获取记录的权利

31. 奥地利的医院和疗养院法(§ 5a Z 1)规定病人有权获取与在第 10 条中规定的义务相对应的医疗记录。医生法第 51 条将该问题与保存记录的义务结合在一起。(见上)。

32. 按照英国 1998 年数据保护法、1988 年医疗记录获取法以及 1990 年健康记录获取法的规定,病人有权获取医疗记录。然而,有可能对病人的身体或是精神造成严重伤害的信息不得披露(第 5(1)条)。参见 Kennedy and Grubb, Medical Law3, p. 1023; Stair, The Laws of Scotland, Reissue Medical Law, paras. 326 – 333. Note also the Freedom of Information Act 2000 and the Freedom of Informa – tion (Scotland) Act 2002。

33. 法国的关键规定是公共卫生法第 L. 1111 – 7 条。向病人披露该信息的义务被规定在该法第 L. 1112 – 1 条第(1)款。

34. 在意大利,医生必须向病人或其法定代理人或病人书面指定的其他医生或机构提供相关医疗记录(医疗道义法第 21 条)。特别是当医生是团队工作的时候,此时病人并不是和某单个人打交道,因此病人对信息有更高要求。这意味着病人必须能够接触信息,而医生必须披露所有必要信息。参见 Alpa, Riv. it. med. leg. 1999, fasc. 1 (February), p. 27。

35. 在德国查阅医疗记录的权利可基于民法典第 259、260、810 条的规定。只有记录中具体的客观的科学数据才能被披露(药物、手术记录、检查、心电图、脑电图等)。不得披露医生作出的个人记录或者主观判断。参见 Laufs and Uhlenbrück, Handbuch des Arztrechts2, no. 449。

36. 根据荷兰民法典第 7:456 条款,病人有权查阅自己的医疗记录并获得医疗记录中文档的复印件,除非这样做会危害第三方的隐私。查阅自己医疗记录的权利没有医疗方面的例外。参见 Sluyters and Biesaart, De geneeskundige behandelingsovereenkomst, pp. 93 – 94; Van Wijmen, Geneeskundige behandelingsovereenkomst, p. 170。查阅自己的医疗记录应是免费的。原则上,医疗记录提供者要配合第二次查阅记录的要求,第二次查阅正常情况下也应该是免费的,除非由于满足查阅要求会给医疗服务提供者带来极大的成本因而免费查阅对于医疗服务提供者来说是非常繁重的负担。参见 Rb. Eindhoven 23 May 2002, Prg 2002, 5903 (psychiatrist Van der Beek v. patient S.)。

37. 在芬兰,病人查阅自己医疗记录的一般权利被规定在个人数据档案法第 22 ~ 26 条。

38. 根据波兰医疗机构法第 18 条第(3)和第(1)款,病人或是其法定监护人有权获取其医疗

记录。

39. 在西班牙,病人只能通过医师的接人间接获取到医疗记录(个人数据保护法第18条第(3)和(1)款以及获取行政文件法令)。这与人权和生物医学公约第10条第(3)款并不冲突。只有客观记录能被披露,医师的主观评语不可披露。参见 Sinde Monteiro, Responsabilidade por Conselhos, p. 427; Dias Pereira, O consentimento informado, p. 332。

40. 西班牙病人自治法第18条款规定病人(如不方便则包括其家人,密友或法定代表人)有权查阅自己的医疗记录并在出院时领取出院报告(第20条)。关于卫生系统中医疗服务组织的1030/2006号皇家法令规定病人有权获取合适的信息与临床文件,同时规定对于"医疗信息与文件服务"存在应病人请求向病人提供医疗文件复印件的义务。

41. 在瑞典病人拥有阅读自己医疗记录的一般权利,因为该项权利,医务人员有义务清楚记载医疗记录,并且尽可能包括更大的记录范围,并让医疗记录尽可能地易于病人理解(病人医疗记录法(1985:562),第5条)。

V. 临床记录的保密

42. 在英格兰法律中有保密义务:A－G v. Guardian Newspapers Ltd. (No. 2) [1990] 1 AC 109. Remedies may consist of an injunction or damages: W. v. Egdell [1989] 1 All ER 1089, W. v. Egdell [1990] Ch 359. 参见 Kennedy and Grubb, Medical Law3, p. 1047。

43. 根据芬兰 ARP 第13章的规定,病人的医疗记录中的信息是保密的。

44. 临床记录在法国法律(公共卫生法第L. 1112－1(5)条)中被认为是保密的信息。

45. 在意大利,医生必须保护关于人们的个人数据和文件的隐私性,即使他们被代码或者电脑系统所保存。健康信息被认为是极为敏感的。仅仅专业协会才能够在获得病人同意的情况下收集此类信息,并且这些信息仅在专业医师(通常是家庭医师)的要求下才可以被披露。在临床数据与观察资料的科学出版物涉及某个病人时,医疗服务提供者必须保证病人的身份不会被辨识出来。

46. 在德国,医疗事务中关于保密的学说是由刑法发展而来的(刑法典第203和204条)。医疗服务提供者有义务对于在医生与病人关系中收集到的数据进行保密。参见 Laufs and Uhlenbrück, Hand－buch des Arztrechts^2, no. 506。

47. 前述关于临床记录私密性和相关例外的条文符合希腊法律。临床记录的隐私权根源于更为宽广的、受宪法保护的人格权(参见民法典第57条)。

48. 临床记录的私密性在荷兰民法典第7:457条中得到了承认。此规定要求医疗服务提供者保持病人信息的秘密性,并且不能让第三方接触或者拷贝记录中的文件,除非病人表示同意。如果授权医疗服务提供者提供信息、提供文件查阅或是提供文件复印件,这种权利被限定在保护其他人隐私的必要限度内。

49. 在波兰法律中,医疗护理机构有义务保护在医疗记录中收集的资料(医疗护理机构法第18条第(2)款)。此外,医生负有责任为所有在履行义务时获取的病人的资料保密(医生职业法第40条)。

50. 在苏格兰法律中关于保密的普遍规定适用于医疗服务领域(Stair, The Laws of Scotland XⅧ, para. 1451－1492; Stair, The Laws of Scotland, Reissue Medical Law, paras. 282－323)。信息公开可能会被损害赔偿或者不当得利之诉中的尽力或者救济所阻。

51. 在西班牙,保持医疗记录保密性的义务是基于病人和能够获取到病人隐私生活信息的医

疗服务提供者之间的保密关系。保密义务被包括在西班牙1990年的医疗行为守则中。此外,数据保护法(Ley 15/1999)规定涉及健康的资料需要特别的保护。仅有获得授权的人才能够获取此类资料。根据数据保护法第43条,此义务乃医学界所固有的,旨在确保病人的安全。此义务对于每个医生来说是强制性的,并涵盖医生在提供医疗服务时所能接触的全部信息,不仅仅是由病人直接提供的信息,也包括其他信息(数据保护法第44条)。医生必须确保后勤人员也知道保密义务并且会遵守此义务。通过1986年一般保健法的成文化,保密性变成法定义务,第10条第(1)款和第(3)款,并在患者自治法第7条中得到了发展。部分教义理论认为恪守保密的义务是一个公共秩序问题。因此,医生必须维护秘密并不在于病人的利益而是在于社会利益。根据这一方法,医疗秘密必须被保护,即使这与病人的意愿相悖。多数教义理论认为保密义务是根源于对病人隐私权利的保护,也根源于尊严和隐私的宪法权利(第10.1条)。因此,病人可以授权医生不必保持信息私密性,只要这种行为不会对第三方造成消极影响。后一种理论是比较被接受的理论,因为它允许医生在其他利益需要更高保护的时候不必遵守保密义务。

Ⅵ.例外

52. 在英格兰,对保密义务有一些例外,例如在医疗儿童时在父母责任框架下的信息披露：Re Z (A Minor) (Freedom of Publication) [1997] Fam 1;披露中的公共利益 X Health Authority v. Y [1988] 2 All ER 648 (QBD);对他人健康的危害:W. v. Egdell [1989] 1 All ER 1089, W. v. Egdell [1990] Ch 359。参见 Kennedy and Grubb, Medical Law^3, p. 1076。

53. 在芬兰 APR 第13条中严格且细致地对例外作出了规定。

54. 在法国似乎没有例外规定。

55. 在德国存在一些保密义务可被免除的情况:当法律规定存在告知如下人员或者信息时:健康卫生主管当局、军事医生、医疗研究中的匿名资料、保险医生、怀疑儿童遭受虐待、其他医生或者医务人员,或者出于保护其他人的生命或者健康的需要(例如,在艾滋病感染的案例中公开性伴侣的信息:CA Bremen MedR 1984, 112; CA Hamburg NJW 1989, 1551)。

56. 在意大利,除了特别法律规定(强制认证、报告、通知等)之外,一些公开的正当理由是:(1)在事先明确知悉公开信息的后果和机会的情况下,病人的要求或者授权;(2)在因为身体不便、无法行为或者无法了解情况和作出决定,导致病人处于无法表示同意的情形下,出于保护病人或者第三方生命或者健康安全的需要;(3)出于保护第三方的生命或者健康的需要,甚至违背病人表达出的意愿,但是应有负责保护个人资料的权威当局的事先授权。

57. 在荷兰也有若干例外。第一个例外是如果关于通知义务的治疗性例外可以适用(民法典第7:448第(3)款),并且病人的利益要求医疗服务提供者将信息给一个具体的第三方(民法典第7:448第(3)款第2句以及第7:457条第(1)款)。第二,直接参与到合同义务履行中的人员和代替医疗服务者的人都不应该被认为是"第三方",对于他们保密性是存在的,只要他们需要该保密信息来履行他们的任务(民法典第7:457条第(2)款)。医疗服务提供者因此不需要病人的同意就可以向这些人提供信息或者让他们可以获取临床记录中的文件或者文件复印本。民法典第7:457条第(3)款包含了第三种例外,适用于基于民法典第7:450条(未成年人或精神状况不能自理的病人的法定监护人)或者第7:465条(不能或不再能判断情况,没有法定监护人的病人的家属)对于治疗需要其同意的人员。此类人员有权获取信息或者记录,除非医疗服务提供者让他们获取记录会违反要求的注意标准。此外,在判例法中被认可的观点是,如果有足够可信的迹象表明保护隐私将损害其他重要利益,并且这些利益比保护记录私密性更为重要时,记录的私密性

就不再适用。参见 HR 20 April 2001, NedJur 2001, 600 with Note W. M. Kleijn and F. C. B. van Wijmen (Adriaensen/ St. Sint-Elisabethshuis)。一个相对的重要利益的例子就是担心病人在草拟遗嘱时不能完全控制自己的神志。然而,这种担心必须有充足的具体证据来证明。参见 HR 20 April 2001, NedJur 2001, 600 with Note W. M. Kleijn and F. C. B. van Wijmen (Adriaensen/ St. Sint-Elisabethshuis)。另一个相对的重要利益的例子就是当病人控诉医疗工作者治疗不当时后者为自己辩护的权利。但是,当类似的控诉已经被永久性地驳回后,医疗工作者不再有充足的利益驱动去查阅(前)病人的医疗记录。参见 Hof Am-sterdam 16 December 1999, KG 2000, 50。最后,民法典第7:458条第(1)款规定即使病人没有同意,病人的医疗记录依然可以被提供给第三方用作事关公众健康的统计或科学实验,前提是:(1)有合理的依据相信病人不会同意提供医疗记录,并且病人的隐私不会因为实验的进行而受到不相称的伤害;或者(2)因为实验的性质导致无法取得病人的许可,并且医疗工作者已经采取措施以保证病人的身份无法通过数据被辨别。同时,民法典第7:458条第(2)款又强调,以本条为依据提供信息仅限于该研究是为了公众利益的需要,没有病人的数据研究就无法进行,并且病人没有明确反对提供信息。如果按照第1款的要求提供了信息,这个行为必须被记录在病人的医疗记录内(民法典第7:458条第(3)款)。

58. 在波兰,医疗保健机构只能提供医疗记录给在医疗保健机构法第18条第(3)款里规定的人,比如说为了继续治疗提供给其他的医疗机构,或是法院、检察院、特定的公共部门或是保险公司。医疗记录也可以被提供给大学和研究机构作研究之用(第18条第(4)款)。然而,在这种情况下,姓名或其他可能会泄露病人身份的其他数据不能被披露。在如下情形中医生不再承担保密义务(医生行业法第40条第(2)款):(1)法律允许;或是(2)病人或是病人的法定监护人同意披露医疗记录,在这种情况下病人或是监护人应被告知任何可能由披露造成的负面后果;(3)保密可能损害病人或其他人的生命或健康;(4)在特定公共机构的要求下进行医学检查,在此种情形下医生仅被允许将信息告知该机构;(5)有必要向另一位医生披露医疗记录;(6)教学所必需;(7)信息用于科研目的。

59. 在苏格兰法律中,保密信息可以被合法披露,参见 Stair, The Laws of Scotland, Reissue Medical Law, paras. 307-321。相关例子包括分享给医疗保健团队、披露给医疗保健审计、法律要求的或经由病人同意授权的披露、与诉讼有关的披露。还有与16岁以下的儿童或是无能力的成年人的医疗记录披露有关的条款。当医疗机构得知病人受到家庭冷暴力或虐待的伤害时,他们有权向适当的主管部门披露病人的医疗记录。

60. 在西班牙,医疗隐私是立足于病人的隐私权和私密权上的。这种利益可能会与其他在特定情况下更需要保护的利益相冲突。因此,医生在如下情况下不再有保密义务:当病人授权医生进行披露;当病人没有能力与医生交流的时候,披露给病人的家人或法定代理人;披露给和医生一起工作的员工(护士及辅助人员)达成一致;当法律要求医生披露信息时:考察医疗证件、报告犯罪行为的义务(刑事程序法第262条)、为了配合审判过程;当事关公共福利时:比如流行病或传染病;科学或学术研究(全面医疗保健法第61条),只要病人的身份处于保密状态;以及当医生的利益更应该被保护时,比如说,当医生不得不在审判过程中证明是以应有的注意开展的治疗,但是不适用于医生仅仅要求支付治疗费用的情况。西班牙医疗行为守则也提到了保密义务的例外情况——在第45条下医生可以在医疗出版物上使用医疗记录,只要披露出的信息不会导致病人被识别出;在第46条下医生如果应法律需求披露信息不应被视为违反保密义务,当然医生仍

然必须谨慎评估是否有部分信息不应被披露；在第 48 条下如果医生在治疗中发现未成年人或其他不具备能力的人员在精神上或身体上遭受过侵犯，医生必须采取必要措施来保护被侵害人，包括将这种情况告知合适的政府部门。

第Ⅳ.C－8:110 条　不履行的救济

就医疗合同义务的不履行，第三卷第三章（不履行的救济）以及本编第 2:111 条（顾客的终止权）的规定准用之，唯：

（a）如果中止履行或终止合同关系将严重危及患者健康，则医疗提供人不得根据该章规定中止履行或终止合同关系；及

（b）如果医疗提供人有权中止履行或终止合同关系并计划行使以上权利，则必须将患者移交其他医疗提供人。

评　论

A. 法条概述

第三卷第三章提供的违约的常规救济方式适用于医疗服务合约中的义务情形。救济措施包括中止履约、损害赔偿、降低价款和在根本违约时终止合同关系。强制履行的救济方式在理论上同样可行，但是因为医疗服务合同义务履行具有人身属性，因此在实践中的适用受到限制。例如，该救济措施不可能强制病人进行治疗（通过强制执行协作义务），但是如果病人希望，则可以被病人用于强制医生履行提供医疗服务的义务。

第Ⅳ.C－2:111 条（顾客的终止权）规定的权利也适用于医疗服务合同的语境中，使得病人能够随时终止合约关系。

这条规定包括对基本规则的两处调整。如果将对病人的健康造成严重损害，那么医疗服务提供者不可以中止履行或者终止合约关系。即使在其他情形下医疗服务提供者可以行使这些权利，他们也有义务将病人介绍给另外一位医疗服务提供者。在实践中，医疗服务提供者有可能中止履约或者终止合约关系的情形通常发生在病人没有履行配合治疗的义务或者以事先声明其将以不支付价款的方式毁弃合同的情形中。

B. 利益权衡与政策考量

如果病人未能履行合同项下的对等义务——一般这种义务是配合治疗与给付价款，医疗服务提供者是否应被允许终止合同关系或者中断治疗是备受争议的。一方

面,有观点认为这种权利不应当被行使,如果从客观角度看这种权利行使的事实会严重损害病人的健康状况。另一方面,不允许医疗服务提供者终止合同关系或者中断治疗将很大程度上将医疗服务提供者捆绑在了合同上,甚至不允许因为病人断绝治疗或者根本性违约而终止合同。这一点在诸如美容外科等终止医疗合同也不会影响病人健康的情况下显得格外严苛。

在若干法律体系内,对于医疗服务提供者终止合同的权利会有所限制。一般被接受的观点是病人能够随时无理由地终止合约关系。

C. 首要选择

优先选择是为了限制而不是消除医疗服务提供者的中止治疗或者终止合约关系的救济权利。如果病人的健康将因为医疗服务提供者行使救济权的后果——即暂停或者终止治疗——严重地受到损害,那么医疗服务提供者不得行使这些救济。病人身体的完整性比医疗服务提供者的合同自由更为重要,因此优先于后者。即使在医疗服务提供者被允许中止或者终止治疗的情况下,该医生依旧有责任将病人介绍给另外一位医疗服务提供者。病人不能在没有去处的情况下被简单地扫地出门。

第Ⅳ.C-2:111条(顾客的终止权)规定顾客的在任何时候终止合同关系的权利不需要调整。合同终止后,按照通常的恢复原状进行返还。这意味着,病人通常须为任何已经履行完毕的检查或者测试支付价款。不允许顾客分文不付地获得这些检查和测试并把它们带至另一医疗服务提供者处。在第Ⅳ.C-2:111第(3)款中规定,毫无根据就终止合同的顾客可能有责任为服务提供者遭受的损失支付赔偿。然而,在医疗服务协议的情况下则不太可能存在这样的赔偿责任,因为在任何情况下履行治疗的合同义务都取决于顾客的同意。

注　释

Ⅰ.概述

1. 尽管在法国普通合同法可以解决由医疗服务提供者提出的合同终止问题,然而在荷兰和瑞典这种终止确实是被限制的,仅存在特殊原因时才是被允许的。在瑞典,在治疗中病人不予配合就属于这样的特殊原因。此外,在荷兰,在医疗服务提供者和病人之间信任关系的终止、对患者治疗和地域流动性的根本分歧被认为是终止合同的严重原因。在西班牙终止合同是可能的,但是医疗服务提供者必须向病人发出通知,并且在病人找到另外一位医疗服务提供者之前不能停止进行救治。

2. 所有被分析过的法律体系都同意病人能够随时终止合同关系,而不用证明终止合同的正当性。然而在西班牙,尽管终止总是可以立即生效的,如果病人没有给医生一个适当形式的通知,那么诚实信用原则要求病人对医疗服务提供者进行补偿。

Ⅱ.由医疗服务提供者提出的终止合同

3.在法国适用一般合同法。

4.在荷兰,只有因为“重要原因”(民法典第7:460条)医疗提供者终止合约关系才是可能的。例如,如果服务的提供者对病人发生了阻碍正确履行合同义务的个人感情,如果服务提供者从职位退休,如果病人已经搬离出该医师所能覆盖的执业范围(特别是如果该医生是一个全科医师),或者如果因为对于治疗的基础性合意未达成导致缔约者之间最基本的信任关系消失了,那么终止合同是可能的。

5.在波兰,医生不能够退出提供医疗服务,如果这可能导致死亡、严重的身体损伤或者严重的健康失调(医生行业法第38条第(1)款)。如果医生打算中止治疗,他/她有义务在足够提前的时间内通知病人这种意向并且向病人表明他还有从其他医生处获得救治的真实的可能性(第38条第(2)款)。如果医生是医院雇员,他/她只有因为重要的原因,在获得雇主的同意后,才允许拒绝治疗或者中止提供医疗服务。医生必须在该病人的医疗记录中表明要中止治疗的事实和原因。基于相似的原则,医生可以拒绝违背他/她自我良心的治疗服务(第39条)。

6.在苏格兰,普通合同法得以适用,但必须在上下文语境中体现出来。多数医疗行为都在国家健康卫生服务下进行。终止一个私人医生与病人之间的合约关系并不会使得病人在国家健康卫生服务下落入无法获得医治的境地。此外,很可能置病人于危险之中或者导致病人遭受苦难的突然中断的治疗,极可能引发因未能尽到应有程度的技能和注意而导致的合约性或者非合约性的责任。

7.西班牙民法典中涉及服务合同的规定没有说明专业医护人员是否可以与客户取消合约关系。根据类比的方法,关于委托合同的规定被视为可以恰当地应用于此类案件。根据民法典第1737条(委托合同)的规定,医疗服务提供者必须告知病人其意欲终止该合同的意图,但是有义务继续提供服务直到病人能够适应新的环境(例如,找到另外的医师继续进行治疗)。这样的规则源自于医疗服务提供者所实施活动的类型。医疗行为守则第10条规定,当病人拒绝服从医生认为必要的治疗,或者病人要求医生提供在医生看来根据科学或者伦理原因不适当或者不能被接受的治疗时,医生可以免除承担提供协助的义务。

8.在瑞典,如果病人拒绝特定种类的医疗措施,例如在手术时拒绝接受输血,那么医生有权拒绝实施该手术。

Ⅲ.由病人提出的合同终止

9.在法国,同意治疗的意思表示可以随时收回(公共卫生法第L.1111－4(3)条)。

10.病人终止合同关系被规定在荷兰民法典第7:408条第1款中(在服务总论一章中)。它规定客户可以随时终止合同关系。双方当事人不得违背此规定以损害病人利益(参见民法典第7:413条第(2)款)。

11.原则上,在波兰,病人可随时终止治疗。

12.在苏格兰,基本的合同法是适用的,但是对于任何干预都需要病人的同意以及强制履行是不可行的事实,意味着病人有相当大的自由可以毁弃治疗合同而不必承担责任。

13.在西班牙,在医生和病人之间缔结的服务合同被视作与委托合同(民法典第1733条)相似,即主要是病人的利益会得到保护。因此,如果病人继续保持合同关系的利益消失了,他/她就可以终止该合同。部分教义以“普遍利益”的理论证明该特权的正当性,然而其他一些作者则认为该特权的正当性理由在于信任原则(民法典第1732条第(1)款)。没有必要去证明终止合同

的正当性，但是专业医护人员必须被告知此决定。终止合同的通知可以是明示的也可以是默示的（例如当病人向另一位医师求助治疗同一疾病）。如果该专业医护人员因为病人未通知他而没有意识到合同终止，因此继续提供医疗服务，那么该病人必须为该医疗服务付费。无论是否有通知，终止合同的声明总是有效的，尽管在某些情况下诚实信用原则要求病人告知医生或者支付赔偿。

14. 在芬兰和瑞典，病人一般可以得随时取消合同。然而还是有例外，例如为精神疾病或者有瘾病患者进行强制性的机构治疗的情况。

第Ⅳ.C－8:111条　医疗机构的义务

（1）在履行医疗合同义务的过程中，如果医疗活动系在医院或者其他医疗机构的场所进行且该医院或医疗机构不是医疗合同的当事人，则该医院或医疗机构必须向患者表明其不是合同当事人。

（2）医疗提供人不能确定的，医疗活动在其场所进行的医院或医疗机构被视为医疗提供人，除非该医院或医疗机构在合理时间内向患者指明医疗提供人。

（3）当事人不得排除本条规定的适用，或对其效力进行限制或变更而损害患者的利益。

评　论

A. 法条概述

在一些国家经常会发生这种情况，即与医院没有雇佣合同关系或者功能联系的卫生保健专业人员被该医院允许在其机构内实施治疗。这种情况可能导致病人法律权利的不确定性。这条法律条文背后的理念即诸如医院或者精神病院这样的医疗机构，应该明晰自己的定位，并且应该向病人明确告知医疗服务提供者的身份。如果医疗服务提供者无法被确认身份，这个机构就应被认定为是医疗服务提供者。

示例

一个病人在医院接受了一个轻微的手术。该手术是由一位在该医院场所内的医生实施的。手术留下了一道丑陋的疤痕。病人寻求一个解释，但医院拒绝承担任何责任，因为该病人没有与医院订立合同，而是与一位在该医院独立行医的医生订立了合同。病人要求被告知这位医生的身份，但是医院行政部门没有相关信息，而且这位病人也未能记住医生的名字，因为他曾确信这个医生是该医院的一名雇员。此时，该法条则适用。

B. 利益权衡和政策考量

很多未能履行在医疗服务协议项下之义务的案例发生在复杂的医疗机构,例如医院或者精神病院内。那些没有被机构雇佣的卫生保健专业人员会经常在该机构的场所内行医治病,不确定性因此而生。相似地,不履行医疗义务也经常由这些机构行政和组织方面的问题或者其在设施或场地方面的缺陷而引发。

从病人的角度来看,如果病人不需要被他们根本不应该被期待去注意的组织问题所困扰,那将是极为喜闻乐见的。从这一点看,病人应能够向医院或者精神病院主张其不履行义务的责任,而不用管该医院或者救济所是否本身是合同缔约方或者仅仅是独立的医疗服务提供者行医的场所。可以这样认为,为了确定性和病人保护着想,这样一个机制是可取的。如果各种各样的原因导致不履行义务,确定行医人员是谁以及厘清责任的困难会使得病人提出诉求十分艰难。因此,一个将中心责任施加于医疗机构的规则将势必使病人直接受益。这一规则的另一好处可能是加强了预防,因为医院或者其他相似的机构将致力于积极组织管理和监督其执业人员的活动。由此机制造成的对于小型医疗机构而言的财政问题很大程度上可以通过"赔偿基金池"得到克服或者减轻。

另外一方面,有观点认为这样一个极为严格的机制会对那些极度依赖自由执业的卫生保健专业人员的医院而言存在严重的财政影响。保险金很可能会上涨。

另外一种立场是这个规则不应自行适用,除非有责的自由执业专业医师不能通过类似于欧盟委员会关于瑕疵产品责任指令(Article 3(3) of Directive 85/374/EEC)中规定的方式被确认身份。

C. 首要选择

让医疗组织机构承担全面的中心责任似乎并不可取;这种中心责任将会对小型医院造成过重的经济影响。此外,这还将导致涉及非合同缔约方的机构责任在外延上的概念性问题,虽然它从医患合同中受益并且允许合同缔约方在其场所内执业。

然而,出于平衡所涉各方利益的考虑,这看起来也并非毫无道理,即遭受不履行合同项下之义务的病人在确认是哪一方缔约者需对不履约负责时,有权从医疗机构那里获得帮助。这一首选使得医疗机构在受到病人要求时,有义务指出谁是缔约方。如果该医疗机构在受到病人要求之后,未能在合理时间内向病人提供出独立行医者的确切身份,它将被视作相应的缔约方,而且可能须对不履约负责。

此外,病人有权在合同被履行之前知道谁是合同的相对方。因此本条第(1)款要求医疗机构明确向病人说明其不是合同缔约方,并且医疗服务将由一个独立的、自主的卫生保健专业人员在该机构场所内提供。

注　释

Ⅰ.概述

1. 此条文所规定的规则类型,或更进一步施加以中心责任的规定,仅在一些司法体系中能够看到。绝大多数国家并没有此类规定。在一些国家因为卫生保健体系组织构建的方式不同而没有显现此类问题。

2. 在荷兰,民法典中的一条规定确立了医院的中心责任制,即如果医疗服务是在医院进行,该医院就对病人遭受的伤害负责,即使该医院并不是合同缔约方。如果该病人的伤害是由一位独立行医的、与该病人建立合同关系的卫生保健人员导致的,那么为该治疗活动提供场所的医院对病人遭受的损失承担责任。在西班牙、法国的公立医院和意大利都是同样的情况。在奥地利和希腊,医院并不对在其医院场所内的独立执业者的行为负责,除非该机构对于不履行医疗义务有所助力。在法国和瑞典,知道谁对损害负责并不重要,因为是由病人保险集团来赔偿病人。此外,在该国家,医院仅允许他们自己的雇佣医师在其场所内行医。

Ⅱ.医院的中心责任

3. 在奥地利,人们必须去区分和医生签订的医疗协议与病人和医院之间签订的医疗协议的差别。在后种情形下,行医医生被医院雇佣而不亲自与患者发生合同关系。因此他们被认为是民法典第1313a条所规定的义务履行辅助人。医院,更精准地说是从事经营活动的法人,要对其雇员在与病人的医患关系中发生的任何过错负合同责任。医护人员(医生、助理、护士等等)仅负担不法责任,不过这对遭受侵害的个人来说并不是特别有关系,因为病人宁愿向更为有权力的缔约方索赔,即医院背后的法人。如果行医医生不是医院的雇员,病人则是与借用医院设施实施手术的医生签订了合同。可以很明确的是,医生现在基本就是那个要负担合同责任的人。一个有意思的问题是在多大程度上医生要为提供必要协助的医院员工的不当行为负责。在这里,同样根据民法典第1313a条的规定,一般认为那些协助主治医师的人应被视为该主治医师的辅助人。

4. 在法国应区分两种情形。如果一个医生在医院的框架内行医,则医院仅在与该医生之间有劳务合同的情况下才承担责任。(Cass. Crim. 5 March 1992, Bull. crim. no. 101; JCP 1993. Ⅱ.22013, Note F. Chabas; RTD civ 1993, 137, obs. P. Jourdain)在这种情形下,病人直接与医院建立了医疗协议。另一方面,如果一名医生作为自由执业者行医,仅仅他/她是那个需负责的人,即使该医疗行为在医院进行。该医生同样要对他/她选择的任何辅助者(麻醉师、护士等等)的过错负责。如果医疗行为发生在公立医院,那么解决方案会有所不同。此时医院在任何情形下都要对医生的治疗不当负责。医生的过错总是行政服务(faute de service)的过错,并且医生个人的过错与其自身职责不可分开。(如需获取更多此类关于行政法概念的信息,参见Chapus, Droit administratif général Ⅰ11, nos. 1523 ff。)

5. 关于诸如医院和私人诊所等医疗机构是否以及在多大程度上为医疗过错承担责任,在希腊法律里并不是一个直截了当的问题。很多取决于缔约方(即病人、医生、机构和相关条件)之间的协议(Foundedaki, Medical liability in civil law, p. 200)。如果病人在个人的基础上与一个不是该医疗机构的内部员工但在该机构提供医疗服务的医生个人签订了医疗服务提供合同,这个机构为提供了适当的基础设施和辅助护理而承担责任。因此,该机构不可能为医疗过错负责。

如果病人在个人的基础上与一名医生签订合同,在该医生不是医院外部合伙医生而是医院雇员的时候上述观点同样适用。然而,判例法基于民法典第992条的规定(A. P. 241/1954 EEN 21, 949; A. P. 1893/1984 NoV 33, 1955; A. P. 1270/1989, EllDik 1991, 765),似乎倾向于在前几种情况下承认医院对医疗过错的责任。另一方面,如果病人是与医疗机构签订的医疗服务协议,而与特定的医生之间不存在协议,该医疗机构承担全部责任,即对医疗和其他相关服务承担责任。医疗机构要对其医务人员过错基于合同基础(民法典第334条)或者不法基础(民法典第922条)承担责任。同样,如果病人能够选择一个特定的医生并且该医生同意行医,那么将另外存在一个病人和医生之间的合约关系。

6. 在意大利,首要问题是是否存在组织机构对病人的直接的责任。第二个问题是这样一个责任是合同性质的还是非合同性质的。两个问题紧密相连。如果基于病人与医院之间的合同关系,这是一个合同责任,那么就属于直接责任。对于私立医院(基于民法典第1228条规定)和公立医院而言这都是适用的。在后一种情况中,此责任是民法典第2049条规定的责任所内在的,并且与规制公共行政的特殊规定有关。至于责任的性质,尽管并没有人质疑私立医院或者其他机构的合同性质,却有关于公立医院责任性质的争论。最近的判例法趋向于赞同合同责任(Alpa, Riv. it. med. leg. 1999, fasc. 1 (February), p. 40)。甚至在不可能明确本应履行告知义务的医生的身份的情况下,也会存在公共行政对其雇员不法行为的直接责任(Cass. 24 Sep-tember 1997, no. 9374, Riv. it. med. leg., 1998, fasc. 4-5 (October) Ⅰ, with Note F. Introna, Consenso informato e rifiuto ragionato. L'informazione deve essere dettagliata o sommar-ia?, pp. 825-830)。只要雇员的行为与损害之间的因果关系被证实,这种责任就存在。

7. 如果医疗合同项下义务之履行发生在荷兰医院,在其场所实施医疗行为的法人将对履行义务的人的过错承担责任。责任可基于以下任一基础产生。(1)如果医院(法人)是合同缔约方(并且因此在民法典第7:446条项下构成“医疗服务提供者”),它将对履行合同义务的人的过错负责:根据民法典第6:76条款,缔约方要对自己在履行义务过程中使用的那些服务的提供者的行为负责。此时责任是基于不履行义务的基本规则,而与实际行医的人是否被医院雇佣无关。(2)如果医院不是合同的缔约方(因为合同是医生个人签订的,该医生就被认为是“医疗服务提供者”),医院也要以好像是合同缔约方的身份负责。此时医院的责任直接基于民法典第7:462条第(1)款的规定,该条文规定如果在履行医疗服务合同义务的过程中,活动发生在并非合同缔约方的医院里,该医院也要像合同缔约方那样,为不履行负个别并连带的责任。因此,由于民法典第7:462条第(1)款的规定,对于病人来说知道他/她是与谁签订的医疗服务合同就并不是非常重要:在每一情形下病人都可以主张医院对医生所犯过错承担责任。民法典第7:462条的规定因此给了病人一个“中心地址”使得责任诉求能够有所指向。正因如此,医院的责任才被叫作“中心责任”。参见 Hondius, Ontwikkelingen in de civielrech-telijke aansprakelijkheid van arts en ziekenhuis, pp. 64-65; Pitlo [-du Perron], Ⅵ9, pp. 278-279; Sluyters, TvG 1996, p. 7; Legemaate, Verantwoordingsplicht en aansprake-lijkheid in de gezondheidszorg, 1996, p, 45-46。值得注意的是,“医院”的概念包括疗养院、精神障碍疗养所、流产医院或者牙科机构(民法典第7:462条第(2)款),但不包括私人诊所,参见 Hondius, Ontwikkelingen in de civielrechtelijke aansprakelijkheid van arts en ziekenhuis, p. 65。Hondius 曾正确地批判过这种概念定义。如果医院是合同缔约方,医生的行为在民法典第6:162条的条文含义内构成一个非法的行为,这位有过错的医生可能要承担个人责任。如果医生是合同缔约方,他/她的个人责任就当然地基于合同义

务之不履行而产生。

8. 根据西班牙民法典第1903条第(4)款(culpa in vigilando or in eligendo)的规定,医疗机构要对在该机构框架内行医的医疗活动提供者的行为负责,即使在病人与该医疗机构之间不存在合同关系的情况下也是如此。医疗中心直接(而且是非辅助性地)有责;因此对于提出索赔诉求的人来说必须也起诉医疗服务提供者。这里存在一个对医疗机构过错的推定,该过错推定可以通过证明该医疗机构已经尽到适当勤勉义务而被推翻(TS 21 September 1993 RJ 1993/6650; TS 11 March 1995 RJ 1995/3133; TS 11 March 1996 RJ 1996/2415; TS 15 October 1996 RJ 1996/7110; TS 7 April 1997, RJ 1997/2742)。现在的趋势是向医疗中心施加一个客观责任,以保证受害人能得到赔偿。

9. 由于所有在医疗保健行业的专业行医者都在芬兰患者伤害法案第4条和瑞典患者伤害法案第12条下接受强制保险,因此谁要为损害负责就并不是这么重要,因为到最后都是保险公司负责赔偿(Sverne and Sverne, Patientens rätt3, p. 88)。甚至在极少数情况中,当被保险的职责被懈怠了,病人还是可以从病人保险协会那里获得赔偿。通常,医院只会允许他们自己的人员在其场所内行医。医院永远要对其自有人员负责。

第四编　委托合同

第一章　一般规定

第Ⅳ.D－1:101 条　范围

(1)第四卷本编规定适用于合同和其他法律行为,根据该合同和其他法律行为,一方(即代理人)经另一方(即被代理人)授权和指示(委托):

(a)在被代理人和第三方之间缔结合同,或者以其他方式直接影响被代理人相对于第三方的法律地位;

(b)代表被代理人与第三方签订合同或者进行与第三方有关的其他法律行为,但是在这种方式下代理人,而非被代理人,是该合同或其他法律行为的一方当事人;或者

(c)采取旨在引起或促成被代理人和第三方之间合同的订立,或者为会影响被代理人之于第三方的法律地位的其他法律行为的措施。

(2)它适用于以下情形,代理人代表被代理人的利益并根据被代理人的指示而行为,并且经适当调整,如果代理人仅被授权但并不承担行为,然而代理人依然行为的,也适用本部分规则。

(3)它还适用于代理人获得价金支付的情形,以及经适当修改,代理人没有获得价金支付的情形。

(4)它适用于被代理人和代理人之间的内部关系(委托关系)。它不适用于被代理人和第三方之间的关系或代理人和第三方之间的关系(如有存在)。

(5)本部分规定且第三编(服务)规定也适用的合同,将被视为首要适用本部分的规定。

(6)本部分不适用于由指令 2004/39/EC, OJ L 145/1 及其随后的修正或替代的规定所界定的涉及投资服务和行为的合同。

评　论

A. 综述

本条规定了委托合同这一部分的范围。第一款明确规定适用于该部分的三类情形。第一种情形是直接代理。也就是说代理人被授权和被指示直接影响被代理人相对于第三方的法律地位,典型地,通过在被代理人和第三方之间缔结合同。第二种情形是间接代理。代理人被授权和被指示与第三人订立合同,或者进行与第三方相关的其他法律行为;代理人代表被代理人,但是在这种方式下,代理人,而不是被代理人,是该合同或该法律行为的一方当事人。而第三种情形涉及经纪人及类似的活动。在这种情况下代理人被授权和被指示采取措施,旨在引起或促成在被代理人和第三方之间缔结合同,或者引起或促成为会影响被代理人之于第三方的法律地位的其他法律行为,但是实际上不用为被代理人订立合同或者为其他法律行为。第三种情形下的一个典型的例子是房地产代理商。其被要求为一处房产找到一个买家或者为买方找到一处房产,但并不实际签订合同。本编包含这最后一类合同的原因在于,它与其他两种情形联系非常紧密,并且如果排除这类情形,那么会使被代理人可以剥夺由本编提供的对代理人的保护。

由于本编的范围延伸超出了直接代理和间接代理,所以"代理人"一词在此处并不适合用于被指派为被代理人行为的当事人。"委托"(mandatary)这一术语本来可以使用,但是由于该术语有时只表示那些无偿地短期的代理行为,同时不论在什么情形下,该术语并不是日常会话中的常见用词,所以没有被选用。而复合术语如"代理人或居间人"(representative or intermediary)或"代理人或经纪人"(representative or broker)本来也可以使用,但是这样一来就显得非常累赘。"代理人"(agent)一词因此被选中。在日常语言中,"代理人"还涵盖了被指示为与缔结合同没有任何关系的非法律行为,例如进行查询的代理人。因此本部分范围内只是某些类型的代理人。本质上,它涉及与缔结合同或为其他法律行为有关的代理、交涉或居间的委托。

现在出现在本编的规则定位问题在研究组内部都经过了讨论。一种观点认为,这些规定作为服务合同部分中的一个章节最为适当,因为它们基本上涉及的合同是与居间或代理服务有关的合同。而另一种观点认为,这些规定具有足够的独特性而值得分开处理。委托通常是单方行为。这些规定的焦点更多地集中在被授权和被指示的是什么,而不是作为一位服务提供商所其提供的是什么。关于代理合同,存在一个关于一人可能会影响另一人法律地位情形的特别之处。最终第二个观点占了上风。

然而,在分别处理这些调整代理、协商或居间服务合同的事实并不意味着它们性质的改变。它们仍然是服务性的合同。例如,房地产代理商、职业介绍所或律师提供

服务。因此在共同参照框架草案其他地方的、参照服务的规定(比如在第二编第三章中很多先合同告知义务就是这种情况)之规定,除非另有说明,将适用于这些合同。

B. 授权和指示

委托合同的特点是代理人既被允许(授权)又被要求(指示)在被代理人和第三方之间缔结合同或者为由本条涵盖的其他行为。

在直接代理中,代理人被授权代表被代理人行为的事实意味着委托的行使及其在外部关系中的法律后果都是基于被代理人的自由意志:通过授权给代理人,被代理人同意代理人代表其缔结合同或者影响其法律地位。授权还意味着若代理人遵守委托指定的范围并按照本部分的规定行为,代理人不得就与第三方缔结之合同有不利于被代理人而承担责任:被代理人应自己承担这种风险。

代理人也被要求代表被代理人利益的事实,表明代理人具有至少试图完成委托任务的法律义务。通过与被代理人缔结委托合同,代理人因此承担了一项作为的义务。

C. 适用于无作为义务的合同

委托规则通常适用于代理人不仅被授权而且被要求代表被代理人利益而行为的合同。第 2 款拓展了本编的适用范围,使其适用于代理人被授权但并没有被要求代表被代理人利益而行为的合同。显然,当代理人确实代表被代理人利益而行为时,这项规定是相关的。

D. 适用于有偿和无偿合同

第 3 款表明,本编适用于所有代理人受到偿付的委托合同,同时也适用于无偿的委托服务。变通适用可能是有必要的,以便考虑到代理人无偿地代理。在无偿委托合同的情况下,譬如我们可以想象在第Ⅳ.D－3:103 条(技能和注意义务)中期望的注意和技能标准可以降低,但告知代理人委托合同履行进展的义务和解释说明义务会比有偿委托合同情况下更加严格。此外,第Ⅳ.D－2:103 条(由代理人产生的开销)第 2 款尤其适用双方当事人已经约定委托合同无偿履行的情形。

第 6 款排除了这些规则对投资服务合同的适用。

E. 未涵盖的外部关系

第 4 款规定,本编只涉及被代理人和代理人之间的合同义务。它不涉及与被代理人第三方签订的“准”合同是有效还是无效的问题:这个问题由第二编第六章代理来进行管辖。正如第Ⅱ－6:101 条(范围)第 3 款中所指出的,第二编第六章只处理被代理人和第三方之间的关系(即外部关系);它明确指出委托代理人和代理人之间的内部关系在委托部分中进行了排除(见第Ⅱ－6:101 条评论 C)。

F. 准合同或其他法律效力

这部分主要适用于授权代理人代表被代理人利益缔结合同的直接代理，涉及的第二个合同也就是在第Ⅳ.D－1:102条（定义）（d）项中的“准合同”。然而，代理人有时将不被授权签订合同，而是被授权为其他影响被代理人法律关系的行为。

示例

律师被指示对另一方当事人提起侵权损害赔偿诉讼。在这种具体情况下，当提起诉讼时，代理人实际上意图影响被代理人与第三方的法律关系，而这个影响并不是通过与第三方来签订合同。此类委托合同属于本部分覆盖的范围。

G. 混合合同

许多委托合同也涉及服务的规定，例如，信息或咨询合同或者调查服务。第5款规定该类情形将会被视为首要适用本部分规定。这样规定的效果是使第Ⅱ－1:107条（混合合同）第4款得到落实，以便使适用于委托合同的规则同时适用于涉及的合同和由该合同产生的权利义务。然而，这些服务规则经过适当修改将会适用，只要它对调整服务内容是有必要的，并且不与适用的委托合同规则发生冲突。

H. 未涵盖的投资服务和活动

然而，第6款指出，如果委托合同涉及投资服务及活动，它们将不适用于本部分的规定。本部分就该内容所作的适用范围设定了限制，原因在于该类委托合同由具体的法律机制调整，这些法律机制具有不同的性质并且在很大程度上受到公法的要求和监督。因此，该类委托合同很大程度上不同于一般的委托合同，以至于本部分规定的适用只会限制在那些不会提供解决方式的特殊情况的公法规则之中，同时该适用也只是偶然的。如果有这样的需要，法院当然会通过类推的方式适用本部分内容，但是这些规则本身并不要求适用。

I. 未涵盖的事务管理合同

传统上，一般事务管理合同被委托合同的规定涵盖。在这些“一般委托合同”中，代理人并不必要地被指示去签订、谈判或促成一个预期的合同，而只是去管理被代理人的事务。因此，该类合同不能归于本部分所指的委托合同；它们属于服务合同部分的适用范围，有时可能会特别适用仓储合同部分（第四卷第三编第五章），也可能适用加工承揽合同部分（第四卷第三编第四章）。然而，在履行该类合同时，服务提供者通常不得不影响到被代理人的法律关系，例如，必须卖掉属于被代理人的财产以保障被代理人的利益。在管理合同期间，服务提供商被要求出售或购买商品，或者代表被代

理人为其他法律行为时，本编的内容可能借由混合合同的规则而被适用。

注　释

Ⅰ.适用于直接代理的委托合同规则

1.奥地利的法律体系表述了直接代理人和间接代理人不同行为之间的区别。直接代理人有权以合同方式约束被代理人和使被代理人进入合同关系。他们以被代理人的“名义”行为。直接代理的委托涵盖的情形是，第三方知道合同相对方是作为显名被代理人的代理人进行交易。而间接代理人作为当事人处理外部事务，但是对内他们承担对（被披露的）被代理人的代理人职责。民法典明确规定直接代理的委托，亦在民法典第1002条及以下中有所规定。凡代理人在由民法典第1027条至1029条和第1033条以及商法典第56条中定义的明示或表见的权力范围内行为，该行为直接约束被代理人和第三方，代理人退出。民法典建立的一般规则往往被职业道德准则修改——律师和公证员行为规则（Berufsordnungen），例如，调整报酬的法定收费。商法典第383条及以下和第407条及以下中的商事规定也适用于直接代理的委托。

2.在比利时，代理合同双方当事人之间的法律关系由委托的法律规则进行规定（带有一些特殊性），即被代理人与佣金代理人之间的法律关系（*Samoy*, Middellijke vertegenwoordiging, 182; *Van der Perre and Lejeune*, Droit commercial Ⅰ, no. 42），被代理人与提名人（prête nom）①之间的法律关系（CA Brussels 22 February 1927, Pas. belge 1928, Ⅱ, 153 and Rev. prat. not. 1928, 648; *de Page and Dekkers*, Traité élémentaire de droit civil belge V^2, 476; *Deckers*, Le mandat, 13; *Paulus und Boes*, Lastgeving, 23; *Samoy* loc. cit. 94－95），以及被代理人和以自己名义行为的代理人之间的法律关系（Cass. 17 April 1848, Pas. belge 1848, Ⅰ, 387 and BJ 1848, 758; CA Brussels 10 December 1958, JT 1959, 225; CA Brussels 28 January 1820, Pas. belge 1820－21, Ⅱ, 30; *de Page and Dekkers*, Traité élémentaire de droit civil belge V^2, 436; *Laurent*, Principes de droit civil français, 61; *Paulus und Boes* loc. cit. 134; *Samoy* loc. cit. 305; *Tilleman*, Lastgeving, 277; *Van der Perre and Lejeune* loc. cit. no. 166; *Wéry*, Le mandat, 152 and 259）。

3.在保加利亚债权法中，一方面对委托合同与单方授权法律行为加以区别，另一方面也区分了直接代理和间接代理。一些评论家认为，所谓“间接代理”并不是一个实际的代理，而是一个不同于直接代理的单独的法律制度（*Horozov*, SP 1996/6, 26, 32; *Stavrou*, TP 2006, 325, 343）。LOA在第280～292条中对一般委托合同作了规定。根据第280条的法律定义，委托是一个“代理人代表被代理人履行由被代理人指派给代理人行为债务”的合同。虽然在相关规则中，并没有明确规定，但是在法律著作（*Vassilev, L.*, Obligazionno pravo, 20; *Mevorah/Lidji/Farhi*, Komentar Ⅲ, 17; *Vassilev, B.*, Spezialna chast, 92）和判例法（Supreme Court, Judgment no. 31, 4 April 1995, Civil Case 2453/1993, v; Supreme Court, Judgment no. 1511, 6 October 1995, Civil Case 2551/1994, v）中一致认为，通过委托合同，代理人仅被委托为一些法律任务，即签订合同或

---

① 提名人（Prête nom）：在法国法和比利时法中指代表被代理人行为，但让别人相信其以自己的利益而行为，其个人承担合同开支的代理人（mandataire）。（*Gérard Cornu*, Vocabulaire juridique[8], 667）——译者注

者履行其他改变被代理人法律范畴的法律行为。代理人既可以以被代理人的名义行为（直接代理），也可以以自己的名义行为（间接代理），但是不论在哪种情况下，代理人的行为必须代表被代理人。相同的规则（LOA第280～第292条）同时适用于直接代理和间接代理。为了以被代理人的名义行为和直接影响被代理人的法律地位，代理人必须从被代理人处获得代理权力。该权力是由被代理人通过单方法律行为授予，通过该行为，被代理人授权代理人以被代理人的名义以及影响被代理人的法律领域行为（*Vassilev*，*L.*，Grajdansko pravo[2]，368）。这个授权的法律行为本身也规定在LOA第36～43条中，而这些条款同时也适用于直接代理。

4. 丹麦关于代理制度最重要的是在合同法第二部分关于代理、经纪人法和商事代理以及旅行法之中。这些规则是规制所有民事代理类型的一般规则，而不是由特殊规则来调整。

5. 在英格兰法律中的相关规则是代理的普通法规则，它们具有普遍性，适用于广泛的代理人种类（房地产代理商、旅行社、保险经纪人和公司董事等等）。一个代理关系所指向的法律部门是"一人，——即代理人——通过其被认为有代表被代理人履行的权利之行为，可以直接影响另一人，——即被代理人——与他人即第三方的法律关系，这些行为在某些方面被认为是被代理人的行为"（Bowstead（－*Reynolds and Graziadei*），Agency[18]，no. 1－003）。由于代理人具有改变被代理人相对于第三方的法律关系的权利，所以内部代理关系，即代理人和被代理人之间的关系，被视为是信托关系。除了一般的合同义务外，代理人同时也受信托义务的约束，这是由衡平法确立的。那些只负责为被代理人交涉合同条款的代理人，如律师，也被视为是代理人，因此传统的普通法规则也将适用。

6. 在爱沙尼亚，调整被代理人和代理人之间的内部关系的合同，由服务合同（委托）的规则规定。爱沙尼亚债权法包含了一个关于服务合同的单独部分（第8编第619～第916条）。存在两个一般类型的"服务合同"：（一般）服务合同（有时也译为"委托合同"或"授权协议"）和工程合同。这两个主要类型相互区别于各自合同下产生的义务性质。在工程合同中，服务提供商负有保证合同达到预期结果的责任，而在（一般）服务合同中，服务提供者只负有注意义务。任何不属于工程合同的服务提供的协议（即在该协议中，服务提供者不保证某一特定结果），均受（一般）服务合同约束。LOA并没有具体说明哪些服务由（一般）服务合同规定。但原则上，任何关于提供代理或居间服务的协议均由（一般）服务合同调整。然而，特殊的代理或居间服务形式，可以在特殊的服务合同中规定，如代理合同、经纪合同或佣金代理协议。服务合同的一般规则也适用于它的子类型，只要它们的规范没有载有更为特别的规定。

7. 芬兰合同法在第2章规定了委托合同的一般规则。当授权包含了代表被代理人缔结合同的委托时，适用这些规则。该法案适用于所有的这类合同，除非在其他法案中另有规定。此外，商法典第18章规定了关于被代理人和代理人之间关系的授权的一般规则。同样，这些规则仅在其他法案中没有其他规定的情形下适用。当代理人为被代理人利益获得要约或以被代理人的名义订立销售或购买合同，承担着持续促销或购买商品行为时，适用在欧盟指令（86/653/EEC）基础上制定的芬兰商事代理和推销法。此外，法律还规定了授权的特殊类型，如程序法典第15章、律师法、不动产代理法及保险代理法。另外，合同法中的一般原则以及其他法律中涉及合同法领域的类似解释也适用。譬如，货物买卖法和消费者保护法都具有普遍意义。

8. 委托合同由法国民法典第1984～第2007条调整。一些涉及委托的合同也受特殊规则管辖，特别是不动产代理（不动产代理法，1970年1月2日）、商事代理（商法典第L. 134－1条及以下）、保险代理（保险法典第L. 520－1条及以下）以及法律顾问和律师（L. 31 Dec. 1971）。

9.德国法中有许多规则也被适用,其取决于正在处理的合同的特征。(1)第一组这类规则是关于委托(Auftrag,民法典第662条～第674条)。通过接受委托,代理人(Beauftragter)负有为被代理人(Auftraggeber)无偿作为的义务(民法典第662条)。这些关于委托的规定因而并不局限于订立合同或执行一个法律行为的委托任务的范围内;所预期的任务基本上可以是任何事情。由于委托的定义是代理行为没有偿付的合同,所以民法典第662条～第674条的重要性主要在于民法典中其他规定可能将这些规定作为参考。(2)在刚刚提到的最重要的合同应该是代理合同(Geschäftsbesorgungsvertrag,民法典第675条),也就是一方当事人有偿承担照顾另一方利益的服务合同。民法典第675条因而包含(尤其更为重要的)的合同是,代理人就代表被代理人采取的行为获得支付(如律师、房地产经理人、物业管理人等)。民法典第675条并没有规定适用于代理合同的特别规则,而是规定民法典第663条、第665条～第670条、第672条～第674条,以及在某些情形下,第671条第2款(即委托规则)适用。此外,既涉及服务合同规定(民法典第611条和以后)也涉及工程合同的规定(民法典第631条和以后)都适用。(3)民法典第675a条到第676h条包含了银行合同之特殊类型的具体规定(主要是由于欧共体指令的引用)。

10.直接代理(*amesi antiprosopeusi*)的委托由希腊民法典第211条及以下条款进行规定。为了使被代理人受代理人所为法律行为的约束,后者必须以被代理人的名义行为,也就是说向第三方既披露被代理人的存在也披露被代理人的身份。这个披露可以是明示或默示的,即可以从周围环境指明(默示委托)(Supreme Court decision no. 752/1987, NoB, 1426; CA Athens decision no. 9826/1989, EllDni 1991, 1631)。这类情形是代理人只披露了被代理人的存在,但是没有指出被代理人的身份(*Kerameus and Kozyris*, Introduction[2], 70)。希腊术语"委任状"(procuration)或委托授权书(*plirexousiotita*)既指一人授予另一人代理权的法律行为,也指因此赋予的权力。根据民法典第216条,委托是在这个宗旨下通过契约授予的。委托通过向律师或者向与其缔结契约的第三方发表声明而授予(民法典第217条)。

11.在匈牙利民法典中,代理规则(外部关系——代理人的权力)可以在债权法的一般规则中找到(民法典第219条～第225条)。由于这个原因,代理不受任何有名合同种类的约束。如果一方代表另一方,该类合同通常被认定为代理(民法典第474条～第483条)。但受雇佣合同约束的雇员,也可以对第三方来代表雇主。在该类情况下,劳动法规则也将适用(Act XXII of 1992 on the Labour Code (CL))。"代理"种类的合同规则并没有着重于代理服务,而是适用于债务人(代理人)有义务根据债权人(被代理人)的指示和债权人(被代理人)的利益来行为,而不负有"通过工作实现结果"的责任的所有合同。民法典第474条第1款和第2款规定"根据代理合同,代理人有履行托付于他的事务的义务。代理人必须根据被代理人的指示和利益完成代理"。参见 Supreme Court Pfv. v. 20. 876/1994, in BH 1995/571; Supreme Court Pfv. Ⅷ. 21.147/2006, in BH 2007/86; Supreme Court Mfv. Ⅱ. 11.035/2001, in BH 2003/386; Supreme Court Mfv. I. 10.945/2001, in BH 2003/ 213; Supreme Court Legf. Bír. Gfv. X. 32.294/1995, in BH 1997/302; Supreme Court M. törv. Ⅱ. 10 978/1991, in BH 1992/736; Supreme Court Gf. Ⅱ. 30 521/1986, in BH 1987/ 174; CA Csongrád Megyei Bíróság 1. Gf. 40 079/1999/2, in BDT 2000/185; CA Fövárosi ítélötábla 5. Pf. 21 230/2005/3, in BDT 2007/1598。

12.在爱尔兰,关于委托的主要规定可以在代理合同条款中找到。在解释这个合同时,解释的普通规则将适用于确定各方的意图。此外,在普通法中,代理的法律确立代理合同各方当事人种种权利和义务。尤其是赋予代理人三项基本权利:获得报酬的权利、获得补偿的权利和留置

权。普通法传统上把代理看作是独立事务并认为代理人的地位比被代理人的更加强势。因此，被代理人需要受保护。由此，普通法确立了代理人广泛的职责，部分是因为代理关系的信托性质。此外，很多代理(representation/agency)合同同时也受欧共体（商事代理）规则1994(S.I. No. 33/1994)和1997（S.I. No. 31/1997)的调整。该规则部分已经法典化并部分修改了普通法，也是对欧共体关于独立商务代理指令(Directive 86/653/EEC,［1986］OJ L 382/17)的实施。

13. 在意大利，代理人合同下的主要义务是代理被代理人，关于委托的规则将会适用，特别是民法典第1388条及以下。关于委托合同的规则，即民法典第1703条及以下，同样特别适用。参照案例：Cass. no. 5582/1993, Foro it. Mass. 1993, 4070, no. 6; Cass no. 1329/1983, Foro it. Mass. 1983, 4070, no. 2。

14. 在荷兰，委托合同的规则在民法典第414条到第424条中有所规定。根据民法典第7:414条，委托合同意味着代理人对被代理人承担以被代理人的名义并为被代理人为一个或多个的法律行为的义务（*Van der Grinten*, Lastgeving, no. 5; *Haak and Zwitser*, Opdracht aan hulppersonen, 153-154)。对关于涉及委托合同的某些法律问题没有具体规定的，适用于职业服务合同的一般规定(民法典第7:400条到第7:413条)。

15. 在波兰，代理人和被代理人之间的内部关系由委托合同的规则进行规定(民法典第734条到第750条)，而代理人和第三方之间关系的适用规则在民法典第95条到第109条中有所规定。在委托合同下的代理可以是直接的(代理人以被代理人名义行为)也可以是间接的(代理人以自己的名义行为)。除非双方另有约定，否则代理将被推定为直接的(民法典第734条第2款)。

16. 在苏格兰，代理规则具有一般性，适用于广泛的情形和代理人种类(例如，律师、不动产代理和公司董事)。代理人已被描述为“有权利为另一人且代表该人(被称为被代理人)行为，与第三方订立法律关系的一人；代理被代理人的代理人创造、更改或解除被代理人和第三方之间合同性质的法律义务”(*Smith*, Laws of Scotland, 774)。但在日常语言中，“代理人”一词也用来形容未经授权的代理人，即那些被授权和被指示为被代理人为除了变更被代理人法律地位以外的一些事务的代理人(如咨询代理，或通常情况下，不动产代理或法律代理)。而“委托”一词传统上用于无偿代理合同。

17. 在斯洛伐克，外部关系由民法典一般规则（Act 40/1964 Zb. as amended)进行规定。民法典第22条第1款将代理人定义为“被授权以另一人名义、为该人作为的任何人”。这一规定既适用于合同约定和法律规定的代理，也适用于民事和商事关系。至于代理人和被代理人之间内部关系的规定，有必要将民事关系和商事关系加以区分。商法典第566条到第576条规定代理人要么以被代理人名义和为被代理人、通过影响特定的法律行为来安排一些特定的商业事务，要么应被代理人的请求处理其他事务，被代理人承担给付服务报酬的义务。委托合同是有名合同(民法典第724条到第732条规定：代理人(或委托人)承担处理某项事务或者为被代理人(或被委托人)履行一些其他行为)，及它的亚类型是获取物的合同(民法典第733条到第736条：代理人承担为被代理人获得某物；“物”(thing)在这里被看作是“事务”(matter)的意思)。这些合同可能同时适用于直接代理和间接代理。委托也可能受商事代理合同的范围规定(商法典)。混合合同的规则可适用于居间关系(例如经纪合同混合一项代理的义务；参见案例：Supreme Court decision, No. 72/2004, legal decisions book 5, 16, 5 Cdo 65/03)。Act on Advocacy（586/2003 Z.z. as amended）包含了适用于律师的规则。

18. 西班牙民法典第 1709 条到第 1739 条规定了委托。委托和代理之间并不存在实质性的区别;更进一步,委托“自然而然地”是一个代理合同(民法典第 1717 条;*Díez－Picazo*, La representación, 65 ff),虽然间接代理也被允许作为委托可能的内容(民法典第 1717 条第Ⅱ款),对商事委托(佣金代理)也有类似的规定(商法典第 245 条到第 247 条)。委托规则成为大量的关于代表另一人完成服务的特殊规定的一个基本模式。其主要原因是因为在西班牙法中,委托合同并不是一类内容限定为第三方的指示为“法律”行为的合同:代理人行为的法律性质并不是合同的实质(民法典第 1709 条)。因此这里存在一个委托和服务合同相互重叠的广泛的“灰色地带”(*Lacruz Berdejo* and *Rivero Hernández*, Elementos Ⅱ(2)^4, 224,228)。不管怎样,以委托规则为准,因为服务合同的法律规定在西班牙法律中几乎不存在。

19. 瑞典法律没有区分一组特别关于服务提供的特殊的合同法规则。除了一般合同法规则,只有小部分关于直接代理的委托合同的古老且一般的规则可以在瑞典商法典第 18 章中找到。Commissions Act (KommL.), Commercial Agency Act (HaL), Sale of Goods Act (KöpL) 和 Consumer Services Act (KTjL) 可以通过类推的方式在各自规定的范围内适用。更多具体规则可以在如不动产代理法(FmL) 和消费者金融咨询服务法(Lag (2003:862) om finansiell rådgiving till konsumenter) 中找到。合同法第Ⅱ部分的规则规定了代理人和第三方之间的外部关系。

Ⅱ.适用于间接代理的委托合同的规则

20. 奥地利商法典第 383 条及以下(佣金代理人)和第 407 条及以下(货运代理人)适用于被代理人和代理人(佣金代理人/货运代理人)之间的合同。若被代理人和代理人之间的内部关系是基于委托,那么民法典第 1002 条及以下的规定适用于他们之间的合同(参见 Rummel (－*Strasser*), ABGB I^3, § 1002, no. 8),然而在间接代理情况下的基本合同,根据民法典第 1002 条(Bevollmächtigungsvertrag),并不是代理合同。

21. 关于比利时对间接代理的委托的法律适用,参见上述Ⅱ。

22. 在保加利亚债权法中,直接代理和间接代理适用相同的规则(LOA 第 280 条至第 292 条)。除了这些规则,还有一些关于善意干预的规定适用于间接代理(LOA 第 60 条至第 62 条)、商务代理(商法典第 32 条至第 48 条)、佣金代理合同(商法典第 348 条到第 360 条)和货运代理合同(商法典第 361 条至第 366 条)(*Stavrou*, TP 2006, 325,343)。

23. 在丹麦,代理人被要求或被允许以代理人自己的名义缔结预期合同的,被代理人将不受第三方的约束(除非被代理人接受订立的合同)。

24. 在英格兰,根据普通法,代理人没有被要求向第三方披露他或她是以被代理人的名义并代表被代理人行为。如果被代理人的存在没有向第三方披露的,那么就涉及“隐名代理”。在这种情况下,被代理人和代理人之间仍存在一个代理关系,因为被代理人授权代理人为被代理人行为的事实,基于此代理人将以代理人自己的名义行为。隐名代理的结果如下:内部关系的内部方面是相同的:被代理人委任代理人对其进行代理;代理人为受托人,被代理人支付代理人佣金和补偿费用等。先天的不存在外部功能,因为当代理人如同被代理人对第三人行为时,代理人并没有在被代理人和第三方之间建立相互关系。合同因此是在第三方和代理人之间。被代理人授权代理人为其对第三方代理,但是被代理人仍然保持隐名状态。只要代理人具有实际权利向第三方来代表被代理人而行为,被代理人就可以介入代理人与第三方的合同(*Siu Yin Kwan v. Eastern Insurance Co Ltd* [1994] 1 All ER 213),也就是说可以起诉和被起诉,但条件是当代理人以被代理人的事先授权行为时(*Keighley Maxsted v. Durant* [1901] AC 240)。隐名代理的效力如下:

(1)因为被代理人没有被披露,所以代理人以自己的名义行为,并因此承担责任,并且可以执行与第三方订立的合同。反之亦然,第三方可以实施合同对抗代理人。只要被代理人没有介入,就是如此。(2)从技术上说,法律认为代理人已经与第三方订立了合同,被代理人也可以介入该合同。然而,一旦被代理人的存在披露给了第三方,后者可以选择某方作为合同的对抗方。一旦该选择作出,第三方就不得试图实施合同来对抗另一方(*Clarkson Booker Ltd. v. Andjel* [1964] 3 All ER 260)。(3)被代理人可以介入和执行由其事先授权的隐名代理人订立的合同(*Siu Yin Kwan v. Eastern Insurance Co Ltd* [1994] 1 All ER 213)。为保护第三方的利益,被代理人介入的权利受到某些限制:(a)如果合同中明确表示(*UK Mutual Steamship Assurance Association v. Nevill* [1887] 19 QBD 110)或默示排除被代理人的介入(*Siu Yin Kwan v. Eastern Insurance Co Ltd* [1994] 1 All ER 213),那么被代理人不得介入。难点在于如何判断合同是否默示地排除了被代理人的介入。如同在枢密院对 *Siu Yin Kwan* 一案所作的决定表明,代理人作为"被保险人"签订合同的事实,不能避免被代理人介入合同。这似乎是说如果代理人在合同中确定为一方当事人,那么这并未防止被代理人的介入。(b)如果个人因素很重要,那么被代理人则不能介入(例如第三方希望和代理人缔结合同或者第三方不愿与被代理人签订合同)。

25. 在爱沙尼亚,作为一项规则,这类合同可能会是"佣金协议"(commissionaire agreement),规定在 LOA 第 692 条到第 702 条当中。佣金协议是(一般)服务合同的特殊类别;因此,除了 LOA 第 692 条到第 702 条中的特殊规则外,适用于(一般)服务合同的一般规则(LOA 第 619 条到第 634 条)也适用于这类协议的代理人和被代理人之间的关系。如果佣金协议的特殊规则不适用的话,那么合同为(一般)服务合同,为此法律对以自己名义行为和以被代理人名义行为不作区分。

26. 在芬兰,代理人以自己的名义但是代表被代理人行为和订立合同的佣金代理和其他委托没有在立法中规定。它们只受合同法的一般原则和适用于其他类型的委托合同规则的类推解释管辖。

27. 在法国,关于代理人以自己的名义为未公开的被代理人行为的合同是"佣金合同",其规则在商法典第 L. 132－1 条及以下条文中。"采购合同"(采购代理人为未披露的被代理人行为,特别是在商品出售时)的规则也可以在这个特殊的情形下适用。为了简化,被代理人和"佣金代理人"之间的关系主要由委托合同的特殊规则规定,而"佣金代理人"和第三方之间的关系则由有关双方订立的合同的特别规则管辖。

28. 德国商法典第 383 条到第 406 条规定了一整套关于佣金代理人的规则,即以自己的名义为另一人专业承担出售和购买商品或证券的人(商法典第 383 条第 1 款)。除了商法典第 383 条到第 406 条外,没有规则特别针对间接代理合同。因此,通常适用于委托合同的规则适用于该情形(MünchKomm (－*Häuser*), HGB, § 383 no. 28)。

29. 在希腊民事法律中,民法典第 212 条直接代理委托的适用规则是一个解释规则:如果不可能判明一人是以另一人的名义行为,那么会认为该人以自己的名义行为。这项规则涉及与第三人关系的外部方面,而被代理人和代理人之间的内部关系可以基于合同,如委托合同(民法典第 713 条到第 729 条)。从直接代理的委托规则(民法典第 213 条及以下)来看,间接代理的委托这个概念实际上根本就不是委托,因为代理人以自己的名义为法律行为的效力直接流向代理人,而不是未披露的被代理人(*Kerameus and Kozyris*, Introduction^2, 70; Georgiades and Stathopoulos (－*Doris*), art. 211, no. 24)。代理人只是从基于一个合同的内部关系比如委托而招致一项义

务,即把这些法律行为效力通过一个单独的法律行为传送给被代理人的义务,因为在间接代理的委托中,在未披露的被代理人和第三方之间没有关系成立(Supreme Court decision no. 752/2003, NoB 2004, 238; CA Athens decision no. 12756/1987, EllDni 1989, 1195)。

30. 在匈牙利,代理人以自己的名义但为被代理人订立合同的,"佣金代理"合同规则将适用(民法典第507条到第513条)。民法典第507条规定"在佣金代理合同下,佣金代理人必须以其本人的名义为被代理人签订销售合同,以佣金作为回报"。民法典第513条第1款规定"规定佣金代理人承担订立销售合同以外合同的合同,该合同也应被视为是佣金代理合同"。根据民法典第513条第2款,"除非本章另有规定,管辖代理的规定必须适用于佣金代理"。参见案例:Supreme Court Pfv. V. 20. 876/1994, in BH 1995/571。

31. 在爱尔兰,代理人以自己的名义订立合同的,该代理被称为"隐名代理",该被代理人称为"隐名被代理人"。另外,代理可能会被披露(即第三方知道代理人为另一人行为,不管是隐名还是显名)。在普通法中,代理人不被要求向第三方披露代理人是以被代理人的名义并代表被代理人行为。隐名代理和显名代理之间区别的重要性在于代理人的行为相对于被代理人和其他第三方的法律效力。但是,至于代理人和被代理人之间的关系,隐名代理和显名代理之间的区别对此并没有关系——即在这两种代理中就此适用相同的规则。根据隐名代理的学理,代理人没有披露代理而与第三人订立合同的,该合同最初在代理人和第三方之间,双方可以基于合同对抗对方。然而,如果第三方发现隐名被代理人的存在,第三方可以基于合同既对抗代理人也对抗被代理人。此外,只要代理人以实际权利行为,隐名的被代理人就可以介入并基于合同对抗第三人。这个学理的操作是合同当事人相互关系学理上的一个重要的例外。因此,如果隐名代理人以其自己的名义但为被代理人购买画作的,被代理人(对于第三方是一个完全的陌生人)可以介入并基于合同强制第三方。在普通法中,对被代理人的介入权存在一些限制。例如,(1)隐名的被代理人只有在该合同订立时存在并且具有缔结合同的法律行为能力时才能介入;(2)只有代理人在订立合同时具有实际权利时,隐名的被代理人才能介入(*Keighley Maxsted &Co v. Durant* [1901] AC 240);(3)如果合同中规定禁止隐名的被代理人介入该合同,不论该禁止是明示或是默示,那么隐名被代理人均不得介入;(4)如果有证据表明第三方与代理人订立合同是基于个人原因,那么隐名被代理人有可能被阻止介入;(5)在某些情况下,有人认为第三方基于个人原因不与被代理人订立合同的,该隐名被代理人不能介入(如案例 *Said v. Butt* [1920] 3 KB 497)。

32. 在意大利,代理人被要求以代理人自己的名义代表被代理人,但是为了被代理人的合同则规定在民法典第1705条第1款中。根据该款,"以代理人自己的名义行为的代理人,从与第三方成立的交易中取得权利和承担义务,即使该第三方知道委托"。然而,被代理人可以代替代理人,直接行使由代理人和第三方订立的合同中产生的权利,因为这些主张被认为自动转给了被代理人。有一个关于物权的区别必须作出:如果代理人获得的是动产,代理人可以采取行动要求该动产的所有权,而如果代理人以自己的名义为被代理人取得不动产所有权,代理人必须将该产权立即转移给被代理人(民法典第1707条;同样参见案例:Cass. no. 202/1974, Foro it. 1974, I, 2739; Cass. no. 2301/1994, Giust. civ. 1994, I, 1887)。在此之前,被代理人不能主张该财产,因为被代理人不能被看作是该不动产所有人。

33. 在荷兰,规定一方,即佣金代理人(commissionair),向另一方,即被代理人(committent),承担以代理人自己的名义并由被代理人负担费用,购买或销售动产、股份或证券的义务的合同被承认。然而,该类合同不属于委托合同的特殊类型。

34. 波兰关于委托的规则既包括了直接代理也包含了间接代理。

35. 苏格兰法律承认为隐名的被代理人行为的代理人的概念（*Stair*, The Laws of Scotland, Reissue "Agency and Mandate", nos. 147－163; *Meier v. Küchenmeister*（1881）8R 642 at 646, per Lord Young）。这个概念允许代理人以代理人自己的名义行为、代表没有告知第三方存在的被代理人或没有向第三方揭露身份的被代理人订立合同。被代理人可以在稍后的阶段介入该合同，以便强制合同对抗第三方（*Stair* loc. cit. nos. 150－151）。一旦被代理人公开后，第三方必须选择要么起诉代理人要么起诉被代理人，但不能同时控诉两者（*Stair*, The Laws of Scotland loc. cit. nos. 155－156）。被代理人的介入权是没有限制的，不会被诸如代理人的未履行或代理人的无偿付能力等因素引发。这个代理概念具有某些限制因素，例如，被代理人以这种方式行为的能力，可能作为与第三方订立合同的解释问题而被排除（*Stair* loc. cit. no. 153）。一个更值得商榷的限制是，当隐瞒涉及欺骗时，什么将防止被代理人以这种方式行为（*Stair* loc. cit. no. 154）。

36. 在斯洛伐克，委托合同的一般规定可以在民法典第 724 条到第 732 条中找到，而关于物的取得合同规定在民法典第 733 条到第 736 条中。关于安排物的销售的合同特别规定在民法典第 737 条到第 741 条中。在该合同下，代理人有义务从被代理人处取得确定为销售的物，并做必要的安排以利于其出售。在这种情况下，代理人以自己的名义为被代理人行为。在佣金代理人合同中，佣金代理人承担以代理人名义，但维护被代理人的为其从事特定的商业事务，被代理人承担支付代理人佣金的义务。这类合同规定在商法典第 577 条到第 590 条中。

37. 在西班牙法律中，代理作为委托的实质效力可作为代表。事实上，代理法律的主要规则内容理应源自委托一章。然而，间接代理也被设想为是委托的自发效力。如果是此类情形，委托将会在被代理人和第三方之间引起一种非直接的关系（民法典第 1717 条和商法典第 245 条到第 247 条）。

38. 瑞典佣金代理法规定了佣金代理人的一套规则，即以其自己的名义为另一人负责购买和销售商品、证券和个人财产的专业人士。代理法同样以类推的方式用于广义上的佣金代理。因此，各类代理人和码头工人尤其被看作为佣金代理人，如果他们以自己的名义行为（参见 *Tiberg and Dotevall*, Mellanmansrätt[9]，第 87 页）。

Ⅲ. 适用于代表除缔结合同以外的其他法律行为或为非法律行为或为一混合行为的合同的规则

39. 在奥地利，同样的规则适用于代理人没有被要求订立合同，而是被要求执行另一法律行为（OGH EvBl 1953/136; OGH GesRZ 1980, 95; Rummel（－*Strasser*），ABGB I[3]，§ 1002, no. 40）的情形。在混合合同的情形下，调整根本合同（underlying contract）或其他服务履行的规则适用。

40. 在比利时，委托的规则同样适用于代理人不被要求订立合同，而是被要求执行另一法律行为的情形（*Tilleman*, Lastgeving, 64; *Wéry*, Le mandat, 81 ff；特别是对于被要求向法庭提出主张的律师，参见 *Herbots/Stijns/Degroote/Lauwers/Samoy*, TPR 2002, 57, no. 884; *Tilleman*, Lastgeving, 25）。关于混合行为，混合合同认定的规则将予以适用（*Claeys*, Samenhangende overeenkomsten en aansprakelijkheid, 203; *Foriers and Glansdorff*, Contrats spéciaux, 594; *Samoy*, Middellijke vertegenwoordiging, 34－35; *Tilleman*, Lastgeving, 14; *Wéry*, Le mandat, 105－107），如果合同规定的代理人的主要义务涉及作为被代理人的代理人完成一法律行为的，以及如果涉及的其他非法律行为的履行义务只是从义务的，根据"吸收理论"，主导法律关系（委托）的规则

适用(例如案例 Labour Court Antwerp 23 November 1989, Pas. Belge 1990, Ⅱ, 110)。反之,如果涉及的其他非法律行为的履行义务占主导地位,那么雇佣服务(*huur van werk*)的规则将适用,这同时也符合吸收理论(例如 CA Luik 18 June 1981, RGEN 1982, 286)的规定。如果既不是法律行为也不是非法律行为占主导,那么两个合同规则均累积适用,尽可能地按照“累积理论”的规定(例如委托规则,结合建筑合同的规则(如 CA Bergen 22 January 1990, Pas. belge 1990, Ⅱ, 145)。如果因为相互抵触的规则而不可能适用累积理论,那么该合同将被定性为特别的合同而仅适用于一般合同法规则。

41. 在保加利亚,相同的规则(LOA 第 280 条到第 292 条)既可适用于规定缔结预期合同的委托合同,也可适用于除缔结预期的合同之外的其他法律行为的履行。

42. 在丹麦,当合同中的代理人的主要义务不是代理被代理人,而是提供其他服务,代理人的职责范围将会由被代理人和代理人之间订立的协定管辖。如果在该代理合同下,代理人必须承担采取法律步骤的后果,合同法关于代理的第二部分将会适用。

43. 在英格兰,只要代理人已经由被代理人授权履行给定的任务,例如建筑师代理被代理人接收房子,该建筑师仍然代表被代理人执行其他任务,因此仍被视为代理人,代理规则也将随之适用。

44. 在爱沙尼亚法律中,在所谓的混合合同情形下,合同中的不同部分可能由不同系列的规则管辖(LOA 第 1 条第 2 款)。如合同中包含了代理被代理人义务的,合同中该部分将可能由特殊服务合同规则管辖(例如工程合同规则),同时也由(一般)服务合同规则管辖,只要存在代理被代理人的义务。

45. 在芬兰,只要授权载有代理被代理人的委托,那么委托合同规则才可以适用。双方当事人合同的其他部分应当由可适用于这些部分的具体行为的单独规则进行调整。

46. 法国委托合同的规则将会适用于为其他法律行为的委托,因为这些规则涵盖了以被代理人名义并为被代理人的任何法律行为的完成,不论是合同或是其他法律行为。

47. 在德国,适用于关于缔结预期合同的委托合同的规则也适用于完成其他法律行为的代理。

48. 关于委托的客体,希腊法律理论区分了法律行为和非法律行为。一般认为,只有在涉及法律行为的情形下,委托的成立才被要求;而非法律行为,作为规则,不属于委托范围。这意味着,由委托建立的外部关系只有当基于委托合同的内部关系的客体(民法典第 713 条及以下)是一个法律行为时,才有需要被建立。如果代理人的主要义务是在接受一个工作时代理被代理人,而接受工作构成一个法律行为,那么委托规则既适用于外部关系也适用于内部关系(decision no. 12086/1988, legal journal 1989, 125)。当委托的客体是一合同时适用的规则也适用于当代理人被要求执行另一法律行为的情形。这意味着在这种情况下,委托规则(希腊民法典第 211 条到第 235 条)适用于这种关系的外部方面。至于内部关系,可适用的规则取决于约束双方当事人的合同,例如委托(民法典第 713 条到第 729 条)。在诉讼行为中,律师可以被授予明确权力为被代理人履行这些行为。代理诉讼的授权委托书在希腊司法程序制度中被公认为司法委托并由民事诉讼法典第 94 条到第 105 条规定。

49. 在匈牙利,代理人执行其他合法法律行为和缔结合同均适用相同的规则(Supreme Court Pfv. V. 20. 876/1994, in BH 1995/571)。

50. 在爱尔兰,代理人从被代理人处取得授权或取得权利,变更被代理人与其他人的法律关

系的，不论是以合同还是以其他方式，代理的一般法律同一部分将会适用。

51. 在意大利，代理人被授予权力代理被代理人执行除合同以外的法律行为的，一般规则是，委托应当具有必须完成的行为的形式要件。根据民法典第 1392 条，“委托没有效力，除非其赋予符合由代理人制定的合同的形式要件”。如果代理人被要求在法庭提起一个主张，涉及法律代理的规则将适用（特别是民诉法典第 83 条和第 84 条），其包含在由律师在法庭上进行的辩护行为之中。根据民诉法典第 83 条，代理被代理人出庭的律师必须要有授权委托书，该委托书既可以通过公共契约授予，也可通过私人行为授予，只要委托书的签名由公证人认证。如果委托书在与司法简要文件同一的文件中授予，其签名必须由律师认证。根据民诉法典第 84 条，律师可以履行所有诉讼事宜并收集所有相关信息。然而，除非有被代理人的特别授权，律师没有权利处置诉讼标的物。至于混合合同，根据当事人意思自治原则，在意大利法律中，合同双方当事人可以根据他们的喜好规定其关系，甚至可以订立一个在法律中没有特别规定的合同（无名合同）。混合合同，由两个或多个不同种类合同中的元素并存于一个合同为特征，可以包括在上述无名合同中。在这种情况下，根据一些学者的观点，混合合同是由调整其占主导元素的合同种类的条款来进行规定。然而，根据最广泛的观点，涉及的各种合同的不同规则将共同适用。

52. 在荷兰，服务提供商通常受适用于专业服务合同的规则约束（民法典第 7:400 条到第 7:413 条）。如果法律行为的执行不是合同的主要内容，这就不是一个委托合同。例如，如果一建筑师偶尔代表客户履行法律行为，那么这就不是委托合同而是适用一般专业服务合同的规则（*Van der Grinten*, Lastgeving, no. 5）。这同样适用于与律师或公证员缔结的合同（Nieuwenhuis/Stolker/Valk（－*Castermans and Krans*），T & C Burgerlijk Wetboek[7], no. 3088）。

53. 在波兰，委托合同规则适用于其他服务合同（民法典第 750 条），除非双方当事人已决定排除适用这些规则。民法典第 95 条到第 109 条（规定代理人和第三方的关系——法律责任等）总是适用，并不得由缔约各方排除。

54. 在苏格兰，适用于代理人缔结合同的规则也适用于代理人进行其他法律行为的情形。

55. 在斯洛伐克，代理人不被要求签订合同，而是被要求执行另一法律行为的，委托规则也适用。委托合同（及其亚类型）的范围非常广泛以至于它也包括了代理人安排订立合同外的其他事务。这些规则也适用于商事合同。

56. 西班牙民法典第 1709 条的措辞就委托关系的客体规定了广泛的范围。它表述了一方当事人承担的代表另一方当事人履行服务或为某事的义务。TS（TS 27 November 1992）和法律文献（Sierra Gil dela Cuesta（－*Hernández Gil*），Código Civil Ⅶ[1], 905；*Lete del Río*, Derecho de obligaciones Ⅲ[4], 401；*Lasarte Álvarez*, Principios de derecho civil Ⅲ[7], 344）已经明确此为法律行为。预期合同的订立为可能的法律行为之一。Lete del Río 指出这是委托区别于其他服务合同类型的因素（*Lete del Río* loc. cit.）。

57. 在瑞典，适用于直接代理的委托合同的规则，经适当修改，适用于代理完成外所缔结的其他法律行为。

Ⅳ. 适用于一般事务委托合同的规则？

58. 保加利亚 LOA 第 280 条到第 292 条适用于一般委托合同。这些规则被认为是一般规定。除此之外，还有一些特别类型的委托合同的特殊规定——商法第 21 条到第 51 条关于商事代理；第 348 条到第 360 条关于佣金合同；第 361 条到第 366 条关于货运代理合同；保险法典第 162 条关于保险代理；律师协会法第 36 条关于律师。假如不存在对这些特殊类型的委托合同的规定，

一般委托规定经适当修改可适用(商法第348条第2款和第361条第2款;Supreme Court, Judgment no. 20, 5 June 1995, Civil Case 800/1994)。

59. 在丹麦,双方当事人牵涉到诉讼案件的,通常由律师协助。律师只是司法程序代理人,而不是当事人本身。根据丹麦司法管理法,如果没有被代理人同意,律师没有权利和解。

60. 英格兰法律承认的两类代理是:一般代理和特殊代理。其区别是与被代理人授予的权力的性质和范围有关。一般代理人有权力为被代理人进行一特定贸易或一类交易。特殊代理人只有权力进行一指定的交易行为。如今,这个区别对于惯常的或惯例性权力概念来说,似乎不那么重要了。除了由合同条款界定的代理人明确的实际职权(明确的实际权力),代理人也具有一个约束被代理人的隐含的实际权力。隐性职权的一类就是惯常的或惯例性的权力:被任命为某一职位的代理人将拥有该职位通常具有的所有的权力,除非被代理人在合同中明确对此表示排除(*Panorama Developments (Guildford) Ltd. v. Fidelis Furnishing Fabrics Ltd.* [1971] 2 QB 711)。法院通过参照关于某一特定行业或职业的实践的专家证明,决定什么是构成某类专业人士的惯常权利。

61. 作为爱沙尼亚的一项规则,规定代理人不被要求签订合同,而是被要求执行另一法律行为的合同,会由(一般)服务合同(在服务合同下提供的服务可以是签订合同或是任何其他(法律)行为的履行)予以调整。在极少数的情况下,代理人不仅仅在执行法律行为时负有注意义务,而且(也)保证其恰当的执行,这类合同是工程合同。LOA第635条第2款调整(一般)服务合同的具体规则(另外)可适用于合同客体是执行一个交易(也就是一个法律行为)的工程合同。

62. 在芬兰,一般委托主要由与单一交易的委托相同的立法依据来调整。然而,如果该委托是一般委托,那么它在适用一般原则时具有重要意义。商事代理与销售法包含了连续代理的具体规则。

63. 法国委托合同的规则适用于一般委托合同(民法典第1987条)。

64. 在德国,适用于关于订立预期合同的委托合同的相同类别的规则适用于一般委托合同。

65. 在匈牙利,委托合同的规则适用于一般委托。参见Supreme Court Pfv. Ⅷ. 21.147/2006, in BH 2007/86; Supreme Court Gf. Ⅱ. 30 521/1986, in BH 1987/174; CA Fo"városi ítélo" tábla 5. Pf. 21 230/2005/3, in BDT 2007/ 1598)。

66. 在爱尔兰,代理法律承认两种代理人:一般代理人和特殊代理人。一般代理人将有权力在一特定贸易或一类交易中为被代理人行为。特殊代理人将只有权力在一给定交易中行为。该区别可能是与由被代理人授予的权力的性质和范围这一问题有关。然而,这个区别已不再像以前那么重要了。此外,一般代理人和特殊代理人都受相同的一般代理规则的约束。

67. 在荷兰,服务提供商通常由适用于职业服务合同的规则约束(民法典第7:400条到第7:413条)。在委托合同的情况下,民法典第7:414条到第7:424条建立的规则将适用。如果代理人没有被要求订立合同,而是被要求执行另一法律行为的,那么委托合同规则将适用。

68. 苏格兰法律规定提供特定性质服务的代理人受代理法律约束。代理人之间存在"一般"代理人和"特殊"或"有限"代理人的区别(*Gloag*, The Law of Contract², 150; *Stair*, The Laws of Scotland, Reissue "Agency and Mandate", nos. 55-56)。一般代理人(如律师)受雇处理被代理人的所有事务或者被代理人的某一特殊种类的所有事务。特殊或有限代理人只受雇进行特定交易。该区别的主要原因是,只有一般代理人可以拥有表见的或名义上的权力处理事务。以建筑师为具体例子,他具有的非常有限的权力只是在接收房子时才为被代理人进行代理,这类代理人

很可能归类于特殊代理人。特殊代理人被排除在以表见代理权力行为的代理人以外,除此之外,特殊代理人也受到适用于其他代理人的同样的一般代理规则的制约。在苏格兰,被指示向法院提出主张的代理人通常是律师,对该类代理人普通代理规则将适用。如果诉讼主张在苏格兰高等民事法院(Court of Session)或者在上议院(House of Lords)这类更高一级的法院进行,那么此时被代理人可能由有权作为讼务律师的事务律师(solicitor avocate)(已经通过特定的考试取得在更高一级法院出庭权利的事务律师)代理或由讼务律师(advocate)代理。讼务律师的合同传统上被归为一种无偿委托而不是代理(一般参见 *Stair* loc. cit. nos. 26-28)。对一个由这样职业人士提供的服务估值被认为是不可能的。当然,讼务律师应当取得服务费用,但是这被归为一种酬金(honorarium)(*Batchelor v. Pattison and Mackersy* (1876) 3 R 914)。

69. 西班牙民法典在其第 1712 条(mandato general)规定了一般委托合同。一般委托包括被代理人的所有事务,其与特殊委托合同(mandato especial)相对立,后者只涉及被代理人的一个或多个事务。民法典第 1712 条中的一般委托合同区别于民法典第 1713 条中的"在一般条款中的委托"。在一般条款中的委托注重拟被完成行为的性质,其根据民法典第 1713 条这些行为是管理行为,而不是涉及处置被代理人货物的行为。管理行为是那些为了维护被管理的资产质量或获得该资产的正常收益的行为(Sierra Gil de la Cuesta (- *Hernández Gil*), Código Civil Ⅶ[1], 921)。

70. 在瑞典,适用于直接代理的委托合同的一套规则也同样适用于被赋予一般委托的代理人的情形。

V. 适用于管理被代理人事务合同的规则

71. 在奥地利,直接代理的委托规则也适用于"一般委托"的情形(民法典第 1006 条;RAO 第 9 条)。当权力被指为一系列法律行为时民法典第 1006 条;第 383 条及以下和第 407 条及以下调整商务代理人和货运代理人的权利和义务(Schwimann (- *Apathy*) ABGB V^2, no. 1)。

72. 比利时民法典第 1987 条区分特殊委托(仅仅涉及被代理人的一具体事务或多重事务)和一般委托(涉及被代理人的所有事务)(参见 *Herbots/Stijns/Degroote/ Lauwers/Samoy*, TPR 2002, 57, no. 882; *Tilleman*, Lastgeving, 142-148; *Wéry*, Le mandat, 89-90)。委托规则都适用于这两种情形。

73. 在保加利亚,代理人可能被授权和被指示履行被代理人事务的一般管理,除了那些必须由被代理人亲自执行的法律行为(如结婚、离婚诉讼、遗嘱)(*Mevorah/ Lidji/Farhi*, Komentar Ⅲ, 20)。根据被代理人法律行为能力而适用不同的规则。被代理人不是商人的,一般委托合同规则(LOA 第 280 条到第 292 条)可适用,代理人可以被授予一般授权委托书,以被代理人的名义和代表被代理人行为(LOA 第 36 条到第 43 条)。被代理人是商人的,存在代理人和被代理人—商人的内部合同关系,和商事代理人的委托授权书的特殊规则(商法典第 21 条到第 48 条)。假如不存在对内部关系的具体规定,一般委托合同规定经适当修改也可适用。存在可以履行被代理人商业事务一般管理的 3 种不同种类的商事代理人:商业代理人(commercial procurator)(商法典第 21 条到第 25 条),商务代表(commercial representative)(商法典第 26 条到第 31 条)和商事代理人(commercial agent)(商法典第 32 条到第 48 条)。商业代理人是由商人(被代理人)委任和授权代理人管理其公司并以此获得报酬的自然人(商法典第 21 条第 1 款)。该自然人被授权履行关于被代理人开展的商业活动的任何行为或交易,被授权代理被代理人和被授权授权第三方执行具体行为(商法典第 22 条)。该代理人不得转让或抵押被代理人任何物权,除非有被代理

人的明确授权外。双方当事人可能仅限制商业代理人的授权于某一单一部门的商事;其他限制对第三方没有任何法律效果(商法典第 22 条)。商务代表既可以是自然人也可以是法人,他们由商人委任和授权履行规定在授权受托书内的行为,并以此换取报酬。与商业代理人不同的是,商务代表的权利的限制由被代理人确定(*Gerdjikov*, Komentar na Turgovskiya zakon I, 111; *Goleva*, Turgovsko pravo I, 78; *Kazarov*, Turgovsko pravo^4, 135)。除非另有规定,商务代表被视为被授权履行商人惯常商事的所有行为(商法典第 26 条)。对于转让或抵押被代理人物权、接受本票、获得贷款或代理出庭,商务代表需要明确授权。其委托授权书中的任何其他被代理人权力的限制只有当第三方已经知道或应当知道这些限制时,才可以对该第三方产生法律效力(商法典第 26 条)。商务代表和被代理人之间的内部关系既可由委托合同规定又可由劳动合同规定(*Gerdjikov* loc. cit. 121)。商事代理人是商人的自然人或公司,其独立地且在自己的业务过程中协助另一商人的业务。商事代理人可被授权以委托商人的名义进行交易和订立合同,或者以其自己的名义进行交易或订立合同,但是必须代表委托商人(商法典第 32 条)。

74. 在丹麦,没有具体规则规定代理人被指定为一般委托的情形。

75. 英格兰代理规则也适用于管理被代理人事务的合同。被代理人可能授权代理人做手头工作所必需的任何事情;因此代表规则也适用于管理被代理人事务的服务。代理人是否可以处理属于被代理人的物品将取决于合同授予的权力范围。如果被代理人并没有明确授权给代理人处理自己的财产,那么被代理人仍然可以因表见代理的概念而受到代理人行为规则的约束。

76. 一般来说,爱沙尼亚的法律没有对一般委托和规定了代理人被要求执行一个特定法律行为的合同作出区分。然而,这样的安排可能受到代理合同的具体规定的约束(LOA 第 670 条到第 691 条)。如果代理人以自己的名义行为,合同将会是佣金协议。除包含在 LOA 第 692 条到第 702 条中的规则,调整(商业)代理合同的某些具体规则适用于被代理人和佣金代理人之间的关系(LOA 第 692 条第 3 款)。

77. 在芬兰,当一般委托是基于合同时,提到过的委托合同的规则原则上可以适用。

78. 根据法国法律,代理规则适用于被代理人事务的管理服务,但是当存在一般委托时,代理人的权力将会因可能完成的法律行为的类型而受到限制。这些仅仅是保管合同标的物或对其进行管理的必要行为(民法典第 1987 条)。另外,一般委托的代理人不能出售或处理属于被代理人的物品(民法典第 1988 条)。为此,代理人将有必要获得出售或处理标的物的具体授权(即使学术界接受某些例外,尤其是标的物是易腐烂物品之时)。

79. 在德国,可适用于关于订立预期合同的委托合同的规则,同样适用于被代理人事务管理合同。若有需要,代理人可以处理被代理人托付于代理人的物品。除非存在合同规定,否则没有具体条件限制。当然,代理人不得疏忽大意地处理物品(这方面并不存在具体规定,但是民法典第 662 条结合民法典第 280 条适用,并可赋予被代理人可要求赔偿损失的权利)。

80. 根据希腊民法典第 216 条,委托要通过以设定委托为目的而订立的契约(授权委托书)授予。代理被代理人为一系列法律行为的一般委托可以是明确的,也可以由契约一般且抽象的表述而订立或基于合同——如委托合同——确定的内部关系的性质而订立。通过委托合同,代理人承担执行可以要求执行的与一系列法律行为有关的事务(民法典第 713 条)(Georgiades and Stathopoulos (- *Karasis*), Art. 713, no. 15)。

81. 在匈牙利,代理规则同样适用于被代理人事务管理合同。

82. 在爱尔兰,当代理人从被代理人处获得的权限或权力影响被代理人与其他人的法定关系

时，无论是通过合同或以其他方式，代理的一般法律将同样适用。因此，当代理人被指派管理被代理人的事务时，代理法律将适用。

83. 根据意大利法，一般委托和特别委托都适用于相同的规则。然而，可以得出如下区别：如果代理人被授予完成具体行为的权力，那么该权力不仅包括这些具体行为，同时也包括所有为完成上述行为所必需的行为（民法典第1708条）。这些不同的行为可能既包含了事实行为也包含了法律行为，若其是履行委托的补充。当被授予一般委托，代理人可以完成普通管理的所有行为，即使合同中没有明确规定。在这种情况下，为了有效地完成特殊管理的行为，相对于第三方，有必要授予代理人特别委托的权利。

84. 在荷兰，委托合同的规则也适用于一般委托。委托可能为了为一个或多个特定的法律行为，但委托也可能是以一种概括的方式描述（Nieuwenhuis/Stolker/Valk（ - *Castermans and Krans*），T & C Burgerlijk Wetboek[7]，no. 3088）。因此，似乎委托规则也适用于管理被代理人事务的服务。

85. 在波兰，委托合同规则适用于其他服务合同（民法典第750条），它包括管理被代理人事务的合同。

86. 在苏格兰，代理的一般规则适用于一般委托的情形。"一般"代理人被授权办理被代理人的一特殊种类的所有业务（*Gloag*，The Law of Contract[2]，150；*Stair*，The Laws of Scotland，Reissue "Agency and Mandate"，nos. 55-56）。一般代理人相对于"受限制"或"特殊"的代理人而言，后者是受命完成某项特定交易。代理的一般规则同样适用于这两种代理人，除了特殊代理人不得以表见代理行为这一事实外。

87. 斯洛伐克委托合同规则也适用于一般委托。民法典关于在授权委托书（外部效果）下代理的一般规定，只规定了条件，即授权委托书必须是书面的，如果它涉及了一个以上的具体法定行为的授权。

88. 在西班牙，委托可以作为特殊委托或一般委托发出（民法典第1712条）。一般委托"包罗被代理人的一切事务"（negocio）。这项区分对于商事事务很重要（商法典第281条），因为存在涉及作为一般管理者（factores mercantiles）运行外来业务的特殊规则。在民事事务中，一般委托和特殊委托的区别在法律实务中没有任何重要意义。

89. 在瑞典，没有涉及被代理人事务管理的特别规则。适用直接代理的委托合同的规则同样适用于代理人已被指定为一般委托的情形。如果被代理人事务管理合同是概括性的，同时又是不可撤销的，那么它也不可能是排他的，因为一个人只能把自己放置于自身利益范围的、确定的并且有限的部门内的"保佐关系"之中（参见*Grönfors and Dotevall*，Avtalslagen[3]，134）。

Ⅵ. 处理物品的权力

90. 在奥地利，仅占有物品的托管并不赋予财产管理人处理它们的表见代理。必须有更多的东西，例如一个事实，即代理人是具有处理物品之惯常代理的一人（拍卖人或经纪人），或者所有权转移的其他特征或授权出售。如佣金代理人是被赋予占有和控制拟为被代理人出售的物品和证券的代理人（商法典第373条到第406条及以下；Straube（ - *Griss*），HGB I[3]，§ 383，no. 4；OGH in Arb 9466）。

91. 在比利时，笼统条款中的委托只给予履行管理行为的权利。要具有处理属于被代理人物品的权力，必须明确委托，指定处理的行为属于代理人的权利范围。

92. 根据英格兰法律，代理人是否可以处理属于被代理人的物品的问题将取决于合同授予的

权力范围。如果被代理人已给予代理人明确权力处理自己的物品,那么就不存在任何问题。然而,即使被代理人没有明确这样做,基于表见代理的概念,被代理人仍然可能受代理人行为的约束。

93. 根据爱沙尼亚法律,管理被代理人事务的代理人是否有权处理被代理人物品是一个问题,它的答案必须根据调整代理人权力的一般规则作出,即代理人和第三方的外部关系(GPCCA 第 115 条到第 131 条)。这里,爱沙尼亚法律如同德国法律,区分委托(Vertretungsmacht)和处分权(Verfügungsmacht)。在很多情形下,这个区别只具有理论上的重要性。然而,处理被代理人物品的权力也可以从形成代理人和被代理人之间的内部关系的合同中得出。

94. 在芬兰,通常情况下,代理人只有在已经约定可以处理物品的情况下,才有权处理物品。然而,这种授权往往基于立法或法院判定的委托(例如,破产财产的受托管理人或已故之人的遗产管理人)。

95. 在德国,适用于关于订立预期合同的委托合同的一系列规则,同样适用于管理被代理人事务的合同。如有需要,代理人可以处理物品。除非有合同协议,否则没有具体条件限制。当然,代理人在处理物品时必须毫无疏忽大意地行为;(这方面没有具体规定,但是民法典第 662 条结合民法典第 280 条适用,并可能给予被代理人要求赔偿损失的权利)。

96. 在希腊法律中,根据管理被代理人事务的概念,其也属于处理归属被代理人物品的范围,如出售或租赁房子。以管理被代理人事务的委托,如处理物品为目的,也可以授予经纪人,但如果没有授予委托,那么他就不被视为是被代理人的代理人(Supreme Court decision no. 58/1975, NoB 1975, 879; Georgiades and Stathopoulos (–*Karasis*), Art. 703, no. 12)。

97. 在意大利,除非双方当事人另有约定,代理人没有权力处理被代理人的物品。这意味着,在负责出租被代理人公寓的不动产代理商的情形下,该地产代理商如果没有被代理人的特别授权不能出售该房屋。

98. 在苏格兰,代理人是否有权处理被代理人的物品的问题取决于授予权力的范围。管理的一般权力通常不会被解释为赋予处理的权力。仅占有物品的托管不得赋予表见代理给财产管理人以处置权。

99. 在斯洛伐克,对于有名合同的亚类型"安排销售物品的合同",民法典第 737 条到第 741 条规定,代理人受约束于从被代理人处拿到确定要出售的某件物品,并为了它的出售做必要的安排。在这种情形下,代理人以代理人自己的名义为被代理人行为。

Ⅶ. 适用无偿委托合同的规则

100. 在奥地利,相同的规则适用于无偿和有偿的直接代理委托(民法典第 1004 条)。商法典第 396 条(第 1 款)和第 409 条,HvertrG 第 8 条,第 24 条及以下,和 RATG 第 1 条及以下和第 19 条处理报酬问题。在没有协定的情况下,根据 RATG,律师有权获得报酬;按照当地习俗,佣金代理人、货运代理人和商务代理人有权获得报酬,或者在没有这种习俗时,他们有权获得合理的报酬。只有在非常有限的情况下,他们获得佣金的权利才能被消灭(例如,第三方和被代理人之间的合同,由于可归咎于被代理人的原因,将不被执行的)。

101. 一般来说,在比利时法律中,对于无论代理人是否获得补偿的情形都适用相同的规则,除代理人的合同责任外。没有报酬的代理人的合同责任不如有报酬的代理人的合同责任严重(民法典第 1992 条;*Wéry*, Le mandat, 143)。

102. 在保加利亚,如果没有其他约定,一般委托合同原则上是无偿合同(LOA 第 286 条;

Vassilev, *L.*, Obligazionno pravo, 20; *Mevorah/Lidji/Farhi*, Komentar Ⅲ, 51; *Vassilev*, *B.*, Spezialna chast, 131)。委托合同的特殊类型在任何情况下都是有偿合同(*Vassilev*, *L.*, Obligazionno pravo, 40; *Vassilev*, *B.*, Spezialna chast, 131)。它们由不同的规定调整——商法典第 348 条到第 360 条的佣金合同;商法典第 361 条到第 366 条的货运代理合同;商法典第 32 条到第 48 条的商事代理。一般有偿委托合同由一般委托合同规则调整(LOA 第 280 条到第 292 条)。

103. 根据丹麦立法,对于"普通代理人",没有具体的报酬规则予以适用。与此相反,经纪人法,特别是商事代理人和旅行代理商法,载有详细的代理人佣金权的非强制性规定。当原则上规定中间人(经销人、商事代理人、经纪人等)有权获得佣金的合同不被履行时,如果被代理人可以证明未履行并非由于被代理人控制范围内的情况造成,那么代理人提出的佣金要求将失效。未履行的很多案例本质上是由于特定第三方的无能力履行合同中的义务造成的,因此,第三方无清偿能力的风险将落在代理人身上。

104. 在英格兰,代理可以因协议产生,不论是否有报酬。无偿行为的代理人仍然可以影响被代理人同第三方的关系,无偿代理人因此也受信托义务的约束。然而,当代理是无偿时,"代理人和被代理人之间的内部定位就是有缺陷地可执行性"(Bowstead(– *Reynolds and Graziadei*), Agency[18], para. 6.026)。由于不存在合同责任,代理人不对未履行在没有对价下的代理人承担的作为负责。然而,代理人仍然对侵权负有责任,因为无偿代理人对被代理人负有注意义务。代理人可因此在侵权时,就未履行注意和克尽职责的义务而承担责任。但是,对于无偿代理人来说,注意的标准要低于有偿的代理人,因为注意标准是要求代理人像注意自己的事务一样注意被代理人的事务(*Chaudry v. Prabhakar* [1988] 3 All ER 718)。

105. 通常适用于调整代理人和被代理人之间内部关系的爱沙尼亚合同的规则,不会因为合同是否无偿而有所不同。一般的假设是职业代理人有权因其提供的服务获得价金。无偿合同的特殊规则,只有当涉及代理人报销费用的权利时才存在。

106. 在芬兰,不存在关于无偿代理的特别的书面规则。原则上,一般规则可适用。然而,若代理是无偿的,在执行委托时必须满足的要求一般较低。

107. 法国民法典关于委托合同的规定(民法典第 1984 条到第 2007 条)适用有偿合同和无偿合同(民法典第 1986 条),但是如果没有报酬时,代理人的责任将会被削弱(民法典第 1992 条第 2 款)。

108. 根据德国民法典第 662 条的法律定义,"委托"是无偿合同,委托的一般规则(民法典第 663 条到第 674 条)是基于这个假设。通过参照民法典第 675 条第 1 款,有偿合同与无偿合同(委托)由相同的规则调整,但有以下例外(即那些在民法典第 663 条到第 674 条列出的,而没有在民法典第 675 条第 1 款中列出的规定):(1)民法典第 664 条:在有偿合同中,具有通过一个第三人履行的代理对代理人一般是可接受的。在无偿合同中,民法典第 664 条表明这个是不可接受的("当有疑问时"),因为委托往往基于双方当事人之间的个人信任关系。然而,民法典第 664 条类推适用于有偿合同的可能性,在个人信任关系存在于双方当事人之间的情形下已认定;(2)民法典第 671 条规定了撤销委托的权利,并给予各方随时撤销合同的权利,虽然代理人不得不以一定的方式撤销,即以允许被代理人合理安排被关照的事务的方式。若代理人因在不适当的时候撤销而没有合乎这项义务的要求,代理人将承担损害赔偿责任;(3)民法典第 671 条通常不可适用于有偿合同;合同撤销的问题受服务合同或工程合同规则的调整。然而,有偿合同允许代理人随时撤销合同的,民法典第 671 条第 2 款可适用(民法典第 675 条第 1 款)。

109. 在希腊法律中,价金支付取决于约束被代理人和代理人的内部关系。如果内部关系基于委托合同,那么代理人承担无偿为被代理人托付给代理人的事务(民法典第 713 条)。无偿委托规则的一个例外在律师法典中有明确规定,它规定了律师和被代理人之间强制性的有偿委托。至于居间,允诺为获得合同或为达成合同的机会的信息付费之人,只有在合同的订立是该获得或是达成结果时,才受付费的约束。如果是该获得或是这些信息的结果,载有合同允诺的协议已完成,但是合同最终没有达成,那么只可以要求一半的费用(民法典第 703 条第 1 款)。如果合同的订立受一个条件约束,那么费用将不能被要求直到该条件得以满足(民法典第 704 条)。

110. 一般说来,在匈牙利,不论代理人是有偿还是无偿,都适用相同的规则。民法典第 478 条第 1 款规定"被代理人应当支付适当的费用,除非情势或双方当事人的关系表明代理人已假定代理没有任何价金的考虑"。然而,根据民法典第 483 条第 3 款,"如果无充分理由取消代理,那么造成的损害应当受到赔偿,除非代理是无偿的并且通知期足够长以让被代理人处理事务"。

111. 爱尔兰的规定主要和英格兰的规定相同,见上面的表述。

112. 根据意大利法律,存在一个关于代理的繁琐的推定(民法典第 1709 条)。这意味着除非当事人另有约定,代理人有权获得补偿。总体而言,即使代理人和被代理人之间没有约定价金,规则也是相同的。然而,在有偿代理的情况下,代理人就违反合同所承担的责任比在无偿代理的情况下承担的责任要更加严重(民法典第 1710 条第 1 款),因为当考虑到支付给代理人时,对于被代理人的经济的和财务的后果会更为严重(参见 Cass. no. 3233/1982, Foro it. Mass. 1982, 4, 4070)。

113. 在荷兰,职业代理的情况下,被代理人必须支付报酬。在非职业委托合同情况下,例如临时委托、一次性法律行为(例如,某人同意朋友为修理其汽车与汽车维修站安排一个预约),代理人无权获得报酬,委托是无偿的。这将取决于通过当事人双方协议的确切内容来判定委托合同规则是否适用。根据民法典第 7:405 条,似乎非职业代理人只有在获得报酬已经明确确立时,才有权获得报酬。如果无偿委托可以被定义为委托合同,那么,如适用于普通委托合同一样,相同的规则也适用。然而,根据文献,一方应认真对待作为委托合同的无偿委托。这往往取决于两方合同当事人的内部协议(参见 *Van der Grinten*, Lastgeving, no. 10)。

114. 在波兰,不论提供的服务是有偿还是无偿,适用于相同的委托合同规则。

115. 在苏格兰法律中,区别有偿代表(代理)和无偿代表(委托)。委托的规则已经由苏格兰体制作家 Stair(*Stair*, Institutions I[10], 12),Erskine(*Erskine*, An Institute of the Law of Scotland Ⅱ(3), 3, 31－38)和 Bell(*Bell*, Principles of the Law of Scotland[10], 216－218)讨论过。同代理人(受到报酬的代理人)相比,没有报酬的代理人可能预先已经受到高度注意的要求,但也许再是这样了(*Stair*, Institutions I[10], 12, 10; *Erskine* loc. cit. 3, 36－37; *Bell* loc. cit. 218, 212; *Stair*, The Laws of Scotland, Reissue 'Agency and Mandate', no. 23; *Stiven v. Watson* (1874) 1 R 412; *Copland v. Brogan* 1916 SC 277)。

116. 在斯洛伐克法律中,委托在民事关系中可以是无偿或有偿的。商务合同(委托合同和佣金代理合同)总是有偿的。对不一致履行的责任规定不适用于无偿委托。

117. 在西班牙,民法典的规定经适当修改适用于无偿和有偿两种委托合同:(民法典第 1709 条及以下)。民法典第 1711 条表明委托合同被推定为无偿,除非双方当事人另有规定。无偿合同和有偿合同制度的不同在民法典第 1726 条中明确强调,它指出代理人的过错责任将由法院通过判定委托是否有偿来予以认定。

118. 在瑞典,适用于直接代理的委托合同的规则,经适当修改,也适用于无偿委托合同。

第Ⅳ.D－1:102条　定义

本部分中:

(a)代理人的"委托"是指由被代理人给予的授权和指示,以及经任何之后的指导而修改的授权和指示;

(b)"委托合同"是授权和指示代理人行为的合同,以及任何参照委托合同,即参照授权和指示代理人行为的任何其他法律行为;

(c)"预期的合同"是指授权和指示代理人缔结、谈判或促成的合同,以及任何参照预期的合同,即参照授权和指示代理人缔结、谈判或促成的任何其他法律行为;

(d)"直接代理的委托":根据直接代理的委托,代理人以被代理人的名义行为,或者以此种方式来表明影响被代理人法律地位的意图;

(e)"间接代理的委托":根据间接代理的委托,代理人以自己的名义行为,或者以该种方式来表明影响被代理人法律地位的意图;

(f)"指导"是被代理人作出的决定,这个决定要么是关于委托合同下的义务的履行,要么是关于预期合同的内容,这个决定在缔结委托合同之时给定,或者根据委托,稍后给定;

(g)"第三方"是与代理人缔结、协商或促成的预期合同的当事人;

(h)代理人的委托的"撤销":是指通过对被代理人的委托进行召回,以使委托不再具有效力。

评　论

A. 概述

正如任何一套规则所为,在本部分中对具体法律概念的使用,是为了使包括在这些条款中的规则得以设立。本编中使用的最重要的概念定义于本条中。本条本身没有包含任何实质性规则。

B. 一些定义在别处的相关概念

第二卷第六章(代理)包含概念的定义——包括"权力"和"代理人"——这些概念与被代理人和第三方之间的外部关系有关,见第Ⅱ－6:102条(定义)。

C. 本条中的定义

本条中的定义,是不言自明的。唯一一个需要说明的定义是“第三方”的概念。

“第三方”的概念并没有在第Ⅱ－6:102 条(定义)中给出。此条第 5 款只规定了代理人(作为代理人)以自己的个人能力,根据第Ⅱ－6 章中的目的,在被代理人和自己之间缔结预期合同的,该代理人被视为“第三方”。此规定同样将适用本条第 1 款(g)项。

“代理人”一词在这里没有给出定义。这是一个非常笼统的术语,该术语包含了为别人行为的任何人(见定义清单)。本编只处理某些类型的代理人——即那些分别根据直接代理和间接代理委托的人,以及那些作为经纪人或居间人行为的人。共同的因素是这些人参与了缔结其他合同或者为其他法律行为。

注　释

1. 正如将使贯穿本部分的各国规定的注释更加清晰,本条的定义符合大多数国家制度中的相似的技术和概念。

第Ⅳ.D－1:103 条　委托合同的期限

委托合同可以被订立为:

(a)没有明确时间期限;

(b)固定期限;或者

(c)一特定任务。

评　论

A. 综述

本条规定了按照委托合同期限分类的委托合同的类型。区别 3 类合同:无明确期限的合同、固定期限的合同和特定任务的合同。在委托合同中,它可能被表明合同关系及时终止于特定时刻,而不论双方当事人的个人意愿,即有一个明确期限的合同。这个终止的特定时刻,既可能是双方当事人约定的一个固定日期(上一款(b)项),也可能是代理人必须履行的特定任务已经完成之时(上一款(c)项))。若不存在这样的特

殊规定,委托合同被认定为没有明确的时间期限(上一款(a)项)。

B. 固定期限的委托:默示延期

根据第Ⅲ－1:111条(默示延期),任何规定在确定的期限中连续性或重复性履行义务的合同可能被默示延长,如果期限届满之后,这些义务继续被合同当事双方履行,且情势并未和当事人的默示同意延长不符,那么该合同就变成了无确定期限合同,合同关系可以由任何一方通过给予合理通知时期而终止(第Ⅲ－1:109条(变更或通知终止)第2款)。这一规定可以用于委托合同,但是,作为一般规则就够了,本部分没有要求特别规定。

C. 特定任务的委托合同的特别性

特定任务的合同在本编被视为确定期限的合同,因为双方当事人约定他们的委托关系终止于代理人必须完成的特定任务已经实现之时。然而,不同于约定固定日期的确定期限的委托合同,在特定任务的合同中,这个预期的结果何时将得到实现或者是否会最终实现,都可能是不确定的。这意味着,在特定任务的委托合同的情形下,当事人双方事实上可能与无确定期限的委托关系联系在一起。

注　释

Ⅰ.一般规定

1. 这三类委托合同在所有法律制度中都存在,但是正如稍后将见到的,这些不同的类型并非有着相同的结果。

Ⅱ.默示延长

2. 在比利时,不存在委托合同默示延长的具体规则。合同法的一般规则将适用。

3. 在保加利亚,没有明确规定指出确定的期间结束之后的继续履行,被视为合同期限的隐性延伸。当事人双方可自由在合同中如此规定。一项特殊规则适用于商事代理合同:如果在确定的期间结束之后,双方当事人都继续履行他们的合同义务,合同则被视为没有确定时间期限的合同(商法典第47条第4款;*Kassabova*, TP 2006, 159, 169－170)。

4. 在英格兰,似乎不存在任何代理案例解决这个具体问题。然而,依托合同法原则,如果在期限已经结束之后,当事人双方继续履行合同义务,那么合同被视为以默示的方式更新。此处不清楚的是该合同是将被视为有固定期限还是无确定期限。这个就要根据每个案例的情形和法院的解释而定。

5. 在爱沙尼亚,如果双方当事人在合同规定的期限结束之后,继续履行委托合同中的义务,他们可能被视为已默示约定委托关系期限的延长。在这种情况下,委托合同将被视为默示约定为无确定期限。

6. 在法国,委托合同中没有具体规则规定这一点;一般规则将适用(如果被代理人和代理人

双方都如合同没有结束一样继续行为，那么合同期限延长；如果仅是代理人如此做，那么则为“事务管理”）。

7. 如果根据德国民法典第 675 条第 1 款，服务合同法律适用于有偿管理合约（Geschäftsbesorgungsvertrag），民法典第 625 条规定的合同关系被视为延伸至无确定期限，如果代理人继续履行而且被代理人也对此知道。在其他法律中，双方当事人可能被看作已经默示越过合同时间的限度。

8. 在匈牙利，如果双方当事人在合同规定的原期限结束后，继续履行委托合同义务的，那么他们被视为已经默示约定委托关系期限的延长。

9. 在爱尔兰，当固定期限代理已经因期满终止，但履行继续进行，那么它通常被视为一个无确定期限的代理，将以通知的方式终止。

10. 在荷兰，如果合同约定的履行委托合同义务的期间届满，合同当事人继续履行的，他们被视为已经缔结一个无确定期限的合同（Asser（－*Kortmann*），De Vertegenwoordiging I[8]，no. 96；*Van der Grinten*，Lastgeving，no. 51）。

11. 在波兰，继续履行不导致协议的自动延期。

12. 在苏格兰，当代理关系在本质上具有一般性，也就是说代理人归于一般代理人时，代理关系可能继续于双方当事人的默示协议。当原代理关系基于某一具体意图，而该意图已经达到时，代理关系不能如此继续（*Bell*，Commentaries I[7]，526；*Gow*，Mercantile and Industrial Law of Scotland，537）。

13. 在斯洛伐克，不存在关于该问题的明确规定。继续履行可能被视为当事人延长合同的隐性协议。

14. 默示延期原则已经在西班牙代理合同法（LCA 第 24.2 条）中规定，类推似乎用于其他类似的案件。

15. 在瑞典，如果当事人双方在确定的履行期限结束之后，继续履行委托合同义务，那么他们将被视为已经默示约定延长委托关系。如果从合同中或从情势下不出任何意外，该延长将被视为一个无确定期限的延长。

第Ⅳ.D－1:104 条　委托的撤销

（1）除非下一条适用，否则代理人的委托可以由被代理人随时通过发出通知的方式撤销。

（2）委托关系的终止具有撤销代理人委托的效力。

（3）当事人双方不得以损害被代理人利益排除本条的适用，或者减损或更改本条的效力，除非满足下一条的要求。

评　论

A. 综述

本条明确了被代理人在任何时候给予撤销通知,自由撤销授予代理人的委托(第1款)。

当事人双方不得约定排除被代理人的这一权利,除非出现第Ⅳ.D－1:105 条(不可撤销的委托)规定的例外情形。

B. 总是有效的撤销通知

作为一般规则,被代理人自由决定不再授权于代理人代表其行为。被代理人可以随时通知代理人撤销委托,即使委托合同订立为固定期限或为某一特定任务。

C. 因委托关系的终止而撤销

如果委托关系终止,那么代理人的委托也随之结束。正如遵循第六章和第七章的内容,终止可以因通知产生,也可以在委托的任务完成之时或者当约定的期限届满或代理人死亡之时终止。因此终止并不一定完全意味着发出终止通知。

D. 撤销并不是违反被代理人的合作义务

委托的撤销意味着被代理人有效地阻止代理人履行委托合同义务,从而阻止了代理人赚取任何规定的报酬。这可以被看作是对被代理人(与代理人主张具体履行继续影响被代理人法律效力的权利的可能性)合作义务的不履行。然而,由于第 1 款明确赋予被代理人撤销委托的权利,但这不得被看作是撤销的当然后果。因此本条在这方面减少了第Ⅲ－1:104 条(合作)中合作的一般义务。

E. 只与损害赔偿责任有关,拟被满足的条件

代理人委托的撤销意味着委托关系的终止。当被代理人希望撤销时,将会要求满足一些条件,包括当关系终止时由被代理人完成的情况,即存在证实立即终止的特殊原因,和有一个合理的通知期。这些条件对于撤销的有效性并不是必要的,但是它们与被代理人损害赔偿责任的确定有关。

注　释

1. 在奥地利,被代理人可以随时撤销授予的权力,民法典第 1020 条。如果间接代理人和被

代理人之间的合同关系是民法典第 1002 条及以下中规定的委托合同关系,那么代理人是否以被代理人名义还是以代理人自己的名义并没有关系。如果被代理人亲自缔结预期合同,那么代理人有权获得一定比例的价金、产生的开支和任何损失的补偿。

2. 根据比利时民法典第 2004 条,被代理人可以总是撤销代理的权力(*ad nutum*),即没有动机、没有通知期(*de Page and Dekkers*, Traité élémentaire de droit civil belge V^2, 460－462; *Tilleman*, Lastgeving, 301－305; *Wéry*, Le mandat, 267－273)。该撤销没有形式上的要求。作为一个单方法律行为,撤销不必由代理人接受而产生效力(*de Page and Dekkers* loc. cit. 462－463; *Tilleman* loc. cit. 281 and 290－291)。撤销只有在(被撤销的)代理人知道或应当知道撤销时,才有效(具体适用参见民法典第 2006 条)。根据民法典第 2005 条,当第三方已经知道撤销之后,撤销才能被援引以对抗该第三方。

3. 在保加利亚,被代理人有权随时撤销委托(LOA 第 288 条;*Vassilev*, *L.*, Obligazionno pravo, 29)。撤销的法律效力是导致合同关系的结束(*Vassilev*, *L.* loc. cit.; *Goleva*, Obligazionno pravo[2], 239; *Mevorah/Lidji/Farhi*, Komentar Ⅲ, 170)。合同关系结束于代理人得知或者应当得知撤销时(LOA 第 290 条;*Vassilev*, *L.* loc. cit. 30)。委托方的单方撤回不得剥夺代理人的报酬(如果已有规定的报酬)或费用的报销(LOA 第 288 条第 1 款)。

4. 在英格兰,被代理人可以随时撤销代理人的实际权力,不论代理人是否被披露(以被代理人的名义行为)或未被披露(代表被代理人但以代理人自己的名义行为)。正是如此,除非授予的权限是不可撤销的。

5. 在爱沙尼亚,双方当事人可以约定(对其内部关系)委托关系不得终止(除了因根本违反而终止外)。被代理人可以亲自缔结预期合同,即使在不撤销的委托中,但是双方当事人可以有不同的约定。至于外部关系,一般规则适用于双方当事人可能排除权力(授权委托书)的撤销的情形,但即使在这种情况下,法律也允许基于重要理由的撤销,作为强制性规则(GPCCA 第 126 条第 3 款)。

6. 法国民法典赋予被代理人以一个小小的迹象终止代理的可能性,换句话说在任何时候(不需要一个合理时间长度的通知)、无特殊原因并没有任何补偿的权利(民法典第 2004 条)。这种终止发生的确切时刻并没有在成文法中规定,但是在判例法中认为当代理人知道被代理人的撤销时,委托结束(Cass. civ. 3e 28 February 1984, JCP éd. G 1984, Ⅳ, 146)。甚至终止可能作为通知代理人同一交易已授予一个新的代理人的结果而发生(民法典第 2006 条)。然而,被代理人必须将可能的任何撤销告知合同第三方,以便给予他们具有约束力的通知(民法典第 2005 条)。

7. 在德国,无偿委托可以由被代理人随时撤销(民法典第 671 条第 1 款)。与此相反,有偿代理合同中被代理人的单方撤销通常是不被允许的,因为民法典第 675 条第 1 款没有提及参照民法典第 671 条第 1 款。在有偿合同下,被代理人只能根据服务合同或工程合同法律规定的规则终止合同关系。服务合同规则允许被代理人撤销委托,但是规定了撤销取决于时限的终止期,根据这个时限服务提供商要被支付报酬(民法典第 621 条)。经特定时间期限之后而不被支付报酬的服务合同可以随时被终止。此外,当存在一个重要原因使得继续履行成为不可接受时,被代理人有权利终止而不论是否有终止期限(民法典第 626 条)。另外,即使没有重要原因,随时终止也是有可能的,即当合同所要求的服务"是更高的一种,它们的分配通常是基于特殊的信任"(民法典第 627 条第 1 款)。这在代理合同的订立中往往如此。

8. 在爱尔兰,被代理人可以撤销代理人的权力,随时终止代理(虽然这可能构成违反合同),

除非代理是不可撤销的。

9. 在荷兰，在可撤销委托的情况下，被代理人被允许结束或撤销委托（民法典第7:408条第1款和第7:422条第1款；另参见CFI 's－Hertogenbosch, NedJur 1988, 550和HR 17 November 1978, NedJur 1979, 96）。

10. 在波兰，被代理人可以随时通知撤销委托（民法典第746条）。代理人有权获得部分报酬和报销费用。如果委托的撤销没有一个正当理由，被代理人也就此对由代理人造成的损失承担责任。被代理人基于正当理由撤销的权利是有权作为（*ius cogentis*）的规定，当事人双方不得对其有所减损（Radwan' ski（－*Panowicz－Lipska*），System prawa prywatnego Ⅷ）。

11. 在苏格兰法中，被代理人可以单方撤销委托，除非合同对其进行排除（*Stair*, The Laws of Scotland, Reissue "Agency and Mandate", no. 183）或该委托是不可撤销的，因为双方当事人都在履行中获益（*Stair* loc. cit. no. 25）。

12. 在斯洛伐克，被代理人总是有权无条件撤销代理委托。如果被代理人撤销委托，则代理人的权力结束。直到代理人知道或应当知道权力的撤销时，代理人法律上的行为才具有法律后果，正如权力继续有效一样。如果代理人告知第三方代理人具有为某一被代理人履行规定行为的权力，只有在被代理人在代理人与第三方谈判之前告知了该第三方委托的撤销，或者第三方在谈判时知道了该撤销，那么这个权力的撤销可以被提出从而作为被代理人的辩护（民法典第33条(b)(4)和(5)）。如果委托因撤销已经终止，被代理人必须补偿撤销前代理人产生的所有费用和遭受的损失，以及支付履行某项工作或一部分工作的报酬，如果为代理人履行工作的任何报酬是应当支付的。这同样适用于当委托的谈判一部分工作由于代理人的无过错而意外没有达到时（民法典第732条）。

13. 在西班牙，民法典第1733条规定被代理人可以随时撤销委托。另见商法典第279条。其理由是委托关系是基于被代理人的信任，并且只有被代理人可以评估何时该信任不再存在（*Lete del Río*, Derecho de obligaciones Ⅲ[4], 413; *Lasarte Álvarez*, Principios de derecho civil Ⅲ[7], 345）。撤销可以是明示的，也可以是默示的。默示撤销意味着一个毫不含糊地表明撤销意图的行为的展开——例如当被代理人亲自缔结预期合同（TS 4 January 1991）或者当被代理人指派另一代理人处理授权于代理人的任务（民法典第1735条）。撤销将从代理人知道之时有效。这个要求在民法典第1735条关于默示撤销中和民法典第1738条关于明示撤销中确立（*Lasarte Álvarez* loc. cit.）。代理人在不知撤销情况下完成的行为是有效的，并且相对于已经与代理人依诚实信用订立合同的第三方具有效力（民法典第1738条）。撤销通知在任何时候都将会导致关系的终止，但如果被代理人滥用该权利，也就是说，当意图损害代理人利益或当撤销基于非法原因的，那么代理人可以要求赔偿（*Lete del Río* loc. cit.）。TS 3 March 1998, RAJ 1998/1129一案坚持服务价金和确定时间已经约定的，被代理人无权自由终止委托。不管怎样，代理人不得寻求具体履行，损害赔偿仅仅是可用的救济措施（更多的内容参见Paz－Ares/Díez－Picazo/Bercovitz/Salvador（－*Gordillo Cañas*），Código Civil Ⅱ, 1584－1585）。

14. 在瑞典，被代理人无须给予任何理由，有随时撤销授予权力的自由（*Bengtsson*, Särskilda avtalstyper I[2], 153）。这对代理人而言可能是违约。

第Ⅳ.D－1:105条　不可撤销的委托

(1)作为前条的例外,代理人的委托不得由被代理人撤销,如果委托被给定:

(a)以便保障代理人的除获得支付价金利益之外的合法利益;

(b)为了在另一法律关系中的当事人的共同利益,不论这些当事人是否均为委托合同的当事人,代理人委托的不可撤销性意味着适当保障这些当事人中一方或多方的利益。

(2)不过委托可以被撤销,如果:

(a)委托在第1款(a)项中不可撤销,但同时:

(i)代理人合法权益源自的合同关系因代理人的不履行而终止;或者

(ii)存在代理人根本不履行委托合同义务;或者

(iii)根据第Ⅳ.D－6:103条(因特殊和严重的原因由被代理人终止委托),被代理人有特殊和严重的原因终止;或者

(b)委托在第1款第(b)项中不可撤销,但同时:

(i)在不可撤销委托中有利益的当事人已经同意撤销委托;

(ii)在第1款第(b)项中提到的关系终止;

(iii)代理人对委托合同中义务的根本不履行,只要符合调整被代理人和其他当事人(们)之间法律关系的条款的,代理人毫不延迟地为另一个代理人所代替;或者

(iv)根据第Ⅳ.D－6:103条(因特殊而严肃的原因由被代理人终止),被代理人有一个特殊而严肃的原因终止委托,只要符合调整被代理人和其他当事人(们)法律关系的条款的,代理人毫不延迟地为另一个代理人所代替。

(3)当委托的撤销在本条下不被允许时,撤销通知无效。

(4)如果委托关系是根据本编第七章被撤销的,那么本条不能适用。

评　论

A. 概述

根据上一条,一般规则是委托随时可以自由地被撤销。然而,可能存在一些情形,不论是代理人还是其他当事人在该委托的不可撤销中具有合法利益,这个问题则由本条解决。它规定了一些情形,在其中,委托作为规定在第Ⅳ.D－1:104条(委托的撤

销)一般情形的例外,可以不被撤销。

B. 不可撤销的可能情形

撤销委托的根本权利是基于被代理人不得被预期合同(或其他法律行为)制约的权利,如果被代理人不再愿意被其约束。然而,在某些情况下,也存在其他当事人的合法利益受到威胁。这些利益可能与被代理人的不希望受预期合同或其他法律行为约束的利益相冲突。

这一规定区分两种情况,在这两种情况下,其他当事人的利益都证明不可撤销委托的存在是正当的。在第一种情况下,委托旨在执行代理人的正当利益。不可撤销性可能被需要来保障这个利益。因此,此时不可撤销性的存在是针对于代理人。而在第二种情况下,委托旨在服务于数个"被代理人"的利益,而不可撤销性需要保障每个被代理人相对于其他被代理人的利益。这些情形的共同点在于,它们是被代理人和代理人或和其他有利害关系的当事人之间的基本关系的结果。

C. 基于其他当事人的利益给予的委托

在第 1 款(a)项所涵盖的类型中,当委托是为了代理人的利益,基本关系可能引起不可撤销的委托。

示例 1

银行愿意与消费者签订信贷合同,只要以消费者的房产做抵押。在信贷合同中,消费者同意给予银行不可撤销委托建立抵押。

D. 基于数个"被代理人"利益给予的委托

在第 1 款(b)项涵盖的情形中,数个被代理人同意为了一个有效和实际的代理或为解决一个共同的问题,委托被授予他们中的一人或第三方来代表他们所有人作为代理人从事行为。在这种情形下,基于他们共同的关系,被代理人受约于彼此而不能撤销委托。在每个被代理人和代理人之间的关系中,可能导致委托的不可撤销性。

示例 2

一群音乐作曲家(被代理人)同意,为了他们的共同利益,对于他们知识产权的开发,委托一音乐作曲家组织(代理人)代表其作为。

示例 3

一辆汽车的两个共同所有人,委托彼此出售该车给有意的第三方。在这里,两个共同所有人都可能,代表自己和其共同的所有人,独立行为。

在这两个例子中,不可撤销性并不遵循共同所有人间的关系。因此,当事人必须由此约定委托的不可撤销。

示例4

买家和卖家(被代理人)就交付的货物是否符合合同没有达成共识。他们指定一名仲裁员(代理人)仲裁决定谁有理。

在这个例子中,被代理人的共同利益包括解决他们的利益冲突,解决的办法由第三方来完成。如果是这种情形,代理人有必要必须是他们之外的其他人。这就遵循了当事人之间关系的本质,即代理人的委托必须是不可撤销的:不满意仲裁员居间决定的一方应该不能撤销对仲裁员的委托,从而避免争端的消极后果。由于仲裁员可以影响被代理人的法律关系,仲裁员和两位被代理人间的合同落入委托合同的定义。

E. 不可撤销的例外情况

只有在基本关系中委托不可撤销性的原因不再存在时,被代理人才可以撤销代理人的委托。从这个意义上说,不可撤销性是相对的。

不可撤销是基于代理人利益。甚至当委托是不可撤销的,并且不可撤销期尚未结束,代理人仍被要求根据委托行为,为被代理人的最大利益而行为,以及需要根据可能被期望的注意标准而行为。委托的不可撤销应当不会用来防止被代理人因基于代理人根本不履行委托合同中的义务而终止委托关系(第2款(a)项(ii)目)。委托也可能被撤销,如果合法利益所源自的关系因代理人的不履行而被终止(第2款(a)项(i)目)。最后,被代理人可以撤销委托,如果存在一个严肃并特殊的、终止委托关系的理由(第2款(a)项(iii)目)。

不可撤销是基于被代理人的利益。如果被代理人约定委托可以被撤销(第2款(b)项(i)目),或者如果基本合同关系已经终止(第2款(b)项(ii)目),或者如果代理人根本不履行(第2款(b)项(iii)目),那么被代理人可以自由撤销代理人的委托。如果存在一个终止委托关系的严肃并且特殊的原因(第2款(b)项(iv)目),被代理人也可能撤销委托。在最后这种情形下,要符合被代理人和其他当事人(们)之间的合同,毫不延迟地由另一代理人替换代理人。

F. 不可撤销的后果

在委托不可撤销的范围内,被代理人的撤销通知是无效的(第3款)。它没有结束代理人代理被代理人的权力,因此委托关系并没有终止。

G. 在第七章中的终止导致委托的撤销

如果因为第七章中规定的情形之一发生,即合同被缔结、固定期限届满或因代理

人死亡委托关系终止等而终止委托关系的,不可撤销规则不再具有效力。若被代理人死亡,而被代理人的承继者或代理人基于特殊且严肃的理由终止合同关系的,不可撤销规则也不再具有效力。

注　释

1. 在奥地利,虽然代理人的权力通常随时可被撤销(民法典第1020条)而不对违反合同主张的损害赔偿权造成伤害,但是存在一个例外,即如果该权力与委托合同之外的利益结合,那么不可撤销就被进行规制,并且合同具有一个确定的期限。在这种情况下,该权力是不可撤销的(Schwimann(－*Apathy*),ABGB V^2,§ 1020,no. 7;Straube(－*Griss*),HGB I^3,§ 383,no. 13)。

2. 在比利时,当事人双方可以有效地约定代理合同的不可撤销(*de Page and Dekkers*,Traité élémentaire de droit civil belge V^2,463－464;*Foriers and Glansdorff*,Contrats spéciaux,640－641;*Wéry*,Le mandat,275－283)。

3. 在保加利亚,一般规则是被代理人可以随时撤销委托(LOA第288条第1款),但当事人双方可以明确另外规定。委托的不可撤销也可以是默示的,例如,如果代理人和被代理人双方或者被代理人和第三方双方都在委托中具有合法利益(*Mevorah/Lidji/Farhi* loc. cit. 170)。法理区分了不可撤销的绝对委托及其权力和相对委托及其权力(*Mevorah/Lidji/Farhi* loc. cit. 171)。在绝对不可撤销情形下,被代理人撤销委托或权力都不具有任何法律效力。而在相对不可撤销情形下,被代理人可以单方通知代理人结束委托和权力,但是他将承担损害赔偿责任。根据法律著作,委托合同的不可撤销性总是相对的(*Mevorah/Lidji/Farhi* loc. cit. 171)。

4. 根据丹麦法律,当事人双方可以有效约定委托不可被撤销。对这个问题并没有法定规则。根据判例法,一般委托(一般授权委托书)不可被撤销。

5. 在英格兰,在某些情形下,当事人双方有可能约定权力不可以被撤销,但是这只存在于代理的概念被用于作为一项法律手段、为了不同于普通代理的意图之中,如授予代理人利益或担保。在这些情况下,代理人被视为运用代理不是为了被代理人的利益而是为了代理人自身的利益(Bowstead(－*Reynolds and Graziadei*),Agency[18],555－556)。基本上在以下两种情形下代理人的权力不可能被撤销。首先,当代理人的权力和利益相结合时,代理人的权力不得被撤销,例如,如果被代理人欠代理人钱,指定代理人出售其财产以便偿还其对代理人的债务。但是,当利益在被代理人赋予代理人权力之时是存在的,那便是有效的;只有赚取佣金的权利不能被视为利益(*Doward, Dickson & Co. v. Williams & Co.* (1890) 6 TLR 316)。在第二种情形下,当委托被赋予确保受赠人财产权益的安全,或是对受赠人履行的一些义务的,在没有受赠人的同意下,委托是不能被撤销的(Powers of Attorney Act 1971, s. 4)。

6. 在爱沙尼亚,当事人双方可以约定合同不得被终止(除了根本违反之外)。被代理人可以亲自缔结预期合同,即便是在不可撤销委托中,但是当事人双方可以另有约定。

7. 在芬兰,普遍认为授予不可撤销的权力是不可能的。

8. 在法国,赋予当事人双方自由终止委托或代理的规则是强制性的公共政策问题,双方当事

人不得有效地约定代理不可撤销。在实践中，存在标为“不可撤销”的合同条款，但它们被解释为仅仅引起对代理人的补偿（Cass. civ. 1ère 5 February 2002, Bull. civ. 2002, I, no. 40），而不得阻止被代理人亲自进行交易（Cass. civ. 1ère 16 June 1970, D. 1971, 261）。

9. 根据严格区分权力和代理人与被代理人之间的合同关系的德国法律，这在很大程度上是权力法律（law of authority）的问题（因为当事人双方希望确保代理人可以继续与第三方缔结合同）——民法典第168条隐含性地预料到了双方当事人可能排除权力的撤销，而法院长期坚持这个可能性（参见RGZ 109, 333）。

10. 在希腊法律中，不可撤销代理委托可以被约定，如果委托也涉及代理人或第三人的利益（民法典第724条）。根据民法典第218条，只有当委托也涉及代理人或第三方的利益时，委托的不可撤销才可能被约定（Georgiades and Stathopoulos（－*Doris*），Art. 218－221 no. 9）。在这些不可撤销委托的情形下，被代理人的撤销无效，代理人基于被授予的缔结预期合同的代理而有权缔结预期合同（Supreme Court decision no. 197/1983, EEN 1983, 714）。在知识产权领域中，存在关于委托“集体管理组织”管理版权合同的特殊规则。在这类合同中，类推适用被代理人自由撤销委托（民法典第724条）是不被认可的。自由撤销不必依从那些要求当事人之间的合同关系的稳定性和持续性合同的性质。

11. 匈牙利民法典第223条第2款规定“委托应当是有效的直至其被撤回，除非另有规定；涉及善意第三人的撤回，只有其已被告知时，才应生效。撤回权不得被有效放弃”。涉及代理人的权力，民法典第483条第4款规定“撤销权的任何限制或排除当然无效；然而，关于持续性代理，当事人双方应当有权约定撤销权的限制”。在佣金代理中，民法典第512条第2款规定“解除权的任何受限或排除当然无效”。

12. 在爱尔兰，代理可能是不可撤销的，例如（1）当代理人被授予有一项利益的权力，也就是说，当代理人被给予权力并具有一份个人利益，正如被代理人欠代理人钱，而委任代理人出售被代理人的财产，以此来偿还债务；或者（2）根据1996年授权委托书法，授权委托书中表明“长期”或不可撤销的。关于（1），有必要指出的是，当代理人被授予具有一项利益的权力时，这并不是一个真正的代理，而是将代理被作为一个手段来运用。在这些情形下，代理人运用权力不是为了被代理人的利益，而是为了代理人自己的利益。

13. 在意大利，双方当事人可以有效约定不可撤销委托。然而，即使在这种情形下，被代理人也可以撤销委托，但是，除非存在一个正当理由，否则被代理人应对代理人承担损害赔偿责任（民法典第1723条第1款）。同时关于代理人利益或第三方的利益（为自己的利益）（*in rem propriam*）的代理合同根据法律（*ex lege*）被视为是不可撤销的（民法典第1723条第2款）。

14. 在荷兰，双方当事人可以约定代理人将以其自己的名义行为，并排除被代理人亲自行为的权力。如果此被约定，即使对于第三方，被代理人也无权缔结预期合同；然而，只有第三方知道或应当已经知道这个排除的，排除被代理人缔结预期合同的权力才可以被提出（荷兰民法典第7:423条第1款）。如果代理人是一个具有法定目的、代表被代理人的联合利益，以及通过行使他们的集体权利的机构（民法典第7:423条第2款），特别规定将适用。该类机构特别在知识产权领域存在。

15. 在波兰，被代理人撤销委托的权利可能受到限制，但是被代理人将始终保留因“重要原因”撤销合同的权利（民法典第746条第3款）。

16. 苏格兰法律的确承认不可撤销委托，被称为他自己的利益委任（procuratory*in rem suam*,

例如 *Premier Briquette Co. Ltd. v. Gray* 1922 SC 329; *Stair*, Institutions I[10], 12, 8)。它发生于当代理人已经被授权达到一个结果,而在这个结果中代理人可以获得利益。很少苏格兰法律著作分析到这个概念。它被描述为“绝对的”,显示它不可能被撤销,即使代理人有重大违约(*Black*, Principal and Agent, para. 551; *Gow*, Mercantile and Industrial Law of Scotland, 536)。在当代理人履行时没有利益的情形下,似乎没有什么能防止被代理人和代理人之间进行代理不可撤销的约定。

17. 在斯洛伐克,被代理人既不得有效地放弃撤销授予的权力的权利(民法典第 33 条(b)(3)),也不得有效地约定代理合同中的关系不可能被终止;不可撤销的授予是无效的。

18. 在西班牙,双方当事人可以有效约定不可撤销委托(民法典第 1733 条;TS 31 October 1987; 11 May 1993; 19 November 1994, and 20 July 1995;同样参见 Sierra Gil dela Cuesta (- *Hernández Gil*), Código Civil Ⅶ[2], 514; *Lete del Río*, Derecho de obligaciones Ⅲ[4], 414)。然而,即使在此情形下,被代理人仍可撤销委托,但是,除非存在一个正当理由,否则被代理人对代理人承担损害赔偿责任。同样规定以代理人或第三方的利益(为自己的利益)(*in rem propriam*)的代理合同也被视为是不可撤销的(任何所谓的撤销都是没有效力的),当不可撤销作为达到当事人双方预期的目的的手段,服务于基本受保护的利益时(STS 20 April 1981, RAJ 1981/1658; TS 3 September 2007, RAJ 2007/4709; TS 30 January 1999, RAJ 1999/331; *Díez - Picazo*, La representación, pp. 305 ff; Paz - Ares/ Díez - Picazo/Bercovitz/Salvador (- *Gordillo Cañas*), Código Civil Ⅱ, 1585)。

19. 在瑞典,不存在关于不可撤销授权的特殊规则。委托被视为在本质上是可撤销的,因为佣金是一类基于个人信任的合同。然而,不可撤销的授权在一定程度上被允许,由于当事人之间的另一个基本法律关系,并且它旨在作用于被代理人财政领域和情形中的一个确定部分(*Bengtsson*, Särskilda avtalstyper I[2], 54 和 *Grönfors and Dotevall*, Avtalslagen[3], 134)。一般委托总是可以被撤销的。

第二章　被代理人的主要义务

第Ⅳ.D－2:101 条　合作的义务

在第Ⅲ－1:104 条(合作)中的合作义务特别要求被代理人:

(a)答复代理人信息请求,只要这些信息被需要以便让代理人履行委托合同中的义务;

(b)给予一个关于委托合同中义务履行的指导,只要这是由委托合同要求的或者遵循第Ⅳ.D－4:102 条(请求指导)中指导的要求。

评　论

A. 综述

本规定是第Ⅲ－1:104 条(合作)中一般规则的详述,在它可能为另一方当事人义务履行合理地预见时,其中的一般规则就确立于双方当事人相互合作的义务。根据本条,合作义务尤其要求被代理人提供给代理人信息和指导,以便让代理人履行委托合同中的义务。

B. 代理人合理要求信息

本规定没有强制被代理人自发提供代理人信息的义务。被代理人不可能总是知道代理人需要什么样的信息。当合理地希望这些信息将使代理人履行委托合同的义务时,被代理人必须回复代理人对信息的请求。

C. 给予指导的义务

根据本规定,被代理人必须提供给代理人关于履行委托合同中的义务或者是关于预期合同内容的"随后的"指导,在两种情形下:当这一义务在委托合同中确立时,和当代理人必须要求指导时(正如在第Ⅳ.D－4:102 条(请求指导)第 1 款中的规定)。如果代理人必须要求指导,以便找到被代理人在关于委托合同义务的履行中或者在预期

合同内容中的立场的，被代理人必须回复代理人的这些请求，就是一个合乎逻辑的结果。

D. 未答复信息请求的后果

如果被代理人具有回答代理人请求的合同义务，而未作出答复的，将构成对义务的不履行。被代理人可以被要求赔偿代理人因此蒙受的任何损害（例如，对另一合同履行利益的损失，因为这个特定合同的履行已经花费了比预期更多的时间）。然而，这些损害赔偿并没有完全解决代理人的问题，因为代理人还是不知道如何进一步履行义务。因此，让代理人继续进行代理，且以符合一个正常被代理人应当具有的期望、偏好和优先来履行，是有用的。

如果被代理人的利益没有被传达给代理人，并且也不可能期望代理人知道这些利益，那么不得认为代理人会考虑到这些利益。因此，没有考虑这些利益的事实不会导致代理人在委托合同下义务的不履行。因而，这构成了代理人的抗辩。

E. 未给予指导的后果

对未能提供指导的后果在第Ⅳ.D－4:103条（未提供指导的结果）中被广泛地调整。

注　释

Ⅰ. 应请求，告知代理人的职责

1. 在奥地利，委托合同各方有责任尽职诚实信用地行为。被代理人提供给代理人（商务代理；Straube（－*Griss*），HGB Ⅰ[3]，§ 384，no. 5）涉及的货物的必要文件。被代理人必须告知代理人要缔结的预期合同的内容，必须为代理人获得任何必要信息，以便履行委托合同义务。因此要求被代理人主动提供信息，不论该被代理人是消费者还是企业家。

2. 在比利时，如果这些信息对代理人任务的完成是必要的，那么被代理人必须告知代理人。正如所有其他合同各方，被代理人受诚实信用履行合同义务的责任的约束（民法典第1134条第3款），更具体地，受合作义务的约束。合作义务的一个具体适用就是使代理人能够履行任务的义务。这意味着为了达成任务而移交所有必要信息和所有必要文件的义务（*Wéry*，Le mandat，220）。

3. 在保加利亚，根据法律著作，被代理人有权给予代理人指导，以便委托合同义务的履行（*Vassilev*，*L.*，Obligazionno pravo，24；*Goleva*，Obligazionno pravo[2]，237）。鉴于委托合同的一般规则不包含这方面的具体规定，履行义务的一般规则将适用。这些规则要求当事人双方诚实信用地履行各自的合同义务，并不得阻挠对方当事人以相同的方式履行其义务（LOA第63条第1款）。如果从被代理人处获得的信息和指导对代理人适当履行义务是必要的，那么被代理人必须合作。只有在商业被代理人相对于商事代理人时，才明确规定给予所有关于履行代理人义务

的相关信息的义务（商法典第 34 条第 1 款；*Gerdjikov*, Komentar na Turgovskiya zakon I, 159; *Kassabova*, TP 2006, 159, 163）.3。

4. 在丹麦，涵盖在所有类型的民事合同的规则中，被代理人在订立代理合同之前，被要求告知代理人关于合同义务的适当履行或代理人要订立或协商的预期合同的内容、被代理人的利益和需求。如果被代理人未能履行这一基本义务，代理人将不承担因为被代理人的疏忽而造成的任何损失的赔偿责任。被代理人必须不时提供给代理人所有必要的信息。

5. 在英格兰，当被代理人任命代理人时，被代理人希望代理人执行某些任务。从这些任务和那些被代理人依照合同（实际明确权力）提供给代理人的指示中，被代理人的需要和利益是很明显的。被代理人的指示必须尽可能详细。另外，必须区分合同代理人和非合同代理人。当代理是合同关系时，代理人有义务落实被代理人已经给予的、被要求履行的任务的指示。当被代理人给予明确且毫不含糊的指示时，代理人必须执行这些如其所确定的指示，否则承担违约责任（*Turpin v. Bilton* (1843) 5 Man & G 455, 134 ER 641）。如果被代理人未能给予代理人明确且毫不含糊的指示，代理人按照对指示合理的解释公平诚实地作为，代理人将不承担责任，被代理人将受到代理人解释的约束，即使该释义并不是被代理人最初设想的那个（*Ireland v. Livingstone* (1872) LR 5 HL 395）。然而，现今，由于通信方式的便利，代理人有可能承担获得澄清指示的义务（Bowstead（ – *Reynolds and Graziadei*）, Agency[18] 101; *Woodhouse AC Israel Cocoa Ltd. SA v. Nigerian Produce Marketing Co. Ltd.* [1972] AC 741）。如果是这样的情形，这似乎是，被代理人不再被要求主动提供信息，而是当代理人询问时必须提供信息。当代理不是基于合同时，代理人因此不承担作为义务，所以不承担不作为责任。然而，不作为可能引起一种侵权责任（Hedley *Byrne & Co. Ltd. v. Heller & Partners Ltd.* [1964] AC 465; *White v. Jones* [1995] 2 AC 207; *Henderson v. Merrett Syndicates Ltd.* (*No.* 1) [1995] 2 AC 145）。

6. 在爱沙尼亚，法律没有用具体规则来规定被代理人在订立合同之前，要求告知代理人关于履行合同的利益和需要。

7. 在芬兰，有一项一般原则，也就是当事人在订立合同前有披露的责任。被代理人应当给代理人足够的信息以确保代理人能够以所要求的方式完成合同的履行（商事代理人和销售员法第 8 条）。信息是否应当主动给予，取决于各种情况（例如，当事人之一更好地了解活动领域）。当被代理人是消费者时，与纯粹的商业关系相比，代理人一般会主动调查被代理人的利益和需要。

8. 目前在法国，被代理人没有具体义务提供信息，不论是自发地还是应代理人的请求。相同的原则适用在民法典和消费者法律中，除关于商事代理人和被代理人的关系之外。这种关系是“受公平交易的义务和相互给予信息的责任的约束。商事代理人应当作为得当的专业人士履行其委托，被代理人应当使商事代理人能够履行其委托”（商法典第 L. 134 – 4 条）。另外，法律没有规定被代理人有自发提供信息的具体义务。

9. 在德国，被代理人不被要求告知代理人——不论是应要求还是自发地——关于履行合同义务或是关于代理人要缔结或商谈的预期合同内容的利益和需求。然而，由于代理人必须考虑到可以获知的被代理人的利益，所以被代理人冒缔结的或约定的合同将不能满足被代理人（隐藏的）利益的风险。在这种情况下，被代理人不得主张代理人的不履行。然而，代理人可以有提醒被代理人的义务。在德国判例法中，这些义务已经在专家鉴定案件中被确定，特别是在涉及银行和客户之间的关系时。

10. 在希腊，诚实信用要求被代理人告知代理人在委托执行被代理人的利益和需要。未能告

知的被代理人不得主张委托设置的范围偏差(民法典第 717 条)。被代理人既可以自愿提供信息也可以应要求提供信息。

11. 在匈牙利,代理人的明确同意,要求代理人具有关于履行合同或者要缔结或协商预期合同内容的利益和需要的必要信息。从这个意义上说,民法典第 205 条第 2 款规定"由双方当事人就所有本质问题以及各方认为是本质的问题达成协议,是合同效力的根本。当事人双方不需约定由法定条款规定的问题"。此外,当事人双方受合作义务的约束,包括相互告知所有影响合同履行的重要情形的义务(民法典第 277 条第 4 款和第 5 款)。在民法典第 474 条第 2 款基础上,"代理人必须完成被代理人的指示,代表被代理人的关于赋予他的权力的利益"。当然,代理人不能就由于缺乏被代理人应当提供的信息所造成的失败和损害承担责任,但是根据民法典第 476 条,"如果被代理人发布轻率的或不称职的指示,代理人应当提请被代理人注意该事项。如果被代理人坚持这些指示,那么他应当承担由于这些指示而遭受的损害赔偿责任"。

12. 在意大利,根据调整委托的条款,不存在特别规则来规制被代理人告知代理人其利益和需要的义务,不论是自愿给予的信息还是基于要求。然而,基于民法典第 1719 条("在没有相反协定约定的情况下,被代理人必须提供给代理人必要手段以履行委托和完成代理人已经以自己名义承担的义务"),可以说被代理人必须提供给代理人对委托执行的必要的所有相关信息。更多的涉及合同订立前告知义务存在性的具体问题包括:民法典关于先合同责任的一般规则同样适用代理协议。根据民法典第 1337 条,"当事人双方在协商和建立合同之时,应当根据诚实信用原则行为";此外,根据一般诚实信用条款,"债务人和债权人应当按照公平规则行为"(民法典第 1175 条)。此外,民法典第 1338 条规定"知道或者应当知道合同无效的理由存在而并不通知另一方当事人的一方,必须补偿前者无过错地指望合同有效而蒙受的损失"。在这个具体问题上,不存在保护消费者的特殊规则;然而,如果被代理人是消费者,那么他或她的状况将分别被法院评估。由于消费者不能设定什么样的信息对代理人(专业人士)来说是相关的以便其履行委托(信息不对称),所以主要是代理人有义务问询被代理人的切实利益。

13. 在苏格兰,情况与上面注释 5 里描述的关于英格兰的情况相似。

Ⅱ. 未告知代理人的后果

14. 在奥地利,未应代理人要求而告知代理人的被代理人,不得主张代理人未履行造成的任何后果。被代理人被要求提醒被代理人这个后果。

15. 在比利时,由于缺乏被代理人应当提供的信息而因此不能够完成任务的代理人,可以要求赔偿损失(一般见:*Wéry*, Le mandat, 224)。

16. 在丹麦,回复代理人信息的要求是属于被代理人对于代理人的义务。在履行这一义务时,被代理人必须根据诚实信用和公平交易原则行为。如果由于被代理人的告知义务未履行而使合同没有履行,那么代理人不得承担责任。代理人必须提醒被代理人这些后果。然而,该后果将主要出现在当发生预期合同评估时。

17. 在英格兰,被代理人必须回复代理人的信息请求。若被代理人未回复该请求,则代理人将不承担由于未告知信息而造成的任何后果或责任,也不为自己对指示合理的释义承担责任。

18. 在爱沙尼亚,如果被代理人未应代理人请求告知而给自己造成消极后果的,被代理人很可能将不得主张代理人的任何未履行,如果代理人已经尽正常职责行为。是否存在提醒义务只能根据案件的具体情况确定。

19. 法国法律对未提供信息的后果保持沉默,但是毫无疑问,当委托失败或没得到正确履行

时,拒绝回答代理人提出的问题会排除代理人的责任。然而,代理人可能继续对合同第三方当事人负责(参见 Cass. civ. 1re 13 November 1997, Bull. civ. 1997, I no. 308)。代理人没有义务告知被代理人拒绝提供请求的信息所产生的后果。

20. 在芬兰,如果被代理人未告知代理人,在预期合同(或者代理人的其他履行)不符合被代理人(未披露的)需要时,这个忽略可能减少或消除代理人的责任。此外,如果代理人由于被代理人的未披露信息而蒙受损失,那么代理人可能有权要求损害赔偿(包括委托合同有效情形下的利益的损失)。

21. 德国在这方面的规定在上述注释 9 中已经陈述。

22. 在希腊法律中,如果被代理人被要求提供信息而没有提供,代理人有权拒绝履行委托,根据民法典第 351 条,被代理人被置于通知中(Georgiades and Stathopoulos (– *Karasis*), Art. 713 no. 19)。此外,只要由于被代理人未提供信息,被代理人就不得主张委托的不履行(民法典第 717 条)。代理人不被要求提醒被代理人这些后果。然而,在律师与被代理人之间必须支付报酬的委托中,诚实信用(民法典第 288 条)要求律师提醒被代理人不这样做的后果。

23. 在匈亚利,在未能提供信息的情况下,义务的一般规则将适用,特别是民法典第 277 条第 4 款和第 5 款,其把当事人双方置于在履行合同义务时的合作义务之中,包括相互告知影响履行的所有重要情况的义务。在代理中合作尤其重要,正如民法典第 477 条第 1 款和第 2 款规定"代理人应当应要求,告知被代理人其行为和事务状态,或者,如有必要,甚至在没有要求的情况下,特别是如果雇佣另一人已成为必要或者如果由于新情况的出现,指示必须更改时。只有在对被代理人的利益是主要的并在没有时间事先通知被代理人时,代理人才应当有权背离被代理人的指示。在这种情况下,应当立即通知被代理人"。此外,根据民法典第 476 条,"如果被代理人发出轻率或不称职的指示,那么代理人应当提起被代理人对该事的注意。如果被代理人不顾代理人的提醒坚持该指示,那么他应当承担由于该指示造成的损害的责任"。

24. 在爱尔兰,在普通法中,不存在归于被代理人的明确的告知义务。然而,代理人必须遵循被代理人的合法指示。当指示模棱两可时,如果代理人的履行基于对指示的合理释义,则代理人将不承担责任,这已经被确定(*Ireland v. Livingstone* (1872) LR 5 HL 395),但代理人应尽可能寻求澄清指示(*Woodhouse AC Israel Cocoa Ltd. SA v. Nigerian Produce Marketing Co. Ltd.* [1972] AC 741 at 772 per Lord Salmon; *European Asian Bank AG v. Punjab & Sind Bank* [1983] 2 All ER 508 at 517 per Goff LJ)。

25. 在意大利,被代理人被要求,基于诚实信用原则和基于合同双方当事人之间的合作义务,回复代理人的信息的请求。未回复这些请求的被代理人最终不得向代理人寻求损害赔偿,如果该损害在被代理人应代理人请求回复其信息的情形下,本来是可以避免的。一般而言,代理人不被要求提醒被代理人这些后果。然而,如果被代理人是消费者,代理人则有一项更强烈的责任去调查被代理人利益,这往往意味着如果被代理人的疏忽未能回复第一个请求,代理人应再次要求所问讯的信息,最后提醒被代理人沉默的后果(通常以免责声明的形式)。

26. 在荷兰,根据文献记载,被代理人可能被迫使提供给代理人对履行委托合同义务的必要信息。然而,被代理人没有告知代理人的具体职责。通常情况下,合同双方当事人将在单个的委托合同中约定被代理人告知代理人的职责。此外,被代理人可能基于合理性原则和公平性原则,有某些告知代理人的责任(参见 *Van der Grinten*, Lastgeving, no. 17)。

27. 波兰民法典没有包含关于被代理人提供给代理人信息的义务的具体规则。

28. 在苏格兰法律中，被代理人对代理人的责任管辖极少，相反地，代理人必须对被代理人履行大量的职责。在普通法中，不存在关于被代理人对代理人诚实信用作为的一般义务（虽然该义务适用商事代理的情况，由商事代理（议会指令）规则 1993（S. I. 1993/3053, reg. 4 (1)管辖）。尽管，在普通法中没有明显表述被代理人的义务，但是在涉及代理人注意义务的判例法中，单个的义务是可识别的（*Stair*, The Laws of Scotland, Reissue "Agency and Mandate", para. 87）。因此，被代理人提供指示的期限，或者给予有缺陷的指示，构成代理人/被代理人合同违约，这个将导致被代理人丧失因有缺陷的履行向代理人提出损害赔偿的权利（*Mackenzie v. Blakeney* (1879) 6 R 1329）。从被代理人的角度看，这个可能构成提供明确指示的义务。

29. 根据斯洛伐克一般债法，债权人（这里是被代理人）违约，不同于合同，若债权人未与债务人（这里是代理人）合作以让后者能够履行。此外，商法典第 568 条第 2 款规定被代理人必须提供代理人所有必要的东西和信息，为履行被代理人的安排某一事务的义务，除非其随之而来的问题是代理人要获得什么是其个人所必要的。

30. 在西班牙，被代理人必须确定如何通过给予被代理人认为对接下来的委托履行有必要的指示和指导来委托履行，（*Lasarte Álvarez*, Principios de derecho civil Ⅲ[7], 346）。除此之外，没有关于告知代理人的义务的规则。严格地说，委托是一个单方合同，且当合同结束时，被代理人义务只作为赔偿义务出现（民法典第 1728 条和第 1729 条）。当代理人基于商事作为，这个基本情形会被修改。在这种情况下，双边合同的一般规则适用。因此，告知义务应当从诚实信用作为的一般义务中演绎出来（民法典第 1258 条）。

31. 在瑞典，被代理人对代理人有忠诚和合作的义务。这包括回复请求信息的义务，以便代理人能够根据合同履行。这项义务的范围由于缺乏先例，有时并不确定（参见 HaL 第 7 条；*Hesser*, Immateriella upptragsavtal, 64；*Ramberg*, Kontraktstyper, 246；*Hellner/Hager/Persson*, Speciell avtalsrätt Ⅱ(1)[4], 114）。

Ⅲ. 未告知代理人的后果

32. 在奥地利，由于注意义务，被代理人得为代理人获得对履行委托合同义务必要的信息。如果被代理人未告知代理人这些事项，那么被代理人不得主张代理人的不履行。代理人被要求提醒被代理人该后果。

33. 在比利时，如果代理人由于缺乏信息而没能履行任务，代理人可以提出损害赔偿（一般参见：*Wéry*, Le mandat, 224）。

34. 在保加利亚，当代理人为了履行合同义务，需要从被代理人处得到信息或指导，后者有合作的义务。这不是一项可被强制的实际的义务，而是一项法律责任或要求。因此，如果被代理人不协助，不论是自发的还是应代理人请求，这不构成合同违约，而是债权人延迟（*mora creditoris*, LOA 第 95 条；*Goleva*, Obligazionno pravo[2], 110；*Apostolov*, Obligazionno pravo[2], 331）。在这种情况下，代理人可以终止合同关系，要求获得由于债权人延迟的费用（LOA 第 98 条；*Goleva*, Obligazionno pravo[2], 111；*Kojucharov*, Obligazionno pravo[2], I, 352；Supreme Court, Judgment no. 209, 4 July 1999）。

35. 在丹麦，被代理人回复代理人信息请求是对代理人的义务的一部分。在履行这项义务时，被代理人必须根据诚实信用和公平交易原则行为。如果合同义务的未履行是由于被代理人未提供信息，代理人不得承担责任。代理人必须提醒被代理人这些后果。然而，这些后果主要出现在预期合同评估时。

36. 在英格兰,被代理人必须回复代理人信息的请求。如果被代理人未回复相应请求,那么代理人将不对随之产生的任何后果负责任,也不对代理人自己对指示的合理释义承担责任。

37. 在爱沙尼亚,如果被代理人未回复代理人的要求关于被代理人利益信息的请求,而给被代理人带来消极结果的,那么被代理人将很可能无法主张代理人违反义务,以及没有正常尽职履行。即使违约存在,代理人可以避免责任,因为违约可归于被代理人(LOA 第 101 条第 3 款)。提醒义务是否存在只能根据具体案例确定。

38. 在芬兰,在当预期合同(或代理人的其他履行)不符合被代理人(未公开的)需要的情形下,如果被代理人未告知代理人,那么这个忽略可能减少或消除代理人的责任。此外,如果代理人由于被代理人的未公开需要而蒙受损失,代理人可能有权获得损害赔偿(包括当委托合同有效时的收益)。

39. 在法国,法律对未提供信息的后果保持沉默,但是毫无疑问,拒绝回答代理人提出的问题会排除代理人的责任,当委托没有履行或没得到正确履行时。然而,代理人可能保留对任何合同第三方当事人承担责任(参见 Cass. civ. 1re 13 November 1997, Bull. civ. 1997, I no. 308)。代理人没有任何义务告知被代理人拒绝提供请求的信息所产生的后果。

40. 在德国,由于代理人只须考虑自己能够知道的被代理人的利益,因此它处于以被代理人最佳利益而提供给代理人所有必要信息。如果被代理人没有提供信息,缔结或安排的合同不符合被代理人(隐藏的)利益,那么被代理人不得主张代理人的不履行。

41. 在希腊,如果被代理人没有应要求提供信息,代理人有权拒绝委托合同义务的履行,根据民法典第 351 条,被代理人被置于通知下(Georgiades and Stathopoulos (– *Karasis*), Art. 713 no. 19)。此外,被代理人无权由于未提供信息,主张委托中设置的范围的偏差(民法典第 717 条)。代理人不被要求提醒被代理人这些后果。然而,在律师与被代理人之间的必须支付报酬的委托中,诚实信用(民法典第 288 条)要求律师提醒被代理人后果。

42. 在匈亚利,在未能提供信息的情况下,义务的一般规则将适用,尤其是民法典第 277 条第 4 款和第 5 款,其把当事人双方置于合同义务履行中的合作义务之下,包括相互告知影响履行的所有重要情况的义务。代理人对由于被代理人没有提供关于重要情形的信息这一事实而产生的任何后果不承担责任。此外,根据民法典第 476 条,"如果被代理人发出轻率或不称职的指示,那么代理人应当提起被代理人对该事的注意。如果被代理人不管代理人的提醒坚持这些指示,那么他应当承担由于这些指示造成的损害的责任"。

43. 在爱尔兰,尽管没有明确告知职责归于被代理人,当被代理人未回复代理人的请求时,代理人将对随之产生的任何后果不承担责任,也不对代理人对被代理人指示的合理释义承担责任(*Ireland v. Livingstone* (1872) LR 5 HL 395)。

44. 在意大利,基于诚实信用原则和基于合同当事人之间的合作义务,被代理人被要求回复代理人对信息的请求。如果被代理人未回复该请求,被代理人最终不得向代理人寻求损害赔偿,如果该损害本来是可以避免的,若被代理人应代理人请求回复其信息。一般而言,代理人不被要求提醒被代理人这些后果。然而,如果被代理人是消费者,代理人有一项更强烈的责任去调查被代理人的利益,这往往意味着如果被代理人的疏忽未能回复第一个请求,代理人应再次要求所问讯的信息,最后提醒被代理人沉默的后果(通常以"免责声明"的形式)。

45. 在荷兰,似乎如果代理人没有履行委托合同义务是由于被代理人未提供信息造成的,那么代理人对该未履行不承担责任。

46. 由于波兰民法典未包含关于提供代理人任何信息义务的具体条款,因此同样也没有关于未提供该信息之后果的规则。如果因为被代理人拒绝揭示请求的信息,代理人因此没有适当完成合同,那么代理人将不承担合同违约责任。

47. 在苏格兰,被代理人延期提供指示的,或者提供有缺陷的指示的,构成代理人/被代理人合同的违约,这个将导致被代理人丧失因有缺陷的履行向代理人提出损害赔偿的权利(*Mackenzie v. Blakeney* (1879) 6 R 1329)。

48. 在斯洛伐克,在民事关系中,代理人可以要求损害赔偿(例如,当价金的支付与达到客户所期望的成果有关时的价金的调整)。代理人也存在终止合同关系的可能性。代理人不被要求提醒被代理人这些后果。在商务关系中,代理人可要求被代理人履行提供信息的义务和/或要求补偿损失。至于终止合同关系的可能性:代理人仅能在被代理人根本违反的情况下,并且如果代理人毫无延迟地告知被代理人时,终止合同关系。

49. 在西班牙,没有关于这一点的特殊规则。然而,自然的结果就是代理人不承担被代理人遭受的任何损害,如果该损害是因被代理人自己未提供信息而造成的。当委托是双务合同时,且代理人在事务的履行和相关支付中有经济利益,那么损害赔偿可能是适当的。

50. 在瑞典,如果被代理人未回复代理人信息的请求,代理人因此遭受损失,那么这个未回复可能相当于未履行,为此被代理人可能承担支付代理人损失的责任,除非被代理人可以显示其未回复不是由于疏忽造成的(HaL 第 34 条)。

第Ⅳ.D－2:102 条　价金

(1) 如果代理人在业务过程中履行委托合同约定的义务,那么被代理人必须支付价金,除非被代理人预期和可以合理地预期代理人以价金作交换的其他方式履行义务。

(2) 当委托的任务已经完成且代理人已经将此交待给被代理人,价金是可支付的。

(3) 如果当事人双方约定为提供的服务支付价金,委托关系已经终止,而委托的任务并没有完成,那么在代理人已经交待委托合同约定的义务履行之刻,价金是可支付的。

(4) 当委托是为了缔结一个预期合同,被代理人已经直接缔结预期合同或者由被代理人委派的另一人代表被代理人缔结预期合同的,如果预期合同的缔结可以全部或者部分归于代理人委托合同约定下的义务的履行,代理人有权获得价金或者价金的一部分。

(5) 当委托是为了缔结一个预期合同,该预期合同在委托关系已经结束后被缔结的,被代理人必须支付价金,如果已经约定价金的支付只能基于预期合同的缔结,且

(a) 预期合同的缔结主要是代理人努力的结果;以及

(b) 预期合同在委托关系已经终止后的一个合理期限内被缔结。

评　论

A. 综述

本条规定职业代理人通常有权为提供的服务获得价金,即使双方当事人忽略了明确约定该问题。然而,如果可以证明被代理人预期合同是无偿的,并且有理由如此认为,那么本条规定不适用。本条更多规定的是,作为一项默认规则,只有在委托的任务(例如一个预期合同的订立)已经完成之后,且代理人已经如是告知被代理人(第2款),价金的支付才是应当的。

第3款规定了在委托关系存续期间当代理人没有设法完成委托的任务时,但是双方当事人已经约定为提供的服务,支付价金的,当代理人交付给被代理人时,该支付是正当的。

关于代理人的支付权,第4款和第5款涉及当预期合同最终由被代理人订立或由被代理人委派的其他代理人订立时的后果,尽管代理人在缔结预期合同中作出了努力。第4款规定涉及预期合同在委托关系履行期间的订立,而第5款指出预期合同订立于委托关系不再有效力之时。第4款指出代理人保留被支付的权利,不论是全部的还是部分的,如果预期合同的订立可以全部或部分归于代理人委托合同下义务的履行。在第5款中,代理人必须展示合同主要是代理人努力的结果。此外,该合同必须在委托关系终结后一个合理时期内缔结。

B. 职业代理人的价格

传统上,委托关系被认为具有无偿的性质。然而,这个无偿性质在现代实践中不再是不言而喻的。特别当涉及职业代理人时,委托的履行——即代理人提供的服务——如今通常是为了一个价金。第1款前半部分中的这个规定反映了实践中的通常情况:凭专业能力进入委托合同的代理人有权获得支付,除非当事人双方另有约定。

C. 除非被代理人可以合理地预期不付费

然而,第1款中也规定了普通规则的一个例外。如果被代理人预期代理人无偿履行合同且有这样的期望确实是合理的,那么可以不支付费用。

示例1

旅店(代理人)登出可以安排观光但没有关于该服务价位的任何指示。一位客户(被代理人)认为该安排是无偿的(只是作为一项服务)。即使旅店以其专业身份行为,但除非旅店明确提到了相反的规定免费提供这些服务还是相当普遍的。在这些条件下,旅店客人可合理地预期

旅店将愿意免费履行这项服务，因为对酒店来说，其对客人给予的积极评价是非常感兴趣的，或者酒店希望能够借此销售（被支付）其他服务。

D. 当价金是可支付的

规定的具体规则。根据第Ⅲ－2:102条（履行时间）第1款，当双方当事人没有不同约定，履行一项义务，也因此由被代理人支付，“在合同缔结后一个合理时间内”是应当的。此规定并没有给在委托关系中的双方当事人很多的指导，可能意味着，但并不总是，代理人在一定时期内履行义务。事实上，很多委托关系是长期合同或者代理人对它们的履行至少可能需要一些时间，如果它是成功地履行。本条规定了关于被代理人支付代理人价金之义务的履行时间的特殊规则。根据第2款，只有在代理人已经成功地履行委托合同下的主要义务，且根据第Ⅳ.D－3:402条（向被代理人交待）第1款已经向被代理人告知其事，价金才成为可支付的。

约定提供的服务的价金。当双方当事人已经就提供的服务的价金支付达成约定的情况下，如果委托关系已经终止但是委托任务还没有完成（例如，预期合同最终没有缔结），代理人也有权获得支付。在该情况下，代理人已经提供了一些服务。在这种情况下，第3款规定价金是可支付的，当代理人已经根据第Ⅳ.D－3:402条（向被代理人报告）第3款向被代理人交代履行委托合同下的义务中已经完成的部分。

利益的平衡。此解决方法已经证实，因为它最满足双方当事人的利益。它给代理人提供了一个很好的动力去交待被代理人委托履行的方式，因为否则代理人将不受任何支付。要求代理人交待首先意味着被代理人能够评估代理人是否适当履行了合同规定的义务。此外，这项规则还有一个好处，就是建立了一个价金变成可支付之时刻，其对双方当事人是很清楚的，因为当事人双方相互间已经有了接触。因此，这项规则促进了双方当事人之间的沟通。

E. 当预期合同没有被代理人缔结时的价金

代理人有权获得支付。第4款处理的问题是当委托的目的是订立预期合同，如果预期合同由被代理人自己缔结或者在代理人没有授予排他性的合同中由另一代理人缔结，则代理人是否有权获得支付。当代理人没有被允许排他性的，应当只对提供的服务支付价金是合理的。这项规定包含了一个中间的解决方式，根据这个方式代理人有权获得价金或者价金的一部分，如果提供的服务已经为预期合同的订立作出了贡献。

示例2

被代理人委托代理人出售被代理人的汽车。代理人与第三方谈判，但是该第三方拒绝代理人的提议。第三方然后直接与被代理人联系，并在他们之间订立销售合同。在这种情况下，由于代理人的服务毋庸置疑地促进了该销售合同的订立，代理人应当有权获得（全部的或部分的）价金。

没有排他性的约束。第3款中描述的情形不同于代理人被授予了排他性但是被代理人仍然亲自缔结了预期合同或由另一代理人订立了的情形。在这种情况下，被代理人违反了合同并应承担赔偿责任。如果是这样的情况，代理人应当必须被置于尽可能地接近如果被代理人已经遵守了排他性条款时优势地位的处境。这应当意味着，被代理人将必须补偿代理人遭受的损失和代理人本应当获得但被剥夺的收益。换句话说，代理人应当获得预期的利益。

F. 如果预期合同的订立在委托关系终止之后，但是主要是代理人努力的结果时的价金

代理人有权获得价金。第5款处理的情形是，(1)当委托是为了预期合同的订立，(2)被代理人的支付义务只发生于预期合同的缔结（"没有结果，没有报酬"）(no result, no pay)，(3)委托关系终止，以及(4)被代理人或代表被代理人行为的某人随后订立了预期合同。在这种情形下，如果缔结的合同主要是代理人在履行委托中努力的结果，以及如果预期合同的订立是在委托关系终止后的一个合理时间内，代理人保留受支付的权利。

利益平衡。在这类合同中，存在一个相当大的风险，那就是被代理人将试图正好在被代理人缔结预期合同之前终止委托关系，逃避支付义务。为了保护代理人利益，被代理人应因此被要求支付价金，即使委托关系已经终止。另外，在所有情况下均要求被代理人支付全部的价金，而如果代理人没有缔结预期合同，这似乎是不公平的。因此，支付义务只保留在当一定条件满足时。因此，这是个平衡性的解决方式，代理人和被代理人双方的利益均得到保障。

示例3

被代理人委托代理人出售被代理人的汽车。代理人与第三方进行谈判并达成协议，须经被代理人批准。被代理人没有批准，终止了委托关系，随即与第三方以（几乎）相同的条款订立销售合同。

示例4

被代理人委托代理人出售被代理人的汽车。他们约定一个期限为3个月的委托合同。代理人与第三方进行谈判并达成协议，须经被代理人批准。被代理人等到3个月期满，随即与第三方以（几乎）相同的条款订立销售合同。

在这两种情形中，很明显被代理人终止合同关系（示例3）或者等待约定的时间届满（示例4）是为了避免代理人与第三方订立合同。

示例5

被代理人委托代理人出售被代理人的汽车。代理人与第三方进行谈判。被代理人不满意

代理人的进展，终止委托关系，指派另一个代理人。新的代理人成功地结束谈判，订立销售合同。

在这种情况下，第一个代理人的努力已经对预期合同的缔结有所贡献，但是它们并没有主要导致与第三方订立合同：第二个代理人的服务也是同样必要的。在这种情况下，代理人没有权利获得价金的支付。

类似于商事代理合同制度。有必要指出第 4 款的行文方式与第Ⅳ.E－3:302 条（代理结束后的佣金）的行为方式相似，在一定条件下商事代理有权就在商务代理终止之后缔结的合同获得佣金。

注　释

Ⅰ.职业代理人有权获得价金

1. 在奥地利，如果存在特定行业规范报酬支付的惯例或习俗，那么在没有任何相反的明示或暗示的协议的情况下，存在一个推定，即双方当事方根据这项惯例或习俗约定支付报酬（民法典第 1004 条；Schwimann（－*Apathy*），ABGB V^2，§ 1004 no. 1）。律师有权为其提供的服务获得报酬（RATG 和民法典第 1002 条及以下的附属规定）。商业法规（商法典第 345 条、第 354 条和第 396 条及以下；HvertrG 第 8 条、第 24 条及以下）对在合同没有明文规定时规定类似规则。

2. 根据比利时民法典第 1986 条，委托是属于无报酬规则，除非当事人双方明确或暗示约定相反的情形。有利于职业代理人的一个关于报酬的默示条款被推定（*Tilleman*，Lastgeving，103；*Wéry*，Le mandat，211）。

3. 在保加利亚，作为一般规则，委托是无偿合同。根据 LOA 第 28 条，"如果报酬已经被协商的，被代理人才应当支付代理人报酬"。这个没有区分代理人是否以专业能力作为或是在业务活动中行为——报酬只有在明示或暗示地规定下是应支付的。适用于一些特殊类别的委托合同的特别条款规定了强制的报酬，例如商法典第 36 条第 1 款关于商事代理，商法典第 356 条第 2 款关于佣金合同，商法典第 361 条第 1 款关于货运代理合同和 Bar Association Act 第 36 条关于律师和客户之间的合同。这些特殊委托合同的一个共同特征是代理人在他们的业务过程中作为。在法律学说中，代理人以其专业技能作为的委托合同被推定为是非无偿的（*Mevorah/Lidji/Farhi*，Komentar Ⅲ，52）。

4. 在丹麦，没有规则规定职业代理人为服务时有权获得价金，如果合同对此保持沉默。然而，很多合同包含了职业代理人有权主张价金的条款。

5. 在英格兰，在商业合同中存在一个推定，就是当被代理人要求职业代理人作为时，代理人将就其服务被支付报酬。然而，这是一个简单的推定，因此它也是有可能被推翻的（*Miller v. Beale*（1879）27 WR 403）。

6. 在爱沙尼亚，以职业当事人作为的代理人有权获得价金的规则在（一般）服务合同中明确规定："在可支付报酬的数额没有在服务合同中约定的情形中，报酬必须被支付，如果可合理推定服务只能在有报酬时才能被履行，首要的是，如果服务提供者履行了符合他职业活动目的的服

务。”（LOA第627条第1款）。同样的原则适用于经纪合同（LOA第664条和第665条）、代理合同（LOA第680条第1款）和佣金协议（LOA第701条第1款），这些都是被定义为非无偿类。

7. 在芬兰，代理人，除非另有约定，有权获得合理报酬（商法典第18章第5条和SGA第45条的类似释义）。然而，如果销售合同被执行，则房地产代理才有权获得报酬，除非被代理人和代理人之间另有约定（不动产代理法第20条）。商事代理人和销售员法第10条和第11条包含了关于报酬及其数额的具体规则。

8. 根据法国法律，原则上，委托理应是没有支付价金的合同（民法典第1986条），但是判例法已经确定当代理人在执业中行为且合同没有对此作出约定时，代理人有权获得报酬（Cass. civ. 1re 10 February 1981, Bull. civ. 1981, I, no. 50.; Cass. civ. 1re 6 June 1998, Bull. civ. 1998, I no. 211）。这将取决于由法官对提供的服务范围来判定。在某些情形中，法令特别规定了报酬（例如商事代理人：商法典第L. 134－5条第3款），而在其他情形下，法令的规定有所不同（例如房产代理人：Estate Agents Act of 2 January 1970第6条）。

9. 在德国，如果合同对此保持沉默，职业代理人有权就其服务获得价金，有两种不同的情形：在服务合同法律中（民法典第612条第1款）和工程合同法律中（民法典第632条第1款），其在民法典第675条框架下适用。价金被认为是约定的，如果在这种情形下，服务或工程只能被预期在价金下被提供。在委托规则中，没有上述情形的特别规定存在。然而，一个过时的法院决定已经基于民法典第1835条第3款的类推适用，从而授予代理人一个价金，如果在委托下履行的行为属于代理人的职业部分（RGZ 149, 121, 124）。这种处理方式也为一部分学者所遵循，但是通常是附加条件的，即当委托合同——通常要求代理人无偿地作为——被缔结时，履行的行为并没有事先特别预计（MünchKomm（－*Seiler*），BGB[4]，§ 670 para. 21）。

10. 在希腊，关于价金的问题由于委托无偿的性质而没有出现。在律师和客户之间强制性有偿委托的情形中，关于律师报酬的协定始终是合同是否有效的要求（ErmAK（－*Kapodistrias*），Art. 713 no. 20; Georgiades and Stathopoulos（－*Karasis*），Art. 713 no. 10）。在居间情形中，如果合同对职业经纪人的报酬保持沉默，民法典第705条适用：“报酬应当被认为已经是默示约定，如果介入或指示在通常情况下仅仅为报酬而为，或者如果任务被指定给一个职业经纪人。如果报酬的数额尚未确定，可支付的报酬由现行费率确定或者在没有现行费率的情况下报酬通常遵循当地情况”（经纪合同缔结地：*Karasis* loc. cit. Art. 705 no. 2; Supreme Court decision no. 710/1986, EEN 1987, 148）。与之相反的合同协议是被允许的（Supreme Court decision no. 1565/1986, NoB 1987, 1044）。

11. 根据匈牙利民法典第478条第1款，“被代理人应当支付适当费用，除非情势或者双方当事人之间的关系表明代理人已经显示代理是无报酬的”。

12. 在爱尔兰，一般情况下，如果报酬已经与被代理人约定，那么代理人才有权获得报酬。在商业方面，代理人会同意无偿行为是非常罕见的。重要的是，关于报酬的协议可以是明示或暗示的。获得报酬权将被隐含在与其他可能被隐含于合同的条款相同的基础上。例如，该项权利可能会被暗含在当代理人在职业或业务过程中行为时（*Miller v. Beale*（1879）27 WR 403），该项权利会更容易被暗含在当服务已经被提供时。

13. 在意大利，一般规则就是如果合同保持沉默，那么代理人有权获得支付。如果代理人是职业代理人，那么推定更甚于此。

14. 在荷兰，由于不存在关于在委托关系中代理人报酬的具体规定，一般职业服务合同的规

则适用。如果代理人在其职业中履行服务，被代理人有责任支付报酬（民法典第 7:405 条第 1 款）。然而，合同当事人双方可能有不同的约定（*Van der Grinten*, Lastgeving, no. 9）。合同双方当事人被允许共同确定代理人费用的支付。这往往发生在具体的报酬并没有在合同中规定的情况。因此，如果代理人有权获得支付，但是合同双方当事人没有明确确定报酬的，那么被代理人有责任根据通常的习惯支付报酬，或者如果不存在该项措施，那么被代理人将支付公平的报酬（民法典第 7:405 条第 2 款）。例如，适用于某些行业部门的惯例必须被考虑到（*Van der Grinten* loc. cit. no. 17）。非职业当事方的代理人不能为服务要求支付任何报酬（*Van der Grinten* loc. cit. no. 17）。

15. 根据波兰法律，代理人有权获得报酬，即使委托合同就此保持沉默，除非双方当事人已经约定服务将无酬履行（民法典第 735 条）。民法典在这方面没有区分职业代理和其他代理。

16. 在苏格兰，如果代理人是职业当事人，合同对报酬问题保持沉默的，有利于报酬的值得辩驳的推定存在。判例法表明，该报酬是合理的，当涉及的工作构成代理人的生计（*Mackersy's Executors v. St Giles Cathedral Managing Board* (1904) 12 SLT 391; *Campbell v. Campbell's Exrs* (1910) 47 SLR 837）。法院将会考虑建立的惯例和贸易的证据，来决定报酬是否是合理的，如果是，是多少。当代理人不是专业代理人时，报酬基于应酬金额（*quantum meruit*）是合理的（*Kennedy v. Glass* (1890) 17 R 1085）。这些一般规则尤其（*inter alia*）适用于律师，律师不用特别规定付款，因为照这种普通情形，仅雇佣就足以允许主张报酬（*Begg*, Treatise on the law relating to law agents, 117）。

17. 在斯洛伐克，民法典第 730 条规定当报酬已经约定或者当其是惯例特别是有关代理人的职业惯例规定时，被代理人才必须支付报酬。如果代理人的专业行为包括作出这些安排，则推定一些报酬已经被约定（商法典第 566 条第 2 款）。

18. 在西班牙，委托合同被推定为无偿的，除非双方当事人另有约定（民法典第 1711 条；在 TS 的 1993 年 4 月 30 日一案中得到确定）。代理人必须证明双方当事人之间就有关合同有偿的特性存在明示或暗示的协定（Sierra Gil de la Cuesta（－*Hernández Gil*），Código Civil Ⅶ[2], 453）。这项规则有个例外：如果代理人职业地行使具有委托合同之目的的一类活动的，那么委托被推定为有偿的（民法典第 1711 条第 2 款）。亦见商法典第 277 条。然而，代理人需要证明这些活动确实是那些代理人日常职业活动中行为的（STS 7 April 1979, 21 February 1995）。如果没有约定价金，那么它将根据职业费用、惯例，或最终按照法院确定的来建立（Sierra Gil de la Cuesta（－*Hernández Gil*），Código Civil Ⅶ[2], 454）。

19. 根据瑞典商法典第 18 章第 5 条，代理人有权获得合理价金。如果当事人双方没有约定价金的，它遵从 SGA 第 45 条中的类推，价金是考虑情势的合理性。在某些代理人的种类中，商业做法已经得到发展。因此，贸易代理商、佣金代理人和房地产代理商有权基于与第三方订立的合同获得一定比例的佣金（参见 HaL 第 9 条，FmL 第 21 条和 KommL. 第 27 条）。

Ⅱ. 当支付价金是应当的

20. 在奥地利，没有明确协议的，当任务完成时，价金的支付是应当的（Schwimann（－*Apathy*），ABGB V[2], § 1004 no. 5）。交代并不是价金支付的前提条件。当商业规定适用时，基于结果，价金的支付是应当的（商法典第 383 条和第 409 条）。

21. 作为在比利时的一项规则，在代理人告知被代理人之时，价金的支付是应当的。在长期代理合同或者连续履行合同中有个例外。对于这些合同，当事人双方可以约定居间费用（RPDP,

v° Le mandat, no. 737; *Tilleman*, Lastgeving, 111; *Wéry*, Le mandat, 214)。

22. 在保加利亚,没有具体条款规定何时在委托合同中订立的报酬是可支付的。当委托合同保持沉默,当地惯例是可适用的。没有惯例的,当代理人已经履行合同义务,即已经代表被代理人订立了预期合同或者履行了法律行为,报酬是可支付的(*Mevorah/Lidji/Farhi*, Komentar Ⅲ, 54)。除非在合同中另有约定,然则给予交待并不是报酬支付的一个必要的先条件(Supreme Court, Judgment no. 922, 7 October 1993, Civil Case 2050/1993, V)。根据商法典第38条特殊规则,商事代理人的报酬是可按月支付的(*Gerdjikov*, Komentar na Turgovskiya zakon I, 156)。当事人双方可以约定不同的支付期限,但是不得迟于预期合同缔结3个月后的那个月结束之时(商法典第38条)。

23. 在丹麦,除非双方当事人之间另有明确约定,一旦代理人已经完成代理委托,价金的支付和报销就是可支付的。报销的主张将通常需要确定花费的准确数额。

24. 在英格兰,当代理人有权就给定的结果或事件的发生收取佣金时,代理人必须展示所涉之结果或事件已经实际发生而且代理人是此之有效原因。

25. 在爱沙尼亚,特殊规则适用于服务合同,该合同责成服务提供者(代理人)执行法律行为:在法律行为执行后报酬是可支付的(如果没有另外约定)。

26. 在芬兰,除非另有约定,然则代理人的合同义务履行后和在代理人要求后,在合理的时间支付通常是适当的。如果要求报告被代理人,那么直到告知了被代理人价金才是可以支付的。代理人通常没有权利要求提前支付。在一般情况下,此并不存在于按期支付可能发生的长期委托中。商事代理人和销售员法第10条和第11条包含关于支付时间的详细规则。

27. 在法国,当合同保持沉默时,报酬在任务结束时是可支付的,虽然民法典没有指定这项支付的确切时刻。常见地,代理合同规定,报酬仅在任务已经成功完成时才是可支付的。法国判例法似乎认为,没有成功履行合同的代理人可能不得收取任何报酬(尽管民法典第1999条第2款认为,支付可能对代理人总是合理的,除非代理人已经犯有不履行——但是作者们并不同意此点)。然而,如果委托的终止是由于独立于双方当事人的原因,那么法国法院认为通常合理的报酬可能限于已经履行了合同义务的部分,或者代理人可能只能收到补偿。当合同因为被代理人或第三方的不履行而不能履行的,补偿也可能是对代理人合理的。

28. 价金的支付,根据德国法,在服务已经被提供之后(民法典第614条)或者工作已经结束并被另一方(可能默示地)接受之后(民法典第641条第1款),是应当的。

29. 在希腊,在居间情况下,由于经纪人的介入或指示的结果,预期合同订立之后,价金的支付是合理的。

30. 在一般情况下,根据匈牙利民法典第478条第4款,"专业服务费用在合同灭失之时应当是可支付的"。与一般规则相反的是,在佣金代理情况下,"只有当销售合同已经被履行时,佣金代理人才应当有权收取佣金"(民法典第511条第1款)。

31. 爱尔兰判例法已经陈述了一些关于何时赚取或支付报酬的特别问题(留下许多其他问题尚待解决)。例如,认定当代理人就带来的结果赚取佣金的,代理人将仅就其是这个结果的有效原因时才有权获得支付(*Millar, Son & Co. v. Radford* [1903] 19 TLR 575; *Judd v. Donegal Tweed Co. Ltd.* [1935] 69 ILTR 117; *Stokes & Quirke Ltd. v. Clohessy* [1957] IR 84)。判例法陈述的另外一个问题是,当代理人获得的是佣金报酬,被代理人是否可能,例如通过拒绝履行由代理人谈妥或签订的合同,防止代理人赚取佣金。在代理协议中缺乏任何明文规定时,这取决于是

否有适当条款可能被暗含在代理合同中。例如,在 *Cusack v. Bothwell* [1943] 77 ILTR 18 一案中,拍卖人被指示以一定价格找到土地买主。代理人会获得 5% 的佣金。他介绍了一位买家但是卖家拒绝出售和支付佣金。法院宣布拍卖人获得一笔等同于 5% 的金额,因为他已经完成了要求他完成的任务。这项裁决违背了一些更早时期的英国判例法(例如见 *Luxor (Eastbourne) Ltd. v. Cooper* [1941] AC 108 和 *French & Co. v. Leston Shipping Co. Ltd.* [1922] 1 AC 451),但其似乎得到更多的近期判例法的支持(*Alpha Trading Ltd. v. Dunnshaw – Patten Ltd.* [1981] QB 290)。

32. 在意大利,除非当事人双方另有规定,代理人有向被代理人立即报告的义务(民法典第 1712 条和第 1713 条)。特别是委托结束,代理人必须通知被代理人合同义务的履行,必须进一步报告进行的事务并给被代理人在义务履行中所有的收益。代理人还必须申明履行中所发生的费用。只有这样,代理人才有权主张支付价金和报销花费。

33. 在荷兰,服务履行后价金的支付是应当的。

34. 同样,在波兰,除非双方当事人另有约定,然则在代理人已经提供服务之后报酬的支付是应当的(民法典第 744 条)。然而,如果需要花费的,代理人有权预先获得一笔费用(民法典第 743 条)。

35. 在苏格兰,很难确定哪项报酬成为应当支付的一项的一般规则。这个问题可能将被确定为合同解释的问题(*Gow*, Mercantile and Industrial Law of Scotland, 533)。如果合同规定,代理人的报酬取决于实现的结果,那么若结果达到和如果达到这个结果是可归于代理人的努力,则报酬是可支付的。另外,这个问题很可能由在某个特殊行业或专业中的一般实务予以调整。很明显,例如,在向被代理人发出账目之前,律师不需要必须等到要展开的工作已经完成。临时费用是有可能的,只要获得被代理人对此的同意(*Paterson and Ritchie*, Law, Practice and Conduct for Solicitors, no. 9.4.9)。虽然律师可能从被代理人账户借记费用,但是这个只有在被代理人同意下才可为或者至少当被代理人已经被告知时(Solicitors (Scotland) Accounts Rules 2001 rule 6(1)(d))。临时费用的收取,根据当日进行的工作,必须是公平的和合理的(Paterson and Ritchie loc. cit. no. 9.4.4)。

36. 斯洛伐克民法典规定,在委托合同的情况下,在委托履行之后或合同关系终止之后一日,代理人要求被代理人支付,报酬的支付是应当支付的;在获得东西的合同中,报酬在获得东西后立即支付;在负责安排出售东西的合同中,一旦受托的东西被卖掉,报酬就应支付。商法典规定,一旦委托中规定的活动已经妥善处理,代理人就有权获得报酬,不论是否其已经导致期望的结果(除非委托合同另有规定),佣金代理人当义务得到履行时有权获得报酬(商法典第 587 条第 2 款)。

37. 在西班牙,从委托已经完成之刻,价金是应当支付的。不需要等到代理人已经告知被代理人履行的活动(TS 9 July 1991; Sierra Gil de la Cuesta (– *Hernández Gil*), Código Civil Ⅶ[1], 917; *de la Cuesta Rute*, Contratos Mercantiles I, 288)。告知只是一项附属义务,其可被稍后执行。履行并不意味着成功。代理人有权获得支付即使履行并没有达到被代理人追求的目标,除非代理人在履行义务中有疏忽大意行为(TS 29 January 2001; Sierra Gil de la Cuesta (– *Hernández Gil*), Código Civil Ⅶ[2], 453)。甚至当代理人部分履行的情况下,按比例支付是合理的,因为被代理人获得了部分利益(Sierra Gil de la Cuesta (– *Hernández Gil*), Código Civil Ⅶ[2], 453)。

38. 在瑞典,除非另有约定或者根据特定行业业务中被接受的做法,当任务完成时,支付价金

是应当的。如果代理人有报告任务的义务,被代理人不必须支付直到该报告义务完成。

Ⅲ. 由法院调整过度价金

39. 在奥地利,合同撤销时(由于过失、损害、高利贷、违反良好道德),法院可以调整价金(民法典第1336条;民法典第879条适用商业交易)。

40. 根据既定的比利时判例法,当法院认为报酬超过了履行的比例时可以应一方当事人的请求,抛开协议必须遵守(*pacta sunt servanda*)原则并减少代理人的工资,(参见 Supreme Court 14 October 2002, RW 2003－04, 1297; Supreme Court 19 September 1985, RW 1985－86, 2638; Supreme Court 6 March 1980, Pas. belge 1980, I, 832, concl. *Charles* 1982, 519, note *E. Dirix*; *Tilleman*, Lastgeving, 113－123; *Wéry*, Le mandat, 216)。法院必须认定报酬超过履行的比例。不存在进一步的具体条件(例如,被代理人滥用代理人的劣势地位(*Tilleman* loc. cit. 114))。为了判定报酬与履行相比是否合理,法院可以考虑如代理合同执行所花的时间、委托的复杂性、责任风险和由代理人产生的花费等因素(*Tilleman* loc. cit. 114－116)。

41. 在保加利亚的法律中,一般合同法律规则可适用。当合同缔结后由于不可预见的情况该价金已经变得过高,委托合同中规定的价金可以被法院调整。若价金调整后,合同成了一方当事人过度的负担,并且根据条款坚持履行并不符合诚实信用和公平(商法典第307条)。如果这些条件得不到满足,那么法院无权调整规定的价金(*Mevorah/Lidji/Farhi*, Komentar Ⅲ, 53)。

42. 在丹麦,根据合同法第36条(合同法"一般条款"),法院可以调整价金和其他合同条件:"协议可能被全部或部分修改或取消,如果其不合理或违反允许其成立的正当行为。相同的规则适用于其他法律行为。(……)将必须考虑到在制定合同时占优势的情势、合同的内容和随后的事件。"这项原则经常被法院引用并被其广泛接受,尤其是在消费者案件中。

43. 从技术上讲,英格兰法院不能应一方请求调整价金。事实上,如果获得报酬权在协议中明确提出,法院将不得干预,即使报酬的明确数目是由被代理人酌情决定(*Kofi Sunkersette Obu v. Strauss* (*A*) *&Co. Ltd.* [1951] AC 243),即当合同已经规定代理人的报酬是由被代理人酌情决定的。然而,法院判决中也有一些不干涉规则的例外。例如,如果代理人履行不属于合同明文规定的服务,那么法院可以例外地确定支付合理报酬。此外,如果合同明确或默示规定应当支付给代理人的"合理数目",法院可以决定"合理数目"应为什么(*Way v. Latilla* [1937] 3 All ER 759)。此外,如果合同保持沉默,法院可遵循合同起草的一般规则决定条款。法院仅能决定在合同中有此效力的条款,如果它们确信双方当事人希望代理人获得报酬的意图(*Reeve v. Reeve* (1858) 1 F &F 280, 175 ER 727)。支付的作出根据情形必须是合理的(通常基于应酬金额;然而见 *Withy Robinson* (*A firm*) *v. Edwards* (1985) 277 Estates Gazette 748 一案;与 *London Commercial and Land Ltd. v. Beazer Lands Ltd.* [1990] CLY paragraph 107 一案比较和对照)。当基于贸易惯例或是代理人地区的习俗支付是预期的情形时,法院也可以干涉。然而,若这项由法院确定的条款会与合同明示条款抵触的,没有条款可以被确定(*Kofi Sunkersette Obu v. Strauss* (*A*) *&Co Ltd*, [1951] AC 243)。

44. 一般来说,在爱沙尼亚,关于就合同义务履行获得价金的协议不得由法院管制或调整。法院没有管辖权裁决双方当事人之间相互权利和义务的平衡以及调整关于合同价金的协议,但在LOA第97条中有情势变更(*clausula rebus*)的一般例外。

45. 在芬兰,根据ContrA第36条,在委托合同不公平的条件下或者其执行会导致不公平的结果的条件下,调整价金是有可能的。在定义什么是不公平时,将会考虑到合同的全部内容,以

及合同双方当事人的地位、在缔结合同时和合同缔结后的占优势地位和其他因素。

46. 法国法院可以调整价金(Cass. req. 12 December 1911, D. P. 1913, 1, 129),但是被代理人必须论证为什么原先许诺的报酬与由代理人有效提供的服务相比过高(Cass. civ. 1re 24 September 2002, CCC 2003 no. 3)。在代理人受偿后或者当已经约定报酬是基于委托的完成时,此类司法调整是不可能的。

47. 在德国法院,经一方当事人要求,根据民法典第655条,在经纪合同下可以调整价金,但只有当经纪合同是寻求一个服务合同的帮助,而且经纪合同当事人双方约定的价金非常不成比例时才可以。

48. 在希腊,在经纪合同的情况下,如果约定的经纪人的报酬不成比例的高,那么法院可以应债务人的请求将其减少到适当水平(民法典第707条)。债务人既可以为主张价格调整的行为,也可以对经纪人要求的价金的支付提出异议(Supreme Court decision no. 206/2004, NoB 2004, 1744)。对调整价金至适当水平的异议可以在任何级别的法院提出,因为民法典第707条被认为是涉及公共秩序的规则(CA Thessaloniki decision no. 2880/2002, Arm 2003, 1423)。确定报酬比例衡量的标准是经纪人的工作,若是不能分开支付的花费、居间的方式,还有花费的时间和被代理人已经得到的利益(Georgiades amd Stathopoulos (- *Karasis*), Art. 707 no. 1; CA Athens decision no. 3790/1985, EllDni 1985, 943; CFI Athens decision no. 16004/1983, EllDni 1984, 1603)。

49. 一般来说,在匈牙利,双方当事人确定的价金不得由法院进行调整。然而,根据民法典第201条第2款,"如果在合同缔结时,也没有任何一方有意赐予礼物,服务的价值和应当的考虑之间的差异存在极大的不公平的,受害当事人应当被允许提出合同异议"。民法典第241条规定"当一方当事人的大量合法权益由于合同缔结后当事人的长期合作关系所产生的情况的后果受到损害的,法院可以修改合同"。

50. 在爱尔兰,没有调整价金的一般规定。但是存在关于调整(或征税*)律师服务费用的具体规定。

51. 一般情况下,在意大利,价金的确定受当事人意思自治约束。然而,应双方当事人请求,在双方当事人之间缺乏任何具体协议的情况下,法官可以被要求介入确定价金。民法典第1709条列举了代理人有权获得价金的确定应遵循的层次级别的标准。除非双方当事人另有约定,然则价金可参考行业服务费用确定,若代理人作为一位职业人士行为的,或者也可参考惯例。在不符合这些标准的情况下,价金可以由法官考虑代理人执行的活动的性质、数量和质量,基于公正判决确定。如果由职业人士出示关于数目的证据是不完整的或是不充分的,并缺乏职业服务价格或惯例,那么法官基于履行的活动的种类以及因此被代理人得到的利润来确定补偿(民法典第1709条和第2225条;Supreme Court 18 September 1995, no. 9829, Arch. civ., 1996, 477)。

52. 在荷兰,代理人获得极高或极低的报酬是不违反法律的(*Van der Grinten*, Lastgeving, no. 17)。

53. 在波兰,在情形特殊改变的情况下,价金可以被法院调整(民法典第357条)。这是一项一般规定,可适用于所有合同;没有对在委托合同下调整报酬的具体规定。

54. 对于苏格兰法院,没有一般权限调整代理人的合同约定的报酬。当合同保持沉默时,法

---

* 见本条下列注释54。——译者注

院可以被要求介入评估一个合理服务费用或者评估一个在特定行业或职业中惯常的服务费用（*Stair*, The Laws of Scotland, Reissue “Agency and Mandate”, para. 109）。在律师这个具体情况下，法院有权调整收取的服务费用。该过程，被称为“征税”，涉及一位系于法院的独立核算师基于个案做的合理费用的评估（*Begg*, Treatise on the law relating to law agents, 163－177; *Paterson and Ritchie*, Law, Practice and Conduct for Solicitors, no. 185, fn. 28）。这个过程既可被律师提请也可由客户提请。审计人员有很大的自由裁量权，可以提高这个数目，虽然这发生的次数很少（*Begg* loc. cit. 175; *Reeve v. Dykes* 7 S 732）。法院通常不会介入审计人员的征税，除非是应被代理人的疑问（*Begg* loc. cit. 176）。

55. 在斯洛伐克，不有由法院调整的一个很高的价金。如果价金过高以至于造成良好道德（*bona mores*）的严重破坏，那么有一个例外的可能性，就是宣告合同无效。

56. 在西班牙没有这方面的规则，通常，在代理合同下不得调整应付的报酬。例外只存在于规范的行业中，比如大律师行业。

57. 在瑞典，根据 ContrA 第 36 条，法院可以调整价金，如果考虑在缔结合同时或发生在缔结合同后的情况或者由于其他情况，而存在相当不合理的高。这项规则尤其被法院在消费者关系中接受。在商业对商业（B2B）的关系中，法院采取了限制性的态度。

Ⅳ. 是否接受成功酬金（contingency fee）？

58. 在奥地利，双方当事人可以在“无结果，无报酬”基础上约定价金（Rummel（－*Strasser*），ABGB I^3，§ 1004 no. 9; Straube（－*Griss*），HGB I^3，§ 383, no. 13; Straube（－*Schütz*），HGB I^3，§ 407 no. 45）。

59. 在比利时，双方当事人可以达成“无结果，无报酬”的价金（*Paulus und Boes*, Lastgeving, 115; RPDB, 782; *Wéry*, Le mandat, 213）。只有律师被禁止在此基础上计算。

60. 在保加利亚，基于“无结果，无报酬”的支付一般是被允许的，除了在刑事案件中律师的报酬（Regulation of Minimum Amounts of the Advocates' Fees 第 17 条）。

61. 根据丹麦法律，“无结果，无报酬”原则是有效的。

62. 在英格兰法律中，双方当事人可以达成一项“无结果，无报酬”条款。事实上，这是对地产代理的规范，因为一个普通的地产代理合同在性质上被认为是单方的（*Luxor*（*Eastbourne*）*Ltd. v. Cooper* [1941] AC 108, per Lord Russell of Killowen, no. 124）。这意味着，通常，直到一个具有约束力的所有权出售的合同缔结了，委托的事项才算完成。

63. 在爱沙尼亚，双方当事人可以在“无结果，无报酬”基础上约定价格。

64. 在芬兰，一般情况下，双方当事人可以基于“无结果，无报酬”约定价格。地产代理商只有在预期合同被缔结时才有权获得报酬，除非另有约定（不动产代理法第 20 条）。

65. 在法国，合同完全自由，双方当事人可以约定“无结果，无报酬”的支付。事实上，这是针对若预计的合同没有缔结时，对无要求任何报酬的房地产代理商的一个解决方法。

66. 德国法律中没有不同的规则。一个具体的例外适用于法律服务：根据 BRAO 第 49b 条第 2 款，约定“成功酬金”是非法的。

67. 在居间情况下，基于无结果，无报酬的支付在希腊民法典第 703 条和第 704 条中规定。根据民法典第 703 条第 1 款，“一人就某人的介入或者就其在订立合同时的指示，承诺后者之报酬的，该人应当在若合同缔结是该介入或该指示的结果时，才受支付报酬的约束。如果载有合同承诺的协议被订立，但是没有达成最终合同的，那么仅一半的报酬是应当的”。通过这项规则，意

味着必须证明获得或指示与合同缔结之间的因果关系（Supreme Court decision no. 701/1995，EEN 1996，601；CA Pireos decision no. 855/1993，EllDni 1994，1708）。根据民法典第704条，“在附中止条件的合同中，如果条件已经得到满足，经纪人的报酬应当是可支付的。在附终止条件的合同中，报酬应当就合同缔结是可支付的”。

68. 在匈牙利法律中，双方当事人自由约定基于“无结果，无报酬”计算的价金。给佣金代理，即当代理人以代理人自己的名义但是为被代理人缔结合同的，制定了特别规则：根据民法典第511条第1款，“只有当销售合同已经被履行时，佣金代理人应当才有权获得一份佣金”。

69. 在爱尔兰，本着合同自由原则，双方当事人自由约定他们希望的价金，因此价金可以基于“无结果，无报酬”计算。在一些职业中，可能会存在定价的监管规则。例如，在诉讼工作中，律师不得基于获得的赔偿比例设置他们的费用，但是他们可以基于“无驹，无酬”（no foal，no fee）*工作。

70. 在意大利，总体而言，价金支付的问题受当事人意思自治约束。然而，在一些情况中，有利于代理人的特殊规则适用（例如商事代理人和法律顾问）。

71. 在荷兰，根据民法典第7:426条，“无结果，无报酬”规则适用于调解合同（参见Graan*Management B. V. /PeHa Holding c. s.*（NedJur 2003，518））。这意味着如果合同得不到实现，那么佣金代理人无权获得支付。然而，各缔约方可能会偏离这个基础。虽然这个论证适用于调解合同，但似乎也对委托合同很重要，因为委托合同中代理人的支付往往关系到委托交易的实现。如果交易没有完成，代理人无权获得报酬。报酬通常是与交易的“价格”有关（*Van der Grinten*，Lastgeving，no. 17）。

72. 在波兰，当事人双方基于合同自由可以约定“无结果，无报酬”条款。该条款在某些编纂的法律职业伦理规则中是禁止的，但是这套规则不是法律。

73. 在苏格兰，普遍规定被代理人/代理人合同中，当代理人实现特定结果时，代理人才有权获得报酬（*Gow*，Mercantile and Industrial Law of Scotland，533）。很多不动产代理合同采取这种形式。律师也经常使用所谓的“无结果，无报酬”协议。虽然这项原则趋于被表述于律师诉讼工作中，很显然，这并不局限于诉讼（*Paterson and Ritchie*，Law，Practice and Conduct for Solicitors，no. 9.5.2）。

74. 在斯洛伐克，委托合同是允许“无结果，无报酬”的（民法典和商法典）。在关于安排销售东西的合同中，这是契约式本质特征。

75. 在西班牙法律中，当事人双方可以约定“无结果，无报酬”价金（商法典第272条和LCA第19条）。

76. 根据瑞典法律，基于“无结果，无报酬”的支付也是被允许的。

V. 当被代理人亲自缔结预期合同时的支付

77. 在奥地利，如果被代理人亲自订立预期合同，那么代理人有权获得部分比例的价金、报销产生的花费和所遭受的损害赔偿。

78. 在比利时法律中必须作出一个区分。若不可撤销条款的唯一目的是保证代理人的排他性（和薪酬），则被代理人有权亲自缔结预期合同且将不得不赔偿代理人关于他们之间约定的价

---

* 在爱尔兰，很多律师（solicitor）采取“无驹，无酬”的基础上收费。这意味着，如果不打赢这场官司，不会收取律师费。这常见于人身伤害案件，也就是说，已经在事故中受伤。——译者注

金。相反地，若不可撤销条款是剥夺被代理人亲自缔结预期合同的权利的一个方式，则被代理人必须把事务完全留给代理人（*Foriers*, Le droit commun, 90; *Wagemans*, Le mandat, 193）。

79. 在保加利亚，在法律理论中，预期合同由被代理人缔结被解释为委托的撤销（*Mevorah/Lidji/Farhi*, Komentar Ⅲ, 176）。在这种情况下，代理人有权获得合同约定的酬金（LOA 第 288 条第 1 款）。

80. 在丹麦，合同不剥夺被代理人亲自缔结预期合同的权利。这将适用于不论代理人有权以代理人自己的名义还是以被代理人的名义行为。代理人有权获得价金不论是代理人还是被代理人订立预期合同。根据丹麦不动产代理法，当事人双方可以约定条款的，根据该条款代理人有权获得价金，即使被代理人与由代理人介绍的第三方直接缔结合同。

81. 在英格兰，当地产代理人被授予排他性，被任命为“独家代理人”时，若被代理人接着任命另一代理人，该人赚取第一位代理人本应当赚取的佣金，则独家代理人有权获得损害赔偿（*Milsom v. Bechstein* (1898) 14 TLR 159）。当代理人被命为“总代理人”或者代理被描述为“独家销售代理”（sole selling agency）时（*Brodie Marshall & Co. (Hotel Division) v. Sharer* [1988] 1 EGLR 21），则被代理人也被禁止出售财产，因为不可撤销性是为了代理人的利益。然而，若被代理人这样做的，他将有责任支付代理人的佣金（*Snelgrove v. Ellringham Colliery Co.* (1881) 45 JP 408）。

82. 在芬兰，一般情况下，代理人就由被代理人缔结的预期合同无权获得价金，除非另有约定。根据商事代理人和销售员法第 10 条，当交易作为代理人的行为结果已经完成，以及当代理人已受托于一特定地域或一组客户，且交易已经与属于该地域或该组客户的一方完成，代理人有权获得佣金。

83. 在希腊，排他性条款的后果是，在违反该合同义务的情况下，被代理人对由于违反了排他性条款使独家经纪人蒙受的损失负损害赔偿责任（CFI Athens decision no. 4029/1982, EllDni 1984, 848）。

84. 在一般情况下，根据匈牙利民法典第 478 条第 2 款，“代理人应当有权要求酬薪，即使其行为没有带来任何结果”。由于这个原因，价金对代理人是来说是应当的，无论由谁缔结预期合同。

85. 在爱尔兰，在 *Murphy, Buckley & Keogh Ltd. v. Pye (Ire) Ltd.* [1971] IR 57 一案中，工厂作为卖方在出售中任命拍卖人作为““独家代理人”。然而，卖方没有告诉拍卖人自己已安排了出售。拍卖人主张佣金但是在高等法院败诉。这是因为，首先，认定的是独家代理人没有促成销售因此无权主张佣金。其次，虽然拍卖行是独家代理人但是这并不阻止卖方自行促成销售，其仅仅阻止卖方任命其他代理人。因此，当代理人被任命为“独家代理人”促成合同时，被代理人如果任命第二个代理人则犯违反义务；如果第二个代理人继而缔结合同，那么第一个代理人将有权主张损害赔偿，获得因违反该条款而与遭受损失的相当数额的佣金（参见 *Bentall, Horsley and Baldry v. Vicary* [1931] 1 KB 253）。此外，法院还认为当代理人被任命“唯一有权出售”时，如果被代理人个人出售了那么他违反了合同（*Brodie Marshall & Co. (Hotel Division) v. Sharer* [1988] 1 EGLR 21）。

86. 意大利民法典第 1748 条第 2 款调整商事代理，指出“佣金也是应当的，如果交易由被代理人与第三方完成，该第三方是由代理人作为在相同类型的交易的被代理人或者关于保留给代理人的地域、类别或者被代理人组织而先前获得作为被代理人，除非另有约定”。因此，即使合同

授予代理人排他的权利,被代理人仍保留在相关的地理区域亲自缔结事务的权利;然而代理人保留获得在合同中约定的全额价金的权利,没有任何减少(参见 Supreme Court 22 August 2001, no. 11197, Contratti 2001, 1106, with comments by Venezia)。

87. 在荷兰,似乎委托合同在因被代理人亲自缔结预期合同而结束的情况下,民法典第7:411条第2款适用。根据该款,代理人,考虑到具体情况,有权获得全部支付。然而,关于这个主题的更具体的规则还没有建立。

88. 波兰民法典没有载有规定该问题的条款。

89. 在苏格兰,当被代理人授予"排他权利"给代理人时,如果被代理人随后直接与第三方缔结合同,这个可能构成被代理人/代理人合同的违约。在为他自己的利益的委任(procuratory *in rem suam*)*情形中,也需要在这方面特别考虑,鉴于对被代理人潜在缔结该合同的条件并不符合代理人的利益。由于存在非常少的关于为他自己的利益的委任的权力,不可能对这个问题给出明确的答案。不过,这个显示了被代理人在没有首先获得代理人的同意的话无权缔结这种合同。

90. 在斯洛伐克,代理人有权获其报酬,如果他们有妥善履行其活动。预期合同由被代理人缔结不得成为拒绝支付价金或支付相应部分价金的缘由。在商法典第652条到第672条关于商务代表合同中有更详细的规定。

91. 在西班牙这被认为是被代理人对委托关系的暗示撤销。作为结果,合同关系从代理人被通知之刻终止。撤销在支付权利上的效果,没有在民法典中规定,这很可能是因为民法典在制定时规定的无偿合同。然而,民法典第1733条表明,被代理人可以随时撤销合同。为了支付权的出现,委托需要被履行(Sierra Gil de la Cuesta (－*Hernández Gil*), Código Civil Ⅶ^2, 453)。若被代理人亲自缔结合同则被代理人不必支付酬金,但是将必须支付花费(民法典第1728条),支付代理人因委托合同下的义务履行而蒙受的损失(民法典第1729条)以及支付代理人因被代理人单方面终止合同而蒙受的损失。似乎双方当事人必须约定继续支付权利的存在,即使合同关系已经终止。

92. 在瑞典,代理人有权因置于委托合同义务的履行的工作和努力获得补偿。这个无论预期合同是由被代理人缔结还是由代理人缔结。根据 FmL(不动产代理法)第21条,如果合同的缔结归因于该代理商的努力,地产代理商才有权获得补偿。被任命为总代理的地产代理商有权获得补偿即使合同的缔结没有该代理商的努力。

Ⅵ. 预期合同在委托关系终止后订立情形中的价金

93. 在保加利亚,只存在关于委托商人和商事代理人的特别规定(商法典第40条)。商事代理人在合同终止时有权获得补偿,当被代理人继续享受由代理人建立的客户群的利益,除非:(1)在合同终止后的一年中代理人没有主张该补偿;(2)合同的终止是由于代理人的过错;(3)在合同关系中代理人代替另一人为代理人(商法典第40条第1款和第3款)。补偿要等于代理人年酬,该年薪的计算是基于与被代理人的合同的全部存续期间的平均报酬,但最长不超过5年(商法典第40条第2款)。

94. 根据丹麦不动产代理法,双方当事人可以约定一项条款,根据该条款代理人有权获得价金,即使被代理人直接与由代理人介绍的第三方缔结合同。

95. 在英格兰,除非合同明确规定这种可能性,否则合同终止后没有任何可支付的佣金

---

* 参见第Ⅳ.D－1:105条(不可撤销委托),注释16。——译者注

(*Nayler v. Yearsley* (1860) 2 F &F 41, 75 ER 950)。然而,最近,似乎在相同案件中,合同终止后可以有可支付的佣金,如果在合同建立时,这是双方当事人的意图(*Sellers v. London Counties Newspapers* [1951 1 KB 784)。

96. 在爱沙尼亚,如果合同在委托关系终止后缔结,那么代理人无权获得价金,除了在经纪协议中规定代理人(经纪人)能够证明合同的缔结可归于经纪人提供的信息和服务(LOA 第 661 条第 3 款)。在欠缺代表或调解某个协议的其他协议中,一般规则适用于代理人有权获得与提供的服务成适当比例的价金,如果关系过早地终止且该终止可归责于被代理人的(LOA 第 629 条第 1 款)。当终止可归责于代理人时,只有当先于终止提供的服务是为了被代理人的利益的,代理人才有权获得成适当比例的价金(LOA 第 629 条第 3 款)。这里主要的情况会是如果被代理人有能力,基于代理人的行为,在委托关系终止后亲自缔结预计的合同。

97. 在芬兰,代理人一般有权利获得约定的服务费用,如果委托合同的终止不是基于代理人义务的不履行。如果缔结的预期合同或一些其他行为是获得服务费用的先决条件,若该合同或该行为在合同终止时并没有缔结或完成,代理人通常无权获得报酬。代理人有权获得花费的补偿。

98. 在法国,由于被代理人的态度而致使合同没有缔结的,当代理人已经充分履行合同义务的,代理人可以获得价金的支付。因此,地产代理将有权获得报酬,如果合同在被代理人和由代理人介绍的第三方之间达成(Cass. civ. 1re 17 November 1993, Bull. civ. 1993, I, no. 323)。

99. 经纪合同在德国法中(民法典第 652 条第 1 款),被代理人和经纪人之间的合同关系终止不影响经纪人要求支付价金的权利,如果与第三方的预期合同稍后缔结:当被代理人和第三方之间的合同被订立是由于在经纪合同存续期间经纪人提供的服务,并且预期合同只有在经纪合同终止后签订之事实是没有关联性的,经纪人有权获得价金(BGH NJW 1966, 2008; Palandt (－*Sprau*), BGB[66], § 652 no. 47)。

100. 在匈牙利,一般情况下,代理人的薪资并不取决于合同的订立,因为根据民法典第 478 条第 2 款,"代理人应当有权要求报酬,即使他的行为没有带来任何结果"。

101. 在爱尔兰,代理终止后报酬是可以被支付的,这取决于协议的条款。

102. 在波兰,没有这方面的具体规则。

103. 在苏格兰,作为一般规则,在没有相反的合同协议下,获得佣金的权利通常在代理终止时降临(*Gardner v. Findlay* (1882) 30 SLR 248)。然而,代理人有权获得佣金,当合同的缔结可归于代理人的努力(*Stair*, The Laws of Scotland, Reissue "Agency and Mandate", para. 112; *Walker, Donald & Company v. Birrell, Stenhouse & Co.* (1883) 11 R 369)。因此,代理人可以保留获得佣金的权利,即使当被代理人和第三方之间合同订立之刻,代理人不再参与。

104. 在斯洛伐克,被代理人直接订立合同的,只有当该合同的订立是代理人努力的结果时,代理人才有权获得价金(参见商法典第 651 条经纪合同;商法典第 671 条商业代表合同)。

105. 在西班牙,经一些调整,商事代理规则的类推适用(LCA 第 12 条和第 13 条)可能被提出。

106. 在瑞典,代理人有权为委托合同下义务的履行所作的工作和努力获得补偿。根据 KommL. 第 27 条和 HaL 第 10 条,佣金代理人或贸易代理人有权获得补偿(efterprovision),即使预期合同在委托关系终止后订立。这样的情形是当预期合同的订立是由于佣金代理人或商事代理人的努力。

第Ⅳ.D－2:103 条　代理人产生(incurred)的开支

(1)代理人有权获得价金的,价金被推定为包括报销代理人在其履行委托合同义务时已经产生的费用。

(2)代理人无权获得价金的,或者双方当事人已经约定开支将单独支付的,被代理人必须报销代理人在其履行委托合同义务时已经产生的费用,当且仅当代理人产生(incurred)费用时是合理的行为。

(3)代理人根据第2款,从当产生费用并且代理人已经告知了这些费用时,有权报销费用。

(4)如果委托关系已经终止,但代理人获得报酬赖以之结果没有实现,代理人有权报销其在履行委托合同义务时已经产生的合理费用。第3款按照情形相应地适用。

评　论

A. 综述

在委托关系是无偿服务的传统观点中,开支应予以偿付是合乎逻辑的。然而,当今委托关系典型地基于有偿。本条规定由被代理人报销代理人在履行有偿委托合同义务时产生的费用。第1款表示,作为一般规则,委托合同当事人双方约定的价金包括代理人在履行委托时不得不产生的费用。第2款规定当事人双方约定开支是单独支付的或者没有价金支付的,被代理人必须只支付合理的费用,也就是说只要代理人产生费用是基于合理的行为的,被代理人均应支付价金。

B. 包含在约定价金中的开支

典型的情形是,当事人双方作出明确的关于报销费用的合同安排。这一条款规定的情况是当合同被订立为一个价金合同,且各方当事人对开支一事保持沉默。第1款指出被代理人——无论是消费者还是商人——可能合理地依赖于价金,它既包括了代理人从合同义务履行中寻求获得的利润,也包括了代理人在处理委托时将产生的所有费用。

如果默认规则没有考虑到开支被包含在价金中,代理人就会没有动力尽可能有效地履行合同,因为较高的开支会自动地由被代理人报销。如果代理人希望单独报销费用,那么这应该通过合同中的一项条款让被代理人清楚。因此,所选择的默认规则也促进当事人双方之间的沟通。

C. 仅合理的开支

如果开支没有包含在价金中，也就是说，基于一项明确的合同协议，开支将单独支付的或者当委托是无偿时，被代理人被要求报销代理人产生的费用，只有当代理人产生费用是基于合理的行为才可以（第 2 款）。

D. 当费用可支付时

当且仅当代理人有权报销费用时，那么只有当代理人已经告知委托的履行时报销才进行，如本条第 3 款所述。背后的理由是被代理人需要只报销代理人合理产生的费用，而且被代理人只有当代理人提供履行的方式时，才能够评估其合理性。因此，本规则有个好处是被代理人被赋予有效的保障以获得足够的信息，从而评估所产生的费用的合理性。

E. 当由于结果没有实现而无权获得价金时，开支仍然可支付

当委托关系在报酬支付赖以之结果实现之前终止的（典型的情形是缔结预期合同），代理人没有获得任何支付，委托合同约定代理人只有达到预期的结果（典型地，预期合同的订立）才有权获得支付，否则将丧失支付的权利，除非当事人双方已经约定支付已经提供的服务。在这方面，代理人被要求达到预期的结果（典型地，预期合同的订立）或者丧失支付的权利。然而，这应该并不意味着代理人然后还必须承担试图执行委托时所需的费用。出于这个原因，第 4 款明确规定代理人有权收取所付开支。这项规定也避免了基于本条第 1 款的一个相反的推理。

注　释

Ⅰ. 推定包含于价金中的花费

1. 在奥地利，在（商业）代理人有权获得价金，而合同对费用的报销保持沉默时，代理人可以既要求价金，也要求报销产生的费用（Rummel（-*Strasser*），ABGB I^3，§ 1014，no. 3；Straube（-*Griss*）HGB I^3，§ 396，no. 1，9-14；Straube（-*Schütz*）HGB I^3，§ 409，no. 6）。

2. 在比利时，由于支付工资的义务和偿还开支的义务属于不同的领域，在当合同对报销开支保持沉默时，代理人仍然有权既获得价金又报销费用。

3. 在保加利亚，作为一般规则，委托是无偿合同。其清楚的区别被代理人支付报酬的义务（如有规定）（LOA 第 286 条）和偿还因履行委托产生的费用的义务（LOA 第 285 条）。对于特殊的有偿委托合同，不存在开支包含在价金中的推定，明确地规定花费的报销与报酬的支付分开（如商法典第 39 条关于商事代理，商法典第 356 条（2）关于佣金合同和商法典第 361 条（2）关于货运代理合同）。

4. 在丹麦，一般情况下，被代理人和代理人之间约定的价金将被推定为包括了花费。换句话

说,代理人无权就履行合同规定的义务时产生的费用要求额外的报酬。

5. 根据英格兰法律,代理人有权——除了为他们的服务获得报酬的权利——要求偿还在履行合同规定的义务时产生的费用。然而,很多职业代理人,比如拍卖人和地产代理商,除了获得报酬外,通常无权要求报销费用(被 Bowstead(- *Reynolds and Graziadei*), Agency[18], no. 7.061 引用的 *Murdoch*)。

6. 对于非无偿委托合同,爱沙尼亚 LOA 第 628 条第 2 款规定了推定,价金包含了代理人的费用。

7. 在芬兰,开支是否包含在价金中取决于不同的情况(例如合同性质、双方当事人、业务范围等等)。在大多数情形下,典型的开支被认为包含于价金中。根据商事代理人和销售员法第 18 条,商事代理人有权就委托合同妥善执行而采取的必要措施所产生的费用要求一个特别补偿。然而,如果花费产生于商事代理人的惯例活动,就没有可支付的补偿。在商事代理人和销售员法的规定中,可以通过类推取得一些更广泛的重要性。

8. 法国法律清楚地区别报酬和报销,它们受不同的规则调整。当合同对报销保持沉默时,报酬的规定不包括报销所产生的费用,该费用总是可支付的(民法典第 1999 条)。在一些情况下,也存在具体规则;地产代理的报酬总是包括了为了执行任务而产生的费用。

9. 鉴于德国民法典第 675 条第 1 款也提到民法典第 670 条,这应当表明费用不包含在价金中(在民法典第 675 条第 1 款范围内,代理人总是有权获得价金)。然而,有些作者指出,民法典第 670 条不得适用于当代理人可以要求价金时(该价金应被认为是包含了费用),并据此认为——如有疑问——费用应当被理解为涵盖于任何有偿委托合同的价金中(MünchKomm(- *Heermann*), BGB[4], § 675 no. 20; Palandt(- *Sprau*), BGB[66], § 675 no. 8)。经纪合同的情形在民法典第 652 条第 2 款中明确规定,即经纪人不得要求报销费用,除非另有约定。

10. 费用报销的义务明确规定在希腊民法典第 722 条中。

11. 在代理人有权取得价金而合同对费用报销保持沉默的情况下,匈牙利民法典第 479 条第 1 款适用,根据该款"针对事务处理产生的花费应当由被代理人承担。代理人应当没有义务垫付任何花费"。与一般代理规则相反,在佣金代理中,"佣金应当包含寄售通常涉及的费用,但是它不应当包含运送的费用"(民法典第 511 条第 2 款)。然而,"佣金代理人应当有权要求偿还其必要且有用但没有涵盖于佣金中的费用;然而,只有当销售合同由于在被代理人利益范围内的原因没有得到履行时,佣金代理人才应当有权要求那些被证实的包含在佣金之外的费用"(民法典第 511 条第 3 款)。

12. 在爱尔兰,代理人主张的(1)报酬和(2)费用的补偿在普通法中被视为是单独的权利。因此,代理人有权单独地或累积地要求报酬和补偿。然而,合同也可以另有规定。例如,可以约定拍卖人的广告费用将包括在任何佣金收入中。

13. 在意大利,代理人有权获得的价金与费用的报销没有任何关系。除非合同中另有规定,任何和所有的报销,除代理人和被代理人间约定的价金外,都是合理的。

14. 在荷兰,代理人费用的报销由民法典第 7:406 条管辖。根据该条,被代理人有责任补偿代理人与履行服务有关的费用,除非这些费用包含在代理人的报酬中(民法典第 7:406 条第 1 款)。在职业委托合同中,被代理人大多将不必补偿这些费用,因为它们包含在代理人的报酬中。通常报销费用发生在无偿委托合同中。在这种情况下,报销的费用必须是公平的。这些费用不只包含现金支出。代理人还可以,例如,要求报销使用自己汽车的花费(*Van der Grinten*,

Lastgeving, no. 17)。

15. 在波兰,除非当事人双方另有约定,代理人有权利报销花费,无论服务是受薪的还是不受薪的。如果当事人双方没有另外约定,那么开支不包含在价金中。

16. 在苏格兰,这个问题很可能通过在特定商业环境中的惯例或实务调整。这似乎是没有一般规则。在事务律师职业中,当合同对花费保持沉默,不存在花费包含于价金中的推定。换句话说,事务律师有权既要求报酬又要求报销费用。

17. 在斯洛伐克,在委托合同情况下,代理人既可以要求价金又可以要求报销所产生的费用,而在获得事物合同、安排出售事物合同和佣金代理合同的情形下,推定花费被包含在报酬中(民法典第728条和商法典第572条)。被代理人必须报销代理人在义务履行时产生的所有必要的和有目的花费,除非遵循费用的性质,其包含在代理人的报酬中(商法典第572条)。

18. 在西班牙,支付价金或职业服务费用的义务和偿还花费的义务涵盖了不同的问题。因此,在合同对费用偿还保持沉默的情况下,代理人仍然有权既主张价金也报销费用(民法典第1728条)。这个问题明确规定于商业佣金中,商法典第277条和第278条。

19. 在瑞典,通常价金被推定为涵盖花费(*Hesser*, Immateriella upptragsavtal, 58 和 *Hellner/Hager/Persson*, Speciell avtalsrätt Ⅱ(1)[4], 211)。然而,有时代理人可以要求除价金外报销开支(商法典第18章第5条和 *Tiberg and Dotevall*, Mellanmansrätt[9], 34)。可以区分被视为包含于价金中的共同性质的开支和不包含于价金中的不可预见的开支(*Bengtsson*, Särskilda avtalstyper I[2], 170)。如果合同对花费保持沉默,报销费用的问题可以参照在特定的业务范围或具体案件的情形中的实务做法——在其可适用时——确定。

Ⅱ. 当没有价金或花费不包含在价金中时,报销费用的权利

20. 在这种情况下,在奥地利,代理人有权报销在合同义务履行中产生的合理(必要的和有用的)开支(民法典第1014条)。

21. 根据比利时民法典第1999条,代理人有权报销在委托履行中产生的花费(*de Page and Dekkers*, Traité élémentaire de droit civil belge V[2], 423-431; *Foriers and Glansdorff*, Contrats spéciaux, 625-626; *Tilleman*, Lastgeving, 123-124; *Wéry*, Le mandat, 203 et seq.)。此外,民法典第1999条规定如果代理人没有违约,被代理人不得拒绝报销费用,即使委托失败。被代理人也不得以费用本应当更低为借口,减少费用的数额。作为规则,被代理人因此不得借以表明委托本应当以更便宜的方式完成为借口,逃避(完整的)报销费用。

22. 在保加利亚,即使当报酬没有规定在一般委托合同中,被代理人有义务,应代理人请求,报销合同履行过程中产生的费用及其利息(LOA第285条)。除非在合同中另有约定,商事代理人有权报销活动中产生的正常费用(商法典第39条)。佣金代理人(商法典第356条)和货运代理人(商法典第361条第2款,参照商法典第356条第2款)有权报销为合同义务履行的费用。

23. 在丹麦,根据一般公认的惯例,代理人有权报销在履行合同义务中产生的日常开支。

24. 在英格兰法律中,一般来说,代理人有权报销在执行任务中产生的所有花费。此外,代理人有权要求赔偿,在其履行代理职责中代理人产生的所有债务或所有支付的款项。因此代理人的赔偿权涵盖了被代理人和代理人往往遭受的所有支付的款项(例如案例 *Adams v. Morgan & Co. Ltd.* [1924] 1 KB 751)。代理人请求支付花费或补偿的权利因代理是否有合同还是没有合同而不同(一般见 Bowstead (-*Reynolds and Graziadei*), Agency[18], nos. 7-058 and 7.059)。当代理是基于合同时,除非合同中明确排除,一项条款——明示或暗示的——将定义报销代理人开

支的条件。代理人不得要求(1)因被代理人还没有批准的未经授权的交易所产生的花费;(2)在执行被代理人的非法指令,只要代理人知道其非法性或交易本身是不合法的之时,所产生的花费(如 *Re Parker* (1882) 21 Ch. D 408; *Ex p Mather* (1797) 3 Ves 373, 30 ER 1060; *Smith v. Lindo* (1858) 5 CB (N. S.) 587, 141 ER 237; *Adamson v. Jarvis* (1827) 4 Bing 66, 130 ER 693);(3)与博彩交易有关而产生的开销(Gaming Act 1892, s. 1);或(4)因疏忽、无偿付能力、违反职责或违约产生的开支(如 *Lage v. Siemens Bros & Co. Ltd.* (1932) 42 Lloyd's Rep 252)。当代理不是合同关系时,代理人的主张不涵盖全部赔偿,因为其在本质上是复还,因此与合同关系下的代理相比要更狭窄。在这些情形下,代理人的主张限于报销的款项是为被代理人具有最终责任的款项,该款项由代理人在法律强制下产生,因此被代理人由履行责任获得利益(*Brook's Wharf & Bull Wharf Ltd. v. Goodman Bros* [1937] 1 KB 534, *Reynolds and Graziadei* loc. cit. no. 7. 059)。

25. 在爱沙尼亚法律中,对于(一般)服务合同,服务提供者(在这种情况下是代理人)有权报销“合理”花费,除非该费用涵盖于价金中(LOA 第628条第2款)。如果合同是无偿的,费用的报销因此总是被主张。至于有偿合同,LOA 第628条第2款规定了推论,价金涵盖了该合同履行中通常产生的开支,以及服务提供者即使没有履行合同也会产生的花费。具体规则适用于代理合同:代理人可以要求报销合理费用,若其已经约定或者如果在这些情形下是正常的,不论代理人是否有权收取代理费(LOA 第684条)。

26. 在芬兰,代理人,除非另有约定,有权获得合理开支的补偿(商法典第18章第5条)。举证责任通常在代理人身上。

27. 在法国法律中,代理人有权报销花费(民法典第1999条)。

28. 在德国,如果委托合同是无偿的,代理人有权报销在履行合同义务时产生的费用(民法典第670条)。

29. 在希腊,代理人报销在履行合同义务中所产生花费的权利取决于委托合同的内部关系。根据民法典第722条,被代理人必须报销代理人其所有已经付出完成有序履行委托的开销。当事人双方可以偏离这个规则,约定限制或扩大所要求的开销(ErmAK (– *Kapodistrias*), Art. 722 no. 23; CFI Chalkida decision no. 563/2002, NoB 2003, 1271)。

30. 在代理的情况下,根据匈牙利民法典第479条第1款,“针对事务处理产生的花费应当由被代理人承担。代理人应当没有义务垫付任何花费”。与一般代理规则相反,在佣金代理中,“佣金应当包含寄售通常涉及的费用,但是它不应当包含运送的费用”(民法典第511条第2款)。然而,“佣金代理人应当有权要求偿还其必要且有用但没有涵盖于佣金中的费用;然而,只有当销售合同由于在被代理人利益范围内的原因而没有得到履行时,佣金代理人才应当有权要求那些被证实的包含在佣金之外的费用”(民法典第511条第3款)。

31. 在爱尔兰,根据普通法,代理人有权获得补偿在履行代理职责中代表被代理人而产生的任何合理费用和债务,当其在实际权力范围内行使或者如果行为稍后得到批准或者若代理为必要性之一(参见第Ⅳ.D－3:201条(超越委托的行为)注释)。若代理人的行为没有得到授权,则没有补偿权利。若代理是基于合同,则补偿权将是合同中的一个隐含条款;如果代理是无偿的,那么该权利将是返还。补偿权不得涵盖由于代理人自己的过错而产生的任何费用和债务,也不得涵盖对于代理人明知的非法或违法的行为所产生的任何花费或债务(*Re Parker* (1882) 21 Ch. D 408)。补偿权也可涵盖由代理人即使在没有法律支付义务时和在强烈的道德和职业压力下支

付的款项(*Rhodes v. Fielder, Jones and Harrison* [1919] 89 LJ KB 15)。

32. 代理人有权根据意大利法律报销在履行合同义务时产生的花费(民法典第 1720 条)。被代理人必须偿还代理人垫付的任何花费以及随即从支付之日起生成的利息(例如垫付是被代理人作为第三方的购买者所欠的最终价格)。

33. 在波兰,被代理人有义务报销代理人产生的所有费用(只要它们"合理"),无论服务是否有偿,并且费用被推定不包括在酬薪中(民法典第 742 条)。

34. 在苏格兰,代理人有权报销开支,只要它们是适当产生的(*Gow*, Mercantile and Industrial Law of Scotland, 534; *Annan v. Marshall* (1887) 25 SLR 94)。这是律师和授权的被代理人之间的合同的一项默示条款,或默示授权,在被代理人案件过程中产生的开支将被偿还(*Paterson and Ritchie*, Law, Practice and Conduct for Solicitors, no. 4.04; *Begg*, Treatise on the law relating to law agents, 120－1)。

35. 在斯洛伐克,除非另有约定,在代理人的请求下,被代理人必须事先提供代理人适当的资金为履行委托和报销代理人随后的在履行委托中产生的所有必要的和适当的开支,即使其结果并没有达到。在委托履行之后,代理人必须提交被代理人花费或开支用度报告(民法典第 728 条和商法典)。

36. 根据西班牙法律,代理人有权报销花费(民法典第 1728 条和第 1729 条)。此外,被代理人必须预付代理人款项,如果代理人有这个要求以便能够履行委托合同。若被代理人没有提前支付这笔款项,被代理人将必须报销代理人其履行合同义务时产生的花费(民法典第 1728 条)。如果代理人对未成功履行合同负有责任,则被代理人不必支付花费。

Ⅲ. 只有合理花费

37. 在奥地利,代理人在产生开支时必须合理地采取行动,而且承担举证责任(OGH SZ 7/29; 11/239; 29/40; OGH EvBl 1963/309)。商业法规规定了类似的规则,若存在一个明确的承诺(商法典第 396 条第 2 款佣金代理人,商法典第 440 条货运代理人,HvertrG 第 13 条商事代理人的特殊开支)。

38. 在比利时,如果开支的产生是由于代理人的过错(例如冗赘的、夸大的或不合时宜的花费),法院可以减少或拒绝这些费用(*Tilleman*, Lastgeving, 124; *Wéry*, Le mandat, 206－207, no. 163)。民法典第 1999 条称只明确了夸大的费用可招致减少或拒绝。立法者希望排除关于可能的小额补偿的讨论(*de Page and Dekkers*, Traité élémentaire de droit civil belge V^2, 425－426; *Tilleman* loc. cit.)。被代理人承担举证责任(*Wéry* loc. cit. 206)。

39. 在保加利亚,只有经合同的履行证实了的必要开支才予以偿还(*Vassilev, L.*, Obligazionno pravo, 27)。代理人承担关于花销的存在和数目的举证责任(*Mevorah/Lidji/Farhi*, Komentar Ⅲ, 159)。对于商事代理,存在特殊规则:如果该代理人是职业代理人,且以商人身份独立行为,所有与业务有关的基本费用(例如办公室租金)都是由代理人自己承担,除非另有规定。然而,商事代理人有权报销在为履行与被代理人的合同义务的活动过程中产生的惯常费用(商法典第 39 条;*Gerdjikov*, Komentar na Turgovskiya zakon I, 158－159)。

40. 在丹麦,通常只有当代理人已经合理地履行行为的,代理人报销开支的请求将由法院受理。如果被代理人不希望支付费用,代理人没有合理行为的举证责任,将由被代理人承担。

41. 在英格兰,如前所述,关于代理人有权要求赔偿,代理人必须已经合理行为(见 *Pettman v. Keble* [1850] 9 CB 701),即不得超过授予的权力行为,不论是疏忽地还是非法行为。

42. 在爱沙尼亚，在当代理人有权报销费用的情形下，代理人负有举证责任，证明它们是合理产生的费用。

43. 关于芬兰的介绍，见上述注释26。

44. 根据法国民法典第1999条，即使在被代理人已经证明代理人本可以在委托履行中产生更少的开支，花费还是应当被偿还。这项规定的唯一限制是当存在违约或疏忽时：当产生的花费是由于管理不善造成的。代理人可被责令在这方面赔偿被代理人。因此损害赔偿将补偿过度费用的支付。被代理人必须证明该不当管理的存在。

45. 根据德国法律，代理人有权报销那些代理人"可以认为在情势下必要的"花费（民法典第670条）。代理人必须证明事实，在这些事实基础上花费被认为是必要的（例如被代理人给予的指导；Palandt（－*Sprau*），BGB[66]，§ 671 no. 7）。

46. 在希腊，代理人有责任，如果没有相反的协议，并考虑到委托的目标和范围、被代理人的利益以及所有将导致成功履行委托的条件，只产生为履行委托所要求的必要花费（民法典第722条；Georgiades and Stathopoulos（－*Karasis*），art. 723 no. 4－5）。如果代理人为报销费用采取了主张行为，代理人承担证明责任，以证实有序执行委托目标所产生的花费的范围和必要性。如果被代理人反诉此费用不是必要的，那么被代理人承担证明其请求的责任（CA Athens decision no. 8183/1989，EllDni 1991，210）。

47. 由于匈牙利民法典第277条第4款规定"债务人应当以在给定情况下一般被期望的方式履行合同的行为，而债权人应当促进以相同的方式履行"，只有合理花费由被代理人偿还。

48. 在爱尔兰，根据普通法，代理人有权获得补偿在履行代理职责中代表被代理人而产生的任何合理费用和债务，当其在实际权力范围内行使，或者如果行为稍后得到批准，或者若此为紧急处分的代理。

49. 在意大利，被代理人没有义务报销由代理人的不负责任的行为（违约行为）而派生的开支。另外，被代理人不得以订立的合同最终被证明失败为唯一理由拒绝报销：被代理人的拒付只在代理人疏忽行为之情形下被证明是合理的。根据证据的一般规则，申请人必须证明索赔基于的事实。由此，代理人合理地且尽职地行为的举证责任由寻求报销费用的代理人承担。

50. 在荷兰，总体而言，被报销的费用应当是公平的。这意味着代理人有权报销费用，若他们是为委托合同义务履行而合理产生的花费（*Van der Grinten*，Lastgeving，no. 17）。

51. 根据波兰法律，只有妥善进行委托所要求的合理开支必须偿还（民法典第742条）。

52. 在苏格兰，代理人只有权收回已经妥善产生的花费（*Gow*，Mercantile and Industrial Law of Scotland，534；*Annan v. Marshall*（1887）25 SLR 94）。律师无权收回既不合理也显然不必要的开支，除非它们已经由被代理人明确授权（*Begg*，Treatise on the law relating to law agents，121）。

53. 在斯洛伐克，代理人有权报销合理费用。相关问题是否代理人是合理地、必要地和目的明确地行为。代理人必须向客户提供说明陈述。客户可证明代理人没有合理行为。

54. 偿付权利的"合理性"的帽子（cap）未见于西班牙法律中。

55. 在瑞典，代理人在履行合同时费用是必要的条件下或者在代理人已经合理地认为费用是必要的条件下，有权报销花费（*Bengtsson*，Särskilda avtalstyper I^2，170）。如果代理人应当已经知道开支是不必要的，代理人将不能要求偿还。

Ⅳ. 报销应支付开支的时间

56. 在奥地利，在缺乏明确协议下，当费用产生时，其支付是立即可支付的（Rummel（–*Strasser*），ABGB I^3，§ 1014，no. 7；OGH MietSlg 33.117；35/10；36.073；45.044；OIZ 1992，263）。提交账目并不是一个先决条件。若商业法规适用，则当账目提供时费用的报销是应支付的（商法典第 384 条）。

57. 在比利时，作为一项规则，在代理人陈述时，报销费用是应支付的，也就是说，在代理合同结束时。代理人在没有报销的情况下被允许要求立即偿还（*Wéry*，Le mandat，205）。

58. 在保加利亚，应代理人请求，报销费用是应支付的（LOA 第 285 条）。被代理人有义务报销，即使当委托关系已经因被代理人撤回委托而终止或者当委托履行已经成为不可能时而终止（LOA 第 288 条）。

59. 在丹麦，除非当事人双方另有明确约定，代理人一旦已经履行合同义务，价金的支付和报销就将是应支付的。报销的要求将通常是需要确定费用的确切数额。

60. 在英格兰，代理人一旦可以证明费用已经产生和证明这些费用符合早期定义的条件，报销就是应支付的。

61. 一旦费用已经产生，在爱沙尼亚，报销是应支付的（LOA 第 113 条第 3 款）。

62. 在芬兰，除非另有约定，在代理人完成合同责任之后且经代理人请求，在一段合理时间内，支付通常是应支付的。直到提交账目，若被要求，支付才发生。代理人通常无权获得一笔预付款。一般来说，这不是在长期委托中的情形。在这种情况下，按期付款可能发生。商事代理人和销售员法第 10 条和第 11 条包含了关于付款时间的详细规则。

63. 在法国，代理人可以要求立即偿还产生的开支。实际上，法律规定被代理人必须支付代理人为履行委托已经产生的数额的利息，一旦该费用已经发生（民法典第 2001 条）。应当指出，由于法律对此保持沉默，由代理人在委托履行中造成的损失的补偿将在委托结束时发生。

64. 在德国，费用一经产生就是应支付的。

65. 报销费用在希腊法律中（民法典第 722 条）是在委托履行之后或是在合同关系终止之后，是应支付的（Georgiades and Stathopoulos（–*Karasis*），Art. 722 no. 5）。

66. 在爱尔兰，在缺乏明确协议的情况下，似乎代理人一旦可以证明费用已经产生以及它们是合法且合理的，这些费用就是应支付的。

67. 代理人，根据意大利法律，除非当事人间另有约定，有毫不延迟地向被代理人报告履行的义务（民法典第 1712 条和第 1713 条）。特别是，根据订立的委托，代理人必须向被代理人沟通合同履行，报告已经完成的内容，以及提供被代理人在履行合同时获得的所有的和任何的利润。代理人也应当论证为合同履行所遭受的费用。只有这样代理人才有权要求报酬和报销。

68. 在荷兰，似乎费用的支付在代理人提交履行陈述之时是可支付的。如果被代理人未支付，则根据民法典第 6:119 条第 1 款，代理人可以有权获得利息（*Van der Grinten*，Lastgeving，no. 17）。

69. 在波兰，代理人在服务已经履行之后有权收回费用。

70. 在苏格兰，一般来说，没有规则调整代理人有权报销费用这一点。该问题可能由某一行业之惯例和实务调整。这个问题在律师职业中由特定规则调整。律师有权在取得客户的事先同意下获取阶段性的职业服务费用（*Paterson and Ritchie*，Law，Practice and Conduct for Solicitors，no. 9.4.09）。该费用可以从由律师持有的客户账目上的资金余额中扣除，只要再次获得客户的

同意（Solicitors（Scotland）Accounts Rules 2001 rule 6（1）（d）；*Paterson and Ritchie* loc. cit. no. 9.4.4）。依据到当日已进行的工作，阶段性的职业服务费用必须是公平的和合理的。

71. 在斯洛伐克，在委托合同情况下，民事关系中的开支应当在事务结束之后和提交陈述之后被偿还；在商业关系中，一旦委托规定的活动已经如期进行，代理人有权获得报酬，无论其是否达到了预期结果。根据佣金代理合同，费用报销是在获得酬薪的同一时间。

72. 在西班牙，代理人可以要求立即偿付产生的费用。法律规定费用一经产生，被代理人必须支付代理人在为履行委托已经产生的数额的利息（民法典第 1728 条Ⅲ）。

73. 在瑞典，除非另有约定，拖欠的价金和费用的支付是应支付的（*Hellner/Hager/Persson*，Speciell avtalsrätt Ⅱ（1）[4]，225）。如果代理人有义务陈述履行情况，那么被代理人直到提交该陈述时才有必要支付。

Ⅴ. 获得预付开支的权利

74. 在奥地利，代理人有权获得为了履行委托将产生的一定开支的预付（民法典第 1014 条；Straube（－*Griss*）HGB I[3]，§ 396，no. 14；Straube（－*Schütz*）HGB I[3]，§ 409，no. 10）。相同的规则适用于佣金代理人（商法典第 396 条第 2 款）和货运代理人（商法典第 409 条）。

75. 在比利时，代理人有权获得预付（*de Page and Dekkers*，Traité élémentaire de droit civil belge V[2]，425；*Wéry*，Le mandat，206）。

76. 在保加利亚，根据代理人的请求，被代理人必须提供为履行委托的一切必要手段（LOA 第 285 条）。法律学说认为，被代理人有义务预付给代理人涵盖为合同履行的开支。代理人有权利拒绝履行，直到预付实现（*Vassilev*，*L.*，Obligazionno pravo，27）。

77. 在丹麦，代理人无权获得涵盖开支的预付，除非其与被代理人有约定。

78. 在英格兰，关于这个问题似乎没有任何具体判例法。只要被代理人已经同意预先提供代理人报销开支，这应该是可能的。

79. 在爱沙尼亚，LOA 第 628 条第 4 款规定在（一般）服务合同中，服务提供者（代理人）有权利在开始履行前，要求预支付报酬的"合理数额"和要报销的费用（如果当事人双方没有其他约定）。

80. 在芬兰，一般来说，代理人无权获得预支付费用，除非另有约定。

81. 在法国，代理人无权涵盖花费的预先支付，且不能要求任何预支付。当事人双方当然可能就此约定在一项合同特殊条款中。应当指出，代理人有权立即偿还产生的开支。

82. 在德国，代理人有权获得涵盖必要费用的预先支付（民法典第 669 条）。

83. 在希腊法律中，在委托合同的情况下，被代理人有义务预先支付为委托履行所要求的开支（民法典第 721 条）。拒绝预先支付的被代理人，根据民法典第 351 条，将被置于通告之中："如果债务人邀请，而债权人没有继续完成或没有合作完成一项行为，缺乏该作为债务人不能完成履行的，债权人应当被置于通告中"。

84. 根据匈牙利民法典第 479 条第 1 款，一般来说，代理人无义务垫付任何花费。

85. 在爱尔兰，根据普通法，赔偿费用的权利在事后运作，因此任何要求预先支付费用的必须在合同中规定。

86. 在意大利，被代理人必须提供给代理人完成事务或缔结预期合同的必要手段，除非另有约定（民法典第 1719 条）。被代理人的这项义务也可能包括预先付给代理人为其履行合同下义务将产生的费用。

87.在荷兰,一般地,代理人有权获得薪酬和报销在委托履行中产生的开支。关于代理人是否也有权获得预先支付,没有可供查询的信息。

88.在波兰,代理人有权收取未来开支的预付(民法典第743条)。若代理人要求之,被代理人才有义务预先支付。

89.在苏格兰,似乎没有具体规则调整代理人获得预付开支的权利。这个问题可能由某一行业的惯例和实务调整。在律师职业中,被代理人有义务,若律师要求,为开支提供资金(*Begg*, Treatise on the law relating to law agents, 120)。根本没有什么防止这种提前支付的要求。

90.在斯洛伐克,在民事法律关系中,除非另有约定,被代理人应代理人的请求,必须支付代理人推定的开支(民法典第728条)。在商事法律关系中,若可预计在代表被代理人处理某一事务时会产生大量的费用,代理人可以要求适当的预先支付(商法典第571条第2款)。根据佣金代理合同的规则,佣金代理人无权获得预先支付,除非双方当事人之间另有约定。

91.在西班牙,代理人有权获得履行所需的预先支付(民法典第1728条I)。

92.在瑞典,被代理人没有义务预先支付任何开支,除非当事人双方已经约定预先支付或根据情势应预先支付(*Hellner/Hager/Persson*, Speciell avtalsrätt Ⅱ(1)[4], 224)。

第三章　代理人的履行

第一节　代理人的主要义务

第Ⅳ.D－3:101 条　按照委托行为的义务

在委托关系的各个阶段，代理人必须按照委托行为。

评　论

A. 综述

代理人为被代理人执行服务。拟提供的服务是由被代理人的授权和指示确定的，即授予代理人的委托。代理人因此被要求按照该委托行为。被代理人确定代理人如何履行合同义务，以及确定当预期合同要缔结时，什么是预期合同的内容。

B. 授权、指示和随后的指导

授予代理人的委托，包括被代理人的授权、最初的指示和任何后续的指导，该委托提供关于委托履行的信息和关于将要缔结的任何预期合同的内容的信息。这意味着代理人承担按照被代理人授予的权力(授权)行为的义务，在被代理人给予的指引范围内，既在合同缔结之时也在接下来的履行之中(指示和随后的指导)。

注　释

Ⅰ. 按照委托行为

1. 在比利时，代理人——一般来说——有注意义务(*de Page and Dekkers*, Traité élémentaire de droit civil belge V^2, 407)。代理人必须如同善良家父(*bonus pater familias*)行为(*Paulus und Boes*, Lastgeving, 90; *Wéry*, Le mandat, 148)。至于代理人责任的具体方面，代理人有责任保证达到结果，例如有责任遵守被代理人的必要的指示或者禁止超越授予的权限范围。

2. 在保加利亚,按照委托和在授权委托书范围内(如有授权)履行义务是代理人的主要义务(保加利亚 LOA 第 281 条;*Vassilev*, *L.*, Obligazionno pravo, 23-25; *Mevorah/Lidji/Farhi*, Komentar Ⅲ, 117)。

3. 在英格兰,在每个代理关系中,代理人按照被代理人给予的权力(明示或暗示)行为是根本的(参见 Bowstead(-*Reynolds and Graziadei*), Agency[18], no. 6.002)。

4. 在德国,代理人必须按照委托行为,且在按照委托行为时必须行使应有的注意(Palandt(-*Sprau*), BGB[66], § 662 no. 9)。在非常少的情形下,民法典第665条授予代理人偏离委托的权利,如果代理人可以设定被代理人会在给定的情形下同意该偏离,并且一般只在告知被代理人并等候其指示之后(见 Münch Komm(-*Seiler*), BGB[4], § 665 no. 9 指出民法典第665条也涵盖了对委托合同本身的偏离,但是该条只提到了对"指示"的偏离)。

5. 在爱尔兰,根据普通法,代理人必须遵守被代理人的合法指示,其中包括在给定的权限内行为。当代理人超越给定的权限,这就构成违反合同。

6. 在荷兰,代理人必须按照委托行为,并且有对所有服务提供商的一般注意义务(民法典第7:401条)。

7. 在斯洛伐克,这是一项一般合同义务。

8. 根据西班牙法律,代理人不得超越被代理人在委托合同中规定的范围行为(民法典第1714条)。代理人在委托范围内行为的基本义务包括:(1)进行符合合同目的的法律行为;(2)行使恪尽职守职责;(3)在被代理人设定的范围内行为;以及(4)遵守被代理人关于如何进行委托的指示(Sierra Gil de la Cuesta(-*Hernández Gil*), Código Civil Ⅶ[2], 460-461)。代理人必须在范围内行为的范围不是由法律规定的,而是由被代理人设定;这些范围将通过解释被代理人的意愿而确定(TS 2 February 1976)。因此存在一个解释被代理人意愿的问题。这由代理人通过遵循解释规则解释什么是被代理人的意愿(TS 30 January 1963),(被代理人的真实意图须考虑到委托的性质及其最终目的)。若代理人超越委托行为,但是作为结果,相较于被代理人最初的希望,被代理人最终有更好的处境,那么这将不被看作是超越委托设立的范围(民法典第1715条)。这个既保证了经济优势,同时也避免了被代理人的财产受到损害(Sierra Gil de la Cuesta(-*Hernández Gil*), Código Civil Ⅶ[1], 926)。

9. 在瑞典,根据商法典第18章第2条,代理人必须按照授予的权力行为。至于内部关系,在代理人超越委托行为时,不存在一般规则调整代理人的责任(*Bengtsson*, Särskilda avtalstyper I[2], 157),但是该行为将构成违约。

Ⅱ. 以代理人自己的名义或以被代理人的名义自由行为的代理人

10. 在奥地利,如果合同没有另外规定,代理人不得自由决定是以被代理人的名义行为还是以代理人自己的名义行为。

11. 在比利时,在没有明确指示下,(民法)代理人被推定已被指示以被代理人名义行为。被代理人和代理人相互受忠诚义务的制约。在比利时法律中,这个忠诚义务的第一个方面是"透明度要求"。该要求迫使代理人在以被代理人名义订立合同之刻,透露被代理人的身份(*Samoy*, Middellijke vertegenwoordiging, 305-306; *Wéry*, Le mandat, 151)。在缺乏明确指示下,相反地,(商法)佣金代理人——根据行业习惯——被推定为被指示以代理人自己的名义行为(*Foriers and Glansdorff*, Contrats spéciaux, 611; RPDB., v° Commission, no. 132; *Samoy* loc. cit. 511; *Van der Perre and Lejeune*, Droit commercial I, no. 92; *Van Ryn and Heenen*, Principes de droit

commercial belge, 21)。

12. 在保加利亚,除非另有约定,代理人不得自由决定是以代理人自己的名义还是以被代理人的名义行为。为了以被代理人的名义行为并且直接作用于被代理人的法律地位,代理人必须从被代理人处获得代表权力(授权委托书),该授权委托书单独于订立委托合同。该权力通过被代理人的单方法律行为授予,给予代理人以被代理人名义行为且影响被代理人的法律处境的权力(*Vassilev*, *L.*, Grajdansko pravo², 368)。没有代表权力,代理人仅被允许以代理人自己的名义行为。默认规则是佣金代理人和货运代理人总是以他们自己的名义行为(商法典第348条第1款,第361条第1款)。

13. 在丹麦,如果双方当事人没有规定该事项,代理人自由决定是以被代理人的名义还是以其自己的名义行为。

14. 在英格兰,在这个问题上似乎没有任何权威。代理人是以代理人自己的名义(隐名)还是以被代理人的名义(披露)行为,仿佛是合同中的关键条款,特别是从被代理人的立场来看。考虑到代理关系中的信托性质,若被代理人没有明确是否代理人要披露代理,则似乎代理人会无权自主决定是否于第三方披露代理关系。

15. 在爱沙尼亚,代理人自由决定是以被代理人的名义还是以代理人自己的名义行为,如果双方当事人在委托合同中没有决定该事项。

16. 在芬兰,代理人不被允许自主决定是以代理人自己的名义还是以被代理人的名义行为。除非另有约定,委托授权代理人只以被代理人的名义行为。

17. 在法国,代理人不得自由决定是否作为代理人行为还是作为"佣金"代理人(间接委托)行为。在界定困难时,代理人有充分的权利要求被代理人确认同意哪种代理种类,因为若产生纠纷,法官将必须根据合同条款和证据,决定这两类代理中的哪类将适用。似乎若是代理人在关于代理种类认定上有错误,则代理人将对其后果承担责任。

18. 在德国,若双方当事人没有规定是代理人以代理人自己的名义还是以被代理人的名义行为,则代理人自由决定如何行为。

19. 在希腊,若委托合同对代理人以被代理人名义还是以代理人自己的名义行为之权力保持沉默,则代理人自由决定该事项(CA Pireos decision no. 278/1988, NoB 1989, 1451)。在佣金合同中,该合同性质要求佣金代理人以自己的名义行为。

20. 在匈牙利,只有在被代理人已经授权的情况下,代理人才可以以被代理人的名义行为(民法典第222条)。

21. 在爱尔兰,关于这个问题没有直接的判例法。在普通法中,代理人必须服从被代理人的合法指示。当指示含混不清时(例如当被代理人的指示不明确代理人是以代理人自己的名义还是以被代理人的名义行为),若代理人以指示的合理解释行为,代理人将不承担责任(*Ireland v. Livingstone* (1872) LR 5 HL 395),但是代理人在可能的情况下会寻求澄清(*Woodhouse AC Israel Cocoa Ltd. SA v. Nigerian Produce Marketing Co. Ltd.* [1972] AC 741 at 772 *per* Lord Salmon; *European Asian Bank AG v. Punjab & Sind Bank* [1983] 2 All ER 508 at 517 *per* Goff LJ)。

22. 在意大利,若双方当事人没有规定代理人应当以代理人自己的名义还是以被代理人名义行为,若该问题的解决方式不能从对合同解释中产生,则代理人可以决定如何行为。根据代理人以代理人自己的名义还是以被代理人的名义行为,向第三方产生的责任将会有所不同。通常,代理人以被代理人的名义行为。在这种情况下,合同的效果直接作用于被代理人的法律和金融领

域。而要求代理人以代理人自己的名义代表被代理人并为被代理人行为的合同在民法典第1705条和第1706条中规定。根据这两条规定,代理人获得权利并承担与第三方交易产生的义务,被代理人可以主张由代理人为被代理人在不损害第三人权利下诚实信用取得的动产。若代理人取得的东西包括登记于公共登记册上之不动产或动产,则代理人有义务转移这些东西给被代理人。如若不履行,强制执行合同义务的条款将适用。

23. 在荷兰,代理人必须从委托合同中推导出以被代理人名义行为的权力。在职业委托合同中,代理人将通常被假定为以代理人自己的名义行为(HR 11 March 1977, NedJur 1977, 521)。

24. 在波兰,若合同对代理人应当以代理人自己名义还是以被代理人名义行为保持沉默,则代理人应当以被代理人的名义行为(民法典第734条第2款)。

25. 在苏格兰,若被代理人没有规定代理人是以被代理人名义还是以代理人自己的名义行为,则代理人可能无权自主决定这个问题。关于一般解释原则,作为被代理人的代表人行为的委托(即"影响被代理人同第三方的法律地位")通常会被视为公开行为的委托,以这种方式从而直接影响被代理人的法律地位。然而,在很大程度上将取决于在特定活动领域中惯例和实务操作。代理人有义务对被代理人诚实信用行为,在缺乏合同指引或相应的惯例或实务操作约束的,没有首先寻求被代理人的指示,而决定是否以代表人自己的名义还是被代理人的名义行为,可能会构成该义务的不履行。

26. 在斯洛伐克,该问题没有被直接调整。若双方当事人没有决定代理人是以代理人自己的名义还是以被代理人的名义行为,则代理人不能自主作出决定(民法典第32条)。除非其由法律规定的某一行为确定一人代表另一人行为的,否则该人以代理人自己的名义行为。委托合同和佣金代理合同在商务关系中在没有清楚指出代理人以谁的名义行为时不得被订立。若代理人必须以被代理人名义行使法律行为,必须具有书面权力授予(商法典第568条)。

27. 在西班牙,代理人不得自由决定是作为代理人行为还是作为佣金代理人以其自己的名义行为。在有任何疑问的情况下,直接代理是强制性的(参见民法典第1725条)。然而,没有特别指示的商事代理人可以决定如何行为(商法典第245条)。

28. 在瑞典,若双方当事人没有规定代理人是以代理人自己的名义还是以被代理人的名义行为,且没有其他情势可遵循,代理人自由决定该事项。然而,选择以代理人自己的名义行为的代理人冒被认为是预期合同一方当事人的风险,因为它被推定为当你以你自己的名义行为时,你同时也代表自己和自己的利益(*Ramberg and Ramberg*, Allmän avtalsrätt, 50)。

Ⅲ. 违反合同以自己名义行为的代理人的责任

29. 在奥地利,若代理人以代理人自己的名义行为而合同要求以被代理人的名义履行,代理人承担不履行责任。

30. 在比利时,若代理人以代理人自己的名义行为而合同要求以被代理人的名义行为的,代理人承担不履行忠诚义务之责任,尤其是透明度要求(*Samoy*, Middellijke vertegenwoordiging, 306; *Wéry*, Le mandat, 152 and 259)。因该不履行而遭受损害的被代理人可要求损害赔偿(例如CA Brussels 28 January 1820, Pas. belge 1820－21, Ⅱ, 30)。

31. 在保加利亚,当代理人被授权和被指示以被代理人的名义行为,而代理人以代理人自己的名义行为的,被视为违反委托合同(*Mevorah/Lidji/Farhi*, Komentar Ⅲ, 19)。代理人对因对委托的该偏差给被代理人造成的任何损失负赔偿责任(*Vassilev, L.*, Obligazionno pravo, 25),除非为了保护被代理人的利益,该偏差是必要的,且不可能获得被代理人的同意(LOA第282条)。

32. 在丹麦,若代理人以代理人自己的名义行为,而合同要求以被代理人的名义行为的,则构成不履行。作为代理人偏离合同的结果,被代理人将有权就遭受的任何损失要求损害赔偿。通常,被代理人将有权终止合同关系,辩称代理人没有以适当的方式履行(缺乏信任)。

33. 在英格兰,当被代理人要求以被代理人的名义行为的,却以代理人自己名义行为的代理人,构成违反合同并对其承担责任。违反权力而行为的代理人将无权主张报酬或开支。被代理人是否有权终止代理取决于违反是否被视为拒绝履行义务(repudiatory)*。这个问题似乎已经在学者中引起争议。争论的核心问题是在这种情况下代理人是否仍然可以基于隐名代理原理约束被代理人于第三方。在这种情况下,代理人已经违反权力行为,且由于隐名代理仅适用于当代理人在授予的权限内行为(*Keighley, Maxsted &Co. v. Durant &Co.* [1901] AC 240),似乎被代理人不得受代理人行为的约束。

34. 在爱沙尼亚,任何偏离合同所要求的,会导致违约。在特定情况下,偏离被代理人的指导将不构成代理人的违约。在代理人不履行之情况下,被代理人可以选择追求何种补救措施(义务不履行的法律补救措施在 LOA 的总则部分中规定,参见 LOA 第 100 条到第 126 条)。这些补救措施包括具体履行、损害赔偿、减少价金或终止合同关系的权利(如果违约是主要的)。

35. 在芬兰,代理人承担不履行责任,被代理人可以要求损害赔偿。若不履行是主要的,被代理人有权终止合同关系。一般情况下,也可能减少价金。

36. 在法国,以代理人自己的名义而不是以被代理人的名义行为的代理人,被代理人遭受了损失或损害的,代理人将承担不履行责任。被代理人可决定单方面终止委托(这个始终是可能的,即使在没有任何违约的情况下),被代理人可以既减少报酬又减少代理人承担的费用的偿还(民法典第 1999 条第 2 款规定了相反的情况)。

37. 在德国,代理人由于合同下的义务不履行而对被代理人负有责任。被代理人可以根据民法典第 280 条要求损害赔偿。

38. 在希腊,若委托合同包含明确要求代理人以被代理人的名义行为,而代理人以代理人自己的名义行为的,代理人可能就委托的瑕疵履行承担责任(Georgiades and Stathopoulos (－*Karasis*), Art. 717 no. 2－5)。根据民法典第 717 条,"代理人可仅偏离委托设定的范围,若他发现自己不可能通告被代理人,而且同时很明显被代理人应当会同意该偏差若他知道促使该偏差的情势"。在委托设定的范围内的不合理的偏差的情况下,被代理人可以不接受履行并要求由于代理人的瑕疵履行造成的损害赔偿(民法典第 714 条)。被代理人也可以拒绝偿还瑕疵履行委托的费用(*Karasis* loc. cit. no. 5)。另外,被代理人有认可委托设定的权限范围的偏差的酌情权(ErmAK (－*Kapodistrias*), Art. 717 no. 13; *Karasis* loc. cit. no. 5)。

39. 根据匈牙利民法典第 277 条第 1 款,"合同应当按照规定履行,在规定的时间和地点,遵守指定的数量、质量,和范围"。若代理人以代理人自己的名义行为,而合同规定以被代理人名义行为的,根据情形,这是不履行的一种。在不履行的情况下,若有可能,被代理人可以要求正确地重新履行(民法典第 311 条款)。此外,民法典第 478 条第 2 款规定"被代理人应当有权减少报酬或者拒绝支付报酬,如果他能够证明获得成功不是由于代理人部分或全部的原因"。代理人承担不履行的损害赔偿责任(参见民法典第 310 条和第 318 条第 1 款)。

40. 在爱尔兰,根据普通法,代理人必须服从被代理人的合法指示。当代理是基于合同的,若

---

* 参见第Ⅳ.D－6:101 条注释 42 的脚注。——译者注

代理人没有按照指示行为,代理人承担违约责任。因此,当代理人被指示以被代理人的名义行为,而实际上却是以代理人自己的名义行为的,那么代理人将承担违约责任。违约时的合宜补救措施取决于很多因素,包括违背的条款类别,有时候,也包括违约后果的严重性。例如,当违反的条款是合同的一个条件,无过错方即被代理人可以终止合同关系并诉求任何造成的损失的损害赔偿。反之,若违反的条款仅是一项保证条款,无过错方(即被代理人)不得终止合同关系,但可要求赔偿损失。此外,似乎犯有严重违约的代理人丧失报酬和开支偿还的权利。

41. 在意大利,一般而言,没有正确履行合同义务的代理人承担不履行责任。因此,若代理人以代理人自己的名义行为,而合同要求以被代理人名义行为的,则代理人违约行为,被代理人有权采取法律规定的补救措施(即要么寻求履行要么寻求终止)。然而,若一方当事人的不履行对于另一方当事人的利益来说具有轻微的重要性的,终止的补救办法是不适用的(民法典第1455条)。在任何违约的情况下,"履行合同的当事人可以选择要求要么履行要么解除合同,而且,在任何情况下,可以要求损害赔偿"(民法典第1453条)。因此,若代理人以代理人自己的名义行为而合同要求以被代理人名义行为的,并且根据案件的具体情形,若有损失,被代理人可要求因违约造成的损害赔偿(民法典第1460条)。

42. 在荷兰,根据民法典第6:74条第1款一般规定,向被代理人违约的代理人承担损害赔偿责任。

43. 在波兰,在合同责任的一般规则下(违约),代理人承担被代理人的任何损失(民法典第471条)。

44. 在苏格兰,若代理人以代理人自己的名义行为,而合同要求以被代理人的名义行为的,则此会构成代理合同违约。作为结果,被代理人会有权向代理人要求损害赔偿。如若构成重大违约,则被代理人会有权因不履行而终止代理并要求损害赔偿。

45. 在斯洛伐克,在民事关系中,任何人都承担因违反他们的法律义务或合同义务而引起的损害赔偿责任,除非他们证明他们没有造成违反。在商事关系中,一般规则是任何违反某一合同关系生成的义务者,必须提供给另一方造成的损害的补偿,除非证明该违约是由法律责任外的情势造成的。

46. 若代理人以代理人自己的名义行为,当合同规定以被代理人名义执行的,这将构成在西班牙法律中合同义务的侵害(民法典第1718条)。亦或许被代理人可以要求,作为公平持有人,重获得到的资产(民法典第1717条Ⅲ)。

47. 在瑞典,若代理人以代理人自己的名义行为,而合同要求以被代理人名义行为的,则代理人可承担不履行责任。因该不履行而遭受损失的被代理人应有权获得损害赔偿。若不履行是根本性的,被代理人也有权终止合同关系。

Ⅳ. 违反合同以被代理人的名义行为的代理人的责任

48. 在奥地利,当一方当事人名义上作为代理人立约,但是却超越实际权力或表见代理(虚假代理)(*falsus procurator*),且结果是被代理人没有受合同约束,该当事人按照规则承担个人责任(民法典第1019条及以下),但是这个责任的性质和范围将取决于案件的情况。在商业交易范围内,民法典第1019条也适用于该虚假代理(民法典第1019条)。被代理人通过追认或通过接受该合同的优势,可以纠正瑕疵合同。

49. 在比利时,当合同要求代理人以代理人自己的名义行为,则代理人有义务对第三方保守被代理人的存在和身份的秘密(参见提名人合同:*Foriers and Glansdorff*, Contrats spéciaux, 611;

参见佣金合同:CA Luik 6 November 2001, JT 2002, 544 and JLMB 2002, 1575; Trib. com. Brussels 1 February 1911, TBH 1911, 201; Trib. com. Antwerp 14 June 1856 and CA Brussels 17 May 1858, Pas. belge 1859, Ⅱ, 168 and BJ 1859, 406; *Foriers and Glansdorff*, Contrats spéciaux, 611; RPDB, v° Commission, no. 132; *Samoy*, Middellijke vertegenwoordiging, 191 - 194; *Van der Perre and Lejeune*, Droit commercial I, no. 92; *Van Ryn and Heenen*, Principes de droit commercial belge, 21)。不过以被代理人名义行为的代理人违反了该保密义务,因此冒就主张不履行的合同责任之风险(参见提名人合同:*Poncet*, Du prête - nom, 135;参见佣金合同:*Fredericq*, Handboek van Belgisch Handelsrecht, 269; *Samoy* loc. cit. 192; *Van Ryn and Heenen* loc. cit. 21 and 22)。

50. 在保加利亚,当代理人以被代理人名义行为,而实际上是要求其按照代理人自己名义行为的,这构成委托合同的违约,代理人承担对被代理人造成的任何损失的责任(*Vassilev, L.*, Obligazionno pravo, 25)。合同义务不履行的一般规则可适用(LOA 第 79 条到第 94 条)。与第三方的外部关系由 LOA 第 42 条规定,该条涉及未经授权的行为。对于佣金合同,特殊规则将适用:佣金代理人与第三方在佣金合同履行期间签订的合同之所有法律效力,发生在代理人的法律领域,无论代理人是否向第三方披露了被代理人名称(商法典第 349 条第 1 款)。

51. 在丹麦,若代理人以被代理人名义行为,而合同要求以代理人自己名义行为的,这构成不履行。被代理人将有权就因代理人偏离合同的后果所造成的任何损失要求损害赔偿。通常被代理人将有权终止代理,其理由是代理人没有以适当的方式履行(缺乏信任)。

52. 在英格兰,若代理人被要求以代理人自己的名义行为,但却以被代理人名义行为的,则代理人违反权力行为且将就此对被代理人承担责任。严重违反的,可能被视为拒绝履行义务,其允许被代理人终止合同关系并要求损害赔偿。

53. 在爱沙尼亚,任何合同义务的偏离将导致违约,一般补救措施将可适用,参见 LOA 第 100 条到第 126 条。这些补救措施包括具体履行、损害赔偿、减少价金或终止合同关系(如若违反是主要的)。

54. 在芬兰,代理人承担不履行责任,被代理人可要求损害赔偿。被代理人有权终止合同关系,若不履行是主要的。价金减少在一般情况下也是有可能的。

55. 在法国,以被代理人名义行为而不是以代理人自己名义行为的代理人,当由被代理人产生了损失或损害的,将产生任何合同履行失败之责任。被代理人因此将对第三方亲自承担责任,不同于被代理人意图由佣金代理人以代理人自己名义行为的情形,在此种情形下,可能给被代理人造成损失。

56. 在德国,代理人对被代理人承担责任,因为代理人未履行合同下的义务。被代理人根据民法典第 280 条可以要求损害赔偿。

57. 在希腊,若委托合同包含明确要求,要求代理人以被代理人的名义行为,而代理人以代理人自己的名义行为的,代理人可能就委托的瑕疵履行承担责任(Georgiades and Stathopoulos (-*Karasis*), Art. 717 no. 2-5)。根据民法典第 717 条,"代理人可仅偏离委托设定的范围,若他发现自己不可能通告被代理人,而且同时很明显被代理人应当会同意该偏差若他知道促使该偏差的情势"。在委托设定的范围内的不合理的偏差的情况下,被代理人可以不接受履行并要求由于代理人的瑕疵履行委托造成的损害赔偿(民法典第 714 条)。被代理人也可以拒绝偿还瑕疵履行委托的费用(*Karasis* loc. cit. no. 5)。另外,被代理人有认可委托设定的权力范围的偏差的

酌情权(ErmAK (-*Kapodistrias*), Art. 717 no. 13; *Karasis* loc. cit. no. 5)。

58. 在匈牙利,若代理人没有以被代理人名义行为的权力但是却如此行为了,而合同要求使用代理人自己的名义的,在内部关系中,根据情形,这是一种不履行。如若有可能,被代理人可以要求正确的重新履行(匈牙利民法典第311条A款)。此外,"被代理人应当有权减少报酬或者拒绝支付报酬,如果他能够证明获得成功不是由于代理人部分或全部的原因"(民法典第478条第2款)。代理人承担不履行之损害赔偿责任。民法典第310条描述"除了保障权利,债权人应当有权要求赔偿因不符合补偿规则造成的损失"。此外,"侵权责任的规定应当被适用于违反合同的责任和赔偿范围,所不同的是该赔偿不得被减少,除非另有其他法律规定"(民法典第318条)。此外,根据民法典第221条第1款和第2款,"一人逾越权力范围,违反诚实信用代表,或者一人没有代表的权利以他人名义缔结了合同且后者没有认可该行为,则应当向另一合同当事方就因合同的缔结造成的损失支付补偿"。"恶意虚假的代理人应当承担全部赔偿责任。"

59. 在爱尔兰,与合同要求相反的行为将构成违反合同,该违约的正常后果将随之而来。

60. 在意大利,一般而言,没有正确履行的代理人承担不履行责任。因此,若代理人以被代理人名义行为,而合同要求其使用代理人自己的名义的,则代理人违反合同行为,被代理人有权采取法律规定的补救措施。因此,若有损失,并且根据案件的具体情况而定,被代理人可要求因违约造成的损害赔偿。若损失没有超过价金,则减少价金可被被代理人作为一个及时的且实际的补救措施(民法典第1460条)。

61. 在荷兰,代理人因为这是违反合同,因而承担责任(民法典第6:74条)。

62. 在波兰,在合同责任的一般原则下,代理人也承担被代理人遭受的任何损失的责任(民法典第471条)。

63. 在苏格兰,若代理人以被代理人的名义行为,但是规定以代理人自己名义行为的,则构成违反代理合同。作为结果,被代理人有权向代理人要求损害赔偿。若构成重大违约的,则被代理人有权利因不履行而终止代理且要求损害赔偿。

64. 在斯洛伐克,若一人未经授权而以他人名义行为,这意味着,在代理人和被代理人之间的内部关系中,存在违反合同义务。

65. 在西班牙,若代理人以被代理人的名义行为,而合同要求以代理人自己的名义行为的,则代理人违反合同行为,被代理人有权就该违约采取法律规定的补救措施。此外,由于代理人缺乏以他人名义行为的权力,所以被代理人不受合同约束,除非追认(民法典第1259条)。

66. 在瑞典,若代理人以被代理人名义行为,而合同要求以代理人自己的名义行为的,则代理人承担不履行责任。因该履行而遭受损失的被代理人有权获得损害赔偿。若是根本不履行,被代理人也有权终止代理。

第Ⅳ.D－3:102条　为被代理人利益行为的义务

（1）代理人必须按照被代理人的利益行为，只要这些利益都已经传达给代理人，或者代理人可以合理地被预期知道这些利益。

（2）当代理人没有充分知道使代理人能够适当履行委托合同下的义务的被代理人的利益的，代理人必须向被代理人请求信息。

评　论

A. 综述

被代理人授权或指示，即委托，代理人影响被代理人的法律地位。当代理人接受被代理人的授权委托，代理人承担按照委托行为的义务（第Ⅳ.D－3:101条（按照委托行为的义务）），但也承担本条为被代理人利益行为之义务。为了做到这一点，代理人将需要知道被代理人的利益。本规定表明代理人必须按照代理人应当知道的被代理人的那些利益行为，既可能因为被代理人已经传达了这些利益，也可能因为代理人可以被预期知道这些利益。

示例1

被代理人委托律师向法院上诉被代理人完全不同意的法院判决。在这种情况下，被代理人的利益充分清楚，律师不需要更进一步的信息便能执行任务。

示例2

被代理人授权和指示代理人购买一台“老爷车”。由于代理人没有更多的信息，这将有必要询问被代理人最高价位是多少，是否有特定类型的老爷车或者被代理人特别感兴趣的特定时期的车（如20世纪20年代的或20世纪50年代的）。

B. 代理人获得关于被代理人利益的必要信息的义务

大部分被代理人的利益明确传达给了代理人。其他利益应当被代理人知道，因为它们可以从合同、权限、指示和被代理人随后的指导以及任何其他信息来源中得知。然而，在一些情况下，代理人可能不得不从被代理人处寻求关于被代理人利益的进一步信息。例如，代理人可能不得不询问被代理人涉及到预期合同内容和被代理人的偏好和其优先事项之直接问题。基于这些原因，代理人可能被期望采取积极步骤从被代

理人处获得信息,以便能够妥善执行委托。

注　释

Ⅰ.按照传达的被代理人的利益行为

1.在奥地利,代理人负有将被代理人利益优先于代理人自己的利益的信托责任。这些责任是基于被代理人和代理人之间的合同(民法典第1009条第1款和第1013条第2款;商法典第384条第1款和第408条;商事代理:OGH in ecolex 1992, 317)。佣金代理人必须作出适当努力履行任务,例如尽可能以好价钱购买或出售。商事代理被要求在履行任务时考虑到被代理人的其他利益,例如不得透露机密信息的义务(Straube(－*Griss*), HGB I^3, § 384 no. 3(commission agents); Straube(－*Schütz*), HGB I^3, § 408 no. 2－5)。

2.在比利时,在这方面没有具体规则,但很可能的是在履行代理义务时,公平交易之义务将要求代理人考虑代理人知道的被代理人的所有利益。

3.在保加利亚,委托合同在双方当事人之间建立一个信托关系。被代理人相信代理人的个人技能、资格和特征,希望代理人妥善照顾被代理人的利益履行委托(*Vassilev*, *L.*, Obligazionno pravo, 20; *Goleva*, Obligazionno pravo[2], 237)。因此,每个委托合同被视为在隐含条件下订立的,即代理人有责任按照被代理人的利益、以最佳方式在现有情况下行为(*Mevorah/Lidji/Farhi*, Komentar Ⅲ, 120)。

4.在丹麦,若代理人知道预期合同的存在之于被代理人不明确的或不知道之事实,代理人必须联系被代理人以确定被代理人知道乃至由于这些事实所产生的可能的后果。

5.在英格兰,如前所述,由于代理人代表被代理人行为,代理人对于被代理人就处于信托地位。因此,作为信托人,代理人在履行代理义务时必须始终为被代理人的最佳利益行为。信托责任产生于衡平法,无论代理是无偿的还是有偿的都适用。被代理人将要传达被代理人的利益于代理人。若做不到这一点,没有充分知道被代理人利益的代理人应当问询清楚。

6.在爱沙尼亚,法律没有描述哪些具体利益是代理人必须考虑的。LOA第621条第3款只是规定在坚持被代理人指示的情况下将有可能对被代理人产生不利后果的,代理人应当只有在提请被代理人注意这些后果之后,而且如果被代理人对指示未作修改时,遵从这些指示。

7.在芬兰,代理人被要求考虑到被代理人所有相关的和可预见的利益。

8.在法国,在这方面没有具体规则,但很可能的是在履行代理时公平交易之义务将要求代理人考虑到代理人知道的被代理人的所有利益。

9.在德国,在履行委托合同时,代理人必须考虑到被代理人的财政和经济利益。在确定这项义务时,代理人之可能的特别的专业看法是重要的,这可能要求代理人提醒或通知被代理人。

10.在希腊,代理人被要求考虑到被代理人的合法的、经济的、道德的和社会的利益(Georgiades and Stathopoulos(－*Karasis*), Art. 713 no. 15)。

11.根据匈牙利民法典第474条第2款,"代理人必须根据被代理人的指示和利益履行代理"。此外,民法典第477条第1款规定"代理人应当告知其被代理人他的活动和因要求告知事务状态,若有必要,即使没有要求,特别是当有必要聘请另一人或当由于出现新的情况需要变指示的"。基于这个原因,代理人必须遵守代理人知道的被代理人所有利益行为。

12. 在爱尔兰,除了合同强加的所有义务,法律强加于代理人各种义务,主要以期保护被代理人。一般而言,代理人对于其被代理人而处于信托地位,因此相当繁重的义务架于处于这一位置的代理人。信托责任源于衡平法且独立产生于任何合同。代理人凭借其所处之位置,作为一个法律问题,自动受信托的约束。代理人通常负有信托责任,是因为代理人有权力影响其被代理人与第三方关系的法律状态,被代理人通常赋予代理人信任和信心在代理人行使该权力时。在过去,所有类型的信托人往往是同样对待的。最近,在英格兰,可以说是在爱尔兰,出现了减少双方当事人间在本质上是商业关系中的信托责任强度的趋势,其结果是代理关系没有必然导致一个信托关系,或者,信托责任范围——虽然它们产生于衡平法——可被合同修改(例如 *Carroll Group Distributors v. G &J F Burke* [1990] ILRM 285 at 288, per Murphy J)。信托的核心责任是忠诚义务和忠实义务。这些核心义务具有几个方面,代理人的信托责任可以分成四个内容:避免利益冲突;不造成秘密利润;不接受贿赂以及陈述。由于这些义务产生于关系中的信托本质,独立于任何合同,所以它们不随合同终止而消亡,除非在合同中明示或暗示排除。当代理人违反了这些信托责任,各种补救措施可供选择:私有的或个人的,在普通法或在衡平法中的。

13. 在意大利,代理人被要求以被代理人的最佳利益行为,因此,代理人必须尽一切可能满足被代理人的期望。这可能导致代理人在履行合同义务时,考虑到较之事务直接产生的利益更进一步的利益。然而,任何可能与被代理人利益相冲突的利益和可能损害被代理人期望满意度的利益,可能不被代理人考虑,除非被代理人授权之。

14. 在荷兰,总体而言,代理人应尽应有的注意(民法典第 7:401 条)。例如,代理人被要求遵守适时地和经深思熟虑的被代理人的指导(民法典第 7:402 条第 1 款),并且保持让被代理人知道关于服务的履行什么是已经完成了的(民法典第 7:403 条第 1 款)。此外,代理人对被代理人负责(民法典第 7:403 条第 2 款)(*Van der Grinten*, Lastgeving, no. 14)。

15. 波兰民法典没有包含比合同各方的诚实信用、应有的注意的行为和考虑到另一方当事人的利益之一般责任更具体的规则(民法典第 355 条)。

16. 在苏格兰,代理人和被代理人之间的关系被描述为信托关系,之特点为信任和诚实信用。代理人因此对被代理人有深远的职责(*Stair*, The Laws of Scotland, Reissue "Agency and Mandate", paras. 84－101)。在其最基本的层面上,该职责会要求代理人按照被代理人传达的利益行为。

17. 在斯洛伐克,在民事关系中,存在按照合同和诚实信用行为之一般责任。在商事关系中,代理人约束于按照被代理人的指示和代理人知道的或应当知道的利益采取行为,和约束于告知被代理人所有确定的情势,在安排事务时和当这些情势可能造成被代理人的安排和指示的变更的(商法典第 567 条第 2 款)。佣金代理人必须保护被代理人的已知利益,保持后者更好地知道可能导致指示变更的所有情势(商法典第 579 条)。律师有义务保护和主张被代理人的权利和利益(律师法第 18 条)。

18. 在西班牙,代理人必须以被代理人的利益(Sierra Gil de la Cuesta (－*Hernández Gil*), Código Civil Ⅶ², 472),按照被代理人的意愿行为。以被代理人利益行为的义务不得使被代理人强制性指示的偏差合法化。对于非强制性指示的适用,被代理人利益将管辖代理人的履行。如果代理人使用被代理人授予的权力去追逐与被代理人利益相反的利益,这被视为一种权力滥用(TS 5 February 1964; *Hernández Gil* loc. cit. 465)。根据商法典第 255 条,当没有给予特别指示时,代理人应当向被代理人寻求指导。但是,如果不可能向被代理人要求指示的,则代理人应当

如同为自己的事务行为而行为。

19. 在瑞典,委托关系被认为是一个信托关系,它遵循一般合同法以及忠诚和注意义务,即代理人必须始终为被代理人最大利益行为。当事人双方有告知另一方当事人重要问题之先合同义务和合同义务。因此,被代理人有责任传达利益和需要,代理人必须按照被代理人传达的利益行为。

Ⅱ. 要求职业保险?

20. 在奥地利,职业道德教规要求代理人取得职业责任保险(insurance for professional liability)(例如 CCBE 3.9)。

21. 比利时民法典不包含取得职业责任保险的义务。因此代理人不被要求必须持有职业责任保险,除非某些行业(例如法律行业)特殊规则要求适用。

22. 在保加利亚,代理人没有义务取得职业责任保险,除了律师(律师协会法第 50 条第 1 款)和保险代理人(保险守则第 165 条第 2 款)之外。

23. 在丹麦,代理人通常不被要求取得职业责任保险。在某些贸易和商务关系中,惯例可能已经发展制定了代理人的取得该类保险的义务。在具体领域(例如律师和会计师),职业责任保险是强制性的。

24. 在英格兰,似乎没有这方面的具体要求,但是最专业的代理商将可能被要求取得职业责任保险,例如在律师行业中是必需的。

25. 在爱沙尼亚,代理人一般不被要求取得职业责任保险。然而,特殊条件适用于一些职业代理人,例如律师。

26. 在芬兰,代理人一般不被要求取得职业责任保险。然而,房地产代理商、保险经纪人和律师(仅是律师公会的成员)都被要求具有职业责任保险。

27. 法国民法典没有包含取得职业责任保险的义务,因为代理原则上是没有报酬的。另外,某些具体规则要求职业代理人取得保险,如房地产代理商(Law 2 July 1970,第 3－3 条)、保险代理商(保险守则第 L.530－1 条)以及律师(Law 31 December 1971,第 27 条)。

28. 在德国,代理人不被要求取得职业责任保险,除非适用某些行业(例如法律行业)的特殊规则。

29. 在希腊,在委托合同情况下,代理人一般不被要求取得职业责任保险,这是由于委托的无偿性特征决定的。

30. 在匈牙利,代理人不被要求取得职业责任保险,除了一些具体情形,例如法律顾问(Act XI of 1998 on Attorneys 第 10 条第 2 款)。

31. 在爱尔兰,代理人本身不被要求取得职业责任保险。然而,某些职业有此要求。例如,每位律师,作为在本国私人执业的先决条件,必须具有由公司法承认的保险公司出具的职业责任保险(Solicitors Acts 1954－1994)。

32. 在意大利,作为一般规则,代理人没有义务取得职业责任保险。然而,取决于代理人具体职业领域,保险在实践中普遍被接受(例如律师、会计师)。

33. 在荷兰,代理人一般不被要求取得职业责任保险。然而,对于职业服务提供商,例如建筑师、工程师、律师和会计师,一些具体法律要求他们为其职业责任要有充分的保证。

34. 在波兰,某些职业被要求具有民事责任保险(例如律师、股票经纪人)。

35. 在苏格兰,尽管作为属于不同职业之代理人,事实上,有义务取得职业赔偿保险

(professional indemnity insurance)(例如律师),但是不可能说作为一般规则,每位作为职业成员之代理人相似地有义务取得该保险。涉及不同的行业,这个问题的答案也将不同。

36. 在斯洛伐克,作为一般规则,代理人没有义务取得职业责任保险。然而,代理人具体行业领域的不同,保险在实践中普遍被接受(例如律师、会计师)。

37. 在西班牙,作为一般规则,不要求职业保险。

38. 在瑞典,一些种类的代理人被要求取得职业责任保险,例如律师、房地产代理商和保险代理人(例如 FmL 第6条)。

Ⅲ. 代理人之询问被代理人利益的义务

39. 在奥地利,代理人的注意责任要求代理人作出适当努力以履行代理任务(Rummel(－*Strasser*), ABGB I^3, § 1009, no. 14; OGH WBl 1987, 212; RdW 1983, 106),以告知被代理人所有必要信息,和以问询什么是被代理人的利益和关于预期合同内容的需要,否则代理人对被代理人遭受之损失承担责任(*Strasser* loc. cit. § 1009, no. 9, 14, § 1012, no. 18)。职业代理人必须满足更高标准的注意。例如,律师有责任提供有关拟议行为之法律后果的详细信息(*Strasser* loc. cit. § 1009, no. 10; OGH AnwBl 1991, 51; RdW 1990, 340)。商事代理人负谨慎商业人士之职责(商法典第347条)。

40. 在保加利亚,没有明确规则迫使代理人问询被代理人利益这样的义务。然而,存在可以遵循按照被代理人利益以可能的最好方式行为的义务。

41. 在丹麦,若代理人知道预期合同的存在之于被代理人是不明确的或不知道的之事实,代理人必须告知被代理人。代理人可能就这方面的任何失败承担责任。

42. 在英格兰,被代理人将通常在指示中表明什么是他需要的。如果该指示不明确,代理人必须要求澄清。没有这样做的,代理人对不明确指示所做的合理解释将约束被代理人。此外,作为信托人,代理人必须始终为被代理人的最大利益行为。如若代理人在代表被代理人谈判预期合同时,不确定是否该合同服务于被代理人的利益的,代理人也许应该表达这些关注。然而,如若代理人仅被授权代表被代理人谈判,后者将不受代理人的谈判的约束直到合同被缔结。如果代理人由于没有核查行为是否服务于被代理人的利益而没有为被代理人的利益行为的,则代理人将违反信托责任,向被代理人承担责任。

43. 在爱沙尼亚,为被代理人利益行为的责任(LOA 第620条第1款)将要求代理人在大多数情况下,特别是当代理人具有特殊专长时,积极获得对实现被代理人利益必要的信息,以符合良好代理人之尽责标准(LOA 第620条第2款)。

44. 在芬兰,一般情况下,代理人必须注意另一方当事人的利益。这项责任包括以充分的方式保证履行符合被代理人利益的义务。如果由于代理人的过失而没有满足该责任的,代理人承担被代理人遭受的损失之责任。

45. 在法国,代理人没有具体义务问询被代理人的具体要求,但是在某些特殊情况下,如果代理人没有这样做,则可被认为疏忽或者违反合同而导致代理人的责任(例如 Cass. civ. 1re, 3 June 1997, no. 95－17111)。另外,职业代理人有义务告知被代理人其预想缔结的合同(例如 CA Versailles 11 February 1993, JCP éd. G 1993, Ⅳ, 1262)。

46. 在德国,问询义务可能在某些情况下存在,特别是当代理人具有特殊专长时。民法典第666条规定了在"必要"时告知被代理人的(非常一般)的义务。如果违反这项义务,根据民法典第280条第1款可能导致要求损害赔偿。

47. 在希腊,在委托合同中,代理人被要求询问被代理人的利益和需要。代理人特别被要求询问不明确指示之说明,或者通知被代理人需要偏离指示的所有情势(民法典第 717 条;Georgiades and Stathopoulos（－*Karasis*）, Art. 717 no. 3)。此外,代理人必须提供被代理人关于授权给代理人的事务之信息(民法典第 718 条)。没有告知的,构成不履行并成立由于该不告知遭受的任何损失之损害赔偿权利(民法典第 714 条;*Karasis* loc. cit. Art. 718 no. 2)。

48. 根据匈牙利民法典第 477 条第 1 款,"代理人应当告知其被代理人他的活动和因要求告知事务状态,若有必要,即使没有要求,特别是当有必要聘请另一人的或当由于出现新的情况需要变变指示的"。此外,民法典第 476 条规定"如若被代理人发出轻率的或不称职的指示,代理人应当提请被代理人对此的注意。如若被代理人不顾警告坚持这些指示,他应当承担由于这些指示产生的损害赔偿之责任"。在这方面,一般义务规则也适用,尤其是民法典第 277 条第 4 款,根据该款,"当事人双方应当在履行合同中遵守合作义务。债务人应当以在给定情况下可被预期的方式行为履行合同,而债权人应当以相同的方式促进履行"。代理人承担由于不履行而产生的任何损失责任(民法典第 310 条;参 Supreme Court Pfv. Ⅷ. 22.351/2005, in EBH 2006/1410)。

49. 在爱尔兰,这是有争议的,即为了服从指示,或者为了尽合理技能和注意之责任,或者避免利益冲突,代理人可能,在履行合同之前和在履行合同之时,必须问询被代理人的、关于将由代理人拟议的合同的谈判或签订的利益和需要。没有这样做的,可能导致违反义务。

50. 在意大利,在代理人履行合同之前和其履行之时,代理人被要求询问什么是被代理人的利益和需要,因为为满足被代理人的利益从而正确履行代理人的义务,这是实用的。没有做到的,在大多数情况下构成违反注意义务,因此可能构成违反合同。于是,被代理人可以就违反义务造成的任何损失要求损害赔偿,寻求终止合同关系,倘若违反并不是无关的。

51. 在荷兰,代理人一般有义务告知被代理人关系到履行任务的行为(民法典第 7:403 条第 1 款)。似乎没有询问被代理人确切需要和愿望之特定义务。

52. 在波兰,代理人没有义务询问被代理人的利益。

53. 在苏格兰,代理人受按照指示履行的约束(*Stair*, The Laws of Scotland, Reissue "Agency and Mandate", para. 84; *Gow*, Mercantile and Industrial Law of Scotland, 530),同时也受为被代理人最大利益行为的约束(*Stair* loc. cit. para. 97)。该职责很广泛,它很可能扩大到要求代理人从被代理人处请求信息,当为了代理人适当履行代理合同下的义务而要求该信息的。没有做到的,可能会构成违反代理人的信托责任,为此被代理人将有权获得损害赔偿。

54. 在斯洛伐克,没有具体询问职责,但是该责任可能被认为隐含在代理人之按照被代理人利益行为和代理人之告知被代理人可能影响被代理人指导的所有问题之责任中(商法典第 567 条第 2 款)。

55. 在西班牙,该责任明确规定在商法典第 255 条中。

56. 在瑞典,代理人被认为有义务询问被代理人的利益和需要,以便能够按照委托合同履行。代理人也有义务告知被代理人事务以及代理人察觉的和对履行有重要性的情势(*Ramberg*, Kontraktstyper, 246－247; *Hellner/Hager/Persson*, Speciell avtalsrätt Ⅱ (1)[4], 225; HaL § 5; KommL. § 7)。

第Ⅳ.D－3:103 条　技能和注意之义务

(1)代理人有义务由被代理人在特定情势下有权期待的注意和技能来履行委托合同下之义务。

(2)如若代理人宣称具有更高标准的注意和技能，则代理人有义务尽该更高注意和技能职责。

(3)如若代理人是，或自称是，一职业代理人团体成员，对于该职业代理人团体存在由相关权威部门设定的或者由该团体自己设定的标准规格，则代理人必须在这些标准规格内尽注意和技能职责。

(4)在确定注意和技能时，被代理人有权期望，应考虑到的，尤其是：

(a)在履行义务时所涉及的风险的性质、级别、频率和可预见性；

(b)义务是否被非专业人士履行或者履行是否是无偿的；

(c)履行义务的报酬之数额；以及

(d)履行义务的合理时间。

评　论

A. 概述

本条设定了确定所期望于代理人之技能和注意标准规格的一般标准。其内容相似于第Ⅳ.C.－2:105 条(技能和注意义务)关于服务合同的内容。

B. 代理人注意标准规格之确定

默认规则并不是说代理人保证结果将一定会实现(例如，预期合同必定被缔结或财产购买人将会被找到)：在合同中缺乏相反规定的情况下，义务仅仅是按照被代理人有权期望的技能和注意履行。第 4 款规定在确定被代理人有权从代理人处期望的技术和注意标准规范时要考虑的因素的指示性清单。

C. 注意之具体标准规范

第 2 款和第 3 款处理就具体情况而言，代理人必须具备的具体技能和注意标准的情况。第 2 款指定了在代理人宣称有更高技术和注意标准的情况，而第 3 款指定了属于某些专业代理人机构的代理人被期望的技术和注意标准。显然，在第 2 款和第 3 款中规定的可能从代理人处期望的技术和注意标准也将不得不被算为对第 4 款设定之

标准的对立,该款考虑到了该代理人(自称的)更高的专业知识。

注 释

代理人之注意标准规格

1. 在奥地利,代理人必须表现出某种技能和尽责的程度,正如其对于被接受的职责的履行是恰当的。在合理注意下执行义务时,代理人必须在雇用的范围内以一般谨慎之人尽职尽责地行为。因此,代理人是附有注意义务,而不是附有保证被代理人期望之结果的义务。即使是职业代理人也保证不了所为将获得所期望之效果。职业代理人仅仅确保分配的任务将会在与一般同业所拥有的技能下被处理(民法典第1299条;Schwimann(-*Apathy*), ABGB V^2, § 1012, no. 2)。律师、公证人和税务顾问对该受责备的法律无知承担责任(*Apathy* loc. cit.)。商事代理人必须表现出一个谨慎商业人士的职责(商法典第347条和第394条,HvertrG第5条)。

2. 在保加利亚,代理人必须尽“良好管家”职责(*diligentia boni patris familias*)履行委托合同的义务(LOA 第 281 条),即在相同情况下,一明理之人应当认为有必要被考虑到的注意(*Apostolov*, Obligazionno $pravo^2$, 248)。这是尽责之标准且不论是有偿合同还是无偿合同,而且与代理人为其自己的事务所付出之职责相比更高(*Vassilev, L.*, Obligazionno pravo, 24)。对于职业代理人来说,标准要求甚至更高:他们被要求尽“谨慎商人”之注意行为(商法典第33条第1款商事代理人、商法典第350条第1款佣金代理以及商法典第361条第1款并指向的商法典第350条第1款货运代理;*Kazarov*, Turgovsko $pravo^4$, 413)。

3. 在比利时,除了当代理人根本没有执行委托的特殊情况之外,代理人一般负注意责任(*de Page and Dekkers*, Traité élémentaire de droit civil belge V^2, 407)。关于代理人任务的具体方面,有可能负保证结果的责任,例如遵循被代理人的命令指示或者禁止超越授权范围的义务。代理人必须作为善良家父(*bonus pater familias*)行为(*Paulus and Boes*, Lastgeving, 90; *Wéry*, Le mandat, 148)。

4. 在丹麦,当事人双方可以约定“最努力条款”,但是通常像这样的条款没有涉及保证被代理人期望之结果的责任。

5. 在英格兰,默认规则是代理人必须尽应有的注意和技能履行。只要代理人善意且为被代理人最佳利益行为的,代理人不能保证被代理人期望的结果。注意的标准是以那些在商务或专业活动的特定范围内对于代理人是常见的来确定。在 *Metropolitan Toronto Pension Plan v. Aetna Life Assurance Co. of Canada* (1992) 98 DLR (4th) 582 案例中,表述为“如果他是一位遵循特定行业或职业的代理人(……),他必须因此表现出如同对他索取报酬的事务中常见的和要求的技能”(loc. cit. at 597 per *Rosenberg J.*)。为了建立代理人已经满足注意标准之要求,人们通常着眼于合同条款和特定案件的具体情况。职业代理人之注意标准较无偿代理人的要更高(*Chaudry v. Prabhakar* [1988] 3 All ER 718)。

6. 作为爱沙尼亚的默认规则,代理人负注意责任(LOA 第620条关于服务一般合同;同样的规则也适用于具体委托合同,比如代理委托、经纪协议和佣金代理协议)。当事人双方当然可以约定代理人保证被代理人所期望之结果;在这种情况下,委托合同是按类别划分的工程合同。如果代理人负注意责任,注意标准根据LOA第620条(作为默认规则)确定。它区分职业和非职业

服务提供商。一般而言，服务提供商（代理人）必须本着并根据代理人最好的知识和能力履行服务而实现被代理人利益最大化，代理人还必须避免对被代理人财产造成任何损害（主观标准）。服务提供商是职业的，则必须应用相关职业普遍认可的技能（客观标准）。

7. 在芬兰，代理人在整个履行中尽注意职责，但是，除非另有约定，代理人不受保证被代理人所期望之结果职责。注意标准各异。它取决于一些因素，尤其是，比如所涉活动之领域，代理人行为之职业特征等。在消费者协议中注意标准通常最高。在某些活动领域，标准已经规定在法规中，例如律师（Improper Commercial Conduct Act）、房地产代理商（不动产代理法）以及商务代理（商事代理人和销售员法）。注意责任不能被搁置。

8. 在法国，根据情况的不同，代理人可能会受到行为方式之义务的约束，也可能受到达到具体结果之义务的约束。这将取决于影响代理成功的条件的性质。当代理人受行为方式义务的约束时，法官将要求通常谨慎和尽职的代理人的合理履行，不考虑代理人的具体个人能力。当代理人没有合理履行合同的，代理人将对被代理人承担责任。

9. 代理人被要求尽德国民法典第276条一般规则下的应有注意行为。因此，当代理人故意或过失违反这项注意标准时（民法典第276条第1款），责任将出现。

10. 在希腊，在委托合同下，代理人有义务尽职履行委托。根据民法典第714条，代理人对任何过错负责，这意味着代理人也对所有种类的过失承担责任。所要求的注意标准在民法典第330条中："债务人应当对在他的义务履行中由于可归咎于债务人或他的法定代理人的欺诈或过失造成的任何过错承担责任。当在执行事务中要求的注意没有被完成时就是过失。"在经纪或居间情形中，诚实信用要求尽职履行经纪合同（民法典第288条）。经纪人不负保证被代理人所期望之结果的责任。

11. 在匈牙利，代理人通常不负保证被代理人之期望结果的职责，因为民法典第478条第2款规定"代理人应当有权要求报酬即使他的行为没有带来任何结果"。与一般规则相反的是，在佣金代理的情况下，"佣金代理人应当对被代理人负责履行所有合同中由合同签约人承担的义务"（民法典第509条第2款）。民法典第511条第1款规定"只有当销售合同已经被履行，佣金代理人才应当有权获得佣金"。债权法的一般规则确定了注意标准，尤其是民法典第277条第4款："债务人应当以在给定情况下一般被期望的方式履行合同行为，而债权人应当以相同的方式促进履行。"

12. 在爱尔兰，作为默认规则，所有代理人都必须尽合理注意行为。（这是从普通法产生的职责之一）。代理是在合同下的，在普通法中行使合理注意的条款通常将隐含在合同中。服务在业务过程中被提供的，行使合理注意的条款隐含于章程中（Sale of Goods and Supply of Services Act 1980, s. 39）。若代理是非合同关系的，行使合理技能和注意的职责仅产生于侵权。因此，合同代理人可能同时受当前合同下的和侵权下的职责，除非合同作出修改或排除其中之一。看来代理人的合同注意义务和侵权的注意义务可以由代理合同限制或排除。然而，需要明确的言辞排除过失责任。所要求的注意标准就是在什么情况下是合理的。视案件的具体事实这将有所不同。一般情况下，服务提供商，例如代理服务，被期望行使"一位普通称职之人的普通技能行使那个特定行为"。当服务提供商声称任何特定技能、专业知识或专长的，该主张可能产生所期望的服务提供商的注意标准。存在在特定行业或专业下在特别情况下什么是合理的各种权威的说明。例如，已被认可的，律师针对其客户的一般职责是，显示在情势下从一位有合理技能和注意的律师处被期望的注意程度（*Roche v. Peilow* [1986] ILRM 189 per Henchy J at 196-7）。通常，

律师将满足其标准，如若律师遵循在同业人员中普遍做法（*Daniels v. Heskin* [1954] IR 73）。但是当普遍做法存在固有缺陷时——这应该是很明显的，即任何人给予事务适当的考虑——实务中所显示的广泛地和普遍地采用之事实没有使实务产生任何较少的过失（*O' Donovan v. Cork County Council* [1967] IR 173 at 193）。当代理是无偿的，合理注意的标准可能会较低，尽管不是必要的（*Chaudrhy v. Prabakhar* [1988] 3 All ER 718）。

13. 在意大利，作为默认规则，代理人对被代理人有注意职责。代理人必须为被代理人最大利益行为且尽量满足被代理人关于预期合同的期望。代理人没有保证特定结果的职责，因此，当行为最终证明是不成功时或者当合同最终证明不是受益的时，不得被追究不履行的责任。所要求的注意标准是尽职尽责或者合理注意。代理人是否尽职尽责地行为，都必须视逐个案件的具体情况，并视代理人是否是职业代理人而定（在后一种情况下，注意的标准更高）。参见 Cass. 23 December 2003, no. 19778, Foro it. Mass. 2003, 4070, no. 19; Cass. 08 August 2003, no. 11961, Foro it. Mass. 2003, 4070, no. 20; and Cass. 25 February 2000, no. 2149, Foro it. Mass. 2000, 4070, no. 9。

14. 在荷兰，总体而言，代理人必须尽应有的注意（民法典第 7:401 条）。例如，代理人被要求遵守被代理人的及时且深思熟虑的与任务有关的指导（民法典第 7:402 条第 1 款），坚持告知被代理人与服务履行相关的活动（民法典第 7:403 条第 1 款）。此外，代理人就委派的任务之履行对被代理人负责（民法典第 7:403 条第 2 款）（*Van der Grinten*, Lastgeving, no. 14）。如果代理人是，或者自称是，职业代理人团体之一位成员，则代理人必须行使"该团体中一位合理称职和合理行为的成员"的注意和技能，并且如果相关权威部门已经为该代理人团体设定标准规范，则代理人必须行使在这些标准规范中所表述的注意和技能（Asser（- *Kortmann*）, Bijzondere Overeenkomsten Ⅲ[7], no. 60）。

15. 代理人被要求行使在波兰民法典第 355 条一般规则下的应有的注意。职业代理人被要求用从专业人士角度可以合理被期望的技能、知识和注意行为（民法典第 355 条第 2 款）。

16. 在苏格兰，代理人的一般注意职责传统上已经被描述为类似于"一位谨慎之人在管理他自己的事务时"的注意（*Erskine*, An Institute of the Law of Scotland Ⅱ(3), 3, 37; *Bell*, Commentaries I[7], 516; *Bell*, Principles of the Law of Scotland[10], no. 221）。这个可与适用于无偿代理的较低职责相反，无偿代理只需要表示合理注意（*Kay v. Simpson* (1801) Hume 328; *Grierson v. Muir* (1802) Hume 329）。然而，在职业代理的情况下标准更高。该代理人必须满足这个行业成员合理地审慎和称职的标准（*Cooke v. Falconer's Agents* (1850) 13 D 157, per Lord Fullerton at 172; *Beattie v. Furness - Houlder Insurance (Northern) Ltd* 1976 SLT (Notes) 60。有关律师行业参见 *Rennie*, Solicitor's Negligence, nos. 3.02 et seq.）。代理人的注意职责可能有所不同，取决于所涉特定行业或活动、当事人双方的先交易过程，或者案件的情况（*Hastie v. Campbell* (1857) 19 D 557 per Lord President McNeill at 561, and per Lord Curriehill at 564 and 565; *Alexander Turnbull & Co. v. Cruikshank and Fairweather* (1905) 7 F 101）。被代理人的行为也与代理人的注意职责有关。被代理人的延迟或者被代理人给予有瑕疵的指示可能意味着被代理人失去起诉代理人的权利（*Mackenzie v. Blakeney* (1879) 6 R 1329）。被代理人也可能被要求偿还代理人由于被代理人的行为而使代理人产生的任何费用（*Dougall v. National Bank of Scotland* (1892) 20 R 8）。只有如同担保付款代理人（*del credere* agents）行为的代理人才保证被代理人所期望的结果。这被看作是相对罕见的（见 *Bell*, Principles of the Law of Scotland[10], no.

286; *Lloyd' s Exrs v. Wright* (1870) 7 SLR 216)。在正常情况下,代理人不给出任何这样的保证。

17. 在斯洛伐克,在民事关系中,注意的标准被确定为“根据代理人的能力和知识行为的责任”。在商事关系中,代理人在代表被代理人安排某一事务时,受继续尽专业注意之约束(商法典第567条第1款),佣金代理人受根据被代理人指示尽专业注意谈判被代理人事务的约束(商法典第578条)。

18. 在西班牙,从代理人处被期望的职责是尽善良家父职责(民法典第1104条)。尽职的水平是根据每个案件的特定情况而定:事务的性质、商业和专业习惯所要求的技能、简单的谨慎规则等等(民法典第1719条及以下和商法典第255条)。代理人典型地具有行为方式的义务(obligation of means)(Sierra Gil de la Cuesta (–*Hernández Gil*), Código Civil Ⅶ^2, 472)。

19. 在瑞典,基于一般合同法律规则,在履行任务期间,代理人有一般注意责任。该职责也包括在合理时间段内完成任务。注意职责取决于任务和委托合同的特征。人们可以区分整个工作的要求和具体措施责任两者的不同。关于整体工作,当工作严重偏离于所被期望的标准时,被代理人仅能主张不履行。另外,具体措施的要求往往很高。特别是这关系到法律规定的措施,比如遵守时间限制或者当被要求时检查公共登记册。并且,对于基于代理人提供的事实的信息,适用高要求要精准。如果代理人是专业人士,则注意职责就更高。职业代理人被要求及时告知被代理人重要问题,也被要求确保被代理人理解和能够评估信息。当其适用时,代理人同时被要求按照良好商业实务行为,(参见商法典第18章第1条,KommL.第7条和HaL第5条)。

第二节　超越委托行为的后果

第Ⅳ.D-3:201 条　超越委托行为

(1) 代理人可以按照委托中未规定的方式行为,如果:

(a) 代理人有合理理由代表被代理人如此行为;

(b) 代理人没有合理时机去发现在特定环境下被代理人的意愿;和

(c) 代理人不知道且不能合理地被期望知道在特定环境下所为之行为违背了被代理人的意愿。

(2) 在第1款范围内的行为在被代理人和代理人之间产生的结果与在委托下的行为所产生的结果相同。

评　论

A. 本节概述

本节不调整代理人超越委托行为之事实的外部结果。不论与第三方的合同是否

由代理人超越委托缔结,均由第二编第六章(代理)确定。本节也不处理被代理人是否可以通过一个时间的限制或撤销代理人的权力来避免受约束于预期合同的问题。这个问题也是由第二编第六章(代理)调整。本节,正如在第Ⅳ.D－1:101 条(范围)中已经清楚规定的,只规定了代理人超出委托范围行为的内部结果。代理人如此行为的,与第三方的预期合同可能有效也可能无效,因为可能已经存在第二编第六章(代理)中的(表见)代理。然而,在被代理人和代理人的内部关系中,代理人已经超出委托行为的事实将通常意味着代理人已经对被代理人未成功履行合同义务,且因此将承担不履行责任,除非本节另有规定。

B. 本条概述

通常情况下,正如已经看到的,代理人必须按照委托行为,即根据被代理人给予的授权和指示。如果代理人于被代理人确定的范围之外行为,则代理人通常承担不履行合同义务的责任。因此,在新的事态发生时,代理人被要求与被代理人取得联系并要求指导。不过,可能存在的情况是代理人不得不立即采取行动以维护被代理人的利益但是没有时间联系被代理人。在这种情况下,代理人被允许超越委托行为,如果某些条件得到满足。这是在本条规定的情况。

C. 超越委托行为的条件

第 1 款规定,只有当某些累计的要求得到满足时,代理人可以超越委托行为(不承担因此之责任)。考虑到代理人知道或者可合理被期望知道所有的情势,包括被代理人的明示的或暗示的利益,合理的可望被代理人同意给予许可。这些要求应该限制在这些情况下的代理人越权行为的酌情权。

首先,代理人需要有超越委托行为的合理理由,这意味着在实践中,如果对维护被代理人利益是有必要的,代理人只能如此行为,例如,有必要接受一个在代理人能够与被代理人取得联系之前就期满的要约。其次,代理人必须没有合理的机会去发现在特定情况下被代理人的意愿。最后,代理人必须不知道在特定情况下的行为违背了被代理人意愿(或者在该认知可被合理期望的情况下)。

D. 与善意介入的关系

如果代理人符合允许被作为善意干预人行为之标准——在这种情况下没有合同关系存在——在第Ⅴ－3:106 条(如同被代理人的代理人行为的介入者权限)中的规则,则代理人也被视为在越权行为被许可的情形中。本条是从这个想法开始的。因此,代理人必须满足条件以便能够超越委托行为,基本上是与第五编关于作为善意干预人行为中的要求相同(参见第Ⅴ－1:101 条(以受益于他人的介入))。这些条件如下:(1)善意介入方有合理理由代表被代理人行为。(2)善意介入方没有合理机会发现被代理人的意愿。(3)善意介入方不知道或者可能不知道其介入违背被代理人的意

愿。如果这些要求得到满足,在第Ⅴ－3:106 条(如同被代理人的代理人行为的介入者权限),善意介入者可能缔结合同或者以其他方式影响被代理人的法律关系。

显然,第三个要求的证明有一些难度,当适用于委托关系时,因为被代理人可以辩称代理人应当已经知道其介入违背被代理人的意愿,因为授予代理人的委托本身表明被代理人没有希望代理人走得更远。不过,这可能并非总是如此。特别是当不可预见的情形发生时,当事人双方在权力授予时并没有考虑到这个情况可能出现。在这种情况下,代理人可能需要超越委托以便实现委托合同中注明的结果。

E. 没有规定超越委托行为的义务

代理人是否可以被要求超越委托行为的问题在本条中没有规定。不论是不是这种情形,必须在Ⅳ.D－3:102 条(为被代理人利益行为的义务)和第Ⅳ.D－3:103 条(技术和注意义务)中确定。

注　释

允许超越委托的情形

1. 在奥地利,代理人不得超越授予的权力,即使这似乎是为了被代理人的利益(Rummel(－*Strasser*), ABGB I³, § 1016, no. 23a)。

2. 比利时民法典第 1989 条规定代理人不得超越授予权力的范围(参见 *Wéry*, Le mandat, 145)。如果代理人超越权力范围,可能承担不履行合同义务的责任。然而超越权力范围本身不足以成立代理人的合同责任。被代理人必须证明损失的存在和因果关系。通常,被代理人将不遭受任何损失,因为被代理人不受在未授权履行情形下代理人与第三方缔结的合同的约束(*de Page and Dekkers*, Traité élémentaire de droit civil belge V², 406－407; *Wéry* loc. cit.)。然而,尊重权限的义务并不是绝对的。代理人被允许履行所有与赋予的任务相关的必要的行为,除了处置行为之外。这些行为被视为是任务的一部分(CFI Brussels February 1990, RRD 1990, 517; *Jassogne*, Traité pratique de droit commercial Ⅱ, 608; *Kluyskens*, Beginselen van burgerlijk recht Ⅳ, 631; *Wéry* loc. cit.)。在一些情况下,代理人甚至有如此履行行为的责任(CFI Brugge 6 July 1874, BJ 1874, 1307; *Wéry* loc. cit.)。

3. 在保加利亚,作为一般规则,代理人必须在由被代理人确定的委托范围内履行,否则承担由于偏差造成的任何损失(*Vassilev, L.*, Obligazionno pravo, 24)。然而,代理人在两个条件下被允许超越委托范围:首先偏差对于保护被代理人利益是必要的,其次是不可能取得被代理人的同意(LOA 第 282 条)。代理人承担证明这些条件存在的责任(*Vassilev, L.* loc. cit.)。对于佣金代理存在特别条款:如果代理人已经以高于要求的价格收购或者以低于要求的价格出售货物,必须立即告知被代理人,如果后者没有立即拒绝预期合同,则被推定为批准(商法典第 351 条第 2 款)。被代理人不得拒绝预期合同,如果佣金代理人承担差价(商法典第 351 条第 3 款),或者如果佣金代理人证明当时是不可能以规定的价格订立合同,并且所采取的行为已经通过以不同价格订立的合同阻止了被代理人重大损失(商法典第 351 条第 4 款)。

4. 在丹麦，如果代理人超越授予权限，代理人承担不履行责任。根据丹麦法律，很少有空间给代理人超越委托，即使这似乎是为了被代理人的利益。

5. 在英格兰，代理人将承担因超越授予的权限的赔偿责任。这是因为代理人首要的信托责任之一是根据合同条款履行且不得越权（*Turpin v. Bilton* (1843) 5 Man & G 455, 134 ER 641）。这项一般规则由法院执行得非常严格：倘若指示明确没有歧义，代理人必须逐字遵从它们，否则承担赔偿责任（*Volkers v. Midland Doherty Ltd.* (1985) 17 DLR (4th) 343）。代理人无权或不被要求超越权限，即使该行为被认为是为了被代理人的最佳利益（*Fray v. Voules* (1859) 1 E & E 839, 120 ER 1125）。然而，规则的严格性可能会被缓解。如果授予的权力允许这样，则代理人可行使一定的自由裁量权（例如 *Re Newen* [1903] 1 Ch 812）。

6. 在爱沙尼亚，作为一般规则，如果委托范围被超越，代理人承担不履行责任。然而，代理人被允许在某些情况下甚至必须偏离被代理人的指示，如果这被视为是为了被代理人最佳利益。正是这种情况如果坚持指示将可能给被代理人造成不利后果（LOA 第 621 条第 3 款）。在这种情况下，代理人必须告知被代理人，等候更进一步的指示作为规则。只有在情况不允许延迟时，代理人才有权在没有咨询被代理人时偏离指示（LOA 第 621 条第 2～3 款）。

7. 在芬兰，如果委托范围被超越代理人承担不履行责任。一般情况下，这个也适用于即使是为了被代理人利益。然而，如果超越权限对于保护被代理人的利益是显然必要的，则代理人一般情况下被允许超越授予的权限（商法典第 18 章第 10 条）。

8. 在法国，代理人不被授权超越授予权力的范围行为，即使这似乎是为了被代理人的利益，甚至在紧急情况下。然而，被代理人可以追认代理人的行为。

9. 在德国，代理人可以超越委托范围如果这被认为是为了被代理人的利益，如果可能假定被代理人如果得知情况会容忍这种做法。代理人被要求告知被代理人关于越权行使中即将发生的行为，否则犹豫可能导致危险后果（民法典第 665 条）。

10. 在希腊法律中委托合同中，只要在不可能通知被代理人且显然被代理人如果得知造成偏差的情势会允许该偏离的，代理人才可以偏离委托设置的范围（民法典第 717 条）。代理人必须证明这些条件的存在。在特殊情况下，诚实信用（民法典第 288 条）可要求代理人超越权限，如果被代理人会允许或者接受委托设定的范围的偏离（Georgiades and Stathopoulos（-*Karasis*），Art. 717 no. 4）。在不可证实的委托设定的范围之偏离的情况下，被代理人可要求由于代理人委托的瑕疵履行赔偿损失（民法典第 714 条）。然而，被代理人有批准不可证实的委托设定的权限偏离的酌情权（*Karasis* loc. cit. no. 5）。

11. 在匈牙利，如果代理人超越权限，则通常是不履行的一种，代理人将通常承担由不履行造成的任何损失。民法典第 477 条第 2 款规定“代理人应当有权背离被代理人的指示，仅当主要是为了被代理人利益且如果没有时间提前通知被代理人时。在这种情形下，被代理人应当被毫无延迟地通知”。在内部关系中，如果代理人超越授予权限，根据民法典第 484 条，这有时可被认为是一种善意介入。该条规定“没有通过代理或者其他方式被授权而代表另一人处理事务之人，应当有义务如同由其被介入之人的利益和可能的意图之要求处理事务”。

12. 在爱尔兰，代理人必须服从被代理人的合法指示。当代理是合同关系时，代理人承担未按照指示行为的违反合同的责任。因此，代理人必须遵从，而不是超越权力范围。代理人超越授权的，这可能被补救，如果被代理人稍后批准了代理人的行为（在这个情况下代理人被看作如同一开始就被授权）。另外，代理人超越权限的，这可能被紧急处分的代理学说补救，这个学说颇类

似于善意介入。根据这个学说,在某些情况下,一人可有权代表另一人行为,如果面临紧急情况,后者的财产或利益有迫在眉睫的危险,为了保护财产或利益,代表该后者行为成为必要,所以如此行为。超越代理人的权力或授予还不是代理人的某人的权力,紧急处分的代理都可能运用。产生紧急处分的代理的四个先决条件:(1)必须标明,紧急处分的代理人不会从被代理人处得到指示;(2)紧急处分的代理人必须已经为被代理人的利益善意行为;(3)紧急处分的代理人的行为必须是合理的;(4)必须已经存在使紧急处分的代理人如他那样行事的必要性或紧迫性。紧急处分的代理的一个传统例子是船长在紧急情况下救船或货物(*Hawtayne v. Bourne* [1841] 7 M & W 595 at 599, *per* Parke B)。现代通信的发达意味着第一个要求将很少会得到满足(参见 *The Choko Star* [1989] 2 *Lloyd's Rep* 42; *and Surrey Breakdown Ltd. v. Knight* [1999] RTR 84)。因此,该学说如今的应用有限。紧急处分的代理的条件得到满足的,两个结果随之而来。首先,紧急处分的代理人有权力使被代理人受与第三方的交易的约束,其次,被代理人和代理人的关系将建立于被代理人和紧急处分的代理人之间,如果这个关系还没有存在,从而紧急处分的代理人具有代理人的权利。

13. 在意大利,代理人不得超过授予的权限。关于代理人和被代理人之间的内部关系,如果代理人超越权限,这个可能构成违反合同,但也可能不构成违约,其取决于案件的具体情况。在一些情况下,这种行为能够满足被代理人的最佳利益,例如,在被代理人在授予权限时不知道和不可预见的新情况下时,倘若这些无法向被代理人报备以获得指示,倘若可合理地认为被代理人如果得知这些情况,会给代理人以更广泛的权限。然后,代理人被允许超过权限,甚至可以被要求越权。然而,在大多数情况下,超越权限被认为是违约。

14. 在荷兰,关于不被涵盖于委托的代理人的行为是否仍然可以被视为涵盖于委托中,不存在特殊规则。荷兰法律寻求该问题的答案要求合理性和公平(民法典第 6:248 条)。

15. 在波兰,代理人可以以委托约定的执行方式相反的方式行为,如果(1)无法与被代理人取得联系和(2)考虑到具体情形,可合理相信被代理人应当会同意不同的履行的。如果这些条件没有满足,被代理人仍可以批准权限外的合同。根据合同责任的一般规则,代理人承担给被代理人引起的所有损失(民法典第 471 条)。

16. 在苏格兰,代理人将向被代理人承担代理合同违约责任,如果代理人超越授予权力。如果这被认为是为了被代理人的利益,不存在允许代理人超越权限的一般规则。

17. 在斯洛伐克,代理人超越权力的情况并没有为内部规定具体规定;就不履行合同义务造成损失的责任的一般规则将适用。

18. 西班牙法律一般不允许代理人超越委托范围(民法典第 1714 条和商法典第 256 条)。当这些限制被超越,被代理人不受第三方约束,不论第三方是否已经知道这一点(民法典第 1727 条)。

19. 在瑞典,代理人承担不履行责任,如果代理人超越权限。如果情况需要,代理人有义务背离权限,因为考虑到情况有必要行为。代理人应寻求被代理人该背离的事先指示,除非问题刻不容缓(参见合同法第 25 条和 KommL. 第 8 条)。

第Ⅳ.D－3:202 条　追认的后果

凡在不受前条约束的情况中，代理人已经在代表被代理人订立合同中超越委托行为的，由被代理人对该合同的追认免除代理人对被代理人的责任，除非被代理人在追认后没有无故拖延通知代理人其保留因代理人不履行的补救措施。

评　论

A. 总体思路

依前条规定，代理人可以在严格条件下超越委托行为。凡未经允许这样做的，代理人可能因不履行合同义务承担责任。

关于超越委托行为的代理人的责任，如果被代理人随后追认了代理人订立的合同，本条规定其后果。被代理人的追认意味着代理人因超越委托行为的责任排除。如果被代理人仍然希望保留行使不履行之补救措施的权利，这必须是毫不延误地被明确表示。

B. 超越委托行为之条件未得到满足

如果代理人在不适用前条的情况下超越委托行为，它仍可能是被代理人愿意接受如此订立之合同的情况。

示例

被代理人要求代理人从被代理人奶酪和西红柿的老供应商处以 750 欧元的价格购买 1000 公斤奶酪。被代理人打算用奶酪做比萨饼。代理人告知供应商这些指示。供应商然后又告诉专门供应西红柿的代理商。代理人知道这通常被认为是非常好的交易，于是购买了一定数量的西红柿。为了与老供应商保持平稳的关系，被代理人追认与供应商的合同，即使被代理人意图从另一供应商处以更低廉的价格购买西红柿。

在本条中，假定追认的确表明被代理人容忍代理人的行为——在这种情况下，被代理人不应有兴趣向代理人因超越委托行为而提出可能的索赔——但是这条保留了相反情形的适用空间。

C. 保留补救措施

如果被代理人，即使代理人超越委托行为，追认预期合同，代理人的责任原则上被

排除。为了不使代理人负担过多不确定性，被代理人应当必须不得无故拖延告知代理人保留不履行之补救措施的意图。

注　释

就代理人的责任，追认预期合同的后果

1. 在保加利亚，无授权而合同以其名义订立之人可以追认该合同（LOA 第 42 条第 2 款）。没有关于被代理人追认超越委托订立的预期合同的和履行的法律行为的明确规则。法律学说认为追认免除代理人对被代理人的责任，除非被代理人，明示或暗示，已经保留代理人不履行之补救措施（*Mevorah/Lidji/Farhi*, Komentar Ⅲ, 157）。

2. 在爱沙尼亚，法律没有明确条款规定在什么情况下对代理人超越委托范围履行的交易之追认可以免除其对被代理人的赔偿责任。这应当根据案件的具体情况确定。但是可以推定的是，至少在追认向代理人宣布的，这可以被解释为根据委托协议免除责任。

3. 在法国，没有关于这一主题的具体规定。民法典只规定了被代理人将受约于合同仅当被代理人追认它时（第 1998 条）；没有任何关于后果的规定。老判例法认为如果被代理人追认预期合同，代理人不将承担责任，除非被代理人让代理人知道保留了要求索赔的可能性（Cass. civ. 9 May 1853, D. P. 1853, I, 293）。

4. 追认预期合同的后果在德国民法典第 684 条中作为善意干预的部分规定。一般情况下，追认将免除代理人因委托合同范围之外行为的责任。追认是否也免除代理人不是因超越委托之事实而生成的责任，而是免除当代理人如此行为时违反的另一种注意标准之事实而生成的责任，这是一个不同的问题，这取决于对追认行为的解释（Palandt（－*Sprau*），BGB[66]，§ 684 no. 42）。

5. 在爱尔兰，当被代理人追认代理人事先未经授权的行为，效力是可追溯的，这是因为代理人在任何时候都被授权。

6. 没有具体的波兰民法典条款规定被代理人追认代理人行为之于代理人的后果。

7. 在苏格兰法律中，被代理人对代理人未经授权行为的追认约束被代理人与第三方的合同，具有追溯效力，从代理人订立合同时约束被代理人。似乎不存在追认的被代理人也保留或者向代理人提出因造成的损失索赔的情况。

8. 在斯洛伐克，追认的结果之于被代理人和代理人的内部关系是没有规定的。也没有已知的案件处理这个问题。

9. 在西班牙，追认使得代理人的行为对被代理人具有约束力（民法典第 1259 条）。法律对于追认是否也构成放弃基于代理人不履行的索赔保持沉默。可能，本条陈述的规则会适用。

10. 在瑞典，根据一般合同法律规则，如果代理人在订立预期合同之时超越权限行为，被代理人可能追认预期合同。追认并不剥夺被代理人主张代理人违约责任的权利。

第三节　通常非排他性委托

第Ⅳ.D－3:301 条　不被推定的排他性

被代理人自由订立、谈判或直接促进预期合同或者委任另一代理人这样做。

评　论

A. 综述

本条从被代理人仍保留自由的推定开始，尽管存在与代理人的委托合同，他仍自由订立、谈判或亲自促成预期合同或者委任另一代理人这样做。然而，当事人双方可以通过授予独家代理另行约定。

B. 在不可撤销委托的情况下由被代理人或由另一代理人缔结预期合同

根据第Ⅳ.D－7:101 条（由被代理人或其他代理人缔结预期合同），由被代理人或者由被代理人任命的另一代理人缔结预期合同将终止委托关系，如果委托仅是为了缔结一个具体合同。这将具有撤销委托的效力（第Ⅳ.D－1:104 条（委托的撤销）第 2 款）。若在代理人被授予不可撤销委托的情况下，这通常意味着代理人也被授予了排他性。然后这意味着被代理人可能不再亲自或者通过另一代理人缔结预期合同。

然而，这并非总是如此。

示例

汽车的前拥有者的继承者们决定以一个好价钱出手该车。他们委托他们中的两位彼此独立执行他们的决定，约定汽车将以高于 1 万欧元的价位出售，并且第一位卖出汽车的人相应获得销售价格的 1%，而另一人却不能得到回报。由于继承者易多变的本性，可能会忽然改变主意，继承者们决定两个委托均不可撤销。在这种情况下，不可撤销性不与排他性结合。

因此，当约定一个不可撤销合同时，有必要确定处于基本法律关系的合同方是否曾打算授予代理人排他性。不过，其通常是这种情况。

注　释

Ⅰ.未推定的排他性

1. 在奥地利,委托合同双方当事人可以有效规定被代理人不被允许任命另一代理人(民法典第1011条)。

2. 在保加利亚,因为没有相反的明确规则,排他性条款被认为是有效的(*Mevorah/Lidji/Farhi*, Komentar Ⅲ, 28)。对于商事代理人,存在一项特殊规则:如果被代理人已经为某地区任命一商事代理,那么被代理人不得在同一地区授权另一代理人(商法典第46条第2款)。

3. 在比利时,双方当事人可以约定一项条款,根据该条款代理人被授予排他性(*Wéry*, Le mandat, 277－278)。

4. 在丹麦,当事人双方可以有效约定被代理人不得任命另一代理人。这种性质的排他性条款将在实践和法庭上受到尊重。

5. 在英格兰,排他性条款是可能的,尤其是对房地产代理。当地产代理商通过被任命为“独家代理”,被授予排他性,如果被代理人又委任另一代理人,其赚取第一个代理人应当赚取的佣金,那么该独家代理商有权获得损害赔偿(*Milsom v. Bechstein* (1898) 14 TLR 159)。

6. 在爱沙尼亚,当事人双方可以约定一项条款,通过该条款代理人被授予排他性。

7. 在荷兰,在一般情况下,代理人可以被授予排他性,除非公共利益(例如竞争法)另有规定。

8. 在法国,委托可以是排他的。

9. 在德国,当事人双方可以有效规定被代理人不得委任另一代理人。判例法已应用于经纪合同领域(民法典第652条),其含有排他性条款,当在标准条件中含有时,这些条款受到民法典第307条第2款限制。

10. 在希腊,在居间的情况下,当事人双方可以有效约定一项条款,通过该条款经纪人被授予排他性。根据这项条款,合同的缔结受限于排他经纪人,并且与第三方订立相同的经纪合同受到禁止(Georgiades and Stathopoulos (－*Karasis*), art. 703 no. 21)。此类条款的后果是,在违反合同义务的情况下,被代理人为因违反排他性条款而给排他经纪人造成的损失承担赔偿责任(CFI Athens decision no. 4029/1982, EllDni 1984, 848)。没有消费者保护的具体规则可适用,但是如果在经纪合同中的被代理人可以被认为是消费者,根据第2251/1994号法律关于消费者保护第1条(Government Gazette A 191/16. 11. 1994),排他性条款可以属于滥用标准条款的性质(loc. cit. art. 2)。

11. 在匈牙利,代理合同的当事人双方可以有效规定被代理人不得委任另一代理人,但是在这方面民法典第207条第3款适用:“如果一人放弃其部分或全部的权利,则该陈述不可做广义的解释。”在消费者合同的情况下,根据民法典第207条第2款,“如果消费者合同内容不能被明确规定……比较有利于消费者的解释应当具有权威性”。

12. 在爱尔兰,在符合合同自由的原则下,并且遵循案例 *Murphy, Buckley & Keogh Ltd. v. Pye (Ire) Ltd.* [1971] IR 57,当事人双方可以有效规定代理人被授予排他性。

13. 在意大利,代理合同的当事人双方可以有效规定被代理人不得委任另一代理人(即排他性条款)。的确,在多数分销合同中它是典型条款。

14. 在荷兰,被代理人被允许给予代理人有关委托的排他性。在这种情况下,被代理人不得委任另一代理人(*Van der Grinten*, Lastgeving, no. 13)。

15. 在波兰,基于合同自由,排他性可以被授予代理人。它是明确的,将不会被推定。

16. 在苏格兰法律中,被代理人和代理人之间的合同可能规定代理人是排他代理人。然而,排他性不是一般规则,在合同中需要有这个效果的明确条款(*Graham v. United Turkey Red Co Ltd* (1882) SC 533)。

17. 在斯洛伐克,当事人双方可以有效规定被代理人不得委任另一代理人。对于商业代表合同,排他性条款的具体规定可以在商法典第665条(排他商业代表)中找到。

18. 正如代理合同受西班牙代理法的约束,任何种类的委托可以约定为排他的。

19. 在瑞典,排他性不是推定的,而是当事人双方可以约定排他性条款。

Ⅱ.被代理人有权亲自缔结预期合同

20. 在奥地利,除了不可撤销委托的可能性,被代理人有权亲自缔结预期合同。委托合同并没有夺走这一权利。这与商事代理人是一样的。关于就结果支付佣金的条款下代理人的雇用,并没有剥夺被代理人采取任何步骤使代理人被剥夺赚取佣金机会的自由,除非存在明确的承诺或者相反的行业惯例,或者除非相反地,存在必须是暗含了给予合同的效率,不然是落实当事人的意图的承诺。这可以基于一人(被代理人)有权处理财产和进行商务活动的行为自由而被解释。被代理人事实上可以在任何时候撤销授予的权力。这与代理人以被代理人的名义行为还是以代理人自己的名义行为是无关的,如果间接代理人和被代理人之间的合同关系是属于民法典第1002条及以下的条款中的委托。如果被代理人亲自缔结预期合同,代理人有权按比例获得部分价金、产生的费用和对遭受的任何损失获得补偿。

21. 在比利时,由于被代理人可以始终撤销代表权力,被代理人有权亲自缔结预期合同。由被代理人缔结的合同被认为是默示撤销(*de Page and Dekkers*, Traité élémentaire de droit civil belge V^2, 462)。

22. 在保加利亚,作为一般规则,代理人订立某合同的授权不剥夺被代理人亲自订立合同或委任另一代理人订立合同的权利;对其他法律行为也是同样的(*Mevorah/Lidji/Farhi*, Komentar Ⅲ, 28)。商法典第46条第2款对商事代理人作了例外的规定(参见上述注释2)。如果被代理人亲自缔结预期合同,被代理人从而暗示撤销委托(*Mevorah/Lidji/Farhi* loc. cit. 176)。

23. 在丹麦,代理合同并不剥夺被代理人亲自订立预期合同的权利,不论约定代理人有权以代理人自己的名义还是以被代理人的名义,这都将适用。不论是代理人还是被代理人订立预期合同,代理人都有权获得价金。

24. 在英格兰,根据授予的排他性种类,必须作出区分。代理人被委任为"独家代理"的,这并不排除被代理人亲自谈判合同(*Bentall, Horsley & Baldry v. Vicary* [1931] 1 KB 253)。在这种情况下,如果被代理人直接与第三方联系,代理人将无权获得佣金。代理人被委任为"总代理"或者代理人被描述为"独家销售代理"的(*Brodie Marshall & Co.* (*Hotel Division*) *v. Sharer* [1988] 1 EGLR 21),那么被代理人不得亲自出售财产。若被代理人如此做了,代理人仍应有权获得代理佣金(*Snelgrove v. Ellringham Colliery Co.* (1881) 45 JP 408)。

25. 在爱沙尼亚,作为规则,委托合同将不会剥夺被代理人亲自缔结预期合同的权利。当事人双方当然可以另有约定。具体规则适用于商事代理人。LOA第675条第2款规定,如果被代理人为某领域或者为特定客户已提名代理人,则推定代理人在该领域或者与这些客户具有缔结

合同的排他权利（除非另有书面约定）。

26. 在芬兰，一般情况下，委托合同并不剥夺被代理人亲自行为的可能性。然而，当事人双方被允许约定被代理人无权缔结预期合同。这可能也遵循代理人委托的排他性。

27. 在法国，授权一代理商原则上并不剥夺被代理人直接、亲自订立所设想之合同的权利，不论代理人是以被代理人的名义行为还是以代理人自己的名义行为。如果合同是由被代理人直接订立，那么代理人将享有直至该日所产生的费用的偿还。至于约定的报酬，原则上，当委托并没有完成时，这并不是可支付的，例如，当合同由于独立于当事人愿望的任何原因并没有订立（Cass. com. 21 December 1981, Bull. civ. 1981, Ⅳ, no. 450）。这个情况将与当合同由于被代理人的态度并没有订立和当代理人充分履行合同的情况不同。因此，房地产代理将有权获得报酬，如果合同在被代理人和由代理人介绍的第三人之间订立（Cass. civ. 1re 17 November 1993, Bull. civ. 1993, I, no. 323）。

28. 德国法院认为不可能授予排除由被代理人订立合同的权力（BGHZ 3, 358; BGHZ 20, 364），著作中也这么认为（MünchKomm（ – *Schramm*），BGB[5] § 167 para. 114）。因此，即使在有排他性条款的情况下，被代理人仍可以亲自缔结预期合同。如果被代理人如此做，在经纪合同中，当合同的订立是由于经纪人提供的服务，经纪人有权获得价金（民法典第 652 条第 1 款）。

29. 在希腊，在委托合同的情况下，被代理人不得被剥夺亲自订立预期合同的权利（Georgiades and Stathopoulos（ – *Doris*），art. 211 no. 11）。在这方面，这与代理人以代理人自己的名义行为还是以被代理人的名义行为无关。如果被代理人缔结合同，代理人是否有权要求价金的问题取决于委托合同基于的内部关系。在真实委托合同的情况下，由于委托的无偿特征，这个问题是不会出现的。在居间的情况下，被代理人也有权利缔结合同而无须经纪人的介入（CA Athens decision no. 12896/1988, NoB 1989, 1226）。在这种情况下，经纪人根据民法典第 703 条无权获得支付，该条责成被代理人只有在合同缔结是由于经纪人的介入或指导的，才支付报酬（*Doris* loc. cit. art. 703 no. 21）。如果一个不可撤销合同已经被授予，而被代表的一人仍有权亲自缔结预期合同或者亲自执行其他准法律行为是可接受的，是因为不可撤销性并不意味着排他性（*Doris* loc. cit. Art. 218 – 221 no. 13）。

30. 在匈牙利，如果被代理人没有明确放弃亲自缔结预期合同的权利（无代理人的介入），那么被代理人有权如此做。一般情况下，根据民法典第 478 条第 2 款，“代理人应当有权要求报酬，即使他的行为没有带来结果”。出于这个原因，价金对代理人是可支付的，不论是谁有效缔结预期合同。

31. 在爱尔兰，被代理人是否有权亲自订立预期合同取决于代理合同的性质，特别是代理人的委任条款。例如，在 *Murphy, Buckley & Keogh Ltd. v. Pye* (*Ire*) *Ltd.* [1971] IR 57 一案中，工厂的卖方委任拍卖行在出售中作为“独家代理人”。然而，卖方安排了出售但并没有告诉拍卖行。拍卖行提出佣金请求，但是在高等法院败诉。法院认为虽然拍卖行是独家代理人，但这并没有妨碍卖方亲自实现出售，而只是阻止委任任何其他代理人。因此，当代理人被委任为“独家代理”去实现合同时，如果第二个代理人被委任，则被代理人构成违约；如果第二个代理人继而订立合同，那么第一个代理人应当有权要求损害赔偿，金额等同于损失的佣金数额，这是因为违反了“独家代理”条款（*Bentall, Horsley and Baldry v. Vicary* [1931] 1 KB 253）。此外，法院认为当代理人被授予“独家出售权”的，如果被代理人亲自出售，则被代理人违约（*Brodie Marshall & Co.* (*Hotel Division*) *v. Sharer* [1988] 1 EGLR 21）。

32. 被代理人直接订立预期合同的可能性在意大利民法典第1748条第2款中明确承认："佣金也是可支付的对于由被代理人进入与代理人作为相同类型交易的被代理人或者是保留给代理人的地域、类别或者被代理人组织而先前获得的第三方的交易，除非另有约定。"因此，即使合同授予代理人排他权利，被代理人仍保留在相关地理区域缔结事务的权利；然而代理人保留获得全部根据合同约定的价金的权力，未经任何减少。另外，合同是不可撤销的事实不影响被代理人有权亲自缔结预期合同的事实。不可撤销性并不意味着被代理人放弃直接订立合同的权利。这可以从民法典第1724条中推断出，该条规定"就同一交易委任新的代理人或者由被代理人完成交易，意味着委托的撤销，从代理人得到通知之日起生效"。

33. 在荷兰，虽然被代理人对于第三方保留亲自订立合同的自由（参见HR 29 September 1989，NedJur 1990，307和民法典第7:423条第1款例外），但是委托合同双方当事人可以规定该行为在他们内部关系中构成违反合同。

34. 在波兰，即使授予了排他权，被代理人仍保留亲自订立合同的权利，这是因为一方不可以限制他自己的订立合同的法律能力，如果由被代理人订立的合同是无效的，则危及第三方利益。然而，违反排他性条款构成违反合约，并会使代理人有权要求赔偿损失。

35. 在苏格兰法律中，授予代理人的权力不涉及剥离或者限制被代理人任何行为能力或者行为的自由。因此，被代理人将保留个人缔结合同的权利，尽管授予了代理人处理这项任务。它使回答代理人以被代理人的名义或者以代理人自己的名义行为的问题没有差异。是否代理人将保留获得价金的权利可能取决于实际情况。如果代理人并不知道被代理人已经缔结了这样的合同，而已花费努力缔结合同，例如为了其他来源的同样商品，这将不是代理人无权由正常的方式获得职业服务费用的理由。职业服务的费用可能在订立合同时以佣金的形式表示，该合同是代理人已经代表被代理人订立的，而其并不知道被代理人已经购得其他货物。另外，如果代理人要么从被代理人处得知合同已经订立，要么自己察觉到这个情况，那么代理人可能会被阻止订立合同，从而被阻止赚取职服务费或佣金。这取决于被代理人和代理人之间的合同条款，这可能构成被代理方的违约，为此，代理人可以要求赔偿损失。可适用的赔偿措施是期待之利益，或者是代理人本将可期望获得的就适当履行合同义务的净利润。

36. 在斯洛伐克，委托合同不得剥夺被代理人亲自缔结预期合同的权利。

37. 在西班牙，被代理人可以随时撤销代表授权，正因此有权亲自缔结预期合同。合同由被代理人缔结被认为是默示撤销委托（Paz - Ares/Díez - Picazo/Bercovitz/ Salvador（ - *Gordillo Cañas*），Código Civil Ⅱ^2，1589）。

38. 在瑞典，委托合同不得剥夺被代理人亲自缔结预期合同的权利（*Adlercreutz*，Avtalsrätt I^9，203）。

Ⅲ. 允许排他性条款，但是对在被代理人违反时的预期合同的有效性没有效力

39. 在奥地利，如果被代理人原则上享有亲自缔结预期合同的权利，双方当事人可以有效规定被代理人不被允许这样做。这项规定会使被代理人承担损害赔偿责任，但是不会剥夺被代理人与第三方交易的可能性。

40. 在比利时，代表合同双方当事人可以通过插入一个不可撤销条款，有效规定被代理人不能亲自缔结预期合同（*de Page and Dekkers*，Traité élémentaire de droit civil belge V^2，，463）。如果条款仅仅旨在授予代理人赔偿金，被代理人仍可缔结预期合同。条款责成被代理人只赔偿代理人，例如，支付约定的报酬。相反的，如果条款旨在剥夺被代理人缔结合同的权利，那么被代理

人不得再亲自缔结合同（*de Page and Dekkers* loc. cit.；*Foriers*, Le droit commun, 90；*Wagemans*, Le mandat, 193）。

41. 在保加利亚，双方当事人自由规定禁止被代理人亲自订立预期合同。如果被代理人仍订立预期合同，那么这构成违反委托合同，被代理人承担代理人遭受的损失（*Mevorah/Lidji/Farhi*, Komentar Ⅲ, 28）。除了这个赔偿，由于在该情况下订立的预期合同被认为是被代理人隐性撤销，因此代理人有权获得规定的报酬和报销开支（LOA 第 288 条）。

42. 在丹麦，代理合同双方当事人可有效约定一个条款，根据这个条款，被代理人不得亲自订立预期合同。根据丹麦不动产代理法，当事人双方可以约定代理人有权获得价金的条款，即使被代理人直接与代理人介绍的第三方订立合同。

43. 在英格兰，被代理人是否有权亲自订立预期合同取决于代理合同授予的代理人的排他性的种类。此外，认为在这个排他代理之外，仍可能在合同中规定当被代理人亲自缔结预期合同时佣金可支付的条款（*Tredinnick v. Browne* (1921), cited in Bentall, *Horsley & Baldry v. Vicary* [1931] 1 KB 253）。

44. 在爱沙尼亚，双方当事人可以有效规定被代理人不被允许亲自订立预期合同。

45. 在芬兰，双方当事人被允许约定被代理人无权缔结预期合同。这可能也遵循代理人的委托的排他性。

46. 在法国，当事人双方可以决定阻止被代理人亲自进入所设想的合同，但是该禁止将不影响被缔结的合同的有效性。当事人双方仅没有自由规定代理人的报酬将是可支付的（这是在与法国不动产代理人签订合同时的标准条款），但他们可以更进一步规定损害赔偿金（除了特定的法律上的禁止：参见 the Decree of 20 July 1972，第 76 条可适用于不动产代理）。

47. 在德国，如果尽管排他性条款另有规定，而被代理人仍缔结预期合同的，这不影响缔结的合同的有效性，因为法律上不可能授予排除由被代理人缔结合同的权限（BGHZ 3, 358；BGHZ 20, 364；MünchKomm (－*Schramm*), BGB[5], § 167 no. 114）。在经纪合同中，如果被代理人亲自与代理人介绍的第三方订立合同，那么代理人有权获得价金（民法典第 652 条第 1 款）。

48. 在希腊，在居间的情况下，当事人双方可以有效规定经纪人就合同的缔结被授予排他性。在这种情况下，被代理人是没有权利亲自缔结合同的。如果被代理人违反了这个排他性条款，被认为在这种情况下由于经纪人的介入合同被缔结（介入和合同订立间的虚拟的因果关系），被代理人必须支付报酬（Georgiades and Stathopoulos (－*Karasis*), art. 703 no. 21）。

49. 在匈牙利，如果被代理人原则上有权亲自订立预期合同，那么代理合同双方当事人可以有效规定被代理人不被允许如此做（即双方当事人约定条款，通过该条款代理人就此被授予排他性）。

50. 在爱尔兰，被代理人是否有权亲自订立预期合同取决于合同中授予代理人的排他性的类型。

51. 在意大利，根据合同自由原则和当事人意思自治原则，当事人双方可以约定他们认为合适的任何条款，只要这项条款与强制性规则不冲突，也没有违背善良风俗。在适用当事人意思自治时，不得排除当事人双方关于被代理人不得亲自订立预期合同的有效约定。

52. 在荷兰，合同各方似乎被允许在合同中约定被代理人不被允许亲自订立预期合同的条款（民法典第 7:423 条第 1 款；另参见 Nieuwenhuis/Stolker/Valk (－*Castermans and Krans*), T & C Burgerlijk Wetboek[7], no. 3098）。

53. 在波兰,即使当事人双方已经在委托合同中约定代理人将被授予排他性,由被代理人缔结的合同仍将不会无效。然而,被代理人将承担违反委托合同的责任。

54. 在苏格兰,被代理人和代理人在合同中插入被代理人不得亲自订立合同的条款是可以的。如果被代理人违反这项条款,被代理人将向代理人承担赔偿责任。然而,违反该条款,由被代理人与第三方订立的合同将有效。

55. 在斯洛伐克,当事人双方可以有效规定被代理人不得亲自订立合同。该规定可使被代理人承担损害赔偿责任。如果违反了,并不会妨碍与第三方订立的合同的有效性。

56. 在西班牙,当事人双方可以决定阻止被代理人亲自进入所设想的合同,既可以通过规定排他性合同又可以通过使委托不可撤销来实现,但是该禁止将不影响订立的合同的有效性。不履行的通常补救措施将适用。

57. 在瑞典,当事人双方可以约定加入一项条款,规定被代理人不得订立预期合同。

第Ⅳ.D－3:302 条　转委托

(1)代理人可以未经被代理人同意,全部或者部分转托履行委托合同义务,除非合同要求亲自履行。

(2)任何由代理人聘用的复代理人必须具备适当的能力。

(3)依据第Ⅲ－2:106 条(委托另一人履行),代理人仍保留对履行的责任。

评　论

综述

原则上,代理人可以委托第三方履行委托合同中的代理人的义务。本条特殊化了第Ⅲ－2:107 条(由第三人履行)的规则,其使第三方履行成为了可能性,除非合同要求亲自履行。当在合同履行中涉及第三方,委托该第三方履行的一方当事人仍对第Ⅲ－2:106 条(委托另一人履行)下的履行承担责任。本条规则并没有改变这一点;它们仅仅只是给代理人增加一项义务——适当选择进入履行的复代理人。本条符合服务合同编,第Ⅳ.C－2:104 条(分包商、工具和材料)第 1 款和第 2 款中相应的规定。

注　释

Ⅰ.允许转委托,但代理人对复代理人的履行承担责任

1. 在奥地利,代理人不能下放权力,除非被代理人明示或暗示同意,被代理人将不受复代理

人的行为或合同的约束，复代理人的委任也并不因此受到制裁（民法典第 1010 条；商法典第 384 条（Straube（-*Griss*），HGB I^3，§ 384，no. 4；Straube（-*Schütz*），HGB I^3，§ 407，nos. 27-31）；商法典第 407 条（Rummel（-*Strasser*），ABGB I^3，§ 1009，no. 8 and CC § 1010；*Griss* loc. cit.；*Schütz* loc. cit. § 407，no. 28）。下放权力的通常效力是复代理人对代理人负责；仅因为权力下放已经被授权，在被代理人和复代理人间并不存在合同的相互关系。当复代理人被任命时被代理人并不知情，代理人保留对被代理人就复代理人违反职责的责任（就不履行和赔偿）（*Strasser* loc. cit. § 1010，nos. 4，5；*Koziol and Welser*，Bürgerliches Recht Ⅱ^{13}，364）。代理人保留对被代理人选择的过失（*culpa in eligendo*）（当复代理人在被代理人知情的情况下被任命时，由于对复代理人的糟糕的选择（*Strasser* loc. cit. § 1010，no. 4；Schwimann（-*Apathy*），ABGB V^2，§ 1010 no. 5））的责任。复代理人不得直接向被代理人请求支付价金。

2. 在比利时，对于大多数作者，转委托是被允许的，如果代理合同对此保持沉默，除非合同高度要求个人因素（*intuitu personae*）（*Wéry*，Le mandat，182-185）。根据民法典第 1994 条第 1 款，在原代理合同的当事人双方之间的法律关系中（即原被代理人和原代理人），根据转委托是被允许还是被禁止而有所区分。转委托的允许可以是明示的或是暗示的（*Foriers and Glansdorff*，Contrats spéciaux，612-613；*Foriers*，Le droit commun，476 and 478；*Van der Perre and Lejeune*，Droit commercial I，no. 117）。如果允许转委托，那么原代理人获得转委托的权力，因此可以在亲自履行和由另一人履行中作选择。如果选择转委托，代理人与复代理人订立新的代理合同以原被代理人的名义代表原被代理人行为。原代理人不保证复代理人对原被代理人的良好履行，除非在过失选择（选择明显无行为能力或者无偿付能力的复代理人）的情况下。如果禁止转委托，原代理人无权转委托。原代理人超越受托权限订立新的代理合同，其保留就复代理人的行为承担责任。根据民法典第 1994 条第 2 款，原被代理人在任何情况下有向复代理人直接的主张。在转委托被允许的情况下，直接主张是基于代理的效力。原代理人被授予权利任命复代理人以原被代理人的名义代表原被代理人行为；不仅原被代理人直接向复代理人主张，而且反过来也成立（*Claeys*，Samenhangende overeenkomsten en aansprakelijkheid，281；*de Page and Dekkers*，Traité élémentaire de droit civil belge V^2，415；*Foriers* loc. cit. 476；*Laurent*，Principes de droit civil français，494）。但是在技术含义上不存在直接行为；非援引抗辩规则（non-invocability of defences）——典型针对直接行——因此不适用（*Foriers* loc. cit. 63）。如果转委托是禁止的，代理原被代理人的权力不成立。原代理人已经超越权限与复代理人订立新的代理合同。因此，只有两个代理人之间的法律关系被促成（*Foriers* loc. cit. 478）。原被代理人的直接主张不得再基于代理的效力，而是必须源于一般合同法律的其他规则。一些作者试图解释直接主张，宣称复代理人接受转委托，已经就单方意愿行为成为原委托合同的一方（Supreme Court 17 September 1993，Arr. Cass. 1993，705，Pas. Belge 1993，I，700，RW 1993-94，752，RHA 1994，23，note and TBH 1994，533，note *Dieryck*；*Dirix*，Obligatoire，56；*Foriers and Glansdorff* loc. cit. 618）。对于其他作者，认为复代理人承担就没有核实原代理人的转委托权力而接受转委托的责任。主张直接制裁禁止转委托（Dekkers（-*Verbeke*），Handboek burgerlijk recht Ⅱ^3，720）。这项分析得出仅原被代理人有权向复代理人直接主张，但反之结论不成立（*Foriers* loc. cit. 478）。

3. 在保加利亚，作为一般规则，委托合同被认为是具有个人因素的（*Goleva*，Obligazionno pravo^2，238；*Vassilev*，*L.*，Obligazionno pravo，24；Supreme Court，Judgment no. 942，7 April 1978，Civil Case 2668/1977，I），代理人必须亲自履行合同义务（LOA 第 283 条第 1 款）。然而，

转委托是被允许的，当(1)被代理人批准；或者(2)有必要保护被代理人的利益，如果不如此做，被代理人将遭受损失(LOA 第283条第2款)。任命复代理人的，代理人必须立即将此传达给被代理人(LOA 第283条第3款)。如果转委托被允许，代理人将只就过失选择负责，也就是说就任命不熟练不称职的人承担责任。如果转委托不被允许，那么代理人将就如同对自己的行为承担责任的方式一样对复代理人的行为承担责任(LOA 第283条第4款；*Vassilev*, L. loc. cit. 25)。至于被代理人对复代理人的直接主张及其相反的情况，法律学说认为这只有代理人在转委托时以被代理人的名义代表被代理人行为的才是可能的(*Mevorah/Lidji/Farhi*, Komentar Ⅲ, 134-143)。

4. 在丹麦法律中，主要规则是代理人已经同意代理被代理人的合同是个人的。在某些部门，例如，律师代理或不动产代理，实际原因可能是有效地使被指定的代理人所属的公司雇员或者员工接管代理合法化。但是，双方当事人可以有效规定代理人不得任命另一代理人。具有这个特征的排他性条款将在实践中和在法庭上被遵守。由此可见，转委托通常将臆断代表合同当事人双方已经约定将转委托作为一种可能性。如果合同允许转委托，但是合同对原代理人是否将保留追究责任保持沉默，那么原代理人将仍承担有关代理合同义务的未履行责任。除非合同中另有规定，复代理人将不对被代理人直接主张支付(部分)价金，因为被代理人与复代理人之间没有合同关系。

5. 在英格兰，代理合同是个人合同，因为给定的代理人的个人因素非常重要，在信托义务下的一般主张是代理人不得任命复代理人，除非有明示或暗示的如此做的授权。代理人有权转委托，当(1)转委托是代理人所涉及的贸易中的通常做法(*Solley v. Wood* (1852) 16 Beav 370)；(2)任命的行为纯粹是执行层面上的，例如掘墓或敲钟(*St. Margaret's Rochester Burial Board v. Thompson* (1871) LR 6)抑或是给予退出通告(*Allam&Co. Ltd. v. Europa Poster Services Ltd.* [1968] 1 All ER 826)；(3)任命的行为是完全必要的(*De Bussche v. Alt* (1878) 8 Ch. D 286)；(4)任命是必要的，是因为不可预见的情况；(5)在创建代理协议之时被代理人已知代理人转委托的意图而被代理人没有表示反对的。即使转委托被授权，原代理人仍保留对被代理人因复代理人行为而承担责任(*Mackersys v. Ramsays, Bonars & Co.* (1843) 9 C & F 818)。要知道是否复代理人可以直接向被代理人主张佣金提出了是否在被代理人和复代理人之间存在相互关系的问题。这个取决于给定案例中的确切的事实。一般情况下，仅仅因为代理人有权利转委托，这并不意味着在被代理人和复代理人之间建立了相互关系。如今的规则是复代理人和被代理人之间的相互关系需要精确的证据(*Calico Printers' Association v. Barclays Bank* (1931) 145 LT 51; *de Bussche v. Alt* (1878) 8 Ch. D 286)，被代理人和复代理人之间建立相互关系的往往被视为一个例外(另参见案例 *Prentis Donegan & Partners Ltd. v. Leeds & Leeds Co. Inc.* [1998] 2 Lloyd's Rep 326 per Rix J at 334)。由于复代理人和被代理人的相互关系只存在于特殊情况下，代理关系的通常后果都不适用：被代理人不承担复代理人的报酬(*Schmaling v. Tomlinson* (1815) 6 Taunt 147, 128 ER 989)。同样地，被代理人不得从复代理人处追款(*Calico Printers Association v. Barclays Bank Ltd* (1931) 145 LT 51, CA)。即使被代理人和复代理人之间不存在直接代理关系，复代理人可以仍然对被代理人承担在过失原则下的侵权的注意职责(*Henderson v. Merrett Syndicates Ltd* [1994] 3 WLR 761)。此外，复代理人仍对被代理人承担信托责任，且如果由于身份而产生秘密利润的，将对被代理人承担责任(*Powell & Thomas v. Evans Jones & Co.* [1905] 1 KB 11)。

6. 在爱沙尼亚,作为默认规则,推定代理人应当亲自履行义务,然而,代理人有权在履行中使用第三方援助(LOA第622条)。如果双方当事人排除转委托的可能性,代理人将对复代理人的行为承担责任,复代理人对被代理人没有直接合同主张。在代理人不负注意职责而是负保证结果之(罕见的)情况下,适用不同的规则:推定合同方不被要求亲自履行合同下生成的义务(LOA第635条第3款)。

7. 在芬兰,在一般情况下,代理人不得有由另一方履行的合同。转委托只有在委托不具有个人特征时(当事人已经约定转委托或者情势表明代理人有权转委托的)才是可能的。原代理人保留对被代理人的合同责任。直接主张一般不可适用。

8. 法国民法典第1994条允许代理人自由任命任何其他人完成所有的或者部分的委托。无须从被代理人处获得许可,除非代理协议明确考虑到代理人的个人性质而进行。然而,代理人并不因诉求于第三方而解除义务:当没有授权转委托义务时,代理人全部保留复代理人的行为责任。另外,当代理人被授权转委托义务时,民法典只让代理人对被代理人承担对可能没有适当的选择复代理人的责任,当复代理人"无行为能力履行或者无偿付能力"时。然而,判例法已经扩大了代理人在后者情况下对被代理人的责任,认为已经被授权转委托的代理人,保留对于复代理人妥善履行委托的监督的义务(Cass. civ. 1re 29 May 1980, Bull. civ. 1980, I, no. 163)。尽管事实上民法典第1994条只规定了被代理人向复代理人直接行为的权利,然而复代理人也可以直接向被代理人要求支付报酬或者偿还费用(Cass. civ. 1re 27 December 1960, Grands arrêts de la jurisprudence civile, 11ème éd. Dalloz, no. 268)。这一行为在所有情况下是有可能的,无论复代理人的替代是否已经被授权。

9. 如果合同根据德国法律是"委托合同"(即是无偿的),那么"当存有疑问"时代理人不得转委托(民法典第664条第1款),因为委托往往是基于当事人双方的个人信任关系。在有偿合同中,根据民法典第675条第1款,一般可允许代理人有由第三人履行代理。但一直认为,在有偿合同中,在个人信任关系存在的情况下,转委托是不可能的(RGZ 78, 310, no. 313; BGH NJW 1993, 1705)。原代理人保留承担合同责任(民法典第664条第1款)。复代理人不得直接对被代理人要求支付价金,但作为合同一方可对代理人要求。

10. 在希腊,除非合同另有约定,代理人无权让另一人替代执行委托,除非情况所迫或者替代是普遍常见的(民法典第715条)。如果代理人无权让另一人替代却已经继续如此行为的,代理人承担代替的过错责任(民法典第716条第1款)。如果代理人有权任命一个替代之人时并且已如此行为,则代理人仅仅承担错误的选择代替之人的责任和给予代替之人的指示之责任(民法典第716条第2款;Supreme Court decision no. 25/1995, EEN 1995, 158)。不管是允许还是不允许转委托,在这两种情况下,就代理人对抗第三方的事由,被代理人可以直接对抗第三方(民法典第716条第3款)。从该项规则可以得出被代理人和代理人的关系被当作是主张的转让,其中被代理人是受让人的地位而代理人是转让人的身份(ErmAK (– *Kapodistrias*), Art. 715 – 716 no. 24)。由于委托的无偿性质,复代理人是否直接要求被代理人支付价金的问题并不存在。不过,这个问题在律师和被代理人间的强制性有偿委托的情况下存在。在这种情况下,根据民法典第715条,如果代替是被允许或者是普遍常见的,那么复代理律师才可以直接向被代理人要求报酬(Supreme Court decision no. 296/1983, EEN 1983, 803; CA Patra decision no. 235/1993, ArchN 1994, 110)。

11. 根据匈牙利民法典第475条第1款,"代理人应当亲自行为,然而,他应当有权聘用其他

人,如果被代理人已经对此表示同意或者如果代理的性质中隐含了此义。代理人应当承担其聘用之人的责任如同他本人处理委托于他的事务”。此外,民法典第475条第2款到第4款规定,“代理人也应当有权聘用其他人如果是为了保护被代理人不受持续伤害所要求的。在这些情况下,代理人不应就聘用之人承担责任,如果他能够证明他已经以在特定情况下通常被预期方式行为,选择、指示和监督这些人。如果代理人没有被授权聘用其他人,他应当承担如若没有聘用这些人就不会造成之损害的赔偿责任。如果由代理人聘用之人是由被代理人选定的,那么代理人不应就该人承担责任,如果他能够证明他已经以在特定情况下一般可被预期的方式行为、指示和监督该人”。由于复代理人和被代理人之间没有合同,复代理人不得直接向被代理人要求支付价金。

12. 在爱尔兰,普通法中代理人的三项职责之一就是亲自履行之义务。由于代理人往往因他或她的个人特质被选择,一般规则是代理人必须亲自履行,不得转委托履行(*delegatus non potest delegare*),除非转委托由被代理人授权。在实践中,转委托是很常见。例如,关系到代表公司行为的权限归属于董事会的公司,董事会通常下放权力给个别董事,他反过来委托高级主管,后者又委派初级管理人员和其他职员。因此,一长串代表和授权的链条可以链接初级员工的单个行为(比如商店助理)而回到董事会,因而对公司具有法律约束力。当转委托被授权,代理人A聘用复代理人S,代理协议必须被解释,以便确定是否被代理人和代理人之间的关系建立在被代理人P和S之间。关键在于代理人的权利:A是不是被授权在P和S之间建立合同相互关系?只是因为代理人具有转委托S的权利,但并不意味着有权利建立P和S之间的相互关系。一般来说,当转委派被授权,S将是A的代理人,因此在P和S间将不存在法律关系;A将保留对P的义务履行的责任(*Lockwood v. Abbey* [1845] 14 Sim 437; *Calico Printers' Association v. Barclays Bank Ltd* [1931] 145 LT 51)。然而,A可被授权在P和S间建立相互关系,如案例*De Bussche v. Alt* [1878] 8 Ch. D 286中,P雇佣A在印度、中国或日本出售船只。A在日本没有办事处因此获得P的同意任命一位复代理人S,后者在日本有办公处。上诉法院认为转委托受到授权,并且A获得明确授权在P和S之间建立相互关系。在这些情况下,S与P有直接合同联系,因此S可以直接向P诉求价金。

13. 在意大利,根据一般条款,只要在某些情况满足的条件下,代理人可以有由另一方履行的合同。民法典第1717条第1款规定:“在履行委托过程中,未经授权由他人替代本人的而被替代的代理人或者拟被履行的任务的性质没有委派他人的必要的,该代理人对该替代人的行为负责。”因此并不禁止代理人授权另一(复)代理人执行原代理合同。然而,这只有在下列条件得到满足时才是有可能的:首先,再委托必须不得损害被代理人的利益;其次,这个可能性必须不得被原委托合同排除。考虑到案件的具体情况和所执行活动的特定类型,在一些情况下,这也会被认为对代理人任命复代理人是有必要的。参见案例Supreme Court 5 August 2004, no. 15000, Foro it. Mass. 2004, 4070, no. 4, Giur. it. 2001, 104。尽管转委托的存在,原代理人仍保留对被代理人的合同执行责任。这意味着原代理人承担违约责任,如果复代理人由于原代理人的有瑕疵的指示而未能履行委托的(民法典第1717条第3款)。作为一项规则,复代理人没有权利对被代理人直接要求价金。的确,被代理人仅支付原代理人可以不被视为违约。参见案例Supreme Court 2 October 1991, no. 10263, Foro it. Mass. 1991, 4070, no. 11。

14. 在荷兰,委托合同可能包括代理人亲自履行服务(民法典第7:404条)。然而,代理人可以被允许委派给复代理人(部分)履行委托合同。该委派被允许,如果委托允许代理人在代理人

的责任下有其他人履行委托合同(民法典第 7:404 条)。在这种情况下,属于委托合同的客体的法律行为既不是以代理人名义也不是以被代理人的名义履行的。如果合同当事人双方没有就这个委派在委托合同中作出明确约定,那么委托的性质是一个决定性因素。此外,合理性和公平性也同样重要(*Van der Grinten*, Lastgeving, no. 15)。委派(部分)委托给复代理人的代理人对复代理人的行为保留全部的责任(民法典第 6:76 条),如果复代理人未实现委托(*Van der Grinten* loc. cit. no. 16)。

15. 在波兰,根据委托合同,代理人可以任命复代理人,只有存在以下情况才可以:(1)委托合同允许任命复代理人,(2)就被代理人给予的任务任命复代理人是一种惯例,以及(3)代理人受情势所迫而使用复代理人的(民法典第 738 条)。

16. 在苏格兰,按照委托不得再委托(*delegatus non potest delegare*)之格言,作为一般规则,转委托是被排除的(*Robertson v. Beatson, McLeod &Co. Ltd.* 1908 SC 921; *Knox &Robb v. Scottish Garden Suburb Co. Ltd.* 1913 SC 8721(区别 *Black v. Cornelius* (1879) 6 R 581 一案)。这是合同法的一般规则的适用,合同当事方已经因特定技能而被选择,该方的选择排除了由他人履行。一般规则存在很多例外(*Gow*, Mercantile and Industrial Law of Scotland, 530),两位体制作家认为当若不涉及任何特定技能的任务,转委托是可能的(*Stair*, Institutions I[10], 12, 7; *Erskine*, An Institute of the Law of Scotland Ⅱ(3), 3, 34)。转委托是被允许的,当与在某一行业的实践一致时(*Erskine* loc. cit.; *Bell*, Commentaries I[7], 517)。原代理人是否保留责任取决于是否在实际事实上转委托已经发生,或者,只是,是否新代理人只是替代原代理人。后一种情况是一种更替的形式,会需要被代理人同意。如果已经正当获得这个同意,那么原代理人的义务将不再存在。如果没有取得被代理人的同意,那么只有转委托是有可能的。在这种情况下,原代理人的义务将会继续存在。凡发生更替而不是转委托,被代理人将明确同意承担新代理人费用的责任(*Robertson v. Beatson, McLeod &Co Ltd* (1908) SC 921 at 928, per Lord McLaren)。相比之下,若被代理人没有同意转委托的工作,那么原代理人将绝对承担新代理人的费用(*Erskine* loc. cit.)。

17. 在斯洛伐克,直接代理的一般规则规定代理人可以授予另一人权力代替代理人以被代理人的名义行为,(1)如果由授权委托书条款明确授权,或者(2)代理人是一个法律实体。被代理人直接受替代的代理人的法律行为约束。参见民法典第 33 条 a 款。在获得事物合同情况下,代理人为了实现结果有权利由另一人获得该物(民法典)。在商业关系中,只有在委托合同中规定的情况下代理人才受亲自处理约定事务的约束(商法典第 568 条)。在佣金代理合同中,除非合同另外规定,如果代理人无法亲自履行这些义务,那么代理人可以用其他人履行与被代理人订立的合同中的义务。代理人保留承担这些履行的责任。

18. 西班牙民法典第 1721 条允许代理人自由任命另一人完成全部或部分委托,除非合同排除这一点。尽管法律对此没有规定,还是有可能存在另一个限制,即实施的代理协议明确考虑到代理人的个人条件。不过代理人不得凭借与第三方的转委托而解除义务:若没有转委托义务的权力,代理人保留全部承担复代理人的行为。另外,当代理人被授权转委托义务,民法典将仅使代理人也对被代理人承担可能未适宜选择复代理人之责任,若复代理人"无法履行或无偿付能力"。这点不处理经被代理人同意代理人的全部合同地位转移给另一人的问题,这是一个不同的问题。

19. 根据瑞典法律,在法庭上代表客户之人如无客户的明确同意不得转委托这项任务。同样的规则被认为适用于基于信任的其他佣金。但是,在一定程度上,很小或有限的部分任务被认为

允许未经客户的事先同意转委托。这个尤其适用于当代理人缺乏专业知识或者如果拟履行的措施是在不同的地方时。在公司代表情况下代理人拥有较大的自由履行任务。如果代理人已经转委托全部任务或者其中一部分,代理人仍保留对因复代理人过失造成的损害的合同责任。

Ⅱ.指定履行合同的特定之人由被代理人提名

20.在奥地利,被代理人可以要求代理人为一位特定之人来执行委托合同,如果当事人双方约定这一点。这只是合同的建立问题。被代理人必须要使代理人在合同建立前知道这个愿望。

21.在比利时,原被代理人可以给予转委托的允许,并且指出复代理人的名字。

22.在保加利亚,被代理人不仅被允许转委托,而且也被允许指定第三人,其可能由代理人任命作为复代理人(*Mevorah/Lidji/Farhi*, Komentar Ⅲ, 135)。在法律事务所(代理人)和客户(被代理人)之间的委托合同中,后者有权要求任命一位特定律师履行指定的法律事务(Bar Association Act 第77条第2款)。

23.在丹麦,如果当事人双方合同约定有由特定之人执行的代理,这个协议是有效的,且对当事人双方有约束。原则上,希望有一位特定之人作为代理人可以通过指导来传达。然而,被代理人必须愿意重新谈判代理合同。如果被代理人的意愿与代理人,如公司的一般政策不相符,那么指导可以被合法拒绝。

24.在英格兰,被代理人自由选择特定之人处理委托给代理人的工作。被代理人可以如此做,只要这个愿望在代理合同创建之前被明确提出;有可能作为指导传达该意愿是不充分的。

25.在爱沙尼亚,被代理人可以要求代理人有由一位特定之人进行的委托。这与代理人(即作为合同当事方的代理人,形成一个内部关系)是一个法人(如果代理人是自然人,那么推定代理人必须亲自履行)有关系。在法人的情况下,在该法人运营时长期行为的任何职员或者任何其他人可以被提名履行合同。如果被代理人希望一位特定之人履行合同的,这个愿望必须在合同创立之前使代理人知道。

26.在芬兰,当事人双方可以约定委托合同将由一位特定之人进行。该协议也可以基于相互的共识。当这个没有约定时(事先或者在委托存续期间),代理人一般没有义务遵循被代理人的关于将负责处理工作的特定之人的指导。

27.在法国,被代理人可以要求由一位特定之人履行的委托,被代理人可以有效地明确禁止代理人转委托,或者相反地,亲自任命复代理人(民法典第1994条)。原则上,这种可能性会在代理协议订立时表达,但非常有可能的是关于这点的协议可能达成于委托执行中的稍后阶段,如果明确表述,而且这个决定不涉及任何困难或者对代理人不造成额外费用的。

28.在德国,如果代理人是法人,那么所有被代理人可以要求这个代理人履行合同,而不是该法人以外的人(德国民法典第664条)。有由代理人"内部"一位特定之人进行的代理之愿望不属于**谁**履行的问题,而是履行必须**如何**发生的问题。在这方面,代理人自由决定,除非:(1)被代理人在订立合同时已经要求由一位具体特定之人处理事务,因为在这种情况下在合同下的义务(民法典第662条)是如此定义的而且对代理人具有约束力;(2)被代理人随后发出指导(民法典第665条),代理人必须遵守的指导——如果指导是不可接受的,代理人可以随时终止关系(民法典第671条第1款)。

29.在希腊,被代理人可以要求委托合同将由一位特定之人进行。在这方面,与是否被代理人在订立合同之前或者通过指导已经表达该愿望是无关的。

30.在匈牙利,被代理人要求代理合同将由一位特定之人进行是没有障碍的。代理充满了个

人因素，因为在民法典第475条第1款中规定："代理人应当亲自进行，然而，他应当有权聘用其他人如果被代理人已经对此表示同意或者如果代理的性质中隐含了此义。"在订立代理合同时，由一位特定之人进行合同的愿望可能是与代理人同意的内容有关的。民法典第205条第2款规定"由双方当事人就所有本质问题以及各方视为是本质的问题达成协议，是合同效力之根本"。在合同订立之后，被代理人可以要求代理合同由一位特定之人进行，但需经代理人同意；被代理人一个简单的指示不足以改变这方面的合同内容。通常情况下，这些问题是不会发生的，这是因为被代理人可以很容易地随时终止关系。

31. 在爱尔兰，被代理人可以提名一位特定之人履行合同。

32. 在意大利，被代理人可以指定一位特定之人代替代理人履行任务（或者彻底地排除这一可能性）。如果被代理人没有使代理人在订立合同之前知道这个愿望，这可能随后通过指导传达，只要这个不违背已经由原代理人诚实信用履行的行为。相反地，如果被代理人授权替代但没有指定进行代理合同之人，那么代理人有权选择一人，在欺诈或过失选择的情况下对被代理人承担责任。参见民法典第1710条。

33. 在荷兰，被代理人可以要求委托将由一位特定之人履行。如果是这样，这个人必须亲自履行在委托合同下的活动。参见民法典第7:404条。

34. 在波兰，代理人必须遵守被代理人的如何和由谁来进行委托的指引（民法典第736条）。

35. 在苏格兰，如果被代理人希望代表合同由一位特定之人进行，那么可能会有这个效力的条款被插入代理合同中。然后它成为将属于由为某人选择（*delectus personae*）所影响的一般合同类别之条款。换言之，由于特定技能而选择的这个人将排除由另一方履行。鉴于这项要求的重要性，很有可能会要求作为有名合同条款插入合同，并且不得仅仅只由一项指导传达。后一种观点也受到一般禁止转委托的例外，似乎比规则本身更广这一事实的支持。

36. 在西班牙，被代理人可以要求代理人有由一位特定之人进行的委托，如果当事人双方同意这一点。这只是一个合同的创建问题，不值得特别一提。

Ⅲ. 若指定特定之人履行委托合同的转委托

37. 在奥地利，如果代表权力授予代理人已经考虑到一位特定之人，该代理人不得，除非被代理人明确同意，转委托该授权（民法典第1010条；商法典第384条到第407条）。

38. 在比利时，如果代表权力授予代理人已经考虑到一位特定之人，这似乎是暗示禁止转委托的情况。请注意，如果代理合同由代理人的代理人（préposé）或者由合作代理（cooperation－agent）机构执行，不得转委托。代理人和机构认同为代理人（*Wéry*, Le mandat, 179）。

39. 在保加利亚，如果被代理人指定特定之人履行委托合同，代理人不得转委托于另一人履行。然而，如果代理人这样做，则代理人违反合同，可以被追究因造成的损失的法律责任。代理人并不承担由被代理人指定的复代理人的行为责任，除非后者在指定后已经成为众所周知的无法履行（*Mevorah/Lidji/Farhi*, Komentar Ⅲ, 136）。

40. 在丹麦，如果合同要求一位特定之人代理被代理人，那么这位特定之人不得让另一人代表被代理人。

41. 在英格兰，一般规则是代理人不得下放权力，除非有明示或默示的授权这样做（*De Bussche v. Alt* (1878) 8 Ch. D 286）。该授权将并不一定意味着是否一位特定之人已经被指定履行合同下的义务。

42. 在爱沙尼亚，服务提供商（代理人）即使必须亲自履行，或者由被代理人要求履行合同的

特定之人,有权在履行合同时由第三方协助(LOA 第 622 条)。因此,只有特定的职责可以转让,而不是整个委托。

43. 在芬兰,如果被代理人和代理人已经约定所有可能的行为——不论是否本质上是技术的——由一位特定之人进行,那么代理人无权给予另一人任何任务。

44. 在法国,如果代理协议已经基于代理人的个人特质而订立,或者如果包含了由被代理人明确任命一位复代理人的,那么代理人必须遵照被代理人的意愿。代理人将对被代理人承担合同责任,如果代理人在未被被代理人认可的情况下转委托全部或者部分委托给第三方(委托的不适当履行)。在任何情况下,代理人将对被代理人承担因复代理人的任何管理不善的责任(第三方责任,民法典第 1994 条第 1 款)。

45. 在德国,如果合同要求只由特定之人履行(合同解释的问题),代理人或者该特定之人不可有在特定之人的责任下的由另一人进行的代理合同。

46. 在希腊,代理人或者特定之人有权有在特定之人责任下由另一人进行的委托合同。在这种情况下,特定之人承担聘用之人的过错责任(民法典第 334 条;Georgiades and Stathopoulos (－*Karasis*), Art. 715－716 no. 1; Supreme Court decision no. 25/1995, EEN 1995, 158)。

47. 在匈牙利,如果代表权力授予代理人已经考虑到一位特定之人,代理人或者该特定之人无权在特定之人责任下由另一人进行的代理合同,因为民法典第 475 条第 1 款规定"代理人应当亲自履行,然而,他应当有权聘用其他人,如果被代理人已经对此表示同意,或者如果代理的性质中隐含了此义。代理人应当承担其聘用之人的责任如同他本人处理授予他的任务"。民法典第 475 条第 3 款规定"如果代理人没有获得授权聘用其他人,他应当承担如若没有聘用这些人就不会造成的损害赔偿责任"。然而,根据民法典第 475 条第 2 款,"代理人也应当有权聘用其他人,如果是为了保护被代理人不受持续损害所要求的。在这种情况下,代理人不应就聘用之人承担责任,如果他能够证明他已经以在特定情况下以通常被期望的方式行为,选择、指示和监督这些人"。

48. 在爱尔兰,一般情况下,代理人不得下放权力,除非代理人有明示或者默示这样做的权力(*De Bussche v. Alt* [1878] 8 Ch. D 286)。

49. 在意大利,如果代表权力授予代理人已经考虑到一位特定之人,这通常排除了代理人或者该特定之人有由另一人进行代理合同的可能性。然而,这也取决于委托的类型。例如,如果由特定之人辅助履行某活动是合理的,这不会被认为是违反了被代理人的选择。

50. 在荷兰,根据民法典第 7:404 条第 2 款,合同双方可以约定代理人之外的人将履行委托活动,例如在代理人生病的情况下。

51. 波兰民法典没有具体条款规定这个问题。然而,如果合同由不同于先前约定的人进行,代理人可承担合同之违约责任。

52. 在苏格兰,如果合同规定工作由一位特定个人进行,那么如果工作由另一个人进行,这将构成违反合同,其会对被代理人造成损失。不过,这在很大程度上取决于对合同的解释。拟由甲进行工作的条款通常不会被解释为,排除甲由有关行业或者职业通常所用的一类助理协助的情形。

53. 在西班牙,这是一个被代理人愿望的建立问题。当"委派"只是相当于助手的任命时,问题不会出现。

第四节　报告被代理人的义务

第Ⅳ.D－3:401条　报告履行进展

在履行委托合同义务期间，代理人必须且在合理的情况下报告被代理人谈判或者导致预期合同可能的订立或者促成的其他步骤的存在和进展。

评　论

A. 综述

在委托合同义务履行期间，代理人必须坚持告知被代理人履行情况。本条选择确立代理人——其知道所有相关信息和可能需要充分的详细指示——积极保持告知被代理人的义务而不是要求被代理人——其可能不知道问什么或者代理人会需要什么样的信息——询问情况。

B. 在合理的情况下无须请求而主动告诉信息

代理人保持随时告知被代理人的义务会是代理人不合理的负担。这只是因为随时让被代理人了解代理人行为的所有细节是不可行的。此外，太泛的义务可能甚至适得其反，因为被代理人可能倾向于干预代理人的服务细节而因此减缓委托的实际完成（典型的是预期合同的订立）和代理人支付权利的实现。因此，在本条的文字中，代理人的义务受到合理性要求的限制。代理人有义务无须请求而主动告知被代理人能使其处于更好的立场给予关于履行委托指导的信息。这会提高符合被代理人真实需要履行（以及在代理的情况下预期合同的内容）的机会。

注　释

1. 在奥地利，由于注意义务，代理人必须报告谈判的存在、进展或者不存在，不断告知被代理人；否则代理人承担损害赔偿责任（Rummel（－*Strasser*），ABGB I^3，§ 1012，no. 18；SZ 27/211；Straube（－*Griss*），HGB I^3，§ 384，no. 6；Straube（－*Schütz*），HGB I^3，§ 408，no. 24）。这与代理人以被代理人的名义还是以代理人自己的名义行为是不相关的，如果被代理人和间接代理人之间的合同关系是民法典第1002条中的委托。

2. 叙述义务（比利时民法典第1993条）责成代理人报告被代理人履行的结果（*Wéry*，Le

mandat, 162-163)。这个义务也适用于间接代理人。叙述应当尽可能快地给予(*Wéry*, Le mandat, 163)。

3. 在保加利亚,代理人有责任通知被代理人委托的履行(LOA 第 284 条第 1 款)。似乎信息不但应该按照被代理人的特别要求提供,而且也要主动提供。根据法律著作,代理人有义务提供给被代理人有关试图订立预期合同所采取行为的进展的信息和订立本身的信息(*Goleva*, Obligazionno pravo[2], 238)。

4. 在丹麦,虽然似乎没有规则规定代理人有责任向被代理人发出订立预期合同的通知,但是合同一经订立就报告给被代理人被认为是代理人正常且自然的义务。在这方面,这与代理人是否有权或者被要求以被代理人名义还是以代理人自己的名义行为是毫不相关的。如果代理合同责成代理人报告被代理人合同的订立,那么代理人必须在约定的时间内履行这项义务。如果在代理合同中没有约定确切的报告时间,则习惯规则将可能是必须在合同订立后合理(短)的时间内给予信息。如果太晚给予信息,代理人可能原则上取消代理合同。然而,被代理人方面在告知代理人报告有关情况的时间期满前取消代理合同的,将不被认为是良好的做法。

5. 在英格兰,遵照代理人在对被代理人履行义务时行使技能和注意义务,代理人也有义务坚持报告被代理人所有相关发展的义务。例如,代理人必须报告被代理人任何代表被代理人进行的合同(*Johnson v. Kearley* [1908] 2 KB 514)。未合理和迅速地告知被代理人的,代理人将违约并可能承担被代理人的损害赔偿责任。

6. 爱沙尼亚 LOA 第 624 条第 1 款规定服务提供商(代理人)有义务报告被代理人关于合同义务履行的所有相关(重要)事实和所有可能会使被代理人修改指示的所有事实,并且在被代理人要求下,必须提供给被代理人履行的信息。

7. 在芬兰,代理人被要求告知被代理人为订立预期合同而进行的谈判、进展或缺失(商法典第 18 章第 1 条),不论代理人被要求以代理人自己的名义还是以被代理人的名义行为。但是,该披露责任的频率大部分视情况而定。

8. 在法国,代理人和佣金代理人有提供叙述的一般义务。根据法律学术著作,包括关于委托履行或者没有履行的所有信息。法律没有强制提供该类信息的时间限制。没有报告给被代理人的可能被认为是代理人的违约(参见案例 Cass. civ. 1re 11 July 1983, Bull. civ. 1983, I, no. 202; Cass. com. 5 July 1962, Bull. civ. 1962, Ⅲ, no. 344)。

9. 德国民法典第 666 条要求代理人报告被代理人事务的状态(但仅应被代理人的要求)和更普遍地提供"必要信息"。不存在该义务必须被履行的一般规则,这视情况而定(Palandt (-*Sprau*), BGB[66], § 666 para. 2)。如果民法典第 280 条第 1 款的条件得到满足(尤其是代理人的过错),若违反告知义务的,则被代理人有要求赔偿损失的权利(*Sprau* loc. cit. para. 1)。

10. 在希腊法律无偿委托合同的情况下,代理人受到提供关于委托事务的处理情况给被代理人的约束(民法典第 718 条),此包括关于预期合同订立或者委托给代理人的任务履行的所有必要信息。必须在何等期限内完成取决于每个具体情况,但是它必须尽快完成。在适当时间内没有报告被代理人的后果是,被代理人将要求赔偿因该未履行造成的损失(Georgiades and Stathopoulos (-*Karasis*), Art. 718 no. 2)。

11. 在匈牙利,代理人被要求在合理时间内报告被代理人为缔结预期合同而进行的谈判、进展或缺失。代理人承担瑕疵履行造成的损害赔偿责任(参见民法典第 310 条和第 318 条第 1 款)。

12. 在爱尔兰,普通法不包含有关代理人职责的详细规则,因为其在黑体字规则(black letter rules)中有概述。相反,代理人职责在更一般的条款中被描述和在判例法中被说明。告知被代理人进展的明确责任在普通法中不存在,但可能会在行使合理技能和注意义务范围内出现,或者更广泛地,对被代理人履行的信托责任中出现。

13. 根据意大利民法典第1712条第1款,"代理人应当毫不拖延地给予被代理人通知,告知已经履行的委托"。这项规则的逻辑包含被代理人评估代理人行为的可能性(参见案例 Supreme Court 9 February 2004, no. 2428, Foro it. Mass. 2004, 4070, no. 1)。代理人必须"毫不拖延"地告知被代理人合同的订立。法律没有规定代理人被要求告知被代理人预期合同订立的特别期限。因此,"毫不拖延"的含义取决于案件的具体情况和具体行业部门中的惯例,如果有的话。参见案例 Supreme Court 25 November 2002, no. 16575, Foro it. Mass. 2002, 4070, no. 15; Supreme Court 18 March 1997, no. 2387, Contratti 1997, 559, 由 *Zappata* 评论; Supreme Court 6 February 1982, no. 693, Foro it. Mass. 1982, 4070, no. 9; Supreme Court 18 June 1982, no. 3732, Arch. civ. 1982, 981。如果没有在合理时间内告知订立合同,被代理人则可以向代理人要求损害赔偿,如果损失是由延迟造成的。

14. 在荷兰,根据民法典第7:403条第1款,代理人受告知被代理人代理人的关于委托合同活动进展的约束。此外,如果被代理人不知晓合同的完成,代理人必须立即通知被代理人合同的完成。报告被代理人职责的范围取决于每个委托合同中的具体协议。如果缺乏这些具体协议,委托的性质和案件的情势是很重要的。根据文献,提供被代理人简短信息一般已足够(*Van der Grinten*, Lastgeving, no. 14)。

15. 根据波兰民法典第740条,代理人有责任报告被代理人进展情况;被代理人应被提供所有"必要"信息。

16. 在苏格兰,尽技能和注意行为的责任是否可以扩大到责成代理人坚持报告被代理人履行进展的问题,尚不清楚。当然,代理人受坚持经常告知被代理人的约束是不可能的。有人建议技能和注意责任可约束代理人在合理的时间间隔内提供给被代理人更新的履行进展。但是这在很大程度上将取决于在特定行业行为的做法。

17. 在斯洛伐克,在民事法律关系中,若被代理人如此要求,代理人有责任介绍关于委托履行进展的所有信息(民法典第727条)。在商事关系中,代理人被要求报告被代理人可以导致改变代理人事务管理和指示的所有情况(商法典第567条第2款)。佣金代理人必须以合同规定的方式或者如被代理人要求的方式告知被代理人谈判的情况(商法典第579条第2款)。

18. 在西班牙法律中,在事务开展过程中和展开之后,向被代理人给予或提供叙述是代理人明确的法律责任(民法典第1720条)。在西班牙语中,这种表达也包含了给予准确的信息。

19. 在瑞典,要求代理人应被代理人要求,报告被代理人为预期合同订立而谈判的存在和进展。如果由于代理人不合时宜的信息并且这是由于代理人的过失,被代理人遭受了任何损失,那么被代理人有就不履行获得损害赔偿的权利。参见商法典第18章第1条,KommL. 第7条,HaL 第5条和 *Bengtsson*, Särskilda avtalstyper I^2, 164。

第Ⅳ. D－3:402 条　向被代理人叙述

（1）代理人必须毫不延迟地报告被代理人委托任务的完成。

（2）代理人必须向被代理人交待：

（a）委托合同义务履行的方式；以及

（b）代理人在履行这些义务时所花费或赚取的钱款或者所产生的开支。

（3）如果委托关系根据第六章和第七章终止，并且委托合同义务还没有充分执行的，第 2 款经适当修改适用。

评　论

A. 综述

代理人被要求报告被代理人指示和授权履行的任务的完成——通常是预期合同的订立，和交待合同义务履行的方式。这条信息意味着，首先，使被代理人能够评估义务是否适当履行（即按照委托、以被代理人的利益和尽标准注意职责）。其次，代理人根据本条履行义务也有好处，因为它们的履行是支付价金（第Ⅳ. D－2:102 条（价金）第 2 款和第 3 款）或者报销开支（第Ⅳ. D－2:103 条（代理人产生的开销）第 3 款）的先决条件。当委托任务不是订立合同而是寻找一位被代理人可能希望与之订立合同之人（例如潜在的买家或卖家，或者承租人，或者雇员或雇主），当找到该人时，被代理人应当被及时告知，这个甚至更重要，以便被代理人将能够提前准备事务。

B. 毫不延迟

代理人必须毫不延迟地报告被代理人委托事务的完成（例如预期合同的订立）。这个很重要，尤其是在当代理人没有被授予排他性时，被代理人也可能亲自订立预期合同。

示例

被代理人雇佣佣金代理人以 200000 欧元的价格出售她的临时住所。她已告知佣金代理人她知道邻居有意购买房子，她可能会决定自己出售房屋。代理人意识到房屋目前是流行的需求，将有必要快速出手以便获得所提供服务的价金，他仅仅在两天后就成功地出售房屋。如果代理人没有毫不延迟地报告这个成功，那么存在被代理人也将亲自出售房屋的风险。在这种情况下，房屋有可能将被出售两次，导致被代理人不履行义务的责任，不论是对第一个销售合同还是对第二个销售合同。

C. 如果委托关系在任务完成之前终止的交代

交代如何履行合同义务的义务是特别相关的，若代理人并没有成功地完成任务——例如，订立预期合同或者找到潜在的买家的任务；在这些情况下，代理人可能不会主动报告关于义务履行方式的信息，因为代理人可能在任何情况下将不会获得支付。在代理人并没有成功完成指示的任务的情况下（例如找到一个潜在的买家或订立预期合同），委托关系（因任何原因）的终止不会排除告知被代理人委托合同义务履行方式的义务，以及告知其在履行这些合同义务时所花费或赚取的钱款或者所产生的开支的义务。

D. 委托关系期间的交代

代理人被要求报告被代理人在履行委托合同义务中所采取的任何步骤，这当然不是对任何一方有利的。事实上，该一般义务可能会对代理人的履行产生不合理的负担而且对被代理人也没有任何实质性的收益。不过，在双方当事人已经预计预期合同将被订立，例如当谈判似乎促成缔结该预期合同的情况下，可能会不一样。在这些情形下，可以遵循第Ⅳ.D-3:102条（以被代理人利益行为的义务）和第Ⅳ.D-3:103条（技能和注意义务），要求代理人及时报告被代理人谈判的破裂。同样地，也可以遵循这些条款，要求代理人告知被代理人委托合同义务的履行（缺乏）进展，当被代理人要求这些进展而这项信息要求可以被认为是合理的时。

注　释

Ⅰ. 报告委托任务完成的义务

1. 在奥地利，代理人必须立即报告被代理人预期合同的订立，不然承担损害赔偿责任（Rummel（-*Strasser*），ABGB I^3，§ 1012，no. 18；商法典第384条；Schwimann（-*Apathy*），ABGB V^2，§ 1009，no. 4）。代理人有职责提供被代理人作为代理人促成的交易之记录。尽管权力终止，但是这项责任继续存在。佣金代理人和货运代理人必须立即报告合同完成履行（商法典第384条（Straube（-*Griss*），HGB I^3，§ 384，no. 6；Straube（-*Schütz*），HGB I^3，§ 408，no. 24））。

2. 在比利时，当一个重要事件（"特殊的重要事实"）发生时，代理人必须采取主动，告知被代理人。没有特殊重要事实的，被代理人可以随时要求信息，没有代理人自发告知被代理人的义务（*Wéry*，Le mandat，160-162）。这项职责是一般交待义务的一部分，也存在于间接代理中。

3. 在保加利亚，代理人有义务传达被代理人委托履行的进展，包括预期合同的订立（LOA第284条第1款）。不存在一般规则规定这项信息义务的时限。商事代理人被要求立即告知被代理人任何订立的预期合同（商法典第33条第1款）。

4. 在丹麦，虽然似乎没有规则规定代理人有义务通知被代理人预期合同的订立，但是一经订

立预期合同就告知被代理人,被认为是正常且自然的代理人义务。

5. 在英格兰,即使没有权力与被代理人签订合同的代理人,仍然必须保持报告被代理人所有相关信息。例如,不动产代理人必须通知被代理人所有收到的要约,直到与第三方交换合约(*Keppel v. Wheeler* [1927] 1 KB 577)。合同可以规定代理人必须提交相关信息给被代理人的精确时间。如果合同没有明确规定这个时限的,那么代理人必须如同有规定的时限般提交相关信息给被代理人,如有必要必须合理和迅速地提交相关信息。没有这样做的,代理人将违约,并可能因此承担损害赔偿责任。

6. 爱沙尼亚LOA第624条第1款规定服务提供商(代理人)有义务报告被代理人关于合同履行的所有重要事实,和可能因此使被代理人更改指示的所有事实,以及应被代理人要求,应当提供被代理人合同履行的信息。这会包括谈判进展的信息。作为一般规则,LOA第82条第3款规定"如果没有设定义务的履行时间,而且根据义务的性质又无法确定的,那么债务人应当在义务出现后(……)合理的时间内(……)履行义务,同时特别考虑到义务履行的地点、方式和性质"。没有在合理的时间内告知被代理人的后果,将会与服务提供商任何其他的违约的后果相同:被代理人可能会在LOA第101条第1款规定的义务不履行的一般补救方式中做选择。

7. 在芬兰,代理人被要求在合理的时间内报告被代理人预期合同的订立,更普遍的是要报告任务的完成(商法典第18章第1条)。不这样做的后果取决于对被代理人产生的危害。一般情况下,被代理人有权因代理人的疏忽遗漏而遭受的损失获得赔偿。

8. 在法国,代理人和佣金代理人有交待的一般义务,根据法国法律学术著作,此包括涉及委托履行或者未履行的所有信息。法律没有规定提供该信息的时限。未报告被代理人的会被认为是代理人的违约(参见案例 Cass. civ. 1re 11 July 1983, Bull. civ. 1983, I, no. 202; Cass. com. 5 July 1962, Bull. civ. 1962, Ⅲ, no. 344)。

9. 德国民法典第666条要求代理人报告被代理人事务的状态(但仅应被代理人的要求)和,更普遍地,提供"必要信息"。不存在该义务必须被履行的一般规则;这视情况而定(Palandt (－*Sprau*), BGB[66], § 666 para. 2)。如果民法典第280条第1款的条件得到满足(尤其是代理人的过错),若违反告知义务的,被代理人有要求损害赔偿的权利(*Sprau* loc. cit. para. 1)。

10. 在希腊,在无偿委托合同的情况下,代理人受提供被代理人有关委托事务的信息的约束(民法典第718条),此包括有关预期合同订立或者委托给代理人事务的完成的所有必要信息(包括谈判的存在或者不存在)。在多长时间内代理人被要求告知被代理人取决于每个具体情况,但必须尽快。没有及时告知被代理人的后果是可以要求损害赔偿(Georgiades and Stathopoulos (－*Karasis*), Art. 718 no. 2)。

11. 根据匈牙利民法典第477条第3款,"代理人应当一经完成其代理就通知被代理人"。代理人被要求报告被代理人预期合同的订立,更普遍地,在合理时间内告知其任务的完成。

12. 关于爱尔兰,参见注释第Ⅳ.D－3:401条(关于履行进展的报告)。

13. 在意大利,代理人被要求报告被代理人谈判的存在、进展或者不存在。这项义务源于告知被代理人任何与预期合同订立的相关情况的一般责任。由于告知职责并没有特别被法律规定,而是源于一般诚实信用原则,因此没有设定履行告知义务的具体期限。信息的及时性基于具体情况和诚实信用原则是可评估的。如果由于延误造成损失,被代理人可以对代理人要求损害赔偿。

14. 关于荷兰,参见注释第Ⅳ.D－3:401条(关于履行进展的报告)。

15. 在波兰，代理人有义务在合同订立后提供给被代理人报告和交代。不存在具体规则规定何时这些文件应当提供，或者代理人是否对未提供这些文件或者未立即告知被代理人预期合同的订立承担责任。

16. 在苏格兰，在合理的时间内未告知被代理人合同的订立很可能会构成代理人违反技能和注意义务，此将造成代理人对被代理人的损害赔偿责任。

17. 在斯洛伐克，在民事关系中，代理人被要求报告被代理人预期合同的订立，因为这是提交履行进展报告义务的一部分。在商业关系中，报告被代理人是有权获得价金的一个条件（委托）。在执行某事务之后，佣金代理人必须提供被代理人一份报告和有关收支的计算（商法典第584条第1款）。

18. 在西班牙，代理人有责任向被代理人交代合同是如何履行的（民法典第1720条第2款）。不存在关于预期合同订立的特定规则，可能是因为此义务在代理人主要义务中不言自明的适用。

19. 在瑞典，代理人被要求“在合理时间内”或者“毫无延迟地”，告知被代理人预期合同的缔结，以及更普遍地，委托任务的终了（商法典第18章第1条；KommL. 第7条；HaL第5条）。

Ⅱ. 交代委托合同义务履行的职责

20. 在奥地利，代理人被要求向被代理人交待代理人履行委托合同义务的方式；不然被代理人无法得知可能的违约（Schwimann（－*Apathy*），ABGB V^2，§ 1012，no. 5）。

21. 在比利时，代理人交代责任（民法典第1993条）的第一个方面是交待委托被履行的方式（*Wéry*，Le mandat，160－162）。这项规则也适用于佣金合同（Supreme Court 21 June 1968，Arr. Cass. 1968，1285，Pas. belge 1968，1212 and RHA 1972，309；*de Page and Dekkers*，Traité élémentaire de droit civil belge V^2，371；*Foriers*，Le droit commun 68；Pand. b.，v° Commission（contrat de），no. 166；RPDB，v° Commission，no. 151；*Samoy*，Middellijke vertegenwoordiging，186－188；*Van der Perre and Lejeune*，Droit commercial I，no. 128－129；*Van Ryn and Heenen*，Principes de droit commercial belge，24），提名合同（*Samoy* loc. cit. 95）以及以代理人自己名义行为的委托（*de Page and Dekkers* loc. cit. 436；*Paulus und Boes*，Lastgeving，134；*Samoy* loc. cit. 306；*Tilleman*，Lastgeving，277－278；*Van der Perre and Lejeune* loc. cit. no. 166；*Wéry* loc. cit. 152 and 259）。

22. 在保加利亚法律中，交待履行是代理人主要义务之一（LOA第284条第2款）。它可以包括（1）为履行委托合同开支的计算；（2）代理人转交被代理人预期合同和其他法律行为的所有法律效力；以及（3）提交被代理人在合同履行过程中代理人收到的所有物品和文件。义务的内容因代理的类型不同而有所不同。在直接代理中，代理人已经以被代理人的名义和代表被代理人行为，签订的合同和其他履行的法律行为的所有法律效力直接作用于被代理人的法律领域。在这种情况下，交待仅意味着报告开支和交付物品和文件。当代理人以代理人自己的名义代表被代理人行为时，代理人有义务向被代理人移交签订的预期合同下的所有权利和义务（*Goleva*，Obligazionno pravo²，238；*Vassilev*，*L.*，Obligazionno pravo，26；*Horozov*，SP 1995/3，37，38－43）。

23. 在丹麦，代理人必须恪尽职责，报告被代理人代理合同义务履行的方式。

24. 在英格兰，作为在履行代理责任时行使技能和注意义务的一部分，代理人必须保持告知被代理人所有重要的事实。代理人必须及时地这样做以便被代理人可以作出相应的反应：*Proudfoot v. Montefiore*（1867）LR 2 QB 511。

25. 爱沙尼亚LOA第624条第2款规定服务履行时，服务提供商（代理人）有义务交待被代

理人有关服务履行的开支和所得并一并提交文件,这是交待的基础。

26. 在芬兰,代理人一般被要求交待义务履行的方式(商法典第 18 章第 1 条),不论代理人是否以代理人自己的名义还是以被代理人的名义行为。

27. 在法国,代理人必须针对代理责任的履行报告给被代理人(民法典第 1993 条)。只有当双方当事人明示或者暗示决定免除该项义务时(例如在同一家庭之中),这项义务才可被免除。代理人必须保持告知被代理人委托的履行、遇到的困难、任何调查的进展状况和结果,不论是正面的还是负面的。以代理人自己的名义为委托代理人行为的佣金代理人,原则上,受同样的交待义务的管辖(习惯规则,除了在某些情况下;见 *Collart Dutilleul and Delebecque*, Contrats civils et commerciaux[7], no. 664)。

28. 在德国,代理人被要求向被代理人交待已履行义务的方式(民法典第 666 条)。

29. 在希腊,在无偿委托合同的情况下,代理人受提供被代理人委托事务的信息的约束和报告被代理人关系终了的义务(民法典第 718 条)。律师还有义务随时告知客户正在处理的案件的进展(CFI Pireos decision no. 607/1985, ArchN 1985, 328)。

30. 根据匈牙利民法典第 477 条第 1 款,"代理人应当应被代理人要求,或者,如有必要,即使没有被要求,特别是若有必要雇佣另一人时或者若由于新情况的发生而需要改变指示的,告知其被代理人他的活动和事务的状态"。此外,"在合同灭失之刻,代理人应当有义务结清账单,给被代理人为了实现其代理的意图而已经取得的一切或作为如此作的结果而获得的,除了那些在其代理过程中合法使用的"(民法典第 477(2)条)。代理人向被代理人交待的义务也涵盖已履行代理合同义务的方式。代理人承担瑕疵履行所造成的损害赔偿(参见民法典第 310 条和第 318 条第 1 款)。

31. 关于爱尔兰,参见注释第Ⅳ. D－3:401 条(关于履行进展的报告)。

32. 在意大利,代理人被要求报告被代理人已经履行的代理合同义务的方式(民法典第 1713 条)。

33. 在荷兰,根据民法典第 7:403 条第 1 款,代理人有义务告知被代理人代理人的关于委托合同的行为进展(*Van der Grinten*, Lastgeving, no. 14)。

34. 在波兰,代理人有义务在委托合同实施后或者在合同被任何一方终止后,报告被代理人(民法典第 740 条)。报告提交之后,报酬将是可支付的。

35. 在苏格兰法律中,代理人的诚实信用义务已被表述为如下:"代理人受维护最完整的诚实信用的约束,和最充分披露关于被代理人业务的所有事实和情况。"(*Bell*, Principles of the Law of Scotland[10], no. 222)。这项职责可能充分地广泛责成代理人报告被代理人已经履行的合同义务的方式。清楚的是,代理人受提供被代理人其代表被代理人实施的所有交易记录的约束(*Gow*, Mercantile and Industrial Law of Scotland, 531)。

36. 在斯洛伐克,在民事关系中,代理人有义务提交报告。在商业关系中,交待代理人已经履行的方式是有权获得价金的一个条件。至于佣金代理合同,在执行某事务之后,代理人必须提供被代理人报告,和所做的安排的结果的有关叙述。在报告中,代理人必须注明与之订立合同之人的姓名。

37. 在西班牙法律中,在事务处理期间和之后向被代理人叙述是代理人明确的法律责任(民法典第 1720 条)。叙述应涵盖提供服务的结果和款项收支(民法典第 1720 条和商法典第 263 条)。

38. 在瑞典,代理人被要求报告已经履行的委托合同义务的方式。无论代理人以代理人自己的名义还是以被代理人的名义行为,这都是可适用的(商法典第 18 章第 1 条,KommL. 第 7 条)。

Ⅲ. 交待履行委托合同义务中相关收支的职责

39. 在奥地利,代理人被要求交待履行委托合同义务中的任何经济花销或者经济收入(民法典第 1012 条,商法典第 384 条第 2 款;商法典第 408 条(Straube (- *Griss*), HGB I^3, § 384, no. 7; Straube (- *Schütz*), HGB I^3, § 408, no. 13); HvertrG 第 5 条)。

40. 根据比利时法律,代理人报告义务(民法典第 1993 条)的第二个方面是提交显示所有往来款项的账目(*Wéry*, Le mandat, 163 - 171)。

41. 在保加利亚,交待职责也意味着交待在履行委托合同义务过程中的经济开支(*Mevorah/Lidji/Farhi*, Komentar Ⅲ, 126 - 133)。

42. 在丹麦,代理人是否被要求交待在履行任务过程中的经济花销取决于代理合同的措辞。当合同对此保持沉默时,一项普通(习惯)规则是代理人将定期制作经济花销数额的账单。

43. 在英格兰,代理人有一般义务,即向被代理人交待从被代理人处或从第三方处为了被代理人而获得的所有财产或者钱款,以及在履行代理义务时的花费。这是另一种信托责任,因此被法院严格适用。代理人必须保持准确交待在代理关系期间代表被代理人进行的所有交易。尤其重要的是账目中保持代理人的钱款和被代理人的完全分开。代理人必须能够随时制作该账目。在 *Gray v. Haig* (1854) 20 Beav 219 一案中,Romilly MR 认为当代理人未保持准确交待所有交易时,法院可能会觉得"被迫(……)推定一切不利于他的"(loc. cit. per Romilly MR at 226)。代理人也必须能够制作关于被代理人事务的所有记录和文件,这些纪录必须是可用的,即使是在委托关系终止之后(*Yasuda Fire & Marine Insurance Co. of Europe Ltd. v. Orion Marine Insurance Underwriting Agency Ltd.* [1995] QB 174)。至于终止,代理人被要求向被代理人提交被代理人给予的或者代理人在代理关系期间准备的所有簿册、账目、文件等等。这项义务由留置权规制,即代理人可以保留这些文件以便保证被代理人支付价金。这项向被代理人交待的一般信托责任是项个人责任,独立于被代理人和代理人之间的任何合同出现。代理人和被代理人之间的合同可以修改责任范围,但是需要明确的措辞。信托责任适用于有偿代理人,同样地也适用于无偿代理人,但是无偿代理人的注意标准可能较有偿代理人的要小(*Chaudry v. Prabhakar* [1988] 3 All ER 718)。

44. 爱沙尼亚 LOA 第 624 条第 2 款规定在提供服务时,服务提供商(代理人)有义务向被代理人交待关于提供服务的收支概述,并提交证明该账目的文件,这是交待内容的基础。

45. 在芬兰,代理人一般被要求交待履行委托合同义务中的款项收支(商法典第 18 章第 1 条)。

46. 在法国,代理人被要求提供委托履行中的所有收支数额。法规或判例法没有要求具体形式,但是代理人必须在所有的事件中记录所有持有的数目,"即使他可能收到不属于被代理人的款项"(民法典第 1993 条)。代理人应当遵守会计规则,尤其是在职业代理人的情况下。提供账目也意味着返还被代理人所有应归于被代理人的款项和任何被代理人汇往代理人用于履行委托的款项,还有从第三方处收到的款项(Cass. civ. 1re 8 July 1975, Bull. civ. 1975, I, no. 226)。如果代理人将这些款项或者其他财产用于代理人自己的利益,代理人将会犯诈骗罪(信用的滥用)。民法典第 1996 条也规定代理人承担支付任何用于代理人自己目的的款项之利息的责任和承担支付应当在收到正式通知返回给被代理人的款项之日如此做的责任。

47. 根据德国民法典第 666 条,代理人必须报告在履行委托中的所有收支数额。报告的责任也存在于没有主张报销的情况中(BGHZ 109, 260, no. 266)。

48. 在希腊,在无偿委托合同的情况下,代理人有义务报告在委托履行期间的任何款项收支(民法典第 718 条)。在代理人未向被代理人履行报告义务的情况下,因该不履行而产生的损害赔偿的要求可以成立,或者被代理人可以拒绝报销代理人的开支(Georgiades and Stathopoulos (－*Karasis*), Art. 719 no. 2)。代理人必须向被代理人返还代理人从委托履行中已经收到的或者得到的一切(民法典第 719 条)。如果代理人使用属于被代理人的钱用于代理人自己的利益,那么代理人必须支付从使用该钱款之日起计算的利息(民法典第 720 条)。

49. 根据匈牙利民法典第 479 条第 2 款"在合同灭失之刻,代理人应当有义务结清账单,给被代理人为了实现其代理的意图而已经取得一切或作为如此做的结果而获得的,除了那些在其代理过程中合法使用的"。此外,"在合同终止时,被代理人应当基于代理免除代理人对抗第三人而承担的责任,应当报销其必要的和有用的花费"(民法典第 479 条第 3 款)。

50. 在爱尔兰,交待钱款的义务是代理人信托责任的一部分。在这方面,代理人必须报告被代理人在代理过程中收到的所有被代理人的财产(包括钱款)。因此,代理人必须分离自己的与被代理人的钱款和财产,除非授权混合两者。作为这项义务的一部分,代理人必须保持代表被代理人进行的交易的报告的齐备,且使它们可供被代理人审查(*Pearse v. Green* [1819] 1 Jac & W 135, 37 ER 327)。法院可以作出不利的推论若代理人未履行这方面的义务(*Gray v. Haig* (1854) 20 Beav 219)。在代理终止时,代理人必须提交给被代理人所有簿册、账目和其他文件,包括所有被代理人提供的或者在代理期间产生的,除非代理人对它们有权行使留置权(*Gibbon v. Pease* [1905] 1 KB 810)。此外,由于告知责任源于关系的信托性质,独立于任何合同,所以代理终止后它继续存在,除非由合同明示或暗示排除(*Yasuda Fire and Marine Insurance Co of Europe Ltd v. Orion Marine Insurance Underwriting Agency Ltd* [1995] QB 174)。

51. 在意大利,代理人被要求报告在履行代理合同时的款项收支(民法典第 1713 条和第 1714 条)。作为一项规则,代理合同是否有价金和是否代理人要求报销费用,这都不会产生任何区别。当然,如果代理人要求偿还费用的,这将有必要证明之。

52. 在荷兰,根据民法典第 7:403 条第 2 款,代理人承担报告在委托合同义务履行期间的款项收支。根据文献,被代理人可以要求详细载明费用和提交可计算收支的证明文件(*Van der Grinten*, Lastgeving, no. 14)。

53. 在苏格兰,虽然代理人有责任报告在合同义务履行中的款项收支,只有当与合同一致时,该报告才有可能是口头的(*Russell v. Cleland* (1885) 23 SLR 211)。

54. 在斯洛伐克,在民事关系中,代理人受递交报告(包括成本和花销表)给被代理人的约束,这项义务一般符合被代理人报销代理人花费的义务,但当事人双方可以另外约定(民法典第 727 条)。在商业关系中,这与代理人是否要求费用偿还是有关的;如果费用被包含在价金中,就没有必要提交报告。另外,如果代理人获得大量预付款,代理人将可能会报告花费。在佣金代理合同中,在某一事务执行后,代理人必须提供委托代理人报告及其作出的安排的结果的相关交代;这是有权获得报酬(佣金)和报销花费的一个条件。

55. 根据西班牙法律,代理人必须报告在履行委托中收到和支付的所有款项;参见案例 TS April 1982, RAJ 1982/1932 和商法典第 26 条。

56. 在瑞典,在委托合同义务履行之后,代理人被要求报告在履行期间支付和收到的钱款(商

法典第18章第1条;KommL.第7条;HaL第5条;*Hellner/Hager/Persson*, Speciell avtalsrätt Ⅱ (1)^{4}, 223; *Bengtsson*, Särskilda avtalstyper I^{2}, 164)。

第Ⅳ.D－3:403条　披露第三方身份

(1)与第三方缔结预期合同的代理人应被代理人请求,必须交待给被代理人第三方的名称和地址。

(2)在间接代理的委托的情况下,第1款仅适用于若代理人已经无偿还能力的情形。

评　论

A. 综述

本条责成代表被代理人为被代理人已经与第三方缔结合同的代理人,应被代理人的请求,在被代理人不知道该第三方名称但是需要知道其名称以便行使对抗第三方的权利的情形下,向被代理人交待该第三方的名称和地址。这是那些旨在继续存在于委托关系终止的义务之一,因为它可能往往落于在预期合同已经被订立之后的一段时间被履行。第2款的效力是,这项义务很大程度上局限于在直接代理的委托下行为的代理人。

示例1

代理人以委托代理人的名义代表委托代理人,从第三方处购买一辆汽车。由于这辆汽车存在瑕疵,委托代理人希望行使自己在销售合同下的补救措施。代理人被要求告知委托代理人汽车出售人的名称和地址。

B. 在间接代理情况中披露名称和地址的受限的义务

在间接代理情况下——当代理人已经代表被代理人行为,但是以这样一种方式,代理人是已为法律行为的当事人——没有合同关系存在于被代理人和第三方之间。

示例2

代理人以代理人自己的名义但是代表被代理人,已经从第三方处购得一辆汽车。由于这辆汽车存在瑕疵,被代理人希望行使自己在销售合同下的补救措施。由于被代理人与汽车出售方没有销售合同,但是仅与代理人有委托合同,被代理人将必须行使对抗代理人的补救措施。由

代理人随后基于销售合同诉求瑕疵汽车出售方。

然而,如果代理人变得无偿付能力,被代理人可选择接管代理人在与第三方合同下的权利。参见第Ⅲ－5:401条(被代理人在代理人无偿付能力情况下接管代理人的权利的选择)。在这种情况下,被代理人有权利获得第三方的名称和地址。

注　释

Ⅰ.在直接代理的情况下,告知第三方身份的义务

1. 在比利时,告知被代理人第三方身份的义务似乎被视为是代理人忠诚义务和报告被代理人义务的逻辑结果(民法典第1993条)。

2. 在保加利亚,鉴于代理人有责任告知被代理人委托履行的事实,前者似乎也受交待已经与其缔结预期合同的第三方个人资料义务的约束。

3. 在英格兰,代理人必须为被代理人的最佳利益行为,必须报告被代理人任何主要信息,即对被代理人重要的信息。这将毫无疑问包括第三方身份的信息。

4. 在爱沙尼亚,法律没有规定特定的告知被代理人第三方身份的义务。然而,这项义务至少可以在直接代理情况下,由代理人报告被代理人关于委托合同下义务履行的所有重要事实的一般义务导出(LOA第624条第1款)。

5. 在法国法律中,没有这方面的具体规则或案例。报告被代理人的义务(民法典第1993条)可能包含告知被代理人第三方身份的义务,因为被代理人必须被告知所有与第三方合同的重要方面。

6. 在德国民法典第666条中的一般信息责任要求代理人告知被代理人已经与其订立预期合同的合同方的名称和地址(MünchKomm(－*Seiler*),BGB[4],§ 666 no. 5)。

7. 在爱尔兰,普通法没有关于代理人责任的详细规则,因为这些已在重要规则(黑体字规则)中概述。然而,代理人的遵照指示的普通法责任可能会包括应被代理人请求,交待任何第三方身份的责任。

8. 在荷兰,适用于此的一般规则是民法典第7:403条关于报告被代理人的一般责任。根据民法典第7:420条第3款,这项一般规则,并不意味着责成代理人告知被代理人第三方的身份。只有在民法典第7:420条第1款和第2款中提到的情形下,代理人才必须告知被代理人第三方的身份。例如,如果已经以代理人自己的名义与一第三方订立合同的代理人,并没有对被代理人履行代理人的义务时。参见Nieuwenhuis/Stolker/Valk(－*Castermans and Krans*),T & C Burgerlijk Wetboek[7],no. 3091－91。

9. 告知第三方身份的义务没有规定在波兰民法典关于委托的条款中。当事人双方可以决定将该责任纳入合同中;不然代理人没有义务这样做。

10. 虽然在苏格兰法律中,没有具体责任与本条的规则相应,但是其内容明显具有实用意义,且包含在代理人的向被代理人披露关于后者业务的所有事实和情势的信托或者诚实信用责任中(*Bell*,Principles of the Law of Scotland[10],§ 222)。

11. 在斯洛伐克,在执行某一事务之后,佣金代理人(间接代理)必须提供被代理人一份报告,其中注明与代理人订立合同之人的名称。

12. 西班牙法律对于这个问题保持沉默,可能是因为规则不言而喻的性质。

13. 在瑞典,为了使被代理人能够行使与第三方缔结的预期合同下的权利,代理人有责任告知第三方的身份。

Ⅱ. 在间接代理的情况下,无义务报告第三方身份

14. 在比利时,作为一项规则,佣金代理人有对被代理人保密关于第三方身份的权利(RPDB, v° Commission, no. 133; *Samoy*, Middellijke vertegenwoordiging, 188 – 190; *Van Ryn and Heenen*, Principes de droit commercial belge, 21)。然而这项保密权并不是绝对的。根据情况,在某些特殊情况下,保密权可以由于被代理人知道第三方身份的合法权益而被驳回(CA Gent 18 May 1876, Pas. belge 1876, Ⅱ, 372; Trib. com Brussels 1 February 1911, TBH 1911, 201; RPDB, v° Commission, no. 134; *Samoy* loc. cit. 189 – 190)。佣金代理人的破产属于这些特殊情况之一。

15. 在保加利亚,直接代理人和间接代理人都似乎有责任向被代理人传达第三人的个人资料。

16. 在英格兰法律中,没有如间接代理这种情形。最接近的概念是隐名代理。然而,即使是在这种情况下,代理人仍必须为被代理人的最佳利益行为。因此,代理人仍然有义务向被代理人交待第三方的身份,若有要求。

17. 在爱沙尼亚,在间接代理的情况下,告知第三方身份的义务可以从代理人的报告被代理人所有关于委托协议履行的重要事实的一般义务中导出(LOA 第 624 条第 1 款)。该项责任要求代理人披露信息,若被代理人在披露中有被证明知道该第三人有正当的好处。在间接代理的情况下,该好处仅存在于得知第三方身份将会是有必要的以便行使在与第三方缔结的合同下代理人获得的权利,以及为了被代理人的利益对抗该第三方。例如,在佣金代理的情况下(参见 LOA 第 700 条第 1 款,第 3 款规定,如果代理人没有向委托代理人披露第三方的身份,则佣金代理人承担与第三方订立的合同的履行的责任)。

18. 在法国,尽管缺乏这方面的具体规则,在实践中,在间接代理("佣金合同")情况下,不存在告知第三方身份的义务。

19. 根据德国商法典第 384 条第 2 款和第 3 款,告知被代理人合同缔结方名称和地址的义务也存在于间接代理,即佣金代理的情况下(BGH WM 1984, 931)。

20. 在爱尔兰,当代理是不被公开的(最接近的情况是间接代理),同样的义务规则适用,因此代理人的遵照指示的普通法责任可能会包括应被代理人请求,传达任何第三方身份的义务。

21. 对于荷兰,参见注释 8。不存在关于间接代理的具体规则。

22. 在苏格兰法律中,不存在这个效力的规则。

23. 在西班牙法律中,不存在关于这个问题的规则。代理人应该还是不应该通知被代理人第三方身份将取决于关系的性质。

24. 在瑞典,在民事佣金的情况下,代理人有义务告知被代理人第三方身份。在商业佣金的情况下,代理人没有义务告知第三方身份,除非被代理人拟将接管对抗第三方的主张,比如由于第三方的延迟或者代理人的破产(KommL. 第 7 条)。

第四章　指导和变更

第一节　指　　导

第Ⅳ.D－4:101 条　由被代理人作出的指导

（1）被代理人有权给予代理人指导。

（2）代理人必须遵循被代理人的指导。

（3）代理人必须提醒被代理人注意，如果指导：

（a）使委托合同义务的履行较之委托合同约定的费用变得显著更昂贵，或者花去比委托合同约定的显著更大量的时间；或者

（b）不符合委托合同的意图或者要不然可能不利于被代理人的利益。

（4）被代理人在由代理人提醒注意后没有无故拖延撤销指导的情况下，指导是要被视为在第Ⅳ.D－4:201 条（委托合同的变更）下的委托合同的变更。

评　论

A. 综述

本条指出被代理人是“合同的主人”：代理人被要求在合同订立后，遵守被代理人给予的指导，即使代理人对这些指导不同意（第 2 款）。然而，当代理人认为指导不利于被代理人的利益时，代理人必须据此提醒被代理人（第 3 款）。第 4 款要求代理人等等看，是否被代理人在已被提醒给予的指导方向可能不利后，要撤销指导。如果被代理人仍然对代理人坚持该指导，那么委托合同会有一个变更——规定在第Ⅳ.D－4:201 条（委托合同的变更）中的一个问题。

B. 被代理人给予随后指导的权利

代理人的委托包括被代理人的授权、初步指示和随后的指导，即在委托关系存续期间，被代理人给予关于委托合同义务履行或者关于预期合同内容的指导（第Ⅳ.D－1:102 条（定义））。被代理人因此有权给予随后的指导（第 1 款）。

被代理人自行提供指导的权利应区别于被代理人在第Ⅳ.D－2:101 条（合作的义务）第 2 款（b）项中有义务给予指导的情况。当合同如是规定或者当被代理人受代理人请求给予指导时，这项义务出现（第Ⅳ.D－4:102 条（请求指导））。

C. 代理人遵循随后指导的义务

代理人有义务按照授予的委托行为（第Ⅳ.D－3:101 条（按照委托行为的义务））。代理人的委托包括最初的授权和指示，以及随后的指导。因此，代理人有义务遵循被代理人随后的指导。

D. 在指导不合理的情况下，提醒的义务

如果指导不合理，第 3 款具有确立代理人提醒被代理人注意的义务的效力。“不合理”在此是速记（shorthand）的方式，说明代理人认为指导违反了被代理人的利益——尤其是那些造成代理人义务的履行较之在委托合同中的约定，会明显增加更多的费用或者花费更多的时间之效果的指导，或者是那些不符合委托合同目的或者可能损害被代理人利益的指导（分别是第 3 款（a）项和（b）项）。

示例

如果代理人首先被授权以 40 万欧元或者更高的价位出售被代理人所有的房屋，但是稍后被代理人把最低限价更改为 45 万欧元，该价位高于市场价格，这将花去代理人更多的时间出售房屋，因此存在一个将不可能缔结预期合同的严重风险。

E. 坚持不合理指导导致合同的变更

如果被代理人被提醒指导不合理，而他没有在合理的时间内撤销它，那么这会被认为是委托合同的变更。该变更的后果规定在第Ⅳ.D－4:201 条（委托合同的变更）中。

F. 提醒排除代理人的责任

不论指导事实上有没有对达到被代理人所设想的结果造成更多的困难，这都与代理人无关，只要代理人提醒被代理人认识到指导不符合被代理人利益这个可能的结果即可。显然，已经适当提醒被代理人遵循指导的后果的代理人，如果最终结果没有满足被代理人的期望，不得被追究其不履行责任：这只是表明代理人的提醒是正确的。这将不同于当代理人基于行使应有的技能和注意职责的义务，可能会被要求在给定的情况下终止委托关系的情形。

注 释

Ⅰ.被代理人给予指导的权利

1. 在保加利亚,没有明确规则授权被代理人给予代理人指导的权利。但是,在法律理论中,该权利来自于代理人按照被代理人指示行为的对立义务。这些指示可能在缔结委托合同时给予,也可能在随后给予(*Goleva*, Obligazionno pravo^2, 237; *Vassilev*, *L.*, Obligazionno pravo, 24)。随后的指导既可能显著变更给予的委托,也可能给代理人的履行造成更大的负担(*Mevorah/Lidji/Farhi*, Komentar Ⅲ, 119)。

2. 在英格兰,由于代理人并不是代表代理人自己而是代表被代理人行为,后者将给代理人指示。该指示必须是合理的。

3. 在法国,根据法国法律学术著作,被代理人有权利在合同履行期间给予指导。

4. 被代理人给予代理人指导的权利在德国民法典第665条中明确规定。

5. 在爱尔兰,在普通法中没有明确该权利,但实际上,这项权利是存在的,因为代理人必须服从被代理人的合法指示。

6. 在荷兰,根据民法典第7:402条第1款,代理人受及时且良好地服从深思熟虑的关于合同义务履行之指导的约束。这项规定似乎暗示允许被代理人给予代理人指导。

7. 在苏格兰法律中,焦点集中于代理人遵循被代理人指示的职责,关于该职责见下面内容,而不是在于被代理人提供指示的权利。不用说,被代理人有权利提供指示。

8. 在斯洛伐克,被代理人给予指导的权利在所有相关的合同类型中,被意味着代理人遵循被代理人指导的职责。

9. 在瑞典,被代理人有权利以及有责任给予指导,以便代理人能够按照委托合同履行。

Ⅱ.代理人遵循指导的义务

10. 在奥地利,代理人必须遵守合理的指示(民法典第1009条;商法典第385(1)条;商法典第408条(Rummel(-*Strasser*), ABGB I^3, § 1009, no. 14; Straube(-*Griss*), HGB I^3, § 385, no. 1; Straube(-*Schütz*), HGB I^3, § 408, no. 7))。代理人必须告知被代理人其是否没有遵循或者将不会遵循指导(OGH in EvBl 1959/ 261; *Strasser* loc. cit. no. 16; ZAS 1985, 170),尤其是当代理人因遵循指导而不能完成被代理人预期的结果时(OGH in EvBl 1959/ 261; *Strasser* loc. cit. no. 16; ZAS 1985, 170)。代理人必须等待被代理人的决定并遵守新的指示或者终止委托关系(Schwimann(-*Apathy*), ABGB V^2, § 1009 no. 4; *Griss* loc. cit.)。在危急情况下,代理人可以无视指导(*Apathy* loc. cit. no. 13; *Griss* loc. cit. no. 2.)。职业代理人的资格可能给被代理人给予指导的权利设定了限制,例如,涉及律师在诉讼过程中的策略(OGH in ZBl 1928/3; *Strasser* loc. cit. o. 14; *Apathy* loc. cit. no. 13)。

11. 在比利时,作为代理人适当履行委托的一般职责,代理人被要求遵循被代理人的指示(*Wéry*, Le mandat, 144)。其做出了强制性的委托和非强制性的委托。在强制性委托的情况下,被代理人已给予精确的关于代表合同义务必须如此履行之方式的指示。强制性指示必须仔细遵循。作为一项规则,不允许有任何偏离。只有不可预见的情况可以允许甚至责成代理人偏离指示(*de Page and Dekkers*, Traité élémentaire de droit civil belge V^2, 405; *Paulus und Boes*,

Lastgeving, 90; *Wéry* loc. cit. 146）。非强制性委托对代表合同下的义务必须履行的方式没有规定。该委托必须以被代理人的最大化利益履行，并要考虑行为的性质、具体情况和任何可适用的惯例。

12. 在保加利亚，作为一般规则，代理人有义务遵循被代理人的指导方向。然而，在一些情况下，代理人有权拒绝遵守新的指导，甚至有权终止代理，例如，如果代理人有合理理由不同意指示或者如果这些指示过于繁琐或者甚至危险（*Goleva*, Obligazionno pravo^2, 237; *Vassilev*, *L.*, Obligazionno pravo, 24; *Kassabova*, TP 2006, 159, 162）。代理人也被允许拒绝履行不合法或不道德的指导（*Mevorah/Lidji/Farhi*, Komentar Ⅲ, 22）。

13. 在丹麦，一般情况下，代理人必须遵守被代理人给予的关于如何履行合同义务的（法定）指导方向。这是被代理人“附属于”被代理人的结果。不愿遵守被代理人给予的指示的代理人必须立即将此通知被代理人。

14. 在英格兰，代理人必须始终以被代理人的最佳利益行为。因此，代理人具有遵循被代理人给予的指示的一般职责。然而，代理人没有义务遵循那些要求代理人违法行为的指示（见 *Cohen v. Kittell* (1889) 22 QBD 680）。此外，代理人有责任提醒被代理人这些指示固有的任何风险和危险。职业代理人遵守指示的职责也可由给定行业的行为操守规则限定：有可能代理人不得被要求履行那些相悖于这些规则的行为（*Hawkins v. Pearse* (1903) 9 Com Cas 87）。未遵守法定指示的代理人可承担违约的赔偿责任（*Turpin v. Bilton* (1843) 5 Man & G 455, 134 ER 641）。规则很严格，代理人将承担不遵循指示的责任，即使代理人认为如此行为是为了被代理人的最佳利益（*Volkers v. Midland Doherty Ltd.* (1985) 17 DLR (4th) 343）。然而，规则的严格执行可以被限制，如果一个实际隐含的权力（actual implied authority）允许代理人酌情处理一些情况。如果存在该实际隐含的权力，代理人可能具有提醒被代理人指示中固有的任何风险或危险的责任，即如果代理人遵守这些指示被代理人则可能承受损失。代理人也可能具有提醒被代理人的信托义务（*Clark Boyce v. Mouat* [1994] 1 AC 428）。

15. 根据爱沙尼亚 LOA 第 621 条第 1 款，代理人一般受被代理人指示的约束。将对是否代理人因遵守指导而可能无法实现被代理人预想的结果不作出区分。但是，在代理人被期望基于特定职业技能或者能力履行职责的情况下，不允许被代理人给予关于代理人履行职责的方式或条件的特别指示（LOA 第 621 条第 1 款）。在这种情况下，代理人自由决定履行的细节。在所有其他情况下，只有当坚持被代理人的指示将有可能给被代理人造成不利后果时，代理人可以偏离被代理人的指示（在这种情形下，只有在其提请被代理人注意该后果后，如果被代理人未变更指示的，代理人才必须遵循指示；LOA 第 621 条第 3 款）。

16. 在芬兰，要求代理人遵循被代理人的合理指导，但这视情况而定（委托的种类等）。一般而言，如果指导不合理、不合法或者违背良好做法（例如，如果指导是对第三方有害的），不要求代理人遵循。在某些情况下，例如，当被代理人是消费者和在律师的情况下，代理人一般没有权利遵循不合理指导。律师被要求，或者至少有权，退出委托关系，如果被代理人不断给予不合法或者不合理的指导（不恰当商事行为法第 15 条）。代理人应当告知被代理人，如果代理人将不遵循指导。

17. 在法国，在代理合同的情况下，代理人有义务遵循委托代理人给予的指示，不论指示是在合同订立同时给出还是随后给出。如果被代理人给予代理人的指示造成委托的可能未履行，代理人仍然被要求遵循这些指示，但是为了满足忠告职责，职业代理人将被要求告知被代理人这些

风险。唯一的限制是当被代理人的指导违反法律时。

18. 在德国，代理人被要求遵循被代理人的指导（民法典第 665 条），必须始终在偏离指导前告知被代理人，除非时间不允许这样做，因为“危险”就在前方。代理人将仅被允许忽视指导，如果可能认定被代理人如果知道情况的话将会容忍这一步。如果被代理人（在被忠告和提醒之后）坚持代理人认为不适当（或者甚至愚蠢）的指导的，代理人可以在遵循它或者终止委托关系中选择。代理人不可依据此条强制评估。

19. 在委托合同的情况下，希腊法律理论和法院做法是区分有约束力的指导和仅供参考的指导。代理人有义务严格遵守被代理人的有约束力的指导，即使前者对这些指导的必要性存在质疑或者即使委托的履行要求代理人的具体知识和经验（ErmAK（–*Kapodistrias*），Art. 713 no. 33；CA Athens decision no. 10148/1987，EllDni 1988，353）。至于仅供参考的指导，代理人自由决定，对指导的必要性表示质疑，并给予被代理人建议（*Kapodistrias* loc. cit. no. 34）。此外，代理人被要求偏离委托中设置的限制，如果诚实信用原则要求该偏离（Georgiades and Stathopoulos（*Karasis*），Art. 717 no. 4）。代理人通知被代理人偏离设置在委托中限制的职责，由民法典第 717 条规定：“代理人仅可偏离委托中设置的限制，如果他发现自己不可能通知被代理人，并且同时明显地被代理人将会同意偏离如果他得知促使该偏离的情况。”在这个规则中，它隐含着代理人可能通知被代理人有意的偏差，前者被要求等待后者为委托的履行更进一步的指导。如果代理人不可能通知被代理人指导的偏离，代理人被要求在委托履行后告知被代理人偏离的必要性和告知的不可能性（民法典第 718 条）；否则，被代理人可以要求损害赔偿（民法典第 714 条；CA Athens decision no. 10148/1987，EllDni 1988，353）。

20. 根据匈牙利民法典第 474 条第 2 款，“代理人必须履行被代理人的指示和就赋予给他的权力代表被代理人的利益”。民法典第 476 条规定“如果被代理人作出轻率或者不称职的指示，代理人应当提请被代理人对此的注意。若尽管提醒，被代理人坚持指示的，他应当承担由于指示而造成的损害赔偿”。此外，民法典第 477 条第 2 款规定“只有是当对被代理人的利益是至关重要的并且如果没有时间提前通知被代理人，代理人才应当有权背离被代理人的指示。在这种情况下，应当立即通知被代理人”。在佣金代理的情况下，民法典第 508 条规定“如果佣金代理人在比佣金代理合同规定的更好的条件下为被代理人缔结销售合同，由此获得的利润应当是委托代理人的。如果佣金代理人以低于在佣金代理合同中规定的价位出售的，他应当向被代理人补偿差额，除非他有能力证明销售合同不可能按照规定的价位缔结，而且通过出售，他使被代理人免于损失，并且他无法及时通知被代理人。如果佣金代理人大大背离佣金代理合同中规定的条件，被代理人应当有权拒绝销售合同，除非佣金代理人已经以比规定的价格更高的价格促成买卖，但约定偿还差价的”。

21. 在爱尔兰，根据普通法，代理人必须服从被代理人的合法指示。此外，职业代理人有责任提醒被代理人给予的指示任何固有的风险或者危险。

22. 在意大利，作为一项规则，要求代理人遵循被代理人给予的指导。在背离指导可被证实合理的情况下（例如，如果代理人因遵循被代理人的指导而不可能实现被代理人预期的结果的），代理人必须告知被代理人其意图和解释证实偏离被代理人指示合理的原因。特别是，代理人必须告知被代理人可证实代表合同义务灭失或者变更合理的（新）情况（民法典第 1710 条第 2 款）。参见案例 Supreme Court 11 December 1995，no. 12647，Foro it. 1996，I，544；Supreme Court 18 March 1997，no. 2387，Corr. giur. 1997，903，由 *Stella* 评论。

23. 在荷兰,根据民法典第 7:402 条第 1 款,代理人受及时且良好地服从深思熟虑的关于合同履行的指导的约束。

24. 在波兰,代理人应当遵循被代理人的指导。如果没有给予指导的,代理人自由选择如何最好地履行义务。然而,目前尚不清楚是否只有在与代理人订立合同时还是在任何时候,被代理人可以给有约束力的指导。

25. 在苏格兰,在无偿委托中,代理人的最基本的职责是遵循被代理人的指示(*Erskine*, An Institute of the Law of Scotland Ⅱ(3), 3, 35; *Bell*, Principles of the Law of Scotland[10], no. 220)。Erskine 也指出代理人受服从被代理人指示的约束,即使代理人认为另一可替代的行为进程将"更合理"(*Erskine* loc. cit.)。在现代代理法中,如同无偿代理,代理人的主要职责是遵循被代理人的指示(*Stair*, The Laws of Scotland, Reissue 'Agency and Mandate', para. 84)。因此,只是简单地因为代理人认为这些指示将不可能实现代理关系希望的目的,很可能代理人将没有权利背离被代理人的指示。未遵循被代理人的指示的将是违反代理,会造成代理人对被代理人的损害赔偿责任。但是,代理人将不对被代理人承担因为被代理人指示的模棱两可的直接结果而由被代理人遭受的任何损失(*Stair* loc. cit.; *Ireland v. Livingstone* (1872) LR 5 HL 395)。

26. 在斯洛伐克,代理人被要求遵循被代理人的指导。在民事关系中,只有当由后者的利益所要求,和如果代理人不能及时获得被代理人的同意时,代理人可以偏离被代理人的指示。否则代理人将承担赔偿责任(民法典第 725 条)。在商业关系中,只有当其有必要和以为被代理人的利益时,以及如果不可能及时获得被代理人的批准时,代理人可偏离被代理人的指示,除了如果其由委托合同禁止或者由被代理人禁止的(商法典第 567 条第 3 款)。代理人必须告知被代理人所有可以影响被代理人指导的问题(商法典第 567 条第 2 款)。只有当在为了被代理人的利益,和如果代理人不能够及时获得后者的同意时,佣金代理人才可偏离被代理人的指示。

27. 在西班牙,作为一项规则,代理人必须遵循被代理人的指示(民法典第 1719 条)。这些可在合同缔结时或者稍后给出(Sierra Gil de la Cuesta (-*Hernández Gil*), Código Civil Ⅶ[2], 461 and 473)。根据 TS of 26 May 1964,指示可能是强制性的,这意味着代理人被迫遵循它们且不能偏离,即使以被代理人利益行为将要求该偏离,或者指示可能是非强制性的,在此它们留给代理人更多的酌情根据被代理人的利益行为。在后一种情况下,当偏离指导可被证实以期实现佣金代理是合理的,代理人必须告知被代理人其偏离的意图,解释证实偏离被代理人指示的原因(商法典第 255 条第 2 款)。特别是,代理人必须告知被代理人,可证实代表合同义务灭失或者另一选择合理的新情况。

28. 在瑞典,代理人被要求遵循被代理人的指导,但仅当它们是合理的时。当确定指导是否是合理时,应当考虑到案件中的所有情况。被代理人的指导必须按照良好的商业惯例。违背法律的指导被认为是不合理的(*Tiberg and Dotevall*, Mellanmansrätt[9], 117)。

Ⅲ. 提醒的义务

29. 关于奥地利,参见前注释 10。

30. 在比利时,当一个重要事件(un fait majeur)介入时,代理人有义务提前告知被代理人使其能够变更或者撤销指示(*de Page and Dekkers*, Traité élémentaire de droit civil belge V[2], 405; *Paulus und Boes*, Lastgeving, 90; *Wéry*, Le mandat, 146-147)。职业代理人不得盲目遵循指示。当根据被代理人的指示履行委托意味着风险时,代理人具有建议和给予信息的初步职责(CFI Bergen 9 May 1996, RGAR 1998, no. 12. 911; CFI Antwerpen 6 October 1992, RW 1994-95,

885; *Herbots/Stijns/Degroote/Lauwers/Samoy*, TPR 2002, 57, no. 906; *Wéry* loc. cit. 147)。

31. 在保加利亚,每个委托合同都被认为在隐含条件下缔结,即代理人必须按照被代理人的利益根据现行的情况以最佳可能的方式行为(*Mevorah/Lidji/Farhi*, Komentar Ⅲ, 120)。因此,如果代理人认为遵守给定指导将不会造成预期合同的订立或者将带来显著的费用或额外的时间等,代理人被认为有义务提醒被代理人,有义务要求新的指示(*Mevorah/Lidji/Farhi* loc. cit. 121)。如果被代理人没有撤销指导,代理人有两种选择:(1)根据指导继续合同的履行;(2)终止委托关系(*Goleva*, Obligazionno pravo[2], 237)。

32. 在丹麦,在一般情况下,代理人必须遵守被代理人给予的关于如何履行合同的(法定)指导。代理人当然可以质询指导的智慧。如果被代理人坚持,代理人必须无论如何提醒被代理人坚持指导的后果。如果任务被证明(本质上)比双方当事人最初设想的更困难,代理人通常会有权要求更高的价金;合同条款将可能会在这种情况下被重新谈判。如果没有重新谈判,代理人必须提醒被代理人如果遵循新的指示,花费将会更高。

33. 在英格兰,代理人没有义务遵循要求代理人违法行为的指示。此外,代理人有责任提醒被代理人这些指示内在的任何风险和危险,特别是如果代理人可被认为因为一个实际隐含的权力而具有一些酌情权。代理人也可以有这样做的信托义务(*Clark Boyce v. Mouat* [1994] 1 AC 428)。最后,职业代理人遵循指示的义务可能受限于代理人特定行业的职业操守规则。

34. 在爱沙尼亚,在代理人希望偏离被代理人指示的所有情况下,代理人必须如实告知被代理人且等待被代理人的决定,除非延迟将可能给被代理人造成不利的后果,和如果在这种情况下可能推定被代理人将批准偏差的。

35. 在芬兰,如果指导仍在约定的委托范围内,代理人一般被要求遵循它们,即使其使合同履行较为困难。然而,代理人不被要求遵循不合理的指导。除非另有明确约定或者当情况没有另外显示时,代理人无权为额外的工作要求额外的价金。然而,价金的问题有点不清晰且高度取决于情势。代理人通常被要求告知被代理人价金将会更高;(如上述,这往往意味着必须变更协议)。

36. 在法国,如果被代理人的指示可能会导致委托的不履行,代理人仍然被要求遵循这些指示,但是必须告知被代理人,以遵守作为职业代理人给予建议的职责。基于适用于代理人的公平交易之一般义务,代理人应当告知被代理人因新的指示而产生的任何可能的额外开支,并确保双方当事人约定这笔额外花费。法国法院已经接受设定在代理合同中的报酬可以被调整,如果进行的委托不符合最初预想的报酬。

37. 在德国,如果指导有问题,代理人必须提醒被代理人。这项隐含职责的存在和范围视情势而定,主要取决于代理人特定的专长。法院已经责成提醒责任,例如对律师和银行(见 Palandt (－*Sprau*), BGB[66], § 665 no. 9)。

38. 在希腊,在无偿委托合同的情况下,代理人被要求遵循被代理人给予的指导,即使其会使任务更难履行和会给被代理人造成更多的开支。然而,代理人被要求因诚实信用(民法典第 288 条)而提醒被代理人如果遵循指导花费将会更高。如果代理人决定不遵守被代理人的指导,前者有义务通知后者指导的不遵守。由于委托的无偿特征,代理人有没有更高价金的权利之问题只出现在由律师提供代理服务的情况下。在这种情况下,律师被要求因诚实信用(民法典第 288 条)而提醒被代理人不存在遵循被代理人指导的义务,和提醒如果遵循之,价金将会更高。

39. 匈牙利民法典第 476 条规定"如果被代理人作出草率或者不称职的指示,代理人应当提

请被代理人对此之注意。尽管提醒，但如果被代理人坚持指示的，他应当承担因为指示而遭受的损害赔偿责任”。此外，“代理人应当有权偏离被代理人的指示，只有如果其对被代理人的利益是至关重要的，和如果没有时间提前通知被代理人。在这种情况下，应当立即通知被代理人”（民法典第477条第2款）。

40. 在爱尔兰，在普通法下，职业代理人有责任提醒被代理人给定的指示中任何固有的风险或危险。

41. 在意大利，如果代理人打算不遵循收到的指导，代理人必须及时报告被代理人，以便获得被代理人的授权。根据诚实信用原则，代理人必须提醒被代理人如果遵循指导的话价金将会更高。否则代理人将会由于超越委托范围而承担不履行责任（民法典第1711条；参见CFI Milano, 16 February 1989, Giur. it. 1989, I, 2, 628）。

42. 在荷兰，如果代理人合理地不愿根据被代理人的指导履行委托合同，而若被代理人仍坚持指导，代理人可以因严重的原因终止合同关系（民法典第7:403条第2款）。然而，代理人没有提醒被代理人的具体职责。

43. 在波兰，就坏的指导方向的提醒职责可能来自于在合同关系中采取应有注意的一般性责任（民法典第355条）。

44. 在苏格兰，在本条第3款指出的情况中的提醒义务将遵从于代理人诚实信用职责和技能和注意义务。如果被代理人坚持这些指导，其结果将取决于合同、指导的性质和一般规则的适用。往往代理人将不仅受约束同时也安于遵循指导——例如，如果合同规定支付任何额外工作或额外花销，或者如果虽然指导有损于被代理人的利益，但是它不会增加工作或开销。但是，如果代理人察觉导致合同变更的指导包含着被代理人其他的企图（例如，以相同的价金要求相当多的工作），那么这个将通常会由重新谈判或者终止来解决。

45. 在斯洛伐克，如果指示是存在问题，代理人必须遵循以被代理人的利益和诚实信用原则行为的规则，代理人有提醒被代理人的职责。如果被代理人没有变更指示的，代理人将有义务遵循它们，或者终止关系。律师有义务遵循被代理人的指导，除非它们是非法的，在这种情况下，律师必须告知客户。

46. 在西班牙，如果遵循指导是有问题的，代理人必须提醒被代理人。至于这个指导已经或者可能不会由双方当事人在约定价金时思虑，代理人将有权获得额外花费的补偿。然而，不存在代理人有权反对被代理人坚持原来的指示的情形（商法典第256条）。当这些指示应该被视为委托内容的变更时，代理人不受遵循指示的约束。最后，代理人可以在该情况下基于充分理由而撤回（民法典第1735条）。

47. 在瑞典，代理人被要求遵循被代理人的指导，只要它们不是不合理的。因此，代理人必须遵循指导，即使它们使任务更困难。在指导涉及额外工作情况下，代理人有权要求更高的价金（附加价金），或者如果价金的提高是由于代表被代理人的情况，且代理人在订立合同时不能预见，则代理人有权要求更高的价金（附加价金）。提醒被代理人的职责遵从于以被代理人利益行为的主要责任。

Ⅳ. 被代理人可以撤销指导

48. 在奥地利，被代理人当被告知其后果时，有权撤销指导（Rummel（-*Strasser*），ABGB I^3，§ 1009, no. 14; SZ 4/51; Straube（-*Griss*），HGB I^3，§ 384, no. 3; Straube（-*Schütz*），HGB I^3，§ 408, no. 11）。

49. 在比利时，被代理人可以撤销指示（*Wéry*, Le mandat, 161）。

50. 在保加利亚，没有明确规则。由于被代理人被认为是“委托合同的主人”，被代理人似乎有权随时撤销给予的指导。

51. 在丹麦，如果代理人并没有对任何第三方披露新的指示，被代理人有权撤销指导。

52. 在英格兰，若代理人严格遵循指示对被代理人存在潜在危险，那么代理人有提醒被代理人做义务。被代理人自由遵循代理人的建议，相应变更指示。

53. 在爱沙尼亚，当受到代理人的提醒时，被代理人有权撤销指导。

54. 在芬兰，被代理人有权撤销指导。

55. 在法国，被代理人可以因被告知额外费用或者不利影响，取消先前给予代理人的指示。

56. 在德国，被代理人可以随时撤销指导。否则，就不会有提醒义务的需要。

57. 在希腊，在无偿委托合同的情况下，除了指导的不可撤销授予，被代理人已经给予代理人的指导是可撤销的，直到完成履行（Georgiades and Stathopoulos（-*Karasis*），Art. 717 no. 4）。相同的规则适用于居间。

58. 匈牙利民法典第476条规定“如果被代理人作出轻率或者不称职的指示，代理人应当提请被代理人对此之注意。如果尽管提醒后被代理人坚持这些指示，他应当承担由于指示所遭受的损害赔偿责任”。

59. 在爱尔兰，被代理人可以撤销任何指导。

60. 在意大利，作为一项规则，被代理人有权撤销给予代理人的指导，如果其被告知新指导会导致影响他们的新后果。根据民法典第1723条，“被代理人可以撤销委托，但若已约定委托应该是不可撤销的，被代理人承担损害赔偿责任，除非撤销因正当理由作出。也即以代理人的利益或者第三人的利益授予的委托是不可由被代理人的撤销而灭失的，除非另有约定或者除非此撤销有正当理由；不可因被代理人的死亡或者丧失工作能力而灭失”。撤销之正当理由可能在于代理人恶意的和疏忽的行为（民法典第1218条）或者由于代理人没有遵守被代理人发出的指示（民法典第1711条）。

61. 在波兰，被代理人在合同订立时自由给予指导。目前尚不清楚在代理人已经开始行为后，被代理人是否可以给予新的指导或者变更给予的指导。

62. 在苏格兰，被代理人可撤销指导，在这个可能会被采用的一个情况是，当代理人已经提请注意可能会有不利影响的事实。

63. 在斯洛伐克，没有具体规则，但是原则上撤销指导的可能性取决于履行的进程和对第三方可能的影响。

64. 在西班牙，虽然没有具体规则，但明确的是，被遵循的指示是那些在合同订立时提出的，和由被代理人给予的新的指示。

65. 在瑞典，被代理人可以由一个新的指导撤销原指导，除非该新指导是不合理的。如果新指导涉及额外的工作，代理人有权更高的价金（附加价金）。

第Ⅳ.D－4:102 条　请求指导

（1）代理人必须要求指导获得信息，此信息要求被代理人作出关于委托合同义务履行的决定或者作出关于预期合同内容的决定。

（2）代理人必须要求指导，如果委托的任务是缔结预期合同，而委托合同并没有确定委托是直接代理还是间接代理。

评　论

A. 综述

根据本条，代理人有义务，在两个主要情况下，从被代理人处要求指导方向：（1）当代理人需要被代理人关于委托合同下义务履行的决定或者关于预期合同内容的决定时，和（2）当代理人需要被代理人关于委托是直接还是间接代理的决定时。

B. 关于义务履行的指导或者关于预期合同内容的指导

此处规定的情形是，当代理人已经收到信息，不论是从被代理人处或是从其他渠道，这表明可能没有履行正如被代理人在订立合同时规定或设想的委托（典型的是缔结预期合同）的可能，或者表明预期合同的订立，较在委托合同中的约定，可显著造成更多的开支或显著花费更多的时间。如果预期合同的订立可损害代理人所知道的或者可合理被预期知道的被代理人的其他的利益，此规则同样适用。在这个方面，不管危险源于代理人委托中的缺陷或前后矛盾（在委托合同本身就是这样或者是随后的指导方向造成这样），或者源于其他被预期的或者没有被预期的事件的发生，例如在与第三方谈判的发展进程中代理人可能会发现，为了缔结预期合同，将有必要超越委托行为。若是有时间联系被代理人，代理人则被要求如此做以便不违反合同义务，因为一方面代理人不得超越委托，但另一方面，他被要求以被代理人的最大利益行为。本条第 1 款指出代理人则必须要做的事情：请求指导方向。被代理人随后被要求在第Ⅳ.D－2:101 条（合作的义务）第 2 款（b）中给出指导。

C. 直接代理或者间接代理

在要求由代理人为被代理人缔结合同的委托合同中，双方当事人明示或者暗示指出代理人是以代理人自己的名义还是以被代理人的名义行为。如果是这种情况，代理人将被要求以该方式行为，因为遵守第Ⅳ.D－3:101 条（按照委托行为的义务）。应当

被指出的是,即使双方当事人没有明确指出代理人如何行为,这个可以遵循惯例或风俗。在这种情况下,当事人双方将已经暗示选择遵循惯例或风俗支配的规则。

本条清楚地表明,是由被代理人决定代理的方式,也就是说是直接代理还是间接代理。被代理人可以在委托合同订立时或者其后通过指导表明这一点,对照第Ⅳ.D－4:101条(由被代理人给予的指导方向)第1款。在被代理人没有(明示或暗示)指出代理人如何行为时,代理人必须要求澄清这一点(第2款)。

注　释

Ⅰ.如果指导是因委托合同履行的需要,代理人有要求指导的义务

1. 在比利时,当一件重要事件(un fait majeur)介入时,责成代理人提前告知被代理人,使被代理人能够变更或者撤销指示(*de Page and Dekkers*, Traité élémentaire de droit civil belge V^2, 405; *Paulus und Boes*, Lastgeving, 90; *Wéry*, Le mandat, 146－147)。

2. 在保加利亚,认为预期合同根本不能缔结或者根据被代理人确定的条件不能缔结时,代理人有义务要求更进一步的指导,除非为此没有足够的时间(*Mevorah/Lidji/Farhi*, Komentar Ⅲ, 120－121)。

3. 在英格兰,似乎没有任何具体的案件处理这个情况。英格兰法律似乎只涵盖了当被代理人给予的授权模棱两可的情况。在这种情况下,由代理人基于诚实信用作出的对该权力任何合理的释义将约束于被代理人,即使这并不是被代理人的意图(*Ireland v. Livingstone* (1872) LR 5 HL 395)。有人建议,由于现今更容易获得澄清,因此,未如此行为的代理人将要承担责任(Bowstead (－*Reynolds and Graziadei*), Agency[18], no. 3.016)。关于目前的具体情况,考虑到代理人在履行委托时有行使技能和注意义务,和以被代理人最佳利益行为的义务,若代理人在需要指导而未要求的,代理人将无疑违反了这些义务。

4. 在爱沙尼亚,法律没有规定这样的具体职责。至于代理人有以被代理人最佳利益行为的责任(LOA第620条第2款),该责任可要求代理人在特定情况下要求指导,如果被代理人的利益还不清楚的。代理人有提醒被代理人和请求指导的职责,如果即存的指导可能会对被代理人的利益有明显的不利影响(LOA第621条第3款)。

5. 在法国,代理人没有请求指导的特定职责,但它可能产生于按照被代理人的利益且不犯错误地遵守委托合同的一般责任(民法典第1992条)。

6. 根据德国民法典第665条,在考虑对委托合同或者对先前收到的指导有任何偏差时,要求代理人请求指导。

7. 在匈牙利,根据民法典第477条第1款,“代理人应当应要求,告知被代理人其的活动和事务状况,或者如有必要,即使没有要求,特别是如果有必要雇佣其他人或者如果由于新的情况出现需要变更指示时”。

8. 在爱尔兰,普通法没有包括关于代理人职责的详细的规则,因为其在黑体字规则中有概述。请求指导的明确责任并不存在于普通法中,但很可能会产生于代理人的行使合理技能和注意职责,或者对被代理人承担的更广泛的信托责任中。此外,代理人有义务服从被代理人的指

示，在指示模棱两可时（如在从被代理人的指示中不清楚代理人是以代理人自己的名义行为还是以被代理人的名义行为时），代理人将不承担因指示合理释义行为的责任（*Ireland v. Livingstone* (1872) LR 5 HL 395），虽然代理人本应当在可能的情况下，寻求清晰的指示（*Woodhouse AC Israel Cocoa Ltd. SA v. Nigerian Produce Marketing Co. Ltd.* [1972] AC 741 at 772 per Lord Salmon; *European Asian Bank AG v. Punjab & Sind Bank* [1983] 2 All ER 508 at 517 per Goff LJ）。

9. 在荷兰，没有具体规则适用于这种情况，但应有注意（民法典第7:401条）和给予指导（民法典第7:402条）的一般条款可适用，并可要求在指出的情况下作出请求。

10. 波兰民法典关于委托的条款不包含这项责任。如果没有给予指导，代理人自由选择如何最好的执行协议。

11. 在苏格兰，似乎没有具体法律规则要求代理人在这种特定情况下请求指导。然而，代理人最基本的职责是执行作出的保证，根据指示、以必要程度的技能和注意（*Gow*, Mercantile and Industrial Law of Scotland, 530 and *Stair*, The Laws of Scotland, Reissue "Agency and Mandate", paras. 84-87）。如果代理人在有必要请求指导的情况下未请求指示，代理人便是违反了职责。

12. 在斯洛伐克，若有需要，代理人的注意责任暗含着要求指导的义务。

13. 在西班牙，虽然没有特殊规则，但是有相关责任遵循以被代理人最佳利益行为之暗含的责任。

14. 在瑞典，遵循一般合同法规则，代理人有义务要求指导，如果对履行委托合同是有需要的。尤其是在当代理人觉得被迫偏离被代理人先前的指示的这种情况下（参见KommL.第8条）。

Ⅱ. 代理人请求关于以自己的名义还是以被代理人的名义行为的指导的义务

15. 在比利时，代理人没有职责询问关于是以代理人自己的名义还是以被代理人的名义行为的指导。在缺乏明确的指示时，（民事法律）代理人被推定已经被指示以委托代理人的名义行为（*Samoy*, Middellijke vertegenwoordiging, 305-306; *Wéry*, Le mandat, 151）。在没有明确指示的情况下，相反的，（商业法律）佣金代理人——根据贸易惯例——被推定已经被指示以代理人自己的名义行为（*Foriers and Glansdorff*, Contrats spéciaux, 611; RPDB, v° Commission, no. 132; *Samoy*, Middellijke vertegenwoordiging, 511; *Van Ryn & Heenen*, Principes de droit commercial belge, 21）。

16. 在保加利亚，代理人需要授权委托书以以被代理人的名义行为（参见在第Ⅳ.D-3:101条（按照委托行为的义务）中的注释）。授予这项权力被视为一个代理人以被代理人名义行为的指示（*Vassilev*, *L.*, Obligazionno pravo, 22）。在合理质疑的情况下，以一个"好管家"的注意履行的要求责成代理人询问是以代理人自己的名义行为还是以被代理人的名义行为。

17. 在英格兰，似乎没有关于这个问题的任何具体判例法律。正如更早提到的，这个问题至关重要。因此认为，如果尚不清楚代理人是以代理人自己的名义还是以被代理人的名义行为的，代理人应当要求被代理人作出澄清。未如此做的，代理人很可能会被认为是违反了应有的注意和技能义务。如果代理人不能与被代理人取得联系，似乎代理人应当如同另一合理代理人在类似贸易中将会行为的那样行为。由于披露被代理人身份的代理似乎较未披露被代理人身份的代理更普遍，对代理人以被代理人的名义行为可能会被视为是合理的。

18. 在爱沙尼亚，法律没有规定这样具体的职责。至于代理人有责任以被代理人最佳利益行

为(LOA 第 620 条第 2 款),该责任可能会要求代理人询问,如果不存在该指导且被代理人的利益不明确时,关于是否以代理人自己的名义行为还是不以之行为的指导。

19. 在法国,代理人没有具体职责询问是以代理人自己的名义还是以被代理人的名义行为的指导,但是代理人没有自由决定是如代理人行为还是如"佣金代理人"行为。当这个不明确时,代理人有各种值得要求被代理人确认已经约定的代理的类型,因为如果发生纠纷,法官将必须决定两类代理中的哪一类应当会适用,这取决于合同条款和证据。若似乎代理人已犯了一个有关代理的类型的错误,该代理已经进行了,代理人将承担该后果的责任(民法典第 1992 条)。

20. 在德国,如果委托合同没有确定委托是直接代理还是间接代理,则由代理人作出选择(MünchKomm(－*Seiler*), BGB[4], § 662 no. 19)。在没有特殊情况下,没有询问被代理人的职责。

21. 在匈牙利,代理人只能以被代理人的名义行为,如果代理人有授权委托书去要求这样做。

22. 在波兰,在委托合同下的代理被推定为直接的,除非当事人另有约定。

23. 在苏格兰,代理人是以被代理人的名义行为还是以代理人自己的名义行为是一个根本性问题,并因此,代理人不可能有权力在没有诉诸被代理人的情况下作出决定。因此,有人建议,在任何有疑问的情况下并且在活动的特定领域缺乏主要的惯例或实际操作的,在这种情况下的代理人将会受向被代理人询问指导的约束。

24. 在斯洛伐克,在民事关系中,没有以被代理人行为的权力授予,代理人必须以代理人自己的名义行为或者请求指导。在商事关系中,没有指定代理人是以被代理人的名义行为还是以代理人的名义行为的,合同不得缔结。

25. 在西班牙,虽然没有特殊规则,有关义务能从以被代理人最佳利益行为的隐含职责中派生。

26. 在瑞典,如果双方当事人没有规定代理人是以代理人自己的名义行为还是以被代理人的名义行为,并且这没有可遵循的其他情况,代理人自由决定此事。但是,如果代理人选择以代理人自己的名义行为,就存在风险,即被认为是预期合同的一方当事人,因为推定代理人在以自己的名义,同时代表代理人自己并为代理人自己行为(*Ramberg and Ramberg*, Allmän avtalsrätt, 50)。

第Ⅳ.D－4:103 条　未给予指导的后果

(1)如果被代理人没有应请求根据委托合同或者根据第Ⅳ.D－4:102 条(请求指导)第 1 款给予指导,如有必要,代理人可以诉诸在第三编第三章(不履行的补救措施)中的任何补救措施,或者把履行立足于被代理人,鉴于已经收集到的信息和指导,可能合理被期望具有的预期、偏好和优先之上。

(2)凡代理人把履行立足于被代理人可合理被期望具有的预期、偏好和优先之上,代理人有权利适度调整缔结预期合同所允许的或所要求的价金和时间。

(3)如果在第Ⅳ.D－4:102 条(请求指导)第 2 款下被代理人未给予指导,代理人可以选择直接代理或是间接代理,或者可以根据第Ⅲ－3:401(撤回互惠义务履行的权利)撤回履行。

(4)拟支付的在第 2 款中调整的价金必须是合理的,并须使用与用于计算委托合同义务履行的原价金相同的计算方式确定。

评　论

A. 综述

这项规定设定了如果被代理人没有给予指导的后果,即使根据合同被要求这样做,或者如果代理人根据第Ⅳ.D－4:102 条(请求指导)要求指导。

本条提出,根据情势提出不同方式的补救措施。不给予有关代理人以代理人自己名义或是以被代理人名义行为的问题的指导(第Ⅳ.D－4:102(请求指导))的补救措施,在本条第 2 款中规定:代理人自由选择如何行为。代理人也可以撤回履行。

B. 补救措施的选择

至于被代理人未履行给予指导的义务而当代理人为了继续履行而需要该指导时,可以选择两个可能的补救办法,如第 1 款中的规定。一方面,代理人可以援引不履行义务的一般补救措施的适用。另一方面,如果代理人选择继续履行,他有权利调整履行使其适应被代理人的情形,鉴于已经收集到的信息和指导,合理被预期具有的期望、偏好和优先,和要求适度调整为订立预期合同所允许或所要求的价金和时间。

示例

被代理人指示代理人谈判购买某雕塑,而没有明确指出雕塑的最高价。双方当事人约定代理人将有两个星期履行任务。一周后,代理人找到一第三方,即雕塑的所有者,愿意以 10 000 欧元的价格出售给代理人。代理人告知被代理人此事,并询问给予第三方怎样的答复。然而,被代理人在另一周中仍然保持沉默。

根据本条,代理人可以要求损害赔偿,如果因为被代理人给予指导延迟答复的结果而导致合同不能再缔结(第Ⅲ－3:107 条)。代理人也可因不履行而终止委托关系,只要给予指导义务的不履行相当于第Ⅲ－3:502 条(因根本不履行终止)中的根本不履行。代理人也可假定被代理人同意购买价格,如果这在案件情势中可合理被期望,同时考虑到被代理人明示的和暗示的意愿,因为这些代理人可能知情(第 1 款)。代理人可以要求额外委托履行时间(第 2 款)。如果价金由于被代理人的未给予指导,必须重新讨论的,代理人有权利要求额外的报酬(第 2 款)。

注　释

Ⅰ.未发出指导的补救措施

1. 在比利时,委托法律对该问题保持沉默。一般合同法(告知的先合同责任和诚实信用执行合同的责任)(民法典第 1134 条第 3 款)可以责成被代理人给予代理人指导方向,如果指导对完成任务是有必要的。

2. 在保加利亚,没有具体规则规定被代理人未给予指导的补救措施;一般合同规则可以适用。当代理人需要从被代理人处获得信息或指导以便履行合同义务,但是被代理人没有给予指导的实际义务,而只是要求给予协助或者仅仅是负担给予协助。因此,如果被代理人没有给予必要的指示,既没有主动给予也没有应要求,不会构成违反合同义务,而是属于债权人延迟(*mora creditoris*)的情形(LOA 第 95 条;*Goleva*, Obligazionno pravo^2, 110; *Apostolov*, Obligazionno pravo^2, 331)。如果是这样的情况,代理人可以终止代理并主张因债权人延迟而产生的费用(LOA 第 98 条;*Goleva*, Obligazionno pravo^2, 111; *Kojucharov*, Obligazionno pravo^2, I, 352)。

3. 在英格兰,没有具体规则处理这一点。

4. 在爱沙尼亚,没有关于这一点的具体规则,但是存在诚实信用与其他方合作的一般职责,以便实现妥善履行协议(LOA 第 23 条第 2 款)。如果被代理人有义务提供指示而未提供,且这导致委托的不履行,代表方将能够避免责任因为不履行将归于被代理人(LOA 第 101 条第 3 款)。

5. 法国法律对此保持沉默,但是毫无疑问,当委托没有履行或者没有正确履行时,拒绝回复代理人疑问的情况将排除后者的责任。然而,代理人会保留对任何合同第三方的责任(参见 Cass. civ. 1re, 13 November 1997, Bull. civ. 1997, I, no. 308)。

6. 如果被代理人未给予必要的指导,德国民法典第 665 条授予代理人按照代理人可推测的被代理人在给定的情况下会具有的偏好履行委托的权利。至于这个改变了的委托合同的履行可

能不会被双方当事人在约定价金时考虑到，代理人将有权对额外的费用获得补偿（民法典第 670 条）。

7. 在荷兰，除了民法典第 7:402 条，没有具体规则适用于这个情况。

8. 在波兰民法典中没有具体规定（既没有要求指导方向的职责也没有给予该指导的职责）。

9. 在苏格兰，如果被代理人提供有缺陷的指示，代理人不对被代理人承担作为指示不明确的直接结果而遭受的任何损失（*Stair*, The Laws of Scotland, Reissue "Agency and Mandate", para. 84; *Ireland v. Livingstone* (1872) LR 5 HL 395）。在当代理人不具备适当的指示和无法获得澄清的情况下，建议代理人应当基于一合理的被代理人可能作出的指示继续行为。这样，代理人将避免承担被代理人遭受的任何损失的责任。苏格兰法律中没有具体机制允许在这种情况下作出有利于代理人的调整价金。这只可能存在于，无论是合同条款还是在普通法中，在当代理人有权获得合理服务费用的情形。

10. 对于民事关系，债权人延迟的后果规定在斯洛伐克民法典第 522 条（报销代理人在延迟期间的花费的义务；民事损害赔偿责任）中。对于商业关系，参见不履行的补偿措施的一般规则（商法典第 344 条及以下）。

11. 在西班牙，如果没有被代理人的指示，代理人则按照善良家父（*bonus paterfamilias*）的职责行为（民法典第 1719 条第 2 款）。

12. 在瑞典，如果被代理人必须给予却未给予指导，这构成不履行。代理人有权获得损害赔偿，如果是根本性不履行，代理人有权终止。此外，如果代理人采取行为或者代理人因被代理人的未给予指导而很被动，代理人并没有违反合同。这遵循一般合同法。

Ⅱ. 未表明是以代理人自己的名义还是以被代理人的名义行为的补救措施

13. 在保加利亚，当在委托合同中没有规定代理是直接的还是间接的，且被代理人没有就此项问题给予更多信息，代理人既可以代理人自己的名义履行委托，也可以终止关系。代理人需要授权委托书以被代理人名义履行。

14. 在英格兰，在没有任何判例处理这一具体问题的情况下，一个可行的方法是代理人应当根据相关行业或专业的习俗或惯例行为。

15. 在爱沙尼亚，如果委托协议没有规定代理人是以代理人自己的名义行为还是不是这样行为，并且被代理人的利益不明确的，代理人有权要求被代理人指示。如果没有给予指示，代理人必须根据推定的被代理人利益行为，如果代理人在确认该利益时采取应有的谨慎（LOA 第 620 条第 2 款）且按照协议已行为和履行委托，在此情形下代理人将没有违反任何职责。

16. 根据德国法律，总是由代理人选择是以代理人自己的名义行为还是以被代理人的名义行为。

17. 在波兰，由于代理被推定是直接的，所以被代理人没有义务指明代理人应当以代理人自己的名义还是以被代理人的名义行为。

18. 在苏格兰，当被代理人对代理人是以被代理人还是以代理人自己的名义行为未提供指示时，建议，在涉及的行为领域缺乏管辖的惯例时，代理人将被建议以被代理人的名义行为（即通过这种方式直接影响被代理人的法律地位），这是比较常见的行为方式。在严重质疑的情况下，代理人甚至可以被建议拒绝行为。

19. 在斯洛伐克，如果被代理人没有授权以被代理人的名义行为，则推定代理人必须以代理人自己的名义行为。

20. 在西班牙,除了有权撤回之外,代理人必须如同以别的名字的代理人行为,因为这是备用规则。

21. 在瑞典,被代理人有责任回答代理人对相关信息的请求,以便代理人能够根据合同履行。如果被代理人未如此做,该不行为被认为是不履行,如果代理人遭受任何损失,被代理人可承担支付代理人损害赔偿的责任(HaL 第 7 条和第 34 条)。

第Ⅳ.D－4:104 条　没有时间请求或等待指导方向

(1)如果根据第Ⅳ.D－4:102 条(请求指导)代理人被要求请求指导,但需要在能够与被代理人取得联系和请求指导之前采取行动,或者需要在指导给出前采取行动的,代理人根据已经收集到的信息和指导,可以基于被代理人应当合理被预期具有的期望、偏好和优先来履行。

(2)在第 1 款所述的情形中,代理人有权适度调整委托合同义务履行所允许或所要求的价金和时间,只要这种调整在具体情况下是合理的。

评　论

A. 综述

本条处理的情形是,代理人要求立即行动以便防止对被代理人不利的后果。这个情况非常紧急以至于代理人没有时间向被代理人请求或者等待被代理人的指导。如果在这种情况下,代理人根据本条有权基于被代理人应当——根据已经收集到的信息和指导——合理被预期具有的期望、偏好和优先继续履行。代理人可以随后要求适度调整委托合同义务履行(典型地,缔结预期合同)所允许或所要求的价金和时间,只要该调整在具体情况下是合理的。

在当被代理人没有指明代理是直接的还是间接的,且代理人没有时间请求澄清这一点的情况下,则代理人可以决定是以代理人自己的名义行为还是以被代理人的名义行为。

B. 与关于超越委托行为规则的关系

在本条涵盖的情形中,代理人可能不得不超越委托范围行为。正如在第Ⅳ.D－3:201 条(超越委托行为)中指出的,代理人仅在符合一定条件时,被允许超越委托范围行为,在那条中列举了这些条件。这些条件在本条设想的情况中将得到满足。

注　释

若没有时间请求或等待指导时，代理人的行为权

1. 在保加利亚，作为一般规则，代理人有义务请求被代理人对每个委托偏差的批准和新的指导。然而，在一些情况下，代理人有权在没有该批准或更进一步的指导时行为（LOA 第282条；参见第Ⅳ.D－3:201条（超越委托行为）中的注释）。此外，代理人有时可以未经允许委任一第三人履行委托（LOA 第283条第3款；参见第Ⅳ.D－3:302条（转委托）中的注释）。

2. 在英格兰，似乎没有任何判例法处理这个特定领域。如果代理人在行为前没有时间请求指导，只要代理人在这种情况下合理行为，且以被代理人的最佳利益，这会极少承担违反代理合同责任的风险。

3. 在法国，没有关于这一点的具体规则，但是根据法国法律学术著作，代理人有谨慎行为的责任，以便符合被代理人给予的指导。从这个角度来看，代理人可以采取主动，如果这对于被代理人的利益是有必要的（*Collart Dutilleul and Delebecque*, Contrats civils et commerciaux[7], no. 645; *Pétel*, Les obligations du mandataire, no. 248）。

4. 在推迟行为会对被代理人的利益造成“危险”的情况下，德国民法典第665条授予代理人按照代理人可以推测的被代理人在给定情况下会具有的偏好履行委托的权利。至于这个变更委托合同的履行没有，且不可能有，由当事人双方在约定价金时约定，代理人将有权就额外的花费获得补偿（民法典第670条）。

5. 在爱尔兰，紧急处分的代理（agency of necessity）*的学说可以适用于授予代理人在“紧急情况”下，当不可能与被代理人沟通时行为的权力。

6. 在荷兰，根据民法典第7:401条，代理人有义务尽应有注意行为。在紧急情况下，这项责任似乎暗示，当缺乏被代理人的指导时，代理人可以以代理人自己的裁量行为。然而，这将取决于具体情况。

7. 在波兰，代理人没有请求指导的责任。然而，代理人只有在不可能联系上被代理人且合理相信若被代理人得知事态应会变更指导（例如市场价格不可预见的变更）时，才能违背给予的指导行为。

8. 在苏格兰，当代理人没有足够的时间向被代理人询问指导，且对被代理人利益的损害会随无作为或延迟产生的话，若其推测被代理人的指导将与一位合理的被代理人在已知的实际被代理人的需要和偏好时的指导一致，并相应行为的，建议代理人可能避免责任。如果代理人是一般代理人，受雇进行被代理人的所有业务，或者一特定种类的所有业务，代理人被推定被授权为服务于被代理人利益的必要的任何行为。

9. 在斯洛伐克，这项权利可被涵盖在关于偏离被代理人指导的可能性的规定中（参见第Ⅳ.D－4:101条（由被代理人给予的指导）的注释）。

10. 在西班牙，如果代理人没有获得被代理人的指示，代理人被要求以善良家父的谨慎行为

---

* 参见第Ⅳ.D－3:201条（超越委托行为）注释12。——译者注

（西班牙民法典第1719条第2款和第255条，商法典第255条）。没有时间寻求指导，代理人应当根据被代理人的最佳利益行为，根据代理人的最佳能力评估。至于花费，参见民法典第1729条。

11. 在瑞典，在代理人被要求请求指导，但代理人须立即采取行动以防止对被代理人不利的后果的情况下，代理人被要求按情势所需行为（KommL. 第8条）。这也是遵循一般合同法以及代理人必须按照合同以被代理人的利益行为的事实。

第二节　委托合同的变更

第Ⅳ.D－4:201条　委托合同的变更

（1）委托合同变更，如果被代理人：

（a）显著变更代理人的委托；

（b）在受到提醒之后，根据第Ⅳ.D－4:101条（由被代理人给予的指导）第3款无故拖延指导的撤销。

（2）在根据第1款变更委托合同的情况下，代理人有权

（a）适当调整履行委托合同义务所允许的或所要求的价金和时间；

（b）根据第Ⅲ－3:702条（一般赔偿措施）获得赔偿，使代理人尽早处于如果委托合同不被变更时代理人应当处于的位置。

（3）在根据第1款变更委托合同的情况下，代理人也可以在第Ⅳ.D－6:105条（代理人因特殊且严重的原因终止）下因特殊且严重的原因发布终止通知，终止委托关系，除非变更较小或者将带来代理人的优势。

（4）在第2款（a）项中拟支付的调整价金必须是合理的，并且是使用与建立委托合同义务履行的原价金时相同的计算方法确定。

评　论

A. 综述

委托合同的义务并不是立即履行的。这种关系在一段时间内，确定的或者是不确定的，持续有效。出于这个原因，必须允许被代理人给予关于义务履行或者预期合同内容的随后指导。通过这样做，被代理人可变更委托合同的内容。根据这一规定，当被代理人显著变更代理人的委托，或者当被代理人经代理人提醒指导的不合理后而没有在合理的期限内撤销指导的，就存在委托合同的变更。在这些条件下，被代理人的行为（或者就撤销指导而言的不行为）可被视为合同的重大变化。根据本条，该变更自

动发生,但它具有重要的后果。本条列出了这些后果是什么。

B. 委托的重大变化

当被代理人以显著的方式扩展或者限制代理人的委托,就会发生合同的变更。

示例 1

代理人被授权以不得低于40万欧元的价格出售一房产。被代理人随后令代理人至少以35万欧元出售。作为这项指导的后果,代理人的委托扩大了。同样地,如果被代理人在随后告知受托人只能以至少45万欧元的价格出售房产,代理人的委托就受到了限制。在这两种情况下,委托合同根据第1款变更,其中按照第2款可能产生履行价金和时间上的后果。

C. 没有撤销不合理指导

合同也会发生变更,当被代理人经代理人提醒而拒绝在合理的期限内撤销指导,将造成预期合同的订立所需的花费和时间与之前委托合同的约定的相比会受到影响。或者当被代理人拒绝撤销代理人已经提醒的指导不符合委托合同的目的或者可能不利于被代理人的利益时,合同也会发生变更。

示例 2

如果代理人先被授权以40万欧元的价格出售被代理人所有的房屋,但是被代理人稍候授权代理人只能以45万欧元的价格出售,这个高于市场价格,这将使代理人花去更多的时间寻找买方,并且存在一个将不可能缔结预期合同的严重风险。如果被代理人,在代理人提醒之后,仍坚持于"不合理"指导,这个被视为是委托合同的变更。

D. 适当调整履行价金和时间,或者赔偿

当委托合同订立时,双方当事人已经约定了拟履行的服务以价金作为交换(通常)。履行的价金和时间可能是基于代理人履行的成本、时间和努力而确定。因此,在内容上和在代理人义务的等级上的提升不可能不会对代理人为履行合同所需要的时间产生影响,也不可能不会对当委托任务完成时(典型地,当预期合同被订立)应当可支付的价金产生影响。因此,第2款(a)项授予代理人额外的履行时间和调整价金的权利。根据第2款(b)项,代理人反而可以选择损害赔偿,使代理人尽可能处于若委托合同没有变更时代理人应当处于的位置。当然,这些规定可能无法适用,如果事务已经由合同规定——例如,如果规定灵活的履行时间和根据履行所用去的时间支付价金。

特别是,当变更是对最初的委托的限制时,代理人的利益可能以一种不同的方式受到危险。接下来的解释可以讲得清楚这一点。

示例3

被代理人委托地产代理商以不得低于25万欧元的价格出售被代理人的房屋。代理商与第三方谈判。该第三方是一位富裕的艺术家,其似乎愿意支付所要求的数额。但是,被代理人随后限制代理商的权力,要求代理商以20万欧元的价格与第四方谈论销售合同。该第四方较之已与代理商谈判的第三方比,没有后者富裕,但却与被代理人有个人关系。

限制已授予代理人的委托可能对合同的订立造成更大的难度,因为唯一可能的人选如今是被代理人指定的第三方。这可能需要变更服务价格。此外,如果合同的确是与第四方订立,那么销售价格将低于最初设想的价格。在这类合同情况下,代理人服务价格将会与出售价格相符,这种情况经常出现。因此委托的限制将直接影响由被代理人拟支付的报酬。在如这样的情况中,损害赔偿可能会是更合适的解决方法。由于合同的变更不得被视为被代理人某一义务的不履行是因为被代理人有权限制代理人的权力,因此明确规定授权给代理人损害赔偿权利此处是有必要的。

E. 因特殊且严重的原因终止

当被代理人严重限制委托,但却没有完全撤销委托时,根据本条,这可被视为委托合同的变更。但是,变更可以使代理人有理由相信将不可能完成委托任务——例如,订立预期合同。如果是这样的情况,代理人有很好的理由担心提供的服务将是徒劳的。由于价金的权利只有当委托的任务已经完成时才生效,代理人于是有特殊且严重的理由终止委托关系。第3款,与第Ⅳ.D－6:105条(代理人因特殊且重大的理由终止)相结合,赋予了该权利。因此,委托撤销(导致自动终止委托关系)与限制委托这两种情形的差别并不如乍看之下那么大。

F. 无权终止若合同变更是较小的变更或者是为代理人之优势的变更,代理人无权终止委托

显著变更委托时允许代理人因特殊且重大的理由终止委托关系似乎是正当的,而在较小变更委托时却不是这个情况。也不存在任何正当理由允许终止,若变更实际上是提高了代理人完成委托的任务的机会——例如,缔结预期合同——要么不然,为了代理人的优势。当代理人的委托扩展时是这种情况。在这种情况下,代理人应当不能够只因委托合同内容已经变更而逃避委托合同。因此第3款规定是这些情况下的委托合同变更不构成造成终止的特殊且重大的原因。

注 释

Ⅰ. 由被代理人变更委托

1. 保加利亚合同法区分了委托合同和授权委托书。委托合同预先假定了双方当事人的共

识,并规定了他们的内部关系。授权委托书是被代理人授权代理人以被代理人名义履行的单方面行为。作为一般规则,合同还可以仅依双方当事人的共识或者依据法定原因(LOA第20bis条第2款)被修改、终止、免除或撤销。由于没有规定允许单方面改变委托合同,委托合同只能因双方当事人的共识而变更。然而,合同自由原则(LOA第9条)允许当事人双方约定由被代理人单方面变更合同,并允许当事人双方确定这个改变的范围(*Mevorah/Lidji/Farhi*, Komentar Ⅲ, 119)。此外,被代理人有权随时在代理人的授权委托书中做变更,因为这是单方面法律行为。

2. 在英格兰,理论著作指出"被代理人对代理人的控制是基于他自己的权力而不是授权、限制权力和收回或撤销授权"(Bowstead (– *Reynolds and Graziadei*), Agency[18], no. 6.009)。然而,代理人权力显著的变更是否可以单方作出是值得怀疑的:Reynolds指出代理人的实际权力只能由被代理人和代理人之间的同意而变更(*Reynolds and Graziadei* loc. cit. no. 10－002)。

3. 在法国法律中,没有清楚地区别权力的变更和指导的变更。被代理人可以在委托关系存续期间随时变更给予代理人的指导,这是因为委托合同是为了被代理人的利益订立的。但是如果所要求的服务受到严重改变,代理人可能主张更高的价金。

4. 根据德国法律,被代理人不得单方变更委托合同——任何变更,重大的或微不足道的,必须为代理人接受(因为这可能导致代理人的合同权利和义务的变更)。如果代理人不同意提议的变更,被代理人可撤销委托(民法典第671条第1款)。

5. 在爱尔兰,当代理人必须遵循被代理人的合法指示时,被代理人不得单方面改变代理合同条款。在原合同中缺乏变动条款时,条款的任何变动必须受到重新考虑。

6. 在荷兰,没有规定这类情况的具体规则。根据民法典第7:402条,允许被代理人给予代理人指导,不愿意根据这些指导履行合同的代理人可结束委托关系。

7. 波兰民法典没有允许被代理人在合同订立后变更合同,除非代理人同意。被代理人可终止合同但不得变更之。如果代理人被令以一笔款数购买一幅画,被代理人决定变更这个数额,合同应当被终止,新的委托合同应当被缔结,除非代理人同意执行变更的合同。

8. 在苏格兰,由于代理合同的条款在合同形成时将被商定,被代理人将无权单方变更代理合同。当然,合同的条款之一(不论在法律中明示或暗示)将通常是被代理人有权力给予关于如何进行合同义务的指导。因此,必须区分允许的指导和不允许的变更。

9. 在斯洛伐克,没有特殊规定,因此普通规则适用,一方当事人不得单方面变更合同。

10. 在西班牙,代理人可以拒绝履行那些意味着当事人双方合同地位不平等而不利于代理人的指示,或者拒绝履行那些意味着变更合同目的的指示(Sierra Gil de la Cuesta (– *Hernández Gil*), Código Civil Ⅶ[2], 472－473)。

11. 在瑞典,如果被代理人显著变更代理人的权力,该变更可能构成一个重要和有效的原因使代理人有权取消合同,如果不能合理地希望合同将继续(*Hesser*, Immateriella upptragsavtal, 29; KommL.第51条;HaL第26条)。

Ⅱ.通过指导单方变更委托合同

12. 在保加利亚,被代理人有权给予导致单方变更委托合同的指导,只有在当:(1)它们在最初规定的变更范围内;或者(2)它们没有显著变更委托,没有使其履行给代理人造成过重的负担(*Mevorah/Lidji/Farhi*, Komentar Ⅲ, 119; *Vassilev, L.*, Obligazionno pravo, 24)。

13. 在法国,代理人被要求遵守被代理人的指示,甚至当代理人已经提醒被代理人,后者并没有变更指示时(参见第Ⅳ.D－4:101条(由被代理人给予的指导)中的注释)。在这种情况下,不

存在委托合同的变更。被代理人可以在代理期间随时修改指导,因为委托合同是依被代理人的利益订立的。

14. 根据德国民法典第665条,被代理人可以只发出指导,只要它们保持在委托合同约定的框架内;不可能通过指导单方变更合同(MünchKomm（－*Seiler*),BGB[4],§665 no. 12)。然而,指导可以明确代理人委托下的义务,简单的澄清和单方面的变更(扩展)之间的界线可能往往很难做出。如果给予的指导超越了合同范围,行为于无偿合同下的代理人(民法典第662条)既可以忽略指导(*Seiler* loc. cit. no. 13),基于此被代理人可以根据民法典第671条第1款撤销委托,代理人也可以选择根据民法典第671条第1款撤销合同。

15. 在匈牙利,被代理人总是保持事务主人的位置,可以随时变更指导(Supreme Court Pfv. Ⅷ. 20.107/2006,in BH 2006/321)。

16. 在荷兰,被代理人可以给予代理人指导。这些指导应当是及时且合理的。此外,被代理人给予指导的权利由委托范围限制。委托合同也可能意味着被代理人不被允许给予更进一步的指导。参见民法典第7:402条第1款和TM,Parlementaire Geschiedenis Inv. Ⅶ,p.324。

17. 在波兰,目前不清楚是否代理人受约束于被代理人在委托合同签订之后给予的指导。

18. 在苏格兰,如上所述,建议必须区分可允许的指导和不可允许的变更。会给代理人的义务带来显著不利变化的指导,通常不在可允许范围内,且会被视为企图单方变更合同。

19. 在斯洛伐克,不存在特殊规定;这取决于委托合同的内容和一般合同法的规定。变更合同的可能性是受到很大的限制的。

20. 西班牙法律没有关于根据指导调整服务价金的规格。但是,根据民法典第1711条第2款和商法典第277条规定的商业惯例的适用,价金的调整可能是合理的,如果服务变得更繁重。

21. 在瑞典,一旦被代理人的指导被认为是合理的,代理人就被要求遵循它们。

Ⅲ. 单方变更委托合同的后果

22. 在保加利亚,由于没有具体规定,单方面变更委托合同的后果是由一般合同法和合同的规定调整。如果被代理人在规定范围内改变委托合同,那么双方当事人自由谈判调整履行价金和/或时间。如果被代理人不具有单方变更合同的权利,但给予显著改变委托的指导,这被认为是单方面终止旧的委托合同,要约订立一个新的合同。代理人可以拒绝该要约(*Mevorah/Lidji/Farhi*,Komentar Ⅲ,119)。如果被代理人没有超越规定的范围,但是委托合同的履行变得过于繁重,这被认为是一个由代理人通过单方终止通知终止合同关系的充分理由(LOA第289条)。

23. 在英格兰,被认为如果这构成被代理人对合同义务的严重违反,代理人将有权把该违反当作拒绝履行,终止关系并要求赔偿损失。

24. 在法国,如果被代理人变更指示,代理人可以要求适当调整价金或者可能只是决定放弃委托。基于公平交易的一般义务,代理人应当告知被代理人任何可能附加的花费,保证双方当事人同意该额外费用。法国法院已经接受如果进行的委托不符合最初设想的报酬,代理合同中设定的报酬可被修改。

25. 在德国,如果被代理人给予的指导造成无偿委托合同的变更,代理人选择遵循指导的,根据民法典第670条,代理人可以要求偿还因变更产生的费用。在有偿委托合同中(民法典第675条第1款),可适用的工程或服务合同法律将要求双方当事人之间就要调整的价金的达成一个(至少暗示的)协议。

26. 在匈牙利,单方变更委托合同可成为另一方单方终止合同的理由。

27. 在爱尔兰，单方变更代理合同，是没有效力的，除非重新考虑，并且单方变更代理合同可能构成违约，允许无辜方拒绝接受合同并诉求任何损害赔偿。

28. 在荷兰，代理人不必服从被代理人的指导，如果它们没有在有效的时间内给出，或者如果它们不合理，因为这些指导可能造成代理人的违约（参见 Parlementaire Geschiedenis Inv. Ⅶ, 324）。

29. 在波兰，被代理人不可通过单方行为变更委托合同的范围。

30. 在苏格兰，试图单方面显著变更代理合同的将会是无效的。为了有效变更合同，变更将必须由双方当事人同意。如果代理人没有接受变更，而被代理人不但拒绝重新谈判，而且拒绝受原合同约束，这可能构成被代理方的严重违约或预期违约，代理人有权终止关系并要求赔偿。也有可能发生代理人接受显著变更，但没有明确提到价金，导致新合同中的一个隐含条款，即支付将会基于应付金额（*quantum meruit*）（参见 *Head Wrightson Aluminium Ltd. v. Aberdeen Harbour Commissioners* 1958 SLT (Notes) 12）。

31. 在西班牙，代理人有权结束合同，结束合同的正当与否无须证明，而是参照由被代理人作出的变更（民法典第1736条）。

32. 在瑞典，代理人有权获得基于情势考虑合理的价金。单方变更的权力可能导致合同履行的价金和时间的调整。

第五章　利益冲突

第Ⅳ.D－5:101条　自己缔约

(1)代理人不得成为被代理人预期合同的另一方当事人。

(2)然而代理人可以成为预期合同中的另一方当事人，如果

(a)双方当事人在委托合同中约定；

(b)代理人披露了想成为预期合同中另一方当事人的意图，并且

(i)被代理人随后明确表示同意；或者

(ii)被代理人在被要求表示同意或拒绝表示同意后，并没有表示反对代理人成为预期合同的另一方当事人；

(c)被代理人反而已经得知，或者可以合理地被预计已经得知，代理人成为预期合同的另一方当事人，且被代理人在合理的时间内没有表示反对；或者

(d)预期合同的内容在委托合同中非常详细的确定，以至于被代理人的利益没有被无视的风险。

(3)如果被代理人是消费者，如若代理人成为预期合同的另一方当事人，只有如果

(a)代理人已经披露了这个信息，且被代理人已经给予明确同意代理人成为特定预期合同的另一方当事人；或者

(b)预期合同的内容在委托合同中非常详细的确定，以至于被代理人的利益没有被无视的风险。

(4)双方当事人不得以损害被代理人排除适用第3款，或者减损或改变该款的效力。

(5)如果代理人已经成为预期合同的另一方当事人，代理人没有权利获得作为代理人提供的服务的价金。

评　论

A. 综述

本条的出发点与第Ⅱ－6:109条（利益冲突）的相同：假设当代理人以个人身份同

自己签订合同时，存在利益冲突。因此，不允许代理人这样做。本条与第Ⅱ－6:109条（利益冲突）的主要区别不是实质性的，只是它们遵循不同的焦点：第Ⅱ－6:109条（利益冲突）处理被代理人和第三方之间的外部关系，而本条处理的是被代理人和代理人之间的内部关系。

当代理人没有被允许如同第三方行为，但尽管如此仍这样做，行为并不符合被代理人最佳利益，因此代理人承担不履行责任。然而，在有些情况下，这可能有所不同。第2款处理这类问题。但对于消费者来说，采用第3款的更严格的办法。这项更严格的规则是强制性的，以保护消费者的利益（第4款）。第5款处理价金支付方面的后果。

B. 主要规则：代理人不得作为第三方行为

代理人主要义务之一是按照被代理人的利益行为（第Ⅳ.D－3:102条（以被代理人利益行为的义务）。在当代理人同时也是预期合同的第三方的情形中（这种情形也被称为“自己缔约”），可能产生利益冲突。

示例

被代理人委托代理人出售一个珍贵明代花瓶。代理人自己有兴趣购买花瓶。鉴于代理人作为购买者，将希望尽可能少支付，同时作为被代理人的代理人，他被要求尽可能以高的价格出售。这些利益明显相抵触。

然而，主要规则是有可能有一个例外的，当利益冲突被认为或者可以被假定不存在时。这些情况规定在第2款中。

C. 如果委托合同约定自己缔约

禁止自己缔约的第一个例外的情况是，当合同本身指出代理人有权作为第三方行为。同意可以是明示的或是暗示的。

D. 如果代理人披露成为预期合同之另一方当事人意图时的自己缔约

如果完全披露了代理人希望作为预期合同中的第三方行为的事实，产生利益冲突的风险很大程度上降低，因为在这种情况下，被代理人知道代理人具有潜在的冲突利益。这样被代理人将被提醒要认真研究预期合同是否是有利益的。因此，当代理人已经披露成为第三方的意图，且被代理人并不表示反对，被代理人可被推定已经表示同意。在这种情况下，没有充分的理由不允许代理人同时成为合同的第三方。

E. 如果没有披露意图时的自己缔约

代理人没有披露作为第三方行为意图的事实，然而也不会避免代理人这样做，如

果被代理人已知或必须已经得知代理人会作为第三方行为的。一种情况是代理人自己披露冲突，另一种情况是被代理人自己发现或者从另一当事人处得知代理人会成为预期合同的第三方，若在这两类情况下被代理人都没有表示反对。其实这两类情况并不存在实质性的区别。

F. 如果预期合同内容排除利益冲突的风险时的自己缔约

当预期合同的内容在委托合同中非常清楚确定，利益冲突被排除。在这些情况下，提供给第三方的合同或多或少是不可磋商的。代理人则不再处于为自己的利益而损害被代理人的位置，因为预期合同的条款不得被改变。如果是这样的情况，被代理人的利益没有太多被无视的风险。

G. 如果被代理人是消费者时的自己缔约

消费者——被代理人不可能处于明确评估代理人为自己的利益是否已经导致一个次优合同的位置。为了保护被代理人以免其作出草率决定或者甚者同意订立预期合同条款，本条要求该同意必须是明确的，书面或是其他形式。

为了切实保护消费者的利益，同时保护对委托服务的专业供应商的信任，当商家和消费者订立合同时，需要更严格的条款。然而，完全排除代理人成为被代理人的预期合同中的第三方的可能性，并不是完全符合消费者的利益。因完全披露代理人的身份和被代理人对特定交易表示明确同意（第3款(a)项），被代理人的利益充分得到保护。这意味着被代理人不得经由同意预期合同条款而被强迫接受代理人成为预期合同的另一方当事人。

利益冲突也被视为被排除在商家和消费者之间的合同外，当预期合同内容是如此详细确定在委托合同中，以至于不存在被代理人的利益被无视的风险（第3款(b)项）。

注　释

Ⅰ. 主要规则：不允许自己缔约

1. 在比利时，大多数支持全面禁止自己缔约：禁止代表人成为预期合同的一方当事人，除非被代理人得知并允许。这项禁止是基于利益冲突的风险。在违反的情况下，合同（相对）无效（相对无效，Supreme Court 18 March 2004，RW 2004－05，303，note *A. Smets*；Supreme Court 24 September 1981，Pas. belge 1982，I，125；Supreme Court 7 December 1978，Arr. Cass. 1978－1979，407 and Pas. belge 1979，I，408；*de Page and Dekkers*，Traité élémentaire de droit civil belge V^2，410－412；*Foriers and Glansdorff*，Contrats spéciaux，607－610；*Foriers*，Le droit commun，64－65；*Samoy*，Middellijke vertegenwoordiging，47－49；*Wagemans*，Le mandat，177；*Wéry*，Le mandat，154－158）。

2. 在保加利亚，只在直接代理的情况下才明令禁止自己缔约。LOA第38条第1款禁止（直

接)代理人以被代理人的名义与他或她自己谈判,同时也禁止其与他或她代理的另一人谈判,除非被代理人已经表示同意。

3.在德国,根据委托规则(民法典第 662 条及以下)和管理第三方事务合同(Geschäftsbesorgungsvertrag)的规则(民法典第 675 条第 1 款),合同是明确的,法律对这一问题并没有作出规定。该问题在一定程度上由权力规则(民法典第 181 条)决定,该规则一般排除了自己缔约(Insich-Geschäft)。

4.在荷兰,根据民法典第 7:416 条第 1 款,只有在拟由代理人在委托合同下履行的法律行为已经详细建立,以至于被代理人的利益和代理人的利益不会产生冲突时,自己缔约才被允许(Nieuwenhuis/Stolker/Valk (- *Castermans and Krans*), T & C Burgerlijk Wetboek[7], no. 3089; *Van der Grinten*, Lastgeving, no. 31)。

5.在苏格兰,作为一般规则,代理人有责任不进入代理人自己的利益会与被代理人的利益发生冲突的位置(*Huntingdon Copper and Sulphur Co. Ltd. v. Henderson* (1877) 4 R 294 at 307, per Lord Mure)。因此,自己缔约只有在严格条件下才被允许,评论详见下面(*McPherson's Trustees v. Watt* (1877) 5 R (HL) 9; *Stair*, The Laws of Scotland, Reissue 'Agency and Mandate', para. 97)。

6.在西班牙,自己缔约没有在委托合同一般方式中明确规定。但是,存在一些禁止这类行为的具体规则。民法典第 1459 条不允许代理人购买在代理人管理下的被代理人的商品。另见商法典第 267 条。似乎立法者并不希望允许这类情况发生。然而,最近的案例允许自己缔约,当被代理人已经表示同意或者当利益冲突的可能性被排除时(TS 24 September 1994, 15 March 1996 and 12 February 1999)。(*Lacruz Berdejo and Rivero Hernández*, Elementos Ⅱ(2)[4], p.15)。

7.瑞典法律中的主要规则是不允许自己缔约。只有在佣金代理人被允许成为预期合同的当事人的这个权利遵循了合同或者遵循了某类业务中的贸易惯例时,佣金代理人才被允许成为预期合同的当事人。房产代理人被禁止成为预期合同的当事人(KommL. 第 40 条到第 45 条;FmL 第 13 条)。

Ⅱ.允许自己缔约的条件

8.在奥地利民法典适用时,代理人不得在未先获得被代理人知情的同意*,使自己处于对被代理人的责任相冲突或者可能与代理人自己的利益或与其他被代理人的利益产生冲突的这样一个位置。代理人不被允许成为第三方,除非这个自己缔约仅是有利于被代理人且不会给被代理人造成任何风险(OGH in ÖBA 1992, 274; SZ 69/90; ZfRV 1997, 246; NZ 1995, 305; NZ 1997, 95; SZ 69/90; RdW 1998, 548),例如,商品有个时价。在所有这些情况下,代理人必须明文缔结预期合同,使其透明,且使其不易逃避代理人酌情的单方面行为(OGH in RdW 1986, 39; ZfRV 1997, 246)。这是在商法典第 345 条,第 405 条和第 412 条第 1 款中关于自己缔约的特殊商业规定(*Dullinger*, RZ 1986, 204 ff; GmbHG § 25; *Wünsch*, FS Hämmerle; Rummel (- *Strasser*), ABGB I[3], § 1009, no. 21)。

9.关于比利时的规定,参见上文注释 1。

10.在保加利亚,在一般情况下,自己缔约只有在被代理人同意的情况下才有可能(LOA 第 38 条第 1 款)。商法典第 358 条规定了对佣金代理人的一个例外:他们可以代表他们自己订立预

---

* 参见下文第Ⅳ.D-5:102 条(双方委托)注释 12。——译者注

期合同,如果合同涉及商品销售或者市场证券或者货物交换价金。

11. 在丹麦,关于自己缔约的法律规则没有得到适当的对待。这个概念出现在经纪人法第 40 条到第 45 条,它们规定,一位保理商可能在销售保理的情形中代替买方和在购买情形下代替卖方(为自己缔约)的范围和条件。第 40 条到第 45 条考虑到难以诚实地处理涉及自己利益的行为和很难断言只有在双方当事人已经约定或者在符合习俗时自己缔约符合经纪人法的事实。这些规则很大程度上适用于丹麦法律管辖的所有种类的代理。

12. 在英格兰,代理人可以成为合同一方当事人,只要被代理人完全知晓代理人在交易中的利益范围,且同意交易。代理人披露的责任是完全的且必须非常精确,使被代理人在表示同意之前知道所有可能的后果。代理人负责举证该责任已经遵守。代理人将不能由通过第三方处理被代理人利益来逃避无利益冲突规则(*McPherson's Trustees v. Watt* (1877) 5 R (HL) 9)。

13. 在爱沙尼亚,自己缔约既规定于代理人和被代理人之间的内部关系,也规定于外部关系。对于内部关系,LOA 第 623 条第 1 款(适用于服务的(一般)合同)规定在进入一项交易的情况下适用,只有在利益冲突的可能性被排除时,代理人才可以成为第三方或者成为交易中第三方的被代理人。这将是在当第二个合同的内容非常明确的在委托合同中确定,以至于被代理人和代理人之间的利益冲突被排除的情况下适用。LOA 第 623 条第 2 款进一步规定代理人必须告知被代理人在准交易中的任何直接或间接利益。

14. 在芬兰没有关于自己缔约的一般性规则。代理人通常没有权利成为预期合同的一方当事人,除非另有约定。然而,可以确定的是在没有利益冲突时,自己缔约是被允许的(例如,当预期合同的价金只是基于客观估价时)。此外,如果客户被提前告知,房地产代理商有权自己缔约(不动产代理法第 8 条)。

15. 在法国,基于施加于代理人的公平交易之一般性义务(见 *Pétel*, Les obligations du mandataire, no. 172 f),为了减少任何滥用权力的风险,代理人不得成为为被代理人谈判的合同的一方当事人。违反的制裁措施是合同无效;合同可能被被代理人避开(Cass. civ. 1re 29 November 1988, Bull. civ. 1988, I, no. 341)。然而,这项规则不是强制性的公共政策之一。被代理人可以授权代理人成为合同的一方当事人。另外,证券经纪公司规定允许他们在某些情况下成为合同的当事人(商法典第 L. 131－7 条)。禁止代理人成为合同一方当事人并没有以一般方式建立在民法典关于代理的章节中,而是由法院从商法典第 1596 条关于拍卖出售的特定情况中推导出的。它的适用非常严格,即便合同的价金或合同的考虑由被代理人设想到,即便代理人是通过居间人行为(Cass. civ. 1re 12 December 2000, Bull. civ. 2000, I, no. 319; Cass. civ. 1re 29 November 1988, Bull. civ. 1988, I, no. 341)。一般看法是禁止代理人成为合同一方当事人也适用于商务中的佣金代理人(*Huet*, Contrats spéciaux[2], no. 31149)。

16. 根据德国关于委托的规则(民法典第 662 条及以下)和管理第三方事务合同的规则(民法典第 675 条第 1 款),合同是明确的(法律对这一问题保持沉默)。该问题在一定程度上由权力规则(民法典第 181 条)决定,该规则排除了自己缔约。关于商业佣金代理,法律明确允许自己缔约(Selbsteintritt),只要被代理人并没有另外指示代理人(商法典第 400 条)。

17. 根据希腊民法典第 235 条第 1 款,代理人不得以所代表之(人)名义执行与他(她)自己订立的契约,除非契约已经(明示或暗示)由被代理人授权或者如果它仅构成一项义务的履行(Georgiades and Stathopoulos (－*Doris*), Art. 235 no. 1)。并没有以公证书的形式执行的与自己的合同是无效的(民法典第 235 条第 2 款)。如果代理人违反这些规则作为第三方行为,那么

订立的合同无效(CA Thessaloniki decision no. 2977/1989, ElIDni 1991, 1345)。

18. 如果代理人必须以被代理人的名义行为,根据匈牙利民法典第 221 条第 3 款,"代理人不应当继续,如果对立一方或者其他有利害关系当事人是他自己或者也是由他代表的一人。代理人,如果是一个法人,在利益冲突的情况下,在其所代表之人明确同意下,应当也被允许继续"。在佣金代理的情况下,民法典第 510 条第 1 款规定"佣金代理人可以自己与被代理人订立销售合同"。在所有情况下,义务的一般规则适用,尤其是民法典第 277 条第 5 款:"双方当事人应当有义务告知对方所有影响合同履行的重要情况。"此外,"代理人应当应要求或者,如有必要,即使没有被要求,告知其被代理人他的行为和事务状况,特别是如果雇佣另一人已经成为必要或者如果指示因新情况的发生而需要变更"(民法典第 477 条第 1 款)。

19. 在爱尔兰,代理人的信托责任包括避免利益冲突责任。据规定:"这是一项普遍适用的规则,具有信托责任要履行义务的任何人,应当不被允许进入他具有或者可能具有个人利益冲突于或者可能可冲突于他受约束保护之人的利益的约定。"(Lord Cramworth LC in *Aberdeen Railway Co. v. Blaikie Bros* [1854] 1 M 461 at 471)。凡信托责任适用的,如果,例如,被指示购买财产的代理人出售代理人自己的财产给被代理人(例如 *Armstrong v. Jackson* [1917] 2 KB 822);或者如果被指示出售财产的代理人自己购买该财产(例如 *McPherson's Trustees v. Watt* (1877) 5 R (HL) 9),这是对规则的违反,除非所有情况都披露给被代理人,并且被代理人同意这些交易(*North & South Trust Co. v. Berkeley* [1971] 1 WLR 470 at 484－485; *Gibson v. Jeyes* [1801] 6 Ves 266, 31 ER 1044)。当代理人购买被代理人的财产或者出售代理人自己的财产给被代理人,代理人也必须表明价格是公平的和不存在代理人地位的滥用(*McPherson's Trustees v. Watt* (1877) 5 R (HL) 9)。

20. 在意大利,作为一项规则,没有严格禁止自己缔约。自己缔约由民法典第 1395 条调整,它位于合同一般规则之中:"代理人与自己订立的合同,不论是代表他自己行为还是作为另一方的代理人,都是无效的,除非由被代理人特别授权或者除非合同的内容如此建立是为了排除利益冲突的可能性。"

21. 在荷兰,根据民法典第 7:416 条第 1 款,自己缔约只有在代理人拟履行的在委托合同下的法律行为已经被明确建立,以至于被代理人的利益和代理人不会冲突时,才被允许(Nieuwenhuis/Stolker/Valk (－*Castermans and Krans*), T & C Burgerlijk Wetboek[7], no. 3089; *Van der Grinten*, Lastgeving, no. 31)。然而,若被代理人从事一项专业领域的事务,则根据无效制裁(sanction of voidability)要求有被代理人的书面批准(民法典第 7:416 条第 3 款; *Castermans and Krans* loc. cit. no. 3090; *Van der Grinten* loc. cit. no. 33)。

22. 在波兰,自己缔约只有在被代理人已经同意或者对被代理人的利益没有危险的情况下才被允许。

23. 在苏格兰法律中,代理人对被代理人具有信托责任。这种关系的特点是信任和忠诚,并具有几个不同的方面。这个问题在律师—被代理人的关系中已经备受学术界关注。如果律师代表被代理人制作一份合同,而律师也是该合同一方当事人,那么该合同对被代理人而言是无效的(*McPherson's Trustees v. Watt* (1877) 5 R (HL) 9)。这就由律师证明为什么该合同不应被宣布无效(*Rigg's Exx v. Urquhart* (1902) 10 SLT 503 per Lord Stormonth－Darling at 504)。但是,交易可能不会无效,如果律师可以证明进入时交易是公平和诚实的;证明不存在不当影响;或者证明被代理人根据披露给被代理人的律师所知晓范围内的所有重要事实,对交易表示完全知情

的同意*(*Paterson and Ritchie*, Law, Practice and Conduct for Solicitors, no. 172)。在房地产代理的情况下,这个问题既有软法管辖又有实际立法管辖。存在几部实务法典,其中最著名的是the Ombudsman's Code of Practice for Estate Agents 和 the Estate Agency Affairs Board Code of Conduct。前者包含避免利益冲突的一般责任,其"……可能并不符合被代理人最大利益"(Ombudsman's Code of Practice,规则9d)。房地产代理商寻求购买被代理人所有财产或者出售代理人所有的财产给被代理人,该房地产代理人有责任,在谈判开始之前,提供所有书面相关事实给该被代理人和尽可能快地给被代理人的律师(Ombudsman's Code of Practice,9b and 9c;又见不动产代理人事务委员会行为准则 the Estate Agency Affairs 4.2)。有关房地产代理人的主要立法,不动产代理法1979包含了类似的义务(s. 21(1))。

24. 在斯洛伐克,根据关于代表的一般规则,任何人不得作为另一人的代理人行为,如果他的利益冲突于被代表之人的利益(民法典第22条第2款)。佣金代理人必须保护委托代理人的已知利益(商法典第579条第1款)。这个问题明确规定于获得证券销售的佣金代理合同:代理人可以通过出售代理人自己的证券给被代理人或者通过购买委任的证券来履行,只要这个已在(书面)合同中被允许(Act on Securities and Investment Services (Act 566|2001 Z. z.), § 33(2))。

25. 关于西班牙,参见上文注释6。

26. 在瑞典,当事人双方可以通过合同允许自己缔约。代理人被允许成为预期合同的一方当事人,只要这项权利遵循合同或者遵循某特定业务范围的贸易惯例。如果代理人作为预期合同一方当事人进入预期合同,代理人有责任告知被代理人这一事实,并且以被代理人利益行为的责任仍保留。(参见 KommL. 第40条到第45条;*Ramberg*, Kontraktstyper, 254;*Tiberg and Dotevall*, Mellanmansrätt9, 99)。

Ⅲ. 在自己缔约的情况下没有价金

27. 在奥地利,自己缔约的代理人无权就提供的服务获得价金或者报销造成的开支。正是在这个方面,没有关于代理人是否在成为预期合同当事人一方之前,已经进入与第三方未成功的谈判(Rummel (－*Strasser*), ABGB I^3, § 1009, no. 21; Straube (－*Griss*), HGB I^3, § 405, no. 1; Straube (－*Schütz*), HGB I3, § 412, no. 2)。

28. 在比利时,根据 De Page 和 Dekkers 的 Traité élémentaire de droit civil belge 一书第二卷,在自己缔约的情况下,对代理合同不再是一个问题。这个问题仅存在作为代理合同目的的预期合同中(*de Page and Dekkers*, Traité élémentaire de droit civil belge V^2, 412)。相反,最近作者们认为被允许的自己缔约是执行代表合同的一个简单方式。因此,代理合同的权利和责任(例如,被代理人支付工资和偿还费用的责任)保留(*Wéry*, Le mandat, 158)。

29. 在保加利亚,在自己缔约的情况下,佣金代理人有权获得规定在佣金代理合同中的报酬的一半(商法典第358条第1款)。

30. 丹麦法律中,在所有可能下,将都授权给自己缔约的代理人主张服务的价金或要求报销产生的费用的权力,即使代理人与第三方未成功的谈判。

31. 在英格兰,只要满足所有有关报酬的条件,没有理由说自己缔约的代理人不应有权获得佣金。这样的解释似乎可能依托 *Wilson v. Short* (1848) 6 Hare 366 和 *Robinson v. Mollett* (1874－75) LR 7 HL 802 案例。

---

* 参见下文第Ⅳ.D－5:102条(双方委托)注释12。——译者注

32. 爱沙尼亚 LOA 第 623 条第 3 款规定由被代理人与服务提供者(代理人)进入的在服务合同履行下的交易不限制服务提供者(代理人)获得报酬和报销费用的权利,如果已遵守 LOA 第 623 条第 1 款的规定。

33. 在芬兰,目前还没有关于这一点的明确的一般规则。除非另有约定,代理人通常有权获得报酬。然而,这取决于具体情况。房地产代理商无权在自己缔约的情况下就履行获得价金(不动产代理法第 20 条)。

34. 在法国,如果被代理人授权代理人成为合同一方当事人,这样看来法国判例法允许代理人有权按照委托下什么是应当的而获得支付。法国学术法律著作认为事实上,在这种情况下,最初的代理保留原来的位置,而与已经成为第二个合同的一方当事人的代理人进入了第二个合同(*Collart Dutilleul and Delebecque*, Contrats civils et commerciaux[7], no. 646)。但是,这一立场不适用,如果双方当事人决定首先终止代理以便能使两人之间订立另一合同(*Huet*, Contrats spéciaux[2], no. 31149)。法国法院并不要求任何先决条件,例如与第三方的交易失败,而它只是被代理人接受代理人成为将会决定他们的位置的合同一方当事人的希望。

35. 在自己缔结的情况下,德国商法典第 403 条授权佣金代理人就服务获得价金和报销费用。

36. 在希腊,如果代理人被允许成为第三方,获得报酬或报销费用的权利的问题的答案取决于引致委托的内部关系。在无偿委托关系中,代理人在任何情况下无权获得价金。至于偿还费用,民法典第 722 条可适用:"被代理人应当约束于偿还代理人就后者达到有条理履行委托而已经花费的一切。"

37. 如果代理人必须以被代理人的名义行为,根据匈牙利民法典第 221 条第 3 款,代理人"不应当继续,如果对立一方或者其他有利害关系当事人是他自己或者同时是由他代表的一人。代理人,如果是一个法人,在存在利益冲突的情况下,在其所代表的个人明确同意下,才应当被允许继续"。因为这项禁止,代理人不能有权获得价金或报销费用。在佣金代理的情况下,民法典第 510 条第 1 款规定"佣金代理人可以自己与被代理人订立销售合同"。在这种情况下,该条的第 2 款规定"佣金代理人对佣金的主张不应当受到影响,如果与被代理人的销售合同是由佣金代理人自己缔结的"。根据民法典第 511 条第 2 款,"佣金应当包括通常涉及寄售的费用,但应当不包括运输费用"。在所有其他情况下,民法典第 478 条第 1 款适用,根据该款"被代理人应当支付适当的服务费用,除非情势或当事人双方之间的关系表明代理人已经假定代理没有任何考量",民法典第 479 条第 1 款的第一句话规定"关于处理事务引起的花费应当由被代理人承担"。

38. 在爱尔兰,Bowstead 和 Reynolds 列出一些没有报酬可支付的情况,包括未经授权的交易;在不当行为或违反责任的情况下;非法交易方面(Bowstead (- *Reynolds and Graziadei*), Agency[18])。在这些一连串的情形中,却没有提到代理人被允许成为第三方的情况。此外,鉴于自己缔约是可被允许的,不一定违反任何信托责任,只要存在全部披露等,这样看来报酬和偿还费用在这些情况下是应当的(*Wilson v. Short* [1848] 6 Hare 366; *Robinson v. Mollett* [1874] LR 7)。

39. 在意大利,自己缔约的代理人仍然有权就提供的服务获得价金和报销产生的花费。

40. 在荷兰,如果自己缔约被允许,该代理人仍保留获得报酬权利(民法典第 7:416 条第 4 款)。然而,如果自己缔约不被允许,代理人通常剥夺了获得支付的权利。不被允许的自己缔约违反了合同,但是被代理人可以决定维持委托合同。在这种情况下,被代理人可以(部分)延迟付款(民法典第 6:262 条)或者从被代理人因代理人违反合同要求的补偿中扣除代理人的报酬(Nieuwenhuis/Stolker/Valk (- *Castermans and Krans*), T & C Burgerlijk Wetboek[7], no. 3090;

Van der Grinten, Lastgeving, no. 34)。

41. 波兰民法典没有在自己缔约的情况下,剥夺代理人报酬或者以任何方式限制报酬的规定。

42. 在苏格兰,如果遵守自己缔约的要求,且合同不是无效的,那么没有理由说代理人应无权就服务获得价金和报销以正常方式产生的费用。

43. 在斯洛伐克,没有明确规定,但是如果合同不是无效的,代理人将有权获得价金。

44. 在西班牙,自己缔约的代理人可能仍有权就提供的服务获得价金和报销产生的费用。

45. 在瑞典,代理人有权获得价金,此必须是与在自己缔约通告时流行的价格一样有利于被代理人(KommL. 第 42 条)。

第Ⅳ.D－5:102 条　双方委托

(1)代理人不得同时作为被代理人的代理人和预期合同中被代理人的相对当事人的代理人行为。

(2)然而代理人可以同时充当被代理人的代理人和预期合同中被代理人的相对当事人的代理人行为,如果

(a)这由双方当事人在委托合同中约定;

(b)代理人已经披露充当预期合同中被代理人的相对当事人的代理人行为的意图,而被代理人:

(i)随后表示同意;或者

(ii)在被要求表示同意或表示拒绝同意之后,没有反对代理人充当预期合同中被代理人的相对当事人的代理人行为;

(c)被代理人已经得知,或者能够合理地被预期已经得知,代理人充当预期合同中被代理人的相对当事人的代理人行为,且被代理人在合理的时间内没有表示反对;或者

(d)预期合同的内容明确确定在委托合同中,以至于被代理人的利益没有被忽视的风险。

(3)如果被代理人是消费者,代理人仅可以同时担任被代理人的代理人和相对当事人的代理人,只有如果

(a)代理人已经披露这个信息,且被代理人已表示明确同意代理人也充当特定预期合同的相对当事人的代理人行为;或者

(b)预期合同的内容明确确定在委托合同中,以至于被代理人的利益没有被忽视的风险。

(4)当事人双方不得,以损害被代理人,排除第三款的适用,或者减损或改变该款的效力。

(5)当且仅当代理人已经按照上述条款行为,代理人有权获得价金。

评 论

A. 综述

这项规则如同第Ⅳ. D－5:101 条（自己缔约）遵循同一个基本原理：假定当代理人同时作为第三方的代理人行为时，存在利益冲突。利益冲突的风险通常排除代理人同时适当地代表被代理人和预期合同第三方。因此，一般规则是不允许代理人如此做。

然而，这项一般规则也存在例外。第 2 款处理的就是此问题。对于消费者来说，采取第 3 款中更严格的办法。这个更严格的规则是强制性的，以保护消费者的利益（第 4 款）。第 5 款处理关于价金支付方面的后果。

B. 主要规则：不允许双方委托

如同自己缔约的情况，利益冲突可能出现在被代理人利益和代理人利益之间，如果后者同时代表被代理人和拟与之订立预期合同的第三方。这种情况在委托关系中有特殊的关联，其中代理人的主要义务是以被代理人的利益行为。所做之选择是为了禁止此作为一般规则的使用，除非利益冲突被排除。

C. 如果冲突排除，一般规则的例外情况

本条的逻辑也依循第Ⅳ. D－5:101 条（自己缔约）的逻辑。通过规定例外，双方委托在当被代理人和代理人之间的利益冲突被排除时被允许。这种方法保护被代理人的利益，因为它防止代理人促进第三方的利益而漠视被代理人的利益。就是这种情况，例如当被代理人同意双方代表，或者当预期合同的内容是那么明确规定在委托合同中，以至于利益冲突被排除。

D. 如果被代理人是消费者的双方委托

该条给予当被代理人是消费者时的利益额外保护。在这种情况下，要求被代理人的书面同意，如果代理人希望代表第三方。在当消费者没有被告知代理人同时作为第三方的代理人行为的事实时，或者当消费者只是在一个预期合同条款中被告知时，消费者可能猝不及防或者甚至感到被出卖，当受委托谈判合同的当事人似乎已经使用，或滥用，这个条款的立场维护起冲突的预期合同另一方当事人的利益。

E. 双方委托情况下的支付

代理人在被允许双方代理的情况下应当有权获得支付。在这种情况下，代理人已经做了所有合同下要求做的并且提供的服务已经导致了预期合同的缔结。由于代理

人被允许作为第三方的代理人行为,被代理人的利益不受危险。根据这些条件,似乎没有理由说代理人不应得到支付。

注　释

Ⅰ.主要规则:不允许双方委托

1. 在比利时,似乎允许服务于两个被代理人(Supreme Court 18 March 2004, RW 2004－05, 303, note *A. Smets*(暗示确认);*Samoy*, Middellijke vertegenwoordiging, 48－49)。不过,一些作者要求两个被代理人都被以明示或默示的方式告知(例如,通过代理人的职业;*Wéry*, Le mandat, 158－159)。

2. 在保加利亚,虽然没有明确禁止双方委托,在法律著作中它被认为是不可接受的,若代理人同时代表预期合同的双方当事人行为(*Mevorah/Lidji/Farhi*, Komentar Ⅲ, 120)。这个结论是从要求中推导出来的,即代理人按照被代理人的利益,在即存的情势下以最可能的方式行为的要求。但在这个问题上存在一些特殊规定。首先,LOA 第 38 条第 1 款禁止直接代理人以被代理人的名义与也由其代表的其他人谈判,除非被代理人已经表示同意。其次,律师协会法第 43 条第 3 款包含对律师的关于代表相对当事人的特殊规则。最后,商事代理人、商业代表和商事代理人* 被全面禁止与被代理人竞争的行为,包括代表被代理人的竞争对手(商法典第 29 条和第 44 条)。

3. 在德国,作为第三方的代理人行为被认为是一个类似于"自己缔结"(Insich－Geschäft);关于权力的法律(民法典第 181 条)因此宣布其一般是不可接受的。关于经纪的法律就没那么严格:民法典第 654 条指出双方委托只有在它违背了经纪合同时才是不可接受的,从而使当合同没有另外(明示或暗示)规定时,双方委托成为了可能的(BGHZ 61, 17; Palandt (－*Sprau*), BGB[66], § 654 no. 4)。

4. 在荷兰,只有在被代理人和第三方间的利益没有冲突时,服务于两个主人才被允许(民法典第 7:417 条第 1 款;Nieuwenhuis/ Stolker/Valk (－*Castermans and Krans*), T & C BurgerlijkWetboek[7], no. 3090－3091; *Van der Grinten*, Lastgeving, no. 35。另见 CA Leeuwarden, 28 December 1994, NedJur 1996, 117。

5. 在苏格兰,作为一般规则,代理人有责任不进入代理人的利益会冲突于被代理人的利益的位置(*Huntingdon Copper and Sulphur Co. Ltd. v. Henderson* (1877) 4 R 294 at 307, per Lord Mure)。为两个被代理人行为可能使代理人违反本规则。然而,双方委托在某些情况下是有可能的,如下文中的评论。

6. 在西班牙,有意见提出了当代理人既为被代理人出售又为给予委托购买的被代理人行为时,自己缔约的禁止不适用(*Castro*, RGLJ 1927, 391)。但是问题仍然存在疑问,而且,鉴于法律对此保持沉默,每一种情况可能取决于最终的利益冲突的可能性。

7. 在瑞典,目前还不清楚双方委托是否被允许。

---

* 商事代理人、商业代表和商事代理人三者之间的区别见第Ⅳ.D－1:101 条(范围)注释 73。——译者注

Ⅱ. 如果被代理人同意或者披露给被代理人情况下的被允许的双方委托

8. 在奥地利，代理人一般也不得作为第三方的代理人行为，因为代理人可能，在存在利益冲突的时候，因促使一方的利益的意图而违反对另一方被代理人的职责。若代理人是为许多缔约方行为的已知类型（例如，房地产代理商或起草合同的律师），它可以被认为是被代理人对此情况表示同意（民法典第 879 条）和并不存在职责的违反（Rummel（ - *Strasser*），ABGB I³，§ 1009，no. 22；*Koziol and Welser*，Bürgerliches Recht Ⅱ¹³，194；Straube（ - *Schütz*），HGB I³，§ 408，no. 8（Doppelvertretung））。

9. 关于比利时，参见上文注释 1。

10. 在保加利亚，直接代理人可以代理预期合同的相对当事人行为，如果被代理人已经表示同意（LOA 第 38 条第 1 款）。律师可以作为两方当事人的代理人行为，如果当事人表示同意且没有相抵触的利益（律师协会法第 43 条第 3 款）。

11. 根据丹麦不动产代理法第 15 条，在当事人合同缔结发生之前，房地产代理商不被允许既代表买方又代表卖方。第 15 条对特殊（但是重要）情况是强制规则。禁止不能毫不保留地被扩展至覆盖代理的其他类型。

12. 在英格兰，由于当代理人自己的个人利益可能冲突于被代理人的利益时而施加于代理人身上的披露责任，披露规则防止代理人进入在相同的交易中一方被代理人的利益可能与另一方被代理人的职责相冲突的位置。这将产生于当律师为一个财产的买方和卖方行为的情况。在这种情况下出现的各自的被代理人的利益将相互冲突的可能性很高，只有知情的同意已经从两个被代理人处获得，代理人才能行为（*Clark Boyce v. Mouat*［1994］1 AC 428）。在这个案例中知情同意被裁定为因得知而给予同意，即得知当事人之间存在利益冲突，得知因此律师可能被禁披露律师自己拥有的关于交易的全部所知给每一方，或者律师可能被禁给冲突于另一方利益的一方提供意见（*Brown*，Commercial Law⁷，116）。同样的义务适用代理人无论是否无偿行为。至于金融领域，规则似乎更严格，但是似乎这将取决于涉及的公司规模。对于大企业，存在的一个风险是，一个部门可能为一被代理人（甲）行为，同时另一部门为另一被代理人（乙）工作，乙的利益将冲突于甲。为了避免这类冲突，金融机构将使用被称为“中国墙”的规则以确保公司一部门的机密信息将不会泄露给另一部门。上议院不得不在 *Bolkiah v. KPMG*［1999］2 AC 222 一案中认为该“中国墙”在保护机密信息中的有效性。如果相同的代理人为两个潜在冲突的被代理人在两个独立的交易中行为，这似乎并不存在问题：*Kelly v. Cooper*［1993］AC 205。在这个案件中，合同被裁定包含一个隐含条款，即代理人会被允许为一个以上的被代理人行为，在当这些被代理人的利益可能相互冲突时，并且代理人在当为竞争的被代理人行为时，会保持收到的机密信息。

13. 在爱沙尼亚，LOA 第 623 条第 1 款中的利益冲突条款既适用于自己缔约的情况，也适用于当代理人（也）作为第三方代理人行为的情况：这个只有在利益冲突的可能性被排除的情况下才被允许。

14. 在芬兰，不存在关于这方面的规定。在文献中，双方委托被认为是不被允许的，只有当被代理人明确接受的情况下，被同一代理人代表的两个或多个客户之间的预期合同才是有效的。如果没有接受，准和同是无效的（*Hemmo*，Sopimusoikeus I2，460 - 464）。如果被代理人同意双方委托，代理人在一般情况下被允许为两个客户行为。仅有代理人的披露是不够的，除非被代理人明确接受双方委托。

15. 在法国，双方委托的假设并没有在有关代理的立法中被设想，但是这个情况有时规定在

具体立法中(例如,关于公证员的 Decree of 26 December 1971 第2条和关于律师的 Decree of 27 November 1991 第155条第1款)。至于保险代理人,这个假设毫无困难地被接受(Req. 26 November 1928, S. 1929, 1, 94; CA Paris 8 May 1981, GazPal 1981, 2, 801)。法律学术作家没能同意这个问题,而且法国法院采取了谨慎的立场。一般情况下,双方委托被接受,只要它是完全透明地实施(例如,参见涉及一房地产代理商的案件:Cass. civ. 1re 13 May 1998, Bull. civ. 1998, I, no. 169; RTD civ 1998, 927)。也可以假设在缺乏透明的情况下,在双方代理中,与第三方订立的合同可能以被代理人为名被避免(合同可以是无效的,但不是合同一定无效)。这个会基于代理人的未能满足公平交易的义务(参见 *Malaurie/Aynès/Gautier*, Contrats spéciaux Ⅷ[3], no. 566)。疏忽行为也可以被作为理由对抗代理人。

16. 当事人双方可以约定偏离德国民法典第181条,允许双方委托。没有形式上的要求适用。民法典第181条最后还宣告当代理人履行的法律行为"仅构成一项义务的履行"时,是可被接受的双方委托,例如一项已经存在的执行行为的法律义务——在这种情况下,利益冲突是不可能的,因为在代理人被牵涉之前,代理人只做了被代理人已经不得不做的。

17. 根据希腊民法典第235条第1款,代理人不得以被代表之人的名义,以第三方代理人的身份,执行一份契约,除非该契约已经由被代表之人(明示或默示)授权,或者除非它只构成一项义务的履行(Georgiades and Stathopoulos (– *Doris*), Art. 235 no. 1)。

18. 如果代理人不得不以被代理人的名义行为,根据匈牙利民法典第221条第3款,"代理人不应当继续,如果对立一方或者其他有利害关系当事人是他自己或者也是由他代表的一人。代理人,如果是一个法人,在利益冲突的情况下,在其所代表之人明确同意下,应当才被允许继续。"如果代理人没有以第三方的名义行为,他可能也作为第三方代理人行为,但是具有告知被代理人这一事实的义务(民法典第277条第5款)。此外,民法典第474条第2款规定"代理人必须履行被代理人的指示,代表有关授予其权力的被代理人的利益"。同时,民法典第477条第1款规定"代理人应当应要求或者,如有必要,即使没有被要求,告知其被代理人他的行为和事务状况,特别是如果雇佣另一人已经成为必要或者如果指示因新情况的发生而需要变更"。在佣金代理的情况下,民法典第510条第1款规定"佣金代理人可以自己与被代理人订立销售合同"。由于遵循这些原则,在这个方面,与被代理人和/或第三人是否是消费者是没有关系的。

19. 在爱尔兰,作为对被代理人履行的信托责任的一部分,代理人不得允许个人利益冲突于被代理人的利益。英格兰规定这项职责可由一个明确的或暗示的合同条款排除(例如,*Kelly v. Cooper* [1993] AC 205; *Henderson v. Merrett* [1995] 2 AC 145)。爱尔兰法院是否会允许这种排除,还有待观察。大部分的案例涉及代理人的处于与被代理人冲突的位置。有趣的问题出现在,当代理人处于这个位置时,一方被代理人的责任可能冲突于另一方被代理人的责任。在英格兰案例 *Kelly v. Cooper* 中,房地产代理商A,为两个被代理人行为,P和X,他们所有两个相邻的房产。双方都指示A出售他们的房产。A带T参观了这两处房产,T同意购买X的房产。T随后向P提出要约购买他的房产。P不知T已经同意购买X的房产,接受了T的要约。当P发现T已经同意购买X的房产,他辩称他要是知道这个事实,他本来应当能够为他的房产谈判一个更高的价钱,因为很明显地,T希望获得这两个房产。P认为A违反了其信托责任,因为他未披露T已经同意购买X的房产,并且把他自己置于一个使其对两个被代理人的职责相互冲突的位置。P就失去的谈判一个更高价格的机会主张损害赔偿。枢密院认为代理人依据合同行为的,他的信托责任的范围由合同确定。由于众所周知,房地产代理商可能为一个以上的被代理人行为,在这

种情况下,代理合同包含一个隐含条款,即代理人会被允许为一个以上的被代理人行为,而他们的利益可能构成竞争,代理人也被允许为其他被代理人行为时,保留收到的机密信息。根据这些事实,合同不得包括阻止代理人为其他被代理人行为的条款。这个决定已具有广泛影响,因为代理人为一个以上的被代理人行为的情况越来越普遍,例如财务顾问和律师,特别是随着公司越来越大。在 *Clarke Boyce v. Mauot* ([1994] 1 AC 428)一案中,枢密院更进一步地认为律师有权为同一交易中的双方当事人行为,甚至当他们的利益可能会起冲突时,只要其获得两方当事人的知情同意。英格兰法院对合同当事人在"无冲突规则"之外缔约的能力的承认,反映了现代商业实务。然而,批评家们指出把一切都交给明确的或隐含的合同条款从而否定了信托义务的重要性的危险。

20. 在意大利,作为一项规则,代理人可以代表两个或两个以上的被代理人行为。然而,如果被代理人具有相抵触的利益,其可能导致利益冲突的,则要求有第一个被代理人的同意(优先规则)。因此,如果为被代理人行为的代理人打算也为第三方行为,代理人必须通知第一个被代理人这个情况,以便收到被代理人的授权。如果授权没有授予,代理人应拒绝第二个委托。

21. 在荷兰,只有当在被代理人和第三方之间没有利益冲突时,才允许服务于两个主人(民法典第7:417条第1款;Nieuwenhuis/ Stolker/Valk (– *Castermans and Krans*), T & C BurgerlijkWetboek[7], no. 3090–3091; *Van der Grinten*, Lastgeving, no. 35)。如果被代理人不是在业务过程中行为,在代理人被允许服务于两个主人之前,要求被代理人的书面批准(民法典第7:417条第2款;*Haak and Zwitser*, Opdracht aan hulppersonen, 161)。如果在这种情况下,代理人没有收到被代理人的书面批准,服务两个主人的,代理人将违反合同(*Castermans and Krans* loc. cit. no. 3091; *Van der Grinten* loc. cit. no. 36)。

22. 在波兰,只有在被代理人已经同意或者对被代理人的利益不存在危险时,双方委托才被允许。

23. 苏格兰律师被禁止为两个利益相互冲突的不同当事人行为(*Begg*, Treatise on the law relating to law agents, 363; Solicitors (Scotland) Practice Rules 1986, rule 3)。不过,只要没有冲突,就不存在为两个当事人行为的阻碍。利益冲突规则非常复杂,在此不充分展开。这个问题同时由 the Code of Conduct for Scottish Solicitors 2002 regulation 3 and the Solicitors (Scotland) Practice Rules 1986 调整。前者规定,在选择为两个当事人行为时,律师必须考虑到在将来产生违反保密性和削弱独立性的任何可能的风险(Code of conduct for Scottish solicitors 2002 regulation 3)。不同类型的代理人,经纪人,也有为两个被代理人行为的受限的能力。经纪人已被定义为"……受限的代理人,其被雇用于在贸易、商业或航行的事务中,在其他人之间产生交易或者订立合同"(Encyclopaedia of the Laws of Scotland 1926, para 553)。一般认为,经纪人可以成为双方当事人的代理人(Encyclopaedia of the Laws of Scotland 1926, para 553)。各种各样的规定其成员的行为的房地产代理法典全部载有利益冲突的规定(Ombudsman's Code of Practice regulation 9a;Estate Agency Affairs Board Code of Conduct 4.1.4 and the National Association of Estate Agents Rules of Conduct regulation 10)。

24. 在斯洛伐克,责成律师拒绝为一人履行法律服务,如果他或她已经在相同的或者相关联的事务中,为另一人(客户)履行法律服务,且客户的利益与所涉之人的利益相冲突。

25. 在瑞典,当事人双方可以达成一项双方委托。它也可能遵循惯例。存在双方委托被允许的案例。一个例子就是拍卖行,其既作为卖方的代理人又作为买方的代理人行为;无论是卖方还

是买方都支付给佣金代理人出售价格的一定比例的佣金（参见 *Håstad*, Den nya köprätten[3], 302）。

Ⅲ. 双方委托被允许下的价金的权利

26. 在保加利亚，不存在明确的规则。法律学说认为，代理人从预期合同的双方代理人处获得报酬，这是不可接受的（*Mevorah/ Lidji/Farhi*, Komentar Ⅲ, 120）。

27. 在芬兰，如果预期合同有效，代理人一般有权收取服务费用和报销花费。但是，房地产经纪人代表购买双方当事人，其只有权收取一份价金（不动产代理法第20条）。

28. 在法国，在透明双方委托的情况下，代理人通常按照各个订立的代理合同，有权获得双份报酬和获得偿还所有花费。如果双方委托不是透明的，存在一些情况，即代理人肯定会被认为承担责任，并且引起的损害赔偿会对抗任何代理人可能应得的报酬和偿还。然而，这个情况，还没有被法国判例法确定，此类诉讼也不是常见的。

29. 在德国，如果双方委托是被允许的，那么代理人有权获得价金。对于经纪合同，民法典第654条明确宣布如果双方委托违背了经纪合同，无论是价金还是花费都不可以被主张，从而表明在可被允许的双方委托的情况下，经纪人保留要求价金的权利。

30. 在爱尔兰，鉴于双方委托可被允许且不必然地违反任何信托责任，只要存在完全披露等的，这样看来报酬和补偿在这种情况下是可支付的。

31. 在荷兰，如果双方委托被允许，代理人有权获得报酬。如果根据民法典第7:417条第1款和第2款，双方委托不被允许，例如，如果被代理人没有给予书面批准，代理人无权要求价金（民法典第7:417条第3款；Nieuwenhuis/Stolker/Valk（ – *Castermans and Krans*），T & C Burgerlijk Wetboek[7], no. 3091；*Van der Grinten*, Lastgeving, no. 37；*Haak and Zwitser*, Opdracht aan hulppersonen, 163）。

32. 波兰民法典不存在任何条款会在双方委托的情况下以任何方式剥夺或者限制代理人报酬。

33. 在苏格兰，如果为双方当事人行为被允许，关于报酬的普通规则适用。

34. 在斯洛伐克，在商业代表的情况下，如果代理人，作为商事代理人或者作为经纪人，为与被代理人已经达成商业交易的当事人行为，代理人不能主张佣金和约定的费用补偿的权利（商法典第659条第3款；参见第647条第1款关于经纪合同）。

35. 在瑞典，代理人有权为服务获得价金以及报销费用。即使在无论双方委托是否被披露，它可能导致双重报酬的情况下。

第六章　未履行终止之外的通知终止

第Ⅳ.D－6:101 条　一般通知终止

(1)任何一方当事人可以随时给予另一方通知以终止委托关系。

(2)为了达到第一款目的,撤销代理人的委托被视为终止。

(3)委托关系终止没有效力,如果代理人的委托根据第Ⅳ.D－1:105 条(不可撤销委托)是不可撤销的。

(4)终止的效力由第Ⅲ－1:109 条(变更或通告终止)第 3 款管辖。

(5)当给予通知的当事人终止关系被证明是正当的,如此做没有应付损害赔偿。

(6)当给予通知的当事人终止关系被证明是不正当的,尽管终止具有效力,但是按照第三编的规则,另一方当事人有权要求损害赔偿。

(7)为了达到本条目的,给予通知的当事人终止关系被证明是正当的,如果该当事人:

(a)根据合同明确条款,有权终止关系,并满足合同中规定如此做的任何要求;

(b)根据第三编第三章第五条(终止),有权终止关系;或者

(c)根据本章中的其他任何条款,有权终止关系,并满足该条款中规定如此做的任何要求。

评　论

A. 综述

首先,本条规定任何一方当事人的终止通知具有终止委托关系的效力(第 1 款)。根据第一编关于通知的一般规则,当终止通知到达对方,或者如果通知中规定当通知中指定的一段期间届满,终止具有效力(第Ⅰ－1:109 条(通知)第 3 款)。终止的效力受第三编第一章关于通知终止合同关系的效力中的一般规则管辖。这意味着,终止只具有预期效力,必须归还某些利益(第Ⅲ－1:109 条(变更或通知终止)第 3 款),但是不影响为解决争端的条款或其他委托关系终止但继续存在的条款。

通知导致委托关系终止,不论给予通知一方根据合同中的明确条款,或是根据根本未履行而终止的规则,或者是根据本章的任何其他规则,例如关于合理的时间长度给予通知终止长期关系的规则,是否有终止关系的权利。如果存在这样的终止权利,并且该终止的要求满足(即如果终止在第7款所指范围内被证实是正当的),因终止关系而支付的赔偿(第5款)。然而,如果根据合同明确条款,或根据根本不履行规定或同等条款,或者根据本章中的其他任何规则,不存在终止的权利,受害方将有权要求损害赔偿(第6款)。这也适用于如果行使其他终止权利的要求没有满足的情况——例如,如果要求通知的一段合理期间,但是该要求没有达到,而只给予了一段不合理的通知期间。由于委托关系结束,受害方没有权利要求根据委托合同具体履行义务,即不能强迫不当终止委托关系的当事人继续履行。然而,受害方可以要求具体履行有关解决争端的义务和其他仍继续存在于委托关系终止的义务。这遵循第Ⅲ－1:109条(变更或通知终止)第3款(b)项的一般规则。

根据第2款,代理人的委托撤销通告将被视为由被代理人终止委托关系的通告。

B. 除非委托是不可撤销的,否则终止通知将被认定为有效

终止通知原则上始终有效。终止通知在任何情况下均造成委托关系的终止,不论根据任何其他规则,当事人是否有权终止。

与第三编中一般规则的关系。在第Ⅲ－1:109条(变更或通知终止)第1款中的一般规则是合同关系可以由各方当事人通知终止"当由调整它的条款规定时"。本条就是这样条款的一个例子。它是一个默认规则。当事人双方可以在合同中纳入一个不同的条款——例如,规定通知终止将只发生在一段规定长度的期间之后。然而,鉴于委托合同的性质,这类条款不常见,因为它不会为被代理人的利益。

委托关系的特点,有其坚实的信任和信心的基础,表明一旦当事人之一已经表明终止委托关系的意图,当事人不应被迫继续关系。例如,若是代理人被要求在发出通知后一段期间后仍需继续履行,有人可能会质疑代理人实际上是否在这段期间内非常积极地促进、谈判或缔结预期合同。同样的,有一个关于在发出立即终止关系的通知之后,没有把被代理人置于一个另一方可能影响被代理人法律地位的情况的激烈的讨论。在此之后,给继续委托关系以强制化的坚实的信任和信心基础就不存在了。

在不可撤销委托的情况下,没有终止。通知终止总是有效。然而,该规则存在一个例外,不论终止条件是否已经满足。这就是根据第Ⅳ.D－1:105条(不可撤销委托),委托是不可撤销的情况。如果终止一个不可撤销委托是可能的,那么不可撤销的后果就会很容易通过通知终止被规避。这正是不可撤销中没有预定的。因此本条第3款排除通知终止在不可撤销委托情况下的有效性。

C. 未遵守终止的正常要求只与损害赔偿责任相关

存在一些情况,其中委托关系一方当事人根据其他规则有权通知终止关系,而不

承担支付如此做的赔偿。第 7 款列出了这些意图的相关情形。一个这样的情形是,合同本身赋予明确终止的权利,大概在给予一个合理的通知期之后。另一个情形是,已经存在另一方当事人的根本不履行(或者可等同的情形)合同义务。参见第三编第三章第五条(终止)。其他情形列于本章。就涉及被代理人来说,相关规定是第Ⅳ.D－6:102 条(当关系长期持续或者当委托是为一特定任务时,由被代理人终止),该条适用于委托关系并非是不可撤销的,并且委托合同是无期限的或者是为了一特定任务;第Ⅳ.D－6:103 条(因特殊且严重的原因由被代理人终止)。根据上述两条,必须给予通知。在第 1 条下,必须具备一个合理长度的通知期间,根据第 2 条,必须存在一个特殊且严重的理由立即终止合同关系。至于代理人,第Ⅳ.D－6:104 条(当关系长期持续或者当委托是无偿的时,由代理人终止)和第Ⅳ.D－6:105 条(因特殊且严重的原因由代理人终止)载有类似规定。如果这些条文的要求得到遵守,对希望终止的当事人不存在赔偿责任(第 5 款)。如果它们没有被遵守,那么终止在本条下根据通知终止的条款仍然有效,但是将由发出通知的当事人支付损害赔偿(第 6 款)。

D. 撤销代理人的委托意味着委托关系的终止

撤销代理人的委托导致由被代理人终止委托。通过撤销委托,被代理人撤走了委托关系内容最重要的部分,作为结果,整个委托关系因此告终。出于这个原因,第 2 款明确规定撤销代理人的委托被视为第 1 款中的通知终止。

被代理人被允许撤销委托从而终止委托关系的事实,并不意味着撤销总是"免费的"。由于撤销委托被认为是终止,第六章的规则适用。这意味着终止在任何时候都有效,但是当代理人并没有犯根本不履行或者且有同等效果的,被代理人没有特殊且严重的理由撤销或者没有达到终止长期合同关系的合理长度的通知期,那么被代理人会被要求根据本条第 5 款支付赔偿。

当被代理人亲自或者由其他代理人订立预期合同,这暗示撤销代理人代表被代理人缔结预期合同的委托(参见第Ⅳ.D－1:104 条(委托的撤销)第 2 款)。根据本规定的第 2 款,撤销被认为是通知终止。由于在被代理人亲自或者由其他代理人缔结预期合同的情况下,被代理人实际上按照提到的任何规定无权终止合同关系,而终止了合同关系的,按照第Ⅲ－3:702 条(赔偿的一般措施)其将不得不支付赔偿。

E. 赔偿的计算

当被代理人根据第 7 款,在没有证明终止委托关系是正当的情况下,终止了委托关系,当因此需支付赔偿时,计算赔偿的一般规则开始适用。根据第Ⅲ－3:702 条(赔偿的一般措施),代理人有权得到被代理人的委托合同义务被适当履行的情形下,尽可能接近的一个代理人应当置于其中的位置。在这方面,应当指出的是,如果委托合同已订立为无期限或者为一特定任务,那么——除非当事人双方已经有效免于适用第Ⅳ.D－6:102 条(当关系长期持续或者当委托是为一特定任务时,由被代理人终

止)——被代理人可能随时通过给予合理长时间的通知终止委托关系。在这种情况下,代理人遭受的损害不是代理人不能缔结预期合同的事实,而是没有遵守通知期,因此代理人在委托合同还有效的存续期内丧失了能够缔结预期合同的机会的事实。在这些情况中,第Ⅲ－3:702条(赔偿的一般措施)的意图是用金钱数额代替通知期。损害赔偿将代替合理的通知期,是可支付的。当合同订立为有期限的,那么将赔偿在委托合同存续期间丧失订立预期合同的机会。

F. 终止的返还的效果

终止的返还的后果列于第4款中。该款的效力是第三编第三章第5条第4小条的一般规则将适用。这些规则要求其他人履行合同义务而收到任何利益的一方当事人返还该利益。如果利益是可移交的,必须通过移交实现返还。如果是不可移交的,那么必须支付该利益的价值。(第Ⅲ－3:510条(返还履行收到的利益))。由于代理人在其已经付出的履行范围内收到的任何利益,通常是不能被转交的,被代理人将不得不支付已经收到的任何履行的价值,但是该支付在终止时还不是应支付的。如果其在终止时已经是应支付的,那么它会继续保持应支付,因为终止只具有预期效力。

计算到期支付的方法规定在第Ⅲ－3:512条(利益价值的支付)中。当价款在合同下是可支付的时,基本规则是到期支付的是实际履行价值(已经收到但是在终止时还不是可支付的)与以承诺履行的价值为基础的比例的价格(第Ⅲ－3:512条第2款)。当代理人工作的每小时或每天的价款在合同下是可支付的,应支付的将会参考该价款的计算。然而,当价金只有在预期合同成立时才是应支付时,通常将很难说代理人有权要求任何的返还款。然而,这种比较,会在承诺的是什么(结果)和提供的是什么(无结果)间。这个意味着,如果在这种“无结果,无报酬”的情况中,代理人在结果达到之前没有证明终止正当而终止关系,代理人则将毫无所获。如果被代理人在结果达到之前没有证明终止正当而终止关系,则代理人将得不到任何返还款,但他将有权就失去订立预期合同的机会获得赔偿。如果代理人已经在缔结预期合同的,则这些赔偿将接近或者甚至等同于应当支付的佣金的数额。

注　释

Ⅰ. 通知终止

1. 在奥地利,代理人的权力可以随时由被代理人的明确撤销而终止(民法典第1020条)。合同关系终止的问题是与权力终止的问题相同的。不存在特殊的商业规则,因此共同规则适用于佣金代理业务的终止或者货运代理的终止(参见民法典第918条及以下,第1020条、第1022条、第1024条和第1447条)。

2. 在比利时,被代理人可以随时因任何原因或者没有任何理由撤销代表权力。由被代理人亲自缔结合同被认为是一种无声的撤销(*de Page and Dekkers*, Traité élémentaire de droit civil

belge V[2], 462)。

3. 在保加利亚，如果当事人一方结束委托，当另一方得知时(包括收到通知)或者可能已经意识到结束时合同结束(LOA第290条；*Vassilev*, *L.*, Obligazionno pravo, 30)。不存在关于通知期长度的一般规则；当事人双方自由在其合同中规定。对于同样类别的委托合同的通知期长度的特别规则是存在的(例如商法典第47条第1款)。

4. 在英格兰，很明显，被代理人可以终止权力并且代理人可以随时放弃权力，该撤销/放弃将是有效的，即使因此违反合同，在这种情况下有过失一方承担赔偿责任。单方终止的规则如下：首先，必须区分内部关系(被代理人/代理人)规则和外部关系(被代理人/第三方)规则。在内部关系中，被代理人必须通知代理人权力结束：*Re Oriental Bank Corp. ex p Guillemin* (1884) 28 Ch. D 634, *Simpson* (*Robert*) *Co. v. Godson* (1937) 1 DLR 454。尽管如此，必须提到两个古老的决定：*Smith v. Jenning* (1610) Lane 97, 145 ER 329和*Anon.* (1700) 12 Mod 409, 88 ER 1415(正如在*Brown*, Commercial Law[7], 218一书中提及的)，其表明撤销可以是通过被代理人的一个与代理人权力持续不符的行为而被暗示的，况且该持续与代理人的通知有关。此外，对于某些代理人(如地产代理商)不要求通知：*Nelson* (*EP*) & *Co. v. Rolfe* (1950) 1 KB 139。在外部关系中，权力撤销仅对第三方有效，当第三方有实际的撤销通知，被代理人仍可受表见代理的约束。被代理人没有提供代理人通知期的义务，但是同样的，没有合同是永远持续的。如果不定期合同的双方当事人没有提供通知，法院可能意指一个合理通知：*Martin - Baker Aircraft Co. v. Murison* (1955) 2 QB 556。

5. 在法国，一般规则是因一个小小的迹象(*ad nutum*)就可撤销，即随时、没有具体原因以及没有任何补偿的权利(民法典第2004条)。不需要给代理人发出具体的通知，除非终止是因为对同一交易任命新的代理人(民法典第2006条)。

6. 根据德国民法典第671条第1款，当通知到达代理人时，委托关系终止生效，民法典第130条第1款(MünchKomm (- *Seiler*), BGB[4], § 671 no. 3)。

7. 在匈牙利，即使代理合同可撤销性受到限制，被代理人可以在执行合同期间随时从代理人处撤回代理权，并且有权亲自缔结预期合同(或者执行预期的其他法律行为)。在佣金代理的情况下，民法典第512条第2款规定"任何限制或排除撤销权应当无效"。根据民法典第223条第2款，"代理权应当有效直到其被撤回，除非另有规定；关系到善意第三人的撤回应当只有在其被通知时才具有操作性"。参见案例Supreme Court Pfv. IX. 22.281/2005, in EBH 2006/1426。

8. 在爱尔兰，作为一般规则，任何一方当事人可以终止合同关系(虽然该终止可能导致违反合同)，按照合同中的任何通知期，或者如果合同对此保持沉默的，应为合理通知。

9. 在荷兰，根据民法典第7:408条第1款，被代理人可以随时结束委托关系。没有关于通知的具体规则，但是如果关系是持续不确定期间，任何一方当事人可以通过发出合理时间长度的通知终止关系。然而，根据民法典第7:408条第1款和第7:422条第1款，被代理人一般可以不给予合理时间长度的通知，随时结束委托关系，规则是强制的(民法典第7:422条第2款)，而代理人只能因特殊且严重的原因如此做(民法典第7:402条)。

10. 在波兰，当终止通告到达另一当事人，委托关系结束(民法典第746条和第61条)。

11. 在苏格兰，虽然被代理人必须向代理人传达撤销代理人权力的事实(*Gow*, Mercantile and Industrial Law of Scotland, 536, relying on English authority, *Re Oriental Bank Corp. ex p Guillemin* (1884) 28 Ch. D 634)，但被代理人无须提供代理人一旦届满撤销生效的通知期间，除非要么

(1)此期间在被代理人和代理人合同的条款中约定；要么(1)在这些情况下，缺乏合理通知会给代理人造成“严重损害”(*Gow*, Mercantile and Industrial Law of Scotland, 536, relying on English authority, *Martin – Baker Aircraft Co v. Murison* [1955] 2 QB 556)。

12. 在斯洛伐克，在民事关系中，被代理人和代理人总是有权终止关系。直到代理人得知权力的撤销，代理人的法律行为都具有法律后果，如同权力继续有效。如果代理人终止关系，代理人仍然受履行立即要求的法律行为的约束，因为有必要避免损害被代理人的权利；从而履行的行为具有相同的法律效力仿佛代理继续，除非它们与被代理人的安排发生冲突(民法典第33b条)。在商事关系中(B2B)，代理人可能终止合同关系，并且在通知交付给被代理人之月的下一个月底终止将生效，除非通知交付之期接着发生于通知之后(商法典第575条第1款)。被代理人也可能随时部分或者全部终止委托；除非通知条款另有规定，通知将于代理人得知或可能得知的那天开始生效(商法典第574条第1款和第2款)。

13. 在西班牙，被代理人可能随时终止或者撤销委托(民法典第1733条)。如果撤销给代理人利益造成损害或者如果撤销是基于不合法原因，代理人将有权利获得赔偿(*Lete del Río*, Derecho de obligaciones Ⅲ[4], 413)。不过，终止在任何情况下从代理人被告知一刻起有效(民法典第1735条和第1738条)。代理人也可终止关系，但须符合一定的条件：(1)代理人必须告知被代理人(民法典第1736条第1款)；(2)如果被代理人遭受损失，代理人必须赔偿被代理人，除非代理人因为继续委托将对代理人引起严重的损害而终止(例如，代理人生病、被代理人拒绝预先支付或者当事人双方不友好的关系)(民法典第1736条第2款)；(3)代理人必须继续履行直到被代理人可以采取必要措施以适应新情况(民法典第1737条)。正如被代理人终止的情况，代理人的终止通告在任何情况下有效。

14. 在瑞典，如果通知期在合同中约定，当该期间届满，合同关系结束。如果没有约定该期间，当通知到达另一方当事人(除非通知指向另一具体日期)时，关系结束立即生效。这遵循一般合同法原则。

Ⅱ. 撤销委托被认为是终止

15. 在奥地利，代理人的权力可能随时由被代理人的明确撤销而终止(民法典第1020条)。合同关系的终止问题与权力终止的问题是相同的。不存在特殊商业规则，因此普通规则适用于佣金业务的终止或者货运代理的终止(参见民法典第918条及以下，第1020条、第1022条、第1024条和第1447条)。

16. 在比利时，撤销可以是明示的或暗示的。由被代理人缔结的预期合同被认为是无声的撤销(*de Page and Dekkers*, Traité élémentaire de droit civil belge V[2], 462)。

17. 在保加利亚，被代理人有权利随时通过单方面通知代理人撤销委托(LOA第288条；*Vassilev, L.*, Obligazionno pravo, 29)。从当代理人得知或者可能得知撤销时起(LOA第288条；Vassilev, L. loc. cit. 30)，这个撤销终止合同关系(*Vassilev, L.* loc. cit.; *Goleva*, Obligazionno pravo[2], 239; *Mevorah/Lidji/Farhi*, Komentar Ⅲ, 170)。

18. 在英格兰，当被代理人撤销代理人的权力时，这相当于终止代理人和被代理人的关系。

19. 法国民法典给予被代理人就一个小小的迹象终止代理人权力的可能性，即在任何时候、没有具体理由、没有任何补偿的权利(民法典第2004条)。终止可能因通知代理人为同一交易任命了新的代理人而发生(民法典第2006条)。但是，被代理人必须告知任何可能的第三合同方该撤销，以便通知对他们有约束力(民法典第2005条)。

20. 在德国,撤销授予代理人的权力是否也产生委托关系的终止是一个撤销通知解释的问题:民法典第 168 条作出了相反的规定,当基本法律关系结束时,权力结束,但不存在关于权力撤销对委托关系存在的效力的一般规则。

21. 在匈牙利,即使代理合同的可撤销性受到限制,被代理人可以在合同执行期间随时从代理人处撤回代理权,并有权亲自缔结预期合同(或者执行预期的其他法律行为)。一般来说,撤销代理权不被认为是代理关系的终止。

22. 在爱尔兰,由于代理是协商一致的关系,如果任何一方当事人撤回同意,代理可能被终止。当被代理人撤回同意,被代理人被说成是“撤销”代理人的权力。对撤销不要求形式要件。撤销是有效的,即使是违约的情况下。例如,代理人的任命为一个固定任期的权力可能在任期届满前被撤销,撤销将有效终止代理人实际的权力。然而,当代理关系可被有效终止时,其他的责任可能出现。例如,代理人可能继续有表见代理,从而使被代理人约束于第三方。此外,在任期届满之前撤销可能会导致被代理人的违约责任(例如,赔偿失去赚取佣金的机会),除非证明另一方违约在先。当代理人被任命为无限期的,代理可以根据通知终止协议的任何规定终止。在没有任何明确条款的情况下,通常会暗示代理可以被任何一方以合理通知终止。

23. 在荷兰,被代理人被允许撤销代理人的委托。但是,也是存在限制的,如果委托按照民法典第 7:422 条第 2 款是不可撤销的(Nieuwenhuis/Stolker/Valk (- *Castermans and Krans*), T & C Burgerlijk Wetboek[7], no. 3096; *Haak and Zwitser*, Opdracht aan hulppersonen, 157; CFI Roermond 11 February 1999, NedJur 1999, 607; HR 29 September 1989, NedJur 1990, 307)。

24. 在波兰,不存在这一问题的具体规定。由于代理人在撤销之后不得开展代理职责,它应该被视为等同于终止的效力。

25. 在苏格兰,全部撤销代理人的委托,会等同于终止代理关系(参见 *Stair*, The Laws of Scotland, Reissue “Agency and Mandate”, paras. 25 and 183)。

26. 在斯洛伐克,终止权力的规定(外部方面)应当被适用于终止代理关系(内部方面);民法典第 731 条意味着撤销权力和终止委托关系之间的一个紧密的联系。权力撤销绝对终止合同关系。这同样适用于商业关系。

27. 在瑞典,撤销权力被认为是终止代理人的任命,只要代理人知道撤销。

Ⅲ. 对于代理人支付的终止后果

28. 在奥地利,如果被代理人终止关系,代理人有权获得报酬或价金的比例部分,报销产生的任何费用,以及获得遭受的损失的赔偿(Rummel (- *Strasser*), ABGB I[3], § 1020, no. 2 - 8e and 3 1021 no. 15 - 26)。普通的民法典规则适用于佣金业务或货运代理的终止(参见民法典第 918 条及以下,第 1020 条,第 1022 条,第 1024 条和第 1447 条)。

29. 在比利时,撤销具有从现在开始的效力(effect *ex nuns*)但是无溯及力。被代理人必须偿还过去的费用和代理人的损失,并支付相应比例的工资(*Tilleman*, Lastgeving, 304 - 305; *Wéry*, Le mandat, 215 and 273)。

30. 在保加利亚,由被代理人单方面撤回委托合同并不剥夺代理人的报酬(如果已有报酬规定)和报销费用(LOA 第 288 条第 1 款)。佣金代理人有权为代表被代理人缔结预期合同而获得报酬和报销费用直到合同关系结束(商法典第 360 条)。由委托代理人单方面终止合同并不排除商事代理人获得报酬的权利,如果委托代理人继续享受由代理人建立的客户带来的利润,除非终止是因代理人的过错造成的(商法典第 47 条第 3 款参见第 40 条)。

31. 在英格兰,终止并不影响代理人在终止前产生的任何权利,即佣金、赔偿、违约的诉权等。如果由被代理人的终止相当于违约,代理人将仍有权就该违约提起诉讼,要求赔偿损失。一旦代理人收到终止通知,代理人之后所做的任何行为不约束于被代理人,并将不会产生佣金、赔偿等。

32. 在法国,如果终止是基于因独立于双方当事人的原因委托不能再履行的事实,法国法院认为通常应支付的报酬可能因此仅限于已经被履行的合同部分(Cass. com. 21 December 1981, Bull. civ. 1981, Ⅳ, no. 450)。如果委托因不可抗力而没有履行,会认为报酬将是不可支付的。在任何情况下,代理人将有权获得已经产生的费用的偿还。但是,在终止委托的情况下,对不支付代理人的补偿存在一些限制,例如,在被代理人滥用自由终止代理的权利时(Cass. civ. 1re, 2 May 1984, Bull. civ. 1984, I, no. 143),在终止一个固定期限的代理时(终止必须基于适当的理由;参见 Cass. civ. 1re, 28 January 2003, Bull. civ. 2003, I, no. 27),以及代理合同规定在单方面终止情况下的补偿时(Cass. civ. 1re, 6 March 2001, Bull. civ. 2001, I, no. 56)。共同利益代理(agency d' intérêt commun)形成了一特殊类别,其从 19 世纪末就已被法院区别开来。在这种情况下,委托可自由终止,但是必须补偿代理人在作出具体努力以在委托履行中开展业务中或者惯例中遭受的损失。

33. 根据匈牙利民法典第 478 条第 4 款,“服务费用在合同灭失时应当是可支付的”。

34. 在爱尔兰,代理的终止并不影响现有的责任。例如,代理人有权任何在终止前已赚取的佣金,有权就在终止前已产生的责任的任何应当的补偿。代理人也可有权在代理终止后就履行的合同获得佣金,当合同已先于终止开始履行。无通知的终止将被证明是正当的,如果另一方当事人已经严重违反合同。在其他情况下,无通知的终止,或者没有满足协议要求的完整的通知,将终止代理人的权力,但是若代理是合同可产生违约责任。通常,这将是由解聘的代理人对抗被代理人的主张。违反合同被解聘的代理人可就如果合同能够被履行而没有履行所损失赚取佣金的机会要求损害赔偿。如同任何就违约要求索赔,索赔人将必须证明赚取佣金机会的损失不是微不足道的,并将不得不减少损失。

35. 在荷兰,虽然被代理人可以不给予合理时间长度的通知,随时结束代理,这并不改变代理人根据民法典第 7:411 条第 2 款有权获得薪金的事实。显然,个别情况应予以考虑。

36. 在波兰,代理人有权获得部分报酬和赔偿所有产生的费用。代理人只有在无“重要原因”终止合同时,才有权就损失提出主张(民法典第 746 条)。

37. 在苏格兰,由被代理人的终止将不损害代理人在报酬和/或佣金、救济和因违约的损害赔偿方面的生成的权利(*Stair*, The Laws of Scotland, Reissue “Agency and Mandate”, para. 114; *Gow*, Mercantile and Industrial Law of Scotland, 536)。然而,作为一般规则,代理人无权就在被代理人已经终止代理关系之后收到的订单获得佣金(*Stair* loc. cit.; *Black*, Principal and Agent, para. 518)。若撤销阻止了代理人完成未完成的交易,被代理人也受减除代理人遭受的任何损失的约束(*Stair* loc. cit. para. 183)。

38. 在斯洛伐克,在民事关系中,若委托已由被代理人撤销,被代理人有责任赔偿代理人在撤销前产生的所有费用、遭受的损失,以及就已履行的工作或部分的工作应当的报酬,如果其是应当的。同样的可能适用于由代理人终止的情况。在商业关系中,代理人有权获得费用的补偿,以及就通知生效之日前适当地提供的服务,获得比例部分的报酬。

39. 在西班牙,终止代理的权利并没有使被代理人解除返还所产生的费用的义务和支付就因提前终止所遭受的任何损失的损害赔偿的责任(TS 3 March 1998, RAJ 1998/1129)。TS 3 March

1998, RAJ 1998/1129 一案指出,若已经约定了服务的价金和明确的时间,被代理人无权自由终止委托。

40. 在瑞典,当被代理人终止关系,代理人有权就已经履行的工作获得支付。

Ⅳ. 通知终止始终带来终止

41. 在保加利亚,当事人一方向另一方发出的单方面通知终止总是结束合法关系。然而,合法单方面结束关系的先决条件,对被代理人和对代理人是不同的。前者,作为"合同的主人",有权随时给予通告(LOA 第 288 条),而后者只能因"严重原因"结束关系(LOA 第 289 条;*Vassilev, L.*, Obligazionno pravo, 29-30)。除非另有约定,佣金代理人不被允许单方面结束代理,除非被代理人已经违约(商法典第 359 条第 1 款)。商务代理人和被代理人被允许以平等条件单方面结束他们的关系(商法典第 47 条第 1 款,第 2 款)。

42. 在英格兰,当一方发出终止通知,但是未遵守合同规定的通知期,这通常相当于实质性毁约(repudiatory breach);通常的普通法规则适用(*Atlantic Underwriting Agencies Ltd. v. Compagnia di Assicurazione di Milano SpA* [1979] 2 Lloyd's Rep 240)。因此,在普通法中,拒绝履行其义务(repudiation)* 只具有结束合同关系的效力,如果其被另一方接受。这因此是取决于代理人拒绝履行其义务与否。如果代理人不接受,合同关系仍然存在。然而,在实践中,如果代理人希望就违反合同义务要求损害赔偿,接受拒绝履行其义务和结束关系,这是对代理人有利的。

43. 在法国,赋予当事人双方自由解除代理的规则是一个强制性的公共政策。双方当事人不得有效约定代理将不可撤销。在实践中,合同中存在题为"不可撤销"的条款,但这会被解释为仅引起对代理人的赔偿(Cass. civ. 1re, 5 February 2002, Bull. civ. 2002, I, no. 40),并不会阻止被代理人亲自进行交易(Cass. civ. 1re, 16 June 1970, D. 1971, 261)。

44. 根据德国民法典第 671 条第 2 款,如果代理人的撤销委托被宣布违反这项规定的要求,其也是有效的(Palandt (-*Sprau*), BGB[66], § 671 no. 3)。但是,被代理人有权提出赔偿要求。

45. 根据匈牙利民法典第 483 条第 1 款、第 2 款和第 4 款,"被代理人应当有权随时废除合同,并立即生效;然而,被代理人应当有责任维护已经由代理人承担的义务。代理人也应当有权随时废除合同;然而,通知期必须足以使被代理人能够处理事务。在被代理人严重违反合同时,废除可以立即生效。任何限制或者排除取消权应当是无效的;但是,双方当事方应当就持续代理,有权约定取消权的限制"。对于佣金代理,民法典第 512 条规定"先于缔结销售合同,被代理人应当有权通过通知终止合同,并立即生效,而佣金代理人有 15 天的通知期。任何限制或排除解除权应当无效"。

46. 在爱尔兰,作为一般规则,任何一方当事人可终止代理关系(虽然该终止可能会构成违约),按照合同中的任何通知期,或者,以一合理通知终止代理关系,如果合同保持沉默的。无效

---

* 拒绝履行义务(repudiation):拒绝履行义务的情形可以表现为债务人声明其打破承诺的意图,从而给予了债权人解除合同的权利和立即提起损害赔偿诉讼的权利。拒绝履行义务的情形还可以表现为债务人的积极性为,即自愿地将自己置于真实的或表见的无能力履行其承诺之下,在此情形中,不取消之所涉合同。(*Restatement* (*Second*), *Contracts*, § 250)。——译者注

根据法国法,répudiation 是对已经获得的权利的放弃、对生成的权利的舍弃,或对其拥有的某一资格的舍弃。(*Cornu Gérard*, Vocabulaire juridique[8], PUF, 784)。——译者注

终止通常会构成一种拒绝履行义务或者预期违约。

47. 在荷兰,根据民法典第7:408条第1款和第7:422条第1款,被代理人一般可以无须给予合理时间长度的通知,随时结束关系,规则是强制性的(民法典第7:422条第2款),而代理人仅可以因特殊且重要的原因如此做(民法典第7:402条)。

48. 在波兰民法典中不存在类似的规则。当事人双方如果有权如此做,其只能终止合同关系。

49. 在苏格兰,当被代理人的通知终止在不符合代理合同条款的情况下作出,通知将没有立即终止的效力(假定其并没有因代理人根本违反而给予)。通过要求通知期,双方当事人会在普通规则之外订约,被代理人可以随时终止。然而,无效的通知终止通常会构成由被代理人拒绝履行义务(实际上是一个被代理人不再希望受合同约束的声明),此会提供代理人终止关系和要求损害赔偿的选择。其通常是在代理人的利益下行使这个选择,因为一旦被代理人的通知发出,关系会不稳定和不理想。这同样适用于相反的情况,即如果代理人似乎希望终止关系,但是没有满足合同要求的通知期的。

50. 在斯洛伐克,在商业关系中,代理人终止的通知期必须被遵守,如果双方当事人无其他约定;通知期期满,合同终止。在其他情况下,通知立即生效;唯一的限制可能是商事代理人有义务采取预防性措施,如有需要。

51. 在瑞典,通知导致合同结束(立即生效或者在通知期之后生效)。

Ⅴ.通知期没有满足:获得赔偿的权利

52. 在比利时,如果合同规定通知期,而这个期限没有被坚持,代理人可以有权利基于违约获得损害赔偿。

53. 在保加利亚,当代理人想就“严重的原因”单方结束委托合同,代理人有责任在适当的时间通知被代理人;否则,代理人可能承担由被代理人遭受的损害赔偿责任(LOA第289条)。

54. 在英格兰,如前所述,如果被代理人未给予所需的通知期,代理人将通常有权视此为预期违约,终止关系,以及就该违约主张损害赔偿。

55. 在法国,如果合同中规定的通知期未被遵守,代理人可以基于违反合同有权利要求损害赔偿。

56. 根据德国民法典第671条第2款,被代理人有权要求损害赔偿如果代理人以不合时宜的方式撤销了委托合同。

57. 根据匈牙利民法典第483条第3款,“如果无充分理由取消代理,应当补偿造成的损失,除非代理是无偿的,并且通知期足以使被代理人能够处理事务”。根据最高院第3/2006号关于法律统一适用的决定,民法典第483条第3款也适用于被代理人,“如果无充分理由取消有偿代理并立即生效,给代理人造成的损失应当由被代理人补偿”。参见案例CA Jász-Nagykun-Szolnok Megyei Bíróság 4. Gf. 16-00-000016/12, in BDT 2002/577。

58. 在爱尔兰,不遵守通知期或者未提供合理通知的是违反合同,因此遭受的损失是可支付的。

59. 在荷兰,如果关于通知期的合同要求未被被代理人遵守,代理人根据民法典第7:411条有权获得报酬;如果是代理人没有遵守有关要求,为此又没有特殊且严重的原因的,合同关系将不会终止。

60. 在波兰,如果双方当事人无权终止合同关系,那么他们不得这么做。

61.在苏格兰,如上所述,当被代理人无故使用终止通知,又没有满足代理合同规定的有效通知的要求,代理人通常将有权视此为拒绝履行义务,并届时将有终止关系和要求损害赔偿的选择。应该指出的是未满足通知期通常本身不会是义务的不履行。某一期间的要求通常是正当的——是要求但不是义务——未遵守的制裁是通知的无效。

62.在斯洛伐克,商业关系中必须遵守代理人终止的通知期。

63.在瑞典,如果双方当事人已经约定通知期,而一方当事人没有遵守该期间,这构成不履行,另一方当事人可就此要求赔偿损失。

第Ⅳ.D－6:102条　当委托关系长期持续或者当委托是为一项特定任务时,委托可由被代理人终止

(1)被代理人可以随时发出合理长时间的通知,终止委托关系,如果已缔结的委托合同是无明确期限的或者是为了一项特定任务。

(2)如果委托是不可撤销的,第1款不适用。

(3)当事人双方不得以损害被代理人排除本条的适用,或者减损或更改本条的效力,除非满足第Ⅳ.D－1:105条(不可撤销的委托)设定的条件。

评　论

A.综述

遵循第Ⅲ－1:109条(变更或者通知终止)的办法,本条提供被代理人终止无明确期限的委托关系的方式,即通过发出合理长时间的通知。本条遵循普遍公认的原则,即没有人可以永远用合同约束另一人。但是,本部分还将被代理人通知终止的权利扩展到了缔结的合同是为了一项特定任务的情况。对于这种解决方式的理由是,这类合同可能会导致一种关系,其中各方当事人永远受彼此的约束,因为它不确定何时或者是否预期的结果将会实现。

B.当是无确定期限合同时,通过合理时间长度的通知终止

允许被代理人使进入无确定期限的委托关系结束(甚至无须特殊又严肃的理由),只要被代理人提前一个合理时间通知终止决定,以便保证代理人有时间适应新的形势。

不论期间是否合理,都必须根据相关情况来确定。这些将包括合同已经持续的时间、代理人在履行合同中已经作出的努力和付出的投资、可使代理人获得另一合同的时间,以及任何有关的惯例或实务操作。

C. 为一项特定任务的合同的终止

为一特定任务订立的委托关系当特定任务完成时终止(例如,当预期合同订立时)。因此,这并非是订立为无确定期限的合同,而是有一个明确期间的合同,尽管不确切知道明确的届满日期之事实。根据第Ⅳ.D－6:101条(一般通知终止),在约定的日期届满之前(即具体日期或者预期的结果实现的日期)终止有明确期限合同的被代理人,原则上承担损害赔偿责任,除非有提前终止的其他正当理由。

然而,根据本条,被代理人有权发出合理长时间的通知,终止为一项特定任务订立的委托关系,并有权如此做而不承担损害赔偿责任。虽然这类合同会被划分为一个有明确期限的合同,但是认为其具体特征证明了随时发出通知终止的权利是合理的。确实,由于不确定何时预期的结果将会实现或者甚至是否将会最终实现,双方当事人可能事实上被关涉一个无明确期限的合同,特别是当代理人没有违反委托合同的义务,未缔结预期合同的情况——在这种情况下,委托关系也不得因为未履行而终止。然而,根据本条不允许被代理人立即终止:必须给代理人合理长时间的通知,以便提供一些适应新形势的时间。

示例

被代理人委托地产代理商出售被代理人房产,未具体规定在哪个时间内要完成该委托。一年半后,房屋仍然没有被出售,即使被代理人已经两次给予地产代理商降低价格的指导。此刻,市场上房屋销售数量大幅下降,房地产市场也似乎将不会迅速恢复。出于这些原因,被代理人最终决定不再继续试图出售房产。

在这种情况下,被代理人可以发出一个合理通知期,终止委托关系,而不会因此而产生损害赔偿责任。

D. 如果委托不可撤销,则不得终止

出于显而易见的原因,本条第2款规定被代理人在第1款中的终止权利在不可撤销委托的情况下不适用。

E. 规则的强制特征

被代理人的终止无明确期间的委托关系或者终止为一项特定任务的委托关系的权利是强制性的,有利于被代理人——不论被代理人是消费者还是从事业务的。若双方当事方不能终止订立为无明确期间的委托关系,则事实上合同是永久的,这在许多法律制度中被认为是违反公共政策或者善良风俗的。此外,若双方当事人可以排除终止委托关系的权利,这无疑会造成在遵循本条时,对"特殊又严重的理由"概念的延伸,从而使被代理人逃避合同,甚至不用必须满足合理长时间的通知期。基于这些原因,不允许双方当事人减损本条法律效力继而对被代理人造成损害。这种思想表述在第3

款中。

注　释

Ⅰ. 由被代理人终止

1. 对于奥地利，这个问题被涵盖在被代理人的一般终止权利中。参见前条注释 1。

2. 根据比利时民法典第 2004 条，被代理人总是可以就一个小小的迹象撤销代理的权力，即无须动机、无须时期或通知（*de Page and Dekkers*, Traité élémentaire de droit civil belge V², 460 - 462; *Foriers and Glansdorff*, Contrats spéciaux, 639; *Tilleman*, Lastgeving, 301 - 305; *Wéry*, Le mandat, 267 - 273）。这与代理合同是不是有偿的无关（例如，Supreme Court 28 June 1993, Pas. belge 1993, I, 628 and RW 1993 - 94, 1425, note *A. Van Oevelen*）。作为一种单方法律行为，撤销没有必要由代理方接受而有效（*de Page and Dekkers* loc. cit. 462 - 463; *Tilleman* loc. cit. 281 and 290 - 291）。撤销必须被通知给代理方，只有当代理方得知或者应该得知撤销时，撤销才将有效。对通知没有形式要求的适用（*Tilleman* loc. cit. 283 - 285; *Wéry* loc. cit. 272）。根据民法典第 2005 条，撤销只能在第三方已经得知之后，才被援引对抗第三方（*Wéry* loc. cit. 272）。撤销具有从此时开始的效力：代理方丧失了对未来的权力。先于撤销订立的合同继续有效（*Tilleman* loc. cit. 298 - 299; *Wéry* loc. cit. 273）。无溯及力也意味着被代理人有责任偿还过去的费用和代理方的损失，并支付相应比例的工资（*Foriers and Glansdorff* loc. cit. 640; *Tilleman* loc. cit. 304 - 305; *Wéry* loc. cit. 215 and 273）。

3. 作为一般规则，在保加利亚，被代理人可以随时且无需任何理由撤销与代理人的委托关系（LOA 第 288 条第 1 款）。这项规则既适用于无偿合同也适用于有偿合同，同时它也适用于无明确期限合同或有固定期限合同（*Vassilev, L.*, Obligazionno pravo, 29; *Goleva*, Obligazionno pravo², 239）。被代理人可以明确发给代理人单方面通知结束合同，被代理人也可以亲自或者由另一代理人缔结预期合同以暗示结束合同（*Mevorah/Lidji/Farhi*, Komentar Ⅲ, 176）。内部委托关系被认为从当代理人知道或者可能知道撤销时终止（LOA 第 290 条；*Vassilev, L.* loc. cit. 30）。代理人不丧失获得报酬（若此已规定）和报销费用的权利（LOA 第 288 条第 1 款）。

4. 除了商事代理人和推销员法中的特殊（强制）规则外，丹麦法律没有载有，当代理合同订立为无明确期限的，且不能由缔结预期合同来结束时，关于被代理人和代理人之间合同终止的具体规则。如果双方当事人没有另外约定，被代理人有权随时给予代理人终止通知使合同结束。在这些情况下，代理人无权要求赔偿，即使代理被代理人的期间曾被预计持续更长时间。代理人可以就在代理期间内产生的费用要求赔偿。

5. 在英格兰，根据撤销的一般原则，被代理人可以在权力被全面行使之前，给予通知，撤销代理人的权力（*Hampden v. Walsh* (1876) 1 QBD 189）。这项"无拘无束的撤销"规则（*Brown*, Commercial Law⁷, 216）适用，甚至当代理被描述为不可撤销的情形（*Vynior's case* (1609) 8 Co Rep 81b, 77 ER 597）。在无明确期限合同情况下，被代理人必须给予代理人撤销通知，因为代理人的权力不会结束直到收到实际的撤销通知为止（*Re Oriental Bank Corpn, ex p Guillemin* (1884) 28 Ch. D 634）。一旦代理人得知撤销，任何未来的行为均无效，代理人丧失未来的报酬权利和补偿权利。然而，如果被代理人的撤销通知违反了合同，代理人将有权损害赔偿。如果代

理人是一位雇员,那么他也可能要求赔偿不公平解雇或要求一笔遣散费。对于为一项特定任务签订的合同,可以接受的是,在性质上合同往往是单方面的,即代理人并没有履行任务的义务,而被代理人只有在当代理人实际履行任务时才受支付的约束。在这些情形中,代理人接受被代理人随时撤回任务的风险,直到代理人履行了被要求的任务,因此他承受了不被支付的风险:*Luxor* (*Eastbourne*) *Ltd. v. Cooper* [1941] AC 108(地产代理案)。即使这似乎是地产代理合同的正常解释,相反的这属于明确或暗示的条款,如同在 *Alpha Trading Ltd. v. Dunnshaw－Patten Ltd.* [1981] QB 290 一案中澄清的,其中抵押合同被认为是限制被代理人随时撤回的自由。在固定期限合同中,一个在期限届满之前试图终止的行为构成实质性毁约,代理人有权要求损害赔偿(例如,*Turner v. Goldsmith* [1891] 1 QB 544)。基于这样的情况,除非由另一方当事人的一个更早的违反行为证明终止是正当的:*Boston Deep Sea Fishing and Ice Co. v. Ansell* (1888) 39 Ch. D 339。

6. 在爱沙尼亚,被代理人可以,要是代理人的内部关系由(一般)服务合同管辖,随时终止合同;终止无须特殊原因(LOA 第 630 条第 1 款)。在终止的情况下,代理人有权就直到终止为止提供的服务获得价金(LOA 第 195 条)和报销产生的而未由提供服务的价金涵盖的花费(LOA 第 628 条第 2 款)。如果合同订立为明确期限的合同,它只能因重要理由时先于该期限届满之前终止(LOA 第 631 条),即如果希望终止协议的当事人不能被期望继续履行。如果合同订立为一方当事人的一生或者为一长于 5 年的期限,一旦从合同缔结之日起 5 年期满前至少提前 6 个月通知,被代理人有权利终止合同(LOA 第 630 条第 3 款)。

7. 在芬兰,如果合同要求特定的个人信任(例如,对法律服务的委托),被代理人有权无须任何终止理由随时取消委托合同。在这些情况下,代理人通常有权只就已经履行的任务收取服务费用。另外,终止权应当根据委托的类别和其他情况认定。被代理人通常有权于合理的通知期取消委托合同,除非合同订立为明确期限的合同(商事代理人和销售员法第 22 条和第 23 条)。不动产代理法载有涉及在当合同对被代理人来说已成为不合理的不利情况下,终止委托关系的条款(第 6 条)。代理人通常有权获得约定的服务费用,如果终止不是基于代理人的不履行。如果缔结的预期合同或者一些其他行为是服务费用的前提条件,而如果在委托合同终止时,该合同没有被缔结或者其他行为尚未行动,代理人则通常无权获得报酬。代理人有权就产生花费获得赔偿。

8. 在法国,被代理人可以就一个小小的迹象终止合同,即随时、无需具体理由并且不用承担支付赔偿的任何责任(民法典第 2004 条)。终止甚至可以因通知代理人就同一交易任命新的代理人而发生(民法典第 2006 条)。但是,被代理人必须告知任何可能的第三合同方该撤销,以便对其有约束力(民法典第 2005 条)。关于代理人的报酬,如果委托因不可抗力没有履行,它被认为是没有应当支付的报酬。如果委托在其取消前被部分履行,法国法院认为通常应支付的报酬则可限于已经履行的合同部分(Cass. com. 21 December 1981, Bull. civ. 1981, Ⅳ, no. 450)。在任何情况下,代理人将有权报销已经产生的花费。代理人要求赔偿的可能性取决于取消的情势和委托合同的类型。法院早已区别了共同利益代理的特殊类型(各方的共同利益),其是可自由终止的,但是要求补偿代理人在履行委托时为发展业务或依据惯例时已经作出的具体努力。要求赔偿的其他理由是被代理人滥用自由终止的权利(Cass. civ. 1re 2 May 1984, Bull. civ. 1984, I, no. 143),终止固定期限的代理(Cass. civ. 1re 28 January 2003, Bull. civ. 2003, I, no. 27. － Cass. civ. 3e 27 April 1988, Bull. civ. 1988, Ⅲ no. 80),以及终止含有在单方面终止的情况下给

予补偿条款的代理(Cass. civ. 1re 6 March 2001, Bull. civ. 2001, I, no. 56)。

9. 在德国,无偿委托关系可以随时终止(民法典第671条第1款)。有偿关系的终止(Geschäftsbesorgungsvertrag)由关于服务合同或工程合同的法律规制。服务合同规则允许被代理人终止也允许代理人终止(民法典第621条)。终止期取决于支付服务提供者报酬所依据的时间框架。根据服务合同,在特定时间段后不被支付的,该种服务合同可以随时取消。此外,当存在一个使当事人不可接受继续合同的重要原因,任何一方有权终止不论任何终止期限(民法典第626条)。另外,终止是可能的,即使没有重要原因,当合同需要"一种通常基于特别信任而指定的较高类别"的服务(民法典第627条第1款)。这往往是代理合同订立的情况。

10. 在希腊,在无偿委托关系的情况下,被代理人有权随时撤销委托。相反的协议是无效的,除了如果委托也涉及代理人的利益或者第三方的利益(民法典第724条)。如果撤销在委托完成之前发生,则它导致合同的取消。如果它发生于部分委托已经履行之后,撤销只涉及委托的将来履行(*ex nunc*)。限制的合同协议或者行使撤销权的要求只有在委托也涉及代理人或者第三方利益时才可以订立(ErmAK(－*Kapodistrias*), Art. 724 no. 3－22)。代理人的撤销导致代理被代理人的权力中止。由于委托合同的无偿特征,关于代理人价金的问题不会出现。被代理人只是有责任报销代理人先于委托撤销产生的费用。然而,在规定于Code of Attorneys(legislative decree no. 3026/1954)第170条中的律师和当事人之间的强制有偿委托的情况下,这个问题就出现了。如果委托撤销是不可证明正当的,被代理人应当履行所有对律师的合同义务,比如支付报酬。如果撤销证明是正当的,被代理人应当仅支付先于委托撤销的报酬或者产生的花费(*Kapodistrias* loc. cit. no. 31; Supreme Court decision no. 1/1987, EEN 1987, 783)。

11. 根据匈牙利民法典第483条第1款,"被代理人应当有权随时废除合同,并立即生效;但是,被代理人应当有责任维护已经由代理人承担的义务"。民法典第478条第3款规定"如果合同在代理完成前终止,代理人应当有权就其活动要求适当比例的服务费用"。这与被代理人是否是消费者是无关的。在佣金代理的情况下,根据民法典第512条,"先于销售合同的订立,被代理人应当有权通知终止合同,并立即生效,而佣金代理人则是15天的通知期。任何限制或者排除解除权应当是无效的"。同时,在这种情况下,民法典第511条第1款也适用,根据该款"佣金代理人只有在当销售合同已经履行时,才应当有权收到佣金"。

12. 在爱尔兰,当代理人被任命为不确定期限的代理,按照通知终止的协议中的任何规定,代理可以被终止。在缺乏任何明示条款的情况下,通常将会意味着代理可以被终止,由任何一方,基于合理通知。

13. 根据意大利民法典第1723条第1款,"被代理人可以撤销委托,但是如果已经约定委托应当为不可撤销的,他承担赔偿责任,除非撤销是因一个正当理由作出"。涉及由被代理人终止的一般原则是自由撤销授予代理人的权力,而不可撤销合同被认为是这项一般规则的例外。如果代理人有权价金,民法典第1725条规定"具体说明时间期限的有偿委托或者具体说明交易的有偿委托的撤销,使被代理人承担损害赔偿责任,如果撤销是在时限期满之前或者是在交易完成之前作出,除非就撤销存在正当理由"。因此,被代理人的自由撤销有偿合同是受以下两个可替代条件的约束:合理通知或者正当理由。在缺乏的情况下,被代理人必须支付代理人的损害赔偿。

14. 在荷兰,被代理人一般被允许随时终止委托关系,无须给予合理通知(民法典第7:408条第2款和第7:422条)。只有在当双方当事人已经约定拟履行的委托合同以代理人的利益或者

以第三方的利益的例外情况下,委托关系才不得由被代理人自由结束。

15. 在波兰,被代理人始终有权由于“重要原因”撤销委托。缔约方不可以违背这项规则(民法典第 746 条第 3 款)。被代理人基于其他理由终止合同的权利可以被排除。

16. 在苏格兰,被代理人有权随时结束无限制期间的代理(除非代理如下解释是不可撤销的)。(*Stair*, Institutions I^{10}, 12, 8; *Erskine*, An Institute of the Law of Scotland Ⅱ(3), 3, 40; *Gow*, Mercantile and Industrial Law of Scotland, 536; *Walker v. Somerville* (1837) 16 S 217)。当合同是固定期限的就不是这样的,被代理人在约定的时期期满之前终止将构成违反合同(*Black*, Principal and Agent, para. 551)。被代理人终止的权利也可以作为一个创建代理合同的事务而被排除(*Galbraith and Moorhead v. Arethusa Ship Co. Ltd.* (1896) 23 R 1011)。尽管当局在这一点上含混不清,似乎被代理人必须向代理人传达终止(*Erskine* loc. cit.)。尽管如此,若终止阻止了代理人完成交易,被代理人受减轻代理人遭受的任何损失的约束,而事实上,一旦代理人已经被如此减轻损失,终止也只可成为可能(*Erskine* loc. cit.)。终止受到代理人其他生成的权利的约束,例如支付报酬或佣金,或者因违反合同的损害赔偿(*Gow*, Mercantile and Industrial Law of Scotland, 536; *Galbraith and Moorehead v. Arethusa Ship Co Ltd* (1896) 23 R 1011)。

17. 在斯洛伐克,被代理人始终有权终止合同关系,没有任何条件限制(民法典第 33 条 b)。关系委托终止的问题与权力终止的问题是一样的(参见第Ⅳ.D－6:101 条(一般通知终止)中的注释)。若委托已经由撤销终止,则被代理人有义务补偿代理人所有撤销之前产生的花费和赔偿撤销之前遭受的损失,以及如果就代理人履行的工作的任何报酬都是应当的,则支付该工作或该工作的部分。在商业关系中,客户也可以随时部分或全部终止委托。除非通知条款另有规定,通知在代理人已经或者可能已经了解它之日起生效。代理人有权获得花费的补偿,以及在通知生效之前适当提供服务的报酬的适当部分(商法典第 574 条)。

18. 在西班牙,被代理人可以随时终止委托关系(民法典第 1732 条)。一些法律作者认为,在有偿委托合同中,基于权利滥用的理论或者民法典第 1258 条诚实信用原则,终止意味着被代理人必须支付代理人损害赔偿(Sierra Gil de la Cuesta (– *Hernández Gil*), Código Civil Ⅷ², 512)。然而,根据 Lete del Río,被代理人将不得不赔偿代理人,如果被代理人终止为了损害代理人利益,或者如果终止是基于非法理由(*Lete del Río*, Derecho de obligaciones Ⅲ⁴, 413)。暗示撤销的情况下,即被代理人亲自缔结合同或者通过其他代理人缔结,是否能被视为合法理由或者在诚实信用原则范围内的理由,是值得怀疑的。关于判例法,参见 *Díaz – Regañón*, La resolución unilateral del contrato de servicios, 75 ff)。

19. 在瑞典,当合同订立为无明确期限,被代理人可以随时没有原因的终止合同关系,通常立即生效。代理人只能就合同下已经履行的工作要求合理的赔偿(*Bengtsson*, Särskilda avtalstyper I^2 153; *Hesser*, Immateriella upptragsavtal, 30)。

Ⅱ. 若委托是不可撤销的,不得终止

20. 关于比利时,参见第Ⅳ.D－1:105 条(不可撤销委托)的注释。

21. 在保加利亚,即使当委托合同被认为是不可撤销的,被代理人也可以随时单方面结束它(参见第Ⅳ.D－1:105 条(不可撤销委托)的注释)。

22. 在英格兰,如前所述,“不可撤销代理”的概念有点复杂,并且非常详细且精确。代理人的权力将在两种实例中是不可撤销的:(1)当其与属于代理人的利益相结合时,即“权力是为了安全的目的而授予”(*Smart v. Sandars* [1848] 5 CB 895, 918 per Wilde CJ)以至于安全与权力彼此紧

密联系,或者(2)当授权委托书是为了保证利益或某种义务的安全,而授予受赠人;为了撤销权力,则要求受赠人的同意(委托授权书法 1971 年第 4 条)。

23. 关于法国,参见第Ⅳ.D－1:105 条(不可撤销委托)的注释。

24. 在爱尔兰,代理可能是不可撤销的,例如(1)当代理人被授予“有利益的权力”,也就是说当代理人被授予权力和个人利益,比如被代理人欠代理人钱,而给予代理人权力出售财产,从而生成资金以支付债务;或者(2)根据 1996 年委托授权书法,当授权委托书明确载明“持续”或不可撤销的。

25. 在荷兰,如果委托是处理以代理人的利益或以第三方的利益履行法律行为,缔约方可以约定被代理人不得终止关系(民法典第 7:422 条第 2 款)。在这种情况下,委托是不可撤销的。参见 *Van der Grinten*, Lastgeving, no. 49; Nieuwenhuis/Stolker/Valk (－*Castermans and Krans*), T & C Burgerlijk Wetboek[7], no. 3096－3097。

26. 波兰法律不承认不可撤销委托。

27. 在苏格兰,当代理,实际上,是不可撤销委托或者为他自己的利益的委任(procuratory in rem suam),被代理人无权在不经过代理人同意的情况下就终止代理(*Black*, Principal and Agent, para. 551)。

28. 在斯洛伐克,不可撤销的委托是不被允许的。

Ⅲ. 规则的强制性质

29. 关于比利时,参见第Ⅳ.D－1:105 条(不可撤销委托)的注释。

30. 关于保加利亚,参见第Ⅳ.D－1:105 条(不可撤销委托)的注释。

31. 爱沙尼亚法律区分了内部关系(从委托合同中产生)和外部关系(权力)。对于外部关系,可授予代理人不可撤销的权力。然而,法律规定此作为强制性规则,该权力可因重要原因被撤销。对于内部关系,双方当事人可以约定排除终止委托协议(终止规定是默认规则;LOA 第 5 条)。

32. 关于法国,参见第Ⅳ.D－1:105 条(不可撤销委托)的注释。

33. 根据德国民法典第 671 条第 1 款,双方当事人不得有效排除被代理人的终止委托关系的权利,除非(无偿)委托合同的缔结也服务于代理人的利益,且这些利益同被代理人的利益一样重要(gleichwertig)(BGH WM 1971, 956; Palandt (－*Sprau*), BGB[66], § 671 no. 2)。

34. 在荷兰,允许被代理人始终终止关系的规定(民法典第 7:408 条第 1 款对于多数委托,根据民法典第 7:422 条第 2 款,是强制性规则。然而,在不可撤销委托被法律承认的情况下,缔约双方可以约定被代理人不得终止委托(民法典第 7:422 条第 2 款)。参见 *Van der Grinten*, Lastgeving, no. 49; See Nieuwenhuis/ Stolker/Valk (－*Castermans and Krans*), T & C Burgerlijk Wetboek[7], no. 3096－3097。

35. 波兰法律不承认不可撤销委托。

36. 在斯洛伐克,不可撤销委托是不被允许的。

第Ⅳ.D－6:103 条　被代理人因特殊且严重的原因终止

(1)被代理人可以因特殊且严重的原因,发出通知,终止委托关系。

(2)不要求通知期。

(3)为了本条的目的,在缔结委托合同之时,双方当事人本来打算某人履行代理人委托合同下的义务,而该人的死亡或丧失行为能力构成一个特殊且严重的原因。

(4)若被代理人的继承人根据第Ⅳ.D－7:102 条(被代理人死亡),终止委托关系,本条经适当修改适用。

(5)双方当事人不得以损害被代理人或被代理人继承人排除本条的适用,或者减损或改变其法律效力。

评　论

A. 综述

本条介绍了一项被代理人立即终止委托关系的权利,而无须遵守通知期、无须支付损害赔偿。当存在一个特殊且严重的、证明终止正当的理由时,可以行使这项权利。终止是由被代理人通知代理人终止委托关系的决定。终止委托关系的特殊且严重的原因,可以在异常的情况下出现。第 3 款和第 4 款提到两种被归为特殊原因而终止的情况。这条规则具有强制性特征。

B. 特殊且严重原因的非完全清单

本规定在第 3 款和第 4 款中指出了两种情况,其将被视为特殊的原因来证明终止的正当性:死亡或丧失能力的人。在缔结委托合同时,双方当事人本来打算履行代理人委托合同下的义务(第 3 款),以及对被代理人死亡,由被代理人的继承人终止(第 4 款)。这份清单并非旨在提供一些详尽列举的、证明立即终止正当的原因。一个原因是否被认定具有特殊性,是否证明立即终止的正当,是要逐案确定的。

当被代理人不再相信代理人以被代理人的最佳利益行为,已经对代理人失去信任时,可能发生被代理人因特殊且严重的原因终止。例如,当代理人违犯了暗示或明示的保密义务时,这可能发生。这对被代理人也可能是一个特殊且严重的终止原因,如果代理人要实现的结果对被代理人来说变得毫无意义。

示例

Marco订立了一份委托合同，其中他委托Julka完成购买银行多数股份的谈判任务。在接下来的一周，涉及Julka的一宗诈骗案在全国性报纸头条报道。不论这些指控是否真实，Julka的商业信誉已经严重受损，Marco不再信任Julka与银行业主适当谈判的能力。即使不存在代理人的不作为，在这些情况下，被代理人不期望继续允许代理人处理交易。

然而，没有任何规定，规定无论何时被代理人对代理人有理由失去信任和信心，存在一个严重且特殊的终止委托关系的原因。明确的规则可能诱使被代理人认为，已失去信心和信任，只是就能逃避必须遵守的通知期或者事后防止必须就错误地终止委托关系且立即生效而支付损害赔偿。因此认为，最好是由法院基于第一款的一般规定来决定。

C. 没有通知期

如果确实是存在一个特殊且严重的理由，其证明终止关系是正当的，终止应立即生效。在这种特定的情况下，发出通知的一方不被要求遵守任何其他条件，除了通知另一方终止的决定。特别是，不需要遵守通知期，正如遵照第2款。它遵照了第Ⅰ-1:109条（通知）中关于通知的一般规则，其中不存在有关通知的形式要求。

D. 相较于不履行终止

在很多情况下，当被代理人有一个特殊且严重的理由终止合同关系，也将存在一个代理人义务的根本不履行，允许被代理人终止。委托关系根据本条终止，并不赋予被代理人损害赔偿的权利，而这通常将是被代理人因根本不履行而终止合同关系的情形。

E. 相较于情势变更的规则

在某些情况下，第Ⅲ-1:110条（情势变更时，由法院更改或终止）可能可被适用。如果是这种情况，当事人双方会被期望开始谈判，以改变合同条款使其适应或是终止合同关系。如果谈判失败，则由法官在适应和终止之间做决定。而根据本条（以及第Ⅳ.D-6:105条（代理人因特殊且严重的原因终止）的相应规定），不希望继续履行的当事一方可以终止，立即生效。有特殊且严重理由终止的一方，解除试图与另一方谈判和打官司的负担，以使关系结束。

F. 规则的强制性特征

因特殊且严重的原因终止委托关系的权利是强制性的，正如第4款中的表述。如果因特殊且严重的原因终止的权利在实践中意味着任何其他物品，它也只能是强制性的，不可能合理地成为非强制性的，否则双方当事人通过标预期合同条款可以有效排

除其适用。这事实上将意味着诚实信用原则的排除,本条强调了此项。

注　释

Ⅰ.因特殊且严重的理由,由被代理人终止

1. 根据比利时民法典第2004条,被代理人总是可以由一个小小的迹象,即无任何动机,撤销代理权力。

2. 在保加利亚,被代理人有权随时无任何理由结束委托合同(LOA第288条第1款)。

3. 在英格兰,遵循被代理人的自由撤销,被代理人无须具有一个特殊且严重的、通告终止关系的理由。如果被代理人具有这样的原因,即代理人收受贿赂或者代理人犯有严重违反之罪,这将会使被代理人即刻终止关系,因此无须遵守通知。

4. 在爱沙尼亚,委托合同的任何一方当事人有权因重要原因终止关系。没有通知期的要求(LOA第631条)。

5. 在芬兰,在一般情况下,缔约方有权因另一方的根本违反合同,终止合同关系,并立即生效。此外,商事代理人和销售员法第25条载有关于因"严重原因"结束委托合同的条款,但所有这些原因,根据该条提供的原因清单,都与另一方的不忠诚或者其他类似行为有关。

6. 法国民法典给出了被代理人由一个小小的迹象终止代理的可能性,即随时、无具体原因及无任何赔偿的权利(民法典第2004条)。

7. 根据德国法律,当存在一个为撤销的"重要理由",每个持续义务的合同可以被撤销——这是德国法的一项基本原则,其由法院发展,如今明确规定在了民法典第314条第1款中。民法典第626条,作为有关服务合同法的部分,其根据民法典第675条第1款可适用于有偿委托合同,提供一个专门的但相当类似的规则。

8. 根据匈牙利民法典第483条第3款,"如果代理无充分理由被取消,所造成的损失应当被赔偿,除非代理是无偿的,并且通知期足以让被代理人处理事务"。根据最高法院第3/2006号关于法律统一适用的决定,民法典第483条第3款也适用于被代理人,"如果有偿代理无充分理由被取消,且立即生效,对代理人所造成的损失应当由被代理人赔偿"。参见案例CA Jász - Nagykun - Szolnok Megyei Bíróság 4. Gf. 16-00-000016/12, in BDT 2002/577。

9. 在爱尔兰,当代理是合同的,代理人违反合同中的一个条件或违反一个无名条款,且违反的后果严重,将使被代理人能够终止关系,追求赔偿补救。此外,当代理人违反信托责任,可以有一系列的补救措施,包括终止代理、合同损害赔偿或侵权损害赔偿、返还利润等。

10. 在荷兰,根据民法典第7:408条第2款和第7:422条,被代理人一般被允许随时终止代理,无须给予合理通知,因此,一个特殊且严重理由存在的通常效力,只是防止代理人要求根据民法典第7:411条其有权的工资。

11. 根据波兰法律,被代理人总是可以终止代理,如果发生"严重原因"(民法典第746条)。

12. 在苏格兰的法律中,被代理人有权随时终止无限制期限的代理,并不要求出示一个特殊且严重的原因(*Stair*, The Laws of Scotland, Reissue "Agency and Mandate", para. 183; *Gow*, Mercantile and Industrial Law of Scotland, 536)。当然被代理人有权在代理人重大违反合同义务的情况下,终止代理。除了违反合同的情况,某些事件可能产生阻挠或终止代理关系的效果,包

括被代理人业务的终止,和被代理人或者代理人的死亡、丧失行为能力或破产。在被代理人死亡、丧失行为能力或破产的情况下,代理人可保留行为的权利,这在下面将详细探讨。

13. 在斯洛伐克,被代理人没有义务遵守任何通知期。被代理人总是可以立即终止合同,无须任何理由。

14. 在西班牙,被代理人可以随时终止委托关系,且无须说明理由(民法典第1733条)。然而,根据TS of 25 November 1993和3 March 1988的这两项决定,如果被代理人在明确期限届满之前,终止为明确期限的委托关系,应支付代理人损害赔偿,除非被代理人有一个良好的理由(*justa causa*)终止,基于(缺乏)代理人履行(Sierra Gil de la Cuesta (－*Hernández Gil*), Código Civil Ⅶ², 515)。

15. 在瑞典,当合同被订立为无明确期限合同,被代理人可随时终止相应的关系,且无理由,除非另有约定,通常终止可以立即生效。代理人只可以就已经履行的合同下的工作要求合理的补偿(*Bengtsson*, Särskilda avtalstyper I², 153; *Hesser*, Immateriella upptragsavtal, 30)。如果合同被订立为明确期限的合同,被代理人无正当理由终止关系,这构成不履行。代理人无权继续履行,但有权要求赔偿损失(*Hellner/Hager/Persson*, Speciell avtalsrätt Ⅱ(1)⁴, 215)。

Ⅱ. 无通知期要求

16. 根据比利时民法典第2004条,被代理人总是可以由一个小小的迹象撤销代理权力,即无通知期,除非双方当事人已经在合同中约定一个通知期。

17. 在保加利亚,被代理人自由结束委托关系,且无须遵守任何通知期。该通知期的要求只有对无明确期限的商事代理合同的被代理人存在(商法典第47条第1款)。

18. 在英格兰,如果代理人犯有严重违反之罪,被代理人将有权立即终止代理。

19. 在爱沙尼亚,没有通知期的要求(LOA第631条)。

20. 在法国,终止委托关系,从未要求通知期(除了当双方当事人已经约定在合同中插入一个通知期条款)。

21. 在德国,民法典第626条第1款和民法典第314条第1款都明确允许无通知期的撤销。

22. 根据匈牙利民法典第483条第1款和第2款,"被代理人应当有权随时废除合同,立即生效;但是,被代理人应当有义务维护已经由代理人承担的义务。代理人也应当有权随时废除合同;然而,通知期必须足以使被代理人处理事务。在被代理人严重违反合同的事件中,废除可具有立即的效力"。在佣金代理的情况下,根据民法典第512条,"先于销售合同订立,被代理人应当有权通告终止合同,立即生效,而佣金代理人有15日的通知期"。

23. 在爱尔兰,当代理人犯了严重违反合同或者违反信托责任,不要求通知期。

24. 在荷兰,并不要求通知期。

25. 波兰法律不要求通知期,在终止委托关系时,除非双方当事人另有规定。

26. 在苏格兰,当被代理人终止代理,无论其是否回应了代理人的违反,都不要求通知期(*Gow*, Mercantile and Industrial Law of Scotland, 536)。

27. 在斯洛伐克,被代理人总是可以立即终止关系,且没有任何理由。

28. 在瑞典,如果被代理人基于正当理由终止,不要求通知期。

Ⅲ. 特殊且严重原因的具体情况

29. 在保加利亚,如果双方当事人已经约定一位特定之人履行代理人的义务,而该人死亡或者丧失行为能力,被代理人可结束委托关系。

30. 在英格兰,给合同带来挫折的任何事件的发生,合同会自动终止(如果合同义务变得不合法或无法执行)。

31. 在法国,这个问题并没有生成。

32. 在德国,“特定之人”的死亡或丧失行为能力,而没有此人委托关系下的义务不能履行,会因不可能性而终止这些义务(民法典第 275 条第 1 款),以及可能被认为是一个终止整个合同的重要原因。

33. 在爱尔兰,合同的代理可能会因任何挫败合同的事件而自动终止。因此,如果履行成为不可能,它将会终止,例如,由于一方的死亡。当一方当事人是公司时,代理因公司的清盘而同样地终止。代理人的破产也将终止代理,如果破产使代理人不适宜继续行为。

34. 在荷兰,在所有公平的情况下,严重原因随之变化,其有可能造成合同的立即终止。一个严重原因的例子是,被代理人对代理人丧失了信任的情形(Parlementaire Geschiedenis Inv. Ⅶ, 325)。

35. 在波兰,委托合同不得因被代理人死亡或者其丧失法律行为能力而结束。它在代理人死亡或者丧失法律行为能力时结束(民法典第 748 条)。

36. 在苏格兰,似乎没有具体考虑,拟履行代理合同下之义务的特定之人死亡或丧失行为能力的情况下的权力(这个情况区别于代理人作为合同缔结方死亡或丧失行为能力的情形)。

37. 在斯洛伐克,没有可供比较的规定。

38. 在瑞典,一个正当的原因被认为是存在的,如果代理人承担根本不履行责任,若要求继续履行任务是不合理的,或者若存在取消协议的另一个重要原因(KommL. § 51 and HaL § 26)。这可能包括不可抗力特征的事件,也包括具有个人性质(如一方丧失民事行为能力)的情况。

Ⅳ. 在根本不履行或特殊且严重原因下的,不可撤销的委托终止

39. 在奥地利,即使是一个不可撤销委托也可能因重要原因终止(忠诚,失实陈述)。不可撤销性由判例法进一步限制:当代理人疏忽了合同义务,没有遵循代表被代理人利益的职责或者滥用权力时,撤销是可能的(Rummel (– *Strasser*), ABGB I^3, § 1020, no. 4)。相反的协议是无效的。

40. 在比利时,解除撤销的条款并不意味着不可能存在其他理由结束合同关系。然而,在很大程度上这将取决于有关条款的解释。法院可能会解释排除撤销的条款具有更广泛的范围,以及为排除其他结束关系的理由(*Wéry*, Lc mandat, 278)。

41. 在保加利亚的法律学说中,委托合同的不可撤销性被认为是相对的(*Mevorah/Lidji/Farhi*, Komentar Ⅲ, 171)。因此,被代理人可以随时结束不可撤销的合同,存在或没有特殊且重大的原因,或者由于根本不履行而终止不可撤销合同,但具有不同的法律后果。首先,当被代理人无严重原因撤销不可撤销的委托,除了支付规定的报酬和偿还费用外,被代理人可能被追究给代理人造成的损害赔偿的责任(*Mevorah/Lidji/Farhi* loc. cit.)。另外,由于特殊且严重的原因撤销不可撤销的合同的情况下,根据一些特殊规则,被代理人(客户)有义务支付报酬,但不是全部数额,只是代理人(律师)履行的行为的部分——律师协会法第 26 条第 2 款。此外,因根本不履行而终止的情况下,被代理人不承担支付代理人补偿的责任,但是根据一般合同法律规则,有权向后者要求损害赔偿——LOA 第 88 条第 1 款。

42. 在丹麦,排除因代理人根本不履行而终止合同的可能性的条款的,可被宣布为无效,其在传统情况下,被称为“违反基本假设”:“承诺,根据订立它之后的情势,可能被全部或部分搁置”

（合同法第36条）。

43. 在英格兰，如果有可能约定代表合同的不可撤销性，而双方当事人并没有规定不可撤销性结束，一旦代理人的利益得到满足，该不可撤销性才将结束。请注意，在1971年委托授权书法中订立的规则，比普通法规则要窄，因为在具体情况下，例如在第5(5)条中规定的死亡、精神错乱以及破产，似乎有可能撤销权力。

44. 在爱沙尼亚，委托关系的不可撤销性，在关系可能仍因重大原因而终止的这个意义上而被限制（LOA第631条）。如果合同介入一方的生活或者合同超过5年的期限，一旦从合同缔结之日起过去5年，被代理人有权利至少提前6个月给予通告终止关系（LOA第630条第3款）。在实践中常见的理解是，即使证实终止正当的"重大原因"可能在合同中确定，双方当事人不得排除因根本违约的终止。

45. 在法国，双方当事人不得有效约定代理将是不可撤销的。在任何情况下，作为一般原则，法国法不接受双方当事人受永久的义务的约束，民法典第2003条规定代理将因一方当事人死亡、无偿付能力或丧失行为能力而终止。

46. 根据德国法律，虽然民法典第314条第1款没有明确规定如此，基于重要理由的撤销权不得被排除（Palandt（－*Heinrichs*），BGB[66]，§ 314 para. 3）。

47. 在希腊，如果不可撤销的委托已经授予，普遍认为该权力仍然是可被撤销的，如果严重的理由（违反合同义务、代表人丧失偿付能力）存在（Supreme Court decision no. 1157/1991，EllDni 1992，841；CA Thessaloniki decision no. 1381/1979，EllDni 1981，353）或者基于诚实信用要求撤销（Supreme Court decision no. 1108/1984，EEN 1985，497）。此外，如果证明该不可撤销性正当的理由不再存在，不可撤销性将结束（Georgiades and Stathopoulos（－*Doris*），Art. 218－221 no. 15）。

48. 根据匈牙利民法典第483条第4款，"对取消权的任何限制或排除应当是无效的；但是，对于持续代理，双方当事人应当有权商定限制取消权"。因此，即使在连续代理关系中，合同的可撤销性只能被限制，但不得被排除。关于代理的权力，民法典第223条第2款规定"直到撤回，委托应当有效，除非另有规定；涉及善意第三人的撤回，应当只有在他已经被告知时才具有可操作性。撤回权不得被有效放弃"。在佣金代理的情况下，民法典第512条第2款规定"对解除权的任何限制或排除应当是无效的"。

49. 在爱尔兰，根据1996年委托授权书法第20条，当授权委托书明确表示不可撤销的，并为了保证权力的自身的利益的安全，或者向受赠人所履行的义务的安全，那么，只要受赠人具有这个利益或者义务仍未获完成，权力不应当被撤销：(1)未经受赠人同意，由赠与人撤销；或者(2)因赠与人死亡、丧失行为能力或破产，或者，赠与人清盘或解散，若其是法人。

50. 在意大利，不可撤销性不受限于时间。究其原因在于，在获得合同义务履行时，代理人和被代理人之继承者或继任者两方的利益，即代理人对价金的利益，如果有该约定，以及继承人或继任者对获得准确执行委托的利益。

51. 在荷兰，缔约双方，根据民法典第7:422条第2款并结合民法典第3:74条第1款和第2款，可在某些情况下有效约定不可撤销委托。而被代理人不得终止关系，如果所议之行为是以代理人或第三方的利益（参见CFI Roermond 11 February 1999，NedJur 1999，607）。然而，法官被允许因严重的原因改动该规定（民法典第3:74条）。

52. 根据波兰法律，不存在不可撤销委托；被代理人总是可以终止关系，如果发生"重要原因"

（例如，代理人的不履行，或者其他可导致被代理人对代理人丧失信任的行为）。

53. 在苏格兰，不可撤销委托是否可以因为根本不履行或者因严重或特殊的原因被撤销，是一个几乎还没有被研究的问题。不过，苏格兰在看来不可撤销委托，或者为他自己的利益的委任（procuratory in rem suam），是绝对不可撤销的，即使当适用严重且特殊的理由时（*Black*, Principal and Agent, para. 551）。

54. 在斯洛伐克，不可撤销的委托是不被允许的。

第Ⅳ.D－6:104 条　当关系持续无明确期限或者当关系是无偿的，代理人的终止

（1）若委托合同已经订立为无明确期限，代理人可以给予合理时间长度的通知，随时终止委托关系。

（2）如果代理人拟不以交换价金代理，代理人可以给予合理时间长度的通知，终止委托关系。

（3）双方当事人不得以不利于代理人排除本条第 1 款的适用，或者减损或改变其法律效力。

评　论

A. 综述

在正常情况下，当代理人已代表被代理人完成委托的任务，委托关系将终止（典型地如预期合同的缔结）。然而，可能存在的情况是，代理人不再希望继续履行合同义务，即使预期合同或其他任务并没有缔结或完成。本条使代理人能够，通过给予合理时间长度的通知，终止委托关系，如果合同并未明确委托关系期间或者为无偿代理的。

B. 当委托合同订立为不明确期间的，通知终止

遵从第Ⅲ－1:109 条（变更或通知终止）第 2 款的制度，本条允许代理人，如同在被代理人的情况中，给予合理时间长度的通知，终止代理，如果委托合同约定是不明确期间的。代理人不得被迫使受被代理人永恒的约束，但是如果他们希望结束不明确期间的关系，他们必须给予被代理人合理长度时间的通知。通知的目的是为了让被代理人有足够的时间适应新的形势，例如，找到其他代理人。

C. 当代理人无偿提供代理服务时的通知终止

传统上，委托合同曾被认为是具有无偿的性质。现在已不再是这样，这些规则中

通常假定合同将不再无偿。当然，有些委托合同仍然是无偿合同。

当委托合同是无偿的，一些具体规定适用。第Ⅳ.D－2:103 条（代理人产生的费用）第 2 款明确赋予代理人报销合理花费的权利。此外，委托合同的无偿性质影响被期望的代理人的注意，参见第Ⅳ.D－3:103 条（技能和注意义务）第 2 款（c）项。但是，作为一般规则，代理人无偿行为的地位与有偿代理人的地位并没有太大差别。这意味着从委托合同中产生的义务可成为代理人过于沉重的负担。代理人被授予从这些义务中解脱出来的权利，通过给予终止委托关系的通知，只要通知期合理长。即使无偿合同为明确期限的合同，同样适用。

D. 规则的特征

由于上述解释的关于被代理人相应权利的原因，使双方当事人永久地受约束一般被视为违反公共政策。此外，还是由于上述已解释的原因，有必要使关于无明确期限的合同的规定成为强制性规定。

第 2 款有关终止从无偿合同中生成关系的权利，包含一项默认规则，双方当事人可以减损其法律效力。

注　释

Ⅰ. 无明确期间的委托关系由代理人终止

1. 根据奥地利民法典第 1021 条，代理人可以随时取消订立为无明确期限的委托合同，但是必须继续处理紧急业务直到被代理人可以做其他安排（民法典第 1025 条），以及必须赔偿被代理人因在约定日期之前终止关系而遭受的损失（除了不可预见的法律和重大的障碍）。

2. 根据比利时民法典第 2007 条，代理人有权利取消代理合同。取消可以由一个小小的迹象作出，即没有动机，但代理人必须通知被代理人取消。如果取消损害了被代理人，代理人必须赔偿被代理人。特殊情况下，代理人将会被免除赔偿责任，如果代理人不能够不以很大的伤害他（她）自己的地位的方式来完成代理任务（Dekkers（－*Verbeke*），Handboek burgerlijk recht Ⅱ[3]，735－736；*Foriers and Glansdorff*，Contrats spéciaux，642；*Paulus und Boes*，Lastgeving，156－159；*Tilleman*，Lastgeving，285；*Wéry*，Le mandat，291－296）。

3. 在保加利亚，只要存在一个重要原因，代理人可以单方面适当地并通知送交给被代理人，结束订立为无明确期限的委托合同下的关系（LOA 第 289 条）。如果代理人没有遵循这些预先条件，代理人承担就被代理人遭受的任何损失的赔偿责任。除非另有约定，只有在被代理人违反合同义务的情况下，佣金代理人才有权终止代理（商法典第 359 条第 1 款）。商事代理人和被代理人之间的无明确期限的合同关系，可以由任何一方终止，以合同期第一年为一个月的通告期，合同期第二年为两个月的通告期，此后为三个月的通告期（商法典第 47 条第 1 款）。

4. 在丹麦，代理人可以随时取消代理合同，当合同订立为无明确期限的合同。在取消的情况下，代理人无权要求除在代理期间内产生的费用之外的补偿。

5. 在英国,在无明确期限合同的情况下,类似于被代理人有权随时单方面终止关系的情形,代理人也可以随时放弃权力。这种放弃将是有效的,即使违反了合同。然而,没有这类问题的判例法,法学理论规定放弃权力的代理人,直至被代理人接受这个放弃时,才能终止代理(Bowstead (–*Reynolds and Graziadei*), Agency[18], art. 119, no. 10–004, art. 122)。

6. 在爱沙尼亚,代理人只有在被代理人可以以另一种方式接受服务或进行交易时,才可以终止无明确期限的委托关系;否则,代理人必须赔偿被代理人因终止引起的任何损害(LOA 第 630 条第 2 款)。

7. 在芬兰,代理人,在一般情况下,有权给予合理的通知期终止委托关系。支付损害赔偿的责任可出现在具体情况中,例如,如果很明显地终止委托关系给被代理人造成重大损害,或者当没有给予合理的通知期的。律师无权终止与客户的关系,除非在特殊情况下(不恰当的商业行为法第 15 条和第 16 条)。职业代理人必须特别注意被代理人的利益,尤其是当后者是消费者时。

8. 在法国,代理人可以随时终止委托关系,只用简单地通知被代理人该决定(民法典第 2007 条)。然而,代理人必须支付被代理人赔偿,如果该终止造成被代理人的损失,除非代理人可以证明继续代理将会引起代理人的重大损失。代理协议可以规定一个通知期,或在终止事件中以现金赔偿的形式拟支付的赔偿。

9. 根据德国民法典第 671 条第 1 款,无偿委托关系可以随时终止。终止有偿关系(Geschäftsbesorgungsvertrag)由服务合同或工程合同法律规制。服务合同规则允许由被代理人终止,也允许由代理人终止(民法典第 621 条)。当存在一个重要的、使当事人无法接受继续履行的理由时,任何一方有权利终止,不用遵守任何终止期(民法典第 626 条)。此外,当合同要求"通常基于特定信任而委派的一个更高类别的"服务,终止是有可能的,即使没有重要原因(第 627 条第 1 款)。这将往往是当代理合同被订立时的情况。

10. 在希腊,在基于委托合同的代理的情况下,代理人有权随时终止委托关系,只要这项权利没有被放弃。如果存在重大理由妨碍终止,那么终止没有效果。如果终止是在一个不适当的时候(若对被代理人来说不可能在终止时顾及业务,该时候被认为是不适宜的;参见 CFI Thessaloniki decision no. 280/1984, EllDni 1985, 758)通知的,且没有重大理由,那么代理人承担赔偿造成的被代理人的损失的责任(民法典第 725 条)。如果终止是在一个不适当的时候通知的,但是有一个重大理由,比如代理人生病,那么代理人没有责任支付赔偿(ErmAK (–*Kapodistrias*), art. 725 no. 5–15)。

11. 匈牙利民法典第 483 条第 2 款和第 3 款规定"代理人也应当有权随时废除合同;然而,通知期必须足以使被代理人处理事务。在被代理人严重违反合同的情形下,废除可具有立即效力。如果无重大理由取消代理,造成的损害应当赔偿,除非代理是无偿的,且通知期足以使被代理人处理事务"。在这方面,这与代理人是否是职业代理人或被代理人是否是消费者是无关的。在佣金代理的情况下,根据民法典第 512 条,"先于销售合同的缔结,被代理人应当有权通知终止合同,立即生效,而佣金代理人有 15 日的通知期。任何限制或排除解除权应当无效"。在这方面,这与代理人是否是职业代理人或被代理人是否是消费者无关。

12. 在爱尔兰,由于代理是合同关系,如果任何一方撤回同意,它可以被终止。若代理人撤回同意,代理人被称为"放弃"代理。对于放弃没有形式要件的要求。若代理人被委派为不确定期限的情况下,根据协议中关于通知终止的任何规定,代理可以被终止。在缺乏任何明确条款的情况下,通常将会暗示着代理可以被任何一方,基于合理通知终止。什么构成合理通知将取决于具

体案件的事实。

13. 在意大利,在正当理由的情况下,代理人可以取消无明确期限的代理合同(民法典第1727条)。在缺乏正当理由的情况下,代理人可以通过给予被代理人合理通知而取消合同。如果没有给予合理通知期,代理人对被代理人承担损害赔偿责任。根据民法典第1727条第2款,“除了那些对代理人来说严重困难之外的所有情况下,放弃必须是以将能使被代理人作出其他安排的方式和时刻作出”。总之,代理人既可以因正当理由终止关系,也可以随意终止关系,但是要求给予合理的通知,并设法减轻对被代理人的消极后果。

14. 在荷兰,根据民法典第408条第2款,在职业中进入委托关系的代理人,可以给予合理长时间的通知,终止关系,如果这个合同适用于无明确期限(并因为履行而没有结束)。

15. 这是波兰合同法中一项一般规则,即任何进入不定期限的合同关系(包括代理),可以由任何一方终止(民法典第365条)。这项权利可能会受到限制,但是不得被排除,因为任何人不得被迫于永久留在一个合同关系中。

16. 在苏格兰,代理人是否有权单方面终止关系取决于委托合同条款。不存在形式要求。参见 *Stair*, The Laws of Scotland, Reissue “Agency and Mandate”, para. 182。在一般合同法中,无明确期限合同可以由任何一方的合理通知终止(*McBryde*, Law of Contract in Scotland[2], paras. 9.12－9.21)。在无偿委托合同中,代理人可以放弃合同,但是可能对因放弃的时间的选择而造成的对被代理人的损失承担赔偿责任(*McBryde* loc. cit. para. 25; *Erskine*, An Institute of the Law of Scotland Ⅱ(3), 3, 40)。

17. 在斯洛伐克的民事关系中,代理人可以没有任何理由终止委托关系。但代理人仍然受履行任何立即必要的法律行为的约束,以避免不利于被代理人的权利。因此履行的行为具有相同的法律效力,犹如代表仍在继续,除非这些行为与被代理人作出的安排相冲突(民法典第33条b)。在商业关系中,代理人也可以终止关系,并且终止将在通知送交给被代理人之月的下一个月末生效,除非通知中给出了一个更晚的日期(商法典第575条第1款)。代理人代表被代理人履行活动的义务在通知生效之日终止。如果被代理人可能因某些行为的不继续而产生对被代理人的损害,代理人必须告知被代理人将要采取的措施,以防止该损害。如果被代理人不能甚至通过其他人的手段也不能采取措施,而是要求代理人促成它们的,则代理人必须如此做。

18. 在西班牙,无偿委托或无明确时间的委托可自由撤销,不承担任何责任。

19. 在瑞典,在无明确期限合同的情况下,代理人可以随时终止关系而无需原因,除非另有约定,通常立即生效。被代理人没有权利获得赔偿。

Ⅱ. 约定明确期限的委托关系时,由代理人终止委托关系的情形

20. 在奥地利,代理人可以随时终止明确期限的委托关系(民法典第1021条),但是必须继续处理紧急业务直到被代理人可以作出其他安排(民法典第1025条),并且必须赔偿被代理人因在约定的日期之前终止关系而遭受的损失(除了不可预见的法律和重大障碍)。

21. 根据比利时民法典第2007条,代理人有权利终止代理关系。

22. 在保加利亚,固定期限的委托关系可能由代理人单方面结束,按照与无明确期限的关系相同的先决条件——只要为此存在严重的原因且通知已经适当地给予被代理人——LOA第289条(*Mevorah/Lidji/Farhi*, Komentar Ⅲ, 178; *Goleva*, Obligazionno pravo[2], 239)。已经进入了明确期限的商事代理,可以在其期满之前终止,如果希望其终止的当事人赔偿另一方当事人给其造成的损害——商法典第47条第2款。

23. 在丹麦,如果代理合同订立为明确时间期限,或者如果代理会因预期合同的缔结而结束,代理人不得在约定期限内当然地终止。但是,在被代理人一方不履行的情况下,当发生不履行,代理人可以立即终止关系。

24. 在英格兰,似乎当合同为一个规定时间期限的合同时,如果是因为被代理人对合同义务的违反,代理人只能放弃权力:由任何一方当事人在固定期间期满之前终止固定期间的关系,是一个实质性违约:*Boston Deep Sea Fishing and Ice Co. v. Ansell* (1888) 39 Ch. D 339。如果合同是为一项具体任务,如前所述,由于合同在大多数情况下被当作单方面的,代理人没有义务履行,因此没有义务给被代理人通知。

25. 根据爱沙尼亚的法律,代理人只有因重大理由才可以终止明确期限的委托关系(爱沙尼亚 LOA 第 631 条),也即,代理人在考虑了当时所有的情形或双方的利益后还是希望终止,则不得期望其继续履行直到终止期间届满或协议期间届满,或者直至服务被履行。

26. 在芬兰,遵从合同法的一般原则,代理人无权终止由订立为明确时间期限的合同而进入的委托关系。但当被代理人已经犯有根本不履行时,此规制并不适用。

27. 不管委托被订立为固定期间的或无明确期间的,也不论委托是否已经大幅度地履行,法国法的规则是一样的。民法典第 2007 条没有作出区分。因此代理人有权停止履行委托。不过,代理人将必须赔偿被代理人遭受的任何损失,并且代理人的报酬将按照已过去的时间或者已履行的工作而相应减少。在一些情况下,如果由于代理人的决定,委托的任务没有成功,报酬权利可能不会生成。

28. 在德国,在订立为明确时间期限的合同下的委托关系,可以由代理人终止,其根据与在订立为无明确期限的合同下的关系的条件相同。然而,订立一个限制时限的合同,可能具争议地被理解为代理人放弃民法典第 671 条第 1 款下终止的权利。这个解释是否可行,取决于具体案件的情况。而大部分作者不愿意接受订立时间限制的委托是一个隐含的放弃的观点(*Grundmann*, AcP 198 (1998), 457, 482; Staudinger (– *Wittmann*), BGB[14], § 671 para. 16),其他人则乐于接受这个看法(特别是 MünchKomm (– *Seiler*), BGB[4], § 671 para. 6)。没有关于这个问题的判例法。

29. 在希腊,在与无明确期限合同下的委托关系相同的条件下,代理人可以结束明确期限合同下的委托关系。

30. 在匈牙利,情况是一样的。

31. 在爱尔兰,如果合同是指明了时间期限的合同,代理人可以放弃权力,终止关系,但是这可以构成违反合同,除非被代理人已经违反了合同,其使代理人终止。

32. 在意大利,如果代理合同订立为明确时间期限,代理人只有因正当理由才可以终止关系。在缺乏正当理由的情况下,代理人对被代理人承担损害赔偿责任。

33. 在荷兰,代理人只有存在严重原因时,才可以终止明确期限的委托关系(民法典第 7:408 条第 2 款和第 7:402 第 2 款)。

34. 在波兰,代理人可以随时终止代理关系。然而,如果服务是有偿的,那么代理人只有存在"重要原因"时,才可以终止。

35. 在苏格兰,代理人,如同被代理人,有权随时终止无限制期间的代理(*Erskine*, An Institute of the Law of Scotland Ⅱ(3), 3, 40; *Gow*, Mercantile and Industrial Law of Scotland, 536)。这项规则不适用于固定期间的代理合同,若在合同中缺乏允许单方面提前终止的规定时,由一方先于

约定期满之前终止,将构成违反合同。

36. 在斯洛伐克,代理人可以终止明确期限的委托关系,按照与终止无明确时间期限的委托关系相同的条件。

37. 在西班牙,代理人可以随时终止关系。然而,代理人承担赔偿被代理人的损失的责任,除非代理人可以证明一个严重的终止的原因(民法典第1736条)。

38. 在瑞典,如果合同为明确时间期限的合同,代理人可以因一个正当的原因终止关系。代理人不得被迫完成履行。然而,如果无故终止,代理人将承担不履行责任(*Hellner/Hager/Persson*, Speciell avtalsrätt Ⅱ(1)^{4}, 215)。

Ⅲ. 在无偿委托合同的情况下,由代理人终止

39. 在比利时,不区分有偿代理合同和无偿代理合同。

40. 保加利亚LOA第289条关于由代理人单方面结束委托关系的一般规则,既可适用于无偿合同,也可适用于有偿合同(*Mevorah/Lidji/Farhi*, Komentar Ⅲ, 178)。

41. 在英格兰,似乎不存在任何特别处理这个关于无偿代理具体问题的规则。然而,似乎无偿代理人应有权随时终止关系。

42. 在法国,不论委托是否是无偿的,规则是相同的;民法典不做区分。

43. 在德国,对于无偿委托合同,终止有可能是在任何时候。民法典第671条第2款规定了一个附加条件(既可适用于无偿合同,也可适用于有偿合同):代理人只可以以将允许被代理人就代理人要办的事作出适当安排的方式终止,除非存在一个立即终止的"重要的原因"(wichtiger Grund)。这与被代理人是否是消费者无关。

第Ⅳ.D-6:105条　代理人因特殊且严重的原因终止

(1)代理人可以因特殊且严重的原因,发出通知,终止委托关系。

(2)不要求通知期。

(3)为了本条的目的,特殊且严重的原因包括:

(a)第Ⅳ.D-4:201条(委托合同的变更)下的变更委托合同;

(b)被代理人死亡或丧失行为能力;以及

(c)在缔结委托合同时,双方当事人中履行代理人委托合同义务之一人死亡或丧失行为能力。

(4)双方当事人不得以损害代理人排除本条的适用或者减损或改变其法律效力。

评　论

A. 综述

本条介绍了一项代理人立即终止委托关系的权利,不论合同是否订立为明确期限

还是无明确期限，而无须遵守通知期，无须支付损害赔偿。这适用于若代理人可以提出一个证明终止正当的特殊且严重的理由。

终止委托关系的特殊且严重的原因，可以在特殊的情况下出现。第 3 款给出了一个不完全的清单：若被代理人变更合同，若被代理人死亡或成为无行为能力者，以及若在缔结委托合同时，双方当事人中履行代理人委托合同义务之一人死亡或丧失行为能力时。

B. 特殊且严重原因的不完全清单

在很多情况下，理由充分的丧失对被代理人的信任和信心将对代理人构成一个特殊且严重的终止委托关系的理由。在这些情况下，对另一方当事人的信心对适当履行委托合同下的义务是实有必要的。本条因此介绍了代理人立即终止委托关系的权利，且无须遵守通知期，无须支付损害赔偿。然而，这似乎不太明智地纳入一项一般规定，即每当代理人有理由对被代理人丧失信任和信心，就存在一个严重且特殊的、终止委托关系的理由。这项明确规则可能诱使代理人以失去信心和信任为由逃避必须遵守的通知期，或者事后防止必须就错误地终止委托关系且立即生效而支付损害赔偿。它被认为最好是由法院基于第 1 款的一般规定来决定。

示例

被代理人委托代理人谈判购买一个银行的多数股份。在接下来的一周，涉及被代理人的一宗诈骗案在全国性报纸头条报道。不论这些指控是否真实，被代理人的商业信誉已被损毁。由于代理人依赖于无可指责的商业信誉，代理人需要能够尽快使其与其被代理人的关系结束。即使不存在被代理人的不作为，在这些情况下，代理人不能被期望继续委托合同下的履行。

C. 没有通知期

如果确实是存在一个特殊且严重的理由，其证明终止关系是正当的，终止应立即生效。在这种特定的情况下，代理人除了通知被代理人终止的决定之外，不应被要求遵守任何其他条件。特别是，无通知期需要被遵守，正如在第 2 款指出的，不存在有关通知的形式要求。

D. 相较于情势变更的规则

在一些情况下，第Ⅲ－1:110 条（情势变更时，由法院更改或终止）可能被适用。如果是这种情况，双方当事人会被期望开始谈判，以变更合同使其适应或是终止关系。如果谈判失败，则由法官决定什么是需要做的。然而，这将会需要很长的时间，而在此期间双方当事人地位存在不确定性。若代理人可以因特殊且严重理由终止关系，这个漫长的过程和向法院提出申请的可能性是被规避的。

E. 规则的强制特征

因特殊且严重的原因终止委托关系的权利是强制性的，正如第4款中的表述，原因在第Ⅳ.D－6:103条（被代理人因特殊且严重的原因终止）的评论F中给出。

注　释

Ⅰ. 因特殊且严重的理由，由代理人终止

1. 根据比利时民法典第2007条，代理人有权利由一个小小的迹象取消代理合同，即无任何动机，通知被代理人取消。民法典没有要求一个特殊且严重的理由。但是，如果取消损害了被代理人的利益，代理人必须补偿被代理人。特殊情况下，代理人将被免除补偿，若代理人不能够不以重大方式损害代理人自己的立场来完成代理的任务。

2. 在保加利亚，被代理人有权无任何理由单方面结束委托关系，而代理人只有因“严重原因”的理由才能终止关系（LOA第289条；*Vassilev*, *L.*, Obligazionno pravo, 29－30）。

3. 在英格兰，按照前面提到的自由放弃权力的原则，代理人有自由放弃的权力，而无须提及任何原因。如果被代理人有严重违约之行为，代理人将有权对其视为实质性毁约，因而立即终止关系。除了违约的情况，还将存在将阻挠合同因而将终止代理的事件，例如被代理人的死亡、破产、精神错乱等。

4. 在爱沙尼亚，每一方当事人有权因一个重要原因终止委托关系。没有通知期的要求（LOA第631条）。

5. 在法国，代理人可以随时终止委托，只是通知被代理人这个决定即可（民法典第2007条）。民法典在任何情况下都没有要求特殊且严重的原因。然而，代理人必须支付被代理人补偿，若终止给被代理人造成损失，除非代理人能证明继续委托将会给代理人引起“重大损失”。代理协议可以规定一个通知期和/或终止时的补偿。

6. 根据德国法律，当存在一个为撤销的“重要理由”，每个持续义务的合同可以被撤销——这是德国法的一项基本原则，其由法院发展，如今明确规定在了民法典第314条第1款中。民法典第626条，作为有关服务合同法的部分，其根据民法典第675条第1款可适用于有偿委托合同，该条规定了一项专门的但相当类似的规则。

7. 匈牙利民法典第483条第2款和第3款规定：“代理人也应当有权随时废除合同；然而，通知期必须足以允许被代理人处理事务。在被代理人严重违反合同的情形中，废除可具有立即效力。如果无重大理由取消代理，造成的损害应当赔偿，除非代理是无偿的，且通知期足以允许被代理人处理事务。”

8. 在爱尔兰，若代理是合同的，由被代理人违反合同中的一个条件或一个无名条款，其违反的后果严重的，将使代理人能够终止关系，追求赔偿补救。

9. 在荷兰，只有在存在严重的终止原因时，代理人可以终止代理，无须给予通告（民法典第7:408条第2款和第7:402条第2款）。

10. 在波兰，只有在发生“重要原因”时，代理人才可以终止有偿委托关系；否则代理人可能被

追究损害赔偿责任。

11. 在苏格兰,不存在因没有重大违反合同的特殊且严重的原因终止的特殊规则(*Stair*, The Laws of Scotland, Reissue "Agency and Mandate", para. 183; *Gow*, Mercantile and Industrial Law of Scotland, 535 – 6)。若被代理人严重违反代理合同,代理人当然有权因这个原因终止代理。除了违反合同的情况,因某些情形阻挠了代理关系的继续,从而终止代理关系,包括被代理人业务的终止,和被代理人或者代理人的死亡、丧失行为能力或破产。在死亡、丧失行为能力或破产的情况下,代理人可保留行为的权利,这在下面将详细探讨。

12. 斯洛伐克法律不承认因重要原因的终止。

13. 根据西班牙民法典第1732条和第1736条,代理人可以随时(renuncia)终止委托关系,不论其订立为明确期限或无明确期限的。通知是唯一强加的条件。没有其他任何要求。自由退出的唯一限制是支付被代理人遭受的损失,当终止不受"正当原因"(严重理由)支持时。对于这个表述唯一肯定的是法典削弱了由情势变迁规则(*rebus sic stantibus* rule)设定的减免要求。

14. 在瑞典,如果合同被订立为无明确期限,代理人可随时取消它,且无须理由,除非另有约定,通常立即生效。如果合同被订立为明确期限的合同,代理人可以因正当理由取消它。然而,代理人不得被迫完成履行。代理人将承担无故终止的不履行责任,被代理人将有权要求赔偿损失(*Hellner/Hager/Persson*, Speciell avtalsrätt Ⅱ(1)[4], 215)。

Ⅱ. 无通知期要求

15. 在比利时,代理人有权利由一个小小的迹象,即无通知期,取消代理合同。

16. 在保加利亚,为了规避违反合同的责任,代理人不但必须有单方面结束关系的严重理由,而且必须给予合理长时间的通知(LOA第289条)。否则,代理人必须赔偿被代理人造成的任何损失。

17. 在英格兰,如果被代理人有严重违约之行为,或者上面提到过的其他重要原因,代理人可以立即终止合同。

18. 在法国,没有通知期的要求。

19. 无论是德国民法典第626条第1款还是民法典第314条第1款,都明确允许无通知期时的撤销。

20. 在爱尔兰,若被代理人犯了严重违反合同,没有通知期的要求。

21. 在荷兰,若存在可以终止的严重原因(民法典第7:408条第2款和第7:402条第2款),代理人不必遵守终止时的通知期。

22. 在波兰,终止通知到达被代理人时,合同结束。

23. 在苏格兰,若代理人终止代理关系(例如由于被代理人违反合同约定),没有具体通知期的要求。

24. 斯洛伐克法律不承认因重要原因的终止。在商业关系中要求通知期,但是双方当事人可以另有约定。

25. 在西班牙法律中,民法典第1736条没有要求任何通知期。

26. 在瑞典,如果代理人基于一个正当理由终止关系,没有通知期的要求(HaL第26条)。

Ⅲ. 特殊且严重原因的具体情况

27. 在保加利亚,如果被代理人已经给予指导而造成单方面变更委托合同,其履行对代理人来说成为过于繁重的负担,这被认为是一个足够严重的、由代理人单方面发出终止通知终止关系

的理由（LOA 第 289 条；*Mevorah/Lidji/Farhi*, Komentar Ⅲ, 119; *Vassilev*, *L.*, Obligazionno pravo, 24）。

28. 根据德国法律，被代理人无权单方面变更委托合同的内容，但是只要经代理人同意就可以——因此，一个商定的变更不会构成终止的理由。被代理人死亡一般不会导致委托终止（民法典第 672 条）。“特定之人”的死亡或丧失行为能力，而没有此人委托关系下的代理人的义务得不到履行，会因不可能履行而终止这些义务（民法典第 275 条第 1 款），但此不是代理人终止关系的重要理由。

29. 对于荷兰，民法典第 7:402 条第 2 款提到的情况是，代理人基于合理的理由不愿根据给予的指示处理委托，作为一个由代理人终止的特殊且严重的理由。

30. 在波兰民法典中，不存在“重要原因”的例子。

31. 在苏格兰，因没有严重违反合同的特殊且严重的理由，由一方终止的问题没有被承认。

32. 斯洛伐克的法律不承认因重要原因的终止。

33. 在西班牙法律中，死亡、无偿付能力程序的开始，以及精神错乱或丧失智力能力，自动使委托结束，无须表现任何意愿。

34. 在瑞典，被认为存在一个正当理由若使代理人承担根本不履行的责任，如果要求继续任务是不合理的，或者如果存在另一个取消协议的严重原因（KommL. 第 51 条和 HaL 第 26 条）。这可能包括不可抗力以及个人性质的情形（例如一方当事人丧失民事行为能力）。

Ⅳ. 强制性规则

35. 在比利时，代理人有权利由一个小小的迹象取消代理合同的规则不是强制性的（*Tilleman*, Lastgeving, 335; *Wéry*, Le mandat, 294）。一些学者对无明确期限的合同作出了例外处理（*Paulus und Boes*, Lastgeving, 159）。

36. 在保加利亚的法理中，妨碍代理人行使单方面终止委托关系的权利的任何合同规定，都被视为无效（*Mevorah/Lidji/Farhi*, Komentar Ⅲ, 178）。然而，以此为效力的规定可使代理人承担损害赔偿责任，如果代理人违反了这个规定终止关系。

37. 对于法国，上述注释 5 中的规则是一项强制性规则。

38. 虽然德国民法典第 314 条第 1 款没有明确这样说，但是基于一个重要原因的撤销不得被排除（Palandt（-*Grüneberg*）, BGB[66], § 314 no. 3）。

39. 双方当事人不得排除代理人因为“重要原因”终止关系的权利（波兰民法典第 747 条第 3 款）。

40. 在斯洛伐克，终止规则不具有强制性，除了商业代表合同的情况外。

41. 在西班牙，双方当事人是否可以签订排除代理人终止委托关系的权利，更进一步，被代理人是否同意排除代理人的终止权会否有意义，存在争论（Paz-Ares/Díez Picazo/Bercovitz/Salvador（-*Gordillo Cañas*）, Código Civil Ⅱ[2], 1591）。

42. 在瑞典，关于基于一个正当理由终止委托关系的权利的规则具有强制性特征（KommL. 第 51 条和 HaL 第 26 条）。

第七章　终止的其他原因

第Ⅳ.D－7:101 条　由被代理人或其他代理人缔结预期合同

(1)如果委托合同只是为了缔结一个特定的预期合同,当被代理人或由被代理人任命的其他代理人已经缔结了预期合同,委托关系终止。

(2)在这种情况下,预期合同的缔结被视为第Ⅳ.D－6:101 条(一般通知终止)下的通知。

评　论

A.一般终止规则的适用

本章只是处理那些特定的委托终止的原因和那些没有在前章涵盖的终止原因。本章不处理由第三编一般规则涵盖的终止原因,也不处理那些不要求任何修改委托关系的终止原因。因此,因固定期限届满而终止不在此处理,但在第Ⅲ－1:107 条(时间有限的权利和义务),其必须与第Ⅲ－1:111 条(默示延长)相结合。因完全履行委托合同下的义务而终止由第Ⅲ－2:114 条(履行的灭失效力)规定。因根本不履行而终止由第三编第三章第五条规制。

本章处理三种更具体的终止种类,其在相关条款的标题里有所指示——第Ⅳ.D－7:101 条(由被代理人或其他代理人订立预期合同);第Ⅳ.D－7:102 条(被代理人死亡)和第Ⅳ.D－7:103 条(代理人死亡)。

B.没有关于在被代理人或代理人无能力时的终止的规定

在大多数成员国中,被代理人事后丧失行为能力或者代理人丧失行为能力也被视为使委托关系结束的事由。然而,关于丧失智力能力的法律效力的法律,各国都有所不同。有些国家有关于丧失行为能力的委托或持续授权书的委托的具体制度。

在大多数成员国中,被代理人的无行为能力被视为终止的原因:如比利时、塞浦路斯、法国、希腊、匈牙利、爱尔兰、葡萄牙和瑞典。对意大利也是这样,除非委托是为了

缔结有关业务活动的合同,且被代理人的业务仍在运作。在西班牙,被代理人的无行为能力也导致委托合同的终止,除非合同另有说明或者除非委托关系正是缔结于被代理人会稍后被宣布为无行为能力的情形。在这种情形下,根据被代理人的提出的条件,委托关系仍有效。

在奥地利、荷兰、波兰和斯洛伐克,若被代理人被宣布为无行为能力,合同关系并没有终止。可以此推论说,在这些法律制度中,委托关系继续存在于代理人和被代理人的保佐人之间。在英格兰,委托关系终止,除非适用委托授权书法。

如果被代理人丧失行为能力,委托关系终止,在法国、立陶宛、斯洛伐克和西班牙,相关时刻就是由法院或特定机构宣布丧失行为能力的时刻。在大多数其他国家法律体系里,相关时刻是代理人得知被代理人丧失行为能力之时。在这些国家法律体系中,又可以区分为两个小组。在第一组法律体系中,当代理人得知或应当得知被代理人无行为能力时,关系被认为终止。这是在比利时、希腊、匈牙利、意大利和葡萄牙的制度。在第二组法律体系中,相关时刻是当代理人被告知被代理人无行为能力时。这是塞浦路斯、波兰和苏格兰的情况。在这个第二组中,关于代理人是否得知无行为能力的举证责任,似乎在承担保护无行为能力的被代理人之利益的人身上。

在奥地利、比利时、塞浦路斯、丹麦、法国、德国、希腊、匈牙利、爱尔兰、意大利、立陶宛、荷兰、葡萄牙、苏格兰和西班牙,代理人有义务继续履行,以防止损害被代理人的利益或被代理人的继承者之利益。在英格兰,代理人必须等待被代理人的承继者的指示。在大多数国家,代理人似乎有义务继续执行那些在被代理人丧失行为能力之前已经开始的事务。这是比利时、塞浦路斯、希腊、意大利、葡萄牙、苏格兰和西班牙的情况。在这些制度中,有些国家的代理人也会有义务采取紧急措施。这是意大利和荷兰的情况。在斯洛伐克,代理人只有采取紧急措施的义务。在有些制度中,执行这些措施的义务受时间限制:代理人必须继续直到监护人可以接管责任。这是德国、希腊、匈牙利和立陶宛的情况。在荷兰,时间限制是具体的:一年。

在奥地利、丹麦、德国、法国、希腊、匈牙利、爱尔兰、意大利、苏格兰和斯洛伐克,代理人有权获得支付。在荷兰,代理人有权获得支付,当且仅当根据情势这是在合理的范围内。

在几乎所有的欧洲立法中,代理人的事后丧失法律行为能力意味着委托关系的终止。据我们所知,只有在奥地利和瑞典是不同的。

正如上面所说的,关于丧失智力能力的法律效力的规则,各国大有不同。鉴于规制无智力能力的法律不由这些示范规则(model rules)涵盖的事实,我们认为委托关系任何一方当事人丧失能力是否应导致委托关系的终止——以及若其发生,后果应会是什么——的问题,最好留给国内法规定。

C. 破产的情况下没有终止的规定

在所有成员国中,破产法确定了委托关系因被代理人或因代理人的破产是否

终止。

在奥地利、塞浦路斯、英格兰、法国、德国、希腊、匈牙利、爱尔兰、意大利、立陶宛、斯洛伐克、苏格兰、西班牙和瑞典,被代理人的破产终止委托关系。爱沙尼亚同样如此规定,除非委托的实现不影响破产的执行。在波兰,被代理人的破产不会终止委托关系。在葡萄牙,相关规定类似,因为其认为这样的规定是没有必要的:在有关的情况下,无论是受破产控制之人还是代理人只能发出通知,终止委托关系。

在许多成员国,公开宣布破产意味着委托关系的终止。这是奥地利、塞浦路斯、希腊、斯洛伐克、西班牙和瑞典的情形。在其他国家,尤其是比利时、爱沙尼亚、法国、德国、爱尔兰、意大利和立陶宛,委托关系只能当代理人得知被代理人破产时终止。

在大多数国家的法律制度中,宣布代理人破产也导致委托关系的终止。然而,在这些制度中的一些国家,若委托关系与破产不相关,则不存在终止。这在奥地利、爱沙尼亚和爱尔兰被明确指出。在英格兰、德国和匈牙利,委托关系不会自动结束。这也是荷兰的情形,然而,当根据破产法,委托关系可能由受破产所控之人终止。

在所有成员国中,破产法确定了由于被代理人或代理人的破产,委托关系是否结束。鉴于破产法没有涵盖在这些示范规则的事实,认为委托关系的任何一方当事人破产是否会导致委托关系的结束——以及如果因此终止,其后果是什么——的问题,最好留给国内法规定。

D. 由被代理人或其他代理人缔结预期合同

如果具体委托的任务是缔结预期合同,这不是由代理人,而是由被代理人或由被代理人任命的另一位代理人订立了预期合同,本条规定委托关系终止。在这种情形下,由于被代理人或者由于由被代理人任命的另一代理人的行为,委托合同下的主要义务的履行成为了不可能。这个行为根据第2款被视为是第六章下委托关系通知终止的一种形式。在很多情况下,这将意味着被代理人将承担因没有遵循合理通知期的损害赔偿责任。

注　释

1. 在比利时,由被代理人暗示撤销的典型例子是由被代理人亲自缔结预期合同(CA Brussels 26 June 1986, Res Jur. Imm. 1986, no. 6073; *Tilleman*, Lastgeving, 294; *Wéry*, Le mandat, 271)。也可以因为通知代理人就同一交易任命了一位新的代理人而产生终止的效力(民法典第2006条)。

2. 在保加利亚,由被代理人或由被代理人任命的另一代理人缔结预期合同被认为是委托撤销,在这一点上没有明确规则。不过,在法律学说中,被代理人的这种作为被解释为撤销的情形(*Mevorah/Lidji/Farhi*, Komentar Ⅲ, 176)。这意味着,当代理人得知或者可能已经得知预期合同订立,或者当代理人得知或者可能已经得知就同一权力授权了另一代理人时,合同关系终止。

若被代理人明确指出前委托并没有撤销，合同将保持其法律效力（*Mevorah/Lidji/Farhi* loc. cit.）。

3. 在英格兰，取决于代理人是否已由被代理人授予排他性而定。

4. 法国民法典第2003条介绍了代理将终止的不同情形，但并没有指向这种情况。然而，普遍可以接受的是，基于合同的一般规则，由代理人或由被代理人完成委托将导致委托的终止。甚至可以因为通知代理人就同一交易任命了一位新的代理人而发生终止（民法典第2006条）。

5. 在德国，虽然没有这类结束的具体规定，但合同法的一般规则可以导致委托合同结束，一旦委托的目的已经达成（Palandt（－*Sprau*），BGB[66]，§ 671 no. 4）。判例法已经确认这个见解，至少为有遗嘱执行人的合同关系确认了这个见解（BGHZ 41，23，25）。

6. 在爱尔兰，若委托只是为了缔结一个特定的合同，由代理人之外的其他人缔结该合同会必然导致代理的终止（也许还可能引起违反合同的责任，此取决于合同条款）。

7. 在波兰民法典中，不存在关于这个问题的具体规则。

8. 在苏格兰，若代理是为了实现一个具体目的，并且被代理人或其他代理人达成了这个目的，代理关系基于如今对代理人不可能实现约定的目的将会结束。代理人可能保留获得支付的权利，若作为代理关系的目的的合同的缔结可部分归于代理人的努力，即使代理人不再在缔结之刻被涉及（*Stair*，The Laws of Scotland，Reissue 'Agency and Mandate'，para. 112；*Walker*，*Fraser & Steele v. Fraser's Trustees* 1910 SC 222 at 229，per Lord Dundas；*Walker*，*Donald & Company v. Birrell*，*Stenhouse & Co.*（1883）11 R 369）。

9. 在斯洛伐克，权力以及委托关系被终止，若为此授予的法律行为已经执行（CC § 33(b)(1)(a)）。

10. 在西班牙，就同一事务任命一位新的代理人，相当于前委托的终止（民法典第1735条）。这也接受了，由被代理人亲自缔结拟签订的合同，带来前委托的隐性撤销的规则（Paz－Ares/Díez－Picazo/Bercovitz/Salvador（－*Gordillo Cañas*），Código Civil Ⅱ[2]，1589）。

11. 在瑞典，由被代理人或由被代理人任命的另一代理人订立预期合同，将不会自动被认为是撤销代理人的委托。被代理人将仍须通知撤销委托。

第Ⅳ.D－7:102条　被代理人死亡

（1）被代理人死亡不结束委托关系。

（2）无论是代理人还是被代理人的承继者，都可以根据第Ⅳ.D－6:103条（因特殊且重大原因由被代理人终止）或根据第Ⅳ.D－6:105条（因特殊且重大原因由代理人终止），因特殊且严重的原因，发出终止通知，终止委托关系。

评　论

A. 综述

根据本条的规定，如果被代理人死亡，委托关系没有终止。被代理人的地位拟由其继任者承继（即继承人或遗嘱执行人）。这种方法假定被代理人的利益很可能是与其继任者们的利益相同，并且他们可以继续这种关系。然而，由于被代理人的利益可能与其继任者们的利益不同，其应当有权利避免委托关系，而不必遵守通知期。同样的，由于必须处理所有的继任者的相关要求，它可能对代理人来说变得更加繁重——在追求他们的利益时有可能有冲突的意见——代理人也应当能够避免委托关系。基于这些原因，无论是代理人还是被代理人的承继者都可以根据第Ⅳ.D－6:103 条（因特殊且重大原因由被代理人终止）或根据第Ⅳ.D－6:105 条（因特殊且重大原因由代理人终止），因特殊且严重的原因，给予终止委托关系的通知。

B. 预期合同订立于因被代理人死亡而终止委托合同之后

应该指出的是，第Ⅳ.D－2:102 条（价金）第 5 款仍然适用，如果预期合同是在委托关系已经终止后订立，且预期合同的订立可以主要归于代理人履行委托。

注　释

Ⅰ. 被代理人死亡或丧失行为能力

1. 在奥地利，如果被代理人死亡，受民法典第 1022 条（除了去世后的委托（*mandatum post mortem*）的情况外）法定规定，委托将自动撤销。委托关系结束，即使约定权力的授予是不可撤销的。在很多情况下此规定并不太便利，因为权力可以被授予。例如通过一位老人，而其心智有出很大之万一的危险。因此判例法允许任何人创立——受到一些限制——委托的权力，其在被代理人死亡后持续（OGH in JBl 1991，244；SZ 64/13）。在当委托结束于被代理人的死亡的情况下，代理人被要求采取必要措施防止对被代理人或被代理人的继承人的利益即将发生的不必要的损害（民法典第 1002 条；Rummel（－*Strasser*），ABGB I^3，§ 1002，no. 21）。代理人对没有采取必要的措施承担责任。代理人被偿还为了采取这些措施而产生的花费。根据 ZPO 第 35 条第 1 款，律师也必须继续就此原因继续行为。在商业关系中，委托在存疑的情形中是不会随企业家的死亡而自动终止的（EVHGB art. 8 no. 10；商法典第 52 条第 3 款）。被代理人丧失行为能力，委托存续，因为丧失行为的能力（以这种方式产生的法律后果）并不等于被代理人的死亡（*Strasser* loc. cit. § 1020，no. 28b and § 1018 no. 6；OGH in SZ 13/71；24/244；26/132；EvBl 1968/60；1992/76）。前意向声明仍然有效，如果其是有效作出的。

2. 根据比利时民法典第 2003 条,代理权力因一方当事人死亡或丧失行为能力而结束。根据民法典第 2008 条,权力的终止将只在代理人已经得知或应当已经得知终止时才生效。不知终止而为之行为是有效的。若被代理人死亡,代理人受继续运行事务的约束(民法典第 1991 条第 2 款)。更确切地说,代理人必须完成被代理人死亡之前开始的事务,如果它们的完成的任何延误会造成损害(*Wéry*, Le mandat, 301)。这项规定被严格地解释,不允许代理人开始新的事务(CFI Luik 2 April 1930, Pas. belge 1930, Ⅲ, 86; *de Page and Dekkers*, Traité élémentaire de droit civil belge V^2, 456)。违反这项职责的代理人向被代理人承担责任。

3. 在保加利亚,委托关系法律上因被代理人死亡或丧失法律行为能力而结束,也因被代理人法律实体的解散而结束(参见 LOA 第 287 条和第Ⅳ. D－7:101 条下的注释; *Vassilev*, *L.*, Obligazionno pravo, 28; *Mevorah/Lidji/Farhi*, Komentar Ⅲ, 163; *Goleva*, Obligazionno $pravo^2$, 239)。由于 LOA 第 287 条的规则不是强制性的,双方当事人可以另行规定,包括去世后的委托(*Mevorah/Lidji/Farhi* loc. cit. 164)。因被代理人死亡、丧失行为能力或解散而终止委托,其继承人、监护人、托管人或清算人有义务立即通告代理人,并承担必要的步骤保护其利益(LOA 第 291 条)。

4. 在丹麦,根据合同法第 21 条,当被代理人死亡,委托关系没有自动结束。特殊情况,例如代理人被指示为被代理人购买个人物品,可能会导致委托终止。即使这些特殊情况发生,由代理人缔结的合同对已故被代理人的遗产仍有效,如果第三方并不知道被代理人的死亡。若被代理人处于保佐关系中,则与代理人缔结合同的第三方得不到一个比如果由被代理人亲自缔结合同更好的法律地位(参见合同法第 22 条)。在委托关系结束的情况下,例如被代理人死亡,代理人有义务(和有权利)采取必要步骤保护继承者的利益,直到已故被代理人的遗产被接管(合同法第 24 条)。采取这些措施的代理人可以要求其行为的价金和其产生的费用的补偿。这些规则适用于即使代理合同是不可撤销的情形。

5. 在英格兰,根据 *Wallace v. Cook* (1804) 5 Esp 117, 170 ER 757 一案,被代理人死亡自动终止代理人的实际权力,除非权力是不可撤销的。因此代理人不得因此起诉要求报酬或赔偿其在被代理人死亡后的行为,即使代理人并不知道被代理人的死亡(*Pool v. Pool* (1889) 58 LJP 67; *Campanari v. Woodburn* (1854) 15 CB 400, 139 ER 480)。一旦代理人得知被代理人死亡,代理人必须停止行为,等待被代理人的遗产处的新的指示。如果代理人仍然继续行为,代理人将承担其行为引起的被代理人财产的任何损失(*Re Overweg*, *Haas v. Durant* [1900] 1 Ch 209)。若代理人在被代理人死亡后代表其行为,则被代理人的遗产不受该行为的约束(*Blades v. Free* (1829) 9 B &C 167),但是遗产执行人可以选择承认其行为而受其约束。然而,遗产执行人没有义务支付代理人的报酬,除非其也批准与代理人的合同。在这种情况下,遗产执行人则必须支付给代理人其提供的服务的合理费用(*Campanari v. Woodburn* (1801) 6 Ves Jun 266; *Lunghi v. Sinclair* [1966] WAR 172)。被代理人精神失常终止代理人的实际权力,代理人履行的任何交易由于缺乏权力授予而无效(*Drew v. Nunn* (1879) 4 QBD 661)。

6. 在爱沙尼亚,作为一项默认规则,推定规制委托的服务合同将不会因被代理人死亡而停止具有效力(LOA 第 632 条第 1 款)。在特殊情况下,即当委托关系届满于被代理人死亡,LOA 第 632 条第 3 款规定合同仍被认为有效直到服务提供者(代理人)得知或应当得知被代理人死亡之刻为止。被代理人处于保佐关系之下的地位不会影响约束委托的服务合同(和代理人在外部关系中的权力)。

7. 在芬兰,包括代表被代理人缔结合同的涉及代理人权利的委托合同,在被代理人去世后继续具有效力,除非情势另外表明(例如预期合同在被代理人去世后无意义)。在其他情况下,被代理人死亡,委托关系通常结束,除非在代理人和已故被代理人之遗产之间有另外约定。如果被代理人处于保佐关系之下,代理人只有权采取被代理人仍然可以亲自承担的行为。授权结束于置于保佐关系之下一刻(合同法第 21 条和第 22 条,商法典第 18 章第 8 条)。

8. 在法国,原则上,委托将随着被代理人的死亡或丧失行为能力而终止(民法典第 2003 条),即使它包含了一条不可撤销条款,规定任何去世后的委托的存在,其受法国法接受,只要它不影响继承的强制性条款。参见最近处理"亡后效力的委托"的法律(Law no. 2006－728 of 23 June 2006,第 6 章)。民法典没有给出任何进一步的说明委托将终止的精准时刻,但第 2008 条规定所有代理人在不知被代理人死亡而可能已经完成的将有效。然而,法国判例法对代理人的对事件的无知的举证的问题并不是特别清晰。在被代理人死亡的情形中,代理人被要求完成委托,如果这是紧急需要如此做(民法典第 1991 条第 2 款),例如,如果代理人拟出售易腐货物。在被代理人被置于丧失行为能力的情形中,民法典没有规定任何类似的规则。

9. 在德国,当被代理人死亡或丧失行为能力,委托关系通常没有自动结束。在有疑问的情况下,在被代理人死亡或丧失法律行为能力之后,合同继续具有效力(民法典第 672 条)。如果合同停止生效,这一切发生的时刻取决于合同的解释。代理人被要求继续进行代理,如果活动的不继续会产生危险(民法典第 672 条)。

10. 在希腊,委托关系由于被代理人或代理人的死亡而解散,也可以因为任何一方当事人的被置于保佐关系下或破产而解散,除了若存在相反的约定(民法典第 726 条)。委托关系结束,当代理人以任何方式得知此事件,包括被代理人死亡时从其继承人处收到信息,或在保佐关系的情况下从被代理人处或其保佐人处(Georgiades and Stathopoulos (－*Karasis*), art. 726－727 no. 2)。在保佐关系的情况下,委托自动结束(ErmAK (－*Kapodistrias*), Art. 726 no. 15)。在约定被代理人死亡后继续委托的情况下,预期合同以被代理人的继承人的名义缔结,后者可以以若被代理人未死亡时应当具有的条件之相同的条件,撤销代理权力(Supreme Court decision no. 564/1989, EllDni 1990, 624)。如果不存在继续的协议,被代理人的继承人有义务报销代理人为履行委托直到被代理人死亡所产生的花费(Supreme Court decision no. 57/1995, NoB 1996, 1239)。根据希腊民法典第 727 条,在民法典第 726 条规定的情形中,"如果委托解散危及被代理人的利益,代理人、他的继承人或他的法定代理人应当有义务继续委托他的事务的行为,直到被代理人或其继承人或其保佐人处于采取适当步骤的情势之刻为止"。从这项规则看出,它意味着如果因被代理人死亡或被代理人处于保佐关系而解散委托危及被代理人的利益,合同的解散暂时中止,直到被代理人或保佐人或继承人能够处理被代理人事务。代理人的未暂时继续事务行为可能会引起损害赔偿的要求。暂时继续处理被代理人事务的代理人有权报销所有由此暂时履行产生的费用(*Kapodistrias* loc. cit. no. 19)。当被代理人死亡,不可撤销委托并没有自动结束,而是在被代理人的继承人和代理人之间继续(*Karasis* loc. cit.)。委托合同不得在被代理人的保佐人和代理人之间继续。

11. 根据匈牙利民法典第 481 条,"合同应当被终止,即使代理并没有得到完成,如果任何一方当事人死亡,或者如果一个法人解散,除非解散的法人有一个合法的承继者,亦或被代理人变成部分或全部无行为能力或者,如果代理人变得无行为能力"。民法典第 482 条规定"如果代理因被代理人固有的原因终止,终止应当从代理人令人信服地得知终止的原因之日产生效力。在

取消的情况下，或在被代理人死亡或丧失法律能力时，代理人应当采取必要的保护被代理人利益的措施，甚至在合同取消之后，只要被代理人或其合法承继者无法关注手头业务”。代理人承担因其不履行的损害赔偿责任（参见民法典第 310 条和第 318 条第 1 款）。对于代理人的报酬，和其费用的报销，一般规则适用（参见民法典第 478 条第 1 款和第 2 款以及第 479 条）。相同的规则适用于佣金代理（民法典第 513 条第 2 款）。

12. 在爱尔兰，合同的代理可能会因任何挫败合同的事件自动终止。因此，如果履行成为了不可能委托合同将终止，例如，由于任何一方当事人的死亡。因此，被代理人死亡自动终止代理人的实际权力（*Wallace v. Cook*（1804）5 Esp 117，170 ER 757）。代理人因此不得起诉要求报酬或赔偿其在被代理人死亡之后履行的行为，即使代理人并不知道被代理人的死亡（*Pool v. Pool*（1889）58 LJP 67）。一旦代理人得知被代理人死亡，代理人必须停止作为代理人行为，并等待被代理人的遗产处的新的指示。仍然继续行为的代理人将承担由其行为对被代理人的遗产造成的任何损失（*Re Overweg*，*Haas v. Durant*［1900］1 Ch 209）。当代理人在被代理人死亡后代表被代理人为的行为，被代理人的遗产执行人不受这些行为约束（*Blades v. Free*［1829］9 B & C 167），但其可以选择批准这项行为。然而，遗产执行人不受支付代理人报酬的约束，除非他也批准了与代理人的合同。授予的不可撤销的权力在被代理人死亡时终止。

13. 根据意大利民法典第 1722 条第 4 款，代理合同下的关系终止于被代理人死亡或丧失行为能力；然而，如果代理合同订立的目的是缔结关于业务活动的合同，如果业务继续运作，关系没有自动终止，也不损害继承人终止关系的权利。当代理人得知被代理人死亡或丧失行为能力，关系结束。所有在代理人得知造成终止的此事之前执行的行为都是有效的，且对被代理人或其继承人是有强制性的（民法典第 1729 条）。特殊规则适用于在法院诉讼中的代理：由律师在法院代理的被代理人死亡仅仅具有司法意义（即会使诉讼中断成为必要），当律师根据法律要求的形式给予通知时。根据民法典第 1728 条，代理人必须继续为被代理人或其继承人行为，但仅仅是如果延迟行动会导致代理的利益的危险。而代理人不但被要求采取具体紧急措施，而且被要求继续完全执行委托。在不履行的情况下，代理人承担违反合同的责任。然而，应该强调的是，民法典第 1728 条是规定在民法典第 1722 条第 4 款中的一般规则的例外。不可撤销的代理合同在被代理人死亡或丧失行为能力时，并没有结束（民法典第 1723 条第 2 款）。因此，代理人继续代表被代理人的继承人或其承继者行为。

14. 在荷兰，由于委托合同具有个人性质，在被代理人死亡之后，委托结束（民法典第 422 条第 1 款（a）项），这项规定是强制性的（民法典第 7:422 条第 2 款第 1 句）。在这种情况下，当代理人得知被代理人死亡，委托结束（Nieuwenhuis/Stolker/Valk（－*Castermans and Krans*），T&C Burgerlijk Wetboek[7]，no. 3096）。然而，如果委托是以代理人或第三方的利益，双方当事人可以规定被代理人的死亡并不导致委托的结束（民法典第 7:422 条第 2 款）。如果委托合同因为被代理人的死亡或监护令而结束，代理人考虑到具体情况，可能被要求做以缔约方利益预期的行为（民法典第 422 条第 3 款）。

15. 在波兰，委托关系在被代理人死亡时（民法典第 747 条）或者丧失法律行为能力时（法院宣布丧失行为能力）并没有结束。委托合同在被代理人死亡后或宣布其丧失行为能力之后届满的情形中，代理人应继续提供服务，直到被代理人的承继者或法定代理人另有决定（民法典第 747 条）。

16. 在苏格兰，作为一般规则，代理合同下的关系终止于被代理人死亡（*Erskine*，An Institute

of the Law of Scotland Ⅱ(3), 3, 40; *Pollok v. Paterson* 10 December 1811 FC (369) at 376, per Lord Meadowbank; *Kennedy v. Kennedy* (1843) 6 D 40; *Lord Advocate v. Chung* 1995 SC 32)。然而,这一项规则也存在许多例外。若代理人不知被代理人死亡,继续行为,其行为可能由被代理人的继承人批准(*Stair*, Institutions I[10], 12, 6; *Erskine* loc. cit. 3, 41)。体制作家(The institutional writers)Stair 和 Erskine 指出代理人应当被鼓励继续行为,直到收到被代理人死亡的可靠情报(*Stair* loc. cit.; *Erskine* loc. cit. 3, 41);因此似乎委托关系直到这个可靠情报已经由代理人接收时才结束。此外,代理人有权继续进行代理合同下的义务,若被告知被代理死亡时,正是交易已经开始但尚未完成之时(*Stair* loc. cit.; *Erskine* loc. cit. 3, 41)。一般认为,代理人将有权进行所有必要的工作以便完成交易,并有权按正常方式获得报酬。若涉及被代理人的智力上无能力,这个问题现在由不完全民事行为能力成年人法(苏格兰)2000 (asp 4)规制。该法案作出了“持续授权书”的特别规定,其可以继续存在于该无能力,但它受特别保障和监管机制的规制。根据法案第 18 条,一个普通的代表委托(授权书),在被代理人智力上无能力处理授权书表述的事务的任何期间,都没有效力。

17. 在斯洛伐克,代理合同下的关系终止于被代理人的死亡,除非在合同中另有规定(CC § 33(b)(1))。如果被代理人死亡,代理人仍然必须履行任何立即必要的法律行为以防止被代理人权利的损害。因此履行的行为具有犹如代理继续的相同的法律效力,除非这些行为与被代理人的法定承继者或保佐人作出的安排相冲突(CC § 33(b)(6))。代理人承担没有采取这些措施的责任。如果代理人采取了需要的措施,代理人可以向被代理人的继承人要求报酬(如果合同是有偿的)和费用。

18. 根据西班牙民法典第 1732 条第 2 款,被代理人死亡终止委托关系。然而,代理人有义务继续履行,如果不这样,被代理人的承继者的利益会受到威胁(民法典第 1718 条第 2 款)。不知道被代理人死亡的代理人的履行,对于已经与代理人诚实信用订约第三方是合法有效的(民法典第 1738 条)。商法典建立了一个不同的商业性质的委托制度。在由商法典调整的委托中的被代理人死亡并不意味着委托关系的终止,但是被代理人的承继者有权利撤销它(商法典第 280 条)。

19. 在瑞典,根据商法典第 18 章第 8 条,委托关系应结束于被代理人死亡。然而,这项规则被认为是过时的且存在问题的,根据合同法第 21 条,当被代理人死亡,关系没有自动结束。只有特殊情形可以结束它。这些情形可能是涉及被代理人个人之事务的合同,且其在被代理人死亡之后就失去其意义(见 *Adlercreutz*, Avtalsrätt I[9], 206)。

Ⅱ. 被代理人无偿付能力或破产时的终止

20. 在奥地利,委托关系自动结束,当被代理人破产或因受破产法规则的其他原因调整(民法典第 1024 条,KO 第 26 条),不论代理人是否对事件有所认知。即使权力的授予是不可撤销的,这也是如此(Rummel (－*Strasser*), ABGB I[3], § 1020, no. 8a)。

21. 根据比利时民法典第 2003 条,在一方当事人表见无偿付能力的情形中,例如破产,在事件发生之时或生效之时,代理权力结束。然而,终止只有在当代理人已经知道或者应该已经知道终止时才将会有效(民法典第 2008 条)。不知终止而进行的行为是具有法律效力的。

22. 在保加利亚私法中,只有商业人(自然人或法人)才可以由法院依特定的民事程序判决宣告破产(商法典第 607bis 条)。非商业人,除了公司以外,可以作为一个特例被宣告破产(商法典第 609 条和第 610 条)。在法律学说中,当被代理人被宣告破产时,被认为是委托关系终止,因为被代理人不能缔结新的合同(*Mevorah/Lidji/Farhi*, Komentar Ⅲ, 165)。

23. 在丹麦,如果被代理人破产,与代理人缔结合同的第三方将不会获得比如果合同由被代理人亲自缔结而获得的更好的法律地位。此遵循合同法第23条,其解释必须与丹麦破产法第29条相结合。第29条规定,裁定宣布,被代理人(从而和被代理人的代理人)将丧失分配或放弃被代理人财产的权利,以及接受支付的权利等等。裁定宣布,债务人(和代理人)被排除在处置财产之外的事实,并不意味着这个也适用于第三方。只有在破产公告发布于官方公报时期满之后,债务人(代理人)权力的丧失将会对所有人有效(参见破产法第30条)。直到此时,处置权的丧失才对已经知道或应当已经知道破产的一方有效。这意味着在裁决宣布和破产公告之间与债务人的代理人缔约的第三方将在财产问题上占优势,如果裁决宣布,第三方是以诚实信用行为的。因此合同被视为如在破产前作出。第30条的规则不仅仅只适用于对抗财产而建立的处置权,也适用于对代理人的支付。已经在破产公告之前作出善意支付债务给债务人(代理人)的一方,将因此就破产财产被清偿。即使权力授权是不可撤销的,这些规则也将适用。

24. 在英格兰,被代理人的破产自动终止权力。破产被视为类似于死亡。若被代理人破产,被代理人的财产被视为破产财产置于受托管理人之手(*Dawson v. Sexton* (1823) 1 LJOS Ch 185)。因为破产被视为类似于死亡,被代理人不得受约束于表见代理。然而,第三方由某些措施保护(1986年破产法案第284条第4款和第5款)。

25. 在爱沙尼亚,在被代理人破产时,约定委托的服务合同将停止有效,除了当合同与破产财产不存在联系的情形外(LOA第632条)。LOA第632条第3款规定合同仍被认为有效,直到服务提供者(代理人)得知或应当得知被代理人破产的宣告之时。代理人授权(对于外部关系的目的)也将到期(GPCCA第125条第2款)。然而,诚信第三方可以依赖授权,如果权力授予传达给了他们,或提供和出示了授权文书(GPCCA第127条)。

26. 在芬兰,当被代理人被宣布破产,委托关系一般自动停止生效。然而,商事代理人和销售员法第24条规定,如果被代理人的财产被置于破产之中,代理合同应当被视为在破产申请提交到法院之日到期。

27. 在法国,在被代理人资不抵债的情况下(或者,更一般的说法,"破产",根据判例法),一般规则与涉及被代理人死亡或丧失行为能力的情形下的规则是相同的。委托将因该事件终止(民法典第2003条),只要代理人已经知道该事件,即使合同包括不可撤销条款。

28. 在德国,在破产情况下,委托关系终止(Insolvenzordnung (InsO)第115条第1款对于无偿委托关系,和InsO第116条对于代理协议(Geschäftsbesorgungsverträge)的规定)。原则上,终止发生在破产程序启动之时(InsO第115条(1))。然而,InsO第115条第3款载有保护代理人的规则:只要代理人没有过错的不知道破产程序的开始,委托/代理继续。若权力授予是不可撤销的,委托关系也结束,因为InsO第119条明确宣布任何偏离InsO第103条到第118条的协议都是无效的。

29. 根据希腊民法典第726条,委托应当因被代理人破产的情势(或清算如果它涉及法人)解散。如果被代理人破产或因破产法其他规则,委托从宣布被代理人破产的决定公告之时起自动结束。在这方面,这与代理人是否是由被代理人告知或者代理人以其他方式得知破产是无关的(Georgiades and Stathopoulos (－*Karasis*), art. 726－727 no. 4)。在不可撤销委托的情况下,委托结束于被代理人的破产,因为它不得继续存在于破产财产受托管理人和代理人之间(*Karasis* loc. cit.)。

30. 根据匈牙利民法典第481条(b)项,"合同应当终止,即使代理并没有得到履行,如果任何

一方当事人死亡或者,如果法人解散,除非解散的法人有一个法定承继者",因此,当被代理人破产或因破产法的其他规则时,代理合同并没有自动结束。然而,根据破产法案第 35 条第 1 款,"在清算程序开始之时,经济实体的所有债务都到期(可清偿的)"。同样的规则适用于佣金代理(民法典第 513 条第 2 款)。

31. 在爱尔兰,被代理人的破产终止代理,并剥夺了代理人的权力(但是存在一些旨在保护代理人和第三方关于他们在知道破产之前所为之行为的规则,参见 1988 年破产法案)。

32. 在意大利,对被代理人死亡的同样的答案适用于涉及作为破产债务人的被代理人的破产程序的开始的情形(参见民法典第 1722 条、第 1723 条和第 1728 条,以及意大利破产法第 78 条;这最后的条款明确规定,在当事人一方破产的情况下,任何委托合同结束)。

33. 在荷兰,根据民法典第 422 条第 1 款(a)项,委托关系结束,在被代理人破产或重新排定给被代理人的债务适用时。(Nieuwenhuis/Stolker/Valk (- *Castermans and Krans*), T & C BurgerlijkWetboek[7], no. 3096)。

34. 在波兰,委托关系结束于由法院宣布破产之日(破产法第 102 条)。代理人可以要求赔偿损失。

35. 在苏格兰,虽然一般来说,被代理人破产(查封)导致终止代理关系,这项一般规则受到旨在促进被代理人财产的有效管理实践的排斥。在 *Pollok v. Paterson* 10 *December* 1811 FC (369) 一案中,本案由五名法官组成的法官席作出决定,尽管建议查封,代理人的权力可以继续(法官依托著作 *Stair*, Institutions I[10], 1. 12. 6; *Erskine*, An Institute of the Law of Scotland Ⅱ(3), 3, 41)。查封将肯定对已经开始的交易没有这个效力(*Bell*, Commentaries I[7], 525 - 526)。也有人建议,被代理人的查封仅"使代理人有权拒绝采取进一步的行动"(*Gow*, Mercantile and Industrial Law of Scotland, 537 依托 *Goudy*, Bankruptcy[4], 368)。

36. 在斯洛伐克,当被代理人破产,代理合同下的关系自动结束,但并不就被代理人因破产法中其他规则的约束而自动结束。破产被宣布,终止关系结束(Act 7/2005 Z. z. 第 52 条)。这与代理人是否实际知道破产宣告无关,而是推定每个人都知道,因为其由法院公开宣布,并发布于正式的商业公告上。

37. 在西班牙,任何一方的破产程序开始,委托消灭(民法典第 1732. 3 条)。

38. 在瑞典,被代理人破产自动终止代理(*Hesser*, Immateriella upptragsavtal, 32)。

第Ⅳ.D-7:103 条　代理人死亡

(1)代理人死亡结束委托关系。

(2)花费以及在死亡时任何其他应支付的仍然可支付。

评　论

A. 综述

根据这一规定，代理人死亡带来委托关系的结束。此意味着委托关系是凭借代理人的个人特点使被代理人委托于代理人，负责代表被代理人开展活动。因此，如果代理人不能再履行合同义务，关系结束（第 1 款）。

B. 支付义务仍然保留

已故代理人的承继者将接替代理人的位置，作为支付义务的债权人。在第Ⅳ.D－2:102 条（价金）第 5 款和在第Ⅳ.D－2:103 条（代理人产生的费用）下的规定适用。前者的效果是，如果预期合同在委托关系因代理人死亡而已经结束之后缔结，且预期合同的缔结可以主要归因于代理人对委托的履行，价金往往是可支付的。

C. 合同可能另有规定

有可能存在这样的情形，即若委托关系并不取决于代理人的个人特点，或若代理人死亡的事实本身，并不意味着合同下的义务不能再履行。如代理人死亡，往往同事或员工可以开展义务的履行。在这种情形下，委托关系的自动终止可能因此并不符合任何涉及的当事方的利益。这点由双方当事人明确约定。

注　释

Ⅰ. 委托关系自动结束于代理人死亡、无清偿能力或丧失行为能力

1. 在奥地利，代理人死亡，委托将（在法律上）自动结束（民法典第 1022 条）；或者代理人破产或受破产法其他规则约束，而且委托合同涉及破产财产，委托将（在法律上）自动结束（民法典第 1024 条；KO 第 26 条；除了佣金合同，其并不会自动终止（HvertrG 第 26 条，KO 第 26 条））。如果破产财产的管理者坚持履行合同，被代理人可以要求分离和重置不属于破产财产的资产（Straube（－*Griss*）HGB I^3，§ 383，no. 13）。如果佣金代理人/商事代理人的债权人之一接管佣金代理的货物，被代理人可以采取行动以恢复货物（EO 第 37 条；*Griss* loc. cit.）。若佣金代理人根本不履行或者如果先于履行时间，很明显地将存在一个根本不履行，佣金业务的被代理人无权行使代理人的对抗第三方权利（Schwimann（－*Apathy*），ABGB V^2，§ 1024，no. 1）。委托合同并没有结束，如果代理人被置于保佐关系之下，但是代理人不能为被代理人行为，只要丧失行为能力使代理人无法履行代理职责（民法典第 1018 条；Rummel（－*Strasser*），ABGB I^3，§ 1018，no. 5）。在代理人死亡、破产或无清偿能力的情形下，当导致结束的事件发生或生效，合同

关系结束。如果合同因此原因结束,代理人的继承人不被要求采取必要措施防止对被代理人的利益不必要的损害。在当另有人与代理人或在代理人的服务中,行使专业或业务,且由被代理人授权如此做(例如,在同一个律师事务所的另一个律师),该其他人被要求采取必要措施,防止不必要的损害被代理人的利益。

2. 根据比利时民法典第2003条,当事人一方死亡、丧失行为能力或表见无清偿能力,其中破产就是一个例子,代理权力结束。委托关系有可能结束,若事件发生或产生效力。根据民法典第2010条,知道代理合同的代理人的继承人被要求通知被代理人代理人的死亡,并与此同时采取所有紧急必要的行为,这是以被代理人的利益考量的要求(*de Page and Dekkers*, Traité élémentaire de droit civil belge V^2, 454; *Wéry*, Le mandat, 297－298)。

3. 对于保加利亚,参见第Ⅳ.D－7:103条(代理人死亡)的注释。

4. 在丹麦,代理合同将自动结束,当代理人死亡、被置于保佐关系之下、破产或受无偿付能力的其他规则约束。

5. 在英格兰,代理人的死亡自动结束授权。这项规则基于代理是个人合同的事实(*Farrow v. Wilson* [1869] LR 4 CP 744)。如果存在共同代理人,他们中只有一人死亡也足以结束代理关系(*Adams v. Buckland* (1705) 2 Vern 514, 23 ER 929)。由于合同的个人因素,另一个代理人不可能作为原已故代理人的替代介入。代理人的精神失常也自动终止实际权力,因为代理人不再有能力代理被代理人。代理人的破产可以结束实际权力,但其不是自动结束,而将取决于任命的条款。它可被认为是一个令人沮丧的事件或拒绝履行义务,其取决于所涉合同的条款(*McCall v. Australian Meat Co. Ltd.* (1870) 19 WR 188; *Hudson v. Granger* [1821] 5 B&A 27, 106 ER 1103)。关于代理人停止业务,规则并不太清楚:在 *Triffit Nurseries v. Salads Etcetera Ltd.* [1999] 1 Lloyd's Rep 697 affd [2000] 2 Lloyd's Rep 74 一案中,上诉法院认为委任一位接管人并没有自动结束代理人的权力(参见 *Longmore J* [1999] 1 Lloyd's Rep 697 at 700,其指出"停止业务"是一个不确定的概念,因此不能成为自动终止的原因之一)。

6. 在爱沙尼亚,作为一项默认规则,假设委托关系将随代理人死亡结束(LOA 第633条第1款)。此同样适用于破产的情形,除非合同与破产财产之间不存在关联(LOA 第633条第2款)否则合同关系将自动结束。继承人有义务通知被代理人代理人的死亡(LOA 第634条)。

7. 在芬兰,当代理人死亡,且死者的遗产通常不会具有对被代理人任何具体的个人责任,委托关系自动结束。当代理人被宣布破产,授权并不总是自动结束。原则上,破产财产管理人有权利决定代理人的行为是否要继续。然而,被代理人通常有权因代理人破产终止代理。商事代理自动结束于破产申请提交给法院之日(商事代理人和销售员法第24条)。保佐关系限制代理人的对那些其仍有权亲自采取的措施的授权。

8. 在法国,代理人死亡、无清偿能力或丧失行为能力会有效地引起委托或代理的自动终止(民法典第2003条;关于代理人的合并或收购,参见案例 Cass. civ. 3eme 10 November 1998, Bull. civ. 1998, Ⅲ, no. 212)。除非代理合同载有与之相反的条款(例如,Cass. com. 22 May 1967, JCP 1968, Ⅱ, 15389),上述规制就不适用。民法典第2010条指出,在代理人死亡的情形中,其继承人必须告知被代理人该情形,这引起了委托将在此时终止的推断。代理人的继承人还必须采取此时此刻任何以被代理人的利益的行为。在代理人丧失行为能力或无清偿能力的情形中,不存在类似规则,但很可能当被代理人被告知该情形时,委托将终止。

9. 在德国,在有疑问的情况下,委托合同结束于代理人死亡(民法典第673条)。在保佐的情

况下（如果剥夺了代理人履行法律行为的权利），这会被认为是一个合同履行的不可能的情形，从而终止代理人的义务（民法典第275条；Palandt（－*Sprau*），BGB[66]，§ 673 no. 1）。代理人的破产和无清偿能力对合同不具有效力（InsO第115条和第116条，相反的规定；参见MünchKomm（－*Häuser*），HGB，§ 383 no. 97；*Sprau* loc. cit. § 671 no. 5）。死亡之刻／保佐关系之始是有决定性的。根据民法典第673条，其继承人必须继续履行代理合同下的义务。如果违反了这个义务，根据民法典第280条第1款，继承人承担损害赔偿责任（*Sprau* loc. cit. § 673 no. 2）。

10. 在希腊，委托因代理人的死亡而解散（除非存在相反的协议），以及由代理人被置于保佐关系之下或破产而解散（民法典第726条）。在保佐的情形下，委托合同自动结束（ErmAK（－*Kapodistrias*），art. 726 no. 15）。在死亡和保佐的情况下，当被代理人以任何方式得知该情形时，合同结束（Georgiades and Stathopoulos（－*Karasis*），art. 726－727 no. 2）。如果代理人破产或处于破产法规则中的其他情形，委托关系从宣布代理人破产决定的公告之时起自动结束，无论被代理人是否被告知（*Karasis* loc. cit. no. 4）。如果委托因代理人的死亡或无清偿能力或保佐关系而解散，危害被代理人的利益，解散暂时中止（代理由代理人的继承人或法定代理人继续，如果代理人死亡的），直到被代理人或被代理人的继承人或法定代理人能够处理被代理人的事务（民法典第727条）。代理人，或者代理人的继承人或法定代理人，未暂时继续由被代理人委托的事务的，可能构成由该未履行造成的任何损失的赔偿的要求。如果代理人，或者代理人的继承人或法定代理人暂时继续被代理人的事务，有权利报销所有产生的费用（*Kapodistrias* loc. cit. no. 19）。

11. 在匈牙利，如果代理人死亡或变得不称职，代理合同下的关系终止（民法典第481条）。若代理人破产或处于破产法规则的其他情形，合同不会自动终止，但根据破产法案第35条第1款，“在清算程序开始之时，经济实体的所有债务到期（可清偿的）”。

12. 在爱尔兰，合同的代理可自动终止于任何挫败合同的情形。因此，若履行变得不可能，例如，因为任何一方当事人的死亡，它将终止。因此，代理人的死亡自动结束代理。这也受代理是个人合同之事实的支持（*Farrow v. Wilson* [1869] LR 4 CP 744）。代理人的精神失常也自动终止实际权力，因为代理人不再有能力代表被代理人。代理人的破产将终止代理，如果其使代理人不适合继续行为。甚至一个不可撤销的权力授予也终止于代理人的死亡。

13. 根据意大利民法典第1722条第4款，代理委托自动结束，当代理人死亡、被置于保佐关系下、破产或处于破产法规则的其他情形下。当被代理人被告知导致终止的事件或者当被代理人不管怎样得知此事，终止发生。根据民法典第1728条第2款，“当委托由代理人的死亡或丧失行为能力而灭失，如果他的继承人或者代表他的人或协助他的人知道这个委托，他们应当给被代理人即时的通告，同时在此期间应当采取情势可能要求的以被代理人利益为考量的措施”。继承人或此他人被要求立即通知被代理人其代理人的死亡，并采取任何根据具体情况有必要的措施（例如紧急活动）。他们会承担未履行民法典第1728条规定的这些措施的责任。他们会收到支付和／或报销他们为了采取这些措施而产生的费用。即使权力的授予是不可撤销的，委托结束。

14. 在荷兰，委托关系因代理人的死亡、监护令、代理人的无偿付能力或重新排定给代理人的债务适用时，而结束（民法典第422条(b)项）。如果关系因为代理人的死亡而结束，其继承人，就他们知道继承以及委托来说，可能有义务为以缔结方利益被期望为之行为。这项义务可适用于那些与代理人行使专业或业务的人（民法典第422条第4款）。参见*Van der Grinten*，Lastgeving，no. 53。

15. 在波兰,除非另有约定,委托关系结束于代理人死亡或丧失法律能力(民法典第 748 条)。

16. 在苏格兰,代理人死亡终止代理关系(*Stair*, Institutions I 10, 12, 6; *Erskine*, An Institute of the Law of Scotland Ⅱ(3), 3, 40; *Gow*, Mercantile and Industrial Law of Scotland, 537)。这项规则体现了代理关系的“个人”性质(*Stair*, Institutions I[10] 10, 12, 6)。代理人丧失行为能力具有相同的效力(*Wink v. Mortimer* (1849) 11 D 995; *Gow*, Mercantile and Industrial Law of Scotland, 537)。代理人的破产(查封)是否具有类似的效力是一个更棘手的问题,它可能只是发生在当代理人的清偿能力是代理合同的一个隐含条款时的这种情形中(*Gow* loc. cit. 537－8,依托英格兰权力:*McCall v. Australian Meat Co. Ltd.* (1870) 19 WR 188; *Hudson v. Granger* [1821] 5 B & A 27, 106 ER 1103)。

17. 在斯洛伐克,代理合同下的关系自动结束,当代理人死亡或被置于保佐关系之下(在后者情形下,合同结束,因为如果行为人他(她)自己不具有能力担负相关法律行为,其可能不会作为代理人为另一人行为;民法典第 22 条第 2 款)。当代理人破产,关系没有自动结束,但是破产资产管理人可以终止关系。

18. 根据西班牙民法典第 1732 条第 2 款,代理人死亡结束委托关系。另参见商法典第 280 条。民法典第 1739 条指出在这种情形下,代理人的继承者必须告知被代理人代理人的死亡,并且必须按照所需要的保护被代理人利益而行为。然而,根据 Lete del Río 的观点,这是不可能的,因为如果委托是鉴于代理人的个人特点被缔结的,那么其继承人不得作为替代者在活动中行为(*Lete del Río*, Derecho de obligaciones Ⅲ[4], 415)。

19. 在瑞典,委托关系自动结束于代理人死亡。死者的遗产没有其他责任,除非提供代理人死亡前所履行工作的报告(商法典第 18 章第 8 条和 *Bengtsson*, Särskilda avtalstyper I[2], 156)。有点不确定的是委托关系是否自动结束于代理人的破产。在佣金代理人被宣布破产的情形下,委托自动结束。在其他情形下,代理人的破产只能引起客户取消合同的权利。

Ⅱ. 在被指定履行委托合同的特定之人死亡的情形下,委托关系的终止

20. 在奥地利,当特定之人——考虑到其被授予代理被代理人的权力——死亡,委托关系自动终止(民法典第 1020 条)。当此人被置于保佐关系之下时,合同关系不会自动终止,但是在丧失行为能力消除履行职责的情形,代理人不得为被代理人行为(民法典第 1018 条;Rummel (－*Strasser*), ABGB I[3], § 1019, no. 5)。

21. 在比利时,当特定之人——考虑到其被授予代理被代理人的权力——死亡或被置于保佐关系之下,在代理合同下的关系自动结束。

22. 在保加利亚,不存在调整关于被指定履行合同的特定之人死亡的委托关系的法律效力的明确规则。双方当事人有自由在合同中规定这一点。

23. 这种情形一直没有在丹麦立法或判例法中解决。当特定之人死亡或被置于保佐关系之下,关系将有可能自动结束。

24. 在英格兰,如果特定之人已被任命代理被代理人,那么,鉴于关系的个人性质(*Farrow v. Wilson* [1869] LR 4 CP 744),似乎与在代理人死亡、丧失行为能力或破产的情形下的上述的相同的规则将适用。

25. 在爱沙尼亚,当特定之人死亡或丧失行为能力,委托关系将不会自动终止;然而,被代理人将很可能根据 LOA 第 631 条基于“重大理由”,能够终止委托关系。

26. 在芬兰,如果委托具有极高的个人性质,当特定之人死亡或被置于保佐关系之下,委托关

系通常结束。

27. 在法国，关于这一点没有任何规则已由立法或判例法建立。人们可以认为，如果事件发生，代理人将不得不亲自处理委托或者找到一个替代之人，因为最初的委托将不得受这个事件的影响（学术观点：参见 *Mallet－Bricout*, La substitution de mandataire, no. 180）。但是，如果被代理人已经指定一人，被代理人希望其处理委托，这很可能委托将被视为具有个人性质，转代理人或特定之人的死亡或丧失行为能力将带来代理的结束。这将很显然，在合同中专门处理这个是最好的。

28. 对于德国，参见第Ⅳ.D－6:103条（因特殊且严重的原因由被代理人终止）和第Ⅳ.D－6:105条（因特殊且严重的原因由代理人终止）的注释。

29. 在替代的情形下，希腊民法典第726条类比适用（Georgiades and Stathopoulos（－*Karasis*）, Art. 726－727 no. 6）。根据这项规则，委托将由替代的代理人的死亡而解散（除非存在一个相反规定的协议），以及因该替代者被置于保佐关系之下而解散。

30. 基于匈牙利民法典第481条的规则，如果特定之人——考虑到其已被授予代理被代理人的权力——死亡或被置于保佐关系之下（而不是合同当事方之一），合同关系不会终止。然而，被代理人有权随时终止关系，立即生效（民法典第483条）。同样的规则适用于佣金代理（民法典第513条第2款）。

31. 在爱尔兰，由于代理合同的极高的个人性质，指定履行合同下义务的特定之人的死亡将终止代理。

32. 在意大利，民法典没有载有关于这个问题的任何具体规则，而是调整委托的规定的贯常的解释，依照在转代理的情形下，原代理人仍对委托代理人承担合同义务的履行责任这一事实，得出结论，即如果第三方死亡，代理合同下的关系并没有自动终止。

33. 在荷兰，根据民法典第409条第1款，职业服务合同一般结束于指定履行该合同下的义务的特定之人死亡。该人的继承人可能有义务为以合同缔结方的利益所期望的行为，只要他们得知继承以及委托。该义务可以适用于那些与代理人行使专业或业务之人（民法典第409条第2款）。不存在特别适用于委托合同的这样的规定。

34. 波兰法律没有提供这个问题的直接答案。由于委托关系结束于代理人死亡，它可能假设，关系也结束于被选择履行合同下的义务之人的死亡。此外，这是一项普遍规则，即如果合同义务可能不再履行，合同关系结束（民法典第475条）。

35. 在苏格兰，似乎不存在在这种情形下的权力的具体考虑，即若拟履行代理合同下的义务的特定之人死亡（区别若代理人作为合同缔结方死亡的情形）的情形。很可能，法院将寻求探明是否“代理人”事实上是合同缔结方或是被指定开展工作之人。只有当特定之人是真正的“代理人”时，代理关系才将会因该人的死亡而终止。在其他情形下，代理关系将会继续。很可能在丧失行为能力的情形下，会采取相同的方式，即只有当丧失行为能力一方会真正地被描述为代理人时，代理关系终止。

36. 在斯洛伐克，这不是具体规定，但基于履行之不可能的一般规则，可以说当特别指定之人死亡或被置于保佐关系之下时，合同义务的履行是不可能的，因此关系终止（民法典第575条）。然而，这项规定不适用于商业关系；在这些情况下，对双方当事人终止关系是总是有可能的。

37. 西班牙法律没有载有关于这个问题的任何规定。但是类比代理人的死亡是有说服力的，若死者的条件对于给予权力是决定性的。

38. 在瑞典,代理人死亡通常结束委托关系。其原因是委托合同通常且高度基于个人的信任。然而,如果任务被分配给某公司,客户没有高度重视代表公司的特定之人,委托合同没有自动结束于执行任务之人的死亡。被代理人被授予一项取消合同的权利(*Bengtsson*, Särskilda avtalstyper I^2, 156)。

Ⅲ. 不可撤销委托终止于代理人的死亡

39. 在比利时,不可撤销条款并不阻碍终止于如当事人之一死亡、丧失行为能力、破产或无清偿能力的理由。然而,法院可以判定双方当事人具有共同意愿给出了不可撤销条款更广泛的范围,并排除了结束代理合同的其他理由(*Wéry*, Le mandat, 278)。

40. 在保加利亚,代理人的死亡一向被认为是一个终止的理由,不论委托是否是不可撤销的。

41. 在法国,双方当事人约定委托是不可撤销的是无效的(民法典第 2004 条)。作为一般原则,法国法并不接受双方当事人受永久义务的约束,民法典第 2003 条规定委托将终止于任何一方当事人死亡、无清偿能力或丧失行为能力。

42. 在德国,在有疑问的情形下,当代理人死亡,委托结束(民法典第 673 条)。

43. 匈牙利民法典第 481 条的规则(若任何一方当事人死亡,即使代理还没有完成,合同终止)适用,不论合同的可撤销性是否已受到限制。

44. 在爱尔兰,任何一方当事人的死亡不终止不可撤销的代理。这个代理将只有在代理人的利益得到满足时才终止。

45. 在意大利,若代理人死亡,合同结束,即使权力的授予是不可撤销的。

46. 在荷兰,似乎不可撤销的委托合同只结束于代理人的死亡,如果合同之被建立考虑到一位特定之人(民法典第 7:409 条第 1 款)。

47. 不可撤销委托在波兰法中是不允许的。

48. 在苏格兰,从极少数的关于为他自己的利益的委任(procuratory in rem suam)的权力中不明确——苏格兰法承认不可撤销代理的类型——是否关系终止于代理人死亡。可能一般规则适用,其将决定死亡事实上是否终止关系。

49. 在斯洛伐克,不可撤销委托是不允许的。

50. 在西班牙法律中,没有给出解决方案。这取决于使委托不可撤销的原因,是否代理人的权利被移交给代理人的遗产管理人。

Ⅳ. 在代理人死亡的情形下的价金和费用

51. 在比利时,被代理人有义务报销代理人过去的费用和损失,以及支付给代理人的继承人按比例的工资。

52. 在保加利亚,如果代理人死亡,委托关系结束。被代理人有义务报销产生的费用及支付规定的报酬的部分比例的薪酬(LOA 第 288 条第 1 款)。

53. 在丹麦,代理人可能有权报销产生的费用,但无权要求价金。

54. 在英格兰,在代理人死亡之前生成的任何义务由代理人的遗产负责。

55. 法国民法典第 2010 条指出在代理人死亡的事件中,代理人的继承人必须告知被代理人该事件,也必须做那时以被代理人利益的行为。在法律或判例法中没有关于在实践中如何适用这项规定的其他表述,特别是关于支付其继承人的任何可能的赔偿或报酬。然而,费用的偿还会是继承人应得的,并且,如果委托已经完成,他们也有权获得价金。

56. 在德国,由于关系只从此时结束,在代理人死亡之前已经生成的支付价金或报销的权利

可以被主张。

57. 在希腊,由于委托的无偿特征,代理人是否有权要求价金的问题不会出现。这个问题只有在当替代者为了履行委托已产生的费用时才出现。在这种情况下,在死亡的情形下的继承人或者在保佐关系情形下的替代者有权报销费用。在律师和被代理人之间的必须有偿的委托中,替代律师的继承人,在律师死亡的情形下(Supreme Court decision no. 1/1987, EEN 1987, 783)有权要求价金和报销费用,或者在保佐关系情形下,替代律师亲自有权价金和报销费用。

58. 匈牙利民法典第 478 条第 3 款规定“如果合同于代理完成前终止,代理人应当有权利就其活动要求适当比例的服务费用”。此外,根据民法典第 479 条第 1 款,“与处理事务相关联而产生的花销应当由被代理人承担。代理人应当没有义务预付任何花销”。

59. 在爱尔兰,遵循终止,任何预先存在的权利,比如报酬和赔偿权,继续存在,且可支付于代理人的遗产。

60. 在荷兰,如果委托没有完成,只有代理人工资中的一部分必须由被代理人支付。在这种情况下,根据民法典第 7:411 条第 1 款,代理人有权要求合理的工资。在委托没有完成时,对确定代理人合理的工资,三种情形特别重要:已经履行的委托合同下的活动、被代理人的收益和合同结束的原因(民法典第 7:411 条第 2 款)。

61. 在波兰,代理人的承继者可以要求代理人死亡时有权获得的(部分)价金和全部的费用。

62. 在苏格兰,代理人应得的任何数目,不论是服务费用还是花销,在代理人死亡时未支付的将可由代理人的遗产支付。如果代理人死亡前没有全部履行义务,代理人的执行人不可能有权要求全部的价金。

63. 在斯洛伐克,代理人(继承人)有权就履行的工作获得适当的价金,以及报销产生的费用。

64. 在西班牙,由于就这个原因的终止不溯及既往,在死亡之前已经产生的支付价金或报销的权利不会受到影响。

65. 在瑞典,在终止时,代理人仅有权就已经完成的工作获得支付。

第五编　商事代理、特许经营和分销

第一章　一般规定

第一节　适用范围

第Ⅳ.E－1:101条　所涉合同

(1)第四卷本编适用于建立和规范商事代理、特许经营和分销的合同,以及经过适当调整,也适用于从事商业的一方独立运用技能和努力,使另一方的产品投入市场的其他合同。

(2)本编,“产品”包括商品和服务。

评　论

A.综述

第四卷本编的规则主要适用于建立和调整商事代理、特许经营或者分销的合同。这些合同有很多共同特征,尤其是它们的经济功能——建立和调整市场关系。关于规范合同这些共同特征的规则将在第二章中阐述。然而,这些合同之间也存在一些差异。因此,本编也包含了关于商事代理(第三章)、特许经营(第四章)和分销(第五章)的单独章节。

本编不仅仅适用于这些合同,并且经适当调整也适用于所有其他合同,当独立从事商业的人将运用技能和努力使另一方的产品进入市场时——即那些并不完全属于上述提到的三类合同中的任何一类合同,但是却具有相同的调整市场关系的经济功能(纵向协议*的经济功能;比较 EC Regulation 2790/1999 第 2 条(1)和 Guidelines on

---

* 纵向协议(vertical agreements)是指两个或两个以上的企业缔结的协议或协调一致的做法,即各个企业,为了达到协议之目的,在生产或分配链不同的环节上实施,并在何种条件下当事人可以购买、出售或转售某些商品或服务。(*Commission européenne*, Glossaire des termes employés dans le domaine de la politique de concurrence de l' Union européenne : Antitrust et contrôle des opérations de concentration, 2002)——译者注

Vertical Restraint, no. 24)。这个更广泛的适用意味着双方当事人不得通过标签、归类或者起草市场关系合同的方式来避免其合同称为商事代理、特许经营或分销合同，从而避免适用包含在本编的规则(尤其是强制性规则)。

B. 不是广告合同

然而，所涉独立从事商业的人将运用技能和努力使另一方的产品进入市场的合同，并不包括广告合同。广告合同与此处讨论的合同具有不同的性质：广告公司决不会向大众或者向分配链上的其他环节自行出售另一方的产品(商品或服务)，不论是以其自己的名义(如分销商和被特许人作为)还是以委托人的名义(如受托人可能作为)。换句话说，广告商并不是生产商和最终用户间的链条上的一个链环。相反，他们向链环之一提供服务，其目的是要协助其更有效的将产品投入市场。

C. 独立从事商业的人；不是雇员

独立经营之人的概念既包括自然人也包括法人。事实上，在实践中，商事代理人、特许经营商和分销商(尤其是较大规模的)往往是那些按照可适用的国内法具有法人身份的公司。

但是，它不包括——因此，本编载有的规则不适用——那些帮助另一方的产品投入市场的除了独立经营者以外之人。典型的例子是，非独立的雇员。换言之，本编没有涵盖劳动合同的意思。

D. 产品

本条引用了“把产品投入市场”。“产品”的概念在此处以及整个部分包括了商品和服务。(Regulation 2790/99/EC 第1条(a)项在同样的意义中；又见 Guidelines on Vertical Restraints (2000/C 291/01, no. 2))。

E. 默认规则

除非另有规定，本编的规则只是默认规则(参见第Ⅱ－1:102条(当事人意思自治))。当事人意思自治原则的适用对于本编范围内调整的合同尤其重要，因为这些合同绝大部分在实践中由仔细制订的合同条款约束。

当事人意思自治的一般规则存在一定程度的例外。这些会在相关条款中明确指出。它们的普遍理由是，所涉规则的强制适用是为了保护弱势一方。

注　释

Ⅰ. 概述

1. 欧洲没有一个国家的法律制度包括适用于商事代理、特许经营和分销合同的一套具体规则。然而，在所有欧洲的法律制度中，存在适用于商事代理的具体规则。此外，根据比利时法律，存在适用于分销合同的特别法案，以及意大利法律也载有对特许经营合同的具体法规。在有些法律制度中，涉及商事代理的规则也类比适用于特许经营和分销合同。当情况并非如此时，适用一般合同法或者适用涉及其他有名合同的规则。

Ⅱ. 涉及商事代理的具体规则

2. 涉及成员国有关自雇商事代理人的法律协调的理事会指令*（以下简称：Directive 86/653/EEC）被所有欧盟成员国纳入自己的法律体系，自此所有欧洲法律体系载有关于商事代理的具体规则。这些规则规定在奥地利 *Handelsvertretergesetz* 1993（HvertrG）；比利时 *Wet van* 13 *April* 1995 *betreffende Handelsagentuurovereenkomsten / Loi du* 13 *avril* 1995 *relative au contrat d' agence commerciale*；英国商事代理（议会指令）规则 1993（SI 1993/3053），由 the Commercial Agents（Council Directive）（Amendment）Regulations 1993（SI 1993 no. 3173）和 1998（SI 1998 no. 2868）修订（同样适用于英格兰和苏格兰）；芬兰商事代理人和销售员法（1 January 1976），其由 1992 年 5 月 8 日新的商事代理人和销售员法取代；法国商法典第 L. 134－1 条到第 L. 134－17 条；德国商法典第 84 条到第 92 条；希腊商事代理法；意大利民法典第 1742 条到第 1753 条；荷兰民法典第 7:428 条到第 7:445 条；波兰民法典第 758 条到第 764 条 IX；葡萄牙商事代理合同法；西班牙 *Ley* 12/1992, *del Contrato de Agencia*（LCA）和瑞典 *Lag om handelsagentur*（HaL）。另参见第Ⅳ.E－2:101 条注释。

Ⅲ. 涉及特许经营的具体规则

3. 根据意大利法律，存在一个涉及特许经营的具体法案：Law no. 129/2004（Norme per la disciplina dell' affiliazione commerciale）。在西班牙法律中，虽然不存在具体法案规范特许经营，但也有一些具体规则可能会在零售业法第 62 条（特许经营的定义、登记特许经营的义务和先合同责任）和在特许规则中找到，后者发展了上述第 62 条的内容，规定了有关特许经营登记的规则。

Ⅳ. 商事代理规则类比适用于特许经营

4. 在有些国家的法律制度中，涉及商事代理的规则类比适用于特许经营，只要这是适当的（奥地利；比利时：*Verbraeken & De Schoutheete*, no. 131；德国；芬兰：*Halila and Hemmo*, Sopimustyypit, 272；*Bygglin*, Oikeustiede－Jurisprudentia 1978, 89；葡萄牙）。另参见第四章中具体规定的注释。

5. 由于在西班牙法律中不存在特许经营的具体规定，一些代理规则可能可类比——已经改

---

* 即 The Council Directive of 18 December 1986 on the coordination of the laws of the Member States relating to self－employed commercial agents。——译者注

变了或可以改变——适用于这类合同,尤其是那些涉及以相互信任为基础的商业合作合同,比如LCA第2条、第5条、第9条、第10条、第20条到第27条(*Bercovitz*, Contratos Mercantiles, 581 and 601)。

Ⅴ. 涉及分销的具体规则

6. 根据比利时法律,存在一个涉及分销的具体法案:(*Loi du* 27 *juillet* 1961 *relative à la résiliation unilatérale des concessions de vente exclusive à durée indéterminée / Alleenverkoopwet*)。根据法国法,涉及先合同告知义务的具体规则载于商法典第L.330条。这些规则适用于某些分销合同类型。

Ⅵ. 商事代理规则类比适用于分销

7. 在有些法律制度中,涉及商事代理的规则类比适用于分销,只要这是适当的(奥地利;德国;芬兰:KKO 1987:42, *Aalto*, Kauppaedustussopimuksen päättyminen, 2－3, 10, *Teleranta*, Kauppaedustaja, myyntimies ja yksinmyyjä, 25, 149 163;葡萄牙)。

8. 另参见第五章中规定的注释。

9. 根据瑞典法律,涉及商事代理的规则可通过类比的方式适用于独家分销(sole distributorships)。然而,该类比方式的适用范围是不确定的(*Söderlund*, Agenträtt, 160 et seq.)。

10. 根据西班牙法律,一些代理规定可通过类比的方式适用于分销,尤其是那些关于商誉的损害赔偿的规定,但是判例法并没有对此建立一致的立场(*Bercovitz*, Contratos Mercantiles, 563)。

Ⅶ. 其他规则

11. 根据希腊法律的规定,只要有可能,涉及其他的长期有名合同的规则可以通过类推的方式适用于商事代理、特许经营和分销合同。这些规则涉及民法典租赁合同中第574条到第618条,民法典第648条到第680条,民法典委托规则第713条到第729条,民法典合伙/联营第741条到第748条,民法典贷款第806条到第809条和民法典存款合同第822条到第833条。

12. 至于特许经营合同,根据比利时、希腊和荷兰法律,适用合同法的一般规则(比利时:*Verbraeken & De Schoutheete*, no. 131)。根据芬兰法律,除代理规则外,涉及雇佣法律的规则也可以通过类比的方式适用于特许经营合同,只要其是适当的,*Halila and Hemmo*, Sopimustyypit, 272; *Bygglin*, Oikeustiede－Jurisprudentia 1978, 89。

13. 根据芬兰、希腊和荷兰法律,合同法的一般规则适用于分销合同(荷兰:*Barendrecht and Van Peursem*, Distributieovereenkomst, no. 21)。

14. 根据*Chitty*,根据英格兰法律,特许经营和分销合同将被更可能列为转售合同(contracts for purchase for resale),据此,涉及此类合同的规则适用(*Chitty* on Contracts[29], no. 31－003.)。在苏格兰法律中,它们属于一般合同法规制的范围。

15. 根据意大利法律,情况又是不同的。对于某些分销合同,(somministratione)民法典中涉及供应的规定第1559条以及之后可通过类比的方式适用(*Baldi*, Il contratto di agenzia, 84 et seq.)。这其中就发展有关分销合同的一些规则通过类比方式适用于特许经营合同。此外,规则也可以从涉及诚实信用的一般规则中推断出(*Baldi*, loc. cit., 132)。

第二节　其他一般规定

第Ⅳ.E－1:201条　优先规则

在任何冲突的情形下:

(a)本编的规则优先于D部分(委托)的规则适用;以及

(b)在本编第三章到第五章的规则优先于本部分第二章中的规则适用。

评　论

本条之目的首先是规范了本部分规则和委托部分规则之间优先适用的问题。这特别与商事代理的规则相关。商事代理人可能会,也可能不会,具有代表委托人缔结、谈判或促成合同(或其他法律行为)的委托。只要存在这样的委托,代理人将既属于商事代理规则也属于委托规则调整的范围。在很大程度上,这些规则相辅相成,但只要存在任何冲突,则以规范了更具体的情况并有更强的保护政策内容的商事代理规则为准。第二项的目的只是为了解决本部分第二章和后续章节之间关系的任何疑问。重要的一点是,第二章所有营销关系合同的一般规则适用于后续章节中所涵盖的、特定类型的合同,或者受到任何特许和改编的特定类型的合同。

第二章　适用于本部分范围内的所有合同的规则

第一节　先　合　同

第Ⅳ.E－2:101条　先合同信息责任

在合同缔结之前的一个合理时间，一方当事人为本部分范围内的合同谈判，并应良好的商业操作所要求，该方当事人有责任提供另一方当事人信息，通过这些信息足以让另一方当事人能够在合理知情的基础上决定是否订立合同的类型和正在审议的条款。

评　论

A. 综述

本条规定各方当事人的先合同责任，即提供对方当事人需要的所有信息，使对方当事人作出关于是否进入一个类型的合同和正在审议的条款的理性决定。该信息必须在订立合同之前的合理的时间内给予。仔细思考与商品和服务的供给相关的先合同信息责任的规则（第Ⅱ－3:101条（披露关于商品、其他资产和服务的信息的责任）），此基于良好的商业惯例所要求。对未能履行该责任的主要后果是，该合同将因错误变为可撤销的。

B. 攸关利益和政策考虑

该项提供充足的先合同信息的义务的目的是为了保证各方当事人拥有所有相关的和必要的信息，以便充分了解相关事实而决定是否进入合同。这一点很重要，因为商事代理、特许经营和分销合同往往订立为长期合同，其缔结（“入会费”）和其义务的履行经常意味着重要的投资。有兴趣缔结这样的合同的当事人除了从另一方当事人处获得信息外，往往无任何其他获得相关信息的来源。

C. 与第二编的关系

第二编第三章载有先合同阶段的信息责任的规定。这些责任并没有特别专注于商事代理、特许经营或分销的情形。事实上，它们中的大多数规则并不会适用于本章范围内的合同（例如，提供消费者商品或服务的业务）。因此本条是必要的。

另外，相关的规定是在第Ⅱ－3:301 条（违背诚实信用和公平交易的谈判），第Ⅱ－7:201 条（错误）和第Ⅱ－7:205 条（欺诈）中。

本条是关于商事代理、特许经营和分销以及类似的营销合同中的有关告知的先合同义务的一项具体规则。这项规则可以被看作是对根据诚实信用和公平交易协商的一般先合同义务的特殊实例。在关于欺诈的规定中，第Ⅱ－7:205 条（欺诈）第 3 款指出：

在确定诚实信用和公平交易是否要求一方当事人披露特定的信息时，应当考虑到所有的情况，包括：(1)缔约方是否具有特殊的专业知识；(2)一方当事人获取有关资料的成本；(3)对方当事人是否可以通过其他方式取得合理信息；以及(4)该信息对对方当事人的明显的重要性。

本项先合同的告知义务是基于与这四个因素密切相关的政策的考虑。

D. 在合理的时间内

列入本规定的时间要求旨在保证对方当事人有足够的时间，以便在所掌握的信息基础上充分思量是否进入正在审议的合同。在评估先合同信息是否在合理的时间内给出的标准，例如，案件的情势或任何可适用的惯例将必须予以考虑。

E. 要求的信息

拟被给予的信息是那些足以使对方当事人能够在合理知情的基础上决定是否进入类型合同和正在审议的条款的信息。这意味着，除其他事项外，信息必须是正确的、完整的和透明的。根据不同的情形，特别是合同类型和贸易领域，必须提供的信息类别可能包括关于某人自己的公司和经验、涉及的知识产权、商业部门的具体特点、市场条件、网络的结构和范围、报酬和服务费用以及合同条款的信息等。

正如良好的商业实务要求，只需要给予信息的规定，其目的是把拟提供的信息置于合理的范围中。合同不应当存在试图避免它们的可能性，理由是一方当事人认为是相关的一些信息项目（也许，例如，关于对方当事人个人情况的信息或其政治观点的信息）并没有提供。

对于特许经营合同中先予告知的信息的内容，第Ⅳ.E－4:102 条（先合同信息）提供了一份详细的信息清单，特许人必须在缔结合同之前给予被特许人这些信息。这份清单是强制性的（参见上述条款之第 3 款）。

F. 补救措施

对于不遵守该责任的制裁是相关合同可根据第Ⅱ－7:201 条(错误)可避免的。该条第 1 款(b)项(iii)目特别提到的情况是,一方当事人未能遵守先合同信息责任,造成了拟订立的合同的错误。有关合同错误的所有普通规则适用,包括在第Ⅱ－7:203 条(错误情形下合同的改编)和第Ⅱ－7:204 条(由不正确的信息造成的损失的责任)。

注　释

Ⅰ. 涉及先合同信息的具体法定规则

1. 法国、意大利和西班牙的法律载有关于在特许经营合同的情形下的先合同信息的具体法定规则。它们规定在法国法 Loi Doubin(商法典第 L. 330－3 条);意大利法 Law no. 129/2004 第 8 条以及西班牙法案零售业法第 62 条第 3 款和特许规则第 3 条和第 4 条。法国法 Loi Doubin 可能也适用于某些类型的分销合同,只要它们满足商法典第 L. 330－3 条的要求(*Malaurie/Aynès/Gautier*, Contrats spéciaux Ⅷ[4], no. 839)。根据意大利法 Law no. 129/2004 第 8 条,如果对方当事人提供了不正确的信息,合同是可以不被认可。法国和西班牙规则中不包括任何具体的私法救济。尽管如此,在西班牙,违反了有关先合同信息义务意味着在民法典第 1902 条下就造成的任何损失的非合同责任:不仅包括产生的损失(*damnum emergens*),而且也包括未获得的收益(*lucrum cessans*)(*Bercovitz*, Contratos Mercantiles, 591)。进一步的内容见第Ⅳ. E－4:102 条的注释。

Ⅱ. 涉及先合同信息的一般法定规则

2. 在希腊和葡萄牙,涉及先合同责任的一般法定规定适用(希腊:民法典第 197 条、第 198 条;葡萄牙:民法典第 227 条)。就希腊法律,它意味着双方当事人必须披露任何可合理地被预期影响对方当事人决策的任何信息。如不如此行为,相当于终止合同的一个严重理由,除非合同已经毫无问题地被执行。然而,对于特许经营,涉及权利滥用学说的规则(民法典第 281 条,参见 *Voulgaris*, NoB 1998, 897 和 *Georgiades*, New contractual forms of the modern economy[3])也可开始发挥作用。先合同责任仅限于信赖利益。在一些情况下,缺乏披露可能会引起特许经营合同的撤销,和引起基于民法典第 140 条及其以后错误或基于民法典第 147 条欺诈,对损害赔偿的主张。在其他情况下,缺乏披露可能引起在民法典第 178 条和第 179 条关于违反善良风俗行为的基础上的合同撤销,但是判例法已对此进行了一些限制,参见案例 CA Patras 150/2000 DEE 8－9/2000, 890。就葡萄牙法律,意味着双方当事人必须相互通报各自有关合同的事实,以及在履行期间的潜在事件(*Sinde Monteiro*, Responsabilidade por conselhos, 355 et seq.; *Menezes Cordeiro*, Da boa fé no Direito Civil I, 505)。

Ⅲ. 涉及先合同信息义务的其他来源

3. 在其他法律制度中,先合同的告知义务遵循诚实信用原则。(比利时:*Verbraeken & de Schoutheete*, no. 147;法国:*Fabre－Magnan*, Les obligations, 214;德国:民法典第 242 条,关系越紧密,先合同的告知义务越深入细致,*Martinek and Semler*, Handbuch des Vertriebsrechts, § 14

nos. 61 f;意大利;荷兰:民法典第 6:228 条;Asser（－*Hartkamp*），Verbintenissenrecht Ⅱ[12]，no. 158;*Hesselink*，De redelijkheid en billijkheid in het Europese privaatrecht，259;西班牙和瑞典）。

4. 在芬兰法律中,先合同的告知义务遵从忠诚(loyalty)的学说。判例法已经在商事代理合同中采用了先合同告知义务(Supreme Court KKO 1993:130；*Tolonen*，Siviilioikeuden yleiset periaatteet，88；*Nysten－Haarala*，Long－term Contract，126)。至于分销合同,有关商事代理经发展的规则可以以类推的方式适用(*Teleranta*，Kauppaedustaja，myyntimies ja yksinmyyjä，154)。给予所有要求的信息的义务可以从忠诚的一般原则(诚实信用和公平交易)中得出,也通过类推的方式适用商事代理法(Supreme Court KKO 1993:130)。案例 KKO 1996:27 也处理了先合同信息;然而,关键的问题是,是否在特许经营合同中订立一仲裁条款可能对被特许人是不公平的。根据学术观点,法院本应当调整那些在缔约双方之间存在获取信息严重失衡的合同或者那些特许人提供误导信息的合同(*Saarnilehto*，Oikeustieto 2/1997，2)。

5. 根据奥地利判例法,在特许经营合同的情形中,存在一项先合同告知义务(OGH 19 January 1989，7 Ob 695/88)。

6. 相反地,在英格兰法律下,不存在一般披露职责(*Keates v. Cadogan*（*Earl of*）(1851) 10 CB 591，138 ER 234),而只是存在一项不作失实陈述的义务(*Williams v. Natural Life Health Foods Ltd.* [1998] 1 WLR 830，*Boyle v. Prontaprint*，unreported，26 February 2000，CA；*ANC Ltd. v. Clark Goldring &Page Ltd.* [2001] BCC 479)。苏格兰法律与英格兰法律是类似的,但是其赋予了略多于后者对诚实信用和缔约过失(*culpa in contrahendo*)责任的承担(*MacQueen and Thomson*，Contract Law in Scotland，paras. 2.89－2.96)。

第二节　当事人的义务

第Ⅳ.E－2:201 条　合作

在第四卷本编范围内的合同各方当事人,必须积极地且忠实地合作,各自努力的协调,以实现合同的目标。

评　论

A. 综述

合作对商事代理、特许经营和分销是必不可少的,而且事实上对大多数其他长期商业合同也是必不可少的。各方当事人为实现其目标,很大程度上取决于对方当事人的合作。此处阐明的义务明确地承认了这些合同的各方当事人具有一项积极地且忠诚地合作,以实现该合同订立的目标的义务。

事实上,在本部分中阐述的许多(如果不是大多数)具体义务可被视为这项积极地

和忠实地合作的义务的具体体现(例如关于信息、援助、指示、监督、保密等等的具体义务)。除了这些具体的规则,更普遍地,本条确定双方当事人都有这项合作的义务,该义务可能是将要建立的其他特定义务的来源,以及由法院和仲裁机构进一步建立的具体义务的来源。

虽然合作的强度在这些合同中会有所不同(通常在特许经营合同中是最强的),但是在商事代理、特许经营和分销合同中,以及在建立和调整营销关系的类似合约中对合作义务的要求,比在其他合同中都更高。根据第Ⅲ－1:104 条(合作),其规定任何合同都有一方当事人对对方当事人都有一般合作义务,以便充分实施合同,这项一般合作义务在一些合约(例如大多数是销售合同)中仅限于让其他当事人履行其义务,从而获得合同中规定的履行的收益,这类似于在许多大陆法系国家中债权人延迟(*mora creditoris*)的学说。

B. 攸关利益和政策考虑

尽管各方当事人可能在全力追求自己的利益中具有短期利益,甚至不惜牺牲另一方当事人。从长远来看,双方当事人都从稳定的合作中获益,无论是双方当事人彼此考虑另一方当事人的利益,还是积极地协助对方当事人以实现其目标。双方当事人都在积极地展示他们的长期承诺,以谋求从他们的合作中产生优势互补的利益。本条旨在鼓励双方当事人参与交流,并促进双方之间的互惠。此外,本条考虑到在商事代理、特许经营、分销合同和类似的营销关系合同存续过程中,可能会发生各方当事人在缔结合同时并没有预见到的突发事件,而这些突发事件并不一定证明第Ⅲ－1:110 条(情况发生变化时由法院的更改或终止)适用的正当性。因此其遵循本条,双方当事人要共同努力克服这些紧急情况和适应新的形势,以这种方式才能实现合同的目标。

C. 与一般合作义务的关系

对于本部分范围内的合同,载于第Ⅲ－1:104 条(合作)的合作职责非常特别。商事代理、特许经营或分销合同的一方当事人被动地让对方当事人履行其义务,从而获得在合同中规定的履行的收益(参见第Ⅲ－1:104 条评论 A)是不够的。相反地,各方当事人应当积极地且忠诚地合作,以便实现订立合同的目标。为了避免任何疑问,本条这样明确地表述。

D. 积极地且忠诚地合作

在商事代理、特许经营和分销合同以及类似的市场营销关系的合同中,一方当事人不仅必须不妨碍对方当事人的履行,他也应该做更多地行为。在这些合约中,各方都必须积极地合作,并作出认真的努力以达到该合同订立的目标。这些目标首先包括那些很常见的,但也可能包括个人目标。

然而,当事人没有义务采取违背其自身利益的行为。换言之,积极地并忠诚地合

作的义务是为了实现双赢的局面。此外，忠诚合作的义务不会使契约关系成为一个在信托法律意义上的信托关系。

合作义务意味着委托人、特许人和供应商平等对待他们的商事代理人、被特许人和分销商的义务。因此，委托人、特许人和供应商不得歧视——也就是说做出任何不合理的区别——他们的商事代理人、受许人和分销商，无论在先合同阶段还是在合同履行期间。同样地，与一个以上的委托人、特许人或供应商拥有合同的商事代理人、被特许人（例如在店铺一角特许经营）或分销商，不得在他们之间作出任何不合理的差别对待。

注　释

合作的义务

1. 根据各成员国的判例法、法律学说、标准合同和行为准则，合作义务是双方当事人的主要义务。

2. 根据德国、希腊、意大利、荷兰和西班牙法律，不存在这方面的市场营销关系合同的具体规则。然而，合作义务遵循这些法律制度下的诚实信用的一般原则。在大多数法律制度中，合作义务并没有清晰界定。然而，已被接受的是，在长期商业合同的情况下，对这项义务的要求比其他合同关系更强（德国：Handkommentar－BGB^{2}，§ 242 BGB no. 14；希腊：民法典第288条；意大利：民法典第1175条和第1375条；Cass. civ. 8 February 1999；Cass. sez. lav., no. 1078；Contratti 1999, 1019；Cass. 20 April 1994；Cass. sez. civ. I, no. 3775；Giust. civ. 1994, I, 2159；荷兰：Asser（－*Hartkamp*），Verbintenissenrecht Ⅱ^{12}，nos. 307 et seq.；波兰：民法典第760条，在商事代理情形下；西班牙：商法典第57条；*Moxica Román*, La Ley del Contrato de Agencia, 23；特别是涉及商事代理：LCA第9条第1款（代理人）和LCA第10条第1款（委托人）对于特许经营合同。然而，尽管LCA规定了代理人遵守委托人指示的义务，而对这项义务的限制是代理人的独立（LCA第9条第2款(c)项）。

3. 根据芬兰法律，合作的义务是由在商事仲裁中有丰富经验的法律学者引入到合同法的。合作义务是与涉及忠诚学说的一般讨论有关联的（*Muukkonen*, Yhteistyösopimukset ja lojaliteettivelvollisuus；*Taxell*, Avtal och rättskydd, 1977；*Ämmälä*, Lojaliteettiperiaatteesta eräiden sopimustyyppien yhteydessä, 3；*Mähönen*, Siviilioikeuden yleiset periaatteet）。芬兰的忠诚学说符合诚实信用和公平交易原则。地方法院和上诉法院在他们的案例报告中都参照忠诚原则。然而，只有在一个案件中，最高法院根据学术意见接受了诚实信用原则（KKO 1993:130）。

4. 在瑞典法律中，没有关于商事代理、分销和特许经营合同的合作的一般法定义务。然而，根据HaL第5条第1款和第7条第1款，商事代理人和委托人必须尽职尽责且诚信地行为。这可能包括一项合作义务。

5. 在英格兰一般法律中，必要时，合作义务是强加的以使业务对协议的能效（*The Moorcock*（1889）14 PD 64，上诉法院）。除了这一点，难以确定义务的确切范围。然而，它已经在雇佣合同中被强烈地确认（*Secretary of State for Employment v. Associated Society of Locomotive Engineers*

and Firemen (*No.* 2) [1972] 2 QB 455),其与长期营销关系合同有一些类似之处。各评论者认为长期合同中的合作行为使收益最大化,应该默认受到法律的支持,参见 *Baird*, 19 (1990) J Legal Studies, 583, 583。不过,对于特许经营合同,规定正在进行的合作的明确条款似乎是共同的,参见 *Adams/Jones/Hickey*, Franchising[5],其中既包括特许人向被特许人提供咨询服务的义务(第 6.12 段),也包括特许人一般支持的义务(第 6.19 段),以及被特许人"努力工作以保护和促进特许人的利益"的义务(第 7.12 段),以及"在所有领域,向特许人忠诚地并忠实地行为"的义务,(第 7.20 段)。苏格兰法律和实践与此是相似的。

第Ⅳ.E-2:202 条　履行期间的信息

在合同关系期间,一方当事人必须在适当的时间内对另一方当事人提供对其拥有的并且另一方当事人需要的以实现合同目标的所有信息。

评　论

A. 综述

各方当事人都必须披露其掌握的所有信息给对方当事人,如果这是对方当事人为了达到合同的目标需要的。这项义务包括有义务在适当情况下提供对方当事人所有相关文件。这项一般义务进一步具体规定在接下来的商事代理、特许经营和分销合同章节中。

B. 攸关利益和政策考虑

双方当事人对被告知与他们的履行有关的事实和事态发展,都有好处。这可能使他们的履行更容易、更成功。另外,一项告知对方当事人的广泛义务可能会非常繁琐,而且在任何情况下,也非常昂贵。因此,本项义务被限制在两个重要方面。第一,当事人只需要传递给对方当事人其已经拥有的信息。换言之,双方当事人没有职责展开调查,以便能够告知对方。第二,义务仅限于对方当事人以实现合同的目标而需要的信息。

本条所规定的义务可能被视为基于如同在履行义务中按照诚实信用和公平交易行为的责任相似的政策考虑。参见第Ⅲ-1:103 条(诚实信用和公平交易)以及该条的评论 B:"在持续一段时间(Dauerschuldverhältnisse)的关系中,例如代理和分销协议……诚实信用的理念作为当事人各方的指引具有特殊的意义。"本条所规定的义务也可以看作是在市场营销关系合同中特别强烈的合作义务的具体的例子。

C. 没有调查的责任

这项义务涉及实际的认知。当事人只有披露实际上已经拥有的信息的义务。当事方没有义务展开(可能昂贵的)调查,以便获得相关资料。换句话说,如果商事代理、特许经营或分销合同,或者类似的营销关系合同的当事人,偶然获得对方当事人为实现合同的目标所需要的信息,他有义务将这些信息传给对方;他不能自由地为自己保留这些信息。

D. 在适当的时间

信息必须在适当的时间给予,以便让对方当事人履行合同规定的义务,更普遍地,以便让对方实现合同目标。信息应该给予的时间和频率取决于,尤其是合同、信息的类型和事件的其他情况。在新发展的情况下,当事人必须,原则上,在合理时间内更新已经提供的信息,以便让对方适应新的情况。

E. 没有形式要求

不存在关于以何种方式提供这些信息的一般的形式要求。本条的目的只是为了责成当事人各方沟通。

注　释

要提供的信息

1. 对于商事代理,告知的强制性义务规定在指令 Directive 86/ 653/EEC 第 3 条(1)(b)(商事代理),第 4 条(2)(a)、(b)(委托人)和第 5 条中,它们已经被纳入国内法律体系。

2. 至于特许经营和分销合同,在大多数法律制度中,这项义务可以从诚实信或忠诚的一般义务中推断。(奥地利;芬兰:KKO 1993:130;德国:民法典第 242 条;*Küstner and Thume*, Außendienstrecht Ⅲ[2], no. 1300, 1302;*Martinek and Semler*, Handbuch des Vertriebsrechts, § 14 nos. 63, 64, § 19 nos. 60－67;意大利:民法典第 1175 条和第 1375 条;涉及分销合同参见:Cass. 24 March 1999, no. 2788;荷兰:Asser(－*Hartkamp*), Verbintenissenrecht Ⅱ[12], no. 307;*Barendrecht and Van Peursem*, Distributieovereenkomst, no. 107;葡萄牙:*Sinde Monteiro*, Responsabilidade por conselhos, 355 et seq.;*Menezes Cordeiro*, Da boa fé no Direito Civil I, 505;西班牙民法典第 1258 条和商法典第 57 条;关于分销合同:*Dominguez García*, Los contratos de distribución, 1354 et seq.)。根据西班牙法律,关于代理合同,相互提供必要信息的义务由 LCA 第 9 条第 2 款(b)项和第 10 条第 2 款(b)项建立。在英格兰,英国特许经营协会声称,特许权所有者有义务向对方提供“在执行业务中,协助……有关组织……培训工作人员、推销、管理或其他事项……”(*Adams/Jones/Hickey*, Franchising[3], para. 1.102)。详细介绍这些信息的操作手册是特许经营协议的一个重要组成部分。

3. 此外,在芬兰和德国法律中,关于商事代理的规则以类推的方式也适用于分销合同(芬兰:*Teleranta*, Kauppaedustaja, myyntimies ja yksinmyyjä, 154;德国:*Giesler and Nauschütt*, Franchiserecht, § 5 nos. 123, 165, § 8 no. 18;*Küstner and Thume*, Außendienstrecht Ⅲ^2, no. 1300;*Martinek and Semler*, Handbuch des Vertriebsrechts, § 14 nos. 63, 64, § 19 nos. 60－67)。

4. 关于特许经营合同,参见第Ⅳ.E－4:205 条和第Ⅳ.E－4:302 条的注释。关于分销,又见第Ⅳ.E－5:202 条和第Ⅳ.E－5:302 条的注释。

5. 在合同期间的告知责任苏格兰法律中并不存在,但其可能是合同明示或暗示的条款。

第Ⅳ.E－2:203 条　保密

(1)从对方当事人处收到机密信息的一方当事人必须对该信息保密,不得在合同关系结束或合同关系结束之后透露这些信息给第三方。

(2)从对方当事人处收到机密信息的一方当事人不得使用这些信息用于合同目标以外的其他目的。

(3)一方当事人已经拥有的或者已经向广大公众披露的任何信息,以及必然是作为业务操作的结果对消费者披露的任何信息,不被视为为此目的的机密信息。

评　论

A. 综述

商事代理、分销、特许经营合同或者其他营销关系合同的双方当事人,应该把其从对方当事人处收到的任何敏感信息视为机密信息。当在商业开发中的关键因素(专有技术、财务数据等)被披露时尤其如此,特别是在特许经营合同中常常发生。上述商业价值都是对特许人(或供应商)的经营理念必不可少的,必须保留在网络内部,避免竞争对手获知。

然而,并非所有的信息都必须考虑到保密:当一方当事人获得的信息已经是其拥有的信息或者已是公开的信息,和当业务运作时,其必然被披露给客户的任何信息,都不被视为机密信息。

B. 攸关利益和政策考虑

本规则保护当事人(通常是特许人、委托人或供应商)和网络中的其他成员的合理利益,以防止其经营方式和其他秘密最终落入竞争对手之手。

本规则背后的政策考虑类似于第Ⅱ－3:302 条(违反保密性)背后的政策考虑,该

条仅适用于在合同谈判过程中从对方当事人处收到的先合同信息。这些政策考虑也类似于第Ⅲ－1:103 条(诚实信用和公平交易)中诚实信用和公平交易的一般责任背后的政策考虑和第Ⅳ.E－2:201 条(合作)中积极和忠实地合作的义务。

C. 保护专有技术

在特许经营合同中,在整个合同期间,特许人必须提供给被特许人对于经营特许经营业务来说是必要的专有技术(第Ⅳ.E－4:202 条(专有技术))。此外,在其他一些市场营销关系的合同中,例如在分销的某些特定类型中,一项可能遵循合同的类似义务。当一方当事人有义务与另一方分享其专有技术的,保密义务特别重要,因为它是保证专有技术的——作为特许人的经营方式的发展首要的和内在的一种价值,仍然掌握在特许人的手中——而不让竞争对手受益的唯一方式。

D. 机密信息

什么样的信息是机密信息很大程度上取决于案件的情况。这类信息可能包括产品信息、技术、市场调研、采购价格表、客户资料等。并不必然要求信息应是难懂的或复杂的。公众已知的信息从来都不是机密。

示例 1

特许人 A 连锁经营一间旅行社,提供被特许人关于学生假期营销的技术诀窍。这方面的知识不为一般人所知。因此,它会被视为保密信息。

示例 2

特许人 A 经营旅行社,其提供被特许人关于特定预订系统的专门知识。在旅游业务中,这个预订系统被普遍使用。由于这方面的知识是此行业中普遍认知的,因此它不被视为保密信息。

E. 合同存续期的和后合同期的

保密的信息通常具有商业价值,使商业模式成功开发或者使委托人、特许人或分销商的产品商业化,同时也使其区别于其他竞争者。如果信息落入竞争对手的手中,就失去了它的价值。因此,当事人被要求在合同关系期间或合同关系终止之后不透露机密信息。

F. 已经公开的信息

缔约一方已经在其拥有的或者当当事人收到时已经向公众公布的所有信息,以及当业务正常运行时必然透露给客户的任何信息,不被视为机密(第 3 款)。

注　释

Ⅰ.在合同存续期间的保密

1. 在大多数法律制度中，在商事代理、特许经营和分销合同中，合同存续期间，存在双方当事人的保密义务。然而，这项义务的来源在各国有所不同。

2. 在西班牙法律中，虽然根据法律文本，被特许人必须由特许人明确要求保守信息机密，但这样的保密义务仍被规定在法律中（特许规则第 4 条）。此外，绝大多数的法律学者坚持认为，由于诚实信用原则，类似的保密义务实施于特许人，尽管特许规则第 4 条没有明确这样规定（参见例如：*Hernando Giménez*, El Contrato de franquicia de empresa, 104）。这一责任也由专利与实用新型示范法第 76 条规定。对保密义务的违反和泄露工业机密规定在不正当竞争法第 13 条中，虽然被视为不忠诚的行为，但是它必须既有意图获取（*animus lucrandi*）而行为，又以故意伤害（*animus nocendi*）而履行。

3. 根据其他法律制度，这样的义务是从诚实信用原则中推导出的。关于商事代理合同，根据比利时、西班牙和瑞典法律，其遵循诚实信用原则（比利时：*Verbraeken & De Schoutheete*, no. 87；西班牙：LCA 第 9 条、第 10 条；瑞典：HaL 第 5 条第 1 款和第 7 条第 1 款；KommL. 第 7 条）。

4. 至于特许经营合同，根据希腊法律，这样的义务基于诚实信用原则而来（民法典第 288 条）。此外，the Unfair Competition Act 第 17 条和第 18 条予以适用。它们保护特许人，防止泄露或者不正当使用（滥用）信息，特许人将习惯地披露给被特许人。根据瑞典法律，合同将始终含有有关保密的规定。这些条款适用于如合同和手册的内容，但是不适用于如一般销售策略等等（*Sohlberg*, Franchisejuridik, 57 et seq.）。

5. 关于特许经营和分销合同，根据荷兰法律（*Barendrecht and Van Peursem*, Distributieovereenkomst, no. 173）和西班牙法律，保密的义务基于诚实信用原则得出。

6. 在德国，民法典第 86 条第 1 款保障利益的义务（Interessenwahrnehmungspflicht）禁止透露商业秘密给第三方（*Koller/Roth/Morck*, HGB^2, § 86 nos. 5, 10; Münch－Komm, HGB, § 86, no. 57）。此项规则类比适用于特许经营和分销合同（MünchKomm, HGB, Pref. to § 84 nos. 16, 21, § 90 no. 6）。

7. 根据英格兰法律，保密义务规定一般合同法中。根据一般公平原则，信息接受方，知道或者应当知道其属于保密的信息，则不应当不正当的利用它，*Seager v. Copydex Ltd.* (*No.* 1) [1967] 1 WLR 923。苏格兰法律也有关于保密的一般原则，保密判断标准为在一位理性之人在所有情况下认可的收到的资料应予保密（*Lord Advocate v. Scotsman Publications* 1989 SLT 705）；义务可由合同确立（例如，*Levin v. Farmers Supply Association of Scotland* 1973 SLT (Notes) 43）。

Ⅱ.后合同义务

8. 根据德国法律，后合同义务产生于商法典第 90 条。然而，这项义务没有合同存续期间的义务严格，因为必须考虑"一位谨慎商人的职业标准的所有情形"（参见商法典第 90 条；*Koller/Roth/Morck*, HGB^2, § 90 no. 2）。商法典第 86I 条和第 90 条都以类推的方式适用于被特许人和分销商（MünchKomm, HGB, Pref. to § 84 nos. 16, 21; § 90 no. 6）。委托人在合同期间和在后合同期间不得泄露商事代理人的秘密的义务，基于商法典第 86a 条忠诚责任（Treuepflicht）

的一般思想和诚实信用原则(民法典第 242 条,MünchKomm, HGB, § 86a nos. 45, 46)。同样,对特许人和供应商也是如此(*Koller/Roth/Morck*, HGB^2, Pref. to § 84 nos. 10, 11; *Martinek and Semler*, Handbuch des Vertriebsrechts, § 19 nos. 60－63)。

9. 在西班牙,在特许经营合同的情况下,保密义务是通用的,它包括影响当事人利益的相关信息,以及根据契约关系已经收集到的所有相关信息。由于诚实信用原则,甚至当合同终止时,这项义务仍保留(*Bercovitz*, Contratos Mercantiles, 600)。

Ⅲ. 已经向公众披露的信息

10. 根据英格兰、苏格兰和德国法律,公众已经可获知的任何信息都不是机密信息(英格兰:*Att.－Gen. v. Guardian Newspapers* (No. 2) [1990] 1 AC 109, 285, House of Lords;苏格兰:*Stair*, The Laws of Scotland XⅧ, para. 1461;德国:MünchKomm, HGB, § 90 nos. 9－10)。此外荷兰作者们也捍卫这一点(*Barendrecht and Van Peursem*, Distributieovereenkomst, no. 172)。

第三节　合同关系的终止

第Ⅳ.E－2:301 条　确定期限的合同

当事人有不更新一个确定期限合同的自由。如果一方当事人在适当的时间给予通告希望续签合同,该合同将被续签为无确定期限的合同,除非对方当事人,不迟于合同期限届满前的一个合理时间,给该方当事人不续约通告。

评　论

A. 综述

本条规定了在确定期限的合同结束之时或接近结束之时是否续签的规则。出发点毋庸置疑是合同关系将结束于确定的期限届满。

缔约方有在确定期限届满之后不更新确定期限的合同的自由。但是,如果一方当事人在足够的时间内发出通知给另一方当事人希望续签合同,后者,如果不希望续签合同,必须在不超过合同期限结束之前的一个合理时间内答复。如果在这段时间没有回复,该合同将被更新为无明确限期的合同。

订立为明确期限的合同通常会在该期限届满时结束。然而,当双方当事人实际上在约定期限已经届满后继续履行合同的,被订立为固定期限的协议没有结束于固定期限届满之时。相反,合同变成了一个无明确限期合同,并受同样条件的约束。这是第Ⅲ－1:111 条(默示延长)中一般规则的效力。

B. 攸关利益和政策考虑

原则上，双方当事人都从合同的约束中受益。尤其是，确定合同将会持续在他们已经约定的期间内对他们有利。这使他们得以确定适当的和合理的业务规划和评估什么投资是他们应该做的。然而，在履行期间，他们的利益可能会改变。一方当事人可能希望放弃合同，例如因为另一个更有利的合同出现。如果对方当事人同意，那么这是没有问题的(合意结束合同)，但是通常对方当事人会反对。在此规则中，法律上的确定性的好处是通过保证当事人已商定期限的合同的约束力而被坚持。如果一方当事人希望保留随时结束合同的权利，那么他应当要么在合同中如此规定，要么签订一个无明确限期的合同(参见第Ⅳ.E－2:302 条(无明确期限的合同))。

要求给予不更新通知——当另一方当事人给予足够的通知其希望续签合同时——即使约定了固定期限的合同，是基于一个理念，即有时候，明确的时期可能会很长，而给予希望更新通告的一方当事人可能渐渐建立了该合同将会被延长的希望，并将会采取相应的行为。因此，要求一个反向的通知并不是没有道理的。这不是一个增加另一方当事人负担的要求。不期望更新合同的当事人并非必须以特定形式给予不续约通知。唯一要做的就是以这样的方式作出回复，以表明他不希望续约。这项由另一方当事人答复通知的有限义务并不很繁琐，其可能根据一般合作义务的要求从对方当事人处被预期。没有给予及时的反向通知的后果是，该合同将被更新为无明确限期的合同。这当然并不意味着各方当事人都永远互相受约束。正如在任何一个无明确限期的合同中的情形，任何一方当事人都有权利发出通知，单方面结束合同关系(参见第Ⅳ.E－2:302 条(无明确期限的合同))。

C. 明确的期限

当事人可能有缔结一个明确期限合同的各种各样的理由。可能是该合同不能在各方已经商定的存续期限内单方面结束。也可能是其他规则的适用性。例如，“不竞争义务”*获益于集体豁免**，因此这些义务从欧共体竞争法的角度被推定为是有效的，如果它们不超过 5 年期限(EC Regulation 2790/1999 第 5 条(a)项)。因此，许多分

---

* 不竞争义务(non－compete obligations)：是在供应协议或分配协议中载有的一项强制机制或激励机制，根据该义务买受人不得生产、购买、出售或转售与协议产品有竞争力的产品，或者买受人必须从该供应商处获得其所涉产品类型需求的至少 80 % 。(*Commission européenne*, Glossaire des termes employés dans le domaine de la politique de concurrence de l' Union européenne : Antitrust et contrôle des opérations de concentration, 2002)——译者注

** 集体豁免(规则)(block exemption (regulation) : BER)：该规则由欧盟委员会或欧洲议会根据欧共体条约第 81 条第 3 款提出，规则具体说明了某些类型的协议豁免于欧共体条约第 81 条第 3 款中规定的禁止或限制性协议的条件。当一协议满足集体豁免规则中的条件时，该协议的单独通告将是非必要的：协议自动有效并生效。例如，集体豁免规则存在于纵向协议、研发协议、专门化协议、技术转让协议和汽车分销协议。——译者注

销和特许经营合同被约定合同期限为 5 年。

D. 续约通告与不续约回复

续约的建议和另一方当事人不再续约决定的通告,可通过任何适当的方式在这类情形中给出,其在到达收件人时产生效力(第Ⅰ－1:109 条(通告)第 1 款和第 3 款)。

希望续签合同的一方当事人的通告必须在适当的时候发出;另一方的决定不再续约的回复通告必须在合同到期之前的一个合理的时间内给予。什么构成适当的时候和一个合理的时间分别就案件的情况而定。显然地,第二个时期部分地取决于第一个时期。

E. 继续履行:一个受旧条件约束的新的无明确期限合同

第Ⅲ－1:111 条(默示延长)中的一般规则的效力是在继续履行的情况下,合同变成了一个无明确限期的合同。但是是在什么条件下? 在大多数情况下,对各方当事人的相同的基本义务将继续,除非当事人继续履行合同规定的义务的方式有其他的显示。其他(配套)义务,其延长后若不再适合的,可在合同期间届满之时省却。归根结底,这是一个由法院决定的解释问题。

显然,作为各方当事人继续执行的结果,他们不能互相永远受彼此的约束。正如在任何一个无明确限期的合同中的,任何一方当事人都有权利发出通知,单方面结束合同关系(第Ⅳ.E－2:302 条(无明确期限的合同))。

注　释

Ⅰ. 没有权利单方面结束明确期限合同

1. 根据绝大多数的法律制度,明确时间期限的合同不能先于期限届满之时结束,除非当事人另有约定。在一些国家,存在一个例外:即存在紧迫而重要的原因的情况下,存在立即结束明确期限的合同的可能性。(波兰:民法典第 764 条Ⅱ)。

2. 在下列法律制度中,是不可能单方面结束一个明确期限的合同的,除非当事人另有约定:英格兰法律(Bowstead(– *Reynolds and Graziadei*), Agency, § 10 – 042);芬兰法律(*Hemmo*, Sopimusoikeus, Ⅱ 370);法国法律(*Fabre – Magnan*, Les obligations, 512);德国法律(民法典第 620 条第 1 款;MünchKomm, HGB, § 89 no. 9);希腊法律;荷兰法律,关于商事代理,民法典第 7:437 条、第 7:438 条;关于分销,参见 HR 21 October 1988, NedJur 1990, 439; HR 10 August 1994, NedJur 1994, 688;苏格兰法律(*Gloag and Henderson*, The Law of Scotland, para. 3.41)。在葡萄牙关于商事代理的法律中,这项规则规定在商事代理合同法第 26 条和民法典第 1051 条中(参见 *Pinto Monteiro*, Contrato de agência[3], 94),其将由类比的方式适用于特许经营和分销合同(*Pinto Monteiro*, Direito Comercial, 133; *Pestana de Vasconcelos*, O Contrato de Franquia, 75; *Ribeiro de Sousa*, Contrato de agencia (2001), 249)。在西班牙法律中,根据民法典第 1115 条和

第1256条,在明确期限的合同中规定单方面终止的合同条款是无效的。意图终止的一方当事人将承担未履行之责任,除非另一方当事人未能先予履行或者存在一个重要的原因导致无法履行(*Bercovitz*, Contratos Mercantiles, 608)。至于商事代理,LCA第26条规定,只有在另一方当事人完全或部分地不履行的情况下或者当另一方当事人被宣告无偿付能力的情况下,才存在一个单方面终止的理由。

3. 然而,根据瑞典法律,签订为确定期限的合同可以单方面提前结束。但是,在这种情况下,结束合同的一方当事人将承担赔偿责任(KommL. 第51条第2款)。关于分销,EÅ 93建立了两年合同期,顺延1年,除非在合同期满6个月之前发出通知。在特许经营合同中,通常签订为一段确定时间期限的合同,在大多数情况下3至5年(*Sohlberg*, Franchisejuridik, 67)。然而,最常见的解决方案就是合同订立为一个明确期限合同,但是附加一个结束合同的可能性,只要通知已在一定通知期内发出(SOU 1986:17, 213)。对于这样一个通知期,最常见的长度是6个月或12个月(SOU 1986:17, 72)。

Ⅱ.不更新通知和续约通知

4. 根据意大利法律,只要涉及的商事代理合同在2002年关于代理的集体经济协议(*Accordi Economici Collettivi*, AEC)的范围内,一方当事人不希望续签合同的,必须通知另一方当事人。合同期限长于6个月的,委托人必须"在期限届满前至少60天"向代理人传达"他可能愿意续约或期满结束委托"。但是,不遵守这一规定并不影响合同的续订。这可能仅是损害赔偿责任的一个来源(*Baldi*, Il contratto di agenzia, 226)。瑞典关于分销合同范本,EÅ 93载有一项类似的义务。EÅ 93涉及一个2年期限的合同,届时被延长1年,除非通知在合同期满之前6个月给出。

5. 根据其他法律制度,不存在告知另一方当事人可能续签一个确定期限合同的具体义务。不过也可视情况而定,在某些制度中,这些义务可能遵从诚实信用的一般义务。

Ⅲ.继续履行的默示延长

6. 如果当事人在合同期满之后,继续履行确定期限的合同的,在绝大多数法律制度中,该合同将转换为一个无明确限期的合同。

7. 对于商事代理,这项规则规定在具体法定条款中(Directive 86/653/EEC第14条;奥地利HvertrG第20条;比利时商事代理法第4条;英国商事代理(议会指令)规则1993 reg. 14;法国商法典第L. 134－11条;希腊商事代理法第8条第2款;意大利民法典第1750条第1款;荷兰民法典第7:436条;波兰民法典第764条;葡萄牙商事代理合同法第27条第2款;西班牙LCA第24条第2款;瑞典HaL第25条第2款)。

8. 这项法定规则,根据葡萄牙法律,或根据瑞典法律,以类推的方式适用于特许经营合同。根据西班牙法律,这项规定是不明确的。有些学者维护以类此的方式适用商事代理规则于特许经营(*Echebarría Sáenz*, El contrato de franquicia, 513),而其他学者则认为该合同将被更新为一个人最初约定的期限确定的合同(*Hernando Giménez*, El Contrato de franquicia de empresa, 398)。此外,根据希腊法律,目前尚不清楚该类代理规则是否可以以类推的方式适用于特许经营合同。

9. 这项法定规则以类推的方式适用于分销合同(葡萄牙和西班牙,瑞典也极有可能)。在荷兰,对于商事代理规则是否以类比的方式适用于分销合同,作者们持有不同的看法(*Barendrecht and Van Peursem*, Distributieovereenkomst, 145－146; *Van de Paverd*, De opzegging van distributieovereenkomsten, 78)。此外,根据希腊法律,目前还不清楚这项规则是否按类推方式可适用于分销合同。

10. 在苏格兰法律中,“默示再续”的概念——据此,继续履行失效的合同更新该合同与原合同同样期限的合同——可适用于租赁合同、合伙关系和委托的某些形式或者雇佣。不存在扩展该概念的适用范围的权力(*Gloag and Henderson*, The Law of Scotland, para. 3.41),虽然为什么它不应该被超越原则上不存在原因。

第Ⅳ.E－2:302 条　无明确期限的合同

(1)无明确期限合同的任何一方当事人可以给予另一方当事人通知终止合同关系。

(2)如果通知提出在一段合理长度的期间之后终止,根据第Ⅳ.E－2:303 条(就不适当的通知而终止的损害赔偿),没有可支付的损害赔偿。如果通知提出立即终止,或者在一段不合理长度的期间之后终止,那么根据该条,损害赔偿是可支付的。

(3)通知期是否在合理的长度内,除其他因素外,取决于:

(a)合同关系已经持续的时间;

(b)作出的合理投资;

(c)为找到一个合理的选择,将要花费的时间;以及

(d)用途。

(4)合同关系持续的每一年,增加一个月的通知期,最长 36 个月,被推定是合理的。

(5)给予的委托人、特许人或供应商通知期将不少于第一年为一个月,第二年为两个月,第三年为三个月,第四年为四个月,第五年为五个月以及第六年和合同存续的随后的年月里为六个月。当事人双方不得排除本规定的适用,或者减损或变更其效力。

(6)长于第四款和第五款规定的合同期限的协议是有效的,只要由委托人、特许人或供应商遵守的约定的期间不短于由商事代理人、被特许人或分销商遵守的期间。

(7)关于本编范围内合同,本条的规则取代那些在Ⅲ－1:109(变更或通告终止)第 2 款的规则。该条的第 3 款管辖终止的效力。

评　论

A. 综述

当合同没有载有任何具体持续时间,抑或合同明确表述为一个不明确时期的,合同是无确定限期的合同。现行规则规定,在这两种情况下,可以发出通知单方面终止合同关系。换句话说,各方当事人有“有权利结束”关系。合理的通知期并不是有效终

止关系的要求。然而,如果没有合理的通知期,根据随后的条款,补偿是可支付的。

在特殊的情形中确立什么将是一个合理通知期,第 3 款向当事人和法庭提供了指引。虽然列出的那些最有可能具有相关性的因素,但它并不是详尽无遗的:根据案件的情况,其他因素可能对建立什么样的通知期是合理的也是有影响的。指出仅仅一个或两个将在所有情形下起决定性作用的因素是不可能的,本条正是基于这样的假设。与每个因素的相对份量相关可能的不确定性,被第 4 款中指出的推定减轻了。

对于希望结束合同关系的委托人、特许人或供应商,存在一个最低期限的通知期:第一年为一个月,第二年为两个月,第三年为三个月,第四年为四个月,第五年为五个月以及第六年及其以后年份为六个月。这是一项强制性规则;当事人不得减损本项规定(第 5 款)。

当然,当事人可以自由约定长于第 4 款和第 5 款规定的通知期。但是,如果他们如此约定,那么由委托人、特许人或供应商遵守的约定的期间不得短于由商事代理人、被特许人或分销商遵守的期间(第 6 款)。

第 7 款明确了其与第三编中通知终止的一般规则的关系。本条关于合理期限的规定取代了第Ⅲ－1:109 条(更改或终止通知)中的规定,但是该条第 3 款的一般规定适用于归还的效力和终止的其他效力。

B. 攸关利益和政策考虑

一方面,根据希望结束无明确限期合同的关系的一方利益,可能因种种原因希望这样做。例如,他可能希望结束在这一特定地理区域的活动,或者他可能已经找到了另一个代理商、被特许人或分销商,料想他们将更为有效。在所有这些情况下,如果没有这项条款,不希望再继续合同关系的一方当事人将仍然与另一方当事人系于同一合同关系直到时间的尽头,除非对方同意终止。

另一方面,结束合同关系通常对对方当事人没有好处。相反,尤其是当本合同中的义务的履行是其主要活动时,该合同的存在可能是其经济存在的基础。此外,该当事人可能已经作出重大投资,并将只能经过很多年后才看到回报。此外,还可能是对于该当事人找到一个同样满意的选择是非常困难的。因此,该当事人可能在经济上非常依赖于契约关系的延续。

在此项规则中,这些利益以如下方式平衡。希望终止无明确限期合同关系的一方当事人将成功:若终止通知将是有效的。然而,另一方当事人在一段合理期限内继续合同关系的利益受到保护,尽管是以货币的方式。没有发出合理通知终止合同关系的当事人将承担另一方因没有得到合理通知而遭受的损失的赔偿责任(参见第Ⅳ.E－2:303 条(就不适当的终止而通知的损害赔偿))。

此项规则不仅平衡了各方的利益,它也具有一般利益。首先,通过赋予一个缔约方有权利单方面终止的权力,从而提供了减少诉讼的法律上的确定性。其次,在经济上有效率:如果一方当事人(比如特许人)可以从与另一方(比如新的被特许人)的合同

中获得的利益比履行新合同并且适当赔偿受害方（第一个特特许人）的费用更大，则终止创造了盈余，因为至少对一方更好了，而同时没有任何人变得更糟。

通知期（以及代替通知期的补偿）应该维护遭遇对方单方面终止的当事人的利益。因此，在第 3 款中的提到的因素主要侧重于该当事人的立场。但是，这并不意味着，在确立什么通知期限在该种情况下将是合理的时，只应该考虑受害方的利益。不仅有关各个因素的情形的事实可以指向一个较短的通知期（例如，受害方没有投资的情况下、缺乏一个后合同竞争条款、找到一个替代没有困难等等），而且在指向较长期间的情况下，这些因素都必须被权衡以对抗希望结束这种关系的一方当事人的利益。

C. 与其他规定的关系

本条中的规定取代了第Ⅲ－1:109 条（更改或终止通知）第 2 款中所载的规则。思路是不同的。根据第Ⅲ－1:109 条第 2 款，合理的时期是一个有效终止的条件。根据本条，合理的时期只是为了避免赔偿责任的条件而已。什么是一个合理期限的默认规则也各不相同。然而，在第Ⅲ－1:109 条第 3 款中关于终止效力的规则适用于本条。这意味着，如果双方当事人不规范终止的效力，那么：

（a）终止只具有预期的效力，并不影响就未履行任何在终止之前应当履行的义务的任何损害赔偿的权利，或者规定支付的权利；

（b）终止不影响任何解决争端的条款，以及即使终止之后也要行为的任何其他条文；以及

（c）在合同义务或契约关系中，任何返还效力由第三章第五节第四小节（返还）中的规则，经适当调整后。

第Ⅰ－1:109 条（通知）中关于通知的一般规定适用。因此，通知可通过任何适宜于情势的方式给予（第 2 款），并当它到达收件人时始有效（第 3 款）。

D. 不要求“合适的理由”终止关系

这项规则并没有让当事人结束关系的权利受到一个适当的结束理由的评估。即使发出通知的当事人没有合适的理由，通知仍然有效。

E. 通知期的合理性

在评估什么是合理的，其合同的性质和目的、案件的情况以及所涉及行业或专业的运用和实务，应当被考虑在内。

第 3 款中列出的可能在评定所提供的通知期是否是合理时发挥一定作用的具体因素的列表，但并非是详尽无遗的。这意味着，其他因素也可能决定在该种情况下什么通知期是合理的。相反地，并非所有这些因素在每种情况下都发挥作用。此外，并非所有因素都在每种情况下都有相同的分量。所有这一切仍然是由法院考虑的一个问题。

合同关系已经持续的时间。在大多数情况下,合约已经持续的期间将是一个重要因素。通常情况下,合同关系已经持续的时间越长,一方当事人对该合同关系就越依赖,也就将会更难适应新的情势,为此,在由另一方当事人单方面终止的情形下其损害也就越大。

这个因素的重要性体现在,在第 5 款中为委托人、特许人和供应商的最短通知期随着合同关系已经持续的年份递增。

然而,尽管在多数情况下的假设是,关系持续的时间越长,通知期必须越长,但是这一因素可能在某些情况下也指向相反的方向。如果合同关系已经持续一段长时间,在一些情况下,这可能已经足以让双方当事人充分收回投资。因此,这一因素也可能指向一个较短的通知期。

作出合理的投资。通常情况下,单方面终止将发生在一方当事人已经再也看不到对所有他为合同的目的而进行的投资的回报之刻。除非当事人受一段相当长的通知期保护,使其能够摊销投资(或者由损害赔偿代替这个相当长的通知期),否则他可能会面临更大的损失。相反,如果受害方并没有作出任何重大投资,这可能是一个接受相当短的通知期的理由。因此,由受害方作出的投资通常将会在评估一个通知期长短的合理性中发挥重要作用。

然而,并非受害方作出的所有投资都应当被考虑到,而是只有那些在当时情况下是合理的投资时才予以考虑;过度的投资是当事人自身的风险。此外,原则上只有具体投资应被考虑。一般的投资,例如投资一个通用的、可出售或出租或转租的陈列室,原则上不应予以考虑。

然而,另一方面,恢复原状并不仅限于被另一方当事人诱导或者甚至要求的投资。原则上,所有合理的投资可以予以考虑。

原则上,在目前的体系中,对于恢复无通知期充分摊销的无用投资的损失的补足损害赔偿(即损害赔偿代替通知期),不存在任何空间,正如一些欧洲法律体系所熟悉的。在现行制度下,这种投资始终被通知期(以及代替通知期的损害赔偿)涵盖。这可能在一些情况下导致被要求超过一年的很长的通知期,如果要避免损害赔偿责任。

但是,在这个制度下中,存在一个可能性,就是受害一方当事人将根据第Ⅳ.E-2:305 条(商誉损害赔偿)另外有权就商誉主张损害赔偿。

找到一个合理的可供替换的选择将花费的时间。通知期的一个重要作用是让受害一方当事人适应新的形势,尤其是找到一个替代方案,要么是新的委托人、特许人或供应商,要么是开始一个不同的经济活动。越早让该当事人找到一个可以接受的替代方案,通知期可能越短。怎样才算是一个合理的选择:它并不一定必须提供同样的利益,或者完全在同一交易部门或在同一地域。

在这里,后合同的非竞争条款可能具有相关性。如果合同载有一项限制后合同竞争的有效条款,它可能使受害方更难找到一种替代方法。因此,在这种情况下,合理的通知期原则上应该更长。然而,在受害方找到可供替代经济活动时的困难已经根据合

同或根据有关后合同的非竞争条款应当补偿而受到补偿的，这种困难应当再次予以考虑。因此，合理的通知期可能较短（以及代替通知期的损害赔偿较低）。

惯例。显然，通知期的合理性可能会根据合同的类型（商事代理、特许经营、分销）和贸易部门（例如：在分销中：啤酒、汽车、汽油）而不同。特别是在一项特定贸易中惯例的存在，与确立通知的合理性是相关的。这种习惯有时可从行为准则推断出，尽管很多时候取决于在起草这些准则时所涉及的个人和组织（例如，只涉及特许人）。

但是，另一方面，也不存在推定说一类合同的通知期一般比另一类合同的长，正如在一些欧洲司法领域的情况。相反，对委托人、供应商和特许人规定在第 5 款中的最短通知期对所有涉及的合同是相同的。

更一般地，尽管惯例可能在决定什么是合理的时发挥作用，但是它们不能取代合理性测试。换句话说：任何不合理的习惯（其可能是由于卖方垄断或寡头垄断，导致结构上不平等的议价能力）应该被忽视，除非当事人另有明确约定。

F. 合理性的推定

第 4 款载有一个推定，即合同关系持续的每一年，增加一个月的通知期，最多 36 个月，是合理的。

这个假设是可辩驳的。受害一方当事人可以证明，认定合理的期间（包括最多 3 年）在特定情势下过短。相反，已经结束关系的一方当事人可以证明推定的期间过长。

G. 最短期限

对于希望结束合同关系的委托人、特许人或供应商，他们有最短期限的通知期（参见第 5 款）：该期限不得低于第一年为一个月，第二年为两个月，第三年为三个月，第四年为四个月，第五年为五个月以及第六年和合同持续的随后年份为六个月。各方当事人不得减损这项规定。

H. 约定的较长的期间

如果双方当事人约定比第 3 款和第 4 款规定的通知期要长的通知期，那么要由委托人、特许人或供应商遵守的约定的期限，必须不短于要由商事代理人、被特许人或分销商遵守的期限。换句话说，当事人双方可以自由约定比被认为是合理的通知期更长的通知期。然而，他们可能不会只为了委托人、特许人或供应商的利益如此约定。若他们仍然约定只为了委托人、特许人或供应商的利益，这样的协议是无效的。

I. 规则的特征

这是一项默认规则；双方当事人自由另行商定。然而，载于第 5 款中的最短通知期是强制性的，任何由当事人双方约定较短期限的协议是无效的。此外，第 6 款也是强制性的：各方当事人不得减损这项规定。

注　释

Ⅰ.终止权(一般)

1.在所有法律制度中,任何一方当事人都可以结束商事代理、特许经营或分销关系,只要已经发出一个通知。

2.对于商事代理,具有这一效力的规则被规定在基于 Directive 86/653/EEC 第 15 条第 1 款的法律规定中("凡代理合同被缔结为是一个无明确限期的合同,任何一方当事人可以通知终止它。")。参见:奥地利:HvertrG 第 21 条第 2 款;比利时:商事代理法第 18 条第 1 款;芬兰:商事代理人和销售员法第 23 条;法国:商法典第 L. 134-11 条;德国:商法典第 89 条第 1 款;希腊:商事代理法第 8 条;意大利:民法典第 1750 条;荷兰:民法典第 7:437 条;波兰:民法典第 764 I 条;西班牙:LCA 第 24 条第 1 款,第 25 条第 1 款;瑞典:HaL 第 24 条第 2 款;英国:商事代理(议会指令)规则 1993 reg. 15。

3.根据德国法律,对于特许经营和分销合同,有关商事代理的规则以类比方式适用(MünchKomm, HGB, § 89 no. 6)。但是,根据希腊和葡萄牙法律,涉及商事代理的规则通过类推的方式只适用于分销合同(*Pinto Monteiro*, Direito Comercial, 129; *Menezes Cordeiro*, Direito Comercial I, 513; *Ribeiro de Sousa*, Contrato de agencia (2001), 241; *Pestana de Vasconcelos*, O Contrato de Franquia, 80; STJ 18 October 1994, BolMinJus 451 (1995), 445; STJ 23/09/1997, www. dgsi. pt; STJ 16 May 1996, BolMinJus 468 (1997), 428; STJ 4 May 1992, BolMinJus 427 (1993), 524)。

4.在比利时法律中,具有本条效力的规则被规定在 Alleenverkoopwet* 第 2 条中,其适用于分销合同。

5.至于特许经营和分销合同,根据法国和西班牙法律,分销合同任何一方当事人可以单方面结束关系,只要满足了通知期和不存在权利的滥用(法国:商法典第 L. 442-6 条 I;*Leloup*, les agents commerciaux[4], nos. 2065 et seq.)。在西班牙,单方面终止的权利一般被承认于每个无确定限期的合同(*Bercovitz*, Contratos Mercantiles, 606)。

6.然而,根据荷兰法律,关于特许经营和分销合同,出发点是合同关系不能被结束。然而,基于诚实信用,可能存在终止的权利(民法典第 6:248 条;Asser (-*Hartkamp*), Verbintenissenrecht Ⅱ[12], nos. 310 et seq.)。通知期若是必须遵守,其长度取决于诚实信用的要求。

7.根据苏格兰法律,合同法的一般原则是,无明确期限的合同可以通过合理的通知终止(*McBryde*, Law of Contract in Scotland, para. 9.16)。

Ⅱ.固定的通知期

8.至于商事代理合同,Directive 86/653/EEC 第 15 条第 2 款包括了一个固定的最短的强制性通知期限("通知期限应当是合同的第一年为一个月,第二年开始为两个月,第三年开始以及以后各年为三个月。双方当事人不得约定比这些期限更短的通知期。")不过,该指令留给各成员国

---

* 参见第Ⅳ.E-1:101条(所涉之合同)注释6。——译者注

规定为合同第四年、第五年、第六年和随后几年中的最短的强制性的固定的通知期。(Directive 86/653/EEC 第 15 条第 3 款:“成员国可以定为合同的第四个年份为四个月、第五个年份为五个月以及第六年和随后的年份为六个月的通知期。成员国可以决定,当事人双方不得约定较短的期限。”)

9. 以下国家在其法律制度中包括了对商事代理前 6 年的固定的强制性的最短通知期。奥地利:HvertrG 第 21 条;比利时:商事代理法第 18 条;芬兰:商事代理人和销售员法第 23 条;希腊:商事代理法第 8 条;意大利:民法典第 1750 Ⅲ条;瑞典:HaL 第 24 条第 2 款。

10. 在西班牙,在商事代理框架中的 LCA 第 25 条第 2 款确立了合同关系持续各年增加一个月的最短通知期。不过,这个最短通知期限将不会超过 6 个月。如果合同关系没有持续 1 年,则最短通知期固定为 1 个月。

11. 德国法律在某种意义上规定了不同的通知期,第一年为一个月,第二年为两个月,第三年至第五年为三个月,合同关系超过五年的为六个月(商法典第 89 条第 1 款)。

12. 英国、法国、荷兰、波兰和葡萄牙法律都选择了 Directive 86/653/EEC 第 15 条第 2 款的规定。对于双方当事人的最短通知期为,合同持续三年或更长的,通知期为三个月(英国:商事代理(议会指令)规则 1993 reg. 15(2);法国:商法典第 L. 134-11 条;荷兰:民法典第 7:437 条第 2 款;波兰:民法典第 764 条 I;葡萄牙:商事代理合同法第 28 条第 1 款)。

13. 根据德国法律,这些涉及商事代理的最低规则以类比的方式适用于特许经营和分销合同(MünchKomm, HGB, § 89, no. 6)。根据希腊和葡萄牙法律,它们以类比的方式适用于分销合同(*Pinto Monteiro*, Direito Comercial, 129; *Menezes Cordeiro*, Direito Comercial I, 513; *Ribeiro de Sousa*, Contrato de agencia (2001), 241; *Pestana de Vasconcelos*, O Contrato de Franquia, 80; STJ 18 October 1994, BolMinJus 451 (1995), 445; STJ 23 September 1997, www.dgsi.pt; STJ 16 May 1996, BolMinJus 468 (1997), 428; STJ 4 May 1992, BolMinJus 427 (1993), 524)。

Ⅲ. 合理的通知期

14. 在一些国家,特许经营或分销可以由单方面给予合理的通知而结束。(比利时 Alleenverkoopwet 第 2 条;芬兰法律,比照 Supreme Court KKO 1982 Ⅱ 1;根据西班牙法律,作出的关于分销合同的决定可以通过类推的方式适用于特许经营(TS 11 February 1984 RJ 1984\646; TS 2 December 1992 RJ 1992\9998; TS 23 July 1993 RJ 1993\6280; TS 24 February 1993, RJ 1993\1298; TS 25 January 1996, RJ 1996\319)。不存在关于特许经营或分销的通知期的具体规则;因此,诚实信用的一般原则必须适用。若对方当事人因单方面决定终止可以避免任何损害,则通知期是合理的(CA Asturias 13 November 1998, AC 1998\2234)。

15. 根据法国特许经营和分销合同方面的法律,应遵守的通知期取决于所涉之合同的期限长度和商业惯例。此外,如果合同涉及在某一商标下的商品的分销,通知期应增加一倍(商法典第 L. 442-6 条 I 第 5 项)。

16. 根据荷兰法律,对于特许经营和分销合同,必须遵守一个合理的通知期,这遵循判例法(HR 23 December 1994, NedJur 1995, 263; HR 21 April 1995, NedJur 1995, 437)。

Ⅳ. 对委托人、特许人或供应商最短的通知期

17. 根据 Directive 86/653/EEC 第 15 条第 4 款,如果双方当事人约定长于指令中规定的最短通知期,委托人必须遵守的通知期,不得短于由商事代理人遵守的通知期,(“如果双方当事人约定超过规定在第 2 款和第 3 款中的通知期,由委托人应遵守的通知期不得短于由商事代理人遵

守的通知期。")。关于商事代理,类似规则包含在以下法律制度中:奥地利:HvertrG 第 21 条第 3 款;比利时:商事代理法第 18 条第 1 款;英国:商事代理(议会指令)规则 1993 reg. 15(3);法国:商法典第 L.134－11 条;德国:商法典第 89 条第 2 款;希腊:商事代理法第 8 条;意大利:民法典第 1750 条;荷兰:民法典第 7:437 条第 2 款;波兰:民法典第 764 条 I 款 2 项;葡萄牙:商事代理合同法第 28 条第 1 款;西班牙:LCA 第 25 条第 3 款。

18. 至于分销合同,根据芬兰法律,通知期必须足够长以至于其允许分销商摊销投资。如果一个通知期没有足够长到允许分销商这样做,那么该通知期被认为是不合理的,并且根据合同法第 36 条,它可以被吸收入一个合理的通知期。这同样适用于特许经营合同。

19. 关于特许经营和分销合同,在其他法律制度没有发现这样的规则。

Ⅴ. 不顾通知期的后果

20. 参见下条的注释。

第Ⅳ.E－2:303 条　因不适当的通知而终止的损害赔偿

(1)如果一方当事人终止第Ⅳ.E－2:302 条(不确定期限的合同)下的合同关系,但不给予合理的通知期限,则对方当事人有权提出损害赔偿要求。

(2)损害赔偿的一般措施是,损害赔偿的款额符合,对方当事人本应当会在如果已经发出合理期限的通知且关系会持续的额外的期间中获得的利益。

(3)每年的利益被推定为,等于受害方在合同存续的过去 3 年中已获得的平均利益,或者,如果合同关系已经持续了一段较短期间,则是受害方在此期间已获得的平均利益。

(4)在第三编第三章第七节中的关于不履行的损害赔偿的一般规则,经适当修改适用。

评　论

A. 综述

在上一条中,一方当事人可以发出通知终止一个无明确期限的合同关系。就终止产生效力,通知期不是必需的。然而,如果没有给予合理的通知期,对方当事人有权提出损害赔偿要求。本条规定这个问题。

受害方的可补偿的损失相当于预期的利益(第 2 款):它应该尽可能地被置于的位置是,如果提供了合理期限长度的通知,本应该获得利益。如果发出了合理的通知,受害方本可以从合同的剩余期限中(即合理的通知期)得到所有通常的利益。因此,受害方原则上有权要求赔偿该利益的损失。

第3款载有一个推定,即年利益等于受损害方从合同的过去3年中已收到的平均利益。这个想法指的是受害方业务指标的一段时间。特殊的情形,不应用一般措施处理。

最后,虽然,严格来说,一项义务的不履行不存在损害赔偿(通知结束合同,即使通知期太短),但是存在就不给予合理通知期的损害赔偿,关于对一项义务的不履行的损害赔偿的通常制度的适用,在此是合适的。因此,第4款宣布,这些规则经必要的调整适用。

B. 攸关的利益和政策考虑

损害赔偿是唯一补救办法的规则是基于经济效益方面的考虑:只要一方当事人准备好了支付(损害赔偿),他就有能力结束合同,而不遵守通知期。迫使其等待直到合理通知期的届满,可能会导致其他机会的丧失。因此,此处采用的制度提供了最有效的解决方案:一方当事人可以有效地结束合约,但是却要付出一定的代价(补偿)。如果代价低于其期望从结束合同处获得之利益,至少应满足有一方当事人变得更好,同时没有其他任何人实际上变得更糟。

要支付的代价相当于受害方在遵守通知期时获得的所有补偿,即其从合同在通知(剩余)期间本会获得的所有利益。换言之,期待利益。

C. 损害赔偿,唯一的补救方式

不同于一项义务不履行的普通情形,此处受害方(原则上)只有唯一的补救办法:损害赔偿。不存在给予合理通知期的义务(因此不存在具体履行的问题),而只是有给予合理通知期的要求,如果本条下的损害赔偿的主张要被避免时。强加一项义务(而不是设置一项简单的要求)并允许具体履行,将会是不恰当的。

本制度明确提供了双方当事人之通知将有效地结束他们的合同关系。

D. 损害赔偿的计算

对于损害赔偿金额的一般标准是,受害方本应当在未遵守的通知期内获得的利益(预期利益)。

这里何谓净利益:如果受害方在此期间(继续)产生不能被(立即)避免的费用(例如,根据国内劳动法,解聘那些受害方不能合理地在其他职位或其他地方工作的人员),那么这些人也将必须得到补偿。

利益的估算是基于受害方在过去3年中从合同处已经获得的利益。但是,其他因素可能会予以考虑,无论是为了提高或减轻数额。这样的一个因素可能是,受害方转让其合同地位给第三方的权利。如果他可以出售其业务给一位继任者,从该转让中得到的利益将予以考虑。

E. 实际的损害赔偿

赔偿金不是以一种抽象的方式计算的:什么是必须被补偿是由受害方已经(或将要)有效遭受的损害决定。

因此,虽然损害赔偿应当相当于受害方本应当在未遵守的通知期内获得的利益,虽然利益的估算原则上是基于受害方已经在过去3年间从合同处获得的平均利益,但是责任最终取决于受害方实际遭受的损害。

示例

分销商经营一家加油站。汽油供应商在四年后给予一个月的终止通知,结束关系。根据上一条,供应商应该至少给予四个月的通知期,在这种情况下才是合理的。为了运营加油站,分销商雇用了四个人。为了解雇并不再替代他们,分销商自己必须遵守五个月的通知期。换句话说,分销商必须支付他们另外五个月的工资。供应商必须支付的损害赔偿是,过去3年平均利益的3/12以及四位员工的在即将到来的五个月的工资成本的数额。

F. 可适用的损害赔偿的一般规则

对不履行的损害赔偿的一般规则此处也适用。例如,它们包括可预见性规则、可归责于受害方的损失、损失的减少,以及替代的交易。

注　释

Ⅰ. 就不适当的通知的损害赔偿的权利

1. 关于没有适当通知的终止的后果,不同国家法律制度有所不同。

2. 在一些体系中,受损害方有权获得损害赔偿,以代替通知期。这可以被发现在以下法律制度中:比利时法律(Alleenverkoopwet第2条;商事代理法第18条);芬兰法律(在KKO 1982 Ⅱ 1中,当通知期尚未遵守时,损害赔偿的一般权利被授予);希腊法律;波兰法律(民法典第764条Ⅱ第2条);瑞典法律(KommL. 第51条第2款,HaL第34条第1款)。

3. 在比利时和荷兰法律中,在商事代理的情况下,受损害方有权获得损害赔偿,以代替通知期,除非合同关系结束是因为重要且迫切的理由,并通知了另一方当事人(商事代理法第18条第3款,第19条;民法典第7:439条第1款)。重要而紧迫的原因是对方当事人无法合理地被要求继续这种关系的情形。

4. 与此相反,根据法国法律,没有损害赔偿的权利,除非通知期的未遵循也导致权利的滥用。(商法典第L.442－6条第1款第4项)。在西班牙法律中,不遵守最短通知期限被认为是不履行任何其他合同义务。因此,当事人只有当损失可以被证明时才有权主张损害赔偿(TS 28 September 2007, RJ 2007, RJ 2007\5311)。

5. 然而,在其他体系中,也不存在损害赔偿的权利,但是通知期将被适当的损害赔偿取代。

（德国法：*Martinek and Semler*, Handbuch des Vertriebsrechts, § 10 no. 9; MünchKomm, HGB, § 89 no. 62）。然而，受害方可以结束合同关系（没有通知期），因为不遵守通知期可以被视为一个终止的重要原因（商法典第89a条第1款；BGH BB 1966, p. 1410; MünchKomm, HGB, § 89a no. 56）。在这种情况下，受损害方有权根据商法典第89a条第2款提出损害赔偿。这项规定通过类比的方式也适用于特许经营和分销合同。此外，根据芬兰法律，不公平的长或短的通知期可以根据合同法第36条调整。但是，不存在这种调整的案例。

6. 在英格兰的法律中，当特许权所有者已经因合同违约，终止合同，例如，由于没有给予所需的通知期，另一方当事人有权提出损害赔偿要求。"……通知的规定将必须严格遵守，以证实合同终止的正当……"（*Mendelsohn*, Franchising Law, para. 18.4.1）。在苏格兰法律中，对于未能给予合同要求长度的通知期，将一般是无效的通知。

Ⅱ. 损害赔偿的计算

7. 损害赔偿的计算方法各国有所不同，也因合约的不同而不同。在一些法律制度中，存在涉及损害赔偿计算的具体规则，而根据其他法律制度，一般合同法或一般债权法确定损害赔偿的数额。此外，在一些制度中，损失赔偿的计算是一个事实问题，而不是一个法律问题。

8. 在下列法律制度中，存在有关损失赔偿计算的一项具体规则。

9. 根据比利时法律，终止方必须支付一笔钱，其等于对方当事人如果在一个适当的通知期被遵守的情形下本会获得的报酬（商事代理法第18条第3款）。此外，根据荷兰法律，终止方必须支付一笔钱，其等于商事代理人在如果代理是适当结束的情形下本应当获得的奖金。为了计算数额，终止之前赚取的佣金，以及所有其他情况，必须予以考虑（民法典第7:441条第1款）。受害一方当事人也可以要求实际的赔偿，只要他证明实际的损失。

10. 根据意大利法律，有些作者认为，对因不遵守通知期的损害赔偿的计算，可以从集体经济协议（AEC）* 中推断出（*Baldi*, Il contratto di agenzia, 240）。根据集体协议，损害赔偿的数额相当于上年度（1月1日到12月31日）获得的佣金的多于1/12，或者在通知期只有部分地被遵守的情况下，相当于该数额的成正比的数目。如果合同关系的历时不到一年，损害赔偿的计算必须基于关系存续期间赚取的佣金的月平均额作出。

11. 至于分销合同，根据比利时法律，必须支付实际的赔偿金（Alleenverkoopwet 第3条）。根据意大利法律，当是由供应商结束关系时，他将必须提供给有损失的分销商在如果前者有遵循通知期的情形下后者本会获得的净利润（*Baldi*, Il contratto di agenzia, 92）。根据荷兰法律，评估损害赔偿的数额要考虑到的因素是，关系的长度以及受害方就供应商作出的财务报告的合法期望。此外，终止的时间和其后果也要予以考虑。有时候，终止的原因以及分销商领域的习俗也要考虑到（HR 21 June 1991, NedJur 1991, 742）。

12. 在其他法律制度中，损害赔偿的数额遵循一般合同法。根据英格兰法律，损害赔偿的措施如同在本条第2款中的规定（*Robinson v. Harman* (1848) 1 Ex. 850, 855）。

13. 此外，根据芬兰法律，一般合同法适用于损害赔偿数额的确定。授予损害赔偿的目的是，受害一方当事人将被置于与如果合同义务有被适当地执行时的相同的位置。根据希腊法律，积极的损害和消极的损害都进行补偿（民法典第298条），而非物质的损失只有在其由法律条文明确规定的情况下才得到补偿（民法典第299条）。根据判例法，民法典关于委托的规定，特别是民

---

* 即 Collective economic agreements。——译者注

法典第 722 条,以类推的方式适用于损害赔偿的计算。该损害赔偿至少包括,在适当履行合同义务时所产生的费用,其包括在采购和保管存货和广告中产生的费用(CA Piraeus 1251/1991 EED 1991, 625; CA Athens 1107719/91; CFI Athens 1007/1993, EED 1995, 226)。Piraeus 上诉法院(CA Piraeus)考虑到民法典第 723 条的适用,其中规定委托人必须赔偿受托人,就后者在委托执行中遭受的、不是因为他或她的过错造成的任何损害(CA Piraeus 1251/91, EED 1991, 625;另见 CFI Athens 305/1997 EED 1998, 531)。

14. 在西班牙,由于不遵守最短通知期是一种合同义务的不履行,因此赔偿金额的计算是根据一般合同规则(证明损失是由不履行造成的)。例如,TS 16 May 2007, RJ 2007\4616 的决定,允许补偿只是在本应当被遵守的最短通知期内本将获得的佣金数额。然而,由委托人对一个无确定期限的商事代理的单纯的终止,即使当通知期被合法遵守时,也赋予了代理人根据 LCA 第 29 条主张赔偿由该单方面决定造成的损失的权利。

第Ⅳ.E－2:304 条　因不履行的终止

(1)在本部分范围内的合同中,任何载有一方当事人可以就非根本性的不履行而终止合同关系的条款都没有效力。

(2)双方当事人不得排除本条的适用,或者减损或更改其效力。

评　论

A. 综述

通常的规则是,双方当事人可以规定就他们希望的任何理由的终止。参见第Ⅲ－1:109 条(更改或终止通知)第 1 款。因此,通常他们自由规定,甚至是合同下的任何义务的轻微的不履行将可使对方有权终止合同关系。如果他们没有如此规定,那么只有根本不履行将证明终止的正当性(第Ⅲ－3:502 条(基本根本不履行的终止))。定义的清单规定:

合同义务的不履行是根本的,如果(1)它实质上剥夺了债权人在合同下有权期望获得的,也适用于全部履行或相关部分的履行时,除非在缔结合同之时,债务人并没有预见,以及不可能合理地被期望预见这样的结果;或者(2)其是故意地或鲁莽地,并让债权人有理由相信债务人未来履行不能依靠。

本条的总体思路是,在商事代理、特许经营或分销合同下的,或者类似的营销关系的合同下的义务的不履行,合同关系只有在不履行是根本不履行的时候,才可以因不履行而终止。

若规定因义务不履行,哪怕是次要的义务,而终止的权利之通常自由,对那些双方

当事人有时会在长期的关系中作出相当大的投资,并且他们也相当依赖这种关系的连续性的合同是不适当的。这种关系不可以由一方当事人因为另一方当事人的只不过是一项义务的不履行而终止,除非不履行如上述定义是根本不履行。

因此,这些长期的商业关系可能会因不履行而终止,如果确实(1)不履行是故意的或鲁莽的,并使受害方有理由相信他不能再依仗于对方当事人未来的履行,或者(2)不履行实质上剥夺了受害方其有权根据合同期待获得的。

示例

一家汉堡包国际连锁餐厅提供其被特许人一个载有几百页的几千种关于汉堡包销售所有方面的非常详细的指示书。特许经营合同载明严格遵守这些指示中的每一个指示是合同的本质。在每月检查期间,特许人虽发现在一家特定餐厅的汉堡包有平均2%的过热。但特许人不得终止特许经营合同。

B. 攸关的利益和政策的考虑

虽然受害方严格遵守合同,可以具有一个相当大的好处,例如,因为其需要维持产品或商标良好的信誉(从委托人、特许人或供应商的角度),或者因为其没用完存货的风险(在商事代理、被特许人或分销商的情况),但是对方当事人通常也具有同样(甚至更)重要的利益于合同关系的连续性。

因此,当不履行是故意的或是轻率的,为此破坏了关系的基础,或者不履行剥夺了受害方合同中的大部分利益,受害方才被允许终止合同关系。

然而,如果合同是一个无明确期限的合同,任何一方当事人可以根据第Ⅳ.E-2:302条(无明确期限的合同)给予通知,随时终止关系。除非给予合理的通知,否则希望结束合同的一方当事人将必须支付另一方当事人损害赔偿(第Ⅳ.E-2:303条(因不适当的通知而终止的损害赔偿))。

C. 规则的特性

此规则是强制性的:双方当事人不得通过合同排除它(参见第2款)。

注　释

Ⅰ. 一般情形

1. 在大多数法律体系中,任何一方当事人可以因在根本不履行定义中提到的情形中的不履行而终止商事代理、特许经营或分销关系。但是,这些规则有时包括在一般合同法中,有时在具体合同规则中。对于商事代理合同,Directive 86/653/EEC 第16条(a)项,把这个问题交给了各成员国的法律制度("本指令中的任何规定不得影响成员国的法律,当后者规定了立即终止代理

合同:(a)因一方当事人未能履行其全部或部分义务;(b)在当特殊情况出现时")。

Ⅱ.具体规则

2. 在比利时、波兰、葡萄牙、西班牙和瑞典法律中,涉及商事代理终止的具体规则,已包含在涉及商事代理合同的法定规定中(比利时:商事代理法第 20 条;波兰:民法典第 764 条Ⅱ款 1 项;葡萄牙:商事代理合同法第 30 条;西班牙:LCA 第 26 条;瑞典:HaL 第 26 条)。在西班牙,LCA 第 26 条给予当事人在另一方当事人(包括局部和全部)不履行的情况下终止的权利,或者当另一方当事人被宣告无偿付能力时终止的权利。

3. 在英格兰,试图就一个不足以严重到证明终止正当性的未履行下的终止,终止本身就构成对合同不法的拒绝履行义务,以及本意是为了排除或限制终止方的责任的任何条款,且如果该条款是该缔约方的书面标准业务条款之一,则它会在不平等合同条款法 1977, s. 3 下是无效的,除非它是公平的和合理的。然而,仍然允许双方当事人自己来定义,什么将构成一个足够根本的违反以证明终止正当。双方当事人将必须用非常明确的语言,约定一个小小的违反构成以证明该终止正当的"违反条件"(参见案件 *L Schuler AG v. Wickman Machine Tool Sales* [1974] AC 235),但是,如果使用的语言足够明确,那么他们的条款是有效的。参见案件 *Lombard North Central plc v. Butterworth* [1987] QB 527(即刻支付的合同的"本质")。

Ⅲ.非具体规则

4. 在比利时法律中,只有根本不履行能证明商事代理终止正当性(严重缺乏另一方当事人的义务)。除了这种可能性,也存在由一般合同法规定的其他可能性。根据西班牙法律,在不履行的情形下,LCA 第 26 条不偏离一般合同法(民法典第 1124 条),(CA León 21 November 1996, AC 1996\ 2169; *Dominguez García*, Los contractos de distribución, 1317)。如果分销合同可以被视为受与商事代理合同规则相同的规则约束("理性的认同",民法典第 4 条),那么 LCA 第 26 条以类推的方式适用。在所有其他情形下,一般合同法适用。

5. 在葡萄牙法律中,任何一方当事人都可以终止商事代理,(1)在一个严重或屡次不履行的情况下,使合同关系的继续成为了不可能,或者(2)在突发情况时,导致合同义务的常规履行成为不可能。但是,仍要求一个适当的终止通知期(商事代理合同法第 30 条;*Pinto Monteiro*, Contrato de agência[3], 106; *Pinto Monteiro*, Direito Comercial, 143)。商事代理合同法第 30 条以类推的方式适用于特许经营和分销合同(*Pinto Monteiro*, Direito Comercial, 142)。

6. 根据瑞典 HaL 第 26 条,各方当事人可以立即终止合同关系,如果对方当事人没有履行合同的或法定的义务,且不履行对终止方是根本的而另一方当事人意识到了或者应该已经意识到了这一点。涉及佣金代理,如果对方当事人具有根本违反合同义务,不存在就提前终止的损害赔偿责任,KommL. 第 51 条第 2 款。涉及分销,佣金代理的规则可能可以用类推的方式适用。

7. 至于分销合同,比利时 Alleenverkoopwet 第 2 条确定,在根本不履行的情况下,可以终止合同关系。

8. 在英格兰,法院要求强有力的理由来证明特许经营终止的正当性,并且法院根据允许就违反而终止的合同条款将只允许因违反而终止,或者在对方当事人具有实质性违约时终止(*Mendelsohn*, Franchising Law, para. 18.4.1)。

9. 在一些法律制度中,就重要和紧迫原因的终止也包括了就不履行的终止。参见下文。

Ⅳ.因重要和紧迫的原因而终止

10. 根据一些法律制度,商事代理、特许经营或分销关系也可能会被终止于重要而紧迫的

原因。

11. 在有些法律制度中,因重要而紧迫的原因而终止也包括了因不履行的终止。

12. 至于商事代理合同,这样的规则是被包含在以下国家的法律制度中:奥地利:HvertrG 第 22 条(基于合适的理由迅速撤销)(vorzeitige Auflösung aus wichtigem Grund);德国:商法典第 89 条第 1 款第 1 项、第 89a 条第 1 款第 2 项(基于合适的理由解除)(Kündigung aus wichtigem Grund);芬兰:商事代理人和销售员法第 25 条;意大利:最高法院以类推的方式适用民法典第 2119 条于商事代理合同:Cass. sez. lav. 2 May 2000, no. 5467, Disc. comm., 2000, 1078, with note by *F. di Ciommo*, Diritto alle provvigioni e recesso dell'agente per giusta causa; Cass. 5 January 1997, no. 10852, Rep. Foro. it., 1997, voce *Agenzia*, no. 25; Cass. 15 November 1997, no. 11376, Rep. Foro it., 1997, voce *Agenzia*, no. 24; Cass. 14 January 1999, no. 368, Rep. Foro it., 1999, voce *Agenzia*, no. 8; Cass. 1 February 1999, no. 845, Rep. Foro it., 1999, voce *Agenzia*, no. 12; Cass. 20 April 1999, no. 3898, Rep. Foro it., 1999, voce *Agenzia*, no. 15 (*guista causa*);荷兰:民法典第 7:339 条、第 7:440 条;瑞典:HaL 第 26 条。

13. 根据奥地利法律,因紧急和重要的原因而终止的可能性已经普遍见于长期合同(OGH 16 November 1999 10Ob247/99t)。至于特许经营合同,参见 OGH 5 May 1987, 4 Ob 321/87; OGH 21 October 1987 1 Ob 641/87; OGH 9 May 1989, 4 Ob 52/89; OGH 10 April 1991 9 Ob A 8, 9/91。至于分销合同,参见 OGH 23 May 1996 6 Ob 661/95。关于分销合同,涉及商事代理合同的规则可以类推的方式适用(OGH 25 May 2000 8 Ob 295/99m)。

14. 根据德国法律,关于商事代理合同的规则以类推的方式适用于特许经营和分销合同(*Küstner and Thume*, Außendienstrecht Ⅲ², no. 1789; MünchKomm, HGB, § 89a no. 9)。一个"重要原因"是由考虑到案件的所有情况和双方当事人的利益来确定的(*Koller/Roth/Morck*, HGB², § 89a no. 4)。第 1:304 条指向的所有实例,在德国法下被确认为是根本重要的(*Koller/Roth/Morck*, loc. cit.; MünchKomm, HGB, § 89a nos. 18, 29, 43)。

15. 此外,根据瑞典涉及所有长期合同的法律,存在一项因重要原因而立即终止关系的权利,主要在由另一方当事人违约的严重情况下可适用。

16. 根据比利时有关商事代理的法定规则,任何一方当事人可以因为使未来进一步的合作成为不可能的情势,而终止合同关系(商事代理法第 19 条)。

V. 约定的终止权

17. 根据德国法律,涉及因重要而紧迫的原因而终止的规则,其中包括了对根本不履行的终止,其是强制性的(商法典第 89a 条第 2 款)。这就是说,双方当事人不能通过合同约定偏离这些。

18. 然而,根据其他法律制度,双方当事人可以在其合同中订明足以证明终止正当的情形。这是芬兰法律中规定的情形。但是,如果这样的合同规定是不公平的,那么法院可以调整合同(合同法第 36 条)。此外,根据荷兰法,双方当事人可以约定证明终止正当的情形。然而,这样的协议受诚实信用的约束。这也是在比利时有关商事代理和分销合同中当事人的法律中有规定的。然而,这些规定是由法院维持其适用。

19. 根据法国商事代理法,双方当事人不被允许规定某些实质义务,以及证明终止合同关系的正当性(Cass. 28 May 2002)。

20. 在西班牙法律中,由于缺乏具体的规定,以及在特定情况下决定什么义务是实质的实操

难度，分销合同通常确立，当被认为根本不履行时，终止是合理的（*Bercovitz*, Contratos Mercantiles, 614）。

第Ⅳ.E－2:305 条　商誉补偿

（1）当合同关系因任何理由走向结束（包括由任何一方因根本不履行而终止）时，当事人有权从对方当事人处就商誉获得损害赔偿，如果且在一定程度上是：

（a）第一方当事人已经大大增加了对方当事人的业务量，并且对方当事人继续从该业务中获得大量利益；以及

（b）赔偿金的支付是合理的。

（2）赔偿金的授予并不妨碍当事人在第Ⅳ.E－2:303 条（因不适当的通知而终止的损害赔偿）下寻求损害赔偿。

评　论

A. 综述

不论合同是无明确限期的合同或是确定期限的合同，也不论合同关系是以何种方式结束的（是否是因为根本不履行），仅仅合同关系即将结束这一事实，可能导致转移商誉。在这种转移已经实际发生，此情形下补偿将是合理的，存在支付赔偿金的理由。本条提供了另一方当事人一项补救措施。

商誉具有其自身价值，必须区别于合同下的预期利益。因此，它应该始终被返还而不论合同关系结束的方式。就客户关系的补偿并不依赖于任何种过错。该赔偿将与在没有适当的通知而提前终止关系的情形中的损害赔偿累积计算（参见第Ⅳ.E－2:303 条（因不适当的通知而终止的损害赔偿））。

B. 攸关的利益和政策的考虑

就转移商业信誉而获得赔偿的权利是基于类似于有关不当得利法律的基本考量：当事人不应当由于一项长期商业关系的终止而不当地获利。

C. 产生的商誉

主张就商誉转移的赔偿的当事人，必须证明其已经显著增加对方当事人的业务量。换句话说，他必须证明他曾经拥有的商誉已经因合同关系的终止而被转移给了另一方当事人。代理商、被特许人或分销商在增加对方当事人的业务量方面起到了积极

作用,这是至关重要的。这意味着,如果业务量的增加是因为一方当事人的排他性地域内的新客户,那么该当事人是不会自动有权得到赔偿金的。

商誉转移的最典型的例子是,委托人、特许人或供应商有途径访问客户列表和其他类似数据,要么是因为商事代理人、被特许人或分销商在关系终止后已经移交了这些列表,要么是因为委托人、特许人或供应商有其他途径访问这些数据(例如,因为商事代理人、被特许人或分销商在关系存续期间,定期把相关信息传递给委托人、特许人或供应商)。

D. 商事代理、特许经营或分销的区分

在商事代理合同的情形下,代理的终止通常会导致商誉转移。因此,经常会存在一项赔偿的权利。另外,在特许经营的情形下,商誉很少是涉及被特许人的商誉,因为通常情况下,客户是受品牌形象和网络吸引的。在分销的情形下,有时商誉(客户群)将受供应商的产品或其品牌的吸引(尤其是在排他性分销协议的情形下)。但是,也可能是分销商,像代理商一样,为产品创造了市场。在后一种情况下,分销商可以有权在关系结束后获得商誉赔偿。

E. 持续的大量利益

主张赔偿金的一方当事人必须证明产生的商誉留在对方当事人处,并且它是巨大的。通常情况下,另一方当事人继续获得的利益随着时间的推移逐渐减少。这必须加以考虑。此外,这位特定的委托人、特许人或供应商的一般营业额可能在这时会减少,例如,由于其产品的一般市场恶化。这种发展也应予以考虑。然而,委托人、特许人或供应商将被视为继续从产生的商誉中获得实实在在的利益,即使其出售业务或客户名单给第三方,如果可以证明买方将使用客户群。

F. 合理的赔偿

主张就商誉转移赔偿的当事人还必须证明其赔偿要求在此情况下是合理的。第Ⅰ－1:104条(合理性)规定,"合理性是必须客观上是确定的,考虑到所为之性质和意图、案件的情形和任何有关的惯例和习惯做法"。显然,合理性标准给解释留有一些空间。

对于商事代理,第二章提供了如何计算商誉赔偿的具体规则(第Ⅳ.E－3:312条(赔偿金数额))。

G. 与非正规终止的关系

对商誉给予赔偿的权利授予并没有阻止当事人寻求损害赔偿。换言之,因不适当通知而终止的损害赔偿和商誉损失的赔款,原则上可以累积。

然而,当在确定商誉补偿在情况下是否为合理之时,受损害方就非正规终止的损

害赔偿的权利应予以考虑。换句话说,同样的损失不能得到两次赔偿,一次是因为利益的损失(损害相当于预期利益),一次是因为商誉的“损失”(商誉转移的补偿)。

H. 与后合同非竞争赔偿的关系

如果当事人,由于一个有效的后合同非竞争条款,不被允许与其前委托人、前特许人或前供应商竞争,因此,若其开始一项竞争活动则本会流向他的客户,如今流向其前委托人或前特许人或前供应商,那么终止和后合同非竞争条款的综合效力可能是在本条意义上的商誉转移,而产生了要求赔偿的权利。然而,如果竞争的不可能性已经由商事代理商、被特许人或经销商的补偿权利(就后合同非竞争的补偿)所补偿,正如通常是这样的情形,那么商事代理人、被特许人或分销商并没有受窘困,因此无权要求商誉赔偿。

I. 与后代理佣金的关系

在某些情况下,代理人有权就委托人在代理已经结束之后签订的合同获得佣金。如果商誉赔偿金的要求根据本条规定被认定,那么该佣金权利必须以两种方式予以考虑。首先,如果存在该项权利,那么对同一客户的转移的赔偿金不是应当的。其次,佣金权利不是应得的事实指出,没有发生商誉转移,因此代理人不享有商誉赔偿。总之,代理商就商誉补偿的索赔根据本条获得成功是极不可能的。

注　释

Ⅰ. 商誉补偿(indemnity for goodwill)

1. 在商事代理的情形下,在代理终止之后,商事代理人既有权主张商誉赔偿金(Directive 86/653/EEC 第 17 条第 2 款)也有权主张损害赔偿(Directive 86/653/EEC 第 17 条第 3 款)。在将该欧盟指令纳入成员国的法律制度时,成员国必须选择在这些选项中选择其一。本条囊括了 Directive 86/653/EEC 第 17 条第 2 款的选择,这也是大多数法律体系纳入的(Directive 86/653/EEC 第 17 条第 2 款规定:“(a)商事代理人应当有权获得赔偿金,当且仅当:——商事代理人给委托人带来了新的客户或者已经大大增加了与现有客户的业务量,而且委托人继续获得来自与客户的业务的实际利益,以及——这个补偿金的支付是公平的,考虑到所有的情况,特别是,商事代理人失去的就与这些客户交易的业务的佣金。成员国也可以规定,在这些情况下,在 Directive 86/653/EEC 第 20 条的意义内,包括贸易条款的适用,否则包括贸易条款的限制;(b)赔款金的数额不得超过的额度,相当于一年的赔偿金,其基于商事代理人在前五年内的年均报酬计算,如果合同追溯不到五年,那么赔偿金额应当基于所涉期间的平均水平计算;(c)此类赔偿金的授予不应当妨碍商事代理人寻求损害赔偿”)。

2. 然而,本条不同于欧盟指令的一点是,根据 Directive 86/653/EEC 第 18 条,在由商事代理人根本不履行情况下,没有赔偿被授予(Directive 86/653/EEC 第 18 条(a)项),或者当商事代理

人已经终止了关系，而不存在任何委托人的不履行时（Directive 86/653/EEC 第 18 条（b）项）。根据本条，在任何一方不履行的情况下也可能要求赔偿金。（Directive 86/653/EEC 第 18 条："第 17 条所指的补偿金或者赔偿不应当被支付：（a）当委托人因为默认可归责于商事代理人的原因已经终止代理合同的，而后者应当证明根据国内法立即终止代理合同的正当性；（b）当商事代理人已终止代理合同的，除非该终止由可归责于委托人的情形证明正当，或者由于商事代理人的年龄、体弱或患病，为此他不能合理地被要求继续其活动；（c）凡与委托人协议，商事代理人转让其代理合同中的权利和义务给其他人的"）。

3. Directive 86/653/EEC 第 17 条第 2 款是基于德国的法律（欧盟委员会报告 1）*。根据德国判例法和文献，已经发展制定了具体的标准，以确定是否规定在 Directive 86/653/EEC 第 17 条第 2 款的条件得到满足。类似的标准被囊括在第Ⅳ.E－3:312 条（赔偿金数额）中（另参见该条的注释）。此外，Directive 86/653/EEC 第 17 条第 2 款（b）项载有赔偿金的最高数额。

4. Directive 86/653/EEC 第 17 条第 2 款被纳入下列国家规定中：奥地利：HvertrG 第 24 条（赔偿要求）（Ausgleichsanspruch）；比利时：商事代理法第 20 条；芬兰：商事代理人和销售员法第 28 条；德国商法典第 89b 条第 1 款第 1 号和第 3 号（此外，商法典第 89b 条第 1 款第 2 号规定，商事代理人由于与其获得的客户的合同结束，丧失其佣金）；希腊：商事代理法第 9 条；意大利：民法典第 1751 条；荷兰：民法典第 7:442 条；波兰：民法典第 764 条第 3 款；葡萄牙：商事代理合同法第 33 条、第 34 条和第 35 条；西班牙：LCA 第 28 条第 1、2 款；瑞典：HaL 第 28 条第 1 款。

5. 根据英国法律，双方当事人可以约定在代理结束后商事代理人主张商誉赔偿金。但是，如果双方当事人没有如此约定，则商事代理人将有权主张损害赔偿（商事代理（议会指令）规则 1993 reg. 17）。

Ⅱ. 损害赔偿

6. Directive 86/653/EEC 第 17 条第 3 款包括了主张损害赔偿的可能性。它规定："商事代理人应当有权对其因与委托人关系终止而遭受的损害获得损害赔偿。这种损害赔偿应当被视为发生，特别是当终止发生之情形：剥夺了商事代理人的佣金，即适当履行代理合同本将会赋予他的佣金，同时提供委托人与商事代理人的活动有关的实实在在的利益，以及/或者没有使商事代理人能够摊销的成本和其曾经根据委托人的意见履行代理合同而产生的费用。"欧盟指令的这则规定是基于法国的法律（欧盟委员会报告 5）并被载于法国商法典第 L. 134－12 条。

7. 根据法国法律，赔偿标准是依照最后两年佣金的总和或是根据最后三年平均计算基础上的两年的佣金的总和。但是，委托人可以证明商事代理人的损失较之该数目少。此外，不存在赔偿的最高水平（欧盟委员会报告 5ff）。基于商法典第 L. 134－12 条的赔偿数额与实际损害赔偿不得累积（Cass. 25 June 2002）。

8. 根据英国法律，商事代理人有权获得损害赔偿，如果双方当事人未在其合同中规定商事代理人有权主张补偿金（商事代理（议会指令）规则 1993 reg. 17(2)）。最初，采用法国方式设立赔偿是作为一个起点。但是，在一些情形中，又规定了比过去两年佣金的总和或是根据最后三年平均计算基础上的两年的佣金的总和少的赔偿（*Ingmar GB Ltd. v. Eaton Leonard Inc.* [2002] ECC 5, [2001] EurLR 756）。然而，随后坚持不适用法国方法，英国方法如今由英国上议院规定在 *Lonsdale v. Howard & Hallam Ltd.* [2007] UKHL 32 一案的决定中，取代了所有早先的权威。法

---

* 即 Commission Report, 1。——译者注

国的做法似乎是基于这样的假设,法国代理的易手是以此方式估价,而在英国没有这样的市场。英国法院应"参照假设代理继续时的代理价值"([2007] UKHL 32 at [21])来计算可支付的赔偿。

Ⅲ.在分销合同情形下的商誉补偿金

9. 根据比利时法律,Alleenverkoopwet 第 3 条赋予了分销商在合同关系结束之后的补偿金支付权利。然而,如果合同关系是因为分销商的不履行而终止,那么不存在商誉补偿的权利。为了评估补偿金额,以下因素必须予以考虑:(1)该分销商取得的和供应商将会在合同关系终止后从中受益的客户价值;(2)该分销商产生的和供应商在合同关系终止后从中受益的成本;(3)雇用员工的成本。

Ⅳ.涉及商誉补偿的商事代理规则,通过类推的方式适用于特许经营或分销合同

10. 根据奥地利和芬兰法律,Directive 86/653/EEC 第 17 条第 2 款纳入后产生的国家规则通过类比的方式适用于特许经营和分销合同(参见奥地利 OGH 的决定:OGH 23 October 2000 8 Ob 74/00s; OGH 15 December 1999 6 Ob 247/99p; OGH 30 March 1999 10 Ob 61/99i; OGH 24 November 1998 1 Ob 251/98p; OGH 17 December 1997 9 Ob 2065/96h;芬兰法律:*Halila and Hemmo*, Sopimustyypit, 281)。

11. 在希腊和葡萄牙法律中,商事代理规则通过类比的方式适用于分销合同(对于希腊法律参见:*Georgakopoulos*, Text - book on Commercial Law, Commercial contracts, 434; *Georgakopoulos*, DEE 1998, 112, 113, *Marinos*, annotation in CFI Athens 1097/1999, EED (1999) 49;对葡萄牙法律参见:TS 4 May 1993, (1993 - Ⅱ) *Colectânea de Jurisprudência* 78; TS 22 November 1995, (1995 - Ⅲ) *Colectânea de Jurisprudência* 115)。

12. 根据德国法律,目前尚不清楚商法典第 89b 条是否通过类比方式适用于特许经营和分销合同。大部分的决定和法律作家都赞同以类比方式适用于特许经营和分销合同(赞同的:BGH BB 1959, 7; BGH NJW 1983, 1789; BGH WM 1993, 1466; *Koller/Roth/Morck*, HGB[2], Pref. to § 84 nos. 10, 11; *Küstner and Thume*, Außendienstrecht Ⅲ[2], nos. 1466 - 1477 and 1816 - 1823; MünchKomm, HGB, § 89b nos. 18 - 24; contra: CA Cologne EWiR 1986, 1217; Bechtold, NJW 1983, 1393; *Kroitzsch*, BB 1977, 1631)。

13. 此外,在其他成员国,对于商事代理规则是否可以以类推的方式适用于特许经营,作者们的观点各不相同。参见意大利:*Frignani*, Il Franchising, 191;西班牙:Bogaert/Lohmann, 2000。在希腊,有些作者认为,商事代理的规则可以通过类推的方式适用于特许经营合同(*Voulgaris*, NoB 1998, 897; *Georgiades*, New contractual forms of the modern economy[3])。此外,在葡萄牙,关于补偿金在特许经营合同情况下是否是可支付的,作者们没有达成一致(赞同的:*Alexandre*, (1991) 368; *Olavo*, (1988) 170; *Ribeiro de Sousa*, Contrato de agencia, 58; *Pestana de Vasconcelos*, O Contrato de Franquia, 94;反对的:(*Cordeiro*, (1988) 83)。

Ⅴ.在特许经营和分销合同的情况下,没有商誉补偿

14. 根据意大利法律,在分销合同的情形下,没有商誉补偿是可支付的,这个同样适用于荷兰法律(*Smit*, De agentuurovereenkomst tussen handelsagent en principaal, 18; *Barendrecht and Van Peursem*, Distributieovereenkomst, 164; *Van de Paverd*, De opzegging van distributieovereenkomsten,第 4 章和第 5 章)和西班牙法律。

15. 根据法国、英格兰、苏格兰和瑞典法律规定,在特许经营或分销合同的情形下,没有商誉

补偿是可支付的(对于法国参见:*Leloup*, Les agents commerciaux[4], no. 2101)。

Ⅵ. 由于未遵守通知期而有权要求损害赔偿

16. 诚如在注释1中指出,Directive 86/653/EEC第17条第2款(c)项规定,要求补偿金的权利并不妨碍商事代理人寻求损害赔偿。从欧盟委员会报告中,可以认为其涉及了对不履行的损害赔偿和对代替通知期的损害赔偿(欧盟委员会报告5)。如果案件的事实证明基于一些其他理由而提出的索赔的正当性——合同义务的未履行、损害的非合同责任或者不当得利——本条并不阻止受害一方诉诸这种主张。Directive 86/653/EEC第17条第2款(c)项已被纳入以下法律制度中:意大利:民法典第1751条;波兰:民法典第764条Ⅲ款第3项。

17. 奥地利法律在其HvertrG中,不包括该项规则,荷兰法律中也没有。然而,荷兰文献已接受,补偿金可以与代替通知期的损害赔偿和对不履行的损害赔偿累积(Asser (-*Kortmann*), Bijzondere Overeenkomsten Ⅲ[7], no. 236)。

18. 根据比利时法律(商事代理法第21条),如果补偿金数额没有包括由商事代理人遭受的损害的总数额,那么商事代理人可以要求补偿金数额和其实际遭受的损失之间的差额,如果商事代理人能够证明这一点。

19. 根据西班牙法律,对商誉损害补偿支付的调整只在LCA第28条中。代理人必须证明,由于代理人的活动,其与预先存在的客户的业务有了大幅提升,或者证明其创建了一个新的客户群(TS 19 November 2003, RJ 2003\8335)。然而,一些法院从持续长时间的被终止代理中推断商誉损害补偿的权利,因为显而易见,双方当事人的关系是令各方满意,并且各方从中获得相互利益(CA Asturias 7 February 2005, BDA JUR 2005\92189)。法律具体指出,代理人有权商誉损害补偿,当委托人继续从因代理人的合同活动的业务处以及因有关后合同非竞争条款的存在而获得利益,佣金的损失以及影响合同当事人平等的其他情形证明对商誉转移补偿的正当性。这项权利是强制执行的,即使当代理由于代理人的死亡而终止(LCA第28条第2款)。判例法指出,这项权利具有强制的性质;因此对商誉损害赔偿权的约定放弃是无效的(TS 7 April 2003, RJ 2003\2951; TS 27 January 2003, RJ 2003\1137)。然而,赔偿金的数额不得超过,由代理人在过去五年的合同期内收到的年报酬的平均数额(LCA第28条第3款)。双方当事人可以自由地设立计算赔偿的条款,然而法院可以根据具体情势修改金额(*Bercovitz*, Contratos Mercantiles, 532; CA Barcelona 8 June 2005, BDA JUR 2005\176788)。然而,这项权利可能与因单方终止代理而引起的损失所要求赔偿的权利累积(LCA第29条),除非委托人因为代理人的根本不履行而终止、代理人转让合同权利和义务给第三方或者代理人已解除了合同(LCA第30条)——在这些情况下,代理人没有获得赔偿金的权利。关于商事代理规定通过类比的方式适用其他合同的问题,乍看之下判例法确认为在分销合同中的商誉损害赔偿权(TS 12 June 1999, RJ 1999\4292; TS 14 February 1997, RJ 1997\1418)。然而,这种说法并没有被法院一致遵循,而且存在相反的决定(TS 6 November 2006, RJ 2006\9425)。因此,这些规定的适用必须经过一个之前的验证,是否在任何情况下的情势允许该类比,因为在分销合同中的客户并不专门属于委托供应商(*Bercovitz*, Contratos Mercantiles, 535; TS 10 July 2006, RJ 2006\8323)。此外,在分销合同中,商誉损害赔偿的豁免条款是有效的(TS 18 March 2002, RJ 2002\2849)。在特许经营的情况下,判例法也分为:接纳LCA第29条由类推适用的决定(CA Barcelona 10 June 2004, AC 2004\1100),和拒绝该条适用特许经营的决定(CA Álava 10 April 2006, AC 2006\899)。

第Ⅳ.E－2:306 条　库存、备件和材料

如果合同被宣告无效，或者合同关系由任何一方终止，其产品被引入市场的当事人必须以合理的价格回购对方当事人剩余的库存、备件和材料，除非对方当事人可以合理地将其转售。

评　论

A. 综述

这些评论将指向商事代理商、受许人和分销商以及他们的对方当事人，但是同样的评论也适用于本部分范围的其他合同的当事人。

如果商事代理商、受许人或分销商被留下了过剩的库存、备件和广告以及其他材料，在合同已被宣告无效之后或者合同关系终止之后，委托人、特许人或供应商必须回购这些物品，并且必须以合理的价格回购。但是，如果代理商、受许人或分销商可以自己合理地将其转售的，那么委托人、特许人或供应商就没有义务回购它们以及承担无用的交易和运输成本。

相较于商事代理，这项规则与分销和特许经营关系的关联性通常更大，因为商事代理没有财产通常地传递方式。然而，当代理人已经从委托人处实际购买了广告材料或备件或者其他物件，这一规则也将适用保护代理人。

B. 攸关利益和政策考量

提前终止合同关系之后，商事代理人、受许人或分销商经常会被留下多余的库存、备件和材料，这些通常将不再对其具有任何价值。随着终止，一方面代理商、受许人或分销商甚至可能失去使用或转售它们的权利（尤其是在一个有效的后合同规定的非竞争条款的情况下）。而另一方面过剩的库存、备件和材料一般对委托人、特许人或供应商仍然是有用的，他们可以要么自己使用它们，要么出售给新的或其他代理商、受许人或分销商。因此，委托人、特许人或供应商必须回购它们。

由于合同关系终止，代理商、分销商或受许人发现其本身处于一个弱势的谈判地位。因此，本条规定，委托人、特许人或供应商必须支付合理的价格。

然而，当代理商、受许人或分销商本身可以合理地将库存、备件和材料转售时，回购义务将是低效的。因此，在这种情形下，不存在这项义务。

C. 合理的价格

在很多情况下，合理的价格将是委托人、供应商或特许人可以转售所涉物品给新的或其他代理商、受许人或分销商的价格。对于非常老的库存，这可能意味着价格非常低。与可能确定是否是一个合理价格有关的另一种情形是，购买的最起码的义务是否是由委托人、特许人或供应商单方强加于代理商、受许人或分销商的。

原则上，商事代理商、受许人或分销商通过购买不寻常之量以投机拟由委托人、供应商或特许人支付的价格，实务中应是不可能的，因为一般，当发出通知时，商事代理商、受许人或分销商将只听从委托人、供应商或特许人的终止关系的意图。然而，如果确定代理商、受许人或分销商仍然从下跌的市场上购买了不寻常的大量物品，那么，当在确立在此情形下什么相当于合理价格时考虑到这个事实，投机行为应无效。

示例

一个成衣名牌服装的分销关系已经终止。该分销商手上仍然还有一些今年和去年的衣服库存。其供应商必须支付给分销商的价格因每季款式不同而有所不同。对于今年款式的合理价格大概相当于该分销商已支付的价格。但是，其供应商对上年款式必须支付的价格可能是相当低的。

D. 没有回购的义务

当代理商、受许人或分销商本身可以合理地将其库存、备件和材料转售时，对委托人、供应商或特许人没有回购义务。举证责任是在委托人、供应商或特许人身上。“合理地”意味着不花大力气、以合理的价格以及在合理的时间内。

E. 与通知期的关系

如若委托商、特许人或供应商给予商事代理人、受许人或分销商机会（并在必要时，给予权利）用尽其剩余的库存、备件和材料，或者将其向公众或向新的或其他代理商、受许人或分销商转售，那么前者是没有购回它们的义务的。

注　释

回购库存、备件和材料的义务

1. 许多法律制度载有一项类似规则。然而，它们就其适用范围和所要支付的代价有所区别。

2. 根据德国法律，该义务遵循长期商业合同的后合同忠诚职责（nachvertragliche Treuepflicht），该职责基于诚实信用原则（民法典第 242 条，*Martinek and Semler*, Handbuch des Vertriebsrechts, § 21 nos. 56－60; BGH BB 1970, 1458）。然而，如果代理商、分销商或受许人

结束关系,就不存在该义务,因为这会是一个与自己先前的行为相矛盾(*venire contra factum proprium*)的情形(BGH BB 1970, 1460; *Martinek and Semler*, loc. cit., nos. 59 et seq.)。

3. 关于特许经营,根据意大利法律,级别较低的法院决定了以类似于在本条中规则的方式(Pret. Rome 11 June 1984, Foro it., 1984, I, 2909(由 *Pardolesi* 注解)和 Giur. it., 1985, I, 2, 711(由 *Frignani* 注解))。

4. 关于分销,希腊法院似乎以类比的方式适用涉及委托的规则,该规则中包含了一项与本条规则类似的规则(民法典第 722 条;CA Piraeus 1251/1991 EED 1991, 625; CA Athens 11077/1991; CFI Athens 1007/1993, EED 1995, 226)。此外,如果供应商拒绝回购库存,分销商可以继续出售库存。供应商必须支付的价格是分销商获得库存、备件和其他物料所支付的价格。这些规则可通过类比的方式适用于代理和特许经营。在西班牙,不存在关于这个问题的具体法律规定。一些学者认为,在缺乏对供应商回购所剩库存的合同义务时,分销商无权将它购回,因为分销商承担了合同风险(*Bercovitz*, Contratos Mercantiles, 567; CA Jaén 13 September 2000, AC 2000\2223)。根据其他作家,该项义务遵循诚实信用原则(*Lefebre*, Memento Práctico, 487; *Sánchez Calero*, Instituciones de Derecho mercantil Ⅱ[23], 178; *Dominguez García*, Los contractos de distribución, 1372)。但是,要支付的价格是该商品已出售给分销商时的价格(CA Madrid 16 September 2004 AC 2004\2113)减去货物可能的贬值。(*Dominguez García*, Los contractos de distribución, 1372; *Sánchez Calero*, Instituciones de Derecho mercantil Ⅱ[23])。如果分销商可继续销售货物,则不存在该项义务。

5. 此外,必须指出,在一些国家中,特许经营合同通常包含了一项类似的义务(瑞典:*Sohlberg*, Franchisejuridik, 75)。然而,在德国,在实践中,这样的条款并不常见(*Martinek and Semler*, Handbuch des Vertriebsrechts, § 21 no. 56)。

6. 在少数的法律制度中,不存在这样的规则(奥地利、英格兰、芬兰、荷兰、苏格兰、瑞典(*Söderlund*, Agenträtt, 143; *Håstad*, Den nya köprätten[4], 295))。此外,Directive 86/653/EEC 也没有包含这样的规则。

7. 根据法国法律,供应商只有在滥用终止关系的情形下,才必须回购库存(Cass. com. 13 May 1975, JCP 1975. Ⅳ, 211; Cass. com. 26 October 1982, Bull. civ. Ⅳ, 275)。

第四节　其他一般规定

第Ⅳ.E－2:401 条　保留权

为了确保其获得报酬、补偿、损害赔偿和商誉损害赔偿的权利,把产品推入市场的当事人具有保留其因合同关系而占有的对方当事人的动产的权利,直到对方当事人履行其义务。

评　论

A. 综述

这些评论将指向商事代理人、受许人和分销商以及他们的对方当事人，但是同样的评论也适用于本部分范围的其他合同的当事人。

由于本条，商事代理商、受许人或分销商有权拒绝归还其委托人、特许人或供应商（或者，视情况而定，新的动产所有者），由委托人、特许人或供应商所有的（或新的所有者）动产，只要委托人、特许人或供应商尚未完全支付商事代理商、受许人或分销商有权获得的报酬、补偿、损害赔偿和商誉损害赔偿。这项权利具有特殊意义，在合同期届满或者合同已被终止或结束之后，其作为一种手段给前委托人、特许人或供应商施压。

保留权不仅对（前）委托人、特许人或供应商是有效的，而且对第三方（例如货物新的所有者）也是有效的。

相较于特许经营和分销关系，这项规则通常与商事代理关系的关联性更大些，因为商事代理关系通常没有财产的传递。不过，在适当情况下，这一规则也可能保障受许人和分销商的主张。

B. 攸关利益和政策考量

这项规则是为了保护商事代理商、受许人或分销商的利益，当他对其（前）委托人、特许人或供应商的索赔仍未支付时。本条对前者提供了一些安全措施。

C. 与其他规定的关系

保留权的问题将规定在第九卷（动产专有的安全权利）。保留权将通常也是在第Ⅲ－3:401 条（中止互惠义务的履行的权利）中的中止履行的权利（right to withhold performance）。只要商事代理人、受许人或分销商具有退回其保留的商品的合同义务，那么就是这样的情形。然而，与中止履行的权利相反的是，保留权对第三方也是有效力的。

D. 保留权

所有关于保留权的一般规则都适用。这意味着，尤其是，这项权利也是对第三方有效力的。另参见第Ⅸ－2:114 条（占有的保留权）。

注　释

保留权

1. 在大多数法律制度中,在这种情形下,存在一项保留权。然而,这些规则各国有所不同。

2. 根据葡萄牙法律和瑞典法律,存在一项关于商事代理的类似的具体法定规则(葡萄牙:商事代理合同法第35条;民法典第754条;*Pinto Monteiro*, Contrato de agência[3], 119;瑞典:HaL第15条)。根据葡萄牙法,这项规则通过类比的方式适用于特许经营和分销。

3. 此外,在德国,存在一项具体的法定规则,既适用于商事代理合同,也类比适用于特许经营和分销合同。然而,根据德国法律,这项权利只存在于合同结束之后。此外,保留权只限于由委托人提供的文件。此外,保留权也只可能涉及佣金的权利和补偿支出的权利。此项规则以类推的方式适用于特许经营和分销合同(MünchKomm, HGB, § 88a no. 8)。此外,奥地利HvertrG第19条载有一项保留权。但是,这项权利只限于样品。

4. 在其他国家,保留权是从一般的私法或商法中推断出的。根据英格兰法律,涉及占有留置权(possessory lien)的一般规则相应地适用于商事代理、特许经营和分销(Bowstead (－*Reynolds and Graziadei*), Agency, 7－073; *Goode*, Commercial Law[3], 619－621)。对于苏格兰法律同样也是这样的(*McBryde*, Law of Contract in Scotland, chap. 20 (part 9))。根据德国法律,除了商法典第369条之外,涉及保留权的一般规则同样适用(民法典第273、274条,留置权(Zurückbehaltungsrecht)或者商法典第369条商业留置权(kaufmännisches Zurückbehaltungsrecht))。根据可适用的法律规则,不同的要求必须得到满足。不同于商法典第369条,民法典第273条和第274条要求,商事代理商、受许人或分销商和委托人、特许人或供应商之间存在一个关联。此外,商法典第369条也给出了保留方,在特定情形下,从其所保存的货物中满足其索赔的权利。根据荷兰法律,任何一方当事人都具有保留的权利,只要商事代理商、受许人或分销商的义务和委托人、特许人或供应商的义务之间,存在足够的关联(民法典第6:52条、第3:290条)。

5. 西班牙法律规定保留权的唯一一种情形是在服务合同的框架内:服务供应商可以对已经完成的工作保留动产,直到获得支付(民法典第1600条)。不存在有关分销合同的类似规定。然而,在判例法中,法院接受商法典第276条以类比的方式适用于商事代理的做法,该条为佣金合同建立了一项保留货物直到佣金支付的权利(CA Barcelona 1 March 2005, BDA JUR 2005\117408)。

第Ⅳ.E－2:402条　应要求,提供签署的文件

(1)任何一方当事人有权从对方当事人处收到,应要求,以文本的形式在可持久的介质上列明合同条款的签署的声明。

(2)当事人双方不得排除本条的适用,或者减损或改变本条的效力。

评　论

A. 综述

本条的作用是双重的:(1)提供请求方信息以及(2)累积证据。然而,就合同的有效性并没有引入任何形式上的要求。

B. 攸关的利益和政策的考量

尤其是在出现纠纷的情形下,双方当事人通常需要以文本形式、在可持久的介质上——证据在其上——的陈述。在大多数情况下,该义务将不会很繁重:一些约定了的文本记录通常存在。然而,应该记住的是,这个记录既可以在订立合同时被要求,也可以在合同中的义务履行期间被要求,甚至可以在合同关系已经结束之后的一段合理时间之内被要求。因此,当事人必须保留记录,甚至在关系结束之后的一段时间。

C. 合同条款

当事人可以请求的已签署的文件必须列明合同的条款。这意味着,如果文件是在最初的合同已经作出更改之后被要求,那么要求该文件的当事人有权获得合同条款最新的版本,而不仅仅是最初的那份。

D. 在可持久保存的介质、文本形式、已经签署的陈述

“已经签署的”、“以文本的形式”和“在可持久的介质上”的含义已经在第Ⅰ－1:106 条(“书面”和类似的表述)和第Ⅰ－1:107 条(“签名“及类似的表述)中给出。另参见关于这些条款的评论。

E. 规则的特征

此项规则是强制性的;由一方当事人对其造成的任何偏差,而损害受益于这项规则的另一方当事人的,偏差无效。

注　释

Ⅰ. 书面文件

1. 此项规则符合 Directive 86/653/EEC 第 13 条第 1 款,其已被纳入成员国关于商事代理的法律制度中(“(1)任何一方当事人应当有权从对方当事人处收到,应要求,列出代理合同条款,

亦包括其后约定的任何条款的签署的书面文件。"奥地利:HvertrG第4条;比利时,商事代理法第5条;英国:商事代理(议会指令)规则1993 reg. 13;芬兰:商事代理人和销售员法第3条;法国:商法典第L.134－2条;德国:商法典第85条;希腊:商事代理法第8条第1款(b)项;意大利:民法典第1742条;荷兰:民法典第7:428条第3款;葡萄牙:商事代理合同法第1条第2款;西班牙:LCA第22条)。

2.根据德国法律,这项规则也以类比的方式适用于特许经营和分销合同(参见MünchKomm, HGB, § 85, no. 1)。

Ⅱ.形式上的要求

3.然而,根据Directive 86/653/EEC第13条第2款,各成员国的法律制度可以规定书面合同是对合同有效性的要求("尽管第1款的规定,成员国可以规定,代理合同不得有效,除非有书面证据证明")。根据欧洲法院(ECJ)的判例法,这是唯一的一个国内法律制度可以在商事代理情形下规定的形式要求(*Barbara Bellone v. Yokohama SpA*, ECJ 30 April 1998, C－215/97, ECR 1998, I－2191; *Centrosteel Srl v. Adipol GmbH*, ECJ 13 July 2000, C－456/98, ECR2000, I－6007; *Francesca Caprini v. Conservatore Camera di Commercio, Industria, Artigianato e Agricoltura (CCIAA)*, ECJ 6 March 2003, C－485/01, ECR 2003, I－2371)。

4.根据比利时、芬兰、德国、荷兰、苏格兰和瑞典的法律规定,不存在这些合同签订的任何形式上的要求。

5.然而,根据法国和意大利法律,在特许经营合同的情况下,存在形式要求。根据西班牙法律,由于缺乏任何具体规定,特许经营合同并不受任何形式要求的约束,一般合同规定适用(民法典抵1278条——形式的自由)。然而,一些作者认为,LCA第22条应该也以类推的方式规定这些合同(*Bercovitz*, Contratos Mercantiles, 595)。

6.此外,必须指出的是,在某些法律制度中,在商事代理合同中的担保买方支付(*del credere*)的规定必须采用书面形式。此外,还必须指出,Directive 86/653/EEC第20条第2款要求,在商事代理合同中载有的限制贸易条款仅当其是书面的时才有效。

第三章　商事代理

第一节　一般规定

第Ⅳ.E－3:101 条　范围

本章适用于一方，即商事代理人，同意持续不断地作为非受雇于他人的中间人代表另一方，即委托人，进行谈判或签订合同，而委托人同意就这些活动支付代理人薪酬的合同。

评　论

A. 综述

商事代理人的主要任务包括预期市场、吸引顾客、促进销售或购买产品，以及就委托人和消费者或销售商之间将要缔结的合同的条款进行谈判。商事代理人也可以被委托为委托人签订合同。商事代理人始终代表委托人且独立地行为。商事代理协议可以订立为一个明确的期限或无明确的限期。

委托人必须支付商事代理人报酬(第 3 条)。如果双方当事人已经约定商事代理人将不会得到报酬，那么本章在适当情况下通过类推的方式适用。

希望在某一特定区域内积极活动的委托人，为了找出具体产品是否将会在这一区域内或某些客户群中获得成功，可以与商事代理人缔结合同。商事代理人会做各项准备工作，使委托人能够更容易地缔结合同，即没有高投资和高风险运行地缔结合同。

作为自雇中间人，代理人按照自己认为合适地方式组织其活动。虽然代理人必须遵守由委托人给予的合理的指示(第Ⅳ.E－3:202 条(指示))，但是后者不得影响代理人的独立性。

本条的作用是，其确定一定的合同关系是否可以作为一个商事代理的资格，以此，是否本章的条款是否可适用于该合同。对在一些条款中的强制性规则具有特殊利益。

B. 自雇中间人

自雇中间人的概念是来于 Directive 86/653/EEC。自雇人士的意义在于，在任何情

况下，代理人独立于委托人行为，也就是说，商事代理人不是委托人的雇员。商事代理人既可以是法律实体也可以是自然人。这些规则尤其可以适用于佣金代理人。中间人概念的引入，以澄清代理人的活动必须导致其他两个当事人之间的合同的缔结，即委托人和顾客或卖方。

示例

甲生产和销售香水。甲与乙具有合同关系，根据该合同乙将代表甲为甲谈判有关销售香水的销售合同。在合同中，甲确定乙的工作时间。在这种情况下，乙不是一位自雇中间人。

C. 与客户的合同

代理协议的目的是，代理人代表委托人（和以委托人的名义）谈判（也可能缔结）合同。虽然最常见的是商事代理人被任命为销售或购买商品，但是在特殊情况下，他们可能会与推广服务有关。本章适用于这两种情况。在本章中，由此产生的合同，即要由委托人缔结的或者以委托人的名义缔结的合同，将被称为与客户的合同，客户是与委托人具有合同关系的当事人（转销商或服务提供商）。

D. 竞争法

竞争法可能会特别影响到一些代理协议的有效性。欧盟委员会已经宣布欧盟基本条约第 81 条第 1 款适用于代理关系，根据该关系，代理人就有关已经由委托人任命的商事代理人的活动，“非真实代理协议”，承受重要的金融和商业风险（Guidelines on Vertical Restraints（OJ EC 2000，C 291/ 01））。该指导指出，风险问题必须是一个关于经济形势现实的基于案例的评估，而不是法律形式（nos. 12－17）。尽管如此，欧盟委员会认为，第 81 条第 1 款一般将不会适用于代理人的义务。

包括在本章中的规定只适用于商事代理合同，只有当它们根据竞争法是有效的时。

注　释

Ⅰ. 指令纳入国内法律制度

1. 该指令已经被纳入于所有成员国的法律制度中。然而，商事代理人的定义和适用范围各国有所不同。

Ⅱ. 自雇中间人

2. 在 Directive 86/653/EEC 第 1 条（2）中，并在所有成员国法律制度中，商事代理人是一位独立的经营者，其既可以是其他自然人也可以是其他法律实体（奥地利：HvertrG 第 1 条第 1 款；比利时：商事代理法第 1 条；英国：商事代理（议会指令）规则 1993 reg. 2（1）；芬兰商事代理和

销售法第 3 条;法国:商法典第 L. 134 －1 条;德国:商法典第 84 条第 1 款第 1 项;希腊:商事代理法第 1 条第 2 款;荷兰:民法典第 7:428 条第 1 款;波兰:民法典第 758 条第 1 款;葡萄牙:商事代理合同法第 1 条;西班牙:LCA 第 1 条;瑞典:HAL 第 1 条)。根据意大利法律,其没有被法定条文列明。然而,根据法律作者,这是一个必须得到满足的要求。

Ⅲ.与客户的合同可能包括服务和销售合同

3. 根据奥地利、比利时、法国、德国、希腊、意大利、荷兰、葡萄牙和西班牙的法律(*Bercovitz*, Contratos Mercantiles, 513),适用范围不仅包括商品的销售,而且还包括服务合同(奥地利:HvertrG 第 1 条第 1 款;比利时:商事代理法第 1 条,*Verbraeken &de Schoutheete*, no. 74;德国:商法典第 84 条第 1 款;法国:商法典第 L. 134 －1 条;荷兰:民法典第 7:428 条)。根据意大利法律,在法定规则中未明确提及;然而,法律作者维护其服务代理商的适用性。根据奥地利法律,存在一个例外:即涉及不动产的合同不属于定义范围(HvertrG 第 1 条第 1 款)。

4. 然而,在 Directive 86/653/EEC、英国、芬兰和瑞典的法律中,商事代理规则的范围仅限于商品销售合同。(Directive 86/653/EEC 第 1 条(2);英国:商事代理(议会指令)规则 1993 reg. 2 (1);芬兰:商事代理人和销售员法第 2 条;瑞典:HAL 第 1 条)。

Ⅳ.报酬

5. 在 Directive 86/653/EEC 中的商事代理规则以及在比利时、英格兰、芬兰、希腊、意大利、荷兰、波兰、葡萄牙、苏格兰、西班牙和瑞典法律制度中的商事代理规则,只适用于由委托人提供报酬的商事代理合同(Directive 第 2 条;奥地利:HvertrG 第 1 条第 1 款;比利时:商事代理法第 1 条;英格兰和苏格兰:商事代理(议会指令)规则 1993 reg. 2 (2);芬兰:商事代理人和销售员法第 2 条;希腊:商事代理法第 1 条第 2 款;意大利:民法典第 1742 条;荷兰:民法典第 7:428 条 I;波兰:民法典第 758 条第 1 条;葡萄牙:商事代理合同法第 1 条;西班牙:LCA 第 1 条;瑞典:HAL 第 1 条)。

第二节　商事代理人的义务

第Ⅳ.E－3:201 条　谈判和签订合同

商事代理人必须作出合理的努力以代表委托人谈判,并签订代理人被指示签订的合同。

评　论

A.综述

商事代理人必须为委托人积极谈判合同。代理人既可以以自己的名义谈判也可以以委托人的名义谈判。代理人也可能负责代表委托人缔结合同。被授权如此行为

的代理人,必须在履行这方面的义务时进行适当的努力。

B. 攸关利益和政策考虑

凡当事人之间具有商事代理关系,代理人有义务作为中间人为委托人行为,谈判合同。如果之间有约定,商事代理人才能代表委托人签订合同。在这两种情况下,代理人有义务尽其最大的努力行为。

这一规定有意保护委托人。它避免因为代理人的不遵守义务而对委托人业务上负面的影响。代理人不应缺漏应有的注意行为,影响委托人和客户之间的关系。否则委托人可能会失去其良好的信誉,而客户可能避免与其订立合同,从而营业额可能减少。当代理人负责缔结合同时,这项规则具有特殊的重要意义,因为随后由代理人进入的交易为委托人创建法律后果。

另外,代理人也有重要的原因履行这项义务:他的收入将直接或间接地与委托人和客户之间签订合同的数量和价值相关。此外,这项义务对代理人并不是不合理的负担:并不意味着他必须总是得成功地谈判和缔结若干合同。代理人并不会只是因为合同没有缔结而构成未履行这一义务。

C. 合理的努力

商事代理人必须尽其最大努力谈判和按双方的约定签订合同。在本条中提到“合理的”是由在第Ⅰ－1:104 条(合理性)中对该词的定义中提到的标准来判断。什么是“合理的”,是要客观地确定的,考虑正为之事之性质和目的、案件的具体情况和任何有关的惯例和习惯做法。代理人不能坐视不理、等待并顺带对委托人发号施令,而是必须积极地寻找潜在客户,试图说服他们与委托人订立合同。然而,代理人无法保证其谈判将总是成功的。但代理人必须尽其最大努力。

这种客观的标准,可能需要适应的原因有两个。首先,根据委托人鉴于本案的情况有正当理由对代理人的声誉或经验的期望,可能要求活动更高或更低的标准。其次,合同可能载有关于代理人被期望的活跃程度的具体要求。无论代理人是否尽其最大努力,都可能影响其佣金权。

D. 合同谈判

代表委托人协商合同的商事代理人的任务是准备交易,即通过寻找客户,并说服后者进入与委托人的契约关系。代理人代表委托人协商合同的事实,不会为代理人对(潜在的)客户创建义务,反之亦然。然而,如果代理人没有适当谈判,其就对委托人承担责任。例如,代理人可能忽视了由委托人给予的合理指示(第Ⅳ.E－3:202 条(指示))。此外,单纯的谈判对委托人和潜在的客户并不具有约束力。当且仅当委托人与客户实际上已经订立合同,他们才将受到约束。

E. 合同签订

委托人可能让商事代理人代表前者——无论是永久的或是附带的——负责签订合同。商事代理人有义务采取合理的努力这样做。这意味着,例如,已成功谈判合同的代理人,应该在一个合理的时间内接洽顾客,以便缔结合同。

当商事代理人有权利和义务签订合同时,其也必须处理客户关于所涉产品的投诉。双方当事人可以约定,代理人还必须代表委托人接受支付,及接受支付的条件等。

有关合同的缔结,必须参考 D 部分(委托),尽管在任何规则冲突之下,以本章规则为准(第Ⅳ. E - 1:201 条(优先规则))。

注　释

Ⅰ. 合理的努力谈判

1. 该元素来于 Directive 86/653/EEC 第 3 条(2)(a),该项表述,商事代理人必须作出适当的努力。类似的规则已经被纳入下列国家的法律制度中:奥地利:HvertrG 第 1 条第 1 款;英国:商事代理(议会指令)规则 1993 reg. 3(2)(a);芬兰:商事代理人和销售员法第 5 条;法国:商法典第 L. 134 - 4 条;德国:商法典第 86 条第 1 款;希腊:商事代理法第 4 条;瑞典:HAL 第 5 条第 2 款(a)项。

2. 根据奥地利法律,商事代理人必须行使"一位谨慎商人的尽责"(der Sorgfalt eines ordentlichen Kaufmanns,HvertrG 第 5 条)。此外,根据意大利和西班牙法律,商事代理人必须履行一位良好商人的恪尽职守的职责(西班牙:LCA 第 9 条第 2 款(a)项;商法典第 57 条;*Moxica Román*, La Ley del Contrato de Agencia, 98)。根据荷兰法律,委托人必须遵守一位良好委托人尽职的职责(zorg van een goed opdrachtnemer,民法典第 7:401 条)。

3. 在西班牙,如果代理人代表一个以上的委托人,根据诚实信用规则,代理人必须给予所有委托人的利益一份公允的关注。为了避免冲突,在每一个特定的合同中建立代表委托人谈判的操作的最低要求,它似乎是可取的。未达到该水平的,将相当于不履行,并成为终止委托的一个原因(CA Lugo 4 June 1994, AC 1994\988)。

Ⅱ. 签订合同

4. 此元素来于 Directive 86/653/EEC 第 3 条(2)(a),其已经由下列法定条文纳入。奥地利:HvertrG 第 1 条第 2 款;比利时:商事代理法第 1 条、第 6 条第 1 款;芬兰:商事代理人和销售员法第 5 条;法国:商法典第 L. 134 - 1 条;德国:商法典第 86 条第 1 款;希腊:商事代理法第 4 条;意大利:民法典第 1752 条;荷兰:民法典第 7:428 条 I;波兰:民法典第 758 条第 1 款;西班牙:LCA 第 6 条(根据 LCA 第 6 条,只有当代表委托人缔结合同的能力已经符合合同条款,被授予给代理人时,代理人才可能代表委托人缔结合同)。

第Ⅳ.E－3:202条　指示

商事代理人必须遵循委托人的合理指示，只要它们不显著影响代理人的独立性。

评　论

A. 综述

代理人必须遵守委托人给予的指示。代理人必须仅遵守那些对协议的内容和性质来说合理的指示。为了其合理性，指示必须及时给予。

然而，委托人不得显著影响代理人的独立性。代理人可以按照他认为合适的方式，安排其活动和使用其时间。

B. 攸关利益和政策考虑

作为中间人，如果商事代理人以委托人的名义订立合同，则其约束委托人，因此，商事代理人紧密遵循委托人的指示对委托人是很重要的。如果没有这项义务，代理人可能不遵循指示代表委托人谈判（和缔结）合同。这将会违背委托人的委任中间人代表其利益的意图。

虽然本条保护委托人的利益，其也考虑到代理人具有自主保留其好处的事实。此外，代理人没有必要遵循委托人的任何指示，而只是必须遵循那些合理的指示。

C. 合理的指示

商事代理人只被要求遵循那些合理的指示。在本条中"合理"是由在第Ⅰ－1:104条（合理性）的定义中提到的标准来判断。案件的情况和可适用的惯例必须被考虑到，以及考虑作为商事代理人的人的行为和在相同情形下委托人会认为是合理的情形。

委托人通常有其自己的有关销售条件的经营政策，例如，产品的价格、生产和交货条件、支付条件和处理客户的索赔的程序。一般来说，与这些政策有关的指示，将被视为是合理的。

示例

委托人指示其商事代理人，要后者每周视察其客户一次。这样的指示是不合理的，因为它极大地影响了商事代理人的独立性。

注　释

合理指示

1. 根据 Directive 86/653/EEC 第 3 条(1)(c),商事代理人必须遵守委托人给予的合理指示。

2. 在比利时、英国、芬兰、希腊、意大利、波兰、葡萄牙、西班牙和瑞典法律中,商事代理人遵循指示的义务载于有关商事代理的具体规则中(比利时:商事代理法第 6 条;英国:商事代理(议会指令)规则 1993 reg. 3(2)(c);芬兰:商事代理人和销售员法第 5 条;希腊:商事代理法第 4 条;意大利:民法典第 1746 条;波兰:民法典第 760 条第 1 条;葡萄牙:商事代理合同法第 7a 条;*Pinto Monteiro*, Contrato de agência[3], 62; *Pinto Monteiro*, Direito Comercial, 93; STJ 25 January 2000, AD 467, 1519;西班牙:LCA 第 9 条第 2 款(c)项;*Moxica Román*, La Ley del Contrato de Agencia, 24;瑞典:HaL 第 5 条第 2 款(a)项;*Söderlund*, Agenträtt, 39)。

3. 根据奥地利、德国、法国和荷兰法律,这项义务没有明确载于有关商事代理的法定规则中。根据奥地利和德国法律,这项义务包含于商事代理人的作为一位良好商人行为的义务(奥地利:HvertrG 第 5 条;德国:商法典第 84 条第 1 款第 2 项、第 86 节第 1 款,民法典第 665 条,*Koller/Roth/Morck*, HGB[2], § 86, no. 9; *Martinek and Semler*, Handbuch des Vertriebsrechts, § 8 no. 58; BGH NJW 1966, 883)。根据法国和荷兰法律,该义务包含于有关委托的一般规则中(法国:*Leloup*, les agents commerciaux[4], no. 1322－1330; Cass. com. 24 November 1998, Bull. civ. Ⅳ, no. 277; Déf. 1999, 371 obs. *D. Mazeaud*; RTD civ. 1999, 98 obs. *J. Mestre*; *ibid.*, 646 obs. *P.－Y. Gautier*; *Cont. Conc. consomm.* 1999, no. 56 note *Malaurie－Vignal*; JCP 1999. I. 143, no. 6 obs. *Jamin*;荷兰:民法典第 7:402 条第 1 款)。

4. 根据所有的这些法律制度,委托人处的指示不得影响商事代理人的独立性(比利时:商事代理法第 6 条;英国:商事代理(议会指令)规则 1993 reg. 3(2)(c);芬兰:商事代理人和销售员法第 5 条;德国:商法典第 84 条第 1 款第 2 项(BGH NJW 1966, 883; *Koller/Roth/Morck*, HGB[2], § 86, no. 9);希腊:商事代理法第 4 条;意大利:民法典第 1746 条;葡萄牙:商事代理合同法第 7a 条;*Pinto Monteiro*, Contrato de agência[3], 62; *Pinto Monteiro*, Direito Comercial, 93; STJ 25 January 2000, AD, 467, 1519;西班牙:LCA 第 9 条第 2 款、第 24 条;瑞典:HAL 第 5 条第 2 款(a)项;*Söderlund*, Agenträtt, 39)。

第Ⅳ. E－3:203 条　在履行期间由代理人提供的信息

告知义务要求商事代理人尤其提供给委托人如下相关的信息:

(a)谈判或缔结的合同;

(b)市场条件;

(c)有关客户的偿付能力和其他特征。

评　论

A. 综述

告知义务由第Ⅳ.E－2:202 条(履行期间的信息)确立:代理人必须披露其拥有的就其部分合同义务适当履行及其中委托人需要的所有信息。代理人必须告知委托人其具体的个人情况,涉及例如就其准备的或缔结的交易,以及与谁的问题。此外,代理人还必须告知委托人涉及的更普遍的问题,例如代理人经营的市场。本条所要求信息的清单并不是详尽的。

B. 攸关利益和政策考虑

虽然委托人是受代理人谈判的销售或服务合同约束的当事人,然而委托人并没有处于比如验证客户的偿债能力或声誉的位置上。因此,提供委托人该信息对于委托人的业务的良好运作非常重要。委托人需要知道有关其产品的多少以及哪些合同已经谈判,以便决定是否将要达成一定的协议。而有关代理人业务的市场信息,使委托人能够判断代理继续是否值得。

这项义务对代理人并不是不合理的负担:代理人只需要提供那些其可得到的、委托人需要的就其相关代理人和客户的义务的履行范围内的信息。

C. 要提供的信息

代理人必须告知委托人其过去、现在和未来的活动,以及发现的客户和其运作的市场形势。这些信息对于委托人履行与代理人和客户或客户们合同下的义务的需要是相关的。

根据这项义务,代理人必须作出合理的努力,以确保信息是正确的。在这方面,有关市场的信息必须区别于关于代理人自身活动的信息。关于前者,对代理人来说,获得准确的信息将会更加困难,因为它涉及更多的(不可预见的)变量因素。然而,关于后者,注意标准可能在有关其自身活动的信息的情况下会是较高的一个。

谈判或缔结的合同。除了告知委托人缔结或者谈判的合同,这项义务亦包括传达代理人已经收到的或者已经知悉的第三方的投诉或索赔,以及客户的有关所涉产品的特殊要求的义务。

市场条件。这些条件同时包括了客户需求的改动、价格的变化和竞争的状态。这项义务受限于代理人的地域内的信息。

有关客户的偿债能力和其他特性。这项义务受限于客户的有关特征,其中主要一项是其偿付能力。然而,委托人不需要知道相关客户的所有特征,如果代理人可以代

表委托人订立合同。在这种情况下,客户的特点对代理人来说代表一个价值,其没有义务与委托人分享之。

D. 无形式要件

不存在关于提供这些信息的方式的一般的形式要求。本条的目的仅仅是责成各方当事人进行沟通。

注　释

Ⅰ. 要提供的信息

1. 根据指引,"……商事代理人……必须传达其委托人所有其可得到的必要信息"(Directive 86/653/EEC 第 3 条第 2 款(b)项)。

2. 这项义务规定在下列国家的特定法定规则中。比利时:商事代理法第 6 条第 2 款;英国:商事代理(议会指令)规则 1993 reg. 3(2)(b);法国:商事代理法第 1 条;德国:商法典第 86 条第 2 款;希腊:商事代理法第 4 条;意大利:民法典第 1746 条;波兰:民法典第 760 条Ⅰ款第 1 项;西班牙:LCA 第 9 条第 2 款(b)项。根据荷兰法律,它遵循有关委托的规则(民法典第 7:401 条、第 7:403 条;Asser(-*Kortmann*), Bijzondere Overeenkomsten Ⅲ[7], nos. 201 et seq.)。

Ⅱ. 谈判或缔结的合同

3. 根据奥地利、芬兰和瑞典的法律,这项义务在成文法的规定中调整,即商事代理人必须告知委托人有关谈判或缔结的合同(奥地利:HvertrG 第 5 条;芬兰:商事代理人和销售员法第 5 条;瑞典:HAL 第 5 条第 2 款)。在荷兰,根据作者的观点,这一义务遵循有关委托的规则(民法典第 7:401 条和第 7:403 条;Asser(-*Kortmann*), Bijzondere Overeenkomsten Ⅲ[7], nos. 201 et seq.)。此外,根据德国判例法和法律文献,代理人必须告知委托人有关谈判或缔结的合同(BGH NJW 1966, 882; BGH BB 1969, 1196; CA Cologne BB 1971, 543; *Koller/Roth/Morck*, HGB[2], § 86, no. 7; *Martinek and Semler*, Handbuch desVertriebsrechts, § 8 no. 61; MünchKomm, HGB, § 86, no. 50)。

Ⅲ. 市场条件

4. 在西班牙,虽然 LCA 第 9 条没有明确责成代理人告知委托人市场条件,但是一些作者认为,代理人的职责包括给予关于正在谈判的操作的信息和关于市场条件的信息(*Bercovitz*, Contratos Mercantiles, 523)。比利时和芬兰的文献,德国的判例法和文献,意大利的判例法和瑞典的文献,都提到市场条件是代理人必须告知委托人的有关主题之一(比利时:*Dambre*, 1401;芬兰:*Teleranta*, Kauppaedustaja, myyntimies ja yksinmyyjä; *Aalto*, (2001);德国:BGH NJW 1966, 882; BGH BB 1969, 1196; CA Cologne BB 1971, 543; *Koller/Roth/Morck*, HGB[2], § 86, no. 7; *Martinek and Semler*, Handbuch des Vertriebsrechts, § 8 no. 61; MünchKomm, HGB, § 86, no. 50;意大利:Cass. 19 August 1996, no. 7644, *Danno e resp.*, 1997, 256;瑞典:*Söderlund*, Agenträtt, 38)。然而,在德国这些市场条件限制在市场的实际情况。

Ⅳ. 客户特征

5. 客户的偿付能力是客户的主要特征之一。代理人的告知其委托人有关客户偿付能力的义务明确在西班牙的商事代理规定中提到。此外,比利时、芬兰的文献,德国判例法和法律文献,荷兰的判例法和法律文献以及瑞典作家,将客户的偿债能力列为商事代理人必须告知其委托人的主题之一(比利时:*Dambre*,1401;芬兰:*Teleranta*, Kauppaedustaja, myyntimies ja yksinmyyjä; *Aalto*,(2001);德国:BGH NJW 1966, 882; BGH BB 1969, 1196; CA Cologne BB 1971, 543; *Koller/Roth/Morck*, HGB[2], § 86 no. 7; *Martinek and Semler*, Handbuch des Vertriebsrechts, § 8 no. 61; MünchKomm, HGB, § 86 no. 50;荷兰:CFI Amsterdam 27 March 1962, NedJur 1962, 443; Asser (– *Kortmann*), Bijzondere Overeenkomsten Ⅲ[7], nos. 202 et seq.; HR 2 December 1960, NedJur 1962, 21;西班牙:LCA 第 9 条第 2 款(b)项;瑞典:*Söderlund*, Agenträtt, 38)。

第Ⅳ.E－3:204 条　清账

(1)商事代理人必须保留有关代表委托人谈判或签订合同的妥善的账目。

(2)如果代理人代表一个以上的委托人,代理人则必须保持各委托人的独立的账目。

(3)如果委托人有重要的理由怀疑代理人未妥善维护账目,则应委托人的要求,代理人必须合理地允许一位独立的会计师查阅代理人的簿册。委托人必须支付独立会计师服务。

评　论

A. 综述

商事代理人必须妥善保管账目,特别是有关他谈判或缔结的合同(第 1 款)。代理人必须保留有关合同中所涉客户的文档。在适当的情形下,代理人必须保有代表委托人应收款项和委托人产品的账目。凡代理人代表一个以上的委托人的,保管账目这一义务还责成代理人对其代表的各委托人持有独立的账目(第 2 款)。这一规定赋予委托人验证代理人实际上是否遵守在第 1 款中保管妥善账目义务的权利,当委托人有理由怀疑商事代理人未保管妥善账目时。这可能发生于,如当代理人所提供的信息不正确,或者信息没有在应当的时间提供时,或者在谈判的合同数量骤然减少时(第 3 款)。

B. 攸关利益和政策考虑

就合同下代理人义务的履行,委托人需要从代理人处获得具体信息。因此,期望代理人保管妥善的账目是合理的。妥善的账目也包括保持不同委托人的独立记录。

这一规定赋予委托人核实代理人是否妥善保管账目的权利。但是,只有当委托人有重要的理由相信代理人没有妥善保管账目时,委托人才可以检查代理人的簿册。代理人没有义务披露其持有的与其他委托人之间的关系的簿册中的信息,如果代理人履行保持独立账目的义务(第 2 款)。

虽然这一规定似乎主要是有利于委托人,但是它并不是代理人不合理的负担,因为其作为一位专业人士通常会妥善保存账目。当代理人遵守这项保持账目的义务时,它将会更容易遵守告知义务。代理人也为了自己的目的需要妥善的账目,例如,因为他必须知道哪些合同他有权获得多少佣金,从哪位委托人处获得。商事代理人在合同之后可能需要妥善的账目,以便证明委托人不能以不履行为由终止合同关系。

C. 妥善的账目

代理人必须始终保管与其代表委托人成功协商和订立的合同有关的簿册。如果代理人持有供其处理的委托人的产品,则账目中将含有代理人如何处置这些产品的概述。如果双方当事人同意代理人必须以委托人的名义接受客户的支付,代理人的簿册也将载有收到的和将要收到的所有款项的概述。如果商事代理人代表一位以上的委托人,那么他必须对其所代表的每一位委托人保持独立核算。

注　释

保持单独账目的义务

1. 根据西班牙法律,代理人必须就其代表的不同委托人保持单独的账目册(LCA 第 9 条第 2 款(e)项)。此外,根据德国法律,商事代理人必须保留账目。此遵循有关委托的一般规则(民法典第 666 条)。根据民法典第 259 条第 1 款,这些账目必须含有收入和支出的适当的书面概述(MünchKomm, HGB, § 86, no. 53)。此外,民法典第 259 条第 1 款还要求必须提交凭证。如果当事人双方没有同意另外的安排,那么商事代理人必须通过类推商法典第 87c 条第 1 款第 1 项的方式履行每月账目的义务(MünchKomm, HGB, § 86, no. 53)。并不要求对其代表的每一位委托人的独立核算的义务,但是这是常见的做法。此外,根据葡萄牙法律,存在一项法定义务:商事代理合同法第 7 条;*Pinto Monteiro*, Contrato de agência[3], 63。

2. 根据芬兰法律规定,不存在这方面的明确规则。然而,这些规则隐含在告知义务中。此外,根据荷兰法律,作者似乎从告知义务中导出这一义务(民法典第 7:403 条;Asser (–*Kortmann*), Bijzondere Overeenkomsten Ⅲ[7], no. 201)。根据意大利法律,没有明确的义务。然而,商事代理人必须指明和证明其从中获得报酬的权利所遵循的事实,以及因此,特别是,相关合同的订立(Cass. no. 5467/00)。

3. 根据奥地利和希腊法律,不存在商事代理人妥善保管的和独立账目的明确义务。

4. 在英格兰,代理人必须代表被代理人妥善保管账目(*Chitty* on Contracts[29])。

第三节　委托人的义务

第Ⅳ.E－3:301条　代理期间的佣金

（1）商事代理人有权在代理涵盖的期间就与客户签订的任何合同获得佣金，如果：

（a）合同已经

（i）由于商事代理人努力的结果而缔结；

（ii）与商事代理人以前就同类合同获得的作为客户的第三方缔结；或者

（iii）与商事代理人被授予委托的一定地域范围或客户群的客户缔结；以及

（b）之一

（i）委托人已经或应当已经履行合同下的委托人的义务；或

（ii）客户已经履行合同中的客户的义务，或可证明为正当地中止履行。

（2）双方当事人不得损害商事代理人，排除第1款（b）项（ii）的适用，或者减损或改变其效力。

评　论

A.综述

商事代理的特征之一是代理人薪酬的主要部分通常由佣金组成。在合同期间，商事代理人有权就在此期间签订的合同获得佣金，如果这些合同关系的缔结是由于代理人的活动或者如果这些合同是与该代理人以前就同类合同获得的客户缔结（第1款（a）项（i）和（ii））。

然而，代理人也可以有权就其没有谈判或签订的合同获得佣金：当客户属于代理商的区域或客户群时（第1款（a）项（iii））。

一旦合同中的义务已经或者应当已经履行，代理人就有权获得佣金（第1款（b）项）。双方当事人可以约定，佣金权利在委托人或客户履行之前产生，例如，当合同被签订时。然而，他们不得约定，佣金权利晚于客户履行之刻产生（第2款）。

B.攸关利益和政策考虑

在以佣金为基础的薪酬的情形下，代理人的利益和委托人的利益是并行的：双方均期望成功合约的最大数量。如果代理人没有找到许多愿意签订合同的客户，那么不仅是委托人的收益直接受到影响，并且代理人的收入也被减少。在代理人已经作出重要投资的情形中，这没有什么差异。因此，以佣金为基础的薪酬激励代理人尽其最大

地努力谈判或尽可能多地缔结合同。

本条给予代理人,原则上,就其活动的结果而获得合同佣金的权利。代理人赚取佣金的利益在当其被委托于一特定区域或客户群的情形下得到很好的保护。然则,原则上,不论代理人的获得是否已经对合同作出贡献,以及不论其对该区域或客户群是否具有排他性权利,该代理人都有权获得佣金:客户属于该地区或客户群,仅此一事实就足以使其享有佣金权。

第1款(b)项激励代理人与可靠的客户谈判合同,因为仅缔结合同是无权使代理人获得佣金。只有当合同义务由一方当事人履行,代理人才有权获得佣金。然而,这并没有给代理人造成不合理的负担。第1款(b)项还规定,在某些特定情形下赚取佣金,即使合同义务尚未履行。这是当委托人应当已经履行或者客户有正当理由中止履行时的情况。第2款确定,无论双方当事人在他们的合同中已经达成什么,代理人主张佣金的权利在客户的履行或客户证明其行使中止履行的权利正当性时产生。

C. 代理人努力的结果

为了享有佣金权,代理商必须积极代表委托人与客户谈判,锁定潜在客户或客户群,并试图说服他们与代理商或委托人签订合同。谈判代理人必须向委托人传达要约。代理商仅提到一位客户之事实并不足以让其获得佣金的权利。代理商必须以可识别的、相当大的和有用的方式,已经对客户和委托人之间的合同的缔结作出贡献。然而,并不要求代理人对以缔结一特定合同为目的作出努力获得客户;若代理人已经在较早阶段就相同类型的合同已经获得客户的,其也有权获得佣金。

示例1

甲有一个移动电话网络。乙作为甲的商事代理人,取得将持有该网络下的移动电话的客户。在甲和乙之间的代理期间,甲直接接触由乙取得的客户,订阅移动电话网络。乙也有权就甲与这些客户的合同获得佣金。

D. 在一个特定的地理区域或者客户群中的客户

本条赋予代理人获得佣金的权利,无论其努力是否已经引起委托人和客户之间的合同的缔结。代理商在某一区域或与某一客户群的工作,以及委托人在代理期间与属于这一区域或客户群的客户签订合同的事实,对代理人来说构成了获取直接佣金的权利。在这种情形下,代理商不必须证明合同的缔结是其行动的结果。

E. 与客户的合同的履行

代理人获得佣金的权利只有当其活动已被证明是有效的时才存在,即当合同中的义务已经或应当已经正确履行时。委托人则就此特定交易欠代理人佣金。这项支付

佣金的义务并不意味着该代理商可立即主张代理人的佣金，因为佣金是定期支付的（参见第Ⅳ.E－3:304条（支付佣金之时刻））。代理商可能要求仅从约定的期限届满（最迟3个月内）支付。如果代理人主张在此之前获得支付，那么委托人可以有理由中止履行，直到那一刻。

F. 佣金的金额

本条留给双方当事人约定佣金比例和计算方法。当事人双方通常以详细的方式明确约定代理人的报酬率。双方当事人可以约定，对由于代理人的努力而缔结的合同时的佣金率将会高于代理人与属于代理商的地区或客户群的客户签订合同时的佣金率。

在双方当事人之间就这个问题缺乏任何协议的情形下，合同是无效的；根据第Ⅱ－9:104条（价格的确定）通常或合理的佣金被取代。在决定佣金数额是否合理时发挥作用的因素包括：交易的类型和地点、商品或服务的类型、价格，以及代理商所做的努力。此外，如可以考虑代理人必须等待的直到他可以主张其已经赚取的佣金的支付的期间长度。

G. 规则的特性

双方当事人不得减损第1款（b）项（ii），以损害商事代理人。

注　释

Ⅰ. 一般情况下

1. 本条结合 Directive 86/653/EEC 第7条和第10条。Directive 86/653/EEC 第7条确定在何种情形下有佣金的权利，而第10条规定何时佣金的支付是应当的（Directive 86/653/EEC 第7条："（1）商事代理人应当有权就其在代理合同所涵盖的期间订立的商业交易获得佣金：（a）当这些交易是由于其行动的结果而订立时；或者（b）当这些交易是与其以前同类交易获得的作为客户的第三方订立的时。（2）商事代理人也应有权就其在代理合同所涵盖的期间订立的商业交易获得佣金：无论当其被授权一特定地理区域或客户群，还是其有对一特定的地理区域或客户群具有排他权，并在当交易已与属于该地区或客户群的一位客户缔结时。成员国在其立法中应包括上述所指的两个可能性之一"）。

Ⅱ. 在合同期间获得佣金的权利

2. Directive 86/653/EEC 第7条已被纳入以下国家的法律制度：奥地利：HvertrG 第8条第2款；英国：商事代理（议会指令）规则 1993 reg. 7（3）；芬兰：商事代理人和销售员法第10条；法国：商法典第 L. 134－6条；德国：商法典第87条第1款和第2款；希腊：商事代理法第6条第1款；意大利：民法典第1748条；Baldi and Venezia, note to Cass. sez. lav., 2 May 2000, no. 5467, cit., 802；荷兰：民法典第7:431条；波兰：民法典第761条第1条；葡萄牙：商事代理合同法第16条第

3 款;*Pinto Monteiro*, Contrato de agência[3],77;西班牙:LCA 第 12 条;瑞典:HAL 第 9 条第 1 款。

3. Directive 86/653/EEC 提供了成员国一项选择,即在商事代理人的一个特定的地理区域或客户群的权利是一项排他权的情形下,是否要限制商事代理人的佣金权。本条并没有载入这样的限制。在以下的法律制度中,亦已采用了相同的选择:奥地利:HvertrG 第 8 条第 2 款;芬兰:商事代理人和销售员法第 10 条;法国:商法典第 L. 134－6 条;德国:商法典第 87 条第 1 款、第 2 款;希腊:商事代理法第 6 条第 1 款;意大利:民法典第 1748 条;*Baldi and Venezia*, note to Cass. sez. lav., 2 May 2000, no. 5467, cit., 802;荷兰:民法典第 7:431 条;瑞典:HAL 第 9 条第 1 款。

4. 英国、波兰和西班牙法律已经采取了关于排他性的另一种选择(英国:商事代理(议会指令)规则 1993 reg. 7(3);波兰:民法典第 761 条第 2 条;西班牙:LCA 第 12 条;TS 14 May 2001, RJ 2001\6207。LCA 第 14 条应按照 LCA 第 17 条(当代理人失去佣金权利的情形)进行解释)。因此,代理人有权保留被支付的权利,如果是因为可归于委托人的原因而使合同义务没有得到履行。另外,如果不履行的原因不可归于委托人,那么代理人无权获得佣金。

Ⅲ. 当佣金是"应当的"时刻

5. Directive 86/653/EEC 第 10 条含有一项关于代理人变为有权获得佣金的时刻的更进一步的规则。然而,在此条中,指令使用佣金"应当"的概念。这是潜在的混淆,因为通常情况下,义务是应当的时刻表示了债权人可以要求履行的时刻。因此,第 1 款(b)项,其中包含第 10 条第 1 款和第 2 款的要求,并没有指向佣金成为"应当"的,而是保持了授予权利的想法。

6. 相同的要求载于以下国家的法律制度中:奥地利:HvertrG 第 9 条;英国:商事代理(议会指令)规则 1993 reg. 10(2) and (3);芬兰:商事代理人和销售员法第 12 条;法国:商法典第 L. 134－9 条;德国:商法典第 87a 条第 1 款、第 3 款;希腊:商事代理法第 6 条第 1 款;意大利:民法典第 1748 条;荷兰:民法典第 7:343 条;葡萄牙:商事代理合同法第 18 条;西班牙:LCA 第 14 条;瑞典:HAL 第 11 条第 2 款。

第Ⅳ.E－3:302 条　代理结束后的佣金

(1)商事代理人在代理结束后就与客户签订的任何合同有权获得佣金,如果:

(a)要么

(i)与客户的合同主要是商事代理人在代理合同所涵盖期间作出的努力的结果,以及与客户的合同是在代理结束后的一段合理期限内缔结的;或者

(ii)第Ⅳ.E－3:301 条(代理期间的佣金)第 1 款的要求本应该得到满足,除了与客户的合同没有在代理存续期间签订,以及客户的要约到达了委托人或在代理结束之前到达了商事代理人;以及

(b)要么

(i)委托人已经或本应该已经履行了合同中的委托人的义务;或者

(ii)客户已经履行了合同中的客户的义务或正当地中止客户的履行。

(2)双方当事人不得损害商事代理人,排除第 1 款(b)项(ii)的适用,或者减损或改变其效力。

评　论

A. 综述

即使代理已经结束，代理人仍有权在两种情况下获得佣金。首先，合同是在代理结束之后的一段合理时间内缔结的（第1款(a)项(i)）。其次，在代理结束之前，客户的要约要么已经到达委托人要么已经到达代理人（第1款(a)项(ii)）。这项规则只处理一个过渡时期：虽然双方当事人将在未来不再继续合同关系，但是一方在代理存续期间已经进行的活动在若关系没有结束时本应该获得报酬，在此种意义上双方当事人仍然具有关系。

本条适用于，比如，代理人已经就在代理结束后要订购的并定期交付的大量商品谈判销售合同的情形，或者委托人已经签订合同，而义务要在代理终止之后才将履行的情形。

B. 攸关利益和政策考虑

在上述两种情形下，授予代理人就有关合同佣金权利被认为是合理的。设定委托人将受益于代理关系结束后不久将完成的交易。该规则保护了商事代理人的利益，因为其就关系结束之前作出的努力接受支付。

然而，代理人不能期望就在代理结束后的很长一段时间才达成的交易获得佣金。这项佣金权利限于数量有限的具体情况。因此，这项规则还考虑到委托人的利益。

C. 合理的期限

双方当事人自由商定一个时期，而不是留待第1款(a)(i)中的合理性测试。在本条中的合理性是由在第Ⅰ－1:104条（合理性）的定义中提到的标准来判断的。例如，必须考虑合同的性质和目的、案件的情形、涉及的专业或贸易的惯例和做法。对确定合理期限发挥作用的因素包括，例如，交易量以及委托人订立由代理人谈判的合同通常花费的时间。一个合理的期限一般不超过6个月。

D. 主要是代理人努力的结果

有关代理人在代理已经结束后的权利的要求比那些在第Ⅳ.E－3:301条（在代理期间的佣金）中的严格。代理人必须证明其不仅在寻找客户、与他们谈判和订立合同时发挥了积极作用，而且必须证明合同的订立主要是由于他的努力。然而，如果代理人证明合同的订立主要是因为他的行为达成的，那么代理人可能在两种情形下会被赋予佣金的权利——首先，当合同是在代理结束后一段合理的时间内缔结；其次，当客户

的要约在代理结束之前到达代理人或委托人。

E. 与客户在合同下的履行

赋予代理人佣金权利的另外一项要求是，代理人的活动已经被证明是有效的，即当合同中的义务已经或应该已经适当履行时。委托人则就该特定的交易欠代理人的佣金。这项支付佣金的义务并不意味着代理人可以立即要求佣金；佣金是定期支付的（参见第Ⅳ.E－3:304条（佣金要支付之时刻））。代理人可能只要求从约定的期限届满时（最迟3个月内）支付。如果代理人在此之前要求支付，那么委托人可以正当地中止履行直到那一刻到来。

F. 代理已经结束之后

本条适用于合同关系无论因什么原因已经到了结束的情形。它适用于，例如，一个明确的期限的关系已经结满，以及契约关系已经单方终止，而不论其是否因为未履行而单方终止。

G. 有关就商誉的补偿和就不遵守通知期的损害赔偿

代理结束之后的佣金权利，当代理终止时，不得与就商誉的补偿的权利（第Ⅳ.E－2:305条（商誉损害补偿））累积。这两项规则都是基于同样的恢复原状的想法。

然而，佣金权利可能与第Ⅳ.E－2:303条（因不适当的通知而终止的损害赔偿）的损害赔偿的权利累积。

示例

15年后，委托人甲给予两个月的通知，结束商事代理人乙的代理。根据本条乙要求支付佣金、商誉赔偿以及就不适当的通知而终止的损害赔偿。法院要么将授予（1）根据本条支付佣金以及就不适当的通知而终止的损害赔偿，要么将授予（2）商誉赔款和就不适当的通知而终止的损害赔偿。

H. 规则的特性

双方当事人不得减损第1款（b）项（ii）以损害商事代理人。

注　释

Ⅰ. 一般情况下

1. 本条是Directive 86/653/EEC第8条和第10条的结合。Directive 86/653/EEC第8条规定在何种情形下代理结束之后，存在佣金的权利，而第10条规定何时佣金是“应当的”（Directive

86/653/EEC 第 8 条:“商事代理人应当有权就在代理合同已将终止之后缔结的商业交易获得佣金:(a)如果交易主要是由于在代理合同所涵盖的期间内商事代理人的努力,以及如果交易是在合同终止后的合理期限内进入的;或者(b)如果,符合第 7 条中提及的条件,在代理合同终止之前,第三方的要约到达了委托人或商事代理人”)。

Ⅱ.佣金的权利

2. Directive 86/653/EEC 第 8 条已经被纳入以下的法定规定:奥地利:HvertrG 第 11 条第 1 款;英国:商事代理(议会指令)规则 1993 reg. 8;芬兰:代理人和销售员法第 11 条;法国:商法典第 L. 134－7 条;德国:商法典第 87 条第 3 款;希腊:商事代理法第 6 条第 2 款;意大利:民法典第 1748 条;荷兰:民法典第 7:431 条第 2 款;波兰:民法典第 761 条 1 款。

3. 根据西班牙法律,存在一项类似于 Directive 86/653/EEC 第 8 条的规则(LCA 第 13 条)。然而,根据西班牙规则,与客户的合同必须已经在合同结束之后的 3 个月内缔结,而不是一个合理的期限内缔结。

Ⅲ.当佣金是“应当的”时刻

4. Directive 86/653/EEC 第 10 条包含一项关于代理人有权主张佣金的时刻的进一步规则。同样的要求都载于以下法律制度中:奥地利:HvertrG 第 9 条;英国:商事代理(议会指令)规则 1993 reg. 10(2) and (3);芬兰:商事代理人和销售员法第 12 条、第 14 条;法国:商法典第 L. 134－9 条;德国:商法典第 87a 条第 1 款、第 3 款;意大利:民法典第 1748 条第 3 款;葡萄牙:商事代理合同法第 18 条;西班牙:LCA 第 14 条;瑞典:HAL 第 11 条第 2 款。

第Ⅳ.E－3:303 条　继任代理人的冲突权利

商事代理人无权要求第Ⅳ.E－3:301 条(代理期间的佣金)中提到的佣金,如果前商事代理人有权要求第Ⅳ.E－3:302 条(代理结束之后的佣金)下的佣金,只有一种情形,即佣金在两个商事代理人之间共享是合理的。

评　论

A.综述

这项规定涉及的是前两条可能发生冲突的情形,即代理人已经由另一位代理人取代,而且他们均就已经完成的交易主张他们的佣金。根据本条规则,通常是第一位代理人有权获得佣金。然而,某些情形下,可能会导致就交易的完成两位代理人必须共享佣金的情形,尤其当他们都对该交易作出了贡献时。

B.攸关利益和政策考虑

有关谁应当就一项特定的交易接受佣金的问题,可能在第一位代理人和第二位代

理人之间出现冲突。本条规则保护了第一位代理人的利益。如果结果显示交易主要是由于第一位代理人的努力达成,以及要么合同是在代理结束后不久缔结的,要么客户的要约在代理结束之前到达第一位代理人或委托人,则推断交易是由于第一位代理人的努力甚于其继任者。

然而,第一位代理人的权利只有在代理结束之后短时间内才能出现,如果第Ⅳ.E－3:302条(代理结束之后的佣金)所有的要求已经得到满足。因此,本条规则对第二位代理人并不是不合理的负担。此外,它对两位代理人应该分享佣金留下了可能性。

最后,委托人将永远不会必须就某一交易支付两次佣金,在此意义上,本条规则照顾了委托人的利益。

C. 分享权利的合理性

两位代理人分享他们就某一特定交易获得佣金的权利是否是合理的,在很大程度上取决于他们各自对于合同缔结的的贡献。尤其是,如果第二位代理人对订立合同的贡献是实质性的,则第一位代理人的权利将不一定优先。如果两位代理人有权就同一交易获得佣金,则各方的份额必须是合理的。

注　释

Ⅰ. 佣金的冲突权利

1. 本条规则来于Directive 86/653/EEC第9条,后者已经被纳入国内法律体系,如下:奥地利:HvertrG第11条第2款;比利时:商事代理法第12条;芬兰:商事代理人和销售员法第11条第2款;法国:商法典第L.134－8条;德国:商法典第87条第1款第2项、第87条第2款第2项、第87条第3款第2项;英国:商事代理(议会指令)规则1993 reg. 9;意大利:民法典第1748条;荷兰:民法典第7:431条第3款;Asser(－*Kortmann*), Bijzondere Overeenkomsten Ⅲ[7], nos. 208, 213;波兰:民法典第761条Ⅱ;葡萄牙:商事代理合同法第17条;西班牙:LCA第13条第2款。

Ⅱ. 规则的特性

2. 根据意大利和荷兰的法律,本条规则是强制性的(荷兰民法典第7:445条第1款;Asser(－*Kortmann*), Bijzondere Overeenkomsten Ⅲ[7], nos. 208, 213)。根据其他法律体系,本条规则是一项默认规则,正如在指令中规定的。

第Ⅳ.E－3:304 条　佣金支付之时刻

(1)委托人必须支付商事代理人的佣金,不得迟于代理人有权获得佣金之季度随后之月的最后一天。

(2)双方当事人不得损害商事代理人,排除本条的适用或者减损或改变其效力。

评　论

A. 综述

双方当事人可以约定委托人定期支付佣金。本项规则提供了一个最低标准:当双方当事人可以约定委托人必须在较早的日期支付,可能不会约定委托人必须要在较晚的日期支付。如果双方当事人没有约定付款期间,佣金需每三个月支付。支付之时通常也是代理人有权主张佣金必须提供之时(参见第Ⅳ.E－3:310 条(关于佣金的信息))。

根据这项规则,在其赚取佣金之后,代理人再主张佣金时可能必须等待 3 个月。当佣金率是固定的,可允许委托人在特殊时期任意支配金额的事实存在。

B. 攸关利益和政策考虑

一方面,双方当事人不得约定委托人可以超出三个月的期限支付佣金,在此,本条规定保护代理人,而当事人仍可自由约定,例如,每月支付。

另一方面,本条允许定期支付主要针对委托人利益的佣金。这意味着,基于单独合同赚取的佣金是在一段时间(三个月)计算,并在这一时期结束时支付。

C. 与其他规定的关系

一般规则是,义务应当被执行的时间取决于调整义务的条款,其使义务必须在义务出现后的一段合理时间内被履行(第Ⅲ－2:102 条(履行时间))。调整义务的条款可能源于法律(第Ⅲ－1:102 条(定义)第 5 款)。本条是履行时间的具体法律规定的一个例外。

然而,本规则限制了双方当事人在合同中确定履行时间的自由,在此种意义上,本规则偏离了第Ⅲ－2:102 条(履行时间):双方当事人不得同意委托人必须在本条规定的时间之后稍后的时刻支付。

D. 规则的特性

本规则是强制性的，双方当事人不得约定委托人必须迟于每三个月一次的支付。

E. 补救措施

金钱债务不履行时遵照通常的补救措施是可行的。代理人尤其有权要求委托人支付没有支付的已经可主张应当的佣金之刻的利息，即在订立的支付期结束之时（最迟3个月）。

注　释

当佣金是被支付的时刻

1. 指令在其第10条中应用了佣金“应当”的概念。此令人困惑，是因为通常情形下，一项义务是应当的时刻表示了债权人可以开始要求履行的时刻。因此，本条没有使用佣金是“应当”的概念。

2. Directive 86/653/EEC 第10条第3款和第4款载有：“（3）佣金的支付应当不得迟于其到期的季度随后一月的最后一天。（4）减损第2款和第3款，以损害商事代理人的协议不应当被允许。”与 Directive 86/653/EEC 第10条第3款和第4款之规则类似的规则已经纳入以下法律制度。奥地利：HvertrG 第9条；英国：商事代理（议会指令）规则 1993 reg. 10（3），（4）；法国：商法典第 L. 134－9 条；希腊：商事代理法第6条第3款；意大利：民法典第1748条；波兰：民法典第761条Ⅲ第3条；葡萄牙：商事代理合同法第18条；*Pinto Monteiro*, Contrato de agência[3], 80; CA Oporto 28 March 2001, JTRP7, www. dgsi. pt.；西班牙：LCA 第16条（双方当事人可以在合同中约定佣金在第16条规定的时间之前支付）；瑞典：HAL 第11条第1款。

3. 然而，根据德国法，佣金必须在其到期之月的最后一天之前支付（商法典第87a条第4款、第87c条第1款）。但最起码的要求——在其到期之季度随后一月的最后一天——是强制性规则（芬兰：商事代理人和销售员法第14条第2款；荷兰：民法典第7:433条、第7:434条）。根据芬兰和荷兰法律，默认规则是，佣金是按月应支付的（芬兰：商事代理人和销售员法第14条第1款；荷兰：民法典第7:433条、第7:434条）。

第Ⅳ.E－3:305 条　佣金权利的灭失

（1）规定商事代理人就与客户缔结的合同获得佣金的权利灭失的合同条款是有效的，当且仅当规定的灭失是基于客户的合同义务的不履行是一个不归于委托人的原因。

（2）由于商事代理人的佣金权利的灭失，商事代理人必须退还已经收取的任何佣金。

（3）双方当事人不得以损害商事代理人，排除适用第 1 款，或者减损或改变其效力。

评　论

A. 综述

原则上，由于代理人的努力，由委托人订立的每个合同或者与代理商的区域内的客户订立的每个合同，一旦委托人或客户已经履行了合同的义务，就赋予代理人获得佣金的权利，一旦要么委托人要么客户已经履行合同中的义务（参见第Ⅳ.E－3:301 条（在代理期间的佣金）和第Ⅳ.E－3:302 条（代理结束之后的佣金））。双方当事人可以约定，如果与客户的合同中的义务不被履行，那么该权利灭失。他们可以约定代理人偿还已经支付的佣金，但是即使他们没有明确表示同意，委托人可以恢复先前支付于代理人的任何佣金（第 2 款）。

然而，当委托人就不履行负有责任时，代理人不能丧失主张佣金的权利（第 1 款和第 3 款）。

B. 攸关利益和政策考虑

委托人就商事代理人没有成功地带来其期望的交易利益不支付佣金。本条规定承认了该利益，因为其赋予了委托人收回就此类交易已经支付的佣金的权利。

当委托人对不履行负有责任时，商事代理人不能丧失主张佣金的权利，也正是在此意义上，代理人受到了保护。

C. 与客户的合同中的义务的不履行

灭失代理人的佣金权利只能发生于其与客户签订的合同中的义务没有得到履行，并且不是由于委托人造成的未履行。此项规则可能因此可适用，很显然，客户不能或

将不会履行合同中的客户义务时，或者当委托人可被归责于第Ⅲ－3:104 条（因订立合法合同障碍的理由）下的未履行。然而，如果委托人对不履行负有责任，代理人有权获得佣金。维护委托人既存权利的一项例外并适用委托人，即存在客户义务的未履行，是不由委托人负责任的未履行。虽然，按照通常的公约条款，仍起草了目前程度上的此规定（“不履行”），它隐含着履行的时间已经过去了。如果在客户可以履行义务的时段内仍然有时间，那么如果委托人试图行使灭失佣金的权利，则将违背诚实信用和公平交易。

D. 规则的特性

本规则第 1 款是强制性的，在这个意义上，双方当事人不得偏离它，以损害商事代理人。第 2 款是一项默认规则：双方自由另行商定。

注　释

Ⅰ. 佣金权利的灭失

1. 本项规则来自 Directive 86/653/EEC 第 11 条，其已被纳入各成员国的国内法律制度中。

2. Directive 86/653/EEC 第 11 条：“委托权可以灭失，当且仅当：成立于第三方和主体之间的合同将不会被执行，这个事实是由于不能归于委托人的原因。2. 如果佣金权灭失，商事代理人已经收到的任何佣金应当予以退还……”奥地利：HvertrG 第 9 条第 3 款；英国：商事代理（议会指令）规则 1993 reg. 11；芬兰：商事代理人和销售员法第 13 条；法国：商法典第 L. 134－10 条；德国：商法典第 87a 条第 3 款第 2 项；希腊：商事代理法第 7 条第 4 款、第 4a 款、第 7 款；意大利：民法典第 1748 条第 6 款；荷兰：民法典第 7:426 条第 2 款、第 7:432 条第 2 款；退还佣金的职责是受关于多付（onverschuldigde betaling）（不当支付）这一更普遍的规则调整，民法典第 6:203 条到第 6:211 条；Asser（－*Kortmann*），Bijzondere Overeenkomsten Ⅲ[7]，no. 215；*Smit*，De agentuurovereenkomst tussen handelsagent en principaal，48－50；波兰：民法典第 761Ⅳ条；葡萄牙：商事代理合同法第 19 条；Pinto Monteiro，Contrato de agência3，80；西班牙：LCA 第 17 条；瑞典：HAL 第 12 条。

3. 然而，根据芬兰法律，存在一项额外的要求：合同义务不打算在将来履行也必须是明确的（商事代理人和销售员法第 13.2 条）。

Ⅱ. 规则的特性

4. Directive 86/653/EEC 第 11 条第 3 款规定：“偏离第 1 款以损害商事代理人的协议不应当被允许。”又参见奥地利法律，德国：商法典第 87a 条第 5 款；意大利：民法典第 1748 条第 6 款；荷兰：民法典第 7:445 条第 1 款；瑞典：HAL 第 12 条。

第Ⅳ.E－3:306 条　报酬

任何全部或部分取决于合同数量或合同价值的报酬都被推定为在本章含义范围内的佣金。

评　论

A. 综述

如果双方当事人约定，代理人有权获得完全或部分取决于所产生的交易的金额或价值并且没有明确指向作为佣金的薪酬，但关于佣金的规则仍将适用。

B. 攸关利益和政策考虑

任何取决于合同数量或价值的报酬的这项推定是在商事代理人的利益内，在这种情形下，本章中的保护规则将适用。

C. 报酬的基础

虽然报酬的计算通常基于已经与客户订立的合同并且该合同中的义务已经履行（第Ⅳ.E－3:301 条（代理期间的佣金）和第Ⅳ.E－3:302 条（代理结束之后的佣金）），双方当事人可以约定一个不依赖于合同金额或价值的报酬。此外，即使代理人通常会主要或完全以佣金受支付，双方当事人仍可以约定将额外有权在一段时间内或在一定条件下获得一笔固定数额的钱款。该酬金可能给予商事代理人在关系之初一些收入的安全性。在稍后的阶段，由于委托人的生产能力或公司政策，在委托人没有工作给代理人，或者不像往常那样多的工作的情况下，双方当事人可以约定一个固定的最低数额。然则该固定数额赋予代理人最低收入的权利。本章中关于佣金的规则并不适用于该固定收入，适用本条。

注　释

报酬

1. Directive 86/653/EEC 第 6 条第 2 款中规定的这项规则在大多数欧盟国家已经被纳入国内法律制度（“随着商业交易的数量或价值的不同而不同的报酬的任何部分应当被视为在本指令

含义范围内的佣金”)。参见比利时:商事代理法第 17 条;英国:商事代理(议会指令)规则 1993 reg. 2;芬兰:商事代理人和销售员法第 15 条;法国:商法典第 L. 134－5 条;希腊:商事代理法第 5 条;波兰:民法典第 758I 条第 3 条,葡萄牙:商事代理合同法第 15 条;*Pinto Monteiro*, Contrato de agência[3], 73;西班牙:LCA 第 11 条。

2. 德国商法典第 87b 条 I 项载有 Directive 86/653/EEC 第 6 条的内容。然而,它没有本条和指令第 6 条详细。德国法律条文只是确定,在没有任何有关报酬的协议的情形下,商事代理人有权获得惯例允许的报酬。商事代理人进行业务的地方决定了报酬(Koller/Roth/Morck, HGB2, § 87b no. 2)。如果商事代理人无法证明是习惯允许的报酬,那么允许以按照“酌处权”(billigem Ermessen)确定薪酬(民法典第 315 条、第 316 条;*Koller/Roth/Morck*, HGB[2], § 87b no. 2; MünchKomm, HGB, § 87b no. 13)。

3. 然而,根据奥地利、意大利和荷兰的法律,不存在这样的法定规则。

第Ⅳ.E－3:307 条　在履行期间由委托人提供的信息

告知义务要求委托人尤其提供商事代理人如下相关信息:

(a)商品或服务的特征;以及

(b)出售或购买的价格和条件。

评　论

A. 综述

在代理期间,委托人必须披露其拥有的、代理人为适当履行合同中的义务所需要的所有信息(第Ⅳ.E－2:202 条(履行期间的信息))。委托人必须告知代理人,特别是关于要被出售或购买的产品以及委托人将与客户缔结合同的条件。这意味着,委托人还必须提供代理商所有相关的,并且是适当的文件。上述规定的所需信息清单并不是详尽的。

B. 攸关利益和政策考虑

如果代理人不知道委托人希望出售或购买什么产品,并以什么价格出售或购买,那么也不会找到很多愿意订立合同的客户。因此,委托人必须披露关于所涉之产品的信息和委托人希望订立合同的条件。这项提供信息的责任对委托人来说并不是不合理的负担:其只是必须提供代理人其拥有的信息和文件,当且仅当代理人为了履行其代理合同中的义务而要求时。

C. 与其他规定的关系

本条可以被视为是第Ⅳ.E－2:202条（履行期间的信息）下告知义务的一个进一步的规范，以及对第Ⅲ－1:104条（合作）下的合同义务的更一般说明。

D. 要提供的信息

关于以何种方式提供信息，不存在一般的形式要求。例如，根据具体情况，委托人可以通过文件的方式向代理人沟通关于产品的信息，比如宣传单和标准合同形式。除非另有约定，这份文件必须免费提供。

这项义务不是有关信息质量的结果义务：委托人必须作出合理的努力，以确保信息是正确的。

产品的特性。委托人必须提供代理人有关与所涉产品所有相关特征的信息。如果委托人决定其将购买或出售其他产品，他必须通知代理人，并且提供后者所有有关新产品的信息。委托人可能必须提供相关文件，例如样品和设计。

价格和销售条件。这些信息可能包括，例如，关于价格、付款条件、交货条件、委托人商业政策（商品所针对的客户类型）的信息以及这些信息的任何修改。这项告知义务可能包括委托方提供文件的义务，比如价目表和印刷广告材料。

注　释

Ⅰ. 履行期间的信息

1. 根据指令，告知义务并未详细阐述。Directive 86/653/ EEC第4条第2款（a）、（b）项第1段只是规定："委托人必须，尤其是：（a）提供其商事代理人有关所涉货物的必要文档；（b）为其商事代理人获得、就代理合同的履行必需的信息……"

2. 以下国家的法律制度包含了与指令中载有的规则的一项类似规则：奥地利：HvertrG第6条第1款第1项；比利时：商事代理法第8条第1款、第2款；英国：商事代理（议会指令）规则1993 reg. 4(2)(a)；法国：商事代理法第2条；德国：商法典第86条第2款；希腊：商事代理法第4条；意大利：民法典第1749条第1款；荷兰：民法典第7:430条；波兰：民法典第760条第2条。

Ⅱ. 货物或服务的特征，出售或购买的价格和条件

3. 在一些法律制度中，告知的合同义务已被确定。根据德国和西班牙法律，提供商事代理人文档的责任建立在法定条文本身中。委托人必须提供代理人收集的样本、产品目录、价目表和其专业活动所必需的其他文件（德国：商法典第86a条第1款；西班牙：LCA第10条第2款（a）项）。

4. 根据荷兰和瑞典法律，提供信息义务的制定并不包括在法定条文本身中。然而，两国法律中却提到了在一般的法定规定的议会历史中在本条中提到的项目（荷兰：MvT, Kamerstukken Ⅱ 1988/1989, 20842, nos. 3, 4; Asser（－*Kortmann*）, Bijzondere Overeenkomsten Ⅲ[7], no. 207; *Nuytinck*, comment on arts. 7:430 (sub－para. 2) and CC art. 7:611；瑞典：Prop 1990/91:63, 63 f）。

5. 根据德国法律,关于所涉产品的特征、价格、出售条件和应支付的佣金并没有在商法典中明确提到。然而,法院和法律作者同意,委托人也必须告知代理人这些内容,因为这些信息对代理人的工作是至关重要的(BGH, BGHZ 49, 44; BGH, DB 1972, 525; *Koller/Roth/Morck*, HGB[2], § 86a, no. 3; *Martinek and Semler*, Handbuch des Vertriebsrechts, § 8 no. 72; MünchKomm, HGB, § 86a, nos. 10－14)。

第Ⅳ.E－3:308 条　关于接受、拒绝和不履行义务的信息

(1)委托人必须告知商事代理人,在合理期限内,关于:

(a)委托人的接受或拒绝商事代理人已经代表委托人谈判的合同;

(b)不履行由商事代理人代表委托人谈判或缔结的合同中的义务的任何不履行的情形。

(2)双方当事人不得损害商事代理人,排除适用本条,或者减损或改变其效力。

评　论

A. 综述

委托人必须告知代表委托人协商合同的代理人有关涉及由委托人自己获得的要约或订单的任何后续行动。代理人有权知道交易是否已被接受、有条件的接受或是拒绝接受。这一规定并不意味着委托人必须提供拒绝交易的理由:仅一项特定交易已被拒绝的声明足矣,而无须详细说明任何细节。然而,它明确包括了委托人的义务,即作为一项规则以一个更一般的角度告知代理人,委托人是否将拒绝某些类型的客户或合同。凡与客户的合同一经签订,代理人必须被告知有关合同中义务的任何不履行的情形。代理人有权在合理期限内获得此信息。

B. 攸关利益和政策考虑

这项义务对处于谈判中的代理人来说是很重要的,因为它使代理人能够(1)计算其佣金,(2)验明拒绝是否是有系统地、任意地或恶意地给定的,和(3)通知客户委托人的反应。该项义务对实际订立了合同的代理人也是相关的,因为尚未执行合同规定的义务之事实,既可完全除去代理人的佣金权,也可暂时阻止代理人要求佣金(第Ⅳ.E－3:301 条(代理期间的佣金)和第Ⅳ.E－3:302 条(代理结束之后的佣金))。在适当的情形下,履行也确定了代理人的担保付款的(*del credere*)责任(第Ⅳ.E－3:313 条(担保付款条款))。代理人本身不能轻易获取有关与客户的合同中义务的履行之信息,因为在谈判(和缔结)之后,代理人不再被涉及委托人和客户之间的交易。

本条规则也考虑到了委托人的利益。有利于委托人自己的声誉，如果代理人能迅速回复一位潜在的客户。此外，如果委托人及时告知代理人他并没有要缔结某一合同，那么没有佣金权利出现。现行规则对具有可提供的信息的委托人来说并不是不合理的负担。委托人知道其将会接受或是拒绝订单。规则留给委托人合理的时间决定是否其希望缔结合同。委托人将比代理人知道更多关于合同义务的履行，因为在由代理人谈判（和缔结）合同之后，委托人将直接联系客户，反之亦然。

C. 规则的特性

此项规则是强制性的；双方当事人不得偏离它，以损害商事代理人（第2款）。

注　释

Ⅰ. 关于接受、拒绝和不履行的信息

1. 本项规则来于 Directive 86/653/EEC 第4条第3款，其已被纳入成员国的法律制度中（“委托人必须，此外，在合理期限内告知商事代理人接受、拒绝，以及商事代理人已经为委托人获得的任何一项商业交易的不执行”）。奥地利：HvertrG 第6条第3款；比利时：商事代理法第8条；英国：商事代理（议会指令）规则 1993 reg. 4(3)；芬兰：商事代理人和销售员法第8条；法国：商事代理法第2条；德国：商法典第86a条第2款第2项；希腊：商事代理法第4条；意大利：民法典第1749条；荷兰：民法典第7:430条第4款；波兰：民法典第760条Ⅱ第2条；葡萄牙：商事代理合同法第13b条；*Pinto Monteiro*, Contrato de agência[3], 71；西班牙：LCA 第10条第3款）。

Ⅱ. 合理的期限

2. 关于信息必须在什么合理的时期提供，有些法律制度载有不同的规则。根据奥地利和德国的法律，委托人必须立即（unverzüglich）通知商事代理人（奥地利：HvertrG 第6条第3款；德国：民法典第121条）。根据葡萄牙法律，委托人必须毫不延迟地履行这一义务（第13b条 DL sem demora）。根据西班牙法律，接受或拒绝必须在15日内传达，并且在不履约的情形下，尽可能地考虑交易性质（LCA 第10条第3款）。委托人必须证明其有理由拒绝代理人，根据 RD 第7条(c)项 1438/1985）。根据意大利1988年6月9日集体经济协定——商务和1988年11月16日集体经济协定——工业，信息要被传达的期间是从委托人收到代理人获得的订单之时起60天。这期间届满之后，如果委托人没有告知商事代理人拒绝，则交易被视为被接受。

Ⅲ. 规则的特性

3. 根据指令，这项规则是强制性的（Directive 86/653/EEC 第5条）。参见成员国法律制度的纳入：奥地利：HvertrG 第27条第2款；英国：商事代理（议会指令）规则 1993 reg. 5；法国：商事代理法第3－1条；德国：商法典第86a条第3款；意大利：民法典第1749条；荷兰：民法典第7:445条第1款；波兰：民法典第760条Ⅱ第4条；西班牙。

第Ⅳ.E－3:309 条　合同量下降的警告

（1）委托人必须在合理的时间内给商事代理人发出警告，当委托人预见其将能够缔结的合同量将明显低于商事代理人可以合理预期的。

（2）为了第 1 款的目的，委托人被推定预见那些委托人可以合理地被预见。

（3）双方当事人不得以损害商事代理人，排除适用本条，或者减损或改变其效力。

评　论

A. 综述

这项强制性规则对委托人规定了提醒的义务，警告代理人那些有可能影响到代理人佣金权利的业务的变化。本项规则考虑到在商事代理期间情况可能会改变的事实。如果委托人预见其业务能力将会在比代理人可以合理地期望的更大的程度上减弱，那么这项规则责成委托人给代理人发出提醒。由于很难证明委托人确切预见的，第 2 款引入了一项推定，即委托人预见其可以合理地被预期已经预见的。

B. 攸关利益和政策考虑

如果委托人没有告知代理人有关例如委托人生产的减少，那么委托人可能拒绝更多的比代理人可合理预期的订单。此警告可能对代理人来说是至关重要的，因为代理人的收入完全取决于，或者在很大程度上取决于订立合同的金额。警告使代理人能够及时寻求其他的收入来源。这一规定也避免了代理人额外开支的情形，如在寻找委托人将最终不会订约的客户和与委托人谈判将最终不会订立的合同。

这项警告义务也涉及委托人自身的利益。如果代理人在提前一段足够的时间内被警告，那么他将不会与客户徒劳谈判；而且客户将不会感到失望并且委托人的声誉也将不会受到影响。这项义务对委托人来说并不是不合理的负担，因为委托人并不必须提供代理人交易量会发生变化的原因，委托人也不必警告该变化可能导致代理的结束。委托人只必须警告代理人合同量的变化，如果前者预见一个相当大的变化量。

C. 合同量

合同量是合同在一定时间内的总金额。成交量的减少，无论是委托人的控制范围内的因素导致的，还是由于市场变化导致的，委托人都必须告知代理人。

D. 合理性

警告在一定时间内发出，该时间的合理性必须按照第Ⅰ－1:104 条（合理性）中提到的标准评估。要考虑到的因素包括合同的性质和目的、案件的具体情况，以及涉及的行业或专业的实践和惯例。这同样适用于对代理人期望的合理性。在大多数情形下，用以确定代理人合理预期的一个很好的测试是，在过去 5 年中与客户的合同的平均成交量，或者如果合同的存在不到 5 年，则是整个存续期间内与客户的合同的平均成交量。

E. 规则的特性

此规则是强制性的；双方当事人不得偏离它，以致损害商事代理人（第 3 款）。

注　释

Ⅰ. 数量下降的警告

1. 这项规则包含在指令中（Directive 86/653/EEC 第 4 条第 2 款（b）项："委托人必须，尤其是：……（b）获得对其商事代理人的代理合同的履行所必需的信息，并且尤其在合理期限内通知商事代理人，一旦他预见商业交易量将明显低于商事代理人一般预期的"）。所有成员国已经将其纳入各个国家的制度中：奥地利：HvertrG 第 6 条第 2 款；芬兰：商事代理人和销售员法第 8 条；法国：商事代理法第 2 条；英国：商事代理（议会指令）规则 1993 reg. 4（2）b；德国：商法典第 86a 条第 2 款第 3 项；希腊：商事代理法第 4 条；意大利：民法典第 1749 条第 1 款；荷兰：民法典第 7:403 条第 3 款；波兰：民法典第 760 条Ⅱ款第 4 项；葡萄牙：商事代理合同法第 14 条；*Pinto Monteiro*, Contrato de agência[3], 73 et seq.；西班牙：LCA 第 10 条第 2 款（b）项；瑞典：HAL 第 7 条第 3 款。

Ⅱ. 合理的时期

2. 以下法律制度中载有关于警告必须在哪个期间内给予的不同的规则。根据葡萄牙法律，委托人必须立即提醒商事代理人（商事代理合同法第 13 条 c）。根据西班牙法律，委托人"只要他知道"减少的情况就必须履行这一义务（LCA 第 10 条第 2 款（b）项）。根据瑞典法律，委托人必须不无故迟延履行这一义务（瑞典：HAL 第 7 条第 3 款）。

Ⅲ. 规则的特性

3. 奥地利、芬兰和法国的法律载有类似的默认规则（奥地利：HvertrG 第 27 条第 2 款；芬兰：商事代理人和销售员法第 8 条；法国：商事代理法第 3－1 条）。

4. 然而，根据 Directive 86/653/EEC 第 5 条，这项规则是强制性的。在同样的意义下：英国：商事代理（议会指令）规则 1993 reg. 5（1）；德国：商法典第 86a 条第 3 款；意大利：民法典第 1749 条；荷兰：民法典第 7:445 条；波兰：民法典第 760 条Ⅱ第 4 条。

第Ⅳ.E－3:310条　关于佣金的信息

（1）委托人必须在合理时间内提供商事代理人关于其有权获得的佣金的声明。该声明必须列明如何计算佣金的数额。

（2）为了计算佣金，委托人应要求，必须提供商事代理人委托人簿册的摘录。

（3）双方当事人不得损害商事代理人，排除适用本条，或者减损或改变其效力。

评　论

A. 综述

代理人有权获得，在一段合理的期间内，其所赚取的佣金的声明。此外，代理人可要求委托人其簿册的摘录，当且仅当，代理人请求的信息涉及代理人佣金的权利。

B. 攸关利益和政策考虑

商事代理人有权知道其已赚取的佣金额。然而，代理人不一定必须知道，其谈判并可能以委托人名义签订的合同实际上已经导致合同中的义务的履行与否。这项信息是典型地载于委托人簿册中的信息。因此，委托人必须提供代理人，关于其到期佣金的定期概述，此外，必须使代理人能够查实提供代理人用于计算佣金的解释的声明。该声明载有计算方法，应当置于使代理人可以自行计算的地方。

该项义务对委托人来说并不是不合理的。委托人有合理的时间作出并提供代理人其有权获得的佣金的声明。这项义务并不需要多少额外的努力，因为委托人无论如何必须进行计算，以便能够遵守代理合同中的自己的义务，即向代理人支付佣金的义务。

C. 与其他规定的关系

“合理性”的定义在第Ⅰ－1:104条（合理性）的一般条款中。该声明是一种在第Ⅰ－1:109条（通告）意义中的通告。因此，声明可能会以任何适于情势的方式给予，当其到达商事代理人时生效。

D. 合理的时期

双方当事人可以商定委托人提供佣金声明的时刻。然而，这个期限必须是合理的。要评估什么是合理的，必须考虑到合同的性质和目的、案件的情势，以及涉及的行

业或专业的惯例和做法。然而,通常情形下,在佣金必须支付之时或在佣金必须支付之前提供代理人佣金声明,对委托人将是合理的。

E. 规则的特性

此项规则是强制性的;双方当事人不得偏离它,以损害商事代理人。

注　释

Ⅰ. 佣金声明

1. 现行规则不同于 Directive 86/653/EEC,也不同于英国、希腊、意大利和西班牙的法律,根据这些法律制度,委托人被要求不迟于商事代理人有权主张佣金之季度随后之月的最后一天提供佣金声明,而不是在合理的时期内(Directive 86/653/EEC 第12条第1款:"委托人应当提供其商事代理人到期佣金声明,不得迟于佣金到期之季度随之一月的最后一天。该声明应当设置用于计算佣金数额的主要组成部分")。奥地利:HvertrG 第16条第1款;英国:商事代理(议会指令)规则1993 reg. 12(1);希腊:商事代理法第7条第5、6款;意大利:民法典第1749条第2款;波兰:民法典第761条V款第1项;葡萄牙:商事代理合同法第13条c;*Pinto Monteiro*, Contrato de agência[3], 71;西班牙:LCA 第15条第1款)。

2. 相较之下,根据荷兰法律,委托人必须每月提供商事代理人佣金声明,除非他们约定该声明将每两个月或每三个月提供(民法典第7:433条第1款)。根据奥地利法律,商事代理人可能会要求其有权获得的佣金声明。因此,法律允许无延迟交付声明(HvertrG 第16条)。

Ⅱ. 委托人簿册的摘录

3. 根据 Directive 86/653/EEC 第12条第2款,商事代理人可要求其委托人提供后者簿册的摘录,这些簿册是委托人可用的而且代理人需要以便查实到期佣金金额。根据奥地利、英国、法国、德国、希腊、意大利、西班牙法律,也存在类似规则(奥地利:HvertrG 第16条第1款;英国:商事代理(议会指令)规则1993 reg. 12(2);法国:商事代理法第3条;德国:商法典第87c条第2款;希腊:商事代理法第7条第5、6款;意大利:民法典第1749条,Cass. 2 October 1998, no. 9802, in Giur. it. Mass. 1998, col. 9802;葡萄牙:商事代理合同法第13条第2款;*Pinto Monteiro*, Contrato de agência[3], 72;西班牙:LCA 第15条第2款)。

4. 根据荷兰法律,商事代理人可要求检查簿册。然而,代理商不能要求簿册的摘录(民法典第7:433条第2款,HR 28 February 1964, NedJur 1964, 456 GJS; HR 5 February 1971, NedJur 1971, 222 GJS)。

Ⅲ. 规则的特性

5. 在奥地利、法国、德国和希腊法律中,也存在类似的规则(奥地利:HvertrG 第27条第1款;法国:商事代理法第3－1条;德国:商法典第87c条第5款;希腊:商事代理法第7条第5、6款)。

6. 然而,根据英国和荷兰法律,这项规则是强制性的(英国:商事代理(议会指令)规则1993 reg. 12(3);荷兰:民法典第7:445条)。

第Ⅳ.E－3:311条　清账

(1)委托人必须妥善保管有关由商事代理人谈判或签订的合同之账目。

(2)如果委托人有一位以上的商事代理人,委托人必须对每位商事代理人持有独立的账目。

(3)委托人必须,应代理人的请求,允许一位独立的会计师合理访问委托人的簿册,如果:

(a)委托人没有遵循第Ⅳ.E－3:310条(关于佣金的信息)第1款或第2款中的委托人的义务;或者

(b)商事代理人具有重要的理由怀疑委托人没有妥善保管的账目。

评　论

A.综述

委托人负有第Ⅳ.E－2:202条(在履行期间的信息)和第Ⅳ.E－3:307条(在履行期间由委托人提供的信息)中的义务,即提供给代理人为其适当履行合同中义务所必需的所有信息。为了正确履行这些义务和其他义务,委托人必须妥善保留账目,尤其是关系到与由代理人代表委托人谈判的合同有关的任何后续行为、代理人的佣金权利以及委托人的业务量的信息。委托人还必须保持有关在合同中所涉及的产品的文档。

如果委托人在依照前条提供的声明或摘录是不正确的,那么商事代理人可有重要的理由质疑委托人是否妥善保管的账目。代理人则可要求由一位独立的会计师检查委托人的簿册。

B.攸关利益和政策考虑

对于履行商事代理人合同中的义务,代理商需要从委托人处的具体信息。因此,委托人可以合理地被期望妥善保管账目。作为专业人士,委托人通常会如此做。委托人遵守保管妥当的和独立的账目的义务的,对委托人遵循本节下的其他义务将会更容易。因此,委托人需要妥善保管账目也是为了自己。

这一规定赋予了代理人查证,通过一位独立的第三方,委托人是否实际妥善保留账目的权利。在委托人没有遵守第Ⅳ.E－3:310条(关于佣金的信息)中提供佣金陈述或其簿册中的摘录的义务的情形下,代理人也被允许进行这种检查。

本规定考虑到了委托人保持其行政秘密的利益,因为代理人并没有被授予直接查

阅簿册的权利。此外，代理人没有检查委托人行政的一般权利。在数量有限的情形下，代理人才可以如此做，即代理人有重要理由怀疑委托人未能正确履行其义务。最后，经会计师检查簿册的费用由代理人承担。

C. 妥善的账目

委托人必须始终保持所涉产品、到期的佣金以及与由代理人的行为结果促成的那些合同有关的后续行动的账目。

注　释

合理访问委托人的簿册

1. 根据芬兰法律规定，如果委托人没有给予代理人必要的摘录，一位特许的会计师有权利应要求检查账目（商事代理人和销售员法第20.2条）。根据奥地利法律，当委托人拒绝给予商事代理人访问其簿册时，也存在类似规则。在这种情形下，法院则可委任一名注册会计师检查簿册（HvertrG 第16条第2款及以下）。

2. 根据德国法律，存在一项类似于第Ⅳ.E－2:311条第3款（b）项的规则，载于商法典第87c条第4款。但是，这必须对建立到期佣金的金额是有必要的。

3. 在西班牙法律中不存在对委托人这样的一项义务的具体规定，但是商法典第25条有一项妥善的商业会计的一般义务。

4. 在英格兰法律中，代理人有权利要求关于佣金的信息和有权利要求被代理人账户的摘录（Council Directive）Regulations 1993，reg. 12。

第Ⅳ.E－3:312条　赔偿金额

（1）基于第Ⅳ.E－2:305条（商誉损害赔偿）商事代理人有权主张商誉赔偿，金额等于：

（a）与新客户签订的合同以及在过去12个月中与现有客户的业务量的增加的平均佣金，乘以：

（b）委托人未来可能会继续从这些合同中获得收益的年数。

（2）由此产生的赔偿必须修订，以顾及：

（a）基于在商事代理人区域内的平均迁移率，可能的客户流失；以及

（b）基于平均利率，提前付款所引起的折扣。

（3）在任何情形下，赔偿不得超过以商事代理人在过去5年期间年均报酬计算的一年的薪酬，或者，如果合同关系的存续少于5年，则以存续期间年均报酬计算。

（4）双方当事人不得损害商事代理人，排除适用本条，或者减损或改变其效力。

评　论

A. 综述

这项规则旨在提供一种计算代理人根据第Ⅳ.E－2:205 条(商誉损害赔偿)可有权获得的赔偿金额的方法。为了做到这一点,必须采取两个步骤。第一步涉及确定新的客户以及与委托人的业务量大幅增加的现有客户。

然后,就这些客户获得支付的代理人的平均佣金以代理终止之前的最后 12 个月计算。随后,必须估计委托人享有这些好处的期限。下一步,迁移率,如果迁移必须加以考虑的话。迁移率的计算是以年为基础,就迁移率每年减少佣金的一定比例,并且平均利率也必须予以考虑(第 2 款)。第二步涉及基于第 1 款和第 2 款计算的赔偿数额与上 5 年间年均报酬之间的比较。如果赔偿金额超过年度薪酬,后者将被授予。换句话说,第 3 款规定了最高赔偿金额。

B. 攸关利益和政策考虑

这一规则背后的政策考虑是,为委托人增加的业务量代表了委托人的收益,如果终止代理而为此代理人应被赔偿。现行规则是以双方的利益为考量,因为它提供了法律上的确定性,并为建立双方间商誉的确切价值避免了广泛的交易和诉讼费用。

在商事代理人的利益方面,计算方法试图确保代理人尽可能为商誉损失获得弥补。另外,也考虑到委托人的利益,因为委托人的收益通常随着时间减少。此外,该规定还包含了赔偿的最大化,这也是为了委托人的利益。

C. 新老客户

获得每位新客户通常会赋予代理人佣金的权利,因此当计算赔偿金额时,此点必须考虑到。代理人本应当从其向客户提供的服务(和其他活动)中赚取的收入,在计算赔款时,不应予以考虑。

代理人是否有权与先前获得的客户签订的合同主张商誉损害赔偿,取决于商事代理人与他们的业务量是否大幅增加。量的增加必须相当于与一位新客户在经济方面的收益。

D. 可能的未来利益的持续时间

委托人不会永远从代理人的活动中受益。为了确定委托人将多久从代理人产生的持续优势中获得利润,必须作出估计。此估计在很大程度上取决于市场形势和所涉行业部门。通常情况下,这些利益持续 2 年或 3 年,但是它们也可能会持续长达 5 年。

E. 流失和迁移率

随着时间的推移,委托人总是失去客户。一位顾客可能与委托人订立一项交易而没有打算定期继续这样做。此外,客户转到另一位委托人,例如因为其他委托人涉及另一品牌或不同产品,或者他们迁移到另一区域。迁移率是可变的,而且必须从所涉代理人的特别经验处进行评估。迁移率必须作为年度佣金百分比被计算。

F. 以平均利率为参照的提前付款的折扣

考虑到存在收入的加速收取,这个因素是为了计算交易的现值。

G. 赔偿的最高金额

第3款提供了赔偿金额的最后修订。它本身并不是一种计算方法,而是它包含了赔偿金额的限额。这个限额是年均报酬。要确定支付给商事代理人的最大数额,基于第1款和第2款计算的赔偿金额必须与商事代理人的年均报酬进行比较。为了建立后者,所有的支付形式(不仅仅是佣金)和所有客户(不仅仅是新客户或是为委托人产生更多利益的客户)都被包括在内。如果基于前两款计算结果的赔款金额低于年均报酬,则计算的赔偿金额将授予。但是,如果赔偿金额超过年均薪酬,则后者被授予。在实践中,达到这个最高金额是相当罕见的。

H. 损害赔偿

凡委托人以不充足的通知终止代理,代理人可决定就其因代理的终止而遭受的实际损失主张损害赔偿:它们可能包括客户的损失、作出的投资和在履行代理合同中义务产生的成本,以及对第三人例如雇员或复代理人的付款。在这种情形下,代理人必须证明由不充足通知而终止造成的损失和由此引起的事实(参见第Ⅳ.E－2:303条(因不充足通知而终止的损害赔偿))。

I. 规则的特性

此项规则是一项强制性的规则;双方当事人不得减损它,以损害商事代理人。

注　释

Ⅰ.一般情况下

1.本条是基于关于适用 Directive 86/653/EEC 第 17 条的最终报告(由欧盟委员会发布) COM(96) 364 (Report on the application of Directive 86/653/EEC art. 17 (Presented by the Commission) COM (96) 364 final,以下简称欧盟委员会报告),其反过来,是受到德国判例法的启发。

2.根据德国法律,赔偿金额的计算如下:首先,建立与新客户签订的合同的平均佣金(商法典第 89b 条第 1 款第 1 项第 2 目),以及在合同关系结束之前最后 12 个月中与现有客户的业务量显著的增加(见商法典第 89b 条第 1 款第 2 项)(BGH WM 1991, 826; BGH NJW 1983, 2879; MünchKomm, HGB, § 87b no.131)。这一计算结果必须乘以委托人最可能在未来从这些客户处受益的年数(MünchKomm, HGB, § 87b no. 137)。要确定应考虑的年数,任何情况都必须予以考虑。通常情况下,这些利益持续两年或 3 年,但是对于长期持续的商品,利益可能会持续长达 5 年(BGH NJW 1985, 860; CA Frankfurt BB 1973, 212; MünchKomm, HGB, § 87b no. 82)。随后,所算得的赔偿金额必须考虑到以下几个因素,予以校正。首先是在代理商区域内的平均迁移率(流失率 Abwanderungsquote, BGH ZIP 1987, 1387; CA COLOGNE VersR 1968, 966; MünchKomm, HGB, § 89b, no. 133)。这项并不是估计的,而是基于合同结束之前的过去几年中的迁移率计算(MünchKomm, HGB, § 89b, no. 133)。第二个因素是由于收入加速收取的平均利率(所谓的贴现 Abzinsung,参见 BGH NJW-RR 1991, 484; MünchKomm, HGB, § 89b no. 139)。第三个因素是那些将最有可能只与委托人订立一份合同并避免未来进一步合同的客户的平均比例(所谓的"多个客户率""Mehrfachkundenquote",参见 BGH ZIP 1987, 1387; MünchKomm, HGB, § 89b no. 132)。最后一个因素是赔偿的合理性,考虑到商法典第 89b 条第 1 款第 1 项第 3 目下的所有情势(BGH NJW 1990, 2991; MünchKomm, HGB, § 89b no. 138;另参见第Ⅳ.E-1:108 条下的注释)。该校正通常造成代理人获得赔偿金额的减少(MünchKomm, HGB, § 89b no. 138)。建立合理性的标准是,例如契约关系的持续时间以及社会或个人的情况(MünchKomm, HGB, § 89b no. 103)。

3.欧盟委员会的报告要求各成员国适用以不同的形式纳入各国的 Directive 86/653/EEC 第 17 条第 2 款的规则。奥地利法院使用德国计算赔偿金额的方法。然而,奥地利法院定期达到最高赔偿金额,而德国法院从来没有达到过(欧盟委员会报告 8)。

4.在比利时和西班牙,它被认为是一个必须由法院确立的问题(*Verbraeken &de Schoutheete*, no. 113; TS 16 November 2000, RJ 2000\9339 and 14 May 2001, RJ 2001\6207)。赔款金额必须基于合同成立的具体薪酬,不包括附属的规定,如存放货物或交付货物给客户(CA Albacete, 17 February 2005, BDA JUR 2005\76703)。虽然目前还没有接受一项合约规范的计算商誉损害赔款方式的障碍,但是法院可适度调整数额,以维护合同的公平(CA Barcelona 8 June 2005, BDA JUR 2005\176788)。

5.在荷兰和瑞典,要评估 Directive 86/653/EEC 第 17 条第 2 款的要求是否得到了满足,随后才建立一个合理的赔款金额(Asser(-*Kortmann*), Bijzondere Overeenkomsten Ⅲ[7], no. 239;HaL

第 28 条第 3 款；*Söderlund*, Agenträtt, 128）。在葡萄牙，法院往往直接评估赔偿金额是否合理，如果合理的话，就授予之（欧盟委员会报告 6）。

6. 在意大利，法院曾继续适用指令的规定生效之前盛行的规则。另一意大利法院曾适用在集体协议中订立的规则。赔偿金额的计算基于佣金的水平、代理合同的存续时间以及设定在集体协议中百分比（欧盟委员会报告 8）。

7. 在英国，上议院如今认为根据 1993 年商事代理规则，代理人有权就因终止造成的损失收取补偿，该补偿是通过代理本应当产生的收入价值来计算的（*Lonsdale v. Howard & Hallam Ltd* [2007] UKHL 32）。

Ⅱ. 赔偿的最高金额

8. Directive 86/653/EEC 在第 17 条第 2 款（b）项中载有一项涉及最高赔偿金额的规则，其中规定："赔款金额不得超过的数字是相当于商事代理人在过去的 5 年中的年均报酬计算的一年的赔偿，如果合同向上追溯少于 5 年，赔偿应当由上述期间的平均值计算。"这些规则已被纳入以下法定规定中：奥地利：HvertrG 第 24 条第 4 款；英国：商事代理（议会指令）规则 1993 reg. 17（4）；德国：商法典第 89b 条第 2 款；意大利：民法典第 1751 条；荷兰：民法典第 7:442 条第 2 款；波兰：民法典第 764 条Ⅲ第 2 项；西班牙：LCA 第 28 条第 3 款；*Moxica Román*, La Ley del Contrato de Agencia, 32；瑞典：HaL 第 28 条第 3 款。

Ⅲ. 规则的特性

9. 根据 Directive 86/653/EEC 第 19 条"双方当事人不得减损第 17 条和第 18 条，在代理合同到期之前，以损害商事代理人"。此项规则规定在奥地利：HvertrG 第 27 条；比利时：商事代理法第 23 条；德国；意大利：民法典第 1751 条；荷兰：民法典第 7:442 条、第 7:445 条第 2 款；波兰：民法典第 764 条 V；葡萄牙；西班牙：TS 7 April 2003, RJ 2003/2951 和瑞典法律中。

第Ⅳ. E－3:313 条　担保付款条款

（1）商事代理人担保客户将要支付构成商事代理人谈判或缔结的合同的标的物的产品的价格的协议（担保付款条款）是有效的，当且仅当，协议：

（a）是在可持久的介质上以文字的形式；

（b）涉及由商事代理人谈判或签订的特别合同，或者那些与在协议中指定的特定客户的合同；以及

（c）对于各方的利益是合理的。

（2）商事代理人有权就担保付款保证适用的合同获得合理数额的佣金（担保付款佣金）。

评　论

A. 综述

担保付款条款（*del credere* clause）是商事代理人保证客户将支付委托人在委托人与客户之间的合同中约定的价格的条款。这样的条款可能会增加代理人的责任，如果客户没有履行义务。如果当事各方希望在代理合同中载有担保付款条款，那么他们只能在可持久的介质上以文本的形式这样做。担保付款条款不得延伸至一般（或全部）客户群（第 1 款（b）项）。担保付款条款不得不合理地负担于商事代理（第 1 款（c）项）。此外，代理人有权就代理人保证客户付款的事实获得具体补偿。从委托人和客户之间订立合同之刻起，这种补偿是应当支付的。

B. 攸关利益和政策考虑

担保付款条款赋予了委托人在客户无清偿能力的情形下控制风险的可能性。这是很重要的，尤其是如果代理人有权力以委托人的名义缔结合同时。不过，显然这样一项条款也可能对商事代理人意味着巨大的金融风险。

在实践中，委托人经常处于强制代理人就客户的履行接受一项深远的责任的地位。由于通常是委托人接受或拒绝交易，因此代理人可能害怕失去佣金权利而接受这种责任。因此，代理商需要保护。本规定也保护代理商，在这个意义上，委托人必须就代理人担保客户付款的合同支付代理人单独的佣金。

注　释

Ⅰ. 担保付款条款

1. 比利时、荷兰、芬兰、德国、波兰、葡萄牙和西班牙法律中，载有一项有关担保付款条款的具体规定（比利时：商事代理法第 25 条；芬兰：商事代理人和销售员法第 17 条；德国：商法典第 86b 条；荷兰：民法典第 7:429 条；波兰：民法典第 761 条第 1 条和第 2 条；葡萄牙：商事代理合同法第 10 条；西班牙：LCA 第 19 条）。苏格兰法律在普通法中承认担保付款代理（*Gloag and Henderson*, The Law of Scotland, para. 19.17）。有关包括在这些规定中的担保付款条款的要求，将在以下的注释中讨论。

2. 德国法律载有担保付款稍微更广泛的定义。商法典第 86b 条第 1 款第 1 项规定，商事代理人也可以担保交易中的义务的履行。这也可以包含如交付货物的保证中（*Koller/Roth/Morck*, HGB[2], § 86b, no. 5）。

3. 相较之下，Directive 86/653/EEC 并不包含任何这方面的规定，奥地利、英格兰和法国的法

律也没有载有此项。

Ⅱ. 书面的

4. 根据比利时、荷兰、芬兰、德国、波兰、葡萄牙和西班牙的法律，担保付款条款是无效的，如果它不是以书面形式的（比利时：商事代理法第 25 条；德国：商法典第 86b 条第 2 款第 2 项；芬兰：商事代理人和销售员法第 17 条；荷兰：民法典第 7:429 条第 2 款；波兰：民法典第 761 条Ⅶ第 1 条；葡萄牙：商事代理合同法第 10 条第 1 款；*Pinto Monteiro*, Contrato de agência[3], 66；西班牙：LCA 第 19 条）。然而，根据苏格兰和瑞典法律，不存在这样的要求（*Gloag and Henderson*, The Law of Scotland, para. 19.17; *Söderlund*, Agenträtt, 166）。

Ⅲ. 特别合同或特定客户

5. 根据芬兰、德国、波兰和葡萄牙法律，担保付款条款只能约定于要么是有关具体合同要么是有关特定客户（德国：商法典第 86b 条第 2 款第 1 项；芬兰：商事代理人和销售员法第 17 条；波兰：民法典第 761 条Ⅶ款第 1 项和第 2 项；葡萄牙：商事代理合同法第 10 条；*Pinto Monteiro*, Contrato de agência[3], 66）。

6. 相反地，根据比利时、荷兰、苏格兰、西班牙和瑞典法律，似乎没有这样的要求。

Ⅳ. 考虑到当事人的利益的合理条款

7. 在荷兰，这由民法典第 7:429 条第 4 款规定。

8. 在德国法律的具体规定中，有关各方利益的合理性是没有被明确提及的。然而，它由一般合同法考虑到。

9. 芬兰、苏格兰、西班牙和瑞典法律没有包含这样的要求。

Ⅴ. 担保付款佣金

10. 根据德国、芬兰、葡萄牙、西班牙和瑞典的法律，商事代理人有权在担保付款条款的情形下获得一份特定佣金（在葡萄牙，这份特殊的佣金与正常的佣金累加）（德国：商法典第 86b 条第 1 款第 1 项；*Koller/Roth/Morck*, HGB[2], § 86b, no. 6；芬兰：商事代理人和销售员法第 17 条；葡萄牙：商事代理合同法第 13 条 f；*Pinto Monteiro*, Contrato de agência[3], 72；西班牙：LCA 第 19 条；瑞典：*Söderlund*, Agenträtt, 166.）。

11. 然而，根据德国法律，这项权利存在两项例外：（1），当委托人或客户在国外有自己的分行或住所时（商法典第 86b 条第 3 款第 1 项）或者（2）如果商事代理人的缔结交易的授权是无限制的（参见商法典第 86b 条第 3 款第 2 项）。

第四章　特许经营

第一节　一般规定

第Ⅳ.E－4:101条　范围

本章适用于一方(特许人)授予另一方(被特许人),以报酬为交换,在特许人的网络内、以提供某些产品为目的、代表被特许人并以被特许人的名义经营业务(特许经营业务)的权利的合同,以及适用于被特许人具有使用特许人商业名称、注册商标,或其他知识产权、专有技术以及经营手段的权利和义务的合同。

评　论

A. 综述

表示一个特许经营关系的必不可少的要素是:(1)授予运营特许人商业方法的权利,其中主要包括许可使用知识产权和专有技术(商业包);(2)出售某些类型的产品(分销合同);(3)被特许人的独立性:以被特许人的名义并代表被特许人;(4)对特许人(直接或间接的)酬金。

特许经营合同应当与普通的分销合同区分开来。它们的不同是因为以下几点:首先,虽然许多特许经营合同其目的是分销产品,但这并不永远是这种情形;其次,在特许经营合同中,总是存在运转特许人商业方法的权利(其中尤其包括转让知识产权的使用和专有技术);更普遍的是,特许经营网络是比普通的分销网络具有更强大的一致性。事实上,在消费者的眼中,子公司(或附属公司)与被特许人之间经常没有差异。

B. 攸关利益和政策考虑

本条的相关性是其确定了某合同关系是否要被分类为特许经营关系。如果是这样,本章中的条款适用。这对于包含在几项条款中的强制性规则是特别重要的。

援助并不被认为是本条中的特许经营合同的一个要素。这种方式不同于欧洲竞争规则。根据欧洲竞争法,某些类型的特许经营协议被排作在欧共体条约第81条第1

款的范围外，该款禁止与共同市场不相容的协议。为了限制这些豁免利益的应用，援助——作为特许经营的经营管理模式的不可缺少的组成部分——反垄断规则包含之。然而，本规定的目的是，本章适用于范围更广的特许经营协议。因此，甚至当不提供援助时，本章仍适用。

C. 混合合同

特许经营协议可从几种类型的合同中抽出具体内容：例如，有关商标的许可协议；有关具体机械和设备的购买或租赁协议；有关由加盟商销售的实际产品的分销协议；购买特许人处商品的销售协议；有关将要经营的业务的处所出租的租赁协议，或者为销售产品而与特许人和其他被特许人的联合广告协议。混合合同的规则将适用于以上情形（第Ⅱ－1:107 条（混合合同））。适用于各相关类型合同的规则将适用于混合类型的特许经营合同中的相应部分。一般来说，这样的特许经营合同（即由本章管辖的部分）将调整其他合同运作的框架关系。

D. 特许经营合同的类型

基于特许经营的标的物，特许经营的三个主要类型通常分为：工业特许经营、分销特许经营和服务特许经营。在工业特许经营的情形下，被特许人按照特许人的指示生产商品，并根据特许人的知识产权销售它们，而在分销特许经营的情形下，被特许人只是在一家带有特许人企业名称或标示的店内销售某些商品。最后，服务特许经营的情形是，被特许人在特许人的企业名称、标示下或根据特许人的知识产权提供服务。

E. 特许经营网络

特许经营网络包括一位特许人和运营相同经营管理模式并且相互之间存在联系的所有被特许人群。

F. 竞争法

竞争法可以影响特许经营合同。其取决于相关特许经营协议的规定及其是否是这种情形的经济背景。在其（Pronuptia）的决定中（*Pronuptia de Paris GmbH v. Pronuptia de Paris Irmgard Schillgallis*, ECJ 28 January 1986, C－161/84, ECR 1986, 353），欧洲法院（ECJ）认为特许经营合约中有关援助和技术保密的条款、保护知识产权的条款以及维护网络身份和声誉的条款，都不属于欧共体条约（EC）第 81 条第 1 款的范围。然而，关于市场分区域的合同条款属于欧共体条约第 81 条第 1 款的范围。到此，特许经营协议可以被豁免属于欧共体条约第 81 条第 1 款，如果它落于 1999 年 12

月22日关于适用条约第81条第3款纵向协议*和协调一致的做法**的种类的Commission Regulation EC No 2790/1999中的集体豁免的范围内。

本章载有的规定只适用于根据竞争法而有效的特许经营合同。

注　释

Ⅰ.特许经营的定义

1.意大利和西班牙法律包含了特许经营的法定定义（意大利：Law no. 129/2004第1条；西班牙：零售业法第62条）。

2.然而，欧洲竞争法包括了对特许经营的几个描述（参见Pronuptia *de Paris GmbH v. Pronuptia de Paris Irmgard Schillgallis*, ECJ 28 January 1986, C-161/84, ECR 1986, 353; Regulation 4087/88 on the application of Article 85 (3) of the Treaty to categories of franchise agreements（OJ EC L 359/46）和the Guidelines of Vertical restraints of 2000）。

3.根据荷兰、意大利和西班牙法律，竞争法的定义，如同包括在规则4087/88中的，也可用于私法问题（意大利：*Pardolesi*, (1990) 66; Pret. Milan, 21 July 1992, Contratti, 1993, 173, (note *De Nova*, *Franchising e apparenza*)；荷兰：HR 25 January 2002, NedJur 2003, 31 note *J. B. M. Vranken*）。

4.根据其他法律制度，特许经营的定义可以在判例法、学术著作和合同范本中发现（法国：*Dutilleul and Delebecque*, Contrats civils et commerciaux[5], no. 951）。

5.所有这些定义的元素均不相同。此后，将会考虑到，什么程度上在本条所包括的内容也包括在各种法律制度和合同范本中。

Ⅱ.使用特许人的商号、商标、专有技术和经营管理模式

6.这些要素均符合由欧盟法和绝大多数成员国法律制度以及合同范本所给出的要素（参见Regulation 4087/88第3条(a)项、(b)项，Guidelines on Vertical Restraints 2000 nos. 32, 43, 199和the*Pronuptia de Paris GmbH v. Pronuptia de Paris Irmgard Schillgallis*, ECJ 28 January 1986, C-161/84, ECR 1986, 353；奥地利：OGH 26. April 1994, 4 Ob 535/94；英格兰：*Adams/Jones/Hickey*, Franchising[5], para. 1.02；法国：CA Colmar, 9 June 1982, D. 1982, 553 note *Burst. Com.* 8 July 1997, D. Aff. 1997, 960, RJDA 1994, no. 795; CA Paris, 7 June 1990, D. 1990, I. R. 176.; 31 March 1993, RJDA 1993, no. 613; Cass. com. 19 February 1991, D. 1992 Somm. 391, obs. *D. Ferrier*; *Dutilleul and Delebecque*, Contrats civils et commerciaux[5], no. 952；德国：*Küstner and Thume*, Außendienstrecht Ⅲ[2], nos. 1590-1594; *Rohe*, Netzverträge, 412；意大利：Law no.

---

* 参见第Ⅳ.E-1:101条（所涉之合同）评论A脚注①。——译者注

** 协调一致的做法（concerted practice）是企业之间的协调，该协调无需企业之间达到缔结一项正式协议的结果，而是企业之间有意采取协作行为而不是冒有竞争力的市场的风险。协调一致的做法可包括企业之间的直接联系或间接联系，其意图或效果是要么为了影响市场行为，要么为了让竞争对手知道它们在未来要采取的行为（*Commission européenne*, Glossaire des termes employés dans le domaine de la politique de concurrence de l' Union européenne : Antitrust et contrôle des opérations de concentration, 2002）。——译者注

129/2004 第 1 条;*Frignani*, Il Franchising, 6;荷兰:25 January 2002, NedJur 2003, 31 note *J. B. M. Vranken*; *Wessels*, 1991, 12; *Barendrecht and Van Peursem*, Distributieovereenkomst, 11;葡萄牙:*Pinto Monteiro*, Direito Comercial, 120; *Pestana de Vasconcelos*, O Contrato de Franquia, 21; *Ribeiro de Sousa*, Contrato de agencia (2001), 143; STJ 14 April 1999, Agravo no. 176/99;西班牙:零售业法第 62 条第 1 款;TS of 27 September 1996, RJ 1996\6646 and TS 4 March 1997, RJ 1997\1642;瑞典:由瑞典特许经营联合会定义;*Sohlberg*, Franchisejuridik, 32, 41;ECE 第 1 条;国际商会合同范本序言以及国际统一私法协会商业特许经营信息披露示范法第 2 条)。

Ⅲ. 以自己的名义并代表自己经营业务

7. 这些元素再次出现在所有法律制度的判例法、法律文献或者合同范本中(参见奥地利:OGH 26 April 1994, 4 Ob 535/94;比利时:*Verbraeken & de Schoutheete*, no. 139;英格兰:*Adams/Jones/Hickey*, Franchising[5], para. 1.02;法国:*Dutilleul and Delebecque*, Contrats civils et commerciaux[5], nos. 952, 958; *Huet*, Contrats spéciaux[2], no. 11624;德国:*Küstner and Thume*, Außendienstrecht Ⅲ[2], nos. 1590－1594; *Rohe*, Netzverträge, 412;意大利:Law no. 129/2004 第 1 条;*Frignani*, Il Franchising, 6;荷兰:HR 25 January 2002, NedJur 2003, 31 note *J. B. M. Vranken*; *Wessels*, 1991, 12; *Barendrecht and Van Peursem*, Distributieovereenkomst, no. 11; *van der Heiden*, Franchising, 86;葡萄牙:*Pinto Monteiro*, Direito Comercial, 120; *Pestana de Vasconcelos*, O Contrato de Franquia, 21; *Ribeiro de Sousa*, Contrato de agencia (2001), 143; STJ 14 April 1999, Agravo no. 176/99;西班牙:TS 27 September 1996, RJ 1996\6646; TS 30 April 1998, RJ 1998\3456; *Hernando Giménez*, El Contrato de franquicia de empresa, 208; *Echebarría Sáenz*, El Contrato de franquicia, 5;瑞典:由瑞典特许经营联合会定义,ECE 第 1 条)。

Ⅳ. 以报酬为交换

8. 这个元素几乎包含在判例法、欧洲竞争法,以及法律学者或合同范本中制定的所有定义中(参见欧洲竞争法:Regulation 4087/88 第 3 条 b 项;奥地利:OGH 26 April 1994, 4 Ob 535/94;英格兰:*Adams/Jones/Hickey*, Franchising[5], para. 1.02;德国:*Küstner and Thume*, Außendienstrecht Ⅲ[2], nos. 1590－1594; *Rohe*, Netzverträge, 412;意大利:Law no. 129/2004 第 1 条;*Frignani*, Il Franchising, 6;荷兰:HR 25－1－2002, NedJur 2003, 31 note *J. B. M. Vranken*; *Barendrecht and Van Peursem*, Distributieovereenkomst, no. 11;葡萄牙:*Pinto Monteiro*, Direito Comercial, 120; *Coutinho de Abreu* (1996) 63; *Pestana de Vasconcelos*, O Contrato de Franquia, 21; *Ribeiro de Sousa*, Contrato de agencia (2001), 143; STJ 14 April 1999, Agravo no. 176/99;西班牙:TS 27 September 1996, RJ 1996\6646 and TS 4 March 1997, RJ 1997\1642; *Echebarría Sáenz*, El contrato de franquicia, 110;瑞典:瑞典特许经营联合会的定义,ECE 第 1 条;国际商会合同范本序言和 Model Franchise Disclosure Law 第 2 条)。

Ⅴ. 在特许人的业务网络范围内经营业务

9. 这个元素规定在大多数成员国的法律制度以及欧洲竞争法中(参见 Guidelines on vertical restraints, nos. 42, 43, 199;奥地利:OGH 26 April 1994, 4 Ob 535/94;法国:*Huet*, Contrats spéciaux[2], no. 11621;英格兰:*Adams/Jones/Hickey*, Franchising[5], para. 1.02;德国:*Küstner and Thume*, Außendienstrecht Ⅲ[2], nos. 1590－1594; *Rohe*, Netzverträge, 412;意大利:Law no. 129/2004 第 1 条;*Frignani*, Il Franchising, 6;荷兰:HR 25 January 2002, NedJur 2003, 31 note *J. B. M. Vranken*; *Wessels*, (1991) 12; *Barendrecht and Van Peursem*, Distributieovereenkomst, no.

11;葡萄牙:*Pinto Monteiro*, Direito Comercial, 120; *Coutinho de Abreu*（1996）63; *Pestana de Vasconcelos*, O Contrato de Franquia, 21; *Ribeiro de Sousa*, Contrato de agencia（2001）, 143; STJ 14 April 1999, Agravo no. 176/99;西班牙:TS 27 September 1996, RJ 1996\6646 and TS 4 March 1997, RJ 1997\1642; 特许规则第 2 条;*Echebarría Sáenz*, El contrato de franquicia, 5;瑞典:比照由瑞典特许经营联合会做出的定义)。

Ⅵ. 书面要求

10. 根据意大利法律规定,特许经营合同必须以书面形式:否则无效(Law no. 129/2004 第 3 条第 1 款)。

第Ⅳ.E－4:102 条　先合同信息

(1)第Ⅳ.E－2:101(先合同信息责任)中的责任要求特许人尤其提供充足的和及时的信息,其涉及:

(a)特许人的公司和经历;

(b)相关的知识产权;

(c)相关专有技术的特点;

(d)商业部门和市场条件;

(e)特定的特许经营模式及其运作;

(f)特许经营网络的结构和范围;

(g)加盟费、特许权使用费或任何其他定期付款;以及

(h)合同条款。

(2)即使特许人的不遵守第 1 款并不构成第Ⅱ－7:201 条(错误)中合同可能无效中的错误,被特许人也可以根据第Ⅱ－7:214 条(就损失的赔偿)第 2 款和第 3 款恢复损害,除非特许人有理由相信信息是充足的或者信息已经在合理的时间内给予。

(3)双方当事人不得排除适用本条,或者减损或改变其效力。

评　论

A. 综述

除了特许经营各方提供对方先合同信息的一般责任(第Ⅳ.E－2:101 条(先合同信息责任))外,本条对特许人规定了进一步的职责,因为它具体规定了必须提供的信息的类型。第 1 款包含了必须披露的项目的清单。被特许人需要有这些信息以便能够以对所有相关事实的全部知识了解而进入合同。

除了由关于提供先合同信息的一般责任的规则所授予的补救措施外,这项具体规

定建立了在特许人没有提供有关规定中指定的项目的充足和及时的信息情形下，损害赔偿责任的具体补救措施（第 2 款），即使信息的缺乏并没有带来一个根本性的错误。

B. 攸关利益和政策考虑

这项责任保护被特许人的利益。被特许人必须在没有获得这些合格的信息的任何其他的可能性的情形下作出重要的投资。这项提供先合同信息的具体责任旨在保证被特许人拥有所有相关的和必要的信息，以便对相关事实的全部认知来投入。

规定特许人提供被特许人这些信息的责任的主要原因可以概括如下：在特许经营协议中必不可少的信息是在特许人手中，特许人拥有或具有与特许经营商业模式相关的知识产权和专有技术的合法权利。被特许人没有其他的方式来收集这些信息，因为这些信息是特许人“商业秘密”的一部分，因此它们是保密的。一些特许人试图通过建议投资者进入一个不存在的网络以及通过向后者保证运作既不存在也不会成功的模式的可能性来吸引投资者。尽管特许人通过问卷的形式积极要求准被特许人披露必要的信息，但后者通常不会处在一个对特许人以提出类似的问卷的位置。因此，被特许人完全依赖于那些特许人想披露的。对被特许人只能在“要么接受，要么放弃”的基础上接受的标准条款的单方面的强加，证明了被特许人接收这些方面的事先信息是合理的。

本项披露规则施加了特许人繁重的责任。特许人可能会面临不能肯定是否已经提供了所有必要的信息的局面。对特许人来说，意识到必须予以披露的所有事实或者检查这些事实是否都是正确的，一般是不可能的。

C. 充足的信息

特许人必须提供准被特许人有关特许经营业务的相关信息，以使被特许人能够以有关事实的全部认知缔结合同。第 1 款的项目清单是一个最低要求：即特许人可能会披露更多的信息，但是不得少于这些。尤其是，有关信息一般包括：

特许人的公司和经历。这些信息应当包括确定特许人身份的详细情况，例如名字或企业名称、注册地址，和在适用情形下，包含在特许人登记册上的细节，以及在公司的情形下，在最新的资产负债表上显示的股本，和在商业登记注册上的详细信息。

此外，这些信息应当还包括关于特许人在该领域的经历的基本信息，更确切地说，关于特许人特定的商业模式的经历。原则上，这种信息应当包括特许经营推出之日、商业模式发展的主要阶段和特许经营网络。

相关的知识产权。原则上，这些信息应当包括一份证明授予和所有权的当前有效性或特许经营公司许可使用注册商标和显着标志的证书；以及对这样的公司的可能的法律程序，如果有的话，在许可证的持续时期内任何情形下明确的提及。这些信息也必须指出哪些将是被特许人对知识产权行使的权利。

在此以及整个这些规则中，“知识产权”包括工业产权、著作权及类似权利。

专有技术的特色。专有技术也是由特许人转让的业务包中的元素之一。它包括的关于特许人经营方法的信息,对被特许人使用、销售或转售合同产品是必不可少的。

商业部门和市场条件。原则上,这类信息应该包含特许经营活动部门的一般描述和其最值得注意的特点的叙述。尤其是,它应该包括有关竞争状态、需求状况和价格发展的基本信息。

特许经营的方法。原则上,这些信息应该包括特许经营涉及的业务系统的一般性解释,“专有技术”的特色和要由特许人提供的援助,以及投资的估计和进行一项典型业务必要的花费。如果特许人要提供潜在的个别被特许人销售预测或交易结果,则这些应该是基于经验或研究,以及应该是经充分地论证过的。

特许经营网络的结构和范围。原则上,这类信息应该包括特许经营网络的组织形式和机构数目,区分那些由其他被特许人运营的由特许人直接利用的、他们所在之地和最近不再属于网络的被特许人的数量,说明该停止合作是否是因合同期限届满或是因终止的其他原因终止。

加盟费、特许权使用费和其他定期付款。实践中,各方普遍约定经济报酬包括两个元素:加盟费和进行的按期付款。在订立协议之前,被特许人必须知悉支付条件,尤其是那些将在稍后阶段由特许人确定的定期费用的支付条件。应该提供有关确定要在整个合同关系存续期间作出的按期付款的标准的信息。

合同条款。原则上,这类信息应该包括各方的权利和义务、合同存续期限、收费制度、终止的条件,以及,如果适用,更新合同的条件、经济方面的考虑、排他性协议,并对由被特许人自由处置业务的限制。

D. 规则的特征

此项规则是强制性的;双方当事人没有另行商定的自由。

E. 补救措施

本条给被特许人提供了具体的损害赔偿补救(第 2 款),当特许人没有提供具体清单中包括的项目的充足且及时的信息时——即使是信息没有引起造成合同无效的理由的一个错误,除非特许人有理由相信该信息是充足的或者该信息是在合理时间内提供的。

注　释

Ⅰ. 先合同信息

1. 在欧盟,几乎所有成员国的法律制度中都存在该责任。

2. 根据法国、意大利和西班牙法律,该责任规定在法定规则中。根据法国法律,这是 Doubin

法(Loi Doubin)(商法典第 L.330－3 条和 the Commercial Enterprise Decree, no. 91－337, 4 april 1991,其详细说明了商法典第 L.330－3 条)。根据意大利法律,该责任规定在 Law no. 129/2004 第 4 条和第 6 条中。根据西班牙法律,该责任规定在零售业法第 62 条第 3 款和 特许规则第 3 条中。

3. 根据其他成员国法律制度,不存在具体的法定责任。然而,在几个国家的判例法和法律著作中根据诚实信用的一般学说已经接受了这样的先合同责任(奥地利:OGH 19 January 1989, 7 Ob 695/88;比利时:*Verbraeken & de Schoutheete*, no. 147 (b);德国:民法典第 242 条(诚实信用);*Küstner and Thume*, Außendienstrecht Ⅲ[2], nos. 1637－1649; *Martinek and Semler*, Handbuch des Vertriebsrechts, § 19 nos. 1－4; BAG DB 1980, 2040; CA Munich BB 1988, 865; CA Munich NJW 1994, 667;另参见 number 3.2 of the Ethiccodex of the German Franchise Association;芬兰法律:KKO 1993:130;荷兰:Asser (－*Hartkamp*), Verbintenissenrecht Ⅱ[12], nos. 71, 159; HR 15 November 1957, NedJur 1958, 67)。然而,在 2002 年的决定中,荷兰最高法院(Hoge Raad)认为对特许人不存在基于诚实信用而提供被特许人有关的预期利润的信息的一般义务。

4. 根据希腊和葡萄牙法律,关于先合同责任的一般法定规则适用(希腊民法典第 197 条和第 198 条以及葡萄牙民法典第 227 条)。此外,根据葡萄牙法律,在极端情况下,民法典第 253 条(失实陈述)或民法典第 282 条(高利贷)的规定可被适用(*Ribeiro de Sousa*, Contrato de agencia (1992); *Pestana de Vasconcelos*, O Contrato de Franquia; *Ribeiro de Sousa*, Contrato de agencia (2000), 75))。最后,根据希腊和葡萄牙法律滥用权利学说可以被适用(希腊:民法典第 281 条, *Voulgaris*, NoB 1998, 897 和 *Georgiades*, New contractual forms of the modern economy[3]以及葡萄牙民法典第 334 条)。

5. 此外,根据芬兰法律规定,商事代理法通过类比的方式适用。另外欧洲道德公约(第 3 条第 3 款)和国际统一私法协会商业特许经营信息披露示范法(第 3 条起)载有一项明确的向被特许人提供信息的先合同义务。

6. 相反,在英格兰合同法中,不存在披露的一般责任,*Keates v. Cadogan* (*Earl of*) (1851) 10 CB 591, 138 ER 234,但是存在一项不做失实陈述的义务(*Williams v. Natural Life Health Foods Ltd.* [1998] 1 WLR 830, *Boyle v. Prontaprint*, unreported, 26 February 2000, CA; *ANC Ltd. v. Clark Goldring &Page Ltd.* [2001] BCC 479)。苏格兰法律也是相同的效果:*MacQueen and Thomson*, Contract Law in Scotland, chaps. 2.89 et seq.。

Ⅱ.信息内容

7. 法国、意大利和西班牙法律包括了要提供的信息的有关项目的清单,其大致符合本条的那些项目。在法国,已经通过了一项法令(1991 年 4 月 4 日 Commercial Enterprise Decree no. 91－337),与商法典第 L.330－3 条有关;至于意大利,参见 Law no. 129/2004 第 3 条和第 4 条;根据西班牙法律,项目的清单包括在特许规则第 3 条中;*Echebarría Sáenz*, El contrato de franquicia, 213;国际统一私法协会商业特许经营信息披露示范法第 6 条包含了更详细的清单。

8. 根据其他成员国法律制度,不存在具体的法定清单。然而,在本条中提到的项目再次出现在以下国家的判例法、法律文献和合同范本中。德国:CA Munich BB 2001, 1759; CA Munich BB 1988, 865; *Flohr*, Der Franchise－Vertrag[2], 18; *Martinek and Semler*, Handbuch des Vertriebsrechts, § 19 nos. 1－4; CA Munich BB 1988, 865; CA Munich NJW 1994, 667;希腊:*Georgiades*, New contractual forms of the modern economy[3];葡萄牙:*Ribeiro de Sousa*, Contrato de

agencia (2000), 54。

9. 在荷兰,最高法院(Hoge Raad)认为对特许人来说不存在告知被特许人关于未来的交易额和利润预期的一般义务(HR 25 January 2002, NedJur 2003, 31, note*J. B. M. Vranken*)。此外,关于这个问题,在法律作者之间没有达成共识。有些作者要求一项比一般义务更广泛的义务(*van der Heiden*, Franchising, 47-48; *Grosheide*, Franchising, 382)。

10. 根据奥地利法律,只存在披露所有对以令人满意的方式运行特许经营业务必要的信息的一般责任。

Ⅲ. 补救措施

11. 如果特许人未能提供被特许人先合同信息,被特许人则通常诉诸补救措施。然而,这些补救措施因每个成员国法律制度不同而有所不同。

12. 根据意大利法律,若提供的信息是不正确的,被特许人则可以避免合同(Law no. 129/2004 第 8 条)。

13. 法国商法典第 L. 330-3 条没有规定具体补救措施。从最高法院的判例法中,最高法院遵循,如果特许人未能提供先合同信息,那么特许经营合同将是无效的,只要已证明被特许人一方存在有瑕疵的同意(defective consent)(Cass. com. 2 December 1997, D. 1998, Somm., 334, obs. *D. Ferrier*; Cass. com. 10 February 1998, D. 1998 Somm. 334)。此外,根据荷兰法律,将会基于有瑕疵的同意而导致合同无效(民法典第 3:44 条和第 6:228 条)。此外,民法典第 6:230 条规定了特许人提出调整合同的可能性。

14. 根据西班牙法律,被特许人也具有私法救济措施。虽然西班牙制度缺乏有关先合同责任的具体规则,但是根据一些作者,民法典第 1902 条关于非合同责任(extra-contractual liability)的规则应该被适用(*Bercovitz*, Contratos Mercantiles, 591)。因此,任何由于特许人的不遵守对被特许人造成的损害均引起补偿责任。然而,关于补救措施的类型,作者之间没有任何共识。有些人认为,关于有瑕疵的同意的规则适用(民法典第 1265 条 ff; *Hernando Giménez*, El Contrato de franquicia de empresa, 128 et seq.)。然则,合同可能是无效的,被特许人有权要求恢复原状和损害赔偿。然而,错误必须影响到合同的一项重要内容:根据 CA Madrid 6 November 2007, RJ 2008\81,一个利益预测——虽然其必须基于特许人的经验或研究——并不是特许经营合同的一项实质性的内容。因此,关于这一问题的错误是无法使合同无效的,因为特许经营的目的并不是获得利益,而是利用特许人的业务。

15. 此外,根据希腊和葡萄牙法律,特许人未能提供先合同信息导致合同无效。此外,被特许人可根据缔约过失责任(*culpa in contrahendo*)要求损害赔偿(希腊:民法典第 140 条、第 147 条、第 178 条、第 179 条,关于民法典第 178 条、第 179 条;判例法已经有限制性的,CA Patras 150/2000 DEE 8-9/2000 890;葡萄牙:民法典第 227 条;比照 *Ribeiro de Sousa*, Contrato de agencia (2000), 75)。

16. 根据德国法律,未履行提供先合同信息的义务可能会导致支付损害赔偿的义务(缔约过失责任)、恢复负面利益(包括已对特许人作出的付款、减去转售价值的投资、利息)。

Ⅳ. 形式要求

17. 根据法国、意大利和西班牙的法律以及国际统一私法协会信息披露示范法,信息必须以书面形式提供(法国:商法典第 L. 330-3 条;意大利:Law no. 129/2004 第 3 条第 1 款;西班牙:零售业法第 62 条第 3 款;国际统一私法协会信息披露示范法第 4 条)。

18. 此外，信息必须在特许经营合同缔结之前的一定期限内提供。然而，这个精确的时期，各国不尽相同。根据意大利法律，是在特许经营合同缔结前30天（Law no. 129/2004第4条第1款），而根据法国和西班牙法律，是在签订合同或先合同之前20天（法国：商法典第L.330－3条；西班牙：零售业法第62条第3款），此外，根据国际统一私法协会商业特许经营信息披露示范法第3条，是在先合同或支付前14天。

19. 根据其他成员国的法律制度，不存在任何的形式要求。然而，在实践中，应以书面形式披露信息是很常见的（德国法律：*Martinek and Semler*, Handbuch des Vertriebsrechts, § 19 nos. 15－17；number 3.3. of the German Ethiccodex）。

第Ⅳ.E－4:103条　合作

本章范围内的合同的各方当事人不得排除适用第Ⅳ.E－2:201条（合作），或者减损或改变其效力。

评　论

虽然在一般情况下，合作的义务是非强制性的，但是在特许经营合同的情况下存在一项例外。这项例外的正当理由是特许经营关系的特别密切且协作的性质。合作是该关系的本质。

注　释

参见第Ⅳ.E－2:201条（合作）的注释。

第二节　特许人的义务

第Ⅳ.E－4:201条　知识产权

（1）特许人必须授予被特许人在对经营特许经营业务必要的范围内使用知识产权的权利。

（2）特许人必须作出合理的努力，以确保知识产权不受干扰的和连续的使用。

（3）双方当事人不得排除适用本条，或者减损或改变其效力。

评　论

A. 综述

根据本规定第 1 款,责成特许人授予被特许人使用与特许经营业务有关的知识产权权的许可。这必然意味着,特许人拥有或者持有许可这些权利的合法权利,并且不存在第三方对知识产权有更好的、可能会干扰被特许人对专有权利的使用的权利。

根据第 2 款,特许人势必要采取合理的努力以防止和纠正第三方声称其对知识产权有更好的权利,并因此试图干扰由被特许人使用该权利的情况。

尽管第 1 款对特许人规定了达到某种结果的义务,即对运营特许经营业务必要的范围内许可使用知识产权,而第 2 款仅仅责成特许人克尽职守,当存在诉讼,由第三方对该知识产权提出或威胁索赔或诉讼,特许人应提供充分的回应。

B. 攸关利益和政策考虑

知识产权和工业产权的许可是正常运作特许经营商业模式的基石。消费者通过商标标示认可产品并对产品投注信心,这是一个成功的特许经营制度的命脉。事实上,这也是被特许人为特许人的经营业务制度所吸引的主要原因。

既然是在特许经营存续期间销售产品组成了开发知识产权和工业产权的目的,所以被提供所需的许可对被特许人是必要的,以便其能够受益于该商标的吸引力,特许人确保这些权利的使用不受干扰并继续使用同样也是至关重要的。

特许人对扩大其业务和形象是有利益的。因此,特许人必须确保这个网络的成员使用识别业务的商标和其他标志,也必须防范和化解第三方意图干扰使用这些权利的情形。特许人必须率先采取行动,当由第三方提起或威胁发出与在特许经营业务中所涉之知识产权有关的索赔或诉讼。

C. 授予知识产权

“授予……使用知识产权权利”的确切含义取决于各个法律制度中的知识产权规则。无论这些权利的所有权有没有登记,其始终是能够分配它们或授予使用权的先决条件。因此,特许人可能是所有权人或者只是具有授予或转让特许经营关系所涉之知识产权的法律权利。

D. 在一定程度上对经营的特许经营业务必要

这些用语是指工业产权和知识产权的套件,即特许人就经营特许经营业务持有的有关的商标、商号、店铺的招牌、标识、徽章、实用新型、外观设计、版权和相关权利、软

件、图纸、计划或专利。

E. 不受干扰的持续利用知识产权

特许人被要求作出合理的努力来确保相关知识产权的使用不受干扰,并能持续(第 2 款)。在评估什么是合理的时,合同的性质和目的、案件的情形和涉及的行业或专业的惯例和实务,都应予以考虑。参见第Ⅰ－1:104 条(合理性)中的定义。

特许人的知识产权受到保护,以防止被特许人的滥用。除了在知识产权法律中的规则和许可协议,被特许人有义务严格限制使用运作被特许经营的业务的权利,并以由特许人提供的方式使用(参见第Ⅳ.E－4:303 条(经营手段和指示))。此外,被特许人要被确定只是作为这些权利的被许可人。

保证不受干扰并连续使用这些权利的义务根据各国国情的不同而可能有不同的结果:例如根据国家立法履行有效性要求的义务(例如,更新登记)。

F. 规则的特性

这是一项强制性规则;双方当事人没有另行商定的自由。

注　释

Ⅰ. 授予知识产权

1. 没有一个欧洲的法律制度载有该类具体法定条文。然而,在绝大多数的法律制度中,无论是授予知识产权的使用权还是转让知识产权,都在判例法、法律文献或合同范本中被公认为特许人的义务。

2. 授予被特许人使用知识产权的权利的义务,存在于以下法律制度中:法国法(*Ferrier*, Droit de la distribution[3], no. 687; *Huet*, Les Contrats spéciaux[2], no. 11621);德国法(*Giesler and Nauschütt*, Franchiserecht, § 5 no. 122; *Martinek and Semler*, Handbuch des Vertriebsrechts, § 19 no. 10; number 2. 2. of the Ethiccodex of the German Franchise Association);希腊法(CA Thessaloniki 1043/1998 DEE 1998 491; CFI Athens 23373/1998 DEE 1999 864);荷兰:CFI Arnhem 29 April 1988, BIE 1989, 157－159 (*Quicksportschoenen*); Hof' s－Hertogenbosch 23 May 1989, IER 1989, 93－94; *van der Heiden*, Franchising, 32, 38－40)。另参见 Regulation 4097/88/EEC 第 1 条Ⅲ B;国际商会合同范本第 3.1 条;欧洲道德公约第 1 条和第 2.2 条。

3. 根据芬兰法律规定,即使不存在明确的义务,其仍被认为是包含在合作责任中。根据英格兰法律,这样的义务很可能被认为是隐含条款(*Adams/Jones/Hickey*, Franchising[5], paras. 4.1.4, 11.2)。苏格兰法律可能是相同的。

4. 在其他法律制度中,授予知识产权是将合同列为特许经营协议的一个必要的组成部分。没有授予,就不存在特许经营合同,因为合同没有一个起因(*causa*)。这是奥地利法律;意大利法律:Tribunale di Milano, 30 April 1982, Soc. Standa c. Soc. Arcobaleno Market, Foro it., 1982, I,

2042;葡萄牙法律:*Menezes Cordeiro*, Direito Bancário, 76; *Ribeiro de Sousa*, Contrato de agencia (2000), 158; *Pinto Monteiro*, Direito Comercial, 121; *Pestana de Vasconcelos*, O Contrato de Franquia, 25, STJ 14 April 1999, Agravo no. 176/99－2;西班牙法律:TS of 15 May 1985, RJ 1985/2393 的情形。根据西班牙法律,特许人不仅有义务授予被特许人知识产权,而且有义务交出所有涉及许可证和权利以及技术援助(包括专有技术)必要的信息,以便使被特许人可以成功地开发业务(*Bercovitz*, Contratos Mercantiles, 602);特许规则第2.1条a分段和第2.1条c分段。

Ⅱ.不受干扰且连续使用

5.这项义务已经由比利时和法国作者保护(比利时:*Verbraeken &de Schoutheete*, no. 152;法国:*Ferrier*, Droit de la distribution[3], no. 687)。此外,在西班牙,作者们基于民法典第1258条和商法典第57条的诚实信用原则保护该义务(*Bercovitz*, Contratos Mercantiles, 602)。他们建议以类推的方式适用民法典第1474条(涉及销售合同)或涉及租赁合同的民法典第1554条于特许经营合同。卖方和出租人都必须分别提供其出售或出租对象不受干扰的使用。

第Ⅳ.E－4:202条　专有技术

(1)在整个契约关系存续期间,特许人必须提供被特许人对经营特许经营业务必要的专有技术。

(2)双方当事人不得排除适用本条,或者减损或改变其效力。

评　论

A.综述

特许人的主要义务之一是,通过提供被特许人操作手册的方式,提供被特许人相关的专有技术,或者通过提供不断的援助,提供被特许人一般的知识和经验。

专有技术要作为初始包的一部分被提供,使被特许人开始经营业务,但是也可以在整个特许经营存续期间被提供,只要对正确经营业务活动有必要。

根据本条,特许人必须在整个契约关系存续期间提供被特许人专有技术。这意味着,如果在此期间专有技术有所改动或更新,特许人必须提供被特许人更新的专有技术。

B.攸关利益和政策考虑

专有技术在特许经营制度中起核心作用。特许人的专有技术,连同商标,是特许人必须提供给被特许人的最有意义的价值。因此,即使是相对缺乏经验的企业家仍可以启动一个先进的经营理念。此外,特许人和其他被特许人都有利益使被特许人从一

开始就被提供相关的专有技术，以维持整个特许经营链锁的标准和声誉。这确保了同样的开发方式将被使用，其确保维护网络的共同形象和声誉，并因此最终确保双方当事人在特许经营中的利益。如果，在特许经营期内，业务系统必须修改，那么被特许人必须得知这些变更。如此，被特许人将能够适应运作方式，并因此继续经营业务。

C. 必要的专有技术

专有技术由EC Regulation No. 2790/1999第1条定义为，源于提供者的经验并由后者测试的、秘密的、实质性的和被确认了的，无专利的实用信息包。在此上下文中，“秘密的”意味着专有技术，作为一个整体或其组成部分的精确配置和集合，是一般不为所知的或者一般不容易获得的；“实质性的”意味着专有技术包括的信息是使用、销售或转售合同产品的买家必不可少的；“被确认了的”意味着专有技术必须以一种充分而全面的方式被描述，以至于使其有可能验证其符合保密性的和实质性的标准。

必要的专有技术包括技术信息、财务数据、对选址的意见和楼宇的布局、提供的启动材料，以及具体涉及系统和知识产权的任何其他说明和包含在操作手册或协议中的使用方式。

D. 定期审阅专有技术

操作方法的任何修改要及时向被特许人沟通。这主要是通过更新操作手册，并协助被特许人适应变更而做到的。

E. 保护专有技术

保护特许人的专有技术不由被特许人和竞争对手滥用，是由规定被特许人遵循经营方式和指示的条款（第Ⅳ.E－4:303条（经营方式和指示）），以及由概论章节中的保密义务（第Ⅳ.E－2:203条（保密））调整的。

F. 与告知义务的关系

沟通专有技术是第Ⅳ.E－4:205条（在特许经营存续期间由特许人提供的信息）中特许人的告知义务的一个非常特别的表现形式。它被认为是特许人的主要义务之一，因为它涉及表明对让被特许人开发特许经营业务是至关重要的如何操作经营方式。这样的信息是保密的，因为它构成了特许人商业秘密的一部分。

这些具体的特征证明了沟通专有技术的义务——虽然，严格来说，包含在更一般的告知义务中——在此处是作为一项具体义务制定在单独的条文中。

G. 规则的特性

这是一项强制性规则；双方当事人没有另行商定的自由。

注　释

Ⅰ.专有技术

1.专有技术在本条的内容符合 Regulation 2790/99/EC 第 1 条给出的定义。在意大利,类似的定义载于 Law no. 129/2004 第 1 条第 3 款中。相应的定义也使用于比利时、荷兰、葡萄牙和西班牙的判例法,或者这些法律制度的作者们如此使用(比利时:*Verbraeken & de Schoutheete*, no. 150;荷兰:HR 25 January 2002, NedJur 2003, 31 note *J. B. M. Vranken*;西班牙:CA Madrid, 6 November 2007, AC 2008\81; *Hernando Giménez*, El Contrato de franquicia de empresa, 245; *Uría*, Derecho Mercantil[21], 739; contra *Echebarría Sáenz*, El contrato de franquicia, 306)。相应的定义由英格兰作者使用。参见 *Adams/Jones/Hickey*, Franchising[3], para. 3.118.。西班牙法律没有专有技术确切的定义。但是,判例法将其与特许人的经验和工业机密同化(一般公众未知的),涉及特许经营被开发的市场部门,包括业务的组织方法。专有技术被看作是一个有资产价值的信息,对成功开发特许经营是必需的(CA Madrid 6 November 2007, AC 2008\81)。

2.关于纵向协议的欧共体条例 2790/1999(EC Regulation 2790/1999 on Vertical Agreements)第 1 条定义专有技术如下:"……一个非专利的实用信息包,从经验而来并由供应商测试过,其是秘密的、实质性的和被确认了的。"在此上下文中,"秘密的"是指专有技术,作为一个整体或在其组成部分的精确配置和集合中,是一般不为所知或一般不容易获得的;"实质性的"意思是专有技术包含对买方使用、销售或转售合同商品或服务必不可少的信息;"被确认了的"意思是专有技术必须充分全面地被描述,以使有可能验证其是否符合保密性和实质性。

3.根据欧洲道德公约以及国际商会合同范本的评论,它们采用了不同的定义。然而,在这些定义中,专有技术的共同特点是:保密性、实质性和可识别性。

Ⅱ.授予专有技术

4.没有一项法律制度存在一项明确的法定义务,提供被特许人必要的专有技术。然而,在大多数法律制度中,这样的义务已为判例法、法律文献或合同范本所接受。

5.在一些法律制度中,这项义务正是如此被接受的,例如,根据荷兰法律:HR 25 January 2002, NedJur 2003, 31 note *J. B. M. Vranken*。葡萄牙法律:*Ribeiro de Sousa*, Contrato de agencia (2000), 167; *Pestana de Vasconcelos*, O Contrato de Franquia, 27; *Menezes Cordeiro*, Da boa fé no Direito Civil I, 76。英格兰:*Adams/Jones/Hickey*, Franchising[3], Model Franchise Agreement 1。

6.在其他法律制度中,该义务是从合作责任中推断出的。芬兰;德国法律:*Flohr*, Der Franchise - Vertrag[2], 108; *Giesler and Nauschütt*, Franchiserecht, § 5 no. 116; *Martinek and Semler*, Handbuch des Vertriebsrechts, § 19 no. 10。希腊法律:CA Thessaloniki 1043/1998 DEE 1998 491; CFI Athens 23373/1998 DEE 1999 864。

7.然而,在法国和西班牙法律制度下,授予专有技术被认为是一个有效性的要求。没有这一点,特许经营合同是无效的,因为其不存在约因(法国:CA Paris, 7 June 1990, D. 1990, I. R. 176; 31 March 1993, RJDA 1993, no. 613; Cass. com. 19 February 1991, D. 1992 somm. 391, obs. *D. Ferrier*; *Huet*, Les Contrats spéciaux[2], no. 11621;西班牙:CA Barcelona 10 May 2000,

BDA JUR 2000\211264; CA Barcelona 23 December 2003, AC 2004\433)。然而,也区别于另一种情形。当具有专有技术,而特许人拒绝将其提供给被特许人时,合同关系可以因为不履行而由法院终止,并且可以给予损害赔偿。这个解决方案似乎受到the CA Madrid 6 November 2007, AC 2008\81一案的支持,该案例认为授予专有技术是特许人的基本义务之一(Cass. com. 24 May 1994, CCC 1994, no. 191 with note *L. Leveneur*)。

8. 另参见国际商会合同范本第9条;欧洲道德公约第1条。

第Ⅳ.E－4:203条　援助

(1)特许人必须提供被特许人以培训课程、指导和咨询形式的援助,只要对经营特许经营业务是必需的,并不得向被特许人收取额外的费用。

(2)特许人必须提供进一步的援助,只要是被特许人合理地要求,以合理的成本。

评　论

A. 综述

有知识产权使用权和具有有关特许人方式的专有技术的被特许人,一般不足以使被特许人成功地管理业务。除了这些信息,被特许人可能需要从特许人处获得在实践中使用有关的信息的援助。

第1款责成特许人协助被特许人的义务,以便提供被特许人开始经营业务的必要的支持(初步的援助),并且以便解决在整个关系存续期间可能出现的有关运作经营理念的问题(持续的援助)。不仅责成特许人积极地提供援助,而且也要求回应被特许人对援助的需求,当所要求的援助对能够使被特许人正确经营业务是必要的。

协助义务的内容具体规定在本条的字里行间:是以培训课程、指导和咨询的形式提供援助。

第1款清楚地表明没有任何额外的成本为被特许人提供必要的支持。这意味着换取援助的支付被认为是包含在由被特许人就经营特许经营业务方式的权利而支付的费用中。

第2款涉及特许人回应被特许人请求进一步援助的义务。特许人有义务提供这种援助,当请求是合理的时。特许人可以要求被特许人就提供进一步援助承担费用,只要额外的费用是合理的。

B. 攸关利益和政策考虑

这一规定主要旨在维护被特许人对其进入的有关特许经营系统的期望。被特许

人需要以适当的方式进行被特许经营的业务的确定性，而这是特许人唯一可以提供的。

另外，协助和回应进一步协助的请求只要这些请求是合理的义务，是施加于特许人身上的负担，因为它要求特许人不断跟上被特许人的活动并在整个特许经营期间与网络的成员积极合作，以保证他们正确地经营业务。

然而，通过提供被特许人积极的协助，特许人保证整个网络的统一开发，这是所有被特许人的利益，以及最终，也是特许人的利益。

C. 必要的援助

援助应作为一个宽泛的概念考虑。它包括举办培训班、基于一般知识和经验提供咨询意见，例如，对房地产和金融规划和参观的处所的咨询意见，只要是为了让被特许人充分地经营特许经营业务所需的。

在现场的协助可能包括额外的培训（通常是在疲软的领域或者与新推出的服务、产品、方法或技术有关的）、确定被特许人成功的地方和不足的地方、建立实现已设定的目标的战略、与员工和客户对话，以及技术援助。

D. 回应进一步援助的合理要求

从特许人处的标准援助可能不足以提供所有被特许人有关进行业务的方法足够的确定性。被特许人可能从他们的特许人处需要额外的投入。通过本规定，被特许人被授予以合理的成本向特许人要求提供进一步援助的权利，只要这样的要求是合理的。评估要求是否是合理的，应予以考虑合同的性质和目的、案件的情形和涉及的行业或专业的惯例和实务（参见第Ⅰ－1:104 条（合理性）中的定义）。通常情况下，这是为了实现以满足被特许人具体需求的指导要求，以便保证充分的业务运作，将被视为合理的要求。

E. 无额外费用

必要的协助，以及知识产权和专有技术，是特许人必须以直接或间接的经济报酬为交换而转移给被特许人的业务包的一部分。因此，该报酬包括了提供对业务经营所必需的支持。只要求提供具体援助一般来说并不是必要的，但其可能对个别的被特许人是必需的，以满足被特许人充分的业务运作和维护质量标准的需要，这可能会为被特许人带来额外的费用，只要额外费用是合理的。

注　释

Ⅰ. 提供援助的义务

1. 在所有成员国法律制度中，特许人提供支持的义务被判例法、法律作者或合同范本视为特

许人的主要义务之一（比利时：*Verbraeken & de Schoutheete*, no. 151；法国：*Dutilleul and Delebecque*, Contrats civils et commerciaux[5], no. 955；*Ferrier*, Droit de la distribution[3], no. 692；*Huet*, Les Contrats spéciaux[2], no. 11621；荷兰：*van der Heiden*, Franchising, 58；葡萄牙：*Ribeiro de Sousa*, Contrato de agencia (2000), 179 et seq.；*Pestana de Vasconcelos*, O Contrato de Franquia, 32；*Menezes Cordeiro*, Da boa fé no Direito Civil I, 76；西班牙：CA Valencia 21 May 1993 (AC 1993\1024)；特许规则第 2.1 条 c 小段；*Hernando Giménez*, El Contrato de franquicia de empresa, 272 et seq.；根据希腊法律，情况看来与本条中的相同）。特许人有义务在整个合同存续期间，应被特许人的要求，提供技术和商业援助，以保持业务的资产价值（*Bercovitz*, Contratos Mercantiles, 602）。由于该义务是实质性的，所以其不履行被认为是根本不履行，并是终止合同关系的一个原因（CA Madrid 6 November 2007, AC 2008\81）。

2. 根据芬兰、德国和意大利法律，该项义务遵循诚实信用学说或合作责任（意大利法律：例如 Lodo Arbitrale, Torino 11 July 1995, *Società X c. Società Y*, unpublished in *Frignani*, Il Franchising, 157）。此外，根据德国法律，商事代理规则也类推适用于特许经营（*Giesler and Nauschütt*, Franchiserecht, § 5 no. 91；*Küstner and Thume*, Außendienstrecht Ⅲ[2], no. 1694；*Martinek and Semler*, Handbuch des Vertriebsrechts, § 19 no. 10；Ethiccodex no. 2.2 of the German Franchise Association）。

3. 英格兰作家似乎也支持提供援助的义务（*Adams/ Jones/Hickey*, Franchising[5], 348）。在苏格兰法律中，如果没有明确表明，义务可从隐含的条款生成：*MacQueen and Thomson*, Contract Law in Scotland, chaps. 3.34 et seq.。

4. 另参见国际商会合同范本第 15 条以及欧洲道德公约第 1 条和第 2.2 条。

Ⅱ. 免额外用费

5. 国际商会合同范本在其第 15.5 条中规定："特许人应当尽合理努力，应被特许人的要求，也提供后者额外的具体培训，以满足其特定需要，以特许人规定的被特许人单独的花费，并在指定的日期和地点。"此外，根据欧洲道德公约的定义，援助是免费的：以加盟费作为交换，被特许人也有权持续的援助。此外，根据比利时法律，价金是包含在特许权使用费中的（*Verbraeken & de Schoutheete*, no. 158）。

第Ⅳ.E－4:204 条　供应

（1）当被特许人被责成从特许人处，或从由特许人指定的供应商处获得产品时，特许人必须确保被特许人订购的产品在合理的时间内被提供，只要这是可行的，并且订购是合理的。

（2）第 1 款也适用于当被特许人，虽然没有法律上责成其从特许人处或从由特许人指定的供应商处获得产品，但事实上被要求如此做的情形。

（3）双方当事人不得排除适用本条，或者减损或改变其效力。

评　论

A. 综述

本条旨在建立（根据第1款）在被特许人被迫于只能从其特许人处或从由特许人指定的供应商处获得商品或服务的情形中，特许人必须保证供应被特许人的订单在合理的时间内履行，不论供应商是特许人还是由特许人指定的第三方，只要供应的要求是合理的。

这一规定还涉及的情形是，双方当事人没有明确约定被特许人的排他性采购义务，但是被特许人事实上除了由特许人或者特许人指定的供应商提供外，没有其他供应来源——例如，当只有特许人和特许人指定的供应商提供的产品符合质量标准的要求时。根据第2款，特许人也有责任保证在合理时间内交付产品给被特许人，当存在事实上的排他性时。

B. 攸关利益和政策考虑

在特许经营中这是一个非常普遍的做法，即各方接受排他性采购条款以支持特许人。这项义务意味着被特许人的供应需要只能通过特许人或指定的供应商得到满足。

当排他采购义务的目标是确保在特许经营网络范围内发布的产品符合特许人网络的客观质量标准时，排他采购义务被证实是正当的。然而，这样的约束可能对被特许人具有非常消极的后果，当特许人或指定的供应商拒绝供货、限制要缴付的数量或者没有任何与业务有关的的正当理由延迟交付时。这一规定旨在通过确保是否供给被特许人的决定不是特许人或指定的供应商自行决定，以减少这些负面影响。

此规则可能会被视为非常繁重的义务，因为特许人有义务保证被特许人在合理的时间内获得要求的供应，即使当在被特许人销售合同中的另一方当事人不是特许人，而是由特许人指定的另外的供应商时。此规则的理由是，当被特许人授予特许人排他性权利时，作为回报，前者应该获得一些优势。

然而，义务被限于回应合理的订购，保证交付。合理性要求的目的是保护供应商防止被要求交付事实上并不能够使被特许人运营业务的产品的供应订单。存在一些超过被特许人通常会根据合同以及被特许人的实际供应需要订购的订单。此外，特许人只是必须保证交付，考虑到供应商的供应能力，只要这样做（对特许人或对指定的供应商）是可行的。

产品的及时交货最终对双方都是有利的。充足的货源使被特许人继续运营分销业务，而与此同时，就被特许人来说，防止购买竞争产品的诱惑，以满足其供应的需要。被特许人这样的反应会对特许人和其他被特许人产生风险，因为它可能会改变特许经

营网络内产品的统一质量。

C. 指定的供应商

作为特许人限制被特许人商业自由的特权，责成后者购买选定的供应商的产品对应的当事人，特许人是有责任保证指定的供应商在合理时间内提供被特许人其订购的产品，只要这些订单是合理的。

D. 可行性

被特许人有权利要求供应订单的履行，只要对特许人或指定的供应商来说，以他们的实际供应量资源，满足这种需求是可行的。如果供应商意外遇到一个不可逾越的障碍，履行或完成这项义务会造成不便或者造成供应商一方的开支会大幅度地增加而与被特许人的要求不相称时，供应也是不可行的。

E. 合理的订购

为了评估订单是否是合理的，合同的性质和目的、案件的情形和涉及的行业或专业的惯例和实务，必须予以考虑（参见第Ⅰ－1:104条（合理性）中的定义）。在这方面，被特许人是否寻求特许经营合同要求的交付产品的质量、数量和方式，使被特许人能够适当地经营分销活动是特别有关的，并且订单是否在特许经营合同的范围内也是特别有关的，即被特许人要被提供受特许经营的产品。特殊的市场条件可能可以证实那些超过被特许人正常供应需求的要求的正当性。

F. 事实上的排他性

第2款涉及双方当事人没有明确商定排他采购义务，但是存在一个事实上的排他性的情形。此情形是，当被特许人实际上没有任何其他供应商提供的可能性，因为例如其他供应商不符合特许人规定的质量标准，或者不可能在市场上找到受特许经营的产品。其他的例子是，由特许人所提供的产品更好的价格已经让被特许人从特许人处排他性地购买的情形；或者被特许人从他们的关系开始之时，已经从特许人处排他性地购买，而事实上排他销售关系形成的情形。

G. 规则的特性

这是一项强制性规则；双方当事人没有另行商定的自由。

注　释

一般情况下

1. 被特许人只能从特许人处或从指定的出售人处购买某些商品的规定，在特许经营合同中

是相当普遍的（另参见国际商会合同范本第 18.1 条）。

2. 只有根据比利时法律，似乎存在与本条类似的规则（*Verbraeken & de Schoutheete*, no. 153）。至于其他法律制度，在立法、判例法或法律著作中没有发现这项规则。

3. 根据西班牙法律，不存在类似规则，虽然判例法承认排他产品供应作为合同义务。当特许人无法提供的商品或者当商品有缺陷时，合同关系可能会被终止（CAValencia 21 May 1993, AC 1993\1024）。

第Ⅳ.E－4:205 条　在履行期间由特许人提供的信息

告知义务要求特许人，尤其提供被特许人有关信息：

(a) 市场条件；

(b) 特许经营网络的贸易结果；

(c) 产品的特点；

(d) 产品供应的价格和条件；

(e) 再供应产品给客户的任何建议的价格和条件；

(f) 在区域内特许人和客户之间的相关沟通；以及

(g) 广告活动。

评　论

A. 综述

由第Ⅳ.E－2:202 条（在履行期间的信息）规定的告知义务由本条进一步阐述。

本条包括特许人提供信息的义务（无须被特许人的要求）和具体规定通常应予以披露的信息类型。告知义务除了沟通专有技术或提供援助外，含有更多的内容。它是指涉及特许经营业务开发的所有相关数据，比如涉及市场、研究项目、业务方法改进或商业结果的一般信息。所要求信息的清单并不详尽。

在某些情形下，让被特许人承担要提供的具体信息的费用，这对特许人可能是合理的。

B. 攸关利益和政策考虑

双方当事人都对保持被知会有关他们履行的事实和发展具有利益。这可以使他们的履行更容易和更成功。整个特许经营网络的信息的相互交流也有利于整个网络：它将会使业务方法得到不断改进。

这一规定是为了保证被责成根据特许人的理念进行特许经营业务的被特许人，被

提供将使其义务得到适当履行的与特许人的业务有关的所有信息。这项义务也使得其满足特许人的利益，因为通过提供此类信息，特许人保证所有被特许人以统一的方式经营业务，并满足质量规范。

C. 必要的信息

被特许人必须及时被提供其为适当运营特许经营业务所需的所有信息（第Ⅳ.E-2:202条（在履行期间的信息））。

尤其是，要提供的信息通常包括以下特点的披露：

市场条件。这主要是涉及竞争状态和需求状况的更新信息。

特许经营网络的贸易结果。特许人的福利和成功的方法要求所有的网络系统成员以统一的方式运作。这意味着被特许人预期利润的实现，不仅取决于其孤立的努力经营的特许经营网点，而且也取决于其他被特许人的商业努力。因此，每个被特许人的个自商业活动影响特许经营网络其他成员具有的经营成果。其他成员是否取得积极或消极的贸易结果的信息，是系统是否适当运作的一项指标。

这项义务间接对每个被特许人规定告知特许人关于个自贸易结果的义务，但在任何情况下，这是特许经营的普遍做法，因为持续的付款一般是在每个被特许人实现利益的基础上计算。

产品的特性。被特许人在分销渠道中是中介身份，因为他们承担将特许人的产品传给消费者的义务。此类产品的有关信息在特许人手中。事实上，这是由特许人建立的质量标准，这些质量标准都可以通过向消费者提供的产品得到满足。被特许人的合同义务的适当履行，要求在被特许人作为分销商执行其任务期间，有关提供给第三方的产品和服务的充足和准确的认知。因此，特许人应该提供被特许人有关要分销的货物和服务的特点的更新的信息。

销售产品的价格和条件。特许经营合同一般含有卖方（特许人）与买方（被特许人）约定产品销售要如何展开的条件的规定。其中之一就是销售价格。由于特许经营协议一般为长期性的特点，这些条件可能会在关系发展过程中发生改变。如果是此类情形，是由特许人，作为产品的供应商从而获得该信息之人，告知被特许人。

对转售产品的任何建议的价格和条件。除了特许人与被特许人之间缔结的销售合同，另外还存在一个销售合同。就是订立于被特许人和消费者之间的、为了转售产品的销售合同。通常特许人建议消费者要承担何种价格。被特许人将尊重该建议，以确保在市场上的竞争地位，并与整个网络的价格政策和广告活动保持一定的和谐，最终有利于所有被特许人。

在区域内与消费者的有关沟通。特许人与被特许人网点所在之区域内消费者的任何接触，该接触可与各个被特许人运营的业务有关（例如消费者的喜好，预期需求的变化），都要与被特许人沟通。

广告活动。被特许人展开业务中的成功取决于网络声誉的维护，该声誉是通过广

告使消费者得知的。特许人负有确保适当广告策略和协调网络成员宣传活动的义务（第Ⅳ.E－4:207 条（网络声誉和广告））。该项义务必然意味着提供被特许人有关特许人采取的广告行为的信息，特别是关于那些没有涉及地方一级被特许人参与的行为。

D. 无形式要求

不存在有关该项义务必须以何种方式履行的形式要求，例如：书面的。然而，在实践中，这些信息一般都会以书面形式提供。

注　释

特许人告知其被特许人的义务

1. 没有任何成员国的法律制度存在一项对特许人在履行期间提供给被特许人信息的法定义务。然而，在大多数法律制度下，该项义务被法律作者认为是包括在合作义务中，或者遵循诚实信用学说。在本条提到的项目出现在大多数的法律制度的判例法和法律文献中（参见荷兰法律：*van der Heiden*, Franchising, 59 et seq.；英格兰法律；芬兰法律；德国法律：*Giesler and Nauschütt*, Franchiserecht, § 5 nos. 123, 165, § 8 no. 18; *Martinek and Semler*, Handbuch des Vertriebsrechts, § 19 nos. 60－67；希腊法律：CFI Athens 1733/2000 DEE 7/2000 746 with annotation by *Kostakis*；意大利法律：例如 Lodo Arbitrale, Torino 11 July 1995, *Società X c. Società Y*, published in: *Frignani*, Il Franchising, 157；葡萄牙法律：*Pestana de Vasconcelos*, O Contrato de Franquia, 32）。

2. 此外，根据德国法律，商事代理法（商法典第 86a 条第 2 款）也通过类比的方式适用于特许经营（*Giesler and Nauschütt*, Franchiserecht, § 5 nos. 123, 165, § 8 no. 18; *Martinek and Semler*, Handbuch des Vertriebsrechts, § 19 nos. 60－67）。

3. 然而，根据法国法律，该项义务遵循基于诚实信用的协助义务。另参见国际商会合同范本第 11 条和第 15.7 条。

4. 根据西班牙法律，不存在有关在履行期间提供信息的义务的明确规定，但它可能从特许人给予被特许人持续的技术援助和商业援助的特许人履行的根本内容处推断出（CA Madrid 6 November 2007, AC 2008\81，正如特许规则第 2.1 条 c 分段的规定）。根据 *Domínguez García*（在 *Bercovitz*, Contratos Mercantiles, 602 中），尤其包含了与特许人开发研究相关的任何商业信息，以便产品具体化、营销或宣传技术、商业宣传活动等。该项义务也源于诚实信用原则（民法典第 1258 条和商法典第 57 条）以及作为商业间合作的合同的特许经营的特质。

第Ⅳ.E－4:206 条　供应能力下降的警告

（1）当被特许人被责成从特许人处或从由特许人指定的供应商处获得产品时，特许人必须在合理时间内向被特许人发出警告，当特许人预计其供应能力或指定供应商的供应能力将显著小于被特许人曾有理由期待的。

（2）为了达到第一款的目的，特许人被推定预见什么是特许人可以合理地被预期预见的。

（3）第1款也适用于，虽然没有法律上的、从特许人处或从由特许人指定的供应商处获得产品的责任，被特许人事实上被要求这样做的情形。

（4）双方当事人不得以损害被特许人，排除适用本条，或者减损或改变其效力。

评　论

A. 综述

这项规定涉及的情形是，被特许人被责成只能从特许人处或从由特许人指定的其他供应商处购买合同产品的情形。该规则规定，当特许人预见其供应能力或其授权供应商的供应能力有一个显著的减少时，在此类情形下特许人必须提醒被特许人。这项义务并不涉及可以由被特许人合理期望的特许人的供应能力或授权供应商的供应能力的跌幅。然而，它关注的情形是，供应商的供应能力比被特许人曾有理由期望的发生显著减少的情形。

第2款规定特许人被推定预见特许人可以合理地被预期预见的。

第3款扩展了在特许经营关系中对特许人的义务，即使双方当事人没有约定排他采购的合同义务，被特许人事实上有义务在排他的基础上从特许人处或从授权供应商处购买。

B. 攸关利益和政策考虑

排他采购义务意味着，被特许人不被允许找到除特许人或指定供货商供应源外的其他供应来源。最终，这意味着，被特许人完全依赖于特许人的和授权的供应商的供应能力。因此，即使当特许人或授权的供应商无法提供在特许经营业务中涉及的产品时，被特许人也不得接触其他供应商。

在此类情形下，这一规定旨在保护被特许人。其目的是避免因为供应商由于供给能力的下降无法提供所需用品，从而使被特许人继续经营业务成为不可能的情形。由

于特许人的警告,被特许人将调整新的供应能力使能够适应客户的需求。特许人必须在合理时间内向被特许人发出警告,使后者可以迅速作出反应。

这项义务可能被视为特许人的负担。然而,这项严格的义务被证实是正当的,因为是特许人强加于被特许人从其选定的供应商处排他性地购买的义务。此外,这一义务并不是不合理的负担,因为特许人并不必须提供被特许人为什么供给能力将发生变化的原因,并且还存在对特许人义务的两个限制:(1)供给能力的下降必须被预见到(或者考虑到推定,至少是可合理预见的)和(2)减少不能由被特许人合理地预期。

这一警告义务也是符合特许人的利益的。如果警告在提前足够长的时间内发出,被特许人将能够适应新的供应情况,并找到避免使客户由于没有被提供他们所期望的产品而产生的失望的解决办法。因此,特许人的声誉将不会受到负面影响。

C. 供应能力

特许人的供应能力或指定供应商的供应能力,涉及被特许人已经订购的或被特许人通常订购的类型产品的可供支配性。

D. 指定供应商

根据这一规定,特许人被责成警告被特许人,当其预见到选定的供应商的供应能力将明显比被特许人曾有理由期望的少。

E. 合理的时间

原则上,警告必须提前足够的时间发出,以便让被特许人有所反应并适应新的供应量。要评估什么是合理的,合同的性质和目的、案件的情形和涉及的行业或专业的惯例和实务,应予以考虑(参见第Ⅰ－1:104 条(合理性)中的定义)。

F. 显著下降

当供应能力将大大低于预期时,特许人必须提醒被特许人。因此,在当有轻微或暂时的供应障碍时,没有义务生成。

G. 被特许人的期望

被特许人通常会期望从特许人处或从指定的供应商处被提供购买的产品量,和从充分运营其业务的角度,符合被特许人对供应的需求。

H. 事实上的排他性

第 3 款相当于把双方当事人已经明确约定排他购买义务的情形,等同于没有明确协议但仍然存在事实上的排他性的情形。此类情形就是,当被特许人实际上没有从其他供应商处购买的可能性时,因为没有人符合由特许人规定的质量标准,或者因为不

可能在市场上找到特许经营标的的产品。

I. 规则的特性

这是一项强制性规则；双方当事人没有另行商定的自由。

注　释

一般情况下

1. 本条规则来于 Directive 86/653/EEC 第 4 条第 2 款(b)项。它可以被认为是提供信息义务和合作义务的具体实例。根据所研究的成员国法律制度，没有发现与特许经营有关的涉及该义务的具体信息，虽然有些时候，认为西班牙法律属于此类情形，它可能源自诚实信用的通用原则。

第Ⅳ.E－4:207 条　网络声誉和广告知识产权

(1)特许人必须作出合理的努力，以促进和维持特许经营网络的声誉。

(2)尤其是，特许人必须设计和统筹旨在促进特许经营网络的合适的广告活动。

(3)要采取的促进和维护特许经营网络声誉的活动，不得向被特许人收取额外费用。

评　论

A. 综述

根据这一规定，特许人必须作出合理的努力，以促进和维护网络。这些努力包括维护与特许经营业务相关的知识产权的良好信誉。以同样的方式，它要求克尽职守，保证专有技术是更新的并与相关情形相符。维持这样一个共同声誉也取决于统一性保持的程度。这种一致性实现于网络内的所有成员遵循的共同准则进行业务。所有这些方面，根据这一规定，属于特许人的控制之下。此外，特许人必须积极推进业务。

第 2 款强调广告，作为维护网络良好信誉的至关重要的活动，其重要性显著。由于特许经营的成功在很大程度上取决于方案和商标的吸引力，特许人必须作出合理的努力，通过广告活动，促进特许经营连锁。广告投放力度——其成本由特许人承担(第 3 款)——指向由网络成员遵循的设计和协调的活动。

本条不包括由作为一个独立企业的被特许人发起的广告活动，和那些旨在促进被

特许人在当地的网点的广告活动。

B. 攸关利益和政策考虑

与消费者有关的特许人商业方式的声誉和形象，吸引有兴趣采取相同模式的企业，以获得一个赚取利润的更高的可能性。特许人和被特许人的特许经营业务的经济效益取决于其在消费者中维护良好的网络声誉和形象。因此，双方当事人的活动将着眼于维护网络的良好的信誉。

由于特许人的地位是，对与经营理念有关的知识产权和专有技术进行控制，尤其是对网络成员的活动进行控制，因此特许人投入合理的努力来促进和维护网络良好的信誉，尤其是保证网络中被特许人的统一运作的商业方案。

维护网络的良好声誉，必然需要特许人开展足够的促销活动，与其所有的被特许人协调，以保证在公众心目中的一个公共的形象。

这一义务，可能对特许人显得很繁重，在实践中可能没有这样的负面影响。通常发生的是，特许人不愿意给予被特许人就促进特许经营业务很大的自由裁量权。这样做的原因是，系统的统一和信誉良好的形象通常是通过广告使客户知道的。因此，合同中一般都含有特许人承担控制促销活动的义务的条款。

C. 合理的努力

特许人被要求作出合理的努力，保证维护特许经营网络的良好声誉。要评估什么是合理，合同的性质和宗旨、案件的情形和涉及的专业或贸易的惯例和实务，以及其他事项，应予以考虑（参见第Ⅰ-1:104条（合理性）中的定义）。

D. 适当的广告活动

适当的广告宣传活动主要是指，在国际、国家或地区级，旨在在总体水平上促进特许经营业务的广告活动。由特许人发起，此外，其有责任保证网络的所有成员一致遵循活动。

有些广告活动可能需要在地方一级的被特许人的参与。被特许人必须参加特许人在地方上推出的广告活动，只要这些活动是合理的。

E. 无须额外费用

根据该条，促进和维护网络声誉的成本由特许人支付。换句话说，被特许人必须支付的由特许人推出的广告活动的贡献，被认为包括在被特许人的按期付款中。如此之设计，是为了防止以广告费用为幌子，而失控的和单方面通胀特许权使用费。因此，它的目的是保护被特许人，使其不必支付广告费用，除非合同中明确说明必须支付，并且被特许人在先合同阶段适当获悉此事。

此规则例外的情形是，被特许人必须参加在地方一级由特许人推出的广告活动。

如此情形，当地的广告费用要由被特许人承担，只要价格是合理的。

注　释

Ⅰ. 合理的努力以促进和维护网络的声誉

1. 这一义务已由大部分成员国法律制度接受。然而，其法律基础和特性，各国均有所不同。

2. 在一些法律制度中，该项义务已为法律作者所接受（荷兰法律：*van der Heiden*, Franchising, 87；法国法律：*Dutilleul and Delebecque*, Contrats civils et commerciaux[5], no. 955；*Ferrier*, Droit de la distribution[3], no. 691；葡萄牙法律：*Ribeiro de Sousa*, Contrato de agencia (2000), 161 et seq.；西班牙法律：*Hernando Giménez*, El Contrato de franquicia de empresa, 278；*Bercovitz*, Contratos Mercantiles, 602）。在希腊法律下，情形似乎是相同的。另参见国际商会合同范本第15.7条。

3. 根据德国法律，该项义务可以从诚实信用学说中推断出（民法典第242条；*Giesler and Nauschütt*, Franchiserecht, § 5 nos. 143 et seq.；BGHZ 136, 295）。

4. 根据芬兰法律，不存在这样的具体规则；在英格兰和苏格兰法律中，出现的情形相同。英格兰法律只承认："……特许人必须能够采取必要措施，维护承担其企业名称或符号的网络的身份和信誉"，因此结束之措施并不侵犯欧共体条约第81条（*Halsbury's* Laws of England XLⅦ, para. 429）。

Ⅱ. 广告

5. 没有任何法律制度存在这样的一项特定的法定义务。

6. 然而，根据葡萄牙法律，这项义务是从维持网络声誉的义务中推断出的（*Ribeiro de Sousa*, Contrato de agencia (2001), 196）。此外，根据荷兰法律，下级法院已经承认了该义务（*Praktijkgids*, 1998, 105－106）。

7. 根据比利时法律，这项义务包括在援助义务中（*Verbraeken & de Schoutheete*, no. 151 (c)）。在西班牙，特许人设计和开发活动以促进被特许经营的品牌的义务，对被特许人没有任何额外的成本，为判例法所承认（CA Girona 11 October 2006, BDA JUR 2007\140527）。

8. 大多数的合同范本包括了这方面的明确的合同条款。（国际商会合同范本第15.6条和第15.7条；英格兰：*Adams/Jones/Hickey*, Franchising[5], para. 6.4；德国：*Martinek and Semler*, Handbuch des Vertriebsrechts, § 19 no. 10；意大利：*Frignani*, Il Franchising, 291）。

Ⅲ. 费用

9. 根据比利时法律，有时这些费用被视为被列入加盟费用中，而在其他情形下，被特许人可能会要承担这些费用（*Verbraeken & de Schoutheete*, no. 158）。

10. 根据国际商会合同范本第16.1条，被特许人必须支付其季度销售总额的一定比例，以贡献特许人的与业务相关的促销活动。似乎特许人必须承担最初的广告活动费用（第15.6条）。

第三节　被特许人的义务

第Ⅳ.E－4:301 条　加盟费、特许权使用费和其他定期费用

（1）被特许人必须支付加盟费、特许权使用费或合同中约定的其他定期费用。

（2）如果加盟费、特许权使用费或任何其他定期费用是由特许人单方面确定的，那么第Ⅱ－9:105 条（由一方单方面确定）适用。

评　论

A. 综述

在实践中，特许经营合同各方当事人普遍约定首期付款，其被视为进入特许经营网络的准入费。它通常是一个固定的数额，基本上涵盖特许人的初始培训费用和招聘成本。此外，各方当事人还约定按期支付特许权使用费，这是在整个契约关系存续期间要支付的，以换取持续开发业务、特许人提供的持续援助等。这一规定清楚了列明了被特许人支付、特许权使用费和按期付款的义务。

然而，当合同表明这些费用是由特许人单方面确定的（在稍后阶段）和特许人的定价是不合理的，那么按照第Ⅱ－9:105 条（由一方单方面确定）合理的价格由法律所取代。

B. 攸关利益和政策考虑

在众多的特许经营关系中，不得在合同缔结之时为整个存续期限建立定期费用。有时甚至不可以事先建立一个客观的机制。在这些情形下，可以合理地接受合同的有效性，将其一项条款的确定，甚至是重要如定期费用的条款，留给了一方当事人，往往是特许人一方。但是，法律必须密切监察特许人这种自由裁量权的使用，特别是当特许经营合同让被特许人经常严重依赖（大量投资的结果）契约关系的连续性的情形中。

在特许人滥用其自由裁量权的情形下，本条提供被特许人强有力的保障：不合理的条款的法律效力是无效的（也许作为整个合同无效的结果），而根据法律代用合理的条款予以替代。特许人如果不希望以这些合理的条款继续契约关系，那么它除了结束关系外没有其他选择。然而，在此类情形下，必须遵守第一章中所载之规则。特别是，必须给予合理的通知。

这项强有力的保护是必要的，以避免特许人有效地结束特许经营，而无须给予合理的通知，而是简单地通过不合理地提高费用，从而迫使被特许人结束关系的情形。

C. 与其他规定的关系

本条适用——特别是有关加盟费、特许权使用费或在特许经营合同中的任何其他定期支付——第Ⅱ-9:105 条（由一方单方面确定）中有关所有合同中的价格和任何其他合同条款的规则。本条的目的是确保任何由特许人单方面建立的加盟费、特许权使用费或任何其他按期支付，由该普遍条文所规定的政策管辖。适用该特定条款的额外理由是，不合理的单方面决定费用是特许经营关系中最经常出现的问题之一。因此，一项清晰而具体的规定是适当的。

D. 特许权使用费和按期支付的计算

特许权使用费和定期支付经常基于被特许人的季度销售总额计算。由于这些款项将定期在整个关系过程中作出，因此它们通常由特许人增加以适应通货膨胀下的价格和其他情形（例如，增加生产成本、增加特许经营公司股份的价值、改善系统）以及被特许人。该合同可能会提供一个机制或标准来确定定期数额的变化。

注　释

Ⅰ. 支付加盟费、特许权使用费或其他定期支付

1. 在大多数成员国法律制度中，其为判例法、法律作者或合同范本所接受，即被特许人必须支付入场费和随后的特许权使用费或其他定期付款（比利时：*Verbraeken & de Schoutheete*, no. 158；法国：*Ferrier*, Droit de la distribution[3], no. 695；*Huet*, Les Contrats spéciaux[2], no. 11621；芬兰；希腊：*Georgiades*, New contractual forms of the modern economy[3], 203；*Alepakos*, Legal issues of the franchise agreement, 936；*Voulgaris*, NoB 1998, 897, 902；意大利：*Frignagni*, 291；荷兰：*van der Heiden*, Franchising, 60 et seq.；葡萄牙：*Ribeiro de Sousa*, Contrato de agencia (2001), 184；*Pestana de Vasconcelos*, O Contrato de Franquia, 34；瑞典（SOU 1987:17, 57））。在西班牙，当事人各方可以自由建立任何支付系统，然而最常见的一种包含了支付入场费给特许人以及如约定的定期支付，例如就获得的利润的付款（*Bercovitz*, Contratos Mercantiles, 596）。另参见 ECE 第 1 条；国际商会合同范本第 20 条、第 21 条。

Ⅱ. 单方面决定加盟费、特许权使用费和其他定期支付

2. 如果由特许人单方面确定加盟费、特许权使用费和其他定期付款，在大多数的法律制度中，这样的价格由合理的价格所取代，如果确定的那个是不合理的（英格兰：*Adams/Jones/Hickey*, Franchising[5], para. 542；德国：民法典第 315 条Ⅲ款第 2 项）。有关民法典第 305 条的不平等合同条款不可适用，即使有关决定的条款表述在一般商业条款内（*Giesler and Nauschütt*, Franchiserecht, § 9 nos. 22, 23；另参见民法典第 307 条Ⅲ款）。

3. 根据芬兰法律规定，在合同中的任何不公平条款可能会被合理的条款替换，根据普遍条款（合同法第36条）。

4. 在少数法律制度下，由于法律禁止只由当事人之一建立价格，因此如果它包括一个由特许人单方面确定的不合理的价格，那么合同是无效的。对于西班牙，参见民法典第1449条，以类比的方式适用。

第Ⅳ.E－4:302条　在履行期间由被特许人提供的信息

在第Ⅳ.E－2:202条（在履行期间的信息）下的义务要求被特许人尤其是提供特许人有关如下信息：

（a）由第三方提出的或威胁的有关特许人知识产权的索赔要求；以及

（b）特许人之知识产权由第三方的侵犯。

评　论

A. 综述

作为特许人尽合理的努力确保与特许经营业务的运营有关的知识产权不受干扰的使用的义务的相对方，被特许人根据本规定被要求告知特许人，如果被特许人得知由第三方提出的有关特许人知识产权的索赔或者由第三方侵犯有关特许人知识产权——这将主要涉及由位于被特许人运营的当地市场的第三方的索赔和侵权。该项信息义务的清单并不详尽。

B. 攸关利益和政策考虑

双方当事人都对持续被知会涉及与他们的履行相关的事实和发展具有利益。这可以使他们的履行更容易且更成功。整个特许经营网络的信息相互交换也有利于整个网络：这将会使得业务方法不断改进。

然而，本条款缓和了被特许人告知义务的负担，因为在大多数情况下，仅此信息与特许经营网络的正常运作相关。

注　释

被特许人的告知特许人的义务

1. 根据法律的观点，比利时法律中存在这样一项义务（*Verbraeken & de Schoutheete*, no.

160）。根据法国法律，被特许人有继续保护知识产权的义务；告知特许人由第三方的侵犯和由第三方提出的或威胁的索赔的义务，可被认为是这项义务的一部分（*Dutilleul and Delebecque*, Contrats civils et commerciaux[5], no. 955；*Ferrier*, Droit de la distribution[3], no. 701）。在其他法律制度中，没有发现具体的内容。

2. 根据西班牙法律，不存在关于这一义务的具体规定。然而，这样的合同条款是有效的。关于这个问题的唯一规定在西班牙法律中涉及租赁（民法典第 1559 条），其责成承租人告知出租人由第三方对出租的商品的任何断言的权利或提出的索赔。

第Ⅳ.E－4:303 条　商业方法和指示

（1）被特许人必须作出合理的努力，按照特许人的经营方式经营特许经营业务。

（2）被特许人必须遵照特许人的有关业务方法和维护网络的声誉的合理指示。

（3）被特许人必须合理注意，不损害特许经营网络。

（4）双方当事人不得排除适用本条，或者减损或改变其效力。

评　论

A. 综述

被特许人有义务按照特许人的方法进行业务。这种方法通过一个业务包传达给被特许人，其中包括知识产权、专有技术和援助。本规定的目的是保证特许经营业务的统一运营和保护特许人的商业价值。换句话说，被特许人不仅有权从特许人处获得知识产权、专有技术和援助，而且也有义务根据特许人的业务方法使用知识产权、专有技术和援助。

此外，被特许人必须遵循由特许人提供的有关进行特许经营系统方法的指示，只要这些指示是合理的，以保证系统的正常运作。

B. 攸关利益和政策考虑

此规则的目的是，保证网络内的所有被特许人遵循知识产权、专有技术，以及通过提供援助所得的知识。网络中的这种保护是必不可少的，无论是对特许人还是对被特许人，他们依赖于商标的经济实力和分享因保护特许经营网络的形象和声誉的共同利益。

除了遵循特许人的商业方法的一般义务，被特许人还被要求根据第 2 款遵循可能在关系存续期间经常由特许人提供的指示。除非被特许人遵循这些指示，否则维护质量标准和特许经营网络的统一性可能会无法实现。

这项义务是对被特许人在其业务管理中作为一个独立的企业的利益来衡量的。因此，其必须遵循特许人的方法和指示，只要它们并不阻碍被特许人的独立性。

C. 指示

除了指示是合理的，指示还必须对保证维护特许人的方法所要求的质量标准是有必要的；它们必须不改变知识产权、专有技术和援助所阐明的方法，以及它们必须不妨碍被特许人作为一位独立的企业经营者的法律身份——被特许人可就他认为合适的方式来安排其活动和使用其时间。

D. 合理的谨慎，不损害特许经营网络

虽然确保特许经营网络的声誉是对被特许人自身利益的保护，这一规定强调，对特许经营网络福利的重要性，避免被特许人任何可能会破坏特许经营体系形象的不当行为。因此，被特许人被明确要求采取合理的谨慎，不损害网络。

E. 规则的特性

这是一项强制性规则；双方当事人没有另行商定的自由。

注　释

Ⅰ. 合理的努力以按照特许人的业务方法经营

1. 在大多数法律制度中，该项义务已经由判例法或法律作者所接受（奥地利：*Holzhammer*, Allgemeines Handelsrecht, 103；*Krejci*, Grundriss des Handelsrechts, 404；比利时：*Verbraeken & de Schoutheete*, no. 159 (b)；芬兰；法国：*Dutilleul and Delebecque*, Contrats civils et commerciaux[5], no. 955；*Ferrier*, Droit de la distribution[3], no. 696；*Huet*, Contrats spéciaux[2], no. 11623；德国：*Giesler and Nauschütt*, Franchiserecht, § 5 no. 160；荷兰：*Barendrecht and Van Peursem*, Distributieovereenkomst, 114；NFV Model Franchise Agreement 第4条和第10条；国际商会合同范本第10.1条；欧洲道德公约第2.3条；英格兰：*Adams/Jones/Hickey*, Franchising[3], Model Franchise Agreement 1, art. 7.7）。

2. 西班牙法律缺乏就此事的具体规定。然而，经营特许经营的义务可以以类推的方式从民法典第1555条第2款关于租赁和在商业关系中的恪尽职守和诚实信用的一般责任（商法典第57条）中推断出。

Ⅱ. 遵循指示的义务

3. 这项义务由各种法律制度的判例法或法律作者所接受（比利时：*Verbraeken & de Schoutheete*, no. 159 (b)；法国：*Dutilleul and Delebecque*, Contrats civils et commerciaux[5], no. 955；*Huet*, Les Contrats spéciaux[2], no. 11623.3；国际商会合同范本第10.7条；英格兰：*Adams/Jones/Hickey*, Franchising[3], Model Franchise Agreement 1, art. 7.21）。

4. 根据德国法律，大多数法律作者和法院以类推的方式适用商法典第 86 条于特许经营。根据这一规定，商事代理人必须遵循委托人的合理指示（BGH NJW 1984，2102；*Koller/Roth/Morck*，HGB[2]，Pref. to § 84 nos. 10，11；MünchKomm，HGB，§ 86，no. 3）。

5. 根据西班牙法律，代理人法第 9.2 条(c)分款责成代理人遵循委托人的指示，只要指示不影响代理人的独立性，该分款可以以类推的方式适用。然而，特许人不得干涉被特许人排他性能力的领域：这类行为将被视为违反了自由市场和商业诚信（不正当竞争法第 5 条）。

Ⅲ. 合理的注意不损害特许经营网络

6. 根据一些法律制度，该项义务由判例法和法律作者所认可（法国：*Dutilleul and Delebecque*，Contrats civils et commerciaux[5]，no. 955；*Huet*，Les Contrats spéciaux[2]，no. 11621.1；意大利：以共同标准运营的被特许商们使用特许人的商业符号，可能会造成与他们相连的形象的抹黑，并可能因此不仅损害特许人，而且损害整个网络。关于被特许人就损害特许人"商业形象"承担责任的判例法是相当罕见的。例如：Trib. Milan 23 November 1994，Giur. it.，1996，I，2，382（note *Cipriani*，Sul danno all immagine del "franchisor"）；葡萄牙法律：*Ribeiro de Sousa*，Contrato de agencia（2000），161 et seq.；国际商会合同范本第 10.7 条、第 10.11 条；欧洲道德公约第 2.3 条；英格兰：*Adams/Jones/ Hickey*，Franchising[3]，Model Franchise Agreement 1，arts. 7.38 and 7.55）。

7. 根据西班牙法律，不存在类似的规定。但是，它可能源于诚实信用的原则和以良好的商业尽职行为的要求（商法典第 57 条）。

第Ⅳ.E-4:304 条　检查

（1）被特许人必须让特许人合理的访问处所，使特许人能够检查被特许人是否遵守特许人的商业方法和指示。

（2）特许经营必须授予特许人合理的查阅被特许人的会计账簿。

评　论

A. 综述

本条文对被特许人规定了允许特许人进入被特许人的处所，检查被特许人是否遵守特许人商业方法的质量标准以及特许人给予的有关被特许经营的业务的指示的义务。

根据第 2 款，被特许人也被要求允许合理的查阅会计账簿。

B. 攸关利益和政策考虑

检查对特许人是一种有效的方式，以检查被特许人是否按照特许人提供的并且必

须由被特许人遵守的指导方针管理特许经营业务，以维护网络的共同形象和声誉。因此，它间接地对其他被特许人是有益的。

特许人被授予查阅被特许人会计账簿的权利，只要这是必需的，以确定被特许人在运营业务时的实际结果，此将允许特许人确定要由被特许人持续支付的数额。

这项特许人的权利是规定用以对抗被特许人作为一位独立的企业经营者组织其业务的权利。因此，作为控制活动的检查是要被特许人允许的，尽管，其在由被特许人的独立地位所施加的范围内限制进行。

C. 检查

检查是由特许人行使的、涉及被特许人采取的经营业务的控制活动。检查是通过访问被特许人的处所进行的，以检查被特许人是否在其位按照特许人的方法和质量标准进行业务，以及通过查阅被特许人的会计账簿进行。

D. 合理的访问

本条所指“合理的”，是要由通常标准（参见第Ⅰ-1:104条（合理性）中的定义）判断的。显然，检查不应该在夜间发生或者每周进行五次。合理的访问必须发生在正常的工作时间并以正常的频率发生，更普遍地，只要以这种方式来保证该业务是按照特许人的业务方法进行是必要的。此外，会计账簿的检查工作是被允许的，只要其对评估被特许人的业务结果以确定持续的支付是有必要的。

注　释

Ⅰ. 有权检查被特许人的处所

1. 在大多数法律制度中，这项权利是由判例法或法律作者所认同，或者包含在合同范本中（比利时：*Verbraeken & de Schoutheete*, no. 165；芬兰；法国：*Dutilleul and Delebecque*, Contrats civils et commerciaux[5], no. 955；意大利：*Frignani*, Il Franchising, 117；荷兰：Kneppers（-*Heynert*），15 et seq.；比照 NFV Model Franchise Agreement 第20条第1款；葡萄牙：*Ribeiro de Sousa*, Contrato de agencia（2001），191；西班牙：TS 4 March 1997 RJ 1997/1642；*Echebarría Sáenz*, El contrato de franquicia, 378；*Hernando Giménez*, El Contrato de franquicia de empresa, 280 et seq.；国际商会合同范本第10条第13款；ECE 第2.3条）。

2. 根据西班牙法律，检查特许人处所的权利，源于技术和商业援助的义务，通过该义务，特许人行使监督被特许人活动的权利，以保护品牌的统一形象。但是，特许人合法控制权利的行使必须不至于对被特许人的独立性形成干扰（通过类比：代理人法第9.2条（c）分款）。

3. 根据德国法律，这一义务在某些情形下是从诚实信用推断出的（*Giesler and Nauschütt*, Franchiserecht, § 5 no. 165；*Martinek and Semler*, Handbuch des Vertriebsrechts, § 19 no. 12）。

Ⅱ. 查阅账簿

4. 根据法国法律，作者认识到这项义务，并认为是特许人的检查权的一部分（*Dutilleul and*

Delebecque, Contrats civils et commerciaux[5], no. 955)。

5. 根据希腊法律,被特许人必须提供特许人全面的财务数据和客户文件(CFI Athens 1733/2000 DEE 7/2000 746 with annotation by*Kostaki*)。根据比利时法律,被特许人必须提供特许人所要求的财务数据。然而,目前还不清楚是否特许人可以查阅特许人的账簿(*Verbraeken & de Schoutheete*, no. 165)。

6. 根据西班牙法律,从按照商定的标准支付价格的义务中,评论家往往推断出告知义务,更具体地,清账义务(商法典第 243 条)。由于被特许人必须告知特许人销售量或收益量以建立定期支付,因此特许人应该有权利验证这些信息(Hernando*Giménez*, El Contrato de franquicia de empresa, 282)。然而,由于商法典第 32 条第 1 款规定了会计保密,这项原则的违反应当通过适当的合同条款约定。此外,特许人有义务给予被特许人查阅账簿的事先通知,以及有义务对待获得的任何信息如同机密信息;揭示账簿内容,可能会导致对所造成损害的责任,例如民法典第 1902 条。

7. 特许人查阅被特许人账簿的权利包括在欧洲道德公约第 2.3 条中。至于其他法律制度,没有发现具体信息。

第五章　分　　销

第一节　一般规定

第Ⅳ.E－5:101条　范围和定义

(1)本章适用于一方(供应商),同意持续供应另一方(分销商)产品,分销商同意购买之,或者获取和支付之,并且将之以分销商的名义代表分销商供应给其他人的合同(分销合同)。

(2)排他性分销合同是供应商同意只给在某一区域范围内的一位分销商供应产品或者给一定的消费群体提供产品的分销合同。

(3)选择性分销合同是供应商同意只给基于制定的标准被选定的分销商,直接或间接地供应产品的分销合同。

(4)排他性采购合同是根据分销商同意只从供应商处或从由供应商指定一方处购买,或获取与支付产品的分销合同。

评　论

A. 综述

分销合同是供应商(也可能是产品的制造商)和分销商(既可以是批发商也可以是零售商)之间签订的合同。供应商同意供应分销商产品。分销商承诺以其自己的名义并代表自己购买、分发和推广这些产品。

存在不同类型的分销合同。各方当事人之间的合作类型因各类不同的合同而有所区别。合同本质是排他性,如有,即会被授权。然而,排他性并不是分销合同的一个本质特征。

本章中的一些规则只适用于特定类型的分销合同:排他性分销合同、选择性分销合同和排他性采购合同。不同的义务将适用于不同的类型,取决于双方当事人约定的排他性的类型。然而,这些规则通过类推的方式也可适用于其他分销合同(如基本框架协议)。此外,当合同规定双边排他性,无论是对于采购还是供应,在本章中列出的

所有义务将适用。

典型的分销合同涉及从供应商处采购商品，分销商再向消费者出售，但有可能存在的情形是，涉及商品的租赁或服务的提供。在这些评论中，对“出售”和“购买”的提及，是用来调整这些其他供应手段。

B. 攸关利益和政策考虑

在本章中的基本概念是：(1)如果双方当事人约定任何排他性，则他们通常具有一个更密切的关系，这就要求一个更高程度的协作和对彼此的忠诚，以及(2)授予排他性于另一方当事人的一方当事人如此行为，以获得一些好处作为回报。

因此，授予排他性或选择性分销而不处理与其他分销商的供应商，例如，有权利给予指示，并确定这些指示是否被遵循(第Ⅳ.E－5:304 条(指示))。至于分销商，如果分销商同意从一位供应商处排他性地购买某些类型的产品作为交换，分销商会收到广告材料(第Ⅳ.E－5:204 条(广告材料))。

在数量有限的情形下，双方当事人的合同自由会受到限制。特别是在排他性被单方面授予的情形下。这些特殊的(强制)规则是为了以在一定程度上弥补议价能力的不平衡(参见第Ⅳ.E－5:203 条(供应商发出的供应能力下降的警告)条第 2 款，关于排他性采购合同)。

在排他性没有商定的合同中，双方当事人之间不存在对彼此的强有力的承诺。因此，只有基本义务适用。非排他性的或非选择性的协议只可被视为是一份合作和对商定何时和是否双方当事人决定购买或出售所涉之产品有一些松散的合同。

载有排他性条款的分销合同非常类似于特许经营合同。出于这种原因，这两种不同合同的双方当事人的义务以一致的方式处理。这将防止任何双方当事人旨在规避一个不太有利的制度的协议的任何机会主义的分类选择。

C. 产品

在这些规则中的术语“产品”是指商品和服务(第Ⅳ.E－1:101 条(管辖的合同))。相同的术语已由(欧洲)竞争法采用，且符合商业惯例。其主要原因，本条除了“购买”之外，还载有“获取和支付”的字眼。服务分销的例子如包括在互联网上分销音乐和有关金融市场信息。

D. 持续的基础

一个分销关系包括了双方当事人之间的商业合作，其持续的时间可能会不同，但通常是长期的。即使一段时间内没有缔结任何销售合同或者劳务合同关系也可能是持续的。一份单一的销售合同或者甚至是相同当事人之间单纯的意外继承的销售合同，并不构成分销合同。

E. 以分销商的名义

本章只适用于分销产品给第三方的当事人以自己的名义这样做的情形。换句话说，分销商销售已从供应商处购买的产品。这是与商事代理主要的区别，因为商事代理人并没有成为产品的所有者。

F. 代表分销商

在促进产品销售时，分销商追求自身的利益。这意味着，佣金代理人不属于本章的范围。

G. 框架协议

分销合同是一份框架协议（框架合同），它为后续合同（适用合同）（contrats d'application）提供了范围。框架合同通常只定义了后续合同的基本要素，而没有建立具体方式。

适用合同通常持续时间短，并赋予各方明确的义务，而框架协议是为了在双方当事人之间建立一个持续的合作关系。"适用"合同通常会从分销商对供应商的订单中产生。

H. 排他性分销合同

在排他性分销合同中，在指定的区域内（区域排他性）或一定的客户群（排他性客户分配），供应商承担只给一位分销商提供产品，排除其他潜在的分销商。这提供分销商对同品牌竞争（即由其他分销商上市的同一品牌的产品）的一些保护。这类保护的程度取决于协议。

在第2款中的定义既包括了独家分销也包括了排他性分销。在独家分销的情形下，供应商有权直接向消费者销售，而在排他性分销的情形下，供应商也同意避免直接销售。

排他性分销协议的例子首次出现在汽车行业。随后，这类合同无形中在批发及零售的所有部门中（农业机械、电器、家具、美容产品以及计算机设备）已变得普遍。

排他性客户分配的例子包括区分商业市场和消费市场，区分白天市场和夜间市场，等等。

对于区域排他性或排他性客户分配的回报，分销商通常会同意只购买供应商的产品（排他性采购合同（见下文注释J）或者不同意代表竞争产品（非竞争合同条款）。

I. 选择性分销合同

选择性分销合同构成紧密的销售组织。供应商限制产品的分销，以提供给那些与供应商的销售政策最为密切的、有资格的分销商。

选择可能在定性标准的基础上也可能在定量标准的基础上。定性标准的例子是：雇用技术上获得资格的人员、与其他人分开单独展出产品的可能性以及维护一个充分有代表性的选择或足够大量的存货。量化标准包括与要服务的区域内人口相关的分销商的数量和在产品上的最低营业额。

供应商将选择这种分销方式，以维持其品牌或形象（如珠宝、化妆品）的威信，以确保易腐商品（如鱼类）高效、快捷的分布，以提供一个高水平的、因为所分销产品的技术性质所需的售前或售后服务（如个人电脑、电子产品、汽车、高科技设备）。

J. 排他性采购合同

如果分销商承诺只从供应商处购买（属于一定的市场类别的）产品，合同将被列为排他性采购合同。排他性既可能是全部的排他性，也可能是限于分销商的一定比例要求的排他性。排他性采购合同也可能从购买实际上符合分销商需求的产品数量之义务而来（事实上的排他性）（*de facto* exclusivity）。通常情况下，排他性分销协议也载有一个排他性采购条款。为了分销商对在给定的区域控制供应商产品的销售做交换，分销商则同意除了给定的供应商外，不从其他处购买合同产品。这些类型的合同在如汽油和啤酒分销行业中是经常出现的。

K. 混合合同

有一些合同关系具有分销协议的特征也具有其他合同的特点。此类情形如，一位分销商同时也以供应商的名义销售一些产品，因而作为商事代理人行事。或者，分销商可能会购买货物，不仅以期转售之，而且也会将之改造或纳入其他产品以转售。在此类情形下，分销规则规范那些属于设置在本条中的范围和定义下的契约关系方面（参见第Ⅱ-1:107 条（混合合同））。

L. 事实上的分销合同和事实上的排他性

为连续的适用合同提供框架，是分销合同最具特色的元素。如果这种关系没有双方当事人的正式约定而事实上存在，不论其是以书面的还是以口头的方式，本章所载之规则，连同第一章所载之一般规定，仍可适用。此遵循合同形成的一般规则。参见第Ⅱ-4:211 条（合同不是通过要约和承诺缔结）。本条注释 A 强调合同可以以单独的行为缔结。在此类情形下，并不容易辨别双方当事人何时达成一项相当于有约束力合同的协议。

对分销合同呈现事实上排他性的情形也是如此。不是正式规定排他性，而是供应商可能诱引分销商，以取得其对供应商的所有或大部分的供应。后者可能会通过给予就对供应商的产品的全部的或几乎全部的忠诚享有折扣（忠诚度折扣）而这样做。这有可能最终存在一个排他性的默示协议或者在双方当事人之间建立排他性的操作。在此类情形下，本章中排他性购买协议的规则可以适用，尽管不存在包含排他性采购

条款的书面合同。参见第Ⅱ－9:101 条(合同条款)。

M. 竞争法

根据欧共体和成员国竞争法的适用,分销合同可能是无效的。在这方面,特别相关的是 Commission Regulation (EC) No. 2790/1999 of 22 December 1999 on the application of Article 81(3) of the Treaty to categories of vertical agreements and concerted practices),和具体贸易部门的各项例外(例如,汽车部门的 Commission Regulation (EC) No. 1400/2002 of 31 July 2002 on the application of Article 81(3) of the Treaty to categories of vertical agreements and concerted practices)。在本章中的规定只适用于排他性分销、选择性分销和排他性采购合同,只要根据竞争法它们是有效的。

注　释

Ⅰ. 适用范围

1. 比利时法律是唯一载有涉及分销合同的具体法定条文的欧洲法律制度(比利时:Alleenverkoopwet)。至于哪些规则在其他成员国适用于分销合同,参见第Ⅳ.E－1:101 条注释。

Ⅱ. 分销的定义

2. 除比利时法律外,根据研究的法律制度,不存在分销合同的法定定义。在其他法律制度下,分销合同是由法律作者和判例法所定义。

3. 根据所有这些法律制度,分销包括持续的产品供应和由卖方以自己的名义代表自己出售产品给第三方(奥地利:1990/96, EvBl 1998/104, EvBl 1991/76; *Krejci*, Grundriss des Handelsrechts, 402;见 *Heller and Löber*, 110;比利时:*Alleenverkoopwet* art. 1 § 2;法国:*Ferrier*, Droit de la distribution[3], nos. 1 et seq.; *Huet*, Les Contrats spéciaux[2], no. 11596;芬兰;希腊:distribution contract σύμβαση διανομηρ simvasi dianomis; *Georgakopoulos*, Text－book on Commercial Law, Commercial contracts, 435;意大利:“分销合同”术语是指被用于分销商品和服务的不同类型的合同;在商业实践中最常用的有以下几种:*rivendita autorizzata*, *concessione di vendita* 和 *franchising*; *Pardolesi*, Contratti di Distribuzione, 4; *Cagnasso*, La Concessione di Vendita, Problemi di Qualificazione, 17 et seq.;荷兰:*distributie contract*; *Barendrecht and Van Peursem*, Distributieovereenkomst, 3; *Geel*, NTBR 1996, 100,108; *Van de Paverd*, De opzegging van distributieovereenkomsten, 13;葡萄牙:*contrato de concessão commercial*;比照 *Pinto Monteiro*, Contrato de agência[3], 108 et seq.; *Pinto Monteiro*, Agência e distribuição commercial, 45; STJ 4 May 1993, BolMinJus 427, 1993, 530; STJ 22 November 1995, BolMinJus 451, 1995, 454; STJ 5 June 1997, BolMinJus 468, 1997, 434; STJ 23 January 1997, www.dgsi.pt, JSTJ00032260;瑞典:(*återförsäljningsavtal*) (*Håstad*, Den nya köprätten[4], 295);西班牙:*contratos de distribución o concesión*; TS of 17 May 1999, RJ 1999\4046; *Bercovitz*, Contratos Mercantiles, 544)。尽管存在一些不清楚的判例法(TS 8 November 1995, RJ 1995/8637),其中将分销合同作为代理合同的一个亚类型,有必要澄清的是,分销可能永远不会与代理混淆,因为在其双方当事人法律地位的特

征上有很大的差别:代理人代表委托人行为(LCA 第 1 条),而分销商总是代表分销商自己行为。由于根据西班牙法律分销合同缺乏具体规定,因此不存在强制性规则。因此,由双方当事人成立的合同条款是至关重要的。然而,来自西班牙法和国际法的关于能力自由的规定对分销合同当事人具有约束力。分销合同只调整由分销商生产或分配的产品,与特许经营不同的是,特许权不包括非物质商品(*de la Cuesta Rute*, Contratos Mercantiles, 367)。

4. 在比利时的成文法和奥地利、德国和葡萄牙的判例法和法律著作中,分销合同被定义为只含有货物分配,而不是商品或服务的分配(奥地利:*Holzhammer*, Allgemeines Handelsrecht, 104;比利时:*Alleenverkoopwet* art. 1 § 2;德国:Küstner *and Thume*, Außendienstrecht Ⅲ[2], nos. 1139－1150)。此外,根据德国法律,存在一项额外的要求,以确定分销合同,即分销商整合到供应商的销售系统(BGH NJW 1971, 30; CA Zweibrücken BB 1983, 1301; *Küstner and Thume*, loc. cit., no. 1142; *Rohe*, Netzverträge, 450; § 14 no. 1; *Ulmer*, Der Vertragshändler, 206)。

5. 根据英格兰法律,分销合同将被列为转售购买的合同中,因此有关这些合同的规则适用(*Chitty* on Contracts[29], no. 31－003)。在苏格兰法律中,分销合同的销售的元素会受 1979 年买卖货物法管辖。该合同的框架元素将由合同法的一般规则约束,这意味着由双方当事人制定的条款以及解释规则是至关重要的。

Ⅲ. 排他性分销、选择性分销、排他性采购

6. 本条所采用的定义与 Regulation 2790/99/EC art. 81(3) of the Treaty to categories of vertical agreements and concerted practices 中的定义一致。

7. 德国和荷兰的法律作者和法院作出了同样的区别(德国:*Martinek and Semler*, Handbuch des Vertriebsrechts, § 14 no. 1; *Rohe*, Netzverträge, 449; *Küstner and Thume*, Außendienstrecht Ⅲ[2], nos. 1261－1278; *Ulmer*, Der Vertragshändler, 138;荷兰:*Barendrecht and Van Peursem*, Distributieovereenkomst, 10 et seq.)。

8. 法国和西班牙作者区分排他性分销合同和选择性分销合同(*García Herrera*, La duración en el contrato de distribución exclusiva, 156; *Guardiola Sacarrera*, Contratos de Collaboration en el Comercio internacional[1], 122; Regulation 2790/99/EC 第 1 条(d)项)。根据法国法律,排他性分销合同似乎也包括了排他性采购合同(*Dutilleul and Delebecque*, Contrats civils et commerciaux[5], nos. 925, 930, 935; *Huet*, Les Contrats spéciaux[2], nos. 11607 et seq.)。

9. 比利时法律似乎只区分排他性分销协议和排他性采购协议。然而,比利时法律似乎并不区分选择性分销协议。Alleenverkoopwet 第 1 条第 1 款第 3 项指另一个类别:分销合同,即供货商对分销商强加了在合同结束的情形下相当重要的义务,分销商将遭受严重损失。

10. 希腊法律下,也作出了如第Ⅳ.E－4:101 条同样的区别,即区分普通的分销合同(koines simvaseis dianomis)、选择性分销合同(simvaseis epilektikis dianomis)和排他性分销合同(simvaseis apokleistikis dianomis)(*Georgakopoulos*, Text－book on Commercial Law, Commercial contracts, 435－6)。然而,也在简单的分销(apli simvasi dianomis)和增加合法权利的分销(simvasi dianomis me prostheto xaraktira dikaioxrisias)之间作了另一种区分。

11. 意大利一些法律学者辨别三种不同类型的分销合同:(1)一定数额的确定产品,加上单边的或双边的排他性条款;(2)在一定区域内(转)售产品的特许权;(3)由让与人(*concedente*)所承担的只出售其产品给受让人(*concessionario*)的义务和(或)由受让人(*concessionario*)承担的只从让与人(*concedente*)处购买产品的义务(*Cagnasso and Cottino*, Contratti Commerciali, 133)。

第二节　供应商的义务

第Ⅳ.E－5:201 条　供应的义务

在切实可行的范围内，只要订购是合理的，供应商必须供应分销商订购的产品。

评　论

A. 综述

供应商必须始终如一地满足分销商的供货订单。然而，双方当事人可自由约定供应商没有义务满足分销商下的所有订单。此遵循本项规则的非强制性特征。此外，供应商仅仅受约束于供应产品，在供应商处于如此行为的位置的范围内，并考虑到供应商的实际可能性（即生产能力、库存能力，等等）。在不可行的情形下，不存在供应的义务。最后，如果订单是不合理的，供应商不受由分销商下的订单的约束。

B. 攸关利益和政策考虑

在大多数情况下，供应分销商所订购的产品将在双方利益之中。供应商销售产品给分销商，后者则能够将产品置于市场并从转售中获得利润。但是，可能并非总是如此。供应商，由于种种原因，可能无法或不愿供应分销商。

本条责成供应商满足分销商下的订单，除非存在不这样做的紧迫的理由。其目的是防止供应商任意拒绝供应其分销商，从而提供分销商法律的确定性。

然则，本条没有规定供应商一项强制性的提供义务。其基本原理是维持供应商的合同自由，以使供应商不是被迫进入不愿进入的销售合同。

分销商的利益和总体利益是受不平等合同条款规则（参见第二卷第九章第 4 条）和竞争法的保护。

C. 供应义务和实际供应合同

供应义务源于框架协议。本规定并不调整货物的实际供应合同的条款。关于销售或服务的规定，规定了“适用”合同（如交货时间、产品的符合、补救措施）的具体方式。

根据适用合同，未履行义务可能对分销关系产生一定后果。后者之问题是由如在由第Ⅳ.E－2:304 条（因为履行而终止）修改的第三卷第三章第 5 条中关于因未履行而终止的规则处理。其效力是，分销商可能会终止合同关系，如果对框架合同下的一

般义务提供精确操作的合同之下的义务未履行，或者一系列这样的合同中的义务未履行，该未履行相当于根本不履行。

D. 在切实可行的范围内

分销商有权要求履行其订单，只要考虑到供应商的实际资源，这对供应商来说并不过度。订单将不被视为切实可行的，如果供应商突然遇到不可逾越的障碍，或履行会造成不便，或者供应商方面的费用会被大大超出供应商履行供应义务时分销商利益的比例。

E. 合理的订单

按照第Ⅰ－1:104 条（合理性）中的定义，合理性取决于合同的性质和目的、案件的具体情况以及涉及的行业或专业的惯例和做法。特殊的市场条件可以证明超过分销商的正常请求的订单（例如，世界杯总决赛前国家队的足球衬衫的较大的订单）。订单将是不合理的，如果它超越由一位细心和勤奋的分销商正常行使该权利的限制。此发生于如当分销商在最后一分钟下额外的订单，虽然分销商在其实际订单长时间之前，已经预见（或可预见）对更大量产品的即将到来的需要，并且分销商知道（或应知道）其供应商有限的供应能力。一般来说，分销商应在其预见即将到来的额外需要之前的一个合理时间内下订单。

注　释

供应的义务

1. 根据希腊法律，供应商有提供分销商要分销的商品的义务（*Georgakopoulos*, Text－book on Commercial Law, Commercial contracts, 435）。此外，根据西班牙法律作者，供应商必须供应产品（*Sánchez Calero*, Instituciones de Derecho mercantil Ⅱ[23], 177）。这也似乎是根据法国法律关于双边排他性分销合同，特许权合同（contrat de concession）* 的情形（*Dutilleul and Delebecque*, Contrats civils et commerciaux[5], no. 942）。

2. 西班牙判例法显示，无正当理由不履行该义务是分销商终止分销的原因，是因为分销目的的挫败。此外，供应商不得援引缺乏实现销售既定的最低水平而单方面终止合同关系，如果之前供应商未能供应（CA Valencia 13 April 2007, BDA JUR 2007/235136 和 CA Almería 17 November 2000, BDA JUR 2001/ 50696）。

---

* 特许权合同（contrat de concession）在法国法中是指，在一确定区域内给被特许权人（concessionnaire）保留一产品的排他性分销，并且一般受让人向让与人（concédant）对合同产品许诺的供给合同，该供给合同通常伴随着商标或品牌许可合同（*Gérard Cornu*, Vocabulaire juridique[8], 184－185）。——译者注

3. 根据荷兰法律，法律作者同意，如供应商有经济实力，供应商不得拒绝提供分销商商品或服务（*Barendrecht and Van Peursem*, Distributieovereenkomst, 63 et seq.; *Geel*, NTBR 1996, 100, 108; *Van de Paverd*, De opzegging van distributieovereenkomsten, 21－22）。

4. 德国法律下，根据诚实信用学说（民法典第 242 条），联邦法院（BGH）认为，供应商不得任意拒绝分销商的订单（BGH BB 1958, 541; CA Bremen BB 1966, 756; *Küstner and Thume*, Außendienstrecht Ⅲ², no. 1289; *Martinek and Semler*, Handbuch des Vertriebsrechts, § 14 no. 15）。此外，如果双方当事人同意，分销商必须购买最低数量的商品，如果他们约定一项竞争禁令，供应商则必须供应（BGH BB 1972, 193; *Küstner and Thume*, loc. cit., no. 1290; *Martinek and Semler*, loc. cit.）。

5. 然而，根据意大利法律，对供应商不存在履行分销商订单的一般义务（*Pardolesi*, I contratti di distribuzione, 257）。是否存在这样的义务取决于由双方当事人签订的合同。而且，双方当事人在缔结合同时硬性定义供应义务，即供应商将受在特定的时间间隔供应具体数额的商品的情形是罕见的（*Cagnasso*, La Concessione di Vendita, Problemi di Qualificazio, 37; *Pardolesi*, I contratti di distribuzione, 230）。尽管如此，供应商的拒绝供应肯定会根据在履行合同时诚实信用的一般原则进行评估（民法典第 1375 条）。

6. 根据奥地利、英格兰、苏格兰和芬兰的法律，在缺乏专门立法的情形下，没有定义供应义务。

第Ⅳ.E－5:202 条　在履行期间由供应商提供的信息

在第Ⅳ.E－2:202 条（在履行期间的信息）下的义务要求供应商提供分销商如下相关信息：

（a）产品特性；

（b）产品供应的价格和条件；

（c）再供应产品给客户的任何建议的价格和条件；

（d）任何有关供应商和客户之间的沟通；以及

（e）与业务经营有关的任何广告活动。

评　论

A. 综述

本条陈述了什么样的信息是供应商必须在合同期间向分销商提供的。此遵循第Ⅳ.E－2:202 条（在履行期间的信息），各方当事人必须提供对方当事人他们具有处置权的信息和对方当事人就适当履行其合同规定的义务所需要的信息。本条进一步具

体规定了包括在供应商告知义务中的信息的某些类型。

供应商必须提供一些基本信息,这将使分销商能够有效地销售产品。信息涉及产品的特点、销售产品的价格和条件、就转售产品的任何建议的价格和条件。此外,供应商必须告知分销商有关与客户的沟通和已经开展的广告活动。

B. 攸关利益和政策考虑

这一规定的目的是确保分销商获得的信息是相关的,以便有效地促进产品的销售(例如,知道产品的特性,所以处于告知该特性于消费者的位置)和竞争力(例如,知道其他分销商可能会承担的建议的价格)。本条是在供应商的利益中,告知分销商就分销其供应的产品的一般质量要求,或者告知分销商新的广告活动。本项义务对供应商并不是不合理的负担,因为该义务只是必须沟通其可用之信息,在分销商需要的范围内。

由于排他性分销合同、选择性分销合同和排他性采购合同中的双方当事人之间的高度协作程度,因此进一步的信息是必需的。此外,载有任何排他性的分销合同是与特许经营合同相当类似的。因此,它们应该以类似的方式处理,以避免由各方机会主义选择的企图。

C. 提供的信息

供应商必须积极提供分销商其拥有的和分销商需要以实现合同目标的信息。信息包括产品的文件(比如小册子、传单)或有关广告活动的文件。该义务持续于整个合同关系中。这也意味着,只要新的相关信息(例如,涉及提供的和销售的产品的修改和改进)可供支配时,供应商必须及时更新分销商。根据具体情形,告知义务包括特定类型的信息。本条中提到一个非详尽无遗的清单,其关于下列事项的信息。

产品的特点。原则上,供应商必须告知分销商有关的产品和产品的使用。让分销商能够向其客户传递这样的信息,并能够考虑到一般质量要求,等等。提供此产品的信息可能包括提供文件、指南、管理和操作手册以及秘诀。

供应产品给分销商的价格和条件。供应商必须将其价格传达给分销商。本款中提到的价格是那些与分销商和供应商之间的合同有关的价格。

供应商还必须告知分销商,供应商对出售的商品和服务的条件,例如,包括担保和交货时间。

就再供应产品给客户的任何建议的价格和条件。分销商必须向供应商传达任何建议的价格及条件。这些价格与分销商和最终用户之间的合同有关。此信息是很有关系的,因为分销商据此判断什么是其他分销商可能承担的,并根据此,他将会决定自己的价格政策,以便在市场上具有竞争力。

供应商还必须告知分销商关于产品重新向客户供应的条件的任何建议;例如,关于售后服务、限制条款或赊购。

供应商和消费者之间的任何相关沟通。供应商必须告知分销商，有关在领土区域内的消费者或专门分配给分销商的特定消费群传达给分销商的任何愿望、喜好或投诉，以及更普遍地，有关与分销相关的这些消费者和分销商之间的任何沟通。

与业务运作有关的任何广告活动。供应商必须告知分销商任何广告活动，使分销商能够参与其中，并从中获益。该义务的履行可能要求提供有关文件，以及宣传材料的样品。

D. 无形式要求

没有必须执行该义务的方式的形式要求。然而，在实践中，这些信息将通常会以书面形式给予。当这些信息是以非书面文件的形式提供时，它为供应商证明其适当地提供分销商所要求的所有信息可能会产生问题。

E. 竞争法

第 1 款(c)中的告知义务只适用于不等同于价格维持条款的建议价格，此条款根据竞争法是无效的。

作为一位独立的商人，分销商自由设定产品价格。然而，实践表明，转售价格维持条款*经常使用。根据这些条款，产品的分销商在分销产品时对供应商承诺保持一定的价格水平。在其关于纵向限制的一组豁免中(Regulation 2790/99)，欧盟委员会已经采取了对最高纵向价格限制的相对宽松的做法。

由任何一方制造的压力或激励而固定的或最低转售价格的最高价格和建议价格，如今是豁免的。相比之下，其他形式的转售价格维持，例如最低转售价格和最低利润，仍然严重到可能导致无效和处以罚款。如果协议没有限于欧共体条约第 81 条第 1 款(例如，因为它没有权力影响成员国之间的贸易)，转售价格维持条款将根据欧盟法律是合法的，但将仍然会根据适用的成员国法律必须进行审查。

注　释

在履行期间的信息

1. 没有成员国法律制度包含了类似本条的一项明确的法定规则。

2. 然而，根据芬兰、德国、意大利和葡萄牙法律，一项类似义务遵循诚实信用或忠诚的一般责

---

* 转售价格维持(resale price maintenance)：供应商与分销商之间达成协议或协调一致的做法，其直接地或间接地为了达到建立一个固定的或最低的出售价格或者建立一个固定的或最低的出售价格水平的目的，当分销商转售产品或服务给客户时必须要采用这一价格或价格水平(*Commission européenne*, Glossaire des termes employés dans le domaine de la politique de concurrence de l'Union européenne : Antitrust et contrôle des opérations de concentration, 2002)。——译者注

任（德国：民法典第 242 条（*Küstner and Thume*, Außendienstrecht Ⅲ[2], nos. 1300, 1302; *Martinek and Semler*, Handbuch des Vertriebsrechts, § 14 nos. 63, 64）；意大利：民法典第 1175 条和第 1375 条；Cass. 24－3－1999, no. 2788）。此外，在德国和葡萄牙法律中，有关商事代理的规则通过类比的方式适用（德国：*Küstner and Thume*, loc. cit., no. 1300; *Martinek and Semler*, Handbuch des Vertriebsrechts, § 14 nos. 63, 64；葡萄牙：商事代理合同法第 13 条）。

3. 在荷兰以及西班牙，法律作者同意供应商向分销商提供有关要分销的产品的信息（*Barendrecht and Van Peursem*, Distributieovereenkomst, 92）（*Calvo Caravaca and Fernández de la Gándara*, Contratos Internacionales, 1351）。在西班牙，这被认为是遵循分销的特点，作为保密和相互忠诚的关系，在后者中，实现最可能好的结果是为双方当事人的利益（TS 11 July 2007, RJ 2007/5132）。此外，这被认为是被证明合理的，鉴于分销商对于供应商的依赖状况，后者拥有对市场销售的产品必要的信息（另参见分销合同范本第 17.1 条；*Guardiola Sacarrera*, Contratos de Collaboration en el Comercio internacional[1], 150）。在英格兰，这方面已经为法律作者所认识到（参见 *Adams/Jones/Hickey*, Franchising[3]；特许合同范本第 6.1 条）。

4. 根据希腊判例法，已经建立了在排他性分销的情形下，供应商必须提供分销商所需的所有信息和专业知识，以有效地交易商品并进行业务（参见 CA Athinon 9658/ 1995, DEE 2/1996 at 154）。

5. 根据法国法律，在特许权合同（contrat de concession）的情形下，提供关于广告活动信息的义务遵循协助分销商的义务（*Dutilleul and Delebecque*, Contrats civils et commerciaux[5], no. 942; *Ferrier*, Droit de la distribution[3], nos. 495 et seq.）。根据法国法律，供应商是否可以设置一个固定的价格，已被广泛辩论过。盛行的看法似乎是，供应商不能强加给分销商价格，而是只能建议这样的价格（*Dutilleul and Delebecque*, Contrats civils et commerciaux[5], no. 943; Cass. com. 22 juillet 1986 D. 1988, D. 1995 somm. 85）。

第Ⅳ.E－5:203 条　因供应商供应能力下降发出的警告

（1）供应商必须在合理时间内，向分销商发出警告，当供应商预见其供应能力将显著低于分销商曾有理由期待的。

（2）为了达到第 1 款的目的，供应商被推定预见什么是供应商可以合理地被预期预见的。

（3）在排他性采购合同中，双方当事人不得排除适用本条，或者减损或改变其效力。

评　论

A. 综述

供应商必须在合理时间内，向分销商发出警告，当供应商预见其供应的能力大量

跌幅时。供应商被推定预见到这样一个重大的减少,当其可以合理地被期望预见这个重大的减少(第 2 款)时。在排他性购买协议的情形下,该项规则是强制性的(第 3 款)。

B. 攸关利益和政策考虑

本条保护分销商的利益。分销商可能会变得依赖于供应商的产品输出。这尤其发生于后者提供了一个独特的产品(如专利创新),或者当产品在分销商领域中构成一个必要的项目时。具体型号(如新的品牌)和交货时间的可用性,是那些有能力严重影响分销商竞争力的元素。

本规定要求双方当事人之间真正的合作。供应商,其知道其供给能力的显著下降,必须提醒分销商。在供应商提醒的基础上,分销商将能够避免损害和责任(例如,与那些分销商已经接受客户的订单相关的)。

该项义务对供应商并不是不合理的负担。首先,供应商只被要求提醒分销商,在与分销商曾有理由期望的有关的一个重大变化的情形下。其次,分销商无权知道减少的原因。最后,义务只出现在实际先见的情形下,虽然,由于很难证明这一点,所以供应商由第 2 款被推定预见到那些其可以合理地被预期预见到的。

只有在排他性购买协议的情形下,这项规则才是强制性的。在这些协议中,分销商别无选择地,只能从供应商处订购这些产品。分销商完全依赖于供应商的供应能力(例如,供应商的产品是分销商交易的唯一产品或主要产品)。因此,供应商供应能力的大量减少将会具有非常严重的后果。

C. 合理的时间

供应商必须在合理的时间内提醒分销商,有关即将到来的供应能力的下降。在评估什么是合理的时间,合同的性质和目的、案件的具体情形以及涉及的行业或专业的惯例和实务,必须予以考虑。(参见第Ⅰ－1:104 条(合理性)中的定义)。原则上,只要供货商得知令人震惊的事实,供应商就必须发出警告。此外,供应商必须给分销商留以一定的时间,以便准备反应和适应客户的需求。供应商的警告也使分销商避免接受后者将可能无法履行的订单。

D. 显著下降

只有当供应商预见其供应能力将会显著降低时,供应商才有义务向分销商发出警告。当存在一个仅仅是暂时的或轻微的供应障碍时,该项义务不产生。本项义务,既适用于供给能力的下降是在供应商的控制范围内的原因造成的,也适用于该减少是市场条件或其他外部因素的结果(例如,原料短缺或工业行为)。

E. 分销商的期望

什么相当于分销商曾有理由期望的能力,取决于案件的具体情形。在缺乏其他更

有决定性因素的情形下，前几年的平均供应量可作为一个准绳。

F. 规则的特性

在排他性采购合同中，这是一项强制性的规则；双方当事人不得减损这一义务。在排他性分销协议和选择性分销协议中，这项规则是默认规则；双方当事人有另行商定的自由。

注　释

一般情况

1. 此规则的基础是 Directive 86/653/EEC 第 4 条第 2 款(b)项。没有任何欧盟成员国的法律制度明确调整分销合同的这个问题。

2. 根据西班牙作者，这种义务可能遵循分销合同的特点，即是以保密性和相互忠诚为特点的合同(*Calvo Caravaca and Fernández de la Gándara*, Contratos Internacionales, 1351)。此外，类似的规定载于西班牙分销合同范本第 17 条第 2 款中(*Guardiola Sacarrera*, Contratos de Collaboration en el Comercio internacional[1], 150)。

3. 根据意大利法律，一项类似的义务可能仅源于诚实信用(民法典第 1375 条)和公平交易(民法典第 1175 条)的一般原则。至于其他法律制度，没有信息提供依据。

第Ⅳ. E－5:204 条　广告材料

供应商必须以合理的价格提供分销商前者具有的、对适当分销和产品推广有需要的所有广告材料。

评　论

A. 综述

本条要求供应商提供分销商广告材料。供应商必须只提供那些其可处置的和分销商要求的材料。然而，分销商有权只要求对适当的分销和产品的推广有必要的广告材料。

B. 攸关利益和政策考虑

提供给分销商其供应商拥有的广告材料，将通常会符合双方当事人的利益。一方

面,这将有助于统一供应商的产品在公众心目中的形象,也有助于一个更有效的广告策划。另一方面,分销商将在消费者的眼中被认定为一位某些品牌产品的经销商。然而,有可能存在这样的情形,即供应商宁愿不要提供广告材料给某些分销商。本条的目的是防止任何歧视行为,给予分销商们的同等待遇。

这一规定明确促进了分销商的利益。分销商自由选择是否要加入一个由供应商推出的促销活动。然而,本条对供应商并没有太多的负担。不要求供应商只是为了取悦分销商而启动促销活动。此外,供应商并不要求搜寻其不再拥有的广告材料,例如,与旧的宣传活动相关联的广告材料。此外,本条仅是指对促进产品的销售什么是必需的。

C. 广告材料

广告材料是与分销活动相关的、附加的和辅助的材料。例如,分销商场所的配件,如海报、桌椅、遮阳伞、标志和特殊优惠。

D. 合理的价格

决定参加活动的分销商必须以合理的价格获得广告材料。评估什么是合理的,合同的性质和目的、案件的情况以及涉及的行业或专业的惯例和实务,必须予以考虑。(参见第Ⅰ－1:104条(合理性)中的定义)。例如,完全超过由供应商承担的对广告活动的成本比例的价格部分,要分销商承担,这将是不合理的。远远高于其他分销商们支付的价格,或者远远高于在以往类似活动中的价格,这同样也是不合理的。

注　释

广告材料

1. 根据芬兰法律和德国法律,存在这样的义务。在芬兰,该义务遵循合作的一般责任。在德国,其遵循诚实信用(民法典第242条)以及类推适用商法典第86a条于分销合同(*Genzow*, Vertragshändlervertrag, no. 84; *Küstner and Thume*, Außendienstrecht Ⅲ[2], no. 1307)。根据法国作者,这样的义务遵循供应商协助分销商的义务的规定(*Dutilleul and Delebecque*, Contrats civils et commerciaux[5], no. 942)。

2. 根据意大利法律,不存在对供应商一方的明确义务。然而,从在履行合同义务时的诚实信用(民法典第1375条)和公平交易(民法典第1175条)的一般原则中,这种义务可能被推导出。至于其他法律制度,没有提供信息。

3. 英格兰法律似乎不承认这样一项供应商的义务。大多数特许经营机构提供广告,并且大多数特许经营业主从那些已经进入特许经营的人中收集为广告服务的资料:*Mendelsohn*, Franchising Law, para. 7.4。

4. 西班牙法律缺乏关于此事的任何规定。提供分销商足够的广告材料的义务的存在,和谁

承担成本的问题,取决于合同条款。判例法表明,活动的成本可能是由双方当事人共担(TS 22 June 2007, RJ 2007/5427)。然而,如果广告材料是由供应商拥有,而对发展适当的分销和促销产品,它们是必要的,合同关系的特征(特别是,要求相互保密和忠诚的事实)和诚实信用原则,责成供应商提供分销商这些材料,以在合同中设立了的价格为交换。虽然分销和特许经营是不同的,但是必须考虑到,以促进品牌的设计策划的类似义务,在特许经营的框架中已由判例法所承认(CA Girona 11 October 2006, BDA JUR 2007\140527)。

第Ⅳ.E－5:205 条　产品的声誉

供应商必须作出合理的努力,不损害产品的声誉。

评　论

A. 综述

供应商有义务不损害其供应的产品的良好声誉。这意味着供应商必须避免可能造成这种损害的行为。在某些情形下,还必须采取必要的预防措施以防止这种损害。

B. 攸关利益和政策考虑

产品在最终客户心目中的正面形象是诱导分销商促进此类产品销售的因素之一。这一规定要求供应商不损害吸引分销商的良好的声誉。坚持产品的良好声誉,一般符合双方利益。在这方面采取必要的预防措施可能是昂贵的。

然而,正如所说,本章的规定只适用于排他性分销协议、选择性分销和排他性购买协议。在排他性购买协议中,分销商只同意从一家供应商处购买。因此,分销商有效依赖于产品的良好声誉,有点类似被特许人。至于排他性分销合同和选择性分销合同,理由是排他性或选择性分销商在产品的商业化方面期望特权地位。由此看来,供应商的某些特定的默认义务会出现。此外,载有排他性的分销合同主要涉及品牌产品。不损害品牌形象,这对产品的声誉是必不可少的。

C. 合理的努力

要评估什么是合理的,合同的性质和目的、案件的情形以及涉及的行业或专业的惯例和实务,应予以考虑(参见第Ⅰ－1:104 条(合理性)中的定义)。

D. 供应商的责任

供应商只对由其行为或不作为所造成的声誉损失承担责任;例如,供应劣质产品。

这意味着，供应商破坏一个品牌，而该破坏完全是外部因素造成的情形下，例如一个有竞争力的商品或服务的非凡成功，供应商并不承担责任。

E. 规则的特征

这是一项默认规则；双方当事人有另行商定的自由。

F. 补救措施

在供应商不履行，尽合理努力没有严重损害产品声誉的义务的情形下，受害方可能，原则上，诉诸在第三卷第三章（未履行的补救措施）中设定的任何补救措施。

注　释

产品信誉

1. 没有欧盟成员国的法律体系包含了本条的具体规则。

2. 根据意大利法律，在供应合同（somministrazione）的情形下，当被提供一方（somministrato）承诺，以排他性为交换，促进所提供产品的销售（民法典第 1568 条第 2 款）时，供应商必须供应高质量产品，以完全满足客户从被提供一方处获得。这项义务是否可以从最高法院 the Cass. sez. civ. 22 February 1999, no. 1469 一案关于经销商（concessione di vendita）的决定中推断出（参见 note by *C. Maria*, Giust. civ. 2000, fasc. 6 (*giugno*), pt. 1, 1813－1815 和参见 note by *R. Christian*, Resp. civ. e prev. 2000, fasc. 2, 363－371），是具有争议的。在西班牙文献中，已认为这项义务可从商法典第 57 条的一般规则中推断出，该条规定分销商必须履行适当的商业尽职行为（*de la Cuesta Rute*, Contratos Mercantiles, 365）。根据希腊法律，这项义务也已被接受。

第三节　分销商的义务

第Ⅳ.E－5:301 条　分销的义务

在排他性分销合同和选择性分销合同中，分销商必须，在切实可行范围内，作出合理的努力推广产品。

评　论

A. 综述

本条要求分销商提高合同产品的销售。分销商有义务作出合理的努力，促进、开

发和扩大产品市场。

本项义务被限制在排他性分销合同和选择性分销合同的情形。

B. 攸关利益和政策考虑

方当事人对实现尽可能高的销量都具有利益。分销商销售的越多,其赚取越多的利润,同时供应商获得越多的利润。这一规定还说明了,促进销售并不仅仅是分销商的一项权利,而且也是他的一项义务。在排他性分销合同和选择性分销合同中,供应商仅仅有限制分销渠道的风险。排他性分销商和选择性分销商是供应商可用的渠道,以达到最终市场。供应商同意避免分别出售给其他分销商(在同一区域或者在同一组消费者范围内)或给未经授权的分销商。

然而,这一义务对分销商来说并不是负担。首先,它仅要求分销商采取合理的步骤。其次,它只适用于切实可行范围内。最后,这项义务原则上被限于排他性分销协议和选择性分销协议的情形。通过选择性分销系统,分销商制造了比其若是采取其他方式所能达到的更高的利润。排他性分销提供了分销商在某些方面类似于生产者的垄断地位。在这两种情形下,作为回报,分销商获得了一定程度的品牌内部竞争的保护。

C. 切实可行范围内合理的努力

这一规定并没有强加一项对结果的义务。分销商只是有义务作出合理的努力,转售供应商的产品。要评估什么是合理的,合同的性质和目的、案件的情形以及涉及的行业或专业的惯例和实务,应予以考虑。(参见第Ⅰ－1:104 条(合理性)中的定义)。考虑到分销商的实际资源,分销商没有义务做任何过度的事情。

注　释

促进产品销售义务

1. 在这方面,虽然在成员国的法律制度下不存在具体的法定条文,但是根据德国、荷兰和西班牙的法律作者的观点和判例法,对供应商存在一项类似的义务。然而,在这些国家中,供应商促进的商品或服务销售的义务(通过广告活动等)并不限制于排他性分销合同和选择性分销合同(德国:*Küstner and Thume*, Außendienstrecht Ⅲ[2], no. 1314; *Martinek and Semler*, Handbuch des Vertriebsrechts, § 14 no. 13;荷兰:*Barendrecht and Van Peursem*, Distributieovereenkomst, 113 et seq.; *Van de Paverd*, De opzegging van distributieovereenkomsten, 21 et seq.;西班牙:*Calvo Caravaca and Fernández de la Gándara*, Contratos Internacionales, 1345; *de la Cuesta Rute*, Contratos Mercantiles, 365)。

第Ⅳ.E－5:302 条　在履行期间由分销商提供的信息

在排他性分销合同和选择性分销合同中,第Ⅳ.E－2:202 条(在履行期间的信息)下的义务要求分销商提供供应商如下相关信息:

(a)由第三方提出的或威胁的、与供应商的知识产权相关的索赔要求;以及

(b)由第三方侵犯供应商的知识产权。

评　论

A. 综述

本条指出,什么样的特定信息是排他性分销商或选择性分销商在合同关系期间被要求提供给供应商的。不论何时分销商得知任何侵犯或可能挑战供应商的知识产权的情况,他必须告知供应商。

这一义务仅适用于排他性分销合同和选择性分销合同。

B. 攸关利益和政策考虑

供应商有明确的利害关系,被告知任何威胁或侵犯其知识产权。分销商往往是位于一个提供这些信息给供应商的地位。这项义务并不会成分销商的负担。首先,遵循第Ⅳ.E－2:202 条(在履行期间的信息),分销商只必须提供分销商拥有的信息。其次,排他性分销协议和选择性分销协议往往包括了供货商知识产权对分销商的许可。因此,通知供应商任何侵犯知识产权的情况,这也将在分销商的利益之下。

原则上,本义务只适用于排他性分销合同和选择性分销合同的情形。其基本原理是,如果供应商同意除排他性分销商或经授权的分销商外,不出售给其他分销商,是因为供应商对他们的信任。因此,可以从一位忠诚的分销商处期望,他应当提供供应商他可能会防止或限制对供应商的任何损害的信息(例如,有关任何侵犯知识产权的信息)。

从分销商处所要求的信息,如同从被特许人处所要求的信息,是相同类型的。既然这些合同之间存在相似性,对它们以类似的方式处理是很重要的,以避免分类的问题。

C. 要提供的信息

排他性分销商和选择性分销商必须提供他们所拥有的信息。这一义务持续贯穿

整个合同关系。本条特别提到,在非详尽无遗的清单中,关于下列事项的信息。

(a)由第三方提出的或威胁的、与供应商的知识产权相关的索赔要求

这些信息涉及商标、贸易名称或符号,或者其他知识产权的索赔和威胁。

(b)由第三方侵犯供应商的知识产权。

排他性分销商和选择性分销商应通知他们的供应商,如果他们得知第三方没有尊重和侵犯了供应商的知识产权的话。

D. 无形式要件

对该义务必须执行的方式没有形式要求,例如可采用书面形式。

注　释

在履行期间,提供信息的义务

1. 在任何成员国的法律制度下,似乎不存在这种类型的具体义务。然而,根据荷兰法律,这样的义务已由作者们捍卫(*Barendrecht and Van Peursem*, Distributieovereenkomst, no. 114)。

2. 在西班牙法律著作中,认为分销合同包括了可以源于忠诚、诚实信用和保护各方利益的相互义务的具体义务(Dominguez García, Los contractos de distribución, 1354 et seq.)。这些具体义务包括了分销商定期告知供应商关于市场形势、发展前景、目前销售状态、预测未来销售状态,以及客户要求的义务,以让供应商产品的数量和质量适应客户的需求。另参见分销合同范本第 10 条第 1 款,由 Guardiola Sacarrera, Contratos de Collaboration en el Comercio internacionall, 147 提出。至于由第三方提出的索赔或第三方对供应商知识产权的侵权,分销商的告知义务可以由一个合同条款建立(由于在这个问题上不存在具体的法律规定),或者可以通过类比从西班牙民法典第 1559 条建立的租赁制度的类似的义务中推断出,该条责成承租人告知出租人有关租赁货物的任何权利或索赔。

第Ⅳ.E－5:303 条　由分销商发出的需求减少的警告

(1)在排他性分销合同和选择性分销合同中,分销商必须在合理时间内向供应商发出警告,当分销商预见其需求将明显低于供应商曾有理由期待的。

(2)为了达到第 1 款的目的,分销商被推定预见什么是分销商可以合理地被预期预见的。

评　论

A. 综述

本条要求分销商向供应商发出警告，不论何时当他预见比供应商可以合理地期望的分销商的订单大量减少时。分销商必须在合理时间内通知供应商。

本项义务被限于排他性分销协议和选择性分销协议的情形。

B. 攸关利益和政策考虑

本条保护供应商的利益。基于分销商的警告，供应商能够调整其生产，有时甚至调整其生产能力，以适应新的形势。供应商出售给大型分销商如大型零售连锁店时，其已成为国内食品零售市场上的一个领导品牌的唯一分销商，在这些情况下，这一点尤为重要。

然而，这项义务并不是分销商不合理的负担。首先，在微小变动的情形下不存在警告义务。其次，供应商没有权利知道为什么会发生这种变动的原因。最后，本义务只产生于实际预见到的情形，但是证明这一点的难度由第2款中的推定缓解了。

原则上，这一规定只适用于排他性分销协议和选择性分销协议。原因是，供应商根据该协议在很大程度上依赖，就其整个销售，分销商的需求。如果后者突然不订购任何产品，供应商将会突然遇到严重的经济困难，因为它并非处于绕过分销商并出售给（在某一地区或消费者群）其他分销商或出售给未经授权的分销商的地位。

C. 合理的时间

分销商必须在合理时间内给供应商发出警告。要评估什么是合理的，合同的性质和目的、案件的情况以及涉及的行业或专业的惯例和实务，必须予以考虑（参见第Ⅰ－1:104条（合理性）中的定义）。原则上，只要分销商得知令人震惊的事实，分销商就必须发出警告。此外，分销商必须留给供应商一定的时间以作出反应，并以适应新的消费者的需求（例如，通过限制其生产）。

D. 显著减少

只有当分销商预见到订单严重减少时，分销商才需要向供应商发出警告。在订单只有轻微减少的情形下无此义务。不论分销商是因为分销商控制范围内的因素造成需要减少还是因为市场相关的原因造成需要减少，这项义务都存在。

E. 供应商的期望

什么是供应商有理由期待的，取决于案件的具体情况。在大多数情形下，往年订

单的平均数量对确定供应商的合理期望将是一个合适的出发点。

注　释

1. 此项规则类似于由商事代理指令（第 4 条第 2 款（b）项）规定的规则。没有欧盟成员国的法律制度就分销合同明确规定这个问题。

2. 根据西班牙法律，由于法律制度缺乏一项明确的规定，这项义务可能从诚实信用原则（商法典第 57 条）中推断出。毫无疑问，相同的观点可以在许多其他法律制度中得出。

第Ⅳ.E－5:304 条　指示

在排他性分销合同和选择性分销合同中，分销商必须遵循供应商的合理指示，这些指示的目的是为了确保产品适当的分销，或者维持声誉或产品的独特性。

评　论

A. 综述

本条要求排他性分销商或选择性分销商遵循由供应商给予的合理指示。分销商必须只遵循那些旨在确保产品的适当分销或者保持产品良好声誉的指示。

本义务被限制于排他性分销合同和选择性分销合同的情形。

B. 攸关利益和政策考虑

这一规定在两个相互冲突的利益之间建立了平衡：（1）分销商依靠独立的商业政策寻求其自身的目标，和（2）供应商的专业和统一地介绍和分销其产品的利益。

本条保护供应商的利益，它授予供应商指示其分销商的可能性。维护产品良好声誉和独特性在分销商遵循指示的情形下可以实现。在排他性分销合同和选择性分销合同中，分销商是供应商可以到达终端市场的唯一渠道（除非供应商有权进行直接销售）。在选择性分销的情形中，给予指示于授权的分销商，以在选择性分销系统范围内保持相同的高品质标准，不仅仅是供应商的权利，也是他的义务。

然而，本条还考虑到分销商的保持其自治的利益。这里的关键是，分销商在其整个产品范围成功的利益。协调其行为使其与供应商的商业政策一致，必然意味着限制分销商商业策略的自由（例如，分销商放弃一些组成其产品范围的弹性）。此外，本项

规定不要求分销商遵守供货商的任何指示。分销商只遵守那些与分销的运作有关的并且是合理的指示。另外,本项义务并不适用于任何分销商,而只适用于排他性分销商和选择性分销商,以换取他们在合同产品的商品化中的特权地位。

C. 合理的指示

分销商只被要求遵照合理的指示。要评估什么是合理的,合同的性质和目的、案件的情形以及涉及的行业或专业的惯例和实务,必须予以考虑(参见第Ⅰ-1:104条(合理性)中的定义)。要加以考虑以确定某些指令是否是合理的元素包括:各方当事人的利益、给予的指令的性质以及其目的。要成为合理的,指示不应该打破合同的平衡。

D. 为了确保适当的分配

供应商有权指示分销商,以确保产品的适当分配。这种指示例如涉及具体商业楼宇的设立和维护、产品的包装以及维护一个适合用于市场营销为目的的产品样品的数量。

E. 为了维护声誉和独特性

尤其是在品牌产品分销的情形下,产品的声誉和独特性得以维护是必不可少的。例如,为这一目的的指示涉及策划——或参与——广告活动、为客户维护某些设备(即援助服务或咨询客户)以及产品介绍和展示显示。

注　释

一般情况下

1. 在这方面,没有一个法律制度载有具体的法定规则。然而,葡萄牙、西班牙和荷兰的法律作者同意遵循指示以保持品牌威信的类似的义务(西班牙:*Calvo Caravaca and Fernández de la Gándara*, Contratos Internacionales, 1353; *Bercovitz*, Contratos Mercantiles, 552)。根据葡萄牙作者,这项义务被认为是分销商的主要义务之一(*Pinto Monteiro*, Direito Comercial, 108)。荷兰作者们认为,这项义务遵循分销合同的性质(*Barendrecht and Van Peursem*, Distributieovereenkomst, 93, 114, 116; *Geel*, NTBR 1996, 100, 104)。

2. 根据希腊法律,分销商必须按照由供应商发出的有关货物和销售方法的任何指示。双方当事人之间的纽带越密切和越合格,越多的义务遵循这种关系。例如,在排他性分销协议中,分销商必须遵守生产者—供应商的指示,这些指示有关商品的营销技巧、产品的服务,以及要保持的产品库存(CA Athinon 9658/1995, DEE 2/1996 at 154)。

3. 根据芬兰、德国和意大利的法律,这项义务是否可以源于诚实信用,取决于案件的具体情况(德国:民法典第242条;意大利:民法典第1375条)。根据奥地利法律,情形似乎相似于芬兰和德国的法律(OGH 7 December 2001 7 Ob 265/01y; OGH 5 December 1995 4 Ob 79/95)。

第Ⅳ. E－5:305 条　检查

在排他性分销合同和选择性分销合同中，分销商必须提供合理的访问分销商的处所，使供应商能够检查分销商是否遵守在合同中约定的标准和给予的合理指示。

评　论

A. 综述

本条要求分销商让供应商检查分销商是否按照合同约定和已给出的指示履行其活动。供应商的权限限于分销商的处所。

本义务被限制在排他性分销合同和选择性分销合同的情形。

B. 攸关利益和政策考虑

本项义务补充了排他性分销商或选择性分销商的主要义务，即只是作出合理的努力，以促进产品的销售的主要义务。检查是一个重要手段，以确定分销商是否已遵守在合同中商定的标准以及分销商是否遵循了有关指示。在选择性分销体系的情形下，这是根本的。在此类情形下，分销商提供合理的访问处所的义务，也间接地使其他分销商受益。事实上，不好的产品商业化可能会给相同产品的其他分销商带来消极后果。

然而，供应商检查的权利可能从分销商的角度来看是非常具有侵入性的。出于这个原因，原则上，这一义务被限制于排他性分销合同和选择性分销合同，因为在这些合同中，供应商授予分销商在其产品的商品化中的一个特权的地位。此外，本项义务对分销商并不是不合理的负担。分销商只有义务提供合理的访问分销商的处所。检查的权利并不意味着供应商有查阅账户的权利。没有任何理由可以证明此类侵入的合理性。不同于商事代理，不存在基于缔结的合同计算的佣金，如同在特许经营协议中的，也不用支付任何基于合同量的费用。

C. 合理的访问

供应商有权进行合理的检查。要评估什么是合理的，合同的性质和目的、案件的情况以及涉及的行业或专业的惯例和实务，必须予以考虑（参见第Ⅰ－1:104 条（合理性）中的定义）。在一般情形下，允许供应商检查是否商定的标准和指示已得到满足。此外，供应商的检查不应阻碍或改变分销商的商业活动。

D. 分销商的处所

供应商的检查将主要包括对分销商的商业楼宇进行定期访问，该地方是分销商促进销售给消费者的位置（如质量控制）。本条并没有赋予供应商查阅分销商账户的权利；即供应商无权要求分销商呈递销售、库存和商业前景报告。

注　释

检查

1. 根据成员国法律制度，不存在这方面的法定规则。然而，根据葡萄牙法，这项义务是由法学学者们一致公认的（*Pinto Monteiro*, Direito Comercial, 109; CA Oporto 5 July 1999, www.dgsi.pt, JTRP26.）。

2. 根据奥地利法律，商事代理法通过类推的方式适用于分销合同，分销商必须允许在其处所进行检查（OGH 25 August 1999, 3 Ob 10/98m; OGH 30 March 1999, 10 Ob 61/99i; contractually agreed: OGH 23 October 2000, 8 Ob 74/00s）。

3. 根据德国和意大利有关任何类型的分销合同的法律，这项义务可能根据情势，遵循诚实信用的原则（德国：民法典第 242 条；*Genzow*, Vertragshändlervertrag, no. 79; *Küstner and Thume*, Außendienstrecht Ⅲ[2], no. 1327；意大利：民法典第 1375 条；*Galgano*, Diritto civile e commerciale Ⅱ(2)[4], 631）。一些西班牙作者同意这样的一项检查和控制的权利作为享受品牌威望的交换，并防止任何对分销商声誉的损害（*Dominguez García*, Los contractos de distribución, 1353; *de la Cuesta Rute*, Contratos Mercantiles, 366）。

第Ⅳ.E－5:306 条　产品的声誉

在排他性分销合同和选择性分销合同中，分销商必须作出合理的努力不损害产品的声誉。

评　论

A. 综述

本条规定责成分销商避免任何可能会严重损害供应商产品良好声誉的行为。该义务要求分销商采取必要的预防措施，避免此类损害。

本义务被限制在排他性分销合同和选择性分销合同的情形下。

B. 攸关利益和政策考虑

维护合同产品的良好声誉通常是符合双方的利益的。然而，分销商在处理合同产品时可能会失去一些利益，举例来说，如果分销商偏袒其分销的其他产品，或者如果分销商打算结束合同关系。本规定旨在防止分销商损坏产品的良好声誉。它责成分销商采取必要的预防措施，避免此类损害。

原则上，本项义务被限于排他性分销协议和选择性分销协议的情形。首先，这些类型的合同主要经营的产品是产品形象至关重要的品牌，而这个形象可能会很容易被损坏；例如，产品的声誉可能由于不合适的包装、产品介绍和展示受到损害。其次，通过几个精炼的销售网点商业化产品的想法，目的是为了加强附加到产品的排他性的形象。最后，因为供应商授权分销商成为处理某些产品的唯一分销商的特权或者处理某些产品的分销商之一的特权，期望分销商对供应商和其贸易的产品的一定的忠诚行为是公平的。

C. 合理的努力

在评估什么是合理的，合同的性质和目的、案件的情况以及涉及的行业或专业的惯例和实务，必须予以考虑(参见第Ⅰ－1:104条(合理性)中的定义)。例如，由供应商推动的强调售后服务质量的广告活动可能会受到分销商未能建立必要的援助服务的事实的损害。

D. 分销商的责任

分销商只对由于分销商的行为或不行为所造成的声誉损失承担责任。如果声誉损失是由第三方，或者是通过特定的市场条件造成的，那么分销商则不承担责任。这只是由双方当事人承担普通的商业风险。

注　释

产品的声誉

1. 根据成员国法律制度，不存在一项载有这项义务的具体的法定规则。然而，法国和西班牙法律作者认为，分销商必须维持产品的形象(法国：*Dutilleul and Delebecque*, Contrats civils et commerciaux[5], no. 943；西班牙：*Dominguez García*, Los contractos de distribución, 1353；*Memento Lefebvre* (2003－2004) 522)。德国法律接受供应商必须维持商标的良好声誉(*Genzow*, Vertragshändlervertrag, no. 85；*Küstner and Thume*, Außendienstrecht Ⅲ[2], no. 1308)。这一义务建立在诚实信用之上(民法典第242条)。供应商必须采取所有合理措施，以确保和保持交易产品的最高质量(Qualitätssicherungspflicht)。然而，维持商标良好声誉的义务并不仅限于排他性采购合同，同时也适用于所有其他类型的分销合同。

第六编　借 贷 合 同

第Ⅳ.F－1:101条　适用范围

(1)第四卷本编适用于借贷合同,但以下合同除外:

(a)企业提供给消费者借贷的合同;

(b)借贷目的在于购买或维修不动产的合同。

(2)借贷合同是指一方当事人(出借人)有义务向另一方当事人(借用人)提供一定额度的借贷,该借贷为定期或不定期的(借贷期间),通过货币形式或透支形式,借用人有义务返还在该借贷下取得的货币的合同,而不论借用人是否应支付利息或者当事人约定的任何其他形式的报酬。

(3)货币借贷是指出借给借用人,而借用人同意以分期支付或者在借贷期间届满时一次性支付的方式返还固定数额货币的借贷合同。

(4)透支限额是指借用人的一项选择权,即在超出当前账户余额时,借用人拥有以浮动有限方式从其现金账户中提取资金的选择权。除有不同约定外,透支限额具有循环性质,借用人可反复使用该限额。

(5)不能仅因合同约定推迟金钱债务的付款时间就视其为借贷合同,除非它要求借用人支付利息或者价款之外的任何其他费用。

(6)但是,当事人可以约定,在现有金钱债务应当支付的货币可以依据借贷合同在将来支付。

评　论

A.导言

中世纪时期,借贷合同被认为是无偿的合同类型;至今,伊斯兰法律仍然禁止收取利息。在当前的欧洲,借贷合同发挥了重要的经济功能,并在过去的几十年中获得了快速的发展。

一般的借贷合同(即并不像为了本部分之目的而定义的那样)是指某人(出借人)暂时地将某物交给另一个人(借用人)使用,借用人应在期限届满时将其返还给出借人

的协议。借贷的标的可以是暂时借用的某物，也可以是附有或未附有利息的一笔贷款。借贷合同的类型多样。第一，使用借贷，是指出借人承诺将某非消耗物（不考虑其价值）交付给借用人，借用人在特定期间内或为特定目的使用该物，并承诺用过之后返还原物的合同。第二，消费借贷，是指出借人将某消耗物提供给借用人的合同。借用人负有在约定或合理期限内返还相同或同等数量、质量和类型的物的义务。对于出借物的使用，出借人可以收取报酬，也可以不收取报酬（相比之下，使用借贷总是无偿的：只要因使用而收取报酬，它就转变成了租赁）。这两种借贷的主要区别在于，使用借贷的出借人保留出借物的所有权，借用人必须返还原物，而消费借贷的出借物将要被消费掉，其所有权也就转移给了借用人，借用人变成了出借人的债务人，他负有返还同等数量的种类物的义务。第三，货币借贷，是消费借贷的变型，它以货币为借贷标的。以下的示范规则仅指货币借贷。

货币是一种可替代的消耗物，因此，货币借贷本质上只是消费借贷的一种类型，原则上要适用消费借贷的共同的制度。不过，鉴于其经济意义，以及货币与其他物品有着显著差异的事实，它并不能被完全归并为消费借贷，因而应当适用特殊的、个性化的制度。

在货币借贷合同中，保护消费者具有特别重要的意义。事实上，借贷，特别是有息借贷是个非常重要的行为，而消费者并不总是能够评估其重要性、复杂性及其后果。为此，欧洲国家采用了特别的制度来保护消费者：例如比利时民法典第 1907、1907bis 和 1907ter 条，或者法国民法典第 311 条第 1 款至第 3 款。此外，应该指出的是，关于消费者借贷协议，欧盟通过了新的指令 Directive 2008/48 /EC。这项指令增进了欧洲各国在该领域内的统一。该指令必须在 2010 年 6 月前被置换为本国法令。根据该指令第 1 条之规定，这项指令的目的是，统一各成员国关于消费者借贷的法律、法规和管理规定的某些方面。该指令适用于某些与消费者签订的借贷合同，作为自然人，他为了其贸易、营业或职业以外的目的而参与了法律交易。根据第 2 条的规定，该指令并不适用于以下各项：(a)通过不动产抵押来担保的借贷协议，或者通过成员国常用的另一种类似不动产担保形式而订立的借贷协议，或者通过与不动产有关的权利来担保的借贷协议；(b)目的在于取得或者保留土地抑或现有或计划建设的建筑物之所有权的借贷协议；(c)借贷总额在 200 欧元以下或 75000 欧元以上的借贷协议；(d)协议本身或任何单独协议并未规定购买协议标的的义务，但是如果债权人单方面如此决定的话，该义务视为存在的租用或租赁协议；(e)以透支限额形式签订的借贷协议，以及必须在一个月内偿还借贷的借贷协议；(f)并未附有利息和任何其他费用的借贷协议，以及规定借贷必须在三个月内偿还，并且仅需支付微不足道的费用的借贷协议；(g)雇主作为二级业务(a secondary activity)无息提供给其雇员，或者以低于市场利率的费用年利率向其雇员收取费用，并且未向公众普遍提供的借贷协议；(h)为了让投资者实现和 Directive 2004/39/EC 附录 I 的 C 部分——其中，提供借贷的投资公司或信用机构参与了此种交易——所列举的一个或多个机构有关的交易，与 Directive 2004/39/EC 第 4

条第(1)款界定的投资公司签订的借贷协议;(i)作为在法院或其他法定权威机构前达成的协议之结果的借贷协议;(j)涉及现有债务的延期支付、免除费用的借贷协议;(k)消费者被要求将某物作为担保,交付给债权人保管,并且消费者的义务被严格限定在该担保物上的借贷协议;(l)与提供给某个为了公共利益目的而受到法律规定限制的公众的借贷有关的借贷协议,并且其利率比市场利率低,或者并无利息,或者其他条款更有利于消费者且利率不高于市场利率。但是,这些示范规则并不涉及借贷合同中消费者保护这一重要主题。研究小组认为,欧盟关于这个问题的指令是如此详细全面,我们最好不要试图将其纳入共同参照框架草案的规则当中。时间也是因素之一:即使这种一体化被认为是可取的,我们也没有时间恰当地处理它。

第四卷本编的规则也不适用于借用人为了购买或维修不动产而订立的抵押借贷。原因有三:第一,这种类型的借贷合同有着特殊的性质;第二,大多数成员国的法律制度都包含有抵押借贷的特别规定;第三,欧洲委员会正在考虑提出关于住宅抵押借贷的特别规则的建议[White Paper on the Integration of EU Mortgage Credit Markets com(2007)807]。

为了确保借贷的偿还,人们往往规定保证条款。债务与保证之间的关系将由与保证有关的章节来处理。

缔结借贷合同的承诺并不需要特别的规定;因此,这个问题可以留给这一共同框架的总则部分来规定。

B. 例外情况

正如上文已经提到的,本编关于借贷合同的规定并不适用于企业提供给消费者借贷的合同;这被留给了消费品信用贷款指令来处理。它们也不适用于抵押借贷。

除了这些规定以外,借贷到底是由企业还是个人提供的,便无关紧要了。企业之间(如银行和公司)签订的借贷合同,个人之间(如父母为其子女提供的借贷)签订的借贷合同,以及个人提供给企业借贷(如公司董事提供给公司的借贷)的合同,都处于本编的适用范围之内。

C. 借贷合同

为了本编的目的所界定的借贷合同的定义说明,这个概念要比货币借贷的概念更为宽泛。借贷合同并不仅指出借给借用人,而借用人同意以分期支付或者在借贷期间届满时一次性支付的方式返还固定数额货币的合同。借贷合同一词还涉及透支。

可以用来获取借贷的其他方式,例如代管、租赁和贴现方式(这种方式是通过汇票或其他可转让票据的使用,动用一项权利通常用来对抗费用的支付)等,并不处于第四卷本编的适用范围之内,因为它们具有特殊的性质。本编也不适用于跟单信用证和银行担保。

考察借贷合同的定义,有一点也是很清楚的,即借用人已经支付了利息或任何其他类型的报酬是无关紧要的。唯一重要的是,一方(出借人)有义务提供给另一方(借

用人）一定数额的借贷，借用人有义务在未来某一时间点偿还货币。

在某些国家的制度中，借贷可能是实践性合同，也可能是诺成性合同。实践性合同意味着合同的成立取决于某物或货币的交付。同时，实践性合同也是单务合同。只有借用人应承担一项或多项义务，更为具体地说，他应该支付利息（如果合同或规则预先规定的话），并偿还获得的借贷。

如果从经济推理的角度出发，着眼于灵活性和连贯性的话，将借贷协议看作是双务的诺成性合同，也许对于这些示范规则的目的而言是更为适当的：之所以是双务合同，是因为出借人必须提供借贷，而借用人必须偿还借贷。在这种情况下，货币的交付并不构成合同成立的基本要素。

D. 货币借贷与透支

货币借贷与透支之间的主要区别在于这样的事实，即货币借贷中借用人取得一定金额的货币，并负有按照协议确定的金额和期限偿还的义务。在透支限额的情况下，借用人拥有通过使用某账户而获得最高到一定限额的借贷的可能性，但借用人并不一定会使用该可能性。换言之，他完全获得了可供使用的金额。因此，当借用人并不十分确定他究竟需要多少借贷时，透支限额是特别有用的，因为当透支限额被实际使用时，只有利息是必须偿还的。但是，即使借用人并未使用透支限额，承诺费也是必须支付的。透支限额的利率一般较高。透支通常具有循环的特点，这使得借用人可以一次又一次地获得借贷，唯一的条件是最初商定的限额不得被超过。例如，如果借用人在某账户上拥有透支高达 15000 欧元限额的可能性，并且他实际使用了该可能性的话，那么在此期间，当该账户被计入了一定金额的货币的时候，借用人就会享有更高的信用。出借人与借用人可以达成协议，透支限额并不具有循环的特点，或者只具有有限循环的特点。

E. 延期支付的时间

在许多情况下，一定金额货币的债务人不必立即向债权人进行支付，他可以延迟一定的时间再支付。这种延期支付并不构成第四卷本编范围内的借贷合同。它只是一项关于支付时间的协议。但是，如果延期支付需要债务人支付利息或任何除本金以外的其他费用，该协议就变成了本部分适用范围内的借贷合同。

注　释

Ⅰ. 借贷合同的概念

1. 借贷合同的概念是众所周知的，不同的法律制度都对它有所规定。通过借贷合同，出借人将货币或可替代物移转给借用人，借用人则有义务偿还相同数量的货币或者相同种类或质量的

物(立陶宛民法典第6.870条;意大利:民法典第1813条,"*mutuo*";希腊:民法典第806条;西班牙:民法典第1740条;瑞士:Federal Law completing the LOA (ed. 2008) 第312条)。有些法律制度在借贷协议(立陶宛:民法典第6.870条;波兰:第720条第1款)和信贷协议(立陶宛:民法典第6.881条;波兰:银行法第69~70条)之间作出了区分。

Ⅱ.实践性合同还是诺成性合同

2.借贷本来是实践性合同。它的成立和生效都取决于某物或货币之所有权的转让。在少数几个国家,这种制度仍然是有效的。将借贷合同视为实践性合同(*contrats réels*)的法律制度已经不多了。作为合同效力的条件,这种实践性合同要求标的的实物交割。(直至最近)比利时和法国的大多数学说和判例都支持了借贷合同的这种实践属性(比利时:de Page and Dekkers, Traité élémentaire de droit civil belge V2, p. 126 - 127, no. 117; Herbots/Stijns/ Degroote/Lauwers/Samoy, TPR 2002, 57, 673, no. 799; CFI Hasselt 30 September 1999, TBBR 2000, 266; CFI Gent 7 September 1999, DAOR 1999, 125; Kh. Brussels 29 December 1932, J. C. B. 1932, 395;法国:Ghestin, La formation du contrat, 419 - 420; Cass. 12 July 1977, Bull. civ. 1977, I, p. 260, no. 330; Cass. 20 July 1981, Bull. civ. 1981, I, p. 220, no. 267)。立陶宛似乎也支持借贷协议的实践属性,因为其法律规则规定,借贷协议自货币或某物移转时生效(立陶宛:,民法典第6.870条第2款)。意大利的情况也是如此:参见Cass. civ. 21 December 1990, no. 12123; Cass. civ. 2 June 1969, no. 2076(对于借用人而言,银行支票的交付并不会影响货币的处置;借贷合同因而无效。)

3.近来,法国的法院已经逐渐否弃了职业出借人提供的借贷协议的实践属性(Cass. 27 May 1998, Bull. civ. 1998, I, p. 125, no. 186; Cass. 28 March 2000, Bull. civ. 2000, I, p. 70, no. 105. See the note of du Laing, RDC 2000, 227 - 232)。法国法律上,经过最高法院判例的态度转变(Cass. civ. 1re 28 March 2000, Sté UFB Locabail c/M. Bermond et autre, JCP 2000, Ⅱ, p. 10296, concl. J. Sainte - Rose)之后,借贷合同似乎最终被认为只是部分作为诺成性合同来对待。实际上,只有由信贷专业人士提供的借贷才被认为是诺成性的(Cass. civ. 1re 27 November 2001, JCP éd. G 2002, pp. 607 - 609, note S. Piedelièvre)。根据协议事实,法院从借贷合同的缔结中得出了两项结论:其一,根据协议的效力,出借人有义务提供一笔贷款;其二,根据同样的效力,借用人有义务偿还所借的金额。但是,某些学者对这种判例提出了批评意见。有人认为,借贷必定始终是诺成性合同(参见Cass. civ. 1re 28 March 2000, Rev. trim. dr. com. 2000, p. 640, note Martin D. R.; Piedelièvre, D. 2000, p. 482),有人则仍然认为,借贷合同是实践性合同(Grua, D. 2003, pp. 1492 - 1495; Collart Dutillieul and Delebecque, Contrats civils et commerciaux7, 512 and 794 - 796; Malaurie/Aynès/Gautier, Contrats spéciaux Ⅷ14, 569)。

4.比利时和法国的学者为借贷合同的诺成属性进行了辩护(参见Cousy/Thevenoz/Tilleman/Verbeke (- du Laing), Droit des contrats, 225; Attard, Le contrat de prêt d' argent, 16 - 17 and 231。相反的意见Seriaux, La notion de contrat synallagmatique, 780 - 781)。

5.目前,大部分法律制度都支持借贷合同的诺成属性(德国:民法典第488条和第607条;瑞士:Federal Law completing the LOA (ed. 2008)第312条;英格兰:Chitty on Contracts Ⅱ, 3576;西班牙:Lacruz Berdejo, Derecho des obligaciones, 178)。在希腊,按照通行的法律理论和判例,借贷合同是对物执行的。不过,希腊法律理论中现代的观念支持了借贷合同的诺成属性。在某些司法区域内,存在取决于贷款金额的合同形式要求(参见CA Thessaloniki 407/1980, Arm.

34/726)。在葡萄牙,根据民法典第 1143 条,在个人之间签订合同的情况下,货币借贷的金额在 2000 欧元以下的,并无形式的要求;在 2000 欧元至 20000 欧元之间的,必须采用书面形式;在 20000 欧元以上的,必须采用公证形式。

6. 在波兰,借贷合同的定义是由民法典第 720 条第 1 条规定的:"通过借贷合同,出借人承担将特定数量货币或商品的所有权转让给借用人的义务,借用人则承担偿还同等数量货币或同等质量商品的义务。"如果金额在 125 欧元以上,合同则只能通过书面形式来证明(formality*ad probationem*)。

7. 另外,瑞士法律在商法典中将货币借贷作为诺成性合同加以了规定(LOA art. 312; Thevenoz and Werro (- Bovet), Commentaire Romand),尽管"借贷的实践性理论"(*théorie réelle du prêt*)事实上仍然存在。在德国法律上,借贷合同的诺成属性已经得到了判例和学说的承认(参见 Ernst and Zimmermann, Zivilrechtswissenschaft und Schuldrechtsreform, 471),并且明确规定在《德国民法典》(the Burgerliches Gesetzbuch)当中(参见民法典第 488 条;Markesinis/Unberath/Johnston, The German Law of Contract2, 152.)。

Ⅲ. 单务合同还是双务合同

8. 当借贷合同是实践性合同的时候,它往往也被当作单务合同来对待;唯一的义务就是借用人偿还借贷的义务。如果它是诺成性的,它就将是双务合同(见下文,出借人的义务)。在大多数国家,原则上借贷合同都被看作是双务的;它涉及出借人转让货币的义务,以及借用人偿还贷款的义务。

9. 普通法上的借贷是双务的(Chitty on Contracts Ⅱ, 3574)。对于有效的合同来说,一项对价是必需的。该对价被界定为一方为换取另一方做某事的承诺而向另一方支付的金钱代价或得到该种承诺的承诺。它意味着,如果只有一方提供了对价,那么协议便并非法律上有约束力的合同。但是,构成协议的对价之价值也可以微小到几乎不存在(参见 Chappell & Co. Ltd. v. Nestle Co. Ltd. [1960] AC 87)。

Ⅳ. 性质

10. 在许多欧洲国家,货币借贷的合同都被当作授予临时使用权的合同来对待(参见德国:Oetker and Maultzsch, Vertragliche Schuldverhältnisse, § 1, p. 7 - 8;法国:Huet, Contrats spéciaux, 959;瑞士:Christ, Der Darlehensvertrag, § 35, p. 223, no. 3 and p. 224, no. 6)。由于借贷标的——货币——的特殊性质,使用权被"定型"了。借用人应予支付的利息便构成了这种使用权的代价。在德国法律上,这被称为"使用权理论"(*Nutzungstheorie*),(参见 Mulbert, AcP 192 (1992), 459;瑞士法:Maurenbrecher, Das verzinsliche Darlehen im schweizerischen Recht, 23 - 30 and 89 - 94)。这种观点往往也得到了比利时和法国法律的确认。比利时和法国的法律赞同这一事实,即利息是出借人之义务的(法律)代价,虽然它并没有得到法律的承认。

11. 但是,欧洲立法将这种借用人借来的临时使用权与所有权进行了区分(特别是瑞士法律:参见 Maurenbrecher loc. cit., 23 - 30)。瑞士法律认为,消费借贷的特征(货币借贷也是如此)是,出借物的所有权连同临时使用权一起移转给了借用人(参见 Tercier, Les Contrats spéciaux, § 33, no. 2356, p. 287 - 288["*Le prêteur permet en effet à l' emprunteur non seulement d' utiliser la chose prêtée, mais encore de la consommer; ce n' est donc pas tant l' usage de la chose qui est remis que l' usage de sa valeur*"])。事实上,在消费借贷的情况下,仅当使用人也获得了所有权(使用、收益、处分)时,一项有效的使用权才可以移转;毁损灭失的风险由借用人承担。借用人可

以转让该物。借用人所追求的实际上是出借物或贷款的价值。

12. 应该指出的是,即使借用人负有返还或"归还"的义务,但大多数欧洲国家都认为,借贷合同并不是一种归还合同。换言之,合同期限届满时,借用人将与所借金额等量的贷款归还给出借人,这只是使用权之临时性质的逻辑结果而已(参见 Grua, D. 2003, no. 10, p. 1462; Pignarre, Rev. trim. dr. civ. 2001, no. 25, p. 69 - 70。参见法国法:Libchaber, Def. 2002, 262;德国法:Mulbert, WM 2002, 465, 469;瑞士法:Maurenbrecher, Das verzinsliche Darlehen im schweizerischen Recht, 172 and 176)。

V. 借贷的不同类型

13. 在波兰,信贷合同只能由银行签署提供给债务人货币资金,并要载明使用的特定目的(波兰银行法第69条),而借贷合同则可以由任何自然人或法人缔结,并且不必载明任何特定目的(波兰民法典第720条第1款)。类似的区分在立陶宛也是适用的,只有银行或其他信贷机构才能通过信贷合同向债务人提供货币资金(信贷)(民法典第6.881条),而在借贷合同中,一方(出借人)将货币或可消耗的种类物的所有权移转给另一方(借用人)(民法典第6.870条)。其他法律制度还在货币借贷合同(德国民法典第488~498条)和商品借贷合同(民法典第607~609条)之间作出了区分。民法典第488条第(1)款规定,在货币借贷合同中,出借人有义务给予借用人商定数额的贷款,到期时,借用人有义务支付商定的利息并返还贷款。这个货币借贷合同的概念包括了各种信贷(德国)。大多数法律制度都在使用借贷(比利时:民法典第1875条;法国:民法典第1875条;卢森堡:第1875条;西班牙:民法典第1740条;瑞士:Federal Law completing the LOA [ed. 2008]第305条)和消费借贷(比利时:民法典第1892条;法国:民法典第1892条;卢森堡:民法典第1892条;西班牙:民法典第1740条;瑞士:Federal Law completing the LOA [ed. 2008]第312条)之间作出了区分。消费借贷是这样一种合同,一方(出借人)提供给另一方(借用人)一定数量的可消耗物,条件是后者要返还相同种类、相同质量的等量物(比利时、法国和卢森堡:民法典第1892条;西班牙:民法典第1740条;瑞士:Federal Law completing the LOA (ed. 2008)第312条)。关于借贷合同中利息的支付,各国法律制度中包含有一些特别的规则(比利时、法国和卢森堡:民法典第1905条,实际上指的是货币借贷)。

14. 某些国家在民事、商事和银行借贷之间作出了区分(分别参见波兰:民法典第1142条,商法典第394条和第362条);民事借贷范围广泛,商事借贷以支付利息为前提,但可以涉及替代物,银行借贷则是由银行提供的货币借贷。

15. 法国、比利时和卢森堡的民法典规定了三种类型的借贷:使用借贷或"借用"(*commodat*)、消费借贷(在这种情况下,借用人是标的物的所有者并承担风险——参见民法典第1893条),以及货币借贷。在第一种情况下,借用人必须归还出借物,而不能消耗掉它;而在第二种情况下,借用人只需返还相同种类、相同数量和相同质量的标的物。这两种合同原则上是无偿的。在法国,货币借贷是与支付利息的规定有关的严格规制的对象:它必须采用书面形式。这一规制也涉及借贷合同的起草、利息的计算和利息资本化的问题(参见民法典第1905~1907条,特别是第1907条第2款,根据这一款,利率的书面约定是合同生效的条件之一)。

16. 借贷的承诺在某些国家也受到了规制。例如,根据意大利民法典第1822条,如果借用人的财务状况自承诺缔结之后极度恶化,那么出借人可以拒绝履行其义务。在其他国家,这个问题可能是通过预期违约原则来处理的。

17. 关于抵押借贷,一般可参见 van den Haute, Harmonisation européenne du credit

hypothécaire；也可参见 the Green Book on mortgage backed loan, Com(2005) 327, 19 July 2005。

第Ⅳ.F－1:102 条　出借人的主要义务

(1)出借人应按可依合同确定的数额、方式及期间向借用人提供借贷。

(2)债务履行期间不能根据规制债务的条款确定的，出借人应在借用人请求后的合理期间内使其取得借贷。

评　论

在那些将借贷合同作为实践性合同来规定的制度中，贷款移转给借用人是合同生效的一个条件，但并不是出借人的义务。正如上文所解释的，将借贷作为由双方协商一致成立的诺成性合同，这是更为现代、更具灵活性的解决方案。据此，将贷款提供给借用人的义务便构成了出借人的主要义务。

必须何时提供贷款呢？通常，合同都会规定提供贷款的期限。在任何有疑问的情况下，解释规则和履行合同义务的时间规则都是适用的（参见第二卷第八章“合同的解释”和第Ⅲ－2：102 条（履行时间））。

一项补充规则被规定在本条的第(2)款；如果贷款的移转时间并不能根据上述的规则来确定，那么出借人必须在借用人请求后的合理期间内将贷款交给借用人使用。如果贷款并未提供，那么借用人便可以从合同义务之不履行的通常救济中获益（参见第Ⅲ－3：101 条（救济方式））。一种救济方式是强制履行（参见第Ⅲ－3：301 条（货币义务的执行））。还可以给予损害赔偿。它们应该包括增加的应付利息，因为在约定利率和新的借贷利率之间是有区别的；还应该包括在新的借贷协商过程中，因为资金缺乏所造成的损害赔偿。如果借用人在别处无法筹集到资金，因而难以进行交易，他应该拥有由于交易失败或相应损失请求利润损失赔偿的权利。

注　释

Ⅰ.普通法制度：英格兰

1. 在普通法上，借贷可以是相对于借用人的还款承诺，出借人立即移转贷款，也可以是出借人承诺在未来某一时间点提供贷款。在后一种借贷中，有些时候可能会发生借用人为了获得贷款而起诉不愿履行承诺的出借人的情况。正像买卖合同中拒绝交付的类似情形一样，普通法（也包括某些其他国家的法律）不承认为强制履行而提起的诉讼，而是只为损害赔偿提供救济；但是，正像下文将要的解释的那样，大多数欧洲大陆国家的法律制度承认为强制履行而提起的诉讼。

同样,在多数民法法系国家,借用人接受贷款之合同义务的强制履行也是可以强制执行的,但英美法律制度却并非如此(Chitty on Contracts Ⅱ, no. 3580)。

Ⅱ. 民法制度

2. 鉴于出借人的借贷义务(包括交付和使其可以利用的义务)在比利时和法国法律上是“新出现的”(参见 Cousy/Thevenoz/ Tilleman/Verbeke (– du Laing), Droit des contrats, 231 – 237),显然,“出借义务”是根据德国和瑞士的法律来规定的,它们认为附有利息的借贷是双务合同,因而承认出借人之义务的存在。在德国,出借人交付合同标的物的义务被称为“贷款义务”(*Darlehensgewährungspflicht*),而出借人让借用人使用的义务则称为“[贷款]使用义务((*Kapital*) *Belassungspflicht*)”。

3. 在某些国家,如果借用人缔结合同后变得无偿债能力,出借人便无须交付贷款(参见 Cousy/Thevenoz/Tilleman/Verbeke (– du Laing), Droit des contrats, 231 – 237。也可参见瑞士 LOA 第 316 条,该条规定了六个月的时间限制)。在意大利,类似情况下贷款的承诺可以被撤销(民法典第 1822 条;法国,Grua, op. cit., 1493)。

Ⅲ. 未能提供贷款的救济方式

4. 在那些将货币借贷合同当作实践性合同来规定的制度中,由于贷款转让构成了合同成立的条件,所以这个问题是无须探讨的。在其他制度中,关于救济的规定是极为不足的。值得一提的是英格兰法,它规定,原则上不承认强制履行(Chitty on Contracts Ⅱ, 3580)。

5. 在法国,当合同被认为是诺成性合同时,强制履行是可能的(Piedelievre, D. 2000, Ⅱ, 484),即使在紧急情况下,在裁判过程中亦是如此(Grua, op. cit., 1494)。

第Ⅳ. F – 1:103 条　借用人接收贷款的义务

(1)借贷采用货币借贷形式的,借用人应按可依合同确定的方式及期间接收贷款。

(2)借用人接收贷款的时间不能根据合同确定的,应在出借人请求后的合理期间内接收。

评　论

出借人负有使得贷款可供使用的义务,而借用人则负有接收贷款的义务。通常这根本不成问题,但在特殊情况下,它还是有可能出现的。在各国立法中,这种情况并不总是能够得到明确的预先规定,但是,为了在不履行这一义务的情况下,出借人拥有法律上强制执行的可能性,将其考虑在内是有益的。因此,该条规定,借用人必须以合同确定的方式接收贷款。如果根据合同难以确定,出借人可以请求借用人接收贷款,借用人则必须在合理期间——这是客观确定的(参见定义表中“合理”的定义)——内予以接收。这一义务是出借人义务的镜像。但通常情况下,接收贷款对借用人而言有着

更大的利益,除非出借人想要尽快地获取利息。

如果借用人拒绝接收贷款,出借人将有权获得第三编规定的救济。损害赔偿将按照与上文提到的同样的原则来确定(利息差额,贷款不能被用于投资期间的全额利息)。自然,出借人必须证明借用人违约与损失的持续之间存在因果关系。

除了这项义务以外,借用人还负有其他义务,即按照合同确定的利率和期限支付利息的义务,偿还本金的义务。这些义务下文有专门规定,参见第Ⅳ.F－1：104 条(利息)和第Ⅳ.F－1：106 条(清偿与终止)。

注　释

1. 许多法律制度并未明确规定这种接收贷款的义务(意大利:民法典第 1813 条;立陶宛:民法典第 6.870 条;希腊:民法典第 806 条;波兰:民法典第 720 条第 1 款。另参见瑞士:LOA 第 316 条[该文本规定了六个月的时间限制];西班牙:民法典第 1740 条;德国:民法典第 488 条)。在许多国家,它可以被认为是隐含规定的。

2. 在英格兰法上,如果借用人拒绝接收贷款(那是非常罕见的),出借人可以获得赔偿(Chitty on Contracts Ⅱ, no. 3581)。其他国家原则上都承认了强制履行。

第Ⅳ.F－1:104 条　利息

(1)借用人应根据合同条款支付利息或任何其他形式的报酬。

(2)合同未特别规定应支付利息的,应当支付利息,除非双方当事人都是消费者。

(3)利息自借用人接收货币贷款或使用透支限额时起逐日计算,但应在借贷期间终止时或按年度支付,以其时间在前者为准。

(4)应依前项支付的利息,每 12 个月计入未偿本金。

评　论

A. 历史演变

利息是因使用贷款或者作为贷款之暂时“保留”的补偿而已支付或应支付的一笔金额。它已经与高利贷区别开来了,后者是借贷合同的滥用形式——索取过高的利息——之一,由于人们获得的比他们贷出的更多,它被认为是一种不公平的致富形式(参见 Homer and Sylla, A History of Interest Rates 73 (3d ed. 1991))。与高利贷不同,利息一直被认为是债权人应得的补偿,因为他由于出贷而遭受了损失。今天,利息已

经成为对贷款使用之损失的标准补偿形式。

教会法上，利息是不被允许的。利息开始被允许，大约是在法国大革命前后（参见 Asser（-Kleijn），Bijzondere overeenkomsten Ⅳ，45）。

少数国家仍然禁止支付利息，这主要是因为那与它们的宗教信仰不相符合（参见 Jahel，"L' adéquation du droit musulman classique aux procédés modernes de financement"，Rev. trim. dr. com.，1985，p.483）。但是，其中的某些国家也在一些商业交易中允许了利息的支付。通常在商人之间，利息往往是必须支付的，即使双方没有明确的约定，因为我们不能认为，商人会在不收取利息的情况下，愿意将贷款出借。

B. 利息的类型

利息的类型有许多种：迟延支付——例如发货单——的利息；或者遭受损害时迟延赔偿的利息（例如，遭受损害是在 2000 年 2 月 1 日，而法官宣判是在 2009 年 2 月 1 日；法官可以就 9 年期间判付利息）。这两种利息类型可以归纳为滞纳利息。

这两种利息可能是约定的，也可能是法定的，这完全取决于它们之存在及其利率是由合同还是法律确定。应该指出的是，关于利率的法规是大相径庭的。某些国家通常立足于市场环境定期地对利率加以规定。例如，在法国，法定利率等同于法国银行在上一年的 12 月 15 日规定的贴现率（Law No. 75-619 of 11 July 1975，第 1 条）。与此相反，其他许多国家则实行固定的法定利率。例如，在德国，商法典规定了商人之间从事商事交易的利率，而民法典则规定了非商事交易的利率（商法典第 352 条；民法典第 288 条）。许多国家还限制了可以收取利息的最高额度，即使双方当事人已经就更高的利率达成了协议。大多数国家都规定有某种控制借贷利率的形式。法国、德国和许多其他欧洲国家都有利率上限的规定。虽然普通法国家倾向于采用显失公平的方法，但也对敲诈性交易进行了某些法律规制——例如，英国 1974 年《消费品信用贷款法》第 137～140 条。

欧盟对利息也作出了规定。关于打击商业交易中迟延付款的 European Directive 2000/35/EC 规定，除非另有规定，利息应在收到发货单之日起 30 日内支付，或者，如果该日期难以确定或发货单在货物或服务之前收到，利息则应在收到货物或服务之日起 30 日内支付。利率的计算根据是 ECB（欧洲中央银行）的利率。这些示范规则并不想要干预法定利率的确定，因而这个问题留给了国内法处理。

C. 利息总是应予支付的吗

大多数国家或者通过法规，或者通过司法判决，承认了利息是"贷款使用或存留的补偿"。其他的报酬形式也是可以预见到的；例如，从提供给借用人的贷款中扣除一定金额（贴水）；比方说，一笔六个月 1000 欧元的借贷，借用人只收到 980 欧元而不必支付利息。

作为一个法律问题，即便合同中并未规定，利息是否应予支付呢？对这个问题，本

条试图在不同的解决途径之间求得平衡。在合同并未规定的前提下，个人之间签订的借贷合同并不需要支付利息，其他情况则应予支付利息（即或者出借人与借用人都是企业，或者出借人是个人而借用人是企业）。应该记住，商业出借人与消费者借用人之间的关系并不在本部分的适用范围之内。

一些欧洲的法律制度规定，支付了不应支付的利息的借用人，不能将其作为本金，也不能为此获得赔偿。为了更具有连贯性，在此，这个问题留给了不当得利和抵销的一般原则来处理。

D. 对高利贷借用人的保护

这个问题也留给了一般规则来处理，特别是第Ⅱ-7:207条（乘人之危），它对这种情况提供了充分的制度支持。第1项规定如下：

（1）合同订立时有下列情况，一方当事人可宣告合同无效：

（a）该当事人依赖于他方当事人或与他方当事人存在一种信任关系、经济上贫困或者有急迫需要、不谨慎、不知情、无经验或者缺乏交易技巧；并且

（b）另一方当事人知道或者可以合理地被期待知道该情况并且，考虑到客观情况和合同订立目的，利用了当事人的这种状况，从而获得了额外的利益或者极不公平的优势。

E. 复利

复利之禁止是大多数司法区域的共同规定，它可以追溯至宗教法关于收取利息的禁令，以及对利率的多重限制（非常损失、高利贷、过高利率等）。保护债务人免遭破产，以及避免巨额利息之滥用和累积的愿望证明了这种解决方法的合理性。但是，该原则已经不再适合于现代商业生活的现实了。在欧洲，银行通过某种方式就复杂的信贷便利收取复利，或者至少使用某种与收取复利有着同样效果的利息计算方法，这已经成为通行的商业做法。此外，利息的累积是项基本的财务规则。

当事人可以自由地规定复利条款。如果合同中并未预先约定，那么根据第（4）款，利息就会在一年之后增加到累积的利息当中。这项规则是与第Ⅲ-3:709条（利息滚入本金）第（1）款关于迟延付款的一般原则相互一致的。在行使累积利息请求权的过程中，如果债权人一方存在滥用，法官便可以援引规定在第Ⅲ-1:103（诚实信用和公平交易）中的诚实信用和公平交易原则。

F. 支付时间和起算时间

特别是在个人对个人的借贷中，如果频繁发生，合同中通常既不约定利息支付的时间，也不约定计算的方法。

在这种情况下，利息从交付贷款之日起开始计算。例如，当借贷的持续期间是四个月零十天的时候，利息逐日累计，直到借贷期间届满；如果累计是按年计算，则不应

支付利息,如果累计是按月计算,则应支付四个月的利息,剩余十天不计利息。因此,为逐日累计规定一项补充规则看来是恰当的。

注　释

Ⅰ.利息的支付

1. 利息的支付并不总是被规定为借用人的基本义务。在某些国家,借贷合同的核心是贷款的交付,而非利息的支付(参见希腊民法典第806~807条)。因此,借贷合同可能是不附利息的(希腊民法典第807条;意大利民法典第1813条)。除非另有书面约定,在某些国家借贷合同并不包含利息(如西班牙民法典第1755条),但在其他国家则包含利息(如意大利民法典第1855条;德国民法典第488条)。在立陶宛,默认规则是存在支付利息的义务,但当事人可以在合同中另加约定(立陶宛民法典第6.870条)。在魁北克省的法律中,除非另有规定,否则借贷被推定为无偿的;货币借贷是个例外,这种合同被推定为有偿的;因此,在魁北克省的法律中,货币借贷未加约定的话,利息则是应予支付的。在比利时,如果合同未约定利息,则不应支付利息,因为在本质上借贷具有无偿的性质(*de Page and Dekkers*, Traité élémentaire de droit civil belge V^2, p. 155, no. 153)。

2. 普通法的一般规则是,不存在附加利息之协议、交易惯例或习惯时,利息是不予支付的(Chitty on Contracts Ⅱ, no. 3589)。按照衡平法,在某些情况下,即使不存在附加利息的协议或习惯,利息也是可以支付的(Chitty on Contracts Ⅱ, no. 3591)。

3. 在比利时、法国和卢森堡,借用人的基本义务是在约定时间偿还与所贷款项等量的货币(民法典第1902条[de Page and Dekkers, Traité élémentaire de droit civil belge V^2, 155, no. 153]。借贷的本质被认为是无偿的。但是,在这三个国家,当利息并未规定但借用人已经支付的时候,借用人并不能要求返还(民法典第1906条)。西班牙也有同样的规定(民法典第1756条;*Lacruz Berdejo*, Derecho des obligaciones, 186)。

4. 在某些国家,解决办法是随借贷的性质而变化的。例如,按照瑞士法,在商业借贷时应予支付利息,但在私人借贷时则不应支付利息(民法典第313条)。

Ⅱ.主要义务与次要义务

5. 大多数欧洲国家认为,货币借贷合同是有偿合同(不过,可以参见法国民法典第2315条:"*Le simple prêt est présumé fait à titre gratuit, à moins de stipulation contraire ou qu'il ne s'agisse d'un prêt d'argent, auquel cas il est presume fait à titre onéreux*"以及比利时:*de Page and Dekkers*, Traité élémentaire de droit civil belge V^2, 151; *Clavie*, Le prêt, 91 and 98; *Michaux*, Le contrat de prêt, 86)。但是,支付利息的义务并不总是被当作合同的一部分。实际上,瑞士和德国的法律倾向于将这一义务看成是从属于交付借入贷款之"主要"义务的"次要"义务(参见瑞士法:*Maurenbrecher*, Das verzinsliche Darlehen im schweizerischen Recht, 103-124 (in particular 112) "*Während das Akzessorietatsprinzip den Zins einseitig an die Kapitalschuld anbindet, zeichnet sich das synallagma gerade durch die wechselseitige Abhängigkeit von Kapitalüberlassungs- und Vergütungspflicht aus*";德国法:*Mulbert*, AcP 192 (1992), 460-461 and 491-504 (in particular

461))。按照某些作者(Cousy/Thevenoz/Tilleman/Verbeke[– *du Laing*], Droit des contrats, 243－246)的观点,支付利息的义务应当被视为暂时性使用权利的对应义务,而不是"主要债务"的"附件"。另外,在法国法律上,利息支付义务的原因在于借入款项的交付(Cass., 1er civ., 16 February 1999, Bull. Civ., I, no. 55. See in doctrine: *Bénabent*, Contrats spéciaux6, 210)。

Ⅲ. 支付时间

6. 关于这一点,多数制度都未予规定。但是在德国法律上,只要没有相反的规定,约定的利息便应该在一年期满后支付,或者如果贷款在一年期满前偿还,则在还贷时支付(民法典第488条第(2)款)。在瑞士,利息是每年支付的(民法典第314条)。

Ⅳ. 书面要求

7. 法国法律要求约定利率应书写在合同当中(民法典第1907条第2款)。如果没有关于利息的书面约定,则借贷便被认为是未附利息的。这项规则是对借用人有力的保护。它并不适用于当前的讨论(*Guillouard*, Traités du prêt, du depot et du sequester, 167)。

8. 在比利时,如果当事人并未(以书面形式)约定利率,则适用法定利率(民法典第1907条第4款),并且出借人不能要求费用或佣金。约定利率仅适用于合同期内。换言之,仅适用于借贷期间届满之前(*Clavie*, Les contrats spéciaux, 98)。法国(民法典第1907条第2款"*le taux de l'intérêt conventionnel doit être fixé par écrit*")和卢森堡(民法典第1907条第2款)也是如此。对于利息规定的效力而言,书面形式是必需的;此外,利率的任何改变都必须规定在个别的书面条款当中(Cass., 4 November 1992, Pas. luxemb. 29, p.25)。

Ⅴ. 与利息收取有关的其他形式

9. 在比利时、法国和卢森堡,出借人开具收据(*quittance*)而未载明利息尚未支付的,认为利息已经支付且免除债务人支付的义务(民法典第1908条)。

10. 在民事领域,瑞士LOA规定,支付滞纳利息的义务必须以明文规定为依据:只有在明文规定的情况下,出借人才能要求支付利息。

Ⅵ. 利率

11. 原则上,利率由生效的法律来确定。合同未予约定的情况下,利率往往要参考惯例来确定;例如,在瑞士,货币借贷的利率应与当时当地该种借贷之惯例上通用的利率相一致(民法典第314条)。

Ⅶ. 法定利率

12. 在大多数国家,利率都是通过法律来确定的。这种利率适用于合同未加约定的情况,或者迟延付款的情况。各国的规定都有所不同。在德国,利率由其民法典和商法典来规制:民法典第246条规定,根据法律或法律行为,债务须支付利息的,应按4%的年利率予以支付,但另有规定的除外;商法典第352条则规定,商事交易中,法定利率是每年5%。瑞士的法定利率是5%(LOA第104条第1款),意大利则是10%(自1990年12月16日民法典第1284条第1款)(参见民法典第1124条关于迟延支付的规定)。

13. 在法国,当义务是支付一定数额的金钱时,迟延履行的损害赔偿不能超过法定的利率。法定利率与法国银行上一年12月15日确定的贴现率相等同。这种变动利率受到了那些与之相互联系的国家的批评,并且往往被提交给同一个欧洲中央银行。这对由于经济变迁导致的利率变化是没有任何意义的。

14. 在卢森堡,法定利率适用于不存在合同约定或银行惯例的情况(民法典第1907条第(3)款)。

15. 在瑞士，根据 LOA 第 314 条，除非合同另有约定，否则货币借贷的利率应“与当时当地该种借贷之惯例上通用的利率相一致”（民法典第 314 条），并且“规定的利息必须每年支付一次，另有规定除外”。

Ⅷ. 利率的控制

16. 在这一领域，合同自由是普遍存在的，但在某些国家，立法者也进行了一定的控制。在法国，双方当事人可以对约定利率达成一致。但是，在某些情况下，法律规定了最高利率限制。这一利率是在借贷合同缔结时计算的，并没有将以后不确定的事件考虑在内。如果对约定利率并无法律限制，则高利贷之禁止仍然存在。根据民法典第 1907 条第 1 款，在法无明文禁止的情况下，约定利率可以超过法定利率。法律禁止利率的滥用。如果双方当事人未对法定限制予以遵守，约定利率就要被降至法律限制，如果有必要的话，结余部分依据法律便被归为本金的应得利息（参见 ConcC 第 L. 313－4 条）。

17. 在比利时和卢森堡，如果关于利率的确定未有限制，像法国一样，当出借人利用借用人的弱点规定了超过“正常”利率的约定利率时，法官可以应借用人的请求减少所借金额的支付，以及法定利率的支付。法官有权对何谓“正常”利率进行评估（比利时民法典第 1907 条第 3 款；卢森堡民法典第 1907－1 条）。这项规定被认为是“*lesion qualifiée*”理论的法律表现。在西班牙，类似的解决办法参见 *Lacruz Berdejo*, Derecho des obligaciones, 187。

18. 在波兰，利息和最高利率的问题是由民法典来规制的。民法典的规定目的在于限制借贷过程中的过高利率，它已于 2006 年 2 月 20 日生效。如果借贷合同中约定的利率超过了最高利率限制，出借人便只能请求支付法定最高利率。此外，外国法律管辖的借贷合同不能违背在波兰适用的法定最高利率。民法典第 359 条的反高利贷条款将法律中任何行为（包括借贷）的最高利率限定为波兰国家银行公布的伦巴德利率的 4 倍（目前为 4×5.75% ＝ 23%）。

19. 在英国，除了《消费品信用贷款法》规定的法院的自由裁量权以外，并不存在对利率的法律控制。因此，利率是由交易双方自由确定的（Chitty on Contracts Ⅱ, no. 3593）。

Ⅸ. 复利

20. 在欧洲国家中，利息资本化及其合法性的问题有着不同的规定：一些国家在某些条件下予以允许（比利时、法国、意大利），其他国家或者并未明确规定这个问题（瑞典），或者对复利予以禁止（德国）。

21. 在法国（民法典第 1154 条——*Bénabent*, Contrats spéciaux[7], 449）、意大利（民法典第 1283 条）、比利时和卢森堡（民法典第 1154 条），复利问题是以同样的方式来处理的。这些国家规定，仅当下述三项条件得到满足时，复利才能被允许：第一，利息必须是应付的；第二，利息的到期期限至少一年；第三，必须要有司法传唤或专门协议。规避这些条件的条款都是无效的（例如，在比利时，Cass. 22 December 1938, Pas. belge, 1938, 405; Cass., 28 November 1985, Pas. belge, 1986, 391）。这项规定并不适用于当前的讨论（这一例外的理由是当前讨论的机制本身的更新效果，在此，立即支付的利息自然使得资本增值了）。（在比利时，Cass. 27 February 1930, *Biquet－Mathieu*, Revue régionale de droit 1997, 44－46；在卢森堡，Cour, 13 March 1934, 13, 240）。

22. 在意大利，当存在事先的惯例或事先的协议时，只要利息是至少六个月内应予支付的，复利便是有效的（民法典第 1123 条。也可参见 Cour de Cassation, 1999; Cour de Cassation, sentence n. 2593 20 February 2003, Cour de Cassation section reunies, 2005）。在利息应予支付之

后，当存在载明利息收取的传票或缔结合同的时候，复利只是可能的。

23. 与此相反，在德国，根据民法典第 248 条，任何预先达成的关于到期利息应再生利息的协议都是无效的，因此，德国民法典明确禁止了复利。但是，存在三项显著的例外，其一，根据该条第 2 款，储蓄银行、信用机构和银行业主可以预先达成协议，本金之未被收取的利息应看作可生利息的新本金。有权就其所贷予的金钱消费借贷金额发行附利息的无记名债券的信用机构，可以在贷予此种金钱消费借贷金额时，预先约定支付拖欠利息的利息。其二，“如果索赔人实际上向其银行支付了复利”，那么他可以主张复利是一种损害。其三，如果索赔人“将该笔货币用作投资，他会获得复利”，那么复利应该支付。

24. 在瑞士，LOA 第 314 条规定，“预先约定利息应计入本金，以及包含复利的协议是无效的；但是，特别是在储蓄银行的情况下，关于当前讨论的商业规则，以及可计利息的类似商业惯例并不受其影响”（参见 Trib, féd 9 September 2004[A. c. Banque X. ,4C. 131/2004]）。

25. 这种模式之重要的例外是荷兰民法典，之所以重要，一方面，是因为它是主要大陆法典中最为新近的一个；另一方面，它允许了复利（Asser[– Kleijn], Bijzondere overeenkomsten Ⅳ, 51）；在西班牙，如果司法需要，复利便是允许的，“即使关于这一点，并无义务之规定”。

26. 在英格兰，利息资本化是被禁止的。但是，关于复利的法定禁止，存在四项例外。前两项例外是自 1893 年伦敦的一项判决（Chatham & Dover Railway Co. v. South Eastern Railway Co. [1893] AC 429, 437）开始得到承认的。在该案中，上议院确认，在下列两种情况下，复利是被允许的：(1)合同约定复利应予支付；(2)交易习惯或贸易惯例为复利之支付创立了一项隐含条款。第三项例外是，在衡平法上，复利可以被允许。衡平法规定，只要受托人（如遗嘱执行人或财产管理人）滥用了在他控制之下的款项并从中获利，就应该支付复利。另外，在衡平法上，当“违法者剥夺了公司在其营业中需要使用的资金”时，复利也是应予支付的。第四项例外是由 Wadsworth v. Lydall [1981] 1 WLR 598 一案确立的，它允许复利作为特殊的损害赔偿来支付。在 Sempra Metals Ltd. v. Her Majesty's Commissioners of Inland Revenue 一案中，上议院指出：“在商业生活中，复利是必要的，也是极为常见的。”正如法律委员会在其关于“复利”的咨询文件（2002, No. 167）第 4.1 款所言，复利之应予支付的显然理由是，它反映了经济现实。苏格兰法律委员会审查了各个方面的论据之后，在其“关于债务和损害赔偿的利息之讨论文件”（No. 127, 2005）第 8.38 条中指出，它倾向于认为，对复利的反对本质上就是对利息的反对。以单利为基础的时间价值计算必然会低于真实价值。根据协议或习惯，复利是被允许的，但其他情况则不然。但在银行业务实践中，通过客户的默认，协议可以是隐含的（Chitty on Contracts Ⅱ, no. 3592）。如果客户死亡，或破产，或终止其账户，或者当银行要求立即支付应予支付的款项时，该默认便终止了（同上）。

第Ⅳ.F－1:105 条　借贷的目的

合同将借贷的使用限制在特定目的范围内的，借用人应在出借人请求后的合理期间内提供必要信息，以使出借人能够对借贷的使用进行审核。

评　论

如果双方当事人并未约定根据借贷合同借入之贷款的特定使用目的，借用人可以自由地将其用于任何目的。如果借用人自由地将贷款用于任何目的，出借人便无权审核贷款的实际使用。

但是，如果双方当事人已经约定贷款必须用于特定目的，根据该条规定，出借人将有权审核贷款之使用。为了便于出借人审核，借用人应提供所有必要的信息；提供的方式和时间由双方当事人协商确定，如果未加约定，则在合理期间内提供。在确定合理期间的长短时，我们必须考虑到，较长的期间可能会让借用人有机会提供虚假信息。

如果借用人未提供必要的信息，或者为了与约定目的相违背的目的而使用贷款，那么，第三卷第三章关于合同义务不履行之救济的一般规则便将适用。

注　释

1. 在某些法律制度中，出借人拥有审核为特定目的授予之贷款的使用的法律可能性，但并不负有该种义务。在立陶宛，如果借贷合同中包含了借用人为特定目的使用资金（目的借贷）的规定，则借用人必须确保出借人能够控制贷款的使用方式（民法典第 6.877 条）。其他法律制度在关于金融服务的实施原则的法令中也有类似的规定。例如，在丹麦，《金融服务规则》规定了出借人提供财务咨询的一般义务，包括询问客户（借用人）金融服务（例如，借贷条款）目的的义务，以及要求客户在金融服务有效期内提供最新信息的义务。如果借用人提供的是虚假信息，根据债法总则和合同法，合同将被视为无效。在希腊，对于类似情况，参见 the Act of the Governor of the Bank of Greece no. 2501（31 October 2002）。在其他法律制度中，双方当事人事先约定出借人有审核贷款使用之可能性，这是常见的做法如德国、希腊、比利时、法国、西班牙等。在提供借贷之前，出借人，特别是银行，需要关于大额贷款目的的信息。在英格兰，出借人必须知道借贷协议的特定用途（Chitty on Contracts Ⅱ, no. 3580）。在波兰，借贷协议只能与银行和信贷机构签订，并且必须注明使用的目的，借用人则必须按照协议条款来使用它（银行法，第 69 条）。在借贷协议有效期内，借用人必须按照银行的要求提供这些信息和文件，因为这对评价借用人的财务和经济状况，便于该笔借贷之使用和偿还是必要的（银行法，第 74 条）。只要借用人未能遵守借贷条款，银行便可以减少提供贷款的金额，或者发出终止合同关系的通知（银行法，第 75 条）。

2. 如果借用人未按协议约定的目的使用贷款，或者违反了允许出借人控制该目的的条款，出借人则通常有权利要求借用人在到期之前偿还贷款，并支付利息，除非协议中另有约定（立陶宛民法典第 6.877 条第 1～2 款）。在法国法律中，当合同约定贷款使用于特定目的时，借用人必须遵守所借贷款的使用目的规定。在这种情况下，出借人有权控制贷款的使用，如果借用人并未遵守该使用目的，出借人则有权终止合同关系（参见 *Huet*, Contrats spéciaux², 1015；也可参见 *Schrans and Steenot*, Algemeen deel van het financieel recht, 429）。此外，在法国，有判例认为，当

第三方遭受了与债权人对为了特定目的而提供的贷款之控制的失败有关的损害时，依据民法典第1382条，债权人应该承担赔偿责任（Cass. Fr. 15 February 1978, D. 1978, I. R. 416; Cass. Fr. 18 November 1980, D. 1981, Jur. 210; Cass. Fr. 18 May 1993, D. 1993, Jur. 609）。英格兰法上，在未能遵守贷款使用目的的情况下，出借人有时可以为追偿贷款，获得对物的公平救济。这是优先于关于借贷的对人之诉的，因为它们使得出借人可以追偿贷款，即便借用人无力偿债（Chitty on Contracts Ⅱ, no. 3585）。

第Ⅳ.F－1:106条　借用人终止与提前偿还

（1）借用人应按照借贷合同确定的方式和期间偿还贷款。如果借用人偿还贷款的时间不能根据合同确定，借用人应在出借人请求之后的合理期间内偿还。

（2）借用人得以偿还形式自由终止透支限额。

（3）根据借贷合同借用人无须支付利息或者任何其他形式的取决于信贷持续期间的报酬的，借用人得以偿还形式随时终止借贷。

（4）借用人得以偿还形式随时终止设定有期间的任何其他形式的借贷合同下的借贷。当事人不得排除本款之适用，或者对其法律效力进行限制或变更。

（5）借贷合同载明的期间超过一年且规定了固定利率的，借用人只需要提前三个月为通知，即得根据第（4）款的规定以提前偿还形式终止借贷。

（6）根据第（4）、（5）款之规定提前终止借贷时，借用人应支付截止到偿还之日的应付利息，并赔偿出借人因提前偿还所导致的任何损失。

（7）借贷合同并未载明持续期间的，并不妨碍第（2）、（3）款规定的借用人的权利，任何一方都可以通过给予对方合理的通知期间终止合同。第Ⅲ－1:109条（以通知形式变更或终止）于此适用。

评　论

A. 借用人在约定时间内偿还的义务

借用人的主要义务是在合同确定的时间内偿还与所借金额“等价的”款项，否则要向出借人承担不履行的违约责任。

由于到期之日借用人向出借人偿还贷款，二者之间的借贷合同关系自然终止。如果合同允许，借用人甚至可以在到期之日前偿还贷款。偿还的方式原则上根据合同本身确定；如果没有明确约定，它们则可以从一般原则推导出来（参见第Ⅲ－2:101条[履行地点]、第Ⅲ－2:102条[履行时间]）。

票面金额必须偿还。合同缔结时与还款时的货币价值差异无须考虑在内。这是

本条的规则,也是现行制度的规则(例如比利时民法典第1895条或法国民法典第1894条第1款。学说上,参见*Carbonnier*, Le principe du nominalisme monétaire et ses limites en droit français, 113)。例如,如果借贷金额2000欧元在2000年2月1日被交付,期限9年,那么必须偿还的金额便是2000欧元,即使在此期间货币价值已经贬值了20%。换言之,普遍适用的规则是票面价值的规则,而不是实际价值的规则。

在条文中,我们没有必要具体说明这项规则,因为它可以从偿还相同货币的一般原则中推导出来。第Ⅲ－2:109条(支付的货币)第(1)款规定,当事人可以约定用特定货币来偿还。如果未加约定,借用人想用支付地货币以外的币种支付的,可以按支付时当地现行的汇率予以折算。借用人不必亲自偿还贷款:合同可以要求出借人接受第三方的还款(参见第Ⅲ－2:107条(第三人履行))。如果为确保偿还贷款提供了担保,而借用人并未还款,那么出借人可以通过诉诸担保来获得偿还;在某些情况下,出借人为了获得偿还,将只能指望担保。

B. 终止:一般说明

就借贷终止(严格讲,是借贷合同下合同关系的终止)而言,关于借贷合同的第四卷本编只包括了借用人终止的特别规则。因此,出借人终止是受第二卷的一般原则来调整的,尤其是第三卷第三章第五节(终止)。例如,如果借用人迟延付款,或者并未提供其他必需的担保,那么关于终止的一般规则便是适用的。关于借用人单方终止的可能权利,不同类型的借贷合同之间是有区别的。

C. 透支

借用人可以任意终止透支限额。因此,借用人对透支的终止并不会使其承担任何赔偿责任。借用人只需支付贷款、应付利息,以及为确保借用人在合同期内能够使用贷款而由合同确定的费用;在终止时,透支必须也具有灵活性;如果借贷对借用人而言已经失去了效用,那就再没有理由继续支付佣金了。

D. 借贷合同——并无支付利息的义务

根据借贷合同,借用人无须支付利息或者任何其他形式的取决于借贷持续期间的报酬的,借用人也拥有以偿还形式随时终止借贷的可能性。由于出借人在合同关系维续期间并无利益,所以借用人也不必支付任何赔偿。

E. 存续期间不确定的借贷合同

关于借贷合同存续期间不确定的情况下借用人终止的特殊规则,本条并未涉及。在这种情况下,借用人可以根据合同法的一般规则,即通过给予合理的通知期间终止合同关系(参见第Ⅲ－1:109条(以通知形式变更或者终止)第(2)款)。

F. 存续期间确定的借贷合同

至于存续期间确定的借贷合同，通常情况下，合同关系不能单方面终止。问题是，借用人是否仍然有权提前偿还。在多数提前偿还的情形中，借用人之所以想要提前偿还，是因为存在找到更为便宜的借贷来源的可能性，通常是因为自借贷合同缔结之日，利率已经降低了。在这种情况下，出借人会非常不情愿接受提前偿还，因为他将不得不把款项贷给其他相对人，这不仅会造成管理成本的增加，还会由于利率降低而利润受损。因此，只有在借贷合同缔结之日和借用人提出的还款之日之间，利率已经提高的情况下，出借人才会允许借用人提出提前偿还的建议，并愿意接受之。

处理这个问题有几种可能。第一，可以将所有问题留给双方的协议解决，即关于是否以及在何种条件下提前偿还是可能的，留给双方在其合同中予以确定。第二，可以确定，债务人无权进行提前偿还，这也是可以从合同法一般原则中推导出来的解决方法。第三，可以授权借用人在任何时候提前偿还，在这种情况下出现的问题是，出借人是否有权获得赔偿，其程度如何（遭受的所有损失，遭受到的但限于一定量［例如六个月的利息］的损失，还是合理的赔偿）。

本条第(4)款的目的在于，追求出借人和借用人之间利益的平衡。首先，它包含一项强制性规则，这赋予了借用人通过提前偿还终止借贷的权利。双方不得排除该规则之适用，但是，这并不涉及借用人只想部分偿还剩余本金的情况。这项规则的理由是，借贷交易中，灵活性是必需的；实际上，对于资本资源之最为有效的配置而言，流动性是极为重要的。

如果这项规则可以被自由行使，那它对于借用人便太过有利了。因此，想要通过在约定期限前偿还来单方面终止借贷的借用人必须对出借人进行赔偿。更为具体地说，由于合同关系提前终止，出借人所遭受的一切损失都必须予以赔偿。实际遭受的损失量必须通过法律的一般原则来确定。无论如何，出借人都不能要求仍然按借贷合同应支付的全部利息。损失的计算包括管理费用，以及借贷双方在借贷合同中约定的利息与市场上利息之间的差额。

此处得到承认的解决方法是与适用于消费者借贷协议的规则有所不同的，后者属于《消费品信用贷款指令》规定的适用范围之内。根据《消费品信用贷款指令》，消费者有权随时全部或部分履行其借贷协议下的义务。在这种情况下，消费者有权削减借贷的总费用，其中包括利息的削减，以及合同存续期间管理费用的削减。在提前还贷的情况下，如果提前还贷发生在利率不变的时期，对于与提前还贷直接有关的可能费用，贷方有权获得公平的、客观合理的赔偿。但是，如果提前偿还与借贷协议约定的期间之间超过一年的话，这项赔偿不得超过提前偿还借贷金额的1%。如果该期间并未超过一年，赔偿则不得超过提前偿还借贷金额的0.5%。

注　释

Ⅰ.偿还义务

1.在所有法律制度中,借用人都负有在到期之日偿还贷款以及视情况而定的利息的义务(法国:参见民法典第1902条;比利时:*Clavie*, Les contrats spéciaux, 91-93; *Michaux*, Le contrat de prêt, 88-89;意大利:参见民法典第1813条;德国:参见民法典第488条和*Markesinis/Unberath/Johnston*, The German Law of Contract[2], 152;西班牙:参见*Lacruz Berdejo*, Derecho des obligaciones, 184)。

2.在英格兰,借用人有义务按合同约定的期限届满时或约定时间内(如每月)偿还贷款和利息。如果事先并无约定,任何对该协议的背离都会导致损害赔偿的发生。如果借用人并未按照合同期限偿还贷款,出借人则可以对借用人提起诉讼。按照普通法,出借人通常不能通过损害赔偿方式获得应该还贷的日期与偿还或判决的日期之间的利息(London, Chatham & Dover Ry. v. South Eastern Ry. [1893] A.C. 429)。但是,出借人可以通过在合同中明确约定借贷附有利息而获得该项利息,即便对于应予还款日期届满后的任何时间的利息支付并未达成明确的协议。

Ⅱ.还款方式

3.如果合同并未特别约定,通常情况下,还款的地点和时间要受关于这些问题的一般规则来调整。

4.例如,在比利时,按照基本原则,还款地是借用人的住所(债务必须亲自收取)。如果是有确定期限的借贷,借用人必须在到期之日偿还。如果借用人在约定时间并未偿还,延期偿付的利息就从那时开始起算(民法典第1903条。参见*de Page and Dekkers*, Traité élémentaire de droit civil belge V[2], 148-149)。

Ⅲ.终止

(a)无确定期限的合同

5.在英格兰,当借贷合同并未规定还款时间的时候,债务通常要应请求而偿还(参见Norton v. Ellam (1837)2 M. & W. 461;Chitty on Contracts Ⅱ, no. 3582)。

6.在法国和比利时,如果并未确定期限,按照无确定期限之合同的基本原则,任何一方都可以随时单方面终止合同关系(*Bénabent*, Contrats spéciaux[7], no. 859, 557; see in Belgium, Anvers, 5 October 1992, Turnh. Rechtsl., 1993, 51; *de Page and Dekkers*, Traité élémentaire de droit civil belge Ⅱ, no.763)。另外,法官也可以为双方确定一个还款时间。

7.在德国,应予支付利息的,双方可以通过通知形式终止合同关系,通知终止期间为三个月(民法典第488条第(2)款);不必支付利息的,借用人不经通知即可还款。

8.在瑞士,如果合同并未确定归还时间,且并未要求借用人一经请求即需归还的,借用人自出借人第一次请求起有六周的时间来归还借入物品或款项(LOA第318条)。

9.在波兰,如果还款日期并未在借贷协议中约定,那它就是出借人通知终止后的六周时间。

10.在丹麦,法律规定,如果还款时间并未约定,借用人必须在出借人要求偿还时支付,并且借用人有权随时支付(Gaeldsbrveslovens § 5)。在非消费者的合同中,借用人终止和还贷的权利

并不具有强制性，因此，双方可以另作约定（消费品借贷合同第 49 章第 7 条）。在西班牙，商法典第 313 条规定，借用人有 30 天的时间来支付。

（b）确定期限的合同

11. 原则上，合同关系在约定期限届满时终止。这项规则基本上获得了所有欧洲法律制度的承认。

12. 在法国、比利时和卢森堡，最为“正常的”终止原因便是双方在合同中约定的确定期限之届满。因此，出借人在该时间来临之前必须让借用人保留贷款（民法典第 1899 条），即使出借人对其有着难以预见的迫切需求。民法典第 1889 条的不同规则并不适用于货币借贷，而只适用于物品借贷（*Bénabent*, Contrats spéciaux[7], no. 859, 557）。

（c）确定期限与法官干预

13. 在比利时、法国和卢森堡，如果合同中并未预先约定借贷期限，则它必须“自动”（*d'office*）由法官来确定。关于消费借贷的民法典第 1900 条规定，法官可以“依据情形”允许借用人延期。这种制度也适用于货币借贷。

14. 在比利时，由于法官可以依据情形允许借用人延期，所以借用人不得以合同并未约定确定期限为由拒绝归还（Cass., 20 April 1989, Pas. belge, 1989, I, p. 864）。

15. 在意大利，如果没有约定合同期间，则由法官依据情形来确定偿还的时间（民法典第 1817 条）。

（d）借用人的终止与提前偿还的法律可能性

16. 许多法律制度都以法律规则形式允许借用人终止与出借人的合同关系，允许其提前偿还借贷（丹麦：Gaeldsbrveslovens § 5 以及贷款合同法第 49 章第 7 条［非消费者协议］；德国：民法典第 489～490 条；立陶宛：民法典第 6.873 条；波兰：银行法第 75a 条）。在丹麦，这项规则对于非消费者协议并无强制性（丹麦：贷款合同法第 49 章第 7 条）。

17. 在波兰，关于提前偿还的一般规定被包含在银行法第 75a 条当中，即关于借贷偿还的时间限制是对双方都有利的约定日期。因此，双方都有权提前终止借贷协议，除非借贷合同另有约定。在波兰，银行和金融机构可以在其借贷或信贷协议中规定对提前偿还的完全禁止，或者对提前偿还收取额外的费用，或者只有在一定期间届满后才能提前偿还，或者对提前偿还根本不设限制。禁止或限制提前偿还的条款是有效的，只要它们并不属于消费品信用贷款法调整的协议范围之内。

（e）合同期限确定时的提前偿还

18. 在法国和比利时，如果合同或法律并无规定，附有利息之借贷的提前偿还在法律上是不被允许的。通常情况下，约定期间届满前是不可以偿还的（*Mirbeau－Gauvin*, D. 1995, chr. 46）。实际上，在货币借贷中，人们一般认为，期限是为了双方的利益而确定的。因此，一方不可以单方面终止合同（*Bénabent*, Contrats spéciaux[7], no. 859, 557；*Malaurie*, D. 1998, chr. 317。有关判例：Civ 1er, 7 February 1995, D., 1996, p. 66, note *Mirbeau－Gauvin*）。已经提前偿还的借用人必须支付赔偿金（Civ. 1er, 27 September 2005, Def. 2005, p. 2003, note *Savaux*; D. 2005, p. 2670, note *Delpech*）。

19. 在英格兰也有类似的规定。

Ⅳ. 约定提前偿还的可能性

20. 某些法律制度规定，只有在合同约定的情况下，才有提前偿还的可能性。在瑞士，如果从

合同或具体情形中不能推导出双方有着不同的意思，则对于借用人而言，提前偿还是可能的（LOA第81条）。禁止或限制提前偿还的条款在瑞士和意大利是有效的。在希腊，提前偿还的权利是从判例和关于消费者权利的法律解释——并未包含提前偿还条款的借贷合同可以被裁定为滥用（Supreme Court, decision n° 15/2007）——中推导出来的。

Ⅴ.对借用人有利的提前偿还可能性

21.在意大利，如果合同约定了确定期限，则该确定期限被推定为是为了双方利益而约定的；如果借贷并未附有利息，则该确定期限被推定为是为了借用人的利益而约定的。在后者的情况下，借用人可以终止合同关系。西班牙也有类似的规则（参见*Lacruz Berdejo*, Derecho des obligaciones, 185）。

22.德国（民法典第489条和第490条）承认了借用人终止借贷协议的一般权利和出借人终止借贷协议的特别权利。在下列情形下，借用人可以全部或部分地终止就特定期限约定了固定利率的借贷协议：（1）约定的固定利率（*Zinsbindung*）在确定的偿还时间之前结束，而新的关于利率的协议并未达成，在给予至少一个月的通知终止期间的情况下，最早以约定的固定利率结束之日为终止时间；约定在不长于一年的特定期限内调整利率的，借用人只能每次以利息的约定结束之日为终止时间，通知终止借贷协议；（2）借贷被给予消费者，且不受抵押或船舶抵押担保的，在给予三个月的通知终止期间的情况下，在受领全部金额六个月后，通知终止借贷协议；（3）在受领全部金额十年后的任何情况下，可以给予六个月的通知终止期间；受领借贷金额后，关于偿还时间或利率达成新协议的，以此新协议约定的时间代替偿还时间（民法典第489条）。借用人可以在给予三个月通知终止期间的情况下，随时终止附有可变利率的借贷合同（民法典第489条第（2）款）。民法典第489条的规则是强制性的：借用人的终止权利不得被排除或限制得难以行使（民法典第489条）。如果未附利息，借用人有权不经通知而偿还贷款（民法典第488条第（3）款）。借用人还享有一项特殊的终止权利：如果他的合法利益需要的话，借用人可以提前终止借贷合同（民法典第490条）。

23.在立陶宛，借用人有权在期限届满前偿还无偿借贷的款项，除非借贷协议另有约定。有偿借贷的提前偿还必须得到出借人的同意（民法典第6.873条）。在英格兰，一般规则承认借用人提前偿还借贷的权利，但是这项权利可以通过合同来排除或限制。如果合同规定有确定期限，则借用人应当支付损害赔偿。在瑞士，如果从合同或具体情形中难以推导出双方的不同意图，则借用人的提前偿还是可能的（Federal Law completing the LOA［ed. 2008］第81条）。

24.在波兰，根据银行法第75a条，借贷偿还的时间限制是为了双方的利益而约定的日期，借贷合同另有约定的除外。因此，双方都有权提前终止借贷协议。如果双方对借贷偿还约定了一年以上的时间限制，则借用人可以在给予三个月通知期间的情况下终止协议。

25.在法国，判例在四种情形下赋予了借用人终止借贷合同的权利：（1）期限完全是为了借用人的利益而约定的（并非附有利息的借贷，因为附有利息的借贷通常是为了双方的利益而缔结的）；因此，在并未附有利息的借贷中，借用人可以终止合同而不必支付损害赔偿（*Bénabent*, loc. cit., no. 859）；（2）出借人予以接受的；（3）合同条款予以允许的（例如，合同通常约定，终止时应支付损害赔偿，以弥补出借人的收入损失，这并不是通过民法典第1152条之适用而可能被削减的罚则条款）；（4）借贷受消费者法律调整的。除了上述情况以外，借用人必须支付损害赔偿，以弥补出借人由于提前偿还而遭受的收入损失（法国：Cass. Fr., 1er civ., 14 June 2000, Bull. civ., I, no. 184; Cass. Fr., civ. 1ère ch., 27 September 2005, pourvoi no. 02-13.935; Cass.,

1er civ., 6 October 1976, Bull. civ., I, no.487)。

Ⅵ.为了出借人的利益提前偿还的可能性

(a)当借用人陷入财务困境时,出借人要求提前偿还的选择权

26.在法国,根据民法典第1188条,当借用人提供的担保物已经灭失,或者借用人资不抵债的,出借人有权要求提前偿还。

27.未能遵守合同义务的借用人必须在期限届满之前立即支付本金和利息(*Malaurie/Aynès/Gautier*, Contrats spéciaux[3], no. 22539)。

28.比利时和卢森堡(民法典第1188条),以及西班牙(民法典第1129条)都有类似的规定。

29.在德国,当借用人的经济状况,或为借贷而提供的担保之价值极度恶化,或者存在此种恶化之危险时,出借人可以终止合同(民法典第490条)。

30.意大利还有对借贷承诺的具体规定;当借用人的财务状况极度恶化,并且借用人并未提供适当担保的时候,出借人则无须履行其承诺的义务。瑞士也有类似的规定(LOA第316条)。

(b)自愿提前偿还的赔偿

31.对该问题的立场可以概括如下,想要进一步了解可以参见下文注释。在某些法律制度中,借用人提前偿还依法并不需要向出借人支付损害赔偿(德国;立陶宛:民法典第6.873条;丹麦:《贷款合同法》第49章第7条(仅针对非消费者合同));德国:Palandt(-*Weidenkaff*), BGB[67], § 489, no. 19);意大利;法国;卢森堡;西班牙)。但是,出借人可以在借贷协议中对借用人课以支付损害赔偿的义务(希腊;波兰;立陶宛:民法典第6.885条(仅涉及商事借贷协议);丹麦:《贷款合同法》第49章第7条;比利时;法国;卢森堡;西班牙)。不过,在希腊有判例认为,在某些情况下,出借人对借用人强加的支付损害赔偿的义务是一种权利的滥用。

32.在各种法律制度中,提前偿还的损害赔偿是极为不同的。在德国,当借用人的合法利益有此需要的时候,他享有一项终止借贷协议的特别权利,当然,他必须赔偿出借人因提前偿还所遭受的损失(民法典第490条)。在瑞士,提前终止费用通常要按合同来提供——例如,除了本金和通行的累积利息以外,借用人还必须支付一笔提前偿还罚金来补偿银行的费用,数额为借贷金额的0.1%,但不得少于1000瑞士法郎(银行的通用合同)。在瑞士,提前偿还贷款的借用人还必须支付利息,直至合同终止之日(参见*Higi*, Zürcher Kommentar, no. 107 ad art. 312 CO; *Maurenbrecher*, Das verzinsliche Darlehen im schweizerischen Recht, 160-163; *Christ*, Der Darlehensvertrag, 242-243 and 255)。这一原则的一项例外是由联邦关于消费者借贷的法律(RS 221.214.1)规定的,它赋予了消费者一项提前偿还并削减利息的权利。除此之外,在期限届满前偿还本金的借用人必须支付全部利息,而不能削减。实际上,在这种情况下,借用人应付的利息并不被认为是损害赔偿,而是合同中承诺的义务。在这种概念框架下,并不存在债权人从其他地方可以赚取的利息的折扣,债权人也不负有削减损害赔偿的义务(参见*Maurenbrecher*, loc. cit., 167)。

33.在意大利,借贷协议可以为了出借人的利益对提前偿还规定损害赔偿。在意大利的土地(*fondiario*)借贷范围内,债务人可以通过支付给银行一笔赔偿金——依据2000年2月9日CICR决议,其数额和计算标准要规定于协议当中——的方式提前履行其偿还义务(《银行法》第40条)。

34.在丹麦,提前偿还的借用人必须支付资本化的剩余利息,以及出借人的费用(《贷款合同法》第49章)。此外,在波兰,如果借用人决定提前偿还借贷,那么借贷协议规定额外的费用是被

允许的。在英格兰,如果借用人提前偿还,出借人可以适用一项提前偿还罚金,其额度为二或三个月的利息。在少数法律制度中,应予支付的最高赔偿额是由法律规定的。在比利时,借用人提前偿还所应支付的赔偿不能超过提前偿还金额的六个月利息,该利息按照通常利率来计算(民法典第 1907 条第 2 款)。

35. 在希腊,提前偿还的损害赔偿是由判例确定的。希腊最高法院判定,在固定利息借贷的案件中,因提前偿还而向出借人赔偿的额度要以合理赔偿为基础来计算,并且根据诚实信用原则和商业习惯的适用,不能超过出借人因提前偿还所遭受的实际损害的额度(Supreme Court, Decision no. 15/2007)。在提前偿还的情况下,这种赔偿是否合法和可允许,要根据出借人对特定本金和预期利润——后者可以从提供给借用人的借贷中推导出来——所负担的借贷成本来决定。如果出借人方是银行,那么出借人损失的标准则按提前偿还到贷款到期之间的时间来计算。在以上出借人为银行的相同情况下,获得贷款之时所设定的利率与(因提前偿还而)解除时利率的差异,及(提前偿还之时至贷款到期的)借贷风险所产生的费用可以在提前偿还之时而消除。赔偿金的计算方法必须清晰、明确,并且符合诚实信用、商业惯例和出贷银行之社会经济权利范围——由于已经从受领借贷中获益的出借人之提前偿还,对它失去的收益(即利息)之损害赔偿——的限制(最高法院,Decision no. 15/ 2007)。根据最高法院关于浮动利率借贷之提前偿还的 n°430/2005 判决,任何赔偿金都必须根据上述判决中提到的原则来计算,此外,在浮动利率借贷协议已经生效的情况下,对借用人根据固定利率计算赔偿金的义务强加是一种滥用。

Ⅶ. 因违约而终止

36. 有时,并未遵守借贷合同义务的借用人会失去其“来自条款的”的利益(例如,在约定期间内保留贷款),并且必须立即(在期限届满前)支付本金和利息。在法国和比利时,这种解决方式往往通过一般附有罚则条款的终止条款(规定违约情况下会发生什么)来达成(*Bénabent*, Contrats spéciaux7, 480)。

37. 关于借用人在到期之日并未支付利息,或者并未偿还借入金额时,如何救济的问题仍然颇有争议。在比利时,如果出借人明确要求按照合同履行,法院不会愿意将民法典第 1184 条(对于双务合同而言,一方不履行合同义务就意味着合同解除)适用于这种情况,因为借贷合同是一种单务合同。另一方面,法官们普遍认为,关于债务人条款利益丧失的民法典第 1188 条(在提供的担保价值降低或资不抵债的情况下)是可以适用的,其结果是,借用人必须支付借贷和应付利息的全部未付余额(参见 *Michaux*, Le contrat de prêt, 89-90)。

38. 在意大利,民法典第 1819 条规定,在分期付款情况下,如果借用人甚至连一次偿还义务都未履行,出借人可以要求立即全部偿还。

第七编　保　证

第一章　一般规则

第Ⅳ.G－1:101 条　定义

本部分所谓的：

(a)“从属保证”是指担保人为了保证债务人对债权人的现在或将来的债务而对债权人承担的债务，该债务仅在主债务应当履行时及应当履行的范围内履行；

(b)“独立保证”是指担保人为担保目的而对债权人承担的债务，该债务明示或默示地表示不依赖于他人对债权人负有的债务；

(c)“保证人”是指为保证目的而对债权人承担债务的人；

(d)“债务人”是指对债权人负有被担保债务(如果有的话)的人，在与表面债务(purported obligations)有关的条款中，也包括表见债务人；

(e)“为担保目的的共同债务”是指由两个或多个债务人(其中一个债务人是保证人)承担的债务，保证人承担债务的主要目的是向债权人提供担保；

(f)“概括保证”是指为了保证债务人对债权人之所有债务或者往来账户借方余额的从属保证，或者与之范围相当的保证；

(g)“财产担保”包括在所有类型财产上设立的担保，不论其为动产或不动产，有体物或无体物；

(h)“被担保债务”是指请求履行的权利附有担保的债务。

评　论

A. 保证

对于所有欧洲国家而言，“保证”是个陌生的一般术语。它可以被理解为“财产担保”之广泛的对应概念。保证指的是这样一种担保权利，即某人(无论是自然人还是法人)为了担保他人(主债务人)的债务，用其自己的全部财产承担责任。相比之下，财产担保(经常但不一定由被担保债务的债务人提供)则是为了被担保债权人的优先权获

得满足,担保人仅提供特定的担保财产。保证与财产担保的差别是显而易见的。这表明了为什么保证对债权人非常有吸引力,并在实践中发挥着极为重要的作用的原因所在。不过,一如既往,该种对债权人的吸引力必须要付出代价。其代价便是由保证所产生的同种程度的风险。在构建有关该主题的可供接受的规则体系时,对保证人的适当保护因此便成为重要的问题。

保证分为两种主要的类型:从属保证和独立保证。从属保证是更为古老的,其源头可以追溯到罗马法(保证:*fideiussio*)。国内法上数百年的实践经验使得它相对容易解决,虽然它们在各成员国之间存在着某种程度的差异。与此相反,独立保证是种现代的法律现象,在某些国家,一直到20世纪末它才获得了承认,并且立法者的此种承认只是个例外情况。大多数其他的功能性保证类型,例如有约束力的安慰函和备用信用证,已经被这两种基本制度包含在内了。唯一的例外便是为担保目的的共同债务。

"从属保证"和"独立保证"这两个术语并非出自任何国内法律制度。它们之所以被使用,是因为它们表达了这两种类型的显著特征。保证或者取决于被担保的主债务,或者独立于任何可能的基本权利。

一般来说,本条规则并不涉及附有保证条款的合同或其他法律行为之成立或生效的问题。那被留给了第二卷的一般规则,以及任何可以适用的欧盟规则或国内规则来处理。但是,一项主要的例外出现在第四章,那些规则是关于由消费者提供的保证。消费者作为保证人,其责任的承担是需要受到特别保护的。

从属保证的规定出现在第二章。该章的规则以第四章关于消费者保护的特别规定为补充,那也适用于消费者承担其他类型保证的情况。关于独立保证的规则出现在第三章,实际上,那基本是与企业和职业担保人提供的保证有关。第二章至第四章的规则受到规定在第一章的某些一般规则的约束。

B. 从属保证

导言。"从属保证"一词并未出现在欧洲任何国内法律制度当中。相反,它们使用了不同的称谓来指称这种基本的制度,例如 suretyship、guarantee、caution 或 cautionary obligation。不幸的是,这些不同称谓中没有一个可以说是根深蒂固或得到普遍接受的。为此,我们决定创造出一个新的功能性和描述性术语——"从属保证"。

提供的保证的性质。从属保证可能以三种形式出现。在绝大多数情况下,保证人承诺付款。在某些特殊情况下,他承诺支付损害赔偿。最为重要的例子是有约束力的安慰函的问题。

示例 1

A 是 Z 公司的大股东(the majority shareholder),他向陷入财务困境的 Z 公司的主债权人发去了一封信,写道:"为了避免 Z 公司破产,本人谨此承诺偿付其所有现在和将来的债务。"如果 A 并未遵守其信中的承诺,那些收到上述保证的 Z 公司的债权人,便可以以违反承诺为依据

起诉 A。

保证人也可以承诺并非付款义务的履行,例如有价证券,甚至其他货物的交付。

被担保债务的性质。被担保债务有着多种形式。在绝大多数情况下,它是一种金钱债务:偿还贷款、支付价金或租金、支付损害赔偿,等等。与所有被担保债务一样,这些债务可能是在保证义务承担时已经存在的,也可能是将来出现的,例如,根据刚刚缔结的合同因债务不履行而产生的损害赔偿请求权。保证义务可以附条件。例如,某个保证人或财产担保人想要确定,如果进行担保,他对他人的追索权是可能的。对于担保人这种附条件的义务,是不存在什么反对意见的。事实上,这种担保类型经常在商业实践中得到应用。被担保债务也可以是公法上的债务。欧洲法院(the European Court of Justice)和各国内法院的判例为承认这种类型提供了充分的支持(例如 Bundesverband Güterkraftverkehr und Logistik eV (BGL) v. Bundesrepublik Deutschland, ECJ 23 September 2003, C－78/01, ECR 2003, I－9543 at nos. 6－11; Berliner Kindl Brauerei AG v. Andreas Siepert, ECJ 23 March 2000, C－208/98, ECR 2000, I－1741 at p. 1752 f. nos. 36－37; Préservatrice foncière TIARD SA v. Staat der Nederlanden, ECJ 15 May 2003, C－266/01, ECR 2003, I－4867 at p. 4893 no. 36, p. 4895 no. 40 and p. 4896 nos. 41 and 43; Frahuil SA v. Assitalia SpA, ECJ 5 February 2004, C－265/02, ECR 2004, I－1543 at p. 1554 no. 21)。

保证关系的性质。作为一项规则,保证人——特别是非职业性的——不能因义务承担而要求或接受任何对应的履行。与此相反,职业性的保证人,例如银行或保险公司,要因提供从属保证而收取佣金。因此,通常情况下,这种保证是在双务合同的框架内来提供的,并且至少对保证人一方创设了一项义务。被担保债务的债务人是保证之实际受益人,他通常会以两种方式被间接涉及。在与债权人的关系中,例如根据产生了被担保债务的借贷协议,债务人通常不得不提供保证人,而他必须满足债权人设定的某些最低条件。另一方面,债务人必须要求保证人向债权人提供担保,并满足后者设定的条件。实际上,由此形成了一种三角形关系。但是,该三角形每条边的内容和目的都是不同的。有两条边可以容易地归为众所周知的双务合同类型:债权人与债务人之间的借贷关系(通常包括一项保证协议),债务人与保证人之间的委托或服务关系。剩下的第三条边是债权人与保证人之间的关系,这是一个从属保证的合同关系。

从属性。(a)项列举了与保证和被担保债务之间的从属性有关的最为重要的因素。不过,仅仅作为规范两种债务之条款的对应条款,并不足以构成从属性。相反,创设保证的合同条款或其他法律行为必须建立与被担保债务的联系。

该定义中最为重要的因素是"从属性":保证这种基本类型的特点是,在几乎所有方面,它都取决于债务人对债权人负有的债务,而保证人正是对该债务进行担保的。唯一的例外主要出现在债务人无力偿债的情况下,债务人债务之任何削减或免除都不会影响到保证人的义务(参见第Ⅳ.F－2:102(保证人义务的从属性)第(2)款第 2

句)，因为这将违背保证的根本目的和功能。从属性原则不仅限于保证，而且在财产担保(不论是动产还是不动产)中也处于支配地位。但是今天，这一原则已经不再是保证和财产担保的唯一准则了，毋宁说，它已经越来越多地得到了独立于任何特定被担保债务的担保权利的补充。

在关于从属保证的第二章中，特别是在第Ⅳ.F－2:102条(保证人义务的从属性)和第Ⅳ.F－2:103条(保证人可主张的债务人的抗辩)中，从属性原则构成了基本条款。

至少在三个案件中，欧洲法院也已经承认从属性原则是保证的典型要素。在被担保债务到期之前，保证人的债务不会到期，并且保证人的债务不得超过债务人所负的债务。之所以如此规定，是为了确定某些关于消费者保护的指令或关于民商事司法的1968年布鲁塞尔公约是否被适用于保证(参见 *Préservatrice Foncière TIARD SA* (*above*) at p. 4891 f. no. 29; cf. also p. 4893 no. 34。更早、更为一般的形式参见 Bayerische Hypotheken － und Wechselbank AG v. Dietzinger (case no. C－45/96) of 17 March 1998, ECR 1998 I 1199 at p. 1221 nos. 18 and 20 and in *Berliner Kindl Brauerei AG* (*above*) at p. 1744 no. 26)。

反向从属。保证对于被担保债务的从属性获得了普遍的承认，同时，反向从属也是可能存在的。由于某些原因，引起从属保证发生的合同或其他法律行为可能无效(例如，由于法律禁止，或者对本部分第四章规定的消费者从属保证之保护性条款的无视)或被撤销(例如，由于错误)。这种无效或撤销可能引起它是否对被担保债务有所影响的问题。欧洲法院的一项判决(Dietzinger case, above, p. 1221 no. 21)隐晦地提到了这个问题。本部分并未涉及该问题，它取决于关于引起被担保债务发生的合同或其他法律行为的(明示或默示)条款。

保证债务的履行必须是正当的。如果被担保债务并不存在，它的履行便并非是正当的。因此，从属保证首先取决于被担保债务的存在。除非被担保债务存在，否则不可能存在一项有效的从属保证。被担保债务的存在取决于它由之产生的合同或其他法律行为的有效性。这可能受到各种因素的影响。

其中某些因素可能是作出法律行为的当事人的人身属性。如果一方声称是法人，但它可能尚未成立；或者一个自然人，由于其年龄或疾病，可能不具备作出法律行为的法律能力。任何这种类型的无行为能力都可能根据国内法导致基础法律行为的无效，并因此导致被担保债务无从成立。这一规则也对保证人提供了保护，因为通过向无行为能力的债务人行使追索权而要求偿还的机会是微乎其微的。关于这项一般规则，存在着一个例外。根据第Ⅳ.F－2:103条(保证人可主张的债务人的抗辩)第(3)款，如果保证生效时保证人知道相关事实的存在，他便不得援引债务人的无行为能力或作为法人的债务人的不存在作为抗辩。有关详情，请参见关于该条文的评论。

其他影响被担保债务由之产生的合同或其他法律行为之效力的因素是第二卷第七章(无效事由)所涉及的各种无效事由(如错误、欺诈、胁迫或恐吓，以及基本原则或强制性规则的违反)。

在实践中,比存在与否更为重要的是,为保证所包含的债务人债务的范围,以及它是否应予履行。"范围"主要是指通常涉及的货币金额:所要偿还的本金、利息和费用。但是,在概括保证的情况下,被担保债务的金额可能是开放的和浮动的,特别是当活期账户受到保证的时候。

保证债务是否应予履行,还取决于它是否到期,以及确定它在任何特定时间能否被债权人强制执行的其他条件。这取决于被担保债务由之产生的合同或其他法律行为(或法律规则)的条款规定。

保证对被担保债务的"从属性",意味着后者与保证义务是不同的。此处存在着由两个不同的人——一个是保证人,一个是被担保债务的债务人——所负的两项单独义务。这两项义务在范围或内容上是否一致是无关紧要的。保证义务可能要低于被担保债务,并且只有满足了某些额外条件时它才是应予履行的。与被担保债务相比,其金额较低,其应予履行的条件也相对严格。

被担保债务之履行请求权的转让。从属性原则的一个后果是,被担保债务之履行请求权转让后,保证随之也转移给了受让人。对于合同或其他法律行为产生的被担保债务而言,根据第Ⅲ-5:115条(转移给受让人的权利)第(1)款,这是因为它属于"担保履行的从属性权利"。可以认为,关于法律转让的相同规则也是可以适用的,除非合同有相反的规定。

C. 独立保证

导言。独立保证与从属保证是近亲,但在一个关键性方面两者存在着差异。一个显著的特点是,独立保证人对债权人所负的义务是与被担保债务之上的从属保证大不相同的。在其他方面,独立保证与从属保证完全一致,上述的评论也完全适用于独立保证。

关于独立保证的详细规则规定在本编第三章。

特殊之处。独立保证之决定性特征是,它独立于任何其他协议,特别是独立于债权人与债务人之间的基础合同。该独立性是由本条(b)项明确规定的。特别是,对于保证人的义务来说,基础义务(例如,根据买卖或服务合同,卖方交付的义务或者买方支付价金的义务)的存在与范围是全不相干的。

另外,对于保证人履行保证的义务而言,保证人承诺本身的效力是个不可或缺的条件。因此,保证人必须具有完全行为能力,并且该承诺不得违背第二卷第七章(无效事由)规定的任何可能导致权利失效的法律规则或合意欠缺。

独立保证之独立性必须经"明示或默示地表示"。这项规则是与第Ⅳ.F-2:101条(从属保证的推定)相吻合的,该条规定,任何保证都推定为从属保证,"债权人证明有不同约定的除外"。对于信用证和备用信用证来说,UCP 500(1993)第3条和第4条明确而又宽泛地强调,"信用"独立于基础合同或那些合同的标的物,例如货物、服务和其他履行。更为简洁的说法出现在1995年《联合国独立保证与备用信用证公约》第3

条。除了这些特殊类型以外,独立保证都需要明示或默示地表示。明示表示通常是在保证文书上载有“独立保证”的字样。而默示表示则可以通过文书上并未涉及通常会出现在任何从属保证中的被担保债务而推定;这种并未提及可以被视为独立性的默示表示。

第Ⅳ.F－3:101 条(适用范围)第(1)款之规定明确指出了保证的独立特征。仅仅概括地提及基础交易并不会有损于独立保证的独立性。通常,为了指明债权人所要求的保证履行的发生(或不发生)的事件,独立保证都会涉及一项基础合同(例如,买卖或服务)或另一项担保(例如,银行开具信用证所提供的默示担保;或者,保证人根据反担保发出者的指令所发出担保的“反担保”)。任何这样的对基础债务的概括提及都不会有损于保证的独立性质,因为具有决定意义的是,保证人履行的义务是独立于债务人根据合同对债权人负有的主债务的。

独立保证的优势与风险。至少对职业性的保证人——例如银行和保险公司——而言,它们的独立保证是有着明显的经济优势的:它们可以容易地计算其风险,而该风险是它们计算费用的可靠依据。由于独立保证使得保证人可以援用债务人的异议和抗辩,似乎承担独立保证是更加有利的,但是,要想成功地使用这些对抗性权利是困难的、耗时的,也是不确定的。

另外,正是这种保证的独立性对那些为了债权人的利益承担保证的人造成了风险。请求一项概括保证或另一项独立保证的履行,并不需要债权人证明债务人一方存在违约。这已经导致了对独立保证机制的滥用。为了对抗这种做法,第Ⅳ.F－3:104 条(见索即付的独立保证)第(2)款和第Ⅳ.F－3:105 条(明显滥用或欺诈的履行请求)规定了保护性条款。

D. 保证人

这个定义几乎不需要进行什么评论。“保证人”一词是中性的。它包括任何在保证(不论是从属的还是独立的)之下向债权人负有义务的人。如果保证人因为偿还想要获得一项针对债务人的可能权利,那就可能会出现一种特殊情况。在这种情况下,债务人可以委托第四方来为主保证人提供担保。在这种由第四方为主保证人提供反担保的情况下,各方的角色发生了改变:主保证人变成了反担保的债权人,他可以要求二级保证人履行反担保义务。

E. 债务人

在从属保证中,有两个人对债权人负有义务:一个是主债务的债务人,另一个是保证义务的债务人。为了避免误解,后者在本部分中被称为“保证人”。与此相反,前者可以仍然称为主债务人。

另外,在独立保证中,只有保证人与债权人在法律上是相关的。因为在这种情况下,正如本条(d)项所规定的,被担保债务和债务人都不是必需的。“如何有的话”这种

说法指的便是债务人缺位的可能性。

F. 为担保目的的共同债务

原则。顾名思义，为担保目的的共同债务并不是一种传统的担保机制，而是一种功能性的担保。为了实现对那些应该利用其的人的充分保护，为了对抗债权人规避对“真正的”保证人之保护性规定的企图，本条必须包括为担保目的的功能性机制。在某些国家，当事人有时会通过达成为担保目的的共同债务的协议，来规避关于保证的国内法上的强制性规定（例如，简单的书面形式或具备特定条件的书面形式）。除了主债务人以外，如果另一个人对债权人承担了一项相应的债务，那么三边关系便形成了。但是，附加的债务人的地位可能与主债务人有所不同：后者为了营业或职业活动，需要一笔借贷，而附加的债务人则可能对债权人提供的贷款没有任何利益可言。

示例 2a

年轻的药剂师 D 想为他的医务室购买一台极为昂贵的设备，并从银行获得了一笔贷款。D 的妻子 W 也是一位药剂师，并且也执业于 D 的医务室。因此，银行要求 W 和 D 在贷款和担保协议上共同签字。在 D 去世后，银行要求援用了消费者保证人的保护性规则的 W 偿还贷款。

示例 2b

除了 W 是个出身于富裕家庭的艺术家以外，其他事实均与解释 2a 一样。

W 应当被作为共同债务人，还是应当被作为纯粹的保证人来对待呢？

区分标准。解释 2a 和 2b 表明，重要的（如果不是最重要的）标准是两个债务人在获得的贷款中所拥有的经济利益。在这两个假设的案例中，D 的利益是显而易见的，而 W 则明显不同。她的利益在解释 2b 中是不存在的，但在解释 2a 中，那与 D 的利益相同。在解释 2a 中，W 应该被当作真正的共同债务人，而在解释 2b 中，W 明显只是保证人。在解释 2b 中，W 实际上可以从提供给 D 的贷款中间接获益，因为 D 的财务状况的改善也间接地对 W 有利；这一事实并不符合本条（e）项的要求。决定性因素是承担债务的主要目的（参见保证的“主要”目的）。作为为担保目的的共同债务人，其行为的主要目的与其营业或职业无关，根据第四章，解释 2b 中的 W 有权依据第Ⅳ.F－1:104 条（为担保目的的共同债务）获得消费者之保护。归根结底，债权人与两个债务人之间的合同必须根据所有情形来解释。

债务承担的时间是无关紧要的。（e）项的定义并未对从债务是与其他（或者很可能是主债务）债务同时承担，还是在其后承担进行区分。在此，与真正的保证（或财产担保）的规定一样，时间因素也是无关紧要的。

适用规则。第Ⅳ.F－1:104 条（为担保目的的共同债务）规定了哪些规则可以适用于为担保目的的共同债务。最为重要的参考是本编第四章，那里规定了对作为消费者的为担保目的的共同债务人的保护性规则。

G. 概括保证

从属保证的一种类型。大多数保证都受到一种或另一种形式的限制：它们或者是为特定金额的特定借贷担保；或者是为总金额确定的几项借贷担保；或者是为最大限额可以计算出来的特定目的的借贷担保，等等。或者，保证本身受限于特定的金额。对于独立保证而言，保证本身的限制是唯一可行的方法，也是常见的做法。

但是，从属保证并不总是符合设计，因为它们所担保的借贷可能是开放式的。当事人在签订借贷保证之合同时，可能还不知道要担保的是哪种类型的借贷。常见的例子是为了债务人的活期账户或所有未来债务提供的保证，这种情况下，被担保债务的金额、性质和类型最初都是不为人所知的。相反，为了特定债务（在签订合同的时候，其金额上限还不知道）而提供的保证并不属于概括保证，因为它的风险要比概括保证情形下提供贷款的类型小得多。

概括保证与最高担保额欠缺之担保的区分。概括保证的存在并不取决于下述事实，即当事人是否对担保确定了最高金额。只是由于保证合同并未约定最高担保额，保证并不会成为概括保证。只有当事人对要保证的借贷之类型、来源或时间保持开放性的时候，保证才是概括的。

适用规则。关于概括保证的特别规则规定在第二章的某些条款当中。根据第Ⅳ.F－2:102 条（保证人义务的从属性）第(3)、(4)款，概括保证是不受某些为开放的普通担保权利设置的限制约束的。第Ⅳ.F－2:104 条（保证的范围）第(3)款将概括保证的范围限定为由概括保证的债权人和债务人之间的合同设立的债务。最为重要的保护性结果被纳入了第Ⅳ.F－2:107 条（债权人的通知义务）第(2)、(3)款当中，它对概括保证的债权人施加了一项有利于保证人的通知义务。最后，如果是消费者承担了概括保证，则附加的保护性规则也是适用的。如果当事人并未确定担保金额，那么它必须有一个约定的最高限额，或者，这种限额必须根据第Ⅳ.F－2:102 条（保证人义务的从属性）第(3)款来确定。参见第Ⅳ.F－4:105 条（保证人责任的性质）(a)项。

H. 消费者

术语。"消费者"一词在此具有特殊的含义。通常情况下，消费者被理解为合同一方，他是货物的买方或服务的接受方，而货物的卖方或服务的提供方则是职业经营者。相比之下，在这些规则中，他们是与以任何方式通过保证来提供金融服务的职业经营者相比较处于弱势的一方。但是，即便并未进行任何消费，此处"消费者"的定义也是足以适用于当前目的的。"消费者"，指的是"任何其行为的主要目的与其贸易、营业或职业无关的自然人"。

一方面，由于消费者通常需要受到保护，所以他只能是自然人。法人以及非法人组织因此被排除在外，即便它们并不追求经济目的，因为作为组织，它们通常要比个人更为强势。

另一方面,从事贸易、营业或职业的个人通常要比"私人"个人更为熟练或更有经验。他们也能更容易地从贸易、营业或职业机构(或者与其相关联,或者他们可以容易地利用)中获得商业或法律的咨询建议。

对于由消费者承担的保证之特别保护规则规定在本编的第四章。此外,第二章的规则也适用于由消费者承担的所有类型的保证。

I. 财产担保

就本部分的适用而言,财产担保的界定是非常宽泛的。关于动产担保,类似所有权保留和所有权转让担保等现代现象都包括在内,并且类似融资租赁和分期付项买卖等功能上的等效机制也包括在内。就本部分来说,不动产上的财产担保也包括在内。

财产担保本身并未规定在本编当中,它是由第九卷全面规定的。然而,为了本部分中某些规则的适用,将财产担保考虑在内是有必要的。这尤其适用于针对存在几个保证人的情形而规定的规则。

并非由被担保债务的债务人,而是由第三人提供的财产担保与保证有着某种相似性,它甚至可以与后者相互竞合。

示例3

在D的要求下,他的兄弟T向其债权人C提供了一项保证,又以其私人住宅对其设置了抵押。D和T在其共同经营中陷入困境,都宣告破产。C只有渺茫的机会从D处或T的保证上收回借贷,而T的私人住宅上的抵押则提供了一项可靠的担保。

关于抵押,C和T之间的关系是与保证相类似的。但是,该种类似性更多体现在形式上而非实质上。作为其私人住宅的抵押人,T仅在抵押限额内对C负有责任,但作为保证人,他要以其全部财产承担责任。另外,抵押赋予了C一项执行权利的优先权,他可以对抗D的所有无担保或担保效力较低的债权人。

上述讨论说明,在保证和财产担保之间存在某些根本性的差异。不过,在第三人提供的财产担保和保证之间也存在相似性。但是,这些相似性并未体现在担保债权人和第三方保证人之间的基础关系上,而是体现在第三方保证人与债务人之间的从属关系上,特别是当第三方财产担保人必须向债权人进行支付的时候。于是,第三方担保人通常会有权要求另一个保证人或债务人予以偿还。这些问题将在关于财产担保的部分予以处理(参见第Ⅸ－6:106条);不过,本部分已经包含了关于担保人之间内部追索权和针对债务人的从属追索权的规则。

J. 被担保债务或被担保权利

提及"被担保债务"往往是适当的,并且该词在本部分中被频繁地使用。不过严格说来,它是被担保的债权人的权利,而非债务人的义务。担保影响的是权利而非义务。

有担保的权利可能比未附担保的权利更有价值。不论债权人的权利是否附有担保,债务人的义务都是一样的。因此,“被担保债务”只是附有担保的债务的简称,或者更为准确地说,是“请求履行的权利附有担保的债务”,这在(h)项中有着明确的界定。

注　释

Ⅰ.保证

1. 大多数成员国的立法并未对“保证”一词加以界定。但是,在法国,像2006年3月23日关于保证的 Decree - Law no. 2006 - 346 所采纳的那样,格里马尔蒂委员会(the *Grimaldi* Commission)的规则中明确使用了保证(*sûretés personnelles*)的概念(民法典新第2287-1条)(在下文的注释中,只有当它们偏离或澄清了当前的法国法律的时候,我们才会提到格里马尔蒂委员会的建议)。在比利时,《消费品信用贷款法》1991的副标题6(最近一次修订是在2003年)便被命名为“保证”,并且其规定适用于“担保和其他任何类型的保证”(第34条;类似的提法也规定在该法第35条、第36条以及第33条、第38条第(2)、(3)款和第97条)。意大利民法典则在保证与财产担保之间进行了某些区分(民法典第156条第(4)款、第1179条、第1828条第(1)款和第1844条第(1)款)。关于保证,奥地利《消费者保护法》第25条c和d项使用的是更为传统的术语“intercession”。

2. 但是,在法律理论中,“保证”一词经常被使用和定义(奥地利:*Harrer*, Sicherungsrechte 5-6;不过,多数学者使用的仍是传统的术语“intercession”,例如 Koziol and Welser Ⅱ (-*Welser*) 145 ff. and Schwimann/*Mader and Faber* § 1345 no. 3;德国:*Bülow*, Kreditsicherheiten no. 11, nos. 831 ff., nos. 1543 ff., *Lwowski* no. 14, nos. 78 ff., no. 341 ff.;意大利:*Fragali*, Garanzia 455 f.;荷兰:*Snijders and Rank-Berenschot*, Goederenrecht nos. 482-483;葡萄牙:*Almeida Costa* 763;西班牙:*Carrasco* a. o. 69)。

3. 在所有成员国内,都存在着不同的典型和非典型的保证权利(法国:*Simler* no. 6;意大利:*Giusti* 1 ff., 295 ff., 315 ff.; *Bonelli*, Le garanzie bancarie 1 ff., 23 ff., 37 ff.;葡萄牙:*Vaz Serra*, Fiança e figuras 19 ff.; *Menezes Cordeiro*, Direito 604 ff., 616 ff.;西班牙:*Carrasco* a. o. 69 ff., 307 ff., 337 ff., 373 ff., 435 ff.)。它们都被包含在“保证”概念之内,该概念被法律学者们界定为,第三人(保证人)为了担保另一个人(债务人)对债权人之债务的严格履行或其他后果,而对债权人承担的任何合同义务。“保证”创建了一项新的保证人对债权人所负的义务,它往往与债务人(如果有的话)之基础的被担保债务有着同样的内容,虽然这并不是必需的。

4. 在英格兰和爱尔兰的法律中,“担保”一词传统上仅被用于与财产有关的权利(英格兰:*Penn and Shea* no. 17-002;爱尔兰:*Johnston* 9.01),即“不动产”或“财产担保”。但是,至少某些更为现代的作者承认,担保概念既包括财产担保,也包括保证(英格兰:*Goode*, Legal Problems no. 1-06; *Bradgate and White* 321;爱尔兰:*White* 511 and 533),后者有着与本部分的用法大致相同的含义。也就是说,包括了保证书、赔偿金、备用信用证和安慰函(英格兰:*Goode*, Legal Problems no. 8-02; *Bradgate and White* 321, 341, 350;爱尔兰:*White* 533 ff., 546 f.)。

Ⅱ. 从属保证

(a)起源

5. 在所有成员国,从属保证都是第三方通过向债权人承担个人义务的方式,来对另一个人的债务承诺个人担保的典型的和常见的形式。而其来源主要是以罗马法上的保证(*fideiussio*)为基础的(以宽泛的历史和比较视角,参见 *Zimmermann* 114;比利时:*Van Quickenborne* no. 356;法国:*Malaurie and Aynès/Aynès and Crocq*, Les sûretés no. 103;德国:one branch of intercession of the 19th century ius commune, *Staudinger /Horn* no. 1 preceding § § 765 ff.;希腊:ErmAK/*Zepos* prec. arts. 847 - 870 no. 7;意大利:*Campogrande* 12;葡萄牙:*Almeida Costa* 770;苏格兰:Stair / *Eden* nos. 805 f.;西班牙:*Guilarte Zapatero*, Comentarios 2;荷兰:*Feenstra* nos. 377 - 394),在英格兰,保证担保或从属保证的法律是从普通法发展而来的:保证制度最早的前身是担保人(*borh*),他是每个人都需要拥有的,他对主要的犯罪行为承担责任(*O' Donovan and Phillips* no. 1 - 04)。但是,由于罗马法和教会法对中世纪商人法和英国大法官主持的衡平管辖权制度的影响,在从属保证法律中,许多领域都存在着以罗马法和普通法之间的重要相似性为基础的制度(*Zimmermann* 144)。

(b)欧洲法院

6. 欧洲法院的判例已经对从属保证合同的性质进行了讨论。相互分歧的观点都已经获得了表达。在 Berliner Kindl Brauerei AG v. Andreas Siepert, ECJ 23 March 2000, C - 208/98, ECR 2000, I - 1741, at p. 1752 f. nos. 36 - 37 一案中,首席检察官莱热(*Léger*)通过援引一部法国法律词典,表达了保证是单务合同的观点。相反,在后来的 Préservatrice foncière TIARD SA v. Staat der Nederlanden, ECJ 15 May 2003, C - 266/01, ECR 2003, I - 4867 at p. 4893 no. 36, p. 4895 no. 40 and p. 4896 nos. 41 and 43 一案中,欧洲法院通过援引"源自各成员国法律制度的一般原则",将保证合同认定为"三方关系"(triangular process)。但是,由于事实上法院处理的只是保证人对债权人所负的义务,所以这可以被认为仅仅是一项附带意见(*obiter dictum*)。最近的相关案例(Frahuil SA v. Assitalia SpA, ECJ 5 February 2004, C - 265/02, ECR 2004, I - 1543 at p. 1554 no. 21)似乎隐含的是以三方合同观念为基础的。此案中,意大利担保公司在支付了关税以后,要求对法国债务人(货物的进口商)进行追索。法院指出,法国债务人并不是保证合同的一方当事人。接着,法院询问委托担保的运输公司是不是"为了进口商的利益"这样做的(no. 25)。如果国内法院不能发现债务人已经成为保证合同的一方,根据 Brussels Convention 第 5 条第 1 项(合同权利)的例外条款,意大利的国内法院便没有管辖权。

(c)术语

7. 在英格兰和爱尔兰,guarantee 和 suretyship 是互换使用的,这两个词往往以一种相当不准确的方式被使用;在苏格兰法律中,caution 或 cautionry 要比 guarantee 一词更为常用。在奥地利和德国,表示从属保证的术语是 Bürgschaft,在丹麦是 kaution,在芬兰是 takaus,在瑞典是 borgen,在荷兰和比利时的荷语区是 borgtocht,在法国和比利时的法语区则是 cautionnement。在意大利、葡萄牙和西班牙,"保证"(garanzia/ garantia /garantía)一词的用法非常宽泛,它既指保证,也指所有类型的担保(保证和财产担保)。在意大利、葡萄牙和西班牙,从属保证的罗马法起源在三个国家的术语中也是显而易见的:该术语的使用在意大利是 fideiussione,在葡萄牙是 fiança,在西班牙则是 fianza。最后提到的术语被认为是"保证"这个更为一般的概念的具体展开。在所有这些国家中,"保证"的另一项具体展开被用来指称独立保证(意大利:garanzie autonome;葡萄牙:

garantias autónomas;西班牙:garantías autónomas: 参见下文注释 12)。在希腊,从属保证被称为 eggiisi,而独立保证则被称为 eggiodosia,而那通常是以保证书(a eggiitiki epistoli)的形式出现的。

(d)从属保证人的义务

8. 从属保证人的义务是严格按照担保债务与被担保债务之间的特定关系来确定的(参见下文注释 10)。由于从属保证的从属性,在大多数情况下,从属保证人的义务被认为与被担保债务有着同样的内容(参见下文注释 20)。

9. 从属保证人可能有义务(a)支付一笔金钱,(b)提供另一项履行,或者(c)支付损害赔偿(参见下文注释 21 至注释 28)。

(e)主要特征:从属义务

10. 从属保证合同之本质特征是,保证人的债务从属于债务人的被担保债务,而保证人的责任则从属于债务人的责任(奥地利:参见民法典第 1351、1363 条; Schwimann/Mader and Faber § 1346 no. 1;比利时、法国和卢森堡:民法典第 2011～2013 条(自 2006 年,法国民法典第 2288～2290 条);比利时:Van Quickenborne no. 18; RPDB nos. 1 and 6;法国:Cass. civ. 20 December 1983, Bull. civ. 1983 I no. 306 p. 274;卢森堡:CA Luxembourg 28 October 2003 BankFin 2004, 172;丹麦:Pedersen, Kaution 13;英格兰:Harburg India Rubber Comb Co v. Martin [1902] 1 KB 778; Goode, Legal Problems no. 8－02;芬兰:《独立保证和第三人担保法》第 3 条; RP 189/1998 rd 29 f., 33;德国:BGH 9 July 1998, NJW 1998, 2972, 2973;希腊:民法典第 850 条; Georgiades § 3 no. 14;意大利:民法典第 1936、1939 条; Giusti 33;荷兰:民法典第 7:851 条; Blomkwist nos. 8－12; 不过,du Perron and Haentjens Inleiding no. 5 强调,作为共同债务类型的保证并不会创设与债务人相独立的义务,虽然法律限制了这种同一性,参见 idem Art. 851 no. 1, Inleiding no. 7, art. 851 no. 1;葡萄牙:民法典第 627(2)条; Almeida Costa 774;苏格兰:Stair /Eden no. 835;西班牙:民法典第 1822、1824 条; Guilarte Zapatero, Comentarios 14;瑞典:Walin, Borgen 89; 关于欧洲法律上从属性原则作为担保权利——财产担保与保证——的基本原则,参见 van Erp 309)。原则上,这意味着保证是从属于主债务的效力、条件和范围的(并存原则)。但是,在国内制度中,存在着某些例外(参见第Ⅳ.F－2:103(保证人可主张的债务人的抗辩)注释)。

Ⅲ. 独立保证

(a)起源

11. 在 20 个世纪,独立保证逐渐出现在各个欧洲国家的商业实践中,但是,这些国家对独立保证的法律确认却是以不同的强度和速度发生的。在法国,新民法典第 2321 条(通过 2006 年 3 月 23 日 DL no. 2006－346 颁布)对独立保证进行了定义,并加以极为简单的处理。德国立法者明确表示,鉴于其可能类型的多样性,不在民法典中颁布关于独立保证的规则(参见 Hadding, Häuser and Welter 682 f.)。但是,这种担保机制的效力却是毋庸置疑的(参见下文注释 14～18)。

(b)术语

12. 在意大利、葡萄牙和西班牙,以及法国、比利时和卢森堡,独立保证或各国语言中的同义词都得到了应用。在这些国家中,类似独立的、抽象的或自主的这些限定词强调的都是这种合同与从属保证相区别的非从属性特征。希腊所用的术语"保证书"(guarantee letter)并未包含这种指向。英格兰所用的术语是弥偿保证(indemnity),其广义指的是任何通过法律或合同的规定,由某人承担的对另一人所遭受的损失进行补偿的义务——特别(*inter alia*)保险、保证(参见 Halsbury/Salter para. 1255, Vol. 49, 5th ed., (2008))。在狭义上,弥偿保证合同指的是以担保

方式对另一个人进行补偿的承诺。奥地利和德国,以及丹麦、瑞典和荷兰一方面用特别术语来表示从属保证(分别是 Bürgschaft, kaution, borgen 和 borgtocht),另一方面用特别术语来表示独立保证(奥地利和德国:Garantie;丹麦和瑞典:garanti;荷兰:garantie)。

(c)独立保证人的义务

13. 独立保证人的义务要视当事人担保协议中的约定,以及国内法上的特别规则来确定。但是,一个共同要素可能得以强调:虽然在从属保证中,保证人原则上不仅有义务支付一笔金钱,而且有义务提供另一项履行(参见下文注释20)或者赔偿损失(参见下文注释21～26),但在独立保证中,保证人的责任通常是弥补债权人所遭受的任何损失,并且不履行与债务人的债务有着相同内容的义务。

(d)主要特征:独立于被担保债务(概述)

14. 独立保证的基本特征是,保证人的义务是(完全)独立于债务人与债权人之间的任何债务的(奥地利:Harrer, Sicherungsrechte 47;比利时:Simont/Bruyneel 523;英格兰:Goode, Commercial Law 799, Andrews and Millett no. 1－013;丹麦:Pedersen, Kaution 14;法国:2006年民法典新第2321条(参见上文注释11)"in consideration of an obligation of a third person"; Simler nos. 880 ff.;德国:Bülow, Kreditsicherheiten nos. 30 ff.;意大利:Cass. 1 October 1987, plenary decision, no. 7341, Foro it. 1988 I 3021,不过在此,担保对于基础债务的独立性被界定为"相对的",而不是完全的;进一步参见 Cass. 6 October 1989 no. 4006, BBTC 1990 Ⅱ 553; Cass. 7 June 1991 no. 6496, Fallim 1991, 5007; Bonelli 37 ff.;荷兰:Dutch Business Law nos. 6－45;葡萄牙:Almeida Costa and Pinto Monteiro 18;苏格兰:Stair/Eden no. 844;西班牙:TS 27 October 1992, RAJ 1992 no. 8584 and 30 March 2000, RAJ 2000 no. 2314; Carrasco, Las nuevas garantías 726 ff.; Vicent Chuliá 397; Sánchez－Calero, El contrato autónomo 100)。因此,在英格兰,它是与债务人的债务是否无效是无关的(Wauthier v. Wilson (1911) 27 TLR 582 (CFI), (1912) 28 TLR 239 (CA); Yeoman Credit Ltd. v. Latter [1961] 1 WLR 828)。同样,债务人债务的范围和期限也没有任何意义,因此,并存原则是不能适用的(Goulston Discount Co. Ltd. v. Clark [1967] 2 QB 493 at 498)。同样,在西班牙和意大利,独立保证被排除在西班牙民法典第1824、1826条和意大利民法典第1945条(这些条文规定了从属保证的从属性质)之外(西班牙:TS 27 October 1992, RAJ 1992 no. 8584 and 30 March 2000, RAJ 2000 no. 2314; Carrasco, Las nuevas garantías 740 ff.;意大利:Cass. 31 July 2002 no. 11368, Giust. civ. 2003 3, 2838; Cass. 21 April 1999 no. 3964, Riv. Notar. 1999, 1271)。

(e)某些大陆国家的理论困境

15. 起初,独立保证的这种抽象性质造成了法国、比利时、卢森堡、意大利和西班牙等国接受上的困难。在这些"持原因论"(*causalist*)——没有"法律上原因"的合同依法是无效的——的国家,独立保证的效力是极富争议的(意大利:民法典第1325条第2款;法国、比利时和卢森堡:民法典第1131条;西班牙:民法典第1261条)。

16. 在法国和比利时,原因仍然存在于保证人与债务人的关系当中,独立保证可能无效(比利时:Wymeersch, Garanties 95;法国:Contamines－Raynaud 413 ff.; Rives－Lange 301 ff.)。在法国,原因一直存在于债权人与债务人之间的基础关系当中(Stoufflet no. 50)。根据法国最高法院最近的一项判决,即使委托提供保证的(委托方)并不是债务人,并且保证人只对基础合同的缔结有一种经济利益而没有成为该合同的一方,原因也是存在的(Cass. com. 19 April 2005, Bull. civ.

2005 Ⅳ no. 91 p.94, Petites Affiches 18 May 2005 no. 98 p.9)。在奥地利,严格讲,原因存在于保证人与主债务人以及主债务人与债权人之间的结合关系当中(Koziol, Garantievertrag 32 - 35)。在葡萄牙,原因则存在于独立保证合同的担保功能当中(STJ 9 January 1997, 402/97 www.dgsi.pt; Ferrer Correia 249 - 250; Galvão Telles 288)。在意大利和西班牙(Vicent Chuliá 397),这个问题是通过将独立性从原因欠缺中区分出来而获得解决的:特别是在意大利,一般来说,独立保证的原因存在于基础债务不履行之风险的涵盖范围当中(Cass. 6 October 1989 no. 4006, Note 14 above; Cass. 26 June 1990 no. 6499, Giur. it. 1991 I 1 446; Cass. 3 February 1999 no. 920, BBTC 2001 Ⅱ 666; Calderale, Fideiussione 203 ff. 此处对独立保证之原因的流行学说进行了概述;Portale, Fideiussione 1062 ff.; Pontiroli, Garanzia 350)。在希腊(那里一直对有因合同和无因合同进行着明确的区分),关于独立保证到底属于有因合同(Gouskou 93; Psychomanis, Irapeziko Dikaio5, 368 ff.; distinguishing Markou 16 ff.; Liakopoulos, NoB 35, 289)还是无因合同(Dimitriades 40 ff.)一直存在着极大的争议。根据流行观点(Georgiades § 6 no. 86),独立保证是一种有因合同,该原因便是债权人直接(即不经过法院的介入)获得满足的可能性。这种目的是通过与某种受担保的基础法律关系有关的义务而包含在合同当中的(Georgakopoulos, EED 21, 256; Psychomanis, loc. cit., 370; Gouskou 104)。

(f)毫无问题地承认

17. 与某些“持原因论”的国家相反,在德国,具有抽象性质的独立保证之效力从来没有引起过争议。保证是合同交易,它自身当中包含着原因(Bülow, Kreditsicherheiten nos. 31 and 57)。

(g)判例的突破

18. 在法国,1982 年最高法院(Cass. com. 20 December 1982, Bull. civ. 1982 Ⅳ no. 417 p. 348, D. 1983, 365)承认独立保证是一种独特的合同(a contract *sui generis*),自 2006 年,这种观点得到了立法者的支持(民法典新第 2321 条)。自 20 世纪 70 年代末,意大利的法院和法律学者也开始承认独立保证是一种有效的担保权(Portale, Fideiussione 1043;在意大利,第一份明确承认独立保证之效力的判例是 Cass. plenary session 1 October 1987 no. 7341, Foro it. 1988 I 3021;后来又有 Cass. 6 October 1989 no. 4006, BBTC 1990 Ⅱ 553)。在西班牙,虽然这种非典型的保证经常在实践中被使用,但法院在 2000 年之前并未完全承认其独立性质(TS 17 February 2000, RAJ 2000/1162, TS 30 March 2000, RAJ 2000/2314)。在希腊,独立保证制度大多是通过银行发出的所谓保证书的形式付诸实践的。用于描述这些机制的术语引起了极大的混乱,特别是对法院来说,而它们是首先将其承认为独立保证的。虽然希腊法院现在承认了这种机制的独立性,但由于“保证”一词及特别规定的缺位(A. P. 862/1996, DEE 2, 1087; A. P. 1433/1998, DEE 5, 507),它们仍然适用着希腊民法典第 847 ~ 870 条关于独立保证的规定。在那些更为偏爱“提供保证的合同”(security - giving contracts)一词,认为独立保证是一种特殊合同(参见希腊民法典第 361 条关于合同自由的规定)并否认将关于独立保证的规定适用于这些合同的文献中(Georgiades § 5 no. 2 fn. 1),这种观点受到了强烈的批判。类似的情况也出现在荷兰,在那里,独立保证(*bankgaranties*)是在金融实践中发展起来的,但是只是在最近,它才受到了法学界的关注。这些学者讨论的主要是保证是否具有抽象性质(Pabbruwe, Bijzondere bankgarantie 182 - 183; contra Smit, Hoe abstract 489 - 491)。目前,“*bankgarantie*”被当成了一个统称来使用。它可以涵盖不同的保证类型,但主要是独立保证(Pabbruwe, Bankgarantie no. 3)。在葡萄牙,独立保证已经被金融实践所引入,随后,其主要特征也得到了法院(CA Porto 13 November 1990, CJ XV,

V-187; CA Lisboa 11 December 1990, CJ XV, V-135)和文献(listed in Menezes Cordeiro, Direito 606)的承认。

Ⅳ. 保证人义务的内容

19. 保证合同的主要特征是,为担保目的,保证人为债权人创设了一种新的对人义务。

20. 在各成员国的法律制度之间,保证人义务的具体内容存在着很多差异,这取决于此处讨论的保证的类型。

(a)债务人义务的内容是对主债务的同等履行

21. 特别是在独立保证担保的是一笔金钱债务或金钱偿付的情况下,保证人义务的内容通常被认为是履行与被担保债务有着同样内容的义务(参见奥地利:Rummel/Gamerith § 1350 no. 1;英格兰:O'Donovan and Phillips no. 10-201;法国:Simler no. 198;德国:MünchKomm/Habersack § 765 no. 77;意大利:Giusti 25 ff.; PORTUGAL: Vaz Serra, Fiança e figuras 60;西班牙:Carrasco a. o. 147)。但是,如果被担保债务是任何其他类型的履行,例如建筑公司根据建筑合同建造房子的义务,根据英格兰法律,独立保证的保证人并不需要以与原债务人同样的方式来履行,而只是对不履行的损害后果承担责任(参见下文注释 22)。相反,在意大利和葡萄牙的法律中,如果债务人(保证人或主债务人)的人身属性对债权人并没有特别的重要性的话,由独立保证人承担的履行——例如供应或制造商品——义务被认为与被担保债务有着同样的内容(意大利:Bozzi, La fideiussione218 f.; Giusti 27;葡萄牙:Vaz Serra, Fiança e figuras 60)。

(b)保证人的损害赔偿责任

22. 在某些情况下,保证人可能要承担损害赔偿责任:首先,被担保债务可能是支付赔偿金的债务。在这种情况下,保证人的义务通常被认为也是一种损害赔偿责任(英格兰:O'Donovan and Phillips no. 10-203;德国:MünchKomm/Habersack § 765 nos. 65 and 79;西班牙:Carrasco a. o. 148)。在这种情况下,正如上文所述(注释 20),保证人的义务是与被担保债务相等同的。

23. 另一种保证人通常要承担损害赔偿责任的制度是,担保包括的并非金钱支付义务,而是提供任何其他履行的义务(参见奥地利:民法典第 1350 条; Rummel/Gamerith § 1350 no. 1;;英格兰:O'Donovan and Phillips no. 10-203;法国:Simler no. 911 e. g. in the case of a performance guarantee -"garantie de bonne fin")。保证人通常并不能履行这些义务,或者债权人在保证人提供的特定履行中并无利益可言;因此,损害赔偿便成为适当的救济措施。在德国、意大利、葡萄牙和西班牙的法律中,提供给债务人的个人履行对债权人不可或缺的被担保债务,情况便是如此(参见德国:MünchKomm/Habersack § 765 no. 79;意大利:Giusti 31 f.;葡萄牙:Vaz Serra, Fiança e figuras 60;西班牙:Carrasco a. o. 148)。

24. 对保证人而言,有约束力的安慰函也通常被认为只是创立了一项损害赔偿的责任(参见英格兰:O'Donovan and Phillips nos. 1-77 f.;法国:"garantie indemnitaire" cf. Simler nos. 900 and 1012;德国:"harte Patronatserklärung" in Staudinger/Horn no. 414 preceding § 765;意大利:De Nictolis 390, 391;葡萄牙:Soares da Veiga 385;西班牙:Carrasco, Las nuevas garantías 634 f.)。

25. 在独立保证的情况下,保证人的责任通常被认为是补偿债权人所遭受的任何损失(参见英格兰:Sutton v. Grey [1894] 1 QB 285; O'Donovan and Phillips no. 1-88;德国:Staudinger/Horn no. 194 preceding § 765)。这样做的理由是显而易见的:在独立保证的情况下,并不(或者至少是不需要)存在被担保债务,因此,保证人的义务不能被认为是与主债务人的债务有着同样内容的履行义务。

26. 在这种情况下,保证人承担的损害赔偿责任(而不是履行义务,这可能同样出现在支付一笔金钱的债务的情况下)并不仅仅是一个术语问题;相反,在英格兰,这种分类被认为是决定性的,因为它引发了债权人降低损失的义务(参见 O' Donovan and Phillips no. 10 -209)。

(c)保证人实现债务人之履行的义务

27. 在主债务人不履行的情况下,保证人除了承担履行义务之外,根据英格兰法,他还有义务实现主债务人对被担保债务的履行(参见 Moschi v. Lep Air Services Ltd. [1973] AC 331;但是,这已经被援引联邦当局的 O' Donovan and Phillips no. 10 -202 批评为过时的)。由于保证人通常无权迫使主债务人履行,这种义务往往被等同于上文注释 21 以下所阐述的损害赔偿责任(参见 Andrews and Millett no. 1 -004)。

(d)保证人根据双方协议所承担的义务的内容

28. 最终,所有成员国的保证合同都属于受合同法一般规则调整的合同,保证人承担的义务的具体内容则受双方的协议约束。特别是在独立保证的情况下(往往并不存在对基础被担保债务的援引),对于保证人的义务来说,保证合同的性质和条件才是决定性的(参见英格兰:Halsbury para. 1264, Vol. 49, 5th ed., (2008));法国:Simler nos. 122 ff. and 930 ff.;;德国:Lwowski no. 177;意大利:Mastropaolo 255 ff.;葡萄牙:Soares da Veiga 358;西班牙:Carrasco a. o. 338)。

V. 保证人

(a)定义和术语

29. 在所有欧洲国家,保证人指的都是根据保证合同,为了担保一项基础债务(被担保债务)或为了任何其他担保目的,向债权人承担一项新的债务的人(参见法国、比利时和卢森堡民法典第 2011 条(自 2006 年,法国民法典第 2288 条);奥地利:Harrer, Sicherungsrechte 5 -6;丹麦:Gomard, Obligationsretten140 f.; Pedersen, Kaution 11 ff.;芬兰:RP 189/1998 rd 29;德国:Lwowski no. 34;意大利:Fragali, Garanzia 455;葡萄牙:Antunes Varela Ⅱ 475 f.;西班牙:Díez -Picazo Ⅱ 397;瑞典:Ccom 第 10 章第 8 条; Walin, Borgen 24)。确认这些人的条件大多来自于保证的具体类型(例如英格兰和爱尔兰的 guarantor,或者苏格兰的 cautioner)。在传统的英格兰法律术语中,用来指称不同类型保证中保证人的术语或者是 guarantor,或者是 surety(参见 the title of Rowlatt' s Law on Principal and Surety)。

(b)行为能力

30. 保证人同意之有效性的条件是由关于行为能力的一般规则来确定的(奥地利:民法典第 1349 条, Rummel/Gamerith, § 1349 nos. 1 -2;法国:Simler no. 149;德国:Lwowski nos. 37 ff.;意大利:Giusti 94;葡萄牙:Almeida Costa 773)。当债务人必须提供保证人的时候,除了行为能力的一般要求以外,意大利和葡萄牙的法律还要求保证人要有支付能力(意大利民法典第 1943 条;葡萄牙民法典第 633 条第(1)款)。

(c)商业公司

31. 在所有成员国中,商业公司也可以提供保证。在意大利,如果保证人是商业公司的话,公司文件和备忘录中并未明确提及提供保证活动的,并不会影响其为了第三方利益而有效提供保证的能力。特别是根据民法典第 2384 条(因意大利公司法的改革而修改,DLgs 17 January 2003 no. 6),公司文件和备忘录的限制——即使它们已经被公开——并不能对抗第三方,除非有证据证明第三人对公司进行了特定欺诈行为;仅仅知道提供担保处于公司宗旨之外是不够的(参见 First Directive on company law of 1968 第 9 条)。在西班牙,公司宗旨的限制也不能被援引来对抗

善意第三人（Law on share companies, RDL 1564/1989，第 129 条第（2）款和 Law on Limited Liability Companies of 23 March 1995 no. 2，第63 条第（2）款）；并且，西班牙的判例倾向于将任何情况下提供的保证都认定为属于公司宗旨之内（TS 14 May 1984, RAJ 1984/2111, TS 12 May 1989, RAJ 1989/4003; Carrasco a. o. 115 f.）。对于法国的股份公司来说，管理层的债务和管理层之外人员的债务之间规定有所不同。管理层的债务不能由公司来担保（*cautionner ou avaliser*）（Ccom 第 L 225-43 条和第 L 225-91 条）。相反，假如已经获得董事会（或者在双重管理体制下的监事会）的批准，则公司可以通过"担保、背书、保证（*cautions, avals, garanties*）"的方式为管理层之外的人员提供担保（Ccom 第 L 225-35 条第（4）款和第 L 225-68 条第（1）款）。否则，担保是无效的（Cass. com. 29 January 1980, Rev. soc. 1981, 83）。但是，这些规定并不适用于金融机构（Ccom 第 L 225-35 条第（4）款和第 L 225-68 条第（1）款，Ccom 第 L 225-43 条第（2）款和第 L 225-91 条第（3）款）。根据丹麦关于股份公司的法律（Law no. 324 of 7 May 2000 第 61 条第 1 款），如果能够证明另一方知道或应该知道从属债务并不属于公司目的之内，则股份公司不能提供该项担保。这项规则并不妨碍母公司为其子公司提供担保。根据同一法律第 115 条，公司不能为公司的股东、董事或经理，或者与之非常亲近的人提供保证。但是，如果相对方是善意的，则保证仍然有约束力。根据有限责任公司法（Law no. 325 of 7 May 2000）第 25、49 条，上述规定也适用于有限责任公司（Beck Thomsen 66）。

32. 与丹麦的情况类似，实践中商业公司向同一组织的另一个公司提供保证——也可以以安慰函的形式——的现象比比皆是（英格兰：Andrews and Millett no. 14-014；德国：Reinicke and Tiedtke, Kreditsicherung no. 425；意大利：CFI Torino 11 April 2000, Giur. it. 2001 1445; Cass. 5 December 1998 no. 12325, Giur. it. 1999 2317；葡萄牙：Soares da Veiga 379；西班牙：Carrasco, Las nuevas garantías 629）。

（d）公共机构

33. 在德国和意大利，根据明确使其能够参与此项活动的特别法律规定，公共机构也可以提供保证。保证人的特殊性质并不会影响保证之私法规则的适用性（德国：Staudinger/Horn § 765 nos. 72 f., Lwowski no. 56；意大利：Bozzi, La fideiussione 227 f.）。在法国，国家和地方政府都可以对包括私人债务人在内的任何类型债务人的债务提供保证（Simler no. 67）。一项特别法律（1982 年 3 月 2 日关于地方政府之权利和自由的 Law no. 82-213—"*relative aux droits et aux libertés des collectivités locales*"）明确规定，允许地方政府为了私人债务人的利益提供保证，只要某些条件得到了满足。根据法国法院的实践，即使债权人和债务人之间缔结的合同是出于公共利益，原则上该合同也由私法规则来调整（Tribunal des Conflits 16 May 1983, GazPal 1985 I 218）。

（e）作为第三人债务之保证人的配偶

34. 在英格兰，配偶作为保证人向第三人之债务提供担保的能力是受到限制的。为了私人目的行事的配偶只有在得到另一方配偶同意的情况下，才能提供保证；如果该项同意有所欠缺，则另一方配偶可以宣布保证无效（民法典第 1:88 条（c）项和第 1:89 条第（1）款）。虽然瑞士并非欧盟成员国，但应予注意的是，该国承认同样的规则（OR 第 494 条第（1）款），并且它最近（Federal Law of 17 June 2005）被扩展到了在商业登记簿登记的已婚保证人上。根据 Compilation of "Foral Civil Law" of Navarra Act Ley 61（2），配偶一方未经另一方同意所提供的保证，仅对缔约配偶之个人财产而非家庭共有财产有约束力。

Ⅵ. 债务人

35. 所有欧洲法律制度都公认,一方面在从属保证的情况下,根据基础法律关系承担被担保债务的债务人是与从属保证合同下的债务人不同的(英格兰:O'Donovan and Phillips no. 1－20;法国:Simler no. 12;德国:Bülow, Kreditsicherheiten nos. 835－836;意大利:Bozzi, La fideiussione 215;葡萄牙:Almeida Costa 770;西班牙:Carrasco a. o. 71)。另一方面,独立保证下保证人的责任是独立于基础债务的,因此,在独立保证的情况下,债务人和债务人之存在都并非必要条件(参见英格兰:Halsbury/Salter para. 1255, vol. 49, 5th ed., (2008))。

36. 如果存在债务人,那他既可以是私人,也可以是公共机构。在某些国家,如果被担保债务的债务人是商人或企业主,则可以适用特别规则。因此,在西班牙和葡萄牙,从属保证是受商法典而非民法典调整的商业性担保;如果被担保债务的债务人是商人,则无论如何被担保债务都属于商法上的债务(西班牙:TS 20 October 1989, RAJ 1989 no. 6941; TS 7 March 1992, RAJ 1992 no. 2007)。唯一的不同是,商业性保证中,债务人和保证人作为连带债务人承担责任(葡萄牙:Vaz Serra, Fiança e figuras 29; 参见 Ccom 第 101 条)。但是,这种区别并没有什么实际意义,并且它似乎也没有得到判例的重视(西班牙:TS 20 October 1989, RAJ 1989 no. 6941; TS 7 March 1992, RAJ 1992 no. 2007)。相反,在法国,即使债务人是商人,保证也仍然被认为具有民法属性(Simler no. 96 ff.)。

37. 在商业实践中,债务人往往同时涉及两项独立的保证合同:一项(主)保证是根据债务人对原债权人承担的债务而提供的,另一项保证则是在次级保证人存在的情况下,(主)担保人可以根据主保证向债务人主张的追索请求(参见英格兰:Goode, Commercial Law 1020; O'Donovan and Phillips no. 13－61;意大利:De Nictolis 25; Cass. 17 May 2001 no. 6757, Giust. civ. 2002 I 729;西班牙:Carrasco a. o. 367 ff.)。不论是基于从属保证合同(参见英格兰:Goode, Commercial Law 1020;法国:"souscautionnement" Simler nos. 118 ff.;参见格里马尔蒂委员会民法典建议稿新第 2297 条;意大利:关于所谓的"*fideiussione del regresso*"或"*fideiussione al fideiussore*", Giusti 220; Cass. 13 May 2002 no. 6808, Foro it. 2002 I 2694;西班牙:Vazquez Garcia 478 ff.)还是独立保证合同(通常出现在国际商业实践中,参见法国:Simler nos. 914 ff.;意大利:Cass. 17 May 2001 no. 6757, Giust. civ. 2002 I 729;西班牙:Carrasco a. o. 367)所产生的追索请求,都可以通过反保证获得担保。

Ⅶ. 为担保目的的共同债务

38. 此处的第一个问题是,用何种标准来区分"普通"共同债务和为担保目的的共同债务。大多数法律制度是根据共同债务人在保证中所享有的利益的程度来区分的。该利益越少,则该共同债务人越有可能被认为仅仅是保证人。这种纯粹保证人(即为担保目的的共同债务人)的典型是下述这种富有的家庭主妇,她对其丈夫为商业目的而进行的借贷并没有直接利害关系,只是间接从中获益。

39. 在当前的领域内,对各成员国法律制度的比较是困难的,因为某些国家采用的是既包括初始共同债务又包括嗣后共同债务的广义概念。奥地利和德国的情况便是如此,荷兰近来也是如此。

40. 与此相反,特别是在罗曼语国家,初始共同债务和嗣后共同债务是有区别的。真正的共同债务被限制在两个债务人向债权人同时承担的共同债务之上。嗣后共同债务被某些立法者认为是一种既存债务的清偿技术,该种既存债务是共同债务人向主债务人所负的,它通过承诺向债

权人支付主债务人的债务而得以清偿(*délégation imparfaite*)。根据现行规则,这是一种可能的情况,但决不是一项必要条件。如果两个债务人根据实际相同的条款向债权人承担债务,那么上述条文是适用的(*délégation－sûreté*)。相反,他们承担各自债务的时间是毫无关系的。

Ⅷ. 概括保证

(a)定义

41. 在所有成员国的法律制度中,保证不仅可以用来担保特定的债务,而且可以用来广泛地包含产生于特定债权人—债务人关系中的所有债务。在比利时、法国和卢森堡,这种担保被称为"*cautionnement pur et simple*"或"*indéfini*"或"*cautionnement général* (*omnibus*)",在奥地利和德国,这被称为"*Globalbürgschaft*"(奥地利: Harrer, Sicherungsrechte 26; 德国: Bülow, Kreditsicherheiten no. 843)。在意大利,它们被称为"*fideiussioni omnibus*"(参见民法典第 1938 条);在葡萄牙,称为"*fiança geral*",而在西班牙则成为"*fianza omnibus or general*"(参见民法典第 1825 条)。在英语法律术语中,这种担保被称为"all accounts"或"all moneys"保证(参见 O'Donovan and Phillips nos. 5－79 ff.; Andrews and Millett nos. 6－004 f.)。根据丹麦的术语,这种类型的担保被称为"*alskyldserklæringer*"或"*alskyldskautioner*"(Pedersen, Kaution 45 ff.; Beck Thomsen 70 f.),而根据芬兰和瑞典的术语,则称为"*generell borgen*"(芬兰:RP 189/1998 rd 30 f.;瑞典:Walin, Borgen 88 f.)。

42. 概括保证一般被理解为是包含了保证合同缔结时并未具体确定的债务的担保。因此,概括保证往往被用来为债务人的未来债务,或某个活期账户下的债务提供担保。作为一项规则,保证并不仅仅由于账户中借方余额在某个时间为零而终止(参见意大利:民法典第 1844 条第(1)款)。在法国,较早(参见 Sargos, GazPal 1988, I, p. 209 no. 4)就有将概括保证的范围限定为"*cautionnement omnibus*"的观点提出,这种做法在格里马尔蒂委员会针对新民法典第 2302 条第(1)款第 3 句的提案中得到了再次采纳。

(b)适用规则

43. 在大多数国家,近来立法者和法院都试图加强对概括保证中保证人的保护力度。只有在英格兰,持续性从属保证——例如,包含"全部款项"条款的保证——的效力从来没有受到过质疑。在从属保证中,各种各样的合同条款经常被使用(参见 O'Donovan and Phillips nos. 5－79 ff.; Andrews and Millett nos. 6－004 f. 中的讨论),而那通常都是有效的。唯一的限制似乎是,债务人原本向第三人负有但后来移转给债权人的债务一般不会加重从属保证人的义务(Kova Establishment v. Sasco Investments Ltd. [1998] 2 BCLC 83)。奥地利法院和学者也仍然相当开明。最高法院多次承认了对债务人"全部"未来债务所提供的从属保证(OGH 1 December 1976, ÖRZ 1977, 169 no. 76; also OGH 18 February 1987, ÖBA 1987, 576; critical because of lack of definiteness Schwimann/Mader and Faber § 1353 no. 12)。被担保债务的数额"可以确定"便被认为是充足的(Rummel/Gamerith and Faber § 1353 no. 3 and § 1346 no. 2a)。同样,在葡萄牙,如果其对象无法确定,即如果在未指明债务来源或性质的情况下,从属保证人对所有债务提供了担保,那么对未来债务的从属保证便是无效的(STJ 29 April 1999, 131/99 www. dgsi. pt; STJ 2 October 2001, 3353/01 www. dgsi. pt; STJ 29 November 2001, 3592/01 www. dgsi. pt; Mendes 136)。

44. 芬兰和意大利的保护程度是相当高的,其在从属保证合同中必须加以限制。根据芬兰《独立保证和第三人担保法》第 5 条第(1)款,"一般"从属保证必须包含最高担保额,并有时间限

制。否则的话,根据第5条第(2)款(参见RP 189/1998 rd 36 f.),从属保证人便只对保证当时承担的债务,或者从属保证人明知的当前债务承担责任。同样,根据意大利民法典第1938条,归根结底概括保证必须包含最高担保额,未含有此限制的协议完全无效(Giusti 168)。这项规则已经被Law no. 154 of 17 February 1992所引入,其目的是防止银行对不确定金额提供保证的先前做法的出现(参见references in De Nictolis 207 ff., 332 ff.)。

45. 在法国,保护取决于从属保证人的人身属性。未附有最高限额的担保(*cautionnement indéfini*)是不能由消费者来承担的(《消费者法典》第L. 313-7条和第L. 341-2条),即便它所担保的是营业性债务(因为从属保证附有连带责任:Madelin Act第47 Ⅱ条第(1)款;一般性规定:《消费者法典》第L. 341-2条)。此外,根据比利时《消费品信用贷款法》第34条第(1)款,消费者借贷只能通过附有确定金额的从属保证来担保(Van Quickenborne no. 196)。除了这些限制以外,如果被担保债务可以确定的话,概括保证在法国、比利时和卢森堡是有效的(法国:Simler no. 202;比利时:Van Quickenborne no. 191;卢森堡:CA Luxembourg 9 July 1996, no. 18403 unpublished)。尤其是,概括保证的提供并不被认为是与法国民法典第2015条——自2006年为民法典第2292条——规定的保证人之明确要求相违背的(Cass. com. 16 October 1978, JCP G 1978 Ⅳ, no. 348)。然而,自1983年至2002年,如果形式要求没有得到遵守,法国法院倾向于限制概括保证的范围(不包括违反民法典第2016条——自2006年为民法典第2293条——的情况)(Cass. civ. 22 June 1983, Bull. civ. 1983 I no. 182 p. 160; Cass. civ. 29 October 2002, D. 2002, 3071)。在荷兰,如果被担保债务可以确定,概括保证(通常由银行来承担)也是有效的(Pitlo-Croes no. 851);但是,为了非营业性保证人的利益,被担保债务必须受到最高担保额的限制(民法典第7:858条第(1)款)。

46. 在德国,虽然判例已经有了很大的改变,但其法律状态仍有不同(关于此种发展,参见Staudinger/Horn § 765 nos. 44-57)。如果被担保债务足以确定,概括保证一般被认为有效(例如,债务人与债权人之间由于特定营业关系所发生的所有当前债务和未来债务:BGH 10 October 1957, BGHZ 25, 318; BGH 5 April 1990, NJW 1990, 1909; BGH 16 January 1992, NJW 1992, 897)。但是,自1995年,根据行业标准条款订立的概括保证一般被认为是出人意外的(德国民法典第305c条),并且通常被认为是对保证人不合理的不利或损害(民法典第307条)。无效只涉及相应的条款(参见下列代表性判例,BGH 18 May 1995, BGHZ 130, 19; Palandt/Sprau § 765 no. 20; Erman/Herrmann § 765 no. 3;也可参见Horn, ZIP 1997, 525; Trapp, ZIP 1997, 1279)。作为一项例外,如果从属保证人对主债务人有相当大的影响力,特别是作为后者的经理,那么上述原则并不适用(BGH 18 May 1995, BGHZ 130, 19, 30; BGH 10 November 1998, ZIP 1998, 2145; BGH 16 December 1999, NJW 2000, 1179, 1182)。关于在民法典第305条以下的范围之外,尤其是单独谈判达成的协议,概括保证之承担是否有效,目前尚不清楚(参见Palandt/Sprau § 765 no. 7 and Erman/ Herrmann § 765 no. 3)。

47. 在希腊,就从属保证而言,问题主要出现在对活期账户的结余担保上。希腊最高法院(1265/1994, DEE 1, 410)在嗣后的新借贷和嗣后的补充借贷之间作出了区分,后者只是提高了初始借贷的(限制)额度。即使没有对这种补充借贷规定的(增加)借贷限制提供担保,从属保证人也要承担责任(数量标准)。但是,该责任限定为初始借贷担保的额度之内(数量标准)。通过声称该请求不再独立于账户总额,从属保证人仍对结余负有责任,而无论该账户是否有变动(加入新的请求),最高法院在其判决48/2001(DEE 2001, 1011 ff., 1012)中认可了这种立场。这项

判决是与关于这个问题的希腊主流观点相一致的（也可参见 A. P.：412/99, DEE 5, 1031; 984/99, EllDik 1999, 1720 ff.）。在西班牙，概括保证在实践中是极为常见的。判例中发展起来的保护机制是这种担保的限制解释原则，也是强加确定的最高责任限制的规则。此外——尽管这也通常在合同一般条款中得到规定——判例法还有一项基本原则，即债务人不能放弃终止无限期合同的权利（参见 Carrasco 157 ff.）。

Ⅸ. 消费者

48. 在所有成员国中，通过特殊法律规定对非营业性市场参与者的保护，也属于保证的领域，这些人通常被归类为消费者。在注释中，有两个问题需要讨论：第一，成员国中，消费者的概念是如何界定的（下文第 49～53 条）；第二，就国内消费者保护立法而言，为了适用这种保证人提供的保证，到底是保证人还是其他人必须被限定为消费者呢（下文第 63 条以下）。

49. 其他问题，例如成员国中消费者保护立法在保证领域中的适用范围，或者法律保护保证中弱势一方的一般规则和原则，将在第Ⅳ.F－4:101（适用范围）中加以探讨。

（a）成员国立法中的“消费者”一词——制度框架

50. “消费者”一词的定义在成员国之间有着相当大的差别。虽然大多数消费者立法是以欧盟指令为基础的，但最低限度的协调原则给各成员国以它们认为适当的形式界定该术语留下了空间。更糟糕的是，在许多国家，关于谁是消费者，并不存在一致的定义，消费者可以根据不同的法律有不同的形态。

（b）消费者保证人的定义

51. 关于消费者保证人提供的保证，只有荷兰民法典和芬兰《独立保证和第三人担保法》规定有特别规则。荷兰民法典第 7:857～7:863 条对“除职业或营业行为以外的保证”制定了特别规则。这些规则的适用范围确定如下：“本条规定适用于自然人缔结的从属保证，该自然人并非在其职业或营业过程中行为，也不是为了他作为高级职员，或者在其中他单独或与其合作者持有绝大部分股份的股份公司或有限责任公司之营业的正常进行而行为”（民法典第 7:857 条）。另一个一般定义是由芬兰《独立保证和第三人担保法》第 2 条第 6 款规定的：“私保证人是承担保证的自然人。”不过，这项规则附有限制，如果保证人是董事、董事会成员、管理委员会或其他类似机构的成员，或者如果保证人是债务人公司或基金会或母公司中需负责任的股东，该规则并不适用，此外，如果保证人是公司的发起人，或者在另一个股份公司中直接或间接持有至少 1/3 股份，或者凭借所持股份所享有的表决权在另一个公司拥有所有权份额或能够产生影响，则该规则并不适用（参见 RP 189/1998 rd 31 f.）。

（c）消费者之综合性法律定义

52. 在奥地利、德国、希腊、意大利、西班牙和瑞典，关于对所有涉及消费者保护的规则，至少存在着“消费者”一词的综合性一般定义。但是，这些规则并不专门适用于保证。奥地利《消费者保护法》第 1 条第（1）款第 2 项规定，消费者是并非企业家的任何人。与此相对应，第 1 条第（1）款第 1 项规定，“企业家”是“为了经营其企业而缔结交易的任何人”。德国民法典第 13 条将消费者界定为，既非以其营业目的，也非以其独立的职业活动为目的而缔结法律交易的任何自然人。在西班牙，《消费者保护法》第 3 条也有同样的规定。

53. 在意大利，一部新的《消费者法典》已经于 2005 年 9 月 6 日经 DLgs no. 206 而被颁布了，它将以前关于消费者权利的所有法律整合在一个立法文件中，而那些法律现在都已经被废除了（尤其是民法典第 1469bis－1469sexies 条，以及《消费者和使用者权利法》1998 年 7 月 30 日第

281 条）。现在，“消费者”一词被《消费者法典》第 3(1)条(a)项定义为“并非为了其营业或职业活动为目的的任何自然人”。新的《消费者法典》包含了一些基本的、强制性的权利，用来保护合同中弱势的一方。这些权利包括但不仅限于，在有关服务的合同关系获得充分信息的权利，以及获得透明的、正确的、平等的待遇的权利。所有由消费者签订的合同都受这些规则的调整，它自然也应该适用于由消费者提供的保证(Alpa 21)。此外，在意大利，新的银行立法已经被颁布(参见 DLgs 1 September 1993 no. 385)，它从根本上增强了对银行客户的保护力度。这项规定也适用于大多数消费者向银行提供的保证(Chinè, I contratti di garanzia 324 ff.)。在瑞典，消费者的一般定义被规定在《与消费者联系的合同条款法案》第 2(1)条中(Ramberg 259 ff.)。

(d)一般消费者的界定标准

54. 除了立法技术上的这些差异以外，“消费者”一词的范围也存在很大的不同。一般情况下，与将某个人归类为消费者的方法相关，存在着两个方面：其一，该术语有一个客观性范围，即它涉及消费者一词是仅涵盖自然人，还是同时包含某些法人的问题；其二，该术语有一个功能性范围，即一个人是否只有在为某些目的而行事时才被认定为消费者。

(e)客观的人的范围——仅包括自然人

55. 在丹麦、荷兰、芬兰、德国、意大利和瑞典法律上，“消费者”一词仅限于自然人(参阅丹麦《特定消费合同法》第 1 条第 3 条第(1)款和《合同法》第 38a 条第(2)款；荷兰民法典第 7:857 条；芬兰《独立保证和第三人担保法》第 2 条第 6 款，尤其是关于从属保证；德国民法典第 13 条；意大利《消费者法典》第 3 条第 1 款 a)项；意大利宪法法院认为，根据民法典第 1469bis 条，现在的《消费者法典》第 3 条第(1)款 a 项)，无论是将消费者限定为自然人，还是将小企业或工匠排除在该范畴之外，都不违反 Cost. art. 3：Corte Cost. 30 June 1999 no. 282, Foro it. 1999 I 3118；22 November 2002 no. 469, Giur. cost. 2002, 6 规定的平等原则；关于将意外保险的受益人排除在消费者概念之外，同样的观点也得到了 Corte Cost. 16 July 2004 no. 235, Foro it. 2005 I 992 和瑞典《与消费者联系的合同条款法案》第 2 条第 1 款的认可。

(f)包括法人

56. 希腊和西班牙法律将消费者保护的范围扩展到了法人(希腊《消费者保护法》第 1 条第(5)款 a 项；西班牙《消费者保护法》第 3 条)。在奥地利法律上，似乎法人也可以成为消费者(*e contrario* ConsProtA 第 1 条第(2)款第 2 句)。

57. 相反，许多成员国的消费者立法中并不存在关于消费者一词的普遍适用的术语定义。因此，该词有的时候被限定为自然人，但有的时候也包括法人。

58. 虽然在所有法国立法中，消费者都被限定为自然人，但法院和学者们通常认为，它也包括某些不具有营业目的的法人，例如，非营利组织、业主委员会或政党(法国：CA Paris 5 July 1991, JCP E 1991 Pan. no. 988)。

59. 根据英国 1999 年《消费合同不平等条款规则》，消费者只能是自然人(第 3 条第 1 款)。《消费品信用贷款法》是专门为保护“个人”而制定的。在第 189 条，个人被定义为包括“合伙或其他并非完全由法人构成的个人之非法人组织”(经修订的 2006 年《消费品信用贷款法》第 189 条将“个人”界定为包括“(1)非法人的两人或三人组成的合伙；(2)并非完全由法人构成，并且并非合伙的个人非法人组织”)。

60. 根据比利时《消费品信用贷款法》，消费者是自然人(第 1 条第 1 款)。而在《商事实践法》中，消费者被界定为“自然人或法人”(第 1 条第 7 款)。卢森堡《消费品信用贷款法》第 2 条

a)项将消费者限定为自然人;而涉及不公平合同条款的卢森堡《消费者保护法》却完全未对该词加以界定。葡萄牙《消费品信用贷款裁决法》第2(1)条第b)项将消费者界定为“个人”(singular person),而《消费者保护法》(DL 24/96 of 31 July 1996)使用了“该人”(that one)的表述形式,据说这包括了法人(Duarte 661)。

(g)功能性范围:在贸易或营业之外行为

61. 与欧盟指令相一致,大多数法律制度中的消费者保护取决于人之行为的目的。比利时《消费品信用贷款法》第1(1)条将消费者界定为“任何自然人……其行为的目的可以被认定为在其营业、职业或贸易之外”(卢森堡1993年《消费品信用贷款法》第2条a项与此类似)。在比利时《商事实践法》中,消费者被界定为“任何自然人或法人,他专门为了非营业性目的而获得或使用销售的商品或服务”(第1条第7款)。同样,卢森堡《消费者保护法》第1条反对将“耐用或非耐用消费品或者服务的职业供应商”包括进“为私人目的而行为的消费者”当中。在法国法律中,消费者被理解为非营业者,即没有营业目的的人(《消费者法典》第L. 132－1条)。自1995年(Cass. civ. 24 January 1995, D. 1995, 327)以来,如果“与营业活动存在直接关系”,最高法院一般会排除消费者的保护。通过1989年6月23日的法律,这一标准已经被上门交易(doorstep transactions)所引入了(参见《消费者法典》第L. 121－22条)。法国最高法院继续适用“直接关系”标准(Cass. civ. 5 March 2002, JCP G 2002, Ⅱ no. 10123),虽然它在下层法院中存在着非常大的争议。按照某些法院的理解,如果合同是在应得保护之人的通常营业范围外缔结的,那便不存在直接关系;而按照其他法院的看法,如果合同是在企业利益之外设立,才不存在直接关系(进一步参见Paisant, JCP G 2003, I no. 121, pp. 549 ff.)。根据英国1999年《消费合同不平等条款规则》,消费者必须“为了其贸易、营业或职业以外的目的行为”(第3条第1款)。根据意大利《消费者法典》第3(1)条a)项,消费者必须“在其营业或职业活动以外”行为。这个定义得到了最高法院的严格解释(Cass. 25 July 2001 no. 10127, Giust. civ. 2002 I 685; Cass. 14 April 2000 no. 4843, Corr. giur. 2001, 524),但有些时候,一审法院和法律学者也将从事属于其职业或营业活动的事务的人认定为消费者,只要这些事务不属于其职业或营业活动的通常范围(CFI Roma 20 October 1999, Giust. civ. 2000 I 2117; Monteleone 28)。

62. 同样,根据葡萄牙《消费品信用贷款裁决法》,消费者必须为了其营业或职业活动以外的目的而行为。根据《消费者保护法》,由从事营业性经济活动的人供应的商品、提供的服务或移转的权利,必须配置给非营业者使用。根据瑞典《与消费者联系的合同条款法》第2(1)条与丹麦《特定消费合同法》第2条、《合同法》第38a条第(2)款,消费者被界定为“自然人,他主要为了其营业活动以外的目的而行为”(瑞典:Ramberg 258 f.),或者“他主要在其职业以外行为”(丹麦:Gomard 29 ff.; Andersen, Madsen and Nørgaard 96)。有点特殊的是奥地利的定义,“非企业的活动”(《消费者保护法》第1条第1款第2项)。

63. 希腊和西班牙法律背离了理事会指令85/577第2条:在他们看来,保护并不取决于消费者“为了其贸易或职业以外的目的”参与市场的行为,而是取决于商品或服务的最终接受,即消费者处于经济链条的末端,他们并无意延长货物或服务的经济循环(希腊:Skorini－Paparrigopoulou, I prostasia tou katanaloti 80, 82)。根据英国《消费品信用贷款法》,消费者保护并不取决于该人在其贸易或营业以外行为(注意,只有债务人才是与该法的消费者保护规定的适用性相关的,参见下文注释65):根据现行的第8条第2款,唯一具有决定意义的是,借贷金额不得超过25000英镑。根据于2008年4月生效的2006年《消费品信用贷款法》第2条第1款b)

项,这项规则已经失去了效力:现在,所有与个人签订的借贷协议,无论借贷金额多少,都由《消费品信用贷款法》调整,但是存在着某些例外。一项例外是债务人订立的,全部或主要为了债务人之正在进行的或拟进行的营业目的,超过 25000 英镑的借贷(s. 16B of the ConsCredA, as introduced by s. 4 of the Consumer Credit Act 2006)。

(h)在独立职业活动以外行为

64. 德国民法典第 13 条为消费者一词设定了较为宽泛的功能性范围,它并没有将职业活动语境下的所有法律行为排除在外,而只是将那些有关的独立职业活动排除在外了。因此,购买工作设备的雇工被认定为德国消费者法律上的消费者(Palandt (– Heinrichs), BGB § 13 no. 3; Ulmer/Brandner/Hensen/Ulmer §24a no. 23)。如果企业家从事行为,区分问题便出现了,因为从属保证既可以被认为是私人活动,也可以被认为是营业活动。保证合同中不存在任何指示的情况下,该区分要根据企业家向另一方表述出的预期目的来进行(Ulmer/Brandner/Hensen/Ulmer § 24a no. 24)。即使是小商人、农民、手工业者和自由职业者,如果他们作出与其营业相联系的行为,也可以被认为是企业家,因而不能被认定为消费者。如果受雇者为设立营业活动的目的而缔结合同,也是如此(BGH 24 February 2005, BGHZ 162, 253, NJW 2005, 1275;但是,这是有争议的,民法典第 507 条关于为设立职业或营业的目的而承担借贷有相反的规定)。在西班牙《消费者保护法》第 3 条规定的消费者的新定义中,任何营业或职业目的以外的行为是其主要的特征。

(i)保证人还是债务人是否必须是消费者:消费者保证人

65. 荷兰民法典关注保证人的人身属性(民法典第 7:857 条)。在希腊,有人坚持认为,即使被保证的债务并不是提供给消费者的,保证人也享有消费者保护,因为当他/她缺乏经验、是个外行时,保证的从属性质并不对保护保证人之需要构成妨碍(Georgiades § 3 no. 100)。德国关于保证交易中消费者保护的判例也只是关注保证人的人身属性(Staudinger /Weick § 13 no. 49; Bülow, Kreditsicherheiten nos. 866 – 890; Lwowski nos. 412 – 420)。根据上文提到过的欧洲法院的决议(参见 Comment B, e, no. 18 fn. 4, Dietzinger v. Bayerische Hypotheken – undWechselbank AG, ECJ 17 March 1998),德国联邦最高法院以前规定了关于上门交易的规则,即债务人和保证人都必须是消费者,而创立被担保债务的合同和从属保证合同都必须受上门交易规则的调整(BGH 14 May 1998, BGHZ 139, 21 at 24 ff. ; Palandt/Heinrichs § 312 no. 8, but critical; Erman/Saenger § 312 no. 29 with further references and Reinicke and Tiedtke, Bürgschaftsrecht nos. 463 ff.)。不过近来,该部门认为,就保证而言,债务人的个人资格是毫不相关的(BGH 10 January 2006, BGHZ 165, 363, 367 f.)。尽管德国关于标准条款的规定保护所有人——而不只是消费者——免受不公平或出人意外的标准条款的侵害,但是,根据民法典第 310(3)条(来自于关于滥用合同条款的欧盟指令),消费者在面对企业家时会受到特殊的保护。

66. 在法国,债务人的人身属性以前是从属保证人之消费者保护的决定性标准(《消费者法典》第 L. 311 – 3 条及以下,第 312 – 3 条及以下)。但是,自 2003 年 8 月 1 日的 Law Dutreuil no. 2003 – 721 开始,保护消费者的立法转向了从属保证人的人身属性,即便债务人是个营业者(《消费者法典》第 L. 341 – 1 条至第 L. 341 – 6 条)。根据格里马尔蒂委员会的建议,特别保护应当平等地赋予所有承担从属保证的自然人,而那是与债务人的人身属性不相关的。唯一的例外是,在适用担保金额与保证人的资产和收入之间的比例原则时,保证人必须不是为了营业目的而行为(*à titre non – professionnel*)。根据民法典建议稿第 2305 条,从属保证人的参与不能与保证人

之财务能力和收入明显不成比例，除非在被要求履行时，保证人能够履行债务。然而，作为保护性规则从《消费者法典》转移到民法典的一个结果，为营业目的而承担从属保证的自然人不应被视为消费者，而只是一个需要特别保护的人。

(j)被担保债务的消费者债务人

67. 有几个成员国认为，具有决定意义的并不是保证人的人身属性，而是被担保债务之债务人的人身属性。在英格兰，如果被担保债务是英国 1974 年《消费品信用贷款法》第 8 条和第 15 条规定的管制协议，则保证只受特别的消费者借贷立法的调整。决定性标准是，债务人是否属于该法规定所保护的个人。对于承担并不属于规制协议（在这些法令的意义上）之债务保证的消费者来说，更为一般的消费者立法是适用的（英格兰《消费合同不平等条款规则》1999）。此外，在英格兰法上，就《消费品信用贷款法》的目的而言，保证人是否也属于消费者之定义范围内，并没有进行任何讨论。但是，由于《消费品信用贷款法》第 189 条将保证人简单地界定为"提供任何保证的人"，所以为了适用该法，保证人并不必须是消费者。爱尔兰《消费品信用贷款法》第 30(1) 条 b 款的适用目的与此情况类似。类似的情况还可以在比利时法律中找到，在那里，《消费品信用贷款法》第 34～37 条只适用于为担保由消费者借贷协议而引起的债务提供的担保，而没有在消费者与其他保证人之间加以区分。如果债务人并非消费者，借贷协议便不属于《消费品信用贷款法》的调整范围。其他消费者保护立法，例如《商事实践法》便是可以适用的。

(k)综合的解决方案

68. 在意大利，伴随判例在过去几年发展出的标准，关于消费者保护的立法规定的范围似乎导致了下列实践结果。消费者保护立法将被适用于保证：(1)当保证人作为消费者行为时；或者(2)当保证人以营业方式行为，而主债务人是消费者时。后者是由法院发展起来的（Cass. 11 January 2001 no. 314, Foro it. 2001 I 1589; Cass. 13 May 2005 no. 10107, Foro it. Mass. 2005, 1203）：将保证附加到债务人与债权人之间的关系当中，这使得将后者关系中的消费者保护规则适用于前者成为可能（Palmieri 1598; Falcone 91; Ruggeri 685 s.）。因此，当保证人作为营业者为担保另一营业者的债务而行为时，例如公司经理为后者提供担保的情况，消费者保护立法不能适用（Falcone 92）。但是，在意大利银行协会提供的保证示范合同中（version 11 November 2003），它提出将消费者保护的范围限定为这一情形，即保证人与被担保债务的债务人都作为消费者行为。这一示范合同并不具有约束力（Falcone 91）。

X. 财产担保

(l)定义

69. 财产担保与保证权利之间的区分在所有欧洲国家都是得到承认的。但是，财产担保的定义并未规定在民法典当中，而是传统上被留给学理来处理。

70. 在比利时、法国、意大利、卢森堡和葡萄牙，立法者有时会使用财产担保权利（*sûreté réelle* 或 *sûreté*, *garanzia reale*）的概念（参见法国、比利时和卢森堡民法典第 1188 条，"*…le benefice du terme lorsque par son fait il a diminué les sûretés qu' il avait données par le contrat à son créancier*"；意大利民法典第 156(4), 506(2), 1179, 1828(1), 1844(1), 2795(2)(3)条；葡萄牙民法典第 624, 639, 674(3)条）。

(m)第三人提供的财产权利

71. 在大多数成员国，由并非被担保债务之债务人的第三人提供的财产担保被归类为财产担保权利，虽然与从属性保证的保证人地位之重叠有些时候会表面化。关于从属性保证的规则有

时不仅可以——通过明确的法律规定或者类推——适用于第三方财产担保人与债务人之间的关系，而且可以适用于第三方财产担保人与债权人之间的关系（芬兰：RP 189/199 rd 78 ff.；意大利：民法典第 2868～2871 条，通过类推第三方质押担保人规则，关于第三方担保人之土地抵押的效果是可以适用的，Gorla and Zanelli 457 ff., 460；葡萄牙：Antunes Varela Ⅱ 520 fn. 2；西班牙：Carrasco a. o. 478 ff.；对被担保债务承担个人责任的第三人财产担保人而言，他承担的是"特殊之债"（*obligado sui generis*），其责任限定为特定的负有负担的财产，参见 TS 23 March 2000, RAJ 2000, 2025）。

72. 在法国，虽然"*cautionnement réel*"一词似乎指的是保证，但第三方财产担保被认为是一种财产权利，它延伸到债权人与所涉担保人之间的关系（参见 Cass. com. 7 March 2006, Bull. civ. 2006 Ⅳ no. 59 p. 59 confirming Cass. ch. mixte 2 December 2005, Bull. civ. 2005 ch. mixte no. 7 p. 17, JCP G 2005 Ⅱ no. 10183; Grimaldi Commission's proposed art. 2295 "*Le cautionnement réel est une sûreté réelle constituée pour garantir la dette d'autrui*"; Simler no. 20）。但是，财产担保人另外还可能承担保证（Cass. com. 21 March 2006, Bull. civ. 2006 Ⅳ no. 72 p. 71）。

第Ⅳ. G－1:102 条　适用范围

（1）本编适用于所有自愿承担的保证类型，尤其适用于：

（a）从属保证，包括通过有约束力的安慰函所承担的保证；

（b）独立保证，包括通过备用信用证承担的保证；以及

（c）为担保目的的共同债务。

（2）本编的规定不适用于保险合同。至于有担保的保险，本编仅在保险人签发了包含有为债权人提供的保证的文件的情况下及范围内适用。

（3）本编的规定不影响可转让票据的保兑和担保背书规则，但适用于为产生自票据保兑或担保背书的债务提供的保证。

评　论

A. 包含的保证类型

保证。第（1）款规定了一项一般准则，即本编适用于"所有自愿承担的保证类型"。保证必须用来与财产担保加以对比：在后者情况下，担保人向债权人承担的责任限定为负有负担的财产。相反，在任何类型的保证中，保证人都用所有财产向债权人承担责任——如果有约定的最高担保额的话，以此额度为限。

保证的类型。通过在第（a）～（c）项中列举的三种主要保证类型，这项一般准则得到了补充说明。但是，正如"尤其适用于"这种措辞所指明的，该种列举是开放式的。

为了确保将来发展出的特别机制——如果它们符合了开放式一般条款中规定的一般标准——可以被涵盖在内，这是极为必要的。

从属保证。第(1)款(a)项列举了从属保证，即英国法律中的“保证担保”。参见对上一条的评论。(a)项专门提到的一种从属保证的现代类型是通过有约束力的安慰函所创设的从属保证。

“有约束力的”安慰函。安慰函是一种主要用于商业实践的新形式，它在保证机制的传统模式之外发挥着保证的功能。保证人和债权人之所以规避使用能够达到同样目的的创设保证的传统方式，有着不同的原因(如结算、税收、费用，等等)。人们可以对其进行商业和非商业类型的区分。在企业融资的框架内，商业类型的安慰函在许多国家得到了应用。作为个别谈判的结果，它们的条款有着非常大的差异。在某些国家，所谓非商业类型并有着不同设计的安慰函也通过与(临时性的)外国人许可相联系的个人发出。在这些信函中，某个公民和居民根据公共机关提供的形式，承诺返还公共机关从公共资源中为外国人在其停留该国期间提供的任何财政援助。

一个初步的一般性问题是，安慰函是否具有约束力。这在一定意义上是个解释的问题，要通过第二卷第八章规定的规则来解决。

大多数有约束力的安慰函，尤其是那些商业类型的，有别于保证的通常形式。为了使债务人能够履行其债务，保证人承诺向债权人的债务人(通常是一家隶属于保证人的公司，或者是由保证人控制的公司)进行支付。尤其是在债务人公司无力偿债的情况下，对该承诺的任何违反，都会使得债权人获得一项向有约束力的安慰函之发信人请求损害赔偿的权利。

与此不同，在非商业类型的安慰函中，发信人是以与传统保证同样的模式承诺将公共支出偿还给债权人的。

有约束力的安慰函之发信人通常不会愿意支付债务人所欠债权人的债务，除非债务人无力偿债。发信人也不会愿意承诺提供比债务人的债务更为有利的条件。这两点意味着，第一章和第二章关于从属保证的规则是适用于有约束力的安慰函的。

独立保证。第(1)款(b)项涉及的是该领域的现代分支——独立保证。独立保证的一种特殊形式是通过备用信用证来承担的。

备用信用证。在“纯粹的”信用证中，如果债权人要求，银行会承诺向其支付一笔金钱;可能的话，债权人必须出示某种以此要求为基础的文件。对于债权人出售的商品或其他工作成果——例如产品或服务——而言，这种信用证是一种主要的支付方式。

相反，备用信用证承载的是一种保证功能。它们是为了创设债权人可以利用——当其条件得以满足时——的保证而发出的。在现实中，即使“纯粹的”信用证也可以为担保目的而发出;那将会使其被纳入本部分的适用范围之内。

备用信用证受本编第一章和第三章的调整。

为担保目的的共同债务。在某些国家，近来的立法和司法实践，尤其是在面对消

费者保证人时,将保护的范围延伸到了与“主债务人”一起承担连带责任的债务人身上,只要该项债务承担仅仅是为了担保的目的。这种附属债务人的确应当像保证人那样获得同等的保护。“共同债务”一词既包括初始共同债务,也包括“主”债务人已经负有一项债务后对债务的嗣后共同承担。为担保目的的共同债务是由第Ⅳ.F－1:104条规定的。

被担保债务的性质。被担保债务的一个方面已经由第Ⅳ.F－1:101条(定义)(a)款所规定了:被担保债务可以是当前的也可以是将来的。后者的规则意味着,它也可以是附条件的。如果所附为延缓条件,只是条件成就它就会出现。如果被担保债务附有解除条件,那它便是一项当前债务。

B. 保证与保险

在第(2)款中,第1句明确将保险合同排除在本编的适用范围之外。在一种极为宽泛的功能性意义上,第三方责任保险可以被视为一种保险的类型。但是,鉴于欧洲国家有特殊规则对保险加以调整,因而保险合同的总体框架,甚至是上述的保险分支都被从本编的适用范围中排除出去了。

同样的情况也适用于借贷保险,即由于债务人无力偿债,债权人基于损失所获得的保险。虽然功能上与保证非常接近,但借贷保险在各个国家都被视为纯粹的保险合同,因此受该法律部门的相关规则调整。

功能上与保证更为接近的是保证保险,因为它通常是债务人在债权人的请求下并为了债权人的利益而获得的。各国之间实践与立法上的差异颇为明显,这在不同的理论描述中也得到了体现。不过,在某些国家内部,例如德国和西班牙,这些也是极富争议的。在法国、比荷卢三国、奥地利,以及英格兰,保证保险似乎被认为是一种纯粹的保险合同,它为债权人在债务人无力偿债时提供了担保。在其他国家,尤其是在德国、意大利和西班牙,也许还应包括斯堪的纳维亚国家,保险人以保险合同为基础向债权人提供的是(从属或独立)保证;因此,保险合同和保证被结合在一起了。第(2)款第2句限制了本编对这种保证的适用,并将潜在的保险合同排除在外了。

C. 保证与可转让票据

第(3)款明确规定,本编规则适用于可转让票据的保兑,特别是,1930年和1931年的Geneva Uniform Laws on Bills of Exchange(第30～32条)and of Cheques(第25～27条)的规则分别优先于本编的规则。同样的规则也适用于非由上述日内瓦公约调整的相应国内法。对于保兑和保兑人的责任形式而言,这也是正确的。英格兰和爱尔兰关于担保背书的规则(sec. 56 Bills of Exchange Act)也拥有同样的优先性,虽然它们与日内瓦统一法存在一定程度的差异。

但是,除了这些特殊规则,以及那些特殊规则被嵌入其中的关于可转让票据的一般规定以外,第(3)款表明,保兑和担保背书是两种保证的类型;因此,正如后半句所阐

明的,本编的规则是附带适用的。

D. 公法方面

实践中,保证,特别是从属和独立形式的保证,在经济法中发挥着重要的作用。就这方面来说,公法的不同方面可能具有相关性。

首先,公法规则可能对规定保证创设了一项义务或提供了一种可能性,它们可能还要求这种保证具有特定的功能。但是,这种公法上的义务和要求并不会影响保证的法律性质。因此,本编的规则是可以适用的。

其次,保证可能是为了担保公法义务,例如税收或关税义务而被需要或提供的。一个具有明显实践重要性的例子是,由 1975 年 11 月 14 日所谓《国际货物运输的有关关税协定》所规定的受无关税国际通行证 TIR 所调整的国际货物运输。在本质上它规定,如果货物之过境道路运输受到无关税国际通行证 TIR 的调整,则其不受控制并免负关税义务。只有经核准的“保证协会”提供了无关税国际通行证 TIR 的时候,这种通行证才会发出。保证协会与应当负担关税义务的人“连带或各自”承担责任(第 8 条第(1)款);该种责任是从属于债务人的债务的(第 8 条第(7)款)。本编的规则同样完全适用。被担保债务由公法调整这一事实,并不会将本编的适用排除在外。即便对于从属保证——保证人可以行使债务人的抗辩,甚至可能行使植根于公法的抗辩——而言,亦是如此。

最后,如果国家或其他公共机关提供了保证,尤其是从属保证,则公法的最强有力的方面便是清晰可见的。根据法律和事实情况,这种保证可能会被视为一种私法制度,并因此受这些规则所调整。但是,即使它被视为一种公法制度,这些规则也可能关系重大。只要公法上并不存在关于保证之具体的规则,则本分卷的规则就可以直接适用,或者至少是类推适用。

E. 合同自由

本编的规则主要是默示规则。它遵循的是第Ⅱ1:102 条(当事人自治)。只有在第四章(关于消费者保证人的特别规则)中,才存在某些强制性规则。

注　释

1. 保证的范围必须尽可能宽泛的理解。不仅典型的保证形式(由立法或稳定的判例所确立),非典型的保证也受本编规则的调整。

Ⅰ. 典型的保证

(a)从属保证

2. 主要的典型保证是从属保证合同(参见上一条注释 5 至注释 10)。

3. 关于从属保证的规则已经被视为保证的一般法形式了。在大多数成员国,除非另有约定,

只要根据其性质有此可能,关于从属保证的规则便适用于所有的保证类型(卢森堡:Dirix and De Corte no. 383;法国:Cass. com. 19 November 1985, JCP E 1986 I no. 1551;希腊:参见上一条注释18;意大利:Giusti8 f.;荷兰:du Perron and Haentjens, Inleiding no. 6 and HR 25 September 1998, NJ 1998 no. 892 sub no. 3.4;葡萄牙:STJ 23 November 1971, RT no. 1867, 23; Almeida Costa 763; Galvão Telles 278;西班牙:Díez－Picazo 416; Lacruz Berdejo 499)。

4. 相反,德国民法典第765条及以下关于从属保证(*Bürgschaft*)的规则一般并不适用于——甚至不能类推适用于——其他的保证机制,特别是不能适用于独立保证(Palandt/Sprau no. 2 preceding § 765; Erman/Herrmann no. 21 preceding § 765;但也可参见Staudinger/Horn no. 197 preceding § § 765 ff.,其中带有某些限制)。同样,在葡萄牙,它们一般并不适用于独立保证(STJ 27 January 1993, BolMinJus no. 423, 483; STJ 11 November 1999, 694/99 www.dgsi.pt; Cortez 590),也不适用于保兑(STJ 4 October 2000, 2228/00 www.dgsi.pt; different: STJ 7 May 1993, 83594 www.dgsi.pt)。

(b)独立保证

参见上一条注释11至注释18,以及第Ⅳ.F－3:101(适用范围)的注释。

Ⅱ. 非典型保证

(c)有约束力的安慰函之起源

6. *作为保证权利的安慰函在大多数成员国的法律实践中是非常常见的。在法国、葡萄牙和西班牙的实践中,安慰函是最近才出现的(法国:Cass. com. 21 December 1987, D. 1989, 112;葡萄牙:CA Lisboa 15 February 2001, 94458/00www.dgsi.pt;西班牙:TS 16 December 1985, RJ 1985/6442, 30 June 2005, RAJ 2005/5089; Carrasco, CCJC 71 (2006) § 1897)。在法国文献中,安慰函有着不同但等效的名称,例如"*lettre d' intention*"、"*lettre de confort*"或"*lettre de patronage*"(Simler nos. 1008 ff.)。自2006年3月23日Decree－Law no. 2006－346开始,安慰函被立法者承认为一种保证,并使用了意向书(*lettre d' intention*)的名称(民法典第2322条新条文)。在丹麦法上,安慰函(støtteerklæring)一词是在1986年被哈勃·维萨姆(Harboe Wissum)首次引入的(UfR 1986 B 340 ff.; Iversen 15);并且丹麦只有极为少数的判例(例如,CAVestre Landsret 21 March 1989, UfR 1989 A 618)。在希腊,虽然其实践并不清楚(那里不存在判例法),但在文献中已经对其进行了探讨,在那里它们被翻译为"利益申明书"(letters declaring interest,参见Velentzas 381)或者"资助声明"(patronic statements,参见Filios Ⅱ/1 §126, 81－82; Georgiades § 6 no. 19,两者都提到了)。在德国,安慰函作为一种保证类型,如今是众所周知的(Fleischer, WM1999, 666)。一些德国法院就安慰函下达过判决(CA Düsseldorf 26 January 1989, NJW－RR 1989, 1116; CA Karlsruhe 7 August 1992, WM1992, 2088; BGH 30 January 1992, BGHZ 117, 127 (适用的是奥地利法); CA München 24 January 2003, DB 2003, 711; CA Berlin 18 January 2002, WM 2002, 1190)。

(d)约束性

7. 鉴于此类声明的多样性(德国:Lwowski nos. 445－465举出了例子),安慰函是否具有法律约束力,必须通过对特定文书的解释来确定(德国:BGH 30 January 1992, BGHZ 117, 127 at 129; CA Berlin 18 January 2002, WM 2002, 1190 at 1191)。任何法律上有约束力的责任(或者仅

* 原文缺少"5."。——编者注

仅是道德义务)是否已经创设,安慰函的发信人承担何种责任,都取决于对协议条款的认真解释(意大利:De Nictolis 386, 396; Cass. 27 September 1995 no. 10235, BBTC 1997 Ⅱ 396;葡萄牙:Soares da Veiga 380;西班牙:Carrasco, Las nuevas garantías 636)。丹麦和瑞典也是如此(丹麦:Iversen 151 f.;瑞典:HD 25 June 1992, NJA 1992, 375; HD 7 April 1994, NJA 1994, 204; HD 27 October 1995, NJA 1995, 586; Hellner, Avtalsrätt 79 f.; Ramberg 152 f.)。在西班牙,TS 30 June 2005, RAJ 2005/5089 指出,在对有约束力的安慰函进行解释时,必须坚决支持发信人已经要求受益人对子公司提供借贷的推定,并假设,任何要求另一人向第三人提供借贷的人都对该第三人的不履行承担责任。相反,在 TS 13 February 2007, RAJ 2007/684 中,最高法院由于考虑到,发信人有权在未取得受益人同意的情况下,转让其在子公司的股票,因而认定安慰函是有约束力的交易。

8. 在意大利,有约束力的安慰函被认为是对发信人而言具有法律上约束力的声明(Costanza, Lettere di patronage 485 ff.; Bozzi, Le garanzie347 f.; Cass. 27 September 1995 no. 10235, Arch. civ. 1996 I 3007)。在希腊,有约束力的安慰函或者具有独立保证的性质,因此对发信人创设了一项独立的合同义务(Velentzas 383 - 384),或者它们可能引起对收信人的缔约过失(*culpa in contrahendo*)责任(Georgiades § 6 no. 21)。根据这两种观点,对收信人的损害赔偿并不一定等同于对作为收信人的债权人的企业债务数额。在瑞典,普遍得以接受的是根据其措辞,在适当情况下,安慰函可以被认为是有约束力的,从而构成了一种独立保证的形式(参见 HD 27 October 1995, NJA 1995, 586; Gorton, Suretyship 583 fn. 18)。在英格兰,权威观点是,即使安慰函创设了一项有约束力的义务(比较 Kleinwort Benson Ltd. v. Malaysia Mining Corp. [1989] 1 WLR 379,其中安慰函被认为仅是一种不具有约束力的意向声明),其保护程度也可能要比保证更低:债权人必须在母公司未能履行其在安慰函的承诺与债权人的损失之间建立充分的因果关系,假如子公司无论如何都无力偿债的话,那便可能是令人怀疑的(Andrews and Millett no. 14 - 015)。在法国,安慰函目前是被最高法院承认为有约束力的,而不论发信人承担的责任性质如何(参见 Cass. com. 9 July 2002, Bull. civ. 2002 Ⅳ no. 117 p. 126, Rev. soc. January - March 2003, 124 ff.:仅仅通过注意义务,就可以让母公司对债权人负担义务),这是与过去施以结果责任的判决(Cass. com. 26 January 1999, D. 1999, 577, note Aynès)背道而驰的。

(e)限制条件

9. 由于安慰函制度所提供的责任范围和类型取决于当事人的具体协议,所以为其规定共同的法律限制是不可能的(比利时:Van Quickenborne no. 847;法国:格里马尔蒂委员会对民法典第 2324 条新条文所提出的提案明确谈到该术语的多样性,但并未得到民法典第 2322 条新条文(经 DL no. 2006 - 346 of 23 March 2006 颁布)的采纳; Simler nos. 1009 f.;德国:Reinicke and Tiedtke, Kreditsicherung 153;希腊:Georgiades § 6 no. 21;意大利:Cass. 27 September 1995 no. 10235, Arch. civ. 1996 I 3007; Mazzoni, Lettere di patronage 564; De Nictolis 386;荷兰:Wessels 7;葡萄牙:STJ 19 December 2001, 2509/01 www. dgsi. pt; Soares da Veiga 380;西班牙:Carrasco, Las nuevas garantías 632)。最近法国的规定以一种极为一般的方式将安慰函的内容界定为"支持债务人履行其对债权人的债务"(2006 年民法典新第 2322 条)。在适当情况下,安慰函可以赋予债权人与从属或独立保证相类似的权利(比利时:an Quickenborne no. 848;英格兰:Chemco Leasing SpA v. Rediffusion [1987] 1 FTLR 201,不过在此案中,法院因为债权人未能遵守默示条款而拒绝让母公司承担责任,参见 Andrews and Millett no. 14 - 015;德国:BGH 30 January 1992,

cit. at p. 132; Lwowski no. 441;意大利:CFI Milano 17 December 1994, BBTC 1996 Ⅱ 346; De Nictolis 393;荷兰:Blomkwist 15; Wessels 7;葡萄牙:CA Lisboa 15 February 2001, 94458/00 www. dgsi. pt,将安慰函视为独立保证; Menezes Cordeiro, Direito 624;西班牙:Carrasco, Las nuevas garantías 670)。奥地利最高法院在一个案件中将有约束力的安慰函界定为独立保证(OGH 23 March 1988, SZ 61 no. 73 at p. 365)。但在另一个案件——该案中,一个奥地利公民承诺偿还给联邦政府和其他公共团体对一个外国人提供的费用,该外国人以此声明为基础,已经被允许进入并在该国居留——中,最高法院将此声明认定为保证而不是独立保证(OGH 23 February 2000, SZ 73 no. 36 at pp. 209 s.)。在意大利,有约束力的安慰函与从属保证之间的相似性一直得到了强调,但学者中流行的观点赞成将其与典型的从属保证区别开来(Di Giovanni 121 ff.; Mazzoni, Le lettere di patronage 480),同样的倾向也得到了法院的坚持(Cass. 27 September 1995, no. 10235, cit.)。将有约束力的安慰函完全承认为从属保证,其主要困难在于,母公司提供担保的明确意图是缺乏的,而根据意大利民法典第 1937 条,那对从属保证的有效成立是必需的。另外,承诺人承担的债务性质与被担保的主债务也不具有同样的内容(CA Roma 4 December 1979, BBTC 1981 Ⅱ 88; Bozzi, Le garanzie 350)。但是,如果根据解释规则,提供从属保证的意图可以从安慰函措辞中推断出来的话,它就会被承认为从属保证(CFI Milano 17 October 1994, BBTC 1995 Ⅱ 346;通过将关于保证之必要的最高担保额的民法典第 1938 条类推适用,近来出现了有约束力的安慰函和从属保证的同化趋势,参见 CFI Roma 18 December 2002, Giur. mer. 2003, 1661)。在法国,有约束力的安慰函可以被认定为 Ccom 第 L 225-35 条提到的特殊保证,那看起来是与从属或独立保证有区别的(Cass. com. 9 July 2002, Rev. soc. January - March 2003, 124 ff.)。在格里马尔蒂委员会的提案中,正像 2006 年 3 月 23 日 Decree-Law no. 2006-346 所采纳的那样,意向书(*lettre d' intention*)构成了第三种类型的保证(参见关于保证之第一卷第三章,民法典第 2322 条新条文只给出了一个定义)。如果安慰函的发信人对债权人提出予以支持的公司无力偿债,则承诺人对债权人因该有约束力的承诺之不履行负有损害赔偿责任(奥地利:OGH 23 March 1988, cit. at p. 365; Leitner 522;德国:BGH 30 January 1992, cit. at 132; CA Berlin 18 January 2002, cit. at p. 1191; Staudinger/Horn nos. 441 f. preceding §§ 765 ss.)。安慰函的发信人与被支持的公司就如同保证人与主债务人一样,对债权人承担连带债务责任(奥地利:Harrer 77; Leitner 525;德国:BGH 30 January 1992, cit. at p. 132, 134; Staudinger/Horn no. 415 preceding §§ 765 ss.; Bülow, Kreditsicherheiten no. 1623)。

10. 根据一位丹麦学者的观点(Gomard 56 fn. 11),安慰函一般不能被视为保证,而按照另一位学者的看法(Iversen 25 fn. 31),安慰函在任何情况下都不能等同于保证。

(f)备用信用证:概述

11. 因为备用信用证主要用于国际商业交易,所以在大多数国家,它们往往规避了"纯粹"国内的监管。这一主题通常受商人法(*lex mercatoria*)(UCP 500 (1993)和巴黎国际商会 ISP98)和国际公约(《联合国独立保证公约》1995)的调整;而这一"跨国"法律往往会影响到国内法律。

(g)限制条件

12. 备用信用证类似于独立保证(德国:Schütze nos. 93 ff.; Zahn, Eberding and Ehrlich nos. 8/10 ff.;希腊:Georgiades § 6 no. 26;意大利:Costa 270; Terrile 591; Pontiroli, Garanzie autonome 233 and 249; Di Meo 330;荷兰:de Rooy 1115; Ebbink 543; PORTUGAL: Soares da Veiga 360)。因此,德国法院也将独立保证发展起来的原则适用于备用信用证(CA Frankfurt 18

March 1997, WM 1997, 1893)。法国的观点认为,银行家的参与是独立于基础合同的(Ripert and Roblot no. 2386－1),备用信用证是一种真正的保证形式(Simler no. 870 p.901)。

13. 备用信用证主要用于美国和国际贸易中,以至于欧洲国内法院的实践是极为少见的(在德国,除了上述判决,还可参见 BGH 26 April 1994, WM 1994, 1063)。在英格兰和苏格兰,备用信用证类似于履行保证金和请求保证(demand securities),而那明显是保证类型。它们只是在极少数的英国判决中得到了承认(参见 Offshore International SA v. Banco Central SA [1977] 1 WLR 399 (CFI); Hongkong & Shanghai Banking Corp. v. Kloeckner &Co. AG [1990] 2 QB 514)。调整信用证的同样原则可以适用,因为"在法律上,备用信用与任何其他信用类型并无不同"(Jack, Malek and Quest no. 12.15, 3rd ed. (2000))。在英格兰,人们强调的是请求保证的差异"存在于商业惯例,而不是法律当中"(Goode, Commercial Law 1018)。

(h)为担保目的的共同债务

14. 参见上一条注释 37～39,以及第Ⅳ.F－1:106 条(多数保证人:内部追索权)的注释。

Ⅲ. 借贷保险和保证保险

(a)借贷保险

15. 借贷保险,即债权人因债务人无力偿债而获得的保险,实际上可以创设一种保证类型,但是在某些国家,它并不被承认为纯粹的保险合同(比利时:Van Quickenborne nos. 852－860;丹麦:H 6 May 1991, UfR1991 A 523;法国:Simler nos. 24 f.; Cerini, L'assicurazione del credito interno in Francia 539 ff., 558 ff.;德国:Meyer 35,在附录中有关于货物借贷保险之一般条件的例子;希腊:Insurance Law 2496/1997 art. 22(1); ErmAK/Zepos no. 35 preceding arts. 847－870; Rokas, Idiotiki asfalisi, nos. 155－156;意大利:Cerini, L'assicurazione del credito interno in Francia 563;卢森堡:Ravarani, Rapport Luxembourgeois 422;荷兰:De Vries 468;葡萄牙:Credit and Guarantee Insurance Decree Law 183/88 art. 8, last modified in 1999; STJ 9 March 1995, BolMinJus no. 445 (1995) 552;但是,借贷保险被认为具有从属或独立保证的功能:Menezes Cordeiro, Direito 614;西班牙:Law 50/1980 of 8 October 1980 on Insurance Contracts arts. 69－72; Tirado Suárez 444 ff.;瑞典:Walin, Borgen 137 ff.)。

(b)保证保险

16. 保证保险是在债务人与保险人之间签订的,用来担保代替债务人向债权人偿还债务的保险。这种合同在某些国家被认为是一种保险(比利时:Van Quickenborne nos. 861－862;法国:controversial, Simler no. 25; Larroumet/François nos. 16 ff.;瑞典:HD 9 September 1999, NJA 1999, 544; Hellner, Försäkringsrätt 447;希腊:Insurance Law 2496/1997 art. 11 read with art. 22(2);在该法第二编中,保证保险被归类为保险赔偿的特殊分支;Rokas, Idiotiki asfalisi, no. 154)。在德国,债务人与保险公司之间的基础合同被认为是保险合同的特殊类型,那主要由关于保证保险的标准条款予以规制(参见 CA Koblenz 16 February 1996, VersR 1997, 1486; Meyer 118 ff.);根据这项合同,保险的受益人是债权人(参见 CA Koblenz, as before; Beuter no. 409 at p.412)。在意大利,保证保险通过某些特别法律的规定得到了承认(例如,RD no. 827 of 23 May 1924, art. 54 as modified in 1948; RDL no. 210 of 7 August 1931, art. 5; RDL no. 1113 of 7 August 1931, art. 1 ff.; DPR 26 October 1972 no. 633, art. 38bis; DPR no. 43 of 23 January 1973, art. 87 and Law no. 348 of 10 June 1982, art. 1),但它们并未提供一般性规定。一项已经得到大家接受的判例将保证保险认定为从属保证,除非当事人另有约定(Cass. 1 June 2004 no.

10486, BBTC 2005 Ⅱ 481 ff.; Cass. 15 March 2004 no. 5239, Assicurazioni 2004, 231 ff.; Cass. 17 May 2001 no. 6757, Giust. civ. 2002, 729; Cass. 18 May 2001 no. 6823, Giur. it. 2001 I 3174; Cass. 26 June 1990 no. 6499, Giur. it. 1991 I 446; Cass. 17 May 1988 no. 3443, BBTC 1989, 429; recently also CA Milano 14 May 2004, BBTC 2004 Ⅱ 619 ff. note Barillà, Il Garantievertrag 633 ff.),但学术著作在这一点上并没有形成一致意见,它们认为这种合同有时是保险(Stolfi 67 ff.; Barbieri 502),有时则是非典型性合同——除非当事人另有约定,调整从属保证的规则在本质上可以适用(Volpe Putzolu 245; La Torre 103 ff.; Lipari 133 ff.; Vaccà 167; Costanza, L'assicurazione fideiussoria 2418 ff.; Bozzi, Le garanzie 65)。人们已经注意到,商业实践通常倾向于根据保险合同的规则来调整保险人与债务人之间的内部关系,而根据从属保证的规则来调整保险人与合同受益人(债权人)之间的外部关系(Bozzi, Le garanzie 67 ff.)。在葡萄牙,保证保险是通过 Decree－Law 183/88(1999 年最后修订)第 6～14 条来调整的。它是一种保险(STJ 12 March 1996, CJ [ST] Ⅳ [1996－1] 143),但它等同于从属(CA Oporto 7 May 1998, www.dgsi.pt Processo 9750894)或独立(STJ 9 May 2002, 1014/02 www.dgsi.pt; STJ 28 May 2002, 636/02 www.dgsi.pt)保证(STJ 19 March 2002, 2832/01 www.dgsi.pt)。但是,在西班牙,关于其法律性质经过一番争议(Camacho de los Ríos 81; Carrasco Comentario 653)之后,一种混合的进路开始流行开来,据此,保证保险(参见关于保险合同的 Law 50/1980 第 68 条)是一种保险合同,从中产生了一种保证之债(Carrasco, Comentario 653),因此,关于保证的规则与保险规则同时适用(Embid Irujo 1863)。类似的进路得到了瑞典的奉行:关于保险合同的强制性法律规则优先适用,但非强制性规则则可以被关于保证的规则所替代(Walin, Borgen 137－141)。此外,在英国法上,人们公认的是,保险事项是债务人之违约的保险合同,等同于保证合同(para. 1022 vol. 49, 5th ed., (2008))。

Ⅳ.保兑

(a)起源

17. 关于汇票与支票的《日内瓦统一支票法》1930/1931 对这些保证的特殊形式进行了调整。除了爱尔兰和英国以外,几乎所有的成员国都参加了日内瓦统一公约。虽然西班牙已经签署但尚未批准该公约。但是,关于汇票、本票和支票的 Law 19/1985 已经全面采纳了其内容,并在其立法目的中明确提到了日内瓦公约。

(b)限制条件

18. 在某些国家,民法典中关于从属保证的规则并不能适用于保兑;因为保兑人并不是从属保证人,相关的权利和义务是由关于汇票与支票的规定来调整的(比利时:Cass. 3 April 1981, Arr. Cass. 1980－81, 874; Van Quickenborne no. 883;德国:BGH 6 April 1961, BGHZ 35, 19, 21; Scholz/Lwowski no. 440; Staudinger/Horn, Pref. to § § 765 et seq. no. 423;希腊:A. P. 1306/1984, EED 37, 87; CA Athens 8840/1984, EED 37, 300; Georgiades § 4 no. 67;荷兰:Blomkwist 15;葡萄牙:STJ 13 October 1998, 779/98 unpublished; STJ 4 October 2000, 2228/00www.dgsi.pt;但按照文献中大多数学者的观点,保兑的特征是不完全的自治性,主张其纯粹自治性的是 Sendim and Mendes 13)。但是,在意大利和西班牙,尽管其自治性将保兑与从属保证区分开来,但鉴于其担保功能,保兑仍被承认具有有限的从属性。因此,关于从属保证的规则通过类推是可以适用的(意大利:民法典第 1948、1953、1955 条: Cass. 11 September 1953 no. 3026, Foro pad. 1953 I 1273; Cass. 8 June 1976 no. 2090, Giust. civ. 1976 I 1225; Cass. 11 September

1997 no. 8990, Giust. civ. Mass. 1997, 1688; Cass. 7 May 1998 no. 4618, BBTC 2000 Ⅱ 118; 被民法典第1956、1957条所排除:Cass. 8 June 1976 no. 2090, cit.; Cass. 23 March 1994 no. 2782, Foro it. 1994 I 3070; Angeloni 32; Bianchi d'Espinosa 577; Tedeschi 533; SPAIN: García Cortés 518)。在希腊,得到公认的是,如果当事人知道保兑的有效性,并且想要缔结一项保证合同,那么有效保兑可以被转换为从属保证(参见民法典第182条; Georgiades § 4 no. 71 fn. 37)。相反,在葡萄牙,根据民法典第628(1)条,保兑不能自动地转换成从属保证,因为从属保证必须以明确的声明为基础;但是,根据对当事人意图和声明的解释,保兑人也可以作为保证人承担责任(STJ 17 May 1977, BolMinJus no. 267, 149; CA Lisboa 20 April 1993, CJ XⅧ, Ⅱ - 138; STJ 9 October 1997, 123/97 www.dgsi.pt)。在法国,保兑被认为是带有主要责任的从属保证(Simler no. 107; Cass. com. 28 October 1952, JCP G 1953, Ⅱ no. 7588)。

19. 英格兰、苏格兰和爱尔兰的《票据法》并没有明确规定可以与保兑相比较的保证。在实践中,任何一种承兑汇票的正式担保都是由"陌生人"——不属于背书人序列的人——分别提供或背书担保的(Jahn 85);根据1882年《票据法》第56条,这种背书人像(任何其他)背书人一样在适当时候对持票人承担责任。虽然这种背书在实质上是一种保证,但"反欺诈法"不能被援引为对请求的抗辩(英格兰:G. & H. Montage GmbH v. Irvani [1990] 1 WLR 667; Banco Atlantico SA v. British Bank of the Middle East [1990] 2 Lloyd's Rep 504)。

Ⅴ.合同自由

20. 在所有成员国,保证合同都被视为合同法的一部分(参见英格兰:Moschi v. Lep Air Services Ltd. [1973] AC 331;丹麦:Pedersen, Kaution 15;法国:Simler nos. 122 ff. for dependent personal security and nos. 930 ff. for independent personal security;德国:Horn, Bürgschaften nos. 4 and 7;意大利:Sacco Autonomia contrattuale 796 ff.; Roppo 23 ff.; Piazza 5;荷兰:du Perron and Haentjens, Inleiding no. 3 with references;葡萄牙:Almeida Costa 770 ff.;西班牙:Vicent Chuliá375 f.;瑞典:Walin, Borgen 36 ff.)。因此,根据这些合同,当事人的权利和义务主要是通过当事人的协议来确定的(参见英格兰:Moschi v. Lep Air Services Ltd [1973] AC 331, 339 (HL);意大利:Giusti 6 ff., 10 ff.)。

21. 在各成员国,明确调整保证合同的强制性规则——但是,那只是在有限范围内适用——通常出现在所谓消费者保护的事项当中。关于这些事项,参见第四章条文的注释。一个值得注意的例外涉及具体的形式要求,那在某些成员国中适用于消费者和非消费者提供的保证(参见第Ⅳ.F-4:104条(形式要件)的注释)。

22. 保证合同在所有成员国都被视为合同法的一部分,作为这一事实的另一项后果,合同法的一般性强制规则是适用于这些合同的。因此,关于违法事宜的一般性合同法强制规则也适用于保证合同(参见英格兰:O'Donovan and Phillips nos. 4 - 66 ff.;意大利:Bonelli, Le garanzie bancarie86 f.;荷兰:参见上文注释1;葡萄牙:Almeida Costa 772;西班牙:Roca Trias 147, 154 ff.)。

23. 适用于保证合同的最重要的一般性合同法强制规则是合同法总则的保护性规则:在所有成员国,违反善良风俗、错误、不当影响和胁迫等事务中,保护通常是以合同法和债法的一般强制性保护规则为基础的(参见奥地利:Schwimann/Mader and Faber CC § 1346 nos. 14 - 31;英格兰:O'Donovan and Phillips chapter 4;丹麦:ContrA § 36; Pedersen, Kaution 29;芬兰:ContrA 第36条;法国:Simler nos. 132 ff.;德国:Staudinger /Horn nos. 71 - 77 preceding § § 765 ff.;爱尔

兰：White 539；意大利：Sacco and De Nova（Sacco）Ⅰ22 ff.，Ⅱ 59 ff.；Roppo 399 ff.，779 ff.，811 ff.，825 ff.；Bussani 97 ff.；葡萄牙：Almeida Costa 88 ff.；苏格兰：Stair /Clark nos. 891 ff.；西班牙：Roca Trias 154 ff.；Carrasco a. o. 106 f.；瑞典：ContrA 第36条；Walin，Borgen 37；也可参见第Ⅳ.F－4:104条（形式要件）注释16及以下和第Ⅳ.F－4:103条（债权人的先合同义务）注释27及以下）。

第Ⅳ.G－1:103条　债权人的承诺

（1）如果当事人意图通过合同设立保证，则当设立保证的要约到达债权人之时即认为其对要约表示了承诺，除非要约要求承诺以明示方式为之，或债权人并无不当迟延地表示拒绝或需要时间考虑。

（2）保证也可以通过当事人意图其具有法律拘束力的单方允诺设立而不再需要债权人承诺。对通过单方允诺设立的保证，准用本部分之规定。

评　论

A. 通过合同设立保证

本条是从保证通常由合同设立的假设展开开来的，虽然在例外情况下，保证人的单方允诺便已足够（第（2）款）。与合同通过要约与承诺而签订的一般规则不同，第（1）款推定，“当设立保证的要约到达债权人之时即认为其对要约表示了承诺”。“到达”一词是由第Ⅰ－1:109条（通知）所界定的。

B. 债权人之推定的承诺

一项明确的规则似乎是可取的，因为关于缔约的一般规则并未提供足够的确定性。根据第Ⅱ－4:204条（承诺）第（2）款，沉默或不作为自身并不等于承诺；债权人表示赞同的行为也不是承诺，除非它对保证人而言是已知的（参见第Ⅱ－4:205条（合同成立的时间））。因此，一项明确的规则是可取的、必要的，其目的是防止保证人由于要约未被承诺而嗣后迟延。本条的主要规则意味着，一旦保证人的要约到达债权人，保证合同即已成立。

这种对缔约之一般规则的背离是合理的，因为保证合同通常只是对保证人确立了一项有利于债权人的义务。因此，许多国家的法律制度并不坚持要求债权人作出明示承诺。但是，本条规定的这项被广泛认可的规则只是一项可以反驳的推定。如果本条后半句规定的事件之一发生的话，该推定是可以反驳的。

C. 例外情况

根据第(1)款后半句,如果要约人要求明示承诺,或者如果债权人并无不当迟延地表示拒绝或需要时间考虑,则根据前半句确立的承诺推定是可以反驳的。债权人承诺的推定只能通过债权人明确的声明来推翻。

如果明示协议是必需的,债权人的声明是否等同于承诺,这就将是个解释的问题。对于要约的拒绝而言,也是如此。第二卷的一般规则是可以适用的。

如果债权人在收到保证要约后并无不当迟延地需要时间考虑,则债权人必须能够仔细地考察该项复杂的保证制度;根据具体情况,债权人必须被留有向顾问进行咨询的时间。

D. 明示承诺

如果保证要约需要承诺,或者如果债权人实际上有充足时间予以考虑,则关于承诺的一般规则是可以适用的。除了前两种情况以外,如果债权人在没有被保证人"邀请"这样做的情况下,在要约人提出的时间限度内,或者在合理期限内明确声明承诺,那么一般规则也是可以适用的。也可参见第Ⅱ－4:207 条(迟到的承诺)和第Ⅱ－4:208 条(被变更的承诺)。

E. 由债务人与保证人的合同规定的保证

如果债务人与保证人达成协议,并且保证是作为有利于债权人的合同条款而明确规定的,则上述规则也是可以适用的(参见第二卷第九章第三节(第三人利益条款的效力))。

F. 通过单方允诺而成立的保证

保证人的保证要约往往并不被认为需要明示的承诺,这一事实导致的结果是,甚至任何对要约的承诺都不是必要的;相反,仅有单方允诺即已足够。这是与第Ⅱ－1:103 条(约束力)确立的一般规则相一致的,据此,"如果作出允诺者旨在使其无需承诺即发生法律约束力,则有效的单方允诺对作出允诺者具有约束力"。一个实践中的例子是由公司之唯一的或主要的股东向公司所有债权人发出的有约束力的安慰函,这被推定为成立从属保证(第Ⅳ. F－2:101 条(从属保证的推定)第(2)款)。

G. 保证人义务的开始

本条隐含地确定了如果债权人并未声明承诺,保证开始具有约束力的时间。这一时间点的确定对保证而言是意义重大的,它可以通过仅仅指明一个持续期间(如两年)而不用指明期满的确切时间来确定。对于第Ⅳ. F－1:106 条(多数保证人:内部追索权)第(3)、(6)款、第Ⅳ. F－2:102 条(保证人义务的从属性)第(3)、(4)款,以及第Ⅳ.

F－2:103 条(保证人可主张的债务人的抗辩)第(3)款之适用而言,一个确切的日期是必须要确定下来的。

注　释

Ⅰ.作为合同的保证

(a)债权人之承诺声明的必要性

1. 在比荷卢等国和葡萄牙,合同成立的一般规则是适用的,特别是各自民法典中所规定的合同法总则的"要约和承诺"方式。所有这些国家都要求,保证人和债权人必须对从属保证合同达成明示的合意(比利时:Van Quickenborne nos. 104－105;荷兰:Blomkwist no. 13 at p. 24;葡萄牙:STJ 6 June 1990, no. 78761 unpublished; Mesquita 29; Costa Gomes 343)。可以参考第二卷第四章关于合同成立(第二节　要约和承诺)的注释。在芬兰,根据 Ekström 39 f.,债权人必须对保证人的要约表示明示承诺。在希腊,保证缔约的一项重要条件是,债权人对其明示或默示的承诺。因此,债权人收到要约后,单纯的沉默或不作为并不会使合同具有约束力(Georgiades－Stathopoulos AK/Vrellis art. 847 no. 15; A. P. 682/1995, EEN 1996, 586; A. P. 1197/1992, EpTrAksXrD 1993, 385)。债权人不仅必须承诺,而且其承诺声明必须到达要约人/保证人(参见希腊民法典第 192 条)。独立保证是个例外(参见下文 C)。

2. 在英国法上,作为一项规则,承诺必须通知给保证人;但是,债权人依赖于保证人对后者知情之允诺而发生的不利行为可能即已足够(Jays Ltd. v. Sala (1898) 14 TLR 461)。同样,在适当情况下,信息交流甚至可以从债权人一方的沉默和不作为中推断出来(Pope v. Andrews (1840)9 C &P 564, 173 ER 957)。如果要约中有规定,承诺必须明示作出的话,即是如此(Gaunt v. Hill (1815) 1 Stark 10, 171 ER 386; Newport v. Spivey (1862) 7 LT 328)。此外,如果要约中规定了期限,则承诺必须在规定期限内,或者在合理时间内作出(Payne v. Ives (1823) 3 Dow & RyKB 664)。如果要约是双务的,即鉴于债权人明确承诺与债务人达成一项交易,从而在债权人和保证人之间建立了一项有约束力的、可强制执行的双务协议,那么甚至在债权人按其行事之前,它也是不可撤销的(Greenham Ready Mixed Concrete v. CAS (Industrial Developments) Ltd. (1965) 109 SJ 209)。

(b)特殊情况下债权人之承诺声明的必要性

3. 在意大利,当保证创设的义务不仅对保证人,而且对债权人有约束力时,关于以"要约与承诺"为基础的合同成立的一般规则适用于从属保证的成立(民法典第 1326 条及以下; Sacco, La conclusione dell' accordo 24)。在奥地利,最高法院在一个案件中认为,个人保证人根据债权人提供的形式承担的保证之要约,其中债权人已经规定明示承诺是必要的,但却并未得到满足,那么即便债权人已经提供了被担保的借贷,该合同也是无效的(OGH 7 February 1989, ÖBA 1989, 1021 with approving note Bydlinski; cf. idem, Kreditbürgschaft 36 s.)。

(c)债权人通过行为作出的承诺

4. 根据丹麦《合同法》第 7 条的原则,如果债权人已经被通知,则保证是有约束力的。同意也可以产生于债权人的沉默或不作为(Pedersen, Kaution 18; Bryde Andersen 425; Højrup 16 f)。

根据比利时、法国和卢森堡民法典第 2015 条(自 2006 年,法国民法典第 2292 条),以及意大利民法典第 1937 条、葡萄牙民法典第 628 条和西班牙民法典第 1827 条第(1)款,从属保证的存在是不能被推定的;它必须被明示地成立。但实际上,这项规则只涉及保证人提供的要约,而他(通常)是唯一承担义务的人(Simler no. 125)。在意大利,由保证人提供的要约也可以通过决定性的行为来表示,只要从中有可能推断出明确的意图(Giusti 90)。尽管如此,必须注意到的是,关于保证人声明之形式的特别规则是由意大利 Banking Law 规定的(DLgs 1 September 1993 no. 385):根据第 117(1)条,保证人的要约必须采取书面形式(附有留存或发回的副本)。无论保证人是否是消费者,这项规则都是适用的(Lobuono 52 f.)。在法国,债权人的承诺可以通过任何明确的行为默示地给出,特别是通过针对保证人提起司法程序的方式(Cass. com. 13 November 1972, GazPal 1973 1, 144)。例如通过创设一项反担保,或者在为预付款提供保证的情况下提供预付款,债权人的同意也可能是隐含的(Simler no. 933)。

5. 在奥地利,当合同成立时,债权人之明示承诺的缺位在两种情况下是合理的。其一,保证人有约束力的要约可以被视作为承诺创设了一项延长期。这种解释意味着,关于要求保证人提出的确定期限,双方已经达成一致。在这种情况下,债权人的要求即被视为承诺。其二,根据奥地利民法典第 864(1)条,一项要约可以通过受要约人按照要约行事来承诺。如果债权人根据开始时三方达成一致的条件缔结了基础合同,这种遵照行事便可能是存在的(Avancini/Iro/Koziol 283 no. 3/68;也可参见下文 D)。一家荷兰法院指出,债权人以要约的保证为基础提出的要求便意味着承诺(CA Amsterdam 17 October 1988, NJ 1990 no. 339)。

6. 在苏格兰法律上,关于明示承诺是否必需,或者一旦债权人向债务人履行,保证人的义务是否便确定下来,并不存在明确的规则(Wallace v. Gibson [1895] AC 354)。保证人的义务也可能因向某个债权人并不明确的个人债务承担保证而发生:在这种情况下,任何根据担保信用提供借贷的人都有权对此执行,除非合同条款的意思显然与此相反(Fortune v. Young 1918 SC 1)。

7. 根据希腊法律,债权人对从属保证之要约所作出的承诺必须采取明示或默示方式(Georgiades – Stathopoulos AK/Vrellis art. 847 no. 15; A. P. 682/1995, EEN 1996, 586; A. P. 1197/1992, EpTrAksXrD 1993, 385; 参见希腊民法典第 189 条)。但是,沉默既不构成承诺也不构成拒绝,除非法律或行为守则有明确规定,或者当事人协商一致,或者特别是在商人之间,出于善意和商业习惯(Georgiades, General Principles § 32 no. 22; Perakis § 48 no. 22)。不过,有判决指出,仅仅收到要约的事实既不构成默示承诺,这种承诺也不能从有关各方地位或约束他们的合同性质的情形中推导出来(CA Thessaloniki 1197/1992, EpTrapDik 1993, 385)。另外,独立保证几乎总是被认为已经由债权人——通过银行发出载有独立保证的文件的形式——承诺了(Georgiades § 6 no. 46)。此外,在西班牙,债权人的承诺可以是非正式的,甚至是默示的(Carrasco a. o. 105; TS 20 January 1999, RAJ 1999 no. 3);在保证人已经放弃权利的情况下,这对债权人尤其重要(Guilarte Zapatero, Comentarios 56)。

(d)保证人的允诺作为承诺

8. 根据英国普通法,如果保证人应债权人的要求而提出要约,那么债权人向保证人通知承诺便是没有必要的(on the authority of the Canadian decision in Fraser v. Douglas (1906) 5 WLR 52; cf. Andrews and Millett no. 2－002)。类似的观念也被奥地利所采纳:债权人要求债务人提供保证,经由债务人转给了通过提供保证接受债权人要约的保证人(Avancini/Iro/Koziol 284 no. 3/69)。

（e）其他要求

9. 此外，英国法律规定，未密封的合同受对价的支持；债权人承诺向债务人提供借贷，或者不因已经存在的债务起诉债务人，在保证合同中可以构成充分的对价（Chitty on Contracts Ⅱ，nos. 44－019－44－023）。同样的原则在爱尔兰法律上也是适用的（White 537 ff.），但是，它一贯认为，债权人并未起诉债务人的事实并不一定是保证的对价，那也可能是债权人对债务人提出请求明显无效的一个结果（Commodity Broking Co. Ltd. v. Meehan [1985] IR 12）。

Ⅱ. 保证人义务的开始

10. 在英国法上，保证人根据保证合同所负担的义务之开始取决于要约的性质：如果是单方要约（不用密封），在它被债权人承诺之前（至于什么构成承诺，参见上文注释 2 和注释 8），保证人可以撤回（Daulia Ltd. v. Four Millbank Nominees Ltd. [1978] Ch 231）。

11. 根据丹麦 ContrA 第 7 条，只要债权人就保证要约获得了通知，保证人的义务便产生了（Karnov/Lynge Andersen 5397 fn. 32 f.）。根据比荷卢国家的法律，当要约要求提供保证的债权人承诺时，从属保证合同以及保证人的义务开始生效。在法国，根据投邮主义理论（the emission theory），一旦债权人发出同意的意思表示，保证合同即告成立（Simler no. 129）

12. 根据德国和葡萄牙法律，当受要约人的承诺声明生效——如果当事人并非是在在场者之间（*inter praesentes*）行为的话，当它到达要约人时，或者在葡萄牙，当它被要约人知悉时——时，合同开始具有约束力（参见德国民法典第 130 条；Palandt/Heinrichs § 148 no. 1；葡萄牙民法典第 224 条；Pires de Lima and Antunes Varela 214）。在德国，大多数从属保证中的债权人并不会声明承诺。尽管如此，保证合同仍是有效缔结的，因为根据德国民法典第 151 条第 1 句，合同是通过要约之承诺而缔结的，但是如果这项通知根据通常习惯并未被预计到，则那并不需要传达给要约人。德国法院认为，对于要约人而言，这种习惯只存在于类似保证这种受要约人纯获利益的情况（尤其参见 BGH 12 October 1999，NJW 2000，276，进一步参考从属以及独立保证和债务之承担；关于有约束力的安慰函，参见 CA Berlin 18 January 2002，WM 2002，1190，1191）。债权人保留保证人的（书面）声明一直被认为是充分的（关于从属保证，参见 BGH 6 May 1997，NJW 1997，2233；BGH 30 March 1995，WM 1995，901）。葡萄牙民法典第 234 条与德国民法典第 151 条是类似的。根据该规定，如果根据要约条款，合同或通常习惯的性质或情形并不需要债权人作出承诺，则一旦受要约人表明了接受要约的意图，合同便成立了。民法典第 234 条被认为也适用于嵌入到复杂的财务经营中的从属保证（Costa Gomes 365）。承诺因此可以从银行给予借贷（CA Coimbra 5 July 1989，CJ XⅣ，Ⅳ－50）或保留保证人的声明（STJ 6 June 1990，no. 78761 unpublished；STJ 15 December 1998，747/98 www. dgsi. pt）的事实中推导出来。这项规则也适用于独立保证（Pinheiro 431）。

Ⅲ. 作为单方合同或允诺的保证

13. 在意大利，作为合同的从属保证通常只对保证人创设义务，如果要约并未被受要约人拒绝，则义务人提出的要约便被认为是有约束力的合同（民法典第 1333 条）（Giusti 71；Ravazzoni 255；Chianale 276；Cass. 26 May 1997 no. 4646，Giur. it. 1998，1135）。但是，从属保证这种特殊的成立方式并不影响其合同性质（Sacco and De Nova I 267－268；Sacco，La conclusione dell'accordo 23 ff.，28；Sacco，Il contratto 36 ff.；Cass. 27 September 1995 no. 10235，Giur. it. 1996 I 1 738；Cass. 3 April 2001 no. 4888，Giur. it. 2001，2254；Cass. 25 September 2001 no. 11987，Stud. Iuris 2002，393）。如果债权人并未根据业务或习惯的性质在合理期间内予以拒绝，则保证

即在声明到达债权人之时成立。

第Ⅳ.G－1:104 条　为担保目的的共同债务

为担保目的的共同债务适用第一章和第四章的规定，同时第三卷第四章第一节（多数债务人）的规定补充适用。

评　论

A. 概述

界定。虽然极为类似，但为担保目的的共同债务必须要与其他协议区分开来，在后者情况下，纯粹为了担保目的而行为的第三人被牵涉到债权人和债务人的关系当中。有三个基本方面可能有所区别。其一，债权人和第三人商定，后者应当是或成为为担保目的的共同债务人。其二，为了债权人的利益，原债务人与第三人商定，第三人应当成为为担保目的的附加债务人；这是有利于债权人的规定，它使得债权人也有权要求新的债务人履行（参见第二卷第九章第二节（第三人利益条款））。与此相反，如果债务人与第三人商定，后者应当承担债务人的债务，以便债务人从中解脱出来，则这项协议并不能约束债权人，除非其对此予以同意。如果债权人予以同意，这便构成新债务人的替代（参见第三卷第五章第二节（债务人的替代与增加））而并非共同债务。只有在前两种情况下成立的才是为担保目的的共同债务。

法律政策。如果除了主债务人以外，为了担保主债务人的债务，另一人向债权人承担了相应的债务，那么相当于（从属或独立）保证的三方情形便产生了。新增担保债务人的地位类似于保证人。这种为担保目的的共同债务是由第Ⅳ.F－1:101 条（定义）（e）款所界定的。虽然这肯定不是一种传统的保证类型，但人们越来越认识到，它在功能上带有保证的性质。为此，第Ⅳ.F－1:102 条（适用范围）第（1）（c）款将为担保目的的共同债务包括在本卷的适用范围当中。

本卷将为担保目的的共同债务视为一种独特的法律制度。为此，它被明确地、个别地规定在第Ⅳ.F－1:102 条（适用范围）第（1）（c）款之保证的主要类型当中。它既具有共同债务的特点，也具有保证的特点。因此，这种制度一般是由关于共同债务的规则来调整的；这尊重了那些为他们想要追求的目的而选择该种特殊的交易类型的当事人的意愿。但是，如果当事人利用共同债务是为了对债权人提供担保，则适用某些关于保证的基本规则，尤其是第一章的规则，便是合理的。

如果“担保性”共同债务人是消费者，则第四章的特别保护规则是适用的。此外，

第Ⅳ.F－4:102 条(适用规则)第(1)款涉及关于从属保证的第二章,在这一框架内,关于从属保证的规则可以适用,并且其对担保人的保护是强制性的(第Ⅳ.G－4:102 条第(2)款)。选择这种制度的原因是,一般而言,关于从属保证的规则是对保证人最具有保护力的。

共同债务的两种类型为担保目的的共同债务可能产生自主债务的创设。

示例

为了给丈夫的营业融资,丈夫和妻子同时作为债务人签署了一项借贷协议;作为家庭主妇的妻子完全是应债权人的特别要求并为了协助其丈夫而签署的。

如果为担保目的的共同债务人嗣后加入到“通常的”完全债务人已经存在的债务当中,那么共同债务也可能是嗣后创设的。相反的情况也要包括在内,虽然在实践中它很少发生。

这种区分的意义更多体现在术语上而不是实践中。如果共同债务并非源自于被担保债务之创设,那便不存在多数债务人,因而也不存在共同债务;它只是在为担保目的(新增的)债务被创设时才产生。如果创设顺序颠倒过来,也同样如此。

B. 担保目的的标准

关于如何认定共同债务是为了担保的目的,并不存在一般公认的标准。检验方式应当是,共同债务人之一是否与借贷存在最为直接的利益关系,并因此最终对其负有责任。根据第Ⅳ.F－1:101 条(定义)(e)项,除非债务人之一“主要”为了担保目的向债权人承担债务,否则便不存在为担保目的的共同债务。归根结底,这取决于根据所有情形对借贷协议的解释。

作为为担保目的的共同债务而非纯粹的共同债务,其重要标志在于,共同债务人根据主债务以之为基础的合同在债务履行中是否有个人利益。共同债务人与其他债务人的债务有着紧密联系,以及共同债务人与其他债务人签署了同样的文件,这样的事实并不是决定性的,因为这最终将决定权交到了债权人手中。如果仍有疑问,那么假设该第三人仅仅承担为担保目的的共同债务是较为可取的。上文提到的家庭主妇是间接地从其丈夫营业成功中获益的,这个事实并不足以让她承担全部的责任。

为担保目的的共同债务不仅与这种共同债务相区别,而且与其他类型的保证,尤其是从属保证相区别。根据第Ⅳ.F－2:101 条(从属保证的推定)第(1)款,任何“通过保证方式向债权人进行的支付……”都被推定为创设了一项从属保证。因此,债权人必须证明另有协议(第Ⅳ.F－2:101 条第(1)款后半句)。因此,如果债权人能够证明当事人明确地商定了这种保证的特殊类型,那便只存在一项为担保目的的共同债务。

C. 共同债务与联合保证

将共同债务包含在内的另一个原因是,在某些国家,当事人有时将为担保目的承

担债务的人称为“共同债务人和保证人”。由于这两种债务涉及不同的后果，作为当事人意图利用的工具，其意义必须加以澄清。一种可能的解释是，保证人想要提供一种附有连带责任的从属保证（参见第Ⅳ.F－2:105 条（保证人的连带责任））。另一种可能的解释是，该种结合的方案想要表明债务承担的担保性质。

D. 适用规则

基于上述原因，将为担保目的的共同债务完全纳入本编的规定是不可能的，因为这会导致对为担保目的的共同债务和从属、独立保证，以及选择此种特殊的担保方式的当事人意图之间的根本区别的无视。为此，仅将这种共同债务纳入到第一章规定的一般规则和第四章关于消费者保证的特别规则（通过援引，那也适用第二章的规则）之下是有必要的。至于其余的，共同债务要受第三卷第四章第一节规定的多数债务人规则的调整。

第一章的适用规则。根据上述条文，为担保目的的共同债务主要由本卷第一章来调整。但是，第一章中只有少数规则与为担保目的的共同债务直接相关。

在适用第Ⅳ.F－1:105 条（多数保证人：对债权人承担连带责任）到 1:107 条（多数保证人：对债务人的追索权）时，为担保目的的共同债务人会很容易地被摆在与多数保证人之一同样的地位上。对于内部关系（第Ⅳ.F－1:105 条）、多数保证人之间的追索权（第Ⅳ.F－1:106 条（多数保证人：内部追索权））以及对其债务受担保的债务人的追索权（第Ⅳ.F－1:107 条）而言，也是如此。

第Ⅳ.F－1:108 条（关于连带债务人规则的补充适用）与为担保目的的共同债务人并不具有相关性，因为第Ⅳ.F－1:104 条（为担保目的的共同债务）本身已经表明第三卷第四章第一节是可以适用的。

第四章的规则。为担保目的的共同债务也受本编第四章的调整。第四章包含了适用于提供保证的消费者的特别的、强制性的规则。将这些规则适用于由消费者承担的为担保目的的共同债务，明显属于第四章的框架之内。

第二章的规则。对于为担保目的的共同债务之消费者保证人制度而言，第四章主要适用的是第二章关于从属保证的规则（参见第Ⅳ.F－4:102 条（适用规则）第（1）款）。为了保护消费者保证人的利益，这些规则被规定为强制性的第Ⅳ.F－4:102 条第（2）款）。这些规则通常对保证人有着最强的保护力。一般而言，它们的保护力比关于共同债务的规则更强，而后者并未规定任何的消费者保护条款。但是，在少数情况下，规定在第三卷第四章第一节的共同债务人制度要比本编第二章具有更强的保护力。对这两种制度的比较会得出这种结论，例外的是，第二章的规则被第三卷关于连带债务人的一般制度所无视。在第二章相关规则的评论中，我们会对其进行详细的比较。

注　释

Ⅰ.概述

1. 在大多数成员国，人们普遍认识到，共同债务——多数债务人对债权人负担一项单一的债务——强化了债权人的地位，并因此对其有着担保的功能（例如，葡萄牙：Teles de Menezes Leitão 165；西班牙：Díez－Picazo Ⅱ 207）。所有成员国似乎都赞同，如果两个人同时同意承担一项相同的债务，即便在细枝末节上有所不同，他们也是共同债务人。与此相反，如果某人加入到另一人此前已经承担的债务当中，则概念甚至效果都是不同的。某些国家认为，这两个分支是一种制度，基本上要受相同的规则调整（如德国），而其他国家则将其视作两种不同的——虽然有着密切联系——制度，它们要受或多或少有所不同但密切相关的规则的调整（尤其是在罗曼语系国家）。

Ⅱ.初始的共同债务

2. 在大多数欧洲大陆国家，连带共同债务的基本制度都得到了承认，并通过立法规则规定为一种自始由多数债务人承担的债务形式。它们是向债权人履行某种单一债务的连带责任（奥地利使用的是 *Mitschuldner zur ungeteilten Hand*，民法典第 896 条）。但是，丹麦《本票法》第 2(1)条规定了一种多数债务人，但并未使用“连带责任”一词。根据 Karnov/Møgelvang－Hansen 5558 fn. 8，债务人对债权人负连带责任（*een for alle og alle for een*）。“连带责任”一词被用在 Bankruptcy Act 第 47 条（*solidarisk hæftelse*）。荷兰民法典第 6:7(1)条用的是 *hoofdelijke verbintenis*；德国：*Gesamtschuld*，民法典第 421 条；比利时、法国和卢森堡：*codébiteurs solidaires*，民法典第 1216 条；意大利民法典第 1292～1313 条，*obbligazioni solidali*；葡萄牙民法典第 512 条以下，商法典第 100 条，*obrigações solidárias*；西班牙民法典第 1137 条以下，商法典第 567 条，*obligación solidaria*。瑞典《本票法》第 2(1)条的规定是与丹麦《本票法》第 2 条第 1 款多数债务人的规定类似的。根据 *Walin*，Lagen om skuldebrev 26，这项规定采取了连带责任；该规定指出，债务人负有“一对多和多对一”（*en för alla och alla för en*）的责任。与丹麦一样，“连带责任”一词并未出现在瑞典《本票法》第 2 条第 1 款中（但对多数债务人而言，*solidariskt ansvar* 一词被瑞典《破产法》第五章第四节以下所采用）。即便共同债务人并非根据同一条款负责，连带责任也是存在的（意大利民法典第 1293 条；西班牙民法典第 1140 条；《欧洲合同法原则》第 10:102(3)条）。每个共同债务人都向债权人负担全部债务，以至于债权人可以自由选择要求哪个共同债务人履行（奥地利民法典第 891 条；丹麦：Karnov/Møgelvang－Hansen 5558 fn. 8 援引了关于复数债务人的《本票法》第 2 条；荷兰民法典第 6:6(1)条；法国民法典第 1200 条和第 1203 条；德国民法典第 421 条；意大利民法典第 1292 条；葡萄牙民法典第 512(1)、518、519 条；西班牙民法典第 1144 条；瑞典：*Walin*，Lagen om skuldebrev 27；也可参见《欧洲合同法原则》第 10:101(1)条）。在共同债务人的内部，债务可以划分成一定份额，为此，制定法通常会确立起一项可以反驳的推定，即所有共同债务人的份额都是相等的（奥地利民法典第 896 条；德国民法典第 426 条第 1 句；意大利民法典第 1298(2)条；葡萄牙民法典第 516、524 条）。

3. 有些国家在民事交易和商事交易之间进行了区分：在比利时、法国、卢森堡、葡萄牙和西班牙，民事的连带责任必须被当事人明确同意（比利时、法国和卢森堡民法典第 1202 条；葡萄牙民法典第 513 条；西班牙民法典第 1137～1138 条），而对于商事责任而言，多数国家的标准和独立

责任必须得到明确同意(例如法国:Cass. civ. 18 July 1929, D. H. 1929, 556;葡萄牙:商法典第100 条;西班牙:TS 14 February 1997, RAJ 1997/1419)。与此相反,在德国和意大利,一般推定为连带责任(德国民法典第 427 条;意大利民法典第 1294 条)。

4. 在对从属保证规定有补充责任的国家(例如,奥地利民法典第 1355 条以下;法国民法典第2021 条以下;德国民法典第 771 条以下;葡萄牙民法典第 638 条;西班牙民法典第 1822 条),为担保目的的连带共同债务要比那些规定了连带责任的国家(例如意大利,民法典第 1944(1))更为引人关注。

Ⅲ. 另一人债务之嗣后累加承担

5. 在各成员国,附加债务人对一项已经存在之债务的嗣后累加承担已经以不同形式得到了承认,并且被赋予了不同的称谓。但是,这些不同形式中的大多数都导致了新债务人与原债务人之间连带共同债务的出现。这种另一人债务之嗣后累加承担可以被认定为一种连带共同债务之一般类型的变型,对此某些特殊规则也是可以适用的(比利时、法国和卢森堡:*délégation imparfaite*,民法典第 1275 条;奥地利、德国和荷兰:*Schuldbeitritt*,在奥地利民法典第 1347 条有所涉及;在德国和荷兰民法典中它并未被规定,但得到了一般承认,德国:Palandt/Grüneberg no. 2 preceding CC § 414;荷兰:Asser/Hartkamp Ⅳ 1 no. 102;希腊民法典第 477 条;意大利民法典第1268 ~ 1276 条,*delegazione*、*espromissione* 和 *accollo*;葡萄牙民法典第 595 条,*assunção de dívida*;西班牙:Díez - Picazo and Gullón 591 ff. ,*asunción cumulativa de deuda*、*expromisión cumulativa* 和 *delegación imperfecta*)。

6. 如果按照履行方式对这些名称和规则进行分类,则可以划分为三种类型:(1)另一人债务之累加承担基本上等同于共同债务,除非它的成立在第一项债务已经创设之后;另一人债务之嗣后累加承担。(2)该制度使用了不同的名称,但都会导致嗣后累加共同债务的实际效果。(3)另一人债务之累加承担不仅由不同于共同债务的制度来调整,而且在实际效果上有或多或少的差别。

(a)另一人债务之嗣后累加承担:作为共同债务进行调整

7. 在奥地利、德国和荷兰,*Schuldbeitritt* 包括了原债务创设之后的共同债务的债务。新的共同债务人向债权人承担连带责任。调整这种共同债务类型的规则是初始共同债务的一般规则,除非新的共同债务人按照债务承担时(而不是按照它被创设之时)存在的条件和范围承担原债务(奥地利:Koziol and Welser(- Welser) 124, 139; Rummel/Mader (- Faber) § 1347 no. 1;德国:Reinicke and Tiedtke, Kreditsicherung 1 ff. ; Staudinger /Horn nos. 363 and 369 ff. preceding § § 765 ff.)。

(b)另一人债务之嗣后累加承担:制度不同但效果相同

8. 在比利时、法国和卢森堡,另一人债务之嗣后累加承担可以通过 *délégation imparfaite* 来创设(民法典第 1275 条;比利时:*Van Oevelen* no. 876;卢森堡:*Ravarani*, Rapport Luxembourgeois 421):原债务人"委托",即指示第三人向债权人支付与债务人自己的债务相同的债务。该委托是"不完全的",因为原债务人仍与新债务人一起负担义务;两个债务人向债权人承担连带责任(法国:Simler no. 35)。由此看来,尽管制度名称不同,但实际效果与奥地利/德国之通过债务嗣后累加承担的方式所达到的效果是同样的。在法国,债务之嗣后累加(*délégation - sûreté*:Cabrillac and Mouly no. 473 - 3)的担保特征是通过关于分包(subcontracting)的 1975 年 12 月 31 日 Law no. 75 - 1334 间接确立了的。客户必须向分包商提供保证(*garantie*),其形式或者是从属保证,

或者是分包商对主要承包商之主张债务的嗣后(部分)承担。

9. 葡萄牙和西班牙也是如此。在葡萄牙,另一人债务之嗣后累加承担意味着新债务人与原债务人一起承担连带责任,除非债权人免除了原债务人的债务(民法典第595(2)条;STJ 17 October 1975, RLJ no. 109, 281;CA Lisboa 2 November 2000, 69272/00 www.dgsi.pt;Vaz Serra, Assunção de dívida 190;Teles de Menezes Leitão 170)。在西班牙,民法典只规定了原债务人被另一债务人所替代(民法典第1205条,*novación*)。但是,根据合同自由原则,另一人债务之累加承担以及累加更新,都被作为非典型合同得到了承认(民法典第1255条;第一项重要的判决是Díez-Picazo Ⅱ 842所引用的TS 22 February 1946;之后有TS 7 November 1986, RAJ 1986/6217;15 December 1989, RAJ 1989/8832;22 March 1991, RAJ 1992/2428;Vicent Chuliá 389)。原债务人与新债务人负有连带责任(TS 15 December 1989 above and 7 December 1971, RAJ 1971 no. 5154)。

(c)另一人债务之嗣后累加承担:制度不同,效果也不同

10. 在意大利,另一人债务之承担的一般效果可以通过适用三种不同的法律制度来达成,即累加委托、累加更新和另一人债务之嗣后承担(*accollo cumulativo*)。所有这些制度都有相同的一般效果,即为债权人提供附加债务人;在这种意义——运作结果和经济功能——上,它们是与从属性保证类似的(Casella 260; Nicolò 971),很难将其区分开来(Rescigno, Studi 168;Rescigno, Delegazione 952 ff.;Mancini, La delegazione 483 ff.)。但是,它们的法律结构是不同的。按照累加委托,第三人与债务人达成协议,向债权人履行后者的债务。累加更新是一项第三人与债权人之间的协议,为的是由前者承担债务人的债务,而*accollo cumulativo*是债务人与第三人之间的协议,由后者承担债务人的债务。在这三种情况中,债权人都不会免除债务人的债务,债务人仍然负有责任;但是,这种继续责任只是补充性的[民法典第1268(2)条委托];对于另一人债务的更新和嗣后承担而言,这一规定一般通过类推加以适用(Rescigno, Studi 67;Mancini, La delegazione 500, 512;Ceci 292;Rodotà 787;Cass. 24 May 2004 no. 9982, Giust. civ. Mass. 2004, 1178)。因此,在这些情况下,虽然与新债务人承担连带责任(民法典第1272(1)和1273(3)条),但原债务人的责任只是补充性的:只有在要求新债务人履行未果之后,债权人才能要求原债务人履行(类推适用民法典第1268(2)条)。但是,债权人在要求原债务人履行之前,并不需要对新债务人予以强制执行(参见上述作者和判例)。

Ⅳ. 为担保目的的标准

(a)当事人明确约定的初始共同债务

11. 当事人可以明确约定,他们之一是作为为担保目的的共同债务人出现的。在英格兰,共同债务人可以通过与另一债务人达成的担保协议扮演保证人的角色:两个共同债务人内部达成协议,一个只作为保证人出现,而整个负担最终落在另一个债务人身上(参见Goode, Commercial Law, 800;O'Donovan and Phillips no. 1-29 f.)。这项协议在共同债务人之间是自始有效的(参见Halsbury para. 1015, vol. 49, 5th ed., (2008));但是,债权人只有在知晓这些协议的情况下才有义务将作为保证人出现的债务人当作保证人对待(参见Rouse v. Bradford Banking Co. Ltd. [1894] AC 586;Goldfarb v. Bartlett [1920] 1 KB 639)。共同债务人可以通过这种方式最终影响债权人与作为保证人的债务人之间的关系,这种做法在文献中遭到了强烈批评(参见Goode, Commercial Law 800)。

12. 奥地利最高法院也承认两个连带责任共同债务人之间达成的协议,据此,其中之一在将

来只是作为保证人出现。因为债权人并未被通知，当另一共同债务人不能履行时，为担保目的的新的共同债务人仍然向债权人负担完全责任。在为担保目的的共同债务履行时，债权人专属的担保权就像从属保证人履行的情况一样，被移转给了履行的共同债务人（OGH 28 May 1969，ÖJZ 1969，551）。

（b）合同条款的解释

13. 在判断一种机制是创设了从属保证还是连带共同债务的过程中，法国法院根据 NCPC 第 12 条享有相当程度的自由。在一项案例——某位家庭主妇承担了一项借贷，其丈夫仅仅作为共同债务人用该借贷来为其营业融资——中，一审法院认定该借贷是从属保证，由于欠缺必要的形式，它被归为无效（CFI Lons－le－Saulnier 18 November 1997，CCC April 1998 no. 64 with approving note）。在另一个案例中，一项主张虽然是以从属保证为基础提出的，但它以共同债务为基础被称为一项请求权（Cass. civ. 22 June 1982，Bull. civ. 1982 I no. 233 p. 199）。当合同中使用了“连带”这一模棱两可的术语时，上诉法院将其认定为共同债务的做法得到了公认（Cass. 17 November 1999，JCP G2000 Ⅳ no. 1002）。在其他情况下，如果合同条款是明确的，法院便会拒绝此种认定（Cass. 10 December 1991，Bull. civ. 1991 I no. 347 p. 227）。两件法国的案例处理了发给公司员工的 AMEX 信用卡的条款，员工为了公司业务而使用，债务则由公司予以偿还；根据合同条款，员工成为了信用卡公司发行人的共同债务人。进入破产程序之后，两个公司的资产不足以清偿债务，法院支持了信用卡公司对员工的诉讼请求，虽然从属保证所必需的形式并没有被注意到（Cass. civ. 22 May 1991，Bull. civ. 1991 I no. 162 p. 107），并且债权人并未将其对公司享有的权利通知给后者的破产管理人（CA Paris 5 June 1992，JCP E 1993，Pan. no. 176）。

（c）客观标准

14. 在许多欧洲法律制度中，如果当事人没有达成协议的话，将共同债务认定为是为担保目的而承担的主要标准是，在债务人向债权人履行“被担保”债务过程中，作为保证人的共同债务人之个人利益的缺位（比利时、法国和卢森堡：民法典第 1216 条；法国：Cass. civ. 21 July 1987，Bull. civ. 1987 I no. 249 p. 182；Cass. civ. 22 May 1991，Bull. civ. 1991 I no. 162 p. 107；Simler no. 28：“co－débiteur non intéressé à la dette”）。在意大利也是如此；民法典第 1298（1）条运用了这样一项标准，即合同是为了缔约当事人之一的“排他性利益”而签订的。

15. 德国和奥地利的实践达到了类似的效果。德国联邦最高法院认为，在借贷提供中拥有个人利益，并对借贷款项之支付和使用的决定有所影响的共同债务人是不以担保为目的的共同债务人，而并不享有相同权利的共同债务人则只是为担保目的的债务人；纯粹间接的利益是与此无关的（BGH 14 November 2000，BGHZ 146，37，41 f.；BGH 4 December 2001，NJW 2002，744）。在奥地利，如果存在疑问，法院和学者同样将实现主债务目的过程中共同债务人的经济利益作为标准：如果缺乏该种经济利益，共同债务便仅是为了担保目的（OGH 19 July 1988，SZ 61 no. 174，ÖBA 1989，432 note Bydlinski；OGH 4 February 1993，ÖBA 1993，819 note Bydlinski；already OGH 30 June 1960，ÖRiZ 1961，45；Bydlinski 27－28）。在特殊情况下，即便是纯粹的个人原因，例如为了在刑事诉讼中能够获得适当辩护而帮助一位贫穷的近亲属，也被确认为一种完全的共同债务（OGH 19 July 1988，above）。相反，在承担一个解散了的公司的债务过程中，纯粹道义上的利益并不被认定为债务的累加承担，而是一项保证（在这种情况下，由于必要的书面形式的缺乏，因而是无效的：OGH 7 April 1976，SZ 49 no. 53）。根据荷兰民法典，人们也能得出结论，如果根据合同两个共同债务人之一是唯一的受益人的话，则另一共同债务人可以收回已经提

供给债权人的任何履行(Asser/Hartkamp Ⅳ 1 no. 117)。

(d)另一人债务之嗣后累加承担

16. 在那些对债务之嗣后累加承担规定有特别法律制度的欧洲国家,人们普遍承认,这种制度的功能与保证相类似,因此可以被视为一种保证。

17. 在希腊,债务之嗣后累加承担是第三人通过合同承诺向债权人偿付另一人的债务(参见民法典第477条),它必须与第三人向债务人承诺为其履行债务(参见民法典第478条)区别开来。关于该种区分,有几项标准已经被提出来了,其中包括担保目的:当合同的目的是向债权人提供担保,并强化原债务人的债务时,合同要被认定为保证,而当介入的第三人在债务履行中有直接的个人利益,并且债权人对此已然获知的话,那么合同便被认定为债务的嗣后累加承担(Georgiades § 7 no. 61 ff.; ErmAK/Michaelides – Nouaros art. 477 no. 11; CA Athens 10465/1978, NoB 27, 979)。如果仍有疑问,希腊的学者一般认定为保证(ErmAK/Michaelides – Nouaros, art. 477 no. 11; Zepos A 644);相反,法院则会认定为债务的嗣后累加承担(CA Athens 4592/1972, ArchN 25, 138)。但是,仍有少数人认为,这些标准都是难以令人满意的(参见Kallimopoulos, Io dikaio toy chrimatos, 1523 ff.)。

18. 在法国,新债务人对债务的累加承担通常并不被认定为是为了担保目的。相反,它大多会被用作一种支付的简化方式:新债务人通过向债权人履行,即清偿了他向原债务人承担的债务,也清偿了原债务人向债权人承担的债务(参见Malaurie and Aynès/Aynès and Crocq no. 323; Cabrillac and Mouly no. 473－2)。但是,如果当事人明确约定,并且新债务人在履行向债权人所负债务过程中并没有直接利益,则债务的嗣后累加承担实现的是保证的功能(Larroumet/François no. 487; Malaurie and Aynès/Aynès and Crocq no. 323; Cabrillac and Mouly no. 473－3: "délégation－sûreté"; contra Billiau nos. 7 f.:因为在这种情况下,债务的嗣后累加承担便不复存在了)。因此,不论新债务人向原债务人负有何种债务,法国法院的实践都承认了债务之累加承担的有效性(Cass. com. 21 June 1994, Bull. civ. 1994 Ⅳ no. 225 p. 176; RTD civ 1995, 113 note Mestre)。

19. 在意大利,原债务人的责任仅仅是补充性的(参见上文注释10和Cicala 288 f.),据此,另一人债务之累加承担与保证制度的相似性得到了强化。但是,其特殊之处在于,法律本身确定了保证人,与预期相反的是,原债务人而不是嗣后的新债务人的债务被变成了补充性的。不过,意大利的学者和法院试图在另一人债务之嗣后承担与从属保证之间加以区分。他们指出了存在于这两种制度之间在法律结构和原因上的差异(ass. 5 March 1973 no. 609, Giust. civ. 1973 I 937; Cass. 24 March 1979 no. 1715, Giur. it. Mass. 1979, 456; Cass. 20 February 1982 no. 1081, Foro it. Mass. 1982, 239)。一项相关的标准是,债务之嗣后累加承担的合同是无偿的还是有偿的。如果它是有偿的,它便应被认定为与已存在的债务人共同对债务的承担,而不是从属保证(Di Sabato 497)。相反,如果债务之嗣后承担是无偿的,创设担保便是其唯一的目的,新的共同债务人在债务履行中并没有相关个人利益;它将被认定为从属保证(Rescigno, Delegazione 953)。

20. 在葡萄牙,虽然债务之嗣后承担在概念上不同于从属保证合同,但在实践中,由于共同债务人可能自称实际上承担的是保证(Vaz Serra, Note on acordão de 17.10. 1975, at 294),这种区别会变得不确定起来(Almeida Costa 764)。根据判例,这种区分是个合同解释的问题,基本上取决于新债务人在债务中个人利益的存在与否:如果存在,这种协议就会被认定为债务承担;除此之外,如果协议中只发现了帮助原债务人即是其个人利益,后者就会被视为一种保证(STJ 6 May

2004 no. 2294/03; 12 December 1995 no. 8131/93:www.dgsi.pt)。

Ⅴ. 为担保目的的共同债务:必要条件与效果

(a)必要条件

21. 任何共同债务——因而也包括为担保目的的共同债务——的一项重要特点是否定性的:这种共同债务的有效性并不取决于任何形式要求(参见上述注释 2 提到的规定),而从属保证通常恰恰相反(参见第Ⅳ.F-4:104 条(形式)注释 20 引用的法院实践)。但是,奥地利为了适应担保目的,已经对关于共同债务的一般规则进行了最为强有力的改造;由于为担保目的的共同债务面临的风险至少要和从属保证的担保人同样高——如果不是更高的话——了,所以这种形式的自由已经受到了普遍的批评(奥地利:Bydlinski 27, 29, 30 with references)。出于同样的原因,某些德国学者也提出必须采用书面形式(MünchKomm (-Möschel), BGB, Pref. to § 414 no. 13; Harke, ZBB 2004, 147 ss.),但大多数学者对此持反对意见(Palandt (-Heinrichs), BGB, Pref. to § 414 no. 3 with references)。

(b)初始共同债务的效果

22. 在比利时、法国和卢森堡,连带责任共同债务人的责任是与从属保证人纯粹补充性的责任相背离的。因此,即使是在合同履行中没有个人利益的共同债务人,也要作为共同债务人对债权人负有责任(Cass. civ. 21 July 1987, Bull. civ. 1987 I no. 249 p. 182; Cass. civ. 22 May 1991, Bull. civ. 1991 I no. 162 p. 107; Simler no. 27)。另一共同债务人的个人抗辩也不能由连带共同债务人提出(比利时、法国和卢森堡民法典第 1208 条;参见 Simler no. 27),这也是与关于从属保证的规则相矛盾的。此外,如果债权人通过作为或不作为妨碍了共同债务人对另一共同债务人之代位权的行使,连带共同债务人并不能被免除债务(比利时、法国和卢森堡民法典第 2037 条——自 2006 年,法国民法典第 2314 条——CA Versailles 20 February 1991, JCP G 1992 I no. 3583 (9), note Simler)。只有在共同债务人之间的内部关系上,对于合同履行并无个人利益的连带责任共同债务人才被明确地视为从属保证的保证人(比利时、法国和卢森堡民法典第 1216 条;参见 Simler no. 27),并因而就支付给债权人的所有款项向其他共同债务人有完全的追索权。

23. 在奥地利和德国,其出发点与法语语系国家(上述注释 22)几乎是一样的。但是,在这两个德语语系国家,为了更为适当地体现为担保目的之共同债务的特殊功能,法院和学者们在不同程度上改造了关于共同债务的一般规则(奥地利:Bydlinski 26-30 中简短的概述;德国:Bülow, Kreditsicherheiten nos. 1579-1607 中宽泛的概述)。根据法院的实践,为担保目的的共同债务人与其他(完全)共同债务人一起承担连带责任(德国的反对意见:Bülow, Kreditsicherheiten no. 1598 对消费者共同债务人提出了与流行观念不同的看法(参见 MünchKomm/Habersack no. 15 preceding § 765))。这不同于从属保证人仅仅负担补充责任的一般规则(参见第Ⅳ.F-2:106 条(保证人的补充责任)的注释)。并非由其所引起的共同债务人的个人抗辩不能由为担保目的的共同债务人援用(奥地利:Bydlinski 28;德国:Bülow, Kreditsicherheiten no. 1603),这也是与从属保证的规则相违背的(参见第Ⅳ.F-2:103 条(保证人可主张的债务人的抗辩)的注释)。对后者这些规则的另一项背离是,为担保目的的共同债务人不能对债权人妨碍或缩减共同债务人依据履行所享有的权利提出异议(德国:Bülow, Kreditsicherheiten no. 1604),而在奥地利,最高法院已经承认了这一例外(OGH 29 April 1992, ÖBA 1993, 64; OGH 14 April 1996, ÖBA 1996, 893)。对于(主)债务人与为担保目的的债务人的内部关系而言,关于共同债务人之间的追索权的一般规则是可以适用的(德国 Bülow, Kreditsicherheiten nos. 1605 s.:为担保目的的共同债务

人可以从(主)债务人处获得完全的追偿,而后者则无权获得任何追偿)。

24. 根据希腊的绝对主流观点,新债务人的"补充性"债务与原债务人的债务是(共同和各自)连带的,它并不具有从属性质:新债务人的债务并不取决于原债务人的债务,它们是各自展开的(Georgiades § 7 no. 57; Theodoropoulos 58; CA Athens 5557/1993, NoB 41, 1097)。因此,与保证人不同(参见民法典第851条),新债务人并不对任何特定时间点的主债务承担责任。此外,就追索权而言,在债务之嗣后承担的情况下,向债权人履行债务的共同债务人有权依法向其他共同债务人要求偿还(参见希腊民法典第487条),即使在共同债务人之间并不存在基础关系(Zepos A 313－314)。仅当这可以从特殊的基础关系中推导出来的时候,共同债务人才可以被剥夺追索权(Tampakis 426; Kallimopoulos, Io dikaio toy chrimatos, 1520)。相反,在保证合同中,仅当该种权利可以从基础关系中推导出来时,保证人才有权进行追索(Georgiades § 7 no. 59)。因此,共同债务人并不需要为了行使追偿权或追索权而证明基础关系的存在,而其他共同债务人为了否认追索权则要负担证明特定基础关系存在的义务,并且必须推翻民法典第487条的推定(Tampakis 427; contra, Zepos A 315 fn. 3);相反,保证人必须为了主张追偿权或追索权而证明基础关系的存在(参见民法典第858条;Tampakis 427)。

(c)另一人债务之嗣后累加承担

25. 在比利时和法国,对援用产生于原债务人与债权人之间关系之抗辩的禁止,是否认委任(délégation)之从属性保证特征的原因之一(比利时:Van Quickenborne nos. 876－877;法国:Malaurie and Aynès, Les obligations no. 1295)。在法国,许多学者主张一种例外情况,即如果关于债务并不存在约定的明确金额时,新债务人必须支付原债务人的债务(Malaurie and Aynès/Aynès and Crocq, Les sûretés no. 324 relying on Cass. civ. 17 March 1992, JCP G 1992, Ⅱ no. 21922; Marty, Raynaud and Jestaz Ⅱ no. 435; Planiol and Ripert /Esmein no. 269)。

26. 在希腊,补充性原则在一定程度上是适用的,并且由于共同债务人自债务承担时起便与主债务人处于同样的地位,而且得主张所有主债务人的抗辩,所以它尤其重要;但是,共同债务人并不能对债权人提起主债务人所享有的权利(参见希腊民法典第472条,以及第473(1)、(2)条,为了免除主债务人的债务,对债务承担规则的扩张适用)。此外在德国,只有主债务存在的情况下,债务之嗣后承担才是有效的;但是,其进一步的结果却并不必然约束主债务人。嗣后承担的债务是否取决于并从属于原来承担的债务,这是颇有争议的(against Staudinger/Horn no. 363 preceding § § 765 ff.; forcefully pro: Schürnbrand 118－126; against dependency, but for subsidiarity, generally Bülow, Kreditsicherheiten nos. 1598, 1602 s.)。

(d)分类:从属保证

27. 丹麦学者通过援引关于多数债务人的《本票法》第2条指出,"某人为了担保债务人的债务而向债权人承担债务,他并不是补充债务人,而是保证人"(Karnov/Møgelvang－Hansen 5558 fn. 8; likewise Ussing, Kaution 12 s.)。此外,在荷兰,为担保目的的共同债务与从属保证相互之间有着密切的联系,虽然存在着差异。根据新民法典第7:850(3)条,从属保证受关于多数债务人的规则调整,除非法典并未对从属保证确立特别的规则。

(e)独立保证

28. 对于某些法国学者而言,如果新债务人必须支付确定的金额,则债务之嗣后累加承担便构成了一项独立保证(Malaurie and Aynès /Aynès and Crocq, Les sûretés no. 324; Larroumet/François no. 326)。此外,对于从基础关系中提起任何抗辩的禁止,进一步证实了这种债务承担

的独立性特征（Cabrillac and Mouly nos. 473－4; Malaurie and Aynès/Aynès and Crocq, Les sûretés no. 324; further references in Simler no. 897）。然而，在债务之嗣后累加承担的情况下，为了拒绝履行，共同债务人可以援用保护性司法措施，这是与独立保证的见索即付特征（the first demand character）相违背的（Simler no. 898）。Simler 谨慎地指出了嗣后共同债务与独立保证之间的某些相似之处，以及若干差别。

（f）特别的担保机制

29. 根据德国法律，为担保目的的债务之嗣后累加承担是一种特别的担保机制，它既不是从属保证也不是独立保证。与从属保证的特征不同，共同债务人自承担债务时起向债权人承担的便是个人（初始的、独立的）债务（参见 Reinicke and Tiedtke, Kreditsicherung 1, 5, 14；因此它可以被称为"准从属保证"）。独立保证的提供者承担的是原债务人将要履行的责任（支付一定数额的金钱），无论这笔款项是否到期。有些学者主张，要将为担保目的的共同债务承认为一种融合了两种保证特征的特别制度（Schürnbrand 194－198; Madaus 327－329，对特别立法规则的建议）。

30. 在法国，类似 Simler 这样著名的学者似乎也倾向于同样的进路。

Ⅵ. 关于多数债务人的补充规则

31. 参见第Ⅳ.F－1:105 条（多数保证人：对债权人承担连带责任）以及第二章、第四章的注释。

第Ⅳ.G－1:105 条　多数保证人：对债权人承担连带责任

（1）数个保证人为同一债务或某一债务的相同部分提供保证或者为同一担保目的提供保证的，每个保证人在其对债权人所承担的保证范围内与其他保证人对债权人负连带责任。保证人独立承担保证责任的，该规则同样适用。

（2）债务人或第三人在保证之外提供了财产担保的，准用前款之规定。

评　论

A. 语境与范围

正如标题中相同部分所表明的，本条与接下来的两条构成了一组复杂而又连贯的制度群，它们处理的是存在多数保证人时出现的特殊问题。在这种情况下，第一个问题是存在于多数保证人之间的向债权人承担的责任类型问题。这是由本条调整的。第二个问题是在保证人之一向债权人支付后出现的：支付人可以对其他保证人要求追偿吗？追偿多少呢？这是由第Ⅳ.F－1:106 条（多数保证人：内部追索权）来调整的。第三个问题是，已经从其他保证人处获得追偿的担保人可以向债务人要求追偿吗？追

偿多少呢？这是由第Ⅳ.F－1:107条（多数保证人：对债务人的追索权）来调整的。所有这些规定也适用于为担保目的的共同债务，参见第Ⅳ.F－1:104条（为担保目的的共同债务）。

B. 多数保证人

基本规则。如果数人对某个债权人提供保证，他们的责任可以是可分的，也可以是连带的。如果被担保债务的金额为4万元，而保证人甲和乙承担的是可分债务，则债权人丙有权从每个保证人处要求支付2万（第Ⅲ－4:102条（连带债务、可分债务和共同债务）第(2)款；第Ⅲ－4:104条（可分债务下的责任））。相反，如果他们负有连带责任，则丙可以要求更有偿付能力的甲或乙支付全部款项（第Ⅲ－4:102条第(1)款），支付人可以向其他保证人要求追偿（第Ⅲ－4:106条（连带债务人之间的分担）；第Ⅲ－4:107条（连带债务人之间的追索））。

本条涉及的是对连带责任的选择。这是两个或多个债务人履行同一债务之责任的默示规则（第Ⅲ－4:103条（不同债务类型的产生）），并且在这种情况下，要与当事人的期待相一致。每个保证人都必须承担负有全部责任的风险；这也是对债权人有利的。多数保证人的连带责任原则似乎得到了普遍的承认。当然，当事人可以约定背离该项一般规则。

即便是几项保证合同被各自独立的——尤其是在不同的时间——承担，关于连带责任是否存在的问题，也很少存在一致意见。但是，关于时间或场合的区别既没有意义，也不具有可行性。实际上，所有保证人的处境都是相同的，他们应当分担同样的风险（第(1)款第2句）。

“同一债务”或“同一担保目的”。在本部分中，这种选择是以从属和独立保证之间的基本区分为基础的。显然，这一对术语中的前者指的是从属保证，而后者指的是独立保证。

“在保证人所承担的保证范围内”。这一表述方式既具有定量，又具有定性的意义。

就定量而言，一个保证人只对同一债务受其担保的部分承担连带责任；在这种情况下，第(1)款仅适用于各保证人的担保涵盖了被担保债务的同一部分的情形。在后者情况下，两个部分保证人作为连带债务人负有责任（第(1)款第1句），另有规定除外。

示例1a

对于一笔300万元的借贷，甲承担150万元的担保，而乙承担了50万元的担保。甲和乙负担的连带责任最高额度为50万元。

示例1b

其他情形与示例1a一样，但债务人已经支付了200万元的债务。债权人可以要求甲支付全

部剩余的100万元;或者,他可以要求乙支付50万元,要求甲支付剩余的50万元;或者,他可以在甲和乙之间按其他比例分别请求,但只能在甲和乙分别同意负担的责任最高限额范围内。

示例2

对于一笔300万元的借贷,甲在300万元最高限额内承担担保,而乙对任何超出前200万元的债务提供担保。甲和乙对任何超出200万元的金额承担连带责任。

就定性而言,保证人可能对债权人并不与债务人一起承担连带责任,而是仅仅承担补充责任(参见第Ⅳ.F－2:105条(保证人的连带责任)和第Ⅳ.F－2:106条(保证人的补充责任)),特别是根据第Ⅳ.F－4:105条(保证人责任的性质)(b)项,由消费者承担的保证仅创设补充性责任。一个或多个保证人的纯粹补充性责任并不会影响任何新增保证人的责任。

C. 保证人与财产担保人

第(2)款涉及的是相对新颖的问题,即保证人与财产担保人的多重性。

示例3

甲提供给乙的借贷,由乙在丙公司的股份作为财产担保,又由乙的朋友丁提供了保证。

大多数学者是从两组担保人应被同等对待的原则开始的。债权人(而不是法律)应当根据情形自由地选择哪个担保人最先承担。

少数人认为,财产担保应当优先适用,而保证人只承担补充责任。它是以这样一种观念为基础的,即由于保证要以个人的全部财产承担责任,所以它是更具风险的,因而要通过使其负担补充责任来获得更多的保护。但是,这种观点并不能令人信服。实际上,两种担保类型的影响范围是动态的,视情形而定。一方面,财产担保可以涵盖担保人的几乎所有财产;而另一方面,低额保证实际上可以只用保证人财产的一小部分来承担。

注　释

Ⅰ. 多数保证人情况下责任的类型

(a)概述

1. 对于连带责任的存在和类型来说,在不同的成员国,一般都会涉及第Ⅲ－4:102条(连带债务、可分债务和共同债务)的注释。

2. 在所有国内制度中,为同一债务或其中的一部分提供保证的数人的责任都会采用第Ⅲ－4:102条(连带债务、可分债务和共同债务)中描述的不同形式:它可能是可分的(*pro rata*、多数

的和各自的),也可能是连带的(*in solidum*、共同的和多数的)。这些类型中哪一种可以在国内制度中适用,取决于几种情形,对此将在下文加以详细讨论。

3. 国内制度中,在多数保证人的情况下,保证人之连带责任的确切形态是高度多样化的:尽管在保证人与债权人的内部关系和保证人之间关于追索权的内部关系上,可能存在都是连带责任,但也有可能连带责任仅存在于保证人的外部关系上,而其内部关系则是可分责任(关于后者的细节,参见下一条的注释)。本条仅涉及债权人与保证人之间的外部关系。

(b)当事人的意图——每个保证人之保证限度内的连带责任

4. 一般情况下,在合同之适当解释中发现的当事人意图是最为重要的因素(英格兰:Andrews and Millett no. 4-011;德国:Staudinger/Horn § 769 no. 7,进一步参考:当事人的协议是可能的)。在合同并未规定的情况下,关于可适用的责任类型可以推定(参见下文注释6及以下)。

5. 从关于保证交易当事人之协议的一般强调中可以推断出,每个保证人的责任限于保证人承担的范围之内,因此,数个保证人的连带限于至少两个保证人承担责任的债务的部分(奥地利:民法典第1359条第1句;Schwimann/Mader and Faber § 1359 no. 1;丹麦:Pedersen, Kaution 102;英格兰:Ellesmere Brewery v. Cooper [1896] 1 QB 75 (CFI);芬兰:RP 189/1998 rd 70;德国:Staudinger/Horn § 769 no. 13)。

(c)共同保证与独立承担保证之间的差异

6. 某些国家在缔约情形之间作出了区分:同时承担的保证(共同保证)被认为是与不同时间承担的保证有区别的。在大多数作出该种区分的国家,对所有多数保证的情况而言,共同保证人的责任是连带的(英格兰/爱尔兰:White v. Tyndall (1888) 13 App. Cas. 263 (HL(Irl)))。在英格兰,如果允诺由两个或多个保证人同时作出,要想使得保证人的责任为可分,则分离之明确的言辞是必需的(参见 White v. Tyndall (1888) 13 App. Cas. 263 (HL(Irl));The Argo Hellas [1984] 1 Lloyd's Rep 296, 300 (CFI))。爱尔兰的情形与此相类似(Donnelly 420)。与此相反,如果保证人独立行为,或者在没有提及其他保证人之允诺的情况下相继行为,则其责任便是独立的(Andrews and Millett no. 4-011)。

7. 在意大利,连带责任是共同保证的一般规则;它也出现于数个保证人在承担其债务时并非同时行为,但有着共同利益的情况。然而,当事人就所谓分别利益(*beneficium divisionis*)——仅当债权人要求支付全部债务时,负担连带责任的保证人有权将责任限制为被担保债务的比例份额(民法典第1947条)——达成协议时,它也是可能的(民法典第1946条)。如果保证是由无意实现共同利益的多数保证人承担的,则多数保证人的责任便是可分的;然而,正如在前述案例中的情况一样,最先向债权人支付的保证人可以代位行使债权人对其他保证人的权利(Cass. 6 May 2004 no. 685, Riv. Notar. 2005, 333; Giusti 210; Fragali, Confideiussione 196 f.)。

8. 在葡萄牙,容许存在必要例外的情况下,关于连带债务人的规则(民法典第518、527条)适用于与同一债务相关的独立承担保证,除非已经约定有分别利益(民法典第649条第1项)。另外,在共同承担保证的情况下,每个保证人都可以行使分别利益。但是,对于无力偿债或者拒绝偿债的共同保证人的份额而言,每个保证人是按比例负责的(民法典 art. 649 paras. 2 and 3 read with 640 lit. b)。

9. 在西班牙,共同保证人负担可分责任,另有明确约定的除外。民法典第1837条第1款在下述条款中确立了所谓的 *mancomunidad*:"当对于一个债务人的一项债务存在多数保证人时,相应的债务因而应在所有保证人中是可分的。债权人只能要求每个保证人在其相应份额内偿还,

除非已经明确规定负担连带责任”(Lacruz Berdejo 537; Guilarte Zapatero, Notas sobre la cofianza 891 f.; Díez－Picazo 446)。同样,这些规则并不适用于独立承担的保证。

(d)无视缔约情形之连带责任的一般推定

10. 在某些国家,存在着对连带责任的一般推定(奥地利:从属保证参见民法典第1359条;独立保证参见Avancini/Iro/Koziol nos. 3/124－3/125;丹麦:Promissory Note Act §§ 2, 61; Andersen, Termn, Edlund a. o./Pedersen437 f.;荷兰民法典第7:850条第3项和民法典第6:6条第2项); Asser/Hartkamp no. 95 at p. 78;芬兰:HD 3 Jan. 1996, KKO 1996:1;德国:参见从属保证的民法典第769条;瑞典:《商业法》第10章第11条和《本票法》第2条; Ekström 73)。

11. 无论保证人是否共同行动,也无论他们是否知道其他保证人存在,这项推定都是适用的(德国:BGH 24 Sept. 1992, NJW 1992, 2287; Erman/Ehmann § 421 no. 46; Erman/Herrmann § 769 no. 1),并会导致关于连带责任之一般规则的适用(德国民法典第421－425条;希腊民法典第482～488条)。但是,根据希腊学者的观点,当在低于担保权总额之最高限额内存在不止一个保证人时,不应该适用连带责任(Georgiades § 3 nos. 119－120 and § 4 nos. 3－4)。

12. 类似的推定也适用于罗曼语系国家。在法国、比利时和卢森堡(民法典第2015条(自2006年,法国民法典第2302条)),多数保证人中的每一个都可以被要求支付全部债务(“*obligation au tout*”)。但在严格意义上,只有在保证人是商人的时候,连带责任才可以被推定(法国:FRANCE: Cass. com. 21 April 1980, Bull. civ. 1980 Ⅳ no. 158 p. 123;相反,在自然人为个体企业之经营债务承担无限保证的情况下,Law nos. 94－126 of 11 Feb. 1994 art. 47 para. 2 (loi Madelin)对连带责任进行了禁止;比利时:Declerck－Goldfracht no. 15)。但是,债权人可以自由地要求每个保证人分别地部分履行(比利时、法国民法典第2027条(自2006年,法国民法典第2304条);Van Quickenborne no. 390)。

(e)分别利益

13. 在大多数罗曼语系国家,保证人可以诉诸分别利益(参见上文注释7;比利时、法国和卢森堡民法典第2026条(自2006年,法国民法典第2303条));根据葡萄牙民法典第649条,如果保证是共同承担的,则保证人承担可分责任(Van Quickenborne no. 392)。在意大利,分别利益必须由当事人明确约定(民法典第1947条第1款);在葡萄牙,如果保证是独立承担的,也是如此(民法典第649条第1项)。在其他罗曼语系国家,这种权利总是可以行使的,除非连带责任被明确约定。苏格兰的情形与此类似(参见Wilson nos. 28.1, 10.1; Bell § 267)。该权利必须被明确诉诸(Van Quickenborne no. 396),并且只有诉诸其的保证人才能从该部分中获益(Van Quickenborne no. 402)。如果共同保证人在诉诸该权利的时候无力偿债,其他保证人的责任便按照比例增加了(比利时、法国和卢森堡民法典第2026条第2项(自2006年,法国民法典第2303条第2项);意大利民法典第1947条第2项;Giusti 216;葡萄牙民法典第649条第2项(参见上文注释8);西班牙民法典第1844条第1句)。

14. 荷兰新民法典并未过多规定分别利益,因为在实践中,缔约当事人大多已经将其排除在外了。不过,当事人在明确约定利益时是自由的(Blomkwist no. 41 at pp. 67－68)。

Ⅱ. 适用于为担保目的的共同债务人

15. 上文列举的适用于多数保证人的原则也同样适用于为担保目的的共同债务人,以及除了保证人以外还存在一个为担保目的的共同债务人的情形。根据英国法,这种效果是从下述事实中推导出来的,即同意仅作为保证人与其他(主)债务人一起承担债务的共同债务人,会被视为普

通的保证人(参见第Ⅳ. F－1:104 条(为担保目的的共同债务)之注释 9)。根据德国法,像保证人一样,共同债务人可以就其责任的类型和细节与债权人达成协议(参见 Reinicke and Tiedtke, Kreditsicherung 15)。如果并不存在任何协议,数个共同债务人则要承担连带责任(Erman/Ehmann § 421 no. 47)。关于不同成员国中在为担保目的的共同债务的情况下,保证人之责任的类型,一般可以参见第Ⅳ. F－1:104 条注释 22 及以下。

Ⅲ. 保证与财产担保

(a)连带责任

16. 在英格兰,一人在同一文书中为另一人的债务提供财产担保,他往往——尽管并非总是——也要承担保证(Lingard 154)。无论担保人提供的是财产担保还是保证,它都被视为一项保证(Halsbury/Salter para. 105; Andrews and Millett no. 1－001)。因此,保证人和财产担保人可能负担连带责任。芬兰也是如此(对于第三人作为财产担保人的情况,《独立保证和第三人担保法》§ 41 援引了 § 3 para. 3 *inter alia*)。同样,在法国和比利时,提供财产担保的第三人被称为"*caution réelle /zakelijke borg*"(法国:Cass. com. 7 March 2006, Bull. civ. 2006 Ⅳ no. 59 p. 59; Cass. ch. mixte 2 Dec. 2005, Bull. civ. 2005 ch. mixte no. 7 p. 17, JCP G 2005 Ⅱ no. 10183;但是,格里马尔蒂委员会对民法典第 2295 条的建议("*Le cautionnement réel est une sûreté réelle constituée pour garantir la dette d' autrui*")并未被 2006 年立法所采纳;Simler no. 20;比利时:T' Kint no. 718)。这项担保被认为是与债权人有关的财产担保(法国:Cass. com. 7 March 2006, above, confirming Cass. ch. mixte 2 Dec. 2005, also above;但是,新增的财产担保人也可能要承担保证责任:Cass. com. 21 March 2006, Bull. civ. 2006 Ⅳ no. 72 p. 71)。分别利益的行使被排除在外了(比利时:Van Quickenborne no. 70;法国:Simler nos. 22 and 510)。因此,保证人和财产担保人要负担连带责任。

(b)准连带

17. 根据德国和西班牙法律,由于债务或权利的内容不同,保证人和财产担保人的责任在技术上并不被认为是连带的。但是,由于法院将所有担保人都视为负担准连带责任,同样的效果也得以实现了(德国:BGH 29 June 1989, BGHZ 108, 179, 183 and 187, 确认了 BGH 14 July 1988, BGHZ 105, 154, 158; BGH 24 Sept. 1992, NJW 1992, 3228; Palandt/Heinrichs § 426 no. 2 隐含地赞同; Erman/Ehmann § 421 nos. 40 f. 提出了不同的观点;西班牙:Díez－Picazo 445)。

Ⅳ. 债权人对不同保证人之请求的次序

(a)债权人的自由选择

18. 在大多数国家,债权人一般可以在数个保证人和财产担保人中选择要求谁来履行或支付(奥地利:OGH 20 June 1984, SZ 57 no. 114 565－566; Schwimann/Mader and Faber § 1360 no. 1;比利时:Dirix and De Corte no. 27;丹麦:Rørdam and Carstensen40 f.; Højrup 52; Ussing, Kaution 87;英格兰:Re Bank of Credit and Commerce International S. A. [1998] AC 214, 222 (HL); Jackson v. Digby (1854) 2 WR 540 (HL);法国:债权人并不必须先向"*caution réelle*"提出请求,Cass. com. 10 Nov. 1981, D. 1982, 417; Simler no. 510;德国:BGH 29 April 1997, WM 1997, 1247, 1249; Reinicke and Tiedtke, Kreditsicherung 395;意大利:只有在数个保证人的情况下,债权人的自由选择原则才被明确规定了:Ravazzoni 263; Giusti 212;荷兰:虽然自由选择原则往往以诚实信用要求为条件,但这并没有被用来否认债权人的选择,H. R. 24 April 1992, NJ 1992 no. 463 with note Snijders, H., NTBR 1993, 163, 166; CA Hertogenbosch 3 Oct. 1994, NJ

1995 no. 357;苏格兰:Ewart v. Latta (1865) 37 Sc Jur 418; 1865 SC 36 (HL (Sc)))。

(b)限制

19. 但是,法定的次序可能来自于关于从属保证人的补充责任。不过,这些规则也有某些例外,以至于在实践中,甚至负担补充责任的从属保证人也往往并没有权利要求债权人先请求其他担保人履行(关于其细节,参见第Ⅳ.F-2:106 条(担保人的补充责任)注释 13 及以下)。

20. 在瑞典,如果第三人的担保责任是补充性的,在存有疑问时(*in dubio*),债权人必须首先要对承担财产担保的债务人强制执行(Walin, Borgen 150)。如果第三人承担的是财产担保,而另一个担保人承担的是补充性保证,则法律情形是更为不确定的。Walin 似乎更倾向于,承担财产担保的第三人要对保证人负担完全责任,虽然他也表达了相反的观点(317-320)。相关的最高法院判决并不存在(对于该原则,参见 HD 10 Nov. 1981, NJA 1981, 1104)。但是,存在着认定财产担保人比保证人较为不利的判例。例如,在 HD 18 Feb. 1987, NJA 1987, 80 中,虽然在存有疑问时保证人仅承担补充责任,但仍承担主要责任。许多斯堪的纳维亚学者认为,保证人和财产担保人原则上应被同等对待(参见 Walin, Borgen 317 fn. 15)。

21. 在芬兰,如果当事人已经约定了所谓的"补充性保证",则在连带保证和债务人提供财产担保的情况下,自由选择是存在的(《独立保证和第三人担保法》 § 2 no. 4)。如果被担保借贷的主要目的是获得或维修房屋或度假场所,并且这是为借贷提供的担保,那便存在此种保证(§ 3 para. 2)。此外,对于债权人可以要求数个担保人中的哪个先予清偿,当事人可以自由约定。

22. 在希腊、意大利和西班牙,关于保证和财产担保之间的关系,并不存在直接的规则(关于意大利,参见上文注释 18)。在希腊,债权人一般有权选择由更适于满足其债权的担保人来清偿;这种权利并不是没有限制的,它要受到注意义务的限制,尤其是当债权人是银行时更是如此(参见 Doublis, Metavivasi pistosis 122-123)。相反,在葡萄牙,保证和财产担保之间的关系是由民法典第 639 条来调整的,虽然当事人可以另行约定。附有分别利益的从属保证人(即承担补充责任,参见第Ⅳ.F-2:106 条(保证人的补充责任)注释 9)可以要求债权人先向为同一债务提供担保,并且先于或与从属保证同时创设的财产担保人要求履行。但是,如果财产担保也担保了同一债权人的其他债权,则仅当财产担保的价值足以满足所有请求时,这项规则才可以适用。从字面上看,民法典第 639 条仅仅涉及建立在合同基础之上的财产担保,但是它也可以适用于依据法律创设的财产担保(Almeida Costa 776)。

23. 在英格兰,债权人要求谁来履行的自由选择权在适当情况下可能受到公平次序原则的影响。这种公平权利是为了确保一个债权人不能剥夺另一个债权人从债务人的财产中获得其他应得的部分。例如,当债权人要求保证人履行的时候,如果关于被担保的债务,后者对两项财产拥有权利,而保证人只能使用其中之一的话,则后者可以迫使债权人首先向其他人要求履行(参见 Halsbury/Salter para. 226;一般参见 Ali, passim)。

第Ⅳ.G－1:106 条　多数保证人:内部追索权

(1)前条情形下的保证人之间或者保证人与财产担保人之间的追索权适用第三卷第4:107 条(连带债务人之间的追索权)的规定,并应符合下列各项。

(2)除第(8)款的不同规定外,前条情形下每个担保人所承担的比例根据第(3)款到第(7)款的规定确定。

(3)除担保人之间另有约定外,每个担保人按其所承担的担保额占所有担保人所承担的担保额的比例承担保证责任。确定该比例的时间标准为最后一笔担保设立之时。

(4)保证的担保额由当事人约定。未约定担保额的,被担保债务的数额或者在对现金账户提供担保时的信用额度是决定性的。被担保债务的数额未做限制的,其最后余额是决定性的。

(5)财产担保的担保额由当事人约定。未约定担保额的,用于担保的财产的价值是决定性的。

(6)第(4)款第1 句规定的担保额或者第(5)款分别规定的担保额或财产价值高于最后一笔担保设立时被担保债务数额的,该数额决定担保额。

(7)在以无限额的保证担保无限额的借贷时,其他保证或财产担保的担保额超过被担保借贷的最后余额的,该最后余额为担保额。

(8)第(3)款至第(7)款的规定不适用于由债务人提供的财产担保以及在债权人受清偿时已经不再对其承担债务的担保人。

评　论

A. 数个担保人之间的追索权

概述。上一条规定了多数保证人对债权人承担的连带责任。关于多数连带债务人之间的追索权的一般规则也可以适用于多数保证人之间,因为所有保证人的处境都是相同的。债权人之所以决定要求某个保证人而不是其他保证人来履行,是由债权人的利益所决定的。

与最高风险成比例的份额。无论是第Ⅲ－4:107 条(连带债务人之间的追索权)还是第三卷第四章的其他规定,都不能确定连带债务人之各自份额的大小。第Ⅲ－4:106 条(连带债务人之间的分担)第(1)款仅仅指出,连带债务人以相等份额承担责任,另有规定除外。这并不适合于保证人之间的追索权,因为他们之间负担的风险在程度

上往往是有着极大差异的。例如，如果对一笔1300元的初始借贷，甲对其中1000元、乙对其中300元承担了保证，但是由于债务人的清偿，该借贷减少为500元，那么将剩余500元在甲和乙之间平等划分，以至于在内部每个人都对250元负责，这便是不公平的。

示例1

对于一笔3000元的借贷，甲承担了最高额为1000元的从属保证，乙则承担了最高额为2000元的从属保证。全部担保额为3000元（甲的1000元＋乙的2000元），甲和乙所占比例分别为1/3和2/3。如果债务人已经偿还了1500元，则甲在内部对500（1500元的1/3）负责，而乙对1000元（1500元的2/3）负责。

对于其他分担方式的协议。不过，保证人可以就其他分担方式达成协议（第（3）款）。例如，如果某公司持有不同股份的股东为提供给其公司的借贷承担了保证，对他们来说，肯定存在另加协议的可能性。但是，他们是否想要根据其在公司中的股份份额来分担责任，这可能是个事实问题。时间是与担保额的计算相关的。由于数个保证并非总是同时创设，并且其价值可能极为不同，所以界定对于担保额的评估而言决定性的时间是必要的。根据第（3）款第2句，最后一笔保证的创设时间是至关重要的。这是合理的，因为只有在这个时候，担保额以及比例才能成立。鉴于第Ⅳ.F－1:103条（债权人的承诺），保证被承担的时间必须根据一般规则来确定。

示例2

一月，甲对丁所负的3000元借贷承担了保证额为3000元的从属保证。五月，债权人和甲约定，将保证额减为2000元。六月，乙承担了保证额为1000元的从属保证。由于后一项保证创设的时间是决定性的，并且在六月，甲最高负2000元责任，而乙最高负1000元，所以其比例是与示例1相同的。

B. 保证担保额的确定

虽然大多数保证很可能是通过最高担保额来限制的，但根据这些规则，它也可能是在并未规定最高担保额的情况下就从属保证达成的协议（参见第Ⅳ.F－2:104条（保证的范围））。在这些情况下，担保额是通过被担保债权的数额来确定的，或者在现金账户的情况下，是通过最后一笔保证创设时的借贷额来确定的（第（4）款第2句和第（3）款第2句），因为被担保的借贷额确定了每个保证人应予支付的最高额度。

示例3

对于一笔借贷额为3000元的现金账户，甲以2000元担保额承担了保证，而乙为担保目的承担了无限制的债务。后来，借贷额度被增加到5000元。甲和乙只对3000元负担连带责任，在该

范围内,甲在内部负担2/5,而乙负担3/5,后者自己还要对剩余的2000元承担补充责任。

如果借贷额并不存在,根据第(4)款第3句,被担保借贷的余额就是决定性的。这些规则之所以合理,仅仅是因为一项事实,即并不存在可能的因素来确定担保额。

示例4
对于丙向丁所负的所有当前的和未来的债务,甲和乙承担了从属保证,甲约定的最高担保额为1000元,而乙的保证并没有限制。如果丙最终所负债务为9000元,则甲所占比例为1/10,而乙是9/10。

C. 财产担保之最高风险的确定

对于那些只有在最高担保额被约定的情况下才能创设的财产担保类型(如不动产抵押),最高风险可以像保证那样来确定(第(5)款第1句)。但在大多数动产财产担保的情况下,最高额的协定并不是必要的。在这种情况下,最高风险要通过用于担保的财产价值来确定(第(5)款第2句),最后一笔担保创设的时间仍然是决定性的。如果财产的价值后来有所降低,该比例并不受影响。

示例5
对于一笔3000元的信贷,甲以2000元最高额承担了从属保证,而乙向债权人提供了一辆汽车作为担保,该汽车的价值在缔约时为2000元。两年后,债务人仅偿付了1000元,而债权人从甲处获得了剩余的2000元。由于每个担保人承担的比例是1/2,所以甲有权向乙要求偿还1000元。如果该汽车的价值只有500元,则甲只能获得这笔金额,因为乙负担的并不是个人责任。

D. 最高风险的限制

担保人承担的保证或者创设的另一项担保,其最高额或价值往往在缔约时高于被担保的借贷。在这种情况下,不是通过最高额或价值,而是通过借贷额来限制最高风险似乎是恰当的,因为这是担保所负有责任的金额。这是通过第(6)款来规定的。

示例6
对于一笔3000元的借贷,甲以4000元最高额承担了从属保证,而乙以1000元最高额承担担保。如果甲已经向债权人偿付了3000元,那他最高可以要求乙偿还750元(所有担保的总额是3000+1000=4000元,而乙所占比例为1/4)。

然而,如果被担保债权的金额在最后一项担保创设之后被减少,以至于低于约定的最高担保额,那这是无关紧要的,否则,债务人的任何偿付便将主要是为了有着较高

额度的担保的利益了。

示例7

对于一笔3000元的信贷，甲以1000元的最高额承担了从属保证，而乙以2000元最高额承担担保。债务人向债权人偿付了1500元。甲所占比例仍为1/3（＝500元），乙所占比例仍为2/3（＝1000元），而不是10/25（＝600元）和15/25（＝900元）。

E. 特别限制

第（4）款最后一句涉及一项由无限保证来担保的无限借贷；此处的最高风险是通过借贷的最终余额来确定的。

如果被承担的只是无限的保证，那么该项规则的适用是没有任何问题的，因为在这种情况下，所有担保人都负有同样的责任。

示例8

对于丁向丙所欠的所有当前和未来债务，甲和乙承担了从属保证，两项保证都并未通过最高额来限制。与丁最终所欠金额无关，两个保证人都负担一半的责任，因为最终的余额确定了这两项同等的最高风险。

根据第（4）款，如果无限借贷通过无限保证和有限担保获得了担保，而借贷的最终余额高于有限担保的限额，则该解决方案仍然是适当的（参见解释4）。但是，如果最终余额较低，则情况便会有所不同：

示例9

就丁向丙所欠的全部当前和未来的债务，甲和乙承担了从属保证；甲约定了1000元最高额，而乙的担保并未受到限制。如果借贷的最终余额为500元，根据第（4）款的规则，甲在内部负担2/3的责任，而乙（只）负担1/3的责任。

这种方案似乎是不公平的，因为只想承担有限风险的甲负担了比同意以其全部财产来承担任何风险的乙更高的比例。此外，正如示例8所显示的，如果甲承担的是无限保证，则其处境会更好一些。为了防止这种显然不公平的结果出现，第（7）款将有限担保的最高风险限制为借贷的最终余额，以便最终所有担保人相互之间也能公平承担责任。

F. 例外情况

第（8）款包括了前述规则的两项例外情况。第一项例外涉及债务人赋予的财产担保权。由于正是债务人最终要向所有其他担保人予以偿还，所以如果作为财产担保人

的债务人被允许参与到本条为担保人规定的内部追索权当中的话,那是没有任何意义的。如果债权人对债务人创设的担保强制执行,则债务人不得向担保人要求追偿。另外,如果第三人担保人向债权人予以清偿,前者理所当然有权强制执行债务人提供的担保,根据第Ⅳ.F－2:113条(保证人履行后的权利)第(1)款第2句以及第3项,第三人担保人对此是代位行使的。

第(8)款包含的另一项例外涉及并不对债权人承担任何责任的担保人。例如,在某些情况下,从属保证人根据第Ⅳ.F－2:103条(保证人可主张的债务人的抗辩)可以拒绝向债权人偿付,而独立保证人则无权这样做。如果独立保证人在向债权人支付后,在内部拥有向从属保证人要求追偿的权利的话,这种状态就会受到损害。同样的原则也适用于这种担保人,即其向债权人所负的责任只是从属性的:只要担保人可以根据第Ⅳ.F－2:106条(保证人的从属责任)援用责任的从属性质,该担保人便可以防止其他担保人之内部追索权的行使。

注　释

Ⅰ.概述

1.关于数个保证人之间的追索权的一般法律规定,似乎只存在于丹麦(《本票法》第61条与第2(2)条和《保险合同法》第42条一起通读; cf. Pedersen, Kaution 97)和荷兰(民法典第7:869条与第6:152条一起通读)。不过,芬兰1999年《独立保证和第三人担保法》不仅对从属保证人之间的关系(第31条)以及他们与财产担保人之间的关系(第30(3)条)进行了规定,而且对第三方保证人的追索权进行了规定(第40条与第30条一起通读)。至于数个债务人之间追索权的一般法律规定,在德国,由于其特有的连带责任之狭义概念——根据德国法,连带责任要求同样的债务基础,而那对于保证人债务之不同类型是并不存在的(参见第Ⅳ.F－1:105条(多数保证人:对债权人的连带责任);BGH 29 June 1989, BGHZ 108, 179, 183 and 187)——这些是不能直接适用于保证人的。在某些国家,关于所有保证人之间追索权的法律规定是存在的(瑞典《本票法》第2条第2款参阅Ccom第10章第11条)。不过,在大多数大陆法律制度中,至少都存在关于数个从属保证人之间追索权的法律规定(奥地利民法典第1359条;比利时、法国和卢森堡民法典第2033条(自2006年,法国民法典第2310条);荷兰民法典第7:869条;德国民法典第774(2)条;希腊民法典第860条;意大利民法典第1954条;葡萄牙民法典第650条;西班牙民法典第1844条)。

2.就所有法律制度而言,我们可以得出两项结论。其一,合同自由在这部分法律中也是盛行的,以至于当事人可以自由地背离关于追索权的法律规定(例如,奥地利:Schwimann/Mader and Faber CC § 1358 nos. 25－26;比利时:Du Laing nos. 13, 23; Van Quickenborne no. 534;英格兰:Andrews and Millett nos. 12－001 f.;芬兰:《独立保证和第三人担保法》§ 30(3), 31(1) and (2);法国:CA Lyon 13 October 1981, JCP N 1983, Ⅱ no. 112; CA Riom 2 October 1996 (two decisions), JCP G 1997, Ⅰ no. 4033 (9); Simler no. 636;德国:BGH 29 June 1989, BGHZ 108, 179, 183, 186;希腊:A. P. 793/1995, NoB 45, 775;意大利:Andreani 704;荷兰:du Perron and

Haentjens art. 869 no. 2)。

3. 其二,虽然债务人对第三方保证人并无任何追索权,但对于已经向债权人履行的保证人而言,债务人提供的担保(尤其是财产担保)是完全可供利用的(英格兰:Andrews and Millett no. 11－024;芬兰:《独立保证和第三人担保法》第 30 条第 1 款;德国:BGH 5 April 2001, NJW 2001, 2327, 2329;意大利:Ravazzoni 269;苏格兰:Stair /Clark no. 930;西班牙:民法典第 1210.3 条和第 1839 条)。不过,在芬兰,如果根据立法,债务人的财产担保仅负补充责任的话,一项例外是可以适用的(《独立保证和第三人担保法》第 30 条第 2 款)。

Ⅱ. 内部追索权

(a)从属保证人之间的追索权

4. 在大多数法律制度中,通行的观点是,数个从属保证人在不存在任何特别协议并且为同一债务提供担保的情况下,一般要像连带债务人那样负担内部责任。这意味着,作为一项规则,向债权人履行的保证人不论在何种情形下,都有权向其他保证人加以追索,尤其是在承担从属保证的时候。在英格兰,这项权利是独立于任何合同而产生的,并且在性质上是公平的(Andrews and Millett no. 12－001)。在大多数其他法律制度中,这源自于关于共同债务的一般规则(奥地利:民法典第 1359 条第 2 句,第 896 条;丹麦:《本票法》第 61 条参阅第 2 条第 2 款; Andersen, Møgelvang－Hansen and ørgaard 35 ff., 251 f.; Pedersen, Kaution 97 f.;荷兰:民法典第 7:869 条参阅第 6:152 条;德国:民法典第 774 条第 2 款、第 426 条;希腊:民法典第 860、487 条;意大利:民法典第 1954 条;苏格兰:Stair/Clark no. 940;西班牙:最高法院将民法典第 1844 条适用于数个保证人约定承担连带责任的案件当中(TS 4 May 1993, RAJ 1993/3403, TS 24 May 1994, RAJ 1994/3741);Guilarte Zapatero, Comentarios 258; Díez－Picazo 451;瑞典:《本票法》第 2 条第 2 款参阅 Ccom 第 10 章第 11 条; Walin, Borgen 30; Walin, Lagen om skuldebrev 26 ff.)。在葡萄牙,数个保证人在内部像连带债务人那样承担责任,但是,附有分别利益的保证人如果自愿偿付的话,那他只是在向债务人追索未果之后才享有内部追索权(民法典第 650(3)条)。在并未援引关于共同债务人之内部追索权的规则的情况下,同样的效果在比利时、法国和卢森堡通过民法典第 2033 条(自 2006 年,法国民法典第 2310 条)更为直接地实现了,据此,以民法典第 2032 条(自 2006 年,法国民法典第 2309 条)列举的形式之一向债权人偿付的保证人,享有对每个其他保证人的追索权。

5. 只有在芬兰,要求追偿的权利才取决于具体情形,尤其是数个从属保证创设的时间顺序(《独立保证和第三人担保法》第 31 条第 2 款):在后的保证人可以要求在前的保证人全部偿付;但在前的保证人不可以要求在后的保证人偿付任何东西。

(b)部分偿付的追索权

6. 关于在何种情形下,被担保债务之部分偿付可以产生内部追索权的问题,意见是有分歧的。

7. 在奥地利、比利时、英格兰、芬兰、法国、意大利、荷兰和葡萄牙,只要保证人对债权人的部分偿付超过了其所占份额,他便有权要求追偿(奥地利:OGH 23 April 1998, ÖBA 1999, 154 critical note Bacher; OGH 23 February 1999, ÖBA 1999, 827 note Riedler; Bydlinski 105－106;比利时:Du Laing no. 3; Van Quickenborne no. 530;英格兰:Andrews and Millett no. 12－004;芬兰:《独立保证和第三人担保法》第 30 条第 1 款第 2 句、第 31 条第 1 款——不过,要受制于第 31 条第 2 款的例外(参见上文注释 4、5);法国:Cass. civ. 3 October 1995, JCP N 1996, Ⅱ no. 1631;

Simler no. 640;意大利:Fragali, Della fideiussione 446;荷兰:CFI Haarlem 24 February 1942, N. J. 1942 no. 849 at p. 1270; Korthals Altes 340-341; Asser/Hartkamp no. 116;葡萄牙:民法典第 650 条第(2)款; STJ 15 February 2001, 3764/00 www. dgsi. pt)。在法国,如果债权人向保证人提起诉讼的话,从属保证人甚至在偿付之前便有权行使内部追索权。其原因在于,这种保证人对其他保证人的权利被认为是自从属保证承担之日便存在了,以便如果共同保证人在承担担保之后变得无力偿还,因偿还而对其他共同保证人的权利是不受影响的(参见 Cass. com. 16 June 2004, Bull. civ. 2004 Ⅳ no. 123 p. 126)。但是,从属保证人只有在偿付之后,才能向其他保证人要求追偿(Cass. civ. 15 June 2004, D. 2004, 1972)。

8. 德国法院更为支持已经偿付的保证人。只要债权人在何种程度上要求保证人履行是不确定的,每个保证人在对债权人部分偿付之后一般都有权向其他保证人要求相应比例的追偿。保证人的偿付比恰当的内部份额——这要根据债权人要求全部保证的履行之推测来计算——多或少都是无关紧要的(参见 BGH 21 February 1957, BGHZ 23, 361, 364; BGH 19 December 1985, NJW 1986, 1097, 1097; BGH 15 May 1986, NJW 1986, 3131, 3132)。但是在后者情况下,如果偿付的保证人在偿付后变得无力偿债,则追索权只有在每个保证人的内部份额确定以后才能行使(BGH 17 March 1982, BGHZ 83, 206, 210)。最后,如果主债务人变得无力偿债,则仅当偿付的保证人偿付的金额多于其恰当的内部份额时,他才有权要求追偿(CA Köln 26 August 1994, GmbHR 1995, 51)。

9. 在希腊,根据学者们的主流观点,在部分偿付的情况下,保证人(保证人或为担保目的的共同债务人)的部分追索权是与债权人剩余的债权相互竞争的:因此,根据民法典 P 第 997 条第 3 款、第 1007 条第 1 款,债权人和保证人要按比例获得清偿(Georgiades § 3 no. 164; Kaukas 858 § 3, 465-466; ErmAK/Zepos art. 858 no. 11; Georgiades-Stathopoulos AK/Vrellis art. 858 no. 13)。然而,根据少数人的观点,债权人的权利是优先的:只有在债权人和保证人对债务人的权利处于同一层次时,主流观点才是合理的;但是,由于共同债务人要在全部履行完成之前一直负有责任(参见民法典第 482 条第 2 句; Tampakis 425;以诚实信用为基础,Zepos A 316),而债权人仍然可以就剩余部分的偿付向保证人提出请求,所以事实并非如此(Tampakis 426;以诚实信用为基础,Theodoropoulos 217)。

10. 对于该"次级"追索权,如果一个(或多个)保证人并不能满足,参见第Ⅲ-4:107 条(连带债务人之间的追索权)第(3)款注释。在西班牙,人们认为,当共同保证人的部分偿付超过了他在共同保证人之内部关系中所承担的金额时,则该偿付者对其他共同保证人有追索权(Carrasco, Tratado, p. 293)。

(c)扩展到所有保证

11. 在大多数国家,完全追偿的原则可以适用于所有的第三方保证人。提供任何类型保证的人相互之间都有追索权。但是,这种解决方式的法律基础是不同的:在丹麦,根据 Insurance Agreement Act 第 42 条,将多数保证人界定为连带债务人(参见 Bryde Andersen 35 ff. and251 f.; Pedersen, Kaution 97 f.)的《本票法》第 61 条(援引第 2(2)条)被扩展适用于所有保证人之间的关系(参见 Pedersen, Kaution 97)。

12. 在英格兰,为另一人的债务提供财产担保的人只是被认为保证人的担保,因此,他对于补偿有权获得同样的救济(Rowlatt 6)。上文所述的平等原则(参见注释 4)因此是可以适用的。在比利时、法国和卢森堡,由于民法典第 2033 条(自 2006 年,法国民法典第 2310 条)类推适用于财

产担保人(比利时:Du Laing no. 7; Van Quickenborne no. 527;法国:Cass. civ. 25 October 1977, Bull. civ. 1977 I no. 388 p. 306; CA Paris 13 January 1995, D. 1995, 573),所以情况也是如此。荷兰民法典第7:869 条,以及第6:152、6:151 条第2 款既包括保证人,也包括财产担保人("其他担保和向债务负有责任的非债务人",也可参见 Blomkwist no. 39)。

13. 在德国和希腊,由于缺乏具体的法律规定,所以法律实践不得不以法律的一般原则为基础来寻求解决方案。在这些国家,对于充分的解决方法有着特别的需要,因为现行法律规定的严格适用将导致这样一种结果,即内部"一切"责任都由最先履行的保证人承担,而其他保证人并不负担任何责任,这被认为是专断的、不公正的(德国:BGH 29 June 1989, BGHZ 108, 179, 183, 186;希腊:Karasis, I ennoia tis ofeilis eis olokliron, I2, 179－180;意大利:Petti 192)。因此,德国法院将连带债务人之间以善意为基础的追索权一般规则(民法典第242 条)适用于所有多数保证人的情形,只要该担保可以被认为处于同一层次,这也得到了大多法律学者的赞同(BGH 29 June 1989, BGHZ 108, 179, 183, 186; BGH 24 September 1992, NJW 1992, 3228; Schlechtriem 1026－1047; Bülow, Ausgleich 62－63; Graf Lambsdorff. and Skora no. 313; Schmitz [联邦最高法院的一位法官];相反的观点:Reinicke and Tiedtke, Kreditsicherung nos. 1111－1122; Staudinger / Horn § 774 no. 68,他仍然坚持从属保证人享有特权的观点)。同样的解决方案得到了奥地利法院和学者(OGH 20 June 1984, SZ 57 no. 114 at pp. 565－566; OGH 9 December 1987, SZ 60 no. 266 at p. 701; Rummel/Gammerith § 1359 no. 7),以及希腊法学著作中通行观点(参见不同的教义学理由:Georgiades § 3 nos. 175 ff., 178; Karakatsanis, Syrroi eggyiseos kai ypothikis, 127－129; Karasis loc. cit., 187; Spyridakis § 80; Theodoropoulos 260 ff.; with a different－procedural－approach Kaukas arts. 847－848, § 9 sub c, § 10; but contra Filios Ⅱ/1 § 128, 90－93; Georgiades－Stathopoulos AK/Vrellis art. 858 no. 12: providers of personal security must be treated more favourably than mortgagees)的认可。

14. 在西班牙,虽然法律规定的严格适用会导致与德国相同的困难和不公平,并且这已经由学者们进行了论证,但西班牙法院迄今并未找到一个令人满意的解决方案。不过,文献中已经提出了两种解决方案:担保人的比例责任以及保证人的优待(参见 Guilarte Zapatero, Comentarios 219)。当特别规定并不存在时,作为一项默认方案,有学者建议,内部划分应当与每个担保人各自承担的担保额互成比例(Carrasco, Tratado, p. 267)。

15. 根据苏格兰法,不同类型保证人之间的追索权问题很少被涉及。Thow's Trustee v. Young 1910 SC 588, 596 (CA) 很可能被理解为,对保证人而言,要求从财产担保人处获得救济在原则上是可能的(但是,在这种情况下,救济被拒绝了,因为财产担保被认为并不是对同一债务的担保)。

16. 在瑞典,Walin, Borgen 317 ff. 似乎主张的是,提供财产担保的第三人要以担保财产向保证人承担完全责任,虽然他最后也表达了相反的观点。

(d)仅限于某些担保人的内部追索权

17. 在某些国家,关于从属保证人之间的追索权规定只在较小的范围内适用于其他担保。

18. 根据葡萄牙法,一般规则是数项债务之非连带责任(民法典第513 条),因此并不存在内部追索权,除非当事人另有约定。相反,在商事债务领域,根据商法典第100 条,存在一项连带责任的一般规则。

19. 根据芬兰法,只有在担保人就此达成协议的情况下,从属保证人才有权对财产担保人进

行追偿(《独立保证和第三人担保法》§30(3)；RP 189/1998 rd 69)。根据该法第41条,第三人的财产担保是由第30条来调整的。这意味着,作为一项规则,在偿付之后,财产担保人有权向主债务人提供的财产担保进行追偿(§ 30(1),但参见第(2)款,参见上文注释3),但是除非另有协议,他对另一个第三方财产担保人并无追索权(§ 30(3))。由于第41条并未宣称第31条是可以适用的,所以对从属保证人也并无追索权。

Ⅲ. 内部追索权的计算

20. 在那些担保人之间的内部追索权得到承认的国家,这一追索权的金额应当如何计算的问题便出现了。

(a)当事人的协议

21. 正如上文所述(上文注释2),合同自由原则也适用于法律的这一部分。根据这一原则,担保人可以对他们责任的内部份额进行约定(丹麦:Pedersen, Kaution 96 f.;英格兰:Andrews and Millett no. 12－002;芬兰:《独立保证和第三人担保法》第31条; RP 189/1998 rd 69 f.;法国:CA Lyon 13 October 1981, JCP N 1983, Ⅱ no. 112; CA Riom 2 October 1996 (two decisions), JCP G 1997, I no. 1033 (9);德国:民法典第426条第1款,Schlechtriem 1039 and Bülow, Ausgleich 59, 64;希腊:民法典第487条第1款和Georgiades § 3 no. 178; Karakatsanis 137; Karasis 187; Spyridakis § 80 no. 2;意大利:Fragali, Della fideiussione 437;葡萄牙:民法典第516条;苏格兰:Gloag and Irvine 822;西班牙:民法典第1138条;瑞典:Walin, Borgen 119 f.)。但是,债权人与一个或所有担保人之间达成的将担保人之间的内部追索权排除在外的协议是无效的(德国BGH 14 July 1983, BGHZ 88, 185, 189涉及通过标准形式合同承担的从属保证)。

(b)"人均的"(*per capita*)内部责任

22. 根据意大利和西班牙法律,当不存在相反协议时,数个担保人承担人均的内部责任(意大利:民法典第1954条参阅第1299条和Giusti 243;西班牙:民法典第1844条参阅第1145条第(2)(3)款、第1138条; TS 2 December 1988, RAJ 1988/9287)。在苏格兰,如果当事人并未对担保人承担不同份额达成协议,则同样适用人均责任的推定(Stair /Clark no. 940)。

(c)成比例的内部责任——参见第(2)款

23. 奥地利民法典第896条、芬兰《独立保证和第三人担保法》第31(1)条、德国民法典第426条、希腊民法典第487条、意大利民法典第1298条、葡萄牙民法典第516条、西班牙民法典第1138条和瑞典商法典第10章第11条规定,共同债务人以平等份额负担责任,除非他们之间存在"特殊关系"(奥地利民法典第896条)或者"另有规定"(德国民法典第426条)(丹麦的情况是类似的:Pedersen, Kaution 101 f.)。后者是主要的情况,因为奥地利和德国法院目前认为,担保人承担的担保额一般是内部追索权的基础(奥地利:OGH 9 December 1987, SZ 60 no. 266 pp.702－703(在偿付人偿付的时间);此前不同的判例OGH 20 June 1984, SZ 57 no.114 at p.566;德国:BGH 11 December 1997, BGHZ 137, 292 approving CA Hamm 29 October 1996, WM 1997, 710对从属保证)。根据德国的判例,无限从属保证的担保额是通过被担保借贷的最终余额来限定的(BGH 11 December 1997, BGHZ 137, 292, 296 f.)。大多数学者对此表示赞同(奥地利:Rummel/Gamerith § 896 no. 12,但在Ⅱ § 1359 no. 7 a有所不同; Schwimann/Mader and Faber § 1359 nos. 3－4也间接赞同);但是也有一些反对意见(德国:Schlechtriem 1026－1047——除了数个担保人之一对被担保借贷有特殊利益1026－1030, 1047; Staudinger /Horn § 774 nos. 55 ff.,但被BGH 11 December 1997, BGHZ 137, 292所拒绝)。

24. 关于内部追索权的计算，荷兰民法典第 7:869 条将第 6:152 条作为适用规则进行了援引。债务人仍然未予偿付的部分要由对该额度负担比例责任的代位权人和其他担保人或负有责任的“非债务人”（即财产担保人）加以分担，而对此额度，每一方都在偿付之时对债权人负有责任（民法典第 6:152(1) 条），该最高额便是他们各自对债权人所负债务的额度（Blomkwist no. 39）。

25. 在比利时、英国、法国和卢森堡法律上，解决方案是类似的。如果保证人并非以平等数额负责，则他们根据其最高责任的比例对被担保债务予以分担（比利时：Du Laing nos. 18－20; Van Quickenborne nos. 533－539；英格兰：Ellesmere Brewery v. Cooper［1896］1 QB 75；法国：Cass. civ. 2 February 1982, JCP 1982 Ⅱ no. 19825; Simler nos. 646 ff.；卢森堡：CFI Luxembourg 8 October 1982, Pas luxemb XXVI (1984－1986) 59）；根据法国学者的观点，在无限从属保证的情况下，后者是通过被担保债务的最终余额来确定的（参见 Simler no. 649）。在西班牙，当每个担保人并非以同等数额负责时，也存在类似的解决方案（参见 Carrasco, Tratado, p. 296）。

（d）解决方案不确定的法律制度

26. 希腊法院还没有涉及这个问题，而学者们对此是有分歧的。一些学者认为，担保人应以同等份额承担内部责任（Karasis 187; Spyridakis § 80 no. 2），另一些学者则认为，只有财产担保的价值超过被担保债务的价值时，担保人才应以同等份额承担内部责任，如果财产担保的价值低于被担保债务的价值，则其所负责任应当是比例的（Karakatsanis 134－136; Theodoropoulos 263）。

（e）责任类型

27. 人们普遍认为，对其他担保人拥有追索权的担保人并不能只向其中之一行使该权利，因为其结果会是，第二个人事后必须向第三个人加以追索，如此等等。相反，第一个人必须尽力（*pro virili parte*）在剩余担保人之间对追索权加以划分（丹麦：Pedersen, Kaution 101 f.；法国：如果其他担保人以同等数额负担责任 CA Poitiers 11 June 1981, D. 1982, 79；德国，一般参见 Palandt/Grünberg § 426 no. 6：共同债务人的内部关系中并不存在连带责任）。

第Ⅳ.G－1:107 条　多数保证人：对债务人的追索权

（1）满足了另一担保人之追偿请求的保证人得依第Ⅳ.F－2:113 条（保证人履行后的权利）第（1）款及第（3）款的规定在清偿范围内代位行使其他担保人对债务人的权利，包括对债务人提供的财产担保的权利。第Ⅳ.F－2:110 条（债权人权利的限制）的规定在加以适当修改的前提下可以适用之。

（2）担保人根据第Ⅳ.F－2:113 条（保证人履行后的权利）第（1）款及第（3）款或者本条前款所规定的权利，对债务人包括债务人所提供的财产担保权利有追索权的，每个保证人都有权依据第Ⅳ.F－1:106 条（多数保证人：内部追索权）第（2）款及第Ⅲ－4:107 条（连带债务人之间的追索权）确定的份额向债务人予以追偿。第Ⅳ.F－2:110 条（债权人权利的限制）的规定在加以适当修改的前提下可以适用之。

（3）除非有相反的明确表示，前述规定不适用于由债务人提供的财产担保。

评　论

A. 承担内部追索后保证人的权利

概述。如果保证人已经根据第Ⅳ.F－1:106条（多数保证人:内部追索权）第(1)、(2)款承担了内部追索，那么下一个问题就是，保证人对债务人享有何种权利。这个问题是由本条第(1)款来规定的。应当强调的是，这种对债务人的次级追索权在成员国的法律制度中并没有被突出出来。原因是显而易见的。通常情况下，由于债务人已经变得无力偿债——正是因为这种情形，债权人才会要求保证人代替债务人来偿还——保证人从债务人处获得追偿的机会是非常低的。除其他情形以外，此种情形在保证人被先予请求的领域是不同的。在此，这些规则的效果是，数个担保人承担连带责任（参见第Ⅳ.F－1:105条（多数保证人:对债权人的连带责任）第(1)款）。但是，根据这种担保，债权人通常要求保证人予以偿付，这不是因为债务人违约，而是因为这是获得偿付的简便方式。由于在这种情形下，即便债务人有偿付能力，保证人也对债权人负有责任，所以保证人对债务人的追索权变得更为重要了。因此，在存在多数保证人的情况下，不仅数个保证人之间的内部追索权，而且对债务人的次级追索权，都是必须加以处理的。

对债务人的权利。第(1)款涉及，如果保证人根据前条第(1)、(2)款已经履行了另一保证人承担的追偿义务的话，他对债务人享有何种权利的问题。只要某个保证人向债权人履行了债务，他便根据第Ⅳ.F－2:113条（保证人履行后的权利）第(1)款第1、2句和第(3)款获得了对债务人的权利，以及根据第Ⅳ.F－2:113条第(1)款第2句和第(3)款、第Ⅳ.F－1:106条（多数保证人:内部追索权）第(1)款，获得了对其他保证人的权利。虽然保证人可以要求债务人全部偿付，但向其他保证人要求追偿的成功机会通常会更高。但是，根据第Ⅳ.F－1:106条（多数保证人:内部追索权）第(2)款的规定，他们只在其各自比例份额内对已向债权人履行的保证人负责。因此，根据第Ⅳ.F－1:106条第(1)、(2)款向已经对债权人履行的保证人承担了内部责任的保证人，并不能转而向其他保证人要求追偿，因为只有在连带债务人的偿付多于其恰当比例的份额时，内部追索权才是有效的。在这种情况下，保证人只能试图从债务人处或直接（参见下一款）或间接（根据第Ⅳ.F－1:107条（多数保证人:对债务人的追索权）第(2)款）地获得补偿。

第(1)款第1句规定的代位权。根据第(1)款第1句，已经向对债权人履行了债务的保证人（“初级”保证人）承担了责任的保证人（“次级”保证人），便取代了初级保证人的地位。次级保证人享有初级保证人由于向债权人偿付而对债务人的代位求偿权（参见第Ⅳ.F－2:113条（担保人履行后的权利）第(1)款第2句）。次级保证人还享有

初级保证人根据第Ⅳ.F－2:113条第(1)款第1句所获得的对债务人的代位求偿权。

这种代位权并不由任何其他条款所产生,至少不会由此处的条款所产生:第Ⅲ－4:107条(连带债务人之间的追索权)并不会赋予保证人任何权利,因为这项规定只有在连带债务人的履行多于其恰当份额时才可以适用。

代位求偿权的范围。对已经向债权人予以偿付的保证人承担责任的保证人享有后者对债务人的代位求偿权,该权利的范围取决于初级保证人从次级保证人处获得追偿数额。由于根据第Ⅳ.F－1:106条(多数保证人:内部追索权)的规定,追索权限于其他保证人的比例份额,所以该保证人所获得的不能高于他对债务人享有的权利的比例份额。之后,向债权人予以偿付的保证人有权获得剩余的部分。保证人所承担的责任少于第Ⅳ.F－1:106条第(2)款所规定的比例份额的,其他保证人只能根据第Ⅳ.F－2:113条(保证人履行后的权利)第(1)、(3)款对其获得按比例的代位求偿权。

需要强调的是,本条第(1)款第1句不仅赋予了保证人针对债务人的追索权,而且还可能赋予一项针对财产担保权利(但并不是针对第三人提供的财产担保权利)的权利,这要该项权利已经移转给了向债权人履行的保证人(第Ⅳ.F－2:113条(保证人履行后的权利)第(1)、(3)款)。但不言而喻的是,本条第(1)款第1句并不能赋予针对债务人或财产担保权利的权利,寻求追偿的保证人由于担保下的履行并未获得,而只作为债务人提供的反担保。代位权限于根据第Ⅳ.F－2:113条第(1)、(3)款,向其他保证人寻求追偿的保证人获得的权利。

财产担保权利的代位。本条第(1)款明确规定,对于第三人提供的财产担保权利并不存在代位权。但是,将第三方财产担保排除于第(1)款规定的债务人提供的财产担保权利之外,应当从广义上理解。它不仅包括债权人从债务人处获得的财产担保权利(不论是通过转让还是新财产担保利益的创设),而且包括债权人根据与债务人的协议——例如所有权保留——所保留的财产担保权利。第九卷关于财产担保的规则包括了这两种财产担保类型(虽然它们在一定程度上受不同规则的调整)。参见第Ⅸ－1:101条(一般规则)、第Ⅸ－1:103条(所有权保留制度:适用范围)和第Ⅸ－1:104条(所有权保留制度:适用规则)。

权利的限制。保证人向债权人偿付之后,在向其他保证人寻求追偿时,可能发现由于保证人的行为,追索权已经被限制或者消灭了。这可能出现在这种行为使得其他保证人不可能代位行使初级保证人对债务人的权利的情况下,包括由债务人提供或者由债务人全部偿还的任何财产担保权利(参见第Ⅳ.F－2:110条(债权人权利的限制))。在债权人获得满足之后,只有向其进行支付的保证人才有权获得其对债务人的权利。但其他保证人一旦享有针对向债权人履行了的保证人的内部权利,便可以代位行使这些权利,因而,这些针对债务人的权利便可以作为确保债务人对这些其他保证人予以偿还的一种手段。因此,他们便可以获得保护,免受由于向债权人予以履行的保证人的错误而遭受的这些权利价值之损失或贬值的影响。

这一目标是通过第(1)款第2句而寻求达致的。这一规定将适用于,例如,保证人

免除债务人的债务,或者未在约定时间内实现财产担保,而其随后便灭失或贬值了。如果保证人未能按时向债务人提起诉讼,而后者随之陷入破产,那么他在适当情况下也可能失去对其他保证人的追索权。按照诚实信用和公平交易的基本原则,这可以被看作是义务的一个方面。保证人出于过错而未能考虑到其他保证人的利益时,他会发现,他对他们的追索权利被适当地限制甚至是消灭了。

B. 其他保证人享有从债务人处获得追偿的权利

概述。隐含于多数保证人之规定的基本原则是,所有担保同一债务的担保人应当按其各自比例分担风险。

该原则的一个后果是,向债权人履行了的保证人有权根据第Ⅳ.F－1:106 条(多数保证人:内部追索权)向其他保证人按其各自比例行使追索权。另一方面,当保证人向债权人或任何其他保证人进行适当支付,并通过行使对债务人的追索权获得救济之后,该保证人必须与其他保证人分享所获得任何利益。如果没有这种分享,个别保证人便会有效地限制其总负债,以至于其他保证人处于不利地位,例如,由于债务人介于其间的破产而无法从债务人处获得任何补偿。

保证人分享所获得之利益的权利。第(2)款通过规定达到了这一目标,即任何向债务人行使了追索权的保证人都要按第Ⅳ.F－1:106 条(多数保证人:内部追索权)界定的各自比例与其他保证人分享依此获得的任何利益。此外,任何保证人都无须与其他保证人分享,例如根据债务人作为反担保人仅向该保证人提供的财产担保权利所获得的任何利益。仅当保证人根据第Ⅳ.F－2:113 条(保证人履行后的权利)第(1)(3)款或上一条第(1)款,或者从保证人与债务人(如委托人)的基本关系中产生的等值权利向债务人进行追偿之时,第(2)款第 1 句规定的责任才会产生。如果其他保证人已经向债权人进行了支付,或者分别向另一保证人负有内部责任,则该种责任在适当情况下也可以提供给其他保证人。应予强调的是,该处提到的由债务人提供的财产担保权利应与第(1)款同样从广义上来理解。

第(2)款第 2 句规定之权利的限制。第(2)款第 2 句涉及第Ⅳ.F－2:110 条(债权人权利的限制)。其目的是为了,如果保证人出于过错未能根据第Ⅳ.F－2:113 条(保证人履行后的权利)第(1)、(3)款或本条第(1)款行使对债务人的权利,则要防止其分享所获得的利益。

第(2)款第 2 句的规则通常会出现两种不同的情况。在第一种情况下,保证人未能行使财产担保权利,而其随后遭到贬值。这种行为也会损害其他保证人,因为在这种情况下,他们分享从债务人处获得之利益的权利可能会被限制或变得一文不值。如果允许懈怠的保证人剥夺其他保证人分享其利益的权利,但自身仍享有分享其利益的权利的话,这将是与诚实信用和公平交易相违背的。但是,与第Ⅳ.F－2:110 条(债权人权利的限制)的关联是相当广泛的,以至于也包括了保证人故意不行使对债务人的任何权利的情况。保证人可能有个人理由不要求债务人补偿,虽然他有权这样做;但

是,保证人因而不能分享由其他保证人获得的补偿利益。

C. 例外情况

债务人提供的财产担保权利除外。第(3)款包含一项涉及债务人提供的财产担保权利的例外情况。无论如何,债务人都是最终对被担保债务负担责任的人,显然,代位行使债务人对债务人的权利并没有任何意义。

相反的例外。但是,本条中的某些规定明确宣称也适用于债务人提供的财产担保权利(第(1)款第 1 句和第(2)款第 1 句)。这些规定处理的是对债务人权利的行使或代位行使,出于本条的目的,它们针对保证与财产担保权利适用相同的规则。

注　释

Ⅰ. 概述

1. 在大多数国家,向债权人履行之后,保证人便获得了针对债务人的权利,这是一项众所周知的原则。在大多数成员国的法律制度中,同样得到公认并被重点规定的是数个保证人之间内部追索权的原则,那通常遵循在同一债务或同一担保目的的所有保证人之间予以分担的理念。但是,本条所调整的问题,即数个保证人之间对债务人之权利和从债务人处获得的利益的分配,这在成员国的法律制度中通常并不是很突出,相关的法院判例也非常有限。

Ⅱ. 其他保证人对债务人的权利

2. 通过本条第(2)款规定的自动代位权,将针对债务人的权利完全转让给满足了另一保证人之追索权的任一保证人,这种理念似乎在大多数成员国并不为人所知。

3. 但是,在英格兰,转让任何针对债务人之权利的法律资格的不足,至少是在满足了债权人的保证人的那些权利中产生的共同保证人的公平权利,要由例如在为共同保证人提供信托而享有这些权利的保证人代位行使(参见 Re Arcedeckne; Atkins v. Arcedeckne (1883) 24 ChD 709 (CFI); O' Donovan and Phillips no. 12-335)。在西班牙,the TS 23 March 2000, RAJ 2000/2025 拒绝了已支付的财产担保人代位行使债权人对其他共同权利人的权利,但是允许其向主债务人行使。这种解决方案已经受到批评,因为并没有理由拒绝付款人(初级或次级付款人)的任何以代位行使债权人权利为基础的追索权,只要付款额超过了付款人在内部关系中应当承担的风险。至于收款人针对主债务人的权利,每个已付款的共同保证人(甚至是次级付款人)都有权代位行使收款人权利的权利,无论付款人和收款人是否彼此作为共同保证人(Carrasco, Tratado, pp. 263, 296)。

Ⅲ. 其他保证人对从债务人或第三人处获得的利益的权利

4. 更为得到普遍公认的原则是,从任何保证人处获得的利益都要与其他人分享。

5. 尤其是从债务人处获得的利益,那被认为必须解释为与其他保证人相关。在英格兰,这首先遵循下述原则,即满足债权人的保证人获得的权利由为其他保证人提供信托的人享有(参见上文注释 2 和注释 3)。其次,公平负担理论,即数个保证人之间的内部追索权的原则被认为要求一个保证人获得的所有利益都必须与共同保证人分享(所谓“财产混同”(hotchpot principle)原则,

参见 O'Donovan and Phillips no. 12－248)。根据这些原则,基于主债务人提供的反担保所获得的利益也可以由其他保证人分享,即使原来对反担保享有权利的保证人与该反担保的主债务人之间已经约定,该利益并不由其他保证人分享(参见 teel v. Dixon (1881) 17 Ch. D 825; Andrews and Millett no. 12－017)。

6. 但是,从债务人以外的第三人处获得的利益并不需要与其他保证人分享(参见 O'Donovan and Phillips no. 12－249)。特别是根据某个个别保证人自己的提议并以其自己的成本(如保险单)所担保的利益,并不属于"财产混同原则"的范围(参见 Re Albert Life Assurance Co. (1870) LR 11 Eq 164, 172 (CFI); O'Donovan and Phillips no. 12－249)。

Ⅳ. 不利于其他保证人的行为后果

7. 虽然有种说法认为,保证人作出的不利于其他保证人的行为应当被视为引起了损害赔偿责任,但英国法律似乎更喜欢将这种内部追索权的丧失作为任何这种行为的后果。一项类推被适用于债权人有着数个担保权利的情形,因此有人认为,某个保证人因为放弃了对债务人的担保权利,便丧失了内部追索权(参见 Rowlatt 160; Andrews and Millett no. 12－017)。但是,为其他保证人提供的信托所享有的权利观念,使得这种情形是可以想象的,即在适当情况下,不利于其他保证人的行为的责任也可以被认为是对违反信托负有的责任。

第Ⅳ.G－1:108条　连带债务人规则的补充适用

在本编条款不适用的情况下及范围内,得补充适用第Ⅲ－4:107条(连带债务人之间的追索权)至第Ⅲ－4:112条(连带债务中其他抗辩的对抗性)中关于多数债务人的规定。

评　论

A. 概述

保证合同与多数债务人。保证合同经常涉及这样的情况,即数人向同一债权人负有类似,甚至是相同的债务。这种情形在非技术意义上可以被称为多数债务人,它可能存在于数个债务人负担同一被担保债务,或者数个保证人为同一债务提供担保的关系中,甚至在某些情况下,它可以存在于负担被担保债务的债务人与根据保证合同负担债务——它至少与被担保债务是部分相同的——的保证人的关系当中。

第三卷第四章规定的连带责任以及本条的一般性效力。根据第三卷第四章,连带责任的概念是相当宽泛的。因此,前款规定的许多情形都将被纳入该章第一节关于连带债务人的规则调整之下。一方面,从保证法律的角度看,这种效果是受欢迎的,因为关于连带债务人的许多一般规定都极为适合这一法律领域的需要,从而使得援引这些

一般规定即可,而不需在此将其详细列出。另一方面,在保证背景下,(共同债务中)连带债务人的情形往往不同于那些一般连带债务人的有关情形。因此,对这些一般规则的援用只能谨慎地提出:一般规则只是补充适用,即在涉及相关问题时,该编的规则并不包含特殊规定时才得适用。

被担保债务的多数债务人。但是,就负担同一被担保债务的多数债务人而言,该援引可以无条件做出。关于保证的规则并不包含任何调整该问题的特殊规定,即涉及一个债务人在其他债务人之债务上的债务的事件效果只由第三卷第四章第一节来调整。

多数保证人与债务人和保证人之间的共同债务。更为重要的是在下列情形类型中对第三卷第四章第一节含有的关于连带债务之规定的援引,那将在本部分的评论中更为详细地加以探讨。首先,在数个保证人都就同一债务向债权人提供担保的情况下,必须强调的是,关于连带债务人的规定可以在从属和独立保证之规定的标题下同样适用,只要关于涉及到的每个保证人,针对债权人的责任条件得到了满足。其次,在债务人和保证人之间可能存在一项共同债务。但是,如果只存在一项独立保证的话,这种类型的共同债务是不可能存在的;甚至在从属保证的情况下,这种债务人和保证人之间的共同债务也只有在保证人负连带责任,或者如果第Ⅳ.F-2:106 条(保证人的补充责任)第(2)、(3)款规定的特殊条件得以满足,后者的责任是补充性的时候,才可能存在。

为担保目的的共同债务。一种特殊情形涉及第Ⅳ.F-1:104 条(为担保目的的共同债务)规定的为担保目的的共同债务。这一规定包含它自身对第三卷第四章第一节的援引。

B. 多数保证人

概述。第Ⅳ.F-1:105 条至第Ⅳ.F-1:107 条的规则专门规定的是多数保证人。关于这些特殊条款所涵盖的内容,第三卷第四章第一节只有在有专门规定时才能适用。但是,在其他一些第Ⅳ.F-1:105 条至第Ⅳ.F-1:107 条之外的情形中,这些一般规则是可以适用的。在这种情况下,需要强调的是,只有在第Ⅲ-4:102 条(连带债务、可分债务及共同债务)第(1)款的要求得到满足,即所有相关债务人有义务全面履行债务,并且债权人可以要求任何一个债务人履行,直到全部履行已经完成时,第Ⅲ-4:107 条(连带债务人之间的追索权)至第Ⅲ-卷 4:112 条(连带债务中其他抗辩的对抗性)的规定才能适用。关于多数保证人,这种共同债务只有在第Ⅳ.F-1:105 条(多数保证人:对债权人承担连带责任)规定的条件下才能出现:对每个相关保证人而言,对债权人承担责任的条件必须得到满足。

第Ⅲ-4:107 条(连带债务人之间的追索权)。在负担连带责任的数个保证人之间,根据第Ⅳ.F-1:106 条(多数保证人:内部追索权)第(1)款中规定的明确援引(伴随第(2)、(3)款的资格限定),第Ⅲ-4:107 条是适用的。

第Ⅲ－4:108 条（连带债务的履行、抵销与混同）第（1）款。它是由第Ⅳ.F－2:113 条（保证人履行后的权利）第（3）款（对于独立保证人而言，第Ⅳ.F－3:109 条（保证人履行后的权利）是适用的）推导而来的，保证人依据保证合同履行后，可以代位行使债权人对其他保证人的权利。因此，在前述保证人向债权人已经履行的债务的范围内，其他保证人便不再对债权人承担责任。在其适用范围内，第Ⅲ－4:108 条第（1）款是对这种隐含效果的澄清。

第Ⅲ－4:108 条（连带债务的履行、抵销与混同）第（2）款。这项规定具有适用性，即一个保证人和债权人的混同，仅在所涉保证人的份额内解除其他保证人的债务（这一份额要根据第Ⅳ.F－1:106 条（多数保证人：内部追索权）来确定）。

第Ⅲ－4:109 条（连带债务的免除或和解）。如果债权人免除，或者与某一从属保证人达成了和解，则其效果受第Ⅳ.F－2:110 条（债权人权利的限制）的调整，其他保证人的责任不受影响，但债权人对他们承担损害赔偿责任；显然，这种反诉可以被提起，以便用来对抗其他保证人根据从属保证合同所负的责任。相反，对于独立保证人之责任的影响，并不存在具体的规则；因此，第Ⅲ－4:109 条第（1）款是适用的。这种处理上的差别归因于这一事实，即独立保证应当被作为一种比从属保证更为形式主义的方式，而在此，更为灵活的形式是可取的。

第Ⅲ－4:110 条（连带债务中判决的效力）至第Ⅲ－4:112 条（连带债务中其他抗辩的对抗性）。这些规定一般情况下都适用于对债权人承担连带责任的多数保证人的情况。

C. 债务人与保证人之间的共同债务

概述。以下评论关注的是债务人与保证人之间存在共同债务的情况，即债务人和保证人是第Ⅲ－4:102 条（连带债务、可分债务和共同债务）第（1）款所界定的连带债务人。除了第Ⅳ.F－1:104 条（为担保目的的共同债务）规定的情形外，特别是存在保证人负连带责任的从属保证，从而债权人可以自由选择由债务人或作为连带债务人的保证人履行（第Ⅳ.F－2:105 条（担保人的连带债务））时，这种情形也可能会出现。在保证人负连带责任的从属保证中，仅当第Ⅳ.F－2:106 条（保证人的补充责任）第（2）、（3）款规定的条件获得满足，即保证人不能再援引补充责任作为针对债权人的抗辩时，共同债务才存在于保证人和债务人之间。在独立保证的情况下，独立保证人的债务在概念上区别于任何基础债务，所以不可能存在保证人与债务人之间的共同债务。此时存在两项债务，而不是作为一项债务的共同债务。

第Ⅲ－4:107 条（连带债务人之间的追索权）。保证人根据保证合同履行债务后对债务人享有的权利，是由第Ⅳ.F－2:113 条（保证人履行后的权利）来规定的，以至于并不需要诉诸第Ⅲ－4:107 条。不过，如果债务人履行了被担保债务，则根据第Ⅲ－4:107 条，债务人对保证人并不享有请求权：债务人在内部当然对所欠债权人的全部债务承担责任，从而使得保证人的内部份额归零。

第Ⅲ-4:108条（连带债务的履行、抵销和混同）第（1）款。此款规定不具有适用性。一方面，如果保证人向债权人履行了担保义务，而债务人并未清偿，第Ⅳ.F-2:113条（保证人履行后的权利）便可以使保证人代位行使债权人对债务人的权利。另一方面，如果债务人向债权人清偿了债务，则保证人可以根据第Ⅳ.F-2:103条（保证人可主张的债务人的抗辩）第（1）款，以此履行来对抗债权人。因此，在这种情况下，依存于被担保债务的原则达到了与第Ⅲ-4:108条第（1）款同样的效果。如果在债权人与保证人或债务人之间存在抵销，则适用同样的原则。

第Ⅲ-4:108条（连带债务的履行、抵销和混同）第（2）款。此项规定具有适用性；但必须牢记的是，在内部债务人对整个被担保债务负有责任。我们必须在两种情形之间作出区分。如果债务的混同发生在债务人与债权人之间，则保证人的义务便被完全免除了。但如果债务的混同涉及一个债务人（作为连带债务人）和债权人的话，则债务人仍就整个债务向债权人负有责任。

第Ⅲ-4:109条（债务的免除或和解）。此项规定只具有部分的适用性。就债权人免除债务人对保证人责任的效果而言，它是不具有适用性的：在这种情况下，它遵循的是补充性原则，即该免除为保证人提供了一项针对债权人的抗辩。相反，如果保证人被债权人免除，则第Ⅲ-4:109条是适用的：由于债务人在内部对被担保债务的整体负责，该项规定的适用效果是债务人并未被债权人免除。

第Ⅲ-4:110条（连带债务中判决的效力）。该项规定只有在并不违背补充性原则的前提下才具有适用性。因此，与第Ⅲ-4:110条的规定相反，法院作出的债务人和债权人之间的判决可能影响到保证人，即根据第Ⅳ.F-2:103条（保证人可主张的债务人的抗辩）第（1）款，只要债务人可以提起，保证人便也可以提起既判力（*res judicata*）抗辩。如果法院在债务人与债权人的诉讼中作出了有利于——哪怕只是部分有利于——债务人的判决，根据既判力抗辩，债权人便被禁止就同一请求向不仅是债务人，而且包括保证人提起另一项诉讼。但在其他情况下，第Ⅲ-4:110条是具有适用性的，例如法院的判决不利于债务人，或者法院的判决是在债权人和保证人之间的诉讼中作出的。

第Ⅲ-4:111条（连带债务中的诉讼时效）。就债权人对债务人行使权利之诉讼时效的后果而言，此项规定是不具有适用性的：在这种情况下，它遵循的是补充性原则，保证人可以向债权人提出被担保债务的诉讼时效作为抗辩。但是，就债权人依据债务人向其所负债务向保证人请求的诉讼时效的后果而言，第Ⅲ-4:111条是具有适用性的：根据第Ⅲ-4:111条（a）项，债权人向保证人请求的诉讼时效不能被债务人用作对抗债权人的抗辩。

第Ⅲ-4:112条（连带债务中其他抗辩的对抗性）第（1）款。此款规定不具有适用性。就保证人诉诸债务人的抗辩之可能性而言，这种情形是由第Ⅳ.F-2:103条（保证人可主张的债务人的抗辩）第（1）款专门规定的。由于对债权人来说，保证人的义务仅仅是补充性的，所以债务人不能诉诸于保证人的任何抗辩。

第Ⅲ－4:112 条(连带债务中其他抗辩的对抗性)第(2)款。此项规定不具有适用性。在保证人与债务人之间,只有在前者向债权人履行了被担保债务之后,他才能向债务人要求偿还。如果保证人没有向债权人提起他可以提起的债务人的任何个人抗辩,他仍然可以根据第Ⅳ.F－2:113 条(保证人履行后的权利)要求全额偿还。根据第Ⅳ.F－2:112 条(债务人履行前的通知与询问),债务人的利益受到保证人之损害赔偿责任的保护。

注　释

1. 在许多成员国,将多数债务人的规则补充适用于保证的具体事项,是一种常见的法律技术。荷兰法律甚至规定,“保证受共同债务规则的调整,除非本分章[关于保证]与之并无不同”(民法典第 7:850 条第 3 项;此外,第 7:866、7:868、7:869 条还有对共同债务规则的明确援引)。

2. 对于共同债务规则的具体援引主要可以在多数保证人之内部关系的规定中找到(参见奥地利民法典第 1359 条第 2 句;丹麦:Andersen, Møgelvang－Hansen and ? rgaard 35 ff.;芬兰:RP 189/1998 rd 7; Ekström 73;德国民法典第 774 条第 2 项,BGH 24 September 1992, NJW 1992, 3228; Lunchroom/Bydlinski § 426 no. 46;意大利民法典第 1954 条;瑞典:Walin, Borgen 26 ff.)。

3. 在某些成员国,债务人和保证人与债权人之间的关系被视为多数债务人的情况(比利时、法国和卢森堡:关于负连带责任的保证人,民法典第 2021 条(自 2006 年,法国民法典第 2298 条);法国:Simler nos. 534 ff.;意大利民法典第 1944 条第 1 项;Bozzi, La fideiussione 252; Casella 250; Giusti 45;西班牙民法典第 1822 条第 2 项;Carrasco a. o. 86)。但是,在其他成员国,人们认为多数债务人的规则并不适用于这种情况(参见德国:MünchKomm/Bydlinski § 421 nos. 33 ff.; Staudinger/Noack § 421 no. 38;相反的观点,Erman/Ehmann § 421 nos. 48 ff.)。

第二章　从属保证

第Ⅳ.G－2:101条　从属保证推定

（1）意在担保所作的任何向债权人支付、为其他履行或赔偿损失的允诺都被推定为产生从属保证，债权人证明有不同约定的除外。

（2）有约束力的安慰函被推定为产生从属保证。

评　论

A. 定义与主要作用

不论是历史上还是在今天，从属保证都构成了保证的核心制度。如果有人提起所有成员国对最为重要的从属保证类型所采用的名称（仅需提及 *suretyship*、*cautionnement* 和 *Bürgschaft* 等），这就会变得更加明显。所有现代的保证类型，不论是从属的（如有约束力的安慰函）还是独立的（如补偿金、独立保证或备用信用证），都是通过从属保证之某一要素的修改发展而来的。

B. 一般推定

第（1）款确立了一项推定，即只要采用保证，那它就是从属保证。这项推定是以任何保证之极端冒险的性质和意义为基础的：保证人要以其现有的和未来的财产对另一个人——债务人——已经承担或未来可能承担的债务负责。由于从属于被担保债务，这些风险可以在一定程度上受到限制。因此，任何对另一人的债权人提供的保证都被推定为从属的，进而受第二章规定的调整。

从属保证的推定适用于包括独立保证和为担保目的的共同债务在内的所有保证类型。如果当事人想要达成独立保证或为担保目的的共同债务的协议，那么这必须被明确规定，或者可以从当事人的协议中明确推导出来。否则的话，它就会被推定为从属保证协议，而这一般是对保证人最为有利的。

毋庸讳言，正是由于其保护功能的充足理由，从属保证的推定也适用于由消费者

承担的保证。

C. 有约束力的安慰函

对于通过有约束力的安慰函承担的保证类型,第(2)款只是确立了一项推定。该项推定当然可以被推翻。该推定是以“资助者”(patron)在发出商业类型的有约束力的安慰函时所追求的特有利益为基础的。如果向债权人作出的对债务人(公司)提供财务支持的承诺是没有保留的,则承诺的违反会通过赔偿债权人所遭受的损失而受到制裁。另外,“资助者”一般不会愿意对债务人的那些存有异议或抗辩的债务负责。

在本条规则的语境中,上述两项理由证明了将通过有约束力的安慰函承担的债务归为从属保证——除非相反的证明的成立——的合理性。

在非商业类型的有约束力的安慰函情况下,对资助债务人过程中发生的任何费用,只要债务人有义务偿还而没有偿还,发出人均承诺由其偿还,这是从属保证的典型情况。

D. 消费者作为保证人——总评

对于保证人而言,为了实现其保护保证人的目的,消费者保护的规则必须被建立在保证制度的基础之上,因为那是对保证人最具有保护力的。一般来说,这就是第二章的从属保证制度。但是,当关于其他担保机制的规则的特别适用对保证人更具保护力或者可能更具保护力时,有时便可能出现疑问。这种情况必须加以详细分析。

关于从属保证的规定不仅适用于消费者从属保证,而且适用于所有其他由消费者承担的保证类型。具体来说,它们也适用于消费者的独立保证(参见第Ⅳ.F－4:105 条(保证人责任的性质)(c)项)和消费者的为担保目的的共同债务(参见第Ⅳ.F－4:102 条(适用规则)第(1)款)。

在将从属保证规定适用于所有由消费者承担的保证类型时,需要注意的是,在这种情况下,从属保证的规定是强制性的,它不能因违背而对消费者保证人造成损害(第Ⅳ.F－4:102 条(适用规则)第(2)款)。该目的是以两种最终聚合的方式实现的。如果消费者承担的是从属保证,第二章的规定不仅直接适用,而且根据第Ⅳ.F－4:102 条第(2)款强制性的有利于消费者。如果消费者承担的是独立保证,或者作为为担保目的的共同债务人,则同样的效果可以分两步实现。第一步是宣称第二章的规则适用于这些情况(分别参见第Ⅳ.F－4:105 条(保证人责任的性质)(c)项和第Ⅳ.F－4:102 条第(1)款)。第二步是第Ⅳ.F－4:102 条第(2)款可以适用,它规定了从属保证规定的强制性特征。因此,即使第(1)款的推定遭到反驳,消费者保证人承担的任何保证也都将受到第二章的调整。

注　释

Ⅰ. 通常的从属保证

（a）不得推定

1. 在大多数成员国，不得推定为从属保证的规则是存在的。

（b）推定为从属保证

2. 但是在法国，如果关于承担之保证的性质有所疑问，则较弱的效果将被认定，即从属保证将会得到选择（参见民法典第1156及以下条文的解释一般规则；Simler no. 895）。如果保证人是消费者，这种解释准则是更为严格适用的（Simler no. 921；CA Paris 26 January 1993，D. 1993，I. R. 93）。此外，根据德国法律，如果适用解释原则（民法典第133、157条）后仍有疑问，则推定为从属保证，因为这是保证之通常的法律类型，并且保证人以这种方式——尤其是根据民法典第766条规定的书面形式要求——获得了最佳的保护（参见Staudinger/Horn § 765 no. 24）。类似的论证也被奥地利所采用，虽然通过形式要求——因为那也适用于独立保证——从属保证并未获得更佳的保护。作为保证人的银行是否可以诉诸从属保证的推定，这是有争议的；但是，主流意见认为可以（参见Avancini/Iro/Koziol no. 3/32，但在no. 3/25又有不同）。在意大利，合同解释的一般规则（民法典第1362～1371条）也是适用的，这也导致了从属保证的推定，因为这是对债务人而言不太繁琐的解决方案（Bonelli，Le garanzie bancarie 56）。在西班牙，实际上并不存在这种推定，而是在债权法中存在规则和一般推定的链条；当债务人并不打算承担债务（民法典第1289条）时，存在着较小责任效果的推定，并且推定，仅仅*litterae commendatoriae*（即债务人之信用价值的报告）并不构成有约束力的承诺（Carrasco，a. o. 117 ff.）。

（c）独立保证的推定

3. 在银行保证，尤其是国际贸易中所采用的银行保证领域中，存在一种特殊的情况。“保证人”，即发出独立保证的银行对尽可能少的被卷入基础交易更感兴趣。因此，它更愿意提供即期担保。对其履行义务而言，唯一的要求是，在提供担保的委托中明确规定的条件需要由债权人予以满足。基础交易的债务人通常是买方或进口商，他们必须并且可能了解到这些条件被规定下来了，以便适应商业的形式要求（参见德国：Graf von Westphalen 5－7；英格兰：Goode，Commercial Law 1017 ff.；意大利：Bonelli，Le garanzie bancarie 56；荷兰：Pabbruwe，Bankgarantie 1－10）。在法国，如果主债务包括非金钱债务（例如，在建筑合同情况下），独立保证的推定便会是坚决的（Simler no. 924 a）。

Ⅱ. 有约束力的安慰函

4. 大多数欧盟成员国并没有对本条第（2）款的规则加以规定。

第Ⅳ.G－2:102条　保证义务的从属性

(1)从属保证人是否应当以及应当在什么范围内履行保证义务取决于债务人是否应当以及应当在什么范围内履行其对债权人的债务。

(2)保证人的义务不得超过被担保的债务,但主债务在下列情形被减少或免除的除外:

(a)债务人进入破产程序的;

(b)因债务人破产而无力清偿导致其他情形的;或者

(c)因为影响债务人的重要事件的发生而根据法律减少或免除其债务的。

(3)除概括保证外,如果担保额尚未确定又不能根据当事人间的协议决定的,保证担保的范围限于担保生效时的被担保债务额。

(4)除概括保证外,在保证债务生效之后,债权人与债务人关于主债务提前到期,或通过改变债务履行的条件而增加了债务履行难度,或增加主债务数额的任何约定都不对保证人的债务产生影响。

评　论

A. 从属性原则

本条是关于从属保证之指导思想的两项原则性规定之一,即所谓从属性原则(有时也被称为补充性原则)。另一项以从属性原则为基础的重要规则是第Ⅳ.F－2:103条(保证人可主张的债务人的抗辩)。

B. 主要规则

第(1)款的主要的规则明确了这一基本特征:保证义务不得超过被担保债务。不论被担保债务是否被请求履行,其限度都当然取决于调整它的条款。例如,由于它是附条件的并且条件尚未得到满足,所以目前不能被请求;或者只有在某个尚未到来的期限届满后,它才能被请求;或者它可能已经失效了。如果保证义务的任何特征超过被担保债务的相应要素,保证义务并不会无效。相反,被担保债务的各自要素相应减少了。从属性原则的一种适用发生在转让被担保债务的请求履行的权利上。由于这种现象的实际重要性,从属性的这种效果通常是被明确规定了的。对于请求履行权利的自愿转让(即分配)而言,第Ⅲ－5:115条(转让给受让人的权利)第(1)款规定,“债权让与的,所有从属性权利以及可转移的从属性担保权利亦随同主债权转移”。这辅

之以转让人将此作为完成该项转让之必要步骤的义务（第Ⅲ－5:112 条（转让人的担保）第（6）款）。此外，如果非（主）债务人的另一人履行了前者的债务，则法律转让往往为非合同的权利转让做准备，尤其是以代位行使债权人权利的方式。本项规则中的范例可以在第Ⅳ.F－2:113 条（保证人履行后的权利）第（1）、（3）款和提到这一规则的规定中找到。

C. 例外情况

债务人的破产与其他类似的事件。但是，在必要情况下，从属性原则并不适用，因为保证对此已有预期，即在破产程序中，债务人的债务会被减少甚至是免除的。一般来说，高于债务人资产的破产程序并不会对债务人的责任产生影响。当这种程序的启动被拒绝时——无论什么原因，尤其是由于债务人的资产不足——这种情况更不会发生。因此，相关的保证并不会受到任何影响。

不过，现代破产法倾向于提供越来越多的机会，以便免除破产债务人——至少是某些类型的债务人——的债务。商业公司的重组以及与债权人达成的类似约定导致，他们可能同意减少其债权。尽管如此，对被减少或免除了的债务提供担保的从属保证仍然应该完全有效，因为它们之所以被缔结，正是为了保护受担保的债权人对抗这种破产的风险。

如果特别法规定，战时或普遍经济危机时期要完全或部分免除国内债务人或陷入危难的债务人的债务，情况同样如此。这种法律可能规定，例如，债务人必须就已到期的被担保债务向某个既定的国内机构偿付，这种偿付免除了债务人的债务。或者，被担保债务可能只是被宣告免除。除特别立法以外，这种特别规则也可以通过法院实践而形成。生活在这些管辖区域外，或者在该管辖区域外有财产的债务人仍负有责任，因为他们（或者他们的外国财产）并不受指向或多或少严格限定的债务人圈子内的措施的影响（参见第（2）款（c）项）。不过，即便这些法律或实践可以免除债务人的债务，但为债务人提供的保证却并不受其影响，因为那会违背确保债权人对抗此种风险的担保的根本目的。

D. 担保额

如果当事人并未明确约定担保额，第（3）款规定了对其予以确定的规则，保证人承担概括保证的除外。该金额可以根据当事人的协议确定，例如，根据卖方的价格表对某辆新车依售价提供保证。如果以这种方式不能确定，则担保额等同于保证生效时被担保债务的金额。保证的生效取决于其成立之时被担保的债务已经存在。相反，如果被担保的债务在保证成立后才存在，则保证的生效时间即是债务形成的时间。这通常是与双方当事人的意图相吻合的。

债务人的哪些从属性义务是被担保额所涵盖了的，这个问题是通过第Ⅳ.F－2:104 条（保证的范围）个别处理的。

第(3)款最后一项间接证实了前面的规则,即未来债务可以被担保,虽然它要受到本条规定的限制(参见第Ⅳ.F－1:101 条(定义)a 项)。有人建议,为了保护保证人,最高金额应予确定,但这并没有得到商业保证人的遵守,因为那会不适当地限制商业实践的进行。但是,如果消费者提供了概括保证或特定的并无确定最高额的保证的话,这项保证就要缩减到通过保证生效时被担保债务额来确定的金额(第Ⅳ.F－4:105 条(保证人责任的性质)(a)项)。

被担保债务的嗣后增加。为了保护保证人的利益,作为一项规则,他们的担保义务的范围是在保证生效时确定下来的;这是对双方当事人意图的推定。因此,被担保债务的嗣后增加对保证人并不具有约束力。这不仅适用于被担保债务额或者因为偿付条款的加重,或者因为期限届满日的提前而导致的完全增加,而且适用于其他保证条款的加重。

相反,期限届满日的延后通常不会增加保证人的负担,只要保证人处于保证的时间限制内。如果例外地存在一项负担的增加(例如,如果债务人破产的话),则债权人根据第Ⅳ.F－2:110 条(债权人权利的限制)负有责任。

E. 从属性的其他事件

不太经常出现的从属性问题并没有明确规定在关于保证的这些规则当中。但是,通过第Ⅳ.F－1:108 条(连带债务人规则的补充适用),解决方案可以从第三卷第四章第一节规定的连带债务人的一般规则中推导出来。第Ⅳ.F－1:108 条的评论 C 适用于债务人和连带责任保证人之间的关系。

F. 消费者作为保证人

从属保证。只有第(3)、(4)款的适用需要特别的解释性评论。

第(3)款是对第Ⅳ.F－4:105 条(保证人责任的性质)(a)项规定的消费者从属保证人(以及其他消费者保证人的关系)的补充。具体来说,这意味着第(3)款前半句关于并无最高额限制的概括保证之例外情况是不适用的。

一般来说,债权人与债务人之间在任何方面增加被担保债务的协议,对保证人都不具有影响力。第(4)款规定的关于概括保证的例外情况限定了第Ⅳ.F－4:105 条(保证人责任的性质)(a)项的消费者:除非保证的最高额已经被约定,否则担保额必须按照本条第(3)款来确定。只有在债务增加并未超出保证的最高限额时,它才能约束消费者保证人。

关于消费者从属保证的规则是对保证人条款(参见第Ⅳ.F－4:102 条(适用规则)第(2)款)的强制适用。

其他类型的保证。对于以并非从属保证的形式提供担保的消费者而言,本条第(1)款和第(2)款第 1 句也具有约束力。对于提供独立保证的消费者来说,要遵循第Ⅳ.F－4:105 条(保证人责任的性质)(c)项,而对为担保目的的共同债务的消费者来

说,则要遵循第Ⅳ.F－4:102 条(适用规则)第(1)款。这两项规定宣称第二章关于从属保证的规则是适用的,在当前语境下,这些规则对消费者保证人是具有强制性的。

对于为担保目的的消费者共同债务人来说,补充性的保护规则规定在第Ⅲ－4:107 条(连带债务人之间的追索权)、第Ⅲ－4:108 条(连带债务的履行、抵销与混同)、第Ⅲ－4:109 条(连带债务的免除与和解)和第Ⅲ－4:112 条(连带债务中其他抗辩的对抗性)。这些规定也适用于为担保目的的消费者共同债务人。

对于独立保证而言,第(2)款第 2 句规定的从属性原则之例外只是明确了下述一般原则:在破产程序中,可能隐含在债权人对债务人超出后者资产之外的请求中的结果是与保证人对债权人所负责任毫不相干的。作为破产程序中超出某共同债务人财产的后果,对于该共同债务人的减少或免除的效果并没有作出明确的规定。但是,根据第Ⅲ－4:112 条(连带债务中其他抗辩的对抗性)第(1)款第 1 句的意思看来,这种部分的或完全的免除只是个人的抗辩,因此,它并不能对任何共同债务人都有利。这一结果也符合为担保目的的共同债务所追求的担保目的。该结果与本条第(2)款第 2 句的规定一致,因此,也是与从属保证人以及独立保证人所追求的结果相吻合的。

第(3)、(4)款是对保证人的保护性规定,因此,它们适用于对消费者独立保证人或者为担保目的的消费者共同债务人的保护(分别参见第Ⅳ.F－4:105 条(保证人责任的性质)(a)项和第Ⅳ.F－4:102 条(适用规则)第(1)款)。但是,正如消费者从属保证人的情况一样,适用于消费者独立保证人或为担保目的的消费者共同债务人的第(3)、(4)款仅以第Ⅳ.F－4:105 条(a)项对特定消费者的保护效果为条件,那是对消费者承担的所有类型的保证都具有适用性的。

在当前语境中,该条文规则对消费者是强制性的(参见第Ⅳ.F－4:102 条(适用规则)第(2)款)。并且,在为担保目的的消费者共同债务的情况中,本条中的"债务人"一词指的是其债务获得担保的债务人。

注　释

1. 在所有成员国,从属保证的正当性完全取决于被担保债务的正当性。这一共同特点便是从属性原则,它对从属保证制度具有决定性的影响。在国内法律,尤其是大陆国家的国内法律中,更常用的称谓是补充性。它处处都被公认为欧洲私法的一般原则,其根本目标是对保证人的保护(van Erp 309 ff.)。

Ⅰ. 被担保债务的性质

(a)任何类型的债务

2. 根据从属保证的合同,保证人就第三方债务的偿付向债权人承担义务(德国民法典第 756 条第(1)款;希腊民法典第 847 条;葡萄牙民法典第 627 条)。一般情况下,对不论其来源或标的物的任何类型的经济债务提供从属保证都是可能的(德国:Palandt/Sprau § 765 no. 17;希腊:Georgiades § 3 no. 35;葡萄牙:Pires de Lima and Antunes Varela 644)。因此,从属保证也可以担

保交付特定标的物的债务,或者为或不为某事的债务(比利时:Van Quickenborne nos. 178-184;法国:Simler no. 209 f.;德国:Palandt/Sprau § 765 no. 17;希腊:A. P. 691/1955, A. P. 692/1955, NoB 4, 455 ff.;意大利:Fragali, Della fideiussione 98; Giusti 27;荷兰:Blomkwist no. 3;葡萄牙:Pires de Lima and Antunes Varela 644;苏格兰:Gloag and Irvine 645;西班牙:Vicent Chuliá 379),或者为"另一人的违约或误送"提供担保(英格兰:Mercers Co. v. New Hampshire Insurance Co. [1992] 1 WLR 792;葡萄牙:Pires de Lima and Antunes Varela 644;西班牙:Guilarte Zapatero, Comentarios 89)。保证权利担保的是哪种债务,取决于当事人之间的合同规定(丹麦:Højrup 30 ff.; Pedersen, Kaution 15 f.;瑞典:Walin, Borgen 36 ff.)。

3. 如果从属保证担保的是金钱债务,则保证人的义务便是相同内容的金钱债务(希腊:Georgiades § 3 no. 35),并且,在某些国家,保证人还必须促使债务人履行被担保的债务(英格兰:Moschi v. Lep Air Services Ltd. [1973] AC 331, 348 (HL);苏格兰:Erskine Ⅲ, 3, 61; Stair/Eden no. 918)。

4. 如果从属保证担保的是非金钱债务,例如非金钱的履行或债务人的容忍,那么由于债务人未履行其债务,保证人则有义务向债权人进行损害赔偿,但无需履行债务人的债务(奥地利:民法典第1350条明确规定; Schwimann/Mader and Faber § 1350 no. 1;丹麦:Pedersen, Kaution 49;英格兰:O' Donovan and Phillips no. 10-203;法国:Simler no. 209;德国:Staudinger/Horn no. 14 preceding §§ 765 ff.;希腊:Georgiades § 3 no. 35;意大利:Giusti 31;苏格兰:Stair/Clark no. 918),特别是当债务人的非金钱债务具有不可替代性时,更是如此(荷兰:民法典第7:854条; du Perron and Haentjens art. 854 no. 1;西班牙:Guilarte Zapatero, Comentarios 89)。在德国,通过对保证合同的解释,可以实现同样的效果(Palandt/Sprau § 765 no. 25)。

(b)作为被担保债务的另一保证人的义务

5. 在几乎所有成员国,被担保债务可以是某个主要保证人所负的义务(奥地利:民法典第1348条;比利时、法国和卢森堡民法典第2014条第2项(自2006年起,法国民法典第2291条第2项);意大利民法典第1948条;德国:Staudinger/Horn nos. 57-59 preceding § 765;荷兰民法典第7:870条;葡萄牙民法典第630条;西班牙民法典第1823条第2项)。但是,这种保证(*certification de caution*)在法国并不是很常用,因为债权人宁愿选择更具有可行性的负连带责任的保证(Simler no. 116)。

(c)未来的或附条件的被担保债务

6. 在所有成员国,未来的或附条件的债务都可以被担保(比利时:Van Quickenborne no. 186;荷兰民法典第7:851条第2款的未来债务和第6:26条的附条件债务;英格兰:prospective securities,参见 Andrews and Millett no. 4-016;法国:(未来债务)参见格里马尔蒂委员会和Simler nos. 210 ff. 提议的新民法典第2301条;德国民法典第765条第2项;希腊民法典第848条;意大利民法典第1938条;葡萄牙:民法典第628条第2项; Almeida Costa 785;苏格兰:Stair/Eden no. 835;西班牙:民法典第1825条; Guilarte Zapatero, Comentarios 99 ff.)。在德国,当事人可以自由协商来担保将在某个特定期间内成立的所有未来债务(Reinicke and Tiedtke no. 150)。在这些情况下,保证人对所有约定期间内到期的债务负责,与附有保证期间(参见第Ⅳ.F-2:108条(保证期间))的保证情况相反,债权人甚至在约定期间届满后仍有权要求保证人履行。关于概括保证,参见第Ⅳ.F-1:101条(定义)注释41至注释47。

(d)限制

7. 但是,关于对未来债务提供的保证,存在着一般性的限制:在比利时、法国、德国、希腊、葡萄牙、西班牙和荷兰,保证合同中必须含有充足的要素,以便能在未来时刻来确定被担保的债务(比利时:Van Quickenborne nos. 186, 188 and 191;法国:CA Paris 17 February 1998, RD banc 1998, 177; Simler no. 210;德国:BGH 30 March 1995, NJW 1995, 1886; Palandt/Sprau § 765 no. 7; Erman/Herrmann § 765 no. 3;希腊:CFI Athens 975/1997, EED 48, 704; Georgiades § 3 nos. 36, 51－55;意大利:Cass. 18 July 1997 no. 6635, Giur. it. Mass. 1997, 651;荷兰:民法典第7:851 条第 2 项;葡萄牙:STJ 11 May 2000, 250/00 www. dgsi. pt)。在西班牙,根据自由的法院理论,只要当事人和基础交易足够充分,最高额被确定下来便已足够(TS 23 February 2000, RAJ 2000/1242)。为了防止保证人负担过重,未来的或附条件的债务必须以某种方式能够确定(荷兰民法典第7:851 条第2 款:"充分确定"; Blomkwist no. 11;法国:Simler no. 210;在适用这一原则时,德国现代判例和多数学者并不打算强加过多的负担,参见 BGH 18 May 1995, BGHZ 130, 19; Bülow, Kreditsicherheiten nos. 840－841; Reinicke and Tiedtke, Bürgschaftsrecht no. 21 in fine;希腊:Georgiades § 3 no. 36;葡萄牙:STJ 30 September 1999, 436/99www. dgsi. pt;西班牙:Reyes López 217)。该确定并不需要太过精确,但应该能够识别出可能会引起未来债务的法律关系。在法国,与现有债务之保证的情况相反,利率无需在未来债务的保证合同中明确规定(Cass. com. 9 March 2004, D. 2004, 2706, note Aynès)。

8. 当对保证人提出请求时,债务已经存在,或者条件已然满足便是足够的(比利时:Van Quickenborne nos. 185－187;德国:Reinicke and Tiedtke, Bürgschaftsrecht no. 9;希腊:Georgiades § 3 no. 36;意大利:民法典第 1938 条; Foschini 465; Giusti 156;荷兰:Blomkwist no. 11; du Perron and Haentjens art. 851 no. 5;葡萄牙:Almeida Costa 786;西班牙:民法典第 1825 条; Guilarte Zapatero, Comentarios 80 f.)。

9. 在荷兰,附条件之保证的有效性通常来自于民法典第 6:26 条,据此,只要有关债务之附条件特征允许,关于不附条件的债务之规定便适用于附条件的债务(Blomkwist 24)。在西班牙,当被担保债务确定下来时,债权人可以仅对保证人提出履行请求(民法典第 1825 条; TS 29 April 1992, RAJ 1992 no. 4470)。

10. 相反,在丹麦,根据丹麦消费者委员会与金融委员会之间的协议,消费者对未来和附条件债务提供的保证是不被允许的。

(e)未来债务的最高限额

11. 在意大利,对未来债务提供的从属保证必须注明最高担保限额(1992 年修订的民法典第1938 条);否则,它们便是完全无效的(关于该规则类推适用于有约束力的安慰函,参见 CFI Roma 18 December 2002, Giur. mer. 2003, 1661)。超出所注明的最高限额的协议,其超出部分无效(De Nictolis 207 ff.)。在荷兰,如果非营业者一方承担保证时,债务人的债务额尚未确定,则保证只在以货币形式表示的约定最高限额内有效(荷兰民法典第 7:858 条第 1 款)。对于消费者保证人而言,该项规定是强制性的(参见民法典第 7:862 条(a)项)。在葡萄牙,注明最高限额似乎是不可或缺的(STJ 19 October 1999, BolMinJus no. 490, 262)。此外,如果债务人的财务状况恶化,或者除非约定了其他期限,自保证设立之日起五年后,为未来债务提供担保的从属保证可以由保证人在被担保债务实际存在之前终止(葡萄牙民法典第 654 条)。在西班牙,概括保证要想有效,最高限额是必需的(TS 23 February 2000, RAJ 2000/1242)。

Ⅱ.保证义务的范围

（a）一般规则

12. 作为从属性原则的结果，就偿付的数额、期限和债务人负责的条件而言，保证人的责任不能高过债务人。保证债务超出被担保债务的，要自动降低至后者的限额之内（比利时、法国和卢森堡民法典第 2013 条（自 2006 年，法国民法典第 2290 条）；荷兰民法典第 7:851 和 7:860 条；芬兰《独立保证和第三人担保法》第 5 条第 2 项；德国：参见民法典第 767 条第 1 项第一句；Palandt/Sprau § 767 no. 1；希腊民法典第 851 条；意大利民法典第 1941 条；葡萄牙民法典第 627 条第 2 项和第 631 条；西班牙民法典第 1826 条）。英格兰、爱尔兰和苏格兰法律也是如此，在那里，保证人的责任被认为是与债务人的责任有着共同范围的（英格兰：Andrews and Millett no. 6-002；爱尔兰：White 541；苏格兰：Stair /Eden no. 918）。

13. 德国民法典第 767 条第（1）款第 1 句规定，在任何时候，被担保债务的范围都决定了保证人的义务范围。因此，如果被担保债务并不以债权人和债务人之间的协议为基础进行了更改，包括延期，保证人也要受此约束（参见德国民法典第 767 条第（1）款第 2 句，以及 Palandt/Sprau § 767 no. 2）。

（b）特殊规则

14. 在荷兰，它是通过对消费者保证人具有强制性的条款（参见民法典第 7:862 条 a 项）来规定的，据此，保证人并不受比债务人所负担的更为繁重的义务条款的约束，除非它们涉及主债务人之债务存在和范围的证据的方式可以用来对抗保证人（民法典第 7:860 条；Blomkwist no. 26）。

（c）被担保债权转让时从属性的效果

15. 在大多数欧洲法律制度中，作为从属保证之从属性特征的直接后果，从属保证权利与被担保债务的履行请求权利一起自动转让给受让人。该项规则在欧洲立法和理论中是普遍的，它规定，所有从属性权利都随主权利的转让一起自动转让给受让人，而并不需要单独的转让行为（奥地利：隐含在民法典第 1393 条；OGH 17 March 1987，SZ 60 no. 46 at p. 244；丹麦：Ussing，Kaution 98；比利时、法国和卢森堡对民事债务：民法典第 1692 条；法国对职业性债务：MonC art. L 313-27（3）；德国民法典第 398、401 条；意大利民法典第 1263 条第 1 项；荷兰民法典第 6:142、3:82 条；葡萄牙民法典第 482 条；西班牙民法典第 1528 条；瑞典：Walin，Borgen 88 f.）。但是根据英国法律，仅当担保利益已被明示或默示地与被担保债权一起转让时，被担保债权的受让人才有权获得从属保证权利（O'Donovan and Phillips no. 10-176）。

16. 在法国，与关于履行请求权利转让的规则相反，法院的实践曾认为，作为从属合同，从属保证不能自动转让给转让后新的债权人。相反，被担保的出租人将出租建筑物出售后（Cass. com. 26 October 1999，D. 2000，224，note Aynès），或者甚至在被担保的债权人合并吸收后（Cass. civ. 28 September 2004，JCP E 2005，no. 14 p. 619），从属保证归于终止。有人认为，首先，这些合同的转让一般并不被法国法所承认，其次，从属保证是依据"属人性"（*intuitus personae*）而订立的，它并不能超出其限制（民法典第 2013、2015 条（自 2006 年，民法典第 2290、2292 条））。这种意见最近已经被上诉法院全体会议的决议所推翻了（关于出租建筑物之出售：Cass. ass. plén. 6 December 2004，D. 2005，227，note Aynès；关于合并吸收：Cass. com. 8 November 2005，in JCP E 2006 Ⅱ，no. 1000，note Legeais）。根据 2004 年 12 月作出的创新性决议，债权人的改变对保证合同并不是必要的，只要保证人的保证条款是相同的。从属保证即被认为是出租合同的

必要附件,而出租合同自身依法(参见民法典第 1743 条)附属于建筑物销售合同。

Ⅲ.关于破产程序和类似事件中债务人免除的例外

(a)破产程序

17. 在所有欧洲国家,债务人破产并不会使得保证人被免除责任(奥地利:《破产法》第 151 条和 Composition Act 第 48 条;比利时:1997 年 8 月 8 日《破产法》,2005 年最后修订,第 21 条第 1 款和第 35 条第 4 款;但是,如果相对于其收入和资产,保证是不成比例的话,对消费者保证人存在部分或全部的免除:Cass. 16 November 2001, JLMB 2001, 1731; Lebon, Borgtocht nos. 1-7; in the context of the Collective Debt Rescheduling Act of 5 July 1998: Dirix and De Corte no. 421;丹麦:Pedersen, Kaution 106 ff.;英国 Insolvency Act 第 281 条第(7)款;芬兰:《独立保证和第三人担保法》第 21 条, RP 189/1998 rd 58 ff.;法国:关于企业破产的商法典 L 631-14 Ⅱ,格里马尔蒂委员会为个人破产所建议的民法典第 2308 条第 2 款;鉴于 2005 年 7 月 26 日关于企业保障的 Law no. 2005-845,即便债权人在破产程序开始时疏于申报权利,也是如此(商法典第 L 622-26 条);德国 Insolvency Statute 第 254 条第 2 款第 1 句;希腊:Filios Ⅱ/I § 127, fn. 29 at p. 89;意大利:Cass. 17 July 2003 no. 11200, Giust. civ. Mass. 2003, 1709 f.; Cass. 27 June 1998 no. 6355, Fallim 1999, 525;卢森堡:Ravarani, Rapport Luxembourgeois 437-438;荷兰:《破产法》第 241、300、340 条第 3 款;苏格兰:《破产法》1985 第 60 条;瑞典:Walin, Borgen 157 ff.)。瑞典法律规定,债权人必须采取一切必要步骤促使债务人偿付,但在向保证人要求履行之前,并无须等待债务人破产(Gorton, Suretyship 592 fn. 31)。在西班牙,虽然带有一些不确定性,但最高法院过去的理论认为,在破产程序中,保证人并不能被免除责任,即使是在破产计划允许了部分或全部免除债务人债务的情况下,也是如此(Carrasco, Tratado, pp. 204 ff.)。该项规则在 2003 年 Insolvency Law 第 135 条中得到了坚持。

18. 在疑虑期间内,债务人履行的无效会对担保无效履行之保证人有什么影响呢? 在德国,以返还履行为基础的金钱权利会恢复效力,任何类型的从属的和非从属的担保权利也都恢复了(Frankfurter Kommentar/Dauernheim § 144 no. 3; CA Frankfurt/Main 25 November 2003, ZIP 2004, 271)。在希腊,一贯的观点是,破产债务人即使是单方面减少其财产的行为,包括债务之抽象承认,只要它们是在怀疑期间作出的,对债权人都归于无效,而保证是有效的,因为它在债权人和债务人之间仍然有效,随之前者可以转向保证人并要求其偿付债务(参见 CA Athens 5511/1975, NoB 24, 85; Georgiades - Stathopoulos AK/Vrellis art. 850 no. 12)。

19. 德国的观点是,即便是债务人公司由于资产不足而被注销,这也不会免除从属保证人的义务;相反,保证作为独立义务仍然存在,债权人可以对其提出请求(BGH 25 November 1981, BGHZ 82, 323, 327 s.; Reinicke and Tiedtke, Bürgschaftsrecht no. 126)。

(b)延期偿付

20. 奥地利最高法院认为,为匈牙利债务人提供担保的奥地利保证人不能对奥地利债权人主张由匈牙利政府发出的延期偿付令(OGH 5 September 1934, SZ 16 no. 162, pp. 451 f.)。

(c)债务人与债权人之间的自愿约定

21. 根据荷兰、德国和希腊的成文法,以及葡萄牙和西班牙的判例,债务人与债权人之间为避免破产程序或延期偿付所达成的协议,以及非营业性债务人达成的重订支付方法的协议,并不会免除保证人的义务(荷兰《破产法》第 160、272 条第 5 款;德国 Statute on Insolvency 第 254 条第 2 款第 1 句;希腊:《商法》第 643 条; Georgiades - Stathopoulos AK/Vrellis art. 853 no. 29;葡萄牙:

《破产法典》第 63、81 条第 2 款和第 245 条）。不过，如果债权人承认了该协议，保证人便被免除了（TJ 19 April 2001，329/01 www. dgsi. pt；STJ 18 November 1999，859/99 www. dgsi. pt（并非通过延期偿付而免除））。根据西班牙某些过去的判例（Carrasco，Tratado，p. 206），如果债权人采取积极步骤来使得免除协议被认可的话，债权人便失去了对担保的权利；如今这些规则已经在 2003 年《破产法》第 135 条中得到了确认。此外，根据意大利的成文法可以推断出，债务人与债权人之间达成的自愿破产协议并不会免除保证人的义务（L. fall art. 140(3)；art. 184；cf. Cass. 6 August 2002 no. 11771，Giust. civ. Mass. 2002，1479）。在德国，法律明文规定，虽然保证人并不会对债权人免除义务（参见上文），但债务人对保证人却可以免除（《破产法》第 254 条第 2 款第 2 句），以至于对债务人的追索权被排除在外了。相应的规则可能也存在于其他国家，因为否则的话，债务人的（部分）免除便不会生效。但是，在希腊，向债权人偿付了部分债务的保证人会作为债权人参与到破产程序当中，有权获得部分的偿还（参见《商法》第 641 条第 2 款；Georgiades § 3 no. 213）。

22. 在英格兰，根据 1986 年《破产法》第八编，自愿协议经常会免除保证人的义务，因为它们是以当事人的合意为基础的，因此关于主合同变更的普通法规则（参见下文注释第 26 至注释 30）是适用的（Johnson v. Davies [1999] Ch 117）；只有债权人明确对保证保留权利时，后者才不会被免除义务（Andrews and Millett no. 9-014）。在法国，在债务人被部分免除的情况下，同样的解决方案得到了法院实践的普遍承认（Cass. com. 5 May 2004，Bull. civ. 2004 Ⅳ no. 84 p. 87；contra for release of debts：Cass. com. 13 November 1996，JCP E 1997，Ⅱ no. 903，note Legeais；Simler no. 478），即使保证人被关于债务免除和延期的协议排除在外：缔约过程中的诚实信用原则必须得到遵守。但是现在，2005 年 7 月 26 日 Law on Safeguard of Enterprises no. 2005-845 明确认可了随和解程序中的债务人免除而发生的保证人免除（Ccom 第 L 611-10 条第(3)款）。

(d) 尽管债务人被免除，保证人也不被免除

23. 根据法国消费者法律，即使消费者债务人在破产程序中被部分免除，保证人也不被免除（Simler no. 719）。保证人只有被通知该程序开始的权利（《消费者法典》第 331～333 条；民法典第 2024 条第 2 句（自 2006 年，法国民法典第 2301 条第 2 句））。

24. 德国《破产法》允许消费者债务人在一定条件下被免除破产程序终止后六年内的几乎所有当前债务（参见第 286～303 条，尤其是第 287 条第 2 款和第 300 条第 1 款）。但根据第 301 条第 2 款第 1 句，保证人不能对债权人提出该种免除，虽然他们对债务人并无追索权（同上第 2 句）。

25. 比利时立法者目前正在准备对《破产法》进行修改，据此，在特定情况下，被免除的破产商人的特权可以被扩展至商人的保证人。

Ⅳ. 加重被担保债务的协议

(a) 概述

26. 根据奥地利、比利时、丹麦、芬兰、德国和卢森堡的法律，以及希腊、意大利和西班牙的判例，保证人承担担保之后，债权人与债务人之间关于扩大范围、加重条件和条款或者提前偿还被担保债务的协议，对保证人并无约束力（奥地利：Rummel/Gamerith § 1353 no. 4；Schwimann/Mader and Faber § 1351 no. 14；丹麦：Pedersen，Kaution 79 f.；芬兰：《独立保证和第三人担保法》第 8 条第 1 款；RP 189/1998 rd 40 f.；法国、比利时和卢森堡民法典第 2013、2015 条（自 2006 年，法国民法典第 2290、2292 条）；比利时：Van Quickenborne nos. 241 ff.；法国：Simler nos. 462

ff.;德国民法典第767条第1款第3句;希腊:CAThessaloniki 2539/1989, Arm 43, 986; Georgiades § 3 no. 111;意大利:民法典第1941条第1款和第3款; Giusti 141 ff., 150 f.; Cass. 20 February 1999 no. 1427, Giur. it. 1999 I 1576;西班牙:民法典第1835条和SAP Ciudad Real 26 January 1995, AC 1995/148)。

27. 相反,根据英国法,被担保债务合同的任何实质性变更甚至会免除保证人的义务(Holme v. Brunskill (1877－78) 3 QBD 495; Chitty/Whittaker no. 44－089)。但是,同意变更的保证人仍然要承担责任,除非变更后,被担保债务合同不再处于原从属保证的一般范围之内;在这种情况下,当事人必须签订新的担保合同(参见 Trade Indemnity Co. Ltd. v. Workington Harbour & Dock Board (No. 1) [1937] AC 1; Triodosbank NV v. Dobbs [2005] EWCA Civ 630, [2005] 2 Lloyd's Rep 588)。关于保证人因被担保债务合同条款的变更而被免除义务,相同的规则也在爱尔兰适用(MacEnroe v. Allied Irish Banks Ltd. [1980] ILRM 171; White 545 f.),除非变更仅限于合同的可分部分。

(b)详述

28. 德国民法典第767条第1款第3句规定,承担从属保证之后,保证人的义务不因债务人参与的任何法律交易而增加。因此,保证人并不受任何恶化其地位的法律交易的约束,除非那只是并不影响被担保债务之实质的微小改变,因此根据诚实信用原则,这对保证人是合理的(BGH 1 March 1962, WM 1962, 701; Palandt/Sprau § 767 no. 3; Erman/Herrmann § 767 no. 9)。在荷兰,一项特殊规则规定在民法典第7:861条第4款。非营业性保证人并不受由某法律行为所产生的未来债务的约束,该法律行为是债权人知道从债务人处获得偿付的可能性大大降低之后,不必作出而已经作出的。如果保证人对该法律行为明确表示同意,或者除非该行为不能被延期,这项规则是不适用的(Blomkwist no. 29)。

(c)特殊问题:履行期限的延长

29. 在英格兰、爱尔兰和苏格兰,如果债权人延长了债务人履行的期限,保证人也便被免除了(英格兰:Swire v. Redman (1875－76) 1 QBD 536; Andrews and Millett no. 9－029;爱尔兰:White 545;苏格兰:Stair / Clark no. 965),因为这会影响到保证人向债权人清偿后以债权人的名义向债务人追偿的权利。但是,根据英国法,如果债权人在延长偿付日期或免除主债务人债务时,向主债务人通知,保留其对保证人的权利的话,则保证人仍要负有责任(参见 Greene King v. Stanley [2001] EWCA Civ 1966, [2002] BPIR 491; O'Donovan and Phillips nos. 6－66 ff.)。此外,根据西班牙民法典第1851条,"债权人对债务人偿付期限的延长,如果未经保证人同意的话,则导致保证终止"。如果保证人在承担担保时已经知道存在默示延期的可能性,则明示同意并非必需的(TS 8 May 1984, RAJ 1984/2399)。因此,西班牙最高法院宣称,第1851条并不适用于为未来的或附条件的债务提供担保的情况(TS 31 October 1984, RAJ 1984/5153)。

(d)并不免除

30. 相反,根据奥地利法院和学者的观点,对债务人的延期并不会免除保证人的义务(OGH 4 May 2005, JBl. 2005, 722, 724 s.; OGH 6 May 1954, ÖJZ 1954, 455 no. 312; Rummel/Gamerith § 1353 no. 4)。此外,根据法国和比利时民法典第2039条(自2006年,法国民法典第2316条)和葡萄牙判例,债权人对债务人的延期并不免除保证人的义务(葡萄牙:STJ 24 January 1989, 77015 www.dgsi.pt)。保证人也可能从到期日推延中受益,但同样可以放弃从这种推延中获益的权利(比利时:Van Quickenborne nos. 326－329;法国:Simler nos. 464 ff.)。根据少数法国学

者的观点,民法典第 2039 条(自 2006 年,民法典第 2316 条)也适用于承担连带责任的保证人(Simler no. 465),虽然关于连带责任的规则之严格适用会将这种解决方案排除在外(参见法国和比利时民法典第 2021 条(自 2006 年,法国民法典第 2298 条))。由于民法典第 2039 条(自 2006 年,法国民法典第 2316 条)并不具有强制性,如果保证人并不同意债权人对债务人的延期,当事人可以另行约定并免除保证人的义务(Simler no. 469)。

第Ⅳ.G－2:103 条　保证人可主张的债务人的抗辩

(1)保证人得主张债务人就被担保债务所享有的任何抗辩以对抗债权人,即便债务人因为其在保证生效后的作为或不作为已不得再主张该抗辩。

(2)保证人有权拒绝履行保证债务,如果:

(a)债务人有权依据第二卷第五章(撤销权)的规定撤销其与债权人的合同;

(b)债务人有权依据第Ⅲ－3:401 条(中止履行对待债务的权利)的规定中止履行;

(c)债务人有权依据第三卷第三章第五节(终止)的规定终止其与债权人的合同。

(3)如果在担保生效时保证人知道这些相关事实,则保证人不得援引无论是作为自然人还是作为法人的债务人行为能力的欠缺或者作为法人的债务人的不存在作为抗辩。

(4)只要债务人有权依据前述各款以外的理由撤销作为主债务基础的合同而不行使该撤销权的,保证人即有权拒绝履行债务。

(5)如果主债务是可以抵销的,前述各款规定得准用之。

评　论

A. 概述

本条通过澄清保证对被担保债务之从属性的另一个方面,即保证人可主张的债务人的抗辩,对前一条进行了补充。

B. 原则

主要规则规定在第(1)款前半句:债务人所享有的"任何抗辩"都可以由保证人主张。该项一般规则是符合前条第(1)款所规定的从属性原则的。

但是,对于从属性原则的一项重要限制规定在第(1)款后半句中。由于债务人的行为或疏漏,原本存在但后来丧失的任何抗辩仍然可以由保证人主张,只要该丧失发

生在保证生效之后。抗辩丧失的例子包括,债务人的放弃,或者债务人在其到期之前未能提出该项抗辩。这种例外情况的理由在于,保护保证人对于能够继续主张保证生效时债务人所享有的任何抗辩的预期。

被担保债务的存在。被担保债务可能是不存在的。在这种情况下,严格说来并不存在债务人。不过可能存在一项债务的外观(例如,一个看来是由债务人签署的伪造文件,或者一份由于某些其他原因而无效的合同),并且债务人可以试图诉诸担保。当然,正如外观债务人可以做的那样,保证人也可以主张文件或合同的无效。

相应地,被担保债务可能已经产生,但之后已经由债务人或第三人进行了适当偿付。在这种情况下,保证人也可以向债务人可以做的那样,通过主张被担保债务的消灭来对抗债权人可能提出的任何请求。

导致被担保债务产生的合同或其他法律行为的无效可能有着多种具有个人性质或与之相关的原因。债务人可能是无行为能力的,但保证人对此并不知情(因此第(3)款并不具有适用性)。基础合同可能由于债务人的欺诈、错误或胁迫而归于无效(参见第三卷第七章第二节),或者由于违背法律的禁令而被法院宣告无效(参见第三卷第七章第三节)。

被担保债务的范围。由于保证人的义务不能超过被担保的债务,担保到期时,保证人首先需要确定被担保债务到期时的确切范围和金额。如果从属保证是对现金账户提供的,它便有必要查阅一下担保到期之日账户的余额。关于与本条目的很可能相关的被担保债务的范围,一种常见的情况是,债务人已经对债务进行了部分偿付。如果债权人想要从保证人处获得全部的偿付,那么后者可以向债务人那样主张部分偿付的抗辩。

未到期的被担保债务的履行。存在已被履行的被担保债务可能是并未到期的。例如,它可能附有并未得到满足的延缓条件或者尚未届至的延缓期限。或者债务人可能有权拒绝履行。一个重要的例子是,被担保债务的诉讼时效期间已经经过。根据第Ⅲ－7:501 条(一般效力)第(1)款,诉讼时效期间届满之后,“债务人有权拒绝履行”。保证人可以主张该项债务人的抗辩,无论债务人是否已经主张过。但是,如果保证人已经履行了失效的债务,那么任何履行都不能仅仅因为诉讼时限期间已经届满而要求返还(第Ⅲ－7:501 条第(2)款)。

C. 拒绝履行的权利

第(2)款规定了三种实际上并不属于债务人的抗辩,但债务人仍然可以合法拒绝履行,或者通过发出通知而拒绝履行的情况。第一种(第(2)款(a)项)是,债务人有权依据第二卷第五章的规定撤销其与债权人的合同。这项权利的存续期间往往很短暂,一旦债务人丧失,保证人便也失去了据此拒绝履行的权利。第二种情况(第(2)款(b)项)是,债务人有权依据第三卷的一般规则中止向债权人履行,例如,债权人拒绝按时履行对等义务。保证人为了中止对债权人的履行,实际上可以主张债务人的该项权

利。同样,这种拒绝履行的权利可能是暂时的。如果后来债权人履行了对等义务,那么保证人便不能再拒绝向债权人履行。第三种情况是,债务人有权依据第三卷第三章第五节的规定终止其与债权人的合同。其典型例子是,债权人对合同义务的根本违约所导致的终止权。

D. 债务人行为能力的欠缺

许多国家都规定了该原则的一种例外,这涉及债务人完全行为能力的缺陷或欠缺;如果债务人是法人的话,还涉及法律人格的欠缺。但是,这种无行为能力或法人人格的不存在,必须是在担保生效时已经为保证人所知晓的。基本的假设是,在这些情况下,保证的目的是提供一项重要因素,以便克服由债务人的"人格缺陷"所造成的经济后果。但是,保证人必须自愿承担该项风险。第(3)款规定了这一规则。

至于这种完全行为能力或法律人格的欠缺对保证人向债务人之追索权的影响,规定在第Ⅳ.F－2:113条(保证人履行后的权利)第(4)款。

E. 债务人未行使撤销权

第(4)款和第(5)款的共同特点是,债务人有权行使撤销或抵销而并未行使。由于一般而言,保证人并无权行使那些带有人身属性的权利,但他又不应因债务人的不行使而遭受不利,所以必须设计某些制度。此处的情况是与第(2)款不相同的。

根据第(4)款,当债务人并未行使其有权行使的撤销权时,保证人有权拒绝履行。撤销权的例子时,债权人金钱债务的基础是建立在债权人的胁迫或债务人的错误之上的。拒绝履行权利的赋予是一种折中:一方面,保证人无权行使债务人的撤销权,因为那是以债务人的个人决定为基础的;但另一方面,保证人不应因债务人不行使撤销权而处于不利地位,因为从属性原则是对保证人有利的。

F. 未行使抵销权

如果债务人对债权人享有抵销权,但并未行使,上述理由同样适用。

如果债权人对债务人也享有抵销权——这是与债务人享有该权利的情况同样经常发生的——同样的理由也适用。如果只有债权人而非债务人有权抵销,它们仍然适用。

G. 实现

为了促使本条列举的这些权利有效实现,保证人不只享有针对债务人的权利,而且甚至根据第Ⅳ.F－2:112条(保证人履行前的通知和询问)第(1)款还必须询问。此外,保证人必须提出抗辩,那已经由债务人通知过了,或者那以其他方式已经被保证人获知了(第Ⅳ.F－2:112条第(2)款)。抗辩失败便意味着权利的丧失。

H. 消费者作为保证人

从属保证。如果消费者承担了从属保证，根据第Ⅳ.F－4:102 条（适用规则）第（2）款，本条规则便强制性地有利于保证人。

其他类型的保证。第（1）款和第（2）款。从为担保目的的共同债务的角度看，第（1）款（在第（2）款中受到轻微限制）允许保证人主张内在于债务当中的抗辩，即便这样的共同债务人已经由于保证生效之后的行为而丧失了该抗辩。该规则超出了第Ⅲ－4:112 条（连带债务中其他抗辩的对抗性）第（1）款的范围。因此，如果通过第Ⅳ.F－4:102 条（适用规则）第（1）款适用于为担保目的的共同债务人，该规则便将消费者放在了比非消费者保证人更为有利的地位上。

如果消费者提供了一项独立保证，根据第Ⅳ.F－4:105 条（保证人责任的性质）（c）项——即消费者能够主张植根于基础交易中的，根据第三章的一般规则，独立保证人不能主张的抗辩——可以获得同样的结果。

第（3）款。一般来说，不论是自然人还是法人，债务人任何形式的无行为能力或人格的不存在都不会影响独立保证人对债权人所负的义务。因此，消费者独立保证人根据第Ⅳ.F－4:105 条（c）项受第（3）款之约束的事实，削弱了保证人的地位。

为担保目的的消费者共同债务人的地位是类似的。第Ⅲ－4:112 条（连带债务中其他抗辩的对抗性）第（1）款第 1 句允许共同债务人主张其他连带债务人可以主张的抗辩，带有其他债务人之人身属性的抗辩除外。被担保债务之债务人的无行为能力是带有该债务人人身属性的抗辩（参见第Ⅲ－4:112 条的评论）。因此，消费者保证人受本条第（3）款调整的事实并不会削弱保证人的地位。

第（4）款和第（5）款。对于消费者独立保证人而言，第（4）款和第（5）款规定了根据第三章所不能获得的救济。因此，根据第Ⅳ.F－4:105 条（保证人责任的性质）（c）项，这些有利于消费者独立保证人的规定的适用，是不存在反对意见的。

同样的结论也适用于为担保目的的消费者共同债务人。第（4）款允许为担保目的的消费者共同债务人主张主债务人的个人抗辩，以便撤销引起被担保债务产生的合同。根据第Ⅲ－4:112 条（连带债务中其他抗辩的对抗性）第（1）款第 1 句，共同债务人并不能主张这种救济（参见该条的评论）。因此，第（4）款（通过第Ⅳ.F－4:102 条（适用规则）第（1）款而适用）提升了为担保目的的消费者共同债务人的地位。而第（5）款超越了第Ⅲ－6:107 条（抵销的效力），因为它允许共同债务人诉诸主债务人的抵销抗辩，尽管该抗辩尚未被行使，并且作为个人抗辩，并不能由共同债务人来行使。通过允许为担保目的的消费者共同债务人主张这些抗辩，消费者共同债务人的地位得到了提升。这种提升归因于包含在第Ⅳ.F－4:102 条第（1）款中的对第二章的援引。

消费者保护规则的强制性。在本条适用的所有情况下，这些都通过第Ⅳ.F－4:102 条（适用规则）第（2）款而获得了有利于消费者的强制性。

注　释

Ⅰ. 一般原则:债务人的抗辩扩展至从属保证人

1. 从属性原则的主要效力是,从属保证人的责任不得高于债务人的责任。因此,从属保证人个人可得主张的抗辩得到了债务人抗辩的补充(奥地利:Rummel/Gamerith § 1351 no. 6;比利时:Van Quickenborne nos. 673 ff.;英格兰:O'Donovan and Phillips no. 11-46;法国:Simler nos. 656 ff.;参见德国民法典第 767 条第 1 款第 1 句和第 768 条;Palandt/Sprau § 768 no. 6;Staudinger/Horn § 768 no. 16;希腊:Theodoropoulos 273;意大利:民法典第 1945 条;卢森堡:Ravarani, Jurisprudence récente 915;荷兰:民法典第 7:852 条;葡萄牙:民法典第 637 条第 1 款;Almeida Costa 774;苏格兰:Stair/Eden no. 841;西班牙:民法典第 1853 条;Guilarte Zapatero, Comentarios 340)。从属保证人可以像债务人那样对债权人提出这些抗辩,即使债务人在担保成立之后(参见希腊民法典第 853 条;西班牙:Carrasco, Tratado, p. 176)并未提起(德国民法典第 768 条第 2 款;葡萄牙:民法典第 637 条第 2 款;Almeida Costa 774;比利时:Van Quickenborne no. 674;法国:contra Simler no. 231)。但是,特定的例外(例如,债务人无行为能力的情况,参见下文注释 5、6)或变型(关于撤销权,参见下文注释 16 至注释 19)是经常出现的。

2. 在一些国家,法律规定,保证人有权提起"内在于"被担保债务的抗辩,包括那些带有债务人人身属性的抗辩;据此,可得主张的债务人的抗辩得以明确(参见比利时、法国和卢森堡民法典第 2036 条(自 2006 年,法国民法典第 2313 条);荷兰民法典第 7:852 条第 1 款,也可参见 Blomkwist nos. 17, 32; du Perron and Haentjens art. 852 no. 5;希腊民法典第 853 条;西班牙民法典第 1853 条)。"人身属性"是指债务人的那些抗辩与作为个人的债务人密切相关,因此不能主动或被动的转让(参见下文注释第 14 至注释 21)。此外,希腊一直主张,从属保证人有权主张债务人的抗辩,即便保证人对债务人并无追索权,或者已经放弃了 *beneficium discussionis*(参见 CA Athens 6902/1995, EllDik 37, 1398 f.; Theodoropoulos 273)。另外,葡萄牙民法典第 637 条第(1)款将得主张的抗辩与保证义务的兼容性用作了一项标准。

Ⅱ. 一般抗辩

(a)被担保债务无效

3. 根据奥地利民法典第 1351 条,比利时、法国和卢森堡民法典第 2012 条第(1)款(自 2006 年,法国民法典第 2289 条第(1)款),希腊民法典第 850 条,意大利民法典第 1939 条,葡萄牙民法典第 632 条第(1)款和西班牙民法典第 1824 条,从属保证以主债务有效为前提。英格兰和苏格兰法律(参见 Heald v. O'Connor [1971] 1 WLR 497; Andrews and Millett no. 6-019; Swan v. Bank of Scotland (1836) 10 Bligh N. S. 627, 6 ER 231),以及荷兰法律(Pitlo-Croes no. 851)也是如此,并且这种结论可以从德国民法典第 767 条间接推导出来。在希腊,被担保债务在从属保证成立之时不必有效,但在保证人被请求履行债务时则必须有效(参见 Kaukas 437 fn. 1; ErmAK/Zepos art. 850 no. 3)。

4. 因为每个人都可以诉诸合同的"绝对"无效,所以从属保证人也可以诉诸被担保债务的无效,乃至于保证的无效(法国:Simler no. 227;希腊:参见 Georgiades-Stathopoulos AK/Vrellis art. 853 no. 3;意大利:Fragali, Della fideiussione 317;荷兰:依法无效(van rechtswege):Du Perron

and Haentjens art. 852 no. 2；葡萄牙：民法典第 632 条第（1）款）。在某些国家，从属保证人可以诉诸债务的无效，即便他在承担从属保证时知道这种无效（葡萄牙：Pires de Lima and Antunes Varela 649，不存在例外），但债务人的无行为能力（参见下文注释 5 和 6）以及由于利息过高而导致的协议无效（希腊：Kaukas 437；CFI Thessaloniki 399/59，Arm 13，237）除外。相反，在其他国家，如果从属保证人在签订保证协议时已经知道被担保债务无效，则保证是有效的（苏格兰：Stair/Eden no. 838；西班牙：Carrasco，Tratado，p. 151）。在德国，后者情况下，如果一方或双方已经履行，从属保证人可以因被担保债务的无效提出不当得利的请求（Reinicke and Tiedtke，Bürgschaftsrecht nos. 4 ff.）。

（b）例外：债务人的无行为能力

5. 例外情况下，在许多欧洲国家，即使由于债务人的法定行为能力存在欠缺或限制，债务是不完善的，从属保证仍然有效（尤其是未成年人，参见奥地利民法典第 1352 条；法国、比利时和卢森堡民法典第 2012 条第（2）款和第 2036 条第（2）款（自 2006 年，法国民法典第 2289 条第（2）款和第 2313 条第（2）款）；以及比利时：T' Kint no. 753，Van Quickenborne no. 746；英国《未成年人合同法》1987 第 2 条；希腊民法典第 850 条第（2）款；意大利民法典第 1939 条；葡萄牙民法典第 632 条第（2）款，债务人的无行为能力或意思缺陷导致的相对无效，参见 Galvão Telles 279；苏格兰：参见 Stevenson v. Adair（1872）10 M 919；西班牙民法典第 1824 条第（2）款）。在大多数国家，从属保证人必须在承担从属保证时知道债务人无行为能力或合同能力受限（法国：Simler no. 219；葡萄牙民法典第 632 条第（2）款 in fine；西班牙：Reyes López 170）。在希腊，债权人必须证明保证人有相关的知识（参见 Kaukas 439；ErmAK/Zepos art. 850 no. 10；Apostolides art. 850 no. 5）；疏忽无知在这种情况下并不足够（同上引文）。只有在奥地利，法律明确规定，从属保证人即使不知道该无行为能力的情况，也受约束（民法典第 1352 条）；但是，该规则这一点受到了普遍的批评（Rummel/Gamerith § 1352 no. 4；Koziol andWelser Ⅱ（－Welser）139）。

6. 如果债务人公司超越权限行为，则从属保证人（往往是公司董事）需要个人负责（英格兰：Yorkshire Railway Waggon Co. v. Maclure（1881－82）19 Ch. D 478；但是，有人指出，保证人的责任应该取决于担保是否意图包括因债务人无法定行为能力而导致的不予偿付的风险，参见 Garrard v. James［1925］Ch 616；Chitty/Whittaker no. 44－036；自 1989 年 Companies Act 第 108 条、第 109 和第 111 条废除超越权限理论（the doctrine of *ultra vires*）之后，这个问题现在已经没有太大意义了）。在法国，某些法院判例（Cass. civ. 27 April 1976，JCP G 1978，I，no. 2902（79））试图将无行为能力与能力缺乏等而视之（例如，如果从属保证是由法人之经理人承担的）。但是，自 1980 年开始，这种关于民法典第 2012 条第（2）款的同化已经不再被承认了（Cass. com. 25 November 1980，JCP G 1981，Ⅳ，no. 56）。关于西班牙法律，参见 CA Barcelona 1 February 2002，AC 2002/401（通过类推，将民法典第 1824 条适用于公司代理人所进行的超越权限交易）。

7. 法国和德国的法院处理过在承担保证之后，作为法人的债务人被解散的案件。在一桩被解散的公司资产未经清算便转移给唯一股东的案件中，法国最高法院认为，从属保证人仍对解散前产生的债务负有责任（Cass. com. 19 November 2002，Bull. civ. 2002 Ⅳ no. 175 p. 200）。更为大胆的是德国联邦最高法院就一系列类似事实——但是，公司已经被清算，并且从商业登记簿中注销了——所作出的判决。债务人根据从属保证提出的请求，没有得到支持；但是，其原因并不是债务人公司的“死亡”，而是因为保证人被允许诉诸被担保债务的时效期间届满（BGH 28 January 2003，BGHZ 153，337，339 ss.，JZ 2003，1068 with critical note Tiedtke；也可参见

第Ⅳ.F－2:102条(保证人义务的从属性)注释19)。

(c)被担保债务不能强制执行

8.从属保证人可能提出这样的抗辩,即被担保债务产生于赌博或打赌,因而是不能强制执行的(法国:民法典第1965条;Simler no. 215;德国:Palandt/Sprau § 765 no. 28 with further references;希腊:民法典第844条,参见Kaukas 444;葡萄牙民法典第1245条)。英国法上存在这样一些判例,如果主合同是不能强制执行的,例如因为未能遵守法律规定,则从属保证人在某些情况下可以被免除责任(Eldridge and Morris v. Taylor [1931] 2 KB 416; Temperance Loan Fund Ltd. v. Rose [1932] 2 KB 522:这两个案例都涉及未能遵守1927年Moneylenders Act)。但是,这不能被理解为,任何为不能强制执行的主债务提供的从属保证都是不能强制执行的(参见Andrews and Millett no. 6－027)。相反,判决必须以具体案件为基础作出(O' Donovan and Phillips nos. 5－125 f.)。

(d)被担保债务的时效

9.从属保证人可以主张被担保债务的诉讼时效作为抗辩(奥地利:Schwimann/Mader and Faber § 1351 no. 10;法国:Simler nos. 689 ff.;德国:Erman/Herrmann § 768 no. 4 with further references;参见上文注释7以及BGH 21 January 1993, BGHZ 121, 173中的例外;希腊:A. P. 601/1985, EllDik 27, 77;意大利:民法典第1945条;Fragali, Della fideiussione 318;Cass. 15 March 2000 no. 2975, BBTC 2001 Ⅱ 544;苏格兰:Halyburtons v. Graham (1735) Mor 2073 (CA);西班牙:Díez－Picazo 455)。如果在债权人向从属保证人提起诉讼程序之后,诉讼时效期间已经届满,该规则也可适用,因为针对保证人的诉讼程序并不会中断对债务人的诉讼时效(德国:BGH 12 March 1980, BGHZ 96, 222, 225 ff.; CA Bamberg 14 January 1998, MDR 1998, 796;希腊:Georgiades § 3 no. 133)。荷兰更进一步宣称,如果被担保债务的诉讼时效期间已届满的话,从属保证消灭(民法典第7:853条)。在希腊,如果债务人并未提出诉讼时效抗辩,以至于审判中已经在债权人和债务人之间作出判决的话,从属保证人可以行使第三方异议的一般救济(CCP第583条及以下),并提出该项抗辩(Kaukas 445)。但是,如果从属保证是在债务时效期间届满后承担的,即便他对此并不知情(参见民法典第272条第(2)款第2句),保证人也无权诉诸诉讼时效的抗辩(希腊:Georgiades § 3 no. 134)。如果通过最终判决,对从属保证人的请求被宣告有效,随后被担保债务的诉讼时效期间届满,那么从属保证人可以提出这种对抗执行的异议救济(参见希腊CCP art. 933; Georgiades § 3 no. 135)。

10.与这一原则相符合,导致诉讼时效中断的债权人请求偿付或者债务人承认,也能对抗从属保证人(法国、比利时和卢森堡:民法典第2250条;比利时:CA Brussels 8 May 1990, BankFin 1990, 463;德国:Reinicke and Tiedtke, Bürgschaftsrecht no. 262;希腊:Kaukas 445)。但是,在葡萄牙,这种中断并不会影响从属保证,除非债权人就被担保债务之诉讼时效中断通知了从属保证人。从属保证的诉讼时效依法在通知时中断(民法典第636条第(1)款)。被担保债务之诉讼时效中止及其放弃都不会影响从属保证的诉讼时效(民法典第636条第(2)、(3)款)。在西班牙,只有债权人向法院提起正式诉讼时,诉讼时效才能中断(民法典第1975条)。

11.相反,在英格兰,一贯的观点是,主债务的诉讼时效届满并不会免除从属保证人的责任(参见Carter v. White [1884] 25 Ch. D 666)。

(e)"既判力"(*Res judicata*)

12.如果在债权人对债务人提出的诉讼程序中,最终判决以诉讼并无根据为由驳回了债权人

的请求,则从属保证人可以诉诸以此判决为基础的既判力抗辩(德国:参见 Reinicke and Tiedtke, Bürgschaftsrecht nos. 535 with further references),除非由于这并不会影响到保证人的责任,所以仅与债务人的个人情况有关(比利时:T' Kint nos. 748, 373;法国:参见 Simler no. 499 for subsidiary liability and no. 541 for solidary liability;希腊:参见 CCP 第 328 条, A. P. 1264/1995, EllDik 38, 798;荷兰:du Perron and Haentjens art. 852 no. 2;葡萄牙:民法典第 635 条第(1)款;西班牙:Guilarte Zapatero, Comentarios 341)。在德国,从属保证人可以诉诸债权人与债务人之间对其有利的最终判决,但并不受其他形式的最终判决的约束(Erman/Herrmann § 767 no. 6 with further references)。同样的解决方案得到了意大利学者的支持(Fragali, Della fideiussione 318 f.;但 Ravazzoni 261 认为,保证人也受债权人与债务人之间对其不利的最终判决的约束)。

(f)被担保债务的消灭

13. 从属保证人可以主张债务消灭——无论由于何种原因,尤其是清偿——的抗辩(参见奥地利民法典第 1363 条;法国、比利时和卢森堡民法典第 1281 条第(2)款和第 2038 条(自 2006 年,法国民法典第 2315 条);也可参见比利时:Van Quickenborne nos. 680-698 and 707-726;法国:Simler nos. 661 ff.;卢森堡:Ravarani, Jurisprudence récente 913-915;英格兰和苏格兰法律:Andrews and Millett no. 9-001, Stair /Clark no. 958;德国民法典第 767 条第(1)第 1 句;希腊民法典第 851 条; Georgiades - Stathopoulos AK/Vrellis art. 853 no. 7;意大利民法典第 1945 条;Fragali, Della fideiussione 317;荷兰:du Perron and Haentjens art. 852 no. 1;葡萄牙民法典第 651 条; Almeida Costa 784;西班牙民法典第 1847 条和 Carrasco, Tratado, pp. 228 ff.)。根据法国、比利时、卢森堡和葡萄牙法律,清偿可以由第三人作出(法国、比利时和卢森堡民法典第 1236 条第(2)款;葡萄牙民法典第 767 条),清偿后他便可以像对抗债务人那样对从属保证人行使代位求偿权(法国民法典第 1252 条;葡萄牙民法典第 593 条),除非第三人进行清偿是为了他自己的利益(参见法国民法典第 1236 条第(2)款;比利时:Van Quickenborne no. 685;法国:Simler no. 670)。在葡萄牙,该代位求偿权或者取决于债权人的明示声明,或者取决于债务人的明示同意(民法典第 589、590 条)。在希腊,作出补充担保提供了抵押财产的第三人清偿了被担保债务之后,可以代位行使抵押权人——债权人的权利,从属保证仍然有效,虽然主债务已经因清偿而归于消灭(希腊民法典第 1298 条,参见 Georgiades - Stathopoulos AK/Vrellis art. 853 no. 7)。相反,根据德国法律,第三人的清偿导致从属保证人的义务归于消灭(Erman/Kuckuk § 267 no. 9)。

14. 在一些国家,如果债务人部分清偿,则从属保证仍对剩余债务有效(奥地利:民法典第 1363 条第 1 句和 Schwimann/Mader and Faber § 1363 no. 1;德国:民法典第 767 条第(1)款第 1 句和 Staudinger /Horn § 767 no. 10;比利时:Van Quickenborne no. 688;法国:Simler no. 673;希腊:Kaukas 446)。在比利时、法国和卢森堡,被担保债务的部分履行首先要被分配给债务之无担保的部分(比利时:Van Quickenborne no. 689;法国:Simler no. 674;希腊:Kaukas 446)。

Ⅲ. 特殊抗辩

(a)拒绝履行的权利

15. 在一些欧洲国家,从属保证人还可以诉诸债务人为了迫使债权人向其履行而享有的拒绝履行的权利(同时履行抗辩权)(比利时:T' Kint no. 749, Van Quickenborne no. 732;法国:类推适用民法典第 1653 条,Simler no. 730;德国:Palandt / Sprau § 768 no. 6;希腊:民法典第 325 和 374 条,Kaukas 444 fn. 1a, 447; ErmAK / Zepos art. 853 no. 7;意大利:民法典第 1945 条;葡萄牙:民法典第 637 条第(1)款;西班牙:Carrasco, Tratado, p. 178)。荷兰法律涉及同样的结果,不

同的是,它们是通过另一条路线达到的:如果债务人正当地拒绝履行,则保证人享有同样的权利(民法典第 7:852 条第(3)款; du Perron and Haentjens art. 852 nos. 11－15)。

16. 从属保证人还可以主张,由于为履行所设置的条件或期限,债务尚不能被请求履行的抗辩(参见荷兰民法典第 7:852 条第(1)款; du Perron and Haentjens art. 852 no. 2(c), Pitlo－Croes no. 852, pp. 353－354;比利时:Van Quickenborne no. 322 a fortiori),除非该种抗辩被认为涉及债务人的人身属性(希腊:Kaukas 444; ErmAK/Zepos art. 853 no. 11;意大利:民法典第 1945 条,也可参见 Giusti 209 f.)。

(b)债务人的撤销权

17. 如果被担保债务受到只能由缔约双方或其中一方提出的"相对"无效的影响,这种情况似乎更为复杂。债务人因此有权通过诉诸该相对无效来撤销合同。这个问题非常重要,因为在一些国家,该解决方案也适用于债务人与债务之有效性相关的所有其他权利,即不仅是撤销权,而且包括类似终止这种与相对无效并无关联的其他权利。至于债务人是否撤销合同,或者从属保证人是否能够行使各自的权利,我们必须加以区分。

(c)通过法院判决而撤销

18. 如果合同经法院判决而被撤销,那么从属于被担保债务的从属保证也便自始无效,并且保证人可以向债权人提出既判力抗辩(比利时:Van Quickenborne no. 729;法国:Simler no. 229;希腊:Kaukas 438; ErmAK/Zepos art. 850 no. 6;意大利:Fragali, Della fideiussione 318;荷兰:(cf.) du Perron and Haentjens art. 852 no. 2e;葡萄牙:Almeida Costa 774;西班牙:参见 Guilarte Zapatero, Comentarios 427 f.)。如果合同被宣告无效,相应的规则也是适用的(英格兰:Andrews and Millet no. 6－024;德国:Reinicke and Tiedtke, Bürgschaftsrecht no. 280)。

(d)从属保证人能够撤销合同吗

19. 在一些国家,从属保证人可以撤销作为被担保债务之基础的、受到相对无效影响的合同(比利时:T' Kint nos. 748, 372; Van Quickenborne nos. 729－730;法国:Simler no. 230; Cass. civ. 11 May 2005, Bull. civ. 2005 Ⅲ no. 101 p. 94;意大利:Fragali, Della fideiussione 317;葡萄牙:民法典第 632 条第(2)款; Almeida Costa 774;西班牙:Guilarte Zapatero, Comentarios 340)。与此相反,在其他许多国家,保证人不得撤销合同(奥地利:OGH 25 February 2004, ÖJZ 2004, 677;英格兰:Andrews and Millett no. 6－024;德国:Reinicke and Tiedtke, Bürgschaftsrecht no. 280;希腊:参见民法典第 154 条; contra ErmAK/Zepos arts. 850 no. 6, 853 no. 5;荷兰:Pitlo－Croes no. 852, p. 355)。特别是在希腊和荷兰,这种否定性的解决方案适用于与债务效力有关的债务人的所有权利(希腊:Filios Ⅱ/1 § 127 at p. 89;荷兰:du Perron and Haentjens art. 852 no. 5)。如果债务人认可交易有效,则从属保证人并不被剥夺诉诸被担保债务无效的权利(比利时:an Quickenborne nos. 738－741 and cited references;法国:contra Simler no. 231)。

20. 在另一些国家,只要债务人可以撤销合同,无权撤销合同的从属保证人至少有权拒绝履行(德国民法典第 770 条第(1)款明文规定;奥地利援引了德国的规定,参见 Schwimann/Mader and Faber § 1351 no. 11 sub 1;Rummel/Gamerith § 1351 no. 6)。但是,在奥地利和德国,当债务人未能主张该抗辩,并且经最终判决被阻止在未来提出该抗辩时,从属保证人必须履行(参见奥地利:OGH 27 April 1987, SZ 60 no. 69, pp. 362 f.;德国:参见 Reinicke and Tiedtke, Bürgschaftsrecht nos. 282 ff.)。在荷兰,从属保证人可以给予债务人合理的期间来行使撤销权,并且在此期间内有权拒绝履行被担保债务(民法典第 7:852 条第(2)款; du Perron and Haentjens

art. 852 nos. 2 and 7; Pitlo－Croes no. 852)。虽然西班牙法律对此并无规定,但类似的做法一直得到支持(Carrasco,Tratado, p. 178)。

(e)抵销

21. 如果债务人和债权人都有权抵销,但他们都并未行使该权利,则解决方案可以分为三种。在一些欧洲国家,从属保证人可以主张以债务人的反请求作为抗辩,即使保证人的责任是连带的,因为抵销并不被认为是保证人不能向债权人提起的债务人的个人抗辩,即便保证人对债务人并无诉权和代位求偿权(参见比利时、法国和卢森堡民法典第 1294 条第(1)款;比利时:Van Quickenborne nos. 699－703;法国:Cass. civ. 1 June 1983, D. 1984, 152, note Aubert; also Simler no. 686 ff.;英格兰:Bechervaise v. Lewis (1871－72) LR 7 CP 372; Murphy v. Glass (1867－69) LR 2 PC 408;芬兰:《独立保证和第三人担保法》第 27 条第(2)款; RP 189/1998 rd 66 ff.; Håstad 3 s;希腊:民法典第 447 条; cf. Fragistas 1371; Georgiades § 3 no. 129;苏格兰:Stair / Eden no. 843)。在法国,由于格里马尔蒂委员会建议废止个人抗辩和内在于债务的抗辩之间的区分(建议的新民法典第 2308 条第(1)款),所以保证人以债务人的请求来抵销的权利间接地被证实了。

22. 在其他国家,从属保证人有权拒绝履行,该种拒绝或者是无期限的,或者是以抵销存在的可能为准(德国民法典第 770 条第(2)款明文规定;意大利:Giusti 208;葡萄牙:民法典第 642 条第(1)款;西班牙:Guilarte Zapatero, Comentarios 283)。在奥地利,意见出现了分歧,大多数人否认从属保证人享有抵销权(OGH 20 December 1991, ÖBA 1992, 660; Schwimann/Mader and Faber § 1351 no. 11 sub 3),且多数学者主张保留权(参见 Schwimann/Mader and Faber and Rummel/Gamerith § 1351 no. 6 sub c;contra OGH 20 December 1991, above);荷兰也是如此(民法典第 8:150 条第(3)款援引第 6:139 条第(1)(2)款; du Perron and Haentjens art. 852 nos. 5, 9)。

23. 但是,在瑞典和丹麦,尽管存在抵销的情况,从属保证人仍然负有完全责任,因为保证人不能"因债务人有其他资产,例如反请求而拒绝履行"(瑞典:HD 7 July 1994, NJA 1994, 474;丹麦:Ussing, Kaution 222 ff.)。

Ⅳ. 主张这些抗辩的条件

(a)连带责任

24. 从属保证人主张债务人之抗辩的权利是存在的,即使保证人放弃了先诉抗辩权(参见第Ⅳ.F－2:106 条(保证人的补充责任)注释 8 及以下),并且责任是连带的(比利时:Van Quickenborne nos. 411, 214;希腊:A. P. 148/1997, NoB 46, 1061)。虽然根据法国民法典第 2021 条(自 2006 年,法国民法典第 2298 条),关于连带债务人的规则适用于负担连带责任的从属保证人,但这种人首先被认定为保证人而不是连带共同债务人。因此,抵销抗辩和相对无效抗辩——根据对法国民法典第 1208 条的广义解释,那是不能适用于共同债务人的——也可以由负担连带责任的从属保证人来主张(法国:Simler no. 220)。

(b)债务人对抗辩和其他权利的放弃

25. 如果债务人放弃了(在该词狭义的、严格的意义上的)抗辩(参见下文注释 26),比利时、德国、意大利和葡萄牙的规则是,从属保证人仍然可以主张内在于被担保债务的所有抗辩(比利时:T' Kint no. 751; Van Quickenborne no. 674;德国:民法典第 768 条第(2)款;意大利:Fragali, Della fideiussione 315, Giusti 206:从属保证人在提出抗辩时是狭义上的行为;葡萄牙:民法典第 637 条第(2)款; Almeida Costa 779;西班牙:Carrasco, Tratado, p. 176),不论该放弃是何时发生

的。但是,根据希腊民法典第 853 条,如果债务人在从属保证生效之前放弃了内在于债务的抗辩,则保证人不能主张这些抗辩,因为它们在缔约之时并不能由债务人主张,即使保证人在承担从属保证时并不知道该项放弃(参见 Georgiades－Stathopoulos AK/Vrellis art. 853 no. 18)。但是,如果放弃发生在从属保证生效之后,则保证人仍然可以主张债务人尽管放弃但原本可得主张的抗辩(参见民法典第 853 条,Georgiades § 3 no. 139)。

26. 相反,如果债务人放弃了撤销基础合同或抵销被担保债务的权利,成员国之间对此的意见便出现了分歧。如果债权人请求履行时,债务人放弃了主张抵销的权利,那么在一些国家,从属保证人仍然可以代替债务人来主张抵销(比利时:Van Quickenborne no. 700;法国:Simler no. 686;德国:Georgiades § 3 no. 130, contra Fragistas 1372)。与此相反,在其他国家,这些权利不能再由保证人主张(英格兰:Bechervaise v. Lewis (1871－72) LR 7 CP 372; Andrews and Millett no. 11－006;德国:参见民法典第 770 条第(1)款(类推适用于抵销权的情况,参见 MünchKomm/Habersack § 770 no. 6;但只要债权人有权对债务人主张抵销,保证人便仍可诉诸该项抗辩,民法典第 770 条第(2)款);苏格兰:Stair /Eden no. 843)。

(c)从属保证人的放弃

27. 从属保证人可以放弃主张债务人所享有的抗辩的权利,因为从属性原则一般是决定性的(比利时:Van Quickenborne no. 676, contra: T' Kint no. 750;希腊:参见民法典第 853 条,CA Athens 635/1986, EllDik 27, 1476;西班牙:Carrasco, Tratado, pp. 179 ff.)。在希腊和意大利,这种放弃是银行一般商业条件的标准条款(希腊:cf. Kozyris EEN 1972, 416 ff.;意大利:Giusti 132 ff.)。但是,这项放弃抗辩的权利受到了从属性原则的限制:在从属保证合同中,任何对债务人所享有之抗辩的放弃,都不能改变从属保证的从属性质,以至于如果没有在同时将从属保证转变成另一种合同(例如独立保证、债务的承诺或确认或承担)的话,债务人享有的与债务之存在和有效相关的抗辩不能由从属保证人放弃(比利时:T' Kint no. 750; Van Quickenborne nos. 675－677;法国:Simler no. 924;德国:联邦最高法院最近裁定,如果债务人的反请求得到了最终判决的认可或确认,则一般商业条件中否认保证人诉诸抵销的权利的条款,至少是无效;但是,如果债务人经法院判决不得诉诸抵销,它甚至还可以被承认(BGH 16 January 2003, BGHZ 153, 293, 299 s., 301 s.);参见 Erman/Herrmann § 768 no. 6; Reinicke and Tiedtke, Bürgschaftsrecht nos. 293 ff. and 556 for standard contracts;希腊:Georgiades § 3 no. 140;意大利:Cass. 17 July 2002 no. 10400, Giust. civ. Mass. 2002, 1257; Petti 383 ff. and Chinè, I contratti di garanzia 309 ff. 当保证人是消费者时,根据《消费者法典》第 33 条第(2)款,原民法典第 1496 条第(2)款,放弃抗辩之条款无效的推定;西班牙:Reyes López 191)。

28. 但是,根据荷兰法律,民法典第 7:852 条关于从属保证人主张债务人与其债务之存在、内容和履行时间相关的抗辩的可能性,对非营业性从属保证人可能不会造成损害(民法典第 7:862 条(a)项)。

Ⅴ. 不主张这些抗辩的后果

29. 参见第Ⅳ.F－2:112 条(保证人履行前的通知和询问)第 2、3 项注释。

Ⅵ. 从属保证人不得主张的抗辩

(a)债务人的个人抗辩(参见上文注释 2、5、6)

30. 在意大利和希腊,从属保证人不得主张从债务人与债权人缔结的免除债务人债务的个人协议中产生的抗辩(意大利:Fragali, Della fideiussione 317;希腊:民法典第 853 条; Kaukas 448;

ErmAK/Zepos art. 853 no. 16）。在希腊，保证人既不能主张赠与人（债务人）之拒绝履行的权利——如果该履行危及赠与人自己的生活费或赠与人依法影响他人支付的生活费的话（参见民法典第501条；Georgiades－Stathopoulos AK/Vrellis art. 853 no. 26），也不能主张撤销越权作出的赠与的权利（参见民法典第1836条；Georgiades－Stathopoulos AK/Vrellis art. 853 no. 26）。

（b）与从属保证的担保目的相抵触的抗辩

31. 除了第Ⅳ.F－2:102条（保证人义务的从属性）注释17至注释22中提到情况以外，下列抗辩也是不被承认的：从债务人对盘存利益之继承的接受中产生的责任的限制（希腊：参见民法典第1902条；Georgiades § 3 no. 141；荷兰：du Perron and Haentjens art. 852 no. 5）。根据葡萄牙民法典第637条第（2）款第2句，从属保证人不得主张那些"与担保债务相抵触的"抗辩。在西班牙，与担保目的相违背的抗辩不得主张；保证人为了规避他同意为债权人利益而承担的特殊风险试图提出抗辩时，情况也是如此（Carrasco, Tratado, p. 177）。

（c）产生自从属保证人与债务人之间关系的抗辩

32. 由于债权人是处于从属保证人与债务人之间关系之外的第三方，所以产生自后者这种关系的抗辩不能向债权人主张（比利时：Van Quickenborne no. 749；希腊：CFI Pireus 1499/1968, EED 19, 629；意大利：Fragali, Della fideiussione 317）。

第Ⅳ.G－2:104条　保证担保的范围

（1）保证担保的范围在担保额度（如果有的话）内不仅限于主债务，亦及于债务人对债权人的从属性债务，特别包括：

（a）主债务利息及滞纳利息；

（b）损害赔偿金，债务不履行的罚金或约定赔偿额；以及

（c）通过诉讼外途径主张以上各项而发生的合理费用。

（2）保证担保的范围亦及于债权人对债务人采取法律诉讼以及强制执行程序的费用，只要保证人知道债权人意图对债务人采取此种程序并有充足时间防止这些程序费用的发生。

（3）概括保证担保的范围仅限于产生于债权人与债务人间合同的债务。

评　论

A. 概述

第（1）、（2）款规定了在担保额度内被从属保证所涵盖的被担保债务的组成部分。相反，第（3）款则就概括保证排除了某些"无关的"项目。当然，当事人可以背离这些限制。

B. 主债务、从属债务和违约产生的费用

根据第(1)款,除了本金以外,从属保证还主要包括了作为从属债务的主债务利息。此外,如果债务人违约,可能产生的正常费用也被包括在内,因为从属保证的目的即在于涵盖这些相应的损失,另有约定除外。这些典型的费用包括:

——滞纳利息;

——损害赔偿金、约定赔偿额或债务人不履行债务的罚金(如果允许的话);

——主张以上各项而发生的合理的诉讼外费用。

涉及的主债务利息和滞纳利息是没有限制的。实际上,这些项目取决于确定的利率。该利率可以由当事人约定,如果没有达成协议的话,则依法确定。对于滞纳利息来说,第Ⅲ－3:708 条(迟延清偿的利息)第(1)款规定了具体的规则:滞纳利率通过付款地商业银行对通常借款人短期贷出约定币种通行的平均利率来确定。其他损害赔偿也可以被包括在内(同条第(2)款)。

对于因未履行主债务,债务人对债权人所应支付的任何损害赔偿而言,同样如此。这种损害赔偿可以采取赔偿金或支付约定金额的形式,或者如果允许的话,采取罚金的形式。

相反,主张以上各项所发生的诉讼外成本只有在其"合理"的情况下才可以请求。只要这种成本的固定规模存在,那这些都必须被审查。在这种规模缺位的情况下,中等水平的平均成本便应被认为是合理的。在这两种情况下,固定规模和平均成本的合理性必须根据履行地通行的规则和习惯来确定。

C. 法律诉讼和执行的成本和费用

根据第(2)款,法律诉讼和司法执行的成本被包含在内。但是,在这种情况下,债权人必须在合理期间内通知保证人,以便后者能够通过履行担保义务而避免这些成本的发生。

D. 最高担保额

毋庸赘言,所有这些明确规定的附属项目都只在保证之最高担保额内被担保。如果超出此限额,并且保证人对债务人完全清偿的话,则会出现下列问题:该项履行应该用于被担保债务的哪个部分,因为被担保债务的不同部分可能受到不同规则——尤其是关于诉讼时效的规则——的调整。第Ⅲ－2:110 条(履行冲抵)第(5)款规定,支付首先冲抵费用,其次充利息,再次充本金;但是,债权人可以就冲抵提出不同要求。当然,当事人可以另加协议,例如,将担保扩展到完全(或部分)包括列举的附属项目之全部或一部分。

E. 排除和扩展

第(1)、(2)款及上述评论中并未提到的项目依法是不被包括在内的。一个例子

是，如果不论因何种原因，被担保债务无效或被撤销，债权人在不当得利基础上提出的清偿借贷的请求。当然，当事人可以另行商定。协议规定，要被担保的不仅包括根据有效的借贷合同清偿贷款，而且包括如果借贷合同无效可以要求返还已经支付的预付款的，这并不会构成第Ⅳ.F-4:102 条（适用规则）第（2）款意义上的不利于保证人的偏离，因为这毋宁说构成了担保合同之主题的限定。一般而言，任何主债务类型都可以成为从属保证的对象；这还包括恢复原状及其他非合同债务。当然，在这些情况下，必须确定合同担保是否也可能受到源自借贷合同无效的因素的影响。

F. 来自概括保证的非个人和非合同被担保债务的排除

为了限制概括保证的风险，第（3）款规定，只有债务人向债权人直接承担的合同义务才被包括在内。这项规定特别地排除了概括保证承担之后，债权人享有的对债务人的权利。此外，非合同请求权也被从概括担保中排除了。同样，当事人可以自由地另行约定。

G. 消费者作为保证人

从属保证。如果消费者承担了从属保证，根据第Ⅳ.F-4:102 条（适用规则）第（2）款，本条是强制性的有利于保证人的。

其他类型的保证。本条第（1）、（2）款完全适用于消费者独立保证（参见第Ⅳ.F-4:105 条（保证人责任的性质）（c）项）和为担保目的的消费者共同债务（参见第Ⅳ.F-4:102 条（适用规则）第（1）款）。关于担保额的规定，第（1）款中“如果有的话”是一种必须的轻微限制。根据第Ⅳ.F-4:105 条（a）项，消费者保证人的担保额必须始终是有限的，并且如果当事人并未对其加以规定的话，该限额是根据第Ⅳ.F-2:102 条（从属保证人的义务）来形成的。因此，在目前情况下，“如果有的话”是无关紧要的。

通过对第Ⅳ.F-4:105 条（c）项的援引，本条第（3）款也适用于消费者承担独立保证或为担保目的的共同债务的情况。与消费者从属保证人的情况一样，一项根据其条款，意图包括所有债务人对债权人所负之债务或现金账户之借方余额（概括保证）的协议，仅限于包括源自债务人与债权人之间合同的债务。其他有利于保证人的限制是由第Ⅳ.F-4:105 条（a）项规定的，据此，消费者概括保证必须附有最高限额，那或者由当事人约定，或者根据第Ⅳ.F-2:102 条（从属保证人的义务）第（3）款来确定。

根据第Ⅳ.F-4:102 条（适用规则）第（2）款，本条是强制性的有利于消费者保证人的。并且，在消费者保证人的为担保目的的共同债务情况下，“债务人”一词是指其债务受到担保的债务人。

注　释

1. 在所有法律制度中，从属保证都当然包括被担保的债务。但是，关于债权人对债务人的其

他请求权,则存在着某些分歧。

Ⅰ.从属义务——一般规则

2.比利时、法国、卢森堡和西班牙法律在有限的和无限的从属保证之间进行了区分。仅当主债务在担保合同中被提及,而没有约定任何其他担保限制(最高担保额)时,从属保证才是“无限的”。如果保证人与债权人对担保范围有着明确的约定,则从属保证是有限的(参见法国:Cabrillac/Mouly 129; BELGIUM: Van Quickenborne nos. 257 ff.)。无限的从属保证对主债务及其他所有从属义务加以担保(比利时、法国和卢森堡民法典第2016条第1款(自2006年,法国民法典第2293条第1款),西班牙民法典第1827条第2款)。

3.法国判例原先对非商业性从属保证规定,从属性义务必须按照法国民法典第1326条在从属保证人手写的声明中明确提及(Cass. civ. 22 June 1983, Banque 1984, 860)。但是,法国最高法院商事委员会(Cass. com. 16 March 1999, JCP G 1999, I no. 156 (1))认为,这种手写的声明并不是必要的。尽管较早的判决与此相反(参见Cass. civ. 13 October 1999, JCP G 2000, Ⅱ no. 1037),但最高法院民事委员会现在已经接受了商事委员会的意见(Cass. civ. 29 October 2002, JCP G 2002, Ⅱ no. 10187, note Legeais),民法典第1326条不再适用于从属性义务。格里马尔蒂委员会的建议支持了这一判例(参见建议的新民法典第2300条第1款)。

4.另外,在法国消费者立法中,更为严格的形式要求得到了发展(参见《消费者法典》第L. 313－7、L. 341－2条,参见第Ⅳ.F－4:104条(形式要求)的注释)。

5.在希腊,关于从属义务存在两项一般规则。根据民法典第852条,在存有疑问的情况下,如果合同约定的从属义务是在从属保证承担时到期和应予清偿的,则从属保证人对此并不承担责任;但如果合同约定的从属义务是在承担之后到期和应予清偿的,仅当从属保证人知道这些义务存在的时候,他才对此承担责任(参见Georgiades－Stathopoulos AK/Vrellis art. 852 no. 1)。

6.奥地利学者同样在有限的和完全的从属保证之间进行了区分,只有后者才包括从属义务。有利于银行,并且一般在商人之间发生的由银行承担的从属保证,通常是完全的从属保证(Rummel/Gamerith § 1353 no. 5; Schwimann/Mader and Faber § 1353 no. 5)。

Ⅱ.具体项目

(a)一般的约定利息——有着特定规则的法律制度

7.关于约定利息的范围,最为宽泛的规则似乎便是芬兰《独立保证和第三人担保法》第4条第1款:从属保证人依法(*ex lege*)对约定利息负有责任,保证人与债权人另有约定的除外(也可参见RP 189/1998 rd 35)。关于所有从属义务,意大利和葡萄牙也是如此(意大利民法典第1942条;葡萄牙民法典第634条; Almeida Costa 770)。在比利时、法国、卢森堡和西班牙,无限的从属保证(参见上文注释2)包括被担保债务的约定利息,因为约定利息被视为一种从属义务(参见比利时:Van Quickenborne no. 263;法国:第2016条第1款(自2006年,民法典第2293条第1款); Piedelièvre, Sûretés 26;卢森堡:Ravarani, Jurisprudence récente 901－902;西班牙:Guilarte Zapatero, Comentarios 132)。不过,如今的法国民法典第2016条第1款(自2006年,民法典第2293条第1款)也被适用于有限的从属保证(Cass. com. 16 March 1999, JCP G 1999, I no. 156 (1))。这项解决方案似乎得到了格里马尔蒂委员会对新民法典第2302条之建议的确认,它决定了保证人责任的范围,而不论从属保证是有限的还是无限的。

(b)没有特定规则的法律制度

8.在其他法律制度中,并不存在相关的法律规定。因此,从属保证人只对至少在保证合同中

暗含规定的约定利息负责(丹麦:Pedersen, Kaution 48 f.;芬兰:Andrews and Millett no. 6－010;德国:Reinicke and Tiedtke no. 21; Palandt/Sprau § 765 no. 24;希腊:Georgiades－Stathopoulos AK/Vrellis art. 852 no. 1;瑞典:Walin, Borgen 151 ff.)。只要在这些制度中存在形式要求,它们就不会阻止这种责任的扩展。出于解释的目的,尤其是要将交易的情势考虑在内,所以约定利息往往是被担保的,尽管书面协议对此并未规定(丹麦:Pedersen, Kaution 48 f.;芬兰:Andrews and Millett no. 6－010; Fahey v. MSD Speirs Ltd. [1975] 1 NZLR 240 (PC))。在德国和苏格兰,只要从属保证人知道被担保债务包括利息便已足够(Erman/Herrmann § 765 no. 7 with further references; however critical Staudinger/Horn § 765 no. 40;类似的苏格兰法律,参见 Stair /Eden no. 917)。在奥地利,完全的从属保证(上文注释 6)包括约定利息(Rummel/Gamerith § 1353 no. 5)。奥地利法律对逾期的约定利息规定了限制性规则:如果债权人要求保证人偿还时,利息已经到期了一段时间,则从属保证人并不对利息的逾期部分负责(民法典第 1353 条第 2 句;关于该规定之主流解释,参见 Schwimann/Mader and Faber § 1353 no. 2 and Rummel/Gamerith § 1353 no. 5)。

(c)约定最高担保额的意义

9. 在英格兰和苏格兰法律上,约定的最高担保额通常被规定为只与本金有关,因此从属保证人只对该部分的利息负责,除非约定最高担保额包括利息(英格兰:Dow Banking Corp. v. Mahnakh Spinning & Weaving Corp. [1983] 2 Lloyd's Rep 561;苏格兰:Stair /Eden no. 917)。另外,从属保证人不对被担保债务中超出约定从属保证额的部分的利息负责(英格兰:Meek v. Wallis (1872) 27 LT 650;苏格兰:Commercial Bank of Scotland Ltd. v. Pattison's Trustees (1891) 18 R 476)。此外,在奥地利和意大利,并无进一步规范的约定最高担保额被理解为一种绝对的限制,保证人不对任何超出限额的利息负责(奥地利:OGH 8 January 1956, SZ 29 no. 5 p. 11; Schwimann/Mader and Faber § 1353 no. 10;意大利:CFI Roma 5 June 2003, BBTC 2005 Ⅱ 71;西班牙:Carrasco, Tratado, p. 162)。在希腊,从属保证人的声明必须做限制性解释,因为最高担保额的目的是对保证人的责任提供一项一般的限制(Georgiades § 3 no. 116 and § 4 no. 30)。

10. 在德国,约定最高担保额到底是仅包括主债务,还是也包括合同约定的利息,是存在争议的(BGH 17 March 1994, WM1994, 1064, 1068:未排除利息;相反:Reinicke/Tiedtke no. 24)。不过,在一般商业条款和条件中,约定的最高担保额并未将保证人的义务限制为约定利息的,一直被认为无效(BGH 18 July 2002, BGHZ 151, 375, 380 ss.)。在比利时,人们认为,如果当事人限定的从属保证最高担保额低于被担保债务,则保证人一般要对从属部分按照他对被担保债务负责的相同比例负责。但是,当事人另有约定的除外(Van Quickenborne no. 284)。

(d)追偿的诉讼外成本

11. 根据德国民法典第 767 条第 2 款和葡萄牙民法典第 634 条,从属保证人要对主债务人对债权人必须支付的通知费用负责;比利时、法国、意大利、卢森堡(民法典第 2016 条第 1 款(自 2006 年,法国民法典第 2293 条第 1 款);参见比利时:Van Quickenborne no. 264;法国:Simler no. 299;意大利:Giusti 155;卢森堡:Ravarani, Jurisprudence récente 901－902)和希腊(ErmAK/Zepos art. 851 no. 6)也是如此。相反,在瑞典,从属保证人在存疑时(*in dubio*)并不对通知费用负责(Walin, Borgen 153 f.)。

(e)其他从属义务

12. 上述关于约定利息的规定在德国也适用于佣金和诉讼费用(德国:Palandt/Sprau § 765 no. 24; Staudinger/Horn § 765 no. 40)。芬兰《独立保证和第三人担保法》第4条第1款规定,如果合同中并无其他约定,则从属保证人的责任可以扩展至其他额外成本。在比利时、法国和卢森堡也是如此,因为根据民法典第2016条(自2006年,法国民法典第2293条),从属保证包括主债务及其所有从属义务(比利时:Van Quickenborne no. 269;卢森堡:Ravarani, Jurisprudence récente 901;法国:Simler no. 304)。

(f)由于债务人过错或违约所产生的债务——违约利息;由于债务人过错所产生的损害赔偿请求权

13. 在大多数欧洲国家,除非保证合同另有约定,从属保证人尤其要对由于债务人不履行被担保债务所产生的违约利息和损害赔偿请求权负责(比利时:Van Quickenborne no. 266;英格兰:Moschi v. Lep Air Services Ltd. [1973] AC 331(该项判决在苏格兰也得到了认可,参见 Stair / Eden no. 918); Astilleros Espanoles SA v. Bank of America National Trust & Savings Association [1995] 2 Lloyd's Rep 352; Andrews and Millett no. 6-030;法国:ConsC arts. L. 313-7 and L. 341-2 for consumer securities; Cass. civ. 10 May 1988, Bull. civ. 1988 I no. 134 p. 93; Simler nos. 300 ff.;德国:BGH 17 May 1994, NJW 1994, 1790; Palandt/Sprau § 767 no. 2; Staudinger / Horn § 767 no. 25;希腊:Georgiades § 3 no. 115; A. P. 1486/1997, listed inwww. dsanet. gr;意大利:cf. Giusti 154;卢森堡:Ravarani, Jurisprudence récente 902;荷兰:Blomkwist no. 19, p. 37;葡萄牙:民法典 art. 634;西班牙:Guilarte Zapatero, Comentarios 132)。特别是在奥地利,完全从属保证(参见上文注释6)情况下的从属保证人要对违约利息负责(Rummel/Gamerith § 1353 no. 5; Schwimann/Mader and Faber § 1353 no. 5),而有限从属保证情况下的从属保证人则对此并不负责(参见 OGH 24 September 1987, SZ 60 no. 185 at p. 276)。

14. 该原则也适用于与以债务人在从属保证合同缔结后之行为为基础的被担保债务有关的所有损害赔偿请求权(德国:BGH 14 July 1988, NJW 1989, 27; Staudinger /Horn § 767 no. 28;希腊:A. P. 1486/1997, listed in www. dsanet. gr; Georgiades - Stathopoulos AK/Vrellis art. 851 no. 9;意大利:Giusti 155;卢森堡:Ravarani, Jurisprudence récente 902;葡萄牙:Almeida Costa 770),即使合同已经被解除或废止(比利时:Van Quickenborne no. 268;法国:Cass. com. 2 November 1994, JCP G 1995 I no. 3851(13), note Delebecque and Mouly; Simler no. 303;荷兰:Blomkwist no. 19, p. 37)。在希腊,只要债务人承担了相应的风险,从属保证人同时要对由偶然事件或不可抗力引起的主债务的变更负责(Georgiades - Stathopoulos AK/Vrellis art. 851 no. 9)。

15. 在斯堪的纳维亚国家和荷兰,法律状况有所不同。在丹麦,从属保证人要对所有因被担保债务之不履行引起的损害赔偿请求权负责(Pedersen, Kaution 49; CA Vestre Landsret 11 January 1971, UfR 1971 A 337)。但根据丹麦法院的实践,他并不对违约利息负责,除非那在担保协议中有明确规定(H 18 January 1982, UfR 1982 A 162; CA Vestre Landsret 4 October 1973, UfR 1974 A 198; Pedersen, Kaution 49)。瑞典也是如此(Walin, Borgen 151 ff.)。如果包含被担保债务的合同关系由于迟延履行而终止,根据芬兰《独立保证和第三人担保法》第25条,消费者从属保证人有权根据债务人并未迟延时通行的情况来清偿(RP 189/1998 rd 63)。

16. 在荷兰,从属保证人违约时,只对超过期限的法定利息负责,除非债务人的债务产生自不履行对另一人造成了损害赔偿或不履行(民法典第7:856条)。该规则对非营业性从属保证人造

成的不利并无减损(民法典第7:862条第1款)。根据第8:856条所欠的利息和费用可以被主张,不论是否约定了最高担保额(民法典第7:858条)。

(g)不履行合同义务的罚金

17. 在比利时、德国、希腊、意大利、卢森堡和荷兰,仅当从属保证合同有明确约定时,不履行合同义务的罚金才能被包括在内(比利时:CA Brussels 20 January 1982, RW 1982-83, 2397; CFI Brussels 27 September 1971, B. R. H. 1972, 2; Van Quickenborne no. 266;德国:BGH 7 June 1982, NJW 1982, 2305; BGH 15 March 1990, WM 1990, 841;希腊:Georgiades § 3 no. 115;意大利:Cass. 30 May 1963, no. 1468, Giur. it. Mass. 1963, 502; Giusti 154;卢森堡:CA Luxembourg 9 November 1993, Pas. luxemb. XXIX (1993-95) Jur. 293; Ravarani, Jurisprudence récente 902;荷兰:Blomkwist no. 19);在判断是否属于这种情况时,解释原则是适用的(德国:参见Staudinger/Horn § 765 no. 40 and Erman/Herrmann § 765 no. 7)。

18. 在奥地利,如果是完全从属保证(参见上文注释6),则保证人也要对罚金负责(Rummel/Gamerith § 1353 no. 5;区别于Schwimann/Mader and Faber § 1353 no. 5)。在法国,鉴于2002年10月作出的重要判决(Cass. civ. 29 October 2002, JCP G 2002, Ⅱ no. 10187, note Legeais),最高法院民事和商事(参见Cass. com. 6 February 2001, Bull. civ. 2001 Ⅳ no. 29 p. 27)委员会认定,罚金条款是自动地包括在民法典第2016条第1款(自2006年,民法典第2293条第1款)规定的从属义务当中的(Larroumet/François no. 161)。在葡萄牙法律上,不履行的罚金似乎是作为一种从属义务由从属保证人来承担的(葡萄牙:民法典第634条; Almeida Costa 770)。在西班牙,不履行的罚金已经被认为包括在保证的范围之内,除非另有规定(TS 30 June 1969, RAJ 1969/3680; TS 3 October 1985, RAJ 1985/4570; TS 2 October 1990, RAJ 1990/7464;法学著作:Guilarte, p. 133; Carrasco, p. 140)。

(h)诉讼与执行程序的费用

19. 根据德国民法典第767条第2款、意大利民法典第1942条、葡萄牙民法典第634条和希腊文献,除了通知费用(参见上文注释11)外,从属保证人还要对债务人对债权人所欠的法律诉讼费用负责。该种责任的存在,与从属保证是连带的还是补充的无关,特别是不取决于债务人的任何违约行为。从属保证人不仅要对正式程序中产生的费用负责,而且要对追偿过程中的所有费用负责(德国:Staudinger/Horn § 767 nos. 33 f.;希腊:Georgiades § 3 no. 115),除非该责任被从属保证合同排除在外。对于完全从属保证(参见上文注释6)而言,奥地利法律的效果是相同的(Rummel/Gamerith § 1353 no. 5; Schwimann/Mader and Faber § 1353 no. 5)。

20. 相反,在英格兰、法国、比利时、卢森堡、荷兰和苏格兰,如果债权人已经向保证人通知了向债务人起诉的意图,则从属保证人仅对其无效果的诉讼费用负责(英格兰:Baker v. Garratt (1825) 3 Bing 56, 130 ER 434; Colvin v. Buckle (1841) 8 M & W 680, 151 ER 1212;法国、比利时和卢森堡民法典第2016条(自2006年,法国民法典第2293条第1款);法国:CA Pau 9 February 1905, S. 1905, 2, 76;比利时:Van Quickenborne no. 264;荷兰:民法典第7:856条第2款;苏格兰:Fraser v. Andrew (1831) 9 S 345 (CA); Collier v. Beath (1836) 15 S 195)。在英格兰和苏格兰,还要进一步考虑到根据保证协议条款的正确解释,费用是否包含在从属保证的范围当中(英格兰:O' Donovan and Phillips no. 5-59;苏格兰:Grant v. Fenton (1853) 15 D 424 (CA)),以及所发生的费用是否合理(苏格兰:truthers v. Dykes (1847) 9 D 1437 (CA); Stair / Eden no. 916)。同样,根据西班牙民法典第1827条第2款,在无限从属保证情况下,那些在债权

人要求从属保证清偿之后发生的诉讼费用是被包括在内的。

21. 根据丹麦法律，从属保证人不对程序费用负责，除非那在从属保证中有明确约定（Pedersen，Kaution 49）。

（i）基础合同无效情况下的偿还请求权

22. 一般而言，如果规定偿还的基础合同无效，则从属保证明确扩展至偿还本金的请求权，这是得到承认的（德国：如果没有明确约定，则对合同条款的解释是必要的：Staudinger/Horn § 765 nos. 82－85 with references；意大利：在银行实务中，如果单独协商，这种条款被广泛应用并且是有效的：CA Torino 27 October 1998，BBTC 2001 Ⅱ 87；CFI Milano 25 May 2000，ibid. 88）。这种扩展是否能够有效地根据一般条件来确定，仍然存在着争议。在意大利，由意大利银行协会起草的示范合同中相应的条款被宣告为无效——但是，其根据是违反了反托拉斯法（decision of the Bank of Italy no. 55 of 5 May 2005，Bolletino no. 17 of 16 May 2005 pp. 97 ss）。德国联邦最高法院认为，相应的条款是与关于一般条款的法律制度相兼容的（BGH 21 November 1991，NJW 1992，1234，1235；approving Staudinger/Horn § 765 nos. 87 s.；more differentiating Reinicke and Tiedtke，Bürgschaftsrecht nos. 4－12）。在西班牙，关于扩展至偿还的次级义务，判例并不是决定性的，但该扩展已经被建议为一种默认规则（a default rule）（Carrasco，Tratado，p. 152）。

23. 法国法院一直认为，即便这样的借贷合同无效，债务人返还收到的款项的合同义务仍然从合同中"幸存"了下来；因此，在这方面，从属保证人的义务也保留了下来（Cass. com. 2 November 1994，JCP G 1995 I 3851 no. 13 with note Delebecque and Mouly；Cass. com. 4 February 1986，JCP G 1986 Ⅳ 100）。

Ⅲ. 概括保证

（a）概括保证下从属保证人的责任

24. 参见第Ⅳ.F－1:101条（定义）注释41～47。

（b）被担保债务的证明

25. 在德国和希腊，人们一直认为，对债务人有利的未清偿结余的承认，也对从属保证人有约束力：债权人可以诉诸该种对结余之非要因的承认，并且无需出示并证明每一笔账户登记（那是与其他账户信息一起，包括在未清偿结余当中的）（德国：BGH 18 December 2001，ZIP 2002，297 ff.，298；希腊：A. P. 1264/1994，ElIDik 37，316；Chrysanthis 299）。不论该种承认如何，债权人都可以通过出示并证明所有账户登记导致了未清偿的结余，来出示和证明账户的主张（德国：BGH 18 December 2001，ZIP 2002，297 ff.，298；希腊：A. P. 46/1984，NoB 33，232；Kondylis 39 fn. 103）。

第Ⅳ.G－2:105条　保证人的连带责任

除另有约定外，债务人与保证人承担连带责任，债权人可以选择请求债务人或在保证范围内请求保证人连带履行。

评 论

A. 一般规则:连带责任

本条规定了保证人责任的基本形式,即连带责任。债权人可以选择请求债务人或保证人清偿全部债务。债权人也可以分别请求各方清偿部分债务。严格讲,在某些情况下这可能不是连带责任,因为两种义务的法律基础可能是不同的;但其效果在某些方面是类似的。

最为现代的立法都为这种情况规定了连带责任,并且它一直在商业关系中盛行。凡是在旧法规定保证人承担补充责任的地方,实践中这通常都被合同约定的连带责任所取代了。

B. 见索即付的保证

如果保证是见索即付的,则它是负担连带责任的保证。通常情况下,它是独立保证(参见第Ⅳ.F－3:104 条(见索即付的独立保证)),除非当事人明确规定它是从属保证。但是,任何已由消费者承担的见索即付的保证,只要从属保证的条件得到了满足,都被认为是创设了一项从属保证(参见第Ⅳ.F－4:105 条(保证人责任的性质)(c)项)。

C. 消费者作为保证人

对于普通从属保证而言,保证人的连带责任是原则,补充责任是例外,而根据第Ⅳ.F－4:105 条(保证人责任的性质)(b)项,对消费者从属保证人来说,该种关系被颠倒了:后者的补充责任是原则;不过,当事人可以另行约定。这种颠倒是为了对承担从属保证的消费者提供更为充分的保护。

这项规则也适用于消费者承担独立保证的情况(参见第Ⅳ.F－4:105 条(保证人责任的性质)(c)项),以及消费者承担为担保目的的共同债务的情况(参见第Ⅳ.F－4:102 条(适用规则)第(1)款)。在消费者承担为担保目的的共同债务的情况下,"债务人"一词指的是其债务获得担保的债务人。

注 释

Ⅰ. 作为一般规则的连带责任

1. 根据意大利法律,保证人与债务人承担连带责任(民法典第 1944 条第 1 款; Calderale,

Fideiussione 33 ff.），而根据 1865 年旧民法典第 1907 条，那曾经被规定为补充责任。关于连带的意义，讨论颇多（参见 Giusti 45 ff.）。根据大多数法律学者以及最高法院的观点，保证的连带指的是数人对同一债务负有责任，以至于他们每个人都被迫履行全部债务，一个人的履行则会免除所有其他人的义务（Cass. 15 December 1970 no. 2683, Giust. civ. 1971 I 569; Giusti 50）。保证义务与被担保债务都是到期并应予清偿的，债权人可以要求债务人和/或保证人清偿。连带保证的特色将其与连带债务（the obligation *in solido*）区别开来；因此，并不是后者的所有规则都可以适用于连带保证（Busnelli 39 ff.; di Majo, Obbligazioni solidali 306 ff.; Casella 266 ff.; Giusti 50）。在英格兰和苏格兰法律上，关于保证人与债务人的连带责任，规则也是如此。虽然在英格兰法律上，保证的责任要以债务人的违约为条件，但债权人在转向保证人之前，通常并无义务先向债务人采取任何行动（China and South Seas Bank v. Tan [1990] 1 AC 536; Moschi v. Lep Air Services Ltd. [1973] AC 331）。与以罗马为基础的制度不同，先索抗辩权从未被英格兰法律采纳过（Andrews and Millett no. 11－002）。一般情况下，一旦债务人在履行被担保债务过程中违约，保证人的责任就出现了（Andrews and Millett no. 7－002; O'Donovan and Phillips no. 10－07）。强迫债权人先向债务人采取行动的权利甚至从未在衡平法上出现过（参见 Ewart v. Latta (1863) 1 M 905；该项判例在苏格兰也有着最高权威）。爱尔兰的情况也与此类似（White 541）。

2. 苏格兰普通法是以罗马法为基础的，它熟知先索抗辩权。这已经被 1956 年《商法修正案》（苏格兰）关于为金钱债务提供保证的第 8 条所废除了。如果被担保债务是以行为给付（*ad factum praestandum*）的，即如果主债务人有义务履行某项行为，则先索抗辩权仍然得到认可。但是，只要债权人并未从债务人处获得满足就足够了；对债务人财产的执行并不是必要的（Stair / Clark nos. 923－926）。

3. 在荷兰，有位学者通过指出连带与从属并不相互排斥，提出了一种极为宽泛的连带观点；在他看来，"从属连带"是可能的，并且他认为从属保证人就是这种情况的法定例证（Van Boom 25－29）。不过，这只是一种少数派观点。

Ⅱ. 商业保证人的连带责任

4. 奥地利、德国、法国、比利时、卢森堡和葡萄牙法律在商业和非商业从属保证人之间进行了区分。商人在营业过程中承担的从属保证，要负连带责任（奥地利和德国商法典第 349 条，援引第 343 条）。商人的任何法律行为都被推定为是在营业过程中作出的（德国商法典第 344 条）。在奥地利，商人自 2006 年年底之后承担的从属保证，创设的仅仅是补充责任（Law amending commercial law of 27 October 2005 art. I no. 132 abrogates present Ccom § 349 as of 1 January 2007）。在法国和卢森堡，只要被担保债务具有商业性质，从属保证便是商业性的；这遵循的是从属性原则。此外，保证人在具有商业性质的被担保债务中拥有个人利益是必需的（法国：Simler no. 98；卢森堡：CA Luxembourg 26 June 1985, Pas. luxemb. XXVI (1984－86) Jur. 352），这与比利时的情况有所不同（参见 T'Kint no. 738）。在法国和比利时，一般适用于商业债务的连带责任的推定，也适用于商业担保（法国：自 Cass. com. 28 April 1966, Bull. civ. 1966 Ⅲ no. 209 p. 187; Simler no. 364；比利时：自 Cass. com. 25 April 1985, Pas. belge 1985 I 1044）。在葡萄牙，保证人并不需要是商人，只要债务具有商业性质即可（Ccom art. 101）。在西班牙，虽然并不存在相关的法律规定，但最高法院曾在多个判决中认为商业保证人应承担连带责任（TS 4 December 1950, RAJ 1951/227; TS 14 February 1997, RAJ 1997/1419 26 May 2004, RAJ 2004/4261）。不过，由于那里也存在相反的最高法院判决（TS 5 March 1990, RAJ 1990/1665），所以商业保证的

连带性质不能被认为已经得到了确定。

Ⅲ.约定的补充责任

5.在上述国家中,当事人可以自由地约定,从属保证人仅承担补充责任。这在意大利民法典第 1944 条第 2 款有明文规定(也可参见 Ravazzoni 262)。英格兰和苏格兰也是如此(英格兰:Holl v. Hadley (1828) 5 Bing 54, 130 ER 980;苏格兰:Mercantile Law Amendment Act (Scotland) 1856 f. 8 at the end:"Provided always that nothing herein contained shall prevent any cautioner from stipulating in the instrument of caution that the creditor shall be bound before proceeding against him to discuss and do diligence against the principal debtor.")。

Ⅳ.作为规则的补充责任

6.相反,在其他许多国家,作为一项规则,保证人的责任从属于主债务人的责任,并且,连带责任必须经当事人约定或者由法律作为例外加以规定(参见下一条的注释)。

第Ⅳ.G-2:106 条　保证人的补充责任

(1)如果有约定,保证人得主张其保证责任的补充性质以对抗债权人。有约束力的安慰函被推定为仅仅创设补充责任。

(2)除第(3)款的不同规定外,债权人在要求保证人清偿债务之前,必须已为适当尝试要求债务人以及其他就同一债务承担了连带责任的保证人或财产担保人清偿债务。

(3)如果明显不可能或者异常困难,债权人不必依前款尝试要求债务人以及其他担保人清偿债务。这种除外规定特别适用于针对前述债务人以及担保人的破产程序或者相当程序已经启动,或者由于财产不足清偿以致此类程序无法启动的情况,除非前述债务人以及担保人就同一债务提供了有效的财产担保。

评　论

A.作为例外的补充责任

由于根据前条之规定,从属保证人的连带责任是原则,补充责任则需要当事人的协议。在存有疑问的情况下,保证人必须证明其责任仅仅是补充性的。例外的是,根据第Ⅳ.F-4:105 条(保证人责任的性质)(b)项,消费者承担的保证总是补充性的。

有约束力的安慰函。有约束力的安慰函被"推定"为仅仅创设补充责任。该推定源自于这一事实,即安慰函的发信人并不承担向债权人清偿的直接责任,他通常只是承诺要保证债务人有充足的资金偿还其向函件受益人所负的债务。未能遵守该承诺只会导致对债权人负担损害赔偿责任。当然,资助者仅仅承担补充责任的推定可以被

债权人推翻。

B. 补充责任的效果

这些规则所预期的补充责任的效果是在第(2)款中规定的。在补充责任的情况下,保证人受保护以防止其过早向债权人承担责任。在被允许向保证人请求之前,债权人必须已为适当尝试要求其他几个可能的责任人清偿债务。保证人责任的补充性质不仅保护保证人对抗债权人根据担保提出的履行请求,而且为保证人提供临时保护,以对抗已经承担了连带责任的其他保证人,并在内部追索权关系中仅仅承担补充责任(参见第Ⅳ.F－1:106 条(多数保证人:内部追索权)第(3)款第二种选择)。

在向仅负担补充责任的保证人请求之前,债权人(或另一位诉诸内部追索权的保证人)所进行的获得清偿的适当尝试,需要满足以下条件。

首先,债权人必须已经尝试向债务人请求清偿。只有在已经尝试对债务人执行之后,债权人才能转向保证人,要求其承担债务人仍未履行的任何债务。特别是,如果债务人提供了财产担保的话,债权人必须努力从这种来源获得债务清偿。

其次,债权人必须已经尝试执行由第三人对同一债务提供的并非补充性的任何保证或财产担保权利。如果另一个保证人已经承担了连带责任,这表明了答复任何清偿要求的自愿,即使债务人可以转而请求债务人。只有在不能从“初级”保证人处获得清偿的时候,仅仅承担补充责任的保证人才必须清偿,这是适当的。

C. 例外情况

在某些情况下,仅仅承担补充责任的保证人仍然无权拒绝向债权人履行,即便债权人并未采取第(2)款所规定的获得清偿之全部或部分尝试。

当所有保证人和财产担保人都负担补充责任的时候,一种不言自明的情况便出现了。只要债权人已经向债务人采取了获得清偿的适当尝试,债权人便可以选择向任何保证人要求履行,因为他们对债权人所负的责任是连带的。

其他情况下,根据第(2)款的规定要求债权人在向仅负补充责任的保证人请求之前,先向债务人采取获得清偿的尝试,是毫无意义的;第(3)款对这些情况进行了规定。该规定适用于从债务人或其他负担连带或补充责任的保证人处获得清偿是不可能的,或者非常困难的情况。在这种情况下,债务人时间与金钱的浪费必须要被避免。

关于从其他人处获得清偿是不可能的,或者非常困难的情况,最重要的例子被规定在第(3)款第 2 句中:针对债务人以及任何其他担保人的破产程序或者相当程序已经启动,或者由于财产不足清偿以致此类程序无法启动。仅仅从破产人财产中获得某些限额的机会是不够的,因为一般而言,这种限额是非常低的。债权人不必受限于这种机会,因为在不久的将来获得完全清偿的可能性实际上被排除了。保证就是为了防止这种结果的出现。

但是,即便破产程序已经启动,如果破产人向债权人提供了财产担保的话,债权人

仍然有机会从破产人处获得清偿；因此，第(3)款第2句规定了一项反例外，在这种情况下，债权人仍应受第(2)款的调整。

第(3)款第1句并未明确的提到的另一种情况是，被纳入财产担保的财产处于债务人（或任何其他保证人）定居的国家之外，并且其定居的国家并不属于欧盟成员国，以至于执行是困难的或费时的。当担保财产的价值有所贬损，或明显不足以清偿债权人的时候，或者如果担保财产明显是毫无价值的时候，经济上的等价物可以用来替代。

D. 默认的保证

尤其是在商业实践中，某一保证人的履行经常获得默认保证的支持。这是由次级保证人（他往往是居住在债权人国家的人）提供的。它是向债权人承担的，并且如果初级保证人不能或不愿履行的话，债权人便可以诉诸该项保证。在这种背景下，默认保证是补充性的，因为只有在债权人尝试从初级保证人处获得清偿失败之后，它才能被诉诸。

E. 消费者作为保证人

与普通从属保证相反，作为一项规则，承担从属保证的消费者仅负补充责任（参见第Ⅳ.F－4:105条（保证人责任的性质）(b)项，以及上一条评论C）。该项规则也适用于提供独立保证的消费者（参见第Ⅳ.F－4:105条(c)项），以及承担为担保目的的共同债务的消费者（参见第Ⅳ.F－4:102条（适用规则）第(1)款）。

与消费者保证人的一般规则相反，补充责任的基本原则可能因当事人的明确约定而被背离（参见第Ⅳ.F－4:105条（保证人责任的性质）(b)项）。在消费者承担为担保目的的共同债务的情况下，“债务人”一词指的是其债务获得担保的债务人。

注　释

Ⅰ. 作为一般规则的保证人的补充责任

1. 在大多数成员国，并无特别约定的从属保证仅仅为保证人创设补充责任（奥地利：民法典第1355、1351条第1款第2句；比利时、法国和卢森堡民法典第2011条（自2006年，法国民法典第2288条）；法国：Simler nos. 501 ff.；丹麦：Pedersen, Kaution 32 ff.; Ussing, Kaution 78；荷兰：民法典第7:855条第1款；芬兰：《独立保证和第三人担保法》第3条第1款；RP 189/1998 rd 33；德国：民法典第771条；希腊民法典第855条；葡萄牙民法典第638条；西班牙民法典第1822条第1款；瑞典商法典第10章第9条）。在大多数成员国，对另一保证人承担责任的保证人（附带的或默认的担保）也负有补充责任（丹麦：Pedersen, Kaution 40 f.；芬兰：Nehrman 355; Ekström 27；法国：Simler no. 504；德国：Erman/Herrmann no. 15 preceding § 765；希腊：Georgiades § 4 nos. 10 f.；意大利：民法典第1948条；Bozzi, La fideiussione 258；西班牙：民法典第1836条；Díez－Picazo 460）。就比利时、卢森堡和荷兰法律而言，同样也是如此，担保另一项保证的保证是与任

何其他保证被同样对待的。对于为另一保证人提供担保的保证人(*subfiador*),葡萄牙民法典第643条规定了两个层次的补充责任。相反,在商业事务上,连带是原则,而补充则是例外(参见上一条注释4)。

Ⅱ.约定的连带责任

2. 在大多数成员国,补充责任原则实际上经常遭到当事人的规避。

3. 某些国家明确规定了当事人约定的可能性(奥地利民法典第1357条;芬兰:《独立保证和第三人担保法》第3条第1款;比利时和法国:民法典第2021条(自2006年,法国民法典第2298条);德国民法典第773条第1款第1项;希腊民法典第857条a)项参阅第855条; Georgiades § 3 no. 144;葡萄牙民法典第640条a)项;西班牙民法典第1822条第2款和第1831条第1款)。

4. 在这些以及其他国家,当事人极为频繁地利用该可能性达成连带责任的协议(奥地利: Schwimann/Mader and Faber § 1357 no. 1;西班牙: Lacruz Berdejo 534; Guilarte Zapatero, Comentarios 30 ff.; TS 5 December 1991, RAJ 1991 no. 8917(在这两个国家,这是从属保证之最为常见的形式))。在丹麦法律上,至少就商事关系而言,也是如此(Pedersen, Kaution 34)。关于连带责任的意义,参见上一条的注释。

5. 在德国,从属保证的一般条款经常规定保证人的连带责任。但是,通过规定补充责任的排除必须以书面形式作出,并经保证人签名,保证人得到了保护(民法典第766条; BGH 25 September 1968, NJW 1968, 2332),除非后者是商人(参见商法典第350条)。

6. 虽然在瑞典立法(商法典第10章第9条)上,即便保证人是商人,其责任也推定为补充责任,但债权人实际上经常规定让其承担主要责任,关于承担保证的私人也是如此(与 Walin, Borgen 29 不同)。在比利时、法国和卢森堡,补充责任虽然是从属保证的重要特征,但如今已经没有什么太大的实际意义,因为当事人大多都会约定保证人承担连带责任(比利时: Van Quickenborne no. 404;法国: Simler no. 512)。该种连带责任不能推定(民法典第1202条第1款)。在法国,自1966年起,商事债务之连带责任的推定也被适用于商事担保(Cass. com. 28 April 1966, Bull. civ. 1966 Ⅲ no. 209 p. 187)。

Ⅲ.补充责任——详述

(a)规定

7. 补充责任在各国有着不同的含义。人们可以将其区分为宽松的补充责任和严格的补充责任。

(b)宽松的补充责任

8. 在奥利地、荷兰和苏格兰,宽松的补充责任被适用于保证的具体形式。债权人首先必须要求债务人履行(奥利地民法典第1355条;荷兰民法典第7:855条第1款;苏格兰,参见上一条注释8),但除此之外不必有更进一步的行动。在奥地利,法律明文规定,只要有利于从属保证人,当事人可以违背该项规则:他们可以约定补充责任的“严格”形式(民法典第1356条)。荷兰同样如此,除非保证人是消费者(参见民法典第7:862条a项)。根据荷兰民法典第7:855条第1款,只有债务人不能履行时,保证人才需要履行。因此,债权人必须首先要求债务人履行;只有后者不能履行时,债权人才能向保证人请求(Pitlo/Croes 358; Hartlief 216)。由于债权人并没有“选择请求债务人和/或保证人连带履行”的权利,所以保证人的责任只能是补充性的(参见 Nieuwenhuis/Castermans art. 855 no. 2; Dutch Business Law § 6. 05 [2]; du Perron and Haentjens, Introduction no. 11 and art. 855 no. 1)。对于由消费者或其他保证人担保的消费借贷

而言,比利时的情况与此类似。根据比利时《消费品信用贷款法》的规定,消费者债务人违约的前提条件是被提高了的:如果债务人至少违约了两笔款项,或到期总债务的 20%,或最后一笔到期债务,并且债务人并未在债权人通过挂号信发出请求后一个月内履行的话,债权人只能就消费者借贷起诉保证人(《消费品信用贷款法》第 36 条)。

(c)严格的补充责任

9. 在大多数成员国的法律制度中,如果从属保证人负担补充责任,则债权人必须尝试通过执行从债务人处获得清偿(比利时、法国和卢森堡民法典第 2021 条(自 2006 年,法国民法典第 2298 条);丹麦:Iversen 24; Pedersen, Kaution 33; Ussing, Kaution 85;芬兰:《独立保证和第三人担保法》第 21 条 a)项; RP 189/1998 rd;德国民法典第 771 条以下;希腊民法典第 855 条;葡萄牙民法典第 638 条;西班牙民法典第 1830 条、1832 条、1833 条、1834 条;瑞典:Walin, Borgen 157)。在所有这些国家中,保证人的补充责任依职权(*ex officio*)未被遵守的,保证人必须向债权人提出抗辩(先索抗辩权(*beneficium excussionis* or *discussionis*);关于罗马法来源中对这两个术语的适用,参见 Zimmermann 130 fn. 104;比利时、法国和卢森堡民法典第 2022~2024 条(自 2006 年,法国民法典第 2299~2301 条);德国民法典第 771 条(例外在于事先要对主债务人提起法律诉讼,Einrede der Vorausklage);希腊民法典第 855 条;葡萄牙民法典第 638 条;西班牙民法典第 1832 条)。例外情况的出现迫使债权人首先应向债务人提起诉讼并予以执行(法国:Simler nos. 501 ff.;德国:Palandt/Sprau § 771 no. 1;希腊:Georgiades § 3 no. 144;葡萄牙:Almeida Costa 776)。

10. 在意大利,如果先索抗辩权已被约定,则保证人必须指明债务人的相关财产(意大利民法典第 1944 条第 2 款最后)。特别是根据意大利法律,仅当下述三个条件得到满足时,先索抗辩权才能发挥作用:第一,它必须由保证人提出;第二,用于执行的债务人的财产必须已经被保证人指明;第三,除非有相反约定,保证人必须提前支付该执行的费用(Distaso 112 ff.; Ravazzoni 262 f.)。在比利时、法国、卢森堡和西班牙,提出先索抗辩权的保证人必须向债权人指明,可以对其提起执行的债务人的那些财产(比利时、法国和卢森堡民法典第 2023~2024 条(自 2006 年,法国民法典第 2300、2301 条);西班牙民法典第 1832 条)。在葡萄牙,如果它们是在保证之前或与之同时设立的话,先索抗辩权也可以对担保同一债务的第三人的财产权利提出(民法典第 639 条)。在葡萄牙,债权人在任何情况下都有权要求仅由保证人履行,或者由保证人与债务人一起履行。不论是在连带责任还是在补充责任的情况下,如果债权人仅要求保证人履行的话,保证人有权要求债务人提出抗辩或一起履行(民法典第 641 条第 1 款)。如果保证人由于疏忽而没有这样做,则推定先索抗辩权已被放弃,除非保证人在诉讼中有相反的声明(民法典第 641 条第 2 款;Pires de Lima and Antunes Varela 658)。此外,根据西班牙民法典第 1834 条,债权人可以一起起诉保证人和债务人,但即使判决是对他们双方作出的,先索抗辩权仍然有效。

11. 如果债权人由于忘记或者疏忽而没有对债务人被指明的财产进行执行,则当那些财产由于后来债务人的破产而丧失的时候,债权人要在该财产的价值范围内负责。对于该范围,保证人不再负责(比利时、法国和卢森堡民法典第 2024 条(自 2006 年,法国民法典第 2301 条);Simler no. 521;西班牙民法典第 1833 条)。

12. 与这些法律制度相反,在德国和希腊,保证人并不需要向债权人指明债务人的财产。债权人必须尝试对被担保的债务人予以执行(德国民法典第 771 条;希腊民法典第 855 条)。不过,根据德国民法典第 772 条和希腊民法典第 856 条,在大多数担保金钱债务的情况下,强制执行的要求仅需尝试对被担保债务人的动产,或者仅对那些位于债务人住所或居所(在德国,包括营业

场所)的财产提出即可。此外,债权人一般必须从债务人动产的质押或留置中寻求清偿(前引规定的第 2 款)。

(d)基于执行之不可能或极度困难的例外

13. 在丹麦,如果能够证明执行是不可能的,或者保证人承认这是不可能的,债权人便无须尝试通过执行债务人的财产而获得清偿(Ussing, Kaution 85; see Kæstel 1)。在法国,尤其是当债务人过度负债(即便保证人是消费者)的时候,债权人并不必须尝试通过对债务人执行而获得清偿(Simler no. 511)。相反,如果债务人的财产不足以清偿债务,保证人则负有责任(参见 Cass. com. 17 March 1969, Bull. civ. 1969 Ⅳ no. 96 p. 97)。根据希腊民法典第 857 条,如果对债务人财产的执行显然不会有结果的话,保证人的责任便不再是补充性的了。在意大利,债务人显然无力清偿的情形也会导致先索抗辩权之行使的事实上的不可能(Distaso 116)。同样,德国民法典第 773 条第 1 款第 4 项规定,“如果必须假定对主债务人财产的强制执行不会导致债权人的满足,那么对主债务人先予执行的例外就无需考虑”。但是,根据第 2 款,如果债权人可以从债务人动产上设立的质押或留置中获得清偿的话,存在的仍然只是补充责任。

14. 在葡萄牙,如果由于担保设立后出现的事实,债务人或担保债务之货物的所有人不能被起诉,或者执行对象位于大陆领土或临近岛屿之内,则保证人不能主张先索抗辩权(民法典第 640 条 b)项)。在西班牙,当债务人不能在王国内被起诉的时候,上述规则同样有效(民法典第 1831 条第 4 款)。在比利时、法国和卢森堡法律上,被用于执行的债务人的财产不得位于清偿地的上诉法庭管辖范围之外,并且不能是有争议的,或者对债务进行了抵押,以至于不再由债务人占有(比利时、法国和卢森堡民法典第 2032 条第 2 款(自 2006 年,法国民法典第 2300 条第 2 款);比利时:Van Quickenborne nos. 377－380; RPDB, Cautionnement nos. 237－243;法国:Simler no. 518;在法国,财产临近的要求被认为是不合时宜的)。这些规定表明,立法者的意图是,只有能够方便快捷地用于执行的货物才能被保证人指明(比利时:Van Quickenborne no. 378 at p. 196; Lebon, Borgtocht no. 10;法国:Simler no. 518)。对于显然困难,甚至是没有机会的执行来说,一般的例外是不存在的。

15. 相反,在瑞典和芬兰,对于债权人必须尝试通过执行获得清偿的义务而言,并不存在例外(瑞典:Walin, Borgen 157 ff.;芬兰《独立保证和第三人担保法》第 2 条第 2 款和第 21 条; RP 189/1998 rd 30, 58 ff.)。

(e)债务人迁移情况下的例外

16. 在德国和希腊,如果在保证承担之后,由于债务人住所、营业地点或居所的改变,导致对债务人提起诉讼的困难显著增加,则先索抗辩权被排除在外(德国民法典第 773 条第 1 款第 2 项;希腊民法典第 857 条第 2 款)。这种例外的原因是,在金钱债务情况下,债权人只能要求对保证设立时,处于债务人住所、居所或营业场所的财产予以执行。在奥地利,如果债务人的住所届时仍属未知,只要债权人的行为并无疏忽,保证人便不能主张补充责任(民法典第 1356 条)。

(f)债务人破产情况下的例外

17. 根据西班牙民法典第 1831 条第 3 款,在债务人破产或资不抵债的情况下,对债务人所有财产的执行是并不需要的。关于破产程序是否已经启动,或者明显的事实上的资不抵债是否足以排除先索抗辩权,该条的措辞是不太明确的。在存在明显的事实上的资不抵债的情况下,保证人不会找到债务人位于西班牙境内的,足以清偿债务的财产,而根据第 1832 条第 2 款,那是必须要指明的。此外,根据一般的判例,当提起诉讼显然已经毫无用处的时候,债权人不应被迫先行

对债务人提起诉讼(参见 TS 30 July 1999, RAJ 1999/5724; Carrasco, Tratado, p. 220)。上文已经提到(参见上文注释 13),意大利的解决方案是与此极为相似的。

(g)超过债务人财产的破产程序

18. 德国民法典第 773 条第 1 款第 3 项和希腊民法典第 857 条第 3 款规定,如果破产程序已经向债务人提出,除非债权人能够从债务人的动产中获得担保权利(第 2 款),否则将排除对主债务人的先索抗辩权。实际上同样的规则也适用于比利时、法国和卢森堡。在后几个国家中,人们认为,民法典第 2023 条(自 2006 年,法国民法典第 2300 条)的规定指出,如果针对债务人财产的破产或相当程序已经被开启,则先索抗辩权不能再被主张,因为这已经阻挠了对债务人财产之方便快捷的执行(比利时:Dirix and De Corte no. 410 at p. 270; Van Quickenborne no. 378 at p. 193; Lebon, Borgtocht no. 10;法国:Cass. civ. 21 December 1897, D. P. 1898, 262; Simler no. 511)。在意大利,只要对债务人的破产程序已经开启,就债务人的财产向个别债权人执行的可能性便受到了法律的禁止(L. fall art. 51),在这种情况下,保证人对先索抗辩权的行使显然是不可能的(Giusti 187)。

19. 在瑞典,破产程序的开启并不足以让从属保证变成应支付的;另外,债权人也无须等到破产程序的结束,只要债权人能够证明破产程序将不会给予其任何债务清偿即可(Walin, Borgen 157 f.)。此外,在法国,如果债权人显然只能从债务人财产中获得部分清偿,则保证人不能主张责任的补充性(Simler no. 511 fn. 384)。在奥地利,针对债务人财产的破产程序的开启并不能由存在疏忽的债权人主张(民法典第 1356 条),例如,由于疏忽而未能提出请求的债权人(Schwimann/Mader and Faber § 1356 no. 4)。

20. 根据芬兰法律与丹麦和法国的文献,从属保证人在例如破产程序已经完成但债权人并未获得清偿的时候承担责任(芬兰《独立保证和第三人担保法》第 21 条; RP 189/1998 rd 58 f.;丹麦:Pedersen, Kaution 33; CFI Herning 6 April 1982, UfR 1983 A 739;法国:在破产"清算"情况下,Simler no. 511)。在瑞典,通过最高法院的判决,实际上实现了同样的效果(HD 23 April 1990, NJA 1990, 245)。

(h)由于债务人财产不足所致的破产程序失败

21. 在丹麦和法国,如果由于债务人财产不足导致破产程序的开启失败,从属保证人便要负担责任(丹麦:Pedersen, Kaution 33; CA Søndre Landsret 10 October 1927, UfR 1928 A 194;法国:Cass. com. 8 June 1993, JCP G 1993, Ⅱ no. 22174; Simler nos. 517 and 725; cf. Ccom art. L 643－11 Ⅲ)。根据比利时和卢森堡的法律,如果破产程序由于债务人财产不足而失败,则债务人重新获得对财产的完全处分权;在这种情况下,对于简便快捷的执行的程序性障碍便消失了。保证人便重新获得了主张先索抗辩权的可能性。该项规则的一个例外是,虽然破产程序由于债务人财产不足而失败,但债务人仍然被免除了债务(Lebon, Borgtocht no. 10 a fortiori)。根据意大利的判例,当缔结先索抗辩权时,当事人也可以选择使保证人的责任从属于通过债权人权利未获清偿的破产程序之终结所证明了的最终不可能性(Cass. 17 July 1985 no. 4218, Giur. it. Mass. 1985, 803)。

第Ⅳ.G－2:107条　债权人的通知义务

（1）在债务人不履行或者不能履行债务时，债权人应无不当迟延地将此项事实以及履行宽限期通知保证人；此项通知必须包括截止到通知时被担保的主债务数额、利息以及债务人负担的其他从属性义务。在为前项通知后三个月内，债权人就新的不履行事实不必再为通知。对于仅仅涉及债务人不履行从属性义务的事实不必为通知，除非未履行的被担保债务数额已经达到了被担保债务总额的5%。

（2）另外，在概括保证的情形下，债权人应将其与债务人约定增加债务额的事实通知担保人：

（a）当债务增加额达到保证设立时被担保债务额的20%时；而且

（b）被担保债务额较依本款为前次通知或应为前次通知时的债务额每增加20%时。

（3）如果概括保证人知道或者可以合理地被期待知道前述事实并在该范围内，第（1）款及第（2）款的规定不适用。

（4）如果债权人怠于或迟延为本条所要求的通知，债权人对保证人的权利将受到限制以免保证人因为该怠于或迟延通知而遭受损失。

评　论

A. 债务人违约的通知

根据现代保证法的发展趋势，这些规则对债权人规定了某些义务；特别是，如果债权人想要保留对保证人的完全权利的话，即使在缔约前的阶段，他都对消费者保证人负有通知义务。

根据第（1）款，关于被担保债务，只要出现可能导致需向保证人请求的紧急情况，债权人就必须通知从属保证人。为了允许保证人对可能的风险予以评估，并向债务人请求救济，债权人必须将债务人不履行或者不能履行的事实，以及被担保债务的宽限期通知保证人。在该项通知中，债权人必须注明未清偿的本金数额、利息和其他从属性义务，以及通知发出的日期。如果违约状态持续，则债权人在上述通知发出后每三个月都要重新通知。

根据第（1）款第3句，如果仅仅是从属性义务尚未被履行，则作为一项规则，债权人并不需要通知。但是，如果所有未履行的被担保债务总额达到了未履行的被担保债务额的百分之五或更多的话，则通知义务重新生效。换言之，到期但未清偿的从属性

义务的一定百分比并不要求债权人作出反应,但百分之五的百分比则引起了第(1)款规定的通知义务。

B. 概括保证债权人的通知

关于担保额的增加和被担保债务的加重,概括的从属担保人不受第Ⅳ.F－2:102 条(保证人义务的从属性)第(4)款的保护,因为这将有悖于概括从属保证的本质。但是,保证人知道风险的大概程度的合法利益应该通过债权人对约定之可能债务的总额的重大增加进行通知而得到满足。由于对债务之实际额度(那可能是每天都会改变的)进行通知太过繁琐,所以只有重大的增加必须进行通知。最为"重大的"增加被确定为超过概括保证设立时被担保债务额的 20% 以上。相应地,如果被担保债务额较前次通知或应为前次通知时的债务额每增加 20% 时,债权人都应该对担保人予以通知。

C. 对从属保证人进行通知的例外

如果保证人已经被通知,或者可以很容易地掌握相关信息,例如作为债务人公司的董事,则第(1)、(2)款所规定的通知义务便是不必要的。该例外的举证责任必须由债权人承担。

D. 罚则

关于怠于或迟延为第(1)、(2)款所规定之通知义务的,其罚则规定在第(4)款。债权人对保证人的权利将受到限制以免保证人因为该怠于或迟延通知而遭受损失。如果由于怠于通知,保证人将因为债务人在此期间已经破产而无法获得救济或补偿的话,这种损失便出现了。

E. 消费者作为保证人

本条是对保证人加以保护的规定;因此,它不仅适用于由消费者保证人承担的从属保证,而且适用于消费者意图承担的独立保证(参见第Ⅳ.F－4:105 条(保证人责任的性质)(c)项),以及消费者为担保目的的共同债务(参见第Ⅳ.F－4:102 条(适用规则)第(1)款)。

虽然存在有限制消费者保证人承担的概括保证的具体规则(第Ⅳ.F－4:105 条(保证人责任的性质)(a)项),但第(2)款规定的额外的保护也在消费者的情形中发挥着重要作用。对于被担保债务的任何增加,债权人都必须通知消费者保证人,即使这并未超过在消费者情形下,概括保证必须具有的最高限额。

根据第Ⅳ.F－4:102 条(适用规则)第(2)款,本条的规则是强制性地有利于消费者的。在消费者为担保目的的共同债务的情况下,"债务人"一词指的是其债务受到担保的债务人。

注　释

Ⅰ.关于通知要求或义务的一般看法

1. 根据许多法国学者的观点,合同缔结后债权人对从属保证人的通知义务似乎是与从属保证的单方性质相违背的(参见 Delebecque 256; Simler nos. 416 ff.)。在德国法律和其他法律制度中,这种义务被法院和几乎所有学者都否定了(CA Bamberg 13 December 1999, WM 2000, 1582, 1584; MünchKomm/Habersack § 765 nos. 85, 91; Schimansky/Bunte/Lwowski/Siol § 44 nos. 57, 61; Lwowski no. 406)。此外,人们认为,通知义务的规定将会削弱作为担保的从属保证(CA Köln 7 February 1995, WM 1995, 1965; Staudinger/Horn § 765 no. 119)。但是,由于其被严格限制的范围,它们在比利时、丹麦、法国、意大利、荷兰和瑞典得到了承认。

2. 相反,只要任何从属保证人有此要求,芬兰便首先对债权人施加以一般性的通知义务(《独立保证和第三人担保法》第 14 条第(1)款)。此外,关于债务人的债务,以及与评估债务人的清偿能力有关的任何情形,只要债权人知道这些事实,或者能够很容易地获得信息,他就必须应其要求通知消费者从属保证人(第 14 条第(2)款)。任何导致从属保证人遭受损失的该义务的违反,都要通过减少保证人的义务而使债权人受到制裁(第 14 条第(3)款)。

3. 在希腊,希腊银行协会(Hellenic Bank Association)1997 年 3 月出台的 Hellenic Banker's Code of Conduct 中存在一项"软法"规定。该守则被学者们认为是一系列一般商业条件,它可以被第三人,尤其是消费者所援引。一种观点认为,如果它们被纳入合同当中,或者能够被客户所利用,则它们是适用的(Karakostas 23);另一种观点则认为,由于它们已经出版,而对其无视将构成误导性的广告,所以在任何情况下它们都是适用的(Georgakopoulos, DEE 4, 774)。根据《银行行为守则》第 42 条第 1 款,银行有义务将缔约当事人依法所享有的权利和负有的义务通知从属保证人,并向保证人提供已经提供给债务人的所有相关信息(在债务人提出请求后 90 天内,银行依法必须提供给债务人借贷合同副本,以及债务的详细报告,参见被 Law 2912/2001 第 42 条所取代的 Law 2873/2000 第 47 条第 3 款)。因此,从属保证人能够向银行要求获得这一信息(参见《银行行为守则》第 39 条),并且应当得到任何进一步的资料。

4. 比利时《消费品信用贷款法》规定了债权人所负有的对担保消费者借贷人的保证人进行通知的特殊义务,它并未在消费者和其他保证人之间加以区别:债权人必须将准许债务人暂缓履行,以及借贷合同的任何变更的信息通知保证人(《消费品信用贷款法》第 35 条第 2 句)。在法国,营业性的债权人必须提醒消费者从属保证人,他享有在任何时间终止并无时间限制的从属保证的权利(Madelin Act art. 47 Ⅱ para. 2 read with MonC art. L 313-22)。根据2003 年8 月1 日 Law Dutreuil no. 2003-721,该义务也适用于消费者债务的债权人(《消费者法典》第 L. 341-6 条第 2 句)。此外,根据法国民法典第 2016 条第 2 款(自 2006 年,法国民法典第 2293 条第 2 款),关于包括其从属性义务的被担保债务额之变化(任何增加或减少)的信息,债权人至少每年向私人从属保证人通知一次。虽然根据其措辞,该规定仅适用于无限从属保证,但法院已经将其扩展至有限的从属保证(Cass. civ. 16 March 1999, D. 1999 I. R. 99)。只要从属保证人是消费者,被担保债务是由消费者还是营业者所拖欠,这是无关紧要的。不过,在个人企业的营业性债务的情况下,关于本金和利息额度,以及不仅仅债务额的改变,债权人都要向消费者从属保证人

提供确切的信息(Madelin Act art. 47 Ⅱ para. 2 read with MonC art. L 313-22)。2003年8月1日Law Dutreuil no. 2003-721通过规定,无论被担保债务是否具有营业性质,债权人都负有对消费者从属保证人进行详细通知的义务,扩展了这一保护(《消费者法典》第L. 341-6条第1句)。格里马尔蒂委员会建议,与现行的《消费者法典》第L. 341-6条第1句相类似,将这三项关于一般性通知义务的规定(民法典第2016条第2款(自2006年,民法典第2293条第2款)、Madelin Act第47 Ⅱ条第2款参阅MonC第L 313-22条以及《消费者法典》第L. 341-6条第1句)合并为一项民法典规定(新第2307条);但是,该建议在2006年的修正案中并未得到采纳。

5. 相反,在德国,甚至是债权人银行都没有义务在年终时将被担保债务的余额通知从属保证人(Staudinger/Horn § 765 no. 121 referring to BGH 26 April 1976, WM 1976, 709, 711)。西班牙的判例与下述观念存在高度一致,即关于因债务人不履行而产生的风险额度,债权人并不负有通知保证人的后合同义务;此外,只有在债权人要求保证人清偿的时候,他才必须通知保证人(TS 20 October 1993, RAJ 1993/7753, TS 14 July 2006, RAJ 2006/5342; Carrasco, Tratado, p. 108)。

Ⅱ. 关于债务人违约或无力清偿的通知

(a)规定有特殊通知义务的法律制度

6. 关于违约,在一个月内通知的一般义务是由芬兰《独立保证和第三人担保法》第4条第2款规定的(RP 189/1998 rd 35 f.)。在荷兰,如果债权人向债务人发出通知要求清偿,则债权人必须同时向从属保证人予以通知(民法典第7:855条第2款)。不能背离该项规定,以至于造成非营业性从属保证人的不利,这是合理的(第7:862条a项)。

7. 在一些国家,关于债务人违约,债权人有义务通知消费者从属保证人。在奥地利、英格兰和法国,关于债务人违约,债权人必须通知消费者从属保证人(奥地利:《消费者法典》第25 b条第2款;英格兰:《消费品信用贷款法》第111条;法国:《消费者法典》第L. 313-9条第1句,Law no. 94-126 of 11 February 1994 (Loi Madelin) 第47 Ⅱ条第3款,以及《消费者法典》第L. 341-1条第1句)。如果根据法国民法典第2032条(自2006年,法国民法典第2309条),该项信息使得消费者从属保证人能够在清偿之前行使追索权,并且能够采取司法保护措施,则不论是否违背银行的保密义务,都存在一项通知义务(参见第Ⅳ.F-2:111条(债务人对保证人的救济))。如果被担保债务源自于消费借贷,则在债务人确实无力清偿情况下,债权人必须通知保证人(*incident de paiement caractérisé*,《消费者法典》第L. 313-9条第1句)。这意味着在债务到期之后至少要有三个月的迟延期(JO débats Assemblée Nationale 8 December 1989, 6153 ff.)。相反,如果被担保债务源自于任何营业性合同,在债务人迟延履行后一个月内,债权人必须将违约事实通知消费者从属保证人(《消费者法典》第L. 341-1条第1句和Law no. 94-126 of 11 February 1994 (Loi Madelin) 第47 Ⅱ条第3款第1句)。

8. 在比利时,如果债务人迟延清偿两期以上,或者至少达到到期债务的五分之一以上,则债权人必须通知为消费者借贷提供担保的保证人(《消费品信用贷款法》第35条第2句)。根据丹麦消费者委员会和金融委员会达成的协议(自2002年1月1日起生效),在债务人违约的情况下,债权人之在六个月内通知从属保证人的义务最终会被三个月内通知的义务所取代。

9. 根据瑞典法律,债权人有义务确保从属保证人的追索权利不会丧失(或价值贬损)(参见HD 16 June 1992, NJA 1992, 351)。因此,关于这方面的重要情况(例如关于无力清偿、迟延的最初怀疑),只要不能推定从属保证人已经知情,债权人都必须通知从属保证人。对于银行或其他类似债权人的要求要高于个人债权人(Walin, Borgen 53 ff.)。

（b）未规定特殊通知义务的法律制度

10. 根据希腊、德国、英国、卢森堡、葡萄牙和西班牙法律，债权人并不负有通知义务。

11. 根据希腊的文献，除了债权人所负有的不得作出妨碍债务人清偿债权人，或者危及从属保证人在清偿后进行追偿的权利的行为之义务（希腊民法典第862条、第863条）以外，为了实现相同效果，诚实信用原则（希腊民法典第200条、第288条）有时也会使得债权人负有积极行为的义务，例如，就恶化债务人财务状况的事实通知从属保证人（Markou，DEE 8，366，367）。此外，根据《银行行为守则》第42条第2款（参见上文注释3），当需承担的风险在未来出现的时候，作为债权人的银行必须通知从属保证人。在德国，作为一项例外，存在着源自诚实信用原则的通知义务（民法典第242条；cf. CA Bamberg 13 December 1999，WM 2000，1582，1584；CA Köln 7 February 1995，WM 1996，1965；Graf Lambsdorff. and Skora no. 246；Bülow，Kreditsicherheiten no. 864 with further references）。由于必须存在对从属保证人的非常严重的冒犯，所以该必要条件是非常苛刻的（参见CA Bamberg 13 December 1999 and CA Köln 7 February 1995）。同样，根据英国法律，这种披露不寻常事实的义务也受限于类似诚实信用义务等例外（参见Andrews and Millett nos. 5－018 ff.）。但是，一般而言，只有在该种通知由担保条款特别约定的情况下，债权人才必须就类似债务人违约等事实通知保证人（O'Donovan and Phillips no. 10－101）。此外在卢森堡，某些以诚实信用为基础的义务也被施加于债权人（Ravarani，Jurisprudence récente 916）。债权人不得不必要地增加保证人的负担。这项一般性的指导方针可以在一定程度上通过债权人的几项义务，例如通知义务，来具体规定。在葡萄牙，根据诚实信用原则，为了防止其义务的增加，债权人必须就债务人违约的事实通知从属保证人（民法典第762条第2款；参见STJ 20 April 1999，162/99 www.dgsi.pt）。但是，原则上，通知义务并不会仅仅对于债务人迟延清偿或从属保证人之风险的任何其他增加而存在；对该义务的违反至少不会导致保证人义务的免除，而只会导致对损害赔偿——如果有的话——的免除（葡萄牙：STJ 5 March 2002，3971/01 www.dgsi.pt；STJ 6 May 1997，88428 www.dgsi.pt）。

（c）罚则：从属保证人义务的部分免除

12. 在奥地利、芬兰和法国，如果债权人并没有进行必要的通知，则消费者从属保证人将会被免除一定的从属义务，例如罚款或违约利息（奥地利：《消费者法典》第25 b条第2款；芬兰：《独立保证和第三人担保法》第4条第2款；法国：《消费者法典》第L. 313－9条第2句、第L. 341－1条第2句和Madelin Act第47 Ⅱ条第3款）。但是，在芬兰和法国，债权人只是在有限时间内，即直至进行通知之时，丧失从属性权利（芬兰《独立保证和第三人担保法》第4条第2款第2句；法国《消费者法典》第L. 313－9条第2句、第L. 341－1条第2句和Madelin Act第47 Ⅱ条第3款第2句）。根据芬兰《独立保证和第三人担保法》第4条第2款第3句，如果债权人能够证明迟延清偿部分地归咎于保证人，则关于某些从属性义务，例如违约利息，从属保证人仍需负责。自关于迟延的通知作出之时起，从属保证人必须承担这些从属性义务（RP 189/1998 rd 36）。根据丹麦和瑞典法律，如果债权人怠于作出应该作出的通知，则从属保证人在该无视导致的从属保证人之对债务人的追偿可能性的减少部分范围内，可以被免除义务（丹麦：H 14 January 1975，UfR 1975 A 168；Pedersen，Kaution 67 f.；瑞典：债权人必须证明，该无视并未导致这种损失；HD 16 June 1992，NJA 1992，351；HD 22 April 1993，NJA 1993，163；HD 13 June 1994，NJA 1994，381；HD 22 December 1998，NJA 1998，852）。

(d)损害赔偿

13. 比利时 1991 年《消费品信用贷款法》和希腊《银行行为守则》并未规定任何特殊的罚则。关于合同责任的一般规则可以适用(Van Quickenborne no. 432)。由于银行违约而对希腊《银行行为守则》规定的违反,被认为是一种缔约过失,银行必须对造成的损害进行赔偿(Georgakopoulos 775)。

Ⅲ. 概括保证情况下的通知义务

(a)定期通知义务的存在

14. 在芬兰,关于债务人被担保债务的金额,债权人必须每六个月通知一次承担概括保证的保证人(《独立保证和第三人担保法》第 13 条第 1 款)。在法国,债权人必须对消费者无限从属保证人,即概括保证人,进行定期的、一年一次的通知(民法典第 2016 条第 2 款(自 2006 年,民法典第 2293 条第 2 款)或 Madelin Act 第 47 Ⅱ条第 2 款参阅 MonC 第 L 313－22 条)。但是,这些规定的适用范围非常有限,因为关于消费者借贷(《消费者法典》第 L. 313－7 条)以及营业性债务(通过 2003 年 8 月 1 日 Law Dutreuil no. 2003－721 所颁布的《消费者法典》第 L. 341－2 条),私人是被禁止承担概括保证的。根据格里马尔蒂委员会的建议,所有这些关于无限保证情况下的通知义务的规则(民法典第 2016 条第 2 款(自 2006 年,民法典第 2293 条第 2 款),Madelin Act 第 47 Ⅱ条第 2 款参阅 MonC 第 L 313－22 条),都应该被民法典中的一项规定(建议的民法典新第 2307 条)所取代,即确立一项有利于需要特别保护的保证人的固定通知义务,无论从属保证是有限的还是无限的。与以前的解决方案不同,格里马尔蒂委员会也允许需要特别保护的自然人承担并无时间限制的从属保证(参见民法典新第 2300 条)。不过,这些建议都并未被 2006 年的修正案所采纳。在意大利,通知义务必须被包含在内,因为如果债权人虽然明知债务人的财务状况已经恶化到履行债务明显更加困难,但仍在保证人并未授权的情况下对债务人提供了借贷,则与未来债务有关的从属保证是要被免除责任的(民法典第 1956 条,这是一项强制性规定,参见第 2 款)。此外,意大利《银行法》包含着一项关于银行合同的一般规定,无论缔约方是不是需要保护的个人,它都是适用的;据此,银行在业务关系存续期间内,必须每年一次明确地、完全地通知其客户(DLgs 1 September 1993 no. 385 第 119 条第 1 款)。该法适用于从属保证(Chinè, I contratti di garanzia 327)。需要指出的是,在意大利的银行实践中,该规则通常适用于概括保证,而这是作为债权人的银行主要要求的从属保证的类型。在西班牙,要想使得债权人在概括保证情况下负有向债务人提供合同缔结后的通知的义务,法律规定,保证本身需要该种通知,或者债权人在债务人财务状况已经恶化的情况下,又提供了新的借贷,或者债权人知道保证人与债务人之间的关系已经改变,以至于保证人是否仍然知道债务人的财务状况变得非常令人怀疑(Carrasco 163)。

(b)罚则:从属保证人责任的部分免除

15. 如果债权人怠于或迟延进行必需的通知,消费者从属保证人当然会被免除任何与从属性义务有关的责任(法国民法典第 2016 条第 2 款(自 2006 年,民法典第 2293 条第 2 款))。在债权人并非营业者的情况下,这种制裁是非常严厉的(法国:Legeais no. 14; Piedelièvre, Cautionnement et lutte contre l'exclusion no. 8)。为此,法国参议员曾对该项规定提出了反对(但并未成功)(JO débats Sénat 8 July 1998, 3718)。但是,对营业性债务人而言(Madelin Act 第 47 Ⅱ条第 2 款参阅 MonC 第 L 313－22 条),该罚则并不严厉,因为债权人只是暂时地失去了履行通知义务之前的从属性权利的利益。格里马尔蒂委员会建议将这些不同的规定合并为一项一般规

则（民法典建议稿新第 2307 条），但该建议在 2006 年并未被采纳（参见上文注释 14）。

16. 根据芬兰《独立保证和第三人担保法》第 13 条第 2 款，如果债权人并未履行通知义务，则从属保证人的责任可以被减少（RP 189/1998 rd 49）。

（c）完全免除

17. 根据意大利民法典第 1956 条第 1 款，如果债权人虽然明知债务人的财务状况已经恶化，以至于由其履行明显变得极为困难，但在没有保证人特别授权情况下仍然提供了借贷，则就未来债务提供担保的从属保证人将会被免除责任。以依据诚实信用原则活动的义务为基础，意大利的判例更进一步，承认了即使在保证人放弃民法典第 1956 条规定的权利的情况下，如果债权人明知债务人无力清偿但仍提供借贷，则保证人并不负责（CA Catania 24 March 1999, BBTC 2001 Ⅱ 699; Cass. 28 January 1998 no. 831, Giur. it. 1998, 1645; Cass. 18 July 1989 no. 3362, BBTC 1989 Ⅱ 357; Cass. 20 July 1989, no. 3386, Foro it. 1989 I 3100；这种趋势得到了学者著作的支持：Sacco, Il contratto 801; di Majo 45 ff.; Cantillo 59 ff.）。

（d）损害赔偿

18. 与先前的判决相反，法国最高法院商事委员会不再持有债权人负有损害赔偿责任的看法，除非已经构成了重大过失（Cass. com. 25 April 2001, JCP E 2001, no. 1276, note Legeais）。

Ⅳ. 通知义务的例外

19. 在比利时和卢森堡，如果债务人已经知悉了全部信息，便不再存在通知义务（比利时：Dirix, Zekerheidsrechten 318; CA Brussels 11 September 1987, TBH 1989, 7 note Devos；卢森堡：Ravarani, Jurisprudence récente 917）。相反，在法国，进行通知的义务并不受从属保证人已经知道债务的最新发展这种事实的影响（参见 Cass. com. 25 May 1993, JCP G 1993, Ⅱ no. 22147, note Croze; Piedelièvre, Cautionnement et lutte contre l'exclusion no. 8）。

第Ⅳ.G－2:108 条　诉诸保证的期限

(1)直接或间接约定保证人仅于一定期间内负连带保证责任的,保证人于该期间经过后即不再负保证责任。如果债权人在主债务到期后、保证期间经过前向保证人请求履行保证债务的,保证人须负保证责任。

(2)直接或间接约定保证人仅于一定期间内负补充保证责任的,保证人于该期间经过后即不再负保证责任。但保证人仍须负保证责任,如果债权人:

(a)在主债务到期后、保证期间经过前已告知保证人要求其履行保证债务的意图以及第Ⅳ.F－2:106 条(保证人的补充责任)第(2)款和第(3)款所要求的实现债权的适当尝试已经开始;而且

(b)如果保证人有此要求,债权人应每六个月通知保证人实现债权尝试的进展情况。

(3)如果主债务的履行期限和保证期间同时或者在保证期间经过前 14 天内届满,债权人得较第(1)款及第(2)款所规定的提前为履行债务的请求或者根据第(1)款及第(2)款的规定所应为的通知,但不得超过保证期间经过前 14 天。

(4)如果债权人已依前列各项规定为适当措施,保证人的保证责任限于第Ⅳ.F－2:104 条(保证担保的范围)第(1)款和第(2)款所确定的被担保债务范围。确定该范围的时间标准为约定的保证期间届满时。

评　论

A. 概述

关于期限的规定。本条和下一条涉及的是附有和未附有期限的从属保证。本条适用于当事人约定有保证期限的从属保证,而下一条则规定的是,在未约定期限的情况下,关于未来债务的担保范围之限制可能性的问题。仅适用于消费者保证人的第Ⅳ.F－4:107 条(定期保证的保证范围),将此种可能性扩展到了附有约定期限的某些保证。

约定期限的其他效果。并不是约定期限的所有效果都是由这两条规定的。取决于期限的类型不同,一项主要的效果是通常对未来债务的担保范围进行限制。由于该种效果直接源自于当事人的协议,并且取决于该协议的条款,所以在该文本中对此效果进行规范,显然既无必要也不可能。

B. 期限类型

共同特征。虽然当事人可以就其担保约定不同的期限类型，但作为限制保证人责任以及担保下的风险的一种手段，该期限也有着共同的目标。此外，任何对保证约定的期限类型的存在，通常都排除了根据第Ⅳ.F－2:109 条（未定期保证的担保范围）单方面限制担保的可能性（参见对该条的评论）。

限制担保范围的期限。在一种期限类型中，只有担保范围受到了限制，例如担保范围限定为约定期限届满前，产生、到期或履行其他要求的被担保债务。这种期限可以通过下列公式来约定："该担保仅对 8 月 31 日之前产生的被担保债务有效。"因此，尤其是在概括保证的情况下，即便保证人承担担保时，债务人的债务尚不存在并且其范围并不确定，其风险仍要限定为，不包括在可预见的期限内，即在约定期限届满前，并未产生或者并未到期或履行其他要求的债务。这些效力是在后面的条款中规定的。但是，由于当事人并不会对债权人依据担保对保证人享有的权利约定期限，所以这种期限类型并不受本条调整。

诉诸保证的期限。本条所规定的期限类型，其重点不在于担保范围，而是在于债权人诉诸保证的权利。通过对诉诸保证的期限加以确定，不论是直接的（例如"债权人可以在 5 月 31 日之前诉诸该保证"）还是间接的（例如"该保证在被担保债务到期后六个月内届满"），保证人承担的与债务人破产有关的风险都受协议中规定的或可以间接确定的期限——约定期限届满前——的限制。不过，这种期限通常也会影响到担保的范围，即对未来债务的担保范围加以限制。

两种期限类型相互独立。需要强调的是，这两种期限类型相互之间是完全独立的。各种组合是可能的，这取决于当事人协议的解释。当事人可以约定用来限制担保范围的期限，但在同时不可以约定意图限制诉诸保证之可能性的期限。特殊情况下，也可能存在诉诸保证的期限，但它不会引起对担保范围的限制。对一项担保，分别约定两项期限也是可能的：例如，一个用来将担保范围限制为该期限届满前产生的债务，另一个则用来规定（嗣后的）诉诸保证的期限。最后，在其他情况下，一项同样的期限可能必须被视为，同时既限制诉诸保证的可能性，又限制担保的范围。参见下文评论 H。

C. 诉诸保证的期限

解释问题。除非明确规定，诉诸保证的期限之存在在很大程度上是对当事人协议的解释问题。如果当事人并未明确提及一方诉诸保证时的期限，则下列考虑可能是有些帮助的。

诉诸保证的期限之暗示。作为一项经验法则，保证仅仅包括当前债务或具体的未来债务之事实，将是一种暗示，即约定的期限构成了诉诸保证的期限。在这种情况下，对于保证人而言，似乎不太需要去寻求保护，以对抗债务人未来债务基础上的不可预

见的责任;相反,它是一种诉诸保证之期限的额外保护,在其限定的期限内,保证人承担债务人清偿能力的风险可能对保证人有着某些利益。

被担保债务的到期日。仅仅提到被担保债务的到期日,通常并不会引起诉诸保证的期限发生。否则的话,债权人将会因被担保债务到期时未立即执行被担保债务或保证,而失去保证所提供的保护。

D. 诉诸保证的期限届满的后果

一般规则:责任消灭。一般规则是,如果当事人已经约定了诉诸保证的期限,则约定期限届满之后,保证人便不再对债权人负责。对于创设了连带责任的保证合同来说,这被规定在第(1)款第1句中;在保证人承担补充责任的情况下,第(2)款第1句则是适用的。这种责任消灭不仅排除了保证人对债务人的未来债务的任何责任,而且也影响到已经存在的义务:即使关于约定期限届满之前已经到期的担保所包括的债务,保证人也不再向债权人承担责任。

额外要求被满足情况下责任的继续。仅当额外要求得到满足时,保证人才在约定期限届满之后仍对债权人承担责任。一般而言,仅当债权人根据担保条款以维持保证人责任的方式及时地作出行为的时候,保证人对于当前债务的责任才不会消灭。在这方面,需要被满足的要求的细节视保证人连带责任和补充责任的情形不同而有不同。见下文。

第(4)款所确定的保证人的最大责任。对于保证人的责任继续而言,即便债权人及时地满足了其要求,该项责任也受到限制。根据第(4)款,保证人的最大责任仅限于约定期限届满时的被担保债务额。但是,主债务和从属性义务仅仅包括在约定担保额的限度之内,如果有此限额规定的话。对于责任最大限额的确定,任何在约定期限届满时对债权人可以提出的抗辩,都必须考虑在内;因此,并未到期的被担保债务额并不会增加保证人责任的最大限额。

根据期限条款受到限制的保证范围。此外,在诉诸保证的期限情况下,通常存在一项根据当事人协议对担保范围的额外限制。

E. 连带责任情况下的责任继续

请求履行。如果保证人已经承担了连带责任,为了让其即便在约定期限届满之后仍负责任,债权人只能及时请求保证人履行(第(1)款第2句)。债权人只需发出简单的声明;而在债权人向保证人提起法律诉讼的情况下,这则是不必要的。

请求的时间。仅当为此目的的请求是在被担保债务到期后,约定期限届满前发出的,它才有效(第(1)款第2句)。第一项要求是该请求必须在约定期限届满前发出,这是附有诉诸保证之期限的保证的本质:保证人只有在约定期限届满前才承担债务人清偿能力的风险;如果债权人在之后才发现,由于债务人的破产,履行只能由保证人来进行的话,那么这不再属于该保证条款的范围之内,即使被担保债务最后还是存在的。

关于请求履行时间的第二项要求，即该请求必须在被担保债务到期后发出，这项要求之所以被提出，其目的是为了防止债权人的履行请求通过在保证创设时即已作出而变成一种纯粹的形式：只有被担保债务到期后发出的请求才是严肃的。对被担保债务到期之具体的规定，是与约定期限同时或在其届满之前的 14 天内。

F. 补充责任情况下的责任继续

概述。仅当债权人已经满足了比连带责任情况下更为严格的要求时，即使约定期限届满，负担补充责任的保证人仍然承担责任。其理由是显而易见的：在补充责任情况下，仅当债权人尝试过从债权人或其他负担连带责任的保证人处获得清偿而未果的时候，保证人才对其负有责任。如果当事人已经约定了额外的诉诸保证的期限，则债权人必须证明，这些要求已经在约定期限届满前即已被满足。

获得清偿的适当尝试。根据第(2)款(a)项，债权人为获得清偿，必须已经开始采取第Ⅳ.F－2:106 条(保证人的补充责任)第(2)、(3)款所规定的适当尝试。对于第(3)款的援引涉及该项所规定的例外。因此，如果即便债权人并未尝试从债务人或任何其他保证人处获得清偿，保证人也不可能向其主张责任的补充性质的话，债权人或许并不需要为了本条第(2)款(a)项的目的而开始此种尝试。必须予以强调的是，第(2)款(a)项所规定的尝试并不需要完成，就本规定的目的来看，债权人只要开始采取此种尝试即可，因为要求这种从其他来源获得清偿的尝试必须(无结果地)完成，对债权人而言，太过于繁重和费时了。

第(2)款(a)项所规定的通知。根据第(2)款(a)项，债权人必须首先将要求履行的意图告知保证人。与第(1)款第 2 句不同，请求履行是不必要的，因为在第(2)(a)项规定的情况下，保证人仍然能够主张责任的补充性质。此外，债权人必须声称，前款所规定的尝试已经开始了。

通知的时间。与保证人负担连带责任的情况一样，第(2)款(a)项所规定的通知必须在被担保债务到期后，约定期限届满前发出。参见下文对被担保债务与约定期限同时或在期届满前十四天内到期之情形的评论 G。

第(2)款(b)项所规定的通知。如果保证人有此要求，债权人还必须就尝试获得清偿的有关情况，每六个月向保证人通知一次。这是一种持续性义务，即如果债权人甚至在约定期限届满之后，直到这些尝试完成之前也没有遵守该要求的话，则保证人不再对债权人承担责任。

G. 被担保债务的到期日接近于期限届满之日

请求或通知时间的改变。在某些情况下，第(1)、(2)款所规定的请求必须作出或通知必须发出的时间点似乎是不具可行性的：如果被担保债务与约定期限同时，或者在约定期限届满前很短的时间内到期，则当债权人为了避免对保证人权利的丧失而向其提出请求后，保证人可能只有非常有限的时间来思考可选的方案。第(3)款即适用

于这些情况,并且确保债权人在担保期限届满前有十四天的时间来提出请求或发出通知。

H. 限制担保范围的期限

法律依据。约定期限通常也会对未来债务的担保范围加以限制。这种效果不仅限于本条意义内的诉诸保证的期限:它直接源自于当事人的协议,因此并没有在该规则文本中加以规定。

限制担保范围的期限之存在。除非当事人明确规定,否则,当事人协议中提到的期限是否应被视为对未来债务之担保范围加以限制,也是一个协议解释的问题。一般情况下,当事人达成的包含将未来债务——无论这些是否属于在特定日期后产生或到期或满足其他要求的债务——排除在担保范围之外的效果的期限的协议,都被视为这种意义上的期限。

诉诸担保的期限。诉诸担保的期限通常还有着在前款意义上的限制担保范围的效果。这产生于下述事实,即当债权人必须在特定期限届满之前诉诸担保的时候,在该时间经过之后,债权人便不能就任何未来债务诉诸担保。但是,存在着这一规则的例外:"在该债务到期后六个月内,关于每一项被担保债务,该项针对债务人向债权人所负的所有未来债务的担保终止",这种类型的协议并不会为作为整体的担保设定期限。因此,这种期限并不会限制未来债务的担保范围。

产生被担保债务的协议的持续期间。被担保债务由之产生的协议中附有期限,这种单纯的事实本身并不会被认为间接地导致了担保期限的产生。但应当指出的,即使这种担保被认为是无限制的,在担保仅限于由特定合同所产生的债务的情况下,根据第(1)款第 2 句,第Ⅳ.F－2:109 条(未定期保证的担保范围)之适用性也被排除在外了。参见该条的评论。

担保范围的限制。保证期限的效果使担保范围相应地受到限制,即只有那些根据约定期限并未被排除在外的被担保债务才被包括在内。其细节取决于当事人协议的条款:担保范围可能被限定为在该时间经过之前产生或到期或满足其他要求的债务,而无论约定期限的条款如何。由于第Ⅳ.F－2:109 条(未定期保证的担保范围)在此并不适用,所以对当事人而言,并不存在通过发出通知的方式,以该规定为基础单方面设定较早的期限的可能性(但是,第Ⅳ.F－4:107 条(定期保证的担保范围)针对消费者保证人规定了例外)。

诉诸担保的期限情况下的担保范围的限制。在类似"债权人在 8 月 31 日之前诉诸该担保"或者"该担保于 8 月 31 日到期"的情况下,我们可以很容易地从期限条款中确定,担保是否想要包括已经产生,但在该时间点尚未到期的被担保债务。人们认为,一般而言,本条意义上的这种期限,将保证人的责任限制为已经到期的被担保债务,因为只有在这种债务情况下,才能使第(1)款第 2 句和第(2)款第 2 句规定的要求得以满足。但是,根据本条第(4)款,保证人最大责任额的额外限制往往会就这一不必要的时

间点加以决定。

I. 消费者作为保证人

对所有类型的消费者保证人的适用性。关于诉诸保证的期限，第四章并未包括任何特殊的规定；因此，本条直接地、不加修改地适用于消费者从属保证人。对于消费者从属保证人（参见第Ⅳ.F－4:105条（保证人责任的性质）(c)项）和为担保目的的共同债务中的消费者保证人（参见第Ⅳ.F－4:102条（适用规则）第(1)款）而言，效果是相同的。本条适用于最后提到的那种消费者保证人类型是合理的，因为就该规则规定的法律确定性来说，本条是有利于他们的；否则的话，为了确定约定诉诸保证的期限之范围和效果，人们必须转而求助于不确定的合同法一般原则。

强制性。根据第Ⅳ.F－4:102条（适用规则）第(2)款，本条强制性地有利于所有类型的消费者保证人。

注　释

Ⅰ. 概述

1. 在所有成员国，立法都在未定期从属保证（参见下一条的注释）和定期从属保证之间进行了区分。对于确定保证人义务的范围而言，从属保证之适当分类是具有决定性的。

2. 下面的注释探讨的是，什么可以被称为确定期限的从属保证，或者被称为附有诉诸担保权利期限的保证。在法国和德国，对当前债务提供的从属保证通常被确认为确定期限的从属保证（法国：Simler nos. 771 ff.；德国：BGH 6 May 1997, NJW 1997, 2233），而对未来债务承担的从属保证，尤其是产生于现金账户的从属保证，则是第二种类型的标志（法国：Simler no. 771；德国：BGH 17 December 1987, NJW 1988, 908）。

3. 根据希腊和葡萄牙法院的实践，被担保债务受期限限制这种单独的事实并不会使得从属保证受制于同样的期限，只要被担保债务尚未被清偿（希腊：A. P. 463/1994, EEN 62, 332；葡萄牙：STJ 20 April 1999, 162/99 www.dgsi.pt）。在西班牙，保证中约定的期限是否必须被认定为被担保债务于此期间内已经发生的限制，或者相反，是对保证人提出履行请求的限制，这是一直备受争议的。作为一个解释的问题，判例更倾向于第一种方案（参见 Carrasco, Tratado, p. 226）。如果当事人已经确定了请求保证人清偿的期限，西班牙法律并不承认任何进一步的宽限期。

Ⅱ. 附有诉诸保证之期限的从属保证

4. 关于附有诉诸保证之期限的从属保证，只有一些大陆法律制度作出了明确规定（奥地利民法典第1363条第2句；芬兰：《独立保证和第三人担保法》第19条第2款；德国民法典第777条；希腊民法典第866条）。

(a) 关于期限的协议

5. 当事人可以通过援引日历日期，或者援引（不确定的）事件或期间，来使从属保证受制于期限（德国：BGH 6 May 1997, NJW 1997, 2233 and MünchKomm/Habersack § 777 no. 7；希腊：A. P. 463/1994, EEN 62, 335 and Georgiades § 3 no. 194）。

（b）期限届满的后果

6. 大多数成员国似乎都赞同，当约定期限届满时，从属保证人可以被免除义务，债权人便不能对保证人提起诉讼，或者至少不能要求保证人履行（丹麦：H 30 April 2001, UfR 2001 A 1543; Ussing, Kaution 301; 2001 年 9 月 17 日消费者委员会与金融委员会之间的协议；英格兰：O'Donovan and Phillips no. 9－24；芬兰：《独立保证和第三人担保法》第 19 条第 2 款; RP 189/1998 rd 57；德国：民法典第 777 条第 1 款；希腊民法典第 866 条；意大利：Giusti 149 and 253 f.；西班牙：Guilarte Zapatero, Comentarios 310; Carrasco a. o. 226）。此外，德国法院的实践要求，被担保债务必须在期限届满之前到期（BGH 14 June 1984, BGHZ 91, 349 at 355 ff.）。

7. 但是，如果这种关于保证人责任中止的条件得到了满足，根据法国和西班牙法律，期限的作用便是将从属保证人的继续责任冻结为期限届满时的数额（法国：Simler nos. 321 ff.；西班牙：Carrasco a. o. 226）。在西班牙法律上，它取决于每项特定从属保证的措辞，即从属保证持续期间内产生，但在从属保证结束后才到期和清偿的责任，是否属于保证人责任的范围（Carrasco a. o. 226）。

8. 在比利时和荷兰，期限届满与保证人之后单方面终止担保合同有着同样的效果（比利时：CA Brussels 25 May 1992, JLMB 1993, 870, note de Patoul and Baudoux; T'Kint no. 771；荷兰：Blomkwist no. 16 at pp. 30－31）。从属保证人只对那些到期日之前产生的债务负责（比利时：T'Kint no. 771; Van Quickenborne no. 253；荷兰：Blomkwist no. 16 at pp. 30－31；西班牙：Carrasco a. o. 226）。

（c）从属保证人责任的保留

9. 在这方面的主要问题是，债权人必须在哪个时间点之前要求从属保证人履行，以及以何种形式提出请求。

（d）连带与补充从属保证之间不加区别

10. 在奥地利、芬兰、法国和意大利，连带与补充从属保证是被同等对待的（奥地利民法典第 1363 条第 2 句；芬兰：RP 189/1998 rd 56；法国：Simler no. 488；意大利：民法典第 1957 条; Giusti 281 f.）。西班牙也是如此。

11. 在意大利，如果债权人在六个月内对债务人提起了诉讼并给予持续关注的话，即便主债务期限已经届满，隐含地限定于被担保债务之期限的从属保证人仍需负责（意大利民法典第 1957 条第 1 款）。如果从属保证人明确地将担保限定于与被担保债务同样的期间，则该规定仍然适用；但是，在此种情况下，债权人必须在六个月内提起诉讼（意大利民法典第 1957 条第 2、3 款; Giusti 285 ff.）。不过，意大利法院一致认为，民法典第 1957 条并不适用于未附期限的从属保证（Cass. 27 November 2002 no. 16758, Giust. civ. Mass. 2002, 2059）。根据芬兰《独立保证和第三人担保法》第 19 条第 2 款，债权人如果未在确定期限届满前要求从属保证人清偿的话，则他丧失对后者的权利。该请求不必遵守任何形式，也不必标明债权人请求的额度（RP 189/1998 rd 57）。奥地利已经制定了相应的规则，它也没有对从属保证的类型加以区别（OGH 11 April 1956, ÖJZ 1957, 129 no. 84, obiter dictum; Rummel/Gamerith § 1363 no. 4）。西班牙也是如此。关于期限届满之后对从属保证责任的保留，由于并不存在法律规定，所以债权人必须在该日期前要求履行（Carrasco a. o. 227）。

（e）连带与补充从属保证之间加以区别

12. 某些国家在连带与补充从属保证之间进行了区分（德国民法典第 777 条第 1 款）。虽然

希腊民法典第 866 条并未规定该种区分,但由于从属保证之一般规则的适用,希腊也实现了相同的效果(参见 Georgiades § 3 no. 195)。

(f)附有期限的连带从属保证——立即通知

13. 根据德国民法典第 777 条第 1 款与第 1 句相联系的第 2 句,与一项当前债务相关的负连带责任的从属保证人在期限届满之后被免除责任,除非债权人在期限届满后立即向从属保证人发出了一项带有要求后者履行之意图的通知。虽然该规定涉及到的是"当前债务",但人们通常认为,它也可以被适用于对未来债务提供的从属保证(Erman/Herrmann § 777 no. 1; MünchKomm/Habersack § 777 no. 5 referring to the genesis of the provision)。债权人的通知不必遵守任何形式,也不必包含债权人所要求的数额(MünchKomm/Habersack § 777 no. 11)。债权人必须立即发出通知,这意味着不得有可归责的迟延(德国民法典第 121 条第 1 款第 1 句)。债权人也可以在对债务人的诉讼中,向作为第三人的保证人发出通知(CA Koblenz 14 July 2005, WM 2005, 2035 at 2036)。但是,仅当被担保债务在约定期限届满之前,或者至少与之同时变得可以清偿的时候,债权人的立即通知才能达到其目的(BGH 29 June 2000, NJW 2000, 3137, 3138; MünchKomm/Habersack § 777 no. 5)。当事人可以放弃该通知要求,但关于该规定是否在标准条款中被允许,则是一个极具争议的问题。

(g)期限内提起法律诉讼

14. 根据希腊民法典第 866 条,债权人必须在确定期限届满后一个月内为获得清偿而提起法律诉讼,并且必须毫不迟延地进行法律程序。由于在连带从属保证情况下,债权人可以直接对保证人提起法律诉讼,所以债权人必须在附有确定期限的从属保证届满之后一个月内提起该诉讼,而对于从属保证人来说,转而也向债务人提起诉讼则是不必要的(A. P. 133/1956, NoB 4, 617 ff.; Georgiades § 3 no. 195)。法律诉讼可以通过提起民事诉讼、提起抗辩或在破产及执行程序中提交权利申请的方式来进行,相反,一项纯粹的诉讼外通知并不足够(Georgiades § 3 no. 195 with further references, cf. fn. 139)。

(h)附有期限的补充从属保证

15. 根据德国民法典第 777 条第 1 款第 1 句,在承担补充责任的从属保证情况下,对债权人而言,在要求履行的确定期限届满之后,对保证人进行通知并不足够。相反,债权人在确定期限届满后必须依据第 772 条毫不迟延地收取被担保债权,在无显著迟延的情况下延续程序,且在程序终止后立即向保证人发出要求其履行的通知(德国民法典第 777 条第 1 款第 1 句;关于第 772 条程序之详细规定,参见第Ⅳ.F－2:106 条(保证人的补充责任)注释 7)。通知必须遵守与负有连带责任的从属保证情况下同样的要求(参见上文注释 13)。

16. 希腊的情形是类似的。正如上文所述(注释 14),债权人必须在确定期限届满后一个月内提起法律诉讼,并毫无迟延地继续该程序。但与上述情况相反,在补充从属保证的情况下,根据从属保证的一般规则,债权人必须向债务人提起法律诉讼;直接向从属保证人提起法律诉讼是不够的(Georgiades § 3 no. 195)。但是,如果债权人对债务人有执行权利,则请求的存在便得到了证实,债权人也便无须向债务人或保证人提起法律诉讼(A. P. 210/1993, NoB 42, 399, 将民法典第 866 条适用于独立保证)。至于可能的诉讼类型,参见上文注释 14。

17. 根据法国通行的观点,如果在补充从属保证情况下,保证人诉诸了先索抗辩权(参见第Ⅳ.F－2:106 条(保证人的补充责任)注释),则事先通知债务人予以清偿是必要的。如果债务人并未清偿债务,则债权人必须也对从属保证人提起诉讼。无论从属保证具有的是连带还是补充

性质,单独向债务人提起诉讼,并不足以迫使从属保证人予以清偿(Simler no. 491)。

18. 由于负有补充责任的从属保证在英格兰和苏格兰非常罕见,所以关于为了在约定期限届满后保留从属保证人的责任,债权人向保证人发出的含有向债务人提起诉讼意图或实际已经提起诉讼的通知是否必要,似乎并不存在任何的讨论。鉴于在这些情况下,对债务人提起诉讼是保证人责任之增加额度的先决条件,所以它似乎取决于每一特定从属保证的措辞,即在没有向债务人及时提起诉讼的情况下,保证人是否对从属保证期限届满后的债务承担责任。

(i)期限届满被避免后的法律效果

19. 在德国,如果债权人按照规则适时地进行了通知,则在连带从属保证情况下,从属保证人的责任限于确定期限届满时债务人的债务范围,或者在补充责任情况下,限于诉讼程序终止时债务人的债务范围(德国民法典第 777 条第 2 款)。在法国,从属保证人在确定期限届满后并不被免除责任,除非当事人另有约定(Simler nos. 321 ff.);只有保证人责任的范围受到期限届满的限制。

第Ⅳ.G－2:109 条　未附期限保证的担保范围

(1)如果担保范围并未限于产生的一切债务或者履行期在约定期间内届满的债务,则任何一方得向他方为通知,并给予至少三个月的宽限期,以限制担保范围。如果担保范围被限于特定债务或产生于特定合同的债务,则前句规定不适用。

(2)由于通知,担保被限制在前款规定的宽限期生效时履行期届满的主债务以及依第Ⅳ.F－2:104 条(保证担保的范围)第(1)、(2)款确定的从属性义务范围内。

评　论

A. 概述

关于期限的规定。本条涉及的是未附期限,即包括无限期之未来被担保债务的从属保证。按照第Ⅲ－1:109 条(以通知形式变更或终止)第(2)款,本条为限制该种担保的宽限期提供了可能性,即将担保范围限定为宽限期生效时到期的主债务。另一项规定,即第Ⅳ.F－4:107 条(定期保证的担保范围)仅适用于消费者保证人。

本条范围以外的宽限期限制。当事人任何一方都可以单方面对协议中的担保宽限期加以限制,即便该协议并不属于本条的范围,例如,当事人在其协议中已经规定了限制担保宽限期的权利。在这种情况下,为了确定该种合同条款的细节或效果,本条仍然可以适用。

B. 未附约定期限的保证

在该种限制并不能从当事人约定的期限中推导出来的情况下,本条为限制担保范

围提供了可能性。无论在这方面保证是否是无限制的,都必须通过对当事人协议的解释来确定。该问题将在本条评论 C 中加以探讨。一般来说,任何类型的保证期限的存在,都会导致本条不再适用,唯一的例外是并不会影响作为整体的保证的期限,例如,仅仅适用于某些被担保债务的期限。对于消费者保证人,参见第Ⅳ.F－4:107 条(定期保证的担保范围)。

C. 通过发出通知进行限制

任何一方的声明便已足够。任何一方都可以对保证加以限制,即通过向他方进行通知,将其范围限定为宽限期生效时到期的被担保债务。法院诉讼是没有必要的,当事人也无须证明充足理由的存在。虽然本条赋予了债权人与保证人限制保证的权利,但实际上,通常只有保证人才会行使该项权利。

通知期限。只有在发出通知的当事人设定的至少三个月的宽限期届满之后,通过发出通知对保证的限制才能够生效。为了保护债权人和债务人的利益,通知期限的最低长度已经被规定:通常情况下,如果保证人对包含未来债务的保证加以限制,则债权人会立即停止向债务人提供进一步的借贷,而这会导致后者短期的流动资金不足。三个月的通知期限可以提供给债务人安排替代担保或从其他来源获得借贷的机会。借助诚实信用原则,保证人可以受到保护,而不受债务人与债权人之间在此期间内约定的被担保债务之不适当增加的损害(如果确实包括,参见第Ⅳ.F－2:102 条(保证人义务的从属性)第(4)款)。

D. 担保限制的效果

限制生效时到期的被担保主债务。如果发出了通知,则保证人责任的范围限于该限制生效之日到期的被担保债务。在这方面,通过发出通知所设定的限制是与约定期限的效果相类似的,据此,担保的范围将会包括期限届满前产生、到期或满足其他要求的被担保债务。就本条的目的而言,一般认为,最好将保证人的责任限定为限制生效之日到期的被担保主债务,因为这是对保证人最为有利的解决方案。此外,从属保证根据本条的规定受到限制的事实,通常将会赋予债权人促使已经产生但尚未到期的被担保债务早日到期的权利,例如,根据原条款已经提供给债务人的借贷,在三个月后偿还。

即使后来产生或到期的被担保的从属性义务也被包括在内。但是,被担保债务必须在限制生效之日到期的规定仅适用于被担保的主债务。第Ⅳ.F－2:104 条(担保范围)第(1)、(2)款所规定的从属性义务也被包括在担保范围之内,即使它们是在后来时间点才产生或到期的。这些义务的发生和到期通常要晚于主债务;在不存在相反的协议的情况下,担保仅包括被担保的主债务,而不包括例如与债务有关的债务人所负的利息,即使它们发生于担保限制生效之后,但这似乎是不合理的,因为支付利息之义务的来源,正是主债务的未予清偿。

限制并不会引起诉诸担保的期限。但是,根据本条所产生的担保限制并不会引起诉诸担保的期限,即保证人在担保限制之后仍然负有责任,即使债权人在该日期之前并未采取进一步的行动。如果当事人也约定了诉诸担保的期限,那么该期限并不受一方行使本条赋予的权利之事实的影响。

E. 例外情况

本条范围外的情况。第(1)款第 2 句规定了当事人不可以通过发出通知单方面限制担保范围的情况。如果担保约定包括特定债务,或者产生自特定合同的债务,则保证人对本条权利之行使可能会违背债权人的利益,因为后者可能约定,只有在从属保证之存在的基础上他才与债务人缔约,并且不能终止源自于协议的关系。例如,债权人可能要求,关于债务人支付租金的债务,只有以与之相关的担保为基础,才与债务人签订房屋租赁合同。根据本条规定,在这种情况下,不论租赁合同本身是否附有期限,单方面限制担保的持续期间都是不可能的。并不能被这些例外情况所包括(因此,受当事人发出通知权利的调整)的从属保证的主要类型是概括保证。显然,对于被这些例外情况之一所包含的担保而言,诉诸第Ⅲ－1:109 条(以通知形式变更或终止)第(2)款的一般原则是不可能的:特别法优先于一般法(*lex specialis derogat legi generali*)(参见第Ⅰ－1:102(解释与发展))。

保护保证人的其他基础。在某些情况下,通过发出通知限制担保之权利的排除,可能对保证人造成困难。但是,在适当情况下,保护保证人免受担保之不合理持续期间的损害,可以通过其他法律基础来提供。除了可能适用关于情势变更的规则(参见第Ⅲ－1:110 条(法院依情势变更所作的变更或终止))以外,在某些情况下,基于诚实信用原则(参见第Ⅲ－1:103 条(诚实信用与公平交易)),债权人被禁止诉诸附有过于漫长之期限的担保;在其他情况下,为了防止新的被担保债务增加保证人的责任,将要求债务人终止引起被担保债务产生的合同关系的权利包括在救济权(第Ⅳ.F－2:111 条(债务人对保证人的救济))当中,这并非是不可想象的。

F. 消费者作为保证人

适用于所有类型的消费者保证人。本条直接适用于消费者从属保证人,并允许他们对未定期限的担保加以限制,但第(1)款第 2 句规定的例外情况除外。对消费者保证人的保护得到了第Ⅳ.F－4:107 条(定期保证的担保范围)的补充,这允许保证人在本条规定的条件下对附有约定期限的担保加以限制。这些原则也适用于消费者独立保证人(参见第Ⅳ.F－4:105 条(保证人责任的性质)(c)项)和为担保目的的共同债务中的消费者保证人(参见第Ⅳ.F－4:102 条(适用规则))。本条对这些保证类型的适用性包括第(1)款第 2 句所规定的例外情况。

强制性。根据第Ⅳ.F－4:102 条(适用规则)第(2)款,本条不得违背,甚至于造成任何担保类型中的消费者保证人的损害。

注　释

Ⅰ.未附期限的担保限定为被担保债务

（a）主债务的限制扩展至保证

1. 作为一项一般规则，在所有国家，即使一项保证并未明确限定为在特定期限内产生的债务，它也要被解释为，受到被担保债务之持续期间的限制（比利时：T' Kint no. 771；英格兰：Andrews and Millett no. 4－019；法国：Simler no. 270；德国：Palandt/Sprau § 765 no. 13；意大利：Cass. 8 February 1989 no. 786，Giur. it. 1989 I 1 1517；Giusti 251 ff.；西班牙：Díez－Picazo 431）。在瑞典，保证往往不会规定一项单独的有效期间，但它将会受到基础合同的约束。在私人作为与商业实体有关的保证人的情况下，似乎正在发展出这样一项规则，即保证人的承诺受到上文提及的期限的限制（虽然就这种效果而言，目前尚不存在任何明确而又一般的规则）（Gorton，Suretyship 591）。

（b）由保证人提出的限制——保证终止的原因

2. 在奥地利，任何未附期限的从属保证，即其范围并不只是包括在约定期限内产生的债务的从属保证，都可以由保证人通过向债权人发出通知的方式而终止（OGH 22 June 1993，ÖBA 1994，239，240 需要一个合理的保证持续期间；OGH 8 November 1970，JBl，1971，257（258）则没有这个要求）。如果存在“重要的原因”，即使是“不可撤销的”保证也可以被终止（OGH 28 April 1971，ÖJZ 1971，522（523）no. 281）。

3. 在比利时、丹麦、芬兰、法国、意大利和荷兰，如果未附期限的保证为未来债务提供了担保，或者在未附期限的概括从属保证的情况下，保证人也可以通过向债权人发出通知来终止担保（比利时：T' Kint no. 771；丹麦：关于未来债务，Pedersen，Kaution 53；荷兰：民法典第 7:681 条第 1 款 a 项规定有未来债务的效果（第 7:861 条第 2 款）；芬兰：HD 18 March 1997，KKO 1997:31；《独立保证和第三人担保法》第 6 条第 1 款关于概括从属保证，包括现金账户；法国：关于所有未确定债务，参见格里马尔蒂委员会建议稿第 2302 条第 3 款第 2 句；Cass. com. 3 December 1979，JCP G 1980，Ⅳ no. 67；Simler no. 282；意大利：根据民法典第 1373 条第 2 款关于单方终止合同的一般规则；Cass. 15 March 1999 no. 2284，Giust. civ. Mass. 1999，565；Cass. 2 July 1998 no. 6473，BBTC 1999 Ⅱ 657；CFI Milano 15 July 1993，BBTC 1994 Ⅱ 548；Petti 154；此外，民法典第 1957 条的限制是不适用的）。在比利时，唯一的要求是向另一方发出的通知要留有合理的期间（CA Bergen 4 February 1986，Pas. belge 1986 Ⅱ 61；T' Kint no. 771）。但是，在卢森堡，如果基础合同中确定了一个期限，则从属保证人不能单方面终止未附期限的担保（例如 caution réelle CA Luxembourg 14 May 2003，BankFin 2004，169）。在法国，当事人可以就合理期间的通知进行协商（Simler no. 284）。如果保证人是消费者，则作为营业者的债权人必须每年向消费者保证人提醒一次终止权利的存在（Madelin Act of 11 February 1994，art. 47 Ⅱ para. 2 read with MonC art. L 313－22）。自 2003 年 8 月 1 日 Law no. 2003－721 施行以后，对于消费者债务，这项义务也必须履行（《消费者法典》第 L. 341－6 条第 2 句）。但是，这些规定的范围缩小了，因为它禁止私人缔结概括从属保证，不论他们是作为消费者（《消费者法典》第 L. 313－7 条），还是作为营业者（经 2003 年 8 月 1 日 Law no. 2003－721 引入的《消费者法典》第 L. 341－2 条）行为。

4. 在英国法上，保证人通过发出通知终止其范围并不限于约定期限内产生的债务之担保的

权利,取决于保证人承诺担保的对价:如果该对价是可分的,则保证人可以在任何时间通过发出通知终止担保(Re Crace [1902] 1 Ch 733);如果该对价是不可分的,则保证人除非经债权人同意,否则不能这样做(Lloyds v. Harper (1880) 16 Ch. D 290, Halsbury, para. 1200, Vol. 49, 5th ed., (2008))。因此,为先进账户之结余提供的担保可以终止,因为保证人的承诺"对于每一笔贷款都是可分的",只有在贷款提供给债务人后,该承诺才是不可撤销的(参见 Coulthart v. Clementson (1879) 5 QBD 42; Andrews and Millett no. 8－003)。通过将可分对价所提供的担保视为一种至新的借贷提供时才被承诺的长期的要约,该目的得到了实现,因为作为一项一般规则,每项要约在其被承诺之前都可以被撤销(Halsbury/Salter para. 1200, Vol. 49, 5th ed., (2008); Goode, Commercial Law 821)。对价的可分性有时很难确定;作为一种粗略的导向,似乎考察债权人参与的与担保有关的关系之性质是适当的:如果该关系可以被终止,那么不得剥夺保证人撤销担保的权利便是合理的;相反,如果该关系在一定期间内不可终止,则保证人撤销担保并借此剥夺债权人的担保,那就会损害债权人的利益(Chitty/Whittaker no. 44－017)。苏格兰与此相类似:持续的担保被视为对未来借贷之担保要约,在每项特定要约被承诺之前,它都可以被撤销(Gloag and Irvine 857)。保证人因此可以通过向债权人发出通知的形式,撤销对未来借贷所提供的担保(Stair /Clark no. 980; Gloag and Irvine 857)。但是,当担保是就债务人在特定交易中所产生的债务而提供的情况下,并不存在这种权利(Stair /Clark no. 980)。

5. 在葡萄牙,一旦主债务到期,享有先索抗辩权的保证人便可以要求债权人,尝试在被担保债务到期后两个月内从债务人处获得清偿。不过,这一期限在向债权人通知后一个月内并不会届满。如果债权人并未满足这一要求,则保证人可以被免除责任。如果主债务是在债权人向债务人发出通知后到期,则享有先索抗辩权的保证人可以在承担担保一年后要求债权人向债务人提起诉讼。同样,如果债权人并未遵守这一要求,则保证人可以被免除责任(民法典第 652 条; Almeida Costa 784)。一般认为,如果债务在未经保证人同意的情况下被转让,则从属保证也可以被终止(STJ 2 July 1996, 165/96 www.dgsi.pt)。

6. 在德国和西班牙,并不存在关于从属保证之终止的法律规定。因此,作为一项规则,它们被认为是不可终止的(德国:Staudinger/Horn § 765 no. 229; Palandt/Sprau § 765 no. 16;西班牙:Carrasco a.o. 227)。不过,对于为未附期限的未来债务提供担保的从属保证而言,一些重要的例外得到了承认。在德国,如果从属保证担保的是未附期限的未来债务,并且承担担保后合理期间已经经过,则保证人以诚实信用原则(民法典第 242 条)为基础,享有终止的权利(BGH 10 June 1985, NJW 1986, 252, 253; BGH 22 May 1986, NJW 1986, 2308, 2309; approved in BGH 21 January 1993, NJW－RR 1993, 944, 944 f.; Erman/Herrmann § 765 no. 8; MünchKomm/Habersack § 765 no. 55;相反意见: Derleder, NJW 1986, 102),因为为了重建合同自由,长期关系(*Dauerschuldverhältnisse*)必须被终止(参见 CA Düsseldorf 24 November 1998, ZMR 2000, 89; Reinicke and Tiedtke, Bürgschaftsrecht no. 130)。对于德国最高法院而言,至少三年的最低期限似乎是足够的(BGH 4 July 1985, NJW 1985, 3007, 3008; cf. Bülow, Kreditsicherheiten no. 807; Schimansky/Bunte/Lwowski/Lwowski appendix to § 91 no. 10)。西班牙的学者意见和判例以及合同实践,都赞同赋予保证人撤销无限期担保的权利(Carrasco, Tratado, p. 161)。

7. 在德国,除了合理期间的届满之外,终止的第二项理由也得到了承认:出于重大原因,为未附期限的未来债务提供的从属保证,也可以由保证人在诚实信用原则(民法典第 242 条)的基础上终止(参见 BGH 10 June 1985, NJW 1986, 252, 253; BGH 4 July 1985, NJW 1985, 3007,

3008; Erman/Herrmann § 765 no. 8; MünchKomm/Habersack § 765 no. 56)。2002 年,这一判例已经通过民法典第 314 条以对于所有长期合同的泛化形式写进了法典。终止立即生效(第 1 款),但它必须在保证人收到关于紧急事件的通知后在合理期间内行使(第 3 款)。重大原因包括,例如,债务人的财务状况出现严重恶化(BGH 21 January 1993, NJW－RR 1993, 944, 945),并不存在较长期间担保的义务(BGH 22 May 1986, NJW 1986, 2308, 2309),以及基于对价向公司债务提供担保的经理人或股东离开了公司(BGH 10 June 1985, NJW 1986, 252, 253; CA Celle 5 October 1988, NJW－RR 1989, 548, 548; Reinicke and Tiedtke, Bürgschaftsrecht no. 131)。基于重大原因终止的权利,被某些学者扩展到了附有期限的从属保证(Münch－Komm/Habersack § 765 no. 56; Staudinger /Horn § 765 no. 235)。同样,根据荷兰民法典第 7:861 条第 1 款 b 项,担保未来债务的从属保证在 5 年后可以被终止,即使它规定了确定的期限。

8. 在希腊,并不存在保证人终止未附期限之担保的一般权利。根据希腊的文献,对于未定最高担保额而担保现金账户之未清偿结余的保证而言,只有存在重大原因,终止权利才基于诚实信用原则而得到例外地承认(Georgiades § 4 no. 49; Chelidonis, ElIDik 1998, 39, 1034, 1036)。但是,希腊民法典第 867 条和第 868 条允许保证人对无限的责任设定期限。根据第 867 条,为未附期限之债务提供担保的保证人,在被担保债务到期时,可以要求债权人在一个月内为获得清偿提起法律诉讼,并勤勉地继续法律程序。如果被担保债务只有根据债权人的通知才能到期和应予清偿,则根据民法典第 868 条,保证人在承担担保后一年期满时,可以要求债权人向债务人发出通知,并在一个月内提起法律诉讼,勤勉地继续法律程序。在这两种情况下,如果债权人并未遵守保证人的要求,则后者可以被免除责任(Georgiades § 3 no. 199)。

(c)向债权人通知的期间

9. 在德国,享有终止权利(参见上文注释 6 及以下)的保证人一般必须为通知生效设定一个合理的期间,因为保证人必须表明考虑到了债权人和债务人的合法利益,使得他们能够调整其关系以便适应改变了的情势(BGH 10 June 1985, NJW 1986, 252, 253; BGH 4 July 1985, NJW 1985, 3007, 3008; CA Celle 5 October 1988, NJW－RR 1989, 548, 548)。不过,终止的原因也必须被考虑在内(Schimansky/Bunte/Lwowski/Schmitz § 91 no. 113; Staudinger/Horn § 765 no. 232):在终止归因于担保借贷之从属保证期限届满的情况下,需要特别援引德国民法典第 489 条第 2 款关于附有浮动利率之借贷终止的规定;因此,三个月的通知期间通常得到了承认(CA Celle 5 October 1988, NJW－RR 1989, 548, 548; MünchKomm/Habersack § 765 no. 55; cf. also Derleder, NJW 1986, 102)。但是,在由于重大原因终止的情况下,较短的通知期间(CA Celle 5 October 1988, NJW－RR 1989, 548, 548:四周至六周),甚至立即的终止(BGH 4 July 1985, NJW 1985, 3007, 3008: no opposing interests of debtor and creditor and various reasons for termination; MünchKomm/Habersack § 765 no. 56; Derleder, NJW 1986, 102)也由于特殊情况而得到了承认。民法典第 314 条之新的法律规定允许有着即时效力的终止(参见上文注释 7)。在英格兰,如果保证人之承诺的对价是可分的,并且担保期限是无限的,那么在不存在通知规定的情况下,保证人可以随时终止担保(Halsbury para. 1200, Vol. 49, 5th ed., (2008))。

10. 根据希腊的文献,通知期间必须根据每一个别案件的情况来确定是合理的(Georgiades § 4 no. 51)。

(d)保证人对债务人提出的提前追偿的要求

11. 有关详情,参见第Ⅳ.F－2:111 条(债务人对保证人的救济)注释。

Ⅱ.终止时的担保额

12. 在法国、德国、希腊、意大利、荷兰和苏格兰,对未来债务或附条件(和概括)债务提供的保证,仅限于担保终止时存在的那些债务(法国:Simler nos. 780 ff.;德国:BGH 10 June 1985, NJW 1986, 252, 253; BGH 22 May 1986, NJW 1986, 2308, 2309;希腊:Chelidonis, EllDik 1998, 39, 1034;意大利:Cass. 19 June 2001 no. 8324, Giust. civ. Mass. 2001, 1217; Cass. 6 August 1992 no. 9349, Giur. it 1993 I 1, 1255;荷兰:民法典第7:861条第2款——对非营业者是强制性规则(民法典第7:862条a项),但也适用于营业性的保证人(Blomkwist no. 16 at p. 30);苏格兰:Stair/Clark no. 980; Gloag and Irvine 858)。在法国和德国,终止后成立并已生效的债务并不包括在内,除非这些债务只是从属性义务或费用(法国:Cass. civ. 10 May 1988, Bull. civ. 1988 I no. 134 p. 93;德国:民法典第767条第1款第2句或第2款; MünchKomm/Habersack § 765 no. 57)。不过,在德国,保证人要对那些在通知到达债权人之后但在其生效之前成立的债务负责,只要那些债务并不是异常的(参见Schimansky/Bunte/Lwowski/Schmitz § 91 no. 114;相反意见:Derleder, NJW 1986, 97, 102)。德国民法典第777条并不适用,以至于债权人不必在终止生效后提前或者立即要求保证人履行(BGH 4 July 1985, NJW 1985, 3007, 3008)。

13. 在奥地利、意大利和荷兰,在终止的情况下,担保额要通过保证人传达终止意图的日期来确定(奥地利:Schwimann/Mader and Faber § 1353 no. 8;意大利:Cass. 15 March 1999 no. 2284, Giust. civ. Mass. 1999, 565; CA Milano 17 March 1998, BBTC 2000 Ⅱ 402; CFI Milano 15 July 1993, BBTC 1994 Ⅱ 548;荷兰:民法典第7:861条第2款; du Perron and Haentjens art. 861 no. 3)。相反,根据希腊的文献,终止在通知的合理期间届满时生效(Georgiades § 4 no. 52)。在西班牙,人们一直认为,只要债权人有着避免增加新的金额的实际可能性,保证人的责任便限定于(必要的)通知到达债权人时仍未清偿的金额(Carrasco 250)。

14. 根据英国法,担保的终止并不会影响终止之日已经存在的保证人的责任(参见Thomas v. Nottingham Inc. Football Club Ltd. [1972] Ch 596; Andrews and Millett no. 8－006)。看来保证人的责任还要包括通知期间产生的新的被担保债务,虽然关于这一点的判例并不多(参见Andrews and Millett no. 8－009; O'Donovan and Phillips no. 9－75)。保证人是否对担保终止之前已经出现或承诺,但仅仅在稍后时间才产生的被担保债务负责,这也并非完全清楚的(参见O'Donovan and Phillips nos. 9－72, 9－22 ff.)。

第Ⅳ.G－2:110条　债权人权利的限制

(1)如果因为债权人的行为,保证人不能代位行使债权人对债务人以及债权人对向其提供了保证和财产担保的第三人的权利,或者不能向债务人或其他担保人为充分追偿的,债权人对保证人的权利将受到限制以免保证人因为债权人的行为而蒙受损失。如果保证人已经履行了其担保债务,则有权要求债权人赔偿前述损失。

(2)前款规定仅当债权人的行为未尽到合理谨慎之人处理自己事务所应有的注意义务时方得适用。

评　论

A. 基本理念

由于保证人承担担保通常是没有报酬的，所以如果他必须向债权人履行的话，保证人应当能够从债务人处寻求追偿。第Ⅳ.F－2:113 条（保证人履行后的权利）规定了保证人可以行使的多项权利：第（1）款第 1 句规定的追索权，以及第 2 句代位行使债权人对债务人的权利，这两种权利都对保证人进行了保护（第（3）款）。

如果保证人向债权人履行之后，由于债权人的行为，这些权利可能丧失或者贬损，因而不能全部或部分地转移给保证人，本条调整的正是这一后果。这种行为可能导致债权人被剥夺对保证人的权利。

B. 详述

本条的规则可能以多种方式得以施行。一个典型的例子是，债权人迟延收取债务人已经到期的债务，虽然他已经清楚地认识到债务人的财务状况正在恶化。如果债权人在要求从属保证人清偿之前，一直等待直至债务人破产，则在由于债权人的行为，保证人所丧失的从债务人破产财产中获得追偿的权利范围内，债权人将丧失对保证人的权利。另一个例子是，债权人由于相信债务人一直有清偿能力，所以放弃了对债务人的保证或财产担保，而后者与其预期相反，后来宣告了破产。另一个典型的例子是，债权人出于疏忽，使得对债务人的担保权利之恶化或消灭成为可能，尤其是当像通常情况那样，担保财产被债务人所持有的时候。

债权人为了避免丧失对保证人的权利，他必须谨慎行为；但是，在对是否谨慎加以确定的过程中，哪个标准是适当的呢？第（2）款明确规定，该标准是，合理谨慎之人处理自己事务所应有的注意。这是一项客观标准，它并不取决于，例如债权人的能力或专业经验。不过，它允许债权人一方的某些疏忽。当任何理性人都不会被期待如此行事时，并未采取行动的债权人并不会丧失权利。对于保证人而言，这也是至关重要的，因为本条通过援引也适用于第Ⅳ.F－1:107 条（多数保证人：对债务人的追偿）。

如果债权人由于未能维护权利而对保证人造成了损害，而这种损害又是可以合理预见到的，则他将面临着如下惩罚：或者免除从属保证（至此为止的）责任，或者赋予保证人一项债权人违反义务的损害赔偿请求权。前一个选项已经被挑选了出来，因为强加给债权人保护他自身利益的义务，并且将享有担保的债权人置于比没有担保的债权人更为糟糕的境遇（因为损害赔偿的额度可能超过担保的额度），似乎是不太令人满意的。在实践中，这两种解决方案几乎总是会导致相同的结果。

C. 对追索权的可适用性

应当指出的是，本条的规则加以适当修改，也适用于多数保证人之间的追索权。只要保证人的行为剥夺了另一保证人对债务人行使次级追索权，或者分享从债务人处获得的任何利益的可能性，前一保证人可能会发现，其追索权相应地被缩减了（参见第Ⅳ.F－1:107 条（数个保证人：对债务人的追偿）的评论）。

D. 消费者作为保证人

作为保护保证人的规则，本条适用于已经提供了从属保证的消费者、承担独立保证的消费者（参见第Ⅳ.F－4:105 条（保证人责任的性质）（c）项），以及为担保目的的共同债务中的消费者保证人（参见第Ⅳ.F－4:102 条（适用规则）第（1）款）。根据第Ⅳ.F－4:102 条第（1）款，本条是强制性地有利于消费者的。在为担保目的的共同债务中的消费者保证人情况下，本条的“债务人”一词指的是其债务得到担保的债务人。

注　释

Ⅰ. 损害赔偿或免除责任

1. 在各国法律制度中，保证人清偿被担保债务或以其他方式履行担保义务之后，他代位行使债权人对债务人的权利，这是从属保证法律之普遍特征之一。债权人剥夺保证人的代位权，或缩减该种权利的行为并不能对保证人造成不利影响，这也是一项共同特征。在这方面，对保证人而言，有两种有利的解决方案是可能的：保证人或者可以免除（全部或至此为止的）责任，或者有权向债权人要求损害赔偿。大多数法律制度都选择免除保证人的责任（比利时、法国和卢森堡民法典第 2037 条（自 2006 年，法国民法典第 2314 条）：完全免除；法国格里马尔蒂委员会建议的新民法典第 2322 条：至此为止免除；不过，该项建议并未被 2006 年的立法者所采纳；丹麦：Pedersen, Kaution 85 ff.；英格兰：Andrews and Millett nos. 9－040 ff.；德国民法典第 776 条；希腊民法典第 863 条；参见 Doublis, Chrimatodotiseon 238 ff., 240；意大利民法典第 1955 条；葡萄牙民法典第 653 条；苏格兰：Stair / Clark nos. 976 f.；西班牙民法典第 1852 条；瑞典：Walin, Borgen 198 f.）。只有少数法律制度维持保证人的责任，但赋予其要求债权人损害赔偿的权利（奥地利：民法典第 1364 条第 2 句；荷兰：民法典第 7:850 条第 3 款，参阅第 6:12 条，参阅第 6:154 条；Blomkwist no. 21；根据民法典第 6:154 条，可能对非营业性保证人的损害并不存在减损（民法典第 7:862 条 b）项；Blomkwist no. 30））。不同的方式并不一定会影响到最终的结果，因为保证人可以针对债权人的履行请求提出损害赔偿的要求。

Ⅱ. 债权人义务的一般范围

2. 保证人的代位权可能以不同的方式受到影响。严格来说，共同保证人或第三人提供的财产担保的损失并不是债权人对债务人享有之权利的损失。但是，由于这些损失，保证人因对债务人债务提供担保而享有的代位行使债权人权利的可能性会被缩减或完全丧失。因为根据大多数法律制度以及本规则，保证人的代位权包括第三人担保，无论它是保证还是财产担保，债权人作

出的涉及被担保债务的损害行为，以及涉及第三人担保的损害行为都属于有关规定的范围之内。

3. 相反，在德国，只有涉及担保权利的损害才属于有关法律规定的范围之内（德国民法典第776 条），立法者否认了债权人对保证人所负的由于从属保证之单方面约束特征而产生的注意义务（*Diligenzpflichten*）（参见 Protokolle Ⅱ 481）；债权人只应该负担他们自身的责任（*Obliegenheiten*），即并不能由保证人强制执行的义务，但债权人必须承担因违反这些义务而产生的损害赔偿责任（参见 Staudinger/Horn § 776 nos. 1, 17; Erman/Herrmann § 765 no. 10）。只要债权人的行为影响了被担保债务，并对保证人造成了损害，则后者只能通过诚实信用原则受到保护（德国民法典第 242 条；参见 Palandt/Sprau § 776 no. 2 and § 768 no. 2）。虽然关于债权人的行为，根据该原则确立责任的要求现在看来似乎并不太严格，但保证人的保护程度与那些有着特别法律规定的法律制度相比，仍然是较低的。英格兰和苏格兰的情形与此相类似，参见下文注释 6。

Ⅲ. 迟延收取被担保债权

4. 保证人代位行使对债务人的权利受到影响的一种情形是，债权人迟延收取对债务人的债权，而后者的财务状况恶化，甚至是陷入破产。

5. 奥地利法律明确规定，如果该迟延影响到了保证人对债务人的权利，则债权人要对迟延请求债务人履行承担责任（民法典第 1364 条第 2 句）。如果债务人陷入破产，并且保证人只能从破产财产中获得小部分份额，则该种损害即已发生（OGH 7 December 1955, ÖJZ 1956, no. 125 at p. 237）。该规则的某些方面，例如，债权人的行为是否必须有过错，这是不确定的（法院原来并没有要求这一点，例如上文 OGH 7 December 1955，但它们现在似乎接受了学者们的相反观点，参见 OGH 26 May 1987, ÖBA 1987, 924; Rummel/Gamerith § 1364 no. 4; Schwimann/Mader and Faber § 1364 no. 3）。有争议的还包括，连带保证人是否能够诉诸该规定（OGH 22 October 1935, SZ 17 no. 146 at pp. 416 f. 对此予以否定；但现在看来又得到了上文 OGH 26 May 1987 和大多数学者的肯定，例如 Rummel/Gamerith § 1346 no. 6）。但是，保证人的与有过失可能会缩减该权利；因此，民法典第 1364 条第 1 句赋予了保证人要求违约的债务人提供担保的权利（参见 OGH 7 December 1955, ÖJZ 1956, no. 125 at p. 237 (238)）。

6. 在英格兰和苏格兰，债权人迟延收取被担保的债权通常并不会免除保证人的责任（英格兰：Black v. Ottoman Bank (1862) 15 Moore KB 472, 15 ER 573; O' Donovan and Phillips no. 8－109; Halsbury/Salter para. 1230, vol. 49, 5th ed., (2008)；苏格兰：Gloag and Irvine 865）。理由是，注意主债务是否履行，这是保证人的义务（英格兰：Wright v. Simpson (1802) 6 Ves Jun 714, 31 ER 1272）；并且保证人有权随时向债权人清偿，然后再以债权人的名义向债务人提起诉讼（英格兰：Swire v. Redman (1875－76) 1 QBD 536; Andrews and Millett no. 9－029）。不过，如果债权人尽最大努力向债务人收取欠款被约定为担保的条件，则对该条件的违反就会免除保证人的责任（英格兰：London Guarantie Co. v. Fearnley (1879－80) 5 App. Cas. 911; Andrews and Millett no. 9－036；苏格兰：Stair /Clark no. 964）。如果债权人与债务人达成协议，赋予后者宽限期限，则保证人也要被免除责任（参见第Ⅳ.F－2:102 条（保证人义务的从属性）注释 29）。此外，根据意大利法律学者对民法典第 1955 条的解释，债权人在收取被担保债务过程中的单纯迟延，并不足以免除保证人的责任，即便债权人明知债务人财务状况不稳定，或者这种迟延会引起担保的恶化（Fragali, Della fideiussione 475 f.）。

7. 希腊存在两项相关的规定：根据民法典第 862 条，如果由于债权人的过错，保证人不能从

债务人处获得补偿，则他必须被免除责任；但根据民法典第 863 条，如果债权人并未强制执行保证所提供担保的债权，则作为保证人遭受损害的结果，他应该被免除责任。希腊最高法院在 1230/1997(DEE 4, 280 ff.)判决中指出，债权人在向债务人提起法律诉讼之前迟延 21 个月，便是其有重大过错的强烈表现(保证人放弃了民法典第 862 条的利益；不过，这种放弃只有在债权人的过错是民法典第 332 条所规定的轻微过错时才有效，任何排除或限制有重大过错所引起的责任的事先约定都是无效的)。但是，证明这种迟延实际上降低了对债务人收取债务之措施的成效，这也是必要的(参见 Doublis, Chrimatodotiseon, 244, 245)。

8. 在比利时、法国、卢森堡、葡萄牙和西班牙，一旦债权人对于优先权的损失负有责任，保证人通常都会被免除责任(法国：Simler nos. 823 ff.；葡萄牙：Almeida Costa 785)。特别是，如果由于发生于其间的债务人破产，债权之迟延收取导致了财产损失，则债权人可能要承担责任(比利时、法国和卢森堡民法典第 2024 条(自 2006 年，法国民法典第 2301 条)；葡萄牙民法典第 653 条；西班牙民法典第 1833 条)。但是，在一些判决中，保证人在没有财产权利实际损失的证据情况下被免除了责任，因为债权人迟延收取被担保债权构成了不可原谅的疏忽(法国：参见 Cass. civ. 23 January 1980, D. 1980, I. R. 408; Simler no. 826)。相反，在葡萄牙，必须存在保证人权利的实际损失，并且只有在保证人实际遭受到损失的时候，他才能被免除责任(Pires de Lima and Antunes Varela 671)。

9. 关于这个问题，德国并不存在特殊的规定。根据法院实践，债权人一般并不负有对保证人的从属义务，因此他并没有义务维护保证人对债务人的权利，特别是没有义务对债务人强制执行(Erman/Herrmann § 765 no. 11; Staudinger /Horn § 776 no. 2; critical Reinicke and Tiedtke, Bürgschaftsrecht no. 245；参见上文注释 3)。但是，诚实信用原则(民法典第 242 条)是适用的，保证人因此至少受到保护以免受到债权人权利滥用之侵害，例如，债权人以重大过错方式或恶意损害到保证人的利益(BGH 5 December 1962, WM 1963, 24, 25; Palandt/Sprau § 768 no. 2)。如果债权人对债务人的经济崩溃负有责任，并且通过这种方式妨碍了保证人对债务人的追索，则债权人必须承担责任(BGH 23 February 1984, WM1984, 586; BGH 7 February 1966, WM1966, 317)。此外，债权人有义务向债务人作出行为，就好像被担保债务没有获得担保的情况下，债权人为了维护他自己的利益那样，尤其是要减少可能的损害(BGH 30 March 1995, NJW 1995, 1886, 1888; BGH 15 July 1999, NJW 1999, 3195, 3197)。如果这些例外义务之一被违反，则保证人对债权人享有损害赔偿请求权(Erman/Herrmann § 765 no. 11)。

Ⅳ. 共同保证人的责任免除

10. 在比利时、法国、荷兰、英格兰和苏格兰的法律上，共同保证人的责任免除可能导致保证人被完全或至此为止免除责任(比利时：Van Quickenborne no. 590 at p. 311；法国：Simler no. 854；荷兰：Asser /Hartkamp no. 597)。如果被免除的保证人责任是与其他保证人的责任共同的或共同及各自的(即第Ⅳ. F-1:105 条(多数保证人：对债权人的连带责任)术语中的"连带")——在这种情况下，共同保证人的持续存在被认为是其他保证人之责任的条件——保证人将被完全免除责任(英格兰：Smith v. Wood [1929] 1 Ch 14; Andrews and Millett no. 9-041; Halsbury/Salter para. 1246, vol. 49, 5th ed., (2008)；苏格兰：《商法修正案》1856 第 9 条)。如果这种担保条件并不存在，则只有在其他保证人的权利分摊受到该免除之影响时，免除才是至此为止的(英格兰：Re Wolmershausen (1890) 62 LT (N. S.) 541; Ward v. National Bank of New Zealand Ltd. (1882-83) 8 App. Cas. 755; O' Donovan and Phillips no. 8-26；苏格兰：Morgan v.

Smart (1872) 10 M 610, 615)。如果并未对共同保证人加以实际免除,而只是例如约定不予起诉或赋予共同保证人宽限期限,则并不存在责任免除(英格兰:Halsbury/Salter para. 1247 Vol. 49, 5th ed, (2008);苏格兰:Stair /Clark no. 976)。根据德国民法典第776条,如果债权人放弃了对共同保证人的权利,则其他保证人根据被放弃的权利依据第774条本可获得清偿的范围内被免除责任。甚至在被放弃的权利于担保承担之后尚未被创设的情况下,这也是适用的。根据第774条第(2)款和第426条第(1)款,这一般导致了比例免除的发生;芬兰《独立保证和第三人担保法》第18条第1款的规定与此相类似(RP 189/1998 rd 53 f.)。

11. 根据法国民法典第1285条第(2)款、第1287条第(3)款以及第1288条,如果共同保证人被免除了责任,则其他保证人或者完全或者部分被免除责任(Simler nos. 746 and 854)。西班牙民法典第1850条规定,在共同保证人免除的情况下,则其他保证人被至此为止免除责任。在奥地利,法律明确规定,一个保证人的责任免除,并不会影响与其他保证人的关系(民法典第1363条第3句)。这意味着,保证人向债权人履行后,也可以向已经被债权人免除责任的保证人进行追偿(Rummel/Gamerith § 1363 nos. 5 ff.)。相反,希腊的通行观点认为,规定免除保证人责任的民法典第863条并不适用于共同保证人的情况,因为根据民法典第854条和第860条,共同保证人承担的是连带责任(参见 Doublis, Chrimatodotiseon, 249 fn. 109)。根据葡萄牙的判例,一个保证人的责任免除会产生免除其他保证人责任的效果,其比例相当于被免除的保证人责任在总债务中所占的份额(CA Coimbra 28 February 1989, CJ XⅣ, I－69)。

Ⅴ. 债权人享有之财产担保权利的损失与恶化

12. 根据比利时、卢森堡、荷兰、希腊和瑞典法律,其状况一般如下。债权人不得作为或不作为,以至于恶化保证人的地位;如果由于债权人的作为或不作为,保证人的利益丧失或缩减,则保证人将会被全部或部分免除责任(比利时:Van Quickenborne no. 590;希腊:民法典第863条; A. P. (Plenum) 6/2000, EED 51, 285 ff.;卢森堡:Ravarani, Jurisprudence récente, 918;荷兰:Asser/Hartkamp no. 597;瑞典:Walin, Borgen 122 ff.)。在英格兰和苏格兰,如果债权人对保证人的免除构成了对保证条件的违反,则其他保证人必须全部免除责任(英格兰:Carter v. White [1884] 25 Ch. D 666; Halsbury para. 1244, Vol. 49, 5th ed., (2008);苏格兰:Drummond v. Rannie (1836) 14 D 437)。当债权人和主债务人之间商定,将免除作为主合同条款的变更时,同样的推论也是适用的(参见 O'Donovan and Phillips no. 8－47;第Ⅳ.F－2:102 条(保证人义务的从属性)注释27)。但是,如果保证人不能证明,债权人对财产担保的放弃构成了担保条件之违反,则保证人只能在其权利受到损害的范围内被部分免除责任(英格兰:Halsbury para. 1244, Vol. 49, 5th ed., (2008);苏格兰:Stair /Clark no. 977)。除了保证免除的问题之外,债权人还负有为了保证人的利益维护保证的公平义务;如果债权人违反了这一义务,作为债权人行为的后果之一,保证人责任将会按遭受损失的程度得以缩减(英格兰:Andrews and Millett no. 9－041; O'Donovan and Phillips no. 8－49;苏格兰的情况与此类似:Stair /Clark no. 977)。但是,在判例法上,债权人该义务的范围一直没有得到确切地界定(英格兰:Andrews and Millett no. 9－043; O'Donovan and Phillips nos. 8－55 ff.)。不过,人们一般认为,债权人并不负有强制执行保证的义务,即便保证的迟延执行可能会导致从中获得金钱的减少(China and South Sea Bank Ltd. v. Tan [1990] 1 AC 536)。

13. 在法国,如果缔约时存在的优先权利或财产权利(Simler no. 836)由于债权人的过错而丧失(Cass. ch. mixte 10 June 2005, JCP E 2005, Ⅱ no. 1088, note Legeais; Simler no. 842),则保

证人被免除责任(民法典第 2037 条(自 2006 年,民法典第 2314 条))。格里马尔蒂委员会建议,为了与法院实践相一致,将保证人的责任免除限定为所遭受的损害额度内(民法典新第 2322 条),这实际上构成了部分免除;不过,该建议并未得到 2006 年立法者的采纳。根据法院的判决,只有在如丧失的优先权利低于被担保债务的价值时,保证人才能被部分免除(Cass. civ. 9 May 1994, JCP G 1994, Ⅳ no. 1730; Simler no. 854)。自 1984 年(关于防止企业破产的 1984 年 3 月 1 日 Law no. 84-148)开始,关于保证人免除的规定具有了强制性(民法典第 2037 条第 2 句(自 2006 年,民法典第 2314 条第 2 句))。根据西班牙民法典第 1852 条,只要债权人的行为妨碍了保证人对债权人权利、抵押权、优先权的行使,后者就要被免除责任,即使他们负担的是连带责任。重要的法律学者都赞同,"债权人的行为"指的是可归咎于债权人的任何行为(Díez-Picazo 460),包括疏忽(Díez-Picazo 460; Guilarte Zapatero, Comentarios 410)。即便保证人未能主张预期的免除,他也将会被免除责任(Guilarte Zapatero, Comentarios 412)。在任何情况下,该行为必须在保证人履行之前发生(Guilarte Zapatero, Comentarios 410)。意大利民法典第 1955 条的措辞是与西班牙相当条款相类似的,但它并不包括债权人的任何作为或任何不作为。债权人的行为必须过错地违反了法定或约定的义务(Cass. 6 February 2004 no. 2301, Giust. civ. 2004, 1479),并且必须产生了保证人权利之完全丧失的后果。仅仅是由于债权人的行为,造成了行使该权利的困难,这是不够的(Bozzi, La fideiussione 267; Cass. 21 January 2000 no. 675, BBTC 2001 Ⅱ 431)。葡萄牙民法典第 653 条明确提到"债权人的积极和消极行为",虽然它只提到"权利",但按照其一般意义,"权利"一词应当包括抵押权和优先权(参见 Antunes Varela and Pires de Lima 671)。

14. 根据德国民法典第 776 条,如果债权人放弃了与债权或财产担保权利相结合的优先权(参见 Reinicke and Tiedtke, Bürgschaftsrecht nos. 241 f.; Erman/Herrmann § 776 no. 2 在一定程度上的批评意见,例如 Staudinger /Horn § 776 no. 8),则从属保证人在根据所放弃的权利本可依照第 774 条获得清偿的范围内,得免除责任。即使被放弃的权利是在从属保证承担之后创设的,这仍然适用。与上文注释 13 所提到的法律制度不同,根据德国法,人们通常认为,只有债权人的故意行为才应受到制裁,这便将纯粹的疏忽排除在外了(Erman/Herrmann § 776 no. 4; MünchKomm/Habersack § 776 no. 8 with references;不过,作者提出了不太严谨的观点;与此相反的意见,参见 Staudinger /Horn § 776 no. 12)。不作为也不是应予制裁的(Erman/Herrmann § 776 no. 4; 也可参见 BGH 15 July 1999, NJW 1999, 3195, 3197:如果另一保证的价值被缩减,而债权人无所作为,这是不够的;与此相反的,参见 Staudinger /Horn § 776 no. 12)。关于对第 774 条的援引,可以参见第Ⅳ.F-1:106 条(多数保证人:内部追索权)注释 4:必须存在一项追索权利(参见 Staudinger/Horn § 776 no. 15)。最后,被放弃的担保权利必须具有经济价值(Erman/Herrmann § 776 no. 6)。

15. 在希腊,关于债权人在财产担保方面的疏忽是否可以免除保证人的责任,存在着相互矛盾的判决:在一桩案件中,由于债权人维护抵押物的疏忽,债务人得到该物并将其出售给了第三方,因此保证人被剥夺了从抵押物中获得清偿的可能性,而法院否认了民法典第 862 条和第 863 条——这两项条文规定,如果由于债权人的疏忽,保证人对债务人的偿还请求权已经变得不可能,则保证人可以免除责任——的适用性(A. P. 1260/94, DEE 1, 307 ff. = EllDik 1996, 101 ff.)。与此相反,在最高法院更早的一项判决中,债权人因为没有及时出售易腐烂货物,导致它被最终销毁,债权人对此承担了责任(A. P. 807/72, ND 1973, 235 ff. annotated by Kalogeras 260

ff.)。在最近的一桩案件中,债权人出于疏忽将担保物返还给了债务人。保证人放弃了民法典第 863 条关于担保免除的利益,最高法院必须就担保损失是否属于民法典第 862 条所规定的、导致保证人不能获得清偿的债权人重大过失,作出回答。最高法院否认了这一点,其理由是,由于债权人对担保的免除,保证人之对于免除的放弃,其目的正是为了使债权人能够放弃担保,而无须同时丧失担保(A. P. (Plenum) 6/2000, EED 2000, 285 ff.,四个成员提出了强有力的少数意见;对这一立场的批评,也可参见 Chelidonis, EpiskED 2001, 351 ff.)。

16. 此外,奥地利法律提供了一种不同的解决方案。民法典第 1360 条最后一句规定,债权人“不得”在从属保证承担之前或与之同时放弃债务人或第三人所提供的担保。与上文注释 5 中所讨论的相应规则一致,担保的放弃是有效的,但债权人要对从属保证人所遭受的损害承担无过错责任(Rummel/Gamerith § 1360 no. 2; Schwimann/Mader and Faber § 1360 nos. 2, 4)。该规定扩展到了其他担保权利,例如,债权人与债务人之间的买卖合同规定的所有权保留(Rummel/Gamerith § 1360 no. 5)。

17. 在奥地利法律上,债权人对从属保证人全面的照顾义务源自于民法典第 1364 条第 2 句(参见上文注释 5;OGH 26 May 1987, ÖBA 1987, 924; 14 April 1996, Ecolex 1996, 744)。在后一种情况下,最高法院指出,债权人要对迟延执行卖给债务人的公共汽车之所有权保留承担责任,尽管他已经就该执行作出了承诺。

第Ⅳ.G－2:111 条　债务人对保证人的救济

(1) 保证人应债务人请求或者经债务人明示或默示同意提供保证的,得请求债务人提供救济:

(a) 如果主债务履行期届满而债务人不履行债务的;

(b) 如果债务人不能清偿或者财产状况严重恶化的;或者

(c) 如果债权人就担保对保证人提起诉讼的。

(2) 救济可以通过提供充分担保的方式来进行。

评　论

A. 原则

在一定条件下,即使在保证人实际向债权人履行之前,从属保证人也可以要求债务人提供救济。但是,这种特殊的“在先”救济是以保证人应债务人请求或者经债务人实际的或推定的(例如,通过善意的介入)同意而提供担保为前提的,当然,情况几乎总是如此,除了保证人作为赠与向债务人提供担保的罕见情况以外。在后一种情况下,保证人从债务人处获得救济的任何请求权都被排除在外了。

在多数情况下，从属保证人可能并不准备承担保证义务，除非请求债务人偿还的潜在权利从一开始就得到了或者由债务人或者由第三人提供的担保，例如，由第三人或通过财产担保的提供的反担保。

B. 条件

从债务人处请求救济的条件在第（1）款（a）、（b）、（c）项中得到了详尽列举。（a）项规定的条件涉及期限届满时债务人不履行被担保债务，因为这很容易引起债权人要求保证人履行。（b）项中的条件涉及债务人的财务状况。它包括债务人无力清偿（即使并未启动破产程序），因为这实际上排除了债权人从债务人处获得清偿的可能性；它还包括债务人的财产已经大幅度减少的情况，这一事实威胁到了债权人从债务人处成功获得清偿的机会，并因此一方面增加了保证人向债权人承担责任的风险，另一方面减少了保证人从债务人处获得追偿的机会。所谓大幅度减少，必须通过债权人的未结债权额度和从债务人财产中获得清偿的机会来衡量。（c）项中的条件——独立于（a）（b）项的条件之外——涉及债权人对从属保证人提起的诉讼。这清楚证明了债务人的救济是合理的。

从债务人处获得救济的机会通常是微乎其微的。但是，债务人可能能够筹措款项，或者至少从第三人——例如相关的公司——处获得保证或财产担保。

C. 救济的形式

由于在第（1）款所提到的所有情况中，从属保证人尚未向债权人履行，所以保证人并不能要求追偿。保证人享有的权利主要是，就将来向债权人的履行，要求债务人提供担保（参见第（2）款）。这种担保可以由债务人提供，也可以由任何第三人代表债务人来提供；后者实际上将会成为第（1）款（a）项所涉及情况的规则，因为在这些情况下，债务人通常并不能够提供担保。

如果债务人的破产程序已经启动，救济请求权实际上并没有机会行使。

D. 消费者作为保证人

本条直接适用于消费者从属保证人。因为本条对消费者保证人是有利的，所以该规则也适用于承担独立保证的消费者（参见第Ⅳ.F－4:105 条（保证人责任的性质）（c）项）、在为担保目的的共同债务中的消费者保证人（参见第Ⅳ.F－4:102 条（适用规则）第（1）款）。

根据第Ⅳ.F－4:102 条（适用规则）第（2）款，本条的规则是强制性地有利于消费者的。在消费者保证人为担保目的的共同债务的情况下，"债务人"一词指的是其债务得到担保的债务人。

注　释

Ⅰ.保证人的提前追偿

1.在大多数欧洲国家,从属保证人在履行前便享有提前向债务人进行追偿的权利(奥地利民法典第1364条;比利时、法国和卢森堡民法典第2032条和第2039条(自2006年,法国民法典第2309条和2316条);英格兰:Andrews and Millett nos. 10-024 ff.;芬兰《独立保证和第三人担保法》第36条第2款; RP 189/1998 rd 75 f.;德国民法典第775条;希腊民法典第861条;意大利民法典第1953条;葡萄牙民法典第648条;苏格兰:Stair /Clark nos. 936-938;西班牙民法典第1843条)。不过,保证人的这种追索权在法国实践中很少被适用(Simler no. 611)。在西班牙,这种权利在实践中的效果受到了学者们的质疑(Guilarte Zapatero, Comentarios 297),并且法院对其范围进行了狭义的解释(TS 21 October 2003, RAJ 2003/7517, TS 13 July 2007, RAJ 2007/4864)。

2.在荷兰,保证人的提前追索权已经被1992年新民法典废除了。

Ⅱ.原因

3.在比利时、法国和西班牙,人们认为,从属保证人必须受到保护,以免受到债务人破产之额外风险的侵害,因为从属保证的承担在原则上被认为是一种友好的行为(比利时:Van Quickenborne no. 504;法国:Simler no. 610;西班牙:Guilarte Zapatero, Comentarios 295 f.)。在英格兰法律上,从属保证人的提前追索权是建立在平等和公平原则基础之上的,一项预计的"损害"要在其发生之前得到预防,"一个人总是被这样的乌云所笼罩,这是不合理的"(Ranelaugh (Earl of) v. Hayes (1863) 1 Vern 189 per Lord Keeper North, 190)。在苏格兰法律上,提前救济的权利是以债务人与保证人之间隐含的约定为基础的,一旦"责任有强加于其身上的危险",保证人便有权获得救济(Cuningham v. Montgomerie (1879) 6 R 1333 per Lord President Inglis)。德国民法典第775条旨在保护从属保证人,以免受到承担保证后发生的额外风险的损害,以及防止其影响向债务人的追偿请求权(Reinicke and Tiedtke, Bürgschaftsrecht no. 426)。德国法对这一规则有着特殊的需要,因为一般适用于从属保证人与债务人之间关系的委托规则并不适合于该种特殊情况(参见Reinicke and Tiedtke, Bürgschaftsrecht no. 425; Staudinger/Horn § 775 no. 1)。此外,在意大利法律上,保证人的提前追索权被认为是一种主要以情势变更(*rebus sic stantibus*)原则为基础的保护手段,这使得保证人受到保护,以免遭受债务人不予履行或清偿无效的侵害(Giusti 247)。

Ⅲ.条件

(a)主观条件:债务人对从属保证的提供予以同意

4.在奥地利、法国、比利时和葡萄牙,债务人对从属保证的提供予以同意。如果从属保证是在未经债务人同意或未予通知债务人的情况下提供的,则保证人并不享有对债务人的提前追索权(奥地利民法典第1364条第1句;比利时:Van Quickenborne no. 510;法国:Simler no. 615;葡萄牙:Almeida Costa 782);在西班牙,同样的进路得到了Carrasco, Tratado, p. 277的采纳。在法国,通过好意介入来推定债务人的意图,这是不够的(Simler no. 615)。此外,在英格兰法律上,

只有保证人是应债务人之明示或默示的请求而提供担保时,他才能获得提前救济(Andrews and Millett no. 10-025);苏格兰法律似乎也是如此,因为当保证人并非应债务人明示或默示之请求而行为时,任何委托都是无从推定的。德国的情况也与此相类似,因为根据民法典第775条,只有在根据债务人委托承担担保,或者根据好意介入规定而享有对债务人的强制性权利的时候,从属保证人才可以要求免除责任;这意味着必须存在债务人之明示或者至少默示的委托(民法典第670条、第683条)。如果股东为公司债务提供担保,则委托被认为是存在的;因此,在离开公司之后,股东可以要求被免除担保义务(Palandt/Sprau § 775 no. 1; Staudinger/Horn § 775 no. 3)。但是,如果从属保证人不能基于合法原因——例如,由于《破产法》第254条第2款第2句——向债务人请求追偿,则免除请求权是不存在的(Reinicke and Tiedtke, Bürgschaftsrecht nos. 426 f.)。

(b)客观条件:债务人违约或无力清偿,债务人财产的大量减少,或者对从属保证人提起诉讼程序

5. 在大多数欧洲国家,上述情况中至少有两种是涉及到的:债务人无力清偿和债权人对从属保证人提起诉讼程序。

(c)债务人违约

6. 根据德国民法典第775条第1款第3项和希腊民法典第861条第3项,如果债务人在履行债务过程中存在违约,从属保证人可以要求债务人解除担保。除非保证人已经约定,否则债权人延长期限是与此毫不相干的(德国:Reinicke and Tiedtke, Bürgschaftsrecht no. 438)。

(d)债务人无力清偿

7. 在法国、比利时和卢森堡,涉及债务人的商事性或民事性无力清偿(法国、比利时和卢森堡民法典第2032条第2项(自2006年,法国民法典第2309条第2项)),在意大利和西班牙,则涉及债务人的破产或无力清偿(意大利民法典第1953条第1款第2项提到的是无力清偿,这指的是任何的无力清偿:Giusti 245 fn. 217;西班牙民法典第1843条第1款第2项),而在葡萄牙,更为普遍地涉及从属保证人增加的风险(民法典第648条b)项)。作为提前追索权的保护形式,法国格里马尔蒂委员会建议,从属保证人在履行之前,有权在债务人的破产程序启动时,申报其将来的或当前的权利(新民法典第2319条第3款);但是,该建议并未得到2006年立法者的采纳。在苏格兰法律上,如果债务人有无力清偿的危险(*vergens ad inopiam*),则保证人可以采取预防措施(财产减少,陷入贫困;Kinloch v. M'Intosh (1822) 1 S 457)。

(e)债务人财产的大量减少

8. 根据德国民法典第775条第1款第1项和希腊民法典第861条第1项,如果债务人的财务状况已经恶化,则从属保证人要受到保护。此外,追偿请求权必须受到危害,如果通过类似反担保等方式进行了保护,则事实并非如此(Reinicke and Tiedtke, Bürgschaftsrecht no. 435)。在奥地利,如果债务人的财务状况受到如此严重的恶化,以至于存在了"债务人无力清偿之有根据的担忧",则同样如此(民法典第1365条)。

(f)对从属保证人提起诉讼

9. 根据比利时、法国和卢森堡民法典第2032条第1项(自2006年,法国民法典第2309条第1项)、意大利民法典第1953条第1款第1项和西班牙民法典第1843条第1款第1项,如果债权人对保证人提起了诉讼,则从属保证人有权提前行使追索权利。与此不同,德国民法典第775条第1款第4项、希腊民法典第861条第4项和葡萄牙民法典第648条a项还要求,债权人已经获得了从保证人处获得清偿之可以执行的判决。

(g)其他情况:表示延长被担保债务的期限

10. 一般可参见第Ⅳ.F－2:102条(保证人义务的从属性)注释。在法国、比利时和卢森堡,在债权人表示延长被担保债务期限的情况下,从属保证人有权行使追索权(法国、比利时和卢森堡民法典第2039条(自2006年,法国民法典第2316条))。当事人可以规避这一规定(比利时:Van Quickenborne no. 510;法国:Simler no. 469)。

(h)隐含的延期

11. 在法国、比利时、卢森堡、意大利、葡萄牙和西班牙,如果债务人承诺在一定期限内免除从属保证人的担保,并且该期限已经届满(法国、比利时和卢森堡民法典第2032条第3项(自2006年,法国民法典第2309条第3项);意大利民法典第1953条第1款第3项;葡萄牙民法典第648条d项;西班牙民法典第1843条第1款第3项),或者被担保债务由于期限届满而到期(法国、比利时和卢森堡民法典第2032条第4项(自2006年,法国民法典第2309条第4项);意大利民法典第1953条第1款第4项;西班牙民法典第1843条第1款第4项),则关于提前追索权的规则也是适用的。在奥地利、英格兰和苏格兰法律上,一旦被担保债务到期,并且保证人的责任可以由债权人执行,从属保证人便可以行使提前追偿的权利(奥地利民法典第1364条第1句)。在英格兰,从属保证人可以申请诉前救济(*quia timet* relief)(Tate v. Crewdson [1938] Ch 689; Morrison v. Barking Chemicals Co. Ltd. [1919] 2 Ch 325),而在苏格兰,则可以提起委托之诉(an *actio mandati*)(Cuningham v. Montgomerie (1879) 6 R 1333; Scott v. Grahame (1830) 8 S 749)。在要求担保的情况下,人们现在普遍认为,保证人提前获得救济的权利并不取决于该要求是否已经由债权人提出(英格兰:Thomas v. Nottingham Inc. Football Club Ltd. [1972] Ch 596;苏格兰:Stair /Clark no. 936)。

(i)未附期限的债务

12. 如果主债务并未约定期限,根据法国、比利时和卢森堡法律,追索权可以在10年期满后行使(民法典第2032条第5项(自2006年,法国民法典第2309条第5项))。类似的规定也存在于意大利和葡萄牙的法律,不过,它们规定的期限是5年(意大利民法典第1953条第1款第5项;葡萄牙民法典第646条e项)。在葡萄牙,如果存在法律强加的期限延长,这一规则甚至适用于约定有期限的债务(民法典第646条e项)。西班牙民法典第1843条第1款第4项同样如此。但是,如果根据被担保债务的性质,它除了该期限届满否则不能消灭的话,则该规则并不适用。

(j)债务人居所或住所的变更

13. 在葡萄牙,如果从属保证缔结后,债务人不能被起诉或处于本国领土及其附属岛屿之外(民法典第648条c)项),则关于提前追偿的规则可以适用。奥地利有着类似的规则(民法典第1365条)。在德国和希腊,如果提供从属保证之后,对债务人提起诉讼难以实现在很大程度上是由于其居所或住所的变更而引起的,则保证人甚至在债务到期之前就可以要求债务人提供担保(德国民法典第775条第1款第2项、第2款;希腊民法典第861条第2项)。

Ⅳ. 后果

(a)损害赔偿

14. 在法国、比利时和卢森堡,从属保证人可以要求债务人损害赔偿(民法典第2032条(自2006年,法国民法典第2309条));或者在期限延长的情况下可以强制债务人清偿(民法典第2039条(自2006年,法国民法典第2316条))。但是在实践中,根据法国多数学者的意见(Marty/Raynaud/Jestaz no. 60; Aubry/Rau/Ponsard no. 236),债务人的责任不能被强制执行,因

为当前损害尚不存在；而少数法国学者和法院判决坚持，当前的损害也可能由保证人责任之不适当的延长而引起（CA Paris 2 March 1971, GazPal 1971, 2, 824）。法国的多数意见认为，基于其他许多原因，保证人并不能获得任何赔偿或补偿：一方面，保证人未予清偿的情况下，并不存在任何补偿；另一方面，由于债务人无力清偿，该赔偿几乎是不可能的。根据比利时学者的观点，民法典第 2032 条目的在于避免保证人因不能从债务人处获得任何清偿而产生的损害（Van Quickenborne nos. 504–505）。

（b）解除保证义务或提供担保

15. 在意大利、葡萄牙和西班牙，从属保证人可以为了自身利益要求债务人解除保证义务或提供担保（意大利民法典第 1953 条第 1 款；葡萄牙民法典第 648 条第 1 款；西班牙民法典第 1843 条第 2 款）。在西班牙，人们坚持认为，不解除保证义务便赋予了从属保证人要求损害赔偿的权利，但这在实践中也被认为是不效率的，因为损害赔偿很难确定和证明（Guilarte Zapatero, Comentarios 298, 299）。根据英格兰法律，通过不安诉讼（*quia timet* action），保证人或者可以提出有权被免除的声明，并要求债务人清偿应支付给债权人的债务（Ascherson v. Tredegar Dry Dock & Wharf Co. Ltd. [1909] 2 Ch 401），或者可以要求债务人拨出部分资金用于向债权人清偿（Andrews and Millett no. 10–025; O' Donovan and Phillips nos. 11–147 ff.）。在根据 1985 年 Companies Act 创制的公司债务人的情况下，从属保证人可以进一步根据 1986 年 Insolvency Act 第 124 条第 1 款申请债务人公司停业整顿。同样的原则也适用于苏格兰（Stair /Clark nos. 936 f.）。此外，在苏格兰，保证人有权申请法院的预防令，以便对债务人的财产进行执行（Kinloch v. M' Intosh (1822) 1 S 457）。

16. 在德国，如果被担保债务到期，则从属保证人可以要求债务人解除保证义务（参见 Staudinger /Horn § 775 no. 4）。与较早的法院实践不同，德国最高法院不再允许从属保证人将要求债务人解除保证义务的权利转变成为追偿请求权，即便债务人无力清偿，并且保证人必定会在将来对债权人履行（BGH 14 January 1999, BGHZ 140, 270, 272 ff. overruling RG 12 January 1934, RGZ 143, 192, 194）。如果债务人甚至在被要求解除保证义务之后仍然无所作为，则保证人可以向债权人清偿，并以判决为基础根据 CCP 第 887 条通过执行要求债务人清偿这些费用（Reinicke and Tiedtke, Bürgschaftsrecht no. 442; Staudinger /Horn § 775 no. 5）。如果被担保债务尚未到期，债务人有权向保证人提供担保，以代替解除保证义务（民法典第 775 条第 2 款）。

（c）仅仅提供担保

17. 在奥地利，从属保证人唯一可以利用的救济是要求债务人提供担保（民法典第 1364 条第 1 句、第 1365 条）。担保主要是通过为保证人创设财产担保权利的方式来提供，其他方式还有第三人提供的保证（第 1373 条以下）。此外，根据比利时、法国、卢森堡和西班牙多数学者的观点，充分担保（财产担保或保证）的提供是唯一的救济方式，它体现了作为权利之保护措施的提前追偿的真正性质（比利时：Van Quickenborne no. 504；法国：参见 Simler nos. 613 ff.；葡萄牙：Pires de Lima and Antunes Varela 664；西班牙：Guilarte Zapatero, Comentarios 299）。作为该种意见的结果，根据法国格里马尔蒂委员会的建议（新民法典第 2319 条第 2 款），从属保证人可以要求提供充分的担保；但是，2006 年的立法者并未采纳这一建议。根据希腊的文献，担保的要求必须由从属保证人通过法律诉讼来提出，或者向主管法院提出（Georgiades – Stathopoulos AK/Vrellis art. 861 no. 8）。根据希腊少数派的意见，如果保证人可以知晓债务人财务状况的恶化，但仍然未能行使该权利，并且如果债权人出于疏忽，并未向债务人收取债务，则保证人应当与债权人分

担损害(参见 Doublis, Metavivasi pistosis 55 ff., 62)。

第Ⅳ.G－2:112 条　保证人履行前的通知和查询义务

(1)保证人向债权人为履行之前应通知债务人,并查询关于被担保债务的余额以及债务人得主张的所有抗辩或反诉的信息。

(2)若保证人未尽到第(1)款所规定的通知与查询义务或者怠于主张债务人告知的或通过其他途径知道的抗辩,则保证人依第Ⅳ.F－2:113 条(保证人履行后的权利)对债务人所享有的追索权将受到限制,以免债务人因为保证人的疏忽或者懈怠蒙受损失。

(3)保证人对债权人的权利不受影响。

评　论

A. 基本理念

本条规定的是保证人在向债权人履行之前,所负有的通知和查询义务。该条文的制定是为了保护债务人的权利。

第(1)款规定的通知和查询义务必须根据属于债务人的权利来解释,根据前面的条款,那可以由从属保证人基于从属性原则来主张。

B. 制裁

如果从属保证人向债权人履行,而并未通知债务人并向其进行有关的查询,则这不仅违背了从属保证人自身的利益,而且可能损害到债务人的权利。如果保证人基于疏忽,未能主张他可得利用的债务人的抗辩,结果同样如此。在所有这些情况下,保证人对债务人的追索权或代位权都将被相应的限制。

如果债务人未能答复保证人,或者向其提供了不完整或不正确的信息,则第(2)款所规定的制裁便是不正当的。另外,如果债务人提供了某些错误的信息,但其他信息虽然正确,却也被保证人所忽视或无视,则它可能只是部分正当的。

第(2)款规定的对保证人的制裁是其享有的对债务人的追索权利之适当限制。

C. 保证人对债权人所享有之权利的保护

从属保证人对债务人所犯的任何过错都不会影响其对债权人所享有的权利(第(3)款)。

D. 消费者作为保证人

本条直接适用于消费者从属保证人，在这方面，他们和非消费者并没有被区别对待；唯一的区别是，根据第Ⅳ.F－4:102 条（适用规则）第（2）款，该规定是强制性地有利于消费者保证人的。

虽然本条并未创设权利，而是规定了保证人应当遵守的义务，但这些规则仍然适用于所有消费者保证人。它们直接适用于提供了从属保证的消费者。根据第Ⅳ.F－4:105 条（保证人责任的性质）（c）项，它们也适用于消费者独立保证人，而根据第Ⅳ.F－4:102 条（适用规则）第（1）款，它们同样适用于为担保目的的共同债务中的消费者保证人。本条所规定的义务是保证之平衡体系的必要组成部分，据此，保证人必须尊重主债务人的合法利益。保证人的通知可能是对债务人有利的，因为在适当情况下，如果事实证明债务人已经向债权人作出了部分或全部的履行，或者债务人拥有保证人也可以利用的抗辩，则它会防止或减少保证人的履行。

注　释

Ⅰ. 法律依据

1. 虽然在所有成员国，都并不存在要求从属保证人向债务人发出通知的一般规定或规则，但所有法律制度似乎都赞同，如果未能向债务人通知造成了损害，则保证人不应获得追偿。基于这个原因，在某些国家，关于债权人的请求或保证人的履行意图，存在着要求保证人通知债务人的具体法律规定，其目的是防止不合理的清偿发生（奥地利民法典第 1361 条；比利时、法国和卢森堡民法典第 2031 条第 2 款（自 2006 年，法国民法典第 2308 条第 2 款）；希腊民法典第 859 条；意大利民法典第 1952 条第 2 款；葡萄牙民法典第 645 条第 1 款和第 647 条；西班牙民法典第 1840 条）。此外，在某些国家，如果保证人未将向债权人清偿的情况通知债务人，而这导致了债务人向债权人的再次清偿，则存在对保证人制裁的具体规则（比利时、法国和卢森堡民法典第 2031 条第 1 款（自 2006 年，法国民法典第 2308 条第 1 款）；荷兰民法典第 7:867 条；意大利民法典第 1952 条第 1 款；葡萄牙民法典第 645 条第 1 款；西班牙民法典第 1842 条）。

2. 不过在德国，立法者明确否定了这种具体的规定（其动机参见 Mugdan Ⅱ 377），以至于当任何合同规定并不存在时，这些情况的解决要以诚实信用原则（民法典第 242 条）和基础关系为依据（参见 Soergel/Mühl § 774 no. 8; Staudinger /Horn § 765 no. 106, § 768 no. 41; cf. also already Motive, in: Mugdan Ⅱ 377 f.; similarly BGH 19 September 1985, BGHZ 95, 375, 388）。

3. 如果保证人知道或应该知道债务人的抗辩，但并未向债权人提出，有两个国家对此进行了明确的处罚。在这种情况下，希腊民法典第 859 条否认了保证人对债务人的追索权，而荷兰民法典第 7:868 条则允许债务人对保证人提起这些抗辩。在所有其他国家中，对于这种忽视债务人利益的行为所进行的制裁，必须源自于与保证人和债务人之间的关系有关的一般规则。

Ⅱ.从属保证人通知债务人的义务

(a)要求:保证人的通知义务

4.在许多国家,如果保证人向债权人清偿(德国:参见民法典第670条和MünchKomm/Habersack § 774 no. 19)而并未通知债务人,并且如果存在债务人能够在从属保证人清偿时提出的抗辩的话,则从属保证人要承担责任(奥地利民法典第1361条;OGH 19 October 1976, SZ 49 no. 121 at pp. 570, 571;希腊民法典第859条和Georgiades - Stathopoulos AK/Vrellis art. 859 no. 2;意大利民法典第1952条第2款;荷兰:民法典第7:867和7:868条;Blomkwist no. 37;葡萄牙民法典第647条和西班牙民法典第1840条)。比利时、法国和卢森堡民法典第2031条第2款进一步将其适用范围限定为这样一些情况,即从属保证人在债权人未提出请求的情况下——从属保证人并未受到对其财产进行立即执行的威胁——主动清偿(比利时:Van Quickenborne no. 498;法国:Simler no. 606)。保证人不因并未就履行意图或债权人的履行请求通知债务人而承担责任,但要因为并未提起债务人的抗辩而承担责任(比利时:Van Quickenborne no. 497;法国:Simler no. 606)。在比利时和法国,从属保证人必须主张债务人可以利用的所有抗辩(比利时:Van Quickenborne no. 499;法国:参见Cass. com. 14 January 1963, Banque 1963, 199)。因此,在这些国家,从属保证人间接负有通知债务人的义务。事实上,这种通知对于从属保证人而言,只是获得关于债务人针对债权人履行请求权之可能抗辩——对此,保证人根据从属性原则有权提出——的一种方式。

5.根据希腊民法典第859条,如果向债权人清偿的从属保证人怠于提起他知道或应当知道债务人享有的有着充分理由的抗辩,则他要承担责任。债务人可以通过证明从属保证人知道或应当知道债务人的抗辩来为自己辩护(希腊:ErmAK/Zepos art. 859 no. 5),而保证人则可以证明他不知情是正当的(希腊:Georgiades - Stathopoulos AK/Vrellis art. 859 no. 6)。保证人在向债权人履行前获取信息的义务源自于民法典第859条。

6.在德国,从属保证人有义务尊重债务人的利益,因为后者在通常存在的债务人与保证人之间的委托关系中是委托人(BGH 19 September 1985, BGHZ 95, 375, 388 with further references)。因此,从属保证人有义务将债权人的履行请求立即通知债务人,并询问债务人是否有抗辩存在(Staudinger/Horn § 765 no. 106; Schimansky/Bunte/Lwowski/Schmitz § 91 no. 95; 也参见BGH 19 September 1985, BGHZ 95, 375, 389 and Palandt/Sprau no. 5 preceding § 765)。此外,从属保证人必须以诚实信用为基础,审查是否存在明显的权利滥用(Staudinger/Horn § 765 no. 107 with further references)。但是,从属保证人通知债务人的义务并不等于保证人必须要求债务人批准(Staudinger/Horn § 765 no. 108; Palandt/Sprau no. 5 preceding § 765)。

7.英格兰法律上并不存在这种通知义务。

(b)保证人的通知

8.一般认为,如果从属保证人向债务人发出非诉讼文书,要求在适当时候提供对抗债权人的抗辩(希腊:Georgiades - Stathopoulos AK/Vrellis art. 859 no. 6),或者在债权人提起的诉讼程序中发出了足以引起第三方注意的文书(奥地利:OGH 19 October 1976, SZ 49 no. 121 at p. 571),则存在对债务人之隐含的通知。

(c)制裁

9.在希腊,从属保证人在清偿前未能履行上述义务——并未主张债务人的抗辩,或者也未能间接地通知债务人——会导致其追索权的消灭(民法典第859条)。苏格兰也是如此(Maxwell

v. Earl of Nithsdale (1632) Mor 2115; Stair /Eden no. 935)。某些罗曼语国家规定,如果保证人向债权人清偿后并未通知债务人,而后者也向债权人进行了清偿的话,则保证人会受到同样的制裁(参见比利时、法国和卢森堡民法典第 2031 条第 1 款(自 2006 年,法国民法典第 2308 条第 1 款);荷兰民法典第 7:867 条;意大利民法典第 1952 条第 1 款;葡萄牙民法典第 645 条第 1 款;西班牙民法典第 1842 条)。同样,在德国,即便针对被担保债务的抗辩存在,如果保证人根据当时的情况合理的认为存在需要清偿的债务,则向债权人清偿过的从属保证人只可以根据民法典第 670 条要求追偿(BGH 19 September 1985, BGHZ 95, 375, 388)。如果从属保证人并未通知债务人便进行了清偿,则德国的规定并非如此。在比利时、法国和卢森堡,如果保证人在债权人并未提出请求,也并未通知债务人的情况下对债权人进行了清偿,而债务人对这种履行享有抗辩权的话,同样严厉的制裁是适用的(民法典第 2031 条第 2 款(自 2006 年,法国民法典第 2308 条第 2 款))。

10. 在其他情况下,如果从属保证人并未对债权人提出属于债务人的抗辩,则保证人仍然享有对债务人的追索权,但后者可以提出清偿作出时能够对债权人主张的那些异议和抗辩来对抗保证人(参见奥地利民法典第 1361 条;荷兰民法典第 7:868 条;意大利民法典第 1952 条第 2 款和西班牙民法典第 1840 条)。在英格兰,从属保证人在未对债权人提起债务人的抗辩的情况下便已清偿,他是否有权向债务人全部追偿,这取决于案件的具体情况:如果保证人未经债务人的请求而承担保证,则保证人只享有返还请求权,这要求债务人已经获得了利益,即债权人能够对债务人强制执行的债务被解除(参见 O'Donovan and Phillips no. 12-44)。不过,如果保证是应债务人的请求而提供的,则即便被担保债务并未对债务人强制执行,保证人是否有权进行追偿,取决于保证人与债务人之间协议的真意解释:如果主债务人不履行时保证人有义务清偿,则保证人有权利追偿,即便被担保债务并未被强制执行;如果保证人只应清偿债务人负有法律义务必须清偿的金额,则在这种情况下,并不存在追索权利(参见 O'Donovan and Phillips no. 12-39;对前一种含义,存在可辩驳的推定,参见 Argo Caribbean Group Ltd. v. Lewis [1976] 2 Lloyd's Rep 289)。看来,即使在这种情况下,保证人向债务人追偿的权利也不应该受到下述事实的影响,即保证人并未利用主债务人可得主张的抵销权,因为他在稍后的阶段仍然能够提出该主张(参见 Andrews and Millett no. 11-007 at p.400)。

(d)除外情况:债务人未能向从属保证人提供信息

11. 如果债务人接到通知后并未提供相关信息,以至于从属保证人不能或并未提出债务人的抗辩,之后保证人作出了可以预期的任何行为。在这种情况下,债务人便被排除了向保证人提出他对债权人可得主张的抗辩的权利(奥地利:OGH 19 October 1976, SZ 49 no. 121 at p. 570, 571;希腊:Georgiades - Stathopoulos AK/Vrellis art. 859 no. 4; Kaukas 471;葡萄牙:民法典第 647 条)。同样,在德国,关于被担保债务的消灭,如果保证人并未收到债务人的任何信息,他因此基于诚实信用向债权人进行了清偿的话,则他有权因不当得利向债权人要求转让权利,并享有追索权(MünchKomm/Habersack § 774 no. 19; Graf Lambsdorff. and Skora no. 296; cf. Erman/Herrmann § 774 no. 12)。不仅从属保证人负有通知债务人的一般义务,而且后者也有义务基于诚实信用,将所有抗辩告知从属保证人,这是强制性的,即使保证人并未向其提出要求。此外,债务人还负有应保证人的要求,向其提供关于债务人财务状况的信息的义务(Staudinger/Horn § 765 no. 109 with further references)。在希腊,债务人将抗辩信息告知从属保证人的义务也可以从诚实信用原则中推导出来,特别是在从属保证人承担连带责任的情况下(Georgiades §3 no. 155)。

Ⅲ.保证人对债权人的权利

12.从属保证人仍然有权要求债权人返还财产（比利时、法国和卢森堡民法典第2031条第2款（自2006年，法国民法典第2308条第2款）有明确规定，恢复原状之诉（*action en répétition de l' indû*）；荷兰民法典第7:867条；意大利民法典第1952条第3款；葡萄牙民法典第645条第2款；西班牙民法典第1842条）。

Ⅳ.一般的通知义务

13.除了上述情况下规定保证人对未能通知债务人负责的具体规则以外，似乎并不存在为保证人设立更为广泛的通知义务的一般性法律规定。不过在德国，更为一般的通知义务可以从债务人与保证人之间的关系中推导出来（参见 Soergel/Mühl § 774 no. 8 和 BGH 19 September 1985, BGHZ 95, 375, 388 中的一般性意见）。

Ⅴ.从属保证人主张抗辩的义务

14.从属保证人不仅有义务通知债务人，而且有义务提起债务人的所有抗辩。根据希腊民法典第859条，如果已向债权人清偿的从属保证人知道或应当知道债务人抗辩的存在，而怠于主张有着充分理由的抗辩的话，他就会被剥夺追索权。一项抗辩要被认定为有着充分理由，一方面它必须对债务的有效性有着决定性的意义；另一方面，它必须是从属保证人有权向债权人提起的抗辩，即该抗辩不是只能由债务人主张的（希腊：Georgiades－Stathopoulos AK/Vrellis art. 859 no. 3）。此外，该抗辩必须与被担保债务有关，以便使得从属保证人并不对未能向债权人提起保证人自身的抗辩而承担责任（希腊：ErmAK/Zepos art. 859 no. 6）。因此，在从属保证人对债务人提起的诉讼过程中，后者必须坚持并证明，保证人知道或应当知道债务人抗辩的存在（希腊：ErmAK/Zepos art. 859 no. 5），而从属保证人则可以证明，他的不知情是正当的（希腊：Georgiades-Stathopoulos AK/Vrellis art. 859 no. 6）。根据意大利法律，同样的规则是以保证人勤勉行为的一般义务为基础的（Fragali, Della fideiussione 380 ff.）。

15.此外，在德国，未能针对债权人的请求提出抗辩并向债权人清偿的从属保证人，在抗辩能够对抗债权人请求的范围内，丧失对债务人的追索权，因为在基础性的委托关系中，从属保证人并不能承担清偿的费用，而这在民法典第670条的意义上是必要的（Mugdan Ⅱ 377 f.; MünchKomm/Habersack § 774 no. 19；Staudinger /Horn § 765 no. 110 and § 768 no. 41 并不明确，他似乎还想要赋予一项损害赔偿请求权）。在明显存在权利滥用的情况下，这尤其如此（Staudinger /Horn § 765 no. 107）。抗辩必须是可利用和可证明的（Palandt/Sprau no. 5 preceding § 765; Staudinger /Horn § 765 no. 107; Schimansky/Bunte/ Lwowski/Schmitz § 91 no. 95; cf. also BGH 19 September 1985, BGHZ 95, 375, 388 f.），并且从属保证人必须知道或应当知道它们的存在（Staudinger /Horn § 774 no. 34）。如果被担保债务并不存在，而从属保证人进行了清偿，则保证人有权依据不当得利要求债权人返还（MünchKomm/Habersack § 774 no. 6; Staudinger /Horn § 768 no. 40 with further references）。

Ⅵ.权利的放弃

16.从属保证人与债务人约定，前者在任何情况下都将保留追索权，即使单纯应债权人的请求而未核实债务的有效性便进行了清偿；只要从属保证人由于故意或重大过失而并未主张这些抗辩，该约定便是无效的（希腊：参见民法典第332条第1款；Georgiades－Stathopoulos AK/Vrellis art. 859 no. 1）。另外，如果债务人放弃了损害赔偿请求权，则如果从属保证人应债务人的指示也放弃了对债权人主张抗辩的权利，尤其是在即期担保的情况下，该种放弃是有效的（希

腊:Georgiades § 3 no. 156)。

17. 在德国,从前的银行标准条款规定,作为从属保证人,银行应当有权“根据债权人单方面的请求”向其清偿。银行因此被免除了要求提供信息并主张抗辩的义务。该条款一直被认为是有效的,不过其限制条件是,即期保证中发展起来的原则(参见第Ⅳ.F－3:104 条(即期的从属保证)注释)是适用的,这使得银行在明显滥用权利的情况下,仍然有义务主张抗辩(BGH 17 January 1989, NJW 1989, 1480, 1481; for further details cf. Graf Lambsdorff. and Skora no. 240 and Schimansky/Bunte/Lwowski/Schmitz § 91 no. 95)。该条款现在已经被废除了。

第Ⅳ.G－2:113 条　保证人履行后的权利

(1)保证人履行担保义务后,有权于履行范围内向债务人追偿。此外,保证人得在前句规定范围内代位行使债权人对于债务人的权利。保证人对债务人的追索权与通过代位取得的权利同时发生。

(2)保证人部分履行的,债权人对债务人的剩余债权优先于保证人通过代位取得的权利。

(3)由于第(1)款的代位,债权人作为从属保证、独立保证以及财产担保的权利人所享有的一切权利都依法律规定移转于保证人,不论债务人就该权利的移转有任何限制或排除的约定。履行了担保义务的保证人对其他担保人的权利只能在第Ⅳ.F－1:106 条(多数保证人:内部追索权)的范围内行使。

(4)债务人因为无行为能力不对债权人负有责任而保证人仍然负有保证责任并履行保证义务的,保证人对债务人的追索权被限制在债务人因为与债权人的交易而受利益的范围内。作为债务人的法人尚未成立的,本规则仍然适用。

评　论

A. 概述

本条涉及的是保证人在向债权人全部或部分履行了担保义务之后所享有的权利。第(1)款至第(3)款规定的是该种履行的“常态”后果,而第(4)款则涉及代替无行为能力之债务人履行的特殊情况。明知担保义务的履行并不应当(例如,因为期限届满或延缓条件尚未满足)却“自愿”清偿的保证人,理所当然地并不被认为是为了履行担保义务,而只是为了某人的利益进行赠与。这样的保证人不应该享有本条规定的权利。

本条规定的是保证人向债权人清偿的通常情况。如果涉及多数保证人,并且其中既有保证又有财产担保的话,情况会变得更加复杂。在试图向债务人——在这个阶段,他通常是无力清偿的——追偿之前,向债权人清偿过的保证人可能希望对其他保

证人提出请求,因为他们的财务状况可能比债务人更好一些。这种对其他保证人以及最终对债务人进行追偿的问题,主要是由第Ⅳ.F－1:106 条(多数保证人:内部追索权)和第Ⅳ.F－1:107 条(多数保证人:对债务人的追索权)来调整的,因为它们可能不仅涉及保证人,而且涉及财产担保人。本条是与此相关的;但是,在那方面,它确定了对于债务人和其他担保人的哪种权利可用作这种追偿的基础。

B. 追索权与代位权

根据第(1)款,已经履行了担保义务的保证人有权在被履行的债务范围要求债务人偿还。保证人还可以代位行使债权人对债务人享有的所有个人权利(和财产权利,参见第(3)款),尤其是清偿被担保债务或其他履行的合同权利。关于担保权的特殊问题,参见下文评论 F。

与许多法律制度相反,第(1)款最后一句允许了追索权和通过代位获得之权利的累加。为了使保证人能够获得充分的追偿,累加是大有裨益的。

C. 债务人的抗辩

债务人可能会对保证人提出两组抗辩。首先,债务人可能主张他有权向债权人提出的那些抗辩。这产生自下列事实,即保证人可以向债权人主张该抗辩,并且保证人代位行使债权人对债务人的权利,这意味着保证人接管了那些权利。其次,债务人可能主张源自于债务人与保证人的关系的抗辩。例如,保证人已经放弃了追偿的权利(参见下文评论 D)。

但是,如果保证人根据第Ⅳ.F－2:112 条(保证人履行前的通知和查询义务)第(1)款要求债务人提供关于抗辩的信息,而债务人并未提供,则后者对债权人所享有的抗辩将会被排除,理由是这种不作为造成了损害。

D. 权利的排除

在例外情况下,保证人可能承担担保但并不想从债务人处主张追偿,并且可能因此而放弃了第(1)款所赋予的权利。但是,这并不一定也将第Ⅳ.F－1:106 条(多数保证人:内部追索权)规定的对其他保证人的追索权排除在外。

E. 保证人的部分履行

当然,只是部分履行的保证人只享有第(1)款所规定的相应部分权利。为了保护债权人,在债务人破产或有第三方执行的情况下,保证人并未取得代位权的债权人的部分权利优先于保证人的权利(第(2)款)。这是一项普遍性原则,其目的是保护在先的权利享有者对其权利来自于前者的享有者的优先性。

F. 担保权利的代位

如果保证人已经向债权人清偿,他便可以在此范围内代位行使债权人对债务人所

享有的权利。正如第(3)款所明确规定的,这些权利包括债权人的"从属保证、独立保证和财产担保权利"。债权人保留这些权利是毫无道理的,允许债权人保留或行使它们将会使得债权人的利益得到不正当的增加。其他人的利益并不会受到威胁。第三方的这种利益很少会存在;如果在那些担保权利中存在例如担保权利,则它们当然会得到尊重,并优先于保证人的代位权。

代位行使债权人之保证或财产担保权利的前提条件是,这些是可以移转的。债务人和第三方保证人可能会试图在其合同中排除其可移转性。由于保证人已经为了债务人或第三人的利益而行为,则如果后者被允许诉诸这种条款,那就是不公平的。因此,第(3)款明确规定,这种妨碍代位权的条款无效。

G. 向无行为能力的债务人追偿

根据第Ⅳ.F－2:103 条(保证人可得主张的债务人的抗辩)第(3)款,如果担保生效时保证人知道相关的事实,则保证人不能主张债务人的无行为能力或债务人法人资格的不存在。因此,即使债务人(或表见债务人)对债权人享有抗辩,保证人也可能有义务对债权人进行清偿。第(4)款明确规定,在这种情况下,保证人对债务人的追索权限制于债务人所受利益的范围之内。此处的利益并非被担保债务的履行,因为债务人对该履行并不负责,并且他并不因此而获得什么,但是,债务人通过履行可能已经获得了债权人提供的利益,例如,他所收到的借贷款项。

应当记住,在法人情况下,"债务人"不仅无行为能力,而且甚至不存在,这意味着他是"表见债务人"(第Ⅳ.F－1:101 条(定义)(d)款)。如果法人的创制受到根据相关法律阻止它成立的重大缺陷的影响,则它可能是并不存在的。

H. 消费者作为保证人

本条也适用于消费者承担的从属保证;不过,在这种情况下,它是强制性的(参见第Ⅳ.F－4:102 条(适用规则)第(2)款)。

本条对任何独立保证的适用性已经在第Ⅳ.F－3:109 条(保证人履行后的权利)中明确规定。本规定要求,该种适用性要加以"适当调整"。但是,在目前情况下,寻求这种调整是没有必要的,因为根据第Ⅳ.F－4:105 条(保证人责任的性质)(c)项规定,意图承担独立保证的消费者会被视为从属保证人。因此,本条是以与消费者承担从属保证同样的方式完全适用的,参见上文的评论。

与适用其他关于连带债务人的规则的情形相比较,如果将本条适用于为担保目的的消费者共同债务人并不会导致消费者的明显不利,则该种适用性便可以在政策基础上得到辩护。这必须就本条的每个部分加以考察。

第(1)款第一句实际上是与第Ⅲ－4:107 条(连带债务人之间的追索权)第(1)款相符合的,那赋予了其履行超过恰当份额的共同债务人一种个人的追索权利。该种类似性并不是绝对的,因为在真正的共同债务中,每个共同债务人在其内部关系上都负

担着一部分责任。相反，在为担保目的的共同债务情况下，最终“被担保的”共同债务人是要负担全部责任的，而担保的共同债务人完全不负责任。因此，如果债权人已经从“被担保的”共同债务人处获得了全部清偿，则后者并不能向担保的共同债务人要求任何追偿。相反，如果担保的共同债务人向债权人完全清偿，该共同债务人可以要求“被担保的”共同债务人全部偿还。

本条关于代位权的对应规则规定在第Ⅲ-4:107 条（连带债务人之间的追索权）第(2)款，它规定的是代位追索权。上一段关于通常的共同债务与为担保目的的共同债务之间区别的评论，也适用于该项对应规则。

在第Ⅲ-4:107 条（连带债务人之间的追索权）中，并不存在本条第(4)款的对应规则。将那些一般规则适用于此处的情形，目的是要解决归根结底是否存在共同债务人的问题。就第(4)款只对表见债务人提供了救济来看，它可能只是对消费者保证人有利。

总之，对于不能将本条适用于为担保目的的消费者共同债务人这种观点来说，并不存在政策上的理由。

强制规则。所有上述规则都是强制性地有利于消费者的（第Ⅳ.F-4:102 条（适用规则）第(2)款）。在为担保目的的消费者保证人的情况下，本条中所使用的“债务人”一词指的是其债务获得担保的债务人。

注　释

Ⅰ.追偿与代位

1. 在大多数国家，保证人通常有两条路径从债务人处获得清偿：其一是以源自于保证人与债务人之间关于个人追索的权利为基础；其二是以保证人代位行使债权人对债务人的权利为基础（奥地利民法典第 896 条和第 1358 条；比利时、法国和卢森堡民法典第 2028 条和第 2029 条（自 2006 年，法国民法典第 2305 条和第 2306 条）；荷兰民法典第 7:850 条和第 7:866 条；Blomkwist no. 34 at p. 57；德国民法典第 774 条第 1 款第 1 句和关于委托或类似关系的一般规则，民法典第 670、675、683 和第 684 条；参见 Palandt/Sprau § 774 nos. 1-4；希腊民法典第 858 条；意大利民法典第 1949 条和第 1950 条；葡萄牙民法典第 644 条和关于委托或类似关系的一般规则，第 468、473 和第 1167 条；参见 Almeida Costa 780；西班牙民法典第 1838 条和第 1839 条；TS 13 February 1988, RAJ 1988/1985, 15 December 1997, RAJ 1997/8817，虽然关于这一点并不存在具体的结论；英格兰：Andrews and Millett nos. 10-003, 11-017；苏格兰：Stair /Clark nos. 929, 935 f.）。

(a) 追偿：法律依据

2. 许多国家都明确将向债务人请求追偿的权利赋予了清偿被担保债务的保证人（比利时、法国和卢森堡民法典第 2028 条（自 2006 年，法国民法典第 2305 条）；荷兰民法典第 7:866 条；意大利民法典第 1950 条；西班牙民法典第 1838 条）。虽然并没有人否认，该种追偿的基础已被建立在保证人与债务人的关系之上（比利时：Van Quickenborne no. 450；法国：Simler no. 558；意大利：

Fragali, Fideiussione 370)，但关于该种追索权应以哪项法律依据为基础，却是极有争议的。不论是追索权应建立在保证人已被赋予的委托基础之上的观点，还是追索权应建立在保证人作为好意介入者行为的事实基础之上的观点，都被批评为缺乏说服力的(比利时：Van Quickenborne no. 450 and cited references；法国：Simler nos. 13 and 558；意大利：Fragali, Fideiussione 374)，因为在法国，保证人向债权人承担义务并不需要有代理债务人的意图，并且保证人与债务人之间的关系是建立在借贷协议基础上的(Simler nos. 13 and 558)。诚然，这纯粹是个学术问题，因为正是从属保证文书自身引起了追索权的产生：清偿其他人债务的人必须能够收回他所支出的款项(比利时：Van Quickenborne no. 451；法国：参见 Cass. civ. 2 June 1992, JCP G 1992, I no. 3632 (6), note Billiau；意大利：Bozzi, La fideiussione 260 f.；荷兰：Korthals Altes 94)。

3. 德国、希腊和葡萄牙民法典都没有包含关于追索权的具体规则，而是只规定了代位权；不过，希腊民法典第858条提到，保证人追索权的存在是代位权的前提条件。但是，在这些国家，保证人大多享有对债务人的追索权，它是从双方之间的法律关系中产生出来的，并且是保证人承担担保——例如委托或特别是在委托合同无效的情况下的好意介入——的法律基础(德国：Erman/Herrmann § 774 no. 12；葡萄牙：参见 Almeida Costa 780)。在德国，民法典第670条适用于所有这些情况。如果为了履行委托的目的，受托人在此情况下遭受了任何必要的损失，该规则赋予了受托人追偿的权利。在葡萄牙，有代理权的委托和无代理权的好意介入是有区别的，此处的实践效果是相同的，因为它们都被赋予了追偿其必要支出和补偿其损失的权利(民法典第1167条c)项、d)项，第1182条，以及第468和第471条)。在特殊情况下，根据德国民法典第684条和葡萄牙民法典第473条以下，保证人甚至可以只因不当得利而被赋予权利(德国：Staudinger /Horn § 765 no. 104；葡萄牙：Almeida Costa 780)。此外在希腊，保证人的追索权取决于他与债务人之间的内部关系，即保证人是作为受托人行为(希腊民法典第722条)，还是作为好意介入者行为(参见希腊民法典第736条及第722条，或者第737条和第904条；A. P. (Plenum) 10/1992, NoB 41, 70 ff.；Georgiades § 3 no. 153)。

4. 但是，如果保证人是作为赠与或其他慷慨形式而承担担保的，则追索权并不存在(德国：参见 Palandt/Sprau § 774 no. 2；Staudinger /Horn § 765 nos. 103 f.)。

5. 同样，在英格兰法律上，一旦保证人对债权人进行了清偿或以其他方式履行了债务，则他享有要求债务人偿还的权利。该种权利的基础可能是：(1)明确的协议；(2)隐含的协议；或者(3)准合同中的偿还(Andrews and Millett nos. 10-002 f.)。在保证人与债务人有明确协议的情况下，追偿的范围和性质是根据协议来确定的(Re Richmond Gate Property Co. [1965] 1 WLR 335；O'Donovan and Phillips no. 12-01)，而且需要保护的隐含权利或返还权利并不存在(Toussaint v. Martinnant (1787) 2 T. R. 100, 100 ER 55)。如果保证人承担担保是应主债务人之明示或默示的要求而作出的，则关于偿还之隐含协议很可能会被承认(Re Debtor (No. 627) [1937] Ch 156)。债务人对保证人隐含地承诺偿还，其性质和范围必须根据当事人的意图来解释，并由法院在每个特殊案件中来确定(Andrews and Millett no. 10-007)。它通常被认为是有效的，即使债务人和保证人都因为债务人的承诺被推定为"如果我不履行则由你履行"，而不是"如果我不履行并且我在法律上必须履行则由你履行"(Argo Caribbean Group Ltd. v. Lewis [1976] 2 Lloyd's Rep 289；爱尔兰相反：Morris, Re [1922] 1 IR 81)；这种推定是可推翻的(Sleigh v. Sleigh (1850) 19 LJ Exch 345)。另外，如果保证人(1)负有法律义务根据担保条款来清偿(Re Cleadon Trust Ltd. [1939] 1 Ch 286)；(2)债权人没有提出请求，而保证人自愿清偿

(Owen v. Tate [1976] QB 402);(3)已经履行了债务人的法律义务(Garrard v. James [1925] Ch 616; Re Law Courts Chambers Co. Ltd. (1889) 61 LT 669;进一步参见 Andrews and Millett nos. 10-008 ff.),则在准合同中,以追索权为基础的返还请求权只能被赋予。如果保证人应债务人的请求而行为(Batard v. Hawkes (1853) 2 E &B 287, 118 ER 775),则前两项条件通常就具备了,虽然之后可能因为将被成立的是个隐含的协议,并不存在追偿的需要。

6. 在苏格兰法律上,如果明确的协议并不存在,保证人要求债务人提供救济的权利便建立在债务人与保证人之间的隐含委托之上(Stair /Clark no. 935),并且可以通过协议来排除或限制(Williamson v. Foulds 1927 SN 164 (CFI))。如果保证人是应债权人的请求而行为,债务人对此并不知情,则保证人的追索权不能以其与债务人的合同为基础,但可以以追偿或代位为基础(Stair /Eden no. 834)。德国的法律规定似乎与此不同。如果保证人以其与债权人的关系为基础承担担保,特别是如果债权人向保证人支付了佣金,后者在这种情况下对债权人予以履行,关于好意介入的规则是不能适用的(Staudinger/Horn § 765 nos. 104, 132)。因不当得利要求债务人返还的权利可能就被排除在外了。

7. 根据丹麦和瑞典的文献以及芬兰法律,履行担保的保证人可以向债务人要求追偿(丹麦:Pedersen, Kaution 85 ff.;芬兰:《独立保证和第三人担保法》第28条; RP 189/1998 rd 67 (see also HD 27 November 1986, KKO 1986-Ⅱ-154; HD 7 June 1994, KKO 1994:47; HD 10 February 1995, KKO 1995:9;瑞典:Walin, Borgen 198 ff.)。芬兰《独立保证和第三人担保法》第29条第2句也规定,除非有充足理由不予清偿,否则保证人享有追索权,即便债务人并不承担责任(RP 189/1998 rd 67 f.)。

(b)包含的项目:本金、利息和费用

8. 在大多数国家,民法典都规定了保证人向债务人追偿本金、利息和费用的权利。比利时、法国和卢森堡民法典第2028条第2款(自2006年,法国民法典第2305条第2款)以及希腊都是如此,根据源自保证性质的原则,保证人不能因履行其承担的义务而遭受任何损失(Theodoropoulos 233)。利息是自保证人履行时开始自动产生的,并不需要向主债务人进行通知(比利时:T'Kint no. 782; France: Simler no. 578)。不过,保证人只能在通知主债务人之后,才能对诉讼所产生的费用进行追偿(比利时、法国和卢森堡民法典第2028条第2款(自2006年,法国民法典第2305条第2款);希腊:Theodoropoulos 234)。在希腊,有人质疑,如果向债权人清偿的金额已经包括主债务的利息,保证人要求返还利息的权利是否违背民法典第296条关于利息上利息(复利)的规定。答案是否定的,因为对于已经清偿过的保证人而言,债务的这部分是本金而不是利息(CFI Athens 4621/1967, EED 18, 522)。

9. 此外,在荷兰,针对保证人向债权人清偿的全部金额,包括本金、利息和费用,保证人享有对债务人的追索权(荷兰民法典第7:866条第1款)。但是,关于保证人由于个人原因默认超期所增加的法定利息,以及其产生并不合理的法定利息,保证人并不能获得对债务人的追索权利(荷兰民法典第7:866条第2款)。根据意大利民法典第1950条第2、3款,追索权包括本金、利息和在通知债务人对其提起诉讼后保证人所支付的费用。保证人还对自履行之日起所清偿金额的法定利息享有权利。如果主债务产生了超过法定利率范围的利息,保证人还有权就直至偿还本金之前的利息提出主张(Bozzi, La fideiussione 261)。根据西班牙民法典第1838条,赔偿包括:(1)债务总额;(2)自债务人被通知清偿时起的法定利息,即使同时它并未对债权人产生利息;(3)保证人通知债务人已被请求清偿之后,所支出的费用;以及(4)适当情况下的损害赔偿。

所有这些都包括在内,即使承担担保义务时债务人并不知情。

10. 在德国,保证人根据民法典第670条享有的追索权包括保证人根据情形被认为必要的所有费用,尤其是债权人有权要求债务人清偿的金额,以及保证人已经向债权人清偿的金额(Reinicke and Tiedtke, Bürgschaftsrecht no. 381),即通常包括主债务及其上的约定利息。此外,保证人还可以要求追偿与债权人诉讼的费用、法律辩护的费用、支出费用的利息、相应的损害赔偿以及所支付款项的法定利息(参见Staudinger /Horn § 774 no. 4 and MünchKomm/Habersack § 774 nos. 18 f. with further references)。在葡萄牙,根据民法典第468条或第1167条c)、d)项,追索权包括法定利息和保证人被认为不可或缺的费用;保证人也可能会获得遭受损失的赔偿。

11. 在英格兰,追索权通常包括保证人已清偿的债务(Davies v. Humphreys (1840) 6M &W153, 151 ER 361; O'Donovan and Phillips no. 12-57)、利息(Re Fox, Walker & Co., Ex p. Bishop (1880) 15 Ch. D 400),以及针对债权人的请求进行法律抗辩的合理费用(即使毫无效果),尤其是债务人所赞同的或者不可避免的费用(Garrard v. Cottrell (1847) 10 QB 679, 116 ER 258; Pierce v. Williams (1854) 23 LJ Exch 322)。关于追偿的范围,苏格兰法律和英格兰法律几乎是完全相同的(Stair /Clark no. 935)。

(c)损害赔偿

12. 在大多数国家,保证人可以以追索权为理由获得损害赔偿。这明确规定在比利时、法国和卢森堡民法典第2028条第3款(自2006年,法国民法典第2305条第3款),以及西班牙民法典第1838条第4款。葡萄牙法律通过适用好意介入或委托的规则,达到了相同的效果(分别参见民法典第468条第1款和第1167条d)项);英格兰判例法(Badeley v. Consolidated Bank (1886) 34 Ch. D 536),意大利的法律学说(Giusti 236 f.)——沿着1865年旧民法典第1915条第3款的路线——也是如此。

(d)代位权:法律依据

13. 根据奥地利民法典第1358条,比利时、法国和卢森堡民法典第2029条(自2006年,法国民法典第2306条),德国民法典第774条第1款第1句,意大利民法典第1949条,葡萄牙:民法典第644条和西班牙民法典第1839条,清偿债务的保证人有权代位行使债权人对债务人的所有权利。这些规定是比利时、法国和卢森堡民法典第1251条第3项,德国民法典第412条,意大利民法典第1203条第3项,葡萄牙民法典第589条及以下和西班牙民法典第1210条第3项之代位权一般规则的适用。在奥地利,民法典第1358条自身包含在关于代位权的一般规则当中(Rummel/Gamerith § 1358 no. 5);超出其字面意义之外,保证人代位行使债权人对债务人之权利一般被理解为强制的、自动的(Rummel/Gamerith § 1358 no. 1)。相反,根据希腊民法典第858条,代位权取决于追索权的存在与否。

14. 在荷兰,保证人的代位追索权并没有明确规定,但可以从关于连带责任一般规则的民法典第7:850条第3款中推导出来;另外,民法典第6:12条第1款规定了对共同债务人的追偿(Blomkwist no. 34 at p. 57; du Perron and Haentjens, art. 7:850 no. 9)。在丹麦和瑞典,保证人有权代位行使债权人对债务人的权利(丹麦:Pedersen, Kaution 86;瑞典:Walin, Borgen 198 f.)。根据芬兰《独立保证和第三人担保法》第30条第1款,保证人享有同样的权利(RP 189/1998 rd 68)。同样,根据英格兰法律,保证人有权通过代位行使债权人对债务人的所有权利,进而取代债权人的地位。该种权利在性质上是衡平的,而不是约定的,它产生自保证人与债权人的关系本身

（Duncan Fox &Co. v. North &South Wales Bank（1880－81）6 App. Cas. 1；也可参见 Mercantile Law Amendment Act 1856, s. 5；Andrews and Millett no. 11－017；Lord Goff. of Chieveley and Jones no. 3－023；关于代位权的教义学详细解释，参见 Dieckmann 200 et seq.）。爱尔兰的情况与此类似：在此，为了防止债务人不当得利，代位权理论也是适用的（Highland Finance Ireland Ltd. v. Sacred Heart College of Agriculture Ltd. ［1992］1 IR 472；White 543 f.）。在苏格兰法律上，保证人享有所谓的债权代位权（*beneficium cedendarum actionum*），那赋予了完全清偿担保债务的保证人取代债权人对债务人的地位的权利（Ewart v. Latta（1863）1 M 905；Gloag and Irvine 803），并因此可以要求债权人转让被担保债权以及为此享有的所有担保（Lowe & Burns v. Greig（1825）3 S 375；Sligo v. Menzies（1840）2 D 1478；Bankruptcy（Scotland）Act 1985 f. 60 para. 3 read with para. 4）。在某些情况下，例如为了维护优先受偿权，要求债权人进行正式转让似乎是更为可取的（Graham v. Gordon（1842）4 D 903；Stair /Clark no. 929）。

（e）包含的项目

15. 根据德国民法典第774条第1款第1句，在保证人向债权人清偿的范围内，他可以代位行使债权人对债务人的权利。代位权包括被担保的债权和已经被担保从属权利（参见第Ⅳ.G－2:102条（保证人义务的从属性）），例如保证人清偿前到期的约定利息。根据法院的实践，即使利息是在保证人清偿后到期的，保证人也享有对约定利息的代位追索权（BGH 18 May 1961, BGHZ 35, 172, 174；Staudinger /Horn § 774 no. 15；critical：Reinicke and Tiedtke, Bürgschaftsrecht nos. 351 f.）。

16. 通过代位追索权，保证人可以要求偿还比利时、法国和卢森堡民法典第2016条第1款（自2006年，法国民法典第2293条第1款）中所提到的款项（比利时：Van Quickenborne no. 480；法国：Simler nos. 593 ff.）。根据葡萄牙和西班牙法律，通过代位权，保证人还可以要求偿还借贷的利息和从属费用（葡萄牙：Pires de Lima and Antunes Varela 660；Almeida Costa 780；西班牙：Díez－Picazo 441）。保证人之有权要求的不能超过他向债权人所进行的有效清偿（法国：参见 Simler no. 593；荷兰：Blomkwist no. 34 at p. 57；葡萄牙：民法典第644条；西班牙：Guilarte Zapatero, Comentarios 276）。至于保证人出于个人原因迟延履行期间内产生的法定利息，以及他为了个人利益而支出的费用，荷兰民法典第7:866条第2款对保证人的追索权进行了限制。在意大利，保证人甚至可以代位行使债权人在担保设立之后对债务人享有的权利，并且代位权的范围与关于保证人追索权（参见上文注释9）的民法典第1950条第2、3款所规定的范围相同，保证人在通知债务人对其提起了法律诉讼之后支出的费用除外（Giusti 230）。

（f）两种权利之间的关系：独立权利

17. 所有国家都承认保证人对债务人的追索权和保证人有权代位行使债权人对债务人的权利之间的独立性。因此，每项权利都受其特有制度——例如时效制度——的调整（奥地利：OGH 26 March 1987, SZ 60 no. 55 at pp. 285 ff.；Rummel/Gamerith § 896 nos. 1a, 5, 11；比利时：T' Kint nos. 781 ff.；法国：Simler nos. 555 ff.；德国：MünchKomm/Habersack § 774 no. 15；Graf Lambsdorff. and Skora nos. 296 ff.；希腊：Georgiades § 3 no. 165）。在意大利，两种诉讼之间的区别仍然是有争议的（Andreani 710）；由于程序上的障碍，西班牙也是如此（Carrasco 258）。有些学者主张两种诉讼之间的同一性，因为追索权被认为是行使代位权的技术途径（Fragali, Fideiussione 375）。不过，通说仍然主张两种权利的独立性，因为它们有着不同的法律依据：分别是民法典第1949条和第1950条（Bozzi, La fideiussione 261）。

(g)权利的累加

18. 在大多数国家,保证人可以——但无须——将两项权利累加:保证人既可以诉诸其中之一,也可以两项权利都诉诸(奥地利:OGH 27 November 1928, SZ 10 no. 332 at p. 803; Schwimann/Mader and Faber § 1358 no. 23;英格兰:关于代位权和保证人追索权之间的独立性,参见 Dieckmann 484 f.;德国:Staudinger /Horn § 774 no. 5;希腊:CFI Thessaloniki 1699/1967, ND 24, 369; Theodoropoulos 236;意大利:Giusti 231 ff.;荷兰:Pitlo/Croes no. 866 at p. 374;葡萄牙:Almeida Costa 780;苏格兰:Smithy' s Place Ltd. v. Blackadder & McMonagle 1991 SLT 790;西班牙:Díez－Picazo 441 with extensive references)。

19. 另外,在比利时和法国,传统观点认为,保证人必须在两种追偿类型中加以选择;但是,也有一些学者对允许两种权利的累加表示了赞同(比利时:Van Quickenborne nos. 484－489 with further references;法国:Simler no. 556; Cass. com. 30 November 1948, GazPal 1949, 1)。

Ⅱ. 债务人的抗辩

20. 根据荷兰民法典第 7:868 条,在追索权产生时,依据民法典第 6:10 条被要求偿还的债务人可以向保证人提出他对债权人所享有的抗辩,除非可以从债务人与保证人的关系中推导出不同的结果(第 7:868 条,参阅第 6:11 条第 4 款)。按照比利时和法国法律,当保证人行使代位追索权,即债权人对债务人的追索权时,解决方案是同样的(比利时:T' Kint nos. 783 ff.;法国:Cass. civ. 18 October 2005, D. 2005, 2870 for a plurality of security providers; Simler no. 591)。债务人不能主张在保证人的追索权之后出现的抗辩(Blomkwist no. 38)。在代位追索权的情况下,债务人可以提出他对债权人所享有的所有抗辩,并不需要受到任何限制(Blomkwist no. 38 at pp. 62－63; du Perron and Haentjens art. 868 no. 4)。此外,根据法国、比利时和卢森堡民法典第 2031 条第 2 款(自 2006 年,法国民法典第 2308 条第 2 款),如果保证人在没有通知债务人的情况下进行了清偿,则债务人不再承担责任。根据意大利法律,如果债务人有可能通过向债权人主张与被担保债务有关的抗辩而被免除责任,则只有在(1)保证人将清偿意图通知债务人,并且(2)自向债权人提出了保证人知道或者以应有注意便应当知道的抗辩之时,保证人的追索权才能被赋予(Giusti 237;民法典第 1952 条第 2 款)。在西班牙,根据民法典第 1840 条,亦是如此。

21. 在德国和葡萄牙,债务人只能向要求追偿的保证人提出那些以他们双方之间的内部关系为基础的抗辩(德国:Palandt/Sprau § 774 no. 4; MünchKomm/Habersack § 774 no. 15)。不过,对于代位权,债务人则可以提出两种抗辩(葡萄牙:Pires de Lima and Antunes Varela 663):其一是源自于它与保证人的内部关系的抗辩(德国民法典第 774 条第 1 款第 3 句),其二是源自于债务人与债权人之间关系的抗辩(德国民法典第 412 条和第 404 条;参见 Palandt /Sprau § 774 no. 4; MünchKomm/Habersack § 774 no. 15)。

22. 如上所述(注释 5),在英格兰,保证人要求债务人追偿的权利受到限制:如果关于追索权利并无明示或默示的协议存在,保证人则只能诉诸于以准合同为基础的追偿权利,而那是以当前的清偿义务为条件的。由于追索权是保证人的独立权利,所以它受制于债务人可以对保证人提起的任何抵销权(Thornton v. Maynard (1874－75) LR 10 C. P. 695)。但是,关于以代位权为基础的权利,债务人看来并不能对保证人提出抵销(参见 Andrews and Millett no. 11－017,引用的是英联邦的判决)。

23. 根据通过类推适用的(参见 Georgiades－Stathopoulos/Vrellis art. 858 no. 8)希腊民法典第 463 条第 1 款,债务人可以对代位权情况下作为受让人的保证人提出他对债权人所享有的,产

生自被担保债务——那是在代位权发生（即保证人的清偿）前就已存在的——的所有抗辩，而这与针对保证人之追索权所提出的抗辩是不同的。

Ⅲ.权利的排除

24.荷兰、德国、希腊和意大利法律赋予了保证人代位权，除非它被保证人与债务人之间的基础关系全部或部分排除在外了（荷兰：民法典第7:868条，参阅第6:11条第4款；德国：Staudinger/Horn § 774 nos. 6, 15 and 40；关于约定利息，参见BGH 18 May 1961, BGHZ 35, 172, 174；希腊：参见民法典第858条的措辞；意大利：Bozzi, La fideiussione 260）。因此，如果根据其内部关系排除了追索权，例如在保证人不打算追索的情况下，保证人也就不能主张代位权了（比利时：Van Quickenborne no. 491；法国：Simler nos. 551 and 582；希腊：Georgiades – Stathopoulos/Vrellis art. 859 no. 8）。

25.此外，如果债务人并未从保证人的清偿中获得任何利益，则保证人并不享有任何追索权。例如，保证人清偿的金额超过了债务人应当向债权人清偿的金额，则关于差额就是这种情况（西班牙：Guilarte Zapatero, Comentarios 272）。此外，如果保证人违反了通知义务或行使债务人之抗辩权的义务，则追索权便被排除了（参见第Ⅳ.F－2:112条（保证人履行前的通知与询问义务）的注释）。

26.根据英格兰法律，以补偿协议为基础的追索权是以保证人应债务人请求而承担担保为条件的。如果产生该种效果的（默示或明示）协议并未成立，则追索权只有在作为返还请求权的情况下才能存在，并且关于返还请求权是否能够站得住脚，这是不太清楚的。对其反对的一种可能的观点是，保证人是好管闲事地挺身而出（参见Chitty, para. 44－109）。

Ⅳ.保证人的部分履行

27.同样，我们必须在追索权和代位行使债权人权利之间作出区分。

（a）追索权

28.根据比利时、英格兰、法国、卢森堡、意大利和西班牙法律，只是部分履行的保证人只享有对债务人的部分追索权（英格兰：Davies v. Humphreys (1840) 6 M & W 153, 151 ER 361; Soutten v. Soutten (1822) 5 B & Ald 852, 106 ER 1403；法国：Simler no. 568；希腊：Georgiades § 3 no. 164；意大利：Giusti 236 fn. 197；西班牙：Guilarte Zapatero, Comentarios 268, 276 and 278）。

29.如果保证人将追索权建立在比利时、法国和卢森堡民法典第2028条（自2006年，法国民法典第2305条）的基础之上，则保证人的追索权便有可能与债权人要求清偿剩余债务的权利发生冲突。与保证人相比，债权人并不享有任何优先性（比利时：Van Quickenborne no. 460; CA Gent 10 February 1883, Pas. belge 1883 Ⅱ 224; CA Luik 13 February 1950, Pas. belge 1950 Ⅱ 100；法国：参见Insolvency Act of 25 January 1985 art. 60 para. 2 integrated into Ccom art. L 622－33 para. 2; Cass. civ. 25 November 1891, D. P. 1892, I, 261；除非当事人另有约定，Simler no. 568）。如果代位求偿权是以比利时、法国和卢森堡民法典第2029条（自2006年，法国民法典第2306条）为基础的，则恰恰与此相反（参见下文注释30）。

(b)代位权

30. 在比利时、法国、丹麦、德国、意大利、西班牙和葡萄牙,即使是对债权人的部分清偿也会导致相应部分的代位权。受益于“*nemo censetur subrogasse contra se*”准则,债权人对剩余部分的权利优先于保证人部分的代位求偿权(比利时:Van Quickenborne no. 479 p. 248; CA Antwerpen 26 October 1987, Pas. belge 1988, Ⅱ 46;法国:不过,根据法院的通行做法,仅当保证人想要行使属于债权人的优先权或担保时: Cass. civ. 28 June 1977, JCP G 1979 Ⅱ no. 19045, note Guillot; Simler no. 592;丹麦:Pedersen, Kaution 88, 92;德国民法典第 774 条第 1 款第 2 句;意大利:Giusti 226;葡萄牙民法典第 593 条;西班牙民法典第 1213 条和破产法第 87.7 条)。

31. 英格兰的一般规则是,仅当债权人得到了完全清偿时,代位权才可以获得,保证人对被担保债务的部分履行通常并不会使得保证人获得代位行使债权人权利的权利。因此,公认的观点是,如果存在对全部债务的担保,并且对保证人的担保额有所限制,则保证人只是部分满足债权人的清偿并不会赋予保证人转让债权人在担保中的比例利益的权利(Re Sass Ex p. National Provincial Bank of England Ltd. [1896] 2 QB 12; Andrews and Millett no. 11-020; O'Donovan and Phillips no. 12-273)。不过,如果保证人只是为部分被担保债务提供担保,则关于担保履行后的债务,保证人在此范围内代位行使债权人的任何权利(Hobson v. Bass (1870-71) LR 6 Ch. App. 792; Andrews and Millett no. 11-020; O'Donovan and Phillips no. 12-273)。仅当债权人获得保证人的完全清偿时,代位权才会产生,这是英格兰的权威观念(Re Howe Ex p. Brett (1870-71) LR 6 Ch. App. 838; Ewart v. Latta (1865) 3 M (HL) 36);但是,澳大利亚现代的判例法则指向了相反的观点,并且指出,一旦保证人履行了被担保债务,即使债务的其他部分是由主债务人或其他保证人所清偿的,保证人在此范围内代位行使债权人的权利(A. E. Goodwin Ltd. v. A. G. Healing Ltd. (1979) 7 ACLR 481; Mccoll's Wholesale Pty Ltd. v. State Bank (NSW) Ltd. [1984] 3 NSWLR 365 (SCt); Raffle v. AGC (Advances) Ltd. [1989] ASC 58, 528, all cited by Andrews and Millett no. 11-018; O'Donovan and Phillips no. 12-272)。有学者指出,这种观念在英格兰也应该得到遵从,而不能再遵循相反的判例(Andrews and Millett no. 11-018)。此外,存在着导致相同效果的古代英格兰的权威观点(Gedye v. Matson (1858) 25 Beav 310, 53 ER 655),那并没有在后来的英格兰判例中得到引用。在苏格兰,仅当被担保债务得到完全履行时,保证人才享有转让债权人的权利的权利(Ewart v. Latta (1863) 1 M 905; Stair/Clark no. 933)。

32. 根据希腊的文献,债权人与保证人对债务人的权利是同时发生的,并且要按照比例获得清偿(参见希腊民事诉讼法第 977 条第 3 款;也可参见 Georgiades § 3 no. 164 的批判观点)。

Ⅴ. 担保权利的代位

33. 德国民法典第 774 条第 1 款第 1 句规定,保证人不仅可以代位行使被担保债权,而且可以代位行使相关的从属权利,特别是担保权利(Staudinger/Horn § 774 no. 19)。独立的抵押权依法是不予转让的,但保证人通常有权要求其转让(Reinicke and Tiedtke, Bürgschaftsrecht no. 358; Staudinger/Horn § 774 no. 21 进一步援引了法院实践)。同样在葡萄牙,保证人可以获得担保及其他从属权利(民法典第 593 条第 2 款,第 594 条参阅第 582 条)。根据类推适用的希腊民法典第 458 条,从属的财产权利也可以转让给提供担保的保证人,不论其产生于担保创设之前还是之后,也不论它是由债务人还是由第三人所提供(Georgiades-Stathopoulos AK/Vrellis art. 858 no. 12)。保证人也可以代位进行由债权人提起的任何法律行为(ErmAK/Zepos art. 858 no. 9),以

及代位行使债权人基于主债务而对第三人的权利(Kosadinos 762－763)。比利时、法国和卢森堡民法典第 1250 条第 1 款的规定与此相同,因为该代位权包括了“(债权人)对债务人的所有权利、主张、优先权和抵押权”。在西班牙法律上,担保权利的代位也是一项规则(Carrasco 261)。

34. 此外,根据意大利法律,保证人的代位权涉及到被担保债权的所有担保权利类型(民法典第 1955 条及更为一般性的第 1204 条; Bozzi, La fideiussione 259)。

35. 根据英格兰法律,保证人可以代位行使债权人基于被担保债权所享有的所有担保权利(Duncan Fox & Co. v. North & South Wales Bank (1880－81) 6 App. Cas. 1; Chatterton v. Maclean [1951] 1 All ER 761),不论其在承担保证时是否已经存在(Forbes v. Jackson (1881－82) 19 Ch. D 615; Pledge v. Buss (1860) Johns 663, 70 ER 585),也不论其是由债务人还是由第三人提供的(Goddard v. Whyte (1860) 2 Giff. 449, 66 ER 188; Dering v. Winchelsea (Earl of) (1787) 1 Cox 318, 29 ER 1184)。只有少数权利保证人不能代位行使:私人保险单(Dalby v. India and London Life Assurance Co. (1854) 15 CB 365, 139 ER 465)、债权人纯粹个人的权利(例如,根据租购协议扣押货物的权利,参见 Chatterton v. Maclean [1951] 1 All ER 761),以及债权人不正当地获得的权利(Andrews and Millett no. 11－023)。保证人是否能够代位行使浮动抵押权,这是有疑问的(参见 Andrews and Millett no. 11－022 和 O'Donovan and Phillips nos. 12－319 f. 中的讨论)。根据苏格兰法律,保证人有权要求债权人转让其享有的对于主债务人财产,以及其他共同保证人的所有担保权利(Thow's Trustee v. Young 1910 SC 588; Scott v. Young (1909) 1 SLT 47; Stair /Clark no. 930)。

Ⅵ. 从无行为能力的债务人处追偿

36. 根据意大利民法典第 1950 条第 4 款,仅当债务人从保证人的清偿中获益时,在此范围内对无行为能力的债务人的追偿才是被允许的。在法国,类似的观点得到了坚持(Simler no. 224)。根据希腊文献,保证人可以享有追索权,但不可以代位行使债权人的权利,因为该权利是针对未成年人并且因此无效的。此外,由于保证仍然有效,根据不当得利原则,保证人不能要求返还所有清偿物(ErmAK/Zepos art. 850 nos. 11－12)。根据英格兰法律,保证人是否有权要求未成年人债务人返还,这是尚不清楚的;这个问题在 1987 年 Minors Contracts Act 上并未涉及;法律委员会建议,如果未成年人根据普通法规则可以被起诉,则保证人应当享有追索权(Law Commission Report on Minors' Contracts, Law Commission 134)。在其他情况下,如果保证人不能证明他是应债务人的要求而承担责任的,例如,缺乏代表公司债务人的人的授权,则保证人既不享有合同上的追索权,也不享有对债务人的返还请求权(Re Cleadon Trust Ltd. [1939] Ch 286; Andrews and Millett no. 10－009)。

第三章　独立保证

第Ⅳ.G－3:101 条　适用范围

(1)保证的独立性不因为仅仅概括地提及基础债务(包括保证)而受影响。

(2)本章规定亦适用于备用信用证。

评　论

A. 概述

由于独立保证独立于任何的基础债务,所以对其适用的规则要比关于从属保证的相应规则简单得多,数量也少得多。后者必须阐明对被担保债务之从属性的范围和限制,以及该从属性得以实现的技术设计。显然这对于独立保证而言是不需要的,因为它在很大程度上是独立的。

B. 定义

在第Ⅳ.F－1:101 条(定义)(b)项中,独立保证相对于任何其他协议,尤其是债权人与债务人之间的基础合同的独立性得到了明确的规定。特别是,对于保证人的义务而言,基础义务(例如根据买卖或服务合同,卖方的交付义务或买方的支付价金义务)是否以有效合同——它包含哪些条款,债务人的义务范围如何——为基础,这是无关紧要的。对于债务人委托保证人提供独立保证的任何合同而言,同样的独立性仍然存在。1995 年《联合国独立担保公约》以同样宽泛的方式对“保证的独立性”进行了界定(第 3 条)。

另外,对于保证人的义务而言,保证人的保证本身从中产生的合同或其他法律行为的有效性也是至关重要的。因此,保证人必须拥有完全的行为能力,并且保证的创设不得存在任何合意的欠缺,否则便可能导致撤销权的产生。

独立保证的独立性质必须被明示或默示地约定。该规则是与第Ⅳ.F－2:101 条(从属保证的推定)第(1)款——该款规定,任何保证都被推定为从属保证,除非债权人

表明另有约定——相吻合的。对于信用证和备用信用证而言，UCP500（1993年）第3条和第4条明确而又宽泛地对“信用证”相对于基础合同或那些合同之标的——如货物、服务及其他履行——的独立性进行了强调。同样主旨但更为简洁的规定是1995年《联合国独立保证与备用信用证公约》第3条。

C. 对基础债务之概括提及是无影响的

第（1）款的主要目的是明确保证的独立性。为了明确规定债权人依其发生（或不发生）作为可以向保证人要求履行之条件的事件类型，独立保证通常会提及基础合同（例如买卖或服务合同）或其他担保（例如，信用证开头部分由银行对担保进行的“确认”保证；或者根据反担保发出人的指示，有保证人提供的对担保的“反担保”）。任何此类对基础债务的概括提及都不会影响保证的独立性质。具有决定性的一点是，保证人的履行义务是独立于债务人与债权人之基础合同中的主债务的。

D. 备用信用证

根据第（2）款，第三章适用于备用信用证。这一澄清似乎是有益的，因为该种文书的名称并没有像保证那样透露出其法律性质。不过，“备用”信用证至少暗示出了信用证可能实现和这种信用证类型——最初来自于美国国内银行法——确实实现了的担保功能。这得到了该事实的确认，即备用信用证也被涵盖在1995年《联合国独立保证与备用信用证公约》中。在功能上，正像国际合同实践中所使用的那样，“真正的”信用证也是如此，因为它保证了从不同合同类型中所产生的清偿请求权；在实践中，由信用证所代表的担保义务承担着支付手段的主要义务的功能，这一事实并不会影响其作为纯粹保证的法律功能。保证之独立性的观念甚至包括了根据基础合同，前述要求并未被作出的情况。也可参见上文的评论。

E. 消费者的独立保证

根据第Ⅳ.F－4:105条（保证人责任的性质）（c）项，消费者“旨在创设独立保证的协议，只要具备了从属保证的要件，就会被认为是创设了一项从属保证”。关于其细节，参见关于该部分的评论。

注　释

Ⅰ. 法律来源

1. 虽然在所有大陆法系国家民法典中都有关于从属保证的规定，但几乎并不存在关于独立保证的立法。一项“早期的”例外是奥地利民法典第880a条第2句（颁布于1916年），据此，如果第三人承诺的履行没有实施，则保证人要负完全责任。更为明确的是2006年法国的新规则，民

法典第 2321 条分四段对独立保证的基本要素进行了规定。

2. 鉴于立法的缺位，判例和文献在各国都是最为重要的。甚至在奥地利和法国也是如此：对于前一个国家来说，是由于法律条文的抽象性质；而对法国来说，则是由于该立法极为晚近的颁布时间。

Ⅱ. 将文书认定为“独立保证”

（a）概述

3. 通说认为，将一项协议称为“从属保证”或者“独立保证”并不具有决定意义。在所有国家，任何有疑问的情况都必须通过合同解释来解决。不过，在英格兰，“赔偿保证书”或“独立保证”的命名，尤其是在经常反复或用于标题中时，便指向的是该保证的独立性质（参见 Goulston Discount Co. Ltd. v. Clark [1967] 2 QB 493 at 498, per Danckwerts LJ; Western Credit Ltd. v. Alberry [1964] 1 WLR 945 at 949, per Davies LJ; Heald v. O'Connor [1971] 1 WLR 497 at 502; O'Donovan and Phillips no. 1－94）。不过，对作为整体的合同所进行的实际解释可能会得出不同的结论（Stadium Finance Co. Ltd. v. Helm (1965) 109 SJ 471）。在这方面，据说尤其是下述因素应当被视为反对将保证合同解释为从属保证的论据：（1）合同涉及处于不同司法管辖区的当事人之间的基础关系；（2）保证是由银行提供的；（3）保证包含着一项“一经要求”便需支付的承诺（不论是“口头要求”还是“书面要求”）；（4）保证并不包含将保证人可用的抗辩排除在外或加以限制的条款（Gold Coast Ltd. v. Caja de Ahorros del Mediterraneo [2002] EWCA Civ 1806, [2002] 1 All ER (Comm) 142; Hapgood 731）。虽然这些因素中的前三项涉及独立保证作为首选方法之国际贸易的实际情况，但根本性理由并不存在。第四项似乎是说，与从属保证的情况相比较，在独立保证情况下，保证人利用任何抗辩来对抗债权人索赔的可能性是相当有限的。因此，在从属保证的情况下，债权人更有排除保证人之抗辩的实际需要。

4. 大陆法系的法律制度是从一般概念开始的，即合同的法律性质要通过当事人的意愿而不是它已经使用的条款——那往往被误用——来确定的（奥地利民法典第 914 条；法国和比利时民法典第 1156 条；德国民法典第 133 条、第 157 条；希腊民法典第 173 条；意大利民法典第 1362 条；葡萄牙民法典第 236 条、第 238 条；西班牙民法典第 1281 条）。

5. 在比利时（综述：Simont/Bruyneel; Wymeersch/Dambre/Troch no. 56, pp. 1835－1837），保证合同的某些方面可能表明保证的独立性：合同的国际性和缔约方的营业活动（Vliegen nos. 175－193）。保证是保证人的单方法律行为还是双方协议，这个问题尚未得到解决。在前者情况下，只有保证人的意图需要被展示出来，而在后者的情况下，双方的意图都要得到展示。但不可否认的是，由于保证的实际条款几乎总是作为保证人与债权人之间谈判的结果出现的，所以债权人的意图总是要被考虑在内（Vliegen no. 172; Simont 102－103）。

6. 根据德国法律，协议的条款并不是决定性的。不过，它至少是个重要的标志（CA Hamburg 18 December 1981, WM 1983, 188, 189; Canaris, Bankvertragsrecht no. 1124）。即使是熟悉那些条款的人对法律条款的使用，也只是创立了一种可以辩驳的推定（BGH 5 March 1975, WM 1975, 348）。最后，保证人承担独立保证的动机和利益也与此相关（Hadding, Häuser, Welter 702）。对于保证人承担独立保证的意图而言，一项重要的标志是，保证人自己在交易中享有利益（BGH 22 February 1962, WM 1962, 577）。如果仍然存有疑问，为了保护保证人，合同就会被认为是一项从属保证（RG 28 September 1917, RGZ 90, 415, 417; BGH 5 March 1975, WM1975, 348, 349）。同样，在法国，当存在疑问的时候，法院便会将一项协议确认为从属保证，即使它明

确宣称是独立保证。即使连从属保证都不能被推定(法国民法典第2015条:自2006年,民法典第2292条),那就更不能推定为独立保证了(CA Paris 17 December 1992, JCP E 1993 I no. 243 (39))。

7. 奥地利和葡萄牙的法院与学者在认定独立保证过程中,往往将保证的独立性作为决定性的标准。保证人表示放弃源自于基础合同的所有抗辩的保证,被认为是独立保证(奥地利:OGH: 24 October 2000, JBl. 2001, 380; 24 June 1999, ÖBA 2000, 322, 323; 9 November 1993, SZ 66 no. 140 p. 327 and 4 May 1977, SZ 50 no. 66 p. 324; Schwimann/Apathy § 880a no. 5; Avancini/Iro/Koziol Ⅱ nos. 3/26-3/27;葡萄牙:CA Lisboa 18 October 1988, CJ XⅢ, Ⅳ-129; CA Porto 13 November 1990, CJ XV, V-187; STJ 1 June 2000, 316/00 www. dgsi. pt; Galvão Telles 285; Ferrer Correia 252)。在其他情况下,当事人的利益要被考虑在内;如果债权人想要获得强势而牢靠的地位(奥地利:OGH 14 July 1992, SZ 65 no. 109 pp. 68-69, and 10 April 1991, ÖJZ 1991, 595 no. 134),尤其是当保证人是银行的时候(OGH 24 June 1999, above),独立保证就会被认定。

(b)见索即付保证的特殊情况

8. 在比利时,"见索即付条款"可以被认为是一项可以推翻的独立保证推定(Romain 33-40; Simon/Bruyneel 523);某些学者认为,该条款不能被有效地加入到从属保证当中(Van Ransbeek nos. 15-23; 相关的观点,参见 Wymeersch/Dambre/Troch 1836)。此外,在法国,见索即付(支付)的保证被认为是一种独立保证(Simler no. 894)。同样,在丹麦:"如果一项保证被表述为见索即付的保证,它就会被认为是一种独立保证"(Pedersen, Bankgarantier 140)。此外,在奥地利,见索即付条款是独立保证之强有力的标志,尤其是当它得到放弃所有抗辩和异议的补充时(OGH 26 August 1999, ÖBA 2000, 328)。

9. 在意大利、荷兰和西班牙,见索即付条款本身并不会将合同的性质确定为独立保证,因此,为了确定当事人的真实意图,该条款需要与合同的其他部分结合在一起来解释(意大利:Cass. 20 April 2004 no. 7502, Giust. civ. Mass. 2004, 912; Cass. 25 February 2002 no. 2742, BBTC 2002 Ⅱ 653; Cass. 23 June 2000 no. 8540, Foro pad. 2001 I 242; Cass. 21 April 1999 no. 3964, Arch. civ. 2000, 222; Cass. 14 July 1994 no. 6604, BBTC 1995 Ⅱ 422 and 1 July 1995 no. 7345, Giur. it. 1996 I 1 620; Portale, Le garanzie bancarie 6;西班牙:Carrasco, Las nuevas garantías 688; Sánchez-Calero, El contrato autónomo 145)。虽然意大利的判例往往将见索即付条款视为合同之非从属性的极为明显的推定,但法律学说颇为一致地认为,该条款与从属保证和独立保证都是兼容的(Bonelli, Le garanzie contrattuali 205-208)。有时,意大利的判例要求有明确的合同条款,来禁止保证人诉诸源自于基础合同的例外的可能性(Cass. 7 January 2004 no. 52, BBTC 2004 Ⅱ 497 ff.)。荷兰的学者极为重视"见索即付"条款,特别是当它伴随着规定保证人的履行义务独立于任何基础交易之外,或者独立于该交易之债务人的任何批准之外的条款的时候(Boll 82-84, Croiset van Uchelen 10,都援引了来自于判例的引文)。然而,在最近的一个案件中,最高法院否认,银行的见索即付保证赋予了保证以独立性(HR 25 September 1998, NJB 1998 no. 892 at p. 5153)。

10. 在英格兰和德国法律上,见索即付条款主要被用于独立保证;不过,它们在从属保证中也有法律效力(英格兰:Bradford Old Bank v. Sutcliffe [1918] 2 KB 833; Andrews and Millett no. 1-011;德国:BGH 2 May 1979, BGHZ 74, 244 规定的是从属保证,而 BGH 12 March 1984,

BGHZ 90, 287 规定的则是独立保证），并且通常以银行保证的形式来规定（英格兰：Cresswell, Blair, Hill, Hooley, Phillips and Wood I E 2068）。至少就银行以外的保证人所提供的担保而言，如果这与其他的担保条款相矛盾，则见索即付条款便不一定能推导出当事人打算创设独立保证的结论（英格兰：Marubeni Hong Kong and South China v. Mongolia [2005] EWCA Civ 395, [2005] 1 WLR 2497）。

11. 根据瑞典的学说，见索即付的保证被认为是一种从属保证（Dalman 182）。根据芬兰政府的建议（RP 189/1998 rd 17），《独立保证和第三人担保法》可以被适用于许多的法律事务，例如银行保证。不过，见索即付的保证并未被包含在该法当中（RP 189/1998 rd 29）。

12. 在希腊，公认的观点是，如果存在其他相反的条款，则"见索即付"条款可能是不甚恰当的（Georgiades § 6 no. 43）。在西班牙，并不存在明确的规则。在 TS 28 May 2004, RAJ 2004/3553 中，最高法院将保证人承诺见索即付，并放弃反对债权人可能向债权人提出的任何抗辩的权利的保证，认定为从属保证。

Ⅲ. 独立保证

13. 参见第Ⅳ. F－1:101 条（定义）注释 14。

Ⅳ. 与基础债务的关联

14. 仅仅与基础债务有关联并不会妨碍保证的独立性。因为该事件的发生（或不发生）只证明了债权人的请求是否正当，它通常植根于债权人与债务人的关系当中，而对此关系的一般提及几乎是不可避免的。实践中便是如此；在希腊（Georgakopoulos 256; Psychomanis 371; Gouskou 104）和法国（CA Besançon 11 April 1991, JCP E 1991, I no. 90 p. 466），那甚至是强制性的。法国法甚至更进一步认为带有浮动责任范围的保证是有效的（garanties glissantes: Cass. com. 5 December 1989, RD banc 1990, 139）：随着主债务的履行，浮动保证的数额是逐步降低的；但它仍然是独立的，因为它构成了一种单纯的计算方式。同样在意大利，人们公认，独立保证合同总是包含着与基础债务的关联（Bonelli, Le garanzie bancarie 52 ff.），并且将保证降至被担保债务额的合同条款本身并不会妨碍保证的独立性（CA Milano 15 October 1999, Contratti 2000, 468）。根据德国一位著名学者的观点（Canaris, Bankvertragsrecht no. 1137），降低条款（*Reduzierungsklauseln*）必须被接受为保证合同的一部分，并且可以作为抗辩（*inhaltliche Einwendung*）提出，虽然附有降低条款的独立保证的功能与见索即付的从属保证相类似（参见 Hadding 704, Staudinger/Horn no. 240 preceding § § 765 ff.）。

15. 在其他国家，概括地涉及债权人与债务人之间的基础关系并不被认为是破坏了保证的独立性（奥地利：OGH 9 November 1993, SZ 66 no. 140 p. 328, and 2 December 1975, SZ 48 no. 130 p. 661; Avancini/Iro/Koziol no. 3/6；比利时：Romain 444－447；意大利：Cass. 3 February 1999 no. 917, Giust. civ. Mass. 1999, 245; Mastropaolo 140 f.；葡萄牙：CA Lisboa 18 October 1988, CJ XⅢ, Ⅳ－129）。在英格兰，虽然债务在法律上与另一项债务并没有关系（Yeoman Credit Ltd. v. Latter [1961] 1 WLR 828 at 830－831），但大多数赔偿保证书都包含与基础交易的关联。在西班牙，仅仅提及基础交易一直被认为是一种迹象，它表明当事人并不希望达成一项真正的独立保证（CA Rioja 17 October 2005, BDA JUR 2006/11295）。

Ⅴ. 被担保债务的类型

16. 所有类型的债务都可以通过独立保证来担保。因此，（主）保证人根据主担保可以向债务人请求的追索权也可以通过所谓的反担保来获得担保。在比利时（Delierneux 21－27）、希腊

(Georgiades § 6 nos. 168 ff.)、英格兰(Goode, Commercial Law 1020)、丹麦(被称为再担保:Pedersen, Bankgarantier 17)、法国(Simler no. 914)和葡萄牙(Almeida Costa and Pinto Monteiro 25),反担保是为人所熟知的,并且经常(主要)在国际贸易中得到应用。在西班牙和意大利法律上,同样如此(西班牙:Sánchez－Calero, El contrato autónomo 63, 64;意大利:Mastropaolo 145, 318 ff.; Cass. 17 May 2001 no. 6757, Giust. civ. Mass. 2001, 989)。德国最高法院最近处理了一种反担保类型,关于其普遍有效性并不存在任何疑问(BGH 10 October 2000, BGHZ 145, 286)。

Ⅵ.信用证和备用信用证

(a)信用证

17.在一定程度上,关于独立保证与信用证之间关系的看法受到了调整保证之规则的不同来源的影响。在大多数成员国,相关规则是从关于从属保证的传统规则发展而来的,它与信用证之间的区别往往被加以强调。诚然,两种机制的共同点在于相对于基础交易的独立性(奥地利:Avancini/Iro/Koziol Ⅱ no. 3/46 and Avancini/Iro/Koziol Ⅱ no. 4/15;比利时:Byttebier 56; Van Lier, JT 1980 no. 24; Van Quickenborne no. 904;德国:Zahn, Eberding and Ehrlich no. 9/15;意大利:Pontiroli, Il credito documentario 233; CA Milano 14 January 2004, BBTC 2005 Ⅱ 419;法国:作为例外,参见 Ripert and Roblot no. 2385;荷兰:Dutch Business Law § 6.05 [4] [a]; Croiset van Uchelen 13;葡萄牙:STJ 17 April 1970, 63029, BolMinJus no. 196, 275; Cortez 566－567;西班牙:Marimón Durá, Planteamiento 389 ff., 397 ff.)。

18.不过,主要的区别在于不同的目的。信用证是一种支付手段,而保证带有担保的功能(奥地利:Koziol, above;英格兰:Goode, Commercial Law 1017 f.;法国:Ripert and Roblot no. 2384;德国:Zahn, Eberding and Ehrlich no. 9/14;意大利:Pontiroli, Il credito documentario 12;荷兰:Boll 88; Mijnssen 20;葡萄牙:Galvão Telles 284;即便信用证也能构成一种确定的保证,参见 STJ 17 April 1997, CJ (ST) V, Ⅱ－53;西班牙:Sánchez－Calero, El contrato autónomo 109 ff.)。奥地利学者强调,不同的功能也必然意味着不同的规则。信用证债务是主债务,而保证之债则从属于被担保债务的不履行或者被担保事件的未发生(Koziol, above, no. 3/47; Avancini, above, no. 4/15)。

19.但是,一位奥地利的金融专家虽然承认了两者之间法律上的差异,但强调指出,从经济学角度看,这些是微不足道的;在其目的是并不支付的信用证交易中,这些法律上的差异甚至完全消失了(Avancini, above, no. 17, no. 4/15),例如,当信用证的目的是为保证另一家银行接收或兑现由买方开出的交易汇票的时候(Avancini, above, no. 17, no. 4/91, 4/93)。

20.荷兰和意大利的学者也将独立保证与信用证之间的极为相似性建立在这种事实之上,即从历史上看,关于那些保证的规则是由法院通过将信用证制度作为一种模型来运用的(荷兰:Dutch Business Law § 6.05 [4] [a]; Mijnssen 21;意大利:民法典第 1530 条第 2 款; Portale, Fideiussione 1062 ff.)。

21.除了指出信用证与独立保证之间的密切关系以外,比利时和意大利的法律学者还强调了两者之间的差异,即不同的用途(支付 v. 担保)、信用证的跟单特点(比利时:Bertrams 57;意大利:Pontiroli, Il credito documentario 78),以及信用证只可以由营业性信用机构发出的事实(比利时:Van Lier no. 2.4)。不过,关于跟单信用证的规则通常被用来解决产生自独立保证之规则缺位的问题(意大利:De Nictolis 43)。

22. 在英格兰,信用证与保证有着相当明显的差异,不论是从属保证还是独立保证。前者起源于国际贸易,主要被用作一种支付手段(Todd 6－18),而独立保证是在纯粹国内环境中发展起来的,它用于担保的目的。但是,得到公认的是,信用证与履行约定相类似并且需要保证,这是明显建立在保证的基础之上的(Goode, Commercial Law 1017)。

(b)备用信用证

23. 参见第Ⅳ.F－1:102条(适用范围)注释11至13。

第Ⅳ.G－3:102条　保证人对债权人的通知义务

(1)保证人应当:

(a)在收到债务履行的请求时立即通知债务人并说明依其看法是否应为履行;

(b)在应请求履行后立即通知债务人;并且

(c)在拒绝履行时立即通知债务人并说明拒绝的理由。

(2)如果保证人未尽到前款所规定的通知义务,则保证人依第Ⅳ.F－3:109条(保证人履行后的权利)对债务人所享有的权利将被限制在不使债务人因此蒙受损失的范围内。

评　论

A. 导言

本条规定的是保证人在收到债权人的履行请求时,或者履行债务或者拒绝履行时通知债务人的义务,并规定了未遵守该义务的制裁方式。

B. 收到请求时的通知义务

第(1)款规定,保证人在收到债权人的任何履行请求时都必须通知债务人。可以期待的是,保证人也会说明该请求是否符合担保义务由之产生的合同条款。之所以进行通知,不仅是为了让债务人知道债权人的请求(基于债务人与债权人之间的关系,这种请求可以导致其他后果的发生)。更为直接的目的是为了防止(债务人和保证人)重复支付的风险,并使得债务人就债权人是否完全遵守创设担保的合同条款或其他法律行为,就任何可能的抗辩或异议提醒保证人注意。此外,在特殊情况下,债务人可以根据第Ⅳ.F－3:104条(明显滥用或欺诈的履行请求)将债权人的请求认定为明显滥用的抗辩。

C. 履行或拒绝履行通知义务

应请求履行了债务的保证人必须立即通知债务人。这同样是为了防止重复支付。

此外,如果保证人对债权人之请求的审查,导致出现了该履行必须被拒绝的结论,则保证人应当立即通知债务人,并说明拒绝的理由。该规定的目的是让保证人和债务人清楚所处的情势,以便他们能够考虑并为采取适当措施做好准备。例如,债务人可以证实该拒绝的理由是合理的,或者指出它们并不是合理的。

D. 未能立即通知的后果

保证人未能遵守本条规定的后果是,保证人对债务人的追索权要在防止作为保证人疏忽或迟延的结果的债务人的任何损失的必要范围内加以限制。例如,如果未能通知导致债务人向债权人重复支付,而在这种情况下如果该支付并不能要求返还,则保证人仍然可以从债务人处获得追偿显然是对债务人不利的。这样的话,债务人就会因为保证人未能通知而两次支付。在这种情况下,债务人避免损失的最为适当的方式就是,保证人追索权的完全消灭。

注　释

保证人向债权人的通知义务

1. 在大多数成员国,保证人必须就下列事宜向债务人通知,即收到债权人的支付请求,如果有此约定则连同所需的文书,以及已经审查它是否与保证条款相符合的情况(奥地利:Avancini/lro/Koziol no. 3/57;比利时:Bertrams 124 - 127; Poullet 149; Van Houtte 306;丹麦:Pedersen, Bankgarantier 68;希腊:Liakopoulos, NoB 35, 290; Loukopoulos 737; Georgiades § 6 no. 117;意大利:Laudisa 17 f.; Mastropaolo 308;荷兰:Boll 118 - 119;葡萄牙:Castelo Branco 78;西班牙:Sánchez - Calero, El contrato autónomo 365;瑞典:Walin, Borgen 177, contra Bergström 12)。在德国,针对任何请求,保证人是否一直负有通知债务人的义务(Staudinger/Horn no. 332 preceding § § 765 ff.; cf. BGH 19 September 1985, BGHZ 95, 375, 389 关于独立保证);还是说该义务仅仅存在于保证人决定履行的情况下(Canaris, Bankvertragsrecht no. 1110; 一般参见 Graf von Westphalen 235 f.),这是存在争议的。根据法国的银行惯例,保证人通常必须就债权人的履行请求向债务人通知。某些法国学者声称,出于实践的原因,保证人负有通知债务人的义务(Rives - Lange and Contamines - Raynaud no. 799; Gavalda and Stoufflet no. 18)。但是,如果保证人与债务人之间的关系在本质上被视为一种信用承诺而不是一项委任,则法律义务是并不存在的(Simler no. 965; cf. Devèze, Couret and Hirigoyen no. 3689)。

2. 在大多数其他国家,通知义务是债务人与保证人之间关系之代理性质的必要结果。西班牙民法典第1720条和商法典第263条规定了向交易之委托人提供代理执行中已经发生的账目的义务。此外,意大利民法典第1710条、第1176条,西班牙民法典第1719条规定了代理人执行委托事务的勤勉义务。某些学者将通知义务建立在这些规则的基础之上(意大利:Capo 157)。其他的意大利学者则将其建立在合同履行的诚实信用原则之上(民法典第1375条; Tommaseo, Autonomia negoziale 423; Cassera 2768)。根据第一种观点,作为代理人的保证人必须通知(作为委托人的)债务人,以便后者能够对请求采取对策,并在必要时对保证人或债权人提起诉讼。西

班牙学者认为这项义务是强制性的(Sánchez－Calero, El contrato autónomo 365)。然而,某些意大利学者认为,并不存在什么义务,而是存在一项通知债务人的权利(Calderale, Demand Guarantees 135 ff.)。在银行实践中,该项义务通常会在合同中受到限制。这种条款的效力已经被意大利学者详细讨论过了(参见 De Nictolis 111)。在丹麦和希腊的银行实践中,债务人通常会放弃该项知情权(Pedersen, Bankgarantier 68; Georgiades § 6 no. 70)。

3. 在英格兰的法律上,通知的义务可能来自于基础性的委托(参见 Goode, Commercial Law 981)。

第Ⅳ.G－3:103 条　保证人的履行

(1)保证人仅在履行请求系以书面形式作出并且完全符合创设保证的合同或其他法律行为的条款时才负有履行义务。

(2)除非有不同约定,保证人得主张其对债权人所享有的抗辩。

(3)保证人必须无不当迟延地并最迟在收到书面履行请求后七日内:

(a)按请求履行;或者

(b)向债权人为拒绝履行的通知并说明其理由。

评　论

A. 导言

本条规定了履行请求的条件,保证人可以针对该种请求提出的大部分理由,以及在这方面必须遵守的程序。保证人必须审查债权人的履行请求或延长担保或支付的请求。保证人可以提出他对债权人所享有的个人异议和抗辩。保证人必须或者及时履行,或者将拒绝履行的情况及时通知债权人,如此他便对不履行的损害不负责任。

B. 债权人之请求的规定

债权人的履行请求必须采取书面形式。该规定的确立是为了法律的确定性,因为通常涉及的金额都是比较高的。文本必须指明它所涉及的担保合同,以及所请求的金钱数额或其他履行的数量和类型。所谓"书面形式"指的是"以字母文字或者其他可识别的文字表达的文本,该文本借助于各种方法使得包含于其中的信息可以被用于阅读、记录或者以有形形式复制"(参见第Ⅰ－1:106 条("书面"及其他类型表达的含义))。

债权人的请求必须遵守规定在创设了担保的合同或其他法律行为中规定的所有条款和条件。人们可以在单纯请求和书面请求之间加以区分。单纯的请求是仅仅包含支付一定数额金钱或作出等值行为的请求,而无须进一步的书面载体。相反,所谓

的书面请求是支付请求必须得到文书支持的请求,其类型和内容必须严格遵守担保合同的规定。关于在信用证情况下,受益人通常必须应请求出示的不同类型文书的形式和实质,UCP 500(1993)专门就关于最低要求的一般条款列举了20多项复杂的规定(rules 4.01-4.21)。

C. 债权人请求之审查

保证人必须审查债权人的履行请求,这是隐含在本条和上一条当中的。为了债务人的利益,保证人应当认真审查债权人的请求是否严格遵守了担保的所有条款和条件。即使在例外情况下,保证人并未得到另一个人的指示,为了确保在条件并未得到满足时不予支付,保证人出于自己的利益也应该进行该项审查。保证人还必须审查,关于创设担保之合同或其他法律行为的效力,是否存在必须被提起的任何抗辩。未能审查往往会危及保证人对债务人的追索权利。

保证人对请求的审查必须在合理期间内进行。UCP 500(1993)(第13条b项)、ISP 98(规则5.01(a)(i)),以及《联合国独立保证公约》(第16(2)条)都规定最高七个营业日为合理期间,除非当事人另有约定。对于本条而言,这个最高期限似乎也是合理的(参见第(3)款)。当然,当事人可以自由地确定不同的期限。如果该请求或它所附的任何文件与创设担保的合同条款或其他法律行为并不符合,则保证人并不负有向债权人履行的义务。这项规则意味着,尽管存在疑问,保证人也可以决定履行。但是,保证人还必须注意履行对债务人所负的任何义务。如果时间允许,保证人还应该通知债权人,并要求债权人对任何待定事项提供补救。

D. "延期或支付"

债权人偶尔会提出"延期或支付"的选择性请求。这应当被理解为对保证人提出的延长保证期限或者(如果前者要约被拒绝)履行担保的要约。如果保证人接受了延期的请求,则履行请求必须被认为撤回了。如果并未接受延期的请求,则保证人必须根据上文C部分规定的规则对履行请求进行审查。ISP 98第3. 09条与此意义相同。

E. 保证人个人的异议和抗辩

除了与创设担保的合同或其他法律行为之效力,以及完全符合其条款的异议和抗辩以外,保证人也可以主张他个人有权对债权人提起的异议和抗辩。这也包括了保证人履行其所担保的付款义务的抵销权(参见《联合国独立保证公约》第18条)。

通常,这些异议和抗辩可以来自于保证人和债权人之间较早的和不同的法律关系。因此,如果保证人能够主张产生自另一个人——尤其是债务人——已经转让给保证人的请求的异议和抗辩,则它是与保证的独立性不相兼容的。对于保证人而言,抵销通过这种债务人处转让而来的权利,同样是不被允许的。主张该项抗辩或提出此种抵销将会导致与独立保证——其实质是独立于债权人与债务人之间的任何基础关系

的——独立性相互矛盾。

当事人也可以明示或默示地排除其他的个人抗辩。例如,一种排除可能是,保证人承诺,会应债权人的请求"无条件地"履行。

F. 关于拒绝履行的通知义务

如果保证人对债权人之请求的审查得出了该请求的履行必须被拒绝的结论,则保证人必须通知债权人,并说明拒绝的理由。这项义务的目的是对受到直接影响的当事人阐明形势,以便他们能够为采取适当的措施而加以考虑并做好准备。例如,如果时间允许,债权人可能会希望纠正由保证人指出的请求中的任何缺陷。

G. 保证人不履行的救济

对于保证人义务的不履行,债权人通常可以根据本条按照第三卷的规定获得救济。

注　释

Ⅰ. 请求的形式

1. 在所有国家,履行请求通常都要以书面形式作出(奥地利:Avancini/lro/Koziol no. 3/85;丹麦:Pedersen, Bankgarantier 17;希腊:Georgiades § 6 no. 115;意大利:De Nictolis 101;荷兰:Boll 110; Mijnssen 44;葡萄牙:Castelo Branco 78;西班牙:Sánchez－Calero, El contrato autónomo 349)。对于商业保证而言,这种形式在德国被认定为一种有约束力的商业惯例(参见商法典第346条: Staudinger /Horn no. 233 preceding §§ 765 ff. 关于见索即付的保证)。比利时和西班牙学者容许一项请求以口头形式作出;但是,其举证困难使得它并不足以证明该合同的存在,并且它在银行实践中从来没有被使用过(De Marez no. 97; Sánchez－Calero, El contrato autónomo 350)。

2. 比利时、荷兰、法国、德国和西班牙学者(比利时:De Marez no. 59;法国:Simler no. 962;德国:Staudinger/Horn no. 233 preceding §§ 765 ff.;荷兰:Mijnssen 45;西班牙:Sánchez－Calero, El contrato autónomo 349; cf. Rivero 443),以及德国联邦最高法院(BGH 10 October 2000, WM 2000, 2334, 2337)认为,通过电报或电子技术送达的请求是有效的。

3. 相反,如果保证人规定了特殊的形式要求,则它必须得到严格地遵守(奥地利:约定的"挂号信"不能由电传所替代:OGH 24 March 1988, SZ 61 no. 79, p. 395;带有正式公章的地方政府信件不能由传真所替代:OGH 5 December 1995, SZ 68 no. 230, pp. 749－753;但某些学者呼吁要给予更多的灵活性:例如,Avancini/lro/Koziol no. 3/86)。此外,荷兰最高法院坚持,要严格遵守约定的请求方式(如果约定了正式的送达方式,则一封简单信件是不够的,HR 9 June 1995, NJB 1995 no. 639 at p. 3090)。

Ⅱ. 请求的条件

4. 大多数成员国的法律制度已经采纳了严格遵守(*garantieformalisme*)的学说。审查该请求

以及提交的文件是否严格符合为保证所约定的条款和条件,这是保证人的义务(奥地利 OGH 要求"学究式的"审查,例如 OGH 5 December 1995, SZ 68 no. 230 pp. 750, 751;比利时:De Marez 17-25;丹麦:Pedersen, Bankgarantier 69;法国:Devèze, Couret and Hirigoyen no. 3688; Cass. com. 21 June 1988, RD banc 1988, 204;德国:MünchKomm/Habersack no. 30 preceding § 765; BGH 10 October 2000, WM 2000, 2334, 2336:"*Garantiestrenge*";关于跟单信用证,参见 Schütze no. 380;意大利:Bonelli, Le garanzie bancarie 81 ff.;葡萄牙:Menezes Cordeiro, Direito 609; Galvão Telles 289;关于跟单信用证,参见 Calvão da Silva 18;西班牙:Sánchez - Calero, El contrato autónomo 377)。"对于文件而言,并不存在几乎相同,或者也将公平对待的空间"(Equitable Trust Co. of New York v. Dawson Partners Ltd. (1927) 27 Lloyd's L. Rep 49, 52)。纯粹用语上的偏差也可能会导致对请求的拒绝。在英格兰 J. H. Rayner & Co. Ltd. v. Hambros Bank Ltd. [1943] KB 37 一案中,证明"科罗曼德花生"装运的文件是通过信用证规定的,而送达的文件则指的是"机器去壳的花生仁"。实际上,这是同义词,但法院认为,对于一位银行家而言,知晓他所涉及的所有不同的贸易是不可能的。相反,德国最高法院和葡萄牙学者只要求债权人的支付请求的内容必须与规定在保证合同中的要求相互一致;但措辞不需要完全一致,除非当事人另有约定(德国:BGH 10 October 2000, WM2000, 2334, 2336;葡萄牙:Pinheiro 449; Almeida Costa and Pinto Monteiro 29)。英格兰和法国的法院一般不会理会明显的印刷错误(英格兰:参见 Hing Yip Hing Fat Co. Ltd. v. Daiwa Bank [1991] 2 HKLR 35; Goode, Commercial Law 977;法国:CFI Paris 27 September 1993, GazPal 1994, 2, Somm. Comm. 464)。

5. 相反,就为请求之目的而提交的文件与保证条款的严格遵守而言,UCP 500(1993)第 39 条规定了一些容忍规则,例如,除非合同另有说明,数量条款方面 5% 以内的误差是可以允许的。

6. 在奥地利与荷兰,如果债权人的请求与保证条款并不符合,保证人便有义务通知债权人,只要时间允许,还要提请债权人修正其缺陷;违反这种诚实信用义务会导致保证人承担损害赔偿责任(奥地利 OGH 5 December 1995, SZ 68 no. 230 pp. 753 ff.; cf. also Avancini/lro/Koziol no. 3/89;荷兰 HR 9 June 1995, NJB 1995 no. 639 p. 3091;也可参见荷兰商法典第 6.05 [4] [b] 条)。

Ⅲ. 请求审查的时间

7. 除非当事人明确约定,否则保证人审查请求和文件的必要时间取决于每一案件的具体情况。"合理迟延"的标准听起来是令人满意的,但它在西班牙因为含糊不清一直受到批评(Sánchez - Calero, El contrato autónomo 378)。在大多数国家,"合理迟延"在实践中被认为是自收到请求后 3 至 7 天的一段期间。1995 年《联合国独立保证公约》规定"合理的期间,但不得超过收到请求后的七个营业日……"。在丹麦、希腊和西班牙,国际银行实践所确立的 1 至 3 天的期间得到了认可(丹麦:Pedersen, Bankgarantier 138 ff.;希腊:Georgiades § 6 no. 117; Gouskou 136, 149; contra: CFI Athens 9790/1992, EED 43, 522;西班牙:Sánchez - Calero, El contrato autónomo 379)。在比利时、英格兰和德国,三个(工作)日得到了普遍认可,根据具体情况还可以延长到一周时间(比利时:Schrans 1176; De Marez no. 30;英格兰:Bankers Trust Co v. State Bank of India [1991] 2 Lloyd's Rep 443;德国:Staudinger/Horn no. 235 preceding § § 765 ff. 关于见索即付的保证;相反的观点 Zahn, Eberding and Ehrlich no. 9/113:一至两天;UCP 500 (1993) 第 43(a)条也是如此)。在法国,一个上诉法院在一桩案件中将通常的合理迟延确定为 5 天(CA Paris 10 July 1986, D. 1987, Somm. Comm. 217)。瑞典则并不存在关于期限的具体规定

(Dalman 202)。

Ⅳ. 附有期限的保证与债权人"延期或支付"的请求

8. 为了减少保证人的成本和风险,当事人往往约定一项附有期限的保证。当该期限行将届满的时候,债权人往往要求保证人延期或履行保证。这种请求被称为"延期或支付"。如果保证人并未延期,则他当然仅在该请求与保证合同的规定完全符合的情况下才负有履行义务(比利时:De Marez nos. 67 - 75;德国:BGH 23 January 1996, NJW 1996, 1052;意大利:Viale 206 f.;西班牙:Sánchez - Calero, El contrato autónomo 333)。在见索即付的保证情况下,一项"延期或支付"请求便足以迫使保证人延期或履行(比利时:De Marez nos. 77, 93 and 103)。在法国,作为一种并不带有任意性质的支付请求,"延期或支付"请求是有效的(CA Paris 9 January 1991, RD banc 1991, 152; Simler no. 957; contra Devèze, Couret and Hirigoyen no. 3688)。不过,其他一些法院认为,"延期或支付"请求是一种并不严肃的请求(CA Paris 28 May 1985, D. 1986, I. R. 155),由于债权人似乎胁迫保证人对保证延期,所以它构成了滥用(Cass. com. 24 January 1989, JCP G 1990, Ⅱ no. 21425)。在意大利,如果债务人并未同意保证延期,则保证人必须履行,其他支付请求并不是必要的。延期请求是由债权人对保证人作出的,后者必须通知债务人,而债务人才是唯一有权决定是否延期的人(Bozzi, Le garanzie 78)。"延期或支付"条款是否会被滥用的问题取决于案件的具体情况,例如,如果事实证明,债权人要求履行保证只是为了施加压力和获得保证的延期,这便构成了滥用(CFI Milano, 2 March 1994, Giur. it. 1995 I 308)。

9. 在英格兰,为了保证的延期,保证人必须毫不迟延地通知发出指示的当事人;保证人必须暂停支付,该期间应对债权人而言是合理的,并且债权人足以在此期间内对延期表示同意(Goode, Commercial Law 1029)。在德国,保证人的沉默,或者迟延通知债务人被认为并不足以导致延期(BGH 23 January 1996, NJW 1996, 1052; Canaris, Bankvertragsrecht no. 1128)。

10. 尤其是对"延期或支付"请求而言,保证人是否必须就该请求的任何错误通知债权人,这是特别重要的。虽然德国法院并未最终解决这个问题,但至少在债权人有义务提交文件的情况下,它们似乎赞成这项义务的存在(BGH 23 January 1996, NJW 1996, 1052 援引了关于跟单信用证的 UCP 500 (1993) 第 14 d(i) 条;也可参见并无该限制的 CA Karlsruhe 21 July 1992, WM 1992, 2095 with further references)。

Ⅴ. 请求不符合的后果

11. 并未严格遵守保证合同条款和条件的任何请求都是无效的。根据大多数国家的法律,如果该请求与保证条款和条件并不符合,保证人便对债权人并不负有履行保证的义务(比利时:De Marez nos. 17 - 25;丹麦:Pedersen, Bankgarantier 69;英格兰:J. H. Rayner & Co. Ltd. v. Hambros Bank Ltd. [1943] KB 37; Goode, Commercial Law 974;德国 BGH 12 March 1996, NJW 1996, 1673; Staudinger /Horn no. 234 preceding § § 765 ff.;希腊:Georgiades § 6 no. 122; A. P. 342/1970, NoB 18, 1092;葡萄牙:Castelo Branco 79;西班牙:Sánchez - Calero, El contrato autónomo 371 and 381;瑞典:Dalman 202)。法国最高法院认为,只能通过参照基础交易来澄清的需要提交的文件的不一致,赋予了银行拒绝履行备用信用证的权利(Cass. com. 28 March 2006, D. 2006, 1284)。在法国和意大利,保证人实际上负有拒绝履行的义务(法国:Simler no. 1003;意大利:De Nictolis 102; CFI Bologna 27 September 1984, BBTC 1986 Ⅱ 339)。根据关于代理的规则,保证人在履行审查义务过程中的疏忽,会导致他对债务人承担责任(意大利:Bozzi, L'autonomia negoziale 248;西班牙:Sánchez - Calero, El contrato autónomo 381)。在比利时,违反审

查义务的保证人可能会丧失对债务人的追索权,或者被后者反诉(De Marez no. 33)。

Ⅵ. 保证人对债权人的异议和抗辩

12. 在所有国家,保证人都可以对债权人提起源自于保证的个人异议和抗辩(比利时:De Marez no. 39;丹麦:Pedersen, Bankgarantier 87;法国:Devèze, Couret and Hirigoyen no. 3700;德国:Staudinger /Horn no. 247 preceding § § 765 ff.;意大利:Bonelli, Le garanzie bancarie 78 ff.;荷兰:Pabbruwe, Bankgarantie 59 at no. 5;葡萄牙:Castelo Branco 79;西班牙:TS 27 October 1992, RAJ 8584 no. 1992 and 30 March 2000, RAJ 2314 no. 2000;瑞典:Walin, Borgen 179 ff.)。

13. 在某些国家,产生自保证人与债权人之间的任何其他关系的异议和抗辩(抵销权等)也可以被提起(奥地利:OGH 3 December 1998, ÖBA 1999, 558, 562, 虽然当事人可以将此排除, p. 563; Avancini/lro/Koziol no. 3/97;比利时:Van Quickenborne no. 566 ff.;英格兰:Hongkong & Shanghai Banking Corp. v. Kloeckner & Co. AG [1990] 2 QB 514; Goode, Commercial Law 973;德国:Staudinger /Horn no. 247 preceding § § 765 ff.;希腊:Liakopoulos, NoB 35, 297; Gouskou 152;意大利:Viale 190; 但关于抵销权,参见相互矛盾的判决:允许抵销抗辩,Cass. 24 December 1992 no. 13661, Vita not. 1993, 769;相反的判决:CA Roma 22 May 2001, Giur. rom. 2002, 14;荷兰:Pabbruwe, Bankgarantie 59 at no. 5;西班牙:Sánchez - Calero, El contrato autónomo 385)。

14. 但是,某些国家对抵销权加以了限制。在德国和其他一些国家,人们普遍认为,如果这与保证的目的相矛盾,以至于保证人被特别禁止提起抵销权——那产生自“被担保的合同”,并且被分配给了保证人——的话,保证人便不得主张抵销(Staudinger/Horn no. 248 preceding § § 765 ff.)。其他国家的某些学者也持有同样的观点(奥地利:Avancini/lro/Koziol no. 3/97;比利时:De Marez nos. 39 - 44;意大利:Mastropaolo 371; Villanacci 101; Portale, Le garanzie bancarie 15;荷兰:Pabbruwe, Bankgarantie / borgtocht no. 5 at 59;西班牙:Sánchez - Calero, El contrato autónomo 395)。除了这种限制以外,只要反诉可以被证明是容易的,德国的主流观点便允许抵销(Staudinger /Horn no. 248 preceding § § 765 ff. with further references, 也可参见相反的观点; Horn, Bürgschaften und Garantien no. 535 现在甚至要求,反诉必须植根于独立保证所担保的交易融资性)。

Ⅶ. 保证人拒绝支付后的通知义务

15. 在英格兰、法国和西班牙,如果债权人的请求遭到了拒绝,保证人必须尽快通知债权人(英格兰:Goode, Commercial Law 986;法国:Simler no. 965;西班牙:Sánchez - Calero, El contrato autónomo 380, 381)。否则的话,保证人便可能就迟延履行导致的损害承担责任。电子和电信手段也可以被使用(西班牙:Sánchez - Calero, El contrato autónomo 380)。

第Ⅳ.G－3:104 条　见索即付的独立保证

(1)被表述为见索即付或者此种意思可以明白无误地从所使用的条款中推断出来的独立保证适用前条有关规定,但下面两款的规定除外。

(2)见索即付的独立保证人只有在债权人的履行请求系以书面形式作出,并明白确认所有保证债务履行所需要具备的条件都已得到满足时,才有义务履行其保证债务。

(3)前条第(2)款规定不适用。

评　论

A. 见索即付的保证的独特性

见索即付的独立保证要比简单的独立保证具有更高的独立性。作为一种比简单独立保证更为高效的保证形式,它也为保证人带来了更多风险,因此,保证人应该得到更为完善的保护。本条规定体现了这两项特点(参见评论 C 和 D)。

B. 适用规则

由于“见索即付”的独立保证是独立保证的一种特殊类型,所以前条规定的关于履行请求的一般规则也对其适用,但本条规定的第(2)、(3)款的特殊规则除外。

C. 保证人抗辩的限制

正如“见索即付”的保证这一名称所表明的,债权人有权获得快速有效的清偿,这是该种特殊类型的独立保证的特点所在。因此,保证人可能提出的抗辩必须受到限制。对前条的一般性比照也包括规定在该条中的抗辩,参见评论 B。此外,本条第(3)款将保证人个人有权对债权人提出的抗辩排除在外,包括保证人可以对债权人提起反诉过程中的抵销权。

另一方面,保证人仍然可以主张前条所规定的基于请求之明显滥用的抗辩,因为这种抗辩并非源自于保证人的个人性,而是植根于债权人的个人性。

D. 债权人权利的条件

正如评论 C 所解释的,见索即付的保证将保证人对请求的抗辩限定在极为特殊的情况,即债权人的欺诈或滥用请求。相反,见索即付并不意味着债权人只需要提出简

单的请求。如果根据合同,债权人必须提交补充性文件,这仍有可能是见索即付的保证。这种有价债券和信用证在实践中是非常常见的。

为了遏制并不经常出现的滥用性请求,最近的实践有时要求债权人明确确认到期保证的条件是否获得了满足。这种明确的确认必须由债权人以书面形式作出。虽然它对诚实的债权人并未施加任何真正的负担,但这种声明至少可以对不诚实的人提出道德上的警告,并且它可以协助对欺诈的债权人提起索赔,甚至是刑事控告。如果债权人并未提出该种声明,则保证人无须履行。根据联合国1995年《联合国独立保证公约》第15条第(3)款之规定,该种确认之纯粹默示的意义似乎并未就对抗履行请求之欺诈性或滥用性提供有效的保障。

注　释

Ⅰ.导言

1. 在除了瑞典以外的所有欧洲国家,“见索即付”的保证都被承认为一种独立保证的特殊类型,虽然几乎所有国家都并未对其加以特别的法律规定(比利时:Romain 437;丹麦:Pedersen, Bankgarantier 140;英格兰:Edward Owen Engineering Ltd. v. Barclays Bank International Ltd. [1978] QB 159;法国:2006年新民法典第2321条第1款;Devèze, Couret and Hirigoyen no. 3652;Simler no. 905;德国:BGH 12 March 1984, BGHZ 90, 287;希腊:Gouskou 79;意大利:Bonelli, Le garanzie bancarie 37 ff.;Cass. 17 May 2001 no. 6757, Giust. civ. 2002 I 729;Cass. 1 July 1995 no. 7345, Giur. it. 1996 I 1 p. 620;葡萄牙:STJ 6 April 2000, 135/00 www. dgsi. pt;西班牙:TS 27 October 1992, RAJ 1992 no. 8584, TS 17 February 2000, RAJ 2000 no. 1162, TS 30 March 2000, RAJ 2000 no. 2314;Sánchez - Calero, El reconocimiento 541 ff.;Barres Benlloch 314 f.;Marimón Durá, Garantía independiente 479 ff.)。相反,根据瑞典的学说,见索即付的保证被认为是一种从属保证(Dalman 182, similar Bergström 14)。根据这种观点,见索即付的保证是从属保证的一种不规则形式。

2. 见索即付的独立保证意味着,债权人仅仅通过对保证人请求,便有权获得保证的履行,而作为一项规则,保证人不得对该请求提出抗辩。这正是比利时和法国学者界定简单的见索即付的保证的方式(*garantie à première demande pure et simple/garantie op eerste eenvoudig verzoek*);不过,其他条款可以为保证设置进一步的条件,例如,当事人约定要提交指定的文件(De Marez no. 78;Malaurie and Aynès/Aynès and Crocq, Les sûretés no. 331)。其他国家也是如此:根据合同自由原则,准确地解释条款是必要的(丹麦:Beck Thomsen 107 ff.;德国:参见Staudinger/Horn no. 231 preceding §§ 765 ff.;希腊:Georgiades § 6 nos. 40-41;意大利:Bonelli, Le garanzie contrattuali 208 ff.;葡萄牙:CA Lisboa 11 December 1990, CJ XV, V-134;西班牙:Carrasco, Las nuevas garantías 688 and 716;Sánchez - Calero, El contrato autónomo 145)。在英格兰法律上,对见索即付的保证——在国际贸易中主要用来确保支付或履行——的基本理解是,保证人一经书面支付请求便负有责任(Goode, Commercial Law 1018 f.)。

Ⅱ.债权人的权利确认

3.在成员国之间,关于债权人是否必须在要求保证履行时声明,保证履行所需具备的条件得到了满足,并不存在一致意见。某些比利时学者认为,这种义务与独立保证的性质是并不符合的(对此的概述:De Marez no. 87; contra Bertrams 79; Prüm no. 106)。但是,在所有国家,当事人都可以自由地约定请求条款。在比利时和法国,这被认为是有着正当请求的见索即付的保证(比利时:De Marez no. 86;法国:Devèze, Couret and Hirigoyen no. 3653)。

4.在英格兰,"见索即付的保证"(demand guarantee)(Goode, Commercial Law 1018 ff.)是在约定事件发生时根据书面请求来支付的;在这种情况下,受益人的请求必须说明事件已经发生,参见 Esal (Commodities) Ltd. v. Oriental Credit Ltd. [1985] 2 Lloyd's Rep 546。有人认为,在国内背景下,尽管一项请求已经被明确规定在保证当中,但债权人借助于独立保证人承诺之基本性质,有权起诉后者并不存在这样的额外请求(参见 M. S. Fashions Ltd. v. Bank of Credit and Commerce International SA [1993] Ch 425; Esso Petroleum Co. Ltd. v. Alstonbridge Properties Ltd. [1975] 1 WLR 1474 at 1483; Andrews and Millett no. 7－006),但是,这似乎并不是完全清楚的(参见 O'Donovan and Phillips nos. 10－118 ff.; Halsbury para. 1105, vol. 49, 5th ed., (2008))。

5.荷兰一家法院裁定,如果并未作出该种声明,保证人便无须支付(CA Amsterdam 27 February 1992, NJB 1992 no. 735),并且,在荷兰实践中,这是通行的做法(Pabbruwe, Bankgarantie / borgtocht no. 1 at 58; Boll 110)。

6.在希腊,债权人只是必须请求银行支付,而无须任何进一步的声明。如果在见索即付条款中加上了"如果损害发生",那么债权人必须声明(通过初步证据来证明或创设,这取决于该信件的内容)被担保债务并未得到履行(Georgiades § 6 no. 41)。不过,这种保证就变成了附条件的而非见索即付的,尽管有见索即付条款的存在(Georgiades § 6 nos. 40－41)。

Ⅲ.保证人之抗辩的限制

7.在所有国家,抗辩之极为有限的可用性是见索即付保证最为突出的优点之一。因此,保证人不能提出任何源自于基础合同——包括受益人与债务人之间或债务人与保证人之间的基础合同——的抗辩(德国:BGH 22 April 1985, BGHZ 94, 167, 170 f.(如果这种主张归之于保证人,则包括这种主张);Staudinger /Horn nos. 202, 204 preceding § § 765 ff.,但是,法院允许提出带有浮动性反诉的抵销,p. 171 ff.;赞同 Staudinger /Horn nos. 248 f. preceding § § 765 ff.,但附加有限制条件,即反诉必须与进行交易的金融性密切相关, cf. Horn, Bürgschaften und Garantien no. 535; LUXEMBOURG: CFI Luxembourg 17 June 1982, Pas luxemb XXV (1981－1983) Jur. 450; ENGLAND: Goode, Commercial Law 1026 f.)。但是,保证人可以提出保证的无效,或者基于保证的请求并未与保证合同完全一致(奥地利:Avancini/Iro/Koziol nos. 3/91－3/92;比利时:De Marez nos. 17－25 and no. 38;丹麦:Pedersen, Bankgarantier 148;法国:Devèze, Couret and Hirigoyen no. 3691;德国:Staudinger /Horn nos. 241－249 preceding § § 765 ff.; MünchKomm/Habersack no. 33 preceding § 765;希腊:Gouskou 148－149;葡萄牙:Galvão Telles 289;意大利:Bonelli, Le garanzie bancarie 79 ff.;荷兰:在必要的专家意见(由于约定的专家拒绝提供意见)并非由约定的专家提出,而是由另一个专家提出的案件中,银行拒绝承兑履行保证书的行为是合理的;但是,最高法院将案件发回重审了,目的是审查合同是否需要适应于变化了的情势: HR 26 March 2004, NJB 2004 no. 309 with approving note by PVS;西班牙:Carrasco, Las nuevas garantías

687）。在英格兰，相对于跟单信用证（documentary credits）而言，人们有时候认为，严格遵守理论对见索即付保证的适用较不严格。在 Esal 案件（参见上文注释 4）中，法官们对这个问题作出了不同的解答，并且直到最后该问题仍然悬而未决。在 I. E. Contractors Ltd. v. Lloyds Bank plc. [1990] 2 Lloyd's Rep 496 中，该问题被认为是个合同起草的问题，因此，文书严格遵守的程度是否如此严格，取决于合同的构造。

8. 在奥地利、比利时、意大利和葡萄牙，保证人还可以提出基础合同的非法性。当合同表面看来违法的时候，例如违反公共秩序或道德规范，债权人便不得基于合同提起诉讼，因此，他就保证而提出的请求可能会被保证人所拒绝（奥地利：Avancini/Iro/Koziol no. 3/91；比利时：De Marez no. 36；Wymeersch, Bank guarantees no. 4；Wymeersch, Dambre and Troch no. 57；Devos 29－32；意大利：Cass. 7 March 2002 no. 3326, BBTC 2002 Ⅱ 653；CA Milano 12 February 2005, BBTC 2005 Ⅱ 481 ff.；Bonelli, Escussione abusiva 522；葡萄牙：Ferrer Correia 253；Simões Patrício 709）。

9. 在德国，保证人对债权人之个人抗辩，尤其是抵销权是否被排除在外，这是富有争议的（参见 Hadding, Häuser and Welter 697；Staudinger /Horn nos. 248 f. preceding §§ 765 ff.）。

第Ⅳ.G－3:105 条　明显滥用或欺诈的履行请求

（1）如果现有证据证明债权人的请求明显滥用或欺诈，保证人不负有履行该请求的义务。

（2）在前款规定的情形下，债务人不得：

（a）要求保证人履行；以及

（b）对债权人的履行请求为投保或利用。

评　论

A. 争论

鉴于其相对于债权人与债务人之间的任何基础合同或其他关系的独立性，任何独立保证对保证人，尤其是对债务人而言都是一种风险。在见索即付保证的情况下，这种风险甚至是更高的。许多国家的经验一再表明，某些债权人可能通过不合理地坚持约定的条件已经得到满足而请求履行。

如果保证人接受并履行的话，这种不合理的请求往往会将债务人置于极为困难的境地。债务人可能必须对保证人进行补偿，然后向债权人要求偿还。不过，债权人的营业地可能位于遥远的国家；不论是本土还是海外获得的判决之执行都可能会遇到类似的困难。

为了保护债务人免受这种极端情况之滥用的侵害，许多国家的法院都针对独立保证的滥用或欺诈履行请求提供了救济。不论是债权人关于请求理由的主张是错误的，还是提交的文件是伪造的，相关的证据通常只能是由债务人提出的。在这些情况下，保证独立性原则被例外地忽略不计，保证人也可以诉诸债权人和债务人之间的基础合同的条款。

在设计这种救济方式的过程中，我们必须在诚实债权人的利益和保证人的利益——他的利益一方面在于承兑独立保证之平稳、快捷和可靠的制度；另一方面在于防止受到无耻债权人之真正滥用或欺诈请求的侵害——之间加以谨慎明确的平衡。这种做法是由主要的贸易国家的法院实践发展起来的，并且得到了多数学者的赞同，本条便是以此为基础的。它实际上与1995年《联合国独立保证公约》第19条是相互对应的。

在下文，我们将首先考察保证人的地位，然后考察债务人的地位。

B. 保证人相对于债权人的地位

基本的规则是，只要该请求严格符合当事人约定和前两条所规定的有效请求之形式和实质条件，保证人便必须履行。本条对该基本规则规定了受到严格限制的例外。履行请求——虽然在表面上符合了请求的条件——为什么在实质上并无根据，其原因来自于债权人和债务人之间的基础关系。当然，这种对保证人并非当事人的基础关系的诉诸，必须是极为例外的；其条件因而受到了非常严格的限制。

根据第(1)款，在适用该例外之前，两项条件必须得到满足。其一，在实体上，必须存在明显的滥用或欺诈；其二，在程序上，这必须通过现有证据加以证明。

对于债务人而言，“滥用”和“欺诈”这种严格的术语要求，请求与保证条款的不符合必须是明确的、明显的和与商业有关的。

示例

一项标的为10000吨咖啡的买卖合同规定“装船:九月”。提单上的日期是9月29日，而实际上装船的日期是10月3日。这显然是一种欺诈：由于价格会逐月产生变化，根据买卖合同，此处存在着明显的义务不履行。

为了防止出现对明显滥用或欺诈的任意诉诸，保证人必须能够提出“现有的证据”。这通常必须由委托保证人提供担保的债务人来提出。所有类型的证据都是可以接受的，尤其是书证和证人证言。仅仅是对文件的限制规定——这有时作为首选出现——难以自圆其说；而且，其界限有时是难以明确的，例如在书面证词的情况下。证据的权衡是法院的事，它受到相关法律程序规则的约束。

如果在承兑了债权人的请求之后，当事人才发现该请求并不合理，或者甚至是“明显滥用或欺诈的”，则保证人有权要求债权人返还（参见第Ⅳ.F－3:106条（保证人请

求返还的权利))。

C. 保证人相对于债务人的地位

当然,保证人相对于债务人的地位与其相对于债权人的地位有所不同。对明显滥用的请求的履行很可能构成对债务人合同义务的不履行,并且因而可能使得保证人对债务人承担责任,尤其是损害赔偿责任。针对保证人因向债权人支付或提供的金钱或其他履行而请求追偿的权利,债务人可以提出该项请求。更为直接的是,保证人可能会丧失根据第Ⅳ.F-3:109条(保证人履行后的权利)向债务人请求追偿的任何权利。

另一方面,保证人原则上必须向债权人履行保证。通过援引本条而拒绝履行,几乎不可避免地将保证人暴露在与债权人的对抗当中;后者往往并不会轻易接受保证人的抗辩。

为了摆脱这种困境,保证人很可能会被建议转向债务人,要求其予以澄清和作出指示。没有债务人的协助,保证人很难提出债权人明显滥用或欺诈的必要证据。但是,在实践中,债务人往往可以很好地了解真实情况,并要求保证人拒绝履行保证。在这种情况下,债务人不仅愿意通过提供信息和文件来支持保证人,而且会强烈要求保证人不要承兑债权人的履行请求。

D. 债务人的预防性救济

根据第(2)款的规定,如果第(1)款的要求得到了满足,债务人便有权针对保证人和债权人获得救济。针对于保证人的救济是与保证人对债务人所负的避免履行债权人之请求的义务相一致的。债务人相对于债权人的救济则植根于双方之间的直接关系,以及对合同义务的明显滥用或欺诈性不履行。这项规则在本质上对应于1995年《联合国独立保证公约》第20条。法院可供适用的救济的特定形式被留给了法院所在地国家的程序法和法院的自由裁量权。不过,《联合国独立保证公约》第20条提到了三种特定的救济方式。其中第(1)、(2)款应当作为获得债权人与保证人和/或债务人之间对立利益之平衡的一种方式在此提出。

(1)保证人不得将债权人的请求金额转嫁给后者,不得追偿担保金额;

(2)如果清偿已经生效,法院可以命令债权人不得处置该收益;

(3)向法院提出申请的人必须按照法院确定的形式提供担保。

注　释

Ⅰ. 针对滥用或欺诈的保护

1. 在欧洲国家,债权人依据独立保证或信用证对保证人享有的权利因权利滥用而受到禁止。对于一切私权利的行使而言,权利滥用的禁止构成了私法的一项基本原则,并且主要是以诚实信

用和公平交易的义务为基础的(奥地利民法典第 1295 条第 2 款;德国民法典第 242 条;希腊民法典第 281 条;Georgiades § 11 nos. 73 ff. ; CA Thessaloniki 449/1996, DEE 2, 826; 相反的意见, CFI Patras 1683/1997, DEE 3, 1184;意大利民法典第 1375 条;Portale, Fideiussione 1072 f. ; Nanni 197 ff. ; 也可参见 Gambaro 5;葡萄牙民法典第 334 条;西班牙民法典第 7 条第 2 款)。尽管在丹麦和比利时并不存在此种法定的一般条款,但该原则也得到了广泛的承认(丹麦:Ussing, Aftaler 27 ff. ;比利时:Cass. 10 September 1971, Arr. Cass. 1972, 31; Van Gerven nos. 70-72)。这项禁止是强制性的,不得违背。

2. 当担保的风险并未发生,因而并不存在涵盖任何由此引起的损害赔偿的需要的时候,债权人的请求便总是滥用行使(希腊:Georgiades § 6 no. 135;意大利:在这种情况下,根据 Cass. 6 October 1989 no. 4006, Giust. civ. 1990 I 731,存在着保证的原因缺陷;CA Milano 12 February 2005, BBTC 2005 Ⅱ 481 ff. ;西班牙:Sánchez Calero, El contrato autónomo 384; TS 1 October 2007, RJ 20078087)。此外,当债权人对债务人并无权请求此种履行,但仍然请求保证人履行的时候,便存在着权利的滥用(BGH 10 February 2000, BGHZ 143, 381, 384; BGH 8 March 2001, BGHZ 147, 99 关于见索即付的独立保证的特殊情况)。有时人们认为,对权利滥用的诉诸是对源自基础关系的抗辩的主张,这违背了独立保证的独立性质,并因此只在针对债权人的特殊情况下才被允许(比利时:De Marez no. 70;法国:参见 Simler nos. 984 ff. ;德国:BGH 12 March 1984, BGHZ 90, 287, 292; Staudinger/Horn nos. 309 f. preceding § § 765 ff. ; 关于跟单信用证,参见 Schütze nos. 427 f. ;希腊:Georgiades § 6 no. 136;意大利:Cass. 19 March 1993 no. 3291, Foro it. 1993 I 2171;西班牙:Carrasco, Las nuevas garantías 741; Sánchez Calero, El contrato autónomo 385 and 387;瑞典:Dalman 199)。更确切地说,保证人只在保证义务的范围内负责,并且如果他能够证明债权人的主张是错误的,便可以拒绝履行(希腊:Georgiades § 6 no. 136)。

3. 但是,在英格兰、爱尔兰、苏格兰和荷兰,"滥用"一词被"欺诈"取而代之了,即如果请求是欺诈性的,保证人便可以不予履行(英格兰:United City Merchants (Investments) Ltd. v. Royal Bank of Canada [1983] 1 AC 168 (letter of credit); Edward Owen Engineering Ltd. v. Barclays Bank International Ltd. [1978] QB 159 (performance bond);爱尔兰:White 658;荷兰:Dutch Business Law § 6.05 [4] [e]; Pabbruwe, Bankgarantie / borgtocht 54, 58;苏格兰:Centriforce Engineering Ltd. v. Bank of Scotland 1993 SLT 190)。但是,当受益人只是在请求被作出之后才发现保证的条件并未得到满足的时候,该欺诈抗辩并不适用(英格兰:Montrod Ltd. v. Grundkötter Fleischvertriebs GmbH [2001] EWCA Civ 1954, [2002] 1 WLR 1975)。

4. 在其他国家,"滥用"和"欺诈"这两个术语是毫无区别地渐进或交替使用的。奥地利、比利时、法国和葡萄牙便是如此,在这些国家,保证人负有不得就明显滥用或欺诈之请求而为履行的义务(奥地利:"firm court practice", OGH 28 June 2005, ÖBA 2006, 62 at 64 and 24 June 2003, ÖBA 2003, 956 at 957;比利时:Wymeersch, Dambre, Troch no. 57;法国:Devèze, Couret and Hirigoyen nos. 3702 ff. ;葡萄牙:Galvão Telles 289; STJ 14 October 2004, CJ (ST) XⅡ, Ⅱ-55),该义务被认为是严格遵守(*garantieformalisme*)之一般规则的例外之一。某些法国学者明确表示,"欺诈"等同于"权利滥用"(Simler nos. 985 ff.)。在反担保的情况下,只要债权人和独立保证人的请求是"明显滥用",支付便是被禁止的。这就要求债权人和独立保证人之间存在欺诈性的串通,或者后者有欺诈的意图(Cass. com. 9 October 2001, Bull. civ. 2001 Ⅳ no. 158 p. 149, RTD com 2002, 144)。在法国,独立性原则的例外最初受到非常严格的限制;法国法院似乎要求

债权人具有欺诈的意图(Cass. com. 11 December 1985, JCP G 1986, Ⅱ no. 20593)。自 1987 年以来,对明显滥用之支付的请求也可以被拒绝(Cass. com. 20 January 1987, JCP G 1987, Ⅱ no. 20764)。法院的这种做法得到了 2006 年新民法典第 2321 条第 2 款的确认,它规定,对于保证人的免责而言,必须存在债权人的明显滥用或明显欺诈,或者债权人与债务人之间的欺诈性串通。

5. 在丹麦,该请求必须是"无根据的",其目的是让保证人拒绝支付(Pedersen, Bankgarantier 155)。

6. 在不同国家判决的三桩案件涉及伊朗在 1979 年末发生的革命性改变和征收的后果。在伊朗从事建筑项目的欧洲企业家放弃了这些活动,因为他们被驱逐出境或被迫停止了工作。当他们的伊朗缔约方或其继承人请求根据独立履行保证予以支付的时候,荷兰一家法院根据荷兰建筑商的请求对其予以禁止(CFI Amsterdam 18 December 1980, Schip en Schade 1981 no. 135),芬兰最高法院则以不公平为由拒绝了这项请求(HD 26 October 1992, KKO 1992:145, 英文译本参见 Sisula - Tulokas 41 ff.);与此相关,但只是初步否定的裁定,参见德国 BGH 12 March 1984, BGHZ 90, 287。

Ⅱ."明显"滥用或欺诈的请求及其证据

(a)"明显"滥用或欺诈的请求

7. 根据大多数相关法律规定或普遍公认的规则(参见上文注释 1),权利滥用必须是"明显的"。这个词一方面意味着滥用的严重性;另一方面意味着证明它的可行性。如果滥用请求可以被任何人所查明,该滥用便是明显的,例如,基础诉求被法院或仲裁认定为无效,或者该请求是因政治报复原因而提出的(奥地利:保证书意外地发给了一个错误的人,他承诺退回但要求履行,OGH 8 July 1993, SZ 66 part 2 no. 82 p. 21; 一般而言,必须存在通过不确定的证据方式来证明的明显的权利滥用或欺诈:OGH 16 December 1981, SZ 54 no. 189 p. 929; OGH 14 November 1985, JBl. 1985, 424, 426; 比利时:"abuse that stares one in the face", Wymeersch, Bank guarantees no. 4; De Marez no. 35 at 23;法国:Devèze, Couret and Hirigoyen no. 3707;德国:BGH 12 March 1984, BGHZ 90, 287, 292; Staudinger /Horn no. 313 preceding § § 765 ff.;希腊:Georgiades § 6 no. 138;意大利:Mastropaolo 307; Cassera 2768; CFI Milano 3 May 1984, BBTC 1985 Ⅱ 85 and 12 October 1985, BBTC 1987 Ⅱ 57; CA Milano 27 May 1994, BBTC 1995 Ⅱ 423; CFI Verona 30 December 2003, Giur. mer. 2005, 176;葡萄牙:STJ 14 October 2004, CJ (ST) XⅡ, Ⅱ-55; STJ 1 June 1999, 347/99 www. dgsi. pt; Almeida Costa and Pinto Monteiro 20-21;跟单信用证同样如此,德国:Schütze no. 429;希腊:Georgiades § 11 nos. 73-77)。关于见索即付的保证,只有对所有明显存在的法律或事实上的抗辩才是相关的,所有其他法律或事实上的问题都要在债权人和债务人之间来解决(德国:BGH 12 March 1984, BGHZ 90, 287, 239 f.; 也可参见 BGH 17 January 1989, NJW 1989, 1480, 1481; 关于独立保证,参见最近的 BGH 5 March 2002, NJW 2002, 1493)。意大利最高法院也倾向于对诉诸恶意抗辩权(*exceptio doli*)之可能性的限制(Cass. 19 March 1993 no. 3291, Foro it. 1993 I 2171; De Nictolis 114)。

8. 在英格兰法律上,仅当它"严重到可以认为,就现有资料来看,唯一现实的推论是,债权人不能诚实地相信其请求的有效性"(United Trading Corp. SA v. Allied Arab Bank Ltd. [1985] 2 Lloyd's Rep 554, at 561 per Ackner LJ.; see also Goode, Commercial Law 992 f.)的时候,欺诈例外才能适用。这些限制性规定源自于这种事实,即法院不愿意对被认为是"国际贸易之命脉"的跟单信用证的顺畅运行加以干预(R. D. Harbottle (Mercantile) Ltd. v. National Westminster

Bank Ltd. ［1978］ QB 146, at 155 per Kerr J.）。

9. 在丹麦，当事人必须证明，该请求是毫无根据的（Pedersen, Bankgarantier 156）。

10. 在西班牙，关于滥用及其证据的这种详细规定，既不存在法院的实践，也不存在权威的观点。学者们只是一般性地指出，为了维护独立保证的经济功能及其法律性质，对债权人之请求的抗辩必须受到限制（Sánchez Calero, El contrato autónomo 384；以援引国外经验为基础，对该主题的深入探讨，参见 Carrasco, Fianza 216 ff.）。

（b）提出证据

11. 在某些国家，任何“现有的”、法律所允许的证据都可以提出，即不仅限于书面证据，也包括证人证言或宣誓书（英格兰：Etablissement Esefka International Anstalt v. Central Bank of Nigeria ［1979］ 1 Lloyd's Rep 445；德国：Staudinger /Horn no. 315 preceding §§ 765 ff.；相反的意见 CA Köln 7 August 1986, WM 1988, 21，要求证据采取书面形式；希腊：Georgiades § 6 no. 140；关于跟单信用证，参见 Georgiades § 11 no. 75）。此外，保证人经债务人通知滥用的存在，或者通过报纸获得了相关信息，或者只是通过某种众所周知的事实而对此有所确认，便已足够（比利时：De Marez no. 29；葡萄牙：STJ 14 October 2004, CJ（ST）XⅡ, Ⅱ－55; Cortez 513 ff.）。

12. 不过，在其他国家，法院只有在书面证据——例如对债权人的终审判决，债权人开具的支付凭证——基础上才承认明显的欺诈或滥用，因为证据必须是毋庸置疑的（丹麦：Pedersen, Bankgarantier 155）；法国也是如此，在那里，只有一项判决不是通过书面证据，而是通过债权人的承认才能用来证明明显的滥用（CFI Paris 1 August 1984, JCP G 1984, Ⅱ no. 20526）。在意大利，关于这个问题的意见更为分散（关于书面证据的必要性，Mastropaolo 307; Pontiroli, Garanzie autonome 76 f.；但相反的意见，Bonelli, Le garanzie bancarie 107, fn. 70；关于学者和法院在这个问题上相互分歧的意见的概览，参见 Calderale, Fideiussione 305 ff.；更为晚近的，Barillà, L'abuso 93 ff., fn. 15; Cuccovillo 103 ff. and CFI Bologna 20 January 2003, BBTC 2005 Ⅱ 79 关于诉讼程序中相关的证人证言，赋予了一项临时禁令，禁止保证人支付）。

（c）对保证人的后果

13. 在某些国家，当滥用或欺诈性请求存在时，保证人并不负有向债权人支付的义务，他可以拒绝或者只是有权不予支付（丹麦：Pedersen, Bankgarantier 155；德国：Staudinger/Horn no. 312 preceding §§ 765 ff.；葡萄牙：CA Lisboa 11 December 1990, CJ XV, V－134; Almeida Costa and Pinto Monteiro 21：但是，保证人不应支付，并且会丧失追索权；在奥地利，一位学者得出结论，如果根据现有证据可以完全相信，上文（参见注释 6 总结的条件已经得到了满足，则保证人只是有权拒绝履行；如果只是存有疑问，那么履行仍须作出：Harrer 67）。

14. 在其他国家，由于存在保护债务人的义务，保证人必须拒绝履行，因此保证人对债务人负有不予履行的义务（比利时：de Marez no. 33；法国：Devèze, Couret and Hirigoyen no. 3708；但是，根据 2006 年新民法典第 2321 条第 2 款，保证人并不负有拒绝支付的义务，只是有权拒绝；希腊：Georgiades § 6 no. 143; CFI Athens 9714/1996, EED 49, 45；关于跟单信用证，Georgiades § 11 no. 73；意大利：根据学者和法院的流行观点，往往以存在于债务人与保证人之间的委托代理关系为基础；参见 De Nictolis 113; Calderale 259 ff.; Tommaseo, Autonomia negoziale 425; CFI Torino 27 September 2003, Giur. mer. 2004, 280; CFI Bologna 20 January 2003, BBTC 2005 Ⅱ 79; CFI Treviso 24 December 1997, Riv. Dir. Civ. 1998 Ⅱ 443; CFI Roma 26 May 1995, Foro it. 1996 I 1091；西班牙：Sánchez Calero, El contrato autónomo 389）。在英格兰，如果债务人清楚认识到保

证人一方存在欺诈,并且可以加以证明的话,他可以通过禁令制止保证人向债权人履行(Andrews and Millet no. 16－021; O'Donovan and Phillips nos. 13－28 ff.)。

15. 关于保证人因履行而被赋予的对债权人的返还请求权,参见第Ⅳ.F－3:106 条(保证人请求返还的权利)注释 6 至 12。

(d)债务人保护的范围:相对于保证人和债权人

16. 债务人可以对债权人提起法律诉讼:如果被担保的风险并未发生,债务人有权根据他与债权人的关系主张后者并未请求保证的履行(比利时:de Marez no. 39;英格兰:Andrews and Millet nos. 16－025 ff.; 关于欺诈案件的证明标准是否可以低于与对保证人提起诉讼相对应的情况,是存在争议的,参见 Themehelp Ltd. v. West [1996] QB 84; see also O'Donovan and Phillips nos. 13－38 f.;希腊的少数人意见: CFI Athens 7913/1998, EED 50, 279; Georgiades § 6 no. 148;关于跟单信用证,Georgiades § 11 no. 60; PORTUGAL: Pinheiro 461)。在荷兰和意大利,债务人往往出于程序上的原因,既可以禁止保证人履行保证,也可以禁止债权人利用保证(荷兰:Pabbruwe, Bankgarantie / borgtocht 54, 58; Dutch Business Law § 6.05 [4] [e];意大利: CFI Roma 26 January 1996, Foro it. 1996 I 2540; CFI Genova 9 December 1992, Giur. comm. 1993 Ⅱ 757;不过,债务人的临时保护很少会对债权人提出,特别是在国际贸易中:Bonelli, Le garanzie bancarie 153 ff.;但也可以参见下文注释 17)。

17. 债务人可以要求保证人不对债权人进行支付。这项权利可以通过要求禁止支付的临时禁令在法院强制执行(奥地利:OGH 16 December 1981, SZ 54 no. 189 at p. 931;德国:Horn, Bürgschaften und Garantien nos. 583－591 with case law;意大利:CCP 第 700 条及以下; Bonelli, Le garanzie bancarie 133 ff.; Tommaseo, Autonomia negoziale 426 ff.; e. g. CFI Milano 17 July 2003, Foro pad. 2003 I 398; CFI Bologna 20 January 2003, BBTC 2005 Ⅱ 79;葡萄牙:STJ 14 October 2004, CJ (ST) XⅡ, Ⅱ－55)。

(e)仅针对保证人

18. 但是,在其他国家,如果债权人滥用其权利,债务人只能禁止保证人进行支付。债务人的这项权利可以通过临时禁令来强制执行(奥地利:OGH 28 June 2005, ÖBA 2006, 62, 64 ("firm court practice"); 16 December 1981, SZ 54 no. 189 p. 931;法国:Devèze, Couret and Hirigoyen no. 3692; Simler no. 971;德国:MünchKomm/Habersack no. 35 preceding § 765)。不过,在某些国家,债务人是不被允许介入到保证人与债权人之间的关系当中的,因而他不能禁止保证人向债权人支付(西班牙:Sánchez Calero, El contrato autónomo 391;希腊:CA Athens 3425/1985, Arm 41, 578;德国的少数人意见:Staudinger /Horn nos. 320 ff. and 336 ff. preceding § § 765 ff.)。

(f)仅针对债权人

19. 在丹麦,债务人仅有权禁止债权人提出明显滥用的的支付请求(Pedersen, Bankgarantier 65, 148, 155 and 158)。

第Ⅳ.G－3:106条　保证人请求返还的权利

(1)保证人有权要求债权人返还其取得的利益,如果:

(a)债权人请求履行的条件没有得到满足或嗣后消失;或者

(b)债权人的履行请求明显滥用或欺诈。

(2)保证人请求返还利益的权利适用第七卷(不当得利)的规定。

评　论

A. 争论

如果请求履行的条件并未得到满足或嗣后消失,或者该请求滥用或欺诈,则在独立保证之实际的三角关系中,谁才有权要求返还保证人应债权人的请求所作出的履行,这是不太清楚的。是保证人有权,还是债务人有权呢? 还是说两者都有权呢?

国内法律制度在这个问题上有着很大的不同,有时使用极其细微的区别来将该权利分配给一方或另一方。然而,在这一领域,任何这样的区别似乎都是不可行的,因为它留下了大量的不确定性。因此,只有保证人和债务人之间的可替代性才能提供清晰性和确定性。

鉴于保证人应债权人的请求所作出的履行,往往会消灭(或减少)债务人对债权人所负的、在这双方之间的基础关系的框架中的义务,所以疑问就可能会出现。这一事实有时被人们用来论证,这种履行的返还只能由债务人来请求。不过,这种说法忽略了下列事实,保证人的义务是单独的和独立的义务,并且其内容通常也与债务人对债权人所负的义务相区别。保证人只履行担保义务;当然,这种履行通常也会消灭(或减少)债务人对债权人的义务,但是这种效果是附带发生的。授权给保证人有着更好的理由。履行的人在矫正不当履行的过程中有着最大的利益。此外,保证人对于履行作出时的情况,以及保证人不得对债权人提出的抗辩和异议更为熟知。这种解决方案还避免了救济的重复,不用先赋予债务人请求债权人返还的权利,然后再赋予保证人请求债务人返还的权利。后者的做法不仅是效率低下的,而且如果债务人陷入破产的话,还会将清偿风险加之于保证人。

但是,关于由调整独立保证之条款所设定的事实或法律规则,保证人往往需要债务人的协助。如果债权人根据独立保证请求履行的条件原来得到了满足,嗣后又消灭的话,这种协助甚至是更为重要的。

如果当事人感觉,让债务人对债权人提出请求或诉讼更为方便的话,他们便可以

自由地商定将保证人的权利转让给债务人。

不过，对于保证人的权利，存在着一项重要的外部限制。这源自于第(1)款的措辞。保证人只能对债权人援引独立保证的条款。相比之下，保证人并无权援引债务人与债权人之间的基础合同条款或其他法律行为。如果债务人在履行并不应当作出的情况下对债权人履行了被担保的债务，而保证人也作出了履行承诺并予以兑现，则任何返还请求都必须由债务人向债权人提出。这一限制之唯一的例外是明显滥用或欺诈请求的情况；但是，这种例外要加以非常严格的解释。

B. 请求履行的条件并未得到满足

当收到履行请求时，保证人必须检查独立保证的有效性，以及该请求是否严格符合独立保证的条款和条件；债务人必须获得该请求的通知(参见第Ⅳ.F－3：102条(保证人对债权人的通知义务))。然而，由于误解，或者由于保证人或债务人职员中有资格的人的暂时缺席，保证人可能会错误地认为，应当按照债权人的请求予以履行，并且实际上进行了履行。那么，保证人便有权要求返还因履行而付出的利益。

示例1

法国的甲与英格兰的乙签订了一份买卖500只英国绵羊的合同。应乙的请求，甲要求伦敦的丙银行就价款的支付提供独立保证，而该价款要在将绵羊装船运往法国并由兽医出具绵羊证书之日起由乙利用。虽然由于乙未予申请证书而并未将其提交，但他仍然要求付款。丙银行的一位雇员忽视了所要求的证书的缺位，并因此承兑了乙的支付请求。丙银行可以根据独立保证要求乙返还支付的款项。

C. 保证人的抗辩或反诉

如果保证人并未被允许根据独立保证或见索即付的独立保证条款提高或抵销，则他可以就此对债权人提出抗辩或反诉。履行担保之后，保证人有权以那些抗辩或提出反诉为基础要求返还其履行。

D. 请求履行条件的嗣后消灭

提供担保时已经存在的请求理由可能在后来消灭。

示例2

基本事实与示例1相同。不过，乙已经申请并获得了这种证书，而丙银行正式对其进行了支付。此后，由于英格兰的疯牛病危机，该兽医证书被撤销。

基于评论A中给出的理由，保证人在这种情况下也有权要求返还支付的款项。

值得一提的是，仅当独立保证的条件并未得到满足或者嗣后消灭的情况下，独立

保证人才有权要求返还已经履行的利益。如果仅仅因为植根于基础关系中的理由而履行独立保证,而该理由从来没有得到过满足或者嗣后消灭的话,那么只有作为该合同一方当事人的债务人有权要求“返还”履行。

示例3

基本情况与示例2中相同,但事实证明,绵羊受到了感染,因此法国海关当局拒绝绵羊入境。甲终止了合同关系。这种情况下,只有甲而非丙银行可以要求乙返还付款。

E.明显滥用或欺诈的请求

如果独立保证人出于某种原因应明显滥用或欺诈的请求——它被现有的证据所证明——进行了履行,保证人有权请求返还所履行的利益。与此相关的原因已经在评论A中提到了。

不过,如果保证人因向债权人履行已经(或者在将来可以)获得了债务人的补偿,那么对于当事人而言,由债务人提出返还请求可能是更为便捷的;保证人可以简单地将对债权人的权利转让给债务人。

F.通过不当得利规则调整的结果

本条第(1)款中所规定的条件是与不当得利诉求的基本条件密切相关的。因此,将保证人请求返还履行利益的权利归之于第七卷规定的那些规则,其结果是完全一致的。

特别是,如果保证人在债权人请求时知道(或应当知道)该请求与独立保证的条款和条件并不符合,或者该请求明显滥用或欺诈,关于不当得利的规则便会妨碍保证人提出返还的请求,在这种情况下,保证人有权提出那些抗辩。

注　释

Ⅰ.独立保证无效时的返还

1.根据奥地利、丹麦、德国、希腊、意大利、葡萄牙和西班牙法律,如果独立保证无效,独立保证人可以请求债权人返还(奥地利:OGH 11 May 2005, ÖBA 2005, 899, 901; Avancini/ Iro/ Koziol no. 3/156;丹麦:Pedersen, Bankgarantier 72 f.;德国:Staudinger/Horn no. 346 preceding § § 765 ff.; Hadding, Häuser and Welter 727;希腊:Georgiades § 6 no. 128;意大利:Cass. 6 October 1989 no. 4006, Giust. civ. 1990 I 731; Rossetti 16;葡萄牙:Pinheiro 455;西班牙:Sánchez-Calero, El contrato autónomo 402)。

Ⅱ.不符合独立保证条件时的返还——第(1)款(a)项

2.根据德国、希腊、意大利、葡萄牙和西班牙法律,如果依照独立保证的条件,因为独立保证

人所为之履行在数额、时间或者受益人等方面并不应当履行,所以并不存在根据独立保证请求履行的权利,则独立保证人可以要求返还(德国:Staudinger /Horn nos. 346 and 244 – 246 preceding § § 765 ff. ; Hadding, Häuser and Welter 727;希腊:Georgiades § 6 no. 128;意大利:Cass. 6 October 1989 no. 4006, Giust. civ. 1990 I 731; Viale 203; De Nictolis 196;荷兰:Pabbruwe, Bankgarantie 63;葡萄牙:Castelo Branco 79; Pinheiro 455;西班牙:Sánchez – Calero, El contrato autónomo 403)。同样,根据英格兰法律,如果保证人不慎对不符合要求的文件进行了支付,则他在适当情况下有权请求返还;不过,有位著名的学者指出,这种返还请求权仅限于提交的文件是完全无价值的情况(参见 Goode, Commercial Law 998)。

Ⅲ.不符合基础关系条件时的返还

3.在德国,除了明显滥用的请求以外,保证人不得诉诸债务人与债权人之间的关系,除非并且仅当保证提到该种关系时才是例外。不过,在不存在该种提及,尤其是在见索即付的独立保证情况下,独立保证人在多大程度上可以诉诸基础关系的不足,这是富有争议的(参见 Hadding, Häuser and Welter 729)。今天,联邦最高法院和大多数学者都反对在这种情况下保证人向债权人请求返还,而只是承认了保证人因违约向债务人请求损害赔偿的权利(BGH 25 September 1996, ZIP 1997, 275, 277 f. ; 相反的意见,Staudinger/Horn nos. 347 f. preceding § § 765 ff. ; 也可参见 Horn, FS Brandner 632; Zahn, Eberding and Ehrlich no. 9/122)。当债务人嗣后履行的时候,独立保证人请求返还的可能性甚至是更少的(参见 Canaris, ZIP 1998, 500 and Bankvertragsrecht no. 1143)。同样,在奥地利、英格兰、法国、意大利、荷兰和葡萄牙,如果根据债务人与债权人之间的基础协议的条件,该支付是不合理的,也正是债务人才有权要求返还根据独立保证作出的支付(奥地利:Avancini/Iro/Koziol no. 3/157; OGH 12 August 1996, ÖBA 1997, 64, 66; OGH 16 March 1988, SZ 61 no. 63 p. 327;英格兰:Goode, Commercial Law 998;法国:Simler no. 1002;意大利:Cass. 6 October 1989 no. 4006, Giust. civ. 1990 I 731; De Nictolis 197;荷兰:Dutch Business Law § 6.05 [4] [b]; Pabbruwe, Bankgarantie 63; 也可参见 CFI Breda 27 April 1993, NJB 1996 no. 99;葡萄牙:Galvão Telles 283)。

4.在希腊,如果是跟单信用证(根据通行观点,那被认为是民法典第 876 条及以下所规定的广义的支付令)的话,当基础关系不足或者据此所产生的债务被有缺陷地履行的时候,债务人有权提出不当得利的请求(参见 Georgiades § 11 no. 65)。

5.根据丹麦法律,如果事实证明,保证人根据债权人与债务人之间的合同所进行的支付实际上是无根据的时候,债权人必须将依据独立保证所获得的付款予以返还;通常,保证人和/或债务人都有权提出该种请求(参见 Pedersen, Bankgarantier 72 f.)。

Ⅳ.请求明显滥用时的返还——第(1)款(b)项

6.根据大多数成员国的法律,在请求明显滥用的情况下,作出履行的独立保证人可以请求返还(奥地利:Avancini/Iro/Koziol no. 3/57;丹麦:Andersen, Madsen, Nørgaard, Aftaler 144;英格兰:Goode, Commercial Law 997;德国:关于见索即付的独立保证,BGH 10 November 1998, BGHZ 140, 49, 51 f. ; Staudinger/Horn no. 358 preceding § § 765 ff. ;希腊:Demetriades 77;意大利:Cass. 6 October 1989 no. 4006, Giust. civ. 1990 I 731; Bonelli, Le garanzie bancarie 176;荷兰:Pabbruwe, Bankgarantie 63 f. , 其理由是,如果债权人的请求是明显滥用的,保证人就要拒绝履行,并且不能借记债务人;葡萄牙:Ferrer Correia 257;西班牙:Sánchez – Calero, El contrato autónomo 389; Carrasco a. o. 339, 360)。

7. 不过,在奥地利,当保证人尽管知道或应当知道债权人的请求是不合理的或者滥用的,但仍履行了独立保证的时候,存在着一项上述规则的例外。在这种情况下,只有债务人有权请求债权人返还(OGH 11 May 2005, ÖBA 2005, 899, 902 and 23 June 2005, ÖBA 2005, 902, 904)。同样,在法国,在不当请求的情况下,债务人有权请求返还(Simler no. 1002)。

Ⅴ. 保证人请求的基础

(a)包括不当支付在内的不当得利——参见第(2)款

8. 在一些国家,保证人的返还请求权是以不当得利为基础的(奥地利:Avancini/Iro/Koziol no. 3/156;丹麦:参见 Vinding Kruse chap. 8,虽然并不存在关于不当得利的一般规则;德国:MünchKomm/Habersack no. 20 preceding § 765; Hadding, Häuser and Welter 727 ff.;希腊:Georgiades § 6 nos. 127 ff. and 144, § 11 no. 65;葡萄牙:Pinheiro 455)。

9. 在比利时、意大利、荷兰和西班牙,履行返还请求权只能以关于返还错误支付的更为具体的规定为基础(比利时:民法典第 1235 条第 1 款和第 1376 条及以下:Vliegen nos. 252－255; Dirix, Obligatoire 264 f.;意大利:民法典第 2033 条;Rossetti 16; Cass. 6 October 1989 no. 4006, Giust. civ. 1990 I 731;荷兰:民法典第 6:203 条及以下;Pabbruwe, Bankgarantie 63 f.; Croiset van Uchelen 25, 27;西班牙民法典第 1895 条至第 1901 条)。如果债务已经被支付,或者债务已经被抵销,或者接受付款的人实际上并不是债权人,或者支付的人并不是真正的债务人,该支付便是不当的(参见比利时民法典第 1377 条;西班牙民法典第 1901 条)。偿还债务的人并不需要犯有错误;过失并不会妨碍以不当支付为基础请求返还。如果关于支付是否真的不当存在疑问,则错误必须被证明。例如,如果偿还债务的人明知贷款不应支付而支付,他就必须证明,偿还债务的人为什么实际支付,以及该支付实际上是否是不当的(Vliegen no. 252)。建立在不当支付之上的请求权的后果是由比利时民法典第 1377 条至第 1381 条规定的,尤其是第 1378 条:“如果接受的一方存在恶意,他就必须返还本金,以及自支付之日起的利益或孳息。”相应的规定也可以在荷兰(民法典第 6:206 条、第 3:121 条)和西班牙(民法典第 1896 条第 1 款)找到。

10. 在英格兰法律上,保证人请求债权人返还支付的金钱的权利可能是以事实的错误为基础的(参见 Edward Owen Engineering Ltd. v. Barclays Bank International Ltd. [1978] QB 159, 170; Bank Tejarat v. Hong Kong and Shanghai Banking Corporation (CI) Ltd. [1995] 1 Lloyd's Rep 239, 244)。不过,有人认为,关于作为返还请求之基础的文件真实性或一致性的事实错误,在涉及债权人欺诈,或者文件的提交完全无价值的情况下,只能由保证人对债权人提出。他们指出,返还金钱请求权等同于对已经被接受的文件的拒绝;作为一个政策问题,这应当被阻止(参见 Goode, Commercial Law 998; Jack, Malek and Quest no. 5.81)。

11. 相反,在法国,一些学者认为,不论是关于不当得利的判例规则,还是关于不当支付(参见上文注释 9)的规则,都不能适用(参见 Simler no. 1004; Malaurie and Aynès/Aynès and Crocq no. 346)。支付并不是不当的,因为它是以合同为基础的。但是,参见下文注释 14。

(b)限制

12. 如果保证人明知债权人的请求缺乏理由,尤其是存在滥用时而对其进行了支付,则根据奥地利民法典第 1432 条,德国民法典第 814 条和希腊民法典第 905 条,不当得利的请求可以被排除(奥地利:OGH 23 June 2005, ÖBA 2005, 902, 904; Avancini/Iro/Koziol no. 3/156;德国:Staudinger/Horn nos. 349, 358 preceding §§ 765 ff.; Hadding, Häuser and Welter 727;希腊:Georgiades § 6 no. 144 and § 11 no. 65 for letter of credit)。同样,在意大利法律上,如果保证人

知道或有证据证明该请求的滥用性质，其返还请求权也可以被排除（CFI Milano 13 December 1990, BBTC 1991 Ⅱ 588）。在西班牙，有人沿着同样的思路指出，由于对提交的文件的疏于审查而导致的对债权人之欺诈的单纯疏忽的无知，并不会将保证人要求债权人返还的权利排除在外（Sánchez－Calero, El contrato autónomo 403）。相反，在葡萄牙，决定性因素是保证人履行的意图，是否知道债权人之请求缺乏理由是无关紧要的（Pires de Lima and Antunes Varela 464）。

（c）违约

13. 因债权人的违约，保证人也可以提出损害赔偿请求（德国：Horn, FS Brandner 630）。此外，在英格兰法律上，由于违反了文件真实以及并不存在与保证条款之潜在的不一致的隐含担保，提交了不适格文件的债权人是否承担损害赔偿责任，则存在着某些争论（参见 Goode, Commercial Law 998；相反的观点，参见 Jack, Malek and Quest no. 5.81）。

（d）非约定的损害赔偿责任

14. 此外，德国民法典第826条和希腊民法典第919条规定，在某些滥用请求的情况下，独立保证人享有因不道德的、故意的和恶意的侵害而要求损害赔偿的权利（德国：Staudinger/Horn no. 358 preceding §§ 765 ff.；希腊：Georgiades § 6 no. 144）。此外，在法国，这种权利也是被承认的，尤其是在明显滥用的情况下（参见 Simler no. 1004）；当然，债权人的错误必须得到证明（参见 CA Paris 14 March 1988, D. 1989, Somm. Comm. 152）。

Ⅵ. 相互参照

15. 独立保证转让后的返还，参见第Ⅳ.F－3:107条（定期或未定期保证）注释13。

第Ⅳ.G－3:107条　定期或未定期保证

（1）虽然直接或间接地约定了保证期间，但如果债权人在保证期间经过前有权利要求保证人履行并根据第Ⅳ.F－3:103条（独立保证人的履行）第（1）款或者第Ⅳ.F－3:104条（见索即付的独立保证）的规定要求保证人履行保证债务的，保证人即便在保证期间经过后仍须例外地负有保证责任。第Ⅳ.F－2:108条（诉诸保证的期间）的规定准用之。保证人的责任范围限于当保证期间届满时债权人可以请求的数额。

（2）没有约定保证期间的，保证人得以通知形式设置至少三个月的保证期间。保证人的保证责任范围限于在其设定的保证期间届满时债权人可以请求的数额。如果保证系为特定目的而设立，不适用前句规定。

评　论

A. 概述

基本理念。在本部分中，关于约定期限及其法律后果的问题，我们认为从属保证

和独立保证应当遵循实质相同的规则。这种做法是与国际规则相一致的，据此，至少在关于诉诸保证期限的问题上，独立保证的规则是与从属保证之第Ⅳ.F－2:108 条（诉诸保证的期限）的规则相类似的（参见 UCP 500（1993）第 42 条，《联合国独立保证公约》第 11 条第（1）款（d）项和第 12 条（a）项）。

规则的内容。第（1）款规定的是附有诉诸保证之约定期限的独立保证，而第（2）款调整的则是保证人在保证未附期限情况下限制责任的可能性。在这两款当中，规则都是以分别与第Ⅳ.F－2:108 条（诉诸保证的期限）和第Ⅳ.F－2:109 条（对未附期限之保证的限制）非常类似的方式来起草的。不过，细微的差别源自于本章规定之保证的独立性质。

B. 附有诉诸保证之期限的保证

范围。独立保证可以附有不同类型的期限。某些与保证责任条件之时间点有关的期限——如果有的话——必须得到满足。但是，第（1）款所涉及的诉诸保证的期限存在于双方当事人约定保证人在一定时间经过后不再负责的情况下。这通常出现在当事人使用了类似"该保证于 8 月 31 日终止"或"保证人只在 8 月 31 日之前根据该保证负有责任"的条款的情况下。

期限届满的后果。从第（1）款第 1 句（"保证人仍须例外地负有责任"）可以间接推导出，一般的规则是保证人在约定期限届满后完全不再对债权人负有责任。仅当债权人在适当时间并以规定方式请求履行的时候，保证人才在约定期限届满后仍负有责任。

请求履行的时间。显然，仅当履行请求在约定期限届满之前作出时，该请求才能产生延续保证人之责任的效果。此外，出于与第Ⅳ.F－2:108 条（诉诸保证的期限）类似的理由，债权人一般必须被赋予在请求时获得履行的权利，即保证责任的附加条件——如果有的话——必须获得满足。在这些条件只是在接近约定期限届满时得到满足的情况下，该规则可能对债权人造成困难；为了解决这个问题，第Ⅳ.F－2:108 条第（3）款在加以适当调整的前提下是可以适用的。因此，当上述条件（在独立保证的语境中，用被担保债务的到期取代第Ⅳ.F－2:108 条第（3）款的相关规定）在保证期限届满时，或在期限届满前 14 天内得到满足的时候，根据保证提出的履行请求可以稍早，但不能早于期限届满前 14 天。

保证人的责任范围。即使履行请求是按照上述要求作出的，保证人的责任范围也限于期限届满之日债权人根据保证可以请求的金额。随后的发展不能增加保证人的责任；从约定期限本身来看，它也要遵循仅当保证的责任条件在该时间到来时得到满足的情况下，保证人才负有责任的规则。

C. 未附期限的保证

范围。第（2）款规定的是并未附有任何期限的保证，即既未附有第（1）款所规定的

诉诸保证的期限,也未附有任何类型的限制(据此,保证人的责任实际上取决于某种在一定时间前获得满足的条件)。保证是否附有此种期限,这是个双方协议之解释的问题;某些解释的一般规则可以参看第Ⅳ.F－2:108条(诉诸保证的期限)的评论。

设定期限的可能性。根据第(2)款第1句,未附期限之独立保证的保证人可以通过简单通知形式设置至少3个月的通知期。关于这种最低通知期限背后的理由,参见第Ⅳ.F－2:109条(未附期限的保证的限制)的评论。

限制的效力。如果保证人根据第(2)款设置了期限,保证人在该期限届满之后负有的责任,限于债权人在其时能够请求的金额。在保证人的保证涉及的是非金钱义务的例外情况下,保证人在设定期限届满时负有的义务范围是决定性的。在任何情况下,仅当保证责任的任何条件在期限届满时得到满足的时候,保证人才负有责任。不过,保证人设置的限制不会引起诉诸保证之期限的发生。

例外。如果保证是为特定目的而承担的,则第(2)款并不适用。正如第Ⅳ.F－2:109条(未附期限的保证的限制)一样,在保证的承担是为了确保债权人防范并未明确规定之风险(类似于概括保证),即在保证人对债权人根据他们的业务关系可以对债务人提出的所有支付请求都承担担保的情况下,根据本条限制保证的可能性因此便具有重要的意义。与第Ⅳ.F－2:109条的规定一样,在本条第(2)款第3句的特别例外适用时,不得诉诸第Ⅲ－1:109条(以通知形式变更或终止)第(2)款所规定的一般原则便是可能的。

注 释

Ⅰ.附有诉诸保证之期限的独立保证

1.在国际商业实践中,只有很少的独立保证是并未附有约定期限的。这些期限的含义也往往在双方协议中被详细地阐明。在这种协议缺位的情况下,尤其是关于诉诸保证的期限,从属保证期限之相应的规则是否具有适用性,这在成员国中是个极有争议的问题。

2.就从属保证和独立保证而言,大多数成员国通过实际上适用诉诸保证期限之相同的规则,似乎承认了这些规则的总体思路。在一些国家,这一结果是通过将关于从属保证期限之规则扩张适用于独立保证的方式而达到的(参见下文注释3和4);关于这个问题,其他国家则在这两种保证类型上适用了相同的合同法一般原则(参见下文注释5和6)。但是,某些成员国明确排除了这些规则的可适用性,并发展出了独立保证特殊的规则(参见下文注释7至12)。

(a)从属保证与独立保证之相同规则的适用:诉诸关于从属保证期限的规则

3.根据希腊法院的实践,关于诉诸从属保证期限的民法典第866条适用于独立保证(A. P. (Plenum) 10/1992, NoB 41, 70 ff.);不过,它只是一种任意法(*jus dispositivum*)(A. P. 133/1956, NoB 4, 617－618)。另外,某些学者否认将其适用于独立保证(Gouskou 90 ff.; Psychomanis, NoB 42, (1994), 594, 619 et seq.)。

4.某些意大利学者认为,关于附有诉诸保证之期限的从属保证的规则(民法典第1957条)也

适用于独立保证(Bianca 520; critical Portale, Fideiussione 1070 f.);根据民法典第 1957 条第 1 款,只要债权人在 6 个月内展开并努力对债权人采取可用的行动,附有期限之保证的保证人在被担保债务到期后 6 个月内便仍负有责任。但是,这在理论上并不是多数人的观点,并且它并不符合近来大多数的判例(参见下文注释 11)。

(b)合同法一般规则对这两种保证类型的可适用性

5. 在比利时和葡萄牙,从属保证和独立保证的义务都是根据合同法一般规则而终止的。显然,主合同的终止并不会影响独立保证的存在。但保证人在其届满之后并不需要对履行请求作出回应(比利时:T' Kint nos. 858－859;葡萄牙:Castelo Branco 77; Pinheiro 449)。

6. 在西班牙法律上,关于诉诸从属保证或独立保证之期限的特殊规则并不存在。因此,民法的一般规则可以适用于这两种合同类型。民法典第 1117 条规定,如果义务是以在规定期限内某种事件的发生为条件的,则该义务在期限经过,或事件确定不会发生时终止。因此,在约定期限届满后,附有期限之保证的保证人不再负有责任。具体到独立保证合同,如果在该期限内并未收到履行请求,或者约定事件并未发生,该义务是否应当终止,这是存在争议的。这个问题在国际实践中是通过规定明确的诉诸保证之期限的条款的方式来解决的,以至于该期限届满之后,履行该担保的请求便不再有效(Sánchez－Calero, El contrato autónomo 351)。

(c)合同法一般规则对独立保证的可适用性

7. 根据丹麦的文献,关于从属保证的规则一般是不可能适用于独立保证的(Pedersen, Kaution 14)。独立保证中的期限的含义必须通过解释来确定(Ussing, Kaution chap. 37; Pedersen, Kaution 14 and Bankgarantier 138)。

8. 在英格兰,有人指出,附有期限之独立保证是否遵循与从属保证相同的规则,这存在相当多的争议(参见 City of London v. Reeve & Co Ltd. [2000] C. P. Rep 73)。然而,届满日期的列入被认为是独立保证中一项重要的声明,尤其是在商业实践中(参见 Goode, Commercial Law 981);根据这种保证所提出的支付请求必须在其届满之前作出,这被认为是得到普遍接受的惯例(参见 Gorton, Independent Guarantees 250)。

9. 在法国,关于从属保证规则之类推适用也被排除在外了(Simler nos. 951 ff.)。由于其独立性质,独立保证的持续并不取决于调整基础义务的条款。与从属保证相反,独立保证的终止完全免除了独立保证人的责任(Simler nos. 952 and 955)。除了这两项基本的主张以外,民法的一般规则适用于独立保证(Simler no. 953)。

10. 在德国,独立保证一般是由当事人用期限来加以限制的(Staudinger /Horn no. 205 preceding § § 765 ff.; Canaris, Bankvertragsrecht no. 1126; Graf von Westphalen 50, 113)。如果缺少明确的协议,限制则可以通过解释从其他合同规定以及具体情况中推导出来(Staudinger / Horn no. 207 preceding § § 765 ff.)。在约定期限届满前请求是否必须作出,或者被担保事件是否必须发生,这取决于当事人的约定(Canaris, Bankvertragsrecht no. 1126)。德国民法典第 777 条之从属保证的相应规则是不能适用的,以至于约定期限届满之后,独立保证人可以拒绝支付(德国民法典第 163 条、第 158 条第 2 款;Staudinger/Horn no. 205 preceding § § 765 ff.;也可参见 Hadding, Häuser and Welter no. 712;赞成第 777 条的适用, Münch－Komm/Habersack no. 19 preceding § 765);因此,第 777 条第 1 款第 2 句规定的附加期限是不能适用的,除非合同必须被作出其他的解释(参见 Staudinger /Horn no. 206 preceding § § 765 ff.)。

11. 在意大利,近来大多数法院判决(Cass. 21 April 1999 no. 3964, RN 1999 1271; Cass. 1

June 2004 no. 10486, Assicurazioni 2005 177; Cass. 31 July 2002 no. 11368, BBTC 2003 Ⅱ 245; CFI Milano 2 July 2004, BBTC 2004 Ⅱ 620）和学者认为，民法典关于从属保证期限的第 1957 条第 1 款的法律规定适用于独立保证（contra Bianca 520; cp. also Portale, Fideiussione 1070 f.）。但是，关于该问题的替代性解决方法，则存在广泛的意见分歧。最高法院指出，要通过保证合同的解释来发现当事人是否想要将民法典第 1957 条适用于独立保证。法律学者的意见是极为不同的。根据一种以民法典第 1340 条为基础的观点，独立保证一般受到一项源自于商业惯例的隐含期限的限制；如果商业惯例并不存在，则该期限应当根据民法典第 1374 条从合同性质中推导出来（Mastropaolo 227）。另一种观点认为，除非当事人已经约定期限，否则根据民法典第 1183 条第 1 款，法官必须确定一个合理的期限，根据 1978 年 Uniform Rules for Contract Guarantees 第 4 条，那可以是 6 个月的期间（Bonelli, Le garanzie bancarie 61）。

Ⅱ. 未附期限的独立保证

12. 在比利时和法国，未附期限的独立保证可以通过一方当事人发出通知的方式来终止（比利时：Vliegen 202; contra T'Kint no. 859；法国：Simler no. 952）。如果没有特别的合同规定，未加限制的独立保证合同在德国一般是不能终止的（Staudinger/Horn no. 209 preceding §§ 765 ff.; Hadding, Häuser and Welter 713; Canaris, Bankvertragsrecht no. 1155）。但是，由于保证并非长期关系（Dauerschuldverhältnisse, cf. Hadding, Häuser and Welter 713；相反的意见，Canaris, Bankvertragsrecht no. 1133a at p. 772），所以它们至少在特殊情况下应当可以终止以重建合同自由。如果保证已经被承担了很长一段时间，或者甚至是没有任何期限，则存在特别重大的理由时，它可以被终止。此外，保证合同可能是对默示含有终止权的解释保持开放的。在这两种情况下，任何终止都只能是事后生效的（Hadding, Häuser and Welter 713；参见 Staudinger/Horn no. 209 preceding §§ 765 ff.）。在葡萄牙，关于根据民法典第 648 条 e 项所进行的最终免除，从属保证的规则可以适用于未附期限的独立保证（Pinheiro 450）。

第Ⅳ.G－3:108 条　保证权利的转让

（1）债权人请求保证人履行的权利得转让或以其他形式移转。

（2）但是，在见索即付的独立保证情况下，请求履行的权利不得转让或以其他形式移转，而只能由原始债权人行使，除非保证有不同规定。前句规定不妨碍担保收益的移转。

评　论

A. 争论

我们必须区分开两个密切联系的问题，即一方面是担保收益的转让；另一方面是通过合同或其他方式对债权人履行请求权利的转让。

B. 收益的可转让性

从应债权人的请求,对独立保证进行履行中产生的收益的可转让性在所有国家都得到了肯定(参见 1995 年《联合国独立保证公约》第 10 条)。这是与自由处分原则相一致的。因此,关于这个问题,并不需要制定特别的规则。

C. 履行请求权利的可转让性

本条仅涉及第二个问题,它在某种程度上来说是颇具争议的,因此需要特别规范。

许多国际法律文件禁止将债权人请求履行的权利予以转让,除非当事人另有约定(1995 年《联合国独立保证公约》第 9 条;UCP 500（1993）第 48 条;ICC Rules for Demand Guarantees 第 4 条;ISP 98 第 6.01 条 a 项)。这种对自由处分权利之一般原则的背离的理由是,人们担心作为独立保证受让人的新的债权人可能会滥用该权利。但是,作为一般的假设,此种担心似乎是毫无根据的。本条第(1)款因此将允许转让作为一项一般规则。它此种语境重申了第Ⅲ－5:105 条(可转让性:一般规则)规定的可转让性的一般规则。该款还允许了例如死亡或破产情况下的可转让性。

更具有风险性的独立保证类型——见索即付的保证——被本条第(2)款规定为不可转让的。这一例外通过下述事实得到了证明:即见索即付的独立保证是个相当有风险的机制,因为保证人甚至不可能提出其个人的抗辩和异议(参见第 3:103 条第(3)款)。因此,第(2)款努力在权利享有者可以自由处分其权利的一般原则与对抗潜在的滥用风险的抗辩手段之间达到适当的平衡。不过,当事人可以背离该项规则并允许转让。

D. 直接的和合格的履行请求

最后,在第(1)款所涉及的情况中,我们有必要在直接的和合格的履行请求之间加以区别。直接的请求是债权人只需提出其请求,而不需要额外的声明或文件的请求。能够被以这种方式行使的权利的转让是有风险的,因为受让人仅需要提出约定的履行请求即可。在这些情况下,债务人和保证人可能希望通过将担保权利的可转让性排除在外,来保护他们自身免受不明第三人对保证滥用的侵害。

如果独立保证超出简单请求履行之外才是合格的,直接请求的风险便可以被避免,或者至少是大大减轻了。如果当事人约定,这种请求必须配以表明诉诸请求之实质条件存在的额外的文件或声明,该目标便得到了实现。作为基础交易中债务人之直接相对人的债权人在提交所需文件过程中是最为合格的;相反,受让人通常是基础交易的新参与者。对于受让人和转让人而言,走出这种困境的最佳方式便是协作,并就根据保证条款必须提交的文件为后者安排提供。换句话说,这个问题通过一般规则是难以解决的,它必须留给受让人与转让人之间的适当协议加以解决。

注　释

Ⅰ.履行请求权利的转让

1. 在多数成员国,保证的合同转让是个很有争议的问题。下列注释涉及该问题的不同方面:首先,履行请求权利的转让(留下了谁能够单方提出履行请求的问题);其次,谁能够请求履行的问题;再次,被担保债务的转让;最后,担保权利与被担保债务的合并转让。

2. 这有时是在"收益转让"的标题下进行探讨的。在所有成员国,获得担保合同收益的权利转让都得到了一致承认(奥地利:Avancini, Iro and Koziol /Koziol Ⅱ no. 3/107; Jud/Spitzer 397;丹麦:Andersen, Kaution og bankgarantier 59 f.;英格兰:Jack, Malek and Quest no. 10.34;德国:BGH 12 March 1984, BGHZ 90, 287, 291; Graf Westphalen 149;法国:Simler no. 886;意大利:Bonelli, Le garanzie bancarie 68 f.; Calderale, Demand guarantees 130;荷兰:Pabbruwe, Bankgarantie 65;西班牙:Carrasco a. o. 366)。

3. 即使当事人排除了实际履行请求的可转让性,该项禁止也可以被狭义解释为允许将收益权利转让给受让人(法国:CFI Paris 22 February 1989, D. 1990, Somm. Comm. 204, note Vasseur)。

Ⅱ.可转让性:受让人的履行请求

4. 担保权利的转让是否能与受让人提出履行请求一起进行,以及在何种条件才可以,这是极有争议的。该争议的核心是,请求支付的权利是否是个高度个人性的问题,因而是否是可以转让的。保证人(参见下文注释9)以及债务人的同意(参见下文注释10)是否是必需的,这也是具有争议的。

(a)可转让性的否定

5. 比利时、丹麦、法国、希腊和瑞典的法律学者并不赞同担保权利的转让(比利时:RPDB, Les garanties bancaires autonomes no. 48 at 568; Van Malderen 3203; Dehouck 2; contra: Vliegen 205－207 and 213－215;丹麦:Pedersen, Bankgarantier 85;法国:Simler no. 886;希腊:民法典第455 条;Georgiades 6 no. 157; Gouskou 91 ff.;瑞典:Walin, Borgen 52, 87)。它们给出了两个理由。其一,独立保证的功能实际上类似于担保,因此它必须伴随有基础义务之履行请求权利的转让。其二,独立保证人的义务被认为是具有高度个人性的,以至于通过请求履行而激活它的权利不能在保证人未予同意的情况下转让给另一个债权人(参见下文注释9)。

(b)可转让性的肯定

6. 在英格兰和德国,实际上这种保证义务的人身属性一般是被否认的。在这两个国家,行使独立保证的权利是可以转让的(英格兰:参见 Re Perkins [1898] 2 Ch 182; British Union and National Insurance Co. v. Rawson [1916] 2 Ch 476; Halsbury/Salter para. 1263, vol. 49, 5th ed., (2008);德国:BGH 25 September 1996, ZIP 1997, 275, 278; 20 June 1987, NJW 1987, 2075; 12 March 1984, BGHZ 90, 287, 291; Staudinger /Horn no. 225 preceding § § 765 ff. with further references)。

(c)可转让性具有争议

7. 在其他国家,该问题是富有争议的。在奥地利,最高法院在最近的两个案件中允许了转让

（OGH 23 May 2005，ÖBA 2005，902，905 sub no. 4；18 January 2000，SZ 73 no. 10），但一位颇有影响力的学者严厉批判了这种立场（Avancini/Iro/Koziol nos. 3/108-3/110）。在意大利，学者们的意见分歧很大（反对可转让性，Dolmetta and Portale 91 f.；Laudisa 16；赞同的，Bonelli，Le garanzie contrattuali 233 s.）；但在意大利法律上将独立保证合法化的著名的最高法院判决涉及的是一个受让人可以请求履行的案件（Cass. plenary decision 1 October 1987 no. 7341，Giur. it. 1988 I，1，1204）。在荷兰，法院和学者之间也存在着分歧（反对可转让性，CA Amsterdam 21 February 1991，NJB 1992 no. 141；Boll 103；Pabbruwe，Bankgarantie 66；赞成可转让性，CFI Haarlem 12 January 1993，NJB 1995 no. 53；Mijnssen 66-69）。在葡萄牙，虽然判例似乎接受了可转让性（STJ 17 April 1970，BolMinJus no. 196，275），但学者们由于义务的性质而倾向于对其否认（Pinheiro 451）。

（d）其他规定

8. 如果保证人同意的话，某些国家是允许转让的（参见下文注释9）；其他的意见甚至要求债务人的同意（参见下文注释10）。

9. 根据法国的判例，如果独立保证人明确同意转让，则转让是有效的（Cass. com. 7 January 1992，Bull. civ. 1992 Ⅳ no. 3 p.3）。这最近已经得到了立法者的确认（2006年新民法典第2321条第4款）。保证人的同意也可以通过保证合同中的“凭指示支付”条款来给出。保证人单纯默示的同意——源自于保证人与新债权人之间关系的情形——似乎是并不足够的。根据法国的判例，违反禁止转让条款的担保权利转让构成了欺诈（CA Paris 23 September 1988，D. 1989，Somm. Comm. 156）。保证人因此会被免除履行独立保证的义务。在葡萄牙，一位杰出的学者在跟单信用证之相应案件中指出，保证人的同意始终是必要的，因为不仅是借贷，而且整个合同地位都被转让了（Vaz Serra，Note on acordão de 16. 6. 1970，at 176）。

10. 某些荷兰、意大利和希腊的学者认为，仅当债务人同意转让时，转让才是有效的（意大利：根据Calderale 236，当保证转让的可能性对债务人而言是便利的时候，债务人的同意便是足够的；转引自De Nictolis 151；希腊：Georgiades 6 no. 157；Gouskou 91 ff.；荷兰：Ensink 553-债务人和保证人都必须同意）。

（e）有效转让的后果

11. 在德国，当这种担保权利的转让被准许的时候（参见上文注释6），人们认为，该转让本身也并不会构成诉诸担保的条件；不过，转让人有义务要求受让人遵守这些条件，否则的话将会承担损害赔偿责任（BGH 25 September 1996，ZIP 1997，275，278 s.）。

12. 德国最高法院在一个案件中处理了反诉在转让后可能被被抵销的问题。法院认为，产生自原债权人与债务人之间的关系的反诉不能针对担保权利进行抵销，即使这种诉求已经被转让给了保证人（BGH 22 April 1985，BGHZ 94，170 s.）；相反，保证人之不确定的反诉可以针对受让人根据被转让的担保权利提出的诉求而被抵销（ibidem pp. 172 f.）。

13. 奥地利法院处理过这样一个问题，即如果保证人履行之后，事实证明独立保证是无效的，则债务人可以请求谁来返还的问题。一般来说，债务人可以请求原债权人，即转让人返还（OGH 23 May 2005，ÖBA 2005，902，905 sub no. 4；and 18 January 2004，SZ 73 no. 10 pp. 48 ss. with careful reasoning and broad references）。但是，如果——由于基础义务显然并不（或不再）存在，并且受让人知道其资格有瑕疵——存在明显的权利滥用，尤其是存在受让人的个人利益与其他相关人的利益之间的显著不平衡，则可以要求作为新债权人的受让人返还（OGH 23 May 2005，

ÖBA 2005, 902, 905 sub no. 5 b)。这些规则对应于并无转让发生时适用的那些规则(参见第Ⅳ.F－3:105 条(明显滥用或欺诈的履行请求)注释 7)。

Ⅲ.被担保义务之履行权利的转让

14.关于被担保义务之履行权利转让这种较为常见的情况,英格兰、芬兰、法国、德国和意大利的大多数学者认为,这种转让并不自动地扩展至独立保证。在西班牙法律上,似乎也是如此,虽然 TS 28 May 2004, RAJ 2004/3553 的结论被谨慎地采纳,但法院最终认定,该案中的保证并不是真正的独立保证。许多国内法律都规定,扩展至从属权利的转让并不适用于独立保证(芬兰:《独立保证和第三人担保法》第 9 条, RP 189/1998 rd 41;法国:2006 年新民法典第 2321 条第 4 款;较早的:Simler no. 887; 相反的意见,Malaurie and Aynès/Aynès and Crocq, Les sûretés no. 347:伴随基础义务的转让,独立保证的转让自动发生;德国:Staudinger/Horn no. 227 preceding § § 765 ss.; Hadding, Häuser and Welter 717; 但是,转让的解释可能表明,转让的目的还包括产生自独立保证的权利(BGH 22 April 1985, BGHZ 94, 167, 169);希腊:Gouskou 91; Demetriades 54;意大利:Laudisa 17;在英格兰,该规则既适用于从属保证也适用于独立保证,参见 O'Donovan and Phillips no. 10－178)。

Ⅳ.担保权利和被担保义务履行权利的合并转让

15.奥地利法院和学者都赞同两项权利的合并转让,因为在独立保证情况下,这并不会加重当事人所约定的相应义务(OGH 29 January 1997, ÖBA 1997, 826; Avancini/Iro/Koziol no. 3/111)。仅当当事人如此约定时,法国法律才允许合并转让(2006 年新民法典第 2321 条第 4 款 "Sauf convention contraire, cette sûreté ne suit pas l'obligation garantie")。在荷兰,通行观点也允许合并转让(CFI Utrecht 10 September 1997, JOR no. 34; Mijnssen 69－73; 相反的意见, Pabbruwe, Bankgaranties 66, although with a reservation at 67)。

第Ⅳ.G－3:109 条　保证人履行后的权利

经适当调整,第Ⅳ.G－2:113 条(保证人履行后的权利)适用于保证人履行后可以行使的权利。

评　论

A.概述

关于独立保证人在应债权人的请求履行后可以行使的权利,第三章并未规定明确的规则。相反,本条援引的是第Ⅳ.G－2:113 条(保证人履行后的权利),它调整的是独立保证人向债权人履行后可以行使的权利。不过,鉴于从属保证与独立保证之间的差异,第Ⅳ.G－2:113 条的规则只能"经适当调整"才可以适用。

这种比较新颖的思路的一般理由是,从属保证与独立保证之间的真正差异在于请

求保证人履行的先决条件。但是,在保证人向债权人履行之后,保证人相对于债务人和其他保证人的地位是与独立保证非常类似的。为了简化并实现内部一致性,对两种保证机制的履行后阶段适用基本上相同的规则,这是适当的。

B. 保证人的追偿请求权

第Ⅳ.F－2:113 条(保证人履行后的权利)第(1)款第 1 句规定了保证人向债务人请求追偿的权利。显然,同样的权利也属于已经应债务人的指示承担了担保,并已经予以履行的独立保证人。

特殊情况下,保证人可能已经放弃了追索权;当然,此时便不存在对债务人的追偿了,参见第Ⅳ.F－2:113 条(保证人履行后的权利)评论 D。

如果债务人无行为能力,或者作为假想的法人实际上并不存在,则另一种同样特殊而且罕见的情况便出现了,参见第Ⅳ.F－2:113 条(保证人履行后的权利)评论 G。

债务人可以通过反诉来抵销独立保证人的追偿请求权。

此外,参见第Ⅳ.F－2:113 条(保证人履行后的权利)评论 B 到 D。

C. 对债务人代位行使债权人的权利

为了强化独立保证人的地位,第Ⅳ.F－2:113 条(保证人履行后的权利)第(1)款第 2 句规定了独立保证人代位行使债权人对债务人的权利。与某些成员国的法律规定相一致,本条将这种代位权扩展到了独立保证人。

当然,这种代位权同样会因影响债权人对债务人之原权利的事项出现而被排除在外。关于此种排除在外的事项,参见第Ⅳ.F－2:113 条(保证人履行后的权利)评论 D。也可参见下述评论。

D. 代位行使债权人的保证和财产担保权利

保证人的代位权也扩展至债权人对债务人或第三人所享有的保证和财产担保权利。正如第Ⅳ.F－2:113 条(保证人履行后的权利)第(3)款所明确规定的,这种代位权包括“从属保证、独立保证和财产担保权利”。关于该项规则并不限于从属性担保权利,而是扩展到独立性担保权利的理由以及进一步的细节,参见第Ⅳ.F－2:113 条评论 F。本条有着将这种代位权扩展至独立保证人的特定效果。

E. 债权人在部分履行情况下的优先权

经适当调整,第Ⅳ.F－2:113 条(保证人履行后的权利)第(2)款所规定的规则也适用于独立保证部分履行的情况。参见第Ⅳ.F－2:113 条评论 E。

注 释

Ⅰ.导言

1.通过履行,独立保证人可以获得两种权利:对债务人的追索权(参见下文注释2),以及行使债权人对债务人的被担保权利(参见下文注释8至12)和担保此项权利的担保权利(参见下文注释13~14)的代位权。

Ⅱ.追索权

(a)追索权的法律基础

2.行使追索权存在四种不同的基础,每一种都有不同的理由。

(b)委托授权

3.在奥地利、德国、希腊、意大利、荷兰和葡萄牙,该基础是委托授权。在希腊法律上,关于委托的规定(民法典第722条)类推适用于独立保证人与债务人之间的关系(Georgiades § 6 no. 125)。意大利大多数学者的观点也是如此,他们将独立保证人之追索权的基础建立在对待委托之诉(an action *mandati contraria*)之上(Giusti 346;关于其他观点,主要是类推适用从属保证的规则,参见 De Nictolis 95;反对该观点的意见,参见 Calderale, Fideiussione 265)。在奥地利、荷兰、德国和葡萄牙法律上,关于追偿代理人之开支的主债务的相关规定(奥地利民法典第1042条;荷兰民法典第7:406条第1款;德国民法典第670条;葡萄牙民法典第1167条c项)是直接适用的。因此,作为本人的债务人必须清偿独立保证人在向债权人履行义务过程中所支出的费用。但是,只有独立保证人合理支出的费用才被认为是必要的,以至于如果保证人并未按照作为本人的债务人的指示行为,则保证人无权要求追偿(Staudinger /Horn no. 329 preceding § § 765 ff.)。在奥地利,人们认为,在中止条件下,当独立保证被授予,并因此可以被担保之时,追索权便已经存在了(OGH 6 April 2005, ÖBA 2005, 649, 650)。

(c)类推适用从属保证

4.在芬兰和西班牙,追索权是以类推适用关于从属保证之相关特别规定为基础的(芬兰《独立保证和第三人担保法》第28条及以下;西班牙民法典第1838条;Sanchez - Calero, El contrato autónomo 401)。参见第Ⅳ.G-2:113(保证人履行后的权利)注释。

(d)债务人与独立保证人之间的关系

5.在比利时、英格兰和法国,追索权并不以委托为基础。在比利时和法国法律上,该权利被认为源自于债务人与独立保证人之间的协议;后者履行的是他自己的义务(比利时:RPDB, Les garanties bancaires autonomes no. 173 at 605; Vliegen nos. 206, 220 - 221; Wymeersch, Garanties 98;法国:Simler no. 995)。在英格兰法律上,追索权之所以被赋予,是因为独立保证人是应债务人的请求并为了他的利益而行为的(Duncan Fox & Co. v. North & South Wales Bank (1880 - 81) 6 App. Cas. 1; Sheffield Corp. v. Barclay [1905] AC 392; O' Donovan and Phillips no. 12 - 21; Chitty/Whittaker no. 44 - 114)。

(e)法律运行

6.在丹麦和瑞典,追索权是通过法律运行而产生的,并不存在被命名的特定法律理由(丹麦:Pedersen, Bankgarantier 70;瑞典:Walin, Borgen 198)。

（f）从属保证与独立保证之间的差异

7.虽然独立保证情况下的追索权与从属保证情况下的相关权利极其类似，但仍然存在某些成员国解决方案有所不同的情况：首先，如果独立保证担保的是未成年人的债务，则后者并不负有对独立保证人进行补偿的任何义务（英格兰：Chitty/Whittaker no. 44－114；O'Donovan and Phillips no. 12－21；关于独立保证情况下的立场，参见第Ⅳ.G－2:113条（保证人履行后的权利）注释36）。其次，如果独立保证人的义务超过了债务人的义务，则保证人仍然享有全部追偿的权利（英格兰：Chitty/Whittaker no. 44－114；O'Donovan and Phillips nos. 12－21 f.；法国：Simler no. 1001）。

Ⅲ.代位行使债权人对债务人的个人权利

8.在所有成员国，独立保证人都不能代位行使债权人对债务人的个人权利（如果有的话）；此外，即使这种代位权已经发生，它也是以各种理由为基础的。

（a）不得代位，除非当事人另有约定

9.在比利时、德国、荷兰、葡萄牙和西班牙，根据流行观点，并不存在通过法律运行的代位权。从属保证之相关规定（比利时民法典第2029条；荷兰民法典第6:142条；德国民法典第774条；葡萄牙民法典第644条；西班牙民法典第1839条）被认为不适用于独立保证（比利时：RPDB，Les garanties bancaires autonomes no. 173 at 605；Wymeersch，Garanties 97；相反的意见，CFI Gand 12 February 1999，RDC 1999 727，注意Buyle and Delierneux在一个富有争议的案件中的观点，其中独立保证是由在任何营业活动之外行为，并且意图提供从属保证的消费者承担的；德国：Staudinger/Horn no. 228 preceding § § 765 ff.；MünchKomm/Habersack no. 19 preceding § 765；contra：Canaris no. 1112；荷兰：CA Amsterdam 18 August 2000，JOR 2000 no. 205；Dutch Ccom第6.05［4］［c］条；葡萄牙：STJ 13 November 1990，CJ XV，V－187；西班牙：Sanchez－Calero，El contrato autónomo 401）。在比利时，将代位权建立在民法典第1251条规定的关于代位权的一般规则的基础之上，也是不可能的（RPDB，Les garanties bancaires autonomes no. 174）。不过，在德国的多数情况下，当事人都——默示地——规定了被担保义务之履行权利的转让；当这种规定缺位时，鉴于担保的目的，该收益人必须转让被担保义务的履行权利（Staudinger /Horn no. 228 preceding § § 765 ff.）。

（b）类推适用从属保证的代位权

10.在奥地利、法国、希腊和意大利，流行观点将代位权建立在从属保证之相关规定的类推适用的基础之上。这些规定可能具有一般性（奥地利民法典第1358条；OGH 9 December 1997，SZ 60 no. 266，pp.694，698－700；Avancini/Iro/Koziol no. 3/64；法国民法典第1251条第3款；支持的，Simler no. 1001；反对的，Gavalda and Stoufflet no. 29），也可能是专用于从属保证的（希腊民法典第858条；意大利民法典第1949条；但某些时候，代位权被认为是建立在民法典第1203条第3款之更为一般性的规定之上的：Portale，Fideiussione 1071；Calderale，Fideiussione 265，267 f.）。不过，在希腊法律上，仅当独立保证人享有对债务人的追索权，或者能够证明是善意介入（benevolent intervention）的情况下，代位权才存在（民法典第736条；Georgiades § 6 no. 126 no. 19；CA Athens 3573/1970，EEN 38，655－656）。

11.此外，在丹麦和瑞典法律上，独立保证人可以代位行使债权人对债务人的权利（丹麦：Pedersen，Kaution 86；瑞典：Walin，Borgen 183 ff.，198 ff.），因为特别是在瑞典（以及芬兰），独立保证或多或少是被认为与从属保证相等同的。

（c）源自于独立保证性质的代位权

12.在英格兰法律上，代位权产生自独立保证合同的性质，并建立在公平原则的基础之上

(Morris v. Ford Motor Co. Ltd. [1973] QB 792)。这种情况下的代位权并不等同于保证人诉讼(法律)权利的转让(Morris v. Ford Motor Co. Ltd., above; John Edwards & Co. v. Motor Union Insurance Co. Ltd. [1922] 2 KB 249, 253)。在缺乏适当的约定转让时,对债务人的权利只能以债权人的名义来追求((Morris v. Ford Motor Co. Ltd., above; Esso Petroleum Co. Ltd v. Hall Russell & Co. Ltd. [1989] AC 643)。保证人可以根据费用的适当补偿原则强迫债权人允许使用其名义(John Edwards & Co. v. Motor Union Insurance Co., above; Yorkshire Insurance Co. Ltd. v. Nisbet Shipping Co. Ltd. [1962] 2 QB 330, 339; see generally O'Donovan and Phillips nos. 12-357 ff.),无论是在对债务人的单独诉讼还是在将债权人列为被告的诉讼中(参见 Mitchell 37)。

Ⅳ.代位行使债权人享有的担保权

13. 除了代位行使债权人对债务人的个人权利以外,在奥地利、丹麦、芬兰和法国,作为保证人,独立保证人同样可以代位行使债权人享有的保证和财产担保权利(奥地利:民法典第 1358 条第 2 句;丹麦:Pedersen, Bankgarantier 83 ff.;芬兰:《独立保证和第三人担保法》第 30 条;法国:Malaurie and Aynès, Les obligations no. 1213)。在英格兰,人们认为,独立保证人享有类似的地位(参见 O'Donovan and Phillips nos. 12-357 ff.);但是,此处独立保证人不能以保证人自己的名义执行债权人的权利,他只是有权以债权人的名义提起诉讼,参见前述注释。

14. 根据希腊民法典第 458 条和德国民法典第 412 条、第 401 条,如果被担保债务根据前述规则(参见上文注释 9 至 12)被转让,独立保证人则依法只能代位行使债权人所享有的从属性担保权利(Georgiades § 6 no. 126)。独立保证权利必须通过当事人的协议来转让。

Ⅴ.部分履行:债权人剩余权利的优先性

15. 在部分履行的情况下,法国和丹麦法律规定,债权人的剩余权利相对于独立保证人的权利有优先性(法国民法典第 1252 条;参见 Simler nos. 592 and 1001;丹麦:Pedersen, Kaution 87)。

16. 在德国,关于从属保证之相关规定的相应适用是有分歧的(参见 Staudinger/Horn no. 228 preceding §§ 765 ff.),但绝大多数对之予以了拒绝。因此,在部分履行的情况下,民法典第 774 条第 1 款第 2 句并不适用(Staudinger/Horn § 774 no. 61)。

17. 在英格兰法律上,并不存在与上文提到的法国和丹麦的规则相对应的规则,因为普遍的看法是,仅当债权人得到完全清偿以后,代位权才能发生(参见第Ⅳ.G-2:113(保证人履行后的权利)注释 31 更为全面的说明)。

Ⅵ.对跟单信用证的可适用性

18. 以(备用)信用证交易方式派发给银行追索权是显而易见的(比利时:De Vuyst nos. 96-97 at 53-54;英格兰:Goode, Commercial Law 954;法国:Ripert and Roblot no. 2428;德国民法典第 670 条;Schütze no. 116; Canaris no. 968;希腊民法典第 722 条;Georgiades § 11 no. 85;葡萄牙:Vaz Serra, Note on acordão de 16. 6. 1970, at 173)。

19. 其他代位权是否存在,这是不太清楚的。在英格兰和希腊法律上,这个问题由于付款银行获得了由提单所代表的货物上的法律证明而不再被讨论了(英格兰:Sale Continuation Ltd. v. Austin Taylor & Co. Ltd. [1968] 2 QB 849; Jack, Malek and Quest nos. 11.3 f.;希腊:DL 17 July/18 August 1923 art. 25 § 2)。同样,在德国,因为通过本金的预付(民法典第 669 条)和以银行标准条款形式约定的担保权,银行被认为获得了充足的担保,所以代位权是被拒绝的(Schütze no. 118; Canaris nos. 968, 970)。

第四章　消费者保证的特殊规则

第Ⅳ.G－4:101 条　适用范围

（1）除第（2）款的不同规定外，本章规定适用于保证由消费者提供的情形。

（2）本章规定不适用，如果：

（a）债权人也是消费者；或者

（b）作为消费者的保证人能够对作为非自然人的债务人施加实质性影响。

评　论

A. 概述

本条为保护消费者保证人而制定的第四章特殊规则划定了适用的人的范围。

“消费者”这个关键词在定义列表中作出了界定，因而在此不需要解释。

B. 保证的承担

保证人对保证的承担通常——除非在某些商业关系中——只是包含了保证人有利于债权人的义务；后者对于保证人提供的条款的承诺往往并不明确，因而需要进行特殊的规定，参见第Ⅳ.G－1:103 条（债权人的承诺）。就保证合同的内容而言，它是由合同自由的一般原则来调整的。不过，这种自由受到本章关于消费者承担的保证义务规则的严格限制。

C. 适用范围之人的限制

本条第（2）款以两种方式对第四章的适用进行了限制：如果债权人也是消费者，或者保证人能够对作为非自然人的债务人施加实质性影响，本章便不适用。

债权人也是消费者。如果不仅保证人，而且债权人也是消费者，通常并不需要对保证人加以特别保护。作为消费者的债权人通常与保证人处于相同的水平上；通常双方都是弱者。因此，一般的合同规则应当适用。

要求一名处于债权人位置上的典型的消费者遵守第Ⅳ.G－4:103条（债权人的先合同义务）和第Ⅳ.G－4:105条（保证人责任的性质）所规定的照顾、通知和正式手续义务的特殊规则，这是不适当的。由于对这些要求的无知，许多本来无可挑剔的保证合同会归于无效，或者至少可以被保证人撤销。这种风险是难以被接受的。

当然，有些时候虽然作为消费者，债权人也可能比保证人更为精明，因此可能通过将不公平条款强加于保证人来"杀价"。在这种情况下，保证人可以诉诸第二编第九章第四节关于不公平合同的一般性保护规则。

消费者保证人能够对非自然人的债务施加实质性影响。第（2）款（b）项的除外规则受到了某些成员国之立法和法院实践的启发。通过法律联系或实际影响力，与公司——无论是不是法人——有着密切联系的自然人，并不能受到提供给消费者的通常保护。当然，在许多情况下，在为公司债务提供保证过程中，这种人是以商事能力来行为的，例如，作为获得借贷之公司的经理或董事。但是，在实践中，某些时候这种公司之重要的非商业性股东会为公司的融资债务提供保证。

第（2）款（b）项使用了"能够……施加"的词。它并不要求该人实际上施加了实质影响，因为对于门外汉而言，确定和证明在当前案件中施加了此种影响是困难的。具有决定意义的是保证人施加此种影响的能力。该能力可能有赖于法律地位，例如，作为多数股份的持有人。不过，它也可能取决于实际情况，例如，作为某位大股东年轻而有活力的妻子。显然，根据所有相关事实中的哪些来确定，这是个事实问题。

关于本规定对为担保目的的共同债务情况的适用性，参见第Ⅳ.G－1:104条（为担保目的的共同债务）的评论。

D. 强制性规定

本条是保护消费者保证人的强制性规定。参见下一条第（2）款。

注　释

Ⅰ. 成员国中消费者保护规定的范围

1. 在各个成员国之间，保证领域内的消费者保护规定的范围至少以两种方式存在着差别。其一，消费者的概念不同（参见第Ⅳ.G－1:101条（定义）注释49至68）。成员国不仅对某人何时具备消费者的资格适用不同的标准，而且在适用特定的消费者保护规定时，是保证人还是债务人必须作为消费者，也不存在一致的意见（尤其参见第Ⅳ.G－1:101条（定义）注释63至66）。虽然在这些规则的语境中，具有决定性的是保证人的人身属性，但还存在着关注债务人之人身属性的消费者保护国内立法。这种立法还包括对保证人提供间接保护的规定，尤其是在有关消费者的事务中。其二，并不是所有成员国都包含了这些规则的一般理念，即将消费者保护规定适用于所有类型的保证（关于成员国中消费者保证保护的不同程度，以及在这一领域欧洲立法的未来前景，参见不莱梅大学欧洲法律与政治中心（the Centre of European Law and Politics at the

University of Bremen, ZERP）与牛津大学的合作研究项目，参见 Colombi Ciacchi, Unfair suretyships 281 ff.；Colombi Ciacchi（ed.），Protection of Non-Professional Sureties in Europe: Formal and Substantive Disparity, Baden-Baden, 2007）。

2. 奥地利消费者保护规定适用于多种保证类型，尤其是从属保证和独立保证（《消费者保护法》第 2 条，第 25 条 b、c、d 项），以及债务或连带债务的承担（第 1 条，第 25 条 a、c、d 项）。这些规定并不适用于雇员与雇主之间的合同（第 1 条、第 4 条）；雇员承担的向债权人担保雇主之金钱债务的任何保证形式都被禁止并且无效（独立担保提供人保护法第 1 条、第 4 条）。不过，在目前情况下，法院也适用了对应于本条第（2）款（b）项之例外（参见下文注释 32）：OGH 20 February 2003, ÖBA 2003, 957。关于德国的类似规定，参见下文注释 22。

3. 此外，在比利时，适用于消费者保证的主要规则（《消费品信用贷款法》第 34～37 条）也适用于所有为担保从消费者借贷协议中产生的债务的保证（不仅包括从属保证，也包括独立保证，Forges 331 no. 195；Lettany 221 no. 253 at 221）。

4. 除了用于保护消费者的一般规则以外，英格兰和苏格兰多数相关立法，《消费品信用贷款法》和 1983 年《消费信用贷款（保证与赔偿）规则》（参见 reg. 2），也适用于从属保证和独立保证（即补偿保证）。此外，似乎为担保目的之债务的承担也同样被包含在内，因为《消费品信用贷款法》第 189 条对“保证”给出了极为宽泛的意义。1977 年 UnfContTA 第 3 条涉及到特别的消费者保护规定，据此，排除或减少一方当事人责任的合同条款对消费者（或者任何依赖营业之书面标准条款的当事人的相对方）无效。不过，由于英格兰的保证法律通常并不通过对债权人强加责任，而是通过免除保证人的责任来保护保证人，所以该规定对于对抗营业性债权人通常使用的对消费者保证人不利的标准条款来说，只有有限的帮助：这些条款旨在于维持保证人的责任，尽管在相反协议不存在的情况下，某种事件的发生导致了保证人责任的免除，相反，这些条款的目的通常并不是限制或减少债权人的责任（参见 O'Donovan and Phillips nos. 4-160 f.）。1999 年《消费合同不平等条款规则》是否也适用于保证交易，这是存在某些疑问的（参见 O'Donovan and Phillips nos. 4-163 ff.；Andrews and Millett, nos. 3-036 ff.）。即使这些规定可以适用，它也被认为是“所有货币”条款，即将保证人的义务扩展到债务人对债权人应付的所有贷款的条款——如果是以日常理解的语言的所书写的——不应该根据 1999 年《消费合同不平等条款规则》来估价，因为鉴于界定了合同的主要标的部分，它们被认为属于第 6 条第（2）（a）款的范围（Hapgood 719；相反的意见参见 O'Donovan and Phillips no. 4-173）。不过，根据《银行法典》（2008 年 3 月版）第 13.4 条，银行受到约束，不得向个人客户采用无限的保证。

5. 在芬兰，《消费者保护法》第 4 章第 1～4 条规定了对消费者的保护。根据第 1 章第 2a 条，第 4 章的规定适用于芬兰《独立个人担保法》。与《独立个人担保法》所规定的情况无关的保证类型也适用于独立保证，但不适用于见索即付的独立保证（RP 189/1998 rd 17）。

6. 在法国，消费者立法——首先是关于消费者借贷（Loi Neiertz 1989），后来是关于所有借贷类型的（Loi Dutreuil 2003）——仅适用于从属保证（分别参见《消费者法典》第 L. 313-7 条——尤其是第 L. 313-10-1——和第 L. 341-1 条以下）。

7. 德国《消费品信用贷款法》经过一些修改，已经于 2002 年 1 月 1 日被纳入到民法典第 491 条及以下，它并不适用于从属保证（BGH 21 April 1998, BGHZ 138, 321；Erman/Saenger § 491 no. 21；approvingly: Reinicke and Tiedtke, Bürgschaftsrecht no. 476），但可以类推适用于为担保目的的债务承担（BGH 8 November 2005, WM 2006, 81；BGH 5 June 1996, BGHZ 133, 71, 77

ff.)。对于独立保证的适用性是不确定的。德国《上门交易撤销法》目前已经被纳入到民法典第 312 条及以下,根据法院和学者们的一般观点,它适用于从属保证(更多的参见 Erman/Saenger § 312 nos. 28 f.)。对于其他保证机制的适用性也是不确定的(参见 Erman/Saenger § 312 no. 30)。《格式条款法》是专门用来保护当事人免受异常条款或不公平条款侵害的,它经过某些修改已经被纳入民法典第 305 条及以下,适用于包括提供保证之合同在内的所有合同类型。

8. 有学者主张,希腊《消费者保护法》适用于各种有偿合同的形式(Georgiades § 3 no. 85)。保证被认为是一种有偿合同,因为保证人对债权人承担了繁重的义务(Georgiades § 3 no. 102)。因此,保证人一向被认为属于《消费者保护法》第 1 条第 4 款 a 项所界定的消费者(除非基于营业而承担担保),并基于这个原因被认为是外行的和缺乏经验的,尽管从技术上说,债务人而非保证人才是货物或服务之“最终的接受者”(Georgiades § 3 no. 86)。此外,《消费者保护法》之目的的宽泛含义也要求将消费者保护规定适用于各种担保类型。

9. 爱尔兰《消费品信用贷款法》仅包含了“保证合同”(参见第 2 条);似乎这个条款被认为仅限于从属保证。关于欧共体 1995 年(消费合同不平等条款)指令,它似乎也必须经受与英格兰法律同样的质疑(参见上文注释 4),因为爱尔兰条例中关于适用范围的相关规定(第 3 条第 1 款)是与英格兰的规定(第 4 条第 1 款)相类似的。

10. 关于滥用条款的意大利《消费者法典》第 33 条至第 38 条适用于消费者和营业者之间缔结的所有合同(Calvo 69 ff. 援引以前的民法典第 1469bis ~ 1469sexies 条,而那已经被 DLgs no. 206 of 6 September 2005,《消费者法典》所代替了);因此,它们既适用于从属保证,也适用于独立保证(Falcone 86 ff.)。根据最高法院的解释,即使保证人并非消费者,而只有被担保债务之债务人是消费者的话,消费者保护规则仍然应当适用(Cass. 11 January 2001 no. 314, Foro it. 2001 I 1589; Cass. 13 May 2005 no. 10107, Foro it. Mass. 2005, 1203)。

11. 在荷兰,民法典第七编中不仅规定了关于保证的一般规则(第 7:850 ~ 7:870 条),而且规定了关于由消费者承担的从属保证的特殊规则(第 7:857 ~ 7:864 条)。

12. 葡萄牙关于一般合同条款的法律(DL no. 446/85 of 25 October 1985)也适用于提供保证的合同(规定从属保证合同的 STJ 28 May 2002, 1506/02 www. dgsi. pt)。至于其他消费者立法对于保证人的适用性,则既不存在判例,也不存在具体的文献。不过,关于银行通知义务的法律(DL 220/94 from 23 Aug. 1994)第 2 条 a 项明确地将提供保证的合同从其适用范围中排除了。

13. 在除芬兰之外的斯堪的纳维亚成员国,消费者保证人的保护几乎没有什么特别的规定(对此的严厉批评,参见 Andersen and Møgelvang - Hansen 39 ff., 78 ff.)。不过,丹麦合同法第 36 条和第 38a 条及以下,瑞典合同法第 36 条并《与消费者相关的合同条款法》第 11 条都适用于保证的两种类型。

14. 在西班牙,尽管保证由私人提供极为常见,但并不存在将消费者立法适用于保证的判例,以至于关于这个问题的法律情况是不甚确定的。从字面上看,一方面新的 2007 年《消费者保护一般法》将提供保证的消费者——即虽然并不是作为产品或服务之购买者行为,但也不是作为营业者而行为的保证人——涵盖在内。另一方面,保证合同并不属于 Law no. 7/1995(《消费品信用贷款法》)第 1 条的适用范围之内,该条文的内容对应于 Directive 87/102 消费者信用贷款的相关条文(Carrasco a. o. 92)。

15. 虽然保证人是消费者,但至少某些成员国并不将其相关的消费者保护规定适用于保证合同,关于此种特殊情况,参见下文注释 29 至 34。

Ⅱ.法律一般规则和原则的适用

16. 在多数成员国,除了特别的消费者保护规定以外,对于典型弱势方的保护也可以产生自法律一般规则和原则的适用。关于通过以一般规则之适用为基础的通知义务和类似机制而对典型弱势方的保护,参见第Ⅳ.G－4:103 条(债权人的先合同义务)注释 27 至 43。

17. 奥地利最高法院制定了三项主要标准用来确定从属保证之承担是否因为违背良好道德而无效(民法典第 879 条第 2 款第 4 项):(1)保证金额与保证人的经济能力之间存在明显差异;(2)保证承担的情况,包括由于家庭团结而造成的保证人自由意志的"淡化";以及(3)债权人一方对这些因素的明知或由于疏忽的无知(主要判例:OGH 30 June 1998, SZ 71 no. 117 at pp. 125 f.; further OGH 28 June 2000, JBl. 2000, 794, 795)。1997 年,立法者为消费者保证制定了具体的规则,虽然其先决条件的严格程度有所降低,但仍然是类似的,并规定了减轻保证人义务的司法权(《消费者保护法》第 25d 条)。关于这一规定与前述判例的并存,参见上文 OGH 28 June 2000。

18. 在比利时,债权人应当确保保证合同明确约定,因为任何不明确之处在解释时都要有利于保证人,而债权人还要对此负责(Van Quickenborne no. 423)。具体来说,比利时《消费品信用贷款法》第 38 条第 3 款对其财务状况在债权人请求时已经恶化的消费者借贷的保证人进行了保护:保证人可以申请法官暂缓以与消费者债务人同样的方式予以清偿。

19. 在丹麦法律上,根据合同法第 36 条和第 38a 条及以下的一般规定,弱势保证人可以获得法律保障。

20. 英格兰法律一直努力引进谈判权力不平等之宽泛概念,目的是为了保护处于当事人并未达成平等条款情形中的保证人(参见 Lloyds Bank v. Bundy [1975] QB 326)。不过,上议院后来拒绝了这个一般原则(National Westminster Bank Plc. v. Morgan [1985] AC 686)。但有人认为,在英格兰法律上,这一原则的情形在很大程度上是根据不当影响原则来解决的(参见第Ⅳ.G－4:103 条(债权人的先合同义务)注释 30)。有时显失公平原则的适用性也被提出,但关于保证,尚未出现以此概念为基础的判决(参见 O'Donovan and Phillips nos. 4－155 ff.)。

21. 在法国,债权人必须确定,从属保证人的保证是否与保证人的财务能力成比例,否则的话,合同责任的赔偿便可能是正当的(比例原则:Cass. civ. 6 April 2004, Bull. civ. 2004 I no. 110 p. 90)。根据法国的消费者立法,如果保证人的保证在缔约时明显与其财务能力不成比例,除非其资产在履行时是足够的,否则消费者保证人的义务并不能强制执行。这项保护性的比例规则不仅适用于消费者(关于消费者借贷的《消费者法典》第 L. 313－10 条)。而且自 2003 年 8 月"*Loi Dutreuil*"颁布后,也适用于债务人作为营业者的情况(关于所有借贷类型的《消费者法典》第 L. 341－4 条)。这部法律将消费者保护扩展至所有的债务而不论其性质,在该法之前,债权人在保证过度的情况下也负有责任,但从属保证人只有根据民法典第 1382 条才能获得部分免除("Macron decision" Cass. com. 17 June 1997, JCP E 1997, Ⅱ no. 1007, note Legeais; Cass. civ. 9 July 2003, JCP 2003, Ⅱ no. 1590, note Casey)。遭受的损害赔偿便是保证金额与债务人的财务能力之间的差额。格里马尔蒂委员会建议对这种消费者保护规则加以限制(民法典建议稿第 2305 条,企业承担的保证除外,参见"Nahoum decision" Cass. com. 8 October 2002, RTD civ 2003, 125 ff.; Cass. com. 25 March 2003, RD banc 2003, 207, note Legeais)。根据该建议,保证人的责任会被削减而不是强制执行保证合同或债权人的责任,不过,该项建议并未获得 2006 年立法的认可。

22. 在经过了德国联邦宪法法院的两次干预(BVerfG 19 October 1993, BVerfGE 89, 214 = NJW 1994, 36; BVerfG 5 August 1994, NJW 1994, 2749; 关于之前的法院实践,参见 Reinicke and Tiedtke, Bürgschaftsrecht nos. 174 - 180)之后,德国最高法院以不道德交易规则(民法典第 138 条)为基础发展出了特殊的实践,来保护因其与债务人的个人关系而承担从属保证远远超过其财务能力的保证人。不幸的是,直到 2000 年 12 月,最高法院的这两个调整保证的部门才在这个目标上达成了一致,但在实现其的程度和方法上则仍存在分歧。

23. 根据目前具有专门法定资格的第十一法庭的做法(关于第九法庭的极为不同的做法,参见 the summaries of Reinicke and Tiedtke, Bürgschaftsrecht nos. 182 - 209; Erman/Palm § 138 nos. 90 ff.),已经对银行或其他商业性或营业性借贷授予人提供的从属保证以及为担保目的的债务承担(BGH 13 November 2001, NJW 2002, 746)被推定为不道德的,如果(1)保证人承担保证的程度远远超过了保证人实际和预期的未来财务状况,(2)在债务人和保证人之间存在亲近(*Näheverhältnis*)的关系,例如父母子女或配偶之间的关系(摘要,BGH 29 June 1999, NJW 1999, 2584; BGH 4 December 2001, NJW 2002, 744 - 带有对批评的反应)。有人指出,在这些情况下,保证人仅以与债务人的情感亲近为基础而承担保证,债权人可能会恶意地利用这种情势(BGH 4 December 2001 above)。在一桩案件中,这些规则也被适用于薪水微薄的雇员为提供给其雇主的银行借贷所承担的从属保证;雇员提供保证的目的是维持其工作机会,这个希望很快就破灭了(BGH 14 October 2003, ZIP 2003, 2193)。如果保证人甚至不能对借贷之约定利息加以担保,这便表明它是一项极端过度的保证(BGH 29 June 1999, NJW 1999, 2588)。不过,如果保证人从被担保借贷中获得了直接的金钱利益,或者它作为雇主对职位有所上升的雇员所造成的损害之合法赔偿请求权的对等请求,则该交易并不是不道德的(BGH 29 June 1999, NJW 1999, 2584, 2588; 更详细的参见 Fischer, WM 2001, 1056 - 1059; Erman/Palm § 138 nos. 90 ff.)。也可参见上文注释 2。

24. 在希腊,弱势保证人的保护是以民法典第 281 条、第 178 ~ 179 条、第 371 ~ 372 条和第 288 条规定的诚实信用原则为基础的,那也适用于消费者的保护(希腊:Georgiades § 3 Note 80)。

25. 在意大利,诚实信用原则(民法典第 1375 条)已经被法院广泛适用于概括保证(*fideiussioni omnibus*),其目的是在 1992 年 2 月 17 日第 154 号法律被纳入民法典第 1938 条规定之前(保证的最高担保额必须确定),将被担保债务确定下来(Cass. 15 March 1991 no. 2790, Foro it. 1991 I 2060; Cass. 25 August 1992 no. 9839, Foro it. 1993 I 2172; Cass. 7 October 1993 no. 9936, Giust. civ. Mass. 1993, 1449; Cass. 28 March 1994 no. 3003, Giust. civ. Mass. 1994, 405; Cass. 14 June 1999 no. 5872, Giust. civ. Mass. 1999, 1367; De Nictolis 222 ff.; 322 ff. with references)。

26. 在葡萄牙,民法典第 334 条、第 227 条、第 272 条和第 475 条等规定的诚实信用原则,也适用于消费者的保护(参见 STJ 25 November 1992, 81181 www. dgsi. pt; STJ 22 February 2000, 995/99 www. dgsi. pt)。

27. 此外,包含有诚实信用原则的西班牙民法典第 7 条也适用于消费者的保护。不过,那里并不存在适用于作为保证人的消费者的特殊法律或法院规则;作为保证人的消费者并不会受到超过其他保证人所应得之一般保护以外的特别保护。赋予消费者的保护只能来自于关于消费者合同的一般法律(《消费者保护法》第 59 ~ 61 条),而不能来自于担保法。

28. 在瑞典,《合同法》第 36 条以及《与消费者相关的合同条款法》第 11 条规定的一般原则,也被适用于对弱势保证人的保护。

Ⅲ. 在特殊情况下,并不适用消费者的保护规定

29. 一些成员国明确宣称,在某些情况下,即便保证人是个消费者,相关的消费者保护制度(参见上文注释 2 至 15)也不得适用。

(a)如果债权人也是消费者,则不得适用

30. 仅当债权人是企业主时,奥地利最为重要的消费者保护规定才能适用(关于上门交易的《消费者保护法》第 3 条,关于消费者保证人的《消费者保护法》第 25a ~ 25d 条)。即使雇主是个消费者,一般禁止雇员为雇主利益而提供从属保证的特别立法也可适用(《独立担保人保护法》第 1 条)。仅当债权人是个企业主的时候,德国调整消费者之上门交易和消费者借贷之债务人的特别保护规则才可适用(分别参见民法典第 312 条和第 491 条)。不过,根据英格兰和意大利的法律,消费者保护规定对保证交易的可适用性并不取决于债权人是否是个消费者(相关标准参见第Ⅳ.G－1:101 条(定义)注释 66 和 67)。在法国,对于与被担保的消费者借贷相关的某些规定而言,也是如此(《消费者法典》第 L. 313－7 ~ 313－8 条)。但是,在其他情况下,如果债权人也是消费者的话,消费者保护规定并不适用(就所有借贷类型而言:《消费者法典》第 L. 341－1 ~ 341－6 条要求债权人是营业者;对消费者借贷而言:《消费者法典》第 L. 313－9 和第 L. 313－10 条)。

(b)如果保证人与债务人公司存在特殊关系,则不得适用

31. 在一些国家,法律明确规定,对公司债务承担担保的公司高级职员不能被当作消费者。荷兰也是如此,但其条件是该职员单独或与其同事一起持有公司的大部分股份,并且该职员是公司营业的正常执行者(荷兰民法典第 7:857 条)。虽然关于这些规定似乎并不存在什么案例,但某些关于民法典第 1:88 条第 5 款的判决也是相关的,因为后者与第 7:857 条的后半部分有着相同的措辞。在一个案件中,最高法院将民法典第 1:88 条第 5 款的范围扩展到了职员持有中间控股公司的全部股份,并且作为其董事的情形(HR 11 July 2003, NJ 2004 no. 173 at p. 1459 f. 明确援引了民法典第 7:857 条的相应规定)。在另一案件中,法院认为,如果保证是在三兄弟“拥有的”几家公司之间的金融交易背景下承担的,则并不存在对营业的“正常”执行;唯一的效果是在这些公司之间重新分配债务,但它并不会对新的本金加以担保(HR 14 April 2000, NJ 2000 no. 689 at p. 4755)。芬兰对这种例外的界定甚至更为宽泛,因为它在并未提及活动的情况下,不仅包含了公司职员,而且包含了债务人公司或母公司至少三分之一股份的直接或间接持有者(《独立保证和第三人担保法》第 2 条第 6 款)。

32. 奥地利最高法院在两个案件中指出,公司债务的保证人,如果是作为其公司经理的唯一股东的话,他便不具有消费者的地位(OGH 11 February 2002, SZ 2002 no. 18 at p. 133; OGH 25 June 2003, ÖBA 2004, 143, 145)。在一个案件中,甚至是持有 25% 股份的经理也被否认了消费者的地位(OGH 20 February 2003, ÖBA 2003, 957)。相反,“根据已经确定的判例”,并未持有公司股份的公司经理在这种情况下应被认定为消费者(OGH 24 November 2005, JBl. 2006, 384, 387 with references; OGH 26 September 1991, ÖBA 1992, 578)。

33. 实际上,德国法院在共同债务之承担与其他普通的保证之间作出了区分。甚至是唯一的股东和董事为公司债务所承担的共同债务,也要受到关于消费者保护的规则调整,这在目前已成为联邦最高法院的确定判例(BGH 8 November 2005, WM 2006, 81, 82 ff.; 28 June 2000,

BGHZ 144, 370, 380 ff.; 5 June 1996, BGHZ 133, 71, 77 f.)。另外,法院将对债务人公司有着重要影响的股东、董事和其他人排除在其关于概括保证的特殊保护范围之外。此外,对近亲属的保护性做法(参见上文注释 22 和 23)一般也不适用于股东,因为在他们未提供给公司的借贷提供担保的过程中,债权人拥有正当的利益;只有小股东(上限似乎是 10%)才作为例外出现(BGH 10 December 2002, ZIP 2003, 288 at 289 with numerous references)。

34. 应予补充的是,关于(消费者)保证人与非消费者债务人之间特殊关系的存在,意大利法院已经发展出了另一种特殊的后果:如果配偶一方为另一方的营业性借贷提供了保证,并且这种资金支持被证明对营业活动是不可或缺的,法院便会认定,在配偶双方之间存在着一个事实上的公司,也就是说,保证人被认为是配偶另一方之企业的共同出资者(是否存在个人责任的限制,要视情况而定)(Cass. 14 February 2003 no. 2200, Giust. civ. 2003 I 1220);但是,对于当事人打算建立这样一个事实上的公司的默示意图而言,必须存在更多的迹象证明,例如利润的分红(Cass. 23 December 1982 no. 7119, Giur. comm. 1983 Ⅱ 847; CFI Napoli 25 March 1996, Riv. Notar. 1996, 1240; CFI Catania 15 July 1992, Dir. fall. 1993 Ⅱ 167; Galgano 66; Bronzini 167)。在这种情况下,破产程序也可以针对这种事实上的公司开启,这甚至延伸到了作为该公司之共同出资者的消费者保证人;在这些程序中,消费者保证人可以被认为以其全部资产对企业的所有债权人(不只是保证义务中的债权人)负连带责任,这通常并不受最高担保额的限制。如果保证人要求报酬,并且对主债务人的追索权被排除在外的话,尤其如此(CFI Napoli 12 December 1996, BBTC 1998 Ⅱ 84 ff.)。

第Ⅳ. G－4:102 条　适用规则

(1)除本章的不同规定外,消费者保证同样适用第一章及第二章的规定。

(2)当事人不得排除本章规定的适用,或者对其效力进行限制或变更而使作为消费者的保证人蒙受损害。

评　论

A. 导言

第(1)款规定,第一章和第二章的一般规则适用于本章所规定的由消费者提供的保证,而第(2)款则确定并指明了该适用规则的强制性。

B. 适用规则

第一章的可适用性意味着,规定在该章中的关于保证的一般规则适用于由消费者承担的保证,不过要以第四章的特殊规则为前提。

特别是,本章也适用于为担保目的的共同债务。如果共同债务人之一是个消费者,本章便适用于该保证人;这是在第Ⅳ.G-1:104条(为担保目的的共同债务)中已经明确规定了的。除了本章以外,根据第(1)款的规定,第二章规定的保证人的保护制度也适用于为担保目的的消费者的共同债务,不过要以本章的特殊规则为前提。从属保证的规则使其成为了最为温和的担保形式,这一事实证明了第二章之适用的合理性;当适用于消费者时,那些规则不得使消费者蒙受损害(参见本条第(2)款),通过该规定,这一合理性得到了强化。相反,并无担保目的的一般共同债务只受第三卷第四章第一节的调整。

此外,关于多数保证人之权利与义务的一系列规则(第Ⅳ.G-1:105-1:107条)也适用于消费者保证人。

第二章的可适用性意味着,关于从属保证的一般规则也适用于由消费者承担的保证。由于关于独立保证的第三章在第(2)款中并未提及,所以消费者的保证只能被认为是从属保证。这一结论得到了第Ⅳ.G-4:105条(保证人责任的性质)(c)项的明确确认。

虽然一般而言,第二章适用于消费者保证,但其一般原则仍然受制于许多例外。实际上,第四章的所有实体性规则都减损或补充着第二章关于从属保证的规则。这些补充或减损将在相关规则的评论中被列举出来并加以解释。

C. 第四章的强制性

与消费者(或其他弱势方)保护的通常规定一样,第(2)款规定,担保权人一方不得违背本章规则而造成消费者的损害。

应当首先指出的是,这一禁止不仅涉及第四章,而且涉及本部分所有关于保证的规则。只有将对消费者保证人的保护扩展到其他所有章,才能确保对其提供全面的保护。此外,第(1)款的消极意义,即消费者不得提供独立保证也被包括在内。

消费者保证人受到保护,以免因对本部分规则的任何违背而造成"对消费者保证人的损害"。对消费者保证人有利的违背是被允许的。对不利的违背给出抽象定义是不可能的,对其进行完整的列举也是不可能的。在每一种情况下,两项一般标准都必须得到满足。其一,特定的文书、合同或条款必须与第一至四章的具体规则相违背。其二,这种违背必须造成了消费者保证人的损害。为了演示的目的,我们可以从数十种不利的违背可能性中,举出两种特定的情况加以说明:

示例1

根据一种经常使用的条款,债权人在被担保债务的债务人完全履行任何未完成的义务之前,一直对保证人拥有所有权利。在部分偿还借贷的情况下,这种说法违背了第Ⅳ.G-2:102条(保证人义务的从属性)第(1)款的规定,因而是无效的。

示例 2

在实践中使用的另一项条款规定,即便债权人出于任何原因而未能对债务人或另一保证人行使一切可供行使的权利,保证人仍然负有责任。这一条款违背了第Ⅳ.G－2:110 条(债权人权利的限制)的规定,因而是无效的。

每一种这样的不利违背都是关系重大的。用有利于消费者的一项积极违背来“补偿”一项消极违背,这是不可能的,因为在一个和另一个因素之间附加相对权重是困难的,如果不是不可能的话。

任何对本部分之规则的不利违背的后果都没有被明确规定出来。不过,第(2)款明确暗示,被禁止的违背是无效的。这种无效主要影响到合同的禁止条款。一般而言,合同的其他部分仍然有效;但是,如果当事人之其他权利和义务的平衡受到了根本影响而有利于当事人一方,并且维持合同的其余部分是不合理的,那么整个合同就可能会无效。参见第Ⅱ－1:108 条(部分无效或无效)。对于决定是否维持合同的其余部分而言,我们并未规定抽象的公式。显然,一切都取决于具体情况,例如禁止条款的重要性,以及当事人之其余权利和义务在合同中所具有的程度和权重。

注　释

Ⅰ.消费者保护立法的强制性

(a)对消费者保证人不利的违背

1. 关于消费者提供的保证,凡是明文规定的特殊规则,它们都具有强制性。在奥地利,所有关于消费者保护的相关立法规定,包括关于消费者保证人保护的规则(第 29a～29d 条),都是强制性地有利于消费者的;因此,合同对此的违背是无效的(《消费者保护法》第 2 条第 2 款)。根据芬兰《独立保证和第三人担保法》第 1 条,该法关于私人保证人之权利和义务的规定不得对那些保证人造成不利的违背。比利时《消费品信用贷款法》第 34～37 条规定了提供给消费者借贷之保证人的保护,那是强制性的(Forges no. 193 at p. 330; Van der Wielen and Wallemacq 23)。一位学者在营业性和非营业性保证人之间作出了区分,并指出,如果保证人是个营业者,则《消费品信用贷款法》第 34～37 条便不具有强制性(Lettany no. 252bis at p. 221)。在法国消费者法律上,一切违背均被禁止,即使是对消费者保证人有利的也是如此(关于所有借贷类型,参见《消费者法典》第 L. 341－1 条至第 341－6 条;仅针对消费者借贷,参见《消费者法典》第 L. 313－7 条至第 313－10 条)。在荷兰法律上,不得因违背民法典第 7:852 至第 7:856 条(关于从属保证的一般规定)、第 7:858 至第 7:861 条(关于消费者从属保证的规定),以及根据第 6:154 条,债权人鉴于可能的代位权而对保证人负有的义务规定(民法典第 7:862 条),而对保证人造成不利。

(b)对一般消费者造成不利的违背

2. 在其他国家,这种目的在于保护保证人的专门性规则并不存在。不过,根据相关的欧盟指令,在大多数成员国,关于消费者保护的一般性立法都是强制性地有利于消费者的,因而,合同并不能违背这些规则造成消费者的不利。这包括关于消费者借贷的立法(荷兰民法典第 3:40 条并

第 7:862 条；Hartlief 224；Blomkwist 52-53；德国民法典第 506 条；意大利《银行法》第 127 条；瑞典《与消费者相关的合同条款法》第 11 条）、关于上门交易的立法（德国民法典第 312 条以下；意大利：《消费者法典》第 143 条，以前的 DLgs 15 January 1992 no. 50 第 10 条第 2 款），以及关于消费者保护的一般法律（奥地利《消费者保护法》第 2(2) 条、第 25c 条；丹麦《特定消费合同法》第 28 条；Andersen, Madsen and Nørgaard 96；葡萄牙：《消费者保护法》第 16(1) 条；西班牙《消费者保护法》第 10 条）。

3. 对于保证合同而言，尤其是关于滥用条款的规则，或者更为一般的关于标准条款的规则，只要它们被认为适用于那些合同，那就会是与之相关的（关于这个特殊问题，参见前条注释 1 至 15）。根据相关的欧盟指令，它们规定，滥用条款是无效的（英格兰和苏格兰：《消费合同不平等条款规则》1999 第 8 条第 1 款；关于这些规则对保证之适用性的讨论，参见第Ⅳ.G-4:101 条（适用范围）注释 4；法国《消费者法典》第 L. 132-1 条第 6 款；德国民法典第 307 条；葡萄牙：《合同一般条款法》第 15 条；关于消费者，也可参见第三节第 20 条、第 21 条和第 22 条；关于这一法律对从属保证的适用性，参见 STJ 12 January 2006, 3756/05 www. dgsi. pt）。

4. 此外，意大利《消费者法典》第 36 条（原民法典第 1469 条的规定），滥用条款无效。不过，必须注意的是，《消费者法典》第 33 条（原民法典第 1469 条）列出的条款并不是自动无效的，而只是以一项可推翻的滥用推定为条件。此外，《消费者法典》第 34 条第 4 款（原民法典第 1469 条第 4 款）规定，通过与消费者个别的谈判而达成的条款是有效的。《消费者法典》第 36 条第 2 款（原民法典第 1469 条第 2 款）列出的条款中，尽管是个别谈判，但仍有少数条款无效（关于意大利银行协会起草的对滥用条款应用于从属保证之示范合同的控制，参见 Petti 361 ff.；不过，在保证领域，迄今为止控制类型很少出现在法院实践中，关于该问题的判决实际为罕见的：Cass. 11 January 2001 no. 314, Foro it. 2001 I 1589; Cass. 13 May 2005 no. 10107, Foro it. Mass. 2005, 1203）。意大利银行协会提供的示范合同包含了某些贬损民法典关于从属保证之一般规则的条款。其中最为重要的是关于"见索即付"的条款，以此为基础，保证人必须应债权人的请求立即支付，但保证人在根据保证支付以后，仍然拥有对债权人提起他对债务人享有的任何抗辩的权利（*solve et repete*）。根据意大利银行——它负责监督反托拉斯法在银行部门的适用——的说法，示范合同的这一条款并不违反托拉斯法（Law no. 287 of 10 October 1990 art. 2）。不过，其他条款必须从示范合同中删除：例如，将保证人的责任扩展至任何产生自支付无效而对银行所负的其他偿还义务的条款；将保证人的责任扩展至被担保债务无效情况下产生的债务人的偿还义务的条款；违背民法典第 1957 条关于担保期限之规定的条款（Bank of Italy, decision no. 55 of 2 May 2005, www. agcm. it, Bollettino no. 17 of 16 May 2005 pp. 97 ff.）。然而，根据意大利的判例，这一决议并未禁止银行与消费者保证人之间个别协商订立此种条款（CATorino 27 October 1998, BBTC 2001 Ⅱ 87; CFI Milano 25 May 2000, BBTC 2001 Ⅱ 88; CFI Torino 16 October 1997, BBTC 2001 Ⅱ 87; CFI Alba 12 January 1995, Dir. b. merc. fin. 1996 I 501）。

5. 西班牙关于消费者保护的法律规定，违反该法规定并造成弱势一方（依附者）损害的一般条款无效（消费者保护法第 82 条）。尤其与消费者保证合同相关的是第 88.1 条。它规定，强加给消费者保证人以不成比例之责任的条款是滥用性条款。但是，因为该规则补充说，金融机构根据其管辖法律协商的融资或担保合同被推定为并非是不成比例的，所以该规定注定没有实际意义（Carrasco a. o. 131）。

(c)消费者的权利放弃

6. 在英格兰、法国和意大利,关于消费者权利的特别法包含了权利放弃的规则。在英格兰,《消费品信用贷款法》第173条明确禁止了因该特定条款无效所造成的"合同出租"(contracting-out)。法国关于上门交易的规则(《消费者法典》第L. 121-25第2款)规定,消费者撤销权的放弃是无效的。根据意大利《消费者法典》第143条第1款,放弃《消费者法典》赋予消费者的权利无效。

7. 德国民法典第312条以下和第506条分别对消费者预先放弃由关于撤销上门交易和消费者借贷的相关规则赋予的权利予以了禁止(参见Palandt/Grüneberg § 312 f. no. 1 and Palandt/Putzo § 506 nos. 2 f.)。

8. 虽然关于该法规定的强制性,希腊《消费者保护法》并没有包含一项明确的一般规定,但它对撤销营业场所外协商达成的合同(第3条第4款)和远距离合同(第4条第10款)之权利的预先放弃,以无效进行了制裁。希腊原《消费者保护法》(Law no. 1961/1991)第3条第3款规定,对该法规定的消费者之权利的放弃无效。这种明确规定在新的《消费者保护法》中的缺位,导致了人们对于消费者保护的疑虑,他何时才对放弃《消费者保护法》所赋予的所有权利之一般条款的存在不知情呢:在这种情况下,消费者可能也已经放弃了《消费者保护法》第2条第1款所规定的权利,据此,消费者不知情的条款对他并没有约束力(Alexandridou 290)。像法学文献中常见的那样,通过承认《消费者保护法》中的规则旨在保护弱势缔约方的利益,因而是强制性的,这些疑虑得到了消除(Georgiades, General Principles § 5 no. 19)。

9. 此外,在葡萄牙,类似的禁止放弃消费者保护立法所赋予之权利的禁止也是存在的(参见《消费者保护法》第16(1)条和《消费品信用贷款裁决法》第18(1)条)。

10. 仅当这并不违反公共利益或公共秩序,并且不会造成第三方损害的时候,西班牙民法典第6(2)条才允许对适用法律的自愿排除。更具体地说,西班牙《消费者保护法》第10条规定,对该法中包含的消费者权利的预先放弃是无效的,而同一条的第2句则规定了"法律欺诈"行为的无效,并援引了民法典第6条第4款,据此,依据规范文本保护所作出的旨在追求法律制度禁止的或与之相违背的结果的行为,应被视为法律的欺诈,并且不能阻止它想要规避的法律的适用。第86.7条规定,任何并未与消费者个别缔结,后者据此放弃或限制其权利的条款无效。人们已经注意到,这实际上意味着如果保证人是个消费者,从属保证的法律制度——通常是非强制性的——便是强制性的。不过,该规则被进行了狭义解释,以便将消费者弃权的无效仅仅限制在法律赋予他们的那些保护性权利上(Carrasco a. o. 131)。

Ⅱ. 造成消费者保证人或一般消费者之不利违背情况下的制裁

11. 在大多数成员国,造成消费者保证人或一般消费者之不利的违背,并不会导致整个合同的无效。但是,违背该禁止的结果在不同国家的实践中有所不同。

(a)部分无效

12. 在丹麦、荷兰、法国、德国、意大利和西班牙法律上,作为一项规则,部分无效并不意味着整个保证合同的无效(丹麦:Andersen, Madsen and Nørgaard 96;荷兰民法典第7:862条(参阅第3:41条);Hartlief 224;Blomkwist 52 f.;法国:被纳入法国《消费者法典》第L. 132-1条第6款的关于不公平合同条款的规则,关于所有借贷类型的规则(《消费者法典》第L. 341-3条参阅第L. 341-5条),以及关于消费者借贷的规则(隐含地,《消费者法典》第L. 311-18条),那规定强加连带责任的条款部分无效;意大利《消费者法典》第36条第1款,原民法典第1469条第1

款; Calvo 230 ff. ; CA Milano 31 December 1999, Giur. milanese 2000, 222,关于从属保证中,滥用条款仅仅部分无效;西班牙:Díez – Picazo and Gullón, Instituciones 462)。德国联邦最高法院也承认为担保目的的消费者连带债务的部分无效,只要法律行为的无效部分能够明确地与有效部分分离开来(BGH 14 November 2000, BGHZ 146, 37, 47 ss.)。在违反德国民法典第305c(1)条、第307条和希腊《消费者保护法》第2条第1、6、7款(1999年修订)的情况下,立场与此类似;即当标准合同中的条款是出人意料的或滥用的,这些条款便不能成为合同的部分,或者无效(希腊:Georgiades § 3 no. 97)。根据德国民法典第139条和希腊民法典第181条,法律行为的部分无效一般会导致其完全无效,除非可以推定,即便没有该无效部分,法律行为也可以达成。但是,在德国,标准合同中一项或多项条款的无效一般并不会影响整个合同的效力(民法典第306条)。相反,根据希腊《消费者保护法》第2条第8款,在这种情况下,只有消费者而非货物或服务的提供者才能诉诸整个合同的无效(根据Karakostas 68的观点,在这种情况下,关于部分无效结果的民法典第181条并不适用)。根据葡萄牙《消费者保护法》第16(3)条和DL on General Contract Terms第13条,当某些条款无效时,消费者可以选择维持合同,因而关于合同整体的一般规则或规则是可以适用的。在英格兰和苏格兰,根据1999年《消费合同不平等条款规则》,“不公平”的标准条款是“对消费者不具有约束力的”(第8(1)条);如果没有该不公平条款合同仍然成立,则其他部分对当事人仍有约束力(第8条第2款)。

(b)法院的削减与解释

13. 在奥地利,如果保证人的财产明显不足以履行保证,则其义务可以被削减(《消费者保护法》第25d条)。在法国,格里马尔蒂委员会提出了相同的建议,即适用所谓的比例原则(民法典建议稿新第2305条):如果从属保证人为私人目的而承担的保证明显与其财务能力和收入不成比例,则其义务可以被削减,除非在请求履行时,保证人能够履行该义务;不过,这项建议与其他大多数改革保证规则的建议一样,并没有得到2006年立法的采纳。根据西班牙Law 26/1984(《消费者保护法》)第10条第2款,滥用条款被认为不得包括在合同当中。其余条款将会被法官加以整合和解释,在合同存在的情况下,他应该修改当事人的权利和义务,在对消费者造成相当损害的情况下,他应该认定合同最终无效。Law 7/1998 on General Contract Terms也提到了部分无效(仅针对依据该法宣告无效的条款或条件),并规定在这些情况下,法院负有宣告合同无效的义务,或者如果其基本要素之一(根据民法典第1261条,包括合意、客体和原因)受到该无效影响的话,法院负有宣告整个合同无效的义务。

(c)不得强制执行

14. 在法国,如果从属保证人的保证与其财务能力和收入明显不成比例,则营业性债权人不得强制执行保证合同,除非请求履行时,前者能够履行该义务(关于消费者借贷:《消费者法典》第L. 313－10条,即使债务人是个营业者:《消费者法典》第L. 341－4条)。

Ⅲ. 对消费者保证人或一般消费者有利的违背

15. 在丹麦和西班牙法律上,对消费者保证人有利的违背是被允许的(丹麦:Karnov/Kristoffersen 5486 fn. 160;西班牙:民法典第6(2)条)。在德国和希腊,虽然并没有导致该效果的特别规定,但从合同自由的一般原则可以推断,对消费者有利的违背总是有可能的。在葡萄牙,同样如此(参见《消费者保护法》第16(1)条;关于特殊的例子,参见第4(2)条)。在英格兰和苏格兰,1999年《消费合同不平等条款规则》的规定仅适用于不利于消费者的合同条款(第5条第1款)(但是参见第Ⅳ.G－4:101条(适用范围)注释4)。

16. 法国关于所有借贷类型(《消费者法典》第 L. 341-1 条及以下)、消费者借贷(《消费者法典》第 L. 313-7 条及以下)和上门交易(《消费者法典》第 L. 121-23 条及以下)的规则例外地排除了所有违背,即使它们对消费者有利。

第Ⅳ.G-4:103 条　债权人的先合同义务

(1)债权人在保证人提供保证之前有义务向其说明:

(a)保证的一般法律效果;以及

(b)根据债权人所掌握的信息,鉴于债务人的财务状况,保证人可能面临的具体风险。

(2)如果债权人知道或者有理由知道,鉴于债务人与保证人之间的信任和信赖关系,存在着保证人不得自由行为或者未获得充分信息而行为的重大风险,债权人有义务确定保证人已经得到了独立的咨询。

(3)在保证人签署保证要约或者创设保证的合同至少五天前,仍未得到前款所规定的信息或独立咨询的,保证人可以在得到前述信息或独立咨询后的合理期间内撤销要约或者宣告合同无效。为此目的,五天被视为合理期间,除非情况另有不同要求。

(4)如果与第(1)款或第(2)款的规定相反,保证人并没有得到有关信息或独立咨询,他可以在任何时候撤销保证要约或者宣告保证合同无效。

(5)如果保证人依前款规定撤销了保证要约或者宣告保证合同无效,当事人取得利益的返还适用第七卷(不当得利)的规定。

评　论

A. 保护的需要

鉴于保证人因为提供各种保证而承担的各种风险,关于债务人的经济状况,自我保护的利益应该激励保证人从债务人处获得尽可能多的信息。私人,甚至如此众多的商业伙伴,常常知道或至少往往将会或应该能够发现这种信息。

但是,几乎所有成员国的经验表明,存在着许多私人,他们或者闭眼无视潜在的风险,或者难以获得相关的信息。在某些国家,一些立法者和法院迫使债权人在某些情况下向保证人披露债务人的财务状况。这使得保证人能够知道他因承担保证而面临的风险。这也是对消费者保证人的一种保护规则,尤其是作为债务人的近亲属,他们往往对债务人的经济状况是无知的或视而不见的,因为他们受到了提供帮助的热望、亲情和善意的情绪的推动。因此,有必要建立具体的规则,通过披露给保证人其他的

信息以便使其可以更好地评估因承担保证所面临的风险,来保护保证人。

鉴于私人债务人(他往往也是个消费者)的亲属或朋友通常会在无酬劳的情况下承担保证,这种帮助是更为必要的。实际上,他们“捐献”了丧失其大部分甚至全部财产的信用和风险。

B. 对保证人提供的信息和建议

债权人的信息。第(1)款规定了债权人必须向保证人披露的信息。

第(1)款(a)项并未提及债务人内在的主观风险,而是规定了与从属保证相关的一般客观的法律和经济风险。债权人必须从消费者保证人并不了解承担保证之深远影响的假设开始。特别是,保证人必须知道他们将会承担一项潜在的债务,为此他们可能要以其全部财产来承担责任。这一抽象规则的实际效果必须在保证人的脑海里留下深刻的印象。这必须以这样的方式来作出,即后者开始明确而充分地认识到因承担保证而面临的极为现实的风险。

第(1)款(b)项规定了内在于债务人财务状况中的具体的个人风险。或者以与债务人较早的交易为基础,或者通过调查,营业性的债权人通常能够评估其债务人的经济能力。关于债务人的经济潜力,目前所有可用的信息,尤其是现有财产(不论担保与否)和收益能力,都必须加以利用。这些数据也是与债权人是否向债务人提供借贷的决定相关的。在此基础上,债权人能够而且必须向保证人提供债务人之财务状况的完整描述。

在提供中期甚或是长期借贷的情况下,对债务人的调查进而提供给保证人的信息必须是更为广泛和细致的。当然,没有人会被要求作出预言。不过,那些可以相对清楚地被预知的潜在发展也必须被披露。这指的是类似债务人的年龄和健康状况等数据,以及这些可能对债务人未来的经济状况所产生的影响。

债权人的披露义务受到了“债权人所掌握的信息”这一表述的限制。“所掌握的”这个限制性词汇必须在主观意义上来理解,它指的是债权人在缔结保证时所掌握的关于债务人的所有相关信息。根据起草者的观点,可获得性并不会妨碍对保证人而言相关信息是否也必须可以获得的问题。如果债权人因为受到商业秘密,尤其是银行保密之约束规则的限制,而不得将相关信息披露给保证人,则债权人必须争取获得债务人的同意,以便将此信息传达给保证人,或者必须承担第(3)~(5)款所规定的主观不能的后果。这种主观不能必须向保证人进行通知,以便他能够寻求其他的信息来源或独立的咨询。未能加以通知的,债权人便可能对保证人遭受的任何损害承担赔偿义务。

独立的咨询。第(2)款规定了一项特殊情况,即债权人有义务确定保证人是否从第三人处获得了独立的咨询。

如果债权人“知道或有理由知道”,保证人在承担保证时“不得自由行为或者未获得充分信息”,则这种诉诸独立咨询来源的规定便是必需的。如果债权人被声称知道,这将需要充足的证据。如果债权人被声称“有理由知道”,则利害关系人必须证明,债

权人对此种事实的明知将会导出推论,债权人应当知道债务人与保证人之间信任和信赖关系的存在。

像这种保证人与债务人之间信任和信赖的关系并不符合第(2)款的规定。这种关系的存在不计其数,尤其是在运行良好的家庭当中。特别是通过对其财务的独立管理,这种家庭的成员可能获得或保留着财务方面的个人独立性。不过,可能存在更多并非所有成员都有如此程度的经验的家庭。子女往往并不能正确评估较大规模的财务风险,即便他们已经达到了成年年龄。病患或老人也可能如此,当然这取决于个别的情况。如果保证人和债务人都是后者类型关系中的成员,那么保证人不得自由行为或者未获充分信息而行为的重大风险,显然就是存在的。

如果前两款的要求得到了满足,那么关于债权人所要求的保证之承担,债权人必须确定保证人已经获得了"独立的咨询"。实际上,这意味着债权人必须要求保证人从独立的第三人处获得咨询。债权人的法律顾问明显不符合此一目的。独立咨询可以由提供法律援助的消费者组织或机构来给出。在重要或复杂的案件中,独立律师的咨询可能是必要的。这些费用应当由保证人或债务人来承担。

C. 制裁

如果第(1)款规定的信息或第(2)款规定的独立咨询被迟延提供或根本没有提供,第(3)～(5)款规定了制裁。在这些情况下,消费者保证人被认为并未谨慎地承担了保证。不论消费者保证人实际上是否遭受了损失,这些制裁都是适用的。

第(3)款和第(4)款规定了两种虽然相关,但有所不同的事实模式:如果信息或独立咨询被给出,但并未在规定期限给出的话,适用第(3)款;相反,如果信息或独立咨询根本没有提供,则适用第(4)款。

根据第(3)款,第(1)、(2)款所规定的信息或独立咨询必须在签署保证要约或创设保证的合同"至少五天"之前提供给保证人。五天应当足以收到所规定的信息或独立咨询;在数额较大的合同情况下,通常谈判需要更多的时间,以至于实际上可以提供给保证人更长的期限。本条所涉及的创设保证的合同也适用于创设保证之单方允诺或保证(参见第Ⅳ.G－1:102 条(适用范围)第(4)款)。

如果规定的五天期限并未得到遵守,消费者保证人可以在获得信息或独立咨询后的"合理"期间内撤销要约或者宣告合同或其他创设保证的法律行为无效。在正常情况下,这一合理期间是五个工作日;不过,根据具体情况可以适用更短或更长的期间(第 2 句)。该期间要比第 1 句所确定的相应期间更为灵活,因为保证人并不能预见到他何时会收到保证要约或合同的草稿。

如果并未获得任何信息或独立咨询,则保证人可以在任何时间撤销要约或者宣告合同或其他法律行为无效(第(4)款)。此项规则必须从广义上理解:如果保证人获得了信息,但该信息如此明显不足,以至于对保证人毫无帮助,甚至对与其承担保证之决定相关的情况有所误导,它也必须适用。

第(5)款实际上只有有限的相关性。在早期阶段,任何一方当事人所进行的履行都是不可能的。但是,在第(4)款规定的情况下,即当保证人根本没有获得任何信息或咨询,并因而在任何时间宣告合同无效的时候,履行很可能已经被作出了。作为该种履行之结果的所获利益的返还,便要由第七卷关于不当得利的规则来调整。

D.强制性规定

根据上一条第(2)款,本条是强制性地有利于消费者保证人的规定。

注　释

Ⅰ.债权人提供信息之先合同义务的不同基础

1. 在各个成员国,债权人通知消费者保证人的先合同义务是建立在不同的法律概念基础上的。为了规制此种通知义务,某些成员国已经颁布了专门的消费者保护法。很多时候,这种通知义务也来自于一般法律原则的适用,而有些时候,为了处理债权人并未履行通知之先合同义务的情况,错误规则也会得以适用。在一些成员国,上述概念中的某些会同时适用;例如,通知之先合同义务既可以来自于专门的消费者保护法,也可以来自于更为一般的原则。

2. 在奥地利,通知之先合同义务来自于专门的消费者保护法(消费者保护法§§25a ff.)。

3. 在比利时法律上,通知之先合同义务被规定于专门的消费者保护法(《消费品信用贷款法》第34条),并且可以从法律的一般原则中推导出来。

4. 在丹麦,通知之先合同义务是以诚实信用原则为基础的(合同法第36条)。

5. 英格兰法律上既存在规定在专门消费者保护法中的通知之先合同义务(尤其是《消费品信用贷款法》第105条第5款),也存在产生自不当影响和推定知情原则的债权人的先合同义务。

6. 在芬兰,通知之先合同义务来自于专门的消费者保护法(《独立保证和第三人担保法》第12条),以及一般法律原则的运作。

7. 法国不仅存在涉及通知之先合同义务的专门消费者保护法(《消费者法典》第L.313-7条及以下),而且债权人的义务还建立在诚实信用的原则基础上。

8. 德国法律主要将债权人的通知之先合同义务建立在诚实信用原则的基础之上,此外还以关于错误的规则为基础。

9. 在希腊,诚实信用原则被认为是通知之先合同义务的唯一基础。

10. 在爱尔兰,通知之先合同义务既来自于专门的消费者保护法(《消费品信用贷款法》第30条),也来自于一般法律规则的适用。

11. 在意大利,某些通知之先合同义务被规定在专门的消费者保护法(《消费者法典》第2条)中,而其他的则来自于可适用于所有保证类型的立法以及其他一般法律规则。

12. 在卢森堡,通知之先合同义务在有限情况下与错误规则相关。

13. 在荷兰,通知之先合同义务通常来自于错误规则;此外,某些通知之先合同义务是以一般法律规则为基础的。

14. 在苏格兰,既存在规定在专门的消费者保护法(尤其是《消费品信用贷款法》第105条第

5款）中的通知之先合同义务，也存在以诚实信用原则为基础的债权人通知之先合同义务。

15. 根据西班牙法律，通知之先合同义务来自于诚实信用原则，并且受到强制规定在《消费者保护法》第61条和第62条中的条件和扩展的制约。那里并不存在与通知义务相关的特殊担保。

16. 在瑞典，某些消费者保护法规定了通知之先合同义务（《消费品信用贷款法》第6、7条），而在其他情况下，债权人的此种义务是以一般原则为基础的（《合同法》第36条）。

Ⅱ. 关于债权人通知消费者保证人的先合同义务的具体规则

17. 多数成员国都赞同，尤其是通过债权人的通知义务，特别保护必须提供给多半缺乏商业经验的消费者保证人；不过，在不同的法律制度中，根据专门的消费者保护规则提供的保护程度是大相径庭的。关于未遵守这些义务情况下的制裁，一般参见下文注释44及以下。

18. 关于通知义务，奥地利于1997年颁布了一系列相互联系的规定：《消费者保护法》第25a条强制营业性的借贷提供者向作为共同债务人或保证人的配偶提交一份文件，将连带责任的风险告知他们；根据第25b条第2款，债权人必须将其配偶的违约告知保证人，而不论他们是从属保证人还是独立保证人；未履行该义务会导致保证人不对债务人违约后所产生的利息和费用负责；实践中最为重要的是第25c条：如果债权人知道或应当知道债务人可能不能（或者仅仅部分不能）履行债务，债权人必须将债务人的经济状况告知成为共同债务人或（从属或独立）保证人的消费者（第1句）。如果债权人未予通知，则仅当即便通知，担保义务仍然会被承担的情况下，保证人才负有责任（第2句）。最高法院认为：如果债权人极力主张保证的承担，这便表明债权人对债务人的清偿能力有所怀疑（OGH 22 Dec 2003, JBl 2004, 522 at p. 524; OGH 25 July 2000, SZ 73 no. 121 at p. 68）；单独的通知是必需的，而一般形式并不足够（OGH 26 January 2006, ÖJZ 2006, 454, 455）；关于即使保证人已经知情，债权人的通知是否仍为必需的问题，法院的做法并不完全一致；通行的做法支持重复通知，因为这会给保证人留下更为强烈的印象（OGH 22 December 2003, JBl 2004, 522 at 525; OGH 25 July 2000, above at p. 68; discussion and less strict view in OGH 21 July 2005, ÖBA 2006, 206 at 208）；如果保证人表示愿意承担担保，并且参与了借贷之谈判过程，而且此前拥有相关的商业经验，则通知便是不必要的（OGH 20 October 1999, ÖBA 2000, 527 at p. 531; OGH 22 October 2001, ÖBA 2002, 499 at p. 501）；在第25c条的条文之外，最高法院还允许仅仅减少保证人的义务（OGH 25 July 2000, above at pp. 69 f.）。

19. 在比利时，《消费品信用贷款法》第34条规定债权人对为提供给消费者的借贷承担保证的保证人进行通知的先合同义务，但并未在消费者和其他保证人或不同类型保证之间加以区别。债权人事先必须提供给保证人一份保证协议副本（之后，发出借贷协议缔结的通知）。关于借贷协议的修改，债权人也必须事先告知保证人（《消费品信用贷款法》第34条第2款）。

20. 在英格兰，存在着一项特殊的消费者保护法律，它规定了债权人仅负有对消费者保证人（即为受消费者保护立法调整的交易提供担保的人，参见第Ⅳ.G－1:101条（定义）注释67）进行通知的先合同义务（《消费品信用贷款法》第105条第5款；《消费品信用贷款（保证与赔偿）规则》1983第3条）。该提供的信息必须以书面形式作出，并且还必须包含一项以大写字母“你可能要代替支付”表示的警告（Part Ⅳ of the Schedule to the Consumer Credit (Guarantees and Indemnities) Regulations 1983），而债权人必须在12个工作日内提供保证文书的副本、基础交易协议的副本，以及任何所指定的文件（《消费品信用贷款（信息给予规则期限）规则》1983第2条）。此外，债权人还必须提供关于债权人与债务人的信息，以及关于保证人之担保权利和义务的声明（《消费品信用贷款法》第105条第5款；《消费品信用贷款（保证与赔偿）规则》1983第3

条；参见O' Donovan and Phillips nos. 3－176 f.）。

21. 在芬兰，《独立保证和第三人担保法》第12条规定了债权人通知消费者保证人的先合同义务，这涉及四个方面：从属保证所承担的义务和具体费用；请求保证人履行的先决条件；任何对保证人具有实际重要性的其他因素；此外，债权人必须就债务人的义务和财务状况通知消费者保证人（第12条第1～2款；RP 189/1998 rd 44 ff.）。就这些通知而言，书面形式并非必需的；如果该通知以书面形式作出，则它最晚必须在保证承担之前给出（《独立保证和第三人担保法》第12（1）条第2句；RP 189/1998 rd 46）。

22. 在法国，对消费者保证人的通知义务是含蓄规定的：不论是保证人之保证的性质，还是被担保债务的最高限额，都必须在保证合同予以注明（关于所有借贷类型：《消费者法典》第L. 341－2条及以下；仅关于消费者借贷：《消费者法典》第L. 313－7及以下）。

23. 在爱尔兰，保证人有权根据《消费品信用贷款法》第30条第（1）款（b）项获得一份被担保债务由之产生的协议文书副本。

24. 在意大利，通过Law of 30 July 1998 no. 281——目前已经被纳入《消费者法典》——颁布的消费者保护的一般规则，规定了消费者获得与专业人士提供的服务有关的充分信息和资料的权利（第2条第2款c项），并应在合同关系中获得公平和平等的待遇（第2条第2款e项）；这些规则被认为适用于消费者保证人（Petti 484）。在其他规则当中，《消费者法典》第5条第3款规定，对消费者的通知应当选择适当的通信技术；它必须被清楚明晰地表达，要考虑到合同缔结的模式，或者为确保消费者知情而运用的服务地的特点。

25. 苏格兰的情况与英格兰法律相同。

26. 在瑞典，存在着规定债权人通知消费者保证人之先合同义务的特别规范。该通知必须在保证承担之前以书面形式作出（《消费品信用贷款法》第6条、第7条）。根据瑞典金融监管局关于消费者关系的一般准则（FFFS 2005:3），债权人负有以书面形式向消费者保证人进行通知的先合同义务。债权人必须就保证人可能真正希望知道的所有情况通知后者，例如，与保证有关的额外费用（《消费品信用贷款法》第6条、第7条）。根据关于消费者关系中的保证的一般准则（FFFS 2005:3），如果债务人的经济状况在一个较长时间内日益恶化，则债权人有义务就此对保证人进行通知。

Ⅲ. 建立在一般原则之上的债权人通知之先合同义务

27. 除了对消费者保证人进行专门保护的规则以外，通常还存在某种通过债权人通知的先合同义务的保护，而它们是以一般法律原则，尤其是诚实信用原则或类似概念为基础的。不过，作为一般规则，这些通知义务不甚严格，并在有限的情况下才可适用。关于不履行这些义务的制裁，一般参见下文注释44至47。

28. 在比利时，债权人必须就保证人可能真正想要知道的所有情况通知后者，例如保证所涉及的额外费用（Cornelis 63；Van Quickenborne no. 423）。

29. 在丹麦，一项披露所有关于债务人的财务状况或将要承担的风险之信息的义务已经得到了学者文献和法院实践的承认，而这正是以诚实信用为基础的（Pedersen, Kaution 23 ff.）。因此，根据《合同法》第36条，由于银行并未通知，一项由思维错乱的女士为其继子之过去和未来债务对储蓄银行提供的保证，被认为是不具有约束力的（CAVestre Landsret 30 August 1993, UfR 1993 A 949）。通知义务的强度取决于债权人或债务人是否与保证人有联系，债权人的义务在前者情况下要比后者情况下更高一些（Pedersen, Kaution 23 ff.）。佩德森（同上）还指出，如果并未

获得适当通知的保证人受到了不当影响，则根据ContrA第30、31条或第33条（欺诈），该保证可能是无效的。

30. 在英格兰法律上，范围广泛的补充性先合同义务被强加于债权人，尤其是在信任和信赖关系或保证人与债务人之间存在情感联系的情况下。在英格兰和苏格兰法律上，该义务的存在和确切范围在过去数年中一直是激烈争论的对象。尽管起初它被认为是两大司法区域都要遵守同样规则的法律状态（参见 Smith v. Bank of Scotland 1997 SC 111），但目前人们普遍认为，重大分歧是存在的（参见 Royal Bank of Scotland v. Wilson 2004 SC 153; Thomson v. Royal Bank of Scotland 2003 SCLR 964）。在英格兰法律上，出发点是，在某些类似父母/子女或律师/委托人关系的情况下，可以认为当事人之间存在不可推翻的不当影响之推定（参见 O'Donovan and Phillips no. 4-130），而在其他非商业情况——保证人能够表明对债务人有信任和信赖，保证的承担不容易通过当事人之间的关系加以解释而又需要解释——下，则存在债务人和保证人之间不当影响的证明性推定（Royal Bank of Scotland Plc. v. Etridge (No. 2) [2001] UKHL 44, [2002] 2 AC 773）。不过，仅仅因为婚姻关系的存在，这种证明性推定不能适用（same decision at p. 822）；如果该证明性推定不可推翻，而债权人被发现实际上或推定地作出了这种不当影响，则这将也赋予保证人针对债权人的有效的抗辩（Barclays Bank plc. v. O'Brien [1994] 1 AC 180; Royal Bank of Scotland Plc. v. Etridge (No. 2) [2001] UKHL 44, [2002] 2 AC 773, 798）。至少在于配偶一方对另一方提供的保证中，法院已经发展出了具体的规则，而那是为了推翻该推定债权人必须要遵守的。在所有配偶一方为另一方提供保证的情况下，债权人都要对另一方的企业或双方都有一些股份的公司“进行调查”（参见 Royal Bank of Scotland Plc. v. Etridge (No. 2) [2001] UKHL 44, [2002] 2 AC 773, 803），并要采取步骤通知保证人他所面临的风险，建议其获得独立的咨询（Barclays Bank plc. v. O'Brien [1994] 1 AC 180）。此外，还存在着一些详细的义务，例如，要求债权人通知保证人，债权人要求保证人的代理律师作出书面确认，已认定律师已经就保证交易文书的性质和实际意义对保证人进行了充分的解释；债权人还必须告知保证人，存在委托另一名与代理配偶双方的法律顾问不同的律师，债权人必须就配偶另一方的财务状况直接通知提供担保的配偶一方，或者通知该配偶一方的代理律师（Royal Bank of Scotland v. Etridge (No 2) [2002] 2 AC 773, 803; cf. also First National Bank v. Achampong [2003] EWCA Civ 487, [2004] 1 FCR 18; Yorkshire Bank plc. v. Tinsley [2004] EWCA Civ 816, [2004] 1 WLR 2380）。

31. 与丹麦和瑞典一样，在芬兰，如果一项保证由保证人承担，但它并未根据ContrA第30、31条或第33条（欺诈）获得先合同的通知的，该保证因不当影响而无效（也可参见 HD 18 December 1996, KKO 1996:149）。至少在这方面，自20世纪初开始，所有斯堪的纳维亚国家的不同合同行为都或多或少是一致的。

32. 在法国，人们一直认为，关于债务人财务状况或承担风险之任何类型的信息，披露义务都可能产生自诚实信用义务（CAVersailles 9 November 1995, D. 1996, I. R. 17）。银行必须将可能影响同意的有关基本事实通知保证人，例如，债务人财务的极端困境；否则的话，保证合同便会因欺诈而无效（Cass. civ. 26 November 1991, JCP G 1992, Ⅳ no. 369; Cass. civ. 8 July 2003 and Cass. civ. 13 May 2003, in D. 2003, 2308 ff., note Avena-Robardet）或者可以请求违约责任所导致的损害赔偿（Cass. com. 24 June 2003, D. 2003, 2309 ff., note Avena-Robardet）。此外，债权人必须就保证人可能希望知道的所有情况通知后者，例如，与保证有关的额外费用（隐含规定：

《消费者法典》第 L. 341－2 条及以下关于所有类型的借贷)。

33. 在德国,债权人不被认为必须就债务人财务状况或承担风险的所有类型的信息进行披露,因为这些风险是众所周知的,并且一般是为所有保证人所知道的(BGH 15 April 1997, NJW 1997, 3230, 3231; BGH 18 January 1996, NJW 1996, 1274, 1275; BGH 22 October 1987, NJW 1988, 3205, 3206; for further references cf. MünchKomm/Habersack § 765 no. 87)。不过,学者文献和法院实践都承认,在适当情况下,通知义务可以产生于诚实信用原则(参见 BGH 15 April 1997, NJW 1997, 3230, 3231)。如果关于增加的保证风险,保证人本来可以发现,但债权人招致了保证人的认识错误,则法院实践例外地以诚实信用为基础认可了这种通知义务(参见 BGH 15 April 1997, NJW 1997, 3230, 3231; BGH 17 October 1985, WM 1986, 11, 12; 也可参见 CA Oldenburg 22 July 1997, WM 1997, 2076:债权人知道保证人将会不得不支付;BGH 27 May 2003, ZIP 2003, 1596, 1599:债权人银行向保证人承诺,该保证只是"形式上"必需的)。这最近已经扩展到了这样的案件,即债权人知道或应当知道,保证人出于任何原因对声明之后果有着根本错误的认识(参见 BGH 1 July 1999, NJW 1999, 2814; 也可参见 BGH 11 February 1999, NJW 1999, 2032)。但是,如果债权人能够假定,保证人从债务人处获得了所有重要的信息,则通知义务并不存在(CA Koblenz 14 March 1996, WM 1997, 719)。必须注意的是,与多数学者的观点相一致,法院在不断扩展通知义务,而这种发展趋势仍在继续(参见 CA Bamberg 13 December 1999, WM 2000, 1582, 1585; Staudinger /Horn § 765 nos. 184－188)。

34. 在希腊,人们认为,关于要承担的风险,保证人通常有权从债权人处获得通知(Georgiades § 3 no. 72; Markou, DEE 8, 363)。在某些情况下,这种通知义务是可以以诚实信用原则为基础的(Georgiades § 3 no. 72)。并且如果只要保证人宣称,保证的承担取决于保证人可以获得的信息,或者如果通过签署一份包含预先拟定的标准条款的文书,保证承担才发生,则债权人负有这一义务(Georgiades § 3 no. 72)。根据希腊《银行行为准则》第 42 条第 2 款(参见第Ⅳ. G－2:107 条(债权人的通知义务)注释 3),银行必须明确告知保证人他所承担的义务或风险的性质和范围。此外,银行有义务将从债务人处可以获得的所有信息提供给保证人(第 42 条第 1 款)。

35. 与英格兰法律一样,在爱尔兰,债权人的通知义务可以产生自不当影响领域的推定知情原则的适用,即如果就主债务人对保证人的实际不当影响,债权人确实推定知情,并且如果债权人在这种情况下并未采取专门措施来确保保证人获得了独立的法律咨询,则保证可以是不得强制执行的(参见 Ulster Bank Ireland Ltd. v. Fitzgerald [2001] IEHC 159; Bank of Bank of Nova Scotia v. Hogan [1996] 3 IR 239)。但是,夫妻关系本身并不会引起不当影响的推定,债权人对任何不当影响的推定知情取决于他至少对某些表明该种不当影响的因素的认识(参见 Ulster Bank Ireland Ltd v. Fitzgerald and Bank of Nova Scotia v. Hogan, above)。

36. 在意大利,诚实信用原则被认为是保证合同中债权人之通知义务的基础(di Majo, Clausola "omnibus" 45 ff., 52 ff.)。当保证人与银行或金融机构缔约时,银行业内关于合同条件之透明性的规则也适用于保证人(《合同法》第 115 条至第 120 条; Petti 484)。根据第 116 条,每个向公众开放的营业所都要向客户公示下列内容:利率、价格、公告费用,以及任何与交易和提供的服务有关的其他财务状况,包括逾期利息和用于利息派算的价值。对习惯的参照是不被允许的。合同必须标明利率和实践中任何其他的价格和条件,就借贷合同而言,包括迟延支付情况下的任何增加费用;不利于客户之利率与任何其他价格和条件的变化可能性都必须明确规定在合同当中,客户对此条款必须单独签署(第 117 条)。此外,第 119 条要求债权人必须每年对客户进

行通知,其目的是就关系的发展,提供给客户完整而又清晰的书面信息。此外,某些意大利法律学者(Benedetti 208 ff.; Petti 98)指出,对保证人未加适当通知的不当影响,可以通过诉诸保护合同缔结过程中个人意志自由的一般救济措施(民法典第 1427 条及以下,错误;第 1434～1436 条,胁迫;第 1439 条,欺诈),或者关于损害赔偿的非合同责任的规则(民法典第 2043 条及以下)来处理。

37. 在荷兰,特定的消费者保护法律之外的债权人通知之先合同义务通常产生自关于错误的规则。不过,除了这一点以外,根据一种说法,如果营业性的债权人知道或应当知道保证人是在特殊情况——例如,贫困、依赖、放纵、精神失常或缺乏经验的状态(Tjittes, WPNR 2001, 353)——下被诱导签订保证合同的,或者保证人将要承担的债务责任超过了他现有和预期的财务能力的,债权人便应阻止保证人签订保证合同,并应支持他去听取独立的法律咨询(Tjittes, WPNR 2001, 353, 356)。

38. 与英格兰法律一样,在苏格兰,存在着关于对债权人施加某种补充性先合同义务的讨论,尤其是在保证人与债务人之间存在信任和信赖关系或情感联系的情况下。但是,在苏格兰,仅当这会导致一个理性之人相信保证人并非自由行为或者并非获得充分信息而行为的情况下,诚实信用原则才会对从第三方保证人处获得担保的债权人施加额外的义务(Smith v. Bank of Scotland 1997 SC 111; Royal Bank of Scotland v. Wilson 2004 SC 153)。此外,如果保证人想要以此为基础质疑保证的有效性,则他必须证明,实际上存在不当影响或不实陈述(Royal Bank of Scotland v. Wilson [2003] ScotCS 196, 2003 SCLR 716; Braithwaite v. Bank of Scotland 1999 SLT 25)。法院并未就债权人的行动进行规定;债权人就提供担保的后果对潜在的保证人加以警告,并建议其进行独立咨询便已足够(Smith v. Bank of Scotland 1997 SC 111; Royal Bank of Scotland v. Wilson 2004 SC 153)。一旦债权人已被告知,潜在的保证人已经获得了法律咨询,他通常便不会采取任何进一步的行动,例如,质疑该咨询是否具有必要的质量(Royal Bank of Scotland v. Wilson 2004 SC 153)。

39. 在西班牙,虽然人们普遍认为,关于债务人的财务状况或者要承担的风险,债权人并无义务进行任何信息的披露,但在适当情况下,这种义务可以产生自诚实信用原则(Reyes López 232 f.)。如果保证人的担保义务取决于其可以获得的信息,或者如果保证包含在预先拟定的标准条款当中,尤其如此(Reyes López 232 f.)。

40. 在瑞典,人们认为,在 ContrA 第 36a 条的基础上,尤其是当保证人并非营业者时,如果保证人并非就基础债务中包含的特别严重的财务风险获得债权人的通知,则他可以被部分免除责任(HD 20 August 1997, NJA 1997, 524)。此外,债权人并未履行通知之先合同义务,可能在欺诈金额范围内免除保证人的义务(《合同法》第 30、31 条或第 33 条)。不过,在 HD 5 February 1996, NJA 1996, 19 中,法院指出,尽管债权人并未就债务人的收入与被担保债务之间的不成比例通知保证人,但如果债权人已经在先前同一债务人之担保承担过程中,将担保的意义和后果进行了通知,则保证人仍然负有责任。

Ⅳ. 债权人未履行通知之先合同义务导致了保证人的错误

41. 某些成员国使用了第三种方法,即为规制债权人的通知之先合同义务,在保证人未获得债权人的先期通知而缔结保证合同的情况下,允许保证人诉诸错误规则。在这些成员国,关于未加通知的后果,也可参见下文注释 45。

42. 在卢森堡,如果债务人的清偿能力是承担担保的前提条件,则从属保证合同只能因为错

误而无效(CA Luxembourg 20 March 2002, BankFin 2003, 296)。

43. 在荷兰,由于民法典并未规定对保证人的先合同保护,所以法院继续诉诸于错误的一般规则。在 1990 年,最高法院指出,如果消费者保证人错误地承担了担保,并在被要求履行担保时仅存在微小的风险,则他可以因错误而宣告担保无效(HR 1 June 1990, NJ 1991 no. 759 at p. 3302)。后来,这种观点似乎在一项附论(an *obiter dictum*)中得到了肯定(HR 3 June 1994, NJ 1997 no. 287 at p. 1544)。不过,一位对后一案件的注释者对这一点提出了异议,并坚持认为,仅当民法典第 6:228 条的新的强制性规定之一得到满足时,因错误而无效才被承认;尤其是根据第 1 款 b 项,如果另一方(即债权人)知道或应当知道保证人对债务人的清偿能力有错误认识而未能通知,合同才可以因为错误而宣告无效。

V. 制裁

44. 在一些成员国,如果法定规则被违反,保护性法律也规定了制裁。在奥地利,如果关于债务人财务状况的通知义务并未被履行,则保证人并不受保证的约束,除非保证人没有这些通知也仍然会承担保证(《消费者保护法》第 25c 条第 2 句)。在比利时,如果债权人并未向(有意向的)保证人提交借贷合同的副本,则保证人的义务会被免除(《消费品信用贷款法》第 97 条,2003 年修订)。在法国,如果消费者保证人担保的性质和担保的最高金额未在保证合同中指明,则保证无效(关于所有借贷类型:《消费者法典》第 L. 341－2 条及以下,关于消费者借贷:《消费者法典》第 L. 313－7 及以下)。

45. 在通知义务之特别规定缺位的成员国,法院和学者们诉诸于一般规则来制裁充分信息的缺乏或者错误信息的提供。第一种情况可能引起保证人一方的错误,并因此使得后者有权宣告保证无效(丹麦:Pedersen, Kaution 23;法国:参见 Simler no. 146;德国:A. P. 456/1971, NoB 19, 1245;卢森堡:CA Luxembourg 20 March 2002, BankFin 2003, 296;荷兰:HR 1 June 1990, NJ 1991 no. 759 at p. 3302; 得到 HR 3 June 1994, NJ 1997 no. 287 at p. 1544 的间接确认;西班牙:Reyes López 232)。另外,债权人提供的错误信息或不完全信息也会导致保证人一方的错误(荷兰:HR 3 June 1994, NJ 1997 no. 287(营业性保证人); Tjittes, Bezwaarde Verwanten 59－62 and WPNR 2001, 353)。在意大利,根据一般规则,那些通常的救济措施也是可以适用的;不过,那里似乎并不存在特别涉及保证的判例(参见上文注释 36)。在丹麦,如果存在违反特别规则的情况,在消费者协会和财政局之间关于金融机构承担先合同通知义务的协议中,制裁据说取决于案件的具体情况(Pedersen, Kaution 24 f.)。

46. 在其他国家,保证人对债权人之缔约过失(*culpa in contrahendo*)引起的损害有赔偿请求权,以至于保证人并不能被要求支付(比利时:Lebon, Vorlagebeschluss 275;芬兰:《独立保证和第三人担保法》第 12 条;法国:Cass. civ. 10 May 2005, Bull. civ. 2005 I no. 200 p. 169,其理由是,债权人并未确认保证人的财务能力,以确保高额债务的清偿;德国:BGH 10 January 2006, BGHZ 165, 363, 371,涉及产生损害赔偿请求的缔约过失,现在是以民法典第 280 条第 1 款、第 311 条第 2 款第 1 项和第 249 条为基础的; BGH 15 April 1997, NJW 1997, 3230, 3231; BGH 1 July 1999, NJW 1999, 2814;意大利:以民法典第 1337 条和第 2043 条为基础; e multis cf. Cass. 29 September 2005 no. 19024, Foro it. 2006, 1105; Cass. 5 August 2004 no. 15040, Giust. civ. 2005 I 669; Cass. 16 July 2001 no. 9645, Giust. civ. Mass. 2001, 1404; 关于适用于从属保证,Cass. 11 October 1994 no. 8295, Foro it. 1995 I 1903; Roppo 177 ff.; Sacco and De Nova Ⅱ 260 f.)。

47. 在英格兰和苏格兰,如果债权人并未根据《消费品信用贷款法》第 105 条第 5 款提供给保

证人担保协议的副本，则只能依据法院的命令对保证人强制执行担保（《消费品信用贷款法》第 105 条第 7 款；参见 O' Donovan and Phillips no. 3－177；Andrews and Millett no. 17－005）。关于在债务人与保证人存在信任和信赖关系情况下，与债权人不履行附加的先合同义务相关的具体制裁，参见上文注释 30 和 38。根据爱尔兰法律，如果债权人并未将借贷协议副本提交给保证人，则与消费者借贷协议有关的保证不得强制执行（《消费品信用贷款法》第 38 条）。

第Ⅳ.G－4：104 条　形式

保证合同必须在耐久媒质上采用文本形式并由保证人签名。不符合前句规定的保证合同无效。

评　论

A. 一般规则和例外

一般规则被规定在第Ⅱ－1：106 条（形式）"合同或其他法律行为既不需要以书面形式也不需要按照其他任何形式方面的要求订立、作成或证明"，而本条为此创设了一项受限制的例外。

该种例外的原因是与成员国中颁布的承担保证，尤其是从属保证的相应规定的原因是一样的：即警告和保护一般的保证人和特殊的消费者保证人。

B. 保证的类型

至于所包含的保证类型，所有保证类型都包含在内，否则的话，完全而有效的消费者保护便不能实现。实际上，由于独立保证并不能为消费者所适用（参见第Ⅳ.G－4：105 条（保证人责任的性质）（c）项），所以主要是第二章所规定的从属保证受到了影响。此外，由消费者所承担的为担保目的的共同债务也受到第四章规则的调整，这是在第Ⅳ.G－1：104 条（为担保目的的共同债务）中所明确规定了的。

C. 所有条款都必须在耐久媒质上采用文本形式

如果要实现其澄清和警告的功能，所有保证合同条款就都必须在耐久媒质上采用文本形式。不符合该项要求的条款无效（参见第 2 句）。此种部分无效不影响合同之书面部分的效力（参见第Ⅱ－1：108 条（部分无效或不生效力））。根据第Ⅰ－1：106 条（"书面"及类似表达），"文本形式"指的是以字母文字或者其他可识别的文字表达的文本，该文本借助于各种方法使得包含于其中的信息可以被用于阅读、记录或者以有形形式复制。"耐久媒质"指的是任何存储了信息的材质，从而得在将来就该信息目的

而言足够长的时间内查阅该信息，同时能够对该信息作原封不动的复制。

存储于光盘或类似设备上的保证合同的电子版本完全符合这些目的。也参见2000 年 6 月 8 日《欧共体电子商务指令》2000/31/EC 第 9(1)条。

(Directive on E－Commerce)第 9(2)条通过规定有限数量的传统书面交易允许了对指令的违背，第 9(2)条(c)项允许了保证合同和消费者承担的从属保证的此种例外。几个主要的成员国已经适用了这种特殊的例外。人们一直在思考，现行规则是否应该规定这一例外。经过广泛的讨论，人们决定，该选项不应该被适用使用。目前，只要少数消费者才拥有必要的技术设备，以至于实际上，诉诸电子形式是比较少见的。当然，随着人们越来越多地装备该设备并增加使用，这种情况在将来可能会发生变化。不过，滥用问题将会公开发生，因为保证的承担对保证人而言是个明显的“不利”。

D. 签名

合同文件或其他文书必须经保证人正式签名，因为这使得该文书对其具有约束力。根据第Ⅰ－1:107 条(“签名”及类似表达)，所谓的签名包括手写签名、电子签名或者高级的电子签名，还包括签署的能够作出相应解释的任何标记。也可参见 1999 年 12 月 13 日《欧共体电子签名指令》1999/93/EC 第 1(2)条和第 5(1)(a)条。

就消费者保证人的保护而言，上文给出的理由同样适用。必需的电子签名与通常的手写签名是同样“复杂的”，以便产生同样强有力的警告效果。

E. 强制性规定

根据第Ⅳ.G－4:102 条(适用规则)第(2)款，本条是强制性地有利于消费者保证人的规定。

注　释

Ⅰ. 从属保证

(a)形式的一般规定：一般规则和特殊规则

1. 在奥地利、德国和希腊，由非商人承担的从属保证合同必须符合为警告保证人而确立的形式规定(奥地利 OGH 14 May 1985，SZ 58 no. 85 p. 400；德国：BGH 17 February 2000，NJW 2000，1569，1570 with further references；希腊：Georgiades § 3 no. 60)。自 2007 年起，奥地利甚至对企业承担的从属保证也规定了书面形式的要求(Law amending commercial law of 27 October 2005 art. I no. 153 abrogates Ccom § 350；但是对于银行交易，一项等效的例外已经被纳入到了 the Law on banking 第 1 条第 6 款)。保证人的声明必须以书面形式作出(奥地利民法典第 1346 条；德国民法典第 766 条和希腊民法典第 849 条)，这意味着，合同的书面文本最后必须经保证人签署(德国：BGH 20 November 1990，BGHZ 113，48，51；不太严格的，BGH 13 October 1994，NJW 1995，43，45；希腊：Simantiras 13)；最高担保额的明确规定是没有必要的。因此，从属保证可以

通过运用一般的合同条件和条款来承担。不过，被签署的文书的原件必须提交给债权人，因为传真被认为是并不足够的（德国：BGH 28 January 1993, BGHZ 121, 224；希腊：Georgiades § 3 no. 59, contra Simantiras, loc. cit., 14 and 20）。此外，就从属保证而言，德国并不承认电子签名（参见自2001年7月13日起的民法典第766条第2句）。如果这些要求并未得到满足，则声明无效（明确规定，希腊民法典第849条；奥地利和德国在效果上与此相同，因为上文援引的规定声称，该特定形式是有效的条件）。不过，在上述三个国家，形式上的瑕疵可以因保证人履行保证而得到补正（奥地利：Schwimann/Mader and Faber § 1346 no. 11；德国民法典第766条第3句；希腊民法典第849条第2句）。

2. 同样，1677年英国 Statute of Frauds 第4条规定，从属保证而非独立保证一般要使用书面形式并经保证人或其他经授权的人签名。债权人通过口头保证将借贷提供给债务人的事实，并不会妨碍保证人主张形式的欠缺（Actionstrength Ltd. (t/a Vital Resourses) v. International Glass Engineering [2003] 2 AC 541）。不过，保证人发出的包含保证之基本条款的从属保证要约以书面形式作出，这便已经足够；之后，承诺可以以口头形式作出（J. Pereira Fernandes SA v. Mehta [2006] EWHC 813 (Ch), [2006] 1 WLR 1543）。此外，就 Statute of Frauds 的目的而言，电子邮件足以被作为书面形式对待；但是，在电子邮件中，由互联网服务商自动插入的发件人邮箱地址不能被视为签名（参见上文 J Pereira Fernandes SA v. Mehta）。在英格兰和苏格兰，1974年《消费品信用贷款法》规定了其他的形式要求：根据第105条第1款，"任何与被规制的协议有关的担保都应以书面形式作出"，并且第105条第5款规定，文件副本必须被提交给消费者保证人。关于规定形式和保证文件的内容，1983年 Consumer Credit (Guarantees and Indemnities) Regulations 包含有更为详细的规定。因此，消费者的签名必须置于文件末尾的"签名栏"处，要载有明确的警告，并且与文件的其余部分区别开来（Consumer Credit (Guarantees and Indemnities) Regulations 1983 第3条第1款(d)项参阅 Schedule Part Ⅳ）。此外，保证条款必须容易辨别，并且其颜色要容易地与文件颜色区别开来（Consumer Credit (Guarantees and Indemnities) Regulations 1983 第4条第1款）。根据《消费品信用贷款法》第105条第7(b)款，违反形式要求的保证不得强制执行，除非法院下达了执行令（《消费品信用贷款法》第127条）。如果该命令被驳回，《消费品信用贷款法》第105条第8款规定要适用第106条，因此，保证"被视为从未具有效力"。

3. 爱尔兰的情形与此类似：爱尔兰1695年《反欺诈法》第2条也规定了一般要求，即从属保证而非独立保证必须采用书面形式并经签名（参见 Johnston 9.06 and 9.17）；对与消费者交易有关的保证，现代消费者保护立法包含了进一步的形式要求（《消费品信用贷款法》1995 第30条）。

4. 根据法国民法典第1326条关于证明的一般规则，担保金额以及责任类型——不论是补充还是连带——都必须由保证人以文字和数字形式明确规定。对于无限担保而言，最高担保额必须由保证人提及（参见 Cass. civ. 22 February 1984, JCP 1985, Ⅱ no. 20442）。这些要求最早是由法国最高法院民事审判庭作为保证有效性的条件来审议的，他们将民法典第1326条和规定保证不得推定的第2015条（自2006年，民法典第2292条）结合在一起（Cass. civ. 30 June 1987, D. 1987, Somm. Comm. 442, note Aynès）。但是，自1989年（Cass. civ. 15 November 1989, D. 1990, 177; Cass. civ. 25 May 2005, Bull. civ. 2005 I no. 228 p. 193），法院将这些书面要求仅仅作为证明的一个条件；如果它并未得到满足，保证合同便被认为仅仅是证明的开始（Cass. civ. 15 October 1991, JCP G 1992 Ⅱ 21923, note Simler），类似证人等其他的证据形式也便可以允许

(Ferid and Sonnenberger 512)。2000年3月13日关于电子通信和签名的规则被采纳之后,这些指示将以电子形式来作出(参见新民法典第1326条)。

5. 在法国,除了这些一般规则以外,还存在关于消费者承担之保证的特别立法。根据法国《消费者法典》(关于所有借贷类型:《消费者法典》第L. 341-2条至第L. 341-3条,关于消费者借贷和房主借贷:《消费者法典》第L. 313-7条至第L. 313-8条),消费者保证人必须就义务的性质和内容、债务人的姓名以及责任类型——补充或者连带——手写强制性规定。消费者保证的有效性取决于这种必备的书面形式是否得到了遵守。非正式的合同似乎是不可能获得认可的(CA Limoges 20 May 1997, CCC 1998 no. 12; 相反的意见,Cass. civ. 28 November 1995, JCP G 1997, I no. 3991, JCP G 1997 I no. 3991, note Simler and Delebecque)。2000年修订的民法典第1326条承认了电子签名,但这并没有改变上述情况。当然,在更为严格的形式,尤其是公证文书被使用的情况下,这些形式要求是并不适用的(在补充责任情况下是明确的:《消费者法典》第L. 313-7条和第L. 341-2条,在连带责任情况下就更不用说了:参见Cass. civ. 24 February 2004, Bull. civ. 2004 I no. 60 p. 47)。格里马尔蒂委员会建议,关于消费者保证合同之形式的保护性规则不能被视为有效性的条件,而只是证明的条件(民法典建议稿第2300条)。实际上,这是以经修订的民法典第1326条(参见上文注释4)关于证明的一般规则为基础的,并且否认了任何关于形式的特殊保护;不过,该项建议并没有被2006年的立法者所采纳。

6. 根据比利时和卢森堡法律,如果民法典第1326条的要求得到了满足,则保证合同只能够得到证明。否则的话,就像当前的法国一样,保证合同可以被作为证明的开始(参见上文注释4;比利时:Van Quickenborne nos. 292-311;卢森堡:Cass. Luxembourg 23 March 1989, Pas. luxemb. XXⅦ (1987-1989) Jur. 323)。此外,在比利时,存在着为消费者借贷——并未在消费者保证人和其他保证人之间进行区别——之保证人加以特别保护的立法。在比利时,《消费品信用贷款法》第34条第1款规定,明确约定担保金额的保证合同可以扩展至包含违约利息,但不得包含由不履行所引起的任何不利后果或损失(2003年修订的《消费品信用贷款法》第34条第1款)。为了实现这一目的,债权人必须无偿地将债务合同副本提交给可能的保证人。

7. 同样,根据荷兰民法典第7:859条,消费者的从属保证一般只能通过保证人签署的书面文件对后者证明。但是,如果保证人至少部分对其加以履行已经被确定,则从属保证可以通过所有证据形式加以证明。此外,荷兰民法典第7:859条第(3)款将上述两项规则扩展至了消费者承担从属保证的协议形式。

8. 根据葡萄牙民法典第628条第1款,从属保证必须以被担保债务所要求的形式来提供。如果后者并不存在形式要求,则对担保同样如此,形式自由原则应当适用。即使当事人决定采用比法律规定更为严格的形式,保证人也不负担同样的义务(STJ 14 June 1972, BolMinJus no. 218, 222; Vaz Serra, note STJ 14 June 1972)。在西班牙,作为一项规则,每一消费者合同都必须采用书面形式。消费者有权获得副本,其中特别条款和一般条款都应该包括在内(《消费者保护法》第63条)。

(b)例外情况

9. 在某些例外情况下,如果那将会违反诚实信用原则的话,保证人便不得主张形式的欠缺(奥地利:Schwimann/Mader and Faber § 1346 no. 11;德国:BGH 28 January 1993, BGHZ 121, 224;希腊:Georgiades § 3 no. 66)。

10. 奥地利和德国商法典第350条规定,商人承担的未能遵守奥地利民法典第1346条或德

国民法典第 766 条之形式要求的从属保证有效;不过,自 2007 年起,奥地利关于商人的例外将会被废除(Law amending commercial law of 27 October 2005 art. I no. 133;但是,经过随后《银行法》的修订,民法典第 1346 条第(2)款之例外的形式自由已经被再次引进到"银行在其营业过程中承担的责任",参见《银行法》第 1 条)。希腊商法典草案第 274 条包含了一项类似的规定。应当注意的是,德国法院并未将商法典第 350 条适用于经理、执行董事或股东为其公司债务承担的从属保证(BGH 29 February 1996, BGHZ 132, 119, 122; BGH 16 December 1999, NJW 1999, 1179, 1180; 对此的批判意见, Münch - Komm/K. Schmidt HGB § 1 no. 66 with further references)。

11. 同样,在卢森堡,民法典第 1326 条关于证明的一般规则(参见上文注释 6)并不适用于由商人提供的从属保证(CA Luxembourg 6 October 1993, Pas. luxemb. XXIX (1993 - 1995) Jur. 279)。如果保证人在承担保证过程中有个人利益,即便他并不是商人,该从属保证也具有商事特点(CA Luxembourg 26 June 1985, Pas luxemb XXVI (1984 - 86) Jur. 352)。只要经理或股东凭借其股权对债务人公司有重大影响的,这种个人利益便存在(CA Luxembourg 20 June 2002, BankFin 2003, 297)。如果可以发现保证人有任何其他继承性的利益,则直接或间接参与债务人事务的管理便是不必要的(CA Luxembourg 22 April 1992 no. 13246 unpublished)。

12. 在法国,特别规定(Ccom 第 L 110 - 3 条)和法院判例(Cass. com. 2 October 1985, Bull. civ. 1985 Ⅳ no. 227 p. 190 关于经理和 CA Paris 20 January 1999, JCP E 1999 Pan. no. 394 关于主要股东)已经发展出了民法典第 1326 条之一般规则的例外。不过,通过规定承担从属保证的小企业和家庭企业受消费者保证人的规则的调整,2003 年 8 月 1 日的一部法律已经缩小了这一例外的范围(参见《消费者法典》第 L. 341 - 2 条和第 L. 341 - 3 条; Tricot - Chamard JCP G 2004 I, no. 112, p. 334)。格里马尔蒂委员会建议返回到该法颁布之前的解决方案(民法典建议稿新第 2300 条),即有着商事特征的担保并无形式要求并且证明自由;但是,该项建议并未得到 2006 年立法的采纳。

(c)无形式要求

13. 在丹麦、芬兰和瑞典,从属保证合同的一般规则并未规定特定的形式。根据丹麦和瑞典的文献,保证甚至可以由沉默而产生(丹麦:Ekström 32; Andersen, Termn, Edlund a. o./Pedersen 435 f.; Pedersen, Kaution 18; Bryde Andersen 425; Højrup 16 f.; Jespersen 21; 瑞典:Walin, Borgen 36 ff.)。根据瑞典最高法院的判例 HD 6 May 1961, NJA 1961, 315,仅当沉默表示了作为保证人而受约束的明确意图时,沉默才能为保证人创设义务。但是,在丹麦和芬兰,从属保证合同通常是以书面形式作出的(丹麦:Pedersen, Kaution 18; Andersen, Termn, Edlund a. o./Pedersen 435;芬兰:Ekström 32)。丹麦《金融交易法》(Law on Financial Business)第 48 条第 5 款规定,当保证人为了作为债权人的金融机构的利益而承担从属保证时,从属保证合同必须采用书面形式(Pedersen, Kaution 19)。

14. 意大利民法典第 1937 条只规定了保证人之明确意愿是保证有效创设的条件。没有什么形式是必需的,但是,保证人的意愿必须被明确确立。"明确的"意愿并不总是确定的。手势和其他类型的传统通信方式已经被理解为明确表现的方式。由于民法典第 1937 条并未对保证合同规定特殊的证明方式,所以任何证明的法定方式都是可以的(Cass. 26 June 1979 no. 4961, Giur. it. 1980 I 1545; Giusti 93),甚至于推定也是如此(Cass. 14 July 1936 no. 2485, Foro it. 1937 I 38; Cass. 17 October 1992 no. 11413, Giur. it. 1994 I 1649 ff.; Giusti 93)。不过,民法典的一般

规定必须与关于银行合同的特殊规则相结合，而那确实适用于保证，并且要求书面文件以及将副本提交给客户（DLgs no. 385/1993，第 117 条），只有那样，合同才能有效成立（第 117 条第 3 款）。此外，根据民法典第 1341～1342 条，有利于提供合同一方的具体合同条款，需要得到另一方书面的特别同意。此外，只要消费者保护法律适用（参见第Ⅳ. G－4:101 条（适用范围）注释 10），关于滥用条款的规定便适用（《消费者法典》第 33～38 条），它规定，仅当个别谈判时，法律所列的某些造成消费者不利影响的条款才能有效；当然，这一规则可能最终导致对那些条款采用书面形式，甚至是由消费者对其以书面形式加以个别的认可。

15. 西班牙民法典第 1827 条第 1 款仅仅规定了保证合同的明确缔结；它并未要求特殊的形式。合同并不必须采用书面形式或任何其他规定形式，但从属保证人的意愿必须明确确定（Guilarte Zapatero，Comentarios 123 ff.）。然而，商业惯例出于证明和安全的理由，要求采用书面形式。由于民法典第 1827 条并未对保证合同规定特殊的证明方式，任何法定的证明方式都是可以的。但是，当前，书面形式对所有消费者合同都是强制性的（《消费者保护法》第 63 条）。

16. 例外并且不可思议的是，在西班牙，商业担保必须采用书面形式（Ccom 第 440 条）。仅仅是保证人的一封信件便足以满足这一要求。这项规定被认为是不合理的（Carrasco a. o. 77）。但是，该规定缺乏实际意义，因为保证通常都是以书面形式订立的。西班牙最高法院只有一项判决（TS 17 December 1996，RAJ 1996/9002）因为形式欠缺而宣告了商业担保的无效。但是，关于保证期限的延长也没有书面形式的要求（TS 8 October 1986，RAJ 1986/5333），而这可能会被扩展至保证人除担保合同创设以外的任何声明（Carrasco a. o. 77）。

Ⅱ. 独立保证

17. 在奥地利，对于非商人的独立保证而言，与从属保证同样的形式（参见上文注释 1）是必需的。1992 年，最高法院将该强制性规则扩展到了独立保证，因为这些对保证人来说甚至比从属保证更要有风险（OGH 14 July 1992，SZ 65 no. 109 pp. 69－73）；现在，这已经成了法院的一贯做法（OGH 14 July 1994，SZ 67 no. 128 p. 56）。

18. 在法国，对于独立保证而言，并不需要什么特殊的形式，但是，如果保证人并非商人而是消费者，则关于证明的规则（民法典第 1326 条及以下，参见上文注释 4）可以适用。因此，在法国的银行实践中，独立保证合同是以书面形式作出的。比利时和卢森堡也是如此（参见上文注释 6）。尽管如此，但应予注意的是，比利时《消费品信用贷款法》的规定（参见上文注释 6）也适用于独立保证（《消费品信用贷款法》第 34 条第 1 款）。此外，在荷兰，关于消费者从属保证的一般规则也适用于由消费者承担的独立保证（民法典第 7:863 条并第 7:859 条）。

19. 德国和希腊民法典并未对独立保证规定任何形式上的要求，虽然这个问题存在争议，但法院并未类推适用上述德国民法典第 766 条和希腊民法典第 849 条的规则（Staudinger /Horn no. 223 preceding §§ 765 ff.；Georgiades § 6 no. 48）。根据英格兰法律，1677 年 Statute of Frauds 第 4 条关于只有担保采用书面形式才能强制执行的一般规则，但这并不适用于损害赔偿，因为它们是保证人的基本义务（Andrews and Millett no. 1－013）。不过，上文所述的现代消费者保护立法之形式要求（注释 2）也适用于独立保证。此外，在丹麦，独立保证大多都被制作成了书面文件。但是，通过电传或电子数据交换来提交独立保证也是可能的（Pedersen，Bankgarantier 77）。

Ⅲ. 为担保目的的共同债务

20. 关于承担一般的共同债务或特殊的为担保目的的共同债务，奥地利、德国和希腊民法典都没有规定任何形式的要求，法院也并未类推适用上述（参见上文注释 1）的奥地利、德国和希腊

法律规则(奥地利:OGH 4 February 1992, JBl 1993, 657, 658; OGH 4 October 1989, SZ 62 Ⅱ no. 160 p. 159; OGH 19 July 1988, SZ 61 Ⅱ no. 174 p. 42;德国:Palandt/Heinrichs no. 3 preceding § 414 with further references;希腊:A. P. 934/1992, EEN 60, 656; Georgiades § 7 no. 13)。但是,在学者当中,后一个问题是颇具争议的(尤其参见奥地利:Bydlinski 27, 29, 30 with references;德国:MünchKomm/Möschel no. 13 preceding § 414; Harke, ZBB 2004, 147 ff.)。

21. 在法国、比利时和卢森堡,如果债务人是消费者,则债务承担是一种支付义务,并且证明的一般规则(民法典第1326条)应当适用(参见上文注释4和6)。由于它是基本义务,根据英格兰法律,为担保目的的债务承担并不需要采用书面形式(参见O' Donovan and Phillips no. 3－16)。但是,考虑到《消费品信用贷款法》的目的,上述形式(上文注释2)必须得到遵守。

Ⅳ. 有约束力的安慰函

22. 有约束力的安慰函并不受制于任何形式要求。但是,只要有约束力的安慰函包含了一项支付义务,并且安慰函的发信人是个消费者,则在法国、比利时和卢森堡,关于证明的一般规则(民法典第1326条)即应当适用(法国:Simler no. 1019)。

第Ⅳ.G－4:105条　保证人责任的性质

就本章的适用而言:

(a)一个旨在设立没有最高担保额的保证的协议,不论其是否为概括保证,都被视为设立了一个担保额依照第Ⅳ.G－2:102条(保证人义务的从属性)第(3)款确定的从属保证;

(b)除非有明确的不同约定,从属保证人责任的性质为第Ⅳ.G－2:106条(保证人的补充责任)所指的补充责任;并且

(c)一个旨在设立独立保证的协议,如果没有明确表示其不依赖于其他人对债权人的债务,只要具备了从属保证的其他要件,将被视为设立了一个从属保证。

评　论

A. 概述

本条专门规定了保证中经常使用的三种条款,并从保护消费者保证人的角度对其进行了改造。该种适应性的补正是为了平衡当事人的不同利益:债权人的利益是维持约定的保证,而保证人的利益则在于免受苛刻合同条款的侵害。

除了(b)项所规定的例外,本条强制性地有利于消费者。

B. 未设最高担保额的保证

(a)项调整的是并未包含最高担保额的保证。显然,这种保证对保证人而言具有

特别的风险，因为未来承担责任的上限是不明确的。

本条并未废除这些协议，而是要维持其效力，尽管有所限制。无限保证被转换成了有着确定额度的有限保证。该额度是根据第Ⅳ.G－2:102 条（保证人义务的从属性）第（3）款来确定的。本条实际上规定，除非最高担保额可以根据当事人的协议来确定，否则担保额限于保证生效时被担保债务的额度。有关详情，参见第Ⅳ.G－2:102 条第（3）款以及关于它的评论。

C. 补充责任

（b）项改变了下述通常的规则，即除非约定有补充责任，否则从属保证人与债务人负担连带责任（第Ⅳ.G－2:105 条（保证人的连带责任））。通过相反的规则，消费者保证人得到了更好的保护：责任是补充性的，除非连带责任已被约定。该种补充责任的后果和限制规定在第Ⅳ.G－2:106 条（保证人的补充责任）中，此处无须重复。

当然，如果对基本的补充责任的任何合同减损都被禁止，则消费者保证人之更高程度的保护便得到了实现。不过，那会超出大多数成员国法律的现状。在这些国家，似乎也并不存在任何实际的变化需要或需求。在实践中，债权人在任何情况下都会首先对债务人提出请求，之后才会考虑对保证人采取行动。

D. 非独立保证

根据（c）项规定，一项旨在设立独立保证的协议被转化成了从属保证。此种自动转化的理由是，独立保证意味着风险的增加：独立性意味着从属保证的补充性被排除在外，以至于保证人的义务可能会超过被担保债务的金额和其他条件（如果有的话），并且保证人不得主张债务人的抗辩。

为了避免消费者独立保证的完全无效，（c）项规定，只要从属保证的要求（除了保证是独立的这种声明的缺位）得到了满足，独立保证就要被转化为从属保证。尤其是，从属保证的“要求”是规定在第一、二、四章中的实质和形式要求。例如，由于根据第Ⅳ.G－1:101 条（定义）中从属保证的定义，从属保证必须旨在于为债务人所欠债权人的债务提供担保，所以没有任何要被担保的基础债务的纯粹的支付保证不能被转化为从属保证。这得到了关于从属保证之第二章内容的证实：该章的适用以存在被担保的债务为前提，因为这是保证存在所“依赖”的基础。

不言而喻，一旦该要求得到了满足，被转化的独立保证的效力受第二章和第四章的调整。

E. 对为担保目的的共同债务的适用性

只有本条的（a）项和（b）项可以适用于为担保目的的共同债务。相反，（c）项专门针对的是独立保证，因而不能适用于为担保目的的共同债务。

（a）项涉及的是一种为担保目的的共同债务很少会发生的情况，即无最高担保额

的保证。在这种罕见的情况下，第Ⅳ.G－2:102条（保证人义务的从属性）第（3）款所规定的措施必须被采纳，并且略有调整：担保共同债务人的义务必须被限制为，次级共同债务被承担时，初级共同债务人所负责的额度。

根据（b）项，消费者保证人的责任是补充性的，除非当事人另有明确约定。这一规定会影响到几乎所有的为担保目的的共同债务的情况，因为这些通常会导致连带责任的发生。为了执行（b）项的规定，有必要在两种情况之间加以区分。一方面，如果共同债务人只是简单地约定创设共同债务（这仅仅意味着连带责任），那么与（b）项之除外规则所要求的一样，并不存在关于连带责任的"明确"约定；因此，为担保目的的共同债务人将只承担补充责任。另一方面，如果他们明确约定了连带责任，这便符合（b）项之除外规则的要求。

注　释

Ⅰ.无最高担保额之保证的限制

1.参见第Ⅳ.G－1:101条（定义）的注释42至46。

2.在比利时，一般而言，在担保消费者债务的保证合同中，保证人——不论是否是消费者——责任的范围必须限于特定金额，不过，那可能会被提高到包含滞纳利息，但不能包含由不履行所引起的任何罚金或损害赔偿（2003年修订的《消费品信用贷款法》第34条第1款）。此外，在荷兰，仅当最高担保额已经确定的时候，由消费者提供的保证才是有效的（民法典第7:858条第1款）；不过，债务人迟延支付的利息和债权人对债务人的诉讼成本在某些情况下可能被增加到该最高担保额中（民法典第7:858条第2款）。这些规定是强制性地有利于消费者保证人的（民法典第7:862条（a）项）。根据法国《消费者法典》（关于所有借贷类型：《消费者法典》第L. 341－2条至第L. 341－3条；关于消费者借贷和房主借贷：《消费者法典》第L. 313－7条至第L. 313－8条），消费者保证人必须手写最高担保额（包括利息、罚款以及——根据判例（Cass. civ. 30 March 1994, Bull. civ. 1994 I no. 230 p.163; RTD civ 1994, 903）——费用的百分比）；否则，担保合同无效。在西班牙，人们认为，通常对于每一概括保证人的保护足以用来保护作为消费者的保证人。此外，正如概括保证通常是继续性关系一样，《消费者保护法》第62.3条是适用的，从而禁止了任何可能使得自由通知终止权利难以行使或代价高昂的条款。

Ⅱ.消费者保证人的补充责任

（a）补充责任是强制性的

3.在荷兰，消费者保证人的责任只能是补充性的，这个一般规则具有强制性（民法典第7:855条第1款并第7:862条a项）。比利时的情况与此类似，但那里并不存在消费者与其他保证人的区别。另外，债务人违约的前提条件被增加了：仅当债务人至少违约两期支付或总债务的20%，或者在债务最后到期时违约，并且债务人是在债权人通过挂号信发出请求后一个月内并不履行的，债务人才可以起诉为消费者借贷提供担保的保证人（《消费品信用贷款法》第36条）。

（b）作为非强制性一般规则的补充责任

4.在所有其他的成员国，并不存在关于消费者保证人之责任性质的特殊规则。这意味着关

于保证人之责任的一般规则是适用的，但是这些规则并不具有强制性。所有从属保证人之非强制性补充责任是几乎所有成员国的规则（参见第Ⅳ.G－2:106 条（保证人的补充责任）注释）。

5. 在英格兰、爱尔兰和苏格兰，保证人的责任是连带的，除非另有约定（参见第Ⅳ.G－2:105 条（保证人的连带责任）注释 1）。意大利的情况与此相同（民法典第 1944 条第 1 款）。另外，创设有利于保证人——不论是否是消费者——的先索抗辩权条款（参见第Ⅳ.G－2:106 条注释 9 和 10），迄今为止几乎没有在银行谈判实践中出现过（Petti 297 ff.）。

Ⅲ. 由消费者承担的独立保证或共同债务

6. 只有在荷兰，对于消费者承担的独立保证之处理，存在着明确的解决办法。一切关于消费者从属保证的特别规定也适用于消费者的独立保证（民法典第 7:863 条）。不过，在实践中，这种由消费者提供的担保机制似乎并未被采用（Ensink 552）。

7. 在比利时，《消费品信用贷款法》适用于从属保证和其他保证（《消费品信用贷款法》第 34 条及以下），包括独立保证。但是，关于独立保证是否可以由消费者来承担，比利时学者之间的观点是存在分歧的（赞成的：Vliegen no. 181；反对的：T' Kint 419 and Geortay 858, 862）。

8. 在法国，最近 2006 年 3 月 23 日的 Decree－Law no. 2006－346 禁止了为消费者债务提供独立保证（《消费者法典》新第 L. 313－10－1 条，不论保证人是否是个消费者）。它对营业性债务是否能够通过消费者的独立保证来担保并未明确规定。根据学者的看法（Simler no. 920; Malaurie and Aynès/Aynès and Crocq no. 339），鉴于合同自由，由消费者提供的独立保证一般是有效的。但法院在承认这种担保的有效性时非常严格，并经常以消费者保护为理由而宣告其无效（大多是以欺诈为理由：CA Paris 16 April 1996, JCP G 1997, I no. 3991(10)；或者以错误为理由：CA Paris 27 June 1990, JCP E 1991, I no. 119, note Hassler）。有时，法院会将消费者独立保证转化为从属保证（CA Paris 26 January 1993, D. 1993, I. R. 93），而无视当事人的意图。同样，在家庭主妇承担借贷，而其丈夫仅仅作为融资业务共同债务人的案件中，一审法院将该借贷认定为从属保证（CFI Lons－le－Saulnier 18 November 1997, CCC April 1998 no. 64, note Raymond），其目的是为了防止对《消费者法典》之强制性规则的规避（Simler no. 28）。

9. 在英格兰，保证到底是从属保证还是独立保证的问题，要在关于解释的一般规则基础上来确定（参见 Andrews and Millett no. 1－013）；那里并不存在独立保证只能由非消费者承担的一般原则（但是参见第Ⅳ.G－3:101 条（适用范围）注释 3）。《消费品信用贷款法》中的消费者保护规则也包括独立保证（参见 Andrews and Millett no. 17－003），但是请注意第Ⅳ.G－1:101 条（定义）注释 67。

10. 在德国，如果下列两项限制得到遵守，见索即付的保证可以由消费者来承担。其一，规定在标准条款中的见索即付的保证只对熟悉该种担保的人有约束力，这使得消费者被排除在外了（参见 BGH 5 July 1990, NJW－RR 1990, 1265; BGH 2 April 1998, NJW 1998, 2280, 2281; BGH 8 March 2001, BGHZ 147, 99 关于从属保证和 Staudinger /Horn nos. 232 and 25 preceding §§ 765 ff. 关于独立保证）。其二，如果见索即付的保证是单独谈判的，则债权人有义务就与此种担保类型有关联的特殊风险通知明显在这个问题缺乏经验的保证人。如果这些限制没有得到遵守，则保证人仅以从属保证的方式承担责任（关于从属保证，参见 BGH 2 April 1998, NJW 1998, 2280, 2281; MünchKomm/Habersack § 765 no. 100; Palandt/Sprau no. 14 preceding § 765）。

11. 在希腊，所谓的"保证书"——这是一种独立保证——通常是由信贷和金融机构发出的。

但是,对任何人来说,一般都存在发出独立保证的可能性(Georgiades § 5 nos. 7 ff., § 6 no. 2 fn. 2, 3)。

12. 在意大利,由于特别禁止的缺位,人们认为,私人之间创设独立保证是可能的(De Nictolis 34 and 37)。由于意大利民法典采用的是民商合一模式,所以在两种合同的要素之间并不存在明确的区分。不过,最为重要的学者强调了独立保证的商事特征,这是与从属保证的民事特征相对应的(Portale, Le garanzie bancarie 15)。

13. 在西班牙,消费者承担的独立保证只能通过考虑到独立保证使得担保法所赋予的权利被放弃而被禁止(参见《消费者保护法》第 10 条和第 86.7 条)。如果人们认为,这种保证在性质上是不同的,则情况便会有所改变;在这种情况下,补充性的缺乏并不意味着此种免除。关于这一点,目前还不存在相关的判决。

第Ⅳ.G－4:106 条　债权人的年度通知义务

(1)经债务人同意,债权人必须每年向保证人通知截至通知时被担保的主债务数额、利息以及债务人负担的其他从属性义务。债务人的同意表示一经作出不得撤销。

(2)第Ⅳ.G－2:107 条(债权人的通知义务)第(3)款及第(4)款的规定准用之。

评　论

A. 基本理念

对于普通的从属保证而言,第Ⅳ.G－2:107 条(债权人的通知义务)要求债权人将影响被担保债务的某些重要变化通知保证人。除了不履行或不能支付的情况以外,所需的信息指的是影响到被担保债务之范围的重大事件,例如到期日的延长(第Ⅳ.G－2:107 条第(1)款)和概括保证情况下被担保债务的大幅增加(第Ⅳ.G－2:107 条第(2)款)。

对于消费者承担的保证而言,扩展第Ⅳ.G－2:107 条(债权人的通知义务)规定的基本制度,并要求提供给消费者年度通知,这似乎是适当的。这种年度通知易于定期地提醒消费者他所承担的潜在风险,否则的话,尤其是在长期借贷的情况下,那可能会被遗忘。年度通知的需要并不会强加给债权人重大的负担,因为商业人士往往在历年年度结束或者营业年度结束时,为每个账户结算该种结余。

B. 债务人的同意

与第Ⅳ.G－2:107 条(债权人的通知义务)相反,本条规定的年度通知需要债务人的同意(第(1)款)。这两项规则之间的此种差别是由下列事实所证明,即与第Ⅳ.G－

2:107条相关联的两个最重要的项目，债务人的不履行或无力支付涉及与被担保债务有关的重要事件；它们可能导致保证人承担向债权人支付的义务。由于这对保证人具有重要意义，所以即便没有债务人的同意，这些信息也必须传达给保证人。相反，本条规定的保证人所需的年度通知义务指的是主债务的数额、利息和其他从属性义务，因此涉及的是极为机密的数据。这说明了需要债务人之同意的合理性。

通过规定债务人的同意一旦给出，便不能被撤销，第(1)款第 2 句对前一句进行了补充。

C. 需要披露的项目的范围

该条列举了主债务、利息和其他从属性义务必须披露。这些项目中每一项的数额都必须包含在年度通知当中。与保证人证明潜在的总负债有关的就是这些项目的总和。

为了实事求是，债权人提供的数字必须截止到通知之日。

D. 例外情况

通过对照第Ⅳ.G－2:107 条(债权人的通知义务)第(3)款，那项规定中的一种例外情况被采纳并被吸收进了本条。当且仅当保证人已经知道该信息时，第(1)款所规定的年度通知便无须提供。如果保证人能够合理地被预期知道该信息，这种例外情况也适用。例如，保证人作为债务人公司董事的配偶，不论是实际知情还是推定知情都可以被认为他是知情的。

E. 制裁

同样，通过交叉援引第Ⅳ.G－2:107 条(债权人的通知义务)第(4)款，那项规定所确立的制裁方式被纳入到了本条当中。有关详情，参见第Ⅳ.G－2:107 条的评论。

F. 强制性规则

本条不得被违背，以免造成对消费者保证人的不利(第Ⅳ.G－4:102 条(适用规则)第(2)款)。

G. 适用于为担保目的的共同债务

就债务人未清偿债务的数额进行年度报告的规定，相应地也适用于为担保目的的共同债务。债权人必须就“真正债务人”的债务通知“担保债务人”。

注　释

Ⅰ.概述

1.在成员国中,当债务人不存在任何违约时,关于被担保债务,保证人获得通知的法律基础有时并没有构成债权人通知的义务,而是作为债权人回答问题的义务(参见下文注释2)。综观下列注释——至于本条所规定的通知义务,是与债权人在债务人违约情况下的通知义务(参见第Ⅳ.G－2:107 条(债权人的通知义务)注释)相对应的——这种回答问题的义务被认为在很大程度上就功能而言是等效的。唯一的区别在于,保证人是否必须在债权人有义务定期提供信息之前提出要求。

Ⅱ.债务人未违约情况下通知保证人的义务

(a)规定有该种义务的法律制度

2.在比利时,关于债权人赋予的暂缓支付以及借贷协议的任何修改,债权人都必须通知为消费者借贷提供担保的保证人,而不论其是不是消费者(《消费品信用贷款法》第35 条第2 句)。在英格兰,债权人有义务就保证人关于其根据担保负有责任的数额提出的问题加以回答(O'Donovan and Phillips nos. 4－28, 11－06)。苏格兰的情况与此相类似(Royal Bank of Scotland v. Greenshields 1914 SC 259; Stair/Eden no. 898)。根据英格兰法律,需要提供的通知包括被担保债务的数额(最高到担保额)和所有应收取的利息(O'Donovan and Phillips ibid)。在英格兰和苏格兰,根据1974 年《消费品信用贷款法》(第107～109 条),甚至更为广泛的知情权也是存在的:在此,债权人尤其必须提供借贷协议的副本,以及表明债务人已支付总额、通知时可以支付或根据借贷协议可以支付的金额的报表(Halsbury/Worsley, Rosenthal, Bourne and Riley－Smith para. 1210, vol. 49, 5th ed., (2008))。在芬兰,债权人必须就债务人被担保债务的数额,每六个月对提供概括保证的保证人进行通知(《独立保证和第三人担保法》第13 条)。根据第13 条,如果债权人并未履行通知义务,则概括保证保证人的责任可以被减轻(RP 189/1998 rd 49)。

3.在法国,有三项不同的规定用来调整对消费者保证人所负的通知义务。其一,民法典第2016 条第2 款(自2006 年,民法典第2293 条第2 款)规定,包括从属性义务在内的被担保债务的数额变化(任何增加或减少)的信息,应当至少每年一次通知消费者从属保证人。虽然根据其措辞,该规定仅适用于无限从属保证,但法院已经将其扩展到了有限从属保证(Cass. civ. 16 March 1999, D. 1999 I. R. 99)。其二,根据《消费者法典》,债权人必须就本金和利息的数额,以及不限于债务数额之变化的确切信息通知从属保证人(《消费者法典》第L. 341－6 条第1 句关于所有借贷类型)。其三,1994 年《马德琳法》(Madelin Act)也规定了同样的通知义务,但只适用于未附期限的从属保证是由自然人为了个人营业者的营业目的而提供的情况《马德琳法》(Madelin Act 第47 Ⅱ条第2 款并 MonC 第L. 313－22 条)。根据格里马尔蒂委员会的建议,所有这三种通知义务都应该被置于民法典中的一项规定(民法典建议稿新第2307 条第1 款)所取代,而那应当是与当前《消费者法典》第L. 341－6 条极为类似的;不过,这项建议并未被2006 年的立法者所采纳。在意大利,关于债务关系的发展,银行负有向其客户提供完整而清晰的书面资料的年度通知义务,这也适用于消费者保证人(1993 年9 月1 日关于《银行法》的 DLgs no. 385 第119 条;Petti 484)。

(b)该义务是否取决于保证人是消费者

4. 在英格兰,就被担保债务的数额回答问题的一般义务,并不取决于保证人是否是消费者;相反,这一义务产生自债权人直接回答保证人提出的问题的一般义务,并且在回答这些问题时,债权人必须如实提供信息并尽其所能(Hamilton v. Watson (1845) 12 Cl & Fin 109, 8 ER 1339; O'Donovan and Phillips no. 4－27)。仅当提供的担保与该法调整的协议(参见第Ⅳ.G－1:101条(定义)注释67)有关,并且担保本身也是一项非商业性协议时,1974年《消费品信用贷款法》第107～109条的更为广泛的通知义务才能适用(1974年《消费品信用贷款法》第107条第5款及以下,第108条第5款,第109条第4款)。在法国,只要从属保证人是消费者,被担保债务是消费者所欠还是营业者所欠,这是毫不相干的(参见民法典第2016条第2款(自2006年,民法典第2293条第2款)和《消费者法典》第L. 341－6条第1句)。同样,格里马尔蒂委员会则建议,债权人必须定期通知任何自然人,不论他们是为私人目的还是营业目的而行为(民法典建议稿新第2307条第1款);不过,这项建议并未被2006年的立法者所采纳。在意大利,银行向其客户负有的年度通知义务(参见上文注释3)并不取决于其客户的消费者身份,因为这是在其与所有客户类型的关系中,强加给银行的一项一般义务(Petti 484)。

(c)通知义务的周期性

5. 就英格兰法律而言,关于被担保债务的数额,据说存在着一项定期查询的一般权利(O'Donovan and Phillips nos. 4－28);不过,关于保证人这种查询之间的间隔之精确的持续时间,似乎并不存在任何判例法。根据1974年《消费品信用贷款法》第107～109条,信息查询只能在有关同一借贷协议的最后一次通知后一个月后进行(1947年《消费品信用贷款法》第107条第3款及以下,第108条第3款,第109条第2款)。根据芬兰《独立保证和第三人担保法》第13条,概括保证的保证人必须每六个月被通知一次。在法国,这种通知必须每年进行一次(参见民法典第2016条第2款(自2006年,民法典第2293条第2款);《消费者法典》第L. 341－6条第1句,Madelin Act第47Ⅱ条第2款并MonC第L. 313－22条),而在意大利,至少每年通知一次(《银行法》第119条)。

(d)债务人的同意

6. 看来根据英格兰法律,仅当债务人允许这样做时,债权人才必须要就被担保债务的数额回答保证人提出的问题(参见O'Donovan and Phillips nos. 4－28; Andrews and Millett no. 5－026; Hapgood 712)。债务人的同意意味着允许债权人回答保证人提出的具体问题;因此,同意的范围受到这种方式的限制,看来与提供给保证人的信息相关的债务人同意之撤销的问题是不会出现的。

(e)制裁

7. 在英格兰,如果未能遵守1947年《消费品信用贷款法》规定的通知义务,则特定制裁是存在的:根据第107条第4款、第108条第4款和第109条第3款,债权人在违约持续过程中无权强制执行担保(参见O'Donovan and Phillips nos. 3－179; Andrews and Millett no. 17－008)。同样,在法国,如果债权人并未履行通知义务,消费者从属保证人便会被免除某些从属性义务,例如罚款或违约利息,直至债权人作出通知(《消费者法典》第L. 341－6条第3句和MonC第L. 313－22条第2款)。相反,在概括保证的情况下,如果债权人忽略或迟延履行通知义务,则消费者从属保证人绝对会被免除与从属性义务有关的任何责任(法国民法典第2016条第2款(自2006年,民法典第2293条第2款))。意大利银行法第127条将控制银行遵守这些规则的任务委

托给了意大利外汇局（the *Ufficio italiano cambi*）——意大利银行的特殊机构——和经济部长。屡次违反这些规则可能会导致最高 30 天的银行活动的暂停（第 127 条第 5 款）。

Ⅲ.在债务人并未违约时，并无通知保证人的义务

8.但是，在某些成员国，并不存在本条所规定的年度通知义务，或者相应的回答问题的义务，参见关于成员国并未强加给债权人任何通知义务的第Ⅳ.G-2:107 条（债权人的通知义务）注释。在西班牙消费者法律上，《消费者保护法》第 60 条（消费者合同中的通知义务）列举的项目都与作为保证人的消费者承担的数额或风险的增加无关。

第Ⅳ.G-4:107 条　定期保证的担保范围

（1）如果保证担保的范围及于产生的一切债务或者履行期在约定期间内届满的债务，则在保证生效后三年后，保证人得通过向债权人为通知并给予至少三个月宽限期的方式来限制保证范围。如果保证范围限于特定债务或基于特定合同产生的债务，则前句规定不适用。债权人在收到保证人限制保证范围的通知后，应立即通知债务人。

（2）因为该通知，保证担保的范围依据第Ⅳ.G-2:109 条（未定期保证的担保范围）第（2）款的规定而受到限制。

评　论

A.概述

对于从属保证人或独立保证人——无论是否是消费者——而言，这些规定通过要求该种担保——有一定的例外——必须或者约定期限，或者受制于任何一方设定期限的可能性而提供了保护。但是，对消费者保证人来说，甚至是附有约定期限的保证也可以被视为建立了一种风险之不可容忍的标准：消费者保证人通常缺乏商业经验；如果他们承担了一项约定包括超过几年期限的未具体指明的债务人的未来债务，则他们可能无法预见到随着时间的推移可能归入该担保中的债务人债务的范围。据此，如果这些保证持续了 3 年以上的时间，则本条通过允许他们以约定期限来限制保证的持续时间，对消费者保证人提供了额外的保护。

B.适用范围

定期保证。本条仅适用于附有约定期限的保证。这一限制看起来是令人诧异的，因为在当事人并未约定期限的情况下，限制保证的需要显然更为迫切。不过，这一分歧很容易通过下列事实得到解释，即未附约定期限的保证可以根据第Ⅳ.G-2:109 条（未定期保证的担保范围）和第Ⅳ.G-4:102 条（适用规则）第（1）款，以及第Ⅳ.G-4:

105 条(保证人责任的性质)(c)项来进行限制。

适用于所有类型的保证。本条适用于由消费者保证人承担的所有类型的保证。本条援引从属保证一章中的第Ⅳ.G－2:109 条(未定期保证的担保范围)的事实,并不会产生任何困难,因为根据第Ⅳ.G－4:105 条(保证人责任的性质)(c)项和第Ⅳ.G－4:102 条(适用规则)第(1)款,该章的规定适用于独立保证的消费者保证人和为担保目的共同债务中的消费者保证人。

被排除的情况。根据第(1)款第 2 句,以本条为基础限制保证的权利并不适用保证被限制于包括特定债务或产生自特定合同的债务的情况。这一例外是为了保护这样的债权人,他们可能缔结合同,而被担保债务只能基于与这些债务有关的保证才能产生。此外,在这种情况下,消费者保证人之不可预见的责任范围的风险似乎是不那么紧迫的,因为即使是对消费者保证人来说,所谓的特定债务或特定合同会使得担保范围被更容易地确定。

适用范围有限。实际上,作为第Ⅳ.G－4:105 条(保证人责任的性质)(a)项的结果,本条的适用范围进一步被限制于附有约定最高担保额的保证。尤其是在保证被约定不仅包括当前债务,而且包括未来债务的情况下,限制保证范围的权利更为重要。如果保证未约定最高担保额,则这样一个确定的数额将会根据第Ⅳ.G－2:102 条(保证人义务的从属性)第(3)款和第Ⅳ.G－4:105 条(a)项来确定。在保证包括未来债务的情况下,保证生效时——通常是在保证被承担时——被担保债务的数额往往是非常低或者接近于零的,因而在这些情况下,以本条为基础的未来限制对保证人而言是没有多大意义的。

C. 消费者保证人担保的限制

通过保证人发出通知加以限制。保证可以通过简单的通知而受到限制;与第Ⅳ.G－2:109 条(无定期保证的担保范围)相反,只有保证人有权限制保证的效力。

三年最低期限届满后的限制。如果自担保生效之日起,至少三年已经经过,则附有约定期限的保证可能只由保证人来限制。据推断,即便是消费者保证人也应该能够在这种有限期限内,预见到发生的风险,从而使得在这种情况下,本条规定的额外保护似乎没有必要。

通知期限。与第Ⅳ.G－2:109 条(无定期保证的担保范围)一样,保证的限制只有在至少三个月的通知期限届满之后才能生效。参见该条的评论。

D. 限制的效果

保证范围的限制。对于保证范围的限制而言,第(2)款援引了第Ⅳ.G－2:109 条(无定期保证的担保范围)第(2)款。关于该规定之限制的效果,参见该条的评论。

债权人通知债务人的义务。根据第(1)款第 3 句,债权人必须就收到保证人关于担保限制之通知的情况通知债务人。这一规定是必要的,因为不仅债权人,而且债务

人也往往依赖于持续至约定期限的保证。

根据本条的限制和诉诸保证之约定期限。保证人根据本条对保证的限制本身并不会创设第Ⅳ.G-2:108 条(诉诸保证的期限)意义上的诉诸保证的期限。不过,如果当事人已经约定了这种诉诸保证的期限,则当保证人根据本条限制保证时,该限制不会生效。虽然担保的范围将会受到限制,但债权人在当事人约定的原期限届满之前,仍然可以诉诸这一保证。

注　释

Ⅰ.关于消费者保证人的限制,存在特别规则的成员国

1. 荷兰关于消费者保证人之期限的法律是相当复杂的。虽然关于债务人之未来债务的保证受到限制(民法典第 7:861 条第(1)款),但如果并未对其约定任何期限,则这种从属保证可以在任何时间终止(a 项);如果约定有有限期限,则 5 年后终止(b 项)。在这两种情况下,保证一直对在终止时已经产生的债务有效(民法典第 7:861 条第(2)款)。这些规则是强制性地有利于消费者的(民法典第 7:862 条 a 项)。

2. 根据比利时法律,对于由保证人——并未在消费者和其他保证人之间加以区别——承担的未约定期限的借贷,保证期自动限制为 5 年。经消费者保证人明确同意,这一 5 年期限可以在届满时被再延长 5 年(2003 年修订的《消费品信用贷款法》第 34 条第(3)款)。

3. 在法国,消费者保证人不被允许承担无限期的从属保证;这些必须附有期限,但并未规定最高期限(关于所有借贷类型:《消费者法典》第 L. 341-7 条;关于消费者借贷:《消费者法典》第 L. 313-7 条)。

Ⅱ.关于消费者保证人的保证限制,并无特别规则的成员国

4. 根据英格兰、芬兰和德国法律,第Ⅳ.G-2:109 条(无定期保证的担保范围)注释中所描述的保证人限制保证范围的可能性,源自于一般原则(英格兰:一般性的公平规则,参见 O'Donovan and Phillips no. 9-43;芬兰:《独立保证和第三人担保法》第 19 条第(2)款;RP 189/1998 rd 57;德国:参见第Ⅳ.G-2:109 条注释 6)。对于消费者保证人的保证限制,并不存在任何特别的规定。西班牙也是如此。在意大利,如果当事人并没有相反的协议,则作为一项一般规则,仅当保证未附有期限时,保证人才可以在任何时候限制保证(Cass. 6 August 1992 no. 9349, Giur. it 1993 I 1, 1255; Petti 154; 参见第Ⅳ.G-2:109 条注释 3),但是,它的适用独立于保证人之消费者身份的认定,这也是一项一般规则。

第八编　赠　　与

第一章　范畴与一般条款

第一节　范畴与定义

第Ⅳ.H－1:101 条　所涉及的合同

(1)本部分适用于物之赠与合同。

(2)物之赠与合同是指,一方当事人,即赠与人,无偿地,以使另一方当事人,即受赠人,受利益为目的,许诺将标的物的所有权转移给受赠人。

评　论

A. 概述

定义。第四卷的第八编适用于物之赠与合同。第Ⅳ－1:101 条(所涉及的合同)第 2 款对物之赠与合同下了定义。这一定义中的要素将在第一章的后续条文中得到具体化与补正。因此,对赠与所下的这一定义,需要参照本卷的其他条文来加以理解才能更加充实具体。

合同。这一定义集中关注的是定义中所界定的合同。但是,那些不能被界定为合同或者能否界定合同存在争议的法律行为,并没有因此而被排除在本编的适用范围之外。第Ⅳ.H－1:104 条(适用于单方许诺与即时赠与)所处理的就是两种特殊的法律行为,它们能否适用合同法的规定可能是有疑问的。

许诺转移所有权。物之赠与合同的基本标准是许诺转移标的物的所有权。因此,赠与合同是第Ⅳ.H－3:101 条(债务之概述)中所调整的赠与人所负债务中至少一项债务的来源。人们可以认为,那些立即将所有权转移给受赠人的法律行为,并不创设任何债务,这种行为只不过是给受赠人获得利益提供一个法律原因而已。但是,物之赠与合同的定义中关于"许诺转移所有权"的内容,并不将上述的法律行为排除在外。不过,转移所有权的目的是赠与的关键要素,它将赠与和其他的无偿法律行为区分开来,比如无偿服务或无偿借用。

物。本编中合同的标的物主要是有体的动产:参见第Ⅳ.H－1:102 条(将来的物与尚待制造或生产的物)。然而,本编也适用于第Ⅳ.H－1:103 条(适用于其他的财产)所提到的其他的财产。

无偿性。赠与合同是那些给付没有相应对价的合同的典型。在第Ⅳ.H－1:201 条(无偿性)中,若作出转移所有权的许诺并无对价,便被界定为无偿的。在行为并非完全无偿的某些混合情形中,本编至少可以部分地予以适用;上述关于无偿性的较为简明的界定并没有完全排除这一点。第Ⅳ.H－1:202 条(并非完全无偿的行为)对这些混合情形作了规定。

使他人受利益的目的。在客观的要素之外,对物之赠与合同的定义还包括主观方面的要素,即赠与人应表现出使对方受利益的目的。若赠与人作出转移所有权的许诺时并无使受赠人受利益的目的,则不成立赠与合同。

示例 1

A 是一家娱乐小报的记者,想打探某个著名电影明星 B 的消息,以便就 B 的腐化私人生活撰写独家新闻。于是 A 将一个摄像头藏在一束花中,然后将这束花当作礼物送给了 B。B 对这个礼物感到很高兴。这个案件中,A 并无使 B 受利益的目的。因此,不成立赠与合同。欠缺使他人受利益之目的的一个更为古老的例子是希腊人为了攻占特洛伊城而送出了特洛伊木马。

在欧陆许多国家的法律中,赠与的意思(*animus donandi* 或 *intention libérale*)将许多的法律行为排除在了赠与法的适用范围之外,本编的要求则低得多。第Ⅳ.H－1:203 条对使他人受利益的目的这一要素作了具体化。

B. 赠与和合同

一种有名合同。本编关注的主要是赠与合同,涉及的是一种有名合同类型以及由此所产生的债权债务。此种体系性的思路与本编的其他部分(如物之买卖、物之租赁)所采的思路是一致的,其主要是因为,(由《欧洲合同法原则》发展而来的)第二卷与第三卷中的一般原则适用于所有的合同。

示例 2

A 许诺在 B 过生日的时候送他一辆汽车。B 欣然地接受了。毫无疑问这符合第Ⅳ.H－1:101 条所规定的要件。一辆汽车,属于有体的动产。这里也存在一个转移汽车所有权的无偿的许诺,第三个要素即使他人受利益之目的也同样具备。在 B 接受之时,这样的一个法律行为就成了一个物之赠与合同。

合同法的适用。本编关注的是赠与合同,这清楚地表明,应当适用共同参照框架草案关于合同法总则的规定。如何对赠与作准确的法律界定,在欧洲的许多法域中是有争论的问题,因此不要以为,我们将之明确地指向合同法不过是表述了一个显而易

见的结论。共同参照框架草案中可以适用的规则,包括第二卷中有关合同的成立与效力的规则和有关合同的解释、内容、效果的规则。又因为物之赠与合同在当事人之间产生债务,第三卷中有关履行、不履行的救济、多数债权人或多数债务人、债权债务的转让以及抵销的规则,也应当适用于赠与合同所产生的债务。本编所要处理的主要问题是合同法总则与赠与的特殊规则之间的相互作用和区别。

适用于其他法律行为。第Ⅳ.H－1:101 条(所涉及的合同)第 2 款指向合同与合同法,这并不意味着赠与完全属于合同法的范畴。有关赠与的规则也适用于其他那些与物之赠与合同的定义足够接近的法律行为。就如第Ⅳ.H－1:104 条第 a 项所说明的,本编的适用范围也覆盖纯粹的单方许诺以及由此产生的债务。在标的物的所有权立即转移给受赠人的赠与场合,将这种法律行为称为合同,是有争议的。由此,这个一般性定义并不想将上述的这些场合排除在本编的适用范围之外。不过,在适用于这些场合时,合同法总则和有关赠与的特殊规则都需要作某些调整。

与继承法的区分。欧陆的许多法律体系,首先是拿破仑法的传统,并不将赠与放在债法中处理,而是将相关的规范置于一个独立的系统化的领域中,这一领域被继承法所主导。以这样的一种方式来构造赠与法,有其值得重视的原因。不过,以这样的基础来构造赠与法,完全无法与共同参照框架草案所采的进路相协调。并且,有关赠与和继承间关系的难题,被有意地排除在有关赠与规则的适用范围之外,参见第Ⅳ.H－1:105 条的规定。有关债务和继承的不同规则,包含的是不同的体系性的层级与思路,这种差异带来了许多体系性的扭曲;在赠与的领域中对赠与和继承进行划界时所面临的困难,只不过是这种扭曲的一个例证而已。

C. 赠与和所有权的移转

本编不涉及所有权移转的问题。本编的规则仅处理赠与在债务方面的问题。物的所有权何时以及在何地移转的问题,是由关于物之所有权的取得与丧失的第八卷来处理的。即使说针对许多情形的规则指向了转移所有权的债务(例如,第Ⅳ.H－1:104 条(适用于单方许诺与即时赠与)第 a 项与第 b 项,又如第Ⅳ.H－1:105 条(死因赠与或以死亡为条件的赠与)第 a、b、c 项),本部分仍要与对物之所有权移转进行规范的那些规则保持独立。

所有权的移转是这种法律行为的必要目标。虽然标的物所有权的移转不是赠与这种法律行为的内在部分,移转所有权的真实目的却是任何一个赠与的内在不可缺少的要素。在第 2 款的定义所涉及的案型中,这一目的通常来说不但会产生移转所有权的义务,还会产生交付标的物的义务。不过,交付标的物的义务并不是赠与合同的一个必要要件。将所有权移转给受赠人的目的可以通过其他的途径来实现,例如,将物之无偿借用合同转换为物之赠与合同,通常就不再有交付标的物的义务。

与无偿借用的区别。移转标的物所有权的目的将赠与同所有的无偿借用区别开来。在已经许诺了或已经实现了所有权移转的场合,很容易作这种区分。不过,即使

在只是许诺了无偿借用的场合,如果当事人约定的借用期限大大超过了所涉标的物的通常使用寿命,合同也会被界定为物之赠与。如果在使用期结束之后使用所产生的价值与标的物本身的初始价值相当,合同要怎样界定则更加麻烦。

与无偿服务的区别。移转所有权的目的同样是区别赠与和无偿服务的关键标准。赠与所指向的对象应当是可以转移的(参见第Ⅳ.H－1:103 条(适用于其他财产))。仅仅是提供服务则并不属于这一范畴。不过,如果所许诺的不是服务本身,而是许诺移转一项可以请求提供服务的债权,区别起来则要困难一些。

示例 3

A 经营一家马戏团,他许诺让 B 免费入场观看表演,B 愉快地接受了。这种情形就不符合赠与合同的定义,因为杂技表演并非可以移转的动产。这种情形符合的是第Ⅳ.C－1:101 条(提供服务)第 1 款第 b 项中所规定的服务提供的定义。

如果转移所有权的债务同提供服务的债务相结合,则合同中混合了赠与的元素与无偿服务的元素,对此应适用第Ⅱ－1:107 条(混合合同)。若合同一方许诺无偿制造或生产产品并将这些产品的所有权移转给另一方,此时合同就是这样一种混合合同,应适用第Ⅳ.H－1:102 条(将来的物与尚待制造或生产的物)。

免除。在免除债务或抛弃的场合,转移的标准存在困难。此时,从实务的角度出发,没有什么东西被转移给了原债务人。对于债务无偿且不经履行而消灭的各种原因,共同参照框架草案都未予规定,因此,上述场合是否存在"以赠与的方式免除",本编未给出明确的结论,尚待将来继续研究。

即时免除价款给付义务。每一个设定无偿给付的合同都可被分析为是一个有偿的合同与即时免除价款给付义务的结合,这可能导致将合同理解为是一个有偿合同与一个以债务免除的方式进行的赠与相结合。不过,不要把这样的一个合同理解为是物之赠与的合同,因为当事人之间并不要求进行交付,他们只是想以另外一种方式来设定无偿的给付。如果是以事后达成的协议来约定免除某种已经届期的付款义务,则与上述情形不同,但在上述规则下,这一问题要如何分析还没有定论。

D. 术语

赠与(donation)。本编所使用的这一术语,对应是的拉丁文中的 *donatio*,因此其与罗马法传统下大多数国家的法律所使用的概念相一致。donation 一词在英语中也是为人所熟知的。

不使用"礼物"(gift)的概念。对于赠与一词的另一种表达是"礼物"(gift)的概念。在英美法著作中这是与赠与有关的为人熟悉的概念。不过,与另一个意为礼物的名词"present"一样,"礼物"(gift)指的是赠与这一过程所指向标的物。本编的规则所涉及的则是其背后的合同及由此产生的合同关系。

物之赠与合同(Contract for the donation of goods)。这里使用contract for donation的表述,而不是contract of donation,这与第四卷的其他部分是一致的,例如,共同参照框架草案对物之买卖合同与物之租赁合同使用的表述分别是contracts for the sale of goods和contracts for the lease of goods。在共同参照框架草案的概念结构中,合同是一种法律行为,赠与的概念指向的是整个的合同关系。共同参照框架草案使用的"赠与",与标的物的交付或标的物所有权的移转不是一回事。

E. 特殊的案型

报答性的赠与。欧洲许多国家的法律都将报答性的赠与作为赠与的一种特殊类型。报答性赠与的概念在各个国家各不相同,不过某些核心的元素则是一致的。在报答性赠与所涉及的场合,赠与人所负的不是一种在先的债务。在这种场合,赠与人的给付是无偿的,因为不存在法律意义上的对待给付,但是,赠与人之所以承担这一给付,是因为要对受赠人先前所为的某个行为进行报答。因此,报答性赠与和对受赠人先前行为的报酬有类似之处。

有关赠与的规则适用于报答性赠与。本编原则上适用于报答性赠与。受赠人的先前行为只是赠与的动机,表达感谢之意也只是赠与的目的,并不意味着赠与是对其的报酬,因此,赠与人的给付是无偿的。通常来说,赠与人进行赠与,也是带着使受赠人受利益的目的,给受赠人一些额外的东西。因此,报答性的赠与符合物之赠与合同的构成要件。

示例4

某位健康护理人员提供了服务,接受服务的人对此很是感激,于是将一块金表赠与给该护理人员。对照第Ⅳ.H－1:101条(所涉及的合同)有关赠与之要素的界定可以发现,上述情形符合这一界定。这里,存在使他人受利益的目的,至于说这一赠与是为了对先前所提供的服务进行感谢而作出的,则对此没有影响。

在报答性赠与场合的修正。赠与人作出报答性赠与时怀有特殊的目的,这通常意味着,有必要以第Ⅱ－9:101条(合同的条款)第2款所规定的默示条款为依据,对有关赠与的一般规范作出修正。最重要的,例如应认为存在这样的默示条款,即忘恩负义场合赠与人享有撤销权的规则在此不应适用。不过,第Ⅳ.H－4:202条(赠与人陷于穷困)所规定的赠与人在陷于穷困时的撤销权这一强制性的规范仍然可以适用。

间接赠与。在欧洲的许多法律体系中,间接赠与是一个为人所熟知的概念,其所涉及的是一种三方关系。此种间接赠与的典型情形涉及利益第三人的约定(参见第Ⅱ－9:301条至第Ⅱ－9:303条):赠与人与另一方当事人订立合同,其中所约定的给付使受赠人受益,受赠人在技术意义上属于第三人。赠与人与在包含利益第三人之约定的合同中不是合同当事人的受赠人之间的基础关系则是赠与。因此,间接赠与的概念是基于这样的一种法律观念,即对包含利益第三人之约定的合同以及第三人与对第三

人负给付义务的当事人间的关系（通常是合同关系）不作区分。从而，间接赠与的类型仅有一种描述的功能，不具有特别的法律意义。至于形式要件所对应的后果，参见第Ⅳ.H－2:101 条。

有关赠与的规则对间接赠与的适用。本编中的规则并不适用于这种三方关系中的每一个方面。这些规则仅适用于第三人与受合同约束的当事人之间的基础关系，权利或利益赋予给第三人的过程则仍然属于有关规范第三人关系的规则所规范的范围。因此，赋予给受益人的权利的产生与基础性的赠与合同无关，即赠与人根据本编第四章的规定撤销赠与时，受赠人的权利仍不受影响。另外，根据第Ⅱ－9:303 条（利益的拒绝或撤销）第 2 款的规定对利益第三人之约定进行撤销仍是可能的，即使这会导致对赠与合同的违反。

家庭关系中的赠与。若赠与发生在家庭成员之间，仅此不能将这一合同排除在本编的适用范围之外。不过，许多国家的法律对家庭成员之间的赠与有着特殊的规则。其中某些规则的目的在于在离婚或类似的人身地位发生变化的场合对夫妻双方的祖产进行重新分配，因而其可能会与家庭法中离婚或类似人身地位变化时财产所有权重新分配的规则相冲突。本编试图避免这样的冲突，因此不对家庭关系提出特殊规则，从而仍适用共同参照框架草案在第Ⅰ－1:101 条（适用领域）第 2 款第 c 项中规定的一般规则。

不请自来的商品。在涉及给消费者发送不请自来的商品的规则下，产生出一种与赠与相关的特殊类型。根据第Ⅱ－3:401 条（无承诺则无债务）第 1 款的规定，在商品不请自来的场合，合同不成立，从而这种情形并不属于本部分所规范的范围。当然，可以想象，赠与的某些规则可以类推适用于这种情形。特别是，当经营者将有缺陷的商品发给消费者并造成损害时，可以类推适用第三章（债务与救济）中的规则，从而与非合同责任相比扩大了经营者的责任。不过，第四章（赠与人的撤销）中所规定的撤销权并不能类推适用，因为第Ⅱ－3:401 条（无承诺则无债务）本身的目的就是要排除这种适用。

基金会与信托。从功能上说，基金会与信托领域中很多的行为都和赠与类似。基金会或信托的设立本身并非赠与。其区别在于，基金会与信托是将财产的无偿转移与设立一项独立的财团甚至是一个拥有财团的法人结合在了一起。当缺少设立财团或法人这一要素时，例如在向一个既已存在的基金会进行补充捐助时，其基础法律行为可被认为是一个赠与合同。对于从信托财产或基金会的基金向外进行的支付或其他给付，如果受托人或基金理事会并不是在以此履行其所负的债务，则同样如此。不过，在受托人、发起人或捐助人作为一方与受益人作为另一方之间的整个行为，则可被认为是一项间接赠与。

示例 5

A 是一家公立的捐助人，它决定设立一项用于资助学生学业的基金。这可能会符合赠与的

定义。

第Ⅳ.H－1:102条　将来的物与尚待制造或生产的物

（1）本部分所称的“物”，包括合同订立时尚不存在的物或尚待赠与人取得的物。

（2）若一方当事人以使另一方当事人受利益为目的，无偿地许诺为其制造或生产产品并移转产品的所有权，则该合同主要是物之赠与合同。

评　论

A. 物之概述

一般性定义的适用。本编适用于在定义清单中所作一般性定义下的全部的物。因此，“物”指的是所有类型的有体的动产。本条明确指出，（至少是为了本部分的目的，）两种特殊类型的物也适用赠与法的规范。从比较法的角度看，这两种特殊的物并非都能作为赠与的标的物。本条对应当如何处理这两种类型的物作了规定——一种是合同订立时尚不存在的物；另一种是尚待赠与人取得的物。对于这两种类型的所谓的将来的物，有关赠与合同的某些规则有必要作出调整。

B. 将来的物

赠与将来之物的合同的效力。赠与并不以赠与合同订立时赠与人已占有该物为前提。没有哪条规则规定说，仅仅因为赠与人不是物的所有权人，他就不能许诺将该物无偿地转移出去。不过，在欧洲许多国家的法律下，赠与将来之物的可能性是受到限制的甚至被完全排除，其原因在于将赠与概念化为慷慨的表达：如果没有一个已经存在并且拥有的物为基础，谁也没法作出慷慨的行为。此处的规则所采取的政策则与之不同：这些规则适用于无偿地移转或无偿地许诺移转某物的行为，除非行为人在宽泛的意义上也不存在使他人受利益的目的。如果不采这样的思路，对于将来的物就只能适用于第二卷与第三卷中所规定的合同法总则，但是在很多的情形，合同法总则并非是针对无偿合同设计的。

示例1

赠与人A许诺将一辆汽车的所有权移转给B，不过，A首先必须从汽车销售商那里把这辆车买过来。

示例 2

A 预计将从他的兄弟那里继承到一幅油画，他将这幅油画赠给了 B。即使现在 A 还没有得到这幅油画，它也可以成为赠与合同的标的物。

标的物尚不存在的场合对规则的调整。赠与合同的效力并不受标的物尚不存在的影响。有关赠与的规则同第Ⅱ－7:102 条（自始不能或无处分之权利或权能）所规定的一般原则相一致，但也适用于标的物可能将会出现的场合。在大多数的案件中，这可能导致赠与人负有制造或生产其所许诺的标的物的义务。在此种场合，应当适用第 2 款的规定（详见下文第 C 点）。若标的物的制造或生产与赠与人的行为无关，则本编中有关合同义务与救济的规则在适用时需进行某些调整：只有当标的物面世后，交付标的物与移转所有权的义务才届期；在此之前赠与人仅承担协作方面的义务。标的物的存在是义务存在的前提，因此，标的物不存在并不构成第Ⅲ－3:104 条（因障碍而免责）及第ⅣH－3:204 条（障碍场合损害赔偿请求权的排除）意义上的障碍；事实上这里甚至不存在债务不履行。在此种场合，赠与可被认为是附有第Ⅲ－1:106 条（附条件的权利与义务）意义上的条件。此种修正显然仅适用于当事人之间就标的物不存在作了约定的场合。如果不存在此种约定，就如本条所规定的那样，合同仍然是有效的，但赠与人承担债务不履行的责任。

标的物尚待取得的场合对规则的调整。如果赠与人许诺交付一个尚待取得的标的物并移转其所有权，则他又负有另一项债务：取得这一标的物。虽然第Ⅳ.H－3:202 条（强制履行请求权的限制）已经规定对这一债务不适用强制履行，但仍可适用赠与人不履行债务时对受赠人的其他救济方式。在此有必要指出，第Ⅳ.H－3:204 条（障碍场合损害赔偿请求权的排除）的适用范围包括了不履行取得标的物的债务的情形。因此，标的物的取得面临障碍的，若不能合理期待赠与人避免或克服这一障碍，则该障碍的存在将导致受赠人不享有损害赔偿请求权。从而，对于取得标的物的义务，赠与人并未提供保证，不应适用严格责任。当然，当事人可对此作出相反的约定。

C. 尚待制造或生产的物

赠与和服务的混合。如果赠与人不仅许诺移转标的物，而且还许诺制造或生产标的物，则合同属于第Ⅱ－1:107 条（混合合同）意义上的混合合同。这种合同的一部分属于赠与，另一部分则属于第四卷第三编所规定的服务的范畴。第 2 款规定此种合同主要属于赠与。因此，本部分适用于整个的合同，而第四卷第三编所规定的规则则仅适用于合同中服务因素的部分。第 2 款也适用于第Ⅳ.H－1:103 条（适用于其他财产）意义上的其他财产的赠与，因而该款并不仅限于严格意义上的制造或生产的场合。例如，赠与人许诺将其在某个银行账户下获得支付的权利转移给受赠人，但他暂时还没有开设这个账户，此时同样适用第 2 款。但是，如果许诺无偿给付的一方所负的债务完全是提供服务，则第 2 款没有适用的余地。

示例 3

某个面包师许诺烤制并赠与一个婚礼蛋糕。此种情形属于本部分的规范范围，因为将婚礼蛋糕生产出来这样一个预期的结果，才是合同的主要目的，而烤制的过程本身则只是附属于赠与合同的主要目的而已。

示例 4

不过，如果该婚礼蛋糕的全部原料都由受赠人提供，则不属于本部分的规范范围。这种情形意味着合同的主要目的是提供服务即烤制婚礼蛋糕。

第四卷第三编的适用。第四卷第三编中的规则的适用，涉及的主要是该部分的第三章（建造）。在该章中，只有第Ⅳ.C－3:102 条（定作人的协作义务）、第Ⅳ.C－3:106 条（建筑物的交付）及第Ⅳ.C－3:108 条（风险）能够适用于此处所说的合同。第Ⅳ.C－3:103 条（防止建筑物遭受损害的义务）与第Ⅳ.C－3:104 条（质量符合合同要求）则不能适用，因为本编所规定的质量标准取代了这些规则。第Ⅳ.C－3:105 条（检查、监督与接受）无论如何都是意在适用于建筑物建设施工合同，因此，就其是否适用于动产与无体物的制作，已经存有某些疑问，并且，在赠与合同下，检查与监督的权利也是很难想象的。

对赠与的一般规则的修正。由于增加了制造或生产的独立的义务，赠与合同下有关救济的特殊规则的适用范围被扩大了。但是，并非所有的这些规则都适用于第 2 款所规范的合同。受赠人可以根据第Ⅲ－3:302 条（强制履行请求权的限制）要求特定履行。不过，第Ⅳ.H－3:202 条（强制履行请求权的限制）所规定的对强制履行请求权的限制则通常不能适用：第Ⅳ.H－3:202 条（强制履行请求权的限制）第 1 款因为第Ⅳ.C－3:108 条（风险）对于风险的分配而无法适用，因此受赠人可以请求更换或修理。第Ⅳ.H－3:202 条（强制履行请求权的限制）第 2 款原则上仍可适用，但并不适用于材料尚待赠与人取得的情形；从而，该款仅适用于赠与人使用独立的承揽人制造或生产的情形。并且，损害赔偿责任的标准还受到其他一些义务的影响。特别是，若受赠人违反第Ⅳ.C－3:102 条（定作人的协作义务）所规定的协作义务的，赠与人可以根据第Ⅲ－3:101 条（可能的救济）第 3 款的规定主张基于债权人行为不当的抗辩。

D. 非流通物

公法规定仅用于特定目的的物。欧洲许多国家的法律将某些类型的物规定为不得在私人之间移转。历史上曾经存在的例子是教会使用的圣杯以及其他的圣物。一般来说共同参照框架草案不涉及这些特殊的标的物，但是在赠与的场合许多学者都同意予以涉及。有关非流通物的现代的例子是某些具有极特殊的公共利益的物，例如核材料、身体的组织部分或废物。如果某个赠与人许诺移转某个被特别禁止的物，其效力首先取决于第二编第七章中有关效力的规则。某些情况下，相关的公法规范甚至否认债权合同的效力，参见第Ⅱ－7:302 条（违反强制性规范的合同），但是受赠人可以就

信赖利益的损失要求损害赔偿,参见第Ⅱ－7:304 条(损害赔偿)。在其他的场合,赠与合同有效,只不过公法禁止该合同所约定的义务的履行。若不可合理期待赠与人避免或克服此种禁止或者该禁止所产生的后果,则此种禁止性规范将使赠与人根据第Ⅲ－3:104 条(因障碍而免责)免责,或根据第Ⅳ.H－3:204 条(障碍场合损害赔偿请求权的排除)的规定排除损害赔偿请求权。

第Ⅳ.H－1:103 条　适用于其他财产

(1)本部分在作适当调整后适用于:

(a)赠与金钱的合同;

(b)赠与电力的合同;

(c)赠与股票、股权、投资证券及可转让票据的合同;

(d)赠与其他形式的无形财产(包括债权请求权、工业产权与知识产权以及其他可转让的权利)的合同;

(e)就信息或数据(包括软件和数据库)进行无偿授权的合同。

(2)本编不适用于赠与不动产或不动产物权的合同。

评　论

A. 所涉及的标的之概述

可转让性。本编的适用范围并不仅限于在定义清单中所作一般性定义下的物。对适用范围进行限制的唯一的一般性标准是可转让性的标准:赠与合同无一例外都是意在将某个可转让的标的转让给受赠人,这种“转让”使得赠与合同和其他类型的无偿合同相区别。

对相关标的的穷尽列举。第Ⅳ.H－1:103 条(适用于其他财产)在第 1 款中进一步为本编所涉及的标的作了穷尽的列举。因为这些标的所存在的特质而对相关的规则进行适当调整是不可避免的事情。其中的某些东西很少会成为赠与的标的,此处提到它们是为了避免由有关买卖合同适用范围的规范所引发的反面解释的问题,参见第Ⅳ.A－1:101 条(所涉及的合同)。此外,第 2 款明确表示,本编不适用于以赠与合同约定移转不动产或不动产物权的情形。因此,第 2 款与第Ⅰ－1:101 条(适用领域)第 2 款第 f 项所规定的共同参照框架草案的一般原则相一致。

B. 其他财产

金钱。第 1 款第 a 项规定,本编在作适当调整后适用于赠与金钱的合同。此处金

钱的概念不仅包括纸币与硬币，也包括记账货币(book money)。因而，这一概念是在功能的意义上加以使用的。这可能会导致本项与第1款第d项之间存在一定的重合。需要注意的是，某些硬币与纸币可能会成为收藏家的藏品或博物馆的藏品，它们不会再被兑换并在普通的现金流通中加以使用。此时，丧失了货币功能的"金钱"属于物的范畴。

电力。第1款第b项规定，本编也适用于电力，虽然同样要作适当的调整。尽管电力并非有形，但其使用的数量却是可以计量的。由此种计量可以得出这样的结论：无偿给某人提供电力，构成无偿使用电力的合同。(b)项所作的此种明确规定，与买卖合同部分所作的结论相一致，参见第Ⅳ.A－1:101(所涉及的合同)第2款第a项。其他形式的能源，例如天然气、蒸汽和油料，则符合定义清单中对物所下的定义。

股票、股权、投资证券及可转让票据。在作适当调整后，本编同样适用于赠与股票、股权、投资证券及可转让票据的合同。这些东西所表征的权利并不符合定义清单中对物所下的定义，因此需要在此处独立地提及。不过，毫无疑问，这些权利也属于个人财产的一种类型，并且是可以转让的，因此它们也可以成为赠与合同的标的。可转让票据的例子包括承运人就货物的装运所签发的提单。此处需要注意的是，为了移转上述的某些权利，应当遵守国内法所规定的其他形式要件，例如有关股权登记的形式要件。遵守此种形式要件的义务源于第Ⅳ.H－3:101条(义务概述)第1款第b项的规定。同样，本编在适用时需要作适当的调整。此种调整，比如可能涉及第Ⅳ.H－3:102条(标的物符合合同要求)，因为所许诺移转的或已经移转的权利的价值，也是质量的一部分。

债权请求权。如第1款第d项所明确的，债权请求权同样可以成为赠与合同的标的。除不动产物权以外，债权的标的是什么并不重要。因此，请求提供服务的债权请求权，因其是可以转让的，也就可以被赠与出去。不过，其与无偿提供服务的合同之间可能很难加以区分。此处相应的标准可以是权利是否已经存在，或者赠与人(译注：原文为donee，意为"受赠人")是否是服务提供者。

示例

A从经营马戏团的C处获得了一张代金券，并将其赠与给B。如果这张代金券有效，则B可以用它来无偿地观看马戏表演。这里，免费观看表演的权利可以成为赠与合同的标的。

同样，必要的调整主要涉及许诺移转或已经移转的权利与合同的约定相符的问题，其中可能包括第三人的履行能力问题。

工业产权与知识产权。工业产权与知识产权是人类智力创造成果的财产权，其通常赋予创作人以在某段特定时间内对其创造成果的专有权利。这一专有权利可以是对其加以利用的权利，是可以转让的，从而属于本编规范的范围。比如著作权、商标权以及对地理标志的权利。

其他可转让的权利。第1款第d项规定，其他可转让的权利也属于本编规范的范

围。比如受益人在信托中所享有的利益以及对于公司的权利。由于第 c 项与第 e 项指向的也是某些可转让的权利,此处存在一定的重叠。同时第 2 款将不动产物权排除在了本编的适用范围之外。

不动产与不动产物权。本编不适用于不动产及不动产物权。这与共同参照框架草案的一般原则即不适用于不动产或不动产物权相一致,参见第Ⅰ－1:101 条(适用领域)第 2 款第 f 项。不过,持有一家不动产的公司中的股权则通常不被排除在本编的适用范围之外。

第Ⅳ.H－1:104 条　适用于单方许诺与即时赠与

在作适当调整后,本编适用于赠与人以使他人受利益为目的、无偿地:
(a)单方许诺将标的物的所有权移转给受赠人;或
(b)立即将标的物的所有权移转给受赠人。

评　论

A. 单方许诺

赠与可以单方行为为之。在共同参照框架草案下,单方许诺将标的物的所有权移转给他人,不但可以以合同为之,也可以以第Ⅱ－1:101 条("合同"及"法律行为"的含义)第 2 款意义上的单方法律行为为之,单方法律行为不需要表意受领人的接受。单方法律行为应当符合第Ⅱ－4:301 条(单方法律行为的构成要件)所规定的要件。根据本条第 a 项的规定,如果许诺人具有使对方受利益的目的,则赠与的规则适用于此种单方许诺。根据第Ⅱ－1:103 条(拘束力),只有当单方许诺表明未经对方接受即产生拘束力时,单方许诺才能约束作出许诺之人。此外,在以单方许诺进行赠与的场合,还应符合第Ⅳ.H－2:101 条(形式要件)的要求。

示例 1

A 在其最好的朋友 B 过生日的时候忘了给他买生日礼物。A 于是给了 B 一张生日卡片,上面写着他(A)许诺很快送给 B 一套昂贵的法律百科全书。B 没有对这张卡片作出回应,因为他对 A 的健忘生气了。虽然 A 的许诺是无偿的,并且 A 具有使 B 受利益的目的,但这里不存在赠与合同,因为 B 没有表示接受。不过,如果满足了第Ⅱ－4:301 条(单方法律行为的构成要件)所规定的构成要件,则适用本编的规定。

拒绝权。根据第Ⅱ－4:303 条(权利或利益可予拒绝)的规定,受赠人可以在明示

或默示地接受权利或利益之前，通知赠与人拒绝其所许诺的物，如果该通知的作出没有不合理迟延的话。如果拒绝的话，此种权利或利益被视为从未发生过。赋予相对人以拒绝权的原因是，如果不存在事先的约定，则不应当强迫他去接受一项赠与。

有关赠与的一般规则的调整。在单方许诺的场合，有关赠与的一般规则中的某些规则需要进行调整。由于相对人有权拒绝所许诺的物，在拒绝尚属可能时，相对人不负有第Ⅳ.H-3:301条（接收与受领的义务）所规定的接收与受领所有权移转的义务。由于许诺是单方作出的，许诺人一般不会享有任何对价，因而第Ⅳ.H-1:202条（并非完全无偿的行为）通常不存在适用余地。

促销赠品。在促销赠品的场合，合同法中的拒绝权也足以保护相对人。这并不妨碍有关反不正当商业行为的规则适用，在某些极端的场合，根据第二编第七章的规定，这种行为可能会因此归于无效。此外，第Ⅱ-4:303条（权利或利益可予拒绝）中所规定的“不合理迟延”的具体适用，在促销赠品的场合也可能不同。

通过单方法律行为移转所有权。本编不涉及所有权移转的问题，因此第八卷中的规则也适用于单方赠与的情形。单方行为并非合同，因此，根据第Ⅷ-2:101条（所有权移转的一般要件）第1款第e项的规定，在所有权移转时，总是需要交付或相当于交付的行为。

不请自来的商品。如果只是存在单方许诺的情形，其与第Ⅱ-3:401条（无承诺则无债务）中有关商品不请自来的规则并不冲突。事先进行了许诺，也就不会发生给付不请自来的情形。不过，在即时实际赠与（存在真实的使他人受利益的目的，而非强迫他人购买的目的）的场合，第Ⅱ-3:401条会与赠与的规则相矛盾，其结果是后者作为特别法优先予以适用。

B. 立即移转所有权

并非有名合同类型。对于标的物的所有权或占有立即移转给受赠人的赠与，法律学者一般要么将之界定为一个独立的合同，要么根本不认为是合同。本编对此问题不作正式的判断。不过，本编明确规定，有关赠与的规则适用于此种即时的“赠与”，因而原则上是将两种情形作相同处理。

示例2

在A过生日时，B给了A一个礼物。此种情形下，可以认为A与B之间不存在合同。不过，第Ⅳ.H-1:102条第b项明确指出，如果所有权立即移转，本部分仍予适用。

对有关赠与的一般规则作适当的调整。虽然原则上即时的“赠与”整体上与有关移转所有权的许诺在理论上是作相同处理，但仍然需要对有关赠与的一般规则作某些调整。首先，在即时赠与的场合，第Ⅳ.H-3:101条（义务概述）第2款第b项所规定的移转所有权的义务不再存在。其次，在大多数场合，所有权的移转是通过第Ⅷ-2:

101 条(所有权移转的一般要件)第 1 款第 e 项所规定的交付来实现的,因此,第Ⅳ.H－3:101 条(义务概述)第 2 款第 a 项所规定的交付义务通常同样不再存在。再次,在即时交付的场合,适用第Ⅳ.H－2:102 条(形式要件的例外)第 a 项所规定的形式要件的例外。最后,在判断标的物的应有质量时,即时移转构成一项重要的考虑因素,参见第Ⅳ.H－3:102 条(标的物符合合同要求)第 2 款第 c 项。因为这些调整直接来自于上述规则的文义,确实可以认为即时移转是一种不同类型的合同或法律行为。不过,我们故意对这一教义学上的问题不作结论,同时,在相应规则的基础上,尚可进一步作其他的调整。

第Ⅳ.H－1:105 条　死因赠与或以死亡为条件的赠与

(1)本编不适用于以下情形:

(a)移转财产权义务的履行在赠与人死亡时届期;

(b)财产权的移转或移转财产权的义务以赠与人的死亡为停止条件;

(c)财产权的移转或移转财产权的义务以受赠人先于赠与人死亡为解除条件。

(2)若赠与人在死亡之前已实际履行或放弃条件,则第 1 款不予适用。

评　论

与继承法相区别。本编不适用于继承法所规范的遗嘱或其他法律行为。这与共同参照框架草案在第Ⅰ－1:101 条(适用领域)第 2 款第 b 项中所规定的一般原则相一致。不过,许多的法律体系是在慷慨施赠的理念下对赠与法和继承法进行处理的。在需要对某些法律行为进行界定时,有时很难在这两个法律领域之间划出分界线。特别是当生者之间的合同中某个条款的效果与遗嘱的效果相近时,更是如此。

示例

A 想将一大笔钱赠与给他的侄子 B。但是,他们约定,只有在 A 死亡之后 B 才能要求得到这笔钱;这一赠与只有在 A 死亡时才发生效力;如果 B 先于 A 死亡,则这一赠与不生效。本编的规则不适用于这种情形。

本条明确,本编不会让双方能够通过订立一个赠与合同来规避共同参照框架草案在第Ⅰ－1:101 条(适用领域)第 2 款第 b 项中所规定的一般原则。

死因赠与。这种类型的案件经常与死因赠与的概念相联系。不过,作一项比较法调查的话可以发现,这一概念的含义在各成员国的法律下存在细微的差别。抛开在制

定规则时不使用拉丁词语的起草原则不谈,这一概念不但不能促进规则的更清晰理解,反而会妨碍对规则的统一理解。

移转的义务在赠与人死亡时届期。从立法政策的角度来看,应当清晰地划出界线。除了那些以赠与人死亡为条件的典型情形外,我们决定将移转财产权的义务在赠与人死亡时才届期的所有案件都排除在本部分的适用范围之外。不过,这一与履行期限相关的条款,必须是源自当事人将履行期限与赠与人死亡相联系的自主意思。如果根据第Ⅲ－2:102条(履行期限)所确定的时间正好与赠与人的死亡相同,则本部分仍予适用。

以赠与人的死亡为停止条件。第1款第b项涉及的是死亡的时间作为第Ⅲ－1:106条(附条件的权利与义务)意义上的条件。这一条件是为所有权的移转或者赠与人的义务所附的条件,或者同时是为两者所附的条件。在第二种情形,不论只是义务或相应的权利附条件还是整个合同关系附条件,都应适用第b项。根据第Ⅷ－2:101条(所有权移转的一般要件)第2款的规定,义务附条件同时导致所有权的移转也附条件。

以赠与人先于受赠人死亡为条件。第1款第c项也指向第Ⅲ－1:106条(附条件的权利与义务)意义上的条件。这一条件同样是为所有权的移转或者赠与人的义务所附的条件,或者同时是为两者所附的条件。

预计即将死亡时的赠与。有的学者可能会将预计即将死亡时进行赠与的案型补充进来。不过,这种类型的赠与通常不会与继承法的规则相冲突——至少与其他类型的赠与相比不会冲突得更厉害。与这种类型的赠与相关的实质性问题涉及的是情势变更,即赠与人并未如所预计的那样去世。在这种案件中,赠与人应当享有一项默示的权利,根据第Ⅳ.H－4:101条(不可撤销性及其例外)第a项的规定将赠与合同撤销,在例外的情形下则适用第Ⅳ.H－4:203条(其他撤销权)所规定的撤销权。

转化为生者之间的赠与。第2款使得第1款不能适用于两种类型的案件,这两种类型的案件中,不会存在与继承法的冲突。第一种是已经实际履行;第二种则是在赠与人去世之前放弃了条件。已经实际履行意味着所有权的移转不再受本条所规定的任何条件的阻碍。这样,有关赠与合同的一般规则应适用于该合同。

第二节　无偿性与使他人受利益的目的

第Ⅳ.H-1:201条　无偿性

若移转所有权许诺的作出没有对价,则其是无偿的。

评　论

无偿性作为赠与的决定性标准。赠与合同是无偿合同的典型。因而,严格意义上的无偿性,是赠与的决定性标准。在对无偿性进行判断时采用客观标准。共同参照框架草案下的无偿性,既不取决于使他人受利益的目的,也并不一定就表达了慷慨或者是对于无偿许诺或无偿给付的受领人的喜爱。

示例1

在某人过生日或举行婚礼时赠给其一辆汽车,这符合无偿性的定义,因为它是没有对价的。

对价的概念。对价包括所有类型的对待给付,无论其是金钱的形式,还是物品或服务的形式。是否界定为对价,并不取决于其价值,不论是客观衡量出的价值还是从受领人主观的角度所理解的价值。对价常与对方当事人所负的负担相联系。在对这种现象进行界定时,不当得利一卷中规定的那些定义可能有所帮助,参见第Ⅶ-3:101条(得利)与第Ⅶ-3:102条(不利益),但那些定义并不必然是决定性的。

任何的对价都与无偿性互不相容。对无偿性的判断是严格的,任何对价的存在,即使非常微小的对价,都与无偿性互不相容,从而使合同或其他法律行为不符合第Ⅳ.H-1:101要(所涉及的合同)第2款的界定;不过,此时有关赠与的规则仍可因第Ⅳ.H-1:202条(并非完全无偿的行为)的规定而适用。这一基本的概念同样出现在有关信托的规则中,参见第X-1:301条(无偿性的宽泛含义)第1款,该条第2款包含的规则与第Ⅳ.H-1:202条(并非完全无偿的行为)相似,只是它关注的是信托法的要求。

有特定目的的赠与。很多赠与在作出时赠与人心里都有一个特定的目的。不过,如果这一目的不能被界定为对价,则合同是无偿的,仍然可以适用有关赠与的规则。

示例2

叔叔给侄子一笔钱,以让侄子能买得到一套房子。这一合同就是一个有特定目的的赠与。

这一特定目的的存在并不排除使他人受利益的目的。这一情形符合第Ⅳ.H－1:101条第2款对赠与合同所作的界定。

示例3

赠与人X将一笔钱赠与给一个非公司团体即一个高尔夫球俱乐部。这笔钱仅用于俱乐部房屋的修缮。这一目的并不意味着对价的存在。

如果赠与并未实现其背后的目的，则可能导致有关不当得利的规则中返还的救济措施的适用，参见第Ⅶ－2:101条（得利构成不当的情形）第4款，或者对赠与人更有利的是第Ⅳ.H－4:101条（不可撤销性及其例外）及第Ⅳ.H－4:203条（其他撤销权）的规定，认为赠与人享有一项默示的撤销权。

对价与条件。第Ⅲ－1:106条（附条件的权利与义务）涉及范围广泛的合同条款，对于可能由一方当事人故意促成其实现的将来的不确定事件，也并不排除在其适用范围之外。因而，某项债务的履行也可能构成该条所说的条件。如果这项债务对应着债权人的一项权利，条件与对价就重合了。在这些情形中，都不存在无偿性，此时能否适用本部分就取决于是否适用第Ⅳ.H－1:202条（并非完全无偿的行为）。

示例4

A将一幅珍重的油画移转给B，并附有一个解除条件，即B在一家博物馆将该油画每年展出四周。要求B在一家博物馆将该油画每年展出一次构成一个对价。这一情形不符合第Ⅳ.H－1:201条（无偿性）的规定。此时问题在于这两项给付的价值是否基本相当。参见第Ⅳ.H－1:202条（并非完全无偿的行为）第3款。

附负担的赠与并非无偿的。许多国家的法律承认一些适用于所谓附负担赠与的特殊规则。如果赠与是基于"受赠人"为"赠与人"做某件事情，则构成一项附负担赠与；因此，"赠与人"获得了某些东西作为回报，得到了某种对价，合同并非是完全无偿的。此种"赠与"所附的负担以合意为基础（例如，某笔金钱的赠与系基于受赠人同意照料赠与人的坟墓）。不过，此种附负担的赠与完全可以解释为是一项有对价的移转或移转之许诺。承认二者之间的差别，并承认几种类型下所附的负担与对价不同，会导致在极少数案件中，所负的负担的履行必须在赠与的标的本身或其孳息及用益以外实现。"违反"此种负担的后果与对价所涉义务的不履行的后果没有什么实质的区别，因此，本部分将传统上许多国家的法律下界定为附负担赠与的合同作为一方当事人为了对价而移转或许诺移转标的的合同来处理。从而，在本部分及整个共同参照框架草案下，所谓附负担的赠与并非无偿的。至于其后果，参见第Ⅳ.H－1:202条（并非完全无偿的行为）下的评论。

示例 5

赠与人许诺赠与一大笔钱,条件是受赠人在赠与人去世后照料他的坟墓。照料坟墓是一项服务,应被界定为对价。

示例 6

X 赠与给 Y 一大笔钱,前提是 Y 分四分之一给 Z。这里,付钱给第三人对于赠与人来说是一项(微小的)服务,其构成了对价。

无偿提供与垃圾处理。有的时候,把东西给出去对于赠与人来说也意味着重大价值。现代的例子包括为了免付垃圾处理费的赠与(示例 7)。因为垃圾的处理涉及一笔可观的费用,故可以认为受领垃圾是一项对待给付从而构成对价。这种场合不符合第Ⅳ.H－1:201 条(无偿性)的规定。可行的判断标准是考察当事人的意图是否包括了第Ⅳ.H－3:301 条(接收与受领的义务)所规定的受领人义务的特定履行。

示例 7

某家本地公司将土豆泥赠与给本地的农民用于喂猪牛。这家公司从而免付了一大笔的垃圾处理费。这一示例是基于德国联邦最高法院 1984 年 11 月 20 日所作的一项判决,刊载于 BGHZ 93, 23。

接下来同样存在这样的问题:根据第Ⅳ.H－1:202 条(并非完全无偿的行为)第 3 款的规定,这一对价是否与赠与物的价值基本相当。

因为某项债务而作的移转。如果所有权的移转是因为某项债务,例如(并非赠与合同的)某个合同、某项法院判决或法律规范所规定的债务,则不构成赠与合同。对这项一般原则的另一种表达是,此种移转并非无偿的。虽说对这类移转的对价进行判断可能会面临问题,但对此我们没有给出明确的规定,因为结论实质上似乎是不证自明的。

示例 8

父母依法负有抚养其未成年子女的义务,应当提供或许诺提供粮食、衣物和住处。履行这一义务而进行的抚养并非赠与。

第Ⅳ.H－1:202 条　并非完全无偿的行为

(1)许诺移转财产权的当事人获得了或有权获得某种对价,从而行为并非完全无偿的,符合下列条件时,合同主要是赠与合同:

(a)该当事人在承诺移转财产权时,除其他目的之外,亦有使对方当事人受利益的目的;且

(b)双方当事人都认为通过给付给予对方的价值并非基本相当。

(2)若根据本部分的规则第1款所涉的合同无效或已被撤销,但根据一般的规则并非无效或已被撤销,则在作适当调整后适用第Ⅲ－1:110 条(情势变更后法院判决变更或解除)。

(3)若在第1款所涉的案件中一方当事人行使本部分所规定的撤销权,第Ⅳ.H－4:103 条(撤销的效果)适用于整个合同关系。另一方当事人可以在撤销后的合理期限内提供合理的对价从而阻止撤销发生效力。

评　论

A. 本部分中混合合同类型的功能

仅限于共同参照框架草案的范围。许多的法律体系在赠与的领域中涉及了对混合合同的处理。那些曾被大量运用的法律制度,例如著名的"混合了赠与的交易"(*negotium mixtum cum donatione*),通常意在将那些混合的情形纳入家庭法的保护性规范以及继承法中在赠与人的不动产中给其家庭成员保留特定份额的规则的适用范围。共同参照框架草案特别是本部分不涉及这些保护性的机制。第Ⅱ－1:107 条(混合合同)对混合合同所作的一般性规定,集中关注的是一方当事人的各种义务相"混合"的情形,因此该条本身对于本部分的目的来说仍显不够,必须通过本条来加以扩张。此处,混合源于非典型的义务或者是部分无偿的情形。

B. 区分标准

客观标准:某种对价。第Ⅳ.H－1:202 条(并非完全无偿的行为)背后的基本价值原则取向来自于第Ⅳ.H－1:201 条(无偿性)所作的一般性定义。此处是一种混合的情形,存在着某种对价的给付或许诺,因此行为并非完全是无偿的,从而其并非一个赠与合同。不过,如果符合第1款所规定的要件,则可以认为合同主要是赠与合同。这一规则无疑指向了第Ⅱ－1:107 条(混合合同)第3款与第4款。

示例 1

一家新开业的百货公司许诺向有兴趣的民众赠与一种高级的咖啡机。不过，为了得到这个咖啡机，受赠人必须自己到这家百货公司的五层去领取。这是一个有争议的案件。可以认为这一情形下完全没有任何对价。同时也可以认为，为了得到这个咖啡机而穿过这家百货公司，就构成了对价。不过，这一对价极其微小，该行为可以被认为主要是一个赠与合同。

主观标准：并非基本等价。若双方的给付所给予的利益被双方当事人认为基本等价，就不再是混合的情形。此时合同不存在任何的无偿性，若对价是金钱性质的，则构成买卖。关键的问题在于双方当事人的共同认识。如果他们认为合同部分地存在无偿性的元素，则仍然适用有关赠与的规则。不过，根据第Ⅱ－1:107 条（混合合同）第 4 款的规定，在其他的元素亦有必要予以规范的范围内，若所涉及的其他类型合同的规则并不与其主要所适用的规则相冲突，则在作适当调整后，仍然适用所涉及的其他那些合同的规则。

示例 2

在欧洲某些地区，存在一种迷信，认为赠与一把刀子，会给受赠人带来晦气或噩运。因此，为了避免这种结果，要接受一个象征性的小硬币（可能是一分钱），作为刀子的交换。这一对价就是微小的，行为主要是一个赠与合同。

示例 3

双方就汽车的买卖订了一个合同。当事人彼此认识，因为这种相识的关系，买卖汽车的价格远低于市场价格。此处，既存在无偿性的元素，也存在买卖合同的元素。不过，有关赠与的规则的适用，取决于双方当事人主观上对于等价的认识。在此种情形，可能要适用第 1 款。

C. 赠与规则的适用

形式与效力。本部分的第二章以多种方式来限制赠与人的责任。第Ⅳ.H－2:101 条（形式要件）中规定了形式的要件，第Ⅳ.H－2:103 条（错误）降低了因错误而撤销的标准，第Ⅳ.H－2:104 条（乘人之危）规定在信赖或依赖关系中推定有乘人之危。在这些情形下，适用本部分的规则还是适用一般的规则，效力问题的结论便不尽相同。因此在某些场合，如受领人支付了 2/3 的市场价时，适用赠与的规则便会导致错误的结论。无偿性与有偿性之间的平衡是变动不居的，并且其他的因素也会影响到结论的公正性，因此，对这类情形很难提供一个固定的答案。于是，第Ⅳ.H－1:202 条（并非完全无偿的行为）第 2 款指向了情势变更的规则，从而将之交由法官进行裁量，参见第Ⅲ－1:110 条（情势变更后法院判决变更或解除），在适用该条时应作适当调整。其目的在于，不再根据本部分第二章的规定得出无效或被撤销的结论，而是交由法官裁量合同有效或对合同项下的义务进行变更。

示例4

A许诺以半价将一辆汽车卖给B。B高兴地接受了。A的许诺没有写成文字。假设A具有使B受利益的目的，并且双方当事人认为相互的给付并非基本等价，则应适用赠与的规则。由于A的许诺没有写成文字，根据第Ⅳ.H－2:101条（形式要件），合同无效。若A改变主意、拒绝履行，就产生了B是否仍能要求继续履行的问题。答案是，B可能只得诉请法院认定合同有效，但也要承担风险：法院可能拒绝认定合同有效或者是提高价格或要求支付全价。

单方许诺。原则上，本部分适用于赠与人所为的单方许诺，参见第Ⅳ.H－1:104条（适用于单方许诺与即时赠与）。不过，这一适用于单方法律行为的规则似乎很难适用于那种对双方当事人都规定了义务的行为。

赠与人的义务。根据第Ⅳ.H－1:202条（并非完全无偿的行为）第1款，若合同被认为主要是一个赠与合同，当存在冲突时，本部分有关义务的规定优先于那些适用于合同中有偿因素的规则。这主要涉及本部分第三章第一节所规定的"赠与人"的义务。例如，本部分的规范与第四卷第一编第二章有关买卖的规则相冲突，特别是第Ⅳ.H－3:102条（标的物符合合同要求）中有关质量要求的标准。因此，原则上债务人不负有确保标的物符合合同要求的义务，不对标的物适于合同目的负责。不过，在涉及相对较高对价的场合，可以将混合合同的性质作为第Ⅳ.H－3:102条（标的物符合合同要求）第2款下的一种考虑因素，以此来判断"受赠人"可合理期待的质量水平，这可能能够达到与适用买卖合同的规定相同的效果——这是可行的，因为第Ⅳ.H－3:102条第2款所规定的考虑因素并非是完全列举式的。

责任的限制。在第1款所规定的情形下，第Ⅳ.H－3:204条（障碍场合损害赔偿请求权的排除）与第Ⅳ.H－3:205条（损害赔偿的数额）所规定的责任限制适用于整个合同。只是在前者才存在真正的差别，因为"赠与人"可以控制的障碍也构成抗辩事由。损害赔偿的计算则在于法官的裁量，他可以很轻易地在混合情形中判决可期待利益的全额赔偿。

示例5

若上一个示例（即汽车买卖案）中合同标的物未依合同所约定的时间交付，损害赔偿的前提是"赠与人"不能根据第Ⅳ.H－3:204条（障碍场合损害赔偿请求权的排除）进行抗辩，同时损害赔偿可能根据第Ⅳ.H－3:205条（损害赔偿的数额）进行限制。

对其他救济手段的限制。本部分第三章第二节所规定的对其他救济手段的限制也适用于第1款所规定的情形。这给出卖人提供了一种可能，他可以简单地将价格降至市场价以下，然后主张适用第Ⅳ.H－3:202条（强制履行请求权的限制），从而排除其更换或修理的责任。不过，考虑到出卖人通常并无使买受人受利益的目的，此时的减价就如著名的特洛伊木马一般。若出卖人试图降低与取得所承诺之物有关的风险，也同样如此，参见第Ⅳ.H－3:202条（强制履行请求权的限制）第2款。不过，除这些

权利滥用的情形以外,对特定履行的限制仍应适用,在迟延给付金钱场合利息责任的减轻同样也适用。

撤销。本部分规定了几项撤销赠与合同的权利,从而与第二卷和第三卷中规定的一般规则及第四卷对其他类型合同的规则大为不同。第 3 款规定,在混合情形下若“赠与人”有权撤销赠与合同,则撤销权适用于整个合同关系,但也给“受赠人”提供了一种选择权,他可以给“赠与人”提供一个合理的对价,从而“买断”撤销权。具体情况下何为合理,则取决于诸多的因素——其中包括最初的对价与双方当事人会认为与所许诺或给付的物基本等价的对价之间的差额、合同的订立或所有权移转与撤销之间的时间间隔,以及撤销权的性质。

示例 6

A 以半价将其汽车出售给其最好的朋友 B。合同在形式上是有效的。三周之后,B 试图谋杀 A,因为 B 想娶 A 的妻子。此处,赠与的规则适用于合同中无偿的元素。B 试图谋杀 A,从而故意对 A 从事了第Ⅳ. H－4:201 条(受赠人的忘恩负义)所规定的严重不法行为。若此时 A 行使其撤销权,第Ⅳ. H－4:103 条(撤销的效果)适用于整个合同关系。B 可以在撤销后的合理期限内提供合理的对价以阻止撤销发生效力。但是在这样的场合,任何对价 A 都不会愿意接受,因此什么样的对价能称得上“合理”,则是有疑问的。

D. 留给一般规则或适用于其他类型合同的规则的空间

受赠人的义务。第Ⅳ. H－1:202 条(并非完全无偿的行为)所规定的情形中的混合在于,除了接收与受领的义务外,“受赠人”尚承担了外在于赠与合同的其他义务。这些义务的准确性质,必须通过对有关对价的约定进行解释或甚至是认为存在某些必要的默示条款来加以判断。第四卷中哪些规则适用于这些义务,取决于这些义务的性质。若“受赠人”享有的是金钱债务,则应适用买卖法。在其他的场合,则可能是互易、服务、委托或租赁。

对赠与人的救济。本部分在涉及对赠与人的救济措施上没有规定什么与一般规则不同的内容(参见第Ⅳ. H－3:401 条(适用一般规则)),因此似乎这两部分规则之间不存在冲突。不过要注意,在典型的赠与合同中,受赠人所负的接收与受领义务的强制履行对于赠与人来说并无什么合理利益,因此,其强制履行似乎构成第Ⅲ－3:302 条(非金钱之债的强制履行)第 3 款第 b 项所规定的不合理负担。因此,在第 1 款所规定的情形中,所适用的规则虽然相同,但其具体适用仍与一般的赠与合同有异。

解除场合的恢复原状。在构成对价的义务不履行的场合,对“赠与人”的救济措施之一是第三卷第三章第五节所规定的解除。因此,赠与人可以在对价重要时因对方根本不履行而解除合同,或是确定一个长度合理的宽限期并在期限届满后“受赠人”仍未履行时解除合同。在合同解除中未为对待给付的基本概念关注的是包含对价的合同,因此对于无偿合同而言合同解除的效果需予修正,参见第Ⅲ－3:511 条(毋须恢复原状

的情形）第 3 款。不过，恢复原状的排除并不适用于本条所规定的混合情形，因为，即使是根据第 1 款的规定应适用有关赠与的规则，合同也并不属于第Ⅳ.H－1:201 条（无偿性）所规定的无偿合同。

E. 附负担的赠与

适用混合合同的规则。共同参照框架草案的明文规定中没有涉及传统构造上的附负担赠与，参见第Ⅳ.H－1:201 条（无偿性）的评论，但是这种情形属于第Ⅳ.H－1:202 条（并非完全无偿的行为）所规定的混合情形。因此，上述的规则不需调整即可适用。

示例 7

A 承诺若 B 对 A 给予资助的话则将其股票赠与给 B。资助的金额相当于年度股息的大约 20%。由此引发的问题是，如果资助没有兑现的话，是否可以解除整个合同关系。在这一示例中，既有无偿的因素，也有对价的因素。假设 A 具有使 B 受利益的目的并且双方都认为各自的给付并非基本等价，则适用第 1 款。此时，若 A 催告 B 要求其在某个长度合理的宽限期内履行而 B 在该期限内仍未履行，则 A 可以根据第Ⅲ－3:503 条（催告确定履行的宽限期）解除合同。

第Ⅳ.H－1:203 条　使他人受利益的目的

即使存在下列情形，仍可认为赠与人具有使受赠人受利益的目的：
（a）赠与人具有移转财产权的道德义务；或
（b）赠与人具有促销目的。

评　论

A. 使他人受利益之目的的功能较小

不要求赠与的意思。与许多法律体系中的通说不同，本部分不将赠与的意思作为赠与合同有效的要件。因此，某些通常被排除在赠与法适用范围之外的情形仍属于本部分的适用范围。从而，使他人受利益之目的这一要件的功能比许多大陆法学者所习惯的要小很多。第Ⅳ.H－1:203 条（使他人受利益的目的）明确地规定了两种不应排除在适用范围之外的情形，以兹明确。

B. 不排除使他人受利益之目的的情形

其他的目的不排斥赠与。使受赠人受利益以外的其他促使赠与人进行赠与的目

的,不将合同排除在本部分的适用范围之外。例如,在报答性赠与的场合,就存在这种其他目的。如果不适用本部分的规则,就只能适用第二卷(译注:原文为“第一卷”,应为笔误)与第三卷中的一般规则。因此,为本部分设定更宽泛的适用范围,并通过对赠与的规则进行修正,来处理其他那些特殊的目的,似是明智的。例如,在报答性赠与的场合,当赠与的目的纯粹是赠与人对受赠人已经作出的某种行为表达感激时,可以排除在受赠人有忘恩负义时赠与人的撤销权。不过,赠与人陷于穷困时的撤销权则是强制性的,仅仅证明赠与的背后另有某种目的,尚不能排除该撤销权。

使他人受利益的目的与道德义务。存在疑问的是,是否就如一方试图履行某种实际上不存在的义务时并不存在使他人受利益的目的一样,在赠与人自认为负有道德义务并觉得出于道德而必须进行赠与时,是否也不存在使他人受利益的目的。本部分所理解的赠与并非必须是慷慨之举,因而没有必要将此种情形排除在其适用范围之外。

示例1

某个学生在取得了本科与硕士学位之后,决定继续深造。我们假设此时该学生已不享有请求父母抚养的法定权利。虽然父母可能觉得仍有资助其孩子的道德义务,但不能由此自始否定其使孩子受利益的目的。

同样,需要根据此种赠与的特殊目的,对规则作某些调整,但这仍然是个合同解释的问题。

促销目的。许多的法律体系认可“天下没有免费的午餐”,考虑到在促销性赠与中赠与背后的目的并非纯为慷慨,而是为了促进赠与人的生意,从而不按赠与合同来对促销性赠与进行分析。这种思路源于将赠与解释为慷慨的表示。此处采纳的是一种不同的思路,从而本部分也适用于以促销为目的的赠与。

示例2

一家新的百货公司在开业时向过往的行人赠送气球。赠与附有其他动机的这样的事实(即为新开业的百货公司做广告)并不妨碍人们认为存在使他人受利益的目的。

C. 其他情形

伤害的意图。使他人受利益的目的这一要件主要是将纯粹利己的情形排除在本部分的适用范围之外。此种类型最为重要的情形是行为人具有伤害“受赠人”的意图,其最为著名的例子就是特洛伊木马。

误认为负有义务。另一种情形是“赠与人”误认为自己负有进行给付的法律义务。此种情形下通常不存在约定。不过,本部分也适用于单方法律行为。因此,在这种情形下,可能有必要认为不存在使他人受利益的目的,从而使“受赠人”所得的利益不具有法律根据。

第二章　形式与效力

第Ⅳ. H－2:101 条　形式要件

赠与人的承诺应以文字形式记载于经赠与人签署的耐久的介质之上，否则物之赠与合同无效。电子签名不构成第Ⅰ－1:107 条（“签名”及类似表达）第 4 款意义上的高级签名时，就此尚不符合要求。

评　论

A. 形式要件的功能

保护赠与人不受意气用事之苦。形式要件主要的功能在于保护赠与人，用于防止鲁莽与草率的赠与。形式要件意在给赠与人提供一个对作出无偿许诺进行深思熟虑的机会。许多的法律体系都持此立场，有的甚至要求公证文书。这一功能与第二卷第五章中撤回权所包含的功能相似。

用于保护受赠人的证据功能？形式要件也可以用于对行为加以记录，从而给受赠人提供一个途径，证明赠与人意在无偿地许诺某些东西。许多国家的法律体系也持这一看法。应当注意的是，这一功能与形式要件欠缺时的救济后果相矛盾。在此种情形下，让合同无效不但对受赠人没有益处，甚至对其不利。因此，对行为加以记录可以用于证明，但本条的目的却不在于在这一方面保护受赠人。

税法上的目的？在许多国家的法律体系中，形式要件也是为了实现税法上的目的。例如，在赠与税中利用公证人与税收行政部门之间的合作。不过，共同参照框架草案并不处理税法的问题，赠与的形式要件的目的也不是为税法服务。但这并不排除成员国通过援引共同参照框架草案来附加一些目的。

B. 形式要件的范围

并非整个合同。形式要件仅规范赠与人的许诺，因此并不涵盖整个合同。特别是，受赠人的接受并不要求遵守第Ⅳ. H－2:101 条（形式要件）的规定，这也与第

Ⅳ.H－1:104 条（适用于单方许诺与即时赠与）所规定的可以通过单方法律行为来进行赠与相一致。

赠与人的许诺。必须以文字形式记录于经赠与人签署的耐久的介质之上的赠与人的许诺，并非合同订立规则下的专业术语。因此，其与第二卷第四章意义上的赠与人的要约或承诺并不相同，其可以仅仅是此种要约或承诺的一部分。

其他的明示条款。许诺的概念是用于判断其他哪些明示条款也受形式要件的规制的关键标准。因此，对许诺的记载必须包括那些规定赠与人义务同时不处于本部分规范范围之外的所有条文。简而言之：赠与人所负的、可被认为具备赠与特征的其他所有义务，以及赠与人所负义务的所有具体细节，都必须以文字形式记载于经赠与人签署的耐久的介质之上。这包括如第Ⅳ.H－3:102 条（标的物符合合同要求）第 3 款意义上的所有描述。

混合情形及附负担的赠与。使合同不再属于纯粹赠与范畴的其他条款不需要满足形式要件。对于有偿性的元素，以及赠与的元素与某项无偿服务等紧密关联的场合受赠人所负的其他义务，没有形式要件的要求。不过，如果合同中无偿性的元素未具备其所应具备的形式要件，则救济方面的后果有所不同。若在第Ⅳ.H－1:202 条（并非完全无偿的行为）的意义上合同并非完全无偿的，该条第 2 款使得法官能够判决合同有效。反之，根据第Ⅱ－1:108 条（部分无效或不生效），合同仅是部分无效时，若除去这无效或不生效的部分，剩余部分尚可保留，则该剩余部分仍然有效。

C. 所要求的形式

文字形式。根据第Ⅳ.H－2:101 条（形式要件），形式要件的具体内容适用第一卷中的一般规则。第Ⅰ－1:106 条（“书面”及类似表达）第 2 款将“文字形式”定义为以字母或其他可认知的符号表达的、能够借助某种方法而加以阅读的、能够对其间所含的信息加以记录并使之能以有形的形式被复制的文本。因而，文字并不要求必须是实际手写的形式，电子邮件即足以构成文字形式。

耐久的介质。文字必须储存在耐久的介质之上。第Ⅰ－1:106 条（“书面”及类似表达）第 3 款将“耐久的介质”定义为信息所得储存的、在将来一段足够实现该信息之目的的时间内能为人参阅的、使得信息能够被不加修改地予以复制的、任何形式的物质。存储电子邮件的收件人的硬盘属于耐久的介质，在网上论坛所发的帖子则不算。

签名。签名的概念规定在第Ⅰ－1:107 条（“签名”及类似表达），因此，签名包括手写的签名、电子签名与高级电子签名。该条第 2 款至第 4 款对这些概念作了界定。不过，第Ⅳ.H－2:101 条（形式要件）第 2 句将普通的电子签名排除在外，要求高级电子签名。

示例 1

叔叔 A 给其侄子 B 发了一封电子邮件，许诺将一张 CD 赠与给 B 作为生日礼物。在这种情

形下，叔叔 A 的许诺不具有拘束力，因为该邮件并非是“经赠与人签署的”，此处不具备第Ⅰ－1:107 条（“签名”及类似表达）第 4 款意义上的高级电子签名。

不要求书面。第一卷的注释表明，本部分与共同参照框架草案的一般原则相一致，都顺应技术的发展。因此，第Ⅰ－1:106 条（“书面”及类似表达）第 1 款所界定的“书面”要件，即直接以清晰的符号手写或打印在纸张或其他有形的耐久的介质上的文字，并非第Ⅳ.H－2:101 条（形式要件）规定的要件，从而赠与人的许诺也可以包含在电子邮件之中。

以其他形式替代所要求的形式。第Ⅳ.H－2:101 条（形式要件）所要求的形式是否可以其他形式代替的问题，该条或第一卷中的一般规则都未予规定。若使用了其他的形式，只有在具备了第一卷所规定的定义中的所有要素时，才符合第Ⅳ.H－2:101 条（形式要件）的规定。在遵循了更为严格的形式的场合，大多如此（例如，英格兰法下的盖印文书，或是其他许多国家法律中的公证文书）。

成员国不得提高形式要求。是否允许成员国改进或提高形式要求特别是保持公证文书的要求这一问题，已有了相当多的讨论，但最终的回答是否定的。这样一种立法上的选择权与共同参考框架的理念不符。

第Ⅳ.H－2:102 条　形式要件的例外

前条不适用于以下情形：

（a）将物即时交付给受赠人或是替代交付的情形，不论所有权是否移转；

（b）若赠与系由商人作出；

（c）若赠与人的许诺系通过电台或电视台广播的或印刷发行的公开声明予以宣告，且就其具体情形而言不属于价值过高。

评　论

A. 形式要件的例外与形式的目的

对赠与人进行保护的必要性降低。在某些场合，对赠与人进行保护的必要性会降低。因此，第Ⅳ.H－2:102 条（形式要件的例外）规定了形式要件的三种例外——即时交付，商人所作的赠与及公开宣告的赠与。

形式要件的例外与证据。在第Ⅳ.H－2:102 条（形式要件的例外）所规定的不适用形式要件的范围内，适用形式自由的一般规则，参见第Ⅱ－1:106 条（形式）。形式要

件的此种例外，不允许成员国适用那些与形式要件功能相当的东西，如言词证据规则。

B. 即时交付或替代交付的情形

设为例外的原因。在赠与人交付赠与物之时，其能够立即理解其行为的后果，此时，不需要再以形式要件来加以保护。这种情形下的门槛高于仅有许诺、并不立即发生交付标的物之效力的情形。此外，若是将第Ⅳ.H－2:102条（形式要件的例外）第a项所规定的内容理解为是要物合同这种传统的形式，这一例外也可以理解为是以另一个形式要件来取代了一般的形式要件。

交付的概念。此处的交付应理解为包括了移转占有这一要件。这才与这一例外所暗含的目的相符。这一概念类似于第八卷中交付的概念。

示例1

在N过生日时，其叔叔C将一辆自行车赠给了N。C立即把车交给了N。此时存在即时交付，因此构成形式要件的例外。

替代交付的情形。其他的替代交付的方式，若也能与形式要件一样发挥提醒的功能，则也构成形式要件的这一例外。此处没有指向第Ⅷ－2:105条（替代交付），但该条有助于具体理解此处替代交付的含义。

示例2

某船运公司A通过海运运输B的汽车。在将B的汽车装船后，A将提单交给了B。在汽车正被运往目的地的途中，B以交付提单的方式将汽车赠与给C。在这种情形，将提单交付出去就有形地表征了占有的丧失，因此属于一种替代交付。对照第Ⅷ－2:105条（替代交付）第4款。

仅有协议。另外，仅有关于标的物所有权何时移转给受赠人的协议，则还不够，虽然其对于标的物所有权的移转而言可能已经够了；参见第Ⅷ－2:101条（所有权移转的一般要件）第1款第e项。这样的一个协议并不能够发挥提醒赠与人防止草率举动的功能，并且可能使双方当事人能够轻易地规避形式要件。

示例3

A许诺将一把小提琴赠与给B。A的许诺没有形成书面文字。双方当事人都同意，A继续使用这把小提琴，但所有权立即移转。在这种情形，不构成形式要件的例外，因为仅仅一项关于所有权移转的协议并不构成替代交付。

缔约前的交付。交付的要求并不因为赠与人在赠与合同订立前就已经交付这一事实而变得毫无意义。在这种情形，移转占有的行为已经完成，即使其发生于缔约之前，也应已足够制约赠与人的行为。并且，若是在先已交付的场合仍然要求形式要件，

可能会给如下的场合造成额外的困难：在最终订立赠与合同之前碰巧已经完成了交付——这在实务中经常发生。

示例4

A借给B一把螺丝刀。在螺丝刀归还之前，A就将它赠与给了B。此处，B已经占有了这个将要赠与的标的物。在这种情形，赠与合同的生效具有与交付相同的效果（对照第Ⅷ.-2:105条（替代交付）第1款）。此时存在替代交付，因此不要求第Ⅳ.H-2:101条（形式要件）所规定的形式要件。

间接赠与。在欧洲的许多法律体系中，间接赠与（参见第Ⅳ.H-1:101条（所涉及的合同）的评论）也被认为是形式要件的一种例外情形。此处不将间接赠与作为一种例外，但若与第三人的缔约包含有提醒的元素，则间接赠与有可能构成一种替代交付。

因事后交付而治愈？第Ⅳ.H-2:102条（形式要件的例外）没有将事后交付规定为一种可以治愈其瑕疵的途径。不过，事后交付的情形可以通过将交付理解为一种新的即时赠与来处理。

示例5

叔叔C口头许诺将其自行车赠与给侄子N。N立即接受了C的要约。C的许诺没有形成书面文字。五天之后C将该自行车交付给了N。在这种情形，C的许诺不符合形式要件，也不存在即时交付，故C与N间的合同无效。然而，此处存在一个有效的赠与，因为自行车的交付可以理解为是一个新的赠与，现在的这个赠与是有效的，因为这里是即时交付。

不规定一种治愈途径，其背后的考量在于，这将使赠与人就其误认为先前的许诺具有拘束力的错误负担全部的风险。此处选择的解决方案是允许对事后的即时赠与的效力进行考察，剩下的问题就是，后来是否成立了一个即时赠与的合同，该行为是否满足合同成立的所有要件，特别是赠与人是否具有受法律拘束的意思。

示例6

与示例5中的示例相反，C将自行车交付给N，只是因为他以为他仍然受五天前所作许诺的约束。此时C与N之间的合同仍然是无效的，因为不具备形式要件。在这种情形，自行车的交付不能理解为是一个新的（即时）赠与，因为此时C不具有受法律拘束的意思。C有权根据第七卷（不当得利）的规定要求返还该自行车。

C. 商人作出的赠与

商业赠与不受形式要件的保护。不要求形式要件的另一种情形是赠与系由商人作出。商事企业作为赠与人时，其应得到的保护似应比其他赠与人少。此处是在定义

清单中所下定义的意义上使用商人一词的。从功能的层面上说，第Ⅳ.H－2:101条（形式要件）所规定的形式要件所要保护的赠与人仅包括那些并不熟知进行赠与的法律后果的消费者。第Ⅳ.H－2:102条（形式要件的例外）第b项并不涉及受赠人的地位问题，因此这一例外也适用于消费者。另外，这也意味着，商人相互之间订立赠与合同时无须采用任何形式。

示例7

某店主A许诺向奥斯纳布吕克大学的每一个院系赠送一台咖啡机。这一许诺系由商人作出，因此构成第Ⅳ.H－2:102条（形式要件的例外）第b项所规定的对形式要件的例外。

以私人身份作出。不过，定义清单中所下的定义以商人因营业或类似原因而从事活动为前提。因此，若示例7中的店主系以私人身份将咖啡机赠与给其某个私交朋友作为生日礼物，则仍应遵守形式要件的规定，除非适用其他的例外规定。

D. 公开宣告场合的例外

设为例外的原因。“以公开宣告的方式作出的赠与例外地不要求形式要件”这一规则有其独自的适用范围，其仅适用于个人公开地许诺无偿移转标的物的情形。其基本的假定是，由此种宣告所获得的个人满足，是某种类似于对价的东西，从而赠与人不具有值得保护的法益。此外，公开宣告也可以视为是某种在功能上相当于书面形式的东西。

宣告的方式。公开宣告必须以某种特定的方式作出，这种特定的方式同样可以被理解为是一种形式要件。应当注意的是，本条选择了一种特定的广播媒介，这与共同参照框架草案背后的原则相左。然而，我们认为，一项能够容纳将来全部技术发展的更为一般的规则，是无法设计出来的，也是不切实际的。此处提供了两种选择：其一是通过电台或电视台加以广播的公开声明；其二是印刷发行的公开声明。仅仅以在互联网上发表的方式来传播一项文字声明尚不足以满足这一标准，电台或电视台的直播流媒体则满足这一标准了。

就其具体情形而言不属价值过高。第c项所规定的例外尚有是否价值过高的标准来加以规制，是否价值过高是就个案的具体情形而言的。可以想见，某个赠与人可能因为出现在电视上而过于激动，并在一时冲动之下许诺捐出其近乎全部的财产。这一是否价值过高的标准，是一项客观的标准，近似于合同解释中所用的标准。重要的因素可能如受赠人金钱方面的急需、赠与人的财富、许诺的作出对于赠与人声誉的影响、宣布以后赠与人的行为、与许诺相关的情形。

示例8

A是某个与环境保护有关的电视脱口秀节目的嘉宾。在节目中A许诺捐出100欧元给世界自然基金会。该节目在国家电视台中播出。虽然A的许诺未形成书面文字，但该许诺是有效

的，因为其是在电视台播出的声明中宣布的，并且就其具体情形而言不属价值过高。这里符合了第Ⅳ.H-2:102条（形式要件的例外）第c项规定的要件。

第Ⅳ.H-2:103条　错误

若合同的订立系基于对事实或法律的错误认识，即使不符合第Ⅱ-7:201条（错误）第1款第b项的要件，赠与人仍可撤销合同。

评　论

与一般规则中的错误之间的关联。第二编第七章第二节中含有关于错误及其他的同意或意思不健全的一般规则。本部分对其中的两项作了调整，即有关因错误而可撤销和乘人之危时可撤销的规则，关于后者参见第Ⅳ.H-2:104条（乘人之危）、第Ⅱ-7:201条（错误）所规定的因错误而可撤销的规则，其基本前提是存在某种根本的错误，该条第1款第b项对导致该错误的事由作了穷尽的列举。这些事由包括了合同对方当事人以某种方式对原告陷于错误负有责任的三种情形，以及共同错误的情形。因错误而可撤销的事由仅限于这四种情形。并且，该条第2款将错误不可原谅或错误的风险应由陷于错误一方承担的情形排除在外。

对有关错误的一般规则的范围加以扩大。第Ⅳ.H-2:103条（错误）对有关错误的一般规则作了有利于赠与人的调整。赠与人是否可以因错误而撤销，不取决于造成错误的原因。即使错误并非由受赠人造成，或者不存在共同错误，赠与人仍可因根本错误而撤销。此种调整背后的考量是基于对受赠人进行保护的必要性降低，毕竟，受赠人没有给赠与人的许诺提供任何对价。

错误仍须是根本性的，且仍然适用对可撤销的例外规定。然而，赠与人并非因任何情形的错误都可撤销。错误仍然必须是第Ⅱ-7:201条（错误）第1款第a项意义上的根本性错误，该条第2款所规定的撤销权的例外也仍然适用。在此这两项例外甚至变得更为重要，因为该条第1款第b项所列举的那些情形可以被理解为是大体上将可原谅性与风险具体化了。

示例

赠与人预期将会得到一笔遗嘱继承的遗产，基于这种认识，他许诺将其预期得到的遗产的一部分赠与给受赠人。然而，这一预期并未实现。赠与人可以撤销该合同。此处仍可适用第Ⅱ-7:201条（错误）第2款的例外规定。

第Ⅳ.H－2:104 条　乘人之危

赠与人依赖于受赠人,或赠与人在其与受赠人的信赖关系中属于弱势一方的,赠与人可根据第Ⅱ－7:207 条(乘人之危)撤销合同;受赠人证明其没有利用赠与人的处境来趁机获取不正当的利益或显失公平的益处除外。

评　论

A. 在依赖于对方或处于弱势地位时的存在问题的赠与

并不全面禁止。某些国家的法律可能在赠与人基本依赖于对方或处于弱势地位时禁止其进行赠与。本部分不采用且实际上也无法采用这样一种列举的方式。特别是,在此种场合不能简单地禁止所有的赠与。第Ⅳ.H－2:104 条(乘人之危)试图找到贯穿所有这些应予禁止情形的共通脉络。本条的构造基于这样一个偏向于赠与人的假设,即在第Ⅱ－7:207 条(乘人之危)的意义上,其被人趁机获取了不当利益。

遏阻。并且因为乘人之危与道德败坏的想法相联系,推定乘人之危的理念也可能有助于遏阻那些潜在的受赠人在他人处于危急之时接受赠与。这种遏阻性的功能,至少可以减少那种并无什么真正原因让赠与人一方心怀感激的报答性赠与的数量。

B. 乘人之危的一般规则的适用

依赖于他人或处于弱势地位。第Ⅱ－7:207 条(乘人之危)所规定的撤销权的前提是,受损害方依赖于另一方或与另一方存在信赖关系,处于经济困境或有急迫需要,无远见、无知识、无经验或缺乏谈判技巧(参见该条第 1 款第 a 项)。第Ⅳ.H－2:104 条(乘人之危)对之所作的调整仅涉及前两种情形,即依赖于对方及存在信赖关系。

受赠人知道。第Ⅱ－7:207 条(乘人之危)第 1 款第 b 项进一步要求另一方当事人知道或可合理地期待其已经知道这一情况。在第Ⅳ.H－2:104 条(乘人之危)所涉及的场合,这一要件基本不会导致赠与人不享有撤销权,因为通常来说另一方当事人都会知道依赖关系或信赖关系的存在。

趁机获取不正当的利益或显失公平的益处。一方存在的为另一方所知道的困难,必须导致了第Ⅱ－7:207 条(乘人之危)第 1 款第 b 项意义上的趁机获利。此处的趁机获利被界定为是获取不正当的利益或显失公平的益处。

C. 证明责任倒置

没有趁机获利须由受赠人来加以证明。根据第Ⅱ－7:207 条(乘人之危)的规定,

主张其被人趁机获利的一方必须对存在趁机获利加以证明。与之相反，第Ⅳ.H－2:104条（乘人之危）则推定在赠与的场合存在趁机获利，从而由受赠人承担证明责任。此种推定的原因在于受赠人没有提供对价。这一规定给受赠人提供了一种可能，其可以证明赠与既非不当也非不公，例如只是一个普通的生日礼物。

示例1

A经营着一家小型的企业，该企业只是给B的汽车公司供应汽车配件。为巩固其作为供应商的地位，A向这个唯一的客户（B）赠与了一台昂贵的电视机。在这种情形，A在经济上依赖于B。因此，除非B证明其既未获取不正当的利益也未得到显失公平的益处，否则A可以根据第Ⅱ－7:207条（乘人之危）撤销合同。

示例2

A患有抑郁症，正在精神科医生B那里接受长达几个月的医学治疗。在治疗期间，A将一幅极为贵重的毕加索的油画赠与给了B。A在其与B的信赖关系中属于弱势一方。同样，除非受赠人B证明其从A那里既未获取不正当的利益也未得到显失公平的益处（这在该案中可能非常困难），否则A可以撤销合同。

第三章　义务与救济

第一节　赠与人的义务

第Ⅳ.H－3:101条　义务概述

(1)赠与人应：

(a)交付符合合同要求的标的物；并

(b)按照合同的要求移转标的物的所有权。

(2)在作适当调整后，本节适用于交付义务到期后所取得的孳息。

评　论

A. 概述

合同性许诺的约束力。一般来说，与共同参照框架草案中规定的其他类型的合同一样，赠与合同对当事人具有约束力，参见第Ⅱ－1:103条(约束力)。在订立赠与合同以后，赠与人负有交付符合合同要求的标的物并按照合同的要求移转标的物所有权的义务。第Ⅳ.H－3:102条(标的物符合合同要求)与第Ⅳ.H－3:103条(第三人的权利或主张)对应交付的标的物的质量标准作了具体化。若赠与人未履行其中任何一项义务，受赠人可以援用本章第二节所规定的救济方式。

对受赠人保护的削弱。然而，赠与合同是无偿的，并且是赠与人慷慨的表示，因此，以多种途径来减轻赠与人的义务并削弱受赠人的地位似乎是合适的。首先，赠与合同受到前述形式与效力方面的限制(参见第二章)。其次，对赠与合同的约束力也存在限制：例如，赠与人根据第四章享有撤销权。最后，本章第二节对于赠与人的义务的范围及受赠人可援用的救济方式作了限制。

赠与人的其他义务。对于本条所明确规定的义务以外的其他可能产生的义务，本部分故意未予规定；参照第四卷第一编第二章(买卖合同)。之所以未作规定，是因为这些义务的现实意义不大；但不能以未作规定为由进行反面解释。从而，为了履行交

付标的物并移转其所有权的义务,受赠人可能负有交付与标的物相关联的、表征标的物的文件的义务,例如提单。机动车的登记证书也是如此。此外,赠与人也应交付与标的物紧密关联的其他文件,如所赠与的汽车的使用手册。在障碍的场合,第Ⅲ－3:104 条(因障碍而免责)第 5 款规定了就所产生的任何障碍通知受赠人的义务。

B. 交付

交付的基本理论。在本部分中交付具有多种功能。交付义务的一个方面在于其具有证明的作用。交付也具有提醒赠与人并促使其慎重考虑的作用。简而言之,以即时赠与为例,交付的行为将一个进行赠与的非正式许诺具体化并使其具有了执行力,交付取代了第Ⅳ.H－2:101 条(形式要件)中所规定的形式要件,因为赠与人能够立即地理解其慷慨之举的后果,即要把标的物给出去,同时受赠人取得其所有权。第Ⅳ.H－3:101 条(义务概述)第 1 款第 a 项是对赠与人的义务的一般性描述,这一描述尚待双方当事人以约定来加以修改或补充。

使受赠人能够支配标的物。为实现本章的目的,交付意味着使受赠人能够支配标的物。与定义清单中的定义相一致,交付意味着将标的物的占有移转给受赠人,并根据合同条款的要求完成移转占有的各个步骤。这可能包括交付表征标的物的文件,对照第Ⅳ.A－2:201 条(交付)第 1 款。

履行地点与时间。就此而言适用第Ⅲ－2:101 条(履行地点)。这意味着,除合同对交付地点另有规定外,交付地点是赠与人的营业地,或若其没有营业地,则是其经常居住地。至于交付时间,适用第Ⅲ－2:102 条(履行时间)与第Ⅲ－2:103 条(提前履行)。

标的物的运输。原则上赠与人不负有安排标的物运输的义务。若赠与合同确实涉及以单个或多个承运人对标的物进行运输,则赠与人将标的物交付给第一承运人以运交受赠人,并将使受赠人能够从持有标的物的承运人处提取标的物的全部必要文件交付给受赠人,即为履行了交付义务,参见第Ⅳ.A－2:201 条(交付)第 2 款。若双方当事人确实约定赠与人应当安排运输,则赠与人应对货物的运输进行必要的安排,利用适合于所处具体情形的运输工具,根据该种运输工具通常所适用的条件,将标的物运至所确定的交付地点,参见第Ⅳ.A－2:204 条(标的物的运输)。

费用与方式。至于赠与人履行的费用与方式,适用第Ⅲ－2:113 条(履行费用与方式)。这意味着,赠与人应承担履行义务的费用。

交付的不同形式。交付不但可以将标的物实际交付的方式为之,也可以根据合同的内容以及所处的具体情形以其他的方式为之。在对这些场合中的交付义务进行具体化时,第Ⅷ－2:105 条(替代交付)可以提供帮助。

受赠人先已占有。若在赠与合同订立时受赠人已经占有了标的物,则赠与人交付标的物的义务相应履行完毕。这是第Ⅳ.H－2:102 条(形式要件的例外)第 a 项中即时交付的一种情形,从而,赠与人的许诺不要求满足形式要件。

C. 所有权的移转

受赠人应当成为所有权人。若受赠人成为了赠与标的物的所有权人，则赠与人移转所有权的义务履行完毕。赠与合同的特征就在于赠与人负有将所有权移转给受赠人的义务。

所有权移转相关规则的适用。第八卷（物的所有权的取得与丧失）对所有权的移转问题作了规范。从而，根据第Ⅷ－2:101 条（所有权移转的一般要件）第 1 款第 e 项，所有权的移转也可以通过一个单纯的约定来完成，不过应参见该条后面的评论。

替代交付。第Ⅷ－2:105 条（替代交付）适用于物的所有权的移转。然而需要注意的是，仅有一个约定并不能替代第Ⅳ.H－2:101 条（形式要件）所规定的形式要件。否则会削弱交付的提醒功能。因而，只有当合同满足了形式要件时，才能通过一个单纯的约定来完成标的物所有权的移转。

D. 符合合同要求

良好的质量与完全物权。交付给受赠人的标的物应当符合合同的要求，即其须具有良好的质量，且须将完全物权移转给受赠人。第Ⅳ.H－3:102 条（标的物符合合同要求）界定了赠与人所担保的质量标准，该标准与买卖合同下的通常标准相比存在相当的不同。对照第Ⅳ.A－2:301 条（与合同相符）及以下。第Ⅳ.H－3:103 条（第三人的权利或主张）对移转无瑕疵的所有权的义务作了具体规定。

E. 适用于孳息

孳息一同赠与。第Ⅳ.H－3:101 条（义务概述）第 2 款明确规定了，交付标的物并移转所有权的义务同样适用于交付义务到期以后赠与人所取得的孳息，以兹明确。

示例 1

在某个赠与合同中，存在关于移转一笔金钱的许诺。这一许诺未能兑现。根据上述规定，自应当移转之日起赠与人所获得的利息归属于受赠人。

示例 2

当事人订立了一项赠与家畜的合同。由此产生交付该家畜的义务。若在交付之前该家畜又有繁殖，赠与人的交付义务包括幼仔的交付。

第Ⅳ.H－3:102 条　标的物符合合同要求

（1）若标的物不具有受赠人可合理期待的质量，则标的物与合同要求不符；合同订立时受赠人知道该质量瑕疵或可合理期待其知道该质量瑕疵的除外。

（2）在判断何种质量为受赠人可合理期待时，除其他因素外，还须考虑如下因素：

（a）合同的无偿性；

（b）赠与合同的、为受赠人所知道的或对受赠人而言显而易见的目的；

（c）标的物是否立即移转或交付；

（d）标的物的价值；及

（e）赠与人是否是商人。

（3）若标的物不具有合同条款所规定的数量、质量或特征，则标的物不符合合同要求。

评　论

A. 质量标准的含义

对明示条款无限制。与共同参照框架草案的一般规则相一致，当事人可以自行约定明示的质量要求；这与某些国家的法律所采取的立场不同。第Ⅳ.H－3:102（标的物符合合同要求）第 3 款明确规定了这一规则，以兹明确。

示例 1

若合同的明示条款规定汽车是红色的，结果汽车却是绿色的，则标的物与合同要求不符。

赠与不适用"要么接受要么放弃"的规则。在当事人未作约定时，第Ⅳ.H－3:102（标的物符合合同要求）提供了一个默示的质量标准。这一规定与许多国家法律中的规则不同，后者规定标的物存在瑕疵时赠与人不承担责任，或是在赠与人故意隐瞒事实时限制赠与人的责任。根据第 1 款，若标的物不具有受赠人可合理期待的质量，则标的物不符合合同要求，除非合同订立时受赠人知道该质量瑕疵或推定其已知道该质量瑕疵。第 2 款则对受赠人可合理期待的质量作了具体化。

质量标准与买卖不同。这一默示的质量标准特地与第四卷第一编（买卖）不同。特别是，没有规定"应符合目的"这样的一般规则，因为受赠人通常不能期待赠与物符合其单方所表述的目的。

判断的时间点。对于标的物符合合同要求的规则通常会涉及的风险转移规则，本部分没有给予明确的规定。在标的物脱离赠与人之手后，若仍然让赠与人对标的物负责，这通常会与赠与人的意思不符。因此，标的物毁损风险的转移应当比买卖规则下的要早很多。

与错误的关系。标的物不符合合同要求通常可以溯源于双方当事人的错误认识，因此，有关标的物符合合同要求的规则与有关错误的规则相竞合。对此种竞合，可以以多种方式来进行处理，不过第Ⅱ－7:216条（救济方式重叠）规定了一项一般规则，这一规则也适用于赠与：一方当事人既享有对错误的救济，又享有对债务不履行的救济时，其可以选择其中一种。

B. 默示的标准

合理期待的标准。若标的物不具有受赠人可合理期待的质量，则标的物与赠与合同的要求不符；参见第Ⅳ.H－3:102条（标的物符合合同要求）第1款。这在很大程度上取决于第二编第八章与第九章中有关合同解释与补充的规则。

示例2

某赠与合同的标的物是一辆小汽车。受赠人可以合理地期待，该汽车的刹车是正常的。

因合同的无偿性而降低质量要求。在判断应有的质量时，应当考虑到赠与合同的无偿性。从而，在赠与的场合判断何种期待为合理时，应当对无偿性加以考虑，参见第Ⅳ.H－3:102条（标的物符合合同要求）第2款第a项。

示例3

对比示例2中的情形与以下的情形。作为某赠与合同标的物的小汽车，仪表上显示很高的公里数。对于该被赠与的汽车，受赠人不能期待其发动机具有很高的经济效率。在类似这样公里数已经很高的场合，受赠人所能期待的被赠与的只能是一辆公里数很高的汽车，因此赠与人不承担责任。

赠与合同背后的目的的影响。虽然赠与人并不负有确保标的物符合目的的义务，赠与的目的仍然可以对标的物应有的质量产生影响。在赠与的场合，赠与的目的与其他相关的因素一道，共同决定所要求的质量标准。不过，赠与的目的并不一定要产生对受赠人有利的影响。

示例4

所赠与的小汽车刹车不是很灵。但是，赠与该车的目的在于将之摆放在孩子们的操场上作为一辆“玩具车”。在这种情形，受赠人不能合理地期待该赠与的汽车是适合于上路行驶的。

立即交付或移转。并且可期待的质量标准也取决于交付和移转的时间。特别是在即时交付的场合，标的物的赠与可能是临时决定的，“不论好坏”，也就是说，不问它当时有什么瑕疵。赠与人只不过就是依标的物的现状将之赠与给受赠人，因此，受赠人也就接受了该标的物所可能内含的风险。不过，如果赠与人故意隐瞒其瑕疵，这一情况会对因其属于即时赠与而降低质量标准的程度产生相反的影响。

示例5

某即时赠与的标的物是赠与人此前自己使用的一台笔记本电脑。其后当事人发现该电脑的声卡存在故障。在这一情形，判断受赠人对赠与物可合理期待的质量时，应将该赠与的即时性考虑在内。

价值的影响。赠与物的价值也是第Ⅳ.H－3:102条（标的物符合合同要求）所提到的因素之一。特别是当赠与的是一个全新的商品时，受赠人可以期待一个更高的质量标准。对于市场价较高的标的物，同样如此。

示例6

若X赠与给受赠人的是一件价值250欧元的运动衫，受赠人可合理期待的质量标准当然要高于赠与一件价值5欧元的运动衫时可合理期待的质量标准。

商人的责任更重。赠与人是商人这一事实，会使可合理期待的质量标准提高。赠与人系商人时，受赠人可合理期待更高的质量标准，其原因有二：一方面，赠与人就赠与的标的物具有专业知识；另一方面，赠与人通常以赠与来进行促销，因此会希望确保企业的商誉不因赠与有瑕疵的商品而受到损毁。

示例7

某汽车企业捐赠一辆新车给某个非营利组织，然后将新闻稿寄给了当地报纸。结果该赠与的汽车的车窗电子系统发生故障。在这一情形，该非营利组织可合理期待一个更高的质量标准，因为赠与人是商人。

示例8

某法律刊物的编辑送了一盒寿司给某大学图书馆作为圣诞礼物，但这盒寿司却是变质的。在这一情形，赠与人虽是商人，但这一情况不应对质量标准造成影响，因为制作寿司并非赠与人的业务。

C. 知道构成例外

知道与推定知道。第Ⅳ.H－3:102条（标的物符合合同要求）第1款规定，在合同

订立时受赠人一方知道或推定其知道该质量瑕疵的，赠与人享有抗辩权。推定知道指的是可合理地期待受赠人已经知道该质量瑕疵。

效果。若受赠人知道或推定其知道该瑕疵，则赠与人对之不承担责任。就此不能说标的物构成第Ⅳ.H－3:102条(标的物符合合同要求)第1款所规定的不符合合同要求。

第Ⅳ.H－3:103条　第三人的权利或主张

第三人就标的物享有任何权利或存在似有合理依据的主张的，标的物与合同要求不符；受赠人知道或可合理期待其知道第三人的权利或主张的除外。

评　论

A. 概述

权利。一般来说，标的物上不存在任何的第三人权利，是所有赠与合同的一项默示条款。就这一规则而言，"权利"的概念包括所有权之类的物权，也包括任何其他的第三人基于合同条款或其他法律行为、法院判决或法律规范享有的对于赠与物的权利。与《联合国国际货物销售合同公约》不同，此处没有对第三人的知识产权设置独立的规定。这一广泛的义务由对受赠人所享救济方式的限制来加以节制。

示例1

A将一辆小汽车赠送给B，但隐瞒了该汽车不属于其(A)所有的事实。第三人对该车享有权利，因此该车不符合合同要求。

似有合理依据的请求。定义清单中将"请求"(claim)界定为是声称享有某种权利并以此而要求得到某种东西。因此，不但第三人享有权利时标的物不符合合同要求，第三人提出的最终可能被证明是并无依据的请求同样如此。不过，本条所指的并非所有的请求：其所指的只是那些似有合理依据的请求，即从客观的角度来说有可能得到法院支持的请求。

关键的时间点。在风险转移给受赠人时，标的物上应不存在第三人的权利或请求；风险转移的时间，可能是当事人所约定的交付时间，但其通常与赠与人丧失占有的时间相一致，参见第Ⅳ.H－3:102条(标的物符合合同要求)的评论。关键的时间点并非合同订立的时间，因为在合同订立时标的物可能尚待赠与人取得，参见第Ⅳ.H－1:

102条（将来的物与尚待制造或生产的物）第1款。

知道。若受赠人知道或可合理期待其知道第三人的权利或请求，则不能以第三人享有权利或请求为由认为标的物不符合合同要求。在这种场合，适用的是与受赠人知道存在质量瑕疵时相同的规则，参见第Ⅳ.H－3:102条（标的物符合合同要求）的评论。

示例2

所赠与的是一辆小汽车。不过，合同条款规定，该汽车将被出租给第三人，且该第三人将继续占有该车。虽然在该车上存在第三人的权利，其仍然符合合同要求。

示例3

所赠与的是一个古驰牌的手提包。其是从亚洲的某街头摊贩那买来的，受赠人也知道这一点。后来，在古驰集团的要求下，该手提包被主管当局没收。既然受赠人清楚该包购买时的情况，也就可以合理地期待其知道该包侵害了第三人的知识产权。

与买卖合同的规则没什么区别？这一标准与买卖法中第Ⅳ.A－2:305条（第三人的权利与请求概述）中所规定的一般规则相同，但是没有另外规定一个与第Ⅳ.A－2:306条（第三人基于工业产权或知识产权的权利或请求）相似的规则。因此，本部分中的标准似乎还要更严一些。不过，对受赠人所享救济方式的限制（基本上）削减了这一看上去似乎更加严格的标准。对此，合同解除构成一个例外；这一例外的考量原因在于，受赠人解除合同背后的原理不同，受赠人利用解除来摆脱该标的物，从而取消整个赠与合同，这也就意味着避免了第三人的请求。

B. 特殊情形

赠与人并非所有权人。标的物上存在第三人权利的典型情形是赠与物并非赠与人所有，参见示例1。若此种情形下赠与人不能确保所有权的移转，则赠与人未履行本条所规定的义务。赠与人无法通过让受赠人善意取得来履行其义务，因为第Ⅷ－3:101条（从无权利或权能移转所有权之人处善意取得）要求以对价来取得所有权。

知识产权。除其他条文外，本条也用于保护受赠人，确保受赠人不受工业产权与其他知识产权及其他请求的限制，确保标的物上不存在负担，参见示例2。至于其他权利与请求，并不存在诸如能够推定赠与人知道之类的进一步的要件。

示例4

A将一个爱马仕牌的手提包赠与给B，后来发现该手提包是仿制品。同样，该赠与物不符合合同要求，因为其上存在第三人的知识产权。

众所周知毫无依据的请求。第三人提出的毫无依据的请求不会导致标的物构成

本条所规定的不符合合同要求。不过，若赠与人知道第三人提出了该毫无依据的请求，但却未将之告知受赠人，这可能违反诚实信用与公平交易的原则（参见第Ⅰ－103条（诚实信用与公平交易）），这反过来将影响赠与人的权利义务（参见第Ⅲ－1:103条（诚实信用与公平交易））。例如，若受赠人不想卷入某个纠纷，从而拒绝接收与受领所有权的移转。

与错误的关系。本条与错误制度的关系，由第Ⅱ－7:216条（救济方式重叠）处理，该条赋予受赠人在各个并存的救济方式之间进行选择的权利。

第二节 对受赠人的救济

第Ⅳ.H－3:201条 适用一般规则

若赠与人不履行其依合同所负担的任何义务，除本节另有规定外，受赠人享有第三卷第三章（对不履行的救济）所规定的救济方式。

评 论

A. 概述

适用第三卷第三章。合同法适用于赠与合同，因此第三卷第三章所规定的有关义务不履行的救济方式也适用于赠与合同。这包括该章中所规定的一般规则，也包括该章中所规定的个别的救济方式。与共同参照框架草案的一般结构相一致，本部分对一般规则作了针对于赠与合同的部分调整，就其适用范围而言，它们之间是特别法与一般法的关系。

适用一般规则。第三卷第三章第一节所规定的有关救济方式的一般规则，在适用时原则上区分可免责的不履行与不可免责的不履行。第Ⅲ－3:104条（因障碍而免责）中所规定的不可抗力条款对可免责的不履行作了具体化。并且，只要不同的救济方式相互间并非不能兼容，就可以并行适用关于这些救济方式的规则，有关指定"宽限期"之可能性的规则也应予适用。第Ⅲ－3:104条（因障碍而免责）第3款还包含了因债权人一方的不当行为而产生的一般性抗辩事由。有关不履行或履行不符合要求时应进行通知的规则也应适用。

赠与人的补救权。鉴于受赠人要求特定履行的权利受到第Ⅳ.H－3:202条（强制履行请求权的限制）的限制，对赠与人的补救机会没作什么限制。因此，第三卷第三章第二节无须作什么调整就能适用。不过，因为以下各条对受赠人的救济方式作了限制，补救对赠与人来说可能没什么好处。

B. 特定救济方式的适用

调整过的救济方式。本节对赠与人不履行时受赠人一方的某些普通救济方式作了调整。这些调整涉及强制履行（第Ⅳ.H－3:202 条（强制履行请求权的限制））、解除的效果（第Ⅳ.H－3:203 条（解除场合的恢复原状））、损害赔偿请求权（第Ⅳ.H－3:204 条（障碍场合损害赔偿请求权的排除））以及有关利息请求权的一般规则（第Ⅳ.H－3:206 条（金钱给付的延迟））。

拒绝履行的权利。一般来说，受赠人不享有拒绝履行的权利。其原因很简单：受赠人通常不负有履行义务，也就没有什么可以拒绝履行的。不过，在混合情形或是赠与人行使补救权的场合，受赠人可能享有拒绝履行的权利。

减价。第Ⅲ－3:601 条（减价权）显然不能适用于纯粹的赠与。不过，在赠与合同与价金因素相结合的场合，结论则不同，参见第Ⅳ.H－1:202 条（并非完全无偿的行为）。

不履行的违约金。从纯学术的角度来说，仍然应当适用第Ⅲ－3:712 条（不履行的违约金）。通常来说在赠与合同中不会存在违约金的条款。不过，如果碰巧确实有这样的条款，可能还是需要予以调整。受赠人通常仅能就其信赖利益请求损害赔偿，参见第Ⅳ.H－3:205 条（损害赔偿的数额）。就不履行所约定的、要求赠与人支付的违约金若数额很大，可能很容易被认为构成第Ⅲ－3:712 条（不履行的违约金）第 2 款意义上的过高。

第Ⅳ.H－3:202 条 强制履行请求权的限制

（1）若标的物不符合合同要求，受赠人不得根据第Ⅲ－3:302 条（非金钱债务的强制履行）要求更换或修理。

（2）在标的物尚待赠与人取得时，受赠人不得根据第Ⅲ－3:302 条（非金钱债务的强制履行）要求强制履行。

评 论

A. 通常的可强制性

缺乏“对价”并不排除强制实际履行。与某些国家的法律所持的观点不同，债务的强制实际履行并不要求存在对价。因此，不因为赠与人的许诺尚待履行的事实，就排除第三卷第三章第三节（强制履行请求权）的适用。这与共同参照框架草案所采的即

使是单方许诺也可强制实际履行的一般原则是一致的。

金钱债务。第Ⅲ－3:301 条(金钱债务的强制履行)包含了一条关于金钱债务的强制履行的特殊规则。第 1 款规定了此种债务的通常的可强制性,该款也适用于赠与合同。不过,该条第 2 款所列举的例外仅适用于双务合同,从而不适用于赠与的场合。混合的情形则结论可能不同。

非金钱债务。受赠人也有权根据第Ⅲ－3:302 条(非金钱债务的强制履行)第 1 款要求给付金钱以外的其他债务的特定履行。这一基本规则以及第 3 款所规定的例外适用于赠与合同。第 3 款第 a 项所规定的对履行不法或履行不能的例外当然也应适用。第 3 款第 c 项仅适用于赠与物尚待制造的场合,参见第Ⅳ.H－1:102 条(将来的物或尚待制造或生产的物)第 2 款。第Ⅳ.H－3:202 条(强制履行请求权的限制)则对赠与人的义务作了进一步的限制。

造成负担或费用过高的履行。第Ⅲ－3:302 条(非金钱债务的强制履行)第 3 款第 b 项也值得加以考虑。该条排除了履行会造成不合理负担或费用过高时的强制特定履行。此处未予明言,但应将之与支付损害赔偿的代价进行对比;同时,由于在赠与的场合损害赔偿通常限于信赖利益(参见第Ⅳ.H－3:205 条(损害赔偿的数额)),因而在赠与的场合强制特定履行的排除要容易很多。并且,在赠与合同的场合缺乏对价,这也使得当存在无法预见的过重负担或过高费用时,这一救济方式的排除应当更加容易。

债权人不合理地坚持要求特定履行。根据第Ⅲ－3:302 条(非金钱债务的强制履行)第 5 款,若债权人在本可实现合理的替代交易时却不合理地坚持要求特定履行,则债权人负担损失扩大的风险。该款在本条下的适用范围要小得多,因为根据本条第 2 款,受赠人不能要求强制履行取得标的物的义务(详见后文)。该条余下的适用范围也就限于赠与人占有标的物但拒绝交付的场合。在赠与的领域中损害赔偿的救济比一般合同法中要窄得多,参见第Ⅳ.H－3:204 条(障碍场合损害赔偿请求权的排除)与第Ⅳ.H－3:205 条(损害赔偿的数额),因此,在赠与的场合坚持要求特定履行(假设对于赠与人而言履行不会造成不合理负担或过高费用)可能是合理的,而在其他合同中则可能并不合理。并且,计算损害赔偿额时的限制也使得对于受赠人来说,在实践中很难增加此种场合中赠与人应予赔偿的损失。简而言之,第Ⅲ－3:302 条第 5 款是为商事情形而设置的,在赠与的场合很难找到其适用余地。

B. 可强制性的例外

不得要求更换或修理。赠与人应当确保标的物符合第Ⅳ.H－3:102 条(标的物符合合同要求)所界定的某个质量标准;在一般规则下,这会导出第Ⅲ－3:302 条(非金钱债务的强制履行)第 2 款所规定的请求强制修复瑕疵的权利。不过,第Ⅳ.H－3:202 条(强制履行请求权的限制)第 1 款规定,对于赠与人的义务,不能以更换或修理的形式要求特定履行。其背后的考量是基于这样的一般理念:要将对受赠人的救济限制在赠与人可以实际实现的范围,即限制在赠与人不用采取额外步骤就能做到的程度。不

过,这一例外通常不适用于标的物尚待赠与人制作或生产的场合。

示例 1

所赠与的小汽车刹车不灵。受赠人不能要求修理或更换。

不得强制要求取得。对赠与人所负债务的特定履行的第二个限制,适用于赠与合同订立时标的物不属于赠与人所有,从而尚待其取得的情形;对比第Ⅳ.H－1:102 条(将来的物与尚待制造或生产的物)第 1 款。这一例外也是基于这样的一般理念:要将受赠人的权利限制在赠与人可以实际实现的范围。

示例 2

所赠与的是一辆小汽车。不过,其尚待从汽车经销商处取得。受赠人不能要求特定履行。

不排除损害赔偿。应当注意的是,第Ⅳ.H－3:202 条(强制履行请求权的限制)所规定的对于特定履行这一救济方式的限制,不适用于损害赔偿。不过,通过第Ⅳ.H－3:204 条(障碍场合损害赔偿请求权的排除)与第Ⅳ.H－3:205 条(损害赔偿的数额)的限制,会达到相似的结果。

第Ⅳ.H－3:203 条　解除场合的恢复原状

若受赠人根据第三卷第三章第五节(解除)解除合同,则不适用第Ⅲ－3:511 条(无须恢复原状的情形)第 3 款。

评　论

A. 赠与场合解除的功能

解除的一般功能。债权人解除合同的一般功能在于,在债务人根本不履行的场合,消除对待给付的必要性。一般来说,解除的后果是所得利益的恢复原状,参见第Ⅲ－3:510 条(因给付所得利益的恢复原状)。不过,无偿合同的一个特征是,原则上无偿给付的受领人一方不负有对待给付义务。于是,在无偿合同被解除之后,并不要求恢复原状,参见第Ⅲ－3:511 条(无须恢复原状的情形)第 3 款。否则的话,除了其他义务之外,无偿给付的受领人根据第Ⅲ－3:513 条(用益与增值)第 1 款尚负有就其对所得利益的使用支付合理价金的义务;给付一方则因其未获得任何利益而不负任何返还

义务。这一后果通常是无偿合同的缔约当事人所不欲见到的。不过，在受赠人解除赠与合同下赠与人与受赠人间关系的场合，则存在一些有关应当恢复原状的正当理由。

摆脱标的物。在解除合同关系时受赠人可能会想要实现恢复原状的效果重要原因之一在于，想要摆脱该标的物。在根据第Ⅳ. H－3:102 条（标的物符合合同要求）标的物不符合合同要求的场合，对于受赠人来说标的物可能毫无用处。此时，受赠人可能不想保留该标的物，不如将之归还给赠与人。

避免标的物带来的麻烦。在符合解除要件的场合实现恢复原状的效果对于受赠人来说可能很重要，其特殊的原因在于，将有瑕疵的标的物归还给赠与人，受赠人可以避免标的物所带来的负担。

示例 1

叔叔 A 将一匹种马赠与给其侄子 B 用于繁殖。其后发现，该马的生殖器官已有损伤。B 不想承担喂养该马的费用，从而更愿将之还给其叔叔。

B. 一般规则的适用

解除的依据。若赠与人不履行其依合同所负的义务，则受赠人享有解除合同关系的权利。因为所适用的是第三卷第三章，不履行必须是第Ⅲ－3:502 条（根本不履行时解除）所规定的根本性的。同时也应适用第Ⅲ－3:503 条（在催告确立宽限期后解除）、第Ⅲ－3:504 条（预期不履行时解除）与第Ⅲ－3:505 条（未就履行提供充分担保时解除）。赠与合同下解除的主要目的与一般规则下典型场合中解除的主要目的不同，因此，赠与合同中“根本不履行”这一概念的具体内容，要与双务合同中大为不同。

解除的效果。第Ⅲ－3:509 条（对合同义务的效果）适用于合同解除的效果。这意味着，在解除之后，赠与合同中双方当事人的尚未完全履行的义务或者其相关部分都归于消灭。

恢复原状。第三卷第三章第五节第四小节（恢复原状）中的规则适用于此处所说的恢复原状。根据第Ⅲ－3:510 条（因给付所得利益的恢复原状），在解除后，因另一方的给付而获得利益的受领人负有返还的义务。

不因无偿性而排除恢复原状。根据第Ⅲ－3:511 条（无须恢复原状的情形）第 3 款，当合同为无偿时不要求恢复原状。不过，如前所述，在受赠人解除合同关系的场合，受赠人想实现恢复原状的效果，可能存在一些正当理由。因此，第Ⅳ. H－3:203 条（解除场合的恢复原状）规定，在此种场合，不适用第Ⅲ－3:511 条（无须恢复原状的情形）第 3 款。

示例 2

在示例 1 中，根据第Ⅲ－3:502 条（根本不履行时解除）第 1 款，B 享有解除其与其叔叔 A 间合同关系的权利。该马无生殖能力，构成第Ⅳ. H－3:102 条（标的物符合合同要求）所规定的标

的物不符合合同要求，这也属于根本不履行。根据第Ⅲ－3:510条（因给付所得利益的恢复原状），A负有取回该马的义务。

示例3

A将一个古驰牌的手提包赠与给B，该手提包后来被发现是仿制品。B不想承担该包将被查扣而产生的费用，因而解除合同关系。在这种情形，适用第三卷第三章第五节第四小节（恢复原状），A负有取回该古驰牌手提包的义务。

其他规则。若赠与人不接受标的物的返还，根据第Ⅲ－2:111条（未被受领的财产），受赠人可以保管标的物，由此产生的费用由赠与人承担；受赠人也可以将标的物予以变卖，并将净收入支付给赠与人。此外，赠与人通常也要因不履行其协助义务而承担损害赔偿责任，除非第Ⅲ－3:104条（因障碍而免责）或第Ⅳ.H－3:204条（障碍场合损害赔偿请求权的排除）给赠与人提供了抗辩事由。

第Ⅳ.H－3:204条　障碍场合损害赔偿请求权的排除

（1）赠与人系因障碍而不履行，且不可合理期待赠与人能避免或克服该障碍或其后果的，受赠人不享有损害赔偿请求权。

（2）相应适用第Ⅲ－3:104条（因障碍而免责）第3款与第5款。

（3）在判断何种障碍或后果可合理期待赠与人能避免或克服时，应考虑到合同的无偿性。

（4）本条不影响根据第六卷（造成他人损害的非合同责任）应承担的责任。

评　论

A. 一般规则的适用

不履行是损害赔偿的基础。赠与人不履行其任何一项义务，通常都会产生损害赔偿请求。原则上，与共同参照框架草案的一般规则相一致，有关赠与的规则没有将过错规定为构成要件。不过，因为第Ⅳ.H－3:204条（障碍场合损害赔偿请求权的排除）规定了一项适用于障碍场合的额外的抗辩事由，归责的标准被提高了。被调整的还有与损害赔偿的数额有关的规则，参见第Ⅳ.H－3:205条（损害赔偿的数额）。

B. 赠与人责任的特殊标准

不要求障碍不可控制。在履行遇到障碍的场合，第Ⅳ.H－3:204条（障碍场合损

害赔偿请求权的排除）给赠与人提供了一项额外的抗辩事由。与第Ⅲ－3:104 条（因障碍而免责）不同，本条所涉及的障碍未以“不可控制”来加以限定。因而，对于赠与人一方的内部障碍，本条也允许其作为抗辩事由，这特别适用于可原谅的错误。这样的例子包括赠与人的疾病，或者罢工行动。从功能的角度来说，这一标准与过错责任领域下的客观过失的标准相当，对此债务人负证明责任。

示例 1

赠与人将一幅毕加索的油画赠与给某家博物馆。其后发现该幅油画是赝品。因所交付的不是毕加索的真迹，故构成不履行。赠与人一方的这一错误是不可避免的。赠与人是否能够克服这一障碍或其后果？根据第Ⅲ－3:104 条（因障碍而免责）第 1 款，此处不存在不可控制的障碍。这里涉及的是赠与人的错误，这在赠与人的控制范围之内。但是，若不可合理期待赠与人能避免这一障碍或其后果，则赠与人对因错误造成的损害不承担责任。

示例 2

在将赠与合同中所许诺的汽车去交付给受赠人的路上，赠与人突发心脏病死亡，从而也丧失了对汽车的控制。该车因此被毁。突发心脏病并非一项外来的障碍，但其属于本条意义上的障碍，因此，若事先不存在任何可能突发心脏病的先兆，则不可合理期待赠与人能够避免或克服这一障碍或其后果。

示例 3

赠与人是咖啡机的专业制造商，因为生产线罢工，其无法交付所许诺的咖啡机。这种罢工的情形也符合第Ⅳ.H－3:204 条（障碍场合损害赔偿请求权的排除）的规定。

对无偿性加以考虑。与第Ⅲ－3:104 条（因障碍而免责）中所规定的不可抗力的一般条款不同，本条也对判断何种障碍或后果可合理期待赠与人能避免或克服时的判断标准作了调整。在判断时，应考虑到合同的无偿性，这会使原有的判断标准大为降低。

临时的障碍与障碍的通知。本条也适用于临时的障碍。通过援引第Ⅲ－3:104 条（因障碍而免责）第 3 款，本条明确了这一点。应将障碍通知债权人的规则也同样如此，通过援引第Ⅲ－3:104 条（因障碍而免责）第 5 款，这一规则也适用于本条所规范的情形。

示例 4

某赠与合同下所赠与的是一辆小汽车，且已经交付了。其后，赠与人发现该车的刹车失灵。此时，赠与人负有将这一瑕疵通知受赠人的义务。

示例 5

某赠与合同下所许诺的是毕加索的油画，且已经交付了。博物馆专门开辟了一个房间，用于展出这幅毕加索的油画。在交付之后，在赠与人家中的阁楼上发现了一份专家意见，该意见

断言所赠与的这幅油画是赝品。此时，虽然交付已经完成了，赠与人仍负有将这一障碍通知该博物馆的义务，即将该专家鉴定意见告知该博物馆的义务。这里，就赠与物的性质而言，赠与物不符合合同要求。

不影响非合同责任。不过，受赠人并非完全不受任何保护。本条第4款规定，赠与人合同责任的减轻并不影响其根据第六卷（造成他人损害的非合同责任）应承担的责任。第4款并非仅是一个说明而已，因为第Ⅵ.－1:103条（适用范围）第c项规定，一旦具备该项所规定的要件，有关造成他人损害的非合同责任的法律就是对其他类型的请求权的补充。因此，第4款消除了上述条文可能引发的争议。

示例6

被赠与的小汽车刹车失灵。赠与人是该车的制造商，其已经完成了通常应作的检测。不过，其后发现，通过这些检测无法发现所存在的问题。在这种情形，在赠与合同下赠与人无须承担责任。然而，这不影响其根据有关造成他人损害的非合同责任的法律所可能要承担的责任。例如，赠与人可能要承担严格的产品责任。

第Ⅳ.H－3:205条　损害赔偿的数额

（1）损害赔偿的范围包括受赠人因合理相信赠与人会履行其义务而从事相应行为后所遭受的损失。

（2）若法院认为在所处具体情形下进行额外赔偿是公正且合理的，则法院也可判决给予额外的赔偿。

（3）在判断何为第2款所规定的公正且合理时，除合同的无偿性及其他因素外，也应考虑如下因素：

（a）双方当事人的陈述与行为；

（b）赠与人进行赠与的目的；及

（c）受赠人的合理期待。

（4）依本条所作的损害赔偿的总额，不应超过尽可能地将受损害方确立至赠与人完全履行其合同义务时其将处状态所需的数额。

（5）本条不影响根据第六卷（造成他人损害的非合同责任）应承担的责任。

评　论

A. 对损害赔偿额的限制

信赖损失作为一般规则。赠与人进行赠与时背后的目的可能是多种多样的。因而,赠与人在要求损害赔偿时所应获得的保护也可能各不相同。与第Ⅲ-3:702条(损害赔偿的一般数额)所规定的关于损害赔偿数额计算的"一般"规则不同,本部分下的"一般"规则的功能在于保护受赠人的信赖利益。这一思路的原理与本部分对特定履行的救济方式进行限制时背后的原理相似。在此,应考虑到这些规则背后的一般理念,即考虑到受赠人并不提供对待给付,赠与人通常仅愿意以其现有的东西承担责任,因而通常仅是受赠人的信赖利益才予以保护,受赠人的期待利益则不应给予赔偿。

示例1

所赠与的毕加索的一幅油画后来被发现属于赝品。博物馆遭受了两种类型的损害。一方面是保护该油画有关的费用,如保险费。根据第Ⅳ.H-3:205条(损害赔偿的数额)第1款,这种类型的损害应予赔偿。不过,门票收入的损失,根据本条只有在法院认为其公正且合理时才能给予赔偿。

不超出期待利益损害的额外赔偿。考虑到双方当事人可自由决定其合同的目的,且双方当事人可能并不想在赠与合同中剥夺受赠人的期待利益,因此,损害赔偿额的适当水平可能要远高于第Ⅳ.H-3:205条(损害赔偿的数额)第1款所设想的范围。不过,本草案并未建议援引第二卷第八章中关于合同解释的一般规则。其原因在于,通过合同解释来偏离那些非强制性规范时,法院是否有足够的自由空间,这存在相当的疑问。因此,本草案建议给法官提供一个裁量权,让其在不超出期待利益的范围内裁量在信赖利益损害之外给多少额外的赔偿。期待利益的数额构成可赔偿数额的最高限额。

示例2

叔叔赠给其侄子一笔金钱,以让其侄子能买得起一幢房子。其后,叔叔改变了主意,拒绝支付其已许诺的这笔钱。因为相信叔叔的许诺,侄子已经从银行贷了一笔钱用来购买一幢房子,并且已经以低于市场价许多的价格谈妥了买卖。然而,因为侄子现在已无法支付价款,该买卖合同因而落空。这里可以确定存在两种类型的损失。首先是就该笔银行贷款应支付给银行的费用;其次是以较低价格购买房子的事情落空。根据第Ⅳ.H-3:205条(损害赔偿的数额)第1款,支付给银行的费用是可以赔的。所导致的后一种损害是否赔偿,则取决于法院的裁量。

法院的裁量。有关额外赔偿的要求是否成立的判断，取决于法院的裁量，在某些情况下高级法院可以对这一裁量进行审查。不过，裁量权的存在并不意味着是对第Ⅱ－1:102条（当事人自治）意义上的当事人自治原则的例外：本草案规定法院可以行使裁量权，仅此并不能排除当事人自行对期待利益的损害赔偿进行约定。

影响裁量的因素。本条第3款对法院在此应当考虑的因素作了不完全的列举。其中包括当事人的陈述及其对合同的看法，也包括赠与合同背后的期待与目的。

示例3

在示例1中，若赠与合同的目的在于展出该毕加索的油画以增加博物馆的收入，则这也是法院在判断是否给予期待利益赔偿时应当考虑的因素之一。

限额并非强制性的。双方当事人可自行明示或默示地约定偏离本条的规则以及本条对于受赠人损害赔偿要求的限制，如果能从有关当事人的陈述、目的与期待的详细材料中查实这些约定的话。同样，提及法院的裁量权，并不意味着当事人不能作出与之不同的约定。

根据第六卷应承担的责任不受影响。与上一条的情形一样，因为第Ⅵ.－1:103条（适用范围）第c项的规定，在此有必要规定，有关造成他人损害的非合同责任的规则的适用不受限制。

B. 其他问题仍适用一般规则

非财产损害。当非财产损害构成受赠人信赖损失的一部分时，第Ⅳ.H－3:205条（损害赔偿的数额）所调整过的责任包括非财产损害的赔偿。在例外的场合，若信赖损失不包括非财产损害，则当法院认为对其进行赔偿系公正且合理时，可以给予赔偿。

可预见性与减轻损害。可预见性的规则与减轻损害的规则既适用于信赖损失，也适用于期待利益的损失，因而，其适用于第1款中的损害，也适用于第2款中给予额外赔偿的情形。在后一场合，这两个规则都可以合法对法官裁量权的行使产生影响。

替代交易与市场价格规则。参见替代交易或市场价格来计算损害赔偿额的特殊规则涉及的是期待利益的计算，因而不适用于计算信赖利益的场合。不过，期待利益是根据本条可予赔偿的最高限额，因此，在适用本条第2款的场合，在计算可赔偿的最高限额时，要适用第Ⅲ－3:706条（替代交易）与第Ⅲ－3:707条（当前价格）。

第Ⅳ.H－3:206条　金钱支付的迟延

若金钱支付迟延，受赠人有权根据第Ⅲ－3:708条（迟延支付时的利息）要求支付利息；根据第Ⅲ－3:104条（因障碍而免责）不履行是免责的，或根据第Ⅳ.H－3:204条（障碍场合损害赔偿请求权的排除）受赠人不享有损害赔偿请求权的除外。

评　论

免责事由与损害赔偿请求权排除事由的适用。原则上，若金钱支付迟延，则赠与人应向受赠人支付利息。对这一规则存在两项例外，这两项例外与第Ⅲ－3:708条（迟延支付时的利息）下的一般规则不同。首先，若迟延支付系因于赠与人不可控制的某项障碍，且不可合理期待赠与人能避免或克服该障碍或其后果，则赠与人无须支付利息，参见第Ⅲ－3:104条（因障碍而免责）第1款。其次，更为宽泛的例外是，根据第Ⅳ.H－3:204条（障碍场合损害赔偿请求权的排除），若不可合理期待赠与人能避免或克服某项障碍或其后果，受赠人因该障碍而不享有损害赔偿请求权，从而赠与人不负担支付利息的义务。

金钱支付的障碍。与金钱支付有关的障碍，不只包括第Ⅲ－3:104条（因障碍而免责）第1款所规定的赠与人不可控制的障碍，也包括赠与人可以控制的障碍，如果不可合理期待赠与人能避免或克服某项障碍或其后果，参见第Ⅳ.H－3:204条（障碍场合损害赔偿请求权的排除）第1款。最为重要的例子是对义务的内容发生了可以原谅的错误。在后一场合判断何种障碍或后果可合理期待赠与人能避免或克服时，应考虑到合同的无偿性，参见第Ⅳ.H－3:204条（障碍场合损害赔偿请求权的排除）第3款。这方面的规则与有关受赠人损害赔偿请求权的规则完全一致。

示例

某个赠与合同下所许诺的一笔金钱，被错误地转入了一个错误的银行账户。在这种场合，若该错误是可以原谅的，则受赠人不能要求支付该笔金钱的利息。

有关利率的一般规则维持不变。在判断利率时，适用第Ⅲ－3:708条（迟延支付时的利息）。这意味着，除非不履行是免责的或者受赠人的损害赔偿请求权被排除，否则受赠人有权请求支付利息，利率按照支付地的商业银行以赠与合同所定的支付币种向其最佳客户进行短期贷款时的平均贷款利率来确定。赠与人是商人时也适用这一规则。第Ⅲ－3:710条（商事合同中的利息）涉及的是供应货物、其他财产或服务的合同

中价款支付迟延的情形，不涉及金钱赠与的场合，因此不适用于此处。

与损害赔偿的关系。在利息之外，受赠人可以请求其他损失的赔偿，参见第Ⅲ－3:708条（迟延支付时的利息）第2款。

第三节　受赠人的义务

第Ⅳ.H－3:301条　接收与受领的义务

（1）受赠人应当接收并受领所有权的移转。

（2）受赠人履行接收与受领义务时，应当完成可合理期待其完成的所有行为，以使赠与人能够履行其交付与移转的义务。

评　论

受赠人的有限义务。由于赠与合同的无偿性，受赠人的义务非常有限。事实上，其仅限于接收并受领所有权移转的义务。

受赠人的协作。接收并受领所有权移转的义务包括受领人的协作义务。受赠人应当完成可合理期待其完成的所有行为，以使赠与人能够履行其交付与移转的义务。

示例1

所赠与的是一支来福猎枪。受赠人有义务申领一张持有武器的许可证，以确保赠与人能够履行其法律义务。

接收。受赠人应当接收标的物。接收意味着取得标的物的占有，从而受赠人获得对标的物的物理控制。这一义务的具体内容首先取决于双方当事人所约定的履行地点。若双方当事人约定履行地点在赠与人的营业地或赠与人的经常居住地，则受赠人负有在所规定的地点取得标的物的占有的义务。若双方当事人约定履行地点在受赠人的营业地或经常居住地，则受赠人必须在该地做好接收的准备。若无法根据合同条款来确定履行地点，则在金钱债务的场合，履行地点是受赠人的营业地或经常居住地，其他债务的场合履行地点则是赠与人的营业地或赠与人的经常居住地，参见第Ⅲ－2:101条（履行地点）第1款。

受领移转。受赠人同时负有受领所有权移转的义务。

示例2

所赠与的是一窝小狗中的一只。这只小狗是被阉割过的，并且具备兽医出具的健康状况良

好的报告。赠与人到达了受赠人的居住地,受赠人却改变了主意,拒绝接受这只小狗。此时,其负有受领所有权移转的义务。

与无偿性的关系取决于合同目的。在某些场合,受赠人接收与受领所有权移转的义务可能对赠与人有利,例如,当赠与物是垃圾时。此时,可以认为受赠人的接收与受领义务构成了一项对价,其结果就是合同不属于赠与合同。在这些场合,判断无偿性的关键标准在于赠与人所追求的目的。应当注意,虽说在垃圾处理的场合,承诺可能意味着对价,但若符合第Ⅳ.H-1:202条(并非完全无偿的行为)第1款的构成要件,合同当然仍然可以被认为主要是一个物之赠与合同。

单方许诺场合受赠人的义务。若赠与人无偿地、以使受赠人受利益为目的、单方许诺将标的物的所有权移转给受赠人,则受赠人不负有接收与受领所有权移转的义务。受赠人的义务仅能产生于赠与人与受赠人间的合同关系。

并非完全无偿的合同中受赠人的义务。在第Ⅳ.H-1:202条(并非完全无偿的行为)所规范的场合,受赠人的义务并不仅限于接受与受领所有权移转(虽然在垃圾处理的场合可能仅限于此,参见上文)。当赠与人有权获得某种对价时,受赠人应履行相应的义务。若受赠人未履行这种额外的义务,则赠与人享有第三卷第三章(对不履行的救济)中所规定的救济方式。

第四节　对赠与人的救济

第Ⅳ.H-3:401条　适用一般规则

受赠人不履行其依合同所负担的义务的,赠与人享有第Ⅲ-2:111条(未被受领的财产)、第Ⅲ-2:112条(未被受领的金钱)以及第三卷第三章(对不履行的救济)所规定的救济方式。

评　论

A. 适用一般规则

救济方式与受赠人(译注:原文为"赠与人",疑为笔误)**所负义务的目的相协调。**在受赠人不履行时对赠与人的救济方式必须与赠与背后的目的相协调。这甚至可能意味着排除这些义务的特定履行,对此后文将予详述。

提存与变卖权。若受赠人不履行其接收标的物的义务,赠与人可以以合理的条件将标的物提存于第三人处、由第三人根据受赠人的指示来保管标的物,并将之告知受

赠人,由此消灭其交付义务,参见第Ⅲ－2:111条(未被受领的财产)第2款第a项。赠与人也可以在通知受赠人后,以合理的条件将标的物予以变卖,并将净收入支付给赠与人,由此消灭其交付义务,参见第Ⅲ－2:111条(未被受领的财产)第2款第b项。赠与人仍然占有标的物的,有权就所产生的全部合理费用获得补偿或是将之从卖得的收益中予以扣除,参见第Ⅲ－2:111条(未被受领的财产)第4款。受赠人未受领由赠与人所适当交付的金钱时,赠与人可在通知受赠人后根据支付地法将金钱予以提存,使之由受赠人支配,从而消灭其支付义务,参见第Ⅲ－2:112条(未被受领的金钱)第1款。

示例

某赠与合同下所赠与的是一辆小汽车,但受赠人拒绝受领该车。赠与人可以将该汽车予以变卖,并将净收入支付给受赠人,从而消灭其交付义务。若赠与合同下所许诺的金钱未被受领,则适用第Ⅲ－2:112条(未被受领的金钱)。

义务通常不能强制实际履行。赠与的目的在于使受赠人受利益,因此通常要排除对受赠人义务的强制特定履行。此外,也可认为,在典型的赠与场合,特定履行会造成不合理负担或过高费用,参见第Ⅲ－3:302条(非金钱债务的强制履行)第3款第b项。

不涉及拒绝履行与减少价款。在赠与合同中不存在对待给付义务,因此,赠与人不享有第Ⅲ－3:401条(对待给付义务的履行抗辩权)所规定的履行抗辩权。同样,赠与人也不可能根据第Ⅲ－3:601条(减价权)减少价款,因为在赠与合同中并不支付价款。应当注意,在第Ⅳ.H－1:202条(并非完全无偿的行为)第1款所涉的案件中,这两个条文都可以适用,因为此时存在对待给付。若受赠人所负义务并非金钱债务,则第Ⅲ－3:601条(减价权)只有在"作适当调整"之后才能予以适用,参见该条第4款。

拒不协作系解除的理由。若受赠人不履行其接收与受领移转的义务,在拒不协作构成根本不履行时,赠与人可以根据第Ⅲ－3:502条(根本不履行时解除)第1款以不履行为由解除合同关系。

解除后的恢复原状。与受赠人解除合同的场合不同,若受赠人根本不履行因而赠与人解除合同关系,则不存在已获利益的返还问题。此时,适用第Ⅲ－3:511条(无须恢复原状的情形)第3款。其原因在于,若受赠人未履行其接收与受领移转的义务,一般来说受赠人也就没有获得什么可以因解除而返还的利益。因此,在赠与人解除的场合,根本就不存在恢复原状的必要。在第Ⅳ.H－1:202条(并非完全无偿的行为)第1款所涉的案件中,受赠人的义务可能不限于接收与受领移转的义务,在合同关系解除之前受赠人(译注:原文如此,疑为"赠与人")可能已经从赠与人(译注:原文如此,疑为"受赠人")处获得了利益。不过,此时赠与人有权获得某种对价,因而合同已经不是第Ⅲ－3:511条(无须恢复原状的情形)第3款意义上的无偿合同。因此,在这种场合,根据第Ⅲ－3:510条(因给付所得利益的恢复原状)在解除之后恢复原状是可能的。

因不受领而进行损害赔偿。对于因受赠人不受领而造成的损害,赠与人有权根据第Ⅲ－3:701 条(损害赔偿请求权)获得损害赔偿,除非根据第Ⅲ－3:104 条(因障碍而免责)或第Ⅲ－3:105 条(对救济方式予以排除或限制的条款)该不受领是免责的。

第四章　赠与人撤销

第一节　撤销概述

第Ⅳ.H－4:101条　不可撤销性及其例外

仅有下列情形之一时,才可撤销物之赠与合同:

(a)合同条款赋予了撤销权;

(b)本章中的规则规定了撤销权。

评　论

A.赠与具有约束力

赠与作为合同具有约束力。本章处理的是物之赠与合同的撤销问题。第Ⅳ.H－4:101条(不可撤销性及其例外)的出发点是这种合同原则上是不可撤销的。这一出发点反映了这样的正常需求:赠与应当是稳定和持续的,受赠人对于交易安全的信赖应当受到保护。另外,一个重要的考虑因素是,受赠人没有为赠与物的移转付出任何东西。这是撤销制度的正当性所在。受赠人忘恩负义、赠与人陷于穷困、出乎意外地生下子女,都是可能导致撤销权产生的原因。因而,第Ⅳ.H－4:101条(不可撤销性及其例外)规定除特定情形之外赠与合同是不可撤销的,试图以此协调上述两种相互冲突的考虑。

撤销作为例外。撤销权的例外性反映了这样的普遍性的观念:赠与人不能自食其言,不能试图再从受赠人那里把赠与物要回来。不过,同样也存在这样一种普遍的看法:不可撤销的一般原则必须受到赠与合同的性质的节制,即赠与合同是一个无偿合同,它代表的是与人为善、乐善好施、慷慨大方。基于这一原因,人们可以期待法律保护赠与人免受事后发生的困苦,或者说,在合同订立之时就已暗含着这样的意思:赠与人可以通过明确的约定,或者通过赠与合同条款本身的默示规定,或者通过法律的规定,来给赠与的持续效力设定边界与条件。

撤销的概念横跨解除与不当得利返还。从功能上说,撤销是为了不履行合同义务而对赠与关系予以特殊“解除”的一种机制。不过,其法律性质与解除不同,相应的救济后果由不当得利法来加以规范。根据第Ⅳ.H－4:103 条(撤销的效果)第 2 款,赠与人可以要求返还赠与物,并且适用的是第七卷(不当得利)第五章与第六章。撤销权与解除权同时存在是可能的。例如,可以设想会存在这样的情况,一方面受赠人未履行其受领标的物的义务,同时,赠与人又想行使其撤销权,比如因为陷于穷困。

仅撤销合同。撤销权的行使系针对合同,并不直接针对标的物。合同被撤销,同时发生合同中尚未履行的义务消灭、返还标的物的义务产生的效果。

B. 不可撤销性的例外

一般条款与特殊规则。本章给不可撤销的原则规定了数个例外。一方面,撤销权可以源于合同条款(参见第Ⅳ.H－4:101 条(不可撤销性及其例外)第 a 项)。另一方面,撤销权也可以源于本章第二节中的规定。这包括第Ⅳ.H－4:201 条(受赠人的忘恩负义)与第Ⅳ.H－4:202 条(赠与人陷于穷困)所规定的两种特殊的撤销权,以及第Ⅳ.H－4:203 条(其他撤销权)所规定的一个一般条款。合同条款,包括第Ⅱ－9:101 条(合同条款)中所默示的任何条款,可能赋予赠与人以其他的撤销权。

适用于附负担的赠与。许多的法律体系将违反所附负担(参见第Ⅳ.H－1:201 条(无偿性)与第Ⅳ.H－1:202 条(并非完全无偿的行为)的评论)界定为是可以行使撤销权的一种情形。若合同被认为主要属于赠与合同(参见第Ⅳ.H－1:202 条(并非完全无偿的行为)第 1 款),则根据第Ⅱ－9:101 条(合同条款),未遵守有关负担的条款可以产生撤销权。不过,未遵守有关负担的条款也可以被视作是受赠人不履行其所负的其他义务,从一般原则出发,可以根据第三卷第三章第五节产生合同解除权。在这种场合,因为附负担的赠与合同不属于无偿合同,故不适用第Ⅲ－3:511 条(无须恢复原状的情形)第 3 款。因而,赠与人通常可以选择行使义务不履行时的解除权,因为在这种救济方式下,受赠人不受利益不存在的抗辩事由的保护,在撤销的场合受赠人则可能受这种抗辩事由的保护(参见第Ⅳ.H－4:103 条(撤销的效果)第 2 款)。

C. 合同条款规定的撤销权

适用一般规则。根据第Ⅳ.H－4:101 条(不可撤销性及其例外)第 a 项,撤销权可以源于合同的条款。合同条款是否给赠与人赋予了撤销权,必须通过适用第二卷第八章与第九章中确定合同内容的一般规则来判断。

示例

某个养老金领取者丧失了其驾驶执照,此后她骑着自行车去购物。她将她的汽车赠与给她的孙子,约定的但书条款是,若她再需要这辆汽车,则她可以撤销赠与。意外地,她摔伤了她的臂部,于是聘请了一个司机来开车送她购物,这样,她又需要这辆汽车。这个赠与人可以撤销有

关该车的赠与合同。

默示条款。撤销权并不限于赠与人在合同中明示地保留撤销权的情形：当事人也可以默示地约定撤销权（参见第Ⅱ－9:101 条（合同条款））。

第Ⅳ.H－4:102 条　撤销权的行使与范围

（1）赠与人应以通知受赠人的方式行使其撤销权。

（2）考虑到案件的整体情况，合同部分撤销后其余部分继续发生效力并不合理的，则撤销部分合同的意思应被理解为是撤销整个物之赠与合同。

评　论

A. 通知的要求

适用有关通知的一般规则。第Ⅳ.H－4:102 条（撤销权的行使与范围）第 1 款规定，在行使撤销权时，必须通知受赠人；默示的撤销（例如，赠与人以其某种行为暗示其不愿再继续赠与）不发生效力。这一规则来源于第Ⅲ－3:507 条（解除的通知）。对这种通知，应适用第Ⅰ－1:109 条（通知）中有关通知的一般规则以及第Ⅱ－1:106 条（形式）有关形式的一般规则。因此，并不要求以书面文件来进行通知。如果在案件的特定情形下进行口头通知是合适的，那么口头通知就够了。对于受赠人对赠与场合所有权一定会移转的合理信赖的保护，已经有了相应的保护机制，即（作适当调整之后的）利益不存在的抗辩事由，因此，没有必要再通过规定书面要件的方式来对受赠人的信赖利益进行保护。

示例 1

叔叔将一些股票以赠与合同的形式赠给其侄子。其后两人之间的关系迅速恶化，最终两个人在大街上拳脚相向，叔叔因此脸部严重受伤。在医院治疗期间，他以手机拨打电话给他的侄子，通知其以其忘恩负义为由解除股票的赠与。这种通知是有效的。对于撤销的通知，不存在形式要件的要求。

撤销的通知使法律关系发生变更。有效的通知发生变更当事人间合同关系的效力，尚未履行的义务消灭、返还标的物的义务产生，参见第Ⅳ.H－4:103 条（撤销的效果）。合同并非像因错误而撤销的场合那样归于无效。

B. 撤销的范围

撤销整个合同。一旦行使了撤销权，就发生撤销整个物之赠与合同的效果。在功能上，这与合同关系的解除相似，但并不以受赠人根本不履行合同义务为要件（除了在受赠人严重忘恩的场合可以认为是一种解除之外）。标的物返还的义务适用（作适当调整之后的）第七卷第五章与第六章中关于不当得利的规则。在不严格的意义上，此处的目的在于回复行为之前的状态，因而应当考虑受赠人基于对赠与的信赖而遭受的损失。此处可以适用（作适当调整之后的）利益不存在的抗辩事由，参见第Ⅶ－6:101条（利益不存在）。

部分撤销的可能。第 2 款涉及的是部分撤销权，即要求返还部分的标的物。余下的部分继续属于受赠人的财产，除非已无法合理地维持整个合同因而部分撤销权的行使导致整个合同被撤销。在标的物可分的情形，或是易于分割、可以适当地和公平地加以分配的金钱的场合，这一点更加明显。在这些场合，维持合同继续存在是可能的。与之相对，部分地撤销一个关于不可分物（如一辆小汽车）的赠与合同，则是更为复杂的问题；此时可能无法适用一般的规则，无法发生与可分物场合相同的结果。因此，在考虑了合理性的标准之后，若在具体情形中已无法合理地维持合同其余部分的效力，则应认为撤销及于整个合同。

示例 2

某个赠与人预计其不会再次生育小孩，因此已多次赠予大笔的财产给其三个子女。然而，在 70 岁时，他发现其新的妻子有了身孕。这个人已经没有了足够的财产，无法像对待其他的子女那样来对待这第四个孩子，因此，他部分地撤销之前对其子女的赠与，以让每个孩子都能得到相同的份额、受到同等的对待。在这种情形，部分地撤销之前的赠与就是可能的，因为可以合理地维持其余的部分。在仅仅部分地撤销某个单一赠与的场合，同样如此。

第Ⅳ.H－4:103 条　撤销的效果

（1）按照本章的规定撤销赠与后，合同中当事人尚未履行的义务消灭。在部分撤销的场合，尚未履行的义务中的相应部分消灭。

（2）按照本章的规定撤销赠与后，受赠人负有返还标的物的义务。除本章另有规定外，在作适当调整后适用第七卷（不当得利）第五章与第六章。

评　论

A. 尚未履行的义务消灭

义务归于消灭。第Ⅳ.H－4:103条（撤销的效果）第1款明确，撤销将使合同当事人的尚未履行的义务以及相应的权利归于消灭。这一规则与第Ⅲ－3:509条（对合同义务的效果）所规定的解除的第一种效果相似。

不具有严格意义上的溯及力。在合同当事人之间以及与第三人之间，撤销不具有严格意义上的溯及力。所消灭的仅仅是合同中将来的义务。严格来说撤销并不拆解已经提供的给付，对此只是在适当调整后援引第七卷（不当得利）第五章与第六章中的规则。并且，撤销通常也不影响第三人就赠与物享有的权利。对于动产，这一结论源于第Ⅷ－2:202条（自始无效、事后撤销、撤回、解除与撤销）；对于可转让的给付请求权，结论则源于第Ⅲ－5:118条（自始无效、事后撤销、撤回、解除与撤销）。不过，若当事人明确地将所有权的移转与合同关系的持续捆绑在一起，则撤销可能会对第三人产生影响。

部分撤销的效果。在部分撤销的场合，尚未履行的义务中的相应部分消灭。若与第Ⅳ.H－4:102条（撤销权的行使与范围）的规定相符，则合同关系的其他部分继续存在。

B. 恢复原状

适用有关不当得利的规则。第Ⅳ.H－4:103条（撤销的效果）第2款规定，撤销之后受赠人负有返还标的物的义务。在作适当调整后，适用第七卷（不当得利）第五章与第六章。在这里，给付（即赠与物有权的移转）是基于有效的法律行为，因此作适当调整是必要的。这里的财产移转并非第七卷意义上的无法律根据，因而不能说受赠人获得了不当利益并造成了赠与人损失。从而，在此有必要就援引不当得利的规则作出特别规定。撤销只是向将来发生效力，不具有溯及力。在撤销之后，产生返还标的物的义务。应当返还的内容（即义务的内容）则要根据作适当调整后的不当得利规则来判断。例如，在涉及从赠与物获得的孳息时，就有必要进行调整。对于善意收取了孳息的受赠人，没有理由连所节省的费用也要求受赠人偿还，根据第Ⅶ－5:104条（得利的孳息与用益）则应当偿还所节省的费用。此时的情形与不当得利不同。不当得利的得利人一直都不应当保有任何利益，与之不同，受赠人在撤销赠与之前完全有权获得赠与物、有权使用赠与物并且享有其孳息。这意味着，除非在孳息产生时受赠人系恶意，否则受赠人通常不负有返还孳息的义务。

示例 1

所赠与的是一群牛。其后赠与人以陷于穷困为由撤销赠与。在撤销之前的期间内所生的牛犊无须返还给赠与人。

标的物的返还。通常来说，标的物应当原物返还。这源于第Ⅶ－5:101 条(可移转的得利)第 1 款。

支付价金。第Ⅶ－5:101 条(可移转的得利)第 2 款也应在作适当调整后予以适用。其效果是，若原物返还会给受赠人造成不合理的负担或费用，则受赠人可以选择支付与赠与物相当的金钱。若受赠人已经处分了标的物，则其必须支付与赠与物相当的金钱。第Ⅶ－5:101 条(可移转的得利)第 3 款、第 4 款与第 5 款也应在作适当调整后加以适用。

利益不存在的抗辩。受赠人可以运用第Ⅶ－6:101 条(利益不存在)所规定的利益不存在的抗辩事由。这用于保护受赠人对于赠与合同的合理信赖。有关解除的规则与保护受赠人信赖利益的目的并不契合；抛开因受赠人忘恩负义而撤销的场合不谈，受赠人并非不法行为人，因而在撤销赠与的场合对受赠人的信赖利益进行保护是正当的。相关的情形，只不过是使赠与人行使撤销权的行为正当化而已。因此，我们决定此时适用经调整后的关于不当得利的规则。要适用利益不存在的抗辩的话，受赠人必须是因为信赖赠与而从事了有损于其利益的行为。比如说受赠人因为信赖赠与，为了继续在大学的学业而放弃了工作，由此而失去了劳动报酬，而按照事物的一般发展规律他是不会失去这种劳动报酬的。若受赠人从事了第Ⅳ.H－4:201 条(受赠人的忘恩负义)所规定的严重忘恩负义行为，则不能援用利益不存在的抗辩事由，因为这种场合的撤销在功能上与义务不履行时的解除相似，允许从事了不法行为(对赠与人犯下了严重不法行为)的受赠人援引利益不存在的抗辩事由的话，将与公平和诚实信用的原则相悖；参见该条第 4 款。

示例 2

受赠人用所赠与的资金购买了一幢房子。赠与人以陷于穷困为由撤销赠与，由此使得受赠人不得不将该房子卖掉以返还这些资金。卖掉该房屋时损失了一部分价金。受赠人可以将这些损失从恢复原状请求权的数额中予以扣除。参见第Ⅶ－6:101 条(利益不存在)。

第Ⅳ.H－4:104 条　期间限制

在知道或可合理期待其知道相关的事实之后一段合理的期限内，赠与人未作出撤销的通知的，本章所规定的撤销权消灭。合理期限的长度应考虑所处的具体情形。

评　论

不规定固定的期限，而是规定合理的期限。本条规定，撤销的通知必须在一段合理的期限内作出。不过，这里未规定固定的期限。合理期限的长度取决于案件的具体情形，最终要由法院来裁量。所应考虑的有诸多的因素。

示例1

赠与人在70岁时出乎意料地又生了一个孩子，他想根据第Ⅳ.H－4:203条（其他撤销权）所规定的一般条款来撤销其之前给受赠人的赠与。他在孩子出生两年之后才发出了撤销的通知，这一撤销是无效的，因为其未在合理的期限内作出。

撤销权消灭，且不可能再行恢复。只有在其他撤销权产生之后作出新的通知，才能发生撤销的效果。

知道或推定知道。行使撤销权的通知，必须在合理期限内作出；一旦赠与人事实上知道了或者推定其知道了撤销权产生的事实，就开始起算该合理期限。

期限的延长与重新计算。与第三卷第七章（时效）第二节和第三节不同，本章没有明确地规定撤销权期间的延长与重新计算。此处不适用有关时效延长的规则，因为此处所涉的合理期限不是诉讼时效期间，不会发生中断或中止。不过，在适当的时候可以类推适用这些规则；合理性的判断允许必要的灵活性。

示例2

在示例1的案例中，那个出乎意料又生了一个孩子的父亲被人绑架并拘禁了两年。此时，撤销权不因经过了这么长的时间而消灭。对比第Ⅲ－7:303条（在债权人无法控制的障碍的场合中止）。

示例3

叔叔将一笔钱赠与给其侄子，以让他能够购买一幢房子。其后，这个叔叔陷于穷困，想以陷于穷困为由撤销赠与。其侄子准备向他支付赡养费，于是两个人花了6个月的时间来就赡养费的数额与时间长度进行谈判。因为这一谈判，期限的届满被推迟。对比第Ⅲ－7:304条（在谈判的场合时效届满的推迟）。

示例4

赠与人在70岁时出乎意料地又再一次成为了父亲。然而，在孩子出生之后，赠与人因心脏病而去世。此时，在撤销权可以由其继承人或向其继承人行使或者是可以由财产的代管人或向财产的代管人行使之日起一年之内，撤销权的期限不届满。对比第Ⅲ－7:306条（届满的推迟：

死者的财产）。

保护受赠人信赖利益的其他方式。本条背后的目的在于保护受赠人对于行为稳定性的信赖，确保受赠人不受反复无常的赠与人的任意摆布，并使其能够作必要的调整。在保护受赠人的合理信赖时，也可以援引利益不存在的抗辩事由。

第二节　赠与人的撤销权

第Ⅳ.H－4:201条　受赠人的忘恩负义

（1）若受赠人故意实施针对赠与人的严重不法行为，从而严重地忘恩负义，则可以撤销物之赠与合同。

（2）赠与人知道相关事实后原谅了受赠人的，不得依据本条的规定撤销合同。

（3）为实现第1款的目的，第Ⅳ.H－4:104条（期间限制）下的合理期限至少为一年。若在该合理期限届满以前赠与人死亡，该期间中止计算，直到撤销权人知道或可合理期待其知道相关事实。

（4）为实现第1款的目的，不适用第Ⅶ－6:101条（利益不存在）所规定的利益不存在的抗辩事由。

评　论

A. 忘恩负义在功能上相当于义务不履行

不存在心存感激的义务。赠与人所从事的是善举，基于这种认识，本条的这些规则规定在受赠人忘恩负义时赠与人享有撤销权。这种撤销权不可避免地与道德上的考虑相联系，即社会观念普遍地认为，受赠人在接受了赠与人的善举之后应当心存感激。这些规则并未明确地规定一种法律上的（不同于道德上的）心存感激的义务，因为这根本就是不可能准确地规定出来的。不过，对显然违反义务的场合加以规定是可能的。考虑到赠与合同毫无疑问是慷慨的一种表达，只要符合了如下的两个标准，在受赠人严重忘恩负义时就应当产生撤销权：（1）实施了针对赠与人的严重不法行为（将忘恩负义表现在外），以及（2）受赠人故意实施这一针对赠与人的不法行为。设置这一撤销权的另外一个目的在于，向所有可能会忘恩负义的受赠人发出威慑的信号。

因忘恩负义而撤销在功能上相当于因不履行而解除。在功能的层面上，忘恩负义与不履行合同义务非常相似。受赠人故意实施严重的不法行为，也就是严重的忘恩负义，从而未履行其所约定的心存感激的“义务”。此处不存在法律上的义务，这意味着，

关于不履行而解除的一般规则并不能直接适用于此，但其背后的考量是相似的。

这些规则并非强制性的。这些有关撤销权的规则的适用，可以由合同双方当事人事先同意放弃。初看上去这似乎与这些规则的精神相悖。不过，也确实存在某些情形，赠与人并不指望受赠人心存感激，因此在任何场合都不想撤销赠与。在某些情形（如当事人所为之事可被视为是鼓励犯罪），对这种撤销权的排除可能是无效的，因为与基本原则相悖；参见第二编第七章第三节（违反基本原则或强制性规范）。

B. 严重忘恩负义

严重不法行为。受赠人故意实施针对赠与人的严重不法行为，从而表现出极大的忘恩负义时，产生撤销权。此处故意未对“严重不法行为”加以界定，将相当大的裁量空间留给法院。因此，严重不法行为的准确外延，要根据个案的事实来判断。其不应被理解为是仅指犯罪行为。其所包含的是一种更广意义的故意的、应受责难的行为的概念，其确实包括了犯罪行为，但也包括诸如对赠与人进行诽谤之类的行为。

示例1

在订立赠与合同之后，受赠人试图杀害赠与人。赠与人由此严重受伤。此处，受赠人针对赠与人实施了严重的不法行为。其结果是，赠与人可以以严重忘恩负义为由撤销之前所作的赠与。

示例2

受赠人写了一本书，不分好坏地曝光了赠与人的生活。存在疑问的是，这种行为是否也构成对赠与人的严重不法行为。人们可以认为，受赠人本来可以不必去写这本书、可以替赠与人保守他的缺点。讲真话也可以构成足以使赠与人享有赠与撤销权的严重不法行为。

不法行为系针对赠与人。所实施的不法行为必须是针对赠与人的，针对赠与人的人身或财产。这也包括所谓的“反射性的不法行为”——受赠人故意针对赠与人的近亲属实施严重不法行为。不法行为必须是针对赠与人这一限制并不意味着撤销权不能由第三人行使，例如由赠与人的继承人行使。

受赠人系不法行为人。受赠人本人必须与严重不法行为的实施之间存在牵连。这也包括间接参与的情形，即受赠人教唆别人去故意实施针对赠与人的严重不法行为。本条仅要求受赠人实施了不法行为，这并不排除在受赠人死后向其遗产继承人行使撤销权。并且，恢复原状之诉既可以针对受赠人提起，也可以针对其遗产继承人提起。

示例3

受赠人的儿子谋杀了赠与人。这一针对赠与人的严重不法行为并不是受赠人实施的。赠与人的继承人不能撤销赠与。不过，若受赠人鼓励或帮助其儿子去实施该犯罪行为，则可能构

成受赠人一方的严重不法行为，从而受赠人构成严重忘恩负义。在这种场合，可以撤销赠与。

故意。受赠人必须是故意地实施了严重不法行为。过失是不够的，即使说过失也表明受赠人心无感激。

不法行为必须表明忘恩负义。故意地针对赠与人实施严重不法行为，通常就表明受赠人严重忘恩负义，从而通常使赠与人享有撤销权。不过，在例外的场合，受赠人在针对赠与人实施严重不法行为时可能是出于好意；此时不适用本条。本条文义上要求受赠人在实施不法行为时"严重地忘恩负义"。

示例 4

赠与人病入膏肓，反复请求受赠人关掉其生命维持系统。受赠人怀着沉重的心情帮他关掉了。这可以被视为是一项严重不法行为。然而，受赠人在行为时并非严重忘恩负义。该赠与不能撤销。

C. 原谅

原谅的性质与效果。若赠与人在了解了产生撤销权的有关事实同时受赠人又已悔改的情况下原谅了受赠人的错误，则构成对撤销的抗辩事由，可以对抗撤销权的行使。原谅的行为在法律性质上并非法律行为：其只是一个事实问题，并不要求将之直接通知受赠人。然而，原谅具有法律上的效果，法院必须使之发挥效力。在原谅之后，赠与人不能再试图反悔、再试图撤销赠与合同，除非受赠人又故意犯下了"新的"错误或者赠与人能够以其他理由撤销赠与。只有赠与人才有原谅的权利，因为只有赠与人才能决定是否应当原谅。

示例 5

受赠人试图杀害赠与人。在临终之时，赠与人原谅了受赠人。这一行为足以阻却赠与人的继承人撤销赠与。

必须表示于外且系自由作出。是否以原谅的方式来放弃撤销权，完全取决于赠与人自己。原谅必须表示于外，即原谅不能只是赠与人心底的想法。并且，原谅必须是在无任何不当压力的情况下自由作出的。例如，受赠人通过要挟得来的表面上的原谅，是不够的。

D. 对期限的调整

至少一年。为了保护赠与人，并且消除有关撤销权行使的通知之期限何时起算的不确定性，有必要对第Ⅳ.H－4:104 条（期间限制）中的合理期限予以一定程度的明确。例如，在严重伤害的场合，赠与人可能因为受到伤害而无法行使撤销权。并且赠

与人可能也无法立即知道受赠人实施了严重忘恩负义的行为。因而,合理期限为赠与人知道或可合理期待其知道相关事实之后至少一年。

因赠与人死亡而中止。若赠与人死亡,期限必须中止,直到赠与人的遗产继承人知道或可合理期待其知道那些使之具有撤销权的事实。

E. 对恢复原状的调整

无须对信赖进行保护。在因受赠人忘恩负义而撤销赠与后,赠与人有权要求标的物恢复原状。在这些场合,没有必要对受赠人的信赖利益进行保护,并且,对之进行保护也是不公平的,因为是受赠人以其应受责难的行为导致了撤销权的产生。

不适用利益不存在的抗辩事由。不法行为人无权援引利益不存在的抗辩事由,因此,在上述情形下允许受赠人享有利益不存在的抗辩事由是不合理的。此时,赠与标的物是否已经被消耗掉了也无关紧要。若已不可能返还标的物原物,则受赠人必须支付其金钱价值。

示例 6

受赠人是否已经将赠与物消耗掉了或者是给了别人,都无关紧要。这些情况都不能阻碍赠与的撤销,受赠人仍然负有返还赠与物或其金钱价值的义务。

第Ⅳ.H－4:202 条　赠与人陷于穷困

(1)若赠与人无法以其财产或收入来维持生活,则可以撤销物之赠与合同。

(2)有以下情形之一时,构成赠与人无法维持生活:

(a)赠与人将有权获得他人的扶养,若该他人具备扶养能力的话;

(b)赠与人有权获得社会救济。

(3)若在第 2 款所规定的赠与人有权或将有权获得扶养的范围内,受赠人对赠与人进行扶养,则暂不得行使撤销权。

(4)赠与人属于第 1 款所规定的无法维持生活,或即将无法维持生活的,赠与人可以拒绝履行合同中尚未履行的所有义务。第 3 款相应地适用于拒绝履行权。赠与人拒绝履行的,受赠人可以解除合同。

(5)若赠与人履行其法律所规定的或法院所判令的扶养义务的义务,或此种扶养义务的存在,以有效地撤销赠与为前提,则本条亦予适用。

(6)当事人不得对本条所规定的撤销权加以限制或排除。

评　论

A. 主要的政策考量

对一般规则的例外。赠与合同的性质为单务的、无偿的，因此，当赠与人不再能以其自己的财产或收入维持其生活方式时，或无法履行其扶养义务时，赠与人享有撤销权。对于无论债务人财产多寡均应履行债务的原则，这是一个例外。

首先由受赠人支付。本条中的规则规定，陷于穷困的赠与人在申请国家救助或者要求他人扶养之前，首先必须求助于受赠人。根据这一规定，赠与人的近亲属或者国家都无须资助陷于穷困的（事实上可能是恣意挥霍的）赠与人，陷于穷困的赠与人不应当给其亲属或国家带来经济负担。因此，根据本条的规定，受赠人要么可以要回赠与物，要么可以向受赠人寻求资助。

对第三人的保护。这一撤销权的另一个目的在于保护赠与人应予扶养的第三人，参见第Ⅳ.H-4:202条（赠与人陷于穷困）第5款。

B. 陷于穷困

无法维持生活。赠与人必须是无法以其财产或收入来维持生活。在对此进行判断时，要看赠与人是否有权或将有权获得他人（如赠与人的配偶）的扶养或者有权获得国家提供的社会救济。

示例1

A将一笔金钱赠与给其朋友B。因为严重的营业亏损，A被迫申领社会救济金。该赠与人有权撤销赠与。

其他撤销权可以构成赠与人的财产组成部分。在以陷于穷困为由撤销赠与之前，首先必须行使此撤销权。

示例2

赠与人已经做了多次的大额赠与。其中的一个受赠人试图将之杀害。其间赠与人丧失了工作并遭受了严重的经济损失，由此陷于穷困。在这种场合，陷于穷困的赠与人首先必须以忘恩负义为由撤销其给那个对其实施了严重不法行为的受赠人的赠与。只有在撤销这一赠与之后其仍然无法维持生活时，才可以撤销其他赠与。

扶养第三人的能力。赠与人可能无法履行其对第三人的扶养义务，这可能导致陷于穷困时的撤销权的产生；参见第Ⅳ.H-4:202条（赠与人陷于穷困）第5款。

示例3

赠与人向受赠人作了一笔极为慷慨的赠与。其后，其分居的妻子和子女起诉要求其承担扶养义务，法院判令其支付扶养费。若赠与人的收入过低，其无法扶养其分居的妻子和子女、无法履行其作为扶养义务人的法定义务，则其有权撤销赠与，因为否则的话其无法履行法院判决所确定的义务。受赠人也可以选择支付必要的扶养费以避免赠与的撤销。

C. 撤销或拒绝履行

以陷于穷困为由撤销。若赠与人事后陷于穷困，除非受赠人为其提供扶养，否则赠与人可以撤销合同，参见第Ⅳ.H－4:202条（赠与人陷于穷困）第3款。合同义务是否已经完全履行完毕，或者赠与人是否尚未提供给付，都对撤销权的产生没有影响。

拒绝履行权。若赠与人即将陷于穷困，并且赠与人尚未提供合同所约定的给付，也就是说合同尚待履行，则赠与人根据本条第4款的规定享有另外一项权利，即拒绝履行尚未履行的所有义务。只有在即将陷于穷困时，才产生这一权利，其判断留待法院来裁量。关于赠与人即将陷于穷困，常常要作非常宽泛的理解。

示例4

赠与人已经许诺赠与一辆小汽车。然而，在实际履行之前，赠与人失去了工作，于是拒绝履行其合同义务。若符合了第2款的构成要件，则根据第4款的规定，受赠人可以选择对赠与人进行扶养，或者解除合同关系。实践中受赠人可能什么都不做，所有对于给付的权利只是随着时间的流逝而消灭。

D. 受赠人进行扶养时赠与人不得行使撤销权

支付扶养费可以对抗撤销权。若受赠人选择对赠与人进行扶养以避免撤销的后果（即避免返还标的物），撤销权并不消灭，而只是暂时不得行使。一旦受赠人停止支付扶养费，撤销权就恢复到可以行使的状态。若在受赠人停止扶养之后赠与人行使其撤销权并要求返还标的物，则适用第Ⅳ.H－4:103条（撤销的效果）及第Ⅶ－6:101条（利益不存在）所规定的利益不存在的抗辩事由，已经支付的扶养费应当予以抵扣。从而，若此前给与受赠人的利益已经被消耗掉了，则撤销权不再具有意义；在功能上，撤销权消失。不过，若所赠与的是一大笔金钱，从这笔金钱的利息中就足以支付扶养的费用，则无法主张利益不存在的抗辩事由，因为不符合利益不存在的要件。

示例5

在示例1中，受赠人可以支付扶养费以避免撤销的后果。此时可以适用利益不存在的抗辩事由。

以支付扶养费的方式使赠与人暂不得行使拒绝履行权。根据第 4 款,受赠人可以通过支付扶养费来回避拒绝履行权。一旦受赠人停止支付扶养费,拒绝履行权就恢复到可以行使的状态,除非原本给与受赠人的利益已经因支付扶养费而被消耗掉了。

应支付的金额。受赠人应支付的扶养费的数额要根据本条第 2 款来判断。一个具体的例子是,陷于穷困的赠与人有权或将有权获得其配偶的扶养,但其配偶并不完全具有对其进行扶养的能力。此时,受赠人应支付的扶养费的数额是赠与人的配偶具备扶养能力时其应支付的扶养费的数额。若不存在此种扶养义务,则受赠人应支付的扶养费的数额要根据赠与人有权获得的社会救济的金额来确定。上述内容是受赠人应支付的扶养费的限额。

对受赠人的保护。受赠人可以运用第Ⅶ－6:101 条(利益不存在)所规定的利益不存在抗辩事由,因而受赠人对赠与的信赖可以得到保护。若利益已经不再存在,即标的物已被处分且受赠人为善意,则赠与人无法要回任何东西。

第Ⅳ.H－4:203 条　其他撤销权

(1)在合同订立后,若作为合同基础的其他基本情势发生实质变更,且具备以下情形之一的,在变更的范围内,也可以撤销物之赠与合同:

(a)情势的变更导致受赠人所受利益明显不当或过高;或

(b)情势的变更导致强求赠与人维持赠与将显失公平。

(2)仅具备以下情形时,才能适用第 1 款:

(a)无法合理期待赠与人在订立合同时预见到情势的变更;且

(b)情势变更的风险不由赠与人承担。

评　论

A. 在基本情势发生实质变更的场合撤销的一般性权利

对第Ⅳ.H－4:202 条(赠与人陷于穷困)及第Ⅳ.H－4:201 条(受赠人的忘恩负义)进行补充的一般条款。这一撤销权具有补充的性质,意在适用于那些无法适用上述两条(即忘恩负义与陷于穷困)所明确规定的撤销权的其他类型的案例。这一权利的补充性意味着,在案件事实同时符合两种撤销权的要件时,赠与人不能自由选择:应优先适用基于陷于穷困的撤销权以及基于忘恩负义的撤销权。因而,陷于穷困的情形和忘恩负义的情形被排除在本条的适用范围之外。若合同订立之后发生了情势的实质变更,这种变更破坏了合同的根本基础,且根据新发生的事实,合同双方当事人无法

期待受赠人继续保有赠与物，则可以援用这一补充性的撤销权。可以撤销的一个示例是意外生下子女的情形；参见示例 1～3。关于这一撤销权的规定认为，那种在赠与人的情况发生无法预见的根本变化时也不承认其享有撤销权的削足适履的“一刀切”的思路，是不公平的。

限于重大变更的情形。考虑到第Ⅳ.H－4:101 条（不可撤销性及其例外）所强调的合同神圣的原则，这一撤销权并非是不受限制的，其要求作为赠与的基础的基本情势发生了实质变更。适用这一撤销权的一个例子是，许诺赠与一个订婚戒指，其背后的观念是，若婚约破裂则应当返还该戒指。这一补充性的撤销权不能轻易加以援用，否则将削弱鼓励审慎缔约的原则以及不能任由赠与人随心所欲地脱离合同拘束的理念。采取一种宽泛的思路的话，将有害于合同关系的稳定，因而，本条将撤销限于作为合同基础的基本情势发生实质变更的情形。并且，只有当情势的变更导致受赠人所受利益明显不当或过高，或导致强求赠与人维持赠与将显失公平时，才存在撤销权。此外，若赠与人应已预见到情势的变更或者赠与人承担了情势变更的风险，则不得行使撤销权。

与情势变更的一般规则之间的关系。这一撤销权对第Ⅲ－1:110 条（情势变更后法院判决变更或解除）的规定作了调整，后者仅限于对于债务人来说履行债务过于艰难的情形。在本条的场合，若事后发生的变故已经使得合同的履行变得更为艰难，已不是简单的变更合同条款的问题。撤销权的行使将导致整个合同的撤销，从而产生标的物返还的义务，与此同时也要对受赠人的合理信赖加以保护。

基本情势的实质变更。基本情势的概念指的是作为赠与的前提的、根本性的规则与假定。撤销权的前提是，所发生的基本情势的实质变更涉及了赠与合同的根基，即如果赠与人在订立合同时就知道了这一新情况，其绝对不会订立这个合同。

利益不当或过高。对撤销权的行使作进一步限制的要件是，情势的实质变更导致受赠人所受利益明显不当或过高，或导致强求赠与人维持赠与将显失公平。此处未对“不当”的标准予以界定，但其背后的思想是，因为情势的变化，若允许受赠人保有标的物的话，将是不合理的、非常令人意外的、与赠与背后的目的不相符的。“利益过高”这一概念的外延，同样也只能由法院来判断。在判断情势变化后利益是否过高或不当时，法院可以考察赠与的目的、情势实质变化的性质、允许受赠人保有标的物的话将给赠与人带来的不利、允许赠与人要回标的物的话将给受赠人带来的不利，以及赠与人在最初移转赠与物时的处境与情势变更后的处境之间所存在的差别。一切都取决于手头个案的实际情况。

示例 1

某个赠与人将相当一部分财产赠给了其唯一的孩子。其后赠与人又出乎意料地生下了第二个孩子。赠与人也想使第二个孩子获得利益，其可以根据情势变更的规则撤销赠与。在这一场合，受赠人所受的利益是明显不当或过高的。

示例 2

某个赠与人将一些童装赠与给了受赠人。其后赠与人突然发现她自己也有了身孕。赠与人不得根据情势变更的规则撤销赠与，因为受赠人所受的利益并非明显不当或过高。

强求赠与人维持赠与将显失公平。本条纳入了对公平的考虑，其反映了这样的理念：因为情势的变更，受赠人保有赠与将是显失公平的。这一规则赋予了法院以相当大的裁量权。

示例 3

赠与人年已七十，膝下无子，于是将一件祖传的物品赠与给了他的一个朋友。若后来赠与人又有了子嗣，那么强求赠与人维持赠与将是显失公平的。

将可预见变更的情形排除在外。若赠与人已预见到了情势的变更，例如上述最后一个示例中若赠与人在订立赠与合同时已经知道其生活伴侣有了身孕，则不得行使撤销权。

将赠与人承担风险的情形排除在外。若根据合同，由赠与人承担情势实质变更的风险，则不得行使撤销权。这主要发生在应由赠与人对情势变更承担责任的场合。

示例 4

X 和 Y 交换了订婚戒指。其后，X 有了第三者，于是 X 破坏了婚约。此时，可以认为 X 承担了其将破坏婚约的风险——这一变故处于 X 的控制范围之内。因而，X 不能根据本条撤销赠与。

B. 案型

订婚戒指与类似礼物。设计本条时所针对的案型，包括订婚戒指或者预计将要结婚而赠与其他财物的情形。订婚戒指可能是由男方给的，用于表征其对双方关系的承诺，并且可能价值不菲。其后若受赠人破坏婚约，则意味着基本情势发生了实质变更，此时受赠人保有该订婚戒指的话将是显失公平、明显不当的。这种情形也符合第Ⅳ.H－4:203 条（其他撤销权）第 1 款第 b 项的规定。

第三人给付的结婚礼物或订婚礼物。同样，在给付了结婚礼物和订婚礼物可婚礼却未能举行时，也可能产生撤销权。

示例 5

赠与人把一些东西赠给了其未来的女婿，因为他与赠与人的女儿订立了婚约。后来，两人之间的关系无可挽回地破裂，最终没能结婚。赠与人可以以情势变更为由撤销赠与。在这种情形，受赠人所受的利益是明显不当或过高的，同时，强求赠与人维持赠与也是显失公平的。

离婚与类似变故的后果。共同参照框架草案不涉及离婚或人身关系发生类似变化时财产所有权的重新分配,参见第Ⅰ－1:101条(适用范围)第2款第c项。因此,第Ⅳ.H－4:203条(其他撤销权)并未规定当事人因为这种原因而享有撤销权。

意外生下子女。只要符合第Ⅳ.H－4:203条(其他撤销权)的构成要件,则在意外生下子女的场合也产生撤销权。在某些国家的法律体系中,意外生下子女是这一撤销权的一种典型案型。其适用的主要领域是赠与人在其有生之年以协议的方式对家庭财产进行分配的情形,对比示例1～3。

税法变化。也可以设想,税收政策的剧烈变化也会导致撤销权的产生。不过,通常可能会认为当事人应已预见到了这种变化。

示例6

根据国内法的规定,一定金额以上的赠与可以免税。赠与人以为这种免税政策会维持不变,从而作出了许多的赠与。然而,税务部门突然决定修改年度免税金额,由此赠与人仍应纳税。此时,赠与人不得以情势变更为由撤销赠与。这里不符合本条的要件,即要求赠与人维持赠与并不显失公平。

其他案型。上述的案型并不构成穷尽的列举。

欧洲私法的原则、定义与示范规则：欧洲示范民法典草案(全译本)
总目录

第 1 册

第 2 册

第3册

第五卷　无因管理他人事务

第六卷　造成他人损害的非合同责任

第5册

第九卷　动产担保物权

第九分节　登记制度建立前已设立的担保物权

第四章　优先顺位

第五章　违约前的规则

第一节　一般原则

第二节　担保财产

第二分节　担保人的权利和义务

第三节　当事人变更

第四节　担保权人告知担保物权内容的义务

第六章　消灭

第七章　违约和担保物权的实现

第一节　一般规则

第二节　担保物权的变现

第一分节　非司法途径:变现前的规则

第二分节　非司法途径:担保财产的变现

第三分节　以司法途径来实现担保物权

第三节　保留所有权交易的特殊规则

第十卷　信托

第一章　基本规定

第一节　信托适用范围及与其他规定之间的关系

第二节　定义、特殊效力及当事人

第三节　一般规则的修订及增补

第二章　信托的设立

第一节　依法律行为设立信托的基本规则

第二节　设立信托的意思表示

第三节　信托的拒绝及受益权的抛弃

第四节　特殊情况的补充规定

第三章　信托财产

第一节　成为信托财产的条件

第二节　信托资金的变化

第四章　信托条款及其无效

第一节　信托条款

第二节　信托条款的无效

第五章　受托人决策与权力

第一节　受托人决策

第二节　受托人的权力

图书在版编目(CIP)数据

欧洲私法的原则、定义与示范规则:欧洲示范民法典草案:全译本.第4卷/(德)巴尔,(英)克莱夫主编;于庆生等译.—北京:法律出版社,2014.4

书名原文:Principles, definitions and model rules of European private law: Draft common frame of reference (full edition)

ISBN 978-7-5118-6097-2

Ⅰ.①欧…　Ⅱ.①巴…②克…③于…　Ⅲ.①私法—研究—欧洲　Ⅳ.①D950.03

中国版本图书馆CIP数据核字(2014)第035414号

欧洲私法的原则、定义与示范规则:欧洲示范民法典草案(全译本):第4卷

责任编辑 吕丽丽　黄琳佳
装帧设计 乔智炜

开本 787毫米×1092毫米　1/16　　**印张** 90.5　**字数** 2207千
版本 2014年6月第1版　　**印次** 2014年6月第1次印刷
出版 法律出版社　　**编辑统筹** 学术·对外出版分社
总发行 中国法律图书有限公司　　**经销** 新华书店
印刷 北京北苑印刷有限责任公司　　**责任印制** 陶　松

法律出版社/北京市丰台区莲花池西里7号(100073)
电子邮件/info@lawpress.com.cn　　销售热线/010-63939792/9779
网址/www.lawpress.com.cn　　咨询电话/010-63939796

中国法律图书有限公司/北京市丰台区莲花池西里7号(100073)
全国各地中法图分、子公司电话:
第一法律书店/010-63939781/9782　　西安分公司/029-85388843
重庆公司/023-65382816/2908　　上海公司/021-62071010/1636
北京分公司/010-62534456　　深圳公司/0755-83072995

书号:ISBN 978-7-5118-6097-2　　**定价**:180.00元
(如有缺页或倒装,中国法律图书有限公司负责退换)